(日)瀧川龜太郎著

史記會注考證

萬卷樓印行

史記會注考證

文學博士瀧川龜太郎著

史記會注考證目錄

附錄

文學博士瀧川龜太郎著

史記會注考證

史記索隱序

朝散大夫國子博士弘文館學士河內司馬貞

史記者、漢太史司馬遷父子之所述也。遷自以承五百之運、繼春秋而纂是史。其襃貶覈實、頗亞於丘明之書。於是上始軒轅、下訖天漢、作十二本紀・十表・八書・三十系家・七十列傳、凡一百三十篇。（考證）司馬貞唐人、諱世作系、下文系本亦世本也、全文倣之、始變左氏之體。而年載悠邈、簡冊闕遺、勒成一家。其勤至矣。又其屬稾、先據左氏・國語・系本・戰國策・楚漢春秋及諸子百家之書、而後貫穿經傳、馳騁古今、錯綜檃括、各使成一國一家之事。故其意難究詳矣。比於班書、微爲古質、故漢・晉名賢、未知見重。所以魏文

侯聽古樂、則唯恐臥。（考證）事見禮樂記、史記樂書、良有以也。逮至晉末、有中散大夫東莞徐廣。始考異同、作音義十三卷。宋外兵參軍裴駰、又取經傳訓釋作集解。合爲八十卷。雖麤見微意、而未窮討論、南齊輕車錄事鄒誕生、亦作音義三卷。音則微殊、義乃更略。爾後其學中廢。貞觀中、諫議大夫崇賢館學士劉伯莊、達學宏才。鉤深探賾、又作音義二十卷。比於徐・鄒音則具矣。殘文錯節、異音微義、雖知獨善、不見旁通。（考證）乾隆四年經史館校刊本、音作旨、欲使後人從何準的。貞謏聞陋識、頗事鑽研。而家傳是書、不敢失墜。初欲改更舛錯、裨補疏遺。義有未通、兼重注述。然以此書殘缺雖多、實爲古史。忽加穿鑿、難允物情。今止探求異

聞、採摭典故、解其所未解、申其所未申者、釋文演注、又重爲述贊。凡三十卷。號曰史記索隱。雖未敢藏之書府、亦欲以貽厥孫謀云。

（考證）錢大昕曰、司馬貞注高祖紀母曰劉媼云、今近有人云母溫氏、貞時打得班固泗水亭長古碑文、其字分明作溫字、云母溫氏、貞與賈膺復徐彥伯魏奉古等執對反覆、沈歎古人未聞、按膺復當作膺福、先天二年爲右散騎常侍昭文館學士、以預太平公主逆謀誅、今河內縣有大雲寺碑、即膺福書也、徐彥伯卒於開元二年、見唐書本傳、而司馬貞張守節二人、新舊唐書無傳、守節正義序、稱開元二十四年八月、殺靑斯竟、而小司馬兩序則不載撰述年月、以此注驗之、其與賈徐諸人談讌、當在中睿之世、計其年輩、似在張守節之前、補史記序自題國子博士弘文館學士、唐制、弘文館皆以他官兼領、五品以上爲學士、六品以下曰直學士、國子博士、係正五品上、故得學士之稱、神龍以後、避孝敬皇帝諱、或稱昭文、或稱修文、開元七年、仍爲弘文、小司馬充學士、蓋在開元七年以後也、唐書劉知幾傳、開元初嘗議孝經鄭氏學、非康成注、嘗以古文爲正、易無子夏傳、老子書無河上公注、請存王弼學、宰相宋璟等不然其論、奏與諸儒辨質、博士司馬貞等共黜其言、請二家兼行、唯子夏易傳請罷、詔可、又考唐藝文志稱貞開元潤州別駕、蓋由弘文館出爲別駕、遂蹭蹬以死也、

文學博士瀧川龜太郎著

史記會注考證

史記索隱後序

夫太史公紀事、上始軒轅、下訖天漢。雖博采古文及傳記諸子、其閒殘闕蓋多。或旁搜異聞、以成其說。然其人好奇而詞省。故事覈而文微。是以後之學者多所未究。其班氏之書、成於後漢。彪既後遷而述、所以條流更明。且又兼采眾賢、羣理畢備。（考證 索隱單本、且又作是、）故其旨富、其詞文。是以近代諸儒共所鑽仰。（考證 單本所作行）其訓詁蓋亦多門。蔡謨集解之時、已有二十四家之說。所以於文無所滯、於理無所遺。而太史公之書、既上序軒·黃、中述戰國、或得之於名山壞宅、或取之以舊俗風謠。（考證 單本、宅作壁、）故其殘文斷句難究詳矣。然古今爲注解者絕省。音

義亦希。始後漢延篤、乃有音義一卷。又別有音隱五卷、不記作者何人。（考證 單本、音隱作章隱、）近代鮮有二家之本。宋中散大夫徐廣作音義十三卷。（考證 張文虎曰、十三卷、原誤一十卷、依前序及集解序正義改、唐志亦云十三卷、）唯記諸家本異同、於義少有解釋。又中兵郎裴駰、亦名家之子也。作集解注本、合爲八十卷、見行於代。仍云亦有音義。前代久已散亡。南齊輕車錄事鄒誕生、亦撰音義三卷。音則尚奇、義則罕說。（考證 隋經籍志、日本現在書目、作梁輕車錄事參軍鄒誕生、釋玄應一切經音義、引誕生史記音、）隋秘書監柳顧言、尤善此史。劉伯莊云。其先人曾從彼公受業。或音解隨而記錄、凡三十卷。隋季喪亂、遂失此書。伯莊以貞觀之初、奉勅於弘文館講授。遂采鄒·徐二說、兼記憶柳公音旨、遂作音義二十卷。音

乃周備、義則更略。惜哉。（考證 日本現在書目云、史記音義廿卷、唐大中大夫劉伯莊撰、二十卷、諸本作三十卷、今從金陵書局本、）古史微文、遂由數賢祕寶。故其學殆絕。前朝吏部侍郎許子儒、亦作注義。不覩其書。崇文館學士張嘉會獨善此書。而無注義。貞少從張學、晚更研尋。初以殘闕處多、兼鄙褚少孫誣謬、因憤發而補史記、遂兼注之。然其功殆半。乃自惟曰。千載古史、良難紬繹。於是更撰音義、重作述贊。蓋欲以剖盤根之錯節、遵北轅於司南也。凡爲三十卷。號曰史記索隱云。（考證 單本、惟作唯、紬繹作間然、於是更作因退、述贊作贊述、）

文學博士瀧川龜太郎著

史記會注考證

三皇本紀

小司馬氏撰 幷注

小司馬氏云、太史公作史記、古今君臣宜應上自開闢、下迄當代、以爲一家之首尾、今闕三皇、而以五帝爲首者、正以大戴禮有五帝德篇、又帝系皆敘自黃帝已下、故因以五帝本紀爲首、其實三皇已還、載籍罕備、然君臣之始、敎化之先、旣論古史、不合全闕、近代皇甫謐作帝王代紀、徐整作三五歷、皆論三皇已來事、斯亦近古之一證、今並採而集之作三皇本紀、雖復淺近、聊補闕云、

太皞庖犧氏、風姓。代燧人氏、繼天而王。母曰華胥。履大人迹於雷澤、而生庖犧於成紀。蛇身人首。按伏犧風姓、出國語、其華胥已下、出帝王世紀、然雷澤澤名、卽舜所漁之地、在濟陰、成紀亦地名、按天水有成紀縣、 有聖德。仰則觀象於天、俯則觀法於地、旁觀鳥獸之文、與地之宜、近取諸身、遠取諸物。始畫八卦、以通神明之德、以類萬物之情。造書契以代結繩之政。於是始制嫁娶、以儷皮爲禮。按譙周古史考、伏犧制嫁娶、以儷皮爲禮也、 結網罟以教佃漁。故曰

宓犧氏。按事出漢書歷志、宓、音伏、 養犧牲以庖廚。故曰庖犧。考證 索隱單本、以下無庖廚故曰四字、 有龍瑞。以龍紀官。號曰龍師。作三十五弦之瑟。木德王。注春令。故易稱帝出乎震、月令孟春其帝太皞是也。按位在東方、象日之明、故稱太皞、皞、明也、 都於陳。東封太山。立一百一十年崩。按皇甫謐、伏犧葬南郡、或曰、冢在山陽高平之西也、 其後裔、當春秋時、有任·宿·須·句·顓臾、皆風姓之胤也。女媧氏亦風姓。蛇身人首。有神聖之德。代宓犧立。號曰女希氏。無革造。惟作笙簧。按禮明堂位及系本、皆云、女媧作笙簧、 故易不載。不承五運。一曰。女媧亦木德王。蓋宓犧之後、已經數世。金木輪環、周而復始。特舉女媧、以其功高而充三皇。故頻木王也。當其末年也、諸侯有共工氏。任智刑、以強霸而不王。以水承木。考證 各本、承作乘、今從單本、 乃與

祝融戰、不勝而怒。乃頭觸不周山。崩。天柱折、地維缺。女媧乃鍊五色石以補天、斷鼇足以立四極、聚蘆灰以止滔水、以濟冀州。按其事出淮南子也、 於是地平天成、不改舊物。女媧氏沒、神農氏作。按三皇說者不同、譙周以燧人爲皇、宋均以祝融爲皇、而鄭玄依春秋緯、以女媧爲皇、承伏犧、皇甫謐亦同、今依之爲說也、 炎帝神農氏、姜姓。母曰女登。有媧氏之女。爲少典妃。感神龍而生炎帝。人身牛首。長於姜水。因以爲姓。按國語、炎帝黃帝皆少典之子、其母又皆有媧氏之女、據諸子及古史考、炎帝之後、凡八代、五百餘年、軒轅氏代之、豈炎帝黃帝、是昆弟而同母氏乎、皇甫謐以爲少典有媧氏諸侯國號、然則姜姬二帝、同出少典氏、黃帝之母、又是神農母氏之後代女、所以同是有媧氏之女也、 火德王。故曰炎帝。以火名官。斲木爲耜、揉木爲耒、耒耨之用、以教萬人。始教耕。故號神農氏。於是作蜡祭、以赭鞭鞭草木。始嘗百草、始有醫藥。又作五弦之瑟。教人日中爲市、交易而

退、各得其所。遂重八卦爲六十四爻。初都陳、後居曲阜。按今淮陽有神農井、又左傳、魯有大庭氏之庫、是也。 立一百二十年崩。葬長沙。神農本起烈山。故左氏稱、烈山氏之子曰柱。亦曰厲山氏。禮曰。厲山氏之有天下。是也。按鄭玄云、厲山、神農所起、亦曰有烈山、皇甫謐曰、厲山今隨之厲鄉也、 神農納奔水氏之女曰聽訞。爲妃。生帝魁、魁生帝承、承生帝明、明生帝直、直生帝氂、氂生帝哀、哀生帝克、克生帝榆罔。凡八代、五百三十年。而軒轅氏興焉。按神農之後凡八代、事見帝王代紀及古史考、然古典亡矣、況譙皇二氏、皆前聞君子、考按古書而爲此說、豈至今鑿空乎、此紀示據以爲說、其易稱神農氏沒、卽榆罔、榆罔猶襲神農之號也、考證 生帝魁以下二十字、各本脫、今依單本、 其後有州·甫·甘·許·戲·露·齊·紀·怡·向·申·呂。皆姜姓之後。並爲諸侯。或分掌四岳。當周室、甫侯·申伯、爲王賢相。齊·許列爲諸侯。霸於中國。蓋聖人德澤廣

大、故其祚胤繁昌久長云。一說、三皇謂天皇·地皇·人皇爲三皇。既是開闢之初。君臣之始。圖緯所載、不可全弃。故兼序之。天地初立、有天皇氏。十二頭。澹泊無所施爲、而俗自化。木德王。歲起攝提。兄弟十二人。立各一萬八千歲。蓋天地初立、神人首出行化、故其年世長久也、然言十二頭者、非謂一人之身有十二頭、蓋古質、比之鳥獸頭數故也、 地皇十一頭。火德王。姓十一人。興於熊耳·龍門等山。亦各萬八千歲。人皇九頭。乘雲車、駕六羽、出谷口。兄弟九人、分長九州。各立城邑。凡一百五十世。合四萬五千六百年。天皇已下、皆出河圖及三五歷也、 自人皇已後有五龍氏。五龍氏、兄弟五人、並乘龍上下、故曰五龍氏也、燧人氏、按其君鑽燧出火、敎人熟食、在伏犧氏前、譙周以爲三皇之首也、 大庭氏、栢皇氏、中央氏、卷須氏、栗陸氏、驪連氏、赫胥氏、尊盧氏、渾沌氏、昊英

氏、有巢氏、朱襄氏、葛天氏、陰康氏、無懷氏、斯蓋三皇已來有天下者之號、按皇甫謐以爲大庭已下一十五君、皆襲庖犧之號、事不經見、難可依從、然按古封太山者、首有無懷氏、乃在太昊之前、豈得如謐所說、 但載籍不紀、莫知姓·王年代·所都之處。而韓詩以爲自古封太山禪梁甫者、萬有餘家。仲尼觀之、不能盡識。管子亦曰。古封太山七十二家。夷吾所識十有二焉。首有無懷氏。考證 單本、無無字、 然則無懷之前、天皇已後、年紀悠邈、皇王何昇而告。但古書亡矣。不可備論。豈得謂無帝王耶。故春秋緯稱自開闢至於獲麟、凡三百二十七萬六千歲、分爲十紀。凡世七萬六百年。一曰九頭紀。二曰五龍紀。三曰攝提紀。四曰合雒紀。五曰連通紀。六曰序命紀。七曰脩飛紀。八曰回提紀。九曰禪

通紀。十曰流訖紀。蓋流訖當黃帝時、制九紀之間。是以錄於此補紀之也。考證 趙翼曰、大戴禮五帝德、及史遷五帝本紀、皆專言五帝、而不言三皇、然三皇之號、見於周禮外史掌三皇五帝之書、不得言三代以前無此稱也、第未有專指其名者、其見於秦博士所議、但云天皇地皇人皇而已、孔安國書序、乃以伏犧神農黃帝爲三皇、少昊顓頊高辛堯舜爲五帝、司馬遷以黃帝入五帝之內、而無少昊、鄭康成依運斗樞註尚書中候、乃以伏犧女媧神農爲三皇、帝鴻金天高陽高辛唐虞爲五帝、司馬貞因之作三皇本紀、亦以伏犧女媧神農爲三皇、孔穎達註尚書最尊安國、故其駁鄭注、謂女媧之但修伏犧之道、無所改作、不得列三皇、既不數女媧、則不可不取黃帝爲三皇、又曰、安國之意、以月令春曰太昊、夏曰炎帝、中央曰黃帝、依次以爲三皇、秋曰少昊、冬曰顓頊、自此以下、合之高辛堯舜、乃爲五帝耳、然穎達又云、諸儒說三皇、或數燧人、或數祝融、以配犧農、其五帝皆自軒轅、不數少昊、帝繫本紀家語、又以少昊卽黃帝子青陽、是穎達雖尊安國、亦未敢竟以黃帝入三皇之內、少昊列五帝之中、而顯與史記相戾也、宋五峯胡氏直斷以孔子繫詞所述伏犧神農黃帝堯舜爲五帝、元人胡一桂又從而引伸之、謂孔子家語自伏犧以下皆稱帝、易大傳春秋內外傳、有黃帝炎帝之稱、月令有帝太昊帝炎帝帝黃帝之文、可見太昊伏犧氏炎帝神農氏黃帝軒轅氏、本皆稱帝、秦以前未嘗列之於三皇也、其三皇之號、終不可泯、則仍以秦博士所謂天皇地皇人皇當之、而不必附會其人、此論較爲直捷、然近日王西莊又謂繫辭以羲農爲上古聖人、黃帝堯舜爲後世聖人、則羲農宜爲皇、黃帝宜爲帝、惟三皇中少一人、則司馬貞據康成說以女媧充數、亦未爲無據、西莊最尊鄭學、故持論如此、要之去古愈遠、載籍無

考、傳聞異詞、迄無定論、愚按三皇之名既無定說、何問其事有無、司馬貞爲補本紀、非也、今錄之索隱序後、以與史文區別、

史記正義序

諸王侍讀宣議郎守右清道率府長史張守節上

史記者、漢太史公司馬遷作。遷生龍門、耕牧河山之陽、南遊江・淮、講學齊・魯之郡、紹太史繼春秋、括文魯史、而包左氏・國語、采世本・戰國策、而摭楚漢春秋、貫紬經傳、旁搜史子、上起軒轅、下既天漢。作十二本紀、帝王興廢悉詳。三十世家、君國存亡畢著。八書、贊陰陽禮樂。十表、定代系年封。七十列傳、忠臣孝子之誠備矣。筆削冠於史籍、題目足以經邦。裴駰服其善序事理、辯而不華、質而不俚、其文直、其事核、不虛美、不隱惡、故謂之實錄。自劉向・楊雄、皆稱良史之才。況墳典湮滅、簡

冊闕遺。比之春秋、言辭古質。方之兩漢、文省理幽。守節涉學三十餘年。六籍九流、地里蒼雅、銳心觀採、評史漢、詮衆訓釋而作正義。郡國城邑、委曲申明、古典幽微、竊探其美、索理允愜、次舊書之旨、兼音解注、引致旁通、凡成三十卷。名曰史記正義。發揮膏肓之辭、思濟滄溟之海。未敢侔諸祕府、冀訓詁而齊流。庶貽厥子孫、世疇茲史。于時歲次丙子開元二十四年八月、殺青斯竟。

考證 錢大昕曰、張守節正義、成于開元廿四年、小司馬索隱前後序、則不著撰述之年、而唐書藝文志注、貞開元潤州別駕、是兩人生于同時、而其書不相稱引、司馬長于駁辨、張長于地理、要皆龍門功臣、難以偏廢、守節官諸王侍讀右清道率府長史、唐志失書、小司馬序自題國子博士弘文館學士、而唐志云、潤州別駕、殆終于別駕者與、正義索隱兩書、唐時皆單行、不附于正史、今索隱、尚有汲古閣所刊單行之本、正義舊本失傳、卷帙次第、无可考矣、四庫全書提要、是書據自序三十卷、晁公武陳振孫二家所錄則作二十卷、蓋其標字列注、亦如索隱、後人散入句下、已非其舊、至明代監本、採附集解索隱之後、更多散節、失其本旨、地理脫十七人

條、故實注二十五條、音注脫二十三條、其他一兩字之出入、殆千有餘條、尤不可毛舉、苟非震澤王氏刊本具存、無由知監本之妄刪也、愚按我永正中有僧桃源者、著史記桃源抄、補記今本所刪落正義、一千有餘條、多者二三百字、少者亦十字二十字、皆震澤王氏刊本所無也、蓋依僧幻雲所錄、幻雲題三注會刻本云、吾邦有索隱本、有正義本、索隱與此注所載大同、至正義則此注所不載甚多、故標記諸欄外、東北大學藏史記古活字本二種、一爲慶長本、一爲寬永本、欄外補記正義、蓋依桃源抄也、前田侯爵書庫、有博士家本史記異字五卷、所錄正義、概與桃源抄合、今依此數本補訂、以略復張氏之舊云、

文學博士瀧川龜太郎著

史記會注考證

史記正義論例

諸王侍讀宣議郎守右淸道率府長史張守節上

論史例

古者帝王、右史記言、左史記事。言爲尙書、事爲春秋。太史公兼之。故名曰史記。并採六家雜說、以成一史。備論君臣父子夫妻長幼之序、天地山川國邑名號、殊俗物類之品也。太史公作史記、起黃帝・高陽・高辛・唐堯・虞舜・夏・殷・周・秦、訖于漢武帝天漢四年。合二千四百一十三年。作本紀十二、象歲十二月也。作表十、象天之剛柔十日、以記封建世代終始也。作書八、象一歲八節、以記天地日月山川禮樂也。作世家三十、象

一月三十日、三十輻共一轂、以記世祿之家、輔弼股肱之臣忠孝得失也。（考證 史公自序云、二十八宿環北辰、三十輻共一轂、作三十世家、張氏所本。）作列傳七十、象一行七十二日。言七十者擧全數也。餘二日象閏餘也。以記王侯將相英賢、略立功名於天下可序列也。合百三十篇、象一歲十二月及閏餘也。而太史公作此五品、廢一不可以統理天地、勸奬箴誡、爲後之楷模也。

論注例

史記文與古文尙書同者、則取孔安國注。若與伏生尙書同者、則用鄭玄・王肅・馬融所釋。與三傳同者、取杜元凱・服虔・何休・賈逵・范甯等注。與三禮・論語・孝經同者、則取鄭玄・馬融・王

肅之注。與韓詩同者、則取毛傳・鄭箋等釋。（考證 錢泰吉曰、韓詩下疑脫薛君注云云、）與周易同者、則依王氏之注。與諸子諸史雜書及先儒解釋善者、而裴駰並引爲注。又徐中散作音訓、校集諸本異同、或義理可通者、稱一本云又一本云。自是別記異文。裴氏亦引之爲注也。

論字例

史・漢文字、相承已久。若悅字作說、閑字作閒、智字作知、汝字作女、（考證 以上采經典釋文序、）早字作蚤、後字作后、既字作漑、勅字作飭、制字作剬、此之般流、緣古少字、通共用之。（考證 班馬字類、此之般流、作如此之類、）史・漢本有此古字者、乃爲好本。程邈變篆爲隸、楷則有常。後

代作文、隨時改易。衞宏官書數體、呂忱或字多奇、鍾・王等家、以能爲法、致令楷文改變。非復一端。咸著祕書、傳之歷代。又字體乖日久。其黼黻之字法從黹。丁履反、今之史本則有從㞢。音端、秦本紀云、天子賜孝公黼黻。考證 錢泰吉曰、孝公當作獻公、鄒誕生音甫弗。而鄒氏之前、史本已從㞢矣。如此之類、竝卽依行、不可更改、若其黿鼉從龜、辭亂從舌、覺學從與、泰恭從小、匱匠從走、考證 張文虎曰、走疑辵、唐玄宗御書道德經匠作近、巢藻從果、耕籍從禾、席下爲帶、美下爲火、裹下爲衣、極下爲點、析旁著片、惡上安西、餐側出頭、離邊作禹。此之等類、例直是訛字。考證 各本火作大、依班馬字類改、凌本之等倒、字類無之字、寵勑勇反、字爲寵、錫字爲錫音陽、以支章移反代文、問分反、將旡混无。若茲之流、便

成兩失。

論音例

史文與傳諸書同者、劉氏竝依舊本爲音。至如太史公改五帝本紀、便章百姓、便程東作、便程南譌、便程西成、便在伏物、咸依見字讀之。太史變尚書文者、義理特美。或訓意改其古澀。何煩如劉氏依尚書舊音。斯例蓋多、不可具錄。著在正義、隨文音之。君子宜詳其理。庶明太史公之達學也。然則先儒音字、比方爲音。至魏祕書孫炎、始作反音。又未甚切。今竝依孫反音、以傳後學。考證 顏氏家訓音辭篇云、孫叔言創爾雅音義、是漢末人、獨知反語、至於魏世、此事大行、陸德明經典釋文序云、古人音書、止爲譬況之說、孫炎始爲翻語、魏朝以降、蔓衍寔繁、其說皆與張守節合、唐元和十年、景審序慧琳一切經音義云、古來音反、多以傍紐而爲雙聲、始自服虔、史記張耳陳餘

傳、吾王孱王也、索隱、案服虔音鉏閑反、服虔先於孫炎、梁玉繩瞥記云、翻切起於孫叔然、而涿郡高誘在孫之前、其注呂氏春秋淮南子、有急氣緩氣閉口籠口之法、已爲反切萌芽矣、鄭康成云。其始書之也、倉卒無字。或以音類、比方假借爲之。趣於近之而已。受之者非一邦之人。其鄉同言異、字同音異。於茲遂生輕重訛謬矣。然方言差別、固自不同。河北江南、最爲鉅異。或失在浮淸。或滯於重濁。考證 顏氏家訓音辭篇云、南方水土和柔、其音淸擧而切詣、失在浮淺、其辭多鄙俗、北方山川深厚、其音沈濁而鈋鈍、得其質直、其辭多古語、陸方言切韻序云、吳楚則時傷輕淺、燕趙則多傷重濁、秦隴則去聲爲入、梁益則平聲似去、今之取捨、冀除茲弊。夫質有精麤、謂之好惡。竝如字、心有愛憎、稱爲好惡。竝去聲、當體則爲名譽。音預、論情則曰毀譽。音餘、自壞乎怪反、壞徹。上音怪、考證 鄭康成云以下、采經典釋文序、顏氏家訓音辭篇云、夫物體自有精麤、精麤謂之好惡、人心有所去取、去取謂之好惡、此音見於葛洪徐邈、而河北學士讀尚書云、好生惡殺、是爲一論物體、一就人情、殊不通矣、愚按此釋文序所本、又按顧炎武音論云、先儒兩聲各義之說、不盡然、余考惡字、如楚辭離騷有曰、理弱而媒

拙兮、恐導言之不固、時溷濁而嫉賢兮、好蔽美而稱惡、閨中既已邃遠兮、哲王又不寤、懷朕情而不發兮、余焉能忍與終古、又曰、何所獨無芳艸兮、爾何懷乎故宇、時幽昧以眩曜兮、孰云察余之美惡、漢趙幽王友歌、我妃既妬兮、誣我以惡、讒女亂國兮、上曾不寤、此皆美惡之惡、而讀去聲、漢劉歆遂初賦、何叔子之好直兮、爲羣邪之所惡、賴祁子之一言兮、幾不免乎徂落、魏丁儀厲志賦、嗟世俗之參差兮、將未審乎好惡、咸隨情而與議兮、固眞僞以紛錯、此皆愛惡之惡、而讀入聲、乃知去入之別、不過發言輕重之閒、而非有此疆爾界之分也、盧文弨曰、顏氏此言極是、但不可施於今耳、自斷、徒緩反、自去離也、刀斷、端管反、以刀割令相去也、耶、也奢反、未審之辭也、也、亦且反、助句之語也、復、音伏、又扶富反、重也、過、古臥反、越度也、解、核買反、自散也、閒、紀莧反、隙也、考證 張文虎曰、依下畜字例、復過解閒四字、當有重文、異言、今失、畜、許又反、畜、許六反、養也、先、蘇前反、仙、屑然反、尤、羽求反、侯、胡溝反、治持、竝音直之反、之、止而反、脂砥祇、竝音旨夷反、惟維遺唯、竝音以佳反、怡貽頤詒、竝音與之反、夷寅彝姨、竝音以脂反、私、息脂反、綏雖睢荽、竝音息遺反、偲司伺絲、竝音巨支反、考證 張文虎曰、上下紐皆非、蓋涉下祇歧而誤、危枝祇肢、竝音章移反、祇歧、竝音巨支反、其期旗綦騏、竝音渠之反、蘄頎旂幾譏、竝音渠希反、僖熙嬉嘻、竝音許其反、希晞睎稀、竝音虛幾反、霏妃

菲餥、並音芳非反、飛非扉、並音匪肥反、尸屍蓍、並音式脂反、詩、書之反、巾、居人反、斤
筋、舉欣反、篇偏、並音芳連反、穿、詳連反、考證張文虎曰、上紐非、又穿、及上篇偏、並當有聲混異呼之字、今失、里李裏、
並音良止反、至贄、並脂利反、志、之吏反、利涖、並力至反、吏、力置反、寺嗣飼、並辭吏反、字牸、並疾
置反、自、疾二反、致躓鷙、並陟利反、考證張文虎曰、置在志部、致躓在至部、不當同音、蓋傳寫錯亂、器、去冀反、氣、去既反、
亟、去吏反、冀穊、几利反、既、居未反、覆、敷救反、又敷福反、副、敷救反、富鍑、並府副反、若斯清
濁、實亦難分。博學碩材、乃有甄異。此例極廣。不可具言。庶後
學士幸畱意焉。

音字例

文或相似、音或有異。一字單錄、乃恐致疑。兩字連文、檢尋稍
易。若音上字、言上別之。所音下字、乃復書下。有長句在文中、

須音則題其字。

發字例

古書字少、假借蓋多。字或數音、觀義點發。皆依平上去入。考證錢大昕曰、自齊梁人分別四聲、而讀經史者、因有點發之例、觀守節所言、知唐初已盛行之矣、若發平聲、每從寅起。又
一字三四音者、同聲異喚、一處共發。恐難辯別。故略舉四十
二字。考證錢大昕曰、今止三十九字、如字初音者皆爲正字、不須點發。畜許六反、養
也、又許救反、六畜也、又他六反、聚也、從訟容反、隨也、又縱容反、南北長也、又但容反、又子勇反、相勸也、又從用反、侍從也、又足用反、恣也、考證子勇反下、當有脫字、數
色具反、歷數術數也、又色五反、次第也、又色角反、頻也、傳逐戀反、書傳也、又逐全反、相付也、又張戀反、驛也、卒子律反、卒終也、又蒼忽反、急也、尊忽反、兵人也、
字體各別、不辯、故發之也、考證張文虎曰、體疑當作義、此二句當在注上觀義點發句下、辟君也、微也、又頻亦反、罪也、開也、疋亦反、邪也、又疋政反、論也、又音避、隱也、
又普覓反、辟歷也、考證張文虎曰、君也上脫必亦反一音、施詩移反、張也、又式豉反、與也、又羊豉反、延也、間紀閑反、隟也、又紀莧反、閑也、又莧閒反、靜也、

射蛇夜反、射也、又成亦反、音石、夏胡馬反、禹號也、又胡嫁反、春夏也、又格雅反、陽夏縣也、復符富反、重也、又音伏也、又音福、除役也、重直拱
反、尊也、直龍反、疊也、又直用反、累也、適聖石反、寬也、之也、又丁歷反、大也、又張革反、責也、又音敵、當也、汜音祀、水在成皋、又音凡、邑名、在襄城、又孚劒反、爲水、在定
陶、高帝即位處也、又音夷、楚人呼土爲汜橋、考證錢大昕曰、音祀者从巳、凡音孚劒者从巳、形聲俱別、張文虎曰、汜字从巳、音怡、不音夷、愚按末句當作楚人呼土橋爲汜、此誤
倒、樂、音岳、謂音樂也、又音洛、歡也、又音五教反、好也、情願也、覆敷富反、蓋也、又敷福反、再也、恐丘用反、疑也、又丘拱反、懼也、惡烏各反、蠹
也、又烏路反、憎也、又音烏、謂於何也、斷端管反、有物割截也、又段緩反、自相分也、又端亂反、斷疑事也、解佳買反、除結縛也、又核買反、散也、又佳債反、怠墮也、又核
詐反、縫解、幾音機、庶幾也、又音祈、近也、又音記、亦冀望字也、又音紀、錄也、過光臥反、度也、罪過也、又音戈、經過也、度前也、率所律反、率例也、率伏也、又
音類也、又音刷、徐廣云、率即鍰也、又音色類反、將帥也、屈丘勿反、曲也、又君勿反、姓也、又衢勿反、盡也、強也、上時讓反、位也、在物之上、又時掌反、自下而上、
王于方反、人主也、又于放反、霸王也、又盛也、長直良反、久也、又張丈反、長上也、藉才昔反、名籍也、又薦藉也、又粗夜反、即借也、培勃回反、補也、又
蒲口反、冢也、勝音升、又式證反、難乃丹反、艱也、乃旦反、危也、使所里反、又所吏反、相息羊反、又息匠反、沈針甚反、又針禁反、又直今
反、又沈禁反、厭沒也、考證張文虎曰、沈字無針甚針禁二音、上紐皆誤、任入今反、又入禁反、棺音官、又古玩反、又古患反、斂之也、造曹早反、七到反、

至也、妻七低反、切帝反、費非味反、用也、又音祕、邑也、扶味反、姓也、

諡法解考證洪頤煊曰、隋書經籍志、大戴禮記十三篇、注云、梁有諡法三卷、後漢安南太守劉熙注、亡、案大戴禮本有諡法篇、見白虎通、北堂書鈔卷三、引大戴禮諡法、其時尚未亡、太平御覽卷五百六十二引大戴禮曰、周公旦太師望相嗣王、作諡法一段、與周書諡法篇同、

惟周公旦·太公望、開嗣王業、建功于牧野。終將葬乃制諡、遂
敘諡法。諡者行之迹。號者功之表。古者有大功、則賜之善號以爲稱也、車服者位
之章也。是以大行受大名、細行受細名。行出於己、名生於人。名、謂號諡、考證盧文弨曰、古書兩重排列者、皆先將上一列順次排訖、而後始及於下一重、自後人誤以一上一下讀之、至改兩重爲一列、亦依今人所讀、而大失乎本來之次第矣、史記正義所載諡法解、亦本是兩重、改爲一列、文多間雜、亦當移正、張文虎曰、諡法解原本、蓋上下兩排、傳刻錯亂、惟游本尚存舊式、王本兩行相間、猶可攷尋、今參盧氏文弨鍾山札記訂本移正、其末三十餘諡、善惡雜糅、無可訂改、略依游本、

民無能名曰神不名一善

一德不懈曰簡一不委曲

靖民則法曰皇 靖安
德象天地曰帝 同於天地
仁義所往曰王 民往歸之
立志及眾曰公 志無私也
執應八方曰侯 所執行八方應之
賞慶刑威曰君 能行四者
從之成羣曰君 民從之
揚善賦簡曰聖 所稱得人所善得實所賦得簡
敬賓厚禮曰聖 厚於禮
照臨四方曰明 以明照之

平易不訾曰簡 不信訾毀
尊賢貴義曰恭 尊事賢人寵貴義士
敬事供上曰恭 供奉也
尊賢敬讓曰恭 敬有德讓有功
既過能改曰恭 言自知
執事堅固曰恭 守正不移
愛民長弟曰恭 順長接弟
執禮御賓曰恭 迎待賓也
芘親之闕曰恭 修德以蓋之
尊賢讓善曰恭 不專己善推於人

譖訴不行曰明 逆知之故不行
經緯天地曰文 成其道
道德博聞曰文 無不知
學勤好問曰文 不恥下問
慈惠愛民曰文 惠以成政
愍民惠禮曰文 惠而有禮
賜民爵位曰文 與同升
綏柔士民曰德 安民以居安士以事
諫爭不威曰德 不以威拒諫
剛彊直理曰武 剛無欲彊不屈懷忠恕正曲直

威儀悉備曰欽 威則可畏儀則可象
大慮靜民曰定 思樹惠
純行不爽曰定 行一不傷
安民大慮曰定 以慮安民
安民法古曰定 不失舊意
辟地有德曰襄 取之以義
甲冑有勞曰襄 亟征伐
小心畏忌曰僖 思所當忌
質淵受諫曰釐 深故能受
有罰而還曰釐 知難而退

威彊敵德曰武 與有德者敵
克定禍亂曰武 以兵征故能定
刑民克服曰武 法以正民能使服
夸志多窮曰武 大志行兵多所窮極
安民立政曰成 政以安定
淵源流通曰康 性無忌
溫柔好樂曰康 好豐年勤民事
安樂撫民曰康 無四方之虞
合民安樂曰康 富而教之
布德執義曰穆 故穆穆

溫柔賢善曰懿 性純淑
心能制義曰度 制事得宜
聰明叡哲曰獻 有通知之聰
知質有聖曰獻 有所通而無蔽
五宗安之曰孝 五世之宗
慈惠愛親曰孝 周愛族親
秉德不回曰孝 順於德而不違
協時肇享曰孝 協合肇始
執心克莊曰齊 能自嚴
資輔共就曰齊 資輔佐而共成

中情見貌曰穆 性公露
容儀恭美曰昭 有儀可象行恭可美
昭德有勞曰昭 能勞謙
聖聞周達曰昭 聖聖通合
治而無眚曰平 無災罪也
執事有制曰平 不任意
布綱治紀曰平 施之政事
由義而濟曰景 用義而成
耆意大慮曰景 耆強也
布義行剛曰景 以剛行義

甄心動懼曰頃 甄精
敏以敬慎曰頃 疾於所慎敬
柔德安眾曰靖 成眾使安
恭己鮮言曰靖 恭己正身少言而中
寬樂令終曰靖 性寬樂義以善自終
威德剛武曰圉 禦亂患
彌年壽考曰胡 久也
保民耆艾曰胡 六十曰耆七十曰艾
追補前過曰剛 勤善以補過
猛以剛果曰威 猛則少寬果敢行

清白守節曰貞 行清白執志固
大慮克就曰貞 能大慮非正而何
不隱無屈曰貞 坦然無私
辟土服遠曰桓 以武正定
克敬動民曰桓 敬以使之
辟土兼國曰桓 兼人故啟土
能思辯衆曰元 別之使各有次
行義說民曰元 民說其義
始建國都曰元 非善之長何以始之
主義行德曰元 以義爲主行德政

猛以彊果曰威 强甚於剛
彊義執正曰威 問正言無邪
治典不殺曰祁 秉常不衰
大慮行節曰考 言成其節
治民克盡曰使 克盡無恩惠
好和不爭曰安 生而少斷
道德純一曰思 道大而德一
大省兆民曰思 大親民而不殺
外內思索曰思 言求善
追悔前過曰思 思而能改

聖善周聞曰宣 聞謂所聞善事也
兵甲亟作曰莊 以數征爲嚴
叡圉克服曰莊 通邊圉使能服
勝敵志強曰莊 不撓故勝
死於原野曰莊 非嚴何以死難
屢征殺伐曰莊 以嚴釐之
武而不遂曰莊 武功不成
柔質慈民曰惠 知其性
愛民好與曰惠 與謂施
夙夜警戒曰敬 敬身思戒

行見中外曰慤 表裏如一
狀古述今曰譽 立言之稱
昭功寧民曰商 明有功者
克殺秉政曰夷 秉政不任賢
安心好靜曰夷 不爽政
執義揚善曰懷 稱人之善
慈仁短折曰懷 短未六十折未三十
述義不克曰丁 不能成義
有功安民曰烈 以武立功
秉德尊業曰烈

合善典法曰敬 非敬何以善之
剛德克就曰肅 成其敬使爲終
執心決斷曰肅 言嚴果
不生其國曰聲 生於外家
愛民好治曰戴 好民治
典禮不愆曰戴 無過
未家短折曰傷 未家未娶
短折不成曰殤 有知而夭殤
隱拂不成曰隱 不以隱括改其性
不顯尸國曰隱 以閒主國

剛克爲伐曰翼 伐功也
思慮深遠曰翼 小心翼翼
外內貞復曰白 正而復終始一
不勤成名曰靈 任本性不見賢思齊
死而志成曰靈 志事不忝命
死見神能曰靈 有鬼不爲厲
亂而不損曰靈 不能以治損亂
好祭鬼怪曰靈 瀆鬼神不致遠
極知鬼神曰靈 其智能聽徹
殺戮無辜曰厲

見美堅長曰隱 美過其令
官人應實曰知 能官人
肆行勞祀曰悼 放心勞於淫祀言不修德
年中早夭曰悼 年不稱志
恐懼從處曰悼 從處言險圮
凶年無穀曰荒 不務耕稼
外內從亂曰荒 家不治官不治
好樂怠政曰荒 淫於聲樂怠於政事
在國遭憂曰愍 仍多大喪
在國逢難曰愍 兵寇之事

愎很遂過曰刺 去諫曰愎反是曰很
不思忘愛曰刺 忘其愛己者
蚤孤短折曰哀 早未知人事
恭仁短折曰哀 體恭質仁功未施
好變動民曰躁 數移徙
不悔前過曰戾 知而不改
怙威肆行曰醜 肆意行威
壅遏不通曰幽 弱損不淩
蚤孤鋪位曰幽 鋪位即位而卒
動祭亂常曰幽 易神之班

禍亂方作曰愍（國無政動長亂）
使民悲傷曰愍（苛政賊害）
貞心大度曰匡（心正而用察少）
德正應和曰莫（正其德應其和）
施勤無私曰類（無私唯義所在）
思慮果遠曰明（自任多近於專）
嗇於賜與曰愛（言貪悋）
危身奉上曰忠（險不辭難）
克威捷行曰魏（有威而敏行）
克威惠禮曰魏（雖威不逆禮）

柔質受諫曰慧（以虛受人）
名實不爽曰質（不爽言相應）
溫良好樂曰良（言其人可好可樂）
慈和徧服曰順（能使人皆服其慈和）
博聞多能曰憲（雖多能不至於大道）
滿志多窮曰惑（自足者必不惑）
思慮不爽曰厚（不差所思而得）
好內遠禮曰煬（朋淫於家不奉禮）
去禮遠衆曰煬（不率禮不親長）
內外賓服曰正（言以正服之）

教誨不倦曰長（以道教之）
肇敏行成曰直（始疾行成言不深）
疏遠繼位曰紹（非其弟過得之）
好廉自克曰節（自勝其情欲）
好更改舊曰易（變故改常）
愛民在刑曰克（道之以政齊之以法）
除殘去虐曰湯

彰義揜過曰堅（明義以蓋前過）
華言無實曰夸（恢誕）
逆天虐民曰抗（背尊大而逆之）
名與實爽曰繆（言名美而實傷）
擇善而從曰比（比方善而從之）

隱、哀也。景、武也。施德爲文。除惡爲武。辟地爲襄。服遠爲桓。剛克爲僖。（【考證】張文虎曰、剛克爲僖、此有脫文、逸周書作剛克爲發、柔克爲懿、履正爲莊、有過爲僖、）施而不成爲宣。惠無內德爲平。亂而不損爲靈。由義而濟爲景。餘皆象也。（以其所爲）

（謚、象其事行、）和、會也。勤、勞也。遵、循也。爽、傷也。肇、始也。怙、恃也。享、祀也。胡、大也。秉、順也。就、會也。錫、與也。典、常也。肆、放也。康、虛也。叡、聖也。惠、愛也。綏、安也。堅、長也。耆、彊也。考、成也。周、至也。懷、思也。式、法也。布、施也。敏、疾也、速也。載、事也。彌、久也。

以前周書謚法、周代君王、並取作謚、故全寫一篇、以傳後學、【考證】張文虎曰、以前周書云云二十三字、各本連上大書、今依下文分野題例、別行細書、

列國分野（【考證】張文虎曰、游本王本、並連謚法解後、無題目、）

漢書地理志云。本秦京師爲內史。（顏師古云、京師、天子所居畿內也、秦并天下、改立郡縣、而京畿所統、特號內史、言其在內、以別於諸郡守也、百官表云、內史、周官、秦因之、掌治京師、景帝二年、分置左內史右內史、武帝太初元年、更名京兆尹、左內史名馮翊、主爵中尉、秦官、掌列侯、景帝六年、更名都尉、武帝太初元年、更名右扶風、治內史右地、與左馮翊京兆尹、是爲三輔也、）

秦地。於天官、東井・輿鬼之分野。其界自弘農故關以西。京兆・扶風・馮翊・北地・上郡・西河・安定・天水・隴西。南有巴・蜀・廣漢・犍爲・武都。西有金城・武威・張掖・酒泉・敦煌。又西南有牂柯・越嶲・益州。

魏地。觜觿・參之分野。其界自高陵以東。盡河東・河內。南有陳留及汝南之召陵・濦彊・新汲・西華・長平、潁川之舞陽・郾陵、河南之開封・中牟・陽武・酸棗・卷。（卷、去權反、【考證】張文虎曰、依志、郾陵當作郾許傿陵、）

周地。柳・七星・張之分野。今之河南・洛陽・穀城・平陰・偃師・鞏・緱氏。

韓地。角・亢・氐之分野。韓分晉得南陽郡及潁川之父城・定陵・

襄城・潁陽・潁陰・長社・陽翟・郟。東接汝南、西接弘農、得新安・宜陽・鄭、今河南之新鄭、及成皋・滎陽、潁川之崇高・陽城。

趙地。昂・畢之分野。趙分晉得趙國。北有信都・眞定・常山。考證張文虎曰、脫中山、又得涿郡之高陽・莫州鄉。東有廣平・鉅鹿・清河・河閒。又得渤海郡之東平・舒・中邑・文安・東州・成平・章武河以北也。南至浮水・繁陽・内黃・斥丘。西有太原・定襄・雲中・五原・上黨。

燕地。尾・箕之分野。召公封於燕。後三十六世。與六國俱稱王。東有漁陽・右北平・遼西・遼東。西有上谷・代郡・鴈門。南有涿郡之易・容城・范陽。北有新成・故安・涿縣・良鄉・新昌。及渤海之安次。樂浪・玄菟、亦宜屬焉。

齊地。虛・危之分野。東有菑川・東萊・瑯邪・高密・膠東。南有泰山・城陽。北有千乘・清河以南・渤海之高樂・高城・重合・陽信。西有濟南・平原。

魯地。奎・婁之分野。東至東海。南有泗水至淮。得臨淮之下相・睢陵・僮・取慮。

宋地。房・心之分野。今之沛・梁・楚・山陽・濟陰・東平及東郡之須昌・壽張、今之睢陽。

衛地。營室・東壁之分野。今之東郡、及魏郡之黎陽、河內之野王・朝歌。

楚地。翼・軫之分野。今之南郡・江夏・零陵・桂陽・武陵・長沙、及漢

中・汝南郡。後陳・魯屬焉。

吳地。斗・牛之分野。今之會稽・九江・丹陽・豫章・廬江・廣陵・六安・臨淮郡。考證張文虎曰、志作斗分野、

粵地。牽牛・婺女之分野。今蒼梧・鬱林・合浦・交阯・九眞・南海・日南。

以前是戰國時諸國界域、及相侵伐、犬牙深入、然亦不能委細、故略記之、用知大略、

文學博士瀧川龜太郎著

史記會注考證

史記集解序

裴駰〔索隱〕駰字龍駒、河東聞喜人、宋中郎外兵曹參軍、父松之字世期、太中太夫、注三國志、宋書父子同傳、〔正義〕裴駰採九經諸史并漢書音義及衆書之目、而解史記、故題史記集解序、序、緒也、孫炎云、謂端緒也、孔子作易序卦、子夏作詩序、序之義其來尚矣、〔考證〕諸本裴駰上有宋中郎外兵曹參軍七字、游王本止署裴駰二字、今從之、錢大昕曰、索隱序稱外兵參軍、後序稱外兵郎、互有不同、考隋書經籍志、史記八十卷、宋南中郎外兵參軍裴駰撰、又宋書南史本傳俱云南中郎參軍、蓋龍駒爲南中郎府之外兵參軍、宋齊之世、四中郎將、皆以皇子爲之、得開府置官屬、外兵其一曹也、南中郎者、所仕府之名、外兵者所署曹之名、參軍則其職也、中郎之上當有南字、索隱後序、稱外兵郎、則誤甚矣、

班固有言曰。〔索隱〕固撰漢書、作司馬遷傳、評其作史記所採之書、兼論其得失、故裴駰此序、先引之爲說也、案固字孟堅、扶風人、後漢明帝時、仕至中護軍、祖稺廣川太守、父彪徐令、續太史公書也、司馬遷〔正義〕字子長、左馮翊人也、漢武帝時、爲太史令、撰史記百三十篇、父談亦爲太史令、據左氏・國語、〔索隱〕仲尼作春秋經、魯史左丘明作傳、合三十篇、故曰左氏傳、國語亦丘明所撰、上起周穆王、下訖敬王、其諸侯之事、起魯莊公、迄春秋末、凡二十一篇、采世本・戰國策、〔索隱〕劉向云、世本、古史官明於古事者之所記也、錄黃帝已來帝王諸侯及卿大夫系謚名號、凡十五篇也、戰國

策、高誘云、六國時縱橫之說也、一曰短長書、亦曰國事、劉向撰爲三十三篇、名曰戰國策、案此是班固取其後名而書之、非遷時已名戰國策也、述楚漢春秋、〔索隱〕漢太中大夫楚人陸賈所撰、記項氏與漢高祖初起、及說惠文閒事、接其後事、訖于天漢。〔索隱〕武帝年號、言太史公所記、迄至武帝天漢之年也、其言秦・漢詳矣。至於采經摭傳、〔索隱〕案字書、摭、拾也、音之赤反、分散數家之事、甚多疏略。或有抵梧。〔索隱〕抵、音丁禮反、梧、音吾故反、抵者觸也、梧亦斜相抵觸之名、案今屋梁上斜柱曰柱梧、是也、直觸橫觸皆曰抵、斜觸謂之梧、下觸謂之抵、抵梧、言其參差也、以言彼此二文同出一家、而自相乖舛也、亦其所涉獵者廣博、貫穿經傳、馳騁古今上下數千載閒、斯已勤矣。〔正義〕言作史記、採經傳百家之事、上下二千餘年、此其甚勤於撰錄也、又其是非頗謬於聖人。〔索隱〕聖人、謂周公孔子也、言周孔之教、皆宗儒尚德、今太史公乃先黃老崇勢利、是謬于聖人也、〔正義〕太史公史記、各顯六家之宗、黃老道家之宗、六經儒家之首、序游俠則退處士、述貨殖則崇勢利、處士賤貧、原憲非病、夫作史之體、務涉多時、有國之規、備陳臧否、天人地理、咸使該通、而遷天縱之才、述作無滯、故異周孔之道、班固詆之、裴駰引序、亦通人之蔽也、而固作漢書、與史記同者五十餘卷、謹寫史記、少加異者、不弱十卽劣、何更非剝史記、乃是後士妄非前賢、又史記五十二萬六千五百言、敘二千四百一十三年事、漢書八十一萬言、敘二百二十五

年事、司馬遷引父致意、班固父修而蔽之、優劣可知矣、論大道、則先黃・老而後六經、〔正義〕大道者皆稟乎自然、不可稱道也、道在天地之前、先天地生、不知其名、字之曰道、黃帝老子、遵崇斯道、故太史公論大道、須先黃老而後六經、序游俠、則退處士而進姦雄、〔索隱〕游俠、謂輕死重氣如荊軻豫讓之輩也、游、從也行也、俠、挾也持也、言能相從游行挾持之事、又曰同是非曰俠也、〔正義〕姦雄、姦猾雄豪之人、述貨殖、〔正義〕殖、生也、言貨物滋生也、則崇埶利〔正義〕趨利之人、而羞貧賤。此其所蔽也。〔正義〕此三者是司馬遷不達理也、〔考證〕馮班曰、游俠貨殖之傳、詞旨激揚、有爲而言之、其志有可傷者、孟堅之言、未免深文、至於先黃老後六經、自是史談所論、談當文景之後、尚黃老者隨時也、至遷則不然矣、老子與韓非同傳、仲尼爲世家、自序言禮以節人云云、止言六經、不及黃老、父子自不同、班孟堅楊子雲、言無分別、蓋未審耳、然自劉向・楊雄博極羣書、皆稱遷有良史之才、服其善序事理、辯而不華、質而不俚。〔索隱〕俚、音里、劉德曰、俚卽鄙也、崔浩云、世有鄙俚之語、則俚亦野也俗也、不俚、謂詞不鄙樸也、其文直、其事核。不虛美、不隱惡。故謂之實錄。〔考證〕以上漢書司馬遷傳贊、駰以爲固之所言、世稱其當。〔正義〕駰、音因、當、音丁浪反、裴駰以班固所論司馬遷史記是非、世人稱班固之言、雖時

有紕繆、【索隱】紕、音匹之反、紕猶錯也、亦作性、字書云、纖者兩絲同齒曰性、繆亦與謬同、實勒成一家。【正義】雖有小紕繆、實編勒成一家之書矣、總其大較、【索隱】較、音角、較猶略也、則大較猶言大略也、【正義】較、猶明也、信命世之宏才也。【考證】案孟子云、五百年之閒、必有名世者、趙岐曰、名世、次聖之才、物來能名、正一世者、生於聖人之閒也、此言命者名也、言賢人有名於世也、宏才、大才、謂史遷也、考較此書、文句不同、有多有少、莫辯其實。而世之惑者、定彼從此、是非相貿、眞僞舛雜。【正義】貿、音茂、舛、音昌轉反、言世之迷惑淺識之人、或定彼從此、本更相貿易、眞僞雜亂、不能辯其是非、故中散大夫東莞徐廣、研核衆本、爲作音義。【正義】作音義十三卷、裴駰爲注、散入百三十篇、具列異同、兼述訓解、【正義】徐作音義、具列異同之本、兼述訓解釋也、麤有所發明。而殊恨省略。【索隱】殊、絕也、左傳曰斬其木不殊、言絕恨其所撰大省略也、【正義】省、音山景反、【考證】王鳴盛曰、考宋書五十五卷徐廣本傳云、字野民、東莞姑幕人、云云、此傳敍述頗詳、並不言廣注史記、晉書八十二卷本傳南史三十三卷本傳並同、蓋偶然漏略、聊以愚管【索隱】案東方朔云、以管窺天、以蠡測海、皆喩小也、然此語本出莊子文、今云愚管者是駰謙言已恐陋管見所識不能遠大也、增演徐氏。【正義】演、音羊善反、增、益也、言裴駰

更增益演徐氏之說、采經傳百家、幷先儒之說、【正義】采、取也、或取傳說、採諸子百家、兼取先儒之義、先儒謂孔安國鄭玄服虔賈逵等是也、言百家、廣其非一、豫是有益、悉皆抄內、【正義】竝採經傳之說、有裨益史記、盡抄內其中、抄、音楚交反、刪其游辭、取其要實。【正義】刪、音師顏反、刪、除也、去經傳諸家浮游之辭、取其精要之實、或義在可疑、則數家兼列。【正義】數家之說不同、各有道理、致生疑惑、不敢偏弃、故皆兼列、漢書音義、稱臣瓚者、莫知氏姓。【索隱】案卽傳瓚、而劉孝標以爲于瓚、非也、據何法盛晉書、于瓚以穆帝時爲大將軍誅死、不言有注漢書之事、又其注漢書、有引祿秩令及茂陵書、然彼二書亡于西晉、非于所見也、必知是傳瓚者、案穆天子傳目錄云、傳瓚爲校書郞、與荀勗同校定穆天子傳、卽當西晉之朝、在于之前、尙見茂陵等書、又稱臣者、以其職典祕書故也、瓚、音殘岸反、【考證】洪頤煊曰、臣瓚劉昭續漢志補注、劉孝標類苑、杜氏通典、俱作于瓚、史記索隱李善文選注、俱作傳瓚、酈道元水經注又作薛瓚、顏氏漢書敍例、不載薛瓚之說、今直云瓚曰。又都無姓名者、但云漢書音義。【正義】漢書音義中有全無姓名者、裴氏注史記直云漢書音義、案大顏以爲無名義、今有六卷、題云孟康、或云服虔、蓋後所加、皆非其實、未詳指歸也、時見微意、有所裨補。【正義】見、音賢見反、裨、音卑、又音頻移反、裨、益也、裴氏云、時見己之微意、亦有所補益也、譬嘒星之繼朝陽、【索隱】嘒、微小

貌也、詩云、嘒彼小星、三五在東、言衆無名微小之星、各隨三心五噣、出在東方、亦能繼朝陽之光、嘒、音火慧反、朝陽、日也、嘒星繼朝陽、喩己淺薄而注史記也、飛塵之集華嶽。【正義】西嶽華山極高大、裴氏自喩才藻輕小、如飛塵之集華嶽、亦能成其高大、管子云、海不辭水、故能成其大、山不辭土、故能成其高、華、音胡化反、又如字、【考證】二句謙辭、正義亦能成其高大六字可刪、以徐爲本。【正義】徐廣音義、辨諸家異同、故以徐爲本也、號曰集解。未詳則闕、弗敢臆說。【正義】有未詳審之處、則闕而不論、不敢以胷臆之中而妄解說也、人心不同、【正義】言人心既不同、所見亦殊別也、聞見異辭。【正義】耳聞目見、心意既乖、其辭所以各異也、班氏所謂疏略抵捂者、依違不悉辯也。【索隱】裴氏言今或依違不敢復更辯明之也、案周公世家敍傳曰、依之違之、周公綏之也、愧非胥臣之多聞、【索隱】晉大夫臼季、名曰胥臣、案國語稱晉文公使趙衰爲卿、辭曰、欒枝貞愼、先軫有謀、胥臣多聞、皆可以爲輔、又胥臣對文公、黃帝二十五子、及屯豫皆八等事、是多聞也、子產之博物。【索隱】鄭卿公孫僑字子產、案左氏傳、子產聘晉、言晉侯之疾、非實沈臺駘之祟、乃說飲食哀樂、及內官不及同姓則能生疾、晉侯聞子產之言曰、博物君子也、妄言末學、蕪穢舊史。豈足以關諸畜德。庶賢無所用心而已。【索隱】關、預也、畜德、謂積德多學之人也、裴氏謙言已、今此集解、豈足關預於積學多識之士乎、正是冀望聖賢勝於飽食終

日無所用心、愈於論語不有博弈者乎之人耳、【考證】庶、幾也、言區區編摩、亦勝羣居終日無所用心之人耳、索隱瞶瞶、

文學博士瀧川龜太郎著

史記會注考證

史記會注考證卷一

漢　太　史　令　司　馬　遷　撰

宋　中　郎　外　兵　曹　參　軍　裴　駰　集　解

唐國子博士弘文館學士司馬　貞　索　隱

唐諸王侍讀率府長史張　守　節　正　義

日　本　出　雲　瀧　川　資　言　考　證

五帝本紀第一　　史記一

[集解]凡是徐氏義、稱徐姓名以別之、餘者悉是駰注解、并集衆家義、[索隱]紀者記也、本其事而記之、故曰本紀、又紀理也、絲縷有紀、而帝王書稱紀者、言爲後代綱紀也、

[正義]鄭玄注中候勑省圖云、德合五帝坐星者稱帝、又坤靈圖云、德配天地、在正不在私曰帝、案太史公依世本大戴禮、以黃帝顓頊帝嚳唐堯虞舜爲五帝、譙周應劭宋均皆同、而孔安國尚書序、皇甫謐帝王世紀、孫氏注世本、竝以伏犧神農黃帝爲三皇、少昊顓頊高辛唐虞爲五帝、裴松之史目云、天子稱本紀、諸侯曰世家、本者、繫其本系、故曰本紀、紀者理也、統理衆事、繫之年月、名之曰紀、第者次序之目、一者舉數之由、故曰五帝本紀第一、禮云、動則左史書之、言則右史書之、正義云、左陽故記動、右陰故記言、言爲尚書、事爲春秋、案春秋時置左右史、故云史記也、[考證]史公自序曰、維昔黃帝、法天則地、四聖遵序、各成法度、唐堯遜位、虞舜不台、厥美帝功、萬世載之、作五帝本紀第一、柯維騏曰、五帝之名、見於孔子家語及大戴禮、其說有二、其一孔子答季康子、以伏犧配木、神農配火、黃帝配土、少昊配金、顓頊配水、此言聖人革命改號、取法於五行之帝、非五帝之定名也、其一則孔子所答宰予五帝德、曰黃帝、曰顓頊、曰帝嚳、曰堯、曰舜、太史公所述五帝紀是也、厥後皇甫謐作帝王代紀、蘇子由作古史、鄭樵作通志、竝祖孔安國、以伏犧神農黃帝爲三皇、少昊顓頊帝嚳堯舜爲五帝、五峰胡氏又主秦博士天皇地皇人皇之議、而以伏犧神農爲三皇、黃帝堯舜爲五帝、道原劉氏遂以爲定、論竊謂皆不如太史公之說爲可徵耳、林伯桐曰、古來制作、自黃帝而定、禮記祭法曰、黃帝正名百物、孔疏云、上雖有百物、而未有名、黃帝爲物作名、正名其體也、然則史記託始、自有深意、既以黃帝爲始、固當援大戴禮五帝之論爲據、不容任意增損、後來胡五峯劉道原謂五帝當冠以伏羲神農、而削去顓頊帝嚳、論似近正、然非史公自黃帝始之意矣、又以秦博士天皇地皇之議爲三皇定名、此則載在秦始皇紀、而史公終不以爲據者、顧欲拾其所棄以相難、不亦異乎、中井積德曰、凡帝紀稱本者、對諸侯明本統也、本幹也、謂宗也、詩云、本支百世、紀是綱目之紀、謂相比次有倫理也、林駉曰、子長以事之繫于天下、則謂之紀、秦始皇已并六國、事異于前、則始皇可紀也、項羽政由己出、且封漢王、則項羽可紀也、孝惠高后之時、政出房闈、君道不立、雖紀呂后亦可也、趙翼曰、文心雕龍云、太史公取式呂覽、著本紀以述皇王、今按呂覽十二紀、非專述帝王之事、而史記大宛傳贊則云、禹本紀言河出崑崙高五百丈、又云、禹本紀及山海經所有怪物、予不敢言之也、是遷之作紀、非本於呂覽、而漢以前別有禹本紀一書、正遷所本耳、島田重禮曰、歐陽永叔曰、孔子修書、以堯舜爲斷、而子長上述黃帝、蓋以此爲訴屬、是亦不深考耳、夫宗其道則欲詳其人、詳其人則欲并其父祖曾高而詳之、子長紀五帝、乃所以著堯舜所自出、孔子傳周文之易、而遂及羲黃堯舜、子長亦祖述其意焉耳、且其所採出於戴記世本等、歷歷可徵、一則曰不離古文、二則曰取其最雅馴者、其取舍不苟如此、尚可目以好奇哉、

黃帝者、[集解]徐廣曰、號有熊、[索隱]案有土德之瑞、土色黃、故稱黃帝、猶神農火德王而稱炎帝然也、此以黃帝爲五帝之首、蓋依大戴禮五帝德、又譙周宋均亦以爲然、而孔安國皇甫謐帝王代紀、及孫氏注系本、竝以伏犧神農黃帝爲三皇、少昊高陽高辛唐虞爲五帝、注號有熊者、以其本是有熊國君之子故也、亦號軒轅氏、皇甫謐云、居軒轅之丘、因以爲名、又以爲號、又據左傳、亦號帝鴻氏也、[正義]輿地志云、涿鹿本名彭城、黃帝初都、遷有熊也、案黃帝有熊國君、乃少典國君之次子、號曰有熊氏、又曰縉雲氏、又曰帝鴻氏、亦曰帝軒氏、母曰附寶、之祁野、見大電繞北斗樞星、感而懷孕、二十四月而生黃帝於壽丘、壽丘在魯東門之北、今在兗州曲阜縣東北六里、生日角龍顏、有

景雲之瑞，以土德王，故曰黃帝。封泰山，禪亭亭。亭亭在牟陰。少典之子，【集解】譙周曰：有熊國君，少典之子也。皇甫謐曰：有熊，今河南新鄭是也。【索隱】少典者，諸侯國號，非人名也。又案國語云，少典娶有蟜氏女，生黃帝、炎帝。然則炎帝亦少典之子。炎黃二帝雖則相承，如帝王代紀中間凡隔八帝，五百餘年。若以少典是其父名，豈黃帝經五百餘年而始代炎帝後為天子乎，何其年之長也。又案秦本紀云，顓項氏之裔孫曰女脩，吞玄鳥之卵而生大業，大業娶少典氏而生柏翳，明少典是國號，非人名也。黃帝即少典氏後代之子孫，賈逵亦謂然，故左傳高陽氏有才子八人，亦謂其後代子孫而稱為子，是也。譙周字允南，蜀人，魏散騎常侍，徵不拜。此注所引者，是其人所著古史考之說也。皇甫謐字士安，晉人，號玄晏先生，今所引者，是其所作帝王代紀也。姓公孫，名曰軒轅。【索隱】案皇甫謐云，黃帝生於壽丘，長於姬水，因以為姓，居軒轅之丘，因以為名，又以為號。是本姓公孫，長居姬水，因改姓姬。【考證】大戴禮帝繫篇，少典產軒轅，是為黃帝。博士家本史記異字引鄒誕生音云，作軒冕之服，故曰軒轅。愚按大戴禮五帝德無姓公孫三字，未詳史公所本。崔述曰，公孫者，公之孫也。公族未及三世，則無氏。氏之以公孫，非姓也。況上古之時，安有是哉。生而神靈。弱而能言。【索隱】弱謂幼弱時也。蓋未合能言之時，而黃帝即言，所以為神異也。潘岳有哀弱子篇，其子未七旬曰弱。【正義】言神異也。易曰，陰陽不測之謂神。書云，人惟萬物之靈，故謂之神靈也。【考證】林伯桐曰，曲禮二十曰弱，在幼之後。黃帝紀弱而能言，則在幼之前，與曲禮不同。下文云，成而聰明，此成字乃曲禮所謂弱也。幼而徇齊。【集解】徐廣曰，墨子曰，年踰十五，則聰明心慮，無不徇通矣。駰案，徇，疾。齊，速也。言聖德幼而疾速也。【索隱】斯文未明。今

案徇齊皆德也。書曰，聰明齊聖。左傳曰，子雖齊聖，謂聖德齊肅也。又案孔子家語及大戴禮並作叡齊，一本作慧齊。叡慧皆智也。太史公採大戴禮而為此紀，今彼文無作徇者。史記舊本亦有作濬齊。蓋古字假借徇為濬，濬，深也。義亦並通。爾雅齊速俱訓為疾。尚書大傳曰，多聞而齊給。鄭注云，齊，疾也。今裴氏注云，徇亦訓疾，未見所出，或當讀徇為迅，迅於爾雅與齊俱訓疾，則迅濬雖異字而音同也。又爾雅曰，宣徇遍也，濬通也，是遍之與通義亦相近，言黃帝幼而才智周徧，且辯給也。故墨子亦云，年踰五十，則聰明心慮不徇通矣。俗本作十五，非是。案謂年老踰五十不聽明，何得云十五。【正義】幼謂七歲已下時也。【考證】查德基曰，徇當作侚。說文人部，侚，疾也。徐諧繫傳引史記，幼而侚齊。羣書治要引同。張文虎曰，如索隱所言，則相承作徇久矣。長而敦敏。成而聰明。【正義】成謂年二十冠，成人也。聰明，聞見明辯也。此以上至軒轅，皆大戴禮文。【考證】以上採五帝德。軒轅之時，神農氏世衰。【集解】皇甫謐曰，易稱庖犧氏沒，神農氏作，是為炎帝。班固曰，教民耕農，故號曰神農。【索隱】世衰，謂神農氏後代子孫道德衰薄，非指炎帝之身，即班固所謂參盧，皇甫謐所云帝榆罔是也。【正義】帝王世紀云，神農氏，姜姓也。母曰任姒，有蟜氏女，登為少典妃，遊華陽，有神龍首，感生炎帝，人身牛首，長於姜水，有聖德，以火德王，故號炎帝。初都陳，又徙魯。又曰魁隗氏，又曰連山氏，又曰列山氏。括地志云，厲山在隨州隨縣北百里，山東有石穴，曰神農生於厲鄉，所謂列山氏也。春秋時為厲國。【考證】張文虎曰，正義山東有石穴曰神農生於厲鄉，疑有脫誤。諸侯相侵伐，暴虐百姓。而神農氏弗能征。於是軒轅乃習用干戈，以征不

享。【索隱】謂用干戈以征諸侯之不朝享者。本或作亭，亭訓直，以征諸侯之不直者。【考證】博士家本史記異字引楓山、三條、南化本云，能征之征作正。洪頤煊曰，詩韓奕幹不庭方，國語周語以待不庭不虞之患，左氏襄十六年傳同討不庭。不亭乃不庭，古字通用。諸侯咸來賓從。而蚩尤最為暴，莫能伐。【集解】應劭曰，蚩尤，古天子。瓚曰，孔子三朝記曰，蚩尤，庶人之貪者。【索隱】案此紀云，諸侯相侵伐，蚩尤最為暴，則蚩尤非為天子也。又管子曰，蚩尤受盧山之金而作五兵，明非庶人，蓋諸侯號也。劉向別錄云，孔子見魯哀公問政，比三朝，退而為此記，故曰三朝。凡七篇，並入大戴記。今此注見用兵篇也。【正義】龍魚河圖云，黃帝攝政，有蚩尤兄弟八十一人，並獸身人語，銅頭鐵額，食沙石子，造立兵仗刀戟大弩，威振天下，誅殺無道，不慈仁。萬民欲令黃帝行天子事，黃帝以仁義不能禁止蚩尤，乃仰天而歎。天遣玄女下授黃帝兵信神符，制伏蚩尤，帝因使之主兵，以制八方。蚩尤沒後，天下復擾亂，黃帝遂畫蚩尤形像，以威天下，天下咸謂蚩尤不死，八方萬邦皆為弭服。山海經云，黃帝令應龍攻蚩尤，蚩尤請風伯雨師，以從大風雨。黃帝乃下天女曰魃，以止雨，雨止，遂殺蚩尤。孔安國曰，九黎君號蚩尤是也。【考證】尚書呂刑，蚩尤惟始作亂，延及於平民，罔不寇賊，鴟義姦宄，奪攘矯虔。呂氏春秋蕩兵篇，蚩尤作兵，非作兵也。未有蚩尤之時，民固剝林木以戰矣。炎帝欲侵陵諸侯。諸侯咸歸軒轅。軒轅乃修德振兵，【正義】振，整也。治五氣，【集解】王肅曰，五行之氣。【索隱】謂春甲乙木氣，夏丙丁火氣之屬，是五氣也。蓺五種，【集解】駰案，蓺，樹也。詩云，蓺之荏菽。周禮曰，穀宜五種。鄭玄曰，五種，黍稷菽麥稻也。【索隱】蓺，種也。

樹也。五種即五穀也。音朱用反。此注所引見詩大雅生民之篇。爾雅云，荏菽，戎菽也。郭璞曰，今之胡豆。鄭氏曰，豆之大者是也。【正義】蓺音魚曳反。種音腫。【考證】五帝德作設五量。撫萬民，度四方。【集解】王肅曰，度四方而安撫之。【正義】度音徒洛反。教熊羆貔貅貙虎，【索隱】書云，如虎如貔。爾雅云，貔，白狐。禮曰，前有摯獸，則載貔貅是也。爾雅又曰，貙獌似貍。此六者猛獸，可以教戰。周禮有服不氏，掌教擾猛獸，即古服牛乘馬，亦其類也。【正義】熊音雄。羆音碑。貔音毗。貅音休。貙音丑于反。羆如熊，黃白色。郭璞云，貔，執夷，虎屬也。案言教士卒習戰，以猛獸之名名之，用威敵也。【考證】林伯桐曰，正義之說最確，後世軍陣之名，實昉於此。愚按林說雖巧，難從。史文但當以字解耳。以與炎帝戰於阪泉之野。【集解】服虔曰，阪泉，地名。皇甫謐曰，在上谷。【正義】阪音白板反。括地志云，阪泉今名黃帝泉，在嬀州懷戎縣東五十六里。出五里至涿鹿東北，與涿水合。又有涿鹿故城，在嬀州東南五十里，本黃帝所都也。晉太康地理志云，涿鹿城東一里有阪泉，上有黃帝祠。案阪泉之野，則平野之地也。【考證】五帝德，炎帝作赤帝。僖二十五年左傳，遇黃帝戰于阪泉之兆。阪泉今在直隸保定境。三戰，然後得其志。【正義】謂黃帝克炎帝之後。【考證】崔述曰，漢書律歷志以炎帝為神農氏，太皞為庖犧氏，後人纂古史皆遵之，無異詞。以余考之不然。易傳曰，包犧氏沒，神農氏作，神農氏沒，黃帝堯舜氏作，是庖犧神農在黃帝之前也。春秋傳曰，黃帝氏以雲紀，炎帝氏以火紀，共工氏以水紀，太皞氏以龍紀，是炎帝大皞在黃帝之後也。然則庖犧氏之非大皞，神農氏之非炎帝也明矣。史記五帝紀曰，軒轅氏之時，神農氏世衰，諸侯相侵伐，暴虐百姓，而神農氏弗能征。又曰，炎帝欲侵陵諸

侯、軒轅乃脩德振兵、以與炎帝戰於阪泉之野、三戰然後得其志、夫神農氏既不能征諸侯矣、又安能侵陵諸侯、既云世衰矣、又何待三戰然後得志乎、且前文言衰弱、凡兩稱神農氏、皆不言炎帝、後文言征戰、凡兩稱炎帝、皆不言神農氏、然則與黃帝戰者自炎帝、與神農氏無涉也、其後又云諸侯尊軒轅爲天子、代神農氏、又不言炎帝、然則帝於黃帝之前者神農氏、與炎帝無涉也、封禪書云、古者封泰山禪梁父者七十二家、而夷吾所記者十有二焉、神農封泰山禪云云、炎帝封泰山禪云云、夫十有二家中、既有神農、復有炎帝、其爲二人明甚、烏得以炎帝爲神農氏也哉、戰國策曰、神農氏伐補遂、黃帝伐涿鹿而擒蚩尤、亦列神農於黃帝前、而不云炎帝、晉語曰、黃帝以姬水成、炎帝以姜水成、亦列炎帝於黃帝後、而不云神農、神農之非炎帝也明矣、愚按、治五氣蓺五種以下、采五帝德、慶長本引古鈔本、楓山、三條、南化本、得下有行字、

蚩尤作亂、不用帝命。【正義】言蚩尤不用黃帝之命也、於是黃帝乃徵師諸侯、與蚩尤戰於涿鹿之野。【集解】服虔曰、涿鹿山名、在涿郡、張晏曰、涿鹿在上谷、【索隱】或作濁鹿、古今字異耳、案地理志、上谷有涿鹿縣、然則服虔云在涿郡者誤也、【考證】涿鹿、今直隸宣化保安州南、遂禽殺蚩尤。【集解】皇覽曰、蚩尤冢在東平郡壽張縣闞鄉城中、高七丈、民常十月祀之、有赤氣出、如匹絳帛、民名爲蚩尤旗、肩髀冢在山陽郡鉅野縣重聚、大小與闞冢等、傳言黃帝與蚩尤戰於涿鹿之野、黃帝殺之、身體異處、故別葬之、【索隱】案皇甫謐云、黃帝使應龍殺蚩尤于凶黎之谷、或曰黃帝斬蚩尤于中冀、因名其地曰絕轡之野、注皇覽書名也、記先代冢墓之處、宜皇王之省覽、故曰皇覽、是魏人王象繆襲等所撰也、【正義】髀、白米反、【考證】殷本紀引湯誥云、昔

蚩尤與其大夫作亂百姓、戰國策、黃帝伐涿鹿而擒蚩尤、而諸侯咸尊軒轅爲天子、代神農氏。是爲黃帝。天下有不順者。黃帝從而征之、平者去之。【正義】平服者即去也、披山通道、未嘗寧居。【集解】徐廣曰、披他本亦作陂字、蓋當音詖、陂者旁其邊之謂也、披語誠合今世、然古今不必同也、【索隱】披音如字、謂披山林草木而行以通道也、徐廣音詖、恐稍紆也、東至于海、登丸山、【集解】徐廣曰、丸一作凡、駰案地理志曰、丸山在郎邪朱虛縣、【索隱】注丸一作凡、凡音扶嚴反、【正義】丸音桓、括地志云、丸山即丹山、在青州臨朐縣界朱虛故縣西北二十里、丹水出焉、丸音紈、守節案、地志唯有凡山、蓋凡山丸山是一山耳、諸處字誤、或凡或丸也、漢書郊祀志云、禪丸山、顏師古云、在朱虛、亦與括地志相合、明丸山是也、及岱宗。【正義】泰山東岳也、在兗州博城縣西北三十里也、【考證】成孺曰、徐堅初學記九引史記丸山作桓山、丸桓同音、據此知唐本史記作丸、不作凡、西至于空桐、【集解】應劭曰、山名、韋昭曰、在隴右、登雞頭。【索隱】山名也、後漢王孟塞雞頭道、在隴西、一曰崆峒山之別名、【正義】括地志云、空桐山在肅州福祿縣東南六十里、抱朴子內篇云、黃帝西見中黃子、受九品之方、過空桐、從廣成子受自然之經、即此山、括地志又云、笄頭山一名崆峒山、在原州平高縣西百里、禹貢涇水所出、輿地志云、或即雞頭山也、酈元云、蓋大隴山異名也、莊子云、廣成子學道崆峒山、黃帝問道於廣成子、蓋在此、案二處崆峒皆云黃帝登之、未詳孰是、【考證】成孺曰、崆峒古祇作空桐、當是隴西地名、非山也、史記於丸山岱宗雞

頭熊湘、並繫以登、而東至于海、西至于空桐、南至于江、空桐但與江漢類列、則其爲地名、而非山可知、韋昭曰、在隴右、索隱前說云、在隴西、最合、應劭及索隱後說並非也、南至于江、登熊湘。【集解】封禪書曰、南伐至于召陵、登熊山、地理志曰、湘山在長沙益陽縣、【正義】括地志云、熊耳山在商州上洛縣西十里、齊桓公登之以望江漢也、湘山一名編山、在岳州巴陵縣南十八里也、【考證】成孺曰、黃帝所登熊耳、與湘山相近、自當以在益陽者爲是、集解以桓公所登者釋之、誤、北逐葷粥、【集解】匈奴傳曰、唐虞以上有山戎獫狁葷粥、居于北蠻、【索隱】匈奴別名也、唐虞已上曰山戎、亦曰熏粥、夏曰淳維、殷曰鬼方、周曰玁狁、漢曰匈奴、【正義】葷音薰、粥音育、合符釜山、【索隱】合諸侯符契圭瑞、而朝之於釜山、猶禹會諸侯於塗山然也、又案郭子橫洞冥記稱、東方朔云、東海大明之墟有釜山、山出瑞雲、應王者之符命、如堯時有赤雲之祥之類、蓋黃帝黃雲之瑞、故曰合符應於釜山也、【正義】括地志云、釜山在嬀州懷戎縣北三里、山上有舜廟、而邑于涿鹿之阿、【正義】廣平曰阿、涿鹿山名、已見上、涿鹿故城在山下、即黃帝所都之邑、於山下平地、遷徙往來無常處。以師兵爲營衛。【正義】環繞軍兵爲營、以自衛、若轅門即其遺象、官名皆以雲命。爲雲師。【集解】應劭曰、黃帝受命、有雲瑞、故以雲紀事也、春官爲青雲、夏官爲縉雲、秋官爲白雲、冬官爲黑雲、中官爲黃雲、張晏曰、黃帝有景雲之應、因以名師與官命、名也、【考證】昭公十七年左傳引郯子言曰、昔者黃帝氏以雲紀官、故爲雲師、而雲名、史公所本、又見家語辨物篇、置左右大監、監于

萬國。【正義】監上監去聲、下監平聲、若周邵分陝也、萬國和、而鬼神山川封禪、與爲多焉。【集解】徐廣曰、多一作朋、【索隱】與音羊汝反、與猶許也、言萬國和同、而鬼神山川封禪祭祀之事、自古以來帝皇之中、推許黃帝以爲多、多猶大也、【正義】與猶比也、【考證】中井積德曰、言鬼神封禪之事、於其政理中許多也、徐孚遠曰、此皆武帝時方士附會、詳在封禪書中、本紀略舉其遠、獲寶鼎、迎日推筴。【集解】晉灼曰、策、數也、迎、數之也、瓚曰、日月朔望未來而推之、故曰迎日、【索隱】封禪書曰、黃帝得寶鼎神策、下云、於是推策迎日、則神策者神蓍也、黃帝得蓍以推算歷數、於是逆知節氣日辰之將來、故曰推策迎日也、【正義】筴音策、迎、逆也、黃帝受神筴、命大撓造甲子、容成造曆是也、舉風后・力牧・常先・大鴻以治民。【集解】鄭玄曰、風后、黃帝三公也、班固曰、力牧、黃帝相也、大鴻見封禪書、【正義】舉任用四人、皆帝臣也、帝王世紀云、黃帝夢大風吹天下之塵垢皆去、又夢人執千鈞之弩、驅羊萬羣、帝寤而歎曰、風爲號令、執政者也、垢去土、后在也、天下豈有姓風名后者哉、夫千鈞之弩、異力者也、驅羊數萬羣、能牧民爲善者也、天下豈有姓力名牧者哉、於是依二占而求之、得風后於海隅、登以爲相、得力牧於大澤、進以爲將、黃帝因著占夢經十一卷、藝文志云、風后兵法十五篇、圖二卷、孤虛二十卷、力牧兵法十五篇、鄭玄云、風后黃帝之三公也、案黃帝仰天地、置列侯衆官、以風后配上台、天老配中台、五聖配下台、謂之三公也、封禪書云、鬼臾區號大鴻、黃帝大臣也、死葬雍、故鴻冢是、藝文志云、鬼容區兵法三篇也、【考證】崔述曰、黃炎之世、卿相之名、未有見於傳者、則四人恐亦後人託言、縱使有之、而其時未有典冊、則兵法非其所著明矣、順天地

之紀、〔正義〕言黃帝順天地陰陽四時之紀也、〔考證〕李笠曰、順字蒙下三句、爾雅釋詁、順陳也、幽明之占、〔正義〕幽、陰、明、陽也、占、數也、言陰陽五行、黃帝占數而知之、此文見大戴禮、〔考證〕五帝德、家語、占作故、李笠曰、占疑是故之爛文、死生之說、〔集解〕徐廣曰、一云幽明之數、合死生之說、〔正義〕說、謂儀制也、民之生死、此謂作儀制禮則之說、存亡之難、〔集解〕存亡、猶安危也、易曰、危者安其位、亡者保其存、是也、難、猶說也、凡事是非未盡、假以往來之詞、則曰難、又上文有死生之說、故此云存亡之難、所以韓非著書有說林說難也、〔正義〕難、音乃憚反、存亡猶生死也、黃帝之前、未有衣裳屋宇、及黃帝造屋宇、制衣服、營殯葬、萬民故免存亡之難、〔考證〕李笠曰、家語云、以順天地之紀、知幽明之故、達死生存亡之說、曰知曰達、亦卽陳順之意、以死生存亡和作一句者、避說字之複也、小司馬云、難、猶說、是矣、然韓子說難、謂游說之不易、辨難之義、與彼無涉、愚按難猶變也、時播百穀草木、〔集解〕王肅曰、時、是也、〔索隱〕爲一句、〔正義〕言順四時之所宜而布種百穀草木也、〔考證〕時讀爲蒔、淳化鳥獸蟲蛾、〔索隱〕爲一句、蛾、音牛綺反、一作豸、豸言淳化廣被及之、〔正義〕蛾、音魚起反、又音豸、豸、音直氏反、蟻、蚍蜉也、爾雅曰、有足曰蟲、無足曰豸、〔考證〕索隱豸下脫音、言字當在化字下、旁羅日月星辰、水波土石金玉、〔集解〕徐廣曰、波、一作沃、〔索隱〕旁、非一方、羅、廣布也、今案大戴禮作歷離、離、卽羅也、言帝德旁羅日月星辰水波、及至土石金玉、謂日月揚光、海水不波、山不藏珍、皆是帝德廣被也、〔正義〕旁羅、猶遍布也、日月、陰陽時節也、星、二十八宿也、辰、日月所會也、水波、瀾漪也、言天不異災、土無別害、水少波浪、

山出珍寶、〔考證〕凌稚隆曰、旁羅乃測天度之器、如今之日晷地羅也、愚按百穀草木鳥獸蟲蛾、日月星辰、土石金玉、心力耳目、水火材物、皆物、時播、淳化、旁羅、水波、勞勤、節用、皆事、水波未詳、或云、水壞字、扁旁存者、波當從徐氏一本作沃、大戴禮作極畋、阮氏補注云、畋、治也、極、言至於四邊、亦不通、勞勤心力耳目、節用水火材物。〔正義〕節、時節也、水、陂障決洩也、火、山野禁放也、材、木也、物、事也、言黃帝教民、江湖陂澤、山林原隰、皆收採禁捕以時、用之有節、令得其利也、大戴禮云、宰我問於孔子曰、予聞榮伊曰、黃帝三百年、請問黃帝者人耶、何以至三百年、孔子曰、勞勤心力耳目、節用水火材物、生而民得其利百年、死而民畏其神百年、亡而民用其敎百年、故曰三百年也、〔考證〕中井積德曰、材物是一件泛稱、愚按順天地之紀以下、采五帝德、有土德之瑞。故號黃帝。〔索隱〕炎帝火、黃帝土代之、卽黃龍地螾見是也、螾、土精、大五六圍、長十餘丈、螾、音引、〔正義〕螾、音以刃反、〔考證〕呂氏春秋應同篇、黃帝之時、天先見大螾大螻、黃帝曰、土氣勝、土氣勝、故其色尚黃、其事則土、史記封禪書云、黃帝得土德、黃龍地螾見、崔述曰、近代纂古史者、咸云伏羲以木德王、神農以火德王、黃帝以土德王、少皞以金德王、顓頊以水德王、帝嚳堯舜以降、皆以五行、周而復始、余按帝王之興、果以五行終始、則此乃天下之大事也、二帝之典、三王之誓誥、必有言之者、卽不言、若易春秋傳、窮陰陽之變、微黃炎之事、述神怪之說詳矣、猶絕無一言及之、然則是戰國以前、原無此說也、明矣、洪範曰、水曰潤下、火曰炎上、木曰曲直、金曰從革、土爰稼穡、不言其爲帝王受命之符也、夫天下之事、孰有大於帝王受命者、曲直從革之屬、抑末矣、何故舍其大者不言、而但言其細者乎、傳曰、黃帝氏以雲紀、炎帝氏以火紀、共工氏以水紀、太皞氏以龍紀、少皞氏以鳥紀、是帝王

之興、各因物以取義、不必於五行也、各因義以立名、無所謂終始也、不然以水以火、可矣、以雲龍鳥何說焉、傳曰、陳、水族也、又曰、衛、顓頊之虛也、其星爲大水、此自謂顓頊之應乎、水耳、非謂帝王皆以五行相終始也、若皆以五行相終始、則舜以土德王、何以論陳者、不近係之舜之土、而反遠係之顓頊之水乎、夫五行之說、昉於洪範、上古帝王之事、詳於春秋傳、洪範不言、春秋傳之說不合、然則是爲五德終始之說者、乃異端之說、而非聖賢之旨也、明矣、五德終始之說、起於鄒衍、而其施諸朝廷政令、則在秦幷天下之初、史記封禪書、及始皇本紀、孟子荀卿列傳、言之詳矣、其說以爲黃帝得土德、黃龍地螾見、夏得木德、青龍止於郊、殷得金德、銀自山溢、周得火德、有赤烏之符、皆以所不勝者遞推之、是以秦之代周、自謂水德、而漢賈誼公孫臣皆謂漢當土德、太初改制、服色尚黃、用衍說也、蓋自周道既衰、異端並起、大略分爲六術、史記自敍所謂儒墨道德名法陰陽是也、而衍以陰陽專門名家、漢志九流、次陰陽於道家法家之間、而其書目有騶子四十九篇、騶子終始五十六篇、史記亦云、騶衍以陰陽主運顯於諸侯、燕齊海上之方士傳其術、怪迂阿諛苟合之徒、自此不可勝數也、則是司馬遷固已非之矣、且龍止銀溢、皆荒唐無可證、赤烏之符、雖見於河內女子之泰誓、然白魚入舟、不又爲金德乎、此固大雅君子所不道也、以秦之惑、至於焚詩書求神仙、其爲術說所欺固宜、後之學者、何爲而亦爲其所欺耶、黃帝二十五子。其得姓者十四人。〔索隱〕舊解破四爲三、言得姓十三人耳、今案國語胥臣云、黃帝之子二十五宗、其得姓者十四人、爲十二姓、姬酉祁己滕葴任荀僖姞嬛依是也、唯青陽與夷鼓同己姓、又云、青陽與蒼林爲姬姓、是則十四人爲十二姓、其文甚明、唯姬姓再稱青陽與蒼林、蓋國語文誤、所以致令前儒共疑、其姬姓青陽、當爲玄囂、是帝嚳祖、本與黃帝同姬姓、其

國語上文青陽卽是少昊金天氏爲己姓者耳、既理在不疑、無煩破四爲三、〔正義〕倍、音力其反、姞、其吉反、嬛、音在宣反、〔考證〕黃帝二十五子以下、本晉語胥臣言、崔述曰、上古之時、人情樸略、容有未受姓者、故因錫土而遂賜之、所以禹貢有錫土姓之文、非每人皆賜之以姓也、安有同父而異姓者哉、姓也者、生也、有姓者所以辨其所由生也、苟同父而各姓其姓、則所由生者無可辨、有姓曷取焉、且十二姓之見於傳者、姬祁己任姞五姓而已、然皆相爲昏姻、后稷取於姞、王季取於任、春秋時晉之欒與祁昏、魯之孟與己昏、而姬劉祁范乃世爲昏姻、皆無譏者、果同祖也、可爲昏乎、若同祖者易其姓而卽可爲昏、則吳之孟子、何譏焉、春秋傳云、任宿須句顓臾、風姓也、實司大皞與有濟之祀、又云、炎帝爲火師、姜姓其後也、覯其文、皆似古帝王之子孫世守其姓而不改者、唯虞後本姚姓、而陳乃嬀姓、故晉史趙以爲周之所賜、蓋偶然之事、時或有他故焉、要之嬀猶姚耳、非姚與嬀之遂可以相爲昏也、自國語始有一人子孫分爲數姓之說、而大戴記從而衍之、史記又從而采之、遂謂唐虞三代共出一祖、而帝王之族姓遂亂雜而失其眞矣、然則是評古聖而惑後儒者、皆國語爲之濫觴也、黃帝居軒轅之丘、〔集解〕皇甫謐曰、受國於有熊、居軒轅之丘、故因以爲名、又以爲號、山海經曰、在窮山之際、西射之南、張晏曰、作軒冕之服、故謂之軒轅、而娶於西陵氏之女。是爲嫘祖。〔集解〕徐廣曰、祖、一作俎、嫘、力追反、〔索隱〕一曰雷祖、音力堆反、〔正義〕西陵、國名也、嫘、一作傫、〔考證〕陵下氏字、各本脫、依古鈔本楓山本三條本、及御覽引史記補、大戴禮帝繫篇亦有、嫘祖爲黃帝正妃。生二子。其後皆有天下。〔索隱〕案、黃帝立四妃、象后妃四星、皇甫謐云、元妃西陵氏女、曰累祖、生

昌意、次妃方雷氏女、曰女節、生青陽、次妃彤魚氏女、生夷鼓、一名蒼林、次妃嫫母、班在三人之下、案國語、夷鼓蒼林是二人、又案漢書古今人表、彤魚氏生夷鼓、嫫母生蒼林、不得如譙所說、太史公乃據大戴禮、以累祖生昌意及玄囂、玄囂即青陽也、皇甫謐以青陽爲少昊、乃方雷氏所生、是其所見異也、其一曰玄囂。是爲青陽。【索隱】玄囂、帝嚳之祖、案皇甫謐及宋衷皆云、玄囂青陽即少昊也、今此紀下云、玄囂不得在帝位、則太史公意青陽非少昊明矣、而此又云玄囂是爲青陽、當是誤也、謂二人皆黃帝子、竝列其名、所以前史因誤以玄囂青陽爲一人耳、宋衷又云、玄囂青陽、是爲少昊、繼黃帝立者、而史不敍、蓋少昊金德王、非五運之次、故敍五帝不數之也、【考證】杭世駿曰、按戴德禮有孝昭冠辭、則其後於太史公明矣、集解意以爲太史公乃據大戴禮、疑有誤、沈家本曰、太史公所據帝繫篇、在今大戴禮中、故裴注云然、大戴禮亦漢初相傳之書、戴德刪篇八十五篇、遂名大戴、實非德所撰述也、青陽降居江水。【正義】括地志云、安陽故城、在豫州新息縣西南八十里、應劭云、古江國也、地理志亦云、安陽、古江國也、【考證】帝繫篇、江水作泜水、其二曰昌意。降居若水。【集解】降、下也、言帝子爲諸侯、降居江水若水、皆在蜀、即所封國也、水經曰、水出旄牛徼外東南至故關爲若水、南過邛都、又東北至朱提縣爲盧江水、是蜀有此二水也、昌意娶蜀山氏女。曰昌僕。生高陽。【考證】黃帝居軒轅以下、采帝繫、古鈔、楓山三條、南化本、慶長本、標記引鄒誕本、僕作漢、與帝繫合、高陽有聖悳焉。【正義】華陽國志及十三州志云、蜀之先、肇於人皇之際、黃帝之子昌意、娶蜀山氏、後子孫因封焉、帝顓頊高陽氏、

黃帝之孫、昌意之子、母曰昌僕、亦謂之女樞、河圖云、瑤光如蜺貫月、正白、感女樞於幽房之宮、生顓頊、首戴干戈、有德文也、黃帝崩。【集解】皇甫謐曰、在位百年而崩、年百一十一歲、【索隱】案大戴禮、宰我問孔子曰、榮伊言黃帝三百年、請問黃帝何人也、抑非人也、何以至三百年乎、對曰、生而人得其利百年、死而人畏其神百年、亡而人用其教百年、則士安之說略可憑矣、【正義】列仙傳云、軒轅自擇亡日、與羣臣辭還、葬橋山、山崩、棺空、唯有劍舄在棺焉、【考證】林伯桐曰、史記於黃帝紀最慎、所謂擇其言尤雅者也、正義於蚩尤、則引龍魚河圖、於風后力牧、則引帝王世紀、於黃帝崩、則引列仙傳、皆不雅馴之言、豈史公之意乎、葬橋山。【集解】皇覽曰、黃帝冢在上郡橋山、【索隱】地理志、橋山在上郡陽周縣、山有黃帝冢也、【正義】括地志云、黃帝陵在寧州羅川縣東八十里子午山、地理志云、上郡陽周縣橋山南有黃帝冢、案陽周隋改爲羅川、爾雅云、山銳而高曰橋也、其孫昌意之子高陽立。是爲帝顓頊也。帝顓頊高陽者、黃帝之孫、而昌意之子也。【集解】皇甫謐曰、都帝丘、今東郡濮陽是也、【索隱】宋衷云、顓頊名、高陽、有天下號也、張晏云、高陽者所興地名也、【考證】張文虎曰、案史記篇自爲卷、脈絡相貫、後人取便簡閱、中斷提行、然亦有改之未盡者、舊刻毛本、此紀帝堯接帝嚳、不提行、是其迹也、他合傳亦有類是者、今槩不提行、以歸一例、後倣此、愚按、南化本云、顓音專、頊許錄反、靜淵以有謀。疏通而知事。養材以任地、【索隱】言能養材物以任地、大戴禮作養財、載時以象天。【索隱】載、行也、言行四時以象天、大戴禮作履時以

象天、履亦踐而行也、依鬼神以制義、【索隱】鬼神聰明正直、當盡心敬事、因制尊卑之義、故禮曰、降于祖廟之謂仁義、是也、【正義】鬼之靈者曰神也、鬼神、謂山川之神也、能興雲致雨、潤養萬物也、故已依馮之、剬義也、剬古制字、治氣以教化、【索隱】謂理四時五行之氣、以教化萬人也、絜誠以祭祀。北至于幽陵、【正義】幽州也、南至于交阯、【正義】阯、音止、交州也、西至于流沙、【集解】地理志曰、流沙在張掖居延縣、【正義】濟渡也、括地志云、居延海南甘州張掖縣東北千六十四里是、東至于蟠木。【集解】海外經曰、東海中有山焉、名曰度索、上有大桃樹、屈蟠三千里、東北有門、名曰鬼門、萬鬼所聚也、天帝使神人守之、一名神荼、一名鬱壘、主閱領萬鬼、若害人之鬼、以葦索縛之、射以桃弧、投虎食也、【考證】錢大昕曰、蟠木、扶木也、呂覽爲欲篇、西至流沙、東至扶木、又求人篇、禹東至榑木之地、說文、榑桑、神木、日所出也、榑與扶通、扶木即扶桑、古音扶如酺、聲轉爲蟠也、動靜之物、【正義】動物、謂鳥獸之類、靜物、謂草木之類、大小之神、【正義】大、謂五嶽四瀆、小、謂丘陵墳衍、日月所照、莫不砥屬。【集解】王肅曰、砥、平也、四遠皆平而來服屬、【索隱】依王肅、音止屬、據大戴禮作砥礪也、【正義】砥、磨石也、取其平也、【考證】帝顓頊以下采五帝德篇、帝顓頊生子曰窮蟬。【索隱】系本作窮係、宋衷云、一云、窮係諡也、【正義】帝舜之高祖也、【考證】以上采帝繫、顓頊崩。【集解】皇甫謐曰、在位七十八年、年九十八、皇覽曰、顓頊冢在東郡濮陽頓丘城門外廣陽里中、頓丘者、城門名、頓

丘道、【索隱】皇甫謐云、據左氏、歲在鶉火而崩、葬東郡、又山海經曰、顓頊葬鮒魚山之陽、九嬪葬其陰、而玄囂之孫高辛立。是爲帝嚳。帝嚳高辛者、【集解】張晏曰、少昊以前、天下之號象其德、顓頊以來、天下之號因其名、高陽高辛皆所興之地名、顓頊與嚳皆以字爲號、上古質故也、【索隱】宋衷曰、高辛、地名、因以爲號、嚳、名也、皇甫謐云、帝嚳名夋也、【正義】炎帝作耒耜、以利百姓、教民種五穀、故號神農、黃帝制輿服宮室等、故號軒轅氏、少昊象日月之始、能師太昊之道、此謂象其德也、帝王紀云、俈母無聞焉、【考證】楓山三條、南化本云、嚳一作俈、音國、黃帝之曾孫也。高辛父曰蟜極。【正義】蟜、音居兆反、本作橋、音同、又巨遙反、帝堯之祖也、蟜極父曰玄囂。玄囂父曰黃帝。自玄囂與蟜極、皆不得在位。至高辛即帝位。【集解】皇甫謐曰、都亳、今河南偃師是、【考證】帝嚳以下、采帝繫、高辛於顓頊爲族子。高辛生而神靈、自言其名。【正義】帝王紀云、帝俈高辛、姬姓也、其母生見其神異、自言其名曰岌、齠齔有聖德、年十五而佐顓頊、三十登位、都亳、以人事紀官也、普施利物、不於其身、聰以知遠、明以察微、順天之義、知民之急、【考證】急字當依戴記作㥯、讀如勤恤民隱之隱、楓三、南本無物字、仁而威、惠而信、脩身天下服。取地之財而

節用之、撫教萬民而利誨之、歷日月而迎送之、【正義】言作歷、弦望晦朔、日月未至而迎之、過而送之、上迎日推策是也、【考證】中井積德曰、歷、謂推步之、張文虎曰、尚書寅餞納日、與寅賓出日相對、歷日月而迎送之、蓋卽賓餞之意、明鬼神而敬事之。【正義】天神曰神、人神曰鬼、又云、聖人之精氣謂之神、賢人之精氣謂之鬼、言明識鬼神而敬事也、其色郁郁、其德嶷嶷。【索隱】郁郁、猶穆穆也、嶷嶷、德高也、今案大戴禮郁作神、嶷作俟、【考證】今本大戴禮與史文同、其動也時、其服也士。【索隱】舉動應天時、衣服服士服、言其公且廉也、【正義】服、士之祭服、緇衣纁裳也、【考證】服、行也、士、事也、言服事不懈也、帝嚳溉執中而偏天下。【集解】徐廣曰、古既字作水旁、偏字一作尹、【索隱】卽尚書允執厥中是也、【正義】溉音既、言帝俈治民若水之溉灌、平等而執中正、偏於天下也、【考證】戴記無溉字、偏作獲、洪頤煊曰、溉古通作概字、概、平也、言執中以偏及於天下、沈濤曰、集解引徐廣曰、古既字作水旁、既之作溉、猶夷之作銕、是史遷書古字之僅存者、此外爲小司馬張守節輩所竄改者不少矣、五帝紀曰暘谷、索隱曰史記舊本作湯谷、今竝依尚書字、則小司馬所改也、曰竝、蓋不止一字、孫詒讓曰、偏、大戴作獲、獲當爲護、護猶云辨護、理董監治之義、李笠曰、偏卽辨之叚音、古字通、大戴禮當作護、史記當作辨、字異義同、竝理董監治之義、日月所照、風雨所至、莫不從服。【正義】以上大戴文也、【考證】高辛生而神靈以下五帝德、帝嚳娶陳鋒氏女。【索隱】鋒、音峯、案系

本作陳鄷氏、皇甫謐云、陳鋒氏女曰慶都、慶都名也、【正義】鋒音峯、又作豐、帝王紀云、帝俈有四妃、卜其子皆有天下、元妃有邰氏女曰姜嫄、生后稷、次妃有娀氏女曰簡狄、生卨、次妃陳豐氏女曰慶都、生放勛、次妃娵訾氏女曰常儀、生帝摯也、生放勳。【正義】放、音方往反、勳亦作勛、音許云反、言堯能放上代之功、故曰放勛、諡堯、姓伊祁氏、帝王紀云、帝堯陶唐氏祁姓也、母慶都、十四月生堯、娶娵訾氏女、生摯。【索隱】案皇甫謐云、女名常宜也、【正義】娵、足須反、訾、紫移反、【考證】以上帝繫、帝嚳崩。【集解】皇甫謐曰、在位七十年、年百五歲、皇覽曰、帝嚳冢在東郡濮陽頓丘城南臺陰野中、而摯代立。帝摯立不善崩。【索隱】古本作不著、音張慮反、俗本作不善、不善謂微弱、不著猶不著明、衞宏云、摯立九年、而唐侯德盛、因禪位焉、【正義】帝王紀云、帝摯之母、於四人中班最在下、而摯於兄弟最長、得登帝位、封異母弟放勛爲唐侯、摯在位九年、政微弱、而唐侯德盛、諸侯歸之、摯服其義、乃率羣臣造唐而致禪、唐侯自知有天命、乃受帝禪、乃封摯於高辛、今定州唐縣也、而弟放勳立。是爲帝堯。【考證】論語泰伯篇正義引尚書大傳曰、堯年十六、以唐侯升爲天子、遂以爲號、吳裕垂曰、堯嗣摯統、兄弟相及也、堯卽帝位、經無明文、於是滋生異說、有謂摯服義而致禪者、有謂摯荒淫而見廢者、此皆亂賊之徒、欲飾篡爲禪、附會其說以自文耳、太史公所謂百家之言、其文不雅馴者、莫甚於此、故博採羣書、擇其尤雅者、著爲本紀、以爲帝摯不善、既崩而後放勳立、可謂折衷至正、俾萬世人臣無所藉口矣、帝堯者、【集解】諡法曰、翼善傳聖曰堯、【索隱】堯、諡也、放勳、名、帝嚳之子、姓伊祁氏、案皇甫謐云、堯初生時、其母在三阿之南、寄於伊長孺之家、

故從母所居爲姓也、【正義】徐廣云、號陶唐、帝王紀云、堯都平陽、於詩爲唐國、徐才宗國都城記云、唐國、帝堯之裔子所封、其北帝夏禹都、漢曰太原郡、在古冀州太行恆山之西、其南有晉水、括地志云、今晉州所理平陽故城是也、平陽河水、一名晉水也、放勳。【集解】徐廣曰、號陶唐、皇甫謐曰、堯以甲申歲生、甲辰卽帝位、甲午徵舜、甲寅舜代行天子事、辛巳崩、年百一十八、在位九十八年、【考證】崔適曰、依舜本紀名曰重華、夏本紀名曰文命、此當補名曰二字、愚按此承上文弟放勳而言、與舜禹本紀異、不必補二字、又按堯舜禹皆名、放勳重華文命、皆其徽號、當時尚未有諡、注諡法可刪、舜禹皆倣之、古鈔本無者字、其仁如天、【索隱】如天之函養也、【正義】郭璞注爾雅云、仁覆憫下、謂之昊天也、其知如神、【索隱】如神之微妙也、就之如日、【索隱】如日之照臨、人咸就之、若葵藿傾心以向日也、望之如雲。【索隱】如雲之覆渥、言德化廣大而浸潤生人、人咸仰望之、故曰如百穀之仰膏雨也、【考證】中井積德曰、如日、謂其溫仁也、猶炙背于陽、如雲、謂其高大覆冒、索隱非、富而不驕、貴而不舒。【索隱】舒、猶慢也、大戴禮作不豫、【正義】淩上慢下、謂之爲驕、言堯有天下之富、而不驕人也、黃收純衣【集解】徐廣曰、純一作紋、駰案、太古冠冕圖云、夏名冕曰收、禮記曰、野夫黃冠、鄭玄曰、純衣、士之祭服、【索隱】收、冕名、其色黃、故曰黃收、象古質素也、純讀曰緇、【考證】大戴禮作黃黼黻衣、彤車乘白馬。【考證】以上采五帝德、彤、戴記作丹、義同、能明馴德、以親九族。【集解】徐廣曰、馴古訓字、【索隱】史記馴字、徐廣皆讀曰訓、訓順也、言聖德能順人也、案尚書作俊德、孔安國云、能明用俊德、

之士、與此文意別也、【考證】順德、尚書作俊德、大學作峻德、卽大德、大德光明、可以睦九族、可以便章百姓、可以合和萬國、九族既睦、便章百姓。【集解】徐廣曰、下云便程東作、然則訓平爲便也、駰案、尚書竝作平字、孔安國曰、百姓、百官、鄭玄曰、百姓、羣臣之父子兄弟、【索隱】古文尚書作平、此文蓋讀平爲浦耕反、平既訓便、因作便章、其今文作辯章、古平字亦作便、音婢緣反、便則訓辯、遂爲辯章、鄒誕生本亦同也、百姓昭明、合和萬國。【考證】尚書能作克、便作平、合作協、國作邦、邦字漢高祖名、史公諱改、自內及外、自近及遠、是堯之所以有天下致太平也、尚書皐陶謨皐陶曰、都、愼厥身修思永、惇叙九族、庶明勵翼、邇可遠在茲、亦述此意、詩大雅思齊稱周文王曰、刑于寡妻、至于兄弟、以御于家邦、論語爲政篇或謂孔子曰、子奚不爲政、子曰、書云、孝乎惟孝、友于兄弟、施於有政、戴記大學篇云、古之欲明明德於天下者、先治其國、欲治其國者、先齊其家、欲齊其家者、先脩其身、孟子離婁篇、孟子曰、人有恆言、皆曰天下國家、天下之本在國、國之本在家、家之本在身、蓋聖賢相傳之道如此、乃命羲和、【集解】孔安國曰、重黎之後、羲氏和氏、世掌天地之官、自重【正義】呂刑傳云、重卽羲、黎卽和、雖別爲氏族、而出自重黎也、案聖人不獨治、必須賢輔、乃命相天地之官、若周禮天官卿地官卿也、敬順昊天、【正義】敬、猶恭勤也、元氣昊然廣大、故云昊天、釋天云、春爲蒼天、夏爲昊天、秋爲旻天、冬爲上天、而獨言昊天者、以堯能敬天大、故以昊大言之、數法日月星辰、【索隱】尚書作歷象日月、則此言數法、是訓歷象二字、謂命羲和以歷數之法、觀察日月星辰之早晚、以敬授人時也、【正義】歷數之法、日之甲乙、月之大小、昏明遞中之星、日月所會之辰、定其天數、以爲一歲之曆、

敬授民時。【正義】尚書考靈耀云、主春者張昏中、可以種稷、主夏者火昏中、可以種黍菽、主秋者虛昏中、可以種麥、主冬者昴昏中、可以收斂也、天子視四星之中、知民緩急、故云敬授民時也。【考證】崔述曰、漢書律歷志云、歷數之起上矣、傳述顓頊命南正重司天、火正黎司地、其後三苗亂德、二官咸廢、而閏餘乖次、孟陬殄滅、攝提失方、堯復育重黎之後、使纂其業、故書曰、乃命羲和、欽若昊天、歷象日月星辰、敬授人時、余按經文、四時之紀、閏之疏密、朞之日數多寡、皆至堯而後定、非舊已有成法、而中廢至堯又修復之也、重黎之司天地、本於楚語、然楚語云、重司天以屬神、黎司地以屬民、所司者乃天神之祭祀、非天象之贏縮也、故曰、九黎亂德、民神雜糅、曰夫人作享、家爲巫史、皆謂宗祝祭祀事耳、與羲和之司歷法者無涉也、歷象之官、自在帝畿、三苗之亂、自在夷、相距數千里、三苗安能廢帝廷之二官、而乖其閏餘乎、至楚語所稱堯復育重黎之後者、乃本呂刑之文、非襲堯典之語、堯自命羲和、自育重黎、今因其皆爲堯所命、遂取而合之、然則堯在位百年、所命之官、止有此二族乎、嗟夫自劉歆班固誤合楚語於堯典、後而學者祖而述之、遂謂黃帝以來歷數已有成法、然則堯典之累累而驗之、諄諄而命之、與夫史臣之瑣瑣而記之者、不皆贅乎、韋昭國語解、及尚書孔傳蔡傳、並以重黎爲羲和、皆沿漢志而誤。

分命羲仲、居郁夷、曰暘谷。【集解】尚書作嵎夷、孔安國曰、東表之地稱嵎夷、日出於暘谷、羲仲治東方之官。【索隱】舊本作湯谷、今竝依尚書字、案淮南子曰、日出湯谷、浴於咸池、則湯谷亦有他證明矣、又下曰昧谷、徐廣云、一作柳谷、亦日入處地名、太史公博採經記、而爲此史、廣記異聞、不必皆依尚書、蓋郁夷亦地之別名也。【正義】郁音隅、陽或作暘、禹貢青州云、嵎夷既略、案嵎夷青州也、堯命羲仲理東方青州嵎夷之地、日所出處名曰陽明之谷、羲仲主東方之官、若周禮春官卿。【考證】沈濤曰、釋文云、堯典宅嵎夷、史記及攷靈耀作禺銕、是陸氏所見史記本與小司馬、張守節不同、又曰索隱云、史記舊本暘谷作湯谷、今並依尚書字、然則暘谷者小司馬所改也、史遷從安國問故、則古文尚書必作湯谷、山海經、黑齒國下有湯谷、湯谷上有扶桑、十日所浴、楚辭天問云、出自湯谷、至蒙記、淮南天文訓云、日出于湯谷、浴于咸池、拂于扶桑、古書皆以湯谷爲日出之地、錢大昕說同。

敬道日出、便程東作。【集解】孔安國曰、敬道出日、平均次序東作之事、以務農也。【索隱】劉伯莊傳皆依古史作平秩音、然尚書大傳曰、辯秩東作、則是訓秩爲程、言便課其作程者也。【正義】道音導、便程竝如字、後同、導訓也、三春主東、故言日出、耕作在春、故言東作、命羲仲恭勤道訓萬民東作之事、使有程期。【考證】尚書敬道日出作寅賓出日、便程作平秩、下同。

日中、星鳥、以殷中春。【集解】孔安國曰、日中、謂春分之日也、鳥、南方朱鳥七宿也、殷、正也、春分之昏、鳥星畢見、以正仲春之氣節、轉以推孟季、則可知也。【正義】下中音仲、夏秋冬竝同。

其民析、鳥獸字微。【集解】孔安國曰、春事既起、丁壯就功、言其民老壯分析也、乳化曰字、尚書微作尾、字說云、尾、交接也。【考證】呂覽尾生高、注云、即論語微生高、尾微古通用。

申命羲叔、居南交。【集解】孔安國曰、夏與春交、此治南方之官也。【索隱】孔注未是、然則冬與秋交、何故下無其文、且東嵎夷、西昧谷、北幽都、三方皆言地、而夏獨不言地、乃云與春交、斯不例之甚也、然南方地有名交阯者、或古文略舉一字、名地南交、則是交阯不疑也。【正義】羲叔主南方官、若周禮夏官卿也。【考證】韓非子十過篇、堯有天下、其地南至交阯、北至幽都、東西至日月之所出入者、莫不賓服。

便程南爲。

敬致。【集解】孔安國曰、爲、化也、平序南方化育之事、敬行其教、以致其功也。【索隱】爲、依字讀、春言東作、夏言南爲、皆是耕作營爲勸農之事、孔安國強讀爲訛字、雖則訓化、解釋亦甚紆回也。【正義】爲音于僞反、命羲叔宜恭勤民事、致其種殖、使有程期也。【考證】張文虎曰、南爲、各本作南譌、依尚書撰異改、錢大昕梁玉繩說同。

日永、星火、以正中夏。【集解】孔安國曰、永、長也、謂夏至之日、火、蒼龍之中星、舉中則七星見可知也、以正中夏之氣節、馬融王肅謂日長晝漏六十刻、鄭玄曰、五十五刻。【考證】中井積德曰、六十刻者、以日出入而言、五十五刻者、以晨昏而言、愚按、據下文注、集解五十五刻下當有失之二字。

其民因、鳥獸希革。【集解】孔安國曰、因、謂老弱因就在田之丁壯以助農也、夏時鳥獸毛羽希少改易也、革、改也。

申命和仲、居西土。【集解】徐廣曰、一無土字、以爲西者、今天水之西縣也。【索隱】案鄭玄曰、西者隴西之西、今人謂之兌山。【正義】和仲主西方之官、若周禮秋官卿也。

曰昧谷。【集解】徐廣曰、一作柳谷。【索隱】案孔安國曰、日入于谷而天下冥、故曰昧谷、此居治西方之官、掌秋天之政也。

敬道日入、便程西成。【集解】孔安國曰、秋西方、萬物成也。【考證】尚書作寅餞納日。

夜中、星虛、以正中秋。【索隱】虛、舊依字讀、而鄒誕生音墟、案虛星主墳墓、鄒氏或得其理。【集解】孔安國曰、春言日、秋言夜、互相備也、虛、玄武之中星、亦言七星、皆以秋分日見、以正三秋也。

其民夷易、鳥獸毛毨。【集解】孔安國曰、夷、平也、老壯者在田、與夏平也、毨、理也、毛更生曰毨、理。【考證】尚書無夷字、史公以易代夷、今本夷字、後人旁注誤入正文、夷易義複、博士家異字云、中彭中韓本南化本無易字、蓋誤衍、集解毛更生曰毨理、書傳作毛更生整理。

申命和叔、居北方、曰幽都。【集解】孔安國曰、北稱幽、都謂所聚也。【索隱】山海經曰、北海之內有山、名幽都、蓋是也。【正義】案北方幽州陰聚之地、命和叔居理之、北方之官、若周禮冬官卿。【考證】尚書、北作朔。

便在伏物。【索隱】使和叔察北方藏伏之物、謂人畜積聚等、冬皆藏伏、尸子亦曰、北方者伏方也、尚書作平在朔易、今案大傳云、便在伏物、太史公據之而書。【考證】尚書大傳云、北方者何也、伏方也、伏方者萬物伏藏之方、伏藏之方則何以謂之冬、冬者萬物方藏於中也、故曰北方冬也。

日短、星昴、以正中冬。【集解】孔安國曰、日短、冬至之日也、昴、白虎之中星、亦以七星竝見以正冬節也、馬融王肅謂日短晝漏四十刻、鄭玄曰、四十五刻、失之。

其民燠、鳥獸氄毛。【集解】徐廣曰、氄音茸。【索隱】案孔安國曰、民入室處、鳥獸皆生氄氄細毛以自溫也。【正義】冬時其民因鳥獸生氄氄細毛之時、當服精綿絮褚衣溫之、服以禦冬寒也、褚音竹呂反。

歲三百六十六日、以閏月正四時。【索隱】夫周天三百六十五度四分度之一、是天度數也、而日行遲、一歲一周天、月行疾、一月一周天、一日行一度、月一日行十三度十九分度之七、至二十九日半強、月行天一帀、又逐及日而與會、一年十二會、是每月二十九日過半、年分出小月六、是每歲餘六日、又大歲三百六十六日、小歲三百五十五日、舉全數云六十六日、其實一歲唯餘十一日弱、未滿三歲已成一月、則置閏、若三年不置閏、則正月爲二月、九年差三月、則以春爲夏、十七年差六月、則四時皆反、以此四時不正、歲不成矣、故傳曰、歸餘於終、事則不悖、是也。

信飭百官，衆功皆興。【集解】徐廣曰：古勑字。【考證】尚書云：帝曰：咨汝羲暨和，朞三百有六旬有六日，以閏月定四時成歲，允釐百工，庶績咸熙。蓋在書曆成，堯戒羲和之言，而史公改爲敍事之文。崔述曰：曆有三率，一晝夜爲日率，一盈虧爲月率，皆易知者，獨一寒暑爲歲率，其間贏縮奇零最爲難齊，故曆法以成歲爲要。然歲之終始，非有定界，不可以徒求，故分以爲四時，而命二仲二叔分居四方以考驗之。時之終始，尤無定界，益不可以徒求，故但求定天下四時之中，中得則前推之即爲始，後推之即爲終，日永日短者，考之以晷漏，星鳥星虛者，考之以躔度，猶慮其未也，復驗之於人物出入變化之節，而後四時可定，四時定則日數可得，月閏不差，而歲成矣。又曰：曆法政事之一端耳，何爲詳記之如是也？曰：帝王之治，莫先於授時，四時不爽，然後農桑可興，政令可布，人物之性可盡，天地陰陽之化可得而輔相燮理，書契史冊之文可得而次第考核，故堯典載堯之政，特詳於此，而孔子答顏淵爲邦之問，亦以行夏時爲第一義也，所謂夏時，即堯所定之曆。

堯曰：誰可順此事。【正義】言將登用之嗣位也。【考證】正義嗣位二字當刪。

放齊曰：嗣子丹朱開明。【集解】孔安國曰：放齊，臣名。【正義】放，音方往反。鄭玄云：帝堯胤嗣之子，名曰丹朱，開明也。案開，解而達也。帝王紀云：堯娶散宜氏女，曰女皇，生丹朱。汲冢紀年云：后稷放帝子丹朱。范汪荊州記云：丹水縣在丹川，堯子朱之所封也。括地志云：丹水故城在鄧州內鄉縣西南百三十里，丹水故爲縣。【考證】尚書作胤子朱啓明。

堯曰：吁，頑凶，不用。【集解】孔安國曰：吁，疑怪之辭。【正義】左傳云：口不道忠信之言爲嚚，心不則德義之經爲頑，凶訟也，言丹朱心既頑嚚，又好爭訟，不可用之。【考證】尚書作吁嚚訟可乎。中井積德曰：不用，不中用也。

堯又曰：誰可者。【考證】尚書無又字，誰可者，作疇咨若予采。

讙兜曰：共工旁聚布功，可用。【集解】孔安國曰：讙兜，臣名。鄭玄曰：共工，水官名。【正義】兜，音斗侯反。【考證】尚書作都共工方鳩僝功。

堯曰：共工善言，其用僻，似恭漫天，不可。【正義】漫，音莫干反。共工善爲言語，用意邪僻也，似於恭敬，罪惡漫天，不可用也。【考證】尚書作吁靜言庸違，象恭滔天。

堯又曰：嗟，四嶽。【集解】鄭玄曰：四嶽，四時官，主方嶽之事。【正義】嗟，歎鴻水，問四嶽誰能理也。孔安國云：四嶽即上羲和四子也，分掌四嶽之諸侯，故稱焉。【考證】尚書嗟作咨，語詞。四岳，鄭說爲是，下曰皆曰，非一人也，與羲和四子異。

湯湯洪水滔天，浩浩懷山襄陵，下民其憂，有能使治者。【集解】孔安國曰：懷，包，襄，上也。【正義】湯，音商，今讀如字。湯湯，廣平之貌，言水奔突有所滌除，地上之物，爲水漂流湯湯然。案懷，藏包裹之義，故懷爲包。釋言以襄爲駕，駕乘牛馬，皆在上也，言水襄上乘陵，浩浩盛大，勢若漫天。【考證】尚書作湯湯洪水方割，蕩蕩懷山襄陵，下民其咨，有能俾乂。楓、三、南本湯作蕩，南本洪作鴻。

皆曰：鯀可。【集解】馬融曰：鯀，臣名，禹父。【考證】尚書作僉曰於鯀哉。

堯曰：鯀負命毀族，不可。【正義】負，音佩，依字通，負，違也，族，類也。鯀性很戾，違負教命，毀敗善類，不可用也。詩云：貪人敗類也。【考證】尚書作吁咈哉，方命圮族。李笠曰：負、倍、佩、背，聲義竝相通。

嶽曰：异哉，試不可用而已。【正義】异，音異。孔安

國云：异，已，已，退也，言餘人盡已，唯鯀可試，無成乃退。【考證】尚書作异哉試可乃已。陳仁錫曰：洞本可下無用字。張文虎曰：舊刻無用字，審經文及傳，無者是。錢大昕曰：古人語急，以不可爲可也，古經簡質，得史記而義益明。

堯於是聽嶽用鯀。【考證】尚書作帝曰往欽哉。

九載，功用不成。【正義】爾雅釋天云：載，歲也，夏曰祀，周曰年，唐虞曰載。李巡云：各自紀事，示不相襲也。孫炎云：歲，取歲星行一次也，祀，取四時祭祀一訖也，年，取禾穀一熟也，載，取萬物終更始也。載者，年之別名，故以載爲年也。案功用不成，水害不息，故放退也，至明年，得舜乃殛之羽山，而用其子禹也。【考證】尚書作九載績用弗成。愚按尚書又云：三載考績，三考黜陟幽明，鯀蓋歷三考也，舜所以黜之。又按以上略與尚書對比，以示史公剪裁之法，以下倣之。

堯曰：嗟，四嶽，朕在位七十載，女能庸命，踐朕位。【集解】鄭玄曰：言汝諸侯之中，有能順事用天命者，入處我位，統治天子之事者乎。【正義】孔安國云：堯年十六，以唐侯升爲天子，在位七十載，時八十六，老將求代也。【考證】陳仁錫曰：湖本女作汝，誤，篇內同。王觀國曰：伊訓曰：朕載自亳，此伊尹自稱朕也。洛誥曰：朕復子明辟，此周公自稱朕也。離騷曰：帝高陽之苗裔兮，朕皇考曰伯庸，此屈原自稱朕也。秦始皇帝初并天下，以命爲制，令爲詔，自稱曰朕，自是惟人君稱朕，臣下不敢稱也。

嶽應曰：鄙悳忝帝位。【正義】四嶽皆云：鄙俚無德，若便行天子事，是辱帝位，言己等不堪也。

堯曰：悉舉貴戚及疏遠隱匿者。衆皆言於堯曰：有矜在民閒，曰虞舜。【集解】孔安國曰：無妻曰矜。

【正義】矜，古頑反。【考證】崔述曰：古者三十而娶，三十未娶，常事耳，何以鰥稱也，以下釐降二女，故於此稱鰥焉，明舜之未娶也。

堯曰：然，朕聞之，其何如。嶽曰：盲者子，父頑，母嚚，弟傲，能和以孝，烝烝治，不至姦。【集解】孔安國曰：不至於姦惡。【正義】烝，之升反，進也，言父頑母嚚弟傲，舜皆和以孝，進之於善，不至於姦惡也。【考證】王引之曰：烝烝，即孝德之形容，謂之烝烝者，言孝德之厚美也。大雅文王有聲云：文王烝哉。韓詩云：烝，美也。魯頌泮水云：烝烝皇皇。傳云：烝烝，厚也。愚按不至姦，不使至於姦惡也。

堯曰：吾其試哉。【正義】欲以二女試舜，觀其理家之道也。於是堯妻之二女，【正義】妻，音七計反。二女，娥皇、女英也。娥皇無子，女英生商均，舜升天子，娥皇爲后，女英爲妃。觀其德於二女。【正義】視其爲德行於二女，以理家而觀國也。【考證】楓、三、南本德作自爲，尚書作刑。

舜飭下二女於嬀汭，如婦禮。【集解】孔安國曰：舜所居嬀水之汭。【索隱】列女傳云：二女長曰娥皇，次曰女英。系本作女瑩，大戴禮作女匽。皇甫謐云：嬀水在河東虞鄉縣歷山西，汭，水涯也，猶洛汭、渭汭然也。【正義】飭，音勑，下，音胡亞反，汭，音芮。舜能整齊二女以義理，下二女之心於嬀汭，使行婦道於虞氏也。括地志云：嬀汭水源出蒲州河東南山。許慎云：水涯曰汭。案地記云：河東郡青山東山中有二泉，下南流者嬀水，北流者汭水，二水異原，合流出谷，西注河，嬀水北曰汭也。又云：河東縣二里故蒲坂城，舜所都也，城中有舜廟，城外有舜宅及二妃壇。【考證】尚書飭下作釐降，句下有帝曰欽哉四字。蔡沈云：堯治裝下嫁二女於嬀水之北，使爲舜婦於虞氏之家也。欽

哉、堯戒二女之辭、經義蓋如此、史公句上冠以舜字、與經殊、正義得之、堯善之。乃使舜慎和五典。五典能從。【集解】鄭玄曰、五典、五教也、蓋試以司徒之職、【考證】五典、五教、說詳布五教條下、乃徧入百官。百官時序。賓於四門。四門穆穆。諸侯遠方賓客皆敬。【集解】馬融曰、四門、四方之門、諸侯羣臣朝者、舜賓迎之、堯使舜入山林川澤。暴風雷雨、舜行不迷。【正義】尚書云、納于大麓、穀梁傳云、林屬於山曰麓、是山足曰麓、故此以爲入山林不迷、孔氏以麓訓錄、言令舜大錄萬機之政、與此不同、【考證】尚書大傳云、納之大麓之野、野即山林川澤也、是史公所本、漢書王莽傳、張竦稱莽功德曰、比三世爲三公、送大行、秉冢宰職、塡國家、四方輻湊、靡不得所、書曰、納于大麓、烈風雷雨弗迷、公之謂矣、又莽曰、予前在大麓、論衡正說篇書云、入于大麓、烈風雷雨不迷、言大錄三公之位、居一公之位、大總錄二公之事、衆多並吉、若疾風大雨、王肅注尚書曰、麓、錄也、是以大麓爲大錄萬機之政、與史公義異、堯以爲聖、召舜曰。女謀事至、而言可績三年矣。女登帝位。【集解】鄭玄曰、三年者、賓四門之後三年也、【考證】亦三載考績之義、舜讓於德不懌。【集解】徐廣曰、音亦、今文尚書作不怡、怡、懌也、【索隱】古文作不嗣、今文作不怡、怡即懌也、謂辭讓於德不堪、所以心意不悅懌也、俗本作澤、誤耳、亦當爲懌、【考證】史公自序云、唐堯遜位、虞舜不台、台、怡通、釋詁、怡、懌、樂也、史公以故訓代之、

正月上日、舜受終於文祖。【集解】馬融曰、上日、朔日也、【正義】鄭玄云、帝王易代、莫不改正、堯正建丑、舜正建子、此時未改、故依堯正月上日也、【考證】以上采尚書堯典、文祖者、堯大祖也。【集解】鄭玄曰、文祖者、五府之大名、猶周之明堂、【索隱】尚書帝命驗曰、五府、正帝之廟、蒼曰靈府、赤曰文祖、黃曰神斗、白曰顯紀、黑曰玄矩、唐虞謂之五府、夏謂世室、殷謂重屋、周謂明堂、皆祀五帝之所也、【正義】舜受堯終帝之事於文祖也、尚書帝命驗云、帝者承天立五府以尊天重象也、五府者、黃曰神斗、注云、唐虞謂之天府、夏謂之世室、殷謂之重屋、周謂之明堂、皆祀五帝之所也、文祖者、赤帝熛怒之府、名曰文祖、火精光明、文章之祖、故謂之文祖、周曰明堂、神斗者、黃帝含樞紐之府、名曰神斗、斗、主也、土精澄靜、四行之主、故謂之神斗、周曰太室、顯紀者、白帝招拒之府、名曰顯紀、紀、法也、金精斷割、萬物故謂之顯紀、周曰總章、玄矩者、黑帝汁光紀之府、名曰玄矩、矩、法也、水精玄昧、能權輕重、故謂之玄矩、周曰玄堂、靈府者、蒼帝靈威仰之府、名曰靈府、周曰青陽、【考證】受終者、孟子所謂堯老而舜攝者、就政而言、不就位而言、段玉裁曰、堯太祖、蓋謂黃帝、姚範曰、以文祖爲堯太祖、此疑太史公從安國問故而得之者、今書傳乃云、堯文德之祖廟、則謬悠之說矣、康成以緯書解經、裴氏不當取以解此、愚按、五天帝之說、自五人帝而生、皆以五德配五色、周末始有之、唐虞所無、於是帝堯老、命舜攝行天子之政、以觀天命。【考證】於是以下、本孟子萬章篇、觀天命、即薦諸天也、舜乃在璿璣玉衡、以齊七政。【集解】鄭玄曰、璿璣玉衡、渾天儀也、七政、日月五星也、【正義】說文云、璿、赤玉也、案舜雖受堯命、猶不自

安、更以璿璣玉衡以正天文、璣爲運轉、衡爲橫簫、運璣使動於下、以衡望之、是王者正天文器也、觀其齊與不齊、今七政齊、則己受禪爲是、蔡邕云、玉衡長八尺、孔徑一寸、下端望之以視星宿、並縣璣以象天、而以衡望之、轉璣窺衡以知星宿、璣徑八尺、圓周二丈五尺而強也、鄭玄云、運轉者爲璣、持正者爲衡、尚書大傳云、政者齊中也、謂春秋冬夏天文地理人道、所以爲政也、道正而萬事順成、故天道政之大也、蔡邕天文志言天體者有三家、一曰周髀、二曰宣夜、三曰渾天也、尚書大傳云、七政布位、日月時之主、五星時之紀、故以此爲七、日月有薄食、五星有搖聚、七者得失、在於人君之政、故謂之政、易繫辭云、天垂象見吉凶、聖人象之、日月五星有吉凶之象、因其變動爲占、七者自異政、故曰七政也、按五星名、木曰歲星、火曰熒惑星、土曰鎭星、金曰太白星、水曰辰星也、【考證】崔述曰、此舜成天之政、所以補堯授時之未備、故首及之、遂類于上帝、【集解】鄭玄曰、禮祭上帝于圜丘、【正義】五經異義云、非時祭天謂之類、言以事類告之也、時舜告攝、非常祭也、王制云、天子將出、類于上帝、鄭玄云、昊天上帝、謂天皇大帝、北辰之星、禋于六宗、【集解】鄭玄曰、六宗、星辰司中司命風師雨師也、駰案、六宗義衆矣、愚謂鄭說爲長、【正義】周語云、精意以享曰禋也、孫炎云、禋、絜敬之祭也、案、星、五緯星也、辰、日月所會十二次也、司中、司命、文昌第五第四星也、風師、箕星也、雨師、畢星也、孔安國云、四時、寒暑也、日、月、星也、水旱也、禮祭法云、埋少牢於大昭、祭時也、禳祈於坎壇、祭寒暑也、王宮、祭日也、夜明、祭月也、幽禜、祭星、雩禜、祭水旱也、司馬彪續漢書云、安帝立六宗、祀於洛陽城西北亥地、禮比大社、魏因之、至晉初、荀顗言新祀以六宗之神、諸家說不同、乃廢之也、【考證】六宗、自漢以來無定說、歐陽及大小夏侯皆曰、所祭者六、上不謂天、下不謂地、旁不謂四方、在六者之間、助陰陽變化、實一而名六宗矣、孔光

劉歆曰、六宗謂乾坤六子、水火雷風山澤也、賈逵曰、天宗三、日月星辰、地宗三、河海岱、馬融曰、天地四時、鄭玄曰、星、辰、司中、司命、風師、雨師、王肅曰、四時、寒暑、日、月、星、水旱、與某氏書傳合、張髦曰、三昭六穆、未知孰是、望于山川、【集解】徐廣曰、名山大川、【正義】望者遙望而祭山川也、山川、五嶽四瀆也、爾雅云、梁山晉望也、辯于羣神。【集解】徐廣曰、辯音班、駰案、鄭玄曰、羣神若丘陵墳衍、【正義】辯音遍、謂祭羣神也、【考證】封禪書辯作徧、王先謙曰、黃圖載元始儀、說苑辨物篇、漢書王莽傳、論衡祭意篇、白石神君碑、魏公卿上尊號表、皆作徧、愚按、辯又或作班、徧、辯、班音近、蓋與類禋望同祭神也、其義未詳、揖五瑞、擇吉月日、見四嶽諸牧、班瑞。【集解】馬融曰、揖、斂也、五瑞、公侯伯子男所執以爲瑞信也、堯將禪舜、使羣牧斂之、使舜親往班之、【正義】揖音集、周禮典瑞云、王執鎭圭、尺二寸、公執桓圭、九寸、侯執信圭、七寸、伯執躬圭、五寸、子執穀璧、男執蒲璧、皆五寸、言五瑞者、王不在中也、孔文祥云、宋末會稽修禹廟、於廟庭山土中得五等圭璧百餘枚、形與周禮同、皆短小、此即禹會諸侯於會稽、執以禮山神而埋之、其璧今猶有在也、【考證】楓三南本無月字、封禪書班作還、崔述曰、此記布政於內之事、先事神而後治人者、奉天而以出治、明不敢自專也、歲二月、東巡狩、至於岱宗、祡、【集解】馬融曰、舜受終後五年之二月、鄭玄曰、建卯之月也、祡、祭東嶽者、考績祡燎也、【正義】案、既班瑞羣后、即東巡者、守土之諸侯、會岱宗之嶽、焚柴告至也、王者巡狩、以諸侯自專一國、威福任己、恐其壅遏上命、澤不下流、故巡行問人疾苦也、風俗通云、太山之尊者、一曰岱宗、始也、長也、萬物之始、陰陽交代、故爲五嶽之長也、案、二月、仲月也、仲、中也、言得其中也、望

秩於山川。【正義】乃以秩望祭東方諸侯境內之名山大川也，言秩者五嶽視三公，四瀆視諸侯。遂見東方君長、合時月、正日、【集解】鄭玄曰，協正四時之月數及日名，備有失誤，【正義】既見東方君長，乃合同四時氣節，月之大小，日之甲乙，使齊一也，周禮，太史掌正歲年以序事，頒正朔於邦國，則節氣晦朔，皆天子頒之，猶恐諸侯國異，或不齊同，因巡狩合正之，同律度量衡。【集解】鄭玄曰，律，音律，度，丈尺，量，斗斛，衡，斤兩也，【正義】律之十二律，度之丈尺，量之斗斛，衡之斤兩，皆使天下相同，無制度長短輕重異也，漢律歷志云，虞書云，同律度量衡，所以齊遠近立民信也，律有十二，陽六爲律，陰六爲呂，律以統氣類物，一曰黃鍾，二曰太蔟，三曰姑洗，四曰蕤賓，五曰夷則，六曰無射，呂以旅陽宣氣，一曰林鍾，二曰南呂，三曰應鍾，四曰大呂，五曰夾鍾，六曰中呂，度者分寸尺丈引也，所以度長短也，本起黃鍾之管長，以子穀秬黍中者，一黍爲一分，十分爲一寸，十寸爲尺，十尺爲丈，十丈爲引，而五度審矣，量者龠合升斗斛也，所以量多少也，本起黃鍾之龠，以子穀秬黍中者千有二百實爲一龠，合龠爲合，十合爲升，十升爲斗，十斗爲斛，而五量嘉矣，衡權者銖兩斤鈞石也，所以稱物輕重也，本起於黃鍾之重，一龠容千二百黍，重十二銖，二十四銖爲兩，十六兩爲斤，三十斤爲鈞，四鈞爲石，而五權謹矣，衡平也，權，重也，【考證】正義本起黃鍾之管以下十七字，與漢書律歷志同，訛館本依宋史律志，改作本起黃鍾之長，以子穀秬黍中者，一黍之起積千二百黍之廣，度之九十分，一爲一分，十分爲寸，脩五禮。【集解】馬融曰，吉凶賓軍嘉也，【正義】周禮，以吉禮事邦國之鬼神祇，以凶禮哀邦國之憂，以賓禮親邦國，以軍禮同邦國，以嘉禮親萬民也，尙書堯典云，類于上帝，吉禮也，如喪考妣，凶禮也，羣后四朝，賓禮也，大禹謨云，

汝徂征，軍禮也，堯典云，女于時嘉，禮也，女，音女慮反，五玉、【集解】鄭玄曰，卽五瑞也，執之曰瑞，陳列曰玉，三帛、【集解】馬融曰，三孤所執也，鄭玄曰，帛所以薦玉也，必三者，高陽氏後用赤繒，高辛氏後用黑繒，其餘諸侯皆用白繒，【正義】孔安國云，諸侯世子執纁，公之孤執玄，附庸之君執黃也，案三統紀推伏羲爲天統，色尙赤，神農爲地統，色尙黑，黃帝爲人統，色尙白，少昊黃帝子，亦尙白，故高陽氏又天統，亦尙赤，堯爲人統，故用白，二生、【正義】羔鴈也，鄭玄注周禮大宗伯云，羔，小羊也，取其羣不失其類也，鴈，取其候時而行也，卿執羔，大夫執鴈，案羔鴈性馴，可生爲贄，一死【正義】雉也，馬融云，一死雉，士所執也，案不可生爲贄，故死雉，取其守介死不失節也，爲摯。【集解】馬融曰，摯，二生，羔鴈，卿大夫所執，一死，雉，士所執，【正義】摯，音至，贄，執也，鄭玄云，贄之言至，所以自致也，韋昭云，贄六贄，孤執皮帛，卿執羔，大夫執鴈，士執雉，庶人執鶩，工商執雞也，如五器卒乃復。【集解】馬融曰，五器上五玉，五玉禮終則還之，三帛已下不還也，【正義】卒，音子律反，復，音伏，五月南巡狩。八月西巡狩。十一月北巡狩。皆如初。歸至于祖禰廟、用特牛禮。【正義】禰，音乃禮反，何休云，生曰父，死曰考，廟曰禰，【考證】尙書祖禰廟作藝祖，馬融云，藝禰也，蓋用史公義，錢大昕曰，藝禰，音近，崔述曰，此記布政於外之事，亦先神而後人，五歲一巡狩。羣后四朝。【集解】鄭玄曰，巡狩之年，諸侯見於方嶽之下，其閒四年，四方諸侯分來朝於京師也，【考證】崔述曰，此總上內外之政言之，又曰，於舜攝政之日，何以詳記其朝覲巡狩也，曰，朝覲巡狩之制，始於舜也，自堯以

前聖帝迭興，其時亦必有朝覲巡狩之事，但尙未有定制，至舜而後垂爲帝典，故記之也，徧告以言、【正義】徧，音遍，言遍告天子治理之言也，明試以功、車服以庸。【正義】孔安國云，功成則錫車服以表顯其能用也，【考證】崔述曰，此因上布政之文，及其進賢之大略，肇十有二州。決川。【集解】馬融曰，禹平水土，置九州，舜以冀州之北廣大，分置并州，燕齊遼遠，分燕置幽州，分齊爲營州，於是爲十二州也，鄭玄曰，更爲之定界，濬水害也，【考證】崔述曰，此舜平地之政，所以開禹敷土之先聲，首成天，次治人，次平地，三才之道備矣，又曰，肇，始也，前此未有而始設之之謂肇，若前此固有九州，析九以爲十二，是但增之，非肇也，舜攝政之初，但曰日覲四岳羣牧，不曰九牧，牧未有定數也，及舜卽位，前曰咨十二牧，不曰咨於羣牧，牧已有常額也，其後禹別九州，亦曰九牧，不曰羣牧，州之肇於舜而非增於舜明矣，至十二州之名，經傳皆無之，幽并營之爲州，雖見於周官爾雅，然彼自記九州之名，與舜之十二州初無涉也，象以典刑。【集解】馬融曰，言咎繇制五常之刑，無犯之者，但有其象，無其人也，【正義】孔安國云，象，法也，法用常刑，用不越法也，流宥五刑。【集解】馬融曰，流，放，宥，寬也，一曰幼少，二曰老耄，三曰蠢愚，五刑，墨劓剕宮大辟，【正義】孔安國云，以流放之法寬五刑也，鄭玄云，三宥，一曰弗識，二曰過失，三曰遺忘也，鞭作官刑。【集解】馬融曰，爲辨治官事者爲刑，扑作教刑。【集解】鄭玄曰，扑，檟楚也，扑爲教官爲刑者，金作贖刑。【集解】馬融曰，金，黃金也，意善功惡，使出金贖罪，坐不戒愼者，眚裁過赦、【集解】鄭玄曰，眚裁爲人作患害者也，過失雖有害則赦之，怙終賊刑。

【集解】徐廣曰，終一作衆，鄭玄曰，怙其姦邪，終身以爲殘賊，則用刑之，【考證】孔穎達曰，易繫辭云，象者象此者也，又曰，天垂象，聖人則之，是象爲傚法，徐孚遠曰，馬說象刑，卽王莽所謂畫衣冠也，書蔡傳云，象如天之垂象以示人也，於說爲長，過赦，尙書作肆赦，崔述曰，象以典刑，流宥五刑，刑之大者也，五刑，呂刑所述墨劓剕宮大辟是也，刑重則流，遠刑輕則流，近故刑有五，流亦有五，所謂五刑有服，五流有宅是也，當刑而宥之者，蔡傳所謂情可矜，法可疑，與夫親貴勳勞，而不可加以刑者是也，鞭作官刑，扑作教刑，金爲贖刑，刑之小者也，官刑者，在官之人，因官事而得罪，教刑者，居學校而不率師長之教訓，贖刑則常人之犯小罪者，三者皆不麗於五刑，故不殘其肢體，不流之遠方，眚災肆赦，怙終賊刑，刑之變也，蔡沈曰，終，謂再犯，欽哉欽哉。惟刑之靜哉。【集解】徐廣曰，今文云，惟刑之謐哉，爾雅曰，謐，靜也，[redacted]注惟刑之謐哉，案古文作恤哉，且今文是伏生口誦，鄒誕聲近，遂作謐也，【考證】舜乃在璿璣玉衡以下，采尙書堯典，梁玉繩曰，漢書儒林傳言，史公從孔安國問古文尙書，故史記載堯典爲貢，洪範，微子，金縢諸篇，多古文說，則是爲壁中眞古文，而非史公之不循經典，自任胸懷矣，然字句之間，每與今所傳迥異，何歟，蓋古字多通借，又漢儒各習其師，不能盡同，許愼生于東漢和安間，從賈逵受古學，而其所撰說文解字，引經甚別，亦以雜學衆家之本也，宋洪适隸釋所錄諸碑，俱後漢人，其引經亦殊，況當西漢之世乎，因知史公之于尙書衆用今古文，復旁搜各本，皆薈萃成一家言，索隱所謂博采經記而爲此史，不必皆依尙書是也，而古人用舊籍，不拘定本，文則增損，竄易，誠所謂不免，但今之尙書，自東晉元帝之時，汝南梅賾奏上古文，遂至眞僞雜廁，非安國之舊，文字體數更，迨唐天寶時詔學士衞包改從俗書，不但科斗古文廢絕，卽兩漢以來之隸書亦多浸失，安得無譌，此經文所由異，

也、王觀國曰、司馬遷好異而惡與人同、觀史記用尙書戰國策國語世本左傳之文、多改其正文、改續用爲功用、改厥田爲其田、改肆覲爲遂見、改宵中爲夜中、改咨四嶽爲嗟四嶽、改協和爲合和、改方命爲負命、改九載爲九歲、改格姦爲至姦、改愼徽爲愼和、改烈風爲暴風、改克從爲能從、改濬川爲決川、改恤哉爲靜哉、改四海爲四方、改熙帝爲美堯、改不遜爲不訓、改胄子爲穉子、改維淸爲維靜、改天工爲天事、改底績爲致功、如此類甚多、又用論語文、分綴爲孔子弟子傳、亦多改其文、改吾執爲我執、改毋固爲無固、改指諸掌爲視其掌、改性與天道爲天道性命、改未若爲不如、改便便爲辯辯、改滔滔爲悠悠、如是類、又多、子長但知好異、而不知反有害於義也、馮班曰、尙書多古語、不易通、遷所載、頗易其文字、卽太史公之書傳也、愚按孟子之時、百篇具存、而解尙書曰、洚水者洪水也、去齊景未遠、而釋其詩曰、畜君者好君也、太史公後孟子百五六十年、文字既與三代異、言語亦不同、其以今辭解古書、苦心可想、馮班所謂書傳者也、王觀國譏之何也、亦是泥古之病矣、

讙兜進言共工。 【正義】讙兜渾沌也、共工窮奇也、鯀檮杌也、三苗饕餮也、傳云、舜臣堯、流四凶、投諸四裔、以禦魑魅也、【考證】讙兜共工鯀三苗、與左氏四凶族自異、說詳于舜紀、

堯曰。不可。而試之工師。 【正義】工師若今大匠卿也、【考證】古鈔南化本無曰字、

共工果淫辟。 【正義】匹亦反、

四嶽舉鯀治鴻水。堯以爲不可。嶽彊請試之。試之而無功。故百姓不便。三苗 【集解】馬融曰、國名也、【正義】左傳云、自古諸侯不用王命、虞有三苗、夏有觀扈、孔安國云、縉雲氏之後爲諸侯、號饕餮也、吳起云、三苗之國、左洞庭而右彭蠡、案

洞庭、湖名、在岳州巴陵西南一里、南與青草湖連、彭蠡、湖名、在江州潯陽縣東南五十二里、以天子在北、故洞庭在西爲左、彭蠡在東爲右、今江州鄂州岳州、三苗之地也、

在江淮荊州。 【正義】淮讀曰匯、音胡罪反、今彭蠡湖也、本屬荊州、尙書云、南入于江、東匯澤爲彭蠡、是也、【考證】通鑑輯覽云、考三苗卽今湖南溪峒諸苗、其種不一、故唐虞時卽號三苗、

數爲亂。於是舜歸而言於帝。請流共工於幽陵、 【集解】馬融曰、北裔也、【正義】尙書及大戴禮皆作幽州、括地志云、故龔城在檀州燕樂縣界、故老傳云、舜流共工幽州、居此城、神異經云、西北荒有人焉、人面朱髮、蛇身人手足、而食五穀禽獸、頑愚、名曰共工、

以變北狄、 【集解】徐廣曰、變一作燮、【索隱】變謂變其形及衣服、同於夷狄也、徐廣云、作燮、燮和也、【正義】言四凶流四裔、各於四夷、放共工等爲中國之風俗也、【考證】變、於變之變、

放驩兜於崇山、以變南蠻、 【集解】馬融曰、南裔也、【正義】神異經云、南方荒中有人焉、人面鳥喙而有翼、兩手足扶翼而行、食海中魚、爲人很惡、不畏風雨禽獸、犯死乃休、名曰驩兜也、

遷三苗於三危、以變西戎、 【集解】馬融曰、西裔也、【正義】括地志云、三危山有三峯、故曰三危、俗亦名卑羽山、在沙州敦煌縣東南三十里、神異經云、西荒中有人焉、面目手足皆人形、而胳下有翼、不能飛、爲人饕餮、淫逸無理、名曰苗民、又山海經大荒北經云、黑水之北有人有翼、名曰苗民也、

殛鯀於羽山、以變東夷。 【集解】馬融曰、殛誅也、羽山、東裔也、【正義】殛音紀力反、孔安國云、殛竄放流皆誅也、括地志云、羽山在沂州臨沂縣界、神異經云、東方有人焉、人形而身多

毛、自解水土、知通塞、爲人自用、欲爲欲息、皆曰云、是鯀也、

四辠而天下咸服。 【考證】流共工於幽陵以下、采大戴記五帝德、參以尙書堯典孟子萬章篇、梁玉繩曰、罪四凶、見于尙書、述于孟子、至大戴禮五帝德、始有變四夷之說、豈眞孔氏語哉、舍經文而從別記、史公之好異也、乃又謂舜巡狩歸而言于堯以罪之、與夏紀同誤、流放遷殛、不同一時、特尙書總紀于舜攝位之後、見天下咸服帝堯、以起下如喪考妣耳、崔述曰、此因上文恤刑之文、遂及其退不肖之大略、

堯立七十年得舜、二十年而老、令舜攝行天子之政、薦之於天。堯辟位凡二十八年而崩。 【集解】徐廣曰、堯在位凡九十八年、駰案皇覽曰、堯冢在濟陰城陽、劉向曰、堯葬濟陰、丘壠皆小、呂氏春秋曰、堯葬穀林、皇甫謐曰、穀林卽城陽、堯都平陽、於詩爲唐國、【正義】皇甫謐曰、堯卽位九十八年、通舜攝二十八年也、凡年百一十七歲、孔安國云、堯壽百一十六歲、括地志云、堯陵在濮州雷澤縣西三里、郭緣生述征記云、城陽縣東有堯冢、亦曰堯陵、有碑、是也、括地志云、雷澤縣本漢城陽縣也、【考證】尙書堯典、二十有八載、帝乃殂落、孟子釋之曰、舜相堯二十八載、而本書下文舜紀云、舜得舉用事二十年、而堯使攝政、攝政八年而堯崩、二說不同、崔述曰、史記二十有八歲、自舉舜時數之也、蔡沈書傳、歷試三年、居攝二十八年、則是自舜受終時計之矣、余按堯典云、乃言底可績三載、不容舜舉已二十年而底可績者止三載、孟子云、舜相堯二十有八載、不容初舉歷試之時、卽以相堯稱之、蔡氏之說是也、愚按薦之於天、采孟子萬章篇、

百姓悲哀、如喪父母三年。四方莫舉樂以思堯。

【正義】尙書、三載四海遏密八音、是也、【考證】辟堯位以下、本尙書堯典孟子萬章篇、三年二字屬上、

堯知子丹朱之不肖不足授天下、 【索隱】鄭曰、肖似也、不似、言不如父也、皇甫謐云、堯娶散宜氏之女、曰女皇、生丹朱、又有庶子九人、皆不肖也、

於是乃權授舜。 【索隱】父子繼立、常道也、求賢而禪、權道也、權者反常而合道、【正義】五帝官天下、老則禪賢、故權試舜也、【考證】索隱是、

授舜則天下得其利、而丹朱病。授丹朱則天下病、而丹朱得其利。堯曰。終不以天下之病而利一人。而卒授舜以天下。堯崩、三年之喪畢、舜讓辟丹朱於南河之南。 【集解】劉熙曰、南河、九河之最在南者、【正義】括地志云、故堯城在濮州鄄城縣東北十五里、竹書云、昔堯德衰、爲舜所囚也、又有偃朱故城、在縣西北十五里、竹書云、舜囚堯、復偃塞丹朱、使不與父相見也、案濮州北臨漯、大川也、河在堯都之南、故曰南河、禹貢至于南河是也、其偃朱城所居、卽舜讓避丹朱於南河之南處也、

諸侯朝覲者、不之丹朱而之舜。獄訟者、不之丹朱而之舜。謳歌者、不謳歌丹朱而謳歌舜。 【考證】三條南化本獄訟作訟獄、與孟子合、

舜曰。天也夫。而後之中國踐天子位焉。 【集解】劉熙曰、天子之位、

不可曠年、於是遂反格于文祖、而當帝位、帝王所都爲中、故曰中國、【正義】堯崩以下孟子文也、【考證】孟子萬章篇、洪頤煊曰、以河在冀州南、故曰南河、與九河無涉、禮記王制、尙書禹貢、左傳閔二年可證、梁玉繩曰、孟子自言舜爲天子、是天也、史誤以爲舜之言、**是爲帝舜。虞舜者、**【集解】諡法曰、仁聖盛明曰舜、【索隱】虞、國名、在河東大陽縣、舜、諡也、皇甫謐云、舜字都君也、【正義】括地志云、故虞城在陝州河北縣東北五十里虞山之上、酈元注水經云、幹橋東北有虞城、堯以女嬪于虞之地也、又宋州虞城大襄國所封之邑、杜預云、舜後諸侯也、又越州餘姚縣、顧野王云、舜後支庶所封之地、舜姚姓、故云餘姚、縣西七十里有漢上虞故縣、會稽舊記云、舜上虞人、去虞三十里有姚丘、卽舜所生也、周處風土記云、舜東夷之人、生姚丘、括地志又云、姚墟在濮州雷澤縣東十三里、孝經援神契云、舜生於姚墟、案二所未詳也、【考證】古鈔南化本無者字、舜名、非諡、諡自周始、都君見孟子、猶言一都之君、非字、**名曰重華。**【集解】徐廣曰、皇甫謐云、舜以堯之二十一年甲子生、三十一年甲午徵用、七十九年壬午卽眞、百歲癸卯崩、【正義】尙書云、重華協於帝、孔安國云、華謂文德也、言其光文重合於堯、瞽叟姓嬀、妻曰握登、見大虹、意感而生舜於姚墟、故姓姚、目重瞳子、故曰重華、字都君、龍顔大口黑色、身長六尺一寸、【考證】閻若璩曰、古帝王有名有號、如堯舜禹其名也、放勳重華文命皆其號也、非史臣之贊辭、孟子引古堯典曰、放勳乃徂落、許氏說文正同、他日引堯之言爲放勳曰、則可知其以是爲號也矣、屈原賦二十五篇、最近古、離騷曰、就重華而陳詞、涉江曰、吾與重華遊兮瑤之圃、懷沙曰、重華不可遻兮、重華凡三見、皆實謂舜、豈得云重華本史臣贊舜之辭、屈子因以爲舜號也乎、**重華父曰瞽叟。**【正義】先后反、孔安國云、無目曰瞽、舜父有目不能

分別好惡、故時人謂之瞽、配字曰叟、叟無目之稱也、【考證】上文云、盲者子、瞽叟是名、身實無目、叟、尙書左傳孟子新序諸書作瞍、戴記作叟、**瞽叟父曰橋牛。**【正義】橋、又音嬌、**橋牛父曰句望。**【正義】句、古侯反、望、音亡、【考證】戴記橋作蟜、望作芒、**句望父曰敬康。敬康父曰窮蟬。窮蟬父曰帝顓頊。顓頊父曰昌意。以至舜七世矣。**【考證】三、南本、重昌意二字、重華父曰瞽叟以下、采帝繫、趙翼曰、左傳昭公八年云、自幕至于瞽瞍、無違命者、舜重之以明德、國語魯語、幕能帥顓頊者也、有虞氏報焉、則舜之先有名幕者、史記無之、**自從窮蟬以至帝舜、皆微爲庶人。舜父瞽叟盲。而舜母死。**【集解】皇甫謐云、舜母名握登、生舜於姚墟、因姓姚氏也、**瞽叟更娶妻而生象。象傲。瞽叟愛後妻子、常欲殺舜。舜避逃。及有小過則受罪。順事父及後母與弟、日以篤謹、匪有解。**【考證】崔述曰、史記此文采之書及孟子、而書孟子皆未言爲後母、則史記但因其失愛、故億之耳、愚按帝王世紀云、舜能和諧、大杖則避、小杖則受、蓋敷績史文、有小過則受罪六字、**舜冀州之人也。**【正義】蒲州河東縣、本屬冀州、宋永初山川記云、蒲坂城中有舜廟、城外有舜宅及二妃壇、括地志云、嬀州有嬀水、源出城中、耆舊傳云、卽舜釐降二女於嬀汭之所、外城中有舜

井、城北有歷山、山上有舜廟、未詳、案嬀州亦冀州城、是也、**舜耕歷山、**【集解】鄭玄曰、在河東、【正義】括地志云、蒲州河東縣雷首山、一名中條山、亦名歷山、亦名首陽山、亦名蒲山、亦名襄山、亦名甘棗山、亦名猪山、亦名狗頭山、亦名薄山、亦名吳山、此山西起雷首山、東至吳坂、凡十一名、隨州縣分之、歷山南有舜井、又云、越州餘姚縣有歷山舜井、濮州雷澤縣有歷山舜井、二所又有姚墟、云生舜處也、及嬀州歷山舜井、皆云舜所耕處、未詳也、**漁雷澤、**【集解】鄭玄曰、雷夏、兗州澤、今屬濟陰、【正義】括地志云、雷夏澤在濮州雷澤縣郭外西北、山海經云、雷澤有雷神、龍首人頰、鼓其腹則雷也、**陶河濱、**【集解】皇甫謐曰、濟陰定陶西南陶丘亭是也、【正義】案於曹州濱河作瓦器也、括地志云、陶城在蒲州河東縣北三十里、卽舜所都也、南去歷山不遠、或耕或陶、所在則可、何必定陶方得爲陶也、舜之陶也、斯或一焉、【考證】崔述曰、虞乃冀州境、舜不應耕稼陶漁於二千里外、則以爲冀州者近是、愚按孟子公孫丑篇、大舜善與人同、自耕稼陶漁以至爲帝、無非取於人者、韓非子難篇、歷山之農者侵畔、舜往耕焉、朞年甽畝正、河濱之漁者爭坻、舜往漁焉、朞年而讓長、東夷之陶者器苦窳、舜往陶焉、朞年而器牢、墨子尙賢中篇、舜耕歷山、陶河瀕、漁雷澤、史公所本、**作什器於壽丘、**【集解】皇甫謐曰、在魯東門之北、【索隱】什器、什數也、蓋人家常用之器非一、故以十爲數、猶今云什物也、壽丘、地名、黃帝生處、【正義】壽音受、顏師古云、軍法伍人爲伍、二伍爲什、則共器物、故謂生生之具爲什器、亦猶從軍及作役者十人爲火、共畜調度也、**就時於負夏。**【集解】鄭玄曰、負夏、衛地、【索隱】就時、猶逐時、若言乘時射利也、尙書大傳曰、販於頓丘、就時負夏、孟子曰、遷于負夏、是也、【考證】作什器於壽丘、就時於負夏、又見尸子、

舜父瞽叟頑、母嚚、弟象傲。皆欲殺舜。舜順適不失子道。兄弟孝慈。欲殺不可得。卽求嘗在側。【考證】兄疑當作友、古鈔、楓三、南本、嘗作常、**舜年二十以孝聞。三十而帝堯問可用者。**【正義】可用、謂可爲天子也、【考證】五帝德云、舜二十以孝聞於天下、**四嶽咸薦虞舜曰可。於是堯乃以二女妻舜、以觀其內、使九男與處、以觀其外。舜居嬀汭、內行彌謹。堯二女不敢以貴驕事舜親戚、甚有婦道。**【正義】二女不敢以帝女驕慢舜之親戚、親戚、謂父瞽叟後母弟象妹顆手等也、顆、音苦果反、**堯九男皆益篤。**【正義】篤、惇也、非唯二女恭勤婦道、九男事舜、皆益惇厚謹敬也、【考證】孟子盡心篇、帝使其子九男二女、百官牛羊倉廩備、以事舜於畎畝之中、淮南子泰族訓、四岳擧舜薦之於堯、堯乃妻以二女、以觀其內、任以百官、以觀其外、旣入大麓、烈風雷雨而不迷、乃屬以九子、洪頤煊曰、呂氏春秋去私篇、堯有十子、不與其子而授舜、高誘注、孟子曰、堯使九男二女事舜、此云十子、殆丹朱爲胤子、不在數中、**舜耕歷山。歷山之人皆讓畔。**【正義】韓非子歷山之農相侵略、舜往耕、朞年、耕者讓畔也、**漁雷澤。雷澤上人皆讓居。陶河濱。河濱器皆**

不苦窳。【集解】史記音隱曰，音游甫反。駰謂窳，病也。【正義】苦讀如盬，音古。盬，麤也。窳音庾。【考證】舜耕以下，采韓非子難一篇。楓三南本澤下有之字。李笠曰，上當作之。以歷山之人句例之，可知也。新序雜事第一，作漁於雷澤，雷澤之漁者分均。一年而所居成聚，【正義】聚，在喻反，謂村落也。二年成邑，三年成都。【正義】周禮郊野法云，九夫為井，四井為邑，四邑為丘，四丘為甸，四甸為縣，四縣為都也。【考證】尸子及呂氏春秋貴因篇云，舜一徙成邑，再徙成都，三徙成國。莊子徐無鬼篇，舜有羶行，百姓悅之，故三徙成都，至鄧之虛而十有餘萬家。與是史徵異。中井積德曰，邑大於聚，都又大於邑，如是而已矣，不當引周官制度。梁玉繩曰，耕稼陶漁，乃舜微時事，在堯妻舜前，上文已載之矣，則讓畔讓居以成聚成都，宜并入上文，何又重見于釐降後邪。疑當時舜耕歷山至苦窳三十一字，置上文舜冀州之人也下，而上文衍舜耕歷山漁雷澤陶河濱十字，再移一年成都十五字，置上文就時于負夏之下，蓋史文之複出錯見者也。崔適曰，舜耕歷山至三年成都，皆四嶽薦舜之辭，當移上文四岳咸薦虞舜曰可之下。愚按，崔說尤捷。堯乃賜舜絺衣與琴，為築倉廩，予牛羊。【正義】絺，勑遲反，細葛布衣也。鄒氏音竹几反。瞽叟尚復欲殺之，使舜上塗廩，瞽叟從下縱火焚廩。舜乃以兩笠自扞而下去，得不死。【索隱】言以笠自扞己身，有似鳥張翅而輕下，得不損傷。皇甫謐云，兩繖。繖，笠類。列女傳云，二女教舜鳥工上廩是也。【正義】通史云，瞽叟使舜滌廩，舜告堯二女，女曰，時其焚汝，鵲汝衣裳，鳥工往。舜既登

得免去也。【考證】楓南本無塗字，正義鵲作借。後瞽叟又使舜穿井。舜穿井，為匿空旁出。【索隱】音孔。列女傳所謂龍工入井是也。【正義】言舜潛匿穿孔，旁從他井而出也。通史云，舜穿井，又告二女，二女曰，去汝裳衣，龍工往。入井，瞽叟與象下土實井，舜從他井出去也。括地志云，舜井在嬀州懷戎縣西外城中，其西又有一井，耆舊傳云，並舜井也。舜自中出。帝王紀云，河東有舜井，未詳也。舜既入深，瞽叟與象共下土實井。【索隱】亦作填井。舜從匿空出去。【集解】劉熙曰，舜以權謀自免，亦大聖有神人之助也。瞽叟、象喜，以舜為已死。象曰，本謀者象。象與其父母分。【正義】扶問反。於是曰，舜妻堯二女與琴，象取之。牛羊倉廩予父母。象乃止舜宮居，鼓其琴。【正義】宮即室也。爾雅云，室謂之宮。禮云，命士已上，父子異宮也。舜往見之。象鄂不懌，曰，我思舜正鬱陶。舜曰，然，爾其庶矣。【正義】言汝猶當庶幾於友悌之情義也。如孟子取尚書文，又云，惟茲臣庶，女其于予治，蓋欲令象共理臣庶也。【考證】楓三南本鄂下有然字。瞽叟尚復欲殺之以下，又見孟子萬章篇，微異。梁玉繩曰，焚廩揜井之事，有無未可知，疑是戰國人妄造也。即果有之，亦非在妻二女之後。新序雜事篇，以耕稼陶漁及井廩等事，為未為天子時。論衡吉驗篇，謂事在舜未逢堯時，蓋近之矣。不然，四岳薦舜，何

以言格乂，伯益贊禹，何以稱允若乎。此萬章隨俗之誤，孟子未及辯，而史公相承未察爾。宋司馬光史剡、程子遺書、洪邁容齋三筆、及古史、大紀、路史發揮、通鑑前編，俱糾其謬。舜復事瞽叟，愛弟彌謹。於是堯乃試舜五典百官，皆治。【考證】堯典云，慎徽五典，五典克從，納于百揆，百揆時敘。昔高陽氏有才子八人，【集解】名見左傳。【考證】昔字疑衍，下同。世得其利，謂之八愷。【集解】賈逵曰，愷，和也。【索隱】左傳，史克對魯宣公曰，昔高陽氏有才子八人，倉舒、隤敳、檮戭、大臨、尨降、庭堅、仲容、叔達。【考證】梁玉繩曰，左傳無得利語，以下文世謂之八元例觀，當衍。高辛氏有才子八人，【集解】名見左傳。世謂之八元。【集解】賈逵曰，元，善也。【索隱】左傳，高辛氏有才子八人，伯奮、仲堪、叔獻、季仲、伯虎、仲熊、叔豹、季貍。此十六族者，世濟其美，不隕其名，至於堯。【索隱】謂元愷各有親族，故稱族也。濟，成也。言後代成前代也。【考證】中井積德曰，十六族，猶十六家。堯未能舉。舜舉八愷，使主后土，【集解】王肅曰，君治九土之宜。杜預曰，后土，地官。【索隱】禹為司空，司空主土，則禹在八愷之中。【正義】春秋正義云，后，君也。天曰皇天，地曰后土。以揆百事，莫不時序。【考證】言禹度九土之宜，無不以時得其次序也。舉八元，使布五教于四方。【索隱】契為司徒，司徒敷五教，則契在八元之數。父義母慈

兄友弟恭子孝，內平外成。【正義】杜預云，內，諸夏。外，夷狄也。案，契作五常之教，諸夏太平，夷狄向化也。【考證】內謂室家，外謂鄉黨。中庸，天下之達道五，君臣也，父子也，夫婦也，昆弟也，朋友之交也。未嘗以五道為唐虞之五教。至孟子則曰，人之有道也，飽食煖衣，逸居而無教，則近於禽獸。聖人有憂之，使契為司徒，教以人倫，父子有親，君臣有義，夫婦有別，長幼有序，朋友有信。淮南子人間訓亦云，百姓不親，五品不治，契教以君臣之義，父子之親，夫妻之辯，長幼之序。是與左傳史記異。愚按，父母兄弟子，一家之事也。君臣朋友，一國之事也。孟子以周代具備之道，推唐虞之古耳。左傳史記蓋得古意。昔帝鴻氏有不才子，【集解】賈逵曰，帝鴻，黃帝也。不才子，其苗裔讙兜也。掩義隱賊，好行凶慝，天下謂之渾沌。【正義】慝，惡也。一本云，天下之民謂之渾沌。渾沌即讙兜也。言掩義事，陰為賊害，而好凶惡，故謂之渾沌也。杜預云，渾沌，不開通之貌。神異經云，崑崙西有獸焉，其狀如犬，長毛四足，似羆而無爪，有目而不見，行不開，有兩耳而不聞，有人知性，有腹無五藏，有腸直而不旋，食徑過。人有德行而往抵觸之，有凶德則往依憑之，名渾沌。又莊子云，南海之帝為儵，北海之帝為忽，中央之帝為渾沌。儵忽乃相遇於渾沌之地，渾沌待之甚善。儵與忽謀欲報渾沌之德，曰，人皆有七竅以視聽食息，此獨無有，嘗試鑿之。日鑿一竅，七日而渾沌死。案，言讙兜性似，故號之也。少皞氏有不才子，【集解】服虔曰，少皞，金天氏帝號。毀信惡忠，崇飾惡言，天下謂之窮奇。【集解】服虔曰，謂共工氏也。其行窮而好奇。【正義】謂共工，言毀敗信行，惡其忠直，有惡言語，高粉飾之，故謂

之窮奇。案常行終必窮、極好諂諛、奇異於人也。神異經云、西北有獸、其狀似虎、有翼能飛、便勦食人、知人言語、聞人鬭、輒食直者、聞人忠信、輒食其鼻、聞人惡逆不善、輒殺獸往饋之、名曰窮奇。案言共工性似、故號之也。【考證】楓三本無毀信惡忠崇飾惡言八字。顓頊氏有不才子、不可教訓、不知話言。天下謂之檮杌。【集解】賈逵曰、檮杌、頑凶無疇匹之貌、謂鯀也。【正義】檮音道刀反、杌音五骨反、謂鯀也、凶頑不可教訓、不從詔令、故謂之檮杌。案言無疇匹、言自縱恣也。神異經云、西方荒中有獸焉、其狀如虎而大、毛長二尺、人面虎足、豬口牙、尾長一丈八尺、攪亂荒中、名檮杌、一名傲很、一名難訓。案言鯀性似、故號之也。【考證】楓三南本無不可教訓不知話言八字。此三族世憂之、至于堯。堯未能去。縉雲氏有不才子。【集解】賈逵曰、縉雲氏、姜姓也、炎帝之苗裔、當黃帝時任縉雲之官也。【正義】今括州縉雲縣、蓋其所封也。字書云、縉、赤繒也。貪于飲食、冒于貨賄。天下謂之饕餮。【正義】謂三苗也、言貪飲食冒貨賄、故謂之饕餮。神異經云、西南有人焉、身多毛、頭上戴豕、性很惡、好息積財而不用、善奪人穀物、強者奪老弱者、畏羣而擊單、名饕餮。言三苗性似、故號之。【考證】楓三南本無貪于飲食冒于貨賄八字。愚按依楓三南本、上文掩義隱賊、好行凶慝八字、亦當衍。天下惡之、比之三凶。【集解】杜預曰、非帝子孫、故別之以比三凶也。【正義】此以上四處、皆左傳文、或本有竝文次相類四凶、故書之、恐本錯脫耳。【考證】正義有訛脫、館本刪之。舜賓於四門、【正義】杜預云、闢四

門、達四聽、以賓禮衆賓也。乃流四凶族、遷于四裔、【集解】賈逵曰、四裔之地、去王城四千里。以御螭魅。【集解】服虔曰、螭魅、人面獸身、四足、好惑人、山林異氣所生、以爲人害。【正義】御、音魚呂反、螭、音丑知反、魅、音媚。案御螭魅、恐更有邪諂之人、故流放四凶以禦之也。故下云無凶人也。於是四門辟、言毋凶人也。【考證】昔高陽氏以下、采左傳文公十八年文、通鑑輯覽云、自孔安國書傳以饕餮爲三苗、而杜預左傳注遂幷以渾沌窮奇檮杌卽驩兜共工鯀、由是經之四罪爲一、不知四凶之投裔在舜賓門之時、四罪之咸服在舜攝位之後、時殊人異、經傳之四凶、可據、而且鯀則殛死、而四凶不過投諸四裔、又何可強爲牽合。梁玉繩曰、堯之放四罪、共驩苗鯀也、事出尚書、舜之流四凶、四凶族、不才子也、事出左傳太史克語、事既各出、時亦相縣、史公分載堯舜兩紀、未嘗言四罪卽四凶族、後儒察見人數之同、遂幷八愨爲一、豈非賈服杜孔之謬哉。舜入于大麓、烈風雷雨不迷。【考證】楓三南本、無烈風雷雨不迷六字。堯乃知舜之足授天下。堯老、使舜攝行天子政、巡狩。舜得舉、用事二十年、而堯使攝政。攝政八年而堯崩。【考證】中井積德曰、舜徵用三載、攝位又二十八載、而堯崩也、此年數差誤、且與堯紀不合。三年喪畢、讓丹朱。天下歸舜。而禹・皐陶・契・后稷・伯夷・夔・龍・倕・益・彭祖、【索隱】彭祖、卽陸終氏之第三子、籛鏗之

後、後爲大彭、亦稱彭祖。【正義】皐陶、高姚二音、字庭堅、英六二國、是其後也。契音薛、殷之祖也。伯夷、齊太公之祖也。夔、巨龜反、樂官也。倕音垂、亦作垂、內言之官也。益、伯翳也、卽秦趙之祖。彭祖自堯時舉用、歷夏殷封於大彭。【考證】彭祖之名、不見於尚書、大戴禮五帝德、亦但言帝堯舉舜彭祖、而不言舜用彭祖、史記下文亦無彭祖分職。自堯時而皆舉用、未有分職。【正義】分、符問反、又如字、謂封疆爵土也。【考證】梁玉繩曰、既曰舉用、又曰未有分職、語意相戾、中井積德曰、未有分職、元來訛舛之語、注更錯繆。於是舜乃至於文祖、謀于四嶽、辟四門、明通四方耳目、命十二牧、論帝德、行厚德、遠佞人、則蠻夷率服。【正義】舜命十二牧、論帝堯之德、又敎之於民、遠離邪佞之人、言能如此、則夷狄亦服從也。【考證】牧下當補曰字、崔述曰、四岳十二牧皆舊官、以舜新卽位、故申儆之、使敬厥職也。舊官故書其官於前、然則稷契皐陶之非舊官可知矣、四岳不載命詞者、統率羣僚無專責也、十二牧共一命詞者、域異職同、無分別也。舜謂四嶽曰、有能奮庸美堯之事者、使居官相事。【集解】馬融曰、奮、明、庸、功也。皆曰、伯禹爲司空、可美帝功。舜曰、嗟、然。禹、汝平水土、維是勉哉。禹拜稽首、讓於稷・契與皐陶。舜曰、然、往矣。【集解】鄭玄曰、然其舉得其人、汝往居此官、不聽其所讓也。舜

曰、弃、黎民始飢。【集解】徐廣曰、今文尚書作祖飢、祖、始也。【索隱】古文作阻飢、孔氏以爲阻難也、祖阻聲相近、未知誰得。汝后稷、播時百穀。【集解】鄭玄曰、時讀曰蒔。【正義】稷、農官也、播時謂順四時而種百穀。舜曰、契、百姓不親、五品不馴。【集解】鄭玄曰、五品、父母兄弟子也。王肅曰、五品、五常也。【正義】馴音訓。【考證】尚書馴作遜。汝爲司徒、而敬敷五敎、在寬。【集解】馬融曰、五品之敎。舜曰、皐陶、蠻夷猾夏、【集解】鄭玄曰、猾夏、侵亂中國也。寇賊姦軌。【集解】鄭玄曰、由內爲姦、起外爲軌。【正義】亦作宄。汝作士。【集解】馬融曰、獄官之長。【正義】案若大理卿也。五刑有服。五服三就。【集解】馬融曰、五刑、墨劓剕宮大辟。三就、謂大罪陳諸原野、次罪於市朝、同族適甸師氏、既服五刑、當就三處。【正義】孔安國云、服、從也、言得輕重之中正也。案墨、點鑿其額、涅以墨。劓、截鼻也。剕、刖足也。宮、淫刑也、男子割勢、婦人幽閉也。大辟、死刑也。五流有度。【正義】度、音徒洛反、尚書作宅。孔安國云、五刑之流、各有所居也。五度三居。【正義】案謂度其遠近爲三等之居也。維明能信。【集解】馬融曰、謂在八議、君不忍刑、宥之以遠、五等之差、亦有三等之居、大罪投四裔、次九州之外、次中國之外、當明其罪、能使信服之。【考證】崔述曰、禹於堯之季年、已成司空、但莅事不久、水土猶未平、故舜仍其官、而專責之以平水土、水土平、然後耕耨可興、故命稷次之、衣食足、然後禮義可敎、故命契次之、不敎而殺謂之虐、敎之不從、然後齊之以刑、故命皐陶次之、此四官皆

救民之急務、正民之要術、故舜先之。舜曰。誰能馴予工。【集解】馬融曰、謂主百工之官也。皆曰。垂可。於是以垂爲共工。【集解】馬融曰、爲司空、共理百工之事。【考證】徐孚遠曰、是時禹爲司空、宅百揆、垂亦何得亦爲司空、抑禹自宅揆解司空之職、以授垂邪、將共工別爲一官、與司空分職、而馬說誤邪、梁玉繩曰、史依尚書、並載禹益諸臣之讓、而垂獨缺、疑有脫文。舜曰。誰能馴予上下草木鳥獸。【集解】馬融曰、上謂原、下謂隰。皆曰。益可。於是以益爲朕虞。【集解】馬融曰、虞掌山澤之官名。【考證】梁玉繩曰、書所謂朕虞、舜自言之也、此連文爲官名、非、王莽改水衡都尉曰予虞、漢百官表序亦曰、益爲朕虞、地理志曰、爲舜朕虞、豈皆誤讀尚書邪、愚按朕字後人從漢書誤補。益拜稽首、讓于諸臣朱虎・熊羆。【索隱】卽高辛氏之子伯虎仲熊也。【正義】孔安國云、朱虎熊羆二臣名、垂益所讓四人、皆在元凱之中也。舜曰。往矣。汝諧。遂以朱虎・熊羆爲佐。【正義】爲益之佐也。【考證】尚書無諸臣二字、蓋注文竄入、又不言以朱虎熊羆爲佐、或今本尚書訛脫邪、抑史公以意推之也、崔述曰、本務畢、而後末務可圖、人性盡而後物性可遂、故命垂命益次之。舜曰。嗟。四嶽。有能典朕三禮。【集解】馬融曰、三禮、天神地祇人鬼之禮也。鄭玄曰、天事地事人事之禮也。皆曰。伯夷可。舜曰。嗟、伯夷。以汝爲秩宗。【集解】鄭玄曰、主次秩尊卑。【正義】若太常也、漢書百官

表云、王莽改太常曰秩宗、依古也、孔安國云、秩、序、宗、尊也、主郊廟之官也。【考證】張文虎曰、正義百官表、當作王莽傳。夙夜維敬、直哉維靜絜。【正義】靜、淸也、絜、明也、孔安國云、職典禮施政教、使正直而淸明。伯夷讓夔・龍。舜曰。然。【正義】孔安國云、然其推賢、不許其讓也。以夔爲典樂教穉子。【集解】鄭玄曰、國子也、案尚書作冑子、穉冑聲相近。【正義】穉冑雉反、孔安國云、冑、長也、謂元子以下至卿大夫子弟、以歌詩蹈之舞之、教長國子中和祇庸孝友。直而溫。【集解】馬融曰、正直而色溫和。寬而栗。【集解】馬融曰、寬大而謹敬戰栗也。剛而毋虐。簡而毋傲。【正義】孔安國云、剛失之虐、簡失之傲、教之以防其失也。詩言意、歌長言。【集解】馬融曰、歌所以長言詩之意也。【正義】孔安國云、詩言志以導其心、歌詠其義以長其言也。【考證】尚書意作志、長作永、邵晉涵曰、以意易志、疑後漢人避桓帝所改也。聲依永、律和聲。【集解】鄭玄曰、聲之曲折、又依長言、聲中律、乃爲和也。【正義】孔安國云、聲、五聲、宮商角徵羽也、律、謂六律六呂、十二月之音氣也、當依聲律和樂也。八音能諧、毋相奪倫、神人以和。【集解】鄭玄曰、祖考來格、羣后德讓、其一隅也。【正義】八音、金石絲竹匏土革木也、孔安國云、倫、理也、八音能諧、理不錯奪、則神人咸和、命夔使勉也。夔曰。於、予擊石拊石、百獸率舞。【集解】鄭玄曰、百獸、服不氏所養者也、率舞、言音和也。【正義】於、音烏、孔安國云、石、磬、音之淸者、拊亦擊也、舉淸者和則其餘皆從矣、樂

感百獸、使相率而舞、則神人和可知也、案磬、一片黑石也、不、音福尤反、周禮云、夏官有服不氏、掌服猛獸、下士一人、徒四人、鄭玄云、服不服之獸也。舜曰。龍。朕畏忌讒說殄僞、振驚朕衆。【集解】徐廣曰、一云齊說殄行振驚衆、駰案鄭玄曰、所謂色取仁而行違、是驚動我之衆臣、使之疑惑。【正義】僞、音危睡反、言畏惡利口讒說之人、彙殄絕姦僞人黨、恐其驚動我衆、使龍遏絕之、出入其命惟信實也、此僞字太史公變尚書文也、尚書僞字作行、音下孟反、言己畏忌有利口讒說之人、殄絕無德行之官也。【考證】尚書畏忌作堲、僞讀爲爲、尚書作行、字異義同、讒說殄爲對言、殄傷絕也、殄爲傷絕之行。命汝爲納言。夙夜出入朕命、惟信。【正義】孔安國云、納言、喉舌之官也、聽下言納於上、受上言宣於下、必信也。舜曰。嗟、女二十有二人。敬哉。惟時相天事。【集解】馬融曰、稷契皐陶、皆居官久有成功、但述而美之、無所復勑、禹及垂已下、皆初命、凡六人、與上十二牧四嶽、凡二十二人、鄭玄曰、皆格于文祖時所勑命也。【正義】相、視也、舜命二十二人、各敬行其職、惟在順時視天所宜而行事也。【考證】蔡沈曰、二十二人、謂四岳九官十二牧也、崔適曰、自禹至彭祖、共爲十人、加以十二牧、乃爲二十二人也、愚按在尚書、則當如蔡說、在史則崔說近是、但彭祖無分職、未審史公之意、相天事、堯典作亮天功。三歲一考功、三考絀陟遠近。衆功咸興。分北三苗。【集解】鄭玄曰、所竄三苗、爲西裔諸侯者猶爲惡、乃復分析流之。【考證】於是舜乃至文祖以下、采尚書堯典、絀陟遠近、尚書作黜陟幽明、慶長本標記云、絀、丑律反、北如字、又爲

背、鄭誕生、音步代反、愚按三苗有生熟之別、或旣從化、或猶抗命、所以分處之。此二十二人、咸成厥功。皐陶爲大理平、民各伏得其實。【正義】皐陶作士、正平天下罪惡也。【考證】大當作士、字之訛也、故正義以作士解之、戴記五帝德、皐陶作士、忠信疏通、本書夏本紀亦云、皐陶作士以理民、張文虎曰、御覽八十一引史伏作服、李笠曰、伏通作服、項羽紀、一府中皆慴伏、下文作諸將皆慴服、又衆乃皆伏、漢書項籍傳伏作服。伯夷主禮、上下咸讓。垂主工師、百工致功。【正義】工師、若今大匠卿也。益主虞、山澤辟。【正義】婢亦反、開也。弃主稷、百穀時茂。契主司徒、百姓親和。龍主賓客、遠人至。十二牧行、而九州莫敢辟違。【正義】禹九州之民、無敢辟違舜十二牧也。唯禹之功爲大。披九山、【正義】披、音皮義反、謂傍其山邊以通。通九澤、決九河、定九州、各以其職來貢、不失厥宜。方五千里、至于荒服。【考證】披九山以下、采尚書禹貢、楓、三、南本、九河作九川。南、撫交阯・北發、【索隱】一句。【考證】南本廋作搜。西、戎・析枝・渠廋・氐羌。北、山戎・發・息愼。東、長・鳥夷。【集解】鄭玄曰、息愼、或謂之肅愼、東北夷。【索隱】此

言帝舜之德、皆撫及四方夷人、故先以撫字總之、北發當云北戶、南方有地名北戶、又案漢書、北發是北方國名、今以北發爲南方之國、誤也、此文省略、四夷之名錯亂、西戎上少一西字、山戎下少一北字、長字下少一夷字、長夷也、鳥夷也、其意宜然、今案大戴禮亦云長夷、則長是夷號、又云鮮支渠搜、則鮮支當此析枝也、鮮析音相近、鄒氏劉氏云息、竝音肅、非也、且夷狄之名、古書不必皆同、今讀如字也、【正義】注鳥或作嶋、括地志云、百濟國西南海中有大嶋十五所、皆置邑有人居、屬百濟、又倭國西南大海中嶋居凡百餘小國、在京南萬三千五百里、案武后改倭國爲日本國、【考證】南撫交阯以下、采大戴記五帝德、但北發作大數、大戴記少間篇云、舜以天德嗣堯、海外肅愼北發渠搜氐羌來服、査德基曰、北發疑當作大發、西戎之戎、疑息愼之發、疑皆衍字、說苑修文篇南交阯大發西析支渠搜北山戎息愼東長夷島夷、似可據以正史、鳥島古通用、愚按北發國名、又見管子及漢武紀韓安國傳、大數大發北發三者未知其孰是、又按西北東下、亦當有撫字、以上文撫字該之、是古文簡處、

四海之內、咸戴帝舜之功。 【正義】爾雅云、九夷八狄七戎六蠻、謂之四海、 **於是禹乃興九招之樂、致異物。鳳皇來翔。** 【索隱】招音韶、即舜樂簫韶九成、故曰九招、【考證】楓三南本、招作韶、尚書皐陶謨、簫韶九成、鳳凰來儀、德齡曰、禹字當作夔、敘禹于諸臣之後者、以禹功最大也、而大樂之作、所以告成功、故又敘夔于禹之後、其次序固秩然不紊也、夏本紀舜德大明、于是夔行樂一段、尤可爲夔字明證、 **天下明德、皆自虞帝始。舜年二十以孝聞。年三十堯擧之。年五十攝行天子**

事。年五十八堯崩。年六十一代堯踐帝位。 【集解】皇甫謐曰、舜所都、或言蒲阪、或言平陽、或言潘、潘、今上谷也、【正義】括地志云、平陽、今晉州城是也、潘、今嬀州城是也、蒲阪、今蒲州南二里河東縣界蒲阪故城是也、 **踐帝位三十九年。南巡狩崩於蒼梧之野。葬於江南九疑。是爲零陵。** 【集解】皇覽曰、舜冢在零陵營浦縣、其山九谿皆相似、故曰九疑、傳曰、舜葬蒼梧、象爲之耕、禮記曰、舜葬蒼梧、二妃不從、山海經曰、蒼梧山、帝舜葬于陽、丹朱葬于陰、皇甫謐曰、或曰、二妃葬衡山、【考證】堯典云、舜生三十徵庸、三十在位、五十載陟方乃死、孟子離婁篇云、舜生於諸馮、遷於負夏、卒於鳴條、禮記檀弓篇云、舜葬於蒼梧之野、蓋三妃未之從也、大戴記五帝德云、舜之少也、惡顇勞苦、二十以孝聞乎天下、三十在位、嗣帝所、五十乃死、葬于蒼梧之野、史公蓋采檀弓五帝德、崔適曰、年三十堯擧之、即尚書所謂三十徵庸也、年五十攝行天子事、即上文所謂舜得擧用事二十年、而堯使攝政也、堯崩時年六十一、代堯踐帝位、即上文所謂攝政八年而堯崩、三年喪畢、讓丹朱、天下歸舜也、踐帝位三十九年崩、乃尚書所謂五十載陟方乃死、自攝政八年、居喪三年、在位三十九年、合爲五十載也、愚按史公之意、與尚書孟子異說、見上文、

舜之踐帝位、載天子旗、往朝父瞽叟。夔夔唯謹、如子道。 【集解】徐廣曰、夔夔、和敬貌、【考證】孟子萬章篇、書曰、祗載見瞽瞍、夔夔齊栗、瞽瞍亦允若、 **封弟象爲諸侯。** 【集解】孟子曰、封之有庳、音鼻、【正義】帝王紀云、舜弟象封於有鼻、括地志云、鼻亭神在營道

縣北六十里、故老傳云、舜葬九疑、象來至此、後人立祠、名爲鼻亭神、輿地志云、零陵郡應陽縣東有山、山有象廟、王隱晉書云、泉陵縣北部東五里、有鼻墟、象所封也、【考證】孟子萬章篇、吳裕垂曰、道州之有庳亭、猶靈博之有象祠也、南蠻苗夷所建、不必問其所自始、而有庳之封、必近帝都、方得常常而見、原原而來、 **舜子商均亦不肖。** 【集解】皇甫謐曰、娥皇無子、女英生商均、【正義】譙周云、以虞封舜子、今宋州虞城縣、括地志云、虞國、舜後所封邑也、或云、封舜子均於商、故號商均也、

舜乃豫薦禹於天。十七年而崩。 【索隱】薦於天、謂告天使之攝位也、【考證】楓三本無乃字、 **三年喪畢。禹亦乃讓舜子、如舜讓堯子。** 【正義】括地志云、禹居洛州陽城者、避商均、非時久居也、【考證】楓三南本、崩下重崩字、無乃字、 **諸侯歸之。然後禹踐天子位。** 【考證】舜子商均亦不肖以下、采孟子萬章篇、 **堯子丹朱、舜子商均、皆有疆土、** 【集解】譙周曰、以唐封堯之子、以虞封舜之子、【索隱】漢書律歷志云、封堯子朱於丹淵爲諸侯、商均封虞、在梁國、今虞城縣也、【正義】括地志云、定州唐縣、堯後所封、宋州虞城縣、舜後所封也、 **以奉先祀。服其服、禮樂如之。以客見天子。天子弗臣。示不敢專也。** 【正義】爲天子之賓客也、【考證】尚書皐陶謨云、虞賓在位、傳云、丹朱爲王者後、故稱賓、禮記郊特牲云、王者存二代之後、猶尊賢也、尊賢不過二代、 **自黃帝至舜禹皆同姓。而**

異其國號、以章明德。 【集解】徐廣曰、外傳曰、黃帝二十五子、其得姓者十四人、虞翻云、以德爲氏姓、又虞說以凡有二十五人、其二人同姓姬、又十一人爲十一姓、酉祁己滕葴任荀釐姞儇衣是也、餘十二姓、德薄不紀錄、【正義】釐音力其反、姞音其吉反、儇音在宣反、【考證】外傳國語晉語、崔述曰、上古之時、人情樸略、容有未受姓者、故因錫土而遂賜之、所以禹貢有錫土姓之文、非每人皆賜之以姓也、安有同父而異姓者哉、姓也者生也、有姓者、所以辨其所由生也、苟同父而各姓其姓、則所由生者無可辨、有姓曷取焉、自國語始有一人子孫分爲數姓之說、而大戴記從而衍之、史記又從而采之、遂謂唐虞三代共出一祖、而帝王之族姓、遂亂雜而失其眞矣、然則誣古聖而惑後儒者、皆國語爲之濫觴也、且晉語前既云、青陽與夷鼓爲己姓、後又云、青陽與倉林爲姬姓、是青陽一人、而有兩姓矣、晉語既云、黃帝之子青陽夷鼓皆爲己姓、鄭語又云、祝融之後、己姓昆吾蘇顧溫董、是己一姓、而又有兩祖矣、其自矛盾如是、焉可爲信哉、梁玉繩曰、黃帝至禹諸帝王、竝非一族、安得同姓、史于五帝之姓多缺不具、而夏之姓姒、下文已明書之、何云同姓哉、此史通所謂連行接句、頓成乖角者也、歐陽修曰、司馬遷所作本紀、出於大戴禮世本諸書、今依其說、圖而考之、堯舜夏商周、皆同出於黃帝、堯之崩也、下傳其四世孫舜、舜之崩也、復上傳其四世祖禹、而舜禹皆壽百歲、稷契於高辛爲子、乃同父異母之兄弟、今以其世次而下之、湯與王季同世、湯下傳十六世而爲紂、王季下傳一世而爲文王、二世而爲武王、是文王以十五世祖、臣事十五世孫紂、而武王以十四世祖、伐十四世孫而代之王、何其繆哉、 **故黃帝爲有熊。** 【考證】黃帝爲有熊、傳記無所概見、 **帝顓頊爲高陽。帝嚳爲高辛。帝堯爲陶唐。**

【集解】韋昭曰、陶、唐皆國名、猶湯稱殷商矣、張晏曰、堯爲唐侯、國於中山、唐縣是也、**帝舜爲有虞。**【集解】皇甫謐曰、舜嬪于虞、因以爲氏、今河東大陽西山上虞城是也、**帝禹爲夏后、而別氏。姓姒氏。**【考證】梁玉繩曰、夏代稱后、故云夏后氏、王則間稱之、何論帝也、帝禹之稱、且以帝與后連書亦複、又曰、三代以前、必著功德、然後賜姓命氏、故人不皆有姓、三代以降、族類繁亂、皆所謂姓、但有氏而已、姓一定而不易、雖百世弗改、氏遞出而不窮、卽再傳可變、史公承秦項焚燹之餘、譜學已紊、姓氏遂混、有以姓爲氏者、如夏之姒、商之子姓也、非氏也、而連氏于其下、曰姒氏子氏、有以氏爲姓者、如秦之趙、漢之劉、氏也、非姓也、而加姓于其上、曰姓趙姓劉、然其謬非始于史公、穀梁隱九年、南季來聘、傳云、南氏姓也、則已混稱之矣、或問春秋書姜氏子氏、姜與子俱姓、而書氏何居、曰古者男子稱氏、婦人稱姓、而姓之與氏、散亦得通、是以通志氏族序云、姓可呼爲氏、氏不可呼爲姓、從未有姓氏并稱之者、易言黃帝堯舜氏作、則又以號爲氏、以名爲氏、亦稱姓爲氏之比矣、**契爲商。姓子氏。**【索隱】禮緯曰、禹母脩已、吞薏苡而生禹、因姓姒氏、而契姓子氏者、亦以其母吞乙子而生、**弃爲周。姓姬氏。**【集解】鄭玄駮許愼五經異義曰、春秋左傳無駭卒、羽父請謚與族、公問族於衆仲、衆仲對曰、天子建德、因生以賜姓、胙之土而命之氏、諸侯以字爲氏、因以爲族、官有世功、則有官族、邑亦如之、公命以字爲展氏、以此言之、天子賜姓命氏、諸侯命族、族者氏之別名也、姓者所以統繫百世使不別也、氏者所以別子孫之所出、故世本之篇、言姓則在上、言氏則在下也、

太史公曰。【正義】太史公、司馬遷自謂也、自敍傳云、太史公曰、先人有言、又云、太史公曰、余聞之董生、又云、太史公遭李陵之禍、明太史公司馬遷自號也、遷爲太史公官、題贊首也、虞喜云、古者主天官者、皆上公、非獨遷、【考證】姚鼐曰、太史公係遷後人尊稱之辭、漢官儀乃云、其官本名太史公、此謬說也、漢書臣瓚注引茂陵書、司馬談以太史丞爲令、又孔北海告高密縣曰、昔太史公、廷尉吳公、謁者僕射鄧公、皆漢之名臣、世嘉其高、皆悉稱公、然則公者仁德之正號、不必三事大夫也、據此則凡史記內以太史公稱談者、卽子長所加以稱子長者、皆後人所益、又何疑焉、若文選載報任安書首云、太史公牛馬走、公字乃令字之誤耳、稱太史令猶後人之列銜、稱牛馬走猶後人稱僕稱弟之類、梁玉繩曰、太史公之稱、今上紀及自序傳注引桓譚新論云、東方朔所署、又引韋昭云、遷外孫楊惲所加、又引衞宏漢儀注、謂太史公武帝置、位在丞相上、遷死後宣帝以其官爲令、行文書而已、又引虞喜志林、謂古主天官者皆上公、由周至漢、其職轉卑、然朝會坐位、猶居公上、其官屬仍以舊名尊之、攷史記遷死後稍出、至宣帝時始宣布、東方朔安得見之、索隱非之矣、遷傳有楊惲祖述其書之語、韋昭所本、索隱亦從之、但一部史記均稱太史公、惟自序中遷爲太史令一句稱令、然正義引史作公、疑今本傳譌、或依漢書改、豈盡惲增之邪、索隱以爲姚察非之矣、蓋太史公是官名、衞宏漢人、其言可信、又曰、史記祇天官書太史公推古天變及封禪書兩稱太史公、自序前篇六稱太史公、指司馬談、文義顯白、餘皆自謂、愚按大史令官名、太史令之稱太史公、猶太倉令之稱太倉公、自是當時官府通稱、固非官名、亦非尊加、姚梁之說、恐皆非是、說又見于太史公自序、**學者多稱五帝尚矣。**【索隱】尚、上也、言久遠也、然尚矣文出大戴禮、**然尚書獨載堯以來。**

而百家言黃帝、其文不雅馴。【正義】馴、訓也、謂百家之言、皆非典雅之訓、**薦紳先生難言之。**【集解】徐廣曰、薦紳、卽縉紳也、古字假借、【考證】五帝德云、夫黃帝尚矣、先生難言之、**孔子所傳宰予問五帝德及帝繫姓、**【正義】繫、音奚計反、**儒者或不傳。**【索隱】五帝德、帝繫姓、皆大戴禮及孔子家語篇名、以二者皆非正經、故漢時儒者以爲非聖人之言、故多不傳學也、**余嘗西至空桐、**【正義】余、太史公自稱也、嘗、曾也、空桐山、在原州平高縣西百里、黃帝問道於廣成子處、**北過涿鹿、**【正義】涿鹿山、在嬀州東南五十里、山側有涿鹿城、卽黃帝堯舜之都也、**東漸於海、南浮江淮矣。至長老皆各往往稱黃帝・堯・舜之處、風教固殊焉。**【考證】楓、三、南本、無至字、固作國、**總之不離古文者近是。**【索隱】古文、卽帝德帝系二書也、近是聖人之說、【考證】沈濤曰、總之不離古文者近是、古文卽謂尚書、太史公自序、年十歲則誦古文、亦謂古文尚書、小司馬于紀贊則以爲帝德帝繫等書、于自序則以爲左傳國語等書、皆非是、又曰、漢書儒林傳曰、司馬遷亦從安國問故、遷書載堯典禹貢洪範微子金縢諸篇、多古文說、是史記之用古文、孟堅言之鑿然矣、自漢以來皆無異說、惟史遷每以訓詁字易經文、又兼裴駰司馬貞張守節所據本、每多互異、蓋已爲六朝人所竄亂、然藉此以求古文之眞、尚可存十一於千百、愚按古文謂以古文書者、不止尚書一經、而是主斥尚書說、又見十二

諸侯年表序、**予觀春秋國語、其發明五帝德帝繫姓章矣。**【索隱】太史公言、己以春秋國語古書博加考驗、益以發明五帝德等說甚章著也、【考證】中井積德曰、言春秋國語中多說五帝之事、**顧弟弗深考。**【集解】徐廣曰、弟、但也、史記漢書見此者非一、又左思蜀都賦曰、弟如滇池而不詳者多、以爲字誤、學者安可不博觀乎、【正義】顧、念也、弟、且也、太史公言博考古文、擇其言表見之不虛、甚章著矣、思念亦且不須更深考論、【考證】錢大昕曰、弟、但、聲相近、中井積德曰、弗深考、譏儒者不傳也、**其所表見皆不虛。**【索隱】言帝德帝系所有表見者、皆不爲虛妄也、**書缺有閒矣。**【正義】言古文尚書缺失、其閒多矣、而無說黃帝之語、【考證】中井積德曰、書缺有閒、尚書殘缺有年載也、**其軼乃時時見於他說。**【索隱】言古典殘缺有年載、故曰有閒、然帝皇遺事散軼、乃時時旁見於他記說、卽帝德帝系等說也、故己今採案而備論黃帝已來事耳、**非好學深思、心知其意、固難爲淺見寡聞道也。余并論次、擇其言尤雅者、故著爲本紀書首。**【正義】太史公據古文并諸子百家、論次擇其言語典雅者、故著爲五帝本紀、在史記百三十篇書之首、【考證】趙恆曰、此論本紀所以首黃帝之意、蓋尚書獨載堯以來、而史記始黃帝、史記之所據者、五帝德帝繫姓也、乃儒者或不傳之書也、然遷以所涉歷驗之風教而近是、參之春秋國語而所表見爲不虛、是以尚書雖缺、而其軼之見於他說、如五帝德帝繫姓者、不可不言而傳之也、要在學

者博聞深思、精擇而愼取之耳、故以黃帝著爲本紀首、則顓頊高辛在其中矣、

索隱述贊、帝出少典、居于軒丘、既代炎曆、遂禽蚩尤、高陽嗣位、靜深有謀、小大遠近、莫不懷柔、爰洎帝嚳、列聖同休、帝摯之弟、其號放勳、就之如日、望之如雲、郁夷東作、昧谷西曛、明敭仄陋、玄德升聞、能讓天下、賢哉二君、考證中井積德曰、索隱述贊百三十篇、無一篇可觀、並削之可也、

五帝本紀第一　史記一

文學博士瀧川龜太郎著

史記會注考證

史記會注考證卷二

漢　太史令司馬遷撰

宋中郎外兵曹參軍裴駰集解

唐國子博士弘文館學士司馬貞索隱

唐諸王侍讀率府長史張守節正義

日本出雲瀧川資言考證

夏本紀第二　史記二

［考證］史公自序云、維禹之功、九州攸同、光唐虞際、德流苗裔、夏桀淫驕、乃放鳴條、作夏本紀、第二、陳仁錫曰、夏紀、自啓以前、多本諸尚書、故紀事詳悉、至太康以下、事不經

見、則不免疎略矣、

夏禹［集解］諡法曰、受禪成功曰禹、［正義］夏者、帝禹封國號也、帝王紀云、禹受封爲夏伯、在豫州外方之南、今河南陽翟是也、名曰文命。［索隱］尚書云、文命敷于四海、孔安國云、外布文德教命、不云是禹名、太史公皆以放勳重華文命爲堯舜禹之名、未必爲得、孔又云、虞氏、舜名、則堯舜禹湯皆名矣、蓋古者帝王之號、皆以名、後代因其行、追而爲諡、其實禹是名、故張晏云、少昊已前、天下之號象其德、顓頊已來、天下之號因其名、又按系本、鯀取有辛氏女、謂之女志、是生高密、宋衷云、高密、禹所封國、［正義］帝王紀云、父鯀妻脩己、見流星貫昴、夢接意感、又吞神珠薏苡、胷坼而生禹、名文命、字密、身九尺二寸長、本西夷人也、大戴禮云、高陽之孫、鯀之子、曰文命、揚雄蜀王本紀云、禹本汶山郡廣柔縣人也、生於石紐、括地志云、茂州汶川縣石紐山、在縣西七十三里、華陽國志云、今夷人共營其地、方百里、不敢居牧、至今猶不敢放六畜、按廣柔、隋改曰汶川、［考證］禹名、文命、徽號、說已詳五帝紀、禹之父曰鯀。鯀之父曰帝顓頊。［索隱］皇甫謐云、鯀、帝顓項之子、字熙、又連山易云、鯀封於崇、故國語謂之崇伯鯀、系本亦以鯀爲顓頊子、漢書律歷志則云、顓頊五代而生鯀、按鯀既仕堯、與舜代系殊懸、舜即顓頊六代孫、則鯀非是顓項之子、蓋班氏之言、近得其實、顓頊之父曰昌意。昌意之父曰黃帝。禹者、黃帝之玄孫、而帝顓頊之孫也。禹之曾大父昌意、及父鯀、皆不得

在帝位、爲人臣。［考證］以上、本帝繫篇、劉知幾曰、顓頊紀中已具云黃帝是顓項祖矣、此篇下云禹是顓頊孫、則其上不得更言黃帝之玄孫、張照曰、夏本紀、禹之父曰鯀、鯀之父曰帝顓頊、五帝紀、瞽叟父曰橋牛、橋牛父曰句望、句望父曰敬康、敬康父曰窮蟬、窮蟬父曰帝顓頊、是禹爲帝顓頊之孫、而舜爲帝顓頊六世孫矣、禹爲舜之高祖行、得相見已屬僅事、必年大長於舜矣、乃舜命禹治水時、禹方娶塗山之女、復受舜禪、十七年而崩於會稽、則禹年幼於舜又可知、豈理也哉、歐陽修辭而闢之、當矣、當帝堯之時、鴻水滔天、浩浩懷山襄陵、下民其憂。［集解］一作洪、鴻、大也、以鳥大曰鴻、小曰鴈、故近代文字大義者、皆作鴻也、堯求能治水者。羣臣四嶽皆曰、鯀可。堯曰、鯀爲人負命毀族。不可。四嶽曰、等之未有賢於鯀者。願帝試之。於是堯聽四嶽、用鯀治水。九年而水不息。功用不成。於是帝堯乃求人。更得舜。舜登用、攝行天子之政。巡狩行視鯀之治水無狀。［索隱］言無功狀、乃殛鯀於羽山以死。［正義］殛、音紀力反、鯀之羽山、化爲黃熊、入于羽淵、熊、音乃來反、下三點爲三足也、東晳發蒙紀云、鼈三足曰熊、天下皆以舜之誅爲是。於是舜舉

鯀子禹、而使續鯀之業。堯崩。帝舜問四嶽曰。有能成美堯之事者、使居官。皆曰。伯禹爲司空。可成美堯之功。舜曰。嗟、然。命禹。女平水土。維是勉之。禹拜稽首讓於契・后稷・皋陶。舜曰。女其往視爾事矣。【考證】以上采堯典、巡狩行視鯀之治水無狀、史公以意增、禹爲人敏給克勤、其悳不違、其仁可親、其言可信。聲爲律、【索隱】言禹聲音應鐘律、身爲度、【集解】王肅曰、以身爲法度、【索隱】按今巫猶稱禹步、稱以出。【集解】徐廣曰、一作士、【索隱】按大戴禮見作士、又一解云、上文聲與身爲律度、則權衡亦出於其身、故云、稱以出也、【正義】言出數命、皆合衆心、是稱以出也、出一作士、按稱者衣服也、禹服黼衣繡裳、是士之祭服也、孝經鉤命決云、禹吾無閒然矣、菲飲食而致孝乎鬼神、惡衣服而致美乎黻冕、是也、其義亦通、不及出字之義也、【考證】律、律呂也、度、尺度也、稱、適事之宜也、出猶爲也、行也、言聲之高下疾徐、合於律呂、身之進退屈伸、合於尺度、皆稱其宜而行也、亹亹穆穆、爲綱爲紀。【考證】以上采五帝德、禹乃遂與益・后稷奉帝命、命諸侯百姓、興人徒以傅土、行山表木、【集解】尚書、傅字作敷、馬融曰、敷、分也、【索隱】尚書作敷、

土、隨山刊木、今案大戴禮作傅土、故此紀依之、傅卽付也、謂付功屬役之事、若尚書作敷、敷分也、謂令人分布理九州之土地也、表木、謂刊木立爲表記、與孔注尚書意異、定高山大川。【集解】馬融曰、定其差秩祀禮所視也、駰案尚書大傳曰、高山大川、五嶽四瀆之屬、【考證】以上采尚書禹貢、孟子滕文公篇、命諸侯百姓、興人徒八字、史公以意增、禹傷先人父鯀功之不成受誅、乃勞身焦思、居外十三年。過家門不敢入。【考證】張文虎曰、父鯀疑衍、御覽引作禹傷先人之功不成受誅、梁玉繩曰、此及河渠書及漢書溝洫志、皆言禹在外十三年、與孟子言八年異、薄衣食、致孝于鬼神、【集解】馬融曰、祭祀豐絜、卑宮室、致費於溝減。【集解】包氏曰、方里爲井、井閒有溝、溝廣深四尺、十里爲成、成閒有減、減廣深八尺、【考證】薄衣食以下、采論語泰伯篇、中井積德曰、此論語論共爲天子之事也、史援引失次、愚按包說據周考工記、然可以概夏制、陸行乘車、水行乘船、泥行乘橇、【集解】徐廣曰、他書或作蕝、駰案孟康曰、橇形如箕、擿行泥上、如淳曰、橇、音茅蕝之蕝、謂以板置其泥上、以通行路也、【正義】按橇形如船而短小、兩頭微起、人曲一脚、泥上擿進、用拾泥上之物、今杭州溫州海邊有之也、擿、天歷反、今乘船、猶云擿舡也、山行乘檋。【集解】徐廣曰、檋一作橋、音丘遙反、駰案如淳曰、檋車、謂以鐵如錐頭、長半寸、施之履下、以上山、不蹉跌也、又音紀錄反、【正義】按上山、前齒短、後齒長、下山、前齒長、後齒短也、檋音與上同也、【考證】陸行乘車以下、釋尚書皋陶謨予乘四載也、張文虎曰、山行乘

檋、漢書溝洫志檋作梮、如淳云以鐵如錐頭、長半寸、施之履下以上山、據此則今之屐也、檋梮同、紀錄反、今音屐爲渠戟反、蓋其轉音、河渠書作橋、疑屩之借字、說文屩屐也、屐屩也、是橋亦屐矣、左準繩、右規矩、【集解】王肅曰、左右、言常用也、【索隱】左所運用堪爲人之準繩、右所舉動必應規矩也、載四時。【集解】王肅曰、所以行、不違四時之宜也、【考證】張文虎曰、準所以求平、繩所以求直、規矩所以求高低遠近、治水者宜測量地形水勢以施功、故一日不可離、又曰、四時、此謂測中星候晷景漏刻定方向、四時當時亦必有其器、故云載、周禮太史抱天時、與太師同車、蓋亦其器、姚鼐曰、四時、四方之時也、蓋指南之法、禹時已有、其時道路不通、非以候時日定方嚮、不能行也、以開九州、通九道、【正義】通達九州之道路也、陂九澤、度九山。【正義】釋名曰、山者產也、按洪水已去、九州之山川所生物產、視地所宜、商而度之、以致貢賦也、【考證】左準繩以下、采五帝德文、令益予衆庶稻可種卑溼、命后稷予衆庶難得之食。食少、調有餘相給、以均諸侯。【考證】以上本尚書皋陶謨、楓、三、南本、令作命、梁玉繩曰、尚書曰、曁益奏庶鮮食、曁稷播、奏庶艱食鮮食、此不言鮮食、而以益稷皆奏庶艱食者、誤也、下文言與益予衆庶稻、亦非、禹乃行、相地宜所有以貢、及山川之便利。禹行自冀州始。冀州既載。【集解】孔安國曰、堯所都也、先施貢賦役、載於書也、鄭玄曰、兩河閒曰冀州、【正義】按理水及貢賦、從帝都爲始也、黃河自勝州東、直南

至華陰、卽東至懷州南、又東北至平州碣石山入海也、東河之西、西河之東、南河之北、皆冀州也、壺口治梁及岐。【集解】鄭玄曰、地理志、壺口山、在河東北屈縣之東南、梁山在左馮翊夏陽、岐山在右扶風美陽、【索隱】鄭玄曰、地理志、壺口山、在河東北屈縣之東南、梁山在左馮翊夏陽、岐山在右扶風美陽、【正義】括地志云、壺口山、在慈州吉昌縣西南五十里、冀州境也、梁山在同州韓城縣東南十九里、岐山在岐州岐山縣東北十里、二山雍州境也、孔安國曰、從東循山理水而西也、【考證】何倬曰、史漢皆以既載爲句、又曰鄭康成釋禹貢惟以漢地理志爲據、是先儒之精愼也、陳仁錫曰、冀州句、既載壺口句、治梁及岐句、載始也、梁岐皆冀州山、鄭注誤、張文虎曰、壺口集解全同索隱、小司馬注本以補裴、不當相襲、蓋傳寫錯亂、今不能別、各仍之、後放此、不復記、既脩太原、至于嶽陽。【集解】孔安國曰、太原今爲郡名、太嶽在太原西南、山南曰陽、【索隱】嶽、太嶽、卽冀州之鎭霍太山也、按地理志、霍太山在河東彘縣東、凡如此例不引書者、皆地理志文也、【正義】括地志云、霍太山、在沁州沁原縣西七八十里、覃懷致功、【集解】孔安國曰、覃懷、近河地名、鄭玄曰、懷縣屬河內、【索隱】按河內有懷縣、今驗地無名覃者、蓋覃懷二字、或當時共爲一地之名、至於衡漳。【集解】孔安國曰、漳水橫流、【索隱】案孔注以衡爲橫、非、王肅云、衡漳二水名、地理志、清漳水、出上黨沾縣、東北至阜城縣入河、濁漳水、出上黨長子縣、東至鄴入清漳也、【正義】括地志云、故懷城在懷州武陟縣西十一里、衡漳水在瀛州東北百二十五里平舒縣界也、衡、音橫、其土、白壤。【集解】孔安國曰、土無塊曰壤、賦、上上錯。【集解】孔安國曰、上上、第一、錯、雜也、雜出第二之賦、田、中中。

【集解】孔安國曰、九州之中、爲第五。**常·衛既從、大陸既爲。**【集解】鄭玄曰、地理志、恆水出恆山、衛水在靈壽、大陸澤在鉅鹿。【索隱】此文改恆山恆水皆作常、避漢文帝諱故也、常水出常山上曲陽縣、東入滱水、衛水出常山靈壽縣、東入虖沱、郭璞云、大陸、今鉅鹿北廣河澤是已、爲亦作也、【正義】水去大陸以成澤、**鳥夷皮服。**【集解】鄭玄曰、鳥夷、東北之民、搏食鳥獸者、孔安國曰、服其皮、明水害除。【正義】括地志云、靺鞨國古肅愼也、在京東北萬里已下、東及北各抵大海、其國南有白山、鳥獸草木皆白、其人處山林閒、土氣極寒、常爲穴居、以深爲貴、至接九梯、養豕食肉、衣其皮、冬以豬膏塗身、厚數分、以禦風寒、貴臭穢不絜、作廁於中、圖之而居、多勇力、善射、弓長四尺、如弩、矢用楛、長一尺八寸、青石爲鏃、葬則交木作椁、殺豬積椁上、富者至數百、貧者數十、以爲死人之糧、以土上覆之、以繩繫於椁頭、出土上、以酒灌酹、纒腐而止、無四時祭祀也、【考證】鳥讀爲島、古島作島、今本尚書作島者、蓋後人依孔傳改、集解所引鄭注可證、**夾右碣石入于海。**【集解】孔安國曰、碣石、海畔之山也、徐廣曰、海一作河、【索隱】地理志云、碣石山在北平驪城縣西南、太康地理志云、樂浪遂城縣有碣石山、長城所起、又水經云、在遼西臨渝縣南水中、蓋碣石山有二、此云夾右碣石入于海、當是北平之碣石、【考證】梁玉繩曰、海字誤、徐廣曰、一作河、是也、禹貢及漢地理志作河、崔述曰、碣石、海畔之山、島夷在渤海東、其貢必由海乃入于河、而海道漫瀾、無可指、故以山誌曰、夾右碣石而西行、然後入于河也、又曰、尚書禹貢篇名、以貢紀貢制也、貢冠以禹、誌禹功也、水土既平、經制既定、天下諸侯懷帝之德、感禹之勤、己各擇其土宜之貴重者、以薦於帝畿、以致其愛戴之誠、史臣因而紀之於冊、以表禹之功、以見舜德之盛、是故九州之文皆主言貢、篚亦貢

也、包亦貢也、貢之盛於篚包者也、有賦而後有貢、賦者庶人所以奉國君、貢者國君所以奉天子也、故以賦先之、有田而後有賦、有土而後有田、故又以土與田先之、然使九山未刊、九川未滌、九澤未陂、何由辨土之色與性、而況於田賦貢乎、故又以平水土之事先之、水土之平、往日事也、故其文曰、既載既修既作、於山則曰既藝既旅、於水則曰既道既入、於澤則曰既瀦、皆以明其爲前日之事、而因原貢所由致、故追溯之也、每州爲一章、章各分三節、第一節平水土之事、第二節土田賦之別、第三節貢篚包之制、而以冀州一域始之、以識貢道終之、此九州之章法次第也、愚按以上敘冀州、又案古來注尚書者數十百家、而朱鶴齡長箋、胡渭錐指、丁晏集釋諸書、專解禹貢、採摭繁富、討論詳明、讀史者就而究之可也、**濟·河維沇州。**【集解】鄭玄曰、言沇州之界在兩水之閒、【考證】錢大昕曰、沇州本以沇水得名、尚書作兗州、由隸變立水爲橫水、在上、又誤☷爲六耳、**九河既道、**【集解】馬融曰、九河名、徒駭、太史、馬頰、覆釜、胡蘇、簡、絜、鉤盤、鬲津、**雷夏既澤、雍·沮會同、**【集解】鄭玄曰、雍水沮水相觸而合、入此澤中、地理志曰、雷澤在濟陰城陽縣西北、【索隱】爾雅云、水自河出爲雍也、【正義】括地志云、雷夏澤在濮州雷澤縣郭外西北、雍沮二水、在雷澤西北平地也、**桑土既蠶。於是民得下丘居土。**【集解】孔安國曰、大水去、民下丘居平土、就桑蠶、【考證】何焯曰、兗地勢下、俟水地畢乾、後乃可濬畎澮畫井疆也、**其土黑墳。**【集解】孔安國曰、色黑而墳起、**草繇木條。**【集解】孔安國曰、繇、茂、條、長也、**田中下。**【集解】孔安國曰、第六、**賦貞、作十有三年乃同。**【集解】鄭玄曰、貞、正

也、治此州、正作不休、十三年乃有賦、與八州同、言功難也、其賦下下、**其貢漆絲。其篚織文。**【集解】孔安國曰、地宜漆林、又宜桑蠶、織文、錦綺之屬、盛之筐篚而貢焉、**浮於濟·漯、通於河。**【集解】鄭玄曰、地理志云、漯水出東郡東武陽、【索隱】濟水出河東垣縣王屋山、其流東至濟陰、故應劭云、濟水出平原漯陰縣東、漯水出東郡東武陽縣、北至千乘縣而入于海、【考證】以上敘沇州、**海·岱維青州。**【集解】鄭玄曰、東自海、西至岱、東嶽曰岱山、【正義】按舜分青州爲營州、遼西及遼東、**嵎夷既略、**【集解】馬融曰、嵎夷、地名、用功少曰略、【索隱】孔安國云、東表之地稱嵎夷、按今文尚書及帝命驗並作禺鐵、在遼西、鐵、古夷字也、【考證】古鈔本嵎字從土、與札記所引宋本舊刻本合、古文也、索隱本作嵎、蓋後人依今文改、見尚書撰異、**濰·淄其道。**【集解】鄭玄曰、地理志、濰水出琅邪、淄水出泰山萊蕪縣原山、【索隱】濰水出琅邪箕縣、北至都昌縣入海、淄水出泰山萊蕪縣原山、北東至博昌縣入濟也、【正義】括地志云、密州莒縣濰山、濰水所出、淄川淄川縣東北七十里原山、淄水所出、俗傳云、禹理水功畢、土石黑、數里之中波若漆、故謂之淄水也、**其土白墳、海濱廣潟。**【集解】徐廣曰、一作澤、又作斥、**厥田斥鹵。**【集解】鄭玄曰、斥謂地鹹鹵、【索隱】鹵音魯、說文云、鹵、鹹地、東方謂之斥、西方謂之鹵、【考證】錢大昕曰、上文既有海濱廣潟句、斥與潟文異義同、不當重出、禹貢漢志皆無之、此後人妄增、史記引禹貢厥皆作其、此獨作厥、此亦其一證、愚按王念孫說同、楓三本索隱鹵下有可煮爲鹽者也六字、**田上下。賦中上。**【集解】孔安國曰、田第三、賦第四、**厥貢鹽絺、**

海物維錯。【集解】孔安國曰、絺、細葛、錯、雜、非一種、鄭玄曰、海物、海魚也、魚種類尤雜、【考證】依文例、厥當作其、**岱畎絲枲、鉛松怪石。**【集解】孔安國曰、畎、谷也、怪異好石似玉者、岱山之谷出此五物、皆貢之、**萊夷爲牧。**【集解】孔安國曰、萊夷、地名、可以牧放、【索隱】按左傳云、萊人劫孔子、孔子稱夷不亂華、又云、齊侯伐萊、服虔以爲東萊黃縣是、今按地理志、黃縣有萊山、恐即此地之夷、**其篚酓絲。**【集解】孔安國曰、酓桑蠶絲中爲琴瑟弦、【索隱】爾雅云、厭、山桑、是蠶食厭之絲也、**浮於汶、通於濟。**【集解】鄭玄曰、地理志、汶水出泰山萊蕪縣原山、西南入濟、【考證】以上敘青州、**海·岱及淮、維徐州。**【集解】孔安國曰、東至海、北至岱、南及淮、**淮·沂其治、蒙·羽其蓺、**【集解】鄭玄曰、地理志、沂水出泰山蓋縣、蒙羽二山名、孔安國曰、二水已治、二山可以種蓺、【索隱】水經云、淮水出南陽平氏縣胎簪山、東北過桐柏山、沂水出泰山蓋縣艾山、南過下邳縣入泗、蒙山在泰山蒙陰縣西南、羽山在東海祝其縣南、殛鯀之地、**大野既都、**【集解】鄭玄曰、大野在山陽鉅野北、名鉅野澤、孔安國曰、水所停曰都、【考證】尚書都作豬、**東原底平。**【集解】鄭玄曰、東原、地名、今東平郡即東原、【索隱】張華博物志云、兗州東平郡、即尚書之東原也、【正義】廣平曰原、徐州在東、故曰東原、水去已致平復、言可耕種也、【考證】依文例、底當作致、下同、**其土赤埴墳。**【集解】徐廣曰、埴、黏土也、**草木漸包。**【集解】孔安國曰、漸、長進、包、叢生也、**其田上中。賦中中。**【集解】孔安國曰、田第二、賦第五、

貢維土五色。【集解】鄭玄曰、土五色者、所以為大社之封、【正義】韓詩外傳云、天子社、廣五丈、東方靑、南方赤、西方白、北方黑、上冒以黃土、將封諸侯、各取方土、苴以白茅、以為社也、太康地記云、城陽姑幕、有五色土、封諸侯、錫之茅土、用為社、此土卽禹貢徐州土也、今屬密州莒縣也、【考證】中井積德曰、土五色、為壇繪之用也、羽畎夏狄。【集解】孔安國曰、夏狄、狄雉名也、羽中旌旄、羽山之谷有之、嶧陽孤桐。【集解】孔安國曰、嶧山之陽、特生桐、中琴瑟、鄭玄曰、地理志、嶧山在下邳、【正義】括地志云、嶧山在兗州鄒縣南二十二里、鄒山記云、鄒山、古之嶧山、言絡繹相連屬也、今猶多桐樹、按今獨生桐、尚徵、一偏似琴瑟、泗濱浮磬。【集解】孔安國曰、泗水涯水中見石、可以為磬、鄭玄曰、泗水出濟陰乘氏也、【正義】括地志云、泗水至彭城呂梁出石磬、淮夷蠙珠臮魚。【集解】孔安國曰、淮夷二水、出蠙珠及美魚、鄭玄曰、淮夷、淮水之上夷民也、【索隱】按尚書云、徂玆淮夷、徐戎竝興、今徐州言淮夷、則鄭解為得、蠙一作玭、竝步玄反、臮古曁字、臮與也、言夷人所居水之處有此蠙珠與魚也、又作濱、濱畔也、其篚玄纖縞。【集解】鄭玄曰、纖細也、祭服之材尚細、【正義】玄、黑、纖、細、縞、白繒、以細繒染為黑也、浮于淮・泗、【正義】括地志云、泗水源在兗州泗水縣東陪尾山、其源有四道、因以為名、通于河。【考證】何焯曰、河讀曰菏、說文菏字下注云、菏澤在山陽胡陵、禹貢浮于淮泗、達於菏、乃作河者、乃寡學者因經文之訛而妄改也、愚按說詳禹貢錐指、史記志疑、以上敘徐州、淮・海維揚州。【集解】孔安國曰、北據淮、南距海、彭蠡既都。陽鳥所居。【集解】鄭玄曰、地理志、彭蠡澤、

一二

在豫章彭澤西、孔安國曰、隨陽之鳥、鴻鴈之屬、冬月居此澤也、【索隱】都、古文尚書作豬、孔安國云、水所停曰豬、鄭玄云、南方謂都為豬、則是水聚會之義、【正義】蠡音禮、括地志云、彭蠡湖、在江州潯陽縣東南五十二里、三江既入。【索隱】韋昭云、三江、謂松江・錢唐江・浦陽江、今按地理志、有南江・中江・北江、是為三江、其南江從會稽吳縣南東入海、中江從丹陽蕪湖縣西南東至會稽陽羨縣入海、北江從會稽毗陵縣北東入海、故下文東為中江、又東為北江、孔安國云、有北有中、南可知也、震澤致定。【集解】孔安國曰、震澤、吳南太湖名、言三江已入、致定為震澤、【索隱】震、一作振、地理志、會稽吳縣、故周泰伯所封國、具區在其西、古文以為震澤、又左傳稱笠澤、亦謂此也、【正義】澤在蘇州西南四十五里、三江者、在蘇州東南三十里、名三江口、一江西南上七十里至太湖、名曰松江、古笠澤江、一江東南上七十里至白蜆湖、名曰上江、亦曰東江、一江東北下三百餘里入海、名曰下江、亦曰婁江、於其分處號曰三江口、顧夷吳地記云、松江東北行七十里、得三江口、東北入海為婁江、東南入海為東江、并松江為三江、是也、言理三江入海、非入震澤也、按太湖西南湖州諸溪從天目山下、西北宜州諸山有溪、竝下太湖、太湖東北流、各至三江口入海、其湖無通彭蠡湖及太湖處、竝阯山陸、諸儒及地志等解五江既入、皆非也、周禮職方氏云、揚州藪曰具區、川曰三江、按五湖三江者、韋昭注非也、其源俱不通太湖、引解三江既入、失之遠矣、五湖者、菱湖・游湖・莫湖・貢湖・胥湖、皆太湖東岸五灣、為五湖、蓋古時應別、今竝相連、菱湖在莫釐山東、周迴三十餘里、西口闊二里、其口南則莫釐山、北則徐侯山、西與莫湖連、莫湖在莫釐山西及北、北與胥湖連、胥湖在胥山西南、與莫湖連、各周迴五六十里、西連太湖、游湖在北二十里、在長山東、湖西口闊二里、其口東南岸樹里山、西北岸長山、湖周迴五六十里、貢湖在長山

西、其口闊四五里、口東南長山、山南卽山陽村、西北連常州無錫縣老岸、湖周迴一百九十里、已上湖身向東北長七十餘里、兩湖西亦連太湖、河渠書云、於吳則通渠三江五湖、貨殖傳云、夫吳有三江五湖之利、又太史公自敘傳云、登姑蘇望五湖、是也、竹箭既布。【集解】孔安國曰、水去布生、其草惟夭。其木惟喬。【集解】少長曰夭、喬高也、【考證】依文例、其字惟字當刪、段玉裁曰、地理志無、後人增之、其土塗泥。【集解】馬融曰、漸洳也、田下下。賦下上。上雜。【集解】孔安國曰、田第九、賦第七、雜出第六、貢金三品、【集解】孔安國曰、金銀銅、鄭玄曰、銅三色也、瑤琨竹箭、【集解】孔安國曰、瑤琨、皆美玉也、齒革羽旄。【集解】孔安國曰、象齒、犀皮、鳥羽、旄牛尾也、【正義】周禮考工記云、犀甲七屬、兕甲六屬、郭云、犀似水牛、豬頭大腹、庳腳、橢角、好食棘也、亦有一角者、按西南夷常貢旄牛尾、為旌旗之飾、書詩通謂之旄、故尚書云、右秉白旄、詩云、建旐設旄、皆此牛也、【考證】羽旄下、禹貢有維木二字、此及漢志無之、可以正今書之訛、島夷卉服。【集解】孔安國曰、南海島夷草服葛越、【正義】括地志云、百濟國西南渤海中有大島十五所、皆邑落有人居、屬百濟、又倭國、武皇后改曰日本國、在百濟南、隔海依島而居、凡百餘小國、此皆揚州之東島夷也、按東南之夷、草服葛越、焦竹之屬、越卽苧祁也、【考證】史記原本島作鳥、此後人所改、上文可證、中井積德曰、日本必不在此列、注誤、其篚織貝。【集解】孔安國曰、織細繒也、貝水物也、鄭玄曰、貝錦名也、詩云、成是貝錦、凡織者先染其絲、織之卽成矣、【考證】集解細繒、書傳作細紵、書疏引鄭注、成下有文字、愚按織貝鄭說近是、其

一四

包、橘柚。錫貢。【集解】孔安國曰、小曰橘、大曰柚、錫命乃貢、言不常也、鄭玄曰、有錫則貢之、或時乏、則不貢、錫所以柔金也、【考證】錫貢、孔義為長、皮錫瑞云、史記、錫大龜、錫土姓、皆改作賜、惟此與與錫貢磬錫作錫、是今文說、亦當為貢錫、皮說與鄭同、愚按史下文云、帝錫禹玄圭、宋微子世家云、天乃錫禹鴻範九等、史公未必悉改錫作賜、皮說未得、均江海、通淮泗。【集解】鄭玄曰、均讀曰沿、沿、順水行也、【考證】以上敘揚州、沈濤曰、禹貢沿于江海、釋文云、沿、鄭本作松、松當作沿、馬本作均、云均平、按史記夏本紀、漢書地理志、皆作均、與馬本同、可見古文作均、不作沿、集解引鄭玄曰均讀曰沿、是鄭本亦作均、荊及衡陽維荊州。【集解】孔安國曰、北據荊山、南及衡山之陽、江・漢朝宗于海。【集解】孔安國曰、二水經此州而入海、有似於朝、百川以此海為宗、宗、尊也、【正義】括地志云、江水源出岷州南岷山、南流至益州、卽東南流入蜀、至瀘州東流、經三峽過荊州、與漢水合、孫卿子云、江水其源可以濫觴也、又云、漢水源出梁州金牛縣東二十八里嶓冢山、九江甚中。【集解】孔安國曰、江於此州界分為九道、甚得地勢之中、鄭玄曰、地理志、九江在尋陽南、皆東合為大江、【索隱】按尋陽記、九江者、烏江・蚌江・烏白江・嘉靡江・沙江・畎江・廩江・隄江・箘江、又張湞九江圖所載有三里・五畎・烏土・白蚌、九江之名不同、【考證】尚書中作殷、河渠書云、太史公曰、余南登廬山、觀禹疏九江、江聲曰、中猶言水由地中行也、孫星衍曰、九江在豫章、非荊州水、而水經云、沔至江夏沙羨縣北、南入于江、沔水與江合流、又東過彭蠡澤、是九江非入荊此澤而合大江、故云甚中、皮錫瑞曰、禹貢所言、必合治水源流、施功次序、非必一州之水不可旁及他州、冀州云治梁及岐、梁岐卽不在冀州境、合觀諸說、亦可無疑於九水不屬

荊州矣。

沱、涔已道。【集解】孔安國曰、沱、江別名、涔、水名。鄭玄曰、水出江為沱、漢為涔。【索隱】涔亦作潛、沱出蜀郡郫縣西、東入江、潛出漢中安陽縣、直西北入漢、故爾雅云、水自江出為沱、漢出為潛。【正義】括地志云、繁江水受郫江、禹貢曰、岷山導江、東別為沱、源出益州新繁縣。潛水一名復水、今名龍門水、源出利州綿谷縣東龍門山大石穴下也。

雲土夢為治。【集解】孔安國曰、雲夢之澤在江南、其中有平土丘、水去可為耕作畎畝之治。【索隱】夢一作瞢、鄒誕生又音蒙。案、雲土夢本二澤名、蓋人以二澤相近、或合稱雲夢耳。知者、據左傳云、楚子濟江入于雲中、又楚子鄭伯田于江南之夢、則是二澤各別也。韋昭曰、雲土今為縣、屬江夏南郡華容。今按地理志云、江夏有雲杜縣、是其地。【考證】張文虎曰、雲土夢、柯淩本與索隱本合、錢大昕三史拾遺引淳熙耿秉本同、館本作雲夢土、辨見撰異。李笠曰、夢字衍、雲土即雲杜、為漢江夏雲杜縣。

其土塗泥。田下中。賦上下。【集解】孔安國曰、田第八、賦第三。

貢羽旄齒革、金三品、杶榦栝柏、【集解】鄭玄曰、四木名。孔安國曰、榦、拓也、柏葉松身曰栝。

礪砥砮丹、【集解】孔安國曰、砥細於礪、皆磨石也、砮、石中矢鏃、丹、朱類也。

維箘簬楛。【集解】徐廣曰、一作箭足杆、杆即楛也、音怙、箭足者、矢鏃也、或以箭足訓釋箘簬乎。駰案、鄭玄曰、箘簬、聆風也。

三國致貢其名。【集解】馬融曰、言箘簬楛、三國所致貢其名善也。

包匭菁茅。【集解】鄭玄曰、匭、纏結也。菁茅、茅有毛刺者、給宗廟縮酒、重之、故包裹又纏結也。【正義】括地志云、辰州盧溪縣西南三百五十里有包茅山。武陽記云、山際出包茅、有刺而三脊、因名包茅山。

其篚、

玄纁璣組。【集解】孔安國曰、此州染玄纁色善、故貢之、璣、珠類、生於水中、組、綬類也。

九江入賜大龜。【集解】孔安國曰、尺二寸曰大龜、出於九江水中、龜不常用、賜命而納之。

浮于江·沱·涔于漢、踰于雒、至于南河。【考證】以上敘荊州。古鈔本漢上無于字、與禹貢及漢書地理志合。陳仁錫曰、此衍。

荊·河惟豫州。【集解】孔安國曰、西南至荊山、北距河水。【正義】括地志云、荊山在襄州荊山縣西八十里。韓子云、卞和得玉璞於楚之荊山、即此也。河、洛州北河也。

伊·雒·瀍·澗既入于河。【集解】孔安國曰、伊出陸渾山、洛出上洛山、澗出澠池山、瀍出河南北山、四水合流而入河。【索隱】伊水出弘農盧氏縣東、洛水出弘農上洛縣冢領山、瀍水出河南穀城縣替亭北、澗水出弘農新安縣東、皆入于河。【正義】括地志云、伊水出虢州盧氏縣東巒山、東北流入洛。洛水出商州洛南縣冢領山、東流經洛州郭內、又東合伊水。瀍水出洛州新安縣東、南流至洛州郭內、南入洛。澗水源出洛州新安縣東白石山、東北與穀水合流、經洛州郭內、東流入洛也。

滎播既都。【集解】孔安國曰、滎、澤名、波水已成遏都。【索隱】古文尚書作滎波、此及今文並云滎播、播是水播溢之義、滎是澤名、故左傳云、狄及衛戰於滎澤。鄭玄云、今塞為平地、滎陽人猶謂其處為滎播。【考證】古鈔、楓、三、南本播作潘。張文虎曰、宋本舊刻作潘、與說文合、段注謂潘正字、播假借、是也。然小司馬謂播是播溢之義、則所見史文作播。

道荷澤、被明都。【集解】孔安國曰、荷澤在胡陵、明都、澤名、在河東北、水流洪覆被之。【索隱】荷澤在濟陰定陶縣東。明都音孟豬、孟豬澤在梁國睢陽縣東北、爾雅左傳謂之孟諸、今文亦為然、唯

周禮稱望諸、皆此地之一名。【正義】括地志云、荷澤在曹州濟陰縣東北九十里定陶城東、今名龍池、亦名九卿陂。【考證】理之曰道某、已理曰某道。

其土壤、下土墳壚。【集解】孔安國曰、壚、疏也。馬融曰、豫州地有三等、下者墳壚也。

田中上。賦雜上中。【集解】孔安國曰、田第四、賦第二、又雜出第一。

貢漆絲絺紵。其篚纖絮。【集解】孔安國曰、細緜也。

錫貢磬錯。【集解】孔安國曰、治玉石曰錯、治磬錯也。

浮於雒達於河。【考證】以上敘豫州。古鈔、南化本達作通。錢大昕曰、史公引禹貢、皆改達為通、兗州云通於河、青州云通於濟、徐州云通於河、揚州云通淮泗、獨豫州云達、此轉寫之誤。

華陽·黑水惟梁州。【集解】孔安國曰、東據華山之南、西距黑水。【正義】括地志云、黑水源出梁州城固縣西北太山。

汶·嶓既藝。【集解】鄭玄曰、地理志、岷山在蜀郡湔氏道、嶓冢山、在漢陽西。【索隱】汶一作崏、又作峧、峧山、封禪書一云瀆山、在蜀都湔氏道西徼、江水所出。嶓冢山在隴西西縣、漢水所出也。【正義】括地志云、岷山在益州溢樂縣南一里、連綿至蜀二千里、皆名岷山。嶓冢山在梁州金牛縣東二十八里。湔、音子踐反、氐、音丁奚反。

沱·涔既道。【集解】孔安國曰、沱、潛發源此州、入荊州。

蔡·蒙旅平。【集解】孔安國曰、蔡蒙、二山名、祭山曰旅、平、言治功畢也。鄭玄曰、地理志、蔡蒙在漢嘉縣。【索隱】此非徐州之蒙、蒙在蜀郡青衣縣、青衣後改為漢嘉、蔡山不知所在也、蒙、縣名。【正義】括地志云、蒙山在雅州嚴道縣南十里。

和夷底績。【集解】馬融曰、和夷、地名也。【考證】依文例、底績當作致功、下同。

其土青驪。

【集解】孔安國曰、色青黑也。【考證】尚書驪作黎。

田下上。賦下中三錯。【集解】孔安國曰、田第七、賦第八、雜出第七第九三等。

貢璆鐵銀鏤砮磬。【集解】孔安國曰、璆、玉名。鄭玄曰、黃金之美者謂之鏐、鏤、剛鐵、可以刻鏤也。

熊羆狐貍織皮。【集解】孔安國曰、貢四獸之皮也、織皮、今罽也。

西傾因桓是來。【集解】馬融曰、治西傾山、因桓水是來、言無餘道也。鄭玄曰、地理志、西傾山在隴西臨洮。【索隱】西傾在隴西臨洮縣西南、桓水出蜀郡岷山、西南行羌中、入南海也。【正義】括地志云、西傾山今嵹臺山、在洮州臨潭縣西南三百三十六里。【考證】朱熹曰、西傾雖在雍州、其人有事於京師者、必道取梁州、因桓水而來、故梁貢道及之。

浮于潛、踰于沔、【集解】孔安國曰、漢上水為沔。鄭玄曰、或謂漢為沔。【考證】楓、三本潛作灊、與漢志合。

入于渭、亂于河。【集解】孔安國曰、正絕流曰亂。【考證】王鳴盛曰、經例、由水而陸以入水曰逾、由水入水曰入、此經不可兩言逾、故變言入、非沔渭有相通之理。傅寅云、上言逾沔、可以該下而省文、是也。金履祥曰、潛沔于渭、無水道可通、必踰山而後入渭、史文當是入于沔、踰于渭、如荊州踰于洛之例。愚按、金說較長。

黑水·西河惟雍州。【集解】孔安國曰、西距黑水、東據河、龍門之河在冀州西。【索隱】地理志、益州滇池有黑水祠。鄭玄引地說云、三危山、黑水出其南。山海經、黑水出崑崙墟西北隅也。

弱水既西。【集解】孔安國曰、導之西流、至于合黎。鄭玄曰、衆水皆東、此獨西流也。【索隱】按水經云、弱水出張掖刪丹縣西北、至酒泉會水縣、入合黎山腹。山海經云、弱水出崑崙墟西南隅也。

涇屬渭

汭。集解孔安國曰、屬、逮也、水北曰汭、言治涇水入於渭也、鄭玄曰、地理志、涇水出安定涇陽、索隱渭水出首陽縣鳥鼠同穴山、說文云、水相入曰汭、正義括地志云、涇水源出原州百泉縣西南笄頭山涇谷、渭水源出渭州渭原縣西七十六里鳥鼠山、今名青雀山、渭有三源、竝出鳥鼠山、東流入河、按言理涇水及至渭水、又理漆沮亦從渭流、復理灃水亦同入渭者也、

漆沮既從。正義括地志云、漆水源出岐州普潤縣東南岐山漆溪、東入渭、沮水一名石川水、源出雍州富平縣、東入櫟陽縣、南、漢高帝於櫟陽置萬年縣、十三州地理志云、萬年縣南有涇渭、北有小河、卽沮水也、詩云、古公去邠度漆沮、卽此二水、考證正義十三州地理志、當作十三州志、愚按十三州志、闞駰著、

灃水所同。集解灃音豐、孔安國曰、漆沮之水、已從入渭、灃水所同、同于渭也、索隱漆沮二水、漆水出右扶風漆縣西、沮水、地理志無文、而水經以沮水出北地直路縣、東過馮翊祋祤縣、入洛、說文亦以漆沮各是一水名、孔安國獨以爲一、又云是洛水、灃水出右扶風鄠縣東南、北過上林苑、正義括地志云、雍州鄠縣終南山、灃水出焉、

荊岐已旅。集解孔安國曰、荊在岐東、非荊州之荊也、正義括地志云、荊山在雍州富平縣、今名掘陵原、岐山在岐州岐山縣東北十里、尚書正義云、洪水時祭祀禮廢、已旅祭、言理水功畢也、按雍州荊山、卽黃帝及禹鑄鼎地也、襄州荊山縣西荊山、卽卞和得玉璞者、

終南敦物至于鳥鼠。集解孔安國曰、三山名、言相望也、鄭玄曰、地理志、終南敦物皆在右扶風武功也、索隱按左傳、中南山、杜預以爲終南山、地理志云、太一山、古文以爲終南、垂山、古文以爲敦物、皆在扶風武功縣東、正義括地志云、終南山一名中南山、一名太一山、一名南山、一名橘山、一名楚山、一名泰山、一名周南山、一名地肺山、在雍州

萬年縣南五十里、考證張文虎曰、索隱、華山、漢志作垂山、蓋小司馬所見本誤、

原隰底績、至于都野。集解鄭玄曰、地理志、都野在武威、名曰休屠澤、正義原隰、幽州地也、按原、高平地也、隰、低下地也、言從渭州致功西北至涼州都野、沙州三危山也、括地志云、都野澤在涼州姑臧縣東北二百八十里、

三危既度、索隱鄭玄引河圖及地說云、三危山在鳥鼠西南、與岐山相連、度、劉伯莊音田各反、尚書作宅、

三苗大序。集解孔安國曰、西裔之山、已可居、三苗之族、大有次序、禹之功也、考證云三危既度、三苗大序、則分北之後、蓋經數年、

其土黃壤。田上上。賦中下。集解孔安國曰、田第一、賦第六、人功少、

貢璆琳琅玕。集解孔安國曰、璆琳皆玉名、琅玕、石而似珠者、

浮于積石、至于龍門・西河、集解孔安國曰、積石山在金城西南、河所經也、龍門山在河東之西界、索隱積石在金城河關縣西南、龍門山在左馮翊夏陽縣西北、正義括地志云、積石山、今名小積石、在河州枹罕縣西七里、河州在京西一千四百七十二里、龍門山在同州韓城縣北五十里、李奇云、禹鑿通河水處、廣八十步、三秦記云、龍門水懸船而行、兩旁有山、水陸不通、龜魚集龍門下數千、不得上、上則爲龍、故云暴鰓點額龍門下、按河在冀州西、故云西河也、禹發源河水小積石山、浮河東北下、歷靈勝北而南行、至于龍門、皆雍州地也、

會于渭汭。正義水經云、河水又南至潼關、渭水從西注之也、

織皮・昆侖・析支・渠搜・西戎卽序。集解孔安國曰、織皮、毛布、此四國在荒服之外、流沙之內、羌髳之屬、皆就次序、美禹之功及戎狄也、

索隱鄭玄以爲衣皮之人、居昆侖析支渠搜、三山皆在西戎、王肅曰、昆侖在臨羌西、析支在河關西、西戎在西域、王肅以爲地名、而不言渠搜、今按地理志、金城臨羌縣有昆侖祠、敦煌廣至縣有昆侖障、朔方有渠搜縣、考證以上敘雍州、并及西戎、逸周書王會解、正西昆侖、狗國、鬼親、祝巳、翕耳、丹甸、雕題、離止、漆齒、孔晁注、九者西戎之別名、是西戎亦有昆侖也、五帝紀、西戎析支渠廋氏羌、渠廋卽渠搜、愚按冀州既載至此、爲第一段、敘禹平九州水土、定土田賦貢之制、

道九山。索隱汧、壺口、砥柱、太行、西傾、熊耳、嶓冢、內方、岐是九山也、古分爲三條、故地理志有北條之荊山、馬融以汧爲北條、西傾爲中條、嶓冢爲南條、鄭玄分四列、汧爲陰列、西傾次陰列、嶓冢爲陽列、岐山次陽列、考證梁玉繩曰、此導九山及下道九川之文、皆史公所增、本九山刊旅、九川滌源而立言也、索隱以汧壺口底柱太行西傾熊耳嶓冢內方岐爲九山、未知何據、夫禹之所導、自汧至敷淺原、凡二十六、奚取于此九山、若謂不舉其大者、則雷首太岳太華外方衡山、豈小阜乎、且蔡蒙荊岐終南惇物鳥鼠之旅、奚又不在此數、有以知其說之難通、至以黑弱河瀁江沇淮渭爲九川、則據經立義、未可厚非、獨九澤缺而不注、余依禹貢采蘇說補之曰、兗有雷夏、徐有大野、揚有彭蠡震澤、荊有雲夢、豫有滎播荷澤孟豬、雍有豬野、是謂九澤、惟九山莫定主名耳、愚按九山九州之山、九川九州之川、九澤九州之澤、若此而已、梁說太拘、下文九山九川、集解得之、崔述曰、導山凡兩章、其山分四重、由近而遠、由北而南、河渭以北爲第一重、岍岐至太岳爲西幹、底柱至碣石爲東幹、以壺口二句與冀之壺口太原四句相表裏、底柱四句與冀之覃懷恆衞四句相表裏、河渭以南爲第二重、西傾以下爲西幹、熊耳以下爲東幹、淮漢以南爲第三重、嶓冢爲西幹、內方爲東幹、江南爲第四重、惟岷山一幹耳、近者文詳、遠者文略、故岍岐以下所記凡十二山、西傾以下八、嶓冢以

下四、岷山以下幷敷淺原乃三耳、猶導水之獨詳於河、九州之獨詳於冀也、

汧及岐、至于荊山。集解鄭玄曰、地理志、汧在右扶風也、索隱汧一作岍、按有汧水、故其字或從山、或從水、猶岐山然也、地理志云、吳山在汧縣西、古文以爲汧山、岐山在右扶風美陽縣西北、荊山在岐州、

踰于河、考證崔述曰、蔡傳云、逾者、禹自荊山而過於河也、孔氏以爲荊山之脈、逾河而爲壺口雷首者、非是、禹之治水、隨山刊木、其所表識諸山之名、必其高大可以辨識、疆域廣博可以奠民居、故謹而書之、以見其施功之次第、初非有意推其脈絡之所自來也、余按導水諸章、文云至于合黎、至于三危者、水至之也、云過三澨、過九江者、水過之也、乃至云逾、云會、云溢、云入者、皆水也、非禹也、何獨於導山諸章、則至爲禹至之、過爲禹過之、逾爲禹逾之哉、文同說異、何以別焉、且禹八年於外、所至所過之地多矣、其來而復往、往而復來者、蓋不可以悉數、何以獨記此數章乎、山之脈絡、正與治水相表裏、欲使水之軌道、必先取地高下左右俯仰之形而詳辨之、然後能知某水當左、某水當右、某水於某處可出、某水與某水可合、而凡地之高下左右俯仰、皆視山之起伏分合屈折、山脈安可以不問哉、由是言之、經之逾于河、當屬山、不當屬禹明矣、

壺口・雷首、索隱雷首山在河東蒲阪縣東南、

至于太嶽。集解孔安國曰、三山在冀州、太嶽在上黨西也、索隱卽霍太山也、已見上、正義括地志云、壺口在慈州吉昌縣西南、雷首山在蒲州河東縣、太嶽、霍山也、在沁州沁源縣、

砥柱・析城、至于王屋。集解孔安國曰、此三山在冀州之南、河之北、索隱析城山在河東濩澤縣西南、王屋山在河東垣縣東北、水經云、砥柱山在河東大陽縣南河水中也、正義括地志云、底柱山、俗名三門山、在陝州硤石縣東北五十里黃

河之中、孔安國云、底柱、山名、河水分流、包山而過、山見水中若柱然也、括地志云、析城山、在澤州陽城縣西南七十里、注水經云、析城山甚高峻、上平坦、有二泉、東濁西清、左右不生草木、括地志云、王屋山、在懷州王屋縣北十里、古今地名云、山方七百里、山高萬仞、本冀州之河陽山也、**太行、常山、至于碣石、入于海。**【集解】孔安國曰、此二山連延東北、接碣石而入于滄海、【索隱】太行山、在河內山陽縣西北、常山恆山是也、在常山郡上曲陽縣西北、【正義】括地志云、太行山、在懷州河內縣北二十五里、有羊腸阪、恆山、在定州恆陽縣西北百四十里、道書福地記云、恆山高三千三百丈、上方二十里、有太玄之泉、神草十九種、可度俗、**西傾·朱圉·鳥鼠、**【集解】鄭玄曰、地理志曰、朱圉、在漢陽南、孔安國曰、鳥鼠山、渭水所出、在隴西之西、**至于太華。**【集解】鄭玄曰、地理志、太華山、在弘農華陰南、【索隱】圉、一作圄、朱圉山、在天水冀縣南、鳥鼠山、在隴西首陽縣西南、太華即敦物山、**熊耳·外方·桐柏、至于負尾。**【集解】鄭玄曰、地理志、熊耳、在盧氏東、外方、在潁川、嵩高山、桐柏山、在南陽平氏東南、陪尾、在江夏安陸東北、若橫尾者、【索隱】熊耳山、在弘農盧氏縣東、伊水所出、外方山、即潁川嵩高縣嵩高山、古文尚書亦以爲外方山、桐柏山、一名大復山、在南陽平氏縣東南、陪尾山、在江夏安陸縣東北、地理志謂之橫尾山、負音陪也、【正義】括地志云、華山、在華州華陰縣界八里、熊耳山、在虢州盧氏縣南五十里、嵩高山、亦名太室山、亦名外方山、在洛州陽城縣北二十三里也、桐柏山、在唐州桐柏縣東南五十里、淮水出焉、橫尾山、古陪尾山也、在安州安陸縣北六十里、【考證】負尾、禹貢作陪尾、漢書地理志作倍尾、陪倍負音近、**道嶓冢、至于荊山。**

【集解】鄭玄曰、地理志、荊山在南郡臨沮、【索隱】此東條荊山、在南郡臨沮縣東北隅也、【正義】括地志云、嶓冢山在梁州、荊山在襄州荊山縣西八十里也、又云、荊山縣本漢臨沮縣地也、沮水即漢水也、按孫叔敖激沮水爲雲夢澤、是也、【考證】荊山與雍州荊山別、**內方至于大別。**【集解】鄭玄曰、地理志、內方、在竟陵、【索隱】內方山、在竟陵縣東北、大別山、在六安國安豐縣、名立章山、大別、在廬江安豐縣、今土人謂之甑山、【正義】括地志云、章山、在荊州長林縣東北六十里、今漢水附章山之東、與經史符會、按大別山、今沙洲在山上、漢江經其左、今俗猶云甑山、注云、在安豐、非漢所經也、**汶山之陽、至于衡山。**【索隱】在長沙湘南縣東南、廣雅云、岣嶁謂之衡山、【正義】括地志云、岷山、在茂州汶川縣、衡山、在衡州湘潭縣西四十一里、**過九江、至于敷淺原。**【集解】徐廣曰、淺一作滅、駰案、孔安國曰、敷淺原一名博陽山、在豫章、【索隱】豫章歷陵縣南有傅陽山、一名敷淺原也、【考證】道九山至此、爲第二段、敘禹治九州之山、**道九川。**【索隱】弱、黑、河、瀁、江、沇、淮、渭、洛爲九川、【考證】九川、九州之川、說見前、崔述曰、導水凡九章、其次第有五、弱水黑水、在九州之上游、故先之、中原之水患、河爲大、故次河、自河以南、水莫大於江漢、故次江漢、河以南、江漢以北、惟濟淮皆獨入于海、故次濟淮、雍水多歸于渭、豫水半歸于洛、然皆附河以入于海、故以渭洛終之、先漢於江、先濟於淮、先弱水於黑水、先北而後南也、先渭於洛、先上而後下也、**弱水至於合黎、**【集解】鄭玄曰、地理志、弱水出張掖、孔安國曰、合黎、水名、在流沙東、【索隱】水經云、合黎山在酒泉會水縣東北、鄭玄引地說亦以爲然、孔安國云、水名、當是其山有水、故所記各不同、【正義】括地志云、蘭門山一名合黎、一名窮石山、在

甘州刪丹縣西南七十里、淮南子云、弱水源出窮石山、又云、合黎一名羌谷水、一名鮮水、一名覆表水、今名副投河、亦名張掖河、南自吐谷渾界流入甘州張掖縣、今按合黎水出臨松縣臨松山東而北流、歷張掖故城下、又北流經張掖縣三十三里、又北流經合黎山、折而北流、經流沙磧之西、入居延海、行千五百里、合黎山、張掖縣西北二百里也、**餘波入于流沙。**【集解】孔安國曰、弱水餘波、西溢入流沙、鄭玄曰、地理志、流沙在居延西北、名居延澤、地記曰、弱水西流入合黎山腹、餘波入于流沙、通于南海、馬融王肅皆云、合黎流沙是地名、【索隱】地理志云、張掖居延縣西北有居延澤、古文以爲流沙、廣志、流沙在玉門關外、有居延澤居延城、又山海經云、流沙出鍾山、西南行崑崙墟入海、按是地彙有水、故一云地名、一云水名、馬鄭不同、抑有由也、**道黑水、至于三危、入于南海。**【集解】鄭玄曰、地理志、益州滇池有黑水祠、而不記此山水所在、地記曰、三危山在鳥鼠之西南、孔安國曰、黑水自北而南、經三危、過梁州、入南海也、【正義】括地志云、黑水源出伊州伊吾縣北百二十里、又南流二千里而絕、三危山在沙州燉煌縣東南四十里、按南海即揚州東大海、岷江下至揚州東入海也、其黑水源在伊州、從伊州東南三千餘里至鄯州、鄯州東南四百餘里至河州、入黃河、河州有小積石山、即禹貢浮於積石至於龍門者、然黃河源從西南下出大崑崙東北隅、東北流經于闐、入鹽澤、即東南潛行入吐谷渾界大積石山、又東北流至小積石山、又東北流、來處極遠、其黑水當洪水時、合從黃河而行、何得入于南海、南海去此甚遠、阻隔南山隴山岷山之屬、當是洪水浩浩處西戎不深致功古文故有疏略也、**道河積石、**【索隱】爾雅云、河出崑崙墟、其色白、漢書西域傳云、河有兩源、一出蔥嶺、一出于闐、于闐河北流與蔥嶺河合、東注蒲昌海、一名鹽

澤、其水停居、冬夏不增減、潛行地中、南出積石、爲中國河、是河源發崑崙、禹導河自積石而加功也、**至于龍門、南至華陰、**【集解】孔安國曰、至華山北而東行、【正義】華陰縣在華山北、本魏之陰晉縣、秦惠文王更名寧秦、漢高帝改曰華陰、**東至砥柱、**【集解】孔安國曰、砥柱、山名、河水分流、包山而過、山見水中、若柱然也、在西虢之界、【正義】砥柱山、俗名三門山、禹鑿此山、三道河水、故曰三門也、**又東至于盟津、**【集解】孔安國曰、在洛北、【索隱】盟、古孟字、孟津在河陽、十三州記云、河陽縣在河北、即孟津是也、【正義】杜預云、盟、河內郡河陽縣南孟津也、在洛陽城北、都道所湊、古今爲津、武王度之、近代呼爲武濟、括地志云、盟津、周武王伐紂與八百諸侯會盟津、亦曰孟津、又曰富平津、水經云、小平津、今云河陽津是也、**東過雒汭、至于大邳、**【集解】孔安國曰、洛汭、洛入河處、山再成曰邳、【索隱】爾雅云、山一成曰邳、或以爲成皋縣山是、【正義】李巡云、山再重曰英、一重曰邳、括地志云、大邳山、今名黎陽東山、又曰青壇山、在衛州黎陽南七里、張揖云、今成皋、非也、**北過降水、至于大陸、**【集解】鄭玄曰、地理志、降水在信都南、孔安國曰、大陸、澤名、【索隱】地理志、降水字從糸、出信都國、與虖池漳河水竝流入海、大陸、在鉅鹿郡、爾雅云、晉有大陸、郭璞以爲此澤也、【正義】括地志云、降水源出潞州屯留縣西南、東北流至冀州入海、**北播爲九河、同爲逆河、**【集解】鄭玄曰、下尾合名曰逆河、言相向迎受也、【考證】王念孫曰、逆河、本作迎河、後人依古文改、而溝洫志同爲迎河、河渠書贊、余東觀洛汭大邳迎河、則改之未盡者、段玉裁撰異說同、**入于海。**【正義】播、布也、河至冀州、分布爲九河、下至滄州、更

同合爲一大河，名曰逆河，而夾右碣石入于渤海也。**嶓冢道瀁，東流爲漢，**【集解】鄭玄曰：地理志瀁水出隴西氐道，至武都爲漢，至江夏謂之夏水。【索隱】水經云：瀁水出隴西氐道嶓冢山，東至武都沮縣爲漢水。地理志云：至江夏謂之夏水。山海經亦以漾出嶓冢山，故孔安國云：泉始出山爲瀁水，東南流爲沔水，至漢中東流爲漢水。【正義】括地志云：嶓冢山水始出山沮洳，故曰沮水。東南爲瀁水，又爲沔水，至漢中爲漢水，至均州爲滄浪水，始欲出大江爲夏口，又爲沔口。漢江一名沔江也。【考證】正義始欲二字疑衍。**又東爲蒼浪之水，**【集解】孔安國曰：別流也，在荊州。【索隱】馬融、鄭玄皆以滄浪爲夏水，即漢河之別流也。漁父歌曰：滄浪之水清兮，可以濯吾纓，是此水也。【正義】括地志云：均州武當縣有滄浪水。庾仲雍漢水記云：武當縣西四十里漢水中有洲，名滄浪洲也。地記云：水出荊山，東南流爲滄浪水。**過三澨，入于大別，**【集解】孔安國曰：三澨，水名。鄭玄曰：在江夏竟陵之界。【索隱】水經云：三澨，地名，在南郡邔縣北。孔安國、鄭玄以爲水名，今竟陵有三參水，俗云是三澨水，參音去聲。【考證】禹貢入作至。**南入于江，東匯澤爲彭蠡，**【集解】孔安國曰：匯，回也。水東回爲彭蠡大澤。**東爲北江，入于海。**【集解】孔安國曰：自彭蠡江分爲三道，入震澤，遂爲北江而入海。**汶山道江，東別爲沱，又東至于醴，**【集解】孔安國及馬融、王肅皆以醴爲水名。鄭玄曰：醴，陵名也。大阜曰陵，長沙有醴陵縣。【索隱】按騷人所歌，濯余佩於醴浦，明醴是水，孔安國、馬融解得其實。又虞喜志林以醴是江沅之別流，而醴字作澧也。**過九江，至于東陵，**

【集解】孔安國曰：東陵，地名。**東迆，北會于匯，**【集解】孔安國曰：迆，溢也。東溢分流，都共北會彭蠡。【考證】鳳會敍曰：下文云東北會于汶，東會于澧，東北會于澗瀍，東會于伊，諸言會于某者，皆水名，則匯亦水名也。匯疑當讀爲淮。朱錦綬曰：淮之爲匯，猶非之爲匪耳。愚按今水路淮自入海，不合于江，而孟子滕文公篇云排淮泗而注之江，鳳、朱二說不爲無據，聾以備考。**東爲中江，入于海。**【集解】孔安國曰：有北有中，南可知也。【正義】括地志云：禹貢三江俱會于彭蠡，合爲一江，入于海。**道沇水，東爲濟，入于河，泆爲滎，**【集解】鄭玄曰：地理志沇水出河東垣縣王屋山東，至河內武德入河，泆爲滎。孔安國曰：濟在溫西北，滎澤在敖倉東南。【索隱】水經云：自河東垣縣王屋山東流爲沇水，至溫縣西北爲濟水。【正義】括地志云：沇水出懷州王屋縣北十里王屋山頂巖下，石泉渟不流，其深不測，既見而伏，至濟源縣西北二里平地，其源重發，而東南流爲汜水。水經云：沇東至溫縣西北爲泲水，又南當鞏縣之北，南入于河。釋名云：濟者濟也。下濟，子細反。按濟水入河而南，截度河南岸，溢滎澤，在鄭州滎澤縣西北四里，今無水，成平地。【考證】張文虎曰：正義流爲汜水，汜當作沇。**東出陶丘北，**【集解】孔安國曰：陶丘，丘再成者也。鄭玄曰：地理志陶丘在濟陰定陶西北。【正義】括地志云：陶丘在濮州鄄城西南二十四里。又云在曹州城中。徐才宗國都城記云：此城中高丘，即古之陶丘。**又東至于荷，**【集解】孔安國曰：荷澤之水。**又東北會于汶，**【正義】汶音問。地理志云：汶水出泰山郡萊蕪縣原山，西南入泲。**又東北入于海。**【考證】張文虎曰：毛本東北作北東，與禹貢合，傅云北折而東也。漢志顏

師古注竝同。段玉裁曰：作東北者，古文尚書。**道淮自桐柏，**【正義】地理志云：桐柏山在南陽平氏縣東南，淮水所出。按在唐州東五十餘里。**東會于泗·沂，東入于海。**【集解】孔安國曰：與二水合入海也。**道渭自鳥鼠同穴，**【集解】孔安國曰：鳥鼠共爲雌雄，同穴處此山，遂名曰鳥鼠，渭水出焉。【正義】括地志云：鳥鼠山，今名青雀山，在渭州渭源縣西七十六里。山海經云：鳥鼠同穴之山，渭水出焉。郭璞注云：今在隴西首陽縣西南，山有鳥鼠同穴，鳥名鵌，鼠名鼵，如人家鼠而短尾；鵌似鵽而小，黃黑色，穴入地三四尺，鼠在內，鳥在外。鵌音余，鼵扶廢反，鵽音丁刮反，似雉也。**東會于灃。**【正義】灃音豐。括地志云：雍州鄠縣終南山，灃水出焉，北入渭也。**又東北至于涇，**【正義】括地志云：涇水出原州百泉縣西南笄頭山涇谷，東南流入渭也。【考證】東北至于涇，禹貢作東會于涇。張文虎曰：舊刻無北字，與經文及漢志合，疑此衍。然水經注引此紀云：導渭水東北至海，則所見本有北字矣。**東過漆沮，入于河。**【集解】孔安國曰：漆沮，一水名，亦曰洛水，出馮翊北。**道雒自熊耳，**【集解】孔安國曰：在宜陽之西。【正義】括地志云：洛水出商州洛南縣西冢嶺山，東北流入河。熊耳山在虢州盧氏縣南五十里，洛所經。**東北會于澗·瀍，**【集解】孔安國曰：會于河南城南。【正義】括地志云：澗水出洛州新安縣東白石山之陰。地理志云：瀍水出河南穀城縣替亭北，東南入於洛。**又東會于伊，**【集解】孔安國曰：會於洛陽之南。**東北入于河。**【集解】孔安國曰：合於鞏之東也。【考證】道九川至此爲第三段，敍禹治九州之川。**於**

是九州攸同，【考證】依文例，攸當作所。**四奧既居，**【集解】孔安國曰：四方之宅已可居也。**九山栞旅，**【集解】孔安國曰：九州名山已槎木通道而旅祭也。**九川滌原，**【集解】孔安國曰：九州之川已滌除無壅塞也。**九澤既陂，**【集解】孔安國曰：九州之澤皆已陂障無決溢也。**四海會同，六府甚脩，**【集解】孔安國曰：六府，金木水火土穀。**衆土交正，致愼財賦，**【集解】鄭玄曰：衆土美惡及高下得其正矣，亦致其貢篚，愼奉其財物之稅，皆法定制而入之也。**咸則三壤，成賦中國。**【集解】鄭玄曰：三壤，上中下各三等也。**賜土姓，祇台德先，不距朕行。**【集解】鄭玄曰：中，即九州也。天子建其國，諸侯祚之土，賜之姓，命之氏，其敬悅天子之德既先，又不距違我天子政敎所行。【考證】鄭氏讀中國下屬，恐非。說文台下云：悅也。與鄭義合。**令天子之國以外五百里甸服，**【集解】孔安國曰：爲天子服治田，去王城面五百里內。【考證】禹貢無令天子之國以外七字，蓋史公以意增。**百里賦納總，**【集解】孔安國曰：甸服內近王城者，禾槀曰總，供飼國馬也。【索隱】說文云：總，聚東草也。【考證】總，全禾。**二百里納銍，**【集解】孔安國曰：所銍刈謂禾穗。【索隱】說文云：銍，穫禾短鎌也。【考證】銍，半槀。**三百里納秸服，**【集解】孔安國曰：秸，槀也。服槀役。【索隱】禮郊特牲云：蒲越槀秸之美，則秸是槀之類也。【考證】秸輕於銍，重於粟。或云去其穎也，或云半槀去皮也。蔡沈曰：三百里內去王城爲

近、非惟納總銍秸、而又使之服輸將之事也、獨於秸言之者、總前二者而言也。四百里粟、五百里米、【集解】孔安國曰、所納精者少、麤者多。甸服外五百里侯服、【集解】孔安國曰、侯、候也、斥候而服事也。【考證】甸服外三字、史公以意增、下文侯服要服亦同。百里采、【集解】馬融曰、采、事也、各受王事也。二百里任國、【集解】孔安國曰、任王事者。【考證】禹貢任國作男邦。三百里諸侯、【集解】孔安國曰、三百里同爲王者斥候、故合三爲一名。侯服外五百里綏服、【集解】孔安國曰、綏、安也、服王者政教。三百里揆文教、【集解】孔安國曰、揆、度也、度王者文教而行之、三百里皆同。二百里奮武衛、【集解】孔安國曰、文教之外二百里奮武衛、天子所以安之。綏服外五百里要服、【集解】孔安國曰、要束以文教也。三百里夷、【集解】孔安國曰、守平常之教、事王者而已。二百里蔡、【集解】馬融曰、蔡、法也、受王者刑法而已。【考證】鄭玄曰、蔡之言殺、減殺其賦。要服外五百里荒服、【集解】馬融曰、政教荒忽、因其故俗而治之。三百里蠻、【集解】馬融曰、蠻、慢也、禮簡怠慢、來不距、去不禁。二百里流、【集解】馬融曰、流行無城郭常居。【考證】崔述曰、書蔡傳云、每服五百里、五服則二千五百里、然堯都冀州、冀之北境、並雲中涿易、亦恐無二千五百里、藉使有之、亦沙漠不毛之地、而東南財賦所出、則反棄於要荒、以地勢考之、殊未可曉、但意古今土地盛衰不同、當舜之時、冀北之

地、未必荒落如後世耳、余按禹貢山川、以今地圖考之、具在也、淮海惟揚州、荊及衡陽惟荊州、東南之地、未嘗棄也、恆山碣石而北、別無山川見於經者、沙漠之地、未嘗不荒落也、孟子曰、滕絕長補短、將五十里也、說者亦謂周之王畿、豐鎬八百里、郟鄏六百里、共爲百同、以成千里、然則古之所謂千里百里、皆絕長補短而計之、非必四面八方截然不可增損於其間也、蓋九州之地、約方三千餘里、故孟子云、海內之地、方千里者九、記云、四海之內九州、州方千里、內除甸服千里、故侯服綏服共二千里、然則侯綏二服乃九州以內地、所謂州十二師者也、其外綴縻之國、則附於九州、謂之要服、又外則來去不常、聖人聽其自然、不勤於遠、不受其貢、謂之荒服、其遠近略與內地等、故亦以二千里計之、然則要荒二服、乃九州以外地、所謂外薄四海、咸建五長者也、由是言之、五服之地、蓋南有餘而北不足、綜計之爲五千里耳、非拘拘焉必四面皆二千五百里、無少欹斜、無少有餘不足而後可也。東漸于海、西被于流沙、朔南暨、聲教訖于四海。【集解】鄭玄曰、朔、北方也。【正義】朔、北方、南、南方也、言南北及於聲教皆從之。於是帝錫禹玄圭、以告成功于天下。【正義】帝、堯也、玄、水色、以禹理水功成、故錫玄圭以表顯之、自此已上、並尚書禹貢文。【考證】禹貢無于天下三字、張照曰、下字當衍、應作以告成功於天、愚按以上爲第四段、敘禹治水以後事以結、又按禹行自冀州始以下、采尚書禹貢、梁玉繩曰、史公所錄尚書次第、與書序異、如置禹貢于皐陶謨之前、置夏社於典寶之後、蓋行文敘事、不盡依書之次第、況今所傳者、是晉梅賾本、並非賈鄭之舊、則安知史之次第非原本乎、禹告成功、在堯時、陳謨在舜世、至于成湯因伐桀而作湯誓、因敗桀而伐三㚇、既勝夏而作夏社、于義爲順、或以爲誤、

非也。天下於是太平治。【考證】羣書治要太作大。皐陶作士以理民。【正義】士、若大理卿也。帝舜朝、禹・伯夷・皐陶相與語帝前。【考證】中井積德曰、添一箇伯夷、即閑了伯夷矣、馬驌曰、伯夷當作伯益。皐陶述其謀曰、信其道德、謀明輔和。【考證】信其道德、皐陶謨作允迪其德、則史文當作信道其德、下文亦云、道吾德、乃女功序之也、道德二字連用、尚書未見。禹曰、然、如何。皐陶曰、於、愼其身脩、【正義】絕句、於、音烏、歎美之辭。思長、【集解】孔安國曰、愼脩其身、思爲長久之道。敦序九族、衆明高翼、近可遠在已。【集解】鄭玄曰、次序九族而親之、以衆賢明作羽翼之臣、此政由近可以及遠也。【考證】楓三、南、凌本、高作亮、皐陶謨云、惇敘九族、庶明厲翼、邇可遠在茲、孫星衍曰、據史公說、堯典明明、此庶明、當爲衆貴戚、王先謙曰、釋詁、茲、已、此也、故史公易茲爲已。禹拜美言曰、然。皐陶曰、於、在知人、在安民。禹曰、吁、皆若是、惟帝其難之。【集解】孔安國曰、言帝堯亦以爲難。知人則智、能官人。能安民則惠、黎民懷之。【考證】皐陶謨、人下無能字、此疑衍。能知能惠、何憂乎驩兜、何遷乎有苗、何畏乎巧言善色佞人。【集解】鄭玄曰、

禹爲父隱、故言不及鯀。皐陶曰、然、於、亦行有九德、亦言其有德、乃言曰、始事事。【集解】孔安國曰、言其人有德、必言其所行事、因事以爲驗、【考證】始、使新行事以試之也、事事、人人德殊、所長之事不一也、尚書作載采采。寬而栗。【集解】孔安國曰、性寬弘而能莊栗。柔而立。【集解】孔安國曰、和柔而能立事。愿而共。【集解】孔安國曰、愨愿而恭敬。治而敬。擾而毅。【集解】徐廣曰、擾一作柔、駰案、孔安國曰、擾、順也、致果爲毅。直而溫。簡而廉。剛而實。彊而義。章其有常、吉哉。【集解】孔安國曰、章、明也、吉、善也。日宣三德、蚤夜翊明、有家。【集解】孔安國曰、三德、九德之中有其三也、卿大夫稱家、明行之、可以爲卿大夫。日嚴振敬六德、亮采、有國。【集解】孔安國曰、嚴、敬也、行六德、以信治政事、可爲諸侯也、馬融曰、亮、信、采、事也。翕受普施、九德咸事、俊乂在官、【集解】孔安國曰、翕、合也、能合受三六之德而用之、以布施政教、使九德之人皆用事、謂天子也、如此、則俊德理能之士、並皆在官也。百吏肅謹。毋教邪淫奇謀、非其人、居其官、是謂亂天事。【索隱】此取尚書皐陶謨爲文、斷絕殊無次序、即是也、今亦不能深考、班固所謂疎略抵捂、【考證】皐陶謨云、無教逸欲有邦、兢兢業業、一日二日萬幾、無曠庶官、天工人其代之、史公以十七字、約說經意、天事即天工、

天討有皐。五刑五用哉。【集解】孔安國曰、言用五刑必當、【考證】皐陶謨云、天敍有典、勑我五典五惇哉、天秩有禮、自我五禮、同寅和衷哉、天命有德、五服五章哉、天討有罪、五刑五用哉、而史公特錄天討一事者、其意謂淫邪奇謀、亂天事者、宜用五刑以討其罪也、索隱未得、吾言底可行乎。禹曰。女言致可績行。皐陶曰。余未有知。思贊道哉。【正義】皐陶云、我未有所知、思之審、贊於古道耳、謙辭也、巳上並尚書皐陶謨文、略其經不全備也、帝舜謂禹曰。女亦昌言。禹拜曰。於、予何言。予思日孳孳。皐陶難禹曰。何謂孳孳。禹曰。鴻水滔天、浩浩懷山襄陵、下民皆服於水。予陸行乘車、水行乘舟、泥行乘橇、山行乘檋、【正義】橇、昌芮反、檋、行山栞木。【正義】行、寒孟反、栞、口寒反、與益予衆庶稻鮮食、【集解】孔安國曰、鳥獸新殺曰鮮、【索隱】予音與、上與、謂同與之與、下予、謂施予之予、此禹言其與益施予衆庶之稻糧、【考證】張文虎曰、與益之與、亦當作予、故索隱別之云、上予、謂同與之與、下予、謂施予之予、後人以兩予相混、改爲與益、而幷改索隱上予之予、亦作與、以決九川致四海、浚畎澮致之川。【集解】鄭玄曰、畎澮、田閒溝也、與稷予衆庶難得之食、食

少、調有餘補不足、徙居。衆民乃定、萬國爲治。皐陶曰。然。此而美也。【考證】而、汝也、禹曰。於、帝愼乃在位、安爾止、【集解】鄭玄曰、安汝之所止、無妄動、動則擾民、輔德天下大應。淸意以昭待上帝命、天其重命用休。【集解】鄭玄曰、天將重命汝以美應、謂符瑞也、帝曰。吁、臣哉臣哉。臣作朕股肱耳目。予欲左右有民。女輔之。【集解】馬融曰、我欲左右助民、汝當翼成我也、余欲觀古人之象、日月星辰、作文繡服色。女明之。【考證】南化本、象下有以字、予欲聞六律五聲八音、來始滑、以出入五言。女聽。【集解】尚書滑字作曶、音忽、鄭玄曰、曶者臣見君所秉、書思對命者也、君亦有焉、以出內政教於五官、【索隱】古文尚書作在治忽、今文作采政忽、先儒各隨字解之、今此云來始滑、於義無所通、蓋來采字相近、滑忽聲相亂、始又與治相似、因誤爲來始滑、今依今文音采政忽三字、劉伯莊云、聽諸侯能爲政、及怠忽者是也、五言、謂仁義禮智信五德之言、鄭玄以爲出納政教五官、非也、【考證】歸有光曰、子長用書文有改者、或以易曉語代之、必不反爲難解之文、其繼絕不可曉者、蓋其所見乃伏生今文、故與世傳古文有異、古書宜略會文義、疑者闕如可也、如來始滑、弔由靈之類、自不可解、愚按史公從孔安國問故、則其所見不獨伏生今文、而壁中之書、

亦多錯簡、宜矣、其有難解之語也、張文虎曰、女聽下游本有之字、與女輔之、女明之句法一例、似勝他本、予卽辟、女匡拂予。女無面諛、退而謗予。【考證】辟、邪辟、拂、讀爲弼、李光縉曰、尚書只有予違汝弼四字、太史公却衍云、予卽辟、女匡拂予、終不及尚書簡當、敬四輔臣。【集解】尚書大傳曰、古者天子必有四鄰、前曰疑、後曰丞、左曰輔、右曰弼、【考證】陳櫟曰、敬四輔臣、言爾不可不敬、爾爲四鄰近臣之職也、諸衆讒嬖臣、君德誠施、皆淸矣。【集解】徐廣曰、君、一作吾、【索隱】諸衆讒嬖臣爲一句、君字、且屬下文、禹曰。然。帝卽不時、布同善惡則毋功。【集解】孔安國曰、帝用臣不是、則賢愚並位、優劣共流故也、【考證】書傳訓時爲是、猶言如是也、布、皐陶謨作敷、偏也、三南本、無布字、帝曰。【正義】此二字及下禹曰、尚書並無、太史公有四字、帝及禹相答、極爲次序、當應別見書、【考證】二字衍、毋若丹朱傲、維慢游是好、毋水行舟、朋淫于家、用絕其世。【集解】鄭玄曰、朋淫、淫門內、予不能順是。禹曰。予辛壬娶塗山、癸甲生啓。予不子。【集解】孔安國曰、塗山、國名、辛日娶妻、至于甲四日、復往治水、【索隱】杜預云、塗山、在壽春東北、皇甫謐云、今九江當塗有禹廟、則塗山在江南也、系本曰、塗山氏女、名女憍、是禹娶塗山氏、號女憍也、又按尚書云、娶于塗山、辛壬癸甲、啓呱呱而泣、予弗子、今此云辛壬娶塗山、癸甲生啓、蓋今文尚書脫漏、太史公取以爲言、亦不稽其本意、豈有辛

壬娶妻、經二日生子、不經之甚、【正義】此五字爲一句、禹辛日娶、至甲四日、往理水、及生啓不入門、我不得名子、以故能成水土之功、又一云、過門不入、不得有子愛之心、帝繫云、禹娶塗山氏之子、謂之女憍、是生啓也、【考證】禹曰二字衍、皐陶謨作予創若時、娶于塗山、辛壬癸甲、啓呱呱而泣、予弗子、張文虎曰、辛壬錯在塗山上、傳寫偶誤、裴引傳文、但增塗四日二字、餘無所辨、張亦祗依集解爲說、似所見本皆不誤、小司馬適據誤本、不能辨正、反謂今文脫漏、不思甚矣、愚按癸甲下當補出往等字、面生啓予不子五字一句、言塗山氏有孕生啓、予過門不入、不得子視之也、楚辭天問篇王逸注曰、以辛酉日娶、甲子日去而有啓、蓋亦此意、錢大昕曰、史公書於漢諱皆回避、如恆山作常山、微子啓作微子開、盈數作滿數是也、亦有不盡然者、周本紀、邦內甸服、邦外侯服、封禪書、五岳皆在天子之邦犯高帝諱、殷本紀、盈鉅橋之粟、樂書、盈而不持則傾、晉世家、其盈數也、以從盈數、春申君列傳、盈滿海內、犯惠帝諱、天官書、壬癸恆山以北、恆山之北、氣下黑上靑、封禪書、北岳恆山也、至琅邪過恆山、田齊世家、以爲非恆人、張儀傳、獻恆山之尾五城、犯文帝諱、夏本紀、益讓帝禹之子啓、禹子啓賢、諸侯皆去益而朝啓、啓遂卽天子位、是爲夏后帝啓、殷本紀、帝乙長子曰微子啓、啓母賤、不得嗣、孝文本紀、夏啓以光、燕世家、禹薦益、已而以啓人爲吏、及老而以啓不足任乎天下、啓與交黨攻益奪之、犯景帝諱、此非史之缺文、後人以意改易耳、若呂后諱雉、而殷本紀、封禪書、不避雉字、或史公本文如此、蓋呂氏傾危社稷、史臣未必爲避諱也、以故能成水土功、輔成五服、至于五千里、州十二師、外薄四海、【集解】孔安國曰、薄、迫、言至海也、【正義】爾雅云、九夷八狄七戎六蠻、謂之四海、釋名云、海、晦也、按夷蠻晦昧無知、故云四海也、咸

建五長、各道有功。【集解】孔安國曰、諸侯五國、立賢者一人爲方伯、謂之五長、以相統治。苗頑不即功。帝曰、念其念哉。【集解】孔安國曰、三苗頑凶、不得就官、善惡分別。帝曰、道吾德、乃女功序之也。【考證】皐陶述其謀以下、采皐陶謨、乃語詞。皐陶於是敬禹之德、令民皆則禹。不如言、刑從之。【索隱】謂不用命之人、則亦以刑罰而從之。【考證】皐陶謨云、帝曰、皐陶方祗厥敘、方施象刑惟明、與史異義。舜德大明。於是夔行樂。【正義】若今太常卿也。祖考至、羣后相讓、鳥獸翔舞。簫韶九成、鳳皇來儀、百獸率舞、百官信諧。【集解】孔安國曰、簫韶、舜樂名、備樂九奏、而致鳳皇也。【考證】依皐陶謨、祖考至以下、夔自贊之言、史公采以爲記事。帝用此作歌曰、陟天之命、維時維幾。【集解】孔安國曰、奉正天命以臨民、惟在順時、惟在愼微。【考證】皐陶謨陟作勑、勑、謹也。乃歌曰、股肱喜哉、元首起哉、百工熙哉。【集解】孔安國曰、股肱之臣、喜樂盡忠、君之治功乃起、百官之業乃廣。【考證】每句押韻、此古法、下二歌同。皐陶拜手稽首、揚言曰、念哉。【集解】鄭玄曰、使羣臣念帝之戒。率爲興事、愼乃憲。敬哉。【集解】孔安國曰、率臣下爲起治之事、當愼汝法度、敬其職。乃

更爲歌曰、元首明哉、股肱良哉、庶事康哉。舜又歌曰、元首叢脞哉、股肱惰哉、萬事墮哉。【集解】孔安國曰、叢脞、細碎無大略也、君如此、則臣懈惰、萬事墮廢也。【考證】皐陶謨無舜字、此衍。錢大昕曰、自有文字、卽有聲韻、虞廷賡歌、股肱叢脞、卽雙聲之權輿、皮日休雜體詩序、以蝃蝀在東、鴛鴦在梁、爲雙聲始興、何所見之不廣也。愚按雙聲疊韻、文字之法爲然、不獨詩歌也、姑就堯典皐陶謨言之、黜陟搏拊鞀鼗等字面、豈非雙聲乎、平章遏密蒼生等字面、豈非疊韻乎、錢氏所見亦未廣也。帝拜曰、然、往欽哉。【考證】帝用此作歌以下、采皐陶謨。於是天下皆宗禹之明度數聲樂、【集解】徐廣曰、舜本紀云、禹乃興九韶之樂。【考證】梁玉繩曰、此因聲律身度之言而誤也。爲山川神主。【考證】南本、爲上有以字。帝舜薦禹於天爲嗣。十七年而帝舜崩。【集解】劉熙曰、若此則舜格于文祖、三年之後、攝禹使得祭祀與。三年喪畢、禹辭辟舜之子商均於陽城。【集解】劉熙曰、今潁川陽城是也。天下諸侯皆去商均而朝禹。禹於是遂卽天子位。【集解】皇甫謐曰、都平陽、或在安邑、或在晉城。【考證】帝舜薦禹以下、采孟子萬章篇。南面朝天下。國號曰夏后。姓姒氏。【集解】禮緯曰、祖以吞薏苡生。【正義】禮緯云、

禹母脩己、吞薏苡而生禹、因姓姒氏。顧野王云、薏苡、干珠也。【考證】梁玉繩曰、既云國號夏后、又云帝禹、下文又云夏后帝啓、此與五帝紀帝禹爲夏后同一語病、國語商王帝辛亦同、蓋史公謂夏殷亦稱帝、故連加之、說在殷紀中。帝禹立、而舉皋陶薦之、且授政焉。而皋陶卒。【正義】帝王紀云、皐陶生於曲阜、曲阜偃地、故帝因之而以賜姓曰偃、堯禪舜、命之作士、舜禪禹、禹卽帝位、以咎陶最賢、薦之於天、有將禪之意、未及禪、會皋陶卒。括地志云、咎繇墓在壽州安豐縣南一百三十里、故六城東、東都陂內大冢也。封皋陶之後於英六。【集解】徐廣曰、史記皆作英字、而以英布是此苗裔。【索隱】地理志、六安國六縣、咎繇後偃姓所封國、英地闕、不知所在、以爲黥布是其後也。【正義】英蓋蓼也、括地志云、光州固始縣、本春秋時蓼國、偃姓、皋陶之後也。左傳云、子燮滅蓼、太康地志云、蓼國先在南陽故縣、今豫州郾縣界故胡城是、後徙於此。括地志云、故六城在壽州安豐縣南一百三十二里、春秋文五年秋、楚成大心滅之。【考證】禹薦皋陶、未知所本、左傳文公五年、楚成大心滅六、公子燮滅蓼、臧文仲曰、皐陶庭堅、不祀忽諸、本史黥布列傳、太史公曰、英布者其先豈春秋所見楚滅英六、皐陶之後哉、陳杞世家、皋陶之後、或封英六。或在許。【集解】皇覽曰、皐陶冢在廬江六縣。【索隱】許在潁川。【正義】括地志云、許故城在許州許昌縣南三十里、本漢許縣、故許國也。【考證】梁玉繩曰、許、太岳之後也、姜姓、安得以爲皐陶後哉、史誤。而后舉益、任之政十年。【考證】張文虎曰、十年、孟子作七年、形近易亂、疑今本史文傳寫誤。帝禹東巡狩、至于會稽而崩。【集解】皇甫謐曰、年百歲也。【考證】禹巡

狩葬會稽之事、起春秋後諸子雜說、不足依據、史公于論云、或云禹會諸侯江南、計功而崩、因葬焉、命曰會稽、或之者疑之也、而于此直書其事以實之、何歟。以天下授益。三年之喪畢、益讓帝禹之子啓、而辟居箕山之陽。【集解】孟子、陽字作陰、劉熙曰、崇高之北。【正義】按陽卽陽城也、括地志云、陽城縣在箕山北十三里、又恐箕字誤、本是嵩字、而字相似、其陽城縣在嵩山南二十三里、則爲嵩山之陽也。禹子啓賢、天下屬意焉。及禹崩、雖授益、益之佐禹日淺、天下未洽。故諸侯皆去益而朝啓曰、吾君帝禹之子也。於是啓遂卽天子之位。是爲夏后帝啓。【考證】以天下授益以下、采孟子萬章篇文、愚按黃帝至堯、父子相繼、或兄弟相及、常也、堯舜傳賢、權也、至禹復父子繼承之舊耳、孟子云、天與賢則與賢、天與子則與子、韓子云、堯舜之傳賢也、欲天下之得其所也、禹之傳子也、憂後世爭之之亂也、二說吾未之信。夏后帝啓、禹之子、其母塗山氏之女也。有扈氏不服。【集解】地理志曰、扶風鄠縣、是扈國。【索隱】地理志曰、扶風縣鄠是扈國。【正義】括地志云、雍州南鄠縣、本夏之扈國也、地理志云、鄠縣古扈國、有戶亭、訓纂云、戶扈鄠三字、一也、古今字不同耳。啓伐之、大戰於甘。【集解】馬融曰、甘、有扈氏南郊地名。【索隱】夏啓所伐、鄠南有甘亭。將戰、作甘誓。乃召

六卿申之。【集解】孔安國曰、天子六軍、其將皆命卿也、啓曰。嗟、六事之人、【集解】孔安國曰、各有軍事、故曰六事、【考證】鄭玄曰、變六卿言六事之人者、容軍吏下及士卒也、予誓告女。有扈氏威侮五行、怠棄三正。【集解】鄭玄曰、五行、四時盛德所行之政也、威侮、暴逆之、三正、天地人之正道、【考證】五行三正、始見於此、而其目未詳、或曰、洪範云、在昔鯀陻洪水、汨陳其五行、又云、五行、一曰水、二曰火、三曰木、四曰金、五曰土、左傳文七年、晉郤缺解夏書曰、水火金木土穀、謂之六府、五行之外加穀耳、以水火木金土爲五行、夏初或既有之、而未有子丑寅三正也、鄭說似是、天用勦絕其命。【集解】孔安國曰、勦、截也、今予維共行天之罰。【集解】孔安國曰、共、奉也、左不攻于左、右不攻于右、女不共命。【集解】鄭玄曰、左、車左、右、車右、御非其馬之政、女不共命。【集解】孔安國曰、御以正馬爲政也、三者有失、皆不奉我命也、用命、賞于祖。【集解】孔安國曰、天子親征、必載遷廟之祖主行、有功即賞祖主前、示不專也、不用命、僇于社。【集解】孔安國曰、又載社主、謂之社事、奔北則僇之社主前、社主陰、陰主殺也、予則帑僇女。【集解】孔安國曰、非但止身、辱及女子、言恥累之、【考證】有扈氏不服以下、采尚書甘誓、帑孥同、梁玉繩讀爲奴隸之奴、云、古之用刑、父子兄弟不相及、寧有三代盛時罪及妻子之事乎、愚按軍律重於常刑、舊說自通、遂滅有扈氏。天下咸朝。

夏后帝啓崩。【集解】徐廣曰、皇甫謐曰、夏啓元年甲辰、十月癸丑崩、子帝太康立。帝太康失國。【集解】孔安國曰、盤于遊田、不恤民事、爲羿所逐、不得反國、昆弟五人、【索隱】皇甫謐云、號五觀也、須于洛汭。作五子之歌。【集解】孔安國曰、太康五弟、與其母待太康于洛水之北、怨其不反、故作歌、【考證】太康失國以下、采書五子之歌序、太康崩、弟中康立。是爲帝中康。帝中康時、羲和湎淫、廢時亂日。【集解】孔安國曰、羲氏和氏、掌天地四時之官、太康之後、沈湎于酒、廢天時亂甲乙也、胤往征之。作胤征。【集解】孔安國曰、胤國之君、受王命往征之、鄭玄曰、胤、臣名、【考證】羲和湎淫以下、采書胤征序、中康崩、子帝相立。帝相崩、子帝少康立。【索隱】左傳、魏莊子曰、昔有夏之衰也、后羿自鉏遷于窮石、因夏人而代夏政、恃其射也、不修人事、而信用伯明氏之讒子寒浞、浞殺羿、烹之、以食其子、子不忍食、殺于窮門、浞因羿室、生澆及豷、使澆滅斟灌氏及斟尋氏、而相爲澆所滅、后緡歸于有仍、生少康、有夏之臣靡、自有鬲收二國之燼、以滅浞而立少康、少康滅澆于過、后杼滅豷于戈、有窮遂亡、然則帝相自被篡殺、中間經羿浞二氏、蓋三數十年、而此紀總不言之、直云帝相崩、子少康立、疏略之甚、【正義】帝王紀云、帝羿有窮氏、未聞其先何姓、帝嚳以上、世掌射正、至嚳賜以彤弓素矢、封之於鉏、爲帝司射、歷虞夏、羿學射於吉甫、其臂長、故以善射聞、及夏之衰、自鉏遷于窮石、因夏民以代夏政、帝相徙于商丘、依同姓諸侯斟尋、羿恃其善射、不修民

事、淫于田獸、棄其良臣武羅伯姻熊髡尨圉、而信寒浞、寒浞伯明氏之讒子、伯明后以讒棄之、而羿以爲己相、寒浞殺羿於桃梧、而烹之、以食其子、其子不忍食之、死于窮門、浞遂代夏立爲帝、寒浞襲有窮之號、因羿之室、生奡及豷、奡多力、能陸地行舟、使奡帥師滅斟灌斟尋、殺夏帝相、封奡於過、封豷於戈、恃其詐力、不恤民事、初、奡之殺帝相也、妃有仍氏女曰后緡、歸有仍、生少康、初、夏之遺臣曰靡、事羿、羿死、逃於有鬲氏、收斟尋二國餘燼、殺寒浞、立少康、滅奡於過、后杼滅豷於戈、有窮遂亡也、按帝相被篡、歷羿浞二世四十年、而此紀不說、亦馬遷所爲疏略也、奡音五告反、豷音許器反、括地志云、故鉏城在滑州韋城縣東十里、晉地記云、河南有窮谷、蓋本有窮氏所遷也、括地志云、商丘、今宋州也、斟灌故城在青州壽光縣東五十四里、斟尋故城、今青州北海縣是也、故過鄉亭在萊州掖縣西北二十里、本過國地、故鬲城在洛州密縣界、杜預云、國名、今平原鬲縣也、戈在宋鄭之閒也、寒國在北海平壽縣東寒亭也、伯明其君也、臣瓚云、斟尋在河南、蓋後遷北海也、汲冢古文云、太康居斟尋、羿亦居之、桀又居之、尚書云、太康失邦、兄弟五人須于洛汭、此即太康居之爲近洛也、又吳起對魏武侯曰、夏桀之居、左河濟、右太華、伊闕在其南、羊腸在其北、又周書度邑篇云、武王問太公、吾將因有夏之居、即河南是也、括地志云、故鄩城在洛州鞏縣西南五十八里、蓋桀所居也、陽翟縣又是禹所封、爲夏伯、【考證】索隱所引后羿之亂、本左傳襄公四年、哀公元年文、梁玉繩曰、自太康失河北、夏統中絕、其後少康滅寒浞中興、亂幾百年、而始定、故魏高貴鄉公推尊少康、優于漢高祖、則歷代中興之主、當以少康爲冠、乃紀表全逸、不言、直敍世次、若守成無事然、深所未曉、索隱正義及左傳疏皆譏史公疎略、信矣、而黃震日鈔謂少康之事、遷時己無可考、殊非、豈未檢吳世家乎、不載紀表、而別出于宋世家、亦失作史之體、愚按吳太伯世家、伍子胥引少康事、帝

少康崩、子帝予立。【索隱】音佇、系本云、季佇作甲者也、左傳曰、杼滅豷于戈、國語云、杼能帥禹者也、【考證】表作杼、索隱引哀元年左傳、國語魯語、帝予崩、子帝槐立。【索隱】音回、系本作帝芬、帝槐崩、子帝芒立。【索隱】芒、音亡、鄒誕生又音荒也、帝芒崩、子帝泄立。帝泄崩、子帝不降立。【索隱】系本作帝降、帝不降崩、弟帝扃立。帝扃崩、子帝廑立。【索隱】音覲、鄒誕生又音勤、帝廑崩、立帝不降之子孔甲。是爲帝孔甲。【考證】崔述曰、禹之後嗣、見於傳記者、曰啓、曰相、曰杼、曰皐、皆其名也、上古質樸、故皆以名著、無可異者、惟太康少康、則不似名而似號、不知二后何故獨以號顯、且太康失國、少康中興、賢否不同、世代亦隔、又不知何以同稱爲康也、仲康見於史記、當亦不誣、何故亦豈康號而以仲別之、至孔甲、則又與商諸王之號相類、沿商之取號於甲乙、已彷於此與、古書散失、不可考矣、帝孔甲立、好方鬼神、事淫亂。夏后氏德衰、諸侯畔之。【考證】李笠曰、方、讀如論語子貢方人之方、謂孔甲好比方鬼神、而事淫亂、愚按方字疑衍、三代世表、好鬼神淫亂、封禪書、郊祀志、滛德好神、皆下無方字、天降龍二。有雌雄。孔甲不能食。未得豢龍氏。【集解】賈逵曰、豢、養也、穀食曰豢、【正義】食音寺、陶唐既衰、其後有劉累。【集解】服虔曰、后、劉

累之爲諸侯者、夏后賜之姓、【正義】括地志云、劉累故城、在洛州緱氏縣南五十五里、劉累之故地也、學擾龍于豢龍氏、以事孔甲。【集解】應劭曰、擾、音柔、擾、馴也、能順養得其嗜慾、孔甲賜之姓、曰御龍氏。【集解】服虔曰、御亦養、受豕韋之後。【集解】徐廣曰、受一作更、駰案賈逵曰、劉累之後、至商不絕、以代豕韋之後、祝融之後、封於豕韋、殷武丁滅之、以劉累之後代之、【索隱】按系本、豕韋、防姓、龍一雌死。以食夏后。夏后使求。懼而遷去。【集解】賈逵曰、夏后既饗、而又使求致龍、劉累不能得而懼也、傳曰、還於魯縣、【考證】天降龍二以下、采左傳昭公二十九年蔡墨言、中井積德曰、不知其龍食而甘之、已又求之、龍肉不可得、故懼而去耳、方苞曰、天降龍二、此何關典要、不宜入本文、愚按此史公記劉氏所自出耳、孔甲崩。子帝皋立。帝皋崩。【集解】左傳曰、皋墓在殺南陵、【考證】國語周語、孔甲亂夏、四世而隕、正義依僖卅二年左傳、子帝發立。帝發崩。子帝履癸立。是爲桀。【索隱】桀、名也、按系本帝皋生發及桀、此以發生桀、皇甫謐同也、帝桀之時、【集解】謚法、賊人多殺曰桀、自孔甲以來、而諸侯多畔。夏桀不務德、而武傷百姓。百姓弗堪。迺召湯而囚之夏臺。【索隱】獄名、夏曰均臺、皇甫謐云、地在陽翟、是也、【考證】書湯誓云、夏王率遏衆力、率割夏邑、有衆率怠弗協、曰時日曷喪、予與汝皆亡、

立政云、桀德惟乃弗作往任、是惟暴德、國語晉語、史蘇曰、昔夏桀伐有施、有施人以妹喜女焉、妹喜有寵、於是與伊尹比而亡夏、左傳昭公四年、椒擧曰、夏桀爲仍之會、有緡叛之、古書記桀事、可信者、不過若是、崔述曰、韓詩外傳云、桀爲酒池、可以運舟、糟邱足以望十里、而牛飲者三千人、新序云、桀作瑤臺、罷民力、殫民財、爲酒池糟堤、縱靡靡之樂、按古者十人情質樸、雖有荒淫之主、非有若後世秦始隋煬之所爲者、且桀豈患無酒、而使之可運舟、望十里、欲何爲者、皆後世猜度附會之言、如子貢所云紂之不善、不如是之甚者、已而釋之。湯修德、諸侯皆歸湯。湯遂率兵以伐夏桀。桀走鳴條。【集解】孔安國曰、地在安邑之西、鄭玄曰、南夷地名、遂放而死。【集解】徐廣曰、從禹至桀十七君、十四世、駰案汲冢紀年曰、有王與無王、用歲四百七十一年矣、【索隱】徐廣曰、從禹至桀十七君、十四世、案汲冢紀年曰、有王與無王、用歲四百七十一年、【正義】括地志云、廬州巢縣有巢湖、即尚書成湯伐桀、放於南巢者也、淮南子云、湯敗桀於歷山、與妹喜同舟浮江、奔南巢之山而死、國語云、滿於巢湖、又云、夏桀伐有施、施人以妹喜女焉、女音女慮反、【考證】書湯誓序云、伊尹相湯與桀戰于鳴條之野、崔述曰、湯之伐桀、傳記皆未詳載其事、孟子書中有湯放桀之文、國語云、桀奔南巢、史記云、桀走鳴條、遂放而死、則是桀兵敗出奔、未嘗死也、尙書大傳、亦稱士民奔湯、桀與其屬五百人南徙、則是桀逃於外、湯未嘗追襲之、以是謂之放也、雖其言或不能無附會、要其人情形、大概於理爲近、李笠曰、正義云、滿於巢湖、案國語無此語、桀謂人曰。吾悔不遂殺湯於夏臺、使至此。【考證】吳王夫差曰、吾悔不用子胥之言、自令陷此、梁惠王曰、

寡人恨不用公叔座之言也、韓信曰、吾悔不用蒯通之計、乃爲兒女子所詐、悔恨之言、如出一口、湯乃踐天子位、代夏朝天下。湯封夏之後。【正義】括地志云、夏亭故城、在汝州郟城縣東北五十四里、蓋夏后所封也、至周封於杞也。【正義】括地志云、汴州雍丘縣、古杞國城也、周武王封禹後、號東樓公也、【考證】梁玉繩曰、禹後封杞、即湯封之、武王特因其舊封重命之耳、大戴禮少閒篇云、湯放移桀、遷姒姓于杞、漢書梅福傳云、武王克殷、封殷于宋、紹夏于杞、史公於留侯世家、亦述酈生之言、湯伐桀、封其後於杞、而此乃謂周封夏後于杞、何哉、

太史公曰。禹爲姒姓。其後分封、用國爲姓。故有夏后氏·有扈氏·有男氏·斟尋氏·【集解】徐廣曰、一作斟氏尋氏、彤城氏·褒氏·費氏·【索隱】系本男作南、尋作鄩、費作弗、而不云彤城及褒、按周有彤伯、蓋彤城氏之後、張敖地理記云、濟南平壽縣其地即古斟尋國、又下云斟戈氏、按左傳系本、皆云斟灌氏、【考證】錢大昕曰、索隱本斟氏戈氏作斟戈氏、即斟灌也、戈灌聲相近、上氏字衍、杞氏·繒氏·辛氏·冥氏·斟氏·戈氏、【考證】楓、三、南本、冥上有白字、崔述曰、此所記禹之後裔、得失參半、有扈氏爲啓所伐、戈爲豷所封、其非禹後明甚、疑司馬氏誤也、辛冥有男彤城、亦莫知其所本、孔子正夏時。學者多傳夏小正云。【集解】禮運稱孔子曰、我欲觀夏道、是故之杞、而不足徵也、吾得夏時焉、鄭玄曰、得夏四時之書、其存者有小正、【索隱】

小正、大戴記篇名、正、征二音、【考證】論語衛靈公篇、子曰、行夏之時、自虞·夏時、貢賦備矣。或言禹會諸侯江南、計功而崩。因葬焉。命曰會稽。會稽者會計也。【集解】皇覽曰、禹冢在山陰縣會稽山上、會稽山本名苗山、在縣南、去縣七里、越傳曰、禹到大越、上苗山、大會計、爵有德、封有功、因而更名苗山曰會稽、因病死、葬、葦棺、穿壙深七尺、上無瀉泄、下無邱壟、高三尺、土階三等、周方一畝、呂氏春秋曰、禹葬會稽、不煩人徒、墨子曰、禹葬會稽、衣衾三領、桐棺三寸、地理志云、山上有禹井禹祠、相傳以爲下有羣鳥耘田者也、【索隱】抵、至也、音丁禮反、葦棺者以葦爲棺、謂蘧篨而斂、非也、禹雖儉約、豈萬乘之主而臣子乃以蘧篨裹尸乎、墨子言桐棺三寸、差近人情、【正義】括地志云、禹陵在越州會稽縣南十三里、廟在縣東南十一里、

【索隱】述贊、堯遭鴻水、黎人阻飢、禹勤溝洫、手足胼胝、言乘四載、動履四時、娶妻有日、過門不私、九土既理、玄圭錫玆、帝啓嗣立、有扈違命、五子作歌、太康失政、羿浞斯侮、夏室不競、降于孔甲、擾龍乖性、嗟彼鳴條、其終不令、

夏本紀第二

史記二

文學博士瀧川龜太郎著

史記會注考證

史記會注考證卷三

漢　太史令　司馬遷　撰

宋　中郎外兵曹參軍　裴駰　集解

唐　國子博士弘文館學士　司馬貞　索隱

唐　諸王侍讀率府長史　張守節　正義

日本　出雲　瀧川資言　考證

殷本紀第三

史記三

【考證】史公自序云，維契作商，爰及成湯，太甲居桐，德盛阿衡，武丁得說，乃稱高宗，帝辛湛湎，諸侯不享，作殷本紀第三。

殷契【索隱】契始封商，其後裔盤庚遷殷，殷在鄴南，遂為天下號，契是殷家始祖，故言殷契。【正義】括地志云，相州安陽，本盤庚所都，即北冢殷墟，南去朝歌城百四十六里。竹書紀年云，盤庚自奄遷于北冢，曰殷墟，南去鄴四十里，是舊都，城西南三十里有洹水，南岸三里有安陽城，西有城，名殷墟，所謂北冢者也。今按洹水在相州北四里，安陽城即相州外城也。契，音薛。母曰簡狄。有娀氏之女，為帝嚳次妃。【集解】淮南子曰，有娀在不周之北。【索隱】舊本狄作易，易狄音同，又作逷，吐歷反。【正義】按記云，桀敗於有娀之墟，有娀當在蒲州也。【考證】以上采帝繫篇。三人行浴，見玄鳥墮其卵，簡狄取吞之，因孕生契。【索隱】譙周云，契生堯代，舜始舉之，必非嚳子，以其父微，故不著名，其母娀氏女，與宗婦三人浴于川，玄鳥遺卵，簡狄吞之，則簡狄非帝嚳次妃明也。【考證】以上依詩商頌玄鳥詩附會。梁玉繩曰，詩曰，天命玄鳥，降而生商，履帝武敏歆，攸介攸止，毛傳以玄鳥降為祀高禖之候，履帝武為從高辛之後，當毛公作傳時，未有遷史出，而乃有吞踐之說，其說起于周秦間好事者，是以屈原天問言簡狄在臺，玄鳥致胎，列子天瑞言后稷生于巨迹，夫毛公豈不知吞踐之說哉，亦鄙不道爾，自史公信其說，而漢儒如康成，宋儒如朱子，並援以為據，遂有謂稷契無父而生者，毋乃誕歟，史公作史，每采世俗不經之語，故于殷紀曰吞卵生契，于周紀曰踐迹生棄，于秦紀又曰吞卵生大業，于高紀則曰夢神生季，一似帝王豪傑，俱生于鬼神異類，有是理乎。愚按，蘇洵嚳妃論，楊慎丹總錄亦有此說。又按，契非帝嚳子，娀氏非帝嚳妃，譙周說是，崔述唐考信錄論之更詳。契長而佐禹治水有功。【考證】中井積德曰，

契治水之功，所未見，且舜命為司徒，是禹命為司空之日矣，治水在其後，恐史遷誤，梁玉繩說同。帝舜乃命契曰，百姓不親，五品不訓，汝為司徒，而敬敷五教，五教在寬。【考證】帝舜以下采尚書堯典文，古鈔、南本無五教二字，舜紀亦無，與堯典合。封于商。【集解】鄭玄曰，商國在太華之陽，皇甫謐曰，今上洛商是也。【索隱】堯封契於商，即詩商頌云，有娀方將，帝立子生商，是也。【正義】括地志云，商州東八十里商洛縣，本商邑，古之商國，帝嚳之子卨所封也。賜姓子氏。【集解】禮緯曰，祖以玄鳥生子也。【正義】括地志云，故子城，在渭州華城縣東北八十里，蓋子姓之別邑。契興於唐・虞・大禹之際，功業著於百姓，百姓以平。契卒，子昭明立。昭明卒，子相土立。【集解】宋忠曰，相土就契封於商，春秋左氏傳曰，閼伯居商丘，相土因之。【索隱】相土佐夏，功著於商，詩頌曰，相土烈烈，海外有截，是也。左傳曰，昔陶唐氏火正閼伯居商丘，相土因之，是始封商也。【正義】括地志云，宋州宋城縣，古閼伯之墟，即商丘也，又云，羿所封之地。【考證】左傳襄公九年，詩商頌長發。相土卒，子昌若立。昌若卒，子曹圉立。【索隱】系本作遭圉也。曹圉卒。【正義】圉，音語，出系本。子冥立。【集解】宋忠曰，冥為司空，勤其官事，死於水中，殷人郊之。【索隱】禮記曰，冥勤其官而水死，殷人祖契而郊冥也。【考證】禮記祭法，國語魯語引展禽言。冥卒，子振立。【索隱】系本作核。振卒。

子微立。[集解]皇甫謐云、微字上甲、其母以甲日生故也、商家生子、以日爲名、蓋自微始、譙周以爲死稱廟主曰甲也、[考證]國語魯語、上甲微能帥契者也、商
人報焉、白虎通、殷道尙質、故直以生日名子、梁玉繩曰、魯語展禽曰、上甲微能帥契者、孔叢子引書曰、高宗報上甲微、則商家以日爲名、自微始、而史缺之、不始于報丁也、然竊疑
商人自契至振、並別製名、何以上甲至帝辛、改名十日、而以日爲名之外、又未嘗無名、如上甲名微、天乙名履、帝辛名受、疑諸君俱有二名、今缺不具、蓋名以日者、殷之質、生之與
死、皆以此、臣民之所稱亦以是、別立名者、殷之文、非有大典禮不用、故成湯告天、始名曰予小子履、而微子庶不爲嗣、遂祇傳其名啓而已、微卒。子報丁
立。[集解]報、音博冒反、報丁卒。子報乙立。報乙卒。子報丙立。報丙卒。子主壬
立。主壬卒。子主癸立。[考證]梁玉繩曰、商以生日名子、故不嫌于複、獨此三世名報、兩世名主、何也、通志曰、報丁報乙報丙與主壬主癸
皆兄弟之名、史指爲父子過矣、崔述曰、商先世、詩書多缺、不可詳考、竊以時世推之、相土爲契之孫、當在夏太康世、蓋太康失國、羿浞淫暴、諸侯無所歸、而相土能修其德政、故東
方諸侯咸歸之、商邱在東、而西北阻於羿寡、是以號令東訖於海、而云海外有截也、又相土居商邱、而湯居亳、相距絕遠、疑上甲微以後、亦嘗中微、如不窋之竄戎、大王之遷岐者
然、但不可知其爲何世耳、主癸卒。子天乙立。是爲成湯。[集解]張晏曰、禹湯皆字也、二王去唐虞之文、從高陽之質、故夏殷
之王、皆以名爲號、諡法曰、除虐去殘曰湯、[索隱]湯名履、書曰、予小子履是也、又稱天乙者、譙周云、夏殷之禮、生稱王、死稱廟主、皆以帝名配之、天亦帝也、殷人尊湯、故曰天乙、從契

至湯、凡十四代、故國語曰、玄王勤商、十四代興、玄王、契也、[正義]帝王世紀云、成湯豐下銳上、皙有胼胝、倨身而揚聲、長九尺、臂四肘、有聖德、張晏曰、禹湯皆字也、[考證]荀子成
相篇、契玄王生昭明、居于砥石、遷于商、十有四世、乃有天乙、是成湯、崔述曰、尚書多方立政等篇、皆稱爲成湯、無但稱湯者、蓋履名也、成湯號也、古多以一字名、未聞以一字
號者、然則成湯乃其本號、湯則後世之省文也、商頌殷武亦稱成湯、玄鳥稱武湯、長發或但稱湯、或稱爲武王、蓋史冊主於紀實、詩人主於頌美、故其稱參差不一、武王者子孫追
崇之稱、卽後世諡法所自仿、既或省文爲湯、因以武加之爲武湯耳、梁玉繩曰、湯非名也、以地爲號、故稱成湯武湯、路史發揮注云、湯特商國中一邑名、成湯者猶成周、成
湯自契至湯、八遷。[集解]孔安國曰、十四世、凡八徙國都、[考證]成湯二字衍、楓三南本、洞本舊刻本皆無、湯始居亳、
[集解]皇甫謐曰、梁國穀熟爲南亳、卽湯都也、[正義]括地志云、宋州穀熟縣西南三十五里南亳故城、卽南亳、湯都也、宋州北五十里大蒙城爲景亳、湯所盟地、因景山爲名、河
南偃師爲西亳、帝嚳及湯所都、盤庚亦徙都之、從先王居。[集解]孔安國曰、契父帝嚳都亳、湯自商丘遷焉、故曰從先王居、[正義]按亳偃師城也、商丘
宋州也、湯卽位都南亳、後徙西亳也、括地志云、亳邑故城在洛州偃師縣西十四里、本帝嚳之墟、商湯之都也、作帝誥。[索隱]一作俈、上云從先王居、故作帝俈、
孔安國以爲作誥告先王、言己來居亳也、[考證]自契至湯以下、采書帝誥序、湯征諸侯。[集解]孔安國曰、爲夏方伯、得專征伐、葛伯不
祀。湯始伐之。[集解]孟子曰、湯居亳、與葛伯爲鄰、地理志曰、葛、今梁國寧陵之葛鄉、[考證]以上采書湯征序、孟子滕文公篇、湯曰。予

有言。人視水見形。視民知治不。伊尹曰。明哉。言能聽、道乃進。
君國子民、爲善者皆在王官。勉哉。勉哉。湯曰。汝不能敬命、予
大罰殛之、無有攸赦。作湯征。[正義]殛、紀力反、誅也、[考證]金履祥曰、史遷載湯征之辭而不類、蓋非湯征之舊也、孟
子引亳衆往耕之事、疑出此書、而其詳不可得而聞矣、梁玉繩曰、湯征亡矣、而紀有其詞、豈非史公所見壁中眞古文乎、崔述曰、按孟子文、湯以仇餉征葛、非以不祀征葛也、史記
此言、殊失孟子之意、至湯伊尹之言、不知采於何書、孔壁古文所多十六篇中、無湯征、豈別有所本與、伊尹名阿衡。[索隱]孫子兵書、伊尹名摯、孔
安國亦曰伊摯、然解者以阿衡爲官名、按阿、倚也、衡、平也、言依倚而取平、書曰、惟嗣王弗惠于阿衡、亦曰保衡、皆伊尹之官號、非名也、皇甫謐曰、伊尹、力牧之後、生於空桑、又呂氏
春秋云、有侁氏女、採桑得嬰兒于空桑、母居伊水、命曰伊尹、尹、正也、謂湯使之正天下、[考證]梁玉繩曰、後世因伊尹官阿衡、遂以爲號、史隨稱之耳、伊尹名摯、見孫子用間篇、
墨子尙賢中篇、楚辭離騷天問、崔適曰、尹亦官名、周之師尹、楚之令尹、義卽本此、曰尹、曰阿衡、曰保衡、皆以官名名之、而其人名則曰摯也、阿衡欲奸湯
而無由。乃爲有莘氏媵臣、負鼎俎、以滋味說湯、致于王道。
[集解]列女傳曰、湯妃有莘氏之女、[正義]括地志云、古莘國在汴州陳留縣東五里、故莘城是也、陳留風俗傳云、陳留外黃有莘昌亭、本宋地、莘氏邑也、媵、翊剩反、爾雅云、媵、將

送也、[考證]墨子尙賢篇下、伊摯、有莘氏女之私臣、親爲庖人、湯得之、舉以爲己相、又見呂覽韓非諸書、孟子萬章篇、萬章問曰、伊尹以割烹要湯、有諸、孟子曰、否、不然、或
曰。伊尹處士。湯使人聘迎之。五反然後肯往從湯。[考證]或曰、依孟子萬章
篇告子篇、言素王及九主之事。[集解]劉向別錄曰、九主者、有法君、專君、授君、勞君、等君、寄君、破君、國君、三歲社君、凡九品、圖畫其
形、[索隱]按素王者、太素上皇、其道質素、故稱素王、九主者、三皇五帝及夏禹也、或曰、九主謂九皇也、然按注、劉向所稱九主、載之七錄、名稱甚奇、不知所憑據耳、法君謂用法嚴
急之君、若秦孝公及始皇等也、勞君謂勤勞天下、若禹稷等也、等君、等者平也、謂定等威均祿賞、若高祖封功臣侯雍齒也、授君謂人君不能自理、而政歸其臣、若燕王噲授子之、
禹授益之比也、專君謂專己獨斷、不任賢臣、若漢宣之比也、破君謂輕敵致寇、國滅君死、若楚戊吳濞等是也、寄君謂人困於下、主驕於上、離析可待、故孟軻謂之寄君也、國君
當爲固、字之訛耳、固謂完城郭、利甲兵、而不修德、若三苗智伯之類也、三歲社君謂在襁褓而主社稷、若周成王、漢昭平等是也、又注本九主謂法君、勞君、等君也、專君、授君、破君、國
君、以三歲社君爲二、恐非、[正義]專君若漢宣之自專自斷、不任賢臣也、法君若秦孝公用商鞅之法、嚴急之君也、授君若燕噲授子之之類、是人君不能自理、政歸臣下也、勞君
若禹之勤勞天下也、等君、等者類也、若漢元成以下不能好惡、故云等君也、寄君若春秋寄公、人困於下、主驕於上、邦分崩離析、可立待、故孟軻謂之寄君也、三歲社君謂在襁褓
而主社稷、若周成、漢昭平之比也、一本云、九主者、法君、勞君、等君、寄君、專君、授君、破君、國君、以三歲社君爲一君、幷上八君、成九主、恐非也、然伊尹說湯素王九主、當是三皇五帝

及少昊、咸勤勞天下、廣求賢佐而致太平、而裴氏引此九主、恐非伊尹之意也、【考證】孟子萬章篇、湯三使往聘伊尹、告子篇、五就湯、五就桀者、伊尹也、胡克家曰、漢書藝文志道家、伊尹五十一篇、小說家、伊尹說二十七篇、劉向別錄所言、蓋卽此二書、徐孚遠曰、劉向所載九主、是戰國人語、酷類韓非、中井積德曰、素王、謂不據王位而有王德者、愚按莊子天道篇、虛靜恬澹、以之處下、玄聖素王之道也、中井氏據是、但夏殷之際、不可有此事、春秋之時、稱大夫爲主、未嘗稱王侯、伊尹九主、決非九君之義、要之史公此紀、采擇未精、何必求其義、又按太史公有素王妙論、見漢隋志、今佚、湯舉任以國政。伊尹去湯適夏。既醜有夏、復歸于亳。入自北門、遇女鳩女房。作女鳩女房。【集解】孔安國曰、鳩房二人、湯之賢臣也、二篇言所以醜夏而還之意、【考證】伊尹去湯以下、采書汝鳩汝方序、梁玉繩曰、孟子言伊尹五就湯、五就桀、尚書大傳言伊尹仕桀、聞日亡吾亦亡之言、遂去夏適湯、鬼谷子午合云、伊尹五就湯、五就桀、然後合于湯、呂望三就文王、三入殷、然後合于文王、是伊尹有適夏之事也、然湯既任尹國政、何爲復適夏邪、或者湯初得尹、薦之于桀、在未任國政時矣、而尹之所以適夏、其心必以爲從湯伐桀以濟世、不若事桀以止亂、故五就五去、不憚其煩、及不可復輔、乃舍而歸耳、若呂氏春秋愼大篇、言湯欲令伊尹往視曠夏、恐其不信、湯親射之、伊尹奔夏、三年歸亳、以權詐誣聖人、豈足道哉、愚按孫子用間篇、昔殷之興也、伊摯在夏、周之興也、呂牙在殷、故明君賢將、能以上智爲間者、必成大功、亦與呂覽合、古書未可悉信也、湯出。見野張網四面。祝曰。自天下四方、皆入吾網。湯

曰。嘻、盡之矣。乃去其三面。祝曰。欲左左。欲右右。不用命乃入吾網。諸侯聞之曰。湯德至矣。及禽獸。【考證】呂氏春秋異用篇、賈子新書禮篇、諭誠篇、又見新序雜事篇、古鈔、南本、天下作上下、楓、三、南本、獸下有矣字、當是時、夏桀爲虐政淫荒。而諸侯昆吾氏爲亂。【正義】帝嚳時、陸終之長子昆吾氏之後也、世本云、昆吾者衞氏是、【考證】詩商頌長發篇、韋顧既伐、昆吾夏桀、則是湯先伐韋國顧國、次乃伐昆吾、最後乃伐夏也、湯乃興師率諸侯。伊尹從湯。湯自把鉞以伐昆吾。遂伐桀。湯曰。格女衆庶。來。女悉聽朕言。【考證】李笠曰、尚書湯誓、作格爾衆庶、無來字、疑史文原只作汝衆庶來、以來代格、後人涉尚書文、妄增格字、匪台小子敢行舉亂。【集解】馬融曰、台、我也、有夏多罪。予維聞女衆言。夏氏有罪。予畏上帝、不敢不正。【集解】孔安國曰、不敢不正桀之罪而誅之、今夏多罪。天命殛之。今女有衆。女曰。我君不恤我衆。舍我嗇事而割政。【集解】孔安國曰、奪民農功而爲割剝之政、【正義】種曰稼、斂曰嗇、【考證】楓、三本、政下有夏字、女其曰。有罪

其奈何。夏王率止衆力、率奪夏國。【集解】孔安國曰、桀之君臣、相率遏止衆力、使不得事農、相率割剝夏之邑居、有衆率怠不和。【集解】馬融曰、衆民相率怠惰不和同、曰。是日何時喪。予與女皆亡。【集解】尚書大傳曰、桀云、天之有日、猶吾之有民、日有亡哉、日亡吾亦亡矣、【考證】喪亡、韻、中井積德曰、日者王者之象也、時日、是民指桀而不敢斥之辭、兪樾曰、此兩句乃韻語、疑是夏民歌謠之辭、夏德若茲。今朕必往。爾尚及予一人、致天之罰。予其大理女。【集解】尚書理字作賚、鄭云曰、賚、賜也、【考證】錢大昕曰、詩、釐爾圭瓚、鄭康成引作賚、釐理、義亦相通也、女毋不信。朕不食言。【索隱】左傳云、食言多矣、能無肥乎、是謂妄言爲食言、【考證】兪正燮曰、食、當如日有食之之食、謂消蝕、說詳癸巳存稿、女不從誓言、予則帑僇女、無有攸赦。以告令師。作湯誓。【考證】湯曰以下、采尚書湯誓、於是湯曰。吾甚武。號曰武王。【集解】詩云、武王載旆、有虔秉鉞、毛傳曰、武王、湯也、【考證】王若虛曰、詩頌言古帝命武湯、武王載旆、謂之武者、詩人之所加也、紀乃云、湯曰、吾甚武、號曰武王、湯決無此語、桀敗於有娀之虛。桀犇於鳴條。【正義】括地志云、高涯原、在蒲州安邑縣北三十里南阪口、卽古鳴條陌也、鳴條戰地、在安邑西、夏師敗績。湯遂伐三㚇、俘

厥寶玉。【集解】孔安國曰、三㚇國名、桀走保之、今定陶也、俘、取也、【正義】括地志云、曹州濟陰縣、卽古定陶也、東有三鬷亭、是也、義伯、仲伯、作典寶。【集解】孔安國曰、二臣作典寶一篇、言國之常寶也、湯既勝夏、欲遷其社、不可。【集解】孔安國曰、欲變置社稷、而後世無及句龍者、故不可而止、作夏社。【集解】孔安國曰、言夏社不可遷之義、【考證】夏師敗績以下、采書典寶夏社序、伊尹報。【集解】徐廣曰、一云、伊尹報政、於是諸侯畢服湯。乃踐天子位、平定海內。【考證】洪邁曰、湯武之事、古人言之多矣、惟漢轅固黃生、爭辯最詳、黃生曰、湯武非受命、迺殺也、固曰、不然、桀紂荒亂、天下之心、皆歸湯武、湯武因天下之心而誅桀紂、不得已而立、非受命爲何、黃生曰、冠雖敝必加於首、履雖新必貫於足、今桀紂雖失道、君上也、湯武雖聖、臣下也、反因過而誅之、非殺而何、景帝曰、食肉毋食馬肝、未爲不知味、言學者、毋言湯武受命、未爲愚、遂罷、東坡志林云、武王非聖人也、昔者孔子蓋罪湯武、伯夷叔齊、不食周粟、而孔子與之、其罪武王也甚矣、至孟軻始亂之、使當時有良史、南巢之事、必以叛書、牧野之事、必以弑書、湯武仁人也、必將爲法受惡、可謂至論、然予竊考孔子之序書、明言伊尹相湯伐桀、成湯放桀于南巢、武王伐商、武王勝商殺受、各蔽以一語、而大指皦如、所謂六藝折衷、無待於良史復書也、崔述曰、後之儒者、皆以征誅爲湯武病、余按爲是說者、皆誤以湯爲桀之臣、故爾、而其實不然、湯誓曰、今爾其曰、夏罪其如台、是桀固無如湯何也、湯誓曰、夏王率遏衆力、率割夏邑、是桀之政、不行於諸侯也、使桀猶爲天下共主、則當云割萬方、湯誓曰、今爾有衆、汝曰、我后不恤我衆、舍我穡事而割正夏、是湯之

伐桀、民亦有竊議之者也、使桀與湯有君臣之分、商民何故不知大義責之、而反但言舍穡之細事乎、商頌曰、受小球大球、爲下國綴旒、是湯未伐桀時、已受諸侯之朝覲矣、若湯果臣於桀、安得晏然受之、以桀之暴、雖無罪猶囚之、況受諸侯之朝、而安能容之哉、商頌曰、韋顧既伐、昆吾夏桀、是湯未伐桀時、已滅數大國矣、若桀果爲天下共主、湯安得擅滅之、桀既力能囚湯、豈有聽其坐大而不問、乃束手以待其伐己者乎、由詩書之言觀之、則湯與桀之事、固不如世所傳云云也、愚按、孔子曰、三分天下有其二、以服事殷、文王既殷之臣、則武王亦殷之臣矣、齊宣王擧湯武放伐事問曰、臣弑其君可乎、孟子對之、未嘗言湯武非桀紂臣也、但桀紂之末、湯武所有之地、既過千里、尾大於頭、君虐民離、遂有放弑之事、崔氏之說雖辯矣、予未能從也。**湯歸至于泰卷陶。**【集解】徐廣曰、一無此陶字、孔安國曰、地名、湯自三坰而還、【索隱】鄒誕生卷作坰、又作洞、則卷當爲坰、與尚書同、非衍字也、其下陶字、是衍耳、何以知然、解尚書者、以大坰今定陶是也、舊本或備記其地名、後人轉寫、遂衍斯字也、【正義】坰、古銘反、**中壘作誥。**【集解】孔安國曰、仲虺、湯左相、奚仲之後、【索隱】仲虺二音、作壘、音如字、尚書又作虺也、**既絀夏命。**【集解】孔安國曰、絀其王命、**還亳作湯誥。**【考證】湯歸以下、采書仲虺之誥湯誥序、錢大昕曰、卷坰聲相近、泰與大古文通、愚按、書序亦無陶字、索隱是、左傳定公元年、仲虺居薛、爲湯左相、**維三月、王自至於東郊。**【考證】張文虎曰、此句疑有衍字、册府元龜引作王至自東郊、**告諸侯羣后。毋不有功於民、勤力迺事。予乃大罰殛女。毋予怨。**

【考證】予乃上疑有脫字、**曰。古禹・皐陶、久勞于外。其有功乎民。民乃有安。東爲江、北爲濟、西爲河、南爲淮。**【考證】陳仁錫曰、當言東爲淮、南爲江、傳寫之誤、梁玉繩曰、初學記引作北爲河、西爲濟、**四瀆已修、萬民乃有居。后稷降播、農殖百穀。三公咸有功于民。故后有立。**【集解】徐廣曰、立一作土、【索隱】謂禹皐陶有功於人、建立其後、故云有立、**昔蚩尤與其大夫作亂百姓。帝乃弗予。有狀。**【集解】予、音與、【索隱】帝、天也、謂蚩尤作亂、上天乃不佑之、是爲弗與、有狀、言其罪大而有形狀、故黃帝滅之、**先王言、不可不勉。**【索隱】先王指黃帝帝堯帝舜等言、禹咎繇以久勞于外、故後有立、及蚩尤作亂、天不佑之、乃致黃帝滅之、皆是先王賞有功誅有罪、言今汝不可不勉、此湯誡其臣、**曰。不道毋之在國。**【集解】徐廣曰、之一作政、【索隱】不道猶無道也、又誡諸侯云、汝爲不道、我則無令汝之在國、**女毋我怨。以令諸侯。**【考證】閻若璩曰、司馬遷既從孔安國問古文、所見必孔壁中物、其爲眞古文無疑、今之湯誥僞作也、此湯誥可補伏生今文書、梁玉繩曰、皇王大紀引此語、以羣后毋不有功于民至毋予怨、置故后有立之下、**伊尹作咸有一德。**【集解】王肅曰、言君臣皆有一德、【索隱】按尚書、伊尹作咸有一德、在太甲時、太史公記之於斯、謂成湯之日、其言又失次序、**咎單作明**

居。【集解】馬融曰、咎單、湯司空也、明居民之法也、【考證】伊尹以下、采書咸有一德明居序、陳仁錫曰、咎與皐同、皐陶之後、梁玉繩曰、康成序書、以咸有一德篇在湯誥後、咎單作明居前、與本紀同、史公親受壁中古文、則其繫此一篇于成湯紀內、必古書次第如此、本於太甲無涉也、自僞書以爲伊尹歸政所陳、輒移于太甲三篇之下、索隱不察、又援變易之本、咎史公序書失次、豈不悖哉、**湯乃改正朔、易服色、上白。朝會以晝。**【正義】殷家尚白、晝日、色白也、【考證】楓三南本、無易字、愚案、上白二字、後人旁注、誤入正文、上白見篇末、**湯崩。**【集解】皇覽曰、湯冢在濟陰亳縣北東郭、去縣三里、冢四方、方各十步、高七尺、上平處平地、漢哀帝建平元年、大司空御史長卿、案行水災、因行湯冢、劉向曰、殷湯無葬處、皇甫謐曰、即位十七年而踐天子位、爲天子十三年、年百歲而崩、【索隱】長卿諸本多作劫姓、按風俗通有御氏、爲漢司空御史、其名長卿、明劫非也、亦有劫彌、不得爲御史、【正義】括地志云、薄城北郭東三里平地有湯冢、按在蒙、即北薄也、又云、洛州偃師縣東六里有湯冢、近桐宮、蓋此是也、【考證】中井積德曰、據皇覽、是湯八十七歲伐桀也、不近人情、且伊尹年宜長於湯、而又後輔數世、亦可以見皇說之謬、何焯曰、漢書公卿表、建平紀元凡四年、無長卿其人爲御史者、張文虎曰、集解御史當作史御、索隱司空下御字衍、**太子太丁未立而卒。於是迺立太丁之弟外丙。是爲帝外丙。帝外丙即位三年崩。立外丙之弟中壬。**【正義】仲任二音、**是爲帝中壬。帝中壬即位四年崩。伊尹**

迺立太丁之子太甲。【正義】尚書孔子序云、成湯既沒、太甲元年、不言有外丙仲壬、而太史公採世本、有外丙仲壬、二書不同、當是外信則傳信、疑則傳疑、【考證】外丙即位三年崩、三年當作二年、孟子萬章篇云、湯崩太丁未立、外丙二年、仲壬四年、太甲顚覆湯之典刑、伊尹放之於桐、或據尚書伊訓、惟元祀十有二月、伊尹祀先王、奉嗣王祇見厥祖、太甲惟三祀十有二月、伊尹以冕服奉嗣王歸于亳之文、解孟子云、湯崩時外丙方二歲、仲壬方四歲、惟太甲差長、故太甲以太丁之子即位也、以史記爲謬、是不知伊訓太甲爲僞書也、說詳于崔述商考信錄、梁玉繩史記志疑、梁玉繩曰、殷諸王自當有名、史缺不書、竹書外丙以下皆有名、但河亶甲名整、呂氏春秋音初篇、有殷整甲徙宅西河語、餘俱無徵、恐是後人僞加、又殷亦未嘗稱帝、**太甲、成湯適長孫也。是爲帝太甲。帝太甲元年、伊尹作伊訓、作肆命、作徂后。**【集解】鄭玄曰、肆命者、陳政教所當爲也、徂后者、言湯之法度也、【考證】太甲元年以下、采書伊訓肆命徂后序、**帝太甲既立三年、不明暴虐、不遵湯法、亂德。於是伊尹放之於桐宮、三年。**【集解】孔安國曰、桐宮、湯葬地、鄭玄曰、地名也、有王離宮焉、【正義】晉太康地記云、尸鄉南有亳阪、東有城、太甲所放處也、按尸鄉在洛州偃師縣西南五里也、【考證】帝太甲以下、本孟子萬章篇、書太甲序、梁玉繩曰、立下三年二字疑衍、說詳于志疑、**伊尹攝行政當國、以朝諸侯。**【考證】竹書紀年云、仲壬崩、伊尹放太甲于桐、乃自立也、伊尹即位於太甲七年、太甲潛出自桐、殺伊尹、乃立其子伊奮、命復其父之田宅、而中分之、其言妄誕太甚、書咸有一德疏己斥之矣、帝太甲居桐宮三年、悔過自責反善。於是伊尹迺迎帝太甲、而授之政。帝太甲修德。諸侯咸歸殷、百姓以寧。伊尹嘉之、迺作太甲訓三篇。【考證】帝太甲以下、采孟子萬章篇、書太甲序、書序無訓字、孟子盡心篇、公孫丑曰、伊尹曰、予不狎于不順、放太甲于桐、民大悅、太甲賢、又反之、民大悅、賢者之爲人臣也、其君不賢則固可放與、孟子曰、有伊尹之志則可、無伊尹之志則簒也、褒帝太甲稱太宗。【集解】書無逸、太甲享國三十三年、太宗崩。【集解】皇覽曰、伊尹冢在濟陰己氏平利鄉、亳近己氏、【正義】括地志云、伊尹墓在洛州偃師縣西北八里、又云、宋州楚丘縣西北十五里有伊尹墓、恐非也、帝王世紀、伊尹名摯、爲湯相、號阿衡、年百歲卒、大霧三日、沃丁以天子禮葬之、子沃丁立。帝沃丁之時、伊尹卒。既葬伊尹於亳。咎單遂訓伊尹事、作沃丁。【考證】帝沃丁以下、采書沃丁序、沃丁崩。弟太庚立。是爲帝太庚。【考證】古鈔、南本、沃丁上有帝字、帝太庚崩。子帝小甲立。【集解】徐廣曰、世表云、帝小甲太庚弟也、帝小甲崩、弟雍己立。是爲帝雍己。殷道衰、諸

侯或不至。帝雍己崩。弟太戊立。是爲帝太戊。帝太戊立。伊陟爲相。【集解】孔安國曰、伊陟、伊尹之子、【考證】伊陟爲相以下、采書咸乂序、王應麟曰、大戊爲太甲之孫、三代表云、大戊、小甲弟、則亦沃丁弟、太甲子、二者必有一誤、愚按、伊尹相湯、湯七傳至大戊、伊陟、伊尹之孫、或曾孫、恐非子、亳有祥。桑穀共生於朝。一暮大拱。【集解】孔安國曰、祥、妖怪也、二本合生、不恭之罰、鄭玄曰、兩手搤之曰拱、【索隱】此云一暮大拱、尚書大傳作七日大拱、與此不同、帝太戊懼、問伊陟。伊陟曰、臣聞妖不勝德。帝之政其有闕與。帝其修德。太戊從之、而祥桑枯死而去。【索隱】劉伯莊言、枯死而消去、不見、今以爲由帝修德而妖祥遂去、【考證】祥疑當作穀、而去二字疑衍、桑穀之祥、呂氏春秋、韓詩外傳爲湯時、書大傳、漢五行志爲武丁時、此據書序、崔述曰、此必一事而傳之者異、成湯聖敬日躋、遂有天下、豈待爲天子、然後懼而修德、尚書稱武丁亮陰三年不言、其惟不言、言乃雍、則亦非因災而後自警者、惟太戊、尚書稱其嚴恭寅畏、治民祗懼、則史記以此事爲太戊時者、近是、伊陟贊言于巫咸。【集解】孔安國曰、贊、告也、巫咸、臣名也、【正義】按巫咸及子賢、冢皆在蘇州常熟縣西海虞山上、蓋二子本吳人也、巫咸治王家有成。作咸艾、作太戊。【集解】馬融曰、艾、治也、【考證】尚書君奭篇、在大戊時、則有若伊陟臣扈、格于上帝、巫咸乂王家、帝

太戊贊伊陟于廟、言弗臣。伊陟讓。作原命。【集解】馬融曰、原、臣名也、命原以禹湯之道我所修也、【正義】伊陟、伊尹子也、原、再也、言太戊贊於湯廟、言伊陟尊高、不可使如臣、佐伊陟讓、乃再爲書命之、【考證】書序云、伊陟相大戊、亳有祥、桑穀共生于朝、伊陟贊于巫咸、作咸乂四篇、大戊贊于伊陟、作伊陟原命、與此異、殷復興、諸侯歸之。故稱中宗。【考證】古鈔、楓、三、南本、殷下有道字、尚書無逸篇、中宗之享國七十有五年、中宗崩。子帝中丁立。帝中丁遷于隞。【集解】孔安國曰、地名、皇甫謐曰、或云、河南敖倉是也、【索隱】隞亦作囂、並音敖字、【正義】括地志云、滎陽故城、在鄭州滎澤縣西南十七里、殷時敖地也、河亶甲居相。【集解】孔安國曰、地名在河北、【正義】括地志云、故殷城在相州內黃縣東南十三里、卽河亶甲所築都之、故名殷城也、祖乙遷于邢。【索隱】邢、音耿、近代本亦作耿、今河東皮氏縣有耿鄉、【正義】括地志云、絳州龍門縣東南十二里耿城、故耿國也、【考證】中丁遷于隞以下、采書序、徐孚遠曰、先敍三代遷居之事、而後敍崩立、又一體也、梁玉繩曰、是亦一體、然商自仲丁遷隞以來、凡五遷國都、然後盤庚居于亳殷、下文云、五遷無定處、是也、史公不應止書此三遷、疑是錯簡、遷相遷邢、當在是爲帝河亶甲子帝祖乙立之下、帝中丁崩。弟外壬立。是爲帝外壬。仲丁書闕不具。【索隱】蓋太史公知舊有仲丁書、今已遺闕不具也、【考證】梁玉繩曰、逸書有仲丁篇、故云、仲丁書闕不具、然此句當在前文帝仲丁崩之上、不應置外壬時也、必是錯簡、帝

外壬崩。弟河亶甲立。是爲帝河亶甲。河亶甲時殷復衰。河亶甲崩。【考證】古鈔、南本、河亶甲上有帝字、子帝祖乙立。帝祖乙立、殷復興。巫賢任職。【考證】尚書君奭篇、在祖乙時、則有若巫賢、祖乙崩。子帝祖辛立。帝祖辛崩。弟沃甲立。是爲帝沃甲。【索隱】系本作開甲也、帝沃甲崩。立沃甲兄祖辛之子祖丁。是爲帝祖丁。帝祖丁崩。立弟沃甲之子南庚。是爲帝南庚。【考證】南本、沃甲上有帝字、中井積德曰、弟字當衍、帝南庚崩。立帝祖丁之子陽甲。是爲帝陽甲。帝陽甲之時殷衰。自中丁以來、廢適而更立諸弟子。弟子或爭相代立。比九世亂。於是諸侯莫朝。【考證】南本、無而字、無於是二字、崔述曰、自仲丁以後、有外壬、河亶甲、祖乙、祖辛、沃甲、祖丁、南庚、至陽甲、正得九世、帝陽甲崩。弟盤庚立。是爲帝盤庚。帝盤庚之時、殷已都河北。盤庚渡河、南復居成湯之故居。迺五遷

無定處。【集解】孔安國曰：自湯至盤庚凡五遷都。【正義】湯自南亳遷西亳，仲丁遷隞，河亶甲居相，祖乙居耿，盤庚渡河南居西亳，是五遷也。【考證】楓三、南本故居作故都。梁玉繩曰：按湯都南亳，盤庚都西亳，判然兩地。孔仲達商頌疏所述皇甫謐之辨，極爲精覈。謐曰：孟子稱湯居亳，與葛爲鄰，今梁國寧陵之葛鄉。湯地七十里耳，若湯居偃師，計寧陵去偃師八百餘里，豈當使亳衆爲之耕乎。梁國自有二亳，南亳在穀熟之地，北亳在蒙地，非偃師也。盤庚遷偃師，然則殷有三亳，穀熟爲南亳，即湯都；蒙爲北亳，即景亳，湯所受命；偃師爲西亳，即盤庚所徙者。閻氏疏證復申之曰：南亳是湯所都，皇甫謐據孟子以政之。史注謂湯于後徙西亳，予即如謐以政之曰：放太甲于桐，桐在今虞城縣，去偃師亦八百餘里，伊尹既以身當國于偃師，又焉能時時于桐訓太甲乎，仍屬穀熟方近。自史云復故居，注遂謂湯亦會都偃師，不知盤庚三篇，一則曰新邑，再則曰新邑，曷營有復故居字面。止下篇云古我先王將多于前功，適于山，本泛言先王徙都山險之處，如上所遷五邦多是，非必定指湯，或湯會有意亳殷山險，往視之，如武王營洛邑，仍都豐鎬。商或類此，故當日三亳鼎稱，不出邦畿千里之外，非必湯親身徙西亳。凡此皆商有天下規模形勢之大者，不可不論，閻氏之辨亦確。殷民咨胥皆怨，不欲徙。【集解】孔安國曰：胥，相也。民不欲徙，皆咨嗟憂愁，相與怨其上也。盤庚乃告諭諸侯大臣曰：昔高后成湯與爾之先祖俱定天下，法則可修。舍而弗勉，何以成德。【考證】盤庚渡河以下，采尚書盤庚及其序。乃遂涉河，南治亳，【集解】鄭玄曰：治於亳之殷地，商家

自此徙，而改號曰殷亳。皇甫謐曰：今偃師是也。行湯之政，然後百姓由寧，殷道復興，諸侯來朝。以其遵成湯之德也。【考證】崔述曰：世儒多謂盤庚改商爲殷，綱目前編因之。於陽甲以前皆書曰商王，於盤庚以後皆書曰殷王。於盤庚之元祀書曰遷都於殷，改國號曰殷。余按商書盤庚篇云：殷降大虐，先王不懷厥攸作。是盤庚未遷以前已稱殷也。商頌殷武篇云：商邑翼翼，四方之極。是盤庚既遷以後猶稱商也。詩云：殷商之旅。又云：咨汝殷商。而書微子一篇，或稱殷，或稱商，參差不一，是殷與商可以連稱，亦可以互稱也，安在其爲改號也哉。帝盤庚崩，弟小辛立，是爲帝小辛。帝小辛立，殷復衰。百姓思盤庚，迺作盤庚三篇。【索隱】尚書盤庚將治亳殷，民咨胥怨，作盤庚。此以盤庚崩，弟小辛立，百姓思之，乃作盤庚，由不見古文也。【考證】史公謂盤庚遷都之日，會諸侯群臣諮諭，崩後士民追思其言，見之於簡策。愚按盤庚上篇云：盤庚遷于殷，民不適有居。王若曰，是非盤庚手筆明矣，中篇下篇亦然，史公之言蓋有所受也。俞樾曰：詩書之義蓋有同者。史記殷本紀云：小辛立，殷復衰，百姓思盤庚，乃作盤庚三篇。是作盤庚所以諷小辛也。小雅楚茨、信南山、甫田、大田序竝云刺幽王也。其信南山序云：不能脩成王之業，疆理天下，以奉禹功，故君子思古焉。正義謂四詩皆思成王。夫周人經幽王之亂而思成王，猶殷人當小辛之衰而思盤庚也。然思盤庚而作盤庚三篇，不及小辛也；思成王而作楚茨諸篇，不及幽王也。此古人立言之微婉也。帝小辛崩，弟小乙立，是爲帝小乙。帝小乙

崩。子帝武丁立。【考證】南本武上無帝字。楓三、南本立下有是爲帝武丁五字。帝武丁即位，思復興殷，而未得其佐。三年不言，政事決定於冢宰，以觀國風。【集解】鄭玄曰：冢宰，天官卿，貳王事者。【考證】三年不言以下，采尚書無逸、論語雍也篇。武丁夜夢得聖人，名曰說。以夢所見視羣臣百吏，皆非也。於是迺使百工營求之野，得說於傅險中。【集解】徐廣曰：尸子云，傅巖在北海之洲。【索隱】舊本作險，亦作巖也。【正義】地理志云：傅險即傅說版築之處，所隱之處窟名聖人窟，在今陝州河北縣北七里，即虞國虢國之界。又有傅說祠。注水經云：沙澗水北出虞山，東南逕傅巖，歷傅說隱室前，俗名聖人窟。工，官也。營，謂刻畫所夢之形像，於野外求之。墨子云：傅說衣褐帶索，傭築於傅巖。【考證】險巖古通，左傳巖邑即險邑。是時說爲胥靡，築於傅險。【集解】孔安國曰：傅氏之巖在虞虢之界，通道所經，有澗水壞道，常使胥靡刑人築護此道。說賢而隱，代胥靡築之，以供食也。【正義】爲音于僞反。胥靡，腐刑也。【考證】胥靡解見賈生傳。中井積德曰：靡縻通，刑人以索相連、累，累相屬也。見於武丁。武丁曰：是也。得而與之語，果聖人。舉以爲相，殷國大治。故遂以傅險姓之，號曰傅說。【考證】武丁夜夢以下，依國語楚語及孟子告子篇。

帝武丁祭成湯，明日，有飛雉登鼎耳而呴。【正義】呴音構。呴，雉鳴也。詩云：雉之朝呴。武丁懼。祖己曰：王勿憂，先修政事。【集解】孔安國曰：祖己，賢臣名。祖己乃訓王曰：唯天監下，典厥義。【集解】孔安國曰：言天視下民，以義爲常也。【考證】古鈔、南本唯作惟。降年有永有不永。非天夭民，中絕其命。【考證】梁玉繩曰：民謂高宗。蓋對天而言，天子亦民也。民有不若德，不聽罪，天既附命正厥德。【集解】孔安國曰：不順德，言無義也。不服罪，不改修也。天以信命正其德，謂其有永有不永。【索隱】附依尚書音孚。乃曰：其奈何。嗚呼，王嗣敬民，罔非天繼，常祀毋禮于弃道。【集解】孔安國曰：王者主民，當敬民事。民事無非天所嗣常也。祭祀有常，不當特豐於近也。【索隱】祭祀有常，無爲豐殺之禮，於是以弃常道。【考證】以上采尚書高宗肜日及序。尚書大傳、李笠曰：俞樾羣經平議以罔非天爲句，言王嗣位敬行民事，罔非天所命也，與余意暗合。繼常祀者，言繼續經常之祀，所謂典厥義也。毋豐於棄道，言毋豐厚於非道之祀，所以防淫慝也。尚書高宗肜日嗣作司，常作典，豐于棄道作豐于昵，說微不同。武丁修政行德，天下咸驩，殷道復興。【考證】尚書無逸篇：高宗之享國五十有九年。帝武丁崩，子帝祖庚立。祖己嘉武

丁之以祥雉爲德、立其廟爲高宗。遂作高宗肜日及訓。【集解】孔安國曰、祭之明日又祭、殷曰肜、周曰繹。【考證】梁玉繩曰、案滹南集辨惑云、此篇即祖己訓王之詞、其曰高宗者、史臣追稱耳、諸篇之體皆然、而云武丁既歿、祖己嘉之而作、謬矣、高宗之訓、乃書篇名、自當全著、但云及訓、復失之太簡、所辨是、困學紀聞亦譏史與書序相違也、余因考書序及大傳、言高宗祭湯有雉雊鼎耳、祖己訓諸王、史公取入本紀、本無疑義、論衡指瑞篇、據大傳同、只因書有典祀無豐于昵一語、馬融王肅輒顯背經史、創爲祭禰廟之說、以祭湯爲非、蔡傳因之、至前編直謂祖庚繹于高宗之廟、有雉雊之異、祖己作二書以訓祖庚、反據此紀、誤繫斯事于祖庚之世、爲證、竊所未安、經文昵字、指宗廟、對山川社稷七祀而言、況史引作常祀毋禮于弃道、則古本亦不盡作豐昵也、帝祖庚崩。弟祖甲立。是爲帝甲。帝甲淫亂。殷復衰。【索隱】國語云、帝甲亂之、七代而隕、是也、【考證】書無逸篇云、其在祖甲、不義惟王、舊爲小人、作其即位、爰知小人之依、能保惠于庶民、不敢侮鰥寡、肆祖甲之享國、三十有三年、國語周語衛彪傒曰、玄王勤商、十有四世而興、帝甲亂之、七世而隕、同一祖甲也、一以爲賢君、一以爲暗主、史公蓋從國語、古鈔、楓、三、南本、帝甲作帝祖甲、帝甲崩。子帝廩辛立。【索隱】漢書古今人表、及帝王代紀、皆作馮辛、帝廩辛崩。弟庚丁立。是爲帝庚丁。【考證】崔述曰、庚字疑誤、帝庚丁崩。子帝武乙立。殷復去亳徙河北。帝武乙無道、爲偶人

謂之天神。【索隱】偶、音寓、亦如字、【正義】偶、五苟反、偶、對也、以土木爲人、對象於人形也、與之博、令人爲行。【正義】爲、于僞反、行、胡孟反、天神不勝、乃僇辱之。爲革囊盛血、卬而射之。命曰射天。武乙獵於河・渭之閒。暴雷。武乙震死。子帝太丁立。【考證】太丁重出、疑有誤、紀年作文丁、帝太丁崩、子帝乙立。帝乙立、殷益衰。【考證】書無逸云、自時厥後、祖甲以後、立王生則逸、生則逸、不知稼穡之艱難、不聞小人之勞、惟耽樂之從、自時厥後、亦罔或克壽、或十年、或七八年、或五六年、或四三年、而酒誥則云、自成湯咸至於帝乙、成王畏相、惟御事厥棐有恭、不敢自暇自逸、矧曰其敢崇飲、多方則云、至於帝乙、罔不明德慎罰、亦克用勸、多士則云、自成湯至于帝乙、罔不明德恤祀、其言如相反者、崔述云、無逸篇稱祖甲以後諸王、生則逸、惟耽樂之從、而酒誥多方多士三篇、乃云、不自暇自逸、罔不明德、何哉、蓋古人之文、多大畧言之、以其不從、不若紂之酣身、即謂之不自暇逸、不若紂之暴虐、即謂之明德慎罰恤祀耳、且此乃爲殷衆而言、故不暇細辨其優劣也、言各有所當、學者當善求其意、不可以詞害志、而謂帝乙以前皆賢君也、崔說得之、帝乙長子曰微子啓。【索隱】微、國號、爵爲子、啓、名也、孔子家語云、微或作魏、讀從微音、鄒本亦然也、啓母賤、不得嗣。【索隱】此以啓與紂異母、而鄭玄稱爲同母、依呂氏春秋、言母當生啓時猶未正立、及生紂時始正爲妃、故啓大而庶、紂小而嫡、【考證】索隱所引呂氏春秋當務篇、洪亮吉曰、啓與紂異母、史

記最確、呂氏春秋尤不足信、康成取之、誤也、少子辛。辛母正后。辛爲嗣。帝乙崩。子辛立。是爲帝辛。天下謂之紂。【集解】諡法曰、殘義損善曰紂、【考證】梁玉繩曰、紂有二名、曰辛者、殷以生日名子也、曰受者、別立嘉名也、猶天乙又名履、上甲又名微也、史不書名受、偶失也、而紂受音近、故天下共稱之、蓋即以爲號、先儒謂紂爲諡、非、帝紂資辨捷疾、聞見甚敏、材力過人、手格猛獸。【正義】帝王世紀云、紂倒曳九牛、撫梁易柱也、知足以距諫、言足以飾非。矜人臣以能、高天下以聲。以爲皆出己之下。好酒淫樂、嬖於婦人、愛妲己。【集解】皇甫謐曰、有蘇氏美女、【索隱】國語有蘇氏女、妲字、己姓也、【考證】南本、皆上有人字、好上有紂字、國語晉語、史蘇曰、殷辛伐有蘇、有蘇氏以妲己女焉、於是乎與膠鬲比而亡殷、張文虎曰、愛妲己句上、御覽百三十五引有紂伐有蘇、有蘇人以妲己女焉二句、與國語合、疑今本史有脫簡、妲己之言是從。【考證】書牧誓、今商王受、惟婦言是用、昏棄厥肆祀弗答、昏棄厥遺王父母弟不迪、於是使師涓作新淫聲、北里之舞、靡靡之樂。【考證】淮南子原道訓、耳聽朝歌北鄙靡靡之樂、北鄙即北里、梁玉繩曰、韓非子十過、釋名、水經注八、拾遺記、皆師涓作師延、是也、此與人表竝誤作涓、師涓出于晉平公衛靈公之世、亦見韓子十過、及呂子長見、厚賦稅、以實

鹿臺之錢、【集解】如淳曰、新序云、鹿臺、其大三里、高千尺、瓚曰、鹿臺、臺名、今在朝歌城中、【正義】括地志云、鹿臺在衛州衛縣西南三十二里、而盈鉅橋之粟。【集解】服虔曰、鉅橋、倉名、許慎曰、鉅鹿水之大橋也、有漕粟也、【索隱】鄒誕生云、鉅、大、橋、器名也、紂厚賦稅、故因器而大其名、益收狗馬奇物、充仞宮室、益廣沙丘苑臺、【集解】爾雅曰、迤邐沙丘也、地理志曰、在鉅鹿東北七十里、【正義】括地志云、沙丘臺在邢州平鄉東北二十里、竹書紀年、自盤庚徙殷、至紂之滅二百七十五年、更不徙都、紂時稍大其邑、南距朝歌、北據邯鄲及沙丘、皆爲離宮別館、多取野獸蜚鳥置其中。慢於鬼神、大冣樂戲於沙丘。【集解】徐廣曰、取一作聚、【考證】二字同、以酒爲池、【正義】括地志云、酒池在衛州衛縣西二十三里、太公六韜云、紂爲酒池、迴船糟丘、而牛飲者三千餘人爲輩、縣肉爲林、【正義】縣、戶眠反、使男女倮相逐其閒、爲長夜之飲。【正義】倮、胡瓦反、【考證】顧炎武曰、自古國家承平日久、法制廢弛、而上之令不能行於下、未有不亡者也、紂以不仁而亡、天下人人知之、吾謂不盡然、紂之爲君、沈湎於酒、而逷一時之威、至於刳孕斮脛、商之衰也久矣、一變而盤庚之書、則卿士不從君令、再變而微子之書、則小民不畏國法、攘竊神祇之犧牷牲、用以容將食無災、可謂民玩其上、而威刑不立者矣、即以中主守之、猶不能保、而況以紂之狂酗昏虐、又祖伊奔走、而猶不省乎、說又見于崔述商考信錄、百姓怨望、而諸侯有畔者。於

是紂乃重刑辟。有炮格之法。集解列女傳曰、膏銅柱、下加之炭、令有罪者行焉、輒墮炭中、妲己笑、名曰炮烙之刑。索隱鄒誕生云、格一音閣、又云、見蟻布銅斗、足躧而死、於是爲銅格、炊炭其下、使罪人步其上、與列女傳少異、考證炮格、各本作炮烙、依古鈔南本宋本改、下同、呂氏春秋過理篇高誘注、格以銅爲之、布火其下、以人置上、人爛墮火而死、韓非子喩老篇、紂爲肉圃、設炮格、登糟邱、臨酒池、肉圃炮格糟邱酒池、皆相對爲文、今改爲炮烙、則文不相對矣、說詳於段氏尙書撰異、盧氏鍾山札記、王氏讀書志、張氏史記札記、以西伯昌·九侯·鄂侯爲三公。集解徐廣曰、九侯一作鬼侯、鄴縣有九侯城、鄂一作邘、音于、野王縣有邘城、索隱九亦依字讀、鄒誕生音仇也、正義括地志云、相州滏陽縣西南五十里有九侯城、亦名鬼侯城、蓋殷時九侯城也、九侯有好女。入之紂。九侯女不憙淫。集解徐廣曰、一云無不憙淫、紂怒殺之、而醢九侯。鄂侯爭之彊、辨之疾。并脯鄂侯。西伯昌聞之竊嘆。崇侯虎知之以告紂。紂囚西伯羑里。集解地理志曰、河內湯陰有羑里城、西伯所拘處、韋昭曰、音酉、正義牖一作羑、音酉、羑城在相州湯陰縣北九里、紂囚西伯城也、帝王世紀云、囚文王、文王之長子曰伯邑考、質於殷、爲紂御、紂烹爲羹、賜文王、曰、聖人當不食其子羹、文王食之、紂曰、誰謂西伯聖者、食其子羹、尙不知也、考證呂氏春秋行理篇、昔者紂爲無道、殺梅伯而醢之、殺鬼侯而脯之、以禮諸侯於廟、文王流涕而咨之、紂恐其畔、欲殺文

王而滅周、文王曰、父雖無道、子敢不事父乎、君雖不惠、臣敢不事君乎、孰王而可畔也、紂乃赦之、淮南子道應訓、文王砥德修政、三年而天下二垂歸之、紂聞而患之曰、余夙與夜寐、與之競行、則苦心勞形、縱而置之、恐代余一人、崇侯虎曰、周伯昌行仁義而善謀、太子發勇敢而不疑、中子旦恭儉而知時、若與之從、則不堪其殃、縱而赦之、身必危亡、及未成而圖之、屈商乃拘文王於羑里、呂覽以羑里之囚爲因文王之歎、淮南爲因崇侯之譖、所言各異、而史公此紀併採二書、周紀專依淮南、未免扞格、說又見梁玉繩史記志疑、錢泰吉曰、正義云、牖一作羑、據此則正義本正文作牖、西伯之臣閎夭之徒、求美女奇物善馬以獻紂。紂乃赦西伯。考證淮南子道應訓、散宜生乃以千金求天下之珍怪、以獻於紂、因費仲而通、紂見而說之、乃免其身、毛詩疏引尙書大傳云、散宜生南宮括閎夭三子、相與學訟於太公、遂與三子見文王於羑里、獻寶以免文王、西伯出而獻洛西之地、以請除炮格之刑。紂乃許之、賜弓矢斧鉞、使得征伐、爲西伯。正義洛水一名漆沮水、在同州、洛西之地、謂鄜延丹坊等州也、考證韓非子難篇、昔文王請入雒西地赤壤之國方千里、以解炮格之刑、天下皆悅、梁玉繩曰、史公說文王出羑里及專征伐二事、殷周紀及齊世家所載、雖有詳略、而大概相同、蓋本于伏生尙書大傳而增損之、然皆戰國好事者意構之詞、非其事之實也、說詳于志疑、古鈔、楓三南本、得下有專字、而用費中爲政。正義費、音扶味反、中、音仲、費、姓、仲、名也、費中善諛、好利。殷人弗親。紂

又用惡來。索隱秦之祖蜚廉子、惡來善毀讒。諸侯以此益疏。西伯歸、乃陰修德行善。諸侯多叛紂而往歸西伯。西伯滋大。紂由是稍失權重。考證梁玉繩曰、殷周兩紀及齊世家、皆言西伯呂尙陰謀脩德行善以傾商、夫德非傾人之事、亦非陰謀所能爲、若果如此、又何以爲文王太公、古史削去陰行、止稱脩德、足明聖人之心、其見卓矣、愚按梁說誠是、然孫子用間篇云、昔殷之興也、伊摯在夏、周之興也、呂牙在殷、故明君賢將、能以上智爲間者、必成大功、戰國策云、蘇秦得大公陰符之謀、是皆周末假託之言、不足爲據、王子比干諫弗聽。商容賢者、百姓愛之。紂廢之。考證古鈔、南本、無者字、史樂毅傳燕惠王遺樂閒書云、紂之時、箕子不用、犯諫不怠、以冀其聽、商容不達、身祗辱焉、以冀其變、及民志不入、獄囚自出、二人退隱、其人可尙、而韓詩外傳云、商容嘗執羽籥、馮於馬徒、欲以伐紂、而不能、遂去伏於大行、商容紂之臣、不宜有此事、及西伯伐飢國滅之、集解徐廣曰、飢一作阢、又作耆、考證梁玉繩曰、飢國周紀作耆、宋世家作阢、蓋古今字異、其實一耳、耆與黎爲二國、史公誤以西伯戡黎之篇載于伐耆下、并爲一、案千古傳疑、迨宋儒始發其誤、至通鑑前編出、而論乃益暢、其略曰、黎者商畿內諸侯也、西伯伐黎、武王也、史遷以文王伐耆爲戡黎、失之矣、文王專征、若崇若密須、率西諸侯自關河以東、非文王之所得討、況畿內乎、三分有二、特江漢以南、風化所感、皆歸之文王、固未嘗有南國之師、而豈有畿甸之師乎、孔子稱文王至德、如以戡黎之事、亦己爲之、則觀兵

王驅、文王有無商之心矣、焉在其爲至德、紂殺九侯醢鄂侯、文王竊歎、遂執而囚之、況稱兵王畿之內、祖伊之告、如是其急、以爲紂之悍、而于此反遲遲十有餘年、不一忌周乎、胡五案、呂成公陳少南薛季龍、皆以爲武王也、昔商紂爲黎之蒐、則黎濟惡之國、武王戡黎、或以警紂、而終莫之悛、所以有孟津之師歟、故吳才老以戡黎在伐紂時、其非文王明矣、武王而謂之西伯、襲爵猶故也、愚按史公黎作耆、據尙書大傳、紂之臣祖伊、聞之而咎周、集解孔安國曰、祖伊、祖己後、賢臣也、咎、惡也、恐奔告紂曰。天既訖我殷命。假人元龜、無敢知吉。集解徐廣曰、元一作卜、馬融曰、元龜、大龜也、長尺二寸、孔安國曰、至人以人事觀殷、大龜以神靈考之、皆無知吉者、考證尙書假作格、王充論衡以賢者訓格人、非先王不相我後人。集解孔安國曰、相、助也、維王淫虐用自絕。故天弃我、不有安食。不虞知天性、不迪率典。集解鄭玄曰、王暴虐於民、使不得安食、逆亂陰陽、不度天性、傲很明德、不修教法者、考證江聲曰、王自絕於天、故天棄我殷、將使滅也、不得有安食、王猶不度知天性、不遵循典法、言其昏亂、今我民罔不欲喪。曰。天曷不降威。大命胡不至。今王其柰何。紂曰。我生不有命在天乎。祖伊反曰。紂不可諫矣。考證紂之臣以下、采尙書西伯戡黎、尙書大傳、紂不之紂、當作王、西伯既卒。

周武王之東伐至盟津、諸侯叛殷會周者八百。諸侯皆曰、紂可伐矣。武王曰、爾未知天命。乃復歸。紂愈淫亂不止。微子數諫。不聽。乃與大師少師謀、遂去。【考證】微子數諫以下、本書微子篇、太師少師、書作父師少師、周紀云、太師疵少師彊、周之樂官也、崔述曰、書父師少師、史記以爲太師疵少師彊、僞孔傳及蔡傳、皆以爲箕子比干、余按史記稱疵彊抱其樂器而奔周、則是皆樂師耳、玩書父師所言、殊不類樂官語、傳不之從、是也、然以爲箕比、亦初無所據、　比干曰、爲人臣者、不得不以死爭。迺強諫紂。紂怒曰、吾聞聖人心有七竅。剖比干觀其心。【正義】括地志云、比干見微子去、箕子狂、乃歎曰、主過不諫非忠也、畏死不言非勇也、過則諫、不用則死、忠之至也、進諫不去者三日、紂問何以自持、比干曰、修善行仁、以義自持、紂怒曰、吾聞聖人心有七竅、信諸、遂殺比干、刳視其心也、　箕子懼、乃詳狂爲奴。紂又囚之。殷之大師少師、乃持其祭樂器奔周。【考證】凌稚隆曰、一本無祭字、梁玉繩曰、祭字衍、周紀無、崔適曰、持祭器者微子也、見宋世家、愚按祭字不必衍、祭祀亦大師少師所掌、又按、此記微子之去、在箕奴比死之前、而宋世家則載之於箕比受禍之後、不同、　周武王於是遂率諸侯伐

紂。紂亦發兵距之牧野。【集解】鄭玄曰、牧野、紂南郊地名也、【正義】括地志云、今衛州城、即殷牧野之地、周武王伐紂築也、　甲子日、紂兵敗。紂走入登鹿臺、【集解】徐廣曰、鹿一作廩、　衣其寶玉衣、赴火而死。【正義】周書云、紂取天智玉琰五、環身以自焚、　周武王遂斬紂頭、縣之白旗。殺妲己。釋箕子之囚、封比干之墓、表商容之閭、【索隱】皇甫謐云、商容與殷人觀周軍之入、則以爲人名、鄭玄云、商家典樂之官、知禮容、所以禮署稱容臺、【考證】周武王以下、采尚書牧誓篇、詩大雅大明篇、紂走以下、采逸周書克殷解、古鈔、楓、三、南本、白旗上有大字、張文虎曰、洪範序疏引作太白旗、周紀云、縣大白之旗、此脫大字、愚按、儒者多不信武王斬紂之事、然見於諸家之說尤多、墨子明鬼篇云、武王以擇車百兩、虎賁之卒四百人、與殷人戰乎牧之野、王手禽費中惡來、衆畔百走、武王逐奔入宮、折紂而繫之赤環、載之白旗、以爲天下諸侯僇、荀子正論篇云、武王伐有商誅紂、斷其首、縣之赤旆、尸子云、武王親射惡來之口、親砕殷紂之頸、手汙於血、不溫而食、當此之時猶猛獸者、嗚呼亦甚矣、武王雖非聖人、必不至殘暴如此也、　封紂子武庚祿父、以續殷祀。【集解】譙周曰、殷凡三十一世、六百餘年、汲冢紀年曰、湯滅夏以至于受、二十九王、用歲四百九十六年也、【考證】嚴可均曰、左氏宣三年傳、桀有昏德、鼎遷于商、載祀六百、商紂暴虐、鼎遷于周、左氏去商未遠、而舉成數、或當不誤、漢律歷志、夏四百三十二歲、殷六百二十九歲、史記殷本紀注引譙周曰、殷六百餘年、皆與左傳符、　令修

行盤庚之政。殷民大說。【考證】梁玉繩曰、武庚之封、何以不告其遵成湯之法、三宗之道、而云盤庚之政乎、呂覽愼大篇、武王命周公旦、進殷之遺老、問衆之所說、民之所欲、殷遺老曰、欲復盤庚之政、武王于是復盤庚之政、史蓋本此、　於是周武王爲天子。其後世貶帝號、號爲王。【索隱】按夏殷天子、亦皆稱帝、代以德薄不及五帝、始貶帝號、號之爲王、故本紀皆帝、而後總曰三王也、【考證】梁玉繩曰、夏殷周三代、本皆稱王、間亦雜稱后、從未聞有帝稱、史謂夏殷稱帝、故以爲貶號爲王耳、夫皇帝王后者、俱有天下之通號、本無甚分別、爾雅云、天帝皇王后辟君也、安得升降褒貶之說哉、索隱順而爲詞、說詳于史記志疑、　而封殷後爲諸侯、屬周。【正義】即武庚祿父也、　周武王崩。武庚與管叔・蔡叔作亂。成王命周公誅之。【考證】俞鴻漸曰、三代下有大文章二、一爲蘇東坡武王論、一爲郭青螺管叔論、皆有功世道之作、然余猶恨其未及武庚也、夫武庚於紂父子也、天下可以獨夫其君、武庚不能獨夫其父、當武王三誓渡河、斬紂之頭而縣之太白、斯固不共戴天之讐也、爲武庚者、縱使機無乘、業無可遐、猶將號召頑民、聯絡三監、起而與武周爲難、而況資之以朝歌、臨之以冲主哉、論者不察、徒見其事之不成、且於書則斥之爲小腆、於詩則詆之爲鴟鴞、遂亦從而非笑之、噫嘻過矣、且余嘗謂武庚非常人也、武王沒而後舉事、能俟時也、管叔忠於殷、而倚爲腹心、能知人也、播流言以疑冲人、能用間也、洛邑諸頑民、咸樂從之而起、能馭衆也、惜乎天不佑商、卒至一姓不再興耳、設令風雷之警不作、金縢之書不啓、成王之疑不釋、居東之避不歸、則向

也一戎衣而周有之者、茲也一戎衣而殷復之、安見武庚不爲中興一令主哉、嗟乎、武庚之於殷、猶少康之於夏也、少康能復夏、而武庚不能存殷、此其中有天焉、不可以成敗論也、而後人乃責以不當畔周、謂畔周適以戕其身斬其祀、則皆未嘗設身以處、而諒其萬不得已之苦衷、吾故著此論以附蘇郭二公之後、俾論武庚者、知君父之讐之當復、而忠孝之事之尙可爲也、　而立微子於宋、以續殷後焉。【考證】周武王以下、采書大誥微子之命序、

太史公曰、余以頌次契之事。自成湯以來、采於書詩。契爲子姓。其後分封、以國爲姓。有殷氏・來氏・宋氏・空桐氏・稚氏・【索隱】按系本、子姓無稚氏、　北殷氏・【索隱】系本作髦氏、又有時氏、蕭氏、黎氏、然北殷氏蓋秦寧公所伐亳王、湯之後也、　目夷氏。孔子曰、殷路車爲善。而色尚白。【索隱】論語孔子曰、乘殷之輅、禮記曰、殷人尚白、太史公爲贊、不取成文、遂作此語、亦疏略也、【考證】論語衛靈公篇、子曰、乘殷之輅、禮記檀弓篇、殷人尚白、又見尚書大傳、春秋繁露、淮南子齊俗訓、愚按、高祖紀贊云、朝以十月、車服黃屋左纛、與此同一結法、

【索隱】述贊、簡狄吞乙、是爲殷祖、玄王啓商、伊尹負俎、上開三面、下獻九主、旋師泰卷、繼相臣扈、遷囂圮耿、不常厥土、武乙無道、禍因射天、帝辛淫亂、拒諫賊賢、九侯見醢、炮

格與焉、黃鉞斯杖、白旗是懸、哀哉瓊室、殷祀用遷、

殷本紀第三

史記三

文學博士瀧川龜太郎著

史記會注考證

史記會注考證卷四

漢　太史令司馬遷撰

宋　中郎外兵曹參軍裴駰集解

唐　國子博士弘文館學士司馬貞索隱

唐　諸王侍讀率府長史張守節正義

日本　出雲瀧川資言考證

周本紀第四　史記四

[考證]史公自序云、維棄作稷、德盛西伯、武王牧野、實撫天下、幽厲昏亂、旣喪酆鎬、陵遲至赧、洛邑不祀、作周本紀第四、愚按、周紀穆王以前、多采詩書、逸周書、穆王以後、多

采國語左傳、威烈王以後、多采戰國策、葉適曰、以遷所紀五帝三代考之、堯舜以前、不固絕遠、而夏商殘缺無可證、雖孔子亦云、獨周享國最長、去漢未久、遷極力收拾、然亦不能有過詩書國語所記而已、他蓋不能有所增益也、是則古史法止於此矣、

周后稷名弃。[正義]因太王所居周原、因號曰周、地理志云、右扶風美陽縣、岐山在西北、中水鄉、周太王所邑、括地志云、故周城、一名美陽城、在雍州武功縣西北二十五里、卽太王城也、其母有邰氏女、曰姜原。[集解]韓詩章句曰、姜姓、原字、或曰、姜原、謚號也、[正義]邰、天來反、亦作斄、同、說文云、邰、炎帝之後、姜姓、封邰、周弃外家、姜原爲帝嚳元妃。[索隱]譙周以爲弃帝嚳之冑、其父亦不著、與此紀異也、[考證]以上采帝繫篇、姜原出野、見巨人跡、心忻然說、欲踐之。踐之而身動、如孕者。居期而生子。[正義]期滿十月、[考證]詩生民疏引居作及、崔述曰、是因詩大雅生民篇履帝武之文而附會之者、鄭氏箋詩、遂用其說、至宋歐陽修蘇洵出、皆從毛氏、以爲從帝嚳之行、而駁史記、然後經義始明、聖人之誕始白、胡一桂曰、后稷後世王天下數百年、學者欲神其事、故附會其說、不知血氣之類、父施母生、聖賢所同也、何必有詼詭譎誕之事、然後爲聖且賢哉、以爲不祥、弃之隘巷。[索隱]已下皆詩大雅生民篇所云、誕寘之隘巷、牛羊腓字之、誕寘之平林、會伐平林、誕寘之寒冰、鳥覆翼之、是其事也、馬牛過者、皆辟不踐。徙置之林中。

適會山林多人。遷之而弃渠中冰上。飛鳥以其翼覆薦之。姜原以爲神、遂收養長之。初欲弃之。因名曰弃。[正義]古史考云、弃、帝嚳之冑、其父亦不著、與此文稍異也、弃爲兒時、屹如巨人之志。[考證]承踐巨人跡、其游戲好種樹麻菽。麻菽美。及爲成人、遂好耕農。相地之宜、宜穀者稼穡焉。民皆法則之。[正義]種曰稼、斂曰穡、[考證]本詩大雅生民篇、帝堯聞之、舉弃爲農師。天下得其利。有功。[考證]舉弃者舜、非堯也、帝舜曰。弃。黎民始飢。[集解]徐廣曰、今文尚書云、祖飢、故此作始飢、祖、始也、爾后稷、播時百穀。[考證]后、長也、稷、官名、后稷、猶言農師也、時讀爲蒔、帝舜以下、采尚書堯典、楓南本、無時字、封弃於邰。[集解]徐廣曰、今斄鄉、在扶風、[索隱]卽詩生民曰、有邰家室、是也、邰卽斄、古今字異耳、[正義]括地志云、故斄城、一名武功城、在雍州武功縣西南二十二里、古邰國、后稷所封也、有后稷及姜嫄祠、毛萇云、邰、姜嫄國也、后稷所生、堯見天因邰而生后稷、故因封於邰也、[考證]今陝西乾州武功縣有故斄城、弃所封、號曰后稷。別姓姬氏。[集解]禮緯曰、祖以履大跡而生、[考證]周人蓋稱祖官耳、后稷非別號、后稷之興、在

陶唐・虞・夏之際。皆有令德。后稷卒。【集解】山海經大荒經曰、黑水青水之閒、有廣都之野、后稷葬焉、皇甫謐曰、冢去中國三萬里也、【考證】皆字有譌、或上脫世字、子不窋立。【索隱】帝王世紀云、后稷納姑氏、生不窋、而譙周按國語云、世后稷以服事虞夏、言世稷官、是失其代數也、若不窋親弃之子、至文王千餘歲、唯十四代、亦不合事情、【正義】括地志云、不窋故城、在慶州弘化縣南三里、即不窋在戎狄所居之城也、毛詩疏云、虞及夏殷、共有千二百歲、每世在位皆八十年、乃可充其數耳、命之短長、古今一也、而使十五世君在位皆八十許載、子必將老始生、不近人情之甚、以理而推、實難據信也、不窋末年、夏后氏政衰。去稷不務。【集解】韋昭曰、夏太康失國、廢稷之官、不復務農、【索隱】國語云、弃稷不務、此云去稷者、是太史公恐弃是后稷之名、故變文云去也、言夏政衰、不窋去稷官、不復務農者也、【正義】稷若今司徒也、不窋以失其官、而犇戎狄之閒。【考證】后稷之興以下、采國語周語祭公謀父言、張文虎曰、國語云、昔我先生世后稷、及夏之衰、棄稷不務、我先王不窋用失其官、蓋后稷、官名、弃始爲之、而子孫世其職、至不窋而廢、豈謂棄爲后稷一傳而失之哉、不窋非弃子明甚、自史公紀表有此駁文、鄭氏詩譜因之、而周初世系從此亂矣、崔述曰、夏后氏政衰、蓋謂孔甲以後、謂在太康之時誤矣、愚按不窋非弃親子、先儒歷辨之、詞繁不能悉載、不窋卒。子鞠立。【考證】張文虎曰、詩疏鞠作鞠陶、世本亦作鞠陶、疑今本脫陶字、然三代世表、漢書人表、亦祇作鞠、鞠卒。子公劉立。公劉雖在戎狄之閒、復

脩后稷之業、務耕種、行地宜、自漆沮度渭、取材用。【正義】公劉從漆縣漆水、南渡渭水、至南山取材木爲用也、括地志云、豳州新平縣、即漢漆縣也、漆水、在岐州普潤縣東岐山漆溪、東入渭、行者有資。居者有畜積。民賴其慶。百姓懷之、多徙而保歸焉。周道之興、自此始。故詩人歌樂思其德。【索隱】即詩大雅篤公劉是也、【考證】公劉以下本詩大雅公劉篇、孟子梁惠王篇、中井積德曰、漏公劉徙豳、何也、又曰、度渭取材用、是徙豳以後之事、大雅可證、公劉卒。子慶節立。國於豳。【集解】徐廣曰、新平漆縣之東北、有豳亭、【索隱】豳、即邠也、古今字異耳、【正義】括地志云、豳州新平縣、即漢漆縣、詩豳國、公劉所邑之地也、【考證】今陝西邠州三水縣、有豳城、公劉所居、洪亮吉曰、按詩篤公劉、于豳斯館、則公劉時已遷豳、不至慶節也、慶節卒。子皇僕立。皇僕卒。子差弗立。差弗卒。子毀隃立。【集解】音踰、世本作榆、【索隱】系本作僞榆、毀隃卒。子公非立。【索隱】系本云、公非辟方、皇甫謐云、公非字辟方也、公非卒。子高圉立。【集解】宋衷曰、高圉能率稷者也、周人報之、【索隱】系本云、高圉侯侔、高圉卒。子亞圉立。【集解】世本云、亞圉雲都、皇甫謐云、雲都、亞圉字、【索隱】漢書古今表曰、雲都、亞圉弟、按如此說、則辟方侯侔亦皆二人之名、實未能詳、【考證】左傳昭公七

年、周王使追命衛襄公曰、余敢忘高圉亞圉、國語魯語、高圉亞圉太王帥稷者也、周人報焉、亞圉卒。子公叔祖類立。【索隱】系本云、太公、組紺諸盩、三代世表稱叔類、凡四名、皇甫謐云、公祖一名組紺諸盩、字叔類、號曰太公也、【考證】崔述曰、索隱所引世本之文、自公非至大王凡九世、史記周本紀則僅五世耳、帝王世紀以辟方爲公非字、雲都爲亞圉字、組紺諸盩爲一人名、即公叔祖類也、不余按不窋下至文王、據本紀僅十有四世、已難信據、然即使不窋當夏末造、其世數亦仍不止於是也、不窋之竄、在夏桀前、至文王時、不下六七百歲、安得每君皆享國至五十年之久乎、漢書古今人表、以雲都爲亞圉弟、然則辟方侯侔諸盩皆當別爲一人、非其字矣、況毀隃以前、皆但舉其名、何以公非以下四世、皆兼舉其字、蓋史記因國語之文、而遺此四世、世紀又因史記之文、而強爲說以曲全之者也、世本之文、雖亦不能保無漏誤、然多此四世、則於事理爲近、錢大昕曰、索隱盩當作盭、盭類聲近、公叔祖類卒。子古公亶父立。古公亶父復脩后稷・公劉之業、積德行義、國人皆戴之。【考證】國語魯語、太王帥稷者也、古鈔、南本、復上無亶父二字、薰育戎狄攻之。欲得財物。予之。已復攻、欲得地與民。民皆怒欲戰。古公曰。有民立君。將以利之。今戎狄所爲攻戰、以吾地與民。民之在我、與其在彼何異。民欲以我故戰。殺人

父子而君之、予不忍爲。乃與私屬、遂去豳度漆沮、【集解】徐廣曰、水在杜陽岐山、杜陽縣在扶風、踰梁山、【正義】括地志云、梁山在雍州好畤縣西北十八里、鄭玄云、岐山在梁山西南、然則梁山橫長、其東當夏陽、西北臨河、其西當岐山、東北自豳適周、當踰之矣、止於岐下。【集解】徐廣曰、山在扶風美陽西北、其南有周原、駰案、皇甫謐云、邑於周地、故始改國曰周、豳人舉國扶老攜弱、盡復歸古公於岐下。【考證】薰育戎狄攻之以下、采孟子梁惠王篇、參以詩大雅緜篇、又見莊子讓王篇、呂氏春秋審爲篇、尚書大傳、淮南子道應訓、後漢書郡國志、美陽有周城、美陽故城、在今陝西鳳翔府岐山縣、崔述曰、史記周本紀稱大王曰古公、朱子詩傳因之、曰古公號也、按周自公季以前、未有號爲某公者、微獨周、即夏商他諸侯亦無之、何以大王乃獨有號也、書曰古我先王、古猶昔也、故商頌曰、自古在昔、古我先王者、猶昔我先王也、古公亶父者、猶言昔公亶父也、公亶父相連成文、而冠之以古、猶所謂公劉公非公叔類者也、及他旁國、聞古公仁、亦多歸之。於是古公乃貶戎狄之俗、而營築城郭室屋、而邑別居之。【集解】徐廣曰、分別而爲邑落也、作五官有司。【集解】禮記曰、天子之五官、曰司徒、司馬、司空、司士、司寇、典司五衆、鄭玄曰、此殷時制、【考證】古公乃貶以下、采詩大雅緜篇、先是陶復陶穴、未有室家、貶黜也、去也、緜篇云、乃召司空、乃召司徒、未嘗云五官有司、蓋史公以意增、民皆歌樂之、

頌其德。【索隱】即詩頌云，后稷之孫，實維太王，居岐之陽，實始翦商是也。【考證】詩魯頌閟宮篇。太王之事，又見詩周頌天作篇、大雅緜篇。俞樾曰，實始翦商，子孫之辭也。在太王當日，不特無其事，幷無其意。然周人追王自太王始，則不得不以周之王業爲始於太王，周自此始，周自此上矣，故曰至於太王，實始翦商。後人不達，或欲援爾雅言翦爲勤，非也。古公有長子，曰太伯，次曰虞仲。太姜生少子季歷。【正義】國語注云，齊許申呂四國，皆姜姓也，四岳之後，太姜之家，太王之妃，王季之母。【考證】虞仲，吳世家作仲雍，同人。梁玉繩曰，左氏僖五年疏云，如史記之文，似王季與太伯別母，馬遷之言疏繆，而評林引明張之象謂太姜固太伯、虞仲、季歷母也，此獨曰太姜生少子季歷者，蓋季歷取太任，婦姑相繼，故下以皆賢婦人一句統之。張評所以著太姜係季歷之故，頗明白。史公本不以季歷與太伯爲異母也。季歷娶太任。【集解】列女傳曰，太姜有呂氏之女，太任摯任氏之中女。【正義】國語注云，摯疇二國，任姓，奚仲仲虺之後，太任之家。太任，王季之妃，文王母也。皆賢婦人。【正義】列女傳云，太姜，太王娶以爲妃，生太伯、仲雍、王季。太姜有色而貞順，率導諸子，至於成童，靡有過失。太王謀事必於太姜，遷徙必與。太任，王季娶以爲妃。太任之性，端壹誠莊，維德之行。及其有身，目不視惡色，耳不聽淫聲，口不出傲言，能以胎教子，而生文王。此皆有賢行也。生昌，有聖瑞。【正義】尚書帝命驗云，季秋之月甲子，赤爵銜丹書入于酆，止于昌戶。其書云，敬勝怠者吉，怠勝敬者滅，義勝欲者從，欲勝義者凶。凡事不強則枉，不敬則不正。枉者廢滅，敬者萬世。以仁得之，以仁守之，其量百世。以不仁得之，以仁守之，其量十世。以不仁得之，不以仁守之，不及其世。此蓋聖瑞。

古公曰，我世當有興者，其在昌乎。長子太伯、虞仲知古公欲立季歷以傳昌，乃二人亡如荊蠻。【正義】太伯奔吳，所居城在蘇州北五十里，常州無錫縣界梅里村，其城及冢見存。而云亡荊蠻者，楚滅越，其地屬楚，秦滅楚，其地屬秦，秦諱楚改曰荊，故通號吳越之地爲荊。及北人書史，加云蠻，勢之然也。文身斷髮，【集解】應劭曰，常在水中，故斷其髮，文其身，以象龍子，故不見傷害。以讓季歷。【考證】左傳僖公五年，大伯、虞仲，大王之昭也。大伯不從，是以不嗣。哀公七年，大伯端委以治周禮，仲雍嗣之，斷髮文身，贏以爲飾。論語泰伯篇，泰伯其可謂至德也已矣，三以天下讓，民無得而稱焉。微子篇謂虞仲夷逸隱居放言，身中清，廢中權。詩大雅大明篇，摯仲氏任，自彼殷商，來嫁于周，曰嬪于京，乃及王季，維德之行。大任有身，生此文王。愚按，史公以謂聖賢豪傑，其生異于常人，此紀云生昌有聖瑞，即亦是意。崔述曰，大王，周之賢主也，廢長立少，庸主猶或不爲，況大王乎。聖人之生固有異於常兒，然其德亦必待壯而後成，生而有聖德，特國語列女傳事後之推崇云爾，豈得以此爲據也哉。且大王安知王季之必傳之文王也哉。己既欲廢長而立少矣，安知王季之不亦然。以大王之賢，智必不如此明矣。況大伯之德，固自足以興周，而何爲舍之而待夫不可必立之文王乎。由是言之，大伯之讓王季，乃大伯自欲讓之耳，大王初無欲立季歷之事也。曰，然則泰伯何以讓國。曰，古人讓國常事耳，不足異也。宋襄公嘗讓子魚矣，韓無忌嘗讓起矣，吳諸樊亦嘗讓季札矣。春秋時猶有以兄弟爲賢而讓之者，況商周之際淳樸之世哉。且古人非但讓國也，即授官亦多有讓者焉。垂、伯夷之讓不待言矣，春秋之世，儕鮑叔讓相於管仲，衛免餘讓卿於大叔儀，魯匡句須讓宰於鮑國，晉大夫之讓軍帥者，尤不可一二數。是知讓本古人常事，不必有所爲，不得已而後讓也。但自戰國以後，人惟知有利，而不知有義，爭國者多，讓國者少，遂以古人之讓爲異，往往揣度附會，曲爲之說，故見益之不有天下，則意度之以爲禹傳啓也，不則以啓殺益也。見伊尹之不有天下，則意度之以爲大甲潛出自桐而殺之也。見泰伯之長而不爲周君，則意度之以爲大王欲傳聖孫，泰伯知而逃也。後人之說古人，大抵皆如是矣。春秋傳云，大伯端委以治周禮，仲雍嗣之，斷髮文身，裸以爲飾，然則斷髮文身亦非大伯事矣。又曰，左傳大伯不從，是以不嗣之文，史記嘗采之矣。晉世家云，大伯亡去，是以不嗣，以不從爲亡去，是所謂不從者，謂不從大王在岐耳。自朱子以爲不從大王翦商之志，啓後儒紛紛之言矣。

古公卒，季歷立，是爲公季。公季脩古公遺道，篤於行義，諸侯順之。公季卒，【集解】皇甫謐曰，葬鄠縣之南山。【考證】季歷事見詩大雅皇矣篇。子昌立，是爲西伯。西伯曰文王。【正義】帝王世紀云，文王龍顏虎肩，身長十尺，胸有四乳。雒書靈準聽云，蒼帝姬昌，日角鳥鼻，高長八尺二寸，聖智慈理也。【考證】王念孫曰，文選注引此作西伯文王也，可從。此承上句而申明也。文祖者，堯大祖也，亞父者，范增也，語意竝同。愚按，孟子告子篇，曹交曰，交聞文王十尺，湯九尺。荀子非相篇，帝堯長，帝舜短，文王長，周公短，仲尼長。遵后稷、公劉之業，則古公、公季之法，篤仁，敬老，慈少，禮下賢者，日中不暇食以待士，士以此多歸之。【考證】書無逸篇，文王卑服，即康功田功，徽柔懿恭，懷保小民，惠鮮鰥寡，自朝至于日中昃，不遑暇食，用咸和萬民，是史公所本，詞意微異。伯夷、叔齊在孤竹，【集解】應劭曰，在遼西令支。【正義】括地志云，孤竹故城在平州盧龍縣南十二里，殷時諸侯孤竹國，胎氏也，姓墨。聞西伯善養老，盍往歸之。【考證】采孟子告子篇，在孤竹，史公以意增，盍各本作盇，後人依孟子改，今從楓、三、南本。太顚、閎夭、散宜生、鬻子、辛甲大夫之徒，皆往歸之。【集解】劉向別錄曰，鬻子名熊，封於楚。辛甲，故殷之臣，事紂，蓋七十五諫而不聽，去至周，召公與語，賢之，告文王，文王親自迎之，以爲公卿，封長子。長子，今上黨所治縣是也。【考證】尚書君奭篇，惟文王尚克脩和我有夏，亦惟有若虢叔，有若閎夭，有若散宜生，有若泰顚，有若南宮括。崇侯虎譖西伯於殷紂曰，西伯積善累德，諸侯皆嚮之，將不利於帝。帝紂乃囚西伯於羑里。閎夭之徒患之，乃求有莘氏美女，【正義】括地志云，古莘國城在同州河西縣南二十里。世本云，莘國，姒姓，夏禹之後，即散宜生等求有莘美女獻紂者。【考證】梁玉繩曰，此處兩帝字，及下文以告帝紂、帝紂聞武王來，以大卒馳帝紂師，三帝字，史詮謂當作商字之譌也。據徐廣云，帝一作商，則史詮是。愚按，史公以夏殷爲帝，二紀可證，此不必改。驪戎之文馬，【正義】括地志云，驪戎故城在雍州新豐縣東南十六里，殷周時驪戎國城也。

按駿馬赤鬣縞身、目如黃金、文王以獻紂也。有熊九駟、【正義】括地志云、鄭州新鄭縣、本有熊氏之墟也。按九駟、三十六匹馬也。他奇怪物、【考證】南本、他上有及字。因殷嬖臣費仲而獻之紂。紂大說曰、此一物足以釋西伯。況其多乎。【索隱】一物、謂嬖氏之美女也、以殷紂淫昏好色、故知然。【考證】史記桃源鈔引師說云、一物、謂所獻數物中之一、元無所指、恐按師說是。乃赦西伯、賜之弓矢斧鉞、使西伯得征伐、曰、譖西伯者崇侯虎也。西伯乃獻洛西之地、以請紂去炮格之刑。紂許之。【考證】說具殷紀、中井積德曰、文王爲西伯、蓋在賜弓矢時、殷紀明言之、則伯羑之歸、當在此後也。方孝孺曰、羑里之事不經見、史所稱獻美女美馬之說、皆好事者意構之詞、恐非其實也。西伯陰行善。諸侯皆來決平。於是虞芮之人、有獄不能決。【集解】地理志、虞在河東大陽縣、芮在馮翊臨晉縣。【正義】括地志云、故虞城在陝州河北縣東北五十里虞山之上、古虞國也。故芮城在芮城縣西二十里、古芮國也。晉太康地記云、虞西百四十里有芮城。括地志又云、閒原在河北縣西六十五里。詩云、虞芮質厥成。毛萇云、虞芮之君相與爭田、久而不平、乃相謂曰、西伯仁人、盍往質焉。乃相與朝周。入其境、則耕者讓畔、行者讓路。入其邑、男女異路、班白不提挈。入其朝、士讓爲大夫、大夫讓爲卿。二國君相謂曰、我等小人、不可履君子之庭。乃相讓所爭地、

以爲閒原、至今尚在。注引地理志、芮在臨晉者、恐疏。然閒原在河東、復與虞芮相接、臨晉在河西同州、非臨晉芮鄉明矣。乃如周。入界、耕者皆讓畔、民俗皆讓長。虞芮之人、未見西伯、皆慙、相謂曰、吾所爭、周人所恥。何往爲。祇取辱耳。遂還、俱讓而去。【考證】虞芮之人以下、本詩大雅緜篇、參以所聞。緜篇云、虞芮質厥成、文王蹶厥生。傳云、質成也、成平也、蹶動也。梁玉繩曰、虞芮之事、當時必有成文、今無可考。然以大傳毛詩及說苑君道篇校之、史所載頗缺略不全、復有異同之語、疑史公所增損也。諸侯聞之曰、西伯蓋受命之君也。【考證】也字、諸本無、今據群書治要、毛詩疏及古鈔本補。明年、伐犬戎。【集解】山海經曰、有人、人面獸身、名曰犬戎。【正義】山海經云、有人、人面獸身、名曰犬戎。又云、黃帝生苗龍、苗龍生融吾、融吾生弄明、弄明生白犬、白犬有二、是爲犬戎。說文云、赤狄本犬種、故字從犬。又後漢書云、犬戎、槃瓠之後也。今長沙武林之郡、太半是也。又毛詩疏云、犬戎昆夷是也。【考證】詩大雅緜篇、混夷駾矣、維其喙矣。尚書大傳、文王受命四年伐犬夷、鄭玄注、犬夷、混夷也。愚按、古鈔本及毛詩疏引史文、犬戎作犬夷、與大傳合。明年、伐密須。【集解】應劭曰、密須氏、姑姓之國。瓚曰、安定陰密縣是。【正義】括地志云、陰密故城、在涇州鶉觚縣西、其東接縣城、即古密國。杜預云、姑姓國、在安定陰密縣也。【考證】詩大雅皇矣篇、密人不恭、敢距大邦、侵阮徂共、王赫斯怒、爰整其旅、以按徂旅。呂氏春秋用民篇、密須之民、自縛其主而與文王。左傳昭公十五年、密須之鼓與其大路、

文所以大蒐也。尚書大傳、文王受命三年、伐密須。明年、敗耆國。【集解】徐廣曰、一作阢。【正義】即黎國也。鄒誕生云、本或作黎。孔安國云、黎在上黨東北。括地志云、故黎城、黎侯國也、在潞州黎城縣東北十八里。尚書云、西伯既戡黎、是也。殷之祖伊聞之、懼、以告帝紂。紂曰、不有天命乎。是何能爲。【考證】尚書大傳、文王四年、伐畎夷、紂乃囚之、四友獻寶、乃得免於虎口、出而伐耆。愚按、尚書西伯戡黎、蓋武王事、說見殷紀。明年、伐邘。【集解】徐廣曰、邘城在野王縣西北、音于。【正義】括地志云、故邘城在懷州河內縣西北二十七里、古邘國城也。左傳云、邘晉應韓、武王之穆也。【考證】尚書大傳、文王二年、伐于。崔述曰、尚書大傳及史記、有文王伐邘事。按崇密昆夷之伐、皆見于經傳、而邘未有及者、不敢信其必實。且大傳在伐密前一年、史記在伐密後二年、其時亦不同。明年、伐崇侯虎。【正義】皇甫謐云、夏鯀封、虞夏商周皆有崇國、崇國蓋在豐鎬之閒。詩云、既伐于崇、作邑于豐、是國之地也。【考證】詩大雅文王有聲、又大雅皇矣篇云、帝謂文王、詢爾仇方、同爾兄弟、以爾鉤援、與爾臨衝、以伐崇墉。臨衝閑閑、崇墉言言、執訊連連、攸馘安安。是類是禡、是致是附、四方以無侮。左傳僖公十九年、文王聞崇德亂而伐之、崇人三旬不降、退修教而復伐之、因壘而降。尚書大傳、文王六年伐崇。愚按、崇今西安府鄠縣。崔述曰、尚書大傳、文王伐犬夷、在虞芮成後之四年、史記在虞芮成之明年。按緜之詩、八章稱混夷駾矣、九章稱虞芮質厥成、則其先後恐不當如大傳史記所列。又曰、文王伐國多矣、而皇矣獨稱崇密、則是崇密爲大國也。然於密但言侵自阮疆耳。於崇則記其戰勝攻取之略、而言崇墉仡仡、崇墉言言、則是崇尤強也。豐者崇之境也、故詩云、既伐於崇、

作邑於豐。傳云、崇在鄠縣、豐在鄠縣杜陵西南、則是漢唐建都之地、崇實據之。當文王在岐時、地偏國狹、介居戎狄、而崇以大國塞其衝、文王安能越崇而化行於東南之諸侯乎。諸侯即慕文王之德、安能不畏崇之侵陵遮擊、而遠從於周乎。自滅崇後、周始盛強、通於河洛淮漢之閒、然後關東諸侯得被其化、而歸之耳。故詩於滅崇之後曰、四方勿拂、於作豐之後曰、四方攸同也。而作豐邑。【集解】徐廣曰、豐在京兆鄠縣東、有靈臺。鎬在上林昆明北、有鎬池、去豐二十五里、皆在長安南數十里。【正義】括地志云、周豐宮、周文王宮也、在雍州鄠縣東三十五里。鎬在雍州西南三十二里。【考證】豐在今西安府鄠縣、豐水之西。自岐下而徙都豐。明年、西伯崩。【集解】徐廣曰、文王九十七乃崩。【正義】括地志云、周文王墓在雍州萬年縣西南二十八里原上也。【考證】禮記文王世子篇、文王九十七乃終。孟子公孫丑篇、文王百年而崩。離婁篇、文王生於岐周、卒於畢郢。梁玉繩曰、天子曰崩、古之制也。以西伯僭稱爲崩、豈誤解受命之言乎。太子發立。是爲武王。西伯蓋即位五十年。【考證】尚書無逸篇、文王受命惟中身、厥享國五十年。呂氏春秋制樂篇、文王即位八年而地動、已動之後四十三年、凡文王立國五十一年而終。愚按、西伯一句屬下讀。其囚羑里、蓋益易之八卦爲六十四卦。【正義】乾鑿度云、垂皇策者羲、益卦演德者文、成命者孔也。易正義云、伏羲制卦、文王卦辭、周公爻辭、孔十翼也。按太史公言蓋者、乃疑辭也。文王著演易之功、作周紀方贊其美、不敢專定、重易故稱蓋也。【考證】古鈔南本、益作演。易繫辭傳云、易之興也、其於中古乎。作易者其有憂患乎。又云、易之興也、其當殷之末世、

周之盛德邪當文王與紂之事邪崔述曰近世說周易者皆以彖詞爲文王作爻詞爲周公作朱子本義亦然按易傳但言其作於文王時不言文王所自作也但言其有憂患不言憂患爲何事也且曰其當曰其有曰邪曰乎皆爲疑詞而不敢決則是作傳者但就其文推度之尙不敢決言其時世況能決知其爲何人之書乎至司馬氏作史記因傳此文遂附會之以爲文王羑里所演是以周本紀云西伯之囚羑里蓋益易之八卦爲六十四卦自序亦云西伯拘羑里演周易自是遂以易卦爲文王所重及班氏作漢書復因史記之言遂斷以是詞爲文王之所繫是以藝文志云文王重易六爻作上下篇又云人更三聖世歷三古自是遂以易彖爻之詞爲文王所作矣然其中有甚可疑者明夷之五稱箕子之明夷升之四稱王用亨於岐山皆文王以後事文王不應豫知而豫言之史漢之說不復可通於是馬融陸績之徒不得已則割爻詞謂爲周公所作以曲全之而鄭康成王弼復以卦爲包羲神農所重非文王之所演然後後儒始獨以彖詞屬之文王而分爻詞屬之周公矣由是言之謂文王作彖詞周公作象詞者乃漢以後儒者因史記漢志之文展轉猜度之非有信而可徵者也

詩人道西伯蓋受命之年稱王，而斷虞芮之訟。【正義】二國相讓後諸侯歸西伯者四十餘國咸尊西伯爲王蓋此年受命之年稱王也帝王世紀云文王即位四十二年歲在鶉火文王更爲受命之元年始稱王矣又毛詩云文王九十七而終終時受命九年則受命之元年年八十九也【考證】梁蕭曰太史公曰詩人道西伯以受命之年稱王而斷虞芮之訟遂追王太王王季改正朔易服色十年而崩或謂大雅序文王受命作周泰誓序十有一年武王伐殷妄徵二經以實其說予以爲反經非聖不可以訓莫此爲甚焉嘗試言之仲尼美文王之德曰三分天下有其二以服

事殷又曰內文明而外柔順以蒙大難文王以之未有南面稱王而謂之服事易姓創制而謂之柔順仲尼稱武王之烈曰湯武革命又曰武王末受命未有父受之而子復革命父爲天子子云未受當武王之會盟津也告諸侯曰汝未知天命未可以誓師也曰惟我文考大統未集予小子其承厥志孰有王者出征復俟天命大統既改而復云未集禮大傳稱牧之野既事而退遂柴于上帝追王太王王季文王改正朔殊徽號若虞芮之歲稱王則不應復追王王制既行則不應復云改物是皆反經者也大雅作周之義蓋取夫積德累仁爲海內所歸往武王因之遂成大業非所謂革命易姓爲作周也歐陽脩曰孔子云三分天下有其二以服事殷使西伯不稱臣而稱王安能服事於商乎且謂西伯稱王十年者起於何說孔子之言萬世之信也由是言之謂西伯受命稱王十年者妄說也方苞曰史公蓋據大雅有聲之詩文王受命而誤爲此說也

後十年而崩。【正義】十當爲九其說在後【考證】楓三南本十年作七年爲是史公蓋用尚書大傳說正義欲改爲九年蓋據逸周書文傳說詳下文

諡爲文王。【正義】諡法經緯天地曰文

改法度制正朔矣。追尊古公爲太王，公季爲王季。【正義】易緯云文王受命改正朔布王號於天下鄭玄信而用之言文王稱王已改正朔布王號矣按天無二日土無二王豈殷紂尚存而周稱王哉若文王自稱王改正朔則是功業成矣武王何復得云大勳未集欲卒父業也禮記大傳云牧之野武王成大事而退追王太王亶父王季歷文王昌據此文乃是追王爲王何得文王自稱王改正朔也【考證】梁玉繩曰案婁敬當漢初其告高帝已有質成受命之語蓋其說起于戰國好事之口史公亦仍而載之中庸武王末受命周公成文武之德追王太王王季上祀先公以

天子之禮據此則追王武王周公以後之事

蓋王瑞自太王興。【正義】古公在邠被戎狄攻戰奪民太王曰民之在我與彼何異殺人父子而君之予不忍爲遂遠去邠止於岐下邠人舉國盡歸古公他國聞古公仁亦多歸之乃貶戎狄之俗爲室屋邑落而分別居之季歷又生昌有聖瑞蓋是王瑞自太王時而興起也然自西伯蓋即位五十年以下至太王興在西伯崩後重述其事爲經傳不同不可全棄乃略而書之引次其下事必可疑故數言蓋也【考證】古鈔楓三南本瑞作端義長

武王即位，【正義】諡法克定禍亂曰武春秋元命包云武王駢齒是謂剛強也

太公望爲師，周公旦爲輔，召公·畢公之徒，左右王師，脩文王緒業。【考證】凌約言曰太史公始紀后稷曰民皆法則之紀公劉則曰復修后稷之業百姓懷之紀古公則曰復修后稷公劉之業國人亦多歸之紀公季則曰修古公遺道諸侯順之紀文王則曰遵后稷公劉之業則古公公季之法士以此多歸之蓋往歸之皆往歸之諸侯皆來決平紀武王則曰修文王緒業諸侯不期而會盟津者八百諸侯兵會者車四千乘諸侯畢從武王百姓咸待于郊見周家世德相承人心固結以培八百年之基業有如此

九年，武王上祭于畢。【集解】馬融曰畢文王墓地名也【索隱】按文云上祭于畢則畢天星之名畢星主兵故師出而祭畢星也【正義】上音時掌反尚書武成篇云我文考文王誕膺天命以撫方夏惟九年大統未集太誓篇序云惟十有一年武王伐殷太誓篇云惟十有三年春大會于孟津大戴禮云文王十五而生武王則武王少文王十四歲矣禮記文王世子云文王九十七而終武王九十三而終按文王崩時武王已八十三矣八

十四即位至九十三崩武王即位適滿十年言十三年伐紂者續文王受命年欲明其卒父業故也金縢篇云惟克商二年王有疾不豫按文王受命九年而崩十一年武王服闋觀兵孟津十三年克紂十五年有疾周公請命王有瘳後四年而崩則武王年九十三矣而太史公云九年王觀兵十一年伐紂則以爲武王即位年數與尚書違甚疏矣【考證】洪亮吉曰馬融云畢文王墓地名也案古無墓祭之禮自融一言作俑後儒遂以爲墓祭始于文王并以爲始于唐堯後漢書蘇竟傳曰武王上祭畢星求助天也說在融前可破其妄愚按曰九年者武王即位九年也非言文王受命之後九年也下文十一年做之說詳于歐陽脩泰誓論又按尚書大傳引太誓云唯四月太子發上祭于畢下至于孟津孟津既地名則畢亦當地名馬說仍是古者師出告禰祖見禮記曾子問何必無墓祭之事中井積德曰上以地形而言猶漢時上雍之上

東觀兵，至于盟津。【集解】徐廣曰譙周云史記武王十一年東觀兵十三年克紂

爲文王木主，載以車中軍。【考證】事又見伯夷傳師行載主古之制見禮記曾子問桃源抄引師說云車當作居車居聲同而訛皇甫謐帝王世紀曰作文王木主以居中軍

武王自稱太子發，言奉文王以伐，不敢自專。乃告司馬·司徒·司空諸節：【集解】馬融曰諸受符節有司也

齊栗信哉。予無知。以先祖有德臣，小子受先功。【集解】徐廣曰一云予小子受先公功

畢立賞罰，以定其功。【考證】楓三南本陳仁錫引舊本札記引宋本及毛本立作力尚書

大傳、畢立作戮力、遂興師。師尚父號曰。總爾衆庶、與爾舟楫、後至者斬。【集解】鄭玄曰、號令之軍法重者、【考證】集解之字、當在軍法下、武王渡河。中流白魚躍入王舟中。【集解】馬融曰、魚者介鱗之物、兵象也、白者殷家之正色、言殷之兵衆與周之象也、【索隱】此已下至火復王屋爲烏、皆見周書及今文泰誓、武王俯取以祭。既渡。有火自上復于下、至于王屋、流爲烏。其色赤、其聲魄云。【集解】馬融曰、王屋、王所居屋、流、行也、魄然、安定意也、鄭玄曰、書說云、烏有孝名、武王卒父大業、故烏瑞臻、赤者周之正色也、【索隱】按今文泰誓、流爲鵰、鵰、鷙鳥也、馬融云、明武王能伐紂、鄭玄云、烏是孝鳥、言武王能終父業、亦各隨文而解也、【正義】周元稱火、後代改之、故秦始皇以爲周火德、稱水德滅之、是也、【考證】據尚書大傳、史文上祭于畢以下、采漢初所傳太誓文、中井積德曰、自上復于下、是元起于下也、故曰復也、愚按魄、魄然狀其聲也、云助語說詳于封禪書、梁玉繩曰、白魚赤烏之說、乃漢初民間所傳僞泰誓文、詳見書序及詩思文兩疏中、西京諸儒信以爲眞、董仲舒爲漢儒宗、其賢良策對猶言之、況史公之愛奇者乎、其書唐初尚存、故孔仲達顏籀小司馬章懷太子皆見之、不知亡于何時也、呂氏春秋名類篇、文王之時、赤烏銜丹書、集于周社、蓋戰國末有此妄談、何足信哉、愚按、是蓋古泰誓首篇伏勝所傳、董仲舒所述、而史公記之也、雖言有省略、可以推百篇之舊、白魚赤烏事近妄誕、疑之者不獨梁氏、然詩歌麟趾、易記河圖洛書、桑穀生朝、伊陟有言、飛雉升鼎、祖己作訓、禎祥未嘗不喜之、妖孼未嘗不懼之、自古而然、

白魚入舟、武王取祭、化爲赤烏、群公曰休、當時宜有此事、梁氏又云、史記所載民間新獲僞泰誓、愚按劉向別錄、泰誓之獻、在武帝末年、伏董二生、何由知之、史公亦未必見之也、是時諸侯不期而會盟津者八百諸侯。諸侯皆曰。紂可伐矣。武王曰。女未知天命。未可也。乃還師歸。【考證】古鈔、楓、三、南本、不重諸侯二字、殷紀及藝文類聚引史亦無此衍、二年、聞紂昏亂暴虐滋甚、殺王子比干、囚箕子。太師疵・少師彊、抱其樂器而犇周。【考證】楓、三本、其下有祭字、與殷紀合、於是武王徧告諸侯曰。殷有重罪、不可以不畢伐。【集解】徐廣曰、一作滅、【考證】古鈔、南本、罪作罰、梁玉繩曰、後書袁術傳引史云、殷有重罰、不可不伐、與今本異、乃遵文王、遂率戎車三百乘、虎賁三千人、甲士四萬五千人、以東伐紂。【集解】孔安國曰、虎賁、勇士稱也、若虎賁獸、言其猛也、【考證】書牧誓序云、武王戎車三百兩、虎賁三百人、與受戰于牧野、與此異、何焯曰、三千人當從書序作三百人、千字不知何時謬改、梁玉繩曰、孟子亦言武王伐紂革車三百兩虎賁三千人、蘇秦傳依國策言武王卒三千人、革車三百兩、韓子初見秦篇、呂氏春秋簡選貴因二篇、淮南本經主術兵略訓、風俗通正失篇竝同、然皆非也、當依書序以三百人爲斷、說詳于志疑、十一年十

二月戊午、師畢渡盟津。【正義】畢、盡也、盡從河南渡河北、【考證】書泰誓序云、惟十有一年、武王伐殷、一月戊午、師渡孟津、作泰誓三篇、與此異、梁玉繩曰、十一年者武王之十一年、十二月者卽十一年之十二月、自晚出泰誓有十二年之文、與書序十一年異、僞孔傳遂以月分繫于十三年、而以年爲武繼文、違經背義、斯爲甚、史同書序、本無譌謬、呂氏春秋首時篇言武王立十二年而成甲子之事、蓋并其爲天子之年數之爾、至此作十二月、書序作一月者、序就周言之、其實改正在克商後、當依商作十二月、諸侯咸會曰。孳孳無怠。【正義】曰作日、言日日孳孳進、其心無怠慢也、武王乃作太誓告于衆庶。今殷王紂、乃用其婦人之言、自絕于天、毀壞其三正、【集解】馬融曰、動逆天地人也、【正義】按三正、三統也、周以建子爲天統、殷以建丑爲地統、夏以建寅爲人統也、【考證】三正又見甘誓、鄭玄曰、天地人之正道、離逷其王父母弟、【集解】鄭玄曰、王父母弟、祖父母之族、必言母弟、擧親者言之也、乃斷弃其先祖之樂、乃爲淫聲、用變亂正聲、怡說婦人。【集解】徐廣曰、怡一作辭、【考證】漢書禮樂志云、書序殷紂斷棄先祖之樂、迺作淫聲、用變亂正聲、以說婦人、注、今文周書泰誓之辭、故今予發、維共行天罰。勉哉夫子。【集解】鄭玄曰、夫子、丈夫之稱、【考證】共讀爲恭、古鈔、南本、天下有之字、不可再、不可三。【考證】梁玉繩曰、伏生尚

書本有泰誓、三篇合爲一、故全文有二十九篇、大傳載泰誓篇目、可證、其後伏生之泰誓亡、卽以民間僞泰誓三篇充伏生之數、孔仲達所謂上篇觀兵時事、中下二篇伐紂時事也、今雖佚不傳、而以史考之、疑上文九年武王上祭于畢至還師歸、與齊世家所載蒼兕諸語、皆是上篇、上文居二年至孳孳無怠、與殷紀所載剖心諸語、皆是中篇、此節所載告于衆庶至不可再不可三、乃是三篇、其中或有刪省、不全登錄、愚按三篇次第、梁氏所說近是、但三篇皆伏生之舊、決非民間所獲僞泰誓、末篇詞意尤嚴、上可媲美於湯誓、下與牧誓相表裏、一月、【集解】徐廣曰、一作正、此建丑之月、殷之正月、周之二月也、【考證】尚書牧誓、無二月二字、上文云十一年十二月戊午師畢渡盟津、戊午去甲子六日、則當十二年一月、齊世家正作正月、徐廣云、此建丑之月、殷之正月、卽爲周二月、蓋周之改正、在克殷後、周師初發、仍當用殷正、甲子昧爽、【集解】孔安國曰、昧、冥也、爽、明、蚤旦也、武王朝至于商郊牧野乃誓。【集解】孔安國曰、癸亥夜陳、甲子朝誓也、【正義】括地志云、衛州城、故老云、周武王伐紂至於商郊牧野、乃築此城、酈元注水經云、自朝歌南至淸水、土地平衍、據皋跨澤、悉牧野也、括地志又云、紂都朝歌、在衛州東北七十三里、朝歌故城是也、本妹邑、殷王武丁始都之、帝王世紀云、帝乙復濟河北、徙朝歌、其子紂仍都焉、武王左杖黃鉞、右秉白旄以麾曰。【集解】孔安國曰、鉞以黃金飾斧、左手杖鉞、示無事於誅、右手把旄、示有事於敎令、遠矣西土之人。【集解】孔安國曰、勞苦之、武王曰。嗟我有國冢君、【集解】馬融曰、冢、大也、司徒・司馬・司空・亞

旅・師氏、【集解】孔安國曰、亞、次、旅、衆大夫也、其位次卿、師氏、大夫官、以兵守門、千夫長・百夫長、【集解】孔安國曰、師率卒率、及庸・蜀・羌・髳・微・纑・彭・濮人。【集解】孔安國曰、八國皆蠻夷戎狄、羌在西、蜀、叟、髳、微在巴蜀、纑・彭在西北、庸・濮在江漢之南、馬融曰、武王所率將來伐紂也、【正義】髳音矛、括地志云、房州竹山縣及金州、古庸國、益州及巴利等州、皆古蜀國、隴右岷洮叢等州以西、羌也、姚府以南、古髳國之地、戎府之南、古微纑彭三國之地、濮在楚西南、有髳州微濮州瀘府彭州焉、武王率西南夷諸州伐紂也、【考證】錢泰吉曰、正義有髳州微濮州瀘府、疑有脫誤、稱爾戈、比爾干、立爾矛。予其誓。【集解】孔安國曰、稱、舉也、王曰。古人有言。牝雞無晨。牝雞之晨、惟家之索。【集解】孔安國曰、索、盡也、喩婦人知外事、雌代雄鳴則家盡也、今殷王紂、維婦人言是用、自棄其先祖肆祀不荅。【集解】【考證】鄭玄曰、肆、祭名、荅、問也、古鈔南本、婦下無人字、張文虎曰、集解問字疑誤、冊府元龜引作報、昏棄其家國、遺其王父母弟不用。乃維四方之多罪逋逃、是崇是長是信是使、【集解】孔安國曰、言紂棄其賢臣、而尊長逃亡罪人、信用之也、俾暴虐于百姓、以姦軌于商國。今予發、維共行天之罰。今日之

事、不過六步七步、乃止齊焉。【集解】孔安國曰、今日戰事、不過六步七步、乃止相齊、言當旅進一心也、夫子勉哉。不過於四伐五伐六伐七伐、乃止齊焉。【集解】孔安國曰、伐、謂擊刺也、少則四五、多則六七、以爲例也、勉哉夫子。尙桓桓、【集解】鄭玄曰、威武貌、如虎如羆、如豺如離、于商郊。【集解】徐廣曰、此離訓與螭同、不禦克犇、以役西土。【集解】鄭玄曰、禦、彊禦、謂彊暴也、克、殺也、不得暴殺紂師之犇走者、當以爲周之役也、勉哉夫子。爾所不勉、其于爾身有戮。【集解】鄭玄曰、所、言且也、【考證】甲子昧爽以下、采尙書牧誓、誓已。諸侯兵會者、車四千乘。陳師牧野。帝紂聞武王來、亦發兵七十萬人距武王。【考證】梁玉繩曰、四千乘拜諸侯兵言之、陳子龍曰、紂止發畿內之兵、疑無七十萬之衆也、且三代用兵、亦無近百萬者、武王使師尙父與百夫致師。【集解】周禮環人、掌致師、鄭玄曰、致師者、致其必戰之志也、古者將戰、先使勇力之士犯敵焉、春秋傳曰、楚許伯御樂伯、攝叔爲右、以致晉師、許伯曰、吾聞致師者、御靡旌摩壘而還、樂伯曰、吾聞致師者、左射以菆、代御執轡、御下、兩馬、掉鞅而還、攝叔曰、吾聞致師者、右入壘、折馘執俘而還、皆行其所聞而復、【正義】致師、挑戰也、以大卒馳帝紂師。

【集解】徐廣曰、帝一作商、【正義】大卒、謂戎車三百五十乘、士卒二萬六千二百五十人、有虎賁三千人、紂師雖衆、皆無戰之心。心欲武王亟入。紂師皆倒兵以戰、以開武王。武王馳之。紂兵皆崩畔紂。紂走反入、登于鹿臺之上、蒙衣其珠玉、自燔于火而死。【正義】衣、音於既反、周書云、甲子夕、紂取天智玉琰五、環身以自焚、注、天智、玉之善者、縫環其身自厚也、凡焚四千玉也、庶玉則銷、天智玉不銷、紂身不盡也、武王持大白旗、以麾諸侯。諸侯畢拜武王。武王乃揖諸侯。【正義】武王率諸侯伐天子、天子已死、諸侯畢賀、故武王揖諸侯、言先拊循其心也、諸侯畢從武王至商國。【正義】謂至朝歌、商國百姓、咸待於郊。於是武王使羣臣告語商百姓曰。上天降休。商人皆再拜稽首。武王亦荅拜。【索隱】武王雖以臣伐君、頗有慙德、不應荅商人之拜、太史公失辭耳、尋上文、諸侯畢拜賀武王、武王尙且報揖、無容遂下拜商人、【考證】張文虎曰、逸周書克殷解、羣賓僉進曰、上天降休、再拜稽首、武王荅拜稽首、孔晁注、諸侯賀武王也、是武王答拜諸侯、非荅商人、史文殘缺錯亂、遂來小司馬之疑、愚按胡應麟梁玉繩說同、遂入至紂死所、武王自射之、

三發而后下車、以輕劍擊之、【正義】周書作輕呂、擊之、輕呂、劍名也、以黃鉞斬紂頭、縣大白之旗。已而至紂之嬖妾二女。二女皆經自殺。【考證】南本、經作絞、武王又射三發、擊以劍、斬以玄鉞、縣其頭小白之旗。【集解】司馬法曰、夏執玄鉞、宋均曰、玄鉞、用鐵不磨礪、【考證】崔述曰、按聖人之伐暴、以救民也、非讎之而欲甘心焉者也、桀雖虐、湯放之而已、使紂不死、武王必不殺紂、況於已死而殘其屍、何爲也者、春秋時滅國多矣、於其君也、遷之而已、尙未有殺之者、況商周之間、風俗尤厚、而武王聖人也、安有已死而殘其屍者哉、觀於武王之封武庚、聖人之心可以見矣、必無懸紂頭於旗以示僇者、若武王之讎紂如是、則必盡殺其子孫、卽不然、亦必囚之放之、烏有反封之者哉、史記之言、蓋本之逸周書、劉向所謂孔子所論百篇之餘者也、此本戰國人所撰、其中舛謬良多、不可爲實、史記誤采之耳、武王已乃出復軍。其明日、除道脩社、及商紂宮。及期、百夫荷罕旗以先驅。【集解】蔡邕獨斷曰、前驅有九旒雲罕、東京賦曰、雲罕九斿、薛綜曰、旒、旗名、武王弟叔振鐸奉陳常車、【正義】陳、列也、常車、威儀車也、【考證】克殷解云、叔振奏拜假、又陳常車、梁玉繩曰、此脫拜假二字、周公旦把大鉞、畢公把小鉞、以夾武王。【考證】梁玉繩曰、畢公乃召公之誤、周書及魯世家作召、

公、散宜生·太顛·閎夭、皆執劒以衞武王。既入立于社南。大卒之左右畢從。毛叔鄭奉明水、【集解】周禮曰司烜氏以鑑取明水於月、鄭玄曰鑑鏡屬也、取月之水、欲得陰陽之絜氣、陳明水以爲玄酒、【索隱】明明水也、舊本皆無水字、今本有水字者多、亦是也、若惟云奉明、其義未見、不知奉明何物也、烜音毀、【考證】梁玉繩曰周書云王入卽位于社大卒之左羣臣畢從、此誤增右字、脫羣臣字、或云但脫一左字耳、衞康叔封布茲、【集解】徐廣曰茲者籍席之名、諸侯病曰負茲、【索隱】茲一作苙、公明草也、言茲擧成器、言苙見絜草也、【考證】爾雅釋器蓐謂之茲、姚鼐曰衞字衍文、召公奭贊采、【正義】贊佐也、采幣也、師尚父牽牲。尹佚筴祝曰。【正義】尹佚讀筴書祝文以祭社也、【考證】古鈔楓三南本、尹作史、與周公世家合、南本標記云、祝鄒之又反、殷之末孫季紂、【正義】周書作末孫受德、受德、紂字也、【考證】周書德字錯簡、殄廢先王明德、侮蔑神祇不祀、昬暴商邑百姓、其章顯聞于天皇上帝。【考證】古鈔楓三南本、先下有成字、古鈔南本、天皇作皇天、周書克殷解、先王作先成湯、天皇作昊天、於是武王再拜稽首。曰。膺更大命、革殷、受天明命。武王又再拜稽首、乃出。【考證】姚鼐曰、曰字是尹佚續讀筴也、此處敘事與霍光

傳讀奏於皇太后前、中夾以太后語相類、張文虎曰、此文亦本克殷解、文選王元長曲水詩注引周書云、膺受大命、革殷受天明命、與史同、今本逸周書失此十字、又曰、游王柯凌本、膺更下注、監本作受四字、蓋校者所加、愚按古鈔南本、再拜下無稽首二字、封商紂子祿父殷之餘民。武王爲殷初定未集、乃使其弟管叔鮮·蔡叔度相祿父治殷。【正義】地理志云、河內殷之舊都、周既滅殷、分其畿內爲三國、詩邶鄘衞是、邶以封紂子武庚、鄘管叔尹之、衞蔡叔尹之、以監殷民、謂之三監、帝王世紀云、自殷都以東爲衞、管叔監之、殷都以西爲鄘、蔡叔監之、殷都以北爲邶、霍叔監之、是爲三監、按二說各異、未詳孰是、【考證】崔述曰、春秋傳云、管蔡啓商、惎間王室、王於是乎殺管叔而蔡蔡叔、又云、管蔡爲戮、周公右王、無有一言及霍叔者、史記殷周本紀亦但言管蔡、不言霍叔、皆與左傳合、管蔡世家稱封叔鮮於管、封叔度於蔡、下云二人相紂子武庚祿父、稱封叔鮮叔度於霍、則不言是、然則霍叔未嘗監殷明矣、尚書大傳漢書地理志所云、亦皆與左傳史記說同、不言霍叔、由是言之、以殷畔者止管蔡二叔、而無霍叔、故左傳云、周公弔二叔之不咸、不稱三叔也、至皇甫謐作帝王世紀、始稱殷都以北爲邶、霍叔監之、僞尚書緣此采左傳語而增之、遂有致辟管叔于商、囚蔡叔于郭鄰、以車七乘、降霍叔于庶人、三年不齒之文、無稽之說、不足據也、陳啓源曰、殷既三分、三叔當分治、漢志既言管蔡衞鄘、則霍叔監邶、不言可知、又與武庚同國、故略而弗著、非謂武庚亦一監也、蓋二叔監之於外、以戢其羽翼、霍叔監之於內、以定其腹心、當日制殷方畧、想當如此、愚按書金縢篇云、武王既喪、管叔及其羣弟乃流言於國曰、公將不利於孺子、既言羣弟、其非蔡叔一人可知、書序漢志大傳、皆有三監之語、逸

周書作雒解云、武王克殷、乃立王子祿父、俾守殷祀、建管叔于東、建蔡叔霍叔于殷、俾監殷臣、據此則言霍叔監殷者、不始於皇甫謐、正義後說近是、已而命召公釋箕子之囚、【集解】徐廣曰、釋一作原、命畢公釋百姓之囚、表商容之閭、命南宮括散鹿臺之財、發鉅橋之粟、以振貧弱萌隸、命南宮括·史佚展九鼎保玉、【集解】徐廣曰、保一作寶、【考證】古鈔南本、財作錢、與治要所引合、周書史佚上南宮括作南宮伯達、展作遷、保玉作三巫、閎白駒曰、保讀爲葆、與寶同、命閎夭·封比干之墓、【正義】封謂益其土、及畫疆界、括地志云、比干墓在衞州汲縣北十里二百五十步、【考證】張文虎曰、尚書武成疏引句在表商容下、疑今本錯、命宗祝享祠于軍、乃罷兵西歸。【考證】諸侯兵來會以下、采周書克殷解、行狩、記政事作武成。【集解】孔安國曰、武功成也、【考證】以上采尚書武成序、古鈔、楓三、南本、行下有巡字、封諸侯、班賜宗彝、作分殷之器物。【集解】鄭玄云、宗彝、宗廟樽也、作分器、著王之命及受物、【考證】以上采尚書分器序、殷之物三字、疑注文竄入、當作作分器、分器事見左傳定公四年、武王追思先聖王、乃褒封神農之後於焦、【集解】地理志、弘農陜縣有焦城、故焦國也、黃帝之後於祝、【正義】左傳云、祝其實夾

谷、杜預云、夾谷卽祝其也、服虔云、東海郡祝其縣也、帝堯之後於薊、【集解】地理志、燕國有薊縣、帝舜之後於陳、【正義】括地志云、陳州宛丘縣在陳城中、卽古陳國也、帝舜後遏父爲周武王陶正、武王賴其器用、封其子嬀滿於陳、都宛丘之側、大禹之後於杞。【正義】括地志云、汴州雍丘縣、古杞國、地理志云、古杞國、此城周武王封禹後於杞、號東樓公、二十一代爲楚所滅、【考證】禮記樂記云、武王克殷反商、未及下車、而封黃帝之後於薊、封帝堯之後於祝、封帝舜之後於陳、下車而封夏后氏之後於杞、投殷之後於宋、呂氏春秋愼大篇云、武王勝殷、未下車、封黃帝之後於鑄、封帝堯之後於黎、封帝舜之後於陳、下車命封夏后氏之後於杞、立成湯之後於宋、以奉桑林、與此異、於是封功臣謀士、而師尚父爲首封。封尚父於營丘、曰齊。【集解】爾雅曰、水出其前而左曰營丘、郭璞曰、今齊之營丘、淄水過其南及東、【正義】水經注、今臨菑城中有丘、云青州臨淄縣、古營丘之地、呂望所封齊之都也、營丘在縣北百步外城中、輿地志云、秦立爲縣、城臨淄水、故曰臨淄也、封弟周公旦於曲阜、曰魯。【集解】應劭曰、曲阜在魯城中、委曲長七八里、【正義】帝王世紀云、炎帝自陳營都於魯曲阜、黃帝自窮桑登帝位、後徙曲阜、少昊邑于窮桑、以登帝位、都曲阜、顓頊始都窮桑、徙商丘、窮桑在魯北、或云窮桑卽曲阜也、又爲大庭氏之故國、又是商奄之地、皇甫謐云、黃帝生於壽丘、在魯城東門之北、居軒轅之丘、於山海經云、此地窮桑之際、西射之南是也、括地志云、兗州曲阜縣外城、卽周公旦子伯禽所築、古魯城也、【考證】正義山海經上於字疑衍、封召公奭於

燕。【正義】封帝堯之後於薊，封召公奭於燕，觀其文，稍似重也。水經注云：薊城內西北隅有薊丘，因取名焉。括地志云：燕山在幽州漁陽縣東南六十里。宗國都城記云：周武王封召公奭於燕，地在燕山之野，故國取名焉。按：周封以五等之爵，薊、燕二國俱武王立，因燕山、薊丘爲名，其地足自立國。薊微燕盛，乃并薊居之，薊名遂絕焉。今幽州薊縣，古燕國也。封弟叔鮮於管、【正義】括地志云：鄭州管城縣外城，古管國城也。周武王弟叔鮮所封。弟叔度於蔡。【正義】括地志云：豫州北七十里上蔡縣，古蔡國，武王封弟叔度於蔡是也。縣東十里有蔡岡，因名也。【考證】徐孚遠曰：管、蔡俱有分地，而作殷監，蓋雖已受封，而未就國，以監殷民爲重任，猶周公封魯而身相周也。餘各以次受封。【考證】左傳昭公二十八年，成鱄曰：武王克商，光有天下，其兄弟之國者十有五人，姬姓之國者四十人。僖二十四年，富辰曰：周公弔二叔之不咸，故封建親戚，以蕃屏周。管、蔡、郕、霍、魯、衛、毛、聃、郜、雍、曹、滕、畢、原、酆、郇，文之昭也。邘、晉、應、韓，武之穆也。凡、蔣、邢、茅、胙、祭，周公之胤也。崔述曰：周之封同姓，成鱄以爲武王，富辰以爲周公，以經傳考之，衞封於武王世，魯與晉封於成王世，二子之言，皆不盡合。而姬姓之國，至於四十，晉、韓、邢、茅，必在其內，武王必不自封其子，周公尤不得自封其子也。蓋古人之文，多舉其大略，以克商自武王，故多推本武王言之，富辰與召公對舉，則稱周公，其實乃陸續所封，不可概謂之武王，尤不得專屬之周公也。武王徵九牧之君，登豳之阜，以望商邑。【正義】括地志云：豳州三水縣西十里有豳原，周先公劉所都之地也。豳城在此原上，因公爲名。按：蓋武王登此城望商邑。【考證】周書豳作汾，陳仁錫曰：豳原作汾，汾在河北，因汾與邠相近，遂誤爲豳。梁玉繩曰：汾近朝

歌，即郡國志潁川襄城縣之汾丘，若在栒邑之豳，何從登其阜以望商邑乎。姚鼐曰：商、河南之亳，偃師也。此即下文南望三塗、北望嶽鄙之事。武王至于周，自夜不寐。【正義】周，鎬京也。武王伐紂，還至鎬京，憂未定天之保安，故自夜不得寐也。周公旦即王所，曰：曷爲不寐。王曰：告女：維天不饗殷，自發未生，於今六十年。【考證】中井積德曰：是語不足據也。然其敘年紀，則當曰自發未生，於今六十年，是武王年少於六十也。而或者乃云武王八十四即位，妄甚。麋鹿在牧，【集解】徐廣曰：此事出周書及隨巢子，云夷羊在牧。牧，郊也。夷羊，怪物也。蜚鴻滿野。【索隱】按：高誘曰：蜚鴻，蠛蠓也。言飛蟲蔽田滿野，故爲災，非是鴻鴈也。隨巢子作飛拾，飛拾，蟲也。【正義】淮南子云：夷羊在牧。按：夷羊，怪獸也。此云蜚鴻滿野，淮南子云：飛蜚滿野。高誘注云：蜚，蟬蠛蠓之屬也。按：飛鴻拾蜚，則鳥蟲各別，亦須隨文解之，不得引高誘解此也。既云麋鹿在牧，蠓蠛又在野外，則比干、商容之屬，忠賢何厝。詩見鴻鴈篇，此文飛鴻用比也。箕子、微子、比干、商容被其放棄，若飛野外，或殺或去，後君子庶免疑焉。蜚音飛，古飛字也。於今，猶當今。於今六十年，從帝乙十年至伐紂年也。麋鹿在牧，喻讒佞小人在朝位也。飛鴻滿野，喻忠賢君子見放棄也。言紂父帝乙立後，殷國益衰，至伐紂六十年，閉諂佞小人在於朝位，忠賢君子放遷於野。故詩云：鴻鴈于飛，肅肅其羽，之子于征，劬勞于野。毛萇云：之子，侯伯卿士也。鄭玄云：鴻鴈知避陰陽寒暑，喻民知去無道，就有道。【考證】姚鼐曰：麋鹿在牧，蜚鴻滿野，今逸周書作夷羊在牧，然鼐意以史記爲是，此即孟子所謂沛澤多而禽獸至。中井積德曰：麋鴻以見田野荒蕪，人民流離之狀也。天

不享殷，乃今有成。【索隱】言上天不歆享殷家，故見災異，我周今乃有成王業者也。維天建殷，其登名民三百六十夫，不顯亦不賓滅，以至今。【集解】徐廣曰：一云不顧亦不賓成。一又云：不顧亦不恤也。【索隱】言天初建殷國，亦登進名賢之人三百六十夫，既無非大賢，未能興化致理，故殷家不大光昭，亦不既擯滅，以至于今也。亦見周書及隨巢子，頗復脫錯，而劉氏音破六爲古，其字義亦無所通。徐廣云：一本作不顧亦不賓成，蓋是學者以周書及隨巢不同，遂音改易耳。隨巢子曰：天鬼不顧，亦不賓滅。天鬼即天神也。【考證】姚鼐曰：言殷有名賢三百六十，既不顯用，亦不賓禮，滅字屬下讀，蔑棄之意。言棄以至今，裴駰屬上讀，非也。張照曰：即詩殷鑒不遠之意，故下文云我未定天保，何假寐，求賢以自輔，而輾轉反側也。我未定天保，何暇寐。【正義】言殷雖有不明之臣，猶不棄絕其國，以至于今，我雖滅殷，尚未定知天之保安我否，何暇寐而不憂乎。【考證】岡白駒曰：定天保，保定天命也。詩：天保定爾，亦孔之固。王曰：定天保，依天室，悉求夫惡，貶從殷王受。【索隱】言今悉求取夫惡人不知天命不順周者，咸貶責之，與紂同罪，故曰貶從殷王受。【正義】貶，退也。受，紂名也。言武王遍求諸罪惡，咸貶退之，莫從殷王受之教令，令歸周之聖化也。【考證】岡白駒曰：天室，帝居也。中井積德曰：天室，蓋土中之謂也。天以爲帝者之宅者。悉求二句未詳。梁玉繩曰：錢唐邵氏泰衢史記疑問云：悉求不順，罪竝殷王，孰謂武王聖德，竟等暴秦之阬誅哉。吹景集依周書，悉作志，我共惡，專從殷王紂，其論云：索隱之說非也，殲厥渠魁，脅從罔治，曾聖人而淫刑以逞乎。言志我共惡之所共殷

惡者，亦惟從紂爲虐，如費仲、惡來、蜚餘，固無所問也。書多方曰：我惟大降爾命，爾罔不知降宥也。即其義。錢唐王孝廉庚期云：從，由也。謂當日指以爲惡而貶斥者，乃由于殷王受之不明黜陟，今悉求其人而昭雪之。王說是。愚按：是解亦晦澁難通，姑書備考。日夜勞來我西土。【集解】徐廣曰：一云肯來。【索隱】七字連作一句讀。【正義】勞來，上郎到反，下郎代反，謂撫循慰勉也。我維顯服，及德方明。【正義】服，事也。武王荅周公云：定知天之安保我位，得依天之宮室，退除殷紂之惡，日夜勞民，又安定我之西土，我維明於事，及我之德教施四方，明行之，乃可至於寢寐也。自此已上至武王至于周，自夜不寐，周公問之，故先書。【考證】方苞曰：顯服與尚書自服于土中同義，言我思修明政事，當及我德方明，四方歸往之日，而大營土中，爲朝會之地也。自洛汭延于伊汭，居易毋固，其有夏之居。【集解】徐廣曰：夏居河南，初在陽城，後居陽翟。【索隱】言自洛汭及伊汭，其地平易，無險固，是有夏之舊居。【正義】括地志云：自禹至太康，與唐虞皆不易都城，然則居陽城爲禹避商均時，非都之也。帝王世紀云：禹封夏伯，今河南陽翟是。汲冢古文云：太康居斟尋，羿亦居之，桀又居之。括地志云：故鄩城在洛州鞏縣西南五十八里也。【考證】張文虎曰：易字度邑解作陽，據集解正義，疑所見本亦作陽。愚按：居陽，猶言居上流，固、故通，毋故，無事也。我南望三塗，北望嶽鄙，顧詹有河，【集解】徐廣曰：周書度邑曰：武王問太公曰：吾將因有夏之居也，南望過于三塗，北詹望于有河。【索隱】杜預云：三塗在陸渾縣南。嶽，蓋河北太行山。鄙，都鄙，謂近嶽之邑。度邑，周書篇名。度音徒各反。【正義】括地志云：太行恆山連延，東北接碣石，西北

接嶽山，言北望太行恆山之邊鄙都邑也。又晉州霍山，一名太岳，在洛西北，恆山在洛東北，二說皆通。釋例地名云，三途在河南陸渾縣南五十里。【考證】古鈔本楓三南本詹作瞻，下同，與周書合。

粤詹雒伊，毋遠天室。【正義】粤者，審慎之辭也。言審慎瞻雒伊二水之陽，無遠離此爲天室也。營周居于雒邑而後去。【正義】括地志云，故王城，一名河南城，本郟鄏，周公新築，在洛州河南縣北九里苑內東北隅。自平王以下十二王皆都此城，至敬王乃遷都成周，至赧王又居王城也。帝王世紀云，王城西有郟鄏陌。左傳云，成王定鼎於郟鄏。京相璠地名云，郟，山名，鄏，邑名。【考證】武王徵九牧之君以下，采周書度邑解文。崔述曰，此本逸周書之文，其意淺而晦，其詞煩而溢，與尚書大不類。且周公之宅洛，以殷民之遷也，是時不惟未遷，兼亦未畔，宅洛何所取焉。將以爲朝會道里均，則又無一言及之。蓋後世之人，聞周公之宅洛而不得其故，揣度之而以爲武王之所命耳。參存。

縱馬於華山之陽，【正義】華山在華陰縣南八里。山南曰陽也。放牛於桃林之虛，【集解】孔安國曰，桃林在華山東。【正義】括地志云，桃林在陝州桃林縣西。山海經云，夸父之山，其北有林焉，名曰桃林，廣員三百里，中多馬。湖水出焉，北流入河也。【考證】楓三南本虛作墟。偃干戈，振兵釋旅，【集解】公羊傳曰，入曰振旅。示天下不復用也。【考證】以上本禮記樂記，又見呂氏春秋愼大篇、韓詩外傳三。王世貞曰，縱馬放牛云者，蓋官不復錄爲兵車用，置之民間，听其耕牧耳。方苞曰，馬牛皆徵之井甸者，事畢縱放，使有司受而還之也，必於野外者，車徒至衆，非城邑所能容也。

武王已克殷後二

年，問箕子殷所以亡。箕子不忍言殷惡，以存亡國宜告。【集解】徐廣曰，存一作前。【索隱】六字連一句讀。【正義】箕子，殷人，不忍言殷惡，以周國之所宜言告武王。武王爲洪範九類。武王以類問天道。【考證】梁玉繩曰，評林王鏊云，此句疑有誤，不可解。方氏補正云，此隱括洪範而爲言也。鯀殛禹興，存亡之迹，九疇皆有國者所宜用，說本正義。王孝廉云，依方氏說，則下文不可接。蓋下文問天道，乃陳範耳。竊意存亡國，即興滅繼絕之意，宜者義也，以義所當行者告武王。武王亦醜，故問以天道。【考證】洪範經及序不言此事，史公蓋有所傳。醜、愧同。慶長本校注云，一本無故字。

武王病，天下未集，羣公懼，穆卜。【集解】孔安國曰，穆，敬也。周公乃祓齋，【正義】祓音廢，又音拂。齋音札皆反。祓謂除不祥求福也。自爲質，欲代武王。【正義】質音至。周公祓齋，自以贄幣告三王，請代武王。武王病乃瘳也。【考證】楓三南本作贄。中井積德曰，自爲贄，以軀爲贄。武王有瘳。後而崩。【集解】徐廣曰，封禪書曰，武王克殷二年，天下未寧而崩。皇甫謐曰，武王定位元年，歲在乙酉，六年庚寅崩。【索隱】按皇覽曰，文王、武王、周公冢，皆在京兆長安鎬聚東社中也。【正義】括地志云，武王墓在雍州萬年縣西南二十八里畢原上也。【考證】武王病以下，本書金縢。梁玉繩曰，武王在位之年，無經典明文，封禪書作二年，漢書律歷志作八年，竝爲西伯十一年，而詩豳風譜疏謂鄭氏以武王疾瘳後二年崩，是在位四年，又引王肅云，伐紂後六年崩，周書明堂解、竹書紀年及周紀集解引皇甫謐竝云六年，管子小問篇作七年，淮南子要略訓作三年，路史發揮夢齡篇注合武

王嗣西伯爲七年，所說不同。後儒多從管子，如稽古錄、外紀、通志等，俱是七年。余謂當依周書爲近。又曰，後下有闕文。愚按古鈔本後下有二年二字。禮記云，武王年九十三，未必信。

太子誦代立。是爲成王。成王少，周初定天下，周公恐諸侯畔。周公乃攝行政當國。管叔·蔡叔羣弟疑周公，與武庚作亂畔周。周公奉成王命，伐誅武庚·管叔，放蔡叔，以微子開代殷後，國於宋。【正義】今宋州也。【考證】賈誼曰，成王年六歲即位享國。鄭玄曰，武王崩時，成王年十歲。王肅曰，武王崩，成王年十三。公羊傳正義引古尚書說云，武王崩時，成王年十三。諸說不一。愚按書金縢云，周公居東二年，秋，王與大夫盡弁，以啓金縢之書，則成王是時已冠矣。曰武王崩時年十三者近是。古鈔楓三南本管叔上有殺字，與御覽類聚所引合。周書作洛解云，管叔經而卒。以微子開代殷後，本書微子之命序。宋，今歸德府商邱縣。

頗收殷餘民，以封武王少弟封爲衞康叔。【正義】尚書洛誥云，我卜瀍水東，亦惟洛食，以居邶鄘衞之衆。又多士篇序云，成周既成，遷殷頑民。按是爲東周，古洛陽城也。括地志云，洛陽故城在洛州洛陽縣東北二十六里，周公所築，即成周城也。輿地志云，以周地在王城東，故曰東周。敬王避子朝亂，自洛邑東居此，以其迫阨不受王都，故壞翟泉而廣之。按武王滅殷國爲邶鄘衞，三監尹之。武庚作亂，周公滅之，徙三監之民於成周，頗收其餘衆，以封康叔爲衞侯，即今衞州是也。孔安國云，以三監之餘民，國

康叔爲衞侯，周公懲其數叛，故使賢母弟主之也。【考證】頗收以下，本書康誥序。中井積德曰，頗云者，其餘猶在邶鄘，其頑者固徙成周。衞，今河南衞輝府。

晉唐叔得嘉穀，獻之成王。【集解】鄭玄曰，二苗同爲一穗。成王以歸周公于兵所。【集解】徐廣曰，歸一作餽。周公受禾東土，魯天子之命。【集解】徐廣曰，尚書序云，旅天子之命。【考證】以上采書歸禾嘉禾序。中井積德曰，魯字衍。姚鼐說同。愚按書序亦無魯，旅通陳也。張文虎曰，命下當有作嘉禾三字。愚按三字不必補。初管·蔡畔周，周公討之，三年而畢定。故初作大誥，次作微子之命，【集解】孔安國曰，封命之書。【考證】南化本不重周字。次歸禾，次嘉禾，次康誥·酒誥·梓材。【集解】孔安國曰，告康叔以爲政之道，亦如梓人之治材也。【考證】以上本書序。古鈔本、楓、三、南本無次嘉禾三字。愚按有者是。其事在周公之篇。【考證】梁玉繩曰，公是書之誤。愚按此斥魯周公世家，非誤。周公行政七年。【考證】書洛誥，惟周公誕保文武受命，惟七年。周書明堂解、韓非子難篇、尚書大傳、禮記明堂位、韓詩外傳所記皆同。

成王長，周公反政成王，北面就羣臣之位。成王在豐。使召公復營洛邑，如武王之意。周公復卜，申視，卒營築，居九鼎焉。

曰。此天下之中、四方入貢、道里均。作召誥・洛誥。【考證】書召誥序云、成王在豐、欲宅洛邑、使召公先相宅、作召誥、洛誥序云、召公既相宅、周公往營成周、使來告卜、作洛誥、崔述曰、左傳宣公三年云、成王定鼎于郟鄏、卜世三十、卜年七百、則遷鼎於洛者成王也、而桓二年傳云、武王克商、遷九鼎於洛邑、與此異者、蓋古人之文、多大畧言之、遷鼎由於克商、克商武王之事、不可云成王克商遷九鼎於洛邑、故統之於武王耳、成王既遷殷遺民。周公以王命告。作多士・無佚。【考證】采書多士序、王若虛曰、多士爲殷民而作、無逸爲成王而作、在本紀、則幷無逸爲告殷民、在魯世家、則幷多士爲戒成王、不惟牴牾于經、而自相矛盾亦甚矣、召公爲保、周公爲師、【考證】采書君奭序、東伐淮夷、殘奄、【集解】鄭玄曰、奄國在淮夷之北、【正義】奄音於險反、括地志云、泗水徐城縣北三十里、古徐國、卽淮夷也、兗州曲阜縣奄里、卽奄國之地也、遷其君薄姑。【集解】馬融曰、齊地、【正義】括地志云、薄姑故城、在靑州博昌縣東北六十里、薄姑氏、殷諸侯、封於此、周滅之也、【考證】采書成王政將蒲姑序、書序薄姑作蒲姑、君下有于字、尙書大傳云、武王殺紂而繼公子祿父、使管叔蔡叔監祿父、武王死、成王幼、周公盛養成王、使召公奭爲傅、周公身居位、聽天下爲政、管叔疑周公、流言于國曰、公將不利于王、奄君薄姑謂祿父曰、武王既死矣、今王尙幼矣、周公見疑矣、此世之將亂也、請舉事、然後祿父及三監叛也、周公以成公之命殺祿父、遂踐奄、踐之云者、謂殺其身、執其家、瀦其宮、愚按、書序以蒲姑爲地名、此以薄姑爲奄君名、所傳不同、成王自奄

歸、在宗周。【正義】伐奄歸鎬京也、作多方。【集解】孔安國曰、告衆方天下諸侯、【考證】采書多方序、既絀殷命、襲淮夷、歸在豐。作周官。【集解】孔安國曰、言周家設官分職用人之法、古文尙書序、周官書篇名、【考證】采書周官序、興正禮樂、度制於是改、而民和睦、頌聲興。【集解】何休曰、頌聲者、太平歌頌之聲、帝王之高致也、成王既伐東夷、息愼來賀。王賜榮伯。作賄息愼之命。【集解】孔安國曰、賄、賜也、馬融曰、榮伯、周同姓、畿內諸侯、爲卿大夫也、【考證】成王既伐以下、采書賄肅愼之命序、書序賄作俾、成王將崩。懼太子釗之不任、【正義】釗、音招、又古堯反、任、而針反、乃命召公・畢公、率諸侯以相太子而立之。成王既崩。二公率諸侯、以太子釗見於先王廟、申告以文王・武王之所以爲王業之不易、務在節儉、毋多欲、以篤信臨之。作顧命。【集解】鄭玄曰、臨終出命、故謂之顧、顧將去之意也、【考證】成王將崩以下、采書顧命及序、太子釗遂立。是爲康王。康王卽位、徧告諸侯、宣告以文武之業以申之。作康

誥。【考證】康王卽位以下、采書康王之誥序、古鈔本、南本、康下有王字、愚按疑脫之王二字、故成康之際、天下安寧、刑錯四十餘年不用。【集解】應劭曰、錯、置也、民不犯法、無所置刑、【考證】中井積德曰、錯是廢舍之義、康王命作策。畢公分居里、成周郊。【集解】孔安國曰、分別民之居里、異其善惡也、成定東周郊境、使有保護也、作畢命。【考證】康王命以下、采書畢命序、序無公字、古鈔、南本無分字、康王卒。【考證】古鈔本、南化本、卒作崩、梁玉繩曰、史公諸本紀、天子皆書崩、而有書殺者五、周幽王・哀王・思王、及秦二世父子也、有書死者五、夏桀・殷武乙・辛・受・周厲王・秦武王也、或殘虐無道、或傷戕短命、其貶之固宜、而周紀又雜書卒者三、未曉何故、昭王不返、赧王遂亡、則降書以卒、猶可言耳、若康王之賢、與成並稱、豈得下同昭赧乎、夫前之文王、當書卒者也、而借書曰崩、此之康王、當書崩者也、而降書曰卒、失義例矣、愚按、史文作崩、古・南本可證、今本傳寫之訛、子昭王瑕立。昭王之時、王道微缺。昭王南巡狩不返、卒於江上。其卒不赴告。諱之也。【正義】帝王世紀云、昭王德衰、南征濟于漢、船人惡之、以膠船進王、王御船至中流、膠液船解、王及祭公俱沒于水中而崩、其右辛游靡長臂且多力、游振得王、周人諱之、【考證】左傳僖公四年云、昭王南征而不復、帝王世紀本呂氏春秋音初篇、振者振其尸也、立昭王子滿。是爲穆王。穆王卽位、春秋已五十矣。王道衰微。

穆王閔文武之道缺、乃命伯臩申誡太僕國之政。作臩命。復寧。【集解】孔安國曰、伯冏、臣名也、徐廣曰、誡一作部、應劭曰、太僕、周穆王所置、蓋太御、衆僕之長、中大夫也、【正義】尙書序云、穆王命伯臩爲太僕正、應劭云、太僕、周穆王所置、蓋太御、衆僕之長、中大夫也、【考證】王使伯冏申誡太僕以國政也、尙書序云、穆王命伯冏爲周大僕正、作冏命、與此異、梁玉繩曰、復寧、受上文武道缺而言、穆王將征犬戎。【集解】徐廣曰、一作畎、祭公謀父諫曰。不可。【集解】韋昭曰、祭、畿內之國、周公之後、爲王卿士、謀父、字也、【正義】括地志云、故祭城在鄭州管城縣東北十五里、鄭大夫祭仲邑也、釋例云、祭城在河南、上有敖倉、周公後所封也、先王燿德不觀兵。【正義】言先王以德光耀四方、不用兵革征伐也、夫兵戢而時動。動則威。觀則玩。玩則無震。【集解】韋昭曰、震、懼也、【考證】中井積德曰、震亦威也、是故周文公之頌曰。載戢干戈。載櫜弓矢。我求懿德、肆于時夏。允王保之。【集解】韋昭曰、文公、周公旦之謚、唐固曰、櫜、韜也、韋昭曰、言武王常求美德、故陳其功、於是夏而歌之、信哉武王能保此時夏之美、樂章大者曰夏、【正義】顧野王曰、戢、藏兵也、【考證】詩周頌時邁篇、夏指天下而言、武王求美德、而布其德於此中夏、信王天下而保有之也、韋注以夏爲夏聲、非、先王之於民也、茂正其德、而厚其

性、皐其財求、而利其器用、明利害之鄉、【集解】韋昭曰、鄉、方也、【考證】茂通作懋、勉也、汪遠孫曰、求、古賕字、賕亦財也、財賕與下器用作對文、愚按左傳文公十七年、晉郤缺解夏書云、正德利用厚生、謂之三事、與此相合、性卽生也、以文脩之、使之務利而辟害、懷德而畏威。故能保世以滋大。昔我先王世后稷、以服事虞夏。【集解】韋昭曰、謂弃與不窋也、唐固曰、父子相繼曰世、【考證】弃不窋、宜稱先公、然是王者之祖、子孫相語、尊爲先王、亦宜然之事、楚人曰、我先王熊繹、蓋亦此之類、中井積德曰、世猶世世也、棄之後、不窋之前、又有數世也、及夏之衰也、【正義】謂太康也、【考證】蓋孔甲以後、弃稷不務。【正義】言太康弃廢稷官。我先王不窋、用失其官、而自竄於戎狄之閒、不敢怠業、時序其德、遵脩其緒、【集解】徐廣曰、遵、一作選、【考證】國語遵作纂、古鈔、楓、三、南本、脩作循、愚按、脩字與下文複、作循爲長、脩其訓典、朝夕恪勤、守以敦篤、奉以忠信、奕世載德、不忝前人。【正義】前人、謂后稷也、言不窋亦世載德、不忝后稷、及文王武王、無不務農事、【考證】楓、三、南本、載作戴、至于文王・武王、昭前之光明、而加之以慈和、事神保民、無不

欣喜。商王帝辛、大惡于民。庶民不忍、訢戴武王、以致戎于商牧。【正義】紂近郊地、名牧野、【考證】兪樾曰、大惡於民、猶云大虐於民、是故先王非務武也。勤恤民隱、而除其害也。夫先王之制、邦內甸服、邦外侯服、侯衛賓服、【集解】韋昭曰、此總言之也、侯、侯圻、衛、衛圻也、【考證】隱、痛也、邦字不諱者、何也、夷蠻要服、戎翟荒服。【考證】周語夷蠻作蠻夷、甸服者祭、【集解】韋昭曰、供日祭、侯服者祀、【集解】韋昭曰、供月祀、賓服者享、【集解】韋昭曰、供時享、要服者貢、【集解】韋昭曰、供歲貢、荒服者王。【集解】韋昭曰、王、王事天子也、詩曰、莫敢不來王、【正義】終一王而繼立者、乃來朝享、日祭、月祀、時享、歲貢、終王、先王之順祀也。【集解】徐廣曰、外傳云、先王之訓、【考證】順讀爲訓、祀字涉上文誤衍、周語無、有不祭則脩意。【集解】韋昭曰、先脩志意以自責也、畿內近、知王意也、有不祀則脩言。【集解】韋昭曰、言、號令也、有不享則脩文。【集解】韋昭曰、文、典法也、有不貢則脩名。【集解】韋昭曰、名、謂尊卑職貢之名號也、有不王則脩德。【集解】韋昭曰、遠人不服、則脩文德以來之、序成而有不至、

則脩刑。【集解】韋昭曰、序成、謂上五者次序已成、有不至、則有刑罰也、於是有刑不祭、伐不祀、征不享、讓不貢、告不王。於是有刑罰之辟。有攻伐之兵。有征討之備。有威讓之命。有文告之辭。布令陳辭、而有不至、則增脩於德、無勤民於遠。【正義】言勤憂萬民、無嫌於遠也、【考證】勤、勞也、言不遠征蠻夷、是以近無不聽、遠無不服。今自大畢伯士之終也、【集解】徐廣曰、犬戎之君、犬戎氏以其職來王。【正義】賈逵云、大畢伯士、犬戎氏之二君也、白狼白鹿、犬戎之職貢也、按大畢伯士終後、犬戎氏常以其職來王、天子曰。【正義】祭公申穆王之意、故云天子曰、予必以不享征之、且觀之兵。無乃廢先王之訓。而王幾頓乎。【正義】幾、音祈、【考證】古鈔、楓、三、南本、兵下有矣其二字、韋昭曰、幾、危也、頓、敗也、兪樾曰、幾、語詞、其也、王幾頓乎、王其頓乎、頓者疲勞之意、吾聞犬戎樹敦、【集解】徐廣曰、樹、一作樕、駰案、韋昭曰、樹、立也、言犬戎立性敦篤也、【考證】中井積德曰、樹、建國也、愚按、樹敦、犬戎國主名、諸說恐非、率舊德而守終純。固其有以禦我矣。【正義】犬戎能守終極純一堅固之德、必有禦王師也、【考證】龜井昱曰、

率舊德、率大畢伯士之舊業也、愚按、守終純句、固字屬下讀、王遂征之。得四白狼四白鹿以歸。自是荒服者不至。諸侯有不睦者。【考證】穆王將征以下、采國語周語、封內甸服至歲貢終王、又見荀子正論篇、甫侯言於王、作脩刑辟。【集解】鄭玄曰、書說云、周穆王以甫侯爲相、【考證】尚書甫作呂、孔疏云、禮記書傳引此篇多稱爲甫刑、詩崧高云、生甫及申、揚之水云、不與我戍甫、明子孫改封甫侯、不知因呂國改爲甫名、不知別封爲甫號、然子孫封甫、穆王時未有甫名、後人以子孫之國號名之、宣王以後改呂爲甫也、崔述曰、呂與甫古多通用、故崧高揚水皆作申甫、而春秋傳作申呂、此蓋傳寫異文、王曰。吁、來、有國有土。告汝祥刑。【集解】孔安國曰、告汝善用刑之道也、在今爾安百姓。何擇非其人。【集解】王肅曰、訓以安百姓之道、當何所選擇乎、非當選擇賢人乎、何敬非其刑。何居非其宜與。【集解】孔安國曰、當何所敬、非唯五刑、當何所居、非唯及世輕重所宜乎、【考證】今本尚書何居非其宜作何度非及、史公讀度爲宅、故以居易之、居猶處置也、兩造具備、【集解】徐廣曰、造、一作遭、【考證】周禮、以兩造聽民訟、注、造、至也、使訟者兩至、錢大昕曰、徐廣云、造一作遭、兩遭猶兩曹、說文、曹、獄之兩曹也、師聽五辭。【集解】孔安國曰、兩、謂囚證、造、至也、兩至具備、則衆獄官聽其入五刑辭、【正義】漢書刑法志云、五聽、一曰辭聽、二曰色聽、三曰氣聽、四曰耳聽、五曰目聽、周禮云、辭不直則言繁、目不直則視眊、耳不直則對荅惑、色

不直則貌赧，氣不直則數喘也。五辭簡信，正於五刑。【集解】孔安國曰：五辭簡核，信有罪驗，則正之於五刑矣。五刑不簡，正於五罰。【集解】孔安國曰：不簡核，謂不應五刑，當正五罰，出金贖罪也。【正義】應，乙陵反，下同。應，當也。【考證】沈家本曰：舊說五罰即贖刑，然以呂刑之文攷之，罰與贖爲二事，言五罰是罰有五等，五罰次于五刑，則五刑當各有罰，此五罰當刑也，非疑而赦者也。五罰有疑則赦，從免矣。五罰不服，正於五過。【集解】孔安國曰：不服，不應罰也，正於五過，從赦免之。五過之疵，官獄、內獄，閱實其罪。【集解】孔安國曰：使與罰名相當。【索隱】按呂刑云：惟官、惟反、惟內、惟貨、惟來，今此似闕少，或從省文。【正義】官獄謂公案正直也，內獄謂心案無枉濫也。【考證】孫星衍曰：官獄內獄者，舉其重也。官獄，謂貴官之獄，內獄，謂中貴之獄，或投高明，或投鼠忌器也。惟鈞其過。【集解】馬融曰：以此五過出入人罪，與犯法者等。五刑之疑有赦，五罰之疑有赦，其審克之。【集解】孔安國曰：刑疑赦從罰，罰疑赦從免，其當清察能得其理也。【考證】疑，謂其法可議，其情可矜者，說詳下文。簡信有衆，惟訊有稽。【集解】孔安國曰：簡核誠信，有合衆心，惟察其貌，有所考合，重之至也。【索隱】惟訊，訊依尚書音貌也。【考證】尚書訊作貌，史公所傳異。訊，鞫也。集解楓三本重下有刑字，與書傳合。無簡不疑，共嚴天威。【集解】孔安國曰：無簡核誠信，不聽治其獄，當嚴敬天威，無輕用刑。【考證】段玉裁曰：疑，經作聽，作疑乃今文。張文虎曰：集解但引書傳，索

隱、正義無辨，是所見本皆作聽，今本傳寫誤。黥辟疑赦，其罰百率，閱實其罪。【集解】徐廣曰：率即鍰也，音刷。孔安國曰：六兩曰鍰。鍰，黃鐵也。【索隱】鍰，黃鐵。鋝亦六兩，故馬融曰：鋝，量名，與呂刑鍰同。舊本率亦作選。劓辟疑赦，其罰倍灑，閱實其罪。【集解】徐廣曰：灑一作蓰，五倍曰蓰。孔安國曰：倍百爲二百鍰也。【索隱】灑音屣，蓰音所解反。【考證】梁玉繩曰：蓰者五倍之名，臏刑重于劓，刑罰止倍差，豈有劓刑加罰倍蓰之理，當依呂刑作惟倍。中井積德曰：灑字蓋衍文。臏辟疑赦，其罰倍差，閱實其罪。【集解】馬融曰：倍二百爲四百鍰也，差者又加四百之三分一，凡五百三十三三分一也。【正義】倍中之差，二百去三分一，合三百三十三鍰二兩也。宮刑其罰五百，臏刑既輕，其數豈加，故知孔、馬之說非也。【考證】中井積德曰：倍差，謂倍而又有等差也。倍爲四百鍰，較重者五百鍰，輕者三百鍰，皆臏罰也。宮辟疑赦，其罰五百率，閱實其罪。【集解】徐廣曰：五，一作六。大辟疑赦，其罰千率，閱實其罪。【考證】馬端臨曰：熟讀呂刑，哀矜惻怛之意，千載之下，猶使人爲之感動，且拳拳乎訖富惟貨之誡，則其不爲聚斂征求設也審矣。其曰墨辟疑赦，其罰百鍰，蓋謂犯墨法之中疑其可赦者，不遽赦之，而姑取其百鍰以示罰耳。繼之曰閱實其罪，蓋言罪之無疑則刑，可疑則贖，皆當閱其實也。其所謂疑者何也，蓋唐虞之時，刑清律簡，是以贖金之法，止及鞭扑，而五刑無贖法。至於周而律之繁極矣，五刑之屬至于三千，若一按之律，盡從而刑之，莫非投機觸罟者，天下之人，無完膚矣。是以穆王哀之，而五刑之疑，各以贖論，姑以大辟之

一條言之，夫所犯者死罪，而聽其贖金以免，誠不可以訓也。然大辟之屬二百，則豈無疑赦而在可議之列者，有如殺人反逆之類，則是不可不殺，雖萬鍰亦難貰死矣。而二百之屬，其罪不皆至此也，以經傳考之，其在周，則王制之析言破律、行僞學非、酒誥之羣飲，其在漢，則列侯坐酎金不敬、將帥出師失期之類，於律皆死罪也，而其情則可矜，其法則可議，豈必盡殺之乎，此則死罪之疑赦者也。意周所以斷斯獄，必在其罰千鍰之科，而漢制則不過或除其國，或贖爲庶人，亦其遺意也。蓋哀矜庶獄，乃此書之大旨，贖特其一事。墨罰之屬千，劓罰之屬千，臏罰之屬五百，宮罰之屬三百，大辟之罰其屬二百。五刑之屬三千。命曰甫刑。【考證】甫侯言於王以下，采尚書呂刑。周官秋官司刑，掌五刑之法，以麗萬民之罪，墨罪五百，劓罪五百，宮罪五百，刖罪五百，殺罪五百，與此異。穆王立五十五年崩。【考證】左傳僖公十二年云，穆王欲肆其心，周行天下，將皆必有車轍馬跡焉，祭公謀父作祈招之詩，以止王心，王是以獲沒於祇宮。穆王巡遊事，見秦本紀及列子穆王篇、穆天子傳。又按呂刑云，穆王享國百年，此云立五十五年崩，何也。子共王繄扈立。【索隱】系本作伊扈。共王游於涇上。密康公從，【集解】韋昭曰：康公，密國之君，姬姓也。【正義】括地志云：陰密故城在涇州鶉觚縣西，東接縣城，故密國也。有三女奔之。其母曰：必致之王。【集解】列女傳曰：康公母姓隗氏。夫獸三爲羣，人三爲衆，

女三爲粲。王田不取羣，【正義】曹大家云：羣、衆、粲，皆多之名也。田獵得三獸，王不盡收，以其害深也。【考證】韋昭曰：粲，美貌也。不取羣，不盡羣。中井積德曰：三獸在一處者，不掩盡取之也。公行下衆，【正義】曹大家云：公，諸侯也。公之所行，與衆人共議也。【考證】各本公行下有不字，古鈔、楓、三、南本無，與國語、列女傳合。梁玉繩、張文虎皆云當衍，今削。韋昭曰：下衆，不敢誣衆也。禮，國君下卿位，過衆則式，禮之也。王御不參一族。【集解】韋昭云：御，婦官也。參，三也。一族，一父子也。故取姪娣以備三，不參一族之女也。夫粲，美之物也。衆以美物歸女，而何德以堪之。王猶不堪，況爾之小醜乎。小醜備物，終必亡。康公不獻。一年，共王滅密。【考證】共王游以下，采國語周語。共王崩，子懿王囏立。【索隱】世本作堅。懿王之時，王室遂衰，詩人作刺。【索隱】宋忠曰：懿王自鎬徙都犬丘，一曰廢丘，今槐里是也。時王室衰，始作詩也。【考證】古鈔、楓、三、南本之時作立。漢書匈奴傳云，懿王時，戎狄交侵，中國被其苦，詩人始作疾而歌之曰：靡室靡家，獫允之故。懿王崩，共王弟辟方立，是爲孝王。孝王崩，諸侯復立懿王太子燮，是爲夷王。【正義】紀年云：三年，致諸侯，烹齊哀公于鼎。帝王世紀云：十六年崩也。【考證】張文虎曰：辟方，世表無辟字。詩王風譜引此紀，與今本同。崔述

曰、懿王之崩、子若弟不得立、而立孝王、孝王之崩、子又不立、而仍立懿王子、此必皆有其故、史失之耳、齊侯烹、又見齊世家及公羊傳莊公四年、夷王崩。〔考證〕左傳昭公二十六年云、至于夷王、王愆于厥身、諸侯莫不竝走其望、以祈王身、禮記郊特牲云、下堂而見諸侯、天子之失禮、由夷王以下、子厲王胡立。厲王即位三十年、〔考證〕芮良夫諫用榮夷公、與召公諫監謗二事、國語不記其年、他書亦無所徵、此云即位三十年、下云三十四年、未知何據、好利近榮夷公。大夫芮良夫諫厲王曰。〔正義〕芮伯也、〔考證〕周語無諫厲王三字、王室其將卑乎。夫榮公好專利、而不知大難。夫利百物之所生也。天地之所載也。而有專之。其害多矣。〔考證〕周語有作或、天地百物皆將取焉、何可專也。所怒甚多、而不備大難。以是教王、王其能久乎。〔考證〕龜井昱曰、榮公害物多、故物之怒亦多也、愚按教王者榮公也、夫王人者、將導利而布之上下者也。使神人百物無不得極。猶日怵惕、懼怨之來也。〔集解〕韋昭曰、極、中也、〔正義〕極至也、夫王人者、將導引其利而偏布之命、上下共同也、故神人百物皆得至其利而猶日怵惕恐懼之來責也、怵、人質反、〔考證〕各本日作曰、今

依正義及古鈔、中彭本、中韓本、陳仁錫引古本、羣書治要訂、周語亦作日、故頌曰。思文后稷、克配彼天。立我蒸民、莫匪爾極。大雅曰。陳錫載周。〔集解〕唐固曰、言文王布錫施利、以載成周道也、〔考證〕詩周頌思文、大雅文王、是不布利而懼難乎。故能載周以至于今。今王學專利。其可乎。匹夫專利、猶謂之盜。王而行之、其歸鮮矣。榮公若用、周必敗也。〔考證〕三南本、歸下有者字、韋昭曰、歸附周者寡矣、厲王不聽。卒以榮公爲卿士用事。王行暴虐侈傲。國人謗王。召公諫曰。民不堪命矣。〔集解〕韋昭曰、召康公之後穆公虎、爲王卿士也、王怒。得衞巫使監謗者。〔集解〕韋昭曰、衞國之巫也、以巫人神靈、有謗毀必察也、〔正義〕監、音口銜反、監、察也、以告則殺之。其謗鮮矣。諸侯不朝。三十四年、王益嚴。國人莫敢言。道路以目。〔集解〕韋昭曰、以目相眄而已、厲王喜、告召公曰。吾能弭謗矣。乃不敢言。召公曰。是鄣之也。防民之口、甚於防水。

水壅而潰、傷人必多。民亦如之。是故爲水者決之使導。爲民者宣之使言。故天子聽政、使公卿至於列士獻詩。〔正義〕上詩風刺、瞽獻曲。〔集解〕韋昭曰、曲、樂曲、史獻書〔正義〕史、太史也、上書諫、師箴、〔正義〕音針、師、樂太師也、上箴戒之文、瞍賦〔集解〕韋昭曰、無眸子曰瞍、賦公卿列士所獻詩也、矇誦、〔集解〕韋昭曰、有眸子而無見曰矇、周禮、矇主弦歌諷誦箴諫之語也、百工諫、庶人傳語、〔集解〕韋昭曰、庶人卑賤、見時得失、不得達、傳以語王、〔正義〕傳音逐緣反、庶人微賤、見時得失、不得上言、乃在街巷相傳語、近臣盡規、〔集解〕韋昭曰、近臣驂僕之屬、〔正義〕規度時之得失也、〔考證〕兪樾曰、盡、蓋通、爾雅釋詁、蓋、進也、親戚補察、〔正義〕言親戚補王過失、及察是非也、瞽史教誨、〔集解〕韋昭曰、瞽、樂太師、史、太史也、耆艾脩之、〔集解〕韋昭曰、耆艾、師傅也、脩理瞽史之教、以聞於王、〔考證〕中井積德曰、修之二字、都承前文、不止瞽史、而后王斟酌焉。是以事行而不悖。民之有口也、猶土之有山川也。財用於是乎出。猶其有原隰衍沃也。衣食於是乎生。〔集解〕唐固曰、下平曰衍、有溉曰沃、口之宣言也、善敗於是乎興。

行善而備敗、所以產財用衣食者也。夫民慮之於心、而宣之於口、成而行之。若壅其口、其與能幾何。王不聽。於是國莫敢出言。〔考證〕張文虎曰、詩小大雅譜疏引、國下有人字、三年乃相與畔襲厲王。厲王出奔於彘。〔集解〕韋昭曰、彘、晉地、漢爲縣、屬河東、今曰永安、〔正義〕括地志云、晉州霍邑縣本漢彘縣、後改彘曰永安、從鄗彘晉也、〔考證〕厲王即位以下、采國語周語、今平陽府霍州有彘城、元和志、即周厲王所奔之地、厲王太子靜、匿召公之家。國人聞之、乃圍之。召公曰。昔吾驟諫王。王不從、以及此難也。今殺王太子、王其以我爲讎而懟怒乎。夫事君者、險而不讎懟、〔集解〕韋昭曰、在危險之中、〔考證〕古鈔、楓、三、南本、讎而懟怒、作懟而怒、不下無讎字、與國語合、兪樾曰、險與慊通、恨也、與下句怨而不怒一律、怨而不怒。況事王乎。乃以其子代王太子。太子竟得脫。〔考證〕以上采國語周語、崔述曰、周民之居厲王於彘、苦其暴虐、不得已而出之、使不得肆虐於己耳、非必殄滅之無遺育、而後甘心也、王出則已、不讎王也、況太子乎、召公賢臣也、於王子固當全之、豈必避懟王之嫌而後如是、諫王爲社稷也、免王子

固爲社稷也、藉令召公未有諫王不從之事、將遂執太子以與國人而聽其殺之乎、然則謂宣王避亂而奔召公之宮、或有之、若謂國人圍而欲殺之、召公避嫌而後以子代之、則必無之事、**召公・周公二相行政。號曰共和。**【集解】共音如字、若汲冢紀年則云、共伯和干王位、共音恭、共國伯爵、和其名、干、篡也、言共伯攝王政、故云干王位也、【正義】共音巨用反、韋昭云、彘之亂、公卿相與和而脩政事、號曰共和也、魯連子云、衞州共城縣本周共伯之國也、共伯名和、好行仁義、諸侯賢之、周厲王無道、國人作難、王犇于彘、諸侯奉和以行天子事、號曰共和元年、十四年、厲王死於彘、共伯使諸侯奉王子靖爲宣王、而共伯復歸國于衞也、世家云、釐侯十三年、周厲王出犇于彘、共和行政焉、二十八年、周宣王立、四十二年、釐侯卒、太子共伯餘立爲君、共伯弟和襲攻共伯於墓上、共伯入釐侯羨自殺、衞人因葬釐侯旁、謚曰共伯、而立和爲衞侯、是爲武公、按此文、共伯不得立、而和立爲武公、武公之立在共伯卒後、年歲又不相當、年表亦同、明紀年及魯連子非也、【考證】周公元子伯禽之就封于魯、次子留宰周室、世爲周公、食采于雍、崔述曰、竹書紀年稱共伯和干王位、蘇氏古史采之、云厲王居彘、諸侯無所適從、共伯和者、時之賢諸侯也、諸侯皆往宗焉、因以名其年、謂之共和、余按人君在外、大臣代之出政、常也、襄公之執、子魚攝宋、昭公之奔、季孫攝魯、厲王既出、周召共攝周政、事固當然、不足異也、若必諸侯而行天子之事、則天下之大變也、傳曰、干王之位、禍孰大焉、又曰、周德雖衰、天命未改、共和果賢諸侯、詎應如是、春秋至閔僖以後、天下之不知有王久矣、然齊桓晉文猶藉天子之命以服諸侯、不敢公然攝天子事也、況西周之世、烏得有此事、且夫召穆公、周之賢相也、能諫厲王之虐、能佐宣王以興、夫豈不能代理天下事、而諸侯必別宗一共伯和乎、齊桓晉文之霸、傳記之紀述稱論者指不勝

屈、況攝天子之事、尤爲震動天下、而經傳反泯然無一語稱之、亦無是理也、竹書紀年、自唐人多有稱述者、其文往往與史記異、以經傳考之、自周東遷以後、史記不如紀年得實、周東遷以前、紀年不如史記近正、蓋此書乃戰國時所撰、東遷以後、本之晉魏舊史、而東遷以前則簡策多逸、或旁采異端之說以補之、是以不能無謬、猶之史記之紀漢事多得實、紀三代事多失眞也、共和之名、年意本因二相和衷共攝而稱之、傳之既久、而失其詳、遂誤以爲有共伯和攝之、撰紀年者因從而載之耳、至於今世所傳紀年、一書又不知何人所撰、唐人所引大半無之、而其文往往反采之漢書律歷志、及僞古文尚書經傳、此尤不足論矣、古史又引據春秋傳、諸侯釋位以間王政、及莊子共伯得之於共首之語、爲共伯和之證、然莊子所稱述、本不皆實有其人、而亦未見此文共伯之卽爲干王位人也、春秋傳諸侯釋位云云、亦言諸侯爲王卿大夫者、因厲王在外、解官歸國耳、與共伯事自別、愚按崔氏所引莊子之言、出於讓王篇、云、許由嬉於潁陽、而共伯得於共首、此與子州支父石戶之農等、名相類、蓋子虛烏有之事、又按呂氏春秋開春論云、共伯和修其行好賢仁、而海內皆以來爲稽矣、周厲之難、天子曠絕、而天下皆來謂矣、後人引爲共伯攝政之證、高誘注云、共國伯爵、夏時諸侯、假令與周厲同時、亦徐偃王之屬耳、決非攝行王政者也、崔說未及於此、又按正義所引魯連子、衞蓋指衞州共城縣而言、正義誤認作衞國、遂引衞世家世子共伯事以證之、無論年歲不相當、且合共衞爲一國、又幷共伯武侯和爲一人、乖謬最甚、洪氏四史發伏論之詳矣、**共和十四年、厲王死于彘。太子靜長於召公家。**【考證】古鈔南本、死作卒、詩小雅鶴鳴序云、誨宣王也、蓋宣王少時召公所賦、全篇皆比似、讀周公鴟鴞詩、**二相乃共立之爲王。是**

爲宣王。宣王即位、二相輔之脩政、法文・武・成・康之遺風。諸侯復宗周。【考證】二相周公召公、張文虎曰、史敍宣王中興止此十八字、凡詩所稱北逐玁狁、南征荊蠻、及吉甫方叔之倫、概不書、蓋宣王不終、史祇依國語作紀、故多闕略、崔述曰、詩小雅六月云、玁狁匪茹、整居焦穫、侵鎬及方、至于涇陽、薄伐玁狁、至于大原、文武吉甫、萬邦爲憲、吉甫燕喜、既多受祉、來歸自鎬、我行永久、出車云、王命南仲、往城于方、出車彭彭、旂旐央央、天子命我、城彼朔方、赫赫南仲、玁狁于襄、赫赫南仲、薄伐西戎、此詠宣王征西北之事也、大雅崧高云、亹亹申伯、王纘之事、于邑于謝、南國是式、王命召伯、定申伯之宅、王命申伯、式是南邦、因是謝人、以作爾庸、王命召伯、徹申伯土田、烝民云、王命仲山甫、式是百辟、出納王命、王之喉舌、袞職有闕、維仲山甫補之、王命仲山甫、城彼東方、仲山甫徂齊、式遄其師、韓奕云、王錫韓侯、其追其貊、奄受北國、因以其伯、此詠宣王經略中原之事也、小雅采芑云、蠢爾蠻荊、大邦爲讎、方叔元老、克壯其猶、方叔率止、執訊獲醜、顯允方叔、征伐玁狁、蠻荊來威、大雅江漢云、江漢浮浮、武夫滔滔、匪安匪遊、淮夷來求、江漢湯湯、武夫洸洸、經營四方、告成于王、江漢之滸、王命召虎、式辟四方、徹我疆土、常武云、赫赫明明、王命卿士、南仲大祖、大師皇父、整我六師、以修我戎、王謂尹氏、命程伯休父、左右陳行、戒我師旅、率彼淮浦、省此徐土、徐方既同、天子之功、四方既平、徐方來庭、此詠宣王經略東南之事也、詩所詠宣王之事、其先後雖未敢盡以篇次爲據、然以其言考之、采芑稱方叔征伐玁狁蠻荊來威、是玁狁之伐在東南用師之前也、江漢稱經營四方、告成于王、常武稱四方既平、徐方來庭、是徐淮之役在四方略定之後也、以其理推之、西戎逼近于畿甸、患在切膚、所當先務、封申城齊皆關東事、似可稍緩、若淮漢荊徐則距

畿較遠、近者未安、不能遠圖、理之常也、愚按、史記敍宣王不及南北經略事、今依崔氏豐鎬考信錄補之、**十二年、魯武公來朝。**【考證】周語不紀年、史公別有所本、又見魯世家、**宣王不脩籍於千畝。**【正義】應劭云、古者天子耕籍田千畝、爲天下先、瓚曰、籍、蹈籍也、按宣王不脩親耕之禮也、【考證】閻若璩曰、此千畝乃周之籍田、離鎬京不甚遠、括地志以晉州千畝原當之、殆非、**虢文公諫曰。不可。**【集解】賈逵曰、文公、文王母弟虢仲之後、爲王卿士也、韋昭曰、文公、虢叔之後、西虢也、宣王都鎬、在畿內也、【索隱】國語曰、虢文公諫曰、夫人之大事在農、上帝之粢盛、於是乎出、人之繁庶、於是乎生、事之共給、於是乎在、事具載國語、【正義】括地志云、虢故城在岐州陳倉縣東南十里、又云、千畝原在晉州岳陽縣北九十里也、**王弗聽。**

三十九年、戰于千畝。【索隱】地名也、在西河介休縣、【考證】千畝卽上文千畝、閻若璩曰、天子既不躬耕、百姓又不敢耕、竟久爲斥鹵不毛之地、惟堪作戰場、故王及戎戰于此、**王師敗績于姜氏之戎。**【集解】韋昭曰、西夷別種、四嶽之後也、**宣王既亡南國之師。乃料民於太原。**【集解】韋昭曰、敗於姜戎時所亡也、南國、江漢之閒、料、數也、唐固曰、南國、南陽也、【考證】料民、謂計民數以爲兵也、閻若璩曰、玁狁侵鎬及方、至於涇陽、鎬等三地名、皆在雍州、則太原地名、亦卽在雍州、**仲山甫諫曰。**【正義】毛萇云、仲山甫、樊穆仲也、括地志云、漢樊縣城在兗州瑕丘縣西南三十五里、古樊國、仲山甫所封也、**民不可料也。宣王不聽。卒**

料民。【考證】魯武公以下、采國語周語、崔述曰、余考宣王之事、據詩則英主也、據國語則失德實多、判然若兩人者、心竊疑之、久之、乃覺其故有三、詩人之體主於頌揚、然大雅之述文武者、多實錄、而魯頌閟宮篇則專尚虛詞、荊舒是懲、莫我敢承、僖公豈足以當之、此亦世變之為之也、宣王之時、雖尚未至是、然亦不免小事而張皇之、城方封申、亦僅僅耳、而其詞皆若威震萬里者、是詩言原多溢美、未可盡信、其故一也、國語主於敷言、非紀事之書、故以語名其書、而政事多不載焉、然其言亦非當日之言、乃後人取當日諫君料事之詞、衍之者、諫由於君之有失道、故衍諫詞者、必本其事言之、非宣王之為君盡若是、亦非此外別無他善政可書也、其故二也、古之人君勤於始者多、勉於終者少、梁武帝創業之主、勤於庶政、而及其晚年、百度廢弛、卒致侯景之禍、唐明皇帝躬戡大難、致開元之治、而晚年淫侈、亦致祿山之患、其始終皆判若兩人、宣王在位四十六年、始勤終怠、固宜有之、故國語所稱伐魯在三十二年、千畝之戰在三十九年、皆宣王晚年事、而詩稱封申伐淮夷、皆召穆公經理之、穆公厲王大臣、又歷共和之十四年、其和宣王、必不甚久、則此皆宣王初年事無疑也、由是言之、詩固多溢美、國語固專紀其失、要亦宣王始終本異也、其故三也、四十六年、宣王崩。【正義】周春秋云、宣王殺杜伯而無辜、後三年、宣王會諸侯田于圃、日中、杜伯起於道左、衣朱衣冠、操朱弓矢、射宣王、中心折脊而死、國語云杜伯射王於鄗、【考證】正義所引周春秋、見墨子明鬼下篇、人死魂離、元無此理、心怯鬼生、當有其事、子幽王湦立。【集解】徐廣曰、一作生、【正義】湦音生、按本又作涅、涅音乃結反、幽王二年、西周三川皆震。【集解】徐廣曰、涇、渭、洛也、駰按韋昭云、西周、鎬京地震動、故三川亦動、【正義】按涇渭二

水、在雍州北、洛水、一名漆沮、在雍州東北、南流入渭、此時以王城為東周、鎬京為西周、伯陽甫曰、周將亡矣。【集解】韋昭曰、伯陽甫、周大夫也、唐固曰、伯陽甫、周柱下史老子也、【考證】韋說是、老聃何得及幽王時、國語甫作父、夫天地之氣、不失其序、若過其序、民亂之也。【集解】韋昭曰、過、失也、以不敢斥王者也、【考證】龜井昱曰、民猶人也、對天地言之、陽伏而不能出、陰迫而不能蒸。【集解】韋昭曰、蒸、升也、陽氣在下、陰氣迫之、使不能升也、於是有地震。今三川實震。是陽失其所而塡陰也。【集解】韋昭曰、為陰所鎮笮也、【考證】中井積德曰、塡陰、陽在陰也、塡、滿也、塞也、龜井昱曰、陽壓陰而使不能蒸也、陽失而在陰、原必塞。【集解】韋昭曰、陽在陰下也、【考證】原、水源也、周語作川源、原塞、國必亡。夫水土演而民用也。【集解】韋昭曰、水土氣通為演、演猶潤也、演則生物、民得川之、土無所演、民乏財用。不亡何待。昔伊・洛竭而夏亡。【集解】韋昭曰、禹都陽城、伊洛所近也、河竭而商亡。【集解】韋昭曰、商人都衞、河水所經也、今周德若二代之季矣。其川原又塞。塞必竭。夫國必依山川。山崩川竭、亡國之徵也。川竭必山

崩。【集解】韋昭曰、水泉不潤、枯朽而崩也、【考證】周語必山二字倒、若國亡、不過十年。數之紀也。天之所弃、不過其紀。【集解】韋昭曰、數起於一、終於十、十則更、故曰紀也、是歲也、三川竭、岐山崩。【考證】幽王二年以下、采國語周語、是歲一句、言周亡之歲、三川竭、岐山崩也、伯陽父之言至此、三年、幽王嬖愛褒姒。【索隱】褒、國名、夏同姓、姓姒氏、禮、婦人稱國及姓、其女是龍漦妖子、為人所收、褒人納之于王、故曰褒姒、【正義】括地志云、褒國故城、在梁州褒城縣東二百步、古褒國也、褒姒生子伯服。幽王欲廢太子。太子母申侯女而為后。後幽王得褒姒愛之、欲廢申后、幷去太子宜臼、以褒姒為后、以伯服為太子。【考證】幽王嬖愛以下、采國語晉語史蘇言、古鈔本、太子下無宜臼二字、后以下有其子二字、羣書治要引同、愚按此一節文字煩冗、恐有訛謬、周太史伯陽讀史記曰。【正義】諸國皆有史、以記事、故曰史記、【考證】鄭語、太史伯陽作史伯、史記作訓語、愚按、史伯伯陽、別人、史公混同、非也、周亡矣。昔自夏后氏之衰也、有二神龍、止於夏帝庭。而言曰。余褒之二君。【集解】虞翻曰、龍自號褒之二先君也、【考證】神龍何以能人言、夏帝卜殺之與去之與

止之。莫吉。卜請其漦而藏之。乃吉。【集解】韋昭曰、漦、龍所吐沫、沫、龍之精氣也、於是布幣而策告之。【集解】韋昭曰、以簡策之書告龍、而請其漦也、龍亡而漦在。櫝而去之。【集解】韋昭曰、櫝、匱也、【考證】陳仁錫曰、去、藏也、愚按、與弃同、鄭語作藏、夏亡、傳此器殷。殷亡、又傳此器周。比三代莫敢發之。【考證】王念孫曰、莫敢發之、文選注引作莫之敢發、與國語列女傳合、至厲王之末、【集解】虞翻曰、末年、王流彘之歲、發而觀之。漦流于庭、不可除。厲王使婦人裸而譟之。【集解】韋昭曰、譟、讙呼也、唐固曰、羣呼曰譟、漦化為玄黿、以入王後宮。【索隱】亦作蚖、音元、玄蚖、蜥蜴也、後宮之童妾、既齔而遭之。【集解】韋昭曰、毀齒曰齔、女七歲而毀齒也、【考證】古鈔、楓、三、南本、既上有未字、與鄭語合、未既齔者、齒未盡毀也、既笄而孕。【正義】笄音雞、禮記云、女子許嫁而笄、鄭玄云、笄、今簪、【考證】中井積德曰、女子十五而笄、此與齔相次、謂其年也、與許嫁無干涉、陳仁錫曰、幽王三年嬖褒姒、若以其年為二十歲、則褒姒生在宣王三十年也、自宣王三十年上距厲王末年、凡四十六年、時童妾方七歲而齔、後共和時及笄而孕、孕後尚四十餘年、乃生褒姒、其妖異或未可盡信、無夫而生子。懼而弃之。宣王之時童女謠曰、檿

弧箕服、實亡周國。【集解】韋昭曰、山桑曰檿、弧、弓也、箕、木名、服、矢房也、【考證】鄭語無女字、此衍、服國韻、於是宣王聞之。有夫婦賣是器者。宣王使執而戮之。逃。於道而見鄉者後宮童妾所弃妖子、出於路者。聞其夜啼、哀而收之。【集解】徐廣曰、妖一作夭、夭、幼少也、【正義】夫婦賣檿弧者、宣王欲執戮之、遂逃、于路遇此妖子、哀而收之、夫婦遂亡犇於褒。褒人有罪。請入童妾所弃女子者於王。以贖罪。【正義】國語云、周幽王伐有褒、褒人以褒姒女焉、與虢石甫比也、弃女子出於褒。是爲褒姒。當幽王三年、王之後宮、見而愛之、生子伯服。【考證】此一節、斷續之際未詳、據鄭語、史伯言、盖止于此、竟以下、紀事之文、竟廢申后及太子、以褒姒爲后、伯服爲太子。【索隱】左傳所謂攜王奸命、是也、太史伯陽曰。禍成矣。無可柰何。【考證】周太史伯陽以下本國語鄭語史伯對鄭桓公語、史公改史伯爲伯陽、桓公、厲王子、幽王司徒、褒姒不好笑。幽王欲其笑、萬方故不笑。幽王爲熢燧大鼓、【正義】峯遂二音、晝日燃熢以

望火煙、夜擧燧以望火光也、燧、土櫓也、燧、炬火也、皆山上安之、有寇擧之、有寇至則擧熢火。諸侯悉至。至而無寇。褒姒乃大笑。幽王說之、爲數擧熢火。其後不信、諸侯益亦不至。【考證】呂氏春秋疑似篇、載此事微異、古鈔、三南本、脫上有欲字、益下無亦字、與羣書治要所引合、幽王以虢石父爲卿用事。國人皆怨。石父爲人佞巧善諛、好利。【集解】徐廣曰、佞、一作諂、王用之、又廢申后去太子也。申侯怒、與繒・西夷・犬戎攻幽王。【索隱】繒、國名、夏同姓、【正義】繒、自陵反、國語云、繒、姒姓、夏禹後、括地志云、繒縣、在沂州承縣、古侯國、禹後、【考證】王用之又四字、古鈔・南本作幽王之三字、治要・御覽・詩譜王風疏引無用字又字、王念孫曰、用又二字衍文、王之廢申后去太子也、是擧上文、起下文申侯與犬戎攻周之事、張文虎曰、治要王風疏引與上有乃字、攻上有共字、幽王擧熢火徵兵。兵莫至。遂殺幽王驪山下。【索隱】在新豐縣南、故驪戎國也、舊音黎、徐廣音力知反、【正義】括地志云、驪山在雍州新豐縣南十六里、土地記云、驪山卽藍田山、按驪山之陽卽藍田山、虜褒姒、盡取周賂而去。【集解】汲冢紀年曰、自武王滅殷、以至幽王、凡二百五十七年也、【正義】按汲冢書、晉咸和五年、汲郡汲縣發魏襄王冢、得古書冊七十五卷、【考證】本國語晉語鄭語、呂氏春秋

疑似篇、鄭語云、幽王八年而鄭桓公爲司徒、九年而王室始騷、十一年而斃、晉語云、十一年幽王乃滅、周乃東遷、驪山在西安臨潼縣東南、愚按、戎狄入都取賂、以是爲始、崔述曰、世皆謂、申侯啓戎、戎遂克周、殺幽王驪山下、夫周之王畿、號爲千里、有百二山河之險、關東諸侯、皆堪調發、戎雖强大、豈能一旦而遂破之、蓋其來有漸矣、觀雨無正之第二章、則曰、邦君諸侯、莫皆朝夕、諸侯固已多不至者矣、觀召旻之卒章則曰、今也日蹙國百里、戎之蠶食、亦非一日矣、周已衰微不振、是以戎得一擧而滅之、但尚書無宜幽之篇、而傳記復多缺軼、無從考其詳耳、於是諸侯乃卽申侯而共立故幽王太子宜臼。是爲平王、以奉周祀。平王立、東遷于雒邑辟戎寇。【正義】卽王城也、平王以前、號東都、至敬王以後及戰國、爲西周也、【考證】楓・三・南本、戎寇下、有當此時秦襄公以兵送平王、平王封襄公以爲諸侯、賜之以岐以西地、從武王盡幽王、凡十二世、三十六字、通鑑輯覽云、蘇軾謂周之失計、未有如東遷之繆、此言誠然、但謂平王若不遷以行勢、東臨諸侯、諸侯尚未敢貳、此則不然、平王本非撥亂反正之才、幷無奮發有爲之志、縱使仍都豐鎬、亦唯苟安旦夕、終於不振、其能西却犬戎、東撫諸夏乎、且當時亦必有不得不遷之勢矣、呂祖謙曰、由此而上、則爲成康爲文武、由此而下、則爲春秋爲戰國、乃消長升降之交會、平王之時、周室衰微、諸侯彊幷弱、齊・楚・秦・晉始大、政由方伯。【集解】周禮曰、九命作伯、鄭衆云、長諸侯爲方伯、【考證】平王之時以下、本國語鄭語、四十九年、魯隱公卽位。

【考證】是爲春秋之初、所以特筆、五十一年、平王崩。【考證】隱公三年春秋經、太子洩父蚤死、立其子林。是爲桓王。桓王、平王孫也。【正義】父音甫、桓王三年、鄭莊公朝桓王。不禮。【索隱】在魯隱公六年、五年、鄭怨與魯易許田。許田、天子之用事太山田也。【索隱】左傳、鄭伯以璧假許田、卒易祊、祊是鄭祀太山之田、許是魯朝京師之湯沐邑、有周公廟、鄭以其近、故易取之、此云許田天子用事太山田、誤、【正義】杜預云、成王營王城、有遷都之志、故賜周公許田、以爲魯國朝宿之邑、後世因而立周公別廟焉、鄭桓公友、周宣王之母弟、封鄭、有助祭泰山湯沐邑在祊、鄭以天子不能復巡狩、故欲以祊易許田、各從本國所近之宜也、恐魯以周公別廟爲疑、故云己廢泰山之祀、而欲爲魯祀周公、遜辭以求也、括地志云、許田、在許州許昌縣南四十里、有魯城、周公廟在城中、祊田、在沂州費縣東南、按宛、鄭大夫、【考證】怨、館本局本作宛、陳仁錫曰、怨當作宛、春秋鄭伯使宛來歸祊、正義云、宛、鄭大夫、是唐本宛字未錯也、張文虎曰、鄭世家、莊公怒周弗禮、與魯易祊許田、疑怨是怒之譌、又怨怒義亦相近、或不煩改字、愚按、張氏後說是、據左傳隱公八年文、鄭與魯易田、不由怒周、八年、魯殺隱公、立桓公。【正義】子允、令公子翬殺隱公也、【考證】本左傳隱公十一年、十三年、伐鄭。【索隱】在魯桓五年、鄭射傷桓王。桓王去歸。【索隱】左傳、繻葛之役、祝聃射王中肩、是也、【考證】左傳桓五年、二十

三年、桓王崩。【考證】春秋經、子莊王佗立。莊王四年、周公黑肩欲殺莊王而立王子克。【集解】賈逵曰、莊王弟子儀也、辛伯告王。【集解】賈逵曰、辛伯、周大夫也、王殺周公。【索隱】左傳曰、初子儀有寵於桓王、桓王屬諸周公、辛伯諫曰、竝后匹嫡、兩政耦國、亂之本也、周公不從、故及於難、然周公阿先王旨、自取誅夷、辛伯正君臣之義、卒安王業、二卿優劣、誠可識也、王子克奔燕。【正義】杜預云、南燕姞姓也、【考證】周公以下、本桓公十八年左傳、梁玉繩曰、事在莊王三年、非四年、此桓與表皆誤、十五年、莊王崩。【考證】春秋經傳、不書莊釐二王崩葬、子釐王胡齊立。【正義】釐、音僖、謐作毋涼也、【考證】張文虎曰、正義謐疑謐上脫皇甫字、此注當在惠王閬下、釐王三年、齊桓公始霸。【考證】齊桓公始霸、依莊公十五年左傳、五年、釐王崩。子惠王閬立。【索隱】系本名毋涼、惠王二年、初莊王嬖姬姚生子穨。【索隱】子穨、莊王子、釐王弟、惠王之叔父也、【正義】杜預云、姚、姓也、穨有寵。及惠王卽位、奪其大臣園以爲囿。【集解】左傳曰、大臣蔿國也、故大夫邊伯等五人作亂。【集解】左傳曰、五人者、蔿國邊伯詹父子禽祝跪也、謀召燕・衛師伐惠王。【正義】南燕、滑州胙城、衛、澶州衛南也、惠王

奔溫。【正義】左傳云、蘇忿生十二邑、桓王奪蘇子十二邑與鄭、故蘇子同五大夫伐惠王、溫、十二邑之一也、杜預云、河內溫縣也、【考證】洪亮吉曰、五大夫奉子穨伐王、不克、出奔溫、此以惠王爲奔溫、誤也、已居鄭之櫟。【集解】服虔曰、櫟、鄭大都、杜預云、櫟、今河南陽翟縣也、【正義】立釐王弟穨爲王。【考證】初莊王以下、見莊公十九年左傳、樂及偏舞。【集解】賈逵曰、偏舞、皆舞六代之樂也、【考證】王念孫曰、御覽引此、樂及偏舞上有遂享諸大夫五字、是也、今本脫此五字、左傳云、王子穨享五大夫、樂及偏舞、周語云、王子穨飲三大夫酒、子國爲客、樂及偏儛、皆其證、鄭・虢君怒。【考證】以上本莊公二十年左傳及周語、四年、鄭與虢君伐殺王穨。【正義】賈逵云、鄭厲公突、虢公林父也、復入惠王。【考證】以上本莊公二十一年左傳及周語、惠王十年、賜齊桓公爲伯。【考證】莊公廿七年左傳云、王使召公廖賜齊侯命、二十五年、惠王崩。【考證】春秋僖八年經、子襄王鄭立。襄王母蚤死。後母曰惠后。【集解】左傳曰、陳嬀歸于京師、實惠后也、【正義】按陳國舜後、嬀姓也、惠后生叔帶。【索隱】惠王子、襄王弟、封於甘、故左傳稱甘昭公、【正義】惠王子、襄王弟、封之於甘、括地志云、故甘城在洛州河南縣西南二十五里、左傳云、甘昭公、王子叔帶也、洛陽記云、河南縣西南二十五里、甘水出焉、北流入洛、山上有甘城、卽甘公采邑也、有寵於惠王。襄王畏之。【考證】左傳疏云、僖二十四年傳、襄

王曰、不穀不德、得罪於母氏之寵子帶、書曰、天王出居於鄭、辟母弟之難也、如彼傳文、則襄王與子帶俱是惠后所出、但其母鍾愛其少子、故欲廢太子而立之、與史不同、愚按古鈔、南本、無於惠王三字、殆是、三年、叔帶與戎翟謀伐襄王。襄王欲誅叔帶。叔帶奔齊。【考證】據左傳、叔帶走齊、襄王四年事、齊桓公使管仲平戎于周、使隰朋平戎于晉。【集解】服虔曰、戎伐周、晉伐戎救周、故和也、【考證】古鈔、南本、周作王、王以上卿禮管仲。管仲辭曰。臣賤有司也。有天子之二守國・高在。【集解】杜預曰、國子高子、天子所命爲齊守臣、皆上卿也、【正義】守音狩、禮記云、大國三卿、二卿命於天子、一卿命於其君、按國惠子高昭子、齊正卿、天子所命、若節春秋來承王命、何以禮焉。【集解】賈逵曰、節、時也、王肅曰、春秋聘享之節也、陪臣敢辭。【集解】服虔曰、陪、重也、諸侯之臣於天子、故曰陪臣、王曰。舅氏。余嘉乃勳。毋逆朕命。【集解】賈逵曰、舅氏、言伯舅之使也、【正義】武王娶太公女爲后、故呼舅氏、遠言之、我善汝有平戎之功勳、【考證】舅氏、賈說爲是、管仲卒受下卿之禮而還。【正義】杜預云、管仲不敢以職自高、卒受本位之禮也、【考證】齊桓公以下、采僖十二年左傳、九年、齊桓公卒。【考證】僖十八年春秋、十二年、叔帶復歸

于周。【集解】左傳曰、王召之、【考證】張照曰、左傳、叔帶復歸、在魯僖公二十二年、於襄王爲十四年、年表亦然、此蓋誤、十三年、鄭伐滑。【集解】賈逵曰、滑、姬姓之國、駰按左傳曰、滑人叛鄭而服於衛也、【正義】杜預云、滑國都費、河南緱氏縣、爲秦所滅、時屬鄭、晉後屬周、事在魯釐公二十年、括地志云、緱氏故城、本費城也、在洛州緱氏縣南東二十五里也、【考證】春秋經、伐滑在魯僖二十年、於襄王爲十二年、此蓋據國語、王使游孫・伯服請滑。【集解】賈逵曰、二子、周大夫、【考證】周語作游孫伯、此蓋依左傳、鄭人囚之。鄭文公怨惠王之入、不與厲公爵、【集解】服虔曰、惠王以后之鞶鑒與鄭厲公、而獨與虢公玉爵、【正義】左傳云、莊公二十一年、王巡虢狩、虢公爲王宮于蚌、王與之酒泉、鄭伯之享王、王以后之鞶鑒與之、虢公請器、王與之爵、鄭伯由是怨王也、杜預云、后鞶帶而以鏡爲飾也、爵、飲酒器也、蚌、地名、酒泉、周邑、又怨襄王之與衛滑、【集解】服虔曰、滑、小國近鄭、世世服從、而更違叛、鄭師伐之、聽命、後自怨於王、王以與衛、故囚伯服。王怒將以翟伐鄭。富辰諫曰。【集解】服虔曰、富辰、周大夫、凡我周之東徙、晉・鄭焉依。子穨之亂、又鄭之由定。今以小怨弃之。王不聽。【考證】鄭伐滑以下、采國語周語、補以僖廿四年左傳、梁玉繩曰、據國語、弃之下疑脫不可二字、十五年、王降翟師以伐鄭。王德翟人、將

以其女爲后。富辰諫曰。平·桓·莊·惠、皆受鄭勞。王弃親親翟、不可從。王不聽。【考證】楓三南本、無從字、此疑衍、十六年、王絀翟后。翟人來誅。殺譚伯。【集解】唐固曰、譚伯、周大夫原伯毛伯也、【考證】按國語亦云、殺譚伯、而左傳太叔之難、獲周公忌父原伯毛伯、唐固據傳文、讀譚爲原、然春秋有譚、何妨此時亦仕王朝、預獲被殺、國語既云、殺譚伯、故太史公依之、不從左傳說也、【考證】梁玉繩曰、譚久爲齊桓公所滅、此時安得有譚伯、國語誤、宜從左傳、富辰曰。吾數諫不從。如是不出、王以我爲懟乎。乃以其屬死之。初惠后欲立王子帶。故以黨開翟人。翟人遂入周。襄王出犇鄭。【正義】公羊傳云、王者無外、此其言出何、不能事母也、【考證】王降翟師以下、采國語周語、但周語十五年作十七年、十六年作十八年、愚按、僖廿四年春秋經云、夏伐鄭、冬天王出居于鄭、則並襄王十六年事、古鈔、南本、黨上有其字、與國語合、鄭居王于氾。【集解】杜預曰、鄭南氾、在襄城縣南、【正義】氾音凡、括地志云、故氾城在許州襄城縣一里、左傳云、天王出居於鄭、處於氾、是、子帶立爲王。取襄王所絀翟后、與居溫。【正義】括地志云、故溫城在懷州溫縣西三十里、漢晉爲縣、本周司寇蘇忿生之邑、左傳云、周與鄭人蘇忿生十二邑、溫其一也、地理志云、溫縣故國、己姓、蘇忿生所封也、【考證】以上采僖廿

四年左傳、十七年、襄王告急于晉。晉文公納王、而誅叔帶。襄王乃賜晉文公珪鬯弓矢爲伯、以河內地與晉。【正義】賈逵云、晉有功、賞之以地、楊樊溫原攢茅之田也、鬯、勅亮反、珪、珪瓚也、孔安國云、以珪爲杓柄、謂之珪瓚、黑黍曰秬、釀以鬯草、【考證】依僖廿五年左傳、但賜珪鬯弓矢爲伯、左傳繫之僖二十八年、即襄王二十年事、愚按、襄王興河內於晉、疆域益蹙、顧棟高論之尤詳、其言云、東遷後王畿疆域、尚有今河南懷慶二府之地、兼得汝州、跨河南北、有虢國桃林之隘、以呼吸西京、有申呂南陽之地、以控扼南服、又名山大澤不以封、虎牢殽函、俱在王略、襟山帶河、晉鄭夾輔、光武創業之規模不是過也、平桓莊惠、相繼百年、號令不行、諸侯攘竊、王不能張皇六師、更復披析其地、以爲賞功、酒泉賜虢、虎牢賜鄭、至允姓之戎、入居伊川、異類逼處、莫可誰何、晉滅虢、而鎬京之消息中斷、楚滅申、而南國之窺伺方張、至溫原蘇忿生之田與鄭、復以賜晉、則畢大河以北、委而棄之、由是懷慶所屬七縣、原武屬鄭、濟源修武孟縣溫縣屬晉、王所有者河內武陟二縣、及河南府之洛陽偃師鞏縣嵩登封新安宜陽孟津八縣、汝州之伊陽魯山許州府之臨潁縣與鄭接壤而已、此東周形勢削弱之本末也、二十年、晉文公召襄王。襄王會之河陽踐土。【集解】賈逵曰、河陽、晉之溫也、踐土、鄭地名、在河內、【正義】括地志云、故王宮在鄭州滎澤縣西北十五里王宮城中、左傳云、晉文公敗楚于城濮、至于衡雍、作王宮于踐土也、按、王城則所作在踐土城內東北隅、有踐土臺、東去衡雍三十餘里也、諸侯畢朝。書諱曰天王狩于

河陽。【集解】左傳曰、仲尼曰、以臣召君、不可以訓、故書曰狩、【考證】以上采僖廿八年左傳、書諱曰天王狩于河陽、是釋春秋之語、在史公書、則無所用之、或云、書上脫春秋二字、二十四年、晉文公卒。【考證】僖卅二年春秋經、三十一年、秦穆公卒。【考證】文六年左傳、三十二年、襄王崩。【考證】據年表及春秋經傳、當作三十三年、子頃王壬臣立。頃王六年崩。【考證】文十四年左傳、子匡王班立。匡王六年崩。【考證】宣二年春秋經、弟瑜立。是爲定王。定王元年、楚莊王伐陸渾之戎。【集解】地理志、陸渾縣屬弘農郡、【正義】渾音魂、杜預云、允姓之戎、居陸渾、在秦晉西北、二國誘而徙之伊川、遂從戎號、今洛州陸渾縣、取其號也、後漢書云、陸渾戎、自瓜州遷於伊川、左傳云、初平王之東遷也、辛有適伊川、見被髮而祭於野者、曰、不及百年、此其戎乎、其禮先亡矣、按至僖公二十二年、秋、秦晉遷陸渾之戎於伊川、計至辛有言、適百年也、括地志云、故麻城、謂之蠻中、在汝州梁縣界、左傳、單浮餘圍蠻氏、杜預云、城在河南新城東南、伊洛之戎、陸渾蠻氏城也、俗以爲麻蠻、聲相近故耳、按新城、今伊闕縣是也、【考證】襄王十四年、秦晉遷陸渾之戎于伊川、陸渾故城、在今河南嵩縣、次洛、使人問九鼎。王使王孫滿應設以辭。楚兵乃去。【集解】賈逵曰、王孫滿、周大夫也、【考證】元年以下、據宣三年左傳、又詳楚世家、十年、楚莊王圍鄭。鄭伯

降。已而復之。【考證】宣十二年左傳、十六年、楚莊王卒。【考證】宣十八年春秋經、二十一年、定王崩。【考證】莊六年春秋經、子簡王夷立。簡王十三年、晉殺其君厲公、迎子周於周、立爲悼公。【考證】成十八年左傳、古鈔、南本、立下有之字、十四年、簡王崩。【考證】襄公元年春秋經、子靈王泄心立。【考證】晉語作大心、張文虎曰、疑當作世、古世大同用、靈王二十四年、齊崔杼弒其君莊公。【考證】襄二十五年春秋經、二十七年、靈王崩。【集解】皇覽曰、靈王冢、在河南城西南柏亭西周山上、蓋以靈王生而有髭而神、故謚靈王、其冢民祀之不絕、【考證】襄廿八年春秋經、子景王貴立。【索隱】名貴、按國語、景王二十一年、鑄大錢及無射、單穆公及泠州鳩各設辭以諫、今此不言、亦其疏略耳、景王十八年、后·太子聖而蚤卒。【考證】左傳昭十五年云、六月乙丑、王太子壽卒、秋八月戊寅、王穆后崩、梁玉繩曰、聖而二字、乃一壽字之誤、又后似不可言卒、二十五年、景王愛子朝欲立之。【集解】賈逵曰、景王之長庶子、【正義】左傳云、子朝用成周之寶珪沈於河、津人得諸河上、杜預云、禱河求福也、珪自出水也、按河神不敢受故、會崩。【集解】皇覽曰、景王冢、在洛陽太倉中、秦封呂不韋洛陽十萬戶、故大其城、并圍景王冢也、【考證】各本二十五年作二十年、今從

古鈔本、與年表及左傳合、子丏之黨、與爭立。國人立長子猛爲王。子朝攻殺猛。猛爲悼王。晉人攻子朝而立丏。是爲敬王。【集解】賈逵曰、敬王、猛母弟、【考證】梁玉繩曰、按昭廿二年春秋經傳、王子朝之黨、與王子猛爭立、非子丏爭立也、王猛次正、爲太子壽之弟、故單穆公劉文公立之、非長子也、非國人所立也、猛立七月而卒、雖未卽位、周人諡曰悼王、非子朝殺之也、丏爲敬王名、各本譌、或作丏、而丏乃猛之母弟、猛卒而丏立、安得此時丏與朝爭乎、史皆誤、愚按、事見昭二十二年左傳、敬王元年、晉人入敬王。子朝自立。敬王不得入、居澤。【集解】賈逵曰、澤、邑、周地也、【考證】昭二十三年春秋經、王居于狄泉、四年、晉率諸侯、入敬王于周。子朝爲臣。【集解】春秋曰、子朝犇楚、皇覽曰、子朝冢在南陽西鄂縣、今西鄂晁氏、自謂子朝後也、【考證】事詳于昭二十六年左傳、周卽成周、周之下都、在王城之東、敬王徙都于此、今洛陽故城是也、梁玉繩曰、春秋經傳、子朝奔楚、爲敬王臣乎哉、諸侯城周。【考證】據昭卅二年春秋經傳、城周、蓋敬王十年事、十六年、子朝之徒復作亂。敬王犇于晉。【考證】定六年左傳、天王處于姑蕕、注、周地、與此異、十七年、晉定公遂入敬王于周。【考證】定七年左傳、三十九年、齊田常殺其君簡公。【考證】哀十四

年左氏春秋經、春秋止于此年、四十一年、楚滅陳。【考證】梁玉繩曰、案左傳、楚滅陳在哀十七年、爲敬王四十二年、此誤、史記各處所書滅陳之年、惟秦紀吳蔡陳世家不誤、其餘周紀年表及杞宋楚鄭四世家俱誤、孔子卒。【考證】哀十六年左氏春秋經、張之象曰、凡書生卒、亦視人品何如、有繫天下重輕者、則各國皆書之、若孔子是也、有繫一國重輕者、則本國書之、若齊之管仲隰朋、晉之趙衰、成子、欒貞子是也、愚按、周秦二紀幷燕晉陳諸世家、皆書孔子卒、蓋以夫子死生所關甚重也、而吳齊蔡宋楚世家則不書者、何也、四十三年、敬王崩。【集解】徐廣曰、皇甫謐曰、敬王四十四年、元己卯、崩壬戌也、【考證】陳仁錫曰、湖本三作二、誤、愚按、古鈔、南本、及御覽引亦作三、與年表合、子元王仁立。【集解】徐廣曰、世本云、貞王介也、元王八年崩。子定王介立。【集解】徐廣曰、世本云、元王赤也、皇甫謐曰、元王十一年癸未、三晉滅智伯、二十八年崩、三子爭立、立應爲貞定王、【索隱】系本云、元王赤、皇甫謐云、貞定王、考據二文、則是元有兩名、一名仁、一名赤、如史記、則元王爲定王父、定王卽貞王也、依系本、則元王是貞王子、必有一乖誤、然此定當爲貞、字誤耳、豈周家有兩定王、代數又非遠乎、皇甫謐見此疑而不決、遂彌縫史記系本之錯謬、因謂爲貞定王、未爲得也、【考證】崔適曰、元王定王、世本於其記互倒其父子、又改定爲貞、皇甫謐合之、爲貞定、雖不互倒其父子、乃互倒其年數、增元王之八年爲二十八年、減定王之二十八年爲十年、但合二王計之、猶美二年、故又增敬王一年、而減景王三年以符之、然貞定十年、旣承元王二十八年之後、而元有癸亥、乃上承敬王崩壬戌、悖謬甚矣、司馬貞是貞而非定、疑周不當有兩定王、則不記宋有兩昭公、衞有兩莊公、晉有

文侯仇、復有文公重耳乎、且兩定王相去、中有簡靈景敬元五王、年代又不可謂非遠也、定王十六年、三晉滅智伯、分有其地。二十八年、定王崩。【集解】徐廣曰、皇甫謐曰、貞定王十年、元癸亥、崩壬申、長子去疾立。是爲哀王。哀王立。三月弟叔襲殺哀王而自立。是爲思王。思王立。五月少弟嵬攻殺思王而自立。是爲考王。此三王皆定王之子。考王十五年崩。【集解】徐廣曰、皇甫謐曰、考哲王、元辛丑、崩乙卯、子威烈王午立。考王封其弟于河南。是爲桓公。以續周公之官職。【正義】帝王世紀云、考哲王封弟揭於河南、續周公之官、是爲西周桓公、按自敬王遷都成周、號東周也、桓公都王城、號西周桓公、【考證】王城卽東都、漢于此置河南縣、呂氏大事記云、自洛陽下都視王城、則在西、故曰西周、桓公卒。子威公代立。威公卒。子惠公代立。乃封其少子於鞏以奉王。號東周惠公。【集解】徐廣曰、惠公之子也、【索隱】考王封其弟于河南、爲桓公、卒、子威公立、卒、子惠公立、長子曰西周公、又封少子於鞏、仍襲父號、曰東周惠公、於是有東西二周也、按系本、西周桓公名揭、居河南、東周惠公名班、居洛陽、是也、【正義】鞏音拱、郭緣生述征記、鞏縣、周地、鞏

伯邑、史記周顯王二年、西周惠公封少子班於鞏、以奉王室、爲東周惠公也、子武公爲秦所滅、【考證】鞏故城、在今河南鞏縣西南、據正義、惠公封少子、在顯王二年、此因封桓公類敍耳、趙翼曰、武王定鼎於郟鄏、周公營以爲都、是爲王城、則河南也、周公又營下都、以遷殷頑民、是爲成周、則洛陽也、平王東遷、定都於王城、其時所謂西周者、豐鎬也、東周者王城也、及王子朝之亂、敬王徙都成周、公羊傳云、王城者何、西周也、成周者何、東周也、是時王城爲西周、而成周爲東周矣、及考王封其弟揭於王城、是爲河南桓公、桓公之孫惠公、又自封其少子班於鞏、號曰東周、則此東周、又自西周之王城分出、而幷非敬王所都之成周矣、分封於鞏者、曰東周、而河南惠公本在王城、則仍西周之號、此東周西周、皆在河南、而周王之都於成周、自若也、戰國所謂周王者、都於成周之王也、所謂東周君西周君者、則河南之都於王城、及分封於鞏者也、東周謂韓王曰、西周者、故天子之國也、曰故天子國、明乎是時西周已非天子所都也、顯王二年、趙與韓分周爲二、於是東西各爲列國者、卽河南之東西周也、而顯王抱空名、尚在成周、直至赧王始滅、則仍是敬王所遷之東周也、愚按、二周之辯、鮑彪國策注、呂祖謙大事記、吳澄東西周辨、顧棟高春秋大事表、崔述考信錄續篇、各有出入、趙說近是、又按、史記云、王赧時、東西周分治、又云、王赧徙都於西周、恐非、威烈王二十三年、九鼎震。命韓・魏・趙爲諸侯。【考證】崔述曰、史記周本紀、威烈王二十三年、九鼎震、命韓魏趙爲諸侯、晉世家則云、魏韓趙皆相立爲諸侯、周晉互異、韓魏楚鄭各世家、皆但云列爲諸侯、不言所因何事、年表周威烈王二十三年、亦不載命韓魏趙爲諸侯之文、無從決其孰是、然嘗以其時事考之、楚世家、悼王二年、三晉來伐楚、至乘邱而還、十一年、三晉伐楚、敗我大梁楡關、楚厚賂秦、與之平、事在九鼎震後十

餘年內、竹書紀年、韓滅鄭、哀侯入于鄭、明年、晉桓公邑哀侯于鄭、事在九鼎震後數十年內、玩其文義、皆似晉國未分然者、若三國皆受王命爲諸侯、則各君其國、不相統屬、何以同伐同和如一國、然三國既自受王命爲諸侯、則與晉侯同列、無復君臣之分、何以仍書桓公邑之於鄭、蓋自春秋以降、大夫日以上僭、齊大夫稱棠公、鄭伯之家臣、亦以公稱伯、有至戰國而益甚、故史記年表、稱三桓勝魯如小侯、孟子書亦有費惠公之文、然則三晉之僭稱侯、乃事之常、不必待王命也、況當是時周室微弱已極、王章蕩然無存、非若春秋之初、天下猶知尊周、故晉武公必請王命、然後爲晉侯也、且五國相王、誰命之、周衰諸侯可以相王、晉衰大夫獨不可以相侯乎、溫公通鑑朱子綱目乃據周本紀文、以爲王綱失守、於焉託始、書曰初命晉大夫魏斯、趙籍、韓虔爲諸侯、其義雖正、其論雖美、而其事恐未必然也、愚按、烈王三年、齊侯朝周、二十六年、周致伯于秦、秦使公子少官率諸侯來朝、其事皆後九鼎震數十年、蓋周室雖衰、猶足以名朝諸侯、三晉爲諸侯時、亦安知其不受王命乎、要之自秦以前、春秋經傳以後、史冊殘缺、傳聞互異、無由于考信也、顧炎武曰、春秋終於敬王三十九年庚申之歲、西狩獲麟、又十四年爲貞定王元年癸酉之歲、魯哀出奔、二年卒於有山氏、左傳以是終焉、又六十五年、威烈王二十三年戊寅之歲、初命晉大夫魏斯趙籍韓虔爲諸侯、又十七年、安王十六年乙未之歲、初命齊大夫田和爲諸侯、又五十二年顯王三十五年丁亥之歲、六國以次稱王、蘇秦爲從長、自此之後、事乃可得而紀、自左傳之終以至此、凡一百三十三年、史文闕軼、考古者爲之茫昧、如春秋時猶尊禮重信、而七國則絕不言禮與信矣、春秋時猶宗周王、而七國則絕不言王矣、春秋時猶嚴祭祀重聘享、而七國則無其事矣、春秋時猶論宗姓氏族、而七國則無一言及之矣、春秋時猶宴會賦詩、而七國則不聞矣、春秋時猶有赴告策書、而七國則無有矣、邦無定交、士無定

主、此皆變於一百三十三年之間、史之闕文、而後人可以意推也、不待始皇之并天下、而文武之道盡矣、**二十四年崩。**[集解]徐廣曰、皇甫謐曰、元丙辰、崩己卯、駰案宋衷曰、威烈王葬洛陽城中東北隅也、**子安王驕立。是歲、盜殺楚聲王。安王立二十六年崩。**[集解]皇甫謐曰、安王元庚辰、崩乙巳、[考證]安王十六年、齊大夫田和爲諸侯、史不書者、何也、**子烈王喜立。烈王二年、周太史儋**[索隱]老子列傳曰、儋即老子、又曰、非也、驗其年代、是別人、[正義]儋□甘反、又丁談反、幽王時有伯陽甫、唐固曰、伯陽甫老子也、按幽王元年至孔子卒、三百餘年、孔子卒後一百二十九年、儋見秦獻公、然老子當孔子時、唐固說非也、[考證]正義一百二十九年、當作一百有九年、**見秦獻公曰。**[正義]秦本紀云、獻公十一年見、見後十五年、周顯王致文武胙於秦孝公、是復合時也、**始周與秦國合而別。別五百載復合。**[集解]應劭曰、周孝王封伯翳之後爲侯伯、與周別五百載、至昭王時、西周君臣自歸受罪、獻其邑三十六城、合也、韋昭曰、周封秦爲始別、謂秦仲也、五百歲、謂從秦仲至孝公彊大、顯王致伯、與之親合也、[索隱]按周封非子爲附庸、邑之秦、號曰秦嬴、是始合也、及秦襄公始列爲諸侯、是別之也、自秦列爲諸侯、至昭王五十二年西周君臣獻邑三十六城以入於秦、凡五百一十六年、是合也、云五百舉其大數、**合十七歲而霸王者出焉。**[集解]徐廣曰、從此後十七年、而秦昭王立、駰案韋昭曰、武王昭王皆伯、至始皇而王天下、[索隱]霸王、謂始皇也、自周以邑入秦、至始皇初立、政由太

后嫪毐、至九年誅毐、正十七年、[正義]周始與秦國合者、謂周秦俱黃帝之後、至非子未別封、是合也、而別者、謂非子未年、周封非子爲附庸邑之秦、後二十九君、至秦孝公二年、五百載、周顯王致文武胙於秦孝公、復與之親、是復合也、合十七歲而霸王者出、謂從秦孝公三年至十九年、周顯王致胙於秦孝公、是霸也、孝公子惠王稱王、是王者出也、然五百載者、非子生秦侯已下二十八君、至孝公二年、都合四百八十六年、兼非子邑秦之後十四年、則成五百、[考證]錢大昕曰、太史儋語、周本紀載之、秦本紀載之、封禪書老子列傳又載之、蓋重出者四矣、秦本紀作七十七歲、老子列傳作七十歲、皆傳寫之譌、索隱正義可證、中井積德曰、秦祖事周、未別封、是始合也、襄公始列爲諸侯、是別也、及西周獻地、是復合也、霸王指始皇一人、若年數少差、固所不論、是讖文之常也、又曰、襄公列爲諸侯、至西周獻地五百十五年、又至始皇即位十一年、**十年、烈王崩。弟扁立。是爲顯王。**[正義]扁、邊典反、[考證]據表、十當作七、**顯王五年、賀秦獻公。獻公稱伯。九年、致文武胙於秦孝公。**[集解]胙、膰肉也、左傳曰、王使宰孔賜齊侯胙曰、天子有事于文武、**二十五年、秦會諸侯於周。二十六年、周致伯於秦孝公。三十三年、賀秦惠王。三十五年、致文武胙於秦惠王。四十四年、秦惠王稱王。其後諸侯皆爲王。**[索隱]謂韓魏齊趙也、[正義]秦本紀云、惠王十三年、與韓魏趙竝稱王、[考證]南本、惠王作

惠公、梁玉繩曰、秦惠稱王、秦紀秦表均不書、而楚世家懷王四年、田完世家宣王十八年附書之、張儀傳亦云、儀相秦四歲、立惠王爲王、與此紀書于顯王四十四年政合、乃秦惠王十三年也、秦惠在位二十七年、改十四年爲元年、豈非以稱王之故歟、然此謂諸侯爲王、皆在秦惠稱王之後、則誤已、其時稱王者、燕秦楚齊趙魏韓七國、宋中山二小國亦稱之、凡玆九國、惟楚僭王、在春秋之前、其餘八國、齊最先、宋次之、魏次之、秦次之、燕韓中山次之、趙最後、齊爲王、始于威王二十六年、當顯王十六年也、魏爲王、始于惠王後元年、當顯王三十五年也、秦紀于惠王四年書齊魏爲王齊字誤、十三年復書魏君爲王、表亦書魏爲王于十三年、俱誤也、宋爲王、始于偃王十一年、當顯王三十三年、以爲當慎靚王三年者誤也、燕爲王、始于易王十年、韓爲王、始于宣惠王十年、中山不知何君、當顯王四十六年也、趙武靈爲王之年無攷、趙世家武靈八年、五國相王、趙獨否、令國人謂己曰君、武靈八年、爲慎靚王三年、是歲無五國相王事、攷世家武靈十一年、書王召公子職于韓、則趙之爲王、其在慎靚之六年乎、索隱正義及元吳師道國策注、言稱王之年、皆未詳覈、**四十八年、顯王崩。子慎靚王定立。慎靚王立六年崩。子赧王延立。**[索隱]皇甫謐云、名誕、赧非謚、謚法無赧、正以微弱竊鈇逃債、赧然慙愧、故號曰赧耳、又按尚書中候以赧爲然、鄭玄云、然讀曰赧、王邵按、古音人扇反、今音奴板反、爾雅曰、面慙曰赧、[考證]中井積德曰、稱赧王、延則赧似謚、赧果謚、則下文不當稱王赧、稱王赧則赧似名、則上文不當稱赧王、是必有一誤也、延世紀作誕、延誕赧音近、或因致謬耳、國已亡、無用謚爲也、愚按、楓三南本、赧王延作王赧、**王赧時、東西周分治。**[索隱]西周、河南也、東周、鞏也、王赧微弱、

西周與東、分主政理、各居一都、故曰東西周、按高誘曰、西周、王城、今河南、東周、成周、故洛陽之地、【考證】此疑誤、或云、此趙世家所謂與韓分周爲兩者、事在顯王時、非赧王也、

王赧徙都西周。【正義】敬王從王城東徙成周、十世至王赧、從成周西徙王城、西周武公之居焉、西周武公之共太子死。【集解】徐廣曰、武公、惠公之長子、【索隱】按戰國策、作東周武公、【考證】西周、當作東周、有五庶子。毋適立。司馬翦謂楚王曰。不如以地資公子咎爲請太子。【正義】翦、音子踐反、楚臣也、【考證】中井積德曰、爲疑當在請下、左成曰。不可。周不聽、是公之知困、而交疏於周也。【正義】左成、楚臣也、言以地資公子咎請爲太子、周若不許、是楚於周交益疏、【考證】南本、可周下有乃字、不如請周君孰欲立、以微告翦、翦請令楚賀之以地。【正義】楚命翦適周、諷周君、欲立誰、以微言告於翦、翦令楚賀之以地、周果立咎爲太子也、【考證】左成言至此、請周君三字、當依策作謂周君曰四字、果立公子咎爲太子。【正義】此以上至西周武公、是楚令周立公子咎爲太子也、【考證】武公以下、采戰國策東周策、八年、秦攻宜陽。楚救之。【正義】括地志云、故韓城、一名宜陽城、在洛州福昌縣東十四里、即韓宜陽縣城也、而楚以周爲秦、故將伐之。【索隱】宜陽、韓地、秦攻而楚救之、周爲韓

八四

出兵、而楚疑周爲秦、因加兵伐周、蘇代爲周說楚王曰。何以周爲秦之禍也。【索隱】蘇代爲周說楚王、王何以道周爲秦、周實不爲秦也、今王責周道爲秦、周懼楚必入秦、是爲禍也、【考證】何以猶言何故、以下添言字看、言周之爲秦甚於楚者、欲令周入秦也。故謂周秦也。【索隱】周秦相近、秦欲并周、而外睦於周、故當時諸侯咸謂周秦、【考證】岡白駒曰、言之者、秦之說客也、中井積德曰、周秦、間疑脫爲字、周知其不可解、必入於秦。此爲秦取周之精者也。【正義】解、音紀買反、代言周若知楚疑親秦、其計定不可解免、周必親於秦也、是爲秦取周精妙之計、【考證】岡白駒曰、解、解說也、愚按、解、解免也、即下文絕字之意、精、猶至也、爲王計者、周於秦因善之、不於秦亦言善之、以疏之於秦。【正義】代言爲王計者、周親秦、因而善之、周不親、亦言善之、楚若善周、周必疏於秦也、【考證】言、當作因、或云、衍字、周絕於秦、必入於郢矣。【正義】郢、楚都也、楚既親周、秦必絕周親楚矣、以上至八年、蘇代說楚合周、【考證】入於郢、言周歸楚、愚按、國策無此條、秦借道兩周之閒、將以伐韓。周恐。借之畏於韓。不借畏於秦。【正義】上借、音精夕反、下、音子夜反、史厭謂周君曰。【索隱】周君、西周武公也、時王赧微弱、不主盟會、寄居西周耳、

八五

【正義】厭、烏減反、又於點反、【考證】策、厭作黶、何不令人謂韓公叔曰。秦之敢絕周而伐韓者、信東周也。【集解】徐廣曰、韓、一作何、應劭曰、氏姓譜云、以何姓爲韓後、【考證】策亦作韓、絕、橫度也、公何不與周地、發質使之楚。【正義】質、音竹利反、使、音所吏反、質使、令公子及重臣等往楚爲質、使秦疑楚、又得不信周也、質、平敵不相負也、【考證】策、質使作重使、秦必疑楚不信周。是韓不伐也。又謂秦曰。韓彊與周地、將以疑周於秦也。周不敢不受。秦必無辭而令周不受。【正義】又謂秦曰、韓強與周地、令秦疑周親韓、則周不敢不受、秦必無巧辭而令周不敢受韓地也、是受地於韓、而聽於秦。【索隱】此史厭說韓、令與周地、使質於楚、令秦疑楚不信周、得不假道伐韓、而猶聽命於秦、【考證】秦借以下、采東周策、秦召西周君。西周君惡往。故令人謂韓王。【索隱】按戰國策云、或人爲周君謂魏王云者也、【考證】當依策韓作魏、曰。秦召西周君。將以使攻王之南陽也。王何不出兵於南陽。周君將以爲辭於秦。【索隱】高誘注戰國策曰、以魏兵在河南爲辭、周君不往朝秦也、【考證】楓、三、南本、使作便、策、攻王之王作魏、於下南陽作河南、當依訂、南陽、魏邑、河南、西周王城、周君

八六

不入秦、秦必不敢踰河而攻南陽矣。【正義】南陽、今懷州也、杜預云、在晉山南河北、以上至秦召西周君、是西周君說韓、令出兵河南謀秦也、【考證】以上采西周策、文字有異同、東周與西周戰。韓救西周。或爲東周說韓王曰。【正義】爲、音于僞反、蓋或人爲東周說韓王、令按兵無出、則周德韓矣、西周故天子之國、多名器重寶。王案兵毋出、可以德東周。【正義】韓按兵不出伐東周、而東周甚媿韓之恩德也、【考證】中井積德曰、曰故天子之國、可知今非天子之國也、按兵不出、一則可以施恩德於東周、一則可以得西周之寶、而西周之寶、必可以盡矣。【正義】韓出兵助西周、雖不攻東周、西周媿其佐助、寶器必盡歸於韓、以上至東周與西周戰、是或人說韓令無救西周也、【考證】中井積德曰、將救而不出兵、西周欲其速出也、故不惜重寶以賂韓也、若已出兵、則必不肯行賂也、愚按以上采東周策、古鈔南本無以字、王赧謂成君。【考證】依下注徐廣說、成君下、有脫簡、楚圍雍氏以下、別是一事、楚圍雍氏。【集解】徐廣曰、陽翟雍氏城也、戰國策曰、韓兵入西周、西周令成君辯說秦求救、當是說此事而脫誤也、【索隱】如徐此說、自合當改而注結之、不合與楚圍雍氏連注、【正義】雍、音於恭反、括地志云、故雍城、在洛州陽翟縣東北二十五里、故老云、黃帝臣雍父作杵臼所封也、按其地時屬韓也、【考證】雍氏、韓地、故城在今河南扶溝縣西南、淩稚隆曰、徐廣注引戰國策一段、今本所無、韓徵甲與粟於東周。

八七

東周君恐、召蘇代而告之。代曰、君何患於是。臣能使韓毋徵甲與粟於周。又能爲君得高都。【集解】徐廣曰、今河南新城縣高都城也、【索隱】高誘云、高都、韓邑、今屬上黨也、【正義】括地志云、高都故城、一名郜都城、在洛州伊闕縣北三十五里、【考證】錢大昕曰、戰國策以爲西周、張文虎曰、國策在西周策、文無東字、高都、韓地、周君曰。子苟能、請以國聽子。代見韓相國曰。【集解】漢書百官表曰、相國、秦官、駰謂韓亦有相國、然則諸國共放秦也、【索隱】相國、公仲侈也、楚圍雍氏、期三月也。今五月不能拔。是楚病也。【正義】謂楚兵弊弱也、今相國乃徵甲與粟於周。是告楚病也。【考證】示楚以韓弊弱、韓相國曰。善。使者已行矣。【索隱】已、止也、【考證】策、善下有然字、徐孚遠曰、言既已發使、故雖善代之言、而不可止、代因言、宜與周高都也、代曰。何不與周高都。韓相國大怒曰。吾毋徵甲與粟於周、亦已多矣。【正義】言幸甚也、何故與周高都也。代曰。與周高都、是周折而入於韓也。秦聞之必大怒。忿周卽不通周使。是以

弊高都得完周也。曷爲不與。相國曰。善。果與周高都。【正義】以上至楚圍雍氏、是蘇代爲東周說韓、令不徵甲而得高都、【考證】楚圍雍氏以下、采西周策、吳師道曰、赧王三年十五年、楚圍雍氏、此十五年事、梁玉繩曰、圍雍氏、止一役、事在赧王九年、愚按吳梁二說未確、說在秦紀、三十四年、蘇厲謂周君曰。秦破韓·魏、扑師武、【集解】徐廣曰、扑一作仆、戰國策曰、秦敗魏將犀武於伊闕、北取趙藺·離石者皆白起也。是善用兵、又有天命。【集解】地理志曰、西河郡有藺離石二縣、【正義】藺、音力刃反、括地志云、離石縣、今石州所理縣也、藺近離石、皆趙二邑、【考證】梁玉繩曰、此語最爲可疑、策與史皆不免有誤、攷伊闕之戰、秦敗韓魏、虜韓將公孫喜、殺魏將犀武、其事固屬白起、若秦取趙離石、在顯王四十一年、取藺、在赧王二年、皆非白起之功、其時起未出也、今又將兵出塞攻梁。【正義】謂伊闕塞也、在洛州南十九里、伊闕山、今名鍾山、酈元注水經云、兩山相對、望之若闕、伊水歷其間、故謂之伊闕、按今謂之龍門、禹鑿以通水也、梁破則周危矣。君何不令人說白起乎。曰。楚有養由基者。善射者也。去柳葉百步而射之。百發而百中之。左右觀者數千人。皆曰善射。有一夫立其旁。曰。善。可教射矣。

養由基怒釋弓搤劍曰。客安能教我射乎。客曰。非吾能教子支左詘右也。【索隱】按列女傳云、左手如拒、右手如附枝、右手發之、左手不知、此射之道也、又越絕書曰、左手如附泰山、右手如抱嬰兒、【考證】搤、握也、支左屈右、謂左手張支弓、右手屈持筈也、夫去柳葉百步而射之、百發而百中之、不以善息、【索隱】言不以其善而且停息、息、止也、少焉氣衰力倦、弓撥矢鉤、一發不中者、百發盡息。【索隱】息猶弃、言并弃前善、【考證】撥、弓反也、鉤、矢鋒屈也、今破韓·魏、扑師武、北取趙藺·離石者、公之功多矣。【考證】楓、三、南本、公下有也公二字、與策合、今又將兵、出塞過兩周、倍韓攻梁。一擧不得、前功盡弃。公不如稱病而無出。【正義】以上至三十四年、是蘇厲爲周說白起無伐梁也、【考證】以上采西周策、四十二年、秦破華陽約。【集解】徐廣曰、一作厄、【正義】司馬彪云、華陽、亭名、在密縣、秦昭王三十三年、秦背魏約、使客卿胡傷擊魏將芒卯華陽、破之、六國年表云、白起擊魏華陽、芒卯走、括地志云、故華陽城、在鄭州管城縣南四十里、是、按馬犯見秦破魏華陽約、懼周危、故謂請梁城周也、【考證】中井積德曰、約字疑衍、馬犯謂周君曰。請令梁城

周。【索隱】華陽、地名、司馬彪曰、華陽、亭名、在密縣、秦昭王三十三年、秦背魏約、使客卿胡傷擊魏將芒卯華陽、破之、是馬犯見秦破魏約、懼周危、故謂周君請梁城周、而設詭計也、乃謂梁王曰。周王病。若死、則犯必死矣。【正義】馬犯、周臣也、乃說梁王曰、秦破魏華陽之軍、去周甚近、周王憂懼國破、猶身之重病、若死、則犯必死也、【考證】中井積德曰、病、謂眞病、死、謂眞死、岡白駒曰、此詐稱周王病也、王病而強兵在鄰邑、若王死、則國破、犯亦不能免矣、犯請以九鼎自入於王。王受九鼎而圖犯。【索隱】圖、謀也、犯謂梁王、我方入鼎於王、王當謀救援己也、梁王曰。善。遂與之卒。言戍周。【正義】戍、守也、周雖未入九鼎於梁、而梁信馬犯矯言、遂與之卒、令守周、【考證】中井積德曰、宜言戍周、實以取鼎也、故下言字、因謂秦王曰。梁非戍周也。將伐周也。王試出兵境以觀之。【正義】梁兵非戍周也、將漸伐周而取九鼎寶器、王若不信、試出師於境、以觀梁王之變也、秦果出兵。又謂梁王曰。【正義】馬犯說秦、得秦出兵於境、又重歸說梁王也、周王病甚矣。犯請後可而復之。【索隱】按戰國策、甚作瘉、犯請後可而復之者、言王病愈所圖不遂、請得在後有可之時以鼎入梁也、【正義】復、音扶富反、復、重也、秦既破華陽軍、今又出兵境上、是周國病秦久矣、犯前請卒戍周、諸侯皆心疑梁取周、後可更重請益卒守周乎、【考證】甚作瘉爲長、言王病瘉矣、鼎不可得也、姑待可得之時、岡白駒曰、復、如復命之

復、言報入鼎之約也、今王使卒之周。諸侯皆生心。後舉事且不信。不若令卒爲周城、以匿事端。【索隱】梁實圖周九鼎、且外遣卒戍周和合、秦舉兵欲侵周、梁不救周、是本無善周之事、止是欲周危而取九鼎、故諸侯皆心不信梁矣、故不如匿事端、使卒爲周城、【正義】既諸侯生心、不如令卒便爲築城、以隱匿疑伐周之事端、絕諸侯不信之心、梁王遂使城周、解諸侯之疑也、【考證】中井積德曰、今王病愈、鼎不可得、秦兵又在境上、而梁卒輒罷歸、則隱謀發露、諸侯後不信梁矣、故請城之以掩匿其事也、梁王曰。善。遂使城周。【正義】以上至四十二年、是馬犯說梁王爲周築城也、【考證】凌稚隆曰、詳國策、愚按今本策無此條、四十五年、周君之秦。客謂周冣曰。【索隱】冣、音詞喩反、周之公子也、公不若譽秦王之孝、因以應爲太后養地。【集解】徐廣曰、地理志云、應、今潁川父城縣應鄉是也、【索隱】戰國策作原、原、周地、太后、秦昭王母宣太后芈氏也、【正義】括地志云、故應城、殷時應國、在父城、按應城、此時屬周、太后、秦昭王母宣太后芈氏、【考證】鮑彪曰、養、供養之地、湯沐邑也、秦王必喜。是公有秦交。交善、周君必以爲公功。交惡、勸周君入秦者必有罪矣。【正義】客謂周冣曰、周君與秦交善、是冣之功也、與秦交惡、勸周君入秦者周冣、今必得勸周君之罪也、以上至四十五年、是周客說周冣、令周君以應入秦、得交善而歸也、【考證】以上采西周策、有秦交、

策作有秦也、中井積德曰、勸周君入秦者、別人、其人獲罪、則周冣之權重也、秦攻周。而周冣謂秦王曰。爲王計者、不攻周。攻周實不足以利。聲畏天下。天下以聲畏秦、必東合於齊。兵獘於周、合天下於齊、則秦不王矣。天下欲獘秦。勸王攻周。秦與天下獘。則令不行矣。【正義】令、音力政反、秦欲攻周、周冣說秦曰、周、天子之國、雖有重器名寶、土地狹少、不足利秦國、王若攻之、乃有攻天子之聲、而令天下以攻天子之聲畏秦、使諸侯歸於齊、秦兵空弊於周、則秦不王矣、是天下欲弊秦、故勸王攻周、令秦受天下弊、而令教命不行於諸侯矣、以上至秦攻周、是周冣說秦也、【考證】以上采西周策、五十八年、三晉距秦。周令其相國之秦。以秦之輕也、還其行。【正義】以秦輕易周相、故相國於是反歸周也、【考證】凌稚隆曰、策作留其行、注、留、不進也、此還字、恐遲字之誤、客謂相國曰。秦之輕重未可知也。【正義】言秦之輕相國、重相國、亦未可知、秦欲知三國之情。公不如急見秦王。曰。請爲王聽東方之變。秦王必重公。重公是秦重周。周以取秦也。齊重、則固有周聚以

收齊。是周常不失重國之交也。【集解】徐廣曰、聚、一作冣、冣亦古之聚字、【正義】按周聚事齊而和於齊周、故得齊重、今相國又得秦重、是相國收秦、周聚收齊、周常不失大國之交也、【考證】齊重、重字疑衍、周聚卽周冣、中井積德曰、重國、猶強國也、秦信周。發兵攻三晉。【正義】三晉、韓魏趙也、以上至五十八年、是客說周相國、令報三國之情得秦重也、【考證】以上采東周策、五十九年、秦取韓陽城・負黍。【集解】徐廣曰、陽城、有負黍聚、【正義】括地志云、陽城、洛州縣也、負黍亭、在陽城縣西南三十五里、故周邑、左傳云、鄭伐周負黍、是也、今屬韓國也、西周恐倍秦、與諸侯約從。【集解】文穎曰、關東爲從、關西爲橫、孟康曰、南北爲從、東西爲橫、瓚曰、以利合曰從、以威勢相脅曰橫、【正義】按諸說未允、關東地南北長、長爲從、六國共居之、關西地東西廣、廣爲橫、秦獨居之、將天下銳師、出伊闕攻秦、令秦無得通陽城。【正義】西周以秦取韓陽城負黍、恐懼倍秦之約、共諸侯連從、領天下銳師從洛州南出伊闕攻秦軍、令不得通陽城、秦昭王怒、使將軍摎攻西周。【集解】漢書百官表曰、前後左右將軍、皆周末官也、【正義】摎、音紀虬反、西周君犇秦、頓首受罪、盡獻其邑三十六・口三萬。【索隱】秦昭王之五十二年、【正義】謂西周武公、【考證】西周武公、與東周惠公兄弟、惠公薨於顯王九年、而武公存於赧王五十九年、可疑、此云西周君、蓋武公子孫、秦受其獻

歸其君於周。周君王赧卒。【集解】宋衷曰、謚曰西周武公、【索隱】非也、徐以西周武公是惠公之長子、此周君卽西周武公也、蓋此時武公與王赧皆卒、故連言也、【正義】劉伯莊云、赧是慙恥之甚、輕微危弱、寄住東西、足爲慙赧、故號之曰赧、帝王世紀云、名誕、雖居天子之位號、爲諸侯之所役逼、與家人無異、名負責於民、無以得歸、乃上臺避之、故周人名其臺曰逃責臺、【考證】陳仁錫曰、周下君字衍文、愚按此句屬下讀、西周君此時未死、下文可證、周民遂東亡。秦取九鼎寶器而遷西周公於𢿘狐。【集解】徐廣曰、𢿘音憚、𢿘狐聚、與陽人聚相近、在洛陽南百五十里梁新城之陰、【索隱】西周、蓋武公之太子文公也、武公卒而立、爲秦所遷、而東周亦不知其名號、戰國策雖有周文君、亦不知滅時定當何主、蓋周室衰微、略無紀錄、故太史公雖考衆書以卒其事、然二國代系、甚不分明、【正義】括地志云、汝州外古梁城、卽𢿘狐聚也、陽人故城、卽陽人聚也、在汝州梁縣西四十里、秦遷東周君地、梁亦古梁城也、在汝州梁縣西南十五里、新城、今洛州伊闕縣也、按𢿘狐陽人、傍在三城之閒、【考證】西周之亡、地與人皆入秦、而赧王成周之居自若也、故赧王得考其終、史所謂歸西周君於周者、亦斥成周王居也、赧王已崩、周民東亡、無復守九鼎寶器者、西周公遂失其居、遷於𢿘狐矣、後七歲秦莊襄王滅東西周。【集解】徐廣曰、周比亡之時、凡七縣、河南洛陽穀城平陰偃師鞏緱氏、【正義】括地志云、故穀城、在洛州河南縣西北十八里苑中、河陰縣城、本漢平陰縣、在洛州河陽縣東北五十里、十三州志云、在平津大河之南也、魏文帝改曰河陰、【考證】陳仁錫曰、西字衍、洞本無、愚按、西周已滅於赧王五十九年、是歲東周復滅、故下

文云、東西周皆入于秦、東西周皆入于秦。周既不祀。集解 皇甫謐曰、周凡三十七王、八百六十七年、索隱 既、盡也、日食盡曰既、言周祚盡滅、無主祭祀、正義 按王赧卒後、天下無主三十五年、七雄竝爭、至秦始皇立、天下一統、十五年、海內咸歸於漢矣、考證 崔適曰、秦本紀、東周君與諸侯謀伐秦、秦使相國呂不韋誅之、盡入其國、秦不絕其祀、以陽人地賜周君、奉其祭祀、然則莊襄王滅東周時、未絕其祀也、至始皇除封建爲郡縣、前代賜周陽人地、當復入于秦矣、此云不祀、終言之也、徐孚遠曰、平王東遷曰以奉周祀、紀末以周既不祀終焉、贊語復封周後、蓋自相應、以明漢家繼絕也、王鍪曰、周既不祀下、當有缺文、不應如索隱說、

太史公曰。學者皆稱周伐紂居洛邑。綜其實、不然。武王營之、成王使召公卜居居九鼎焉。而周復都豐鎬。至犬戎敗幽王、周乃東徙于洛邑。所謂周公葬我畢。畢、在鎬東南杜中。集解 徐廣曰、一作社、考證 何焯曰、觀婁敬之言、當時直謂周都洛陽、不容無辯、梁玉繩曰、我字不可解、當是于字之誤、史公蓋引書序、愚按我字自周公立言、史公采書序意、不襲其文、岡白駒曰、事見于魯世家、

秦滅周、漢興九十有餘載。天子將封秦山、東巡狩至河南、求周苗裔、封其後嘉三十里地、號曰周子南君。集解 瓚曰、汲冢古文、謂衞將軍文子爲子南彌牟、其後有子南勁、朝于魏、後惠成王如衞、命子南爲侯、秦并六國、衞最爲後、疑嘉是衞後、故氏子南而稱君也、正義 括地志云、周承休城、一名梁雀塢、在汝州梁縣東北二十六里、帝王世紀云、漢武帝元鼎四年、東巡河洛、思周德、乃封姬嘉三千戶、地方三十里、爲周子南君、以奉周祀、元帝初元五年、嘉孫延年進爵爲承休侯、在此城也、平帝元始四年、進爲鄭公、光武建武十三年、封於觀、爲衞公、顏師古云、子南其封邑之號、爲周後、故總言周子南君、按自嘉以下、皆姓姬氏、著在史傳、瓚言子南爲氏、恐非、考證 通鑑注、據恩澤侯表、周子南君、食邑於潁川長社、愚按、周表其舊國、子美稱、南以其在河南也、君亦美稱、非邑、非姓氏、亦與衞子孫不相涉、比列侯、以奉其先祭祀。集解 徐廣曰、自周亡乙巳、至元鼎四年戊辰、一百四十四年、漢之九十四年也、漢武元鼎四年封周後也、

索隱述贊 后稷居邰、太王作周、丹開雀錄、火降烏流、三分既有、八百不謀、蒼兕誓衆、白魚入舟、太師抱樂、箕子拘囚、成康之日、政簡刑措、南巡不還、西服莫附、共和之後、王室多故、檿弧興謠、龍漦作蠹、頹帶挂禍、實傾周祚、

周本紀第四

史記四

文學博士瀧川龜太郎著

史記會注考證

史記會注考證卷五

漢太史令司馬遷撰

宋中郎外兵曹參軍裴駰集解

唐國子博士弘文館學士司馬貞索隱

唐諸王侍讀率府長史張守節正義

日本出雲瀧川資言考證

秦本紀第五　史記五

索隱 秦雖嬴政之祖、本西戎附庸之君、豈以諸侯之邦、而與五帝三王同稱本紀、斯必不可、可降爲秦世家、考證 史公自序云、維秦之先、伯翳佐禹、穆公思義、悼豪之旅、

以人爲殉、詩歌黃鳥、昭襄業帝、作秦本紀第五、歸有光曰、秦本紀與始皇本紀當爲一、如周紀始后稷也、以簡帙多、始皇自爲紀、何焯曰、莊襄之世、秦已取周、固繼周而王矣、然六國未亡、則存封建之遺制也、至始皇幷吞而盡有之、分天下爲三十六郡、於是三代規模一變、是始皇本紀所以離而爲二也、方苞曰、秦紀多夸語、其世系事蹟、詳於列國、而於他書無徵、蓋史之舊也、愚按六國年表序云、太史公讀秦記、至犬戎敗幽王、周東徙洛邑、秦襄公始封爲諸侯、作西畤用事上帝、僭端見矣、又云、秦記不載日月、其文略未具、然戰國之權變、亦有可頗采者、蓋此紀以秦記爲經、以左傳國語國策爲緯、比諸吳齊魯晉諸世家、其事大備者爲此也、

秦之先、帝顓頊之苗裔。正義 黃帝之孫、號高陽氏、孫曰女脩。女脩織、玄鳥隕卵。女脩呑之。生子大業。索隱 女脩、顓頊之裔女、呑鳦子而生大業、其父不著、而秦趙以母族而祖顓頊、非生人之義也、按左傳、郯國少昊之後、而嬴姓蓋其族也、則秦趙宜祖少昊氏、正義 列女傳云、陶子生五歲而佐禹、曹大家注云、陶子者皐陶之子伯益也、按此即知大業是皐陶、考證 柯維騏曰、古人郊禖祈嗣、以玄鳥至日爲候、祈而適孕、乃生大業耳、洪亮吉曰、此乃因簡狄事附會、不足信、愚按、伯益非皐陶子、正義誤、大業取少典之子曰女華。女華生大費。索隱 扶味反、一音祕、尋費後以爲氏、則扶味反爲得、此則秦趙之祖、嬴姓之先、一名伯翳、尙書謂之伯益、系本漢書謂之伯益、是也、尋檢史記上下諸文、伯翳與伯益昰一人不疑、而陳杞系家、即敘伯翳與伯益爲二、未知太史公疑而未決邪、抑亦謬誤爾、考證 兪樾曰、

顓頊爲黃帝之孫、女脩既爲顓頊苗裔、則去黃帝遠矣、況大業又其子乎、而少典黃帝之父也、女華爲少典之子、則與黃帝兄弟也、而謂大業得娶之子、以五帝紀及秦紀參觀、其謬殊甚、趙翼曰、史記伯益佐禹、而秦本紀、秦之先大業娶女華生大費、大費佐禹平水土、輔舜馴鳥獸、舜妻以姚姓之玉女、是曰栢翳、而不言伯益、是以後人皆以栢翳伯益爲二人、然使佐大禹平水土者、別有栢翳一人、則尙書載之、當與稷契皐陶同列、乃尙書所載、有伯益無栢翳、而伯益爲虞、其職若上下草木鳥獸、與史記所云馴鳥獸者適相脗合、則史記平水土馴鳥獸之栢翳、即尙書若上下草木鳥獸之伯益無疑、惟史記之大費、不見於尙書、胡應麟據汲冢書有費侯伯益之語、則大費則伯益之封國、史記既云大費即栢翳、而伯益實封於費、可見栢翳即伯益也、又按國語、嬴伯翳之後也、韋昭注、即伯益也、漢書地理志又曰、秦之先爲伯益、佐禹治水、爲舜虞官、則栢翳伯益之爲一人、尤明白可證、蓋翳與益聲相近之訛也、梁氏志疑、亦以伯翳爲伯益、其說更詳、愚按、古重氏族、託名聖賢、以華其所自出者、不獨嬴秦、其爲顓頊之裔、既已不可知、伯益栢翳異同、不問而可也、

與禹平水土。已成。帝錫玄圭。禹受曰。非予能成。亦大費爲輔。帝舜曰。咨爾費。贊禹功。其賜爾皁游。索隱 游、音旒、謂賜以皁色旌旆之旒、色與玄玉色副、言其大功成也、然其事亦當有所出、爾後嗣將大出。索隱 出、猶生也、言爾後嗣繁昌、將大出子孫也、故左傳亦云、晉公子姬出也、考證 中井積德曰、出、猶興也、乃妻之姚姓之玉女。集解 徐廣曰、皇甫謐云、賜之玄玉、妻以姚姓之女也、考證 朱亦棟曰、禮有請君玉女

之文、鄭注、言玉女者、美言之也、愚按乃妻之以下、記事之文、玉字疑衍、集解賜之玄玉、上文錫玄玉集解誤併於此、說詳于李笠訂補、大費拜受、佐舜調馴鳥獸。鳥獸多馴服。是爲柏翳。【考證】拜受二字承賜皁游、舜賜姓嬴氏。大費生子二人。一曰大廉。實鳥俗氏。二曰若木。實費氏。【索隱】以仲衍鳥身人言、故爲鳥俗氏、俗一作浴、若木以王父字爲費氏也、【考證】李笠曰、周本紀、檿弧箕服、亦當與此同義、詩頍弁、實維何鄭箋、實猶是也、楚詞抽思、實沛徂兮、王注、實猶是也、其玄孫曰費昌。子孫或在中國、或在夷狄。【索隱】殷紂時費仲、卽昌之後也、費昌當夏桀之時、去夏歸商。爲湯御以敗桀於鳴條。大廉玄孫曰孟戲・中衍。【索隱】舊解以孟戲仲衍、是一人、今以孟仲分字、當是二人名也、鳥身人言。【正義】身體是鳥、而能人言、又云、口及手足似鳥也、【考證】楓三、南本言作首、梁玉繩曰、鳥身上似脫仲衍二字、帝太戊聞而卜之使御。吉。遂致使御、而妻之。【考證】楓三、南本、吉下有左右二字、三南本致作置、自太戊以下、中衍之後、遂世有功。【正義】謂費昌及仲衍、【考證】御覽引無遂字、正義費昌及三字可削、以佐殷國。故嬴姓多顯、

遂爲諸侯。其玄孫曰中潏。在西戎保西垂。生蜚廉。【集解】徐廣曰、潏、一作滑、【正義】中、音仲、潏、音決、宋衷注世本云、仲滑生飛廉、蜚廉生惡來。惡來有力。【集解】晏子春秋曰、手裂虎兕、蜚廉善走。父子俱以材力事殷紂。周武王之伐紂、并殺惡來。是時蜚廉爲紂石北方。【集解】徐廣曰、皇甫謐云、作石槨於北方、【索隱】石下無字則不成文意、亦無所見、必是史記本脫、皇甫謐尙得其說、徐雖引之、而竟不云是脫何字、專質之甚也、【正義】爲、于僞反、劉伯莊云、霍太山、紂都之北也、霍太山、在晉州霍邑縣、按在衛州朝歌之西方也、【考證】石當作使、梁玉繩曰、水經汾水注述此事云、飛廉先爲紂使北方、御覽引史記亦曰、時飛廉爲紂使北方、傳寫誤使爲石、洪頤煊沈濤姚範張文虎說同、還無所報。爲壇霍太山而報。【集解】地理志、霍太山、在河東彘縣、得石棺。【正義】紂既崩、無所歸報、故爲壇就霍太山而祭紂、報云、作得石槨、【考證】蜚廉築土爲壇、偶土中得石棺、石棺與紂不涉、銘曰。帝令處父不與殷亂。賜爾石棺以華氏。【索隱】處父蜚廉別號、【考證】中井積德曰、處父是字、沈濤曰、御覽引作不與發亂、發、武王名也、言不與周武之難耳、愚按孟子云、驅飛廉於海隅戮之、與此異、死。遂葬於霍太山。【集解】皇甫謐云、去彘縣十五里有冢、常祠之、【索隱】言處父至忠、國滅君死、而不忘臣節、故天賜石棺、以光華其族、事蓋非實、譙周深所不

信、蜚廉復有子曰季勝。【正義】音升、季勝生孟增。孟增幸於周成王。是爲宅皐狼。【正義】地理志云、西河郡皐狼縣也、按孟增居皐狼而生衡父、【考證】中井積德曰、宅皐狼、是號、皐狼生衡父。衡父生造父。【考證】皐上當有宅字、造父以善御幸於周繆王。得驥溫驪【集解】徐廣曰、溫、一作盜、駰案、郭璞云、爲馬細頸、驪、黑色、【索隱】溫、音盜、徐廣亦作盜、鄒誕生本作騟、音陶、劉氏音義云、盜驪、騟驪也、騟、淺黃色、八駿旣因色爲名、騟驪爲得之也、【考證】南本、重穆王二字、溫當從一本作盜、世家及穆天子傳、列子周穆王、後漢東夷傳李賢注可證、盜乃淺青色、驊騮【集解】郭璞曰、色如華而赤、今名馬驃赤者爲棗騮、棗騮馬赤也、騄耳之駟、【集解】郭璞曰、紀年云、北唐之君、來見以一驪馬、是生騄耳、八駿皆因其毛色以爲名號、駰案、穆天子傳、穆王有八駿之乘、此紀不具者也、【索隱】按穆王傳曰、赤驥盜驪白義渠黃驊騮騄耳山子、【正義】騄音錄、西巡狩、樂而忘歸。【集解】郭璞曰、紀年云、穆王十七年、西征於崑崙丘、見西王母、【正義】括地志云、崑崙山、在肅州酒泉縣南八十里、十六國春秋云、前涼張駿酒泉守馬岌上言、酒泉南山、卽崑崙之丘也、周穆王見西王母、樂而忘歸、卽謂此山、有石室玉堂、珠璣鏤飾、煥若神宮、按肅州在京西北二千九百六十里、卽小崑崙也、非河源出處者、徐偃王作亂。【集解】地理志曰、臨淮有徐縣、云故徐國、尸子曰、徐偃王有筋而無骨、駰謂號偃由此、【正義】括地志云、大徐城、在泗州徐城縣北三十里、古徐國也、博物志云、徐君宮

人有娠而生卵、以爲不祥、弃於水濱洲、獨孤母有犬鵠蒼、銜所弃卵以歸、覆煖之、乃成小兒、生時正偃、故以爲名、宮人聞之、更取養之、及長襲爲徐君、後鵠蒼臨死生角而九尾、化爲黃龍也、鵠蒼或名后蒼、括地志又云、徐城在越州鄮縣東南入海二百里、夏侯志云、翁洲上有徐偃王城、傳云、昔周穆王巡狩、諸侯共尊偃王、穆王聞之、令造父御乘騕褭之馬、日行千里、自還討之、或云、命楚王帥師伐之、偃王乃於此處立城以終、造父爲繆王御、長驅歸周。一日千里、以救亂。【正義】古史考云、徐偃王與楚文王同時、去周穆王遠矣、且王者行有周衛、豈得救亂而獨長驅、日行千里乎、並言此事非實、按年表、穆王元年、去楚文王元年三百一十八年矣、【考證】韓非子五蠹篇云、徐偃王處漢東、地方五百里、行仁義、割地而朝者三十有六國、荆文王恐其害己也、擧兵伐徐、遂滅之、淮南子人間訓所云略同、據此則滅徐者楚文王、非周穆王也、而此紀及趙世家云、徐偃王作亂、造父御周穆王、攻徐破之、楚世家亦不載文王伐徐事、至後漢東夷傳則云、偃王處潢池東、地方五百里、陸地而朝者三十有六國、穆王後得驥騄之乘、乃使造父御以告楚、令伐徐、一日而至、於是楚文王大擧兵而滅之、偃王仁而無權、不忍鬬其人、故致於敗、乃北走彭城武原縣東山下、百姓隨之者以萬數、因名其山爲徐山、於是周穆楚文造父三人、悉與徐偃事、韓愈衢州徐偃王廟碑亦本此爲說、崔述曰、前乎穆王者、有魯公之費誓、曰徂茲淮夷、徐戎並興、後乎穆王者、有宣王之常武、曰震驚徐方、徐方來庭、則是徐本戎也、與淮夷相倚爲邊患、叛服不常、其來久矣、非能行仁義以服諸侯、亦非因穆王遠遊而始爲亂也、且楚文王立於周莊王之八年、上距共和之初、已一百五十餘年、自穆王至是不下三百年、而安能與之共伐徐乎、故張氏史記正義言此事非實矣、蓋穆王本巡遊無度者、故傳

稱周行天下、將皆有車轍馬跡焉、後世稱造父者、欲神其技、因取假王之事附會之、以見其有救亂之功、稱假王者、欲表其美、因又取穆王之事附會、以爲能行仁義而諸侯歸之耳、初未暇計其乖舛於事理、刺謬於經傳也、韓子之文、雖出於酬應、不得已而作、然釆邪說以惑後世、亦非大賢所宜爲也、愚按崔說極確、繆王以趙城封造父。造父族由此爲趙氏。【集解】徐廣曰、趙城、在河東永安縣、【正義】括地志云、趙城、今晉州趙城縣是、本彘縣地、後改曰永安、卽造父之邑也、【考證】今山西平陽趙城縣西南、自蜚廉生季勝、已下五世至造父、別居趙。趙衰其後也。惡來革者、蜚廉子也。蚤死。【考證】余有丁曰、按惡來革者、豈卽惡來耶、但不宜復曰蜚廉子、既爲武王誅死、又不宜曰早死、有子曰女防。女防生旁皋。旁皋生太几。太几生大駱。【考證】梁玉繩曰、秦詩譜疏、引此、女防作女妨、人表同、大駱生非子。以造父之寵、皆蒙趙城姓趙氏。【考證】蒙、冒也、梁玉繩曰、蓋秦趙同祖、或可互稱、故陸賈傳曰、秦任刑法不變、卒滅趙氏、漢書武五子傳曰、趙氏無炊火焉、楚世家、淮南子人間、泰族二訓、稱始皇爲趙政、非子居犬丘。【集解】徐廣曰、今槐里也、【正義】括地志云、犬丘故城、一名槐里、亦曰廢丘、在雍州始平縣東南十里、地理志云、扶風槐里縣、周曰犬丘、懿王都之、秦更名廢丘、高祖三年、更名槐里也、好馬及畜、善養息之。【正義】好、火

到反、畜、許救反、犬丘人言之周孝王。孝王召使主馬于汧渭之閒。馬大蕃息。【正義】汧、音牽、言於二水之閒、在隴州以東、孝王欲以爲大駱適嗣。申侯之女爲大駱妻。生子成爲適。申侯乃言孝王曰。昔我先酈山之女、爲戎胥軒妻。生中潏。【正義】申侯之先、娶於酈山、胥軒、仲衍曾孫也、【考證】岡白駒曰、申侯之先人嘗居酈山者之女、中井積德曰、酈山蓋先侯之名號、以親故歸周、保西垂。西垂以其故和睦。今我復與大駱妻生適子成。申駱重婚。西戎皆服。所以爲王。王其圖之。【正義】重、直龍反、言申駱重婚、西戎皆從、所以得爲王、王卽孝王、【考證】岡白駒曰、爲、去聲、李笠曰、正義得字衍、於是孝王曰。昔伯翳爲舜主畜、畜多息。故有土賜姓嬴。今其後世亦爲朕息馬。朕其分土爲附庸、邑之秦、使復續嬴氏祀。【集解】徐廣曰、今天水隴西縣秦亭也、【正義】括地志云、秦州淸水縣、本名秦、嬴姓邑、十三州志云、秦亭、秦谷是也、周太史儋云、始周與秦國合而別、故天子邑之秦、號曰秦嬴。亦不廢申侯之女

子爲駱適者、以和西戎。【考證】古鈔、南本駱上有大字、秦嬴生秦侯。秦侯立十年卒。生公伯。公伯立三年卒。生秦仲。秦仲立三年、周厲王無道、諸侯或叛之。西戎反王室、滅犬丘大駱之族。周宣王卽位。【集解】徐廣曰、秦仲之十八年也、乃以秦仲爲大夫、誅西戎。西戎殺秦仲。秦仲立二十三年死於戎。【集解】毛詩序曰、秦仲始大、有車馬禮樂侍御之好也、有子五人。其長者曰莊公。【考證】梁玉繩曰、襄公始爲諸侯、襄公之先、不過大夫而已、稱莊公者、詩秦風譜疏云、蓋追諡之理、或然也、或曰、承非子之初封、僭稱爲公、猶非子之稱秦侯耳、周宣王乃召莊公昆弟五人、與兵七千人、使伐西戎。破之。於是復予秦仲後及其先大駱地犬丘、并有之、爲西垂大夫。【正義】注水經云、秦莊公伐西戎破之、周宣王與大駱犬丘之地、爲西垂大夫、括地志云、秦州上邽縣西南九十里、漢隴西郡縣是也、【考證】復予以下十六字一氣讀、言賜以秦仲舊封、及大駱所有犬丘之地、使并有之也、莊公居其故西犬丘。生子三人。其長男世父。

世父曰。戎殺我大父仲。我非殺戎王、則不敢入邑。遂將擊戎、讓其弟襄公。【考證】錢大昕曰、據此則周末東遷之日、戎已僭王號、如徐偃王楚句亶王鄂王越章王之類、其後有亳王義渠王豲王、皆戎種、愚按戎王之王、猶言長、非帝王之王、襄公爲太子。莊公立四十四年卒。太子襄公代立。襄公元年、以女弟繆嬴爲豐王妻。【考證】張文虎曰、宋本無元年以三字、淩稚隆曰、周無豐王、闕本作幽王、蓋幽豐字相近、而又適其時、作幽似矣、然幽王妻申后、何以有繆嬴、周廣業曰、豐王疑是戎王之號、荐居岐豐、因稱豐王、與亳王一例、非幽王也、上下文周厲王周宣王周幽王周平王、皆連周字、知是必非幽王、秦襄以女弟妻戎王、鄭武公妻胡之計耳、愚按後說是、襄公二年、【正義】括地志云、故汧城、在隴州汧源縣東南三里、帝王世紀云、秦襄公二年、徙都汧、卽此城、戎圍犬丘世父。世父擊之。爲戎人所虜。【考證】梁玉繩曰、世父二字衍、歲餘、復歸世父。七年春、周幽王用襃姒廢太子、立襃姒子爲適、數欺諸侯。諸侯叛之。西戎犬戎與申侯伐周、殺幽王酈山下。而秦襄公將兵救周、戰甚力有功。周避犬戎難、東涉

雒邑。【正義】周平王徙居王城、卽雒誥云、我卜瀍水東瀍水西者也、 襄公以兵送周平王。平王封襄公爲諸侯。賜之岐以西之地。曰。戎無道、侵奪我岐豐之地。秦能攻逐戎、卽有其地。與誓封爵之。襄公於是始國。與諸侯通使聘享之禮。乃用騮駒【集解】徐廣曰、赤馬黑髦曰騮、 黃牛羝羊各三、祠上帝西時。【集解】徐廣曰、年表云、立西時祠白帝、【索隱】襄公始列爲諸侯、自以居西時、西時縣名、故作西時祠白帝、時、止也、言神靈之所依止也、亦音市、謂爲壇以祭天也、【考證】梁玉繩曰、按年表及封禪書、各三當作各一、上帝當作白帝、愚按六國表序云、秦襄公始封爲諸侯、作西時用事上帝、僭端見矣、與此紀合、則不改作白、但五行五帝之說、始盛於戰國、春秋之前、未之有也、秦之西時鄜時密時、亦止爲壇祭神、猶中土諸侯祭社稷耳、其曰祠上帝祠白帝黃帝者、蓋後來附會之說、何必問其異同、 十二年、伐戎而至岐。卒。生文公。文公元年、居西垂宮。【正義】卽上西縣是也、 三年、文公以兵七百人東獵。四年、至汧·渭之會。【考證】岡白駒曰、會、二水之所會同、 曰。昔周邑我先秦嬴於此。後卒獲爲諸侯。乃卜居之。占曰、吉。

【正義】括地志云、郿縣故城、在岐州郿縣東北十五里、秦紀云、秦文公東獵汧渭之會、卜居之、乃營邑焉、卽此城也、【考證】南本、卒下有以字、 卽營邑之。十年、初爲鄜時。【集解】徐廣曰、鄜縣、屬馮翊、【索隱】音敷、亦縣名、於鄜地作時、故曰鄜時、故封禪書曰、秦文公夢黃蛇自天下屬地、其口止於鄜衍、史敦曰以爲神、故立時也、【正義】括地志云、三時原在岐州雍縣南二十里、封禪書云、秦文公作鄜時、襄公作西時、靈公作吳陽上時、竝此原上、因名也、 用三牢。十三年、初有史以紀事。民多化者。十六年、文公以兵伐戎。戎敗走。於是文公遂收周餘民有之。地至岐。岐以東獻之周。【考證】孔穎達曰、按終南之山、在岐之東南、大夫之戒襄公、已引終南爲喩、則襄公亦得岐東、非唯自岐以西也、如本紀之言、文公獻岐東於周、則秦之東境、終不過岐、而春秋之時、秦境東至於河、明襄公救周卽得之矣、本紀之言不可信也、梁玉繩曰、終南隔渭相望、詩人起興、不必定是時得岐東、秦地至河、在晉惠公獻地後、乃穆公創霸時事、左傳及本紀甚明、不得言襄公救周卽得之矣、至獻岐東之說、或者秦獻之、而周不能有、遂仍入于秦乎、 十九年、得陳寶。【索隱】按漢書郊祀志云、文公獲若石云于陳倉北阪城、祠之、其神來若雄雉、其聲殷殷云、野雞夜鳴、以一牢祠之、號曰陳寶、又臣瓚云、陳倉縣有寶夫人祠、歲與葉君神會、祭于此者也、蘇林云、質如石、似肝、云語辭、【正義】括地志云、寶雞神、在岐州陳倉縣東二十里故陳倉城中、晉太康地志云、秦文公時、陳倉人獵得獸、若彘、不知名、牽以獻之、逢二童子、童子曰、此名爲媦、常在地中、食死人

腦、卽欲殺之、拍捶其首、媦亦語曰、二童子名陳寶、得雄者王、得雌者霸、陳倉人乃逐二童子、化爲雉、雌上陳倉北阪、爲石、秦祠之、搜神記云、其雄者飛至南陽、其後光武起於南陽、皆如其言也、 二十年、法初有三族之罪。【集解】張晏曰、父母兄弟妻子也、如淳曰、父族母族妻族也、【考證】余有丁曰、秦法自來慘刻、蓋夷狄之故俗也、黃淳耀曰、三族之罪、始於秦文公、而商鞅因之、漢祖名爲除秦苛政、然始定天下、卽族信越、文帝亦除收孥相坐律令、旋族新垣平、是後武帝數興大獄、而秦法遂終漢世不變、吾故謂漢非雜霸也、雜秦耳、嗚呼、秦之遺孽毒甚矣哉、 二十七年、伐南山大梓·豐·大特。【集解】徐廣曰、今武都故道有怒特祠、圖大牛、上生樹、本有牛從木中出、後見於豐水之中、【正義】括地志云、大梓樹、在岐州陳倉縣南十里倉山上、錄異傳云、秦文公時、雍南山有大梓樹、文公伐之、輒有大風雨、樹生合不斷、時有一人病、夜往山中、聞有鬼語樹神曰、秦若使人被髮以朱絲繞樹伐汝、汝得不困耶、樹神無言、明日病人語聞、公如其言、伐樹、斷中有一青牛、出走入豐水中、其後牛出豐水中、使騎擊之、不勝、有騎墮地、復上、髮解、牛畏之、入不出、故置髦頭、漢魏晉因之、武都郡立怒特祠、是大梓牛神也、按今俗畫青牛障、是、【考證】大梓豐、大特、蓋戎名、 四十八年、文公太子卒。賜諡爲竫公。【集解】徐廣曰、文公之四十四年、魯隱之元年、【考證】古鈔本、竫作靜、兪樾曰、太子而爵之以公、非禮也、當時諸侯所未有也、下文又云、哀公卒、太子夷公蚤死、不得立、立夷公子、是爲惠公、愚按恐是秦史夸言、 竫公之長子爲太子。是文公孫也。五十年、文公卒。葬西

山。【集解】徐廣曰、皇甫謐云、葬於西山、在今隴西之西縣、【考證】楓三南本、西上有岐字、 竫公子立。是爲寧公。【集解】徐廣曰、一作曼、【考證】梁玉繩曰、始皇紀末秦記、寧公作憲公、漢人表同、卽索隱於秦記引秦本紀亦作憲公、則寧字以形近致譌、此與年表並當改爲憲公、張文虎曰、詩秦風疏、水經注、冊府元龜引史皆作寧公、則作寧之本已久、 寧公二年、公徙居平陽。【集解】徐廣曰、郿之平陽亭、【正義】帝王世紀云、秦寧公都平陽、按岐山縣有陽平鄉、鄉內有平陽聚、括地志云、平陽故城、在岐州岐山縣西四十六里、秦寧公徙都之處、 遣兵伐蕩社。【集解】徐廣曰、蕩、音湯、社、一作杜、【索隱】西戎之君、號曰亳王、蓋成湯之胤、其邑曰蕩社、徐廣云、一作湯杜、言湯邑在杜縣之界、故曰湯杜也、【正義】括地志云、雍州三原縣有湯陵、又有湯臺、在始平縣西北八里、按其國蓋在三原始平之界矣、【考證】梁玉繩曰、蕩卽湯、古字通、西戎亳王號湯、湯在杜縣、後人以杜字注其下、混入正文、又譌爲社、 三年、與亳戰。亳王奔戎。遂滅蕩社。【集解】皇甫謐云、亳王號湯、西夷之國也、 四年、魯公子翬弑其君隱公。【正義】翬音暉、卽羽父也、【考證】左傳隱十一年、 十二年、伐蕩氏取之。寧公生十歲立。立十二年卒。葬西山。【正義】括地志云、秦寧公墓、在岐州陳倉縣西北三十七里秦陵山、帝王世紀云、秦寧公葬西山大麓、故號秦陵山也、按文公亦葬西山、蓋秦陵山也、【考證】楓三南本、西上有岐字、 生子三人。長男武公爲太子。武公

弟德公同母。魯姬子生出子。【正義】德公母號魯姬子、【考證】林伯桐曰、武公弟德公同母爲句、魯姬子生出子爲句、謂兩公與出子不同母也、正義乃以魯姬子爲德公母、恐未必然、愚按楓三本魯作曾、寧公卒。大庶長弗忌・威壘三父、廢太子而立出子爲君。【正義】壘、音力追反、【考證】岡白駒曰、大庶長、威壘、官名、弗忌、三父、人名、出子六年、三父等復共令人賊殺出子。出子生五歲立、立六年卒。三父等乃復立故太子武公。武公元年、伐彭戲氏、【正義】戲、音許宜反、戎號也、蓋同州彭衙故城是也、至于華山下。【正義】即華嶽之下也、居平陽封宮。【正義】宮名、在岐州平陽城內也、三年、誅三父等、而夷三族。以其殺出子也。【考證】凌稚隆曰、夷三族、與上初有三族之罪相呼應、鄭高渠眯殺其君昭公。【索隱】春秋魯桓公十七年左傳、作高渠彌也、十年、伐邽冀戎、初縣之。【集解】地理志、隴西有上邽縣、應劭曰、即邽戎邑也、冀縣屬天水郡、【考證】姚鼐曰、周之制、王所居曰國中、分命大夫所居曰都鄙、自國而外、有曰家稍者矣、曰邦縣者矣、曰邦都者矣、而統名之、皆都鄙也、凡齊魯衛鄭之國、率同王朝都鄙之制、蓋周法、中原侯服、疆以周索、國近蠻夷者、乃疆以戎索、故齊魯衛鄭、名同於周、而晉秦楚、乃

不同於周、不曰都鄙曰縣、然始者有縣而已、尚無郡名、十一年、初縣杜・鄭。【集解】地理志、京兆有鄭縣杜縣也、【正義】括地志云、下杜故城、在雍州長安縣東南九里、古杜伯國、華州鄭縣也、毛詩譜云、鄭國者、周畿內之地、宣王封其弟於咸林之地、是爲鄭桓公、按秦得皆縣之、滅小虢。【集解】班固曰、西虢在雍州、【正義】虢、音古伯反、括地志云、故虢城、在岐州陳倉縣東四十里、次西十餘里、又有城、亦名虢城、輿地志云、此虢文王母弟虢叔所封、是曰西虢、按此虢滅時陝州之虢、猶謂之小虢、又云、小虢、羌之別種、【考證】洪亮吉曰、西虢不滅於秦、輿地志誤、正義謂是羌之別種、較是、十三年、齊人管至父・連稱等、殺其君襄公、而立公孫無知。【考證】館本考證云、左傳弑襄公、秦武公十二年事、與年表同、與此異、晉滅霍・魏・耿。【索隱】春秋魯閔公元年左傳云、晉滅耿、滅魏、滅霍、此不言魏、史闕文耳、又傳曰、賜畢萬魏、賜趙夙耿、杜預注曰、平陽皮氏縣東南有耿鄉、永安縣東北有霍太山、三國皆姬姓、【正義】括地志云、霍、晉州霍邑縣、又春秋時霍伯國、韋昭云、霍、姬姓也、括地志云、故耿城、今名耿倉城、在絳州龍門縣東南十二里、故耿國也、都城記云、耿、嬴姓國也、【考證】館本考證云、晉世家獻公之十六年、滅霍魏耿、年表、是年爲秦成之三年、此作武公十三年、相隔二十四年、張文虎曰、當錯簡、錢泰吉曰、據索隱、則史本無魏字、正義但釋霍耿、則所見本亦同、齊雍廩殺無知・管至父等、而立齊桓公。【正義】雍、於宮反、廩、力甚反、是雍林邑人姓名也、【考證】王念孫曰、齊世家云、齊君無知游於雍林、雍林人嘗有怨無知、及其往游、雍林人襲殺無知、是史公以雍林爲邑名、此文亦作雍林人、

後人依左傳改之也、正義曰、雍林邑人、此正釋雍林人三字也、正義姓名二字、此亦後人所加、齊・晉爲彊國。十九年、晉曲沃始爲晉侯。【索隱】晉穆侯少子成師居曲沃、號曲沃桓叔、至武公稱、滅晉侯緡、始爲晉君也、【考證】左傳繫之魯莊十六年、即秦武二十年事、齊桓公伯於鄄。【正義】伯、音霸、【考證】莊十五年左傳、二十年、武公卒。葬雍平陽。初以人從死。從死者六十六人。有子一人。名曰白。白不立。封平陽。【正義】即雍平陽也、平陽時屬雍、並在岐州解在上也、立其弟德公。德公元年、初居雍城、大鄭宮。【集解】徐廣曰、今縣在扶風、【正義】括地志云、岐州雍縣南七里、故雍城、秦德公大鄭宮城也、以犧三百牢祠鄜畤。卜居雍。後子孫飲馬於河。【正義】卜居雍之後、國益廣大、後代子孫得東飲馬於龍門之河、【考證】封禪書索隱曰、百當作白、秦君西祀少昊、牲尚白、祭郊本特牲、不可用三百牢以祭天、徐孚遠曰、吳子徵會百牢、秦人僭侈、未必臻特牲之禮、百字不爲誤也、愚按秦列諸侯、歷年未久、其志雖大、亦不過欲飲馬於河耳、何至僭擬天子、況以三百牢祭神、三代所無、百字蓋衍文、襄公祠西畤、用騂駒黃牛羝羊各一、文公祠鄜畤、用三牢、既見上文、中井積德曰、子孫飲河、是卜占之辭、愚按是伏後段晉君獻河西地、梁伯・芮伯來朝。【索隱】梁、嬴姓、芮、姬姓、梁國在馮翊夏陽、芮國在馮翊臨晉、【正義】括地志云、南芮鄉故

城、在同州朝邑縣南三十里、又有北芮城、皆古芮伯國、鄭玄云、周同姓之國、在畿內、爲王卿士者、左傳云、桓公三年、芮伯萬之母芮姜、惡芮伯之多寵人、故逐之、出居魏、今按州芮城縣界有芮國城、蓋是殷末虞芮爭田之芮國是也、【考證】梁、嬴姓、僖六年左傳、郤芮曰、梁近秦而幸焉、是也、其十九年、亡、秦得其地以爲邑、曰少梁、文十一年、晉人取少梁、即是、今陝西同州府韓城縣東二十二里、有少梁城、芮、姬姓、今同州府朝邑縣有芮故城、二年、初伏、【集解】孟康曰、六月伏日初也、周時無、至此乃有之、【正義】六月三伏之節、起秦德公爲之、故云初伏、伏者、隱伏避盛暑也、曆忌釋云、伏者何、以金氣伏藏之日也、四時代謝、皆以相生、立春木代水、水生木、立夏火代木、木生火、立冬水代金、金生水、立秋以金代火、故至庚日必伏、庚者金、故曰伏也、【考證】中井積德曰、當時未有五行生尅之說、正義曆忌釋當刪、以狗禦蠱。【集解】徐廣曰、年表云、初作伏祠社、磔狗邑四門也、【正義】蠱者、熱毒惡氣、爲傷害人、故磔狗以禦之、年表云、初作伏祠社、磔狗邑四門、按磔、禳也、狗、陽畜也、以狗張磔於郭四門、禳卻熱毒氣也、左傳云、皿蟲爲蠱、顧野王云、穀久積、變爲飛蠱也、德公生三十三歲而立。立二年卒。生子三人。長子宣公。中子成公。少子穆公。長子宣公立。宣公元年、衛・燕伐周。【正義】衛、惠公都、即今衛州也、燕、南燕也、周、天王也、括地志云、滑州故城、古南燕國、應劭云、南燕、姞姓之國、黃帝之後、出惠王、立王子穨。【考證】莊公十九年左傳、即秦宣公二年事、三年、鄭伯・虢叔【正義】括地志云、洛州汜水縣古東虢國、亦鄭之制

邑、漢之成皐、即周穆王虎牢城、左傳云、宮之奇曰、虢仲虢叔、王季之穆也、殺子穨而入惠王。【考證】莊廿一年左傳、即惠公四年事、四年、作密畤。【正義】括地志云、漢有五畤、在岐州雍縣南、則鄜畤、吳陽上畤、下畤、密畤、北畤。秦文公夢黃蛇自天而下屬地、其口止於鄜衍、作畤、郊祭白帝曰鄜畤、秦宣公作密畤於渭南、祭青帝、秦靈公作吳陽上畤、祭黃帝、作下畤祠炎帝、漢高帝曰、天有五帝、今四何也、待我而具五、遂立黑帝曰北畤、是也、與晉戰河陽。勝之。【考證】河陽之戰、春秋傳、晉世家、年表皆不載、十二年、宣公卒。生子九人。莫立。立其弟成公。成公元年、梁伯・芮伯來朝。【正義】括地志云、同州韓城縣南二十二里少梁故城、古少梁國、都城記云、梁伯國、嬴姓之後、與秦同祖、秦穆公二十年滅之、齊桓公伐山戎、次于孤竹。【正義】括地志云、孤竹故城、在平州盧龍縣十二里、殷時諸侯竹國也、【考證】莊三十年春秋經、齊人伐山戎、國語、齊語、桓公北伐山戎、斬孤竹、成公立四年卒。子七人。莫立。立其弟繆公。【索隱】秦自宣公已上、皆史失其名、今按系本古史考、得繆公名任好、【考證】古鈔、楓、南本、子上有生字、穆公名任好、見下文、又見文六年左傳、繆公任好元年、自將伐茅津勝之。【正義】劉伯莊云、茅津、戎號也、括地志云、茅津及茅城、在陝州河北縣西二十里、注水經云、茅亭、茅戎號、四年、迎婦於晉。晉太子申生姊也。

其歲、齊桓公伐楚至邵陵。【考證】僖四年春秋經傳、五年、晉獻公滅虞・虢、虜虞君、與其大夫百里傒。以璧馬賂於虞故也。既虜百里傒、以爲秦繆公夫人媵於秦。【考證】南本、宋本、無以璧賂於虞故也、既虜百里傒十三字、晉滅虞虢、僖五年左傳、梁玉繩曰、孟子言百里奚知虞公之不可諫而去之秦、知虞公之將亡而先去之、安得被執爲媵之事、被執爲媵者虞大夫井伯也、史誤合爲一人、故于晉世家連書井伯百里奚、而于此紀以百里奚替井伯、百里傒亡秦走宛。【集解】地理志、南陽有宛縣、【正義】宛、於元反、今鄧州縣、楚鄙人執之。繆公聞百里傒賢、欲重贖之。恐楚人不與、乃使人謂楚曰。吾媵臣百里傒在焉。請以五羖羊皮贖之。楚人遂許與之。【考證】梁玉繩曰、後漢書文選注、引韓詩外傳、論衡、並言秦大夫禽息薦百里奚、當是也、此言繆公贖于楚、呂氏春秋愼人篇、言公孫枝以五羊皮買之而獻諸穆公、說苑臣術篇、言賈人買以五羖羊皮、使將鬻車、與萬章自鬻秦、皆好事者爲之、言人人殊、不足辨、已戰國時、造詞以誣聖賢、何所不有、當是時、百里傒年已七十餘。【考證】年已七十餘、本於孟子、繆公釋其囚、與語國事。謝曰。臣亡國之臣。何足問。

繆公曰。虞君不用子。故亡。非子罪也。固問、語三日。繆公大說、授之國政。號曰五羖大夫。百里傒讓曰、臣不及臣友蹇叔。蹇叔賢而世莫知。臣常游困於齊、而乞食銍人。蹇叔收臣。【集解】徐廣曰、銍一作銍、【正義】銍、音珍栗反、銍、地名、在沛縣、【考證】楓、三、南本、常作嘗、臣因而欲事齊君無知。蹇叔止臣。臣得脫齊難。遂之周。周王子穨好牛。臣以養牛干之。及穨欲用臣、蹇叔止臣。臣去得不誅。事虞君。蹇叔止臣。臣知虞君不用臣。臣誠私利祿爵且留。再用其言得脫。一不用、及虞君難。是以知其賢。於是繆公使人厚幣迎蹇叔、以爲上大夫。秋、繆公自將伐晉、戰於河曲。【集解】徐廣曰、一作西。駰按、公羊傳曰、河千里而一曲也、服虔曰、河曲、晉地、杜預曰、河曲在蒲阪南、【正義】按河曲、在華陰縣界也、【考證】梁玉繩曰、春秋、河曲之戰、在魯文十二年、乃秦康公時事、下文書之、秋穆公以下十一字衍文、晉驪姬作亂、

太子申生死新城。【正義】韋昭云、曲沃、新爲太子城、括地志云、絳州曲沃縣、有曲沃故城、土人以爲晉曲沃新城、重耳・夷吾出犇。【正義】重耳奔翟、夷吾奔少梁也、【考證】僖四年左傳、十二月戊申、縊於新城、即穆公四年事、此書于五年、蓋依春秋經、九年、齊桓公會諸侯於葵丘。【正義】括地志云、葵丘在曹州考城縣東南一里一百五十步、郭內即桓公會處、又青州臨淄縣有葵丘、即傳連稱管至父所戍處、晉獻公卒。【考證】九年以下、僖九年春秋經傳、立驪姬子奚齊。其臣里克殺奚齊。荀息立卓子。【集解】徐廣曰、一作倬、克又殺卓子及荀息。夷吾使人請秦求入晉。於是繆公許之、使百里傒將兵送夷吾。夷吾謂曰。誠得立、請割晉之河西八城與秦。【正義】謂同華等州地、【考證】左傳國語、無百里奚送夷吾事、河西八城、作河外列城五、及至已立、而使丕鄭謝秦、背約、不與河西城。而殺里克。【考證】古鈔本、城作地、南本無城字、丕鄭聞之、恐。因與繆公謀曰。晉人不欲夷吾。實欲重耳。今背秦約而殺里克。皆呂甥・郤芮之計也。願君以利

急召呂·郤。呂·郤至、則更入重耳、便。繆公許之、使人與丕鄭歸、召呂·郤。呂·郤等疑丕鄭有間、乃言夷吾殺丕鄭。丕鄭子丕豹奔秦、說繆公曰。晉君無道、百姓不親。可伐也。繆公曰。百姓苟不便、何故能誅其大臣。能誅其大臣、此其調也。正義調、音徒聊反、言能誅大臣丕鄭云、是夷吾於百姓調和也、劉伯莊音徒弔反、按調、選也、邪臣誅、忠臣用、是夷吾能調選、兩通也、考證岡白駒曰、調、取調和之義爲是、不聽而陰用豹。考證立驪姬子以下、見僖九年十年左傳、國語晉語小異、徐孚遠曰、丕鄭已死、是晉無內應、晉未可以間也、故穆公益厚晉以驕之、　十二年、齊管仲·隰朋死。考證南本、十二作十三、據齊世家及年表、管仲隰朋、死於秦穆十五年、　晉旱。來請粟。丕豹說繆公勿與、因其饑而伐之。繆公問公孫支。集解服虔曰、秦大夫公孫子桑、　支曰。饑穰更事耳。不可不與。問百里傒。傒曰。夷吾得罪於君。其百姓何罪。於是用百里傒·公孫支言、卒與之粟。以船漕車轉、

自雍相望至絳。集解賈逵曰、雍、秦國都、絳、晉國都也、考證梁玉繩曰、晉旱上失書十三年、愚按、南本車轉上有以字、晉旱以下、采國語晉語、僖十三年左傳、以百里奚言爲穆公自謂、　十四年、秦饑、請粟於晉。晉君謀之羣臣。虢射曰。因其饑伐之、可有大功。晉君從之。正義射、音石也、考證梁玉繩曰、晉世家亦云、惠公用虢射謀、不與秦粟、而發兵伐之、攷內外傳、晉但不與粟而已、未嘗有因饑伐秦之事、公之伐晉、爲其三施無報、豈因晉來攻而秦擊之乎、且未嘗使丕豹將也、且秦饑請粟、在十四年冬、戰于韓原、在十五年九月、專有兵閱四時而始交戰者、此及世家皆誤、　十五年、興兵將攻秦。繆公發兵使丕豹將、自往擊之。九月壬戌、與晉惠公夷吾合戰於韓地。正義左傳云、僖公十五年、秦晉戰于韓原、秦獲晉侯以歸、括地志云、韓原、在同州韓城縣西南十八里、十六國春秋云、魏顆夢父結草抗秦將杜回、亦在韓原、　晉君弃其軍、與秦爭利、還而馬鷙。正義鷙、音致、又敕利反、國語云、晉師潰、戎馬還濘而止、韋昭云、濘、深泥也、考證鷙疑當作縶、　繆公與麾下馳追之。不能得晉君。反爲晉軍所圍。晉擊繆公。繆公傷。考證事詳僖十五年左傳、國語晉語、少異、　於是岐下食善馬者三百人、

馳冒晉軍。晉軍解圍。遂脫繆公而反、生得晉君。初繆公亡善馬。岐下野人、共得而食之者三百餘人。正義括地志云、野人塢、在岐州雍縣東北二十里、按野人盜馬食處、因名焉、　吏逐得欲法之。繆公曰。君子不以畜產害人。吾聞食善馬肉、不飲酒傷人。乃皆賜酒而赦之。三百人者、聞秦擊晉、皆求從。從而見繆公窘、亦皆推鋒爭死、以報食馬之德。考證於是岐下以下、采呂氏春秋愛士篇、於是繆公虜晉君以歸。令於國、齊宿。吾將以晉君祠上帝。周天子聞之曰。晉我同姓。爲請晉君。考證梁玉繩曰、內外傳、秦有殺惠公之議、而無祀上帝之語、此與晉世家竝非、徐孚遠曰、左傳無周請晉君之文、初獲晉君、亦未能遽及、當是穆姬力也、　夷吾姊亦爲繆公夫人。夫人聞之、乃衰絰跣曰。妾兄弟不能相救、以辱君命。考證楓、三、南本、跣下有行字、救作教、義長、繆公曰。我得晉君以爲功。今天子爲請、夫人是憂。

乃與晉君盟、許歸之、更舍上舍、而饋之七牢。集解賈逵曰、諸侯雍餼七牢、牛一、羊一、豕一、爲一牢也、十一月、歸晉君夷吾。夷吾獻其河西地、使太子圉爲質於秦。秦妻子圉以宗女。是時秦地東至河。正義晉河西八城入秦、秦東境至河、卽龍門河也、考證晉君夷吾姊以下、采僖十五年左傳國語晉語、但天子爲請四字、二書無之、中井積德曰、據左傳、穆公以其女妻子圉也、宗字恐謬、梁玉繩同、　十八年、齊桓公卒。考證僖十八年春秋經、齊侯小白卒、秦穆十七年事、　二十年、秦滅梁·芮。正義梁芮國、皆在同州、秦得其地、又滅二國之君、考證館本考證云、僖十九年左傳、秦取梁、年表亦載入秦穆十九年、愚按、春秋經傳、不記秦滅芮之事、　二十二年、晉公子圉聞晉君病曰。梁、我母家也。而秦滅之。我兄弟多。卽君百歲後、秦必畱我。而晉輕亦更立他子。正義子圉母、梁伯之女也、考證楓、三、南本、他作也、無子字、　子圉乃亡歸晉。二十三年、晉惠公卒。子圉立爲君。秦怨圉亡去、乃迎晉公子重耳於楚、而妻以故子圉妻。考證南本、怨下有子字、重

耳初謝、後乃受。繆公益禮厚遇之。二十四年春、秦使人告晉大臣。欲入重耳。晉許之。於是使人送重耳。二月、重耳立爲晉君。是爲文公。文公使人殺子圉。子圉是爲懷公。【考證】二十三年以下、采僖二十三年二十四年左傳、國語晉語、李笠曰、是爲懷公四字、疑在子圉立爲君之下、與重耳立爲晉君、是爲文公語相似、後人誤移於此、而衍子圉二字耳、愚按、子圉未定爲君、故附記謚號於後耳、非錯簡也、其秋、周襄王弟帶、以翟伐王。王出居鄭。【正義】王居于汜邑也、【考證】僖廿四年左傳、二十五年、周王使人告難於晉・秦。秦繆公將兵、助晉文公入襄王、殺王弟帶。【考證】梁玉繩曰、僖廿五年左傳云、晉侯辭秦師而下、晉語云、秦將納之、則失周矣、是秦未嘗助晉納王也、晉世家與左傳合、此誤、二十八年、晉文公敗楚於城濮。【正義】衛地也、今濮州、【考證】僖二十八年春秋經傳、三十年、繆公助晉文公圍鄭。【正義】左傳云、僖公三十年、晉侯・秦伯圍鄭、杜預云、文公過鄭、鄭不禮之、鄭使人言繆公曰。亡鄭厚晉。於晉而得矣。而秦未有利。晉之彊、

秦之憂也。繆公乃罷兵歸。晉亦罷。【考證】僖三十年左傳、李笠曰、上而字、與則同、三十二年冬、晉文公卒。【考證】僖三十二年春秋經傳、鄭人有賣鄭於秦曰。我主其城門。鄭可襲也。【考證】梁玉繩曰、賣鄭者、卽戍鄭之秦大夫杞子、而此與晉世家以爲鄭人、何也、繆公問蹇叔・百里傒。對曰、徑數國、千里而襲人、希有得利者。且人賣鄭。庸知我國人不有以我情告鄭者乎。不可。繆公曰。子不知也。吾已決矣。遂發兵、使百里傒子孟明視、蹇叔子西乞術、及白乙丙將兵。行日、百里傒・蹇叔二人哭之。【考證】楓、三、南本、日上重行字、繆公聞怒曰。孤發兵。而子沮哭吾軍。何也。【正義】沮、自呂反、沮、毀也、左傳云、蹇叔哭之曰、孟子、吾見師之出、不見其入也、【考證】張文虎曰、御覽引、聞下有而字、沮、止也、二老曰。臣非敢沮君軍。軍行、臣子與往。【正義】與、音預、臣老。遲還、恐不相見。故哭耳。二老退謂其子曰。汝軍卽敗、必於

殽阨矣。【正義】殽、音胡交反、阨、音厄、春秋云、魯僖公三十三年、晉人及姜戎敗秦師于殽、括地志云、三殽山、又名嶔岑山、在洛州永寧縣西北二十里、卽古之殽道也、【考證】三十二年以下、采僖三十二年左傳、參以公穀二傳、王若虛曰、秦穆公伐鄭之役、考之左傳、其諫而止之、哭而送其子者、獨蹇叔而已、故晉原軫曰、秦違蹇叔、而以貪勤民、穆公曰、孤違蹇叔、以辱二三子、何嘗有百里奚預其間哉、而司馬遷記此、以爲二老同辭、不知其何據也、左氏云、公召孟明西乞術白乙丙使出師、又云、蹇叔之子與師、蹇叔謂孟子曰、孟子、吾見師之出、而不見其入也、哭送其子曰、吾收爾骨焉、蓋孟明自爲將帥、而蹇叔之子、則士卒之屬也、此亦不相涉、而遷以孟明爲百里奚子、西乞白乙爲蹇叔子、又何耶、梁玉繩曰、史公敍襲鄭之事、依公穀、故與左傳異、然公穀但云二老哭送其子而已、未嘗謂三帥卽其子也、鳳會敍曰、遲之言比也、高祖紀黎明、索隱、黎猶比也、謂比至天明也、漢書作遲、遲與黎相近、故義亦相通、遲明卽比明、知遲還卽比還矣、三十三年春、秦兵遂東。更晉地過周北門。周王孫滿曰。秦師無禮。不敗何待。【正義】左傳云、秦師過周北門、左右免冑而下、超乘者三百乘、王孫滿尚幼、觀之、言於王曰、秦師輕而無禮、必敗、杜預云、王城北門也、謂過天子門、不卷甲束兵、超乘示勇也、【考證】李笠曰、更、過也、漢書張騫傳、欲通使、道必更匈奴中、司馬相如傳、丹水更其南、義同、愚按、楓、三、南本、無北門二字、兵至滑。【正義】滑、爲八反、括地志云、緱氏故城、在洛州緱氏縣東二十五里、滑伯國也、韋昭云、姬姓小國也、鄭販賣賈人弦高、持十二牛將賣之周。【集解】弦高、人姓名、【正義】賣、

麥卦反、賈、音古、左傳、作商人也、【考證】張文虎曰、販賣二字、疑衍、中井積德曰、據左傳、弦高所贈十二牛耳、其所賣蓋不止於此、見秦兵、恐死虜、因獻其牛曰。聞大國將誅鄭。鄭君謹修守禦備、使臣以牛十二勞軍士。【考證】恐死虜、非事實、淮南子云、弦高謂、凡襲國者、以爲無備也、今示以知其情、必不敢進、秦三將軍相謂曰。將襲鄭。鄭今已覺之。往無及已。滅滑。滑、晉之邊邑也。【考證】梁玉繩曰、穀梁傳曰、滑國也、考春秋莊十六年滑伯始見于經、至此卽爲秦所滅、故經書秦人入滑、愚按、楓本、滅上有遂字、當是時、晉文公喪尚未葬。太子襄公怒曰。秦侮我孤、因喪破我滑。遂墨衰經、發兵遮秦兵於殽、擊之大破秦軍、無一人得脫者。虜秦三將以歸。文公夫人秦女也。【集解】服虔曰、繆公女、【考證】南本、文公上有晉字、爲秦三囚將請曰。繆公之怨此三人、入於骨髓。願令此三人歸、令我君得自快烹之。【考證】南本、三人上無此字、程一枝曰、繆公未卒、不宜以謚稱、晉君許之、歸秦三將。三將至。繆

公素服郊迎、嚮三人哭曰。孤以不用百里傒・蹇叔言、以辱三子。三子何罪乎。子其悉心雪恥、毋怠。遂復三人官秩如故。愈益厚之。【考證】三十三年以下、采僖三十三年左傳、左傳用下無百里傒三字、說見前、雪音刷、洗也、　三十四年、楚太子商臣、弒其父成王代立。【考證】文元年春秋經傳、　繆公於是復使孟明視等將兵伐晉、戰于彭衙。秦不利、引兵歸。【集解】杜預曰、馮翊郃陽縣西北有衙城、【正義】括地志云、彭衙故城、在同州白水縣東北六十里、【考證】文二年春秋經、晉侯及秦師戰于彭衙、秦師敗績、卽穆公三十五年事、年表同、此差一年、　戎王使由余於秦。【正義】戎人姓名、　由余、其先晉人也、亡入戎、能晉言。聞繆公賢。故使由余觀秦。秦繆公示以宮室積聚。由余曰。使鬼爲之、則勞神矣。使人爲之、亦苦民矣。繆公怪之、問曰。中國以詩書禮樂法度爲政。然尚時亂。今戎夷無此。何以爲治。不亦難乎。由

余笑曰。此乃中國所以亂也。夫自上聖黃帝作爲禮樂法度、身以先之、僅以小治。及其後世、日以驕淫、阻法度之威、以責督於下。下罷極、則以仁義怨望於上。【正義】罷、音皮、　上下交爭怨、而相篡弒、至於滅宗。皆以此類也。夫戎夷不然。上含淳德以遇其下、下懷忠信以事其上。一國之政、猶一身之治。不知所以治。此眞聖人之治也。【考證】司馬光曰、是特老莊之徒、設爲此言以詆先王之法、太史公遂以爲實而載之、過矣、愚按、韓非子十過篇云、穆公問由余以古之人主得國失國之故、由余對曰、常以儉得之、以奢失之云云、韓詩外傳第九、說苑反質篇、所記略同、皆與此紀異、　於是繆公退而問內史廖曰。【集解】漢書百官表曰、內史、周官也、【考證】外傳、作內史王繆、　孤聞鄰國有聖人、敵國之憂也。今由余賢、寡人之害。將柰之何。【考證】楓、三、南本、無賢字、　內史廖曰。戎王處辟匿、未聞中國之聲。君試遺其女樂、以奪其志、爲

由余請、以疏其閒、留而莫遣、以失其期。戎王怪之、必疑由余。君臣有閒、乃可虜也。且戎王好樂、必怠於政。【集解】徐廣曰、奪、一作徇、【考證】楓、三、南本、虜作慮、　繆公曰。善。因與由余曲席而坐、傳器而食。【正義】按牀在穆公左右、相連而坐、謂之曲席也、【考證】中井積德曰、席、一縱一橫、相連如矩、謂曲席、當時未設床、李笠曰、折席而坐、令近己也、傳食而食、則推食食我之意、　問其地形與其兵勢盡詧、而後令內史廖以女樂二八遺戎王。戎王受而說之、終年不還。於是秦乃歸由余。由余數諫不聽。繆公又數使人閒要由余。由余遂去降秦。繆公以客禮禮之、問伐戎之形。【正義】韓安國云、秦穆公都、地方三百里、并國十四、辟地千里、隴西北地郡是也、【考證】繆公退以下、本于韓非子十過篇、又見呂氏春秋壅塞不苟篇、韓詩外傳九、說苑反質篇、漢書藝文志雜家、有由余三篇、張文虎曰、正義韓安國云二十八字、見漢書韓安國傳、原脫安字、今補、案所引與伐戎全不相涉、疑當注後文開地千里下、錯簡在此、　三十六年、繆公復益厚孟明等、使將兵伐晉、渡河焚船、大敗

晉人、取王官及鄗、以報殽之役。晉人皆城守不敢出。【集解】徐廣曰、左傳鄗作郊、駰案服虔曰、皆晉地、不能有、書取、言易也、【正義】鄗、音郊、左傳作郊、杜預云、書取、言易也、括地志云、王官故城、在同州澄城縣西北九十里、又云、南郊故城、在縣北十七里、又有北郊故城、又有西郊古城、左傳云、文公三年、秦伯伐晉、濟河焚舟、取王官及郊也、括地志云、蒲州猗氏縣南二里、又有王官故城、亦秦伯取者、上文云、秦地東至河、蓋猗氏王官是也、【考證】楓、三、南本、孟明下有視字、船上有晉字、　於是繆公乃自茅津渡河、【集解】徐廣曰、茅津、在大陽、【正義】自茅津南渡河也、括地志云、茅津、在陝州河北縣大陽縣、　封殽中尸、【集解】賈逵曰、封、識之、【正義】左傳云、秦伯伐晉、濟河焚舟、晉人不出、遂自茅津濟、封殽尸而還、杜預云、封、埋藏也、【考證】三十六年以下、采文三年左傳、　發喪、哭之三日、乃誓於軍曰。嗟士卒聽無譁。余誓告汝。古之人、謀黃髮番番、則無所過。【正義】番、音婆、字當作皤、皤、白頭貌、言髮白而更黃、故云黃髮番番、以申思、謂蹇叔百里奚也、【考證】尚書秦誓、人謀作謀人、館本考證云、此誤倒、張文虎曰、正義以申思三字、疑涉下正文而誤衍、　以申思不用蹇叔百里奚之謀。故作此誓、令後世以記余過。【考證】書秦誓序云、秦穆公伐鄭、晉襄公帥師敗諸崤、還歸作秦誓、與此異、梁玉繩曰、秦誓書序謂敗崤還歸而作、先儒多從之、而史公繫于封殽尸之後、通鑑前編因以爲說、攷

古質疑謂史誤、四書釋地又續云、王伯厚亦莫能折衷、但云二書各不同、以左傳考之、當作于僖三十三年夏、秦伯素服郊次、鄉師而哭之日、不作文三年夏封殽尸將霸西戎之時、蓋霸西戎、則其志業遂矣、豈復作悔痛之詞哉、君子聞之、皆爲垂涕曰。嗟乎、秦繆公之與人周也。卒得孟明之慶。【集解】服虔曰、周、備也、【考證】君子聞之以下、文三年左傳、但無皆爲垂涕數字、王若虛曰、按左氏曰、君子是以知秦穆之爲君也、舉人之周也、與人之壹也、至于孟明子桑、皆有贊美之詞、凡左氏所謂君子者、蓋假之爲褒貶之主、而非指乎當時之士也、安有所謂聞之垂涕者哉、

三十七年、秦用由余謀伐戎王。益國十二、開地千里。遂霸西戎。【考證】韓非子十過篇、幷國十二、開地千里、文三年左傳、遂霸西戎、史李斯傳、十二作二十、未知孰是、天子使召公過賀繆公以金鼓。三十九年、繆公卒。葬雍。【集解】皇覽曰、秦繆公冢、在橐泉宮祈年觀下、【正義】廟記云、橐泉宮、秦孝公造、祈年觀、德公起、蓋在雍州城內、括地志云、秦穆公冢、在岐州雍縣東南二里、從死者百七十七人。秦之良臣子輿氏三人、名曰奄息・仲行・鍼虎。亦在從死之中。【正義】毛萇云、良、善也、三善臣也、左傳云、子車氏之三子、杜預云、子車、秦大夫也、行、音胡郎反、鍼、音其廉反、應劭云、秦穆公與羣臣飲酒酣、公曰、生共此樂、死共此哀、於是奄息仲行鍼虎許諾、及公薨、皆從

死、黃鳥詩所爲作也、杜預云、以人葬爲殉也、括地志云、三良冢、在岐州雍縣一里故城內、【考證】張文虎曰、詩秦風黃鳥疏引、百七十七人、作百七十人、與年表合、秦人哀之、爲作歌黃鳥之詩。【考證】詩、黃鳥序云、黃鳥、哀三良也、國人刺穆公以人從死、君子曰。秦繆公廣地益國、東服彊晉、西霸戎夷。然不爲諸侯盟主、亦宜哉。死而弃民、收其良臣而從死。且先王崩、尙猶遺德垂法。況奪之善人良臣、百姓所哀者乎。是以知秦不能復東征也。【考證】三十九年以下、文六年左傳、葬雍、從死者百七十七人、蓋以秦記補、顧炎武曰、秦至孝公、而天子致伯、諸侯畢賀、其後始皇遂幷天下、左氏此言不驗、史公何以幷錄之乎、繆公子四十人。其太子罃代立。是爲康公。康公元年。往歲繆公之卒、晉襄公亦卒。襄公之弟名雍、秦出也。在秦。【正義】雍母、秦女、故言秦出也、【考證】洪亮吉曰、案左傳、公子雍母曰杜祁、則非秦出可知、遷誤、晉趙盾欲立之。使隨會來迎雍。【正義】韋昭云、晉正卿士蔿之孫、成伯之子、季武子也、食采於隨范、故曰隨會、或曰范會、季、范子字也、秦以兵送至令狐。【集解】杜預曰、在河東、【正義】

令、音零、括地志云、令狐故城、在蒲州猗氏縣界十五里也、晉立襄公子、而反擊秦師。秦師敗。隨會來奔。【考證】往歲以下、采文六年七年左傳、二年、秦伐晉取武城、報令狐之役。【正義】括地志云、故武城、一名武平城、在華州鄭縣東北十三里也、【考證】文八年左傳、諸本取作於、今從吳春照校本、四年、晉伐秦取少梁。【正義】前入秦、後歸晉、今秦又取之、【考證】文十年左傳、六年、秦伐晉取羈馬、戰於河曲、大敗晉軍。【集解】服虔曰、羈馬、晉邑也、【考證】文十二年左傳、梁玉繩曰、左傳云、戰交綏、秦師夜遁、此以爲大敗晉軍、妄矣、年表及晉世家言大戰、亦非、晉人患隨會在秦爲亂、乃使魏讎餘詳反、合謀會、詐而得會。會遂歸晉。【集解】服虔曰、魏讎餘、晉之魏邑大夫、【正義】讎、音受、又作犨、音同、詳、音羊、【考證】文十三年左傳、作晉人患秦用士會、表在秦康公七年、館本考證云、左傳及晉世家、讎餘作壽餘、梁玉繩曰、壽讎古通用、康公立、十二年卒。子共公立。【索隱】名貑、十代至靈公、又立失名、【考證】共公、春秋名稻、年表名和、索隱疑誤、共公二年、晉趙穿弒其君靈公。【考證】宣二年左傳、三年、楚莊王彊。北兵至雒、問周鼎。【考證】宣三年左傳、共公立、五年卒。【考證】館本考證云、

春秋宣四年、秦伯稻卒、則共公立四年、非五年矣、梁玉繩曰、年表及秦記並作五年、史誤以秦桓元年爲共公五年爾、子桓公立。桓公三年、晉敗我一將。【考證】梁玉繩曰、案晉世家作虜秦將赤、攷年表、書獲諜、即左傳宣八年殺秦諜之事也、索隱云、赤即斥、謂斥候之人、彼諜即此赤也、然既稱爲諜、不得號曰將、欲稱爲將、不得復曰赤、豈秦將名赤者、詐爲細作而被晉獲之歟、史必別有所據、故紀表世家所書各異、蓋互見耳、十年、楚莊王服鄭、北敗晉兵於河上。當是之時、楚霸爲會盟、合諸侯。【考證】宣十二年春秋經傳、梁玉繩曰、十年乃七年之譌、二十四年、晉厲公初立。與秦桓公夾河而盟。歸而秦倍盟、與翟合謀擊晉。二十六年、晉率諸侯伐秦。秦軍敗走。追至涇而還。【考證】成十一年十三年左傳、桓公立、二十七年卒。子景公立。【集解】徐廣曰、世本云、景公名后、伯車也、【索隱】景公已下、名又錯亂、始皇本紀作哀公、【考證】梁玉繩曰、史誤桓之一年以益共公、故作二十七、其實二十八年也、紀表俱誤、桓景之名、春秋史記皆失書、集解索隱皆引世本、謂景公名后、字伯車、則誤甚、攷左傳、景公母弟鍼、字伯車、又字后子、安得移作景公名、又景公索隱引始皇紀作哀公、而始皇紀無哀公之文、況秦別自有哀公乎、蓋秦記誤稱景公爲僖公、小司馬欲兩存之、復誤以僖作哀爾、景公四

年、晉欒書弒其君厲公。【考證】成十八年經傳、 十五年、救鄭、敗晉兵於櫟。【集解】杜預曰、晉地也、【正義】櫟、音歷、括地志云、洛州陽翟縣古櫟邑也、【考證】襄十一年左傳、 是時晉悼公爲盟主。十八年、晉悼公彊。數會諸侯、率以伐秦。敗秦軍、秦軍走。晉兵追之、遂渡涇、至棫林而還、【集解】徐廣曰、棫、音域、駰案杜預曰、秦地也、【考證】館本考證云、是役也、襄十四年左傳、諸侯之師濟涇而次、秦人毒涇上流、師人多死、晉之諸帥不和、謂之遷延之役、此云敗秦軍、秦軍走、年表亦然、與左傳相反、愚按晉世家同誤、 二十七年、景公如晉、與平公盟。已而背之。【考證】館本考證云、三傳無此盟、愚按年表繫之景公二十九年、依左傳在二十八年、且非公自行也、說詳于梁氏志疑、 三十六年、楚公子圍弒其君而自立。是爲靈王。【考證】昭元年左傳、 景公母弟后子鍼有寵。【正義】鍼、音鉗、 景公母弟富。或譖之。【考證】楓、三、南本、無景公母弟四字、蓋上文複衍、富字屬上、家富也、 恐誅、乃奔晉。車重千乘。晉平公曰、后子富如此。何以自亡。對曰、秦公無道。畏誅。欲待其後世乃歸。

【考證】昭元年左傳、或譖之、作其母曰、弗去懼選、晉平公作趙文子、 三十九年、楚靈王彊。會諸侯於申、爲盟主。殺齊慶封。【正義】申、在鄧州南陽縣北三十里、【考證】昭四年左傳、 景公立、四十年卒。子哀公立。【索隱】始皇本紀作㻫公、【考證】今本始皇紀作畢、 后子復來歸。【考證】昭五年春秋經傳、 秦哀公八年、楚公子弃疾弒靈王而自立。是爲平王。【考證】梁玉繩曰、昭十三年春秋弒靈王者、是公子比、而史於秦紀及魯蔡曹陳衞宋鄭八世家、皆稱弃疾、斯乃史公特筆、雖與春秋異詞、不免背經信傳、而于誅首惡之旨固合、故小司馬於吳世家云、史記以平王遂有楚國、故曰弃疾弒君、春秋以子干爲王、故曰比弒其君、彼此各有意義也、 十一年、楚平王來求秦女、爲太子建妻。至國。女好。而自娶之。【考證】梁玉繩曰、年表及楚世家、在平王二年、爲秦哀公十年、此在十一年、竝誤、考左傳在魯昭十九年、此秦哀十四年也、 十五年、楚平王欲誅建。建亡。【正義】太子建亡之鄭、鄭殺之、 伍子胥奔吳。【考證】昭二十年左傳、 晉公室卑、而六卿彊。欲內相攻。是以久秦・晉不相攻。三十一年、吳王闔閭與伍子胥伐楚。楚王亡奔隨。吳遂入

郢。楚大夫申包胥來告急。【正義】包胥、姓公孫、封於申、故號申包胥、左傳云、申包胥如秦乞師曰、吳爲封豕長蛇、以荐食上國、虐始於楚、寡君失守社稷、越在草莽、使下臣告急、曰、夷德無厭、若鄰於君、疆埸之患也、逮吳之未定、君其取分焉、若楚之遂亡、君之土也、若以君靈撫之、世以事君、 七日不食、日夜哭泣。【正義】左傳云、申包胥對秦伯曰、寡君越在草莽、未獲所伏、下臣何敢卽安、立依於庭牆而哭、日夜不絕聲、勺飲不入口七日、秦哀公爲賦無衣、九頓首而坐、秦師乃出、 於是秦乃發五百乘救楚。敗吳師。吳師歸。楚昭王乃得復入郢。【正義】左傳魯定公五年、秦子蒲子虎帥車五百乘以救楚、敗吳師於軍祥、【考證】定四年五年左傳、楚王復郢、秦哀公三十二年事、 哀公立、三十六年卒。【考證】定九年春秋經傳、 太子夷公。夷公蚤死不得立。立夷公子。是爲惠公。【考證】楓、三、南本、太子下、不重夷公、夷公子作其子、 惠公元年、孔子行魯相事。【考證】定十年左傳云、夏公會齊侯于祝其、實夾谷、孔丘相、杜預云、相會儀也、梁玉繩曰、相乃儐相、非當國爲相也、此紀及吳齊晉楚魏五世家、伍子胥傳、竝誤、 五年、晉卿中行・范氏反晉。晉使智氏・趙簡子攻之。范・中行氏亡奔齊。【考證】梁玉繩曰、此所書有三誤、事在惠公四年、非五年事、一也、伐范中行者、知韓魏三家、趙簡子已奔晉陽、並不與攻

范中行氏、二也、范中行之奔齊、在秦悼公二年、首尾相去八歲、是時但奔朝歌耳、三也、 惠公立、十年卒。【考證】哀三年春秋經、館本考證云、春秋、惠公在位九年、此與年表及始皇本紀、皆作十年、 子悼公立。悼公二年、齊臣田乞弒其君孺子、立其兄陽生。是爲悼公。【考證】哀六年左傳、 六年、吳敗齊師。齊人弒悼公、立其子簡公。【考證】梁玉繩曰、哀十年左傳、乃齊敗吳師、張文虎曰、吳齊世家、並與左同、此吳齊互錯、 九年、晉定公與吳王夫差盟、爭長於黃池。卒先吳。吳彊陵中國。【集解】徐廣曰、外傳云、吳王先歃、【考證】外傳、國語吳語、哀十三年左傳云、先晉人、與此異、中井積德曰、此及晉世家云、先吳、據國語也、吳世家云、長晉、據左傳也、宜從一、 十二年、齊田常弒簡公、立其弟平公。常相之。【考證】楓、三、南本、平公下有田字、愚按哀十四年左傳、館本考證云、事在秦悼十年、此作十二年、與左傳及年表不合、 十三年、楚滅陳。【考證】哀十七年左傳、陳世家爲陳滑二十四年事、與此紀合、年表繫之秦悼十二年、陳滑二十三年、恐誤、 秦悼公立、十四年卒。【考證】梁玉繩曰、悼公享國十五年、秦記可證、史謬加惠公在位九年爲十年、遂減悼公十五年爲十四年、此與表同誤、 子厲共公立。孔子以悼公十二年卒。【考證】孔子卒、

哀十六年、左氏經傳、厲共公二年、蜀人來賂。【考證】年表又云、楚人來路、六年義渠來賂、十四年、晉人楚人來賂、兪樾曰、不以聘問禮來、而曰來賂、先王輕財重禮之意、不復存矣、春秋所以爲戰國也、愚按、路猶言獻也、蓋秦人語、兪說拘、十六年、塹河旁。以兵二萬伐大荔、取其王城。【集解】徐廣曰、今之臨晉也、臨晉有王城、【正義】荔、音戾、括地志云、同州東三十里朝邑縣東三十步、故王城、大荔近王城邑、二十一年、初縣頻陽。【集解】地理志、馮翊有頻陽縣、【正義】括地志云、頻陽故城、在雍州同官縣界、古頻陽縣城也、晉取武成。【考證】古鈔、楓、三、南本、武成作武城、二十四年、晉亂。殺智伯、分其國與趙·韓·魏。【考證】趙策、韓非子十過、梁玉繩曰、智伯不可言國、當改曰分其邑、愚按、當改曰趙韓魏殺智伯、分其邑、二十五年、智開與邑人來奔。【集解】徐廣曰、一本二十六年、城南鄭也、【正義】開、智伯子、伯被趙襄子等滅其國、其子與從屬來奔秦、【考證】張照曰、智伯死無後、又史載唯輔果在、正義以開爲智伯子、無據、蓋智伯之族、三十三年、伐義渠、虜其王。【集解】應劭曰、義渠、北地也、【正義】括地志云、寧慶二州、春秋及戰國時爲義渠戎國之地也、三十四年、日食。厲共公卒。子躁公立。躁公二年、南鄭反。【正義】南鄭、今梁州所理縣也、春秋及戰國時、其地屬於楚也、【考證】水經注、鄭桓公死于犬戎、其民南奔、故稱南鄭、卽漢中

郡、呂祖謙曰、秦惠王始取楚漢中、置漢中郡、今躁公時書南鄭反、豈地之得失無常、其先嘗屬秦與、黄式三曰、據六國表、厲共公二十六年、城南鄭、南鄭特漢中郡之一隅耳、十三年、義渠來伐至渭南。【考證】盧文弨曰、渭南、六國表作渭陽、水北曰陽、若據表則渭南爲非矣、十四年、躁公卒。立其弟懷公。【索隱】厲共公子也、生昭太子、未立而卒、太子之子、是爲靈公、懷公四年、庶長鼂與大臣圍懷公。懷公自殺。【正義】長、丁丈反、鼂、竹遙反、鼂、人名也、劉伯莊音潮、懷公太子曰昭子。蚤死。大臣乃立太子昭子之子。是爲靈公。【索隱】生獻公也、靈公、懷公孫也。靈公六年、晉城少梁。秦擊之。【考證】表、晉作魏、戰在七年、呂祖謙曰、出師在六年、而戰在七年、十三年、城籍姑。【正義】括地志云、籍姑故城、在同州韓城縣北三十五里、【考證】梁玉繩曰、靈公在位止十年、卽卒于城籍姑之歲也、安得十三年乎、三字衍、靈公卒。子獻公不得立。【索隱】獻公、名師隰、立靈公季父悼子。是爲簡公。簡公、昭子之弟、而懷公子也。【索隱】簡公昭之弟、而懷公子、簡公懷公弟、靈公季父也、始皇本紀云、靈公生簡公、誤也、又紀年云、簡公九年卒、次敬公立、十二年卒、乃立惠公、【正義】劉伯莊云、簡公是昭子之弟、懷公之子、厲公之孫、今史記謂簡公是厲公

子者、抄寫之誤、【考證】簡公昭子之弟、而懷公子也、楓、三、南本、作厲公子、而懷公弟也、張文虎曰、正義史記字、當作秦記、厲公當作靈公、簡公六年、令吏初帶劍。【正義】春秋官吏、各得帶劍、塹洛城重泉。【集解】地理志、重泉縣、屬馮翊、【正義】重、直龍反、括地志云、重泉故城、在同州蒲城縣東南四十五里也、【考證】陳仁錫曰、表在七年、十六年卒。【集解】徐廣曰、表云十五年也、【考證】秦記亦云在位十五年、此誤、子惠公立。惠公十二年、子出子生。【考證】梁玉繩曰、表謂十一年生、未知孰是、但秦之先已有出子矣、不應復以稱惠太子、表並秦記稱爲出公、是也、世本作少主、呂氏春秋作小主、十三年、伐蜀取南鄭。【考證】紀表前此書秦城南鄭及南鄭反矣、則南鄭非蜀土也、程一枝曰、史表蜀取我南鄭、當從史表爲是、惠公卒。出子立。出子二年、庶長改迎靈公之子獻公于河西、而立之。【正義】西者、秦州西縣、秦之舊地、時獻公在西縣、故迎立之、【考證】楓、三、南本、改作政、中井積德曰、本文明言河西、注何去河字而解之、王念孫曰、如正義則正文西上本無河字、蓋涉下文而衍、漢書地理志西縣屬隴西郡、故城在今秦州西南、殺出子及其母、沈之淵旁。【考證】錢大昕曰、呂氏春秋當賞篇、秦小主夫人用奄變、群賢不說自匿、百姓鬱怨非上、公子連亡在魏、聞之欲入、從鄭所之塞、右主然守塞、弗入、去入翟、從焉氏塞、菌改入之、夫人聞之大駭、令吏與卒、皆曰、往擊寇、中道因變曰、非擊寇也、迎主君也、公子連因與卒來、至雍、圍夫人、夫

人自殺、公子連立、是爲獻公、不韋言秦事必可信、小主者卽出子、菌改者、庶長改也、呂氏祖謙言、獻公名連、而索隱云、名師隰、未知所本、秦以往者數易君、君臣乖亂、故晉復彊。奪秦河西地。【正義】奪前所上八城也、獻公元年、止從死。【集解】徐廣曰、丁酉、二年、城櫟陽。【集解】徐廣曰、徙都之、今萬年是也、【正義】括地志云、櫟陽故城、一名萬年城、在雍州東北百二十里、櫟陽、漢七年、分櫟陽城內、爲萬年縣、隋文帝開皇三年、遷都於龍首川、今京城也、改萬年爲大興縣、至唐武德元年、又改曰萬年、置在州東七里、【考證】櫟陽故城、今陝西府臨潼縣東北、四年正月庚寅、孝公生。十一年、周太史儋見獻公曰。周故與秦國合而別。別五百歲復合。合七十七歲而霸王出。【考證】太史儋言、又見周紀、封禪書、老子傳、他書無所見、古鈔、南本、合下無七字、吳春照曰、此當衍、十六年、桃冬花。十八年、雨金櫟陽。【正義】言雨金於秦國都、明金瑞見也、【考證】梁玉繩曰、案封禪書、前靈公作上下時、獻公此年又作畦時、紀中諸時皆書、而缺三時、何耶、表亦失書、二十一年、與晉戰於石門。【正義】括地志云、堯門山、俗名石門、在雍州三原縣西北三十三里、上有路、其狀若門、故老云、堯鑿山爲門、因名之、武德年中、於此山南置石門縣、貞觀年中、改爲雲陽縣、斬首六萬。天子賀以黼黻。

【集解】周禮曰、白與黑謂之黼、黑與青謂之黻、【考證】爾雅釋器云、斧謂之黼、郭注云、黼文如斧、黻文如兩己相背、書益稷傳云、黼若斧形也、黻為兩己相背、孔疏引孫炎爾雅注亦云、黼文若斧形、蓋半白半黑、似斧刃白而身黑、黼謂刺繡為己字相背、以青黑線繡、三說略同、蓋起於魏晉之世、而漢書韋賢傳顏注云、紱畫為亞文、亞古弗字也、其說與古不同、阮元鐘鼎款識據顏說謂亞當作弜云、古畫黻作弜形、明兩弓相背、非兩己相背也、兩弓相背、義取于物、與斧同類、兩己之己何物邪、得非兩弓相沿之誤與、漢書注語、必有師傳、非師古所創、其說甚確。二十三年、與魏晉戰少梁、虜其將公孫痤。【正義】在戈反、【考證】古鈔南本無魏字、王念孫曰、魏字後人所加也、與晉戰少梁者、晉即魏也、三家分晉、魏得晉之故都、故魏自稱晉國、而韓趙則否、兪樾曰、共魏晉猶言殷商、愚按王說是、下文云、與晉戰雁門、館本考證云、虜其將公孫痤、魏世家同、六國表作虜其太子、趙世家作太子痤、黃式三曰、秦魏表兩言太子、是也、趙世家虜其太子痤魏、敗我澮、痤魏二字倒、秦紀魏世家云、虜公孫痤、亦譌、蓋後人竄改之、而益其譌耳、公叔痤、非公孫痤也、明年痤病死、非虜死也、愚按黃說未得、是役所虜太子與公孫痤也、公孫痤與公叔痤別人、太子非申、申、太子見虜、代立也、二十四年、獻公卒。【集解】徐廣曰、表云二十三年、【考證】表與秦記合、是、子孝公立。年已二十一歲矣。【索隱】名渠梁、孝公元年、【集解】徐廣曰、庚申也、河山以東、彊國六、與齊威・楚宣・魏惠・燕悼・韓哀・趙成侯竝。淮泗之閒、小國十

餘。【正義】竝、白浪反、謂淮泗二水、【考證】楓三南本、國六作六國、與作興、義長、錢大昕曰、是時燕乃文侯、非悼公、韓乃懿公、非哀公、正義竝讀為白浪反、屬下淮泗之間為句、亦非、胡三省曰、小國、謂魯宋鄒滕薛等國、楚・魏與秦接界。【正義】楚北及魏西、與秦相接、北自梁州漢中郡、南有巴渝、過江南、有黔中巫郡也、魏西界與秦相接、南自華州鄭縣、西北過渭水、濱洛水東岸、向北有上郡鄜州之地、皆築長城、以界秦境、洛即漆沮水也、魏築長城、自鄭濱洛、以北有上郡。楚自漢中、南有巴・黔中。【考證】陳仁錫曰、一本巴作巫、巴地屬秦、非屬楚也、周室微、諸侯力政、爭相併。秦僻在雍州、不與中國諸侯之會盟、夷翟遇之。孝公於是布惠、振孤寡、招戰士、明功賞、下令國中曰。昔我繆公自岐・雍之閒、修德行武、東平晉亂、以河為界、西霸戎翟。廣地千里。【正義】河、即龍門河也、天子致伯、諸侯畢賀、為後世開業甚光美。會往者厲・躁・簡公・出子之不寧、國家內憂、未遑外事。三晉攻奪我先君河西地、諸侯卑秦。醜莫大焉。獻公即位、

鎮撫邊境、徙治櫟陽、且欲東伐、復繆公之故地、脩繆公之政令。寡人思念先君之意、常痛於心。賓客羣臣、有能出奇計彊秦者、吾且尊官、與之分土。於是乃出兵、東圍陝城、西斬戎之獂王。【集解】地理志、天水有獂道縣、應劭曰、獂戎邑、音桓、衞鞅聞是令下、西入秦、因景監求見孝公。【正義】監、甲暫反、閹人也、二年、天子致胙。三年、衞鞅說孝公、變法脩刑、內務耕稼、外勸戰死之賞罰。【考證】罰字衍、孝公善之。甘龍・杜摯等弗然。相與爭之。卒用鞅法。百姓苦之。居三年、百姓便之。乃拜鞅為左庶長。其事在商君語中。【考證】洪邁曰、七國虎爭、天下莫不招四方游士、然六國所用相、皆其宗族及國人、如齊之田忌田嬰田文、韓之公仲公叔、趙之奉陽平原君、魏王至以太子為相、獨秦不然、始與謀國開伯業者、魏人公孫鞅也、其他若樓緩趙人、張儀魏冉范睢皆魏人、蔡澤燕人、呂不韋韓人、李斯楚人、皆委國而聽之不疑、卒之所以有天下者、諸人之力也、七年、與魏惠王會杜平。【正義】在同州

澄城縣界也、【考證】呂祖謙曰、魏是時未稱王、八年、與魏戰元里、有功。【正義】祁城、在同州澄城縣界、【考證】史云元里、正義注祁城、何也、文亦與上文杜平注同、十年、衞鞅為大良造、將兵圍魏安邑、降之。【集解】地理志曰、河東有安邑縣、【正義】括地志云、安邑故城、在絳州夏縣東北十五里、本夏之都、【考證】此及商君傳皆言伐魏降安邑、安邑魏都也、魏世家惠王三十一年、自安邑徙大梁、此時豈有安邑降秦之事、通鑑刪之、胡注辯之審矣、梁玉繩曰、安邑二字、乃固陽之誤、據表及魏世家、惠王十九年、築長城塞固陽、二十年、秦商鞅圍固陽降之、即此事也、固陽之役、必圍在秦孝十年、而降在十一年、黃式三曰、固陽當作襄陵、諸侯圍襄陵、見魏世家及表、鞅伐魏、見秦紀及表與商君傳、通鑑分為二事、實一事也、愚按襄陵之役、史曰諸侯、不曰衞鞅、曰圍、不曰降、則梁說近是、十二年、作為咸陽、【正義】括地志云、咸陽故城、亦名渭城、在雍州咸陽縣東十五里、京城北四十五里、即秦孝公徙都之者、今咸陽縣、古之杜郵、白起死處、【考證】今西安府咸寧縣東有渭城故城、秦所都咸陽、築冀闕。【正義】劉伯莊云、冀猶記事、闕即象魏也、【考證】冀讀為魏、汪中曰、天子諸侯宮城皆四周、闕其南為門、城至此而闕、故謂之闕、春秋僖公二十一年、鄭伯享王於闕西辟、大戴禮保傅篇、過闕則下、是也、又謂之闕門、穀梁桓公三年傳、諸母不出闕門、史記魏世家、臣在闕門之外、庫門在外、路門在中、二門之中、亦謂之中闕、扁鵲倉公傳、出見扁鵲於中闕、是也、其異名、魯周公世家、煬公築茅闕門、秦本紀孝公築冀闕、是也、闕巍然而高、故謂之巍闕、莊子讓王篇、心居乎巍闕之下、是也、秦徙都之。并諸小鄉聚。【正義】萬二千

五百家爲鄉、聚猶村落之類也、〔考證〕中井積德曰、旣曰小鄉、必無定數、只大於聚耳、**集爲大縣。縣一令。**〔集解〕漢書百官表曰、縣令長、皆秦官、萬戶以上爲令、秩千石至六百石、減萬戶爲長、秩五百石至三百石、皆有丞尉、〔考證〕集解所述漢時之制、秦孝未必如此、**三十一縣。**〔考證〕諸本三作四、今從古鈔本、與年表商君傳合、兪樾曰、古三四字多積畫、往往致誤、**爲田開阡陌。**〔索隱〕風俗通曰、南北曰阡、東西曰陌、河東以東西爲阡、南北爲陌、〔考證〕朱熹曰、說者之意、皆以開爲開置之開、言秦廢井田而始置阡陌也、按阡陌舊說、以爲田間之道、蓋因田之疆畔、制其廣狹、辨其橫從、以通人物之往來、卽周禮所謂遂上之徑、溝上之畛、洫上之涂、澮上之道也、然風俗通云、南北曰阡、東西曰陌、又曰、河東以東西爲阡、南北爲陌、二說不同、今以遂人田畝夫家之數考之、當以後說爲正、蓋陌之爲言百也、遂洫從而徑涂亦從、則遂間百畝、洫間百夫、而徑涂爲百矣、阡之爲言千也、溝澮橫而畛道亦橫、則溝間千畝、澮間千夫、而畛道爲阡矣、阡陌之名、由此而得、至於萬夫有川、而川上之路、周於其外、與夫匠人井田之制、遂溝洫澮、亦皆四周、則阡陌之名、疑亦因橫從而命之也、然遂廣二尺、溝四尺、洫八尺、澮二尋、則丈有六尺矣、徑容牛馬、畛容大牛、涂容乘牛、一軌、道二軌、路三軌、則幾二丈矣、此其水陸占地、不得爲田者頗多、所以正經界、止侵爭、時畜洩、備水旱、爲永久之計、商君以急刻之心、行苟且之政、但見田爲阡陌所束、而耕者限於百畝、則病其人力之不盡、但見阡陌之占地太廣、而不得爲田者多、則病其地利之有遺、又當世衰法壞之際、歸授之際、必有煩擾欺隱之姦、而阡陌之地、切近民田、又必有陰據自私、而稅不入於公上者、是以蕩開阡陌、悉除禁限、而聽民兼幷買賣、以盡人力、墾闢棄地、悉爲田疇、不使有尺寸之遺、以盡地利、使民有田卽爲永業、而

不復歸授、以絕煩擾欺隱之姦、使地皆爲田、田皆出稅、以覈陰據自私之幸、此其爲計、正猶楊炎疾浮戶之弊、破租庸以爲兩稅、蓋一時之害雖除、而千古聖賢傳授精微之意、於此盡矣、故秦紀鞅傳皆云、爲田開阡陌封疆、而賦稅平、蔡澤亦曰、決裂阡陌、以靜生民之業、而一其俗、所謂開者破壞剗削之意、而非創置建立之名、所謂阡陌乃三代井田之舊、而非秦之所置矣、所謂賦稅平者、以無欺隱竊據之姦也、所謂靜生民之業者、以無歸授取予之煩也、**東地渡洛。**〔考證〕顧棟高曰、秦與晉以河爲界、河以東爲晉、河以西爲秦、然秦當春秋時、疆域褊小、非特隔于函關之外、爲晉所限隔、而不得出也、攷史記繆公立五年、而晉獻滅虞虢、是時新立、初起岐雍、基業未固、而晉武獻已絕盛、滅虢、而桃林已舉、秦之門戶、在晉肘腋中矣、後晉文公初伯、懷白狄、開西河、魏得之、而爲西河上郡、白狄之地、爲今陝西延安府、東去山西黃河界四百五十里、至戰國惠王六年、魏始納陰晉、八年納河西地、十年納上郡十五縣、陰晉、今華陰縣、河西、孔氏曰、同丹二州、丹州今延安府宜川縣、上郡、爲延安以北、又惠公之世、韓之戰曰、寇深矣、若之何、可見晉之幅員廣遠、斗入陝西內地、不始于文公時、此亦可爲秦晉疆域之一證也、故終穆公之世、未嘗一日忘東向、其援立惠公也、實貪河內列城之賂、蓋欲闢虢之故地、以爲東出之謀、旣而韓之戰、秦始征晉河東、未幾復屬于晉、秦之不得志于晉可知也、迨初立文公、秦欲納王、而晉之辭秦師、獨下文公爲雄、賴秦之力、而實陰忌之、必不使勤王之舉得分其功、晉之抑秦、又可知也、至其季年、日暮途遠、背晉與鄭盟、已復襲鄭、懸軍深入、年老知昏、而穆公之始終不忘東向、其情蓋汲汲矣、其後絕晉、日尋干戈、少梁北徵、彭衙刳首、迭有勝負、然終不能越河東一步、蓋有桃林以塞秦之門戶、而河西之地、復犬牙于秦之境內、秦之聲息、晉無不知、二百年來、秦人屏息而不敢出氣者、以此故也、至孝公發憤東

向渡洛、魏人納地恐後、而河西始悉爲秦有、吳起去西河而泣、豈無故哉、**十四年、初爲賦。**〔集解〕徐廣曰、制貢賦之法也、〔索隱〕譙周云、初爲軍賦也、〔考證〕胡三省曰、井田旣廢、則周什一之法不復用、蓋計畝而爲賦稅之法、**十九年、天子致伯。**〔正義〕伯、音霸、又如字、孝公十九年、天子始封爵爲霸、卽太史儋云、合七十七歲而霸王出之年、故天子致伯、桓譚新論云、夫上古稱三皇五帝、而次有三王五伯、此天下君之冠首也、故言三皇以道理、而五帝用德化、三王由仁義、五伯以權智、其說之曰、無制令刑罰、謂之皇、有制令而無刑罰、謂之帝、賞善誅惡、諸侯朝事、謂之王、興兵約盟、以信義矯世、謂之伯、**二十年、諸侯畢賀。秦使公子少官率師、會諸侯逢澤、朝天子。**〔集解〕徐廣曰、開封東北有逢澤、〔正義〕括地志云、逢澤亦名逢池、在汴州浚儀縣東南十四里、〔考證〕年表逢澤作澤、蓋訛脫、**二十一年、齊敗魏馬陵。**〔正義〕虞喜志林云、濮州甄城縣東北六十餘里、有馬陵、澗谷深峻、可以置伏、按龐涓敗、卽此也、**二十二年、衞鞅擊魏、虜魏公子卬。封鞅爲列侯、號商君。**〔正義〕商、今商洛縣、在商州東八十九里、鞅所封也、契所封地、**二十四年、與晉戰鴈門。**〔索隱〕紀年云、與魏戰岸門、此云鴈門、恐聲誤也、又下云、敗韓岸門、蓋一地也、尋秦與韓魏戰、不當遠至鴈門也、〔正義〕括地志云、岸門在許州長社縣西北二十八里、今名西武亭、〔考證〕據正義、張本正作岸門、岸門戰、年表係于孝公二十三年、**虜其將魏錯。**〔正義〕七故

反、**孝公卒。子惠文君立。**〔索隱〕名駟、**是歲、誅衞鞅。鞅之初爲秦施法、**〔正義〕爲、于僞反、**法不行。太子犯禁。鞅曰、法之不行、自於貴戚。君必欲行法、先於太子。太子不可黥。黥其傅師。**〔考證〕可下黥字、楓三本作黜、傅師作師傅、**於是法大用、秦人治。及孝公卒、太子立、宗室多怨鞅。鞅亡。因以爲反、而卒車裂以徇秦國。**〔集解〕徐廣曰、商君爲法於秦、戰斬一首賜爵一級、欲爲官者五千石、其爵名一爲公士、二上造、三簪褭、四不更、五大夫、六官大夫、七公大夫、八公乘、九五大夫、十左庶長、十一右庶長、十二左更、十三中更、十四右更、十五少上造、十六大上造、十七駟車庶長、十八大庶長、十九關內侯、二十徹侯、〔考證〕古鈔本、反下無而卒二字、吳春照曰、宋板亦無、徐孚遠曰、以其亡也、因坐之以反罪、明商君無二心於秦也、姚範曰、紀無錫爵之文、注引此未詳、又欲爲官者五千石、漢書百官志無此文、中井積德曰、注五千石、似太重、疑千當作十、姚鼐曰、今漢書百官表中脫爲官者句、韓非子定法篇、斬一首者爵一級、欲爲官者爲五十石之官、斬二首者爵二級、欲爲官者爲百石之官、然則裴注千字十之誤也、**惠文君元年、楚・韓・趙・蜀人來朝。二年、天子賀。三年、王冠。**〔正義〕冠音館、禮記云、年二十行冠禮也、〔考證〕梁玉繩曰、惠文稱王、在十三年、此與表俱于前三年書王冠、

雖是追書、於史例不合、四年、天子致文武胙。齊・魏爲王。【索隱】齊威王、魏惠王、【考證】館本考證云、齊威二十六年、自稱爲王、以令天下、于秦爲孝公九年、此因魏連言之耳、五年、陰晉人犀首爲大良造。【集解】犀首官名、姓公孫、名衍、【索隱】官名、若虎牙之類、姓公孫、名衍、魏人也、【正義】犀音西、地理志云、華陰縣故陰晉、秦惠王五年、更名寧秦、高祖八年、更名華陰、六年、魏納陰晉。陰晉更名寧秦。【集解】徐廣曰、今之華陰也、【考證】張文虎曰、中統游本、不重陰晉二字、七年、公子卬與魏戰、虜其將龍賈、斬首八萬。【考證】秦無公子卬、當公孫衍之誤、蘇秦傳作犀首、魏世家八萬作四萬五千、爲襄五年事、卽秦惠八年、而年表爲惠文五年事、梁玉繩曰、此卽所謂雕陰之戰也、當從魏世家爲是、斬首之數、亦宜依世表、蓋秦尚首功、紀仍秦史之虛語耳、余因攷之秦獻公廿一年與晉戰、斬首六萬、孝公八年、與魏戰、斬首七千、惠文王八年、與魏戰、斬首四萬五千、後七年與韓趙戰、斬首八萬、十一年敗韓岸門、斬首萬、十三年擊楚丹陽、斬首八萬、武王四年、拔韓宜陽、斬首六萬、昭襄王六年、伐楚、斬首二萬七千、復伐楚、斬二萬、十四年、攻韓魏、斬二十四萬、廿七年、擊趙、斬三萬、三十二年、破魏將暴鳶、斬四萬、三十三年、又伐魏斬四萬、三十四年、破魏將芒卯、斬十三萬、沈河二萬、四十三年、攻韓、斬五萬、四十七年、破趙長平、坑卒四十五萬、五十年、攻晉軍、斬首六千、流死河二萬人、五十一年、攻韓、斬四萬、攻趙、斬九萬、始皇二年、攻卷、斬首三萬、十三年、攻趙、斬首十萬、計共一百六十六萬八千人、而史所缺略不書者、尚不知凡幾、從古殺人之多、未有無道如秦者也、八年、

魏納河西地。九年、渡河、取汾陰・皮氏。【集解】地理志、二縣屬河東、【正義】渡河東取之、括地志云、汾陰故城、俗名殷湯城、在蒲州汾陰縣北也、皮氏、在絳州龍門縣西一百八十步、卽古皮氏城也、與魏王會應。【正義】應、乙陵反、括地志云、故應城、因應山爲名、古之應國、在汝州魯山縣東三十里、左傳云、邘晉應韓、武之穆也、圍焦、降之。【正義】括地志云、焦城、在陝州城內東北百步、因焦水爲名、周同姓所封、左傳云、虞虢焦滑霍陽韓魏、皆姬姓也、杜預云、八國皆爲晉所滅、按武王克商、封神農之後于焦、而後封姬姓也、【考證】梁玉繩曰、秦衆降曲沃、故後三年歸魏焦曲沃也、愚按、年表、魏襄五年、秦圍我焦曲沃、卽秦惠文八年、至此降之也、十年、張儀相秦。魏納上郡十五縣。【正義】今鄜綏等州也、魏前納陰晉、次納同丹二州、今納上郡、而盡河西濱洛之地矣、十一年、縣義渠。【正義】地理志云、北地郡義渠道、秦縣也、括地志云、寧原慶三州、秦北地郡、戰國及春秋時、爲義渠戎國之地、周先公劉不窋居之、古西戎也、【考證】義渠、西戎國名、今甘肅寧縣西北、有義渠故城、杭世駿曰、此時義渠不得爲縣、犀首傳云、其後五國伐秦、陰以文繡千純婦人百人遺義渠君、義渠君起兵、襲大敗秦李伯下、若義渠已爲縣、秦必更置令長、何至十年之後、反爲所敗、沈家本曰、疑縣乃伐字之誤、歸魏焦・曲沃。【正義】括地志云、曲沃、在陝州縣西南三十二里、因曲沃水爲名、按焦曲沃二城相近、本魏地、適屬秦、今還魏、故言歸也、義渠君爲臣。更名少梁曰夏陽。十二年、初臘。【正義】臘、盧盍反、十二月臘日也、秦惠文

王始效中國爲之、故云初臘、獵禽獸、以歲終祭先祖、因立此日也、風俗通云、禮傳云、夏曰嘉平、殷曰清祀、周曰蜡、漢改曰臘、禮曰、天子大蜡八、伊耆氏始爲蜡、蜡者索也、歲十二月、合聚萬物而索饗之、【考證】吳翌鳳曰、鄭康成蔡邕謂臘卽周之蜡祭、和峴亦云、蜡者臘之別名、余攷玉燭寶典云、臘祭先祖、蜡祭百神、則臘與蜡異、蜡祭因饗農、以終歲勤動而息之也、臘者獵也、獵取禽獸以祭先祖、重本始也、二祭寓意不同、所以臘于廟、蜡于郊、唐貞觀制、丑蜡百神、卯祭社稷、辰臘家廟、開元定禮、始蜡臘同日、宋初仍分、其後依和峴議、三祭同用戌日、十三年四月戊午、魏君爲王。韓亦爲王。【正義】魏襄王、韓宣惠王也、【考證】梁玉繩曰、魏惠稱王、在惠文四年、此紀書之、而是年紀與秦表復書魏君爲王、何歟、蓋是年秦惠稱王、故書月書日以別之、魏字乃秦字之誤、燕世家書燕君爲王、是其例也、若表中魏字乃羨文、表例但書君爲王也、不然魏君爲王、何以入于秦表也、至韓宣惠爲王、在秦惠後元二年、誤書于是年耳、愚按亦爲王、連言之耳、使張儀伐取陝。出其人與魏。【考證】梁玉繩曰、案表及儀傳、事在惠文後元年、此誤書于十三年、十四年、更爲元年。【考證】前年稱王、故改元也、何焯曰、改元始此、二年、張儀與齊・楚大臣會齧桑。【考證】梁玉繩曰、案此及表及儀傳皆缺書、魏楚世家云、張儀與齊魏相盟、是也、齊魏二世家、但言諸侯執政而已、三年、韓・魏太子來朝。張儀相魏。五年、王游至北河。【集解】徐廣曰、戎地在河上、【正義】按王游觀北河、至靈夏州之黃河也、七年、樂池相秦。

【正義】樂音岳、池徒何反、裴氏音池也、【考證】古鈔南本池作陀、與正義合、韓・趙・魏・燕・齊帥匈奴共攻秦。秦使庶長疾與戰修魚。虜其將申差。【正義】修魚、韓邑也、年表云、秦敗我修魚、得韓將軍申差、敗趙公子渴・韓太子奐、斬首八萬二千。【考證】梁玉繩曰、此事諸處所載互有不同、余詳較之、攻秦者、實燕楚趙魏韓齊六國、而匈奴不與也、攷楚世家云、六國攻秦、楚懷王爲從長、楚爲從長、所書自當不謬、大事記據之、是也、此紀不及楚、年表及燕世家不及齊、趙世家但言與韓魏擊秦、魏世家及犀首傳、但言五國攻秦、樂毅傳、不及燕楚韓世家竝略之、皆錯失不足憑、而賈生過秦論、又稱九國之師、豈攻秦一役、宋衛中山共以兵從、如匈奴之屬六國歟、是時義渠亦伐秦、若并數之、則爲十一國矣、秦之戰敗韓趙、在次年、秦惠八年不與攻秦同歲、年表各世家可證、此紀并入七年、誤、蓋六國雖同出師、不相應領、故惟韓趙戰秦、韓趙既敗、四國遂引歸不戰、而齊乘趙魏之弊、復敗之于觀澤、齊眞巨測哉、韓公子渴太子奐、乃是主帥、申差特韓之一將爾、以後文韓太子蒼推之、知奐已死矣、意彼時渴奐均敗沒、申差其生獲者也、然韓世家謂秦虜鯫申差、則生獲不止一將、乃何以此紀既失書鯫、又混稱虜其將申差、幾莫辨爲趙將爲韓將、六國表及張儀傳皆云八萬、此紀增多二千、紀仍秦史之舊、而秦尚首功、虛加其級耳、愚按、戰國策校注、亦有此說、八年、張儀復相秦。九年、司馬錯伐蜀、滅之。【索隱】蜀、西南夷、舊有君長、故昌意娶蜀山氏女也、其後有杜宇、自立爲王、號曰望帝、蜀王本紀曰、張儀伐蜀、蜀王開戰不勝、爲儀所滅也、伐取趙中都・

西陽。[集解]地理志、太原有中都縣、[正義]括地志云、中都故縣、在汾州平遙縣西十二里、即西都也、西陽即中陽也、在汾州隰城縣東十里、地理志云、西都中陽、屬西河郡、此云伐取趙中都西陽、趙世家云、秦即取我西都及中陽、年表云、秦惠文王後元九年、取趙中都西陽安邑、趙武靈王十年、秦取中都安陽、本紀世家年表、其縣名異、年歲實同、所伐唯一處、故具錄之、以示後學、[考證]梁玉繩曰、中都西陽、當依趙世家作西都中陽、漢志地屬西河郡、若中都屬太原、西陽屬山陽、未可相混、此與表同誤、愚按、楓、三、南本、西陽作雲陽、十年、韓太子蒼來質。[考證]館本考證云、韓世家在宣惠十九年、即秦惠後十一年、梁玉繩曰、當在破岸門後、伐取韓石章。[正義]韓地名、伐敗趙將泥。[集解]徐廣曰、將、一作莊、[正義]趙將名也、伐取義渠二十五城。[考證]表在十一年、十一年、樗里疾攻魏焦降之。敗韓岸門、斬首萬、其將犀首走。[考證]楓、三、南本、萬上有二十二字、梁玉繩曰、其將犀首走五字、當在降之句下、犀首魏官、即公孫衍、與韓無涉、故魏表及魏世家云、走犀首岸門、公子通封於蜀。[集解]徐廣曰、是歲王赧元年、[索隱]華陽國志曰、赧王元年、秦惠王封子通國爲蜀侯、以陳莊爲相、徐廣所云、亦據國志而言之、[考證]表在十二年、通作繇通、中井積德曰、通之封、蓋受釆於蜀地耳、非爲蜀侯也、華陽國志蓋謬、燕君讓其臣子之[考證]事在後九年、此誤書于後十一年、十二年、王與梁王會臨晉。庶長疾攻趙、

虜趙將莊。[考證]樗里子傳作壯豹、趙世家及表作趙莊、張儀相楚。十三年、庶長章擊楚於丹陽、虜其將屈匄、斬首八萬。又攻楚漢中、取地六百里、置漢中郡。楚圍雍氏。[考證]庶長章、即魏章、梁玉繩曰、雍氏之役、莫定何年、六國表不書也、楚世家不書也、惟周秦二紀、及齊韓二世家、甘茂傳書之、然時已各殊、事頗不合、秦紀書于惠文王後十三年、與齊世家書于湣王十二年同、是周赧王三年、韓世家書于襄王十二年、是赧王十五年、皆誤也、而注國策注史記者、不復詳攷、遂謂楚兩度圍韓雍氏、以赧王三年爲前所圍、取秦與韓敗楚丹陽事當之、以赧王十五年爲後所圍、取秦敗楚新城事當之、夫丹陽之與雍氏相去遠矣、策及傳稱秦宣太后、攷赧王三年爲惠文後十三年、惠文未薨、昭王未立、安得有宣太后耶、新城之與雍氏亦甚遠矣、策及世家稱甘茂、攷茂之懼讒出奔、在秦昭元年、而赧王十五年爲昭王七年、茂久去秦相位、尚何收璽之言哉、蓋注者之誤、由于策記錯亂、因生此異端耳、其實圍雍氏止有一役、楚未嘗再舉、策記未免交混、而其事非丹陽新城也、其時非赧王三年十五年也、周紀茂傳固可據也、周紀書于赧王八年之後、次年即秦昭元年、故茂傳云、昭王新立、太后楚人、不肯救韓、茂爲言于王、乃下師殽以救之、而救韓之師、傳敍茂伐魏蒲坂之先、蒲坂未拔、茂亡奔齊、皆昭王元年事也、然則圍雍一役、其在于赧王九年、秦昭元年、韓襄六年、楚懷二十三年乎、黃式三曰、梁氏之說、于甘茂傳雖合、而于韓世家之文、究不可解、馬氏繹史云、楚圍雍氏有三、其一則秦惠王後十三年、秦韓敗楚屈匄于丹陽、楚王怨韓而圍雍氏、在赧王三年、其二則秦武王死、昭王新立、戰國策韓令使者求救于秦、與

甘茂傳所言、即此役也、其三則韓襄王十二年、公子咎與蟣蝨爭國、遂令楚圍雍氏、在赧王十五年、宜從馬說、秦使庶長疾助韓而東攻齊、到滿助魏攻燕。[正義]滿或作蒲、秦將姓名也、[考證]按表及韓世家、乃助魏攻齊耳、是時無韓伐齊事、十四年、伐楚取召陵。丹・犂臣。蜀相壯殺蜀侯來降。[集解]徐廣曰、壯一作狀、[正義]丹犂二戎號也、臣伏於蜀、蜀相殺蜀侯、并丹犂二國降秦、在蜀西南姚府管內、本西南夷、戰國時蜀滇國、唐初置犂州丹州也、[考證]方苞曰、言丹犂二國臣屬於秦也、與下蜀相壯殺蜀侯來降、韓魏齊楚越皆賓從、立文正相類、據正義丹犂臣蜀爲句、則下云相壯不知何國之相、且二國臣蜀、亦無爲載於秦史、愚按張儀傳及秦策云、司馬錯定蜀、蜀王更號爲侯、而使陳莊相、據此則是紀所云蜀相莊、即陳莊、其所殺蜀侯、非蜀王、則蜀王子、非秦所封公子通也、惠王卒。[考證]顧炎武曰、古人謚二字三字、而後人相沿、止稱一字者、衞之叡聖武公、止稱武公、貞惠文子止稱公叔文子、晉趙獻文子、止稱文子、魏惠成王止稱惠王、楚頃襄王止稱襄王、秦惠文王止稱惠王、悼武王止稱武王、昭襄王止稱昭王、莊襄王止稱莊王、韓昭釐侯止稱昭侯、宣惠王止稱宣王、趙悼襄王止稱襄王、子武王立。[索隱]名蕩、[考證]秦記作悼武、韓・魏・齊・楚・越皆賓從。[集解]徐廣曰、越一作趙、[考證]張文虎曰、越爲楚成王所破久矣、作趙是、武王元年、與魏惠王會臨晉。[集解]徐廣曰、表云、哀王、[正義]按魏惠王卒已二十五年矣、[考證]惠王當作襄王、年表所謂哀王也、誅蜀相壯。

張儀・魏章、皆東出之魏。伐義渠・丹・犂。南公揭卒。[考證]未知何人、二年、初置丞相。樗里疾・甘茂、爲左右丞相。[集解]應劭曰、丞者承也、相助也、張儀死於魏。三年、與韓襄王會臨晉外。[正義]外、謂臨晉城外、外字一作水、樗里疾相韓。[考證]無疾相韓事、史文疑有誤、武王謂甘茂曰、寡人欲容車通三川、窺周室、死不恨矣。[考證]安井衡曰、車通三川者、欲容車之廣、通三川之路也、不必須廣、愚按、三川、伊水洛水河水、其秋、使甘茂・庶長封伐宜陽。[正義]在河南府福昌縣東十四里、故韓城是也、此韓之大郡、伐取之、三川路乃通也、[考證]宜陽、河南宜陽縣、四年、拔宜陽。[考證]武王謂以下采秦策、斬首六萬、涉河、城武遂。[集解]徐廣曰、韓邑也、[正義]按此邑本屬韓、近平陽、韓世家云、貞子居平陽、九世至哀侯徙鄭、楚世家云、而韓猶服事秦者、以先王墓在平陽、而秦之武遂去之七十里、故知近平陽、魏太子來朝。武王有力、好戲。力士任鄙・烏獲・孟說、皆至大官。王與孟說舉鼎絕臏。[集解]徐廣曰、一作脈、[正義]臏、音頻忍反、絕、斷也、臏、脛骨也、[考證]烏獲見商君書孟子、先於秦武、蓋稱力士爲烏獲、猶稱相馬者爲伯樂、稱治疾者

爲扁鵲、秦武力士、必別有姓名、八月、武王死。族孟說。〔集解〕皇覽曰、秦武王冢、在扶風安陵縣西北、畢陌中大冢是也、人以爲周文王冢、非也、周文王冢在杜中、〔正義〕括地志云、秦悼武王陵、在雍州咸陽縣西北十五里也、〔考證〕甘茂傳云、武王至周而卒于周、與此紀異、張文虎曰、水經渭水注引秦本紀、武王三年、渭水赤三日、秦昭王三十四年、渭水又大赤三日、漢書五行志、亦有此文、引作史記曰、今惟上一條見秦記、而本紀皆無之、豈佚文與、武王取魏女爲后。無子。立異母弟。是爲昭襄王。〔索隱〕名則、一名稷、昭襄母、楚人。姓芈氏。號宣太后。〔考證〕芈音美、秦蕙田曰、詩大雅大明、太任有身、生此文王、思齊、太姒嗣徽音、孔氏曰、尊加於婦、故謂之太、此稱太之正義也、後人太后之稱、實始於此、武王死時、昭襄王爲質於燕。燕人送歸、得立。〔考證〕趙世家云、趙王使代相趙固迎公子稷於燕、送歸、立爲秦王、是爲昭王、昭襄王元年、嚴君疾爲相。〔正義〕蓋封蜀郡嚴道縣、因號嚴君、疾名也、〔考證〕卽樗里疾、甘茂出之魏。〔考證〕梁玉繩曰、案傳茂奔齊、復至楚而終于魏、此言出之魏、恐是齊之誤、大事記曰、時方伐魏、自魏而奔齊也、二年、彗星見。〔正義〕彗、似歲反、又先到反、庶長壯、與大臣諸侯公子爲逆。皆誅。〔考證〕古鈔本、無侯字、通鑑亦無、穰侯傳集解、引秦本紀無諸侯二字、及惠文后、皆不得良死。〔集解〕徐廣曰、迎歸

於楚者、〔考證〕胡三省曰、惠文后、昭王嫡母也、死于正命曰良死、悼武王后出歸魏。三年、王冠。與楚王會黃棘。〔正義〕棘、紀力反、蓋在房襄二州也、〔考證〕今河南新野縣東北、與楚上庸。〔集解〕地理志、漢中有上庸縣、〔正義〕括地志云、上庸、今房州竹邑縣、及金州是也、四年、取蒲阪。〔正義〕括地志云、蒲阪故城、在蒲州河東縣南二里、卽堯舜所都也、彗星見。五年、魏王來朝應亭。〔集解〕徐廣曰、魏世家云、會臨晉、〔正義〕應、音乙陵反、〔考證〕梁玉繩曰、應亭、臨晉之誤、年表魏世家可徵、復與魏蒲阪。六年、蜀侯煇反。〔索隱〕煇音暉、華陽國志曰、秦封王子煇爲蜀侯、蜀侯祭、歸胙於王、後母疾之、加毒以進、王大怒、使司馬錯賜煇劒、此煇不同也、〔考證〕蜀侯煇、疑非秦公子、蓋前蜀侯子弟、華陽國志不足據也、司馬錯定蜀。庶長奐伐楚。斬首二萬。涇陽君質於齊。〔索隱〕名市、〔考證〕館本考證云、田完世家及年表、俱在秦昭七年、此入六年、日食晝晦。七年、拔新城。〔正義〕楚世家云、懷王二十九年、秦復伐楚、大破楚軍、楚軍死二萬、殺我將軍景缺、年表云、秦敗我襄城、殺景缺、括地志云、許州襄城縣、卽古新城縣也、按世家年表、則新字誤作襄字、〔考證〕年下當有楚字、樗里子卒。八年、使將軍芈戎攻楚、取新市。〔集解〕晉地記曰、江夏有新市縣、齊使章子、魏使公孫喜、韓使暴鳶

共攻楚方城。取唐昧。〔索隱〕暴鳶、韓將姓名、〔考證〕館本考證云、楚世家、懷王二十八年、韓乃與齊魏共攻楚、殺楚將唐昧、取我重丘而去、年表各世家俱同、是年于秦昭爲六年、此誤書于八年、愚按、昧字宜从目、荀子議兵篇呂子處方篇作蔑、趙破中山、其君亡。竟死齊。〔考證〕館本考證云、趙世家及年表、攻中山、在秦昭六年、滅中山、在秦昭十二年、田完世家同、此敘入八年內、魏公子勁、韓公子長爲諸侯。〔索隱〕別封之邑、比之諸侯、猶商君趙長安君然、九年、孟嘗君薛文來相秦。〔考證〕館本考證云、年表及田完世家、薛文相秦、在秦昭八年、奐攻楚、取八城。殺其將景快。〔考證〕六國表楚世家景快並作景缺、上文拔新城正義引同、今本惟此文作景快、各本皆同、或傳寫誤、然殺景缺在昭襄七年、而此在九年、疑是錯簡、抑別有景快耶、十年、楚懷王入朝秦。秦留之。〔考證〕陳仁錫曰、懷王入秦、在八年、薛文以金受免。〔正義〕金受、秦丞相姓名、免、奪其丞相、〔考證〕方苞曰、九年薛文來相秦、十年免、中間無金受相秦事、金受名、別無所見、恐傳寫之誤、蓋薛文以受金免、而樓緩代相耳、張文虎曰、金受疑倒、梁玉繩曰、攷孟嘗君傳、秦昭王以爲相、人或說昭王曰、孟嘗君相秦、必先齊而後秦、秦其危矣、於是昭王乃止、囚孟嘗君、疑金受是說昭王之人、又文之免相在九年、此誤在十年、中井積德同梁說、愚按、楓山本無薛文二字、以金受未詳、闕疑可也、樓緩爲丞相。十一年、齊・韓・魏・趙・宋・中山五國

共攻秦。〔正義〕蓋中山此時屬趙、故云五國也、至鹽氏而還。〔集解〕徐廣曰、鹽、一作監、〔正義〕括地志云、鹽故城、一名司鹽城、在蒲州安邑縣、按掌鹽池之官、因稱氏、秦與韓・魏河北及封陵以和。〔正義〕年表云、秦與魏封陵、與韓武遂、以和、按河外陝虢曲沃等地、封陵、在古蒲阪縣西南河曲之中、武遂、近平陽地也、〔考證〕梁玉繩曰、此紀有五誤、伐秦止韓魏齊、策所云三國攻秦者、六國表孟嘗傳同、乃此增趙宋中山爲五國、一也、攻秦臨函谷關、策所云入函谷者、韓魏田完世家孟嘗傳同、乃此謂至鹽氏、二也、秦和三國、以武遂與韓、封陵與魏、齊城與齊、策所云秦以三城講于三國者、乃此及表不言齊、田完世家亦不言與我齊城、反載與韓河外、又不及魏、三也、武遂封陵在河外、故三國世家俱稱河外、策作河東、此作河北、蓋自秦言之曰東、自三國言之曰北、而統言之曰河外、而此以爲河北封陵、四也、是役在秦昭九年、乃此書于十一年、五也、又伐秦講和、本一時事、而此表與各世家分伐秦在秦昭九年、講和在十一年、尤誤、大事記糾之矣、依本文是六國、亦一誤也、彗星見。楚懷王走之趙。趙不受。還之秦。卽死。歸葬。〔考證〕懷王亡趙、在秦昭十年、十二年、樓緩免。穰侯魏冄爲相。〔正義〕括地志云、穰、鄧州所理縣、卽古穰侯國、予楚粟五萬石。十三年、向壽伐韓、取武始。〔集解〕地理志、魏郡有武始縣、〔正義〕括地志云、武始故城、在洛州武始縣西南十里、左更白起攻新城。〔正義〕白起傳云、白起爲左庶長、將兵擊韓之新城、括地志云、洛州伊闕縣、本是漢新城

縣、隋文帝改爲伊闕、在洛州南七十里、【考證】據傳、是年白起未爲左更、五大夫禮出亡奔魏。【考證】呂禮、秦將、穰侯傳、呂禮奔齊、孟嘗傳亦有禮相齊事、此誤也、大事記亦以奔魏爲非、任鄙爲漢中守。【集解】漢書百官表曰、郡守、秦官、十四年、左更白起攻韓·魏於伊闕、【正義】括地志云、伊闕在洛州南十九里、注水經云、昔大禹疏龍門以通水、兩山相對、望之若闕、伊水歷其閒、故謂之伊闕、按今洛南猶謂之龍門也、斬首二十四萬、虜公孫喜、拔五城。【考證】梁玉繩曰、上文言魏使公孫喜攻楚、則喜是魏將也、故穰侯傳稱虜魏將公孫喜、乃此紀及白起傳、不言喜爲何國之將、而六國表書虜喜于韓表中、韓世家謂使公孫喜攻秦、秦虜喜、似喜又爲韓將矣、蓋伊闕之役、韓爲主兵、而實使魏之公孫喜將之、故所書不同、十五年、大良造白起攻魏取垣。【正義】垣音袁、前秦取蒲阪、復以蒲阪與魏、魏以爲垣、今又取魏垣、復與之、後秦以爲蒲阪皮氏、復予之。【考證】白起傳、但言拔垣、梁玉繩曰、此衍復予之三字、攻楚取宛。十六年、左更錯取軹及鄧。【集解】地理志、河內有軹縣、南陽有鄧縣、【正義】括地志云、故軹城、在懷州濟源縣東南十三里、故鄧城、在懷州河陽縣西三十一里、竝六國時魏邑也、按二城相連、故云及也、冄免。【考證】館本考證云、六國表及穰侯傳、冄謝病免相、在昭十五年、梁玉繩曰、魏冄凡三相三免、紀表皆不盡書、而紀與傳所書之年、亦多舛戾不合、余綜考之、冄初相在昭王十二年、至十五年免、此書冄免于十六年、誤也、再相在十

六年、至二十一年免、此紀下文于廿四年書魏冄免相者誤也、三相在二十六年、至四十二年免相、出就封邑、傳所謂免二歲復相秦者、乃免四歲之誤也、封公子市宛、公子悝鄧、魏冄陶爲諸侯。【索隱】悝號高陵君、初封於彭、昭襄王弟也、【考證】公子市卽涇陽君、十七年、城陽君入朝。及東周君來朝。【正義】括地志云、濮州雷澤縣、本漢郕陽縣、古郕伯姬姓之國、周武王封弟季載於郕、其後遷之城陽也、【考證】梁玉繩曰、成陽君韓人、魏策有之、成城通用、秦以垣爲蒲阪·皮氏。【索隱】爲當爲易、蓋字訛也、【正義】蒲阪、今河東縣也、皮氏故城在絳州龍門縣西一里八十步、【考證】索隱是、王之宜陽。十八年、錯攻垣·河雍·決橋取之。【集解】徐廣曰、汲冢紀年云、魏哀王二十四年、改宜陽曰河雍、改向曰高平、向在軹之西、【正義】蓋蒲阪皮氏、又歸魏、魏復以爲垣、今重攻取之也、【考證】正義非是、十九年、王爲西帝。齊爲東帝。皆復去之。呂禮來自歸。齊破宋。宋王在魏。死溫。【考證】館本考證曰、田完世家、齊湣三十八年、伐宋、宋王出亡、死于溫、魏世家、魏昭十年、齊滅宋、宋王死我溫、年表亦同、是年在秦爲昭之二十一年、此入于十九年內、任鄙卒。二十年。【集解】徐廣曰、秦地有父馬生駒、【考證】張文虎曰、漢書五行志引史記秦昭王二十年、牡馬生子而死、紀表皆無此文、當在二十年下、故集解引徐廣語、二十一年集解徐廣語、史記正文誤入注、又譌子爲牛、王之

漢中、又之上郡·北河。二十一年、【集解】徐廣曰、有牡馬生牛而死、錯攻魏河內。魏獻安邑。秦出其人。募徙河東、賜爵、赦罪人遷之。【考證】沈家本曰、按昭襄王之赦罪人遷之以實初地也、始皇之徙譎以實初縣、其策實本於此、涇陽君封宛。【考證】館本考證云、十六年已封公子市宛矣、此復封涇陽君、一疑有一誤、二十二年、蒙武伐齊。河東爲九縣。【考證】梁玉繩曰、蒙恬傳、蒙武乃蒙驁之子、驁事昭王、至始皇四世、則此時擊齊者、必是驁、而非武也、凌稚隆曰、古史河東上有取字、愚按河東本魏地、前年入秦、故分爲九縣也、本文自通、與楚王會宛。與趙王會中陽。【集解】地理志、西河有中陽縣、二十三年、尉斯離與三晉·燕伐齊、破之濟西。【索隱】尉、秦官、斯離、其姓名、【正義】尉、都尉、斯離、名也、【考證】正義是、梁玉繩曰、伐齊之役、實秦楚燕趙韓魏六國也、燕齊楚三世家可證、此紀與趙魏世家失書楚、韓世家上言與秦攻齊、孟嘗君傳失書韓楚、樂毅傳失書秦、愚按年表亦云、燕與秦三晉擊齊、王與魏王會宜陽。與韓王會新城。【考證】年表及魏韓世家、竝作會西周、梁玉繩曰、卽指河南之宜陽新城也、下同、二十四年、與楚王會鄢、又會穰。【正義】鄢、於建反、又音偃、括地志云、故偃城、在襄州安養縣北三里、古鄢子之國也、秦取魏安城、

至大梁。燕·趙救之。秦軍去。【集解】地理志、汝南有安城縣、【正義】括地志云、安城、在豫州汝陽縣東南十七里、【考證】本魏策、梁玉繩曰、是年爲燕昭王廿九年、趙惠文王十六年、燕昭新破齊湣、方圍莒卽墨、未下、何暇出兵救魏、而趙時爲秦之細、自守不足、又何敢出一旅、爲魏抗秦、此之不實、了然可知、魏冄免相。【考證】十六年云冄免、其後不言冄復相、二十六年忽云、魏冄免相、當有脫文、說詳于十六年、二十五年、拔趙二城。與韓王會新城。【考證】年表韓世家並云、會兩周間、與魏王會新明邑。【考證】凌稚隆曰、新明邑、不詳其邑、或新所取者、二十六年、赦罪人遷之穰。侯冄復相。【考證】梁玉繩曰、言遷罪人、不知遷于何地、愚按古鈔、楓、三、南本、侯下有魏字、據下文遷之南陽正義、穰字當連上句、上文云、魏冄免相、侯疑魏字、二十七年、錯攻楚。赦罪人遷之南陽。【正義】南陽及上遷之穰、皆今鄧州也、白起攻趙、取代·光狼城。【正義】括地志云、光狼故城、在今澤州高平縣西二十里、【考證】李笠曰、白起傳正義、二十里作二十五里、又使司馬錯發隴西、因蜀攻楚黔中、拔之。【正義】黔中、今黔府也、【考證】陳子龍曰、後世每從益州取荊者、蓋始此也、二十八年、大良造白起攻楚、取鄢·鄧。【正義】鄢鄧二城、竝在襄州、【考證】梁玉繩曰、此二十八年楚爲秦所取者、鄢鄧西陵三城、紀失書西陵、

表失書鄧、楚世家失書鄢鄧、而白起傳言拔鄢鄧五城、乃拔鄢鄧西陵三城之訛、赦罪人遷之。二十九年、大良造白起攻楚、取郢爲南郡。楚王走。【正義】括地志云、郢城、在荊州江陵縣東北六里、楚平王築都之地也、【考證】今湖北江陵縣東、有故郢城、周君來。王與楚王會襄陵。【集解】地理志、河東有襄陵縣、【正義】括地志云、襄陵、在晉州臨汾縣東南三十五里、闞駰十三州志云、襄陵、晉大夫犨邑也、【考證】梁玉繩曰、是年、秦攻楚取郢、燒其先王墓夷陵、楚襄王兵散、遁保于陳、安得楚與秦爲好會乎、必非二十九年事、也、白起爲武安君。【正義】言能撫養軍士、戰必剋、得百姓安集、故號武安、故城、在潞州武安縣西南五十里、七國時趙邑、即趙奢救閼與處也、【考證】白起爲武安君、穰侯白起傳、皆在秦昭二十九年、表爲三十年、誤、崔適曰、案是名號侯之濫觴也、名號侯之名、始自魏志武帝紀裴注、以爲今之虛封、今案無封邑、但有名號而已、七國時、或有封邑而別爲名號、如以尉文封廉頗爲信平君、封樂毅於觀津、號曰望諸君、秦相呂不韋封爲文信侯、食河南洛陽十萬戶、此如漢世之列侯而別爲名號者也、或有名號而無封邑、如秦相蔡澤爲剛成君、趙賜趙奢爲馬服君、漢初封劉敬爲奉春君、叔孫通爲稷嗣君、則位下於列侯、始皇本紀謂之倫侯、漢曰關內侯、即名號侯之類也、趙有兩武安君、始蘇秦、終李牧、而秦亦以是名封白起、亦但有名號耳、正義故號武安以上是也、故城以下又以爲封邑、一名而兩釋之、乖矣、秦攻韓閼與、軍武安西、大爲趙奢所破、在秦昭王三十七年、則前此秦安得有武安以封白起耶、三十年、蜀守若伐楚、取巫郡及江南、

爲黔中郡。【正義】華陽國志、張若爲蜀中郡守、括地志云、巫郡、在夔州東百里、黔中故城、在辰州沅陵縣西二十里、江南、今黔府、亦其地也、【考證】梁玉繩曰、白起及春申君傳、言起取之、非蜀守張若、豈伐巫之役、起與若共之與、三十一年、白起伐魏、取兩城。楚人反我江南。【正義】黔中郡、反歸楚、【考證】岡白駒曰、上年秦取江南爲郡、既爲秦有、故曰反我江南、三十二年、相穰侯攻魏、至大梁、破暴鳶、斬首四萬。鳶走。魏入三縣請和。三十三年、客卿胡傷攻魏卷・【集解】地理志、河南有卷縣、【正義】卷、音丘袁反、括地志云、故卷城、在鄭州原武縣西北七里、即衡雍也、蔡陽・長社取之。【集解】地理志、潁川有長社縣、【正義】括地志云、蔡陽、今豫州上蔡水之陽、古城、在豫州北七十里、長社故城、在許州長社縣西一里、皆魏邑也、擊芒卯華陽、破之。【集解】司馬彪曰、華陽、亭名、在密縣、【索隱】芒卯、魏將、譙周云、孟卯也、【正義】括地志云、故華城、在鄭州管城縣南三十里、國語云、史伯對鄭桓公虢鄶十邑、華其一也、華陽、即此城也、按是時韓趙聚兵於華陽攻秦、即此矣、斬首十五萬。魏入南陽以和。【集解】徐廣曰、河內修武、古曰南陽、秦始皇更名河內、屬魏地、荊州之南陽郡、本屬韓地、【正義】括地志云、懷獲嘉縣、即古之南陽、杜預云、在晉州山南河北、故曰南陽、秦破芒卯軍、斬首十五萬、魏入南陽以和、【考證】梁玉繩曰、此所書戰最誤、年表世家列傳亦誤、攷秦昭三十二年、當魏安釐二年、韓釐廿一年、秦攻魏、

拔兩城、軍大梁下、韓使暴鳶救魏、爲秦所敗、鳶走開封、魏與秦溫以和、是秦昭三十二年之戰也、而此云魏入三縣、穰侯傳云割八縣、竝誤、蓋二縣秦拔之、一縣魏予之、共止三縣耳、明年、魏背秦、與齊從親、秦使穰侯伐魏、拔四城、斬首四萬、是秦昭三十三年之戰也、而此以斬首四萬幷入大梁之役、書于三十二年、誤已、秦昭三十四年、趙魏攻韓華陽、韓告急于秦、穰侯又與白起客卿胡陽攻趙魏以救韓、走魏將芒卯、斬十三萬人、敗趙將賈偃、沈其卒二萬人于河、取魏卷蔡陽長社、取趙觀津、予秦南陽以和、秦且與趙觀津、益趙以兵伐齊、是秦昭三十四年之戰也、而此在三十三年、誤一、止言客卿胡陽、反遺郤主帥穰侯大將白起、較之年表趙世家白起及春申傳、但舉白起、更覺失倫、誤二、斬魏卒十三萬、沈趙卒二萬、乃合趙于魏、作十五萬人、與六國表魏世家、俱非、穰侯傳云、十萬亦非、誤三、趙魏同破、何以單說魏而不及趙、表亦單說魏、又云魏得三晉將、魏世家云、秦破我及韓趙、穰侯傳云、攻趙韓魏、白起傳云、得三晉將、春申傳云、攻韓魏趙、述一事而各異如此、誤四、至暴鳶、國策暴作翠、其字譌也、韓世家鳶作戴、其字同也、芒卯、西周策及韓子說林顯學、淮南氾論作孟卯、音之轉也、而韓子外儲說左作昭卯、呂覽應言作孟邛、皆誤、又此紀胡傷兩見、當是傳寫之譌、依穰侯傳作陽爲是、趙策作胡易、即古陽字、三十四年、秦與魏・韓上庸地爲一郡。南陽免臣遷居之。三十五年、佐韓・魏・楚伐燕。【考證】梁玉繩曰、國策、齊韓魏共伐燕、燕使太子請救于楚、楚王使景陽救之、夫楚方救燕、不伐燕、秦亦無伐燕之事、而伐燕、是齊韓魏、非韓魏楚、此與燕世家同誤、初置南陽郡。【正義】今鄧州也、前已屬秦、秦置南陽郡、在漢水之北、釋名云、在中國之南、而居陽地、故以爲

名焉、張衡南都賦云、陪京之南、居漢之陽、【考證】今河南南陽、三十六年、客卿竈攻齊、取剛・壽。予穰侯。【正義】括地志云、故剛城、在兗州龔丘縣界、壽、鄆州之縣、【考證】梁玉繩曰、年表及田完世家、皆三十七年、此與穰侯傳在前一年、竈、秦策作造、音相近、三十八年、中更胡傷攻趙閼與、不能取。【集解】孟康曰、音焉與、邑名、在上黨涅縣西、【正義】閼、於遾反、與、音預、閼與聚城、一名烏蘇城、在潞州銅鞮縣西北二十里、趙奢破秦軍處、又儀州和順縣、即古閼與城、亦云、趙奢破秦軍處、然儀州與潞州相近、二所未詳、又閼與山、在洺州武安縣西南五十里、趙奢拒秦軍於閼與、即山北也、按閼與山在武安故城西南、又近武安、故城、蓋儀州是所封故地、【考證】河南彰德武安縣、四十年、悼太子死魏。歸葬芷陽。【集解】徐廣曰、今霸陵、【正義】括地志云、芷陽、在雍州藍田縣西六里、三秦記云、鹿原東、有霸川之西阪、故芷陽也、四十一年夏、攻魏取邢丘・懷。【集解】徐廣曰、邢丘、在平皋、駰案韓詩外傳、武王伐紂到于邢丘、勒兵於甯、更名邢丘曰懷、甯曰修武、【正義】括地志云、平皋故城本邢丘邑、漢置平皋縣、在懷州武德縣東南二十里、故懷城、周之懷邑、在懷州武陟縣西十一里、【考證】館本考證云、魏世家安釐王九年、秦拔我懷、是年爲秦昭之三十九年、十一年拔我郪丘、即秦昭四十一年也、此兩年事、幷入一年、梁玉繩曰、邢丘當依魏世家作郪丘、此與范雎傳同誤、邢丘之地、久入于秦、不待是時、表作廩丘、尤誤、四十二年、安國君爲太子。十月、宣太后薨。葬芷陽酈山。

【集解】徐廣曰、芊氏、【正義】酈、力知反、在雍州新豐縣南十四里也、【考證】古鈔、南本、十月作七月、此本譌、九月、穰侯出之陶。四十三年、武安君白起攻韓拔九城。斬首五萬。【考證】館本考證云、白起傳、昭王四十三年、白起攻韓陘城、拔五城、韓世家、惠王九年、秦拔我陘、城汾旁、四十四年、攻韓南郡取之。【考證】錢大昕曰、南郡、六國表作南陽、攻江陵之南郡、楚地、非韓地、當以南陽爲是、但昭十六年、拔韓宛城、又魏冉封穰侯、皆南陽郡地、是南陽屬秦已久、至昭王三十九年置南陽郡、何以四十四年攻韓又取南陽、蓋戰國時大郡、或領十數城、非一時所能盡拔、秦雖置南陽郡、尚未全有其地、至此始悉取之、愚按、白起傳亦作南陽、五年、五大夫賁攻韓、取十城。【正義】賁、音奔、五大夫官、疑賁、名也、【考證】五大夫秦爵、正義疑字衍、葉陽君悝出之國。未至而死。【集解】一云華陽、【正義】葉、書涉反、【考證】中井積德曰、葉陽當作華陽、梁玉繩曰、華形近葉、傳寫致訛、華陽君卽昭王舅芊戎、悝乃昭王母弟高陵君、此紀當有脫誤、不然將以芊戎爲公子悝矣、四十七年、秦攻韓上黨。上黨降趙。【考證】上黨、今山西潞安、梁玉繩曰、事在四十五年、趙策白起傳可證、此因說長平事、而幷書于四十七年、非也、秦因攻趙。趙發兵擊秦、相距。秦使武安君白起擊、大破趙於長平。四十餘萬盡殺之。【考證】長平、河

南陳州西華縣、古鈔、南本、萬下有人字、殺上有坑字、四十八年十月、韓獻垣雍。【集解】司馬彪曰、河南卷縣、有垣雍城、秦軍分爲三軍。【考證】白起傳云、秦分軍爲二、王齕攻皮牢拔之、司馬梗定太原、則此三字疑二字訛、武安君歸。王齕將、伐趙武安・皮牢拔之。【考證】梁玉繩曰、白起傳言齕攻拔皮牢、不言武安、武安二字衍、愚按古鈔本、皮上有攻字、白起傳正義、皮牢故城、在絳州龍門縣西一里、今河南彰德武安縣西、司馬梗北定太原、盡有韓上黨。【考證】太原、今山西太原、正月、兵罷。復守上黨。其十月、五大夫陵攻趙邯鄲。【考證】今直隸廣平邯鄲縣、張文虎曰、上四十二年、先書十月、後書九月、此年先書十月、後書正月、大事記古文尚書疏證謂、秦先世已嘗改十月爲歲首、是也、自此年以後復用夏正、故下文書其十月云云、遂不以爲歲首、而四十九年、先書正月、後書其十月、文甚明白、梁玉繩志疑、乃以四十二年之十月、爲七月之誤、四十八年之十月爲衍、考之未審矣、愚按四十二年之十月爲七月之誤、古鈔本可證、姚範援鶉堂筆記、亦以十月正月其十月爲俱譌、張氏未審考之也、四十九年正月、益發卒佐陵。陵戰不善、免。王齕代將。其十月、將軍張唐攻魏。爲蔡尉捐弗守、還斬之。【正義】爲、于僞反、蔡、姓、尉名、【考證】斬蔡尉、五十年十月、武安君白起

有罪、爲士伍、遷陰密。【集解】如淳曰、嘗有爵而以罪奪爵、皆稱士伍、【正義】括地志云、陰密故城、在涇州鶉觚縣西、卽古密須國也、張唐攻鄭拔之。【考證】梁玉繩曰、此以所拔之鄭爲舊鄭歟、則卽咸林之地、東遷時已屬秦也、以爲新鄭歟、韓徙都于其地、不聞是時韓失國都也、疑是鄴字之譌、趙地也、十二月、益發卒軍汾城旁。【正義】括地志云、臨汾故城、在絳州正平縣東北二十五里、卽古臨汾縣城也、按汾城、卽此城是也、武安君白起有罪死。齕攻邯鄲、不拔。去還奔汾軍。二月餘、攻晉軍、斬首六千、晉・楚流死河二萬人。【集解】徐廣曰、楚一作走、【正義】按此時無楚軍、走字是也、【考證】二月上添其後字看、古鈔本、齕上有王字、河下有者字、梁玉繩曰、改楚作走、則流死之文不可接、謂時無楚軍、尤爲囈語、卽楚救邯鄲之兵、始緣秦伐趙邯鄲、而救趙、繼緣秦伐魏寧新中而救魏、楚世家稱救趙至新中可證已、愚按、晉卽魏也、攻汾城。卽從唐拔寧新中。【集解】徐廣曰、寧、作曼、此趙邑也、【正義】唐、今晉州平陽、堯都也、括地志云、寧新中、七國時魏邑、秦昭襄王拔魏寧新中、更名安陽城、卽今相州外城是也、【考證】中井積德曰、唐、張唐也、寧新中、年表及楚世家、皆作新中、梁玉繩曰、凡言新中者、竝脫寧字、是魏地、蓋楚魏救趙、秦還軍而拔魏地也、寧新中更名安陽。【集解】徐廣曰、魏郡有安陽縣、【正義】今相州外城古安陽城、【考證】南化本、更字在寧字上、初作河橋。【正義】此橋在同州臨晉縣東、渡河、

至蒲州、今蒲津橋也、五十一年、將軍摎攻韓取陽城・負黍。【正義】今河南府縣也、負黍亭、在陽城縣西南三十五里、本周邑、亦時屬韓也、【考證】館本考證云、正義府字誤、以唐地理志考之、或應作告成二字、斬首四萬。攻趙取二十餘縣、首虜九萬。【考證】梁玉繩曰、此事非實、說在趙世家、西周君背秦、【正義】武公、與諸侯約從、將天下銳兵出伊闕攻秦、令秦毋得通陽城。於是秦使將軍摎攻西周。西周君走來自歸、頓首受罪、盡獻其邑三十六城、口三萬。秦王受獻、歸其君於周。五十二年、周民東亡、其器九鼎入秦。【正義】器、謂寶器也、禹貢金九牧、鑄鼎於荊山下、各象九州之物、故言九鼎、歷殷至周赧王十九年、秦昭王取九鼎、其一飛入泗水、餘八入於秦中、【考證】陳霆曰、夏后氏之方盛也、以其九州土田之制、貢賦之則、鑄之于鼎、若曰爲後世之法程、夏亡而鼎入于商、商亡而鼎入于周、三代相傳、號稱神器、迨周之季世、七雄僭王、私計得鼎者、可以有天下、若後世得國璽者然、于是爭起染指之謀、而周之君臣惴惴、謂夫鼎存而禍隨也、遂陰計毀之、其稱淪入于泗水者、一時詭辭、後世乃傳信之耳、中井積德曰、是時九鼎爲秦之有矣、然未必卽輸于咸陽也、周初亡。【考證】凌稚隆曰、秦稱霸之後、連書曰、天子使召公過賀穆公以金鼓、曰、天子賀以以黼黻、曰、

天子致胙、曰、天子致伯、曰、天子賀、曰、天子致文武胙、曰、東周君來朝、曰、周君來、曰、西周走來歸、而結書曰周初亡、皆篇中關鍵也、五十三年、天下來賓。魏後。秦使摎伐魏、取吳城。【集解】徐廣曰、在大陽、【正義】括地志云、虞城故城、在陝州河北縣東北五十里虞山之上、亦名吳山、周武王封弟虞仲於周之北故夏墟、吳城即此城也、韓王入朝。魏委國聽令。五十四年、王郊見上帝於雍。五十六年秋、昭襄王卒、子孝文王立。【索隱】名柱、五十三而立、立一年卒、葬壽陵、子莊襄王、尊唐八子為唐太后。【集解】徐廣曰、八子者、妾媵之號、姓唐、【正義】孝文王之母也、先死、故尊之、曾灼云、除皇后、自昭儀以下、秩至百石、凡十四等、漢書外戚傳云、八子視千石、比中更、【考證】兪樾曰、秦孝文王立、尊唐八子為唐太后、莊襄王立、尊夏姬為夏太后、後世人主追尊所生者、仿乎此、其始本於春秋妾母之稱夫人、至漢哀帝時有四太后、中井積德曰、不得援漢制解秦官、曾灼非、而合其葬於先王。【正義】以其母唐太后與昭王合葬、韓王衰絰、入弔祠。諸侯皆使其將相來弔祠視喪事。孝文王元年、赦罪人、修先王功臣、褒厚親戚、弛苑囿。【考證】莊襄王元年、亦大赦罪人、沈家本曰、孝文莊襄之赦、即為後世改元肆赦之權輿矣、大赦之名、亦始見於此、愚按此即位行赦之始、孝文王除喪、

十月己亥即位。三日辛丑卒。子莊襄王立。【索隱】名子楚、三十二而立、立三年卒、葬陽陵、紀作四年、【考證】梁玉繩曰、孝文之立、書之重、言之複、讀史者或疑為羨文錯簡、宜衍去赦罪人十五字、謂赦罪人等事、皆莊襄元年事、增出于孝文元年之下、而孝文王除喪十月己亥二語、當互易之、移于孝文元年之上、蓋既葬而除喪、其時不獨三年之喪久廢、即期年亦不行耳、茲說未知然否、但余攷古者天子崩、太子即位、其別有四、始死則正嗣子之位、尚書顧命、逆子釗于南門之外、延入于翼室、是也、既殯則正繼體之位、顧命、王麻冕黼裳入即位是也、踰年正改元之位、春秋書公即位、是也、三年正踐祚之位、舜格于文祖、及成王免喪、將即政、朝于廟、是也、則所謂子孝文王立者、正嗣子之位也、昭襄卒于庚戌秋、喪葬之事皆畢、斯數月中不言既殯正繼體之禮、秦省之而不行也、所謂孝文王元年者、正改元之位也、所謂孝文王除喪十月己亥即位者、正踐祚之位也、是年歲在辛亥、三年之喪廢、故孝文期年便除、而因以知昭王之卒、必在秋九月、竊意史公緣孝文即位三日便卒、恐後世疑莫能明、特備載當日行事、至今秩然可見、不得以為羨文錯簡矣、乃閻氏摘十月己亥一句、謂孝文已踰二年、史稱享國一年為誤、莊襄以先君崩年改元、失禮莫大、其辨甚新、殊不知爾時秦尚未以十月為歲首也、莊襄王元年、大赦罪人、修先王功臣、施德厚骨肉、而布惠於民。東周君與諸侯謀秦。秦使相國呂不韋誅之。盡入其國。【考證】楓、三、南本、不重秦字、秦不絕其祀、以陽人地賜周

君、奉其祭祀。【集解】地理志、河南梁縣有陽人聚、使蒙驁伐韓。韓獻成皋・鞏。【正義】括地志云、洛州氾水縣、古之虢國、亦鄭之制邑、又名虎牢、漢之成皋、鞏、恭勇反、今洛州鞏縣、爾時秦滅東周、韓亦得其地、又獻於秦、【考證】館本考證云、韓世家秦拔我成皋滎陽、不曰獻、年表同、梁玉繩曰、鞏、滎陽之誤、鞏為東周所居、韓安得有之、愚按蒙恬傳亦云、莊襄王元年、蒙驁伐韓成皋滎陽、作置三川郡、秦界至大梁。初置三川郡。【集解】韋昭曰、有河洛伊、故曰三川、駰案地理志、漢高祖更名河南郡、二年、使蒙驁攻趙、定太原。【考證】梁玉繩曰、使蒙驁八字乃羨文、年表及趙世家蒙恬傳、皆無其事、蓋所謂攻趙者、因是年有蒙驁攻趙取三十七城之事也、所謂定太原者、因明年有置太原郡之事也、二事下文皆書之、則此為錯出無疑、況前十二年得韓上黨地、已北定太原矣、此時何煩再定乎、三年、蒙驁攻魏高都・汲、拔之、【集解】徐廣曰、汲、一作波、波縣亦在河內、【正義】汲音急、括地志云、高都故城、今澤州是、汲故城、在衛州所理汲縣西南二十五里、孟康云、漢波縣、今郗城是也、括地志云、故郗城在懷州河內縣西三十二里、左傳云、蘇忿生十二邑、郗其一也、【考證】梁玉繩曰、三年二字亦羨文、所書事、表在二年、是已、汲字當依徐廣作波、蓋秦拔魏汲、在始皇七年也、攻趙榆次・新城・狼孟、【正義】括地志云、榆次、并州縣、即古榆次地也、新城、一名小平城、在朔州善陽縣西南四十七里、狼孟故城、在并州陽曲縣東北二十六里、取三十七城。【正義】案取三十七城、并代朔三州之地矣、四月、日食。四年、王

齕攻上黨。【正義】上黨又反秦、故攻之、【考證】張文虎曰、莊襄無四年、六國表書在三年、此四年二字、涉上四月而衍、觀下文五月即接上文四月、其證也、梁玉繩曰、前此昭王四十八年盡有上黨地、北定太原、是時何煩再攻、疑前所定者惟降趙之城市邑十七、今所攻者并其餘城而攻拔之、故韓世家云、秦悉拔我上黨也、紀表但言攻上黨、似乎複出、而不知是悉拔之、紀表似欠明、正義謂上黨又反、故攻之、臆測之詞、非事實矣、初置太原郡。【正義】上黨以北、皆太原地、即上三十七城也、魏將無忌率五國兵擊秦。【正義】信陵君也、率燕趙韓楚魏之兵擊秦也、秦卻於河外。【正義】蒙驁被五國兵敗、遂解而卻、至於河外、河外陝華二州也、蒙驁敗、解而去。五月丙午、莊襄王卒。子政立。【考證】梁玉繩曰、據始皇紀集解、政當作正、南化本、午下有朔字、是為秦始皇帝。秦王政立二十六年、初并天下為三十六郡。號為始皇帝。【索隱】十三而立、立三十七年崩、葬酈山、始皇帝五十一年而崩。【考證】古鈔本、帝下有立字、南化本、無始皇帝三字、中井積德曰、始皇十三而立、在位三十七年而死、年正五十矣、一字蓋衍、梁玉繩說同、張文虎曰、疑本作年五十而崩、衍一字、又誤倒耳、錢大昕曰、五當作立、始皇為帝十一年耳、依古鈔本、錢說是、子胡亥立。是為二世皇帝。【索隱】十二年立、紀云二十一立、三年葬宜春、秦自襄公至二世、凡六百一十七歲、此實本紀、

而注別舉之、以非本文耳、【考證】張文虎曰、秦襄元年甲子至二世三年甲午、凡五百七十一年、索隱六當作五、一七二字當互易、單本索隱作二十七、更誤矣、錢泰吉曰、索隱注字不知何所指、疑有集解而缺失也、三年、諸侯竝起叛秦。趙高殺二世、立子嬰。子嬰立月餘、諸侯誅之。遂滅秦。其語在始皇本紀中。

太史公曰。秦之先爲嬴姓。【考證】中井積德曰、秦女嫁諸侯稱嬴姓、如晉穆嬴是也、然則秦姓嬴而氏趙也、漢以來姓氏混淆、史公之言欠明晰、其後分封、以國爲姓。【考證】梁玉繩曰、史公混姓氏爲一、故凡氏皆謂之姓、而夏殷秦三紀之論並誤、云以國爲姓、其實氏也、然其所載諸氏、亦不盡以國、如殷之目夷、秦之飛廉、是以名爲氏者、終黎菟裘、以邑爲氏者、國云乎哉、有徐氏・郯氏・莒氏・終黎氏・【集解】徐廣曰、世本作鍾離、應劭曰、氏姓譜云、有姓終黎者是、運奄氏・菟裘氏・將梁氏・黃氏・江氏・脩魚氏・白冥氏・蜚廉氏・秦氏。然秦以其先造父封趙城爲趙氏。【索隱】述贊、柏翳佐舜、阜斿是旌、蜚廉事紂、石椁斯營、造父善馭、封之趙城、非子息馬、厥號秦嬴、禮樂射御、西垂有聲、襄公救周、始命列國、金祠白帝、龍祚水德、祥應陳寶、妖除豐特、里奚致霸、衛鞅任刻、厥後吞并、卒成凶慝、

秦本紀第五

史記五

文學博士瀧川龜太郎著

史記會注考證

史記會注考證卷六

漢　太史令司馬遷撰
宋　中郎外兵曹參軍裴駰集解
唐　國子博士弘文館學士司馬貞索隱
唐　諸王侍讀率府長史張守節正義
日本　出雲瀧川資言考證

秦始皇本紀第六　史記六

【考證】史公自序云、始皇既立、并兼六國、銷鋒鑄鐻、維偃干革、尊號稱帝、矜武任力、二世受運、子嬰降虜、作始皇本紀第六、愚按、始皇之時、史職不廢、蕭何所收圖籍、史公或

及觀之、故此紀特詳、楊愼曰、始皇二世紀、始見太史公筆力、

秦始皇帝者、秦莊襄王子也。【索隱】莊襄王者、孝文王之中子、昭襄王之孫也、名子楚、按戰國策、本名子異、後爲華陽夫人嗣、夫人楚人、因改名子楚也、莊襄王爲秦質子於趙。【正義】質、音致、國强欲待弱之來相事、故遣子及貴臣爲質、如上音、國弱懼其侵伐、令子及貴臣往爲質、音直實反、又二國敵亦爲交質、左傳云、周鄭交質、王子狐爲質於鄭、鄭公子忽爲質於周、是也、【考證】中井積德曰、質字、不因强弱異音義、正義非、見呂不韋姬、悅而取之。【索隱】按不韋傳云、不韋陽翟大賈也、其姬邯鄲豪家女、善歌舞、有娠而獻於子楚、【考證】姬者周姓、古時男子稱氏、婦人稱姓、齊姜宋子、亦猶然也、姬是貴盛之族、故後世以爲婦人美稱、梁玉繩曰、稱妾爲姬、其誤始于周末、史公亦隨俗書之、生始皇。以秦昭王四十八年正月生於邯鄲。及生名爲政。姓趙氏。【集解】徐廣曰、一作正、宋忠云、以正月旦生、故名正、【索隱】系本作政、又生於趙、故曰趙政、一曰、秦與趙同祖、以趙城爲榮、故姓趙氏、【正義】正音政、周正建子之正也、始皇以正月旦生於趙、因爲政、後以始皇諱故音征、【考證】顧炎武曰、姓氏之稱、太史公始混而爲一、故本紀於秦始皇則曰姓趙氏、於漢高祖曰姓劉氏、愚按秦紀曰、周繆王以趙城封造父、造父族由此爲趙氏、是秦之所以氏趙、淮南人間訓、秦王趙政、兼呑天下而亡、高誘注、始皇生於趙、故曰趙政、與索隱前說皆非、中井積德曰、注、正月之下加旦字、恐臆斷、夫名

正者、以月不以日、年十三歲、莊襄王死。政代立爲秦王。【考證】顧炎武曰、天之行謂之歲、人之行謂之年、古人但曰年幾何、不言歲也、變之自太史公始、梁玉繩曰、引錢廣伯云、孟子鄉人長於伯兄一歲、趙策太后曰、年幾何矣、對曰、十五歲矣、則言歲不始太史公、當是之時、秦地已并巴·蜀·漢中、越宛有郢、置南郡矣。北收上郡以東、有河東·太原·上黨郡、東至滎陽、滅二周置三川郡。呂不韋爲相、封十萬戶、號曰文信侯、招致賓客游士、欲以并天下。李斯爲舍人。【集解】文穎曰、主廄內小吏官名、或曰、侍從賓客、謂之舍人也、【考證】中井積德曰、李斯是文信侯之舍人、非秦王之臣、後事秦王、則爲長史矣、陪臣往往稱舍人、非職掌定名、蒙驁·王齮·【集解】徐廣曰、一作齕、【索隱】蒙驁、齊人、蒙武之父、蒙恬之祖、王齮即王齕、昭王二十九年、代大夫陵伐趙者、【正義】齮、魚綺反、劉伯莊云、音綺、後同、【考證】作齕是也、麃公等爲將軍。【集解】應劭曰、麃、秦邑、【索隱】麃公、蓋麃邑公、史失其姓名、【正義】麃、彼苗反、蓋秦之縣邑、大夫稱公、若楚制、【考證】沈濤曰、漢韓勅碑陰、有故涿郡太守魯麃次公、故樂安相魯麃季公、秦漢時自有麃姓、史特失其名耳、公、如縱公泄公之公、王年少、初卽位、委國事大臣。晉陽反。元年、將軍蒙驁擊

定之。【考證】張文虎曰、合刻本、每年提行、後人取便檢閱耳、舊刻游本皆連前文、毛本此紀亦連、二年、麃公將卒攻卷、斬首三萬。【正義】將、子匠反、卒、子必反、卷、丘員反、【考證】梁玉繩曰、秦昭三十四年、已取魏卷、何煩此時攻之、疑卷字誤、愚按古鈔南本卷作權、三年、蒙驁攻韓取十三城。王齮死。【考證】表、十三城作十二城、蒙恬傳、韓世家同此紀、十月、將軍蒙驁攻魏氏暘・有詭。【集解】徐廣曰、暘、音場、【索隱】音暢、魏之邑名、歲大饑。四年、拔暘・有詭。三月軍罷。秦質子歸自趙。趙太子出歸國。十月庚寅。蝗蟲從東方來蔽天。【考證】表十月作七月、程一枝曰、今本七作十誤、黃式三曰、十月無蝗、天下疫。百姓內粟千石、拜爵一級。【考證】內粟拜爵始此、徐孚遠曰、秦人重爵、除吏復家、故不輕賜爵、漢則賜民多矣、然亦稍輕、不得為吏也、入粟千石比不一首級、其重爵可見、方苞曰、平準書、民多買復、及五大夫、徵發之士益鮮、則民納粟拜爵、求免徵發也、五年、將軍驁攻魏定酸棗・【集解】地理志、陳留有酸棗縣、【正義】括地志云、酸棗故城、在滑州酸棗縣北十五里、古酸棗縣南、燕・虛・長平、【集解】徐廣曰、一作千、駰案地理志、汝南有長平縣也、【索隱】二邑名、春秋桓十二年、會于虛、又戰國策曰、拔燕酸棗虛桃人、桃人亦魏邑、虛地、今闕、蓋與諸縣相近、按今東郡燕縣東三十里有故桃城、則亦非

遠、【正義】燕、烏田反、括地志云、南燕城、古燕國也、滑州胙城縣是也、姚虛、在濮州雷澤縣東十三里、孝經援神契云、帝舜生於姚墟、即東郡也、長平故城、在陳州宛丘縣西六十六里、雍丘・山陽城。【集解】地理志、陳留有雍丘縣、河內有山陽縣、【正義】雍、於用反、汴州縣、皆拔之、取二十城。【考證】蒙恬傳但云、攻魏取二十城、梁玉繩曰、春申君傳、上秦昭王書、有拔燕虛酸棗之語、則此三城已于前三十餘年取之矣、或者是時因拔長平雍丘山陽、而復定三城之疆界與、初置東郡。冬雷。六年、韓・魏・趙・衛・楚、共擊秦取壽陵。秦出兵。五國兵罷。【正義】徐廣云、壽陵、在常山、按本趙邑也、【考證】館本考證云、趙世家悼襄王元年、龐煖將趙楚魏楚之銳師、攻秦蕞、不拔、此云、取壽陵、所將之師、一作衛、一作燕、亦不同、翟灝曰、衛微弱僅存、被秦迫逐、徙居野王、將救亡不暇、何敢攻秦、蓋燕楚趙魏韓五國伐秦耳、此紀誤以衛替燕、而趙世家誤脫韓也、至取壽陵之說、更非無論、不勝而罷、未嘗取秦寸土、而五國所攻者、乃新豐之蕞、非壽陵也、拔衛迫東郡。其君角率其支屬、徙居野王、阻其山以保魏之河內。【考證】館本考證云、此是衛元君十二年、不名角、沈家本曰、角字疑衍、姚範曰、白起於昭王時已降韓之野王矣、此蓋秦人徙衛君於野王、觀世家甚明、梁玉繩曰、河內之地、秦未全有、故曰魏之河內、七年、彗星先出東方見北方。五月、見西方。【正義】彗、音似歲反、見、並音行練反、孝經內記云、彗出北斗、兵大起、彗在三台、臣害君、彗在太微、君害臣、

彗在天獄、諸侯作亂、所指其處大惡、彗在日旁、子欲殺父、將軍驁死。以攻龍・孤・慶都。【集解】徐廣曰、慶、一作麃、【正義】括地志云、定州恆陽縣西南四十里、有白龍水、又有挾龍山、又定州唐縣東北五十四里、有孤山、蓋都山也、帝王紀云、望堯母慶都所居、張晏云、堯山在北、堯母慶都山在南、相去五十里、北登堯山、南望慶都山也、注水經云、望都故城東、有山不連陵、名之曰孤、孤都聲相近、疑即都山孤山及望都故城三處相近、【考證】李笠曰、此語倒裝、謂將軍驁以攻龍孤慶都死也、還兵攻汲。【考證】中井積德曰、四字屬上句、彗星復見西方。【正義】復、扶富反、見、行見反、十六日、夏太后死。【索隱】莊襄王所生母、【正義】子楚母也、【考證】梁玉繩曰、死當依表作薨、八年、王弟長安君成蟜、【正義】蟜、音紀兆反、成蟜者、長安君名也、號為長安君、將軍擊趙、反。【正義】將、如字、將、猶領也、又子匠反、死屯留。【正義】括地志云、屯留故城、在潞州長子縣東北三十里、漢屯留吁國也、軍吏皆斬死。遷其民於臨洮。【索隱】臨洮、在隴西、【正義】臨洮水、故名臨洮、洮州、在隴右、去京千五百五十一里、言屯留之民、被成蟜略、眾共反、故遷之於臨洮郡也、將軍壁死。【正義】壁、邊覓反、言成蟜自殺壁壘之內、卒屯留蒲鶮反。戮其屍。【集解】徐廣曰、鶮、一作鶡、屯留蒲鶮、皆地名也、壁于此地、時士卒死者皆戮其屍、【索隱】高誘云、屯留、上黨之縣名、謂成蟜為將軍而反、秦兵擊之、而蟜壁於屯留而死、屯留蒲鶮二邑之反卒、雖死猶皆戮其屍、鶮、古鶴字、【正義】卒、子忽反、鶮、

音高、注同、蒲鶮皆地名、【考證】此節文義難解、注亦欠明、錢大昕曰、辟與蒲鶮皆似人名、辟乃討成蟜之將軍、辟死而部卒又叛、因更戮其屍耳、梁玉繩瞥記引許周生云、反下衍死字、漢志無、王弟長安君成蟜將軍擊趙、反屯留、軍吏皆斬、遷其民於臨洮、此為一事、據漢書五行志所引止此、可證以下別為一事、壁當將兵在外者、前所衍死字、疑當在蒲鶮反下、將軍辟死、卒屯留蒲鶮反、戮其屍、蓋蒲鶮屯留人、聞遷屯留民、懼禍及己、故因將軍之死而反、反亦即死、故戮其屍也、愚按徐氏測義、館本考證、梁氏志疑、皆有別解、錢許二說、較長、河魚大上。【索隱】謂河水溢、魚大上平地、亦言遭水害也、即漢書五行志、劉向所謂豕蟲之孽、明年嫪毐誅、魚陰類、小人象、【正義】始皇八年、黃河之魚西上入渭、渭水也、漢書五行志云、魚者陰類、臣民之象也、十七年、滅韓、二十六年、盡并天下、自滅韓至并天下、蓋十年矣、周本紀云、十年數之紀也、天之所棄、不過其紀、明關東後屬秦、其象類先見也、輕車重馬、東就食。【集解】徐廣曰、一無此重字、【索隱】言河魚大上、秦人皆輕車重馬、竝就食於東、言往河旁食魚也、一云、河魚大上為災、人遂東就食、皆輕車重馬而去、【考證】洪水汎濫、民不能居、皆輕車重馬、東徙就食也、嫪毐封為長信侯。予之山陽地、令毐居之。【索隱】嫪、姓、毐、字、按漢書、嫪氏出邯鄲、王劭云、賈侍中說、秦始皇母予嫪毐淫、坐誅、故世人罵淫曰嫪毐也、【正義】嫪、郎虯反、下酷改反、予、音與、括地志云、山陽故城、在懷州修武縣西北大行山東南、宮室犬馬、衣服苑囿馳獵、恣毐。事無小大、皆決於毐。又以河西太原郡更為毐國、【集解】徐廣

曰河、一作汾、

九年、彗星見。或竟天。攻魏垣·蒲陽、【正義】垣作垣、垣音袁、括地志云、故垣城、漢縣治、本魏王垣也、在絳州垣縣西北二十里、蒲邑故城、在隰州縣北四十五里、在蒲水之北、故言蒲陽、卽晉公子重耳所居邑也、【考證】梁玉繩曰、六國表魏世家、作垣蒲陽衍三城、此脫書衍、然攷秦昭十八年取魏垣、是河東之垣也、而春申君傳上昭王書、又有幷蒲衍首垣之語、是開封之長衍也、則垣有兩地、已與衍俱爲昭王所拔矣、待始皇九年復攻此、與年表世家同誤、蓋此時但當言攻魏蒲陽耳、垣與衍皆屬羨文、

四月、上宿雍。【集解】蔡邕曰、上者尊位所在也、駟案司馬遷記事、當言帝則依違但言上、不敢媟言、尊尊之意也、【考證】張文虎曰、上下文皆稱王、此不當忽稱上、上蓋王之爛文、

己酉、王冠帶劍。【集解】徐廣曰、年二十二、【正義】冠音灌、禮記云、年二十而冠、按年二十一也、【考證】秦記于二十二歲冠、蓋變禮也、徐廣云二十二者、以踰年改元計也、正義云二十一者、以當年改元計也、徐說爲是、

長信侯毐作亂而覺。矯王御璽及太后璽、以發縣卒、及衞卒、官騎、戎翟君公舍人、【集解】蔡邕曰、御者進也、凡衣服加於身、飲食入於口、妃妾接於寢、皆曰御、御之親愛者曰幸、璽者印信也、天子璽、白玉、螭虎鈕、古者尊卑共之、月令曰、固封璽、左傳曰、季武子璽書追而與之、此諸侯大夫印稱璽也、衞宏曰、秦以前、民皆以金玉爲印、龍虎鈕、唯其所好、秦以來、天子獨以印稱璽、又獨以玉、群臣莫敢用、【正義】崔浩云、李斯磨和璧作之、漢諸帝世傳服之、謂傳國璽、韋曜吳書云、璽方四寸、上句交五龍、文曰受命于天、既壽永昌、漢書云、文曰昊天之命、皇帝壽昌、

按二文不同、漢書元后傳云、王莽令王舜逼太后取璽、王太后怒投地、其角小缺、吳志云、孫堅入洛掃除漢陵廟、軍於甄官井、得璽、後歸魏、晉懷帝永嘉五年六月、帝蒙塵平陽、璽入前趙劉聰、至東晉成帝咸和四年、石勒滅前趙得璽、穆帝永和八年、石勒爲慕容儁滅、濮陽大守戴施入鄴得璽、使何融送晉、傳宋、宋傳南齊、南齊傳梁、梁傳至天正二年、侯景破梁至廣陵、北齊將辛術定廣陵、得璽、送北齊、至周建德六年正月、平北齊、璽入周、周以傳隋、隋傳唐也、卒子忽反、下同、【考證】中井積德曰、不可以漢制解秦文、又曰、正義李斯以下始皇稱帝以後事、不可以解秦王時事、又曰、正義永和八年下石勒訛、是時石勒死已十八年矣、錢大昕曰、慕容俊卽慕容儁、是歲儁滅冉閔、非石勒也、張照曰、梁無天正年號、侯景破梁、爲簡文帝大寶元年、則天正是大寶之誤、

將欲攻蘄年宮爲亂。【集解】地理志、蘄年宮在雍、【正義】蘄巨衣反、括地志云、蘄年宮在岐州城西故城內、

王知之、令相國昌平君·昌文君發卒攻毐。戰咸陽、斬首數百。皆拜爵。及宦者皆在戰中、亦拜爵一級。【集解】昌平君、楚之公子、立以爲相、後徙於郢、項燕立爲荊王、史失其名、昌文君名亦不知也、【正義】括地志云、咸陽故城、亦名渭城、在雍州北五里、今咸陽縣東十五里、秦孝公已下竝都此城、始皇鑄金人十二於咸陽、卽此也、【考證】李笠曰、者下皆字、疑涉上句誤衍、

毐等敗走。卽令國中、有生得毐賜錢百萬。殺之五十萬。盡得毐等衞尉竭·【集解】漢書百官表曰、衞尉秦官、

內史肆·

佐弋竭·【集解】漢書百官表曰、秦時少府有佐弋、漢武帝改爲佽飛、掌弋射者、【正義】弋音翊、

中大夫令齊等。【正義】令、力政反、中大夫令、秦官也、齊名也、

二十人皆梟首。【集解】縣首於木上曰梟、【正義】梟、古堯反、縣首於木上曰梟、【考證】梟首始見乎此、

車裂以徇、滅其宗。【正義】說苑云、秦始皇太后不謹、幸郎嫪毐、始皇取毐四支車裂之、取兩弟撲殺之、取太后遷之咸陽宮、下令曰、以太后事諫者、戮而殺之、蒺藜其脊、諫而死者二十七人、茅焦乃上說曰、齊客茅焦願以太后事諫、皇帝曰、走告若、不見闕下積死人耶、使者問焦、焦曰、陛下車裂假父、有嫉妒之心、囊撲兩弟、有不慈之名、遷母咸陽、有不孝之行、蒺藜諫士、有桀紂之治、天下聞之、盡瓦解、無向秦者、王乃自迎太后歸咸陽、立茅焦爲傅、又爵之上卿、括地志云、茅焦、滄州人也、【考證】秦本紀商君傳竝云、秦惠王車裂商君以徇、蓋古轘刑之遺、轘刑見于周禮及左傳、

及其舍人輕者爲鬼薪。【集解】應劭曰、取薪給宗廟、爲鬼薪也、如淳曰、律說、鬼薪作三歲、【正義】言毐舍人、罪重者已刑戮、輕者罰徒役三歲、【考證】鬼薪始見于此、

及奪爵遷蜀四千餘家、家房陵。【正義】括地志云、房陵、卽今房州房陵縣、古楚漢中郡地也、是巴蜀之境、地理志云、房陵縣屬漢中郡、在益州部、接東南一千三百一十里也、【考證】崔適曰、依下文迎太后於雍、房陵下當有遷太后於雍五字、

四月、寒凍有死者。【正義】四月、建巳之月、孟夏寒凍、民有死者、以秦法酷急、則天應之、而史書之、故尚書洪範云、急常寒若、孔注云、君行急則常寒順之、【考證】梁玉繩曰、上文已書四月、則此爲重出、豈因寒不以時、重書以見異耶、史詮云、當更曰是

月、

楊端和攻衍氏。【索隱】端和、秦將、衍氏、魏邑、【正義】衍、羊善反、在鄭州、

彗星見西方、又見北方、從斗以南八十日。

十年、【集解】徐廣曰、甲子、

相國呂不韋坐嫪毐免。桓齮爲將軍。齊·趙來置酒。齊人茅焦說秦王曰、秦方以天下爲事。而大王有遷母太后之名。恐諸侯聞之、由此倍秦也。秦王乃迎太后於雍、而入咸陽、【集解】說苑曰、始皇帝立茅焦爲傅、又爵之上卿、太后大喜曰、天下亢直、使敗復成、安秦社稷、使妾母子復相見者、茅君之力也、【考證】集解引說苑正諫篇、天下亢直、說苑作亢枉令直、

復居甘泉宮。【集解】徐廣曰、表云、咸陽南宮也、【考證】秦紀及三輔黃圖皆云、始皇二十七年、作甘泉宮、徐說可從、今本表闕南宮二字、

大索逐客。李斯上書說。乃止逐客令。【考證】事發於韓人鄭國鑿渠、李斯所以有取韓之議、詳見河渠書李斯傳、

李斯因說秦王、請先取韓以恐他國。於是使斯下韓。韓王患之、與韓非謀弱秦。大梁人尉繚來說秦王曰。以秦之彊、諸侯譬如郡縣之君。臣但恐諸

侯合從、翕而出不意、此乃智伯・夫差・湣王之所以亡也。【考證】崔適曰、尉僚以官爲姓、愚按漢書藝文志雜家有尉僚二十九篇、蓋此人作、隋志雜家、尉繚子五卷、梁惠王時人、與此別人、張文虎曰、御覽引彊下諸上、有視字、李笠曰、御覽七百二十九引無翕字、翕疑卽合字之複出耳、願大王毋愛財物、賂其豪臣、以亂其謀。不過亡三十萬金、則諸侯可盡。【考證】沈欽韓曰、秦策有頓弱說秦王資萬金、東游韓魏、入其將相、北遊燕趙、而殺李牧、正與尉繚謀同、頓弱與尉繚乃一人、記異耳、呂祖謙曰、尉繚之計、與李斯同、前此、唐雎之散合、後此、陳平之間項羽、以金啗之術、每用每中、秦王從其計、見尉繚亢禮、衣服食飲、與繚同。【考證】亢禮、敵等之禮、繚曰。秦王爲人、蜂準長目、摯鳥膺、豺聲、少恩而虎狼心。【集解】徐廣曰、蜂一作隆、【正義】蜂、李逢反、準、章允反、蜂、蠆也、高鼻也、文穎曰、準、鼻也、鷙鳥、鶻鷹、突向前、其性悍勇、居約、易出人下、【正義】易、以豉反、言始皇居儉約之時、易以謙卑、【考證】易、猶輕也、約、窮困也、論語、不仁者不可以久處約、得志亦輕食人。【正義】言始皇得天下之志、亦輕易而啖食於人、【考證】中井積德曰、得志、是居約之反、輕、猶易也、皆川愿曰、輕食人、言與久游、則必爲其所害也、我布衣。然見我常身自下我。誠使秦

王得志於天下、天下皆爲虜矣。不可與久游。乃亡去。秦王覺、固止、以爲秦國尉。【正義】若漢太尉大將軍之比也、【考證】張文虎曰、御覽引、布衣下、有也字、固止下、有之字、卒用其計策、而李斯用事。十一年。王翦・桓齮・楊端和、攻鄴取九城。王翦攻閼與・橑楊。【集解】徐廣曰、橑音老、在幷州、【正義】漢表在清河、十三州志云、橑陽、上黨西北百八十里也、皆幷爲一軍。翦將十八日、軍歸斗食以下。什推二人從軍。【集解】漢書百官表曰、百石以下有斗食、佐史之秩、【索隱】言王翦爲將、諸軍中皆歸斗食以下無功佐史、什中唯推擇二人令從軍耳、【正義】一曰、得斗粟爲料、【考證】中井積德曰、斗食、計日給幾斗粟也、亦自有多寡、非一日限一斗、徐孚遠曰、此言翦能將寡也、至其伐楚、又用三十萬、蓋地所宜、伐國與拔城不同故也、愚按古鈔、南本、翦上有王字、取鄴・安陽。桓齮將。【考證】梁玉繩曰、此所敍攻取之事、錯雜不明、蓋是役也、王翦爲主將、桓齮爲次將、楊端和爲末將、幷軍伐趙、攻鄴未得、先取九城、王翦遂別攻閼與橑陽、而留桓齮攻鄴、齮既取鄴、翦復令齮攻橑陽、己獨攻閼與、皆取之、故又言取鄴橑陽桓齮將也、安陽、當作橑陽、必傳寫之誤、安陽卽魏寧新中、無論本非趙地、且前廿餘年、已爲昭王拔之矣、再考王翦傳、但言破閼與拔九城、而不及鄴橑陽、足見取鄴橑陽是齮、而非翦、政與紀合、表于趙書曰、秦拔我閼與鄴、取九城、而失書橑陽、于秦表書曰、王翦擊鄴閼

與取九城、就前半事言之、而亦失書取鄴橑陽、至燕世家稱拔鄴九城、趙世家僅稱拔鄴、則更屬疏脫、十二年、文信侯不韋死。竊葬。【索隱】按不韋飲鴆死、其賓客數千人竊共葬於洛陽北芒山、其舍人臨者、晉人也逐出之、【正義】臨、力禁反、臨哭也、若是三晉之人、逐出令歸也、秦人六百石以上、奪爵遷、【正義】上音時掌反、若是秦人哭臨者、奪其官爵、遷移於房陵、五百石以下、不臨遷、勿奪爵。【正義】若是秦人、不哭臨不韋者、不奪官爵、亦遷移於房陵、【考證】亦承舍人、中井積德曰、秦人皆遷之也、但六百石以上、臨者奪爵、不臨者不奪爵、五百石以下、臨不臨、皆遷之也、顧炎武曰、五百石以下、秩卑任淺、故但遷而不奪爵、自今以來操國事不道、如嫪毐・不韋者、籍其門。視此。【集解】徐廣曰、門、一作文、【索隱】謂籍沒其一門、皆爲徒隸、後並視此爲常故也、【正義】籍錄其子孫、禁不得仕宦、【考證】視、比也、中井積德曰、籍其門、正義非、秋復嫪毐舍人遷蜀者。當是之時、天下大旱、六月至八月、乃雨。十三年、桓齮攻趙平陽、【正義】括地志云、平陽故城、在相州臨漳縣西二十五里、又云、平陽、戰國時屬韓、後屬趙、【考證】梁玉繩曰、此平陽在魏郡鄴縣、續志可證、殺趙將扈輒、斬首十萬。【正義】扈、音戶、輒、張獵反、趙之將軍、王之河南。正月、彗

星見東方。十月、桓齮攻趙。十四年、攻趙軍於平陽、取宜安、破之、殺其將軍。【正義】括地志云、宜安故城、在常山槀城縣西南二十五里也、桓齮定平陽・武城。【正義】卽貝州武城縣外城是也、七國時趙邑、【考證】館本考證云、趙世家、趙遷三年、趙攻赤麗宜安、李牧率師與戰肥下、却之、李牧傳、乃以牧爲大將軍、擊秦軍於宜安、大破秦軍、走秦將桓齮、與此齟齬、梁玉繩曰、此秦史諱詞、史公未之改爾、赤麗宜安、攻而未拔、則桓齮所定者、只前年攻得之平陽武城而已、紀表不言攻赤麗略之也、秦表云、桓齮定平陽武城宜安、趙表云、秦拔我宜安、竝誤仍秦史、故彼此牴牾、多不齊一、秦表宜衍宜安二字、趙表當改拔作攻字、韓非使秦。秦用李斯謀、留非。非死雲陽。【正義】括地志云、雲陽城、在雍州雲陽縣西八十里、秦始皇甘泉宮在焉、韓王請爲臣。十五年、大興兵、一軍至鄴、一軍至太原、取狼孟。【集解】地理志、太原有狼孟縣、【考證】梁玉繩曰、表亦言取狼孟番吾、考狼孟已于莊襄二年取之、何待始皇十五年大兵攻取乎、而趙世家及李牧傳、竝稱牧破秦軍于番吾、則表言取番吾亦妄、蓋又仍秦史而誤者也、地動。十六年九月、發卒受地韓南陽。假守騰。【正義】假、格雅反、守、音狩、【考證】方苞曰、發卒受韓南陽地、而使內史騰爲假守也、趙翼曰、秦漢時、官吏攝事者皆曰假、蓋言借也、史記秦皇紀、發卒受地于韓南陽、假守騰、又項羽殺宋義、諸將因立羽爲假上將軍、陳涉以吳叔爲假

王監諸將、擊秦、景駒自立爲楚假王、尉佗以法誅秦吏、以其黨爲假守、韓信破齊、請爲假王鎮之、皆是、初令男子書年。【考證】皆川愿曰、秦當時苛徵丁役者可以見也、魏獻地於秦。秦置麗邑。【正義】麗、力知反、括地志云、雍州新豐縣、本周時驪戎邑、左傳云、晉獻公伐驪戎、杜注云、在京兆新豐縣、其後秦滅之以爲邑、十七年、內史騰攻韓、得韓王安、盡納其地、【正義】韓王安之九年、秦盡滅之、以其地爲郡、命曰潁川。地動。華陽太后卒。【考證】卒、當依表作薨、民大饑。十八年、【集解】徐廣曰、巳郡出大人、長二十五丈六尺、大興兵攻趙。王翦將上地下井陘、【集解】服虔曰、井陘、山名、在常山、今爲縣、音刑、【正義】上郡、上縣、今綏州等是也、【考證】崔適曰、據正義、上地當曰上郡、端和將河內、羌瘣伐趙、【正義】瘣、胡罪反、端和圍邯鄲城。【考證】梁玉繩曰、此必有錯簡缺文、蓋三將攻趙、王翦將上地下井陘、楊端和將河內、圍邯鄲城、羌瘣獨缺、只伐趙二字、而錯出于端和將河內句下也、圍邯鄲城上、又重出端和二字、愚按、楓三南本、趙作代、十九年、王翦羌瘣盡定取趙地、東陽得趙王、【索隱】趙王遷也、【正義】趙幽繆王遷八年、秦取趙地至平陽、平陽、在貝州歷亭縣界、遷王於房陵、【考證】據正義、東陽當作平陽、引兵欲攻燕、屯中山。秦王之邯鄲。諸

嘗與王生趙時母家有仇怨、皆阬之。【考證】徐孚遠曰、異人在趙、後以不韋畫策得歸、而秦皇母子尙留趙、趙人遇之不善、故有舊怨也、秦王還、從太原・上郡歸。始皇帝母太后崩。【考證】梁玉繩曰、此當書秦王母太后薨、是時秦未稱帝、又紀文前後皆稱秦王、不應忽云始皇帝、表作帝太后、亦非、趙公子嘉、率其宗數百人之代、自立爲代王、東與燕合兵軍上谷。【考證】今直隸宣化東延慶州、大饑。二十年、燕太子丹患秦兵至國、恐使荊軻刺秦王。秦王覺之、體解軻以徇。【正義】解、紅買反、【考證】體解亦一刑、後世凌遲之刑本此、而使王翦・辛勝攻燕。燕・代發兵擊秦軍。秦軍破燕易水之西。二十一年、王賁攻薊。【正義】賁、音奔、【考證】梁玉繩曰、年表及王翦傳、王賁擊楚、此言攻薊、明是荊字之譌、時賁父翦方定燕薊也、乃益發卒詣王翦軍、遂破燕太子軍、取燕薊城、得太子丹之首。燕王東收遼東而王之。【正義】王、于放反、王翦謝病老歸。【考證】凌稚隆曰、王翦本傳、歸老頻陽、新鄭反。昌平君徙

於郢。大雨雪、深二尺五寸。【正義】雨、于遇反、二十二年、王賁攻魏、引河溝灌大梁。大梁城壞。其王請降。盡取其地。【索隱】魏王假也、二十三年、秦王復召王翦、彊起之、使將擊荊。取陳以南至平輿、虜荊王。【集解】地理志、汝南有平與縣、【索隱】荊王、負芻也、楚稱荊者、以避莊襄王諱、故易之也、【正義】秦號楚爲荊者、以莊襄王名子楚、諱之、故言荊也、輿、音餘、平輿、豫州縣也、秦王游至郢・陳。荊將項燕立昌平君爲荊王、反秦於淮南。【集解】徐廣曰、淮、一作江、【正義】昌平也、楚淮北之地、盡入於秦、【考證】徐廣一本似是、二十四年、王翦・蒙武攻荊、破荊軍。昌平君死、項燕遂自殺。【考證】梁玉繩曰、六國表、楚世家、蒙恬傳、皆言始皇二十三年殺項燕、二十四年虜楚王負芻、王翦傳、亦以虜楚王在殺項燕之後、獨此言二十三年虜荊王、二十四年項燕自殺、而又有項燕立昌平君一節、余詳考之、此紀實誤、昌平君雖楚之公子、而久居于秦、嘗爲秦相國、定嫪毐之亂、其時徙居郢、項燕安所得而立之、負芻宜處壽春、未嘗親歷戎行、何遽被虜、而項燕爲楚名將、燕不死、楚不滅、誰謂項燕後楚死乎、項羽紀、六國表、王翦蒙恬傳、俱說項燕是王翦殺之、索隱引楚漢春秋同、惟此以爲自殺、亦屬牴牾、竊意王翦擊破楚軍、殺項燕時、昌平君在郢、楚之諸將、必有敗逃于郢者、昌平君知項燕已死、楚淮北之

地盡失、難以圖存、藉舊將之依附、僭立爲王、以成犄角之勢、適秦王游至郢陳、謀欲襲之、遂反江南、而王翦等已破楚虜負芻、計不果行、昌平君自殺、是情事之明白可料者、寧有如紀所載邪、然則宜何以書、當云二十三年秦王復召王翦彊起之、使將擊荊、取陳以南至平輿、殺項燕、秦王游至郢陳、荊將立昌平君爲荊王、反秦于江南、二十四年王翦蒙武攻荊破荊軍、虜荊王、昌平君遂自殺、二十五年、大興兵、使王賁將攻燕遼東、得燕王喜。【正義】燕王喜之五十三年、燕亡、還攻代、虜代王嘉。王翦遂定荊江南地。【正義】言王翦遂平定楚及江南地、降越君、置爲會稽郡、降越君、置會稽郡。【正義】降、閑江反、楚威王已滅越、其餘自稱君長、今降秦、五月、天下大酺。【集解】服虔曰、酺、音蒲、文穎曰、酺、周禮族師、掌春秋祭酺、爲人物災害之神、蘇林曰、陳留俗、三月上巳、水上飲食爲酺、【正義】天下歡樂、大飲酒也、秦既平韓趙魏燕楚五國、故天下大酺也、【考證】中井積德曰、平時群飲有禁、故有慶而後得群飲、是爲酺、皆上命所賜、二十六年、齊王建與其相后勝、發兵守其西界、不通秦。【正義】勝、音升、齊相姓名、秦使將軍王賁從燕南攻齊、得齊王建。【索隱】六國皆滅也、十七年得韓王安、十九年得趙王遷、二十二年魏王假降、二十三年虜荊王負芻、二十五年得燕王喜、二十六年得齊王建、【正義】齊王建之三十四年、齊國亡、秦初并天下。令丞相御史曰。

[正義]令、力政反、乃今之敕令敕書也、 異日韓王納地效璽、請爲藩臣。[正義]效、猶至見、[考證]效、猶呈也、致
已而倍約、與趙·魏合從畔秦。故興兵誅之、虜其王。寡人以
爲善。庶幾息兵革、[考證]寡人以爲善、庶幾息兵革十字、移上文請爲藩臣下、文理便明、 趙王使其相李
牧來約盟。故歸其質子。[正義]質、音致、 已而倍盟反我太原、故興兵
誅之、得其王。趙公子嘉乃自立爲代王。故擧兵擊滅之。魏王
始約服入秦。已而與韓·趙謀襲秦。秦兵吏誅、遂破之、[考證]張文虎曰、誅遂疑衍、李笠曰、下文故發兵誅得其王、與此同、誅字斷句、誅、謂聲其罪而伐之、張說未確、 荊王獻青陽以西。[集解]漢書鄒陽傳曰、越水長沙、還舟青陽、張晏曰、青陽、地名、蘇林曰、青陽、長沙縣是也、 已而畔約擊我南郡、故發兵誅得其王、
遂定其荊地。[考證]王念孫曰、定下其字、涉上句而衍、 燕王昏亂、其太子丹乃陰令荊
軻爲賊。兵吏誅、滅其國。齊王用后勝計絕秦、使欲爲亂。兵吏

誅、虜其王、平齊地。寡人以眇眇之身、興兵誅暴亂。賴宗廟之
靈、六王咸伏其辜、天下大定。[考證]楓、三、南本、靈上有神字、尙書顧命云、眇眇予末小子、其能而亂四方以敬忌天威、此文所本、漢文帝詔云、朕獲保宗廟、以微眇之身、託于士民君王之上、又云、朕獲保宗廟、以眇眇之身、託于天下君王之上、皆本於此文、遂爲後世制詔套語、 今名號
不更、無以稱成功傳後世。其議帝號。丞相綰、御史大夫劫、廷
尉斯等皆曰。[集解]漢書百官表曰、御史大夫、秦官、應劭曰、侍御史之率、故稱大夫也、漢書百官表曰、廷尉、秦官、應劭曰、聽獄必質諸朝廷、與衆共之、兵獄同制、故稱廷尉、[索隱]綰姓王、劫姓馮、 昔者五帝、地方千里、其外侯服夷服。諸侯或
朝或否、天子不能制。[考證]皆川愿曰、此言五帝地陿、而其威權亦未能全制海內、雖出一時貶辭、而其實不必皆虛妄、 今
陛下興義兵誅殘賊、平定天下、海內爲郡縣、法令由一統。
[集解]蔡邕曰、陛、階也、所由升堂也、天子必有近臣立於陛側、以戒不虞、謂之陛下者、羣臣與天子言、不敢指斥、故呼在陛下者與之言、因卑達尊之意也、上書亦如之、[正義]郡、人所羣聚也、[考證]諱非存韓、李斯諫逐客書、已用陛下稱、蓋秦人語、 自上古以來、未嘗有。五帝所不及。

臣等謹與博士議曰。[集解]漢書百官表曰、博士、秦官、掌通古今、 古有天皇、有地皇、有
泰皇。泰皇最貴。[索隱]按天皇地皇之下、卽云泰皇、當人皇也、而封禪書云、昔者太帝使素女鼓瑟而悲、蓋三皇已前稱泰皇、一云、泰皇、太昊也、[考證]中井積德曰、索隱封禪書當刪、愚按、天皇地皇泰皇、後人假設之名、非實有其人也、 臣等昧死上尊號、王爲泰皇、
命爲制、令爲詔、[集解]蔡邕曰、制書、帝者制度之命也、其文曰制詔、詔書、詔、告也、[正義]令、音力政反、制詔、三代無文、秦始有之、[考證]昧、冒通、言冒死進言、謙辭也、戰國策、臣昧死望見大王、言所以擧、秦漢以後、爲上書套語、 天子自稱曰朕。[集解]蔡邕曰、朕、我也、古者上下共稱之、貴賤不嫌、則可以同號之義也、皐陶與舜言、朕言惠可底行、屈原曰、朕皇考、至秦然後天子獨以爲稱、漢因而不改、 王曰。去泰著皇、采上
古帝位號、號曰皇帝。他如議。[正義]去、音丘呂反、 制曰可。[集解]蔡邕曰、羣臣有所奏請、尙書令奏之、下有司曰制、天子荅之曰可、 追尊莊襄王爲太上皇。[集解]漢高祖尊父曰太上皇、亦放此也、[考證]顧炎武曰、始皇追尊莊襄王爲太上皇、是死而追尊之號、猶周曰太王也、漢則以爲生號、而後代因之、胡三省曰、太上者極尊之號也、 制曰。朕聞太古有號
毋謚。中古有號、死而以行爲謚。[集解]謚法、周公所作、 如此則子議父、臣

議君也。甚無謂。朕弗取焉。自今已來除謚法、朕爲始皇帝、後
世以計數、二世三世、至千萬世、傳之無窮。[正義]數、色主反、 始皇推終
始五德之傳、[集解]鄭玄曰、音亭傳、[索隱]音張戀反、傳次也、謂五行之德、始終相次也、漢書郊祀志曰、齊人鄒子之徒、論著終始五德之運、始皇采
用、 以爲周得火德。秦代周。德從所不勝。[正義]勝、申證反、秦以周爲火德、能滅火者水也、故稱從其所不勝於秦、[考證]俞樾曰、五德更王、古有二說、漢書律歷志、載三統歷曰、唐、火德、虞、土德、夏、金德、商、水德、周、木德、此一說也、文選齊安陸昭王碑注引鄒子曰、五德從所不勝、虞土、夏木、殷金、周火、又一說也、沈約宋書歷志曰、五德更王、有二家之說、鄒衍以相勝立體、劉向以相生爲義、蓋二說之不同如此、秦自謂以水德、此相勝之說、周火故秦水也、中井積德曰、火不克水、故以周所不能勝、立爲秦德也、正義失原委、 方今水德之始。[索隱]封禪書曰、秦文公獲黑龍、以爲水瑞、秦始皇帝因自謂爲水德也、[考證]胡三省曰、所謂終始五德之運者、伏羲以木德王、木生火、故神農以火德王、火生土、故黃帝以土德王、土生金、故少昊以金德王、金生水、故顓頊以水德王、水生木、故帝嚳又以木德王、木又生火、故帝堯以火德王、火又生土、故帝舜以土德王、土又生金、故夏以金德王、金又生水、故商以水德王、水又生木、故周以木德王、是五行之終而復始也、鄒衍以爲周得火德、蓋以火流王屋、爲周受命之符、且服色尚赤故也、就衍之說以爲終始、秦當以土爲行、今始皇以水勝火、自以水爲行、所謂推五勝也、漢初以土爲

行、蓋祖衍之說也、王鳴盛曰、五運相代、取相生、不取相尅、周木德也、木生火、秦人應以火德王、乃始皇本紀云、始皇推始終五德之傳、以爲周得火德、秦代周德、從所不勝、而用水德、遂以十月爲正、誤以周爲火、又誤以相生爲相尅、又誤以五德改正朔、一事而三誤、秦人不學如此、至漢則繼周、不繼秦、故用火德、尙赤、又曰、張蒼傳、蒼推漢爲水德、是承秦而不改、公孫臣又上書謂漢當用土德、是亦承秦言之、以秦人應火德故耳、無如秦已誤用水矣、奈何漢又用土乎、抑或又誤用相尅之說乎、皆非也、愚按五行之名、自古有之、書甘誓、威侮五行、未詳其目、洪範、五行、一曰水、二曰火、三曰木、四曰金、五曰土、孫子虛實篇、五行無常勝、但五德始終之說、則自鄒衍始、事已非古、於理亦無所取、何必問秦德之爲水爲木、王說其拘、**改年始朝賀、皆自十月朔。**【正義】周以建子之月爲正、秦以建亥之月爲正、故其年始用十月、而朝賀、【考證】中井積德曰、秦唯改年始、以十月爲年首而已、其月數則用夏正、**衣服旄旌節旗皆上黑。**【正義】旌、音精、旄、音毛、旗、音其、周禮云、析羽爲旌、熊虎爲旗、旄節者編毛爲之、以象竹節、漢書云、蘇武執節、在匈奴牧羊、節毛盡落、是也、韋昭云、節者山國用人節、澤國用龍節、皆以金爲之、道路以旌節、門關用符節、都鄙用管節、皆用竹爲之、以水德屬北方、故上黑、【考證】據正義、旄旌節旗、當作旄節旌旗、**數以六爲紀、符法冠皆六寸、而輿六尺、六尺爲步、乘六馬、**【集解】張晏曰、水北方黑、終數六、故以六寸爲符、六尺爲步、瓚曰、水數六、故以六爲名、譙周曰、步以人足爲數、非獨秦制然、【索隱】管子司馬法、皆云六尺爲步、譙周以爲步以人足、非獨秦制、又按禮記王制曰、古者八尺爲步、今以周尺六尺四寸爲步、步之尺數亦不同、**更名河曰德水、以爲水德之始。**【考證】南本、始作治、**剛毅戾深、事皆決於法、刻削毋仁恩和義、然後合五德之數。**【索隱】水主陰、陰刑殺、故急法、刻削、以合五德之數、**於是急法、久者不赦。**【考證】久、謂犯罪不發覺年久也、**丞相綰等言、諸侯初破、燕・齊・荊地遠。不爲置王、毋以塡之。**【正義】爲、于僞反、**請立諸子。唯上幸許。始皇下其議於羣臣。羣臣皆以爲便。廷尉李斯議曰。周文・武所封、子弟同姓甚衆。然後屬疏遠、相攻擊如仇讎、諸侯更相誅伐、周天子弗能禁止。今海內賴陛下神靈、一統皆爲郡縣。**【考證】顧炎武曰、漢書地理志、言秦幷兼天下、以爲周制微弱、終爲諸侯所喪、故不立尺土之封、分天下爲郡縣、後之文人、祖述其說、以爲廢封建立郡縣、皆始皇之所爲也、以余觀之、殆不然、左傳僖三十三年、晉襄公以再命命先茅之縣賞胥臣、宣公十一年、楚子縣陳、十二年、鄭伯逆楚子之辭曰、使改事君、夷于九縣、十五年、晉侯賞士伯以瓜衍之縣、成公六年、韓獻子曰、成師以出、而敗楚之二縣、襄公二十六年、蔡聲子曰、晉人將與之縣、以比叔向、三十年、絳縣人或年長矣、昭公三年、范韓二宣子曰、晉

之別縣、不惟州、五年、遠啓疆曰、韓賦七邑、皆成縣也、又曰、因其十家九縣、其餘四十縣、十年、叔向曰、陳人聽命、而遂縣之、二十八年、晉分祁氏之田以爲七縣、分羊舌氏之田以爲三縣、哀公十七年、子穀曰、彭仲爽申俘也、文王以爲令尹、實縣申息、晏氏春秋、昔我先君桓公予管仲狐與穀、其縣十七、說苑、景公使吏致千家之縣一於晏子、戰國策、知過言於智伯曰、破趙則封二子者各萬家之縣一、史記秦本紀、武公十年、伐邽冀戎、初縣之、十一年、初縣杜鄭、吳世家、王餘祭三年、予慶封朱方之縣、則當春秋之世、滅人之國者、固已爲縣矣、史記、吳王發九郡兵伐齊、范蜎對楚王曰、楚南塞厲門、而郡江東、甘茂言於秦王曰、宜陽大縣、名曰縣、其實郡也、春申君言於楚王曰、淮北地邊齊、其事急、請以爲郡便、匈奴傳言、趙武靈王置雲中雁門代郡、燕置上谷漁陽右北平遼東遼西郡以拒胡、又言魏有河西上郡以與戎界邊、則當七國之世、而固已有郡矣、吳起爲西河守、馮亭爲上黨守、李伯爲代郡守、西門豹爲鄴令、韓有南陽假守、魏有安邑令、蘇代曰、請以三萬戶之都封太守千戶封縣令、而齊威王朝諸縣令長七十二人、則六國之未入於秦、而固先爲守令長矣、故史言樂毅下齊七十餘城、皆爲郡縣、而齊湣王遺楚懷王書曰、四國爭事秦、則楚爲郡縣矣、張儀說燕昭王曰、今時趙之於秦、猶郡縣也、安得謂至始皇而始罷侯置守邪、**諸子功臣、以公賦稅重賞賜之、甚足易制、天下無異意、**【正義】易、音以職反、【考證】足、猶可也、孟子盡心篇、五母雞、二母彘、無失其時、老者足以無失肉、正義以職反、當作以熾反、**則安寧之術也。置諸侯不便。始皇曰。天下共苦戰鬭不休、以有侯王。賴宗廟、天下初定。又復立國、是樹兵也。而求其寧息、豈不難哉。**【考證】楓山、三條本、兵下有木字、**廷尉議是。分天下以爲三十六郡。**【集解】三十六郡者、三川、河東、南陽、南郡、九江、鄣郡、會稽、潁川、碭郡、泗水、薛郡、東郡、琅邪、齊郡、上谷、漁陽、右北平、遼西、遼東、代郡、鉅鹿、邯鄲、上黨、太原、雲中、九原、鴈門、上郡、隴西、北地、漢中、巴郡、蜀郡、黔中、長沙、凡三十五、與內史爲三十六郡、【正義】風俗通云、周制、天子方千里、分爲百縣、縣有四郡、故左傳云、上大夫受縣、下大夫受郡、秦始皇初置三十六郡、以監縣也、【考證】梁玉繩曰、始皇置閩中、南海、桂林、象郡、皆在二十六年後、不在三十六郡內、則所謂三十六郡者、據漢志、一曰河東、二曰太原、三曰上黨、四曰三川、五曰東郡、六曰潁川、七曰南陽、八曰南郡、九曰九江、十曰泗水、十一曰鉅鹿、十二曰齊郡、十三曰琅邪、十四曰會稽、十五曰漢中、十六曰蜀郡、十七曰巴郡、十八曰隴西、十九曰北地、二十曰上郡、二十一曰九原、二十二曰雲中、二十三曰鴈門、二十四曰代郡、二十五曰上谷、二十六曰漁陽、二十七曰右北平、二十八曰遼西、二十九曰遼東、三十曰邯鄲、三十一曰碭郡、三十二曰薛、三十三曰長沙、尙缺三郡、以續續郡國志校之、則秦有鄣郡、黔中郡、夫前志無黔中、誠爲脫漏、足以補郡數之缺、而鄣非秦郡、劉敞辨之甚悉、是尙缺二郡也、因有以鄣郡充其數者、本于應劭、而鄣非秦郡、劉攽又辨之、更有以楚郡充其數者、本于楚世家、而無楚郡、集解已糾其誤、胡三省通鑑注、會辨之、烏得妄稱爲秦郡哉、然則所缺二郡何在、曰內史自當在三十六郡之內、集解明言郡凡三十五、與內史爲三十六、蓋準諸侯王表例也、其所缺一郡、余以水經卷十三廣陽薊縣注云、秦始皇滅燕以爲廣陽郡、漢高帝封盧綰爲燕國、于是三十六郡之數始備、而自孟堅以來、均失

去廣陽一郡、眞不可解、郡置守尉監、【集解】漢書百官表曰、秦郡守、掌治其郡、有丞、尉、掌佐守典武職甲卒、監御史、掌監郡、更名民曰黔首。【集解】應劭曰、黔、亦黎黑也、【考證】亦本色尙黑之義、呂氏春秋振亂、懷寵、大樂諸篇、李斯諫逐客書、及禮記祭義、黃帝內經、已用黔首字、則此稱不始於秦始二十六年、是歲徧及海內也、大酺。【考證】解見二十五年紀、收天下兵、聚之咸陽、銷以爲鍾鐻金人十二、重各千石、置廷宮中。【集解】應劭曰、古者以銅爲兵、徐廣曰、鐻音巨、【索隱】按二十六年、有長人見于臨洮、故銷兵器、鑄而象之、謝承後漢書、銅人翁仲、翁仲其名也、三輔舊事、銅人十二、各重三十四萬斤、漢代在長樂宮門前、董卓壞其十爲錢、餘二、猶在、石季龍徙之鄴、苻堅又徙長安而銷之也、【正義】漢書五行志云、二十六年、有大人長五丈、足履六尺、皆夷狄服、凡十二人、見于臨洮、故銷兵器、鑄而象之、謝承後漢書云、銅人翁仲其名也、三輔舊事云、聚天下兵器、鑄銅人十二、各重二十四萬斤、漢世在長樂宮門、魏志董卓傳云、椎破銅人十及鍾鐻、以鑄小錢、關中記云、董卓壞銅人、餘二枚、徙淸門裏、魏明帝欲將詣洛、載到霸城、重不可致、後石季龍徙之鄴、苻堅又徙入長安而銷之、英雄記云、昔大人見臨洮而銅人鑄、至董卓而銅人毀也、【考證】周禮考工記云、五分其金而錫居一、謂之斧斤之齊、四分其金而錫居一、謂之戈戟之齊、參分其金而錫居一、謂之大刃之齊、說者以金爲赤銅、左傳僖公十八年云、鄭伯始朝于楚、楚子賜之金、旣而悔之、與之盟曰、無以鑄兵、故以鑄三鐘、趙策曰、趙襄子曰、矢足矣、吾銅少、若何、張孟談曰、臣聞董子之治晉陽也、公宮之室、皆以鍊銅爲柱質、請發而用之、則有餘銅矣、是古代以銅鑄兵明證、漢書韓延壽傳、

延壽取宮銅物、候月蝕、鑄作刀劍鉤鐔、陶弘景刀劍錄云、吳王孫權以黃武五年採武昌銅鐵、作千口劍萬口刀、據此、以銅造兵、漢魏猶然、韓非子五蠹篇云、共工之戰、鐵銛距者及乎敵、鎧甲不堅者傷乎體、呂氏春秋貴卒篇云、趙氏攻中山、中山之人多力者曰吾丘鴆、衣鐵甲、操鐵杖、而所擊無不碎、所衝無不陷、史記范雎傳云、楚之鐵劍利、而倡優拙、是昔時未嘗不以鐵造兵、中井積德曰、千石、是十二萬斤、與注不合、梁玉繩曰、正義引三輔舊事云、銅人各二十四萬斤、攷黃圖云、鍾鐻高三丈、鍾小者皆千石、則知千石者鍾鐻重數、史誤并之、又失書金人之重耳、愚按、凌稚隆引一本云、廷宮作宮廷、與御覽文選注所引合、通鑑秦紀亦作宮廷、又按始皇銷兵、學周武放牛馬也、鑄十二金人、倣夏禹鑄九鼎也、一法度衡石丈尺。車同軌。書同文字。【考證】顧炎武曰、春秋以上、言文不言字、左傳於文止戈爲武、故文反正爲乏、於文皿蟲爲蠱、及論語、史闕文、中庸、書同文之類、並不言字、易女子貞不字、十年乃字、詩牛羊腓字之、左傳其僚無子、使字敬叔、皆訓爲乳、書康誥于父不能字厥子、左傳樂王鮒字而敬、小事大、大字小、亦取愛養之義、唯儀禮士冠禮賓字之、禮記郊特牲冠而字之、敬其名也、與文字之義稍近、亦未嘗謂文爲字也、以文爲字、乃始於史記秦始皇琅邪臺石刻、曰同書文字、說文序云、依類象形謂之文、形聲相益、謂之字、文者物象之本、字者孳乳而生、周禮外史掌達書名於四方、注云、古曰名、今曰字、儀禮聘禮注云、名、書文也、今謂之字、此則字之名、自秦而立、自漢而顯也、與、愚按、文字事物之名、故稱曰名、字猶名也、故又稱曰字、禮記郊特牲冠而字之、敬其名也、老子吾不知其名、字之曰道、强爲之名曰大、名字二字義近、許愼說文序以字爲孳乳之義、疑是附會之說、地東至海、暨朝鮮、【正義】暨、其記反、朝音潮、鮮音仙、海、

謂渤海、南至揚蘇台等州之東海也、暨、及也、東北朝鮮國、括地志云、高驪治平壤城、本漢樂浪郡王險城、卽古朝鮮也、西至臨洮・羌中、【正義】洮、吐高反、括地志云、臨洮郡、卽今洮州、亦古西羌之地、在京西千五百五十一里、羌中從臨洮西南、芳州扶松府以西、並古諸羌地也、【考證】臨洮、秦縣、今甘肅鞏昌岷州、是以地臨洮水名、南至北嚮戶、【集解】吳都賦曰、開北戶以向日、劉逵曰、日南之北戶、猶日北之南戶也、【考證】盧文弨曰、北戶、地名、見爾雅、此下琅邪臺頌、亦有南盡北戶之語、嚮字衍、愚按據集解、裴本無、北據河爲塞、並陰山至遼東。【集解】地理志、西河有陰山縣、【正義】塞、先代反、並、白浪反、謂靈夏勝等州之北、黃河、陰山、在朔州北塞外、從河傍陰山、東至遼東、築長城爲北界、【考證】今盛京奉天東南境及錦州東北境、皆秦遼東郡地、徙天下豪富於咸陽十二萬戶。諸廟及章臺・上林、皆在渭南。秦每破諸侯、寫放其宮室、作之咸陽北阪上。【集解】徐廣曰、在長安西北、漢武時、別名渭城、【正義】今咸陽縣北阪上、【考證】葉昌熾曰、韓非子、衞靈公召師涓而告之曰、有鼓新聲者、其狀似鬼神、王爲聽而寫之、國語、王命工以良金寫范蠡之狀、史記秦始皇紀、寫放其宮室、作之咸陽北阪上、蘇秦傳、宋王無道、爲木人以寫寡人、新序、葉公子高好龍、鉤以寫龍、鑿以寫龍、屋室雕文以寫龍、周髀經、笠以寫天、以上諸書、顧氏日知錄舉以爲寫字訓書之證、不知此非寫字、乃象字之駁文也、北朝造象、凡象字皆省筆作象、或變文作爲、其形似寫、因而誤釋爲寫字、岡白駒曰、寫、輸也、與下文寫蜀荊材同、言

解析其宮室、以車輸之也、愚按、寫當作象、葉說爲長、放、依倣也、建如舊制也、寫蜀荊材、義自別、說見下文、南臨渭。自雍門以東至涇・渭。【集解】徐廣曰、雍門、在高陵縣、【正義】今岐州雍縣東、殿屋複道、周閣相屬。【正義】複、音福、屬、之欲反、廟記云、北至九嵕甘泉、南至長揚五柞、東至河、西至汧渭之交、東西八百里、離宮別館、相望屬也、木衣綈繡、土被朱紫、宮人不徙、窮年忘歸、猶不能遍也、【考證】複道、築起爲道、不與民庶相雜、上下有道、故謂之複、周閣、周馳、架木爲棚而行、所得諸侯美人鍾鼓、以充入之。【正義】三輔舊事云、始皇表河以爲秦東門、表汧以爲秦西門、表中外殿觀百四十五、後宮列女萬餘人、氣上衝于天、二十七年、始皇巡隴西・北地、【正義】隴西、今隴右、北地、今寧州也、出雞頭山。【正義】括地志云、雞頭山、在成州上祿縣東北二十里、在京西南九百六十里、酈元云、蓋大隴山異名也、後漢書隗囂傳云、王莽塞雞頭、卽此也、按原州平高縣西百里、亦有笄頭山、在京西北八百里、黃帝雞山之所、過回中焉。【集解】應劭曰、回中、在安定高平縣、孟康曰、回中、在北地、【正義】括地志云、回中宮、在岐州雍縣西四十里、言始皇欲西巡隴西之北、從咸陽向西北、出寧州、西南行至成州、出雞頭山、東還、過岐州回中宮、【考證】今甘肅臨洮鞏昌諸地、卽秦隴西郡、慶陽諸地、卽北地郡、雞頭山、在今平涼平涼縣、回中宮、鳳翔隴州西北、今曰回城、作信宮渭南。已更命信宮爲極廟、象天極。【索隱】爲宮廟象天極、故曰極廟、天官書曰、中宮曰天極、是也、【考證】信宮卽長信宮、在今咸

陽縣境、自極廟道通酈山、作甘泉前殿、築甬道、自咸陽屬之。〔集解〕應劭曰、築垣牆如街巷、〔正義〕築、音竹、甬、音勇、應劭云、謂於馳道外築牆、天子於中行、外人不見、是歲、賜爵一級。治馳道。〔集解〕應劭曰、馳道、天子道也、道若今之中道然、漢書賈山傳曰、秦爲馳道於天下、東窮燕齊、南極吳楚、江湖之上、瀕海之觀畢至、道廣五十步、三丈而樹、厚築其外、隱以金椎、樹以青松、二十八年、始皇東行郡縣、上鄒嶧山。〔集解〕韋昭曰、鄒、魯縣、山在其北、〔正義〕上、時掌反、鄒、側留反、嶧、音亦、國系云、邾嶧山亦名鄒山、在兗州鄒縣南三十二里、魯穆公改邾作鄒、其山遂從邑變、山北去黃河三百餘里、〔考證〕鄒嶧山又曰嶧山、在今山東兗州府鄒縣東南、王祀曰、水經注、始皇觀禮于魯、登此山、命李斯大篆勒銘、山額名曰書門、太平寰宇記、李斯所刻石嶺、名曰書門、始皇乘羊車登之、其路猶在、卽刻石所也、原石久毀、世所傳、皆後人摹本、陳仁錫曰、始皇巡狩立石頌德、凡七處、太史公載其六、獨鄒嶧不載、何也、其辭云、皇帝立國、維初在昔、嗣世稱王、討伐亂逆、威動四極、武義直方、戎臣奉詔、經時不久、滅六暴強、廿有六年、上薦高號、孝道顯明、旣獻太成、乃降專惠、親巡遠方、登于嶧山、羣臣從者、咸思悠長、追念亂世、分土建邦、以開事理、攻戰日作、流血於野、自太古始、世无萬數、陁及五帝、莫能禁止、迺今皇帝、一家天下、兵不復起、災害滅除、黔首康定、利澤長久、羣臣誦畧、刻此樂石、以著經紀、盧文弨曰、案此文似有誤脫、嶧山刻石乃七篇中之第一篇也、史公必不特刪此篇、此上鄒嶧山下、卽當云刻石頌秦德、便接以其辭曰云云、如後數篇之式、頌文之刪後、接以疑與魯諸儒生議封禪望祭山川之事、其立石二字、與議刻石之議

字、立石封之石字、亦係誤衍、觀張晏臣瓚之說、可見本無石字、立石與魯諸儒生議、刻石頌秦德、議封禪望祭山川之事。〔正義〕晉太康地記云、爲壇於太山以祭天、示增高也、爲墠於梁父以祭地、示增廣也、祭尚玄酒而俎魚、墠皆廣長十二丈、壇高三尺、階三等、而樹石太山之上、高三丈一尺、廣三尺、秦之刻石云、乃遂上泰山、〔正義〕泰山、一曰岱宗、東嶽也、在兗州博城縣西北三十里、山海經云、泰山其上多玉、其下多石、郭璞云、從泰山下至山頭、百四十八里三百步、道書福地記云、泰山高四千九百丈二尺、周廻二千里、多芝草玉石、長津甘泉仙人室、又有地獄六、曰鬼神之府、從西上下有洞天、周廻三千里、鬼神考讁之府、立石封祠祀。〔集解〕服虔曰、增天之高、歸功於天、張晏曰、天高不可及、於泰山上立封禪而祭之、冀近神靈也、瓚曰、積土爲封、謂負土於泰山上、爲壇而祭之、下。風雨暴至、休於樹下。因封其樹爲五大夫。〔正義〕封、一作復、音福、〔考證〕五大夫、秦爵九等、禪梁父。〔集解〕服虔曰、禪、闡廣土地也、瓚曰、古者聖王封泰山、禪亭亭、或梁父、皆泰山下小山、除地爲墠、祭於梁父、後改墠曰禪、〔正義〕父音甫、在兗州泗水縣北八十里、刻所立石。其辭曰。〔考證〕其詞每三句爲韵、凡十二韵、下之罘碣石、會稽三銘皆然、皇帝臨位、作制明法、臣下脩飭。〔正義〕飭、音勅、二十有六年、〔考證〕洪邁曰、按秦始皇凡刻石頌德之辭、皆四字一句、泰山辭曰、皇位臨位、二十有六年、琅邪臺頌曰、維二十九年、時在中春、東觀頌曰、維

二十九年、皇帝春游、會稽頌曰、德惠脩長、三十有七年、此史記所載、每稱年者、輒五字一句、嘗得泰山辭石本、乃書爲廿有六年、其餘皆如是、太史公誤易之、或後人傳寫之訛耳、其實四字句也、梁玉繩曰、之罘銘有三字句、有五字句、琅邪銘有五字六字句、有七字九字句、豈盡四字爲一句哉、愚按古書二十作廿、三十作卅、不獨秦碑、洪氏專就泰山碑而言、初幷天下、罔不賓服。親巡遠方黎民、〔考證〕中井積德曰、黎民二字疑衍、梁玉繩曰、始皇更名民曰黔首、故諸銘中皆稱黔首、不應泰山刻石忽言黎民、且銘皆四言、亦不應此獨六字爲句、疑有誤、金石錄謂劉跂至泰山見其碑摸之、乃作親輀遠黎、未知信否、輀、卽巡之異文、登茲泰山、周覽東極。從臣思迹、〔正義〕從、財用反、〔考證〕岡白駒曰、不欲湮沒、所以錄功也、本原事業、祗誦功德。〔正義〕祗、音脂、治道運行、諸產得宜、皆有法式。大義休明、垂于後世、順承勿革。皇帝躬聖、既平天下、不懈於治。夙興夜寐、建設長利、〔正義〕長、直良反、專隆教誨。訓經宣達、遠近畢理、咸承聖志。貴賤分明、男女禮順、愼遵職事。昭隔內外、〔集解〕徐廣曰、隔、一作融、靡不清淨、施于後嗣。化及無窮、遵奉遺詔、永承重戒。

〔考證〕聶劍光曰、秦篆刻石、先是在嶽頂玉女池上、後移置碧霞元君祠之東廡、石高四尺、四面廣狹不等、載始皇銘辭及二世詔書、世傳爲李斯篆、字徑二寸五分、宋人劉跂親爲摩拓、得字二百二十三、近年摹本、僅存臣斯以下二十九字、末有明北平許□隷書跋、乾隆五年廟災、碑遂亡、楊愼曰、老子明道若昧章、皆三句爲韻、李斯刻石文體、亦有所祖也、於是乃竝勃海以東、〔正義〕竝、白浪反、勃、作渤、蒲忽反、過黃・腄、〔集解〕地理志、東萊有黃縣腄縣、〔正義〕腄、逐瑞反、字或作陲、括地志云、黃縣故城、在萊州黃縣東南二十五里、古萊子國也、牟平縣城、在黃縣南百三十里、十三州志云、牟平縣、古腄縣也、窮成山、登之罘、〔集解〕地理志、之罘山在腄縣、〔正義〕罘、音浮、括地志云、在萊州文登縣東北百八十里、成山、在文登縣西北百九十里、窮、猶登極也、封禪書云、八神、五曰陽主祠之罘、七曰日主祠成山、成山斗入海、又云、之罘山在海中、文登縣、古腄縣也、立石頌秦德焉。而去南登琅邪、大樂之、留三月。〔正義〕今兗州東沂州密州、卽古琅邪也、〔考證〕琅邪、山名、在今山東青州府諸城縣東南、乃徙黔首三萬戶琅邪臺下。〔集解〕地理志、越王句踐嘗治琅邪縣、起臺館、〔索隱〕山海經、琅邪臺在渤海閒、蓋海畔有山、形如臺、在琅邪、故曰琅邪臺、〔正義〕括地志云、密州諸城縣東南百七十里、有琅邪臺、越王句踐觀臺也、臺西北十里、有琅邪故縣、吳越春秋云、越王句踐二十五年、徙都琅邪、立觀臺以望東海、遂號令秦晉齊楚、以尊輔周室、歃血盟、卽句踐起臺處、括地志云、琅邪山在密州諸城縣東南百四十里、始皇立層臺於山上、謂之琅邪臺、孤立衆山之上、秦王樂之、留三月、立石山

上頌秦德也、[考證]梁玉繩曰、水經注御覽、三萬作二萬、張文虎曰、琅邪臺下臺字疑誤、水經注郡縣志並作山、又曰、水經注逃此事、與史略同、而較詳、但不云史記、郡縣志引史記、御與彼文同、疑今史文有缺佚、中井積德曰、正義再引括地志、乃有七十里四十里之差、下文皆不同、豈所引書名有誤耶、**復十二歲。**[正義]復、音福、復三萬戶徙臺下者、[考證]沈家本曰、秦漢徙民有二端、如秦時成蟜嫪毐呂不韋諸事、有罪所遷者也、至二十八年之徙、因樂其地、三十五年、除道道九原抵雲陽、塹山堙谷直通之、作阿房宮、或作麗山、因徙三萬家麗邑、五萬家雲陽、亦與有罪而遷者不同、漢代徙民亦如是、**作琅邪臺、**[正義]今琅邪臺、**立石刻頌秦德明得意曰。**[索隱]二句爲韻、[考證]凌稚隆曰、一本無刻字、張文虎曰、御覽引無、**維二十八年、**[考證]二十、當作廿、下同、八、一本作六、今從吳春照校本、**皇帝作始。端平法度、萬物之紀。以明人事、合同父子。聖智仁義、顯白道理。東撫東土、以省卒士。**[正義]省、山井反、卒、子忽反、[考證]岡白駒曰、卒士即士卒也、云卒士、協韻耳、**事已大畢、乃臨于海。皇帝之功、勤勞本事。上農除末、黔首是富。普天之下、摶心揖志。**[索隱]摶、古專字、左傳云、如琴瑟之摶壹、揖、音集、[考證]錢大昕曰、摶當作嫥、說文、嫥、壹也、輯、古揖字、書輯五瑞、史記作揖、**器械一量、**[正義]內成曰器、甲胄兜鍪之屬、外成曰械、戈

矛弓戟之屬、壹量者同度量也、[考證]中井積德曰、器械通於諸器、不特軍器、岡白駒曰、一量、一制也、**同書文字。日月所照、舟輿所載。皆終其命、莫不得意。應時動事、是維皇帝。匡飭異俗、陵水經地。**[正義]陵、作凌、歷也、經、界也、[考證]中井積德曰、經亦歷也、愚按、經、徑通、**憂恤黔首、朝夕不懈。除疑定法、咸知所辟。**[正義]音避、**方伯分職、諸治經易。**[正義]易、音以豉反、言方伯分職治所理常在平易、[考證]方伯、蓋斥郡守也、中井積德曰、方伯當時無所當、蓋飾辭之失倫者、夫郡守焉得稱方伯、又曰、經疑當作徑、**舉錯必當、莫不如畫。**[正義]畫、音戶卦反、謂政理齊整、分明若畫、無邪惡、[考證]方苞曰、畫當音劃、與較若畫一之義同、**皇帝之明、臨察四方。尊卑貴賤、不踰次行。**[正義]音胡郎反、**姦邪不容、皆務貞良。細大盡力、莫敢怠荒。遠邇辟隱、專務肅莊。**[正義]辟、匹亦反、**端直敦忠、事業有常。皇帝之德、存定四極。誅亂除害、興利致福。節事以時、諸產繁殖。黔首安寧、不用兵革。**[正義]協韵音棘、**六親相保、終無寇賊。驩**

欣奉教、盡知法式。六合之內、皇帝之土。[考證]皆川愿曰、六合之內、今皆爲皇帝之土、下因證其實、**西涉流沙、南盡北戶。東有東海、北過大夏。**[索隱]夏、協韻音戶、下無不臣者、音渚、澤及牛馬、音姥、[正義]流沙解見夏紀、杜預云、大夏、太原晉陽縣、按在今幷州、遷實沈於大夏主參、即此也、[考證]錢大昕曰、大夏、周書王命解、正北空同大夏、大宛傳、張騫自月氏至大夏、即其地也、始皇立石誇聲教之遠、豈近取晉陽之地乎、正義非也、**人迹所至、無不臣者。功蓋五帝、澤及牛馬。莫不受德、各安其宇。維秦王兼有天下、立名爲皇帝。**[考證]盧文弨曰、維秦兼有天下以下、乃頌後之跋、雖末亦作韻語、究不可聯頌爲一篇、中井積德曰、維秦王至以爲表經數十句、蓋琅邪銘之序、當在上文維廿八年之上、蓋傳錄者誤耳、非太史公之舊、方苞曰、後世碑銘有序、本此、載群臣之議、故繫後、泰山石刻無後語者、封祠祀天、不敢列群臣名爵也、下諸銘無後語者、舉一以例其餘也、愚按方說是、**乃撫東土、至于琅邪、列侯武城侯王離、列侯通武侯王賁、**[集解]張晏曰、列侯者見序例、[考證]梁玉繩曰、離、爲賁子、何以敘于上、**倫侯建成侯趙亥、倫侯昌武侯成、倫侯武信侯馮毋擇、**[索隱]倫侯、爵卑於列侯、無封邑者、倫、類也、亦列侯之類、[考證]兪樾曰、秦有列侯、又有倫侯、倫侯之名、止見

於此銘、中井積德曰、倫侯是關內侯之類、然當時列侯亦無封邑、注謬、方苞曰、成獨不具姓、疑秦之同姓也、**丞相隗狀、**[索隱]隗姓、狀名、有本作林者、非、顏之推云、隋開皇初、京師穿地得鑄秤權、有銘云、始皇時量器、丞相隗狀王綰二人列名、其作狀貌之字、時令校寫、親所按驗、王劭亦云、然、斯遠古之證也、[正義]隗、音五罪反、[考證]諸本史文隗狀、作隗林、索隱、狀名、作林名、作林、作作狀、沈濤曰、隗林、索隱本亦作隗狀、云、有作林者、非、故引顏王二家之說以證是狀非林、今本林狀二字、傳寫互易、遂矛盾不可通矣、今據沈說訂正、顏氏之說、見顏氏家訓書證篇、**丞相王綰、卿李斯、卿王戊、五大夫趙嬰、五大夫楊樛從。**[正義]樛、音居虬反、[考證]洪亮吉曰、此序列侯倫侯、始及丞相、漢書霍光傳、首列丞相暨將軍御史大夫、始及列侯、可見二代法式不同處、**與議於海上曰。**[正義]從、與、上才用反、下音預、言王離以下十人、從始皇、咸與始皇議功德於海上、立石於琅邪臺下、十人名字、並刻頌、[考證]正義上句從字、屬下讀、非是、中井積德曰、正義咸與始皇四字謬、宜言相與、**古之帝者、地不過千里。**[正義]此頌前後序、兩句爲韻、此三句爲韻、過音戈、千里謂王畿、**諸侯各守其封域、或朝或否。相侵暴亂、殘伐不止。猶刻金石、以自爲紀。古之五帝三王、知教不同、法度不明。假威鬼神、以欺遠方。**[正義]言五帝三王、假借鬼神之威、以欺服遠方之民、若萇弘之比也、

實不稱名、故不久長。【正義】稱、尺證反、　其身未歿、諸侯倍叛、法令不行。今皇帝并一海內、以爲郡縣、天下和平。昭明宗廟、體道行德、尊號大成。羣臣相與誦皇帝功德、刻于金石、以爲表經。既已。齊人徐市等上書、【考證】市、卽芾字、與黻同、各本作市井之市、譌、淮南王傳作徐福、福市一聲之轉、　言海中有三神山、名曰蓬萊・方丈・瀛洲。僊人居之。【正義】漢書郊祀志云、此三神山者、其傳在渤海中、去人不遠、蓋曾有至者、諸仙人及不死之藥皆在焉、其物禽獸盡白、而黃金白銀爲宮闕、未至、望之如雲、及至、三神山乃居水下、臨之患且至、風輒引船而去、終莫能至云、世主莫不甘心焉、【考證】燕人宋無忌・羨門子高之徒、稱有仙道形解銷化之術、自齊威宣・燕昭王皆信之、使人入海求蓬萊方丈瀛洲、云此三神山在渤海中、諸仙人及不死藥皆在焉、事詳封禪書、至此徐市等又言之、　請得齋戒與童男女求之。於是遣徐市發童男女數千人、入海求僊人。【正義】括地志云、亶洲在東海中、秦始皇使徐福將童男女入海求仙人、止在此洲、共數萬家、至今洲上人有至會稽市易者、吳人外國圖云、亶洲去琅邪萬里、　始皇還過彭城。【正義】彭城、徐州所理縣也、州東外城、古之彭國也、搜神

記云、陸終弟三子曰籛鏗、封於彭、爲商伯、外傳云、殷末滅彭祖氏、　齋戒禱祠、欲出周鼎泗水、使千人沒水求之。弗得。【考證】沈家本曰、按秦紀、昭襄王五十二年、九鼎入秦、正義、秦昭取九鼎、其一飛入泗水、餘八入于秦中、正義所稱、未知何本、始皇所求、蓋九鼎之一耳、水經泗水注、稱周顯王四十二年、九鼎淪沒泗淵、秦始皇使數千人沒水求之、不得、蓋據漢書郊祀志也、然赧王時九鼎入秦、則顯王時無淪沒泗淵之事、恐按此亦一說、又見封禪書、　乃西南渡淮水、之衡山。【正義】括地志云、衡山、一名岣嶁山、在衡州湘潭縣西四十一里、岣、音苟、嶁、音樓、　南郡浮江、【正義】南郡、今荊州也、言欲向衡山、卽西北過南郡、入武關至咸陽、　至湘山祠。【正義】括地志云、黃陵廟、在岳州湘陰縣北五十七里、舜二妃之神、二妃冢、在湘陵北一百六十里青草山上、盛弘之荊州記云、青草湖南有青草山、湖因山名焉、列女傳云、舜陟方死於蒼梧、二妃死於江湘之閒、因葬焉、按湘山者、乃青草山、山近湘水、廟在山南、故言湘山祠、　逢大風、幾不得渡。上問博士曰、湘君何神。博士對曰、聞之、堯女、舜之妻、而葬此。【索隱】列女傳亦以湘君爲堯女、按楚詞九歌、有湘君湘夫人、夫人是堯女、則湘君當是舜、今此文以湘君爲堯女、是總而言之、　於是始皇大怒、使刑徒三千人、皆伐湘山樹、赭其山。【正義】赭、音者、　上自南郡由武關歸。【集解】應劭曰、武關、秦南

關、通南陽、文穎曰、武關在析西百七十里弘農界、【正義】括地志云、故武關在商州商洛縣東九十里、春秋時少習也、杜預云、少習、商縣武關也、【考證】武關、今陝西商州、　二十九年、始皇東游至陽武博狼沙中、爲盜所驚。【集解】地理志、河南陽武縣有博狼沙、【正義】狼、音浪、【考證】今河南懷慶府陽武縣、　求弗得。乃令天下大索十日。【考證】事詳留侯世家、　登之罘、刻石。其辭曰。【索隱】三句爲韵、凡十二韵、　維二十九年、時在中春、【正義】中、音仲、古者帝王巡狩、常以中月、　陽和方起。皇帝東游、巡登之罘、臨照于海。從臣嘉觀、【正義】從、才用反、觀、音琯、　原念休烈、追誦本始。大聖作治、建定法度、顯箸綱紀。外教諸侯、光施文惠、明以義理。六國回辟、貪戾無猒、虐殺不已。【正義】辟、必亦反、猒、於廉反、　皇帝哀衆、遂發討師、【考證】盧文弨曰、哀衆、當哀鰥之譌、鰥與矜古通用、漢書贊于定國、哀鰥哲獄、亦卽謂哀矜也、　奮揚武德。義誅信行、威燀旁達、莫不賓服。【集解】徐廣曰、燀、充善反、【考證】熾也、　烹滅彊暴、振救黔首、周定四極。普施明法、經

緯天下、永爲儀則。大矣哉、宇縣之中、【集解】宇、宇宙、縣、赤縣、【考證】中井積德曰、上下皆三句一韻、則此大矣哉、宜作一句、但上少一字、蓋脫去、　承順聖意。【索隱】協韵、音憶、　羣臣誦功、請刻于石、表垂于常式。【考證】盧文弨曰、表垂于常式、當有一字譌衍、愚按碣石銘曰、請刻此石、垂著儀矩、會稽銘云、請刻此石、光垂休銘、則此垂下于字當衍、　其東觀曰。【考證】觀、如孟子觀於轉附之觀、東觀、東巡也、　維二十九年、皇帝春游、覽省遠方。逮于海隅、遂登之罘、昭臨朝陽。觀望廣麗、從臣咸念、原道至明。聖法初興、清理疆內、外誅暴彊。武威旁暢、振動四極、禽滅六王。闡并天下、甾害絕息、永偃戎兵。皇帝明德、經理宇內、視聽不怠。【索隱】怠、協旗疑韵、音銅綦反、故國語范蠡曰、得時不怠、時不再來、亦以怠與臺爲韻、【考證】張文虎曰、越語、范蠡語、以怠來災之爲韻、無臺字、索隱臺字、當作來、淩本作時、亦非、　作立大義、昭設備器、咸有章旗。職臣遵分、各知所行、事無嫌疑。黔首改化、遠邇同度、臨古絕尤。常職既定、後

嗣循業、長承聖治。羣臣嘉德、祗誦聖烈、請刻之罘。旋遂之琅邪、道上黨入。【集解】道、猶從也、【考證】上黨、今山西潞安、三十年、無事。【考證】春秋之法、雖無事、猶必書孟月、史記周以後本紀、是年無事則幷年逸之、獨始皇紀三十年、呂后紀三年、特書曰無事、此史公創例、全書亦不多見、三十一年、【集解】徐廣曰、使黔首自實田也、【考證】是下文賜黔首里六石米集解錯簡、十二月、更名臘曰嘉平。【集解】太原眞人茅盈內紀曰、始皇三十一年九月庚子、盈曾祖父濛、乃於華山之中、乘雲駕龍、白日升天、先是其邑謠歌曰、神仙得者茅初成、駕龍上升入泰淸、時下玄洲戲赤城、繼世而往在我盈、帝若學之臘嘉平、始皇聞謠歌而問其故、父老具對、此仙人之謠歌、勸帝求長生之術、於是始皇欣然乃有尋仙之志、因改臘曰嘉平、【索隱】廣雅曰、夏曰淸祀、殷曰嘉平、周曰大蜡、亦曰臘、秦更曰嘉平、蓋應歌謠之詞而改從殷號也、道書茅濛字初成、今此云茅濛初成者、爲神仙之道、其意失也、蓋由裴氏所引不明、或後人增益濛字、遂令七言之詞有衍爾、【考證】秦本紀云、惠文王十二年、初臘、據索隱、集解所引謠歌、茅下當有濛字、蓋又後人所刪、賜黔首里六石米二羊。始皇爲微行咸陽。【集解】張晏曰、若微賤之所爲、故曰微行也、與武士四人俱、夜出逢盜蘭池、見窘。武士擊殺盜。關中大索二十日。【集解】地理志、渭城縣有蘭池宮、【正義】括地志云、蘭池陂、卽古之蘭

池、在咸陽縣界、秦記云、始皇都長安、引渭水爲池、築爲蓬瀛、刻石爲鯨、長二百丈、逢盜之處也、【考證】武士始見史文、盜蓋六國遺臣、張良之類、史失其名、館本考證云、秦記、本名三秦記、正義秦記、或本作三秦記、而脫三字、米石千六百。三十二年、始皇之碣石、使燕人盧生求羨門高誓。【集解】韋昭曰、羨門、古仙人、【正義】高誓、亦古仙人、【考證】梁玉繩曰、封禪書羨門子高、與郊祀志羨門高、是一人名、張揖司馬相如傳注云、碣石山上仙人也、分羨門高誓爲二人、大誤、張文虎曰、梁說是、然誓字不可解、非衍卽誤、或有脫文、刻碣石門。【集解】徐廣曰、一作盟、【考證】顧炎武曰、始皇刻石之處凡六、史記書之甚明、於鄒嶧山則上云立石、下云刻石頌秦德、於泰山則上云立石、下云刻所立石、於之罘則二十八年云立石、二十九年云刻石、於琅邪則云立石刻頌秦德、於會稽則云立石刻頌秦德、無不先言立、後言刻者、惟於碣石則云刻碣石門、門自是石、不須立也、古人作史、文字之密如此、壞城郭、決通隄防。【考證】楓、三本、壞上有毀字、愚按七字衍文、銘辭誤入史文也、其辭曰。【正義】此一頌、三句爲韵、遂興師旅、誅戮無道、爲逆滅息。武殄暴逆、文復無罪。【集解】徐廣曰、復一作優、【正義】復、音福、言秦以武力能殄息暴逆、以文訓道、令無罪失、故復除之、【考證】沈端蒙曰、遂興師上有缺文、中井積德曰、復是平反之義、庶心咸服。惠論功勞、賞及牛馬、恩肥土域。皇帝奮威、德并諸侯、初一泰平、墮

壞城郭、決通川防。【正義】隳、音許規反、壞、音怪、隳、毀也、壞、坼也、言始皇毀坼關東諸侯舊城郭也、夫自頹曰壞、音戶怪反、【考證】中井積德曰、皇帝奮威至泰平三句、亦似鶻突、且韻不諧、蓋篇首之脫文、錯在此也、豈泰平之文訛而失韻邪、抑更脫三句而韻不諧邪、夷去險阻、地勢旣定、黎庶無繇。【正義】音遙、天下咸撫。男樂其疇、女修其業、事各有序。惠被諸產、久並來田、【集解】徐廣曰、久一作分、莫不安所。羣臣誦烈、請刻此石、垂著儀矩。【考證】世傳宋徐鼎臣臨秦碣石頌、首尾完具、與史次第不同、蓋後人僞託、孫詒讓籀廎述林論之云、徐鼎臣臨秦碣石頌、盛行于世、是頌、宋以來金石家未著錄者、頌文凡百有十字、以校史記秦始皇本紀所載、文幾倍之、如首有皇帝建國、德平諸侯、初平泰壹、卅有二季、巡登碣石、照臨四極、從臣羣作、上頌高號、爰念休烈、戎臣奮威、十句、末又有二世詔書、及李斯馮去疾奏七十九字、與泰山嶧山琅邪臺諸刻同、本紀則惟有皇帝建國以下三句、然不在首而在第三韻、恩肥土城後、又建國作奮威、初平泰壹作初一泰平、餘則並無之、其本紀所有而字異者、如遂興師旅下、此無誅戮無道四字、爲逆滅息、爲此作大、武殄暴逆、逆此作强、庶心咸服、服此作𠬝、隳壞城郭、隳此作墮、黎庶無繇、黎此作黔、無此作无、女修其業、修此作脩、羣臣誦烈、烈此作略、垂著儀矩、著此作箸、矩此作巨、又賞及牛馬、恩肥土域兩句、此上下互易、並與大烈史公所見不同、又說文又部乁、秦刻石及如此、此頌仍作及、與說文不合、然鄭文寶所摹嶧山碑已如此、鄭本亦出徐摹、阮文達兩浙金石志疑爲鼎臣所改、未知其審也、考始皇

巡行天下刻石者凡六、今惟琅邪臺原石尙存、泰山殘石、乾隆間爲火所焚、今所存止十字、之罘石刻、宋時歐陽永叔趙德甫王象之陳思諸人皆見之、今則莫知其存否、嶧山會稽兩石久佚、然世閒尙有重摹本、蓋以上五石、雖存佚顯晦不同、而後人皆嘗得其搨本、至碣石則不然、禹貢舊蹟、自六朝時已不可致、故酈道元水經河水注、漢司空王橫言、往者天嘗連雨、東北風、海水溢西南、出侵數百里、張揖云、碣石在海中、蓋淪於海水也、昔燕齊遼曠分置營州、今城屆海濱、海水北侵、城垂淪者半、王橫之言、信而有徵、碣石入海、非無證矣、據此是納河故壞、早淪東勃、而嬴氏遺刻、乃巍然獨在人世、趙宋時猶得傳其搨本、此事之所必無者、況此本載鼎臣自跋稱端拱元年奉敕臨、而此書在宋時、當藏御府、而宣和書譜、載鼎臣篆書七種、亦無是頌、然則諸家紛紛傳刻、其果可信耶、因使韓終・侯公・石生求仙人不死之藥。始皇巡北邊、從上郡入。【考證】上郡、今陝西延安綏德州、燕人盧生使入海還、【正義】使、音所吏反、以鬼神事、因奏錄圖書曰、亡秦者胡也。【集解】鄭玄曰、胡、胡亥、秦二世名也、秦見圖書、不知此爲人名、反備北胡、【考證】淮南子人間訓云、秦皇挾錄圖、見其傳曰、亡秦者胡也、因發卒五十萬、使蒙公楊翁子將、築脩城、西屬流沙、北擊遼水、東結朝鮮、中國內郡、輓車而餉之、胡三省曰、錄圖書、如後世讖緯之書、中井積德曰、讖文元無所斥、所以爲胡亥者、亦後人所解謎、此不當以爲註釋、愚按始皇欲擊胡、託言圖讖以爲口實耳、始皇乃使將軍蒙恬發兵三十萬人北擊胡、略

取河南地。【正義】今靈夏勝等州、秦略取之、【考證】河套內、今鄂爾多斯旗、 三十三年、發諸嘗逋亡人、贅壻、賈人、略取陸梁地、【集解】瓚曰、贅、謂居窮有子、使就其婦家爲贅壻、【索隱】謂南方之人、其性陸梁、故曰陸梁、【正義】嶺南之人、多處山陸、其性強梁、故曰陸梁、【考證】胡三省曰、班表、漢高帝功臣有陸量侯、侯須無、詔以爲列諸侯、自置吏令長、受令長沙王、如淳曰、陸量、秦始皇本紀所謂陸梁地也、爲桂林・象郡・南海、【集解】韋昭曰、桂林、今鬱林是也、象郡、今日南、【正義】南海、即廣州南海縣、【考證】桂林、今廣西南寧慶遠二府、象郡、今安南國、南海、今廣東廣州肇慶潮州、 以適遣戍。【集解】徐廣曰、五十萬人守五嶺、【正義】適、音直革反、戍、守也、廣州記云、五嶺者、大庾、始安、臨賀、揭楊、桂陽、輿地志云、一曰臺嶺、亦名塞上、今名大庾、二曰騎田、三曰都龐、四曰萌諸、五曰越嶺、 西北斥逐匈奴、自榆中並河、以東屬之陰山、【集解】徐廣曰、榆中在金城、陰山在五原北、服虔曰、並、音傍、傍、依也、【正義】屬、之欲反、按五原、今勝州也、【考證】榆中、今河套北吳喇特旗、張文虎曰、水經河水注、陰山作陶山、引徐廣史記音義曰、陶山、在五原北、是酈氏所據史文及注、並作陶、今史本作陰、而音義止存下四字、案蒙恬列傳集解引徐廣曰、五原西安陽縣北有陰山、陰山在河南、陽山在河北、陶陰形近易混、此陶本當作陰、後人改之、今戴校本水經注兩陶字亦並改陰、 以爲三十四縣、【考證】梁玉繩曰、表、作四十四縣、匈奴傳同、此誤、 城河上爲塞。又使蒙恬渡河取高闕・陶

山・北假中、【集解】晉灼曰、王莽傳云、五原北假、膏壤殖穀、北假、地名也、【索隱】高闕、山名、北假、地名、近五原、【正義】高闕、山名、在五原北、兩山相對、若闕甚高、故言高闕、酈元注水經云、黃河逕河目縣故城西、縣在北假中、北假地名、按河目縣屬勝州、今名河北、漢書地理志云、屬五原郡、【考證】張文虎曰、水經河水注、引作據陽山北假中、案蒙恬傳云、於是度河據陽山、匈奴傳云、又渡河據陽山北假中、二文相同、與河水注合、據上文並河以東、屬之陰山、是在河南、此云渡河取高闕、是在河北、正與徐廣陰山在河南、陽山在河北說合、然則此文當作陽山、 築亭障以逐戎人、徙謫實之初縣。【索隱】徙有罪而謫之以實初縣、即上自榆中屬陰山、以爲三十四縣、是也、故漢七科謫、亦因於秦、【考證】沈家本曰、按此亦有罪而遷、爲實邊計、高帝十一年詔云、秦徙中縣之民南方三郡、使與百粵雜處、即此事也、此策漢亦用之、後世言實邊者、多主此策、 禁不得祠明星。出西方、【集解】徐廣曰、皇甫謐云、彗星見、【考證】姚範曰、明星即靈星、封禪書、令天下立靈星祠、當是前祠、而秦皇廢之也、出上脫一星字、故注引皇甫謐以證星爲彗星也、 三十四年、適治獄吏不直者、築長城及南越地、【正義】謂戍五嶺、是南方越也、【考證】楓、三本、地作城、 始皇置酒咸陽宮、博士七十人前爲壽。僕射周青臣進頌曰。【集解】漢書百官表曰、僕射、秦官、古者重武官、有主射以督課之、應劭曰、僕、主也、【正義】射、音夜、 他時秦地不過千里。賴陛下神靈

明聖、平定海內、放逐蠻夷、日月所照、莫不賓服、以諸侯爲郡縣、人人自安樂、無戰爭之患、傳之萬世。自上古不及陛下威德。始皇悅。博士齊人淳于越進曰。臣聞殷・周之王千餘歲。【考證】梁玉繩曰、李斯傳亦載淳于越此語、商六百四十餘祀、周八百七十餘年、何言千餘歲乎、 封子弟功臣、自爲枝輔。今陛下有海內、而子弟爲匹夫。卒有田常六卿之臣、無輔拂、何以相救哉。【正義】拂、蒲筆反、【考證】田常弒齊君、六卿分晉、張文虎曰、治要御覽班馬字類引拂作弼、李斯傳同、愚按楓、三本、亦作弼、 事不師古而能長久者、非所聞也。今青臣又面諛以重陛下之過。非忠臣、【考證】以忠責臣、見君臣之分、至此益嚴、 始皇下其議。丞相李斯曰。五帝不相復、三代不相襲、各以治。非其相反、時變異也。今陛下創大業建萬世之功。固非愚儒所知。且越言、乃三代之事、何足法也。

異時諸侯並爭、厚招游學。今天下已定、法令出一。百姓當家則力農工、士則學習法令辟禁。【正義】令、力性反、辟、音避、 今諸生不師今而學古、以非當世、惑亂黔首。丞相臣斯昧死言、古者天下散亂、莫之能一。是以諸侯並作、語皆道古以害今、飾虛言以亂實、人善其所私學、以非上上所建立。【集解】徐廣曰、私、一作知、 今皇帝幷有天下、別黑白而定一尊。私學而相與非法教。【考證】錢大昕曰、李斯傳、別作辨、古書辨與別、通、愚按李斯傳云、陛下幷有天下、辨白黑而定一尊、而私學乃相與非法教之制、與此文小異、 人聞令下、則各以其學議之、入則心非、出則巷議、夸主以爲名、異取以爲高、率羣下以造謗。【正義】夸、口瓜反、【考證】張文虎曰、李斯傳取作趣、冊府元龜作趨、 如此弗禁、則主勢降乎上、黨與成乎下。禁之便。臣請史官非秦記、皆燒之。非博士官所職天下

敢有藏詩書百家語者、悉詣守尉雜燒之。有敢偶語詩書者、棄市。集解 應劭曰、禁民聚語、畏其謗己。正義 偶、對也。考證 棄市、始見史文、周禮秋官掌戮、凡殺人者、踣諸市、肆之三日、刑盜于市、禮記王制、刑人於市、與衆棄之、行刑於市久矣。以古非今者族。吏見知不舉者與同罪。考證 酷吏傳、趙禹與張湯論定諸律令、作見知吏傳得相監司、蓋本秦法也。令下三十日不燒、黥爲城旦。集解 如淳曰、律說、論決爲髡鉗、輸邊築長城、晝日伺寇虜、夜暮築長城、城旦、四歲刑。考證 城旦、始見于此、漢書惠紀注、應劭曰、城旦者、旦起行治城、四歲刑、蓋漢因秦制。所不去者、醫藥卜筮種樹之書。若欲有學法令、以吏爲師。集解 徐廣曰、一無法令二字。考證 王念孫曰、欲有當作有欲、法令下、當有者字、李斯傳作若有欲學者、通鑑秦紀作若有欲學法令者。制曰、可。考證 韓非子五蠹篇云、明主之國、無書簡之文、以法爲教、無先王之語、以吏爲師、和氏篇云、商君教孝公燔詩書而明法令、蓋李斯殺韓非而用其言、章學誠曰、三代盛時、天下之學、無不以吏爲師、周官三百六十、天人之學備矣、其守官舉職而不墜天工者、皆天下之師資也、東周以還、君師政教、不合於一、於是人之學術、不盡出於官司之典守、秦人以吏爲師、始復古制、而人乃狃於所習、轉以秦人爲非耳、秦之悖於古者多矣、猶有合於古者、以吏爲師也、胡三省曰、秦之焚書、焚天下之人所藏之書耳、其博士官所藏則故在、項羽燒秦宮室、始併博士所藏者焚之、此所以後之學者、咎蕭何不能

於收秦圖書之日、併收之也。三十五年、除道、道九原抵雲陽、塹山堙谷直通之。集解 地理志、五原郡有九原縣、徐廣曰、表云、道九原通甘泉。考證 從榆林北、南至陝西汾州淳化縣。於是始皇以爲咸陽人多、先王之宮廷小。吾聞周文王都豐、武王都鎬。豐·鎬之閒、帝王之都也。乃營作朝宮渭南上林苑中。先作前殿阿房。正義 房、白郎反、括地志云、秦阿房宮、亦曰阿城、在雍州長安縣西北二十四里、按宮在上林苑中、雍州郭城西南面、即阿房宮城東面也、顏師古云、阿、近也、以其去咸陽近、且號阿房。考證 阿房、在陝西長安西北、中井積德曰、阿房是山名、下文自明、何須鑿解。東西五百步、南北五十丈、上可以坐萬人、下可以建五丈旗。集解 此以其形名宮也、言其宮四阿旁廣也、故云、下可建五丈之旗也、阿房後爲宮名。周馳爲閣道、自殿下直抵南山。正義 三輔舊事云、阿房宮、東西三里、南北五百步、庭中可受萬人、又鑄銅人十二於宮前、阿房宮以慈石爲門、阿房宮之北闕門也。考證 閣道、架木爲棚於苑囿中、以行車者、蓋象天閣道、南山在西安南、自終南太白、連延至商嶺、皆是、此言在長安者、表南山之顚以爲闕。爲復道、自阿房渡渭、屬之咸陽。以象天

極閣道、絕漢抵營室也。索隱 謂爲複道、渡渭屬咸陽、象天文閣道、絕漢抵營室也、常考天官書曰、天極紫宮後十七星、絕漢抵營室、曰閣道。考證 復道、治要御覽作複道。阿房宮未成。成、欲更擇令名名之。作宮阿房、故天下謂之阿房宮。隱宮徒刑者七十餘萬人、乃分作阿房宮、或作麗山。正義 餘刑見於市朝、宮刑、一百日隱於蔭室、養之乃可、故曰隱宮、下蠶室是。考證 中井積德曰、隱宮徒刑、已被宮刑、更徒作者、治要、人下無乃字、麗作驪、下同。發北山石槨、乃寫蜀荊地材、皆至。考證 何焯曰、槨字疑衍、胡三省曰、孟康云、寫、四夜反、舍車解馬爲寫、或作卸、余謂此非舍車解馬之卸、卽前寫放宮室之寫、何焯曰、寫、當輸寫之意、運其材也、方苞曰、寫者移彼而置此也、禮、器之溉者不寫、關中計宮三百、關外四百餘。考證 關中記云、東自函關、西至隴關、二關之間、謂之關中。於是立石東海上朐界中、以爲秦東門。考證 班志、東海郡朐縣、今江蘇海州。因徙三萬家麗邑、五萬家雲陽。皆復不事十歲。正義 麗、音離。考證 臨潼縣東有驪戎城、秦驪邑、漢改曰新豐。盧生說始皇曰、臣等求芝奇藥仙者、常弗遇。類物有害之者。方中人

主時爲微行、以辟惡鬼。惡鬼辟、眞人至。考證 方、仙方也。人主所居而人臣知之、則害於神。眞人者、入水不濡、入火不爇、陵雲氣、與天地久長。正義 爇、而說反。考證 莊子太宗師云、古之眞人、登高不慄、入水不濡、入火不熱、是其知之能登假於道也若此、齊物論云、至人神矣、大澤焚而不能熱、河漢沍而不能寒、疾雷破山、風振海而不能驚、若然者、乘雲氣、騎日月、而游於四海之外、盧生神仙之說、蓋自道家一變、今上治天下、未能恬倓。考證 恬淡、亦道家之言。願上所居宮毋令人知。然后不死之藥、殆可得也。於是始皇曰、吾慕眞人。自謂眞人、不稱朕。乃令咸陽之旁二百里內、宮觀二百七十、復道甬道相連、帷帳鐘鼓美人充之、各案署不移徙、行所幸、有言其處者、罪死。始皇帝幸梁山宮、集解 徐廣曰、在好畤。正義 括地志云、俗名望宮山、在雍州好畤縣西十二里、北去梁山九里、秦始皇起從山上見丞相車騎衆弗善、即此山也。從山上見丞相車騎衆、弗善也。中人或告丞相。丞相後損

車騎。始皇怒曰。此中人泄吾語。案問莫服。當是時詔捕諸時在旁者、皆殺之。自是後、莫知行之所在。聽事、羣臣受決事、悉於咸陽宮。侯生·盧生相與謀曰。【集解】說苑曰、韓客侯生也、始皇爲人天性剛戾自用、起諸侯幷天下、意得欲從、以爲自古莫及己。專任獄吏、獄吏得親幸。博士雖七十人、特備員弗用、【考證】張文虎曰、吳校宋板無雖字、愚按慶長本亦無、丞相諸大臣皆受成事、倚辨於上。上樂以刑殺爲威。【正義】樂、五孝反、【考證】樂、音洛、天下畏罪持祿、莫敢盡忠。上不聞過而日驕、下懾伏謾欺以取容。秦法不得兼方。不驗輒死。【集解】徐廣曰、兼方、一云幷力、【正義】言秦施法不得兼方者、令民之有方伎、不得兼兩齊、試不驗輒賜死、言法酷、【考證】岡白駒曰、秦法、凡方士不得兼兩伎、然候星氣者至三百人。皆良士。畏忌諱、諛不敢端言其過。【考證】然猶而也、岡白駒曰、酷政、譎見於天、然候星氣者

三百之多、皆雖良士、不敢正言其過、天下之事無小大、皆決於上。上至以衡石量書。日夜有呈。不中呈不得休息、【集解】石、百二十斤、【正義】衡、秤衡也、言表牋奏請、秤取一石、日夜有程期、不滿不休息、中、竹仲反、【考證】楓三本、呈作程、中井積德曰、石、權名、衡石、猶言權衡也、岡白駒曰、漢刑法志云、始皇晝斷獄、夜理書、自程決事、日縣石之一、言省讀文書、日以百二十斤爲程、恐按是但言有定程耳、貪於權勢至如此。未可爲求仙藥。於是乃亡去。始皇聞亡、乃大怒曰。吾前收天下書、不中用者盡去之、悉召文學方術士甚衆。欲以興太平。方士欲練以求奇藥。【集解】徐廣曰、一云、欲以練求、今聞韓衆去不報、【正義】衆、音終、徐市等費以巨萬計、終不得藥、徒姦利相告日聞。【集解】徐廣曰、聞、一作閒、盧生等吾尊賜之甚厚。今乃誹謗我、以重吾不德也。諸生在咸陽者、吾使人廉問、或爲訞言以亂黔首。【考證】胡三省曰、廉、察也、於是使御史悉案問諸生。【考證】胡三省曰、秦置御史、掌討姦

猾治大獄、御史大夫統之、諸生傳相告引乃自除。犯禁者四百六十餘人。皆阬之咸陽、使天下知之以懲後。【考證】胡三省曰、傳相告引者、謂甲引乙、乙復引丙也、方苞曰、引他人、乃得自除己罪也、鄭樵曰、陸賈秦之巨儒也、酈食其秦之儒生也、叔孫通秦時以文學召、待詔博士數歲、陳勝起、二世召博士諸儒生三十餘人而問其故、皆引春秋之義對、是秦時未嘗不用儒生與經學也、況叔孫通降漢時、有弟子百餘人、齊魯之風、亦未嘗替、故項羽既亡之後、而魯爲守節禮義之國、則知秦時未嘗廢儒、而始皇所阬者、蓋一時議論不合者耳、敖英曰、始皇坑儒、說者謂設爲陷阱而殺之、余謂只是掩其不知而加害也、非眞掘土爲坑也、不爾、白起坑趙降卒四十萬於長平、設使掘土爲坑、若是其廣大、彼降卒寧不知之、又寧肯帖然東手而就死乎、益發謫徙邊。【集解】徐廣曰、表云、徙於北河楡中、耐徙三處、拜爵一級、【考證】沈家本曰、集解引年表非也、彼是三十六年事、此言徙、實永戍也、始皇長子扶蘇諫曰。天下初定、遠方黔首未集。諸生皆誦法孔子。今上皆重法繩之。臣恐天下不安。唯上察之。始皇怒、使扶蘇北監蒙恬於上郡。【正義】括地志云、上郡故城、在綏州上縣東南五十里、秦之上郡城也、三十六年、熒惑守心。有墜星下東郡、至地爲石。【集解】徐廣曰、表云、石晝隕、

黔首或刻其石曰。始皇帝死而地分。始皇聞之、遣御史逐問。莫服。盡取石旁居人誅之、因燔銷其石。始皇不樂。使博士爲仙眞人詩、及行所游天下。傳令樂人謌弦之。【正義】傳、逐戀反、令、力呈反、【考證】方苞曰、及行所遊天下、謂行游天下所歷之地、皆爲詩紀之也、秋、使者從關東、夜過華陰平舒道。【正義】括地志云、平舒故城、在華州華陰縣西北六里、水經注云、渭水又東經平舒北、城側枕渭濱、半破淪水、南面通衢、昔秦之將亡也、江神送璧於華陰平舒道、即其處也、【考證】南本、東下有來字、王念孫曰、文選注引作鄭使者從關東來、初學記引作鄭客從關東來、漢書五行志同、皆有鄭字來字、張文虎曰、王謂當有來字、是也、下文云、謌者從東方來、句法一例、有人持璧遮使者曰。爲吾遺滈池君。【集解】服虔曰、水神也、張晏曰、武王居鎬、鎬池君則武王也、武王伐商、故神云、始皇荒淫若紂矣、今亦可伐也、孟康曰、長安西南有滈池、【索隱】按服虔云、水神、是也、江神以璧遺滈池之神、告始皇之將終也、且秦水德王、故其君將亡、水神先自相告也、【正義】遺、庾季反、滈、胡老反、括地志云、滈水源出雍州長安縣西北、滈池、酈元注水經云、滈水承滈池、北流入渭、今按滈池水流入來通渠、蓋酈元誤矣、張晏云、武王居滈、滈池君則武王也、伐商、故神云、始皇荒淫若紂矣、今武王可伐矣、【考證】是惡始皇者、欺瞞以懼之耳、所遺之璧、亦恐非渡江所沈也、但滈池君則似斥水神、因言

曰、今年祖龍死。【集解】蘇林曰、祖、始也、龍、人君象、謂始皇也、服虔曰、龍、人之先象也、言王亦人之先也、應劭曰、祖、人之先、龍、君之象、【考證】梁玉繩曰、今年、搜神記作明年、初學記文選注、引史文、正作明年、愚按漢書五行志、春秋後語作今年、祖龍、蘇說是、使者問其故。因忽不見。置其璧去。使者奉璧具以聞。始皇默然良久。曰、山鬼固不過知一歲事也。退言曰、祖龍者人之先也、【考證】頹墮委靡、無復豪邁氣象、始皇至此稍衰、顧炎武曰、山鬼固不過知一歲事也、其時秋、歲將盡矣、今年不驗則不驗矣、山鬼豈知來年之事哉、退言曰、祖龍者人之先也、謂祖乃亡者之辭、無與我也、皆惡言死之意、使御府視璧、乃二十八年行渡江所沈璧也。於是始皇卜之。卦得游徙吉。【考證】楓三本、吉作居、遷北河榆中三萬家。【正義】謂北河勝州也、榆中、即今勝州榆林縣也、言徙三萬家以應卜卦游徙吉也、【考證】余有丁曰、游徙是巡遊、爲次年出游張本、愚按遷三萬家、自是別事、非關卜占、拜爵一級。三十七年十月癸丑、始皇出游。【考證】郎瑛曰、史記秦漢紀年、皆以十月起、漸次及於正月、而當閏之歲、歸餘於終、又皆爲後九月、可見秦及漢初、但改歲首、而未改月次、蓋以建亥之月爲正朔、而建寅之月、仍爲正月也、愚按秦建亥矣、而史記始皇三十一年十二月、更臘曰嘉平、夫臘必建丑之月也、秦以亥正、則臘

爲三月、而云十二月者、則寅月起數、秦未嘗改也、至三十七年、書十月癸丑、始皇出游、十一月行至雲夢、繼書七月丙寅始皇崩、九月葬酈山、先書十月十二月、而繼書七月九月者、知其以十月爲正朔、而寅月起數未嘗改也、漢初仍秦正、亦書曰、元年冬十月、則正朔改、而月數仍不改也、郎說蓋有所據、趙翼曰、周以建子爲正朔、即以子月爲正月、不惟月數改、春夏秋冬之名、亦隨月數而改、春秋所書可證、周既以建子爲正月、則秦改建亥爲正朔、亦即以亥月爲正月可知也、則史記漢書、於秦及漢初紀年、皆從十月起、顏師古謂遷等以夏正追敍前事者、信不謬也、大初改曆、本史遷及洛下閎建議、故既改從夏正之後、遂以夏正追敍前事、而以秦漢之春正月爲冬十月也、不然則豈一歲之首以冬十月起數者乎、其說非也、左丞相斯從、右丞相去疾守。少子胡亥愛慕請從。上許之。【考證】御覽引上作始皇、十一月、行至雲夢。【考證】雲夢、澤名、在湖北安陸縣南、望祀虞舜於九疑山、【正義】括地志云、九疑山、在永州唐興縣東南一百里、皇覽冢墓記云、舜冢在零陵郡營浦縣九疑山、言始皇至雲夢望祭虞舜於九疑山也、浮江下、觀籍柯、渡海渚、【正義】括地志云、舒州同安縣東、按舒州在江中、疑海字誤、即此州也、【考證】海渚、安徽相城縣、過丹陽、【正義】括地志云、丹陽郡、故在潤州江寧縣東南五里、秦兼并天下、以爲鄣郡也、【考證】江蘇江寧縣、至錢唐。【正義】錢唐、今杭州縣、臨浙江、【考證】浙江杭州府、【集解】晉灼曰、其流東至會稽山陰而西折、故稱浙、音折、水波惡。乃西百二十里、

從狹中渡。【集解】徐廣曰、蓋在餘杭也、顧夷曰、餘杭者、秦始皇至會稽經此、立爲縣、【考證】杭州富春縣、上會稽、祭大禹。【正義】上、音上掌反、越州會稽山上、有夏禹穴及廟、【考證】祀虞舜祭大禹、始皇未嘗不重古聖人也、望于南海而立石、刻頌秦德。其文曰、【索隱】望于南海而刻石、三句爲韻、凡二十四韻、【正義】此二頌、三句爲韻、其碑見在會稽山上、其文及書皆李斯、其字四寸、畫如小指、圓鐫、今文字整頓、是小篆字、皇帝休烈、平一宇內、德惠脩長。【索隱】脩亦長也、重文耳、王劭按張徵所錄會稽南山秦始皇碑文、脩作攸、三十有七年、親巡天下、周覽遠方。【考證】三十當作卅、遂登會稽、宣省習俗、黔首齋莊。羣臣誦功、本原事迹、追首高明。【集解】今檢會稽刻石文、首字作道、雅符人情也、【考證】楓、三本、淩引一本、首作守、秦聖臨國、始定刑名、顯陳舊章。【正義】作彰、音章、碑文作畫璋也、【考證】三、南本、秦作泰、初平法式、審別職任、以立恆常。【考證】梁玉繩曰、文帝名恆、何以不諱、張文虎曰、冊府元龜引恆常作典常、六王專倍、貪戾慠猛、率衆自彊。【正義】碑文作率衆邦強、【考證】專、專橫、倍讀爲陪、背也、暴虐恣行、【正義】行、寒彭反、數、音朔、負力而驕、數動甲兵。陰通

閒使、以事合從、【正義】閒、紀莧反、又如字、使、所吏反、合、音閤、從、子容反、行爲辟方。內飾詐謀、外來侵邊、【索隱】刻石文、詐謀作謀詐、【正義】行、下孟反、辟、匹亦反、【考證】方、讀爲放、孟子、放辟邪侈、遂起禍殃。義威誅之、殄熄暴悖、亂賊滅亡。【集解】徐廣曰、熄、音息、【正義】殄、田典反、暴、白報反、悖、音背、聖德廣密、六合之中、被澤無疆。皇帝并宇、兼聽萬事、遠近畢清。運理羣物、考驗事實、各載其名。貴賤並通、善否陳前、靡有隱情。飾省宣義、【集解】徐廣曰、省、一作非、【正義】飾、音式、省、山景反、飾、謂文飾也、省、過也、【考證】飾、飭通、中井積德曰、省當作眚、朱錦綬曰、省、眚同音假借、眚洪範、王省維歲、宋世家引作王眚、公羊莊二十二年、肆大省、左穀作眚、周禮大司徒、眚禮注、殺禮也、省眚通用、余有丁曰、左傳、不一眚掩大德、眚、過失也、有子而嫁、倍死不貞。【正義】謂夫死有子、棄之而嫁、【考證】岡白駒曰、背死夫而不貞、防隔內外、禁止淫泆、男女絜誠。夫爲寄豭、【索隱】豭、牡豬也、言夫淫他室者、寄豭之豭也、豭音加、【考證】左傳定公十四年、衛公爲夫人南子召宋朝、太子蒯聵過宋野、野人歌之曰、既定爾婁豬、盍歸吾艾豭、蓋以豭比淫夫、蕩婦其所由來久矣、殺之無罪、【考證】淩稚隆曰、碑文作宂辠、中井積德曰、罪當作辠、是處本閒別韻也、

後人蓋欲循上韻、故前却數句、遂致不通耳、男秉義程、妻爲逃嫁、【正義】謂棄夫而逃嫁於人、子不得母。【正義】言妻棄夫逃嫁、子乃失母、【考證】沈家本曰、正義非、此言妻逃嫁者、子不得復以爲母、故下接云、咸化廉淸、與上文夫爲寄豭殺之無罪、男秉義程、文法一律、咸化廉淸。大治濯俗、天下承風、蒙被休經。皆遵度軌、和安敦勉、莫不順令。【正義】力呈反、【考證】顧炎武曰、秦始皇刻石凡六、皆鋪張其滅六王幷天下之事、其言黔首風俗、在泰山則云、男女禮順、愼遵職事、昭隔內外、靡不淸淨、在碣石門則曰、男樂其疇、女脩其業、如此而已、惟會稽一刻、其辭曰、飾省宣義、有子而嫁、倍死不貞、防隔內外、禁止淫泆、男女絜誠、夫爲寄豭、殺之無罪、男秉義程、妻爲逃嫁、子不得母、咸化廉淸、何其繁而不殺也、考之國語、自越王勾踐棲會稽之後、惟恐國人之不蕃、故令壯者無取老婦、老者無取壯妻、女子十七不嫁、其父母有罪、丈夫二十不取、其父母有罪、生丈夫、二壺酒一犬、生女子、二壺酒一豚、生子三人、公與之母、生二人、公與之餼、內傳子胥之言亦曰、越十一年生聚、吳越春秋、至謂勾踐以寡婦淫泆過犯、皆輸山上、士有憂思者、令游山上以喜其思、當其時蓋欲民之多、而不復禁其淫泆、傳至六國之末、其風猶在、故始皇爲之厲禁、而特著於刻石之文、以此與滅六王幷天下之事、並提而論、且不著之於燕齊、而獨著之於越、然則秦之任刑雖過、而其防民正俗之意、固未始異於三王也、漢興以來、承用秦法、以至今日多矣、世之儒者言及於秦、卽以爲亡國之法、亦未之深考乎、黔首脩絜、人樂同則、【正義】樂音岳、【考證】李笠曰、樂讀如憂樂之樂、方苞曰、人喜法則之畫一、嘉保

太平。後敬奉法、常治無極、輿舟不傾。從臣誦烈、請刻此石、光垂休銘。【正義】從、音才用反、烈、美也、所隨巡從諸臣、咸誦美、請刻此石、還過吳、從江乘渡、竝海上、北至瑯邪。【集解】地理志、丹陽有江乘縣、【索隱】地理志、丹陽有江乘縣、【正義】乘、音時升反、江乘故縣、在潤州句容縣北六十里、本秦舊縣也、渡、謂濟渡也、【考證】吳、江蘇蘇州、江乘、江蘇句容縣、楓、三本竝作旁、方士徐市等、入海求神藥。數歲不得。費多。恐譴、乃詐曰。蓬萊藥可得。然常爲大鮫魚所苦。故不得至。【正義】鮫、音交、苦、音苦故反、願請善射與俱、見則以連弩射之。始皇夢與海神戰。如人狀。問占夢博士。曰。水神不可見。以大魚蛟龍爲候。【考證】岡白駒曰、海神不可見、大魚蛟龍卽海神也、今上禱祠備謹、而有此惡神。當除去。而善神可致。【考證】楓、三本、備作愼、乃令入海者齎捕巨魚具、而自以連弩候大魚出射之。自瑯邪北、至榮成山。弗見。【正義】榮成山、卽成山也、在萊州、【考證】顧炎武曰、榮成

當作勞成、勞卽勞山、成卽盛山、齊之東偏、環以大海、海岸之上、莫大於勞成二山、故始皇登之、何焯曰、王充論衡引此、正作勞成山、至之罘、見巨魚。射殺一魚。遂竝海西、至平原津而病。【集解】徐廣曰、渡河而西、【正義】今德州平原縣南六十里、有張公故城、城東有水津焉、後名張公渡、恐此平原郡古津也、漢書公孫弘平津侯、亦近此、蓋平津卽此津、始皇渡此津而疾、【考證】山東濟南平原縣、始皇惡言死。羣臣莫敢言死事。上病益甚。乃爲璽書賜公子扶蘇曰。與喪會咸陽而葬。書已封、在中車府令趙高行符璽事所。未授使者。【集解】伏儼曰、中車府令、主乘輿路車、【考證】胡三省曰、班書百官表、太僕、秦官、其屬有車府令、七月丙寅、始皇崩於沙丘平臺。【集解】徐廣曰、年五十、沙丘、去長安二千餘里、趙有沙丘宮、在鉅鹿、武靈王之死處、【正義】括地志云、沙丘臺、在邢州平鄉縣東北二十里、又云、平鄉縣東北四十里、按始皇崩在沙丘之宮、平臺之中、邢州去京一千六百五十里、【考證】直隸順德平鄉縣、丞相斯爲上崩在外、恐諸公子及天下有變、乃秘之不發喪。棺載轀涼車中、【正義】爲、于僞反、棺、音館、又古患反、【考證】孟康曰、轀涼車、如衣車、閉之則溫、開之則涼、故名、故幸宦者參乘。所至上食。百

官奏事如故。宦者輒從轀涼車中可其奏事。獨子胡亥・趙高及所幸宦者五六人知上死。趙高故嘗敎胡亥書及獄律令法事。胡亥私幸之。高乃與公子胡亥・丞相斯陰謀、破去始皇所封書賜公子扶蘇者、【正義】去、丘呂反、而更詐爲丞相斯受始皇遺詔沙丘、立子胡亥爲太子、更爲書、賜公子扶蘇・蒙恬、數以罪、共賜死。【正義】數、音色具反、語具在李斯傳中。行遂從井陘抵九原。【集解】徐廣曰、井陘、在常山、【正義】抵、丁禮反、抵、至也、從沙丘至勝州三千里、【考證】井陘、直隸正定井陘縣、顧炎武曰、始皇崩於沙丘、乃又從井陘抵九原、然後從直道以至咸陽、回繞三四千里而歸者、蓋始皇先使蒙恬通道、自九泉抵甘泉、塹山湮谷、千八百里、若徑歸咸陽、不果行游、恐人疑揣、故載轀輬而北行、但欲以欺天下、雖君父之尸、臭腐車中而不顧、亦殘忍無人心之極矣、會暑。上轀車臭。乃詔從官、令車載一石鮑魚以亂其臭。【正義】鮑、白卯反、【考證】百二十斤曰石、行從直道至咸陽發喪。【考證】胡三省曰、直道、卽三十五年蒙恬所除

者、吳裕垂曰、周自春秋以來、列侯互相幷呑、無歲不戰、無國不爭、日甚一日、至於七國、而生靈之塗炭、數百年於玆矣、不有天下才出而一之、禍亂豈有已時乎、秦始皇帝眞脟七國、而特出者與、天何不延彼遐齡、而俾爾克昌厥後也、夫以始皇開國之宏規、誠得公子扶蘇而嗣之、寬以濟猛、文以守成、與儒生誦法孔子、搜括遺書、表六經而微四皓、薄稅斂而黜刑名、更張者數載、休養者數載、陶淑者又數載、禮樂教化之隆、齊將拭目而俟也、所謂事半而功倍者、此其時矣、維時勸諸金石、播之管絃、於收兵器、一干戈之載戢也、於鑄金人、一三緘之遺範也、於囚沙門、將黜邪以崇正也、於築長城、正王公設險守國也、於衡石量書、正乾綱獨攬、兢業萬幾也、其於沙邱之崩、殆所謂陟方乃死者與、至於罷封建置郡縣、則又因時制宜、更非泥古者可同年而語也、楚項雖强、將何所用其力、漢高雖智、將何所用其謀、數傳而後、頌其詩讀其書、稽其制作、覽其規模、論古者又何所置其議、扶蘇而不獲嗣、始皇之不幸也、抑亦天下黔首之大不幸也、豈天心而不厭亂也耶、　太子胡亥襲位、爲二世皇帝。九月、葬始皇酈山。始皇初即位、穿治酈山。及并天下、天下徒送詣七十餘萬人。穿三泉、下銅而致槨。集解徐廣曰、銅一作錮、錮、鑄塞、正義顏師古云、三重之泉、言至水也、考證梁玉繩曰、作錮者是也、劉向說此事云、下錮三泉、胡三省曰、冶銅錮塞之也、　宮觀百官、奇器珍怪、徙臧滿之。正義言冢內作宮觀及百官位次、奇器珍怪、徙滿冢中、臧、才浪反、令匠作機弩矢。有所穿近者輒射

之。以水銀爲百川江河大海、機相灌輸、正義灌、音館、輸、音戍、　上具天文、下具地理。以人魚膏爲燭、度不滅者久之。集解徐廣曰、人魚似鮎、四脚、正義廣志云、鯢魚聲如小兒啼、有四足、形如鱧、可以治牛、出伊水、異物志云、人魚似人形、長尺餘、不堪食、皮利於鮫魚、鋸材木入項上、有小穿、氣從中出、秦始皇冢中以人魚膏爲燭、即此魚也、出東海中、今台州有之、按今帝王用漆燈冢中、則火不滅、度、音田洛反、　二世曰。先帝後宮、非有子者、出焉不宜。皆令從死。死者甚衆。葬既已下。或言工匠爲機、臧皆知之。臧重即泄。大事畢。已臧。閉中羨。正義音延、下同、謂冢中神道、下外羨門。考證岡白駒曰、冢中神道中外門、皆吊門也、故曰下、　盡閉工匠臧者、無復出者。樹草木以象山。集解皇覽曰、墳高五十餘丈、周廻五里餘、正義關中記云、始皇陵在驪山、泉本北流、障使東西流、有土無石、取大石於渭山諸山、括地志云、秦始皇陵、在雍州新豐縣西南十里、考證中井積德曰、正義渭山之山字、訛、蓋是南北字矣、館本考證云、或是城字、　二世皇帝元年、年二十一。集解徐廣曰、表云、十月戊寅、大赦罪人、　趙高爲郎中令、任用事。集解漢書百官表曰、郎中令、秦官、掌宮殿門戶、　二世下

詔、增始皇寢廟犧牲、及山川百祀之禮。令羣臣議尊始皇廟。羣臣皆頓首言曰。古者天子七廟、諸侯五、大夫三。雖萬世世不軼毀。正義軼、徒結反、考證盧文弨曰、雖萬世世不軼毀七字、當移今始皇爲極廟之下、譔倒、錢大昕曰、軼與迭通、　今始皇爲極廟。考證俞樾曰、極廟、始皇二十七年所立、亦曰大極廟、漢代諸帝、身存而豫立廟、本乎此、　四海之內、皆獻貢職、增犧牲、禮咸備、毋以加。先王廟或在西雍、或在咸陽。正義雍、於用反、西雍、在咸陽西、今岐州雍縣故城是也、又一云、西雍、雍西縣也、　天子儀當獨奉酌祠始皇廟。考證王念孫曰、酌當作酎、漢制以八月嘗酎、蓋本於秦、　自襄公已下軼毀、所置凡七廟。羣臣以禮進祠、以尊始皇廟爲帝者祖廟。皇帝復自稱朕。考證始皇初自稱朕、中自稱眞人、於是復舊稱、　二世與趙高謀曰。朕年少。初即位、黔首未集附。先帝巡行郡縣、以示彊、威服海內。今晏然不巡行、即見弱、毋以臣畜天下。春、

二世東行郡縣。李斯從。到碣石、竝海南至會稽。而盡刻始皇所立刻石、石旁著大臣從者名、以章先帝成功盛德焉。正義著、丁略反、　皇帝曰。金石刻、盡始皇帝所爲也。今襲號。而金石刻辭、不稱始皇帝。正義稱、尺證反、考證楓、三本、盡作書、屬上讀、方苞曰、稱、平聲、正義譔、　其於久遠也、如後嗣爲之者。不稱成功盛德。正義二世言始滅六國、威振古今、自五帝三王未及、既已毀位、而見金石盡刻其頌、不稱始皇成功盛德、甚遠矣、考證方苞曰、金石刻詞、當始皇時、止稱皇帝、今易世不稱始皇、則久遠之後、如後嗣爲之也、使人疑後嗣所爲、則不稱始皇之成功盛德也、成上稱、上聲、中井積德說同、　丞相臣斯、臣去疾、御史大夫臣德昧死言。集解徐廣曰、去疾、姓馮、正義去、丘呂反、　臣請具刻詔書刻石、因明白矣。臣昧死請。制曰。可。考證盧文弨曰、皇帝曰至制曰可、此即石旁所刻之辭也、上敍其事云、盡刻始皇所立刻石、石旁著大臣從者名、以章先王成功盛德焉、此則備載其文、非兩事也、今石刻猶有可見者、信與此合、前後皆稱二世、此稱皇帝、其非別發端可見、　遂至遼東而還。於是二世乃遵用趙高申法令。

【考證】遵、治要引作尊、陳仁錫曰、洞本作尊、乃陰與趙高謀曰、大臣不服、官吏尙彊、及諸公子必與我爭。爲之奈何。高曰、臣固願言而未敢也。先帝之大臣、皆天下累世名貴人也。積功勞、世以相傳久矣。今高素小賤。陛下幸稱舉、令在上位管中事。大臣鞅鞅、特以貌從臣、其心實不服。今上出、不因此時案郡縣守尉、有罪者誅之、上以振威天下、下以除去上生平所不可者。【考證】不字上疑脫何字、今時不師文而決於武力。願陛下遂從時毋疑。卽羣臣不及謀。【考證】治要謀下有矣字、明主收舉餘民、賤者貴之、貧者富之、遠者近之、則上下集而國安矣。二世曰、善。乃行誅大臣及諸公子、以罪過連逮少近官三郎、無得立者。【集解】逮、訓及也、謂連及俱被捕、故云連逮、少、小也、近、近侍之臣、三郎、謂中郎外郎散郎、【正義】漢書百

官表云、有議郎中郎散郎、又有左右三將、謂郎中車郎戶郎、【考證】中井積德曰、逮、仍是逮捕之逮、不當訓及、沈家本曰、漢書惠帝紀、中郎郎中滿六歲爵三級、四歲二級、外郎滿六歲二級、蘇林云、外郎、散郎也、然則三郎者中郎郎中外郎、舊注皆非、愚按、秦制未必與漢制同、姑書以備考、古鈔、楓、三、南本、立作脫、而六公子戮死於杜、【考證】李斯傳云、公子十二人僇死咸陽市、十公主矺死於杜、與此異、公子將閭昆弟三人、囚於內宮、議其罪獨後。二世使使令將閭曰、公子不臣。罪當死。吏致法焉。將閭曰、闕廷之禮、吾未嘗敢不從賓贊也。廊廟之位、吾未嘗敢失節也。受命應對、吾未嘗敢失辭也。何謂不臣。願聞罪而死。使者曰、臣不得與謀、奉書從事。將閭乃仰天大呼天者三。曰、天乎。吾無罪。昆弟三人皆流涕、拔劍自殺。宗室振恐。羣臣諫者以爲誹謗、大吏持祿取容。黔首振恐。四月、二世還至咸陽。曰、先帝爲咸陽朝廷小、故營阿房宮。爲室堂未就、

會上崩、罷其作者、復土酈山。酈山事大畢。【正義】復土、謂出土爲陵、旣成、還復其土、故言復土、【考證】中井積德曰、大畢、謂略畢也、今釋阿房宮弗就、則是章先帝舉事過也。復作阿房宮、外撫四夷、如始皇計。盡徵其材士五萬人、爲屯衛咸陽、令教射。【正義】材士、謂材官蹶張之士、狗馬禽獸、當食者多。【正義】謂材士及狗馬、度不足、下調郡縣、【正義】度、田洛反、下、行嫁反、調、田弔反、謂下令調斂也、轉輸菽粟芻藁、皆令自齎糧食。咸陽三百里內、不得食其穀。【考證】方苞曰、轉輸之人、皆自齎糧、不得食咸陽三百里內穀也、中井積德曰、咸陽三百里內、百姓不得食其所種穀、以上供之闕乏也、與上文不相連、愚按後說是、用法益刻深。七月、戍卒陳勝等反故荊地、爲張楚。【集解】李奇曰、張大楚國也、【正義】勝音升、【考證】陳涉世家云、陳涉立爲王、號爲張楚、張楚卽國號、勝自立爲楚王、居陳。【考證】陳、河南陳州、遣諸將徇地山東。郡縣少年、苦秦吏、皆殺其守尉令丞、反以應陳涉。相立爲侯王、合從

西鄉、名爲伐秦、不可勝數也。謁者使東方來、以反者聞二世。【集解】漢書百官表曰、謁者、秦官、掌賓贊受事、【考證】治要無二世二字、通鑑亦無、二世怒下吏。後使者至。上問。對曰、羣盜、郡守尉方逐捕、今盡得。不足憂。上悅。武臣自立爲趙王、魏咎爲魏王、田儋爲齊王。沛公起沛。項梁舉兵會稽郡。【集解】服虔曰、儋音負擔、【考證】沛、江蘇徐州沛縣、二年冬、陳涉所遣周章等、將西至戲。兵數十萬。【集解】應劭曰、戲、弘農湖西界也、孟康曰、水名、今戲亭是也、蘇林曰、邑名、在新豐東南三十里、【正義】戲、音許宜反、括地志云、戲水源出雍州新豐縣西南驪山、水經注云、戲水、出驪山馮公谷、東北流、今新豐縣東北十一里、戲水當官道、卽其處、【考證】陝西西安臨潼縣、二世大驚、與羣臣謀曰、奈何。少府章邯曰、【集解】漢書百官表曰、少府、秦官、應劭曰、掌山澤陂池之稅、名曰禁錢、以給私養、自別爲藏、少者小也、故稱少府、【正義】邯、胡甘反、盜已至衆彊。今發近縣不及矣。酈山徒多。請赦之、授兵以擊之。二世乃大赦天下、使章邯將。擊破周章軍而走。遂

殺章曹陽。【集解】晉灼曰、亭名、在弘農東十三里、魏武帝改曰好陽、【正義】括地志云、曹陽故亭、一名好陽亭、在陝州桃林縣東南十四里、即章邯殺周文處、【考證】楓三本、遂作逐、梁玉繩曰、案陳涉世家、曹陽乃章邯復敗周章之地、非章死之地、章自剄死、非被殺也、二世益遣長史司馬欣・董翳、佐章邯擊盜。殺陳勝城父、【正義】父、音甫、括地志云、城父、亳州所理縣、【考證】安徽潁州蒙城縣、破項梁定陶、【正義】今曹州定陶縣、【考證】山東曹州定陶縣、滅魏咎臨濟。【正義】今齊州縣、【考證】河南開封臨濟縣、楚地盜名將已死。章邯乃北渡河、擊趙王歇等於鉅鹿。【正義】括地志云、邢州平鄉縣城、本鉅鹿、離囿趙王歇、即此城、【考證】直隸順德平鄉縣、正義離上當有王字、趙高說二世曰。先帝臨制天下久。故羣臣不敢爲非進邪說。【考證】楓三本、非下有而字、今陛下富於春秋、初即位。柰何與公卿廷決事。事即有誤、示羣臣短也。天子稱朕、固不聞聲。【索隱】一作固聞聲、言天子常處禁中、臣下屬望幾有兆朕、聞其聲耳、不見其形也、【考證】王念孫曰、一本及小司馬說是也、李斯傳記高之言曰、天子所以貴者、但以聞聲、羣臣莫得見其面、故號曰朕、是其證、愚按若從王說、則固字不可解、紀傳各依其文解之可也、於是二

世常居禁中。與高決諸事。【集解】蔡邕曰、禁中者、門戶有禁、非侍御者不得入、故曰禁中、其後公卿希得朝見。盜賊益多。而關中卒發東擊盜者毋已。右丞相去疾、左丞相斯、將軍馮劫進諫曰。關東羣盜竝起、秦發兵誅擊、所殺亡甚衆。然猶不止。盜多、皆以戍漕轉作事苦、賦稅大也。【考證】胡三省曰、戍、征戍也、漕、水運也、轉、陸運也、作、役作也、事苦、言其事勞苦也、請且止阿房宮作者、減省四邊戍轉。【正義】省、上色反、【考證】楓南本、減省作省減、張文虎曰、減省、史本作省減、正義省上色反、本作上色景反、合刻者誤刪之、今本又省減倒、遂不可通、梁玉繩曰、案李斯傳、諸侯叛秦、斯數欲請閒、二世不許而責問之、斯阿意求容、以督責之術對、而紀云去疾斯劫進諫、必紀誤也、二世曰。吾聞之韓子。曰。堯舜采椽不刮、茅茨不翦、【索隱】采、木名、刮音括、【考證】胡三省曰、采椽者、蓋自山采來之椽、因而用之、不施斧斤、示樸也、愚按韓非子五蠹篇刮作劉、飯土塯、啜土形。【集解】徐廣曰、呂靜云、飯器謂之簋、如淳曰、土形、飯器之屬、瓦器也、【索隱】塯如字、一音鏤、一作簋、形、飯器以瓦爲之、【考證】李斯傳塯作匭、形作鉶、錢大昕曰、古文簋與匭同、讀如几、雖監門之養、不觳於此。

【索隱】謂監門之卒、養即卒也、有廝養卒、觳音學、謂盡也、又古學反、【正義】養、以讓反、觳、又苦角反、爾雅云、觳、盡也、言堯舜采椽不刮、茅茨不翦、飯土塯、啜土形、雖監守門之人供養、亦不盡此之疏陋也、【考證】養、供養、與下文勞字對言、索隱非、王念孫曰、觳、薄也、韓子作雖監門之服養、不虧於此矣、方苞曰、莊子天下篇、其生也勤、其死也薄、其道太觳、注、無潤澤也、蓋粗薄之義、禹鑿龍門、通大夏、【正義】括地志云、大夏、今并州晉陽及汾絳等州是、昔高辛氏子實沈居之、西近河、言禹鑿龍門、河水道得大通、并州之地不壅溢也、決河亭水放之海、【正義】亭、平也、又云、決亭壅之水、【考證】楓三南本、亭作停、身自持築臿、脛毋毛、【正義】臿、音初洽反、築、牆杵也、臿、鍬也、爾雅云、鍬謂之臿、臣虜之勞、不烈於此矣。【正義】烈、美也、言臣虜之勞、猶不美於此矣、又烈、酷也、禹鑿龍門、通大夏道、決黃河洪水放之海、身持鍬杵、使膝脛無毛、賤臣奴虜之勤勞、不酷烈於此辛苦矣、【考證】依上文、臣虜上當有雖字、韓子亦有、以上見韓子五蠹篇、文字小異、烈字正義後說是、韓子作苦、凡所爲貴有天下者、得肆意極欲、主重明法、下不敢爲非、以制御海內矣。【正義】重、直拱反、【考證】胡三省曰、主重、猶言居重也、夫虞・夏之主、貴爲天子、親處窮苦之實、以徇百姓。尙何於法。【考證】何於、於何也、倒裝、朕尊萬乘、毋其實。吾欲造千乘之駕、萬乘之

屬、充吾號名。且先帝起諸侯、兼天下。天下已定、外攘四夷、以安邊竟、【正義】音境、作宮室以章得意。而君觀先帝功業有緒。今朕即位二年之閒、羣盜竝起、君不能禁。又欲罷先帝之所爲。是上毋以報先帝、次不爲朕盡忠力。何以在位。【正義】爲、于僞反、下去疾・斯・劫吏、案責他罪。去疾・劫曰。將相不辱。自殺。【考證】岡白駒曰、禮、將相不辱、今下吏、是辱也、斯卒囚就五刑。【正義】卒、子律反、囚、在由反、謂禁錮也、【考證】就五刑三字、疑衍、與下文案殺複、梁玉繩曰、案李斯傳、斯就五刑、因趙高之譖、此謂因諫被誅、誤、三年、章邯等將其卒圍鉅鹿。楚上將軍項羽、將楚卒往救鉅鹿。冬、趙高爲丞相、竟案李斯殺之。夏、章邯等戰數卻。二世使人讓邯。邯恐、使長史欣請事。趙高弗見。又弗信。欣恐亡去。高使人捕追。不及。欣見邯曰。趙高用事於中。將軍有

功亦誅、無功亦誅。項羽急擊秦軍、虜王離。邯等遂以兵降諸侯。八月己亥、【集解】徐廣曰、一作卯、趙高欲爲亂、恐羣臣不聽、乃先設驗、持鹿獻於二世曰。馬也。二世笑曰。丞相誤邪。謂鹿爲馬。問左右。左右或默。或言馬、以阿順趙高。或言鹿者。【考證】王念孫曰、者字、因下文而誤衍、羣書治要、漢書文苑傳注、太平御覽引此竝無者字、愚按或下當有有字、太平御覽四百九十四引陸賈新語云、秦二世之時、趙高駕鹿而從行、王曰、丞相何爲駕鹿、高曰、馬也、王曰、丞相誤耶、以鹿爲馬也、高曰、乃馬也、陛下以臣之言爲不然、願問群臣、群臣半言馬、半言鹿、當此之時、秦王不敢信其日而從邪臣之言、鹿與馬之異形、乃衆人之所知也、然不能別其是非、況於闇昧之事乎、今本新語辨惑篇略同、其所傳與史異、高因陰中諸言鹿者以法。後羣臣皆畏高。高前數言關東盜毋能爲也。及項羽虜秦將王離等鉅鹿下而前、章邯等軍數郤、上書請益助。燕・趙・齊・楚・韓・魏皆立爲王。自關以東、大氐盡畔秦吏應諸侯。【正義】氐、丁禮反、氐猶略、諸侯咸率

其衆西鄕。沛公將數萬人、已屠武關、使人私於高。【考證】高紀云、沛公降析酈、遣魏人寧昌使秦、蓋亦此事、兪樾曰、望夷之事、趙高固受計於沛公也、高本趙之疏屬、索隱謂高痛其國爲秦所滅、誓欲報讎、卒殺秦子孫、而亡其天下、未爲無據、愚按高祖雖智、豈得一介之使、能使趙高行望夷之事乎、兪說甚鑿、又按高紀沛公屠武關、在趙高弑二世之後、與此不同、通鑑從此紀、高恐二世怒、誅及其身、乃謝病不朝見。二世夢白虎齧其左驂馬殺之。心不樂。怪問占夢。卜曰。涇水爲祟。【正義】雖遂反、二世乃齋於望夷宮。【集解】張晏曰、望夷宮、在長陵西北長平觀道東、故亭處是也、臨涇水作之、以望北夷、【正義】括地志云、秦望夷宮、在雍州咸陽縣東南八里、張晏云、臨涇水作之、望北夷、欲祠涇、沈四白馬。使使責讓高以盜賊事。【考證】盜賊言叛人、梁玉繩曰、此言二世因夢祀涇、故齋望夷、而李斯傳謂二世射殺行人于上林、故高令出居望夷以禳之、兩處異詞、未知孰是、高懼。乃陰與其壻咸陽令閻樂・其弟趙成謀曰。上不聽諫。今事急、欲歸禍於吾宗。吾欲易置上、更立公子嬰。子嬰仁儉、百姓皆載其言。使郎中令爲內應。

【集解】徐廣曰、一云、郎中令趙成、【考證】洪亮吉曰、郎中令、非趙成、別是一人、方苞曰、使郎中令爲內應、與李斯傳異、蓋傳聞不一、無所據以徵其信、故竝存不廢、詐爲有大賊、令樂召吏發卒追。劫樂母置高舍。【考證】治要、召吏發卒、作召發吏卒、徐孚遠曰、旣與閻樂謀、又云、劫樂母置高舍、將樂尙有貳心、此首罪狀高、又明其同惡寡也、愚按以母爲質耳、遣樂將吏卒千餘人至望夷宮殿門。縛衞令僕射曰。賊入此。何不止。衞令曰。周廬設卒甚謹。安得賊敢入宮。【集解】西京賦曰、徼道外周、千廬內傳、薛綜曰、士傳宮外內爲廬舍、晝則巡行非常、夜則警備不虞、【考證】胡廣曰、周廬者、衞士於周垣內爲區廬、樂遂斬衞令、直將吏入、行射。郎宦者大驚、或走或格。格者輒死。死者數十人。郎中令與樂俱入射上幄坐幃。【考證】胡三省曰、上下四旁悉周曰幄、幃、單帳也、二世怒召左右。左右皆惶擾不鬭。旁有宦者一人、侍不敢去。二世入內謂曰。公何不蚤告我、乃至於此。宦者曰。臣不敢言。故得全。使臣蚤言、皆已誅。安得至今。閻樂

前卽二世數曰。足下驕恣、誅殺無道、天下共畔足下。足下其自爲計。【集解】蔡邕曰、羣臣士庶相與言曰殿下・閤下・足下・侍者・執事、皆謙類、【考證】不曰陛下曰足下、輕侮之辭、二世曰。丞相可得見否。樂曰。不可。二世曰。吾願得一郡爲王。弗許。又曰。願爲萬戶侯。弗許。曰。願與妻子爲黔首、比諸公子。閻樂曰。臣受命於丞相、爲天下誅足下。足下雖多言、臣不敢報。麾其兵進。二世自殺。【考證】與左氏所記崔杼弑齊莊事、問答詞氣相似、庸主末路、若合符節、梁玉繩曰、李斯傳、言趙高親刧二世、閻樂歸報趙高。趙高乃悉召諸大臣公子、告以誅二世之狀、【考證】梁玉繩曰、李斯傳、言高自佩璽上殿、意圖篡位、因殿欲壞者三、高乃召子嬰立之、與紀亦異、當是謀篡後、告大臣公子而立嬰也、曰。秦故王國。始皇君天下。故稱帝。今六國復自立、秦地益小。乃以空名爲帝不可。宜爲王如故。便立二世之兄子公子嬰爲秦王。【考證】兪樾曰、本紀以子嬰爲始皇之孫、

李斯傳以爲始皇之弟、蓋不可考、而徐廣又以爲始皇之弟子、未知何據、中井積德曰、子嬰蓋二世之兄也、恐太史公傳聞之謬、夫謂扶蘇爲長子、則二世之兄、非長子明矣、計其年數、不得有其子長與是謀也、且始皇之孫、宜稱公孫、不得稱公子、或兄子之子字、傳寫者誤增之也、以黔首葬二世杜南宜春苑中。令子嬰齋。當廟見受玉璽。齋五日。子嬰與其子二人謀曰。丞相高殺二世望夷宮、恐羣臣誅之、乃詳以義立我。【集解】詳、音羊、我聞趙高乃與楚約、滅秦宗室而王關中。今使我齋見廟、此欲因廟中殺我。我稱病不行、丞相必自來。來則殺之。高使人請子嬰數輩。子嬰不行。高果自往曰。宗廟重事。王奈何不行。子嬰遂刺殺高於齋宮、三族高家、以徇咸陽。【考證】吳裕垂曰、司馬貞云、高本趙諸公子、痛其國爲秦所滅、誓欲報讎、乃自宮以進、卒至殺秦子孫、而亡其天下、謂高以勾踐事吳之心、爲張良報讎之舉云、案趙高若克如慕容垂之屈事苻秦、心存再造、值山東兵起之日、盡收關中精銳、將之而東、擇立趙後、與諸侯合從、明示以報讎雪恥之心、布告天下、反旆而入咸陽、克復舊服、并王雍冀、誰曰不宜、乃志非存趙、託故君而賊

新君、此固豫讓所不屑也、而擬之勾踐張良、其謂之何、嗚呼、奸惡如高、爲之君者、不亦難乎、夫始皇二十餘子、而周巡天下、胡亥獨從、必高之深謀也、琅邪弗豫、環禱山川、而特遣蒙毅、必高之妙用也、高以中車府令秉行符璽、沙邱病篤、賜書冢子、而特令高爲之、高亦權重矣、假令始皇不果死、扶蘇得侍養、高之大事去矣、扶蘇而竊究姦謀、嚴治逆黨、則高其首誅、與此權姦所爲寒心也、吾固疑始皇之不得其死也、又何論於二世之見弒哉、子嬰爲秦王四十六日。【考證】李斯傳、子嬰立三月、楚將沛公、破秦軍入武關、遂至霸上。【集解】應劭曰、霸水上地名、在長安東三十里、古名滋水、秦穆公更名霸水、【考證】霸上、即白鹿原、在西安府咸寧縣東、集解滋水上、楓三本有曰字、使人約降子嬰。子嬰卽係頸以組、白馬素車、【集解】應劭曰、組者天子黻也、係頸者、言欲自殺也、素車白馬、喪人之服也、【考證】組、條也、奉天子璽符、降軹道旁。【集解】徐廣曰、在霸陵、駰案蘇林曰、亭名、在長安東十三里、【考證】軹道、在今咸陽縣東北、吳裕垂曰、周自諸侯立黨、五霸迭興、天下之分久矣、久則難合、合亦難於持久、何也、六國立國、近者二百餘年、遠者八百餘年、其蓄積之饒富、士馬之精強、關塞之險阻、守禦之完備、皆根深蒂固、確乎其不可拔、而且英君世出、謀臣良將、代不乏人、賢才樂爲之用、世臣各自爲守、軍民各自效死、非比烏合之衆、新造之邦、一辯士可下、一戰勝可滅者、雖以始皇之雄才大畧、以次削平、然強宗如田氏、世族如張氏、將種如項氏、一時遺臣孽子、憫宗社之傾覆、痛君父之死亡、志切報讎、心存再造、奸人因之、冒姓盜名、奮臂一呼、豪傑響應、各欲南面稱孤、假立人後、以從民望者、不可

勝數、一統之天下、僅一傳而還爲戰國、非始皇之法制、不足與守成、功業不可以久大也、久分難合、合亦難於久也、及項王主約不平、田榮起齊、彭越起梁、陳餘起趙、天下又大亂、漢祖因之、還定三秦、率諸侯伐楚、使韓信破趙平燕襲齊、漢業垂成、蒯通猶以三分鼎足之說、蠱惑元勳、可見天下不亂、策士無所用其權謀也、況在六國初亡之際、諸王遺孽、各欲扶義而起、恢復宗邦、挾策說遊之徒、惟恐天下不亂、十倍於蒯通之儔乎、假令前無始皇爲之兼并、項王爲之屠阬、天心猶未悔禍、漢祖總能出而一之、分王諸子、而機體沈湎、君相同殞、諸呂專兵於中、諸王稱兵於外、七國苗裔、乘釁而動、建義以號召、藉雪恥以名師、天下事未可知也、漢祚之永、豈漢祖之創業垂統、遠踰始皇哉、戰國七并爲一、六王之骨肉未寒、人心思亂、故其勢不長、秦甫滅、楚復爭、中原之塗炭已極、人心厭亂、故其功可久、王莽之篡天下、不知幾人稱帝、幾人稱王、卒爲光武所并者、久合難分、分亦易於復合也、始皇當久分難合之局、首爲混一、其享國不永也宜哉、沛公遂入咸陽、封宮室府庫、還軍霸上。居月餘、諸侯兵至、項籍爲從長、【索隱】謂合關東爲從長也、殺子嬰及秦諸公子宗族、遂屠咸陽、燒其宮室、虜其子女、收其珍寶貨財、諸侯共分之。滅秦之後、各分其地爲三、名曰雍王・塞王・翟王、號曰三秦。項羽爲西楚霸王、主命分天下王諸侯。秦竟滅矣。後

五年、天下定於漢。

太史公曰。秦之先伯翳、嘗有勳於唐・虞之際。受土賜姓。及殷・夏之閒微散、至周之衰、秦興邑于西垂。自繆公以來、稍蠶食諸侯、竟成始皇。始皇自以爲功過五帝、地廣三王、而羞與之侔。善哉乎賈生推言之也。【考證】中井積德曰、賈生之論、多失事實、瑕疵極多、子長之善之何也、梁玉繩曰、此所載過秦論、與賈誼書字句多異、必史公略爲裁換耳、曰。秦并兼諸侯、山東三十餘郡、【考證】顧炎武曰、古之所謂山東者、蓋自函谷關以東、非若今之但以齊魯爲山東也、繕津關、據險塞、修甲兵而守之。然陳涉以戍卒散亂之衆數百、奮臂大呼、不用弓戟之兵、鉏耰白梃、【集解】徐廣曰、耰、田器、音憂、【索隱】徐以耰爲田器、非也、孟康以耰爲鉏柄、蓋得其近也、望屋而食、【索隱】言其兵散食天下、不褁糧而行、橫行天下。【索隱】謂輕前敵不部伍旅進也、舞陽侯曰、橫行匈奴中、是也、【考證】橫行、謂縱橫在意也、秦人阻險不守、關

梁不闔、長戟不刺、彊弩不射。楚師深入、戰於鴻門、曾無藩籬之艱。【考證】此深入、謂周章之師、於是山東大擾、諸侯竝起、豪俊相立。【集解】駰案鶡冠子曰、德萬人者謂之俊、德千人者謂之豪、德百人者謂之英、【索隱】謂武臣田儋魏豹之屬、秦使章邯將而東征。章邯因以三軍之衆要市於外、以謀其上。羣臣之不信、可見於此矣。【索隱】此評失也、章邯之降、由趙高用事、不信任軍將、一則恐誅、二則楚兵既盛、王離見虜、遂以兵降耳、非三軍要市於外以求封明矣、要、平聲、【考證】中井積德曰、此論沒章邯破周文誅陳涉殺項梁等之勳績、而直稱其要市、大失其事實、且邯非不信之人、亦不得已也、子嬰立、遂不寤。藉使子嬰有庸主之材、僅得中佐、山東雖亂、秦之地可全而有、宗廟之祀未當絕也。秦地被山帶河以爲固、四塞之國也。【考證】中井積德曰、子嬰立四十六日、而沛公既入關、寤亦當如何、當是時欲閉關自守、豈可得哉、且子嬰未見其不寤之實、又曰、四十六日之間、豈能及于此哉、其誅趙高、可以爲多矣、班固嘗非賈之論、自繆公以來至於秦王、二十餘君、【考證】梁玉繩曰、秦王當作始皇、下同、愚案陳涉世家、並作始

皇、常爲諸侯雄。豈世世賢哉、其勢居然也。【考證】其勢上、添而字看、居然猶安然也、且天下嘗同心并力而攻秦矣。當此之世、賢智竝列、良將行其師、賢相通其謀。【考證】楓三、南本、凌引一本、世作時、然困於阻險而不能進。秦乃延入戰、而爲之開關。百萬之徒、逃北而遂壞。豈勇力智慧不足哉。形不利、勢不便也。【考證】以上引往事、以下漸又入子嬰、秦小邑并大城、【集解】徐廣曰、大、一作小、守險塞而軍、高壘毋戰、閉關據阸、荷戟而守之。諸侯起於匹夫、以利合。非有素王之行也。【考證】素王、無位而有王德者、莊子天道篇、虛靜恬淡、以之處下、玄聖素王之道也、其交未親、其下未附。名爲亡秦、其實利之也。彼見秦阻之難犯也、必退師。安土息民、以待其敝、【索隱】賈誼書、安作案、收弱扶罷、以令大國之君、不患不得意於海內。貴爲天子、富有天下、而

身爲禽者、其救敗非也。秦王足已不問、遂過而不變。二世受之、因而不改、暴虐以重禍。子嬰孤立無親、危弱無輔。三主惑、而終身不悟。亡不亦宜乎。【考證】三主、始皇二世子嬰、中井積德曰、孤立危弱、蓋非子嬰之罪、子嬰之惑、亦未見事實、當此時也、世非無深慮知化之士也。【考證】何焯曰、對前僅得中佐說、下文云、變化有時、然所以不敢盡忠拂過者、【考證】拂讀爲佛、秦俗多忌諱之禁、忠言未卒於口、而身爲戮沒矣。故使天下之士傾耳而聽、重足而立、拑口而不言。是以三主失道、忠臣不敢諫、智士不敢謀、天下已亂、姦不上聞。豈不哀哉。先王知雍蔽之傷國也、故置公卿大夫士、以飾法設刑而天下治。【考證】治要、飾作飭、其彊也、禁暴誅亂而天下服。其弱也、五伯征、而諸侯從。其削也、內守外附、而社稷存。

故秦之盛也、繁法嚴刑、而天下振。及其衰也、百姓怨望、而海內畔矣。【考證】南本、治要、無望字、故周五序得其道、而千餘歲不絕、【索隱】賈誼書、五作王、【考證】五序、公侯伯子男之序、中井積德曰、周無千歲、此失事實、秦本末竝失。故不長久。由此觀之、安危之統、相去遠矣。野諺曰。前事之不忘、後事之師也。是以君子爲國、觀之上古、驗之當世、參以人事、察盛衰之理、審權勢之宜、去就有序、變化有時。【考證】治要、有時作應時、與宋本史記及賈子新書合、王念孫曰、變化應時、言去彼就此、隨時變化也、故曠日長久、而社稷安矣。【考證】以上蓋過秦論下篇、論秦王子嬰、中井積德曰、太史公所引賈論止於社稷安矣、其下蓋後人之附益、秦孝公據殽函之固、擁雍州之地、君臣固守而窺周室。有席卷天下、【索隱】按春秋緯曰、諸侯冰散席卷也、【考證】韋昭曰、殽、謂二殽、函、函谷關也、包舉宇內、囊括四海之意、【集解】張晏曰、括、結囊也、言其能包含天下、【索隱】注同、【考證】方苞曰、坤六四、括囊、結其口而不出也、此文括囊、如囊之包括也、張文

虎曰、單本無括囊索隱、幷吞八荒之心。【考證】顏師古曰、八荒、八方荒忽極遠之地也、當是時、商君佐之、【索隱】商君衞公孫鞅、仕秦爲左庶長、遂爲秦制法、孝公致霸、封之於商、號商君、【考證】史陳涉世家、漢書陳涉傳、新書、文選時下有也字、內立法度、務耕織、修守戰之備、外連衡而鬬諸侯。【索隱】戰國策曰、蘇秦亦爲秦連衡、高誘曰、合關東從通之秦、故曰連衡也、【考證】蘇秦說連衡不用、在秦惠王時、孝公時未聞有此事、於是秦人拱手而取西河之外。【考證】顏師古曰、拱手、言不勞功力也、愚按齊策、蘇代說閔王章云、齊人伐魏、殺其太子、覆其十萬之軍、魏王大恐、跣行按兵於國、而東次於齊、當是時、秦王拱受西河之外、孝公既沒、惠王·武王、蒙故業因遺冊。【考證】惠王武王、新書、漢書作惠文武昭襄、世家作惠文王武王昭王、文選作惠文武昭、中井積德曰、下文九國之師、當昭襄之世、則爲相應、此例昭襄、恐非、愚按遺冊、諸書皆作遺策、南兼漢中、西舉巴·蜀、東割膏腴之地、收要害之郡。【考證】新書、文選收上有北字、諸侯恐懼、會盟而謀弱秦、不愛珍器重寶肥美之地、【考證】新書、世家、漢書、文選、美作饒、以致天下之士、合從締交、相與爲一。【集解】漢書音義曰、締、結也、當是時、齊有孟嘗、

趙有平原、楚有春申、魏有信陵。【考證】新書、世家、漢書、文選、是時作此之時、中井積德曰、齊有孟嘗、以下二十餘人、多不竝世者、皆任口說出、非有考據、梁玉繩曰、四公子之封號、前哲多不詳注、而正義于春申傳云、四君封號、檢皆不獲、唯平原有地、又非趙境、竝蓋號諡、索隱于魏公子傳云、地理志無信陵、或是鄉邑名、兩注疏陋之甚、魯頌箋曰、嘗在薛之旁、裴駰司馬貞已引之、田文襲父封薛、而兼食嘗邑、故號孟嘗、孟乃其字、猶稱薛文然也、趙勝封于東武城、黃歇初封淮北、後徙吳墟、俱明載本傳、而謂之平原春申者、是號而非地、故韓子和氏篇言楚莊王有弟春申君、漢朱建及孝景皇后母臧兒、皆號平原君也、若魏公子無忌則封于陳留郡之寧陵縣、而號之爲信陵君者也、寧陵爲古葛地、水經注廿三卷、汳水又逕葛城北、故葛伯之國、葛于六國屬魏、魏以封公子無忌號信陵、此乃確證、此四君者、皆明知而忠信、寬厚而愛人、尊賢重士。約從離衡、【索隱】言孟嘗等四君、皆爲其國共相約結爲從、以離散秦之橫、【考證】新書、世家、文選、賢下有而字、幷韓·魏·燕·楚·齊·趙·宋·衞·中山之衆。於是六國之士、【索隱】六國者、韓魏趙燕齊楚是也、與秦爲七國、亦謂之七雄、又六國與宋衞中山爲九國、其三國蓋微、又前亡、有寧越·徐尙·蘇秦·杜赫之屬爲之謀、【集解】徐廣曰、越一作經、或自別有此人、不必甯越也、【索隱】甯越、趙人、賈誼作甯越、徐尙未詳、蘇秦、東周洛陽人、呂氏春秋、杜赫以安天下說周昭文君、高誘曰、杜赫、周人也、【考證】呂氏春秋不廣篇、甯越可謂知用文武矣、注、甯越

趙中牟人、又博志篇、甯越、中牟之鄙人也、十五歲而周威公師之、梁章鉅曰、徐尙疑卽史記魏世家之外黃徐子、說魏太子申以百戰百勝之術者、愚按、杜赫見呂子春秋論大篇、又見周策、齊明·周最·陳軫·昭滑·樓緩·翟景·蘇厲·樂毅之徒通其意、【索隱】戰國策、齊明、東周臣、後仕秦楚及韓、周最、周之公子、亦仕秦、陳軫、夏人、亦仕秦、昭滑、楚人、樓緩、魏文侯弟、所謂樓子也、蘇厲、秦之弟、仕齊、樂毅本齊臣、入燕、燕昭王以客禮待之、以爲亞卿、翟景未詳也、【考證】陳涉世家、最作冣、正義云、音聚、李善文選注引字林云、才句切、梁玉繩曰、陳涉世家、昭滑作邵滑、漢書文選竝作召滑、甘茂傳亦作召滑、沈欽韓曰、召滑、楚策作卓滑、齊明說卓滑以伐秦、則滑爲楚相、愚按、李善注文選云、戰國策秦王伐楚、魏王不欲、樓緩謂魏王曰、不與秦攻楚、楚且與秦攻王、王不如令秦楚戰、王交制之、高誘注、樓緩魏相、愚按樓緩又相秦、緩常爲秦、不爲六國、魯仲連傳可徵、故索隱以魏文之弟充之、然賈生所斥、必此樓緩、魏文周威王時、初封、其弟樓季、何得及六國時、王念孫曰、翟景、卽戰國策之翟強、楚策云、魏相翟強死、魏策云、魏王之所用者樓廩翟強也、又云、翟強欲合齊秦外楚者也、景強聲近相通、梁玉繩曰、翟景疑卽趙策之翟章、愚按、王梁二說、未知孰是、吳起·孫臏·帶佗·兒良·王廖·田忌·廉頗·趙奢之朋制其兵、【索隱】吳起、衞人、事魏文侯爲將、孫臏、孫武之後也、呂氏春秋曰、王廖貴先、兒良貴後、二人皆天下之豪士、田忌、齊將也、廉頗、趙將也、趙奢、亦趙之將、【考證】王念孫曰、王廖貴先、以下、見呂氏春秋不二篇、高注、未言王廖兒良爲何國之將、案易林益之臨曰、帶季兒良、明知權兵、將師合戰、敵不能當、趙魏以彊、帶季蓋卽帶佗、帶佗兒良爲趙魏將、故曰趙魏

以彊、但未知孰爲趙將孰爲魏將耳、愚按漢書藝文志兵權謀家、有兒良一篇、師古云、六國時人、世家、文選、朋作倫、常以十倍之地百萬之衆叩關而攻秦。【考證】楓三本、南化本、常作嘗、叩當作印、印仰通、新書、世家、漢書、作仰、蘇秦傳云、諸侯之地、五倍於秦、諸侯之卒、十倍於秦、與此異、秦人開關延敵。九國之師、逡巡遁逃而不敢進。【考證】方苞曰、士言六國齊楚燕趙韓魏之臣、師言九國、宋衞中山、亦間以師從六國也、愚按新書、世家、文選、關下有而字、新書、漢書及群書治要、無遁逃二字、世家、文選、無逡巡二字、無遁逃二字者義長、逡巡、言遲疑不進也、秦無亡矢遺鏃之費、而天下諸侯已困矣。於是從散約解、爭割地而奉秦。秦有餘力而制其敝、追亡逐北、伏尸百萬、流血漂鹵。【集解】徐廣曰、鹵、楯也、【考證】世家、漢書、解作敗、中井積德曰、伏尸百萬、史傳絕無所見、因利乘便、宰割天下、分裂河山、彊國請服、弱國入朝。延及孝文王·莊襄王、享國日淺、國家無事。及至秦王、續六世之餘烈、【集解】張晏曰、孝公、惠文王、武王、昭王、孝文王、莊襄王、【考證】新書、世家、文選、延作施、秦王作始皇、續作奮、振長策而御宇內、【考證】顏師古曰、以乘馬爲喩也、吞

二周而亡諸侯、【考證】吳枋曰、秦昭王五十一年、滅西周、後七年、莊襄王滅東周、則吞二周、乃始皇之曾祖與父、非始皇也、履至尊而制六合、執棰拊以鞭笞天下、威振四海。【集解】徐廣曰、拊、拍也、音府、一作槁朴、【索隱】賈本論、作槁朴、【考證】梁玉繩曰、各處皆棰拊作敲朴、臣瓚云、短曰敲、長曰朴、南取百越之地、【集解】韋昭曰、越有百邑、【考證】李善曰、音義云、百越非一種、若今言百蠻、以爲桂林・象郡。百越之君、俛首係頸、委命下吏。乃使蒙恬北築長城而守藩籬、卻匈奴七百餘里、胡人不敢南下而牧馬、【考證】匈奴傳、始皇使蒙恬擊胡、悉收河南地、因河爲塞、士不敢彎弓而報怨。於是廢先王之道、焚百家之言、以愚黔首、墮名城、【集解】應劭曰、壞堅城、恐人復阻以害己也、殺豪俊、收天下之兵、聚之咸陽、銷鋒鑄鐻、以爲金人十二、以弱黔首之民。【考證】梁玉繩曰、銷鋒鑄鐻、以爲金人十二、各處皆作銷鋒鍉鏑以爲金人十二、此作鑄鐻、字句雖異、而於義爲備、愚按、新書、世家、漢書、文選、黔首作天下、然後斬華爲城、【集解】徐廣曰、斬、一作踐、駰案、服虔曰、斷華山爲城、【索隱】斬亦作踐、亦出賈本論、又崔

浩云、踐、登也、【考證】踐、猶據也、因河爲津、【考證】南化本、新書、世家、漢書、文選、津作池、據億丈之城、臨不測之谿、以爲固、良將勁弩、守要害之處、信臣精卒、陳利兵而誰何。【集解】如淳曰、何、猶問也、【索隱】崔浩云、何或爲呵、漢舊儀、宿衞郎官、分五夜誰呵、呵夜行者誰也、何呵字同、【考證】中井積德曰、誰何、詰問出入之辭、不必夜、天下以定。秦王之心、自以爲關中之固、金城千里、【索隱】金城、言其實且堅也、韓子曰、雖有金城湯池、漢書張良亦曰、關中所謂金城千里、天府之國、【考證】三南本、以作已、同、子孫帝王萬世之業也。秦王既沒、餘威振於殊俗。【考證】西方諸國、稱禹域曰支那、又作震旦、眞丹、皆秦字引音、亦可以見秦威振於殊俗也、陳涉、甕牖繩樞之子、【集解】服虔曰、以繩係戶樞也、孟康曰、瓦甕爲窻也、【考證】新書、世家、漢書、文選、陳涉上有然而二字、此脫、中井積德曰、繩樞、以繩係戶以充樞也、甿隸之人、而遷徙之徒、【集解】如淳曰、甿、古氓字、氓、民也、【考證】各書、徙下有也字、才能不及中人。非有仲尼・墨翟之賢、陶朱・猗頓之富。【考證】世家、富下有也字、躡足行伍之閒、而倔起什伯之中、【集解】漢書音義曰、首出十長百長之中、如淳曰、時皆辟屈在

十百之中、【考證】新書、世家、文選、什伯作阡陌、取義不同、什伯以行伍言、阡陌以畎畝言、什伯義長、率罷散之卒、將數百之衆而轉攻秦、【考證】新書、文選、漢書、而轉二字倒、斬木爲兵、揭竿爲旗、天下雲集響應、贏糧而景從、【考證】贏、當作嬴、與裹同、包也、新書、漢書、集作合、文選、世家作會、新書、文選、響上有而字、山東豪俊、遂竝起而亡秦族矣。且夫天下非小弱也。【考證】李國翰曰、秦兼有天下、所以非小弱也、雍州之地、殽函之固、自若也。【集解】韋昭曰、殽謂二殽、函、函谷關也、陳涉之位、非尊於齊・楚・燕・趙・韓・魏・宋・衞・中山之君、【考證】新書、漢書、文選、非作不、下同、新書、世家、文選、君下有也字、鉏櫌棘矜、【集解】服虔曰、以鉏柄及棘作矛穳也、如淳曰、櫌、椎塊椎也、【考證】楓、三、南本、櫌作耰、王念孫曰、方言、矜謂之杖、棘矜、謂伐棘以爲杖、上文所云、斬木爲兵也、耰音憂、非錟於句戟長鎩也。【集解】徐廣曰、錟、一作銛、駰案、如淳曰、長刃矛也、又曰、鉤戟似矛、刃下有鐵、橫方上鉤曲也、鎩音所拜反、適戍之衆、非抗於九國之師。【考證】抗、敵也、當也、新書、世家、文選、師下有也字、深謀遠慮、行軍用兵之道、非及鄉時之士也。然而成敗異變、功業相

反也。【考證】新書、漢書、反下有何字、試使山東之國與陳涉度長絜大、比權量力、則不可同年而語矣。【集解】漢書音義曰、絜、束之絜、【考證】絜、猶度也、然秦以區區之地千乘之權、【考證】新書、世家、漢書、文選、地下有致字、千作萬、招八州而朝同列百有餘年矣。【考證】鄧展曰、招、舉也、蘇林曰、招音翹、愚按、漢書無矣字、然后以六合爲家、殽函爲宮、一夫作難、而七廟墮、身死人手、爲天下笑者、何也。仁義不施、而攻守之勢異也。【考證】以上過秦論上篇、論始皇、秦幷海內、兼諸侯、南面稱帝、【集解】徐廣曰、一本有此篇、無前者秦孝公已下、而又以秦幷兼諸侯山東三十餘郡繼此末也、【索隱】按、賈誼過秦論、以孝公已下爲上篇、秦兼幷諸侯山東三十餘郡爲下篇、鄒誕生云、太史公刪賈誼過秦篇著此論、富其義而省其辭、褚先生增續、既已混殽、而世俗小智、不唯刪省之旨、合寫本論於此、故不同也、今頗亦不可分別、以養四海。天下之士、斐然鄉風。若是者何也。【考證】新書、以養四海作以四海養、斐讀爲廢、曰。近古之無王者久矣。周室卑微、五霸既歿、令不行於天下。是以諸侯

力政。彊侵弱、衆暴寡、兵革不休、士民罷敝。今秦南面而王天下。是上有天子也。既元元之民、冀得安其性命、莫不虛心而仰上。〔考證〕李笠曰、既字、當依新書作卽、既卽、形近易譌、高祖紀蕭相國卽死、漢書卽作既、當此之時、守威定功安危之本在於此矣。秦王懷貪鄙之心、行自奮之智、不信功臣、不親士民、廢王道、立私權、禁文書而酷刑法、先詐力而後仁義、以暴虐爲天下始。〔考證〕岡白駒曰、以暴虐爲天下魁首、夫幷兼者高詐力、安定者貴順權。此言取與守不同術也。秦離戰國而王天下。其道不易、其政不改。是其所以取之。守之者異也。〔考證〕新書、守上有也字、異上添宜字看、孤獨而有之、故其亡可立而待。借使秦王計上世之事、竝殷・周之迹、以制御其政、後雖有淫驕之主、而未有傾危之患也。

〔考證〕借、籍通、假令之辭、故三王之建天下、名號顯美、功業長久。今秦二世立、天下莫不引領而觀其政。夫寒者利裋褐、而飢者甘糟糠。〔集解〕徐廣曰、一作短、小襦也、音豎、〔索隱〕趙岐曰、褐以毛毳織之、若馬衣、或以褐編衣也、裋、一音豎、謂褐布豎裁、爲勞役之衣、短而且狹、故謂之短褐、亦曰豎褐、〔考證〕嗷嗷、衆口愁也、天下之嗷嗷、新主之資也。此言勞民之易爲仁也。鄕使二世有庸主之行、而任忠賢、臣主一心而憂海內之患、縞素而正先帝之過、〔考證〕岡白駒曰、禮記玉藻、縞冠素紕、既祥之冠也、此言不待三年而改正、裂地分民、以封功臣之後、建國立君、以禮天下、虛囹圄而免刑戮、除去收帑汙穢之罪、使各反其鄕里、發倉廩散財幣、以振孤獨窮困之士、輕賦少事、以佐百姓之急、約法省刑以持其後、使天下之人皆得自新、更節修行、各愼其身、塞萬民之望、而以威德與

天下、天下集矣。卽四海之內、皆讙然各自安樂其處、唯恐有變。雖有狡猾之民、無離上之心、則不軌之臣、無以飾其智、而暴亂之姦止矣。二世不行此術、而重之以無道、壞宗廟與民、〔集解〕徐廣曰、一無此上五字、〔考證〕治要無此五字、中井積德曰、五字不可解、更始作阿房宮。〔考證〕梁玉繩曰、謂復作阿房宮也、繁刑嚴誅、吏治刻深、賞罰不當、賦斂無度、天下多事、吏弗能紀、百姓困窮、而主弗收恤。然後姦僞竝起、而上下相遁、蒙罪者衆、刑戮相望於道、而天下苦之、自君卿以下、至于衆庶人、懷自危之心、親處窮苦之實、咸不安其位、故易動也。是以陳涉不用湯武之賢、不藉公侯之尊、奮臂於大澤、而天下響應者、其民危也。故先王見始終之變、知存亡之機。是以牧民之道、

務在安之而已。天下雖有逆行之臣、必無響應之助矣。故曰。安民可與行義、而危民易與爲非、此之謂也。貴爲天子、富有天下、身不免於戮殺者、正傾非也。是二世之過也。〔考證〕以上過秦論中篇、論二世、王鳴盛曰、賈誼新書、過秦上中下三篇、自秦孝公至攻守之勢異也爲上篇、自秦幷海內兼諸侯南面稱帝、至是二世之過也爲中篇、自秦兼諸侯山東三十餘郡、至而社稷安矣爲下篇、如今本史記司馬遷所采、乃倒其次、以下篇爲上篇、上篇爲中篇、中篇爲下篇矣、又陳涉世家末、有褚先生曰、吾聞賈生之稱曰云云、卽用上秦孝公至攻守之勢異也一段、若果本紀內已有此一段、則兩處重出、不但司馬遷必不如此、卽庸陋如褚先生、亦不應至此再取徐廣及裴駰司馬貞註詳甄之、則知司馬遷當日實取過秦中下二篇爲始皇本紀贊、上篇爲陳涉世家贊、而中下篇、亦仍就賈生元次第、未嘗倒其文、班固所見司馬氏元本本如此、徐廣亦見之、本紀贊中秦孝公云云至攻守之勢也一段、乃魏晉間妄人所益、後人見其與世家贊重出、疑出褚少孫手、於是又妄改世家贊太史公曰爲褚先生曰、愚案王說未是、陳涉世家集解裴駰云、班固奏事云、太史公遷取賈誼過秦上下篇以爲秦始皇本紀陳涉世家下贊文、據此、則史公以下篇贊始皇紀、以上篇贊陳涉世家、明矣、下文所引班固奏事所引賈生之言、亦止於過秦下篇、不及中篇、說既見上注、

襄公立、享國十二年、初爲西時、葬西垂。〔索隱〕此已下、重序列秦之先君立年及葬處、

皆當據秦紀爲說、與正史小有不同、今取異說重列於後、襄公秦仲孫、莊公子、救周、周始命爲諸侯、初爲西時、祠白帝、立十三年死、葬西土、[考證]梁玉繩曰、此篇是秦記、魏了翁古今考謂、班固明帝時所得也、史公言秦燒書、獨秦記不滅、故東漢時猶有存者、後人遂幷班固語附載本紀之末、以備參證、史詮及丹鉛錄竝云、古本自襄公立以下低兩字別于正文、今本平頭、剗殊失其舊矣、而索隱以爲馬遷重列則謬也、史以傳信、無一事兩書之理、史記中惟此及酈生傳有之、皆後人附益、非遷史元文、然酈道元尙錯認此記爲遷史、何論小司馬哉、此記簡古有法、先秦文字、不可多見、非他附益者比、故取而校之、黃以周曰、世系爲明帝時賈逵班固所攷定、故記其時曰、孝明皇帝十七年十月十五日乙丑、愚按、襄公以下、後人所附益、今低一字以以別、

生文公。文公立、居西垂宮。五十年死。葬西垂。[索隱]又作陳寶祠、作鄜時、生靜公。靜公不享國而死。生憲公。憲公享國十二年。居西新邑。死葬衙。[集解]地理志云、馮翊有衙縣、[索隱]憲公滅蕩社、居新邑、葬衙、本紀、憲公徙居平陽、葬西山、[考證]余有丁曰、憲公秦紀作寧公、葬西山、生武公·德公·出子。出子享國六年。居西陵。[索隱]一云、居西陂、葬衙、本紀不云、庶長弗忌·威累·參父三人、率賊賊出子鄙衍。葬衙。武公立。武公享國二十年。居平陽封宮。

[集解]徐廣曰、一云、居平封宮、葬宣陽聚東南。[索隱]紀云、葬平陽、初以人從死、[考證]梁玉繩曰、紀作葬平陽、豈平陽有宣陽聚乎、三庶長伏其罪。德公立。德公享國二年。居雍大鄭宮。生宣公·成公·繆公。葬陽。初伏以御蠱、[索隱]二年初伏、本紀、此已下居葬絕不言也、[考證]楓、三本、以下有狗字、宣公享國十二年。居陽宮。葬陽。[索隱]四年、作密時、[考證]楓、三本、陽作楊、下同、初志閏月。[考證]顧炎武曰、宣公以前皆無閏、每三十年多一年、與諸國之史皆不合矣、則秦之所用、何正邪、成公享國四年。居雍之宮。葬陽。[集解]徐廣曰、之、一作走、齊伐山戎·孤竹。繆公享國三十九年。天子致霸。葬雍。繆公學著人。[索隱]著、音宁、又音貯、著卽宁也、門屏之閒曰宁、謂學於宁門之人、故詩云、俟我於著乎而、是也、[考證]梁玉繩曰、呂氏春秋尊師篇、穆公學于百里奚公孫枝、豈其先學于宁門之人乎、生康公。康公享國十二年。居雍高寢。葬竘社。生共公。共公享國五年。[考證]楓、三、南本、共作龔、梁玉繩曰、共公無五年、在位四年也、說在秦紀、居雍高寢。葬康公南。生桓公。桓公享國

二十七年。[考證]梁玉繩曰、七字當作八、說在秦紀、居雍太寢。葬義里丘北。生景公。[索隱]一作僖公、系本云、名后伯車、景公享國四十年、居雍高寢。葬丘里南。[正義]丘一作二也、生畢公。[集解]徐廣曰、春秋作哀公、[考證]梁玉繩曰、諡法無畢字、當依春秋傳作哀公、秦紀不誤、此與十二諸侯表稱襄公、吳越春秋闔閭內傳作桓公、同誤、畢公享國三十六年。[正義]一作三十七年、葬車里北。生夷公。夷公不享國。死葬左宮。生惠公、[正義]十年葬車里、元年、孔子行魯相事、惠公享國十年。葬車里康景。[考證]楓、三本、康作秉、梁玉繩曰、惠公在位九年、說在秦紀、凌稚隆曰、康景二字疑衍、或下有闕文、張文虎曰、上文康公葬竘社、景公葬丘里南、疑車里在康景二墓間、脫閒字、生悼公。悼公享國十五年。[正義]雍、本紀作十四年、[考證]正義雍字、疑衍、葬僖公西城雍。[考證]凌稚隆曰、秦紀及此記無僖公、疑卽景公也、生刺龔公。[索隱]一作厲共公、[正義]刺一作利、[考證]三條、南化本、刺作剌、梁玉繩曰、秦紀及六國表作厲共公、獨此作刺龔公、正義又謂刺一作利、蓋龔與恭通、卽共也、諡法有刺、與厲字義同、音通、而利字復因形聲相鄰致譌、猶陳厲公之爲利公爾、刺龔公享國三十四年。葬入里。[集解]徐廣曰、一作

人、生躁公·[索隱]又作趮公、[正義]十四年、居受寢、葬悼公南也、懷公。[正義]四年、葬櫟圉氏、其十年、彗星見。躁公享國十四年。居受寢。葬悼公南。其元年、彗星見。[集解]徐廣曰、年表云、星晝見、懷公從晉來。享國四年。葬櫟圉氏、[考證]梁玉繩曰、以下文陵圉例之、則此氏字疑衍、生靈公。[考證]梁玉繩曰、此與表竝言懷公生靈公、必是生昭子之誤、秦本紀明言靈公懷公孫、表亦言懷公太子之子爲靈公、卽此紀下文固云、靈公昭子子也、諸臣圍懷公。懷公自殺。肅靈公昭子子也、[集解]徐廣曰、懷公生昭子、昭子生靈公、[索隱]紀年及系本、無肅字、立十年、表同、紀十二年、[考證]梁玉繩曰、紀表皆作靈公、居涇陽。享國十年。葬悼公西。生簡公。簡公從晉來。享國十五年。葬僖公西。[索隱]按本紀、簡公名悼子、卽刺龔公之子、懷公弟也、且紀及系本、皆以爲然、今此文云靈公、謬也、立十六年、葬僖公西、[考證]梁玉繩曰、簡公者、靈公之季父、懷公之子、厲共公之孫、此以簡公爲靈公所生、大誤、亦猶十二侯表以簡公爲惠公子、索隱以簡公爲厲共公子也、生惠公。其七年、百姓初帶劍。[考證]梁玉繩曰、紀表竝在簡公六年、惠公享國十三年。葬陵圉。[索隱]王劭按紀年云、簡公後次敬

公、敬公立十三年、乃至惠公、譜即雜選時參異說、 生出公。出公享國二年。【索隱】系本謂少主、 出公自殺。葬雍。獻公享國二十三年。【集解】徐廣曰、靈公子、【索隱】系本、稱元獻公、立二十二年、表同、紀二十四年、 葬囂圉。生孝公。孝公享國二十四年。【索隱】本紀十二年、 葬弟圉。生惠文王。其十三年始都咸陽。【正義】本紀云、十二年作咸陽築冀闕、是十三年始都之、 惠文王享國二十七年。【索隱】十九而立、 葬公陵、【正義】括地志云、秦惠文王陵、在雍州咸陽縣西北一十四里、 生悼武王。悼武王享國四年。葬永陵、【集解】徐廣曰、皇甫謐曰、葬畢、今按陵西畢陌、【索隱】系本作武烈王、十九而立、立三年、本紀四年、【正義】括地志云、秦悼武王陵、在雍州咸陽縣西十里、俗名周武王陵、非也、【考證】梁玉繩曰、惠文悼武、皆葬于畢、永陵乃陵名、猶前言惠文葬公陵也、 昭襄王享國五十六年。葬茝陽。【索隱】十九年而立、葬芷陵也、【正義】括地志云、秦莊襄王陵、在雍州新豐縣西南三十五里、俗亦謂爲子楚、始皇陵在北、故亦謂爲見子陵、【考證】楓、三本、南化本、茝作芷、 生孝文王。孝文王享國一年。葬壽陵。生莊襄王。莊襄王享國三年、葬茝陽。生始

皇帝。呂不韋相。獻公立七年。初行爲市。十年、爲戶籍相伍。孝公立十六年。時桃李冬華。【考證】梁玉繩曰、紀于獻公十六年書桃冬花、疑一事誤書、 惠文王生十九年而立。【考證】梁玉繩曰、惠文悼武昭襄三君、俱立于十九年、亦奇、 立二年、初行錢。有新生嬰兒。曰。秦且王。悼武王生十九年而立。立三年、渭水赤三日。昭襄王生十九年而立。立四年初爲田開阡陌、【考證】梁玉繩曰、此乃孝公十二年事、而以爲昭襄四年、誤矣、 孝文王生五十三年而立。莊襄王生三十二年而立、立二年、取太原地。莊襄王元年、大赦、脩先王功臣、施德厚骨肉、布惠於民。東周與諸侯謀秦。秦使相國不韋誅之、盡入其國。秦不絕其祀、以陽人地賜周君、奉其祭祀。【考證】楓、三本、無祀字、 始皇享國三十七年、葬酈邑、【正義】酈、力知反、 生

二世皇帝。始皇生十三年而立。二世皇帝享國三年。葬宜春。【正義】括地志云、秦胡亥陵、在雍州萬年縣南三十四里、上文葬以黔首也、 趙高爲丞相安武侯。二世生十二年而立。【集解】徐廣曰、本紀云、二十一、【考證】楓、三、南本、十二作十四、梁玉繩曰、紀云二十一立、此云十二、蓋誤倒耳、紀言二十一者、以踰年改元言之、此言二十者以始皇崩年言之、 右秦襄公至二世六百一十歲。【正義】秦本紀、自襄公至二世、五百七十六年矣、年表自襄公至二世五百六十一年、三說並不同、未知孰是、【考證】梁玉繩曰、表自襄公元年至二世三年、實五百七十一年、此誤、秦紀索隱、此記正義、所說年數亦誤、 孝明皇帝十七年、【正義】班固典引云、後漢明帝永平十七年、詔問班固、太史遷贊語中、寧有非邪、班固上表陳秦過失及賈誼言荅之、 十月十五日乙丑日。【索隱】此已下是漢孝明帝訪班固評賈馬贊中此論秦二世亡天下之得失、後人因取其說附之此末、【考證】梁玉繩曰、孝明以下、乃班固因有召問遷書、及作典引一節、遂別著此篇、并所得秦記錄之、當時必別行於世、後人取入史記、附載于茲、故謂此一篇他人作者妄、謂與典引同作者亦妄、何以言之、典引序稱永平十七年、而此云孝明皇帝、是追述前事、非永平時所撰甚審、典引序但稱十七年、而此十七年十月十五日乙丑若非孟堅自爲、何能

悉其日月、典引稱臣、而此云吾讀秦紀、則非對君之言可知、愚按典引見文選、 周歷已移、【正義】周初卜世三十、卜年七百、以五序得其道、故王至三十七歲、至八百六十七、歷數既過、秦幷天下、是周歷已移也、 仁不代母。秦直其位、【索隱】周歷已移、周亡也、仁不代母、謂周得木德、木生火、周爲漢母也、言曆運之道、仁恩之情、子不代母而王、謂火不代木、言漢不合即代周也、秦値其閏位、得在木火之閒也、此論者之辭也、【正義】始皇以爲周火德、秦代周、從所不勝、爲水德之始也、按周、木德也、秦、水德也、五行之運、水生木、木生火、火生土、土生金、金生水、所生者爲母、出者爲子、帝王之次、子代母、秦稱水、是母代子、故言若有德之君相代、不毋承其子也、而音値、言秦幷天下稱帝、是秦德値帝王之位、【考證】黄以周曰、漢初諸儒、周以木德王、漢繼周統、不繼秦、秦自以爲水德、以母代子不仁、言此者見秦爲閏位、無關帝王正統、其宗社之速亡、不足惜也、 呂政殘虐。然以諸侯十三幷兼天下。【集解】始皇初爲秦王年十三也、【索隱】呂政者、始皇名政、是呂不韋幸姬有娠、獻莊襄王而生始皇、故云呂政、【考證】十三下疑有奪文、 極情縱欲、養育宗親。三十七年、兵無所不加、制作政令、施於後王。【正義】謂置郡縣、壞井田、開阡陌、不立侯王、始爲伏臘、又置丞相、太尉、御史大夫、奉常、郎中令、僕射、廷尉、典客、宗正、少府、中尉、將作、詹事、水衡都尉、監守、縣令丞等、皆施於後王、至于隋唐矣、 蓋得聖人之威、河神授圖。【正義】蓋者疑辭也、言始皇之威、能吞幷天下稱帝、疑得聖人之威、盛河

神之圖錄、據狼狐、蹈參伐、佐政驅除、【正義】狼、音郎、狼狐主弓矢星、天官書云、參伐主斬艾事、言秦據蹈狼狐參伐之氣、驅滅天下、【考證】中井積德曰、狼參蓋以分野星次而言、距之稱始皇。【正義】距之、上音巨、至也、【考證】之猶於也、始皇既歿、胡亥極愚、酈山未畢、復作阿房、以遂前策。云。凡所爲貴有天下者、肆意極欲。大臣至欲罷先君所爲。誅斯・去疾、任用趙高。痛哉言乎。人頭畜鳴。【正義】畜、許又反、言胡亥人身有頭面目能言語、不辨好惡、若六畜之鳴、不威不伐。惡【正義】五此字爲一句也、不篤不虛亡、【正義】言胡亥藉帝王之威器、殘酷暴虐、滋己惡、惡既深篤、以至滅亡、豈其虛哉、【考證】董份曰、威字、應前聖人之威、伐字、言不威則不能征伐以奄有天下、蓋指始皇、惡不篤不虛亡者、言始皇惡及二世、篤而遂亡也、距之不得留、殘虐以促期。【考證】距之、猶至於也、證見上文、雖居形便之國、猶不得存。子嬰度次得嗣、冠玉冠佩華紱、車黃屋、從百司謁七廟。【集解】蔡邕曰、黃屋者、蓋以黃爲裏、【正義】上冠音綰、紱音拂、從、才用反、小人乘非位、莫不怳忽失守、

偷安日日。獨能長念卻慮、父子作權、【考證】子嬰與其子二人謀、誅趙高也、近取於戶牖之閒、竟誅猾臣、爲君討賊。【正義】爲、于僞反、【考證】猾臣、趙高、高死之後、賓婚未得盡相勞、餐未及下咽、酒未及濡脣、楚兵已屠關中、眞人翔霸上。【考證】賓、賓客、婚、姻戚、眞人、謂高祖、素車嬰組、奉其符璽以歸帝者、【考證】嬰、縈也、帝者、謂高祖、鄭伯茅旌鸞刀、嚴王退舍。【集解】公羊傳曰、楚莊王伐鄭、鄭伯肉袒、左執茅旌、右執鸞刀、以逆莊王、莊王退舍七里、何休曰、茅旌鸞刀、祭祀宗廟所用也、執宗廟器者示以宗廟血食自歸、【正義】旌、音精、嚴、音莊、【考證】宣公十二年公羊傳、陳沂曰、不曰莊王者、班固避明帝諱、河決不可復壅、魚爛不可復全。【索隱】宋均曰、言如魚之爛、從內而出、賈誼・司馬遷曰。向使嬰有庸主之才、僅得中佐、山東雖亂、秦之地可全而有、宗廟之祀、未當絕也。【考證】向使至絕也、賈誼過秦論下篇語、史公采以爲始皇紀贊、桂馥曰、賈誼司馬遷曰、當作司馬遷曰賈誼曰、此與吾聞之周生曰一例、愚按賈誼司馬遷曰、猶言賈誼司馬遷竝曰、遷采誼之言、誼之言

卽遷之意、故云、楓、三、南本、有庸作爲庸、秦之積衰、天下土崩瓦解。【正義】言秦國敗壞、若屋宇崩頹、衆瓦解散也、【考證】土崩、言牆壁崩壞也、雖有周旦之材、無所復陳其巧。【考證】黃以周曰、破賈誼司馬遷僅得中佐宗廟不絕之說、而以責一日之孤。誤哉。【正義】日、音馹、一日之孤、謂子嬰、俗傳秦始皇起罪、惡胡亥極。得其理矣。【考證】言俗傳云、始皇始爲罪戾、至胡亥惡極矣、此言得其理、安得以爲子嬰罪哉、復責小子云、秦地可全、【正義】小子亦謂子嬰、【考證】復字上添賈誼司馬遷五字看、秦地可全、亦過秦論下篇之言、所謂不通時變者也。紀季以鄰。春秋不名。【集解】春秋曰、紀季以鄰入于齊、公羊傳曰、何以不名、賢之也、謂設五廟以存姑姊妹也、【正義】鄰、音戶圭反、括地志云、安平城、在青州臨淄縣東十九里、古紀之鄰邑、帝王紀云、周之紀國、姜姓也、紀侯譖齊哀公於周懿王、王烹之、外傳曰、紀侯入爲周士、竹書云、齊襄公滅紀郱鄑郚、又括地志云、郱城、在青州臨朐縣東三十里、鄑城在北海縣東北七十里、郚城在密州安丘縣界、郱、音駢、鄑、音訾、按秦始皇起罪、惡胡亥極、得其理、國既崩絕、箕子比干、尚不能存殷、庸主子嬰、焉能救秦之敗、以賈誼史遷不通時變、不如紀季之深識也、季、紀侯少弟、不書名、故曰紀季、【考證】莊三年公羊傳、所謂不通時變以下、班固駁賈馬、岡白駒曰、齊欲滅紀、紀季深覩存亡之機、故以邑入齊爲附庸、以存宗廟社稷、故書字以賢之、吾讀

秦紀、至於子嬰車裂趙高、未嘗不健其決憐其志。嬰死生之義備矣。【集解】徐廣曰、班固典引曰、永平十七年、詔問臣固、太史遷贊語中、寧有非邪、臣對賈誼言子嬰得中佐秦未絕也、此言非是、臣素知之耳、【考證】黃以周曰、賈誼司馬遷之意、子嬰棄宗社、舉浮於二世、班固劣二世、優子嬰、故古今人表於胡亥列下中、子嬰列中下、愚按、孝經、死生之義備矣、孝子之事親終矣、【索隱】述贊、六國陵替、二周淪亡、并一天下、號爲始皇、阿房雲構、金狄成行、南遊勒石、東瞰浮梁、滈池見遺、沙丘告喪、二世嬌制、趙高是與、詐因指鹿、災生噬虎、子嬰見推、恩報君父、下乏中佐、上乃庸主、欲振頹綱、云誰克補、

秦始皇本紀第六

史記六

文學博士瀧川龜太郎著

史記會注考證

史記會注考證卷七

漢　太史令司馬遷撰

宋　中郎外兵曹參軍裴駰集解

唐　國子博士弘文館學士司馬貞索隱

唐　諸王侍讀率府長史張守節正義

日本　出雲　瀧川資言考證

項羽本紀第七　史記七

【索隱】項羽崛起、爭雄一朝、假號西楚、竟未踐天子之位、而身首別離、斯亦不可稱本紀、宜降爲世家、【考證】史公自序曰、秦失其道、豪傑並擾、項梁業之、子羽接之、殺慶救

趙、諸侯立之、誅嬰背懷、天下非之、作項羽本紀、第七、張照曰、史法、天子則稱本紀者、蓋祖述馬遷之文、馬遷之前、固無所爲本紀也、但馬遷之意、並非以本紀爲天子之服物采章、若黃屋左纛然、非天子不可用也、特以天下之權之所在、則其人係天下之本、即謂之本紀、若秦本紀、言秦未得天下之先、天下之勢已在秦也、呂后本紀、呂后固亦未若武氏之簒也、而天下之勢、固在呂后、則亦曰本紀也、後世史官、以君爲本紀、臣爲列傳、固亦無可議者、但是宗馬遷之史法、而小變之、固不得轉據後以議前也、索隱之說謬矣、馮景曰、作史之大綱、在明統、周有天下、秦滅之、而統在秦、秦有天下、楚項羽滅之、而統在楚、楚滅、而天下之統乃歸漢耳、羽入咸陽殺子嬰、燔秦宮室、於是分裂天下而封王侯、政自己出、號爲霸王、位雖不終、然代秦而號令天下、則既五年矣、此五年之統、非羽誰屬哉、則羽宜登本紀、宜列於漢高之前、統在則然、亦作史之例則然、愚按、張馮說是、

項籍者、下相人也。【集解】地理志、臨淮有下相縣、【索隱】縣名、屬臨淮、案應劭云、相、水名、出沛國、沛國有相縣、其水下流、又因置縣、故名下相也、【正義】括地志云、相故城、在泗州宿豫縣西北七十里、秦縣、項、胡講反、籍、秦昔反、【考證】下相、江蘇徐州府宿遷縣西、字羽、【索隱】按下序傳、籍字子羽也、初起時、年二十四。其季父項梁。【索隱】按崔浩云、伯仲叔季、兄弟之次、故叔云叔父、季云季父、梁父、即楚將項燕。【正義】燕、烏賢反、【考證】楓山、三條本、無即字、爲秦將王翦所戮者也。【集解】始皇

本紀云、項燕自殺、【索隱】此云爲王翦所殺、與楚漢春秋同、而始皇本紀云、項燕自殺、不同者、蓋燕爲王翦所圍逼而自殺、故不同耳、項氏世世爲楚將、封於項。【索隱】地理志、有項城縣、屬汝南、【正義】括地志云、今陳州項城縣、即古項子國、【考證】項、陳州府項城縣東北、故姓項氏。項籍少時、學書不成。去學劍。又不成。項梁怒之。籍曰。書足以記名姓而已。劍一人敵、不足學。學萬人敵。於是項梁乃教籍兵法。籍大喜、略知其意。又不肯竟學。【考證】雨森精翁曰、考東方朔傳、書、即文史、言識古人姓名已、一說、書、六書也、如保氏所教、據此則下記姓名、猶曰名刺之用、愚按、後說是、去、猶罷也、何焯曰、漢書藝文志兵法形勢中、有項王一篇、而黥布置陣如項籍軍、高祖望而惡之、蓋治兵置陣、是其所長、故能力戰摧鋒、而不足於權謀、故其後往來奔命、卒爲人乘其罷而踣之、所謂略知其意而不覺者也、項梁嘗有櫟陽逮、【索隱】按、逮訓及、謂有罪相連及、爲櫟陽縣所逮錄也、故漢史每制獄皆有逮捕也、【正義】櫟、音藥、逮、音代、【考證】中井積德曰、有罪者不論首從、他處傳送謂之逮、張文虎曰、索隱漢史、恐漢世、乃請蘄獄掾曹咎書、抵櫟陽獄掾司馬欣。以故事得已。【集解】蘇林曰、蘄、音機、縣屬沛國、應劭曰、項梁曾坐事、傳繫櫟陽獄、從蘄獄掾曹咎取書與司馬欣、抵、歸、已、止也、韋昭曰、抵、至也、謂梁嘗被櫟陽縣逮捕、梁乃請蘄獄掾

曹咎書、至櫟陽獄掾司馬欣、事故得止息也、【索隱】按服虔云、抵、歸也、韋昭云、抵、至也、劉伯莊云、抵、相憑託也、故應劭云、項梁曾坐事繫櫟陽獄、從蘄獄掾曹咎取書與司馬欣、抵、歸、已息也、【考證】王維楨曰、二獄掾事、非漫載、後皆有故、錢大昭曰、曹咎後爲楚海春侯大司馬、項梁殺人。與籍避仇於吳中。【考證】楓、三本無中字、吳中賢士大夫、皆出項梁下。每吳中有大繇役及喪、項梁常爲主辦。陰以兵法部勒賓客及子弟。以是知其能、【考證】知其能、項梁知賓客子弟之能也、凌稚隆曰、伏後以此不任用公、秦始皇帝、游會稽、渡浙江。【索隱】韋昭云、浙江、在今錢塘、浙音折、獄之折、晉灼音逝、非也、蓋其流曲折、莊子所謂淛河、即其水也、淛、折、聲相近也、【考證】洪頤煊曰、浙江即南江、水經沔水注、地理志曰、江水自石城東出、逕吳國南爲南江、會稽治吳、浙江在吳縣南、故梁與籍於始皇既渡時、得共觀之、梁與籍俱觀。籍曰。彼可取而代也。梁掩其口曰。毋妄言。族矣。梁以此奇籍。【考證】陳勝曰、壯士不死即已、死即舉大名耳、王侯將相、寧有種乎、漢高曰、嗟乎大丈夫當如此也、項羽曰、彼可取而代也、三樣詞氣、三樣筆法、史公極力描寫、籍長八尺餘、力能扛鼎、【集解】韋昭曰、扛、舉也、【索隱】說文云、橫關對舉也、韋昭云、扛、舉也、音江、【考證】中井積德曰、扛本對舉之名、然借以狀多力、則獨舉矣、即對舉則常人之任耳、才

氣過人。雖吳中子弟、皆已憚籍矣。【考證】凌稚隆曰、會稽治吳、故云吳中子弟、秦二世元年七月、陳涉等起大澤中。【索隱】徐氏以爲在沛郡、即蘄縣大澤中、其九月、會稽守通謂梁曰。【集解】徐廣曰、爾時未言太守、楚漢春秋曰、會稽假守殷通、【正義】守、音狩、漢書云、景帝中二年七月、更郡守爲太守、按言假者兼攝之也、【考證】中井積德曰、注、假者贅、望輕而未即眞耳、非兼攝、江西皆反。【考證】顧炎武曰、大江自歷陽斜北下京口、故有東西之名、今所謂江北、昔之所謂江西也、故晉地理志、以廬江九江自合肥以北至壽春、皆謂之江西、愚按王鳴盛說同、下文江東已定、渡江而西、謂渡江西北也、此亦天亡秦之時也。吾聞先即制人、後則爲人所制。【索隱】按謂先舉兵能制得人、後則爲人所制、故荀卿子曰、制人之與爲人制也、其相去遠矣、【考證】俞樾曰、據漢書、則江西皆反數言、皆項梁謂會稽守語也、守歎曰、聞夫子楚將、世家唯足下耳、梁曰、吳有奇士桓楚云云、與史記不同、班固必別有所據、愚按、凌稚隆、齊召南、梁玉繩、亦有此說、吾欲發兵使公及桓楚將。【正義】張晏云、項羽殺宋義時、桓楚爲羽使懷王、是時桓楚亡在澤中。梁曰。桓楚亡、人莫知其處。獨籍知之耳。梁乃出誡籍、持劍居外待。梁復入、與守坐曰。請召籍使

受命召桓楚。守曰。諾。梁召籍入。須臾梁眴籍曰。可行矣。【考證】顏師古曰、眴、動目也、音瞬、動目而使之也、於是籍遂拔劍斬守頭。項梁持守頭、佩其印綬。門下大驚擾亂。籍所擊殺數十百人。【索隱】此不定數也、自百已下或至八十九十、故云數十百、【考證】楓、三本無綬字、一府中皆慴伏。莫敢起。【索隱】說文云、慴、失氣也、音之涉反、【考證】慴、漢書作讋、說文、讋、失氣言、傳毅讀若慴、愚按慴、讋、古通、梁乃召故所知豪吏、諭以所爲起大事。【考證】楓、三本乃作仍、遂舉吳中兵。使人收下縣、得精兵八千人。梁部署吳中豪傑、爲校尉候司馬。【考證】顏師古曰、下縣、四面諸縣、非郡所都、故謂之下也、部署、分部而署置之、沈欽韓曰、續志、校尉比二千石、軍司馬比千石、部下有曲、曲、軍候六百石、凌稚隆曰、此伏八千人案、爲後以八千人渡江、及與亭長言江東子弟八千人張本、有一人不得用。自言於梁。梁曰。前時某喪、使公主某事。不能辦。以此不任用公。衆乃皆伏。於是梁爲會稽守、籍爲裨將、徇下縣。【集解】李奇曰、徇、略也、如淳曰、徇、音撫徇之徇、徇其人民、

廣陵人召平、【考證】王鳴盛曰、項羽本紀、廣陵人召平、矯陳涉命封項梁、呂后本紀、齊相召平舉兵欲圍王、蕭何世家、有故秦東陵侯召平、種瓜城東、三人皆同姓名、非一人、通鑑十三卷胡三省注、已言之、楊愼曰、召平上有廣陵人三字、以別于東陵召平也、杭世駿曰、水經注、廣陵城、楚漢之間、爲東陽郡、漢武帝元狩三年、曰廣陵、此紀言廣陵者、蓋史家追書之也、於是爲陳王徇廣陵。未能下。【正義】廣陵、揚州、下、胡嫁反、以兵威服之曰下、【考證】於是、猶言當是時、楓、三本無此二字、聞陳王敗走、秦兵又且至、乃渡江矯陳王命、【正義】矯、紀兆反、召平從廣陵渡京口江至吳、詐陳王命拜梁、拜梁爲楚王上柱國。【集解】徐廣曰、二世之二年正月也、駰案應劭曰、上柱國、上卿官、若今相國也、【考證】楓、三本無王字、與漢書合、李笠曰、王字衍、曰。江東已定。急引兵西擊秦。項梁乃以八千人、渡江而西。【考證】凌稚隆曰、項羽始事、已定江東、渡江而西、故通篇以東西二字爲眼目、馮班曰、自此一路往西擊秦、聞陳嬰已下東陽、【集解】晉灼曰、東陽縣、本屬臨淮郡、漢明帝分屬下邳、後復分屬廣陵、【索隱】下、音如字、按以兵威伏之曰下、胡嫁反、彼自歸伏曰下、如字讀、他皆放此、東陽、縣名、屬廣陵也、【正義】括地志、東陽故城、在楚州盱眙縣東七十里、秦東陽縣城也、在淮水南、【考證】東陽、安徽泗州天長縣西北、使使欲與連和俱西。陳嬰者故東陽令史。【集解】晉灼曰、漢儀注云、令吏曰令史、丞

吏曰丞史、【正義】楚漢春秋云、東陽獄史陳嬰、居縣中素信謹。稱爲長者。東陽少年、殺其令相、聚數千人、欲置長。無適用。【考證】顏師古曰、適、主也、乃請陳嬰。嬰謝不能。遂彊立嬰爲長。縣中從者、得二萬人。少年欲立嬰便爲王、異軍蒼頭特起。【集解】應劭曰、蒼頭特起、言與衆異也、蒼頭、謂士卒皁巾、若赤眉青領以相別也、如淳曰、魏君兵卒之號也、戰國策、魏有蒼頭二十萬、【索隱】晉灼曰、殊異其軍爲蒼頭、謂著青幘、如淳云、特起、猶言新起也、按爲蒼頭軍特起、欲立陳嬰爲王、嬰母不許、嬰稱王、言天下方亂、未知瞻烏所止、【考證】楓、三本、無便字、蒼頭特起、爲此軍容以示新起特異、皆川愿曰、欲立嬰便爲王十二字、一氣讀、中井積德曰、蒼頭特起、亦當時相謀之言、又曰、注蒼頭軍、恐與此不同、陳嬰母謂嬰曰。自我爲汝家婦、未嘗聞汝先古之有貴者。今暴得大名不祥。不如有所屬。事成猶得封侯。事敗易以亡。非世所指名也。【集解】張晏曰、陳嬰母、潘旌人、墓在潘旌、【考證】按潘旌是邑聚之名、後爲縣、屬臨淮、嬰乃不敢爲王。謂其軍吏曰。項氏世世將家、有名於楚。今欲舉大事、將非其人不可。我

倚名族、亡秦必矣。於是衆從其言、以兵屬項梁。項梁渡淮。黥布・蒲將軍亦以兵屬焉。【集解】服虔曰、英布起於蒲地、因以爲號、如淳曰、言當陽君蒲將軍、皆屬項羽、此自更有蒲將軍、【索隱】按布姓英、咎繇之後、後以罪被黥、故改姓黥、以應相者之言、韋昭云、蒲、姓也、是英布與蒲將軍二人、共以兵屬項梁也、故服虔以爲英布起蒲非也、按黥布初起於江湖之閒、【考證】梁玉繩曰、服虔謂英布起蒲、因以爲號、師古索隱非之、是也、吳斗南以爲黥蒲侯柴武、亦非、此猶高紀之剛武侯、史失其姓名、不知何人也、凡六七萬人。軍下邳。【正義】被悲反、下邳、泗水縣也、應劭云、邳在薛徙此、故曰下邳、按有上邳、故曰下邳、【考證】下邳、江蘇徐州府徐州東、當是時秦嘉已立景駒爲楚王、【集解】陳涉世家曰、秦嘉、廣陵人、文穎曰、景駒、楚族、景氏、駒名、【考證】今本陳涉世家作陵人、漢書陳勝傳、作凌人、軍彭城東。欲距項梁。【正義】括地志云、徐州彭城縣、古彭祖國也、言秦嘉軍於此城之東、【考證】彭城、江蘇徐州府、項梁謂軍吏曰。陳王先首事、戰不利。未聞所在。今秦嘉倍陳王而立景駒。大逆無道。【考證】大字諸本無、今據宋本補、乃進兵擊秦嘉。秦嘉軍敗走。追之至胡陵。【集解】鄧展曰、今胡陸、屬山陽、漢章帝改曰胡陵、【考證】胡陵、今山東濟寧州魚臺縣東南、嘉還戰。

一日嘉死、軍降。景駒走死梁地。項梁已并秦嘉軍、軍胡陵、將引軍而西。章邯軍至栗。【集解】徐廣曰、縣名、在沛、【考證】栗、河南歸德府夏邑縣治、項梁使別將朱雞石・餘樊君與戰。餘樊君死、朱雞石軍敗、亡走胡陵。項梁乃引兵入薛、誅雞石。【正義】括地志云、故薛城、古薛侯國也、在徐州滕縣界、黃帝之所封、左傳曰、定公元年、薛宰云、薛之祖奚仲、居薛爲夏車正、後爲孟嘗君田文封邑也、【考證】薛、山東兗州府滕縣東南、項梁前使項羽別攻襄城。【正義】許州襄城縣、【考證】襄城、河南許州襄城縣治、襄城堅守不下。已拔、皆阬之。【考證】顏師古曰、陷之於阬、盡殺之、凌稚隆曰、羽初出、卽以所拔者阬、太史公首次此、見羽之不足爲也、梁玉繩曰、前此皆稱項籍、此後忽改稱字而不名、何也、高紀則皆稱字、還報項梁。項梁聞陳王定死、召諸別將、會薛計事。【考證】凌稚隆曰、聞陳王定死、與上聞陳王敗走、及未聞所在相應、此時沛公亦起沛往焉。居鄛人范增、年七十。素居家好奇計。【索隱】晉灼音勦絕之勦、地理志、居鄛縣、在廬江郡、音巢、是故巢國、夏桀所奔、荀悅漢紀云、范增阜陵人也、【考證】居家不仕也、往說項梁曰。陳

勝敗固當。【正義】顧著作云、固宜當、應敗也、當音如字、夫秦滅六國。楚最無罪。自懷王入秦不反、楚人憐之至今。故楚南公曰。【集解】徐廣曰、楚人也、善言陰陽、駰案文穎曰、南方老人也、【索隱】徐廣云、楚人善言陰陽者、見天文志也、【正義】虞喜志林云、南公者道士、識廢興之數、知亡秦者必於楚、漢書藝文志云、南公十三篇、六國時人、在陰陽家流、楚雖三戶、亡秦必楚也。【集解】瓚曰、楚人怨秦、雖三戶猶足以亡秦也、【索隱】臣瓚與蘇林解同、韋昭以爲三戶楚三大姓昭屈景也、二說皆非也、按左氏以畀楚師于三戶、杜預注云、今丹水縣北三戶亭、則是地名不疑、【正義】按服虔云、三戶、漳水津也、孟康云、津峽名也、在鄴西三十里、括地志云、濁漳水又東經葛公亭、北經三戶峽、爲三戶津、在相州滏陽縣界、然則南公辨陰陽、識廢興之數、知秦亡必於三戶、故出此言、後項羽果度三戶津、破章邯軍、降章邯、秦遂亡、是南公之善讖、【考證】三戶者、言其少耳、乃虛設之辭、瓚說爲是、若以爲地名、雖字不通、今陳勝首事。不立楚後而自立。其勢不長。今君起江東。楚蠭午之將皆爭附君者、以君世世楚將、爲能復立楚之後也。【集解】如淳曰、蠭午、猶言蠭起也、衆蠭飛起、交橫若午、言其多也、【索隱】凡物交橫爲午、言蠭之起、交橫屯聚也、故劉向傳注云、蠭午、雜沓也、又鄭玄曰、一縱一橫爲午、【正義】爲、于僞反、【考證】蠭午、各本作蠭起、誤、今依索隱單本、說見王氏讀書雜志、於是項梁

然其言、乃求楚懷王孫心、民閒爲人牧羊、立以爲楚懷王。【集解】徐廣曰、此時二世之二年六月、【考證】楓、三本、民上有在字、從民所望也。【集解】應劭曰、以祖諡爲號者、順民望、【考證】凌稚隆曰、范增勸項氏、第一事、惟立楚懷王心、不知項世楚將、懷王立、則項當終其身爲驅馳、增謂羽能堪之乎、必不能堪、將置懷王於何地、卒之羽弑懷王、而漢之滅羽因始終以懷王爲說、是懷王之立、反爲漢地耳、蓋懷王立、則羽不能不弑逆、羽弑逆、則羽不容不滅、然則項之所以失天下、非增勸立懷王一事誤之耶、中井積德曰、范增之策、非大豪傑所爲也、項梁銳意於成事、亦未暇於熟意、乃爲增所誤耳、凡豪傑崛起之初、未爲衆人所奉戴者、難於自尊、恐失衆心故也、若後漢劉伯升可見已、陳嬰爲楚上柱國、封五縣。與懷王都盱台。【集解】鄭玄曰、音煦怡、【正義】盱、況于反、眙、以之反、盱眙、今楚州臨淮水、懷王都之、【考證】盱台、安徽泗州盱眙縣東北、項梁自號爲武信君。居數月、引兵攻亢父、【正義】亢、音剛、又苦浪反、父、音甫、括地志云、亢父故城、在兗州任城縣南五十一里、【考證】楓、三本、無爲字、亢父、東平縣、今濟寧州東五十里、與齊田榮・司馬龍且軍救東阿、【正義】且、子余反、括地志云、東阿故城、在濟州東阿縣西南二十五里、漢東阿縣城、秦時齊之阿也、【考證】東阿、山東兗州府陽穀縣東北、大破秦軍於東阿。田榮卽引兵歸。逐其王假。【考證】歸有光曰、初章邯已殺齊王田儋

於臨淄、田假自立爲齊王、假亡走楚。假相田角亡走趙。角弟田閒故齊將、居趙不敢歸。田榮立田儋子市爲齊王。項梁已破東阿下軍、遂追秦軍、數使使趣齊兵、欲與俱西。【正義】下使、色吏反、趣、音促、田榮曰、楚殺田假、趙殺田角・田閒、乃發兵。項梁曰、田假爲與國之王。【集解】如淳曰、相與交善爲與國、與、黨與也、【索隱】按高誘注戰國策云、與國、同禍福之國也、【考證】楓、三本、無爲字、窮來從我。不忍殺之。趙亦不殺田角・田閒、以市於齊。【集解】張晏曰、若市買相貿易以利也、梁救榮難、猶不用命、梁念殺假等、榮未必多出兵、不如依春秋寄公待以禮也、又可以貿易他利以除己害、遂背德可輔假以伐齊、故曰、市、貿易也、晉灼曰、假故齊王建之弟、欲令楚殺之以爲己利、而楚保全不殺以買其計、故曰市也、【索隱】按張晏云、市、貿易也、韋昭云、市、利於齊也、故劉氏亦云、市、猶要也、留田假而不殺、欲以要齊田榮也、【考證】田閒爲與國之王數語、田儋傳以爲楚懷王言、顏師古曰、市者以角閒市取齊兵也、直言趙不殺角閒以求齊兵耳、齊遂不肯發兵助楚。項梁使沛公及項羽、別攻城陽。屠之。【正義】括地志云、濮州雷澤縣、本漢城陽縣、在州東九十一里、地理志云、城陽屬濟陰郡、古郕伯國、姬姓之國、史記周武王

封季弟載于郕、其後遷於城之陽、故曰城陽、【考證】錢大昕曰、城陽當作成陽、縣名、屬濟陰郡、非齊之城陽國也、梁玉繩曰、史漢成陽之與城陽往往互書、蓋古字通借、不定是誤、然亦頗淆混矣、愚按、成陽、山東曹州府濮州東南、西破秦軍濮陽東。【正義】括地志云、濮陽縣、在濮州西八十六里、濮陽縣也、古昊之國、按攻城陽屠之、西破秦軍濮陽縣也、東卽此縣東、【考證】濮陽、直隸大名府開州南、秦兵收入濮陽。沛公・項羽、乃攻定陶。【正義】定陶、曹州城也、從濮陽南攻定陶、【考證】定陶、山東曹州府定陶縣西北、定陶未下。去西略地至雝丘。【正義】雍丘、今汴州縣也、地理志云、古杞國、武王封禹後於杞、號東樓公、二十一世簡公、爲楚所滅、卽此城也、【考證】雍丘、河南開封府杞縣治、大破秦軍、斬李由。【集解】應劭曰、由、李斯子也、還攻外黃。【正義】括地志云、故周城、卽外黃之地、在雍丘縣東、張晏曰、魏郡有內黃縣、故加外也、臣瓚曰、縣有黃溝、故名、【考證】外黃、開封府杞縣東、外黃未下。項梁起東阿西北至定陶、再破秦軍。【考證】古鈔本、三條本、北作比、王念孫曰、漢書作比至定陶、是也、定陶在東阿之西南、不得言西北至定陶也、項羽等又斬李由、益輕秦、有驕色。宋義乃諫項梁曰、戰勝而將驕卒惰者敗。今卒少惰矣、秦兵日益。臣爲君畏之。項梁弗聽。

乃使宋義使於齊。道遇齊使者高陵君顯。【集解】張晏曰、顯、名也、高陵、縣名、【索隱】按晉灼云、高陵、屬琅邪、【考證】凌稚隆曰、漢紀云、宋義故楚令尹、曰、公將見武信君乎。曰、然。曰、臣論武信君軍必敗。公徐行卽免死。疾行則及禍。秦果悉起兵益章邯。擊楚軍大破之定陶。項梁死。沛公・項羽、去外黃攻陳留。【考證】陳留、河南開封府陳留縣、陳留堅守不能下。沛公・項羽相與謀曰、今項梁軍破、士卒恐。【考證】楓、三本、無能字、董份曰、項羽不宜自稱季父之名、沛公於羽前亦必不名其季父、項梁字誤也、陳仁錫曰、項梁當作武信君、梁玉繩曰、高紀項羽曰、懷王者吾家項梁所立、與此同誤、乃與呂臣軍俱引兵而東。【考證】何焯曰、一路向西北、而引兵而東、暫以兵敗也、呂臣軍彭城東、項羽軍彭城西、沛公軍碭。【集解】應劭曰、碭、屬梁國、蘇林曰、碭、音唐、【正義】括地志云、宋州碭山縣、本漢碭縣也、在宋州東百五十里、【考證】碭、江蘇徐州府碭山縣南、章邯已破項梁軍、則以爲楚地兵不足憂。乃渡河擊趙、大破之。當此時趙歇爲王、陳餘

爲將、張耳爲相。【考證】徐孚遠曰、陳餘將兵在外、未入鉅鹿城、此語誤、梁玉繩曰、陳餘爲將四字、因下文而衍、皆走入鉅鹿城。章邯令王離・涉閒圍鉅鹿。【集解】張晏曰、涉姓、閒名、秦將也、【考證】直隸順德平鄉縣、章邯軍其南、築甬道而輸之粟。【集解】應劭曰、恐敵抄輜重、故築牆垣如街巷也、陳餘爲將、將卒數萬人、而軍鉅鹿之北。此所謂河北之軍也。【考證】高祖紀亦有此語、岡白駒曰、當時有此成語、楚兵已破於定陶。懷王恐、從盱台之彭城、并項羽・呂臣軍自將之。以呂臣爲司徒、以其父呂青爲令尹。【集解】應劭曰、天子曰師尹、諸侯曰令尹、時去六國尚近、故置令尹、瓚曰、諸侯之卿、唯楚稱令尹、時立楚之後、故置官司、皆如楚舊、以沛公爲碭郡長。【集解】蘇林曰、長如郡守也、封爲武安侯、將碭郡兵。【考證】高祖紀云、封項羽爲長安侯、號曰魯公、漢書高祖紀云、以羽爲魯公、封長安侯、初宋義所遇齊使者高陵君顯在楚軍、見楚王。【考證】楚王卽楚懷王、漢書項籍列傳、作見楚懷王、曰、宋義論武信君之軍必敗。居數日、軍果敗。兵未戰而

先見敗徵。此可謂知兵矣。王召宋義與計事、而大說之。因置以爲上將軍。項羽爲魯公、爲次將、范增爲末將、救趙。諸別將皆屬宋義。【考證】梁玉繩曰、漢紀云、宋義故楚令尹、大事記曰、懷王義爲元帥者、非特喜其知兵、亦以楚耆舊大臣故、尊任親倚之、史漢不載爲楚令尹、荀氏所據必楚漢春秋也、號爲卿子冠軍。【集解】徐廣曰、卿一作慶、文穎曰、卿子、時人相尊之辭、猶言公子也、上將、故言冠軍、張晏曰、若霍去病功冠三軍、因封爲冠軍侯、至今爲縣名、行至安陽、留四十六日、不進。【索隱】按傅寬傳云、從攻安陽扛里、則安陽與扛里俱在河南、顏師古以爲今相州安陽、今檢後魏書地形志云、己氏有安陽城、隋改己氏爲楚丘、今宋州楚丘西北四十里、有安陽故城是也、【正義】括地志云、安陽縣、相州所理縣、七國時魏寧新中邑、秦昭王拔魏寧新中、更名安陽、張耳傳云、章邯軍鉅鹿南、築甬道屬河、餉王離、項羽數絕邯甬道、王離軍乏食、項羽悉引兵渡河、遂破章邯圍鉅鹿下、又云、渡河湛船、持三日糧、按從滑州白馬津齎三日糧、不至邢州、明此渡河、相州漳河也、宋義遣其子襄相齊、送之至無鹽、卽今鄆州之東宿城是也、若依顏監說、在相州安陽、宋義送子、不可棄軍渡河、南向齊、西南入兗界、飲酒高會、非入齊之路、義雖知送子、曲由宋州安陽、理順、然向鉅鹿、甚遠、不能數絕章邯甬道、及持三日糧至也、均之二理、安陽送子、至無鹽爲長、濟河絕甬道、持三日糧、事有遲留、史家多不委曲說之也、【考證】沈欽韓曰、安陽、以下文宋義送子至無鹽證之、謂在己氏者

是也、愚按、安陽、山東曹州府曹縣東、項羽曰、吾聞秦軍圍趙王鉅鹿。疾引兵渡河、楚擊其外、趙應其內、破秦軍必矣。宋義曰、不然。夫搏牛之蝱、不可以破蟣蝨。【集解】如淳曰、用力多而不可以破蟣蝨、猶言欲以大力伐秦、而不可以救趙也、【索隱】張晏云、搏音博、韋昭云、蝱大在外、蝨小在內、故顏師古言、以手擊牛之背、可以殺其上蝱、而不能破其內蝨、喩方欲滅秦、不可與章邯卽戰也、鄒氏、搏音附、今按言蝱之搏牛、本不擬破其上之蟣蝨、以言志在大不在小也、【考證】顏說爲是、今秦攻趙。戰勝則兵罷。我承其敝。不勝、則我引兵鼓行而西。必舉秦矣。【考證】胡三省曰、鼓行者、擊鼓而行、堂堂之陳也、故不如先鬭秦・趙。夫被堅執銳、義不如公。坐而運策、公不如義。因下令軍中曰、猛如虎、很如羊、【正義】很、何懇反、貪如狼、彊不可使者、皆斬之。【考證】胡三省曰、暗指羽、乃遣其子宋襄相齊、身送之至無鹽。【索隱】按地理志、東平郡之縣、在今鄆州之東也、【考證】徐孚遠曰、田榮與項梁有隙、梁死楚弱、宋義欲結援於齊、以子相之、愚按、無鹽、泰安府東平州東、飲酒高會。【集解】韋昭曰、皆召尊爵、故云高、【索隱】韋昭曰、皆召尊

爵者、故曰高會、服虔云、大會是也、【考證】高會、服說是、天寒大雨、士卒凍飢。項羽曰、將戮力而攻秦。久留不行。今歲饑民貧、士卒食芋菽、【集解】徐廣曰、芋一作半、半、五升器也、駰案、瓚曰、士卒食蔬菜、以菽雜半之、【索隱】芋、蹲鴟也、菽、豆也、故臣瓚曰、士卒食蔬菜、以菽雜半之、則芋菽義亦通、漢書作半菽、徐廣曰、芋一作半、半五升也、王劭曰、半、量器名、容半升也、【考證】芋菽、瓚說是、漢書芋作半、軍無見糧。【正義】胡練反、顏監云、無見在之糧、乃飲酒高會、不引兵渡河、因趙食、與趙并力攻秦、乃曰、承其敝。夫以秦之彊、攻新造之趙。其勢必舉趙。趙舉而秦彊。何敝之承。且國兵新破、王坐不安席、埽境內而專屬於將軍。國家安危、在此一舉。今不恤士卒而徇其私。非社稷之臣。【索隱】私、謂使其子相齊、是徇其私情、崔浩云、徇、營也、項羽晨朝上將軍宋義。【考證】趙翼曰、古時凡詣人皆曰朝、呂覽、堯朝許由於沛澤之中、是也、秦漢時僚屬謁長官亦曰朝、史記、項羽晨朝上將軍、是也、論語、冉子退朝、則大夫家亦稱朝、秦漢以來郡縣坐衙視事、亦曰朝、卽其帳中、斬宋義頭、出令軍中曰、宋義

與齊謀反楚。楚王陰令羽誅之。【考證】梁玉繩曰、古人亦自稱字、漢書匡衡傳注引衡與貢禹書言匡鼎白、後書周黃徐姜申屠傳序、述閔貢語云、閔仲叔豈以口腹累安邑邪、漢書羽作籍、愚按當從漢書作籍、下文籍何以至此、籍獨不愧於心乎、可證、當是時諸將皆慴服、莫敢枝梧。【集解】如淳曰、梧音悟、枝梧、猶枝捍也、瓚曰、小柱爲枝、邪柱爲梧、今屋梧邪柱是也、【正義】枝音之移反、梧音悟、皆曰。首立楚者將軍家也。今將軍誅亂。乃相與共立羽爲假上將軍、【正義】未得懷王命也、假攝也、使人追宋義子。及之齊。殺之。使桓楚報命於懷王。懷王因使項羽爲上將軍。【集解】徐廣曰、二世三年十一月、當陽君・蒲將軍、皆屬項羽。【考證】當陽君、英布、項王已殺卿子冠軍、威震楚國、名聞諸侯。乃遣當陽君・蒲將軍、將卒二萬渡河、【正義】漳水、救鉅鹿。戰少利。【考證】岡白駒曰、少得利、陳餘復請兵項羽。乃悉引兵渡河。皆沈船破釜甑燒廬舍、持三日糧以示士卒必死、無一還心。於是至

則圍王離、與秦軍遇、九戰絕其甬道、大破之。【考證】中井積德曰、是謂章邯軍也、非王離、殺蘇角、【集解】文穎曰、秦將也、虜王離。涉閒不降楚。自燒殺。當是時、楚兵冠諸侯。【考證】中井積德曰、是時諸侯兵非不戰也、冠字可以見、張耳傳可參、諸侯軍救鉅鹿下者十餘壁。莫敢縱兵。【考證】中井積德曰、下字疑衍、漢書無、及楚擊秦、諸將皆從壁上觀。楚戰士無不一以當十。楚兵呼聲動天。【考證】楓、三本、無以字、諸侯軍無不人人惴恐。【集解】漢書音義曰、惴音章瑞反、於是已破秦軍、項羽召見諸侯將。入轅門、【集解】張晏曰、軍行以車爲陳、轅相向爲門、故曰轅門、【考證】毛本、重諸侯將三字、無不膝行而前、莫敢仰視。【考證】陳仁錫曰、疊用三無不字、有精神、漢書去其二、遂乏氣魄、項羽由是始爲諸侯上將軍。諸侯皆屬焉。章邯軍棘原。【集解】張晏曰、在漳南、晉灼曰、地名、在鉅鹿南、【考證】直隸順德府平鄉縣南、項羽軍漳南。【正義】括地志云、濁漳水、一名漳水、今俗名柳河、在邢州平鄉縣南、注水經云、漳水一名大漳水、兼有涭水之目也、相持未戰。秦軍數

郤。二世使人讓章邯。章邯恐、使長史欣請事。至咸陽留司馬門三日。【集解】凡言司馬門者、宮垣之內、兵衞所在、四面皆有司馬、主武事、總言宮之外門爲司馬門也、【索隱】按天子門有兵闌、曰司馬門也、趙高不見。有不信之心。長史欣恐、還走其軍。不敢出故道。【正義】走、音奏、趙高果使人追之。不及。欣至軍報曰。趙高用事於中。下無可爲者。今戰能勝、高必疾妒吾功。戰不能勝、不免於死。願將軍孰計之。【考證】楓、三本、無疾字、陳餘亦遺章邯書曰。白起爲秦將、南征鄢郢、北阬馬服、攻城略地、不可勝計。而竟賜死。【索隱】韋昭云、趙奢子括也、代號馬服、崔浩云、馬服、趙官名、言服武事、【考證】中井積德曰、括是馬服君之子、故當時稱馬服也、愚按韓非顯學篇、趙任馬服之辯而有長平之禍、亦以馬服稱趙括、蒙恬爲秦將、北逐戎人、開榆中地數千里。【索隱】服虔云、金城縣所治、蘇林曰、在上郡、崔浩云、蒙恬樹榆爲塞也、竟斬陽周。【集解】孟康曰、縣屬上郡、【正義】括地志云、寧州羅川縣、在州東南七十里、漢陽周縣、何者、功多秦不能

盡封、因以法誅之。今將軍爲秦將三歲矣。所亡失以十萬數。【考證】漢書以作已、而諸侯並起滋益多。彼趙高素諛日久。今事急、亦恐二世誅之。故欲以法誅將軍以塞責、使人更代將軍、以脫其禍。夫將軍居外久、多內郤。有功亦誅、無功亦誅。且天之亡秦、無愚智皆知之。今將軍內不能直諫、外爲亡國將、孤特獨立、而欲常存。豈不哀哉。將軍何不還兵與諸侯爲從、約共攻秦、分王其地、南面稱孤。【索隱】此諸侯、謂關東諸侯也、何以知然、文穎曰、關東爲從、關西爲橫、高誘曰、關東地形從長、蘇秦相六國、號爲合從、關西地形橫長、張儀相秦、壞關東從、使與秦合、號曰連橫、【考證】顏師古曰、還兵、謂廻兵內嚮以攻秦也、此孰與身伏鈇質、妻子爲僇乎。【索隱】公羊傳云、加之鈇質、何休云、要斬之罪、崔浩云、質、斬人椹也、又郭注三蒼云、質、莝椹也、章邯狐疑、陰使候始成使項羽。欲約、約未成。【集解】張晏曰、候、軍候、【索隱】候、軍候、官名、始成、其名、項羽使

蒲將軍日夜引兵渡三戶。【集解】服虔曰、漳水津也、張晏曰、三戶、地名、在梁淇西南、孟康曰、津峽名也、在鄴西三十里、【索隱】水經注云、漳水東經三戶峽爲三戶津也、洪、當爲滏、案晉八王故事云、王浚伐鄴、前至梁淇、蓋梁滏在鄴西四十里、孟康云、在鄴西三十里、又闞駰十三州志云、鄴北五十里、梁期故縣也、字有不同、軍漳南、與秦戰、再破之。項羽悉引兵擊秦軍汙水上、大破之。【集解】徐廣曰、在鄴西、【索隱】汙、音于、郡國志、鄴縣有汙城、酈元云、汙水出武安山東南、經汙城北入漳、【正義】括地志云、汙水源出懷州河內縣北大行山、又云、故邘城在河內縣西北二十七里、古邘國地也、左傳云、邘晉應韓武之穆也、【考證】中井積德曰、前稱羽軍漳南、此遣軍渡三戶則往在漳北也、此漳南當作漳北、愚按漢書亦作漳南、汙水在臨漳縣西南、出武安山、入漳、今絕、章邯使人見項羽欲約。項羽召軍吏謀曰。糧少。欲聽其約。軍吏皆曰。善。項羽乃與期洹水南殷虛上。【集解】徐廣曰、二世三年七月也、駰案應劭曰、洹水在陽陰界、殷墟、故殷都也、瓚曰、洹水在今安陽縣北、去朝歌殷都一百五十里、然則此殷虛非朝歌也、汲冢古文曰、盤庚遷于此、汲冢曰、殷虛南去鄴三十里、是舊殷虛、然則朝歌非盤庚所遷者、【索隱】按釋例云、洹水出汲郡林慮縣東北、至長樂入清水、是也、汲冢古文云、盤庚自奄遷于北蒙、曰殷虛、南去鄴州三十里、是殷虛南舊地、名號北蒙也、【考證】凌稚隆曰、邯始欲約、約未成、而羽使擊之、既復欲約、因糧少而後聽之、此太史公敘事縝密處、而羽之兵

法亦概見矣、已盟。章邯見項羽而流涕、爲言趙高。項羽乃立章邯爲雍王、置楚軍中、使長史欣爲上將軍、將秦軍爲前行、【正義】胡郎反、【考證】顏師古曰、前行、謂居前而行、到新安。【正義】括地志云、新安故城在洛州澠池縣東一十三里、漢新安縣城也、即阬秦卒處、【考證】新安、河南澠池縣東、諸侯吏卒異時故繇使屯戍過秦中。秦中吏卒遇之多無狀。及秦軍降諸侯、諸侯吏卒乘勝多奴虜使之、輕折辱秦吏卒。秦吏卒多竊言曰。章將軍等詐吾屬降諸侯。今能入關破秦、大善。即不能、諸侯虜吾屬而東、秦必盡誅吾父母妻子。諸將微聞其計以告項羽。項羽乃召黥布·蒲將軍計曰。秦吏卒尚衆。其心不服。至關中不聽、事必危。不如擊殺之、而獨與章邯、長史欣、都尉翳入秦。於是楚軍夜擊、阬秦卒二十餘萬人新

安城南。【集解】徐廣曰、漢元年十一月、【考證】楓、三本、無人字、行略定秦地、至函谷關。【集解】文穎曰、時關在弘農縣衡山嶺、今移在河南穀城縣、【索隱】文穎曰、在弘農縣衡山嶺、今移在穀城、顏師古云、今桃林縣南有洪溜澗水、即古之函關、按山形如函、故稱函關、【正義】括地志云、函谷關在陝州桃林縣西南十二里、秦函谷關也、圖記云、西去長安四百餘里、路在谷中、故以爲名、【考證】至字各本奪、依楓、三本及漢傳補、有兵守關、不得入。又聞沛公已破咸陽、項羽大怒、使當陽君等擊關、項羽遂入、至于戲西。沛公軍霸上、未得與項羽相見。【考證】霸上、即白鹿原、在西安府咸寧縣東、水經注、白鹿原東即霸川之西、謂之霸上、沛公左司馬曹無傷使人言於項羽曰。沛公欲王關中、使子嬰爲相、珍寶盡有之。【考證】梁玉繩曰、范增曰、沛公入關、財物無所取、沛公謂項伯曰、吾入關、秋毫不敢有所近、籍吏民封府庫、而待將軍、樊噲謂項羽曰、沛公入咸陽、毫毛不敢有所近、封閉宮室、還軍霸上、又高紀謂沛公封秦重寶財物府庫、是高祖之不取秦寶物、皆張良樊噲一諫之力、而曹無傷珍寶盡有之語、徒以媚羽求封耳、但蕭何世家云、沛公至咸陽、諸將皆爭走金帛財物之府分之、然則曹無傷之言、未盡虛妄、謝項羽之玉璧、與亞父之玉斗、高祖何從得之、可知非毫無所取也、項羽大怒曰。旦日饗士卒、爲擊破

沛公軍。當是時、項羽兵四十萬、在新豐鴻門。【集解】孟康曰、在新豐東十七里、舊大道北下阪口名也、【考證】中井積德曰、新豐亦從後言之也、當時無新豐、愚按、鴻門坂名、在臨潼縣東、今曰項王營、沛公兵十萬、在霸上。范增說項羽曰。沛公居山東時、貪於財貨、好美姬。【考證】楓、三本、無時字、今入關、財物無所取、婦女無所幸。此其志不在小。吾令人望其氣、皆爲龍虎成五采。此天子氣也。急擊勿失。【考證】漢書高紀、無虎字、愚按、是史家假託之也、亞父恐無此言、楚左尹項伯者、項羽季父也。【索隱】名纏、字伯、後封射陽侯、【考證】中井積德曰、季而字伯、不知何緣故、素善留侯張良。張良是時從沛公。項伯乃夜馳之沛公軍、私見張良、具告以事、欲呼張良與俱去。曰。毋從俱死也。【考證】古鈔本、楓、三本、從作徒、王念孫曰、從俱死、當作徒俱死、漢書高紀作特俱死、注、特、但也、空也、空死而無成名也、張良曰。臣爲韓王送沛公。【正義】爲、于僞反、【考證】是蓋假託之言、非事實、沛公今事有急。亡去不義。不可不

語。【考證】楓三本、無沛公二字、良乃入具告沛公。沛公大驚曰。爲之柰何。張良曰。誰爲大王、爲此計者。【考證】徐孚遠曰、此時沛公未得稱王、及項羽稱王、皆自後追言、未刪正也、梁玉繩曰、前後俱稱沛公、何忽于張良三稱大王邪、留侯世家作沛公、是、曰。鯫生【集解】徐廣曰、鯫、音士垢反、魚名、駰案、服虔曰、鯫、音淺、鯫、小人貌也、瓚曰、楚漢春秋、鯫、姓也、說我曰。距關毋內諸侯。秦地可盡王也。故聽之。良曰。料大王士卒、足以當項王乎。【考證】梁玉繩曰、羽時亦未王、故沛公稱羽將軍、以其爲諸侯上將軍也、史乃豫書爲王、此下項伯曰項王、范增項莊曰、君王、張良樊噲曰、項王大王、凡書王者三十八、似失史體、留侯世家樊噲傳及漢書、俱不言王、甚是、惟樊噲語未盡改耳、顧炎武曰、沛公但稱羽爲將軍、而樊噲則稱大王、其時羽未王也、張良曰、誰爲大王、畫此計者、其時沛公亦未王也、此皆臣下尊奉之詞、史家因而書之、今百世之下、辭氣宛然如見、又如黃歇上書秦昭王、書先帝文王武王、其時秦亦未爲帝、必以書法裁之、此不達古今者矣、愚按、梁說是、沛公默然。曰。固不如也。且爲之柰何。張良曰。請往謂項伯、言沛公不敢背項王也。沛公曰。君安與項伯有故。張良曰。秦時與臣游。項伯殺人、臣活之。今事有急。故

幸來告良。沛公曰。孰與君少長。良曰。長於臣。沛公曰。君爲我呼入。吾得兄事之。張良出要項伯。項伯卽入見沛公。沛公奉卮酒爲壽、約爲婚姻。【考證】顏師古曰、凡言爲壽、謂進爵於尊者、而獻無疆之壽、曰。吾入關、秋豪不敢有所近。籍吏民封府庫、而待將軍。所以遣將守關者、備他盜之出入與非常也。日夜望將軍至。豈敢反乎。願伯具言臣之不敢倍德也。項伯許諾。謂沛公曰。旦日不可不蚤自來謝項王。沛公曰。諾。【考證】中井積德曰、項伯語中、不宜言項王、於是項伯復夜去至軍中、具以沛公言報項王。因言曰。沛公不先破關中、公豈敢入乎、今人有大功、而擊之不義也。不如因善遇之。【考證】楓三本、曰上無言字、梁玉繩曰、項伯之招子房、非奉羽之命也、何以言報、且私良會沛、伯負漏師之重罪、尚能告羽乎、使羽詰曰、公安與沛公語、則伯將奚對、史果可盡信哉、項王許

諾。沛公旦日從百餘騎來見項王、至鴻門謝曰。臣與將軍勠力而攻秦。將軍戰河北、臣戰河南。然不自意能先入關破秦、得復見將軍於此。今者有小人之言。令將軍與臣有郤。項王曰。此沛公左司馬曹無傷言之。不然籍何以至此。項王卽日因留沛公、與飮。項王・項伯東嚮坐、亞父南嚮坐。亞父者范增也。【集解】如淳曰、亞、次也、尊敬之次父、猶管仲爲仲父、【考證】楓三本、不然作不者、無卽日二字、劉攽曰、仲父自是管仲之字、亞父亦增字、黃淳耀曰、古人尚右、故宗廟之制、皆南向、而廟主則東向、主賓之禮亦然、儀禮鄉飲酒禮篇、賓復位、當西序東面、是也、韓信傳、廣武君東面坐、西嚮對而師事之、項羽得王陵母、置軍中、陵使至、則東向坐陵母、欲以招陵、周勃不好文學、每召諸生說事、東向坐責之、皆以東爲尊、然則鴻門坐次、首項王項伯、次亞父、次沛公也、中井積德曰、堂上之位、對堂下者、南嚮爲貴、不對堂下者、唯東嚮爲尊、不復以南面爲尊、沛公北嚮坐、張良西嚮侍。范增數目項王、舉所佩玉玦以示之者三。項王默然不應。【考證】胡三省曰、玦如環而有缺、增舉以示羽、蓋欲其決意殺沛公也、

范增起、出召項莊、【正義】項羽從弟、謂曰。君王爲人不忍。【考證】韓信云、項王見人恭敬慈愛、言語嘔嘔、人有疾病、泣涕分食飮、至使人有功、當封爵者、印刓弊、忍不能予、此所謂婦人之仁也、高起王陵云、項羽仁而敬人、與范增言對看、項羽其人可想、若入前爲壽。壽畢請以劍舞、因擊沛公於坐殺之。不者、若屬皆且爲所虜。莊則入爲壽。壽畢曰。君王與沛公飮。軍中無以爲樂。請以劍舞。項王曰。諾。項莊拔劍起舞。項伯亦拔劍起舞。常以身翼蔽沛公。莊不得擊。於是張良至軍門見樊噲。樊噲曰。今日之事何如。良曰。甚急。今者項莊拔劍舞。其意常在沛公也。噲曰。此迫矣。臣請入與之同命。噲卽帶劍擁盾入軍門。【正義】擁、紆拱反、盾、食允反、交戟之衛士、欲止不內。樊噲側其盾以撞。【正義】直江反、衛士仆地。噲遂入、披帷西嚮立、瞋目視項王。【正義】瞋、昌眞反、頭髮上

指、目眥盡裂。【正義】眥、自賜反、項王按劍而跽【索隱】其紀反、謂長跪、曰、客何為者。張良曰、沛公之參乘樊噲者也。項王曰、壯士、賜之巵酒。則與斗巵酒。噲拜謝、起立而飲之。項王曰、賜之彘肩。則與一生彘肩。【考證】李笠曰、漢書樊噲傳、與下無斗字、巵受四升、不得斗巵酒、上云賜之巵酒、下云巵酒安足辭、此非泛言可知、斗蓋衍字、梁玉繩曰、生字疑誤、彘肩不可生食、且此物非進自庖人、即撤自席上、何以生邪、孫侍郎曰、蓋故以此試之也、樊噲覆其盾於地、加彘肩上、拔劍切而啗之。【索隱】啗、徒覽反、凡以食餧人則去聲、自食則上聲、項王曰、壯士、能復飲乎。樊噲曰、臣死且不避。巵酒安足辭。夫秦王有虎狼之心。殺人如不能舉。刑人如恐不勝。天下皆叛之。【考證】岡白駒曰、如不能舉、必極力而後已、愚按齊世家、賦斂如弗得、刑罰恐弗勝、韓非子難二、治亂之術、如恐不勝、注、重刑也、懷王與諸將約曰、先破秦入咸陽者王之。今沛公先破秦入咸陽。豪毛不敢有所近。封閉宮室、還軍霸上、

以待大王來。故遣將守關者、備他盜出入與非常也。【考證】漢書修故字、為所以、勞苦而功高如此。未有封侯之賞。而聽細說欲誅有功之人。此亡秦之續耳。竊為大王不取也。【考證】樊噲傳、細說、作小人之言、中井積德曰、此大王亦非當時之言、項王未有以應。曰、坐。樊噲從良坐。坐須臾、沛公起如廁。因招樊噲出。沛公已出。項王使都尉陳平召沛公。【集解】徐廣曰、一本無都字、【考證】史中、陳平始見、明年平去楚歸漢、沛公曰、今者出、未辭也。為之奈何。樊噲曰、大行不顧細謹。大禮不辭小讓。如今人方為刀俎、我為魚肉。何辭為。【考證】李斯傳云、大行不小謹、盛德不辭讓、酈食其傳、舉大事不細謹、盛德不辭讓、於是遂去。乃令張良留謝。良問曰、大王來何操。曰、我持白璧一雙、欲獻項王。玉斗一雙、欲與亞父。會其怒不敢獻。公為我獻之。【考證】斗、酒器、張良曰、謹

諾。當是時項王軍在鴻門下。沛公軍在霸上。相去四十里。沛公則置車騎。【考證】胡三省曰、置、留也、留車騎於鴻門、不以自隨、脫身獨騎、與樊噲・夏侯嬰・靳彊・紀信等。【索隱】漢書作紀通、通、紀成之子、四人持劍盾、步走、從酈山下、道芷陽閒行。【考證】胡三省曰、閒、空也、投空隙而行、沛公謂張良曰、從此道至吾軍不過二十里耳。度我至軍中、公乃入。沛公已去、閒至軍中。張良入謝曰、沛公不勝桮杓、不能辭。謹使臣良奉白璧一雙、再拜獻大王足下、玉斗一雙、再拜奉大將軍足下。項王曰、沛公安在。良曰、聞大王有意督過之、脫身獨去。已至軍矣。【集解】如淳曰、脫身逃還其軍、項王則受璧置之坐上。亞父受玉斗置之地、拔劍撞而破之曰、唉、豎子不足與謀。奪項王天下者、必沛公也。吾屬今為之

虜矣。【集解】徐廣曰、唉、烏來反、【索隱】音虛其反、皆歎恨發聲之辭、【考證】豎子、斥項莊輩、而暗譏項羽也、若以為直斥項羽、則下文項王二字不可解、沛公至軍、立誅殺曹無傷。【考證】董份曰、當時鴻門之宴、必有禁衛之士、訶訊出入、沛公恐不能輒自逃酒、且疾走二十里、亦己移時、沛公良噲三人俱出良久、羽在內、何為竟不一問、而在外竟無一人為羽之耳目者、任其出入往來、而莫之誰何、恐無此理、矧范增欲擊沛公、惟恐失之、豈容在外良久、而不亟召之耶、此皆可疑者、史固難盡信哉、豈天擁護真主、一時人皆迷耶、徐孚遠曰、漢主脫身至軍、董潯陽疑之、固當、然觀史記敘漢人飲中多有更衣、或如廁竟去、而主人不知者、意當時之飲、與今少異、又云步走、或史遷誤也、吳裕垂曰、間有良駿行四十里、而杯猶溫者、漢主之能疾行得此力也、其所云步行出鴻門、故羽不及覺、其得之疾行至軍者、豈沛公來時、良於酈山道中、豫伏精兵良駿以為脫身之計歟、而沛公良噲三人甫出、羽固使陳平出召矣、而卒得脫歸者、抑沛公此時己有私交於平歟、陳平私縱於外、項伯排解於內、固無難緩步徐行、而歸霸上矣、而況豫備良駿於驪山之下哉、居數日。項羽引兵西屠咸陽、殺秦降王子嬰、燒秦宮室。火三月不滅。收其貨寶婦女而東。【考證】梁玉繩曰、前己屢書項王、此後又攙三語、曰項羽引兵西屠咸陽、曰項羽方渡河救趙、曰引其兵降項羽、何也、愚按、項羽楚人、既失其祖、又失其季父、怨秦入骨、其入咸陽、猶伍子胥入郢、殺王屠民燒宮殿、以快其心者、亦不足異、謂之無深謀遠慮可也、謂之殘虐非道者、未解重瞳子心事、又按此時沛公年已五十、思慮既熟、項羽年二十加六、血氣方剛、彼接物周匝稱密、不

敢妄動、此當事眞摯勇決、任意徑行、是二人成敗之所以分也、人或說項王曰、關中阻山河四塞。【集解】徐廣曰、東函谷、南武關、西散關、北蕭關、地肥饒、可都以霸。項王見秦宮室皆以燒殘破、【考證】漢書、以作已、通、言關中可都者、不始於婁敬、蓋當時定論、又心懷思欲東歸、曰、富貴不歸故鄉、如衣繡夜行。誰知之者。【考證】鄉行、韻、高祖紀云、高祖過沛、置酒起舞、慷慨傷懷、泣數行下、謂沛父兄曰、游子悲故鄉、吾雖都關中、萬歲後吾魂魄猶樂思沛、此與項羽心事全同、世與彼而不與是、何耶、說者曰、人言、楚人沐猴而冠耳。果然。【集解】張晏曰、沐猴、獼猴也、【索隱】言獼猴不任久著冠帶、以喻楚人性躁暴、果然、言果如人言也、【考證】唯言項羽不任衣冠耳、項王聞之、烹說者。【集解】楚漢春秋、楊子法言云、說者是蔡生、漢書云、是韓生、項王使人致命懷王。懷王曰、如約。乃尊懷王爲義帝。項王欲自王、先王諸將相。謂曰、天下初發難時、【集解】服虔曰、兵初起時、【正義】難、乃憚反、假立諸侯後以伐秦。然身被堅執銳首事、暴露於野三年、滅秦定天下者、皆將相諸君與

籍之力也。【正義】㬥、蒲北反、義帝雖無功、故當分其地而王之。【考證】故、漢書作固、通、諸將皆曰、善。乃分天下、立諸將爲侯王。項王・范增疑沛公之有天下。業已講解、【集解】蘇林曰、講、和也、【索隱】服虔云、解、折伏也、說文云、講、和解也、漢書作媾解、蘇林云、媾、和也、是講之與媾俱訓和也、業、事也、言雖有疑心、然事已和解也、【考證】業、猶既也、又惡負約、恐諸侯叛之、乃陰謀曰、巴・蜀道險。秦之遷人皆居蜀。乃曰、巴・蜀亦關中地也。故立沛公爲漢王。【集解】徐廣曰、以正月立、王巴・蜀・漢中、都南鄭。【正義】括地志云、南梁州所理縣也、【考證】南鄭、陝西漢中、而三分關中、王秦降將以距塞漢王。項王乃立章邯爲雍王、王咸陽以西、都廢丘。【索隱】孟康曰、縣名、今槐里是也、韋昭曰、周時名犬丘、懿王所都、秦欲廢之、故曰廢丘、【正義】括地志云、犬丘故城、一名廢丘、故城在雍州始平縣東南十里、地理志云、漢高二年、引水灌廢丘、章邯自殺、更廢丘曰槐里、【考證】廢丘、興平縣、屬西安府、長史欣者、故爲櫟陽獄掾。嘗有德於項梁。都尉董翳者、本勸章邯降楚。故立

司馬欣爲塞王、【集解】韋昭曰、在長安東、名桃林塞、王咸陽以東至河、都櫟陽。【集解】蘇林曰、櫟、音藥、【正義】括地志云、櫟陽故城、一名萬年城、在雍州櫟陽東北二十五里、秦獻公之城櫟陽、卽此也、【考證】陝西西安府臨潼縣、立董翳爲翟王、王上郡、都高奴。【集解】文穎曰、上郡、秦所置、項羽以董翳爲翟王、更名爲翟、【索隱】按今鄜州有高奴城、【正義】括地志云、延州州城、卽漢高奴縣、【考證】翟、春秋白翟之地、高奴故城、在陝西延安府膚施縣東、徙魏王豹爲西魏王、王河東、都平陽。【考證】魏豹傳云、項羽欲有梁地、徙魏王豹於河東、平陽、山西平陽府、瑕丘申陽者、張耳嬖臣也。【集解】徐廣曰、一云瑕丘公也、服虔曰、瑕丘縣屬山陽、申姓、陽名、文穎曰、姓瑕丘、字申陽、瓚曰、瑕丘公申陽、是瑕丘縣名、先下河南郡、迎楚河上。故立申陽爲河南王、都雒陽。【正義】括地志云、洛陽故城在洛州洛陽縣東北二十六里、周公所築、卽成周城也、輿地志云、成周之地、秦莊襄王以爲洛陽縣、三川守理之、後漢都洛陽、改爲雒、漢以火德忌水、故去洛旁水而加隹、隹於行次爲土、土水之忌也、水得土而流、土得水而柔、故除隹而加水、韓王成因故都、都陽翟。【正義】括地志云、陽翟、洛州縣也、左傳云、鄭伯突入于櫟、杜預云、櫟、鄭別都、今河南陽翟縣、是也、地理志云、陽翟縣、是屬潁川郡、夏禹之國、【考證】陽翟、河南開封府禹州、趙將司馬卬定河內、數有功。

故立卬爲殷王、王河內、都朝歌。【考證】朝歌、河南衛輝府淇、徙趙王歇爲代王。趙相張耳素賢、又從入關。故立耳爲常山王、王趙地、都襄國。【正義】括地志云、邢州城、本漢襄國縣、秦置三十六郡於此、置信都縣、屬鉅鹿郡、項羽改曰襄國、立張耳爲常山王、理信都、地理志云、故邢侯國也、帝王世紀云、邢侯爲紂三公、以忠諫被誅、史記云、周武王封周公旦之子爲邢侯、左傳云、凡蔣邢茅、周公之胤也、【考證】襄國、直隸順德府邢臺縣、當陽君黥布爲楚將、常冠軍。故立布爲九江王、都六。【索隱】六縣、古國、皐陶之後、【正義】括地志云、故六城、在壽州安豐縣南百三十二里、本六國、偃姓、皐繇之後所封也、黥布亦皐繇之後、居六也、【考證】六、安徽六安州、鄱君吳芮、率百越佐諸侯、又從入關。【集解】韋昭曰、鄱、音蒲河反、初吳芮爲鄱令、故號曰鄱君、今鄱陽縣是也、【正義】番、番君、番、音婆、故立芮爲衡山王、都邾。【集解】文穎曰、邾、音朱、縣名、屬江夏、【正義】說文云、音誅、括地志云、故邾城、在黃州黃岡縣東南二十里、本春秋時邾國、邾子曹姓、狹居、至魯隱公徙蘄、音機、【考證】邾故城、在湖北黃州府黃岡縣東南、義帝柱國共敖、【正義】共、音恭、將兵擊南郡功多。因立敖爲臨江王、【集解】漢書音義曰、本南郡、改爲臨江國、都江陵。【正義】江陵、荊州縣、史記、江陵故郢都也、

【考證】江陵、湖北荊州府治、徙燕王韓廣爲遼東王。【集解】徐廣曰、都無終、燕將臧荼、從楚救趙、因從入關。故立荼爲燕王、都薊。【考證】薊、直隸順德府大興縣、徙齊王田市爲膠東王。【集解】徐廣曰、都卽墨、【正義】括地志云、卽墨故城、在萊州膠水縣南六十里、古齊地、本漢舊縣、膠、音交、在膠水之東、齊將田都、從共救趙、因從入關。故立都爲齊王、都臨菑。【索隱】按高紀及田儋傳云、臨濟、此言臨菑誤、【正義】菑、側其反、括地志云、青州臨菑縣也、卽古臨菑地也、一名齊城、古營丘之地、所封齊之都也、少昊時有爽鳩氏、虞夏時有季萴、殷時有逢伯陵、殷末有薄姑氏、爲諸侯國、此地後太公封方五百里、【考證】臨菑、山東青州府臨菑縣、故秦所滅齊王建孫田安、項羽方渡河救趙、田安下濟北數城、引其兵降項羽。故立安爲濟北王、都博陽。【正義】在濟北、【考證】博陽、山東泰安府泰安縣、有博縣故城、漢曰博陽、田榮者、數負項梁、又不肯將兵從楚擊秦。以故不封。【考證】一田榮不封、竟敗霸王大事、成安君陳餘、弃將印去、不從入關。【正義】地理志云、成安縣、在潁川郡、屬豫州、然素聞其賢有功於趙、聞

其在南皮、【正義】括地志云、故南皮城、在滄州南皮縣北四里、本漢皮縣城、卽陳餘所封也、【考證】南皮、直隸天津府南皮縣東北、故因環封三縣。【集解】漢書音義曰、繞南皮三縣以封之、【考證】洪亮吉曰、張耳嬖臣申陽皆封王、而陳餘祇侯、是餘尤不平者、番君將梅鋗、功多。故封十萬戶侯。【集解】韋昭曰、鋗、呼玄反、項王自立爲西楚霸王。【正義】貨殖傳云、淮以北沛陳汝南南郡、爲西楚也、彭城以東、東海吳廣陵爲東楚也、衡山九江江南豫章長沙、爲南楚、孟康云、舊名江陵爲南楚、吳爲東楚、彭城爲西楚、【考證】中井積德曰、此西楚其自號也、則地域任其所取、不得據貨殖傳作解、錢大昕曰、據貨殖傳似彭城是東楚非西楚、羽既都彭城、而東有吳會稽諸郡、乃以西楚爲號者、羽兼有梁楚地、梁在楚西、言西楚、則梁地亦兼其中矣、又據彼傳、三楚之分、大率以淮爲界、淮北爲西楚、淮南爲南楚、唯東楚跨淮南北、吳廣陵在淮之南、東海在淮之北、彭城亦在淮北、而介乎東西之間、故彭城以西、可稱西楚、彭城以東、可稱東楚也、王九郡。【考證】項羽、王梁楚九郡、史漢皆不詳其目、注家亦略、陳仁錫云、泗川、碭、薛、東海、臨淮、彭城、廣陵、會稽、鄣郡、九郡、梁玉繩駁之云、臨淮郡、漢武帝元狩六年置、彭城郡、宣帝地節元年置、廣陵國非郡、武帝元狩五年、更江都國爲廣陵、中間爲郡止三年、鄣郡之置、未知何時、秦無鄣郡、豈羽置之耶、全祖望云、秦於楚地置十郡、項王以漢中封高祖、九江封英布、南郡封共敖、以長沙爲義帝都、而自得東海、泗水、薛、會稽、南陽、黔中、秦於梁地置三郡、項王以河東封魏豹、而自得碭、東郡、凡得郡八、據史記以楚郡適得九郡之目、梁玉繩又駁之云、秦無楚郡、恐是誤會楚世家之文、南陽黔中、中隔數國、豈能遙屬于楚、姚鼐云、九郡蓋爲碭、東郡、陳、

泗川、東海、南陽、鄣、會稽、碭與東郡、故梁地也、自陳以東、故楚地也、故曰王梁楚、大抵西界、故韓、東至海、北界、上則距河、下則距泰山、南界、上則距淮、下則包踰江東、因天下之膏腴平壤矣、梁玉繩既論南陽不在九郡之數、秦亦無陳郡、姚說未可以爲是、錢大昕曰、史稱九郡、據當時分置郡名數之也、九郡者泗水也、東陽也、東海也、卽郯郡碭也、薛也、鄣也、吳也、會稽也、東郡也、梁也、梁玉繩從之、而張茂炯駁之云、吳會稽者、順帝永建二年始分兩郡、漢初安得有是名、梁楚之地、除長沙奉義帝、河東封魏豹、河內封司馬卬、河南封瑕丘申陽、南郡封共敖、江夏封吳芮、漢中封沛公、九江六安封英布、所餘有陳留、汝南、潁川、山陽、濟陰、零陽、桂陽、武陵、泗水、東海、會稽、丹陽、豫章、廬江、廣陵、臨淮十六郡、而汝南、桂陽、武陵、豫章、皆高帝置、陳留、零陽、臨淮、皆武帝置、山陽、濟陰、景帝始別爲國、楚漢之間尚無是名、惟潁川、泗水、卽沛郯、卽東海會稽、鄣、卽丹陽淮南、卽廬江東陽、卽廣陵碭、卽梁國薛、卽魯國是爲九郡、於誼方允、愚按、潁川、韓國、此時韓王成尚在、亦非梁楚地、張說未確、姑錄諸說以存疑、都彭城、【集解】孟康曰、舊名江陵爲南楚、吳爲東楚、彭城爲西楚、【正義】彭城、徐州縣、【考證】惲敬曰、自淮陰侯斥項王不居關中而都彭城、史家亦持此說、後之言地利者、祖之、以爲項王失計、無有大於此者、余謂項王之失計、在不救雍塞翟三王、而東擊齊、不在都彭城、何也、項王立沛公爲漢王、王巴蜀漢中、而三分關中、王章邯於雍、司馬欣於塞、董翳於翟、所以距塞漢王也、夫三人之非漢王敵、不必中人以上知之、項王起江東、敗秦救趙、遂霸諸侯、業雖不終、見豈必出中人下哉、吾嘗深推其故、而知項王都彭城、蓋以通三川之險也、通三川、蓋以救三秦之禍也、以彭城控三川、卽以三川控三秦、是故都彭城者、項王不得不然之計也、何以知其然也、乃者項王自王、蓋九郡焉、自淮以北、爲泗水、爲薛、爲郯、爲琅琊、爲陳、皆故楚地、七郡、與全姚錢張諸家說亦異、爲碭、爲東郡、皆故梁地、是時彭越未國、

地屬西楚、自淮以南爲會稽、會稽之分爲吳、灌嬰傳、得吳守、是也、亦故楚地、九郡者、項王所手定也、軍於手定之地、不患其不安、民於手定之地、不患其不習、國於手定之地、則諸侯不得以地大而指爲不均、據天下三分之一、以爭中原於腹心之間、此三代以來未有之勢也、彭城者居九郡之中、擧天下南北之脊、關外之形勝、必爭之地也、故曰都彭城者、項王不得不然之計也、雖然、項王之不取關中何也、曰、項王非不取關中也、乃者漢王先入關、義帝之約、固宜王者也、項王聽韓生之說而都之、關中之人安乎、不安乎、關外諸侯無異議乎、項王所手定之九郡、將以之分王乎、抑自制乎、度其勢必自制之矣、自制之、而一旦有警、其將去關中自將而東乎、關中者固漢王所手定也、舍己所手定之九郡而奪他人所手定之關中、既奪他人所手定之關中、又不分己所手定之九郡、一旦自將而東、天下之人安乎、不安乎、是故關中者項王所必取之地也、取之而名不順、勢不便、則緩取之、取之而名不順、勢不便、且召天下之兵、則以棄之者取之、何以知其然也、乃者陳涉首難、諸侯各收其地而王之矣、三王秦之人也、以秦之地付三王、此秦漢之際諸侯之法也、使三王者據全秦之勝、扼全蜀之衝、包南山之塞、窒棧道之隘、終身爲西楚藩衞、則朝貢徵發、何求而不可、若其以百戰之燼、生降之虜、寄仇讎之號令、驅鄉黨之儔匹、一有擾動、西楚廢其主、刈其民、若燎毛射縞耳、指揮既定、人心自固、誠如是也、漢王不得援前說以爭秦、諸侯不得擧前事以責楚、名與勢皆順便矣、所謂緩取之也、所謂以棄之者取之也、是故不付之張耳滅荼者、不以關外之將相制關中也、不付之共敖黥布者、不以西楚之將相制關中也、陽示天下以大公、而陰利三王之易取也、是故三秦者項王之寄地也、其告韓生曰、富貴不歸故鄉、如衣錦夜行、誰見之、此項王之設辭也、非項王之本計也、雖然關中重地也、取關中重計也、其取之之次第奈何、曰、項王之計、不急於收三秦之地也、急

於阻漢之東而已、何以知其然也、乃者項王之所忌、唯漢王也、是故未爲取秦之謀、先爲救秦之策、三川者、救秦之要道也、以瑕丘申陽據三川、而北函谷、南武關、挈其要領矣、以司馬卬輔三川之北、而函谷之軍無阻矣、以韓成夾三川之南、而武關之軍無留矣、二王皆趙臣、趙睦於楚、故道通、韓成不睦於楚、不使之國、而楚制之、故道亦通、然而西楚之都、不能朝發夕至、則猶之乎未通也、彭城者、去函谷千有餘里、去武關亦千有餘里、輕騎數日夜可叩關、北收燕趙之卒、南引荊郴之師、關外可厚集其勢、關中可迭批其隙、漢王一搖足、則章邯先乘之、司馬欣董翳鼎乘之、西楚傾天下之力而急乘之、漢何忠不覘、秦何患不全、漢王且不能保巴蜀漢中、豈能移尺寸與楚爭一日之利、故曰、以彭城控三川、以三川控三秦、都彭城者、項王不得不然之計也、不意四月諸侯就封、五月而田榮反齊、是月而陳餘反趙、六月而彭越反梁、西楚之勢、不能即日西兵、而漢王已於五月破章邯、八月降司馬欣董翳矣、蓋項王止策漢王、而田榮陳餘彭越三人、非其所忌、故有此意外之變、此則項王之失計也、然使當日不受漢間、東兵擊齊、舉三楚之士、分兩路捷走爭秦、其時申陽司馬卬未敗、韓成已廢、兵行無人之境、函谷破、武關必降、武關破、函谷亦不守、淮陰侯挾新造之漢、與旋定之秦、以當百戰必勝之卒、勝負之計、必不如垓下以三十萬當十萬之數矣、如是則三秦可復、三秦復而三川益固、九郡益張、齊趙燕三國、有不折而入於楚者哉、而卒棄之不爲、此則項王之失計也、故曰、在不救雍塞翟三王、而東擊齊、不在都彭城也、

漢之元年四月、諸侯罷戲下、各就國。【集解】戲音羲、水名也、言下者、如許下洛下然也、按上文云、項羽入至戲西鴻門、沛公還軍霸上、是羽初停軍於戲水之下、後雖引兵西屠咸陽、燒秦宮室、則亦還戲下、今言諸侯罷戲下、是各受封邑號令訖、自戲下各就國、何須假

借文字、以爲旌麾之下乎、顏師古劉伯莊之說、皆非、【考證】張茂炯曰、上文遂至戲西、乃指戲水而言、此時軍既過戲、固不當仍訓戲水、說文、戲、三軍之偏也、偏謂軍所駐之一面、也、諸侯從羽入關、亦如前年呂臣軍彭城東、項羽軍彭城西、沛公軍碭、各駐一偏、至此乃各散去、故云罷戲下各就國也、項籍傳、戲下騎從者八百餘人、韓信傳、居戲下、無所知名、灌夫傳、馳入其軍至戲下、凡言戲下者、皆謂偏伍之下也、愚按顏師古讀戲爲麾、可從、張說拘、

項王出之國、使人徙義帝曰、古之帝者、地方千里、必居上游。【集解】文穎曰、居水之上流也、游或作流、乃使使徙義帝長沙郴縣、趣義帝行。【集解】如淳曰、郴音林、【考證】湖南郴州、其羣臣稍稍背叛之。乃陰令衡山・臨江王擊殺之江中。【集解】文穎曰、郴縣有義帝冢、歲時常祠不絕、【考證】楓三本、衡山下有王字、洪亮吉曰、義帝徙長沙、道蓋出九江衡山臨江、故羽陰令二王及九江王布殺之、黥布傳、遣將追殺之郴縣、二王雖受羽命、而不奉行、故布獨遣將擊殺耳、使二國欲殺義帝、當其道出衡山臨江時、何以不殺、而使之至郴縣乎、布傳從事後實書、故漢書高本紀等皆從之、此紀及高帝紀、本羽之始謀而言、皆史法之可以互見者、梁玉繩曰、義帝之弒、此與高紀在漢元年四月、而月表在二年十月、黥布傳在元年八月、漢書從月表、然究未知的在何月、義帝以元年四月自臨淮之盱台縣徙桂陽之郴、使人趣其行、不及一月可到、英布等追而殺之、則甫及郴即被弒矣、疑四月爲是、趙翼曰、史記不立楚懷王心傳、殊爲缺筆、陳涉已世家矣、項羽已本紀矣、心雖起牧羊、然漢高與項羽嘗北面事之、漢高之入

關、實奉其命以行、後又與諸侯共尊爲義帝、而漢高之擊項羽也、爲之發喪、則心固當時共主、且其人亦非碌碌不足數者、因項梁敗於定陶、即并項羽呂臣軍自將之、因宋義識項梁之將敗、即拜爲上將軍、因項羽殘暴、即令漢高扶義而西、及漢高先入關、羽以強兵繼至、亦居滅秦之功、使人報心、心仍守先入關者王之之舊約、而畧不瞻徇、是其智畧倡義、亦有足稱者、非劉聖公輩所可及也、自當專立一傳、乃史記逸之、豈以其事附見項羽諸傳中、故不復敍耶、然律以史法、究未協也、愚按自蘇東坡以義帝爲天下賢主、洪氏容齋隨筆、遂有可爲立本紀之說、趙甌北此論、蓋申其旨而少變之、余謂楚漢未入咸陽之前、天下之權、在陳涉、已入咸陽之後、天下之權、在項羽、義帝未嘗有帝制之事、史公不立本紀固宜、且其事附載項羽高祖二紀、何必別立傳、豈可謂不協史法乎、

韓王成無軍功、項王不使之國。與俱至彭城、廢以爲侯、已又殺之。臧荼之國、因逐韓廣之遼東。廣弗聽。荼擊殺廣無終、并王其地。田榮聞項羽徙齊王市膠東、而立齊將田都爲齊王、乃大怒、【考證】楓三本、項羽作項王、梁玉繩曰、此後宜稱項王矣、而忽呼項羽者四、曰、田榮聞項羽徙齊王市於膠東、曰項羽聞漢王皆已并關中、曰項羽遂北至城陽、又呼其名曰、獨籍所殺漢軍數百人、俱當改項王、不肯遣齊王之膠東、因以齊反、迎擊田都。田都走楚。齊王市畏項王、乃亡

之膠東就國。田榮怒、追擊、殺之卽墨。【考證】卽墨、山東萊州府卽墨縣、榮因自立爲齊王、而西擊殺濟北王田安、并王三齊。【集解】漢書音義曰、齊與濟北膠東、【正義】三齊記云、右卽墨、中臨淄、左平陸、謂之三齊、【考證】三齊、集解是、榮與彭越將軍印、令反梁地。【考證】岡白駒曰、是時彭越在鉅野、有衆萬餘、無所屬、何焯曰、田榮首難、且連彭越、橫又繼之、爲高祖驅除、功莫先於齊也、劉辰翁曰、一田榮不封、遂生此故、固知立功易、爲宰難也、陳餘陰使張同・夏說說齊王田榮、【考證】梁玉繩曰、高紀及陳餘傳、皆無張、恐非二人俱說也、曰。項羽爲天下宰不平。今盡王故王於醜地、而王其羣臣諸將善地、逐其故主趙王、乃北居代。【考證】梁玉繩曰、趙王歇乃陳餘之故主也、其字當衍、餘以爲不可。聞大王起兵、且不聽不義。願大王資餘兵。請以擊常山、以復趙王、請以國爲扞蔽。齊王許之。因遣兵之趙。陳餘悉發三縣兵、與齊并力、擊常山、大破之。張耳走歸漢。陳餘迎故趙王歇於

代、反之趙。趙王因立陳餘爲代王。考證漢書項籍傳、以陳餘說齊王榮、爲漢二年事、是時漢還定三秦。項羽聞漢王皆已幷關中、且東、齊·趙叛之、大怒、考證齊叛、指田榮擊殺田都田市田安幷王三齊也、趙叛、指陳餘破常山王、迎還趙歇也、漢書項羽傳、書趙叛於漢二年、改齊趙作齊梁、其言梁叛、指彭越反梁也、與此不同、乃以故吳令鄭昌爲韓王、以距漢、令蕭公角等擊彭越。彭越敗蕭公角等。集解蘇林曰、蕭公、官號也、或曰、蕭令也、時令皆稱公、考證錢大昕曰、春秋之際、楚縣令皆稱公、楚漢之際、官名多沿楚制、故漢王起沛稱沛公、楚有蕭公薛公郯公留公柘公、漢有滕公戚公、皆縣令之稱、漢使張良徇韓。乃遺項王書曰。漢王失職、欲得關中、如約、卽止、不敢東。又以齊·梁反書遺項王。考證齊梁、當齊趙之誤、下文齊欲與趙幷滅楚、可證、後人據漢書妄改、曰。齊欲與趙幷滅楚。楚以此故無西意。而北擊齊。徵兵九江王布。布稱疾不往、使將將數千人行。項王由此怨布也。漢之二年冬、考證陳仁錫曰、漢之元年、漢之二年、漢之三年、漢之四年、此子長以漢

之年紀楚事、例也、故加之字以別之、至五年楚亡、然後直書漢五年、示一統也、梁玉繩曰、冬當作春、事在春也、項羽遂北至城陽。考證楓三本、項羽作項王、田榮亦將兵會戰。田榮不勝。走至平原。平原民殺之。遂北燒夷齊城郭室屋、皆阬田榮降卒、係虜其老弱婦女、徇齊至北海、多所殘滅。齊人相聚而叛之。於是田榮弟田橫、收齊亡卒得數萬人、反城陽。項王因留連戰、未能下。春、漢王部集解徐廣曰、一作劫、索隱按漢書、見作劫字、五諸侯兵集解徐廣曰、塞、翟、魏、殷、河南、駰案應劭曰、雍、翟、塞、殷、韓也、韋昭曰、塞、翟、殷、韓、魏、雍時已敗也、索隱按徐廣韋昭、皆數翟塞及殷韓等、顏師古不數三秦、謂常山、河南、韓、魏、殷、顧胤意略同、乃以陳餘兵爲五、未知孰是、鄒意按韓王鄭昌拒漢、漢使韓信擊破之、則是韓兵不下而已破散也、韓不在此數、五諸侯者、塞、翟、河南、魏、殷也、正義師古云、諸家之說皆非、張良遺羽書曰、漢欲得關中、如約卽止、不敢復東、謂出關之東也、今羽聞漢東之時、漢固已得三秦矣、五諸侯者、謂常山、河南、韓、魏、殷也、此年十月、常山王張耳降、河南王申陽降、韓王鄭昌降、魏王豹降、虜殷王卬、皆漢東之後、故知謂此爲五諸侯、時雖未得常山之地、功臣年表云、張耳棄國與大臣歸漢、則當亦有士卒爾、時雍王猶在廢丘被圍、卽非五諸侯之數也、尋此紀文、昭然可曉、前賢注釋、竝失指趣、高紀及漢書皆言劫

五諸侯兵、凡兵初降、士卒未有自指麾、故須劫略而行、又云、發關中兵、收三河士、發、謂點撥發也、收、謂劫略收斂也、韋昭云、河南、河東、河內、申陽都雒陽、韓王成都陽翟、皆河南也、魏豹都平陽、河東也、司馬卬都朝歌、張耳都襄國、河內也、此三河士、則五諸侯兵也、更著雍、塞、翟、則成八諸侯矣、而明顏公之說是、故韓信傳云、漢二年出關、收魏、河南、韓、殷王皆降、是、考證王念孫曰、徐廣云、部一作劫、按作劫者是也、高祖紀及漢書高祖紀、項籍傳、竝作劫、陸賈傳亦云、漢王鞭笞天下、劫略諸侯、王先謙曰、劫有制持之義、愚按漢王所劫伐楚五諸侯、諸說不一、應劭曰、雍、翟、塞、殷司馬卬、韓鄭昌也、如淳、徐廣曰、塞、翟、殷、魏豹、河南瑕丘申陽也、韋昭、裴駰曰、翟、塞、殷、魏、韓鄭昌也、顏師古曰、殷、韓鄭昌、魏、河南、常山張耳也、劉攽曰、殷、河南、韓鄭昌、魏及陳餘所遣兵也、吳仁傑曰、翟、塞、韓韓信、魏及陳餘所遣兵也、全祖望曰、殷、魏、韓韓信、齊、趙趙相陳餘也、汪中曰、塞、翟、河南、魏、韓韓信也、趙翼曰、魏、河南、韓韓信、趙陳餘所遣兵、齊也、梁玉繩曰、韓韓信、魏、齊、趙陳餘、衡山吳芮也、說詳于兩漢刊誤補遺、述學、經史問答、陔餘叢考、讀書叢錄、史記志疑、但未知所適從、荀悅漢紀、止云漢王率諸侯之師凡五十六萬人、無五諸侯三字、蓋以其難確指、通鑑云、漢王以故得率諸侯兵凡五十六萬人、亦用荀紀也、董敎增曰、項羽本紀贊亦曰、遂將五諸侯滅秦、尋其條貫、當據故七國、以其地言、不以其王言也、漢定三秦、卽故秦地、項羽王楚、乃故楚地、其餘韓、趙、魏、齊、燕、爲五諸侯、劫五諸侯兵、猶後言引天下兵耳、故漢伐楚、可以言五諸侯、楚滅秦、亦可言五諸侯也、愚按董氏依羽紀論贊、集解其說最穩、凡五十六萬人、東伐楚。項王聞之、卽令諸將擊齊、而自以精兵三萬人、南從魯出胡陵。正義括地志云、徐州[illegible]兗州曲阜縣也、地理志云、胡陵、在山陽縣屬也、考證胡

陵亦曰湖陵、故城在山東兗州府魚臺縣東南、魯、兗州府曲阜縣治、四月、漢皆已入彭城。收其貨寶美人、日置酒高會。考證御覽引貨寶作寶貨、與漢書合、李笠曰、上文云、項羽西屠咸陽、亦云、收其貨寶婦女、此非誤倒、張文虎曰、沛公一入秦宮、卽欲留居、今入彭城、又復如此、亦無異於淫昏之主、此范增所謂貪財好美姬者也、史公於此二事、不著之高紀、而見之羽紀及留侯世家、此爲高諱、而仍不沒其實、旁見側出、謂之良史、不亦宜乎、項王乃西從蕭、晨擊漢軍、正義括地志云、徐州蕭縣、古蕭叔之國、春秋時爲宋附庸、帝王世紀云、周封子姓之別爲附庸也、考證蕭、江蘇徐州府蕭縣西北、而東至彭城、日中大破漢軍。集解張晏曰、一日之中也、或曰、旦擊之、至日中大破、考證顏師古曰、或說是也、漢軍皆走、相隨入穀·泗水、集解瓚曰、二水、皆在沛郡彭城、殺漢卒十餘萬人。漢卒皆南走山。正義走、音奏、楚又追擊至靈壁東睢水上。集解徐廣曰、靈壁、在彭城、睢水、於彭城入泗水、索隱孟康曰、靈壁、故小縣、在彭城南、正義括地志云、靈壁故城、在徐州符離縣西北九十里、睢、音雖、括地志云、睢水首受浚儀蒗蕩水、東經取慮、入泗、過郡、西行一千二百六十里、考證靈壁、鳳陽府靈壁縣治、明地理志、宿州靈壁縣北有睢河、漢軍卻、爲楚所擠。多殺。集解服虔曰、擠、音濟、民之濟、瓚曰、排擠也、漢卒十餘萬人、皆入睢水。睢水爲之不

流、【正義】為、于僞反、【考證】楓、三本、無人字、圍漢王三帀。於是大風從西北而起、折木發屋、揚沙石、窈冥晝晦。【集解】徐廣曰、窈亦作窅字、逢迎楚軍。楚軍大亂壞散。而漢王乃得與數十騎遁去。欲過沛收家室而西。楚亦使人追之沛取漢王家、家皆亡、不與漢王相見。漢王道逢得孝惠·魯元。【集解】服虔曰、元、長也、食邑於魯、韋昭曰、元、諡也、乃載行。楚騎追漢王。漢王急。推墮孝惠·魯元車下。滕公常下收載之。如是者三。曰、雖急不可以驅、柰何棄之。於是遂得脫。【考證】中井積德曰、孝惠時六歲、魯元年已及笄、蓋抱孝惠同載也、推墮之狀可想、非投二嬰兒于地、愚按、夏侯嬰傳云、漢王急、馬罷、虜在後、常蹶兩兒欲棄之、嬰常收、竟載之、中說未得、求太公·呂后、不相遇。審食其、【集解】瓚曰、其、音基、【索隱】食、音異、按、酈審趙三人同名、其音合、竝同、以六國時衞有司馬食其、竝慕其名、從太公·呂后閒行。【集解】如淳曰、閒出、閒步、微行、皆同義也、求漢王、反遇楚軍。楚軍遂與歸報項王。項王

常置軍中。是時呂后兄周呂侯、【集解】徐廣曰、名澤、【正義】蘇林云、以姓名侯也、晉灼云、外戚表、周呂令武侯澤也、呂縣名、封於呂、以為國、顏師古云、周呂、封名、令武、其諡也、蘇云、以姓名侯、非也、【考證】梁玉繩曰、呂澤是時未封、依史法、不當豫稱周呂侯、為漢將兵居下邑。【集解】徐廣曰、在梁、【正義】括地志云、宋州碭山縣、本下邑縣也、在宋州東一百五十里、按今下邑、在宋州東一百一十里、【考證】下邑、河南歸德府夏邑縣、漢王閒往從之、稍稍收其士卒至滎陽。諸敗軍皆會。蕭何亦發關中老弱未傅、悉詣滎陽。【集解】服虔曰、傅、音附、孟康曰、古者二十而傅、三年耕、有一年儲、故二十三年而後役之、如淳曰、律、年二十三傅之疇官、各從其父疇內學之、高不滿六尺二寸以下、為罷癃、漢儀注、民年二十三為正、一歲為衞士、一歲為材官騎士、習射御騎馳戰陳、又曰、年五十六衰老、乃得免為庶民、就田里、今老弱未嘗傅者皆發之、未二十三為弱、過五十六為老、食貨志曰、月為更卒、已復為正、一歲屯戍、一歲力役、三十倍於古者、【索隱】按、姚氏云、古者更卒不過一月、踐更五月而休、又顏云、五當為三、言一歲之中三月居更、三日戍邊、總九十三日、古者役人歲不過三日、此所謂一歲力役、三十倍於古也、斯說得之、【考證】傳、著也、未傳、言未著名籍者、中井積德曰、漢儀注未可全據、衞士材官之屬、與此不相干、復大振。楚起於彭城、常乘勝逐北、與漢戰滎陽南京·索閒。漢敗楚。【集解】應劭曰、京、縣名、屬河南、有索亭、晉灼曰、索、音柵、【正義】括地志云、

京縣城、在鄭州滎陽縣東南二十里、鄭之京邑也、晉太康地志云、鄭太叔段所居邑、滎陽縣即大索城、杜預云、成皋東有大索城、又有小索故城、在滎陽縣北四里、京相璠地名云、京縣有大索亭小索亭、大小氏兄弟居之、故有小大之號、按楚與漢戰滎陽南京索閒、即此耳、【考證】京故城、在河南開封府滎陽縣東南、索、滎陽縣治、即古大索城、徐孚遠曰、按此總敘漢兵敗之後、稍能振、不必一時事也、楚以故不能過滎陽而西。項王之救彭城追漢王至滎陽、田橫亦得收齊、立田榮子廣為齊王。漢王之敗彭城、諸侯皆復與楚而背漢。漢軍滎陽、築甬道屬之河、以取敖倉粟。【集解】瓚曰、敖、地名、在滎陽西北、山上臨河有大倉、【正義】括地志云、敖倉、在鄭州滎陽縣西十五里、縣門之東北、臨汴水、南帶三皇山、秦時置倉於敖山、名敖倉云、【考證】敖山、在開封府滎澤縣西北、水經注、山上有城、秦置倉其中、故曰敖倉、漢之三年、項王數侵奪漢甬道。漢王食乏。恐、請和、割滎陽以西為漢。項王欲聽之。歷陽侯范增曰、漢易與耳。今釋弗取、後必悔之。【正義】括地志云、和州歷陽縣、本漢舊縣也、淮南子云、歷陽之都、一夕而為湖、漢帝時、歷陽淪為歷湖、項王乃與范增急圍滎陽。漢王患之、乃用陳

平計閒項王。【考證】岡白駒曰、行反閒于項王、項王使者來。為太牢具、【考證】呂氏春秋注、太牢、謂牛羊豕也、牛羊之閑曰牢、故三牲具謂之太牢、愚按、太牢猶言盛饌也、不必拘古法、舉欲進之。見使者詳驚愕曰。吾以為亞父使者。乃反項王使者。更持去、以惡食食項王使者。使者歸報項王。【正義】食、上如字、下音寺、【考證】通鑑輯覽云、陳平此計、乃欺三尺童、未可保其必信者、史乃以為奇、而世傳之、可發一笑、項王乃疑范增與漢有私、稍奪之權。范增大怒曰、天下事大定矣。君王自為之。願賜骸骨歸卒伍。【考證】白起傳、免武安君為士伍、顏師古曰、謂奪其爵令為士伍、言使從士卒之伍、愚按、卒伍、猶言士伍、蓋秦漢之語、項王許之。行未至彭城。疽發背而死。【集解】皇覽曰、亞父冢、在廬江居巢縣郭東、居巢廷中有亞父井、吏民皆祭亞父於居巢廷上、長吏初視事、皆祭然後從政、後更造祠於郭東、至今祠之、【正義】疽、七餘反、崔浩云、疽附骨癰也、括地志云、髑髏山、在廬州巢縣東北五里、昔范增居此山之陽、後佐項羽、【考證】吳王濞傳云、周丘聞吳王敗走、自度無與共成功、即引兵歸下邳、未至、疽發背死、情事相似、漢將紀信說漢王曰、【考證】高紀、作將軍紀信、事已急矣。請為王誑楚為

王。王可以閒出。於是漢王【考證】漢書高紀、漢王作陳平、蓋用陳平計也、夜出女子滎陽東門、被甲二千人。楚兵四面擊之。紀信乘黃屋車、【正義】李斐云、天子車以黃繒爲蓋裏、傅左纛、【集解】李斐曰、纛、毛羽幢也、在乘輿車衡左方上注之、蔡邕曰、以犛牛尾爲之、如斗、或在騑頭、或在衡上也、【考證】漢王未爲天子、何以黃屋左纛、蓋紀信用引耳目、楚人遂爲其所誑、曰。城中食盡、漢王降。楚軍皆呼萬歲。【考證】趙翼曰、萬歲本古人慶賀之詞、呂氏春秋、宋康王爲長夜之飲、室中人呼萬歲、堂上堂下之人、以及國中皆應之、韓非子、巫祝之祝人曰、使若千秋萬歲、新序、梁君出獵歸入、廟中呼萬歲、史記、優旃陛楯郎雨立、有頃殿上上壽稱萬歲、田單約降於燕、燕軍皆呼萬歲、紀信誑楚曰、食盡漢王降、楚軍皆呼萬歲、項羽歸太公呂公于漢、漢軍皆呼萬歲、陸賈奏新語、左右皆稱善、呼萬歲、武帝登嵩高、空中聞呼萬歲者三、蓋古人飲酒上壽稱慶曰萬歲、其始上下通用、爲慶賀之詞、猶俗所云萬福萬幸之類耳、因殿陛之間用之、後乃爲至尊之專稱、而民間口語、相沿未改、漢王亦與數十騎從城西門出、走成皋。【正義】括地志云、成皋故縣、在洛州汜水縣西南二里、【考證】成皋、河南開封府汜水縣、項王見紀信、問漢王安在。信曰。漢王已出矣。項王燒殺紀信。漢王使御史大夫周苛・樅公・魏豹守滎陽。

【集解】樅、音七容反、周苛・樅公謀曰。反國之王、難與守城。乃共殺魏豹。【考證】王城、韻、蓋當時有此成語、楚下滎陽城、生得周苛。項王謂周苛曰。爲我將。我以公爲上將軍、封三萬戶。周苛罵曰。若不趣降漢、漢今虜若。若非漢敵也。項王怒烹周苛、并殺樅公。漢王之出滎陽、南走宛・葉、【考證】宛、河南南陽縣治、葉、葉縣治、得九江王布。行收兵、復入保成皋。漢之四年、【考證】梁玉繩曰、此下敘事前後倒置、不但與漢書異、并與高祖紀不同、恐係錯簡、漢之四年、當在後擊陳留外黃句上、觀漢書高紀籍傳自明、項王、進兵圍成皋。漢王逃、【集解】晉灼曰、獨出意、【索隱】音徒凋反、漢書作跳字、獨與滕公出成皋北門、【集解】徐廣曰、北門名玉門、渡河走脩武、【考證】河南衛輝府獲嘉縣小脩武、從張耳・韓信軍。諸將稍稍得出成皋從漢王。楚遂拔成皋欲西。漢使兵距之鞏、令其不得西。【考證】鞏、河南鞏縣、是時彭越渡河、擊楚東阿。

【考證】東阿、山東兗州府陽穀縣東北阿城鎭、漢書項籍傳、作彭越渡睢與項聲薛公戰下邳、殺薛公、梁玉繩曰、高紀及漢書紀傳、項王擊彭越、是三年五月、在楚拔滎陽及成皋之前、此書于拔成皋後、一誤也、越渡睢水與項聲薛公戰下邳、殺薛公、此不書項聲、而又曰渡河擊東阿、二誤也、殺楚將軍薛公。項王乃自東擊彭越。漢王得淮陰侯兵、欲渡河南。【考證】梁玉繩曰、淮陰侯、當依高紀作韓信、下文五稱淮陰侯、同、鄭忠說漢王。乃止壁河內、使劉賈將兵、佐彭越、燒楚積聚。【正義】上、積賜反、【考證】梁玉繩曰、漢王使盧綰劉賈、將兵佐越、擊破楚軍燕郭西、燒其積聚、下睢陽外黃十七城、此但言賈佐越燒積粟、似太略、當參高紀越傳漢書觀之、此下應接項王乃謂海春侯一段、張之象曰、曰燒楚積聚、曰絕楚糧食、高紀稱彭越反梁地、往來苦楚兵者、此之謂也、篇中眼目、不可不玩、歸有光曰、漢高紀、使劉賈佐彭越燒楚積聚、羽乃令曹咎守成皋、而引兵定梁地、漢破咎兵汜水上、復取成皋、是一事、而此紀前後倒置、遂作兩段、若漢先取成皋、楚無緣得令咎守之也、考漢書紀傳自明、項王東擊破之、走彭越。【考證】梁玉繩曰、此卽下文項王令曹咎守成皋、而引兵而定梁地之事、彭越傳所謂越北走穀城者也、在此紀中、于事爲重出、于文無所附、當衍之、漢王則引兵渡河、復取成皋、軍廣武、就敖倉食。【考證】梁玉繩曰、此乃敗海春侯後事、當在下文項王信任之下、項王已定東海來西、與漢俱

臨廣武而軍。【集解】孟康曰、於滎陽築兩城相對、爲廣武、在敖倉西三皇山上、【正義】括地志云、東廣武・西廣武、在鄭州滎陽縣西二十里、戴延之西征記云、三皇山上有二城、東曰東廣武、西曰西廣武、各在一山頭、相去百步、汴水從廣澗中東南流、今涸無水、城各有三面、在敖倉西、郭緣生述征記云、一澗橫絕上過、名曰廣武、相對皆立城塹、遂號東西廣武、【考證】廣武、山名、河南開封府河陰縣北、梁玉繩曰、此以下至是時彭越復反、下梁地絕楚糧一段、當在後漢軍畏楚盡走險阻句下、而衍去已定東海來五字、蓋定東海、卽下梁地十餘城事、于文爲錯出也、相守數月。【考證】漢書高紀籍傳、無數月二字、是也、此時爲漢四年十月、纔軍廣武、不得便言數月、當是一月、當此時、彭越數反梁地、絕楚糧食。項王患之、爲高俎、置太公其上、【集解】如淳曰、高俎几之上、李奇曰、軍中巢櫓方面、人謂之俎也、【索隱】俎、亦机之類、故夏侯湛新論爲机、机猶俎也、比太公於牲肉、故置之俎上、姚察按、左氏楚子登巢車以望晉軍、杜預謂車上櫓也、故李氏云、軍中巢櫓、又引時人亦謂此爲俎也、【正義】括地志云、東廣武城有高壇、卽是項羽坐太公俎上者、今名項羽堆、亦呼爲太公亭、顏師古云、俎者所以薦肉、示欲烹之、故置俎上、告漢王曰。今不急下、吾烹太公。漢王曰。吾與項羽俱北面受命懷王。曰約爲兄弟。吾翁卽若翁。必欲烹而翁、則幸分我一桮羹。【考證】羅大經曰、吾翁卽若翁、此語理意甚長、左氏傳、齊敗于鞍、晉人欲以蕭

同叔子爲質、齊人曰、蕭同叔子者非他、寡君之母也、若以匹敵、則亦晉君之母也、高祖之語、與此暗合、史謂不修文學、而性明達、此類是也、項王怒欲殺之。項伯曰。天下事未可知。且爲天下者不顧家。雖殺之無益。祇益禍耳。項王從之。楚漢久相持未決。丁壯苦軍旅、老弱罷轉漕。項王謂漢王曰。天下匈匈數歲者、徒以吾兩人耳。願與漢王挑戰決雌雄。毋徒苦天下之民父子爲也。【集解】李奇曰、挑身獨戰、不復須衆也、挑、音荼了反、瓚曰、挑戰、擿嬈敵求戰、古謂之致師、【考證】中井積德曰、漢書作迺使人謂漢王、是非面語也、愚按挑身、李說是、漢王笑謝曰。吾寧鬬智。不能鬬力。項王令壯士出挑戰。漢有善騎射者樓煩。【集解】應劭曰、樓煩、胡也、今樓煩縣、【考證】顧炎武曰、樓煩、卽趙西北邊之國、其人强悍習騎射、史記趙世家、武靈王行新地、遂出代西、遇樓煩王於西河、而致其兵、致云者、致其兵而用之也、是以楚漢之際、多用樓煩人別爲一軍、高祖功臣年表、陽都侯丁復、以趙將從起鄴、至霸上、爲樓煩將、而項羽本紀、漢有善射者樓煩、則漢有樓煩之兵矣、灌嬰傳、擊破柘公王武、斬樓煩將五人、攻龍且、生得樓煩將十人、擊破項籍軍陳下、斬樓煩將二人、攻豨布別將于相、斬樓煩將三人、功臣表、平定侯齊受、以驍騎都尉擊項籍、得樓

樓煩將、則項王及布、亦各有樓煩之兵矣、李奇曰、樓煩人善騎射、謂士爲樓煩、取其稱耳、未必樓煩人也、中井積德曰、樓煩本胡名、俗便射騎、故號善射者爲樓煩、愚按劉攽沈濤以樓煩爲姓名、非是、楚挑戰三合。樓煩輒射殺之。項王大怒、乃自被甲持戟挑戰。樓煩欲射之。項王瞋目叱之。樓煩目不敢視、手不敢發。遂走還入壁、不敢復出。漢王使人閒問之、乃項王也。【考證】顏師古曰、閒、微問之也、漢王大驚。於是項王乃卽漢王、相與臨廣武閒而語。【考證】續漢志注引西征記云、有三皇山、或謂三室山、山上有二城、東者曰東廣武、西者曰西廣武、各在山一頭、相去二百餘步、其間隔深澗、漢祖與項籍語處、張文虎曰、藝文類聚引間作澗、正義及續漢志注、引西征記水經濟水注作澗、是也、今本史記漢書並作間誤、愚按梁玉繩周壽昌亦云、當作澗、漢王數之。項王怒欲一戰。漢王不聽。項王伏弩射中漢王。漢王傷、走入成皐。項王聞淮陰侯已舉河北、破齊·趙、且欲擊楚、【考證】梁玉繩曰、韓信破趙己踰年矣、非破齊一時事、此與高紀、皆多一趙字、漢書無、乃使龍且往擊之。【集解】韋昭曰、且、音子閭反、淮陰侯與戰騎

將灌嬰擊之、大破楚軍、殺龍且。【考證】梁玉繩曰、楚救齊之役、此及淮陰田儋傳、止言龍且爲將、而高紀兼言周蘭、灌嬰傳兼言留公、蓋紀傳互見也、但漢書籍傳、謂羽使從兄子項它爲大將、龍且爲裨將救齊、舍主將而書偏裨、何也、又曰、此與高紀、騎將上多一戰字、當衍之、漢書無戰騎將三字、中井積德曰、高紀、殺龍且在漢三年、而漢王傷走入成皐、在四年曹咎死之後、崔適曰、汜水在成皐西、廣武在成皐東、漢渡汜水、然後入成皐、復東臨廣武、若漢王先臨廣武、曹咎何由西守成皐乎、此當依高紀及漢書高紀羽傳正、韓信因自立爲齊王。項王聞龍且軍破則恐、使盱台人武涉往說淮陰侯。淮陰侯弗聽。是時彭越復反、下梁地、絕楚糧。項王乃謂海春侯大司馬曹咎等曰。謹守成皐。則漢欲挑戰、愼勿與戰。【考證】則、高紀作若、漢書項籍傳作卽、毋令得東而已。我十五日、必誅彭越定梁地、復從將軍。乃東行擊陳留外黃。【正義】括地志云、陳留、汴州縣也、在州東五十里、本漢陳留郡及陳留縣之地、孟康云、留、鄭邑也、後爲陳所幷、故曰陳留、臣瓚又按、宋有留彭城留是也、此留屬陳、故曰陳留、【考證】陳留、陳留縣、外黃、杞縣東、皆屬河南開封府、外黃不下數日。已降。項王怒、悉令男子年

十五已上詣城東、欲阬之。外黃令舍人兒年十三。【集解】蘇林曰、令之舍人兒也、瓚曰、稱兒者、以其幼弱故係其父、春秋傳曰、仍叔之子、是也、【考證】中井積德曰、童子而不知名、自不得不係父也、往說項王曰。彭越彊劫外黃。【正義】彊、其兩反、外黃恐。故且降待大王。大王至、又皆阬之。百姓豈有歸心。從此以東梁地十餘城、皆恐、莫肯下矣。【考證】張文虎曰、豈有歸心、御覽引作豈所歸哉、與漢書合、項王然其言、乃赦外黃當阬者。東至睢陽。【正義】括地志云、宋州外城、本漢睢陽縣也、地理志云、睢陽縣、故宋國也、【考證】睢陽、河南歸德府商邱縣南、聞之皆爭下項王。漢果數挑楚軍戰。楚軍不出。使人辱之五六日。大司馬怒渡兵汜水。【集解】張晏曰、汜水在濟陰界、如淳曰、汜、音祀、左傳曰、鄙在鄭地汜、瓚曰、高祖攻曹咎成皐、渡汜水而戰、今成皐城東汜水是也、【索隱】按今此水見名汜水、音似、張晏云、在濟陰、亦未全失、按古濟水、當此截河而南、又東流、溢爲滎澤、然水南曰陰、此亦在濟之陰、非彼濟陰郡耳、臣瓚之說是、【正義】括地志云、汜水源出洛州汜水縣東南二十二里方山、山海經云、浮戲之山、汜水出焉、【考證】汜水、在開封府汜水縣西、源出方山、注于河、士卒半渡。漢擊之、大破

楚軍、盡得楚國貨賂。大司馬咎・長史翳・塞王欣、皆自剄汜水上。【集解】鄭玄曰、剄、音經鼎反、以刀割頸爲剄、【考證】梁玉繩曰、高紀及漢書紀傳、皆無翳・塞王三字、此後人妄增之、何者翳下漢後、雖與欣同叛歸楚、而不復見、蓋欣與項王有舊恩、故得棄瑕而仍任用之、非翳可比矣、惟欣嘗封塞王、與後文稱故塞王甚合、乃此及高紀、竝以長史稱之、漢書亦然、或疑此當衍長史翳三字、曰、否、後文又有長史欣也、盧學士云、翳塞王三字、必非史記本文、觀下但舉咎欣兩人、可知、翳舊爲都尉、不爲長史、又欣既稱塞王、則翳亦當稱翟王、此數者皆不協、故知非也、 大司馬咎者、故蘄獄掾、長史欣亦故櫟陽獄吏。兩人嘗有德於項梁。是以項王信任之。當是時、項王在睢陽。【考證】凌約言曰、篇中用當是時、凡八處、轉摺博換、何等精神、 聞海春侯軍敗、則引兵還。漢軍方圍鍾離眛於滎陽東。【集解】漢書音義曰、眛、音末、【考證】顏師古曰、眛、音莫葛反、 項王至。漢軍畏楚、盡走險阻。是時漢兵盛食多。項王兵罷食絕。【考證】凌稚隆曰、太史公敍漢、曰取敖倉粟、曰就敖倉食、曰兵盛食多、敍楚、曰燒楚積聚、曰絕楚糧食、曰兵罷食盡、曰兵少食盡、皆紀中關鍵、當玩、 漢遣陸賈說項王、請太公。項王弗聽。漢王復

使侯公往說項王。項王乃與漢約、中分天下、割鴻溝以西者爲漢。鴻溝而東者爲楚。【集解】文穎曰、於滎陽下引河、東南爲鴻溝、以通宋鄭陳蔡曹衞、與濟汝淮泗會於楚、卽今官渡水也、【正義】應劭云、在滎陽東二十里、張華云、大梁城在浚儀縣北、縣西北渠水東經此城南、又北屈分爲二渠、其一渠、東南流、始皇鑿引河水以灌大梁、謂之鴻溝、楚漢會此處也、其一渠、東經陽武縣南、爲官渡水、按張華此說是、【考證】鴻溝、河南開封府中牟縣、周壽昌曰、集解文注、引溝洫志而誤讀、故地勢水道、多不可通、志本從會字斷句、於楚屬於下文、尤誤在以官渡水爲鴻溝、漫無區別、愚按、官渡鴻溝自別、說又見高紀索隱、 項王許之、卽歸漢王父母妻子。軍皆呼萬歲。【考證】父母妻子、說見高紀、 漢王乃封侯公爲平國君。【正義】楚漢春秋云、上欲封之、乃肯見、曰、此天下之辨士、所居傾國、故號曰平國君、按說歸太公呂后、能和平邦國、 匿弗肯復見。曰。此天下辯士、所居傾國。故號爲平國君。【考證】張文虎曰、匿弗肯復見、與上下文不接、漢書高紀無、疑匿弗以下二十一字、後人依楚漢春秋竄入、而注中乃肯見三字、又卽匿弗肯復見之譌、中井積德曰、故號爲平國君、取其反稱也、 項王已約、乃引兵解而東歸。漢欲西歸。張良・陳平說曰。漢有天下太半、而諸侯皆附之。

【集解】韋昭曰、凡數三分有二爲太半、一爲少半、 楚兵罷食盡、此天亡楚之時也。不如因其饑而遂取之。【考證】饑、諸本作機、漢書高紀及漢紀作幾、漢書注、鄭氏曰、幾、微也、師古曰、幾、危也、周壽昌曰、幾猶會也、今從古鈔本・楓・三本・漢書幾字、亦當從食、 今釋弗擊、此所謂養虎自遺患也。【正義】遺、唯季反、 漢王聽之。漢五年、漢王乃追項王至陽夏南、止軍。【集解】如淳曰、夏、音賈、【正義】括地志云、陳州太康縣、本漢陽夏縣也、續漢書郡國志云、陽夏縣、屬陳國、按太康縣城、夏后太康所築、隋改陽夏爲太康、【考證】河南陳州府太康縣、 與淮陰侯韓信・建成侯彭越期、會而擊楚軍。至固陵。【集解】徐廣曰、在陽夏、駰案、晉灼曰、卽固始也、【正義】括地志云、固陵、縣名也、在陳州宛丘縣西北四十二里、【考證】固陵故城、在河南淮寧縣西北、梁玉繩曰、彭越爲魏相國、未聞封侯、蓋所賜名號、曹參亦有建成侯之稱、本傳不載、 而信・越之兵不會。楚擊漢軍、大破之。漢王復入壁、深塹而自守。謂張子房曰。諸侯不從約。爲之柰何。對曰。楚兵且破。信・越未有分地。【集解】李奇曰、信越等未有益地之分也、韋昭曰、信等雖名爲王、未有所畫經界、 其不至固宜。君王能與

共分天下、今可立致也。卽不能、事未可知也。君王能自陳以東傅海、盡與韓信、【正義】傅、音附、著也、陳、卽陳州、古陳國都也、自陳東傅海、幷齊舊地、盡與齊王韓信也、【考證】陳、河南陳州府、陳東傅海、安徽潁州鳳陽江蘇徐淮等州地、 睢陽以北至穀城、以與彭越、【正義】括地志云、穀城故城、在濟州東阿縣東二十六里、睢陽、宋州也、自宋州以北、至濟州穀城、際黃河、盡與相國彭越、【考證】睢陽、河南歸德府商邱縣、穀城、山東泰安府東阿縣、 使各自爲戰、則楚易敗也。【正義】爲、于僞反、 漢王曰。善。【考證】張文虎曰、此事不書於高紀、不書於留侯世家信越列傳、而書之羽紀者、明非此不能破羽也、然信越死機、則已伏於此、 於是乃發使者告韓信・彭越曰。幷力擊楚。楚破、自陳以東傅海、與齊王、睢陽以北至穀城、與彭相國。使者至。韓信・彭越皆報曰。請今進兵。韓信乃從齊往。劉賈軍從壽春竝行、屠城父。【集解】如淳曰、竝行、竝擊之、【正義】父、音甫、壽州、壽春縣也、城父、亳州縣也、屠、謂多刑殺也、劉賈入圍壽州、引兵過淮北、屠殺亳州城父、而東北至垓下、【考證】壽春、安徽鳳陽府壽州、城父、安徽潁州府亳州東南、 至垓下。【集解】徐廣曰、在沛之洨縣、洨、下交切、駰案、應劭曰、垓、音該、李奇曰、沛洨

縣、聚邑名也、〔索隱〕張揖三蒼注云、垓、堤名、在沛郡、〔正義〕按、垓下、是高岡絕巖、今猶高三四丈、其聚邑及堤、在垓之側、因取名焉、今在亳州眞源縣東十里、與老君廟相接、洨音戶交反、〔考證〕垓下、安徽府靈璧縣東南有垓下聚、卽高祖圍項羽處、大司馬周殷叛楚、以舒屠六。〔集解〕如淳曰、以舒之衆屠破六縣、〔正義〕括地志云、舒、今廬江之故舒城是也、故六城、在壽州安豐南百三十二里、偃姓、咎繇之後、按周殷叛楚、兼擧九江郡之兵、隨劉賈而至垓下、〔考證〕舒、安徽廬州府舒城縣、六、安徽六安州、擧九江兵、〔正義〕九江郡、壽州也、楚考烈王二十二年、自陳徙壽春、號云郢、至王負芻、爲秦將王翦蒙武所滅、於此置九江郡、應劭云、自廬江尋陽分爲九江、隨劉賈・彭越皆會垓下、詣項王。〔考證〕中井積德曰、詣項王三字疑衍、梁玉繩曰、此段頗有缺語、當云、韓信乃從齊往、彭越乃從魏往、劉賈軍自壽春迎黥布、並行屠城父、大司馬周殷叛楚、以舒屠六、擧九江兵、隨劉賈黥布、皆會垓下、項王軍壁垓下。兵少食盡。漢軍及諸侯兵、圍之數重。〔考證〕中井積德曰、據高祖紀、圍之以前有垓下一大戰、此何以略之、夜聞漢軍四面皆楚歌、〔集解〕應劭曰、楚歌者、謂雞鳴歌也、漢已略得其地、故楚歌者多雞鳴時歌也、〔正義〕顏師古云、楚人之歌也、猶言吳謳越吟、若雞鳴爲歌之名、於理則可、不得云雞鳴時也、高祖戚夫人楚舞、自爲楚歌、豈亦雞鳴時乎、按顏說是也、項王乃大驚曰。漢皆已得楚乎。是何楚人之多也。項王則夜

起飲帳中。有美人名虞。常幸從。〔集解〕徐廣曰、一云、姓虞氏、〔正義〕括地志云、虞姬墓、在濠州定遠縣東六十里、長老傳云、項羽美人冢也、〔考證〕漢書、作姓虞氏、駿馬名騅。常騎之。〔正義〕音隹、顧野王云、青白色也、釋畜云、蒼白雜毛、騅也、於是項王乃悲歌忼慨、自爲詩曰。力拔山兮氣蓋世。時不利兮騅不逝。騅不逝兮可柰何。虞兮虞兮柰若何。歌數闋。美人和之。〔正義〕和、音胡臥反、楚漢春秋云、歌曰、漢兵已略地、四方楚歌聲、大王意氣盡、賤妾何聊生、〔考證〕世逝、何何、韵、項王楚人、故能作楚聲、朱熹曰、忼慨激烈、有千載不平之餘憤、項王泣數行下。〔正義〕數、色庾反、行、戶郎反、左右皆泣、莫能仰視。於是項王乃上馬騎。〔正義〕騎、其倚反、凡單乘曰騎、後同、麾下壯士騎從者八百餘人。〔正義〕麾、亦作戲、同、呼危反、〔考證〕麾、將旗也、直夜潰圍南出馳走。〔考證〕直夜、漢書作夜直、平明漢軍乃覺之、令騎將灌嬰以五千騎追之。項王渡淮。騎能屬者百餘人耳。〔正義〕屬、音燭、〔考證〕顏師古曰、屬、聯及也、項王至陰陵。〔集解〕徐廣曰、在淮南、〔正義〕括地志云、陰陵縣故城、在濠州定遠縣西北六

十里、地理志云、陰陵縣、屬九江郡、〔考證〕陰陵、安徽鳳陽府定遠縣西北、迷失道。問一田父。田父紿曰。左。〔集解〕文穎曰、紿、欺也、欺令左去、左。乃陷大澤中。以故漢追及之。項王乃復引兵而東、至東城。〔集解〕漢書音義曰、縣名、屬臨淮、〔正義〕括地志云、東城縣故城、在濠州定遠縣東南五十里、地理志云、東城縣、屬九江郡、〔考證〕東城、鳳陽府定遠縣東南、乃有二十八騎。漢騎追者數千人。項王自度不得脫、謂其騎曰。吾起兵至今八歲矣。身七十餘戰。所當者破、所擊者服、未嘗敗北、遂霸有天下。然今卒困於此。〔正義〕卒、子律反、此天之亡我、非戰之罪也。今日固決死。願爲諸君快戰、必三勝之、爲諸君潰圍斬將刈旗、令諸君知天亡我、非戰之罪也。〔考證〕快戰、從毛本、慶本、漢書、凌本作決戰、楓、三本、三勝作勝三、乃分其騎以爲四隊、四嚮。〔考證〕漢書、作爲圓陳外嚮、顏師古曰、圓陳四周爲之也、外嚮、謂兵刄皆在外也、愚按班史易字、義同、亦可以覩項王兵法、漢軍圍之數重。項王謂其騎曰。

吾爲公取彼一將。令四面騎馳下。期山東爲三處。〔正義〕期遇山東分爲三處、漢軍不知項羽處、括地志云、九頭山、在滁州全椒縣西北九十六里、江表傳云、項羽敗至烏江、漢兵追羽至此、一日九戰、因名、於是項王大呼馳下。〔正義〕呼、火故反、漢軍皆披靡。〔正義〕上、披彼反、靡、言精體低垂、〔考證〕披靡、謂草木不禁風而散亂也、因以狀兵士潰散、遂斬漢一將。是時赤泉侯爲騎將追項王。項王瞋目而叱之。赤泉侯人馬俱驚、辟易數里。〔正義〕言人馬俱驚、開張易舊處、乃至數里、〔考證〕赤泉侯、漢書作楊喜、梁玉繩曰、楊喜封赤泉侯、在漢高七年、漢書改稱楊喜、是也、與其騎會爲三處。漢軍不知項王所在。乃分軍爲三、復圍之。項王乃馳復斬漢一都尉、殺數十百人。復聚其騎、亡其兩騎耳。乃謂其騎曰。何如。騎皆伏曰。如大王言。於是項王乃欲東渡烏江。〔集解〕瓚曰、在牛渚、〔索隱〕按晉初屬臨淮、〔正義〕括地志云、烏江亭、卽和州烏江縣是也、晉初爲縣、注水經云、江水又北得黃律口、漢書所謂烏江亭長檥船以待項羽、卽此也、〔考證〕安徽和州有烏江浦、在烏江故縣東、烏江亭長檥船待。

集解徐廣曰、檥、音儀、一音俄、駰案應劭曰、檥、正也、孟康曰、檥、音蟻、附也、附船著岸也、如淳曰、南方人謂整船向岸曰檥、索隱檥字、服應孟晉、各以意解爾、鄒誕生作漾船、以向岸、劉氏亦有此音、考證秦法、十里一亭、亭長者、主亭之吏、猶今里正也、 謂項王曰。江東雖小、地方千里、衆數十萬人。亦足王也。願大王急渡。今獨臣有船。漢軍至無以渡。項王笑曰。天之亡我。我何渡爲。且籍與江東子弟八千人、渡江而西。今無一人還。縱江東父兄憐而王我、我何面目見之。縱彼不言、籍獨不愧於心乎。乃謂亭長曰。吾知公長者。吾騎此馬五歲。正義騎、音奇、 所當無敵、嘗一日行千里。不忍殺之。以賜公。乃令騎皆下馬步行、持短兵接戰。獨籍所殺漢軍數百人。項王身亦被十餘創。考證梁玉繩曰、此二語上稱籍、下稱項王、竟似兩人矣、未免語病、 顧見漢騎司馬呂馬童曰。若非吾故人乎。馬童面之、集解張晏曰、以故人故、難視斫之、故背之、如淳曰、面、不

正視也、考證劉攽曰、面之、直面向之耳、洪頤煊曰、面、向也、謂向視之、審知爲項王、因以指王翳、禮記玉藻、唯君面尊、鄭注、面猶鄉也、田完世家、淳于髡說畢、趨出至門、而面其僕、面卽鄉也、方苞、沈欽韓說同、 指王翳曰。此項王也。集解如淳曰、指示王翳、 項王乃曰。吾聞漢購我頭千金邑萬戶。正義漢以一斤金爲一金、當一萬錢也、考證正義宜言漢金一斤爲一金、一金當一萬錢也、 吾爲若德。集解徐廣曰、亦可是功德之德、正義爲、于僞反、言呂馬童與項羽、先是故人、舊有恩德於羽、一云、德行也、考證中井積德曰、爲德、猶言施恩也、愚按、爲、平聲、 乃自刎而死。王翳取其頭。餘騎相蹂踐爭項王、相殺者數十人。最其後、郎中騎楊喜、騎司馬呂馬童、郎中呂勝・楊武、各得其一體。考證漢書最下無其字、灌嬰傳云、項籍敗垓下去也、嬰將車騎別追項籍、至東城破之、所將卒五人、共斬項籍、皆賜爵列侯、據此則王翳等五人、灌嬰所將也、 五人共會其體。皆是。故分其地爲五、考證王凌本、分上無故字、宋本有、梁玉繩曰、班馬異同無、中井積德曰、其地、謂萬戶邑也、元無定處、非指項王之地、 封呂馬童爲中水侯。索隱按晉書地道記、其中水縣屬河閒、正義地理志云、中水縣、屬涿郡、應劭云、在易滱二水之中、故曰中水、 封王翳爲杜衍侯、索隱按地理志、縣在南陽、按

表、作王翥也、正義括地志云、杜衍侯故縣、在鄧州南陽縣西八里、 封楊喜爲赤泉侯、索隱南陽有丹水縣、疑赤泉後改、按漢書表及後漢、作憙、音火志反、 封楊武爲吳防侯、索隱地理志、縣名、屬汝南、故房子國、正義吳防、豫州縣、括地志云、吳房縣、本漢舊縣、孟康云、吳王闔廬弟夫概奔楚、楚封於此、爲堂谿氏、本房子國、以封吳、故曰吳房、 封呂勝爲涅陽侯、集解徐廣曰、五人後卒、皆諡壯侯、索隱地理志、南陽縣名、正義涅、年結反、括地志云、涅陽故城、在鄧州穰縣東北六十里、本漢舊縣也、應劭云、在涅水之陽、 項王已死。集解徐廣曰、漢五年之十二月也、項王以始皇十五年己巳歲生、死時年三十一、 楚地皆降漢。獨魯不下。漢乃引天下兵欲屠之。爲其守禮義爲主死節、乃持項王頭視魯。魯父兄乃降。始楚懷王初封項籍爲魯公。及其死、魯最後下。故以魯公禮葬項王穀城。集解皇覽曰、項羽冢、在東郡穀城東、去縣十五里、正義括地志云、項羽墓、在濟州東阿縣東二十七里穀城西三里、述征記、項羽墓、在穀城西北三里、半許毀壞、有碣石、項王之墓、考證事又見儒林傳、顧炎武曰、穀城、卽魯之小穀、非東郡之穀城、曲阜西北有小穀城、愚按在山東泰安府東阿縣東北、水經濟水注云、城西北三里、有項王之冢、半許毀壞、石碣尙存、題云項王之墓、 漢王爲發哀、泣之而去。考證楓三本、哀作

喪、王鳴盛曰、爲義帝發喪、袒而大哭、此猶自可、殺項羽、以魯公禮葬、爲發哀、泣之而去、天下豈有殺之、卽哭之者、不知何處辨此一幅急淚、千載下、讀之笑來、又曰、鄭當時傳、詔項籍故臣、皆名籍、怨毒如許、哭之何爲、愚按、田儋列傳云、田橫自剄、高帝曰、夫起布衣、兄弟三人更王、豈不賢乎哉、爲之流涕、發卒二千人、以王者禮葬田橫、高祖蓋喜泣者、 諸項氏枝屬、漢王皆不誅。乃封項伯爲射陽侯。集解徐廣曰、項伯、名纏、字伯、正義射、音食夜反、括地志云、楚州山陽、本漢射陽縣、吳地志云、在射水之陽、故曰射陽、 桃侯、集解徐廣曰、名襄、其子舍爲丞相、正義括地志云、故城在滑州胙城縣東四十里、漢書云、高祖十二年、封劉襄爲桃侯也、 平皋侯、集解徐廣曰、名佗、正義括地志云、平皋故城在懷州武德縣東二十里、漢平皋縣、按佗、音徒何反、 玄武侯、集解徐廣曰、諸侯表中不見、考證陳子龍曰、豈始封而卽廢歟、 皆項氏。賜姓劉。

太史公曰。吾聞之周生曰。集解文穎曰、周時賢者、正義孔文祥云、周生、漢時儒者、姓周也、按太史公云、吾聞之周生、則是漢人、與太史公耳目相接明矣、 舜目蓋重瞳子。集解尸子曰、舜兩眸子、是謂重瞳、考證荀子非相篇、堯舜三牟子、尙書大傳、舜四瞳子、淮南子、舜二瞳子、是謂重明、所言不同、余聞之醫生、今人二瞳三瞳者往往而有、 又聞項羽亦重瞳子。羽豈其苗裔邪。考證史公好以帝王將相爲古聖賢苗裔、若以秦爲伯翳後、以英布爲皐陶後之類、 何興之暴也。考證張文虎曰、舊

刻何下有其子、毛本同、愚按漢書亦有其字、暴猝也、黥布傳、何其拔興之暴哉、亦言崛起于隴畝也、夫秦失其政、陳涉首難、豪傑蠭起、相與竝爭、不可勝數。然羽非有尺寸、乘勢起隴畝之中、三年遂將五諸侯滅秦。【集解】此時山東六國、而齊趙韓魏燕五國竝起從伐秦、故云五諸侯。分裂天下而封王侯、政由羽出、號爲霸王。位雖不終、近古以來未嘗有也。【考證】數句可以見史公列項羽於本紀之意、及羽背關懷楚、【正義】顏師古云、背關、背約不王高祖於關中、懷楚、謂思東歸而都彭城、【考證】顧炎武曰、背關懷楚、謂舍關中形勝之地、而都彭城、如師古之解、乃背約、非背關、愚按岡白駒中井積德、亦有此說、放逐義帝而自立、怨王侯叛已、難矣。自矜功伐、奮其私智而不師古。謂霸王之業、欲以力征經營天下、五年卒亡其國。【正義】卒、音子律反、五年、謂高帝元年至五年殺項羽東城、身死東城、尚不覺寤。而不自責過矣。【考證】而不自責過矣、六字連作一句、過亦責也、非過誤之過、漢書矣作失、通鑑削過矣二字、皆未得史公意、乃引天亡我非用兵之罪也、豈不謬

哉。【考證】中井積德曰、天亡我、非用兵之罪、是羽矜勇武之言矣、言戰之彊如此而亡、是天亡我時至也、若夫天何故亡我、我有罪于天與否、羽未嘗言及也、乃以此爲不覺悟不自責之事、可乎、

【索隱】述贊、亾秦鹿走、僞楚狐鳴、雲鬱沛谷、劒挺吳城、勳開啓甸、勢合碭兵、卿子無罪、亞父推誠、始救趙歇、終誅子嬰、違約王漢、背關懷楚、常遷上游、臣迫故主、靈壁大振、成皋久拒、戰非無功、天實不與、嗟彼蓋代、卒爲凶竪、

項羽本紀第七

史記七

史記會注考證

文學博士瀧川龜太郎著

史記會注考證卷八

漢　　太　史　令　司　馬　遷　撰

宋　中　郎　外　兵　曹　參　軍　裴　駰　集　解

唐　國　子　博　士　弘　文　館　學　士　司　馬　貞　索　隱

唐　諸　王　侍　讀　率　府　長　史　張　守　節　正　義

日　本　出　雲　瀧　川　資　言　考　證

高祖本紀第八　　史記八

考證史公自序曰、子羽暴虐、漢行功德、憤發蜀漢、還定三秦、誅籍業帝、天下惟寧、改制易俗、作高祖本紀第八、趙翼曰、史記高祖本紀、先總敘高祖一段、及述其初起事、則

稱劉季、得沛後稱沛公、王漢後稱漢王、卽帝位後則稱上、後代諸史皆因之、其實此法本於舜典、未卽位以前稱舜、卽位之後、分命九官後、卽稱帝曰、古時雖樸略、而史筆謹嚴如此、分命九官之前、初咨四岳、尚有一舜曰者、正以起下文帝曰之例、謂此帝乃舜也、又顧命康王未卽位以前稱子釗、卽位後卽稱王、亦是此例、

高祖　集解漢書音義曰、諱邦、張晏曰、禮諡法無高、以爲功最高、而爲漢帝之太祖、故特起名焉、考證姚範曰、禮記喪服四制云、武丁者殷之賢王、繼世卽位、而慈良於喪、當此之時、殷衰而復興、禮廢而復起、故善之、善之故載之書而高之、故謂之高宗、尚書孔傳云、德高可宗、孝惠卽位之初、叔孫通爲奉常、定宗廟儀法、則高祖之諡、當屬稷嗣君所定、因殷之諡耳、非特起也、尚書盤庚、肆上帝將復我高祖之德、孔傳斥湯、顧命、無壞我高祖寡命、孔傳、高德之祖、寡有之教命、王肅亦言、謂文王也、孔王之說、皆漢後注經之言、予疑祖之通稱高祖、猶孫之通稱曾孫也、非必以其功德言之、

沛豐邑中陽里人。考證沛、江蘇徐州府沛縣、豐、徐州府豐縣、顏師古曰、沛者本秦泗川郡之屬縣、豐者沛之聚邑耳、

姓劉氏、集解李斐曰、沛、小沛也、劉氏隨魏徙大梁、移在豐、居中陽里、孟康曰、後沛爲郡、豐爲縣、索隱按高祖劉累之後、別食邑於范、士會之裔、留秦不反、更爲劉氏、劉氏隨魏徙大梁、後居豐、今言姓劉氏者、是左傳天子建德、因生以賜姓、胙之土、命之氏、諸侯以字爲諡、因以爲族、說者以爲天子賜姓命氏、諸侯命族、族者氏之別名也、然則因生賜姓、若舜生姚墟以爲姚姓、封之於虞、卽號有虞氏、是也、若其後子孫、更不得賜姓、卽遂以虞爲姓、云姓虞氏、今此云姓劉氏、亦其義也、故姓者所以統繫百代、使不別也、氏者所以別子孫之所出、又系本篇言姓則在上、言氏則在下、故五帝本紀云、禹姓姒氏、契姓子氏、弃姓姬氏、是也、按漢改

泗水爲沛郡、治相城、故注以沛爲小沛也、考證中井積德曰、史記之稱姓氏、混合不別、不得據左氏作解、錢大昕曰、戰國氏族之學廢、秦改封建、雖公族無議貴之律、民知有氏、不知有姓、高帝起布衣、太公以上、名字且無考、何知族姓所出、故項伯婁敬、賜姓劉氏、以氏爲姓、遂爲一代之制、史記書姓劉氏、此漢制異於三代者、後人謂漢堯後、本祁姓、譏於史公昧於姓氏之別、斯爲誕矣、漢爲堯後、說本向歆、史公時本無此議、卽云曾見左傳、而劉夏劉卷亦載春秋、安知漢劉必爲祁姓、

字季。索隱按漢書名邦、字季、此單云字、亦又可疑、按漢高祖長兄名伯、次名仲、不見別名、則季亦是名也、故項岱云、高祖小字季、卽位易名邦、後因諱邦不諱季、所以季布猶稱姓也、考證中井積德曰、索隱云、漢書名邦、字季、今漢書無此四字、王先謙曰、索隱所云、殆漢紀之誤、梁玉繩曰、季乃是行、高祖長兄伯、次兄仲、亦行也、史以季爲字、與索隱以季爲名竝非、王鳴盛曰、史記於高祖云、字季、不云諱某、餘帝則諱與字皆不書、漢書本紀因之、馬班自以爲漢臣耳、其餘各史、則皆書諱某字某、夫史以紀實也、帝王之尊、當時爲臣子者、固不敢書其名字、若史而不書、後何觀焉、各史不襲班馬、是也、

父曰太公。索隱皇甫謐云、名執嘉、王符云、太上皇名煓、與湍同音、正義春秋握成圖云、劉媼夢赤鳥如龍、戲己、生執嘉、

母曰劉媼。集解文穎曰、幽州及漢中皆謂老嫗爲媼、孟康曰、長老尊稱也、左師謂太后曰、媼愛燕后賢長安君、禮樂志、地神曰媼、媼、母別名也、音烏老反、索隱韋昭云、媼、婦人長老之稱、皇甫謐云、媼蓋姓王氏、又據春秋握成圖以爲執嘉妻含始、遊洛池生劉季、詩含神霧亦云、姓字皆非正史所出、蓋無可取、今近有人云、母溫氏、貞時打得班固泗水亭長古石碑文、其字分明作溫字、云、母溫氏、貞與賈膺復、徐彥伯、魏奉古等、執對反覆、沈歎古人未聞、聊記異見、於何取實也、孟康注地神曰媼

者、禮樂志云、后土富媼、張晏曰、坤爲母、故稱媼、是也、【正義】帝王世紀云、漢昭靈后含始游洛池、有寶雞銜赤珠出炫、日后吞之、生高祖、詩含神霧亦云、含始卽昭靈后也、陳留風俗傳云、沛公起兵野戰、喪皇妣於黃鄉、天下平定、使使者以梓宮招幽魂於是丹蛇在水、自灑躍入梓宮、其浴處有遺髮、諡曰昭靈夫人、漢儀注云、高帝母起兵時死小黃城、後於小黃立陵廟、括地志云、小黃故城、在汴州陳留縣東北三十三里、顏師古云、皇甫謐等妄引讖記、好奇騁博、强爲高祖父母名字、皆非正史所說、蓋無取焉、寧有劉媼本姓實存、史還背不詳載、卽理而言、斷可知矣、【考證】漢書高紀無曰劉二字、梁玉繩曰、馬班以漢人紀漢事、寧有不知高祖父母姓名之理、乃太公不書名、母媼不書姓、豈諱而不書、如諸帝之不書名耶、李笠曰、父曰太公、母曰劉媼二句對擧、不得省去、漢書高紀母媼二字、連下嘗息大澤之陂爲一句、史記則別有其先劉媼四字屬下句、不可同論也、論衡吉驗篇云、高皇帝母曰劉媼、奇怪篇云、高祖本紀言劉媼嘗息大澤之陂、皆有劉字、可證、

其先劉媼、嘗息大澤之陂、夢與神遇。是時雷電晦冥。太公往視、則見蛟龍於其上。【索隱】按詩含神霧云、赤龍感女媼、劉季興、又廣雅云、有鱗曰蛟龍、【考證】其先、猶言其初、詩大雅生民、厥初生民、時維姜嫄、兪樾曰、五帝紀云、擇其尤雅者、故唐虞二紀、悉本尙書、高辛以上無稽則略、禹本紀、山海經所有怪物、不以入史、至高帝紀、乃有劉媼夢神、白帝化蛇之事、蓋當時方以爲受命之符、不可得而削也、世以史公爲好奇、過矣、

已而有身。遂產高祖。高祖爲人、隆準而龍顏、【集解】服虔曰、準音拙、應劭曰、隆、高也、準、頰權準也、顏、額顙也、齊人謂之顙、汝

南淮泗之間曰顏、文穎曰、準、鼻也、【索隱】李斐云、準、鼻也、始皇蜂目長準、蓋鼻高起、爾雅、顏、額也、文穎曰、高祖感龍而生、故其顏貌似龍、長頸而高鼻、【考證】文穎曰、準音準的之準、顏師古曰、服音應說皆失之、張文虎曰、據漢書注及索隱集解、文穎當作李斐、

美須髯、左股有七十二黑子。【正義】河圖云、帝劉季、口角戴勝、斗胷龜背龍股、長七尺八寸、合誠圖云、赤帝體爲朱鳥、其表龍顏、多黑子、按左、陽也、七十二黑子者、赤帝七十二日之數也、木火土金水、各居一方、一歲三百六十日、四方分之、各得九十日、土居中央、竝索四季、各十八日、俱成七十二日、故高祖七十二黑子者、應火德七十二日之徵也、有一本七十日者、非也、許北人呼爲黶子、吳楚謂之誌、誌、記也、【考證】顏師古曰、在頤曰須、在頰曰髯、

仁而愛人、喜施。【正義】喜、許記反、施、尸豉反、意豁如也。【集解】服虔曰、豁、達也、

常有大度、不事家人生產作業。及壯試爲吏、【集解】應劭曰、試補吏、【考證】盧綰傳云、高祖與盧綰學書、此所以其能爲吏、

爲泗水亭長。【正義】秦法、十里一亭、十亭一鄉、亭長、主亭之吏、高祖爲泗水亭長也、國語有寓室、卽今之亭也、亭長、蓋今里長也、民有訟諍、吏留平辨、得成其政、括地志云、泗水亭、在徐州沛東百步、有高祖廟也、【考證】王念孫曰、類聚御覽引泗水作泗上、與漢書合。

廷中吏、無所不狎侮。【正義】廷中吏、泗水及沛縣之廷也、狎、輕俳也、侮、慢也、府縣之吏、高祖皆輕慢也、【考證】中井積德曰、廷、謂縣廷也、

好酒及色、常從王媼・武負貰酒。【集解】韋昭曰、貰、賖也、【索隱】鄒誕生貰音世、與字林聲韵竝同、又音時夜反、

廣雅云、貰、賖也、說文云、貰、貸也、臨淮有貰陽縣、漢書功臣表、貰陽侯劉纏、而此紀作射陽、則貰亦射也、【正義】王媼者、王家母、武負者、魏大夫如耳之母也、【考證】漢書注云、如淳曰、武、姓也、俗謂老大母爲阿負、顏師古曰、劉向列女傳云、魏曲沃負者、魏大夫如耳之母也、此則古語謂老母爲負耳、王媼、王家之媼也、武負、武家之母也、愚按如顏二說是、又按正義依幻雲鈔補、文有譌脫、

醉臥、武負・王媼、見其上常有龍怪之。【考證】祕閣古鈔本、類聚引醉上有飲字、御覽引作時醉臥、與漢書合、

高祖每酤留飲、酒讎數倍、【集解】如淳曰、讎亦售、【索隱】樂彥云、借讎爲售、蓋古字少、假借耳、今亦依字讀、蓋高祖大度、既貰飲、且讎其數倍價也、【正義】按言聖帝所至、皆有福祐、故酒讎數倍、及衆驚怪、【考證】祕閣楓山三條南化本、高祖上有屬字、趙翼曰、讎與售同、賣物受直也、武負王媼、皆酒家、每值高祖酤飲、則人競買之、其獲利較倍於常也、宣帝少時、從民間買餅、所從買家輒大讎、正與此相類、蓋高祖本紀、自澤陂遇神至芒碭雲氣、皆記高祖微時符瑞、而此特其一端耳、索隱乃謂貰飲而償厚價、則下文折券句又何說也、愚按陳仁錫中井積德亦有此說、

及見怪、歲竟、此兩家常折券弃責。【索隱】周禮小宰、聽稱責以傅別、鄭司農云、傅別、券書也、鄭玄云、傅別、謂大手書於札中而別之也、然則古用簡札書、故可折、至歲終總弃不責也、【考證】責讀爲債、

高祖常繇咸陽、【集解】應劭曰、繇、役也、【索隱】韋昭云、秦所都、武帝更名渭城、應劭云、今長安也、按關中記云、孝公都咸陽、今渭城是、在渭北、始皇都咸陽、今城南大城是也、名咸陽者、山南曰陽、水北亦曰陽、其地在渭水之北、又在九嵕諸山之南、故曰咸陽也、

【考證】祕閣本常作嘗、

縱觀、觀秦皇帝。【正義】包愷云、觀、上音館、下音官、恣意故縱觀、【考證】楊愼曰、當時車駕出則禁觀者、此時則縱民觀、故曰縱觀、愚按漢高紀少一觀字、義異、

喟然太息曰、嗟乎、大丈夫當如此也。【考證】凌稚隆曰、高祖觀秦帝之言、較之項羽、氣象自是迥別、王鳴盛曰、項之言悍而戾、劉之言則津津不勝其歆羨矣、

單父人呂公、善沛令。【集解】漢書音義曰、單音善、父音斧、【索隱】韋昭云、單父、縣名、屬山陽、崔浩云、史失其名、但擧姓而言公、又按漢書舊儀云、呂公、汝南新蔡人、又相經云、魏人呂公名文、字叔平也、

避仇、從之客。因家沛焉。沛中豪桀吏、聞令有重客、皆往賀。蕭何爲主吏。【集解】孟康曰、主吏、功曹也、

主進。【集解】文穎曰、主賦斂禮進、爲之帥、【索隱】鄭氏云、主賦斂禮錢也、顏師古曰、進者、會禮之財、字本作贐、聲轉爲進、宣帝數負進、義與此同、【考證】進、猶獻也、賀客所進之財、不必讀爲贐、中井積德曰、主進、謂是時掌賀進之事也、非平生職掌、

令諸大夫曰、進不滿千錢、坐之堂下。【正義】大夫、客之貴者總稱之、【考證】祕閣本無進字之字、何焯曰、漢書高祖紀詔書有云、秦民爵公大夫以上、令丞與亢禮、諸大夫當謂此也、趙翼曰、沛中豪傑吏、蓋不過鄉豪及健吏之類、蓋秦制賜民爵、有大夫、官大夫、公大夫、五大夫、七大夫諸稱、度其時民之有此爵者、人卽以其爵呼之、相沿日久、遂以爲尊奉之語、故鄉豪及健吏皆得稱耳、

高祖爲亭長、素易諸吏。乃

紿爲謁曰。賀錢萬。實不持一錢。集解 應劭曰、紿、欺也、音殆、索隱 韋昭云、紿、詐也、劉氏云、紿、欺負也、何休云、紿、疑也、謂高祖素狎易諸吏、乃詐爲謁、謁、謂以札書姓名、若今之通刺、而兼載錢穀也、謁入。呂公大驚、起迎之門。呂公者好相人。見高祖狀貌、因重敬之、引入坐。考證 秘閣本、入下有上字、楓、三、南本坐下有上坐二字、蕭何曰。劉季固多大言、少成事。高祖因狎侮諸客、遂坐上坐、無所詘。正義 坐上、坐、上在果反、下、在臥反、詘、音丘忽反、酒闌、呂公因目、固留高祖。集解 文穎曰、闌、言希也、謂飲酒者半罷半在、謂之闌、正義 目言故目動而留之、不敢對衆顯、高祖竟酒後、呂公曰。臣少好相人。集解 張晏曰、古人相與語、多自稱臣、自卑下之道、若今人相與語、皆自稱僕、考證 顧炎武曰、漢初人對人多稱臣、乃戰國之餘習、史記高祖紀、呂公曰、臣少好相人、張晏曰、古人相與語、多自稱臣、猶今人相與言僕也、天下已定、則稍在差等、而臣之稱、惟施之諸侯王、故韓信過樊將軍噲、噲趨拜送迎、言稱臣、曰、大王乃肯臨臣、至文景以後、則此風漸衰、而賈誼新書、有尊天子避嫌疑、不敢稱臣之說、王子侯表、有利侯釘坐遺淮南王書稱臣、棄市、功臣侯表、安平侯鄂但、坐與淮南王女陵通、遺淮南王書、稱臣盡力、棄市、平棘侯薛穰、坐受淮南王賂、稱臣、在赦前免、皆在元狩元年、而嚴助傳、天子令助諭意淮南王、一則曰臣助、再則臣助、史因而書之、未嘗以爲罪、則知釘等三人所

坐者、交通之罪、而自此以後廷臣之與諸侯王、遂不復稱臣者爾、相人多矣。無如季相。願季自愛。臣有息女。願爲季箕帚妾。正義 息、生也、謂所生之女也、酒罷。呂媼怒呂公曰。公始常欲奇此女與貴人。考證 顏師古曰、奇、異也、謂顯而異之、嫁於貴人也、中井積德曰、奇是奇貨可居之奇、謂欲以此女爲奇貨而與貴人以釣利、盧文弨曰、欲奇云者、呂公自以己意奇而異之也、外戚世家、王太后母臧兒卜兩女、皆當貴、曰、欲奇兩女云云、文法正同、王念孫曰、漢外戚傳霍光夫人顯謂淳于衍云、將軍素愛小女成君、欲奇貴之、語意相似、鳳曾敘曰、欲奇此女者、言始欲顯異此女、而嫁貴人也、欲字在奇字上、語意甚明、岡白駒曰、與上省一欲字、史文此類多、愚按、猶言欲與貴人以奇此女、奇字顏說是、不必讀爲奇貨之奇、沛令善公。求之不與。何自妄許與劉季。呂公曰。此非兒女子所知也。卒與劉季。呂公女乃呂后也。生孝惠帝・魯元公主。集解 服虔曰、元、長也、食邑於魯、韋昭曰、元、謚也、正義 漢制、帝女曰公主、儀比諸侯、姊妹曰長公主、儀比諸侯王、姑曰大長公主、儀比諸侯王、考證 張文虎曰、類聚引、乃作卽、與漢書合、又曰、中統本、惠下有帝字、與漢書合、類聚及班馬異同引、俱有、今補、高祖爲亭長、時常告歸之田。集解 服虔曰、告、音如嘷呼之嘷、李斐曰、休謁之名也、吉曰告、凶曰寧、孟康曰、古者名吏休假曰告、告又音嚳、漢律、吏二千石、

有予告賜告、予告者、任官有功最、法所當得者也、賜告者、病滿三月、當免、天子優賜復其告、使得帶印綬、將官屬歸家治疾也、索隱 韋昭云、告、請歸乞假也、音告語之告、故戰國策曰、商君告歸、廷篤以爲告歸、今之歸寧也、劉伯莊、顏師古竝音古篤反、非號嚳兩音也、按東觀漢記、田邑傳云、邑年三十、歷卿大夫、號歸罷厭事、少所嗜欲、尋號與嘷同、古者當有此語、故服氏云、如號呼之號、音豪、今以服虔雖據田邑號歸、亦恐未得、然此告字當音誥、誥號聲相近、故後告歸號歸、遂變耳、考證 古鈔本、常作嘗、與漢書合、呂后與兩子居田中耨。有一老父、過請飲、呂后因餔之。正義 餔、必捕反、以食飼人也、父本請飲、呂后因飼之、國語云、國中童子無不餔、老父相呂后曰。夫人天下貴人。令相兩子。見孝惠曰。夫人所以貴者、乃此男也。相魯元、亦皆貴。考證 秘閣本、無也字、老父已去。高祖適從旁舍來。呂后具言。客有過相我子母。皆大貴。高祖問。曰。未遠。乃追及問老父。老父曰。鄉者夫人嬰兒皆似君。君相貴不可言。考證 秘閣本、嬰兒作兒子、高祖乃謝曰。誠如父言、不敢忘德。及高祖貴、遂不知老父處。考證 類聚引、人下有也、惠下

有帝、元下有公主、嬰兒作兒子、皆與漢書合、漢書似作以、論衡骨相篇作似、宋書符瑞志作以、如淳曰、言並得君之貴相也、是從似字、顏師古曰、言夫人及兒子以君之故、因得貴耳、是從以字、錢大昭、申如說云、蓋言相之大貴皆似君耳、非謂呂后之貌有類高祖也、愚按如錢二說是、李笠曰、老父以相法告人、而不責報、所以爲德、高祖爲亭長、乃以竹皮爲冠、令求盜之薛治之。時時冠之。集解 應劭曰、以竹始生皮作冠、今鵲尾冠是也、求盜者、舊時亭有兩卒、其一爲亭父、掌開閉掃除、一爲求盜、掌逐捕盜賊、薛、魯國縣也、有作冠師、故往治之、索隱 應劭云、一名長冠、側竹皮裹以縱前、高七寸、廣三寸、如板、又蔡邕獨斷云、長冠、楚制也、高祖以竹皮爲之、謂之劉氏冠、司馬彪輿服志、亦以劉氏冠爲鵲尾冠也、應劭云、舊亭卒名弩父、陳楚謂之亭父、或云亭部、淮泗謂之求盜也、正義 冠音館、下同、考證 薛、山東兗州府滕縣、及貴常冠。所謂劉氏冠乃是也。正義 冠、音官、顏師古云、後號爲劉氏冠、其後詔曰、爵非公乘以上、不得冠劉氏冠、卽此也、高祖以亭長爲縣送徒酈山。徒多道亡。自度比至皆亡之。正義 度、田洛反、比、必寐反、考證 應劭曰、秦始皇葬於酈山、故郡國送徒往作、姚範曰、始皇初卽位、卽穿治酈山、及幷天下、徒詣送者七十餘萬、賈山亦云、吏徒數十萬人、曠十年、此送徒、當在始皇之初、故下云、始皇東遊、應劭以爲始皇葬于酈山、語未晰、到豐西澤中止飲。夜乃解縱所送徒曰。公等皆去。吾亦從此逝矣。徒

中壯士、願從者十餘人。高祖被酒夜徑澤中。【索隱】舊音經、按廣雅云、徑、斜過也、字林云、徑、小道也、音古定反、言酒後放徙、夜徑行澤中、不敢由正路、且從小徑而求疾也、【正義】被、加也、令一人行前。【正義】行、音下孟反、行前者還報曰。前有大蛇當徑。願還。【索隱】音逕、鄭玄曰、步道曰徑也、高祖醉曰。壯士行。何畏。乃前、拔劒擊斬蛇。【索隱】漢舊儀云、斬蛇劒、長七尺、又高祖云、吾以布衣提三尺劒取天下、二文不同者、崔豹古今注、當高祖爲亭長、理應提三尺劒耳、及貴當別得七尺寶劒、故舊儀因言之、【正義】按其蛇大、理須別求是劒斬之、三尺劒者、常佩之劒、括地志云、斬蛇溝、源出徐州豐縣中平地、故老云、高祖斬蛇處、至縣西十五里入泡水也、蛇遂分爲兩、【索隱】謂斬蛇分爲兩段也、徑開。行數里、醉因臥。【考證】漢書一本因作困、周壽昌曰、據文義、始曰被酒、中曰醉、末曰醉困臥、情事明有次第、醉後行數里而困、故臥也、困字較因爲勝、後人來至蛇所。有一老嫗夜哭。人問何哭。嫗曰。人殺吾子。故哭之。人曰、嫗子何爲見殺。嫗曰。吾子白帝子也。化爲蛇當道。今爲赤帝子斬之。故哭。【集解】應劭曰、秦襄公自以居西戎、主少昊之神、作西畤祠白帝、至獻公時、櫟陽雨金、以爲瑞、又作畦畤祠白帝、少昊、金

德也、赤帝、堯後、謂漢也、殺之者、明漢當滅秦也、秦自謂水、漢初自謂土、皆失之、至光武乃改定、【索隱】按太康地理志云、時在櫟陽故城內、其時如畦、故曰畦時、畦、音戶圭反、應注云、秦自謂水者、按秦文公獲黑龍、命河爲德水、是也、又按春秋合誠圖云、水神哭子襄敗、宋均以爲高祖斬白蛇而神母哭、則此母水精也、此皆謬說、又注云、至光武乃改者、謂改漢爲火德、秦爲金德、與雨金及赤帝子之理合也、【考證】祕閣本、人問下有嫗字、今下無爲字、義長、人乃以嫗爲不誠、欲告之。【集解】徐廣曰、一作苦、【索隱】漢書作苦、謂欲困苦辱之、一本或作笞、說文云、笞、擊也、【考證】祕閣本、楓山、三條本、嫗下有言字、嫗因忽不見。後人至、高祖覺。【索隱】包愷劉伯莊、音古孝反、後人告高祖。高祖乃心獨喜自負。【集解】應劭曰、負、恃也、【索隱】晉灼云、自恃斬蛇事、諸從者日益畏之。【考證】楊循吉曰、斬蛇事、沛公自託以神靈其身、而駭天下之愚夫婦耳、大虹大霓、蒼龍赤龍、流火之烏、躍舟之魚、皆所以兆帝王之興起者、此斬蛇之計、所由設也、秦始皇帝常曰。東南有天子氣。於是因東游以厭之。【索隱】厭、音一涉反、又一冉反、廣雅云、厭、鎮也、【考證】祕閣本、無因字、漢書宣帝紀、後元二年、武帝疾、望氣者曰、長安獄中有天子氣、高祖卽自疑。亡匿隱於芒碭山澤巖石之閒。【集解】徐廣曰、芒、今臨淮縣也、碭縣在梁、駰案、應劭曰、二縣之界、有山澤之固、故隱於其閒也、【正義】括地志云、宋州碭山縣、在州東一百五十里、本漢碭縣也、碭山在

縣東、【考證】趙翼曰、卽自疑三字、高祖匹夫而以天子自疑、正見其志氣不凡、漢書刪之、愚按、上云、心獨喜自負、下云、心喜、此亦不可無卽自疑三字、呂后與人俱求。常得之。高祖怪問之。呂后曰。季所居、上常有雲氣。故從往、常得季。高祖心喜。【正義】京房易兆候云、何以知賢人隱、顏師古曰、四方常有大雲、五色具而不雨、其下有賢人隱矣、故呂后望雲氣而得之、【考證】徐孚遠曰、高祖隱處、豈不陰語呂后耶、隱而求、求而怪、皆所以動衆也、沛中子弟或聞之、多欲附者矣。秦二世元年、秋、陳勝等起蘄、至陳而王。號爲張楚、【集解】徐廣曰、高祖時年四十八、【索隱】應劭云、始皇欲以一至萬、示不相襲、始者一、故至子稱二世、崔浩云、二世、始皇子胡亥、又按善文稱隱士云、趙高爲二世殺十七兄、而立爲王、則二世是第十八子也、蘄、縣名、屬沛、音機、又音旂、【考證】祕閣本、起作越、非是、蘄、安徽鳳陽宿州、陳、河南陳州、諸郡縣皆多殺其長吏、以應陳涉。【考證】張文虎曰、上作陳勝、此作陳涉、當有一誤、沛令恐、欲以沛應涉。掾主吏蕭何·曹參【索隱】按漢書蕭曹傳、參爲獄掾、何爲主吏也、乃曰。君爲秦吏。今欲背之。率沛子弟、恐不聽。願君召諸亡在外者。可得數百人。因劫衆、

衆不敢不聽。【索隱】說文云、以力脅之云劫也、【考證】祕閣本、重子弟二字、顏師古曰、時苦秦虐政、賦役煩多、故有逃亡辟吏、乃令樊噲召劉季。劉季之衆、已數十百人矣。【索隱】漢書作數百人、劉伯莊曰、數十人或至百人、則是百人已下也、於是樊噲從劉季來。沛令後悔、恐其有變、乃閉城城守、欲誅蕭·曹。【考證】中井積德曰、衍一城字、愚按漢書亦有、蕭·曹恐、踰城保劉季。【集解】韋昭曰、以爲保障、【考證】王念孫曰、保者依也、左傳僖二年、保於逆旅、杜注、訓保爲依、史記周本紀、百姓懷之、多從而保歸焉、荊燕世家、與彭越相保、莊子列御寇篇、人將保汝、保字義同、劉季乃書帛射城上、謂沛父老曰。天下苦秦久矣。今父老雖爲沛令守、諸侯竝起、今屠沛。【索隱】按范曄云、剋城多所誅殺、故云屠也、沛今共誅令、擇子弟可立者立之、以應諸侯、則家室完。不然、父子俱屠。無爲也。父老乃率子弟共殺沛令、開城門迎劉季、欲以爲沛令。劉季曰。天下方擾、諸侯竝起。今置將不善、壹敗塗地。【索隱】言一朝破敗、使肝

腦塗地、【考證】漢書壹作一、塗地、猶言委地、事業一敗、不可復收拾。吾非敢自愛。恐能薄不能完父兄子弟。此大事。【正義】能、才能也、高祖謙言、材能薄劣、不能完全其衆、能者、獸形色似熊、足似鹿、爲物堅中而強力、人之有賢才者、皆謂之能也、願更相推擇可者。【考證】詞婉禮恭、不似平生大言、推擇二字連讀、淮陰侯傳、不得推擇爲吏、漢書刪推字、蕭・曹等皆文吏自愛。恐事不就後、秦種族其家、盡讓劉季。諸父老皆曰。平生所聞劉季諸珍怪當貴。且卜筮之、莫如劉季最吉。【考證】楓、三本、無珍字、張文虎曰、御覽引、珍怪作奇怪、與漢書合、於是劉季數讓。衆莫敢爲。乃立季爲沛公。【集解】徐廣曰、九月也、駰案漢書音義曰、舊楚僭稱王、其縣宰爲公、陳涉爲楚王、沛公起應涉、故從楚制稱曰公、【考證】祕閣本、立下無季字、楚人稱令曰公、非公侯之公、祠黃帝、祭蚩尤於沛庭、【集解】應劭曰、左傳曰、黃帝戰於阪泉、以定天下、蚩尤好五兵、故祠祭之求福祥也、瓚曰、管仲云、割盧山而出水、金從之出、蚩尤受之、以作劍戟、【索隱】按管子云、葛盧之山發而出金、今注引發作交及割、皆誤也、而釁鼓。【集解】應劭曰、釁、祭也、殺牲以血塗鼓曰釁、瓚曰、案禮記及大戴禮、有釁廟之禮、皆無祭事、【索隱】說文云、釁、血祭也、司馬法曰、血于鼙鼓者、神戎器也、顏師古曰、凡殺牲以血祭者、皆名爲釁、臣

瓚以爲皆無祭事、非也、又古人新成鐘鼎、亦必釁之、應劭云、釁呼爲璺、馬融注周禮灼龜之兆云、謂其象似玉瓦原之璺罅、是用名之、此說皆非、罅、音火稼反、旗幟皆赤。【索隱】嬰翟云、幟、帛長丈五、廣半幅、字詁云、幟、標也、字林云、熊旗五斿、謂與士卒爲期於其下、故曰旗也、幟或作識、或作志、嵇康音試、蕭該音熾、由所殺蛇白帝子、殺者赤帝子、故上赤。於是少年豪吏如蕭・曹・樊噲等、皆爲收沛子弟二三千人、攻胡陵・方與、還守豐。【集解】鄭德曰、方與、音房豫、屬山陽郡、【索隱】鄧展曰、胡陵、縣名、屬山陽、章帝改曰胡陸、鄭玄曰、方與、屬山陽也、【考證】胡陵方與、山東濟寧州魚臺縣、漢書高紀、二作得、攻胡陵以下事、屬二世二年十月、本史月表同、此疑脫、秦二世二年、陳涉之將周章軍、西至戲而還。【索隱】應劭云、章字文、陳人、文穎云、戲、在新豐東二十里戲亭北、孟康云、水名也、又述征記云、戲水、自驪山馮公谷北流、歷戲亭東入渭、按今其水東惟有戲驛存、章爲章邯所破而還、邯、音酣、【考證】戲、陝西西安臨潼縣東北、中井積德曰、戲、水亦名焉、其本末不必論、梁玉繩曰、周章爲章邯所破、自剄而死、非還也、燕・趙・齊・魏皆自立爲王。【索隱】按漢書高紀、二世二年八月、武臣自立爲趙王、田儋自立爲齊王、韓廣自立爲燕王、魏咎自立爲魏王也、【考證】梁玉繩曰、趙爲王在元年八月、燕魏在九月、與沛項並起、此幷敍于二年、非也、又攷陳涉世家及魏豹傳、魏咎之立、出于周市、非若燕趙諸人之自立也、項氏起吳。秦泗川監

平、將兵圍豐二日。出與戰破之。【集解】文穎曰、泗川今沛郡也、高祖更名沛、秦時御史監郡、若今刺史、平、名也、【索隱】如淳云、秦幷天下爲三十六郡、置守尉監、故此有監平、下有守壯、則平壯皆名也、【考證】漢地理志、泗川作泗水、錢大昕曰、曹參世家・樊噲・周昌傳、俱作泗水、而漢高紀亦作泗川、顏師古曰、泗川郡、川字或爲水、其實一也、王先謙曰、郡有定名、無兩作者、川水隸寫相似而譌耳、命雍齒守豐、引兵之薛。泗川守壯敗於薛、走至戚。【集解】如淳曰、壯、名也、戚、音將毒反、【索隱】晉灼云、東海縣也、鄭德包愷並如字讀、李登音千笠反、【正義】括地志云、沂州臨沂縣有漢戚縣故城、地理志云、臨沂縣屬東海郡、【考證】索隱正義、以戚爲東海郡戚縣、以地理考之、與沛郡相去甚遠、壯兵敗走、未必能至、胡三省以爲沛郡廣戚、王先謙以爲暘郡轅戚、亦未知孰是、張文虎曰、索隱千笠反、當作千竺反、沛公左司馬得泗川守壯殺之。【索隱】顏師古云、得司馬之名、非也、按後云左司馬曹無傷、自此已下、更不見替易處、蓋是左司馬無傷得泗川守壯而殺之耳、【考證】漢書無泗川守壯四字、顏師古因有此說、史漢不同、宜依文作解、周壽昌曰、沛公此時左司馬、尚有孔聚・陳賀・唐厲、不止曹無傷一人、功臣表可證、王鳴盛曰、秦泗川守不言姓、似守不當言姓矣、然下文三川守李由則言姓、南陽守齮則又不言姓、高武侯鰓・襄侯王陵、鰓不言姓、王陵則言姓、皆是隨便言之、並無義例、又如項羽紀中會稽守通、注引楚漢春秋是殷通、如此之類、不言姓者甚多、皆隨便言之、若曰史失其傳、亦非也、沛公還軍亢父、至方與。【集解】鄭德曰、亢音人相亢荅、父音甫、屬任城郡、【索隱】舊音

剛、劉伯莊・包愷、並同、音苦浪反、【正義】音剛、又苦浪反、括地志云、亢父縣也、沛公屯軍於此也、【考證】亢父、山東濟寧州西南、周市來攻方與。未戰。陳王使魏人周市略地。【考證】漢書高紀、無周市來攻方與未戰陳王使十一字、梁玉繩曰、余有丁云、此一周市也、書法如此、疑誤、史詮謂是兩周市、故下加魏人以別之、漢書作魏人周市略地豐沛、無周市來攻以下十一字、或以爲衍者皆非也、趙太常云、未戰二字、乃不了語、沛公因聞豐反、遂引兵去方與、而往攻豐也、陳王使魏人周市略地九字、當移在周市來攻方與之上、則文順而明矣、周市使人謂雍齒曰。豐、故梁徙也。【集解】文穎曰、梁惠王孫假、爲秦所滅、轉東徙於豐、故曰豐梁徙、今魏地已定者數十城。齒今下魏、魏以齒爲侯。守豐不下、且屠豐。雍齒雅不欲屬沛公。【集解】服虔曰、雅、故也、蘇林曰、雅、素也、及魏招之、卽反爲魏守豐。沛公引兵攻豐。不能取。沛公病、還之沛。沛公怨雍齒與豐子弟叛之。【考證】祕閣本、叛作畔、下同、聞東陽甯君秦嘉立景駒爲假王在留、乃往從之、欲請兵以攻豐。【集解】文穎曰、秦嘉、東陽郡人也、爲甯縣君、瓚曰、陳勝傳曰、廣陵人秦嘉、然則嘉非東陽人也、秦嘉初起兵於郯、號曰大司馬、又不爲甯縣君、東陽甯君

自一人、秦嘉又自一人、【索隱】臣瓚以爲二人、按下文直云、東陽甯君、又別言秦嘉、明臣瓚之說爲得、顏師古以甯是姓、君者、時人號曰君耳、韋昭云、留、今彭城留縣也、【正義】括地志云、留城在徐州沛縣東南五十里、即張良所封處、 是時秦將章邯從陳別將司馬𡰥將兵北定楚地。【集解】如淳曰、從陳涉將也、涉在陳、其將相別在他許、皆稱陳、𡰥、章邯司馬、【索隱】謂章邯從陳別將將兵向他處、而遣司馬𡰥將領兵士、北定楚地、故如淳云、𡰥、章邯司馬也、孔文祥亦曰、邯別遣𡰥居相、又一說云、從、謂追逐之言、章邯討逐陳別將、而司馬𡰥別將兵北定楚、亦通、【考證】周壽昌曰、𡰥疑亦秦將司馬其姓、非官稱、若章邯之司馬、當以章邯冠於上、樊噲傳、噲與司馬𡰥戰碭東、竝無章邯事、梁玉繩曰、陳別將司馬𡰥與下文趙別將司馬卬同一句法、愚按𡰥陳別將、梁說是、從、服從之從、 屠相至碭。【索隱】韋昭云、相、沛縣、應劭曰、碭、屬梁國、蘇林音唐、又音宕、【正義】括地志云、故相城在徐州符離縣西北九十里、碭在宋州東一百五十里、【考證】相、江蘇宿州、碭、徐州碭山縣、 東陽甯君・沛公引兵西、與戰蕭西。不利。【索隱】韋昭云、蕭、沛之縣名、謂在蕭縣之西也、【考證】徐州蕭縣、 還收兵聚留、引兵攻碭。【考證】漢書高紀、引兵上補二月二字、 三日、乃取碭。因收碭兵得五六千人、攻下邑拔之。【索隱】韋昭云、下邑、縣名、屬梁國、按范曄云、得城爲拔、是也、【考證】下邑、河南歸德府下邑縣、 還軍豐。【考證】楓三本、豐上有攻字、漢書高紀、作還擊豐不下、 聞項梁

在薛、從騎百餘往見之。【集解】徐廣曰、三月、【正義】今徐州滕縣、故薛城也、 項梁益沛公卒五千人・五大夫將十人。【集解】蘇林曰、五大夫、第九爵也、以五大夫爲將、凡十人也、 沛公還、引兵攻豐。【集解】徐廣曰、表云、拔之、雍齒奔魏、【考證】漢書高紀、與月表同、中井積德曰、此錯脫耳、徐孚遠曰、漢祖起事、欲以豐沛爲根本、豐反屬魏、大勢幾失、故數借兵復之、及入關以後、則勢又在關中、而豐沛非所須也、 從項梁月餘、項羽已拔襄城還。【索隱】韋昭云、潁川縣、【正義】襄城、許州縣、【考證】河南許州襄城縣、 項梁盡召別將居薛。聞陳王定死、因立楚後懷王孫心爲楚王、治盱台。【索隱】韋昭云、臨淮縣、音于夷、【正義】楚縣也、【考證】安徽泗州盱眙縣、 項梁號武信君。居數月北攻亢父、救東阿、破秦軍。【索隱】韋昭云、東阿、東郡之縣名、【正義】濟州縣也、【考證】梁玉繩曰、月表及漢紀、立懷王在六月、攻亢父在七月、中間只隔數十日、安得謂居數月乎、疑月當作日、愚按東阿、山東泰安府東阿縣、漢書高紀云、章邯圍田榮於東阿、沛公與項梁共救田榮、大破章邯東阿、田榮歸、沛公項羽追北至城陽、 齊軍歸。楚獨追北、【集解】服虔曰、師敗曰北、 使沛公・項羽別攻城陽、屠之、軍濮陽之東、與秦軍戰、破之。

【索隱】按城陽、地理志屬濟陰、濮陽、韋昭云、東郡之縣名、【正義】濮陽故城在濮州西八十六里、本漢濮陽縣、【考證】濮陽、直隸大名府開州南、 秦軍復振、守濮陽環水。【集解】李奇曰、振、整也、如淳曰、振、起也、收敗卒自振迅而復起也、文穎曰、決水以自環守爲固也、張晏曰、依河水以自環繞作壘、【正義】按二說皆通、其濮陽縣北臨黃河、言秦軍北阻黃河、南鑿溝、引黃河水、環繞作壁壘爲固、楚軍乃去、 楚軍去而攻定陶。定陶未下。【索隱】按地理志、濟陰之縣也、【考證】山東曹州定陶縣、 沛公與項羽西略地、至雍丘之下、與秦軍戰、大破之、斬李由。【索隱】韋昭云、雍丘、故杞國、今陳留之縣、【考證】河南開封府杞縣、由、秦三川守、李斯長子、 還攻外黃。外黃未下。【索隱】韋昭云、上陳留縣、【正義】在雍丘東、 項梁再破秦軍、有驕色。宋義諫、不聽。【索隱】荀悅漢紀云、故楚令尹宋義、當別有所出也、 秦益章邯兵、夜銜枚擊項梁、大破之定陶。項梁死。【集解】周禮有銜枚氏、鄭玄曰、銜枚止言語囂讙也、枚、狀如箸、橫銜之、繣結於項者、繣音獲、 沛公與項羽方攻陳留。聞項梁死、引兵與呂將軍俱東。呂臣軍彭城東、項羽軍彭城西、沛公軍碭。【考證】漢書呂將軍、作將軍呂臣、彭城、江蘇徐州府銅山縣、 章邯

已破項梁軍、則以爲楚地兵不足憂。乃渡河北擊趙、大破之。當是之時、趙歇爲王、秦將王離圍之鉅鹿城。此所謂河北之軍也。【索隱】歇、蘇林音如字、鄭德音遏絕之遏、徐廣音烏轄反、今依字讀之也、【考證】鉅鹿、直隸順德府平鄉縣、所謂河北之軍也、又見項羽紀、 秦二世三年、【考證】梁玉繩曰、此當在後文沛公引兵西遇彭越昌邑句上、誤書于此、 楚懷王見項梁軍破、恐徙盱台都彭城【考證】古鈔本、楓三本、徙作從、漢書作自、義同、當依訂、 幷呂臣・項羽軍、自將之。以沛公爲碭郡長、封爲武安侯、將碭郡兵、【正義】括地志云、宋州本秦碭郡、蘇林云、長如郡守、韋昭云、秦名曰守、是時改曰長、 封項羽爲長安侯、號爲魯公、呂臣爲司徒、其父呂青爲令尹。【索隱】按表青、封信陽侯、【正義】應劭云、天子曰師尹、諸侯曰令尹、時楚去六國近、故置令尹、瓚曰、諸侯之卿、唯楚稱令尹、其餘國不稱、時立楚之後、故置官司皆如楚舊也、【考證】令尹、瓚說是、 趙數請救。懷王乃以宋義爲上將軍、項羽爲次將、范增爲末將、北救趙。令沛公西略地入關。與諸將約、

先入定關中者王之。【索隱】韋昭云、函谷、武關也、又三輔舊事云、西以散關爲界、東以函谷爲界、二關之中、謂之關中、 當是時秦兵彊、常乘勝逐北。諸將莫利先入關。獨項羽怨秦破項梁軍、奮願與沛公西入關。【索隱】韋昭云、奮、憤激也、【考證】祕閣本奮下有怒字、 懷王諸老將皆曰。項羽爲人慓悍猾賊。【索隱】說文云、慓、疾也、悍、勇也、一云、慓、輕也、慓、音匹妙反、猾賊、漢書作禍賊也、【考證】王念孫曰、猾、黠惡也、酷吏傳、寧成猾賊任威、是也、猾賊與慓悍義相承、禍賊則非其義矣、愚按、懷王之立也、楚亡臣來歸者必衆、所謂諸老將是也、使懷王幷呂臣項羽軍、以宋義爲上將軍、遣沛公入關者、概皆此等老將所爲、 項羽嘗攻襄城。襄城無遺類、皆阬之、諸所過無不殘滅。【集解】徐廣曰、遺、一作噍、噍、食也、音在妙反、駰案、如淳曰、類無復有活而噍食者也、青州俗言無孑遺爲無噍類、【正義】言項羽嘗攻襄城、襄城之人、無問大小盡殺之、無復遺餘種類、皆坑之、漢書噍類、卽依古義、 且楚數進取。【集解】如淳曰、楚、謂陳涉也、數進、多所攻取、【考證】顏師古曰、楚者、總言楚兵、陳涉項梁皆是、 前陳王・項梁皆敗。不如更遣長者扶義而西、告諭秦父兄矣。【集解】漢書音義曰、陳王、陳涉也、【正義】遣長者扶持仁義而西、告諭秦長少令降下也、【考證】顏師古曰、扶、助也、以仁

義助也、扶、字或作杖、杖亦倚任之義、 秦父兄苦其主久矣。今誠得長者往、毋侵暴、宜可下。今項羽慓悍、今不可遣。【集解】徐廣曰、一無今字、 獨沛公素寬大長者。可遣。卒不許項羽、而遣沛公。西略地、收陳王・項梁散卒、乃道碭至成陽、【集解】漢書音義曰、道由碭也、【考證】道、由也、 與杠里秦軍夾壁、破魏二軍、【集解】漢書音義曰、成陽、杠里、二縣名、【索隱】成陽、在濟陰、韋昭云、在潁川、非也、服虔云、杠里、縣名、如淳云、秦軍所別屯地名也、【考證】方輿紀要云、杠里、在成陽西、漢書魏作其、陳仁錫曰、監本與杠里屬上句、誤也、時秦軍屯杠里、漢軍與之對壘、故曰夾壁、破魏之魏、當作秦、愚按、陳說略得之、魏當從漢書作其、魏其音近而譌、成陽杠里、山東曹州府濮州、 楚軍出兵、擊王離大破之。【集解】徐廣曰、表云三年十月、攻破東郡尉及王離軍於成武南、【考證】陳仁錫曰、此時王離圍趙鉅鹿在河北、沛公軍杠里在河南、何由出兵相擊、則破王離爲項羽明矣、漢書削此十字、梁玉繩曰、方敍沛公入關、不應忽入楚軍、十字當衍、 沛公引兵西遇彭越昌邑。【正義】地理志云、昌邑縣屬山陽、括地志云、在曹州成武縣東北三十二里、有梁丘故城、是也、【考證】昌邑、山東濟寧州金鄉縣、 因與俱攻秦軍。戰不利、還至栗。【索隱】韋昭云、縣名、屬沛、【考證】栗、河南歸德府夏邑縣、 遇剛武

侯、奪其軍可四千餘人幷之。【集解】應劭曰、楚懷王將也、漢書音義曰、功臣表云、棘蒲剛侯陳武、武一姓柴、剛武侯宜爲剛侯武、魏將也、瓚曰、功臣表、柴武以將軍起薛、別救東阿至霸上、入漢中、非懷王將也、又非魏將也、例未稱諡、【正義】顏師古云、史失其名姓、唯識其爵號、不知誰也、不當改爲剛侯武、應氏以爲懷王將、又云魏將、無據矣、表、六年三月封、孟顏二人說是、 與魏將皇欣・魏申徒武蒲之軍、【正義】竝魏將也、欣字或作訢、音許斤反、蒲、漢書作滿、竝通也、【考證】齊召南曰、樂平侯衛無擇、以隊卒從高祖起沛、屬高訢、當卽此皇欣、愚按、滿蒲不相通、必有一是、 幷攻昌邑。昌邑未拔。【考證】梁玉繩曰、月表、秦三年十二月、沛公至栗、得皇欣武蒲軍、與秦戰破之、二月、得彭越軍昌邑、又漢紀十二月、沛公引兵至栗、過剛武侯、奪其軍、與魏將皇欣武滿、合攻秦軍、破之、二月、從碭北攻昌邑、遇彭越、越助攻昌邑、未下、然則先遇剛武後遇彭越也、先至栗後至昌邑也、先合兵破秦軍、後攻昌邑、昌邑未拔也、乃此謂遇彭越在遇剛武之前、誤一、斯時無與秦戰不利之事、誤二、遇彭越攻昌邑、因與攻秦、不利還栗、似未嘗奪剛武合魏將、而已攻昌邑、至後攻而未拔、爲復攻昌邑、誤三、以與彭越爲攻秦、以奪剛武合魏將爲攻昌邑、誤四、準義驗文、當云秦二世三年、沛公引兵至栗、遇剛武侯、奪其軍可四千餘人幷之、與魏將皇欣魏申徒武蒲之軍、俱攻秦軍、破之、遂西、過彭越昌邑、因與幷攻昌邑、昌邑未拔、 西過高陽。【集解】文穎曰、聚邑名也、屬陳留圉縣、瓚曰、陳留傳曰、在雍丘西南、【考證】高陽、河南開封府杞縣、 酈食其謂監門曰。【集解】鄭德曰、酈食其、音歷異基、【考證】漢書作爲里監門、與酈生傳爲里監門吏合、祕閣、古鈔、楓、

三本、無謂監門三字、 諸將過此者多。吾視沛公大人長者。乃求見說沛公。沛公方踞牀、使兩女子洗足。酈生不拜、長揖。【考證】祕閣本、楓山、三條本、不重沛公二字、楓、三本、無兩字、祕閣本無足字、顏師古曰、長揖者、手自上而極下、 曰。足下必欲誅無道秦、不宜踞見長者。於是沛公起、攝衣謝之、延上坐。食其說沛公襲陳留、得秦積粟。【集解】漢書音義曰、春秋傳曰、輕行無鐘鼓曰襲、【考證】祕閣本、無沛公二字、 乃以酈食其爲廣野君。【索隱】韋昭云、在山陽、 酈商爲將、【考證】漢書作其弟商、 將陳留兵、與偕攻開封。【索隱】韋昭云、河南縣、【考證】河南開封府祥符縣南、 開封未拔。西與秦將楊熊戰白馬、【索隱】韋昭云、東郡縣、【正義】括地志云、白馬故城、在滑州衛南縣西南二十四里、戴延之西征記云、白馬城、故衛之漕邑、【考證】河南衛輝府滑縣東、 又戰曲遇東、大破之。【索隱】徐廣云、曲逆、在中牟、韋昭云、志不載、司馬彪郡國志、中牟有曲遇聚也、【考證】開封府中牟縣、 楊熊走之滎陽。【索隱】韋昭云、故衛地、河南縣也、【考證】滎陽、開封府滎澤縣西南、 二世使使者斬以徇。【集解】徐廣曰、四月、 南攻

潁陽屠之。因張良遂略韓地轘轅。【集解】文穎曰、河南新鄭南至潁川南北、皆韓地也、以良累世相韓、故因之、瓚曰、轘轅、險道名、在緱氏東南、【索隱】按十三州志云、河南緱氏縣、以山爲名、一云、轘轅凡九十二曲、是險道也、【考證】潁陽、河南許州西南、轘轅、河南偃師縣東南、中井積德曰、漢書無轘轅、二字、此疑衍、當是時、趙別將司馬卬、方欲渡河入關。沛公乃北攻平陰、【集解】地理志、河南有平陰縣、今河陰是也、【考證】孟津縣東、絕河津、南戰雒陽東、軍不利。還至陽城。【正義】今洛州、夏禹所都、【考證】顏師古曰、直渡曰絕、劉台拱曰、此與魏豹絕河津義同、欲先定關中、距卬使不得渡、顏訓直渡、謬、漢書不利下無還字、有從轘轅三字、陽城、河南府登封縣東南、收軍中馬騎、與南陽守齮、【索隱】音蟻、許慎以爲側齧也、【考證】南陽、河南南陽府、錢大昭曰、齮、漢紀作呂齮、中井積德曰、齮是人名、注引說文、何居、戰犨東破之。【集解】地理志、南陽有犨縣、【考證】祕閣本、無破之二字、犨、河南汝州魯山縣東南、略南陽郡。南陽守齮、走保城守宛。【正義】守、音狩、宛、於元反、括地志云、南陽縣故城、在宛大城之南隅、其西南有二面、皆故宛城、【考證】祕閣本、略南陽郡、作破南陽之郡、宛、河南南陽府南陽縣治、沛公引兵過而西。張良諫曰、沛公雖欲急入關、秦兵尚衆距險。今不下宛、

宛從後擊、彊秦在前。此危道也。於是沛公乃夜引兵從他道還、更旗幟、黎明、【索隱】音犂、黎猶比也、謂比至天明也、漢書作遲、音值、值、待也、謂待天明、皆言早意也、【考證】古鈔本、兵作軍、與御覽所引合、更、御覽作張、漢書作假、與下文索隱所引楚漢春秋合、黎明、漢書作遲明、服虔曰、欲天疾明也、文穎曰、遲、未明也、天未明之頃、已圍其城矣、顏師古曰、此言圍城事畢、然後天明、明遲於事、故曰遲明、王念孫曰、小司馬說是也、黎遲聲相近、故漢書作遲、黎明遲明、皆謂比明也、此言高祖夜引軍還至宛城、比及天明、已圍城三匝耳、黎亦作犂、史記呂后紀、帝晨出射、太后使人持酖飲趙王、犂孝惠還、趙王已死、徐廣云、犂猶比也、漢書外戚傳作遲、帝還、趙王死、遲帝還、比帝還也、史記南越傳、犂旦城中皆降伏波、犂一作比、漢書作遲、史記衛將軍傳、遲明行二百餘里、一作黎明、漢書作會明、會亦比及之意、圍宛城三帀。【索隱】按楚漢春秋曰、上南攻宛、匿旌旗、人銜枚、馬束舌、鷄未鳴、圍宛城三帀也、南陽守欲自剄。其舍人陳恢曰、死未晚也。【考證】顏師古曰、舍人、親近左右之通稱也、後遂以爲私屬官號、乃踰城見沛公曰、臣聞足下約、先入咸陽者王之。今足下留守宛。宛、大郡之都也。連城數十、人民衆、積蓄多。吏人自以爲降必死。故皆堅守乘城。【索隱】李奇曰、乘、守也、韋昭曰、乘、登也、今足下

盡日止攻、士死傷者必多。引兵去宛、宛必隨足下後。足下前則失咸陽之約、後又有彊宛之患。爲足下計、莫若約降、封其守、因使止守、引其甲卒與之西。諸城未下者、聞聲爭開門而待足下、通行無所累。沛公曰、善。【集解】徐廣曰、七月也、乃以宛守爲殷侯、【索隱】韋昭曰、在河內、【考證】漢書作七月南陽守齮降、封爲殷侯、封陳恢千戶、引兵西。無不下者。【考證】張文虎曰、御覽引、作無有不下者、至丹水。【索隱】韋昭曰、在河內、【正義】括地志云、故丹城、在鄧州內鄉縣西南百三十里、南去丹水二百步、汲冢紀年云、后稷放帝子丹朱于丹水、是也、輿地志云、秦爲丹水縣也、地理志云、丹水縣屬弘農郡、抱朴子云、丹水出丹魚、先夏至十日、夜伺之、魚浮水側、光照如火、網而取之、割其血以塗足、可以步行水上、長居川中不溺、【考證】河南南陽府淅川縣、高武侯鰓、【集解】蘇林曰、鰓、音魚鰓之鰓、晉灼曰、功臣表、戚鰓也、【考證】顏師古曰、戚鰓初從即爲郎、以都尉守蘄城、非至丹水乃降也、此自一人耳、不知其姓、襄侯王陵降西陵。【集解】韋昭曰、漢封王陵爲安國侯、初起兵時、在南陽、南陽有穰縣、疑襄當爲穰、而無禾字、省耳、今邵公或作召字、此類多矣、瓚曰、時韓成封穰侯、江夏有襄、是陵所封、【索隱】按王陵封安國侯、是定天下爲丞相時封耳、此言襄侯、當如臣瓚解、蓋

初封江夏之襄也、【考證】顏師古曰、王陵非安國侯者、此自一人耳、梁玉繩曰、下文云、因王陵兵南陽、以迎太公呂后于沛、功臣表云、以廐將別定東郡南陽、漢表云、以自聚黨定南陽、陵本傳云、自聚黨數千人、居南陽、又張蒼傳云、蒼以客從攻南陽、坐法當斬、王陵見而怪其美士、乃言沛公、赦勿斬、合而證之、則此王陵即安國侯明矣、穰侯者沛公初封之、或陵聚黨時自稱之、均未可知、若項羽封韓成爲穰侯、在漢元年四月以後、陵實先之、江夏則更不相接、全氏經史問答亦云、愚按何焯讀書記亦同梁說、可從、中井積德曰、漢書無西陵二字、此疑衍、還攻胡陽。【集解】一云陵、【索隱】韋昭曰、南陽縣、【考證】河南南陽府唐縣南、遇番君別將梅鋗。與皆降析酈。【集解】如淳曰、析、持益反、【索隱】鄧誕生音錫、酈、音歷、蘇林如淳音擲、析屬弘農、酈屬南陽、出地理志、而左傳云、析一名白羽、顏師古云、析、今內鄉縣、酈、今菊潭縣、【考證】祕閣本、古鈔本、皆作借、與漢書合、蘇林曰、番、音婆、豫章番陽縣、韋昭曰、吳芮初爲番令、故號曰番君、析酈、河南南陽府內鄉縣、遣魏人甯昌使秦。使者未來。【考證】始皇本紀云、沛公將數萬人、已屠武關、使人私於趙高、蓋斥此事也、說見始皇紀、是時章邯已以軍降項羽於趙矣。初項羽與宋義北救趙。及項羽殺宋義、代爲上將軍、諸將黥布皆屬、破秦將王離軍、降章邯、諸侯皆附。【考證】中井積德曰、黥布下脫等字、班史可徵、王鳴盛曰、項起吳中、以精兵八千人渡江、并陳嬰數千人、黥布蒲將軍亦以兵屬、凡六七萬人、

又幷秦嘉軍、其勢彊盛、項梁聞陳王死、召諸別將、會薛計事、沛公亦起沛往焉、此時沛公甚弱、未能成軍、項梁益沛公卒五千人五大夫將十人、始得攻豐拔之、此後凡所攻伐、史每以沛公項羽並稱、如左右手、項氏之失策、在立楚懷王而聽命焉、羽欲西入關、懷王不許、而以命沛公、乃使羽北救趙、約先入關者王之、其後羽乃得負約名、是項之失策也、然當日若非羽破秦兵於鉅鹿、虜王離、殺涉間、使章邯震恐乞降、沛公安能入關乎、羽不救趙破秦兵、秦得擧趙、則關中聲勢轉壯、沛公入秦、何如此之易乎、沛公始終藉項之力以成事、而反嗤項者也、若使夫子評之、必曰譎而不正、

及趙高已殺二世、使人來、欲約分王關中。沛公以爲詐、【考證】王鳴盛曰、以爲詐、何義門遂云、不許賊臣、眞可謂扶義而西者、攷始皇本紀、沛公屠武關、使人私於趙高、然則沛公眞扶義而不許高者乎、特以爲詐耳、班之改馬、非也、乃用張良計、使酈生・陸賈往說秦將、啗以利、因襲攻武關破之。【索隱】左傳云、楚司馬起營所以臨上雒、謂晉人曰、將通於少習、杜預以爲商縣武關也、又太康地理志、武關、當冠軍縣西、嶢關、在武關西也、【考證】陸賈二字疑衍、說見下文、武關、陝西商州、又與秦軍戰於藍田南、益張疑兵旗幟、【考證】秘閣本無於字、梁玉繩曰、月表留侯世家、及漢書紀傳、沛公以秦二世三年八月攻破武關、九月秦遣將距嶢關、張良說沛公、張旗幟爲疑兵、使酈生啗秦將以利、秦軍懈、因引兵繞嶢關、踰蕢山、擊破之藍田南、敘次甚明、此紀不書破武關及踰蕢山事、乃武關乃嶢關之誤、當云乃用張良計、益張疑兵旗幟、使酈生往說秦將、啗以利、因襲攻嶢關破之、又與秦軍戰于藍田、而陸賈二字似衍文、留侯世家、陸賈傳、及漢書張陸兩傳、荀悅漢紀、皆無之、疑此與漢書高紀、並妄攙陸賈耳、愚按、中井積德亦有此說、可從、諸所過毋得掠鹵。【集解】應劭曰、鹵與虜同、秦人憙、秦軍解。因大破之。又戰其北、大破之、乘勝遂破之。【考證】秘閣本、憙作喜、李笠曰、解、懈同、言沛公既啗秦將以利、又令所過毋得掠鹵、故秦人憙、悅而軍心懈惰也、

漢元年十月、【集解】如淳曰、張蒼傳云、以高祖十月至霸上、故因秦以十月爲歲首、【正義】沛公己未年十月至霸上、項羽封十八諸侯、沛公封漢王、後劉項五年戰鬭、漢遂滅楚、天下歸漢、故郤書初至霸上戰之月、【考證】中井積德曰、漢初只沿秦制度耳、不關霸上事、如張蒼言、附會不足據、沛公兵遂先諸侯至霸上。【正義】故霸陵、在雍州萬年縣東北二十五里、漢霸陵、文帝之陵邑也、東南去霸陵十里、地理志云、霸陵、故芷陽、文帝更名、三秦記云、霸城、秦穆公築爲宮、因名霸城、漢於此置霸陵、廟記云、霸城、漢文帝築、沛公入關、遂至霸上、即此也、【考證】顏師古曰、霸水上、故曰霸上、愚按、陝西西安府咸寧縣東、即白鹿原、秦王子嬰、素車白馬、係頸以組、封皇帝璽符節、【索隱】韋昭云、天子印稱璽、又獨以玉、符發兵符也、節使者所擁也、說文云、符、信也、漢制以竹長六寸、分而相合、釋名云、節、爲號令賞罰之節也、又節毛上下相重、取象竹節、又漢官儀云、子嬰上始皇璽、因服御之、代代傳受、號曰漢傳國璽也、【正義】按天子有六璽、皇帝行璽、皇帝之璽、皇帝信璽、天子行璽、天子之璽、天子信璽、皇帝信璽、凡事皆

用之璽令施行、天子信璽、以遷拜封王侯、天子之璽、以發兵、皆以武都紫泥封、青囊白素裏、兩端無縫、三秦記云、紫泥水在今成州、輿地志云、漢封詔璽用紫泥、則此水之泥也、【考證】沈欽韓曰、楚策、蔡聖侯不以國家爲事、子發受命乎先王、繫以朱絲而見之、自後獻俘皆如此、愚按、絲、條也、係之頸者、示欲自殺也、應劭云、天子韍也、顏師古云、所以帶璽之綬也、皆非、中井積德曰、秦璽唯一顆、即天子所服御傳國璽、降軹道旁。【索隱】軹、音只、漢宮殿疏云、軹道亭、東去霸城觀四里、觀東去霸水百步、蘇林云、在長安東十三里也、【正義】軹、音紙、括地志云、軹道、在雍州萬年縣東北十六里苑中、【考證】軹道、在陝西西安府長安縣、諸將或言誅秦王。【索隱】楚漢春秋曰、樊噲請殺之、沛公曰。始懷王遣我、固以能寬容。且人已服降、又殺之不祥。乃以秦王屬吏、【正義】屬、之欲反、屬、付也、遂西入咸陽、欲止宮休舍。【正義】休、息也、言欲居止宮殿中而息也、樊噲・張良諫。乃封秦重寶財物府庫、還軍霸上、召諸縣父老豪桀曰。父老苦秦苛法久矣。誹謗者族、【索隱】劉伯莊、樂彥、同音方未反、偶語者弃市。【集解】應劭曰、秦禁民聚語、偶對也、瓚曰、始皇本紀曰、偶語經書者弃市、【索隱】按禮云、刑人於市、與衆弃之、故今律謂絞刑爲弃市、是也、【考證】偶語、應劭得之、吾與諸侯約、先入關者王之。吾當王關中。與父老約。法三章耳。【索隱】殺人傷人及盜、【正義】約、省也、省減秦之煩法、唯三章、謂殺人傷人及盜、【考證】王應麟曰、與父老約爲句、下云、法三章耳、何焯曰、王氏因紀末有初順民心、作三章之約、改約字爲讀、此約法與上苛法對、文紀中宋昌有約法令之語、刑法志言約法三章者非一、當仍舊也、愚按、上文亦云、吾與諸侯約、約字義同、王說不可易、殺人者死、傷人及盜、抵罪。【集解】應劭曰、抵、至也、又當也、除秦酷政、但至於罪也、李斐曰、傷人有曲直、盜臧有多少、罪名不可豫定、故凡言抵罪、未知抵何罪也、張晏曰、秦法一人犯罪、擧家及鄰伍坐之、今但當其身坐、合於康誥父子兄弟罪不相及也、【索隱】韋昭云、抵、當也、謂使各當其罪、今按秦法、有三族之刑、漢但約法三章耳、殺人者死、傷人及盜者、使之抵罪、餘竝不論其辜、以言省刑也、則抵訓爲至、殺人以外、唯傷人及盜、使至罪名耳、【考證】抵、當也、隨其輕重制法、梁玉繩曰、漢書刑法志曰、漢興約法三章、網漏吞舟之魚、然其大辟尚有夷三族之令、又考惠帝四年、始除挾書律、呂后元年始除三族罪妖言令、文帝元年、始除收孥諸相坐律令、二年、始除誹謗律、十三年、除肉刑、然則秦法未嘗悉除、三章徒爲虛語、續古今攷所謂一時姑爲大言以慰民也、蓋三章不足禁姦、蕭何爲相、采摭秦法、作律九章、疑此等皆在九章之內、史公只載入關初約耳、餘悉除去秦法。諸吏人皆案堵如故。【集解】應劭曰、案、案次第、堵、牆堵也、【考證】古鈔本、人作民、下文秦人大喜、不欲費人、人又益喜、三人字亦作民、與漢書合、顏師古曰、案堵、言不遷動也、凡吾所以來、爲父老除害、非有所侵暴。無恐。【考證】孟子云、武王之伐殷也、曰、無畏、寧

爾也、非歛百姓也、高祖詞氣、與此相似、且吾所以還軍霸上、待諸侯至而定約束耳。乃使人與秦吏行縣鄉邑告諭之。秦人大喜、爭持牛羊酒食、獻饗軍士。沛公又讓不受曰。倉粟多非乏。不欲費人。人又益喜、唯恐沛公不爲秦王。【考證】秘閣本、楓、三本、人人作民民、張之象曰、先言秦人喜、後言秦人大喜、又言人又益喜、連用喜字、斯可以觀人心矣、或說沛公曰、【索隱】按楚漢春秋云、解先生云、遣守函谷無內項王、而張良系家云、鯫生說我、則鯫生是小生、即解生、【考證】藝文類聚引楚漢春秋云、沛公西入武關、居於灞、解先生說上、遣將軍守函谷關、無入項王、大將亞父至關、不得入、怒曰、沛公欲反耶、即令家發薪一束、欲燒關門、關門乃開、索隱節錄、秦富十倍天下、地形彊。今聞章邯降項羽。項羽乃號爲雍王、王關中。今則來、沛公恐不得有此。可急使兵守函谷關。【正義】顏師古曰、今桃林南、有洪溜澗、古函谷也、其水北流入河、西岸猶有舊關餘跡、西征記云、道形如函也、其水山原壁立數十仭、谷中容一車、【考證】天下指六國、函谷關古址、今河南陝州靈寶縣、在咸陽東北、自趙入秦者由此關、張文虎曰、郡縣志引西征記云、其中劣通、東西十五里、絕岸壁立、正義疑有脫誤、無內諸侯軍、

稍徵關中兵、以自益距之。沛公然其計從之。十一月中、項羽果率諸侯兵西、欲入關。關門閉。聞沛公已定關中、大怒、使黥布等攻破函谷關。十二月中、遂至戲。【正義】許宜反、【考證】梁玉繩曰、十一月、當移在上文召諸縣父老豪傑句上、衍去中字、而十二月中四字、當在項羽果率諸侯兵西句上、蓋約法三章在十一月、羽破函谷關、在十二月、月表及漢紀可證也、沛公左司馬曹無傷、聞項王怒欲攻沛公、【考證】梁玉繩曰、高祖紀書項羽、尊君之體宜然、況此時羽尚未王、尤不宜豫呼之、下文云、項王使卒三萬人、從項王北擊齊、項王不聽、項王歸漢王父母妻子、紀中前後皆稱項羽、何忽呼王者五、皆當作項羽、使人言項羽曰。沛公欲王關中、令子嬰爲相、珍寶盡有之。欲以求封。【正義】曹無傷欲就項羽求封、亞父勸項羽擊沛公。【索隱】范增也、項羽得范增、號曰亞父、言尊之亞於父、猶管仲齊謂仲父、父竝音甫也、方饗士、旦日合戰。是時項羽兵四十萬、號百萬。沛公兵十萬、號二十萬。力不敵。【考證】秘閣本、二十作廿、會項伯欲活張良、夜往見良。因以

文諭項羽。【正義】項羽本紀云、項伯曰、沛公不先破關中、公豈敢入乎、今人有大功、擊之不義、此以文諭之、【考證】梁玉繩曰、案羽紀及漢書、乃項伯言之于羽、非以文諭也、愚按、以書託項伯、亦未可知、項羽乃止。沛公從百餘騎、驅之鴻門。【索隱】按姚察云、在新豐古城東、未至戲水、道南有斷原、南北洞門是也、【考證】坂名、在臨潼縣東、今曰項王營、見謝項羽。項羽曰。此沛公左司馬曹無傷言之。不然籍何以至此。【考證】秘閣本、至作生、方苞曰、項羽本紀、高祖留侯項伯相語、凡數百言、而此以三語括之、蓋其事與言不可沒、而於帝紀則不必詳也、陸瑞蒙曰、減縮作數語、大意備矣、不厭其簡、沛公以樊噲・張良故得解歸。歸、立誅曹無傷。項羽遂西屠燒咸陽秦宮室、所過無不殘破。秦人大失望。然恐、不敢不服耳。項羽使人還報懷王。懷王曰。如約。項羽怨懷王不肯令與沛公俱西入關、而北救趙、後天下約、【正義】懷王初約、先入咸陽者王之、令羽北救趙、故失約在後也、乃曰。懷王者、吾家項梁所立耳。非有功伐。何以得主約。本定天下、諸將及籍也。

【考證】梁玉繩曰、項梁、當作武安君、說在項紀、愚按、漢書刪項梁二字、乃佯尊懷王爲義帝、實不用其命。正月、【正義】崔浩云、史官以正月紀四時、故書正月也、荀悅云、先春後正月也、顏師古云、凡此諸月號、皆太初正歷之後、記事者追改之、非當時本稱也、以十月爲歲首、即以十月爲正月、今此正月、當時謂之四月也、他皆放此、【考證】秘閣本、佯作詳、漢書作陽、中井積德曰、秦特以十月爲歲首耳、其月數用夏正、而漢初沿之也、非追改、顏說非、愚按、正月即建寅之月也、王引之舉十八證辯之、說在讀書雜志四卷、梁玉繩曰、正月、當在佯尊懷王上、命字下、當書二月、漢紀表與月表可證、項羽自立爲西楚霸王、王梁・楚地九郡、都彭城。負約更立沛公爲漢王、【正義】梁州、本漢中郡、以漢水爲名、王巴・蜀・漢中。【集解】徐廣曰、三十二縣、【考證】張文虎曰、集解三十二縣、舊刻作四十二縣、漢書云、四十一縣、漢紀同、據漢志、漢中郡十二縣、蜀郡十五縣、巴郡十一縣、則共三十八縣、都南鄭。【考證】南鄭、陝西漢中府治、三分關中、立秦三將、章邯爲雍王、都廢丘、【正義】以岐州雍縣爲名、司馬欣爲塞王、【正義】塞、先代反、韋昭云、在長安東、名桃林塞、按桃林塞、今華州潼關也、顏師古云、取河華之固爲阨塞耳、非桃林、都櫟陽、【索隱】因葬太上皇、改曰萬年、董翳爲翟王、都高奴。【正義】文穎云、本上郡、秦所置、項羽以董翳爲王、更名曰翟也、楚將瑕丘申陽爲河南

王、都洛陽。〔正義〕在黃河之南、故曰河南、卽今河南府、趙將司馬卬爲殷王、都朝歌。〔正義〕以商帝盤庚國殷中之地、改商爲殷、在相州安陽縣、卽北蒙殷墟、南去朝歌百三十六里、故號殷王、都朝歌、趙王歇徙王代。趙相張耳爲常山王、都襄國。當陽君黥布爲九江王、都六。〔索隱〕韋昭云、當陽、南郡縣名、地理志云、六縣屬六安國、懷王柱國共敖爲臨江王、都江陵。〔正義〕孟康云、本南郡、改爲臨江國、是也、番君吳芮爲衡山王、都邾。〔索隱〕太康地理志云、楚滅邾、遷其人於江南、因名縣也、燕將臧荼爲燕王、都薊。故燕王韓廣徙王遼東。廣不聽。臧荼攻殺之無終。〔考證〕梁玉繩曰、燕王臧荼攻殺遼東王韓廣、在八月、此幷書十二月分封時、非也、封成安君陳餘河閒三縣、居南皮。封梅鋗十萬戶。〔考證〕梅鋗、番君之將、見上、四月、兵罷戲下。〔正義〕戲、音麾、許愼注淮南子云、戲、大旗也、〔考證〕戲下、又見羽紀、諸侯各就國。漢王之國。項王使卒三萬人從。楚與諸侯之慕從者數萬人、從杜南、〔正義〕韋昭云、杜、今陵邑、括地志云、杜陵故城在雍州萬

年縣東南十五里、漢杜陵縣、宣帝陵邑也、北去宣帝陵五里、廟記云、故杜伯國、〔考證〕杜南、陝西西安府咸寧縣東南、入蝕中。〔集解〕李奇曰、蝕、音力、在杜南、如淳曰、蝕、入漢中道川谷名、〔索隱〕李奇音力、孟康音食、王劭按說文作鐖、器名也、地形似器、故名之、音力也、〔考證〕胡三省通鑑注引程大昌雍錄云、以地望求之、關中南面皆礙南山、其有微徑可達漢中者、唯子午谷、在長安正南、其次向西則駱谷、此蝕中、若非駱谷、卽是子午谷、通鑑地理今釋云、子午谷、今陝西西安府長安縣、駱谷、今西安府盩厔縣、以去、輒燒絕棧道。〔索隱〕按系家、是用張良計也、棧道、閣道也、音士諫反、包愷音士版反、崔浩云、險絕之處、傍鑿山巖、而施版梁爲閣、備諸侯盜兵襲之、亦示項羽無東意。至南鄭。諸將及士卒、多道亡歸、士卒皆歌思東歸。〔考證〕林伯桐曰、高祖爲漢王、楚與諸侯之慕從者數萬人、可謂得人和矣、然至南鄭、而諸將及士卒多道亡歸、何耶、意此爲項王所使之卒、故思歸耶、韓信說漢王曰。〔集解〕徐廣曰、韓王信、非淮陰侯信也、〔考證〕韓王信傳云、韓信從入漢中、迺說漢王曰、項王王諸將、而王獨遠居此、此左遷也、士卒皆山東人、跂而望歸、及其鋒東嚮、可以爭天下、漢王還定三秦、其言略同此紀、卽韓信、韓王信、非淮陰侯信、徐說所據、而淮陰侯傳云、信拜大將、謂漢王曰、於諸侯之約、大王當王關中、大王失職入漢中、秦民無不恨者、今大王擧而東、三秦可傳檄而定也、又曰、以義兵從思東歸之士、何所不散、與此紀異文同事、下文漢王用韓信之計、正斥是而言、漢書高紀、亦以爲淮陰事、中井積德曰、韓王信驍將已、謀略非其所長、韓王信傳、以此爲韓王語、史遷偶誤耳、漢書亦沿

之、顧炎武曰、以同姓名而誤、愚按下文云、立韓太尉信爲韓王、亦見此韓信非韓王信、項羽王諸將之有功者、而王獨居南鄭。是遷也。〔集解〕韋昭曰、若有罪見遷徙、軍吏士卒、皆山東之人也。日夜跂而望歸。〔正義〕跂、音丘賜反、說文云、跂、擧踵也、司馬彪云、跂、望也、及其鋒而用之、可以有大功。天下已定、人皆自寧、不可復用。不如決策東鄉、爭權天下。〔考證〕祕閣本、策作筴、項羽出關、使人徙義帝曰。古之帝者地方千里、必居上游。〔正義〕音流、乃使使徙義帝長沙郴縣、趣義帝行。〔正義〕趣、音促、羣臣稍倍叛之。乃陰令衡山王・臨江王擊之。殺義帝江南。項羽怨田榮、立齊將田都爲齊王。田榮怒、因自立爲齊王、殺田都而反楚、〔考證〕田都走降楚、非爲田榮所殺、項紀、田儋傳、月表可證、漢書改作走降楚、予彭越將軍印、令反梁地。楚令蕭公角擊彭越。彭越大破之。〔考證〕孟康曰、蕭公、蕭令也、時令皆稱公、陳餘怨

項羽之弗王己也、令夏說說田榮、請兵擊張耳。〔正義〕說、上音悅、下音稅、齊予陳餘兵擊破常山王張耳。張耳亡歸漢。迎趙王歇於代、復立爲趙王。趙王因立陳餘爲代王。項羽大怒、北擊齊。八月、漢王用韓信之計。〔考證〕八月、漢紀作五月、梁玉繩曰、漢王定三秦、當依此紀在八月爲是、月表、淮陰傳、皆云八月、將相名臣表亦云、秋也、漢書在襲雍圍廢丘、于紀在五月、于表在七月、自相牴牾、而均非事實、蓋四月罷兵就國、未必踰月卽出兵襲雍、漢書蕭何傳、言何諫漢王、願王漢中養其民、以致賢人、收用巴蜀、還定三秦、漢王善之、則是時漢方暫務休息、寧有坐不暖席、便爾東伐乎、況自戲下罷兵至南鄭、自南鄭至雍、往返遼遠、非旬日可偏者、當是七月起兵、至八月而襲雍也、從故道還、襲雍王章邯。〔集解〕地理志、武都有故道縣、〔考證〕中井積德曰、故道、元非地名、蓋是處舊有秦蜀相通之道、而棧道張良所燒者爲今道、今道已燒殘不通、故從故道而往也、後世因爲縣名耳、愚按漢中府鳳縣西北、邯迎擊漢陳倉。〔正義〕今岐州縣也、〔考證〕鳳翔府寶雞縣東、雍兵敗還走、止戰好畤。〔集解〕孟康曰、畤、音止、神靈之所在也、縣名、屬右扶風、〔考證〕陝西乾州東、又復敗走廢丘。〔考證〕雍王國都、西安府興平縣東、漢王遂定雍地、東至咸陽、引兵圍

雍王廢丘。【索隱】按荀悅漢紀、令樊噲圍之、【考證】祕閣本、引作別、而遣諸將略定隴西・北地・上郡。【考證】隴西、甘肅鞏昌蘭州秦州、北地、甘肅慶陽寧夏二府及鄜州、上郡、陝西延安府綏德州、令將軍薛歐・王吸出武關。【集解】歐、音惡后反、【索隱】按表歐以舍人從爲將軍、封廣平侯也、吸以中涓從爲將軍、封淸陽侯、因王陵兵南陽、【集解】如淳曰、王陵亦聚黨數千人、居南陽、【正義】括地志云、王陵故城、在商州上洛縣南三十一里、荊州記云、昔漢高祖入秦、王陵起兵丹水以應之、此城王陵所築、因名、【考證】祕閣本、南陽下有也字、以迎太公・呂后於沛。楚聞之、發兵距之陽夏、不得前。【索隱】韋昭云、陽夏、縣名、屬淮陽、後屬陳、夏、音更雅反、【考證】陽春、陳州府太康縣、令故吳令鄭昌爲韓王、距漢兵。二年、漢王東略地。塞王欣・翟王翳・河南王申陽、皆降。韓王昌不聽。使韓信擊破之。【考證】漢書、韓信作韓太尉韓信、梁玉繩曰、塞翟之降、在元年八月、蓋惕于雍王之敗、望風而降也、此書于二年之首、殊非事實、於是置隴西・北地・上郡・渭南・【集解】徐廣曰、後曰京兆、河上・【集解】徐廣曰、馮翊、中地郡。【集解】徐廣曰、扶風、關外置河南郡。【集解】徐廣曰、十月漢王至陝、【考證】梁玉繩曰、隴西、北地、上郡、渭

南、河上、皆元年八月置、是時因重正五郡之疆界、復總言之、故將相表云、二年春定塞翟、魏、河南、韓、殷國、非至是塞翟始降而置郡也、又曰中地屬雍、章邯殺後始置、事在六月、此與隴西等郡同置、誤矣、更立韓太尉信爲韓王。【考證】漢書高紀、韓王下有漢王還、歸都櫟陽、使諸將略地拔隴西十四字、諸將以萬人、若以一郡降者、封萬戶。繕治河上塞、【集解】晉灼曰、晁錯傳、秦時、北攻胡、築河上塞、【考證】齊召南曰、河上塞、卽河上郡之北境、與匈奴邊界處、非秦時蒙恬所取河南地因河爲塞者也、蓋自諸侯叛秦、匈奴稍度河南、與中國界於故塞、匈奴傳可證也、河上郡後爲馮翊、前卽塞王國、此時初得其地、卽後繕治障塞耳、晉灼注、以遠在朔方五原者解之、非也、愚按、未出關爭衡、而先脩邊備、立本自固之道也、諸故秦苑囿園池、皆令人得田之。正月、虜雍王弟章平、大赦罪人。【考證】祕閣本、正月至罪人十二字、在下文厚遇之下、漢王之出關、至陝撫關外父老還。張耳來見。漢王厚遇之。【考證】何焯曰、故秦苑囿園池、令民得田之、旣反暴政、益足關中食、梁玉繩曰、至陝在十月、還在十一月、張耳來、亦在十月、此紀皆書于正月、非、二月、令除秦社稷、更立漢社稷。【考證】劉辰翁曰、漢書此處有復關中、除租稅、置三老、舉行能、賜酒肉等政、是兵間規模宏大、收拾人心處、子長失之、三月、漢王從臨晉渡。【考證】漢書渡下補河字、臨晉、

陝西同州府大荔縣治、魏王豹將兵從、下河內、虜殷王、置河內郡。【考證】漢書豹下補降字、南渡平陰津、至雒陽。新城【正義】括地志云、洛州伊闕縣、在州南七十里、本漢新城也、隋文帝改新城爲伊闕、取伊闕山爲名也、【考證】平陰、河南河南府孟津縣東、新城、河南府新城縣、三老董公遮說漢王、【正義】百官表云、十里一亭、亭有長、十亭一鄉、鄉有三老、三老掌敎化、皆秦制也、又樂產云、橫道自言曰遮、楚漢春秋云、董公八十二、遂封爲成侯、【考證】梁玉繩曰、董公乃鄉三老也、新城是鄉名、其名舊矣、至惠帝四年置爲縣、此時新城未爲縣也、以義帝死故。【考證】漢書高紀、新城三老董公遮說漢王曰、臣聞順德者昌、逆德者亡、兵出無名、事故不成、故曰、明其爲賊、敵乃可服、項羽爲無道、放殺其主、天下之賊也、夫仁不以勇、義不以力、三軍之衆、爲之素服、以告之諸侯、爲此東伐、四海之內、莫不仰德、此三王之舉也、漢王曰、善、非夫子無所聞、於是漢王爲義帝發喪、袒而大哭、班氏別有所據以補史文也、漢王聞之、袒而大哭、【集解】如淳曰、袒、亦如禮袒踊、遂爲義帝發喪、臨三日。發使者告諸侯曰。天下共立義帝、北面事之。今項羽放殺義帝於江南。大逆無道。寡人親爲發喪、諸侯皆縞素、悉發關內兵、收三河士、【集解】韋昭曰、河南、河東、河內、南浮江漢、以

下、【正義】南收三河士、發關內兵、從雍州入子午道、至漢中、歷漢水而下、從是東行至徐州擊楚、【考證】胡三省曰、正義說非、此特言發三河士、以攻其北、又南浮江漢、下兵、以夾攻之也、愚按、全祖望經史問答亦申胡說、本文唯言浮江漢南下、以攻楚耳、未有南北夾攻之義、胡說鑿、願從諸侯王擊楚之殺義帝者。是時項王北擊齊。田榮與戰城陽。田榮敗走平原。【正義】德州平原縣是、【考證】山東濟南府平原縣、平原民殺之。齊皆降楚。楚因焚燒其城郭、係虜其子女。齊人叛之。田榮弟橫、立榮子廣爲齊王。齊王反楚城陽。項羽雖聞漢東、既已連齊兵。欲遂破之而擊漢。漢王以故得劫五諸侯兵遂入彭城。【考證】五諸侯、說見項紀、彭城、楚都、項羽聞之、乃引兵去齊、從魯【正義】兗州曲阜也、【考證】山東兗州府曲阜縣、出胡陵、【正義】地理志云、胡陵在山陽郡、【考證】山東濟寧州魚臺縣、至蕭、【正義】徐州蕭縣、【考證】江蘇徐州府蕭縣、與漢大戰彭城靈壁東。【正義】在徐州符離縣西北九十里、【考證】中井積德曰、據項紀、已晨戰、又日中戰于彭城、又追戰于靈壁東也、此文似粗、沈欽韓曰、通鑑、作楚又追擊至靈壁東、爲是、愚按靈壁

【安徽鳳陽府靈壁縣治、】睢水上、大破漢軍、多殺士卒。睢水爲之不流。乃取漢王父母妻子於沛、置之軍中以爲質。【考證】項羽嚮質王陵母以招陵、今又取漢王家屬置之軍中、蓋其慣用手段、趙翼曰、項羽紀稱漢王之二年、定三秦、將五諸侯兵破彭城、尋爲項羽所敗西奔、過沛、使人求家室、家室已亡去、遂遇孝惠魯元公主、載以行、而家族反遇楚軍、爲羽所得、常置軍中爲質、據史記、是時羽取漢王父母妻子置軍中、漢書則但謂取太公呂后、而不言父母妻子、其後羽與漢王約、中分天下、以鴻溝爲界、遂歸漢王家屬、據史記謂歸漢王父母妻子、而班書亦但謂歸太公呂后、而不言父母妻子、蓋以高祖之母久已前死、羽所得者、但有太公呂后、而史記所云父母妻子者、不過家屬之通稱、非眞母與子在項羽軍中、故改言太公呂后也、不知高祖母雖已前死、而楚元王爲高祖異母子、則高祖尚有庶母也、孝惠帝尚有庶兄肥、後封齊爲悼惠王、高祖道遇孝惠與孝惠偕行者、但有魯元公主、則悼惠未偕行可知也、悼惠既未偕行、又別無投歸高祖之事、則必與太公呂后爲羽所得、故高祖有子在項軍也、則史記所謂父母妻子、乃無一字虛說、而漢書改云太公呂后、轉疏漏也、 當是時、諸侯見楚彊漢敗還、皆去漢復爲楚。塞王欣亡入楚。【考證】梁玉繩曰、漢書高紀云、塞王欣、翟王翳降楚、殷王卬死、此缺不具、 呂后兄周呂侯、爲漢將兵居下邑、【集解】徐廣曰、在梁、【考證】周呂侯卽呂澤、下邑、河南夏邑縣、 漢王從之、稍收士卒軍

碭。漢王乃西過梁地至虞。【集解】徐廣曰、在梁、【考證】碭、江蘇徐州府碭山縣、虞、歸德府虞城縣西南、 使謁者隨何之九江王布所曰。公能令布舉兵叛楚。項羽必留擊之。得留數月、吾取天下必矣。隨何往說九江王布。布果背楚。楚使龍且往擊之。【考證】陳子龍曰、齊反楚、而漢得彭城、九江反楚、而漢得從容歸關中、楚之自屈者在此、 漢王之敗彭城而西行、使人求家室。家室亦亡、不相得。敗後乃獨得孝惠。六月、立爲太子、大赦罪人、令太子守櫟陽。諸侯子在關中者、皆集櫟陽爲衞。【考證】漢王先是遷都櫟陽、說在上文、櫟陽、陝西西安府臨潼縣、諸侯子、支屬士卒、亦在其中、愚按兵敗人背如此、在常人憂懼不知所措、而漢王修祭祀、定儲貳、從容安詳、綽有餘裕、亦足以觀其規模宏遠矣、 引水灌廢丘。廢丘降、章邯自殺。更名廢丘爲槐里。於是令祠官祀天地四方上帝山川、以時祀之。興關內卒乘塞。【集解】李奇曰、乘、守也、【考證】顏師古曰、乘、登也、登而守之、 是時九江王

布、與龍且戰不勝。與隨何閒行歸漢。【考證】梁玉繩曰、布之歸漢、在三年十二月、獨此書于二年六月已後、誤、 漢王稍收士卒、與諸將及關中卒益出。是以兵大振滎陽、破楚京索閒。【考證】滎陽、河南開封府滎陽縣、京、索、開封府滎陽滎澤閒、梁玉繩曰、破楚事、漢高紀書于二年五月、在六月立太子前、與羽紀合、此誤在後、 三年、魏王豹謁歸、視親疾。至卽絕河津、反爲楚。【正義】絕、斷也、河津、卽蒲州蒲津關也、蒲津橋卽此、豹從同州由橋至河東、卽斷之而叛漢也、【考證】祕閣本無疾字、 漢王使酈生說豹。豹不聽。漢王遣將軍韓信、擊大破之、虜豹、遂定魏地、置三郡。曰河東・【正義】今蒲州也、 太原・【正義】今并州、 上黨。【正義】今潞州、【考證】梁玉繩曰、豹之反、在漢二年五月、淮陰傳作二年六月、已誤、此紀及曹相國世家、作三年、尤誤、漢使酈生說豹、與遣韓信擊豹、皆在二年八月、虜豹在二年九月、此紀書于三年、亦誤、又太原郡屬趙地、漢滅趙王歇始置、乃連入魏地、更爲誤矣、月表言河東上黨、是、淮陰傳又失言上黨、漢紀亦誤、仍史連言太原、 漢王乃令張耳與韓信、遂東下井陘擊趙。斬陳餘・趙王歇。【考證】井陘、由山西平定州至直隸正定府井陘縣路、 其明年、立張耳爲

趙王。漢王軍滎陽南、築甬道、【正義】甬、音勇、韋昭云、起土築牆、中閒爲道、應劭云、恐敵抄輜重、故築垣牆如街巷、 屬之河、以取敖倉。【正義】孟康云、敖、地名、在滎陽西北山上、臨河、有大倉、太康地理志云、秦建敖倉於成皐、【考證】敖山、在河南開封府滎澤縣西北、水經注、山上有城、秦置倉其中、故曰敖倉、 與項羽相距歲餘。項羽數侵奪漢甬道。漢軍乏食。遂圍漢王。漢王請和、割滎陽以西者爲漢。項王不聽。漢王患之。乃用陳平之計、予陳平金四萬斤、以閒疏楚君臣。於是項羽乃疑亞父。亞父是時勸項羽、遂下滎陽。及其見疑、乃怒、辭老、願賜骸骨歸卒伍、未至彭城而死。漢軍絕食。乃夜出女子東門、二千餘人被甲。楚因四面擊之。將軍紀信、乃乘王駕、詐爲漢王誑楚。楚皆呼萬歲、之城東觀。以故漢王得與數十騎出西門遁。【考證】滎陽之圍、漢王如釜魚、微紀信誑楚、則漢之爲漢未可知也、信之功大矣、而史公不爲信立傳者、蓋此一事之外、

無可記者、故見之高祖項羽兩紀、以致丁寧之意焉、令御史大夫周苛・魏豹・樅公守滎陽。諸將卒不能從者、盡在城中。周苛・樅公相謂曰。反國之王、難與守城。因殺魏豹。【集解】徐廣曰、案月表三年七月、王出滎陽、八月、殺魏豹、而又云、四年三月、周苛死、四月魏豹死、二者不同、項羽殺紀信周苛樅公、皆是三年中、【正義】史記項羽及高祖紀、漢書及史記月表、皆言三年殺魏豹、而月表又言周苛魏豹死在四年夏四月、表誤、【考證】王城韻、漢王之出滎陽、入關收兵、欲復東。袁生說漢王曰。【考證】袁生漢書作轅生、漢與楚相距滎陽數歲。漢常困。願君王出武關。項羽必引兵南走。【考證】顏師古曰、走、謂趨嚮也、次後亦同、梁玉繩曰、漢以二年五月、屯滎陽、三年五月、出滎陽、連閏計之、首尾幾十四月、何言數歲乎、當作歲餘爲是、上文因有相距歲餘之語也、王深壁、令滎陽・成皋閒且得休、【考證】御覽引、休下有息字、與漢書合、下同、使韓信等輯河北趙地、連燕・齊。【正義】輯、與集同、謂和合也、君王乃復走滎陽、未晚也。如此、則楚所備者多、力分。漢得休復與之戰、破楚必矣。漢王從其計、

出軍宛・葉閒、【正義】宛、於元反、葉、式涉反、宛、鄧州縣也、葉、汝州縣、水經注云、本楚惠王封諸梁子彙、號曰葉城、卽子高之故邑也、【考證】宛、河南南陽府南陽縣、葉、河南南陽府葉縣、與黥布行收兵。項羽聞漢王在宛、果引兵南。漢王堅壁不與戰。是時彭越渡睢水、與項聲・薛公戰下邳。【考證】祕閣本、睢下無水字、下邳、江蘇徐州府邳州東、彭越大破楚軍。項羽乃引兵東擊彭越。漢王亦引兵北軍成皋。【考證】成皋、河南開封府汜水縣西北、項羽已破走彭越。聞漢王復軍成皋、乃復引兵西拔滎陽、誅周苛・樅公、而虜韓王信、遂圍成皋。漢王跳、【集解】徐廣曰、音逃、【索隱】如淳曰、跳、走也、晉灼按劉澤傳、跳驅至長安、說文、音徒彫反、通俗文云、超通爲跳、【考證】項羽紀、跳作逃、朱子文曰、跳當從如淳之音、獨與滕公共車、出成皋玉門、【集解】徐廣曰、項羽紀云、北門名玉門、【索隱】夏侯嬰爲滕令、故曰滕公也、北渡河、馳宿脩武、自稱使者、晨馳入張耳・韓信壁、而奪之軍。【考證】脩武、河南懷慶府獲嘉縣、乃使張耳北益收兵趙地、使韓信東擊

齊。漢王得韓信軍、則復振。引兵臨河、南饗軍小脩武南、欲復戰。【集解】晉灼曰、在大脩武城東、【考證】祕閣本、饗作鄉、與凌引一本及漢書合、顏師古曰、鄉讀曰嚮、郎中鄭忠乃說止漢王、使高壘深塹、勿與戰。漢王聽其計、使盧綰・劉賈將卒二萬人騎數百、渡白馬津入楚地。【集解】蘇林曰、綰、音以繩綰結物之綰、【索隱】卽黎陽津也、南界東郡白馬縣、【考證】白馬津、河南滑縣東、與彭越復擊破楚軍燕郭西、【索隱】故南燕國也、在東郡、秦以爲縣、【考證】河南延津縣東、遂復下梁地十餘城。【考證】梁玉繩曰、此以下敍事倒亂、幾不可讀、當云、與彭越復擊、破楚軍燕郭西、遂復下梁地十餘城、項羽乃謂海春侯大司馬曹咎曰、謹守成皋、若漢挑戰、愼勿與戰、無令得東而已、我十五日必定梁地、復從將軍、乃行、淮陰已受命東、未渡平原、漢王使酈生往說齊王田廣、廣叛楚與漢和、共擊項羽、四年、韓信用蒯通計、遂襲破齊、齊王烹酈生、東走高密、項羽擊陳留外黃睢陰下之閒、韓信已舉河北兵破齊趙、且欲擊楚、則使龍且周蘭往擊之、漢果數挑楚軍、楚軍不出、使人辱之五六日、大司馬怒、渡兵汜水、士卒半渡、漢擊之、大破楚軍、盡得楚國金玉貨賂、大司馬咎長史欣皆自剄汜水上、項羽在睢陽、聞海春侯破、乃引兵還、漢軍方圍鍾離眜于滎陽東、項羽至、盡走險阻、楚漢久相持未決、丁壯苦軍旅、老弱罷轉饟、漢王項羽相與臨廣武之間而語、項羽欲與漢王獨身挑戰、漢王數項羽曰、始與項羽俱受

命懷王曰、先入定關中者王之、至病甚因馳入成皋、韓信與戰騎將灌嬰擊大破楚軍殺龍且、齊王廣犇彭越、漢王病愈、西入關、至關中兵益出、韓信使人言曰、齊邊楚、至立韓信爲齊王、項羽聞龍且軍破、則恐、使盱台人武涉往說韓信、韓信不聽、當此時彭越將兵居梁地、往來苦楚兵、絕其糧食、田橫往從之、項羽數擊彭越等、淮陰已受命東、未渡平原。【考證】淮陰、當作韓信、楓山本、陰下有侯字、漢王使酈生往說齊王田廣。廣叛楚與漢和、共擊項羽。韓信用蒯通計、遂襲破齊。齊王烹酈生、東走高密。【考證】韓信襲齊、齊烹酈生、事在漢四年、高密、山東萊州府高密縣、項羽聞韓信已舉河北兵、破齊・趙、且欲擊楚、【考證】趙字當衍、則使龍且・周蘭往擊之。【集解】徐廣曰、蘭一作簡、韓信與戰、騎將灌嬰擊、大破楚軍、【考證】此與項紀衍一戰字、殺龍且。齊王廣犇彭越。【考證】陳仁錫曰、田儋傳、信虜齊王廣、田橫犇彭越、此紀誤、愚按淮陰侯傳云、齊王廣亡去、此紀非廣下脫田橫二字、則犇下衍彭越二字、又按韓信取齊、事在漢四年、又按據灌嬰傳、周蘭爲灌嬰所生得、當此時、彭越將兵居梁地、往來苦楚兵、絕其糧食。【考證】祕閣本、糧作粮、十九字與下文複、四年、項羽乃謂海

春侯大司馬曹咎曰、謹守成皋。若漢挑戰、愼勿與戰、無令得東而已。【正義】挑、田弔反、下同。我十五日必定梁地、復從將軍。【考證】項羽東擊彭越、漢書以爲三年九月事。乃行、擊陳留·外黃·睢陽下之。【考證】睢陽、河南歸德府商邱縣南。漢果數挑楚軍。楚軍不出。使人辱之五六日。大司馬怒、度兵汜水。【正義】汜、音祀、在成皋故城東。士卒半渡、漢擊之、大破楚軍、盡得楚國金玉貨賂。大司馬咎·長史欣、皆自剄汜水上。【考證】長史欣、宜作塞王欣、通鑑改作司馬欣、而不知司馬爲秦官名也。項羽至睢陽、【考證】項紀、至作在。聞海春侯破、乃引兵還。【考證】秘閣本、聞上有則字。漢軍方圍鍾離眛於滎陽東。項羽至、盡走險阻。韓信已破齊、使人言曰、齊邊楚。【集解】文穎曰、邊、近也。權輕、不爲假王、恐不能安齊。漢王欲攻之。留侯曰、不如因而立之、使自爲守。乃遣張良、操印綬、立

韓信爲齊王。【集解】徐廣曰、三月。【考證】秘閣本、良作子房。項羽聞龍且軍破、則恐、使盱台人武涉往說韓信。韓信不聽。【考證】漢書高紀、韓信請假王齊、在漢王病創馳入成皋之後。楚漢久相持未決、丁壯苦軍旅、老弱罷轉饟。【考證】秘閣本、楓、三本、持作枝。漢王·項羽、相與臨廣武之閒而語。【考證】閒讀爲澗、說見項紀。廣武、河南開封府滎澤縣。項羽欲與漢王獨身挑戰。漢王數項羽曰、始與項羽俱受命懷王。【考證】漢書高紀、始上有吾字。曰、先入定關中者王之。項羽負約、【索隱】負、音佩也。王我於蜀漢。罪一。項羽矯殺卿子冠軍、而自尊。罪二。【集解】徐廣曰、卿一作慶。【索隱】韋昭云、宋義之號、如淳曰、卿者大夫之尊、子者子男之爵、冠軍、人之首也、尊宋義、故加此號。【考證】項紀集解引文穎云、卿子、時人相褒尊之辭、猶言公子、上將故言冠軍、愚按文說是。項羽已救趙、當還報、而擅劫諸侯兵入關。罪三。懷王約入秦無暴掠。項羽燒秦宮室、掘始皇帝冢、私收其財物。罪四。【考證】秘閣本、楓、三本、私

收作收私。又彊殺秦降王子嬰。罪五。詐阬秦子弟新安二十萬、王其將。罪六。【考證】秘閣本、二十作廿、李奇曰、章邯等爲王。項羽皆王諸將善地、【索隱】謂章邯等。【考證】中井積德曰、諸將、指從項羽有功者、申陽、張耳、臧荼、田都等也、愚按、索隱當移上文王其將下。而徙逐故主、【索隱】謂田市、趙歇、韓廣之屬。令臣下爭叛逆。罪七。項羽出逐義帝彭城、自都之、奪韓王地、并王梁·楚、多自予。罪八。項羽使人陰弒義帝江南。罪九。夫爲人臣而弒其主、殺已降、爲政不平、主約不信、天下所不容、大逆無道。罪十也。【考證】秘閣本、無大字也字、陳仁錫曰、宋本無也字、中井積德曰、羽唯九罪矣、夫爲人臣一條、是總計之語、其事皆在前條、難別爲一罪、竊疑罪十也三字爲衍文、則下文意亦順。吾以義兵從諸侯、誅殘賊、使刑餘罪人擊殺項羽。何苦乃與公挑戰。【考證】公猶言汝、斥項羽。項羽大怒、伏弩射中漢王。漢王傷匈。乃捫足曰、虜中吾指。【索隱】捫、摸也、中匈而捫足者、蓋以矢初中痛悶、不知所在、故爾、或者中

匈而捫足、權以安士卒之心也。【正義】恐士卒壞散、故言中吾足指。【考證】捫足、索隱後說是、變起倉猝、而舉止泰然如此、漢皇非徒木彊人也。漢王病創臥。張良彊請漢王起行勞軍、以安士卒、毋令楚乘勝於漢。漢王出行軍。【正義】行、寒孟反。病甚。【索隱】按三輔故事曰、楚漢相距於京索閒六年、身被大創十二、矢石通中過者有四、言漢王病創也。因馳入成皋。病愈、西入關、至櫟陽、存問父老、置酒。梟故塞王欣頭櫟陽市。【索隱】梟、縣首於木也、欣自剄於汜水上、令梟之於櫟陽者、以舊都故梟以示之也。留四日、復如軍、軍廣武。關中兵益出。【考證】劉辰翁曰、汲汲入關、留飲四日、父老安心、蓋懼傳聞之訛也。當此時、彭越將兵居梁地、往來苦楚兵、絕其糧食。田橫往從之。【考證】劉辰翁曰、越苦楚兵、此漢事將成也、子長重出此語、未必無意、崔適曰、彭越將兵至田橫從之、三年重文也、宜刪、愚按崔說爲長。項羽數擊彭越等。齊王信又進擊楚。【考證】秘閣本、齊王下有韓字、全祖望曰、鴻溝之約、因項王兵少食盡、韓信又進兵擊之、項羽之兵少、由龍且二十萬衆之敗、而食盡、則以彭越絕其糧道、皆有可考、韓信進兵、獨不詳其始末、蓋項羽與漢爭於滎陽敖倉之間、雖兵少食盡、尚可支持、而韓信已王齊、故自淮北擣其國都、觀灌嬰傳、則其兵攻彭城、又

越彭城而南、直渡廣陵、縱橫跌蹦、項王安得不議和乎、項羽恐、乃與漢王約、中分天下、割鴻溝而西者爲漢、鴻溝而東者爲楚。【索隱】應劭云、在滎陽東南三十里、蓋引河東南入淮泗也、張華云、一渠東南流經浚儀、是始皇所鑿、引河灌大梁、謂之鴻溝、一渠東經陽武南爲官渡水、北征記云、中牟臺下臨汴水、是爲官渡水也、【考證】鴻溝卽河溝、河南開封府中牟縣、項王歸漢王父母妻子。軍中皆呼萬歲。乃歸而別去。項羽解而東歸。漢王欲引而西歸、用留侯・陳平計、乃進兵追項羽、至陽夏南止軍。【考證】陽夏、河南陳州太康縣、梁玉繩曰、自此至大會垓下、皆五年冬事、誤在四年也、與齊王信・建成侯彭越、期會而擊楚軍。至固陵、不會。【考證】固陵、河南淮陽縣西北、楚擊漢軍、大破之。漢王復入壁、深塹而守之。用張良計。於是韓信・彭越皆往。及劉賈入楚地、圍壽春。【正義】今壽州、【考證】壽春、安徽鳳陽府壽州、姚範曰、往下及上、當有黥布二字、黥布傳、五年、布使人入九江、得數縣、六年、布與劉賈入九江、誘大司馬周殷、殷反楚、漢書高帝紀、漢遣人誘大司馬周殷、殷畔楚、以舒屠六、舉九江兵迎黥布、布並行屠城父、荊王劉賈傳、使賈南渡淮圍

壽春、還至、使人間招楚大司馬殷、殷反楚、佐賈舉九江、迎英布兵、據諸文、則及上當有黥布、故下云、武王行屠城父也、漢王敗固陵。【集解】晉灼曰、卽固始、乃使使者召大司馬周殷、舉九江兵而迎之。【集解】徐廣曰、周殷以兵隨劉賈、【正義】漢書云、漢亦遣人誘楚大司馬周殷、殷叛楚、以舒屠六、舉九江兵迎黥布、【考證】梁玉繩曰、之字衍、武王行屠城父、【正義】父、音甫、今亳州縣、【考證】安徽潁州府亳州東南、姚範曰、黥布之稱武王、傳及漢書不載、愚按、荊燕世家云、周殷佐劉賈、舉九江、迎武王黥布兵、皆會垓下、漢興年表云、初王武王英布、徐孚遠曰、黥布稱爲武王、當是叛楚以後未歸漢以前假爲此號、猶項羽自稱霸王耶、隨何劉賈・齊・梁諸侯、皆大會垓下。【集解】徐廣曰、七月、【考證】梁玉繩曰、何字衍、隨何不過謁者、僅說九江王一見、此時諸侯大會、無緣置身其間也、史漢各處、元無何字、愚按、上文集解云、周殷以兵隨劉賈、亦無何字、垓下、安徽鳳陽府靈璧縣、立武王布爲淮南王。【考證】梁玉繩曰、布王在四年七月、此誤書于四年之末、應在歸太公呂后前、五年、高祖與諸侯兵共擊楚軍、與項羽決勝垓下。【考證】高祖、當作漢王、淮陰侯將三十萬自當之。【考證】祕閣本、三十作卅、自下有前字、楓山本亦有前字、孔將軍居左、費將軍居右、皇帝在後。絳侯・柴將軍在皇帝後。項羽之

卒、可十萬。淮陰先合。不利。卻。孔將軍・費將軍縱。【正義】二人、韓信將也、縱兵擊項羽也、以縱字爲絕句、孔將軍、蓼侯孔熙、費將軍、費侯陳賀也、楚兵不利。淮陰侯復乘之、【正義】復、扶富反、乘、猶登也、進也、大敗垓下。【考證】梁玉繩曰、皇帝、當作漢王、淮陰侯、當作齊王信、又是時周勃爲將軍、其封絳侯在六年、何以不與柴武稱將軍、而書曰絳侯耶、孔將軍、費將軍、卽功臣表蓼侯費侯也、陳賀封費、亦在六年、乃不曰陳將軍而曰費將軍、非但與孔將軍之稱姓異、抑且古無以國冠官、顧炎武曰、費將軍陳賀稱以爵者、以功臣陳姓者多也、何焯曰、項王大敵、雖兵少食盡、致死于我、勝負未可知、先合不利者、驕之使惰也、卻者還也、徐退、誘之使疲也、縱則夾擊之、使不能前後相救、楚兵橫斷、故不利也、然後因其亂而以衆乘之、項王雖勇、豈能支乎、絳侯柴將軍之兵、則游兵也、當楚人既動、則繞出其後矣、漢書無之、方苞曰、左傳、車馳卒奔、乘晉軍、乘、蓋出其不意、而推鋒以蹙之也、項羽卒聞漢軍楚歌、【索隱】應劭云、今雞鳴歌也、顏遊秦云、楚歌、猶吳謳也、按高祖令戚夫人楚舞、自爲楚歌、是楚人之歌聲也、以爲漢盡得【考證】張文虎曰、漢書作羽夜聞漢軍四面皆楚歌、項羽本紀亦作夜、疑此卒字誤、漢軍下、各本有之字、凌稚隆云、一本無、梁玉繩云、衍、今刪、楚地。項羽乃敗而走。是以兵大敗。使騎將灌嬰追殺項羽東城。【集解】徐廣曰、十二月、【考證】東城、安徽鳳陽府定遠縣東南、斬首八萬、遂略定楚地。【考證】中井積德曰、項羽出走、

而餘軍猶在原處、諸紀傳皆不記其戰、然此斬首八萬者、併餘軍戰死者數之也、不然、從項王出者、唯八百騎已、焉得八萬首、魯爲楚堅守不下。漢王引諸侯兵北、示魯父老項羽頭。魯乃降。遂以魯公號葬項羽穀城。【考證】穀城、山東泰安府東阿縣北、還至定陶、馳入齊王壁、奪其軍。【考證】項羽方滅、卽馳奪軍、漢王未嘗一日忘信也、正月、諸侯及將相相與共請尊漢王爲皇帝。漢王曰。吾聞帝、賢者有也。空言虛語、非所守也。吾不敢當帝位。羣臣皆曰。大王起微細、誅暴逆、平定四海、有功者輒裂地而封爲王侯。大王不尊號、皆疑不信。臣等以死守之。【考證】祕閣本、楓、三本、信作宜、漢王三讓、不得已。曰。諸君必以爲便、便國家。【考證】岡白駒曰、諸君之以爲便、卽是便於國家、愚按楓、三南本、不重便字、甲午、【集解】徐廣曰、二月甲午、【考證】梁玉繩曰、案漢書是二月甲午、此缺二月兩字、乃卽皇帝位氾水之陽。【集解】蔡邕曰、上古天子稱皇、其次稱帝、其次稱王、秦承三王之末、爲漢驅除、自以德兼三皇五帝、故并以爲號、漢高祖

受命、功德宜之、因而不改。【正義】氾、音敷劒反、括地志云、高祖卽位壇、在曹州濟陰縣界、張晏曰、氾水、在濟陰界、取其氾愛弘大而潤下。【考證】氾水、濟濮分流、在山東曹州府曹縣北、與定陶縣分界、今定陶西北有漢祖壇、高帝卽位處、皇帝曰、義帝無後。齊王韓信習楚風俗。徙爲楚王、都下邳。【正義】音被悲反、泗州下邳縣、是楚王韓信之都、【考證】漢書高紀、春正月下令曰、楚地已定、義帝亡後、欲存䘏楚衆以定其主、齊王信習楚風俗、更立爲楚王、事在漢王爲皇帝前、月表亦在五年正月、下邳、江蘇徐州府邳州、立建成侯彭越爲梁王、都定陶。【正義】曹州濟陰縣城、是梁王彭越之都、【考證】封彭越亦在正月、故韓王信爲韓王、都陽翟。【正義】洛州陽翟縣、是韓王信之都、【考證】河南開封府禹州、梁玉繩曰、韓信久封韓王、不煩重敍、蓋衍文、漢書無之、愚按、此紀二年云、立韓太尉信爲韓王、而不言都陽翟、卽位之後、新有是命、故記、徙衡山王吳芮爲長沙王、都臨湘。【正義】括地志云、潭州長沙縣、本漢臨湘縣、長沙王吳芮都之、芮墓、在長沙縣北四里、【考證】湖南長沙府長沙縣、番君之將梅鋗有功、從入武關。故德番君。【考證】番君卽吳芮、梅鋗事見上、張文虎曰、舊刻德作封、淮南王布・燕王臧荼・趙王敖、皆如故。【考證】祕閣本・楓・三本、敖上有共字、天下大定、高祖都雒陽。諸侯皆臣屬。故臨江王

驩、爲項羽叛漢。【集解】徐廣曰、驩一作尉、【考證】梁玉繩曰、臨江之殺、在十二月、漢書與月表甚明、此誤書于二月卽帝位後、又臨江王之名、徐廣云、一作尉、是、荆燕世家盧綰傳及漢書紀表傳、竝作尉、惟月表誤作驩、愚按、項王敗死、而魯人守節不輒下、臨江王・燕王利幾、相踵叛漢、皆其遺臣、高祖使諸項氏臣名籍、鄭君獨不奉詔、亦其舊將、亦足以見項王仁而愛人也、祕閣本・楓・三本、叛作破、令盧綰・劉賈圍之。不下。數月而降。殺之雒陽。五月、兵皆罷歸家。諸侯子在關中者、復之十二歲。其歸者、復之六歲、食之一歲。【正義】食、音寺、【考證】諸侯子、解見上文、高祖置酒雒陽南宮。【正義】括地志云、南宮、在雒州雒陽縣東北二十六里洛陽故城中、輿地志云、秦時已有南北宮、高祖曰、列侯諸將、無敢隱朕、皆言其情。吾所以有天下者何、項氏之所以失天下者何。高起・王陵對曰。【集解】孟康曰、姓高、名起、瓚曰、漢帝年紀、高帝時有信平侯臣陵・都武侯臣起、魏相丙吉奏事、高帝時奏事有將軍臣陵・臣起、【考證】錢大昭曰、魏相傳、述高帝時受詔長樂宮者、但有將軍陵、無臣起、漢紀亦無高起二字、二字當衍文、愚按、臣瓚所引漢帝年紀・魏相丙吉奏事、今皆不傳、無由考之、但對語七十餘言、二人一辭、於理所無、高祖亦唯言公、不言公等、錢說近是、陛下慢而侮人、項羽仁而愛

人。然陛下使人攻城略地、所降下者、因以予之、與天下同利也。項羽妒賢嫉能、有功者害之、賢者疑之。戰勝而不予人功、得地而不予人利。此所以失天下也。【考證】王陵母爲項羽所殺、陵怨項羽最深、所以有此言、高祖曰、公知其一、未知其二。夫運籌策帷帳之中、決勝於千里之外、吾不如子房。【考證】梁玉繩曰、漢書無策字、御覽引史作于字、留侯世家亦作策、顧炎武曰、漢高帝曰、運籌策帷帳之中、決勝於千里之外、吾不如子房、景帝曰、天下方有急、王孫竇嬰字、寧可以讓邪、皆人主呼人臣字也、鎭國家、撫百姓、給餽饟、不絕糧道、吾不如蕭何。【考證】祕閣本、鎭作塡、糧作粮、連百萬之軍、戰必勝、攻必取、吾不如韓信。此三者皆人傑也。吾能用之。此吾所以取天下也。項羽有一范增、而不能用。此其所以爲我擒也。【考證】祕閣本、擒作禽、高祖欲長都雒陽。齊人婁敬說、及留侯勸上入都關中。高祖

是日駕入都關中。【考證】周壽昌曰、荀紀云、於是上卽日車駕西入關治櫟陽宮、齊召南曰、櫟陽長安、俱是關中、是日決計入關、營造長安宮殿、實則仍居櫟陽、故至七年二月、自櫟陽徙都長安也、愚按、項紀人或說項王曰、關中阻山河四塞、地肥饒、可以霸、淮陰侯傳韓信說漢王曰、項王雖霸天下而臣諸侯、不居關中而都彭城、由是觀之、定都關中以制天下、當時識者所見皆然、不必待婁敬張良、高祖亦夙知之、是所以卽日遷都、六月、大赦天下、【考證】行赦施惠、見越世家、則春秋之世、既有此事、秦孝文王元年、赦罪人、莊襄王元年、大赦罪人、此卽位行赦之權輿乎、漢高祖五年十二月、以破楚天下事大畢、赦天下殊死以下、冀不都長安、六月大赦天下、皆不與卽位相涉、十二年四月、高祖崩大赦天下、五月惠帝卽位不復赦、惠帝崩、太子立、呂太后臨朝、大赦、漢踐祚行赦、以此爲始、其後孝文卽位、亦赦天下、景帝後元年、赦天下、改元之赦、以此爲始、至武帝每改元必赦、高祖二年六月、立太子赦罪人、景帝四年四月、立皇子樂爲皇太子、赦天下、此立太子行赦也、武帝元朔元年三月、立皇后衞氏赦天下、此立后行赦也、高祖十年七月、太上皇崩、赦櫟陽四死罪以下、此廣太上皇之恩也、惠帝四年三月、皇帝冠、赦天下、此頒皇帝之慶也、文帝十五年、始郊、赦天下、武帝元鼎五年、天漢元年、後元元年、郊泰時赦天下、此郊行赦也、武帝元封五年、天漢三年、太始四年、幸太山赦天下、此封禪行赦也、其餘克捷・登稔・凶歉・祥瑞・災異以行赦者甚多、秦昭襄王二十一年、赦罪人遷河東、二十六年、赦罪人遷穰、二十八年、赦罪人遷南陽、秦二世二年、大赦天下、授兵酈山徒以擊周章等、高祖十年、淮南王布反、赦天下死罪以下、皆令從軍、武帝元封六年、益州昆明反、赦京師亡命令從軍、此皆有所爲而行者、與施惠者自異、十月、燕王臧荼反、攻

下代地。【考證】中井積德曰、十月是七月之訛、漢書可證、愚按秦楚之際月表云、八月、帝自將誅燕、蓋七月反、八月得之也、代、山西代州、何焯曰、臧茶項氏所置、又負殺故主之罪、故懼誅最先叛、高祖自將擊之。得燕王臧茶。【考證】祕閣本、無之得二字、王下有得字、卽立太尉盧綰爲燕王、使丞相噲將兵攻代。【考證】漢書作平代地、蓋討臧茶餘燼也、宋祁曰、噲是時未爲丞相、百官表、噲未嘗爲相、周壽昌曰、漢初有丞相盧封、猶後世加銜、噲傳、噲擊陳豨、以將軍遷爲左丞相、後以相國擊盧綰、表均未載、左右丞相之說、在孝惠高后之時、相國之號、在高帝十一年、而噲先稱之、皆虛封也、酈商傳、遷右丞相、復以丞相將兵擊黥布、傅寬傳、以相國代丞相噲擊陳豨、商寬並未爲相、亦未列表、韓信傳、使爲假左丞相、有假字、益可知、其秋利幾反。【正義】幾、音機、姓名也、項羽之將、爲陳縣令、降漢、高帝徵諸侯、利幾恐、故反、高祖自將兵擊之。利幾走。利幾者項氏之將。項氏敗、利幾爲陳公、不隨項羽。亡降高祖。高祖侯之潁川。高祖至雒陽、舉通侯籍召之。【集解】如淳曰、得在通侯之籍、而利幾恐。故反。六年、高祖五日一朝太公。如家人父子禮。太公家令說太公曰。天無二日、土無二王。【考證】禮記坊記、子云、天

無二日、土無二王、孟子萬章篇、孔子曰、天無二日、民無二王、今高祖雖子人主也。【考證】梁玉繩曰、高祖當依漢書作皇帝、太公雖父人臣也。柰何令人主拜人臣。如此、則威重不行。後高祖朝。太公擁篲迎門卻行。【集解】李奇曰、爲恭也、如今卒持帚者也、【正義】崔浩曰、擁、抱也、篲、長帚、卒寺之所執也、按擁篲、曲腰持帚、【考證】孟荀列傳、鄒衍如燕、昭王擁篲先驅、高祖大驚、下扶太公。太公曰。帝、人主也。柰何以我亂天下法。於是高祖乃尊太公爲太上皇。【索隱】蔡邕曰、不言帝、非天子也、【正義】按蔡邕云、不言帝非天子也、又按本紀、秦始皇追尊莊襄王爲太上皇、已有故事矣、蓋太上者無上也、皇者德大於帝、欲尊其父、故號曰皇太上皇也、【考證】梁玉繩曰、漢書高紀、高祖于六年三月、自洛陽歸櫟陽朝太公、五月尊爲太上皇、此書于六年十二月前、誤矣、周壽昌曰、古身爲天子、父爲匹夫、惟舜之瞽瞍、未聞尊號、莊襄爲太上皇、是死後追尊、事係創行、因家令一言發之、心善家令言、賜金五百斤。【索隱】顏氏按荀悅云、故雖天子必有尊也、無父猶設三老、況其存乎、家令之言過矣、晉灼云、善其發悟已心、因得尊崇父號也、十二月、人有上變事、告楚王信謀反。【考證】梁玉繩曰、漢高紀、告反在六年十月、此在十二月者、因會陳執信在十二月、遂并敍之、其實是十月也、上問左

右。左右爭欲擊之。用陳平計、乃僞遊雲夢、【集解】韋昭曰、在南郡華容縣、【考證】湖南荊州府監利縣、會諸侯於陳。【考證】河南陳州府、楚王信迎。卽因執之。是日、大赦天下。田肯賀、【索隱】漢紀及漢書作胥、劉顯云、相傳作肯也、【考證】索隱所引劉顯之說、見於顏氏家訓書證篇、因說高祖曰。陛下得韓信、又治秦中。【集解】如淳曰、時山東人謂關中爲秦中、【考證】祕閣本、凌一本、班馬異同、曰下有甚善二字、與漢書合、今本脫、秦形勝之國。【集解】張晏曰、秦地帶山河、得形勢之勝便者、【索隱】韋昭云、地形險固、故能勝人也、帶河山之險、縣隔千里、持戟百萬、秦得百二焉、【集解】應劭曰、河山之險、與諸侯相縣隔絕千里也、所以能禽諸侯者、得天下之利百二也、李斐曰、河山之險、由地勢高、順流而下易、故天下於秦懸隔千里、持戟百萬、秦得百二焉、蘇林曰、得百中之二焉、秦地險固、二萬人足當諸侯百萬人也、【索隱】服虔云、謂函谷關去長安千里爲縣隔、按文以河山險固形勝、其勢如隔千里也、蘇林曰、百二、百中之二、二十萬人也、虞喜云、百二者、得百之二、言諸侯持戟百萬、秦地險固、一倍於天下、故云得百二焉、言倍之也、蓋言秦兵當二百萬也、齊得十二、亦如之、故爲東西秦、言勢相敵、但立文相避、故云十二、言餘諸侯十萬、齊地形勝、亦倍於他國、當二十萬人也、【考證】祕閣本、無之字、王先謙曰、縣隔千里、言河山之阻、千里而遙、非與諸侯縣隔也、猶張良云關中沃野千里耳、中井積德曰、百二、十二、並難解、諸說多牽強、百二、蓋言二以當

百、是五十倍矣、十二、謂二以當十、是五倍矣、顧炎武曰、古人謂倍爲二、秦得百二、言百倍也、齊得十二、言十倍也、王啓原曰、墨子經說、倍爲二也、論語、二吾猶不足、言倍於徹、愚按顧王二說、蓋得古義、地埶便利、其以下兵於諸侯、譬猶居高屋之上建瓴水也。【集解】如淳曰、瓴、盛水瓶也、居高屋之上、而幡瓴水、言其向下之勢易也、建、音蹇、晉灼曰、許愼曰、瓴、罋似瓶者、【考證】集解幡一作翻、夫齊東有琅邪・卽墨之饒。南有泰山之固。西有濁河之限。【集解】晉灼曰、齊西有平原、河水東北過高唐、高唐卽平原也、孟津號黃河、故曰濁河、【考證】中井積德曰、濁河卽黃河、孟津非齊界、胡三省曰、蓋河流濁、故謂之濁河、北有勃海之利。【索隱】崔浩云、勃、旁跌也、旁跌出者、橫在濟北、故齊都賦云、海旁出爲勃、名曰勃海郡、地方二千里、持戟百萬。縣隔千里之外。【索隱】以言齊境闊、不當千里、故云之外也、齊得十二焉。【集解】應劭曰、齊得十之二、故齊湣王稱東帝、後復歸之、卒爲秦所滅者、利鈍之勢異也、李斐曰、齊有山河之限、地方二千里、是與天下縣隔也、設有持戟百萬之衆、齊得十中之二焉、百萬十分之二、亦二十萬也、但文相避耳、故言東西秦、其勢亦敵也、蘇林曰、十二、得十中之二、二十萬人當百萬、言齊雖固不如秦、二萬乃當百萬、故此東西秦也。【考證】胡三省曰、言齊地形勝、與秦亢衡也、非親子弟、莫可使王齊矣。【考證】胡三省曰、韓信乘王齊、蓋漢初諸侯王國亦領郡也、漢書表

傳、無齊爲漢郡之文、觀田肯賀高祖、以秦齊竝言、可見信彙領齊郡、使信卽以齊還漢、則高帝必立齊王、不待信之侯矣、全祖望曰、觀田肯之賀、不言得楚、而言得齊、又言非親子弟、莫可使王齊焉、則韓信未嘗還齊也、愚按、韓信既更王楚、何仍保齊乎、秦楚之間月表云、淮陰徙王楚、齊屬漢、曹相家世家亦曰、韓信徙爲楚王、齊爲郡、可以徵焉、但信以兵取齊、雖移其國、守令多其故將、餘威尚在、所以有田肯之賀、**高祖曰。善。賜黃金五百斤。後十餘日、封韓信爲淮陰侯。分其地爲二國。高祖曰。將軍劉賈數有功。以爲荊王。王淮東。**【索隱】乃王吳地、在淮東也、姚察按虞喜云、總言吳、別言荊者、以山命國也、今西南有荊山、在陽羨界、賈封吳地、而號荊王、指取此義、太康地理志、陽羨縣、本名荊溪、【考證】漢書高紀、以故東陽郡鄣郡吳郡五十三縣、立劉賈爲荊王、**弟交爲楚王、王淮西。子肥爲齊王、王七十餘城。民能齊言者皆屬齊。**【集解】漢書音義曰、此言時民流移、故使齊言者還齊也、【正義】按言齊國形勝次於秦中、故封子肥七十餘城、近齊城邑能齊言者、咸割屬齊、親子故大其都也、孟說恐非、【考證】漢書以碭郡薛郡郯郡三十六縣立弟文信君交爲楚王、以膠東膠西臨淄濟北博陽城陽郡七十三縣、立子肥爲齊王、齊言孟說是、**乃論功、與諸列侯剖符行封。**【考證】梁玉繩曰、功臣表及漢書、封諸侯在十二月、此敍于正月、封荊楚諸王之後、非、**徙韓王信太原。**【索隱】信初都陽翟也、【考證】漢書

高紀、以太原郡三十一縣爲韓國、徙韓王信都晉陽、愚按太原、山西太原府、**七年、匈奴攻韓王信馬邑。**【正義】搜神記云、昔秦人築城於武周塞以備胡、城將成而崩者數矣、有馬馳走、周旋反覆、父老異之、因依以築城、乃不崩、遂名馬邑、括地志云、朔州城、漢鴈門、卽馬邑縣城也、攻韓信於馬邑、卽此城、【考證】山西朔平府馬邑縣、**信因與謀反太原。**【考證】張文虎曰、王柯毛凌本、與下有同字、南宋中統游本無、梁玉繩曰、韓王之反、此在七年、表在五年、當依信本傳作六年、漢書紀表亦云六年九月、**白土曼丘臣・王黃、立故趙將趙利爲王、以反。**【集解】徐廣曰、在上郡、【正義】漢書云、韓王信之將曼丘臣王黃、共立故趙後趙利爲王、按、故趙、六國時趙也、【考證】白土、陝西楡林府神木縣、顏師古曰、姓曼丘、名臣也、梁玉繩曰、信本傳云、趙苗裔、漢書高紀云、趙後、則將乃後字之訛、**高祖自往擊之。會天寒、士卒墮指者什二三。遂至平城。**【正義】括地志云、朔州定襄縣、本漢平城縣、縣東北三十里、有白登山、山上有臺、名曰白登臺、漢書匈奴傳云、冒頓圍高帝於白登七日、卽此也、服虔云、白登、臺名、去平城七里、李穆叔趙記云、平城東七里、有土山、高百餘尺、方十餘里、亦謂此也、【考證】祕閣本、天作大、平城、山西大同府大同縣、**匈奴圍我平城七日、而後罷去。令樊噲止定代地。立兄劉仲爲代王。**【考證】漢書高紀云、六年正月、以雲中鴈門代郡五十三縣、立兄宜信侯喜爲代王、梁玉繩曰、劉喜之王、在六年正月、與

封荊楚齊三王同時、此誤書于七年二月前也、吳濞傳同誤、**二月、高祖自平城過趙、雒陽至長安。**【考證】劉辰翁曰、洛陽二字衍、**長樂宮成。丞相已下徙治長安。**【索隱】按漢儀注、高祖六年、更名咸陽曰長安、三輔舊事、扶風渭城、本咸陽地、高帝爲新城、七年屬長安也、**八年、高祖東擊韓王信餘反寇於東垣。**【集解】地理志、東垣、高帝更名曰眞定、【考證】直隸正定府正定縣、**蕭丞相營作未央宮。**【正義】括地志云、未央宮在雍州長安縣西北十里長安故城中、顏師古云、未央殿雖南嚮、而當上書奏事謁見之徒、皆詣北闕、公車司馬亦在北焉、是則以北闕爲正門、而又有東門東闕、至於西南兩面、無門闕矣、蕭何初立未央宮、以厭勝之術、理宜然乎、按北闕爲正者、蓋象秦作前殿、渡渭水屬之咸陽、以象天極閣道絕漢抵營室、**立東闕北闕。**【集解】關中記曰、東闕有蒼龍闕、北有玄武闕、玄武所謂北闕、【索隱】東闕名蒼龍、北闕名玄武、無西南二闕者、蓋蕭何以厭勝之法、故不立也、說文云、闕、門觀也、高三十丈、秦家舊處、皆在渭北、而立東闕北闕、蓋取其便也、**前殿武庫太倉。高祖還見宮闕壯、甚怒。**【考證】祕閣本、壯下有麗字、**謂蕭何曰。天下匈匈、苦戰數歲、成敗未可知。是何治宮室過度也。蕭何曰。天下方未定。故可因遂就宮室。且夫天子以四**

海爲家。非壯麗無以重威。且無令後世有以加也。高祖乃說。【考證】梁玉繩曰、漢高紀、此事在七年二月、史作八年、非、中井積德曰、未央宮蓋非壯麗太過也、酇侯酌時宜、略得其當然耳、但泗水亭長特起爲天子、未習富貴、視以爲過壯也、**高祖之東垣過柏人。**【正義】括地志云、柏人故城、在邢州柏人縣西北十二里、漢柏人屬趙國、【考證】直隸順德府唐山縣、**趙相貫高等謀弒高祖。高祖心動、因不留。**【考證】祕閣本、弒作殺、**代王劉仲、弃國亡自歸雒陽。廢以爲合陽侯。**【正義】括地志云、郃陽故城、在同州河西縣三里、魏文侯十七年、攻秦至鄭而還築、在郃水之陽也、【考證】梁玉繩曰、代王棄國歸漢、此紀及功臣表將相表、在八年九月、諸侯王表在九年、皆誤、當依漢書高紀作七年十二月、而合陽應作郃陽、省作合字、此紀及功臣表、與漢書高紀王子表吳濞傳、竝作合陽、將相表吳濞傳漢書惠紀、竝作郃陽、水經注四、亦作郃陽、所謂劉仲城也、地理志郃陽屬在馮翊、合陽屬平原郡、**九年、趙相貫高等事發覺。夷三族。**【考證】張晏曰、父母兄弟妻子也、如淳曰、父族母族妻族也、何焯曰、按刑法志、孝文詔、明指父母妻子及同產爲三族、則張說爲是、洪亮吉曰、案張耳傳、貫高曰、今吾三族皆論死、蓋當時高坐此罪、高祖赦之、明未嘗夷三族也、此語失實、**廢趙王敖爲宣平侯。是歲徙貴族楚昭・屈・景・懷、齊田氏關中。**

【考證】姚範曰、徙楚齊貴族、從婁敬策、未央宮成。【考證】梁玉繩曰、未央宮與長樂宮、皆以七年二月成、漢書高紀及三輔黃圖可證、是年特以諸侯王來朝、十月置酒未央宮也、此與將相表同誤在九年、高祖大朝諸侯羣臣、置酒未央前殿。高祖奉玉卮、【集解】應劭曰、鄉飲酒禮器也、受四升、起爲太上皇壽曰。始大人常以臣無賴、【集解】晉灼曰、許愼曰、賴、利也、無利入於家也、或曰、江淮之閒、謂小兒多詐狡猾爲無賴、【考證】應劭曰、賴者恃也、周壽昌曰、亡賴、無所恃以資生、如今游手白徒也、張釋之傳、尉亡賴、張晏注、材無可恃也、應說是、不能治產業、不如仲力。今某之業所就、孰與仲多。殿上羣臣、皆呼萬歲、大笑爲樂。十年十月、淮南王黥布、梁王彭越、燕王盧綰、荊王劉賈、楚王劉交、齊王劉肥、長沙王吳芮、皆來朝長樂宮。【正義】括地志云、秦櫟陽故宮、在雍州櫟陽縣北三十五里、秦獻公所造、三輔黃圖云、高祖都長安、未有宮室、居櫟陽宮也、春夏無事。七月太上皇崩櫟陽宮。楚王・梁王、皆來送葬。【集解】漢書云、葬萬年、【正義】括地志云、漢太上皇陵、在雍州櫟陽縣北一十五里、漢書云、高帝十年、太上皇崩、葬萬年縣也、赦櫟陽囚。

【考證】漢書、囚下有死罪以下四字、更命酈邑曰新豐。【正義】酈邑、酈音力知反、括地志云、新豐故城在雍州新豐縣西南四里、漢新豐宮也、太上皇時悽愴不樂、高祖竊因左右問故、答以平生所好、皆屠販少年、酤酒賣餅、鬭雞蹴踘、以此爲歡、今皆無此、故不樂、高祖乃作新豐、徙諸故人實之、太上皇乃悅、按前于酈邑築城寺、徙其民實之、未改其名、太上皇崩後、命曰新豐、【考證】徐中行曰、西京雜記以太上皇思故豐邑、因作新豐、幷移舊社、衢巷棟宇、物色惟舊、士女老幼、相攜路首、各知其室、放牛馬鷄鴨於通塗、亦競識其家、匠人胡寬所營也、又水經注、漢中洋川戚夫人所生處、夫人思慕東鄉、追求洋川、帝爲驛致長安、然則高祖慣作此伎倆矣、八月、趙相國陳豨反代地。【集解】鄧展曰、東海人名豬曰豨、【考證】豨人名、何必解其義、梁玉繩曰、豨反在十年九月、此與功臣表作八月、酈商傳作七月、傅寬傳作四月、竝誤、本傳及漢書可證、至淮陰侯及盧綰傳、以爲十一年反、尤誤也、豨本傳又誤作七年、上曰。豨嘗爲吾使、甚有信。代地、吾所急也。故封豨爲列侯。以相國守代。【集解】徐廣曰、豨攻定滅荼、有功、封陽夏侯、【考證】依文例、上當作高祖、下同、今乃與王黃等劫掠代地。代地吏民、非有罪也。其赦代吏民。九月、上自東往擊之、至邯鄲。【考證】秘閣本、東作陳、凌稚隆曰、宋本作往東、直隸廣平府邯鄲縣、上喜曰。豨不南據邯鄲而阻漳水。吾知其

無能爲也。【考證】陳豨傳、作南據漳水北守邯鄲、漢書高紀、而作北、皆非、是南自代而言、宋祁曰、漳水不在北、聞豨將皆故賈人也、上曰。吾知所以與之。【考證】古鈔本、閒作問、與漢書合、王念孫曰、與、猶敵也、孫子傳、以君之下駟與彼之上駟、淮陰侯傳、吾生平知韓信爲人、易與耳、皆謂敵也、乃多以金啗豨將。豨將多降者。十一年、高祖在邯鄲。誅豨等未畢。豨將侯敞將萬餘人游行、【考證】王先謙曰、敞、豨丞相也、後爲灌嬰所斬、見嬰傳、王黃軍曲逆、【集解】文穎曰、今中山蒲陰是、【考證】直隸保定府完縣東南、張春渡河、【集解】陳豨將也、又劉伯莊云、彼時聊城、在黃河之東、王莽時乾、今濁河西北也、今在博州西北、深丘道里記云、王莽元城人、居近河側、祖父墳墓、爲水所衝、引河入深川、此王莽河因枯也、擊聊城。【集解】徐廣曰、在平原、【正義】括地志云、故聊城、在博州聊城縣西二十里、春秋時齊之西界聊攝也、戰國時亦爲齊地、秦漢皆爲東郡之聊城也、【考證】山東東昌府聊城縣、漢使將軍郭蒙與齊將擊、大破之。大尉周勃【集解】漢書百官表曰、太尉秦官、應劭曰、自上安下曰尉、武官悉以爲稱、道太原入、【集解】韋昭曰、道、猶從、【考證】山西太原府、定代地至馬邑。【考證】今山西朔平府馬邑鄉、馬邑不下。卽攻殘之。【考證】顏師古曰、殘、謂多所殺戮也、豨將

趙利守東垣。【考證】直隸正定府正定縣、高祖攻之。不下月餘。卒罵高祖。高祖怒。城降。令出罵者斬之。不罵者原之。於是乃分趙山北、立子恆以爲代王。【考證】梁玉繩曰、代王之立、在十一年正月、表作三月、是誤在後、而此書于冬、又誤在前也、錢大昕曰、高帝紀於孝惠不書名、文帝紀、於景帝不書名、乃文帝名、再見於高祖紀、一見於呂后紀、此必後人所加、景帝紀四年、立皇子徹爲膠東王、七年立膠東王爲皇太子、名徹、亦後人所加、愚按是皆史公失檢處、未必後人加之、下文立子恢爲梁王、子友爲淮陽王、可證、都晉陽。【集解】如淳曰、文紀言都中都、又文帝過太原、復晉陽中都二歲、似遷都於中都也、【考證】梁玉繩曰、文帝紀、諸侯王表、陳豨傳、俱作都中都、與此言都晉陽不同、文紀又言幸太原、復晉陽中都三歲租、疑當時詔都晉陽、而實居中都、亦猶韓王信詔都晉陽、而請居馬邑耳、故如淳注以爲遷于中都也、春、淮陰侯韓信謀反關中。夷三族。夏、梁王彭越謀反。廢遷蜀。復欲反。遂夷三族。立子恢爲梁王、子友爲淮陽王。【考證】梁玉繩曰、廢越立恢、皆在三月、漢紀可據、此與黥布盧綰傳竝作夏夷彭越、誤也、史漢諸侯王表、皆恢友以十一年三月立、若越之謀反夷族在夏、安得三月已封恢友爲王乎、至史諸侯王表、及漢異姓表、以越誅在十年、則更誤矣、秋七月、淮南王黥布反。東幷荊

王劉賈地、北渡淮。楚王交走入薛。【考證】山東兗州府滕縣。高祖自往擊之。立子長爲淮南王。十二年十月、高祖已擊布軍會甀。【集解】徐廣曰、在蘄縣西。駰案、漢書音義曰、會、音儈、保邑名、甀、音直僞反。【索隱】上音鱠、下音丈僞反、地名也、漢書作缶、音作保、非也。【考證】錢大昕曰、漢志沛郡酇縣有垂鄉、高祖破黥布、師古音垂爲直恚反、即此會甀也、隸書垂作缶、故漢書高紀訛爲缶字。布走。令別將追之。高祖還歸過沛、留置酒沛宮。【正義】括地志云、沛宮故地、在徐州沛縣東南二十里一步。悉召故人父老子弟縱酒。發沛中兒得百二十人、教之歌。酒酣、【集解】應劭曰、不醒不醉曰酣、一曰、酣、洽也。【考證】祕閣本、二十作廿。高祖擊筑、【集解】韋昭曰、筑、古樂、有弦、擊之、不鼓。【正義】音竹。應劭云、狀似瑟而大、頭安弦、以竹擊之、故名曰筑。顏師古云、今筑形似瑟而小、細項。自爲歌詩曰、大風起兮雲飛揚。威加海內兮歸故鄉。安得猛士兮守四方。【考證】每句韻、李善曰、風起雲飛、以喩羣兇競逐而天下亂也、威加四海、言已靜也、夫安不忘危、故思猛士以鎭之、朱熹曰、大風歌、正楚聲也、亦名三侯之章、自千載以來、人主之詞、未有若是壯麗而奇偉者也。令兒皆和習之。高祖乃起舞、慷慨

傷懷、泣數行下。謂沛父兄曰、游子悲故鄉。【考證】游子悲故鄉、蓋古詞、文選古詩、浮雲蔽白日、游子不顧返、李陵詩、攜手上河梁、游子暮何之、顏師古曰、游子、行客也、悲、顧念也。吾雖都關中、萬歲後、吾魂魄猶樂思沛。且朕自沛公以誅暴逆、遂有天下。其以沛爲朕湯沐邑、復其民、世世無有所與。【集解】風俗通義曰、漢書注、沛人語初發聲、皆言其、其者楚言也、高祖始登帝位、敎令言其、其後以爲常耳。【考證】中井積德曰、其、命令之辭、非發語、且秦代已有是辭、非發於高祖、俞樾曰、始皇本紀、其議帝號、李斯傳、其以李斯爲郎中令、趙高案治、則秦詔令已用其字矣、其乃古語、左傳、其承事諸侯以退、其委之伯父、春秋語已如此、又按盤庚云、其惟致告、金縢云、其新迎、則三代之書、亦有之矣、顏師古曰、凡言湯沐邑者、謂以其賦稅供湯沐之具也。沛父兄諸母故人、日樂飲極驩、道舊故爲笑樂。十餘日、高祖欲去。沛父兄固請留高祖。高祖曰、吾人衆多、父兄不能給。乃去。沛中空縣、皆之邑西獻。【集解】如淳曰、獻牛酒。【考證】顏師古曰、之、往也、皆往邑西競有所獻、故縣中空無人。高祖復留止、張飲三日。【集解】張晏曰、張帷帳。【正義】音張亮反。【考證】祕閣本張作帳、據正義作帳爲是。沛父兄

皆頓首曰、沛幸得復。豐未復。唯陛下哀憐之。【考證】漢書高紀、未復之復作得。高祖曰、豐吾所生長、極不忘耳。吾特爲其以雍齒故反我爲魏。沛父兄固請。乃幷復豐比沛。【考證】中井積德曰、前年嘗新豐、諸故人皆徙焉、故此行過沛而不入于豐、賜復之不急、或以是也、而不出於口者、避少恩之嫌耳。於是拜沛侯劉濞爲吳王。漢將別擊布軍洮水南北、皆大破之。追得斬布鄱陽。【集解】服虔曰、濞、音帔。徐廣曰、洮、音道、在江淮閒。【考證】胡三省曰、洮水、即零陽之洮水也、全祖望曰、黥布不當走零陽、顧祖禹曰、震澤之洮湖也、許周生曰、別擊者、擊布別將之軍、非布在洮水也、追得斬布鄱陽、遙接上文布走、令別將追之也、愚按、祕閣本鄱陽作番陽、饒州鄱陽縣治。樊噲別將兵定代。斬陳豨當城。【索隱】代之縣名也。【正義】括地志云、當城、在朔州定襄縣界、土地十三州記云、當城、在高柳東八十里、縣當常山、故曰當城。【考證】梁玉繩曰、豨傳亦言樊噲斬之、而噲傳不及、則非噲明甚、蓋周勃斬之也、絳侯世家及漢書可證、又世家功臣表及豨傳皆云斬豨靈丘、此言當城、亦小異、愚按、當城、直隸宣化府蔚州縣東。十一月、高祖自布軍至長安。十二月、高祖曰、秦始皇帝・楚隱王・【索隱】系家作幽王、名擇、負芻之兄。【考證】顏

師古曰、陳勝也、愚按、索隱誤。陳涉【考證】梁玉繩曰、陳涉二字當衍、漢書詔詞無之、蓋諸帝王皆不稱名也、愚按、注文攙入。魏安釐王・【索隱】史闕名、昭王之子、王假之祖也。齊緡王・【索隱】名地、宣王子、王建祖。趙悼襄王、【索隱】名偃、孝成王丹之子、幽王遷之父也。皆絕無後。予守冢各十家。秦皇帝二十家。魏公子無忌五家。【考證】梁玉繩曰、此言趙悼襄王亦予守冢十家、而漢書云五家、疑漢書誤、中井積德曰、秦皇陳涉之外、蓋以當時冢存者立制也、不然、何特親此數人矣、其他存者亦有後則不在此例、愚按、陳涉世家云、爲陳涉置守冢三十家、與此異。赦代地吏民爲陳豨・趙利所劫掠者、皆赦之。陳豨降將言、豨反時、燕王盧綰使人之豨所與陰謀。上使辟陽侯迎綰。【正義】審食其也、括地志云、辟陽故城、在冀州信都縣西三十五里、漢舊縣。綰稱病。辟陽侯歸、具言綰反有端矣。【正義】方言云、端、緒也。二月、使樊噲・周勃將兵擊燕王綰。赦燕吏民與反者。立皇子建爲燕王。【考證】梁玉繩曰、擊綰王建同在十二年二月中、諸侯王表、書燕王建以三月甲午封、誤、此與漢書高紀、諸侯王表作二月可據、惟異姓表在十一年則誤甚。高祖擊布時、爲流矢所

中、行道病。病甚。呂后迎良醫。醫入見。高祖問醫。醫曰。病可治。於是高祖嫚罵之曰。吾以布衣提三尺劍取天下。此非天命乎。命乃在天。雖扁鵲何益。[考證]秘閣本、楓、三本、淩引一本、作提、各本作持、 遂不使治病。賜金五十斤罷之。已而呂后問。陛下百歲後、蕭相國卽死、令誰代之。[考證]漢書高紀、問下有曰字、令誰作誰令、秘閣本、楓、三本同、愚按莊子齊物論、吾誰使正之、韓非子顯學篇、將誰使定後世之學乎、將誰使定儒墨之誠乎、誰字皆在使字上、 上曰。曹參可。問其次。上曰。王陵可。然陵少戇。陳平可以助之。[考證]秘閣本、楓、三本、然上有也字、 陳平智有餘。然難以獨任。周勃重厚少文。然安劉氏者必勃也。可令爲太尉。[考證]秘閣本、難下無以字、 呂后復問其次。上曰。此後亦非而所知也。[考證]中井積德曰、是數語恐有後人所附益也、 盧綰與數千騎居塞下候伺、幸上病愈自入謝。四月甲辰、高祖

崩長樂宮。[集解]皇甫謐曰、高祖以秦昭王五十一年生、至漢十二年、年六十二、[考證]漢書高紀注引臣瓚云、帝年四十二卽位、卽位十二年、壽五十三、梁玉繩曰、御覽八十七引史云、四月甲辰崩于長樂宮、時年六十二、在位十二年、葬長陵、今史記無之、愚按秦二世元年紀集解引徐廣云、高祖時四十八、與皇甫說同、據六國表、秦昭王五十一年、歲在乙巳、高祖蓋以是歲生、秦二世元年九月起兵、時年四十八、五十一爲漢王、五十五卽眞、以漢十二年歲在丙午崩、壽六十二、瓚說恐非也、張文虎曰、集解六十二、各本作六十三、誤、依御覽引改、 四日不發喪。呂后與審食其謀曰。諸將與帝爲編戶民。[考證]顏師古曰、言列次名籍也、愚按猶言同爲匹夫也、 今北面爲臣。此常怏怏。[考證]漢書高紀、此作心、 今乃事少主。非盡族是、天下不安。人或聞之、語酈將軍。[集解]漢書曰、酈商、 酈將軍往見審食其曰。吾聞帝已崩四日。不發喪、欲誅諸將。誠如此、天下危矣。陳平・灌嬰、將十萬守滎陽、樊噲・周勃、將二十萬定燕・代。此聞帝崩、諸將皆誅、必連兵還鄕、以攻關中。大臣內叛、諸侯外反、亡可翹足而待也。[考證]秘閣本、

二十作廿、三條本、諸侯作諸將、通鑑考異云、呂后雖暴戾、亦一旦盡誅大臣、又時陳平不在滎陽、樊噲不在代、此恐妄說、今不取、姚範曰、按陳平傳、平受詔誅樊噲於燕、聞帝崩馳還、道逢使者、詔平與灌嬰屯滎陽、此蓋高帝詔也、平雖受詔誅樊噲於燕、後乃至宮請宿衛、而酈商所據則屯滎陽之詔、未知平之卽入也、樊噲擊陳豨於代、卽移擊燕、陳平釋未誅、固知其存矣、復統燕代兵、何不可、食其亦括約四人前後被詔、慮有重兵耳、其事勢固誠可虞、呂后詎得史漢之記爲不實哉、 審食其入言之。乃以丁未發喪、大赦天下。盧綰聞高祖崩、遂亡入匈奴。丙寅葬。[集解]徐廣曰、五月、 己巳立太子。[正義]丙寅葬後四日、至己巳卽立太子爲帝、有本脫巳字者、妄引漢書云巳下者非、[考證]漢書高紀云、五月丙寅葬長陵、巳下、太子羣臣、皆反至太上皇廟、鄭氏注、巳下、巳下棺也、惠紀云、五月丙寅、太子卽皇帝位、陳仁錫曰、立字衍文、太子屬下讀、梁玉繩曰、丙寅上缺五月二字、丙寅下衍葬字、而論末葬長陵三字移此、此蓋錯簡也、己巳立三字當據漢書作巳下二字、 至太上皇廟、[正義]三輔黃圖云、太上皇廟、在長安城香室南馮翊府北、括地志云、漢太上皇廟、在雍州長安縣西北長安故城中酒池之北、高帝廟北、高帝廟亦在故城中也、 羣臣皆曰。高祖起微細、[考證]梁玉繩曰、此時羣臣方議尊號、何得稱高祖、漢書作帝、是也、 撥亂世反之正、平定天下、爲漢太祖。功最高。上尊號爲高皇帝。[考證]兪樾曰、高祖紀云、上尊號爲高皇帝、文帝紀云、上尊號曰孝文皇

帝、謂之尊號、而不曰諡、蓋亦避秦人臣子議君父之嫌也、 太子襲號爲皇帝。孝惠帝也。[考證]秘閣本、楓山本、帝下有是字、 令郡國諸侯各立高祖廟、以歲時祠。及孝惠五年、思高祖之悲樂沛、以沛宮爲高祖原廟。[集解]徐廣曰、光武紀云、上幸豐、祠高祖於原廟、駰案、謂原者再也、先既已立廟、今又再立、故謂之原廟、 高祖所教歌兒百二十人、皆令爲吹樂。[正義]上尺瑞反、下音岳、以前但有歌兒、今加吹樂、[考證]秘閣本、二十作廿、 後有缺、輒補之。高帝八男。長、庶齊悼惠王肥、次、孝惠、呂后子、次戚夫人子趙隱王如意、次代王恆、[考證]楓、三本、恆下有帝字、梁玉繩曰、恆字當避、 已立爲孝文帝。薄太后子。次梁王恢。呂太后時徙爲趙共王。次淮陽王友。呂太后時徙爲趙幽王。次淮南厲王長。次燕王建。

太史公曰。夏之政忠、忠之敝、小人以野。[集解]鄭玄曰、忠、質厚也、野、少禮節也、 故殷

人承之以敬。敬之敝、小人以鬼、【集解】鄭玄曰、多威儀、如事鬼神、【考證】中井積德曰、鬼、尚鬼信禨祥也、故周人承之以文。文之敝、小人以僿。【集解】徐廣曰、一作薄、駰案、史記音隱曰、僿、音西志反、鄭玄曰、文、尊卑之差也、薄、苟習文法、無悃誠也、【索隱】鄭音先代反、鄒本作薄、音扶各反、本一作僿、而徐廣云一作薄、是本互不同也、然此語本出子思子、見今禮表記作薄、故鄭玄注云、文、尊卑之差也、薄、苟習文法、不悃誠也、裴又引音隱云、僿、音先志反、僿塞聲相近故也、蓋僿猶薄之義也、【正義】先代反、又音四、僿猶細碎也、言周末世、文細碎鄙陋薄惡、小人之甚、故救僿莫若以忠。【集解】鄭玄曰、復反始、【考證】凌稚隆曰、白虎通三教篇云、三王之有失、故立三教以相指受、夏人之王、教以忠、其失野、救野之失莫如敬、殷人之王、教以敬、其失鬼、救鬼之失莫如文、周人之王、教以文、其失薄、救薄之失莫如忠、繼周尚黑、制與夏同、三者如順連環、周則復始、窮則反本、三王之道、若循環。終而復始。【考證】鄒衍作五德始終傳、史公終而復始之說、蓋祖其意、周·秦之閒、可謂文敝矣。秦政不改、反酷刑法。豈不繆乎。故漢興、承敝易變、使人不倦。得天統矣。【正義】夏之政忠、忠之敝、其末世敗壞多威儀、若事鬼神、周人承殷爲文、其末細碎薄陋文法、無有悃誠、秦人承周不改敝、反成酷法嚴刑、故漢人承秦苛法、約法三章、反其忠政、使民不倦、得天統矣、故太史公引禮文爲此贊者、美高祖能變易秦敝、使

百姓安寧、【考證】秘閣本、無政字、不作弗、南化本、人作民、中井積德曰、天統、猶言天敍也、謂終始循環之統紀、非三統之統、朝以十月、車服黃屋左纛。葬長陵。【集解】皇甫謐曰、長陵山、東西廣百二十步、高十三丈、在渭水北、去長安城二十五里、【正義】括地志云、長陵在雍州咸陽縣東三十里、【考證】中井積德曰、車服下、宜有尚赤等語、分明闕語矣、又曰、葬長陵、是紀文之脫錯在于此、梁玉繩曰、葬長陵三字錯簡、當在丙寅句下、愚按、殷本紀贊曰、孔子曰、殷路車爲善、而色尚白、與此贊遙相應、亦序五德之運也、長陵、陝西長安府咸陽縣東北、趙翼曰、漢初諸臣、惟張良出身最貴、韓相之子也、其次則張蒼、秦御史、叔孫通、秦博士、次則蕭何、沛主吏掾、曹參、獄掾、任敖、獄吏、周苛、泗水卒史、傅寬、魏騎將、申屠嘉、材官、其餘陳平、王陵、陸賈、酈商、酈食其、夏侯嬰等、皆白徒、樊噲則屠狗者、周勃則織薄曲吹簫給喪事者、灌嬰則販繒者、婁敬則輓車者、一時人才、皆出其中、致身將相、前此所未有也、蓋秦漢時爲天地一大變局、自古皆封建諸侯、各君其國、卿大夫亦世其家、成例相沿、視爲固然、其後積弊日甚、暴君荒主、既虐用其民、無有底止、强臣大族、又篡弑相仍、禍亂不已、再并而爲七國、益務戰爭、肝腦塗地、其勢不得不變、而數千年世侯世卿之局、一時亦難遽變、於是先從在下者起、游說則范雎、蔡澤、蘇秦、張儀等、徒步而爲相、征戰則孫臏、白起、樂毅、廉頗、王翦等、白身而爲將、此已開後世布衣將相之例、而兼并之力、尚在有國者、天方藉其力以成混一、固不能一旦掃除之、使匹夫而有天下也、於是縱秦皇盡滅六國、以開一統之局、使秦當日施政施仁、與民休息、則禍亂不興、下雖無世祿之臣、而上猶是繼體之主也、惟其威虐毒痛、人人思亂、四海鼎沸、草澤競奮、於是漢祖以匹夫起事、角羣雄而定一尊、其君既起自布衣、其臣亦自多亡命無賴之徒、立功以取將相、此氣迺成之也、天之變局、至

是始定、然楚漢之際、六國各立後、尚有楚懷王心、趙王歇、魏王咎、魏王豹、韓王成、韓王信、齊王田儋、田榮、田廣、田安、田市等、即漢所封功臣、亦先裂地王彭、韓等、繼分國侯絳、灌等、蓋人情習見前世封建故事、不得而遽易之也、乃不數年、而六國諸王皆敗滅、漢所封異姓八人、其七人亦皆敗滅、則知人情猶狃於故見、而天意已別換新局、故除之易易耳、而是時尚有分封子弟諸國、迨至七國反後、又嚴諸侯王禁制、除吏皆自天朝、諸侯王惟得食租衣稅、又多以事失侯、於是三代世侯世卿之遺法、始蕩然淨盡、而成後世徵辟選舉科目雜流之天下矣、豈非天哉、

【索隱】述贊、高祖初起、始自徒中、言從泗上、即號沛公、噓命豪傑、奮發材雄、彤雲鬱碭、素靈告豐、龍變星聚、蛇分徑空、項氏主命、負約弃功、王我巴蜀、實憤于衷、三秦既北、五兵遂東、汜水即位、咸陽築宮、威加四海、還歌大風、

高祖本紀第八

史記八

文學博士瀧川龜太郎著

史記會注考證

史記會注考證卷九

漢　太史令司馬遷撰

宋　中郎外兵曹參軍裴駰集解

唐　國子博士弘文館學士司馬貞索隱

唐　諸王侍讀率府長史張守節正義

日本　出雲瀧川資言考證

呂后本紀第九　史記九

索隱 呂太后本以女主臨朝、自孝惠崩後立少帝、而始稱制、正合附惠紀而論之、不然、或別爲呂后本紀、豈得全沒孝惠、而獨稱呂后本紀、合依班氏分爲二紀焉、考證

考證 史公自序云、惠之早霣、諸呂不台、崇彊祿產、諸侯謀之、殺隱幽友、大臣洞疑、遂及宗禍、作呂太后本紀第九、愚按、史公舍惠帝而紀呂后、猶舍楚懷而紀項羽、蓋以政令之所出也、

呂太后者、集解 徐廣曰、呂后父呂公、漢元年爲臨泗侯、四年卒、高后元年、追謚曰呂宣王、高祖微時妃也。集解 漢書音義曰、諱雉、索隱 諱雉、字娥姁也、考證 方苞曰、戴記曲禮、天子之妃曰后、衛風氓詩序、喪其妃耦、竝音配、又戴記哀公問、妃以及妃、則知妃者通上下而言、義宜爲配也、生孝惠帝女魯元太后。集解 漢書音義曰、惠帝諱盈、及高祖爲漢王、得定陶戚姬。集解 如淳曰、姬音怡、衆妾之總稱也、漢官儀曰、姬妾數百、蘇林曰、濟河國有妃里、而題門作姬、瓚曰、漢秩祿令、及茂陵書、姬、內官也、秩比二千石、位次倢伃下、在七子八子之上、索隱 如淳音怡、非也、茂陵書曰、姬是內官、是矣、然官號及婦人通稱姬者、姬、周之姓、所以左傳稱伯姬叔姬、以言天子之宗女貴於他姓、故遂以姬爲婦人美號、故詩曰、雖有姬姜、不弃顦顇、是也、考證 顏師古曰、若姬是官號、不應云幸姬戚夫人、且外戚傳備后妃諸官、無姬職也、如云衆妾總稱則近之、不當音怡、梁玉繩曰、此言定陶、則姬爲濟陰人、而魏蘇林注、謂濟河國有妃里、水經注廿七卷又謂、夫人生于洋川、程大昌攷古編云、疑姻家因亂自定陶徙洋川、而高祖以王漢中時得之、未知孰是、愛幸生趙隱王如意。孝惠爲人仁弱。高祖以爲不類我。常欲

廢太子立戚姬子如意。如意類我。戚姬幸常從上之關東、日夜啼泣、欲立其子代太子。呂后年長、常畱守、希見。上益疏。如意立爲趙王。後幾代太子者數矣。索隱 幾、音其紀反、又音祈也、賴大臣爭之、及畱侯策、太子得毋廢。索隱 大臣張良叔孫通等、令太子卑詞安車以迎四皓、呂后爲人剛毅。佐高祖定天下、所誅大臣、多呂后力。呂后兄二人。皆爲將。長兄周呂侯死事。集解 徐廣曰、名澤、高祖八年卒、謚令武侯、追謚曰悼武王、考證 梁玉繩曰、呂澤封侯三年而卒、非死事也、中井積德曰、死事、蓋戰歿也、其謚悼、亦見其不終于牖下、洪亮吉曰、攷高紀、八年高祖擊韓王信餘寇於車垣、則澤當以此時死、封其子呂台爲酈侯。集解 徐廣曰、酈一作鄜、索隱 酈氏鄜誕竝音怡、蘇林音胎、考證 漢書作鄜、子產爲交侯。集解 徐廣曰、台弟也、考證 惠景侯年表、作郊、漢諸侯王表作洨、梁玉繩曰、洨侯之封、在高后元年四月、史漢表可據、當與後扶柳沛侯同敘、此誤耑于高祖時、次兄呂釋之爲建成侯。集解 徐廣曰、惠帝二年卒、謚康王、高祖、十二年四月甲辰、崩長樂宮。太子襲號

爲帝。是時高祖八子。長男肥、孝惠兄也。異母。[索隱]母曰曹姬也、肥爲齊王。餘皆孝惠弟。戚姬子如意爲趙王。薄夫人子恆爲代王。[考證]梁玉繩曰、恆字宜諱、諸姬子子恢爲梁王。子友爲淮陽王。子長爲淮南王。子建爲燕王。高祖弟交爲楚王。兄子濞爲吳王。非劉氏、功臣番君吳芮子臣爲長沙王。[考證]凌稚隆曰、太史公用非劉氏三字、已含呂氏不得爲王意、呂后最怨戚夫人、及其子趙王。[考證]梁玉繩曰、高祖時稱呂后、惠帝以後則稱太后、固史例也、乃自此至末、稱呂后者七、稱高后者八、稱呂太后者一、體例錯雜、皆當作呂太后、迺令永巷囚戚夫人。[集解]如淳曰、列女傳云、周宣王姜后脫簪珥待罪永巷、後改爲掖庭、[索隱]永巷別宮名、有長巷、故名之也、後改爲掖庭、按韋昭云、以爲在掖門內、故謂之掖庭也、[考證]中井積德曰、永巷本後宮女使所居、群室排列、如巷街而長連、故名永巷、亦有獄、以治後宮有罪者、以其在永巷也、故亦稱永巷耳、漢書外戚傳云、呂后使永巷囚戚夫人、髡鉗衣赭衣令舂、而召趙王。使者三反。趙相建平侯周昌謂使者曰。高帝屬臣趙王。趙王年少。竊聞

太后怨戚夫人、欲召趙王幷誅之。臣不敢遣王。王且亦病。不能奉詔。呂后大怒、迺使人召趙相。趙相徵至長安。迺使人復召趙王。王來未到。孝惠帝慈仁。知太后怒、自迎趙王霸上。與入宮。自挾與趙王起居飮食。太后欲殺之不得閒。孝惠元年十二月、帝晨出射。趙王少。不能蚤起。太后聞其獨居、使人持酖飮之。[集解]應劭曰、酖鳥食蝮、以其羽畫酒中、飮之立死、[正義]酖亦名運日、又食野葛、畫酒中飮、立死、犂明孝惠還。[集解]徐廣曰、犂、猶比也、諸言犂明者、將明之時、[考證]漢書外戚傳、犂作遲、下無明字、王念孫曰、帝晨出射、則天將明矣、及既射而還、則在日出之後、不得言犂明孝惠還也、黎明孝惠還、當作犂孝惠還、明字衍、言比及孝惠還、而趙王已死也、漢書作遲帝還、無明字、晉世家、黎二十五年、與黎孝惠還同義、趙王已死。於是迺徙淮陽王友爲趙王。夏、詔賜酈侯父追諡爲令武侯。[索隱]令、音齡、太后遂斷戚夫人手足、去眼煇耳。[考證]張文虎曰、煇、御覽引作燻、漢書外戚傳作熏、

飮瘖藥、使居廁中。命曰人彘。[考證]漢傳、作居鞠域中、注、謂窟室也、荀紀亦云、鞠室、居數日、迺召孝惠帝、觀人彘。孝惠見問、迺知其戚夫人。迺大哭。因病。歲餘不能起。使人請太后曰。此非人所爲。臣爲太后子、終不能治天下。[考證]張文虎曰、御覽、人下有之、顏師古曰、令太后視事、己自如太子然、胡三省曰、惠帝之意、蓋自謂身爲太后子、而不能容父之寵姬、是終不能治天下也、孝惠以此日飮爲淫樂。不聽政。故有病也。[考證]張文虎曰、御覽、病作疾、二年、楚元王·齊悼惠王皆來朝、十月、孝惠與齊王燕飮太后前。孝惠以爲齊王兄。置上坐、如家人之禮。[考證]顏師古曰、以兄弟齒列、不從君臣之禮、故曰家人也、太后怒、迺令酌兩卮。[考證]漢書齊悼惠王傳、令下有人字、張文虎曰、王柯凌本、無令字、酖置前。令齊王起爲壽。齊王起。孝惠亦起。取卮欲俱爲壽。太后迺恐、自起泛孝惠卮。[索隱]泛、音捧、汎也、[考證]洪頤煊曰、漢書武帝紀、夫泛駕之馬、師古云、泛、覆也、食貨志、大命將泛、孟康云、泛、覆也、齊悼惠王傳、作太后恐自

起反卮、反卽覆也、並字異而義同、齊王怪之、因不敢飮。詳醉去、問知其酖。齊王恐自以爲不得脫長安憂。[考證]詳讀爲佯、漢書作陽、齊內史士、[集解]徐廣曰、一作出、[考證]此與漢書悼惠傳、皆作內史士、而史世家作內史勳、曰士、曰勳、所傳不同、必當其名、內史官名、說王曰。太后獨有孝惠與魯元公主。[集解]如淳曰、公羊傳曰、天子嫁女於諸侯、必使諸侯同姓者主之、故謂之公主、百官表、列侯所食曰國、皇后公主所食曰邑、諸侯王女曰公主、蘇林曰、公、五等尊爵也、春秋聽臣子以稱君父、婦人稱主、有主孟啗我之比、故云公主、瓚曰、天子之女、雖食湯沐之邑、不君其民、[索隱]啗、音徒濫反、按主孟、是謂里克妻、卽優施之語、事見國語、孟者且也、言且啗我物、我教汝婦事夫之道、此卽婦人稱主之意耳、比、音必二反、[考證]梁玉繩曰、孝惠見在、公主未卒、漢書改爲帝是矣、而公主仍魯元之稱、何歟、時張偃未爲魯王、元乃是諡、韋昭注甚明、服虔訓元爲長、非、崔適曰、當曰太后獨有帝與公主爾、今王有七十餘城。而公主迺食數城。王誠以一郡上太后、爲公主湯沐邑、太后必喜。王必無憂。於是齊王迺上城陽之郡、尊公主爲王太后。[集解]如淳曰、張敖子偃爲魯王、故公主得爲太后、[正義]公主此時爲宣平侯夫人、正以公主先是趙王敖后、其子偃當爲王、今齊王未敢言偃爲王、故先請其母、旣未知偃之封號、但言爲王太后、下云、

賜諡魯太后、以假後封魯故也、[考證]顏師古曰、如說非也、蓋齊王請尊公主爲齊太后、以母事之、用悅媚呂太后耳、若魯元以子爲魯王、自合稱太后、何待齊王尊之乎、據張耳傳、高后元年、魯元太后薨、後六年、宣平侯敖薨、呂太后立敖子偃爲王、以母爲太后故也、是則偃以母爲齊王太后而得王、非母因偃乃爲太后也、中井積德曰、是時張敖爲宣平侯、未死、子偃未爲魯王、則公主不得稱后、特建號爲王太后、若爲王母者然、不得拘定制作解、呂后喜許之、迺置酒齊邸。[正義]漢法、諸侯各起邸第於京師、樂飲、罷歸齊王。三年、方築長安城。四年、就半。五年、六年、城就。[索隱]按漢宮闕疏、四年築東面、五年築北面、漢舊儀、城方六十三里、經緯各十二里、三輔舊事云、城形似北斗也、[考證]梁玉繩曰、築長安城、始于元年、成于五年、至六年、起西市大倉、蓋城既成、而乃爲市及倉也、名臣表及漢書惠紀可證、此言三年方築城、六年城成、誤矣、沈家本曰、惠帝紀五年九月長安城成、則五年六年乃五年九月之訛、諸侯來會十月朝賀。七年秋八月戊寅、孝惠帝崩。[集解]皇甫謐曰、帝以秦始皇三十七年生、崩時年二十三、[考證]王鳴盛曰、帝年五歲、高祖爲漢王、二年立爲太子、年六歲、十二年高祖卽位、時年十六、又七年崩、年二十三、愚按臣瓚注漢書爲二十四崩、誤也、發喪。太后哭。泣不下。留侯子張辟彊爲侍中。[集解]應劭曰、入侍天子、故曰侍中、[考證]漢書外戚傳、哭下有而字、年十五。謂丞相曰。太后獨有孝惠。

今崩、哭不悲。君知其解乎。[正義]解、紀賣反、言哭解惰有所思也、又音戶賣反、解、節解也、又紀買反、謂解說也、[考證]漢傳、孝惠作帝、哭下有而字、梁玉繩曰、孝惠纔崩、未必有諡號、作帝是也、愚按、解、謂解說也、丞相曰。何解。辟彊曰。帝毋壯子。[正義]毋音無、太后畏君等。君今請拜呂台・呂產・呂祿爲將、將兵居南北軍。[考證]梁玉繩曰、南北軍、不容三人將之、漢傳無呂祿、甚是、祿乃繼台將北軍者也、及諸呂皆入宮、居中用事。如此則太后心安。君等幸得脫禍矣。丞相迺如辟彊計。太后說、其哭迺哀。呂氏權由此起。[考證]梁玉繩曰、此所云丞相者、右丞相王陵乎、左丞相陳平乎、漢傳明著之曰陳平、是也、陵能持白馬之議、以折太后、其不肯用辟彊計、明甚、然何以不面斥而力持之、亦不可解、辟彊此計、起諸呂之權、罪不容誅、不意留侯有此逆子、唐文粹有李德裕辟彊論、深罪之、史記評林、明徐禎卿曰、書留侯子、惜留侯也、而丞相竟從之、可怪、宋胡寅讀史管見論平勃阿意之罪甚大、自不可易、于辟彊童子何誅焉、愚按呂氏權由此起六字、理正詞嚴、曲逆甘服其罪、迺大赦天下。九月辛丑葬。[集解]漢書云、葬安陵、皇覽曰、山高三十二丈、廣袤百二十步、居地六十畝、皇甫謐曰、去長陵十里、在長安北三十五里、[考證]當依漢書葬下補安陵二字、藝文類聚引楚漢春秋云、惠帝崩、呂太后欲爲高墳、使從未央宮坐而見

之、諸將諫不許、東陽侯垂泣曰、陛下日夜見惠帝冢、悲哀流涕無已、是傷生也、臣竊哀之、太后乃止、東陽侯張相如也、此事史漢不載、太子卽位、爲帝。謁高廟。[考證]梁玉繩曰、此所謂此所稱爲少帝者、史漢不言其名、蓋孝惠後宮子、正義引劉伯莊謂幸呂氏有身而入宮生子者、妄、愚按張辟彊既曰帝毋壯子、其有子明矣、元年、號令一出太后。太后稱制。[考證]顏師古曰、天子之言、一曰制書、二曰詔書、制書者謂制度之命也、非皇后所得稱、今呂太后臨朝行天子事、斷決萬機、故稱制詔、議欲立諸呂爲王。問右丞相王陵。王陵曰。高帝刑白馬盟曰。非劉氏而王、天下共擊之。[考證]漢興年表序云、高祖末年、非劉氏而王者、若無功上所不置而侯者、天下共誅之、今王呂氏、非約也。太后不說。問左丞相陳平・絳侯周勃。勃等對曰。高帝定天下王子弟。今太后稱制、王昆弟諸呂。無所不可。太后喜罷朝。王陵讓陳平・絳侯曰。始與高帝啑血盟。諸君不在邪。[索隱]啑、鄒音使接反、又云、或作喢、音丁牒反、今高帝崩、太后女主、欲王呂氏。諸君縱欲阿意背約、何面目見

高帝地下。陳平・絳侯曰。於今面折廷爭、臣不如君。夫全社稷定劉氏之後、君亦不如臣。王陵無以應之。十一月、太后欲廢王陵。乃拜爲帝太傅、奪之相權。[集解]應劭曰、傅、古官、傅者覆也、瓚曰、大戴禮云、傅之德義、王陵遂病免歸。迺以左丞相平爲右丞相。[考證]楓山・三條本、病上有稱字、自左丞相遷右丞相、可見漢時尙右、趙翼曰、尙左尙右、諸家之說紛紛、老子云、君子居則貴左、用兵則貴右、又云、凶事尙右、按凶事兵事之尙右、固有明證、檀弓、孔子拱而尙右、二三子皆尙右、孔子曰、我則有姊之喪故也、此凶事之尙右也、左傳、楚莊王乘左廣以逐晉師、見右廣、將從之乘、屈蕩止之曰、君以此始、亦以此終、自是楚之乘廣尙左、則以偶王乘左廣得勝、遂改從之尙左、可見平時用兵、亦已尙右也、此戎事尙右之證也、戎事凶事、旣尙右、則非戎事凶事、自當尙左、詩書所載、凡言左與右、必曰左右、不曰右左、則左先於右可知、觀禮、諸侯朝於天子、同姓西面北上、異姓東面北上、若論異姓爲後之義、則朝儀固尙左、檀弓二三子因孔子有姊喪之言、遂改而尙左、則平時本亦尙左、此明證也、惟鄉飲酒禮、主人就東階、客就西階、有所謂賓西北、取天地尊嚴之氣、主東南、取產悔以養人、此則別有取義、而後人習見夫賓位居右、以爲尊敬、遂凡事皆尙右、左傳、晉士蔿曰、分土而封之、是左之也、王叔與伯輿爭政、王右伯輿、國策、趙王以藺相如爲上卿、位在廉頗右、頗曰、相如徒以口舌位在我上、我必殺之、蘇代謂魏王曰、公孫衍將右韓而左魏、田文將右齊而左魏、說苑、君道篇、郭隗曰、君將

東面以求臣、則廝役之材至、西面以求臣、則朋友之材至、此皆戰國尙右之明證也、信陵君從車騎虛左、自迎侯生、則車中之制、與他處不同、禮記、乘君之乘車、不敢曠左、注謂車上御者在右、所以便作事、而君則在左、故乘車尊左也、史記、鴻門之宴、項王東向坐、韓信得廣武君、東向而師事之、則秦時亦尙右、漢承秦制、亦以右爲尊、史記、陳平願以右丞相讓周勃、帝乃以勃爲右丞相、位次第一、平爲左丞相、位次第二、武安侯召客、自坐東向、以爲漢相尊、當然灌夫遇有勢在己之右者必陵之、在己之左者則敬之、漢書、黃霸初以入穀爲吏馮翊、以其入財得官、不署右職、顏師古曰、右職高職也、其有得罪下遷者、則曰左遷、史記、韓王信謂漢王曰、項王王諸將善地、而王獨遠居、是左遷也、漢書、高祖欲以周昌爲趙相、昌不肯、高祖曰、吾極知其左遷、又諸侯王表序云、武帝有衡山淮南之謀、乃作左官之令、服虔曰、仕於侯國者曰左官、以不得仕王朝也、是兩漢尊右卑左、久爲定制、至漢以後改從尙左、則不知始於何時、愚按左右尊卑之說、又見吳仁傑兩漢刊誤補遺、王鳴盛十七史商榷、全祖望經史問答、**以辟陽侯審食其爲左丞相。**【索隱】按韋昭云、辟陽、信都之縣名、**左丞相不治事。令監宮中如郎中令。食其故得幸太后、常用事。公卿皆因而決事。**【考證】審食其嘗從呂后在項羽軍中、與同患難、**迺追尊酈侯父爲悼武王、欲以王諸呂爲漸。四月、太后欲侯諸呂。迺先封高祖之功臣郎中令無擇爲博城侯。**【集解】徐廣曰、姓馮、【正義】括地志云、兗州博城、本漢博城縣城、**魯元公**

主薨。賜謚爲魯元太后。子偃爲魯王。魯王父宣平侯張敖也。【考證】中井積德曰、旣號魯元太后、是爲魯王之母也、故封其子爲魯王、使謚號相稱也、是雖一時之事、而母主子客、其先時稱王太后者、是假號、未有國也、**封齊悼惠王子章爲朱虛侯、**【索隱】虛、音墟、琅邪縣也、【正義】括地志云、朱虛故城、在青州臨朐縣東六十里、漢朱虛也、十三州志云、丹朱遊故虛、故云朱虛也、虛、猶丘也、朱、猶丹也、**以呂祿女妻之。齊丞相壽爲平定侯。**【集解】徐廣曰、姓齊、【考證】梁玉繩曰、齊壽、史漢表皆作受、疑以音同而誤、猶張敖子樂昌侯壽、史漢表亦作受、王子表、有楡丘侯劉壽福、漢表又作受福也、**少府延爲梧侯。**【集解】徐廣曰、姓陽成也、延以軍匠起、作宮築城也、**乃封呂種爲沛侯。**【集解】徐廣曰、釋之之子也、【正義】括地志云、徐州沛縣古城也、**呂平爲扶柳侯。**【集解】徐廣曰、呂后姊子也、母字長姁、【正義】括地志云、扶柳故城、在冀州信都縣西三十里、漢扶柳縣也、有澤、澤中多柳、故曰扶柳、【考證】徐廣注、依惠景間侯年表、中井積德曰、呂平、呂后姊子、則不當姓呂、是恐有謬、**張買爲南宮侯。**【集解】徐廣曰、其父越人、爲高祖騎將、【考證】中井積德曰、張買敍于諸呂下、豈呂之姻族乎、年表、八年、買坐呂氏事誅、梁玉繩曰、太后續封高祖功臣、以爲侯諸呂之漸、則是先封馮無擇等四人、再封呂種等也、乃此紀博城侯下、忽揷入公主之薨、張偃之王、劉章之侯、大覺不倫、史公攷事、何若是之倒亂哉、余謂魯元公主薨廿六字、當在南宮侯句下、蓋偃與孝惠子同

王也、封齊悼惠王子十七字、當在後文二年呂王嘉代立爲王句下、蓋呂嘉以二年十一月嗣位、劉章以五月封也、**太后欲王呂氏、先立孝惠後宮子彊爲淮陽王、**【集解】韋昭曰、今陳留郡、**子不疑爲常山王、**【正義】括地志云、常山故城、在恆州眞定縣南八里、本漢東垣邑也、**子山爲襄城侯、**【索隱】按下文、更名義、又改名弘、漢書、襄城侯唯云名弘、蓋史省文耳、按志、襄城屬潁川也、【考證】張文虎曰、襄城、中統游本作城、他本譌成、下同、**子朝爲軹侯、**【索隱】按韋昭云、河內有軹縣、音紙也、【正義】括地志云、故軹城、在懷州濟源縣東南十三里、七國時魏邑、**子武爲壺關侯。**【考證】據表、孝惠又有後宮子大、四年二月封曰平昌侯、後爲濟川王、**太后風大臣。大臣請立酈侯呂台爲呂王。**【正義】初呂台爲呂王、後呂產王梁、更名梁曰呂、**太后許之。建成康侯釋之卒。嗣子有罪。廢。立其弟呂祿爲胡陵侯、**【集解】徐廣曰、呂祿、釋之少子、【正義】胡陵、縣名、屬山陽、章帝改曰胡陸、**續康侯後。二年、常山王薨。以其弟襄城侯山爲常山王。更名義。**【考證】梁玉繩曰、常山王薨至名義十八字、當在呂嘉代立下、蓋呂在十一月、常山在七月也、張文虎曰、案如梁說、當以朱虛次呂嘉、以常山次朱虛、**十一月、呂王台薨。謚爲肅王。**

太子嘉代立爲王。三年、無事。【集解】漢書云、秋、星晝見、**四年、封呂嬃爲臨光侯。**【考證】呂后女弟、樊噲妻、婦人封侯自此始、**呂他爲俞侯。**【索隱】他、音陁、俞、音輸、【正義】括地志云、故鄃城、在德州平原縣西南三十里、本漢鄃縣、呂他邑也、**呂更始爲贅其侯。**【集解】徐廣曰、表云、呂后昆弟子淮陽丞相呂勝爲贅其侯、【索隱】按表、作臨淮、【考證】中井積德曰、年表有滕侯呂更始、而贅其侯爲呂勝、是必有一誤、杭世駿曰、贅其侯名、似應從年表作滕、更始自屬滕侯之名、本文偶誤耳、滕侯與贅其皆諸侯相、贅其呂后昆弟子、滕侯不詳支屬、而皆以八年誅、則其爲同宗可知、然贅其不入侯相之例、而滕侯不附諸呂之中、其以親疎別歟、張文虎曰、索隱表作、當作志屬、**呂忿爲呂城侯。**【正義】括地志云、故呂城、在鄧州南陽縣西三十里、呂尙先祖封、**及侯諸侯丞相五人。**【集解】徐廣曰、中邑侯朱通、山都侯王恬開、松茲侯徐厲、滕侯呂更始、醴陵侯越、【考證】及下侯字、據古鈔、三條本補、梁玉繩曰、侯表、是年四月丙申封侯者、朱通、衞無擇、王恬開、徐厲、周信及越六人、非五人也、六人中衞無擇是衞尉、周信是河南守、非皆諸侯相也、此誤、徐廣注不數無擇周信者、牽入呂更始爲五人、豈未檢侯表乎、**宣平侯女爲孝惠皇后。時無子。**【考證】張文虎曰、舊刻無時字、**詳爲有身、取美人子名之。**【正義】劉伯莊云、諸美人元幸呂氏、懷身而入宮生子、【考證】徐孚遠曰、本言張皇后無子、不言惠帝無子、美人子、卽後宮所生、非必元幸呂氏懷身而入宮者、周壽昌曰、漢書外戚傳、美人視二千石、

比少上造、五行志云、皇后亡子、後宮美人有男、太后使皇后名之而殺其母、惠帝崩、嗣子立、志明曰有男、曰嗣子、可證太子爲孝惠所生也、燕靈王傳云、有美人子、太后殺之絕後、正言燕王美人子、卽王子也、此可例推、殺其母、立所名子爲太子。【考證】張文虎曰、御覽引爲上有以字、孝惠崩。太子立爲帝。【正義】此述前事也、帝壯。【考證】張文虎曰、壯字疑衍、或聞其母死、非眞皇后子、迺出言曰。后安能殺吾母而名我。我未壯。壯卽爲變。【考證】楓、三本、后上有太字、太后聞而患之、恐其爲亂、迺幽之永巷中、言帝病甚。左右莫得見。太后曰。凡有天下治、爲萬民命者。【集解】徐廣曰、一無命字、【考證】張文虎曰、漢書呂紀無爲字命字、皆衍、李笠曰、史記以有天下治、與爲萬民命對擧、治字實用、謂天下治權也、與漢書治萬民不同、史漢不妨互異、張說未然、蓋之如天、容之如地。上有歡心以安百姓、百姓欣然以事其上。歡欣交通、而天下治。今皇帝病久不已。迺失惑惛亂、不能繼嗣奉宗廟祭祀。不可屬天下。其代之。【考證】漢書、共下有讓字、羣臣

皆頓首言。皇太后爲天下齊民計。所以安宗廟社稷甚深。羣臣頓首奉詔。【考證】楓、三本、臣下有皆字、帝廢位。太后幽殺之。【考證】此漢廢帝之始、五月丙辰、立常山王義爲帝、更名曰弘。不稱元年者、以太后制天下事也。以軹侯朝爲常山王。置太尉官。絳侯勃爲太尉。【考證】漢書百官公卿表云、太尉秦官、掌武事、梁玉繩曰、絳侯世家云、孝惠六年置太尉官、以勃爲太尉、十歲高后崩、漢書百官公卿表云、孝惠六年、絳侯周勃復爲太尉、十年遷、夫自惠帝六年至呂后八年崩、正合十年之數、若謂呂后四年始置太尉、則止五年耳、此與功臣及將相表皆誤、漢書惠紀七年書太尉灌嬰亦誤、五年八月、淮陽王薨。以弟壺關侯武爲淮陽王。六年十月、太后曰。呂王嘉居處驕恣。廢之。以肅王台弟呂產爲呂王。【考證】呂產爲呂王、漢興年表惠景表、作七月、漢書作十一月、恐誤、夏赦天下。封齊悼惠王子興居爲東牟侯。【索隱】韋昭云、東萊縣、七年正月、太后召趙王友。友以諸呂女爲后。弗愛。愛他姬。

諸呂女妒、怒去讒之於太后、誣以罪過曰。呂氏安得王。太后百歲後、吾必擊之。太后怒。以故召趙王。趙王至。置邸不見。令衞圍守之。弗與食。其羣臣或竊饋。輒捕論之。趙王餓。乃歌曰。諸呂用事兮、劉氏危。迫脅王侯兮、彊授我妃。【考證】漢書高五王傳、危作微、微妃韻、王念孫曰、危、古音魚戈反、不與妃爲韻、我妃既妒兮、誣我以惡。讒女亂國兮、上曾不寤。【考證】惡寤韻、我無忠臣兮、何故弃國。自決中野兮、蒼天擧直。【集解】徐廣曰、擧一作與、【考證】顏師古曰、擧直、言己之理直、冀天臨鑒之、愚按國直韻、于嗟不可悔兮、寧蚤自財。爲王而餓死兮、誰者憐之。呂氏絕理兮、託天報仇。【考證】錢大昕曰、財與裁同、寧蚤自裁、悔不早自引決也、漢書作賊、顏師古訓爲害、義亦通、方東樹曰、財與之仇韻、梁玉繩曰、仇音奇、又曰漢書財作賊、賊字與上國直韻叶、所傳異詞、不得便謂漢書謬、丁丑、趙王幽死。以民禮葬之長安民冢次。己丑、日食。晝晦。【考證】梁玉繩曰、漢書作

己丑晦、日有食之、通鑑目錄云、七年正月庚申、則己丑是晦日、太后惡之。心不樂。乃謂左右曰。此爲我也。二月、徙梁王恢爲趙王。呂王產徙爲梁王。梁王不之國、爲帝太傅。立皇子平昌侯太爲呂王、更名梁曰呂。呂曰濟川。【考證】梁玉繩曰、漢書異姓恩澤二表、太作大、張文虎曰、通鑑亦作太、錢大昕曰、呂后二年、割齊之濟南郡爲呂王奉邑、及呂產徙王梁地、改呂國曰濟川、以王孝惠之子、則濟川卽濟南也、諸呂既誅、先徙濟川王於梁、乃告齊王令罷兵、蓋仍以濟南還齊矣、太后女弟呂嬃有女。爲營陵侯劉澤妻。【索隱】韋昭云、呂嬃樊噲妻、封林光侯、澤爲大將軍。太后王諸呂、恐卽崩後劉將軍爲害、迺以劉澤爲琅邪王、以慰其心。梁王恢之徙王趙。心懷不樂。太后以呂產女爲趙王后、王后從官皆諸呂、擅權微伺趙王。趙王不得自恣。王有所愛姬。王后使人酖殺之。王乃爲歌詩四章、令樂人歌之。王悲。六月卽自殺。太后聞之、以

爲王用婦人弃宗廟禮。廢其嗣。宣平侯張敖卒。以子偃爲魯王。敖賜謚爲魯元王。【考證】梁玉繩曰、敖卒于呂后六年、此在七年、誤、公主食邑于魯、其卒也謚元、張敖以趙王降侯宣平、其卒也謚武、今因妻稱魯元、子爲魯王、別賜敖謚爲魯元王、可怪也、大事記云、敖尙無恙、而封假魯王者、繼公主之後也、敖死、始從公主之謚、追封魯元王、不使子繼父而繼母、不使婦從夫而從婦、悖于三綱甚矣、秋、太后使使告代王、欲徙王趙。代王謝、願守代邊。【考證】茅坤曰、文帝不敢徙趙、便有畏呂后而自遠之識、太傅產·丞相平等言。武信侯呂祿、【集解】徐廣曰、呂后兄子也、前封胡陵侯、蓋號曰武信、【考證】中井積德曰、武信蓋嘗改封耳、非虛號、上侯位次第一。【集解】如淳曰、功大者位在上、功臣侯表、有第一第二之次也、【考證】梁玉繩曰、高祖定侯位、蕭何第一、曹參第二、其後呂后錄第、雖曲升張敖爲第三、而蕭曹之位、確然不易、彼無功續封之呂祿、安得稱上侯第一乎、大事記謂呂后二年定位時、蕭曹皆死、必遞遷第三之張敖爲第一、敖既死、遂以祿補其處、或當然耳、蓋陳平阿意順之、請立爲趙王。太后許之。追尊祿父康侯爲趙昭王。九月、燕靈王建薨。有美人子。太后使人殺之。無後。國除。八年十月、立呂肅王子東平侯

呂通爲燕王。封通弟呂莊爲東平侯。【考證】梁玉繩曰、呂通封鍾侯、非東平也、此與諸侯王表竝誤、而東平之封、史漢表、在五月、則當書後文呂榮爲祝茲侯句下、而衍去封字、蓋祝茲等四侯、以四月封、此敍在十月、誤矣、又東平侯之名、紀作莊、表作壯、而漢表作庀、師古云、匹履反、則作莊作壯者竝誤、不然、漢書當作嚴字、何以別作庀邪、或云、此侯有二名、三月中、呂后祓還。【正義】祓、芳弗反、又音廢、後同、【考證】漢書五行志、作祓覇上還、顏師古曰、除惡之祭、過軹道、見物如蒼犬、據高后掖。【集解】徐廣曰、音戟、【考證】漢書五行志、作撠、顏師古曰、謂拘持之也、愚按、據、依據之據、不必改字、王若虛曰、呂后高后、似是兩人、但云據其掖可矣、愚按掖讀爲腋、忽弗復見。卜之云。趙王如意爲崇。高后遂病掖傷。高后爲外孫魯元王偃、年少蚤失父母孤弱、【考證】中井積德曰、元者趙敖夫妻之謚、不當更稱其子、蓋衍文、梁玉繩曰、漢書張耳傳無元字、是也、此及耳傳竝誤增、迺封張敖前姬兩子侈爲新都侯、【考證】梁玉繩曰、史漢表傳、竝作信都、此誤、但新信二字、史漢互用處甚多、顏師古云、信新同音故耳、壽爲樂昌侯、以輔魯元王偃。【集解】徐廣曰、樂昌侯食細陽之池陽鄉、【考證】梁玉繩曰、壽、史漢表作受、說見前、及封中大謁者張釋爲建陵侯。【集解】徐廣曰、一云張釋卿、駰案如淳曰、百官

表、謁者掌賓贊受事、灌嬰爲中謁者、後常以奄人爲之、諸官加中者、多奄人也、【考證】洪頤煊曰、張釋、年表作張澤、荊燕世家、大謁者張子卿、漢書高后紀作張釋卿、燕王澤傳作張卿、周勃傳作張釋、文選宦者傳論李善注、張釋字子卿、字從文省、竝是一人、梁玉繩曰、澤釋古通、愚按宦官爲列侯、始於此、以其勸王諸呂賞之也、呂榮爲祝茲侯。【集解】徐廣曰、呂后昆弟子、諸中宦者令丞、皆爲關內侯、食邑五百戶。【集解】如淳曰、列侯出關就國、關內侯但爵其身、有加異者、與關內之邑、食其租稅也、風俗通義曰、秦時六國未平、將帥皆家關中、故稱關內侯、【考證】漢書呂紀、中下有官字、顏師古曰、諸中官、凡閹人給事於中者、皆是也、宦者令丞、宦者署之令丞、七月中、高后病甚。迺令趙王呂祿爲上將軍、軍北軍。呂王產居南軍。【考證】張文虎曰、軍北軍字、當作居、漢書通鑑、正作居北軍、兪正燮曰、漢初南北軍、刑法志云、高祖天下既定、京師有南北軍之屯、語惟見此、百官表無之、他紀傳亦不說、今案高祖時之南北軍、以衛兩宮、漢五年、治長樂宮、八年、治未央、皆有衛、長樂在東、爲北軍、未央在西南、爲南軍、高帝初居長樂宮、七年長樂宮成、朝十月、帝輦出房、是也、八年治未央、而十一年呂后殺淮陰侯於長樂鐘室、則帝居未央、后居長樂、所謂戚姬常從呂后希見、上益疏、是也、至太子位定、帝始居長樂、十二年崩於長樂宮、是也、惠帝居未央、太后居長樂、帝以數朝蹕煩民、是也、少帝亦居未央宮、后使呂祿領北軍、呂產爲相領南軍、是也、知兩軍初是兩宮衛者、呂后崩時誡祿產、必據兵衛宮、毋送葬、是也、知北軍是長樂者、周勃入北軍、問爲呂右袒、爲劉左袒、北軍衛呂后、故兩問也、知南軍是衛未央者、

南軍相國呂產、不知北軍已失、乃入未央宮、周勃分北軍、卒千人、予朱虛侯、令入宮衛帝、乃殺產、帝勞之、又殺呂更始、乃還、馳入北軍報周勃、又代王至未央宮、謁者拒代王曰、天子在、是少帝居未央、呂產領南軍、相少帝、俱在未央也、至文帝時、乃合南北軍、夜拜宋昌爲衛將軍、鎭撫南北軍、以張武爲郎中令、行殿中、是也、其後中壘掌北軍、郎中掌南軍、宮室日益、南軍名沒、而北軍名存、戾太子白皇后于未央宮、而發長樂宮衛、則北軍猶衆也、吳仁傑曰、漢之兵制、常以北軍爲重、周勃一入北軍、而呂產呂更始輩、束手就戮、戾太子不得北軍之助、而卒敗于丞相之兵、兩軍之勢、大略可覩矣、呂后初從大臣之請、用呂台居北軍、而南軍則用劉澤如故、澤妻后女弟呂嬃女、后意以兩軍惟北軍爲重、既得其柄、南軍又歸子壻居之、宜無足患、至七年、乃復長慮卻顧、使澤之國、而以南軍付呂產、史記於八年載后病困、乃以呂祿居北軍、非也、呂台卒于后之二年、祿蓋代台者、則其居北軍、非始於后病困之日、呂太后誡產·祿曰。高帝已定天下、與大臣約曰。非劉氏王者、天下共擊之。今呂氏王。大臣弗平。我即崩、帝年少、大臣恐爲變。必據兵衛宮、愼毋送喪。毋爲人所制。【考證】李笠曰、下毋字疑衍、漢書外戚傳無、辛巳、高后崩。【考證】張文虎曰、梁玉繩云、通鑑目錄、辛巳是八月朔、當日曆法疏、安知不以爲七月晦、案顓頊術、殷術、八月皆辛巳朔、與通鑑合、漢書書七月、承史誤、梁因下文書八月而致疑、實則八乃九之譌、愚按、將相年表亦以辛巳屬七月、遺詔賜諸侯王各千金、

〔集解〕蔡邕曰、皇子封爲王者、其實古諸侯也、加號稱王、故謂之諸侯王、王子弟封爲侯者、謂之諸侯、將相列侯郎吏、皆以秩賜金、大赦天下。以呂王產爲相國。〔考證〕梁玉繩曰、產爲相國、當在七年七月、蓋審食其免、卽以產嗣相位也、漢書高后紀固書七年產爲相國、但誤書于五月以前耳、此及將相表、書于八年七月、惠景侯表、書于八年九月、並誤、食其免相、在七年七月、見百官公卿表、以呂祿女爲帝后、〔考證〕祿女爲后、當在四年少帝弘卽位之時、漢書外戚傳可證、此誤、高后已葬。〔集解〕皇甫謐曰、合葬長陵、皇覽曰、高帝呂后、山各一所也、以左丞相審食其爲帝太傅。〔考證〕梁玉繩曰、事在七年七月、公卿表甚明、此與將相表同誤、趙翼曰、母后臨朝、肆其妬害、世莫不以呂武並稱、然非平情之論也、武后改朔易朝、徧王諸武、殺唐子孫幾盡、甚至自殺其子孫數人、以縱淫慾、其惡爲古今未有、呂后則當高帝臨危時、問蕭相國後孰可代者、是固以安國家爲急也、孝惠既立、政由母氏、其所用曹參王陵陳平周勃等、無一非高帝注意安劉之人、是惟恐孝惠之不能守業、非如武以嫌忌而殺太子弘太子賢也、后所生、惟孝惠及魯元公主、其他皆諸姬子、使孝惠在、則方與孝惠圖治計長久、覬於高祖欲廢太子時、后迫留侯畫策至跪謝周昌之廷諍、則其母子間可知也、迨孝惠既崩、而所取後宮子立以爲帝者、又以怨懟而對、於是己之子孫無在者、則與其使諸姬子據權勢以凌呂氏、不如先張呂氏以久其權、故孝惠時未嘗王諸呂、王諸呂、乃在孝惠崩後、此則后之私心短見、蓋嫉妬者婦人之常情也、然所其最妬亦祇戚夫人母子、以其先寵幸時幾至於奪嫡、故高帝崩後卽殺之、此外諸姬子如文帝

封於代、則聽其母薄太后隨之、淮南王長無母、依呂后以成立、則始終無恙、齊悼惠王以孝惠庶兄、失后意、后怒欲酖之、已而悼惠獻城陽郡、爲魯元湯沐邑、卽復待之如初、其子朱虛侯嘗入侍宴、請以軍法行酒、斬諸呂逃酒者一人、后亦未嘗加罪也、趙王友之幽死梁王恢之自殺、則皆與妃呂氏不諧之故、然趙王友妃呂產女、梁王妃亦諸呂女、又少帝、后及朱虛侯妻、皆呂祿女、呂氏有女、不以他適、而必以配諸劉、正見后之欲使劉呂常相親、以視武后之改周滅唐、相去萬萬也、卽其以辟陽侯爲左丞相、令監宮中、亦以辟陽侯先嘗隨后在項羽軍中、與同患難、雖有所私、而至是時其年已老、正如人家老僕、可使令于閫閾間、非必尚與之昵、史記劉澤傳太后尚有所幸張子卿、然如淳註謂奄人也、則亦非私褻之變、以視武后之寵薛懷義張易之兄弟、恬不知恥者、更相去萬萬也、而世乃以呂武並稱、豈公論哉、愚按王觀國學林云、呂后無盜漢之意、與武氏簒唐心事全異、趙說所本、朱虛侯劉章有氣力。東牟侯興居其弟也。皆齊哀王弟、居長安。當是時諸呂用事擅權、欲爲亂。畏高帝故大臣絳·灌等未敢發。〔考證〕絳、絳侯周勃、其不稱姓者、以漢初功臣多周姓也、灌、灌嬰、朱虛侯婦、呂祿女。陰知其謀、恐見誅。迺陰令人告其兄齊王、欲令發兵西誅諸呂而立朱虛侯。欲從中與大臣爲應。齊王欲發兵。其相弗聽。八月丙午、

齊王欲使人誅相、相召平迺反、舉兵欲圍王。王因殺其相。遂發兵東、詐奪琅邪王兵、并將之而西。語在齊王語中。齊王迺遺諸侯王書曰。高帝平定天下、王諸子弟。悼惠王王齊。悼惠王薨。孝惠帝使留侯良立臣爲齊王。孝惠崩、高后用事、春秋高。聽諸呂、擅廢帝更立、又比殺三趙王、〔索隱〕比、音如字、比猶頻也、趙隱王如意、趙幽王友、趙王恢、是三趙王也、滅梁·趙·燕、以王諸呂、分齊爲四。〔考證〕顏師古曰、本自齊國、分爲濟南琅邪城陽、凡爲四也、忠臣進諫、上惑亂弗聽。今高后崩、而帝春秋富、未能治天下、固恃大臣諸侯。〔考證〕顏師古曰、春秋富、言年幼也、比之財方未匱竭、故謂之富、而諸呂又擅自尊官、聚兵嚴威、劫列侯忠臣、矯制以令天下。宗廟所以危。寡人率兵入誅不當爲王者。〔考證〕漢書高五王傳、廟下無所字、眞德秀曰、高祖爲義帝發喪、告諸侯曰、願從諸侯王、擊楚之殺義帝

者、齊王遣諸侯書、不曰誅諸呂、而曰入誅不當爲王者、其意頗同、猶有古辭命氣象、漢聞之、相國呂產等迺遣潁陰侯灌嬰、將兵擊之。灌嬰至滎陽、迺謀曰。諸呂權兵關中、欲危劉氏而自立。〔考證〕古鈔本、楓三本、權作擁、通鑑亦作擁、漢書高五王傳作舉、擁字義長、今我破齊還報、此益呂氏之資也。迺留屯滎陽、使使諭齊王及諸侯、與連和、以待呂氏變共誅之。齊王聞之、迺還兵西界待約。呂祿·呂產欲發亂關中。內憚絳侯·朱虛等、〔考證〕張文虎曰、中統游本、朱虛下有侯字、外畏齊·楚兵、又恐灌嬰畔之、欲待灌嬰兵與齊合而發。猶豫未決。〔索隱〕猶、鄒音以獸反、與、音預、又作豫、崔浩云、猶、蝯類也、卬鼻長尾、性多疑、又說文云、猶、獸名、多疑、故比之也、按狐性亦多疑、度冰而聽水聲、故云狐疑也、今解者又引老子與兮若冬涉川、猶兮若畏四鄰、故以爲猶與是常語、且按狐聽冰而此云若冬涉川、則與是狐類不疑、猶兮若畏四鄰、則猶定是獸、自不保同類、故云畏四鄰也、〔正義〕與、音預、又作豫、爾雅、猶如麂、善登木、說文云、猶、多疑、師古云、猶、獸名也、性多疑慮、常居山中、忽聞有聲、則恐有人且來害之、每豫上木、久之無人、然後敢下、須臾又上、如此非一、故不果決者稱猶

豫、一曰、隴西俗謂犬子爲猶、犬子隨人行、每豫在前、待人不得、還來迎候、故曰猶豫、又曰、猶豫二獸、並與狐疑或有疑事、故曰猶豫、顧野王曰、猿類、【考證】王念孫曰、猶豫雙聲字、猶楚辭言夷猶耳、非謂獸投人而豫上樹、亦非謂犬子豫在人前、恐按正義有訛脫、當是時、濟川王太、淮陽王武、常山王朝、名爲少帝弟。【考證】名、如上文名美人子之名、及魯元王呂后外孫。皆年少、未之國、居長安。趙王祿、梁王產、各將兵居南北軍。皆呂氏之人。【考證】梁玉繩曰、七年更名梁曰呂、故上文已書呂王產矣、而此忽改稱曰梁王、何也、下文請梁王歸相國印、亦非、列侯羣臣、莫自堅其命。太尉絳侯勃、不得入軍中主兵。曲周侯酈商老病。其子寄與呂祿善。絳侯迺與丞相陳平謀、使人劫酈商、令其子寄往紿說呂祿曰。高帝與呂后共定天下。劉氏所立九王、【索隱】吳、楚、齊、淮南、琅邪、代、常山王、朝、淮陽王、武、濟川王、太、是九也、呂氏所立三王。【索隱】梁王產、趙王祿、燕王通也、【考證】諸本無所字、王念孫曰、索隱本有、漢書漢紀並同、愨按、南化本亦有、皆大臣之議。事已布告諸侯。諸侯皆以爲

宜。今太后崩、帝少。而足下佩趙王印、不急之國守藩、迺爲上將、將兵留此、爲大臣諸侯所疑。足下何不歸將印、以兵屬太尉。請梁王歸相國印、【考證】漢書呂紀、王下有亦字、與大臣盟而之國、齊兵必罷、大臣得安。足下高枕而王千里、此萬世之利也。呂祿信然其計、欲歸將印以兵屬太尉、使人報呂產及諸呂老人。或以爲便、或曰不便。計猶豫未有所決。呂祿信酈寄、時與出游獵。過其姑呂嬃。嬃大怒曰。若爲將而弃軍、呂氏今無處矣。【集解】顏師古以爲言見誅滅無處所也、迺悉出珠玉寶器散堂下曰。毋爲他人守也。左丞相食其免。【考證】梁玉繩曰、將相表及百官表、食其以九月復相、後九月免、則此六字、當書後九月中、誤入于八月也、八月庚申旦、【考證】通鑑考異云、上有八月丙午、此當作九月、張文虎曰、庚申九月十日也、將相表、九月誅諸呂、是其證、通鑑作九月、是、平陽侯

窋行御史大夫事。【正義】窋、竹律反、曹參子也、【考證】高后八年、張蒼代曹窋爲御史大夫、而未就任、窋尚在官視事、故曰行事、見相國產計事。郎中令賈壽使從齊來。因數產曰。王不蚤之國、今雖欲行、尚可得邪。具以灌嬰與齊・楚合從、欲誅諸呂告產。迺趣產急入宮。平陽侯頗聞其語、迺馳告丞相太尉。太尉欲入北軍、不得入。襄平侯通尚符節。【集解】徐廣曰、姓紀、張晏曰、紀信子也、尚、主也、今符節令、【索隱】張晏云、紀信子、又晉灼云、信被楚燒死、不見有後、按功臣表、襄平侯紀通、父成以將軍定三秦死事、子侯則通、非信子、張說誤矣、【考證】齊召南曰、後儒以紀信死節、沒未得封、故疑紀成即信子、不知紀成名字早見於鴻門閒道走軍之日、其後戰死好畤、則功臣表有明文、非死於滎陽也、俞樾曰、高祖八年、蕭何營未央宮、立東闕北闕、師古云、未央殿雖南嚮、而上書奏事謁見之徒、皆詣北闕、公車司馬皆在焉、是則以北闕爲正門、西南兩面無門闕矣、以是考之、北軍在北闕外、南軍在未央宮之南、自南軍入未央宮、仍須由北闕、故太尉之謀、在先得北軍、北軍既得、而南軍孤懸於外、無能爲矣、迺令持節矯內太尉北軍。【考證】顏師古曰、矯、詐也、詐以天子之命也、錢大昭曰、內讀爲納、太尉復令酈寄與典客劉揭先說呂祿曰。【集解】漢書百官表

曰、典客、秦官也、掌諸侯歸義蠻夷也、帝使太尉守北軍。欲足下之國。急歸將印辭去。不然、禍且起。呂祿以爲酈兄不欺己。【集解】徐廣曰、兄、音況、字也、名寄、遂解印屬典客、而以兵授太尉。太尉將之、入軍門、行令軍中曰。爲呂氏右襢。爲劉氏左襢。軍中皆左襢爲劉氏。【正義】襢、音但、與袒同、【考證】顏師古曰、袒、脫衣袖而肉袒也、左右者偏脫其一耳、王應麟曰、儀禮鄉射疏云、凡事無問吉凶皆袒左、是以大射及士喪禮皆袒左、惟有受刑者袒右、故覲禮乃云、右肉袒、注云、刑宜施於右、是也、以此考之、周勃誅呂氏之計已定、爲呂氏者有刑、故以右袒令之、非以覘人心之從違也、朱翌曰、戰國策、王孫賈入市中曰、淖齒殺閔王、欲與我誅者袒右、從者四百人、與之誅淖齒、周勃左袒之策本此、盧六以曰、是不過以卜衆心之從違、非如受刑之說、何焯曰、本强老漢、倉卒問、未必學叔孫太傅也、全祖望曰、陳涉之起亦袒右、則王應麟之說未足信、太尉行至。將軍呂祿亦已解上將印去。太尉遂將北軍。然尚有南軍。平陽侯聞之、以呂產謀告丞相平。【考證】梁玉繩曰、平陽侯以下十三字、與上下文不接、且前已言平陽侯馳告丞相太尉矣、重出當衍、漢書無、丞相平迺召朱虛侯佐太尉。太尉令朱

虛侯監軍門。令平陽侯告衞尉、毋入相國產殿門。呂產不知呂祿已去北軍。迺入未央宮欲爲亂。殿門弗得入。裴回往來。平陽侯恐弗勝、馳語太尉。【考證】恐弗勝三字疑衍、漢書無、 太尉尙恐不勝諸呂、未敢訟言誅之。【集解】徐廣曰、訟、一作公、駰按韋昭曰、訟、猶公也、【索隱】按韋昭以訟爲公、徐廣又云一作公、蓋公爲得、然公言猶明言也、又解者云、訟、誦說也、【考證】漢書訟作誦、誦訟古通、孟子、讀其書頌其詩、 迺遣朱虛侯謂曰。急入宮衞帝。朱虛侯請卒。太尉予卒千餘人。【考證】漢書呂紀、遺作謂、侯下無謂、余有丁曰、予卒千餘人、本以誅產、而曰衞帝、是未敢訟言誅之也、 入未央宮門、遂見產廷中。日餔時遂擊產。【考證】餔、漢書作晡、 產走。天風大起。以故其從官亂莫敢鬭。逐產殺之郎中府吏廁中。【集解】如淳曰、百官表、郎中令、掌宮殿門戶、故其府在宮中、後轉爲光祿勳也、 朱虛侯已殺產。帝命謁者、持節勞朱虛侯。朱虛侯欲奪節信。謁者不肯。【考證】南化本、三條本、命作令、楓山、三條

本無信字、 朱虛侯則從與載、因節信馳走、斬長樂衞尉呂更始。還馳入北軍報太尉。太尉起拜賀朱虛侯曰。所患獨呂產。今已誅。天下定矣。遂遣人分部、悉捕諸呂男女。無少長皆斬之。辛酉、捕斬呂祿、而笞殺呂嬃。使人誅燕王呂通。而廢魯王偃。壬戌、以帝太傅食其復爲左丞相。戊辰、徙濟川王王梁。立趙幽王子遂爲趙王。【考證】梁玉繩曰、遂之立也、在文帝元年、文紀及年表可據、此與世家謂呂后八年九月爲二臣所立者誤、 遣朱虛侯章、以誅諸呂氏事告齊王、令罷兵。灌嬰兵亦罷滎陽而歸。【考證】王鳴盛曰、諸呂之平、灌嬰有力焉、方高后病甚、令呂產居南軍、其計可謂密矣、卒使酈寄紿說呂祿歸將軍、以兵屬太尉、而誅諸呂者、陳平周勃之功也、然其初惠帝崩、高后哭泣不下、此時高后奸謀甫兆、使平勃能逆折其邪心、安見不可撲滅者、乃聽張辟彊狂豎之言、請拜產祿爲將、將兵居南北軍、高后欲王諸呂、王陵守白馬之約、而平勃以爲無所不可、然則成呂氏之亂者平勃也、幸而產祿本庸才、又得朱虛侯之忠勇、平勃周旋其間、而亂卒平、功盡歸此兩人、而孰知當留屯滎陽、與

齊連和之時、嬰之遠慮、有過人者、齊王之殺其相而發兵、奪琅邪王兵、并將而西也、此時呂祿獨使嬰擊之、嬰高帝宿將、諸呂方忌之故大臣、而危急之際、一旦假以重兵、此必嬰平日偪自結於呂氏、若樂爲之用者、而始得此於祿、既得兵柄、遂留屯滎陽、待其變而共誅之、時呂氏亂謀急矣、顧未敢猝發者、彼見大將握重兵在外、而與敵連和、以觀變、恐猝發而嬰倍之、反率諸侯西向、故猶豫未忍決、於是平勃乃得從容定計、奪其兵權而誅之、然則平勃之成功、嬰有以助之也、然嬰不以是時亟與齊合引兵而歸、共誅諸呂、乃案兵無動者、蓋太尉入北軍、呂祿歸將印、此其誅諸呂、如振槁葉耳、若嬰合齊兵而歸、遽以討呂氏爲名、則呂氏亂謀發之必驟、將印必不肯歸、而太尉不得入北軍矣、彼必將齊平勃而拒嬰與齊之兵、幸而勝之、喋血京師、不戕千萬之命不止、此又嬰計之得也、 諸大臣相與陰謀曰。少帝及梁·淮陽·常山王、皆非眞孝惠子也。【考證】梁當作呂、上文云、立皇子太爲呂王、梁王卽呂產也、 呂后以計詐名他人子、殺其母養後宮、令孝惠子之、立以爲後、及諸王、以彊呂氏。今皆已夷滅諸呂、而置所立、卽長用事、吾屬無類矣。【正義】長、丁丈反、言少帝年少、卽長用事、誅害吾輩、羣屬無種類、 不如視諸王最賢者立之。【考證】何焯曰、少帝非劉氏、乃大臣既誅諸呂、從而爲之辭、梁玉繩曰、上文一則曰孝惠後宮子、再則曰孝惠皇后無子、取美人子名之、則但非張后子、不得言非孝惠子也、乃此言詐名他人子

以爲子、後又云足下非劉氏、何歟、史記考要謂諸大臣陰謀而假之詞、以絕呂氏之黨、不容不誅、其信然已、史公于紀兩書之、而年表亦云、以孝惠子封、又云、以非子誅、皆有微意存焉、非歧說也、文紀、大臣曰、子弘等皆非孝惠子、皆同、愚按紛擾之際、謀詐百出、美人之子、孰定其眞假、但以當日事情推之、何梁二說、蓋得其實、又案俞正燮癸巳存稿有漢少帝本孝惠子考、亦以少帝爲孝惠子、 或言齊悼惠王高帝長子。今其適子爲齊王。推本言之、高帝適長孫。可立也。大臣皆曰。呂氏以外家惡、而幾危宗廟亂功臣。今齊王母家駟鈞。【考證】張文虎曰、鈞字涉下而衍、南宋本、中統本、竝無、愚按漢書高五王傳無駟鈞二字、 駟鈞惡人也。卽立齊王、則復爲呂氏。欲立淮南王。以爲少、母家又惡。迺曰。代王、方今高帝見子、最長、仁孝寬厚、太后家薄氏謹良。且立長故順。【考證】李笠曰、孝文紀發近縣見卒、與此見字同、故固通、 以仁孝聞於天下。便。迺相與共陰使人召代王。代王使人辭謝。再反、然後乘六乘傳、【集解】張晏曰、備漢朝有變、欲馳還也、或曰、傳車六乘、【考證】董份曰、袁盎言帝乘六乘傳、馳不測之淵、所云六乘者、蓋文帝料漢事已定、止

用六乘急赴、不多備耳、張晏說非是、文帝紀、命張武等六人乘傳、恐卽此云、後九月晦日己酉。集解文穎曰、卽閏九月也、時律曆廢、不知閏、謂之後九月也、以十月爲歲首、至九月則歲終、後九月則閏月、考證中井積德曰、周秦漢初、皆以閏置歲終、非曆廢之謂、至長安舍代邸。大臣皆往謁、奉天子璽上代王、共尊立爲天子。代王數讓。羣臣固請、然後聽。東牟侯興居曰。誅呂氏吾無功。請得除宮。考證興居、齊悼惠王子、後爲濟北王、除宮、淸宮也、胡三省曰、此時羣臣雖奉帝卽位、少帝猶居宮中、有所屏除也、迺與太僕汝陰侯滕公入宮、前謂少帝曰。足下非劉氏。不當立。考證閻樂弑秦二世、亦呼以足下、滕公、夏侯嬰、乃顧麾左右執戟者、掊兵罷去。集解徐廣曰、掊、音仆、正義又白北反、又李附反、徐廣曰、音仆、有數人不肯去兵。宦者令張澤諭告。亦去兵。滕公迺召乘輿車、載少帝出。集解蔡邕曰、律曰、敢盜乘輿服御物、天子至尊、不敢渫瀆言之、故託於乘輿也、乘、猶載也、輿、猶車也、天子以天下爲家、不以京師宮室爲常處、則當乘車輿以行天下、故羣臣託乘輿以言之也、故或謂之車駕、考證文帝旣立、少帝安得乘天子法駕出宮乎、蓋下文集解所謂小駕也、少帝曰。

欲將我安之乎。滕公曰。出就舍。舍少府。考證少府、掌山海池澤之稅、以給供養、爲天子之私府、迺奉天子法駕、集解蔡邕曰、天子有大駕小駕法駕、法駕、上所乘、曰金根車、駕六馬、有五時副車、皆駕四馬、侍中參乘、屬車三十六乘、迎代王於邸。報曰。宮謹除。代王卽夕入未央宮。有謁者十人。持戟衞端門。曰。天子在也。足下何爲者而入。考證徐孚遠曰、是時禁衞之士、皆有守不貳其心、猶有僕御正人之意、非後代所及、代王迺謂太尉。太尉往諭。謁者十人、皆掊兵而去。代王遂入而聽政。夜、有司分部、誅滅梁・淮陽・常山王及少帝於邸。代王立爲天子。二十三年崩。諡爲孝文皇帝。考證張文虎曰、二十三年崩、諡爲孝文皇帝十一字、後人妄增、

太史公曰。孝惠皇帝・高后之時、黎民得離戰國之苦、君臣俱欲休息乎無爲。故惠帝垂拱、高后女主稱制、政不出房戶、天

下晏然、刑罰罕用、罪人是希、民務稼穡、衣食滋殖、考證何焯曰、作呂后本紀者著其實、贊以孝惠皇帝冠之、書法在其中矣、

索隱述贊、高祖猶微、呂氏作妃、及正軒掖、潛用福威、志懷安忍、性挾猜疑、置鴆齊悼、殘彘戚姬、孝惠崩殞、其哭不悲、諸呂用事、天下示私、大臣菹醢、支孽芟夷、禍盈斯驗、蒼狗爲菑、

呂后本紀第九

史記九

文學博士瀧川龜太郎著

史記會注考證

史記會注考證卷十

漢　太　史　令　司　馬　遷　撰

宋中郎外兵曹參軍裴　駰集解

唐國子博士弘文館學士司　馬　貞索隱

唐諸王侍讀率府長史張　守　節正義

日　本　出　雲　瀧　川　資　言　考　證

孝文本紀第十

史記十

【考證】史公自序云、漢既初興、繼嗣不明、迎王踐祚、天下歸心、蠲除肉刑、開通關梁、廣恩博施、厥稱太宗、作孝文本紀第十、淩稚隆曰、漢書大要襲此、惟詔書稱詳、陳仁錫曰、

孝文紀年缺不具、或有殘簡、

孝文皇帝高祖中子也。【集解】漢書音義曰、諱恆、高祖十一年春、已破陳豨軍、定代地、立爲代王、都中都。【正義】括地志云、中都故城、在汾州平遙縣西南十二里、秦屬太原郡也、【考證】山西汾州府平遙縣西北、太后薄氏子。卽位十七年。【考證】張晏曰、代王之十七年、高后八年七月、高后崩。九月、諸呂呂產等、欲爲亂以危劉氏。大臣共誅之。謀召立代王。事在呂后語中。丞相陳平·太尉周勃等、使人迎代王。代王問左右郎中令張武等。【考證】王先謙曰、漢初諸王國羣卿大夫如漢朝、此代國之郎中令也、下文云、張武爲郎中令、則漢朝之郎中令、故漢書百官公卿表、於孝文元年書郎中令張武、張武等議曰。【考證】延久古鈔本、無張字、漢大臣、皆故高帝時大將、習兵多謀詐。此其屬意、非止此也。【考證】顏師古曰、言常有異志也、屬意、猶言注意也、特畏高帝·呂太后威耳。今已誅諸呂、新喋

血京師。【集解】公羊傳曰、京、大、師、衆也、天子之居、必以衆大之辭言也、【索隱】喋、漢書作喋、音跕、丁牒反、漢書陳湯杜業皆言喋血、無盟歃事、廣雅云、蹀、履也、謂履涉之、【正義】喋血、上音歃、漢書作喋、廣雅云、喋、履也、顏師古云、字當作喋、喋、謂履涉之耳、此以迎大王爲名。實不可信。願大王稱疾、毋往、以觀其變。中尉宋昌進曰。【索隱】東觀漢記宋楊傳、宋義後有宋昌、又會稽典錄、昌、宋義孫也、羣臣之議皆非也。夫秦失其政、諸侯豪桀竝起、人人自以爲得之者以萬數。然卒踐天子之位者劉氏也。天下絕望。一矣。高帝封王子弟、地犬牙相制、【索隱】言封子弟境土交接、若犬之牙不正相當而相銜入也、此所謂盤石之宗也。【索隱】言其固如盤石、此語見太公六韜也、天下服其彊。二矣。漢興、除秦苛政、約法令、施德惠、人人自安、難動搖。三矣。夫以呂太后之嚴、立諸呂爲三王、擅權專制。然而太尉以一節入北軍、【索隱】卽紀通所矯帝之節、【考證】張文虎曰、御覽引、無一字、愚按延久古鈔本有、漢書文紀亦有、一呼、士皆左袒爲

劉氏、叛諸呂、卒以滅之。此乃天授非人力也。【考證】留侯世家、張良稱漢皇曰、沛公殆天授、淮陰侯傳、韓信謂漢皇曰、陛下所謂天授非人力也、蓋當時有此語、宋昌亦引稱劉氏、今大臣雖欲爲變、百姓弗爲使。其黨寧能專一邪。方今內有朱虛·東牟之親、外畏吳·楚·淮南·琅邪·齊·代之彊。【考證】方今二字、與下文複、李笠曰、是亦史文不忌繁重之證、方今高帝子、獨淮南王與大王。大王又長、賢聖仁孝、聞於天下。故大臣因天下之心而欲迎立大王。大王勿疑也。代王報太后計之。猶與未定。卜之龜。卦兆得大橫。【集解】應劭曰、以荆灼龜、文正橫、占曰。大橫庚庚。余爲天王。夏啓以光。【集解】服虔曰、庚庚、橫貌也、李奇曰、庚庚、其繇文也、張晏曰、橫行無思不服、庚、更也、言去諸侯而卽帝位也、先是五帝官天下、老則禪賢、至啓始傳父爵、乃能光治先君之基業、文帝亦襲父迹、言似夏啓者也、【索隱】荀悅云、大橫、龜兆橫理也、按庚庚、猶更更、言以諸侯更帝位也、荀悅云、繇、抽也、所以抽出吉凶之情也、杜預云、繇、兆辭也、音冑也、按漢書蓋寬饒云、五帝官天下、三王家天下、官以傳賢人、家以傳子孫、官、猶公也、謂不私也、【考證】中井積德曰、大橫是卜兆之名、猶篆之卦名、三句皆繇文、何特庚庚二字、愚按庚王光、韻、左傳僖公四年、載繇辭云、專之渝、攘公之羭、一薰一蕕、十年尙猶有臭、是繇辭有韻之證、代王曰。寡人固已爲王矣。又何王。卜人曰。所謂天王者。乃天子。【考證】張文虎曰、御覽引、天子下有也字、與漢書合、於是代王乃遣太后弟薄昭往見絳侯。絳侯等具爲昭言所以迎立王意。薄昭還報曰。信矣。毋可疑者。代王乃笑謂宋昌曰。果如公言。乃命宋昌參乘。張武等六人、乘傳詣長安、至高陵休止。【正義】括地志云、高陵故城、在雍州高陵縣西南一里、本名橫橋、架渭水上、三輔舊事云、秦於渭南有興樂宮、渭北有咸陽宮、秦昭王欲通二宮之閒、造橫橋、長三百八十步、橋北京石水中、舊有忖留神象、此神曾與魯班語、班令其出、留曰、我貌醜、卿善圖物容、不出、班於是拱手與語曰、出頭見我、留乃出首、班以腳畫地、忖留覺之、便沒水、故置其像於水上、唯有腰以上、魏太祖馬見而驚、命移下之、【考證】高陵、陝西西安府高陵縣西南、正義本名橫橋以下、當移下文渭橋下、而使宋昌先馳之長安觀變。昌至渭橋。【集解】蘇林曰、在長安北三里、【索隱】三輔故事、咸陽宮在渭北、興樂宮在渭南、秦昭王通兩宮之閒、作渭橋、長三百八十步、又關中記云、石柱以北屬扶風、石柱以南屬京兆也、【考證】渭橋、在西安府咸寧縣、丞相

以下皆迎。宋昌還報。代王馳至渭橋。羣臣拜謁稱臣。代王下車拜。太尉勃進曰。願請閒言。【索隱】包愷音閑、言欲向空閒處語、顏師古云、閒、容也、猶言中閒、請容暇之頃、當有所陳、不欲卽公論也、【正義】上記閑反、閒、隙也、隙之間私語也、宋昌曰。所言公、公言之。所言私、王者不受私。太尉乃跪上天子璽符。【正義】上、時掌反、代王謝曰。至代邸而議之。【索隱】說文、邸、屬國舍、遂馳入代邸。羣臣從至。丞相陳平·太尉周勃·大將軍陳武·【考證】大將軍陳武、漢書不載姓、唯言大將軍武、服虔以爲柴武、柴武爲大將軍、在文帝三年、陳武亦他無所見、錢大昭曰、大將軍當灌嬰、考高五王傳、漢聞齊王舉兵、相國呂產等遣大將軍潁陰侯灌嬰、將兵擊之、灌嬰傳、呂祿等以嬰爲大將軍、嬰之爲大將軍、呂祿等所置、故公卿表不載、嬰有靖難之功、與周勃陳平等共立文帝、觀漢書文紀元年益封戶邑者、止有太尉勃丞相平將軍嬰、而無名武之大將軍、則其爲灌嬰何疑、御史大夫張蒼·宗正劉郢·【集解】漢書百官表曰、宗正、秦官、應劭曰、周成王時、彤伯入爲宗正、【考證】王鳴盛曰、漢書百官表高后二年上邳侯劉郢客爲宗正、又王子侯諸侯王表、竝作郢客、梁玉繩曰、此卽楚元王子夷王郢客也、缺客字、愚按王念孫說同、朱虛侯劉章·東牟侯劉興居·典客劉揭、皆再拜言曰。子弘等皆非孝惠帝子。不當奉宗廟。臣謹請與陰安侯·【集解】蘇林曰、高帝兄伯妻、羹頡侯信母、丘嫂也、【考證】中井積德曰、漢書無與字、此疑衍、列侯頃王后、【集解】徐廣曰、代頃王劉仲之妻、駰按蘇林曰、仲子濞爲吳王、故追謚爲頃王也、如淳曰、頃王后、封陰安侯、時呂嬃爲林光侯、蕭何夫人亦爲酇侯、又宗室表、此時無陰安、知其爲頃王后也、【索隱】按蘇林徐廣韋昭、以爲二人封號、而樂產引如淳以頃王后別封陰安侯、與漢祠令相會、今以陰安是別人封爵、非也、頃王后、是代王后、文帝之伯母、代王隆爲郃陽侯、故云列侯頃王后、韋昭曰、陰安屬魏郡也、【正義】頡紀八反、頃、奇傾反、【考證】中井積德曰、漢書無列侯二字、此疑衍、徐孚遠曰、公議廢立事、而以婦女二人爲冠首、非體也、或尙有呂后時遺風邪、愚按此時漢皇尊屬存者有是二人、故先承其意也、與琅邪王·宗室大臣·列侯·吏二千石議曰。【考證】文穎曰、琅邪王、劉澤也、顧炎武曰、古時制祿之數、皆用斗斛、左傳言豆區釜鍾、各自其四以登于釜、論語與之釜、與之庾、孟子養弟子以萬鍾、皆量也、漢承秦制、始以石爲名、故有中二千石、二千石、比二千石、千石、比千石、六百石、比六百石、四百石、比四百石、三百石、比三百石、二百石、比二百石、百石、而三公萬石、百二十斤爲石、是以權代量、然考後漢百官志所載月俸之數、則大將軍三公、奉月三百五十斛、以至斗食奉月十斛、又未嘗不用斛、所謂二千石以至百石者、但以爲品級之差而已、今人以十斗爲石、本於此、不知秦時所謂金人十二、重各千石、擅萬石之鍾、縣石鑄鍾鐻、衡石程書之類、皆權也、非量也、惟白圭傳穀長石斗、淳于髡傳一斗亦醉、一石亦醉、對斗言之、

是移權之名於量斛、趙翼曰、石、本權衡之數也、漢律曆志、二十四銖爲兩、十六兩爲斤、三十斤爲鈞、四鈞爲石、是石乃權之極數、至十龠爲合、十合爲升、十升爲斗、十斗爲斛、則斛乃量之極數、然漢時米穀之量、已以石計、如二千石六百石之類、未嘗以斛計、又管子禁藏篇、民率三十畝、畝取一石、則人有三十石、國策、燕王噲讓國子之、自吏三百石以上悉予之、又漢書食貨志、李悝之論曰、一夫田百畝、畝歲收一石半、百畝爲粟百五十石、除十一之稅十五石、餘百三十五石、則斗斛之以石計、自春秋戰國時已然、又按古時一石、重百二十斤、與一斛之重不甚相遠、漢書成帝紀注、如淳云、中二千石、月得百八十斛、一歲凡得二千一百六十石、眞二千石、月得百五十斛、一歲凡得一千八百石、二千石、月得百二十斛、一歲凡得一千四百四十石、雖官秩之名、與所得俸之實數、微有不同、然大略不外乎一斛爲一石也、蓋古時十斗爲斛、一斛卽是一石、大王高帝長子。宜爲高帝嗣。[考證]中井積德曰、是時高帝子存者、唯代王與淮南王而已、淮南爲少、故稱代王爲長子爾、願大王卽天子位。代王曰。奉高帝宗廟、重事也。寡人不佞。[考證]顏師古曰、不佞、不材也、不足以稱宗廟。願請楚王、計宜者。[集解]蘇林曰、楚王名交、高帝弟、[索隱]楚王交、高帝弟最尊、言更請楚王計宜者、故下云、皆爲宜也、[考證]何焯曰、陰安侯頃王后、皆婦人、琅邪王疏屬、帝言請楚王計宜、斯識體矣、愚按、自高祖而言、尊屬止陰安侯頃王后、自代王而言、尚有楚王、所以有此言、寡人不敢當。羣臣皆伏固請。代王西鄉讓者三、南鄉讓

者再。[集解]如淳曰、讓羣臣也、或曰賓主位東西面、君臣位南北面、故西向坐三讓不受、羣臣猶稱宜、乃更迴坐示變、卽君位之漸也、[考證]中井積德曰、此對羣臣辭讓也、注不當言讓羣臣、羣臣豈嗣位者哉、胡三省曰、如說以代王南鄉坐、爲卽君臣之漸、恐非代王所以再讓之意、蓋代王入代邸、而漢廷群臣繼至、王以賓主禮接之、故西鄉、群臣勸進、王凡三讓、羣臣遂扶王正南面之位、王又讓者再、則南鄉非王之得已也、羣臣扶之使南鄉耳、遽以爲南鄉坐、可乎、鄉讀曰嚮、丞相平等皆曰。臣伏計之、大王奉高帝宗廟最宜稱。雖天下諸侯萬民以爲宜。臣等爲宗廟社稷計、不敢忽。[考證]劉攽曰、忽、言輕易也、願大王幸聽臣等。臣謹奉天子璽符。再拜上。代王曰。宗室將相王列侯以爲莫宜寡人、寡人不敢辭。遂卽天子位。羣臣以禮次侍。[考證]漢書文紀、無禮字、通鑑有、乃使太僕嬰與東牟侯興居淸宮。[集解]應劭曰、舊典、天子行幸、所至必遣靜宮令先案行淸靜殿中、以虞非常、[索隱]按漢儀云、皇帝起居、索室淸宮而後行、[考證]楓山、三條本、太僕下、有夏侯二字、淸宮見呂紀、奉天子法駕、[索隱]漢官儀云、天子鹵簿、有大駕法駕、大駕、公卿奉引、大將軍參乘、屬車八十一乘、法駕、公卿不在鹵簿中、惟京兆尹執金吾長安令奉引、侍中參乘、屬車三十六乘

也、迎于代邸。皇帝卽日夕入未央宮。乃夜拜宋昌爲衛將軍。鎭撫南北軍。以張武爲郎中令、行殿中。還坐前殿。[考證]入宮、卽令撫軍行殿、疾雷不及掩耳、亦是漢皇馳入奪軍之術矣、於是夜下詔書曰。閒者諸呂用事擅權、謀爲大逆、欲以危劉氏宗廟。賴將相列侯宗室大臣誅之、皆伏其辜。朕初卽位。其赦天下。賜民爵一級、女子百戶牛酒。[集解]蘇林曰、男賜爵、女子賜牛酒、[索隱]按封禪書云、百戶牛一頭、酒十石、樂產云、婦人無夫、或無子、不霑爵、故賜之也、[考證]顏師古曰、賜爵者、謂一家之長得之也、女子謂賜爵者之妻也、率百戶共得牛若干頭、酒若干石、無定數也、李賢曰、女子百戶、若是戶頭之妻、不得更稱爲戶、此謂女戶頭、卽今之女戶也、恩當普洽、所以男戶賜爵、女戶賜牛酒、愚按、李說近之、酺五日、[集解]文穎曰、漢律三人已上無故羣飮、罰金四兩、今詔橫賜得令會聚飮食五日、[索隱]說文云、酺、王者布德、大飮酒也、出錢爲醵、出食爲酺、又按趙武靈王滅中山、酺五日、是其所起也、[正義]橫、胡孟反、

孝文皇帝元年、十月庚戌、徙立故琅邪王澤爲燕王。[考證]中井積德曰、立故二字疑衍、漢書無之、未徙之時、仍是琅邪王矣、何所得故字、自此徙彼、王爵不變、何所得立乎、辛亥、

皇帝卽阼。[正義]主人階也、[考證]中井積德曰、卽阼、猶言卽位也、謁高廟。右丞相平徙爲左丞相。[正義]此時尙右、太尉勃爲右丞相、大將軍灌嬰爲太尉。諸呂所奪齊·楚故地、皆復與之。[考證]胡三省曰、呂后封呂台爲呂王、得梁地、奪齊楚之地以附益之、梁玉繩曰、此有錯誤、當云孝文帝元年十月庚戌、皇帝卽阼、辛亥謁高廟、蓋是年十月朔爲庚戌、文帝以上年後九月晦己酉至長安、故翌日爲歲首、行卽阼之禮、越日謁高廟也、平勃灌嬰之爲丞相太尉、在十一月辛卯、將相表可據、此與百官表竝誤書于十月辛亥、若果以十月辛亥命官、則下文十月壬子封賜諸臣之詔、何以稱太尉勃將軍嬰乎、是宜于典客揭爲陽信侯賜金千斤之後、而書之、曰十一月右丞相平徙爲左丞相、太尉勃爲右丞相、大將軍灌嬰爲太尉、若夫琅邪之徙、趙王之封、及復與齊楚地、俱在十二月、漢書文紀可據、此與諸王表竝誤書于十月之庚戌辛亥兩日、而又失書封趙王遂、是宜于後文十二月之下、書曰立趙幽王子遂爲趙王、立故琅邪王澤爲燕王、諸呂所奪齊楚故地、皆復與之、壬子、遣車騎將軍薄昭、迎皇太后于代。皇帝曰。呂產自置爲相國、[考證]漢文帝紀、呂上有前字、呂祿爲上將軍、擅矯遣灌將軍嬰、將兵擊齊、欲代劉氏。嬰留滎陽弗擊。與諸侯合謀以誅呂氏。呂產欲爲不善。

丞相陳平與太尉周勃謀、奪呂產等軍、朱虛侯劉章首先捕呂產等、太尉身率襄平侯通、持節承詔入北軍、典客劉揭身奪趙王呂祿印。考證漢書、無趙王二字、益封太尉勃萬戶、賜金五千斤。考證漢書、益上有其字、楓、三本、萬上有邑字、勃上當補其姓、下文襄平侯通、典客揭倣之、丞相陳平·灌將軍嬰、邑各三千戶、金二千斤、考證灌將軍嬰、當作將軍灌嬰、朱虛侯劉章·襄平侯通·東牟侯劉興居、邑各二千戶、金千斤、集解徐廣曰、十一月辛丑、封典客揭爲陽信侯、賜金千斤。索隱韋昭云、勃海縣、正義括地志云、陽信故城、在滄州無棣縣東南三十里、漢陽信縣、考證梁玉繩曰、大臣誅諸呂、無酈寄之功、不在平勃下、蓋非寄說呂祿解印、太尉不得入北軍矣、乃文帝封賜不及、豈以給祿之功、僅足以償平時黨呂之罪、而又迫于絳侯之刼、非其本心乎、曹窋陸賈、亦皆有功、無賞何故、趙翼曰、古時不以白金爲幣、專用黃金、而黃金甚多、尉繚說秦王、賂諸侯豪臣、不過三十萬金、而諸侯可盡、漢高祖以四萬斤與陳平、使爲楚反間、不問其出入、婁敬說帝都關中、田肯說帝、當以親子弟封齊、卽各賜五百斤、叔孫通定朝儀、亦賜五百斤、呂后崩、遺詔賜諸侯王各千斤、陳平交歡周勃、用五百斤、文帝卽位、以大臣誅諸呂功、賜周

勃五千斤、陳平灌嬰各二千斤、劉章劉揭各千斤、吳王濞反、募能斬漢大將者五千斤、列將三千斤、裨將二千斤、二千石一千斤、梁孝王薨、有四十萬斤、武帝賜平陽公主千斤、賜卜式四百斤、衞靑擊匈奴、斬首虜萬九千級、軍受賜二千萬斤、可見古時黃金之多也、十二月、考證漢書刑法志、爲文帝二年事、誤、上曰。法者治之正也。考證正、正鵠之正、所以禁暴而率善人也。今犯法已論、而使毋罪之父母妻子同產坐之、及爲收帑。朕甚不取。其議之。考證同產、兄弟、帑與奴同、李笠曰、及疑乃字之誤、有司皆曰。民不能自治。故爲法以禁之。相坐坐收、所以累其心使重犯法。所從來遠矣。如故便。考證顏師古曰、重、難也、沈家本曰、收與坐係二事、說文、收、捕也、漢志、逮繫注、辭之所及則追捕之、詩、毛傳、收、拘收也、有罪者收、無罪者坐、漢志言使有罪不收、無罪不相坐、曰收律、曰相坐法、甚然、分明、上曰。朕聞、法正則民愨。罪當則民從。且夫牧民而導之善者吏也。其既不能導、又以不正之法罪之、是反害於民爲暴者也。何以禁之。朕未見其便。其孰計之。有司皆曰。陛下加

大惠。德甚盛。非臣等所及也。請奉詔書、除收帑諸相坐律令。集解應劭曰、帑、子也、秦法一人有罪、幷坐其家室、今除此律、考證顏師古曰、帑與奴同、假借字也、王鳴盛曰、車裂、腰斬、具五刑、夷三族、皆秦之酷法、漢初沿襲行之、韓信彭越英布皆受此、文帝元年冬十二月、盡除收帑相坐律令、十三年夏五月、除肉刑法矣、然景帝於鼂錯、武帝於郭解主父偃公孫賀李陵李廣利公孫敖任安田仁劉屈氂、猶皆腰斬夷族、文紀云云、徒虛語耳、愚按、漢書刑法志云、後新垣平謀逆、復行三族之誅、王說未備、正月、有司言曰。蚤建太子、所以尊宗廟。請立太子。上曰。朕既不德。上帝神明弗歆享。天下人民未有嗛志。索隱按嗛者、不滿之意也、未有嗛志、言天下皆志不滿也、漢書作愿、志安也、考證顧炎武曰、嗛、與樂毅傳先王以爲慊於志之慊同、厭足之義、愚按、漢書文帝紀作愿、顏師古曰、快也、今縱不能博求天下賢聖有德之人而禪天下焉、而曰豫建太子、是重吾不德也。謂天下何。索隱言何以謂於天下也、其安之。索隱其、發聲也、安者、徐也、言徐徐且待也、考證呂祖謙曰、文帝之元年、景帝方十歲耳、平勃所以亟請建太子者、懲惠帝繼嗣不明之禍、文帝所以固讓者、蓋踐祚之始、懼不克勝所言者、皆發于中心、非好名也、有司曰。豫建太子、所以重宗廟社

稷、不忘天下也。上曰。楚王、季父也。春秋高。閱天下之義理多矣。集解如淳曰、閱、猶言多所更歷也、明於國家之大體。吳王於朕兄也。惠仁以好德。淮南王弟也。秉德以陪朕。集解文穎曰、陪、輔也、豈爲不豫哉。考證岡白駒曰、豈可謂之不豫哉、愚按、豫字承上言、常思禪天下也、諸侯王宗室昆弟有功臣、考證中井積德曰、此有功臣、亦以同姓而言、朱虛等是也、非指異姓功臣、多賢及有德義者。若舉有德以陪朕之不能終、是社稷之靈、天下之福也。今不選舉焉、而曰必子、人其以朕爲忘賢有德者、而專於子。非所以憂天下也。朕甚不取也。有司皆固請曰。古者殷·周有國、治安皆千餘歲。考證錢大昕曰、殷周有天下、皆不及千載、而云千餘歲者、幷稷契受封之年計之、漢書作且千歲、古之有天下者、莫長焉。用此道也。索隱言古之有天下者、無長於立子、故云莫長焉、用此道者、用殷周立子之道、故安治千有餘歲也、考證顏師古曰、言上古以來國祚長久、無及殷周者也、所以能爾者、以承嗣相傳故也、張文虎

曰、各本奠下衍不字、索隱本無、與漢書合、館本考證據刪、志疑說同、愚按、延久古鈔、楓山、三條本、亦無不字、立嗣必子、所從來遠矣。高帝親率士大夫始平天下、建諸侯、爲帝者太祖。諸侯王及列侯始受國者、皆亦爲其國祖。子孫繼嗣、世世弗絕。天下之大義也。故高帝設之、以撫海內。今釋宜建、而更選於諸侯及宗室、非高帝之志也。更議不宜。【索隱】言不宜更別議也、子某最長、【考證】錢大昕曰、高帝紀、書文帝名、景帝紀、書武帝名、此稱某、例亦不一、愚按、漢書某作啓、景帝名也、純厚慈仁。【考證】漢書純作敦、請建以爲太子。上乃許之。因賜天下民當代父後者爵各一級。【集解】韋昭曰、文帝以立子爲後、不欲獨饗其福、故賜天下爲父後者爵、【考證】何焯曰、當爲父後、謂嫡長也、中井積德曰、上有慶、而澤覃下、各以類耳、愚按、漢書無代字、封將軍薄昭爲軹侯。【集解】徐廣曰、正月乙巳也、三月、有司請立皇后。薄太后曰、諸侯皆同姓。立太子母爲皇后。【索隱】謂帝之子爲諸侯王、皆同姓、姓、生也、言皆同母生、故立太子母也、【考證】顧炎武

曰、文帝前后死、竇氏妾也、諸侯皆同姓、無甥舅之國可娶、索隱解非、何焯曰、立皇后稱皇太后命、得著代之意、諸侯皆同姓、蓋周之天子逆后於嬀姜之國、今諸侯皆同姓、則不可拘以舊制必貴姓也、然自此景立王、武立衛、安於立賤矣、此等皆漢事與三代始判分處、皇后姓竇氏。上爲立后故、賜天下鰥寡孤獨窮困、及年八十已上、孤兒九歲已下、布帛米肉。各有數。上從代來初卽位、施德惠天下、塡撫諸侯、四夷皆洽驩。乃脩從代來功臣。【考證】脩、各本作循、今從延久本、楓、三本、漢書亦作脩、功下無臣字、上曰、方大臣之誅諸呂迎朕、朕狐疑、皆止朕。唯中尉宋昌勸朕。朕以得保奉宗廟。已尊昌爲衛將軍。其封昌爲壯武侯。【集解】徐廣曰、四月辛亥封、封三十四年、景帝中四年奪侯、國除、【索隱】韋昭云、膠東縣、【正義】括地志云、壯武故城、在萊州卽墨縣西六十里、古萊夷國、有漢壯武縣故城、諸從朕六人、官皆至九卿。【正義】漢置九卿、一曰太常、二曰光祿、三曰衛尉、四曰太僕、五曰廷尉、六曰大鴻臚、七曰宗正、八曰大司農、九曰少府、是爲九卿也、【考證】顏師古曰、張武等、王先謙曰、官皆至九卿、非詔文、詔云諸從朕六人、進秩有差、而修史者終言之耳、上曰、列侯從高帝入蜀漢

中者六十八人。皆益封各三百戶。故吏二千石以上從高帝潁川守尊等十人、食邑六百戶、淮陽守申徒嘉等十人、五百戶、【考證】漢書、申徒嘉作申屠嘉、衞尉定等十人、四百戶。【考證】梁玉繩曰、漢書文帝紀及百官表、竝作衞尉足、疑定字訛、封淮南王舅父趙兼爲周陽侯、【正義】括地志云、周陽故城、在絳州聞喜縣東三十九里、齊王舅父駟鈞爲清郭侯。【集解】如淳曰、邑名、六國時、齊有清郭君、清、音靜、【索隱】按表、駟鈞封鄔侯、不同者、蓋後徙封於鄔、鄔屬鉅鹿郡、【考證】漢書清郭作靖郭、秋、封故常山丞相蔡兼爲樊侯。【索隱】韋昭云、樊、東平之縣、【正義】括地志云、漢樊縣城、在兗州瑕丘西南二十五里、地理志云、樊縣、古樊國、仲山甫所封、【考證】文帝時諸侯王有丞相、景帝時改曰相、人或說右丞相曰、君本誅諸呂迎代王。今又矜其功、受上賞、處尊位。禍且及身。右丞相勃乃謝病免罷。左丞相平專爲丞相。【集解】徐廣曰、八月中、二年十月、丞相平卒。復以絳侯勃爲丞相。【考證】梁玉繩曰、將相表公卿表、勃復相在十一月、

上曰、朕聞古者諸侯、建國千餘歲。【考證】漢書無歲字、王念孫曰、歲字衍、千餘者、謂千餘國、非謂千餘歲也、各守其地、以時入貢。民不勞苦、上下驩欣、靡有遺德。【考證】漢書文帝紀、遺作違、今列侯多居長安、邑遠。【考證】王啓原曰、三輔不以封列侯、列侯食邑、近者距長安數百里、遠者且千里、數千里、惟關內侯、則食邑關中、比於周之圻內諸侯、而降列侯一等、此列侯乃徹侯、故云邑遠、吏卒給輸費苦。而列侯亦無由教馴其民。【正義】馴、古訓字、其令列侯之國。爲吏、及詔所止者、遣太子。【集解】張晏曰、爲吏、謂以卿大夫爲兼官者、詔所止、特以恩愛見留者、【考證】周壽昌曰、漢制、王及列侯長子、皆稱太子、王母稱太后、不必天子也、十一月晦、日有食之。【正義】按說文云、日蝕則朔、月蝕則望、而云晦日食之、恐錯誤、【考證】中井積德曰、前志晦食者多、蓋當時曆法爲然、不當云錯誤、十二月望、日又食。【集解】徐廣曰、此云望日又食、按漢書及五行志、無此日食文也、一本作月食、然史書不紀月食、【考證】中井積德曰、望無日食之理、又無一月兩食之理、月食又史所不紀、而漢書及五行志皆不載、則其爲訛文明矣、下詔文不論望食、亦其一徵、梁玉繩說同、焦竑曰、日當作月、刊本誤耳、蓋日食必於朔、月食必於望、時以晦既日食、望又月食、不半月而災變兩見、故於望日下詔、書修省、而詔止云乃十一月晦日有食之、則因感月食之變、而徙謹日食之戒故也、景

帝後三年十月、日月皆食、云十月、而不係以日、則此月朔望分食、非一日事也、張文虎曰、以今癸卯元術上致、是年十二月癸卯朔、太陰交周六宮〇一度〇四分二十九秒入食限、蓋史文失書日名、而是月望、太陰交周初宮十六度二十四分三十六秒、月亦入食限、月食例不書、豈連類而及之耶、愚按、詔文云累三光之明、其所畏、不止日食、焦張說是、

上曰。朕聞之、天生蒸民、爲之置君、以養治之。人主不德、布政不均、則天示之以菑、以誡不治。乃十一月晦日有食之、適見于天。【考證】古鈔本、三條本、南化本、適作讁、顏師古曰、適讀曰讁、責也、音張革反、菑孰大焉。朕獲保宗廟、以微眇之身託于兆民君王之上。天下治亂、在朕一人。唯二三執政、猶吾股肱也。朕下不能理育羣生。上以累三光之明。其不德大矣。【考證】顏師古曰、三光、日月星也、何焯曰、自秦以來、不畏于天、至文帝始聞此言、愚按、自是其後宣帝五鳳四年、元帝永光二年、四年、成帝河平元年、永始二年、三年、哀帝元壽元年、亦日食下詔自責、其他天災地變、莫不皆然、蓋以爲天象與人事相關也、說詳于二十二史劄記二卷、令至、其悉思朕之過失、及知見思之所不及、匄以告朕。【考證】漢書、見下無思字、此涉上文衍、匄、諸本

作白、延久古鈔本作匃、與漢書合、今依改、顏師古曰、匄、乞也、及舉賢良方正能直言極諫者、以匡朕之不逮。【考證】胡三省曰、賢良方正之舉昉此、因各飭其任職、【考證】漢書、作敕以職任、務省繇費、以便民。朕既不能遠德。故憪然念外人之有非。【集解】漢書音義曰、憪然、猶介然也、非、姦非也、【索隱】蘇林云、憪、寢視不安之貌、蓋近其意、餘說皆疏、憪、音下板反、是以設備未息。今縱不能罷邊屯戍、而又飭兵厚衞。【考證】句下添乎字看、其罷衞將軍軍。太僕見馬遺財足。【集解】遺、猶留也、財、古字與纔同、言太僕見在之馬、今留纔足充事而已也、【考證】漢書表、太僕掌輿馬、餘皆以給傳置。【索隱】按廣雅云、置、驛也、續漢書云、驛馬三十里一置、故樂產亦云、傳置、一也、言乘傳者以傳次受名、乘置者以馬取匹、傳、音丁戀反、如淳云、律、四馬高足爲傳置、四馬中足爲馳置、下足爲乘置、一馬二馬爲軺置、如置急者乘一馬曰乘也、正月、上曰。農、天下之本。其開籍田。【集解】應劭曰、古者天子耕籍田千畝、爲天下先、籍者帝王典籍之常、韋昭曰、籍、借也、借民力以治之、以奉宗廟、且以勸率天下、使務農也、瓚曰、景帝詔曰、朕親耕、后親桑、爲天下先、本以躬親爲義、不得以假借爲稱也、籍、蹈籍也、【考證】張文虎曰、中統、游本、籍田作藉田、愚按、延久鈔本亦作藉、與漢書合、藉田、韋說爲長、孟子滕文公篇、禮曰、諸侯耕助以供粢盛、助者藉

也、則藉者助也、可以推藉田之義、周語、藉千畝、帝王何得躬親耕千畝田乎、瓚說拘于躬親二字、朕親率耕、以給宗廟粢盛。【集解】應劭曰、黍稷曰粢、在器中曰盛、三月、有司請立皇子爲諸侯王。【考證】梁玉繩曰、諸侯王之立、史漢表俱在二月乙卯、本紀皆誤作三月、上曰。趙幽王幽死。朕甚憐之。已立其長子遂爲趙王。遂弟辟彊、及齊悼惠王子朱虛侯章、東牟侯興居、有功可王。乃立趙幽王少子辟彊爲河閒王、以齊劇郡、立朱虛侯爲城陽王、立東牟侯爲濟北王、皇子武爲代王、子參爲太原王、子揖爲梁王。上曰。古之治天下、朝有進善之旌、【集解】應劭曰、旌、幡也、堯設之五達之道、令民進善也、如淳曰、欲有進善者、立於旌下言之、誹謗之木。【集解】服虔曰、堯作之橋梁交午柱頭、應劭曰、橋梁邊板、所以書政治之愆失也、至秦去之、今乃復施也、【索隱】按尸子云、堯立誹謗之木、誹、音非、亦音沸、韋昭云、慮政有闕失、使書於木、此堯時然也、後代因以爲飾、今宮外橋梁頭四植木是也、鄭玄注禮云、一縱一橫爲午、謂以木貫表柱四出、即今之華表、崔浩以爲木貫表柱四出名桓、陳楚俗、桓聲近和、又云和表、則華與和又相訛耳、【正義】管子桓公問篇、舜有告善之旌、而

主不蔽也、淮南子主術篇、堯置敢諫之鼓、舜立誹謗之木、中井積德曰、旌木以語上古政事、蓋廢已久矣、未見廢在秦時也、亦未見今之復施也、所以通治道而來諫者。今法有誹謗妖言之罪。【考證】顏師古曰、高后元年、詔除妖言之令、今此又有妖言之罪、是則中間曾重復設此條也、梁玉繩曰、詔中無一語及妖言、名臣表止言除誹謗律、景帝元年十月、詔歷敍孝文功德、但云除誹謗、亦不及妖言、則師古重設之說未確、疑妖言二字衍文、是使衆臣不敢盡情、而上無由聞過失也。將何以來遠方之賢良。其除之。民或祝詛上、以相約結、而後相謾。【集解】漢書音義曰、民相結、共祝詛上也、謾者、而後謾而止之、不畢祝詛也、【索隱】韋昭云、謾、相抵讕也、說文云、謾、欺也、謂初相約共行祝、後相欺誑、中道而止之也、【考證】顧炎武曰、謂先共祝詛、已而欺負、乃相告言也、故詔令若此者勿聽治、注非、吏以爲大逆。其有他言、吏又以爲誹謗。【考證】中井積德曰、他言、謂非誹謗之言、此細民之愚無知抵死。朕甚不取。自今以來、有犯此者勿聽治。九月、初與郡國守相爲銅虎符竹使符。【集解】應劭曰、銅虎符、第一至第五、國家當發兵、遣使者至郡、合符、符合乃聽受之、竹使符、皆以竹箭五枚、長五寸、鐫刻篆書、第一至第五、張晏曰、符以代古之珪璋、從簡易也、

【索隱】漢舊儀、銅虎符發兵、長六寸、竹使符出入徵發、說文云、分符而合之、小顏云、右留京師、左與之、古今注云、銅虎符、銀錯書之、張晏云、銅取其同心也、三年十月丁酉晦、日有食之。十一月、上曰。前日計遣列侯之國。【考證】陳仁錫曰、湖本詔作計、誤、張文虎曰、計當依漢書作詔、或辭未行。丞相朕之所重。其為朕率列侯之國。【考證】徐孚遠曰、遣丞相就國、亦以收大臣之權、言詞深隱、不見猜防、絳侯勃免丞相就國。以太尉潁陰侯嬰為丞相。【考證】漢書以太尉上有十二月三字、罷太尉官屬丞相。【考證】胡三省曰、漢承秦制、以丞相太尉御史大夫為三公、今周勃自丞相罷就國、灌嬰自太尉為丞相、因罷太尉官、蓋三公不必備之意、且兵柄難以輕屬也、四月、城陽王章薨。淮南王長與從者魏敬殺辟陽侯審食其。【考證】詳淮南王傳、五月、匈奴入北地、居河南為寇。【考證】胡三省曰、其地在北河之南、蒙恬所收、衛青所奪、皆是地也、帝初幸甘泉。【集解】蔡邕曰、天子車駕所至、民臣以為僥倖、故曰幸、至見令長三老官屬、親臨軒作樂、賜食帛越巾刀佩帶、民爵有級數、或賜田租之半、故因是謂之幸、【索隱】應劭云、宮名、在雲陽、一名林光、臣瓚云、甘泉、山名、林光、秦離宮名、又顏氏按邢承宗西征賦注云、甘泉、水名、今按蓋因地有甘泉以名山、則山水皆通也、宮名謬爾、【考證】

甘泉宮名、在陝西西安府涇陽縣西北、六月、帝曰。漢與匈奴約為昆弟、【考證】匈奴傳云、高帝使劉敬奉宗室女公主為單于閼氏、歲奉匈奴絮繒酒米食物、各有數、約為昆弟、以和親、毋使害邊境。【考證】漢書匈奴傳、使作侵、所以輸遺匈奴甚厚。今右賢王離其國、【考證】右賢王、匈奴貴王、將衆居河南降地、非常故往來近塞、【考證】漢書無降字、近作入、捕殺吏卒、驅保塞蠻夷、【考證】漢書驅下有侵上二字、令不得居其故、陵轢邊吏、入盜甚敖、無道。非約也。【考證】漢書敖作驁、其發邊吏騎八萬五千詣高奴。【考證】漢書無五千二字、高奴、今陝西延安府膚施縣、遣丞相潁陰侯灌嬰擊匈奴。匈奴去。發中尉材官、屬衛將軍長安。【集解】漢書百官表曰、中尉、秦官、辛卯、帝自甘泉之高奴。因幸太原、見故羣臣、皆賜之、舉功行賞。諸民、里賜牛酒、復晉陽・中都民三歲。【正義】晉陽故城、在汾州平遙縣西南十三里、【考證】晉陽中都、帝為代王時舊都、晉陽、今山西太原府陽曲縣、中都、汾州平遙縣、漢書文帝紀、歲下有租字、留游太

原十餘日。濟北王興居聞帝之代、欲往擊胡、乃反。發兵欲襲滎陽。【考證】今河南開封府滎陽縣、於是詔罷丞相兵、遣棘蒲侯陳武為大將軍、【考證】陳武、漢書文帝紀、作柴武、臣瓚曰、漢帝年紀為陳武、此曰柴武、為有二姓、洪頤煊曰、史漢兩表、皆作陳武、將十萬往擊之。祁侯賀、【集解】徐廣曰、姓繒、以文帝十一年卒、謚曰敬、【索隱】漢書音義、祁、音遲、賀姓繒、繒、古國、夏同姓也、【正義】括地志云、并州祁縣城、晉大夫祁奚之邑、為將軍、軍滎陽。七月辛亥、帝自太原至長安。迺詔有司曰。濟北王背德反上、詿誤吏民、為大逆。濟北吏民、兵未至先自定、及以軍地邑降者、皆赦之、復官爵。與王興居去來、亦赦之。【集解】徐廣曰、作去作來也、駰按、張晏曰、雖始與興居反、今降、赦之、【考證】去來、猶往來也、來下補者字看、八月、破濟北軍、虜其王。【考證】漢書文紀、作虜濟北王、興居自殺、赦濟北諸吏民與王反者。六年、【考證】缺四年五年不書、漢書有之、有司言淮南王長、廢先帝法、不聽天子詔、居處毋度、出入擬於

天子、擅為法令、與棘蒲侯太子奇謀反、【考證】棘蒲侯、柴武也、遣人使閩越及匈奴、發其兵、欲以危宗廟社稷。羣臣議、皆曰、長當弃市。帝不忍致法於王、赦其罪、廢勿王。羣臣請處王蜀嚴道邛都。【集解】徐廣曰、漢書或作郪字、或直云邛郵、邛都乃本是西南夷、爾時未通、嚴道有邛僰山、【正義】邛、其恭反、括地志云、嚴道今為縣、即邛州所理縣也、縣有蠻夷曰道、故曰嚴道、邛都縣本邛都國、漢為縣、今嶲州也、西南夷傳云、滇池以北、君長以十數、邛都最大、是也、按羣臣請處淮南王長蜀之嚴道、不爾更遠邛都、西有邛僰山也、邛僰山在雅州榮經縣界、榮經、武德年閒置、本秦嚴道地、華陽國志云、邛作山、故邛人作人界也、山嶮峭峻、曲回九折乃至、上下有凝冰、按即王尊登者也、今從九折西南行至嶲州、山多雨少晴、俗呼名為漏天、【考證】梁玉繩曰、都乃郵字之訛、史漢淮南王傳、作邛郵、可證、愚按、邛郵、今四川雅州府榮經縣西南、徐孚遠曰、廢徙諸王、則有司彈事、不欲出自人主、傷親親之恩也、始見于此、後世仍之、帝許之。長未到處所。行病死。上憐之。後十六年、追尊淮南王長、謚為厲王、立其子三人為淮南王・【索隱】名安、阜陵侯也、衡山王・【索隱】名勃、安陽侯也、廬江王。【索隱】名賜、周陽侯也、十三年夏、【考證】自七年至十二年、皆缺不書、愚按、漢書有之、上

曰。蓋聞天道禍自怨起。而福繇德興。百官之非、宜由朕躬。今祕祝之官、移過于下、【集解】應劭曰、祕祝之官、移過于下、國家諱之、故曰祕。【考證】中井積德曰、掌禁內禱禳、故曰祕祝耳、洪亮吉曰、此蓋周禮甸師代王受災眚遺意、以彰吾之不德。朕甚不取。其除之。【考證】又見封禪書、五月、齊太倉令淳于公有罪當刑。詔獄逮、徙繫長安。【索隱】名意、爲齊太倉令、故謂之倉公也、【正義】逮徙、上音代、謂追捕徙禁長安詔獄、太倉公無男、有女五人。太倉公將行會逮。罵其女曰。生子不生男、有緩急非有益也。【考證】李笠曰、列女傳、漢刑法志、緩上並無有字、倉公傳云、緩急無可使者、亦可證此有字誤衍、其少女緹縈自傷泣、【索隱】緹、音啼、鄒氏音體、非、乃隨其父至長安。上書曰。妾父爲吏、齊中皆稱其廉平。今坐法當刑。妾傷夫死者不可復生、刑者不可復屬。雖復欲改過自新、其道無由也。妾願沒入爲官婢、贖父刑罪、使得自新。書奏天子。

天子憐悲其意、乃下詔曰。蓋聞有虞氏之時、畫衣冠異章服以爲僇。而民不犯。何則至治也。【正義】晉書刑法志云、三皇設言而民不違、五帝畫衣冠而民知禁、犯黥者皁其巾、犯劓者丹其服、犯臏者墨其體、犯宮者雜其屨、大辟之罪、殊刑之極、布其衣裾而無領緣、投之於市、與衆弃之、【考證】荀子正論篇、世俗之爲說者曰、治古無肉刑而有象刑、墨黥、蚤嬰、共、艾畢、菲、對屨、殺、赭衣而不純、治古如是、是不然、尚書大傳、唐虞之象刑、上刑赭衣不純、中刑雜屨、下刑墨幪、注、幪、巾也、今法有肉刑三、而姦不止。【集解】李奇曰、約法三章、無肉刑、文帝則有肉刑、孟康曰、黥劓二、左右趾合一、凡三、【索隱】韋昭云、斷趾黥劓之屬、崔浩漢律序云、文帝除肉刑、而宮不易、張斐注云、以淫亂人族序、故不易之也、【考證】梁玉繩曰、賈公彥周禮司刑疏亦云、文帝惟赦墨劓刖三肉刑、其宮刑至隋始除之、蓋皆本漢書刑法志爲說、然景帝元年制曰、除肉刑、重絶人之世、漢書鼂錯對策曰、除去陰刑、則文帝固已除宮刑矣、且漢志亦並無不易宮刑明文、疑此劓刖宮爲三肉刑、蓋黥至輕、自不應數之、而宮刑之復、必景帝也、故景中四年作陽陵、赦死罪欲腐者許之、孝武于史公亦用此刑、愚按、文帝詔文所云刻肌膚者、明指墨刑、梁說未可直信、其咎安在。非乃朕德薄、而教不明歟。吾甚自愧。故夫馴道不純、【考證】漢書刑法志、馴作訓、而愚民陷焉。詩曰。愷悌君子、民之父母。【考證】顏師古曰、大雅泂酌之詩也、言君子有和樂簡易

之德、則其下尊之如父、親之如母也、今人有過、教未施而刑加焉。或欲改行爲善、而道毋由也。朕甚憐之。夫刑至斷支體、刻肌膚、終身不息。【考證】顏師古曰、息、生也、何其楚痛而不德也。豈稱爲民父母之意哉。其除肉刑。【考證】漢書刑法志、定律曰、當黥者、髡鉗爲城旦舂、當劓者、笞三百、當斬左止者、笞五百、當斬右止、及殺人先自告、及吏坐受賕枉法、守縣官財物而卽盜之、已論命、復有笞罪者、皆棄市、上曰。農天下之本。務莫大焉。今勤身從事、而有租稅之賦。是爲本末者毋以異。【集解】李奇曰、本、農也、末、賈也、言農與賈俱出租無異也、故除田租、其於勸農之道未備。其除田之租稅。十四年冬、匈奴謀入邊爲寇。攻朝那塞、殺北地都尉卬、【集解】徐廣曰、姓孫、封其子單爲缾侯、匈奴所殺、【正義】塞、先代反、括地志云、朝那故城、在原州百泉縣西七十里、漢朝那縣是也、塞、卽蕭關、今名隴山關、漢文帝十四年、匈奴入朝那縣之地、缾、白刑反、地理志云、缾、屬琅邪郡、【考證】朝那故城、在今甘肅平凉府平凉縣西北、漢書功臣表云、缾侯孫單、以父北地都尉卬力戰死事、文帝十四年封、上乃遣三將軍軍隴西·北地·上郡。

【考證】齊召南曰、上郡將軍、昌侯盧卿也、北地將軍、寧侯魏遬也、隴西將軍、隆慮侯周竈也、見匈奴傳、中尉周舍爲衞將軍、郎中令張武爲車騎將軍、軍渭北。【考證】今陝西西安府咸陽縣、三將軍在邊郡、二將軍在京師、車千乘、騎卒十萬。帝親自勞軍勒兵、申教令、賜軍吏卒。帝欲自將擊匈奴。羣臣諫。皆不聽。皇太后固要帝。【集解】如淳曰、必不得自征也、帝乃止。於是以東陽侯張相如爲大將軍、成侯赤爲內史、欒布爲將軍、擊匈奴。【集解】徐廣曰、成侯赤、姓董也、【正義】赤、音赫、【考證】漢書作建成侯董赫、齊召南曰、功臣表董赫是董渫之子、封成侯、非建成侯、史記作成侯、是也、陳仁錫曰、爲字衍文、內史、欒布官也、梁玉繩曰、此解似是、但百官表、是年內史乃董赤、而欒布傳言自燕相爲將軍、不言爲內史、疑有誤、匈奴遁走。春、上曰。朕獲執犧牲珪幣、以事上帝宗廟、十四年于今。歷日縣長、以不敏不明、而久撫臨天下。朕甚自愧。其廣增諸祀墠場珪幣。【考證】楓、三本、不明作无明、漢書文紀、墠作壇、顏師古曰、築地爲壇、除地爲場、幣、祭神之帛、昔先王遠施不求

其報。望祀不祈其福。右賢左戚、〔集解〕韋昭曰、右猶高、左猶下也。〔索隱〕劉德云、先賢後親也。先民後己。至明之極也。今吾聞祠官祝釐、〔集解〕如淳曰、釐、福也。賈誼傳、受釐坐宣室。〔索隱〕釐音禧。福也。皆歸福朕躬、不爲百姓。朕甚愧之。夫以朕不德而躬享獨美其福。百姓不與焉。是重吾不德。〔考證〕漢書文紀、躬享作專鄉、鄉卽饗、與此意同、其令祠官致敬、毋有所祈。是時北平侯張蒼爲丞相。方明律歷。魯人公孫臣上書、陳終始傳五德事。〔索隱〕五行之德、帝王相承傳易、終而復始、故云終始傳。五德之事、傳音轉也、〔考證〕五德終始傳、又見始皇二十六年紀、封禪書、曆書、賈生傳、孟荀列傳、張丞相傳、言方今土德時、土德應、黃龍見。當改正朔服色制度。天子下其事、與丞相議。丞相推以爲今水德始明、正十月、上黑事。以爲其言非是、請罷之。〔考證〕梁玉繩曰、此事封禪書及賈生張丞相傳俱有之、竊謂五行之王、顧不足準、其說始于鄒衍、今祝之、特陰陽末術耳、初無預于治亂之數、自秦始皇采用、遂相沿以爲大事、不亦惑乎、鄒衍

論五德取相勝、故賈誼公孫臣曰、應黃龍見、漢當土德、土克水也、沈約因稱白帝之子是水、赤帝之子是土、孝武用之、劉向言五德主相生、以秦爲閏位、去之、故曰周稱木德、漢火德、應劭因稱秦水漢土爲失、光武改之、後世咸宗劉說、魏稱土德、晉稱金德、宋稱水德、皆是也、獨張蒼曰、河決金堤、漢爲水德、夫河決豈吉祥善事、而指以爲水德之符、奚異方士以歲旱爲乾封、以孛見爲德星哉、張蒼之議、必因高帝北畤待我而起一語、故曆書亦云、高祖自以爲獲水德之瑞、不知高祖一時之詞、非自道得水德、初起時旗幟已尙赤矣、特襲秦正朔服色、未遑更定也、十五年、黃龍見成紀。〔集解〕韋昭曰、成紀縣、屬天水、〔正義〕見、音胡練反、韋昭云、聽聰知正、則黃龍見、文帝尊孝弟力田、又除祕祝肉刑、故黃龍爲之見、成紀、在秦州縣、本漢縣、至今在州北二里、〔考證〕今甘肅秦州秦安縣、天子乃復召魯公孫臣、以爲博士、申明土德事。於是上乃下詔曰、有異物之神、見于成紀。無害於民、歲以有年。〔正義〕言豐年也、朕親郊祀上帝諸神。禮官議、毋諱以勞朕。〔集解〕漢書音義曰、言無所諱、勿以朕爲勞、〔考證〕中井積德曰、言勿爲勞我而諱避也、有司禮官皆曰、古者天子夏躬親禮祀上帝於郊。故曰郊。於是天子始幸雍、郊見五帝。以孟夏四月荅禮焉。〔考證〕又見封禪書、漢書文紀云、十五年九月、

詔諸侯王公卿郡守、擧賢良能直言極諫者、上親策之、傅納以言、周壽昌曰、此漢廷策士之始、前此卽位二年、詔擧賢良方正能直言極諫者、未聞擧何人、至是始以三道策士、而鼂錯以高第由太子家令遷中大夫、恐按、是事鼂錯傳亦不載、故補記、趙人新垣平以望氣見。因說上設立渭陽五廟。〔集解〕韋昭曰、在渭城、〔正義〕漢書郊祀志云、漢五帝廟同宇、帝一殿、陽面、五帝各如其帝色、括地志云、在渭城、欲出周鼎。當有玉英見。〔集解〕瑞應圖云、玉英、五常竝修則見、十六年、上親郊見渭陽五帝廟。亦以夏荅禮而尙赤。十七年、得玉杯。刻曰、人主延壽。〔集解〕應劭曰、新垣平詐令人獻之、於是天子始更爲元年。〔索隱〕按秦本紀、惠文王十四年、更爲元年、又汲冢竹書、魏惠王亦有後元、當取法於此、又按封禪書、以新垣平侯日再中、故改元也、令天下大酺。〔正義〕古者祭酺、聚錢飲酒、故後世聽民聚飲、皆謂之酺、漢書每有嘉慶、令民大酺、是其事也、彼注云、因祭酺而其民長幼相酬、鄭注所謂祭酺合醵也、酺、音蒲、其歲、新垣平事覺、夷三族。〔考證〕又見封禪書、梁玉繩曰、漢書文紀、十六年九月得玉杯、令天下大酺、此與封禪書以得杯大酺在十七年、誤也、改元以日再中、而此謂因得杯、亦誤、日再中、乃秦王誓燕丹妄語、文帝奈何信之、又按漢書紀志、高后元年除三族罪、史記脫不書、則族誅之法、已前除之、何以新垣平復行三族之誅、豈妖誣不道、不用常典邪、刑法志譏其過刑矣、然文帝

于盜高祖玉環之罪、欲致之族、則又何也、後二年、〔考證〕顧炎武曰、漢文帝後元年、景帝中元年、後元年、當時只是改爲元年、後人追記之、爲中爲後耳、若光武之中元元年、梁武帝之中大通元年、中大同元年、則自名之爲中、不可一例論也、上曰、朕既不明、不能遠德。是以使方外之國、或不寧息。夫四荒之外、不安其生。〔索隱〕顧胤按爾雅、孤竹北戶西王母日下、謂之四荒也、封畿之內、勤勞不處。〔考證〕顏師古曰、不處者、不獲安居、二者之咎、皆自於朕之德薄、而不能遠達也。閒者累年、匈奴竝暴邊境、多殺吏民。邊臣兵吏、又不能諭吾內志。以重吾不德也。〔考證〕諭、曉也、漢書文紀、德下無也字、夫久結難連兵、中外之國、將何以自寧。今朕夙興夜寐、勤勞天下、憂苦萬民、爲之怛惕不安、未嘗一日忘於心。故遣使者冠蓋相望、結軼於道。〔集解〕韋昭曰、使車往還、故轍如結也、相如曰、結軌還轍、〔索隱〕鄒氏、軼、音逸、又音轍、漢書作轍、顧氏按司馬彪云、結、謂車轍回旋錯結之也、〔考證〕依注、集解本軼作轍、今本漢書作徹、田敬仲世家、伏式結軼、索隱、軼、音姪、車轍也、以諭朕

意於單于。今單于反古之道、計社稷之安、便萬民之利、親與朕俱弃細過、偕之大道、【考證】漢書文紀、親作新、之、往也、趨也、結兄弟之義、以全天下元元之民。【索隱】戰國策云、制海內、子元元、非兵不可、高誘注云、元元、善也、又按姚察云古者謂人云善、言善人也、因善爲元、故云黎元、其言元元者、非一人也、顧野王又云、元元、猶喁喁、可憐愛貌、未安其說、聊記異也、和親已定、始于今年。後六年、【考證】此紀三年四年五年缺不書、漢書有之、冬、匈奴三萬人入上郡、三萬人入雲中。【考證】上郡、今陝西延安府綏德州、雲中、今山西朔平北歸化城、以中大夫令勉【集解】徐廣曰、衞尉改名也、駰案漢書百官表、景帝初改衞尉爲中大夫令、非此年也、【索隱】裴駰按表、景帝改衞尉爲中大夫令、則中大夫令是官號、勉其名、後此官改爲光祿勳、虞世南以此稱中大夫令是史家追書耳、顏遊秦以令是姓、勉是名、爲中大夫、據風俗通、令姓、令尹子文之後也、【考證】令姓、勉名、顏說是、爲車騎將軍、軍飛狐、【集解】如淳曰、在代郡、蘇林曰、在上黨、【考證】直隸易州廣昌縣、故楚相蘇意爲將軍、軍句注、【集解】應劭曰、山險名也、在鴈門陰館、【索隱】句伏儼音俱、包愷音鉤、【正義】上古侯反、下之具反、括地志曰、句注山、一名西陘山、在代州鴈門縣西北三十里、句、漢書音義、章句之句、【考證】句注、今山西代州、將軍張武屯

北地、河內守周亞夫爲將軍、居細柳、【集解】徐廣曰、在長安西、駰按如淳曰、長安圖、細柳倉在渭北、近石徼、張揖曰、在昆明池南、今有柳市、是也、【索隱】按三輔故事、細柳在直城門外阿房宮西北維、又匈奴傳云、長安西細柳、則如淳云在渭北、非也、【考證】北地故城、今甘肅慶陽府環縣東南、細柳、陝西西安府咸陽縣西南、有細柳倉、亞父屯兵處、宗正劉禮爲將軍、居霸上、【考證】劉禮是時未爲宗正、霸上、陝西西安府咸寧縣、祝茲侯、【集解】徐廣曰、表作松茲侯、姓徐、名悍、【考證】中井積德曰、上竝書姓名、祝茲侯無姓名、脫文耳、漢書侯下有徐厲爲將軍五字、兪樾曰、惠景間侯表、松茲侯徐厲、非悍也、文帝遺詔屬國悍爲將屯將軍、悍不書姓、而徐廣注以爲姓徐、未知所據、愚按、史將相名臣年表絳侯世家及漢書周勃傳並云、是年徐厲屯棘門、與漢書文紀合、惠景間侯表云、松茲侯徐厲、以呂后四年封、十一年薨、孝文七年康侯悼嗣、漢書功臣表同、十一年當云二十七年、文帝七年當云文帝後七年、康侯悼當作康侯悍、悍悼形似而誤、又按祝茲、當依表作松茲、軍棘門、【集解】徐廣曰、在渭北、駰案孟康曰、在長安北、秦時宮門也、如淳曰、三輔黃圖、棘門在橫門外、【正義】橫、音光、秦興樂宮北門、對橫橋、今渭橋、【考證】棘門、陝西西安府長安縣北、徐孚遠曰、三將軍屯邊郡、三將軍屯京師、以備胡。數月胡人去。亦罷。【考證】又見絳侯世家匈奴傳、天下旱蝗。帝加惠、令諸侯毋入貢、弛山澤、【集解】韋昭曰、弛、廢也、廢其常禁以利民、減諸服御狗馬、損郎吏員、發倉庾以

振貧民。【集解】應劭曰、水漕倉曰庾、胡公曰、在邑曰倉、在野曰庾、【索隱】郭璞注三蒼云、庾、倉無屋也、胡公名廣、後漢太尉、作漢官解詁也、【正義】胡公名廣、後漢太尉、百官箴者、廣所著書名、應劭著官儀次比、民得賣爵。【集解】崔浩云、富人欲爵、貧人欲錢、故聽買賣也、【考證】武帝許買武功爵、蓋由有此先例、其父殺人報仇、其子必且行劫、政不可不愼也、孝文帝從代來、卽位二十三年、【考證】延久鈔本、二十作廿、梁玉繩曰、此段總敍文帝諸善政、當在後七年之末、襃號曰皇帝句下、錯簡于後六年也、後世作史、皆倣總敍法、愚按、趙翼亦有此說、漢書取此爲文紀贊、宮室苑囿、狗馬服御、無所增益。有不便、輒弛以利民。嘗欲作露臺。【集解】徐廣曰、露一作靈、【索隱】顧氏按、新豐南驪山上、猶有臺之舊址也、【考證】中井積德曰、無木曰臺、然後代通觀榭皆謂之臺、此欲謂無木之臺、故稱露臺耳、露是暴露之露、又曰、露臺遂不作、焉得有舊址、召匠計之。直百金。【正義】漢法一斤爲一金、一金直萬錢也、百金直千貫、【考證】正義依平準書、上曰。百金、中民十家之產。吾奉先帝宮室、常恐羞之。何以臺爲。上常衣綈衣。【集解】如淳曰、賈誼云、身衣皁綈、【正義】綈、厚繒也、【考證】漢書文紀、作弋綈、所幸愼夫人、令衣不得曳地、幃帳不得文繡、以示敦朴、爲天下先。治霸陵、

【考證】在陝西西安府咸寧縣東、劉向諫昌陵疏、謂文帝寤張釋之言、去墳薄葬、以儉安神、賈山至言亦言之、則霸陵在漢帝諸陵中最儉者矣、而晉書稱赤眉取陵中物不能減半、於今猶有朽帛委積、珠玉未盡、豈文帝崩後、臣子違其素志邪、古書所言、未可悉信也、皆以瓦器、不得以金銀銅錫爲飾。不治墳。欲爲省毋煩民。【考證】漢書、飾下有由其山三字、南越王尉佗自立爲武帝。【考證】漢書、倒武字、然上召貴尉佗兄弟、以德報之。佗遂去帝稱臣。【考證】漢書、無尉字、報作懷、愚按、事見南越傳、與匈奴和親。匈奴背約入盜、然令邊備守、不發兵深入。惡煩苦百姓。吳王詐病不朝。就賜几杖。【考證】事見吳王濞傳、羣臣如袁盎等、稱說雖切、常假借用之。【集解】蘇林曰、假、音休假、借、音以物借人、【考證】沈欽韓曰、風俗通正失篇、孝成帝問劉向曰、後世皆言文帝治天下幾至太平、其德比周文王、此語從何生、對曰、生於言事、文帝禮言事者、不傷其意、羣臣無大小至卽便從容言、上止輦聽之、其言可者稱善、不可者喜笑而已、言事多褒之、後人見遺文、則以爲然、羣臣如張武等、受賂遺金錢、覺。上乃發御府金錢賜之、以愧其心、弗下吏。【考證】延久鈔本、乃作常、與類聚所引合、

專務以德化民。是以海內殷富、興於禮義。後七年六月己亥、帝崩於未央宮。【集解】徐廣曰、年四十七、【考證】臣瓚曰、帝年二十三即位、即位二十三年、壽四十六、愚按、集解四十、延久鈔本作卌、遺詔曰。朕聞蓋天下萬物之萌生、【考證】梁玉繩曰、蓋字當衍、或云、宜依漢書作朕聞之、顏師古曰、始生者曰萌、靡不有死。死者天地之理、物之自然者。奚可甚哀。【考證】古鈔、楓、三本、理下有萬字、當今之時、世咸嘉生而惡死、厚葬以破業、重服以傷生。吾甚不取。且朕既不德、無以佐百姓。今崩、又使重服久臨、以離寒暑之數。【考證】漢書、離作罹、顏師古曰、臨、臨哭也、哀人之父子、傷長幼之志、【考證】漢書、人下無之字、幼作老、損其飲食、絕鬼神之祭祀、以重吾不德也。謂天下何。朕獲保宗廟、以眇眇之身、託于天下君王之上、二十有餘年矣。【考證】延久鈔本、二十作廿、賴天地之靈、社稷之福、方內安寧、【集解】瓚曰、方、四方也、內、中也、

猶云中外也、【考證】顏師古曰、瓚說非也、直謂四方之內耳、靡有兵革。【集解】徐廣曰、一云、方內安、兵革息、朕既不敏、常畏過行以羞先帝之遺德。維年之久長、懼于不終。今乃幸以天年得復供養于高廟。朕之不明與。嘉之。其奚哀悲之有。【集解】如淳曰、與、發聲也、得卒天年已善矣、【考證】與讀曰歟、言朕幸以天年終、得復供養高廟於地下、以朕之不明而蒙此歟、群下宜嘉也、其何可哀悲乎、嘉與哀、屬群下、非帝自謂、漢書、悲作念、其令天下吏民。令到出臨三日、皆釋服。毋禁取婦嫁女、祠祀飲酒食肉者。自當給喪事服臨者、皆無踐。【集解】伏儼曰、踐、翦也、謂無斬衰也、孟康曰、踐、跣也、晉灼曰、漢語作跣、跣、徒跣也、【索隱】漢語、是書名、荀爽所作也、【考證】沈欽韓曰、書序成王踐奄、鄭讀踐爲翦、釋名、三年之縗曰斬、不緝其末、直翦斬而已、此漢人古義、伏說是、王先慎曰、此及下絰帶無過三寸、皆指給喪事者言之、後漢禮儀志、佐史以下、布衣冠幘、絰帶無過三寸、臨庭中、武吏布幘大冠、足爲此文無斬衰之確證、伏說是、王先謙曰、荀紀皆無踐、作皆無跣足、通鑑亦作跣、皆主孟說、然不如伏義之長、愚按、集解伏儼、各本作服虔、今從延久本、漢書注亦作伏儼、絰帶無過三寸。毋布車及兵器。【集解】應劭曰、無以布衣車及兵器也、服虔曰、不施輕車介士也、【考證】顏師古曰、應說是也、李慈銘曰、服說

是也、古之衣車皆有布、喪事棄車用白布、不得禁之、此自以陳設車器爲言、若如應說、則及兵器雖解、豈有以布蒙兵器者乎、毋發民男女哭臨宮殿。宮殿中當臨者、皆以旦夕、各十五舉聲、【考證】楓、三本、南化本、下宮字作中、張文虎曰、各本民作人、毛刊作民、御覽引同、與漢書合、愚按、延久本亦作民、漢書、聲作音、王先慎曰、後漢悉沿此制、詳見續志、禮畢罷。非旦夕臨時、禁毋得擅哭。【考證】漢書、哭下衍臨字、已下、【集解】謂柩已下於壙、服大紅十五日、小紅十四日、纖七日、釋服。【集解】服虔曰、當言大功小功布也、纖、細布衣也、應劭曰、紅者、中祥大祥、以紅爲領緣也、纖者、禫也、凡三十六日而釋服、【索隱】劉德云、紅亦功也、男功非一、故以工力爲字、而女工唯在於絲、故以糸工爲字、三十六日、以日易月故也、【正義】顏師古云、此喪制者、文帝自率己意、創而爲之、非有取於周禮也、何爲以日易月乎、三年之喪、其實二十七月、豈有三十六月之文、禫又無七月也、應氏既失之於前、而近代學者因循謬說、未之思也、按、文帝權制百官而已、輕重之服、不當併言三十六日、【考證】劉攽曰、文帝制此喪服、斷自已葬之後、其未葬之前、則服斬衰、漢諸帝自崩至葬、有百餘日者、未葬則服不除矣、翟方進傳、後母終、既葬三十六日起視事、此其證也、說者遂以日易月、又不通計葬之日、皆大謬也、致之文帝意、既葬除重服、制大功小功、所以漸即吉耳、愚按、顧炎武日知錄、何焯讀書記、亦申顏劉、其說甚備、佗不在令中者、皆以此令比率從事。【考證】漢書、率作類、布告天下、使

明知朕意。霸陵山川、因其故、毋有所改、【集解】應劭曰、因山爲藏、不復起墳、山下川流不遏絕也、就其水名、以爲陵號、【索隱】霸是水名、水徑於山、亦曰霸山、即芷陽地也、【正義】括地志云、霸陵、漢文帝陵、在雍州萬年縣東二十里、霸陵故芷陽也、漢晉春秋云、愍帝建興三年、秦人發霸杜二陵、珠玉綵帛以千萬計、帝問索琳曰、漢陵中物何乃多耶、對曰、天子即位一年而爲陵、天下貢賦、三分之一供宗廟、一供客、一充山陵、武帝享年既久、比崩茂陵不復容物、赤眉賊不能減半、今猶有朽帛委積、珠玉未盡、此二陵是儉者也、歸夫人以下至少使。【集解】應劭曰、夫人以下、有美人良人八子七子長使少使、凡七輩、皆遣歸家、重絕人類也、【考證】荀紀、作所幸慎夫人以下至少使得令嫁、令中尉亞夫爲車騎將軍、屬國悍【集解】徐廣曰、姓徐、駰按、漢書百官表、典屬國、秦官、掌蠻夷降者、【考證】悍、松茲侯徐厲之子、將相名臣表、悍作悼、形似而誤、爲將屯將軍、【集解】李奇曰、馮奉世爲右將軍、以將屯將軍爲名、此監主諸屯也、郎中令武爲復土將軍、【集解】如淳曰、主穿壙填瘞事者、【索隱】復、音伏、謂穿壙出土、下棺已而填之、即以爲墳、故云復土、復、反還也、又音福、【正義】張武也、發近縣見卒萬六千人、發內史卒萬五千人、【索隱】按百官表云、內史掌理京師之官也、景帝更名京兆尹也、藏郭、穿、復土、屬將軍武。乙巳、【集解】漢書云、乙巳葬霸陵、皇甫謐曰、霸陵、去長安七十里、【考證】乙巳下、漢書有葬霸陵三字、此恐脫漏、

羣臣皆頓首、上尊號曰孝文皇帝。太子即位于高廟。丁未、襲號曰皇帝。孝景皇帝元年十月、制詔御史。【考證】中井積德曰、據例、宜言明年十一月、孝景制詔也、漢書是詔在景紀中、理固當然、蓋史記原文亦然、及景紀焚毀、是語不可沒、故存而附乎此耳、或後人取乎漢書而係于此也、必非史記之舊矣、張文虎曰、中統游本、孝景以下提行、疑此亦後人所增、蓋聞古者祖有功而宗有德。【集解】應劭曰、始取天下者爲祖、高帝稱高祖是也、始治天下者爲宗、文帝稱太宗、是也、【考證】王啓原曰、祖有功而宗有德、家語廟制篇、以爲孔子之言、雖不足據、後漢書光武紀注引其文而云禮、蓋侯禮之文、制禮樂各有由。聞歌者所以發德也。舞者所以明功也。【考證】李笠曰、聞字疑涉上蓋聞而衍、漢紀無、王啓原曰、白虎通云、歌者在上、舞者在下、何、歌者象德、舞者象功、君子上德而下功、高廟酎、【集解】張晏曰、正月旦作酒、八月成、名曰酎、酎之言純也、至武帝時、因八月嘗酎、會諸侯廟中、出金助祭、所謂酎金也、【考證】顏師古曰、酎、三重釀醇酒也、味厚、故以薦宗廟、酎音直救反、奏武德文始五行之舞。【集解】孟康曰、武德、高祖所作也、文始、舜舞也、五行、周舞也、武德者、其舞人執干戚、文始舞執羽籥、五行舞冠冕衣服、法五行色、見禮樂志、【索隱】應劭云、禮樂志、文始舞、本舜韶舞、高祖更名文始、示不相襲、五行舞、本周武舞、秦始皇更名五行舞、按今言奏武德文始五行之舞者、其樂總象武王樂、言高祖以武定天下也、既示不相襲、其作樂之始、先奏文始、以羽籥衣文繡、居先、次即奏五行、五行即武舞、執干戚而衣有五行之色也、【考證】中井積德曰、周初未有五行、五色配屬之說、此注恐傅會、錢大昭曰、鄭司農注春官大胥云、漢大樂律曰、卑者之子不得舞宗廟之酎、除吏二千石到六百石、及關內侯到五大夫子、先取高七尺以上、年二十到三十、顏色和順、身體修治者、以爲舞人、孝惠廟酎、奏文始五行之舞。孝文皇帝臨天下、通關梁不異遠方、【集解】張晏曰、孝文十二年、除關不用傳令、遠近若一、除誹謗、去肉刑、賞賜長老、收恤孤獨、以育羣生、減嗜欲、不受獻。【集解】徐廣曰、減、一作滅、【考證】漢書文帝紀云、元年九月、令郡國無來獻、買捐之傳又云、孝文時有獻千里馬者、詔曰、鸞旗在前、屬車在後、吉行五十里、師行三十里、朕乘千里馬、獨先安之、于是還馬、與道里費、不私其利也、罪人不帑、【集解】蘇林曰、刑不及妻子、不誅無罪、除肉刑、出美人、重絕人之世。【考證】漢書景帝紀、肉刑作宮刑、張文虎曰、上文云去肉刑、此不當複出、當依漢書除宮刑、與下出美人爲類、所謂重絕人之世也、梁玉繩以其複出、疑上去肉刑、爲田租、案漢書亦作去肉刑、不誤、朕既不敏、不能識。此皆上古之所不及、而孝文皇帝親行之。德厚侔天地、【集解】李奇曰、侔、齊等、利澤施四海、靡不獲福焉。

明象乎日月、而廟樂不稱。朕甚懼焉。其爲孝文皇帝廟爲昭德之舞、以明休德。【集解】文穎曰、景帝采高祖武德舞作昭德舞、舞之於文帝廟、見禮樂志、然后祖宗之功德、著於竹帛、施于萬世、永永無窮。朕甚嘉之。其與丞相、列侯、中二千石、禮官、具爲禮儀奏。丞相臣嘉等言。【考證】申屠嘉、陛下永思孝道、立昭德之舞、以明孝文皇帝之盛德。皆臣嘉等愚所不及。臣謹議曰。【考證】曰、各本作世、漢書同、今從淩本、功莫大於高皇帝。德莫盛於孝文皇帝。高皇廟、宜爲帝者太祖之廟。孝文皇帝廟、宜爲帝者太宗之廟。天子宜世世獻祖宗之廟。郡國諸侯、宜各爲孝文皇帝立太宗之廟。諸侯王列侯使者侍祠、天子歲獻祖宗之廟。【集解】張晏曰、王及列侯歲時遣使詣京師、侍祠助祭也、如淳曰、若光武廟在章陵、南陽太守稱使者往祭、是也、不使侯王祭者、諸侯不得祖天子也、凡臨祭祀宗廟、皆爲侍祭、【考證】顏師古曰、張說是也、既云天子所獻祖宗之廟、非謂郡國之廟也、請著之竹帛、宣布天下。制曰。可。

太史公曰。孔子言必世然後仁。【集解】孔安國曰、三十年曰世、如有受命王者、必三十年仁政乃成、【考證】論語子路篇、延久本集解、三十作卅、善人之治國、百年亦可以勝殘去殺。誠哉是言。【集解】王肅曰、勝殘暴之人、使不爲惡、去殺、不用殺也、【考證】論語子路篇、人下無之、國作邦、殺下有矣、言下有也、改邦爲國、蓋史公避廟諱、漢興至孝文四十有餘載。德至盛也。【考證】延久本、四十作卅、廩廩鄉改正服封禪矣。【考證】廩廩、漸近之意、漢書循吏傳、廩廩庶幾德讓君子之遺風矣、楓、三本、鄉作嚮、作正朔、正服、正朔服色也、封禪書、怠於改正朔服色神明之事也、漢書郊祀志、改作怠正服鬼神之事、謙讓未成於今。【考證】禮書序云、孝文即位、有司議欲定儀禮、孝文好道家之學、以爲繁禮飾貌、無益於治、躬化謂何耳、嗚呼、豈不仁哉。【考證】細味此數語、似史公不慊於武帝者、

【索隱】述贊、孝文在代、兆遇大横、宋昌建冊、絳侯奉迎、南面而讓、天下歸誠、務農先籍、布德偃兵、除帑削謗、政簡刑清、綈衣率俗、露臺罷營、法寬張武、獄恤緹縈、霸陵如故、千

年頌聲、

孝文本紀第十

史記十

文學博士瀧川龜太郎著

史記會注考證

史記會注考證卷十一

漢　太史令　司馬遷　撰

宋　中郎外兵曹參軍　裴駰　集解

唐　國子博士弘文館學士　司馬貞　索隱

唐　諸王侍讀率府長史　張守節　正義

日本　出雲　瀧川資言　考證

孝景本紀第十一　史記十一

【考證】史公自序云、諸侯驕恣、吳首爲亂、京師行誅、七國伏辜、天下翕然、大安殷富、作孝景本紀第十一、淩稚隆曰、衛宏漢書舊儀注云、太史公作景帝本紀、極言其短、及武

帝過、武帝怒而削去、後坐擧李陵、陵降匈奴、故下太史公蠶室、有怨言、下獄死、此紀乃元成間褚先生取班書補之、非太史公本著也、王鳴盛曰、遷下蠶室、在天漢三年、後爲中書令、尊寵任職、何得謂下蠶室有怨言下獄死乎、與情事全不合、中井積德曰、元成間何曾有班書、陳仁錫曰、景紀用編年例、惟書本事而已、此必太史公本書、非後人所補也、崔適曰、此紀之文、有詳於漢書者、如三年徙濟北王以下五王、五年徙廣川王爲趙王、六年封中尉趙綰爲建陵侯、至梁楚二王皆薨、班書皆無之、則非取彼以補也、此紀實未亡爾、

孝景皇帝者、【集解】漢書音義曰、諱啓、【正義】謚法曰、繇義而濟曰景、孝文之中子也。母竇太后。孝文在代時、前后有三男。【考證】楓山、三條本、無時字、及竇太后得幸、前后死、及三子更死。故孝景得立。元年四月乙卯、赦天下。乙巳賜民爵一級。【考證】梁玉繩曰、乙巳二字衍、是月甲午朔、乙巳先乙卯十日、不應賜爵在赦前、亦不應二事相隔多日、張文虎曰、漢書、四月赦天下、賜民爵一級、不書日、五月、除田半租。【考證】中井積德曰、漢書云、五月、令田租半、蓋孝文十三年、除田租稅、後十一年、不復取租、至此乃令出半租也、史記除字失當、王先謙曰、通鑑、三十而稅一、爲孝文立太宗廟、令羣臣無朝賀。【考證】漢書景

紀不載、匈奴入代、與約和親。二年春、封故相國蕭何孫係爲武陵侯。【集解】徐廣曰、漢書亦作係、鄒誕生本作係、音奚、又按漢書功臣表及蕭何傳皆云、孫嘉、疑其人有二名、【索隱】漢書亦作係、鄒誕生本作係、又按漢書功臣表及蕭何傳皆云、封何孫嘉、疑其人有二名也、【正義】蕭何傳云、以武陽縣二千戶封何孫嘉爲列侯、漢書及史記功臣表皆云、孝景二年、封係爲列侯、恐有二名也、【考證】錢大昕曰、功臣表武陵作武陽、其名嘉、非係也、梁玉繩曰、漢書表傳皆武陽侯嘉、武陵乃郡名、即秦黔中郡、非所封也、又漢景紀書于六月、此在春、未知孰是、張文虎曰、鄒誕生南齊人、裴氏無由引、且其文全同索隱、此俗本兼采二注、而誤入者、後類此者、不復出、男子二十而得傳。【索隱】音附、荀悅云、傳、正卒也、小顏云、舊法、二十三而傳、今改也、【考證】楓、三本、子下有年字、中井積德曰、傳、謂爲丁受徭役也、沈欽韓曰、本年十五以上出算錢、今寬之、至二十歲始傳著於版籍也、梁玉繩曰、漢景紀在冬十二月、得字衍、愚按、古鈔本、子下有年字、漢書作令天下男子年二十始傳、四月壬午、孝文太后崩。【索隱】薄太后也、亦葬芷陽西、曰少陵也、廣川・長沙王皆之國。【索隱】廣川王彭祖、長沙王發、皆景帝子、遣就國也、【考證】梁玉繩曰、是時河間王德、臨江王閼、淮陽王餘、汝南王非、廣川王彭祖、長沙王發同封、皆景帝子、而獨擧廣川長沙二王之就國、豈其餘四王仍居長安乎、抑史之疏脫也、丞相申屠嘉卒。八月、以御史大夫開封侯陶青爲丞相。【考證】漢書景紀不載、彗星

出東北。〔考證〕梁玉繩曰、漢書景紀及天文志、作西南、此言東北誤、又紀書于十一月、此在八月、異、秋、衡山雨雹。〔正義〕雨、于付反、〔考證〕漢志不載、大者五寸、深者二尺。〔考證〕王念孫曰、深下者字衍、初學記御覽引並無、熒惑逆行守北辰。月出北辰間。〔考證〕梁玉繩曰、熒惑何由守北辰、月何由出北辰間、史譌、張文虎曰、辰疑戌之誤、錢大昕以爲戊、非也、辨具王氏讀書雜志、歲星逆行天廷中。置南陵、及內史祋祤爲縣。〔集解〕徐廣曰、地理志云、文帝七年置、駰按地理志百官表、南陵縣、文帝置也、分內史爲左右、及祋祤爲縣、皆景帝二年、不得皆如徐所云、〔索隱〕鄒誕生祋、音都會反、又音丁活反、祤、音羽、又音詡、〔正義〕漢書百官表云、內史周官、秦因之、掌京師、景帝二年、分置左內史右內史、武帝太初元年、右內史更名京兆、左內史更左馮翊、主爵中尉更名右扶風、是爲三輔、地理志云、祋祤故城、在雍州同官縣界、〔考證〕梁玉繩曰、名臣表及漢志並云、南陵、文帝七年置、又高帝九年置內史、景帝二年置左右內史、見百官表、此有缺誤、當云置左右內史及祋祤縣、余有丁云、內史京兆治、非爲縣、云然者、以祋祤屬內史耳、亦非、三年正月乙巳、赦天下。長星出西方。天火。〔集解〕徐廣曰、漢志無、燔雒陽東宮大殿城室。〔集解〕徐廣曰、雒、一作淮、〔索隱〕漢書作淮陽王宮災、故徙王於魯也、吳王濞、〔正義〕音匹備反、高祖兄仲子、故漢高祖十二年封、三十三年反、年表云、都吳、其實在江都也、〔考證〕江都、今江蘇揚州府江蘇縣西南、楚王

戊。〔正義〕高祖弟楚王交孫、嗣、二十一年反、都彭城、〔考證〕彭城、今江蘇徐州府、趙王遂。〔正義〕高祖孫、幽王友子、嗣、二十六年反、都邯鄲、〔考證〕邯鄲、今直隸廣平府邯鄲縣、膠西王卬。〔正義〕卬、五郎反、高祖孫、齊悼惠王子、故平昌侯、十年反、都密州高密縣、〔考證〕高密、今山東萊州府高密縣、濟南王辟光。〔正義〕辟、音壁、高祖孫、齊悼惠王子、故扐侯、立十一年反、括地志云、濟南故城、在淄川長山縣西北三十里、〔考證〕濟南、今山東濟南府歷城縣東、菑川王賢。〔正義〕高祖孫、齊悼惠王子、故武城侯、立十一年反、都劇、括地志云、菑州縣也、故劇城在青州壽光縣南三十一里、故紀國、〔考證〕劇、今山東青州府昌樂縣、膠東王雄渠反、發兵西鄉。〔正義〕高祖孫、齊悼惠王子、故白石侯、立十一年反、都即墨、括地志云、即墨故城、在密州膠水縣東南六十里、即膠東國也、〔考證〕即墨、今山東萊州府即墨縣、楓三本、鄉作向、天子爲誅晁錯、遣袁盎諭告、不止。遂西圍梁。〔正義〕梁孝王都睢陽、今宋州、〔考證〕睢陽、今河南歸德府商邱縣、上乃遣大將軍竇嬰・太尉周亞夫將兵誅之。六月乙亥、赦亡軍、及楚元王子蓺等、與謀反者。〔正義〕蓺、魚曳反、字亦作藝、音同、〔考證〕漢書景紀、夏六月詔曰、迺者吳王濞等爲逆、起兵相脅、詿誤吏民、吏民不得已、今濞等已滅、吏民當坐濞等、及逋逃亡軍者、皆赦之、楚元王子蓺等、爲濞等爲逆、朕不忍加法、除其籍、毋令汙宗室、封大將軍竇嬰爲魏

其侯。〔正義〕地理志云、魏其、屬琅邪、〔考證〕徐孚遠曰、封魏其侯、不言其捕反者、然文法自連屬、立楚元王子平陸侯禮爲楚王。〔索隱〕韋昭云、平陸、西河縣、禮、即向之從曾祖王父也、〔正義〕應劭云、平陸、西河縣、〔考證〕張文虎曰、禮上各本衍禮字、索隱本無、愚按、漢書亦衍禮字、立皇子端爲膠西王、子勝爲中山王、徙濟北王志〔正義〕濟、子禮反、濟北國、今濟州盧縣、即濟北王所都、爲菑川王。淮陽王餘〔正義〕淮陽國、今陳州、爲魯王。〔正義〕魯、今兗州曲阜縣、汝南王非〔正義〕汝南國、今豫州、爲江都王。〔正義〕江都國、今揚州也、吳王濞所都、反誅、景帝改爲江都國、封皇子非也、齊王將廬。〔索隱〕悼惠王之孫、齊王襄之子、廬、漢書作閭、〔正義〕齊國、青州臨淄也、將廬、齊悼惠王之孫、襄王之子、年表云、〔考證〕古鈔本、楓山本、廬作閭、梁玉繩曰、齊王之名、諸處並作將閭、蓋古通用、猶吳王闔閭之爲闔廬也、中井積德曰、按齊悼惠世家、哀王名襄、無襄王、將閭是悼惠之子、薨年亦異、愚按、正義云下有脫文、不然年表云三字衍、燕王嘉、〔索隱〕劉澤之子、皆薨。〔集解〕徐廣曰、表云、五年薨、四年夏、立太子。立皇子徹爲膠東王。〔考證〕徹字當諱、六月甲戌、赦天下。後九月、更以弋陽爲陽陵。〔正義〕括地志云、漢景帝陵也、在雍州咸陽縣東三十里、按豫作壽陵也、〔考證〕梁玉繩曰、弋陽是易陽之誤、漢地理志可證、復置

津關、用傳出入。〔集解〕應劭曰、文帝十二年、除關無用傳、至此復置傳、以七國新反、備非常也、張晏曰、傳、信也、若今過所也、如淳曰、傳、音檄傳之傳、兩行書繒帛、分持其一、出入關、合之乃得過、謂之傳、〔索隱〕傳、音丁戀反、如今之過所、〔考證〕漢書景紀、津作諸、冬、以趙國爲邯鄲郡。〔集解〕地理志、趙國、景帝以爲邯鄲郡、〔考證〕梁玉繩曰、此年獨書冬于年終、誤、考漢書景紀、四年及中四年、亦並誤書十月于年終、不可曉也、又地理志、趙國、景帝三年爲邯鄲郡、五年復故、此紀既誤書爲郡于四年之冬、而于五年不書復爲趙國、疏矣、五年三月、作陽陵渭橋。〔索隱〕景帝豫作壽陵也、按趙系家、趙肅侯十五年、起壽陵、後代遂因之也、〔考證〕漢書景紀云、五年春正月、作陽陵邑、無渭橋二字、與此異、五月、募徙陽陵、予錢二十萬。江都大暴風從西方來。壞城十二丈。〔考證〕漢書不載、丁卯、封長公主子蟜爲隆慮侯。〔索隱〕音林閭、避殤帝諱改之、〔考證〕錢大昕曰、年表中元五年五月丁丑、隆慮侯蟜元年、徐廣據本紀以證表之非、予考功臣表、隆慮侯周通、以中元元年有罪國除、則蟜之封隆慮、必在中元元年以後、紀書于前五年者非矣、愚按、是事漢書景紀不載、徙廣川王爲趙王。〔考證〕漢書不載、六年春、封中尉趙綰爲建陵侯。〔正義〕括地志云、建陵故縣、在沂州承縣界、〔考證〕余有丁曰、衛綰誤作趙綰、盧文弨曰、此趙字後人妄增、下江都丞相嘉、隴西太守渾邪、趙丞相嘉、故將軍布、皆不書姓、知本無

此一字、蓋此卽衛綰、非趙綰也、江都丞相嘉爲建平侯。【集解】徐廣曰、姓程、隴西太守渾邪爲平曲侯。【正義】括地志云、平曲縣故城、在瀛州文安縣北七十里、趙丞相嘉爲江陵侯。【集解】徐廣曰、姓蘇、【考證】錢大昕曰、表、江陵作江陽、故將軍布爲鄃侯。梁・楚二王皆薨。【考證】梁玉繩曰、表言梁孝王以景帝中六年薨、漢表亦然、此紀以孝王薨于前六年者誤也、楓・三本、二作之、後九月、伐馳道樹、殖蘭池。【集解】徐廣曰、殖、一作塡、【正義】按馳道、天子道、秦始皇作之、三丈而樹、括地志、蘭池陂、卽秦之蘭池也、在雍州咸陽縣界、三秦記云、始皇都長安、引渭水爲長池、築爲蓬萊山、刻石爲鯨、長二百丈、劉伯莊云、此時蘭池毀溢、故堰塡、【考證】殖作塡爲長、以上數事、漢書景紀不載、七年冬、廢栗太子爲臨江王。【正義】臨江、忠州縣、雖王臨江、而都江陵、【考證】史表云、十一月乙丑、漢紀云、春正月、漢表云、十一月己酉、梁玉繩曰、諸書皆誤、當作三月乙丑、說詳于史記志疑、十二月晦、日有食之。【考證】漢書紀志、倶作十一月庚寅晦、張文虎曰、案殷術十二月辛卯朔、顓頊術庚寅朔、則此文二字當作一、春、免徒隷作陽陵者。丞相靑免。二月乙巳、以太尉條侯周亞夫爲丞相。【正義】條、田彫反、字亦作蓨、音同、【考證】漢書景紀、二月罷太尉官、梁玉繩曰、將相表、以亞夫爲丞相、在六月乙巳、百官表、謂靑之免、亞夫之相、竝在六月乙

巳、皆誤、當依此紀爲確、愚按、春免徒隷以下、漢書不載、四月乙巳、立膠東王太后爲皇后、【索隱】按系家、太后槐里人、父仲、兄信、封蓋侯、后故金氏妻、女弟姁兒也、【考證】何焯曰、先立皇后而後立太子、與文帝故事異、兪樾曰、立膠東王太后爲皇后、漢書作立皇后王氏、夫婦人從夫、夫在而從其子之稱、非正也、漢書爲得其正、丁巳、立膠東王爲太子。名徹。【考證】張文虎曰、名徹二字、疑後人旁注誤入、愚按、楓・三・南化本、無此二字、中元年、封故御史大夫周苛孫平爲繩侯。【集解】徐廣曰、平、一作應、【索隱】周苛、周昌之兄、【正義】繩侯未詳、【考證】錢大昕曰、據表、是歲封周成孫應、乃苛之曾孫也、平則嗣應爲侯者也、徐廣云平一作應、近之、崔適曰、孫當作曾孫、故御史大夫周昌子左車爲安陽侯。【考證】楓・三本、故上有封字、張文虎曰、子當作孫、錢大昭曰、左車昌孫、非昌子也、愚按、漢書景紀同、史漢表皆云、中二年封、四月乙巳、赦天下、賜爵一級。除禁錮。地動。衡山・原都雨雹。大者尺八寸。【考證】楓・三本、賜下有民字、下同、四月已下、漢書不載、中二年二月、匈奴入燕。遂不和親。三月、召臨江王來。卽死中尉府中。【考證】事詳五宗世家、夏、立皇子越爲廣川王。子寄爲膠東王。封四侯。

【集解】文穎曰、楚相張尙、太傅趙夷吾、趙相建德、內史王悍、此四人各諫其王、無使反、不聽、皆殺之、故封其子、【索隱】韋昭云、張尙子當居、趙夷吾子周、建德子橫、王悍子弃也、九月甲戌、日食。中三年冬、罷諸侯御史中丞。【考證】漢書景紀、中丞作大夫、顏師古曰、所以抑損其權、梁玉繩曰、百官表、省諸侯王御史大夫、與改丞相爲相、竝在中五年、此與漢紀書于中三年、未知孰是、而中丞之稱則誤也、中丞乃御史大夫之屬、春、匈奴王二人、率其徒來降。皆封爲列侯。【正義】漢書表云、中三年、安陵侯子軍、桓侯賜、遒侯陸彊、容城侯徐盧、易侯僕黥、范陽侯代、翕侯邯鄲、七人以匈奴王降、皆封爲列侯、按紀言二人者、是匈奴二王爲首降、【考證】梁玉繩曰、史漢表、中三年、以匈奴王降者七人、安陵侯于軍、垣侯賜、遒侯陸彊、容城侯徐盧、易侯僕黥、范陽侯范代、翕侯邯鄲、此七人者、爲匈奴王同、來降同、封侯同、不同者、只安陵以十一月封、餘六侯以正月封、史漢表誤作十二月、故紀書封侯在春、而以七人爲二人則誤也、正義謂二人是首降、亦無據、蓋絳侯世家與漢書勃傳、封徐盧等五人爲侯、竝屬誤端、正義所述侯名多錯、愚按、漢景紀不載、立皇子方乘爲淸河王。【考證】史漢表在三月、漢景紀在九月、楓・三本、無方字、漢景紀亦無、五宗世家亦云、淸河哀王乘、則方字當衍、三月、彗星出西北。【考證】漢紀在九月、丞相周亞夫死。【考證】死當作免、亞夫之死、在中五年、以御史大夫桃侯劉舍爲丞相。四月、地動。【考證】丞相以下、漢紀不載、九月戊戌晦、

日食。軍東都門外。【集解】按三輔黃圖、東出北頭第一門曰宣平門、外曰東都門、【索隱】按三輔黃圖云、東出北第一門曰宣平門、外曰東都門、【考證】顧炎武曰、此時未有東都、其曰東都門、猶曰東郭門也、愚按、楓・三本、無外字、軍東都門外、漢紀不載、中四年三月、置德陽宮。【集解】瓚曰、是景帝廟也、帝自作之、諱不言廟、故言宮、西京故事云、景帝廟爲德陽宮、【考證】漢紀、置作起、沈欽韓曰、謂廟爲宮、此古義也、春秋經傳毛詩皆然、以周有文武世室、魯有魯公武公世室、故爾雅又云、宮謂之室、皆謂廟也、瓚云、諱廟言宮、此不通雅故而妄說、長安志、景帝廟在咸陽縣東北十五里、大蝗。秋、赦徒作陽陵者。中五年夏、立皇子舜爲常山王。封十侯。【正義】惠景閒年表云、亞谷侯盧他之、隆慮侯陳蟜、乘氏侯劉買、桓邑侯劉明、蓋侯王信、按其五人、是中元五年封、餘檢不獲、中元三年、匈奴王二人降、封爲列侯、惠景閒表云、匈奴王降爲侯者有七人、疑其五人是十侯之數、【考證】梁玉繩曰、十乃五之譌、張氏正義最謬、中五年止封五侯、竝無十侯、何得強以中三年封者充其數、而安陵等七人之封、皆在中三年、史漢表明確可攷、又何得割中三年所封之五人、移入中五年耶、愚按、封十侯、漢紀不載、六月丁巳、赦天下、賜爵一級。天下大潦。【考證】天下大潦、漢紀不載、更命諸侯丞相曰相。【考證】顏師古曰、亦所以抑黜之、令異於漢朝、愚按、漢紀在八月、秋、地動。【考證】漢紀不載、中六年二月己卯、行幸雍、郊見五帝。

【考證】梁玉繩曰、漢書在十月、是也、三月、雨雹。【考證】漢書紀志、皆作雨雪、四月、梁孝王・【正義】都睢陽、今宋州、城陽共王・【正義】城陽、今濮州雷澤縣、古城陽也、共音恭、謚法、嚴敬故事曰恭、【考證】錢大昕曰、城陽國治莒、漢志謂文帝二年別成國者也、正義非、汝南王皆薨。【考證】漢紀不載城陽汝南二王薨、梁玉繩曰、前四年徙汝南王非爲江都王、則汝南國久已除爲郡矣、安得中六年有汝南王乎、卽非亦以武帝元朔元年薨、不與梁孝城陽並薨于是年也、立梁孝王子明爲濟川王。【正義】表云、分梁置也、子彭離爲濟東王。【正義】表云、分梁置也、子定爲山陽王。【正義】地理志云、景帝中六年、別爲山陽國、屬兗州、子不識爲濟陰王。【正義】地理志云、景帝中六年、別爲濟陰國、屬兗州、按今曹州是也、梁分爲五、封四侯。【正義】四侯未詳、【考證】漢紀止云、分梁爲五、立孝王子五人皆爲王、梁玉繩曰、梁孝王子五人、此不數乘氏侯買者、買嗣梁王故也、而四人中惟明封桓邑侯、餘三人未嘗爲侯、此言封四侯、誤、當作封五王、更命廷尉爲大理、將作少府爲將作大匠、主爵中尉爲都尉、【集解】漢書百官表曰、主爵中尉、秦官、掌列侯、長信詹事【集解】漢書百官表曰、詹事、秦官、掌皇后太子家、應劭曰、詹、省也、給也、瓚曰、茂陵書、詹事、秩二千石、爲長信少府、【集解】張晏曰、以太后所居宮爲名、長信宮則曰長信少府、長樂宮則曰

長樂少府、將行爲大長秋、【集解】漢書百官表曰、將行、秦官、應劭曰、長秋、皇后卿、大行爲行人、【集解】服虔曰、天子死未有謚、稱大行、晉灼曰、禮有大行小行、主謚官、故以此名之、如淳曰、不反之辭也、瓚曰、大行是官名、掌九儀之制、以賓諸侯、【索隱】按鄭玄曰、命者五、謂公侯伯子男、爵者四、孤卿大夫士、是九也、【考證】梁玉繩曰、百官表、行人爲典客屬官、景帝改典客爲大行令、未嘗改大行爲行人也、奉常爲太常、【集解】漢書百官表曰、奉常、秦官、掌宗廟禮儀、典客爲大行、【索隱】韋昭云、大行、官名、秦時云典客、景帝初改云大行、後更名大鴻臚、武帝因而不改、故漢書景紀、有大鴻臚、百官表又云、武帝改名大鴻臚、鴻聲也、臚、附皮、以言其掌四夷賓客、若皮臚之在外附於身也、復有大行令、故諸侯薨、大鴻臚奏謚、列侯薨則大行奏誄、按此大行令、卽鴻臚之屬官也、治粟內史爲大農、【集解】漢書百官表曰、治粟內史、秦官、掌穀貨也、以大內爲二千石、【集解】韋昭曰、大內、京師府藏、置左右內官、屬大內。【索隱】主天子之私財曰小內、小內卽屬大內也、【考證】梁玉繩曰、百官表無考、又曰、漢紀、改諸官名在中六年十二月、此書于四月以後、而所改官名又不盡載、何歟、且所載多譌、七月辛亥、日食。八月、匈奴入上郡。【考證】漢紀在六月、後元年冬、更命中大夫令爲衞尉。【正義】漢書百官表云、衞尉、秦官、掌宮門衞屯兵、景帝初更命中大夫令、後元年、復爲衞尉、【考證】令字各本缺、館本據漢書百官表補、梁玉繩曰、令字不可省、蓋中大夫是別一官名、不比大

行令大農令之可稱大行大農也、愚按、漢紀不載、三月丁酉、赦天下、賜爵一級。【考證】楓、三、南化本、賜下有民字、中井積德曰、民字脫、漢書可徵、中二千石・諸侯相、爵右庶長。【考證】如淳曰、雖有尊官、未必有高爵、故數有賜爵、顏師古曰、右庶長第十一爵也、四月、大酺。五月丙戌、地動。【集解】徐廣曰、丙、一作甲、其蚤食時復動。上庸地動二十二日、壞城垣。【考證】漢紀止云、五月地震、七月乙巳、日食。丞相劉舍免。八月壬辰、以御史大夫綰爲丞相、封爲建陵侯。【索隱】姓衞也、【考證】盧文弨曰、封爲建陵侯五字衍、梁玉繩曰、依史例當云以御史大夫建陵侯綰爲丞相、愚按、衞綰封建陵侯、見前六年紀、後二年正月、地一日三動。郅將軍擊匈奴。【正義】郅、眞栗反、郅都傳云、匈奴刻木爲郅都而射、不中、【考證】通鑑攷異云、酷吏傳、郅都死後、宗室多犯法、上乃召寧成爲中尉、在中六年、則後二年郅將軍者非郅都也、疑別一人、酺五日。【考證】地一日三動以下、漢紀不載、令內史郡不得食馬粟、沒入縣官。【考證】漢紀、作以歲不登、禁內郡食馬粟、沒入之、顏師古曰、食讀曰飤、沒入者、沒入其馬、與此紀小異、令徒隸衣七緵布、【索隱】七緵、蓋今七升布、言其粗故令衣之也、【正義】衣、於旣反、緵、祖工反、緵、八十縷也、與布相似、

七升布用五百六十縷、【考證】緵總通、布八十縷、帛八十絲、通有此稱也、止馬春。【索隱】止人爲馬春粟、爲歲不登故也、【正義】春、成龍切、馬春、碾磑之類也、先時用馬、今止之、【考證】中井積德曰、馬春以馬春粟也、設機輪爲之制、如水碓、止馬、必用人爲之、則貧人得食、爲歲不登、禁天下食不造歲。【正義】造、至也、禁天下費米穀、恐食不造歲、【考證】岡白駒曰、造、作也、爲也、不耕不織、徒居而食、謂之食于不造、中井積德曰、天下食、蓋餅餌之類、張文虎曰、造、乃竈之假借字、禁不造食者、行竈苟且不成竈、竈列五祀、尊竈所以重飲食也、梁玉繩曰、句必有誤字、當缺所疑、愚按、令徒隸以下、漢紀不載、省列侯遣之國。【集解】晉灼曰、文紀遣列侯之國、今又省之、【考證】漢紀云、二年冬十月、省徹侯之國、此在正月小異、中井積德曰、列侯不之國者尙多、故量省而遣之也、孝文嘗遣列侯之國、然當時以職事留京者有之、詔旨止之者有之、又雖之國者、其子孫繼襲、則或留京者亦有之、新封者亦有焉、是以其數年多耳、三月、匈奴入鴈門。十月、租長陵田。【考證】陳仁錫曰、十月、七月誤、梁玉繩曰、十月不當書三月後、愚按、漢書不載、大旱。衡山國、河東・雲中郡、【正義】衡山國、今衡州、河東、今蒲州、雲中郡、今勝州、民疫。【考證】古鈔本、楓、三本、民下有疾字、後三年十月、日月皆食、赤五日。【考證】陳仁錫曰、日食在朔、月食在望、蓋十月之朔日食、而望月食、非食在一日、梁玉繩曰、或疑食字衍、當合下作皆赤五日、漢書紀志、皆不言日食、十二月晦、雷。【集解】徐廣曰、一作雷字、又作圖字、實所未詳、【考證】焦竑曰、靁卽雷字、此以發聲非時、

故特紀異耳、雷、集韻原作靁、通志云、回、古雷字、後人加雨作靁、回象雷形、古尊彝多作云回、今人不通字學、而欲讀古書、難矣哉、日如紫、五星逆行、守太微、月貫天廷中。索隱天廷、卽龍星右角也、按石氏星傳曰、龍在左角曰天田、右角曰天廷、考證衡山國以下、漢紀不載、正月甲寅、皇太子冠。甲子、孝景皇帝崩。集解皇甫謐曰、帝以孝惠七年生、年四十八、考證臣瓚曰、帝年三十二卽位、十六年壽四十八、程一枝曰、孝景二字當省、遺詔賜諸侯王以下、至民爲父後爵一級、天下戶百錢、出宮人歸其家、復無所與。考證漢紀云、皇太子冠、賜民爲父後者爵一級、甲子、帝崩于未央宮、遺詔賜諸侯王列侯馬二駟、吏二千石黃金二斤、吏民戶百錢、出宮人歸其家、復終身、中井積德曰、據漢書賜民爲父後者爵、是太子冠之覃恩、理當然、非遺詔所宜賜、又賜諸侯王爵一級、豈有是理哉、皆當以漢書爲正、王鳴盛曰、文帝崩、歸夫人以下至少使、景帝崩亦出宮人、至武昭、乃有奉陵之制、平帝崩、王莽復出媵妾、皆歸家、太子卽位。是爲孝武皇帝。集解漢書云、二月癸酉、帝葬陽陵、皇甫謐曰、陽陵、山方百二十步、高十四丈、去長安四十五里、考證梁玉繩曰、太史公書稱武帝曰今上、曰今帝、曰今天子、曰今皇帝、故凡言孝武者、悉後人所妄改也、三月、封皇太后弟蚡集解蘇林曰、蚡、音鼢、索隱蚡、音扶粉反、按外戚世家、皇太后母臧氏、初嫁王氏、生子信而寡、更嫁長陵田氏、生蚡及勝也、爲武安侯、弟

勝爲周陽侯。置陽陵。考證凌稚隆曰、一本置作葬、陳仁錫曰、湖本葬作置、誤、程一枝曰、葬陽陵三字、當在上文太子卽位句前、蓋封太后弟在三月、而孝景之葬在二月癸酉、去甲子崩、纔十日爾、

太史公曰。漢興、孝文施大德、天下懷安。至孝景、不復憂異姓。而晁錯刻削諸侯、遂使七國俱起、合從而西鄉。考證楓山本、鄉作向、以諸侯太盛、而錯爲之不以漸也。及主父偃言之、而諸侯以弱、卒以安。索隱主父偃上言、令天子下推恩之令、令諸侯各得分邑其子弟、於是遂弱、卒以安也、考證事在武帝元朔二年、中井積德曰、偃之言、卽賈生之策矣、惜乎孝文不得行之於前、而歸功於匪人也、安危之機、豈不以謀哉。考證眞德秀曰、太史公論七國事、以一言斷之曰、以諸侯太盛、而錯爲之不以漸也、則其初封建之過制、後之當抑損而爲之不善、皆見于一言、非後世史筆可及、

索隱述贊、景帝卽位、因脩靜默、勉人於農、率下以德、制度斯創、禮法可則、一朝吳楚、乍起凶慝、提局成釁、拒輪致惑、晁錯雖誅、梁城未克、條侯出將、追奔逐北、坐見梟剋、立翦牟賊、如何太尉、後卒下獄、惜哉明君、斯功不錄、

孝景本紀第十一

史記十一

文學博士瀧川龜太郎著

史記會注考證

史記會注考證卷十二

漢　太史令司馬遷撰

宋　中郎外兵曹參軍裴駰集解

唐　國子博士弘文館學士司馬貞索隱

唐　諸王侍讀率府長史張守節正義

日本　出雲瀧川資言考證

孝武本紀第十二　史記十二

集解太史公自序曰、作今上本紀、又其述事皆云今上、今天子、或有言孝武帝者、悉後人所定也、張晏曰、武紀、褚先生補作也、褚先生名少孫、漢博士也、正義按褚先生補史記、合集武帝事以編年、今止取封禪書補之、信其才之薄也、又張晏云、褚先生潁川人、仕元成閒、韋稜云、褚顗家傳、褚少孫梁相褚大弟之孫、宣帝代爲博士、寓居于沛、事大儒王式、號爲先生、續太史公書、阮孝緒亦以爲然也、考證史公自序云、漢興五世、隆在建元、外攘夷狄、內修法度、封禪、改正朔、易服色、作今上本紀、第十二、錢大昕曰、張晏云、此紀褚先生補作、予謂少孫補史、皆取史公所缺、意雖淺近、詞無雷同、未有移甲以當乙者也、或晉以後少孫補篇亦亡、鄉里妄人、取此以足其數爾、洪亮吉曰、褚少孫爲博士、不得在宣帝時、張晏云、仕于元成閒、說近之、

孝武皇帝者、集解漢書音義曰、諱徹、索隱裴駰云、太史公自序云、作今上本紀、又其序事皆云今上今天子、今或言孝武皇帝者、悉後人所定也、正義謚法云、克定禍亂曰武、孝景中子也。索隱按景十三王傳、廣川王已上、皆是武帝兄、自河閒王德以至廣川、凡有八人、則武帝第九也、母曰王太后。孝景四年、以皇子爲膠東王。孝景七年、栗太子廢爲臨江王。以膠東王爲太子。孝景十六年崩。太子即位爲孝武皇帝。集解張晏曰、武帝以景帝元年生、七歲爲太子、爲太子十歲、而景帝崩、時年十六矣、考證梁玉繩曰、史公今上本紀全缺、首六十字後人妄加、此下取封禪書補之、而又臆爲增改、如李少君是深澤侯舍人、而爲深澤侯、毫人謬忌亦稱薄忌、而以爲毫人薄誘忌、神君之最貴者太一、而以爲大夫、欒大四印、合五利爲

四、而并天道玉印爲四金印、祭恒山、偏岳瀆、均天漢後事、而謬割郊祀志以竄入之、殊覺乖亂、孝武皇帝初即位。尤敬鬼神之祀。元年、漢興已六十餘歲矣。集解徐廣曰、六十七年、歲在辛丑、考證凌本移置此卷集解索隱正義於封禪書、云、此以下全錄封禪書文、注釋並入原書、此不載、蓋以意改易、今悉仍其舊、天下乂安、薦紳之屬、皆望天子封禪改正度也。索隱薦紳、上音搢、搢、挺也、言挺笏於紳帶之閒、事出禮內則、今作薦者、古字假借耳、漢書作縉紳、臣瓚云、縉、赤白色、非也、正義乂、音魚廢反、而上鄉儒術、招賢良。趙綰·王臧等、以文學爲公卿。欲議古立明堂城南、以朝諸侯。草巡狩封禪改歷服色事。未就。索隱城南、長安城南門外、案關中記云、明堂、在長安城門外杜門之西、正義括地志云、漢明堂在雍州長安縣西北七里、長安故城南門外也、關中記云、明堂、在長安城南門外杜門之西、考證中井積德曰、是時欲立明堂、未就而廢、註何討處所、楓三本、草下有創字、會竇太后治黃·老言、不好儒術。使人微得趙綰等姦利事、集解徐廣曰、纔微伺察之、考證楓三本、館本、微下有伺字、與封禪書合、當依補、召案綰·臧。綰·臧自殺。正義漢書、孝武帝二年、御史大夫趙綰、坐請無奏事太皇太后、及郎中令王臧、皆下獄自殺、應劭

云、王臧儒者、欲立明堂辟雍、太后素好黃老術、非薄五經、因故絕奏事太后、太后怒、故令殺、諸所興爲者皆廢。後六年、竇太后崩。其明年、上徵文學之士公孫弘等。【考證】元光元年、明年、上初至雍、郊見五時。【正義】時音止、括地志云、漢五帝時、在岐州雍縣南、孟康云、時者神靈之所止、或曰、以雍州雍縣南、孟康云、時者神靈上帝也、案五時者、鄜時、密時、吳陽時、北時、先是秦文公作鄜時、祭白帝、秦宣公作密時、祭青帝、秦靈公作吳陽上時下時、祭赤帝黃帝、漢高祖作北時、祭黑帝、是五時也、後常三歲一郊。是時上求神君、【正義】漢武帝故事云、起柏梁臺、以處神君、長陵女子也、先是嫁爲人妻、生一男、數歲死、女子悼痛之、歲中亦死、而靈宛若、祠之、遂聞言、宛若爲生、民人多往請福、說家人小事有驗、平原君亦事之、至後子孫尊貴、及上即位、大后延於宮中祭之、聞其言、不見其人、至是神君求出局、營柏梁臺舍之、初霍去病微時、自禱神君、及見其形、自脩飾、欲與去病交接、去病不肯、謂神君曰、吾以神君精絜、故齋戒祈福、今欲婬、此非也、自絕不復往、神君慙之、乃去也、舍之上林中蹏氏觀。【集解】徐廣曰、蹏、音蹄、【索隱】徐廣音蹄、鄒誕音斯、又音蹄、觀名也、【考證】楓三本、無之字、封禪書有、漢志、觀作館、神君者長陵女子、以子死悲哀。故見神於先後宛若。【集解】孟康曰、產乳而死、兄弟妻相謂先後、宛若字、【索隱】先後、鄒誕音二字竝去聲、即今妯娌也、孟康以兄弟妻相謂也、韋昭云、先謂姒、後謂娣也、宛、音冤、【考證】中井積德曰、

漢志、子死作乳死、故孟說云云、此本蓋謬、愚按、子當作字、字亦乳也、宛若祠之其室。民多往祠。平原君往祠。其後子孫以尊顯。【集解】徐廣曰、武帝外祖母也、駰案、蔡邕曰、異姓婦人、以恩澤封者曰君、儀比長公主、【索隱】案徐云、武帝外祖母、則是臧兒也、及武帝即位、則厚禮置祠之內中。聞其言、不見其人云。【考證】中井積德曰、置者、宛若也、祠者、神君也、愚按、內中、蹏氏觀內中也、是時而李少君亦以祠竈穀道卻老方見上。上尊之。【集解】李奇曰、穀道、食穀道引、或曰辟穀不食之道、【索隱】如淳云、祠竈可以致福、案禮竈者、老婦之祭、盛於盆、尊於瓶、說文、周禮、以竈祠祝融、淮南子、炎帝作火官、死爲竈神、司馬彪注莊子云、髻、竈神也、如美女衣赤、李弘範音詰也、【正義】周禮注曰、顓頊氏有子曰黎、爲祝融、以爲竈神、【考證】而字、中統游柯凌本作有、封禪書郊祀志無、少君者、故深澤侯入。以主方。【集解】徐廣曰、深澤侯、姓趙、景帝時絕封、又曰、入以主方、進納於天子而主方、一云、侯人主方、駰案如淳曰、侯家人、主方藥者也、【正義】功臣表曰、深澤侯頭子脩、景帝七年、有罪絕、至中九年、頭子夷胡復封、至元朔五年、國除、【考證】封禪書、入以作舍人、漢書郊祀志、入作人、無以字、岡白駒曰、入當作人、人家人也、如淳注、侯家人、主方藥者、以字當刪、匿其年及所生長。【考證】顏師古曰、生長、謂其郡縣所屬、及居止處、常自謂七十。能使物卻老。【集解】如淳曰、物、鬼

物也、瓚曰、物、藥物也、【考證】物、如說是、下文云、祠竈則致物、亦謂致鬼物、非藥物、其游以方徧諸侯。無妻子。人聞其能使物及不死、更饋遺之。常餘金錢帛衣食。人皆以爲不治產業而饒給。又不知其何所人。愈信、爭事之。少君資好方、善爲巧發奇中。【集解】如淳曰、時時發言有所中也、【考證】周壽昌曰、資、藉也、好方、好爲方也、嘗從武安侯飲。【集解】服虔云、田蚡也、韋昭云、武安屬魏郡也、坐中有年九十餘老人。少君乃言與其大父游射處。老人爲兒時、從其大父行、識其處。一坐盡驚。少君見上。上有故銅器。問少君。少君曰。此器、齊桓公十年陳於柏寢。【集解】服虔曰、地名、有臺也、瓚曰、晏子書、柏寢、臺名也、【正義】括地志云、柏寢臺、在青州千乘縣東北二十一里、韓子云、景公與晏子遊於少海、登柏寢之臺、而望其國、公曰、美哉堂乎、後代孰將有此、晏子云、其田氏乎、公曰、寡人有國、而田氏家奈何、對曰、奪之則近賢遠不肖、治其煩亂、輕其刑罰、振窮乏、恤孤寡、行恩惠、崇節儉、雖十田氏、其如何堂、即此也、【考證】沈欽韓曰、晏子雜篇、景侯新成柏寢之臺、使師開鼓琴、齊桓公時無柏寢、已而案其刻、果齊桓公

器。一宮盡駭、以少君爲神、數百歲人也。少君言於上曰。祠竈則致物。致物而丹沙可化爲黃金。黃金成、以爲飲食器、則益壽。益壽、而海中蓬萊僊者可見。見之以封禪則不死。黃帝是也。臣嘗游海上見安期生。食臣棗大如瓜。【索隱】服虔曰、古之真人、案列仙傳云、安期生、琅邪人、賣藥東海邊、時人皆言千歲也、【正義】列仙傳云、安期生、琅邪阜鄉亭人也、賣藥海邊、秦始皇請語三夜、賜金數千萬、出於阜鄉亭、皆置去、留書、以赤玉舄一重爲報曰、後千歲、求我於蓬萊山下、【考證】楓、三本、食上有安期生三字、張文虎曰、臣棗之臣、舊刻毛本竝作臣、是也、他本作巨、誤、愚按、楓、三、南本、亦作臣、安期生僊者、通蓬萊中。合則見人、不合則隱。於是天子始親祠竈、而遣方士入海、求蓬萊安期生之屬、而事化丹沙諸藥齊爲黃金矣。【索隱】齊、音劑、【正義】劑、在西切、劑、皆也、言同諸藥化丹沙皆爲黃金、【考證】索隱是、顏師古亦云、齊、藥之分齊也、居久之、李少君病死。天子以爲化去不死也。【正義】漢書起居云、李少君將去、武帝夢與共登嵩高山、半道有使乘龍、時從雲中云、太一請少君、帝謂

左右、將舍我去矣、數月而少君病死、又發棺看、唯衣冠在也、而使黃錘史寬舒受其方、求蓬萊安期生。莫能得。【集解】韋昭曰、黃錘、人姓名、駰案、漢書音義曰、二人皆方士姓名、【正義】錘、音直僞反、姓史、名寬舒、【考證】封禪書集解云、徐廣曰、錘縣、黃縣、皆在東萊、王鳴盛曰、徐說得之、黃錘之史、其名寬舒、觀下文、寬舒凡五見、而不見爲黃錘者、音義以爲二人名、謬甚、齊召南曰、始皇紀云、過黃腄、注云、東萊有黃縣腄縣、恐史寬舒、蓋黃腄間人、錘與腄字體少異、或傳寫各別、而海上燕・齊怪迂之方士、多相效、更言神事矣。【正義】迂、猶遠也、言怪異遠處燕齊之方士、多於相效、更言神事、謂謬忌少翁欒大之屬、【考證】迂、讀爲訏、譎詭也、迂怪、就方而言、亳人薄誘忌奏祠泰一方。【集解】徐廣曰、一云、亳人謬忌也、【索隱】亳、山陽縣名、姓謬、名忌、居亳、故下稱薄忌、此文則作薄字、而謬、又誤作誘矣、【考證】書志竝作亳人謬忌、此衍薄字、胡三省曰、謬、姓也、音靡幼翻、與繆同、曰。天神貴者泰一。【索隱】天神貴者大一、案樂汁徵圖云、紫微宮北極天一太一、宋均以爲天一太一、北極之別名、春秋緯、紫宮、天皇曜魄寶之所理也、泰一佐曰五帝。【索隱】其佐曰五帝、河圖云、蒼帝、神名靈威仰之屬也、【正義】五帝、五天帝也、國語云、蒼帝靈威仰、赤帝赤熛怒、白帝白招矩、黑帝叶光紀、黃帝含樞紐、尚書帝命驗云、蒼帝、名靈威仰、赤帝、名文祖、黃帝、名神斗、白帝名顯紀、黑帝、名玄矩、佐者謂配祭也、【考證】館本考證云、索隱所引國語、此春秋文耀光文、見周禮春官疏、國語無、古者天子以春秋

祭泰一東南郊。用太牢具七日。【集解】徐廣曰、一云、日一太牢、具十日、【考證】郊祀志、具作一日、封禪書、無具字、爲壇、開八通之鬼道。於是天子令太祝立其祠長安東南郊。常奉祠如忌方。其後人有上書言。古者天子三年一用太牢具、祠神三一。天一、地一、泰一。【考證】郊祀志無神字、天子許之、令大祝領、祠之忌泰一壇上、如其方。後人復有上書言。古者天子常以春秋解祠。【正義】解、紀買反、又紀賣反、祭神曰解、言黃帝欲絕其類梟破鏡、故使祭百物之祠、後世每春秋祠黃帝、用一梟及一破鏡、以解黃帝絕惡之類、故言解祠黃帝、【考證】封禪書、郊祀志、無秋字、祠黃帝用一梟破鏡。【集解】孟康曰、梟、鳥名、食母、破鏡、獸名、食父、黃帝欲絕其類、使百物祠皆用之、破鏡、如貙而虎眼、或云、直用破鏡、如淳曰、漢使東郡送梟、五月五日爲梟羹以賜百官、以惡鳥故食之、冥羊用羊。【集解】服虔曰、冥羊、神名也、祠馬行用一青牡馬。【正義】馬行、神名也、泰一・皋山・山君地長用牛。【正義】長、丁丈反、三竝神名、【考證】封禪書不重山字、武夷君用乾魚。【正義】神名、陰陽使

者以一牛。【集解】漢書音義曰、陰陽之神也、令祠官領之、如其方。而祠於忌泰一壇旁。其後天子苑有白鹿。以其皮爲幣、【索隱】案食貨志、皮幣以白鹿皮方尺、緣以績、以薦璧、得以黃金一斤代之、又漢律、皮幣、率鹿皮方尺、直黃金一斤、以發瑞應、造白金焉。【索隱】案食貨志、白金三品、各有差也、【正義】白金三品、武帝所鑄也、如淳曰、雜鑄銀錫爲白金也、平準書云、造銀錫爲白金、以爲天用莫如龍、地用莫如馬、人用莫如龜、故曰白金三品、其一曰重八兩、圓之、其文龍、名曰白選、直三千、二曰重差小、方之、其文馬、直五百、三曰復小、隋之、其文龜、直三百、錢譜云、白金第一、其形圓如錢、肉好圓、文爲一龍、白銀第二、其形方小長、肉好亦小長好、上下文爲二馬、白銀第三、其形似龜、肉好小、是文爲龜甲也、其明年、郊雍。獲一角獸。若麃然。【集解】韋昭曰、楚人謂麞爲麃、【索隱】麃、音步交反、韋昭曰、體若麕而一角、春秋所謂有麕而角、是也、楚人謂麞爲麃、又周書王會云、麃者若鹿、爾雅云、麞、大鹿也、牛尾一角、郭璞云、漢武獲一角獸若麃、謂之麟、是也、【考證】封禪書同、郊祀志、作後二年、即元狩元年也、有司曰。陛下肅祗郊祀。上帝報享、錫一角獸。蓋麟云。【正義】漢書終軍傳云、從上雍、獲白麟、一角戴肉、設武備而不爲害、所以爲仁、於是以薦五畤。畤加一牛以燎。【正義】力召反、焚也、賜諸侯白金、以風符應合于天地。【集解】晉灼曰、

符、瑞也、瓚曰、風示諸侯、以此符瑞之應、【考證】封禪書郊祀志、地作也、此疑誤、於是濟北王以爲天子且封禪。乃上書獻泰山及其旁邑。天子受之。更以他縣償之。【考證】書、志、無受之更三字、常山王有辠。遷。天子封其弟於眞定、以續先王祀、而以常山爲郡。然后五嶽皆在天子之郡。其明年、齊人少翁、以鬼神方見上。【正義】漢武故事云、少翁年二百歲、色如童子、上有所幸王夫人。【集解】徐廣曰、齊懷王閎之母也、駰案、桓譚新論云、武帝有所愛幸姬王夫人、窈窕好容、質性嫺佞、【正義】漢書、作李夫人、夫人卒。少翁以方術蓋夜致王夫人及竈鬼之貌云。天子自帷中望見焉。於是乃拜少翁爲文成將軍、賞賜甚多、以客禮禮之。文成言曰。上即欲與神通。宮室被服不象神、神物不至。乃作畫雲氣車。及各以勝日駕車、辟惡鬼。【集解】漢書音義曰、如火勝金、用丙與丁日、不用庚辛、【考證】服虔曰、甲乙五行相克之日也、中井積德曰、例如庚辛日駕赤車、丙丁日駕黑車也、

又作甘泉宮。中爲臺室、畫天地泰一諸神。而置祭具、以致天神。居歲餘。其方益衰、神不至。乃爲帛書以飯牛、詳弗知也。言此牛腹中有奇。【正義】飯、房晚反、書絹帛上、爲怪言語、以飼牛、【考證】詳、楓、三本、作佯、郊祀志、作陽、殺而視之。得書。書言甚怪。天子疑之、有識其手書、問之人果爲書。【考證】楓、三本、無有字、李笠曰、有讀爲又、封禪書、作天子識其手書、問其人、果是僞書、卽僞字、手書、手迹、言人之所書也、於是誅文成將軍、而隱之。【正義】漢武故事云、文成誅月餘、有使者藉貨關東還、逢之於漕亭、還見言之、上乃疑、發其棺、無所見、唯有竹筒一枚、捕驗閉無蹤跡也、其後、則又作栢梁・銅柱・承露・僊人掌之屬矣。【集解】蘇林曰、仙人以手掌擎盤承甘露也、【索隱】服虔云、柏梁、用梁百頭、按今字皆作栢、三輔故事云、臺高二十丈、用香栢爲殿、香聞十里、又曰、建章宮承露盤、高三十丈、大七圍、以銅爲之、上有仙人掌承露、和玉屑飲之、故張衡賦曰、立脩莖之仙掌、承雲表之清露、是也、文成死明年、天子病鼎湖甚。巫醫無所不致。至、不愈。【集解】晉灼曰、在湖縣、韋昭曰、地名、近宜春、【索隱】案鼎湖、縣名、屬京兆、後屬弘農、昔黃帝採首陽山銅、鑄鼎於湖、曰鼎湖、卽今之湖城縣也、韋昭云、以爲近宜春、亦甚疏也、

【考證】顧炎武曰、湖當作胡、鼎胡、宮名、漢書楊雄傳、南至宜春鼎胡御宿昆吾、是也、故卒起幸甘泉、而行右內史界、索隱以爲湖縣、在今之閺鄉、絕遠且無行宮、書志、無至字、此疑衍、游水發根乃言曰。上郡有巫。病而鬼下之。上召置祠之甘泉。【集解】服虔曰、游水、縣名、發根、人名、姓、晉灼曰、地理志游水、水名、在臨淮淮浦也、【索隱】顏師古以游水姓、發根名、蓋或因水爲姓、服虔亦曰、發根人姓字、或曰、發樹根者也、及病、使人問神君。【集解】韋昭曰、卽病巫之神、神君言曰。天子毋憂病。病少愈、强與我會甘泉。於是病愈。遂幸甘泉。病良已。【集解】孟康曰、良已、善已、謂愈也、【考證】李笠曰、書志、遂下並有起字、觀上云病少愈、强與我會甘泉、此病愈也、有起字者、方與强字語氣合、大赦天下、置壽宮神君。【集解】服虔曰、立此便宮也、瓚曰、宮、奉神之宮也、楚辭曰、蹇將澹兮壽宮、【考證】張文虎曰、疑當作置神君壽宮、神君最貴者大夫。其佐曰大禁。司命之屬皆從之。非可得見。聞其音、與人言等。【考證】楓、三本、者下有曰字、大夫作太一、書志亦作太一、李笠曰、書志作言與人音等、此音言二字妄易、時去時來。來則風肅然也。【考證】楓、三本、無去字、居室帷中。時晝言。然常以夜。天子祓然后

入。【集解】漢書音義曰、崇絜自祓除、然後入、因巫爲主人、關飲食、所欲者、言行下。【集解】李奇曰、神所欲、言、上輒爲下之、又置壽宮北宮、【正義】括地志云、壽宮北宮、皆在雍州長安縣西北三十里長安故城中、漢書云、武帝壽宮以處神君、張羽旗、設供具、以禮神君。神君所言、上使人受書其言。命之曰畫法。【集解】漢書音義曰、或云、策畫之法也、【正義】畫、音獲、案畫一之法、其所語、世俗之所知也。毋絕殊者。而天子獨喜。其事祕、世莫知也。其後三年、有司言、元宜以天瑞命。不宜以一二數。【集解】蘇林曰、得黃龍鳳皇諸瑞以名年、【正義】孝景以前、卽位以一二數年、至其終、武帝卽位、初有年號、改元以建元爲始、一元曰建元。二元以長星曰元光。三元以郊得一角獸曰元狩云。【集解】徐廣曰、案諸紀、元光後有元朔、元朔後得元狩、【考證】顧炎武曰、是建元元光之號、皆自後追爲之、而武帝卽位之初、亦但如文景之元、尚未有年號也、其明年冬、天子郊雍。議曰。今上帝朕親郊、而后土毋祀、則禮不荅也。有司與太史公祠官寬舒等議。

【集解】韋昭曰、說者以談爲太史公、失之矣、史記稱遷爲太史公者、是外孫楊惲所稱、【索隱】韋昭云、談、司馬遷之父也、說者以談爲太史公、失之矣、史記稱太史公、遷外孫楊惲稱之也、姚察按遷傳、亦以談爲太史公、非惲所加、又按虞喜志林云、古者主天官皆上公、自周至漢、其職轉卑、然朝會坐位、猶居公上、尊天之道、其官屬仍以舊名尊而稱公、公名當起於此、故如淳云、太史公位在丞相上、天下郡國計書、先上太史公、副上丞相、其義是也、而桓譚新論以爲太史公造書、書成示東方朔、朔爲平定、因署其下、太史公者皆朔所加之者也、【正義】按二家之說皆非也、如淳曰、漢儀注、太史公武帝置、位在丞相上、天下計書、先上太史公、副上丞相、序事如古春秋、瓚曰、百官表、無太史公、茂陵中書司馬談以太史丞爲太史公、自敍傳云、生談、談爲太史公、仕於建元元封之閒、又云、太史公既治天官、不治民、有子曰遷、又云、太史公遭李陵之禍、又云、余述黃帝以來至太初而訖、凡百三十篇、攷此四科、明司馬遷父子爲太史公、太史公乃司馬遷自題、【考證】錢大昕曰、按封禪書、兩稱太史公、與祠官寬舒連文、而不著名、爲父諱也、是年郊雍、爲元鼎四年、其明年冬、至郊拜太一、皆談爲太史公時、談以元封元年卒、卒後遷始繼之、漢志書談、得其實矣、楓、三本、無等字、與書志合、天地牲角繭栗。【考證】顏師古曰、牛角之形、或如繭、或如栗、言其小、今陛下親祀后土。【考證】楓、三本、祀作祠、后土宜於澤中圜丘爲五壇。壇一黃犢太牢具。已祠盡瘞。而從祠衣上黃。【考證】顏師古曰、侍祠之人、皆著黃衣也、於是天子遂東。始立后土祠汾陰脽上、如寬

舒等議。上親望拜如上帝禮。【集解】徐廣曰、元鼎四年時也、駰案蘇林曰、脽、音誰、如淳曰、河之東岸特堆堀、長四五里、廣二里餘、高十餘丈、汾陰縣在脽之上、后土祠在縣西、汾在脽之北、西流與河合也、【索隱】脽丘、音誰、漢舊儀作葵丘者、蓋河東人呼誰與葵同故耳、【考證】楓、三本、上作丘、與索隱本合、汾陰、山西蒲州府榮河縣、 禮畢、天子遂至滎陽而還。過雒陽、下詔曰。三代邈絕遠矣。難存。其以三十里地、封周後為周子南君、以奉先王祀焉。是歲、天子始巡郡縣、侵尋於泰山矣。【集解】晉灼曰、遂往之意也、【索隱】侵尋、卽浸淫也、故晉灼云、遂往之意也、小顏云、浸淫、漸染之義、蓋尋淫聲相近、假借用耳、師古叔父游秦、亦解漢書、故稱師古為小顏也、 其春、樂成侯上書言欒大。【集解】徐廣曰、樂成侯、姓丁、名義、後與欒大俱誅也、【索隱】韋昭云、河閒縣、按郊祀志、樂成侯登、而徐廣據表、姓丁名義、未詳、 欒大膠東宮人。【集解】服虔曰、王家人、 故嘗與文成將軍同師。已而為膠東王尚方。而樂成侯姊為康王后。【集解】孟康曰、膠東王后也、 毋子。康王死、他姬子立為王。而康后有淫行、與王不相中。得相危以法。

【考證】書志、無得字、此衍、顏師古曰、不相中、不相可也、相危以法、謂以罪法相欲傾危也、 康后聞文成已死、而欲自媚於上、乃遣欒大、因樂成侯求見言方。天子既誅文成、後悔恨其早死、惜其方不盡。及見欒大大悅。大為人長美、言多方略。而敢為大言、處之不疑。大言曰。臣嘗往來海中、見安期·羨門之屬。【索隱】韋昭云、仙人、應劭云、名子喬、 顧以為臣賤、不信臣。【考證】封禪書、以為臣、作以臣為、 又以為康王諸侯耳、不足予方。臣數言康王。康王又不用臣。臣之師曰。黃金可成。而河決可塞。不死之藥可得。僊人可致也。【考證】楓、三本、師上無之字、 臣恐效文成、則方士皆掩口。惡敢言方哉。上曰。文成食馬肝死耳。子誠能脩其方、我何愛乎。大曰。臣師非有求人。人者求之。陛下必欲致之、則貴其使者、令有親屬、以客禮

待之、勿卑、使各佩其信印、乃可使通言於神人。神人尚肯邪、不邪。致尊其使、然后可致也。【考證】楓、三本、不下有肯字、漢志、邪下無致字、 於是上使先驗小方鬭旗。旗自相觸擊。【正義】音其、文本或作棊、說文云、棊、博棊也、高誘注淮南子云、取雞血、與針磨擣之、以和磁石、用塗棊頭、曝乾之、置局上、卽相拒不止也、【考證】書志、旗作棊、下同、沈濤曰、正義引高誘淮南子注、今淮南子注中無此文、封禪書索隱引顧氏案萬畢術云、其語略同、則萬畢術、亦高誘注矣、 是時上方憂河決、而黃金不就。【正義】鍊丹砂鉛錫為黃金、不就、 乃拜大為五利將軍。居月餘得四金印。佩天士將軍、地士將軍、大通將軍、天道將軍印。【考證】楓、三本、無金字、又無天道將軍四字、中井積德曰、天道將軍四字衍、封禪書郊祀志、皆無、蓋天士地士大通、併上五利為四也、天道、則下別有玉印、張照朱一新說同、 制詔御史。昔禹疏九江、決四瀆。閒者河溢皋陸、隄繇不息。【正義】顏師古云、皐、水旁地也、廣平曰陸、言水大汎溢、自皐及陸、而築作堤、傜役甚多、不暇休息、【考證】梁玉繩曰、江乃河之訛、漢志、作九河、中井積德曰、不息、猶不止也、 朕臨天下二十有八年。天若遺朕士而大通焉。

【集解】韋昭曰、言欒大能通天意、故封樂通、【索隱】韋昭云、言大能通天意、故封之樂通、樂通、在臨淮高平縣也、【考證】中井積德曰、大通、因將軍號而稱焉、非指封禪、 乾稱蜚龍。鴻漸于般。【集解】漢書音義曰、般、水涯堆也、漸、進也、武帝云、得欒大如鴻進于般、一舉千里、得道若飛龍在天、【考證】顏師古曰、飛龍在天、乾卦九五爻辭也、鴻漸于般、漸卦六二爻辭也、般、山石之安者、方苞曰、飛龍在天、利見大人、言君之得臣也、鴻漸于般、飲食衎衎、言臣之得君也、武帝以欒大為天所遺士、故引此、注誤、 意庶幾與焉。其以二千戶封地士將軍大為樂通侯。【集解】韋昭曰、樂通、臨淮高平也、 賜列侯甲第、【集解】漢書音義曰、有甲乙第次、故曰第、 僮千人、乘輿斥車馬、【集解】漢書音義曰、或云、斥、不用也、韋昭曰、當在服御、【索隱】孟康云、斥、不用之車馬、是也、 帷帳器物、以充其家。又以衛長公主妻之。【集解】孟康曰、衛太子妹、如淳曰、衛太子姊也、蔡邕曰、帝女曰公主、儀比諸侯、姊妹曰長公主、儀比諸侯王、駰案此帝女也、而云長公主、未詳、 齎金萬斤。更名其邑曰當利公主。【集解】地理志云、東萊有當利縣、 天子親如五利之第。使者存問、所給連屬於道。【考證】所、封禪書作供、郊祀志作共、連、書志作相、張文虎曰、中統游本吳校元板、連上有相字、愚按、楓、三本同、 自大主將相以下、皆置酒其家獻遺之。

【集解】徐廣曰、大主、武帝姑也、駰案韋昭曰、竇太后女也、於是天子又刻玉印曰天道將軍、使使衣羽衣夜立白茅上。【考證】楓、三本、子下有許字、五利將軍亦衣羽衣立白茅上、受印。以示弗臣也。而佩天道者、且爲天子道天神也。於是五利常夜祠其家、欲以下神。神未至而百鬼集矣。然頗能使之。其後治裝行、東入海求其師云。大見數月、佩六印、貴振天下。而海上燕·齊之閒、莫不搤捥而自言有禁方能神僊矣。【集解】服虔曰、滿手曰搤、瓚曰、搤、執持也、其夏六月中、汾陰巫錦【集解】應劭曰、錦、巫名、爲民祠魏脽后土。營旁見地如鉤狀、【集解】應劭曰、魏、故魏國也、脽、若丘之類、【考證】汾陰、故魏地、故曰魏脽、顏師古曰、營、謂祠之兆域也、掊視得鼎。【索隱】說文、掊、抱也、音步溝切、【考證】顏師古曰、掊、手把土也、鼎大異於衆鼎。文鏤、毋款識。【集解】韋昭曰、款、刻也、【索隱】韋昭云、款、刻也、按、識、猶表識也、【考證】陰文曰款、陽文曰識、怪之言吏。吏告河東太

守勝。【考證】楓、三本、告上有以字、勝以聞。天子使使驗問。巫錦得鼎無姦詐。乃以禮祠、迎鼎至甘泉。從行上薦之。【集解】如淳曰、以鼎從行、上至甘泉、將薦之於天也、至中山。【集解】徐廣曰、河渠書、鑿涇水、自中山西、【索隱】此山在馮翊谷口縣西、近九嵏山、土人呼爲中山、河渠書、韓使水工鄭國說秦鑿涇水、自中山西、卽此山、晏溫。【集解】如淳曰、三輔謂日出清濟爲晏、晏而溫也、【索隱】如淳云、三輔俗謂日出清濟爲晏、晏而溫、故曰晏溫、許愼注淮南子云、晏無雲也、【考證】楓、三本、索隱、清濟作清寧、有黃雲蓋焉。有麃過。上自射之、因以祭云。【集解】徐廣曰、上言從行薦之、或曰、祭鼎乎、至長安。公卿大夫皆議、請尊寶鼎。天子曰。閒者河溢、歲數不登。故巡祭后土、祈爲百姓育穀。今年豐廡。未有報。【考證】漢志、廡作橅、顏師古曰、橅、美也、言稼穡美也、未報者、獲年豐而未報賽也、愚按、廡讀爲膴、詩大雅緜篇、周原膴膴、菫茶如飴、傳、膴、美也、鼎曷爲出哉。有司皆曰。聞昔大帝興神鼎一。【索隱】顏師古以大帝卽太昊伏犧氏、以在黃帝之前故也、一者一統天地、萬物所繫終也。【考證】漢志、終作象、黃帝作寶鼎三。象天地

人也。禹收九牧之金鑄九鼎。皆嘗鬺烹上帝鬼神。【集解】徐廣曰、烹、煑也、鬺、音觴、皆嘗以烹牲牢而祭祀也、服虔曰、以祭祀上帝、或曰、嘗、烹酌也、【索隱】言鼎以烹牲而饗嘗也、鬺字又作觴字、音殤、漢書郊祀志云、鼎空足曰鬲、以象三德、鬲、音歷、謂足中不實者名之也、【考證】封禪書、作亨鬺、集解索隱、皆先釋鬺、似當如封禪書然、郊祀志、作鬺享、注引服虔曰、以享祀上帝也、蓋此文當以皆嘗鬺享上帝鬼神爲句、古享烹皆作亨、致相混耳、疑史文當作鬺享、遭聖則興。【正義】遭、逢也、鼎雖淪泗水、逢聖興起、故出汾陰西、至甘泉也、【考證】方苞曰、承上文言鼎神物、遭聖則興、以隱喩鼎出爲瑞、非直指汾陰鼎出事、正義誤、遷于夏商、周德衰、宋之社亡、【正義】社、主民也、社以石爲之、宋社卽亳社也、周武王伐紂、乃立亳社以爲監戒、覆上棧下、不使通天地陰陽之氣、周禮衰、國將危亡、故宋之社爲亡殷復也、鼎乃淪伏而不見。頌云、自堂徂基、【正義】此以下至胡考之休、是周頌絲衣之詩、自堂、從內往外、基、門內塾也、鄭玄云、門側之堂謂之塾、繹禮輕、使士升堂視壺濯及籩豆之屬、降往於塾、牲自羊徂牛、告充已、乃舉鼎告絜、禮之次也、自羊徂牛。【正義】自堂往塾、先視羊、後及牛也、毛萇云、先小後大也、鼐鼎及鼒、【集解】韋昭曰、爾雅曰、鼎絕大謂之鼐、圜弇上謂之鼒、不虞不驁。【索隱】毛傳云、虞、譁也、姚氏案、何承天云、虞當爲吳、音洪霸反、又說文以吳、一曰、大言也、此作虞者、與吳聲相近、故假借也、或者本文借此虞爲歡娛字故也、【考證】詩周頌、漢郊祀志、虞作吳、驁作敖、錢大昕曰、古文虞與吳通、漢碑亦有不虞不揚

之文、今封禪書作吳、乃後人據毛詩私改、胡考之休。今鼎至甘泉、光潤龍變、承休無疆。合茲中山、有黃白雲降【集解】韋昭曰、與中山所見黃雲之氣合也、【考證】中井積德曰、合茲中山、適在中山有此事也、蓋、若獸爲符。【集解】服虔曰、雲若獸、在車蓋也、晉灼曰、蓋、辭也、或云、符、謂瑞應也、【考證】陳仁錫曰、有黃白雲降蓋、蓋卽上文黃雲蓋焉是也、中井積德曰、蓋字屬上句、注謬、凌稚隆曰、應麃過、路弓乘矢、【集解】韋昭曰、路、大也、四矢爲乘、集獲壇下。【考證】劉奉世曰、指射鹿也、言以大弓四矢、而後獲之於壇下也、報祠大饗。【集解】徐廣曰、一云、大報享祠也、惟受命而帝者、心知其意而合德焉。【集解】服虔曰、高祖受命、知之也、宜見鼎於其廟、【考證】顧炎武曰、此卽謂武帝、服虔以爲高祖、非、鼎宜見於祖禰、藏於帝廷、以合明應。【考證】漢志、見作視、注云、視、示也、制曰。可。入海求蓬萊者、【正義】蓬萊、方丈、瀛洲、勃海中三神山也、【考證】凌稚隆曰、接上東入海求其神、言蓬萊不遠。而不能至者、殆不見其氣。上乃遣望氣佐候其氣云。其秋、上幸雍。【索隱】上雍、以雍地形高故云上、【考證】中井積德曰、上、天子也、且郊。或曰。五帝、泰一之佐也。宜立泰一而

上親郊之。上疑未定。齊人公孫卿曰。今年得寶鼎。其冬辛巳朔旦冬至、與黃帝時等。卿有札書曰。黃帝得寶鼎宛侯。問於鬼臾區。[集解]漢書音義曰、區、黃帝時人、[索隱]鄭氏云、黃帝佐也、李奇曰、黃帝時諸侯、本作申區者非、藝文志、作鬼容區者也、[考證]顏師古曰、等同也、札、木簡之薄小者也、錢大昕曰、封禪書、宛侯作宛朐、蓋地名、濟陰郡宛句縣是也、漢志、作冕侯、冕卽冤之譌、侯、句、音相近、區對曰。黃帝得寶鼎神筴。是歲己酉朔旦冬至、得天之紀。終而復始。於是黃帝迎日推筴。後率二十歲也、[正義]率、音律、又音類、又所律反、三音竝通、後皆放此、[考證]臣瓚曰、日月朔望、未來而推之、故曰迎日、得朔旦冬至。凡二十推。三百八十年。黃帝僊登于天。卿因所忠欲奏之。所忠視其書不經、疑其妄書、謝曰。寶鼎事已決矣。尙何以爲。[考證]所忠、武帝幸臣姓名、又見五宗世家平準書萬石君傳司馬相如傳、卿因嬖人奏之。上大說、召問卿。對曰。受此書申功。[集解]封禪書、功字作公、[正義]漢書郊祀志及封禪書、作申公、疑功錯誤、[考證]錢大昕曰、下云、申公齊人、則非魯之申培公、別是一人、申功已死。上曰。申功何人也。卿曰。申功齊人也。與安期生通、受黃帝言。無書。獨有此鼎書。曰。漢興復當黃帝之時。漢之聖者、在高祖之孫且曾孫也。寶鼎出、而與神通、封禪。封禪七十二王。[正義]河圖云、王者封太山禪梁父、易姓登崇、有七十二君也、[考證]楓三本、通下有得字、唯黃帝得上泰山封。申功曰。漢主亦當上封。上封、則能僊登天矣。黃帝時萬諸侯、而神靈之封居七千。[集解]應劭曰、黃帝時諸侯會封禪者七千人、李奇曰、說仙道得封者七千國、張晏曰、神靈之封、謂山川之守、[考證]漢書郊祀志、居作君、訛、王念孫曰、言黃帝之時、有萬諸侯、而神靈之封居其七千也、天下名山八。而三在蠻夷。五在中國。中國、華山·首山·太室·泰山·東萊。此五山、黃帝之所常遊與神會。黃帝且戰且學僊。患百姓非其道、乃斷斬非鬼神者。[考證]周壽昌曰、以事鬼神爲非而議之者、中井積德曰、斷亦斬也、謂斷手足之等、非斷理之謂、百餘歲、

然後得與神通。[考證]何焯曰、恐其書不驗被誅、故遠其期於百餘歲、卽後言非少寬假神不來之意、黃帝郊雍上帝、宿三月。鬼臾區號大鴻。死葬雍。故鴻冢是也。[集解]蘇林曰、今雍有鴻冢、其後黃帝接萬靈明廷。明廷者甘泉也。所謂寒門者谷口也。[集解]徐廣曰、寒一作塞、漢書音義曰、黃帝仙於塞門也、[索隱]服虔云、黃帝所仙之處也、小顏云、谷中山之谷口、漢時爲縣、今呼爲冶谷、去甘泉八十里、盛夏凜然、故曰寒門谷口也、黃帝采首山銅、鑄鼎於荊山下。[集解]晉灼曰、地理志、首山屬河東蒲阪、荊山在馮翊懷德縣、鼎既成、有龍垂胡頿、下迎黃帝。[索隱]顏師古云、胡、謂項下垂肉也、頿、其毛也、故童謠曰、何當爲君鼓龍胡、是也、黃帝上騎。羣臣後宮從上龍七十餘人。龍乃上去。餘小臣不得上。乃悉持龍頿。龍頿拔、墮黃帝之弓。[正義]墮、徒果反、百姓仰望、黃帝既上天。乃抱其弓與龍胡頿號。[正義]戶高反、下同、故後世因名其處曰鼎湖、[正義]括地志云、湖水原出虢州湖城縣南三十五里夸父山、北流入河、卽鼎湖也、其弓曰烏號。於是天子曰。嗟乎、吾誠得如黃帝、吾視去妻子、如脫躧耳。乃拜卿爲郎、東使候神於太室。上遂郊雍、至隴西、西登空桐、[正義]空桐山、在原州平高縣西一百里、[考證]漢書武紀、在元鼎五年、幸甘泉、令祠官寬舒等具泰一祠壇。壇放薄忌泰一壇。壇三垓。[集解]徐廣曰、垓、次也、騆案、李奇曰、垓、重也、三重壇也、[索隱]垓、重也、言爲三重壇也、鄒氏云、一作陔、言壇階三重、[考證]楓三本、放作效、薄忌泰一壇、見上文、垓、漢郊祀志作陔、五帝壇、環居其下、各如其方。黃帝西南、除八通鬼道。[集解]服虔曰、坤位在未、黃帝從土位、泰一所用、如雍一時物、而加醴棗脯之屬、殺一犛牛以爲俎豆牢具。[考證]楓三本、醴作禮、犛作貍、而五帝獨有俎豆醴進。[集解]韋昭曰、無犛牛醴之屬、[索隱]音進、漢書作進、顏師古云、具俎豆酒醴而進之、一曰、進、謂雜物之具、所以加禮也、其下四方地、爲餟。食羣神從者及北斗云。[索隱]餟、音竹芮反、謂聯續而祭之、漢志作腏、古字通、說文云、餟、祭酹、[正義]劉伯莊云、謂繞壇設諸神祭座相連綴也、[考證]餟、封禪書作醊、漢郊祀志作腏、三字通用、陳仁錫曰、爲餟食三字屬下、王駿制曰、說文、餟、祭酹也、字林、餟以酒沃地祭也、餟字本

爲祭醊義、餟食者、蓋以羣神從者其位尚卑、不必設壇、且莫可主名、故但于四方之地醊酒祭之、以申其敬誠耳、愚按、爲餟句、餟王說是、食猶饗也、已祠。胙餘皆燎之。其牛色白。鹿居其中。彘在鹿中。水而洎之。【集解】徐廣曰、洎、音居器反、肉汁也、駰案、晉灼曰、此說合牲物燎之也、【正義】劉伯莊云、以大羹和祭食燎之、案以鹿內牛中、以彘內鹿中、水、玄酒也、【考證】顏師古曰、胙、謂祭餘酒肉、祭日以牛。祭月以羊彘特。【索隱】特、一牲也、言若牛、若羊、若彘、止一特也、泰一祝、宰則衣紫及繡。五帝各如其色。日赤。月白。【考證】楓、三本、祝作祀、十一月辛巳朔旦冬至、昧爽天子始郊、拜泰一。朝朝日、夕夕月則揖。【集解】應劭曰、天子春朝日、秋夕月、拜日東門之外、朝日以朝、夕月以夕、瓚曰、漢儀、郊泰一時、皇帝平旦出竹宮、東向揖日、其夕西向揖月、便用郊日、不用春秋也、【考證】陳仁錫曰、言朝日夕月、揖而不拜也、則揖屬上句、而見泰一如雍禮。【考證】楓、三本、無則揖二字、雍下有郊字、其贊饗曰。天始以寶鼎神筴授皇帝。朔而又朔、終而復始。皇帝敬拜見焉。【考證】顏師古曰、贊饗、謂祝辭、沈欽韓曰、春秋繁露郊祀篇、郊祝曰、皇皇上帝、照臨下土、集地之靈、降甘風雨、庶物羣生、各得其所、靡今靡古、惟予一人某、敬拜皇天之祜、亦見大戴公冠、案此古祝辭、漢所用也、

今以得寶鼎故別爲辭、而衣上黃。其祠列火滿壇旁。壇旁烹炊具。有司云。祠上有光焉。公卿言皇帝始郊見泰一雲陽。【正義】括地志云、漢雲陽宮、在雍州雲陽縣北八十一里、有通天臺、卽黃帝以來祭天圜丘之處、武帝以五月避暑、八月乃還也、【考證】宋本、舊刻本、滿壇下無旁字、與封禪書合、有司奉瑄玉。【集解】孟康曰、璧大六寸、謂之瑄、【索隱】音宣、璧大六寸也、嘉牲薦饗。【正義】漢舊儀云、祭天、養牛五歲、至二千斤、是夜有美光。及晝黃氣上屬天。太史公・祠官寬舒等曰。【考證】漢郊祀志、太史公作太史令談、卽司馬遷父、神靈之休、祐福兆祥。宜因此地光域、【集解】徐廣曰、地、一作夜、立泰畤壇以明應。【正義】下於證反、師古云、明著神光、及黃雲之祥應也、令太祝領、祀及臘閒祠。三歲天子一郊見。【考證】封禪書郊祀志、祀作秋、而屬下句、此誤、方苞曰、三歲天子一郊見、其二歲則祠以秋、或以臘、故曰閒、其秋爲伐南越、告禱泰一、以牡荊畫幡。【集解】徐廣曰、牡一作牝、如淳曰、荊之無子者、皆以絜齊之道也、晉灼曰、牡荊節閒不相當者、韋昭曰、以牡荊爲柄者也、【正義】晉灼曰、牡荊節間不相當者、月暈刻之爲券、以畏病者、萬畢術云、以南山牡荊指病自瘉也、顏師古曰、言以畏病、牡荊爲幡竿、而

畫幡爲日月龍及星也、日月北斗登龍、以象天一三星、爲泰一鋒、【集解】徐廣曰、天官書曰、天極星明者泰一常居也、斗口三星曰天一、駰案、晉灼曰、畫一星在後、三星在前、爲太一鋒也、【考證】漢郊祀志、天一作太一、鋒下有旗字、非是、余有丁曰、交龍爲旂、有一升一降、今止畫升龍、故曰登龍、愚按、日月上添幡上所畫四字看、名曰靈旗。【正義】李奇云、畫旗樹泰一壇上、名靈旗、畫日月北斗登龍等、爲兵禱【正義】爲、于僞反、則太史奉以指所伐國。【正義】韋昭云、牡剛也、荊強、按用牡荊指伐國、取其剛爲稱、故畫此旗指之、而五利將軍使不敢入海、之泰山祠。上使人微隨驗、實無所見。五利妄言見其師、其方盡多不讎。上乃誅五利。【正義】漢武故事云、東方朔言欒大無狀、上發怒乃斬之、【考證】遙承上文五利治裝入海、顏師古曰、讎、應當也、不讎、無驗也、其冬、公孫卿候神河南、見僊人跡緱氏城上。【考證】楓、三本、見上有言字、王先謙曰、據漢書武紀、則元鼎六年冬也、當云明年冬、緱氏、今河南府偃師縣南、有物若雉、往來城上。天子親幸緱氏城視跡。問卿、得毋效文成・五利乎。卿曰。僊者非有求人主。人主求之。【考證】楓、三本、下人主下有者字、與封禪

書合、其道非少寬假、神不來。言神事、事如迂誕、【正義】迂、音于、誕、音但、迂、遠也、誕、大也、積以歲、乃可致。【考證】許應元曰、非有求人主等語、卽五利所以語帝者、於是郡國各除道、繕治宮觀名山神祠所、以望幸矣。【考證】封禪書、矣作也、其年、既滅南越。【考證】楓、三本、年作春、與封禪書郊祀志合、上有嬖臣李延年、以好音見。上善之、下公卿議曰。民間祠、尚有鼓舞之樂。今郊祠而無樂、豈稱乎。【考證】楓、三本、祠作祀、公卿曰。古者祀天地皆有樂。而神祇可得而禮。或曰。泰帝使素女鼓五十弦瑟。悲。帝禁不止。【索隱】泰帝、亦謂太昊也、【正義】泰帝、謂太昊伏羲氏、【考證】顏師古曰、不止、不能自止也、故破其瑟爲二十五弦。於是塞南越、禱祠泰一后土、始用樂舞。【考證】楓、三本、塞作賽、與封禪書合、胡三省曰、爲伐南越告禱泰一、故今賽祠、益召歌兒作二十五弦【集解】徐廣曰、瑟也、及　篌。【集解】徐廣曰、應劭云、武帝令樂人侯調始造箜篌、【索隱】應劭云、武帝始令樂人侯調作聲、均均然、命曰箜篌、侯其姓也、【考證】書、志、作空侯、瑟

自此起。其來年冬、上議曰、古者先振兵澤旅、【集解】徐廣曰、古釋字作澤、【考證】楓三本、瑟上有琴字、澤作釋、王先謙曰、據漢武紀、元封元年、然後封禪。乃遂北巡朔方、勒兵十餘萬、還祭黃帝冢橋山、澤兵須如。【集解】李奇曰、地名也、【考證】漢志、澤作釋、須作凉、上曰、吾聞黃帝不死。今有冢、何也。或對曰、黃帝已僊上天。羣臣葬其衣冠。【考證】通鑑、或作公孫卿、蓋據漢武故事、既至甘泉、爲且用事泰山、先類祠泰一。【正義】爲、于僞反、將爲封禪也、道書福地記云、泰山、高四千九百丈二尺、周迴二千里、【考證】周壽昌曰、類、祭名、肆類於上帝是也、自得寶鼎、上與公卿諸生議封禪。【正義】白虎通云、王者易姓而起、天下太平、功成封禪、以告太平、禪梁父之阯、廣厚也、刻石紀號、著己之功績、天以高爲尊、地以厚爲德、故增泰山之高以報天、禪梁父之阯以報地、封者附廣之、禪者將以功相傳授之、封禪用希。曠絕莫知其儀禮。而羣儒采封禪尚書周官王制之望祀射牛事。【集解】蘇林曰、當祭廟、射其牲、以除不祥、瓚曰、射牛、示親殺也、【索隱】天子射牛、示親祭也、事見國語、【考證】周官夏官射人、祭祀則贊射牲、註云、烝嘗之禮、有射豕者、國語楚語、天子禘郊之事、必自射其牲、注云、牲、牛也、

齊人丁公年九十餘。曰、封者合不死之名也。秦皇帝不得上封。【考證】楓三本、重上字、陛下必欲上、稍上、即無風雨、遂上封矣。上於是乃令諸儒習射牛、草封禪儀數年、【索隱】儀見應劭漢官儀也、【考證】楓三本、矣下無上字、是下無乃字、至且行、天子既聞公孫卿及方士之言、黃帝以上封禪、皆致怪物、與神通。欲放黃帝以嘗接神僊人蓬萊士、高世、比悳於九皇。【集解】張晏曰、三皇之前、有人皇九首、韋昭曰、上古人皇者九人也、【正義】按說同耳、張言人皇九首、如今人呼牛九頭、以上古質、故言九首也、而頗采儒術以文之。羣儒既以不能辯明封禪事。又牽拘於詩書古文而不敢騁。【考證】三條本、南化本、以作已、上爲封祠器示羣儒。羣儒或曰、不與古同。徐偃又曰、太常諸生行禮、不如魯善。周霸屬圖封事。【集解】服虔曰、屬、會也、會諸儒圖封事、顏師古曰、徐偃、博士姓名、周霸、亦人姓名也、【考證】於是上絀偃·霸、盡罷

諸儒弗用。【考證】楓三本、罷上有而字、漢書兒寬傳云、上議欲放古巡狩封禪之事、諸儒對者五十餘人、未能有所定、先是司馬相如病死、有遺書、頌功德、言符瑞、足以封泰山、上奇其書以問兒寬、寬對曰、封泰山禪梁父、昭姓考瑞、帝王之盛節也、然享薦之義、不著於經、唯聖主所由制定其當、非群臣之所能列、上然之、乃自制儀、采儒術以文焉、蓋此時事、三月、遂東幸緱氏。【考證】漢書武紀、作正月、禮登中嶽太室。【集解】文穎曰、崧高山也、在潁川陽城縣、韋昭曰、崧高山有太室少室之山、山有石室、故以名之、從官在山下、聞若有言萬歲云。【考證】王先謙曰、山上下人皆未言、是以神之、【正義】漢儀注云、有稱萬歲、可十萬人聲、問上、上不言。問下、下不言。於是以三百戶封太室奉祠。命曰崇高邑。【正義】顏師古云、以崇奉嵩高山、故謂之崇高也、東上泰山。山之草木葉未生。【考證】楓三本、泰山下有泰字、乃令人上石立之泰山顚。【考證】楓三本、顚作巓、顏師古曰、從山下轉石而上也、齊召南曰、案後漢書祭祀志引此文、注風俗通曰、石高二丈一尺、刻之曰、事天以禮、立身以義、事父以孝、成民以仁、四海之內、莫不郡縣、四夷八蠻、咸來貢職、與天無極、人民蕃息、天祿永得、共四十五字、此石立山巓、卽馬第伯封禪儀記所云、封所始皇立石及闕在南方、漢武在其北二十餘步者、又山下有一石、時用五車不能上、因置山下爲屋、號五車石、詳後志注、上遂東巡海上、行禮祠八神。

【集解】文穎曰、武帝登泰山、祭太一、并祭名山於泰壇、西南開除八通鬼道、故言八神也、一曰八方之神、【索隱】用事八神、案韋昭云、八神謂天地陰陽日月星辰主、四時主之屬、今案郊祀志、一曰天主、祠天齊、二曰地主、祠太山梁父、三曰兵主、祠蚩尤、四曰陰主、祠三山、五曰陽主、祠之罘、六曰月主、祠東萊山、七曰日主、祠盛山、八曰四時主、祠琅邪也、【考證】八神、索隱今按是、劉盼曰、八神祠皆在齊地、故始皇東遊海上、行禮祠之、武帝亦然、齊人之上疏言神怪奇方者以萬數。然無驗者。乃益發船、令言海中神山者數千人求蓬萊神人。公孫卿持節、常先行候名山。【考證】楓三本、無常字、至東萊。言夜見一人長數丈。就之則不見。見其跡甚大、類禽獸云。羣臣有言、見一老父牽狗。言吾欲見巨公。【集解】漢書音義曰、巨公、謂武帝、已忽不見。上既見大跡未信。及羣臣有言老父、則大以爲僊人也。宿留海上、【索隱】宿留、音秀溜、遲待之意、若依字讀、則言宿而留、亦是有所待、並通也、與方士傳車、及閒使求僊人以千數。四月、還至奉高。【考證】奉高、今山東泰安府泰安縣、上念諸儒及方士言封

禪、人人殊、不經難施行。天子至梁父、禮祠地主。乙卯、令侍中儒者皮弁薦紳、射牛行事、封泰山下東方、如郊祠泰一之禮。封廣丈二尺、高九尺、其下則有玉牒書。書祕。禮畢、天子獨與侍中奉車子侯上泰山。亦有封。其事皆禁。明日下陰道。〔集解〕漢書百官表曰、奉車都尉、掌乘輿車、武帝初置、韋昭曰、子侯、霍去病之子也、丙辰、禪泰山下阯東北肅然山、〔集解〕服虔曰、肅然、山名、在梁父、〔考證〕顏師古曰、阯者山之基足、如祭后土禮。天子皆親拜見。衣上黃、而盡用樂焉。江淮閒、一茅三脊爲神藉、〔集解〕孟康曰、所謂靈茅也、〔考證〕藉、薦也、以藉地也、五色土益雜封。縱遠方奇獸蜚禽及白雉諸物、頗以加祠。〔考證〕封禪書、祠作禮、兕旄牛犀象之屬弗用。皆至泰山、然后去。〔考證〕然后去、郊祀志同、封禪書作祭后土、封禪祠、其夜若有光、晝有白雲起封中。〔考證〕顏師古曰、雲出於所封

之中、天子從封禪還、坐明堂。〔集解〕漢書音義曰、天子初封泰山、山東北阯、古時有明堂處、則此所坐者、明年秋、乃作明堂、〔考證〕楓、三本、無從字、書志、無封字、羣臣更上壽。於是制詔御史、朕以眇眇之身承至尊。兢兢焉懼弗任。維德菲薄、不明于禮樂。脩祀泰一、若有象。〔考證〕漢書武帝元封元年紀、脩祀泰山、作故用事八神、景光屑如有望。〔集解〕瓚曰、聞呼萬歲者三、〔考證〕漢書武紀、作遺天地況施、著見景象、屑然如有聞、愚按、卽上文所謂其夜若有光、晝有白雲起封中者、瓚說非、依依震於怪物、欲止不敢。〔考證〕漢書武紀、無依依二字、王先謙曰、怪物、猶言神怪、震、畏敬也、遂登封泰山、至於梁父、而后禪肅然、自新、〔考證〕漢書武紀、后下有升字、禪作嬗、嘉與士大夫更始。〔考證〕漢書武紀、更始下有其以十月爲元封元年九字、郊祀志亦載此事、云語在武紀、賜民百戶牛一酒十石、加年八十、孤寡布帛二匹、〔考證〕楓、三本、一下有頭字、加下有賜字、復博·奉高·蛇丘·歷城、毋出今年租稅。〔集解〕鄭玄曰、蛇、音移、〔考證〕博、在今山東泰安府泰安縣東南、奉高、在縣東北、蛇丘、在泰安府肥城縣南、歷城、今濟南府歷城縣治、其赦天下、如乙卯赦

令。〔考證〕乙卯赦令、見漢書元朔三年武帝紀、行所過、毋有復作。事在二年前、皆勿聽治。〔考證〕復作解、見平準書、又下詔曰、古者天子五載一巡狩、用事泰山、諸侯有朝宿地。〔考證〕沈欽韓曰、據公羊義、天子有事於泰山、諸侯皆有湯沐之邑、諸侯時朝乎天子、天子之郊、諸侯皆有朝宿之邑、左傳正義、王制、方伯爲朝天子、皆有湯沐之邑於天子之縣內、然則朝宿之邑、亦名湯沐、但向京師、主爲朝王、從王巡狩、主爲助祭、祭必沐浴、隨事立名、朝宿沐浴、亦互言之耳、其令諸侯各治邸泰山下。〔正義〕諸侯各於太山朝宿地起第、準擬天子用事太山而居止、天子既以封禪泰山、無風雨菑。〔考證〕山下諸本有既字、張文虎曰、舊刻及吳校元刻無既字、與封禪書郊祀志合、愚按、有者是、而方士更言蓬萊諸神山、若將可得。〔考證〕書、志、無山字、顏師古曰、更、音工衡反、於是上欣然庶幾遇之。乃復東至海上望、冀遇蓬萊焉。奉車子侯暴病、一日死。上乃遂去。竝海上、北至碣石、巡自遼西、歷北邊、至九原。五月、返至甘泉。〔集解〕漢書音義曰、周萬八千里也、〔考證〕集解漢書音義、當作漢書郊祀志、有司言寶鼎出爲

元鼎。以今年爲元封元年。其秋、有星茀于東井。〔集解〕韋昭曰、秦分野也、後衛太子兵亂、茀、音佩、後十餘日、有星茀于三能。〔集解〕韋昭曰、三能、三公、後連坐誅之、〔考證〕顏師古曰、能、讀曰台、錢大昭曰、樂記注、古以能爲三台字、望氣王朔言、候獨見其星出如瓠。〔索隱〕見星出如瓠、案郊祀志云、塡星出如瓠、故顏師古以德星卽鎭星也、今按此紀、唯言德星、則德星、歲星也、歲星所在有福、故曰德星也、〔考證〕張文虎曰、各本皆作其星、索隱本無其字、據注似所見本本無、北宋本、作塡星、疑依郊祀志改、愚按、其星、封禪書、一本作旗星、一本作塡星、食頃復入焉。有司言曰、陛下建漢家封禪。天其報德星云。其來年冬、郊雍五帝。還、拜祝祠泰一。贊饗曰、德星昭衍。厥維休祥。壽星仍出。〔索隱〕壽星、南極老人星也、見則天下理安、故言之也、淵耀光明。信星昭見。〔索隱〕信星、鎭星也、信屬土、土曰鎭星、則漢志爲德星也、皇帝敬拜泰祝之饗。〔集解〕徐廣曰、一無泰字、其春、公孫卿言見神人東萊山。若云見天子。〔考證〕楓、三本、云下有欲字、與封禪書郊祀志合、天子於是幸緱氏城、拜卿爲中大夫。遂至

東萊。宿留之數日。毋所見。【考證】中井積德曰、數日二字屬上句、見大人跡。復遣方士、求神怪采芝藥、以千數。是歲、旱。於是天子既出毋名。乃禱萬里沙。【集解】應劭曰、萬里沙、神祠也、在東萊曲城、孟康曰、沙徑三百餘里、【考證】王先謙曰、據地理志、注曲城當作曲成、愚按、在今山東萊州府掖縣、過祠泰山、【集解】鄧展曰、泰山自東復有小泰山、瓚曰、即今之泰山、還至瓠子、【集解】服虔曰、瓠子、隄名、蘇林曰、在甄城以南、濮陽以北、廣百步、深五丈所、瓚曰、所決河名、【索隱】瓠子、決河名、蘇林曰、在甄城南濮陽北、廣百步、深五丈、【考證】今直隸大名府開州、自臨塞決河。【索隱】按河渠書、武帝自臨塞決河、將軍已下、皆負薪也、留二日、沈祠而去。【索隱】按沈白馬祭河決、於是作瓠子歌、見河渠書、使二卿將卒塞決河。河徙二渠、復禹之故跡焉。【考證】河決、在元光二年、今始臨塞之、事詳河渠書、楓、三本、徙作從、二渠、在今河南衛輝府滑縣、一曰宿胥口、即漯也、一曰大河、河北漯南、分而東北流入海、是時既滅南越。越人勇之【集解】韋昭曰、越地人名也、【考證】書、志、南越作兩越、乃言、越人俗信鬼。而其祠皆見鬼。數有效。昔東甌王敬鬼、壽至百六十歲。後世謾怠。故衰耗。乃

令越巫立越祝祠。安臺無壇。亦祠天神上帝百鬼、而以雞卜。【集解】漢書音義曰、持雞骨卜、如鼠卜、【正義】雞卜法、用雞一狗一、生祝、願訖、即殺雞狗煑熟、又祭、獨取雞兩眼骨、上自有孔裂、似人物形則吉、不足則凶、今嶺南猶此法也、【考證】楓、三本、祝作祠、沈欽韓曰、論衡卜筮篇、子路問孔子曰、豬肩羊膊、可以得兆、萑葦藁芼、可以得數、何必以蓍龜、初學記二十九、楊方五經鉤沈云、東夷之人以牛骨占事、御覽七百二十六引春秋後語、蘇秦燕卜、隋書西域傳、女國有鳥卜、然則夷卜用鳥獸多術矣、上信之。越祠雞卜始用焉。【考證】楓、三本、無焉字、公孫卿曰。僊人可見。而上往常遽。以故不見。今陛下可為觀如緱氏城、【集解】韋昭曰、如、猶比也、置脯棗、神人宜可致。【考證】宜、猶殆也、且僊人好樓居。於是上令長安則作蜚廉・桂觀、【集解】應劭曰、飛廉、神禽能致風氣、晉灼曰、身如鹿、頭如雀、有角而蛇尾、文如豹文也、【考證】郊祀志、觀作館、顏師古曰、蜚廉館及桂館二名也、愚按、二觀址、在今陝西西安府長安縣、甘泉則作益延壽觀。【考證】郊祀志、作益壽延壽館、顏師古曰、二館名、梁玉繩曰、考注、引漢武故事及括地志、皆云延壽觀、無益壽之名、三輔黃圖亦但云延壽、蓋此多一益字、漢志更多一壽字、師古注非、宋黃伯思東觀餘論、據雍耀間耕夫得古瓦、其首作益延壽三字、以為觀名益延壽、夫瓦之眞贋不可知、既未足憑、而益與延同義、

不應複出、又其時竝作者、飛廉桂觀之屬、或一字名、或兩字名、何以此觀獨三字名乎、其為衍文無疑、藝文類聚六十三引史、是延壽觀、愚按、在今陝西邠州淳化縣、使卿持節設具、而候神人。乃作通天臺。【集解】徐廣曰、在甘泉、【索隱】漢書作通天臺於甘泉宮、案漢書舊儀、臺高三十丈、去長安二百里、望見長安城也、【考證】封禪書、天下有臺字、漢書武紀、郊祀志並無、索隱本亦無、臺址在今陝西邠州淳化縣、置祠具其下、將招來神僊之屬。於是甘泉更置前殿、始廣諸宮室。【索隱】姚氏案楊雄云、甘泉本因秦離宮、既奢泰、武帝增通天臺迎風宮、近則有洪崖儲胥、遠則石關封巒鳷鵲露寒棠梨等觀、又有高華溫德觀、曾成宮、白虎走狗天梯瑤臺、仙人弩法相思觀、夏有芝生殿防內中。【集解】徐廣曰、元封二年也、【索隱】芝生殿房中、案生芝九莖、於是作芝房歌、【考證】封禪書郊祀志、防作房、索隱本亦作房、下同、房字古隸从戶从方、與防相似、故譌耳、張照曰、內中二字、必有一衍、愚按、封禪書漢書武紀郊祀志、亦作內中、王先謙曰、據禮樂志、則齋房也、天子為塞河興通天臺。若有光云。【集解】李奇曰、為此作事、而有光應、瓚曰、作通天臺也、【考證】中井積德曰、興通天臺、是塞河之報賽矣、故曰為也、乃下詔曰。甘泉防生芝九莖。【集解】應劭曰、芝、芝草也、其葉相連、如淳曰、瑞應圖云、王者敬事耆老、不失舊故、則芝草生、赦天下、毋有復作。【考證】封禪書、甘泉防作甘泉房中、漢武紀載此詔云、甘泉宮內中、產芝、

九莖連葉、上帝博臨、不異下房、賜朕弘休、其赦天下、其明年、伐朝鮮。夏、旱。公孫卿曰。黃帝時、封則天旱乾封。【集解】蘇林曰、天旱、欲使封土乾燥、如淳曰、但祭不立尸為乾封、【正義】乾、音干、蘇林云、天旱、欲使封土乾燥也、顏師古云、三歲不雨、暴所封之土令乾、鄭氏云、但祭不立尸為乾封、【考證】王先謙曰、據漢書武紀、元封二年伐朝鮮、三年平之、此繫於平朝鮮之年、三年、上乃下詔曰。天旱、意乾封乎。其令天下尊祠靈星焉。【正義】靈星、即龍星也、張晏云、龍星左角曰天田、則農祥也、見而祭之、【考證】中井積德曰、祠靈星、蓋祈雨也、其明年、上郊雍、通回中道巡之。【集解】徐廣曰、在扶風汧縣、【考證】回中、今陝西鳳翔府隴州、春至鳴澤、【集解】服虔曰、鳴澤、澤名也、在涿郡遒縣北界、【考證】今直隸順天府涿州、從西河歸。其明年冬、上巡南郡、【集解】徐廣曰、元封五年、至江陵而東、登禮潛之天柱山。號曰南嶽。【集解】應劭曰、潛縣、屬廬江、南嶽、霍山也、文穎曰、天柱山、在潛縣南、有祠、【考證】潛、封禪書漢武紀、作灊、在今湖北六安州霍山縣、天柱即霍山、在安陸府潛江縣西北、浮江、自尋陽出樅陽、【集解】地理志、廬江有樅陽縣、【考證】尋陽、郊祀志、作潯陽、在今黃州府黃梅縣北、胡三省曰、尋陽在江北、自晉立尋陽郡於江南之地、而江北尋陽之名遂晦、樅陽、在安慶府桐城縣東南、過彭蠡、祀其名山

川、北至琅邪、竝海上、四月中、至奉高、脩封焉。初天子封泰山。泰山東北阯、古時有明堂處。【考證】孟子、齊宣王問曰、人皆謂我毀明堂、趙岐注、泰山下明堂、周天子東巡狩朝諸侯之處、齊侵地而得有之、是也、處險不敞。【考證】顏師古曰、言其阻阸不顯敞、上欲治明堂奉高旁。未曉其制度。濟南人公玉帶、【索隱】玉或作瘉、公玉姓、帶名、姚氏按風俗通、齊湣王臣有公玉丹、其後也、音語錄反、三輔決錄云、杜陵有玉氏、音肅、說文以爲從玉音畜牧之畜、今讀公玉、與決錄音同、然二姓單複有異、單姓者肅、後漢司徒玉況是其後也、【考證】錢大昭曰、漢韓勑碑陰有公玉虎、楊震碑陰有物海公玉子舉、上黃帝時明堂圖。明堂圖中有一殿。四面無壁、以茅蓋。通水圜宮垣、爲複道。上有樓。從西南入。命曰昆侖。【索隱】玉帶明堂圖、中爲複道、有樓、從西南入、名其道曰崑崙、言其似崑崙山之五城十二樓、故名之也、【考證】黃帝明堂、有無未可知、漢時何能傳其圖式、徐孚遠曰、崑崙在西南、故附會其說、蓋公玉帶亦方士之流也、天子從之、入以拜祠上帝焉。於是上令奉高作明堂汶上、【集解】徐廣曰、在元封二年秋、【考證】胡三省曰、據班志、明堂在奉山奉高縣西南四里、又禹貢浮于汶、達于濟、此明堂當在濟之汶上、

琅琊之汶、入于濰、而濰入于海、其地僻遠、非立明堂處、如帶圖。及五年脩封、則祠泰一五帝於明堂上坐、令高皇帝祠坐對之。【考證】服虔曰、漢是時未以高祖配天、故曰對、光武以來乃配之、沈欽韓曰、御覽一百九十四、漢武故事曰、上自封禪後、夢高祖坐明堂、以配天、還作高陵館、劉敞曰、案王莽奏事、文帝祠泰一、已用高祖配矣、何謂未乎、愚按、漢書元封五年武紀云、三月甲子、祠高祖于明堂、以配上帝、亦與是紀異、祠后土於下房、以二十太牢。【考證】沈欽韓曰、據共祠泰一及五帝高帝后土、合用八太牢、蓋其外尚有配食者、而史不詳也、天子從昆侖道入、始拜明堂如郊禮。禮畢、燎堂下。而上又上泰山。【考證】劉敞曰、而上字屬下句、有祕祠其顚。而泰山下祠五帝。各如其方。黃帝幷赤帝、而有司侍祠焉。【考證】郊祀志、幷作竝、赤帝下有所字、注、顏師古曰、與赤帝同處、泰山上舉火。下悉應之。其後二歲十一月甲子朔旦冬至、【考證】太初元年、推歷者以本統。天子親至泰山、以十一月甲子朔旦冬至日、祠上帝明堂。【集解】徐廣曰、常五年一脩耳、今適二年、

故但祀明堂、【考證】楓、三本、本統作本紀、漢書武紀郊祀志、帝下有於字、每脩封禪、【考證】封禪書、每作毋、爲是、漢郊祀志、亦譌作每、其贊饗曰。天增授皇帝泰元神筴。周而復始。【索隱】案、薦饗之辭、言天授皇帝泰元神筴、周而復始、又案上、黃帝得寶鼎神筴、則太古上皇創歷之號、故此云太元神筴周而復始也、【考證】王先謙曰、冊府元龜三十六、開元十三年、封禪禮畢、中書令張說進稱賜皇帝太一神策、周而復始、宋史志、眞宗封禪、攝中書令王旦跪稱曰、天賜皇帝太一神策、周而復始、皆依倣漢世爲之、是泰元即泰一也、皇帝敬拜泰一。【考證】顏師古曰、自此以上贊祝者詞、東至海上、考入海及方士求神者、莫驗。然益遣冀遇之。十一月乙酉、柏梁災。【集解】徐廣曰、乙酉、二十二日也、十二月甲午朔、上親禪高里、【集解】伏儼曰、山名、在泰山下、【考證】在今山東泰安府泰安縣、祠后土。臨勃海。將以望祠蓬萊之屬。冀至殊庭焉。【集解】漢書音義曰、蓬萊庭、【索隱】冀、漢書作幾、幾、近也、冀、望也、亦通、服虔曰、蓬萊中仙人殊庭者異也、言入仙人異域也、上還。以柏梁災故、朝受計甘泉。【正義】顧胤云、柏梁被燒、故受計獻之物於甘泉也、顏師古曰、受郡國計簿也、【考證】漢書郊祀志、故下無朝字、此疑衍、公孫卿曰。黃帝就青靈臺。十二日

燒。【集解】徐廣曰、日一作月、【考證】顏師古曰、就、成也、造臺適成、經十二日即遇火燒、黃帝乃治明庭。明庭、甘泉也。【考證】臺份曰、旱則黃帝乾封、災則黃帝明庭火、巧言如贊、信矣、方士多言古帝王有都甘泉者。其後天子又朝諸侯甘泉。甘泉作諸侯邸。勇之乃曰。越俗有火災、復起屋、必以大。用勝服之。【考證】楓、三本、以作已、於是作建章宮。【正義】括地志曰、建章宮、在雍州長安縣西二十里長安故城西、度爲千門萬戶。前殿度高未央。【考證】顏師古曰、度竝音大各反、中井積德曰、殿度之度、謂其制度也、音去聲、其東則鳳闕。高二十餘丈。【索隱】三輔黃圖云、武帝營建章、起鳳闕、高二十五丈、關中記、一名別風、言別四方之風、西京賦曰、閶闔之內、別風嶕嶢、是也、三輔故事云、北有圜闕、高二十丈、上有銅鳳皇、故曰鳳闕也、【考證】繁欽建章序云、秦漢規模、廓然泯毀、惟建章鳳闕、巋然獨存、雖非象魏之制、亦一代之巨觀、其西則唐中、【索隱】如淳云、詩云、中唐有甓、鄭玄曰、唐、堂庭也、爾雅、以廟中路謂之唐、西京賦曰、前開唐中、彌望廣象、是也、【考證】郊祀志、唐作商、非、數十里虎圈、【正義】圈、其遠反、括地志云、虎圈、今在長安城中西偏也、【考證】顏師古曰、圈、養獸之所、其北治大池漸臺。【正義】顏師古云、漸、浸也、臺在池中、爲水所浸、故曰漸臺、按王莽死此臺也、高二十

餘丈。名曰泰液。【正義】臣瓚曰、泰液、言象陰陽津液以作池也、池中有蓬萊・方丈・瀛洲・壺梁。象海中神山龜魚之屬。【索隱】三輔故事云、殿北海、池北岸有石魚、長二丈、廣五尺、西岸有石龜二枚、各長六尺、【考證】漢書顏注引三輔故事、石龜二枚作石鼈三枚、其南有玉堂・璧門・大鳥之屬。【索隱】其南則玉堂、漢武故事、玉堂基與未央前殿等、去地十二丈、【考證】沈欽韓曰、三輔黃圖、玉堂內殿十二門、階階皆玉爲之、鑄銅鳳高五尺、飾黃金棲屋上、下有轉樞、向風若翔、椽首薄以璧玉、因曰璧門、乃立神明臺・【索隱】漢宮闕疏云、臺高五十丈、上有九宮、常置九天道士百人也、井幹樓。【索隱】關中記、宮北有井幹臺、高五十丈、積木爲樓、言築累萬木、轉相交架如井幹、司馬彪注莊子云、井幹、井闌也、又崔譔云、井以四邊爲幹、猶築牆之有楨幹、又諸本多作幹、一本作榦、音說文云、幹、井橋、【考證】索隱、音下當有脫字、度五十餘丈。輦道相屬焉。夏、漢改歷、以正月爲歲首。【考證】漢書武帝太初元年紀、夏五月、正歷以正月爲歲首、顏師古曰、謂以建寅之月爲正也、未正歷之前、謂建亥之月爲正、今此謂以正月爲歲首者、史追正其月名、何焯曰、既曰正歷以正月爲歲首、明前此不改月、固以建寅之月爲正月矣、若前此果謂建亥之月爲正、則當云以建寅之月爲正也、而色上黃、官名、【集解】徐廣曰、一無名字、【考證】封禪書同、漢書武紀、官上有定字、郊祀志、官下無名字、更印章以五字、【集解】張晏曰、漢據土德、土數五、故

用五爲印文也、若丞相曰丞相之印章、諸卿及守相印文不足五字者、以之足也、因爲太初元年。是歲西伐大宛。蝗大起。【考證】漢書五行志、太初元年夏、蝗從東方飛至敦煌、丁夫人・雒陽虞初等、以方祠詛匈奴・大宛焉。【集解】韋昭曰、丁姓、夫人名、【考證】應劭曰、丁夫人其先丁復、越人、封陽都侯、夫人其後、以詛軍爲功、沈欽韓曰、西京賦、小說九百、本自虞初、薛綜注、小說醫巫厭祝之術、凡有九百四十三篇、朱一新曰、虞初又見藝文志、其明年、有司言、雍五畤無牢熟具、芬芳不備。乃命祠官進畤犢牢具。五色食所勝。【集解】孟康曰、若火勝金、則祠赤帝以白牲、【考證】書、志無五字、此疑衍、而以木禺馬代駒焉。【索隱】木耦馬、一音偶、孟云、寓寄龍形于木、又姚氏云、寓、叚也、以言叚木龍、馬一駟、非寄生龍馬形於木也、【考證】沈欽韓曰、伐宛、馬少也、徐鴻鈞曰、古人事神及送死者、用木偶人木偶馬、猶今人用紙人紙馬之類、獨五帝用駒、【考證】楓三本、封禪書、作五月嘗馬、梁玉繩曰、漢志無此語、是既以木禺馬代駒、何五月嘗駒之有、下文行過乃用駒、是總上五時、諸山川在內、又何必兩言用駒乎、其爲後人誤增無疑、行親郊用駒。及諸名山川用駒者、悉以木禺馬代。行過乃用駒。他禮如故。其明年、【考證】漢書武紀、太初三年、東巡海上、考

神僊之屬、未有驗者。方士有言、黃帝時爲五城十二樓、【集解】應劭曰、崑崙玄圃五城十二樓、此仙人之所常居也、以候神人於執期。【集解】漢書音義曰、執期、地名也、命曰迎年。【正義】顏師古云、迎年、若言祈年、上許作之如方。命曰明年。【考證】命曰二字、各本脫、三條、南化本有、與書合、依補、北宋本、命作名、明年是名、非謂來年、上親禮祠上帝。衣上黃焉。【考證】封禪書、無衣上黃三字、郊祀志、上帝衣上黃焉、作上犢黃焉、公玉帶曰。黃帝時雖封泰山、然風后・封鉅・岐伯、【集解】應劭曰、封鉅、黃帝師、【正義】張揖云、岐伯、黃帝太醫、令黃帝封東泰山、【集解】徐廣曰、在琅邪朱虛縣、汶水所出、禪凡山。【集解】徐廣曰、凡山亦在朱虛也、【考證】錢大昕曰、漢書武帝本紀、東至於海、登丸山、徐廣曰、丸一作凡、裴駰案地理志、丸山在琅邪朱虛縣、索隱作几音扶嚴反、正義音桓、括地志、丸山即丹山、在青州臨朐縣界朱虛故縣西北二十里、據此則丸凡即是一山、其字當爲丸矣、合符然後不死焉。天子既令設祠具、至東泰山。東泰山卑小、不稱其聲。乃令祠官禮之、而不封禪焉。其後令帶奉祠候神物。夏、遂還泰山、脩五年之

禮如前、【考證】楓、三本、還下有登字、而加禪祠石閭。石閭者在泰山下阯南方。方士多言此僊人之閭也。故上親禪焉。其後五年、復至泰山脩封。【集解】徐廣曰、天漢三年、李陵以天漢二年敗也、還過祭常山。【正義】即恆山也、括地志云、在定州恆陽西北百四十里、爾雅云、恆山爲北岳、道書福地記曰、恆山高三千二百丈、上方二十里、有太玄之泉、神草種可口俗、【考證】封禪書郊祀志、常作恆、今天子所興祠、泰一・后土、三年親郊祠。建漢家封禪、五年一脩封。薄忌泰一・及三一・冥羊・馬行・赤星五、寬舒之祠、【集解】李奇曰、祀名也、【索隱】赤星、即上靈星祠也、靈星、龍左角、其色赤、故曰赤星、五者太一也、三一也、冥羊也、馬行也、赤星也、凡五、並祠官寬舒領之、【考證】郊祀志、五下有牀字、姚範曰、五牀、宣帝所立、班以六祠求之不合、增五牀則六矣、王先謙曰、牀字疑後人緣下文五牀山誤加、以合下六祠之數、愚按、寬舒之祠、上文所云、祠官寬舒等議、於澤中圜丘爲五壇祠后土者、與上五祠併六、又按、郊祀志、官作宮、誤、中井積德曰、祠字句絕、官字屬下句、官以歲時致祀、與下行過則祠、去則已者異、官以歲時致禮。凡六祠。【索隱】五者之外、有正太一后土祠、故六也、【正義】謂后土兼上五凡六祠也、后土在汾陽、非寬舒領祠、故別言凡六祠、皆太祝領之。至如八神諸神・

明年、凡山他名祠、行過則祀。去則已。【考證】楓、三本、祀作祠。方士所興祠、各自主。其人終則已。祠官弗主。【考證】楓、三本、主下有也字、他祠皆如其故。今上封禪、其後十二歲而還、徧於五嶽四瀆矣。【考證】漢書郊祀志、後十至瀆矣在上文還過祭常山下、二作三、而方士之候祠神人、入海求蓬萊、終無有驗。而公孫卿之候神者、猶以大人跡爲解。無其效。天子益怠厭方士之怪迂語矣。然終羈縻弗絕、冀遇其眞。自此之後、方士言祠神者彌衆。然其效可睹矣。【集解】徐廣曰、猶今人云其事已可知矣、皆不信之耳、又數本、皆無可字、太史公曰。余從巡、祭天地諸神名山川而封禪焉。入壽宮侍祠神語、究觀方士祠官之言。【考證】楓、三本、侍下無祠字、於是退而論次自古以來用事於鬼神者、具見其表裏。後有君子、得以覽焉。至若俎豆珪幣之詳、獻酬之禮、則有司存焉。【索隱】述贊、孝武纂極、四海承平、志尚奢麗、尤敬神明、壇開八道、接通五城、朝親五利、夕拜文成、祭非祀典、巡乖卜征、登嵩勒岱、望景傳聲、迎年祀日、改曆定正、疲耗中土、事彼邊兵、日不暇給、人無聊生、俯觀嬴政、幾欲齊衡、

孝武本紀第十二

史記十二

文學博士瀧川龜太郎著

史記會注考證

史記會注考證卷十三

漢　太　史　令　司　馬　遷　撰

宋　中　郎　外　兵　曹　參　軍　裴　駰　集　解

唐　國　子　博　士　弘　文　館　學　士　司　馬　貞　索　隱

唐　諸　王　侍　讀　率　府　長　史　張　守　節　正　義

日　本　出　雲　瀧　川　資　言　考　證

三代世表第一　史記十三

索隱 應劭云、表者錄其事而見之、案禮有表記、而鄭玄云、表、明也、謂事微而不著、須表明也、故言表也、正義 言代者、以五帝久古、傳記少見、夏殷以來、乃有尙書略有年

月、比於五帝事迹易明、故舉三代爲首表、表者明也、明言事儀、考證 史公自序云、維三代尙矣、年紀不可考、蓋取之譜牒舊聞、本于茲、於是作三代世表第一、趙翼曰、史記作十表、昉周之譜牒、與紀傳相爲出入、凡列侯將相、三公九卿、功名表著者、既立爲傳、此外大臣無功無過者、傳之不勝傳、而又不容盡沒、則於表載之、作史體裁、莫大於是、沈濤曰、表猶言譜、表譜、一聲之轉耳、漢書藝文志歷譜家、有帝王諸侯世譜二十卷、古來帝王年譜、劉杳謂三代世表、旁行邪上、可見表與譜同、太史公三代世表序云、稽其歷譜諜、十二諸侯年表序云、讀春秋歷譜諜、又云、於是譜十二諸侯、自共和訖孔子、豈非變譜書表、名異而實同乎、德齡曰、本紀首述五帝、而三代世表、又皆出於黃帝、故仍自黃帝敍起、而名其篇則曰三代世表、索隱但以三代世系計論、似未覺其義、梁玉繩曰、五帝三王之世、多有紕漏、與本紀同、故其屬長短不相當、乃所書殷末屬終帝槐之世、周屬終帝芒之世、自夏帝泄至殷帝辛、有世無屬、又成王已後、周之世與列侯之屬、亦不相當、此非盡史公之誤也、攷梁書劉杳傳史通表歷篇俱引桓譚新論云、太史公三代世表、旁行斜上、並效周譜、今表有旁行而無斜上、久失其舊、則知帝泄以下之無屬、固因世系脫誤、不能緜歷無差、亦緣連敍殷周之世于前、遂致乖絕而列侯之不相屬、當均是傳寫誤爾、史通雜說篇謂太史公之創表、列行縈紆以相屬、編字戢孴而相排、雖燕越萬里、而徑寸之內、犬牙可接、雖昭穆九代、而方寸之中、雁行有序、使讀者閱文便睹、舉目可詳、此其所以爲快也、大事記謂史記十表、意義宏深、通志謂史記一書功在十表、誠哉斯語、錢泰吉曰、年表十卷、正義不及數十條、且自惠間侯者表以下、竟無一字、疏略若是、正義單行本失傳已久、無從考補矣、惜哉、愚按史記幻雲桃源二鈔、慶長本標記、亦不補十表正義、又按諸表舊多舛誤、明程氏史詮、陳氏史記考、指摘已多、至清汪越撰讀史記十表、爲訂表專書、梁氏志疑、張氏札記、亦屬意諸表、鈎深拂滯、尤稱鉅觀、但各表行閒狹窄、不能具載、學者就其書求之可也、

太史公曰。五帝三代之記尙矣。索隱 案此表依帝繫及系本、其實敍五帝三代、而篇唯名三代系表者、以三代代系長遠、宜以名篇、且三代皆出自五帝、故敍三代、要從五帝而起也、劉氏云、尙猶久古也、尙矣之文、元出大戴禮、彼文云、黃帝尙矣、自殷以前、諸侯不可得而譜。正義 譜、布也、列其事也、周以來、乃頗可著。孔子因史文次春秋。紀元年、正時日月。蓋其詳哉。至於序尙書、則略無年月。或頗有。然多闕不可錄。故疑則傳疑。蓋其愼也。考證 楊愼曰、殷以前不可譜、周以來頗可著二句、爲一篇之綱、詳愼二字關鍵、孔子次春秋、記元年、正時日月、以頗可著而詳也、其序尙書略年月、以不可詳而愼也、此言遠者不可詳、而近者不可略也、黃帝以來遠矣、歷譜雖有年數、然乖異不同、此夫子所以不次其年月、愼而闕其疑也、余讀諜記、索隱 音牒、牒者紀系諡之書也、下云稽諸歷譜諜、謂歷代之譜諜、黃帝以來皆有年數、稽其歷譜諜終始五德之傳、索隱 音轉、謂帝王更王、以金木水火土之五德、傳次相承、終而復始、故云終始五德之傳也、考證 方苞曰、十二諸侯年表序、歷人取其年月、譜諜獨紀世諡、則此稽歷與譜諜也、愚按十二諸侯年表序

云、太史公讀春秋歷譜諜、又按、漢書藝文志歷譜家、有黃帝五家歷三十三卷、顓頊歷二十一卷、顓頊五星歷十四卷、夏殷周魯歷十四卷、漢元殷周牒歷十七卷、帝王諸侯世譜二十卷、古來帝王年譜五卷、史公蓋稽此等書也、終始五德之傳、亦就成書而言、藝文志陰陽家、鄒子終始五十六篇、公檮生終始十四篇、注云、傳鄒奭始終書、古文咸不同乖異。夫子之弗論次其年月、豈虛哉。於是以五帝繫諜、【索隱】案大戴禮有五帝德及帝繫篇、蓋太史公取此二篇之諜及尚書、集而紀黃帝以來爲系表也、【考證】崔適曰、五帝下脫德帝姓三字、索隱云大戴禮有五帝德帝繫姓篇、太史公取此二篇之諜、則唐時未脫也、惟此二篇之牒、即歷代譜諜、太史公取於此、戴德亦取於此、戴德即后倉弟子、后倉在孝宣世、見於藝文志、世次在太史公後、太史公非取於大戴禮也、愚按五帝繫譜、古書名、與戴記五帝德帝繫篇自別、尚書集世、紀黃帝以來訖共和、爲世表。【考證】方苞曰、疑世紀、亦古書名、中井積德曰、尚書集世、蓋書名、愚按、後說爲是、紀字、宜屬下、

帝王世國號	黃帝。號有熊。
顓頊屬	黃帝生昌意。
俈屬	黃帝生玄囂。
堯屬	黃帝生玄囂。
舜屬	黃帝生昌意。
夏屬	黃帝生昌意。
殷屬	黃帝生玄囂。
周屬	黃帝生玄囂。

	帝顓頊。黃帝孫。起黃帝至顓頊三世。號高陽。
	昌意生顓頊。爲高陽氏。
【索隱】案宋衷曰、太史公書、玄囂靑陽是爲少昊、繼黃帝立者、蓋少昊金德王、非五運之次、故敍五帝不數之耳、	玄囂生蟜極。
	玄囂生蟜極。
	昌意生顓頊。顓頊生窮蟬。【索隱】系本作窮係、宋衷云、一云、窮係、謚也、
	昌意生顓頊。
	玄囂生蟜極。蟜極生高辛。
	玄囂生蟜極。蟜極生高辛。

帝俈。黃帝曾孫。起黃帝至帝俈四世。號高辛。	帝堯。起黃帝。至俈子五世。號唐。【考證】起上缺黃帝玄孫四字、	帝舜。黃帝玄孫
蟜極生高辛。爲帝俈。【索隱】黃帝曾孫、【考證】索隱本、作蟜極生帝嚳、是也、		
蟜極生高辛。高辛生放勛。	放勛爲堯。	
窮蟬生敬康。敬康生句望。	句望生蟜牛。蟜牛生瞽叟。	瞽叟生重華。是
		顓頊生鯀。鯀生
高辛生卨。	卨爲殷祖。	卨生昭明。
高辛生后稷。爲周祖。【考證】爲上脫后稷字、	后稷生不窋。【考證】不窋非棄子、辨見周紀、	不窋生鞠。

之玄孫。號虞。	帝禹。黃帝耳孫。號夏。【考證】三代皆不稱
爲帝舜。【考證】是上缺重華二字、	
文命。【索隱】案漢書律歷志、顓頊五代而生鯀、此及帝系皆云、顓頊生鯀、是古史闕其代系也、【考證】史缺鯀以前世系、漢志云、顓頊五世生鯀、	文命、是爲禹。
	昭明生相土。【考證】昭明至主癸、十二君、莫
	鞠生公劉。

帝、史公妄加之、禹出顓頊、不以爲黃帝耳孫、依史所說、耳孫當作玄孫、	帝啓。伐有扈。作甘誓。	帝太康	帝仲康。太康弟。
確知在夏是何代、	相土生昌若。	昌若生曹圉。曹圉生冥。	冥生振。
	公劉生慶節。	慶節生皇僕。皇僕生差弗。	差弗生毀渝。毀渝生公

	帝相	帝少康	帝予 [索隱]音直呂反、亦作宁、[正義]相爲過澆所
	振生微。微生報丁。	報丁生報乙。報乙生報丙。	報丙生主壬。主壬生主癸。
非。[考證]周紀、渝作隃、	公非生高圉。高圉生亞圉。	亞圉生公祖類。	公祖類生太王亶父。

滅、后緡歸有仍、生少康、其子予復禹績、	帝槐 [索隱]音回、一音懷、系本作芬也、	帝芒 [索隱]音亡、一作荒、	帝泄
	主癸生天乙。是爲殷湯。[考證]是爲上缺天乙二字、		
	亶父生季歷。季歷生文王昌。益易卦。	文王昌生武王發。[考證]此下缺武王至黃帝二、十世九字	

[索隱]音薛也、[考證]各本帝泄以下不作橫格、蓋刊者省之、	帝不降	帝扃 [索隱]古熒切、不降弟。	帝廑 [索隱]其靳反、又音勤、	帝孔甲。不降子。

好鬼神淫亂、不好德。二龍去。

帝皋　[索隱]宋衷云、墓在崤南陵、

帝發　[索隱]帝皋子也、系本云、帝皋生發及履癸、履癸一名桀、

帝履癸　是爲桀。從禹至

桀十七世。從黃帝至桀二十世。[考證]從禹至桀十五字、各本別作直行、低二格、今依前表例横書、後放此、黃帝至桀、何止二十世、卽依史所書世次數之、亦是二十一世、非二十世也、

殷湯代

夏氏。從黃帝至湯十七世。[考證]湯至黃帝之世次、不可考、卽依史數之、亦是十八世、非十七世、

帝外丙。湯太子太丁蚤卒、故立次弟外丙。

帝仲壬。

外丙弟。

帝太甲。故太子太丁子。淫、伊尹放之桐宮。三年悔過自責。伊尹乃迎之復位。

帝沃丁。伊尹卒。

帝太庚。沃丁弟。

帝小甲。太庚弟。索隱案殷本紀及系本皆云、小甲、太庚子、

殷道衰、諸侯或不至。考證紀謂殷衰諸侯不至、在雍己時、當是也、此誤前背于小甲之世、

帝雍己。小甲弟。

帝太戊。雍己弟。以桑穀生稱中宗。

帝中丁

帝外壬。中丁弟。

帝河亶甲。外壬弟。

帝祖乙

帝祖辛

帝沃甲。祖辛弟。

索隱系本云、開甲、

帝祖丁。祖辛子。

帝南庚。沃甲子。

帝陽甲。祖丁子。

帝盤庚。陽甲弟。徙河南。

帝小辛。盤庚弟。

帝小乙。小辛弟。

帝武丁。雉升鼎耳雊。得傅說。稱高宗。

帝祖庚

帝甲。祖庚弟。淫。集解徐廣曰、一云、淫德殷衰、考證據下有殷益衰之文、則徐說爲是、紀亦云、帝甲淫亂、殷復衰也、

帝廩辛　【索隱】或作馮辛、系本作祖辛、誤也、案上祖乙已生祖辛、故知非也、

帝庚丁。廩辛弟。殷徙河北。【考證】徙河北者武乙也、此誤爲庚丁、

帝武乙。慢神。震死。

帝太丁　【考證】太丁、文丁之誤、

帝乙。殷益衰。【考證】帝乙、賢君也、而云殷由之益衰、謬矣、

帝辛。是爲紂。弑。【考證】疑有脫誤、淩本弑作死、

從湯至紂二十

九世。從黃帝至紂四十六世。【考證】湯至紂、乃三十世、非二十九也、而黃帝至紂之世次不可致、依史所書、亦當作四十七、非四十六也、

周武王。代殷。從黃帝至武王十

九世。【考證】周自后稷至武王、尚不止十九世、況自黃帝算之乎、

成王誦　【考證】或作庸、非、

魯周公旦。武王弟。	【考證】各本初封一行、隔在魯公且武王弟中間、文氣不屬、今移後、餘放此、	初封
齊太公尚。文王武王師。		初封
晉唐叔虞。武王子。		初封
秦惡來。助紂、父飛廉有力。		
楚熊繹。繹父鬻熊事文王。		初封
宋微子啓。紂庶兄。	【考證】武王封殷後、當書武王世下、	初封
衛康叔。武王弟。	【考證】叔下缺封字、	初封
陳胡公滿。舜之後。	【考證】胡公當書武王世下、	初封
蔡叔度。武王弟。	【考證】叔度是武王時初封、蔡仲是成王時復封、此誤分書成康之世、	初封
曹叔振鐸。武王弟。	【考證】曹叔當書武王之世、	初封
燕召公奭。周同姓。	【考證】召公當書武王之世、	初封

康王釗。[redacted]古堯反、又音招、[redacted]索隱古、各本譌克、刑錯四十餘年。	昭王瑕。[redacted]音遐、宋衷云、昭王南伐楚、辛由靡爲右、涉漢中流而隕、由靡承王、遂卒不復周、乃侯其後于西翟也、南巡不返。不赴。
魯公伯禽	考公
丁公呂伋	乙公
晉侯燮	武侯
女防[redacted]張文虎曰、秦至非子始封、各本女防上衍二初封二字、今依毛本、	旁皋
熊乂	熊黮[redacted]吐感反、又徒感反、又杜減反、鄒氏又作點音、
微仲。啓弟。	宋公
康伯[redacted]康叔子、王孫牟父也、	孝伯[redacted]毛本作考伯、
申公	相公[redacted]世家亦作相、陳風譜疏引同、人表作柏公、相公下當有申公弟三字、
蔡仲	蔡伯
	太伯
九世至惠侯。	

諱之。	穆王滿。作甫刑。荒服不至。	恭王伊扈	懿王堅。周道衰、詩人作刺。
	煬公。考公弟。	幽公	魏公[redacted]系本作微公、名弗其、[redacted]幽公弟、
	癸公	哀公	胡公[redacted]哀公弟、
	成侯	厲侯	靖侯
	大几	大駱	非子
	熊勝	熊煬[redacted]世家、熊煬熊勝弟、	熊渠
	丁公	湣公。丁公弟。	煬公。湣公弟。
	嗣伯	疐伯[redacted]音捷、	靖伯
	孝公[redacted]當有申公子三字、	愼公[redacted]依世家、愼侯當厲王時、	幽公[redacted]據世家、幽公立于幽王之世、
	宮侯	厲侯	武侯[redacted]武侯二十三年、當共和元年、則武侯立于厲王十六年、
	仲君	宮伯	孝伯

孝王方。懿王弟。[redacted]孝王名辟方、共王弟、非懿王弟、	夷王燮。懿王子。	厲王胡。以惡聞遇。亂出奔、遂死于彘。
厲公	獻公。厲公弟。	眞公
獻公弒胡公	武公	
秦侯	公伯	秦仲
熊無康[redacted]無康早死不立、此衍、	熊鷙紅	熊延。紅弟。
厲公[redacted]滑公子、	釐公[redacted]釐公以厲王之二十一年立、則當屬厲王之世、	
貞伯	頃侯	釐侯
釐公[redacted]世家云、釐侯六年、周宣王即位、則釐公二字當衍、		
夷伯		

[redacted]遇、當作過、惡聞過、謂監謗者、	共和[redacted]周召二公共相王室、故曰共和、皇甫謐云、共伯和干王位、以共國伯爵、和其名也、干王位、言纂也、與史遷之說不同、蓋異說耳、	二伯行政[redacted]依文例、此下當
	武公。眞公弟。[redacted]眞公弟三字衍、	
	熊勇[redacted]熊勇立于厲王三十二年、當書厲王世、	

有武王至厲王十世、黃帝至厲王若干世、

張夫子問褚先生曰。【索隱】褚先生、名少孫、元成閒爲博士、張夫子、未詳也、【考證】張夫子、卽張長安、褚先生、卽褚少孫、見于漢書儒林傳、經典釋文卷一、儒林傳云、王式字翁思、東平新桃人也、爲昌邑王師、昌邑王廢、羣臣皆下獄誅、式得減死論、歸家不敎授、山陽張長安幼君、先事式、後東平唐長賓、沛褚少孫、亦來事式、問經數篇、式謝曰、聞之於師具是矣、自潤色之、不肯復授、唐生褚生應博士弟子選、詣博士、摳衣登堂、頌禮甚嚴、試誦說有法、疑者不言、諸博士驚問何師、對曰事式、皆素聞其賢、共薦式、詔爲博士、張生唐生褚生、皆爲博士、張生論石渠、至淮陽中尉、唐生楚太傅、由是魯詩有張唐褚氏之學、經典釋文云、王式受詩於免中徐公及許生、以授張生長安、及唐長賓褚少孫、兪樾曰、褚先生補史記、張晏已譏其鄙俚、然其人亦未易輕、考漢書儒林傳、褚少孫與張幼君唐長賓竝受詩於王式、由是魯詩有張唐褚氏之學、是固有功於經學者矣、　詩言契・后稷、皆無父而生。【考證】詩商頌玄鳥、大雅生民、說具殷周二紀、　今案諸傳記、咸言有父。父皆黃帝子也。【索隱】案上契及后稷、皆帝嚳子、此云黃帝子者、謂是黃帝之子孫耳、案嚳是黃帝曾孫、而契弃是玄孫、故云也、【考證】中井積德曰、子下脫孫字、下文可徵、　得無與詩謬乎。褚先

生曰。不然。詩言契生於卵、后稷人迹者、欲見其有天命精誠之意耳。鬼神不能自成。須人而生。柰何無父而生乎。一言有父、一言無父。信以傳信、疑以傳疑。故兩言之。【考證】桓五年穀梁傳、春秋之義、信以傳信、疑以傳疑、漢書儒林傳、敍少孫事云、誦說有法、疑者丘蓋不言、亦自行此言也、　堯知契・稷皆賢人、天之所生、故封之。契七十里。後十餘世至湯王天下。堯知后稷子孫之後王也。故益封之百里。其後世且千歲、至文王而有天下。詩傳曰。湯之先爲契。無父而生契。母與姊妹浴於玄丘水。有燕銜卵墮之。契母得、故含之、誤吞之。卽生契。【索隱】有娀氏女曰簡狄、浴於玄丘水、出詩緯、殷本紀云、玄鳥翔水遺卵、娀簡狄取而吞之也、【考證】此與下文姜嫄踐蹟、蓋魯詩之說、史公旣采之、少孫亦依之、　契生而賢。堯立爲司徒。姓之曰子氏。子者茲茲益大也。【考證】岡白駒

曰、玆玆、多益貌、　詩人美而頌之曰。殷社芒芒。【集解】詩云、殷土、　天命玄鳥。降而生商。商者質殷號也。【考證】質、本也、殷初稱商、　文王之先爲后稷。后稷亦無父而生。后稷母爲姜嫄。【索隱】有邰氏之女也、韋昭云、姜姓、嫄字也、　出見大人蹟而履踐之。知於身、則生后稷。姜嫄以爲無父。賤而弃之道中。牛羊避不踐也。抱之山中。【集解】抱、普茅反、【索隱】抱、普交反、又如字、【考證】中井積德曰、抱是必訛文、必是棄捐等字矣、錢大昕曰、抱讀爲拋、張文虎曰、舊刻與生民詩合、各本作羊牛、　山者養之。又捐之大澤。鳥覆席食之。【考證】席、藉也、周本紀、作覆薦、　姜嫄怪之、於是知其天子。【考證】岡白駒曰、知其天之所生、　乃取長之。堯知其賢才、立以爲大農。姓之曰姬氏。姬者本也。詩人美而頌之曰。厥初生民。深修益成。而道后稷之始也。孔子曰。昔者堯命契爲子氏。爲有湯也。命后稷爲姬氏。

爲有文王也。大王命季歷、明天瑞也。太伯之吳、遂生源也。【索隱】言太伯之讓季歷、居吳不反者、欲使傳文王武王、撥亂反正成周道、遂天下生生之源本也、【考證】岡白駒曰、此蓋緯書之說、　天命難言。非聖人莫能見。舜・禹・契・后稷、皆黃帝子孫也。黃帝策天命而治天下、德澤深後世。故其子孫皆復立爲天子。是天之報有德也。人不知以爲氾從布衣匹夫起耳。【考證】岡白駒曰、氾與汎同、　夫布衣匹夫、安能無故而起王天下乎。其有天命然。黃帝後世何王天下之久遠邪。曰。傳云。天下之君王、爲萬夫之黔首。【考證】中井積德曰、黔首句不通、愚按黔首蓋元首之義、　請贖民之命者、帝有福萬世。黃帝是也。五政明、則修禮義、因天時、擧兵征伐而利者、王有福千世。蜀王、黃帝後世也。【索隱】案系本、蜀無姓、相承云黃帝後、且黃帝二十五子、分封賜姓、或於蠻夷、蓋當然也、蜀王

本紀云、朱提有男子杜宇、從天而下、自稱望帝、亦蜀王也、則杜姓出唐杜氏、蓋陸終氏之胤、亦黃帝之後也、【正義】譜記普云、蜀之先肇於人皇之際、黃帝與子昌意娶蜀山氏女、生帝俈、立封其支庶於蜀、歷虞夏商周衰、先稱王者蠶叢國破、子孫居姚嶲等處、【考證】徐孚遠曰、褚先生爲此論以稱霍將軍、引蜀王者、公孫泄之義也耳、中井積德曰、正義普字疑衍、至今在漢西南五千里。常來朝降、輸獻於漢。【考證】中井積德曰、降字疑衍、非以其先之有德、澤流後世邪。行道德、豈可以忽乎哉。人君王者、舉而觀之。漢大將軍霍子孟名光者、亦黃帝後世也。【索隱】案系本云、霍國眞姓後、周武王封其弟叔處於霍、是姬姓、亦黃帝後、【考證】今山西平陽府霍州西有霍城、古霍國也、此可爲博聞遠見者言。固難爲淺聞者說也。何以言之。古諸侯以國爲姓。霍者國名也。武王封弟叔處於霍。後世晉獻公滅霍公。後世爲庶民、往來居平陽。平陽在河東。河東、晉地、分爲魏國。以詩言之、亦可爲周世。【考證】毛詩魏風釋文云、魏世家及左氏傳云、魏、姬姓國也、詩

譜云、周以封同姓、愚按世猶言子孫、周起后稷。后稷無父而生。以三代世傳言之。后稷有父、名高辛。高辛、黃帝曾孫。黃帝終始傳曰。【索隱】蓋謂五行讖緯之說、若今之童謠言、【考證】沈濤曰、終始傳、卽終始五德之傳、漢書藝文志陰陽家、有公檮生終始十四篇、傳鄒奭終始書、又有鄒子終始五十六篇、此黃帝終始傳亦其類也、封禪書云、公孫臣上書曰、推終始傳、則漢當土德、疑卽黃帝終始傳、漢興百有餘年、有人不短不長、出白燕之鄉、【正義】一作白彘、案霍光平陽人、平陽今晉州霍邑、本秦時霍伯國、漢爲彘縣、後漢改彘曰永安、隋又改爲霍邑、遍檢記傳、無白燕之名、疑白彘、是鄉之名、【考證】正義秦字、疑周字訛、張文虎曰、凌本有索隱曰本作燕六字、單本無之、今刪、持天下之政。時有嬰兒主。【索隱】謂昭帝也、卻行車。【索隱】言霍光持政擅權、逼帝令如卻行車使不前也、霍將軍者、本居平陽白燕。臣爲郎時、與方士考功【正義】謂年老爲方士最功也、【考證】中井積德曰、考功、蓋方士之官銜、會旗亭下。【集解】西京賦曰、旗亭五里、薛綜曰、旗亭、市樓也、立旗於上、故取名焉、爲臣言。豈不偉哉。【索隱】褚先生蓋腐儒也、設主客引詩傳云、契弃無父、及據帝系皆帝嚳之子、是也、而末引蜀王霍光、竟欲證何事、而言之不經、蕪穢正史、輒云、豈不偉哉、一

何誣也、【考證】徐孚遠曰、太史公此表、始于黃帝、訖于共和、共和無天子、大臣攝政、褚先生以其事與霍將軍相類、因推論之、霍光父亦微耳、霍氏以外戚貴、故言殷周之興無父也、王鳴盛曰、霍光父中孺、以縣吏給事平陽侯家、與侍者衛少兒私通生去病、中孺吏畢、歸家娶婦生光、少兒女弟子夫、得幸武帝爲后、去病以后姊子貴、任光爲郎、可謂瑣瑣膴仕、不足道也、少孫因光擅權、爲此言以貢諛、遙遙華胄、至推爲黃帝苗裔、抑何妄且陋哉、張文虎曰、霍光事、何與三代世表、此褚少孫續貂之尤鄙謬者、漢書儒林傳、王式爲昌邑王師、以詩諫、聞少孫乃其弟子、是生當宣帝之世、光薨於地節元年、霍禹謀反於四年、少孫此紀、當在霍氏盛時、造爲妖言、將以取媚、玷其師甚矣、

【索隱述贊】高辛之胤、大啓禎祥、脩己吞薏、石紐興王、天命玄鳥、簡狄生商、姜嫄履跡、祚流岐昌、俱膺歷運、互有興亡、風餘周召、刑措成康、出彘之後、諸侯日彊、

三代世表第一　史記十三

文學博士瀧川龜太郎著

史記會注考證

史記會注考證卷十四

漢　太史令司馬遷撰

宋　中郎外兵曹參軍裴駰集解

唐　國子博士弘文館學士司馬貞索隱

唐　諸王侍讀率府長史張守節正義

日本　出雲瀧川資言考證

十二諸侯年表第二　史記十四

[索隱]案篇言十二、實敘十三者、賤夷狄不數吳、又霸在後故也、不數而敘之者、闔閭霸盟上國故也、[考證]史公自序云、幽厲之後、周室衰微、諸侯專政、春秋有所不紀、而

譜諜經略、五霸更盛衰、欲睹周世相先後之意、作十二諸侯年表第二、汪越曰、冠周于上、尊王室也、書甲子于周之上、紀天道也、表元年、諸侯各以次相及、詳曆數也、書孔子生、尊聖人也、書孔子去留、悼道之不行也、書纂逆、罪無君也、災異必書、敬天也、書會盟、重息民、且見夷夏之勢所由分也、書殺逆、明法也、諸侯之事、必舉其要、謂春秋國語學者所譏盛衰大指也、觀世家所載之詳、乃知此表斷其義、不騁其詞、非獨具年月世譜而已、蓋自厲而宣、自宣而平、周轍既東、以及春秋二百四十年之大勢也、德齡曰、是表主春秋、吳于春秋之季始通六國、而壽夢以前、自不得列于是表、然則十二之號、固不得不仍其舊、司馬貞之論鑿矣、齋藤謙曰、十二七十二之數、皆非實數、史記十二諸侯年表、首魯訖吳、實十三國、蘇明允謂吳用夷禮、故不數也、是不知十二非實數、故作此牽强之說耳、史記又有泗上十二諸侯、金人十二、珠照十二乘、漢書有十二樓、皆非必實數也、孔子世家云、弟子身通六藝者七十有二人、檢弟子傳、則其實七十七人、其餘史記封禪七十二君、莊子鑿卜七十二鑽、皆非必實數也、傅占衡曰、太史公表、共和以後諸侯、寔十三國也、而稱十二者、索隱及蘇氏洵之說、皆以爲不數吳也、吳不數而序之者、吳嘗伯焉耳、余竊謂不然、吳夷也、楚與越亦夷也、淫名而病中國、楚于吳愈矣、何爲暱楚而讎吳哉、其不數者蓋魯也、吾嘗幷六國表而觀之、按表首周次魯、而後齊晉秦楚次之、宋衞陳蔡曹鄭燕吳又次之、其曰十二國者、以魯爲主也、猶六國表首周次秦、而後曰魏、曰韓、曰趙、曰楚、曰燕、曰齊、繼之、其不曰七國者、以秦爲主也、夫十二諸侯表、據春秋而次者也、六國表、據秦紀而次者也、春秋詳于魯、故序皆言春秋、其始太史公讀春秋、終曰表見春秋國語、而日月之蝕、皆書于魯、十二國不與焉、秦紀詳于秦、故序皆曰秦、其始曰太史公讀秦紀、終曰予於是因秦紀踵春秋之後、而日月之蝕、皆書于

秦、六國者不與焉、然則太史公非有所不數也、其據而作表者則殊焉、十二國與六國表皆然也、何以謂不數吳、吳處十二諸侯之末、而不數、則齊之於六國亦然、而謂實七國不數齊乎、敢問越何以不載、曰、越微甚、事五見于春秋、不若吳自壽夢魯成公七年入州來、十五年會鍾離、通上國也、且宋杞二王之後也、杞稍先見于經、然與許莒滕薛之屬、並不得比於成國、則表皆沒焉、況於越乎、越不得列于表、而吳得列、則越非獨以夷黜矣、吳不得以夷黜、而與楚俱列於表、列於表而復不數之、則無義矣、愚按傳說最確、

太史公讀春秋曆譜諜、[索隱]案劉杳云、三代系表、旁行邪上、並放周譜、譜起周代、藝文志有古帝王譜、又自古爲春秋學者、有年曆譜諜之說、故杜元凱作春秋長曆及公子譜、蓋因於舊說、故太史公得讀焉也、[考證]漢書藝文志歷譜家、夏殷周魯歷十四卷、漢元殷周諜歷十七卷、帝王諸侯世譜二十卷、古來帝王年譜五卷、至周厲王、未嘗不廢書而歎也。曰。嗚呼、師摯見之矣。[集解]鄭玄曰、師摯、太師之名、周道衰微、鄭衞之音作、正樂廢而失節、魯太師摯識關雎之聲、首理其亂也、[考證]論語泰伯篇、子曰、師摯之始、關雎之亂、洋洋乎盈耳哉、微子篇、大師摯適齊、皆未見蚤見周之衰之意、史公豈別有所本乎、梁玉繩曰、師摯、孔安國以爲魯哀公時人、自不可易、史公作禮書序云、仲尼沒後、受業之徒、沈湮而不擧、或適齊楚、或入河海、即指師摯諸人論之、雖以摯等爲孔子之徒、不免于誤、而已明言與孔子並世矣、乃此序又若以師摯爲厲王時人、董仲舒對策曰、至于殷紂、守職之人皆奔走

逃亡、入于河海、班固因之、故禮樂志曰、殷紂斷棄先祖之樂、樂官師瞽抱其器而犇散、或適諸侯、或入河海、人表列師摯八人于三仁八士之間、師古注又引鄭康成以爲平王時人、斯皆學者異師、各守所見、文義駮馳、往往別、馬班董鄭之說、同爲紕繆矣、**紂爲象箸、**【集解】鄭氏及劉氏皆音直慮反、即筯也、今案箕子云、爲象箸者必爲玉桮、則著者是櫡也、音治略反、**而箕子唏。**【集解】唏、嗚歎聲、音許既反、又音希、希亦聲餘、故記曰、夫子曰嘻其甚也、亦歔音也、【考證】箸、鄭劉音是、柯維騏曰、韓非子喩老說林、紂爲象箸而箕子怖、史遷作唏、蓋本淮南子說山、若後漢書西羌傳、謂微子垂泣于象箸、則誤也、**周道缺、詩人本之衽席、關雎作。仁義陵遲、鹿鳴刺焉。**【考證】罔白駒曰、古者詩有四家、不知太史公所傳何詩也、與毛詩異、梁玉繩曰、漢書儒林傳稱孔安國爲申公弟子、則安國所受者魯詩、史公從安國問古文尚書、或亦從學魯詩、表謂周道缺而關雎作、儒林傳序言周室衰而關雎作、其用魯詩歟、漢書杜欽傳曰、佩玉晏鳴、關雎歎之、法言孝至篇曰、周康之時、關雎作乎上、傷始亂也、後漢書皇后紀序曰、康王晚朝、關雎作諷、楊賜傳曰、康王一朝晏起、關雎見幾而作、注者皆以爲魯詩、而關雎之解、韓同于魯、後書顯宗永平八年詔曰、應門失守、關雎刺世、馮衍傳賦曰、美關雎之識微、愍王道之將崩、注引薛君章句、大人內傾于色、故詠關雎、說淑女正容儀以刺時、史公于詩兼齊魯韓、如韓詩以商頌爲美襄公、宋世家論用之、則所言關雎蓋兼魯韓二家、惟以鹿鳴爲刺詩、不知何出、困學紀聞三疑是三家之說、今亡佚莫攷矣、然而關雎正風之始也、非變風也、鹿鳴正雅之始也、非變雅也、孔子自删詩豈取衰世諷刺之作以冠風雅哉、且孔子世家以關雎爲風始、鹿鳴爲小雅始、柰何自牴牾乎、而

關雎之所以有此異說者、必漢儒誤解論語關雎之亂一句耳、晉書司馬彪傳云、春秋不脩、則仲尼理之、關雎既亂、則師摯脩之、以亂爲錯亂、其說又異、又曰、文選十八、蔡邕琴操云、鹿鳴者周大臣之所作也、王道衰、大臣知賢者幽隱、故彈弦風諫、以此類證知刺詩之說、必有所本、**及至厲王、以惡聞其過、公卿懼誅而禍作。**【集解】惡、烏故反、過、古臥反、故國語云、厲王止謗、道路以目、是也、**厲王遂奔于彘。**【集解】彘、地名、在河東、後爲永安縣也、**亂自京師始、而共和行政焉。是後或力政、彊乘弱、興師不請天子。然挾王室之義、**【集解】挾、音協也、**以討伐爲會盟主、政由五伯、**【集解】伯、音霸、五霸者、齊桓公晉文公秦穆公宋襄公楚莊王也、【考證】孟子告子篇、五霸桓公爲盛、而不列其名、趙岐注、五霸、齊桓晉文秦繆宋襄楚莊也、風俗通說同、皆與索隱合、荀子王霸篇、齊桓晉文楚莊吳闔閭越句踐、是皆僻陋之國也、威動天下、彊殆中國、是所謂信立而霸也、白虎通、一云昆吾氏大彭氏豕韋氏齊桓晉文、一云、齊桓晉文秦穆楚莊吳闔閭、一云、齊桓晉文秦穆宋襄楚莊、諸說不同、愚按史公云、齊晉秦楚、在成周微甚、四國迭興、更爲伯主、則索隱之說、即史公之意也、**諸侯恣行、淫侈不軌、賊臣篡子滋起矣。**【集解】行、下孟反、【考證】岡白駒曰、篡子弑父、兄篡立者、**齊・晉・秦・楚、其在成周微甚。封或百里、或五十里。**【考證】成周、蓋

言周盛時、漢興諸侯王年表云、周封太公於齊、兼五侯地、尊勤勞也、武王成康所封數百、地上不過百里、下三十里、與此異、**晉阻三河、齊負東海、楚介江・淮、**【索隱】介、音界、言楚以江淮爲界、一云介者夾也、【考證】岡白駒曰、索隱後說爲是、介猶據也、王念孫曰、介恃也、介江淮、言恃江淮之險也、襄二十四年左傳、以陳國之介恃大國而陵虐於敝邑、介亦恃也、程一枝曰、淮當作漢、**秦因雍州之固、四國迭興、更爲伯主、文・武所褒大封、皆威而服焉。是以孔子明王道、干七十餘君、莫能用。**【考證】梁玉繩曰、史言孔子干君、猶子禽之言求爾、七十餘君尤妄、儒林傳序、亦稱仲尼干七十餘君、無所遇、索隱謂後之記者失詞、孔子歷聘無七十餘君、索隱本于論衡、論衡儒增篇云、孔子所至不能十國也、此蓋戰國時謬說、史漫述之、其始出于莊子天運篇、以干七十二君爲孔子謂老聃語、淮南說苑以及揚雄解嘲、皆仍其謬、呂氏春秋遇合篇曰、孔子周流海內、所見八十餘君、其數且過七十二矣、然乎哉、**故西觀周室、論史記舊聞、興於魯而次春秋。上記隱、下至哀之獲麟。約其辭文、去其煩重、**【集解】文去重、去、羌呂反、重、逐龍反、言約史記脩春秋、去其重文也、**以制義法。**【考證】義法二字、始見乎此、自方苞揭出此二字、近時作古文者、奉爲圭臬、**王道備、人事浹。**【考證】錢大昕曰、浹與匝同、愚按春秋繁露玉杯篇、春秋論十二世之事、人道浹而王道備、法

布二百四十二年之中、相爲左右、以成文采、**七十子之徒、口受其傳指。爲有所刺譏褒諱挹損之文辭、不可以書見也。**【集解】傳、音逐宜反、【考證】吳汝綸曰、此史公以春秋自況、其所爲史記、刺譏褒諱挹損之文辭、略同之也、此下歷道爲春秋者、皆不足以繼春秋、所以隱寓自任之旨、**魯君子左丘明、懼弟子人人異端、各安其意、失其眞。故因孔子史記、具論其語、成左氏春秋。**【考證】梁玉繩曰、漢書藝文志劉歆傳、後書陳元傳、論語疏、左穀二序疏、皆稱作傳者以爲左丘明、與聖同恥、親受經于仲尼、劉知幾所云、語世則竝生、論才則同體也、乃自趙宋以來諸儒、或謂左丘明在孔子前、左傳非左丘明作、或言作春秋傳者、別有左氏、失其名、六國時人、楚左史倚相之後、作國語者左丘氏、魯左丘明之後、或又稱左氏世爲史官、末年傳文、是其子孫所續、諸家之說頗異、未定所從、**鐸椒爲楚威王傳、爲王不能盡觀春秋、采取成敗、卒四十章、爲鐸氏微。**【集解】鐸椒所撰、名鐸氏微者、春秋有微婉之詞故也、【考證】漢書藝文志、春秋家、鐸氏微三篇、楚太傅鐸椒撰、顏師古曰、微謂釋其微指、**趙孝成王時、其相虞卿、上采春秋、下觀近世、亦著八篇、爲虞氏春秋。**【正義】案其文八篇、藝文志云、十五篇、虞卿撰、【考證】漢書藝文志儒家、虞氏春秋十五篇、春秋家、

虞氏微傳二篇、梁玉繩曰、此與虞卿傳竝言八篇、而藝文志是十五篇、又有虞氏微傳二篇、溢數甚多、疑史誤、抑豈漢人別其篇爲十五、復摘其中合于春秋經義者爲微傳邪、愚按世諸本作勢、今從凌本館本、呂不韋者、秦莊襄王相。亦上觀尚古、刪拾春秋、集六國時事、以爲八覽六論十二紀、爲呂氏春秋。及如荀卿・孟子・公孫固・韓非之徒、【索隱】荀況、孟軻、韓非皆著書自稱子、宋有公孫固、無所述、此固、齊人韓固傳詩者、【考證】索隱韓固當作轅固、梁玉繩曰、傳詩者韓嬰・轅固、不得嫁名於公孫固、考漢藝文志、儒家有公孫固一篇十八章、齊閔王失國問之、因爲陳古今成敗也、愚按荀子云、禮之敬文也、樂之中和也、詩書之博也、春秋之微也、在天地之間者畢矣、韓非受學荀卿、故其書言春秋頗多、備內云、桃左春秋曰、人主之疾死者、不能處半、又云、上古之傳言、春秋所記、犯法爲逆、以成大姦者、未嘗不從尊貴之臣也、內儲說云、魯哀公問於仲尼曰、春秋之記曰、冬十二月、實霜不殺菽、何爲記此、仲尼對曰、此言可以殺而不殺也、夫宜殺而不殺、桃李冬實、天失道、草木猶犯干之、而況於君人乎、外儲說云、子夏曰、春秋之臣弒君、子弒父者、以十數矣、皆非一日之積也、有漸而然矣、此或受之荀卿、說疑云、故曰、內寵竝后、外寵貳政、枝子配適、大臣擬主、亂之道也、采閔二年左氏傳語、又云、周記曰、無尊妾而卑妻、無孽適子而尊小枝、無尊嬖臣而匹上卿、無尊大臣以擬其主也、四擬破、則上無意、下無怪也、四擬不破、則損身滅國矣、史公論春秋、列韓非於孟荀二子後、有故也、各往往捃摭春秋之文以著書、不可勝紀。

漢相張蒼歷譜五德、【索隱】案張蒼著終始五德傳也、上大夫董仲舒推春秋義、頗著文焉。【索隱】作春秋繁露是、【考證】徐孚遠曰、惟董生所作、推春秋之旨、其餘雖沿其名、自別記事、不關春秋也、太史公曰。儒者斷其義、馳說者騁其辭、不務綜其終始、歷人取其年月、數家隆於神運、【集解】徐廣曰、運、一作通也、【索隱】數音疏具反、謂陰陽術數之家也、【考證】岡白駒曰、隆猶尚也、譜諜獨記世諡、其辭略、欲一觀諸要難。【索隱】觀音官、難奴丹反、【考證】索隱本、一作壹、於是譜十二諸侯、自共和訖孔子、表見春秋國語學者所譏盛衰大指、著于篇、爲成學治古文者要刪焉。【集解】徐廣曰、一云、治國聞者也、【索隱】爲成學治文者要刪焉、言表見春秋國語、本爲成學之人、欲覽其要、故刪爲此篇焉、【考證】譏猶察也、兪正燮曰、此序云古文者、謂春秋國語、序云、務綜其終始表見春秋國語是也、漢書楚元王傳言古文春秋左氏傳、又言左氏傳多古言古字、故可稱古文、史記五帝本紀贊云、不離古文者近是、下云余觀春秋國語、其發明五帝德帝繫姓矣、其古文亦指春秋國語、又吳世家贊云、余讀春秋古文、語俱相應、史記自序云、誦古文、謂學古文尚書、就孔安國問故、及通左傳國語、史記言古文者、猶言古字本、尚書春秋、其特舉古文者、以所采輯、與博士不同、

故申別之曰古文、五帝本紀贊言好學深思、又譏淺見寡聞、十二諸侯年表序、又特言成學、皆與當時博士之黨同伐異者言之、史記立言之意、惜徐廣裴駰等不知也、愚按古文之義、兪說得之、但五帝本紀贊古文、斥尚書而言、說既具本條、中井積德曰、要刪、謂刪煩取要也、

【考證】汪越曰、按十二諸侯年表、竝與三代世表之末相接續、魯始眞公、齊始武公、晉始靖侯、秦始秦仲、楚始熊勇、宋始釐公、衛始釐公、陳始幽公、蔡始武侯、曹始夷伯、燕始惠侯、皆所謂自共和也、三代世表下十二國無鄭者、鄭至周宣王始封其母弟友也、吳壽夢始見于周簡王元年、錢大昕云、史記諸年表、皆不記干支、注干支、出于徐廣、六國表周元王元年、徐廣曰乙丑、秦楚之際月表秦二世元年、徐廣曰壬辰是也、十二諸侯年表共和元年、亦當有徐廣曰庚申字、今刊本乃於最上添一格書干支、而刪去徐廣注、讀者遂疑爲史公本文、曾不檢照後二篇、亦太疏矣、考徐注之例、唯於王之元年誌干支、此表每十年輒書甲戌甲申甲午甲辰甲寅甲子字、不特非史公正文、幷非徐氏之例、其爲後人孱入、鑿鑿可據、且史公以太陰紀年、故命太初之元爲閼逢攝提格、依此上推共和、必不値庚申、則庚申爲徐注、又何疑焉、

	庚申
周	共和元年【集解】徐廣曰、自共和元年、歲在庚申、訖敬王四十三年、凡三百六十五年、共和在春秋前一百一十九年、【索隱】宣王少、周召二公共和王室、故曰共和、宣王、厲王之子也、徐氏云、元年至敬王四十三年、凡三百六十五年、共和在春秋前一
魯	眞公濞十五年、【索隱】系本作愼公擊、鄒誕本作愼公嚊、眞公、伯禽之玄孫、一云、十四年、【考證】眞公、愼公之誤、一云十四年五字、後人附注誤入正文、
齊	武公壽十年、【索隱】太公五代孫、獻公子也、宋衷曰、武公十年、宣王大臣共行政、號曰共和、十四年、宣王卽位、
晉	靖侯宜臼十八年【索隱】唐叔五代孫、厲侯之子也、宋衷曰、唐叔已下五代無年紀、
秦	秦仲四年【索隱】非子曾孫、公伯之子、宣王命爲大夫、誅西戎也、
楚	熊勇七年【索隱】楚芈姓、粥熊之後、因氏熊、熊勇、熊延之子、熊繹十一代孫、【考證】索隱十一、當作七、
宋	釐公十八年【索隱】微仲六代孫、厲公之子也、
衛	釐侯十四年【索隱】康叔七代孫、頃侯之子、頃侯賂周、始命爲侯、【考證】釐公名擧、
陳	幽公寧十四年【索隱】胡公五代孫、
蔡	武侯二十三年【索隱】蔡仲五代孫也、
曹	夷伯二十四年【索隱】名喜、振鐸六代孫也、
鄭	
燕	惠侯二十四年【索隱】召公奭九世孫也、立三十八年、【考證】史所書燕君之諡、曰惠曰桓者各三、曰釐曰宣曰昭曰孝曰文者各二、其誤無疑、莫由詳定、
吳	

百一十九年也、 厲王子居召公宮、是爲宣王、王少大臣共和行政、[redacted]厲王子居召公宮至是爲宣王三十一字、各本誤入二年、

			甲子					
二	三	四	五	六	七	八	九	十
十六	十七	十八	十九	二十	二十一	二十二	二十三	二十四
十一	十二	十三	十四	十五	十六	十七	十八	十九
晉釐侯司徒元年	二	三	四	五	六	七	八	九
五	六	七	八	九	十	十一	十二	十三
八	九	十	楚熊嚴元年	二	三	四	五	六
十九	二十	二十一	二十二	二十三	二十四	二十五	二十六	二十七
十五	十六	十七	十八	十九	二十	二十一	二十二	二十三
十五	十六	十七	十八	十九	二十	二十一	二十二	二十三
二十四	二十五	二十六	蔡夷侯元年	二	三	四	五	六
二十五	二十六	二十七	二十八	二十九	三十	曹幽伯彊元年	二	三
二十五	二十六	二十七	二十八	二十九	三十	三十一	三十二	三十三

十一	十二	十三	十四 宣王即位、共和罷、[redacted]二相還政、宣王稱元年也、
二十五	二十六	二十七	二十八
二十	二十一	二十二	二十三
十	十一	十二	十三
十四	十五	十六	十七
七	八	九	十
二十八	宋惠公覵元年 [redacted]覵、音閑、又音下板反、	二	三
二十四	二十五	二十六	二十七
陳釐公孝元年	二	三	四
七	八	九	十
四	五	六	七
三十四	三十五	三十六	三十七

	甲戌	
[redacted]宣王上、疑脫厲王沒于彘五字、	宣王元年 [redacted]各本宣王下有厲王子三字、旁注混入、今刪、	二
	二十九	三十
	二十四	二十五
	十四	十五
	十八	十九
	楚熊霜元年	二
	四	五
	二十八	二十九
	五	六
	十一	十二
	八	九
	三十八	燕釐侯莊元年 [redacted]徐廣云、一無莊字、案燕失年紀及名、此言莊者衍字也、

	三	魯武公敖元年	二十六	十六	二十	三	六	三十	七	十三	曹戴伯鮮元年 [illegible]世家、鮮作蘇、		二	
	四	二	齊厲公無忌元年	十七	二十一	四	七	三十一	八	十四	二		三	
	五	三	二	十八	二十二	五	八	三十二	九	十五	三		四	
	六	四	三	晉獻侯籍元年	二十三	六	九	三十三	十	十六	四		五	
	七	五	四	二	秦莊公其元年 [illegible]共、	楚熊徇元年	十	三十四	十一	十七	五		六	

					名也、案秦之先公諡不記名、恐其非名、									
	八	六	五	三	二	二	十一	三十五	十二	十八	六		七	
	九	七	六	四	三	三	十二	三十六	十三	十九	七		八	
	十	八	七	五	四	四	十三	三十七	十四	二十	八		九	
甲申	十一	九	八	六	五	五	十四	三十八	十五	二十一	九		十	
	十二	十	九	七	六	六	十五	三十九	十六	二十二	十		十一	
	十三	魯懿公戲元年	齊文公赤元年	八	七	七	十六	四十	十七	二十三	十一		十二	
	十四	二	二	九	八	八	十七	四十一	十八	二十四	十二		十三	
	十五	三	三	十	九	九	十八	四十二	十九	二十五	十三		十四	
	十六	四	四	十一	十	十	十九	衛武	二十	二十六	十四		十五	

								公和元年						
	十七	五	五	穆侯弗生元年 [illegible]晉穆公生、案系家、名費生、或作濆生、系本名弗生、則生是穆公名、[illegible]穆公上脫晉字、	十一	十一	二十	二	二十一	二十七	十五		十六	
	十八	六	六	二	十二	十二	二十一	三	二十二	二十八	十六		十七	
	十九	七	七	三	十三	十三	二十二	四	二十三	蔡釐侯所事元	十七		十八	

										年 [illegible]蔡釐侯所、案系家、釐侯名所事、[illegible]據索隱、則表無事字、				
	二十	八	八	四 取齊女爲夫人	十四	十四	二十三	五	二十四	二	十八		十九	
甲午	二十一	九	九	五	十五	十五	二十四	六	二十五	三	十九		二十	
	二十二	魯孝公稱元年、伯御	十	六	十六	十六	二十五	七	二十六	四	二十	鄭桓公友元年 [illegible]宣	二十一	

	二十三	二十四	二十五
立爲君、稱爲諸公子云、伯御、武公孫、[redacted]是年爲伯御元年、非孝公元年也、	二	三	四
	十一	十二	齊成
	七 以伐條生太子仇	八	九
	十七	十八	十九
	十七	十八	十九
	二十六	二十七	二十八
	八	九	十
	二十七	二十八	二十九
	五	六	七
	二十一	二十二	二十三
王母弟、宣王二十二年、封之鄭、立三十六年、與幽王俱死犬戎之難也、	二 始封周宣王母弟、	三	四
	二十二	二十三	二十四

	二十六	二十七
	五	六
公說元年[redacted]系家、說作說、	二	三
	十 以千畝戰生仇弟成師、二子名反、君子譏之、後亂、	十一
	二十	二十一
	二十	二十一
	二十九	三十 [redacted]當移宋惠
	十一	十二
	三十	三十一
	八	九
	二十四	二十五
	五	六
	二十五	二十六

				甲辰
	二十八	二十九	三十	三十一
	七	八	九	十
	四	五	六	七
	十二	十三	十四	十五
	二十二	二十三	二十四	二十五
	二十二	楚熊鄂元年	二	三
公薨四字于此、	三十一 宋惠公薨[redacted]三十一、宋惠公薨、當作宋哀公元年、	宋戴公立元年[redacted]立字衍文、	二	三
	十三	十四	十五	十六
	三十二	三十三	三十四	三十五
	十	十一	十二	十三
	二十六	二十七	二十八	二十九
	七	八	九	十
	二十七	二十八	二十九	三十

三十二	三十三
十一 周宣王誅伯御、立其弟稱、是爲孝公、[redacted]表以伯御元年爲孝公元年、故孝公多十一年、	十二
八	九
十六	十七
二十六	二十七
四	五
四	五
十七	十八
三十六	陳武公靈元年
十四	十五
三十	曹惠公伯雉元年[redacted]一作兕、
十一	十二
三十一	三十二

	三十四	三十五	三十六	三十七	三十八
	十三	十四	十五	十六	十七
	齊莊公贖元年 ■贖、劉氏音神欲反、系家及系本竝作購、	二	三	四	五
	十八	十九	二十	二十一	二十二
	二十八	二十九	三十	三十一	三十二
	六	七	八	九	楚若
	六	七	八	九	十
	十九	二十	二十一	二十二	二十三
	二	三	四	五	六
	十六	十七	十八	十九	二十
■曹本伯爵、惠公以下不知何以怨稱公、世家至穆公始稱公、	二	三	四	五	六
	十三	十四	十五	十六	十七
	三十三	三十四	三十五	三十六	燕頃

			甲寅			
	三十九	四十	四十一	四十二	四十三	
	十八	十九	二十	二十一	二十二	
敖元年 ■熊鄂子熊儀也、號若敖也、	六	七	八	九	十	
	二十三	二十四	二十五	二十六	二十七	穆侯卒、弟殤叔自立、太子仇出
	三十三	三十四	三十五	三十六	三十七	
	二	三	四	五	六	
	十一	十二	十三	十四	十五	
	二十四	二十五	二十六	二十七	二十八	
	七	八	九	十	十一	
	二十一	二十二	二十三	二十四	二十五	
	七	八	九	十	十一	
	十八	十九	二十	二十一	二十二	
侯元年	二	三	四	五	六	

	四十四	四十五	四十六	幽王元年	二 三川震	三
	二十三	二十四	二十五	二十六	二十七	二十八
	十一	十二	十三	十四	十五	十六
奔、	晉殤叔元年	二	三	四 仇攻殺殤叔、立爲文侯、	晉文侯仇元年	二
	三十八	三十九	四十	四十一	四十二	四十三
	七	八	九	十	十一	十二
	十六	十七	十八	十九	二十	二十一
	二十九	三十	三十一	三十二	三十三	三十四
	十二	十三	十四	十五	陳夷公說元年	二
	二十六	二十七	二十八	二十九	三十	三十一
	十二	十三	十四	十五	十六	十七
	二十三	二十四	二十五	二十六	二十七	二十八
	七	八	九	十	十一	十二

		甲子						
王取褒姒、	四	五	六	七	八	九	十	十一 幽王爲犬戎所殺、
	二十九	三十	三十一	三十二	三十三	三十四	三十五	三十六
	十七	十八	十九	二十	二十一	二十二	二十三	二十四
	三	四	五	六	七	八	九	十
	四十四	秦襄公元年	二	三	四	五	六	七 始列爲諸侯、
	十三	十四	十五	十六	十七	十八	十九	二十
	二十二	二十三	二十四	二十五	二十六	二十七	二十八	二十九
	三十五	三十六	三十七	三十八	三十九	四十	四十一	四十二
	三	陳平公變元年	二	三	四	五	六	七
	三十二	三十三	三十四	三十五	三十六	三十七	三十八	三十九
	十八	十九	二十	二十一	二十二	二十三	二十四	二十五
	二十九	三十	三十一	三十二	三十三	三十四	三十五	三十六 以幽王故爲犬戎所
	十三	十四	十五	十六	十七	十八	十九	二十

		平王元年、東徙雒邑、	二	三
		三十七	三十八	魯惠公弗湟元年[redacted]惠公弗生、系家作弗湟、系本作弗皇、
		二十五	二十六	二十七
		十一	十二	十三
		八初立西時、祠白帝、	九	十
		二十一	二十二	二十三
		三十	三十一	三十二
		四十三	四十四	四十五
		八	九	十
		四十	四十一	四十二
		二十六	二十七	二十八
	殺、	鄭武公滑突元年[redacted]滑、一作掘、掘音胡忽反、	二	三
		二十一	二十二	二十三

甲戌				
四	五	六	七	八
二	三	四	五	六
二十八	二十九	三十	三十一	三十二
十四	十五	十六	十七	十八
十一	十二伐戎、至岐而死、	秦文公元年	二	三
二十四	二十五	二十六	二十七	楚霄敖元年[redacted]
三十三	三十四	宋武公司空元年	二	三
四十六	四十七	四十八	四十九	五十
十一	十二	十三	十四	十五
四十三	四十四	四十五	四十六	四十七
二十九	三十	三十一	三十二	三十三
四	五	六	七	八
二十四	燕哀侯元年	二	燕鄭侯元年	二

	九	十
	七	八
	三十三	三十四
	十九	二十
	四	五
霄敖、案系家、若敖子熊坎立、是為霄敖、此作霄敖、恐是霄字訛變為霄字也、劉伯莊但隨字而音、不更分析、[redacted]據索隱、則史記原本年表作霄敖、	二	三
	四	五
	五十一	五十二
	十六	十七
	四十八	蔡共侯興元年
	三十四	三十五
	九	十娶申侯女武姜、
	三	四

			甲申	
十一	十二	十三	十四	十五
九	十	十一	十二	十三
三十五	三十六	三十七	三十八	三十九
二十一	二十二	二十三	二十四	二十五
六	七	八	九	十作鄜時
四	五	六	楚蚡冒元年[redacted]氏云、蚡一作粉、音僨、冒音亡報反、又音默也、	二
六	七	八	九	十
五十三	五十四	五十五	衛莊公楊元年	二
十八	十九	二十	二十一	二十二
二	蔡戴侯元年	二	三	四
三十六	曹穆公元年	二	三	曹桓公終生元年
十一	十二	十三	十四生莊公寤生	十五
五	六	七	八	九

十六	十七
十四	十五
四十	四十一
二十六	二十七
十一	十二
三	四
十一	十二
三	四
二十三	陳文公圉元年。生桓公鮑、厲公他。他母蔡女、〔考證〕佗、文公子五父、非厲公也、厲公名躍、桓公子、非文公子也、厲公蔡出、是桓公取蔡女爲厲公母、非
五	六
二	三
十六	十七 生大叔段、母欲立段、公不聽、
十	十一

	十八	十九	二十	二十一	二十二		二十三
	十六	十七	十八	十九	二十		二十一
	四十二	四十三	四十四	四十五	四十六		四十七
	二十八	二十九	三十	三十一	三十二		三十三
	十三	十四	十五	十六	十七		十八
	五	六	七	八	九		十
	十三	十四	十五	十六	十七		十八 生魯
	五	六	七	八	九		十
佗母蔡女也、	二	三	四	五	六		七
	七	八	九	十	蔡宣侯楷論元年	〔考證〕世家、楷論作措父、或有兩名、或其一字也、春秋經作考父、	二
	四	五	六	七	八		九
	十八	十九	二十	二十一	二十二		二十三
	十二	十三	十四	十五	十六		十七

	甲午		
	二十四	二十五	二十六
	二十二	二十三	二十四
	四十八	四十九	五十
	三十四	三十五	晉昭侯元年。封季弟成師。
	十九 作祠陳寶	二十	二十一
	十一	十二	十三
桓公母、〔考證〕是年武公卒、則桓母未必定生于公卒之年、世家附書武公五年、	宋宣公力元年	二	三
	十一	十二	十三
	八	九	十 文公卒
	三	四	五
	十	十一	十二
	二十四	二十五	二十六
	十八	十九	二十

	二十七
	二十五
	五十一
于曲沃、曲沃大於國、君子譏曰、晉人亂自曲沃始矣、〔考證〕季弟、[illegible]作季ゝ、成師者文侯季弟、昭侯之季父也、	二
	二十二
	十四
	四
	十四
	陳桓公元年
	六
	十三
	二十七
	二十一

二十八	二十九	三十	三十一
二十六	二十七	二十八	二十九
五十二	五十三	五十四	五十五
三	四	五	六
二十三	二十四	二十五	二十六
十五	十六	十七	武王立、■據例、當書武王熊達元年、
五	六	七	八
十五	十六	十七 愛妾子州吁、州吁好兵、	十八
二	三	四	五
七	八	九	十
十四	十五	十六	十七
鄭莊公寤生元年、祭仲相、	二	三	四
二十二	二十三	二十四	二十五

三十二
三十
五十六
潘父殺昭侯、納成師、不克、昭侯子立、是爲孝侯、■昭侯、文侯仇之子、系家云、晉大臣潘父殺昭侯、迎曲沃桓叔、晉人攻之、立昭侯子平、是爲孝侯也、■左
二十七
二
九
十九
六
十一
十八
五
二十六

		甲辰		
	三十三	三十四	三十五	三十六
	三十一	三十二	三十三	三十四
	五十七	五十八	五十九	六十
傳桓二年云、惠之三十年、晉潘父弑昭侯、納桓叔、晉人立孝侯也、卽晉昭侯之七年、而此以爲孝公元年、	二 ■此歲卽孝侯元年、	三	四	五
	二十八	二十九	三十	三十一
	三	四	五	六
	十	十一	十二	十三
	二十	二十一	二十二	二十三
	七	八	九	十
	十二	十三	十四	十五
	十九	二十	二十一	二十二
	六	七	八	九
	二十七	二十八	二十九	三十

	三十七	三十八	三十九	四十
	三十五	三十六	三十七	三十八
	六十一	六十二	六十三	六十四
	六	七	八	九 曲沃桓叔
	三十二	三十三	三十四	三十五
	七	八	九	十
	十四	十五	十六	十七
夫人無子、桓公立、	衞桓公完元年	二 弟州吁驕、桓黜之、出奔、	三	四
	十一	十二	十三	十四
	十六	十七	十八	十九
	二十三	二十四	二十五	二十六
	十	十一	十二	十三
	三十一	三十二	三十三	三十四

	四十一
	三十九
	齊釐公祿甫
成師卒、子代立、爲莊伯、〔考證〕子代立、當作子譚立、世家此事在孝侯八年、而此在九年者、蓋表以昭侯七年爲孝侯元年、故所書之事、皆後一年、	十
	三十六
	十一
	十八
	五
	十五
	二十
	二十七
	十四
	三十五

			甲寅		
	四十二	四十三	四十四	四十五	四十六
	四十	四十一	四十二	四十三	四十四
父元年	二 同母弟夷仲年生公孫毋知也、	三	四	五	六
	十一	十二	十三	十四	十五
	三十七	三十八	三十九	四十	四十一
	十二	十三	十四	十五	十六
	十九 公卒、命立弟和、爲穆公、	宋穆公和元年、	二	三	四
	六	七	八	九	十
	十六	十七	十八	十九	二十
	二十一	二十二	二十三	二十四	二十五
	二十八	二十九	三十	三十一	三十二
	十五	十六	十七	十八、	十九
	三十六	燕穆侯元年	二	三	四

四十七	四十八
四十五	四十六
七	八
十六 曲沃莊伯殺孝侯、晉人立孝侯子郤、爲鄂侯、	晉鄂侯郤元年、曲沃强於晉、〔考證〕有本郤作郄者誤
四十二	四十三
十七	十八
五	六
十一	十二
二十一	二十二
二十六	二十七
三十三	三十四
二十	二十一
五	六

	四十九	五十
	魯隱公息姑元年〔索隱〕魯隱公息、系家名息、系本名息姑也、〔集解〕徐廣曰、春秋隱元年、歲在己未、母聲子、	二
	九	十
也、鄂、邑、郤、共名、孝侯子也、	二	三
	四十四	四十五
	十九	二十
	七	八
	十三	十四
	二十三	二十四
	二十八	二十九
	三十五	三十六
	二十二 段作亂、奔、	二十三 公悔
	七	八

	五十一	桓王元年
	三 二月日蝕 考證 春秋日食三十六、魯不書者十三、未詳何故、	四
	十一	十二
	四	五
	四十六	四十七
	二十一	二十二
	九 公屬孔父立殤公、馮奔鄭、	宋殤公與夷元年
	十五	十六 州吁弒公自立、
	二十五	二十六 衛石碏來告、故執州吁、
	三十	三十一
	三十七	三十八
思母不見、穿地相見、	二十四 侵周取禾	二十五
	九	十

	甲子	
二 使虢公伐晉之曲沃	三	四
五 公觀魚于棠、君子譏之、	六 鄭人來渝平	七
十三	十四	十五
六 鄂侯卒、曲沃莊伯復攻晉、立鄂侯子光、為哀侯、考證 哀侯之立、鄂侯未卒、此誤、	晉哀侯光元年	二
四十八	四十九	五十
二十三	二十四	二十五
二 鄭伐我、我伐鄭、	三	四
衛宣公晉元年、共立之、討州吁、	二	三
二十七	二十八	二十九
三十二	三十三	三十四
三十九	四十	四十一
二十六	二十七	二十八
十一	十二 始朝王、王不禮、	十三

	五	六
	八 易許田、君子譏之、考證 易許田、在桓元年、是歲鄭祇來歸祊耳、此與鄭表言易許田、並誤、	九 三月、
	十六	十七
莊伯卒、子稱立、為武公、	三	四
	秦寧公元年 考證 寧當作憲、	二
	二十六	二十七
	五	六
	四	五
	三十	三十一
	三十五	蔡桓侯封
	四十二	四十三
	二十九 與魯祊、易許田、	三十
	十四	十五

	七	八
大雨雹、電、	十	十一 大夫翬請殺桓公、求為相、公不聽、即殺公、
	十八	十九
	五	六
	三	四
	二十八	二十九
	七 諸侯敗我、我師與衛人伐鄭、	八
	六	七
	三十二	三十三
人元年	二	三
	四十四	四十五
	三十一	三十二
	十六	十七

九	十
魯桓公允元年、[redacted]一作兀、五忽反、徐廣云、一作軌、母宋武公女、生手文、爲魯夫人、	二 宋路以鼎入於太廟、君子
二十	二十一
七	八
五	六
三十	三十一
九	華督見孔父妻好、悅之、華督殺
八	九
三十四	三十五
四	五
四十六	四十七
三十三 以璧加魯、易許田、[redacted]三傳春秋、加作假、	三十四
十八	燕宣侯元年

	十一
譏之、	三 翬迎女、齊侯送女、君
	二十二
	晉小子元年、[redacted]小子下脫侯字、哀
	七
	三十二
孔父、及殺殤公、宋公馮元年、[redacted]古者踰年改元、莊公馮之元、當在魯桓公元年、華督爲相、	二
	十
	三十六
	六
	四十八
	三十五
	二

		甲戌
	十二	十三 伐鄭、[redacted]著衰之始、
子譏之、	四	五
	二十三	二十四
侯在位九年、當晉桓侯三年、此以哀侯之九年爲小子侯元年、誤、	二	三
	八	九
	三十三	三十四
	三	四
	十一	十二
	三十七	三十八 弟他殺太子免、代立、[redacted]他音徒何反、陳大夫五父、後立爲厲公、國亂再赴、
	七	八
	四十九	五十
	三十六	三十七 伐周、傷王、[redacted]伐、當作拒、
	三	四

十四	十五
六	七
二十五 山戎伐我	二十六
曲沃武公殺小子、周伐曲沃、立晉哀侯弟湣、[redacted]晉 爲晉侯、緡侯湣元年、	二
十	十一
三十五 侵隨、隨爲善政、得止、	三十六
五	六
十三	十四
陳厲公他元年、[redacted]厲公名躍、不名佗、	二 生敬仲完、周史
九	十
五十一	五十二
三十八 太子忽救齊、齊將妻之、[redacted]此不及忽辭齊婚、事殊未了、	三十九
五	六

	十六	十七	十八	十九
	八	九	十	十一
	二十七	二十八	二十九	三十
	三	四	五	六
	十二	秦出公元年、■出公、當作出子、秦別有出公、	二	三
	三十七 伐隨弗拔、但盟罷兵、	三十八	三十九	四十
	七	八	九	十 執祭
	十五	十六	十七	十八 太子
卜完、後世王齊、	三	四	五	六
	十一	十二	十三	十四
	五十三	五十四	五十五	曹莊公射
	四十	四十一	四十二	四十三
	七	八	九	十

	二十
	十二
	三十一
	七
	四
	四十一
仲	十一
伋弟壽、爭死、	十九
	七 公淫蔡、蔡殺公、■是歲乃厲公卒之年、史誤以陳佗爲厲公、故謂此年佗被殺、其實蔡人殺陳佗、春秋書于桓六年、當陳厲公元年、蓋蔡、從公穀二
	十五
姑元年	二
	鄭厲公公突元年
	十一

			甲申
	二十一	二十二	二十三
	十三	十四	十五 天王求車、非禮
	三十二 釐公令毋知秩服如太子、	三十三	齊襄公諸兒元年
	八	九	十
	五	六 三父殺出公、立其兄武公、	秦武公元年、伐彭
	四十二	四十三	四十四
	十二	十三	十四
	衛惠公朔元年	二	三 朔奔齊、立黔牟
傳、與左氏駁、	陳莊公林元年、桓公子、	二	三
	十六	十七	十八
	三	四	五
	二	三 諸侯伐我、報宋故、	四 蔡仲立忽、公出
	十二	十三	燕桓公元年、■世

	莊王元年、生子穨、■此書生子穨、後書生叔帶、著亂本也、	二
	十六 公會曹、謀伐鄭、	十七
貶毋知秩服、毋知怨、	二	三
	十一	十二
至華山、■彭下脫戲氏、	二	三
	四十五	四十六
	十五	十六
■朔奔齊六字、當移後一年、表誤以惠公四年爲黔牟元年、故朔止三年、	衛黔牟元年	二
	四	五
	十九	二十
	六	七
居櫟、	鄭昭公忽元年、忽母鄧女、祭仲取之、■取之、疑當作立之、	二
家燕惠公至桓侯稱侯、莊公以下稱公、年表自惠侯至宣侯稱侯、桓公稱公、所載各異、	二	三

有兄弟、有兄弟、公作有弟克、三字疑當在四年周公欲殺王上、	三	四
日食、不書日、官失之、	十八 公與夫人如齊、齊侯通焉、使彭生殺公於車上、	魯莊
	四 殺魯桓公、誅彭生、	五
	十三	十四
	四	五
	四十七	四十八
	十七	十八
	三	四
	六	七
	蔡哀侯獻舞元年	二
	八	九
渠彌殺昭公、	鄭子亹元年、齊殺子亹、昭公弟、	鄭子
	四	五

周公欲殺王而立子克、王誅周公、克奔燕、據桓十八年左傳、則事在莊王三年、此與本紀皆誤書于四年、	五
公同元年	二
	六
	十五
	六
	四十九
	十九 宋莊在位十八年、因表以宋湣十
	五
	陳宣公杵臼元年、
	三
	十
嬰元年、子亹之弟、子嬰、左傳作子儀、	二
	六

	六	七
	三	四
	七	八 伐紀、去其都邑、去上缺紀侯二字、
	十六	十七
	七	八
	五十	五十一 王伐隨、告夫人心動、王卒軍中、
年爲宋莊元年、故曰十九也、世家於湣公之年不誤、而書莊公之年、亦作十九、與表並誤、	宋湣公捷元年	二
	六	七
杵臼、莊公弟、	二	三
	四	五
	十一	十二
	三	四
	七	燕莊公元年

		甲午
八	九	十
五 與齊伐衞、納惠公、	六	七 星隕如雨、與雨偕、
九	十	十一
十八	十九	二十
九	十	十一
楚文王貲元年、始都郢、	二 伐申過鄧、鄧甥曰楚可取、鄧侯不許、	三
三	四	五
八	九	十 齊立惠公、黔牟奔周、
四	五	六
六	七	八
十三	十四	十五
五	六	七
二	三	四

	十一	十二
	八 子糾來奔、與管仲俱避毋知亂、	九
	十二 毋知殺君自立、【考證】史漢弒字多作殺、	齊桓
	二十一	二十二
	十二	十三
	四	五
	六	七
【考證】八字當書于前年、	衞惠公朔復入、十四年、【考證】此九字當移在前一年、而十四亦十三之譌、世家因云、與前通年凡十三年也、此年當補十四二字、	十五
	七	八
	九	十
	十六	十七
	八	九
	五	六

	十三
魯欲與糾入、後小白、齊距魯、使生致管仲、	十 齊伐我、爲糾故、
公小白元年、春、齊殺毋知、	二
	二十三
	十四
	六 息夫人、陳女、過蔡、蔡不禮、惡之、楚伐蔡、獲哀侯以歸、
	八
	十六
	九
	十一 楚虜我侯、
	十八
	十
	七

十四	十五	釐王元年
十一 臧文仲弔宋水、【考證】左傳不言所使之人、	十二	十三 曹沫劫桓公、反所亡
三	四	五 與魯人會柯、
二十四	二十五	二十六
十五	十六	十七
七	八	九
九 宋大水、公自罪、魯使臧文仲來弔、	十 萬殺君、仇牧有義、	宋桓公御說元年、莊公
十七	十八	十九
十	十一	十二
十二	十三	十四
十九	二十	二十一
十一	十二	十三
八	九	十

	二	三	四
地、	十四	十五	十六
	六	七 始霸、會諸侯于鄄、	八
	二十七	二十八 曲沃武公滅晉侯緡、以寶獻周、周命武公爲晉君、并其地、	晉武
	十八	十九	二十
	十	十一	十二
子、	二	三	四
	二十	二十一	二十二
	十三	十四	十五
	十五	十六	十七
	二十二	二十三	二十四
	十四	鄭厲公元年、厲公亡後十七歲、復入、【考證】元年上失書名、亡而復入、當依衞惠公出公之例、稱後元年、	二
	十一	十二	十三

	甲辰		
	五	惠王元年 取陳后、	二 燕衛伐王、王奔溫、立子穨、
	十七	十八	十九
	九	十	十一
公稱并晉、已立三十九年、不更元、因其元年、	四十 武公卒、子詭諸立、爲獻公、	晉獻公詭諸元年	二
葬雍、初以人從死、	秦德公元年、武公弟、	二 初作伏祠、磔狗邑四門、	秦宣公元年
伐鄧滅之、	十三 左傳、魯莊十九年楚文王卒、節文王十五年、不止十三年、	楚堵敖囏元年 徐廣曰、一作動、 楚杜敖、囏音艱、系家作莊敖、剛音壯、此作杜敖、劉氏云、亦作堵、堵杜聲相近、與系家異、不詳其由也、	二
	五	六	七 取衛女、文公弟、
	二十三	二十四	二十五
	十六	十七	十八
	十八	十九	二十
	二十五	二十六	二十七
諸侯伐我、	三	四	五
	十四	十五	十六 伐王、王奔溫、立子穨、 伐

左傳莊十九年、五大夫奉子穨以伐王、不克、出奔溫、燕衛復伐周、遂立子穨、明年、王處于鄭之櫟、則奔溫乃子穨也、非王也、卽王之處櫟在三年、非二年也、此與本紀及衞鄭世家言奔溫同誤、	三	四 誅穨入惠王、	五 太子母早死、惠后生叔帶、 太子與叔帶皆惠后所生、非異母、
	二十	二十一	二十二
	十二	十三	十四 陳完自陳來奔、田常始此也、 齊桓公十四年、陳宣公二十一年、周惠王之五年、
	三	四	五 伐驪戎、得姬、
	二	三	四 作密時、
	三	四	五 弟惲殺堵敖自立、 左傳、堵敖以魯莊二十年立、二十二年見弒、不得有五年、
	八	九	十
	二十六	二十七	二十八
	十九	二十	二十一 厲公子完奔齊、
	蔡穆侯肸元年	二	三
	二十八	二十九	三十
	六	七 救周亂入王、	鄭文公捷元年
王、此南燕也、仲父是南燕伯也、南燕姞姓、與召公後姬姓之北燕別、史公混而一之、	十七 鄭執我仲父、	十八	十九

				甲寅
六	七	八	九	十 賜齊
二十三 公如齊觀社、	二十四	二十五	二十六	二十七
十五	十六	十七	十八	十九
六	七	八 盡殺故晉侯羣公子、	九 始城絳都、	十
五	六	七	八	九
楚成王惲元年	二	三	四	五
十一	十二	十三	十四	十五
二十九	三十	三十一	衛懿公赤元年	二
二十二	二十三	二十四	二十五	二十六
四	五	六	七	八
三十一	曹釐公夷元年	二	三	四
二	三	四	五	六
二十	二十一	二十二	二十三	二十四

侯命、	十一	十二	十三	十四
	二十八	二十九	三十	三十一
	二十	二十一	二十二	二十三 伐山戎、爲
	十一	十二 太子申生居曲沃、重耳居蒲城、夷吾居屈、驪姬故、	十三	十四
	十	十一	十二	秦成公元年
	六	七	八	九
	十六	十七	十八	十九
	三	四	五	六
	二十七	二十八	二十九	三十
	九	十	十一	十二
	五	六	七	八
	七	八	九	十
	二十五	二十六	二十七	二十八

	十五	十六
	三十二 莊公弟叔牙鴆死、子般、季友奔陳、立湣公、考證慶父弑子般、此死下缺慶父弑三字、	魯湣公開元年、考證閔
燕也、	二十四	二十五
	十五	十六 伐魏、取霍、始封
	二	三
	十	十一
	二十	二十一
	七	八
	三十一	三十二
	十三	十四
	九	曹昭公元年
	十一	十二
	二十九	三十

	十七	
下缺方字、	二 慶父殺湣公、季友自陳立申、爲釐公、殺慶父、考證考左傳、陳	
	二十六	
趙夙耿、畢萬魏、始此、考證伐當作滅、取當作耿、	十七 申生將軍、君子知其廢、	
	四	
	十二	
	二十二	
	翟伐我、公好鶴、士不戰、滅我國、國怨惠公亂、滅其後、更立	
	三十三	
	十五	
	二	
	十三	
	三十一	

	十八	十九
當作邾、	魯湣公申元年、哀姜喪自齊至、	二
	二十七 殺女弟、魯莊公夫人、淫故、	二十八 爲衛築楚
	十八	十九 荀息以幣
	秦穆公任好元年	二
	十三	十四
	二十三	二十四
黔牟弟、衛戴公元年、考證戴公、黔牟弟之子、弟下當補子申二字、	衛文公燬元年、戴公弟也、	二 齊桓公率
	三十四	三十五
	十六	十七
	三	四
	十四	十五
	三十二	三十三

	甲子	
	二十	二十一
	三	四
丘、救戎狄伐、考證救戎伐、當作救邢伐狄、	二十九 與蔡姬共舟、蕩公、公怒、歸蔡姬、	三十 率諸侯伐蔡、蔡潰、遂
假道于虞、以伐虢、滅下陽、	二十	二十一 申生以驪姬譖自殺、
	三	四 迎婦于晉、
	十五	十六 齊伐我至陘、使屈完
	二十五	二十六
諸侯、爲我城楚丘、	三	四
	三十六	三十七
	十八 以女故齊伐我、	十九
	五	六
	十六	十七
	燕襄公元年	二

	二十二	二十三	二十四	二十五
	五	六	七	八
伐楚、責苞茅貢、	三十一	三十二 率諸侯伐鄭、	三十三	三十四
重耳奔蒲、夷吾奔屈、	二十二 滅虞虢、重耳奔狄、	二十三 夷吾奔梁、	二十四	二十五
	五	六	七	八
盟、	十七	十八 伐許、許君肉袒謝、楚從之、	十九	二十
	二十七	二十八	二十九	三十
	五	六	七	八
	三十八	三十九	四十	四十一
	二十	二十一	二十二	二十三
	七	八	九	曹共
	十八	十九	二十	二十一
	三	四	五	六

襄王立、畏太叔、考證徐廣曰、皇甫謐云二十四年惠王崩、	襄王元年、諸侯立王、考證諸侯立王四字、當移在前一年襄王立畏太叔句下、
	九 齊率我伐晉亂、至高梁還、
	三十五 夏會諸侯于葵丘、天子使宰孔賜胙、命無拜、
伐翟、以重耳故、	二十六 公卒、立奚齊、里克殺之、及卓子、立夷吾、考證及卓子三字、疑當
	九 夷吾使郤芮賂求入、
	二十一
公疾、太子茲父讓兄目夷賢、公不聽、	三十一 公薨、未葬、齊桓會葵丘、
	九
	四十二
	二十四
公元年	二
	二十二
	七

	二	三 戎伐我、太叔帶召之、欲誅叔帶、叔帶奔齊、
	十	十一
	三十六 使隰朋立晉惠公、	三十七
在立奚齊下、	晉惠公夷吾元年、誅里克、倍秦約、	二
	十 丕鄭子豹亡來、	十一 救王伐戎、戎去、
	二十二	二十三 伐黃、
	宋襄公兹父元年、目夷相、	二
	十	十一
	四十三	四十四
	二十五	二十六
	三	四
	二十三	二十四 有妾、夢天與之蘭、生穆公蘭、
	八	九

		甲戌
■依左傳、叔帶奔齊、在襄王四年、	四	五
	十二	十三
	三十八 使管仲平戎于周、欲以上卿禮、讓受下卿、	三十九 使仲孫請王言叔帶、
	三	四 饑請粟、秦與我、
	十二	十三 丕豹欲無與、公不聽、
	二十四	二十五
	三	四
	十二	十三
	四十五	陳穆公款元年
	二十七	二十八
	五	六
	二十五	二十六
	十	十一

	六	七
	十四	十五 五月
王怒、■左傳云、齊侯使仲孫湫聘周、且言王子帶、事畢不言、歸復命曰、王怒未怠、	四十	四十一
	五 秦饑請粟、晉倍之、■晉當作我、	六 秦虜
輸晉粟、起雍至絳、■丕豹上脫晉饑請粟四字、	十四	十五 以盜
	二十六 滅六英、■滅六英、當作滅黃、元屬二十四年事、錯書于二十六年、	二十七
	五	六
	十四	十五
	二	三
	二十九	蔡莊侯甲
	七	八
	二十七	二十八
	十二	十三

	八	九
日有食之、不書、史官失之、■不書下脫朔與日三字、	十六	十七
	四十二 王以戎寇告齊、齊徵諸侯戍周、	四十三
惠公、復立之、	七 重耳聞管仲死、去翟之齊、	八
食善馬士、得破晉、	十六 爲河東置官司、■事在十五年、左傳及秦紀可證、此誤後一年、	十七
	二十八	二十九
	七 隕五石、六鷁退飛過我都、	八
	十六	十七
	四	五
午元年	二	三
	九	十
	二十九	三十
	十四	十五

十	十一	十二	十三
十八	十九	二十	二十一
齊孝公昭元年	二	三	四
九	十	十一	十二
十八	十九 滅梁、梁好城、不居民、罷相驚、故亡、■好上聲、罷音皮、	二十	二十一
三十	三十一	三十二	三十三 執宋襄公、
九	十	十一	十二 召楚盟、
十八	十九	二十	二十一
六	七	八	九
四	五	六	七
十一	十二	十三	十四
三十一	三十二	三十三	三十四
十六	十七	十八	十九

		甲申
	十四 叔帶復歸於周、	十五
	二十二	二十三
	五	六 伐宋、以其不同盟、
	十三 太子圉質秦、亡歸、■晉惠公夷吾之子也、圉音語、質音致、又如字也、	十四 圉立、爲懷公、
	二十二	二十三 迎重耳於楚、厚禮之、妻之、
復歸之、	三十四	三十五 重耳過、厚禮之、
	十三 泓之戰、楚敗公、■穀梁傳戰於泓水之上、系家云十三年、宋師大敗、公傷股、	十四 公疾死、泓戰故、
	二十二	二十三 重耳從齊過、無禮、
	十	十一
	八	九
	十五	十六 重耳過、無禮、僖負羈私善、
	三十五 君如楚、宋伐我、	三十六 重耳過、無禮、叔詹諫、
	二十	二十一

	十六 王奔氾、氾、鄭地也、■氾、似凡爾音、
	二十四
	七
	晉文公元年、誅子圉、魏武子爲魏大夫、趙衰
女、重耳願歸、■案左傳重耳先過衛、後過齊、晉語先適齊、後過衛、此表從晉語、	二十四 以兵送重耳、
	三十六
	宋成公王臣元年
	二十四
	十二
	十
■重耳過曹、不在曹共十六年、世家加初字、	十七
	三十七
	二十二

	十七 晉納王、	十八
	二十五	二十六
	八	九
爲原大夫、咎犯曰、求霸莫如內王、■趙衰以下二十五字、當屬文公二年、	二	三 宋服、
	二十五 欲內王、軍河上、	二十六
	三十七	三十八
	二	三 倍楚親晉、
	二十五	衛成公鄭元年
	十三	十四
	十一	十二
	十八	十九
	三十八	三十九
	二十三	二十四

十九	二十　王狩河陽、
二十七	二十八　公如踐土、會朝、
十　孝公薨、弟潘因衛公子開方、殺孝公子立潘、	齊昭公潘元年、會晉敗楚、朝周王、
四　救宋、報曹衛恥、[redacted]是年晉但蒐軍會將部署未發、至明年春始出兵耳、	五　侵曹、伐衛、取五鹿、執曹伯、諸侯敗楚、
二十七	二十八　會晉伐楚、朝周、
三十九　使子玉伐宋、	四十　晉敗子玉于城濮、
四　楚伐我、我告急於晉、	五　晉救我、楚兵去、
二	三　晉伐我、取五鹿、公出奔、立公子瑕、會
十五	十六　會晉伐楚、朝周王、[redacted]春秋僖二十八年、書陳侯
十三	十四　會晉伐楚、朝周王、[redacted]蔡從楚者、懾于楚敗而從
二十	二十一　晉伐我、執公、復歸之、
四十	四十一
二十五	二十六

	二十一
	二十九
	二
而朝河陽、周命賜公土地、[redacted]案左傳、是年王命晉爲侯伯、賜以大輅衣路弓矢秬鬯虎賁、弁賜土地也、賜土地、文公納王時事、	六
	二十九
	四十一
	六
晉朝、復歸晉、[redacted]公子瑕當作叔武、歸晉、當作歸衛、	四　晉以衛與宋、[redacted]衛
如會、後會也、則陳無伐楚之事、	陳共公朔元年
晉、故春秋書蔡侯盟于踐土、安得言會晉伐楚、	十五
	二十二
	四十二
	二十七

	二十二	二十三	二十四
	三十	三十一	三十二
	三	四	五
	七　聽周歸衛成公、與秦圍鄭、	八	九　文公薨、
	三十　圍鄭有奇言、卽去、	三十一	三十二　將襲鄭、蹇叔曰、不可、
	四十二	四十三	四十四
	七	八	九
下疑脫田字、晉分衛田與宋、在成公三年、此誤四年、	五　周入成公復衛、	六	七
	二	三	四
	十六	十七	十八
	二十三	二十四	二十五
	四十三　秦晉圍我、以晉故、	四十四	四十五　文公薨、
	二十八	二十九	三十

甲午	
二十五	二十六
三十三　僖公薨、	魯文公興元年
六　狄侵我、	七
晉襄公驩元年、破秦于殽、	二　伐衛、衛伐我、
三十三　襲鄭、晉敗我殽、	三十四　敗殽將亡歸、公復其官、
四十五	四十六　王欲殺太子立職、太子恐、與傅潘崇殺王、王欲食熊
十	十一
八	九　晉伐我、我伐晉、
五	六
十九	二十
二十六	二十七
鄭穆公蘭元年、秦襲我、弦高詐之、	二
三十一	三十二

	二十七	二十八
	二	三 公如晉、[redacted]春秋書公
	八	九
	三 秦報我殺、敗于汪、[redacted]汪當作彭衙、下汪同、	四 秦伐我、取王官、我不
	三十五 伐晉報殺、敗我于汪、	三十六 以孟明等伐晉、晉不
蹯死、不誅、自立為王。	楚穆王商臣元年、以其太子宅賜崇、為相、	二 晉伐我、
	十二	十三
	十	十一
	七	八
	二十一	二十二
	二十八	二十九
	三	四
	三十三	三十四

	二十九	三十
如晉二十一、此其始也、裘或書、或不書、何也。	四	五
	十	十一
出、	五 伐秦、圍邧新城、[redacted]邧、阮音、	六 趙成子欒貞子霍伯臼季皆卒、[redacted]趙成子名
敢出、	三十七 晉伐我、圍邧新城、	三十八
	三 滅江、	四 滅六蓼、
	十四	十五
	十二 公如晉、	十三
	九	十
	二十三	二十四
	三十	三十一
	五	六
	三十五	三十六

	三十一
	六
	十二
衰、欒貞子名枝、霍伯、先且居也、封之霍、臼季、胥臣也、四大夫皆此年卒、	七 公卒、趙盾為太子少、欲更立君、恐誅、遂立太子、為靈公、
	三十九 繆公薨、葬殉以人、從死者百七十人、君子譏之、故不言卒、
	五
	十六
	十四
	十一
	二十五
	三十二
	七
	三十七

	三十二
	七
	十三
	晉靈公夷皋元年、[redacted]晉靈公錫、音亦、系家及左傳名夷皋、此蓋誤也、趙盾專政、
[redacted]秦紀作百七十七人、	秦康公罃元年、[redacted]音乙耕反、
	六
	十七 公孫固殺成公、[redacted]據文七年左傳、宋成公卒、昭公欲去羣公、穆襄之族率國人攻公、殺公孫固公孫鄭于公宮、然則成公無被弒之事、而公孫固死
	十五
	十二
	二十六
	三十三
	八
	三十八

	三十三 襄王崩、[redacted]王崩、宜書也、乃襄王以前嘗不書、襄以後始書之、而又止書襄頃匡簡敬五王、何歟、	頃王元年
	八 王使衛來求金以葬、非禮、[redacted]春秋求金在九年、此誤在八年、	九
	十四	十五
	二 秦伐我、取武城、報令狐之戰、[redacted]前年、當書秦敗晉令狐、	三 率諸
	二	三
	七	八 伐鄭、
昭公蹟、	宋昭公杵臼元年、襄公之子、[redacted]徐廣云、一云、成公少子、[redacted]宋昭公杵臼襄公少子、非也、案徐廣云、一曰成公大子、與系家同、是也、	二
	十六	十七
	十三	十四
	二十七	二十八
	三十四	三十五
	九	十 楚伐
	三十九	四十

	甲辰	
	二	三
	十	十一 敗長翟于鹹、而歸得長翟、
	十六	十七
侯救鄭、	四 伐秦、拔少梁、秦取我北徵、[redacted]音澄、蓋今之澄城也、	五
	四 晉伐我、取少梁、我伐晉、取北徵、	五
以其服晉、	九	十
	三	四 敗長翟長丘、
	十八	十九
	十五	十六
	二十九	三十
	曹文公壽元年	二
我、	十一	十二
	燕桓公元年	二

四	五	六 頃王崩、公
十二	十三	十四 彗星入北
十八	十九	二十 昭公卒、弟
六 秦取我羈馬、與秦戰河曲、秦師遁、	七 得隨會、[redacted]前不書隨會奔秦、舊傳寫失之、	八 趙盾以車
六 伐晉、取羈馬、怒與我大戰河曲、	七 晉詐得隨會、	八
十一	十二	楚莊王侶元年
五	六	七
二十	二十一	二十二
十七	十八	陳靈公平國元
三十一	三十二	三十三
三	四	五
十三	十四	十五
三	四	五

卿爭政、故不赴、	匡王元年	二
斗、周史曰、十年、宋齊晉君死、	十五 六月辛丑、日蝕、齊伐我、	十六
商人殺太子自立、是爲懿公、	齊懿公商人元年	二 不得民心、
八百乘納捷菑、平王室、[redacted]菑下脫于邾二字、	九 我入蔡、	十
	九	十
	二	三 滅庸、
	八	九 襄夫人使衛伯
	二十三	二十四
年	二	三
	三十四 晉伐我、莊侯薨、	蔡文侯申元年
	六 齊入我郛、	七
	十六	十七
	六	七

	三	四
	十七 齊伐我、	十八 襄仲殺嫡立庶子、爲宣公、
	三 伐魯、	四 公刖邴歜父、而奪閻職妻、二人
	十一 率諸侯平宋、	十二
	十一	十二
	四	五
殺昭公、弟鮑立、	宋文公鮑元年、昭公弟、晉率諸侯伐我、	二
	二十五	二十六
	四	五
	二	三
	八	九
	十八	十九
	八	九

		甲寅
	五	六 匡王崩、
	魯宣公俀元年、魯立宣公、不正、公室卑、	二
共殺公、立桓公子惠公、	齊惠公元年、取魯濟西之田、	二 王子成父
	十三 趙盾救陳宋伐鄭、	十四 趙穿殺靈
	秦共公和元年、■宣四年春秋書秦伯稻卒、則此作和誤、	二
	六 伐宋陳、以倍我服晉故、	七
	三 楚鄭伐我、以我倍楚故也、	四 華元以羊
	二十七	二十八
	六	七
	四	五
	十	十一
	二十 與楚侵陳、遂侵宋、晉使趙盾伐我、以倍晉故、	二十一
	十	十一 與宋師戰、

	定王元年
	三
敗長翟、	三
公、趙盾使穿迎公子黑臀于周、立之、趙氏賜公族、■趙氏賜公族、世家書晉成元年、是、	晉成公黑臀元年
	三
	八 伐陸渾至雒、問
羹故陷於鄭、	五 贖華元、亾歸、圍
	二十九
	八
	六
	十二 宋圍我、
	二十二 華元亾歸、
獲華元、	十二

	二	三
	四	五
	四	五
伐鄭、	二	三 中行桓子荀林
	四	五 ■共公立四年而卒、無五年、
鼎輕重、	九 若敖氏爲亂、滅之、伐鄭、	十
曹、■寧元之譌、世家爲宋文四年、與左傳合、表後一年、	六	七
	三十	三十一
	九	十 楚伐鄭、與我平、
	七	八
	十三	十四
	鄭靈公夷元年、公子歸生以黿故殺靈公、	鄭襄公堅元年、靈公
	十三	十四

	四	五	六
	六	七	八 七月日蝕、
	六	七	八
父救鄭伐陳、	四 與衞侵陳、	五	六 與魯伐秦、獲秦諜殺之絳市、六
也、	秦桓公元年、	二	三 晉伐、我獲諜、
	十一	十二	十三 伐陳滅舒蓼、
	八	九	十
	三十二 與晉侵陳、	三十三	三十四
晉中行桓子距楚救鄭伐我、	十一 晉衞侵我、	十二	十三 楚伐我、
	九	十	十一
	十五	十六	十七
庶弟、楚伐我、晉來救、	二	三	四
	十五	十六	燕宣公元年

	七	八
	九	十 四月日蝕、
	九 使桓子伐楚、以諸侯師伐陳救鄭、成公薨、	十 公卒、崔杼有寵、高國逐之、奔衞、
日而蘇、	七	晉景公據元年、與宋伐鄭、
	四	五
	十四 伐鄭、晉郤缺救鄭敗我、	十五
	十一	十二
	三十五	衞穆公遬元年、齊高國來奔、 奔
	十四	十五 夏徵舒以其母辱、殺靈公、
	十二	十三
	十八	十九
	五 楚伐我、晉來救、敗楚師、	六 晉宋楚伐我、
	二	三

		甲子	
	九	十	十一
	十一	十二	十三
	齊頃公無野元年	二	三
	二	三 救鄭、爲楚所敗河上、	四
	六	七	八
	十六 率諸侯誅陳夏徵舒、立陳靈公子午、	十七 圍鄭、鄭伯肉袒謝、釋之、	十八
	十三	十四 伐陳、	十五
僖者崔杼、非高國也、	二	三	四
	陳成公午元年、靈公太子、	二	三
	十四	十五	十六
	二十	二十一	二十二
	七	八 楚莊圍我、卑辭以解、	九
	四	五	六

十二	十三	十四
十四	十五 初稅畝、	十六
伐鄭、	五	六
五	六 救宋、執解揚、有使節、秦伐我、 執上、當有鄭字、	七 隨會滅赤
九	十	十一
十九 圍宋、爲殺使者、	二十 圍宋五月、華元告子反以誠、楚罷、 五月、當作九月、	二十一
十六 殺楚使者、楚圍我、	十七 華元告楚、楚去、	十八
五	六	七
四	五	六
十七	十八	十九
二十三 文公薨、	曹宣公廬元年、 世家廬作彊、	二
十 晉伐我、	十一 佐楚伐宋、執解揚、	十二
七	八	九

	十五	十六
	十七 日蝕、	十八 宣公薨、
	七 晉使郤克來齊、婦人笑之、克怒歸去、	八 晉伐敗我、■敗字衍、此卽左傳宣十三年陽穀之役也、晉受齊質子而還、未書
獲、	八 使郤克使齊、婦人笑之、克怒歸、	九 伐齊質子彊、兵罷、■子上脫公字、
	十二	十三
	二十二	二十三 莊王薨、
	十九	二十
	八	九
	七	八
	二十 文侯薨、	蔡景侯固元年
	三	四
	十三	十四
	十	十一

	十七	十八
	魯成公黑肱元年、春、齊取我隆、■齊取魯隆、世家在二年、與左傳合、	二 與晉伐齊、齊歸我汶陽、竊
交兵、安得晉敗、	九	十 晉郤克敗公於鞍、虜逢丑
	十	十一 與魯曹敗齊、
	十四	十五
	楚共王審元年	二 秋、申公巫臣竊徵舒母奔
	二十一	二十二
	十	十一 穆公薨、與諸侯敗齊、反侵
	九	十
	二	三
	五	六
	十五	十六
	十二	十三

		甲戌
	十九	二十
與楚盟、	三 會晉宋衞曹伐鄭、	四 公如晉、晉不敬、公欲
父、	十一 頃公如晉、欲王晉、晉不敢受、	十二
	十二 始置六卿、率諸侯伐鄭、	十三 魯公來、不敬、
	十六	十七
晉、以爲邢大夫、冬、伐衞魯救齊、	三	四 子反救鄭、
	宋共公瑕元年	二
地、楚伐我、	衞定公臧元年	二
	十一	十二
	四	五
	七 伐鄭、	八
	十七 晉率諸侯伐我、	十八 晉欒書取我汜、■取
	十四	十五

	二十一 定王崩、	簡王元年
倍晉合於楚、	五	六
	十三	十四
	十四 梁山崩、伯宗隱其人而用其言、	十五 使欒書救鄭、遂侵蔡、
	十八	十九
	五 伐鄭、倍我故也、鄭悼公來訟、■案春秋、伐鄭在後一年、	六
	三	四
	三	四
	十三	十四
	六	七 晉侵我、
	九	十
汜音凡、襄公薨、	鄭悼公費元年、公如楚訟、	二 悼公薨、楚伐我、晉使
	燕昭公元年	二
		吳壽夢元年

	二	三	四
	七	八	九
	十五	十六	十七頃公
	十六以巫臣始通於吳而謀楚、	十七復趙武田邑、侵蔡、	十八執鄭
	二十	二十一	二十二伐晉、
	七伐鄭、	八	九救鄭、
	五	六	七
	五	六	七
	十五	十六	十七
	八	九晉伐我、	十
	十一	十二	十三
欒書來救、	鄭成公睔元年、睔古困反、悼公弟也、楚伐我、	二	三與楚
	三	四	五
	二巫臣來謀伐楚、	三	四

	五	六	七	八
	十公如晉、晉送葬、諱之、	十一	十二	十三
薨、	齊靈公環元年	二	三	四
成公、伐鄭、秦伐我、	十九	晉厲公壽曼元年	二	三
	二十三	二十四與晉侯夾河盟、歸倍盟、	二十五	二十六
冬與晉成、	十	十一	十二	十三
	八	九	十	十一
	八	九	十	十一
	十八	十九	二十	二十一
	十一	十二	十三	十四
	十四	十五	十六	十七
盟、公如晉、執公伐我、	四晉率諸侯伐我、	五	六	七
	六	七	八	九
	五	六	七	八

	甲申	
	九	十
會晉伐秦、	十四	十五始與吳通、會鍾離、
伐秦、	五	六
伐秦、至涇、敗之、獲其將成差、	四	五三郤讒伯宗、殺之、伯宗好直諫、
晉率諸侯伐我、	二十七秦桓在位二十八年、非二十七而卒也、	秦景公元年
	十四	十五許畏鄭、請徙葉、
晉率我伐秦、	十二	十三宋華元奔晉、復還、宋字衍、
	十二定公薨、	衞獻公衎元年
	二十二	二十三
	十五	十六
晉率我伐秦、	曹成公負芻元年	二晉執我公以歸、
伐秦、	八	九
	十	十一
	九	十與魯會鍾離、

十一	十二	十三
十六宣伯告晉、欲殺季文子、文子得以義脫、	十七	十八成公薨、
七	八	九
六敗楚鄢陵、	七	八欒書中行偃殺厲公、立襄公、
二	三	四
十六救鄭不利、子反醉軍敗、殺子反歸、	十七	十八爲魚石伐宋彭城、
宋平公成元年	二	三楚伐彭城封魚石、
二	三	四
二十四	二十五	二十六
十七	十八	十九
三	四	五
十倍晉盟楚、晉伐我、楚來救、	十一	十二與楚伐宋、
十二	十三昭公薨、	燕武公元年
十一	十二	十三

	十四 簡王崩、
	魯襄公午元年、圍宋彭城、
	十 我不救鄭、晉伐我、使太子光質於晉、[redacted]案 左傳、齊不會圍宋、故晉伐之、非不救鄭
公孫、爲悼公、[redacted]悼 公爲襄公曾孫、此誤、	晉悼公元年、圍宋彭城、
	五
	十九 侵宋救鄭、
	四 楚侵我取犬丘、晉誅魚石、歸我彭城、[redacted]侵 宋取犬丘者鄭也、晉執魚石等、未嘗誅
	五 圍宋彭城、
	二十七
	二十
	六
	十三 晉伐敗我兵於洧上、楚來救、
	二
	十四

	靈王元年、生有髭、	二	三
	二 會晉城虎牢、	三	四 公如
而見伐也、	十一	十二 伐吳、[redacted]春 秋年無齊伐吳事、乃因楚伐吳而錯出也、當衍、	十三
	二 率諸侯伐鄭、城虎牢、	三 魏絳辱楊干、	四 魏絳
	六	七	八
	二十	二十一 使子重伐吳、至衡山、使何忌侵陳、	二十二 伐陳、
也、	五	六	七
	六	七	八
	二十八	二十九 倍楚盟、楚侵我、	三十 楚伐
	二十一	二十二	二十三
	七	八	九
	十四 成公薨、晉率諸侯伐我、	鄭釐公惲元年	二
	三	四	五
	十五	十六 楚伐我、	十七

	四	五	六
晉、	五 季文子卒、	六	七
	十四	十五	十六
說和戎狄、狄朝晉、[redacted]晉 當作我、	五	六	七
	九	十	十一
	二十三 伐陳、	二十四	二十五 圍陳、
	八	九	十
	九	十	十一
我、成公薨、	陳哀公弱元年、	二	三 楚圍我、爲公亡歸、[redacted]案 襄七年左傳、楚圍陳、晉
	二十四	二十五	二十六
	十	十一	十二
	三	四	五 子駟使賊夜殺釐公、詐以病卒赴諸
	六	七	八
	十八	十九	二十

	七	八
	八 公如晉、	九 與晉伐鄭、會河
	十七	十八 與晉伐鄭、
	八	九 率齊魯宋衛曹
	十二	十三 伐晉、楚爲我援、
	二十六 伐鄭、	二十七 伐鄭、師于武城、
	十一	十二 晉率我伐鄭、
	十二	十三 晉率我伐鄭師、
會于鄬以救之、楚囚執公子黃、陳人使告陳侯于會、哀公逃歸、此表疑有脫文、	四	五
	二十七 鄭侵我、	二十八
	十三	十四 晉率我伐鄭、
侯、	鄭簡公喜元年、釐公子、[redacted]喜 當作嘉、	二 誅子駟、晉率諸
	九	十
	二十一	二十二

	九 王叔奔晉、		十
上問公年、十二、可冠、冠於衛、	十 楚鄭侵我西鄙、		十一 三桓分爲三軍、各將軍、
	十九 令太子光、高厚會諸侯鍾離、		二十
伐鄭、秦伐我、	十 率諸侯伐鄭、荀罃伐秦、		十一 率諸侯伐鄭、秦敗我櫟、公曰、吾用魏絳九合諸侯、賜之樂、
	十四 晉伐我、		十五 我使庶長鮑伐晉救鄭、敗之櫟、
爲秦、	二十八 使子囊救鄭、		二十九 晉鄭伐我、案春秋襄十一年、無其事、此必與鄭伐宋之誤、
	十三 鄭伐我、衛來救、		十四 楚伐我、
曹鞭公幸妾、	十四 救宋、		十五 救鄭、敗秦師櫟、伐鄭者晉也、救鄭敗晉者秦也、衞與晉伐鄭、未嘗與秦敗晉、六字當衍、或云、救鄭乃伐鄭之誤、衍敗晉師櫟四字、
	六		七
	二十九		三十
	十五		十六
侯伐我、我與盟、楚怒伐我、誅子駟、在簡四年、	三 晉率諸侯伐我、楚來救、子孔作亂、子產攻之、子	孔何嘗作亂、子產何嘗攻子孔、史妄矣、	四 與楚伐宋、晉率諸侯伐我、秦來救、
	十一		十二
	二十三		二十四

十一	十二	十三		十四
十二 公如晉、	十三	十四 日蝕、		十五 日蝕、齊伐我、
二十一	二十二	二十三 衛獻公來奔、		二十四 伐魯、
十二	十三	十四 率諸侯大夫伐秦、敗棫林、棫、音域、		十五 悼公薨、
十六	十七	十八 晉諸侯大夫伐我、敗棫林、		十九
三十	三十一 吳伐我、敗之、共王薨、	楚康王昭元年、楚康王略、系家名招、共王太子出奔吳、	共王之太子、卽是康王、安得別有太子、攷春秋傳、是年楚伐吳、爲吳所敗、獲楚公子宜穀、史公必因此而誤以宜穀爲太子、以見獲爲出奔也、	二
十五	十六	十七		十八
十六	十七	十八 孫文子攻公、公奔齊、立定公弟狄、		衛殤公狄元年、定公弟、狄、
八	九	十		十一
三十一	三十二	三十三		三十四
十七	十八	十九		二十
五	六	七		八
十三	十四	十五		十六
二十五 壽夢卒、	吳諸樊元年、楚敗我、	二 季子讓位、楚伐我、		三

	甲辰	
	十五	十六
	十六　齊伐我、地震、齊復伐我北鄙、	十七　齊伐我北鄙、
	二十五　伐魯、	二十六　伐魯、
	晉平公彪元年、我敗楚于湛坂、[illegible]地名也、湛音視林反、	二
	二十	二十一
	三　晉伐我、敗湛坂、	四
	十九	二十　伐陳、
世家作秋、狄秋當作桑、	二	三　伐曹、
	十二	十三　宋伐我、
	三十五	三十六
	二十一	二十二　伐衛、[illegible]十七年春秋、傳伐曹、則是衛伐我之誤、
	九	十
	十七	十八
	四	五

十七	十八
十八　與晉伐齊、	十九
二十七　晉圍臨淄、晏嬰、[illegible]圍下當有我字、晏嬰二字衍、	二十八　廢光、立子牙爲太子、光與崔杼殺牙自立、晉衛伐我、
三　晉率魯宋鄭衛圍齊、大破之、	四　與衛伐齊、
二十二	二十三
五　伐鄭、	六
二十一　晉率我伐齊、	二十二
四	五　晉率我伐齊、
十四	十五
三十七	三十八
二十三　成公薨、	曹武公勝元年
十一　晉率我圍齊、楚伐我、	十二　子產爲卿、
十九　武公薨、	燕文公元年
六	七

十九	二十	二十一
二十　日蝕、	二十一　公如晉、日再蝕、	二十二　孔子生、
齊莊公元年	二	三　晉欒逞來奔、[illegible]欒逞、晉大夫欒盈、此音如字也、晏嬰曰、不
五	六　魯襄公來、殺羊舌虎、	七　欒逞奔齊、
二十四	二十五	二十六
七	八	九
二十三	二十四	二十五
六	七	八
十六	十七	十八
三十九	四十	四十一
二	三	四
十三	十四	十五
二	三	四
八	九	十

	二十二	二十三
	二十三	二十四　侵齊、日再蝕、
如歸之、	四　欲遣欒逞入曲沃、伐晉、取朝歌、	五　畏晉通楚、晏子謀、[illegible]案左傳、齊懼晉結楚、非晏子謀也、
	八	九
	二十七	二十八
	十	十一　與齊通、率陳蔡伐鄭救齊、
	二十六	二十七
	九　齊伐我、	十
	十九	二十　楚率我伐鄭、
	四十二	四十三　楚率我伐鄭、
	五	六
	十六	十七　子產曰、范宣子爲政、我請伐陳、[illegible]子產曰三字衍、
	五	六
	十一	十二

	甲寅
二十四	二十五
二十五 齊伐我北鄙、以報孝伯之師、	二十六
六 晉伐我、報朝歌、崔杼以莊公通其妻、殺之、立其弟爲景公、	齊景公杵臼元年、如晉請歸
十 伐齊至高唐、報太行之役、■晉未嘗至高唐、	十一 誅衞殤公、復入獻公、■殤
二十九 公如晉、盟不結、■秦紀以爲二十七年事、	三十
十二 吳伐我、以報舟師之役、射殺吳王、	十三 率陳蔡伐鄭、
二十八	二十九
十一	十二 齊晉殺殤公、復內獻公、
二十一 鄭伐我、	二十二 楚率我伐鄭、
四十四	四十五
七	八
十八 伐陳、入陳、	十九 楚率陳蔡伐我、
燕懿公元年	二
十三 諸樊伐楚、迫巢門、傷射以薨、	吳餘祭元年、■吳下當增子字、

	二十六	二十七
	二十七 日蝕、	二十八 公如楚、葬康王、
衞獻公、	二 慶封欲專、誅崔氏、杼自殺、	三 冬、鮑高欒氏謀慶封、發兵攻慶
公之弒、獻公之復、甯喜爲之、與齊晉何涉、誅字欠妥、	十二	十三
	三十一	三十二
	十四	十五 康王薨、
	三十	三十一
	衞獻公衎後元年	二
	二十三	二十四
	四十六	四十七
	九	十
	二十	二十一
	三	四 懿公薨、
	二	三 齊慶封來奔、

	景王元年	二
	二十九 吳季札來觀周樂、盡知樂所爲、	三十
封、慶封奔吳、	四 吳季札來使、與晏嬰歡、	五
	十四 吳季札來、曰、晉政卒歸韓魏趙、	十五
	三十三	三十四
	楚熊郟敖元年、■熊字當衍	二
	三十二	三十三
	三	衞襄公惡
	二十五	二十六
	四十八	四十九 爲太
	十一	十二
	二十二 吳季札謂子產曰、政將歸子、子以禮、幸脫於尼矣、	二十三 諸公
	燕惠公元年、齊高止來奔、	二
	四 守門閽殺餘祭、季札使諸侯、■守門閽殺餘祭六字元文必書于十七年、後人移入四年、	五

	三	四
	三十一 襄公薨、	魯昭公稠
	六	七
	十六	十七 秦后
	三十五	三十六 公弟
	三 王季父圍爲令尹、	四 令尹
	三十四	三十五
元年	二	三
	二十七	二十八
子取楚女、公通焉、太子殺公自立、	蔡靈侯班元年	二
	十三	十四
子爭寵相殺、子產子成止之、■據世家、相殺下脫欲殺二字、子成當作子皮、	二十四	二十五
	三	四
	六	七

	五	六
元年、昭公年十九有童心、	二 公如晉至河、晉謝還之、	三
	八	九 晏嬰使晉、見叔向曰、齊政歸田
子來奔、	十八 齊田無宇來送女、	十九
后子奔晉、車千乘、	三十七	三十八
圍殺郟敖、自立、爲靈王、	楚靈王圍元年、共王子肘玉、	二
	三十六	三十七
	四	五
	二十九	三十
	三	四
	十五	十六
	二十六	二十七 夏如晉、冬如楚、
	五	六 公欲殺公卿立幸臣、公卿誅幸
	八	九

		甲
	七	八
	四 稱病不會楚、	五
氏、叔向曰、晉公室卑、	十	十一
	二十	二十一
	三十九	四十
	三 夏、合諸侯宋地、盟伐吳朱方、誅慶封、冬、報我取三城、[illegible]冬下脫吳字、	四
	三十八	三十九
	六 稱病不會楚、	七
	三十一	三十二
	五	六
	十七 稱病不會楚、	十八
	二十八 子產曰、三國不會、[illegible]左傳子產對楚王曰、不來者魯衞曹邾四國、史公因邾無考、改四爲三、	二十九
臣、公恐出奔齊、	七	八
	十 楚誅慶封、	十一

子			
	九	十	十一
	六	七 季武子卒、日蝕、	八 公如
	十二 公如晉、請伐燕、入其君、	十三 入燕君、	十四
秦后子歸秦、	二十二 齊景公來、請伐燕入其君、	二十三 入燕君、	二十四
公卒、后子自晉歸、	秦哀公元年	二	三
率諸侯伐吳、	五 伐吳次乾谿、	六 執芋尹、亡人入章華、	七 就章
	四十	四十一	四十二
	八	九 夫人姜氏無子、	衞靈公元
	三十三	三十四	三十五 弟招
	七	八	九
	十九	二十	二十一
	三十	三十一	三十二
	九 齊伐我、	燕悼公元年、惠公歸至卒、	二
楚率諸侯伐我、	十二 楚伐我次乾谿、	十三	十四

	十二	十三
楚、楚留之、賀章華臺、	九	十 四月日蝕、[illegible]昭十年不日食、此衍蝕、
	十五	十六
	二十五	二十六 春有星出婺女、十月公薨、
	四	五
華臺、內亡人實之、滅陳、	八 弟棄疾將兵定陳、	九
	四十三	四十四 平公薨、
年、[illegible]靈公名元、此因元年連文失書也、	二	三
作亂、哀公自殺、	陳惠公吳元年、哀公孫也、楚來定我、	二
	十	十一
	二十二	二十三
	三十三	三十四
	三	四
	十五	十六

	十四	十五
	十一	十二 朝晉
	十七	十八 公如
[redacted]據昭十年春秋、十月當作七月、	晉昭公夷元年	二
	六	七
	十 醉殺蔡侯、使棄疾圍之、棄疾居之、爲蔡侯、[redacted]爲下蔡侯當作蔡公、下格同、	十一 王伐
	宋元公佐元年	二
	四	五 公如
	三	四
	十二 靈侯如楚、楚殺之、使棄疾居之、爲蔡侯、	蔡侯廬元
	二十四	二十五
	三十五	三十六
	五	六
	十七	吳餘昧元

	十六
至河、晉謝之、歸、	十三
晉、[redacted]有脫文、鄭簡文以三月卒、朝晉者定公、	十九
	三
	八
舒以恐吳、次乾谿、民罷於役怨王、	十二 棄疾作亂自立、靈王自殺、復陳蔡、
	三
晉朝嗣君、	六
	五 楚平王復陳、立惠公、
年 景侯子、[redacted]蔡侯廬諡平、	二 楚平王復我、立景侯子廬、[redacted]徐廣曰、一本景侯子廬、[redacted]景侯子、當作景侯
	二十六
	鄭定公寧元年
	七
年、[redacted]音秋、[redacted]吳下缺子字、	二

		甲戌	
	十七	十八 后太子卒、[redacted]后下似失崩字、	十九
	十四	十五 日蝕、公如晉、晉留之葬、公恥之、	十六
	二十	二十一	二十二
	四	五	六 公卒、六卿
	九	十	十一
	楚平王居元年、共王子、抱玉、	二 王爲太子取秦女、好、自取之、	三
	四	五	六
	七	八	九
	六	七	八
曾孫、	三	四	五
	二十七	曹平公須元年	二
	二	三	四
	燕共公元年	二	三
	三	四	吳僚元年、[redacted]僚下缺子

	二十	二十一	二十二
	十七 五月朔、日蝕、彗星見辰、[redacted]五月、乃六月之譌、彗亦宜作孛、又彗上缺冬字、	十八	十九
	二十三	二十四	二十五
彊、公室卑矣、	晉頃公去疾元年	二	三
	十二	十三	十四
	四 與吳戰、	五	六
	七	八 火	九
	十	十一 火	十二
	九	十 火	十一
	六	七	八
	三	四 平公薨、	曹悼
	五 火、欲禳之、子產曰、不如脩德、	六 火	七
	四	五 共公薨、	燕平
字、	二 與楚戰、	三	四

	二十三	二十四
地震、	二十　齊景公與晏子狩、入魯問禮、	二十一　公如晉至
	二十六　獵魯界、因入魯、	二十七
	四	五
	十五	十六
	七　誅伍奢・尚、太子建奔宋、伍胥奔吳、	八　蔡侯來奔、
	十　公毋信詐殺公子、楚太子建來奔、見亂之鄭、　世家公子上有諸字、	十一
	十三	十四
	十二	十三
	九　平侯薨、靈侯孫東國、殺平侯子而自立、　東國之立、在後二年、	蔡悼侯東國元年
公午元年	二	三
	八　楚太子建從宋來奔、	九
公元年	二	三
	五　伍員來奔、	六

	二十五　是年四月、王崩、立王子猛、十一月、猛卒、是爲悼王、雖未卽
河、晉謝之、歸、日蝕、	二十二　日蝕、
	二十八
	六　周室亂、公平亂、立敬王、
	十七
	九
	十二
	十五
	十四
年、奔楚、　是年、蔡侯朱之元年、非平國之弟悼侯東國之元年也、春秋書、冬、蔡侯朱出奔楚、奔楚亦是朱、非東國也、	二
	四
	十
	四
	七

位、而周人奉之、春秋載之、何得沒而不稱、	敬王元年	二
	二十三　地震、	二十四　鸜鵒來巢、　世家在二十五年、與春秋合、
	二十九	三十
	七	八
	十八	十九
	十　吳伐敗我、	十一　吳卑梁人爭桑、伐取我鍾離、
	十三	十四
	十六	十七
	十五　吳敗我兵、取胡沈、	十六
	三　悼止二年、無三年、年表世家故妄以蔡侯朱之一年非于悼侯耳、	蔡昭侯申元年、悼侯弟、
	五	六
	十一　楚建作亂、殺之、	十二　公如晉、請內王、
	五	六
	八　公子光敗楚、	九

甲申
三
二十五　公欲誅季氏、三桓氏攻公、公出居鄆、　音運、　春秋二十五年十二月、齊侯取鄆、二十六年三月、公居于鄆、而表書居鄆于二十五年、齊未取、公安得居之、疑
三十一
九
二十
十二
十五
十八
十七
二
七
十三
七
十

	四	五
居鄆二字奔齊之誤也、	二十六 齊取我鄆以處公、	二十七
	三十二 彗星見、晏子曰、田氏有德於齊、可畏、	三十三
	十 知櫟、趙鞅內王於王城、	十一
	二十一	二十二
	十三 欲立子西、子西不肯、秦女子立、爲昭王、	楚昭王珍元年、誅無忌以說衆、
	宋景公頭曼元年、[illegible]音萬、	二
	十九	二十
	十八	十九
	三	四
	八	九
	十四	十五
	八	九
	十一	十二 公子光使專諸殺僚、自立、

六	七
二十八 公如晉、求入、晉弗聽、處之乾侯、	二十九 公自乾侯如鄆、齊侯曰主君、公恥之、復之
三十四	三十五
十二 六卿誅公族、分其邑、各使其子爲大夫、	十三
二十三	二十四
二	三
三	四
二十一	二十二
二十	二十一
五	六
曹襄公元年、[illegible]徐廣曰、一作聲、[illegible]世家及人表作聲、	二
十六	鄭獻公蠆元年
十	十一
吳闔閭元年	二

	八	九	十 晉使諸侯爲我築城、
乾侯、	三十	三十一 日蝕、	三十二 公卒乾侯、
	三十六	三十七	三十八
	十四 頃公薨、	晉定公午元年	二 率諸侯爲周築城、
	二十五	二十六	二十七
	四 吳三公子來奔、封以扞吳、	五 吳伐我六潛、	六
	五	六	七
	二十三	二十四	二十五
	二十二	二十三	二十四
	七	八	九
	三	四	五 平公弟通殺襄公自立、
	二	三	四
	十二	十三	十四
	三 三公子奔楚、	四 伐楚六潛、	五

		甲午
十一	十二	十三
魯定公宋元年、昭公喪自乾侯至、	二	三
三十九	四十	四十一
三	四	五
二十八	二十九	三十
七 囊瓦伐吳、敗我豫章、蔡侯來朝、[illegible]囊瓦、楚大夫子常也、子囊之孫、	八	九 蔡昭侯留三歲、得裘故歸、
八	九	十
二十六	二十七	二十八
二十五	二十六	二十七
十 朝楚、以裘故留、	十一	十二 與子常裘、得歸、如晉、請伐楚、
曹隱公元年	二	三
五	六	七
十五	十六	十七
六 楚伐我、迎擊敗之、取楚之居巢、	七	八

十四 與晉率諸侯侵楚、著衰之始、	十五	十六 王子
四	五 陽虎執季桓子、與盟釋之、日蝕、	六
四十二	四十三	四十四
六 周與我率諸侯侵楚、	七	八
三十一 楚包胥請救、	三十二	三十三
十 吳蔡伐我、入郢、昭王亾、伍子胥鞭平王墓、	十一 秦救至、吳去、昭王復入、	十二 吳伐
十一	十二	十三
二十九 與蔡爭長、	三十	三十一
二十八	陳懷公柳元年	二
十三 與衛爭長、楚侵我、吳與我伐楚、入郢、	十四	十五
四	曹靖公路元年、世家春秋路作露、	二
八	九	十 魯侵
十八	十九	燕簡公元
九 與蔡伐楚入郢、	十	十一 伐楚

朝之徒作亂、故王奔晉、	十七 劉子迎王、晉入王、	十八
	七 齊伐我、	八 陽虎欲伐三桓、三桓攻陽虎、虎奔陽
	四十五 侵衛伐魯、	四十六 魯伐我、我伐魯、
	九 入周敬王、	十 伐衛、
	三十四	三十五
我番、楚恐徙鄀、鄀音若、	十三	十四 子西爲民泣、民亦泣、蔡昭侯恐、蔡
	十四	十五
	三十二 齊侵我、	三十三 晉魯侵伐我、伐字衍、
	三	四 公如吳、吳留之、因死吳、
	十六	十七
	三	四 靖公薨、
我、	十一	十二
年	二	三
取番、	十二	十三 陳懷公來、留之、死於吳、

	十九	二十
關、	九 伐陽虎、虎奔齊、	十 公會齊侯於夾谷、司馬彪郡國志、在祝其縣西南、孔子相、齊歸我
	四十七 囚陽虎、虎奔晉、	四十八
	十一 陽虎來奔、	十二
	三十六 哀公薨、	秦惠公元年、彗星見、彗星見、本紀左傳無徵、
世家書于前一年、	十五	十六
	十六 陽虎來奔、	十七
	三十四	三十五
	陳湣公越元年	二
	十八	十九
	曹伯陽元年	二
	十三 獻公薨、	鄭聲公勝元年、鄭益弱、
	四	五
	十四	十五

	二十一	二十二
地、	十一	十二 齊來歸女樂、季
	四十九	五十 遺魯女樂、
	十三	十四
	二 生躁公、懷公、簡公、躁音竈、秦惠之子、據秦紀、躁公懷公者、惠公之曾孫、厲公者惠公之玄孫也、	三
	十七	十八
	十八	十九
	三十六	三十七 伐曹、
	三	四
	二十	二十一
	三 國人有夢衆君子立社宮、謀亾曹、振鐸請待公孫彊、許之、	四 衛伐我、
	二	三
	六	七
	十六	十七

	甲辰
	二十三
桓子受之、孔子行、■魯世家同、孔子世家爲在定公十四年、衛世家爲在十三年、	十三
	五十一
	十五　趙鞅伐范中行、■定十三年左傳、趙鞅爲范中行所伐奔晉陽
	四
	十九
	二十
	三十八　孔子來、祿之如魯、
	五
	二十二
	五
	四
	八
	十八

	二十四	二十五
	十四	十五　定公薨、日蝕、
	五十二	五十三
	十六	十七
	五	六
也、未嘗有與伐范中行之事也、疑當作范中行伐趙鞅、	二十	二十一　滅胡、以吳敗我
	二十一	二十二　鄭伐我、
	三十九　太子蒯聵出奔、	四十
	六　孔子來、■孔子世家是時孔子尚在衛、適陳在七年、	七
	二十三	二十四
	六　公孫彊好射、獻鴈君、使爲司城、夢者子行、	七
	五　子產卒、	六　伐宋、
	九	十
	十九　伐越、敗我、傷闔閭指、以死、	吳王夫差元年

	二十六	二十七
	魯哀公將元年	二
	五十四　伐晉、	五十五　輸范中行氏粟、
	十八　趙鞅圍范中行朝歌、齊伐我、■齊下缺衛字、	十九　趙鞅圍范中行、鄭來救我、敗之、
	七	八
倍之、	二十二　率諸侯圍蔡、	二十三
	二十三	二十四
	四十一　伐晉、	四十二　靈公薨、蒯聵子輒立、晉納太子蒯聵
	八　吳伐我	九
	二十五　楚伐我、以吳怨故、	二十六　畏楚、私召吳人、乞遷于州來、州來近
	八	九
	七	八　救范中行氏、與趙鞅戰於鐵、敗我師、
	十一	十二
	二　伐越、	三

	二十八	二十九	三十
	三　地震、	四	五
	五十六	五十七　乞救范氏、	五十八　景公
	二十	二十一　趙鞅拔邯鄲栢人有之、	二十二　趙鞅
	九	十　惠公薨、	秦悼公元
	二十四	二十五	二十六
	二十五　孔子過宋、桓魋惡之、■微服過宋、即宋景二十二年事、	二十六	二十七
于戚、	衛出公輒元年	二	三　晉伐
	十	十一	十二
吳、	二十七	二十八　大夫共誅昭侯、	蔡成侯朔
	十　宋伐我、	十一	十二
	九	十	十一
	燕獻公元年	二	三
	四	五	六

	三十一	三十二
	六	七 公會
薨、立嬖姬子爲太子、	齊晏孺子元年、田乞詐立陽生、殺孺子、	齊悼公陽
敗范中行、中行奔齊、伐衞、【考證】中行上缺范字、	二十三	二十四 侵衞
年	二	三
	二十七 救陳、王死城父、	楚惠王章
	二十八 伐曹、	二十九 侵鄭
我、救范氏故、	四	五 晉侵
	十三 吳伐我、楚來救、	十四
元年	二	三
	十三 宋伐我、	十四 宋圍
	十二	十三
	四	五
	七 伐陳、	八 魯會

	甲寅	
	三十三	三十四
吳王于繒、吳徵百牢、季康子使子貢謝之、	八 吳爲鄒伐我、至城下、盟而去、齊取我三邑、	九
生元年	二 伐魯取三邑、	三
	二十五	二十六
	四	五
元年	二 子西召建子勝於吳、爲白公、	三
圍曹、	三十 曹倍我、我滅之、	三十一
我、	六	七
	十五	十六
	四	五
我、鄭救我、	十五 宋滅曹、虜伯陽、	
	十四	十五
	六	七
我繒、	九 伐魯、	十

	三十五	三十六
	十 與吳伐齊、	十一 齊伐
	四 吳魯伐我、齊鮑子殺悼公、齊人立其子壬、爲簡公、	齊簡公元
	二十七 使趙鞅伐齊、	二十八
	六	七
伐陳、陳與吳故、	四 伐陳、	五
鄭圍我、敗之于雍丘、	三十二 伐鄭、	三十三
	八 孔子自陳來、	九 孔子
倍楚、與吳成、	十七	十八
	六	七
圍宋、敗我師雍丘、伐我、	十六	十七
	八	九
	十一 與魯伐齊救陳、【考證】捄陳、上音救、誅五員、	十二 與魯

	三十七
我、冉有言、故迎孔子、孔子歸、	十二 與吳會槖皐、【索隱】槖、音託、皐、音高、縣名、在壽春也、用田賦、
年、魯與吳敗我、	二
	二十九
	八
	六 白公勝數請子西伐鄭、以父怨故、
	三十四
歸魯、	十 公如晉、與吳會槖皐、【考證】是時衞不服晉、安有如晉之事、又哀十二年左傳、與吳會槖皐者魯也、與吳會鄖
	十九
	八
	十八 宋伐我、
	十
敗齊、	十三 與魯會槖皐、

	三十八	三十九
	十三 與吳會黃池、	十四 西狩獲麟、衛出公來奔、
	三	四 田常殺簡公、立其弟驁、[illegible]五高反、平公也、爲平公、常相之、專國
	三十 與吳會黃池、爭長、	三十一
	九	十
	七 伐陳、	八
	三十五 鄭敗我師、	三十六
者僞也、	十一	十二 父蒯聵入、輒出亡、
	二十	二十一
	九	十
	十九 敗宋師、	二十
	十一	十二
	十四 與晉會黃池、	十五

	四十	四十一
	十五 子服景伯使齊、子貢爲介、齊歸我侵地、	十六 孔子
權、	齊平公驁元年、景公子也、齊自是稱田氏、[illegible]呂氏雖微、黨有君從巨姓之理、稱字疑當作歸、景公子當作景公孫、	二
	三十二	三十三
	十一	十二
	九	十、白公
	三十七 熒惑守心、子韋曰、善、	三十八
	衛莊公蒯聵元年	二
	二十二	二十三 楚滅
	十一	十二
	二十一	二十二
	十三	十四
	十六	十七

	四十二
卒、	十七
	三
	三十四
	十三
勝殺令尹子西、攻惠王、葉公攻白公、白公自殺、惠王復國、	十一
	三十九
	三 莊公辱戎州人、戎州人與趙簡
陳、殺湣公、[illegible]滅陳在後一年、	
	十三
	二十三
	十五
	十八 越敗我、

	甲子
	四十三 敬王崩、[illegible]徐廣曰、歲在甲子、
	十八 二十七 卒、
	四 二十五 卒、
	三十五 三十七 卒、
	十四 卒、子厲公立、[illegible]厲公當作厲共公、
	十二 五十七 卒、
	四十 六十四 卒、
子攻莊公、出奔、	衛君起元年、石傅逐起、[illegible]石傅逐君起、傅、音圃、亦作[illegible]、音數、出輒復入、
	十四 十九 卒、
	二十四 二十八 卒、
	十六 二十八 卒、
	十九 二十三 卒、[illegible]二十三年滅、

考證 張文虎曰、索隱二十三年滅、此各本删存索隱文也、單行本索隱於石傅逐君起、條下、出敬王四十三年卒七字、注云、皇甫謐云、四十四年、當魯哀公十八年、二十七年卒、齊平公四年、二十五年卒、晉定公三十五年、三十七年卒、秦悼公十四年、子厲公立、楚惠王章、十二年、五十七年卒、宋景公四十年、十四年卒、衛君起元年、陳湣公楚滅之前年、蔡

朔十四年、十九年卒、曹伯陽立、十五年曹亡、在敬王四十三年、鄭聲公二十四年、四十八年卒、燕獻公十六年、二十八年卒、吳王夫差十九年、二十三年滅、案所引蓋帝王世紀文、文中多舛誤、傳寫失之、據此疑史表本不著卒年、故小司馬詳引之、以終其事、後人移書各公紀年下、合刻者反以索隱文複而刪之、又以與表卒與滅不同、故獨存五字、而史文與小司馬書皆失其眞面矣、各本皆同、不敢增改、錄附於此、

索隱述贊、太史表次、抑有條理、起自共和、綜於孔子、十二諸侯、各編年紀、興亾繼及、盛衰滅否、惡不揜過、善必揚美、絕筆獲麟、義取同恥、

十二諸侯年表第二　　史記十四

文學博士瀧川龜太郎著

史記會注考證

史記會注考證卷十五

漢　太史令司馬遷撰
宋中郎外兵曹參軍裴駰集解
唐國子博士弘文館學士司馬貞索隱
唐諸王侍讀率府長史張守節正義
日本　出雲瀧川資言考證

六國年表第三　史記十五

【索隱】六國、魏韓趙楚燕齊、并秦凡七國、號曰七雄、【考證】史公自序云、春秋之後、陪臣秉政、彊國相王、以至于秦、卒并諸夏、滅封地、擅其號、作六國年表第三、愚按年字諸

本無、今依史公自序及索隱本增、表名六國、實紀七雄、亦猶十二諸侯表、實載十三國也、方苞曰、六國并於秦、史記爲秦所焚、所表六國事迹、獨據秦紀、故通篇以秦爲經緯、陳仁錫曰、魏表附晉衛、韓表附鄭、楚表附魯蔡、齊表附宋、何也、以晉衛鄭魯蔡宋諸國爲魏韓楚齊所滅、故附記焉、亦以終十二諸侯事也、錢大昕曰、十二諸侯年表始于共和、共和以前、則三代世表紀之、終于周敬王四十三年、其時陳曹先亡耳、史公以六國表繼之、三家分晉、魏得晉之故都、故魏人自稱晉國、而韓趙則否、史公以晉附魏、蓋以此、愚按吳越之事附楚表、亦以爲其所滅也、

太史公讀秦記、【索隱】即秦國之史記也、故下云、秦燒詩書、諸侯史記尤甚、獨有秦記、又不載日月、是也、至犬戎敗幽王、周東徙洛邑、秦襄公始封爲諸侯、作西畤、用事上帝、僭端見矣。【考證】事見秦本紀封禪書、愚按是與天子南郊祭天者異、蓋依土俗祭祀耳、此時秦襄始封、豈可有覬周之事、自漢武事封禪、儒生方士附會爲說、史公亦爲其所誤也、禮曰。天子祭天地、諸侯祭其域內名山大川。【考證】禮記曲禮、天子祭天地、祭四方、祭山川、諸侯方祀、祭山川、春秋繁露王道篇、春秋立義、天子祭天地、諸侯祭社稷、諸山川不在封內不祭、今秦雜戎翟之俗、先暴戾後仁義、位在藩臣、而臚於郊祀。【索隱】案臚字訓陳也、出爾雅文、以言秦是諸侯、而陳天

子郊祀、實僭也、猶季氏旅於泰山然、【正義】臚、音旅、祭名、又旅、陳也、君子懼焉。【考證】岡白駒曰、懼其俗尚無所顧忌、僭端已見、不至伐周不已也、及文公踰隴、攘夷狄、尊陳寶、營岐・雍之閒、【考證】事見秦本紀封禪書、而穆公脩政、東竟至河、則與齊桓・晉文中國侯伯侔矣。是後陪臣執政、大夫世祿、六卿擅晉權、征伐會盟、威重於諸侯。及田常殺簡公、而相齊國、諸侯晏然弗討、海內爭於戰功矣。三國終之卒分晉、田和亦滅齊而有之。六國之盛自此始。務在彊兵并敵。謀詐用、而從衡短長之說起。【考證】主父偃傳、學長短縱橫之術、漢書張湯傳注、應劭云、短長術興於六國時、長短其語、隱謬用相激怒也、張晏云、蘇秦張儀之謀、趣彼爲短、歸此爲長、戰國策名短長術也、矯稱蠭出、誓盟不信、雖置質剖符、猶不能約束也。【考證】荀子大略篇、誥誓不及五帝、盟詛不及三王、交質子不及五伯、注、此言後世德義不足、雖要約轉深、猶不能固也、穀梁傳亦有此語、秦始小國僻遠、諸夏賓之、比於戎翟。至獻公

之後、常雄諸侯。論秦之德義、不如魯・衛之暴戾者。【考證】賓、讀爲擯、周本紀、不顯亦不賓、楚世家、賓之南海、皆讀爲擯、論秦之德義不如魯衛之暴戾者、句法詞氣、正與魯仲連傳三秦之大臣不如鄒魯之僕妾、論語夷狄之有君不如諸夏之亡同、言魯衛暴戾之人、尚且勝秦之有德義者也、量秦之兵、不如三晉之彊也。然卒并天下、非必險固便形埶利也。蓋若天所助焉。【考證】魏世家贊云、說者皆曰、魏以不用信陵君、故國削弱至於亡、余以爲不然、天方令秦平海內、與此同意、或曰。東方物所始生、西方物之成孰。【考證】尚書堯典、分命羲仲宅嵎夷、平秩東作、分命和仲宅西、平秩西成、彼就農政而言、此就國勢而言、夫作事者必於東南。收功實者常於西北。故禹興於西羌、【集解】皇甫謐曰、孟子稱禹生石紐、西夷人也、傳曰、禹生自西羌、是也、【正義】禹生於茂州汶川縣、本冉駹國、皆西羌、【考證】今孟子無禹生自西羌之文、湯起於亳、【集解】徐廣曰、京兆杜縣有亳亭、【考證】錢大昕曰、殷本紀湯始居亳、皇甫謐云、梁國穀熟爲南亳、湯所都也、立政有三亳、說者以爲湯始居南亳、在宋州穀熟縣西南、後徙西亳、即河南偃師縣、而景亳湯所盟地、則宋州北五十里大蒙城也、三亳非一地、要非京兆之亳亭明矣、此篇稱作事者必于東南、收功實者常於西北、乃述禹興西羌、周始豐鎬、而及於湯之起亳、則史公固以關中之亳爲湯之亳矣、周之王也、

以豐鎬伐殷、秦之帝、用雍州興、漢之興、自蜀漢。【考證】方植之曰、辭雖論秦、意乃指漢、而漢之興自蜀漢句、徑將漢事揭出爲賓、秦既得意、燒天下詩書。諸侯史記尤甚。爲其有所刺譏也。詩書所以復見者、多藏人家。而史記獨藏周室。以故滅。惜哉惜哉。【考證】梁玉繩曰、史公言秦盡滅史記、固也、然攷漢書律歷志引六國春秋、藝文志載世本十五篇、青史子五十七篇、又天官書云、余觀史記攷行事、自序傳云、紬史記石室金匱之書、其餘歷諜尚多、史公嘗讀而著之、則諸侯之史、當時猶有存者、安得以爲盡滅不見耶、獨有秦記。又不載日月。其文略不具。然戰國之權變、亦有可頗采者。何必上古。【考證】秦本紀多左傳國語國策所不記載、史公蓋取之秦記也、秦取天下多暴。然世異變成功大。【索隱】以言人君制法、當隨時代之異而變易其政、則其成功大、【考證】方苞曰、言秦取天下雖多暴、然世變既與古異、而秦混一海宇、革古制法、成功甚大、傳曰。法後王。何也。【考證】荀子非相篇、欲觀聖王之跡、則於其粲然者、後王是也、彼後王者天下之君也、舍後王而道上古、譬之、是猶舍己之君而事人之君也、以其近己、而俗變相類、議卑而易行也。

【正義】易、以豉反、後王、近代之王、法與己連接、世俗之變及相類也、故議卑淺、而易識行耳、【考證】己音紀、俗、風俗、變、變故、岡白駒曰、議卑易行、免迂濶之弊、學者牽於所聞、見秦在帝位日淺、不察其終始。因舉而笑之、不敢道。【索隱】舉、猶皆也、【考證】岡白駒曰、所聞、先王仁義之說、舉而笑之、舉秦以暴取天下事以笑也、舉如字、索隱非、此與以耳食無異。悲夫。【索隱】案、言俗學淺識、舉而笑秦、此猶耳食不能知味也、余於是因秦記、踵春秋之後、起周元王、【索隱】案此表起周元王元年、春秋迄元王八年、表六國時事、訖二世、凡二百七十年、著諸所聞興壞之端。【考證】崔適曰、周元王元年乙丑、至秦二世三年甲午、計二百七十年、後有君子以覽觀焉。

【考證】錢大昕曰、表始于周元王元年、即晉定公三十六年也、魏獻子舒以晉定公元年卒、韓宣子起之卒、當更在其前、安得此時尚存乎、三家分晉、唯趙氏最強、世次分明、故於表首著簡子四十二年、而魏韓闕之、蓋魏自文侯、韓自武子以後、年數乃可表也、後人益獻子宣子字於魏韓下、失史公之旨矣、梁玉繩說同、張文虎曰、單本索隱、此表唯出趙簡子、無魏獻韓宣、蓋所見本尚未增入、

周元王	元年【集解】徐廣曰、乙丑、皇甫謐曰、元年癸酉、二十八年庚子崩、【索隱】元王名仁、系本名赤、敬王子、八年崩、子定王介立也、【考證】通鑑元王元年丙寅、則乙丑則敬王四十四年、與徐廣又異、梁玉
秦厲共	公元年【索隱】悼公子、三十四年卒、子躁公立、
魏獻子	衛出公輒後元年【索隱】二十一年、季父黔、逐出公而自立、曰悼公也、
韓宣子	
趙簡子	【索隱】案系家、簡子名鞅、文子武之孫、景叔成之子也、四十二【索隱】案簡子以頃公九年在位、頃公十四年卒、而定公立、定公明年三十七年卒、是四十二爲簡子在位之年、又至出公十七年卒、在
楚惠王	章十三年【集解】徐廣曰、亦魯哀公十九年、【索隱】五十七年卒、吳伐我、【考證】楚世家是年亦有是文、左傳無或云當作越伐我、
燕獻公	十七年【索隱】二十八年卒、
齊平公	驁五年【索隱】二十五年卒、已上當竝元王元年、

繩曰、此乃周敬王四十四年、非元王元年也、敬王之年、本紀既誤爲四十二、而十二諸侯年表復誤爲四十三年、遂以敬王末年爲元王之元、其所列七國之事、俱各差一年矣、注越曰冠周于上、周雖衰未亡也、至報王五十九年卒
位六十年也、

而絕、不即予秦者、秦未幷天下也、蓋闕不書王者三十三年、	二	三
	二 蜀人來賂、	三
	晉定公卒、[索隱] 系本定公名午、	晉出公錯元年 [索隱] 系本名鑿、
	四十三	四十四
	十四 越圍吳、吳怨、[考證] 怨當作恐、	十五
	十八	十九
	六	七 越人始來、[考證] 齊平公七年、爲魯哀廿

	四	五
	四	五 楚人來賂、
[考證] 晉世家作鑿、		
	四十五	四十六
	十六 越滅吳、	十七 蔡景侯卒、[索隱] 案景字誤、合作成侯、徐廣不辨、即言或作成、案
	二十	二十一
一年、左傳昔越人始來、謂遣使至魯也、豈亦兼聘于齊乎、	八	九 晉知伯瑤來伐我、

	六	七
	六 義渠來賂、繇諸乞援、[集解] 音義曰、援一作爰、[考證] 繇諸、疑繇諸之譌、蓋戎國、後此二十年與繇諸戰、	七
	四十七	四十八
景侯卽成侯之高祖父也、	十八 蔡聲侯元年 [索隱] 名產、成侯之子、	十九
	二十二	二十三
	十	十一

	八	定王元年【集解】徐廣曰、癸酉、	左傳盡此、皇甫謐曰、貞定王元年癸亥、十年壬申崩、【索隱】名介、二十八年崩、【考證】元年、爲敬王末年、故元王八年、其實止七年也、	二
彗星見、【考證】秦紀無之、	八	九		十 庶長將兵拔魏城、【集解】音
衛莊公飲、大夫不解履、公怒、卽攻公、公奔宋、【考證】莊公乃出公之誤、履乃襪之誤、				
	四十九	五十		五十一
王子英奔、	二十	二十一		二十二 魯哀公卒、【索隱】系本名蔣、
	二十四	二十五		二十六
	十二	十三		十四

	三		四	五
義拔一作捕、【考證】魏城、秦地、不可言拔、當作補、若後年補龐戲城補龐、彗星見、	十一		十二	十三
				知伯伐鄭、鄭駟桓子如齊求救、【考證】桓子、蓋駟宏之諡、左傳
	五十二		五十三	五十四 知伯謂簡子、欲廢太子襄子、襄子怨知伯、
【考證】魯哀卒於楚惠二十一年、此後一年、疑表中凡前後一年、皆傳寫誤、此類甚多、不能悉正、	二十三 魯悼公元年、三桓勝、魯如小侯、【索隱】	魯悼公、系本名寧、【考證】魯悼之元、當晉二楚惠二十二年、	二十四	二十五
	二十七		二十八	燕孝公元年
	十五		十六	十七 救鄭、晉師去、中行文子謂田常、乃今知所以亡、【考證】畢

	六	七
	十四 晉人楚人來賂、	十五
不見、	鄭聲公卒、[集解]聲公名勝、獻公子也、三十七年卒、子哀公易立、八年殺弟丑立、爲共公、	鄭哀公元年
	五十五	五十六
	二十六	二十七
	二	三
在十三年	十八	十九

八	九	十	十一	十二
十六 塹阿旁、伐大荔、補龐戲城、[考證]淩本、阿作河、與秦紀合、	十七	十八	十九	二十 公將師與緜諸戰、
五十七	五十八	五十九	六十	襄子、[集解]名無恤、三卿叛智伯、晉陽分共地、
二十八	二十九	三十	三十一	三十二 蔡聲侯卒、[集解]
四	五	六	七	八
二十	二十一	二十二	二十三	二十四

始有三晉也、	元年未除服、登夏屋、誘代王、以金斗殺代王、封伯魯子周爲代成君、[考證]襄子元年、當在越圍吳之歲、趙世家云、越圍吳、襄子降
子元侯立、	

	十三
	二十一
	晉哀公忌元年、[正義]表云、晉
喪食減代、亦此年事、而表書襄子元年于晉出公十七年之後者、因妄稱簡子六十年卒、增多十八年、故襄子立年減退、其實立于晉定公三十七年也、	二
	三十三 蔡元侯元年
	九
	二十五

出公錯、十八年、晉哀公忌二年、晉懿公驕立十七年而卒、世本云、昭公生桓子雝、雝生忌、忌生懿公驕、世家云、晉出公十七年、晉哀公驕十八年、而無懿公、案出公道死、智伯

乃立昭公曾孫驕、爲晉君、是爲哀公、哀公大父雍、晉昭公少子、號戴子、生忌、忌善智伯、欲并晉、未敢、乃立忌子驕爲君、據三處不同、未知孰是、【考證】晉世家索隱引年表、與

此正義略同、據此則表有晉懿公、共元蓋在此後三年、當周定王十五、單本索隱於六國表齊宣公就匝下、出晉懿公驕四字、注云、哀公忌之子、生幽公柳也、共夾正相當而

	十四	十五
	二十二	二十三
今表失去懿公、一代各本皆然、	衛悼公黔元年、【考證】左傳哀廿六年、悼公立、當表周元王七年、此書于定王十四年、誤矣、說詳于志疑、	
	三	四
	三十四	三十五
	十	十一
	齊宣公就匝元年、【集解】本作積、【索隱】積、平公子、立五十一年、子康公貸立、	二

	十六	十七
	二十四	二十五 晉大夫
	魏桓子敗智伯于晉陽、【索隱】桓子名駒、	
	韓康子敗智伯于晉陽、【索隱】康子名虎、	
與智伯分范中行地、【考證】智伯下脫韓魏字、韓魏表亦當有此八字、	五 襄子敗智伯晉陽、與魏韓三分其地、	六
	三十六	三十七
	十二	十三
	三	四

	十八
智開率其邑來奔、	二十六 左庶長城南鄭、
	七
	三十八
	十四
	五 宋景公卒、【集解】徐廣曰、案左傳、景公死至此九十九年、【索隱】案系家、景公、元公子、名頭曼、已見十二諸侯表、

徐廣云、案左傳、景公卒至此九十九年、謬矣、景公立六十四年卒、公子特殺太子自立、號昭公、與前昭公杵臼又歷五君、相去略九十年、故誤也、昭公立四十七年、悼公購立、

	十九
	二十七
	衛敬公元年、【索隱】
	八
	三十九 蔡侯齊元年
	十五
【考證】案十二諸侯表、敬王四十三年、宋景公四十、六十四年卒、世家同、則景公卒當在齊宣三年、此表後二年、疑亦傳寫誤、	六 宋昭公元年、【考證】

	二十	二十一
	二十八 越人來迎女、	二十九 晉大夫智寬率其邑人
悼公黔之子也、【考證】敬公之元、依悼公在位五年數之、當在周定王五年、		
	九	十
	四十	四十一
	燕成公元年	二
宋昭之元、當在齊平三十年、	七	八

	二十二	二十三	二十四	二十五
來奔、【考證】智伯敗滅六年、而寬始奔秦、疑前二十五年智開事重出、	三十	三十一	三十二	三十三 伐義渠
	十一	十二	十三	十四
	四十二 楚滅蔡	四十三	四十四 滅杞、杞、夏之後、	四十五
	三	四	五	六
	九	十	十一	十二

	二十六	二十七	二十八	考王元年、【集解】徐廣曰、辛丑、	二	三
虜其王、	三十四 日蝕晝晦、星見、	秦躁公元年	二 南鄭反、	三	四	五
	十五	十六	十七	十八	十九	二十
	四十六	四十七	四十八	四十九	五十	五十一
	七	八	九	十	十一	十二
	十三	十四	十五	十六	十七	十八

四	五	六	七	八
六	七	八 六月雨雹、日月蝕、	九	十
晉幽公柳元年、服韓魏、【考證】魏下疑脫趙、				
二十一	二十二	二十三	二十四	二十五
五十二	五十三	五十四	五十五	五十六
十三	十四	十五	十六	燕湣公元年
十九	二十	二十一	二十二	二十三

九	十	十一	十二
十一	十二	十三 義渠伐秦、侵至渭陽、【考證】秦當作我、	十四
	衞昭公元年、【考證】昭公之元、當在周定王二十四年、		
二十六	二十七	二十八	二十九
五十七	楚簡王仲元年、滅莒、	二	三
二	三	四	五
二十四	二十五	二十六	二十七

	十三
	秦懷公元年、生靈公、【考證】梁玉繩曰、靈乃懷之孫、
	三十
魯悼公卒、【考證】魯悼在位三十七年、漢志依世家、是也、其卒當楚簡之元年、此書于三年、	四 魯元公元年、【考證】魯元公之元、當
	六
	二十八

	十四	十五	威烈王元年、【集解】徐廣曰、丙辰、【索隱】名午、考王子、
張文虎曰、表於是年書生靈公、而於靈公下書生獻公、首尾僅五年、錯誤甚矣、	二	三	四 庶長鼂殺懷公、太子蚤死、大臣立太子之子、爲
			衞悼公亹元年、【考證】衞悼元年、當在考王二年、
	三十一	三十二	三十三 襄子卒、
在楚簡二年、	五	六	七
	七	八	九
	二十九	三十	三十一

	二	三
靈公、	秦靈公元年、生獻公、	二
	魏文侯斯元年、【索隱】生武侯擊也、【考證】魏斯于二十二年爲侯、不應追紀元、下格韓趙亦然、	二
	韓武子元年、【索隱】武子啓章、生景侯虔、	二 鄭幽公元年、韓殺之、【考證】案鄭世家、幽之
	趙桓子元年、【索隱】桓子嘉、襄子弟也、元年卒、明年國人共立襄子子獻侯完也、	趙獻侯元年、【考證】獻公是追尊、不可紀元、
	八	九
	十	十一
	三十二	三十三

	四
	三 作上下畤、
	三
前爲共公丑、嗣哀而立、于周定王十五年、在位三十一年、卒于威烈王二年、表失書共公、直以幽繼哀、	三 鄭立幽公子爲繻公元年、
	二
	十
	十二
	三十四

五	六		七
四	五		六
四	五	魏誅晉幽公、立其弟止、[考證]世家云、盜殺幽公、魏文侯以兵誅晉亂、表有脫誤、世家又以烈公止爲幽公子、	六 晉烈公止元年、
四	五		六
三	四		五
十一	十二		十三
十三	十四		十五
三十五	三十六		三十七

	八	九	
	七 與魏戰少梁、	八 城塹河瀕、初以君主妻河、	[索隱]謂初以此年取他女爲君主、君主猶公主也、妻河、謂嫁
魏城少梁、	七	八 復城少梁、	
	七	八	
	六	七	
	十四	十五	
	十六	十七	
	三十八	三十九	

	十	十一
之河伯、故魏俗猶爲河伯取婦、蓋其遺風、殊異其事、故云初、	九	十 補龐城、籍姑、靈公卒、立其季父悼子、是爲簡公、[索隱]案龐及籍姑、皆城邑之
	九	十
	九	十
	八	九
	十六	十七
	十八	十九
	四十	四十一

		十二	十三
名補者脩也謂脩龐而城籍姑也		秦簡公元年	二 與晉戰、敗鄭下、
		十一 衛慎公元年、【考證】慎公元、當在考王十三年、	十二
		十一	十二
		十 中山武公初立、【集解】徐廣曰、周定王之孫、西周桓公之子、	十一
		十八	十九
		二十	二十一
		四十二	四十三 伐晉、毀黃城、圍陽狐、

十四	十五	十六
三	四	五 日蝕、
十三 公子擊圍繁龐、出其民、	十四	十五
十三	十四	十五
十二	十三 城平邑、	十四
二十	二十一	二十二
二十二	二十三	二十四
四十四 伐魯莒及安陽、【考證】安陽、非魯地、世家、莒作葛、安陽作安陵、	四十五 伐魯取都、【集解】徐廣曰、世家云、取一城、	四十六

十七	十八
六 初令吏帶劍、	七 塹洛城、重泉、初租禾、【考證】秦紀在簡公六年、
十六 伐秦、築臨晉元里、	十七 擊宋中山、伐秦至鄭、還築洛陰、郃陽、【集解】徐廣曰、一云擊宋中山、置合陽、世家云、攻秦至鄭而還、築雒陰合
十六	韓景侯虔元年、伐鄭、取雍丘、鄭城京、
十五	趙烈侯籍元年、魏使太子伐中山、
二十三	二十四 簡王卒、
二十五	二十六
四十七	四十八 取魯郕、

	十九	二十	二十一
	八	九	十
陽、【考證】據魏趙世家、宋當作守、	十八 文侯受經子夏、過段干木之閭、常式、	十九	二十 卜相李
	二 鄭敗韓于負黍、【考證】韓當作我、	三	四
	二	三	四
	楚聲王當元年、魯穆公元年、【考證】魯穆之元、當在楚簡王二十三年、	二	三
	二十七	二十八	二十九
	四十九 與鄭會于西城、伐衛取毌、【索隱】音貫、	五十	五十一 田會以

	二十二	二十三 九鼎震、	二十四
	十一	十二	十三
克翟璜爭、	二十一	二十二 初爲侯、	二十三
	五	六 初爲侯、	七
	五	六 初爲侯、	七 烈侯好音、欲賜歌者田、
	四	五 魏韓趙始列爲諸侯、	六 盜殺聲王、
	三十	三十一	燕釐公元年
廩丘反、	齊康公貸元年	二 宋悼公元年、【考證】宋悼之元、當在齊宣三十五年、	三

	安王元年、【集解】徐廣曰、庚辰、	二
	十四 伐魏至陽狐、	十五 【考證】本紀作十六
	二十四 秦伐我至陽狐、	二十五 太子罃
	八	九 鄭圍陽
徐越侍以仁義、乃止、【考證】世家以節儉侍者徐越、侍以仁義者牛畜、此撮要互異、而又失、	八	九
	楚悼王類元年、【考證】世家、類作熊疑、	二 三晉來
	二	三
	四	五

	三 王子定奔晉、	四
年簡公卒、	秦惠公元年、【索隱】簡公子、史無名、	二
生、【考證】罃、太子擊子、今本缺下子字、	二十六 虢山崩、雍河、	二十七
翟、【考證】圍、下缺我字、	韓烈侯元年、【索隱】名取、系本作武侯也、	二 鄭殺其相駟子陽、
	趙武公元年、【考證】前烈侯、後敬侯、不應武獨稱公、	二
伐我、至桑丘、【考證】世家、桑丘作乘丘、	三 歸楡關于鄭、	四 敗鄭師、圍鄭、鄭人殺子陽、
	四	五
	六	七

五	六
三 日蝕、	四
二十八	二十九
三 鄭人殺君、【考證】鄭人殺君、是誤文、卽後年弑繻公事、誤重于前一年、 三月、盜殺韓相俠累、【集解】徐廣曰、一作法其、	四
三	四
五	六
六	七
八	九

	七	八
	五　伐緜諸、	六
	三十	三十一
鄭相子陽之徒、殺其君繻公、	五　鄭康公元年	六　救魯、鄭負黍
	五	六
	七	八
	八	九
	十　宋休公元年、【考證】宋休之元、當在齊宣公四十三年、	十一　伐魯取最、

	九	十	十一	十二
	七	八	九　伐韓宜陽、取六邑、	十　與晉戰武城、縣
	三十二　伐鄭、城酸棗、	三十三　晉孝公傾元年	三十四	三十五　齊伐取襄陵、
反、	七	八	九　秦伐宜陽、取六邑、	十
	七	八	九	十
	九　伐韓取負黍、	十	十一	十二
	十	十一	十二	十三
	十二	十三	十四	十五　魯敗我平陸、

	十三	十四	十五	十六
陝、	十一　太子生、【考證】秦紀在十二年、	十二	十三　蜀取我南鄭、【考證】秦紀作伐蜀取南鄭、	秦出公元年、【集解】惠
	三十六　秦侵陰晉、	三十七	三十八	魏武侯元年、
	十一	十二	十三	韓文侯元年
	十一	十二	十三	趙敬侯元年、
	十三	十四	十五	十六
	十四	十五	十六	十七
	十六　與晉衛會濁澤、	十七	十八	十九　田常曾

	十七
公子、	二　庶長改、迎靈公太子、立爲獻公、誅出公、
襲邯鄲、敗焉、【集解】武侯名擊、	二　城安邑王垣、
	二　伐鄭取陽城、伐宋到彭城、執宋君、
武公子朝作亂、奔魏、	二
	十七
	十八
孫田和、始列爲諸侯、遷康公海上、食一城、【集解】和、田常曾孫、二年亦號太公、	二十　伐魯破之、田和卒、

十八	十九	二十	二十一
秦獻公元年、【集解】名師隰、靈公太子、	二城櫟陽、	三日蝕、晝晦、	四孝公生、
三	四	五	六
三	四	五	六
三	四魏敗我兎臺、【集解】兎、土故反、字亦作菟、	五	六
十八	十九	二十	二十一
十九	二十	二十一	二十二
二十一田和子桓公午立、	二十二	二十三	二十四

二十二	二十三	二十四
五	六初縣蒲藍田善明氏、	七
七伐齊至桑丘、	八	九
七伐齊至桑丘、鄭敗晉、【考證】世家、敗作反、	八	九
七伐齊至桑丘、	八襲衞不克、	九
楚肅王臧元年	二	三
二十三	二十四	二十五
二十五伐燕取桑丘、	二十六康公卒、田氏遂幷齊而有之、太公望之後絕祀、	齊威王

翟敗我澮、伐齊至靈丘、
伐齊至靈丘、
伐齊至靈丘、
因齊元年、自田常至威王、威王始以齊彊天下、【考證】或云衍威王二字、或云當補六世二字、威王之名、世家及魯仲連傳竝作因齊、國策作嬰齊、或依莊子則陽篇爲牟、或依司馬穰

	二十五	二十六	烈王元年、【集解】徐廣曰、丙午、
	八	九	十日蝕、
	十晉靜公俱酒元年	十一魏韓趙滅晉、絕無後、	十二
	十	韓哀侯元年、分晉國、	二滅鄭、康公二十年、滅無後、
	十	十一分晉國、	十二
	四蜀伐我茲方、	五魯共公元年	六
	二十六	二十七	二十八
苴傳爲因、	二	三三晉滅其君、	四

	二	三
	十一 縣櫟陽、	十二
	十三	十四
考證 康公二十一年滅、表缺一字、	三	四
	趙成侯元年	二
	七	八
	二十九	三十 敗齊林營、
	五	六 魯伐入陽關、晉伐到鱄陵、 集解 劉氏鱄音[illegible]沇反、又音專、 考證 世家鱄陵作博陽、

四
十三
十五 衛聲公元年、 考證 衛聲之元、爲魏武元年、當書于安王十六年、 敗趙北藺、
五
三 伐衛取都鄙七十三、魏敗我藺、
九
燕桓公元年
七 宋辟公元年 集解 辟音璧、辟公名辟兵、生剔成、案宋後微弱、君薨未必有謚、辟兵其名也、猶剔成然也、 考證 辟公之元、當書于齊康之十五年、此在

	五	六 集解 徐廣曰、齊威王朝周、	七
	十四	十五	十六 民大疫、日蝕、
	十六 伐楚取魯陽、	惠王元年、 考證 惠王上失書魏字、	二 敗韓馬陵、
	六 韓嚴殺其君、	莊侯元年、 集解 系家作懿侯、系本無、	二 魏敗我馬陵、
	四	五 伐齊于甄、魏敗我懷、	六 敗魏涿澤、圍惠王、
	十 魏取我魯陽、	十一	楚宣王良夫元年
	二	三	四
威王七年、誤、	八	九 趙伐我甄、	十 宋剔成元年、 考證 剔成之元、當書

	顯王元年、 集解 徐廣曰、癸丑、	二	三
	十七 櫟陽雨金、四月至八月、 考證 本紀在十八年、	十八	十九 敗韓魏洛陰、
	三 齊伐我觀、	四	五 與韓會宅陽、城武都、 考證 世家武都作
	三	四	五
	七 侵齊至長城、	八	九
	二	三	四
	五	六	七
于齊康十八年、	十一 伐魏取觀、趙侵我長城、	十二	十三

	四	五 賀秦、
	二十	二十一 章蟜[集解]徐廣曰、一云車騎、與晉戰石門、[集解]徐廣曰、一作阿、斬首六萬、天子
武堵、	六 伐宋取儀臺、	七
	六	七
	十	十一
	五	六
	八	九
	十四	十五

	六	七	八
賀、[考證]晉、言魏也、	二十二	二十三 與魏戰少梁、虜其太子、[考證]本紀太子作公孫痤、	秦孝公元年、彗星見西方、
	八	九 與秦戰少梁、虜我太子、	十 取趙皮牢、衞成侯
	八	九 魏敗我于澮、大雨三月、	十
	十二	十三 魏敗我于澮、	十四
	七	八	九
	十	十一	燕文公元年
	十六	十七	十八

	九 致胙于秦、[集解]徐廣曰、紀年、東周惠公傑薨、	十
	二 天子致胙、	三
元年、[考證]衞成之元、在武侯十二年、非惠王之十年、	十一	十二 星晝墜、有聲、
	十一	十二
	十五	十六
	十	十一
	二	三
	十九	二十

十一	十二	十三
四	五	六
十三	十四 與趙會鄗、	十五 魯衞宋鄭侯來、[集解]徐廣曰、紀年一曰魯共
韓昭侯元年、秦敗我西山、	二 宋取我黃池、魏取我朱、	三
十七	十八 趙孟如齊、[考證]趙孟別是一人、非成侯、	十九 與燕會河、與齊宋會平陸、
十二	十三 君尹黑迎女秦、[考證]君尹疑右尹、	十四
四	五	六
二十一 鄒忌以鼓琴見威王、	二十二 封鄒忌爲成侯、	二十三 與趙會平陸、

	十四	十五
	七 與魏王會杜平、〔考證〕魏未稱王、	八 與魏戰元里、斬首七千、取少梁、
侯來朝、邯鄲成侯會燕成侯平安邑、	十六 與秦孝公會杜平、侵宋黃池、宋復取之、	十七 與秦戰元里、秦取我少梁、
	四	五
〔考證〕世家河作阿、	二十	二十一 魏圍我邯鄲、
	十五	十六
	七	八
	二十四 與魏會田於郊、	二十五

十六	十七
九	十 衛公孫鞅爲大良造、伐安邑降之、〔考證〕安
十八 邯鄲降、齊敗我桂陵、	十九 諸侯圍我襄陵、築長城、塞固陽、
六 伐東周、取陵觀廩丘、〔考證〕世家作陵觀、邢丘、俱非東周之地、或云皆邑聚名、	七
二十二 魏拔邯鄲、	二十三
十七	十八 魯康公元年、〔考證〕魯康之元、在十六年、
九	十
二十六 敗魏桂陵、	二十七

	十八	十九
邑字誤、卽後年降固陽事也、降之二字衍、	十一 城商塞、衛鞅圍固陽降之、	十二 初取小邑爲三十一縣、令、爲田開阡陌、〔考證〕取
	二十 歸趙邯鄲、	二十一 與秦遇彤、〔索隱〕彤、地名、賜商君死彤地、劉氏云、阡陌道、非也、
	八 申不害相、	九
	二十四 魏歸邯鄲、與魏盟漳水上、	二十五
	十九	二十
	十一	十二
	二十八	二十九

	二十	二十一
當作聚、依本紀三十一當作四十一、縣下脫每縣二字、	十三 初爲縣、有秩史、	十四
	二十二	二十三
	十 韓姬弒其君悼公、〔索隱〕姬、一作玘、同、音怡、韓之大夫姓名、案韓無悼公、所未詳也、	十一
	趙肅侯元年、〔索隱〕名語、	二
	二十一	二十二
	十三	十四
	三十	三十一

	二十二	二十三	二十四	二十五 諸侯會、
初爲賦、	十五	十六	十七	十八
	二十四	二十五	二十六	二十七 丹封名會、丹、魏大臣、
昭侯如秦、	十二	十三	十四	十五
	三 公子范襲邯鄲、不勝死、	四	五	六
	二十三	二十四	二十五	二十六
	十五	十六	十七	十八
	三十二	三十三 殺其大夫牟辛、	三十四	三十五 田忌襲齊、不勝、

	二十六 致伯秦、	二十七
	十九 城武城、從東方牡丘來歸、天子致伯、	二十 諸侯畢賀、會諸侯于澤、
考證 魏相白圭名丹、或是人、名會或于滄之訛、	二十八	二十九 中山君爲相、
	十六	十七
	七	八
	二十七 魯景公偃元年、考證 景公之元、當楚宣二十五年、	二十八
	十九	二十
	三十六	齊宣王辟彊元年

	二十八
朝天子、集解 徐廣曰、紀年作逢澤、考證 秦紀亦有逢字、	二十一 馬生人、
	三十 齊虜我太子申、殺將軍龐涓、
	十八
	九
	二十九
	二十一
	二 敗魏馬陵、田忌田嬰田盼將、孫子爲師、集解 徐廣曰、楚世家云、田盼者齊之將、而齊世家

	二十九	三十
	二十二 封大良造商鞅、	二十三 與晉戰岸門、考證 秦紀云、孝公二十四年、與晉戰鴈
	三十一 秦商君伐我、虜我公子卬、	三十二 公子赫爲太子、
	十九	二十
	十	十一
	三十	楚威王熊商元年
	二十二	二十三
不說田盼者、或是時三人皆出征乎、	三、與趙會伐魏、考證 世家集解引表、會下有博望二字、	四

	三十一	三十二
門	二十四 秦大荔、圍合陽、孝公薨、商君反、死彤地、【考證】彤地、彭池之訛、彭池卽黽池、	秦惠文王元年、楚韓趙蜀入來、
	三十三 衛鞅亡歸我、我恐弗內、【考證】恐當作怒、	三十四
	二十一	二十二 申不害卒、
	十二	十三
	二	三
	二十四	二十五
	五	六

三十三 賀秦、	三十四	三十五
二 天子賀、行錢、宋太丘社亡、【考證】表附宋于齊、此是宋非、何以書于秦乎、	三 王冠、拔韓宜陽、【考證】拔、疑攻之訛、下格同、	四
三十五 孟子來、王問利國、對曰、君不可言利、	三十六	魏襄王
二十三	二十四 秦拔我宜陽、	二十五
十四	十五	十六
四	五	六
二十六	二十七	二十八
七 與魏會平阿南、	八 與魏會于甄、	九

	三十六	三十七
天子致文武胙、魏夫人來、	五 陰晉人犀首爲大良造、	六 魏以陰
元年、與諸侯會徐州、以相王、【考證】當依紀年、襄王元年作惠王後元年、	二 秦敗我彫陰、	三 伐趙
旱、作高門、屈宜臼曰、昭侯不出此門、	二十六 高門成、昭侯卒、不出此門、	韓宣惠王元年
	十七	十八 齊魏伐
	七 圍齊于徐州、	八
蘇秦說燕、	二十九	燕易王元年
與魏會徐州、諸侯相王、	十 楚圍我徐州、	十一 與魏伐

	三十八	三十九
晉爲和、命曰寧秦、【集解】徐廣曰、今之華陰、	七 義渠內亂、庶長操將兵定之、	八 魏入少梁河西
衛平侯元年、【考證】衛平之元、當書于魏惠王二十五年、	四	五 與秦河西地少
	二	三
我、我決河水浸之、	十九	二十
	九	十
	二	三
趙、	十二	十三

	四十	四十一
地于秦、【考證】梁紀魏世家竝不言少梁、前二十五年孝公已取少梁矣、此當衍少梁字、	九 度河取汾陰皮氏、圍焦降之、與魏會應、	十
梁、秦圍我焦曲沃、【考證】依世家、秦圍我焦曲沃六字、當在與秦河西地上、	六 與秦會應、秦取汾陰皮氏、	七
	四	五
	二十一	二十二
	十一 魏敗我陘山、	楚懷王
	四	五
	十四	十五

	四十二	四十三	四十四
張儀相、公子桑圍蒲陽降之、魏納上郡、	十一 義渠君爲臣、歸魏焦曲沃、	十二 初臘、會龍門、	十三
入上郡于秦、	八 秦歸我焦曲沃、	九	十
	六	七	八
槐元年	二十三	二十四	趙武靈
	二	三	四
	六	七	八
宋君偃元年、【考證】宋偃之元、當齊威王三十三年、	十六	十七	十八

	四十五	四十六
四月戊午、君爲王、	相張儀、將兵取陝、初更元年、	二 相張儀、與齊楚會齧桑、【考證】魏亦在會、
	十一 衛嗣君元年	十二
魏敗我韓舉、	九	十 君爲王、
王元年、魏敗我趙護、	二 城鄗、【考證】世家在三年、	三
	五	六 敗魏襄陵、
	九	十 君爲王、
	十九 【考證】齊宣湣二王之年、史記與孟子不合、說具于世家、	齊湣王元年

四十七	四十八	慎靚王元年、【集解】徐廣曰、辛丑、	二
三 張儀免相、相魏、	四	五 王北遊戎地、至河上、	六
十三 秦取曲沃、平周、女化爲丈夫、	十四	十五	十六
十一	十二	十三	十四 秦來擊
四 與韓會區鼠、	五 取韓女爲夫人、	六	七
七	八	九	十 城廣陵、
十一	十二	燕王噲元年	二
二	三 封田嬰於薛、	四 迎婦于秦、	五

	三	四
	七 五國共擊秦、不勝而還、[考證]擊秦者六國、非五國也、	八 與韓趙
	魏哀王元年、[考證]哀當作襄、擊秦不勝、	二 齊敗我
我取鄴、	十五 擊秦不勝、	十六 秦敗我
	八 擊秦不勝、	九 與韓魏
	十一 擊秦不勝、	十二
	三 擊秦不勝、	四
	六 宋自立為王、[考證]宜有擊秦不勝四字、宋世家謂宋偃十一年僭稱王、而偃之十一年當齊宣七年、	七 敗魏趙

	五
戰、斬首八萬、張儀復相、	九 擊蜀滅之、取趙中都西陽安邑、[考證]中都西陽、西都中陽之誤、安邑二字衍、下格同、
觀澤、	三
脩魚、得韓將軍申差、[考證]得下韓字衍、	十七
擊秦、[考證]與韓魏伐秦五字、上年事重出、齊敗我觀澤、	十 秦取我中都西陽安邑、
	十三
	五 君讓其臣子之國、顧為臣、
觀澤、	八

六	周赧王元年、[集解]徐廣曰、丁未、[索隱]赧、音尼簡反、宋衷曰、赧、諡也、皇甫謐云、名誕也、	二
十	十一 侵義渠、得二十五城、[考證]秦紀在十年、	十二 樗里子擊藺陽、虜趙將、
四	五 秦拔我曲沃、歸其人、走犀首岸門、[考證]曲沃當作焦、	六 秦來立公子政為太子、
十八	十九	二十
十一 秦敗我將軍英、	十二 [集解]徐廣曰、紀年云、立燕公子職、	十三 秦拔我藺、虜將趙莊、
十四	十五 魯平公元年、[考證]魯平之元、在楚懷之十三年、	十六 張儀來相、
六	七 君噲及太子相子之皆死、	八 [考證]八九兩年、蓋燕王職之元年二年、
九	十	十一

	三	四
公子繇通封蜀、[索隱]繇、音由、秦之公子、[考證]封蜀、秦紀在惠文後十一年、	十三 庶長章擊楚、斬首八萬、	十四
與秦王會臨晉、	七 擊齊、虜聲子於濮、與秦擊燕、	八
	二十一 秦助我攻楚、圍景座、[考證]秦助我、我助秦之誤、	韓襄王
[考證]趙莊、一作莊豹、	十四	十五
	十七 秦敗我將屈匄、[索隱]匄、音蓋、楚大夫、	十八
	九 燕人共立公子平、	燕昭王
	十二	十三

	五	六
蜀相殺蜀侯、	秦武王元年、誅蜀相壯、張儀魏章皆死于魏、【考證】死于、當作出之、	二 初置丞相、樗里子甘茂
圍衛、	九 與秦會臨晉、	十 張儀死、
元年	二	三
	十六 吳廣入女、生子何、立爲惠王后、	十七
	十九	二十
元年	二	三
	十四	十五

	七	八	九
爲丞相、	三	四 拔宜陽城、斬首六萬、涉河城武遂、	秦昭王元年、
	十一 與秦會應、【集解】徐廣曰、在潁川父城、	十二 太子往朝秦、	十三 秦擊皮
	四 與秦會臨晉、秦擊我宜陽、	五 秦拔我宜陽、斬首六萬、	六 秦復與
	十八	十九 初胡服、	二十
	二十一	二十二	二十三
	四	五	六
	十六	十七	十八

	十	十一
【考證】秦本紀及秦記竝作昭襄、	二 彗星見、桑君爲亂、誅、【考證】秦本紀、庶長壯、與大臣諸侯公子爲逆、皆誅、桑壯、音相近、穰侯傳誅季君之亂、亦指桑君、	三
氏、未拔而解、	十四 秦武王后來歸、	十五
我武遂、	七	八
	二十一	二十二
	二十四 秦來迎婦、	二十五
	七	八
	十九	二十

	十二	十三
	四 彗星見、	五 魏王來朝、
	十六 秦拔我蒲坂晉陽封陵、	十七 與秦會臨晉、復我蒲坂、【考證】復下缺歸字、
	九 秦取武遂、	十 太子嬰與秦王會臨晉、因至咸陽而歸、
	二十三	二十四
與秦王會黃棘、秦復歸我上庸、	二十六 太子質秦、	二十七
	九	十
	二十一	二十二

十四	十五
六　蜀反、司馬錯往誅蜀守煇、定蜀、【考證】蜀守以被讒賜死、非反也、煇當作惲、日蝕晝晦、伐楚、	七　樗里疾卒、擊楚、斬首三
十八　與秦擊楚、	十九
十一　秦取我穰、與秦擊楚、	十二
二十五　趙攻中山、惠后卒、【考證】趙字不當有、	二十六
二十八　秦韓魏齊、敗我將軍唐眜於重丘、	二十九　秦取我襄城、殺景缺、
十一	十二
二十三　與秦擊楚、使公子將、大有功、	二十四　秦使涇陽君來爲質、

	十六
萬、魏冄爲相、【考證】楚世家、三萬作二萬、魏冄之相在昭王十二年、此或薛文爲相之誤、當在昭王八年、錯書于此、	八　楚王來、因畱之、
	二十　與齊王會于韓、
	十三　齊魏王來、立咎爲太子、
	二十七
	三十　王入秦、秦取我八城、
	十三
	二十五　涇陽君復歸秦、薛文入相秦、

十七	十八	十九
九	十　楚懷王亡之趙、趙弗內、	十一　彗星見、復與魏封陵、
二十一　與齊韓共擊秦于函谷、河渭絕一日、	二十二	二十三
十四　與齊魏共擊秦、	十五	十六　與齊魏擊秦、秦與我武
趙惠文王元年、以公子勝爲相、封平原君、	二　楚懷王亡來、弗內、	三
楚頃襄王元年、秦取我十六城、	二	三　懷王卒于秦、來歸葬、
十四	十五	十六
二十六　與魏韓共擊秦、孟嘗君歸相齊、	二十七	二十八

	二十
	十二　樓緩免、穰侯魏冄爲丞相、
	魏昭王元年、秦尉錯來擊我襄、
遂和、【考證】與齊魏擊秦與五字、衍文、已書于十四年、此重出、與武遂在襄王十四年、	韓釐王咎元年
	四　圍殺主父、與齊燕共伐中山、【考證】殺主父在惠文二年、中山之役、燕
	四　魯文侯元年、【集解】徐廣曰、一作湣、【考證】侯當作公、
	十七
	二十九　佐趙滅中山、【考證】中山之役、齊不與、

	二十一	二十二	二十三
	十三 任鄙爲漢中守、	十四 白起擊伊闕、斬首二十四萬、	十五
	二 與秦戰、解不利、【考證】據世家、解當作我、	三 佐韓擊秦、秦敗我兵伊闕、	四
	二	三 秦敗我伊闕、二十四萬、虜將喜、【考證】缺斬首二字、	四
不與、	五	六	七
	五	六	七
	十八	十九	二十
	三十 田甲劫王、相薛文走、	三十一	三十二

	二十四	二十五
魏冄免相、	十六	十七 魏入河東四百里、
	五	六 芒卯以詐見重、
	五 秦拔我宛城、【考證】宛、楚邑、秦取於楚、秦紀及穰侯傳甚明、此與韓世家並誤、又事在前一年、	六 與秦武遂地方二百里、
	八	九
迎婦秦、	八	九
	二十一	二十二
	三十三	三十四

二十六	二十七	二十八
十八 客卿錯擊魏至軹、取城大小六十一、	十九 十月爲帝、十二月復爲王、任鄙卒、	二十
七 秦擊我、取城大小六十一、	八	九 秦拔我
七	八	九
十	十一 秦拔我桂陽、【集解】徐廣曰、一作梗、【考證】世家作梗、	十二
十	十一	十二
二十三	二十四	二十五
三十五	三十六 爲東帝、二月復爲王、	三十七

	二十九	三十	三十一
	二十一 魏納安邑及河內、【考證】魏未嘗并納河內、	二十二 蒙武擊齊、【考證】蒙武當作蒙驁、	二十三
新垣曲陽之城、	十 宋王死我溫、	十一	十二
	十 秦敗我兵夏山、	十一	十二
	十三	十四 與秦會中陽、	十五
	十三	十四 與秦會宛、	十五
	二十六	二十七	二十八
	三十八 齊滅宋、	三十九 秦拔我列城九、	四十

	三十二	三十三
尉斯離與韓魏燕趙共擊齊破之、	二十四 與楚會穰、	二十五
與秦擊齊濟西、與秦王會西周、	十三 秦拔我安城、兵至大梁而還、	十四 大水、衞懷君
與秦擊齊濟西、與秦王會西周、	十三	十四 與秦會兩周閒、
取齊昔陽、【考證】凌本作昔陽、與趙世家合、各本作淮北、	十六	十七 秦拔我兩城、
取齊淮北、	十六 與秦王會穰、	十七
與秦三晉擊齊、燕獨入至臨菑、取其寶器、	二十九	三十
五國共擊湣王、王走莒、	齊襄王法章元年	二

	三十四	三十五	三十六
	二十六 魏冄復爲丞相、	二十七 擊趙、斬首三萬、地動壞城、	二十八
元年、【考證】衞懷之元、當在魏哀之二十三年、	十五	十六	十七
	十五	十六	十七
	十八 秦拔我石城、	十九 秦敗我軍、斬首三萬、	二十 與秦會
	十八	十九 秦擊我、與秦漢北及上庸地、	二十 秦拔鄢
	三十一	三十二	三十三
	三	四	五 殺燕騎

	三十七	三十八
	二十九 白起擊楚、拔郢、更東至竟陵、以爲南郡、	三十 白起封爲武安君、【考證】武安之封、在秦昭二十
	十八	十九
	十八	十九
澠池、藺相如從、	二十一	二十二
西陵、	二十一 秦拔我郢、燒夷陵、王亾走陳、	二十二 秦拔我巫黔中、
	燕惠王元年	二
劫、	六	七

	三十九	四十
九年、	三十一	三十二
	魏安釐王元年、秦拔我兩城、封弟公子無忌爲信陵君、	二 秦拔我兩城、軍大梁下、韓來救、與秦溫
	二十	二十一 暴鳶救魏、爲秦所敗、走開封、
	二十三	二十四
	二十三 秦所拔我江旁反秦、	二十四
	三	四
	八	九

	四十一	四十二	四十三
	三十三	三十四 白起擊魏華陽軍、芒卯走、得三晉將、斬首十五萬、	三十五
以和、	三 秦拔我四城、斬首四萬、	四 與秦南陽以和、	五
	二十二	二十三	韓桓惠
	二十五	二十六	二十七
	二十五	二十六	二十七
	五	六	七
	十	十一	十二

	四十四	四十五
	三十六	三十七
擊燕、	六	七
王元年	二	三 秦擊我閼與城、不拔、
	二十八 藺相如攻齊、至平邑、	二十九 秦拔我閼與、趙奢將擊
擊燕、魯頃公元年、考證 魯頃之元、當在頃襄二十六年、	二十八	二十九
	燕武成王元年、	二
	十三	十四 秦楚擊我剛壽、考證 楚

	四十六	四十七	四十八
	三十八	三十九	四十 太子質於魏者死、歸葬芷陽、
	八	九 秦拔我懷城、	十
	四	五	六
秦大敗之、賜號曰馬服、考證 拔當作圍、我當作韓、	三十	三十一	三十二
	三十	三十一	三十二
	三	四	五
字衍、秦紀、田完世家、穰侯范雎傳、無楚、	十五	十六	十七

四十九	五十	五十一
四十一	四十二 宣太后薨、安國君爲太子、	四十三
十一 秦拔我廩丘、集解 徐廣曰、或作邢丘、考證 世家作郪丘、	十二	十三
七	八	九
三十三	趙孝成王元年、秦拔我三城、平原君相、	二
三十三	三十四	三十五
六	七 齊田單拔中陽、考證 中陽非燕地、當依趙世家徐廣所引一本作中人、	八
十八	十九	齊王建

	五十二	五十三
	四十四　秦攻韓取南陽、[集解]徐廣曰、一作郡、[考證]秦字衍、下年同、本紀、南陽作南郡、	四十五　秦攻韓取十城、
	十四	十五
秦拔我陘城汾旁、	十　秦擊我太行、	十一
	三	四
	三十六	楚考烈王元年、秦取我
	九	十
元年	二	三

	五十四	五十五
	四十六　王之南鄭、	四十七　白起破趙長平、殺卒四十五萬、
	十六	十七
	十二	十三
	五　使廉頗拒秦於長平、[考證]距秦、當并韓于孝成六年、	六　使趙括代廉頗、將白起破括四
州、黃歇爲相、	二	三
	十一	十二
	四	五

	五十六	五十七	五十八
	四十八	四十九	五十　王齕鄭安平圍邯鄲、及齕還軍、拔新中、[考證]秦圍邯鄲、自昭王四十八年、至五十年始解、秦與趙表竝以爲是年圍之、非
	十八	十九	二十　公子無忌救邯鄲、秦兵解去、
	十四	十五	十六
十五萬、	七	八	九　秦圍我邯鄲、楚魏救我、
	四	五	六　春申君救趙、
	十三	十四	燕孝王元年
	六	七	八

	五十九　[集解]徐廣曰、乙巳、赧王卒、	
也、	五十一	五十二　[集解]徐廣曰、丙午、取西周、
	二十一　韓魏楚救趙新中、秦兵罷、[考證]韓未嘗救、魏不應挨入、當補曰、趙楚救我與新中軍、秦兵罷、	二十二
	十七　秦擊我陽城、救趙新中、	十八
	十	十一
	七　救趙新中、	八　取魯、魯君封於莒、
	二	三
	九	十

王、【考證】王字衍、取西周、昭王五十一年、王稽棄市、	五十三	五十四
	二十三	二十四
	十九	二十
	十二	十三
【考證】當作封魯君於莒、	九	十 徙於鉅陽、【考證】是時楚都于陳、無徙鉅陽之事、
	燕王喜元年	二
	十一	十二

五十五	五十六
二十五 衛元君元年、【考證】衛元君元年、當晉于安釐王十二年、又世家元君立二十五年卒、是也、此誤作二十三年、	二十六
二十一	二十二
十四	十五 平原君
十一	十二 柱國景
三	四 伐趙、趙
十三	十四

	秦孝文王元年、【集解】徐廣曰、辛亥、文王后曰華陽后、生莊襄王、子楚母曰夏太后、	秦莊襄王楚元年、
	二十七	二十八
	二十三	二十四 秦拔我成皋滎
卒、	十六	十七
伯死、	十三	十四 楚滅魯、頃公遷
破我軍、殺栗腹、【索隱】人姓字、燕相也、	五	六
	十五	十六

【集解】徐廣曰、壬子、蒙驁取成皋滎陽、初置三川郡、呂不韋相、取東周、	二 蒙驁擊趙榆次、新城、狼孟、得三十七城、
	二十九
陽、	二十五
	十八
卞、為家人、絕祀、【考證】滅魯在前一年辛亥、	十五 春申君徙封於吳、
	七
	十七

日蝕、	三　王齮擊上黨、【集解】徐廣曰、齮一作齕、初置太原郡、魏公子無忌率五國卻我軍河外、蒙驁解去、
	三十　無忌率五國兵、敗秦軍河外、
	二十六　秦拔我上黨、
	十九
	十六
	八
	十八

始皇帝元年、【集解】徐廣曰、乙卯、【考證】始皇上失書秦字、擊取晉陽、作鄭國渠、【考證】擊下失趙字、	二	三　蒙驁擊韓、取十二城、王齮死、	四　七月、蝗蔽天下、
三十一	三十二	三十三	三十四　信陵君
二十七	二十八	二十九　秦拔我十二城、	三十
二十　秦拔我晉陽、【考證】秦取晉陽、始置太原郡、而置郡在莊襄王三年、則取晉陽亦莊襄王時事、	二十一	趙悼襄王偃元年	二　太子從
十七	十八	十九	二十
九	十	十一	十二　趙拔我
十九	二十	二十一	二十二

【考證】本紀云、蝗蟲從東方來、蔽天、天下疫、此當有脫字、百姓納粟千石、拜爵一級、	五　蒙驁取燕酸棗二十城、初置東郡、【考證】據始皇紀、取下脫魏字、燕下脫虛字、	六　五國共擊秦、【考證】秦當作我、
死、	魏景湣王元年、秦拔我二十城、	二　秦拔我朝歌、
	三十一　趙相魏相會魯柯盟、【考證】魯已滅一年、魯字衍、柯蓋魏地、	三十二
質歸秦、	三	四
	二十一	二十二　王東徙壽春、命
武遂方城、	十三　劇辛死於趙、	十四
	二十三	二十四

	七　彗星見北方西方、夏太后薨、蒙驁死、	八　嫪毐封長信侯、	九　彗星見竟天、嫪毐爲亂、遷其舍人于蜀、彗星復見、
衛從濮陽徙野王、	三　秦拔我汲、	四	五　秦拔我垣蒲陽衍、
	三十三	三十四	韓王安元年
	五	六	七
曰郢、	二十三	二十四	二十五　李園殺春申君、
	十五	十六	十七
	二十五	二十六	二十七

十 相國呂不韋免、齊趙來置酒、太后入咸陽、大索、	六	二	八 入秦置酒、	楚幽王悼元年	十八	二十八 入秦置酒、
十一 呂不韋之河南、王翦擊鄴閼與、取九城、	七	三	九 秦拔我閼與鄴、取九城、	二	十九	二十九
十二 發四郡兵助魏擊楚、呂不韋卒、復嫪毐舍人遷蜀者、	八 秦助我擊楚、	四	趙王遷元年、【集解】徐廣曰、幽愍元年、	三 秦魏擊我、	二十	三十
十三	九	五	二	四	二十一	三十一

桓齮擊平陽、殺趙扈輒、斬首十萬、因東擊趙王之河南、彗星見、			秦拔我平陽、敗扈輒、【集解】扈輒趙將、漢別有扈輒也、斬首十萬、			
十四 桓齮定平陽武城宜安、韓使非來、我殺非、韓王請爲臣、【考證】宜安二字衍、	十	六	三 秦拔我宜安、【考證】拔當作攻、	五	二十二	三十二
十五	十一	七	四	六	二十三	三十三

興軍至鄴、軍至太原、取狼孟、【考證】文有脫誤、而狼孟已於前十六年爲秦所取、			秦拔我狼孟鄱吾、【集解】鄱、音婆、又音盤、縣名、在常山、軍鄴、		太子丹質於秦、亡來歸、	
十六 置麗邑、發卒受韓南陽、	十二 獻城秦、	八 秦來受地、	五 地大動、	七	二十四	三十四
十七 內史勝擊得韓王安、盡取其地、置潁川郡、【考證】紀兩稱內史騰、	十三	九 秦虜王安、秦滅韓、	六	八	二十五	三十五

華陽太后薨、						
十八	十四 衛君角元年、【考證】角之元、當書于景湣三年、		七	九	二十六	三十六
十九 王翦拔趙、虜王遷之邯鄲、帝太后薨、【考證】遷下之字衍、帝太后當作王太后、	十五		八 秦王翦虜王、遷邯鄲、公子嘉自立爲代王、	十 幽王卒、弟郝立、爲哀王、三月、負芻殺哀王、	二十七	三十七

二十 燕太子使荊軻刺王、覺之、王翦將擊燕、	魏王假元年		代王嘉元年	楚王負芻元年、負芻哀王庶兄、	二十八 太子丹使荊軻刺秦王、秦伐我、	三十八
二十一 王賁擊楚、	二		二	二 秦大破我、取十城、	二十九 秦拔我薊、得太子丹、徙王遼東、考證 徙王當作王徙、	三十九
二十二 王賁擊魏、得其	三 秦虜王		三	三	三十	四十

王假、盡取其地、	假、					
二十三 王翦蒙武擊破楚軍、殺其將項燕、			四	四 秦破我將項燕、	三十一	四十一
二十四 王翦蒙武破楚、虜其王負芻、			五	五 秦虜王負芻、秦滅楚、	三十二	四十二
二十五 王賁擊燕、虜王喜、又擊得代王嘉、五月天下大酺、			六 秦將王賁虜王嘉、秦滅趙、		三十三 秦虜王喜、拔遼東、秦滅燕、	四十三

二十六 王賁擊齊、虜王建、初并天下、立爲皇帝、

四十四 秦虜王建、秦滅齊、

二十七 更命河爲德水、爲金人十二、命民曰黔首、同天下書、分爲三十六郡、考證 本紀二十六年事、表二十七年、二十七年事、表二十八年、紀表有一年之差、

二十八 爲阿房宮、之衡山、治馳道、帝之琅邪、道南郡入、爲太極廟、賜戶三十爵一級、考證 太字衍文、三十兩字亦衍文、本紀無之、

二十九 郡縣大索十日、帝之琅邪、道上黨入、

三十

三十一 更命臘曰嘉平、賜黔首里六石米二羊、以嘉平、大索二十日、

三十二 帝之碣石、道上郡入、

三十三 遣諸逋亡及賈人贅壻略取陸梁、爲桂林南海象郡、以適戍、西北取戎爲四十四縣、集解 徐廣曰、一云四十四縣是也、又云二十四縣、築長城河上、蒙恬將三十萬、考證 蒙恬句、當在築長城上、

三十四 適治獄不直者、築長城及南方越地、覆獄故失、考證 覆獄故失四字、當在不直者下、及字當作取、

三十五 爲直道、道九原通甘泉、

三十六 徙民於北河楡中、耐徙三處、集解 徐廣曰、一作家、考證 三處當作三萬、拜爵一級、石晝下東郡、有文言地分、考證 下當作隕、

三十七 十月、帝之會稽琅邪、還至沙丘崩、子胡亥立、爲二世皇帝、殺蒙恬、道九原入、復行錢、考證 行錢之初自惠文以來、中間不聞廢錢、何云復行、

二世元年 十月戊寅、大赦罪人、十一月、爲兎園、十二月、就阿房宮、考證 本紀云、復作阿房宮始

考證 二世下失書皇帝胡亥、

于四月、非十二月、其九月郡縣皆反、楚兵至戲、章邯擊卻之、考證 楚兵至戲、爲章邯所敗、乃二世二年冬十月事、始皇高祖紀可據、此與月表書于元年九月誤、出衛君角爲庶人、考證 出當作廢、

二

將軍章邯、長史司馬欣、都尉董翳、追楚兵至河、誅丞相斯、去疾、將軍馮劫、

三

趙高反、二世自殺、高立二世兄子嬰、子嬰立、刺殺高夷三族、諸侯入秦、嬰降、爲項羽所殺、尋誅羽、天下屬漢、

索隱 述贊、春秋之後、王室益卑、楚彊南服、秦霸西垂、三卿分晉、八代與嬀、遞主盟會、互爲雄雌、二周前滅、六國後隳、壯哉嬴氏、吞并若斯、

六國年表第三

史記十五

文學博士瀧川龜太郎著

史記會注考證

史記會注考證卷十六

漢　太　史　令　司　馬　遷　撰
宋　中　郎　外　兵　曹　參　軍　裴　駰　集　解
唐　國　子　博　士　弘　文　館　學　士　司　馬　貞　索　隱
唐　諸　王　侍　讀　率　府　長　史　張　守　節　正　義
日　本　出　雲　瀧　川　資　言　考　證

秦楚之際月表第四　史記十六

【索隱】張晏曰、時天下未定、參錯變易、不可以年記、故列其月、今案秦楚之際、擾攘僭竊、迭數又促、故以月紀事名表也、【考證】史公自序云、秦既暴虐、楚人發難、項氏遂亂、

漢乃扶義、征伐八年之間、天下三嬗、事繁變衆、故詳著秦楚之際月表、第四、陳仁錫曰、史表或以世、或以年、或以月、世者何、三代遠矣、遠則略、略故世也、月者何、秦楚之際近焉、近則詳、詳故月也、若十二諸侯六國、遠不及三代、近不及秦楚、故紀其年而已、

太史公讀秦・楚之際曰。初作難、發於陳涉。虐戾滅秦、自項氏。撥亂誅暴、平定海內、卒踐帝祚、成於漢家。【考證】讀、猶觀也、與高祖功臣年表讀高祖侯功臣、惠景間侯者年表太史公讀列封同一字法、　五年之間、號令三嬗。【集解】音善、【索隱】古禪字、音市戰反、三嬗謂陳涉項氏漢高祖也、【考證】梁玉繩曰、自陳涉稱王至高祖五年卽帝位、凡八年、故序傳云、征伐八年之間、天下三嬗、此言五年、非也、　自生民以來、未始有受命若斯之亟也。【索隱】亟、音己力反、亟、訓急也、　昔虞・夏之興、積善累功數十年、德洽百姓、攝行政事、考之于天、然後在位。【集解】韋昭曰、謂舜受禪、在璇璣玉衡以齊七政、【考證】凌稚隆曰、考、驗也、考之于天、卽孟子所謂人歸天與者、韋註非是、　湯・武之王、乃由契・后稷脩仁行義十餘世、不期而會孟津八百諸侯。猶以爲未可。其後

乃放弒。【索隱】後乃放殺、殺、音弒、謂湯放桀、武王討紂也、【考證】索隱本弒作殺、漢書異姓王表序亦作殺、　秦起襄公、章於文・繆。獻・孝之後、稍以蠶食六國。百有餘載、至始皇。乃能并冠帶之倫。以德若彼、【索隱】卽契后稷、及秦襄公文公穆公也、　用力如此。【索隱】謂湯武及始皇、【考證】楊愼曰、以德、總虞夏湯武、以力、總秦襄始皇、　蓋一統若斯之難也。【考證】凌稚隆曰、自昔虞夏至若斯之難也、言虞夏湯武秦五代之興甚難、愚按詞氣頗與伯夷傳似、　秦既稱帝。患兵革不休、以有諸侯也。於是無尺土之封、墮壞名城、銷鋒鏑、【集解】徐廣曰、一作鍉、【索隱】鏑、音的、注鍉字、亦音的、案秦銷鋒鏑作金人十二、以弱天下之兵也、鉏豪桀、維萬世之安。【索隱】維、訓度、謂計度令萬代安也、【考證】中井積德曰、維、猶繫也、　然王跡之興、起於閭巷、合從討伐、軼於三代。鄉秦之禁、適足以資賢者、爲驅除難耳。【索隱】鄉秦之禁、適足資賢者、鄉、音向、許亮反、謂秦前時之禁兵、及不封樹諸侯、適足以資後之賢者、卽高帝也、言驅除患難耳、　故憤發其所爲天下雄。【索隱】指漢高祖、　安在無土不王。【集解】白虎通曰、聖人無土不王、使舜不

遭堯、當如夫子老於闕里也、[考證]無土不王、蓋古語、此乃傳之所謂大聖乎。[索隱]言高祖起布衣、卒傳之天位、實所謂大聖。豈非天哉。豈非天哉。非大聖、孰能當此受命而帝者乎。[考證]梁玉繩曰、此表易姓徙封、皆齊于一格之內、如楚表中陳涉襄彊景駒懷王項羽韓信凡五、趙表者武臣趙歇張耳凡三、齊表中田儋韓信凡二、燕表中韓廣臧荼盧綰凡三、韓表中韓成鄭昌韓信凡三、而魏與梁共一表、河南長沙共一表、復有亡而更立者、若九江王英布爲淮南王、常山王張耳爲趙王、亦共在一表、何以楚項別爲二表哉、錢大昕曰、別項于楚者、義帝雖項氏所立、羽不爲義帝用也、且項梁與沛公起兵、皆在陳涉未敗之前、其後權奉義帝、不得竟係于此、又曰、表列漢于趙齊之下、趙齊強也、趙先于齊者、據起兵之先後也、又曰、自二世元年七月以後、諸侯以起兵之月爲始、以次數之、項梁十三月、籍十七月、趙歇二十六月、田市十九月、沛公二十九月、韓廣三十月、皆計月不計年也、義帝元年以後、諸侯以始封之月爲一月、數至十二月、卽稱二年一月、如韓王信之三年一月、卽楚四年十月、英布之二年一月、卽漢之五年七月、而漢王獨稱正月者、別于諸侯也、趙歇田市韓廣魏豹皆稱王已久、則仍前之月數之、而不計其年、歇終四十八月、市終二十四月、廣終三十七月、豹終三十八月、成終二十七月、前後義例已爲不倫也、臨江王共敖與十八王同時封、不稱二年一月、仍稱十三月、敖終于三十年一月、敖子驩終于二十六月、又何說也、

秦	二世元年、[集解]徐廣曰、壬辰、[考證]七月、陳涉起陳、八月、武臣起趙、九月、項梁起吳、田儋起齊、沛公初起、韓廣起燕、十二月、魏咎起魏、陳王立之、二年六月、韓成起、韓、項梁立之也、	七月	八月	九月 楚兵至戲、[考證]此周文至戲之兵也、當二年冬十月、
楚		楚隱王陳涉起兵入秦、[考證]二月、葛嬰立襄彊、涉之二月也、至戲、葛嬰殺彊、五月、周文死、六月、陳涉死、然涉起凡六月、當二世元年十二月也、	二 葛嬰爲涉徇九江、立襄彊爲楚王、	三 周文兵至戲敗、而陳嬰聞涉王、卽殺彊、[考證]而字、疑當在敗上、陳嬰當
項				項梁號武信君、[考證]二世元年九月立、至二年九月、章邯殺梁於定陶、
趙			武臣始至邯鄲、自立爲趙王、始、[考證]凡四月、爲李良所殺、當二世元年八月也、	二
齊				齊王田儋始、儋狄人、諸田宗彊、從弟榮、榮弟橫、[考證]二世二年六月、章邯殺儋、儋立十月死、齊立田假、二世二年八月、田榮立
漢				沛公初起、[考證]凡十四月、懷王封沛公爲武安侯、將碭郡兵、
燕				韓廣爲趙略地、至薊、自陳立爲燕王、始、[考證]二世三年十月、破臧荼救趙、封荼爲燕王、徙廣
魏				魏王咎始、咎在陳、不得歸國、[集解]徐廣曰、魏咎昝咎、字皆作昝、音白、[考證]四月、咎自陳歸立、二年六
韓				

	二年十月	十一月
什葛嬰、	四 誅葛嬰、	五 周文死、
	二	三
	三	四 李良殺武臣、張耳陳餘
儋子市爲王、項羽又立市爲膠東王、封田都爲臨淄王、安爲濟北王、田榮殺田市、田安自立爲王、羽擊榮、平原人殺之、田橫立榮子廣爲王也、[redacted]榮字各本脫、今補、	二 儋之起、殺狄令自王、[redacted]在二世元年九月、	三
	二 擊胡陵方與、破秦監軍、	三 殺泗水守、[redacted]徐廣曰、泗水郡東海、拔薛西、周市東
封遼東王、後臧荼殺韓廣、	二	三
月、皆自殺、九月、魏豹自立、都平陽、後豹歸漢、尋叛、韓信虜豹、	二	三 齊趙共立周市、市不肯

	十二月	端月 [redacted]二世二年正月也、秦諱正、故云端月也、[redacted]項耶
	六 陳涉死、	楚王景駒始、秦嘉立之、[redacted]八月、項梁殺之、
	四	五 涉將召平、矯拜項梁爲楚柱國、急西擊秦、
走、	[redacted]各本有五字、武臣既見殺、當衍、今刪、	趙王歇始、張耳陳餘立之、[redacted]項羽立爲代王、後漢滅歇立張耳也、
	四	五 讓景駒以擅自王不請我、[redacted]攷陳涉世家、此與後月景駒使公孫慶讓齊、誅慶本一時事、不得分爲兩月、
略地豐沛閒、	四 雍齒叛沛公、以豐降魏、沛公還攻豐、不能下、	五 沛公聞景駒王在留、往從、與擊秦軍碭西、[redacted]徐廣曰、一作蕭、[redacted]高祖紀、與戰蕭西、
	四	五
曰、必立魏咎云、	四 咎自陳歸立、	五 章邯已破涉、圍咎臨濟、

頌曰、端平法度、曰端直敎忠、虛生曰、不敢端言其過、皆避諱、史公亦仍共稱、	二月	三月
	二 嘉爲上將軍、	三
	六 梁渡江、陳嬰黥布皆屬、	七
	二	三
	六 景駒使公孫慶讓齊、誅慶、[redacted]誅上脫齊字、	七
	六 攻下碭、收得兵六千、與故凡九千人、	七
	六	七
	六	七

	四月	五月	六月 [redacted]二世
	四		楚懷王始、都盱
	八 梁擊殺景駒秦嘉、遂入薛、兵十餘萬衆、	九	十 梁求楚
	四	五	六
	八	九	十 儋救臨濟、
攻拔下邑、遂擊豐、豐不拔、聞項梁兵衆、往請擊豐、	八 沛公如薛見項梁、梁益沛公卒五千、擊豐拔之、雍齒奔魏、[redacted]雍齒奔魏、各本誤入九月、今移、	九	十 沛公如薛、共
	八	九	十
	八 臨濟急、周市如齊楚請救、	九	十 咎自殺、
			韓王成始、[redacted]韓王

二年六月也、	台、故懷王孫、梁立之、[redacted]故懷王之孫、名心也、項梁之起、諸侯尊爲義帝、項羽徙而殺之、	懷王孫、得之民閒、立爲楚王、		章邯殺田儋、榮走東阿、	立楚懷王、		臨濟降秦、	成立、項羽更王之、不使就封、數月殺之、立鄭昌爲韓王、距漢、漢封韓信爲王、
七月	二 陳嬰爲柱國、	十一 天大雨、三月不見星、	七	齊立田假爲王、秦急圍東阿、	十一 沛公與項羽北救東阿、破秦軍濮陽、東屠城陽、	十一	咎弟豹走東阿、[redacted]考豹傳、東阿當作楚、	二
八月	三	十二 救東阿	八	楚救榮、得解、歸逐田	十二 沛公與項羽	十二		三

		破秦軍、乘勝至定陶、項梁有驕色、		假、立儋子市爲齊王、始、	西略地、斬三川守李由於雍丘、			
九月	四 徙都彭城、	十三 章邯破殺項梁於定陶、項羽恐、還軍彭城、	九	二 田假走楚、楚趣齊救趙、田榮以假故不肯、謂楚殺假、乃出兵、項羽怒田榮、	十三 沛公聞項梁死、還軍從懷王、軍於碭、	十三	魏豹自立爲魏王、都平陽、始、	四
後九	五	懷王封	十	三	十四	十四	二	五

月 [redacted]徐廣曰、應閏建酉、	拜宋義爲上將軍、	項羽於魯、爲次將、屬宋義、北救趙、	秦軍圍歇鉅鹿、陳餘出救兵、[redacted]出上脫不字、		懷王封沛公爲武安侯、將碭郡兵西、約先至咸陽王之、			
三年十月、	六	二	十一 章邯破邯鄲、徙其民於河內、	四 齊將田都叛榮、往助項羽救趙、	十五 攻破東郡尉及王離軍於成武南、	十五 使將臧荼救趙、	三	六
十一月	七 拜籍上將軍、	三 羽矯殺宋義、將其兵渡	十二	五	十六	十六	四	七

		河救鉅鹿、						
十二月	八	四 大破秦軍鉅鹿下、諸侯將皆屬項羽、	十三 楚救至、秦圍解、	六 故齊王建孫田安下濟北、從項羽救趙、	十七 救趙至栗、得皇訢武蒲軍、與秦軍戰破之、[redacted]沛公是時攻秦略地至栗、救趙二字誤、	十七	五 豹救趙、	八
端月	九	五 虜秦將王離、[redacted]當移前一月、	十四 張耳怒陳餘棄將印去、	七 [redacted]各本衍項羽田榮分齊爲二國九字、今刪、	十八	十八	六	九
二月	十	六 攻破章	十五	八	十九 得彭越軍昌	十九	七	十

		邯章邯軍卻、			邑、襲陳留用酈食其策、軍得積粟、			
三月	十一	七	十六	九	二十 攻開封、破秦將楊熊、熊走滎陽、秦斬熊以徇、	二十	八	十一
四月	十二	八 楚急攻章邯、章邯恐、使長史欣歸秦請	十七	十	二十一 攻潁陽、略韓地、北絕河津、	二十一	九	十二

		兵、趙高讓之、						
五月	二年一月、[redacted]此表諸侯皆計月而不分年、而楚懷王獨以年紀、以別於諸侯也、	九 趙高欲誅欣、欣恐、亡走告章邯、謀叛秦、	十八	十一	二十二	二十二	十	十三
六月	二	十 章邯與楚約降、未定、項羽許而擊之、	十九 [redacted]各本衍張耳從楚西入秦七字、今刪、	十二	二十三 攻南陽守齮、破之陽城郭東、[redacted]徐廣曰、陽城在南陽、	二十三	十一	十四

七月	三	十一 項羽與章邯期殷虛、章邯等已降、與盟、以邯爲雍王、	二十	十三	二十四 降下南陽、封其守齮、	二十四	十二	十五 申陽下河南、降楚、
八月 趙高殺二世、	四	十二 以秦降都尉翳、長史欣爲上將、將秦降軍、	二十一 趙王歇留國、陳餘亾居南皮、[redacted]特欲見二人俱不從楚入	十四	二十五 攻武關、破之、	二十五	十三	十六

			關、故耆、					
九月 子嬰爲王、	五	十三	二十二	十五	二十六 攻下嶢及藍田、以留侯策、不戰皆降、[redacted]下嶢二字倒、	二十六	十四	十七
十月 [redacted]徐廣曰、歲在乙未、[redacted]集解各本誤入九月、移正、[redacted]高祖至霸	六	十四 項羽將諸侯兵四十餘萬、行略地、西至於河南、	二十三 張耳從楚西入秦、	十六	二十七 漢元年、秦王子嬰降沛公、入破咸陽、平秦、還軍霸上、待諸侯約、	二十七	十五 從項羽略地、遂入關、	十八

	十一月	十二月
上、漢元年、徐廣云、歲在乙未、	十一月	十二月
	七	八 分楚爲四、西楚、衡山、臨江、九江也、各本誤入九
	十五 羽詐阬殺秦降卒二十萬人於新安、	十六 至關中、誅秦王子嬰、屠燒咸陽、
	二十四	二十五 分趙爲代國、索隱本、作分趙爲二、
	十七	十八 項羽怨榮殺之、分齊爲三國、臨淄濟北
	二十八 沛公出令三章、秦民大悅、	二十九 與項羽有郤、見之戲下講解、羽倍約、分關中爲四國、
	二十八	二十九 臧荼從入、分燕爲二國、燕遼
	十六	十七 分魏爲殷國、
	十九	二十 分韓爲河南國、索隱本、作分韓爲三、疑衍

	九 義帝元年、諸侯尊懷王爲義帝、	項羽徙之於郴、至十月、項籍使九江王布殺義帝、漢王爲
月、移正、	十七 項籍自立爲西楚霸王、	
	分爲衡山、	
分天下立諸侯、	分爲臨江、	
	分爲九江、	
	二十六 更名爲常山、	
	分爲代、	
	十九 更名爲臨菑、	
膠東、	分爲濟北、	
	分爲膠東、	
漢雍塞翟、	正月	高祖及十二諸侯受封之月、漢書異姓王表云一月、故應劭云、諸侯王始受封之月、十三王同時稱
	分關中爲雍、	
	分關中爲塞、	
	分關中爲翟、	
東也、當作臧荼從楚入關、書于燕二十七月、	三十 燕、	
	分爲遼東、	
	十八 更爲西魏、	
	分爲殷、	
隱本爲是、但三乃二之誤、	二十一 韓、	
	分爲河南	

秦眞也、表以義帝接楚、升第一格、各本誤占二格、今并此下分圖、各本淸混、與前月表不相當、今並改正、又既書元年、不得復續前計
一月、以弃元正、故云一月、高祖十月至霸上收元、至此月、漢四月、 分關中爲漢、案前表已書分關中爲四、則此亦當如楚齊趙

	二 徙都江南郴、羽徙義帝在四月、
	西楚 王伯項籍始、爲天下主命、立十八王、王伯當作霸王、
	王吳芮始、故番君、十八王皆以始王之月爲一月、其先已立
	王共敖始、故楚柱國、
	王英布始、故楚將、
	王張耳始、故楚將、故趙相、
	二十 七 趙歇前爲趙王、已二十六月、今從王代之二月、故云二十
	王田都始、故齊將、
	王田安始、故齊將、
	二十 王田市始、故齊王、
魏燕韓例、書分爲漢、分爲雍、分爲塞、分爲翟可矣、關中字疑衍、	二月 應劭云、諸王始都國之月、十三王同時稱二月、索隱、各本
	王章邯始、故秦將、
	王司馬欣始、故秦將、故秦長史、
	王董翳始、故秦將、故秦都尉、
	王臧荼始、故燕將、
	三十 一 王韓廣始、故燕王、
	十九 王魏豹始、故魏王、
	王司馬卬始、故趙將、
	二十 二 王韓成始、故韓將、故韓王、
	王申陽始、故楚將、申陽故趙將也

閒如趙歇齊市燕臧魏豹韓成、承前月爲數、不書一月、蓋以歷月多少別其事閒之久近、
七月、其膠東王市之前爲齊王十九月、韓廣魏豹韓成五人、故先爲王、已稱多月、故因舊月而數也、〔考證〕索隱、各本誤系於後表二十九下、今
系後表西楚下、誤义衍漢表云二月五字、十三王亦改十八王、今故依早本移正、 漢王始、故沛公、

	二
	二 〔考證〕陳勃云、諸王始都國之月、十三王同時稱二月、 都彭城、
	二 都郴、
	二 都江陵、
	二 都六、
	二 都襄國、
移正、王趙歇始、故趙王、	二十 八 都代、
	二 都臨菑、
	二 都博陽、
	二十 一 都即墨、
	三月 都南鄭、
	二 都廢丘、
	二 都櫟陽、
	二 都高奴、
	二 都薊、
	三十 二 都無終、
	二十 都平陽、 〔考證〕豹從漢又叛、韓信虜之、漢四年周苛殺豹也、
	二 都朝歌、
	二十 三 都陽翟、 〔考證〕姚氏云、韓成是項梁所立、不與十七國封、此云十八王、故項羽所令、不細
	二 都洛陽、

	四
	三 諸侯罷戲下兵、皆之國、
	三
	三
	三
	三
	二十 九
	三
	三
	二十 二
	四月
	三
	三
	三
	三
	三十 三
	二十 一
	三
區別、又高紀云、項羽與成至彭城、廢爲侯、又殺之、是不令就國、當以陽翟爲都、而不之國、	二十 四
	三

五	六	七
四	五	六
四	五	六
四	五	六
四	五	六
四	五	六
三十	三十 一	三十 二
四 田榮擊都、都降楚、	齊王田榮始、故齊相、 〔考證〕各本齊王上衍五字、今刪、	二
四	五	六 田榮擊殺安、
二十 三	二十 四 田榮擊殺市、	屬齊
五月	六月	七月
四	五	六
四	五	六
四	五	六
四	五	六
三十 四	三十 五	三十 六
二十 二	二十 三	二十 四
四	五	六
二十 五	二十 六	二十 七 項羽誅成、
四	五	六

八	九	十 項羽滅義帝、
七	八	九
七	八	九
七	八	九
七	八	九
七	八	九 耳降漢、
三十 三	三十 四	三十 五 歇復王趙、
三	四	五
屬齊 [illegible]各本屬齊上衍七字、今刪、		
八月	九月	十月 王至陝、[illegible]徐廣曰、弘農陝縣、[illegible]十月上脫二年
七 邯守廢丘、漢圍之、	八	九
七 欣降漢、國除、	屬漢、爲渭南河上郡、	
七 翳降漢、國除、	屬漢、爲上郡、	
七	八	九
三十 七 臧荼擊廣無終、滅之、	屬燕、	
二十 五	二十 六	二十 七
七	八	九
韓王鄭昌始、項羽立之、	二	三 [illegible]當有漢擊昌破之五字、
七	八	九 [illegible]當有申陽降漢四字、

	十	十一
	十	十一
	十	十一
	十	十一
		歇以陳餘爲代王、號成安君、[illegible]餘爲代王、與歇復王趙、同
	三十 六 [illegible]各本衍代王歇還王趙六字、今刪、	三十 七
	六	七
兩字、	十一月	十二月
	十 漢拔我隴西、	十一
	十	十一
	二十 八	二十 九
	十	十一
	韓王信始、漢立之、	二
	屬漢、爲河南郡、	

	十二
	十二
	十二
	十二
在十月、且餘繼歇王代、當互爲、號乃故字之誤、	二
	三十 八
	八 項籍擊榮、走平原、平原民殺之、
	正月
	十二 漢拔我北城、[illegible]案高紀、隴西北地已于漢元年八月、先拔之、表于雍之十
	十二
	三十
	十二
	三

	二年 一月	二
	二年 一月	二
	十三	十四
	二年 一月	二
	三	四
	三十 九	四十
	項籍立故齊王田假爲齊王、	二 田榮弟橫反城陽、擊假、假走楚、楚殺假、
	二月	三月 王擊殷、
月者、漢拔北城、俱誤、城當作地、	二年 一月	二
	二年 一月	二
	三十 一	三十 二 降漢、爲殷王、[illegible]爲殷王三字衍、
	十三	十四 降漢、卬殷、
	四	五

三項羽以兵三萬破漢兵五十六萬、	四	五
三	四	五
十五	十六	十七
三	四	五
五	六	七
四十 一	四十 二	四十 三
齊王田廣始、榮子、橫立之、	二	三
四月王伐楚至彭城、懷定、[redacted]求云、懷定二字、當作大破走還、	五月王走滎陽、	六月王入關、立太子、復如
三	四	五漢殺邯廢丘、
三	四	五
三十 三從漢伐楚、	三十 四豹歸叛漢、	三十 五
爲河內郡、屬漢、[redacted]屬漢二字、當在河內上、		
六從漢伐楚、	七	八

	六	七	八	九
	六	七	八	九
	十八	十九	二十	二十 一
	六	七	八	九
	八	九	十	十一
	四十 四	四十 五	四十 六	四十 七
	四	五	六	七
滎陽、	七月	八月	九月	後九月、[redacted]徐廣曰、應閏述
	屬漢、爲隴西北地中地郡、			
	六	七	八	九
	三十 六	三十 七	三十 八漢將信虜豹、	屬漢、爲河東上黨郡、
	九	十	十一	十二

十	
十	
二十	
十	
十二	
四十	
八	
三年	已、[redacted]此以上史表衍後漢表一月、以漢元年正月以下還表一月故也、乃漢表又失此後九月、故自三年十月以後、史漢邇同、
十	
二年	

	十一	十二	三年 一月	二	三
	十一	十二	三年 一月	二	三
二	二十 三	二十 四	二十 五	二十 六	二十 七
	十一	十二布身降漢、地屬項籍、			
漢將韓信斬陳餘、	屬漢、爲太原郡、				
八漢滅歇、	屬漢、爲郡、				
	九	十	十一	十二	十三
十月	十一月	十二月	正月	二月	三月
	十一	十二	三年 一月	二	三
一月	二	三	四	五	六

四		五		六	七	
四		五		六	七	
二十	八	二十	九	三十	三十	一 王敖薨、
十四		十五		十六	十七	
四月	楚圍王滎陽、	五月		六月		王出滎陽、[illegible]徐廣曰、項羽紀、七月出滎陽、[illegible]此漢三年七月也、各本表
三		五		六	七	
七		八		九		

	八	九	十	十一
	八	九	十	十一
	臨江王驩始、敖子、[illegible]共敖之子、漢虜之、亦在四年十二月、	二	三	四
				趙王
	十八	十九	二十	二十一
首脫七月字、遂牽進六月下、	八月 周苛樅公殺魏豹、	九月	四年十月	十一
	八	九	十	十一
	十一	十二	三年一月	二

漢將韓信破殺龍且、	十二	四年一月	二		三 漢御史周苛入楚、
	十二	四年一月	二		三
	五	六	七		八
張耳始漢立之、	二	三	四		五
漢將韓信擊殺廣、	屬漢為郡、		齊王韓信始漢立之、		二
月	十二月	正月	二月	立信王齊、	三月 周苛入楚、
	十二	四年一月	二		三
	三	四	五		六

四
四
九
六
三
四月 王出滎陽、豹死、[illegible]徐廣曰、項羽紀曰、王出成皋、[illegible]高紀集解、徐廣引表、亦作四年四月、魏豹死、志疑云、事在三年五月、且表
四
七

	五	六	七	八	九	十
	五	六	七	八	九	十
	十	十一	十二	十三	十四	十五
			淮南王英布始漢立、	二	三	四
	七	八	九	十	十一	十二
	四	五	六	七	八	九
已書之、此六字誤衍、	五月	六月	七月立布爲淮南王、	八月	九月太公呂后歸自楚、	五年十月
	五	六	七	八	九	十
	八	九	十	十一	十二	四年一月

十一		十二	誅籍、考證漢誅項籍在四年十二月、	齊王韓信徙楚王、
十一		十二		十三徙王長沙、
十六		十七	漢虜驩、	屬漢、爲南郡、
五		六		七淮南國、
二年	一月	二		三趙國、
十		十一		十二徙王楚、屬漢南四郡、考證四郡、齊、東梁、平原、千乘、南當作爲、
十一	月	十二	月	正月考證漢王更號、卽皇帝位於定陶也、殺項籍、天下平、諸侯臣屬
十一		十二		五年一月燕國、
				復置梁國、
二		三		四韓王信徙王代、都馬邑、考證本傳、五年春、剖符爲韓王、王潁
				分臨江爲長沙國、

	二	三	四	五	六
	屬淮南國、				
	八	九	十	十一	十二
	四	五	六	七	八
漢、考證殺項籍三字、當出于十二月、	二月甲午、王更號、卽皇帝位於定陶、	三月	四月	五月	六月
	二	三	四	五	六
	梁王彭越始、考證各本梁王上衍一月二字、今刪、	二	三	四	五
川、此誤、	五徙王代、都馬邑、	六	七	八	九
	衡山王吳芮爲爲長沙王、[redacted]吳芮始改封也、	二	三	四	五

	七	八	九王得
	二年一月	二	三
	九耳薨、諡景王、	趙王張敖、立耳子、考證立當作始、	二
帝入關、	七月	八月帝自將誅燕、考證誅當作擊、據本傳、臧荼以七月反、	九月
	七	八	九反漢、
	六	七	八
	十	十一	十二
	六薨、諡文王、考證薨上缺芮、	長沙成王臣始、芮子、	二

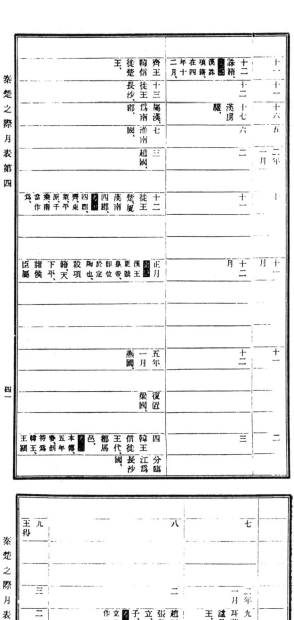

故項羽將鍾離眛、斬之以聞、

十

四

三

後九月、[illegible]徐廣曰、[illegible]閏建寅、

燕王盧綰始、漢太尉、

虜荼、[illegible]虜臧荼、漢書作四年九月、誤也、[illegible]荼反在七月、此誤書于虜荼之月、

九

五年一月

三

秦楚之際月表第四

索隱述贊、秦失其鹿、羣雄競逐、狐鳴楚祠、龍興沛谷、武臣自王、魏豹必復、田儋據齊、英布居六、項王主命、義帝見戮、以月繫年、道悠運速、洶洶天下、瞻烏誰屋、眞人霸上、卒享天祿、

史記十六

文學博士瀧川龜太郎著

史記會注考證

史記會注考證卷十七

漢　太　史　令　司　馬　遷　撰

宋　中　郎　外　兵　曹　參　軍　裴　駰　集　解

唐　國　子　博　士　弘　文　館　學　士　司　馬　貞　索　隱

唐　諸　王　侍　讀　率　府　長　史　張　守　節　正　義

日　本　出　雲　瀧　川　資　言　考　證

漢興以來諸侯王年表第五　史記十七

索隱應劭云、雖名爲王、其實如古之諸侯、考證史公自序云、漢興已來、至于太初百年、諸侯廢立分削、譜記不明、有司靡踵、彊弱之原云以世、作漢興以來諸侯王年表、

第五、趙恆曰、表漢以來諸侯王也、兼同姓與異姓、而歸重同姓也、蓋高祖末年、非劉氏不王、異姓唯有長沙耳、功臣侯則自有表也、張文虎曰、案史表、經後人補續竄亂尤多、如應稱今皇帝、而云孝武、應稱今王、而輒稱其諡、表止於太初、而濫及天漢以後、又表本大幅、旁行邪上、改爲楮葉、傳寫易誤、不皆史公原文、

太史公曰、殷以前尚矣。周封五等、公侯伯子男。然封伯禽・康叔於魯・衞。地各四百里。親親之義、褒有德也。考證左傳襄公二十五年、載鄭子產言云、昔者天子之地一圻、列國一同、注、一圻方千里、一同方百里、孟子萬章篇云、天子之制地方千里、公侯皆方百里、伯七十里、子男五十里、告子篇云、周公之封於魯、爲方百里、周禮大司徒云、諸公之地封疆方五百里、其食者半、諸侯之地方四百里、其食者四之一、諸伯之地方三百里、其食者參之一、諸子之地方二百里、諸男之地方百里、其食者四之一、與此皆異、或云、周禮言公五百里、侯四百里者、兼山林川澤言之、左傳言一同者以田畝言之、孟子言百里者、以穀祿言之、其名雖異、其實則一、與史公言衞魯之封四百里亦無大徑庭、參存、太公於齊、兼五侯地。尊勤勞也。考證孟子告子篇、太公之封於齊、爲方百里、與此異、姚鼐曰、太史公此語、必有所本、侯百里、兼五侯者、方二百五十里耳、小於魯衞也、此語非本左傳、班固時已不得太史公書所原出、誤謂本左傳五侯九伯、汝實征之之說、遂改云太公於齊亦兼五侯九伯之地、不知征之者、言所統有此侯伯、得以方伯之命征其軍賦耳、非兼有其地也、武王・成・康所封數百。而同姓五

十五。索隱案漢書封國八百、同姓五十餘、顧氏據左傳魏子謂成鱄云、武王克商、光有天下、兄弟之國十有五人、姬姓之國四十人、是也、考證索隱所引漢書諸侯王表、昭公二十八年左傳、愚按左傳僖公二十四年引富辰言云、昔周公封建親戚以蕃屛周、管蔡郕霍魯衞毛聃郜雍曹滕畢原酆郇、文之昭也、據此兄弟之國十五人、當爲十六人、或當時未及盡封乎、荀子儒效君道篇云、周兼制天下、立七十一國、同姓獨居五十三人、韓詩外傳四云、立國七十二、姬姓五十二、與此異、地、上不過百里、下三十里、以輔衞王室。考證徐孚遠曰、上言四百里、此言不過百里、蓋傳聞不一、參互言之也、岡白駒曰、魯衞與齊、皆有故而大、其他上不過百里、愚按後說是、管・蔡・康叔・曹・鄭、或過或損。考證岡白駒曰、總計之封地不大、又曰、康叔二字、疑有誤、厲・幽之後、王室缺、侯伯彊國興焉。天子微、弗能正。非德不純。形勢弱也。索隱純、善也、亦云純一、言周王非德不純一、形勢弱也、漢興序二等。集解韋昭曰、漢封功臣、大者王、小者侯也、高祖末年、非劉氏而王者、若無功上所不置而侯者、天下共誅之。集解徐廣曰、一云、非有功上所置、考證呂后本紀、王陵曰、高帝刑白馬盟曰、非劉氏而王、天下共擊之、高祖子弟同姓、爲王者九國。集解徐廣曰、齊、楚、荊、淮南、燕、趙、梁、代、淮陽、索隱徐氏九國、不數吳、蓋以荊絕、乃封吳故也、仍以淮陽

爲九、今案下文所列有十國者、以長沙異姓、故言九國也、唯獨長沙異姓。而功臣侯者百有餘人。自鴈門・太原以東至遼陽、爲燕・代國。集解韋昭曰、遼東遼陽縣、常山以南、大行左轉、度河・濟、阿・甄以東薄海、爲齊・趙國。考證王應麟通鑑地理通釋注、阿、今鄆州東阿縣、正義云、甄、即濮州鄄城縣北、音絹、自陳以西、南至九疑、東帶江・淮・穀・泗、薄會稽、爲梁・楚・淮南・長沙國。集解徐廣曰、穀水在沛、考證通鑑地理通釋注、陳、地理志淮陽縣陳縣、括地志九疑山在永州唐興縣東南一百里、地理志、在營道縣南、晉灼曰、水經云、泗川在發干縣、臣瓚曰、穀在彭城、泗之下流爲穀水、皆外接於胡・越。而內地北距山以東、盡諸侯地。考證方苞曰、北、當作比、愚按漢書諸侯王表云、自鴈門以東、盡遼陽、爲燕代、常山以南、大行左轉、度河濟、漸于海、爲齊趙、穀泗以往、奄有龜蒙、爲梁楚、東帶江湖、薄會稽、爲荊吳、北界淮瀕、略廬衡、爲淮南、波漢之陽、亙九疑、爲長沙、諸侯比境、周匝三垂、外接胡越、岡白駒曰、距、至也、大者或五六郡、連城數十、置百官、宮觀僭於天子。漢獨有三河・東郡・潁川・南陽。自江陵以西至蜀、北自雲中至隴西、與

內史凡十五郡。正義內史、京兆也、考證錢大昕曰、十五郡、謂河東河南河內東郡潁川南陽南郡漢中巴郡蜀郡隴西北地上郡雲中幷內史也、五原郡、元朔二年始置、故不數、而公主列侯、頗食邑其中。何者、天下初定、骨肉同姓少。故廣彊庶孽、以鎭撫四海、用承衞天子也。考證陳仁錫曰、以天下大勢言之、如高五年、楚王信・淮南王布・燕王綰・趙王耳・梁王越・長沙王芮・韓王信、則天下之勢、異姓強而同姓未封也、如高六年、楚王交・齊王肥・代王喜・淮南・燕・趙・梁・長沙、則天下之勢、異姓同姓強弱略相當也、如高十二年、吳王濞・淮南王長・燕王建・趙王如意・梁王恢・淮陽王友・代王恒・齊・楚・長沙、則天下之勢、同姓強、異姓絕無而僅有、漢定百年之閒、親屬益疏。諸侯或驕奢、忕邪臣計謀爲淫亂。索隱忕、音誓、忕訓習、言習於邪臣之謀計、故爾雅云、忕、猶狃也、狃亦訓習、考證忕、蔡本中統作忕、他本及索隱本作忕、今從毛本、大者叛逆、小者不軌于法、以危其命、殞身亡國。天子觀於上古、然後加惠、使諸侯得推恩分子弟國邑。索隱案、武帝用主父偃言、而下推恩之令也、考證漢書武帝紀云、元朔二年春正月、詔曰、梁王城陽王、親慈同生、願以邑分弟、其許之、諸侯王請與子弟邑者、朕將親覽、使有列位焉、於是藩國始分、而子弟畢侯矣、事又見主父偃傳、故齊分爲七、

集解徐廣曰、城陽・濟北・濟南・菑川・膠西・膠東、是分爲七、趙分爲六、集解徐廣曰、河閒・廣川・中山・常山・淸河、考證顏師古曰、趙・平干・眞定・中山・廣川・河南也、全祖望曰、景帝時尚未有眞定・平干、二王乃武帝所封、徐廣是、愚按上文言武帝推恩事、則顏說不可易、梁分爲五、集解徐廣曰、濟陰・濟川・濟東・山陽也、淮南分三。集解徐廣曰、廬江・衡山、考證分下脫爲字、汪越曰、文帝六年、用賈誼策、已有衆建之事、所云分齊・趙・梁・淮南、皆在文景時、此天子亦統言、不必專指武帝也、及天子支庶子爲王、王子支庶爲侯、百有餘焉。吳・楚時、前後諸侯、或以適削地。索隱適、音宅、或作過、是以燕・代無北邊郡、吳・淮南・長沙無南邊郡、集解如淳曰、長沙之南更置郡、燕代以北更置緣邊郡、其所有饒利兵馬器械、三國皆失之也、正義景帝時、漢境北至燕代、燕代之北未列爲郡、吳長沙之國、南至嶺南、嶺南越未平、亦無南邊郡、齊・趙・梁・楚支郡、名山陂海、咸納於漢。諸侯稍微、大國不過十餘城、小侯不過數十里。上足以奉貢職、下足以供養祭祀、以蕃輔京師。而漢郡八九十、形錯諸侯閒、犬牙相臨。索隱錯、音七各反、錯謂交錯、相衡如犬牙、故云犬牙相制、言犬牙參差也、秉

其阸塞地利、彊本幹弱枝葉之勢也。尊卑明、而萬事各得其所矣。考證汪越曰、衆建諸侯而少其力、此賈誼之策、以之干文帝者、至景帝用鼂錯謀削七國、山東諸侯皆反、武帝用主父偃之說、使推恩子弟、分其國邑、乃不削奪而自析矣、然班固有言、抑損諸侯、減黜其官、惟得衣食租稅、而不與政事、至哀平之際、皆繼體苗裔、親屬疏遠、不爲士民所尊、王莽知漢中外殫微、本末俱弱、無所忌憚、生其奸心、專作威福、詐謀既成、遂據南面之尊、分遣五威之使、馳傳天下、班行符命、漢諸侯王、厥角稽首、奉上尊紱、惟恐在後、或迺稱美頌德、以求容媚、豈不哀哉、夫秦滅古法、內無骨肉根本之輔、外無尺土藩翼之衞、漢矯枉過正、藩國大者、夸州兼郡、宮室百官、同制京師、始營患宗室之過強、至于其後、又患在宗室之過弱、讀此表者、必通王子侯年表考之、而漢一代封建之制、利害乃盡矣、臣遷謹記高祖以來至太初諸侯、考證事係漢室、故曰臣遷、不曰太史公、譜其下益損之時、令後世得覽。形勢雖彊、要之以仁義爲本。考證陳仁錫曰、漢諸侯表敍、以形勢二字爲主、至末云、形勢雖強、要之以仁義爲本二句、乃一篇歸宿、而垂戒之意深矣、考證汪越曰、冠漢帝紀年于上、尊天子也、下紀諸侯之事、書始封國名、都某地、某年封某、後或反誅、或有罪自殺、國除、或徙王、或廢爲侯、或無後國除、皆書、繼世者、書王某某年元年、遂以次紀年、必表來朝者、明不失臣節也、梁玉繩曰、諸王之國、自當以分封先後爲次、乃表不序先後、隨意編列、而後之增封諸國、亦遂錯雜不明、錢大昕曰、此表凡二

十六格、高祖始封同姓九國、幷齊趙梁淮南、析置十七國、徙以長沙、當二十七格、今檢表、齊之下爲六格、趙之下爲五格、梁之下止三格、以濟陰附于淮陽之後、與淮陽地本相接也、楚之下爲二格、魯泗水、本楚地、衡山淮南所分、亦楚故地也、廬江亦淮南所分、乃列于趙之下、與淸河爲一格、似失其倫矣、張文虎曰、史文傳寫錯亂、自昔已然、而諸表尤甚、當時原次、今不可考、不得輒改、史公略之可也、

高祖元年

楚　高祖五年、封韓信、六年王未安已、

齊　四年封韓信、六年封子肥、

荊　六年封劉賈、十一年爲英布所殺、其年立吳國、封兄子濞也、

淮南　四年封英布、十一年反、誅、立子長、

燕　五年封臧荼、十一年亡入匈奴、十二年立子建也、

趙　四年封張耳、其年薨、明年子敖立、八年廢、徙宣平侯、九年立如意子也、

梁　五年封彭越、十一年反、誅、立子恢、

淮陽　十一年封子友、二年後徙爲趙、高后元年復爲國、封惠帝子彊、

代　二年封韓王信、五年降匈奴、十一年立子恒也、 [illegible]

長沙　五年封吳芮、六年薨、子王臣立、 [illegible]

二

都彭城、 [illegible]

都臨菑、

都吳、

都壽春、 [illegible]

都薊、

都邯鄲、

都淮陽、 [illegible]

都陳、

十一月初王韓信元年、都馬邑、 [illegible]

三

四

初王信元年、故相國、 [illegible]

十月乙丑初王武王英布元年、 [illegible]

初王張耳元年、薨、 [illegible]

二

三

[illegible]

五

齊王信徙爲楚王元年、反、廢、 [illegible]

二　徙楚

七 [illegible]

二

九月壬子初王盧綰元年、 [illegible]

王敖元年、敖、耳子、

初王彭越元年、 [illegible]

四　降匈奴、國除爲郡、 [illegible]

二月乙未初王文王吳芮元年、薨、

六
正月丙午，初王交元年。高祖弟也。 初王下缺元王，也字衍。
正月甲子，初王悼惠王肥元年。高祖子。 漢書紀方作正月壬
正月丙午，初王劉賈元年。
三
二
二
二
成王臣元年。

七　八　九
二　三　四，來朝。
二　三　四，來朝。
二　三　四
四　五　六，來朝。
三　四　五
三　四　廢　初王隱王如意元年。如意，高祖子。
三　四　五，來朝。
二　三　四

十　十一
五，來朝。　六
五，來朝。　六
五，來朝。　六，爲英布所殺，國除。
七，來朝，反，誅。 [illegible]　十二月庚午，厲王長
六，來朝。　七 [illegible]
初三上缺正月　二　三
六，來朝，反，誅。　二月丙午，初王恢元
三月丙寅，初王友元
復置代，都中都。 [illegible]　正月丙子，初王元年。
五，來朝。　六

十二
七
七
爲郡。　更爲吳國。十月辛丑，初
元年。長，高祖子。 [illegible]　二
十二年四月　三月甲午，初王靈王建
四，死。 [illegible]
年。恢，高祖子。 王下缺共王　二
年。友，高祖子。徙趙。 [illegible]　二
二
七

	孝惠元年、
	八
	八
王濞元年、漢高祖兄仲子、故沛侯、	二
	三
元年、高祖子、三月當作二月、	二
	淮陽王徙於
	二
	爲郡、缺闕除二字、
	三
	八 按中殿森字仙、此後當王之稱末帝、

	二	三
	九來朝、	十
	九來朝、	十
	三	四
	四	五
	三	四
趙名友、元年、是爲幽王、當作淮陽王友徙趙、	二	三
	四	五
	四	五
哀不得、	哀王回元年	二

四	五	六	七
十一來朝、	十二	十三	十四來朝、
			初置魯國、
十一來朝、	十二	十三薨、	哀王襄元年
五	六來朝、	七	八來朝、
六來朝、	七	八	九來朝、
五	六來朝、	七	八來朝、
四來朝、	五	六	七來朝、
			初置常山國、
六	七	八	九來朝、
			初置呂國、呂國由齊之濟南郡分、當會于
			復置淮陽國、
六	七	八	九
三	四	五	六

	高后元年
	十五
	四月、王張偃元年、偃高后外孫、故趙
	二
	九
	十
	九
	八
	四月辛卯、哀王不疑元年、薨、哀王上缺初王二字、元年下缺不疑
	十
索八隱行謂南閣之貢、	四月辛卯、呂王台元年、薨、當云初王肅王呂台元年、
	四月辛卯、初王懷王強元年、強惠帝子、
	十
	七

	二
	十六
王敖子、[illegible]	二
	三
	十
	十一
	十
	九
[illegible]	七月癸巳初王義元年、皇子哀
	十一
	十一月癸亥王呂嘉元年、嘉蕭
	二
	十一
	恭王右元年

王弟義、孝惠子、故襄城侯、立爲帝、[illegible]
王子、[illegible]

	三	四
	十七	十八
	三	四
	四來朝	五
	十一	十二
	十二	十三
	十一	十二
	十	十一
[illegible]	二	五月丙辰初王朝元年朝惠帝子、
	十二	十三
	二	三
	三	四
	十二	十三
	二來朝	三

	五	六
	十九	二十
	五	六
	六	七
		初置琅邪國
	十三	十四
	十四來朝	十五
	十三	十四
	十二	十三
故軹侯、[illegible]	二	三
	十四	十五
	四	嘉廢七月丙辰
	五無嗣	初王武元年、武
	十四	十五
	四	五

呂産元年、産、肅王弟、故洨侯、[illegible]

孝惠帝子、故壺關侯、

七

二十一

七

八

王澤元年、故營陵侯、[illegible]

十五

十六

十五 絕、

十四 幽死、

四

十六 徙王趙、自殺、王呂産元年、

呂産徙王梁、七月丁巳、王太元 [illegible]

二

十六

六

八

二十二

八

九

二 三字、

十六

十七

十月辛

初王呂

五非子

二有罪 [illegible]

二 [illegible] 年、惠帝子、[illegible]

三武誅

十七

七

丑初王呂通元年、肅王子、故東平侯、九月誅、國

祿元年、呂后兄子、胡陵侯、誅、國除、[illegible]

誅、國除爲郡、

誅、爲郡、[illegible]

[illegible]

國除、

	孝文前元年　前字後人妄增
	二十三
	九廢爲侯　[illegible]
	十薨
	初置城陽國　各本國誤作郡
	初置濟北　北下缺國字
	三徙燕
	十七
	十八
除　[illegible]	十月庚戌琅邪王澤徙燕元年是爲
[illegible]侯上缺故字下缺九月二字	十月庚戌趙王遂元年幽王子
	分爲河閒都樂成　河閒下缺國字
	初置太原國都晉陽
	復置梁國
	十八爲文帝
	八

	二
	夷王郢元年　郢下缺客字夷王名郢客
	文王則元年
	二月乙卯景王章元年章悼惠王子故朱
	二月乙卯王興居元年興居悼惠王子故
	國除爲郡
	十八
	十九
敬王	二薨
	二
	二月乙卯初王文王辟彊元年辟彊趙幽
	二月乙卯初王參元年參文帝子
	二月乙卯初王懷王勝元年勝文帝子　[illegible]
	二月乙卯初王武元年武文帝子
	九

	三	四
	二	三
	二	三
盧侯　[illegible]	二	共王喜元年
東牟侯　[illegible]	爲郡　[illegible]	
	十九來朝	二十
	二十來朝	二十
	康王嘉元年	二
	三	四
王子　[illegible]	二	三
	二	三更爲代王
[illegible]	二	三
	復置淮陽國	代王武徙淮
	二徙淮陽	三太原王參
	靖王著元年	二

	五
	四薨
	四
	二
	二十一
	二十二
	三
	五
	四
	四
陽三年	四
更號爲代王三年徙居太原是爲孝王	四
	三

六	七	八	九	十	十一
王戊元年	二	三	四	五	六
五	六	七來朝	八	九	十
三	四	五	六來朝	七	八徙淮南爲郡屬齊
二十二	二十三	二十四	二十五	二十六	二十七
二十三王無道遷蜀死雍爲郡 王下缺長字稱下缺國除二字					
四	五	六來朝	七	八	九
六	七來朝	八	九	十	十一
五	六	七來朝	八	九	十
五	六來朝	七	八	九	十來朝薨無後
五	六來朝	七	八來朝	九	十來朝徙梁爲郡
五	六來朝	七	八	九	十來朝
四	五	六	七	八來朝	九

	十二		十三	十四
	七		八來朝	九
	十一來朝		十二	十三
爲郡上缺國除二字				
	二十八		二十九	三十
	城陽王喜徙淮南元年		二	三
	十		十一	十二來朝
	十二來朝		十三	十四
	十一來朝		十二	十三薨
	十一淮陽王武徙梁年是爲孝王 梁王四紀年止	於十上年已會稱此十一年如武八信陽梁徙景上年不歟故云徙滕年沼本年上行元字弟矣	十二	十三
	十一		十二	十三
	十		十一	十二

十五	十六[考證][illegible]
十	十一
初置衡山、[正義][illegible]	四月丙寅王勃
十四、薨、無後、	四月丙寅孝王
復置城陽國、	淮南王喜徙城
復置濟北國、	四月丙寅初王
分爲濟南國、	四月丙寅初王
分爲菑川、都劇、	四月丙寅初王
分爲膠西、都宛、[illegible]	四月丙寅初王
分爲膠東、都卽墨、	四月丙寅初王
三十一	三十二
四、徙城陽、	四月丙寅王安
十三、來朝、	十四
十五	十六
哀王福元年、薨、無後、國除爲郡、	
初置廬江國、[illegible]	四月丙寅王賜
十四、來朝、	十五
十四	十五
十三	十四

[illegible]	後元年	二
	十二	十
元年、淮南厲王子、故安陽侯、[考證]王勃上缺初字、	二	三
將閭元年、齊悼惠王子、故陽虛侯、	二	三
陽、十三年、	十四	十
志元年、齊悼惠王子、故安都侯、	二	三
辟光元年、齊悼惠王子、故扐侯、	二	三
賢元年、齊悼惠王子、故武城侯、[考證]武城當作南陵、	二	三
卬元年、齊悼惠王子、故平昌侯、	二	三
雄渠元年、齊悼惠王子、故白石侯、	二	三
	三十三	三
元年、淮南厲王子、故阜陵侯、	二	三
	十五	十
	十七	十
元年、淮南厲王子、故陽周侯、[考證]王上缺初字、	二	三
	十六	十
	十六	十
	十五	十

	三	四	五
三	十四	十五	十
	四	五	六
	四、來朝、	五	六
五	十六	十七	十
	四、來朝、	五、來朝、	六
	四、來朝、	五	六
	四	五	六
	四	五	六
	四	五	六
十四	三十五	三十六	三
	四	五	六
六	十七	十八、來朝、	十
八[考證][illegible]	十九	二十、來朝、	二
	四	五	六
七	十八、來朝、	十九	二
七、薨、[考證][illegible]	恭王登元年	二	三
六	十七	十八	十

	六	七
六、來朝、	十七	十八
	七	八
	七	八
八、來朝、	十九	二十
	七	八
來朝、	七	八
	七	八
來朝、	七	八
	七	八
十七	三十八	三十九
	七、來朝、	八
九	二十	二十一
十一	二十二	二十三
	七	八
十	二十一、來朝、	二十二
	四	五
九	二十、來朝、	二十一、來朝、薨、無後、國除、

孝景前元年	二
十九	二十來朝
	分楚復置魯國
九	十
九	十
二十一	二十二
九	十來朝
九	十
九	十
九	十
九	十
四十	四十一
九	十
二十二	二十三
二十四	二十五來朝
復置河閒國	三月甲寅初王獻王
初置廣川、都信都、〔廣川下缺國字、〕	三月甲寅王彭祖元
	初置中山、都盧奴、
九	十
二十三	二十四來朝
初置臨江、都江陵、〔常作初置臨江國、都江陵、〕	三月甲寅初王閼于
初置汝南國、	三月甲寅初王非元
初置淮陽國、〔初常作復、〕	三月甲寅初王餘元
六	七
復置長沙國	三月甲寅定王發元

三	
二十一反誅	
六月乙亥淮陽王徙	
十一	
十一	
二十三	
十一徙菑川	
十一反誅爲郡	
十一反誅濟北王志	
十一反誅六月乙亥	
十一反誅	
四十二反誅	
十一	
二十四	
二十六反誅爲郡	
二來朝	王德元年、景帝子、
二來朝	元年、景帝子、〔彭祖上缺初字、〕
六月乙亥端王勝元	〔中山下缺國字、〕
十一	
二十五來朝	
二	元年、景帝子、〔閼會遂、〕〔閼于上缺哀王、〕
二	年、景帝子、
徙魯爲郡	年、景帝子、
八	
二	年、景帝子、〔定王上缺初王二字、〕

	四四月己巳
	文王禮元年、
魯元年、是爲恭王、	二來朝
	十二徙濟北
	懿王壽元年
	二十四
	衡山王勃徙
徙菑川十一年、是爲懿王、	十二
于王端元年、景帝子、〔[illegible]〕〔于王上缺初王二字、〕	二
	四月己巳初
	初置江都六
	十二
	二十五
	三
	三
年、景帝子、〔靖上缺初王、〕	二
	十二徙衡山、
	二十六
	三薨、無後、國
	三徙江都、〔[illegible]〕
	九
	三

立太子、〔已巳讀景紀作乙巳、立太子會將相表大事記、不常如閒入北次、疑後人增、〕
元王子、故平陸侯、
廬江王賜徙衡山王元年、〔衡山下王字衍、〕
濟北十二年、是爲貞王、
王元年、是爲孝武帝、〔承武二字據人後改當者曰何王某先年是歸作爲帝、〕
月乙亥、汝南王非爲江都王元年、是爲易王、〔[illegible]〕
國除爲郡、
除爲郡、
〔二年傳此亦詳後一年文缺國除爲郡四字、〕

	五
	二
	三
	二
	二來朝、
	二十五
	十三薨、
	三十
	三
	二
故當錄及也、 江都下缺國字、據景紀、志三年事、	二
	三十來朝、
	二十六薨、
	廣川王彭祖徙趙四年、是爲敬
	四
	四徙趙、國除爲信都郡
	三
	二十七
	十
	四

	六	七十一月乙丑、太子廢、 此亦後人所增
	三來朝、薨、	安王道元年
	四	五
	三	四
	三	四
	二十六	二十七
	武王胡元年	二
	十四	十五
	四	五
	三	四四月丁巳、爲太子、
	三	四
	十四	十五
	王定國元年	二
肅王、	五	六
	五	六
	四	五來朝、
	二十八	二十九來朝、
	復置臨江國、	十一月乙丑、初王閔王榮
	十一	十二
	五來朝	六來朝、

	中元年	二
	二來朝、	三
	六來朝、	七
	五	六
	五	六
	二十八	二十九
	三	四
	十六來朝、	十七來
	六來朝、	七
	復置膠東國、	四月乙
	五	六
	十六	十七
	三	四
	七	八來朝、
	七	八來朝、
	復置廣川國、	四月乙
	六	七
		初置清
	三十	三十一
元年、太子、廢、 徐孚遠曰、六乙丑作己酉、		三
	十三	十四
	七	八

	三
	四
	八
	七來朝、
	七
來朝、	三十
	五
朝、	十八
	八
巳初王康王寄元年、景帝子、	二
	七
	十八
	五來朝、
	九
	九
巳惠王越元年、景帝子、 缺初王二字、	二
	八
河、都濟陽、 廣河下缺閒字、漢閒志作清河、	三月丁巳、哀王乘
來朝、	三十二
	四坐侵廟壖垣爲
	十五來朝、
	九

元年，景帝子。[illegible]
宮自殺，國除，為南郡。[illegible]

五	四	
六來朝	五	
十	十九	
九	八	
九	八	
三十二	三十一	
七	六	
二十	十九	
十	九	
四來朝	三	
九	八	
二十	十九來朝	
七	六	
十一	十	
十一	十	
四	三	
十	九來朝	
三	二	
三月丁巳，初王憲王舜	復置常山國	
三十四	三十三	
分為濟川國		
分為濟東國		[illegible]
分為山陽國		
分為濟陰國		
十七	十六	
十一來朝	十來朝	

六	
七	
十一	
十	
十	
三十三薨	
八	
二十一	
十一	
五	
十	
二十一	
八	
十二	
十二	
五	
十一	
四	
二	元年，孝景子。[illegible]
三十五來朝，薨	
五月丙戌，初王明元年，梁	
五月丙戌，初王彭離元年，	
五月丙戌，初王定元年，梁	
五月丙戌，初王不識元年，	
十八	
十二	

三	二	後元年	
十	九	八	
十	十三	十二	
十	十二	十一	
十	十二來朝	十一	
三	二	頃王延元年，[illegible]	
十	十來朝	九	
二	二十三	二十二來朝	
十	十三	十二	
八	七	六	
十	十二	十一	
二	二十三	二十二	
十	十來朝	九來朝	
十	十四	十三來朝	
十	十四	十三來朝	
八	七	六	
十	十三	十二	
七	六	五	
五	四	三	
三	二	恭王買元年，孝王子	
四	三	二	孝王子
四	三	二	梁孝王子
四	三	二	孝王子
		二，薨，無後，國除。[illegible]	梁孝王子
二	二十	十九	
十	十四	十三	

	孝武建元元年【考證】孝武當作今上	二	三
	十一	十二來朝	十三
四	十五	十六來朝	十七
三	十四	十五	十六
三	十四	十五	十六
	四	五	六
一	十二	十三	十四
十四	二十五	二十六	二十
四	十五	十六	十七
來朝	九	十	十一
三	十四	十五	十六
十四	二十五	二十六來朝	二十
一	十二	十三	十四
五	十六	十七	十八
五	十六	十七	十八
	九	十	十一
四	十五	十六	十七
	八	九來朝	十
	六	七	八
	四	五	六
	五	六	七明
	五	六	七
	五	六	七
十一	二十二	二十三	二十
五	十六	十七	十八

	四
	十四
	十八
	十七
	十七
	七
	十五
七	二十八
	十八
	十二
	十七來朝
七	二十八
	十五
	十九
	十九
	十二
來朝	十八
	十一
	九來朝
	七薨
殺中傅廢遷房陵【考證】徐廣曰一作太傅【考證】[illegible]	八爲郡【考證】[illegible]
	八
	八
四來朝	二十五
來朝	十九

五	六
十五	十六
十九	二十
十八	十九
十八	十九
八	九
十六	十七
二十九	三十
十九	二十來
十三	十四
十八	十九
二十九	三十
十六	十七
二十	二十一
二十	二十一
繆王元年【考證】徐廣曰齊立四十五年以征和元年乙丑薨[illegible]【考證】[illegible]	二
十九	二十
二十一薨無後國除爲郡	
十	十一
平王襄元年	二
九	十
九薨無後國除爲郡	
二十六	二十七
二十	二十一

	元光元年	二	三
	十七	十八來朝	十九來朝
	二十一	二十二	二十三
	二十	二十一	二十二
	二十	二十一	二十二卒【考證】[illegible]
	十來朝	十一	十二
	十八	十九	二十
	三十一	三十二	三十三
朝	二十一	二十二	二十三
	十五來朝	十六	十七
	二十	二十一	二十二
	三十一	三十二	三十三
	十八來朝	十九	二十
來朝	二十二	二十三	二十四
	二十二	二十三	二十四
	三	四	五
	二十一	二十二來朝	二十三來朝
	十二	十三	十四
	三	四	五
	十一	十二	十三
	二十八	二十九	王義元年
	二十二	二十三來朝	二十四來朝

	四	五	六
	二十	二十一	二十二薨、
	二十四	二十五	二十六薨、
	二十三	二十四	二十五 據傳、此誤來朝、
[illegible]也、	厲王次昌元年	二	三
	十三	十四來朝、	十五
	二十一	二十二	二十三
	三十四	三十五薨、	靖王建元年
	二十四	二十五	二十六
	十八	十九	二十
	二十三	二十四	二十五
	三十四	三十五	三十六
	二十一	二十二	二十三
	二十五	二十六	二十七來朝、
	二十五	二十六來朝、	恭王不害元
	六	七	八
	二十四	二十五	二十六
	十五	十六	十七
	六	七	八
	十四來朝、	十五	十六
	二	三	四
	二十五	二十六	二十七

	元朔元年	二
	襄王注元年、 徐廣、注作[illegible]、	二
	安王光元年	二
	二十六	二十七
	四	五薨、無
	十六	十七
	二十四來朝、	二十五
	二	三
	二十七	二十八
	二十一	二十二
	二十六	王建元
	三十七	三十八
	二十四坐禽獸行自殺、國除爲郡、	
	二十八	二十九
年	二	三
	九	十
	二十七	二十八
	十八	十九
	九	十來朝、
	十七	十八
	五	六
	康王庸元年	二

	三	四
	三	四來朝、
	三	四
	二十八	二十九
後、國除爲郡、		
	十八	十九
	二十六	二十七
	四	五
來朝、	二十九	三十
	二十三	二十四
年	二	三
	三十九	四十
	三十	三十一
	四薨、	剛王堪元年、 五宗世家[illegible]堪作蓋、
	十一	十二
	二十九來朝、	三十
	二十	二十一
	十一	十二
	十九	二十來朝、
	七	八
	三	四

五	六	元狩元
五	六	七
五	六	七
三十	三十一	三十二
二十	二十一來朝、	二十二
二十八	二十九	三十
六	七	八
三十一	三十二	三十三
二十五來朝、	二十六	二十七
四	五	六
四十一安有罪、削國二縣、	四十二	四十三
三十二	三十三	三十四
二	三	四
十三	十四來朝、	十五
三十一	三十二	三十三
二十二來朝、	二十三	二十四
十三	十四	十五
二十一	二十二	二十三
九		十一
五	六	七

二	年
八	
八來朝	
	反自殺國除
二十三	
三十一	
九	
三十四	
二十八	
七反自殺國除廣陵爲郡	
[illegible] 置六安國以故陳爲都七月丙子	反自殺
三十五	來朝
五	
十六	
三十四	
二十五	
十六	
二十四	
十二來朝	
八來朝	

[illegible] 六安都留山故[illegible]不[illegible]在[illegible]南[illegible]於[illegible]南[illegible][illegible][illegible][illegible] 子、膠東王子初王恭王慶元年 徐廣曰、一云王子、

四	三	
十來	九	
十	九	
二十	二十四	
三十	三十二來朝	
十一	十	
三十	三十五	
二	哀王賢元年	
三	二	九江、[illegible]衡山、會[illegible]初置六安國、[illegible]陳、七月丙子、初王慶[illegible]、卒[illegible]東[illegible]王子、此[illegible]皆文[illegible]并[illegible]典後人增[illegible]敢[illegible]有之、
三十	三十六	
七	六	
十八	十七	
三十	三十五來朝	
二十	二十六	
十八	十七	
二十	二十五	
十四	十三	
十	九	

六	五	
十二	十一	朝
十二	十一	
四月乙巳初王懷王閎	復置齊國、	
敬王義元年	二十六來朝、薨、	五
三十五	三十四	三
十三	二十來朝、	
三十八	三十七	六
四	三	
四月乙巳初王胥元年	更爲廣陵國	
五	四	
四月乙巳初王刺王旦	復置燕國	
三十九	三十八	七
九來朝	八	
二十	十九	
三十八	三十七	六
二十九來朝、	二十八	七
二十	十九	
二十八	二十七	六來朝、
十六	十五	
十二	十一	

	元鼎元年
	十三
	十三
元年，武帝子。（武[illegible]當作今上，下[illegible]之）	二
	二
	三十六
	十四
	三十九
	五
武帝子。	二
	六
元年，武帝子。（[illegible]）	二
	四十
	十
	二十一來朝
	三十九
	三十
	二十一
	二十九，剽攻殺人，遷上庸
	十七
	十三

	二	三
	十四薨	節王純元年
	十四來朝	十五
		初置泗水，都
	三	四
	三	四
	三十七	三十八
	十五	十六
	四十	四十一
	六	七
	三	四
	七	八
	三	四
	四十一	四十二
	十一	十二薨
	二十二	二十三
	四十	四十一來朝
		復置清河國
	三十一	三十二薨，子
	二十二	二十三
國，為大河郡。（[illegible]）		
	十八來朝	十九，徙清河
	十四	十五來朝

	四
	二
	十六
郯。（徐廣曰[illegible]）（[illegible]）	思王商元年。（徐廣曰，一云[illegible]王商元年）商
	五
	五
	三十九
	十七
	四十二
	八
	五
	九
	五
	四十三
	頃王授元年
	二十四
	四十二薨
	二十，代王義徙清河年
為王。（[illegible]）	更為眞定國，頃王平元
	二十四
為太原郡。（清河下缺國字）	
	十六

	五	六
	三	四
	十七	十八
常山憲王子	二	三
	六	七
	六	七
	四十	四十一來
	十八	十九
	四十三	四十四
	九	十
	六	七
	十	十一來朝
	六	七
	四十四	四十五
	二	三
	二十五來朝	二十六
	哀王昌元年，卽年薨	康王昆侈
是為剛王	二十一	二十二
年，常山憲王子	二	三
	二十五	二十六
	十七	十八

	元封元年	二
	五	六
	十九	二十
	四	五
	八薨、無後國除爲郡	
	八來朝	九薨、
朝、	四十二	四十
	二十	頃王
	四十五	四十
	十一	二十
	八	九
	十二	十三
	八	九
	四十六	四十
	四	五
	二十七	二十
元年、[illegible]	二	三
	二十三	二十
	四來朝	五
	二十七	二十
	十九	二十

	三
	七
	二十一來朝、
	六
	慧王武元年
三	四十四
遣元年、[illegible]	二
六	四十七薨、無
	十三
	十
	十四
	十
七	四十八
	六
八	二十九
	四
四	二十五來朝、
	六
八	二十九
	二十一

	四	五	六
	八	九	十
	二十二	二十三朝泰山、	二十四
	七	八	九
	二	三	四
	四十五	四十六朝泰山、	四十七
	三	四	五
後、國除、[illegible]			
	十四	戴王通平元年	二
	十一	十二	十三
	十五	十六	十七
	十一	十二	十三
	四十九	五十	五十一
	七	八	九
	三十	三十一	三十二
	五	六	七
	二十六	二十七	二十八
	七	八	九來朝、
	三十	三十一	三十二
	二十二	二十三	二十四

太初元年	二
十一	十二
二十五	二十六
十薨、	哀王安世元年、即戴王賀元年、安世
五	六
四十八	四十九
六	七
三	四
十四	十五
十八來朝、	十九
十四	十五
五十二	五十三
十	十一
三十三	三十四
八	九來朝、
二十九	三十
十	十一
三十三	三十四
二十五	二十六

子、[考證]廣川惠王子也、[考證][illegible]

三	四
十三	十四
二十七、	二十八
二	三
七 莽、[考證][illegible]字、[illegible]王在位十一年、	荒王賀元年、[考證][illegible]年也、荒王名顯、[illegible]名賀、
五十	五十一
八	九
五	六
十六	十七
二十	二十一
十六	十七
五十四	五十五
十二	十三
三十五	三十六
十	十一
三十一	三十二
十二	十三
三十五	三十六來朝
二十七	二十八來朝

[集解]徐廣曰、孝武太始二年、廣陵中山眞定王來朝、孝宣本始元年、趙來朝、二年、廣川來朝、四年、淸河來朝、孝宣地節元年、梁來朝、二年、河閒來朝、三年、濟北分平原太山二郡、

[索隱]述贊、漢有天下、爰覽興亡、始誓河岳、言峻寵章、淮陰就楚、彭越封梁、荊燕懿戚、齊趙棣棠、犬牙相制、麟趾有光、降及文景、代有英王、魯恭梁孝、濟北城陽、仁賢足紀、忠烈斯彰、

漢興以來諸侯王年表第五

史記十七

文學博士瀧川龜太郎著

史記會注考證

史記會注考證卷十八

漢　太史令司馬遷撰
宋　中郎外兵曹參軍裴駰集解
唐　國子博士弘文館學士司馬貞索隱
唐　諸王侍讀率府長史張守節正義
日本　出雲瀧川資言考證

高祖功臣侯者年表第六　史記十八

【正義】高祖初定天下、表明有功之臣而侯之、若蕭曹等、【考證】史公自序云、維高祖元功、輔臣股肱、剖符而爵、澤流苗裔、忘其昭穆、或殺身隕國、作高祖功臣侯者年表第

六、

太史公曰。古者人臣功有五品。以德立宗廟定社稷曰勳。以言曰勞。用力曰功。明其等曰伐。積日曰閱。封爵之誓曰。使河如帶、泰山若厲、【集解】應劭曰、封爵之誓、國家欲使功臣傳祚無窮、帶、衣帶也、厲、砥石也、河當何時如衣帶、山當何時如厲石、言如帶厲國乃絕耳、國以永寧、爰及苗裔。【考證】漢書高惠高后文功臣表所載誓詞、河上有黃字、寧作存、帶厲裔韻、中井積德曰、使上添至字看、梁玉繩曰、困學紀聞十二、引楚漢春秋云、高祖封侯、賜丹書鐵券曰、使黃河如帶、太山如礪、漢有宗廟、爾無絕世、下二語迥異、陸賈在高帝時親見、必得其眞、史漢所載、蓋呂后更之、愚按御覽兩引楚漢春秋、與困學紀聞合、始未嘗不欲固其根本。而枝葉稍陵夷衰微也。【考證】陵夷、廢壞也、余讀高祖侯功臣、察其首封所以失之者、曰。異哉所聞。【考證】方苞曰、異於古河山帶礪爰及苗裔之意也、吳汝綸曰、此言異於春秋尚書千載之封也、上文所云欲固根本、而枝葉陵夷衰微者、皆言漢事、根本謂封國之功臣爲後世祖者、枝葉指其子孫也、愚按吳說是、書曰。協和萬國。【考證】書堯典、邦作國、避高祖諱、遷于夏・商、

或數千歲。蓋周封八百。幽・厲之後、見於春秋。尚書有唐・虞之侯伯。歷三代千有餘載。自全以蕃衛天子。【考證】柯維騏曰、虞舜之子商均、禹封之于虞、少康時有虞思、至殷封遂、周封滿、竝於陳、其後也、皐陶之後爲英六、二國至周尚存、伯夷之後爲申呂、至周復封爲齊、柏翳與禹平水土、舜賜姓曰嬴、秦此所謂唐虞之侯伯也、歷三代、或絕或續、其世足徵矣、豈非篤於仁義奉上法哉。【考證】與子孫驕溢、忘其先淫辟、身無兢兢於當世之禁者異、漢興、功臣受封者百有餘人。【索隱】案下文、高祖功臣百三十七人、兼外戚及王子、凡一百四十三人、【考證】梁玉繩曰、高帝功臣、有表不盡載者、功臣之封、始乎六年十二月、故呂公之封臨泗侯、利幾之封潁川侯、盧綰之封長安侯、表均不載、蓋呂公以四年先卒、利幾以五年九月反誅、盧綰以五年後九月爲王也、若在六年以後者、項羽紀、玄武侯與射陽桃平泉三侯皆封、而表無之、劉敬傳、敬爲建信侯、而表無之、黥布傳、高帝十一年封故楚令尹薛公千戶、陳豨傳、封趙將四人各千戶、朱建傳、梁父侯尊黥布反、而表俱無之、詎非封而失書歟、天下初定。故大城名都散亡、戶口可得而數者十二三。【索隱】言十分纔二三在耳、是以大侯不過萬家。小者五六百戶。【考證】梁玉繩曰、表載曹參封一萬六千戶、劉澤封一萬二千戶、蕭何封一萬五千戶、則不過萬家之說未可信、愚按表曰萬五千曰萬

六千、依籍言之、此曰不過萬家、以實言之、後數世、民咸歸鄉里、戶益息、蕭・曹・絳・灌之屬、或至四萬、小侯自倍。【索隱】倍其初封時戶數也、【考證】蕭何曹參灌嬰皆稱其姓、而絳侯周勃獨以封土者、蓋當時有此稱、以與周昌周竈諸人別也、富厚如之。子孫驕溢、忘其先淫嬖。【考證】與篤於仁義者異、至太初、百年之間、見侯五。【正義】謂平陽侯曹宗、曲周侯酈終根、陽阿侯齊仁、戴侯祕蒙、穀陵侯馮偃也、【考證】梁玉繩曰、五當作六、太初見侯、正義所引之外、有江鄒侯靳石、錢大昕曰、史公作表終于太初、平陽曲周陽阿戴四侯之免、皆在太初以後、故尙在見侯之數也、江鄒侯靳石、以改封不與五人之數、然曲周侯終根、其時已改封繆、陽阿侯仁、其時亦改封埤山矣、是太初之世、不止見侯五也、陽阿據漢表、乃其石之後、齊其謚、非姓也、正義稱齊仁、似誤、張文虎曰、正義齊仁、王柯本作卞仁、愚按慶長本亦作卞、餘皆坐法隕命亡國秏矣。【考證】與自全以蕃衛天子者異、罔亦少密焉。【考證】服虔曰、法罔差益密也、吳汝綸曰、禁罔之密、所以廢辱、兪樾曰、觀年表所載、有以謀反國除者、斯固法所宜然也、他如武昌侯德、坐傷人二旬死、棄市國除、猶曰重民命也、又如蓼侯臧、坐爲太常、南陵橋壞國除、廣阿侯越、坐爲太常酒酸國除、猶曰嚴祀事也、卽如曲城侯皐柔、坐民不用赤仄錢爲賦國除、樂成侯義、坐言五利侯不道國除、猶曰撓時禁也、乃至芒侯申生、坐尙南宮公主不敬國除矣、祈侯它、坐從射擅罷國除矣、絳陽侯祿、甯侯指、坐出界國除矣、武原侯不害、坐葬過律國除矣、高苑侯信、坐出入屬車

間國除矣、安丘侯指、坐入上林謀盜鹿國除矣、嗟父祖累百戰之功而得國、子孫負一朝之過而失侯、遂使降將無反顧之心、功臣有自危之意、亦豈長有天下之道哉、中井積德曰、是時四方征伐、有功者不得不封、而天下無復地可封焉、故不得不滅舊封、是勢之所必至、雖孝武之殘忍寡恩、亦少有可恕者、要之處之之道失宜耳、然皆身無兢兢於當世之禁云。【考證】與奉上法者異、居今之世、志古之道、所以自鏡也。【索隱】言居今之代、志識古之道、得以自鏡當代之存亾也、【考證】十三字屬下讀、未必盡同帝王者、各殊禮而異務。要以成功爲統紀。豈可緄乎。【考證】未必上添然而二字看、岡白駒曰、未必今盡同於古、緄、縫也、豈可强縫合之乎、徐孚遠曰、此數語、蓋不敢斥漢家少恩、故爲隱語也、觀所以得尊寵、及所以廢辱、亦當世得失之林也。【索隱】言觀今人臣所以得尊寵者必由忠厚、被廢辱者亦由驕淫、是言見在興廢、亦當代得失之林也、何必舊聞。【考證】承上文異哉所聞、岡白駒曰、觀其得侯與失侯、皆有所以致之、何必專求之古、於是謹其終始、表見其文。頗有所不盡本末。著其明、疑者闕之。後有君子、欲推而列之、得以覽焉。

【考證】汪越曰、表侯功、大約從起豐沛、從至霸上、定秦、從至漢中、從滅項羽、功之大者也、餘功如從大將擊齊魏、擊韓燕代、定諸侯、如護太公呂后、奉孝惠魯元公主、如解鴻門、如爲漢守、如從擊黥布、彭越、陳豨、盧綰、韓王信、皆表而出之、明不與恩澤侯同也、凡有罪失侯者、大約如酎金、如爲太常犧牲不如令、如爲太常酒酸、罪之輕者也、餘罪如爲太守知民不用赤仄錢爲賦、如不償人責、如尙南宮公主不敬、如出入屬車間、如坐出界、如買塞外禁物、如入上林謀盜鹿、如爲太常與樂舞人闌入函谷關、如賣宅縣官故貴、皆在可議之列也、餘重罪、則謀大逆大不敬、過律、姦淫、略人、傷人、總之所謂不奉上法者也、或但云有罪、疑獄也、不明所坐、或史闕之、梁玉繩曰、官僚有一定之班、王侯無異守之職、故但因其功之隆卑、以分先後、侯第所由設也、漢表序云、漢王卽皇帝位、論功封侯者百四十三人、又作十八侯位次、高后二年、復詔丞相陳平、盡差列侯之功、錄第下竟、余竊疑當時何以諸王無位次、而諸侯有位次、就以侯位論、功臣百數十人、何以高祖祗作十八人位次、不及其餘、均所難曉、而十八侯位、惟蕭曹可信、語見世家、中、其十六位、傳聞殊別、莫識準裁、是知高祖之作、亦爲呂后改易、罔仍舊章、如良平俱大功臣、不在十八侯內、張敖未有大功、儼居第三、豈非爲呂后升降之乎、而呂后差錄之位次、表中舛漏頗多、攷高祖所封、元年至十二年共百四十三人、孝惠所封、元年至五年共三人、呂后所封元年至二年五月共十三人、統計百五十九人、應有百五十九位次、而周呂合陽二侯、追尊爲王、沛侯進封爲王、龔頡侯以罪削爵、射陽夏陽淮陰芒江邑五侯並以罪國除、當呂后錄第時、自不及其列、則位次實數、應有百五十矣、乃表中侯之無位者、曰胡陵、曰費、曰任、曰棘丘、曰襄平、曰離、曰便、曰平都、曰軑、曰扶柳、曰郊、曰南宮、曰梧、曰平定、曰博成、曰沛、曰襄成、曰軹、曰壺關、曰沅陵、曰上邳、曰朱虛、凡廿二位

之無侯者、曰廿一、曰三十一、曰三十八、曰五十四、曰五十六、曰六十八、曰七十六、曰八十七、曰九十三、曰九十七、曰百十三、曰百二十、曰百二十八、曰百二十九、曰百三十三、曰百三十六、曰百三十八、曰百三十九、曰百四十、曰百四十一、曰百四十二、曰百四十三、曰百四十四、曰百四十五、曰百四十六、曰百四十七、曰百四十八、曰百四十九、曰百五十、凡廿九侯、位之複者、東武高苑、皆曰四十一、東茅菌、皆曰四十八、肥如高梁、皆曰六十六、新陽棘陽、皆曰八十一、武原曆高陵、皆曰九十二、平州邔、皆曰百十一、凡七、今取漢表校之、費三十一、平定五十四、梧七十六、新陽八十七、武原九十三、邔百十三、軑百二十、上邳百二十八、朱虛百二十九、便百三十三、沅陵百三十六、此十一位灼然著明、可補史缺、至以襄平爲六十六、平都爲百十一、不足取證、蓋六十六已有肥如高梁、幷襄平則重三矣、百十一已有平州、幷平都則重二矣、不綦誤哉、再以本表侯功校之、功勳相比、名次相肩、高苑比斥丘、斥丘四十、則高苑無疑在四十一、而東武之四十一、必是二十一之謂、襄平比平定、平定五十四、則襄平無疑在五十六、高梁比平侯、平侯三十二、則高梁無疑在三十八、武原比高陵、高陵九十二、武原九十三、則曆侯之位、無疑在九十七、東茅功盛于菌、位宜在前、則菌之四十八、無疑是六十八之謂、此五位亦確可補缺、其餘失考者、數其侯、則胡陵也、任也、棘丘也、離也、平都也、扶柳也、郊也、南宮也、博成也、沛也、襄成也、軹也、壺關也、數其位、則百三十八以下爲虛位、與任侯等十三人適合、無籍可稽、未敢妄配、而獨怪史漢兩表所載、奚無越乎百三十七陸梁侯之外者邪、愚按張錫瑜有史表功比說、論功比侯第尤詳、與梁說相發明、讀者就其書究之可也、

國名	[illegible]此國名匡左行一道、咸是諸侯所封國名也、
侯功	[illegible]史漢所書諸侯功狀、蓋本于高后二年陳平所錄侯籍、綱節以入表也、故皆大同小異、然顧有缺處、未必盡仍其舊、當分別觀之、
高祖十二	[illegible]此表以天子紀年爲主、高惠呂后文景及武帝、一朝自爲一格、如高祖在位十二年、凡係六年所封、概書七字、以此侯自六年至十二年、實七年也、其七年封者、用六字、八年封者用五字、以次而減、此其文例也、十二、高祖在位十二年也、下做此、
孝惠七	
高后八	
孝文二十三	
孝景十六	
建元至元封六年、三十六、太初元年盡後元二年、十八、	[illegible]惠景間侯者年表、建元已來侯者年表、末一格只云太初已後、不計年數、此表亦當如此、太初以下十一字、後人妄續、當削之、
侯第	[illegible]姚氏曰、蕭何第一、曹參二、張敖三、周勃四、樊噲五、酈商六、奚涓七、夏侯嬰八、灌嬰九、傅寬十、靳歙十一、王陵十二、陳武十三、王吸十四、薛歐十五、周昌十六、丁復十七、蟲達十八、史記與漢表同、而楚漢春秋則不同者、陸賈記事在高祖惠帝時、漢書是後定功臣等列、及陳平受呂后命

而定、或已改邑號、故人名亦別、且高祖初定唯十八侯、呂后令陳平終竟以下列侯第錄、凡一百四十三人也、[illegible]此表位次、有第見者、有闕失者、說既具黨

平陽	[illegible]案、漢書地理志、平陽縣屬河東、[illegible]各本平陽居中、而往分兩或、勞受延於下、殊易混亂、今依王本惠景閒侯者表、以封
以中涓	[illegible]如淳曰、謁主通書謂出納君命、石奮爲謁中涓、受謁不謁是也、春秋傳曰、涓人疇、漢儀注、天子有中涓、如黃門、皆中官也、
從起沛、至霸上、侯、以將軍入漢、以左丞相出征齊魏、以右丞相	
七	六年十二月甲申、懿侯曹參元年、[illegible]懿、諡也、[illegible]漢時諸侯王得自稱元年、漢書諸侯王表、楚王戊二十一年、孝景三年、楚王延壽三十二年、地節元年之類是也、淮南天文訓、淮南元年冬、太一在丙子、謂淮南王安始立之年也、不獨王也、列侯於其國、亦得自稱元年、史記
五	其二年、爲相國、六年十月、靖侯窋元年、
二	
八	
十九	
四	後四年、簡侯奇元年、
三	
十三	四年、夷侯時元年、[illegible]夷侯時、音止、又音市、案曹參系家作時、今表或作時、案漢書衞青傳、平陽曹壽尚陽信公主、即此人、當是字訛、
十	
十六	元光五年、恭侯襄元年、元鼎三年、今侯宗元年、[illegible]諸本元鼎三年下、有廿四年、征和二年、侯宗坐太子死、
二	[illegible]漢書音義曰、曹參位第二、而表在首、以前後故、[illegible]漢書音義曰、曹參位第二、而表在首、蕭何位第一、而表在十三者、以
題下、	

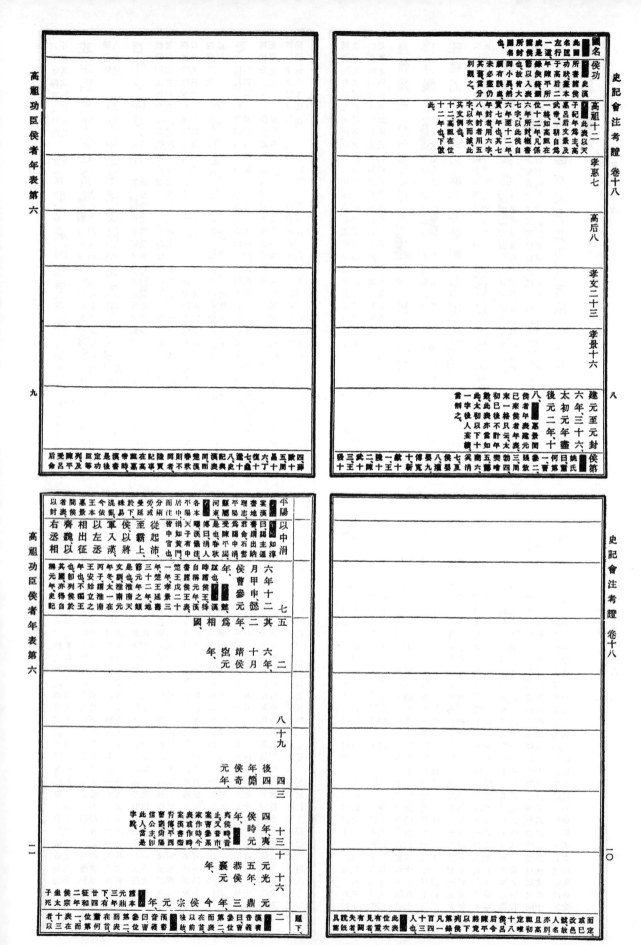

圖列布嶠、而系注於下諸、表放放此、	爲平陽侯、萬六百戶、	高祖功臣侯年表、高祖六年、平陽懿侯曹參元年、孝惠六年、靖侯窋元年、孝文後四年、簡侯奇元年是也、					國除十四字、史記太初故、上文稱今侯宗、天漢以下、史皆不及、今刪、	封先後故父也、案封參在六年十二月、封何在六年正月、高祖十月因秦改元、故十二月在正月前也、漢表具記位次、而亦侯封前後錄也、

信武 [redacted]案地理志、無信武縣、當是後廢故也、	以中涓從起宛朐、入漢、以騎都尉定三秦、擊項羽、別定江陵、侯、五千三百戶、以車騎將軍攻黥布、陳豨、	七 六年十二月甲申、肅侯靳歙元年、[redacted]靳、姓也、音紀覲反、歙、音攝、又音吸、	七	五 六年、夷侯亭元年、[redacted]漢法、諸侯以罪失國者不賜謚、下文稱侯亭是也、此夷字後人妄加、當刪之、 三	十八 後三年、侯亭坐事國人過律、奪侯、國除、			十一
清陽 [redacted]漢表、清河、地理志、清河、清陽縣、	以中涓從起豐、至霸上、爲騎郎將、入漢、	七 六年十二月甲申、定侯王吸元年、[redacted]楚漢	七	八	七 元年、哀侯彊元年、 十六 八年、孝侯伉元年、	四 五年、哀侯不害元年、 十二	七 元光二年、侯不害薨、無後、國除、	十四

屬清河郡、[redacted]漢表作清河、誤、	以將軍擊項羽、功侯、三千一百戶、[redacted]漢表作二千二百戶、	春秋作清陽侯王隆、			[redacted]彊、其良反、[redacted]彊謚、漢表誤作哀、 [redacted]伉、苦浪反、			
汝陰 [redacted]汝陰縣屬汝南、凡縣名皆據地理志、不胥者從、省文也、	以令史從降沛、爲太僕、常奉車、爲滕公、竟定天下、入漢中、全孝惠魯元、侯、六千九百戶、常爲太	七 六年十二月甲申、文侯夏侯嬰元年、	七	八	八 九年、夷侯竈元年、 七 十六年、恭侯賜元年、 八	十六	七 元光二年、侯頗元年、元鼎二年、侯頗尙公主、與父御婢姦、罪、自殺、國除、 十九	八

	僕、							
陽陵 [redacted]陽陵縣、屬馮翊、楚漢春秋作陰陵、[redacted]當作陰陵、陰陵、九江縣、	以舍人從起橫陽、至霸上、爲魏將、入漢、定三秦、屬淮陰、定齊、爲齊丞相、侯、二千六百戶、[redacted]漢表、魏將作騎將、近是、淮陰、當作韓信、下倣此、	七 六年十二月甲申、景侯傅寬元年、	五 六年、隨頃侯靖元年、[redacted]隨字衍、漢表、靖作清、 二	八	十四 十五年、恭侯則元年、[redacted]漢表、則作明、 九	三 前四年、侯偃元年、 十三	十八 元狩元年、偃坐與淮南王謀反、國除、	十
廣嚴 [redacted]晉書	以中涓從起沛、	七 六年十二	七	八	一 九 二年、 十一 十三			二十 八

地道記廣縣在東莞、嚴、謚也、下又云壯、班馬二史竝誤也、嚴字衍、齊郡有廣縣、	廣平 縣名、屬臨淮、
至霸上、為連敖、入漢、以騎將定燕趙、得將軍、侯、二千二百戶、	以舍人從起豐、至霸上、為郎中、入漢、以將軍擊項羽鍾
月甲申、壯侯召歐元年、歐、烏后反、下文亦有壯侯、壯、或作莊、故漢表避諱改嚴、歐、漢表作毆、	七 六年十二月甲申、敬侯薛歐元年、
	七
	八 元年、靖侯山元年、
戴侯勝元年、年、恭侯嘉元年、至後七年、嘉薨、無後、國除、	十八 後三年、侯澤元年、 五
	八 中二年、有罪、絕、 平棘 五 中五年、復封節侯澤元年、
	十五 其十年、為丞相、 三 元朔四年、侯穰元年、元狩元年、穰受淮南王

	博陽 博陽、縣在汝南、	曲逆
離眛、功侯、四千五百戶、漢表項羽下有將字、	以舍人從起碭、以刺客將入漢、以都尉擊項羽滎陽、絕甬道、擊殺追卒、功、侯、漢表作殺追士卒、	以故楚
	七 六年十二月甲申、壯侯陳濞元年、楚漢春秋名濞、漢表作濞、	七
	七	七
	八	八
	十八 後三年、侯始元年、 五	二 二 十九
	四 前五年、侯始有罪、國除、 塞 二 中五年、復封始、塞在桃林也、後元年、始有罪、國除、	四 十二
十年、當作九年、財物稱臣、在赦前、詔問謾罪、國除、		十
	十九	四十

縣名、屬中山、章帝改曰蒲陰也、	堂邑 縣名、屬臨淮也、
都尉、漢王二年、初從修武、為都尉、遷為護軍中尉、出六奇計、定天下、侯、五千戶、	以自定東陽、為將、屬項梁、為楚柱國、四
六年十二月甲申、獻侯陳平元年、	七 六年十二月甲申、安侯陳嬰元年、
其五年、為左丞相、平為左丞相、在惠帝六年、	七
其元年、徙為右丞相、後專為丞相、相孝文二年、	四 五年、恭侯祿元年、 四
三年、恭侯買元年、上二者、孝文時獻侯在國二年也、下二者、孝文時恭侯在位二年也、五年、簡侯悝元年、	二 三年、夷侯午元年、 二十一
五年、侯何元年、	十六
元光五年、侯何坐略人妻、弃市、國除、	十一 元光六年、季須元年、元鼎元 十三
七	八十六

歲、項羽死、屬漢、定豫章、浙江、都浙、自立為王、壯息、侯、千八百戶、復相楚元王十二年、案漢表作定浙江都浙自立為王壯息、侯、立孫融、以公主子、改封隆慮、音林慮也、壯息、人姓名、壯卯莊、共
年、侯須坐母長公主卒、未除服、姦兄弟、爭財當死、自殺、國除、

時僭爲王、據豫章浙江之地、而都于漸、陳嬰擊定之、也、漸卽浙江、

周呂 [illegible]應劭云、周呂國也、案周及呂皆國名、濟陰有呂都縣、

以呂后兄初起、以客從入漢爲侯、還定三秦、將兵先入碭、漢王之解彭城、往從之、復發兵佐高祖定天

三 六年正月丙戌、令武侯呂澤元年、[illegible]令武、謀也、一云令邑、武謀、也、又改封

四 九年、子台封酈侯元年、[illegible]酈、音歷、一作鄘、音歎、

七

有罪、[illegible]呂台以高后元年封王、不以孝惠七年有罪免也、七有罪三字衍文、而于下高后格中當補元年侯台爲呂王、國除九字、

下、功、侯、

令、令、縣名、在梁陽、出晉地道記、

皆縣名、[illegible]酈當作鄘、

建成 [illegible]縣名、屬沛郡、

以呂后兄初起、以客從擊三秦、漢王入漢、而釋之還豐沛、奉衛呂宣王太上皇、天下已平、封釋之爲建成侯、

六年正月丙戌、康侯釋之元年、 七

二

三年、侯則元年、有罪、[illegible]罪下缺絕、 五

胡陵七 元年五月丙寅、封則弟大中大夫呂祿元年、[illegible]五月、漢表作九月、八年、祿爲趙王、國除、追尊康侯爲昭王、祿以趙王謀爲不善、大臣誅

[illegible]呂宣王、呂公諡也、[illegible]叙呂公于太公前、必陳平諂呂氏之詞、史仍而不改也、

祿、遂滅呂、[illegible]祿爲趙王、在呂后七年、

留 [illegible]韋昭云、闕、今在彭城、

以廐將從起下邳、以韓申徒下韓國、言上張旗志、秦王恐降、解上與項羽之郤、爲漢王請漢中

六年正月丙午、文成侯張良元年、[illegible]漢表文不、案良傳、諡文成也、 七

七

二

三年、不疑元年、 六

四

五年、侯不疑坐與門大夫謀殺故楚內史、當死、贖爲城旦、國除、

六十二

地、常計謀平天下、侯萬戶、[illegible]旗志者旗幟也、

射陽 [illegible]縣名、屬臨淮、射一作貰、

兵初起、與諸侯共擊秦、爲楚左令尹、漢王與項羽有郤於鴻門、項伯纏解難、以破羽纏嘗有功、封射陽

六年正月丙午、侯項纏元年、賜姓劉氏、[illegible]項伯也、 七

二

三年、侯纏卒、嗣子睢有罪、國除、

	酇 ■酇音贊、縣名、在沛、劉氏云、以何子祿嗣無後、國除、呂后封何夫人於南陽酇、恐非也、
侯、	以客初起從入漢、爲丞相、備守蜀及關中、給軍食、佐上定諸侯、爲法令、立宗廟、侯、八千戶、■據世家、初封八千戶、兩次增封共七千戶、幷初封爲萬五千戶、
	七 六年正月丙午、文終侯蕭何元年、元年爲丞相、九年爲相國、■公卿表、高祖十一年、始名丞相爲相國、與世家合、此誤、
	二 / 五 三年、哀侯祿元年、
	一 / 七 二年、懿侯同元年、同、祿弟、■弟當作母、同、蕭何夫人之名、卽祿之母、同以妻嗣夫、有乖禮制、故文帝卽於元年罷
	筑陽十九 元年、同有罪、封何小子延元年、■筑音逐、縣名、■延上缺書定侯二字、 / 一 後四年、煬侯遺元年、 / 三 後五年、侯則元年、
	一 有罪、■罪下有絕字、下文倣此、 / 武陽七 前二年、封煬侯弟幽侯嘉元年、 / 八 中二年、侯勝元年、
	十三 元朔二年、侯勝坐不敬、絕、 / 酇三 元狩三年、封何孫恭侯慶元年、■恭侯、何曾孫、 / 十 元狩六年、侯壽成元年、元封四年、壽成爲太常、犧牲不如令、國除、
	一

	曲周 ■縣名、屬廣平、堅紹封、
	以將軍從起岐、攻長社以南、別定漢中及蜀、定三秦、擊項羽、侯、四千八百戶、■本傳、作五千一百戶、
	七 六年正月丙午、景侯酈商元年、■史漢皆云、商以高帝六年封、然考列傳、商之封曲周、在擊陳豨英布之後、則六年商尙爲涿侯也、當書國名曰涿、而以曲周爲改封、橫書于高祖格中、
	七
之、共卒謚懿、則不得有罪、	八
	二十三 元年、侯寄元年、
	九 有罪、 / 繆七 中三年、封商他子、靖侯堅元年、
	九 元光四年、康侯遂元年、■侯名遂成、缺成字、 / 五 元朔三年、侯宗元年、■侯謚懷、名世宗、此缺懷世二字、 / 十一 元鼎二年、侯終根元年、 / 二十八 後元二年、侯終根坐咒詛、誅、國除、■二十八、後
	六

	絳 ■縣名、屬河東、子亞夫爲條侯、
	以中涓從起沛、至霸上、爲侯、定三秦、食邑、爲將軍、入漢、定隴西、擊項羽、守嶢關、定泗水
	七 六年正月丙午、武侯周勃元年、
	七
	八 其四年爲太尉、■周勃爲太尉、在惠帝六年、
	十一 元年爲右丞相、三年免、復 / 六 十二年、侯勝之元年、■勝之在位六年、以罪免、故文帝封亞夫于 / 條六 後二年、封勃子亞夫元年、
	十三 其三年、爲太尉、七爲丞相、 / 平曲三 後元年、封勃子恭侯堅元年、
二年五月、侯終根坐咒詛、誅、國除、十六字、後人妄增、	十六 / 十二 元朔五年、侯建德元年、元鼎五年、侯建德坐酎金、國除、
	四

	舞陽 ■縣名、屬潁川、
東海、八千一百戶、■世家作八千一百八十戶、	以舍人起沛、從至霸上、爲侯、入漢、定三秦、爲將軍、擊項籍、再益封、從破燕、執韓信、侯、五
	七 六年正月丙午、武侯樊噲元年、其七年爲將軍相國三月、
	六 / 一 七年、侯伉元年、呂須子、
	八 坐呂氏誅、族、■族字衍、若族誅、則市人不得繼、
爲丞相、■三年免、當作免二年、 條、	二十三 元年、封樊噲子荒侯市人元年、
有罪、國除、■其字衍、七下缺年字、	六 / 六 七年、侯它廣元年、中五年、侯它廣非市人子、國除、■本傳、漢表、爲中六年事、
	五

	千戶、			突、				
潁陰 ■縣名、屬潁川、	以中涓從起碭、至霸上、爲昌文君、入漢、定三秦、食邑、以車騎將軍屬淮陰、定齊淮南及下邑、殺項籍、侯、五千戶、	七 六年正月丙午、懿侯灌嬰元年、	七	八	四 十九 其一爲太尉、三爲丞相、五年、平侯何元年、	九 七 中三年、侯彊元年、	六 有罪、絕、 九 元光二年、封嬰孫賢爲臨汝侯、侯賢元年、元朔五年、侯賢行賕罪、國除、■漢表、臨汝侯賢、坐子傷人首匿、免、與此異、	九
汾陰 ■縣名、屬河	初起、以職志擊破秦、入	七 六年正月丙午、悼侯	三 建平四 四年、哀侯開方	八	四 十三 前五年、侯意元年、有	安陽八 中二年、封昌孫左車、	建元元年、有罪、國除、	十六

東、	漢、出關、以內史堅守敖倉、以御史大夫定諸侯、比淸陽侯、二千八百戶、■如淳云、職志、官名、主幡旗、	周昌元年、	元年、■周昌始封汾陰、其子開方改封建平、孫左車又改封安陽也、		罪、絕、			
梁鄒 ■縣名、屬濟南、	兵初起、以謁者從擊破秦、入漢、以將軍擊定諸侯、功比	七 六年正月丙午、孝侯武儒元年、■漢表、儒作虎、	四 三 五年、侯最元年、	八	二十三	十六	六 三 二十 元光元年、頃侯嬰齊元年、元光四年、侯山柎元年、■柎音	二十

	博陽侯、二千八百戶、■漢表、三千八百戶、						夫也、元鼎五年、侯山柎坐酎金、國除、	
成 ■縣名、屬涿郡、	兵初起、以舍人從擊秦、爲都尉、入漢、定三秦、出關以將軍定諸侯、功比厭次侯、二千八	七 六年正月丙午、敬侯董渫元年、■渫音息列反、子赤封節氏侯、	七 元年康侯赤元年、■漢紀表、赤作赫、	八	二十三	六 有罪、絕、 節氏五 中五年、復封康侯赤元年、■節氏、縣名、	三 五 十二 建元四年、恭侯霸軍元年、■漢表、霸軍作龍軍、 元光三年、侯朝元年、元狩三年、侯朝爲濟南太守、與	

	百戶、						成陽王女通、不敬、國除、	
蓼 ■縣名、屬六安、	以執盾前元年從起碭、以左司馬入漢、爲將軍、三以都尉擊項羽、屬韓信、功侯、■卽漢五年、圍羽垓下、淮陰侯將四十萬自當之、	七 六年正月丙午、侯孔藂元年、■姚氏案、孔子家語云、子武生子魚及子文、文生冣、字子產、說文以冣爲積聚字、此作藂不同、	七	八	八 十五 九年、侯臧元年、	十六	十四 元朔三年、侯臧坐爲太常、南陵橋壞、衣冠車不得度、國除、■案孔藂云、臧歷位九卿、爲御史大夫、辭曰、臣經學乞爲太常典	三十

	費[illegible]費、音秘、一音扶未反、縣名、
孔將軍居左、費將軍居右、是也、費將軍、卽下費侯陳賀也、[illegible]前元年二年三年者、高帝自稱沛公之年也、入關王漢以後、始稱漢元年、漢初王侯受封、皆自稱元年、亦用此例、	以舍人前元年從起碭、以左司馬入漢、
	七 六年正月丙午、圉侯陳賀元年、[illegible]徐廣曰、圉、或作幽、
	七
	八
	二十三 元年、共侯常元年、
	一 八 二年、侯偃元年、中 巢四 中六年、封賀子侯最、
禮、臣家業與安國綱紀古訓武帝雖遠其意遂拜太常與禮賜如三公、臧子琳位至諸侯、琳子瑛失侯爵、此云臧國除、當是後更封其子也、[illegible]宋臧家業二字、當在經學上、下臣字、當在安國上、	
	[illegible]費侯闕位次、漢表作三十一、以本紀

屬東海、	陽夏[illegible]縣名、屬淮陽、
用都尉屬韓信、擊項羽、有功、爲將軍、定會稽浙江湖陽、侯、[illegible]湖陽、漢表作胡陵、	以特將將卒五百人、前元年從起宛朐、至霸上、爲侯、以游擊將
	五 六年正月丙午、侯陳豨元年、十年八月、豨以趙相國將兵守代、漢使召豨、
二年、有罪、絕、 元年、後三年、最薨、無後、國除、	
證之、費將軍與孔將軍分居左右、功應相類、蓼侯第三十、則費侯第三十一矣、	

	隆慮[illegible]縣名、屬河內、音林閭、隆、避殤帝諱改也、
軍別定代、已破臧荼、封豨爲陽夏侯、[illegible]豨音虛紀反、	以卒從起碭、以連敖、[illegible]徐廣以連敖爲與客官也、入漢、以長鈹都尉、[illegible]案以長鈹爲官名、說文云、鈹者劍也、鈹音敷皮反、漢
豨反、以其兵與王黃等略代、自立爲燕、漢殺豨靈丘、[illegible]燕當作王、	七 六月正月丁未、哀侯周竈元年、[illegible]哀、漢表作克也、
	七
	八
	十七 六 後二年、侯通元年、
	七 中元年、侯通有罪、國除、
	三十四

	陽都[illegible]漢志闕、晉書地道記屬琅邪、[illegible]陽都、前漢屬城陽、
表作鉟、音丕也、擊項羽有功、侯、	以趙將從起鄴、至霸上、爲樓煩將、入漢定三秦、別降翟王、屬悼武王殺龍且彭城、爲大司馬、破羽軍葉、拜爲將軍、忠臣、
	七 六年正月戊申、敬侯丁復元年、[illegible]復、音伏、
	七
	五 三 六年、趮侯甯元年、
	九 十四 十年、侯安成元年、
	一 二年、侯安成有罪、國除、
	十七

	侯、七千八百戶、■鄗當作蘇、忠臣非官號、表惟見此一人、忠與中通、謂中朝親近之臣也、							
新陽 ■漢表作陽信、縣名、屬汝南、	以漢五年用左令尹初從、功比堂邑侯、千戶、	七 六年正月壬子、胡侯呂靖元年、■靖、索隱本作清、漢表作青、	三 四 四年、頃侯世元年、■世、漢表作臣、	八	六 二 七年、懷侯義元年、 十五 九年、惠侯它元年、	四 五 五年、恭侯善元年、 七 中三年、侯譚元年、■譚、漢表作談、	二十八 元鼎五年、侯譚坐酎金國除、	八十一 ■漢表作八十七、此疑誤、
東武 ■縣名、屬琅邪	以戶衛、■徐廣曰、一云從、	七 六年正月戊午、貞侯	七	五 三 六年、侯它	二十三	五 六年、侯它弃市、國除、		四十一 ■

郡、	起薛、屬悼武王、破秦軍杠里、楊熊軍曲遇、入漢、爲越將軍、■徐廣曰、越一作城、■一本是、漢表作城將帥、師古曰、將築城之兵也、定三秦、以都尉堅守敖倉、爲將軍、破籍軍、功侯、	郭蒙元年		元年、				■東武侯第當二十一、若在四十一、則與高苑同位、

	二千戶、■慶長本、二千作三千、與漢表合、							
汁邡 ■如淳曰、汁音什、邡音方、■什邡、縣名、屬廣漢、音十方、又汁如字、	以趙將前三年從定諸侯、侯、二千五百戶、功比平定侯、齒故沛豪、有力、與上有郤、故晚從、■趙將、疑魏將之誤、或疑平定侯齊受孝惠	七 六年三月戊子、肅侯雍齒元年、	二 五 三年、荒侯巨元年、■漢表、巨作鉅鹿、	八	二十三	二 十 三年、侯野元年、 四 中六年、終侯桓元年、■桓坐酎金失侯、不應有諡、	二十八 元鼎五年、終侯桓坐酎金國除、	五十八

	元年始封、雍齒以高祖六年封、不應轉準其例、按此表位次、呂后時陳平所定、不必以前後爲疑、							
棘蒲 ■漢志闕、	以將軍前元年率將二千五百人起薛、別救東阿、至霸上、二歲十月入漢、擊齊歷下軍、	七 六年三月丙申、剛侯陳武元年、	七	八	十六 後元年、侯武薨、嗣子奇反、不得置後、國除、			十三

	田既、功、侯、								
都昌 漢志闕、都昌縣屬北海、	以舍人前元年從起沛、以騎隊率先降翟王、虜章邯、功、侯、	七 六年三月庚子、莊侯朱軫元年、	七	八 元年、剛侯率元年、	七 十六 八年、夷侯詘元年、	二 五 元年、恭侯偃元年、三年、侯辟彊元年、中元年、辟彊薨、無後、國除、			二十三
武彊 漢志闕、武彊在河南陽武縣、	以舍人從至霸上、以騎將入漢、還擊項羽、屬丞相甯、功、侯、用將	七 六年三月庚子、莊侯莊不識元年、	七	六 二 七年、簡侯嬰元年、	十七 六 後二年、侯青翟元年、	十六	二十五 元鼎二年、侯青翟坐爲丞相與長史朱買臣等逮御史		三十三

	軍擊鯨布、侯、 是時無丞相名甯者、疑誤、布下侯字衍、						大夫湯不直、國除、		
貰 縣名、屬鉅鹿、貰、音世、一音時夜反、	以越戶將從破秦、入漢、定三秦、以都尉擊項羽、千六百戶、功比臺侯、	二 五 六年三月庚子、齊侯呂元年、 徐廣曰、呂一作台、 齊侯呂博國、謚 八年、恭侯方山元年、	七	八	二 十二 元年、煬侯赤元年、十二年、康侯遺元年、	十六	十六 八 元朔五年、侯倩元年、 倩練反、又七淨反也、 元鼎元年、侯倩坐殺人弃市、國除、		三十六

		法執心克莊曰齊、 呂、漢表作合傳胡害、與徐廣一本、索隱亦誤、							
海陽 海陽亦南越縣、地理志闕、 漢志遼西郡有海陽、	以越隊將從破秦、入漢、定三秦、以都尉擊項羽、侯、千八百戶、 漢表、	七 六年三月庚子、齊信侯搖毋餘元年、 案毋餘、東越之族也、	二 五 三年、哀侯招攘元年、 漢表作昭襄也、	四 四 五年、康侯建元年、	二十三	三 十 四年、哀侯省元年、中六年、侯省薨、無後、國除、			三十七

縣、	八作七、								
南安 縣名、屬犍爲、建安亦有此縣、	以河南將軍、漢王三年降晉陽、以亞將破臧荼、侯、九百戶、 亞將、漢表作連將也、 今本漢表作重將、	七 六年三月庚子、莊侯宣虎元年、	七	八	八 十一 四 九年、共侯戎元年、後四年、侯千秋元年、	七 中元年、千秋坐傷人免、			六十三
肥如 縣名、屬遼西、應劭云、肥子、	以魏太僕三年初從、以車騎都尉破龍	七 六年三月庚子、敬侯蔡寅元年、	七	八	二 十四 七 三年、莊侯成元年、後元年、侯奴元年、	元年、侯奴薨、無後、國除、			六十六

奔燕、燕封於此肥國也、如往也、因以爲縣也、	且及彭城、侯、千戶、[redacted]漢表、都尉作將軍、							
曲成 [redacted]曲成縣、漢志闕、表在涿郡、[redacted]漢志曲成屬東萊、	以曲成戶將、卒三十七人、初從起碭、至霸上、爲執珪、爲二隊將、屬悼武王、入漢、定三秦、以都尉	七 六年三月庚子、圉侯蟲逢元年、[redacted]曲城圉侯蟲達、蟲音如字、楚漢春秋云、夜侯蟲達、蓋改封也、夜縣屬東萊、又謚法威德彊武曰圉、子捷侯據封垣、故位次曰夜侯、垣亦誤、[redacted]蟲當侯	七	八	八 元年、侯捷元年、有罪、絕、 五 後三年、復封、恭侯捷元年、	十三 有罪、絕、 垣五 中五年、復封、恭侯捷元年、[redacted]孝景止十六年、去垣五年、餘十一年、此十三字有誤、	二十五 建元二年、侯皐柔元年、元鼎三年、侯皐柔坐爲汝南太守、知民不用赤側錢爲賦、[redacted]不用赤側、爲賦、案時用赤側錢、而汝南不以爲賦也、國除、[redacted]皐柔、漢表作蟲柔、	十八

	破項羽軍陳下、功侯、四千戶、爲將軍擊燕代、拔之、	漢表作蟲、古有蟲姓、無蟲姓、						
河陽 [redacted]縣名、屬河內、	以卒前元年起碭、從以二隊將入漢、擊項羽身得郎將處、功侯、以丞相定齊地、[redacted]從字當在起上、	七 六年三月庚子、莊侯陳涓元年、	七	八	三 元年、侯信元年、四年、侯信坐不償人責過六月、奪侯、國除、			二十九

淮陰 [redacted]縣名、屬臨淮、	兵初起、以卒從項梁、梁死、屬項羽、爲郎中、至咸陽、亡從入漢、爲連敖典客、蕭何言爲大將軍、別定魏齊、爲王、徙楚、坐擅發兵、廢爲淮陰侯、[redacted]典客	五 六年四月、侯韓信元年、[redacted]淮陰之封、高紀在六年十二月甲中、十一年、信謀反關中、呂后誅信、夷三族、國除、						

	漢表作粟客、蓋字誤、傳作治粟都尉、或先爲連敖典客也、[redacted]典客作粟、索隱引漢表可證、今本漢表誤作粟客、							
芒 [redacted]縣名、屬沛、	以門尉前元年初起碭、至霸上、爲武定君、入漢、還定三秦、以都尉擊項羽、侯、[redacted]漢表、	三 六年侯昭元年、[redacted]徐廣曰、昭一作起、漢書年表云、芒侯耏跖、[redacted]耏跖音而隻二音、耏又音人才反、字林以多須髮曰耏、耏姓也、左傳宋有耏班、				張 十一 孝景三年、昭以故芒侯將兵從太尉亞夫擊吳楚有 三 後元年三月、侯申元年、[redacted]三月二字疑衍、	十七 元朔六年、侯申坐尚南宮公主、不敬、國除、[redacted]南宮公主、景帝女、初南宮侯張坐尚之、有罪、後	

	故市[redacted]縣名、屬河南、	柳丘[redacted]縣名、屬渤海、
武定作定武、	以執盾初起、入漢爲河上守、遷爲假相、擊項羽、侯、千戶、功比平定侯、	以連敖從起薛、以二隊將、入漢
九年侯昭有罪、國除、	三 六年四月癸未、侯閻澤赤元年、 四 九年、夷侯毋害元年、	六年六月丁亥、齊侯戎賜元年、 七
	七	七
	八	四 五年、定侯安國 四
	十九 四 後四年、戴侯續元年、	二十三
功、復侯、[redacted]孝景二字疑衍、	四 孝景五年、侯穀嗣、 十二	三 十 四年、敬侯嘉成元年、後元年、侯
毀侯彭申倚之也、	二十八 元鼎五年、侯穀坐酎金國除、	
	五十 五	三十 九

	魏其[redacted]縣名、屬瑯邪、
定三秦、以都尉破項籍軍、爲將軍、侯、千戶、[redacted]漢表作八千戶、誤、	以舍人從沛、以郎中入漢、爲周信侯、定三秦、遷爲郎中騎將、破籍東城、侯、千戶、[redacted]沛上
	六年六月丁亥、莊侯周定元年、[redacted]漢表作周止、 七
	七
元年、	四 五年、侯閒元年、[redacted]漢表、閒作簡、 四
	二十三
角嗣、有罪國除、	二 前三年、侯閒反、國除、
	四十 四

	祁[redacted]縣名、屬太原、
缺起字、	以執盾漢王三年初起從晉陽、以連敖擊項籍、漢王敗走、賀方將軍擊楚追騎、以故不得進、漢王顧謂賀祁子留彭城、軍執圭東擊羽、
	六年六月丁亥、穀侯繒賀元年、[redacted]諡法、行見中外曰穀、 七
	七
	八
	十一 十二年、頃侯湖元年、[redacted]漢表、湖作胡、 十二
	五 六年侯它元年、 十一
	八 元光二年、侯它坐從射擅罷不敬、國除、[redacted]徐廣曰、射一作酎、
	五十 一

	平[redacted]縣名、屬河南、
急絕其近壁、侯、千四百戶、[redacted]徐廣曰、戰彭城爲尉、收斬將、又云、漢王顧歎、賀祁戰彭城斬將、[redacted]祁字衍、軍當作以、	兵初起、以舍人從擊秦、以郎中入漢、以將軍定諸侯守洛陽、功、
	六 六年六月丁亥、悼侯沛嘉元年、[redacted]漢表、 一 十二年、靖侯奴元年、
	七
	八
	十五 八 十六年、侯執元年、
	十一 中五年、侯執有罪、國除、
	三十 二

	魯 ■縣名、屬魯國、
侯、比費侯、賀千三百戶、	以舍人從起沛、至咸陽爲郎中、入漢、以將軍從定諸侯、侯、四千八百戶、功比舞陽侯、死事、母代侯、■徐廣曰、漢書云、魯侯涓、涓死無
沛嘉作工師喜、	七 六年中、母侯疵元年、■母侯之稱奇、不知何以無謚、
	七
	四 五年、母侯疵薨、無後、國除、
	七

	故城 ■漢表作城父、屬沛郡、	任 ■縣名、
子、封母疵、■涓無子、封中母侯疵也、	以兵初起、以謁者從、入漢、以將軍擊諸侯、以右丞相備守淮陽、功比厭次侯、二千戶、■功上缺功字、	以騎都尉漢五
	七 六年中、莊侯尹恢元年、	七 六年、侯張
	一 三年、侯開方元年、 五	七
	二 三年、侯開方奪侯、爲關內侯、	二 三年、侯
	二十六、■各本皆缺、殿本有、疑依漢表補、	

屬廣平、	棘丘 ■漢志、棘丘地闕、
年從起東垣、擊燕代、屬雍齒、有功、侯、爲車騎將軍、	以執盾隊史前元年從起碭、破秦、以治粟內史入漢、以上郡守擊定西魏地、功、侯、
越元年、■任侯張成、漢表作張越、	七 六年、侯襄元年、■襄、名也、史失姓及謚、
	七
越坐匿死罪、免爲庶人、國除、	四 ■依漢表、襄以呂后元年免、則此四字衍、依史表、四年奪侯、則四當作三、四年、侯襄奪侯、爲士伍、國除、

阿陵 ■縣名、屬涿郡、	昌武 ■
以連敖前元年從單父、以塞疏入漢、■徐廣曰、一云塞路、一云以塞入漢中、■起單父、塞路入漢、一云、塞疏、一云以塞疏入漢、案塞路字誤爲疏、小顏云、主遮塞要路也、■從下脫起字、塞疏、塞路疏通也、	初起以舍人從、
七 六年七月庚寅、頃侯郭亭元年、	七 六年七月
七	五 六年、 二
八	八
二 三年、惠侯歐元年、 二十一	二十三
一 八 前二年、侯勝客元年、有罪、絕、中六年、靖侯延居元年、■靖侯上失[illegible]復封二字、 南四	十 中四 六
二 十七 元光六年、侯則元年、元鼎五年、侯則坐酎金國除、	十 四 元光五年、
二十七	四十 五

漢志昌武闕、[redacted]昌武屬膠東、	高苑[redacted]高宛、縣名、屬千乘、
以郎中入漢定三秦、以郎中將擊諸侯、侯、九百八十戶、比魏其侯、	初起以舍人從、入漢定三秦、以中尉破籍、侯、千六百戶、比斥丘侯、[redacted]
庚寅、靖信侯單甯元年、[redacted]單甯音佞、[redacted]單宗、漢表作單究、	七 六年七月戊戌、制侯丙倩元年、[redacted]倩音七淨反、
夷侯如意元年、[redacted]漢表、夷作高、	七 元年、簡侯得元年、
	八
	十五 十六年、孝侯武元年、[redacted]漢表、孝侯作平侯、 八
年、康侯賈成元年、	十六
侯得元年、元朔二年、侯得坐傷人二旬內死、弃市、國除、[redacted]二年當作三年、	二 建元元年、侯信元年、建元三年、侯信坐出入屬車閒、奪侯、國除、
	四十 一

	宜曲[redacted]漢志闕、	絳陽[redacted]漢志
漢表、以舍人從、作以客從、	以卒從起留、以騎將入漢定三秦、破籍軍滎陽、為郎騎破鍾離昧軍固陵、侯、六百七十戶、[redacted]漢表、郎騎作郎騎將、	以越將從起留、
	七 六年七月戊戌、齊侯丁義元年、	七 六年七月
	七	七
	八	八
	十 十一年、侯通元年、 十三	三 十六 四年、 後四 四
	四 有罪、絕、中五年、復封侯通元年、中六年、侯通有罪、國除、[redacted]除當作絕、 發婁	三 前四年、侯
	四十 三	四十 六

闕、漢表作絲陵也、	東茅[redacted]漢志闕、一作柔也、
入漢定三秦、擊臧荼、侯、七百四十戶、從攻馬邑及布、	以舍人從碭、至霸上、以二隊入漢定三秦、以都尉擊項羽、破臧荼、侯、捕韓信、為將軍、益
戊戌、齊侯華無害元年、	七 六年八月丙辰、敬侯劉釗元年、
	七
	八
恭侯勃齊元年、[redacted]漢表無齊字、 年、侯祿元年、	二 三年、侯吉元年、十六年、侯吉奪爵、國除、 十三
祿坐出界有罪、國除、	
	四十 八

	斥丘[redacted]縣名、屬魏郡、
邑千戶、[redacted]從下脫起字、	以舍人從起豐、以左司馬入漢、以亞將攻籍、剋敵、為東郡都尉、擊破籍武城、為漢中尉、擊布、為斥丘侯、千戶、[redacted]徐廣曰、一云城武、[redacted]破
	七 六年八月丙辰、懿侯唐厲元年、
	七
	八
	八 九年、恭侯鼂元年、 十三 後六年、侯賢元年、[redacted]侯賢失謚、 二
	十六
	二十五 元鼎二年、侯尊元年、元鼎五年、侯尊坐酎金、國除、 三
	四十

	籍、武城、初爲武城侯、後擊布、改封斥丘、							
臺 【考證】案臨淄郡有臺鄉縣、【考證】前後漢志濟南郡有臺縣、水經注云、臺縣故城、戴野所封、	以舍人從起碭、用隊率入漢、以都尉擊籍、籍死、轉擊臨江、屬將軍賈、功、侯、以將軍擊燕、	七 六年八月甲子、定侯戴野元年、	七	八	三 二十 四年、侯才元年、	二 三年、侯才反、國除、		三十 五
安國 【考證】縣名、	以客從起豐、以	七 六年八月	七 其六年爲	七 一 八年、	二十三 元年、終侯游	十六	二十 八 建元 元狩三	十二

屬中山、	廄將別定東郡、南陽、從至霸上、入漢守豐、上東、因從戰不利、奉孝惠魯元出淮水中、及堅守豐、于雍、侯、五千戶、【考證】淮當作睢、于當作封、	甲子、武侯王陵元年、定侯安國、【考證】定侯安國四字當移上格侯字下、	右丞相、	哀侯忌元年、	元年、【考證】徐廣曰、游一作昭、		元年三月、安侯辟方元年、元狩三年、侯定元年、元鼎五年、侯定坐酎金國除、	
樂成 【考證】漢志	以中涓騎從碭	七 六年八月	七	八	四 十八 一 五年、後七	十六	二十五 三 元鼎二	四十 二

闕、【考證】南陽有樂成縣、	中、爲騎將、入漢、定三秦、侯、以都尉擊籍、屬灌嬰、殺龍且、更爲樂成侯、千戶、【考證】從碭中、漢表作從起碭、	甲子、節侯丁禮元年、			夷侯馬從元年、年、武侯客元年、【考證】漢表作式侯吝、		年、侯義元年、【考證】漢表郊祀志名登、元鼎五年、侯義坐言五利侯不道、弃市、國除、	
辟陽 【考證】縣名、屬信都、	以舍人初起、侍呂后孝惠沛三歲十月、呂后入	七 六年八月、甲子、幽侯審食其元年、【考證】失書審食其爲丞相、	七	八	三 二十 四年、侯平元年、	二 三年、平坐反、國除、		五十 九

	楚、食其從一歲、侯、【考證】三歲當作二歲、呂后入楚、在漢二年四月、歸也在四年九月、則此所書十月、乃四月之誤、一歲乃三歲之誤、							
安平 【考證】縣名、屬涿郡、	以謁者漢王三年初從、定諸侯有功、秩舉蕭何、功侯、二千戶、	七 六年八月甲子、敬侯諤千秋元年、	二 五 孝惠三年、簡侯嘉元年、【考證】孝惠二字	七 一 八年、頃侯應元年、	十三 十 十四年、煬侯寄元年、	十五 一 後三年、侯但元年、	十八 元狩元年、坐與淮南王女陵通、遺淮南書、稱臣盡力、弃	六十 一

	鄗成[illegible]漢志闕、晉書地道記、屬北地、案緤封池陽、後定封鄗成、音苦塡反、小顏音普肯反、
[illegible]秋上脫千字、	以舍人從起沛、至霸上、侯、[illegible]漢書無侯字、此衍、入漢定三秦、食邑池陽、擊項羽軍滎陽、絕甬道、從出度平陰、遇淮陰侯軍襄國、楚漢約
	七 六年八月甲子、尊侯周緤元年、[illegible]尊侯、本傳作貞侯、十二年十月乙未、定鄗成、
疑衍、	七
	八
	五 緤薨、子昌代、有罪絕、國除、
	鄲一 中元年、封緤子康侯應元年、[illegible]緤子紹封鄲、案漢志屬沛郡、如淳引闞駰州志、音多、 八 中二年、侯中居元年、[illegible]中、音仲、
市、國除、	二十六 元鼎三年、侯居坐爲太常有罪、國除、[illegible]居上脫中字、
	二十一

	北平[illegible]縣名、屬中山、
分鴻溝、以緤爲信、戰不利、不敢離上、侯、三千三百戶、[illegible]信下脫武侯二字、	以客從起陽武、至霸上、爲常山守、得陳餘、爲代相、從趙相、侯、爲計相四
	七 六年八月丁丑、文侯張蒼元年、
	七
	八
	二十三 其四爲丞相、[illegible]爲計相也、五歲、罷、[illegible]四下缺年字、五上缺十字、孝文四年張蒼爲丞相、凡十五年而免、
	五 六年、康侯奉元年、 八 後元年、侯預元年、[illegible]史傳漢表傳竝此侯名類、 三
	四 建元五年、侯預坐臨諸侯喪後不敬、國除、
	六十五

	高胡[illegible]漢志闕、	厭次[illegible]漢志闕、晉
歲、淮南相十四歲、千三百戶、[illegible]從當作徙、	以卒從起杠里、入漢、以都尉擊籍、以都尉定燕、侯、千戶、[illegible]漢表以都尉定燕、作以將軍定燕、	以愼將前元年從起留、
	七 六年中、侯陳夫乞元年、	七 六年中、侯元頃元年、
	七	七
	八	八
	四 五年、殤侯程嗣、薨、無後、國除、	五 元年、侯賀 六年、侯賀
	八十二	二十四

書地道記、屬平原、後乃屬樂陵國也、	平皋[illegible]縣名、屬河內、
入漢、以都尉守廣武、功、侯、[illegible]愼、地名、地理志屬汝南郡、	項它、漢六年以碭郡長初從、賜姓爲劉氏、功比戴侯彭祖、五百八十戶、[illegible]漢表、戴侯作軑侯、
[illegible]徐廣曰、漢書作爰類、	六 七年十月癸亥、煬侯劉它元年、
	四 五年、恭侯遠元年、 三
	八
元年 謀反、國除、	二十三
	十六 元年、節侯光元年、
	二十八 建元元年、侯勝元年、元鼎五年、侯勝坐酎金國除、
	百二十一

國名	復陽【索隱】縣名、屬南陽、復音伏、應劭云、在桐柏山下復水之陽也、【考證】水經注爲封于河內復陽、	陽河【索隱】縣名、屬上黨、【考證】漢表
侯功	以卒從起薛、以將軍入漢、以右司馬擊項籍、侯、千戶、	以中謁者從入漢、以郎中騎從定諸侯、
高祖	六 七年十月甲子、剛侯陳胥元年、	三 七年十月甲子、齊哀 三 十年、侯安國元年、
孝惠	七	七
高后	八	八
孝文	十 十一年、恭侯嘉元年、 十三	二十三
孝景	五 六年、康侯拾元年、 十一	十 中四年、侯午元年、中 六
建元	十二 元朔元年、侯彊元年、元狩二年、坐父拾非嘉子、國除、 七	二十七 埤山 三 二十 元鼎四年、恭侯章元 元封元年、侯仁元年、
侯第	四十九	八十三

國名	岡、或云、河乃阿誤、	朝陽【索隱】縣名、屬南陽、【考證】水經注、爲封濟南朝陽縣、
侯功	侯、五百戶、功比高胡侯、	以舍人從起薛、以連敖入漢、以都尉擊項羽、後攻韓王信、侯、千戶、
高祖	侯元年、【索隱】陽河齊侯卞䜣、漢表作其石、【考證】漢表單稱齊侯、	六 七年三月丙寅、齊侯華寄元年、【考證】漢表、丙寅作壬寅、
孝惠		七
高后		八 元年、文侯要元年、
孝文		十三 十四年、侯當元年、 十
孝景	絕、【考證】元朔四年、改封埤山、或皆中絕、	十六
建元	年、【索隱】埤音卑、 征和三年、十月、仁與母坐祝詛、大逆無道、國除、	十三 元朔二年、侯當坐教人上書枉法罪、國除、
侯第		六十九

國名	棘陽【索隱】棘、音紀力反、縣名、屬南陽、	涅陽【索隱】縣名、屬南陽、
侯功	以卒從起胡陵、入漢、以郎將迎左丞相軍、以擊諸侯、侯、千戶、【考證】漢表、諸侯作項籍、千戶作二千戶、	以騎士漢王二年從出關、以郎將擊斬項羽、侯、千五百
高祖	六 七年七月丙辰、莊侯【索隱】壯侯、杜得臣元年、【考證】漢表、丙辰作丙申、	六 七年中、莊侯、【索隱】壯侯、案五侯斬項籍、皆諡壯、漢表以爲莊、皆避諱、改作嚴、誤也、呂勝元年、
孝惠	七	七
高后	八	八
孝文	五 六年、質侯但元年、 十八	五年、莊侯子成實非子、不當爲侯、國除、 四
孝景	十六	
建元	九 元光四年、懷侯武元年、元朔五年、侯武薨、無後、國除、 七	
侯第	八十一	百四

國名		平棘【索隱】縣名、屬常山、	羹頡
侯功	戶、比杜衍侯、【考證】比上缺功字、	以客從起亢父、斬章邯所署蜀守、用燕相侯、千戶、	以高祖
高祖		六 七年中、懿侯執元年、【集解】徐廣曰、漢表作林摯、	六
孝惠		七	七
高后		七 八年、侯辟彊元年、【考證】漢表云、懿侯二十四年薨、辟彊以孝文五年嗣、與此異、 一	
孝文		五 六年、侯辟彊有罪、爲鬼薪、國除、	
孝景			
建元			
侯第		六十四	

	深澤 【索隱】縣名、屬中山、
兄子從軍擊反韓王信、爲郎中將、信母嘗有罪、高祖微時太上憐之、故封爲羹頡侯、	以趙將漢王三年降、屬淮陰侯、定趙齊楚、以擊平城、侯、
七年中、侯劉信元年、	五 八年十月癸丑、齊侯趙將夜元年、【考證】漢表作將夕、
	七
元年、信有罪、削爵一級、爲關內侯、【考證】此高后元年也、信母封陰安侯、見孝文紀、是高后封之、當附羹頡下、	一 奪、絕、三年復封、一年絕、
	四 十四年、復封、將夜元年、 六 後二年、戴侯頭元年、
	亘五 三年、侯循元年、罪絕、【考證】漢表、循作脩、 中五年、封頭子夷侯胡元年、【考證】漢表、更作臾、
	十六 元朔五年、夷侯胡薨、無後、國除、
	九十八

	柏至 【索隱】漢志闕、
七百戶、	以駢憐從起昌邑、以說衞入漢、以中尉擊籍、侯、千戶、【考證】漢表師古曰、二馬曰駢憐、謂駢兩騎爲軍翼也、說讀曰稅、說衞謂軍行止舍主爲衞也、【索隱】姚氏憐鄰聲相近、駢鄰猶比鄰也、說衞者、說稅也、稅衞謂
	六 七年七月戊辰、靖侯許溫元年、【索隱】漢表作許盎、【考證】漢表、七月作十月、
	七
	一 二年、有罪、絕、 六 三年、復封溫如故、
	十四 元年、簡侯祿元年、 九 十五年、哀侯昌元年、【考證】失書昌爲丞相、
	十六
	七 十三 元光二年、共侯如安元年、【考證】漢表、如安作安如、 五 元狩三年、侯福元年、元鼎二年、侯福有罪、國除、
	五十八

	中水 【索隱】縣名、屬涿郡、應劭云、易滱二水之中、
軍行初稅之時主爲衞也、	以郎中騎將漢王元年從起好畤、以司馬擊龍且、後共斬項羽、侯、千五百戶、
	六 七年正月己酉、莊侯、【索隱】壯侯、呂馬童元年、
	七
	八
	九 三 十年、夷侯假元年、【考證】漢表、假作瑕、 十一 十三年、共侯青肩元年、【考證】漢表、肩作眉、
	十六
	五 建元六年、靖侯德元年、 一 二十三 元光元年、侯宜成元年、【考證】二十三當作二十二、元鼎五年、侯宜成坐酎金、國除、
	百一

杜衍 【索隱】縣名、屬南陽、	赤泉 【索隱】漢志闕、
以郎中騎漢王三年從起下邳、屬淮陰、從灌嬰共斬項羽、侯、千七百戶、【考證】淮陰下脫復字、	以郎中騎漢王二年從起杜、屬淮陰、後從灌嬰共斬項羽、侯、千
六 七年正月己酉、莊侯王翳元年、【考證】漢表作王翥也、	六 七年正月己酉、莊侯楊喜元年、
七	七
五 三 六年、共侯福元年、	元年、奪、絕、 七 二年、復封、
四 七 五年、侯市臣元年、【考證】漢表、市臣諡孝、 十二 十二年、侯翕元年、【考證】漢表、翕作舍、	十一 十二 十二年、定侯殷元年、【考證】漢表、殷作數、
十二 有罪、絕、 三 後元年、復封翳子彊侯郢人元年、【集解】徐廣曰、彊一作疆、	三 六 四年、侯無害元年、有罪、絕、 臨汝 五 中五年、復封侯無害元年、
九 十二 元光四年、侯定國元年、元狩四年、侯定國有罪、國除、【考證】漢表、十二作十三、元狩四年作元狩五年、	七 元光二年、侯無害有罪、國除、
百二	百三

	栒 [redacted]縣名、屬扶風、音荀、故周文王封其子之邑、河東亦有郇城也、	武原 [redacted]
九百戶、[redacted]柏至中水杜衍赤泉四侯封年月、當次陽阿之後、	以燕將軍漢王四年從、破曹咎軍、爲燕相、告燕王荼反、侯、以燕相國定盧奴、千九百戶、	漢七年、以梁將
	五 八年十月丙辰、頃侯溫疥元年、	五 八年、十二
	七	三 四 四年、
	八	八
	五 十七 一 六年、文侯仁元年、 後七年、侯河元年、[redacted]漢表河作何、下格同、	二十三
	十 中四年、侯河有罪、國除、	三 十三 四年、侯不
	九十 一	九十 三

漢志闕、[redacted]武原縣屬楚國、		磿 [redacted]磿、漢志闕、
軍初從擊韓信陳豨黥布、功、侯、二千八百戶、功比高陵	侯、[redacted]武原以八年十二月封侯、磿以八年七月封、漢以十月爲歲首、故七月在十二月之後、故其次先磿、	以趙衛將軍、漢王三年
月丁未、靖侯衛胠元年、[redacted]漢表胠作[illegible]、音胥、又音怯、[redacted]今漢表亦作胠、		五 八年七月癸酉、簡侯
共侯寄元年、		七
		二 六 三年、孝侯
		十六 七 後元年、侯
害元年、後二年、不害坐葬過律、國除、[redacted]不害以後二年免、在位十一年、此三字誤、		七 中元年、侯竈有罪、國除、
		九十 二 [redacted]磿之

表作歷、歷縣在信都、劉氏依字讀、皆天下地名多、既無定讀、且依字、是不決之詞、地之與邑故無屬、誤也、	稾 [redacted]漢志、稾縣屬山陽也、
從起盧奴、擊項羽敖倉下、爲將軍、攻臧荼、有功、侯、千戶、	高帝七年、爲將軍、從擊代陳豨、
程黑元年、	五 八年十二月丁未、祗侯陳錯元年、
	二 五 三年、懷侯嬰元年、
釐元年、	八
竈元年、	六 十四 三 七年、共侯應元年、 後五年、侯安元年、
	十六
	十三 七 九 不得千秋父、[redacted] 元狩二年、侯千秋元年、
侯第當是九十七、若在九十二、則與高陵同位、	百二 十四

[redacted]稾當作稾、卽山陽郡稾縣、水經注可證、史漢表改誤、	宋子 [redacted]漢志、宋子縣屬鉅鹿也、
有功、侯、六百戶、	以漢三年、以趙羽林將初從、擊定諸侯、功比磿侯、五百四十戶、
年、[redacted]漢表作鍇、音楷、三倉云、九江人名鐵曰鍇、	四 一 八年十二月丁卯、惠侯許瘛元年、[redacted]瘛音充志反、 十二年、共侯不疑元年、[redacted]漢表不疑作留、
年、	七
	八
年、 年、[redacted]安謚節、	九 十四 十年、侯九元年、
	八 中二年、侯九坐買塞外禁物罪、國除、
徐廣曰、千秋父以元朔元年立、 元鼎五年、侯千秋坐酎金、國除、	
	九十 九

		音尺制反、郭璞音胡計反、亦作蹶字林音巨月反、							
猗氏 縣名、屬河東、	以舍人從起豐、入漢、以都尉擊項羽、侯、二千四百戶、漢表作千一百戶、	五 八年三月丙戌、敬侯陳遬元年、遬音速、	六 七年、靖侯交元年、 一	八	二十三	二 三年、頃侯差元年、薨、無後、國除、		五十	
清	以弩將	五	七	八	七 十六	十六	二十 七 一	七十	

縣名、屬東郡、	初起、從入漢、以都尉擊項羽、代侯、比彭侯、千戶、代上脫定字、下三侯同、	八年三月丙戌、簡侯空中元年、徐廣曰、空一作窒、清簡侯空中同、空一作窒、窒中、姓、見風俗通、	元年、頃侯聖元年、		八年、康侯鮒元年、		元狩三年、恭侯石元年、 元鼎四年、侯生元年、元鼎五年、生坐酎金、國除、	一	
彊 漢志彊闕、	以客吏初起、從入漢、以都尉擊項羽、代侯、比彭侯、千戶、	三 八年三月丙戌、簡侯留勝元年、 二 十一年、戴侯章元年、	七	八	十二 十三年、侯服元年、 二 十五年、侯服有罪、國除、			七十 二	
彭	以卒從起薛、以	五 八年三月	七	八	二 二十一 三年、戴	二 十一 三年、侯武		七十	

漢表屬東海郡、東海郡無彭縣、	弩將入漢、以都尉擊項羽、代侯、千戶、	丙戌、簡侯秦同元年、			侯執元年、	元年、後元年、侯武有罪、國除、			
吳房 縣名、屬汝南、	以郎中騎將、漢王元年、從下邽、擊陽夏、以都尉斬項羽、有功、侯、七百戶、從下脫起字、	五 八年三月辛巳、莊侯楊武元年、漢表、辛巳作辛卯、	七	八	十二 十三年、侯去疾元年、 十一	十四 後元年、去疾有罪、國除、		九十 四	
甯 漢表	以舍人從起碭、	五 八年四月	七	八	十五 八 十六	三 元年、侯指元		七十 八	

寧陽屬濟南也、寧即河南之脩武、水經注可證、栄隆以濟南之寧陽當之、誤、	入漢以都尉擊臧荼、功、侯、千戶、	辛卯、莊侯魏選元年、選當作遬、			年、恭侯連元年、	年、四年、侯指坐出國界、有罪、國除、			
昌 縣名、屬琅邪、	以齊將漢王四年從淮陰侯起無鹽、定齊、擊籍及韓王	五 八年六月戊申、圉侯盧卿元年、漢表姓旅、旅卽盧古、旅弓字亦然也、	七	八	十四 九 十五年、侯通元年、	二 三年、侯通反、國除、		百九	

信於代、侯千戶、

共 [illegible]縣名、屬河內、
以齊將漢王四年從淮陰侯起臨淄、擊籍及韓王信於平城、有功、侯、千二百戶、
五 八年六月壬子、莊侯盧罷師元年、
七
八
六 七年、惠侯黨元年、 八 十五年、懷侯商元年、 五 後四年、侯商薨、無後、國除、[illegible]漢表、商作高、
百十 四

閼氏 [illegible]縣名、屬安定、[illegible]漢志、安定有烏氏、無閼氏、
以代太尉漢王三年降、為鴈門守、以特將平代反寇、侯、千戶、[illegible]漢表、太尉作大輿、大輿爵名、音泰也、
四 八年六月壬子、節侯馮解敢元年、[illegible]漢表作馮解散、
一 十二年、恭侯它元年、
薨、無後、絕、
十四 二年、封恭侯遺腹子、文侯遺元年、
八 十六年、恭侯勝之元年、
五 前六年、侯平元年、
十一
二十八 元鼎五年、侯平坐酎金、國除、
百

安丘 [illegible]安丘、縣名、屬北海也、
以卒從起方與、屬魏豹、二歲五月、以執鈹入漢、以司馬擊籍、以將軍定代、侯、三千戶、[illegible]漢表、執鈹作執質、三千作二千、
五 八年七月癸酉、懿侯張說元年、[illegible]說音悅、
七
八
十二 十三年、恭侯奴元年、 十一
二 三年、敬侯執元年、 一 四年、康侯訢元年、[illegible]漢表、訢作新、 十三
十八 元狩元年、侯指元年、[illegible]漢表、指作拾、 九 元鼎四年、侯指坐入上林謀盜鹿、國除、
六十七

合陽 [illegible]合陽、屬馮翊、
高祖兄、兵初起、侍太公守豐、天下已平、以六年正月立仲為代王、高祖八年、匈奴攻代、王棄國亡、廢為合陽侯、[illegible]八年當作七年、
五 八年九月丙子、侯劉仲元年、[illegible]徐廣曰、一名嘉、[illegible]仲名嘉、高祖弟、[illegible]仲之降、在高祖七年十二月、集解索隱嘉當作喜、元王世家云、名喜字仲、
二 仲子濞、為吳王、以子吳王故、尊仲諡為代頃侯、

襄平 [illegible]縣名、屬臨淮、[illegible]水經注云、紀通封于遼東之襄平、
兵初起、紀成以將軍從擊破秦、入漢、定三秦、功比定平侯、戰好畤、死事、子通襲成功侯、
五 八年九月丙午、侯紀通元年、
七
八
二十三
九 中三年、康侯相夫元年、 七
十二 元朔元年、侯夷吾元年、元封元年、夷吾薨、無後、國除、 十九
六十六 [illegible]六十六與絲實侯同、當五十六、

龍 [illegible]廬江有龍舒縣、蓋其地也、[illegible]
以卒從漢王元年起霸上、以謁者擊籍、斬曹咎、
五 八年後九月己未、敬侯陳署元年、
七
六 七年、侯堅元年、 二
十六 後元年、侯堅奪侯、國除、
八十 四

龍在泰山博縣、	繁【索隱】地理志有繁陽、恐別有繁縣、志闕、【考證】漢志蜀郡有繁縣、	陸梁【索隱】陸量、如淳據始皇紀所謂陸量
侯、千戶、	以趙騎將從漢、三年從擊諸侯、侯、比吳房侯、千五百戶、	詔以爲列侯、自置吏、受令長沙王、
	九年十一月壬寅、莊侯彊瞻元年、【索隱】漢表作平嚴侯强瞻、此作强瞻、【考證】今本漢表作張瞻師、 四	三 九年三月丙辰、侯須毋元 一 十二年、共侯
	四 三 五年、康侯呴獨元年、【索隱】一云侯惸、	七
	八	八
	二十三	十八 五 後三年、康侯慶忌元年、
	三 六 四年、侯寄元年、 七 中三年、侯安國元年、	元年、侯冄元年、 十六
	十八 元狩元年、安國爲人所殺、國除、	二十八 元鼎五年、侯冄坐酎金國
	九十五	百三十七

地、案今在江南也、	高京【集解】徐廣曰、一作景、【索隱】漢志闕、
	周苛起兵、以內史從擊破秦、爲御史大夫、入漢、圍取諸侯、堅守滎陽、功比辟陽、苛以御史大夫死事、子成爲後、
年、【索隱】漢表作須無、 桑元年、	四 九年四月丙寅、侯周成元年、【索隱】漢表、丙寅作戊寅、
	七
	八
	二十 後五年、坐謀反、繫死、國除、絕、
	繩 中元年、封成孫應、元年、 侯平嗣、不得元、
除、	元狩四年、平坐爲太常不繕治園陵不敬、國除、
	六十

	離【索隱】漢志闕、	義陵【集解】徐廣曰、一作義陽、【正義】義陽在汝南、
嬰侯、	失此侯始所起及所絕、【索隱】案楚漢春秋、亦闕、漢表、成帝時光祿大夫滑堪日旁占驗曰、鄧弱以長沙將兵侯、是所起也、	以長沙柱國侯、千五百戶、
	九年四月戊寅、鄧弱元年、	四 九年九月丙子、侯吳程元年、【索隱】漢表、程作郢、
		三 四 四年、侯種元年、
		六 七年、侯種薨、無後、國除、皆失謚、【考證】皆失謚三字、後人所加、
		百三十四

【索隱】義陵縣屬武陵、此侯以長沙柱國封、故在楚地也、	宣平【索隱】楚漢春秋、南宮侯張耳、此作宣平侯敖、敖、耳子、陳平錄第時、耳已薨、
	兵初起、張耳誅秦、爲相、合諸侯兵鉅鹿、破秦、定趙、爲常山王、陳餘反、襲耳、棄國、與大臣
	四 九年四月、武侯張敖元年、
	七
	六 薨、子偃爲魯王、國除、【集解】徐廣曰、改封信平、【考證】薨上脫侯敖二字、 信平
	十五 元年、以故魯王爲南宮侯、 八 十六年、哀侯歐元年、
	九 七 中三年、侯生元年、
	七 罪、絕、 睢陽 十六 元光三年、封偃孫侯廣、元年、【索隱】廣、漢功臣表作廣孫、公卿 十三 元鼎三年、侯昌元年、太初三年、侯昌爲太常、乏祠、國
	三、【索隱】高祖作十八侯位次、決不以敖居第三、顔師古曰、張耳及敖故無大

故也、	東陽 ■ 縣名、屬臨淮、	開封 ■ 縣名、屬河
歸漢、漢定趙、爲王、卒、子敖嗣、其臣貫高不善、廢爲侯、	高祖六年爲中大夫、以河閒守擊陳豨力戰功、侯、千三百戶、	以右司馬漢王五年初
	二 十一年十二月癸巳、武侯張相如元年、	一 十一年十 一 十二年、夷
	七	七
	八	八
	十五 五 十六年、共侯殷元年、 三 後五年、戴侯安國元年、	二十三
	三 十三 四年、哀侯彊元年、	九 景帝 七 中三年、節
表及傳作廣闕、除、■漢表在位十二年以太初二年免、	建元元年、侯彊薨、無後、國除、	十 元光五年、侯睢 十八
功、蓋以魯元之故呂后曲升之也、	百十八	百十五

南、	沛 ■ 縣名、屬沛郡、	愼陽 ■ 愼陽屬汝南、如淳曰、音震、
從、以中尉擊燕、定代、侯、比共侯、二千戶、	高祖兄合陽侯劉仲子、侯、	爲淮陰舍人、告淮陰侯信反、侯、二千戶、
二月丙辰、閔侯陶舍元年、 侯青元年、	一 十一年十二月癸巳、侯劉濞元年、十二年、十月辛丑、侯濞爲吳王、國除、	二 十一年十二月甲寅、侯樂說元年、■漢
		七
		八
		二十三
時爲丞相、 侯偃元年、		十二 四 中六年、靖侯願之元
元年、元鼎五年、侯睢坐酎金國除、		二十二 建元元年、侯買之元年、元狩五年、侯買之坐鑄白金
		百三十一

闞駰云、合作滇陽、永平五年失印更刻、遂誤以水爲心、續漢書作滇陽也、	禾成 ■ 漢志闕、
■漢表作三千戶、	以卒漢二年初從、以郎中擊代、斬陳豨、侯、千九百戶、■漢表二年作五年、
表作樂說、	二 十一年正月己未、孝侯公孫耳元年、■漢表耳作昔、
	七
	八
	四 九 五年、懷侯漸元年、十四年、侯漸薨、無後、國除、
年、■漢表無之字、	
弃市、國除、	
	百十七

堂陽 ■ 縣名、屬鉅鹿、	祝阿 ■ 縣名、屬平原、
以中涓從起沛、以郎入漢、以將軍擊籍、爲惠侯、坐守滎陽降楚免、後復來、以郎擊籍、爲上黨守、擊豨、侯、八百戶、	以客從起齧桑、以上隊將入漢、
二 十一年正月己未、哀侯孫赤元年、	二 十一年正月己未、孝侯高邑元
七	七
八 元年、侯德元年、	八
二十三	四 十四 五年、侯成元年、後三年、
十二 中六年、侯德有罪、國除、	
七十七	七十四

以將軍定魏太原、破井陘、屬淮陰侯、以缻度軍、擊籍及攻豨、侯、八百戶、[redacted]上隊、一作十隊、或云當作二隊、漢表八百戶作千八百戶、

年、[redacted]漢表己未作己卯、

侯成坐事國人過律、國除、

長脩[redacted]縣名、屬河東、

以漢二年用御史初從、出關、以內史擊

二

十一年正月丙辰、平侯杜恬元年、[redacted]一

二

三年、懷侯中元年、

五

八

四

五年、侯喜元年、[redacted]漢表、喜作意、恐非、

十九

八

罪、絶、

中五年、復封、侯相夫元年、

陽平五

三十三

元封四年、侯相夫坐

百八

諸侯、功比須昌侯、以廷尉死事、千九百戶、[redacted]漢法死事者其子封侯、如長脩侯杜恬以廷尉死事、即其子當封侯、何得自爲侯四年平、長脩侯杜恬爲廷尉、故與其子爲侯之年相合、殊不可解、或云死事二字衍、

云杜恬、[redacted]案位次曰信平侯、[redacted]漢表、丙辰作丙戌、

爲太常、與樂令無可當鄭人、撞鍾不如令、闌出函谷關、國除、[redacted]漢表、嗣相夫元封三年與、與百官表合、則此三

十三、當作三十二、元封四年、當作三年、無可漢表作中何、不知孰是、藝人名、京師在關內、此大樂供朝祭之用、而撞鍾使爲鄭衛之舞、又闌出

江邑[redacted]漢志闕、

以漢五年、爲御史用奇計、從御史大夫周昌爲趙相、而伐陳豨、功侯、六百戶、[redacted]漢表、從作徒、相下有代昌、爲御史大夫、而作從、當云從御史大夫周昌爲趙相、而代之、從擊陳豨、

二

十一年正月辛未、侯趙堯元年、

七

元年、侯堯有罪、國除、

關外也、

營陵[redacted]縣名、屬北海、	以三年為郎中、擊項羽、以將軍擊陳豨、得王黃、為侯、與高祖疏、屬劉氏、世為衛尉、萬二千戶、[redacted]三年上脫漢字、百官表劉澤在孝惠高后時爲衛尉、安得世、漢表作萬一千戶、	二 十一年、侯劉澤元年、	七	五 六年、侯澤為琅邪王、國除、				八十 八

土軍[redacted]包愷云、地理志西河有土軍縣、	高祖六年、為中地守、以廷尉擊陳豨、侯、千二百戶、就國、後為燕相、[redacted]漢表作千一百戶、	二 十一年二月丁亥、武侯宣義元年、[redacted]案位次曰信成侯也、[redacted]漢表、武作式、	五 六年、孝侯莫如元年、二	八	二十三	二 三年、康侯平元年、十四	五 建元六年、侯生元年、元朔二年、生坐與人妻姦罪、國除、八	百二 十二
廣阿[redacted]縣名、屬鉅鹿、	以客從起沛、為御史守豐二歲、擊籍、為上黨守、陳豨反、堅守、侯、	二 十一年二月丁亥、懿侯任敖元年、	七	八	二 三年、夷侯竟元年、一 四年、敬侯但元年、二十	十六	四 建元五年、侯越元年、[redacted]漢書侯表百官表竝作越人、此脫人字、元鼎二年、侯越坐為 二十一	八十 九

	千八百戶、後遷御史大夫、						太常廟酒酸不敬、國除、	
須昌[redacted]縣名、屬東郡、	以謁者漢王元年初起漢中、雍軍塞陳、謁上、[redacted]漢表謁作渭、近是、謂雍王章邯之軍陳渭上、案漢出兵口也、上計欲還、衍言從他道、	二 十一年二月己酉、貞侯趙衍元年、[redacted]漢表、己酉作己丑、	七	八	十五 四 十六年、戴侯福元年、四 後四年、侯不害元年、	四 五年、侯不害有罪、國除、		百七

	道通、後為河閒守、陳豨反、誅都尉相如、功、侯、千四百戶、							
臨轅[redacted]漢志闕、	初起從為郎、以都尉守蘄城、以中尉侯、五百戶、[redacted]以中尉下、有缺文、	二 十一年二月乙酉、堅侯戚鰓元年、	四 五年、夷侯觸龍元年、三	八	二十三	三 四年、共侯忠元年、[redacted]漢表忠作中、十三	三 建元四年、侯賢元年、元鼎五年、侯賢坐酎金國除、二十五	百十 六
汲[redacted]漢表	高祖六年、為太僕、擊代	二 十一年二月己巳、終	一 二年、夷侯 六	八	十三 十四年、康 十	十六	一 建元二年、元光五年、廣德 九	百二 十三

作伋、伋與汲故縣名、屬河內、■今本漢表作汲、百官表亦作汲、	寧陵■縣名、屬陳留、
稱有功、侯、千二百戶、爲趙太傅、■漢表作千三百戶、	以舍人從陳留、以郎入漢、破曹咎成皋、爲上解隨馬都尉擊陳豨、功侯、
侯公上不害元年、■公上姓、不害名也、■漢表作三月乙酉、	二 十一年二月辛亥、夷侯呂臣元年、
武元年、	七
	八
侯通元年、	十 十一年戴侯射元年、■漢表射作謝、 十三
	三 四年惠侯始元年、 一 五年、侯始薨、無後、國除、■漢表云始在位十七年、是以武
侯廣德元年、坐妻精大逆罪、頗連廣德、棄市、國除、	
	七十三

	汾陽■縣名、屬太原、
千戶、■漢表無解隨馬蹄、蓋呂臣爲高祖解追騎之厄也、都尉上脫以字、	以郎中騎千人前二年從起陽夏、擊項羽、以中尉破鍾離眛、功、侯、■漢表、前二年作前三年、陽夏作櫟陽、
	二 十一年二月辛亥、侯靳彊元年、■壯侯靳強、■漢表作殷侯、蓋避國諱、
	七
	二 三年、共侯解元年、 六
	二十三
帝建元五年薨、與此異、	四 五年、康侯胡元年、絕、 十二
	江都十九 元鼎五年、侯石元年、■侯上脫復封二字、太始四年五月丁卯、侯石坐爲太常行太僕事治嗇夫可年益縱年、國除、■史記太初、安得記太

	戴■戴地名、音再、應劭云、章帝改曰考城、在故甾縣也、■漢志、梁國甾縣、注云、故戴國、
	以卒從起沛、以卒開沛城門、爲太公僕、以中令擊豨、侯、千二百戶、■中令當作中廄令、千二百戶、漢表作千一百戶、
	二 十一年三月癸酉、敬侯彭祖元年、■戴敬侯秋彭祖、漢表作祕、音祕、又韋昭音符蔑反、今檢史記諸本竝作秋、今見有姓秋氏、
	七
	二 三年、共侯悼元年、■漢表悼作慎、 六
	七 八年、夷侯安國元年、■漢表作安侯軨、 十六
	十六
始四年事、此表纔、當刑、罪狀亦與漢侯表百官表不同、年數亦異、	十六 元朔五年、侯安期元年、 十二 元鼎五年、侯蒙元年、 二十五 後元元年五月甲戌、侯蒙坐祝詛、無道、國除、■二十五及
	百二十六

	衍■漢志闕、	平州■漢志闕、晉書地道記屬巴郡、
	以漢二年爲燕令、以都尉下楚九城、堅守燕、侯、九百戶、	漢王四年、以燕相從擊籍、還擊荼、以故二千石
	二 十一年七月乙巳、簡侯翟盱元年、■況于反、	二 十一年八月甲辰、共侯昭涉掉尾元年、■昭涉姓、掉尾名也、
	七	七
	三 四年、祇侯山元年、 二 六年、節侯嘉元年、 三	八
	二十三	一 二年、戴侯福元年、■漢表 三 五年、懷侯它 四 九年、孝侯馬 十五
	十六	十四 後二年、侯昧元年、 二
後元元年以下、後人所加、可削、	二 建元三年、侯不疑元年、 十 元朔元年、不疑坐挾詔書論、罪、國除、	二十二 元狩五年、侯昧坐行馳道中更呵馳去
	百三十	百十一

	中牟[redacted]縣名、屬河南、	邔[redacted]
將爲列侯、千戶、	以卒從起沛、入漢、以郎中擊布、功侯、二千三百戶、始高祖微時有急、給高祖一馬、故得侯、[redacted]漢表作二千二百戶、	以故羣
[redacted]廣韻注通志略昭涉作昭涉、	一　十二年十月乙未、共侯單父聖元年、[redacted]漢表作單父左車、[redacted]今本漢表誤作單右車、蓋單父複姓、聖其名、左車其字、	一
	七	七
	八	八
名穉、人童元元年、年、	七　五　十一　八年、敬侯繒元年、十三年、戴侯終根元年、	十一　九　三
	十六	十六
罪、國除、	十　十八　元光五年、侯舜元年、元鼎五年、侯舜坐酎金國除、	十六　八
	百二十五	百十

漢書音義曰、音巨己反、[redacted]邔、縣名、屬南郡、漢書音義音其己反、周成雜字解詁云、邔音跽、	博陽[redacted]縣名、屬彭城、[redacted]陳濞、既封
盜長臨江將、已而爲漢擊臨江王及諸侯、破布、功侯、千戶、[redacted]漢表、長下有爲字、此說、	以卒從起豐、以隊卒入漢、擊籍成皋、有功、爲將
十二年十月戊戌、莊侯黃極中元年、	一　十二年十一月辛丑、節侯周聚元年、
	七
	八
十二年、慶侯榮盛元年、[redacted]漢表作夷侯榮成、後五年、共侯明元年、	八　十五　九年、侯遬元年、
	十一　中五年、侯遬奪爵一級、國除、[redacted]漢表云、孝景元
元朔五年、侯遂元年、元鼎元年、遂坐賣宅縣官故貴、國除、[redacted]漢表云、坐捺掾公主馬、與此異、	
三	五十　三

博陽、則不應一地兩侯、此當作傅陽、傅陽、楚國縣、聚、	陽義[redacted]徐廣曰、一作羨、[redacted]漢表、義作羨也、陽羨縣、屬丹陽、[redacted]作陽羨是也、縣
軍、布反、定吳郡、侯、千四百戶、	以荊令尹、漢王五年初從、擊鍾離眛及陳公利幾、破之、徙爲漢大夫、從至陳、取韓信、還
	一　十二年十月壬寅、定侯靈常元年、
	七
	六　二　七年、共侯賀元年、
	六　六　七年、哀侯勝元年、十二年、侯勝薨、無後、國除、
年作爵、與此異、	
	百十　九

屬合積、	下相[redacted]縣名、屬臨淮、	德[redacted]
爲中尉、從擊布、功侯、二千戶、[redacted]漢表、大夫作中大夫、	以客從起沛、用兵從擊破齊田解軍、以楚丞相堅守彭城、擊布軍、功侯、二千戶、	以代頃王子侯、
	一　十二年十月乙酉、莊侯冷耳元年、[redacted]漢表、乙酉作己酉、	一　十二年十
	七	七
	八	二　六　三年、
	二　二十一　三年、侯慎元年、[redacted]漢表、慎作順、	二十三
	二　三年三月、侯慎反、國除、	五　十一　六年、侯
		二十七　一　元鼎四
	八十　五	百二　十七

漢志闕、表在濟南、	頃王、與王濞父也、廣、濞之弟也、[redacted]代頃王者劉仲也、高帝二年追尊、然據侯封時、仲見為合陽侯、	一月庚辰、哀侯劉廣元年、		頃侯通元年、		乾元年、[redacted]乾謚廣、	年、侯何元年、元鼎五年、侯何坐酎金國除、	
高陵 [redacted]高陵縣、志屬琅邪也、	以騎司馬漢王元年從起廢丘、以都尉破田橫、龍且、追籍至東城、以將	一 十二年十一月丁亥、圉侯王周元年、[redacted]漢表作王虞人、[redacted]漢表、十一月作十二月、	七	二 六 三年、惠侯并弓元年、[redacted]漢表、并弓作弄弓、	十二 十一 十三年、侯行元年、	二 三年、反、國除、[redacted]反上脫侯行二字、		九十二

	軍擊布、九百戶、[redacted]布下脫侯字、							
期思 [redacted]縣名、屬汝南、	淮南王布中大夫、有郄、上書告布反、侯、二千戶、布盡殺其宗族、	一 十二年十二月癸卯、康侯賁赫元年、[redacted]賁姓、音肥、又如字、	七	八	十三 十四年、赫薨、無後、國除、			百三十二
穀陵 [redacted]漢志闕、[redacted]漢表作穀陽、穀陽屬	以卒從、前二年起柘、擊籍、定代、為將軍、功侯、	一 十二年正月乙丑、定侯馮谿元年、[redacted]表作馮谿、	七	八	六 十七 七年、共侯熊元年、	二 二 十二 三年、隱侯卬元年、[redacted]漢表、 五年、獻侯解元年、[redacted]漢表、	三 建元四年、侯假元年、	百五

沛郡、						卬作卯、 作鮚侯解中、		
戚 [redacted]漢志闕、晉地道記屬東海、[redacted]漢志戚屬東海、未詳、闕漢表戚侯在穀陽侯之前、	以都尉漢二年初起櫟陽、攻廢丘、破之、因擊項籍、別屬丞韓信破齊軍、攻臧荼、遷為將軍、擊信、侯、合千戶、[redacted]丞下脫相字、漢表、合千戶作千戶、	一 十二年十二月癸卯、圉侯季必元年、[redacted]案、灌嬰傳、重泉人李必、此作季、誤也、	七	八	三 二十 四年、齊侯班元年、[redacted]失書元年賁侯長元年七字、[redacted]漢表作鱗侯瑕、	十六	一 二十 建元三年、侯信成元年、元狩五年、侯信成坐為太常縱丞相侵神道壖不敬、國除、	九十

	五百戶、							
壯 [redacted]徐廣曰、一作莊、[redacted]徐廣云、一作莊、漢表作殷、	以楚將漢王三年降、起臨濟、以郎中擊籍陳豨、功侯、六百戶、[redacted]漢表、三年作二年、	一 十二年正月乙丑、敬侯許倩元年、[redacted]壯、敬侯許猜、猜、音倩、	七	八	二十三	一 十五 二年、共侯恢元年、	一 九 十五 建元二年、殤侯則元年、[redacted]漢表、殤作煬、 元光五年、侯廣宗元年、元鼎元年、侯廣宗坐酎金國除、[redacted]漢表、元光五年、節侯周嗣、三年薨、元朔二年、侯廣宗嗣、十二年、元鼎五年、坐酎金免、此失節侯	百十二

								一代、又誤書廣宗之年、	
成陽[illegible]縣名、屬汝南、	以魏郎漢王二年從起陽武、擊籍、屬魏豹、豹反、屬相國彭越、以太原尉定代、侯、六百戶、	十二年正月乙酉、定侯意元年、[illegible]成陽定侯奚意、一	七	八	十 十一年、侯信元年、十三	十六	建元元年、侯信罪鬼薪、國除、[illegible]漢表、鬼薪作耍斬、		百一十
桃[illegible]縣名、屬信都、[illegible]	以客從漢王二年從起定陶、以	十二年二月丁巳、安侯劉襄元 一	七	一 奪、絕、二年、復封襄、七	九 十年、哀侯舍元年、[illegible]漢表、哀侯 十四	景帝時爲丞相、十六	建元元年、厲侯 十三 元朔二年、侯自爲元年、十五		百三十五

桃、蓋東郡之桃城、	大謁者擊布、侯、千戶、爲淮陰守、項氏親也、賜姓、[illegible]漢表、淮陰作淮南、是、	年、[illegible]漢表二月作三月、			作懿侯、		申元年、[illegible]漢表、申作由、 元鼎五年、侯自爲坐酎金國除、		
高梁[illegible]漢志闕、[illegible]水經注以爲左傳高梁之虛、	食其兵起、以客從擊破秦、以列侯入漢、還定諸侯、常使約和諸侯、列卒兵聚侯、	十二年三月丙寅、共侯酈疥元年、一	七	八	二十三	十六	八 元光三年、侯勃元年、元狩元年、坐詐詔衡山王取金、當死、病死、國除、[illegible]勃在位無年數、而詐取衡山王金者、勃、十		六十六

	功比平侯嘉、以死事子、疥襲食其功、侯、九百戶、							嗣平、表失書侯平一代、又以平事并入物、	
紀信[索隱]漢志闕、	以中涓從起豐、以騎將入漢、以將軍擊籍、後攻盧綰、侯、七百戶、	十二年六月壬辰、匡侯陳倉元年、[考證]紀信以下六侯、惟鄗陵無月、餘皆書六月、考高祖四月甲辰崩、則此六侯者、皆孝惠封之歟、抑誤書六月也、一	七	二 三年、夷侯開元年、六	十七 後二年六月、侯陽元年、[考證]六月二字衍、漢表陽作煬、六	二 三年、陽反、國除、			八十
甘泉[集解]	以車司	一	六 一	八	十 十三	九			百六

[集解]徐廣曰、一作景、[索隱]案志、甘泉闕、疑甘泉是甘水、漢表作景侯也、[考證]甘泉、景之譌分爲二字耳、景屬勃海、	馬漢王元年初從起高陵、屬劉賈、以都尉從軍、侯、[考證]漢表云、五百戶、	十二年六月壬辰、侯王竟元年、[索隱]壯侯王竟、[考證]漢表作殿侯王竟、	七年、戴侯莫搖元年、[考證]漢表、莫搖作真粘、		十一年、侯嫖元年、[索隱]嫖、匹妙反、漢書作嫖、許孕反、說文、嫖、悅也、	十年、侯嫖有罪、國除、			
煮棗[索隱]徐廣云、在宛句、	以越連敖從起豐、別以	十二年六月壬辰、靖 一	七	八	一 二年、赤子康侯武元 二十二	八 中二年、侯昌元年、中 二			七十五

國名	侯功	高祖十二	孝惠七	高后八	孝文二十三	孝景十六	建元至元封六年三十六	侯第
	郎將入漢、擊諸侯、以都尉侯、九百戶、[redacted]漢表、豐作薛、郎作鉞、	侯赤元年、[redacted]賁赤端侯棘朱、漢表作端侯革朱、革音棘、亦作棘、棘姓、朱誤也、蓋子成之後也、			年、[redacted]漢表革朱以孝惠七年薨、嗣子有罪不得代、文帝二年、始以他子紹封、則當衍八字、漢表、武作式、	四年、有罪國除、		
張 [redacted]縣名、屬廣平、	以中涓騎從起豐、以郎將入漢、從擊諸侯、七百戶、[redacted]七百上缺侯字、	一 十二年六月壬辰、節侯毛澤元年、[redacted]毛澤亦作釋之也、	七	八	十二 十一年、夷侯慶元年、 十一 十三年、侯舜元年、	十二 中六年、侯舜有罪、國除、		七十九
[redacted]鄢陵	以卒從起豐、入	一 十二年中、	七	三 四年、 五	六 [redacted]六當作七、			五十二

國名	侯功	高祖十二	孝惠七	高后八	孝文二十三	孝景十六	建元至元封六年三十六	侯第
縣名、屬潁川、	漢、以都尉擊籍、茶侯七百戶、[redacted]漢表作二千七百戶、	莊侯朱濞元年、		恭侯慶元年、	七年、恭侯慶薨、無後、國除、			
菌 [redacted]徐廣曰、一作鹵、[redacted]漢志闕、菌音求隕反、徐作鹵、音鉛、又作菌、	以中涓前元年從起單父、不入關、以擊籍布燕王綰得南陽、侯、二千七百戶、[redacted]漢表、中涓作中尉、	一 十二年六月莊侯張平元年、	七	四 五年、侯勝元年、 四	三 四年、侯勝有罪、國除、			四十八 [redacted]四十八當作六十八、若四十八、則與東茅侯同位、

索隱述贊、聖賢影響、風雲潛契、高祖膺籙、功臣命世、起沛入秦、憑謀仗計、紀勳書爵、河盟山誓、蕭曹輕重、絳灌權勢、咸就封國、或萌罪戾、仁賢者祀、昏虐者替、永監前修、良慙固蒂、

高祖功臣侯者年表第六

史記十八

文學博士瀧川龜太郎著

史記會注考證

史記會注考證卷十九

漢　太史令司馬遷撰
宋　中郎外兵曹參軍裴駰集解
唐　國子博士弘文館學士司馬貞索隱
唐　諸王侍讀率府長史張守節正義
日本　出雲瀧川資言考證

惠景閒侯者年表第七　史記十九

【考證】史公自序云、惠景之間、維申功臣宗屬爵邑、作惠景間侯者年表第七、

太史公讀列封至便侯、【索隱】便、音鞭、縣名也、吳淺所封、【考證】便侯、長沙王子、趙恒曰、列封者、惠景間之封也、高祖遺功臣一也、從代來二也、吳楚之勞三也、諸侯子弟四也、肺腑五也、外國歸義六也、便侯卽在遺功臣數內、曰。有以也夫。長沙王者著令甲、稱其忠焉。【集解】鄧展曰、漢約非劉氏不王、如芮王、故著令使特王、或曰、以芮至忠、故著令也、瓚曰、漢以芮忠、故特王之、以非制、故特著令、【考證】漢書宣帝紀、令甲、死者不可復生、張釋之傳、乙令、蹕先至而犯者罰金四兩、後漢章帝紀、令丙、箠長短有數、漢時決事、集爲令三百餘篇、令有先後、故有令甲令乙令丙、若今第一第二第三篇、中井積德曰、長沙王之王、在約之前、注失前後、昔高祖定天下、功臣非同姓疆土而王者八國。【集解】異姓國八王者、吳芮、英布、張耳、臧荼、韓王信、彭越、盧綰、韓信也、【索隱】非同姓而王者八國、齊王韓信、韓王韓信、燕王盧綰、梁王彭越、趙王張耳、淮南王英布、臨江王共敖、長沙王吳芮、凡八也、【考證】中井積德曰、索隱齊王當稱楚王、又曰、臨江王共敖先項羽死、其子尉不降漢、漢虜之、不得八國之數、宜除臨江、加燕王臧荼、荼與盧綰雖前後相踵、不同時、而異姓王不當泄者、集解得之、至孝惠時、唯獨長沙全禪五世、【索隱】禪者傳也、案諸侯王表、芮國至五世而絕、以無嗣絕。【集解】徐廣曰、孝文後七年、靖王著無嗣、竟無過、爲藩守職。信矣。【考證】爲藩守職、蓋令甲中語、故其澤流枝庶、毋功而侯者數人。【索隱】案此表、芮子淺封便侯、傳至玄孫、又封成王臣之子爲沅陵侯、亦至曾孫、

及孝惠訖孝景閒五十載。追修高祖時遺功臣、及從代來、吳・楚之勞、諸侯子弟若肺腑、【索隱】柿府二音、柿、木札也、附、木皮也、以喻人主疏末之親、如木札出於木、樹皮附於樹也、詩云、如塗塗附、注云、附、木皮也、【考證】肺腑、蓋漢代語、詩書左國未見、肺、肺肝之肺、腑、臟腑之腑、凌稚隆云、猶骨肉也、得之、但骨肉以稱同姓、而肺腑則幷稱外戚、亦不相混、漢書劉向傳云、臣幸得託肺腑、向、楚元王交之後、是同姓之義、田蚡傳、蚡以肺腑爲相、又曰、臣以肺腑幸得待罪、衞青傳、青幸以肺腑待罪行間、王莽傳、臣莽伏自惟念得託肺腑、獲爵土、蚡、景帝王皇后母弟、武帝之舅氏、青、武帝衞皇后母弟、莽乃元帝皇后王家之子、是外戚之義、腑又作附、音通、或轉肺爲柹、轉腑爲附、釋之以木札樹皮、迂甚、若、及之辭、外國歸義封者九十有餘。咸表始終。當世仁義成功之著者也。【考證】外國歸義、謂匈奴內附者、方苞曰、仁義之著者、謂追修高祖時遺功臣、及諸侯子弟若肺腑、外國歸義封者、成功之著、謂從代來、及吳楚之勞封者、

國名	便
侯功	長沙王子、侯二千戶、
孝惠七	元年九月、七
高后八	八
孝文二十三	二十二　後七　一
孝景十六	五　前六年、十一
建元至元封六年三十六	二十八　元鼎五
太初已後	【考證】太初已後四字當衍、漢表侯第百

漢志、縣名、屬桂陽、音鞭、	軑[redacted]音大、[redacted]軑音大、縣名、在江夏也、
	長沙相、侯、七百戸、
頃侯吳淺元年、[redacted]漢表月下有癸卯二字、	六 二年四月庚子、侯利倉元年、[redacted]漢書作軑侯朱倉、故長沙相、[redacted]今本漢表軑侯黎朱蒼、
	二 三年、侯豨元年、[redacted]漢表諡孝、 六
年、恭侯信元年、	十五 十六年、侯彭祖元年、 八
侯廣志元年、[redacted]廣志之薨、千秋之嗣、史漢不記其年、	十六
年、侯千秋坐酎金國除、	三十 元封元年、侯秩為東海太守、行過不請、擅發卒兵為衛、當斬、會赦、國除、[redacted]漢表彭祖嗣二十四年薨、則秩以建元元年嗣、此脫秩元年三十、當作十、其下當書二十、
三十三、	[redacted]漢表侯第百二十、

平都[redacted]縣名、屬東海、[redacted]平都縣屬上郡、		扶柳[redacted]縣名、屬信都、	郊[redacted]一作汶、縣
以齊將高祖三年降、定齊、侯、千戸、	右孝惠時三	高后姊長姁子、侯、	呂后兄悼武王、身佐高祖定天
三 五年六月乙亥、孝侯劉到元年、[redacted]故齊將、已上孝惠時三人也、			
八		七 元年四月庚寅、侯呂平元年、 八年、侯平坐呂氏事誅、國除、	五 元年四月、 六年七月壬辰、
二 三年、侯成元年、 二十一			
十四 後二年、侯成有罪、國除、			
[redacted]漢書侯第百一十、			

名、屬沛郡、[redacted]郊當作汶、
下、呂氏佐高祖治天下、天下大安、封武王少子產為郊侯、[redacted]武王上缺悼字、
辛卯、侯呂產元年、 產為呂王、國除、[redacted]產為呂王、在十月丙辰、 八年九月、產以呂王為漢相、謀為不善、大臣誅產、遂滅諸呂、[redacted]產以高后七年二月徙王梁、更名梁曰呂、仍稱呂王也、而產之為

	南宮[redacted]縣名、屬信都、	梧[redacted]縣名、屬彭城、
	以父越人為高祖騎將、從軍、以大中大夫侯、[redacted]漢表作中大夫、	以軍匠從起郟、入漢後為少府、作長樂未央宮、築長安城先就、功、侯、五百戸、
相、在七年七月、此誤、	七 元年四月丙寅、侯張買元年、 八年、侯買坐呂氏事誅、國除、	六 元年四月乙酉、齊侯陽成延元年、 二 七年、敬侯去疾元年、
		二十三
		九 中三年、靖侯偃元年、 七
		八 十四 元光三年、侯戎奴元年、元狩五年、侯戎奴坐謀殺季父、弃市、國除、
		[redacted]漢表侯第七十六、

平定 [redacted] 漢志闕、武鄉名、	以卒從高祖起留、以家車吏入漢、以梟騎都尉擊項籍、得樓煩將功、用齊丞相侯、一云項涓、[redacted] 一云項涓四字、似非史文、		八 元年四月乙酉、敬侯齊受元年、	四 二年、齊侯市人元年、 十八 六年、恭侯應元年、	十六	七 元光二年、康侯延居元年、 十八 元鼎二年、侯昌元年、 二 元鼎四年、侯昌有罪、國除、	[redacted] 漢表侯第五十四、
博成 [redacted] 漢志闕、[redacted] 此卽泰山郡之博縣、成卽	以悼武王郎中兵初起、從高祖起豐、攻雍丘、擊項籍、力戰奉衛悼武王出		三 元年四月乙酉、敬侯馮無擇元 四 四年、侯代元年、八年、侯代坐呂氏事誅、國除、				

城字、	滎陽、功侯、		年、[redacted] 漢表乙酉作己酉、				
沛 [redacted] 縣名、屬沛郡、	呂后兄康侯少子、侯、奉呂宣王寢園、		七 元年四月乙酉、侯呂種元年、 一 爲不其侯、八年、侯種坐呂氏事誅、國除、				
襄成 [redacted] 縣名、屬潁川、	孝惠子、侯、		一 元年四月辛卯、侯義元年、 二年、侯義爲常山王、國除、				

軹 [redacted] 縣名、屬河內、	孝惠子、侯、		三 元年四月辛卯、侯朝元年、 四年、侯朝爲常山王、國除、				
壺關 [redacted] 縣名、屬河內、[redacted] 縣屬上黨、	孝惠子、侯、	○	四 元年四月辛卯、侯武元年、 五年、侯武爲淮陽王、國除、				
沅陵 [redacted] 沅陵、縣近長沙、漢志屬武陵、	長沙嗣成王子、侯、		八 元年十一月壬申、頃侯吳陽元年、[redacted] 漢表作七月丙申、	十七 六 後二年、頃侯福元年、[redacted]	十一 四 中五年、哀侯周元年、 後三年、侯周薨、無後、國除、		[redacted] 漢表云、侯第百三十六、

				父子閒以必有一誤、			
上邳 [redacted] 在魯國薛縣西、	楚元王子、侯、		七 二年五月丙申、侯劉郢客元年、	元年、侯郢客爲楚王、國除、[redacted] 郢客爲王、在孝文二年、			[redacted] 漢表云、侯第百二十六、
朱虛 [redacted] 縣名、屬琅邪、	齊悼惠王子、侯、		七 二年五月丙申、侯劉章元年、	一 二年、侯章爲城陽王、國除、			[redacted] 漢表侯第百二十九、
昌平 [redacted] 縣名、屬上谷、[redacted] 呂后紀及漢書	孝惠子、侯、[redacted] 實呂氏也、		三 四年二月癸未、侯太元年、[redacted] 太當作大、 七年、太爲呂王、國除、				

異姓王表作平昌、平昌屬平原、	贅其 ■ 縣名、屬臨淮、	中邑 ■ 漢志闕、■ 縣名、在勃海、
	呂后昆弟子、用淮陽丞相侯、	以執矛從高祖入漢、以中尉破曹咎、用呂相侯、六百戶、
	四 四年四月丙申、侯呂勝元年、 八年、侯勝坐呂氏事誅、國除、	五 四年四月丙申、眞侯朱通元年、■ 漢表作貞侯朱進、
		十七 後二年、侯悼元年、 六
		十五 後三年、侯悼有罪、國除、

樂平 ■ 漢志闕、■ 漢表作樂成、鄉名、在東郡、	山都 ■ 漢志闕、■ 山都縣、屬南陽、
以隊卒從高祖起沛、屬皇訢、以郞擊陳餘、用衛尉侯、六百戶、	高祖五年、爲郞中柱下令、以衛將軍擊陳豨、用梁相侯、
二 四年四月丙申、簡侯衛無擇元年、 三 六年、恭侯勝元年、	五 四年四月丙申、貞侯王恬開元年、
二十三	三 ■ 三、二十字、誤例、恬開以後四年卒、二十者開恬在文帝之朝爲侯之 四年、惠侯中黃元年、 二十
十五 後三年、侯侈元年、 一	三 四年、敬侯觸龍元年、■ 四年當作五年、漢表諡憲、 十三
五 建元六年、侯侈坐以買田宅不法、又請求吏罪、國除、■ 坐下以字衍、求當作賕、	二十二 元狩五年、侯當元年、 八 元封元年、侯當坐與奴闌入上林苑、國除、

	松茲 ■ 徐廣曰、松一作祝、■ 漢表作祝、縣名、屬廬江、	成陶 ■ 徐廣曰、一作陰、
	兵初起、以舍人從起沛、以郞吏入漢、還得雍王邯家屬功、用常山丞相侯、■ 郞吏、漢表作郞中、	以卒從高祖起單父、爲呂氏舍人、度呂氏
	五 四年四月丙申、夷侯徐厲元年、	五 四年四月丙申、夷侯周信元年、
歲、三者中黃在文帝之朝嗣侯歲數也、	六 七年、康侯悼元年、 十七	十一 十二年、孝侯勃元年、 三 十五年、
	十二 中六年、侯偃元年、 四	
	五 建元六年、侯偃有罪、國除、	

■ 漢表作成陰也、漢志闕、	俞 ■ 如淳曰、音輸、■ 俞、音輸、俞縣屬清河也、	滕 ■
淮之功、用河南守侯、五百戶、■ 漢表、呂氏作呂后、	以連敖從高祖破秦、入漢、以都尉定諸侯、功比朝陽侯、嬰死子它襲功、用太中大夫侯、■ 朝陽侯華寄也、它封在高后四年、不入位次內、	以舍人郞中、十二歲
	四 四年四月丙申、侯呂它元年、 八年、侯它坐呂氏事誅、國除、■ 呂他、他音馳、呂嬰子也、	四 四年 八年、
侯勃有罪、國除、■ 漢法、諸侯以罪失國者、皆不賜諡、漢表無諡、		

勝侯一作滕、劉氏云、作勝、恐誤、今案滕縣屬沛郡、勝未聞、	以都尉屯田霸上、用楚相侯、		四月丙申、侯呂更始元年、侯更始坐呂氏事誅、國除、[illegible]更始、呂氏之族、			
醴陵 [illegible]縣名、今在長沙、	以卒從、漢王二年初起櫟陽、以卒吏擊項籍、爲河內都尉、長沙相、侯、六百戶、		五 四年四月丙申、侯越元年、[illegible]此侯失其姓、	三 四年、侯越有罪、國除、		
呂成 [illegible]水經	呂后昆弟子、侯、		四 四年四八年、侯			

注、南陽宛縣西有呂城、疑呂忿封此、			月丙申、侯呂忿元年、忿坐呂氏事誅、國除、			
東牟 [illegible]縣名、屬東萊、	齊悼惠王子、侯、		三 六年四月丁酉、侯劉興居元年、	一 二年、侯興居爲濟北王、國除、		
錘 [illegible]一作鉅、[illegible]縣名、屬東萊、	呂肅王子、侯、		二 六年四月丁酉、侯呂通元年、八年、侯通爲燕王、坐呂氏事、國除、[illegible]呂后兄子、			

信都 [illegible]縣名、屬信都、	以張敖魯元太后子、侯、		一 八年四月丁酉、侯張侈元年、[illegible]敖子、以魯元公主封、	元年、侯侈有罪、國除、[illegible]信都與下樂昌、以張敖前妻之子侯、不當封、故孝文免之、漢表云、以非正免、		
樂昌 [illegible]樂昌、即汝南細陽池陽縣、	以張敖魯元太后子、侯、		一 八年四月丁酉、侯張受元年、	元年、侯受有罪、國除、		
祝茲 [illegible]漢書作琅邪、[illegible]祝茲即東海郎	呂后昆弟子、侯、		八年四月丁酉、侯呂榮元年、坐呂氏事誅、國除、			

丘縣、						
建陵 [illegible]漢表作東海、	以大謁者侯、宦者多奇計、		八年四月丁酉、侯張澤元年、[illegible]一名釋、九月、奪侯、國除、			
東平 [illegible]徐廣曰、一作廣、[illegible]縣名、在東平、	以燕王呂通弟侯、		八年五月丙辰、侯呂莊元年、坐呂氏事誅、國除、[illegible]莊當作庀、			
	右高后時三十一 [illegible]三十一者、高后封侯之數也、然高后元年、封呂祿爲胡陵侯、二年、封蕭何夫人爲酇侯、蕭延爲筑陽侯、四年、封女弟嬃爲臨光侯、又封劉信母爲陰安侯、皆不在此數、					
陽信 [illegible]	高祖十二			十四 九	五	

表在新野、志屬勃海、恐有二縣、■陽信屬勃海、

年爲郎、以典客奪趙王呂祿印、關殿門、拒呂產等入、共尊立孝文、侯、二千戶、

元年三月辛丑、侯劉揭元年、■陽信夷侯劉揭、■漢表作十一月、

十五年、侯中意元年、

六年、侯中意有罪、國除、

軹■縣名、屬河內也、

高祖十年、爲郎從軍、十七歲、爲太中大夫、迎孝文代、用車騎將軍迎太后、

十

元年二月乙巳、侯薄昭元年、

十三

十一年、易侯戎奴元年、

十六

一

建元二年、侯梁元年、

侯、萬戶、薄太后弟、■十年當作十一年、漢表、太中大夫作中大夫、

■漢表、二月作正月、漢書文紀十年、書將軍薄昭死、坐殺漢使者、罪、此脫不書、有罪而死、自當書絕、文帝不除國者、爲太后也、

■壯武

以家吏從

二十三

十一■字衍、一

縣名、屬膠東、

高祖起山東、以都尉從之滎陽、食邑、以代中尉勸代王入、驂乘至代邸、王卒爲帝、功侯、千四百戶、■之當作守、

元年四月辛亥、侯宋昌元年、

中四年、侯昌奪侯、國除、

清都■徐廣曰、一作鄃、音苦堯反、■清郭侯駟鈞、齊

以齊哀王舅父侯、■舅父卽舅、猶姨曰姨母然也、

五

元年四月辛未、侯駟鈞元年、

前六

年、鈞有罪、國除、

封田爲縣、清郭君、漢表鄃侯駟鈞、太原齊縣、■濟都當作清郭、

周陽■縣名、屬上郡、■當作陽周、

以淮南厲王舅父侯、

五

元年四月辛未、侯趙兼元年、

前六

年、兼有罪、國除、

樊■縣名、屬東

以睢陽令高祖初起從阿、以韓

十四

元年六月

九

十五年、康

九

七

中三年、恭

十三

十四

元朔二年、侯辟

平、	家子還定北地、用常山相侯、千二百戶、[redacted]從字當在高上、			丙寅、侯蔡兼元年、 侯客元年、[redacted]徐廣曰、客一作容、	侯平元年、	方元年、 元鼎四年、侯辟方有罪、國除、	
管 [redacted]管古國、今爲縣、屬滎陽、[redacted]管菅、作菅、菅縣屬濟南、	齊悼惠王子、侯、			二 四年五月甲寅、恭侯劉罷軍元年、[redacted]共侯劉罷軍、 十八 六年、侯戎奴元年、	二 三年、侯戎奴反、國除、		
瓜丘 [redacted]斥丘縣、在魏郡、	齊悼惠王子、侯、			十一 四年五月甲寅、 九 十五年、侯	二 三年、侯偃反、國除、		

[redacted]漢表作氏丘、				侯劉寧國元年、 偃元年、			
營 [redacted]表在濟南、[redacted]營即營丘、在齊郡臨淄縣、	齊悼惠王子、侯、			十 四年五月甲寅、平侯劉信都元年、 十 十四年、侯廣元年、	二 三年、侯廣反、國除、		
楊虛	齊悼惠王子、侯、			十二 四年五月甲寅、恭侯劉將廬元年、[redacted]楊虛共侯劉將廬、漢書 十六 年、侯將廬爲齊王、有罪、國除、			

				作將閭、齊悼惠王子、襄封、王子也、[redacted]將廬有罪、國除、惡得有諡、此楊丘之文、誤入者、恭字宜刪、說詳盧氏鍾山札記、張氏史記札記、			
楊丘 [redacted]今本史記脫去楊丘一侯、今從索隱補之、	齊悼惠王子、侯、			十二 四年五月甲寅、恭侯劉平元年、 八 四年、侯偃有罪、國除、			

扐 [redacted]音力、[redacted]扐縣名、屬平原、音力、	齊悼惠王子、侯、			十二 四年五月甲寅、侯劉辟光元年、 十六 年、侯辟光爲濟南王、國除、			
安都 [redacted]漢志闕、[redacted]屬涿郡、	齊悼惠王子、侯、			十二 四年五月甲寅、侯劉志元年、 十六年、侯志爲濟北王、國除、			
平昌 [redacted]縣名、屬平原、[redacted]水經注云、	齊悼惠王子、侯、			十二 四年五月甲寅、侯劉卬元年、 十六年、侯卬爲膠西王、國除、			

此侯封于琅邪之平昌、

武城
齊悼惠王子、侯、
漢志闕、凡闕者、或鄉名、或廢、尋故志不載、　齊王子所封者、必是南武城、卽漢東海郡南成縣、
十二
四年五月甲寅、侯劉賢元年、十六年、侯賢爲菑川王、國除、

白石
齊悼惠王子、侯、
縣名、屬金城、　白石、在平原安德、
十二
四年五月甲寅、侯劉雄渠元年、十六年、侯雄渠爲膠東王、國除、

波陵
以陽陵君侯、
漢志作泲、音泒、
五
七年三月甲寅、康侯魏駟元年、十二年、康侯魏駟薨、無後、國除、
漢表、甲寅作丙寅、

南鄭
以信平君侯、
徐廣曰、一作朝、
一
七年三月丙寅、

韋昭、音貞、一音程、李彤云、河南有郎亭、音鄭、

侯起元年、孝文時坐後父故奪爵級、關內侯、
起、名也、史失其姓、
級上脫一字、下脫爵字、顏師古曰、會于廷中而隨父、失朝廷以爵之序、故削爵也、

阜陵
以淮南厲王子、侯、
縣名、屬九江、
八
八年五月丙午、侯劉安元年、十六年、安爲淮南王、國除、

安陽
以淮南厲王子侯、
安陵、縣名、屬馮翊、恐別有安陵、　漢志有四安陽、此在汝南、水經注可證、楓本作安陵、疑誤、
八
八年五月丙午、侯劉勃元年、十六年、侯勃爲衡山王、國除、

陽周
以淮南厲
八

城陽莒縣之鄉名、	王子侯、			八年五月丙午、侯劉賜元年、十六年、侯賜爲廬江王、國除、			
東城 ■縣名、屬九江、	以淮南厲王子侯、			七 八年五月丙午、哀侯劉良元年、十五年、侯良薨、無後、國除、			
犂 ■縣名、屬東郡、	以齊相召平子侯、千四百一十戶、			十一 十年四月癸丑、頃侯召奴元年、三 後五年、侯澤元年、	十六	十六 十九 元朔五年、侯延元年、元封六年、侯延坐不出持馬、斬、國除、	
餅	以北地都			十	二		

■縣名、屬琅邪、餅音瓶、	尉孫卬、匈奴入北地、力戰死事、子侯、			十四年三月丁巳、侯孫單元年、	前三年、侯單謀反、國除、		
弓高 ■漢表在營陵、■地理志屬河間、	以匈奴相國降、故韓王信孼子、侯、千二百三十七戶、			八 十六年六月丙子、莊侯韓頹當元年、■漢表、頹作隤、	十六 前元年、侯則元年、■漢表云、不得隤當嗣侯者年名、元朔五年侯則嗣、薨、與本傳頹當傳子至孫合、此誤、	十六 元朔五年、侯則薨、無後、國除、	
襄成 ■襄城、志屬潁川、	以匈奴相國降、故韓王信太子之子、侯、千四百三十二戶、■漢表作			七 十六年六月丙子、哀侯韓嬰元年、一 後七年、侯澤之元年、	十六	十五 元朔四年、侯澤之坐詐病不從、不敬、國除、	

	二千戶、						
故安 ■縣名、屬涿郡、	孝文元年、舉淮陽守、從高祖入漢、功侯、食邑五百戶、用丞相侯、一千七百一十二戶、■功下侯者、爲關內侯也、漢表不書申屠嘉食邑、			五 後三年四月丁巳、節侯申屠嘉元年、	二 前三年、恭侯蔑元年、十四	十九 元狩二年、清安侯臾元年、五 元鼎元年、臾坐爲九江太守有罪、國除、	
章武 ■縣名、屬勃海、	以孝文后弟侯、萬一千八百六十九戶、■漢表作萬一千戶、			一 後七年六月乙卯、景侯竇廣國元年、	六 前七年、恭侯完元年、■漢表、完作定、十	八 元光三年、侯常坐元年、■漢表、常坐作常生、十 元狩元年、	

						侯常坐謀殺人未殺罪、國除、	
南皮 ■縣名、屬勃海、	以孝文后兄竇長君子侯、六千四百六十戶、			一 後七年六月乙卯、侯竇彭祖元年、	十六	五 建元六年、夷侯良元年、五 元光五年、侯桑林元年、十八 元鼎五年、侯桑林坐酎金罪、國除、	
右孝文時二十九 ■孝文共封二十九侯、而各本表止二十八者、因脫誤楊丘一侯也、今補、							
平陸 ■縣名、屬西河、又有東	楚元王子、侯、三千二百六十七戶、				二 元年四月乙巳、■一云乙卯、三年、侯禮爲楚		

平陸、在東平。					侯劉禮元年、王國除、		
休 〔考證〕休、鄕名、孟子去齊居休、之休故城、在今兗州府滕縣北、	楚元王子、侯、				二 元年四月乙巳、侯富元年、三年、侯富以兄子戎爲楚王反、富與家屬至長安北闕自歸、不能相教、上印綬、詔復王、後以平陸侯爲楚王、更封富爲紅侯、		
沈猶 〔考證〕漢表、	楚元王子、侯、千三百				十六 元年四月乙	四 十八 建元五年、	

在高苑、	八十戶、				巳、夷侯劉穢元年、	侯受元年、元狩五年、侯受坐故爲宗正聽謁、不具宗室不敬、國除、	
紅 〔考證〕紅休蓋二鄕名、王莽封劉歆爲紅休侯、一云紅、卽虹縣也、〔考證〕表例、凡更	楚元王子、侯、千七百五十戶、				四 一 九 三年四月乙巳、莊侯富元年、〔考證〕紅雅侯劉富、一云禮侯也、前七年、悼侯澄元年、中元年、敬侯發元年、〔考證〕發一作嘉、〔考證〕漢表作嘉、	十五 一 元朔四年、侯章元年、元朔五年、侯章薨、無後、國除、〔考證〕漢表章謚哀、	

封者、卽附書初封之下、劉富先封休侯、更封紅侯、口爲遂書之、蓋後人妄析					楚元王子、案王傳、休侯富免後封紅侯、此則館列、餘也、漢表一書而巳、〔考證〕四月乙巳、當作六月乙亥、漢表莊侯作懿侯、		
宛朐 〔考證〕	楚元王子、侯、				二 元年四 三年		

宛朐、縣名、屬濟陰、					月乙巳、侯劉埶元年、侯埶反、國除、〔考證〕故埶音埶、		
魏其 〔考證〕縣名、屬瑯邪、	以大將軍屯滎陽、扞吳楚七國、侯、三千三百五十戶、				十四 九 三年六月乙巳、侯竇嬰元年、	建元元年、爲丞相、二歲免、元光四年、侯嬰坐爭灌夫事、上書稱爲先帝詔、矯制罪、弃市、國除、	
棘樂	楚元王子、侯、戶千二百一十三、				十四 一 三年八月壬子、敬侯劉調元年、	十二 十六 建元二年、恭侯 元朔元年、侯慶元年、	

						應元年、 元鼎五年、侯慶坐酎金國除、	
歙 [illegible] 歙音翕、縣名、屬清河、	以將軍擊吳楚反時齊有功、布故彭越舍人、越反時布使齊還、已梟越、布祭哭之、當亨、出忠言、高祖舍之、黥布反、布爲都尉、侯、戶千八百、				六 六年、四月丁卯、侯欒布元年、 中五年、侯布薨、	十 元狩六年、侯賁坐爲太常廟犧牲不如令、有罪國除、[illegible]一云元朔二年、侯賁元年、[illegible]孝景中五年布薨、國絕、至元朔二年續封賁也、漢表、廟作雍、	

建陵	以將軍擊吳楚功、用中尉侯、戶一千三百一十、				十一 六年四月丁卯、敬侯衞綰元年、[illegible]失書綰爲丞相、	十 十八 元光五年、侯信元年、 元鼎五年、侯信坐酎金國除、	
建平 [illegible] 縣名、屬沛郡、	以將軍擊吳楚功、用江都相侯、戶三千一百五十、				十一 六年四月丁卯、哀侯程嘉元年、[illegible]漢表作敬侯、	七 一 一 元光二年、節侯橫元年、 元光三年、侯回元年、元光四年、侯回薨、無後、國除、	
平曲 [illegible] 案漢表在高城、	以將軍擊吳楚功、用隴西太守侯、戶三千				五 六年四月己巳、 中四年、侯昆邪		

[illegible] 平曲、東海縣、	二百二十、				侯公孫昆邪元年、[illegible]漢書作渾、 有罪、國除、太僕賀父、		
江陽 [illegible] 縣在東海也、[illegible]帝紀作江陵、南郡縣名、	以將軍擊吳楚功、用趙相侯、戶二千五百四十一、				四 六年四月壬申、康侯蘇嘉元年、[illegible]徐廣曰、蘇一作䔲、[illegible]漢表作蘇、 七 中三年、懿侯盧元年、[illegible]徐廣曰、一作眞侯、	二 十五 十一 建元三年、侯明元年、 元朔六年、侯雕元年、元鼎五年、侯雕坐酎金國除、	

					息、		
遽 [illegible] 案漢表、鄉名、在常山、	以趙相建德、王遂反、建德不聽、死事、子侯、戶千九百七十、[illegible]漢表、九作一、				六 中二年四月己巳、侯橫元年、[illegible]史失其姓、[illegible]漢表、己巳作乙巳、後二年、侯橫有罪、國除、		
新市 [illegible] 縣名、屬鉅鹿、	以趙內史王慎、王遂反、慎不聽、死事、子侯、戶一千十四、[illegible]楚元王世家漢表、慎作悍、				五 中二年四月乙巳、侯王康元年、[illegible]漢表名棄之、史蓋以諡爲名、 三 後元年、殤侯始昌元年、	九 元光四年、殤侯始昌爲人所殺、國除、[illegible]漢表、殤作煬、疑非、	

商陵 [redacted] 漢表、在臨淮、[redacted] 商陵當作高陵、在琅邪、	以楚太傅趙夷吾、王戊反、不聽死事、子侯、千四十五戶、				八 中二年四月乙巳、侯趙周元年、	二十九 元鼎五年、侯周坐為丞相知列侯酎金輕、下廷尉自殺、國除、	
山陽 [redacted] 縣、屬河內、	以楚相張尚、王戊反、尚不聽死事、子侯、戶千一百一十四、				八 中二年四月乙巳、侯張當居元年、	十六 元朔五年、侯當居坐為太常、程博士弟子故不以實、罪、國除、[redacted] 徐廣曰、程一作擇、[redacted] 漢表作擇、	

安陵	以匈奴王降、侯、戶一千五百一十七、[redacted] 漢表作千五百五十戶、				七 中三年十一月庚子、侯子軍元年、	五 [redacted] 五當作六、建元六年、侯子軍薨、無後、國除、	
垣 [redacted] 縣名、屬河東、[redacted] 水經注以為涿郡之垣縣、	以匈奴王降、侯、				三 [redacted] 三當作四、中三年十二月丁丑、侯賜元年、六年、賜死、不得及嗣、[redacted] 六上脫中字、賜、垣侯名、及當作其、		
遒 [redacted] 縣名、	以匈奴王降、侯、戶五				中三年十二	後元年四月	

屬涿郡、音兹鳩及、	千五百六十九、[redacted] 五字衍、漢表作千五百七十戶、				月丁丑、侯隆彊元年、[redacted] 遒侯李隆彊、不得隆彊嗣、	甲辰、侯則坐使巫齊少君祠祀詛、大逆無道、國除、[redacted] 徐廣曰、漢書云、武後二年、[redacted] 史至太初、何記武帝後元事、	
容成 [redacted] 縣名、屬涿郡、[redacted] 漢表作容城、	以匈奴王降、侯、七百戶、				七 中三年十二月丁丑、侯唯徐盧元年、[redacted] 容成侯唯徐盧、[redacted] 漢表、攜侯徐盧、蓋攜其誤、唯徐其姓、盧其名、	十四 建元元年、康侯綽元年、二十三 元朔三年、侯光元年、	十六 後二年三月壬辰、侯光坐祠祀詛、國除、[redacted] 表至太初、何書武帝後元事、
易 [redacted]	以匈奴王降、侯、[redacted]				六 中三年後二年、		

縣名、屬涿郡、	漢表云、千一百十戶、				十二月丁丑、侯僕黥元年、侯僕黥薨、無嗣、[redacted] 漢表、黥作䵝、無嗣、下脫國除二字、		
范陽 [redacted] 縣名、屬涿郡、	以匈奴王降、侯、戶千一百九十七、				七 中三年十二月丁丑、端侯代元年、[redacted] 范陽靖侯代、[redacted] 漢表作靖侯范代、疑衍范字、	七 二 [redacted] 二當作三、元光二年、懷侯德元年、元光四年、侯德薨、無後、國除、	
翕 [redacted] 漢表、在內黃、	以匈奴王降、侯、				七 中三年十二月丁丑、侯邯鄲元年、	九 元光四年、侯邯鄲坐行來不請長信、不敬、	

						國除、	
亞谷 [redacted]一作惡父、漢表在河內、	以匈奴東胡王降、故燕王盧綰子、侯、千五百戶、[redacted]盧它之爲盧綰孫、史漢本傳可證、漢表千五百戶作千戶、				二 中五年四月丁巳、簡侯它父元年、[redacted]簡侯他父、[redacted]景紀正義引此表、它父作它之、與本傳及漢表合 三 後元年、安侯種元年、	十一 建元元年、康侯偏元年、[redacted]漢表元作五、偏作徧、 二十五 十五 元光六年、侯賀元年、	征和三年七月辛巳、侯賀坐太子事、國除、[redacted]此十六字當削、
隆慮 [redacted]音林閭、縣名、屬河內、	以長公主嫖子侯、戶四千一百二十六、[redacted]漢表作				五 中五年五月丁丑、侯蟜元年、[redacted]徐廣曰、案本紀乃前	二十四 元鼎元年、侯蟜坐母長公主薨、未除服、姦	

	五千戶、				五年、非中元年、[redacted]侯姓陳、堂邑侯陳嬰之曾孫、	禽獸行、當死、自殺、國除、	
乘氏 [redacted]縣名、屬濟陰、	以梁孝王子侯、				中五年五月丁卯、侯買元年、中六年、侯買嗣爲梁王、國除、		
桓邑	以梁孝王子侯、				一 中五年五月丁卯、侯明元年、中六年、爲濟川王、國除、		
蓋 [redacted]漢表在勃	以孝景后兄侯、戶二千八百九				五 中五年五月甲戌、靖侯王	二十八 元狩三年、侯偃元年、	

海、[redacted]索隱勃海當作泰山、	十、				信元年、[redacted]漢表蓋侯信薨、頃侯充嗣、又侯受嗣、雖不出充受襲嗣之年、而傳位三世甚明、此蓋有錯脫、	元鼎五年、侯偃坐酎金、國除、	
塞	以御史大夫前將軍兵擊吳楚、功侯、戶千四十六、[redacted]漢表無軍字、				三 後元年八月、侯直不疑元年、[redacted]不疑謚信、	十二 建元四年、侯相如元年、[redacted]相如謚康、 十三 元朔四年、侯堅元年、[redacted]漢表亦作堅、漢傳彭祖、史傳作望、元鼎五年、堅坐酎金國除、	
武安	以孝景后				一	九 五	

[redacted]縣名、屬魏郡、	同母弟侯、戶八千二百一十四、				後三年三月、侯田蚡元年、[redacted]失書蚡爲丞相、	元光四年、侯梧元年、[redacted]列傳及漢書表、梧作恬、 元朔三年、侯梧坐衣襜褕入宮廷中不敬、國除、	
周陽 [redacted]縣名、屬上郡、[redacted]涑水經注、地在東聞喜縣、	以孝景后同母弟侯、戶六千二十六、				一 後三年三月、懿侯田勝元年、	十二 八 元光六年、侯彭祖元年、元狩二年、侯彭祖坐當歸與章侯宅不與罪、國除、[redacted]漢	

右孝景時三十一	考證 表中止三十人、而此言三十一者、誤以休改紅並列也、
	表章侯作軹侯、上輿字衍、

索隱述贊、惠景之際、天下已平、諸呂構禍、吳楚連兵、條侯出討、壯武奉迎、薄竇恩澤、張趙忠貞、本枝分蔭、肺腑歸誠、新市死事、建陵勳榮、咸開青社、俱受丹旌、旋窺甲令、吳便有聲、

惠景閒侯者年表第七

史記十九

文學博士瀧川龜太郎著

史記會注考證

史記會注考證卷二十

漢　太史令　司馬遷　撰

宋　中郎外兵曹參軍　裴駰　集解

唐　國子博士弘文館學士　司馬貞　索隱

唐　諸王侍讀率府長史　張守節　正義

日本　出雲　瀧川資言　考證

建元以來侯者年表第八　史記二十

【索隱】七十二國、太史公舊、餘四十五國、褚先生補也、【考證】史公自序曰、北討彊胡、南誅勁越、征伐夷蠻、武功爰列、作建元以來侯者年表第八、齊召南曰、漢表列長平冠

軍於外戚恩澤、甚爲失平、夫以衛霍之功勳、其將校得封者皆稱功臣、豈可以呂竇王田例哉、史記敍功、於長平不曰皇后弟、於冠軍不曰皇后姊子、可謂公論、

太史公曰。匈奴絕和親、攻當路塞、閩越擅伐、東甌請降。二夷交侵、當盛漢之隆。以此知功臣受封、侔於祖考矣。【考證】二夷、匈奴閩越、盛漢、猶言大漢也、何者、自詩書稱三代戎狄是膺、荊荼是徵。【集解】毛詩傳曰、膺當也、鄭玄曰、徵艾、【索隱】荼音舒、徵音澄、【考證】毛詩魯頌閟宮篇、荼作舒、徵作懲、齊桓越燕伐山戎、【考證】左傳莊三十年、武靈王以區區趙服單于、【考證】事見趙策、武靈蓋卻匈奴耳、未至服單于也、秦繆用百里霸西戎、【考證】百里、百里之地、吳楚之君以諸侯役百越。況乃以中國一統明天子在上、兼文武、席卷四海、內輯億萬之衆。豈以晏然不爲邊境征伐哉。自是後遂出師、北討彊胡、南誅勁越、將卒以次封矣。【考證】王念孫曰、卒當作率、率卽帥字、汪越曰、表建元至太初已後、侯者蓋主軍功、而擊匈奴則軍功之大者、或從大將軍衛青、或從驃騎將軍霍去病、

多取封侯、南越東甌朝鮮功又其次也、有自匈奴降者、有自南越東甌朝鮮小月氏降者、可以威遠因侯之、有父死事南越而其子侯者、樛世樂韓千秋是也、有以父擊匈奴功而其子侯者、大將軍衛青之三子是也、有從擊匈奴及使絕域而侯者、張騫是也、其不以軍功、則周子南君以周後紹封、公孫弘以丞相詔褒爲侯、石慶以丞相及先人萬石積德謹行侯是也、最下則樂通以方術侯矣、陳仁錫曰、元光侯者二、元朔侯者二十二、元狩侯者十六、皆以匈奴封、元鼎侯者十六、以匈奴南粵封、元封侯者十七、以東越甌駱南越朝鮮西域封、當時之兵孰多孰少、皆可知矣、

國名	侯功	元光	元朔	元狩	元鼎	元封	太初已後
翕【索隱】音吸、案漢表在內黃也、	匈奴相降、侯、元朔二年、屬車騎將軍擊匈奴、有功、益封、【考證】漢表、益封千六百八十戶、	三　四年七月壬午、侯趙信元年、【考證】漢表、七月作十月、	五　六年、侯信爲前將軍擊匈奴、遇單于兵敗、信降匈奴、國除、				【考證】已後二字衍、後人增入、
持裝 [illegible]	匈奴都尉降、侯、【考證】漢表六百五	六年後九月	六	六	元年、侯樂		

漢表作轅、在南陽也、[illegible]今漢表作特轅、	十戶、	丙寅、侯樂元年、[illegible]音岳、			死、無後、國除、[illegible]當沓一字、無罪而薨者、當存其年、以罪死者、去之、後放此、		
親陽[illegible]漢表在舞陽也、[illegible]宋陵舞陽當作舞陰、南陽之縣、	匈奴相降、侯、[illegible]漢表六百八十戶、		三 二年十月癸巳、侯月氏元年、 五年、侯月氏坐亡斬、國除、				
若陽[illegible]表在平陽也、	匈奴相降、侯、[illegible]漢表五百三十戶、		三 二年十月癸巳、 五年、侯猛坐亡				

[illegible]今漢表在平氏、卽南陽縣、			侯猛元年、 斬、國除、				
長平[illegible]地理志、縣名、在汝南、	以元朔二年、再以車騎將軍擊匈奴、取朔方河南、功、侯、元朔五年、以大將軍擊匈奴、破右賢王、益封三千戶、[illegible]衞青本以三千八百戶封長平侯、而兩次益封、一、三千戶、卽在爲侯之年、一、六千戶、在元朔六年、此脫去本封及再封戶數、		五 二年三月丙辰、烈侯衞青元年、[illegible]徐廣曰、靑以元封五年薨、	六	六	六	太初元年、今侯伉元年、[illegible]太初二字衍、後放之、
平陵[illegible]	以都尉從車騎將軍青擊匈奴、		五[illegible]五當作四、	六[illegible]六字衍、	六[illegible]六字衍、		

表在武當、[illegible]武當、屬南陽、	功、侯、以元朔五年、用游擊將軍從大將軍益封、[illegible]漢表、逐益封止千戶、傳言建本封千一百戶、		二年三月丙辰、侯蘇建元年、		六年、侯建爲右將軍、與翕侯信俱敗、獨身脫來歸、當斬、贖、國除、[illegible]建敗、在元朔六年、卽六年侯建廿四字、當移入元朔格內、		
岸頭[illegible]表在皮氏、	以都尉從車騎將軍青擊匈奴、功、侯、元朔六年、從大將軍益封、[illegible]六年當作五年、漢表封二千戶、		五 二年六月壬辰、侯張次公元年、[illegible]漢表六月作五月、	元年、次公坐與淮南王女姦、及受財物罪、國除、			
平津[illegible]表在高城、	以丞相詔所褒、侯、[illegible]漢傳載封弘詔云、六百五十戶、而漢表爲三百		四[illegible]四當作二、 三年十一月	二 三年、侯慶元年、 四	六	三 四年、侯慶坐爲	

[illegible]其地在勃海、	七十三戶、		乙丑、獻侯公孫弘元年、			山陽太守有罪、國除、[illegible]弘傳及漢表、慶作度、	
涉安	以匈奴單于太子降、侯、		三[illegible]宋本、三作一、 三年四月丙子、侯於單元年、[illegible]音丹、 五年卒、無後、國除、[illegible]漢表年作月、是、				
昌武[illegible]表在武陽、[illegible]昌武、	以匈奴王降、侯、以昌武侯從驃騎將軍擊左賢王、功益封、[illegible]本傳云、益封三百		三 四年七月庚申、堅侯趙安稽元年、	六	六	一 五 二年、侯充國元年、[illegible]漢表安稽	太初元年、侯充國薨、亡後、國除

當作武昌、武昌在東郡之東武陽、	襄城 [illegible]漢表作襄武侯乘龍、不同也、案韓嬰亦封襄城侯、地理志、襄城在潁川、襄武在隴西也、
戶、	以匈奴相國降、侯、[illegible]漢表四百戶、
	三 四年七月庚申、侯無龍元年、[illegible]一云乘龍、
	六
	六
薨于元鼎六年、光國以太初元年嗣、四年薨、與此異、	六
	一 太初二年、無龍從浞野侯戰死、 二 三年、侯病已元年、

[illegible]今本漢表、鴻作襄陽、索隱所引爲是、表襄城闕潁川、匈奴降相之封、不應在潁川、必隴西襄武縣、	南奅 [illegible]徐廣曰、匹孝反、[illegible]
	以騎將軍從大將軍青擊匈奴、得王、功侯、太初二年、以丞相封
	二 五年四月丁未、侯公孫賀元年、
	六
	四 五年、賀坐酎金、國除、絕十歲、[illegible]十當作
	十三 太初二年三月丁卯、封葛繹侯、

徐廣曰、匹孝反、劉氏普教反、張揖窌、空也、纂文云、奅虛大也、茂陵中書云、南奅侯、此本字也、舊[illegible]傳作窌、說文以爲從穴、音柳宿反、從大、音正孝反、
爲葛繹侯、[illegible]傳云、以千三百戶封、
七、
征和二年、賀子敬聲有罪、國除、[illegible]征和已下十二字、後人妄續、與列傳同、當刪之、又當書賀復封之年、

合騎 [illegible]表、在高城也、[illegible]號爲合騎、而食于南郡高城縣、	樂安 [illegible]安樂、表在昌、地理志、昌縣在琅邪也、[illegible]史漢他處皆作
以護軍都尉三從大將軍擊匈奴、至右賢王庭、得王、功侯、元朔六年益封、[illegible]傳云、封戶一千五百、漢表益封九千五百戶、數本封千五百戶、何以一益封而戶若是多乎、疑表誤、	以輕車將軍再從大將軍青擊匈奴、得王、功、侯、[illegible]傳、封戶千六百、漢表作二千戶、
二 五年四月丁未、侯公孫敖元年、	二 五年四月丁未、侯李蔡元年、
一 二年、侯敖將兵擊匈奴、與驃騎將軍期、後、畏懦當斬、贖爲庶人、國除、	四 五年、侯蔡以丞相盜孝景園神道壖地罪、自殺、國除、

樂安、水經注亦云、千乘樂安封李蔡、							
龍頟【考證】地理志、縣名屬平原、劉氏音額、崔浩音洛、又云、今河閒有龍頟村、與弓高相近、	以都尉從大將軍青擊匈奴、得王、功侯、元鼎六年、以橫海將軍擊東越、功、爲案道侯、【考證】漢表以龍頟案道爲二人封、非也、索隱云、案道屬齊也、【考證】傳、封一千三百戶、		二 五年四月丁未、侯韓說元年、	六	四 五年、侯說坐酎金、國絕、二歲、復侯、	六 元年五月丁卯、案道侯說元年、【考證】漢表、丁卯作己卯、	十三 征和二年、子長代、有罪、絕、子曾復封爲龍頟侯、【考證】十八字、後人妄增、
隨成	以校尉三從大		二	三【考證】三當作二、			

【考證】表在千乘、	將軍青擊匈奴、攻農吾、先登石累、【索隱】累音纍、險阻地名、漢表作纍、音門、得王、功侯、【考證】漢表云、攻辰吾、先登石纍、侯七百戶、傳云、封戶千三百、		五年四月乙卯、侯趙不虞元年、	三年、侯不虞坐爲定襄都尉、匈奴敗太守、以聞非實、坐謾、國除、【索隱】謂上聞天子狀不實、爲謾、而國除、謾、音木干反、			
從平【考證】表在樂昌邑、	以校尉三從大將軍青擊匈奴、至右賢王庭、數爲鴈行上石山、先登、功侯、【考證】封戶、漢表作千一百、傳作千三百、		二 五年四月乙卯、公孫戎奴元年、	一 二年、侯戎奴坐爲上郡太守、發兵擊匈奴、不以聞、謾、國除、			
涉軹【考證】	以校尉三從大將軍擊匈奴、至		二 五年四月丁	元年、侯朔有			

漢表、軹在西安、無涉字、地理志、西安在齊郡、涉軹縣從縣然、皆當時意也、故上文有涉安侯、	右賢王庭、得王、虜閼氏、功侯、【考證】傳、一千三百戶、		未、侯李朔元年、	罪、國除、【考證】漢表云、元朔六年免、比史表先一年、			
宜春【考證】志、縣名、屬汝南、豫章亦有之、	以父大將軍青破右賢王功、侯、【考證】傳云、千三百戶、		二 五年四月丁未、侯衛伉元年、	六	元年、侯伉坐矯制不害、國除、		

陰安【考證】志、縣名、屬魏郡、	以父大將軍青破右賢王功、侯、【考證】傳云、千三百戶、		二 五年四月丁未、侯衛不疑元年、	六	四 五年、侯不疑坐酎金、國除、		
發干【考證】志、縣名、屬東郡、	以父大將軍青破右賢王功、侯、【考證】傳云、千三百戶、		二 五年四月丁未、侯衛登元年、	六	四 五年、侯登坐酎金、國除、		
博望【考證】志、縣名、屬南陽、	以校尉從大將軍、六年擊匈奴、知水道、及前使絕域大夏功、侯、		一 六年三月甲辰、侯張騫元年、	一 二年、侯騫坐以將軍擊匈奴畏懦、當斬、贖、國除、			
冠軍【考證】縣名、屬南	以嫖姚校尉再從大將軍、六年從大將軍擊匈	【考證】傳云、去病本以千六百戶封冠軍侯、而又四益封、一因出隴西有功、益二	一 六年四月壬申、景桓侯霍	六	六 元年、哀侯嬗元年、	元年、哀侯嬗薨、無後、	

陽、	奴、斬相國功、侯、元狩二年、以驃騎將軍擊匈奴、至祁連、益封、迎渾邪王、益封、擊左右賢王、益封、	千戶、一因破祁連益五千戶、一因迎渾邪益千七百戶、一因擊左右賢王益五千八百戶、此與漢表皆缺不具、	去病元年、			國除、■徐廣曰、嬗字子侯、爲武帝奉車、登封泰山、暴病死、	
衆利 ■衆利、表在陽城姑莫、後以封伊即軒也、■衞霍傳作移利、	以上谷太守四從大將軍、六年擊匈奴、首虜千級以上功、侯、■封千一百戶、		一 六年五月壬辰、侯郝賢元年、■郝音呼惡反、又音釋、	一 二年、侯賢坐爲上谷太守、入戍卒財物、上計謾罪、國除、			
潦 ■表在	以匈奴趙王降、侯、■封五百六			一 元年七月壬			

舞陽、	十戶、			午、悼侯趙王煖訾元年、■煖音況遠反、訾卽移反、■漢表煖作援、死當作薨、二年、煖訾死、無後、國除、			
宜冠 ■冠音官、表在昌也、■琅邪昌縣、	以校尉從驃騎將軍、二年再出擊匈奴功、侯、故匈奴歸義、			二 二年正月乙亥、侯高不識元年、四年、不識擊匈奴戰軍功、增首不以實、當斬、贖罪、國除、			
煇渠 ■鄉名、宋表	以校尉從驃騎將軍、二年再出擊匈奴、得王、功、			五 二年二月乙丑、忠侯僕多元年、	三 四年、侯電元年、三	六	四

在魯陽、煇上下故音馘、	侯、以校尉從驃騎將軍、二年虜五王、功、益封、故匈奴歸義、			元年、■漢表作僕朋、此云僕多、與衞青傳同、			
從驃 ■以從驃騎、得封、故曰從驃、後封浞野侯、	以司馬再從驃騎將軍、數深入匈奴、得兩王子騎將、功、侯、以匈河將軍、元封三年擊樓蘭、功、復侯、■案漢表及列傳、子乃千羸、謂得兩王、又得千騎將也、史傳本封千五百、益封三百、漢表云、二千戶、			五 二年五月丁丑、侯趙破奴元年、■漢表丁丑作丙戌、	四 五年、侯破奴坐酎金、國除、	浞野四 三年、侯破奴元年、	一 二年、侯破奴以浚稽將軍擊匈奴、失軍、爲虜所得、國除、
下麾 ■表在猗氏、	以匈奴王降、侯、■漢表七百戶、			五 二年六月乙亥、侯呼毒尼元年、	四 五年、煬侯伊即軒元 二	六	四

麾、音攝、				元年、■呼毒尼之降、在元狩二年秋、安得六月已封侯乎、此與漢表皆有誤、	年、■煬、當作今、後人妄改爲誤、		
漯陰 ■表在平原、■漢表、漯作濕、	以匈奴渾邪王將衆十萬降、侯、萬戶、			四 二年七月壬午、定侯渾邪元年、	六 元年、魏侯蘇元年、■魏諡、蘇名、諡法克捷行軍曰魏也、	五 五年、魏侯蘇薨、無後、國除、	
煇渠 ■韋昭云、僕多所封則作煇、堰、應庀所封則作渾、	以匈奴王降、侯、			四 三年七月壬午、悼侯扁訾元年、■漢表作悼侯應庀、庀讀必二反、扁必顯反、訾子移反、	一 二年、侯扁訾死、無後、國除、■死當作薨、		

渠、二者皆鄉名、在魯陽、今故作煇、誤也、案漢表及傳亦作煇、孔文祥云同、是元狩中封、則一邑分封二人也、其義爲得、							
河綦 [索隱] 表在	以匈奴右王與渾邪降、侯、[考證] 右下脫綦字、下文			四 三年七月壬	二 三年、餘利 四	六	四

濟南郡、	傚此、漢表封六百戶、			午、康侯烏犂元年、[索隱] 漢書作禽犂、	鞮元年、		
常樂 [索隱] 表在濟南、	以匈奴大當戶與渾邪降、侯、[考證] 漢表五百七十戶、			四 三年七月壬午、肥侯稠離元年、[索隱] 漢書衞青傳作彫離、	六	六	二 太初三年、今侯廣漢元年、
符離 [索隱] 縣名、屬沛郡、	以右北平太守從驃騎將軍、四年擊右王、將重會期、[索隱] 將重、將字上屬、重者再也、會期者再赴期、將去聲、重平聲、[考證] 右王部右賢王、漢表右作左、將重會期者、將輜重至軍及期而會、傳所謂路博德屬驃			三 四年六月丁卯、侯路博德元年、	六	六	太初元年、侯路博德有罪、國除、

	騎將軍、合與城不失期也、索隱誤、首虜二千七百人、功、侯、[考證] 封戶千六百、						
壯 [illegible] 表在東不、[illegible] 漢表云在亜不、則勃海留平縣鄉名、	以匈奴歸義匈奴因淳王、從驃騎將軍、四年擊左王、以少破多、捕虜二千一百人、功、侯、[illegible] 義下匈奴二字衍、漢表作三千一百人、又封千三百戶、			三 四年六月丁卯、侯復陸支元年、	二 三年、今侯偃元年、 四	六	四
衆利 [illegible] 表志闕、[illegible] 衆利姦瑕	以匈奴歸義樓剸王、[illegible] 剸音專、從驃騎將軍、四年擊右王、手自劍合、功、侯、[illegible]			三 四年六月丁卯、質侯伊卽軒元年、[illegible] 軒居言反、	六	五 六年、今侯當時元年、 一	四

邪姑幕縣之鄉名、	手自劍、謂手親其王而合戰、得封、[illegible] 傳封戶千八百、漢表作千一百戶、又右作左、						
湘成 [illegible] 表在陽城、	以匈奴符離王降、侯、[illegible] 漢表千八百戶、			三 四年六月丁卯、侯敞屠洛元年、	四 五年、侯敞屠洛坐酎金、國除、		
義陽 [illegible] 表在平氏、	以北地都尉從驃騎將軍、四年擊左王、得王、功、侯、[illegible] 史傳封千二百戶、漢表作千一百、			三 四年六月丁卯、侯衞山元年、	六	六	四
散 [illegible] 表在陽城、	以匈奴都尉降、侯、[illegible] 漢表千一百戶、			三 四年六月丁卯、侯董荼吾元年、[illegible] 劉	六	六	二 太初三年、今侯安漢元 二

					氏茶音大姑反、蓋誤耳、今以共人名余吾、余吾匈奴小名也、[illegible]漢表、茶吾作舍吾、		年、
臧馬[illegible]表在朱虛、	以匈奴王降侯、[illegible]漢表八百七十戶、				一 四年六月丁卯、康侯延年元年、[illegible]漢表作雝延年、五年、侯延年死、不得置後、國除、		
周子南君、[illegible]表在長社、	以周後紹封、[illegible]漢表二千戶、					四年十一月丁卯、侯姬嘉元年、 三	三 四年、君買元年、 三
樂道	以方術侯、[illegible]					一	

[illegible]韋昭云、在臨淮高平、	漢表三千戶、					四年四月乙巳、侯五利將軍欒大元年、五年、侯大有罪、斬、國除、	
瞭[illegible]音遼、表在舞陽、	以匈奴歸義王降、侯、[illegible]漢表七百九十戶、					一 四年六月丙午、侯次公元年、五年、侯次公坐酎金、國除、	
術陽[illegible]遂陽、表在下邳、	以南越王兄越高昌侯、[illegible]漢表三千戶、					一 四年、侯建德元年、五年、侯建	

					德有罪、國除、[illegible]盧德、趙氏、		
龍亢[illegible]晉灼云、龍阿左傳齊侯圍龍、龍魯邑、齊故云、廣德所止、封是龍、有亢者誤也、[illegible]漢志沛郡有龍亢縣、	以校尉樛世樂擊南越死事、子侯、[illegible]世字衍、漢表六百七十戶、				二 五年三月壬午、侯廣德元年、	六 六年、侯廣德有罪誅、國除、	

成安[illegible]表在郟、志在陳留、	以校尉韓千秋擊南越死事、子侯、[illegible]漢表千三百八十戶、				二 五年三月壬子、侯延年元年、[illegible]漢志、壬子作壬午、	六 六年、侯延年有罪、國除、	
昆[illegible]表在鉅鹿、	以屬國大且渠擊匈奴、功、侯、				二 五年五月戊戌、昆侯渠復累元年、[illegible]欒麼、累、力委反、顏師古、音力追反、	六	四
騏[illegible]志屬河東、表在北屈、	以屬國騎擊匈奴、捕單于兄、功、侯、[illegible]漢表五百二十戶、				二 五年五月壬子、侯駒幾元年、[illegible]一云騎幾、	六	四

梁期 [illegible]志屬魏郡、	以屬國都尉、五年閒出擊匈奴、得復累絺縵等功、侯、				二 五年七月辛巳、侯任破胡元年、	六	四
牧丘 [illegible]表在平原、	以丞相及先人萬石積德謹行侯、				二 五年九月丁丑、恪侯石慶元年、[illegible]傳及漢表、恪作恬、	六	二 三年、侯德元年、二
瞭 [illegible]表在下邳、初以封次公、又封畢取、	以南越將降侯、[illegible]漢表五百一十戶、				一 六年三月乙酉、侯畢取元年、	六	四
將梁 [illegible]	以樓船將軍擊南越、推鋒卻敵、				一 六年三月	三 四年、侯	

表志闕、[illegible]在涿郡廣望縣、	侯、				乙酉、侯楊僕元年、	僕有罪、國除、[illegible]朝鮮傳及漢書紀傳、在元封三年、	
安道 [illegible]表在南陽、	以南越揭陽令、聞漢兵至自定降、侯、[illegible]漢表六百戶、				一 六年三月乙酉、侯揭陽令定元年、[illegible]定上缺史字、	六	四
隨桃 [illegible]表在南陽、	以南越蒼梧王、聞漢兵至降、侯、[illegible]漢表三千戶、				一 六年四月癸亥、侯趙光元年、	六	四
湘成 [illegible]表在堵陽、	以南越桂林監、聞漢兵破番禺、諭甌駱兵四十				一 六年五月壬申、侯監	六	四

	餘萬降、侯、[illegible]漢表八百三十戶、				居翁元年、[illegible]監、官也、居姓、翁字、		
海常 [illegible]表在琅耶、	以伏波司馬、捕得南越王建德功、侯、				一 六年七月乙酉、莊侯蘇弘元年、	六	太初元年、侯弘死、無後、國除、
北石 [illegible]漢表作外石、在濟南、	以故東越衍侯、佐繇王斬餘善功、侯、[illegible]漢表千戶、					六 元年正月壬午、侯吳陽元年、	三 太初四年、今侯首元年、
下鄜 [illegible]漢表作鄜、	以故甌駱左將、斬西于王功、侯、[illegible]西于乃西千之譌、卽交趾也、封戶七百、					六 元年四月丁酉、侯左將黃同元年、[illegible]西南夷傳、甌駱將左黃同、則	四

						左是姓、恐誤、漢表云、將黃同、則左將是官不疑、	
繚嫈 [illegible]繚、音繚總之繚、嫈、案字林音乙耕反、西南夷傳音聊嫈、	以故校尉從橫海將軍說、擊東越功、侯、[illegible]漢表無故字、					一 元年五月乙卯、侯劉福元年、二年、侯福有罪、國除、	
蘌兒 [illegible]韋昭云、在吳越升、今爲鄉也、	以軍卒斬東越徇北將軍功、侯、					六 元年閏月癸卯、莊侯轅終古元年、[illegible]徐廣曰、閏四月、	太初元年、終古死、無後、國除、

也、

開陵 【索隱】表在臨淮、
以故東越建成侯、與繇王共斬東越王餘善功、侯、
六 元年閏月癸卯、侯建成元年、【考證】案東越傳、侯名敖、

臨蔡 【索隱】表在河內、
以故南越郎、聞漢兵破番禺、爲伏波得南越相呂嘉功、侯、【考證】漢表千戶、
六 元年閏月癸卯、侯孫都元年、
【考證】漢表有侯孫嗣、太初元年坐擊番禺、奪人虜掠、死、此疑有脫文、

東成 【索隱】表在九江、
以故東越繇王、斬東越王餘善功、侯、萬戶、
六 元年閏月癸卯、侯居服元年、

無錫 【索隱】
以東越將軍、漢兵至、弃軍降、侯、
六 元年、侯多

【索隱】表在會稽、
【考證】漢表千戶、
軍元年、

涉都 【索隱】涉多、表在南陽、
以父弃故南海守、漢兵至、以城邑降、子侯、【考證】封二千四十戶、
六 元年中、侯嘉元年、【考證】漢表嘉作喜、
二 太初二年、侯嘉薨、無後、國除、

平州 【索隱】表在梁父、
以朝鮮將、漢兵至降、侯、【考證】封千四百八十戶、
一 三年四月丁卯、侯唊元年、【集解】如淳曰、唊音頰、四年、侯唊薨、無後、國除、

荻苴 【索隱】
以朝鮮相、漢兵至、圍之、降、侯、
四 三年四月、

音狄沮、表在勃海、
【考證】封五百四十戶、
侯朝鮮相韓陰元年、【考證】漢表陰作陶、

澅淸 【索隱】表在齊、澅、音獲、水名、在齊、又音平封反、
以朝鮮尼谿相、使人殺其王右渠、來降、侯、【考證】封千戶、
四 三年六月丙辰、侯朝鮮尼谿相參元年、【考證】參上侯字衍、

騠茲 【索隱】騠、音啼、表在瑯邪、
以小月氏若苴王將衆降、侯、【索隱】苴、子餘反、【考證】漢表若作右、封戶千九百、
三 四年十一月丁卯、侯稽谷姑元年、【索隱】稽滑姑、【考證】漢表丁卯作丁未、
太初元年、侯稽谷姑薨、無後、國除、

浩 【索隱】表志闕、
以故中郎將、將兵捕得車師王功、侯、
一 四年正月甲申、侯王恢元年、四年四月、侯恢坐使酒泉矯制害、當死、贖、國除、封凡三月、

瓡讘 【集解】徐廣曰、在河東、【索隱】瓡、音胡、讘、之涉反、【索隱】縣名、
以小月氏王、將衆千騎降、侯、【考證】七百六十戶、
二 四年正月乙酉、侯扜者元年、[redacted]
一 六年、侯勝元年、
四

案表在河東、志亦同、郎狐字、

杅、音烏、亦音汙、

幾 [illegible] 音機、表在河東、

以朝鮮王子、漢兵圍朝鮮、降、侯、

二

四年三月癸未、侯張路歸義元年、[illegible] 章昭云、路、姑洛反、[illegible] 史漢傳、皆作幾侯、長而表皆作張路、歸義二字衍、

六年、侯張路、使朝鮮、謀反、死、國除、

涅陽 [illegible] 表在齊、志屬南陽、

以朝鮮相路人、漢兵至、首先降、道死、其子侯、

三

四年三月壬寅、康侯子最元年、[illegible] 子字衍、

太初二年、侯最死、無後、國除、

右太史公本表 [illegible] 景侯表之例云右元光至太初若干人、必如惠六字、褚生所改、史表元文、

當塗 [illegible] 表在九江、

魏不害、以圉守尉捕淮陽反者公孫勇等、侯、[illegible] 以下褚王孫所續、

蒲 [illegible] 表在琅邪、

蘇昌、以圉尉史捕淮陽反者公孫勇等、侯、

潦陽 [illegible] 漢音遼、表在清河、

江德、以圉廄嗇夫共捕淮陽反者公孫勇等、侯、

富民 [illegible] 表在蘄、

田千秋、家在長陵、以故高廟寢郎上書諫孝武曰、子弄父兵、罪當笞、父子之怒、自古有之、蚩尤畔父、黃帝涉江、上書至意、拜為大鴻臚、[illegible] 猶致也、生、征和四年為丞相、封三千戶、至昭帝時、病死、子順代立、為虎牙將軍、擊匈奴、不至質、誅死、國除、[illegible] 漢書音義曰、質、所期處也、

右孝武封國名

後進好事儒者褚先生曰、太史公記事、盡於孝武之事、故復修記孝昭以來功臣侯者、編於左方、令後好事者得覽觀成敗長短絕世之適、得以自戒焉、當世之君子、行權合變、度時施宜、希世用事、以建功有土封侯、立名當世、豈不盛哉、觀其持滿守成之道、皆不謙讓、驕蹇爭權、喜揚聲譽、知進不知退、終以殺身滅國、以三得之、[illegible] 以三得之者、即上所謂行權合變、度時施宜、希世用事也、及身失之、不能傳功於後世、令恩德流子孫、豈不悲哉、夫龍頟侯曾為前將軍、世俗順善、厚重謹信、不與政事、退讓愛人、其先起於晉六卿之世、有土君國、以來為王侯、子孫相承不絕、歷年經世、以至于今、凡百餘歲、豈可與功臣及身失之者同日而語之哉、悲夫、後世其誡之、[illegible] 徐孚遠曰、龍頟之事具前表、此復推美、以其貴盛傳後故也、愚按、龍頟侯韓說、

博陸

霍光、家在平陽、以兄驃騎將軍故貴、前事武帝、覺捕得侍中謀反者馬何羅等功、侯、三千戶、[illegible] 文穎曰、博、大、陸、平、取其嘉名、無此縣也、食邑北海河東、瓚曰、漁陽有博陸城也、中輔幼主昭帝、為大將軍、謹信、用事擅治、尊為大司馬、益封邑萬戶、後事宣帝、歷事三主、天下信鄉之、益封二萬戶、子禹代立、謀反、族滅、國除、

秺

金翁叔、名日磾、以匈奴休屠王太子從渾邪王、將衆五萬、降漢歸義、侍中事、[illegible] 中井積德曰、此說休

[illegible] 漢書音義曰、音妒、在濟陰成武、今有事矣、

[illegible] 服虔曰、磾為奴、事見殺略傳、顏覺失實、武帝覺捕侍中謀反者馬何羅等功、侯、三千戶、中事昭帝、謹厚、益封三千戶、子弘代立、為奉車都尉、事宣帝、

安陽 [illegible] 表在蕩陰、志屬汝南、

上官桀、家在隴西、以善騎射從軍、稍貴、事武帝、為左將軍、覺捕斬侍中謀反者馬何羅弟重合侯通、功侯、三千戶、中事昭帝、與大將軍霍光爭權、因以謀反、族滅、國除、

桑樂 [illegible] 表在千乘、

上官安、以父桀為將軍、故貴侍中、事昭帝、安女為昭帝夫人、立為皇后、故侯、三千戶、驕蹇、與大將軍霍光爭權、因以父子謀反、族滅、國除、

富平 [illegible] 志屬平原、

張安世、家在杜陵、以故御史大夫張湯子、武帝時給事尚書、為尚書令、事昭帝、謹厚習事、為光祿勳右將軍、輔政十三年、無適過、侯、三千戶、及事宣帝、代霍光為大司馬、用事、益封萬六千戶、子延壽代立、為太僕侍中、

義陽 ■ 表在平氏、

傅介子、家在北地、以從軍爲郎、爲平樂監、昭帝時、刺殺外國王、天子下詔書曰、平樂監傅介子、使外國殺樓蘭王、以直報怨、不煩師有功、其以邑千三百戶封介子爲義陽侯、子厲代立、爭財相告、有罪國除、

商利 ■ 表在徐郡、

王山、齊人也、■中井積德曰、王山、漢表作王山壽、故爲丞相史、會騎將軍上官安謀反、山說安、與俱入丞相、斬安、山以軍功爲侯、三千戶、上書願治民、爲代太守、爲人所上書言、繫獄當死、會赦、出爲庶人、國除、

建平 ■ 表在濟陽、

杜延年、以故御史大夫杜周子、給事大將軍幕府、發覺謀反者騎將軍上官安等罪、封爲侯、邑二千七百戶、拜爲太僕、元年、出爲西河太守、五鳳三年、入爲御史大夫、

弋陽 ■ 志屬汝南、

任宮、以故上林尉、捕格謀反者左將軍上官桀、殺之便門、封爲侯、二千戶、後爲太常、及行衞尉事、節儉謹信、以壽終、傳於子孫、

宜城 ■ 表在濟陰、

燕倉、以故大將軍幕府軍吏、發謀反者騎將軍上官安罪、有功、封侯、邑二千戶、爲汝南太守、有能名、

宜春 ■ 志屬汝南、

王訢、家在齊、本小吏佐史、稍遷至右輔都尉、武帝數幸扶風郡、訢共置辦、拜爲右扶風、至孝昭時、代桑弘羊爲御史大夫、元鳳三年、代田千秋爲丞相、封二千戶、■在元鳳四年、立二年、爲人所上書言、暴自殺、不殊、子代立、爲屬國都尉、

右孝昭時所封國名

安平 ■ 表在汝南、志屬涿郡、

楊敞、家在華陰、故給事大將軍幕府、稍遷至大司農、爲御史大夫、元鳳六年、代王訢爲丞相、封二千戶、立二年、病死、子賁代立、十三年病死、子翁君代立、爲典屬國、三歲、以季父惲故出惡言、繫獄、當死、得免爲庶人、國除、

陽平 ■ 志屬東郡、

蔡義、家在溫、故師受韓詩、爲博士、給事大將軍幕府、爲杜城門候、入侍中、授昭帝韓詩、爲御史大夫、是時年八十、衰老、常兩人扶持乃能行、然公卿大臣議、以爲爲人主師、當以爲相、以元平元年、代楊敞爲丞相、封二千戶、病死、絕無後、國除、

扶陽 ■ 志屬沛郡、表在蕭、

韋賢、家在魯、通詩禮尚書、爲博士、授魯大儒、入侍中、爲昭帝師、遷爲光祿大夫大鴻臚長信少府、以爲人主師、本始三年、代蔡義爲丞相、封扶陽侯、千八百戶、爲丞相五歲、多恩、不習吏事、免相就第、病死、子玄成代立、爲太常、坐祠廟騎、奪爵爲關內侯、

平陵 ■ 表在武當、

范明友、家在隴西、以家世習外國事、使護西羌事、昭帝拜爲度遼將軍、擊烏桓、功侯、二千戶、取霍光女爲妻、地節四年、與諸霍子禹等謀反、族滅、國除、

營平 ■ 表在濟南、

趙充國、以隴西騎士、從軍得官、侍中事武帝、數將兵擊匈奴、有功、爲護軍都尉、侍中事昭帝、昭帝崩、議立宣帝、決疑定策、以安宗廟、功侯、封二千五百戶、

陽成 ■ 表在濟陰、非也、且濟陰有城陽縣耳、而潁川汝南又各有陽城縣、城字從土在陽之下、今此似誤、不可分別也、

田延年、以軍吏事昭帝、發覺上官桀謀反事、後留遲不得封、爲大司農、本造廢昌邑王議、立宣帝、決疑定策、以安宗廟、功侯、二千七百戶、逢昭帝崩、方上事竝急、因以盜都內錢三千萬、■漢書百官表曰、司農屬官有都內、發覺自殺、國除、

平丘 ■ 志屬陳留、表在肥城、

王遷、家在衞、■一作衙、音牙、地理志、衙縣在馮翊、爲尚書郎、習刀筆之文、侍中事昭帝、帝崩、立宣帝、決疑定策、以安宗廟、功侯、二千戶、爲光祿大夫、秩中二千石、坐受諸侯王金錢財、漏泄中事、誅死、國除、

樂成 ■ 表在平氏、志屬南陽、

霍山、山者大將軍光兄子也、■中井積德曰、一山字衍、光未死時上書曰、臣兄驃騎將軍去病、從軍有功、病死、賜謚景桓侯、絕無後、臣光願以所封東武陽邑三千五百戶分與山、天子許之、拜山爲侯、後坐謀反、族滅、國除、

冠軍 ■ 志屬南陽、

霍雲、以大將軍兄驃騎將軍適孫爲侯、地節三年、天子下詔書曰、驃騎將軍去病、擊匈奴有功、封爲冠軍侯、薨卒、子侯代立、病死無後、春秋之義、善善及子孫、其以邑三千戶封雲爲冠軍侯、後坐謀反、族滅、國除、

平恩 ■ 志屬

許廣漢、家昌邑、坐事下蠶室、獨有一女、嫁之、宣帝未立時、素與廣漢出入相通、卜相者言當大貴、以故廣漢施恩甚厚、地節三年、封爲侯、邑三千戶、病死、無後、國除、

魏郡、

昌水 【索隱】表在於陵、
田廣明、故郎、爲司馬、稍遷至南郡都尉・淮陽太守・鴻臚・左馮翊、昭帝崩、議廢昌邑王立宣帝、決疑定策、以安宗廟、本始三年、封爲侯、邑二千三百戶、爲御史大夫、後爲祁連將軍、擊匈奴、軍不至質、當死、自殺、國除、

高平 【索隱】志屬臨淮、
魏相、家在濟陰、少學易、爲府卒史、以賢良舉爲茂陵令、遷河南太守、坐賊殺不辜、繫獄當死、會赦、免爲庶人、有詔守茂陵令、爲揚州刺史、入爲諫議大夫、復爲河南太守、遷爲大司農・御史大夫、地節三年、譖毀韋賢、代爲丞相、封千五百戶、病死、長子賓代立、坐祠廟失侯、

博望 【索隱】志屬南陽、
許中翁、【索隱】名舜、以平恩侯許廣漢弟封爲侯、邑二千戶、亦故有私恩、爲長樂衛尉、死、子延年代立、

樂平
許翁孫、以平恩侯許廣漢少弟故爲侯、封二千戶、拜爲彊弩將軍、擊破西羌、還更拜爲大司馬光祿勳、亦故有私恩、故得封、嗜酒好色、以早病死、子湯代立、

將陵
史子回、【索隱】名曾、以宣帝大母家封爲侯、二千六百戶、與平臺侯昆弟行也、子回妻宜君、故成王孫、嫉妒、絞殺侍婢四十餘人、盜斷婦人初產子臂膝以爲媚道、爲人所上書言、論棄市、子回以外家故不失侯、

平臺 【索隱】志屬常山、
史子叔、【索隱】名玄、以宣帝大母家封爲侯、二千五百戶、衛太子時、史氏內一女於太子、嫁一女魯王、今見魯王亦史氏外孫也、外家有親、以故貴、數得賞賜、

樂陵 【索隱】志屬臨淮、平原亦有樂陵、
史子長、【索隱】名高、以宣帝大母家貴、侍中、重厚忠信、以發覺霍氏謀反事、封三千五百戶、

博成 【索隱】表在臨淮、
張章、父故潁川人、爲長安亭長、失官之北闕、上書寄宿霍氏第舍、臥馬櫪閒、夜聞養馬奴相與語言諸霍氏子孫欲謀反狀、因上書告反、爲侯、封三千戶、

都成 【索隱】志屬潁川、
金安上、先故匈奴、以發覺故大將軍霍光子禹等謀反事有功、封侯、二千八百戶、安上者、奉車都尉秺侯從羣子、行謹善退讓以自持、欲傳功德於子孫、

平通 【索隱】表在博陽、
楊惲、家在華陰、故丞相楊敞少子、任爲郎、好士、自喜知人、居衆人中常與人顏色、以故高昌侯董忠引與屛語、言霍氏謀反狀、共發覺告反、侯二千戶、爲光祿勳、到五鳳四年、作爲妖言、大逆罪腰斬、國除、【考證】中井積德曰、惲坐書失侯家居、死乃在後年耳、此只表前後、

高昌 【索隱】志屬千乘、
董忠、父故潁川陽翟人、以習書詣長安、忠有材力、能騎射、用短兵、給事期門、【考證】漢書東方朔傳曰、武帝微行、出與侍中常侍武騎及待詔隴西北地良家子能騎射者、期諸殿門、故有期門之號、與張章相習知、章告語忠霍禹謀反狀、忠以語常侍騎郎楊惲、共發覺告反、侯、二千戶、今爲梟騎都尉・侍中、坐祠宗廟乘小車、奪百戶、

爰戚
趙成、【索隱】漢表作趙長平、用發覺楚國事侯、二千三百戶、地節元年、楚王與廣陵王謀反、成發覺反狀、天子推恩廣德義、下詔書曰、無治廣陵王、廣陵不變更、後復坐祝詛滅國、自殺、國除、今帝復立子爲廣陵王、

酇
地節三年、天子下詔書曰、朕聞漢之興、相國蕭何功第一、今絕無後、朕甚憐之、其以邑三千戶封蕭何玄孫建世爲酇侯、

平昌
王長君、【索隱】名無故、家在趙國常山廣望邑人也、衛太子時、嫁太子家、爲太子男史皇孫爲配、生子男、絕不聞聲問、行且四十餘歲、至今元康元年中、詔徵立以爲侯、封五千戶、宣帝舅父也、

樂昌 【索隱】表在汝南、
王稚君、【索隱】名武、家在趙國常山廣望邑人也、以宣帝舅父外家、封爲侯、邑五千戶、平昌侯王長君弟也、

邛成 【索隱】表在
王奉光、家在房陵、以女立爲宣帝皇后、故封千五百戶、言奉光初生時、夜見光其上、傳聞者以爲當貴云、後果以女故爲侯、

濟陰、

安遠 【索隱】表在愼、
鄭吉、家在會稽、以卒伍起從軍爲郎、使護將弛刑士田渠黎、會匈奴單于死、國亂相攻、日逐王將衆來降漢、先使語吉、吉將吏卒數百人往迎之、衆頗有欲還者、斬殺其渠率、遂與俱入漢、以軍功侯、二千戶、

博陽 【索隱】表在南頓、
邴吉、家在魯、本以治獄爲御史屬、給事大將軍幕府、常施舊恩宣帝、遷爲御史大夫、封侯二千戶、神爵二年、代魏相爲丞相、立五歲病死、子翁孟代立、爲將軍侍中、甘露元年、坐祠宗廟不乘大車而騎至廟門、有罪、奪爵爲關內侯、

建成 【索隱】表在沛、
黃霸、家在陽夏、以役使徙雲陽、以廉吏爲河內守丞、遷爲廷尉監、行丞相長史事、坐見知夏侯勝非詔書大不敬罪、久繫獄三歲、從勝學尚書、會赦、以賢良舉爲揚州刺史・潁川太守、善化、男女異路、耕者讓畔、賜黃金百斤、秩中二千石、居潁川、入爲太子太傅、遷御史大夫、五鳳三年、代邴吉爲丞相、封千八百戶、

西平 【索隱】表在臨淮、
于定國、家在東海、本以治獄給事爲廷尉史、稍遷御史中丞、上書諫昌邑王、遷爲光祿大夫、爲廷尉、乃師受春秋、變道行化、謹厚愛人、遷爲御史大夫、代黃霸爲丞相、

右孝宣時所封

陽平
王稚君、【索隱】名傑、漢表名禁、家在魏郡、故丞相史、女爲太子妃、太子立爲帝、女爲皇后、故侯、千

表在東郡、

二百戶、　初元以來方盛貴用事、游宦求官於京師者、多得其力、未聞其有知略廣宜於國家也、

【索隱】述贊、孝武之代、天下多虞、南討甌越、北擊單于、長平鞠旅、冠軍前驅、術陽銜璧、臨蔡破禺、博陸上宰、平津巨儒、金章且佩、紫綬行紆、昭帝已後、勳寵不殊、惜哉絕筆、褚氏補諸、

建元以來侯者年表第八　史記二十

文學博士瀧川龜太郎著

史記會注考證

史記會注考證卷二十一

漢　太史　令司馬遷　撰

宋中郎外兵曹參軍裴　駰集解

唐國子博士弘文館學士司馬　貞索隱

唐諸王侍讀率府長史張　守節正義

日本　出雲　瀧川資言考證

建元已來王子侯者年表第九　史記二十一

考證史公自序云、諸侯既彊、七國爲從、子弟衆多、無爵封邑、推恩行義、其勢銷弱、德歸京師、作王子侯者年表第九、齊召南曰、漢書直題曰王子侯表、起高祖之封從頡、而

史記載自建元、最有深意、蓋武帝以前、卽有王子封侯、出自特恩、非通例也、至主父偃之策行、則王子無不封侯、而諸侯益弱矣、陳仁錫曰、元光侯者七、元朔侯者一百二十七、元狩侯者二十五、元鼎侯者三、當時分封諸侯子弟、施行次第皆可知矣、

制詔御史。諸侯王或欲推私恩分子弟邑者、令各條上。朕且臨定其號名。考證梁玉繩曰、案此元朔二年詔也、漢書詔曰、諸侯王請與子弟邑者、朕將親覽、使列位焉、所載不同、豈班馬于詔辭、亦擅改之邪、王子之封、是分本國之邑以爲侯國、乃表中國名、頗有越封異地者、中山靖王傳云、分封子弟、別屬漢郡、竊意當日衆建之制、必上其分封邑戶于朝、天子別以附近之郡地易而封之、愚按推恩之說、賈誼之遺策、而自主父偃發、太史公曰。盛哉天子之德。一人有慶、天下賴之。考證盛哉天子之德、所謂推私恩也、書呂刑、一人有慶、兆民賴之、汪越曰、諸王子之後失侯者、坐酎金凡五十五、無後四、此外則不朝不敬一、棄綬出國不敬一、其甚者則篡死罪一、姦人妻一、姦姊妹一、殺人坐棄市一、殺弟坐棄市一、有罪不明所坐十、而謀叛者無聞焉、豈戶邑分而勢銷弱、故與、然漢自是遂無大藩國、至哀平之際、王氏專政、一歲之中、無罪而免者數十、捽而去之、如揮羊豕、其欲誅莽者、武平侯璜、陵鄉侯會、翟義所立者嚴鄉侯信、祗辭首就戮、無一人應、惡覩所謂百足不僵者乎、故觀王子侯表、合漢興以來諸侯表、究其終始、此西京二百三十年之大勢也、

國名	王子號	元光	元朔	元狩	元鼎	元封	太初
兹 [redacted]表志閼、	河閒獻王子、	五年正月壬子、侯劉明元年、二	二 三年、侯明坐謀反殺人、弃市、國除、[redacted]徐廣曰、一作掠殺人弃市、[redacted]明何書謀反、但殺人耳、漢表作坐殺人自殺、				
安成 [redacted]表在豫章、[redacted]縣在長沙、故封長沙王子、水經	長沙定王子、	一 六年七月乙巳、思侯劉蒼元年、	六	六	六 元年、今侯自當元年、	六	四

注可讀、漢表作安城、							
宜春 [redacted] 表志闕、[redacted] 汝南豫章皆有宜春、此侯封于豫章、水經注可讀、	長沙定王子、	一 六年七月乙巳、侯劉成元年、	六	六	四 五年、侯成坐酎金國除、		
句容 [redacted] 表在會稽、	長沙定王子、	六年七月乙巳、哀侯劉黨元年、	元年、哀侯黨薨、無後、國除、				

句陵 [redacted] 徐廣曰、一作容陵、[redacted] 表志闕、[redacted] 容陵縣屬長沙、	長沙定王子、	一 六年七月乙巳、侯劉福元年、	六	六	四 五年、侯福坐酎金國除、		
杏山 [redacted] 表志闕、	楚安王子、	一 六年後九月壬戌、侯劉成元年、	六	六	四 五年、侯成坐酎金國除、		
浮丘 [redacted] 表在沛、	楚安王子、	一 六年後九月壬戌、侯劉不審元年、[redacted] 漢表作劉不害、	六	四 二 五年、侯霸元年、	四 五年、侯霸坐酎金國除、		

廣戚 [redacted] 表志闕、[redacted] 縣名、屬沛、	魯共王子、		六 元年十一月丁酉、節侯劉擇元年、[redacted] 徐廣曰、擇一作將、	六 元年、侯始元年、	四 五年、侯始坐酎金國除、		
丹楊 [redacted] 丹陽、表在蕪湖、	江都易王子、		六 元年十二月甲辰、哀侯敢元年、	元狩元年、侯敢薨、無後、國除、			
盱台 [redacted] 表志闕、[redacted] 縣在臨淮、卽楚懷王所都者、	江都易王子、		六 元年十二月甲辰、侯劉象之元年、[redacted] 表作蒙之、	六	四 五年、侯象之坐酎金國除、		

湖孰 [redacted] 表在丹陽、	江都易王子、		六 元年正月丁亥、頃侯劉胥元年、[redacted] 表作胥行、[redacted] 漢表、丁亥作丁卯、	六	四 二 五年、今侯聖元年、	六	四
秣陵 [redacted] 表作秣陵、	江都易王子、		六 元年正月丁卯、終侯劉纏元年、[redacted] 表名纏、	六	三 四年、終侯纏薨、無後、國除、		
睢陵 [redacted] 表作淮陵、	江都易王子、		六 元年正月丁卯、侯劉定國元年、	六	四 五年、侯定國坐酎金國除、		
龍丘 [redacted] 表在琅邪、	江都易王子、[redacted] 漢表在張梁侯後、云、		五 二年五月乙巳、侯劉代元年、	六	四 五年、侯代坐酎金國除、		

	菑川懿王子、此誤、		年、	除、			
張梁 【索隱】表志闕、	江都易王子、【考證】漢表張梁在龍丘前、謂梁共王子所封、		五 二年五月乙巳、哀侯劉仁元年、	六	二 三年、今侯順元年、 四	六	四
劇 【索隱】表志闕、【考證】劇在北海、	菑川懿王子、		五 二年五月乙巳、原侯劉錯元年、	六	一 二年、孝侯廣昌元年、 五	六	四
壤 【索隱】表志闕、【考證】漢表作懷昌、	菑川懿王子、		五 二年五月乙巳、夷侯劉高遂元年、【考證】劉高、	六	元年、今侯延元年、【考證】高遂在位二年、延以元朔四年嗣、 六	六	四

平望 【索隱】表志闕、【考證】縣在北海、	菑川懿王子、		五 二年五月乙巳、夷侯劉賞元年、	二 三年、今侯楚人元年、 四	六	六	四
臨原 【索隱】表作臨衆、【考證】縣在琅邪、	菑川懿王子、		五 二年五月乙巳、敬侯劉始昌元年、	六	六	六	四
葛魁 【集解】徐廣曰、葛一作莒、【索隱】表志闕、或鄉名、	菑川懿王子、		五 二年五月乙巳、節侯劉寬元年、	三 四年、今侯戚元年、【考證】今字衍、 三	三 三年、侯戚坐殺人弃市、國除、【考證】漢表云、坐家吏恐猲受賕棄市、		

益都 【索隱】表志皆闕、【考證】北海郡益縣鄉名、	菑川懿王子、		五 二年五月乙巳、侯劉胡元年、	六	六	六	四
平酌 【索隱】漢表作平的、志屬北海、	菑川懿王子、		五 二年五月乙巳、戴侯劉彊元年、	六	六 元年、思侯中時元年、	六	四
劇魁 【索隱】志屬北海、	菑川懿王子、		五 二年五月乙巳、夷侯劉墨元年、	六	六	三 元年、侯昭元年、 三 四年、侯德元年、	四
壽梁 【索隱】	菑川懿王子、		五 二年五月乙	六	四 五年、侯守		

表在壽樂、			巳、侯劉守元年、		坐酎金國除、		
平度 【索隱】志屬東萊、	菑川懿王子、		五 二年五月乙巳、侯劉衍元年、	六	六	六	四
宜成 【索隱】表在平原、	菑川懿王子、		五 二年五月乙巳、康侯劉偃元年、	六	六 元年、侯福元年、	六	元年、侯福坐殺弟弃市、國除、
臨朐 【索隱】表在東海、【考證】地理志東海無臨朐、當作東萊、	菑川懿王子、		五 二年五月乙巳、哀侯劉奴元年、	六	六	六	四

雷 〔索隱〕表在東海、	城陽共王子、		五 二年五月甲戌、侯劉稀元年、〔考證〕漢表、稀作豨、	六	五 五年、侯稀坐酎金國除、		
東莞 〔索隱〕志屬琅邪、	城陽共王子、		三 〔考證〕三當作二、 二年五月甲戌、侯劉吉元年、五年、侯吉有痼疾、不朝、廢、國除、				
辟 〔索隱〕表在東海、〔考證〕漢表作辟土、盍字亦	城陽共王子、		三 二年五月甲戌、節侯劉壯元年、二 五年、侯朋元年、〔考證〕漢表朋作	六	四 五年、侯朋坐酎金國除、		

作號、傳寫譌析爲二也、			元年、明、				
尉文 〔索隱〕表在南郡、	趙敬肅王子、〔考證〕趙王彭祖薨於太始四年、不應稱謚、當云趙王彭祖子、後人妄改、下倣之、		五 二年六月甲午、節侯劉丙元年、	六 元年、侯犢元年、	四 五年、侯犢坐酎金國除、		
封斯 〔索隱〕志屬常山、	趙敬肅王子、		五 二年六月甲午、共侯劉胡陽元年、〔考證〕漢表、共侯作戴侯、胡陽作胡傷、	六	六	六	二 三年、今侯如意元年、二
榆丘 〔索隱〕表志	趙敬肅王子、		五 二年六月甲	六	四 五年、侯壽		

皆闕、			午、侯劉壽福元年、〔考證〕漢表作受福、		福坐酎金國除、		
襄嚵 〔索隱〕韋昭云、廣平縣、嚵音仕成反、又仕儉反、	趙敬肅王子、		五 二年六月甲午、侯劉建元年、	六	四 五年、侯建坐酎金國除、		
邯會 〔索隱〕志屬魏郡、	趙敬肅王子、		五 二年六月甲午、侯劉仁元年、	六	六	六	四
朝 〔索隱〕凡侯不言郡縣	趙敬肅王子、		五 二年六月甲午、侯劉義元	六	二 三年、今侯祿元年、四	六	四

皆表志闕、			年、〔考證〕謚節、				
東城 〔索隱〕志屬九江、	趙敬肅王子、		五 二年六月甲午、侯劉遺元年、	六	元年、侯遺有罪、國除、〔考證〕漢表爲孺子所殺、		
陰城 〔索隱〕表志闕、	趙敬肅王子、		五 二年六月甲午、侯劉蒼元年、	六	六	元年、侯蒼有罪、國除、〔考證〕漢表云、思侯蒼封十七年、太初元年薨、嗣子有罪不得代、	
廣望 〔索隱〕志屬涿郡、	中山靖王子、		五 二年六月甲午、侯劉安中元年、〔考證〕漢表名忠、	六	六	六	四
將梁 〔索隱〕	中山靖王		五	六	四		

表在涿郡、	子、		二年六月甲午、侯劉朝平元年、		五年、侯朝平坐酎金國除、	
新館 [redacted] 表在涿郡、	中山靖王子、		五 二年六月甲午、侯劉未央元年、	六	四 五年、侯未央坐酎金國除、	
新處 [redacted] 表在涿郡、	中山靖王子、		五 二年六月甲午、侯劉嘉元年、	六	四 五年、侯嘉坐酎金國除、	
陘城 [redacted] 表在涿郡、志屬中山、[redacted] 漢表作陸、	中山靖王子、		五 二年六月甲午、侯劉貞元年、	六	四 五年、侯貞坐酎金國除、	

城、						
蒲領 [redacted] 表在東海、	廣川惠王子、		四 三年十月癸酉、侯劉嘉元年、			
西熊 [redacted] 表志闕、	廣川惠王子、		四 三年十月癸酉、侯劉明元年、			
棗彊 [redacted] 志屬清河、	廣川惠王子、		四 三年十月癸酉、侯劉晏元年、			
畢梁 [redacted] 表在魏郡、	廣川惠王子、		四 三年十月癸酉、侯劉嬰元年、	六	六	三 四年、侯嬰有罪、國除、

房光 [redacted] 表在魏郡、	河閒獻王子、		四 三年十月癸酉、侯劉殷元年、	六	元年、侯殷有罪、國除、		
距陽 [redacted] 表志皆闕、	河閒獻王子、		四 三年十月癸酉、侯劉匄元年、[redacted] 謚憲、	四 五年、侯渡元年、[redacted] 漢表匄、元鼎四年薨、在位十四年、子以元鼎五年嗣、與此異、 二	四 五年、侯渡有罪、國除、		
蔞安 [redacted] 蔞音力俱反、漢表蔞、節侯無安字、節謚也、	河閒獻王子、		四 三年十月癸酉、侯劉邈元年、	六	六	六 元年、今侯嬰元年、	四

阿武 [redacted] 表志皆闕、[redacted] 縣在涿郡、	河閒獻王子、		四 三年十月癸酉、湣侯劉豫元年、[redacted] 漢表謚戴、	六	六	六	二 三年、今侯寬元年、[redacted] 漢表寬作寬、 二
參戶 [redacted] 志屬勃海、	河閒獻王子、		四 三年十月癸酉、侯劉勉元年、	六	六	六	四
州鄉 [redacted] 志屬涿郡、	河閒獻王子、		四 三年十月癸酉、節侯劉禁元年、	六	六 [redacted] 漢表節侯禁封、十一年薨、元鼎二年、思侯齊嗣、盡元封五年、凡十年、史失思侯一代、	五 六年、今侯惠元年、 一	四
成平 [redacted] 表在南皮、	河閒獻王子、		四 三年十月癸酉、侯劉禮元	二 三年、侯禮有罪、國除、			

			年、				
廣 [illegible] 表在勃海、	河閒獻王子、		四 三年十月癸酉、侯劉順元年、	六	四 五年、侯順坐酎金國除、		
蓋胥 [illegible] 漢志在太山、表在魏郡、 [illegible] 太山郡有蓋縣、而無蓋胥、	河閒獻王子、		四 三年十月癸酉、侯劉讓元年、	六	四 五年、侯讓坐酎金國除、		
陪安 [illegible] 表在魏郡、	濟北貞王子、		四 三年十月癸酉、康侯劉不	六	一 二 二年、哀侯秦客元年、		

[illegible] 漢表作陰安、			害元年、		三年、侯秦客薨、無後、國除、		
榮簡 [illegible] 徐廣曰、一作營關、 [illegible] 漢表作營關、在茌平、	濟北貞王子、		四 三年十月癸酉、侯劉騫元年、	二 三年、侯騫有罪、國除、			
周堅 [illegible] 表志皆闕、 [illegible] 漢表作周望、	濟北貞王子、		四 三年十月癸酉、侯劉何元年、 [illegible] 何謚康、	四 二 五年、侯當時元年、	四 五年、侯當時坐酎金國除、		
安陽	濟北貞王		四	六	六	六	四

[illegible] 表在平原、	子、		三年十月癸酉、侯劉桀元年、 [illegible] 漢表、桀作[illegible]、				
五據 [illegible] 表在泰山、	濟北貞王子、		四 三年十月癸酉、侯劉臒丘元年、 [illegible] 臒丘、舊作緺、音劬、劉氏音烏雷反、	六	四 五年、侯臒丘坐酎金國除、		
富 [illegible] 表志皆闕、	濟北貞王子、		四 三年十月癸酉、侯劉嬰元年、 [illegible] 漢表、嬰作[illegible]、	六	六	六	四
陪 [illegible] 倍、表在平原、	濟北貞王子、		四 三年十月癸酉、繆侯劉明	六	二 二 三年、侯邑元年、 五		

			元年、 [illegible] 漢表明作則、		年、侯邑坐酎金國除、		
叢 [illegible] 徐廣曰、一作敘、 [illegible] 集解敘疑取、 [illegible] 叢音敘、漢表作叢、在平原、今平原無叢縣、此例非一、蓋鄉名也、	濟北貞王子、		四 三年十月癸酉、侯劉信元年、	六	四 五年、侯信坐酎金國除、		

平 ■志屬河南、■平侯為濟北所分其封國、未必在河南、	濟北貞王子、		四 三年十月癸酉、侯劉遂元年、	元年、侯遂有罪、國除、			
羽 ■志屬平原、	濟北貞王子、		四 三年十月癸酉、侯劉成元年、	六	六	六	四
胡毋 ■表在泰山、	濟北貞王子、■自陪安侯不害已下十一人、是濟北貞王子、而		四 三年十月癸酉、侯劉楚元年、	六	四 五年、侯楚坐酎金國除、		

	漢表自安陽侯已下、是濟北式王子、同是元朔三年十月封、恐因此誤也、						
離石 ■表在上黨、■志屬西河、■今漢表無上黨之文、	代共王子、		四、 三年正月壬戌、侯劉綰元年、	六	六	六	四
邵 ■表在山陽、■漢表紙山陽之	代共王子、		四 三年正月壬戌、侯劉慎元年、■漢表慎作順、	六	六	六	四

文、							
利昌 ■昌利、志屬齊郡、	代共王子、		四 三年正月壬戌、侯劉嘉元年、	六	六	六	四
藺 ■志屬西河、	代共王子、		三年正月壬戌、侯劉憙元年、■漢表作罷軍、	■各本元朔以下四格不記年、自此至千章六侯並同、獨凌本有、漢表亦不詳年世、蓋後人妄加、			
臨河 ■志屬朔方、■疑是西河臨水、	代共王子、		三年正月壬戌、侯劉賢元年、				
隰成	代共王子、						

■志屬西河、			三年正月壬戌、侯劉忠元年、				
土軍 ■志屬西河、	代共王子、		三年正月壬戌、侯劉郢客元年、		侯郢客坐與人妻姦弃市、■漢表云、坐酎金免、		
皋狼 ■表在臨淮、■在西河、	代共王子、		三年正月壬戌、侯劉遷元年、				
千章 ■徐廣曰、一作斥、■千章、	代共王子、		三年正月壬戌、侯劉遇元年、				

表在平原、[redacted]千章、西河縣、	博陽 [redacted]志屬汝南、	寧陽 [redacted]表在濟南、[redacted]縣在泰山、
	齊孝王子、	魯共王子、
	四 三年三月乙卯、康侯劉就元年、[redacted]漢表謚頃、	四 三年三月乙卯、節侯劉恢元年、[redacted]漢表、水經注、恢作恬、
	六	六
	二 三年、侯終吉元年、[redacted]漢表、終吉作終古、五年、侯終吉坐酎金國除、 二	六
		六
		四

瑕丘 [redacted]志屬山陽、[redacted]水經注作敬丘、	公丘 [redacted]志屬沛郡、	郁狼 [redacted]韋昭云、屬魯、志不載、狼音盧黨反、又音郎、
魯共王子、	魯共王子、	魯共王子、
四 三年三月乙卯、節侯劉貞元年、[redacted]漢表水經注、貞作政、	四 三年三月乙卯、夷侯劉順元年、	四 三年三月乙卯、侯劉騎元年、[redacted]漢表、騎作驕、
六	六	六
六	六	四 五年、侯騎坐酎金國除、
六	六	
四	四	

西昌	陘城 [redacted]漢表作陸地、爲得、靖王子貞已封國、二人不應重封、	邯平 [redacted]表在廣平、	武始
魯共王子、	中山靖王子、	趙敬肅王子、[redacted]趙敬肅王子四人、以異年封、故別見於此、	趙敬肅王
四 三年三月乙卯、侯劉敬元年、	四 三年三月癸酉、侯劉義元年、[redacted]漢表、癸酉作乙卯、	四 三年四月庚辰、侯劉順元年、	四
六	六	六	六
四 五年、侯敬坐酎金國除、	四 五年、侯義坐酎金國除、	四 五年、侯順坐酎金國除、	六
			六
			四

[redacted]表在魏、	象氏 [redacted]韋昭云、在鉅鹿、	易 [redacted]一作鄗、志屬涿郡、表在鄗、	洛陵 [redacted]表作路陵、在南陽、
子、[redacted]後立爲趙王、	趙敬肅王子、		長沙定王子、
三年四月庚辰、侯劉昌元年、	四 三年四月庚辰、節侯劉賀元年、	四 三年四月庚辰、安侯劉平元年、	三 四年三月乙丑、侯劉章元年、[redacted]漢表、章作童、
	六	六	一 二年、侯章有罪、國除、
	六	六	
	二 三年、思侯安德元年、[redacted]思侯當作今侯、 四	四 五年、今侯種元年、 二	
	四	四	

攸輿[redacted]案今長沙有攸縣、本名攸輿、漢表在南陽、	長沙定王子、		三 四年三月乙丑、侯劉則元年、	六	六	六	元年、侯則篡死罪、弃市、國除、[redacted]漢表作坐篡死罪囚、棄市、
茶陵[redacted]表在桂陽、志屬長沙、	長沙定王子、		三 四年三月乙丑、侯劉欣元年、[redacted]謚節、	六	一 二年、哀侯陽元年、[redacted]漢表陽作湯、 五	六	元年、侯陽薨、無後、國除、
建成[redacted]表在豫章、[redacted]今漢表無、	長沙定王子、		三 四年三月乙丑、侯劉拾元年、	五 六年、侯拾坐不朝不敬、國除、[redacted]漢表元狩二年免、			

安衆[redacted]志屬南陽、	長沙定王子、		三 四年三月乙丑、康侯劉丹元年、	六	六	五 六年、今侯山拊元年、[redacted]拊音趺、 一	四
葉[redacted]葉音攝、縣名、屬南陽、	長沙定王子、		三 四年三月乙丑、康侯劉嘉元年、[redacted]漢表作平侯喜、	六	四 五年、侯嘉坐酎金國除、[redacted]坐酎金免、不應有謚、		
利鄉[redacted]水經注東海利城縣、故利鄉也、漢武帝封劉嬰、	城陽共王子、		三 四年三月乙丑、康侯劉嬰元年、[redacted]嬰不應有謚、	二 三年、侯嬰有罪、國除、			

有利[redacted]表在東海、	城陽共王子、		三 四年三月乙丑、侯劉釘元年、	元年、侯釘坐遺淮南書稱臣、弃市、國除、			
東平[redacted]表在東海、	城陽共王子、		三 四年三月乙丑、侯劉慶元年、	二 三年、侯慶坐與姊妹姦、有罪、國除、[redacted]漢表無妹字、			
運平[redacted]表在東海、	城陽共王子、		三 四年三月乙丑、侯劉訢元年、[redacted]漢表訢作記、	六	四 五年、侯訢坐酎金國除、		
山州[redacted]表志闕、	城陽共王子、		三 四年三月乙丑、侯劉齒元年、	六	四 五年、侯齒坐酎金國除、		

海常[redacted]表在琅邪、	城陽共王子、		三 四年三月乙丑、侯劉福元年、	六	四 五年、侯福坐酎金國除、		
鈞丘[redacted]漢表作騶丘、	城陽共王子、		三 四年三月乙丑、侯劉憲元年、[redacted]漢表作敬侯寬、	三 四年、今侯執德元年、[redacted]漢表作報德、 三	六	六	四
南城[redacted]表志闕、[redacted]縣、屬東海、	城陽共王子、		三 四年三月乙丑、侯劉貞元年、	六	六	六	四
廣陵[redacted]徐廣	城陽共王子、		三 四年三月乙	四 五年、侯成 二	四 五年、侯成		

日、一作陽、	莊原[redacted]漢表作杜原、	臨樂[redacted]韋昭云、縣名、屬勃海、	東野[redacted]表志闕、
	城陽共王子、	中山靖王子、	中山靖王子、
丑、常侯劉表元年、[redacted]漢侯表、晉灼曰、傂、音斯、[redacted]漢表作傂侯表、	三 四年三月乙丑、侯劉皋元年、	三 四年四月甲午、敦侯劉光元年、[redacted]謚法善行不怠曰敦、	三 四年四月甲午、侯劉章元
元年、	六	六	六 [redacted]漢表戲侯章、侯中時嗣、太初四年薨、此
坐酎金國除、	四 五年、侯皋坐酎金國除、	六	六
		五 六年、今侯建元年、 一	六
		四	四

	高平[redacted]表在平原、[redacted]縣在臨淮、	廣川	千鍾[redacted]徐廣曰、一作重、[redacted]漢表作重侯擔、
	中山靖王子、	中山靖王子、	河間獻王子、
年、[redacted]戲侯說、章、	三 四年四月甲午、侯劉嘉元年、[redacted]漢表、嘉作喜、	三 四年四月甲午、侯劉頗元年、	三 四年四月甲午、侯劉搖元年、[redacted]一云劉陰、[redacted]水經注引史表亦作陰、下文正作陰、漢表作擔、
	六	六	一 二年、侯陰不使人爲秋請、有罪、國除、
	四 五年、侯嘉坐酎金國除、	四 五年、侯頗坐酎金國除、	

在平原、地理志有重丘也、	披陽[redacted][illegible]故披音皮、劉氏音皮彼反、志屬千乘也、	定[redacted]定、地名、
	齊孝王子、	齊孝王子、
	三 四年四月乙卯、敬侯劉燕元年、	三 四年四月乙卯、敬侯劉越元年、[redacted]敷侯越、敷謚也、說文云、敷讀如躁、[redacted]水經名成、漢表謚敷、與此異、
	六	六
	四 五年、今侯隅元年、[redacted]漢表、隅作偃、 二	三 四年、今侯德元年、 三
	六	六
	四	四

稻[redacted]志屬琅邪、	山[redacted]表在勃海、	繁安[redacted]表志闕、[redacted]在千乘、	柳[redacted]表志闕、[redacted]
齊孝王子、	齊孝王子、	齊孝王子、	齊孝王子、
三 四年四月乙卯、夷侯劉定元年、	三 四年四月乙卯、侯劉國元年、	三 四年四月乙卯、侯劉忠元年、[redacted]夷侯忠、	三 四年四月乙卯、康侯劉陽元年、[redacted]漢
六	六	六	六
二 三年、今侯都陽元年、[redacted]漢表作陽都、 四	六	六	三 四年、侯罷師元年、[redacted]漢表謚 三
六	六	六 [redacted]漢表、元封四年安侯守嗣、此失一代、	四 五年、今侯自爲元年、 二
四	四	三 四年、今侯壽元年、[redacted]漢表、壽作壽漢、 一	四

在勃海、	雲 [redacted] 志屬琅邪、	牟平 [redacted] 徐廣曰、一作羊、志屬東萊、	柴 [redacted] 志屬泰山、
	齊孝王子、	齊孝王子、	齊孝王子、
表作陽已、	三 四年四月乙卯、夷侯劉信元年、	三 四年四月乙卯、共侯劉渫元年、[redacted]渫、音薛、	三 四年四月乙卯、原侯劉代元年、[redacted]原字衍、
	六	二 三年、今侯奴元年、四	六
敗、	五 六年、今侯歲發元年、[redacted]漢表、歲作茂、一	六	六
	六	六	六
	四	四	四

柏陽 [redacted] 漢表作暢、在中山、	鄗 [redacted] 漢表作敲、音霍、志屬常山郡、	桑丘 [redacted] 表在深澤、	高丘 [redacted]
趙敬肅王子、	趙敬肅王子、	中山靖王子、	中山靖王子、
二 五年十一月辛酉、侯劉終古元年、	二 五年十一月辛酉、侯劉延年元年、[redacted]安侯	二 五年十一月辛酉、節侯劉洋元年、[redacted]漢表名將夜、[redacted]三月癸酉、	二 五年三月癸
六	六	六	六
六	四 五年、侯延年坐酎金國除、	三 四年、今侯德元年、三	元年侯破
六		六	
四		四	

表志闕、	柳宿 [redacted] 表在涿郡、[redacted]今本漢表無、	戎丘 [redacted] 表志闕、	樊輿 [redacted] 表志闕、
	中山靖王子、	中山靖王子、	中山靖王子、
酉、哀侯劉破胡元年、	二 五年三月癸酉、夷侯劉蓋元年、	二 五年三月癸酉、侯劉讓元年、	二 五年三月癸酉、節侯劉條元年、[redacted]漢表名脩、侯薨于征和四年、節字、
	二 三年、侯蘇元年、四	六	六
胡薨、無後、國除、	四 五年、侯蘇坐酎金國除、	四 五年、侯讓坐酎金國除、	六
			六
			四

	曲成 [redacted] 表在涿郡、	安郭 [redacted] 表在涿郡、	安險 [redacted] 志屬中山、	安遙 [redacted] 表作
	中山靖王子、	中山靖王子、	中山靖王子、	中山靖王子、
後人妄加、	二 五年三月癸酉、侯劉萬歲元年、	二 五年三月癸酉、侯劉博元年、[redacted]漢表、水經注故云、名傳富、	二 五年三月癸酉、侯劉應元年、	二 五年三月癸
	六	六	六	六
	四 五年、侯萬歲坐酎金國除、	六	四 五年、侯應坐酎金國除、	四 五年、侯恢
		六		
		四		

安道、			酉、侯劉恢元年、		坐酎金國除、		
夫夷	長沙定王子、		二 五年三月癸酉、敬侯劉義元年、【考證】長沙子封、宜皆在六月壬子、不應夫夷獨先、	六	四 五年、今侯禹元年、	六	四
春陵 【索隱】志屬南陽、	長沙定王子、		二 五年六月壬子、侯劉買元年、【索隱】節侯、【考證】節侯買爲光武之高祖、	六 【考證】漢表、元狩二年、買薨、子熊渠嗣、此缺一代、	六	六	四
都梁 【索隱】志屬零陵、	長沙定王子、		二 五年六月壬子、敬侯劉遂元年、【考證】漢	六	六 元年、今侯係元年、【考證】漢表名係、	六	四

			表水經注、名定、				
洮陽 【索隱】志屬零陵、洮、音滔、又音道、	長沙定王子、		二 五年六月壬子、靖侯劉狗彘元年、【索隱】漢表名將燕、【考證】今本漢表作狩燕、	五 【考證】當作六、 六年、侯狗彘薨、無後、國除、			
泉陵 【索隱】志屬零陵、	長沙定王子、		二 五年六月壬子、節侯劉賢元年、【考證】賢薨于宣帝時、節字衍、	六	六	六	四
終弋 【索隱】表在汝南、	衡山王賜子、		一 六年四月丁丑、侯劉廣置元年、【考證】廣置、	六	四 五年、侯廣置坐酎金國除、		

麥 【索隱】表在琅邪、	城陽頃王子、			六 元年四月戊寅、侯劉昌元年、【考證】麥侯至雩陵侯五人、漢表並以元鼎元年封、史表以元鼎之年入元狩、蓋傳寫誤一格耳、	四 五年、侯昌坐酎金國除、		
鉅合 【索隱】表在平原、	城陽頃王子、			六 元年四月戊寅、侯劉發元年、【考證】水經注作發干、	四 五年、侯發坐酎金國除、		
昌 【索隱】志屬琅邪、	城陽頃王子、			六 元年四月戊寅、侯劉差元年、【考證】昌侯羌、	四 五年、侯差坐酎金國除、		

蕢 【索隱】蕢侯、音蒯、又扶韻反、表在琅邪、【考證】今本漢表無、	城陽頃王子、			六 元年四月戊寅、侯劉方元年、【考證】蕢侯萬、	四 五年、侯方坐酎金國除、		
雩殷 【索隱】雩康侯澤、志屬琅邪、音呼加二音、【考證】漢表作虖葭、志作雩	城陽頃王子、			六 元年四月戊寅、康侯劉澤元年、【考證】康字衍、	六	六	四

毀、							
石洛 [redacted]表在琅邪、[redacted]漢表作原洛、	城陽頃王子、			六 元年四月戊寅、侯劉敬元年、[redacted]石洛侯敢、	六	六	四
扶滯 [redacted]漢表作挾術、在琅邪、滯、音滯、	城陽頃王子、			六 元年四月戊寅、侯劉昆吾元年、	六	六	四
挍 [redacted]音效、志闕、說者或以爲琅	城陽頃王子、			六 元年四月戊寅、侯劉霸元年、[redacted]漢表、名雲、城陽頃王	六	六	四

邪被縣、恐不然也、				子十九人、漢表二十人、有扶僑侯劉、疑此表脫、			
杒 [redacted]音勒、杒縣、屬平原、	城陽頃王子、			六 元年四月戊寅、侯劉讓元年、	六	六	四
父城 [redacted]徐廣曰、一作六城、[redacted]志在逯西、表在東海、[redacted]漢表作文成、在	城陽頃王子、			六 元年四月戊寅、侯劉光元年、	四 五年、侯光坐酎金國除、		

東海、							
庸 [redacted]表在琅邪、	城陽頃王子、			六 元年四月戊寅、侯劉譚元年、[redacted]漢表名餘、	六	六	四
翟 [redacted]表在東海、	城陽頃王子、			六 元年四月戊寅、侯劉壽元年、	四 五年、侯壽坐酎金國除、		
鱣 [redacted]表在鱣貰、貰、音尼、鱣貰縣名、[redacted]鱣貰屬東	城陽頃王子、			六 元年四月戊寅、侯劉應元年、	四 五年、侯應坐酎金國除、		

海、							
彭 [redacted]表在東海、	城陽頃王子、			六 元年四月戊寅、侯劉偃元年、[redacted]彭侯偃、	四 五年、侯偃坐酎金國除、		
瓡 [redacted]徐廣曰、一作報、[redacted]報侯、報、縣名、志屬北海、漢作瓡、節、以也、章昭以紅爲諸號	城陽頃王子、			六 元年四月戊寅、侯劉息元年、	六	六	四

反、顏師古云、卽瓠字也、然此作報、徐廣云、又作瓠也、							
盧水[redacted]虛、音墟、志屬瑯邪、	城陽頃王子、			六 元年四月戊寅、侯劉禹元年、	六	六	四
東淮[redacted]表在東海、[redacted]東淮、當東濰、在北海、	城陽頃王子、			六 元年四月戊寅、侯劉類元年、	四 五年、侯類坐酎金國除、		

栒[redacted]栒、音荀、表在東海、案志栒在扶風、與栒別也、	城陽頃王子、			六 元年四月戊寅、侯劉買元年、[redacted]栒侯賢、	四 五年、侯買坐酎金國除、		
涓[redacted]涓、音育也、表在東海、涓水在南陽、南陽有涓陽縣、疑表非也、[redacted]	城陽頃王子、			六 元年四月戊寅、侯劉不疑元年、	四 五年、侯不疑坐酎金國除、		

水經注、涓水出馬耳山、北注于濰水、涓蓋鄉亭之以水得名者、漢表、索隱恐誤、							
陸[redacted]表在壽光、	菑川靖王子、			六 元年四月戊寅、侯劉何元年、[redacted]漢表作七月辛卯、	六	六	四
廣饒[redacted]志屬齊郡、	菑川靖王子、			六 元年十月辛卯、康侯劉國	六	六	四

				元年、[redacted]十月當作七月、下二侯同、劉國薨于地節間、不應書謚、			
缾[redacted]缾、音萍、韋昭云、古缾邑、音蒲經反、志屬瑯邪也、	菑川靖王子、			六 元年十月辛卯、侯劉成元年、[redacted]敬侯成、[redacted]漢表作七月辛卯、下三侯皆同日、	六	六	四
兪閭	菑川靖王子、			六 元年十月辛卯、侯劉不害元年、[redacted]侯無害、	六	六	四
甘井	廣川穆王			六	六	六	四

【索隱】表在鉅鹿、	子、【考證】廣川穆王齊、以建元五年嗣位、征和元年幾、不應稱謚、			元年十月乙酉、侯劉元元年、【考證】漢表名光、			
襄陵【索隱】表在鉅鹿、志屬河東、【考證】漢表作襄陵、	廣川穆王子、			六 元年十月乙酉、侯劉聖元年、	六	六	四
皋虞【索隱】志屬琅邪、	膠東康王子、				三 元年五月丙午、侯劉建元年、 三 四年、今侯處元年、【考證】漢表名定、	六	四

					【考證】漢表作元封元年封、此誤上一格、下三侯同、漢表建謚煬、		
魏其【索隱】志屬琅邪、	膠東康王子、				六 元年五月丙午、暢侯劉昌元年、【考證】漢表暢作煬、	六	四
祝茲【索隱】案志松茲在廬江、亦作祝茲、	膠東康王子、				四 元年五月丙午、侯劉延元年、五年、延坐棄印綬出		

茲、表在琅邪、劉氏云、諸侯封名、史漢表多有不同、不敢輒改、今亦略檢表志同異、以備多識也、					國不敬、國除、【考證】漢表、延作延年、		

【索隱】述贊、漢氏之初、矯枉過正、欲大本枝、先封同姓、建元已後、藩翰克盛、主父上言、推恩下令、長沙濟北、中山趙敬、分邑廣封、振振在詠、扞城禦侮、曄曄煇映、百足不僵、一人有慶、

建元已來王子侯者年表第九

史記二十一

文學博士瀧川龜太郎著

史記會注考證

史記會注考證卷二十二

漢　太史令司馬遷撰

宋中郎外兵曹參軍裴駰集解

唐國子博士弘文館學士司馬貞索隱

唐諸王侍讀率府長史張守節正義

日本出雲瀧川資言考證

漢興以來將相名臣年表第十　史記二十二

【考證】史公自序云、國有賢相良將、民之師表也、維見漢興以來將相名臣年表、賢者記其治、不賢者彰其事、作漢興以來將相名臣年表第十、汪越曰、此表年經而人緯、冠

年于上以元起數者、高祖孝惠高后孝文孝景孝武卽位之年也、列年于中、以一二起數者、則蕭何曹參王陵陳平周勃諸人、爲相及將在官之年也、相必記年、將則有年者、有不年者、御史大夫皆不年、齊召南曰、此表多可以補本紀之闕、如立大市、本紀所無也、漢書地理志長安高帝五年置、此作六年、更名咸陽曰長安、必得其實、漢志蓋追書耳、但咸陽自漢元年更名新城、漢志與曹參傳合、愚按史公自序集解引張晏云、遷沒之後、亡、漢興已來將相年表、今本現在、未嘗亡也、但推例、卷首當有序語、後來缺亡、天漢以後紀事、後人續之者、非史公手筆、

	大事記 [illegible]謂誅伐封建薨叛、	相位 [illegible]置立丞相太尉三公也、	將位 [illegible]命將興師、	御史大夫位 [illegible]亞相也、
高皇帝元年	春、沛公爲漢王之南鄭、秋、還定雍、	一 丞相蕭何守漢中、		御史大夫周苛守滎陽、
二	春、定塞翟魏河南韓殷國、夏、伐項籍至彭城、立太子、還據滎陽、	二 守關中、	一 太尉長安侯盧綰、	
三	魏豹反、使韓信別定魏伐趙、楚圍我滎陽、	三	二	

四	使韓信別定齊及燕、太公自楚歸、與楚界洪渠、[illegible]洪渠卽鴻溝、	四	三 周苛守滎陽死、	御史大夫汾陰侯周昌、[illegible]汾陰縣屬河東、[illegible]此時周昌未爲侯、蓋追敍也、下文多類此者、
五 入都關中、[illegible]咸陽也、東函谷、南嶢武、西散關、北蕭關、在四關之中、故曰關中、用劉敬張良計都之也、	冬、破楚垓下、[illegible]垓、音陔、隄名、在洨縣、殺項籍、春、王踐皇帝位定陶、[illegible]在濟陰沈水之陽、	五 罷太尉官、	四 後九月、綰爲燕王、	
六	尊太公爲太上皇、[illegible]名執嘉、一名瑞、劉仲爲代王、立大市、更命咸陽曰長安、[illegible]案上盧綰已封長安	六 封爲酇侯、[illegible]音贊、此在沛郡、後代音贊、在南陽也、張蒼爲計相、[illegible]計相主天下書計及計吏、		

	七	八	九
侯者、蓋當時別有長安君、[illegible]漢志、高帝五年置長安縣、則此書于六年者、因置縣而定爲主名也、	長樂宮成、自櫟陽徙長安、伐匈奴、匈奴圍我平城、	擊韓信反虜於趙城、貫高作亂、明年覺、誅之、匈奴攻代王、代王弃國亡、廢爲郃陽侯、[illegible]郃音合、在馮翊、劉仲封也、[illegible]代王案國、在高祖七年、	未央宮成、置酒前殿、太上皇輦上坐、帝奉玉卮上壽曰、始常以臣不如仲力、今臣功孰與仲多、太上皇笑、
[illegible]計相、司計之官、不當載入將相表中、	七	八	九 遷爲相國、[illegible]蕭何爲相國、在十一年、
			御史大夫昌爲趙丞相、

	十	十一	十二	孝惠元年	二
殿上稱萬歲、[illegible]未央長樂、以七年二月始成、徙齊田楚昭屈景于關中、	太上皇崩、陳豨反代地、	誅淮陰、彭越、黥布反、[illegible]一名一否、蓋有微意、	冬、擊布、還過沛、夏、上崩、置長陵、[illegible]置當作葬、	趙隱王如意死、始作長安城西北方除、諸侯丞相爲相、[illegible]除、猶改也、	楚元王、齊悼惠王來朝、
	十	十一	十二	十三	十四 七月癸巳、齊相平陽
		周勃爲太尉、攻伐、後官省、[illegible]伐當作代、			
	御史大夫江邑侯趙堯、[illegible]江邑、食侯、趙堯、御史大夫、江邑、漢志闕、				

	三	四	五		六	
七月辛未、何薨、	初作長安城、蜀湔氐反、[illegible]湔音煎、氐音抵、蜀郡縣名、擊之、[illegible]此事本紀不載、	三月甲子、赦、無所復作、	爲高祖立廟於沛城成、置歌兒一百二十人、[illegible]城成、長安城成也、	八月乙丑、參卒、	七月、齊悼惠王薨、立太倉西市、八月赦齊、[illegible]漢惠紀以齊王薨爲十月事、立太倉西市、卽指敖倉立西市也、八月赦齊、未詳、	
侯曹參爲相國、	二	三	四		一 十月乙巳、安國侯王陵爲右丞相、十月己巳、曲逆侯陳平爲左	丞相、[illegible]乙巳當作己
						[illegible]
					廣阿侯任敖爲御史大夫、[illegible]徐廣曰、漢書在高后元年、	

	七	高后元年	二	三
	上崩、大臣用張辟彊計、呂氏權重、以呂台爲呂王、[illegible]呂台爲呂王、在高后元年、立少帝、己卯、葬安陵、[illegible]漢紀云、九月辛丑、葬安陵、	王孝惠諸子、置孝悌力田、	十二月、呂王台薨、子嘉代立爲呂王、行八銖錢、[illegible]呂后紀及諸侯王表、並爲十一月、	
巳、十月己巳四字衍、	二	三 十一月甲子、徙平爲右丞相、辟陽侯審食其爲左丞相、	四 平 二 食其	五 三
			平陽侯曹窋、[illegible]一本爲御史大夫在六年、[illegible]窋、竹律反、[illegible]公卿表謂曹窋高后四年爲御史大夫、五年免、與任敖傳合、	

四	廢少帝、更立常山王弘爲帝、	六 置太尉官、[illegible]孝惠六年、章在置 四	一 絳侯周勃爲太尉、	
五	八月、淮陽王薨、以其弟壺關侯武爲淮陽王、令戍卒歲更、	七 五	二	
六	以呂產爲呂王、四月丁酉、赦天下、晝昏、	八 六	三	
七	趙王幽死、以呂祿爲趙王、梁王徙趙、自殺、	九 七	四	
八	七月、高后崩、九月、誅諸呂、後九月、代王至踐皇帝位、	十 七月辛巳、爲帝太傅、九月丙戌、復爲丞相、[illegible]丙戌當據呂紀作壬戌、 後九月、食其免相、 八	五 隆慮侯竈、[illegible]徐廣曰、姓周、爲將軍擊南越、[illegible]漢書本紀書于七年九月、	御史大夫蒼、[illegible]張蒼、
孝文元年	除收孥相坐律、立太子、賜民爵、	十一 十一月辛巳、平徙爲	六 勃爲相、潁陰侯灌嬰	

		左丞相、太尉絳侯周勃爲右丞相、[illegible]陳平徙左丞相、紀書於十月辛亥、漢百官表同、勃以八月辛未免、此失書、	爲太尉、	
二	除誹謗律、皇子武爲代王、參爲太原王、勝爲梁王、[illegible]梁王名揖、 十月、丞相平薨、	一 十一月乙亥、絳侯勃復爲丞相、	一	
三	徙代王武爲淮陽王、[illegible]景帝子、後封梁、上幸太原、濟北王反、匈奴大入上郡、以地盡與太原、太原更號代、 十一月壬子、勃免相、之國、	一 十二月乙亥、太尉潁陰侯灌嬰爲丞相、 罷太尉官、	二 棘蒲侯陳武爲大將軍、擊濟北、昌侯盧卿、共侯盧罷師、甯侯遬、深澤侯將夜、[illegible]徐廣曰、遬姓魏、將夜姓趙、皆爲將軍、屬武祁侯賀、將兵屯滎陽、	
四		一 正月甲午、御史大夫	安丘侯張說爲將軍、擊胡出代、[illegible]此事他	關中侯申屠嘉爲御史大夫、

	十二月乙巳、卒、	北平侯張蒼爲丞相、	書不載、攷匈奴傳、是時方議和親、不應有出代之師、	
五	除錢律、民得鑄錢、	二		
六	廢淮南王、遷嚴道、道死雍、[illegible]嚴道、在蜀郡、雍、在扶風、	三		
七	四月丙子、初置南陵、	四		
八	太僕汝陰侯滕公卒、[illegible]汝陰侯夏侯嬰也、爲滕令、故曰滕公、	五		
九	溫室鐘自鳴、以芷陽鄉爲霸陵、[illegible]芷、音止、又音昌改反、地理志、有芷陽縣、名霸陵者、以霸水爲名也、	六		御史大夫敬、[illegible]馮敬爲御史大夫在七年、
十	諸侯王皆至長安、[illegible]案表、是年止三國來朝、不得言皆至、	七		
十一	上幸代、地動、	八		

十二	河決東郡金隄、徙淮陽王爲梁王、	九		
十三	除肉刑及田租稅律、戍卒令、	十		
十四	匈奴大入蕭關、發兵擊之、及屯長安旁、	十一	成侯董赤、內史欒布、昌侯盧卿、隆慮侯竈、甯侯遬、皆爲將軍、[illegible]赤當作赫、內史非布也、疑有誤、東陽侯張相如爲大將軍、皆擊匈奴、中尉周舍、郎中令張武、皆爲將軍、屯長安旁、	
十五	黃龍見成紀、上始郊見雍五帝、	十二		
十六	上始見渭陽五帝、	十三		
後元年	新垣平詐言方士、覺、	十四		

年	大事記	相位	將位	御史大夫位
	誅之、[illegible]士、一本作上、			
二	匈奴和親、地動、八月戊辰、蒼免相、	十五 八月庚午、御史大夫申屠嘉爲丞相、封故安侯、		御史大夫青、[illegible]陶青、
三	置谷口邑、	二		
四		三		
五	上幸雍、	四		
六	匈奴三萬人入上郡、二萬人入雲中、[illegible]史漢文紀及匈奴傳、二萬作三萬、	五	以中大夫令免爲車騎將軍、軍飛狐、故楚相蘇意爲將軍、軍句注、[illegible]句如字、句又音鉤、將軍張武屯北地、河內守周亞夫爲將軍、軍細柳、宗正劉禮爲將軍、軍霸上、祝茲侯徐厲爲將	

年	大事記	相位	將位	御史大夫位
			軍棘門、以備胡、數月、胡去、亦罷、[illegible]祝茲當作松茲、	
七	六月己亥、孝文皇帝崩、其年丁未、太子立、民出臨三日、葬霸陵、[illegible]年當作月、	六	中尉亞夫爲車騎將軍、郎中令張武爲復土將軍、[illegible]復音伏、屬國捍[illegible]戶幹反、亦作悍、徐廣曰、姓徐、一名厲、即祝茲侯、[illegible]屬國悍、松茲侯徐厲子、厲以文帝後六年爲將、悍嗣侯、爲將屯將軍、詹事戎奴爲車騎將軍、侍太后、[illegible]車騎將軍已有亞夫、何以又命戎奴、詹事之官、元掌太后宮者、何必將軍、蓋太后送葬霸陵、別有儀衞、戎奴以本官爲將軍扈行也、	
孝景元年	立孝文皇帝廟郡國、爲太宗廟、	七 置司徒官、[illegible]此事他書不載、疑衍文、		

年	大事記	相位	將位	御史大夫位
二	立皇子德爲河閒王、閼爲臨江王、餘爲淮陽王、非爲汝南王、彭祖爲廣川王、發爲長沙王、四月中、孝文太后崩、[illegible]閼當作閼、淮南當作淮陽、嘉卒、	八 開封侯陶青爲丞相、		御史大夫錯、[illegible]鼂錯、
三	吳楚七國反、發兵擊、皆破之、皇子端爲膠西王、勝爲中山王、	二 罷太尉官、	中尉條侯周亞夫爲太尉、[illegible]脩侯周亞夫、脩音條、渤海有脩市縣、一作條、擊吳楚、曲周侯酈寄爲大將軍、擊趙、竇嬰爲大將軍、屯滎陽、欒布爲大將軍、擊齊、[illegible]寄、布爲將軍、非大將軍也、	
四	立太子、	三	二 太尉亞夫、	御史大夫蚡、[illegible]蚡失其姓、漢表名介、

年	大事記	相位	將位	御史大夫位
五	置陽陵邑、丞相北平侯張蒼卒、	四	三	
六	徙廣川王彭祖爲趙王、[illegible]徙趙在五年、	五	四	御史大夫陽陵侯岑邁、[illegible]漢表不載、
七	廢太子榮爲臨江王、四月丁巳、膠東王立爲太子、青罷相、	六月乙巳、太尉條侯亞夫爲丞相、[illegible]六當作二、罷太尉官、	五 遷爲丞相、	御史大夫舍、[illegible]劉舍、
中元年		二		
二	皇子越爲廣川王、寄爲膠東王、	三		
三	皇子乘爲清河王、亞夫免相、	四 御史大夫桃侯劉舍爲丞相、		御史大夫綰、[illegible]衞綰、
[illegible]	臨江王徵自殺、葬藍田、燕數萬爲銜土置	二		

	家上、			
五	皇子舜爲常山王、	三		
六	梁孝王武薨、分梁爲五國、王諸子、子買爲梁王、明爲濟川王、彭離爲濟東王、定爲山陽王、不識爲濟陰王、	四		
後元年	五月、地動、七月乙巳、日蝕、 舍免相、	五 八月壬辰、御史大夫建陵侯衞綰爲丞相、		御史大夫不疑、[redacted]直不疑、
二		二	六月丁丑、御史大夫岑邁卒、	
三	正月甲子、孝景崩、二月丙子、太子立、[redacted]梁玉繩曰、景帝正月甲子崩、以二月癸酉葬、是崩後九日而葬也、丙子太子立、是葬後三日而卽位也、乃	三		

漢書謂甲子太子卽皇帝位、何歟、大事記曰、史記書正月甲子孝景崩、二月丙子太子立、用惠帝以來旣葬卽位之典也、班氏武紀書甲子太子卽皇帝位、是崩之日遽卽位也、其誤甚矣、蓋武帝享國多歷年所、招方士求長年、恤典廢而不講、受遺大臣、如霍光輩皆不學少文、故武帝以丁卯崩、明日戊辰昭帝遽卽位、是後元之繼宣、成之繼元、皆以葬前正位號、自古旣葬卽位之禮遂廢矣、班氏徒習見漢中葉以後故事、不復知先王典制、謬誤若此比者非一條也、東萊斯論甚正、然尙有未覈古者、古者天子崩、太子卽位、始死則先定嗣子之位、尙書顧命、逆子釗于南門之外、延入翼室、是已、旣殯則正繼體之位、顧命、王麻冕黼裳入卽位、是已、然則班氏所書甲子卽位者、乃嗣位表次、指始死定位之儀

	也、史記所書丙子立者、卽旣殯而正繼體之禮也、班馬所書各有典據、			
孝武建元元年 [redacted]年之有號、始自武帝、自建元至後元、凡十一號、[redacted]今上作孝武、續表者改之、	綰免相、	四 魏其侯竇嬰爲丞相、 置太尉、	武安侯田蚡爲太尉、	御史大夫抵、[redacted]漢表云、牛抵、
二	置茂陵、 嬰免相、	二月乙未、太常柏至侯許昌爲丞相、 罷太尉官、 蚡免太尉、		御史大夫趙綰、[redacted]代侯綰、[redacted]田蚡傳、綰以元年爲御史大夫、漢書武紀言綰以二年十月自殺、
三	東甌王廣武侯望、率其衆四萬餘人來降、	二		

	處廬江郡、			
四		三		御史大夫靑翟、[redacted]姓莊、[redacted]田蚡傳云、靑翟爲御史大夫、在建元二年
五	行三分錢、[redacted]徐廣曰、漢書云、半兩、四分曰兩、[redacted]漢武紀云、罷三銖錢、行半兩錢、又平準書食貨志云、半兩錢法重四銖、則此言三分、非也、	四		
六	正月、閩越王反、孝景太后崩、[redacted]徐廣曰、景帝母竇氏、[redacted]武紀太后以五月丁亥崩、閩越反、在八月、 昌免相、	五 六月癸巳、武安侯田蚡爲丞相、	靑翟爲太子太傅、	御史大夫安國、[redacted]韓安國、
元光元年		二		
二	帝初之雍、郊見五畤、	三	夏、御史大夫韓安國爲護軍將軍、衞尉李	

			廣爲驍騎將軍、太僕公孫賀爲輕車將軍、大行王恢爲將屯將軍、太中大夫李息爲材官將軍、篡單于馬邑、不合、誅恢、	
三	五月丙子、決河于瓠子、[redacted]決河[illegible]、	四		
四	十二月丁亥、地動、[redacted]漢紀作五月、	五 平棘侯薛澤爲丞相、[redacted]田蚡以三年三月卒、則薛澤繼相、則在其時、未三年、元在、中蚡田[redacted]、卒		御史大夫歐、[redacted]張歐、
五	十月、族灌夫家、弃魏其侯市、[redacted]灌夫魏其之死、在三年、不在五年、	二		
六	南夷始置郵亭、	三	太中大夫衛靑爲車騎將軍、出上谷、衛尉李廣爲驍騎將軍、出	

			鴈門、大中大夫公孫敖爲騎將軍、出代、太僕公孫賀爲輕車將軍、出雲中、皆擊匈奴、	
元朔元年	衛夫人立爲皇后、	四	車騎將軍靑出雁門、擊匈奴、衛尉韓安國爲將屯將軍、軍代、明年、屯漁陽卒、[redacted]匈奴傳及漢紀、安國屯漁陽、在元光六年、此及安國傳、百官表、言元朔元年、誤、且安國屯漁陽、非軍代也、軍代者、乃將軍李息、	
二		五	春、車騎將軍衛靑出雲中、至高闕、取河南地、	
三	匈奴敗代太守友、[redacted]徐廣曰、太守、姓共、名友、[redacted]敗當作殺、	六		御史大夫弘、[redacted]公孫弘、

四	匈奴入定襄代上郡、	七		
五	匈奴敗代都尉朱英、[redacted]敗當作殺、	八 十一月乙丑、御史大夫公孫弘爲丞相、封平津侯、	春、長平侯衛靑爲大將軍、擊右賢、[redacted]靑破右賢王後、乃拜大將軍、是時爲車騎將軍、下大將軍間、衛尉蘇建爲游擊將軍、屬靑、左內史李沮[redacted]音子如反、爲强弩將軍、太僕賀爲車騎將軍、[redacted]傳及漢書無車字、不應與靑同官、代相李蔡爲輕車將軍、岸頭侯張次公爲將軍、大行息爲將軍、皆屬大將軍、擊匈奴、	[redacted]百官表、五年四月丁未、河東太守九江番係爲御史大夫、
六	相、丞湯	二	大將軍靑再出定襄擊胡、合騎侯公孫敖爲中將軍、太僕賀爲	

			左將軍、郞中令李廣爲後將軍、翕侯趙信爲前將軍、敗降匈奴、衛尉蘇建爲右將軍、敗身脫、左內史沮爲彊弩將軍、皆屬靑、	
元狩元年	十月中、淮南王安衡山王賜謀反、皆自殺、國除、[redacted]漢紀十一月、	三		御史大夫蔡、[redacted]李蔡、
二	匈奴入鴈門代郡、江都王建反、膠東王子慶立爲六安王、安、陁	四 御史大夫樂安侯李蔡爲丞相、	冠軍侯霍去病爲驃騎將軍、擊胡至祁連、合騎侯敖爲將軍、出北地、博望侯張騫郞中令李廣爲將軍、出右北平、	御史大夫湯、[redacted]張湯、
三	匈奴入右北平定襄、	二		
四		三	大將軍靑出定襄、郞	

			中令李廣爲前將軍、太僕公孫賀爲左將軍、主爵趙食其爲右將軍、平陽侯曹襄爲後將軍、擊單于、	
五	蔡坐侵園堧自殺、[illegible]堧垣、而緣反、堧外垣短牆也、	四 太子少傅武彊侯莊青翟爲丞相、		
六	四月乙巳、皇子閎爲齊王、旦爲燕王、胥爲廣陵王、	二		
元鼎元年		三		
二	青翟有罪、自殺、	四 太子太傅高陵侯趙周爲丞相、	湯有罪自殺、	御史大夫慶、[illegible]石慶、

三		二		
四	立常山憲王子平爲眞定王、商爲泗水王、六月中、河東汾陰得寶鼎、	三		
五	三月中、南越相嘉反、殺其王及漢使者、[illegible]漢紀云、四月、八月、周坐酎金自殺、[illegible]漢紀及公卿表、周之死在九月、	四 九月辛巳、御史大夫石慶爲丞相、封牧丘侯、[illegible]漢公卿表、石慶以九月丙申爲丞相、	衞尉路博德爲伏波將軍、出桂陽、主爵楊僕爲樓船將軍、出豫章、皆破南越、[illegible]主爵下脫都尉字、	
六	十二月、東越反、[illegible]史漢傳東越反在秋、	二	故龍頟侯韓說爲橫海將軍、出會稽、樓船將軍楊僕出豫章、中尉王溫舒出會稽、皆破東越、	御史大夫式、[illegible]卜式也、[illegible]正文及索隱各本皆脫、今依索隱單本補、
元封元年		三		御史大夫寬、[illegible]兒寬也、

二		四	秋、樓船將軍楊僕、左將軍荀彘、出遼東擊朝鮮、	
三		五		
四		六		
五		七		
六		八		
太初元年	改曆、以正月爲歲首、[illegible]始用夏正也、	九		
二	正月戊申、慶卒、[illegible]漢百官表作戊寅、	十 三月丁卯、太僕公孫賀爲丞相、封葛繹侯、[illegible]漢百官表作閏月丁丑、		
三		二		御史大夫延廣、
四		三		

天漢元年		四		御史大夫卿、[illegible]王卿也、
二		五		
三		六		御史大夫周、[illegible]杜周也、
四		七	春、貳師將軍李廣利出朔方、至余吾水上、游擊將軍韓說出五原、因杅將軍公孫敖皆擊匈奴、[illegible]杅、音于、因杅、地名、	
太始元年 [illegible]班固云、司馬遷記事訖于天漢、自此已後、後人所續、[illegible]裴		八		

[illegible]以爲自天漢已後、後人所續、卽褚先生所補也、後史所記又無異呼、故今不討論也、				
二		九		
三		十		御史大夫勝之、暴勝之、[redacted]
四		十一		
征和元年	冬、賀坐爲蠱死、	十二		
二	七月壬午、太子發兵、殺游擊將軍說使者江充、	三月丁巳、涿郡太守劉屈氂爲丞相、封彭城侯、		御史大夫成、丘成、[redacted]商

三	六月、劉屈氂因蠱斬、	二	春、貳師將軍李廣利出朔方、以兵降胡、重合侯莽通出酒泉、御史大夫商丘成出河西、擊匈奴、	
四		六月丁巳、大鴻臚田千秋爲丞相、封富民侯、		
後元元年		二		
二		三	二月己巳、光祿大夫霍光爲大將軍、博陸侯、都尉金日磾爲車騎將軍、秺侯、太僕安陽侯上官桀爲大將軍、	
孝昭始		四		

元元年	九月日磾卒、			
二		五		
三		六		
四		七	三月癸酉、衞尉王莽爲左將軍、騎都尉上官安爲車騎將軍、	
五		八		
六		九		
元鳳元年		十	九月庚午、光祿勳張安世爲右將軍、	御史大夫訢、訢、[redacted]王
二		十一		
三		十二	十二月庚寅、中郎將范明友爲度遼將軍、擊烏丸、	
四		三月乙丑、御史大夫		御史大夫楊敞、

	三月甲戌、千秋卒、	王訢爲丞相、封富春侯、		
五	十二月庚戌、訢卒、	二		
六		十一月乙丑、御史大夫楊敞爲丞相、封安平侯、	九月庚寅、衞尉平陵侯范明友爲度遼將軍、擊烏丸、	
元平元年	敞卒、	九月戊戌、御史大夫蔡義爲丞相、封陽平侯、	四月甲申、光祿大夫龍額侯韓曾爲前將軍、五月丁酉、水衡都尉趙充國爲後將軍、右將軍張安世爲車騎將軍、	御史大夫昌水侯田廣明、
孝宣本始元年		二		
二		三	七月庚寅、御史大夫田廣明爲祁連將軍、	

			龍頟侯韓曾爲後將軍、營平侯趙充國爲蒲類將軍、度遼將軍平陵侯范明友爲雲中太守、富民侯田順爲虎牙將軍、皆擊匈奴。	
三	三月戊子、皇后崩。　六月乙丑、義薨。	六月甲辰、長信少府韋賢爲丞相、封扶陽侯。　田廣明田順擊胡還、皆自殺、充國奪將軍印。		御史大夫魏相。
四	十月乙卯、立霍后。	二		
地節元年		三		
二		四	二月丁卯、侍中中郎	

		三月庚午、將軍光卒。	將霍禹爲右將軍。	
三	立太子。　五月甲申、賢老、賜金百斤。	六月壬辰、御史大夫魏相爲丞相、封高平侯。	七月、安世爲大司馬衞將軍。禹爲大司馬。	御史大夫邴吉。
四		二　七月壬寅、禹腰斬。		
元康元年		三		
二		四		
三		五		
四		六　八月丙寅、安世卒。		
神爵元年	上郊甘泉太畤、汾陰后土。	七	四月、樂成侯許延壽爲强弩將軍、後將軍充國擊羌、酒泉太守	

			辛武賢爲破羌將軍、韓曾爲大司馬車騎將軍。	
二	上郊雍五畤、祋祤出寶璧玉器。	八		
三	三月、相卒。	四月戊戌、御史大夫邴吉爲丞相、封博陽侯。		御史大夫望之。蕭望之、[redacted]
四		二		
五鳳元年		三		
二		四　正月己丑、曾卒。	五月、延壽爲大司馬車騎將軍。	御史大夫霸。霸、[redacted] 黃
三	正月、吉卒。	三月壬申、御史大夫黃霸爲丞相、封建成侯。		御史大夫延年。杜延年、[redacted]

四		二		
甘露元年		三　三月丁未、延壽卒。		
二	赦殊死、賜高年及鰥寡孤獨帛、女子牛酒。	四		御史大夫定國。于定國、[redacted]
三	三月己丑、霸薨。	七月丁巳、御史大夫于定國爲丞相、封西平侯。		太僕陳萬年爲御史大夫。
四		二		
黃龍元年		三	樂陵侯史子長爲大司馬車騎將軍、太子太傅蕭望之爲前將軍。	
孝元初元元年		四		
二		五		

三		六	十二月，執金吾馮奉世爲右將軍。	
四		七		
五		八	二月丁巳，平恩侯許嘉爲左將軍。	中少府貢禹爲御史大夫。十二月丁未，長信少府薛廣德爲御史大夫。
永光元年	十月戊寅，定國免。	九 七月，子長免，就第。	九月，衞尉平昌侯王接爲大司馬車騎將軍。 二月，廣德免。	七月，太子太傅韋玄成爲御史大夫。
二	三月壬戌朔，日蝕。	二月丁酉，御史大夫韋玄成爲丞相，封扶陽侯，丞相賢子。	七月，太常任千秋爲奮武將軍，擊西羌。雲中太守韓次君爲建威將軍，擊羌，後不行。	二月丁酉，右扶風鄭弘爲御史大夫。
三		二	右將軍平恩侯許嘉	

			爲車騎將軍，侍中光祿大夫樂昌侯王商爲右將軍，右將軍馮奉世爲左將軍。	
四		三		
五		四		
建昭元年		五		
二		六	弘免。	光祿勳匡衡爲御史大夫。
三	六月甲辰，玄成薨。	七月癸亥，御史大夫匡衡爲丞相，封樂安侯。		衞尉繁延壽爲御史大夫。
四		二		
五		三		

竟寧元年		四	六月己未，衞尉楊平侯王鳳爲大司馬大將軍。 延壽卒。	三月丙寅，太子少傅張譚爲御史大夫。
孝成建始元年		五		
二		六		
三	十二月丁丑，衡免。	七 八月癸丑，遣光祿勳詔嘉上印綬免，賜金二百斤。	十月，右將軍樂昌侯王商爲光祿大夫、右將軍，執金吾弋陽侯任千秋爲右將軍。 譚免。	廷尉尹忠爲御史大夫。
四		三月甲申，右將軍樂昌侯王商爲右丞相。	任千秋爲左將軍，長樂衞尉史丹爲右將軍。 十月己亥，尹忠自剄，殺。	少府張忠爲御史大夫。

河平元年		二		
二		三		
三		四	十月辛卯，史丹爲左將軍，太僕平安侯王章爲右將軍。	
四	四月壬寅，丞相商免。	六月丙午，諸吏散騎光祿大夫張禹爲丞相。		
陽朔元年		二		
二		三	張忠卒。	六月，太僕王音爲御史大夫。
三			九月甲子，御史大夫王音爲車騎將軍。	十月乙卯，光祿勳于永爲御史大夫。
四		[illegible]平安侯王章卒。		

		七月乙丑、右將軍光	閏月壬戌、光卒、	
鴻嘉元年	月、禹卒、三	四月庚辰、薛宣爲丞相、		

[考證]梁玉繩曰、天漢已下至孝成鴻嘉元年、皆後人所續、以漢書校之、太半乖迕、如劉屈氂爲澎侯、而稱彭城侯、王章爲安平侯、而兩書平安侯、韋元成嗣父爲侯也、而曰因爲丞相封扶陽侯、元帝永光二年七月、馮奉世擊西羌、八月、任千秋別將並進、乃此移奉世擊羌之月爲千秋、反遺卻奉世主帥、張禹以鴻嘉元年免相、哀帝建平二月卒、乃謂禹卒于鴻嘉之元、斯皆誤之大者、其餘年月官職駁戾頗多、因均在刪削之列、不復匡訂矣、

[索隱]述贊、高祖初起、嘯命羣雄、天下未定、王我漢中、三傑既得、六奇獻功、章邯已破、蕭何築宮、周勃厚重、朱虛至忠、陳平作相、條侯總戎、丙魏立志、湯堯飾躬、天漢之後、表述非功、

漢興以來將相名臣年表第十

史記二十二

文學博士瀧川龜太郎著

史記會注考證

史記會注考證卷二十三

漢　太史令司馬遷　撰

宋　中郎外兵曹參軍裴駰　集解

唐　國子博士弘文館學士司馬貞　索隱

唐　諸王侍讀率府長史張守節　正義

日本　出雲瀧川資言　考證

禮書第一　史記二十三

[索隱]書者、五經六籍總名也、此之八書、記國家大體、班氏謂之志、志、記也、[正義]天地位、日月明、四時序、陰陽和、風雨節、羣品滋茂、萬物宰制、君臣朝廷、尊卑貴賤有序、咸

謂之禮、五經六籍、咸謂之書、故曲禮云、道德仁義、非禮不成、教訓正俗、非禮不備、分爭辯訟、非禮不決、云云、[考證]史公自序云、維三代之禮、所損益各殊務、然要以近情性、通王道、故禮因人質爲之節文、略協古今之變、作禮書第一、錢大昕曰、張晏謂禮書樂書遷沒之後亡、今二篇俱有、今上即位之文、似非褚先生所補、陳仁錫曰、禮樂二書殘篇斷簡、首序、蓋太史公草具未成者、楊愼曰、自禮由人起、至儒墨之分一段、荀子禮論之文、中間治辨之極也、至刑錯而不用一段、荀子議兵篇答陳囂之文、後自天地者生之本也、至終篇、亦皆禮論之文、乃斷至矣哉之上、加太史公曰、此小司馬譏其率略蕪陋、其爲褚少孫補明矣、愚按禮由人起以下、後人妄增、但未可必定爲褚少孫、趙翼曰、八書史遷所創、以紀朝章國典、漢書因之作十志、律歷志則本於律書歷書也、禮樂志則本於禮書樂書也、食貨志則本於平準書也、郊祀志則本於封禪書也、天文志則本於天官書也、溝洫志則本於河渠書也、此外又增刑法五行地理藝文四志、

太史公曰。洋洋美德乎。宰制萬物、役使羣衆。豈人力也哉。[索隱]洋、音羊、洋洋、美盛貌、鄒誕生音翔、[正義]言天地宰制萬物、役使羣品、順四時而動、咸有成功、豈藉人力營爲哉、是美善盛大衆多之德也、故孔子曰、四時行焉、百物生焉、[考證]方苞曰、言禮爲洋洋美德、其宰制萬物、役使羣衆、皆天理之自然、豈人力所强設哉、役使羣衆者有禮而羣衆爲所運動也、中井積德曰、洋洋美德者、美禮也、非頌天地、宰制亦是、役使亦是、　余至大行禮官、觀三代損益、乃知緣人情而制禮、依

人性而作儀。其所由來尚矣。[索隱]大行、秦官、主禮儀、漢景帝改曰大鴻臚、鴻臚掌九賓之儀也、　人道經緯萬端、規矩無所不貫。誘進以仁義、束縛以刑罰。故德厚者位尊、祿重者寵榮。所以總一海內、而整齊萬民也。人體安駕乘。爲之金輿錯衡、以繁其飾。[集解]周禮、王之五路、有金路、鄭玄曰、以金飾諸末、[索隱]錯鏤衡軛爲文飾也、詩曰、約軧錯衡、毛傳云、錯衡、文衡也、[正義]乘、時證反、爲、于僞反、錯、作總、七公反、[考證]中井積德曰、金輿、只是金飾之車、周白駒曰、衡、轅端橫木、駕馬領者、　目好五色。爲之黼黻文章、以表其能。[考證]白與黑謂之黼、其狀斧形、黑與青謂之黻、其狀兩己相背、文作亞、愚按阮元云、兩己相背、當作兩弓相背、說見秦紀、黼黻、衣裳之文、猶今日用卐卍等諸文、其曰取斷割之義、曰取背惡向善之義者、後人附會之說耳、能讀爲態、　耳樂鐘磬。爲之調諧八音、以蕩其心。[考證]八音、金石絲竹匏土革木、蕩、蕩滌之蕩、一本云、蕩滌邪穢、　口甘五味。爲之庶羞酸鹹、以致其美。[集解]周禮曰、羞用百有二十品、鄭玄曰、羞出于牲及禽獸、以備其滋味、謂之庶羞、鄭衆曰、羞者、進也、　情好珍善。爲之琢磨圭璧、以通其意。故大路越席、

【集解】服虔曰、大路、祀天車也、越席、結括草以爲席也、王肅曰、不緣也、【正義】按括草、蒲草、越、戶括反、皮弁布裳、【集解】周禮曰、王視朝則皮弁之服、鄭玄曰、皮弁之服、十五升、白布衣、素積爲裳也、【正義】以鹿子皮爲弁也、按襞積素布而爲裳也、朱弦洞越、【集解】鄭玄曰、朱弦、練朱絲弦也、越、瑟底孔、大羹玄酒、【集解】鄭玄曰、大羹、肉湆不調以鹽菜也、玄酒、水也、所以防其淫侈、救其彫敝。【索隱】彫、謂彫飾也、言彫飾是奢侈之弊也、【考證】彫、讀爲凋、凋、傷也、是以君臣朝廷尊卑貴賤之序、下及黎庶車輿衣服宮室飲食嫁娶喪祭之分、事有宜適、物有節文。仲尼曰。禘自既灌而往者、吾不欲觀之矣。【集解】孔安國曰、禘祫之禮、爲序昭穆也、故毀廟之主及羣廟之主、皆合食于太祖、灌者、酌鬱鬯、灌于太祖、以降神也、既灌之後、列尊卑、序昭穆、而魯逆祀、躋僖公、亂昭穆、故不欲觀之、【考證】仲尼曰、見于論語八佾篇、禮、禘者諦也、言使昭穆之次、審諦而不亂也、與祫祭合食于太祖者異、不欲觀之、言其非禮也、周衰、禮廢樂壞、大小相踰。管仲之家、兼備三歸。【集解】包氏曰、三歸、娶三姓女也、婦人謂嫁曰歸、【考證】論語八佾篇、或曰、管仲儉乎、曰、管氏有三歸、官事不攝、焉得儉、方苞曰、於諸侯之僭舉魯、秉禮之國也、於大夫舉管仲、賢大夫也、愚按三歸、詳管晏傳、循法守正者、見侮於世。奢

溢僭差者、謂之顯榮。自子夏門人之高弟也。猶云。出見紛華盛麗而說。入聞夫子之道而樂。二者心戰、未能自決。【索隱】言子夏是孔子門人之中高弟者、謂才優而品第高也、故論語四科、有文學子游子夏也、【考證】岡白駒曰、悅華麗與樂道義、二者戰於胸中、愚按子夏之言、未詳其所出、而況中庸以下、漸漬於失教、被服於成俗乎。孔子曰。必也正名於衞。所居不合。【集解】論語曰、子路曰、衞君待子而爲政、子將奚先、子曰、必也正名乎、馬融曰、正百事之名、【考證】論語子路篇、仲尼沒後、受業之徒、沈湮而不舉。或適齊・楚、或入河・海。豈不痛哉。【正義】論語云、大師摯適齊、亞飯干適楚、鼓方叔入于河、少師陽、擊磬襄、入于海、魯哀公時、禮壞樂崩、人皆去也、【考證】論語微子篇、張文虎曰、師摯諸人、雖非弟子、而當孔子反魯正樂、或得奉教左右、執弟子禮、未可知、觀語魯大師樂、及韓詩外傳師襄稱夫子可觀、至秦有天下、悉內六國禮儀、采擇其善。雖不合聖制、其尊君抑臣、朝廷濟濟、依古以來。【正義】秦采擇六國禮儀、尊君抑臣、朝廷濟濟、依古以來典法行之、【考證】濟濟、多威儀也、至于高祖光有四海、叔孫

通頗有所增益減損。大抵皆襲秦故、【集解】應劭曰、抵、至也、瓚曰、抵、歸也、【索隱】按大抵、猶大略也、臣瓚以抵訓爲歸、則是大略大歸、其義通也、自天子稱號、下至佐僚及宮室官名、少所變改。【正義】稱、尺證反、孝文卽位、有司議欲定儀禮。孝文好道家之學、以爲繁禮飾貌、無益於治。躬化謂何耳。【正義】孝文本紀云、上身衣弋綈、所幸愼夫人、令衣不曳地、幃帳不得文繡、治霸陵、皆以瓦器、是躬化節儉謂何嫌耳、不須繁禮飾貌也、【考證】中井積德曰、躬化謂何耳、猶言顧躬化如何耳、故罷去之。孝景時、御史大夫鼂錯、明於世務刑名。【考證】鼂錯傳、鼂錯學申商刑名於軹張恢生所、愚按刑名、猶言名實也、刑形通、以名正形也、數干諫孝景曰。諸侯藩輔、臣子一例。古今之制也。今大國專治異政、不禀京師。恐不可傳後。【考證】干、干冒之干、孝景用其計、而六國畔逆、【正義】吳、楚、趙、菑川、濟南、膠西爲六國也、齊孝王狐疑城守、三國兵圍齊、齊使路中大夫告天子、故不言七國也、【考證】梁玉繩曰、六乃七字之誤、正義甚謬、以錯首名。天子誅錯以解難。【正義】上紀買反、下乃憚反、事在袁

盎語中。【考證】事見袁鼂合傳、是後官者、養交安祿而已。莫敢復議。今上卽位、招致儒術之士、令共定儀。十餘年不就。或言古者太平、萬民和喜、瑞應辨至。【正義】辨、音遍、乃采風俗、定制作。上聞之制詔御史曰。蓋受命而王、各有所由興、殊路而同歸。【考證】易繫辭傳、天下同歸而殊塗、一致而百慮、謂因民而作、追俗爲制也。議者咸稱太古。百姓何望。漢亦一家之事。典法不傳、謂子孫何。化隆者閎博。治淺者褊狹。可不勉與。【考證】岡白駒曰、百姓何望、非百姓所望也、乃以太初之元、改正朔、易服色、封太山、定宗廟百官之儀、以爲典常、垂之於後云。【集解】應劭曰、初用夏正、以正月爲歲首、改年爲太初、【考證】以上禮書序、其曰事在袁盎語中、曰今上卽位、爲史公手筆無疑、以下後人雜采荀子禮論議兵二篇妄增、禮由人起。人生有欲。欲而不得、則不能無忿。忿而無度量則爭。爭則

亂。【正義】爭、音諍。【考證】荀子禮論篇、忿作求、度量下有分界二字。先王惡其亂。故制禮義以養人之欲、給人之求、使欲不窮於物、物不屈於欲。【正義】屈、羣物反。【考證】凌稚隆曰、義下一本有分之二字。愚按荀子有以分之三字。楊倞曰、屈、竭也。二者相待而長。是禮之所起也。【考證】荀子二作兩、待作持、此似長。故禮者養也。稻粱五味、所以養口也。椒蘭芬茝、所以養鼻也。【索隱】茝、音止、又昌改反。鐘鼓管弦、所以養耳也。刻鏤文章、所以養目也。疏房牀第几席、所以養體也。【集解】服虔曰、簀謂之第。【索隱】疏、謂窻也。【正義】疏、謂窻也、第、側里反。【考證】荀子、茝作茲、席作筵、楊倞曰、疏房、通明之房也。故禮者養也。君子既得其養、又好其辨也。所謂辨者、貴賤有等、長少有差、貧富輕重皆有稱也。【考證】荀子、辨作別、楊倞曰、稱、謂各當其宜。故天子大路越席。所以養體也。【正義】謂蒲草爲席、既絜且柔、絜可以祀神、柔可以養體也。側載臭茝。所以養鼻也。【索隱】劉氏云、側、特也、臭、香也、茝、香草也、言天子行、特得以香草自

隨也、其餘則否、臭爲香者、山海經云、臭如蘪蕪、易曰、其臭如蘭、是臭爲草之香也、今以側爲邊、側載者置也、言天子之側、常置芳香於左右。【考證】臭、荀子作睪、臭同、中井積德曰、側載、謂側置車中。前有錯衡。所以養目也。【集解】詩云、約軝錯衡、毛傳云、錯衡、文衡也。和鸞之聲、【集解】鄭玄曰、和鸞、皆鈴也、所以爲車行節也、韓詩內傳曰、鸞在衡、和在軾、前升車則馬動、馬動則鸞鳴、鸞鳴則和應、服虔曰、鸞在鑣、和在衡、續漢書輿服志曰、鸞雀立衡也。【正義】皇侃云、鸞以金爲鸞、懸鈴其中、於衡上以爲遲疾之節、所以正威儀行舒疾也。步中武象、騶中韶濩。所以養耳也。【集解】鄭玄曰、武、武王樂也、象、武舞也、韶、舜樂也、濩、湯樂也。【正義】步、猶緩、緩車則和鸞之音中於武象、騶車中於韶濩也。【考證】荀子、騶作趨。龍旂九斿。所以養信也。【集解】周禮曰、交龍爲旂。【正義】斿、音旒。寢兕、【索隱】按以兕牛皮爲席。【正義】兕、音似、爾雅云、兕似牛。【考證】寢兕、伏兕。持虎、【索隱】持虎者、以猛獸皮文飾倚較及伏軾、故云持虎、劉氏云、畫之於旆竿及楯仗等、以今所見爲說也。【考證】盧文弨曰、持、當作特、字之誤也、寢兕特虎、謂畫輪爲飾也、劉昭注輿服志引古今注、武帝天漢四年、令諸侯王朱輪、特虎居前、左兕右麋、小國朱輪、畫特熊居前、寢麋居左右、白虎通亦曰、朱輪特熊居前、寢麋居左右、此謂朱輪、每輪畫一虎居前、兕麋在兩旁、郤後而相竝、故虎稱特、左右謂每輪兩旁也、寢、伏也、大國畫特虎、兕麋不寢、小國則畫特熊、二寢麋、無兕、天子乘輿、蓋畫二寢兕居輪左右、畫特虎居前軾、此段若膚說。鮫韅、【集解】徐廣曰、鮫魚皮可以飾服器、音交、韅者、當馬腋之革、音呼見反。【索隱】以鮫魚皮飾韅、韅、馬腹帶

也。【考證】荀子、鮫作蛟、楊倞曰、葢象蛟形、盧文弨曰、楊說與上下文虎兕龍一例、勝徐說、愚按左傳、晉車七百乘、韅靷鞅靽、注、在背曰韅、在腹曰鞅。彌龍。【集解】徐廣曰、乘輿車、金薄繆龍爲輿倚較、文虎伏軾、龍首衡軛。【索隱】彌、亦音弭、謂金飾衡軛爲龍、此皆王者服御崇飾、所以示威武、故云所以養威也、此文皆出大戴禮、蓋是荀卿所說、劉氏云、薄、猶飾也、繆、然龍貌、繆、音虯。【考證】盧文弨曰、徐說得之、文虎伏軾、龍首衡軛、此徐引古類及之、非正釋也、索隱皆出大戴禮五字疑誤。所以養威也。故大路之馬、必信至教順、然后乘之。所以養安也。【考證】王先謙曰、信至、謂馬調良之極、荀子、作倍良、形近而譌、罔白駒曰、順與馴通。孰知夫士出死要節之所以養生也。【索隱】言人誰知夫志士推誠守死要立名節、仍是養生安身之本、故下云、人苟生之爲見、若者必死、是解上意、言人苟以貪生之爲見、不能見危致命、若者必死、若、猶如也、言孰心爲見如此者、必刑戮及身、故云必死、下文皆放此也。【正義】夫、音扶、要、音腰、孰知、猶審知也、出死、猶處死也、審知志士推誠處死、要立名節、若曹沫茅焦、所以養生命也。【考證】荀子、無士字、此誤衍、孰知、索隱是、中井積德曰、出死、猶授命也、意謂出死要節、若可以死而却以得生也、愚按也、讀爲邪、下同。孰知夫輕費用之所以養財也。【正義】費、音芳味反、輕、猶薄、言審知懃薄費用則能畜聚、所以養財貨也。【考證】李笠曰、輕費用者、謂不以財用爲重、而以禮義爲務也、中井積德曰、輕、猶不吝也、是謂予之爲取之。孰知夫恭敬辭讓之所以養安也。【正義】言審知恭敬

辭讓、所以養禮安身。【考證】中井積德曰、養安、謂所以爲安也、非兩項。孰知夫禮義文理之所以養情也。【正義】言審知禮義文章道理所以養其情性、此四科是儒者有禮義、故兩得之也。人苟生之爲見。若者必死。【正義】苟、且、若、如此也、言平凡好生之人、且見操節之士、以禮義處死、養得其生有效、如此者必死也。【考證】中井積德曰、苟生之爲見、猶言唯生是視也、謂一於此而他無所顧也、下文倣此、愚按、與出死要節反。苟利之爲見。若者必害。【正義】言平凡好利之人、且見利義之士、以輕省費用、養得其財有效、如此者必害身也。【考證】中井積德曰、唯利是視之人、害必至焉、愚按、與輕用相反。怠惰之爲安。若者必危。【正義】惰、徒臥反、言平凡怠惰之人、且見有禮之士、以恭敬禮讓、養得安樂有效、如此者必危亡也。【考證】中井積德曰、以怠惰爲安者、必不能自安、愚按、與恭敬辭讓相反。情勝之爲安。若者必滅。【索隱】覆解上禮義文理之所以養情也。【正義】勝、音叔證反、言平凡好勝之人、且見利義之士、禮義文理、養得其情性有效、如此者必滅亡也、此四科是墨者無禮義、故兩失之也。【考證】與禮義文理相反、中井積德曰、情勝、謂恣情任欲也、凌稚隆曰、一本作情性、愚按王本慶長本作情性、正與下文合。故聖人一之於禮義、則兩得之矣。一之於情性、則兩失之矣。故儒者將使人兩得之者也。墨者將使人兩失之者也。【索隱】墨者不尙禮

義而任儉嗇、無仁恩、故使人兩失之、易曰、悅以使人、人忘其死、是也、是儒墨之分。【正義】分、扶問反、分、猶等也、若儒等者、是治辨之極、彊固之本、威行之道、功名之總、則天下歸之矣、【考證】分、別也、以上采荀子禮論篇文、荀子、分下有也字、治辨之極也、彊固之本也、【索隱】自此已下、皆是儒分之功也、【正義】固、堅固也、言國以禮義、四方欽仰、無有攻伐、故爲彊、而且堅固之本也、【考證】荀子議兵篇、韓詩外傳四、治上有禮者二字、固作國、愚按、治辨彊固對言、威行之道也、【正義】以禮義導天下、天下伏而歸之、故爲威行之道也、功名之總也。【正義】以禮義率天下、天下咸遵之、故爲功名之總、總、合也、聚也、【考證】外傳、總作統、王公由之、所以一天下臣諸侯也。弗由之、所以捐社稷也。【正義】言由禮義也、【考證】荀子、外傳、捐作隕、故堅革利兵、不足以爲勝。【索隱】覆上功名之總也、【考證】荀子、外傳、革作甲、外傳、勝作武、高城深池、不足以爲固。嚴令繁刑、不足以爲威。由其道則行。不由其道則廢。楚人鮫革犀兕、所以爲甲、堅如金石、宛之鉅鐵施、鑽如蠭蠆、【集解】徐廣曰、大剛曰鉅、【索隱】鑽、謂矛刃及矢鏃也、【正義】宛、城、今鄧州南陽縣城是也、音於元反、鉅、剛鐵也、【考證】荀子、外傳、兕下無所字、此衍、荀子、堅作鞈、張照曰、荀子作宛鉅鐵釶、慘如蠭蠆、楊

倞注云、釶與鍦同、矛也、正義以鐵斷句、誤、王先謙曰、索隱以施屬下讀、例以上下文、鞈如金石、卒如飄風、則荀子本書文義較長、中井積德曰、鑽、猶刺也、輕利剽遬、卒如熛風。【正義】剽遬、上匹妙反、下音速、剽遬、疾也、卒、村忽反、熛、必遙反、熛、風疾也、然而兵殆於垂涉、唐昧死焉、【集解】許愼曰、垂涉、地名也、【考證】垂涉、當依荀子外傳作垂沙、楚策云、垂沙之事、死者以千數、漢地理志、沛國有垂鄉、楊倞曰、史記楚懷王二十八年、秦與齊韓魏共攻楚、殺楚將唐昧、取我重丘而去、昧與蔑同、莊蹻起、楚分而爲四【索隱】蹻、音其略反、楚將之名、言其起兵亂後、楚遂分爲四、按漢志、滇王、莊蹻之後也、【正義】以起字爲絕句、或曰、楚莊王苗裔也、按括地志云、師州、黎州、在京西南五千六百七十里、戰國楚威王時、莊蹻王滇、則爲滇國之地、楚昭王徙都鄀、莊蹻王滇、楚襄王徙都陳、楚考烈王徙都壽春、咸被秦逼、乃四分也、然昭王雖在莊蹻之前、故荀卿兼言之也、【考證】館本考證云、唐無師州、地理志云、黎州至京師二千九百五十里、參。是豈無堅革利兵哉。【索隱】參者、驗也、言驗是楚豈無利兵哉、【正義】參、七含反、言蹻楚國、豈無堅甲利兵哉、爲其不由禮義、故衆分也、【考證】荀子、外傳、四參作三四、陳仁錫曰、楚分爲四參句、參與三同、荀子作三四、尤明、索隱參是二字連讀、非也、其所以統之者、非其道故也。汝·潁以爲險、【正義】括地志云、汝水源出汝州魯山縣西伏牛山、亦名猛山、汝水至豫州郾城縣名濆水、爾雅云、河有灉、汝有濆、亦汝之別名、潁水源出洛水嵩高縣東南三十五里陽乾山、俗名潁山、地理志、高陵山汝出、東南至新蔡縣入淮、陽乾山潁水出東

至下蔡入淮也、【考證】外傳、汝潁作汝淮、江漢以爲池、【正義】江卽岷江、從蜀入楚、在荊州南、漢江、從漢中東南入江、四水爲楚之險固也、阻之以鄧林、【集解】山海經曰、夸父與日逐走、日入、渴欲得飲、飲於渭河、不足、北飲大澤、未至、道渴而死、弃其杖、化爲鄧林、駰謂鄧林後遂爲林名、【索隱】按裴氏引山海經、以爲夸父弃杖爲鄧林、其言北飲大澤、蓋非在中國也、劉氏以爲今襄州南鳳林山、是古鄧祁侯之國、在楚之北境、故云阻以鄧林也、【考證】荀子、外傳、阻作限、緣之以方城。【正義】括地志云、方城、房州竹山縣東南四十一里、其山頂上平、四面險峻、山南有城、長十餘里、名爲方城、卽此山也、【考證】左傳僖四年、楚屈完曰、楚國方城以爲城、漢水以爲池、然而秦師至、鄢郢舉若振槁。【索隱】振、動也、擊也、槁、乾葉也、【正義】鄢、音郾、括地志云、故城在襄州安養縣北三里、古郾子之國、鄧之南鄙也、又率道縣南九里有故郾城、漢惠帝改曰宜城也、郢城、荊州江陵縣東北六里、卽吳公子光伐楚、楚平王恐、城郢者也、又楚武王始都郢、紀南故城是也、在江陵北十五里也、【考證】荀子、至下有而字、外傳有於字、楊倞曰、謂白起伐楚、一戰舉鄢郢也、中井積德曰、槁、枯木也、振、搖枯木、則葉墜、不勞力也、是豈無固塞險阻哉。其所以統之者、非其道故也。紂剖比干、囚箕子、爲炮烙刑、殺無辜。時臣下懍然莫必其命。【索隱】言無人必保其性命、【考證】烙當作格、說見殷紀、懍然、畏也、然而周師至、而令不行乎下、

不能用其民。是豈令不嚴、刑不峻哉。其所以統之者、非其道故也。古者之兵、戈矛弓矢而已。然而敵國不待試而詘。【集解】徐廣曰、試、一作誠也、【正義】詘、丘勿反、試、用也、城郭不集、溝池不掘、固塞不樹、機變不張。【正義】掘、求勿反、又求厥反、【考證】荀子、集作辨、楊倞曰、辨、治也、掘、荀子作抇、當作相、與掘同、然而國晏然不畏外而固者、無他故焉。明道而均分之、【正義】分、扶問反、言明儒墨之分、使禮義均等、則下應之如影響耳、【考證】荀子、而固作而明內、史記爲長、岡白駒曰、分如字、正義非是、久保愛曰、道、謂禮義也、王制篇云、制禮義以分之、荀子、均分作分鈞、時使而誠愛之、則下應之如景響。有不由命者、然後俟之以刑、則民知辠矣。【正義】事君以禮義、民有不由禮義者、然後待之以刑、則民之罪伏刑矣、【考證】中井積德曰、不由命、謂不遵上之教令也、故刑一人而天下服、辠人不尤其上。知辠之在已也。是故刑罰省、而威行如流。無他故焉。由其道故也。故由其道則行。不由其道則廢。【考證】荀子、無故由

其道十二字、

古者帝堯之治天下也、蓋殺一人、刑二人而天下治。【考證】楊倞曰、殺一人、謂殛鯀于羽山、刑二人、謂流共工于幽州、放驩兜于崇山、【考證】王念孫曰、厲、猛也、錯、置也、置、設也、言威雖猛而不試、刑雖設而不用也、愚按以上采荀子議兵篇文、又見韓詩外傳四、

傳曰、威厲而不試、刑措而不用。天地者、生之本也。先祖者、類之本也。君師者、治之本也。【正義】類、種類也、

無天地惡生。無先祖惡出。無君師惡治。【正義】惡、音烏、【考證】大戴禮禮三本、惡作焉、

三者偏亡、則無安人。【索隱】偏、鄒音遍、【正義】偏、疋然反、【考證】楊倞曰、偏亡、謂闕一也、

故禮上事天、下事地、尊先祖而隆君師。是禮之三本也。【考證】大戴禮、尊作宗事、隆作寵、

故王者天太祖。【集解】毛詩敘曰、文武之功、起於后稷、故推以配天焉、

諸侯不敢懷。【索隱】懷、思也、言諸侯不敢思以太祖配天而食也、又一解、王之子孫爲諸侯、不思祀其父祖、故禮云、諸侯不敢祖天子、蓋與此同意、【考證】荀子禮論篇、大戴禮、懷作壞、楊倞曰、謂不祧其廟若魯周公、史記作不敢懷、司馬貞云、思也、蓋誤耳、

大夫士有常宗。【集解】禮記曰、別子爲祖、繼別爲宗、百世不遷者、謂別子之後也、【考證】孔廣森曰、常宗、大宗也、禮、大夫不敢祖諸侯、諸侯之支子、祀

於家爲始祖、其適子孫世世收族、大傳曰、宗其繼別子之所自出者、百世不遷者也、

所以辨貴賤。貴賤治、得之本也。【考證】荀子、作所以別貴始、貴始、得之本也、大戴禮、不壓貴始二字、得作德、餘同荀子、愚按是申貴始之義、史記傳鈔致誤、得德、通用、

郊疇乎天子。【索隱】疇、類也、天子類得郊天、餘並不合祭、今大戴禮作郊止乎天子、是也、止、或作時、因誤耳、【考證】荀子、大戴禮、疇作止、張文虎曰、疇當作止、止與畤音近、疇則由畤而誤也、說文、畤、天地五帝所基止、祭地也、是畤亦有止義、

社至乎諸侯。【索隱】言天子已下至諸侯、得立社、【考證】荀子、大戴禮、至作止、史文爲長、

函及士大夫。【集解】函、音含、【索隱】啗、音含、含、謂包容、諸侯已下至士大夫得祭社、故禮云、大夫成羣立社、曰置社、亦曰里社也、鄒誕生音啗、徒濫反、意義亦通、但不見古文、各以意爲音耳、今按大戴禮、作導及士大夫、導亦通也、今此爲啗者、當以導與蹈同、後足字失、止唯有口存、故使解者穿鑿也、【考證】荀子、大戴禮、函作道、郝懿行曰、祭法云、大夫以下成羣立社曰置社、鄭注、羣、衆也、大夫以下、謂下至庶人也、大夫不得特立社、與民族居、百家以上、則共立一社、今時里社是也、此則社之禮、下達庶人、道、通也、愚按、函、道、形聲皆異、函、當從索隱爲包容之義、說詳于王氏經義述聞、

所以辨尊者事尊、卑者事卑、宜鉅者鉅、宜小者小。【考證】荀子、大戴禮、辨作別、大戴禮、尊上有尊卑二字、

故有天下者事七世。有一國者事五世。【考證】王制、天子七廟、三昭三穆、與太祖之廟而七、諸侯五廟、二昭二穆、與太祖之廟而五、荀子七作十、誤、孫詒讓曰、案

禮記王制孔疏引聖證論、孫卿云、有天下者事七世、則王肅所見荀子七字尙不誤、

有五乘之地者、事三世。【集解】鄭玄曰、古者方十里、其中六十四井、出兵車一乘、此兵法之賦、【考證】王制、大夫三廟、一昭一穆、與太祖之廟而三、楊倞曰、五乘之地、謂大夫有采地者、

有三乘之地者、事二世。【集解】穀梁傳曰、天子至于士皆有廟、天子七、諸侯五、大夫三、士二、始封之者必爲其太祖、【考證】穀梁傳僖公二十五年文、祭法亦云、適士二廟、

有特牲而食者、不得立宗廟。【集解】禮記曰、庶人祭於寢、【考證】岡白駒曰、蓋謂有一牛而耕者也、有特牲、荀子作持手、楊倞曰、持其手而食、謂農工食力也、久保愛曰、持當作特、大戴禮作待年、孔廣森曰、農夫力田者也、

所以辨積厚者流澤廣、積薄者流澤狹也。【考證】荀子、大戴禮、辨作別、

大饗上玄尊、俎上腥魚。【集解】鄭玄曰、大饗、祫祭先王、以腥魚爲俎實、不臑孰之也、【考證】荀子、大戴禮、上作尙、俎上腥魚、作俎生魚、李笠曰、上字誤衍、俎字虛用、孔廣森曰、玄尊、玄酒之尊、玄酒者、明水也、又曰、大饗九獻、王祼一、后祼二、朝踐、王獻三、后獻四、饋食、王獻五、后獻六、酳尸、王獻七、后獻八、賓獻九、朝踐之事、牲俎腥肆、故有生魚、至饋食時乃薦熟也、

先大羹。貴食飲之本也。【考證】食飲、大戴禮、作飲食、楊倞曰、大羹肉汁、無鹽梅之味者也、本、謂造飲食之初、

大饗上玄尊而用薄酒、食先黍稷而飯稻粱、【考證】荀子、無大字、薄酒作酒醴、無食字、義長、大戴禮、無薄字、孔廣森曰、

玄酒、陳而不酌、黍稷、簋實正饌也、稻粱、簋實加饌也、飯、啖之也、食、音嗣、

祭嚌先大羹、【集解】鄭玄曰、嚌至齒、【考證】荀子、嚌作齊、無先字、大戴禮亦無先字、愚按嚌先當衍其一字、楊倞曰、祭、月祭也、俞樾曰、楊倞注荀子、讀齊爲嚌、此因大戴記而誤也、齊、當作躋、躋、升也、升大羹、正與上文尙玄酒先黍稷一律、下文云、豆之先大羹也、是其義也、史記嚌下有先字、疑原文作先大羹、後人因大戴之文、妄增嚌字耳、

而飽庶羞。【考證】孔廣森曰、庶羞、醓醢肴核之屬、周禮、羞用百有二十品、其名物略見內則、

貴本而親用也。【考證】孔廣森曰、玄酒黍稷大羹、是貴本、酒稻粱庶羞味美、故親用、

貴本之謂文。親用之謂理。兩者合而成文、以歸太一。是謂大隆。【索隱】貴本親用、兩者合而成文、以歸太一、太一者、天地之本也、得禮之文理、是合於太一也、隆者、盛也高也、得禮文理、歸于太一、是禮之盛者也、【考證】楊倞曰、文、謂脩飾、理、謂合於宜、太一、謂太古時、禮運曰、夫禮必本於太一、

故尊之上玄尊也、【正義】皇侃云、玄酒、水也、上古未有酒、而始之祭、但酌水用之、至晚世、雖有酒存古禮、尙用水代酒也、【考證】荀子、大戴禮、上作尙、尊作酒、

俎之上腥魚也、豆之先大羹、一也。【索隱】尊之上玄尊、俎之上生魚、豆之先大羹、三者如一、皆是本、故云一也、【考證】荀子、大戴禮、腥作生、羹下有也字、孔廣森曰、太羹盛於登、豆云者、爾雅曰、瓦豆謂之登、亦通言之、

利爵弗啐也、【集解】鄭玄曰、啐、入口也、【索隱】按儀禮、祭畢獻、祝西面告成、是爲利爵、祭初未行無算爵、故不啐入口也、【考證】爵下、荀子、大戴

禮、有之字、晬、荀子作醮、大戴禮作卒、久保愛曰、利爵、謂佐食者所獻之爵也、儀禮謂佐食者爲利、俞樾曰、利爵不醮、蓋據大夫儐尸之禮、有司徹篇、利洗爵獻於尸、尸酢獻祝、祝受祭酒、晬酒奠之、是其事也、利既獻尸、尸卒爵酢利、利又獻祝、祝受、奠之不晬、示祭事畢也、成事俎弗嘗也、【索隱】成事、卒哭之祭、故記曰、卒哭曰成事、既是卒哭之祭、始從吉祭、故受胙爵、而不嘗俎也、【考證】荀子、大戴禮、事下有之字、三侑之弗食也、【索隱】禮、祭必立侑以勸尸食、至三飯而後止、每飯有侑一人、故有三侑、既是勸尸、故不相食也、【考證】荀子、侑作臭也、下當依荀子大戴禮、補一也二字、孔廣森曰、特牲饋食禮、尸三飯告飽、祝侑、尸又三飯告飽、祝侑之如初、尸又三飯告飽、祝侑之如初、注云、不復飯者、三侑三者士之禮大成也、一也、三者皆禮之終、大昏之未廢齊也、【索隱】廢齊、謂昏禮、父親醮子而迎之前、故曲禮云、齋戒以告鬼神、是昏禮有齊也、【考證】荀子、大戴禮、廢作發、盧文弨曰、古廢發音同通用、孔廣森曰、發、始也、昏禮、將親迎必先齊、齊、音齋、俞樾曰、發猶致也、大廟之未內尸也、【考證】大戴禮無大字、孔廣森曰、謂若饋食尸未入之前爲陰厭也、始絕之未小斂、一也。【索隱】此五者皆禮之初、始質而未備、亦是貴本之義、故云一也、【考證】荀子、大戴禮、絕作卒、荀子、斂下有也字、孔廣森曰、三者皆禮之始、大路之素幬也、【集解】禮記曰、乘素車、貴其質也、鄭玄曰、素車、殷輅也、【索隱】幬、音稠、謂車蓋以素帷、亦質也、【考證】幬、荀子作未集、大戴禮作幭、郊之麻絻、【集解】周禮曰、王祀昊天上帝、服大裘而冕、論語曰、麻冕禮也、孔安國曰、冕、緇布冠、古者績麻三十升布以爲之、【正義】

絻、音免、亦作冕、【考證】大戴禮、絻作冕、荀子、大戴禮、絻下有也字、喪服之先散麻、一也。【集解】儀禮士喪禮曰、始死、主人散帶、垂之三尺、禮記曰、大功已上散帶也、【索隱】大路已下、三事相似如一、故云一也、散麻、取其質無文飾、亦貴本也、【考證】大戴禮、麻作帶、荀子、麻下有也字、散麻、要絰也、喪禮、小斂、主人始絰散垂之、既成服乃絞、三年哭之不反也、【集解】禮記曰、斬衰之哭、若往而不反、【考證】荀子、年下有之喪二字、大戴禮、哭之作之哭、荀子、大戴禮、反作文、楊倞曰、不文、謂無曲折也、清廟之歌、【集解】鄭玄曰、清廟、謂作樂歌清廟、一倡而三歎、【集解】鄭玄曰、倡、發歌句者、三歎、三人從歎、【考證】禮樂記鄭注、者作也、縣一鐘尚拊膈、【集解】徐廣曰、一作搏膈、【索隱】縣一鍾尚拊膈、縣鍾格、拊、音撫、膈不擊其鐘而拊其格、不取其聲、亦質也、鄭氏膈、音膊、蓋依大戴禮也、而鄭禮注云、搏拊、柷敔也、【考證】大戴禮、鐘作罄、下有而字、膈作搏、荀子、拊下有之字、郝懿行曰、樂論篇、以拊鞈與鞉柷椌楬相儷、則皆樂器名也、拊者以韋爲之、實以糠、膈、彼作鞈、其字從革、鞈疑亦拊之類、荀子之字誤倒、縣之一鍾、句、尚拊膈、句、尚者上也、鍾聲宏大、言不貴彼而上此、聲之近質者也、愚按史文自通、不必依荀子補之字、朱弦而通越、一也。【索隱】大瑟而練朱其弦、又通其下孔、使聲濁且遲、上質而貴本、不取其聲、又自三年已下四事、皆不取其聲也、【考證】陳仁錫曰、古本、通作洞、荀子楊倞注引史記、亦作洞、尚書大傳云、古者帝王升歌清廟之樂、大琴練弦達越、大瑟朱弦達越、凡禮始乎脫、【索隱】脫、猶疏略也、始、初也、言禮之初尚疏略也、【考證】大戴禮、乎作於、下同、荀子、脫作稅、成乎

文、【索隱】言禮成就有文飾、終乎稅。【集解】徐廣曰、一作悅、【索隱】音悅、言禮終卒和悅人情也、大戴禮、作終於隆、隆、謂盛也、【考證】荀子、稅作悅校、校讀若於人心獨無恔乎之恔、快也、即大戴禮終於隆之意、故至備情文俱盡。【集解】徐廣曰、古情字或假借作請、諸子中多有此比、【正義】言情文俱盡、言是禮之至備也、【考證】據集解、徐廣本情作請、楊倞曰、情、謂禮意、喪主哀、祭主敬之類、文、謂禮物威儀也、其次情文代勝。【索隱】勝、音升、又尸證反、或文勝情、或情勝文、是情文更代相勝也、大戴禮作迭興也、其下復情以歸太一。【索隱】言其次情文俱失、歸心渾沌天地之初、復禮之本、是歸太一也、【考證】楊倞曰、雖無文飾、但復情以歸質素、是亦禮也、若潢汙行潦之水、可薦於鬼神也、中井積德曰、其次其下、就禮中次第其事也、非美惡之等、天地以合、日月以明、四時以序、星辰以行、江河以流、萬物以昌、好惡以節、喜怒以當、以爲下則順、以爲上則明。【正義】自天地以下八事、大禮之備、情文俱盡、故用爲下則順、用爲上則明也、【考證】大戴禮、四時句在日月以明句下、洽作序、昌作倡、史文爲長、以上采荀子禮論篇文、又見大戴禮禮三本篇、明行昌當明韵、太史公曰。至矣哉、【索隱】已下亦是太史公取荀卿禮論之意、極言禮之損益、以結禮書之論也、【考證】以下亦荀子禮論篇文、太史公曰四字、後人妄增、至矣哉、荀子作禮豈不至矣哉、立隆以爲極。而天下莫之能益

損也。本末相順、【索隱】謂禮之盛、文理合以歸太一、至禮之殺、復情以歸太一、隆殺皆歸太一者、是本末相順也、【考證】荀子、益損作損益、隆如上文太隆之隆、楊倞曰、立隆盛之禮、以極盡人情、使天下不復更能損益也、終始相應、【索隱】禮始於脫略、終於稅、稅亦殺也、殺與脫略、是始終相應也、【正義】應、乙陵反、當也、【考證】岡白駒曰、物始乎脫畧、終乎全成、全成來於和悅、故曰終始相應、索隱於上文訓稅爲悅、至此改訓殺、互相支吾、至文有以辨。【索隱】言禮之至文、能辨尊卑貴賤、故云有以辨也、【考證】荀子、有以作以有、辨作別、至察有以說。【索隱】言禮之至察、有以明隆殺損益、委曲情文、足以悅人心、故云有以說也、【考證】荀子、有以作以有、王念孫曰、史記以有二字皆誤倒、以猶而也、天下從之者治、不從者亂。從之者安、不從者危。小人不能則也。【正義】小人、猶庶人也、則法也、言天下士以上至于帝王、能從禮者則治安、不能從禮者則危亂、庶人據於事、不能法禮也、【考證】荀子、危下有從之者存、不從者亡九字、則作測、禮之貌誠深矣。【索隱】有本作愨誠者、非也、【考證】荀子、貌竝作理、堅白同異之察、入焉而弱。【正義】言禮之貌信深厚矣、雖有鄧子堅白同異之辯、明察入於禮義之中、自然成懦弱敗壞之禮也、【考證】荀子、弱作溺、猪飼彥博曰、溺、沈滅也、久保愛曰、據荀子非十二子篇、堅白同異、斥惠施鄧析、其貌誠大矣。擅作典制褊陋之說、入焉而嗛。【索隱】言擅作典制、及褊陋之說、入焉、謂入禮則自嗛望

知其失、【正義】言禮之貌信廣大矣、雖有擅作典制褊陋之說、文辭入於禮義之中、自然成淫俗褊陋之言、【考證】嗛、他本作謙、今從王本、嗛、恨也、荀子作嗛、久保愛曰、斥愼到田駢、正義、文辭二字疑衍、其貌誠高矣。暴慢恣睢輕俗以爲高之屬、入焉而墜。【索隱】恣睢、猶毀訾也、言訾毀禮者、自取隊滅也、【正義】言禮之貌信深高矣、雖有暴慢恣睢輕俗以爲高之屬、入於禮義之中、自然成墜落、暴慢輕俗之人、【考證】荀子、墜作隊、楊倞曰、恣睢、矜放之貌、中井積德曰、輕俗、謂輕侮世俗、久保愛曰、此斥它囂魏牟、愚按正義暴慢輕俗之人六字疑衍、故繩誠陳、則不可欺以曲直。【集解】鄭玄曰、誠、猶審也、陳、設也、謂彈畫也、【考證】中井積德曰、繩是縣垂之繩、非今之墨繩、陳、設也列也、不必指彈畫、衡誠縣、則不可欺以輕重。【集解】鄭玄曰、衡、稱也、縣、謂錘也、【正義】縣、音玄、規矩誠錯、則不可欺以方員。【索隱】錯、置也、規、員也、矩、曲尺也、【正義】錯、七故反、【考證】荀子、錯作施、君子審禮、則不可欺以詐僞。【正義】詐僞、謂堅白同異、擅作典制、暴戾恣睢自高也、故陳繩曲直定、懸衡輕重分、錯規矩方員口、審禮詐僞自消滅矣、【考證】正義員下有脫字、故繩者、直之至也。衡者、平之至也。規矩者、方員之至也。禮者、人道之極也。然而不法禮者、不足禮。謂之無方之民。【集解】鄭玄曰、方猶道也、【考證】荀

子、無者字、依下文、此衍、法禮足禮、謂之有方之士。禮之中能思索、謂之能慮。【索隱】索、求也、能慮勿易、謂之能固。【正義】易、謂輕易也、【考證】楊倞曰、勿易、不變也、能慮能固、加好之焉聖矣。【正義】好、火到反、言人以得禮之中、又能思審索求其禮、謂之能思慮、又不輕易其禮、謂之能堅固、能慮能固其禮、更加好之、乃聖人矣、【考證】加、猶益也、荀子、焉作者、下有斯字、聖下有人字、天者高之極也。地者下之極也。日月者明之極也。無窮者廣大之極也。聖人者道之極也。【正義】道、謂禮義也、言人有禮義則爲聖人、比於天地日月廣大之極也、【考證】荀子、無日月者明之極也七字、以財物爲用。【考證】荀子、以上有禮者二字、楊倞曰、以貨獻問遺之類、爲行禮之用也、以貴賤爲文、【考證】楊倞曰、以車服旗章爲貴賤文飾也、以多少爲異、【考證】楊倞曰、多少異制、所以別上下也、以隆殺爲要、【索隱】隆、猶厚也、殺、猶薄也、文貌繁、情欲省、禮之隆也。【考證】荀子、貌作理、欲作用、下同、楊倞曰、文理謂威儀、情用謂忠誠、若享獻之禮、賓主百拜、情唯主敬、文過於情、是禮之隆盛也、愚按正義本亦欲作用、文貌省、情欲繁、禮之殺也。【考證】楊倞曰、若尊之尚玄酒、本於質素、情過於文、雖減殺、是亦禮也、文貌情

欲、相爲內外表裏、竝行而雜、禮之中流也。【正義】言文飾情用、表裏外內、合於儒墨、是得禮情之中、而流行不息也、【考證】楊倞曰、或豐或殺、情文代勝、並行相雜、是禮之中流、愚按、中流、禮之中道也、君子上致其隆、下盡其殺、而中處其中、【正義】中、謂情文也、【考證】荀子、君上有故字、楊倞曰、致、極也、言君子於大禮極其隆厚、小禮則盡其降殺、中得其中、皆不失禮也、步驟馳騁廣鶩不外。【正義】鶩、音務、言君子之人、上存文飾、下務減省、而合情文、處得其中、縱有戰陣殺戮邪惡、則不弃於禮義矣、三皇步、五帝驟、三王馳、五伯鶩也、【考證】荀子、廣作厲、外下有是矣二字、是以君子之性守宮庭也。【索隱】言君子之性、守正不慢遠行、如常守宮庭也、【正義】宮庭聽朝處、喻君子心內常守禮義、若宮庭焉、【考證】荀子、無以字、性守作擅宇、愚按步驟以下十八字、當依荀子作步驟馳騁厲鶩不外是矣、是君子之擅宇宮庭也、厲亦馳也、言君子以禮爲擅宇宮庭、步驟馳騁、不出其外也、人域是域、士君子也。【索隱】域、居也、言君子之行、非人居亦弗居也、【正義】處平凡人域之中、能知禮義之域限、卽爲士及君子也、【考證】荀子、域作有、無下域字、愚按上域、居也、下域、禮也、言人居禮中者爲士君子、外是、民也。【索隱】外、謂人域之外、非人所居之地、以喻禮義之外、別爲它行、卽是小人、故云外是人也、【考證】楊倞曰、是、猶此也、民、民氓無所知者、愚按是斥禮、外、猶離也、於是中焉房皇周浹、曲直得其次序、聖人也。【索隱】房、音旁、旁皇、

猶徘徊也、周浹、猶周匝、言徘徊周浹、委曲得禮之序、動不失中、則是聖人之行也、【考證】荀子、是下有其字、房作方、浹作挾、無直字、王引之曰、直字衍、荀子正作曲得其次序、愚按索隱本亦似無直字、是斥禮而言、故厚者、禮之積也。大者、禮之廣也。【索隱】言君子聖人、有厚大之德、則爲禮之所積益弘廣也、故曰、甘受和、白受采、忠信之人、可以學禮、苟無忠信、則禮不虛道、然此文皆荀卿禮論也、高者、禮之隆也。明者、禮之盡也。【正義】言君子內守其禮、德厚大積廣、至於高尊明禮、則是禮之終竟也、此書是褚先生取荀卿禮論兼爲之、【考證】以上采荀子禮論篇文、中井積德曰、言厚大高明之德、因禮而得之也、索隱故曰甘受和、白受采、並失倫、又曰、盡字只承明而不承高、

【索隱】述贊、禮因人心、非從天下、合誠飾貌、救弊興雅、以制黎甿、以事宗社、情文可重、豐殺難假、仲尼坐樹、孫通蕝野、聖人作教、罔不由者、

禮書第一

史記二十三

文學博士瀧川龜太郎著

史記會注考證

史記會注考證卷二十四

漢　太史令司馬遷撰
宋　中郎外兵曹參軍裴駰集解
唐　國子博士弘文館學士司馬貞索隱
唐　諸王侍讀率府長史張守節正義
日本　出雲瀧川資言考證

樂書第二　史記二十四

〔正義〕天有日月星辰、地有山陵河海、歲有萬物成熟、國有聖賢宮觀周域官僚、人有言語衣服體貌端修、咸謂之樂、樂書者、猶樂記也、鄭玄云、以其記樂之義也、此於別錄

屬樂記、蓋十一篇、合爲一篇、十一篇者有樂本、有樂論、有樂施、有樂言、有樂禮、有樂情、有樂化、有樂象、有賓牟賈、有師乙、有魏文侯、今雖合之、亦略有分焉、劉向校書、得樂書二十三篇、著於別錄、今樂記惟有十一篇、其名猶存也、〔考證〕史公自序云、樂者所以移風易俗也、自雅頌聲興、則已好鄭衛之音、鄭衛之音所從來久矣、人情之所感、遠俗則懷、比樂書以述來古、作樂書第二、陳仁錫曰、余每讀虞書、至誹謗聖制當族、俱太史公妙筆也、張照曰、按樂書謂褚先生補者、亦出張守節正義、今考太史公曰以下敘虞書以至秦二世、見古樂之失傳、自高祖過沛至天馬來、志漢樂之梗概、後載汲黯正直之言、公孫詭諛之語、以結之、以明漢樂之所以不興、當馬遷之時、所應作之樂書、如是止矣、然則樂書未嘗不覺也、後人復以樂記全文寫入公孫弘語之下、又取晉平公事不經之談以附益之、而馬遷之義始晦矣、

太史公曰。余每讀虞書、至於君臣相敕、維是幾安、而股肱不良、萬事墮壞、未嘗不流涕也。〔考證〕起首至黠誹謗聖制當族、是史公樂書序、虞書、今文皋陶謨、維是幾安、作惟時維幾、徐孚遠曰、歌言志、樂之所由作也、則樂書當推本虞歌、方苞曰、以公孫弘語結、故以此發端、愚按十二諸侯年表序云、太史公讀春秋曆譜諜、至周厲王、未嘗不廢書而歎也、孟荀列傳序云、太史公曰、余讀孟子書、至梁惠王問何以利吾國、未嘗不廢書而歎也、屈原傳贊、太史公曰、余讀離騷天問招魂哀郢、悲其志、適長沙觀屈原所自沈淵、未嘗不垂涕想見其爲人、儒林傳序、太史公曰、余讀功令、至於廣厲學官之路、未嘗不廢書而歎也、與是篇同一起法、蓋史公慣家手段、後世蘇子瞻好用此法、成王作頌、

推己懲艾、〔正義〕音刈、悲彼家難、〔正義〕乃憚反、家難、謂文王囚羑里、武王伐紂、〔考證〕陳仁錫曰、頌、卽周頌小毖之詩、家難、謂武庚管蔡之叛、正義非、愚按小毖詩云、予其懲而毖後患、又云、未堪家難、予又集于蓼、可不謂戰戰恐懼、善守善終哉。〔正義〕言成王作頌、悲文王戰戰恐懼、推己戒勵爲治、是善守善終也、君子不爲約則修德、滿則弃禮。〔正義〕爲、于僞反、佚能思初、安能惟始。沐浴膏澤、而歌詠勤苦。非大德誰能如斯。傳曰。治定功成、禮樂乃興海內。〔考證〕傳曰、未詳、中井積德曰、海內二字、衍、方苞曰、正與武帝好大喜功相反、人道益深、其德益至、所樂者益異。滿而不損則溢。盈而不持則傾。〔考證〕盈、不避廟諱、何也、凡作樂者、所以節樂。〔正義〕音洛、言不樂至荒淫也、君子以謙退爲禮、以損減爲樂。樂其如此也、以爲州異國殊、情習不同。故博采風俗、協比聲律、以補短移化、助流政教。〔正義〕比、音鼻、天子躬於明堂臨觀、而萬民咸蕩滌邪穢、斟酌飽滿、以

飾厥性。故云。雅頌之音理而民正。嘄噭之聲興而士奮。鄭・衛之曲動而心淫。【索隱】嘄噭、上姑堯反、又音叫、下音擊、及其調和諧合、鳥獸盡感。而況懷五常含好惡。自然之勢也。【考證】列子楊朱篇、人肖天地之類、懷五常之性、有生之最靈者人也、漢書董仲舒傳、夫仁誼禮知信、五常之道、王者所當務也、刑法志亦曰、夫人宵天地之貌、懷五常之性、聰明精粹、有生之最靈者也、愚按史記五常文字、獨見乎此、治道虧缺、而鄭音興起、封君世辟、名顯鄰州、爭以相高。【索隱】辟、亦君也、【正義】辟、幷亦反、自仲尼不能與齊優遂容於魯。【索隱】齊人歸女樂、而孔子行、言不能遂容於魯而去也、或作逐客、誤耳、【考證】與、偕也、方苞曰、覗用倡優協律、薦馬歌於祖廟者何如、雖退正樂以誘世、作五章以刺時、猶莫之化。【索隱】按家語云、孔子嘆季桓子作歌引詩曰、彼婦人之口、可以出走、彼婦人之謁、可以死敗、優哉游哉、聊以卒歲、是五章之刺也、【考證】梁玉繩曰、此歌止可五章之一、不得遂該五章也、陵遲以至六國、流沔沈佚、遂往不返、卒於喪身滅宗、幷國於秦。秦二世尤以爲娛。丞相李斯進諫曰。放弃詩

書、極意聲色、祖伊所以懼也。【正義】祖伊諫殷紂、紂不聽、孔安國云、祖己後、賢臣也、【考證】凌稚隆曰、李斯既導秦焚書矣、此又以放棄詩書爲懼乎、抑其所指詩書、乃刻石刑名之類也、愚按李斯所焚止民間詩書、蓋懼黔首以古非今也、而官府舊藏仍存、且其言見便而發、前後往往相異、見本傳所記可以觀矣、放棄詩書之諫、史公所記、未必失其實、輕積細過、恣心長夜、紂所以亡也。趙高曰。五帝三王、樂各殊名、示不相襲。上自朝廷、下至人民、得以接歡喜合殷勤。非此、和說不通、解澤不流。【正義】說、音悅、解、音蟹、言非此樂、和適亦悅樂之不通、散恩澤之事不流、各一世之化也、諫二世故名之也、【考證】張文虎曰、上自二字凌本有、各本無、岡白駒曰、解澤、散下恩澤也、言雖下恩澤而不流散、張文虎曰、正義有誤脫、亦各一世之化、度時之樂。何必華山之騄耳而后行遠乎。【考證】岡白駒曰、騄耳、駿馬也、周穆王八駿之一、二世然之。高祖過沛。詩三侯之章、【索隱】按過沛詩、卽大風歌也、其辭曰、大風起兮雲飛揚、威加海內兮歸故鄉、安得猛士兮守四方、是也、侯、語辭也、詩曰、侯其禕而者是也、兮亦語辭也、沛詩有三兮、故云三侯也、【考證】梁玉繩曰、大風歌有三兮、而無三侯、明方以智通雅四、謂兮與侯古通用、但侯發語辭、與兮不同也、愚按漢書禮樂志、作風起之詩、令小兒歌之。【考證】漢志、

小兒作僮兒、高祖崩、令沛得以四時歌儛宗廟。孝惠・孝文・孝景、無所增更於樂府、習常肄舊而已。【正義】肄、音異、【考證】凌稚隆曰、肄常作肄、習也、至今上卽位、作十九章。【索隱】按禮樂志、安世房中樂有十九章、【考證】陳仁錫曰、十九章、乃武帝郊祀樂也、見漢書樂志、若安世房中樂、十七章、則高祖唐山夫人所作也、索隱注誤、愚按漢書禮樂志云、至武帝定郊祀之禮、祠太一於甘泉、祭后土於汾陰、乃立樂府、采詩夜誦、有趙代秦楚之謳、以李延年爲協律都尉、多舉司馬相如等數十人、造爲詩賦、略論律呂、以合八音之調、作十九章歌、卽此事、令侍中李延年次序其聲、拜爲協律都尉。通一經之士、不能獨知其辭。皆集會五經家、相與共講習讀之、乃能通知其意。多爾雅之文。【考證】胡三省曰、漢時五經之學、各專門名家、故通一經者、不能盡通歌詩之辭意、必集五經家、相與講讀、乃得通也、漢家常以正月上辛祠太一甘泉。【考證】顏師古曰、用上辛、用周禮郊天日也、辛、取齋戒自新之義、以昏時夜祠、到明而終。【考證】張文虎曰、御覽引史記、無夜字、疑衍、常有流星經於祠壇上。【考證】漢志、作常有神光如流星、止集于祠壇、使僮男僮女七十

人俱歌。春歌青陽、夏歌朱明、【集解】瓚曰、爾雅云、春曰青陽、夏曰朱明、秋歌西皞、冬歌玄冥。【集解】韋昭曰、西方少皞也、【正義】禮記月令云、玄冥、水官也、【考證】岡白駒曰、青陽朱明西皞玄冥、皆在十九章中、愚按四歌皆取起首二字名篇、漢志西皞作西顥、世多有。故不論。【索隱】言四時歌多有其詞、故此不論載、今見漢書禮樂志、【考證】管晏列傳贊云、至其書、世多有之、是以不論、申韓列傳云、申子韓子、皆著書傳於後世、學者多有、孫吳列傳贊云、世俗所稱師旅、皆道孫子十三篇吳起兵法、世多有、故弗論、司馬穰苴傳贊、世既多司馬兵法、以故不論、史公常用文字、又嘗得神馬渥洼水中。【集解】李斐曰、南陽新野有暴利長、當武帝時、遭刑、屯田燉煌界、人數於此水旁見羣野馬中有奇異者、與凡馬異、來飲此水旁、利長先爲土人持勒靽於水旁、後馬玩習、久之、代土人持勒靽、收得其馬、獻之、欲神異此馬、云從水中出、蘇林曰、洼、音窐曲之窐也、【索隱】洼、音一佳反、烏花反、蘇林音窐曲之窐、窐卽窳也、【考證】據漢書武紀、馬生渥洼水作歌、在元鼎四年之秋、禮樂志、誤以爲元狩三年、復次以爲太一之歌。歌曲曰。太一貢兮天馬下。【索隱】按禮樂志、貢作況、況、與貢意亦通、【正義】太一、北極大星也、【考證】漢志、兮字竝無、顏師古曰、此天馬乃太一所賜、故來下也、霑赤汗兮沫流赭。【集解】應劭曰、大宛馬汗血霑濡也、流沫如赭、【考證】漢志、下有志俶儻精權奇、籋浮雲晻上馳二句、騁容與兮跇萬里。【集解】孟康曰、跇、音逝、如淳曰、跇、謂超踰也、【索隱】音逝、鄒誕生云、跇、一作世、亦音

跇、跇、超也、【考證】漢志、騁作體、跇作迣、今安匹兮龍爲友。【考證】顏師古曰、言今更無與匹者、唯龍可爲之友耳、愚按漢志所載樂歌三十六章、皆不用兮字、蓋協律之日刪之、後伐大宛得千里馬。馬名蒲梢。【集解】應劭曰、大宛舊有天馬種、蹋石汗血、汗從前肩髆出如血、號一日千里、【索隱】梢、音史交反、又本作騷、亦同音、【考證】宛馬名蒲梢、他書無所考、漢志載太初四年誅宛王獲宛馬歌、凡六章、章二句、其首章與是書所載歌首尾二句相似、蓋後來所補訂也、次作以爲歌。歌詩曰。天馬來兮從西極。經萬里兮歸有德。承靈威兮降外國。涉流沙兮四夷服。中尉汲黯進曰。凡王者作樂、上以承祖宗、下以化兆民。今陛下得馬、詩以爲歌、協於宗廟。先帝百姓、豈能知其音邪。上默然不說。丞相公孫弘曰。黯誹謗聖制。當族。【考證】梁玉繩曰、獲宛馬作歌、在太初四年之春、而公孫弘卒于元狩二年三月、渥注大宛事不及見、安得有誹謗聖制之語哉、汲黯未嘗爲中尉之官、得渥注馬時、黯在淮陽爲太守、無緣面譏武帝、得大宛馬時、黯卒已十二年、又安得誹謗聖制哉、困學紀聞通鑑問答、謂樂書後人所續、厚誣古人、非史遷之筆、豈有遷在當時而乖舛如此、通鑑攷異不得其說、疑馬生渥注作歌在元狩三年、汲黯爲右內史而譏之、言當族

者、非公孫弘、殊不然也、愚按據漢公卿表、太初四年得大宛馬時、公孫賀爲丞相、則弘字當賀字之訛、史記汲黯傳云、上以黯故官其弟汲仁至九卿、蘇秦弟有蘇代蘇厲、樂毅子有樂間、兄弟親戚資性近似者、往往有之、而譏武帝者、安知不汲仁乎、後人校史記者、熟公孫弘汲黯名、而不究其事、以意妄改、亦未可知也、又按結末數語、與平準書烹弘羊天乃雨同一筆法、言外有無限意味、彼欲歸罪於桑弘羊、此不欲顯言君惡、史公妙筆、後人不可企及、又按以上史公禮書序、以下後人取禮記樂記韓非子十過等書妄增、凡音之起、由人心生也。【正義】皇侃云、此章有三品、故名爲樂本、備言音聲所起、故名樂本、夫樂之起、其事有二、一是人心感樂、樂聲從心而生、一是樂感人心、心隨樂聲而變也、人心之動、物使之然也。【正義】物者、外境也、外有善惡來觸於心、則應觸而動、故云物使之然也、感於物而動、故形於聲。【集解】鄭玄曰、宮商角徵羽雜比曰音、單出曰聲、形、猶見也、王肅曰、物、事也、謂哀樂喜怒和敬之事、感人而動、見於聲、聲相應、故生變。【集解】鄭玄曰、樂之器、彈其宮則衆宮應、然而不足樂、是以變之使雜也、【正義】崔靈恩云、緣五聲各自相應、不足爲樂、故變使雜、令聲音諧和也、【考證】郝懿行曰、變、謂清濁高下相變、變成方、謂之音。【集解】鄭玄曰、方、猶文章、【正義】皇侃云、單聲不足、故變雜五聲、使交錯成文、乃謂爲音也、【考證】郝懿行曰、方、猶體也、清濁變而成曲調、愚按、下文云、情動於中、故形於聲、聲成文謂之音、比音而樂之、及干戚羽旄。謂之樂也。【集解】鄭玄曰、干、楯也、戚、斧也、武舞所執也、羽、翟羽也、旄、旄牛尾、文舞所執也、

【正義】比、音鼻、次也、音、五音也、言五音雖雜、猶未足爲樂、復須次比器之音、及文武所執之物、共相諧會、乃是由音得名爲樂、武陰文陽、故所執有輕重異、【考證】禮記樂記無也字、樂者、音之所由生也。【正義】合音乃成樂、是樂由音而生、諸樂生起之所由也、【考證】中井積德曰、此論音之初起、是未有樂之時耳、蓋本文錯謬、樂者音之所由起也、當作音者樂之所由起也、館本考證云、正義諸樂生起所由之生也、宜云諸樂生起之所由也、其本在人心感於物也。【正義】本、猶初也、物、外境也、言將欲明樂隨心見、故更陳此句也、【考證】說苑脩文篇無也字、是故其哀心感者、其聲噍以殺。【集解】鄭玄曰、噍、踧也、【索隱】焦、音如字、鄒誕生作噍、音將妙反、【正義】殺、所介反、噍、踧急也、若外境痛苦、則其心哀戚、哀戚在心、故樂聲踧急而殺也、此下六者、皆人君見前境來感己而制樂、音隨心見之也、【考證】索隱本噍作焦、其樂心感者、其聲嘽以緩。【集解】鄭玄曰、嘽、寬綽之貌、【正義】嘽、寬也、若外境可美、則其心歡樂、歡樂在心、故樂聲必隨而寬緩也、其喜心感者、其聲發以散。【集解】鄭玄曰、發、揚也、【正義】若外境會意、其心喜悅、悅喜在心、故樂聲發揚也、【考證】中井積德曰、發暢散渙、正是譙殺之反、其怒心感者、其聲麤以厲。【正義】若外境乖失、故己心怒、恚怒在心、心隨怒而發揚、故無輟殺、則樂聲麤彊而嚴厲也、【考證】說苑麤作壯、其敬心感者、其聲直以廉。【正義】廉、隅也、若外境尊高、故己心悚敬、悚敬在內、則樂聲直而有廉角也、其愛心感

者、其聲和以柔。【正義】柔、軟也、若外境憐慕、故己心愛惜、愛惜在內、則樂和柔也、【考證】說苑柔作調、六者非性也。【正義】性本靜寂、無此六事、六事之生、由應感見而動、故云非性、【考證】說苑六者作人之善惡、感於物而后動。【集解】鄭玄曰、言人聲在所見、非有常、是故先王慎所以感之。【正義】六事隨見而動、非關本性、聖人在上、制正禮以防之、故先王慎所以感之者也、【考證】禮記、之下有者字、故禮以導其志、樂以和其聲、政以壹其行、刑以防其姦。【正義】行、胡孟反、【考證】說苑導作定、志作意、禮樂刑政、其極一也。【集解】鄭玄曰、極、至也、【正義】四事防慎所感之由也、用禮教導其志、用世樂諧和其聲、用法律齊其行、用刑辟防其凶、民不復流僻徒感、防之、使同其一敬不爲非也、極、至也、【考證】中井積德曰、極一、猶言歸一也、所以同民心而出治道也。【集解】鄭玄曰、此其所謂至也、【正義】上四事功成、民同其心、俱不邪僻、故治道出也、民心所觸、有前六者不同、故聖人用後四者制之、【考證】說苑出作立、凡音者生人心者也。【正義】此樂本章第二段、明樂感人心也、人心、即君人心也、樂音善惡、由君上心之所好、故云生於人心者也、【考證】中井積德曰、人心及情、皆汎說、不專指君、情動於中、故形於聲。【正義】情、君之情也、中、猶心也、心既感物而動、故形見於聲也、聲成文、謂之音。【正義】謂之音、清濁雖異、

各見於外、成於文彩、竝謂之音也、是故治世之音、安以樂。其正和。【正義】樂、音洛、言平理之世、其樂音安靜而歡樂也、正、政同也、【考證】正、諸本作政、禮記說苑亦作政、下竝同、張文虎曰、政、柯本作正、錢泰吉云、正文作正、故正義有正政同也四字、亂世之音、怨以怒。其正乖。【集解】徐廣曰、一作煩、【正義】亂世之音、民心怨怒、樂聲亦怨、由其正乖僻故、亡國之音、哀以思。其民困。【正義】思、音四、亡國謂將欲滅亡之國、樂音悲哀而愁思、亡國之時、民之心哀思、其樂音亦哀思、由其民困苦故也、聲音之道、與正通矣。【集解】鄭玄曰、言八音和否隨政也、【正義】正和則聲音安樂、正乖則聲音怨怒、是聲音之道、與正通矣、宮爲君。【集解】王肅曰、居中總四方、【索隱】居中總四方、宮弦最大、用八十一絲、聲重而尊、故爲君、【正義】宮屬土、居中央總四方、君之象也、【考證】鄭玄曰、音生於宮、其數八十一、凡聲尊卑取象五行、數多者濁、數少者淸、大者不過宮、細者不過羽、商爲臣。【集解】王肅曰、秋義斷、【索隱】商是金、金爲決斷、臣事也、弦用七十二絲、次宮、如臣次君也、【考證】鄭玄曰、三分徵益一、以生商、商數七十二、角爲民。【集解】王肅曰、春物竝生、各以區別、民之象也、【索隱】弦用六十四絲、聲居宮羽之中、比君爲劣、比物爲優、故音淸濁中、人之象也、【正義】角屬木、以其淸濁中、民之象、【考證】鄭玄曰、三分羽益一、以生角、角數六十四、徵爲事。【集解】王肅曰、夏物盛、故事多、【索隱】徵屬夏、夏時生長萬物、皆成形體、事亦有體、故配事、弦用五十四絲、【正義】徵屬火、以其徵淸事之象也、【考證】鄭玄曰、三分宮去一、以生徵、徵數五十四、羽

爲物。【集解】王肅曰、冬物聚、【索隱】羽爲水、最淸、物之象、王肅云、冬物聚、故爲物、弦用四十八絲、【考證】鄭玄曰、三分商去一、以生羽、羽數四十八、五者不亂、則無沾懘之音矣。【集解】鄭玄曰、沾懘、獘敗不和之貌也、【索隱】苦滯、又本作沾懘、【正義】沾、獘也、懘、敗也、君臣民事物五者、各得其用、不相壞亂、則五音之響無弊敗也、【考證】禮記、沾作怗、說苑、五者一句作五音亂則無法、無法之音、宮亂則荒。其君驕。【集解】鄭玄曰、荒、猶散、【正義】宮亂、則其聲放散、由其君驕溢故也、商亂則搥。其臣壞。【集解】徐廣曰、搥、今禮作陂也、【索隱】搥、鄒音都回反、徐廣曰、今禮作陂、言陂也、【正義】商音亂、其聲欹邪不正、由其臣不理於官壞故也、【考證】搥、鄒誕生讀爲頹、禮記說苑作陂、角亂則憂。其民怨。【正義】角音亂、其聲憂愁、由政虐民怨故也、徵亂則哀。其事勤。【正義】徵音亂、其聲哀苦、由繇役不休、其民事勤勞也、羽亂則危。其財匱。【正義】羽音亂、其聲傾危、由君賦重於其民貧乏故也、五者皆亂、迭相陵、謂之慢。【正義】迭、互也、陵、越也、五聲竝不和、則君臣上下互相陵越、所以謂之爲慢也、【考證】說苑、迭作代、中井積德曰、相陵、皆以音聲言也、如此、則國之滅亡無日矣。【集解】鄭玄曰、君臣民事物也、其道亂、則其音應而亂也、【索隱】無日、猶言無復一日也、以言君臣陵慢如此、則國之滅亡、朝夕可待、無復一日也、【考證】中井積德曰、無日、無幾日也、鄭・衞之音、亂世之音也。比於慢矣。【集解】鄭玄曰、比、猶

同、【正義】鄭音好濫淫志、衞音促速煩志、竝是亂世音、雖亂而未滅亡、故比慢也、比、必以反、【考證】中井積德曰、比、近也、桑閒濮上之音、亡國之音也。【集解】鄭玄曰、濮水之上地、有桑閒、在濮陽南、【正義】昔殷紂使師延作長夜靡靡之樂、以致亡國、武王伐紂、此樂師師延將樂器投濮水而死、後晉國樂師師涓、夜過此水、聞水中作此樂、因聽而寫之、旣得還國、爲晉平公奏之、師曠撫之曰、此亡國之音也、得此必於桑閒濮上乎、紂之所由亡也、【考證】中井積德曰、桑閒與濮上、樂章蓋自別、濮上之事在後、政散、其民流、誣上行私、而不可止。【正義】若用此濮上之音、其政必離散、而民人流徙逃亡、緣臣誣上各行私情、國卽滅亡、而不可禁止也、【考證】說苑、止下有也、凡音者生於人心者也。【正義】此樂章第三段也、前第一段、明人心感樂、第二段、明樂感人心、此段聖人制正樂以應之、此段自有二重、自凡音至反人道爲一重、卻應第二段樂感人心也、又自人心生而靜至王道備矣、爲一重、卻應第一段人心感樂也、【考證】正義自人下心字疑衍、樂者通於倫理者也。【集解】鄭玄曰、倫、猶類也、理、分也、【正義】音初生、自君心形而成樂、樂成則能通於百姓、使各盡其類分、故曰通倫理者也、【考證】姜兆錫曰、謂通乎萬物倫類之分理也、是故知聲而不知音者、禽獸是也。知音而不知樂者、衆庶是也。唯君子爲能知樂。【集解】鄭玄曰、禽獸知此爲聲耳、不知其宮商之變、八音竝作克諧曰樂、是故審聲以知音、【正義】聲爲

音本、若欲知音、當須審定其聲、然後音可知、審音以知樂、【正義】音爲樂本、前審定其音、然後可知樂也、審樂以知政、【正義】樂爲政本、前審定其樂、然後政可知也、而治道備矣。【正義】前審定其本、後識其末、則爲治之道乃可備也、是故不知聲者、不可與言音。不知音者、不可與言樂。知樂則幾於禮矣。【集解】鄭玄曰、幾、近也、【正義】禮、謂治國之禮、包萬事、萬事備具、始是禮極、今知樂者、但正君臣民事物五者之情、於禮未極、故云幾於禮也、【考證】應鏞曰、倫理之中、皆禮之所寓、知樂則通于禮矣、不曰通而曰幾者、辨析精微之極也、禮樂皆得、謂之有德。德者得也。【集解】鄭玄曰、聽樂而知政之得失、則能正君臣民事物之禮、【正義】若聽樂而知禮、則是禮樂皆得、二者備具、則是有德之君也、又言有德之人、是能得禮樂之情、故云德者得也、是故樂之隆、非極音也。【集解】鄭玄曰、隆、猶盛也、極、猶窮也、【正義】大樂之盛、本在移風易俗、非窮鐘鼓之音、故云非極音也、故論語、樂云樂云、鐘鼓云乎哉、是也、食饗之禮、非極味也。【正義】食、音嗣、食享、謂宗廟祭也、大禮之盛、本在安上治民、非崇玉帛至味、故云非極味也、故論語、禮云禮云、玉帛云乎哉、是也、淸廟之瑟、【集解】鄭玄曰、淸廟、謂作樂歌淸廟、王肅曰、於淸廟中所鼓之瑟、朱弦而疏越、【集解】鄭玄曰、越、瑟底孔、畫疏之、使聲遲、一倡而三歎。有遺音者矣。【集解】鄭玄

曰、遺、猶餘也、王肅曰、未盡音之極、[正義]倡、音唱、一唱、謂一人始唱歌、三歎、謂三人讚歎也、樂歌此先王之道、不極音聲、故但以熟弦廣孔少唱寡和、此音有德傳於無窮、是有餘音不已、一云、所重在德本、不在音、是有遺餘音、念之不忘也、大饗之禮、[正義]大享、卽食享也、變食言大、崇其名故也、不尙重味、故食言大也、此言禮盛不作至味之事、尙玄酒、[正義]祫祭之禮、則列玄尊在上、五齊在下也、而俎腥魚、[正義]凡俎有肴生腊、是俎腥魚者生魚也、俎雖有三牲、而兼薦生魚也、大羹不和。[正義]和、胡臥反、大羹、肉汁也、祫祭有肉汁爲羹、無鹽菜之芼和也、有遺味者矣。[正義]遺、亦餘也、此著質素之食禮、人主誠設之道、不極滋味、故尙明水而腥魚、此禮可重、流芳竹帛、傳之無已、有餘味、一云、禮本在德、不在甘味、故用水魚而遺味也、[考證]呂氏春秋適音篇、有遺音矣、作有進乎音者矣、酒作尊、腥作生、有遺味者矣、作有進乎味者也、中井積德曰、遺味遺音、只是不極盡之意也、不和、謂無五味之和也、不數菜芼、兪樾曰、注所謂遺猶餘也者、非美其音之有餘、味之有餘也、天下之音、不盡於此、是謂有餘音、天下之味、不盡於此、是謂有餘味、上文曰、樂之隆、非極音也、食饗之禮、非致味也、兩言有遺、正見不極音不致味之意、是故先王之制禮樂也、非以極口腹耳目之欲也。將以敎民平好惡、而反人道之正也。[集解]鄭玄曰、敎之知好惡、[正義]好、火到反、惡、一故反、平、均也、言先王制禮作樂、本是敎訓澆民、平於好惡之理、故去惡歸善、不爲口腹耳目之欲、令反歸人之正道也、[考證]中井積德曰、敎、使也、人生而靜、

天之性也。[正義]此第三段第二重也、人初生、未有情欲、其情欲至靜、稟于自然、是天之性也、感於物而動、性之頌也。[集解]徐廣曰、頌、音容、今禮作欲、[正義]其心雖靜、感於外、情因物而動、是性之貪欲也、[考證]禮記頌作欲、兪樾曰、性之欲也、義不可通、史記樂書作性之頌也、疑古本禮記如此、徐廣曰、頌音容、當從之、月令篇有不戒其容止者、注、容止、猶動靜也、以動訓容、以靜訓止、是容有動義、孟子盡心篇動容周旋中禮、動容連文、其義一也、感於物而動、性之容也、上句言動、下句言容、文義相應、蓋動容本古人常語耳、且此兩句以動容爲韻、上兩句以靜性爲韻、皆有韻之文、物至知知、然后好惡形焉。[集解]王肅曰、事至、能以智知之、然後情之好惡見、[正義]上知、音智、好惡無節於內、知誘於外、不能反己、天理滅矣。[集解]王肅曰、內無定節、智爲物所誘於外、情從之動而失其天性、[正義]言好惡不自節量於心、唯知情慾誘之於外、不能反還己躬之善、則天性滅絕矣、[考證]禮記樂記、己作躬、王應麟曰、天理二字、始見於樂記、又曰、文子曰、人生而靜、天之性也、感於物而動、性之善也、物至而應、智之動也、智與物接而好憎生焉、好憎成形、而智怵於外、不能反己、而天理滅矣、與樂記相出入、古之遺言歟、黃震曰、樂記間多精語、如曰人生而靜、天之性也、感於物而動、性之欲也、如曰好惡無節於內、知誘於外、不能反躬、天理滅矣、皆近世理學所據以爲淵源、夫物之感人無窮、而人之好惡無節、則是物至而人化物也。[集解]鄭玄曰、隨物變化、[正義]夫物不一、故言無窮也、若人心嗜慾無度、隨好惡

不能節之、則與之而化、故云人化物、人化物也者、滅天理而窮人欲者也。[集解]鄭玄曰、言無所不爲、[正義]心隨物化、則滅天性而恣人心之欲也、[考證]岡白駒曰、天理人欲、專語聲音之感人也、始未嘗爲道言、宋儒取以說其道、於是有悖逆詐僞之心。有淫佚作亂之事。是故強者脅弱、衆者暴寡、知者詐愚、勇者苦怯、疾病不養、老幼孤寡不得其所。此大亂之道也。是故先王制禮樂、人爲之節。[集解]鄭玄曰、爲作法度以遏其欲也、王肅曰、以人爲之節、言得其中也、[考證]禮記、王下有之字、中井積德曰、人、謂人人也、衰麻哭泣、所以節喪紀也。[正義]此以下竝是陳禮節人之事也、制五服哭泣、所以紀喪事之節、而不使背死忘生也、事死者難、故以哀哭爲前也、鐘鼓干戚、所以和安樂也。婚姻冠笄、所以別男女也。[集解]鄭玄曰、男二十而冠、女許嫁而笄、[正義]冠、音貫、笄、音雞、射鄉食饗、所以正交接也。[集解]鄭玄曰、射鄉、大射鄉飲酒、[考證]中井積德曰、射、不必大射、此當以鄉射爲主、孔穎達曰、食饗、饗食賓客也、禮節民心、樂和民聲、政以行之、刑以防之。禮樂刑政、四達而不悖、則王道備

矣。樂者爲同。禮者爲異。[集解]鄭玄曰、同、謂協好惡也、異、謂別貴賤、[正義]此第二章、名爲樂論、其中有四段、此章論禮樂同異也、夫樂、使率土合和、是爲同也、禮、使父子殊別、是爲異也、[考證]鄭說是、同則相親。異則相敬。樂勝則流。[集解]王肅曰、流遁不能自還、禮勝則離。[集解]王肅曰、離析而不親、[正義]勝、式證反、勝、猶過也、禮樂雖有同異、而又相須也、若樂過和同、而無禮、則流慢、無復尊卑之敬、若禮過殊隔、無樂、則親屬離析、無復骨肉之愛也、合情飾貌者、禮樂之事也。[集解]鄭玄曰、欲其竝行彬彬然、[正義]樂和內、是合情也、禮檢迹、是飾貌也、禮義立、則貴賤等矣。[集解]鄭玄曰、等、階級、樂文同、則上下和矣。[正義]文、謂聲成文也、若作樂文爲諧同、則上下竝和、是樂和民聲也、[考證]此言樂文之理也、下文正義云、宮商錯而成文、好惡著、則賢不肖別矣。[正義]好惡、竝去聲、又竝如字、著、張慮反、若法律分明、善惡章著、則賢愚斯別、政化行矣、刑禁暴、爵擧賢、則政均矣。[正義]王者爲用刑、則禁制暴慢、虓爵以擧賞賢良、則政治均平、是刑以防之矣、既是禁暴、而又言擧賢者、示刑最爲重、不宜獨行、必須賞罰兼明也、然禮樂之用、非政不行、明須四事連行也、仁以愛之、義以正之。如此則民治行矣。[正義]言禮樂刑政既均、又須仁以愛民、義以正民、如此則民順理正行矣、[考證]應鏞曰、上言王道備、言其爲治之具也、此言民治行、言其爲治之效、

樂由中出。【集解】鄭玄曰、和在心、【正義】此樂論第二段、謂樂功也、出、猶生也、爲人在中和有未足、故生此樂也、禮自外作。【集解】鄭玄曰、敬在貌、【正義】作、猶起也、爲人在外敬有未足、故起此禮也、樂由中出、故靜。【正義】樂和人心、心在內、故云靜、禮自外作、故文。【集解】鄭玄曰、文、猶動、【正義】禮肅人貌、貌在外、故云動、大樂必易。【正義】易、以豉反、朱弦疏越是也、大禮必簡。【集解】鄭玄曰、易簡、若於清廟大饗然、【正義】玄酒腥魚是也、樂至則無怨。禮至則不爭。【集解】鄭玄曰、至、猶達也、行也、【正義】樂行主和、和達則民無復怨怒也、禮行主謙、謙達則民不爭競也、揖讓而治天下者、禮樂之謂也。暴民不作、諸侯賓服、兵革不試、【集解】鄭玄曰、賓、協也、試、用也、五刑不用、百姓無患、天子不怒。如此則樂達矣。合父子之親、【正義】前云禮至不爭、故致天下尊卑之序也、禮使父慈子孝、是合父子之親也、卽父事三老是也、明長幼之序、【正義】長坐幼立、是明長幼之序、卽兄事五更是也、以敬四海之內。【正義】孝經云、敎以孝、所以敬天下之爲人父、敎以弟、所以敬天下之爲人兄、敎以臣、所以敬天下之爲君、卽是敬四海之內也、【考證】應鏞曰、四海之內四字、當在合父子之親上、天子如此則禮行矣。【正義】言天子能躬行禮、則臣下必用禮、如此則禮行矣、

合父子以下、悉自天子自身行之也、【考證】李慈銘曰、天子如此四字、甚不成語、此段上節有云如此則民治行矣、下節有云如此則四海之內、合敬同愛矣、文皆一律、此處不得添出天子二字、當是涉上文天子不怒而衍、愚按李說似是、大樂與天地同和。【正義】此樂論第三段、論禮與樂唯聖能識也、言天地以氣氤氳合生萬物、大樂之理、順陰陽律呂、生養萬物、是大樂與天地同和也、大禮與天地同節。【集解】鄭玄曰、言順天地之氣與其數也、【正義】言天有日月、地有山川、高卑殊形、生用各別、大禮辯尊卑貴賤等差異別、是大禮與天地同節、和、故百物不失。【集解】鄭玄曰、不失其性、【正義】樂與天地同和、能生成萬物、節、故祀天祭地。【集解】鄭玄曰、成物有功報焉、【正義】禮與天地同節、有尊卑上下、報生成萬物之功、明則有禮樂。【集解】鄭玄曰、敎人者也、【正義】明、猶外也、言聖王能使樂與天地同和、禮與天地同節、又能顯明其禮樂以敎人也、幽則有鬼神。【集解】鄭玄曰、助天地成物者也、易曰、知鬼神之情狀、然則聖人精氣謂之神、賢智之精氣謂之鬼也、【正義】幽、內也、言聖王又能內敬鬼神、助天地生成萬物、如此、則四海之內、合敬同愛矣。【正義】言行禮同節、故四海合敬矣、樂同和、故四海同愛矣、禮者、殊事合敬者也。【正義】尊卑貴賤之別、是殊事也、施之同以莊敬、是合敬也、樂者、異文合愛者也。【正義】宮商錯而成文、隨事而制變、是異文、同以勸愛、是合愛也、禮樂之情同。故明王以相沿也。【集解】鄭玄

曰、沿、猶因述也、殷因於夏、周因於殷、【正義】樂情主和、禮情主敬、致化是同、以其致化情同、故明王相因述也、故事與時竝、【集解】鄭玄曰、舉事在其時也、王肅曰、有其時、然後得立其事、【正義】言聖王所爲之事、與所當之時竝行也、若堯舜揖讓之事、與淳和之時竝行、湯武干戈之事、與澆薄之時竝行、此句明禮也、名與功偕。【集解】鄭玄曰、爲名在於其功也、偕、猶俱也、王肅曰、有功然後得受其名、【正義】名謂樂名也、偕、俱也、功者揖讓干戈之功也、聖王制樂之名、與所建之功俱作也、若堯舜樂名咸池大韶、湯武樂名大濩大武也、【考證】中井積德曰、名與功偕、言明禮樂者所爲之事、合于時會、不失機宜、故能功立而聲聞、與偕垂于後世也、故鐘鼓管磬、羽籥干戚、樂之器也。【正義】此陳樂事也、鐘鼓之屬、是樂之器、有形質、故爲事也、詘信俯仰、級兆舒疾、【集解】徐廣曰、級、今禮作綴、駰案鄭玄曰、兆、其外營域、【索隱】徐廣曰、級、今禮作綴、綴、舞者酇列也、又按下文、其舞行及遠及短、禮皆作綴、蓋是字之殘缺訛變耳、故此爲級、而下又爲及也、然竝依字讀、義亦俱通、恐達古記耳、【考證】級兆、禮記作綴兆、鄭玄曰、綴、謂酇、舞者之位也、兆、其外營域也、孔穎達曰、酇、謂酇聚、洪頤煊曰、說文、酇、聚也、又儹、最也、最古作冣字、漢書叔孫通傳、爲綿蕞野外、應劭云、立竹及茅索營之、習禮儀其中也、蕞卽冣字、愚按下文云、執其干戚、習其俯仰屈伸、而容貌得莊焉、行其綴兆、要其節奏、而行列得正焉、進退得齊焉、樂之文也。【正義】文飾之事也、【考證】中井積德曰、文、謂文章、簠簋俎豆、制度文章、禮之器也。升降上下、周旋裼襲、禮之文

也。【考證】禮記、旋作還、孔穎達曰、周旋、謂行禮周曲迴旋也、裼、謂袒上衣而露裼也、襲、謂掩上衣也、禮盛者尙質、故襲、不盛者尙文、故裼、愚按裼、袒也、捲袖也、襲、旣袒裼而復下其所捲之袖也、古人於裘外皆加正服、裼者兩袖微捲起、以露裘之美、襲則下其所捲之袖而已、說詳于經義叢鈔、故知禮樂之情者能作。【正義】旣能窮本知變、又能著誠去僞、所以能述作、故謂之聖也、識禮樂之文者能述。【集解】鄭玄曰、述、謂訓其義、【正義】謂上文屈伸俯仰升降上下也、作者之謂聖。【正義】堯舜禹湯之屬是也、述者之謂明。【正義】游夏之屬是也、明聖者、述作之謂也。樂者、天地之和也。禮者、天地之序也。【正義】此樂論第四段也、謂禮樂之情也、樂法天地之氣、故云天地之和、禮法天地之形、故云天地之序、禮樂從天地而來、王者必明於天地、然後能興起禮樂也、【考證】孔穎達曰、樂調暢陰陽、是天地之和也、禮明貴賤、是天地之序也、和、故百物皆化。序、故羣物皆別。【集解】鄭玄曰、化、猶生也、別、謂形體異、【考證】岡白駒曰、在上者安于上、在下者安于下、在山者安于山、在川者安于川、故曰羣物皆別、樂由天作。禮以地制。【集解】鄭玄曰、言法天地、【正義】天用和氣化物、物從氣化、是由天作也、地有高下區分、以生萬物、禮有品節殊文、是由地制也、過制則亂。過作則暴。【集解】鄭玄曰、過、猶誤也、暴失文武意也、【考證】中井積德曰、過、失謬也、非過不及之過、不和故亂、不序故暴、明於

天地、然後能興禮樂也。【正義】禮樂既不可誤、故須明天地者、乃可制作也、論倫無患、樂之情也。【集解】王肅曰、言能合道論、中倫理、而無患也、【正義】既云唯聖人識禮樂之情、此以下更說其情狀不同也、倫類也、賀瑒云、樂使物得類序而無害、是樂之情也、【考證】郝懿行曰、論、辭足論也、詩靈臺篇曰、於論鼓鐘、倫、律呂之條理也、欣喜驩愛、樂之容也。【正義】容、猶事也、賀瑒云、八音克諧、使物欣喜、此樂之事迹也、【考證】禮記、容作官、鄭玄曰、官、猶事也、愚按容字自通、中井積德曰、容如字、不待別解、中正無邪、禮之質也。【集解】鄭玄曰、質、猶本、【正義】明禮情也、質、本也、祇以心內中正、無有邪僻、是禮之本、莊敬恭順、禮之制也。【正義】明禮情之事也、謂容貌莊敬、謙恭謹慎、是禮之節制也、若夫禮樂之施於金石、越於聲音、用於宗廟社稷、事于山川鬼神、則此所以與民同也。【集解】王肅曰、自天子至民人、皆貴禮之敬樂之和、以事鬼神先祖也、【正義】言四者施用祭祀、隨世而異、則前王所不專、故又云則此所以與民同、言隨世也、【考證】越、發揚也、王者功成作樂、治定制禮。【集解】鄭玄曰、功成治定、同時耳、功主于王業、治主于敎民、【正義】此第三章、名樂禮章、言明王爲治、制禮作樂、故名樂禮章、其中有三段、一明禮樂齊其用必對、二、明禮樂法天地之事、三、明天地應禮樂也、【考證】中井積德曰、功成在前、武王是也、治定在後、成王是也、其功大者其樂

備。其治辨者其禮具。【集解】徐廣曰、辨、一作別、駰案鄭玄曰、辨、徧也、【正義】辨、皮勉反、又邊練反、夫禮樂必由功治、有小大、故禮樂應之而廣狹也、若上世民淳易化、故王者功治廣徧、是以禮樂備也、而殷周民澆難化、故王者功治褊狹、則禮樂亦不具、干戚之舞、非備樂也。【集解】鄭玄曰、樂以文德爲備、若咸池也、【正義】證樂不備也、干戚周武也、樂以文德爲備、故用朱絲疏越、干戚之舞、故非備樂也、亨孰而祀、非達禮也。【集解】鄭玄曰、達、猶具也、至敬不饗味、而貴氣臭、【正義】解禮不具也、謂腥俎玄尊、表誠象古而已、不在芬苾孰味、是乃澆世爲之、非達禮也、【考證】岡白駒曰、亨烹通、孰熟通、禮記義疏云、樂之備由功之大、戡亂繼治、各有其功、必不以干戚之舞爲備樂可知、禮之具由於治之辯、則準今酌古、皆有其治、必非孰亨而祀爲達禮可知、以起下聖人所以遞變之故、五帝殊時、不相沿樂。三王異世、不相襲禮。【集解】鄭玄曰、言其有損益、【正義】庾蔚之云、樂興於五帝、禮盛於三王、樂興王者之功、禮隨世之質文、崔靈恩云、五帝淳澆不同、故不得相沿爲樂、三王文質之不等、故不得相襲爲禮、樂極則憂。禮粗則偏矣。【集解】鄭玄曰、樂、人之所好也、害在淫佚、禮、人之所勤、害在倦略、及夫敦樂而無憂、禮備而不偏者、其唯大聖乎。【集解】鄭玄曰、敦、厚也、【考證】郝懿行曰、敦者樂不極也、備者禮不粗也、天高地下、萬物散殊、而禮制行也。【集解】鄭玄曰、禮爲異、【正義】天高於上、地卑於下、萬物布散、殊別於其中、而大聖

制禮、別異尊卑、是衆大而行、故云禮制行矣、禮以節制爲義、故云禮制、流而不息、合同而化、而樂興也。【集解】鄭玄曰、樂爲同、【正義】天地二氣、流行不息、合同氣氤化生萬物、而大聖作樂、合同人心、是以象天地而起、故云樂興也、春作夏長、仁也。秋斂冬藏、義也。仁近於樂、義近於禮。【集解】鄭玄曰、言樂法陽而生、禮法陰而成、【正義】近、其靳反、春夏生長萬物、故爲仁愛、樂主陶和萬性、故仁近於樂也、秋則殺斂、冬則蟄藏、並是義主斷割、禮爲節限、故義近於禮也、【考證】長藏韻、二句蓋古語、樂者敦和、率神而從天。【集解】鄭玄曰、敦和、樂貴同、【正義】此釋仁近樂之義、言樂之爲體、敦厚和同、因循聖人之神氣、而從順於天、【考證】方苞曰、神者天地之氣化、樂達天地之和、則氣化之行順而不逆、如有以率之也、禮者辨宜、居鬼而從地。【集解】鄭玄曰、別宜、禮尚異也、孫炎曰、居鬼、品處人鬼之志、【正義】此解義近禮之由、居鬼、猶循神也、鬼、謂先賢也、禮之爲體、尊卑殊別、各有其宜、因居先賢鬼氣、而從順於地、分別禮分、【考證】禮記、辨作別、方苞曰、居鬼者、廟社壇兆、各有其方也、故聖人作樂以應天、作禮以配地。禮樂明備、天地官矣。【集解】鄭玄曰、各得其事也、王肅曰、各得其位也、【考證】郝懿行曰、天地官、猶云天地位焉、上清下事、各效其職也、天尊地卑、君臣定矣。【正義】此樂禮章第二段也、明禮樂法天地事也、言君尊於上、臣卑於下、是象天地定矣、【考證】天尊地卑至煖之以日月、與易繫辭傳文似義異、

高卑已陳、貴賤位矣。【集解】鄭玄曰、高卑、謂山澤也、位矣、尊卑之位象山澤、【考證】禮記、易繫辭傳、已作以、動靜有常、小大殊矣。【集解】鄭玄曰、動靜、陰陽用事也、小大、萬物也、大者常存、小者隨陰陽出入、【考證】方苞曰、天地萬物、動靜有常、而小大之事法之、殊、謂動靜異宜、非謂小與大殊、方以類聚、物以羣分、則性命不同矣。【集解】鄭玄曰、方、謂行蟲、物、謂殖生者、性之言、生也、命、生之長短、【正義】性、生也、萬物各有嗜好、謂之性、命者、長短夭壽也、所祖之物、既稟大小之殊、故性命夭壽不同也、【考證】方、道也、事也、羣、同類相羣也、分、與他類相分也、類聚羣分、文異事同、在天成象、在地成形。【集解】鄭玄曰、象、光耀、形、體貌、【正義】言日月星辰之光耀、草木鳥獸之體貌也、如此、則禮者天地之別也。【正義】結禮之別也、如此、則聖人制禮殊別、是天地之分別也、亦是辨宜居鬼而從地也、地氣上隮、【集解】鄭玄曰、隮、升也、天氣下降。【正義】明禮樂法天地氣也、天地二氣之升降、合而生物、故樂以氣法地、弦歌聲氣升降相合以敎民也、然氣從下升、此樂象氣、故從地始也、形以上尊、故禮象形、從天始也、陰陽相摩、【正義】二氣切摩、而萬物生發、作樂、亦令聲氣切摩、使民生心生敬也、天地相蕩。【集解】鄭玄曰、蕩、動也、【正義】天地八節蕩動也、天地化物、八節更相感動、作樂亦令八音相感動也、鼓之以雷霆、【正義】萬物雖以氣生、而物未發、故雷霆以鼓動之、如樂用鐘鼓以發節也、大雷曰霆、奮之以風雨、【集解】鄭玄曰、奮、迅也、

樂用舞蹈迅以象之、使發人情也、〔正義〕萬物皆以風雨奮迅而出、如樂用舞蹈迅以象之、使發人情也、動之以四時、〔正義〕萬物生長、隨四時而動、如樂各逐心內所須而奏之、煖之以日月、〔正義〕煖、音喧遠反、萬物之生、必須日月煖照、如樂有蘊藉、使人宣昭也、蘊藉者、歌不直言、而長言嗟歎之屬、而百物化興焉。〔集解〕鄭玄曰、百物化生、〔考證〕禮記無物字、此衍、如此、則樂者天地之和也。〔正義〕結樂之和也、如此則聖人作樂法天地和同、是樂者天地之和也、亦是數和率神而從天也、〔考證〕禮記義疏云、此節樂未作、而天地之雷霆風雨、已翕然一樂、聖人因之作樂、淸明象天、廣大象地、奮發象雷霆、周旋象風雨、終始象四時、文明象日月、其百物不失、亦如百化之興者、然是樂未作、而聖人之樂在天地、樂既作、而天地之和在聖人也、化不時則不生。〔正義〕此樂禮章第三段、明天地應於禮樂也、前聖人既作禮樂、此明天地應禮樂也、若人主行化失時、天地應以惡氣毀物、故云化不時則不生也、〔考證〕中井積德曰、化、謂天地之和、男女無別則亂登。〔集解〕鄭玄曰、登、成也、樂失則害物、禮失則亂人、〔正義〕此明天地應禮也、登、成也、若人君行禮、男女無別、則天地應而錯亂成之也、〔考證〕禮記、別作辨、登作升、此天地之情也。〔正義〕結隨禮樂得失而應之、是天地之情也、然樂是氣化、故云害物、禮是形教、故言亂人也、及夫禮樂之極乎天而蟠乎地、〔集解〕鄭玄曰、極、至也、蟠、猶委也、〔索隱〕蟠、音盤、鄒誕本作播、亦作蟠、行乎陰陽、而通乎鬼神、〔正義〕言陰陽和、四時順、以應禮樂、禮樂

與鬼神竝、助天地而成化也、窮高極遠、而測深厚。〔集解〕鄭玄曰、高遠、三辰也、深厚、山川也、言禮樂之道、上至於天、下委於地、則其陰無所不之矣、〔考證〕輔廣曰、上言天地自然之禮樂、此言聖人制禮作樂之功、樂著太始、〔集解〕王肅曰、著、明也、明太始、謂法天也、〔索隱〕著、明也、太始、天也、言樂能明太始、是法天、而禮居成物。〔集解〕成物、謂地也、居亦謂法也、〔索隱〕言地能成萬物、故成物謂地也、居亦法也、禮法地也、〔正義〕著、猶處也、天爲萬物之始、故曰太始、天著而氣化、樂亦氣化、故云處太始也、成物、地也、禮盤薄長成萬物也、在地成形、禮亦形教、故云居成也、地卑、故曰居、天高、故曰著也、〔考證〕方苞曰、居成物者、因已成之物而措置之也、君臣父子、物之已成者也、而制禮以明其分誼、聯其恩愛、所以居之也、俞樾曰、下文著不息者天也、著不動者人也、卽承此文而言、著不息者天也。著不動者地也。〔集解〕鄭玄曰、著、猶明白也、息、謂休止也、〔索隱〕著、謂著明、運生不息者、天之功也、故易乾卦云、天行健、君子以自强不息、是著養萬物不動者、地之德也、故易坤卦云、安貞吉、是也、〔正義〕此美禮樂配天地也、著、亦處也、言樂氣化處運生不息者、配天地、禮制尊卑定位、成養萬物、處不移動者、配地也、一動一靜者、天地之閒也。〔集解〕鄭玄曰、閒、謂百物也、〔正義〕此美禮樂、若分則配天地、若合則與百物齊一也、靜動而生百物、稟天地動靜而生、故呼百物爲天地之閒也、故聖人曰禮云樂云。〔集解〕鄭玄曰、言禮樂之法天地也、〔正義〕引聖證此章也、言聖人云、明此一章是禮樂法天地也、故言聖人曰禮云樂云、樂動禮靜、其竝用事、如天地閒物有動靜也、

〔考證〕禮記、禮下無云字、此疑衍、昔者舜作五弦之琴、以歌南風。〔集解〕鄭玄曰、南風、長養之風也、言父母之長養己也、其辭未聞也、王肅曰、南風育養民之詩也、其辭曰、南風之薰兮、可以解吾民之慍兮、〔索隱〕此詩之辭、出尸子及家語、〔正義〕此第四章、名樂施、明禮樂前備、後施布天下也、中有三段、一、明施樂以賜諸侯也、二、明施樂須節、既賜之、所以宜節也、三、明禮樂所施、各有本意本德、世本、神農作琴、今云舜作者、非謂舜始造也、改用五弦琴、特歌南風詩、始自舜也、五弦者、無文武二弦、唯宮商角徵羽之五弦也、南風、是孝子之詩也、南風養萬物而孝子歌之、言得父母生長、如萬物得南風也、舜有孝行、故以五弦之琴歌南風詩、以敎理天下之孝也、〔考證〕淮南子詮言訓、舜彈五絃之琴、而歌南風之詩、高誘註、古琴五弦、至周有七律、增爲七弦也、南風、愷樂之風、齊召南曰、南風詩、鄭以意說耳、竝無所據、王肅雖鄭、是也、夔始作樂、以賞諸侯。〔集解〕鄭玄曰、夔欲舜與天下之君共此樂、故天子之爲樂也、以賞諸侯之有德者也。德盛而敎尊、五穀時孰、然后賞之以樂。〔正義〕陳其合賞也、若諸侯孝德明盛、敎令尊嚴、年穀豐稔、故天子賞樂也、天下因而法之也、故其治民勞者、其舞行級遠。〔正義〕行、音胡郎反、綴、音子衛反、本或作綴、音同、此明雖得樂賜、而隨功德優劣也、舞、位、行列也、綴、謂酇列也、若諸侯治民勞苦、由君德薄、王賞之以樂、則舞人少不滿、將去酇疏遠也、其治民佚者、其舞行級短。〔集解〕王肅曰、遠以象民行之勞、近以象民行之逸、

〔正義〕佚、音逸、言若諸侯治民暇逸、由君德盛、王賞舞人多則滿、將去酇促近也、庾蔚之云、此爲虞夏禮也、虞猶淳、故可隨功賜樂、殷周漸澆、易生忿怨、不宜猶有優劣、是以同制、諸侯六佾、故與周禮不同也、〔考證〕禮記、級竝作綴、應鏞曰、勤於治民、則德盛而樂隆、故舞列遠而長、怠於治民、則德薄而樂殺、故舞列近而短、故觀其舞而知其德、〔正義〕觀其舞位人多少、去綴近遠、卽知其君德薄厚也、聞其諡而知其行。〔集解〕鄭玄曰、諡者、行之迹、〔正義〕行、音胡孟反、制死諡隨君德、故聞死諡、則知生行、此一句比擬其舞也、〔考證〕禮記、行下有也字、大章、章之也。〔集解〕鄭玄曰、堯樂名、言堯德章明、〔正義〕既生時舞則知德、死則聞諡驗行、故更引死後聞樂則知行事解之也、大章、堯樂也、章、明也、民樂堯德大明、故名樂曰大章、後人聞大章則知堯生時德大明、上章、是堯德之明、下章、是後明於堯德、白虎通云、大章、大明天地之道、〔考證〕張文虎曰、各本大作泰、據正義改、愚按禮記亦作大、又按帝堯爲大章以祭上帝、詳于呂氏春秋古樂篇、咸池、備也。〔集解〕鄭玄曰、黃帝所作樂名、堯增脩而用之、咸、皆也、池之言施也、言德之無不施也、王肅曰、包容浸潤、行化皆然、故曰備也、〔考證〕禮記、也作矣、韶、繼也。〔集解〕鄭玄曰、舜樂名、言能繼堯之德、夏、大也。〔集解〕鄭玄曰、禹樂名、言禹能大堯舜之德、殷周之樂盡也。〔集解〕鄭玄曰、言盡人事也、周禮曰、殷曰大濩、周曰大武、〔考證〕禮記、也作矣、天地之道、寒暑不時則疾。〔正義〕此則樂施章第二段、明施樂須節也、既必須節、故引譬例、寒暑天地之氣也、若寒暑不時、則民多疾疫也、風雨不節

則饑。【正義】風雨、天事也、風雨有聲形、故爲事也、若飄灑淒厲、不有時節、則穀損民饑也、教者、民之寒暑也。【集解】鄭玄曰、教、謂樂也、教不時則傷世。【正義】寒暑不時、既爲民疾苦、樂教不時、則傷世俗之化也、事者、民之風雨也。事不節則無功。【正義】風雨不節、則民饑、禮事不節、則治無功也、然則先王之爲樂也、以法治也。【集解】王肅曰、作樂、所以法其治行也、善則行象德矣。【集解】王肅曰、君行善、卽臣下之行皆象君之德、【正義】此廣樂所以須節己、言先王爲樂、必以法治、善則臣下之行、皆象君之德也、夫豢豕爲酒、【集解】鄭玄曰、以穀食犬豕曰豢、爲、作也、非以爲禍也。【正義】此言禮須節也、豢、養也、言前王豢犬豕、及作酒之事、本以爲禮祀神祇、設賓客、和親族、禮賢能、而實非爲民作禍災也、【考證】中井積德曰、酒所以合歡也、下文自有解、不須拘說、而獄訟益煩、則酒之流生禍也。【集解】鄭玄曰、小人飲之、善酗以致獄訟、【正義】此禮事也、言民得豢酒、無復節限、卒至沈酗鬪爭殺傷、而刑獄益生煩多、則是酒之流害生其禍也、是故先王因爲酒禮。一獻之禮、賓主百拜、【集解】鄭玄曰、一獻、士飲酒之禮、百拜以喻多也、終日飲酒、而不得醉焉。此先王之所以備酒禍也。故酒食者所以合歡也。【正義】此結節功也、既防酒禍、故飲

歡也、不醉爭、以時合歡適也、【考證】中井積德曰、所以合歡、元來如此而已、非結節功、又正義既字故字舛、樂者所以象德也。【正義】此樂施章第三段、明禮樂之所施、各有本意、在於象德也、此言樂意也、言樂之所施於人、本有和愛之德、禮者所以閉淫也。【正義】此言禮意也、言禮之所施於人、大止邪淫過失也、【考證】禮記、閉作綴、鄭注云、綴、止也、方苞曰、淫、過也、愚按猶若淫雨之淫、是故先王有大事、必有禮以哀之。【集解】鄭玄曰、大事、謂死喪、【正義】民有喪、則先王制衰麻哭泣之禮以節之、使其各遂哀情、是禮以哀之也、有大福、必有禮以樂之。【正義】樂、音洛、大福、祭祀者慶也、民慶必歌舞飲食、庶羞之禮使不過、而各遂歡樂、是有以樂之也、哀樂之分、皆以禮終。【正義】分、扶問反、結二事、哀樂雖反、皆用禮節、各終其分、故云皆以禮終、樂也者施也。禮也者報也。【集解】鄭玄曰、言樂出而不反、而禮有往來、【正義】施、式豉反、此第六段樂象法章第五段、不以次第而亂升在此段、明禮樂用別也、庾蔚之云、樂者所以宣暢四氣、導達情性、功及物而不知其所報、卽是出而不反、所以謂施也、禮者所以通彼之意、故有往必有來、所以謂報也、【考證】樂者報也以下、與禮記次第不同、說具於各條、樂、樂其所自生。【集解】鄭玄曰、自、由也、【正義】此廣施也、樂名所起、由民下之心所樂生、非有所報也、而禮、反其所自始。【正義】此廣報也、反、猶報也、禮生無名、但是事耳、隨時得質文之事而報之、樂章德、【正義】聞名知德、若大章是也、禮報情。

反始也。【集解】孫炎曰、作樂者、緣民所樂於己之德、若舜之民樂其紹堯也、周之民樂其伐紂、而作韶武也、制禮者、本己所由得民心、殷尚質、周尚文是也、【正義】禮報人情而制、隨質文之始也、【考證】禮記義疏云、德蘊於中、樂形於外、是樂主於施、人以禮來、我以禮往、是禮主於報、然樂之施、雖達於外、而達於外者、實本於中心之德、是樂之章德、實樂其所自生、禮之報、雖因乎人、而致之人者、原以行乎敬、是禮以報人之情、亦以反吾心所自始也、所謂大路者、天子之輿也。【正義】此以下、廣言禮以報爲體之事、輿、車也、大路、天子之車也、諸侯朝天子、脩其職貢、若有勳勞者、天子賜之大路也、【考證】禮記、輿作車、龍旂九旒、天子之旌也。【正義】庾蔚之云、龍旂九旒、上公之旌、青黑緣者、天子之葆龜也。【集解】公羊傳曰、龜青緣、何休曰、緣、甲䫇也、千歲之龜青䫇、明乎吉凶也、【索隱】葆、與寶同、史記多作此字、公羊傳、寶龜青緣、何休以緣爲甲䫇、千歲之龜青䫇、明于吉凶、䫇、音耳占反、【正義】緣、以絹反、【考證】禮記、葆作寶、集解引公羊春秋定八年文、從之以牛羊之羣、則所以贈諸侯也。【集解】鄭玄曰、贈諸侯、謂來朝將去、送之以禮也、【正義】合結上諸事、皆是天子送諸侯禮也、言五等諸侯朝畢反去、天子贈之以大路龍旂寶龜、又送之以牛羊之羣也、【考證】禮記義疏引石梁王氏曰、此八句專言禮、與上下文不相承、當是他篇錯簡、樂也者、情之不可變者也。【正義】此第七章、明樂之情與之符、達鬼神、合而不可變也、中有三段、一明禮樂情達鬼神也、二證禮樂達鬼神之事、三明識禮樂之本可尊也、前第六章明象、象必見情、故以樂主情、樂變則禮

情變、故云情之不可變也、【考證】岡白駒曰、人之性情、不能無所樂、禮也者、理之不可易者也。【集解】鄭玄曰、理、猶事也、【正義】禮主事、禮、別也、故云事之不可易者也、樂統同、【正義】解情不變也、統、領也、同、和合之情者也、禮、別異。【集解】鄭玄曰、統同、同和合也、辨異、異尊卑之位、【正義】解事不可易也、禮別於尊卑之事也、【考證】禮記、別作辨、禮樂之說、貫乎人情矣。【正義】貫、猶通也、言人情莫過於同異、而禮樂能統同辨異、故其說理能通人情、【考證】禮記荀子樂論篇、貫作管、窮本知變、樂之情也。【正義】庾蔚之云、樂能通和性分、使各不失其所、是窮自然之本也、使人不失其所守、是知變通之情也、【考證】郝懿行曰、樂之動、其本在人心感於物、故曰窮本、聲相應、故生變、故曰知變、著誠去僞、禮之經也。【正義】著、竹慮反、去、丘呂反、著、明也、經、常也、著明誠信、遠去詐僞、是禮之常行也、【考證】郝懿行曰、禮之經、如親疏隆殺不相混、使人習之、厚者既以益其誠、薄者亦漸化其僞、著、如土著之著、謂安其居也、岡白駒曰、著、直略反、正義非、禮樂、見天地之情、【正義】見、胡練反、合明禮樂也、禮出於地、尊卑有序、是見地之情也、樂出於天、遠近和合、是見天之情也、【考證】見天地之情、各本作順天地之誠、張照曰、正義云、見、胡練反、又云、見地之情、見天之情、可知古本亦作見天地之情、今改正、愚按禮記見作偩、達神明之德、【正義】達、通也、禮樂不失、則天降甘露、地出醴泉、是通於神明之德也、降興上下之神、【集解】鄭玄曰、降、下也、興、猶出也、【正義】樂六變、天神下、八變、地祇出、是興降上下之神、

而凝是精粗之體、領父子君臣之節。【集解】鄭玄曰、凝、猶成也、精粗、謂萬物大小也、領、猶理治也、【考證】郝懿行曰、禮樂之文、體之粗者、禮樂之情、體之精者、凝、如至道不凝之凝、禮記正義云、是、正也、是故大人舉禮樂、則天地將爲昭焉。【正義】爲、于僞反、昭、音照、此樂情章第二段、明禮樂能通達鬼神之事、前既云能通鬼神、此明其事也、大人、聖人、與天地合德、故舉禮樂爲教、而天地從之大明也、【考證】中井積德曰、謂天地亦因此而自明也、非明之、天地欣合、陰陽相得、【正義】欣、喜也、合、猶蒸也、禮樂化行、故天氣下、地氣蒸、合陰陽交會、故相得也、論體、謂之天地、論氣、謂之陰陽也、【考證】禮記、欣作訢、煦嫗覆育萬物、【集解】鄭玄曰、氣曰煦、體曰嫗、【考證】中井積德曰、煦嫗覆育、嘬人養子而言、不當分屬天地形氣、然后草木茂、區萌達、【集解】鄭玄曰、屈生曰區、【正義】區、音勾、草木據其成體之茂、區萌據其新牙、故曰達、達、猶出也、曲出曰區、菽豆之屬、直出曰萌、稻稷之屬也、羽翮奮、角觡生、【集解】鄭玄曰、無䚡曰觡、【索隱】牛羊有䚡曰角、麋鹿無䚡曰觡、【正義】觡、加客反、羽翮、鳥也、角觡、獸也、鳥獸得天地覆育煦嫗、故飛者則奮翅翮、走者則生角觡也、蟄蟲昭蘇、【集解】鄭玄曰、昭、曉也、凡蟄蟲以發出爲曉、更息曰蘇、【正義】蟄蟲得陰陽煦嫗、故皆出地上、如夜得曉、如死更有氣也、羽者嫗伏、毛者孕鬻、【集解】鄭玄曰、孕、任也、鬻、生也、【正義】伏、房富反、羽、鳥也、毛、獸也、二氣既交、萬物生乳、故鳥生卵嫗伏之、獸懷孕而生育之也、胎生者不

殰、而卵生者不殈。【集解】鄭玄曰、內敗曰殰、殈、猶裂也、【正義】殰、音讀、殈、音呼覓反、胎生、獸也、卵生、鳥也、懷任在內而死曰殰、卵坼不成子曰殈、今和氣不殰殈也、則樂之道歸焉耳。【集解】孫炎曰、樂和陰陽、故歸此也、【正義】庾蔚之云、一論天地二氣、萬物各得其所、乃歸於樂耳、【考證】郝懿行曰、單言樂之道、歸禮亦同也、中井積德曰、樂上疑脫禮字、樂者、非謂黃鍾大呂弦歌干揚也。【集解】鄭玄曰、揚、鉞也、【索隱】鄭玄曰、干、楯也、揚、鉞也、則揚與錫同、皇侃以揚爲舉、恐非也、【正義】此樂情章第三段、明識禮樂本者爲尊、識末者爲卑、黃鍾大呂之屬、故云非謂也、揚、舉也、謂舉楯以舞也、樂之末節也。【正義】黃鍾已下、是樂之末節也、故童者舞之。【正義】末事易之、不足貴重、故使童子小兒舞奏之也、布筵席、陳樽俎、列籩豆、以升降爲禮者、【正義】此亦明末也、用禮之本、在著誠去僞、安上理民、不在鋪筵席樽俎升降爲禮之事也、禮之末節也。【正義】布筵以下、是禮之末節也、故有司掌之。【集解】鄭玄曰、言禮樂之本由人君也、禮本著誠去僞、樂本窮本知變、【正義】有司、典禮小官也、末節事易解、不爲可重、故小官掌其事也、樂師辯乎聲詩。故北面而弦。【集解】王肅曰、但能別聲詩、不知其義、故北面而弦、鄭玄曰、弦、謂鼓琴瑟、【正義】此更引事證、樂師曉樂者、辯別聲詩、聲、謂歌也、言樂師雖能別歌詩、竝是末事、故北面、言坐處卑也、【考證】禮記、辯並作辨、中井積德曰、聲、謂器之聲也、宗祝辯乎宗

廟之禮。故後尸。【集解】鄭玄曰、後尸、居後贊禮儀也、此言知本者尊、知末者卑、【正義】此禮事也、宗祝、太祝、卽有司之屬也、雖能分別正宗廟之禮、然佐於尸、而非爲敬之主、爲卑、故在尸後也、商祝辯乎喪禮。故後主人。【集解】鄭玄曰、商祝、祝習商禮者、商人教以敬於接神、【正義】商祝者、殷商之神祝、習商家神禮、以相佐喪事、故云辯喪禮、其雖掌喪事、而非發喪之主、故在主人後、言立處賤也、是故德成而上、【正義】上、謂堂上也、德成、謂人君禮樂德成、則爲君、故居堂上南面、尊之也、藝成而下。【正義】下、堂下也、藝成、謂樂師伎藝雖成、唯識禮樂之末、故在堂下北面、卑之也、行成而先、【正義】行、胡孟反、先、猶前也、尸及喪主也、行成、謂尸尊而人孝、故爲行成、事成而後。【集解】鄭玄曰、德、三德也、行、三行也、藝、才伎也、先、謂位在上也、後、謂位在下也、【正義】事爲劣、故爲在宗商二祝也、識尸及主人後也、是故先王有上有下、有先有後。然后可以有制於天下也。【集解】鄭玄曰、言尊卑備、乃可制作以爲治、【正義】故先王使上下前後尊卑分、乃可制禮作樂、以班於天下也、如周公六年乃爲禮也、【考證】陳澔云、德行在君尸主人、童子習于藝、宗祝習于事、故上下先後之席如此、樂者、聖人之所樂也。【正義】此樂施章第樂也者施也至可以有制於天下也三百五十字、禮記在故曰生民之道樂爲大焉下、三段後也、誤在此、閉淫之後、又用此章、廣爲象其德、故云、聖人之所以觀德也、【考證】禮記、上樂下有也、荀子禮論篇、漢書禮樂志、同史文、而可以善

民心。其感人深、其風移俗易。故先王著其教焉。【集解】鄭玄曰、謂立司樂以下、使教國子也、【考證】禮記荀子、及說苑脩本篇、風移俗易作移風易俗、漢志作移風易俗、易、王引之曰、當從漢書補易字、蓋樂之感人既深、則其移風易俗必易、二句相對成文、漢書董仲舒傳、樂者所以變民風化民俗也、其變民也易、正與此易字同、夫人有血氣心知之性、【正義】此第五章、名樂言、明樂歸趣之事、中有三段、一、言人心隨王之樂也、二、明前王制正樂化民也、三、言邪樂不可化民也、前既以施人、人必應之、言其歸趣也、此言人心隨王之樂也、夫人不生則已、既已生、必有血氣心知之性也、【考證】禮記、人作民、而無哀樂喜怒之常。【正義】性合五常之行、有喜怒哀樂之分、但其發無常時、隨外境所觸、故亦無常也、應感起物而動。【正義】解所有四事之由也、緣外物來感心、心觸感來起動應之、故有上四事也、【考證】漢書禮樂志、無感起物二字、然后心術形焉。【集解】鄭玄曰、言在所以感之也、術、所由也、形、猶見也、【考證】方苞曰、起物、與起於物也、志微噍殺之類、所以感也、思憂之類、心術之所形也、是故志微焦衰之音作、而民思憂。【集解】鄭玄曰、志微、意細也、吳公子札曰、其細已甚、【正義】殺、音所界反、又色例反、思、音先利反、此以下皆言心樂感而應見外事也、若人君叢脞、情志細劣、其樂音噍戚殺急不舒緩也、音既局促、故民應之而憂也、【考證】禮記、作志微噍殺、說苑脩本篇、作感激憔悴、漢志、作纖微癄瘁、注、顏師古云、癄瘁、謂減縮也、嘽緩慢易繁文簡節之音

作、而民康樂。【集解】鄭玄曰、簡節、少易也、【正義】嘽、昌單反、易、以豉反、樂、音洛、嘽、綽也、緩、和也、慢、疏也、繁文、多也、康、和、樂、安也、言人君道德綽和疏易、則樂音多文采與節奏簡畧、而下民所以安、【考證】禮記說苑、緩作諧、漢志、嘽緩慢易作闡諧嫚易、無繁文簡節四字、愚按志微焦衰、就樂音而言、不以君德、正義非是、下文做此、

粗厲猛起奮末廣賁之音作、而民剛毅。【集解】王肅曰、粗厲、亢厲、猛起、發揚、奮末、浸疾、廣賁、廣大也、【正義】粗、音麤、賁、房粉反、又音墳、粗、略也、厲、嚴也、猛、剛、起、動也、末、支體也、廣、大也、賁、氣充也、言人君若性麤嚴剛動、而四支奮躍、則樂充大、民應之所以剛毅也、【考證】說苑、無起末二字、漢志、無起末廣賁四字、鄭玄曰、奮末、動使四支也、賁、讀爲憤、怒氣充實也、春秋傳曰、血氣狡憤、愚按起字末字、皆就音而言、蓋非通假則訛誤、陳澔集說云、起、初也、末、終也、恐非其義、上文志微、下文肉好狄成等字、而做此、

廉直經正莊誠之音作、而民肅敬。【集解】孫炎曰、經、法也、【索隱】孫炎曰、經、法也、今禮本作勁、【正義】經、音勁、言人君廉直勁而剛正、則樂音矜嚴而誠信、民應之所以肅敬也、【考證】禮記說苑、經作勁、漢志、無經莊二字、

寬裕肉好順成和動之音作、而民慈愛。【集解】王肅曰、肉好、言音之洪美、【索隱】王肅曰、肉好、言音之洪潤、【正義】肉、仁救反、好、火到反、肉、肥也、謂音如肉之肥、言人君寬容肥好、則樂音順成而和動、民應之所以慈愛也、【考證】漢志、肉好順成和動作和順、鄭玄注禮記云、肉或作潤、

流辟邪散狄成滌濫之音作、而民淫亂。【集解】王肅曰、狄成、言成

而似夷狄之音也、滌、放蕩、濫、僭差也、【索隱】王肅曰、狄成、言成而似夷狄之音也、【正義】辟、疋亦反、邪、音斜、狄、音惕、狄滌、皆往來疾速也、往來速而成、故云狄成、往來疾而僭濫、故云滌濫也、言君上流淫縱僻、回邪放散、則樂音有往來速疾僭差之響、故民應之而淫亂也、心本無此六事、由隨樂而起也、【考證】漢志、無狄成滌濫四字、陳澔曰、狄與逖同、遠也、方苞曰、篇首、言音之生由人心之感於物、此節言樂之作、又能感人心、而使之各以類應也、故下文言先王之有樂教、取其和聲以厚民德、又言禮慝樂淫、則滅和平之德、意義蓋相承、

是故先王本之情性、【正義】此樂言章第二段也、前言民隨樂變、此言先王制正樂化民也、言聖人制樂必本人之性情也、

稽之度數、制之禮義、【正義】稽、考也、制、樂又考天地度數爲之、如律呂應十二月、八音應八風之屬也、

合生氣之和、道五常之行、【集解】鄭玄曰、生氣、陰陽也、五常、五行也、【正義】道、音導、行、胡孟反、合、應也、【考證】說苑、合作含、

使之陽而不散、陰而不密、【集解】鄭玄曰、密之言閉也、【正義】陽、謂稟陽氣多人也、陽氣舒散、人稟陽多則奢、陰氣閉密、人稟陰多則縝密、今以樂通二者之性、皆使中和、故陽者不散、陰者不密也、【考證】漢志、密作集、查德基曰、密、當讀爲閟、閟、閉也、

剛氣不怒、柔氣不懾、【集解】鄭玄曰、懾、猶恐懼也、【正義】懾、之涉反、懼也、性剛者好怒、柔者好懼、今以樂和、使各得其所、不至怒懼也、

四暢交於中、而發作於外、【正義】四、陰陽剛柔也、暢、通也、交、互也、中、心也、今以樂調和四事通暢、交互於中心、而行用舉動發於外、不至散密怒懾者也、

皆安其位、

而不相奪也。【正義】此結樂爲本情性之事也、閉陽開陰、抑剛引柔、悉使中庸、故天下安其位、無復相侵奪之也、【考證】方苞曰、制之禮義、謂聲音中倫次、如宮商角徵羽、象君臣民事物、以次降殺、而不可相陵之類、陽而不散四句、皆言聲律節奏分際、非以天地人心言也、交於中者、律之諧乎聲、作於外者、聲之達於器、作樂之始、以度數禮義劑其陰陽剛柔之分、而無不調、所謂四暢交於中也、是內之安其位而不相奪也、由是聲之發無少乖戾、是外之安其位而不相奪也、

然后立之學等、【集解】鄭玄曰、等、差也、各用其材之差學之也、【正義】前用樂陶情和暢、然後乃以樂語樂舞二事敎之、民各隨己性才等差而學之、以備分也、

廣其節奏、省其文采、【集解】鄭玄曰、廣、增習之也、省、猶審也、文采、謂節奏合也、【考證】方苞曰、廣其節奏、如自一成而九成也、歌咏其聲、則有文、舞動其容、則有采、

以繩德厚也。【集解】鄭玄曰、繩、猶度也、王肅曰、繩、法也、法其德厚、【考證】禮記說苑、無也字、郝懿行曰、繩、猶束也、樂有學等節奏文采、皆所以檢束其德性、使之敦厚堅固也、

類小大之稱、【集解】孫炎曰、作樂器大小、稱十二律、【索隱】類、今禮作律、孫炎曰、作樂器小大、稱十二律也、【考證】禮記說苑、類作律、

比終始之序、【集解】鄭玄曰、始於宮、終於羽、

以象事行、【集解】鄭玄曰、宮爲君、商爲臣、【考證】陳澔曰、律以法度整齊之、比以次序聯合之、宮音至大、羽音至小、律之使各得其稱、始於黃鐘之初九、終於仲呂之上六、比之使各得其序、

使親疏貴賤長幼男女之理、皆形見於樂。【正義】此結本人之情、以下悉緣本而敎親疏以下之理、

章著樂功、使聞者皆知、而見輯睦情也、

故曰、樂觀其深矣。【正義】此引古語、證觀感人之深矣、【考證】呂氏春秋音初篇、作樂之爲觀也深矣、郝懿行曰、律呂相生爲親、相閒爲疏、宮爲君、貴也、商爲臣、賤也、長幼、猶大小也、男女之理、形見於樂、謂律娶妻、呂生子之類、

土敝、則草木不長。水煩、則魚鼈不大。【正義】此樂言章第三段、言邪樂不可化民、將言邪樂之由、故此前以天地爲譬、此以地爲譬也、敝、猶勞熱、煩則數擾動也、土過勞熱、水過擾動、則草木魚鼈不長大也、

氣衰、則生物不育。【正義】此以天譬也、氣者天時氣也、氣若衰微、則生物不復成遂也、【考證】禮記說苑、育作遂、

世亂、則禮廢而樂淫。【正義】此合譬也、世、謂時世亂、其禮不備、樂不節、故流淫過度、水土勞敝、則草木魚鼈不長大、如時世濁亂之禮樂不可爲化矣、【考證】呂氏春秋、亂作濁、禮記說苑、廢作慝、呂氏春秋、作煩、

是故其聲哀而不莊、樂而不安、【正義】樂、音洛、此證樂淫之事也、淫樂則聲哀而無莊、故雖奏以自樂、必致傾危、非自安之道、故云樂而不安、若關雎樂而不淫、哀而不傷、則是有莊敬而安者也、

慢易以犯節、【正義】易、以豉反、言無莊敬、慢易也、無節奏、故云犯節也、卽是哀而不莊也、

流湎以忘本、【正義】湎、音沔、靡靡無窮、失於終止、故言忘本、卽樂而不安之義也、

廣則容姦、【正義】言淫慝禮樂聲無節也、廣、聲緩也、容、含也、其聲緩者、則含容姦僞也、

狹則思欲、【集解】王肅曰、其音廣大、則容姦僞、其狹者則使人思利欲也、【正義】狹、聲急也、其聲急者、則思欲攻之

也、感滌蕩之氣、而滅平和之德。【正義】感、動也、言此惡樂、能動善人、滌蕩之善氣、使失其所、而滅善人平和之德也、【考證】禮記、滌蕩作條暢、查德甚曰、滌蕩之氣、言氣之邪也、平和之德、言德之正也、上句言感於邪、下句言失其正、中間加一而字、言感於邪者、未有不失其正也、滌即上文流辟邪散狄成滌濫之滌字、彼集解引王肅訓滌爲放蕩、則此處滌蕩即放蕩矣、是以君子賤之也。【正義】君子用樂調和、是故賤於動滅平和之氣也、

凡姦聲感人、而逆氣應之。【正義】此第六章、名樂象也、本第八、失次也、明人君作樂、則天地必法象應之、中有五段、一、明淫樂正樂、俱能成象、二、明君子所從正樂、三、明邪正皆有本、非可假僞、四、證第三段有本不僞之由、五、明禮樂之用、前有證、故明其用、別也、今此明淫正二樂、俱能成象、故先言淫樂爲習應人事也、言君奏姦聲之樂以感動人民、則天地應之、而生逆亂之氣也、逆氣成象、【集解】鄭玄曰、成象、謂人樂習之也、而淫樂興焉。【正義】興、生也、若逆氣流行於世、而民又習之爲法、故云成象、既習亂爲法、故民之樂聲生於淫佚也、【考證】荀子樂論篇、淫樂興焉、作亂生焉、

正聲感人、而順氣應之。順氣成象、而和樂興焉。【正義】言順氣流行、民習成法、故樂聲亦生於和也、【考證】荀子、和樂興焉、作治生焉、倡和有應、【正義】倡、音昌尚反、和、胡臥反、君唱之、天地和之、民應之、故云唱和有應也、回邪曲直、各歸其分、【正義】分、房問反、此是有應也、回邪、不正也、曲、折也、直、不邪也、言相應和表直影正、表曲影邪、各歸其分也、

也、【考證】回、疑當作正、而萬物之理、以類相動也。【正義】姦聲致慝、正響招順、是以天下萬物之理、各隨君善惡、以類而相動也、是故君子反情以和其志、【集解】鄭玄曰、反、猶本也、【正義】此樂象章第二段也、明君子從正樂也、君子、人君也、反、猶本也、民下所習、既從於君、故君宜本情、不使流宕、以自安和其志也、比類以成其行、【正義】行、胡孟反、萬物之理、以類相動、故君子比於正類以成己行也、

姦聲亂色、不留聰明、淫樂廢禮、不接於心術、惰慢邪辟之氣、不設於身體、【正義】此以下、皆反情性之類事也、術、道也、既本情和志、又比類成行、故姦聲亂色、不留視聽、淫樂穢禮、不與心道相接、惰慢邪僻、不設置己身也、聲色是事、故云聰明、而氣無形、故於身爲設也、【考證】說苑、不留聰明、作不習於聽、禮記說苑、廢作慝、陳澔曰、比類、分次善惡之類也、不留不接不設、皆反情比類之事、李格非曰、反情以和其志、以內脩內者也、比類以成其行、以外治外者也、姦聲亂色、不留聰明、淫樂慝禮、不接心術、以外治內者也、惰慢邪辟之氣不設身體、以內治外也、

使耳目鼻口心知百體、皆由順正以行其義、【正義】百體、謂身體百節、既不行姦亂已下諸事、故能使諸行並由順正以行其德美、化其天下也、不留聰明於姦聲亂色、故耳目得順正也、不用心術接淫慝禮樂、故心知得順正也、不設身於一邪僻、故百體得順正也、不言鼻口者、嗜不一也、亦因戒臭味順正也、然后發以聲音、文以琴瑟、【正義】其身

已正、故然後乃可制樂爲化、故用歌之音聲、內發己之德、用琴瑟之響、外發己之行、歌者在上、此是堂上之樂、故前明之也、動以干戚、飾以羽旄、從以簫管。【正義】又用干戚羽旄簫管、從而播之、絲竹在下、此是堂下之樂、故後明之也、【考證】荀子禮論篇、簫作磬、孔穎達曰、隨從諸樂以簫管、中井積德曰、從、縱同、愚按、後說較長、奮至德之光、【索隱】孫炎曰、至德之光、天地之道也、動四氣之和、【索隱】孫炎曰、四氣之和、四時之化、以著萬物之理。【集解】孫炎曰、奮、發也、至德之光、天地之道也、四氣之和、四時之化也、著、猶誠也、

是故清明象天、廣大象地、終始象四時、周旋象風雨。【集解】王肅曰、清明廣大終始周旋、皆樂之節奏容儀發動也、【正義】歷解樂所以能通天地、言歌聲清明、是象天氣也、廣大、謂鐘鼓、有形質、是象地形也、謂奏歌周而復始、如四時循環也、若樂六變九變是也、謂舞人迴旋、如風雨從天而下、五色成文而不亂、八風從律而不姦、百度得數而有常、【集解】鄭玄曰、五色、五行也、八風從律應節至也、百度、百刻也、言日月晝夜不失正也、王肅曰、至樂之極能使然耳、小大相成、【正義】大小、謂月晦小大相通以成歲也、賀瑒云、十二月律互爲宮羽而相成也、終始相生。【正義】歲月終而更始也、賀瑒云、五行宮商迭相爲終始也、倡和清濁、代相爲經、【集解】鄭玄曰、清、謂蕤賓至應鐘也、濁、謂黃鐘至仲呂也、【正義】代、更也、經、常也、日月半歲陰陽更相爲

常也、卽還相爲宮也、【考證】方苞曰、干戚羽毛旄翿、服物雜用五色、各成文理、屈伸俯仰綴兆舒疾之度、皆有數以紀之、應鏞曰、不亂不姦、以至有常、言其常而不紊也、相成相生、以至迭相爲經、言其變而不窮也、順其常則能極其變矣、愚按常生經韻、故樂行而倫清。【集解】鄭玄曰、倫、謂人道也、【正義】謂上正樂之行也、謂下事張本也、卽樂行之事也、由正樂既行、故人倫之道清也、【考證】荀子、倫作志、方苞曰、親疏貴賤長幼男女之理、皆形見於樂、故樂行而倫清、耳目聰明、【正義】不視聽姦亂、故視聽聰明、血氣和平、【正義】口鼻心知百體、皆由從正、故血氣和平、移風易俗、天下皆寧。【正義】既皆由從正以行其義、故風移俗革、天下陰陽皆安寧、移、是移徙之名、易、是改易之稱也、文王之國、自有文王之風、桀紂之邦、亦有桀紂之風、桀紂之後、文王之風被於紂民、易前之惡俗、從今之善俗、上行謂之風、下習謂之俗、【考證】清平明寧韻、

故曰、樂者、樂也。【正義】引舊語樂名、廣證前事也、前事邪正之樂雖異、並是其人所樂、故名曰樂也、君子樂得其道、【正義】雖其人所樂而名爲樂、而人心不同、故所樂有異、有異而名通、故皆名樂、君子、堯舜也、道、謂仁義、故制樂亦仁義也、小人樂得其欲。【正義】小人、桀紂也、人欲、邪淫也、以道制欲、則樂而不亂。【正義】若君子在上、小人在下、君子樂用仁義、以制小人之欲、則天下安樂而不敢爲亂也、以欲忘道、則惑而不樂。【集解】鄭玄曰、道、謂仁義也、欲、謂邪淫也、【正義】若小人在上、君子在下、則小人肆縱其慾、忘正道、而天下從化、皆爲亂惑、不得安

樂、是故君子反情以和其志、【正義】若以道制欲、則是君子、以欲忘道、則爲小人、故君子之人、本情脩性、以和其志、不使逐欲忘道、反情以至其行也、【考證】說苑、志作意、廣樂以成其教、【正義】內本情和志、而外又廣於樂、以成其教、然後發以聲音、以著萬物之理也、樂行而民鄉方。【集解】鄭玄曰、方猶道也、【正義】君上內和志行、樂教流行、故民皆向君子之道、卽仁義制欲者、故樂行而倫淸、以至天下安寧也、可以觀德矣。【正義】結樂使人知上之事、故觀知其德也、德者、性之端也。【正義】此樂象章第三段、明邪正有本、皆不可僞也、德、得理也、性之端本也、言人稟生、皆以得理爲本也、樂者、德之華也。【正義】得理於內、樂爲外、故云德華也、金石絲竹、樂之器也。【正義】歷解飾所須也、樂爲德華、若莫之能用、故須金石之器也、詩、言其志也。【正義】前金石爲器、須用詩述中其志、志在心、不述不暢、故用詩述之也、【考證】說苑無也字、下同、歌、詠其聲也。【正義】若直述其志、則無醞藉之美、故又長言歌詠、使聲音之美可得而聞之也、舞、動其容也。【正義】若直詠歌未暢、故又擧手蹈足、以動其形容也、三者本乎心、然后樂氣從之。【正義】三者、志聲容也、樂氣、詩歌舞也、君子前有三德、爲本乎心、後乃詩歌舞可觀、故云、然後樂氣從之也、是故情深而文明、【正義】德爲性本、故曰情深也、樂爲德華、故云文明、【考證】禮記、氣作器、禮記義疏云、禮

記諸本、俱作樂器、惟史記說苑、作樂氣、張守節輔廣二氏、皆以氣釋之、其說亦似、但細玩記文、以志承性之端、以聲容承德之華、則末二語、自當承樂器言、氣盛而化神、【正義】歌舞蹈樂、氣從之、故云氣盛、天下咸寧、故曰化神也、和順積中、而英華發外。唯樂不可以爲僞。【集解】鄭玄曰、三者本志也、聲也、容也、言無此本於內、則不能爲樂耳、【正義】內外符合、而無有虛假、不可以爲僞也、【考證】禮記義疏云、文明言志聲容三者本於心、不當又以志聲容三者爲本、郝懿行曰、五德見性之端倪、樂又發德之英華、情深以志言、文明以聲言、氣盛以樂器言、化神以感化而言也、樂者、心之動也。【正義】此樂象章第四段也、明證前第三段樂本之事、緣有前境、可樂而心動應之、故云樂者心之動也、聲者、樂之象也。【正義】象、法也、樂舞無聲則不彰、故聲爲樂之法也、文采節奏、聲之飾也。【正義】若直有聲而無法度、故須文采節奏聲之儀飾也、君子動其本、【正義】本、德也、心之動必應德也、樂其象、【正義】德行必應法也、【考證】說苑、作君子之動本、樂之象也、然后治其飾。【正義】飾、文采節奏也、前動心有德、次行樂有法、然後乃理其文飾也、【考證】說苑無然字、是故先鼓以警戒、【集解】鄭玄曰、將奏樂、先擊鼓以警戒衆也、【正義】此引武王伐紂之事、證前有德後有飾也、武王聖人、是前有德也、而用此飾奏、是後有飾也、先鼓者、爲武王伐紂、未戰之前、鳴皮鼓以警戒、使軍衆逆備也、今作武樂者、未奏之前、鳴皮鼓以敕人、使豫備具也、是明志後有事也、三步以見

方、【集解】鄭玄曰、將舞、必先三擧足、以見其舞之漸也、王肅曰、舞武樂、三步爲一節者、以見伐道也、【正義】見、胡練反、三步、足三步也、見方、謂方戰也、武王伐紂、未戰之前、兵士樂奮其勇、出軍陣前、三步示勇氣、方將戰也、今作樂象之纘列畢而舞者、將欲舞、先擧足三頓、爲步、以表方將舞之勢也、再始以著往、【集解】鄭玄曰、武舞再更始、以明伐紂時再往之、【正義】著、竹慮反、再始、謂兩過爲始也、著、明也、文王受命十一年、而武王除喪、軍至孟津觀兵、曰紂未可伐也、乃還師、是一始也、至十三年、更興師伐之、是再始也、今舞武者、前成列、將欲舞而不儛、是一始也、去復更來、是二過再始明也、象武王再往、故云再始著往也、復亂以飾歸、【集解】鄭玄曰、謂鳴鐃而退、明以整歸也、【正義】復者、伏也、飾、音勑、復亂者、紂凶亂而安復之、飭歸者、武王伐紂勝、鳴金鐃、整武而歸也、以去奏皮鼓、歸奏金鐃者、皮、文也、金、武也、初示文德、使紂自改之、則不伐、紂既不改、因而用兵、用兵既竟、故鳴金鐃而歸、示用已竟也、今奏武儛、初皮鼓警衆、末鳴鐃以歸、象伐紂已竟也、鐃、鐙鐸也、【考證】胡銓曰、此經汎論樂、不指武王、陳澔曰、再始、謂一節終而再作也、往、進也、亂、終也、如云關雎之亂、歸、舞畢而退就位也、再始以著往者、再擊鼓以明其進也、復亂以飭歸者、復擊鐃以謹其退也、此兩句言舞者周旋進退之事、郝懿行曰、再始以著前始之既往、復亂以飭機亂之所歸、凡樂九成皆然、注專指武舞、先儒駁之、是也、奮疾而不拔也、【集解】王肅曰、舞雖奮疾而不失節、若樹本得疾風而不拔、【正義】謂舞形也、奮、迅、疾、速也、拔、傾側也、伐紂時、士卒歡喜、奮迅急速、以尚威勢、猛而不傾側也、今武舞亦奮迅急而速、不傾倒、象、【考證】禮記說苑、無也字、方苞曰、再始二句、舊說專以舞言、似未安、樂重在聲、奮疾而不拔、於聲亦然、舊說專屬舞、亦未安、極幽而不隱、

【集解】鄭玄曰、極幽、謂歌也、【正義】皆謂文采節奏也、獨樂其志、不厭其道、【集解】王肅曰、樂能使仁人獨樂其志、不厭倦其道也、【正義】言武王諸將、人各忻悅、象武王有德、天下之志、竝無厭干戈、君臣之道、備擧其道、不私其欲。【正義】緣人人不厭、故作樂者、事事法之、欲備擧武王之道耳、非爲私情之所欲也、是以情見而義立、【正義】不厭武王之道、其情既見、則不私其欲、義亦立也、【考證】禮記、以作故、樂終而德尊。【正義】爲樂之理既終、是象德之事、其德亦尊顯也、君子以好善、小人以息過。【正義】樂理周足、象德可尊、以此教世、何往而不可、君子聞之則好善、小人聞之則改過也、【考證】息、禮記作聽、說苑作飾聽、方苞曰、備擧其道、廣樂以成其教也、不私其欲、聞者皆得以蕩滌邪穢也、卽下文君子好善、小人聽過之事、感於樂、則人之情見事之義立、莫不和敬、莫不和親、情見也、而君臣上下父子兄弟之義、由是立矣、故曰。生民之道、樂爲大焉。【正義】此引舊語、結樂道之爲大、【考證】樂者聖人之所樂也、至生民之道樂之爲大焉、八百二十八字、禮記、在禮樂之分、皆以禮終下、君子曰。禮樂不可以斯須去身。【正義】此第十章、名爲樂化章第十、以化民、故次賓牟賈成第十也、其章中皆言樂陶化爲善也、凡四段、一明人生禮樂恆與己俱也、二明禮樂不可偏用、各有一失也、三明聖人制禮作樂之由也、四明聖人制禮作樂、天下服從、此初段、人生禮樂恆與己俱也、恆故能化、化故在前也、引君子之言、以張本也、斯須、俄頃也、失之者死、故俄頃不可去身者也、致樂以治心、

【集解】鄭玄曰、致、猶深審也、樂由中出、故治心也、則易直子諒之心油然生矣。【集解】王肅曰、易、平易、直、正直、子諒、愛信也、鄭玄曰、油、新生好貌、【考證】韓詩外傳、子諒作慈良、易直子諒之心生則樂。樂則安、安則久、久則天、天則神。天則不言而信。神則不怒而威。【集解】鄭玄曰、若善心生、則寡於利欲、寡於利欲則樂矣、志明行成、不言而見信如天也、不怒而見畏如神也、致樂以治心者也。【正義】結所由也、有威信、由於深審樂以結心之故、致禮以治躬者也。【正義】前明樂治心、今明禮檢迹、若深審於禮以治身則莊敬也、鄭玄云、禮自外作、故治身也、【考證】禮記、無治躬者也四字、中井積德曰、此衍、治躬則莊敬。莊敬則嚴威。【集解】鄭玄曰、禮自外作、故治身也、【正義】既身莊敬、儼然人望而畏之、是威嚴也、治內難見、發明樂句多、治外易觀、發明禮句少、而又結也、心中斯須不和不樂、而鄙詐之心入之矣。【集解】鄭玄曰、謂利欲生也、外貌斯須不莊不敬、而慢易之心入之矣。【集解】鄭玄曰、易、輕易也、故樂也者、動於內者也。禮也者、動於外者也。樂極和。禮極順。內和而外順、則民瞻其顏色、而弗與

爭也。望其容貌、而民不生易慢焉。德煇動乎內、而民莫不承聽。理發乎外、而民莫不承順。【集解】鄭玄曰、德煇、顏色潤澤也、理、容貌進止也、孫炎曰、德煇、明惠也、理、言行也、【考證】禮記、動乎作動於、發乎作發諸、郝懿行曰、內和則顏色和、故民瞻之不爭矣、德煇動於內、和順積中、英華發外也、理發諸外者、禮者理之不可易者也、發於四支、暢於事業、則民莫不承順矣、故曰。知禮樂之道、擧而錯之天下、無難矣。【正義】錯、七故反、引舊證民莫不承聽、莫不承順也、聖王有能詳審極致禮樂之道、擧而措之於天下、天下悉從、無難爲之事也、【考證】禮記、知作致、郝懿行曰、莫不承聽、莫不承順也、稱故曰者、引成文、樂也者、動於內者也。禮也者、動於外者也。【正義】此樂化章第二段也、明禮樂不可偏用、各有一失、既方明所失、故前更言其所發外內不同也、動、亦感觸、故禮主其謙。【集解】鄭玄曰、人所倦也、王肅曰、自謙損也、【索隱】王肅曰、自謙愼也、【考證】禮記、謙竝作減、史義爲長、樂主其盈。【集解】鄭玄曰、人所懽也、王肅曰、充氣志也、禮謙而進、以進爲文。【集解】鄭玄曰、進者、謂自勉强也、文、猶美也、善也、王肅曰、禮自減損、所以進德修業也、【考證】郝懿行曰、美相雜曰文、樂盈而反、以反爲文。【集解】鄭玄曰、反、謂自抑止也、王肅曰、樂充氣志而反本也、禮謙而不進則銷。樂盈而不反

則放。【集解】鄭玄曰、放、淫於聲樂、不能止也、故禮有報。【集解】孫炎曰、報、謂禮尚往來以勸進之、王肅曰、禮自減損、而以進爲報也、而樂有反。【集解】孫炎曰、反、謂曲終還更始、【索隱】孫炎曰、反、謂曲終還更始也、禮得其報則樂。樂得其反則安。禮之報、樂之反、其義一也。【集解】鄭玄曰、俱立於中、不銷不放、夫樂者、樂也。人情之所不能免也。【正義】此樂化章第三段也、明聖人所以制樂、由人樂於歌舞、故聖人制樂以和樂之、故云、樂者樂也、但懽樂是人所貪、貪不能自止、故云人情也、【考證】荀子、不能作必不、下有故人不能無樂一句、樂心發諸聲音、形於動靜。人道也。【集解】鄭玄曰、人道、人之所爲也、【考證】禮記荀子、諸作於、人下有之字、聲音動靜性術之變、盡於此矣。【集解】鄭玄曰、不可過、故人不能無樂。樂不能無形。【集解】鄭玄曰、形、聲音動靜也、【考證】禮記、能竝作耐、荀子、無樂作不樂、形而不爲道、不能無亂。先王惡其亂。故制雅頌之聲以道之、使其聲足以樂而不流、使其文足以綸而不息、【集解】鄭玄曰、文、篇辭也、息、銷也、【考證】禮記、惡作恥、綸作論、荀子、亂下有也字、綸作辨、息作諰、使其曲直繁省廉肉

節奏、足以感動人之善心而已矣。【集解】鄭玄曰、曲直、歌之曲折、繁省廉肉、聲之洪殺也、【考證】禮記、省作瘠、尋文義、省爲長、不使放心邪氣得接焉。是先王立樂之方也。【集解】鄭玄曰、方、道也、【考證】荀子、無而已矣三字、不使一句作使夫邪汙之氣無由得接焉、是故樂在宗廟之中、君臣上下同聽之、則莫不和敬。在族長鄉里之中、長幼同聽之、則莫不和順。在閨門之內、父子兄弟同聽之、則莫不和親。故樂者審一以定和、比物以飾節、節奏合以成文。【集解】鄭玄曰、審一、審其人聲也、比物、謂雜金革土匏之屬以成文、五聲八音、克諧相應和也、【考證】荀子、無二在字、族長以下十六字、在莫不和親下、定和、飾節、成文下竝有者也二字、節奏合、作合奏、郝懿行曰、和敬和順和親、竝以和言者、樂主和也、久保愛曰、一、謂律也、國語、以律平聲、愚按合字、涉下文衍、郝懿行曰、節、以分析言之、奏、以分聚言之、所以合和父子君臣、附親萬民也。是先王立樂之方也。故聽其雅頌之聲、志意得廣焉。【正義】前云先王制之、聲音形於動靜、故此證其事也、此是發於聲音也、民聽正聲、得益盛德之美、志意得廣大也、執其干戚、習其

俯仰詘信、容貌得莊焉。行其綴兆、[集解]鄭玄曰、綴、表也、所以表行列也、要其節奏、[集解]鄭玄曰、要、猶會也、行列得正焉、進退得齊焉。故樂者、天地之齊、中和之紀、[集解]鄭玄曰、紀、總要之名、[考證]禮記、齊作命、荀子、作大齊、人情之所不能免也。[考證]荀子、不能作必不、夫樂者、先王之所以飾喜也。[正義]此樂化章第四段也、明樂唯聖人在上者、制作天下、乃從服也、若內有喜、則外歌舞以飾之、故云先王以樂飾喜也、軍旅鈇鉞者、先王之所以飾怒也。故先王之喜怒、皆得其齊矣。喜則天下和之、怒則暴亂者畏之。先王之道、禮樂可謂盛矣。[考證]禮記、齊作儕、郝懿行曰、齊、才細切、謂分齊也、樂記作儕、假借字耳、愚按、君子曰、禮樂不可以斯須去身、至先王禮樂可謂盛矣六百二十八字、禮記在故曰生民之道、樂為大下、魏文侯問於子夏曰。[正義]此章第八、明文侯問也、文侯故晉大夫畢萬之後、見子夏而問於樂也、吾端冕而聽古樂、則唯恐臥。[集解]鄭玄曰、端、玄衣也、古樂、先王之正樂、[正義]此文侯問事也、端冕、謂玄冕、凡冕服、其制正幅袂二尺二寸、故稱端也、著玄冕衣、與玄端同色、故曰端冕、聽古樂也、此當是廟中聽樂、玄冕祭服也、聽鄭衛之音、則

不知倦。敢問古樂之如彼何也。新樂之如此何也。子夏答曰。今夫古樂、進旅而退旅、[集解]鄭玄曰、旅、猶俱也、俱進俱退、言其齊一也、[正義]子夏之答、凡有三、初則舉古禮、次新樂、以酬問意、又因更別說、以誘引文侯、欲使更問也、此是答述古樂之情、旅、衆也、[考證]禮記、答竝作對、和正以廣、[集解]鄭玄曰、無姦聲也、弦匏笙簧、合守拊鼓。[集解]鄭玄曰、合、皆也、言衆皆待擊鼓乃作也、拊者、以韋為表、裝之以糠也、[正義]拊、音敷武反、拊一名相、亦奏古笙樂也、弦、琴也、匏、瓠屬也、四十六簧笙、十九至十三簧也、簧、施於匏笙之管端者也、合、會也、守、待也、拊者、皮為之、以糠實如革囊也、用手撫之鼓也、言奏弦匏笙簧之時、若欲令堂上作樂、則撫拊堂上、樂工聞撫拊、乃弦歌也、若欲令堂下作樂、則擊鼓、堂下、樂工聞鼓、乃吹管播樂、弦匏笙簧、皆待拊為節、故言會守拊鼓也、[考證]禮記、合作會、郝懿行曰、拊亦擊也、書曰、擊石拊石、始奏以文、止亂以武、[集解]鄭玄曰、文、謂鼓、武、謂金也、治亂以相、訊疾以雅。[集解]孫炎曰、整其亂行、節之以相、赴敵迅疾、趨之以雅、鄭玄曰、相、即拊也、亦以節樂、雅、亦樂器名、狀如漆筩、中有椎、[考證]禮記、止作復、相雅未詳、君子於是語、於是道古、修身及家、平均天下。此古樂之發也。[考證]中井積德曰、於是語、於是道古、是談論義理古道也、竝不指樂、今夫新樂、進俯退俯、[集解]鄭玄曰、俯、猶曲也、言不齊一也、[正義]此第二、述

雜樂也、俯、曲也、新樂行列不齊、進退曲也、姦聲以淫、溺而不止。[集解]王肅曰、姦聲淫、使人溺而不能自止、[考證]禮記、淫作濫、及優侏儒、[集解]王肅曰、俳優、短人也、獶雜子女、不知父子、[集解]鄭玄曰、優、獼猴也、言舞者如獼猴、戲亂男女尊卑也、[考證]中井積德曰、獶、疑擾之譌、樂終不可以語、不可以道古。此新樂之發也。[正義]此結新樂答也、今君之所問者樂也。所好者音也。[正義]此第三段、誘引文侯更問前、故說此句、言文侯所問乃是樂、而好鏗鎗之音、非律呂克諧之正樂也、夫樂之與音、相近而不同。[集解]鄭玄曰、鏗鎗之類、皆為音、應律乃為樂、文侯曰。敢問如何。[集解]鄭玄曰、欲知音樂異意、子夏答曰。夫古者天地順而四時當、[正義]當、丁浪反、此答古樂之由也、天地從、四時當、聖人在上故也、民有德、而五穀昌、疾疢不作、而無祅祥、此之謂大當。[集解]鄭玄曰、當、謂不失其所也、然后聖人作為父子君臣、以為之紀綱。紀綱既正、天下大定。天下大定、然后正六律、和五聲、弦歌詩頌。此之謂德音。德音之謂樂。

[考證]禮記、為下無之字、郝懿行曰、民有德、何以五穀昌、傳所謂民和年豐也、先正紀綱、然後正六律和五聲、所謂禮先而樂後也、詩曰。莫其德音、其德克明。克明克類、克長克君、王此大邦、克順克俾。[集解]鄭玄曰、德正應和曰莫、照臨四方曰明、勤施无私曰類、教誨不倦曰長、慶賞刑威曰君、慈和徧服曰順、俾、當為比、擇善而從之曰比、俾於文王、其德靡悔。既受帝祉、施于孫子。此之謂也。[集解]鄭玄曰、施、延也、言文王之德、皆能如此、故受天福、延及後世、[考證]禮記、曰作云、詩、大雅皇矣篇、毛詩、章首有維此王季、帝度其心八字、莫、作貊、俾、並作比、於作于、貊、安定也、俾於之俾、讀為比、比于文王、至于文王也、今君之所好者、其溺音與。[集解]鄭玄曰、言無文王之德、則所好非樂、[考證]禮記、與作乎、文侯曰。敢問溺音者、何從出也。子夏答曰。鄭音好濫、淫志。[集解]鄭玄曰、濫、濫竊姦聲也、[正義]子夏歷述四國之所由、以答文侯也、宋音燕女、溺志。[集解]王肅曰、燕、歡悅、衛音趣數、煩志。[集解]孫炎曰、趣數、音促速而數變也、鄭玄曰、煩、勞也、[考證]禮記、趣作趨、愚按、曰趣數、曰驁辟、皆就音而言、則好濫、燕女、亦就音而言、當某字假借、齊音驁辟、驕志。四者皆淫於色、而害於德。是以祭祀不用也。[集解]鄭玄曰、言四國出此溺音、[考證]

禮記騶作喬、齊召南曰、宋無風、而與鄭衛齊並列、或是但論四國之音、不涉詩篇也、詩曰、肅雍和鳴、先祖是聽。夫肅、肅敬也。雍、雍和也。夫敬以和、何事不行。【集解】鄭玄曰、古者樂敬且和、故無事而不用、溺音無所施、【考證】詩周頌有瞽篇、爲人君者、謹其所好惡而已矣。君好之、則臣爲之。上行之、則民從之。詩曰、誘民孔易。此之謂也。【集解】鄭玄曰、誘、進也、孔、甚也、言民從君之所好惡、進之於善无難也、【考證】詩大雅板篇、毛詩誘作牖、然后聖人作爲鞉鼓椌楬壎篪。【集解】鄭玄曰、椌楬、謂柷敔、【索隱】壎、以土爲之、大如鵝子、形似錘、吹之爲聲、篪、以竹爲之、六孔、一孔上出、名翹、橫吹之、今之橫笛是也、詩云、伯氏吹壎、仲氏吹篪、是也、此六者、德音之音也。【集解】鄭玄曰、六者爲本、以其聲質、然后鐘磬竽瑟以和之、干戚旄狄以舞之。此所以祭先王之廟也。所以獻醻酳酢也。所以官序貴賤、各得其宜也。【集解】鄭玄曰、官序貴賤、謂尊卑樂器列數有差、【考證】狄翟通、說苑脩文篇、醻作酢、酢作酬、張雨曰、六者聲皆質素、故云德音、然後用鐘磬竽瑟華美之音以和之、干戚武舞所執、旄翟文舞所執、旄牛尾、翟雉尾也、此所以示後世有尊卑長

幼序也。鐘聲鏗。鏗以立號、【集解】鄭玄曰、號令所以警衆也、王肅曰、鐘聲高、故以之立號也、號以立橫、【集解】鄭玄曰、橫、充也、謂氣作充滿、橫以立武。君子聽鐘聲則思武臣。石聲硜。【集解】王肅曰、聲果勁、硜以立別、【集解】鄭玄曰、謂分明於節義、【考證】禮記說苑、硜竝作磬、別竝作辨、錢大昕曰、說文硜卽磬之古文、釋名、磬、罄也、聲堅罄罄然、論語、子擊磬于衞、荷蕢言鄙哉硜硜乎、硜硜猶罄罄、謂磬聲也、鐘磬皆以聲得名、辨別、聲義皆同、古人往往通用、別以致死。君子聽磬聲、則思死封疆之臣。絲聲哀。哀以立廉、【集解】鄭玄曰、廉、廉隅、廉以立志。君子聽琴瑟之聲、則思志義之臣。【考證】陳澔曰、人心雖放逸、忽聞哀怨聲、必惻然收斂、是哀能立廉也、絲聲淒切、有廉劌裁割之義、竹聲濫。【集解】王肅曰、濫、會諸音、濫以立會、會以聚衆。君子聽竽笙簫管之聲、則思畜聚之臣。鼓鼙之聲讙。讙以立動、動以進衆。君子聽鼓鼙之聲、則思將帥之臣。【集解】鄭玄曰、聞讙囂、則人意動作也、君子之聽音、非聽其鏗鎗而已也、彼亦有所合之也。【集解】鄭玄曰、以聲合己志、【考證】禮記

說苑、鎗作鏘、賓牟賈侍坐於孔子。【正義】此第九章、名賓牟賈問者、蓋孔子之問、本爲牟賈而設、故云牟賈問也、孔子與之言及樂。曰、夫武之備戒之已久、何也。【集解】鄭玄曰、武、謂周舞也、備戒、擊鼓警衆也、【正義】此孔子問牟賈及樂之事、凡問有五、此其一也、備戒者、謂將欲作樂、前鳴鼓警戒、使樂人各備容儀、言初欲奏樂時、既已備戒、使有節奏、故令武儛者備戒已久、疑其遲久、故問之也、【考證】已、甚也、答曰、病不得其衆也。【集解】鄭玄曰、病、猶憂也、以不得衆心爲憂、憂其難、【正義】牟賈答也、亦有五、而二荅是、三荅非、今荅是也、言武王伐紂時、憂不得衆心、故前鳴鼓戒衆、久之乃出戰也、故令舞者久、久乃出、象武王憂不得衆心故也、【考證】禮記、答竝作對、永歎之、淫液之、何也。【集解】鄭玄曰、永歎淫液、歌遲之也、【正義】此第二問也、【考證】禮記、永作咏、家語作詠、禮記義疏云、咏歎淫液、聲淫及商、皆謂歌聲、答曰、恐不逮事也。【集解】鄭玄曰、逮、及也、事、伐事也、【正義】此荅亦是也、言衆士望武王欲伐速、恆恐不及伐事之機、故有永歎淫液之聲、發揚蹈厲之已蚤、何也。【集解】王肅曰、厲、疾也、備戒雖久、至其發作又疾也、【正義】第三問也、發、初也、揚、舉袂也、蹈、頓足蹋地、厲、顏色勃然如戰色也、問樂舞何意發初揚袂、又蹈頓足蹋地、勃然作色、何忽如此、何也、答曰、及時事也。【集解】鄭玄曰、時至、武事當施也、王肅曰、欲令之事各及時、【正義】此荅非也、牟賈意言發揚蹈厲、象武王一人、意欲及時之事、故早爲此也、鄭玄隨賈意注之也、武坐致

右憲左、何也。【集解】王肅曰、右膝至地、左膝去地也、【正義】憲音軒、第四問也、坐、跪也、致、至也、軒、起也、問舞人何忽有時而跪也、【考證】家語、憲作軒、答曰、非武坐也。【集解】鄭玄曰、言武之事無坐也、【正義】此荅亦非也、牟賈言武奮之士不應有坐也、聲淫及商、何也。【集解】王肅曰、聲深淫貪商、【正義】第五問也、【考證】方苞曰、淫、過也、商者殺伐之聲、祭祀不用、而舞大武之時、樂音或過而入於商聲商調、答曰、非武音也。【集解】王肅曰、言武王不獲已爲天下除殘、非貪商也、【正義】此荅又非也、子曰、若非武音、則何音也。【正義】孔子評其荅武音不貪、但不知其實解理、空言其非、反問也、答曰、有司失其傳也。【集解】鄭玄曰、有司、典樂者、傳、猶說也、【正義】傳、直緣反、賈荅言武王非有貪、是有司傳之謬妄、故有此矣、如非有司失其傳、則武王之志荒矣。【集解】鄭玄曰、荒、老耄也、言典樂者失其說、時人妄說也、【正義】賈又云、假令非傳者謬妄、則是武王末年年志荒耄之時、故有貪商之聲也、【考證】禮記義疏云、國語、牧野之事、音皆尚宮、周官大祭祀之樂無商、而當時有淫而及商聲者、故知非武音、若武樂果有此音、則武王殺伐之心動而志荒矣、賈知武王無此心、故夫子亟許之、子曰、唯。丘之聞諸萇弘。亦若吾子之言是也。【集解】鄭玄曰、萇弘、周大夫、【索隱】按大戴禮云、孔子適周、訪禮於老聃、學樂於萇弘、是也、【正義】萇、音直良反、吾子、牟賈也、言我聞萇弘所言、亦如賈今所言之也、賓牟賈起、免席

而請曰。正義免、猶避也、前所荅四事、五不被叩問、今疑不知前荅之是非、故起所疑而問也、考證中井積德曰、正義四當作五、五當作三、夫武之備戒之已久、則既聞命矣。集解孫炎曰、聞命、謂言是、敢問遲之遲而又久、何也。集解鄭玄曰、遲之遲、謂久立於綴、考證方苞曰、賈言戒備之久、既已聞命、而又發問、則所疑乃六成復綴之後、遲之又久而後退也、故孔子歷序至豐以後諸大政、而曰、如此則周道四達、禮樂交通、則夫武之遲久不亦宜乎、其遲之又久、正以俟周道之達且通也、安得仍以舞者未出以前戒備之久爲義乎、子曰。居。吾語汝。集解鄭玄曰、居、猶安坐也、夫樂者、象成者也。集解王肅曰、象成功而爲樂、總干而山立、集解王肅曰、總持干楯、山立不動、武王之事也。正義此下明應象成之事也、荅所以遲也、象武王伐紂、持楯立以待諸侯至、故云武王之事也、發揚蹈厲、太公之志也。集解王肅曰、志在鷹揚也、正義荅遲久已竟、而牟賈前荅發揚蹈厲、以爲象武王欲及時事、非也、言此是太公志耳、太公相武王伐紂、志願武王之速得、自奮其威勇以助也、武亂皆坐、周·召之治也。集解王肅曰、武亂、武之治也、皆坐、以象安民無事也、正義賈前荅武坐、非也、因又爲之說、言當伐紂時、士卒行伍有亂者、周召二公以治正之、使共跪敬、致右軒左、以待處分、故今八佾象闕時之亂、挨相正之則俱跪、跪乃更起以作行列、象周召之事耳、非武舞有坐之也、考證郝懿行曰、亂、樂之卒章也、且夫武始

而北出、集解鄭玄曰、始奏、象觀兵盟津時也、正義說五事既竟、而遲久之意未周、故更廣其象成之事、非荅前五事、故云且夫也、始而北出者、謂奏樂象武王觀兵孟津之時也、王居鎬在南、紂居朝歌在河北、故儛者南來、持楯向北、俯象之也、再成而滅商、集解鄭玄曰、成、猶奏也、再奏象克殷時、正義再成、謂儛者再來奏時也、儛者初始前、一向北而不儛、象武王前觀孟津、不伐而反也、至再往而向北、遂奏成擊刺、三成而南、集解王肅曰、誅紂已而南、正義儛者第三奏、往而轉向南、象武王勝紂、向南還鎬之時也、四成而南國是疆、集解王肅曰、有南國以爲疆界、正義儛者第四奏、象周太平時、南方荊蠻並來歸服、爲周之疆界、五成而分陝、周公左、召公右、集解王肅曰、分陝東西而治、正義儛者至第五奏、而東西中分之、爲左右二部、象周太平後、周公召公分職爲左右二伯之時、考證禮記、無陝字、陳仁錫曰、此衍陝字、六成復綴以崇天子、集解鄭玄曰、六奏、象兵還振旅也、復綴、反位止也、王肅曰、以象尊崇天子、考證家語、以下有其、子下有焉、陳仁錫曰、六成復綴以崇句、天子夾振之而四伐句、兪樾曰、毛詩、崇朝其雨、傳云、崇、終也、是崇與終聲近義通、故古字通用、以崇猶言以終、上文曰、且夫武始而北出、此云六成復綴以崇、正以始終對言、愚按一成至五成、皆併說周事、六成止言武舞、文不一律、且天子二字下屬不成義、王肅讀天子上屬、謂作樂六成尊崇天子者、是也、夾振之而四伐、盛振威於中國也。集解王肅曰、振威、武也、四伐者、伐四方與紂同惡者、一擊一刺爲一伐也、正義夾、音古合反、夾振、謂武王與大將軍

夾軍而奮鐸、振動士卒也、言當奏武樂時、亦兩人執鐸夾之、爲節之象也、凡四伐到一止、當伐紂時、士卒皆四伐一止也、故牧誓云、今日之事、不過四伐五伐、是也、故作武樂儛者、亦以干戈伐之象也、考證家語、夾上有衆字、禮記、盛下無振字、館本刪之、郝懿行曰、夾之者、二人振鐸夾舞人、非天子親夾之也、分夾而進、集解徐廣曰、一作遲、考證家語、夾作陝、事蚤濟也。集解王肅曰、分部而並進者、欲事早成、久立於綴、以待諸侯之至也。集解鄭玄曰、象武王伐紂待諸侯也、考證方苞曰、如鄭說、則不宜倒序於分夾而進事蚤濟也之下、按武成、丁未祀周廟、來相祀者、不過邦甸侯衛、至大誥武成、然後庶邦冢君暨百工受命於周、則必六成而南、又久立於綴、象既告武成、而待庶邦冢君之至也、且夫女獨未聞牧野之語乎。集解鄭玄曰、欲語以作武樂之意、正義今衛州所理汲縣、即牧野之地也、更欲語牟賈奏武樂遲久之意、其語即下所陳是也、考證禮記、無夫字、此疑衍、武王克殷反商、集解鄭玄曰、反、當爲及、謂至紂都也、未及下車、集解給、禮文作及、蓋聲相近、而字誤耳、正義車、戎車也、軍法、一車三人乘之、步卒七十二、牧誓云、戎車三百兩、則二萬二千五百人也、考證據索隱、小司馬所見史文作給、今本作及、蓋後人依記改、中井積德曰、此車、謂武王之乘輿、而封黃帝之後於薊、封帝堯之後於祝、正義地理志云、平原郡祝阿縣也、薊、音計、幽州縣是也、封帝舜之後於陳。正義陳州宛丘縣、故陳城是也、下車而封夏后

氏之後於杞、正義汴州雍丘縣、故杞國、封殷之後於宋、考證郝懿行曰、封微子於宋、在成王時、據此則武王時已徙微子於宋、其後周公乃就封之耳、又曰、史記周紀、稱武王封神農之後于焦、黃帝之後於祝、帝堯之後於薊、與此不同、封王子比干之墓、集解鄭玄曰、積土爲封、封比干之墓、崇賢也、釋箕子之囚、使之行商容而復其位、集解徐廣曰、周本紀云、命召公釋箕子之囚、又曰、表商容之閭、考證王肅曰、商容、商之禮、其位、舊居也、或曰、行、猶索也、使箕子索商容而復其位、然不能得、故表其閭爾、中井積德曰、據此文、商容是里名、蓋箕子之舊居、故使箕子行商容而復其位也、是與武成史記不合、兪樾曰、禮記鄭注云、行、猶視也、使箕子視商禮樂之官、賢者所處、皆令反其官也、按武王左右自不乏其人、何必箕子是使、脫故主之幽囚而効新君之奔走、稍有人心者所不爲、而謂箕子爲之乎、鄭注非也、使之行商容而復其位、即就箕子言、蓋釋其囚而使之復位也、商容、猶言商禮、禮以容儀爲主、故行禮之臺謂之容臺、至漢世而徐氏之容、與制氏之聲並傳、然則以容言禮、猶以聲言樂也、武王優崇箕子、不奪其志、俾得仍用殷禮、故曰、釋箕子之囚、使之行商容、而復其位、自鄭失其解、而陸德明復引孔安國說、以商容爲殷之賢人、於是異說滋多、而經義益晦矣、庶民弛政、庶士倍祿。集解鄭玄曰、弛政、去紂時苛役、倍祿、復其紂時薄者、濟河而西、正義濟、渡也、河、黃河也、武王伐紂事畢、從懷州河陽縣南渡河至洛州、從洛城而西歸鎬京也、馬散華山之陽、而弗復乘、集解鄭玄曰、散、猶放、考證禮記、散下並有之

字、牛散桃林之野、而不復服、〔集解〕徐廣曰、在弘農縣、今曰桃丘、〔正義〕示無復用、服、亦乘也、桃林在華山之旁、此二處並是牛馬放生地、初伐就此取之、今事竟、歸之前處、故尙書武成篇序云、武王伐殷、往伐歸獸、是也、車甲弢、〔集解〕徐廣曰、音韜、〔考證〕禮記、弢作衅、與釁同、而藏之府庫、而弗復用、倒載干戈、苞之以虎皮、〔集解〕鄭玄曰、包干戈以虎皮、明能以武服兵也、〔考證〕禮記、苞作包、孔穎達曰、倒載干戈者、倒載而還鎬京也、凡載兵之法、皆刄向外、今倒載者、刄向內、不與常同也、將率之士、使爲諸侯、名之曰建櫜。〔集解〕王肅曰、所以能櫜弓矢而不用者、將率之士力也、故建以爲諸侯、謂之建櫜也、〔索隱〕王肅云、將帥能櫜弓矢而不用、故建以爲諸侯、因謂建櫜也、〔考證〕禮記、率作帥、鄭玄曰、建讀爲鍵、字之誤也、兵甲之衣曰櫜、言閉藏兵甲也、中井積德曰、建鞬同、弓衣也、愚按家語作鞬、然后天下知武王之不復用兵也。散軍而郊射、〔集解〕鄭玄曰、郊射、爲射宮於郊也、王肅曰、郊有學宮、可以習禮也、左射貍首、右射騶虞、〔集解〕鄭玄曰、左東學、右西學也、貍首騶虞、所歌爲節也、而貫革之射息也。〔集解〕鄭玄曰、貫革、射穿甲革也、裨冕搢笏、〔集解〕鄭玄曰、裨冕、衣裨衣而冠冕也、裨衣、袞之屬也、搢、插也、〔考證〕中井積德曰、革、謂的也、所謂布侯棲革、是也、時事戰爭、則射必以貫的爲實、不貫者、不必爲中、以尙弓力也、論語所謂主皮、卽貫革矣、不必軍中之事、而虎

賁之士稅劍也。〔考證〕稅脫通、禮記作說、祀乎明堂、而民知孝。〔集解〕鄭玄曰、文王之廟爲明堂、〔考證〕郝懿行曰、先儒以斯時未有明堂、因文王廟爲明堂制、而卽曰明堂、似未安、朝覲、然后諸侯知所以臣。耕藉、然后諸侯知所以敬。〔集解〕鄭玄曰、耕藉、藉田也、五者天下之大教也。食三老五更於太學、〔集解〕鄭玄曰、老更、互言之耳、皆老人、更知三德五事者也、周名太學曰東膠、〔考證〕禮記、太作大、天子袒而割牲、執醬而饋、執爵而酳、冕而總干、〔集解〕鄭玄曰、冕而總干、在舞位、所以教諸侯之悌也。〔考證〕禮記、悌作弟、若此則周道四達、禮樂交通、則夫武之遲久、不亦宜乎。〔集解〕鄭玄曰、言武遲久、爲重禮樂也、〔考證〕魏文侯問於子夏至武之遲久不亦宜乎、一千二百三十字、禮記在然後可以制於天下也下、又見於家語辯樂篇、子貢見師乙而問焉。〔集解〕鄭玄曰、師、樂官也、乙、名也、曰。賜聞聲歌各有宜也、〔集解〕鄭玄曰、氣順性、如賜者宜何歌也。師乙曰。乙、賤工也。〔集解〕鄭玄曰、樂人稱工也、何足以問所宜。請誦其所聞、而吾子自執焉。〔集解〕鄭玄曰、執、猶

處也、寬而靜、柔而正者、宜歌頌。廣大而靜、疏達而信者、宜歌大雅。恭儉而好禮者、宜歌小雅。正直淸廉而謙者、宜歌風。肆直而慈愛者、宜歌商。〔集解〕鄭玄曰、肆、正也、溫良而能斷者、宜歌齊。〔考證〕寬而靜至直而慈四十九字、禮記在下文商者五帝之遺聲也下、鄭玄注禮記云、此文換簡失其次、寬而靜宜在上、愛者宜歌商、宜承此下行、讀云肆直而慈愛者宜歌商、愚按此鄭氏依樂書以正禮記、樂書後人妄增、而去古未遠、故其資於考據、如此讀者勿以買鼎棄之、郝懿行曰、風雅頌四歌、皆合性之所近、商齊二歌、皆矯性之所偏、中井積德曰、歌頌歌風雅、皆取其性之近者、所謂直己陳德也、獨於商齊有偏之說、何也、不特與上文例相乖、又與直己陳德句不相容、蓋是錯誤耳、歌商當作歌齊、而歌齊當作歌商、互相易而後可、愚按中說於理爲長、夫歌者、直己而陳德。鄭玄曰、各因其德歌所宜、〔考證〕禮記、德下有也字、動己而天地應焉、四時和焉、星辰理焉、萬物育焉。〔集解〕鄭玄曰、育、生也、故商者、五帝之遺聲也。商人志之。故謂之商。齊者、三代之遺聲也。齊人志之。故謂之齊。〔考證〕禮記、志並作識、商卽宋、國語、宋正考甫得商頌于周大師、論語述而篇、子在齊聞韶章、皇侃義疏引范甯云、陳、舜之後也、樂在陳、敬仲竊以奔齊、其餘宋齊傳五帝三代遺聲、未聞、

明乎商之詩者、臨事而屢斷。〔集解〕鄭玄曰、以其肆直、明乎齊之詩者、見利而讓也。〔集解〕鄭玄曰、以其溫良而能斷也、〔考證〕禮記、詩並作音、讓下無也字、臨事而屢斷、勇也。見利而讓、義也。有勇有義、非歌孰能保此。故歌者、上如抗、下如隊、曲如折、止如槀木、居中矩、句中鉤、累累乎殷如貫珠。〔集解〕鄭玄曰、言歌聲之著、動人心之審、而有此事、〔考證〕禮記、居作倨、槀作槁、殷作端、郝敬曰、如抗七者、歌之法也、上者聲高、下者聲卑、曲者聲回、止者聲絕、矩、曲尺也、半環曰鉤、故歌之爲言也、長言之也。〔集解〕鄭玄曰、長言引其聲、說之、故言之。言之不足、故長言之。長言之不足、故嗟歎之。嗟歎之不足、故不知手之舞之足之蹈之。〔集解〕鄭玄曰、手舞足蹈、歡之至、〔考證〕禮記、蹈之下有也字、子貢問樂。〔正義〕結此前事、悉是答子貢問之事、其樂記者、公孫尼子次撰也、爲樂記、通天地、貫人情、辯政治、故細解之、以前劉向別錄篇次、與鄭目錄同、而樂記篇次又不依鄭目、今此文篇次顚倒者、以褚先生升降、故今亂也、今逐舊次第、隨段記之、使後略知也、以後文出褚意耳、〔考證〕子貢見師乙而問焉、至子貢問樂、二百九十五字、禮記在先

王之道、禮樂可謂盛矣、下、凡音之起由人心生也、後人取禮記樂記妄增、禮記義疏云、子貢問樂、是此一篇之名、古書篇名多在後、此偶其存者耳、鄭氏從爲之辭、鑿矣、　凡音由於人心。天之與人有以相通、如景之象形、響之應聲。故爲善者天報之以福、爲惡者天與之以殃。其自然者也。故舜彈五弦之琴、歌南風之詩、而天下治。紂爲朝歌北鄙之音、身死國亡。舜之道何弘也。紂之道何隘也。夫南風之詩者、生長之音也。舜樂好之。樂與天地同意、得萬國之驩心。故天下治也。夫朝歌者、不時也。北者敗也。鄙者陋也。紂樂好之、與萬國殊心、諸侯不附、百姓不親、天下畔之。故身死國亡。【考證】以上百五十八字、亦後人取他書妄增、　而衞靈公之時、【正義】時衞都楚丘、楚故城、在宋州楚丘縣北三十里、衞之楚丘邑也、【考證】韓非子十過篇、無之時二字、　將之晉。至於濮水之上舍。【正義】括地志云、在曹州離狐縣界、即師延投處也、【考證】舍、次舍之舍、韓非子作稅車

而放馬、設舍以宿、　夜半時聞鼓琴聲。問左右、皆對曰不聞。乃召師涓曰、吾聞鼓琴音、問左右皆不聞。其狀似鬼神。爲我聽而寫之。師涓曰、諾。因端坐援琴、聽而寫之。明日曰、臣得之矣。然未習也。請宿習之。靈公曰、可。因復宿。明日報曰、習矣。即去之晉、見晉平公。平公置酒於施惠之臺。【正義】一本、慶祁之堂、左傳云、虒祁之宮、杜預云、虒祁、地名也、在絳州西四十里、臨汾水也、【考證】韓非子、作施夷、　酒酣、靈公曰、今者來聞新聲。請奏之。平公曰、可。即令師涓坐師曠旁、援琴鼓之。未終、師曠撫而止之曰、此亡國之聲也。不可遂。平公曰、何道出。【考證】諸本、遂作聽、今從毛本宋本、王念孫曰、何上脫是字、道、從也、言此聲何從出也、御覽引史記、作是何道出、韓子作此道奚出、論衡作此何道出、皆可證也、　師曠曰、師延所作也。與紂爲靡靡之樂。武王伐紂、師延東走、自投濮水之中。故聞此聲必於濮

水之上。先聞此聲者國削。平公曰、寡人所好者音也。願遂聞之。師涓鼓而終之。平公曰、音無此最悲乎。師曠曰、有。平公曰、可得聞乎。師曠曰、君德義薄。不可以聽之。平公曰、寡人所好者音也。願聞之。師曠不得已、援琴而鼓之。一奏之、有玄鶴二八、集乎廊門。再奏之、延頸而鳴、舒翼而舞。平公大喜、起而爲師曠壽。反坐問曰、音無此最悲乎。師曠曰、有。昔者黃帝以大合鬼神。今君德義薄、不足以聽之。聽之、將敗。平公曰、寡人老矣。所好者音也。願遂聞之。師曠不得已、援琴而鼓之。一奏之、有白雲從西北起。【考證】韓非子、白雲作玄雲、　再奏之、大風至而雨隨之、飛廊瓦。左右皆奔走。平公恐懼、伏於廊屋之閒。晉國大旱、赤地

三年。聽者或吉或凶。夫樂不可妄興也。【考證】以上節錄韓非十過篇、又見論衡紀妖篇、

太史公曰、夫上古明王舉樂者、非以娛心自樂、快意恣欲。將欲爲治也。正教者、皆始於音。音正而行正。故音樂者、所以動盪血脈、通流精神、而和正心也。故宮動脾而和正聖。商動肺而和正義。角動肝而和正仁。徵動心而和正禮。羽動腎而和正智。故樂所以內輔正心、而外異貴賤也。上以事宗廟、下以變化黎庶也。琴長八尺一寸。正度也。弦大者爲宮、而居中央。君也。商張右傍、其餘大小相次、不失其次序、則君臣之位正矣。故聞宮音、使人溫舒而廣大。聞商音、使人方正而好義。聞角音、使人惻隱而愛人。聞徵音、使人樂善而好施。聞羽音、使

人整齊而好禮。夫禮由外入、樂自內出。故君子不可須臾離禮。須臾離禮、則暴慢之行窮外。不可須臾離樂。須臾離樂、則姦邪之行窮內。故樂音者、君子之所養義也。夫古者天子諸侯聽鐘磬、未嘗離於庭。卿大夫聽琴瑟之音、未嘗離於前。所以養行義而防淫佚也。[考證]不可須臾離樂以下、又見說苑脩文篇。夫淫佚生於無禮。故聖王使人耳聞雅頌之音、目視威儀之禮、足行恭敬之容、口言仁義之道。故君子終日言、而邪辟無由入也。[考證]太史公曰以下亦後人妄增、非史公手筆。

[索隱]述贊、樂之所興、在乎防欲、陶心暢志、舞手蹈足、舜曰簫韶、融稱屬續、審音知政、觀風變俗、端如貫珠、清同叩玉、洋洋盈耳、咸英餘曲。

樂書第二　史記二十四

文學博士瀧川龜太郎著

史記會注考證

史記會注考證卷二十五

漢　太史令司馬遷撰

宋　中郎外兵曹參軍裴駰集解

唐　國子博士弘文館學士司馬貞索隱

唐　諸王侍讀率府長史張守節正義

日本　出雲瀧川資言考證

律書第三　史記二十五

【考證】史公自序云、非兵不彊、非德不昌、黃帝湯武以興、桀紂二世以崩、可不愼歟、司馬法所從來尙矣、太公孫吳王子、能紹而明之、切近世、極大變、作律書第三、楊愼曰、漢

書音義云、律書缺、有錄無書、索隱云、兵書亡不補、略述律而言兵、遂分歷述以次之、皆疑其爲褚所補、今按太史公自序律書云、非兵不彊、又云、司馬法所從來尙矣、太公孫吳王子、能紹而明之、蓋言兵也、律書卽兵書、非亡而不補也、其律書略述律而言兵、語焉不詳、誠如小司馬所云也、其云分歷述以次之者、蓋自書曰七正二十八舍以下、皆關律法也、然曆之月數、實應乎律、非分曆述以次之也、兵之與律相因者、然非特以律聽兵聲而已也、先儒謂太史公論文帝寢兵息民、天下和樂、爲得律本意、余以爲此書雖頗殘缺而補綴之、非全失而全出褚少孫手也、洪頤煊曰、疑律書自王者制事立法以下至孔子所稱有德君子者邪、本爲兵書、自書曰七正二十八舍以下至篇末爲曆書篇首、後人誤割附於上篇兵書之後、而改其目曰律書、故張晏以爲亡也、漢書稱律曆志、似猶見其原本、王元啓曰、史記所闕十篇、說者皆云褚少孫所補、余讀律書首言律爲兵家所重、因序歷代兵制、以附其後、末復詳述律管長短之數、以爲後人審律候氣之準、中所闕者、唯景武兩朝兵制耳、要其首尾完善、必非少孫所能代爲、惟所述二十八舍十母十二子方隅氣候、乃後之讀史者刪取術家之言以爲訓釋、愚按篇首至有德君子者邪、歷書序、史公手筆、非後人改兵書爲律書也、書曰七正至篇末、與上文氣脈不貫、王說是也、

王者制事立法、物度軌則、壹稟於六律。【索隱】按律有十二、陽六爲律、黃鍾太簇姑洗蕤賓夷則無射、陰六爲呂、大呂夾鍾中呂林鍾南呂應鍾是也、名曰律者、釋名曰、律述也、所以述陽氣也、律曆志云、呂旅助陽氣也、案古律用竹、又用玉、漢末以銅爲之、呂亦稱閒、故有六律

六閒之說、元閒大呂、二閒夾鍾是也、漢京房知五音六律之數、十二律之變至六十、猶八卦之變爲六十四卦也、故中呂上生執始、執始下生去滅、上下相生、終於南呂、而六十律畢也、六律爲萬事根本焉。【索隱】律曆志云、夫推曆生律制器、規圜矩方、權重衡平準繩、嘉量探賾索隱、鉤深致遠、莫不用焉、是萬事之根本、【考證】閎白駒曰、凡度量物數、其原皆出于律、詳見乎漢書律歷志、豬飼彥博曰、皆書律曆志引此、法物二字倒、根作之、焉字在下文所重下、其於兵械尤所重。【集解】按易稱師出以律、是於兵械尤重也、【正義】內成曰器、外成曰械、械謂弓矢殳矛戈戟、劉伯莊云、吹律審聲、聽樂知政、師曠審歌、知晉楚之彊弱、故云、兵家尤所重、【考證】張照曰、械字、爲戒字之訛、蓋審幾察微、莫精於律、氣者、生死之根也、氣不可見、以聲審之、兵者千萬人之死生係焉、故於兵戒爲尤重也、於器械何涉、張文虎曰、械疑機字誤、或戎字訛、然據索隱正義、則唐時已誤矣、故云。望敵知吉凶、【集解】凡敵陣之上、皆有氣色、氣強則聲強、聲強則其衆勁、律者所以通氣、故知吉凶也、【正義】凡兩軍相敵、上皆有雲氣及日暈、天官書云、暈等力鈞、厚長大有勝、薄短小無勝、故望雲氣知勝負彊弱、引舊語乃曰故云、【考證】望敵望敵氣也、或云、敵當作氣、聞聲效勝負。【集解】周禮太師、執同律以聽軍聲、而詔其吉凶、是也、故左傳稱師曠知南風之不競、此卽其類也、【正義】周禮云、太師執同律以聽軍聲、而詔其吉凶、左傳云、師曠知南風之不競、卽其類、【考證】錢大昕曰、效見也、百王不易之道也。武王伐紂、吹律聽聲。【集解】其事當有所出、今則未詳、【考證】張照曰、武王伐紂吹律聽聲、至今明載周國語、何未詳也、愚按周語伶州鳩對

周景王曰、凡神人以數合之、以聲昭之、數合聲龢、然後可同也、故以七同其數、而以律龢其聲、於是乎有七律、武王以二月癸亥夜陳、未畢而雨、以夷則之上宮畢之、當辰、辰在戌上、故長夷則之上宮、名之曰羽、所以藩屏民則也、王以黃鐘之下宮、布戎于牧之野、故謂之厲、所以厲六師也、以大蔟之下宮、布令於商、昭顯文德、底紂之多辠、故謂之宣、所以宣三王之德也、推孟春以至于季冬、殺氣相幷、【正義】人君暴虐酷急、即常寒應、寒生北方、乃殺氣也、武王伐紂吹律從春至冬、殺氣相幷、律亦應之、故洪範咎徵云、急常寒若、是也、【考證】張文虎曰、推孟春以至于季冬、疑當推季冬以至于孟春、商之十二月正月、即周之一月二月、武王伐紂之月也、下云、音尚宮、蓋即伶州鳩所云、詳見國語、而音尚宮。【正義】兵書云、夫戰、太師吹律合音、商則戰勝、軍士彊、角則軍擾多變、失士心、宮則軍和、主卒同心、徵則將急數怒、軍士勞、羽則兵弱少威焉、【考證】音尚宮之說、蓋本國語伶州鳩之言、七律、愚按正義本周禮大師鄭注、文多訛舛、今改、同聲相從、物之自然。何足怪哉。兵者、聖人所以討彊暴平亂世、夷險阻救危殆。自含血戴角之獸、見犯則校。而況於人懷好惡喜怒之氣。喜則愛心生、怒則毒螫加。【正義】螫音釋、情性之理也。昔黃帝有涿鹿之戰、以定火災。【集解】文穎曰、神農子孫暴虐、黃帝伐之、故以定火災、【考證】岡白駒曰、神農以火德王、其子孫暴虐、故云火災、

顓頊有共工之陳、以平水害。【集解】文穎曰、共工、主水官也、少昊氏衰、秉政作虐、故顓頊伐之、本主水官、因為水行也、【考證】岡白駒曰、共工之作亂、振滔洪水、以禍天下、故云水害、成湯有南巢之伐、以殄夏亂。【正義】南巢、今廬州巢縣是也、淮南子云、湯伐桀、放之歷山、與末喜同舟浮江、奔南巢之山而死、按巢、即山名、古巢伯之國、云南巢者、在中國之南也、【考證】杭世駿曰、淮南修務訓云、整兵鳴條、困夏南巢、譙以其過、放之歷山、無末喜同舟之語、遞興遞廢、勝者用事。所受於天也。自是之後、名士迭興、晉用咎犯、【正義】狐偃也、咎季也、又云、舅臣也、【考證】錢大昕曰、古文舅為咎、狐偃、晉文公之舅、故稱咎犯、禮記亦作舅犯也、正義以為二人、而齊用王子、【索隱】徐廣云、王子成父、吳用孫武、申明軍約、賞罰必信、卒伯諸侯、兼列邦土。【考證】梁玉繩曰、邦字犯諱、何以不改、雖不及三代之誥誓、然身寵君尊、當世顯揚。可不謂榮焉。豈與世儒闇於大較、【索隱】大較、大法也、淳于髡曰、車不較則不勝其任、是也、較、音角、不權輕重、猥云德化不當用兵、大至君辱失守、【索隱】徐廣云、如宋襄公是也、【考證】張文虎曰、各本君作窘、宋本作君、與索隱本合、小乃侵犯削弱、遂執不

移等哉。故教笞不可廢於家、刑罰不可捐於國。誅伐不可偃於天下。用之有巧拙、行之有逆順耳。【考證】呂氏春秋蕩兵篇、故怒笞不可偃於家、刑罰不可偃於國、誅伐不可偃於天下、有巧有拙而已矣、高誘注、巧者以治、拙者以亂、夏桀・殷紂、手搏豺狼、足追四馬。勇非微也。【考證】岡白駒曰、一車四馬、百戰克勝、諸侯懾服。權非輕也。秦二世宿軍無用之地、連兵於邊陲。力非弱也。【索隱】謂常擁兵於郊野之外也、【正義】謂三十萬備北邊、五十萬守五嶺也、云連兵於邊陲、即是宿軍無用之地也、結怨匈奴、絓禍於越。勢非寡也。【正義】絓、胡卦反、顧野王云、絓者所礙、及其威盡勢極、閭巷之人為敵國。咎生窮武之不知足、甘得之心不息也。【考證】李廷機曰、已上以尊寵顯榮與窘辱失守、侵犯削弱相反、便見武可用而不可窮、巧而順則為王霸、拙而逆則為桀紂與秦、自夏桀至息也、言窮兵之害、見其用之拙而行之逆、自高祖至末、言偃兵之效、而以和樂結之、意深遠矣、高祖有天下、三邊外畔、大國之王、雖稱蕃輔、臣節未盡。會高祖厭苦軍事、亦有蕭・張

之謀。【考證】沈家本曰、三邊、以下文推之、謂南北東也、其文云、南越朝鮮、自全秦時內屬為臣子、後且擁兵阻阸、又云、今匈奴內侵、軍吏無功、又云、願且堅邊設候、結和通使、休寧北陲、此其證也、岡白駒曰、所謂任蕭曹之文、用良平之謀也、愚按、不幸有事、恃蕭張之謀也、故偃武一休息、羈縻不備。【考證】司馬相如傳、天子之於夷狄也、羈縻勿絕而已、言控制夷狄如羈縻牛馬也、不備、不設邊戍也、歷至孝文即位、將軍陳武等議曰。南越・朝鮮、【正義】潮仙二音、高驪平壤城、本漢樂浪郡王險城、即古朝鮮地、時朝鮮王滿據之也、自全秦時、內屬為臣子。後且擁兵阻阸、選蠕觀望。【集解】阸、音尼賣反、選、音思究反、蠕、音而究反、【索隱】蠕、音軟、選蠕、謂動身欲有進取之狀也、【考證】選蠕、讀為耎懦、莊子胠篋篇、惴耎之蟲、肖翹之物、耎、謂微動、惴、一作喘、謂微息、岡白駒曰、觀望、謂伺消息也、高祖時、天下新定、人民小安、未可復興兵。今陛下仁惠撫百姓、恩澤加海內。宜及士民樂用、征討逆黨、以一封疆。【考證】朝鮮南越、不宜言逆黨、疑文有訛誤、孝文曰。朕能任衣冠。【正義】朕、音而禁反、【考證】岡白駒曰、言以文治也、念不到此。會呂氏之亂、功臣宗室、共不羞恥、誤居正位、常戰戰慄慄、恐

事之不終。且兵凶器、雖克所願、動亦秏病。謂百姓遠方何。【考證】國語越語范蠡曰、勇者逆德也、兵者凶器也、尉繚子武議篇、兵者凶器也、爭者逆德也、將者死官也、韓非子存韓篇、兵凶器也、不可不審用也、又先帝知勞民不可煩、故不以爲意。朕豈自謂能。今匈奴內侵、軍吏無功。邊民父子、荷兵日久。【正義】荷、音何我反、朕常爲動心傷痛、無日忘之。今未能銷距、【考證】岡白駒曰、距、拒通、言未能拒之而銷邊患也、願且堅邊設候、結和通使、休寧北陲、爲功多矣。且無議軍。【考證】候、望候也、方苞曰、此詔不入本紀、而藏律書、正與樂書懲其家難、戰戰恐懼、善守善終相發、愚按此詔漢書不載、故百姓無內外之繇、得息肩於田畝、天下殷富、粟至十餘錢、【考證】繇、繇役也、梁玉繩曰、粟下或斗或斛、必有缺文、鳴雞吠狗、煙火萬里。可謂和樂者乎。太史公曰。文帝時、會天下新去湯火、【索隱】謂秦亂楚漢交兵之時、如遭墜湯火、即書云、人墜塗炭、是也、人民樂業、因其欲然、能不擾亂。故百姓遂安。自年

六七十翁、亦未嘗至市井、游敖嬉戲、如小兒狀。孔子所稱有德君子者邪。【索隱】論語曰、善人爲邦百年、亦可以勝殘去殺也、【考證】岡白駒曰、未嘗至市井、樂業自足故也、張文虎曰、宋本無翁字、愚按、以上史公律書本文、以下後人妄補、

書曰。七正。二十八舍。【索隱】七正、日月五星、七者可以正天時、又孔安國曰、七正、日月五星、各異政也、二十八宿之所舍也、舍、止也、宿、次也、言日月五星運行、或舍於二十八次之分也、【考證】七正、七政也、尚書堯典文、二十八舍上添即字看、下文云、旋璣玉衡、以齊七政、即天地二十八宿云云、張文虎曰、書曰以下、與上絕不相蒙、王柯凌並連上、毛空一格、皆非、今提行、中井積德曰、以下妄誕太甚、無足辨、律歷、天所以通五行八正之氣、天所以成孰萬物也。【索隱】八、謂八節之氣、以應八方之風、【考證】豬飼彥博曰、隋蕭吉五行大義、引此成孰上無天所以三字、此因上文而誤衍、舍者、日月所舍。舍者、舒氣也。不周風居西北、主殺生。【考證】黃以周曰、白虎通曰、八風所以象八卦、陽立於五、極於九、五九四十五日變、變而爲風、距冬至四十五日條風至、四十五日明庶風至、四十五日清明風至、四十五日景風至、四十五日涼風至、四十五日閶闔風至、四十五日不周風至、四十五日廣莫風至、其所說風至之期、本於淮南天文訓、而與史記亦相通、史記云、不周風居西北、東壁居不周

風東、而東之至於營室、東至於危、十月也、律中應鍾、其於十二子爲亥、廣莫風居北方、東至於虛、東至於須女、十一月也、律中黃鍾、其於十二子爲子、東至於牽牛、東至於建星、十二月也、律中大呂、其于十二子爲丑、蓋不周風至、在立冬日奎五度、故云東壁居其東、至大雪末危度止、故曰東至于危、凡四十五日、廣莫風至、在冬至日危二度、故曰東至于虛、至大寒末斗度止、故曰、東至于建星、凡四十五日、史記又曰、條風居東北、南至于箕、正月也、律中太蔟、其于十二子爲寅、南至于尾、南至于心、南至于房、明庶風居東方、二月也、律中夾鍾、其于十二子爲卯、南至于氐、南至于亢、南至于角、三月也、律中姑洗、其于十二子爲辰、蓋條風至在立春日斗十二度、故南之曰至于箕、至雨水末心度止、故曰、南至于心、凡四十五日、明庶風居東方五字、宜在南至房之上、明庶風至、在春分日心初度、故曰、南至於房、至清明末、入軫尚淺、故曰、南至於角、凡曰至於某者、必及星度之半、凡四十五日、史記又曰、清明風居東南維、西之軫、西至于翼、四月也、律中中呂、其于十二子爲巳、西至于七星、西至于張、蓋清明風至、在立夏日軫十一度、故變其文曰西之軫、明其西皆軫度也、不云西至于軫、明其至日即在軫度也、王氏讀書雜志云、當作西至于軫誤、至芒種末張度止、故曰、西至于張、凡四十五日、史記又曰、西至于注、五月也、律中蕤賓、景風居南方、其于十二子爲午、西至于弧、西至于狼、此文與諸書違異、當有錯簡、竊以本書例之、景風居南方五字、當在西至于注之上、凡史記于八風之至、必言其月、今此景風獨無月、一可疑也、又史記凡言律中之下、即繼以十二子之月、此節律中蕤賓之下、不言其于十二子、其於十二子爲午之上、又不言律中、揆之全例不合、二可疑也、史記凡言某風居某方、皆居方之正中者、言景風居南方、必在午位之中可知、依今誤本推之、則景風之位、偏西在午未、三可疑也、今移景風居南方五字于西至于注之上、則諸疑盡釋、而每風四十五日之數、亦符矣、蓋景風之至、在夏至日張

三度、故西之曰至于注、柳八星、一曰注、至大暑末井度止、故曰西至于狼、狼在參之東南、與井近、亦四十五日、史記又曰、涼風居西南維、六月也、律中林鍾、其于十二子爲未、北至于罰、北至于參、七月也、律中夷則、其于十二子爲申、北至于濁、北至于留、八月也、律中南呂、其于十二子爲酉、此處亦有錯簡、凡一風值四十五日、居一月半、故前一風舉一月、後一風可舉兩月、斷無一風連舉三月之理、六月也、律中林鍾、其于十二子爲未十四字、亦宜繫于景風、蓋涼風居西南維、六字又誤置在上也、涼風至、在立秋日井十五度、故北之曰至于罰、至白露末昴度止、故曰至于留、留即昴、亦四十五日、史記又曰、閶闔風居西方、北至于胃、北至于婁、北至于奎、九月也、律中無射、其於十二子爲戌、蓋閶闔風至、在秋分日昴八度、故北之曰至于胃、至霜降奎度止、故曰北至于奎、凡四十五日、東壁居不周風東、主辟生氣。【索隱】辟、音闢、而東之至於營室。【索隱】定星也、定中而可以作室、故曰營室、其星有室象也、故天官書、主廟、此言主營胎陽氣而產之、是說異也、【正義】天官書云、營室爲清廟、曰離宮閣道、是有宮室象、此言主營胎陽氣而產之、二說不同、營室者、主營胎陽氣而產之。【集解】徐廣曰、胎、一作含、東至于危。危、垝也。【索隱】垝、音鬼毀反、言陽氣之危垝。故曰危。【考證】王念孫曰、垝上本無危字、此訓危爲垝、故曰、危垝也、言陽氣之垝、爾雅曰、垝、毀也、言陽氣至十月而毀也、今本疑衍、十月也。律中應鍾。【正義】應、乙證反、白虎通云、應者應也、言萬物應陽而動下藏也、漢初依秦以十月爲歲首、故起應鍾、應鍾者、陽氣之應不用事也。其

於十二子爲亥。亥者、該也。【索隱】按律歷志云、該、閡於亥、云、閡、藏塞也、陰雜陽氣藏塞、爲萬物作種也、【正義】孟康言
陽氣藏於下。故該也。廣莫風居北方。廣莫者、言陽氣在下、陰
莫陽廣大也。故曰廣莫。東至於虛。虛者、能實能虛。言陽氣冬
則宛藏於虛、【正義】宛、音蘊、 日冬至、則一陰下藏、一陽上舒。故曰虛。
東至于須女。【索隱】婺女名也、 言萬物變動其所、陰陽氣未相離、尙相
如胥也。故曰須女。【考證】張文虎曰、如字疑衍、胥須、義通、 十一月也。律中黃鍾。【正義】白虎
通云、黃、中和之氣、言陽氣於黃泉之下動養萬物也、 黃鍾者、陽氣踵黃泉而出也。其於十二子
爲子。子者、滋也。滋者、言萬物滋於下也。其於十母爲壬癸。壬
之爲言任也。【考證】豬飼彥博曰、任、妊通、 言陽氣任養萬物於下也。癸之爲
言揆也。言萬物可揆度。故曰癸。東至牽牛。牽牛者、言陽氣牽

引萬物出之也。牛者、冒也。言地雖凍、能冒而生也。牛者、耕植
種萬物也。東至於建星。建星者、建諸生也。【考證】豬飼彥博曰、此以生爲星也、 十二
月也。律中大呂。大呂者、其於十二子爲丑。【正義】徐廣云、此中闕不說大呂及丑也、按此下闕
文、或一本云、丑者紐也、言陽氣在上未降、萬物厄紐未敢出也、大呂一律不釋、今以漢書補之曰、大呂者旅也、言陰大旅助黃鍾、宣化而牙物也、【考證】陳仁錫曰、 丑者、
紐也。言陽氣在上未降、萬物厄紐未敢出也。【考證】丑者紐也云云十九字、各本有、蓋
依正義增入、 條風居東北、主出萬物。條之言條治萬物而出之。故曰
條風。南至於箕。箕者、言萬物根棋。故曰箕。【集解】徐廣曰、棋、一作横也、【考證】錢大昕曰、棋讀
如荄、易箕子之明夷、趙賓以爲萬物方荄茲也、其義蓋本於史公、豬飼彥博曰、棋、基通、愚按、錢說較長、 正月也。律中泰蔟。【正義】蔟、音
千豆反、白虎通云、泰者大也、蔟者湊也、言萬物始大湊地而出之也、 泰蔟者、言萬物蔟生也。故曰泰蔟。其
於十二子爲寅。寅、言萬物始生螾然也。故曰寅。【索隱】螾、音引、又音以愼反、

南至於尾。言萬物始生如尾也。南至於心。言萬物始生有華
心也。【集解】徐廣曰、華、一作莖、 南至於房。房者、言萬物門戶也。至于門則出
矣。明庶風居東方。明庶者、明衆物盡出也。二月也。律中夾鍾。
【正義】白虎通云、夾、孚甲也、言萬物孚甲種類分也、 夾鍾者、言陰陽相夾廁也。其於十二子爲
卯。卯之爲言茂也。言萬物茂也。其於十母爲甲乙。甲者、言萬
物剖符甲而出也。乙者、言萬物生軋軋也。【集解】符、音孚、【索隱】符甲、猶孚甲也、
南至于氐。氐者、言萬物皆至也。【正義】氐、音丁禮反、 南至於亢。亢者、言萬
物亢見也。南至于角。角者、言萬物皆有枝格如角也。三月也。
律中姑洗。【正義】姑、音沽、洗、音先典反、白虎通云、沽者、故也、洗者、鮮也、言萬物去故就新、莫不鮮明也、 姑洗者、言萬物洗
生。其於十二子爲辰。辰者、言萬物之蜄也。【集解】音之愼反、【索隱】蜄、音振、或作娠、同音、律歷

志云、振美於辰、 清明風居東南維、主風吹萬物而西之。軫。【考證】錢大昕曰、東南巽方也、故主
風、王念孫曰、軫上當有至於二字、主風吹萬物而西之、爲句、至於軫、爲句、上文云、東壁居不周東、主辟生氣而東、至於營室、自此以下、皆有至於二字、是其證、 軫者、言
萬物益大而軫軫然。西至於翼。翼者、言萬物皆有羽翼也。四
月也。律中中呂。【正義】中、音仲、白虎通云、言陽氣將極中充大也、故復中言之也、 中呂者、言萬物盡旅
而西行也。其於十二子爲巳。巳者、言陽氣之巳盡也。西至于
七星。七星者、陽數成於七。故曰七星。西至于張。張者、言萬物
皆張也。【考證】陳仁錫曰、三四月間不言西至於張、蓋缺文也、王元啓曰、西至于張云云十二字、當在西至于七星上、 西至于注。注
者、言萬物之始衰、陽氣下注。故曰注。【索隱】音丁救反、注、味也、天官書云、柳爲鳥味、則注、柳星也、【考證】
陳仁錫曰、此文曰下注、則與天官書別義、 五月也。律中蕤賓。【正義】蕤、音仁佳反、白虎通云、蕤者、下也、賓者、敬也、言陽氣上極、陰氣始
賓敬之也、 蕤賓者、言陰氣幼少。故曰蕤。痿陽不用事。故曰賓。景風

居南方。景者、言陽氣道竟。故曰景風。其於十二子爲午。午者陰陽交。故曰午。【索隱】律歷志云、咢布於午、其於十母爲丙丁。丙者、言陽道著明。故曰丙。丁者、言萬物之丁壯也。故曰丁。西至于弧。弧者言萬物之吳落且就死也。【集解】徐廣曰、吳、一作柔、【考證】楊愼曰、吳、音弧、弧落、彫落也、注作柔、非也、萬物之生也、柔弱、其死也、剛強、既云弧落且就死、焉得柔也、且此篇八風十二律、皆以協聲取義、下文云、濁者、觸也、留、言陽氣之稽留也、是其例也、於弧而言柔落、亦不倫矣、西至于狼。狼者、言萬物可度量斷萬物。故曰狼。涼風居西南維、主地。【考證】錢大昕曰、西南者、坤方也、故主地、於通甲爲死門、故云萬物就死氣也、地者、沈奪萬物氣也。【正義】沈、一作洗、六月也。律中林鍾。【正義】白虎通云、林者、衆也、言萬物成熟種類多也、林鍾者、言萬物就死氣林林然。其於十二子爲未。未者、言萬物皆成、有滋味也。【索隱】律歷志云、味薆於未、其意殊也、【考證】梁玉繩曰、此獨不言於十母爲戊己者、缺文也、北至於罰。罰者、言萬物氣奪可伐也。

【考證】錢大昕曰、罰、與伐同、此敘二十八舍、有罰、無觜觿、北至於參。【正義】音所林反、參、言萬物可參也。故曰參。七月也。律中夷則。夷則、言陰氣之賊萬物也。【集解】徐廣曰、陰、一作陽、賊、一作則、【正義】白虎通云、夷、傷也、則、法也、言萬物始傷被刑法也、其於十二子爲申。申者、言陰用事申賊萬物。故曰申。【集解】徐廣曰、賊、一作則、【索隱】律歷志、物堅於申也、北至於濁。【索隱】按爾雅、濁謂之畢、濁者、觸也。言萬物皆觸死也。故曰濁。北至於留。留者、言陽氣之稽留也。故曰留。【索隱】留、卽昴、毛傳亦以留爲昴、八月也。律中南呂。【正義】白虎通云、南、任也、言陽氣尙任包、大生薺麥也、南呂者、言陽氣之旅入藏也。其於十二子爲酉。酉者、萬物之老也。故曰酉。【索隱】律歷志、留孰於酉、閶闔風居西方。閶者、倡也。闔者、藏也。言陽氣道萬物、闔黃泉也。其於十母爲庚辛。庚者、言陰氣庚萬物。故曰庚。辛者、言萬物之辛生。故曰辛。【考證】詩緯推度災云、庚

者更也、辛者新也、北至於胃。胃者、言陽氣就藏皆胃胃也。北至於婁。婁者、呼萬物且內之也。北至於奎。【集解】徐廣曰、一作蛙、【索隱】按天官書、奎爲溝瀆、婁爲聚衆、胃爲天倉、今此說竝異、及六律十母、又與漢書不同、今各是異家之說也、奎者、主毒螫殺萬物也。奎而藏之。【考證】後漢書蘇竟傳、奎爲毒螫、主庫兵、九月也。律中無射。【正義】音亦、白虎通云、射、終也、言萬物隨陽而終、當復隨陰而起、無有終已、此說六呂十干十二支、與漢書不同、無射者、陰氣盛用事、陽氣無餘也。故曰無射。其於十二子爲戌。戌者言萬物盡滅。故曰戌。【索隱】律歷志、畢入於戌也、【考證】錢大昕曰、說文、戌、滅也、五行火死于戌、陽氣至戌而盡、故滅从火戌、愚按呂氏春秋音律篇云、大聖至理之世、天地之氣、合而生風、日至則鍾其風以生十二律、仲冬日短至、則生黃鍾、季冬生大呂、孟春生太簇、仲春生夾鍾、季春生姑洗、孟夏生仲呂、仲夏日長至、則生蕤賓、季夏生林鍾、孟秋生夷則、仲秋生南呂、季秋生無射、孟冬生應鍾、天地之氣正、則十二律定矣、全與律書合、

律數

九九八十一、以爲宮。三分去一、五十四以爲徵。三分益一、七

十二以爲商。【考證】三分去一、三分宮去其一也、三分益一、三分徵益其一也、下倣此、稱曰三分損益法也、三分去一、四十八以爲羽。三分益一、六十四以爲角。【考證】張文虎曰、舊刻、三分上空二格、他本提行、蓋皆以意爲之、今依下生鍾分例連屬、下放此、

黃鍾。長八寸十分一。宮。【索隱】黃鍾長八寸十分一、宮、案上文云、律九九八十一、以爲宮、故云長八寸十分一、宮、而云黃鍾長九寸者、九分之寸也、劉歆鄭玄等、皆以黃鍾爲長九寸、卽十分之寸、不依此法也、云宮者、黃鍾爲律之首、宮爲五音之長、十一月以黃鍾爲宮、則聲得其正、舊本多作七分、蓋誤也、【考證】各本十作七、誤、今從索隱本、淩一本、周禮大師云、掌六律六同、以分陰陽之聲、陽聲、黃鍾大簇姑洗蕤賓夷則無射、陰聲大呂應鍾南呂函鍾小呂夾鍾、皆文之以五聲、宮商角徵羽、皆播之以八音、金石土革絲木匏竹、鄭注云、函鍾一名林鍾、小呂一名中呂、呂氏春秋音律篇云、黃鍾生林鍾、林鍾生大簇、大簇生南呂、南呂生姑洗、姑洗生蕤賓、蕤賓生大呂、大呂生夷則、夷則生夾鍾、夾鍾生無射、無射生仲呂、三分所生、益之一分以上生、三分所生、去其一分以下生、黃鍾大呂太簇夾鍾姑洗仲呂蕤賓爲上、林鍾夷則南呂無射應鍾爲下、淮南子天文訓云、以三參物、三三如九、故黃鍾之律九寸而宮音調、因而九之、九九八十一、故黃鍾之數立焉、黃者土德之色、鍾者氣之所種也、黃鍾位子、其數八十一、主十一月、下生林鍾、林鍾之數五十四、主六月、上生大簇、大簇之數七十二、主正月、下生南呂、南呂之數四十八、主八月、上生姑洗、姑洗之數六十四、主三月、下生應鍾、應鍾之數四十、

二、主十月、上生蕤賓、蕤賓之數五十七、主五月、上生大呂、大呂之數七十六、主十二月、下生夷則、夷則之數五十一、主七月、上生夾鍾、夾鍾之數六十八、主二月、下生無射、無射之數四十五、主九月、上生仲呂、仲呂之數六十、主四月、極不生、愚按史此文曰黃鐘長八寸十分一、下文及淮南子曰九寸、蓋一以漢尺言、一以古尺言、其餘概皆㗅合、但今本傳寫多訛、說見三書正譌、二十二史考異、淮南天文訓補注、**大呂。長七寸五分三分一。**【索隱】謂十一月以黃鍾爲宮、五行相次、土生金、故以大呂爲商者、大呂所以助陽宣化也、【考證】淮南子云、蕤賓之數五十七、上生大呂、大呂之數七十六、王元啓曰、三分一當作三分二、自黃鍾以至姑洗、得數皆整、姑洗以後其數奇零不齊、故此下備擧十二律全數、別爲約法、整者以十分爲約法、不整者以三分爲約法、過半者曰三分二、不及半者曰三分一、**太蔟。長七寸七分二。角。**【考證】淮南子云、林鍾之數五十四、上生太蔟、太蔟之數七十二、又云、凡十二律、黃鍾爲宮、太蔟爲商、姑洗爲角、林鍾爲徵、南呂爲羽、史記歷書云、黃鍾爲宮、林鍾爲徵、太蔟爲商、南呂爲羽、姑洗爲角、其說相合、而此篇獨異、蓋傳寫之誤、王元啓曰、七分二、當作十分二、角當作商、十分二者、十分寸之二、謂二分也、**夾鍾。長六寸一分三分一。**【考證】淮南子云、夷則之數五十一、上生夾鍾、夾鍾之數六十八、王元啓曰、夷則生夾鍾、得六寸七分、餘數九百二十七、寸下一字、七字之誤文也、**姑洗。長六寸七分四。羽。**【索隱】亦以金生水故也、【考證】淮南子云、南呂之數四十八、上生姑洗、姑洗之數六十四、王元啓曰、七分四、當作十分四、羽當作角、**仲呂。長五寸九分三分二。徵。**

【考證】淮南子云、無射之數四十五、上生仲呂、仲呂之數六十、王元啓曰、徵字衍、**蕤賓。長五寸六分三分一。**【考證】淮南子云、應鍾之數四十二、上生蕤賓、蕤賓之數五十七、王元啓曰、三分一、當作三分二、**林鍾。長五寸七分四。角。**【索隱】水生木、故爲角、不用蕤賓者、以陰氣起陽不用事、故去之也、【考證】淮南子云、黃鍾之數八十一、下生林鍾、林鍾之數五十四、王元啓曰、七分四、當作十分四、愚按角當作徵、**夷則。長五寸四分三分二。商。**【考證】淮南子云、大呂之數七十六、下生夷則、夷則之數五十一、王元啓曰、四分字、商字衍、**南呂。長四寸七分八。徵。**【考證】淮南子云、太蔟之數七十八、下生南呂、南呂之數四十八、王元啓曰、七分當作十分、徵當作羽、**無射。長四寸四分三分一。**【考證】淮南子云、夾鍾之數六十八、下生無射、無射之數四十五、**應鍾。長四寸二分三分二。羽。**【考證】淮南子云、姑洗之數六十八、下生應鍾、應鍾之數四十二、王元啓曰、羽字衍、愚按十二律之數、史記淮南子所記、傳寫有錯誤、王元啓所訂、亦未精、今以黃鍾爲八一、以示三分損益之法、

黃鍾 81

林鍾 $81 \times \frac{2}{3} = 54$

太蔟 $54 \times \frac{4}{3} = 72$

南呂 $72 \times \frac{2}{3} = 48$

姑洗 $48 \times \frac{4}{3} = 64$

應鍾 $64 \times \frac{2}{3} = 42\frac{2}{3}$

蕤賓 $42\frac{2}{3} \times \frac{4}{3} = 56\frac{8}{9}$

大呂 $56\frac{8}{9} \times \frac{4}{3} = 75\frac{23}{27}$

夷則 $75\frac{23}{27} \times \frac{2}{3} = 50\frac{46}{81}$

夾鍾 $50\frac{46}{81} \times \frac{4}{3} = 67\frac{103}{243}$

無射 $67\frac{103}{243} \times \frac{2}{3} = 44\frac{692}{729}$

仲呂 $44\frac{692}{729} \times \frac{4}{3} = 59\frac{2039}{2187}$

生鍾分、【索隱】此算術生鍾律之法也、【正義】分、音扶問反、【考證】豬飼彥博曰、分、謂分數、三分二、九分八之類是也、**子、一分。**【索隱】自此已下十一辰、皆以三乘之、爲黃鍾積實之數、【考證】豬飼彥博曰、分字因下文而衍、晉志云、起子、黃鍾九寸爲一、是也、十二律以黃鍾爲本、一呂一律、三分損益、其數奇零不能盡、故借十二辰以立其算位、先置一算、象黃鍾也、**丑、三分二。**【索隱】案子律黃鍾長九寸、林鍾爲衡、長六寸、以九比六、三分少一、故云、丑三分二、是黃鍾三分去一下生林鍾之數也、【考證】豬飼彥博曰、以子爲一、丑以下十一次、以三乘之、以其分之數得其律之長也、蔡元定云、分字以上者、黃鍾之全數、分字以下者、諸律所取於黃鍾長短之數也、索隱正義云、三分二、九分八、並是分之餘數、非也、錢大昕曰、林鍾長六寸、其數五十四、于黃鍾本數中得三分二也、下倣此、**寅、九分八。**【索隱】十二律以黃鍾爲主、黃鍾長九寸、太蔟長八寸、寅九分八、卽是林鍾三分益一上生太蔟之義也、【正義】孟康云、元氣始起於子、未分之時、天地人混合爲一、故子數獨一、漢書律歷志云、太極元氣、函三爲一、行於十二辰、始動於子、參之於丑、得三、又參於寅、得九、又參之於卯、得二十七、又參之於辰、得八十一、又參之於巳、得二百四十三、又參之於午、得七百二十九、又參之於未、得二千一百八十七、又參之於申、得六千五百六十一、又參之於酉、得萬九千六百八十三、又參之於戌、得五萬九千四十九、又參之於亥、得十七萬七千一百四十七、此陰陽合德、氣鍾於子、化生萬物者也、然丑三分二、寅九分八者、並是分之餘數、而漢書不說也、【考證】錢大昕曰、寅九分八、謂大蔟長八寸、其數七十二、得黃鍾本數九分之八、卯二十七分十六、謂南呂長五寸三分寸之一也、以分子爲實、前兩位分母爲法、實如法、得十分之數、後倣此、其數

四十八、豬飼彥博曰、十二辰者、算家約分之權術耳、漢志所言、動於子、參於丑之類、皆附會之說、**卯、二十七分十六。**【索隱】以丑三乘寅、寅三乘卯、得二十七、南呂爲卯、衡長五寸三分寸之一、以三約二十七得九、卽黃鍾之本數、又以三約十六得五、餘三分之一、卽南呂之長、故云卯二十七分十六、亦是太簇三分去一、下生南呂之義、已下八辰竝準此、然云丑三分二、寅九分八者、皆分之餘數也、**辰、八十一分六十四。巳、二百四十三分一百二十八。午、七百二十九分五百一十二。未、二千一百八十七分一千二十四。**【考證】一千二十四、當作二千四十八、蓋傳寫之誤、**申、六千五百六十一分四千九十六。酉、一萬九千六百八十三分八千一百九十二。**【考證】八千一百九十二、當作一萬六千三百八十四、**戌、五萬九千四十九分三萬二千七百六十八。亥、十七萬七千一百四十七分六萬五千五百三十六。**【考證】六萬五千五百三十六、當作十三萬一千七十二、史文有訛誤、作表以示十二辰長短之數、并及十二律積實之數、

十二辰長短法

子	黃鍾	1
丑	林鍾	$1 \times \frac{2}{3} = \frac{2}{3}$
寅	太簇	$\frac{2}{3} \times \frac{4}{3} = \frac{8}{9}$
卯	南呂	$\frac{8}{9} \times \frac{2}{3} = \frac{16}{27}$
辰	姑洗	$\frac{16}{27} \times \frac{4}{3} = \frac{64}{81}$
巳	應鍾	$\frac{64}{81} \times \frac{2}{3} = \frac{128}{243}$
午	蕤賓	$\frac{128}{243} \times \frac{4}{3} = \frac{512}{729}$
未	大呂	$\frac{512}{729} \times \frac{4}{3} = \frac{2048}{2187}$
申	夷則	$\frac{2048}{2187} \times \frac{2}{3} = \frac{4096}{6561}$
酉	夾鍾	$\frac{4096}{6561} \times \frac{4}{3} = \frac{16384}{19683}$
戌	無射	$\frac{16384}{19683} \times \frac{2}{3} = \frac{32768}{59049}$
亥	仲呂	$\frac{32768}{59049} \times \frac{4}{3} = \frac{131072}{177147}$

十二律積實數

黃鍾	十七萬七千百四十七
林鍾	十一萬八千九十八
太簇	十五萬七千四百六十四
南呂	十萬四千九百七十六
姑洗	十三萬九千九百六十八
應鍾	九萬三千三百十二
蕤賓	十二萬四千四百十六
大呂	十六萬五千八百八十八
夷則	十一萬五百九十二
夾鍾	十四萬七千四百五十六
無射	九萬八千三百四
仲呂	十二萬一千七十二

生黃鍾術曰。【考證】張文虎曰、索隱出正文、無生字、各本以術曰別提行、皆誤、今正、王氏正譌謂黃字衍、似矣、乃并刪曰字、則非、生鍾術曰者、正承上生鍾分而解之、**以下生者、**【索隱】黃鍾術曰以下生者、案蔡邕曰、陽生陰爲下生、陰生陽爲上生、子午巳東爲上生、巳西爲下生、又律曆志云、陰陽相生、自黃鍾始、黃鍾生太簇、左旋八八爲五、從子至未得八、下生林鍾、是也、又自未至寅亦得八、上生太簇、然上下相生、皆以此爲率也、**倍其實三其法。**【索隱】謂黃鍾下生林鍾、黃鍾長九寸、倍其實者二九十八、三其法者、以三爲法、約之得六、爲林鍾之長也、【考證】倍其實三其法者、算家所謂$\frac{2}{3}$也、**以上生者、四其實三其法。**【索隱】四其實者、謂林鍾上生太簇、林鍾長六寸、以四乘六、得二十四、以三約之、得八、卽爲大簇之長、【考證】四其實三其法者、算家所謂$\frac{4}{3}$也、**上九商八。羽七。角六。宮五。徵九。**【索隱】此五聲之數、亦上生三分益一、下生三分去一、宮下生徵、徵益一上生商、商下生羽、羽益一上生角、然此文似數錯、未暇研覈也、【考證】王元啓曰、當云角七徵六羽五、若以律數誤文爲據、亦當云羽七角六徵五、宮字誤、徵九二字衍、錢大昕曰、族子塘以太玄淮南天文訓證明史公之義、今述之左方、太玄云、甲巳之數九、乙庚八、丙辛七、丁壬六、戊癸五、淮南云、戊子、黃鍾之宮也、庚子、無射之商

也、壬子、夷則之角也、甲子、仲呂之徵也、丙子、夾鍾之羽也、蓋古法六十律旋相爲宮、黃鍾爲宮、起戊子、則林鍾爲徵、配己丑、太簇爲商、配庚寅、南呂爲羽、配辛卯、姑洗爲角、配壬辰、次應鍾爲宮、配癸巳、蕤賓爲徵、配甲午、大呂爲商、配乙未、夷則爲羽、配丙午、夾鍾爲角、配丁酉、次無射爲宮、配戊戌、中呂爲徵、配己亥、黃鍾爲商、配庚子、故云庚子無射之商林鍾爲羽、配辛丑、太簇爲角、配壬寅、次南呂爲宮、配癸卯、姑洗爲徵、配甲辰、應鍾爲商、配乙巳、蕤賓爲羽、配丙午、大呂爲角、配丁未、次夷則爲宮、配戊申、夾鍾爲徵、配己酉、無射爲商、配庚戌、中呂爲羽、配辛亥、黃鍾爲角、配壬子、故云壬子夷則之角次林鍾爲宮、配癸丑、大簇爲徵、配甲寅、南呂爲商、配乙卯、姑洗爲羽、配丙辰、應鍾爲角、配丁巳、次蕤賓爲宮、配戊午、大呂爲徵、配己未、夷則爲商、配庚申、夾鍾爲羽、配辛酉、無射爲角、配壬戌、次中呂爲宮、配癸亥、黃鍾爲徵、配甲子、故云甲子中呂之徵林鍾爲商、配乙丑、大簇爲羽、配丙寅、南呂爲角、配丁卯、次姑洗爲宮、配戊辰、應鍾爲徵、配己巳、蕤賓爲商、配庚午、大呂爲羽、配辛未、夷則爲角、配壬申、次夾鍾爲宮、配癸酉、無射爲徵、配甲戌、中呂爲商、配乙亥、黃鍾爲羽、配丙子、故云丙子夾鍾之羽林鍾爲角、配丁丑、次太簇爲宮、配戊寅、南呂爲徵、配己卯、姑洗爲商、配庚辰、應鍾爲羽、配辛巳、蕤賓爲角、配壬午、次大呂爲宮、配癸未、夷則爲徵、配甲申、夾鍾爲商、配乙酉、無射爲羽、配丙戌、中呂爲角、配丁亥、而六十律終矣、戊癸爲宮聲、故宮之數五、甲巳爲徵聲、故徵之數九、乙庚爲商聲、故商之數八、丙辛爲羽聲、故羽之數七、丁壬爲角聲、故角之數六也、愚按上九商八羽七角六宮五徵九十二字、與生鍾術無干涉、恐錯簡、錢說湊合甚巧、未免傅會、王說亦未確、姑錄備考、**置一、而九三之以爲法。**【索隱】漢書律曆志曰、太一元氣函三爲一、行之於十二辰、始動於子、參之於丑得三、又參之於寅得九、是謂因而九三之也、韋昭曰、置一而九、以三乘之、是也、樂彥云、一氣生於

子、至丑而三、是一三也、又自丑至寅爲九、皆以三乘之、是九三之也、又參之卯得二十七、參之於辰得八十一、又參之於巳得二百四十三、又參之午得七百二十九、又參於未得二千六百八十七、又參之於申得六千五百六十一、又參於酉得萬九千六百八十三、又參於戌得五萬九千四十九、又參至於亥得十七萬七千一百四十七、謂之該數、此陰陽合德、氣鍾於子、化生萬物也、然丑三分寅九分者、卽分之餘數也、**實如法、得長一寸。**【索隱】實如法得一、實、謂以子一乘丑三至亥得十七萬七千一百四十七爲實數、如法、謂以上萬九千六百八十三之法除實、得九、爲黃鍾之長、言得一者、算術設法辭也、得下有長、一下有寸者、皆衍字也、韋昭云、得九寸之一也、姚氏謂得一、卽黃鍾之子數、**凡得九寸。命曰黃鍾之宮。**【考證】漢書律歷志、實如法上有十一三之以爲實七字、此脫、云九、云十一、算家所謂九乘十一乘也、置一而九三之得一萬九千六百八十三、置一而十一三之、得十七萬七千一百四十七、前以爲法、後以爲實、得九、此黃鍾之長也、實如法、法與實、其數相同也、

$$1\times3\times3\times3\times3\times3\times3\times3\times3\times3=19683$$

$$1\times3\times3\times3\times3\times3\times3\times3\times3\times3\times3\times3=177147$$

$$\frac{19683}{19683}=1$$

$$\frac{177147}{19683}=9$$

故曰、音始於宮、窮於角。【索隱】卽如上文宮下生徵、徵上生商、商下生羽、羽上生角、是其窮也、**數始於一、**

終於十、成於三。氣始於冬至、周而復生。神生於無、形【正義】無形、爲太陽氣、天地未形之時、言神本在太虛之中而無形也、【考證】正義太陽氣、當作大易氣、**成於有。形**【正義】天地既分、二儀已質、萬物之形成於天地之間、神在其中、【考證】張文虎曰、神生於無句、形字屬下、**然後數。形而成聲。**【正義】數、謂天數也、聲、謂宮商角徵羽也、言天數既形、則能成其五聲也、【考證】張文虎曰、形然後數、爲句、形然後數、形而成聲、謂有形而有數、有形而後有聲也、正義以然後數形而成聲爲句、非、**故曰、神使氣、氣就形。形理如類有可類。或未形而未類。或同形而同類。類而可班。類而可識。**【考證】張文虎曰、形理如類有可類七字、不可解、當有脫誤、王元啓曰、或未形而未類、二未字皆當作異、惠棟曰、班、別也、義與辨同、**聖人知天地識之別。故從有以至未有。**【正義】從有、謂萬物形質也、未有、謂天地未形也、【考證】王元啓曰、地下識字衍、張文虎曰、此下多脫訛、不可强解、**以得細若氣、微若聲。**【正義】氣、謂太易之氣、聲、謂五聲之聲也、**然聖人因神而存之、**【正義】言聖人因神理其形體、尋迹至於太易之氣、故云、因神而存之、上云從有以至未有、是也、**雖妙必效情。核其華、道者明矣。**【正義】妙、謂微妙之性也、效、猶見也、核、研核也、華道、神妙之道也、言人雖有微妙之性、必須稽習己之情理、然後研

核神妙之道、乃能究其形體、辨其成聲、故謂明矣、故下云、非有聖心以乘聰明、孰能存天地之神、而成形之情哉、是也、**非有聖心以乘聰明、孰能存天地之神、而成形之情哉。**【考證】張文虎曰、館本、明監本、有字、與上正義引合、它本誤其、**神者物受之、而不能知及其去來。**【正義】言萬物受神妙之氣、不能知覺、及神去來、亦不能識其往復也、【考證】及字衍、**故聖人畏而欲存之。唯欲存之、神之亦存。**【正義】言聖人畏神妙之理難識、而欲常存之、唯欲常存之、故其神亦存也、**其欲存之者、故莫貴焉。**【正義】言平凡之人、欲得精神存者、故亦莫如貴神之妙焉、**太史公曰、故旋璣玉衡、以齊七政。**【考證】故字、不可承太史公曰、愚按、太史公曰四字、妄人所增、故字、承篇首書曰、七正二十八舍、**卽天地二十八宿、**【正義】宿、音息袖反、又音肅、謂東方角亢氐房心尾箕、南方井鬼柳星張翼軫、西方奎婁胃昴畢觜參、北方斗牛女虛危室壁、凡二十八宿一百二十八宿星也、【考證】張文虎曰、正義句有誤、疑當云一百六十一星也、**十母、**【正義】十干、甲乙丙丁戊己庚辛壬癸、**十二子、**【正義】十二支、子丑寅卯辰巳午未申酉戌亥、**鍾律調自上古。建律運歷、造曰度、可據而度也。**【正義】度、音田洛反、【考證】陳仁錫曰、曰字當作日、張文虎曰、建律句、疑有脫文、**合符節、通道**

德。卽從斯之謂也。【索隱】述贊、自昔軒后、爰命伶倫、雄雌是聽、厚薄伊均、以調氣候、以軌星辰、軍容取節、樂器斯因、自微知著、測化窮神、大哉虛受、含養生人、

律書第三

史記二十五

文學博士瀧川龜太郎著

史記會注考證

史記會注考證卷二十六

漢　太史令司馬遷撰
宋　中郎外兵曹參軍裴駰集解
唐　國子博士弘文館學士司馬貞索隱
唐　諸王侍讀率府長史張守節正義
日本　出雲瀧川資言考證

歷書第四　史記二十六

【考證】史公自序云、律居陰而治陽、歷居陽而治陰、律歷更相治、間不容翲忽、五家之文佛異、維太初之元論、作歷書第四、陳仁錫曰、歷書多采大戴禮左傳國語之文、

昔自在古、歷建正、作於孟春。【索隱】按古歷者、謂黃帝調歷以前、有上元太初歷等、皆以建寅爲正、謂之孟春也、及顓頊夏禹、亦以建寅爲正、唯黃帝及殷周魯、並建子爲正、而秦正建亥、漢初因之、至武帝元封七年、始改用太初歷、仍以周正建子爲十一月朔旦冬至、改元太初焉、今按此文、至於十二月節、皆出大戴禮虞史伯夷之辭也、【考證】陳仁錫曰、歷建正作於孟春、乃一書之綱領也、豬飼彥博曰、詩商頌、自古在昔、昔自二字恐倒、大戴禮誥志篇作虞夏之歷、正建於孟春、索隱云、古歷者、謂黃帝調歷以前、有上元太初歷、非也、夫黃帝始作歷、黃帝以前、豈有歷乎、漢書律歷志云、前歷上元泰初四千六百一十七歲者、今所推原之歷元也、非謂上古已有此歷也、太初以後造歷者數十家、皆立歷元、是歷家之恆例爾、索隱又云、殷周魯並建子爲正、豈不見本篇殷正以十二月之文歟、又云、仍以周正建子爲十一月朔旦冬至、天運自然、何關於周正、張文虎曰、索隱於字、當作撫、案此篇自首至凡事易壞而難成矣、皆大戴記文、不止至撫十二節句、注有誤、於時冰泮發蟄、百草奮興、秭鴂先滜。【集解】徐廣曰、秭音姊、鴂音規、子鴂鳥也、一名鶗鴂、【索隱】按徐廣云、秭音規者誤也、當云秭音姊、鴂音規、蓋遺失耳、言子鴂鳥春氣發動、則先出野澤而鳴也、又按大戴禮作瑞鴂無釋、未測其旨、當是字體各有訛變耳、鶗音弟、鴂音桂、楚詞云、虗鶗鴂之先鳴、使夫百草爲之不芳、解者以鶗鴂爲杜鵑、【考證】大戴禮作、百草權輿、瑞雉無釋、史改權輿爲奮興、義長、秭鴂鳥名、中井積德曰、首春先鳴、必非鶗鴂杜鵑之類、豬飼彥博曰、無、古作无、蓋先譌作无、又作無、釋卽滜字訛耳、先滜卽楚詞先鳴也、滜讀爲嘷、物迺歲具、生於東、次順四時、卒于冬分。【索隱】卒、子律反、分、如字、卒、盡也、言建歷起孟春、盡季冬、則一歲事具也、冬盡之後、分爲來春、故云冬分也、【考證】大戴禮、具作俱、次作以、分作方、具俱同、次作以、當依訂、分作方、史義爲長、阮元曰、言萬物與歲俱起于春、盡于冬也、中井積德曰、冬分、謂冬春之交、卽除夜矣、非指節氣、時雞三號、卒明。【集解】徐廣曰、卒、一作平、又云、卒、斯也、【索隱】三號、三鳴也、言夜至雞三鳴、則天曉、乃始爲正月一日、言異歲也、徐廣云、卒一作平、又作斯、於文皆便、【考證】大戴禮、時上有於字、明下有載于青色四字、卒、當作平、蓋因下文譌、諸注以時字屬上、非是、索隱單本不誤、撫十二節、卒于丑。【正義】撫、猶循也、自平明寅至雞鳴丑、凡十二辰、辰盡丑、又至明朝寅、使一日一夜、故曰幽明、【考證】大戴禮、節上有月字、豬飼彥博曰、言自建寅月而循十二月節、以絕于建丑月也、日月成、故明也。【考證】大戴禮、成下有歲字、其義更晰、明字從日從月、易傳云、日月相推而明生焉、明者孟也。幽者幼也。幽明者雌雄也。【考證】豬飼彥博曰、此以下至起明于西、大戴禮在虞夏之歷正建于孟春之上、亦虞史伯夷之辭也、錢大昕曰、明孟、聲相近、古讀孟如芒、而孟亦與芒通、毛公詁詩、正爲長、宵爲幼、而鄭康成箋之、以正爲晝、宵爲夜、然則晝爲長、夜爲幼、與大戴太史公之義正合、查德基曰、幽與窈通、窈從幼得聲、故幽可以幼字釋之、幽之爲言窈也、是幽通乎窈、陰爲幽、陽爲明、陽先陰後、長幼之義曉然矣、雌雄代興、而順至正之統也。日歸于西、起明於東。月歸於東、起明于西。【考證】月生於西、謂三日哉生明、月正在西、闕後每日昏見、漸轉而東、至望乃正東也、禮

記禮器云、大明生于東、月生于西、參同契納甲術云、三日出爲爽、震庚受西方、八日兌受丁、上弦平如繩、十五乾體就、盛滿甲東方、正不率天、又不由人、則凡事易壞而難成矣。【索隱】正不率天、亦不由人、此文出大戴禮、是孔子稱周太史之詞、【考證】正、讀爲政、大戴禮作政、又、大戴禮作下、史義長、愚按、篇首至此、皆大戴禮誥志篇文、字句少異、次第不同、王者易姓受命、必愼始初。改正朔、易服色、推本天元、順承厥意。【索隱】言王者易姓而興、必當推本天之元氣行運所在、以定正朔、以承天意、故云承順厥意、【考證】猪飼彥博曰、天元、卽所謂上元也、造歷之所推本、故曰推本也、索隱非也、太史公曰、神農以前尙矣。蓋黃帝考定星歷、【索隱】按系本及律歷志、黃帝使羲和占日、常儀占月、臾區占星氣、伶倫造律呂、大橈作甲子、隸首作算數、容成綜此六術而著調歷也、【考證】黃、各本譌皇、今從宋本毛本索隱本、建立五行、起消息、【正義】皇侃云、乾者陽生、爲息、坤者陰死、爲消也、【考證】消息、以陰陽言、正閏餘。【集解】漢書音義曰、以歲之餘爲閏、故曰閏餘、【正義】鄧平落下閎云、一月之日二十九日八十一分日之四十三、按計其餘分成閏、故云正閏餘也、每一歲三百六十六日、餘六日、小月六日、是一歲餘十二日、大計三十三月則一閏之耳、【考證】張文虎曰、正義四十三、各本譌四十八、小月六日、各本譌作小月大月、依漢志師古注改、小月上、當有又除二字、於是有天地神祇物類之官。是謂五官。

四

各司其序、不相亂也。【正義】應劭云、黃帝受命、有雲瑞、故以雲紀官、春官爲青雲、夏官爲縉雲、秋官爲白雲、冬官爲黑雲、中官爲黃雲、按黃帝置五官、各以物類名其職掌也、【考證】猪飼彥博曰、此以下至使復典之、楚語觀射父之辭也、楚語、祇作民、漢書郊祀同、此傳寫之誤、愚按天、地、神、民、物類、各一官、物類、禽獸草木也、楚語、作類物、義同、民是以能有信。神是以能有明德。民神異業、敬而不瀆。故神降之嘉生、民以物享、災禍不生、所求不匱。【集解】應劭曰、嘉生、嘉穀也、【索隱】應劭云、嘉穀也、【正義】劉伯莊云、物、事也、人皆順事而享福也、【考證】楚語、信上有忠字、所求作求用、王元啓曰、物、謂祭祀所具之牢醴也、神降嘉穀以養民、民則具牢禮以報享也、少皞氏之衰也、九黎亂德。民神雜擾、不可放物。【集解】漢書音義曰、九黎、少皞時諸侯作亂者、【索隱】放、音昉、依也、【考證】九黎、與三苗竝言、蓋南方種族名、言九者非一族也、放、楚語作方、方、猶別也、物、猶類也、禍菑薦至、莫盡其氣。【索隱】薦至、上音在見反、古荐字、假借用耳、荐、集也、【考證】楚語、薦至作荐臻、韋昭曰、荐、重也、氣、壽命之氣、顏師古曰、言不究其性命也、顓頊受之、乃命南正重司天以屬神、命火正黎司地以屬民、使復舊常、無相侵瀆。【集解】應劭曰、黎、陰官也、火數二、二、地數也、故火正司地、以屬萬民、【索隱】按左傳、重爲句芒木正、黎爲祝融火正、

五

此言南者、劉氏以爲南字誤、非也、蓋重黎二人、元是木火之官、兼司天地職、而天是陽、南是陽位、故木亦是陽、所以木正爲南正也、而火是地正、亦稱北正者、火數二、二、地數、地陰、主北方、故火正亦稱北正、爲此故也、臣瓚以爲古文火字似北、未爲深得也、【考證】正、長也、屬、以其事委之也、其後三苗服九黎之德、【正義】孔安國云、三苗、縉雲氏之後諸侯也、按服、從也、言九黎之君在少皞之世作亂、今三苗之君從九黎亂德、故南北二官皆廢、使歷數失序、【考證】漢書律歷志作三苗亂德、服、行也、德、凶德也、韋昭曰、三苗爲亂、行其凶德、如九黎之爲也、故二官咸廢所職、而閏餘乖次、【集解】漢書音義曰、次、十二次也、史推歷失閏、則斗建與月名錯、孟陬殄滅、【集解】漢書音義曰、正月爲孟陬、閏餘乖錯、不與正歲相值、謂之殄滅、【索隱】按正月爲陬、陬、音鄒、又作侯反、楚詞云、攝提貞乎孟陬、言歷數乖誤、乃使孟陬殄滅、不得其正也、攝提無紀、歷數失序。【集解】漢書音義曰、攝提、星名、隨斗杓所指建十二月、若歷誤、春三月當指辰而指巳、是謂失序、【索隱】攝提失方、按天官書云、攝提三星若鼎足句之直、斗杓所指、以建時節、故曰攝提格、格、至也、言攝提隨月建至、故云格也、【考證】柯維騏曰、太史公此文前後百餘言、皆採國語而稍刪省、其云二官咸廢所職、而閏餘乖次、孟陬殄滅、攝提無紀、曆數失序、此則太史公所增者也、愚按漢志無紀作失方、無歷數失序四字、漢書劉向傳云、歷失則攝提失方、孟陬無紀、大戴禮用兵篇云、歷失制、攝提失方、鄒大無紀、鄒與陬同、鄒大卽孟陬、皆云無紀、不云殄滅、猪飼彥博曰、雖閏餘乖次、孟陬豈殄滅乎、當從劉向傳改正之、堯復遂重・黎之後不忘舊者、使復典之、

六

【考證】以上采楚語、間有增損、猪飼彥博曰、楚語、遂作育、漢志同、遂卽長育之意、而立羲・和之官、明時正度、則陰陽調、風雨節、茂氣至、民無夭疫。【考證】堯典云、乃命羲和、欽若昊天、歷象日月星辰、敬授民時、猪飼彥博曰、重黎固非歷官、羲和亦非其後、史遷誤以重黎爲歷官、遂以堯典羲和充楚語重黎之後、年耆禪舜、申戒文祖云、天之歷數在爾躬。【集解】徐廣曰、戒、一作敕、何晏曰、歷數、謂列次也、【正義】言於文祖之廟、以申戒舜也、舜亦以命禹。【集解】孔安國曰、舜亦以堯命己之辭命禹也、【考證】采論語堯曰篇、柯維騏曰、堯舜禹以天之曆數相告戒、朱子謂帝王相繼之次第、猶歲時氣節之先後、史遷班固、直以此爲造曆之事、非也、由是觀之、王者所重也。夏正以正月、殷正以十二月、周正以十一月。【考證】尙書大傳、夏以孟春月爲正、殷以季冬月爲正、周以仲冬月爲正、蓋三王之正、若循環。窮則反本。天下有道、則不失紀序。無道、則正朔不行於諸侯。幽・厲之後、周室微、陪臣執政、史不記時、君不告朔。【集解】鄭玄曰、禮、人君每月告朔於廟有祭、謂之朝享、【考證】猪飼彥博曰、史不記時、言史官失月日而不書也、漢志、作史官喪紀、故疇人子弟分散、或在諸夏、

七

或在夷狄。【集解】如淳曰、家業世世相傳爲疇、律年二十三傳之疇官、各從其父學、【索隱】韋昭云、疇、類也、孟康云、同類之人明歷者也、樂彥云、疇、昔知星人、【考證】程大昌曰、疇人、古字假借、以算數而名、愚按、樂官亦曰疇人、律歷皆以算數爲本也、是以其禨祥廢而不統。【集解】如淳曰、呂氏春秋、荊人鬼而越人禨、今之巫祝禱祠淫祀之比也、晉灼曰、禨、音珠璣之璣、【考證】猪飼彥博曰、禨祥、謂天見吉凶之兆也、言察禨祥之法廢墜、而不得其統也、注非、周襄王二十六年閏三月。而春秋非之。【考證】春秋、謂左傳也、公穀竝無此說、左傳傳文公元年云、於是閏三月、非禮也、杜預注、於歷法閏當在僖公末年、誤於今年三月置閏、蓋時達歷者所譏、顧炎武曰、經傳之文、凡閏不言其月者、閏即歲之終可知也、今魯改歷法置閏在三月、故爲非禮、據漢書表及史記、漢未改秦歷之前、屢書後九月、是知歷法故然、梁玉繩曰、案東遷已後、王不頒朔、而國自爲歷、各有不齊、春秋之非閏三月、謂魯歷也、史公以爲周歷誤、先王之正時也、履端於始、【集解】韋昭曰、謂正歷必先稱端始也、若十一月朔旦冬至也、舉正於中、【集解】韋昭曰、氣在望中、則時日昏明皆正也、歸邪於終。【集解】邪、音餘、韋昭曰、邪、餘分也、終、閏月也、中氣在晦、則後月閏在望、是其正中也、【考證】左傳、邪作餘、中井積德曰、端、謂節也、正、謂中氣、終、謂歲杪、古曆置閏、必於歲杪、履端於始、序則不愆。舉正於中、民則不惑。歸邪於終、事則不悖。【考證】閏三月以下、采文元年左傳。其後戰

國竝爭、在於彊國禽敵、救急解紛而已。豈遑念斯哉。是時獨有鄒衍、明於五德之傳、而散消息之分、以顯諸侯。【正義】傳、音竹戀反、五德、五行也、【考證】五德、見始皇紀孟荀傳、張文虎曰、散字分字、疑有誤、而亦因秦滅六國、兵戎極煩、又升至尊之日淺、未暇遑也。【考證】凌稚隆曰、亦因下疑有缺文、張文虎曰、而亦因三字、涉下文而衍、刪之、與上文氣直接、或疑有缺文、非也、而亦頗推五勝、而自以爲獲水德之瑞。更名河曰德水、而正以十月、色上黑。然歷度閏餘、未能睹其眞也。【集解】漢書音義曰、五行相勝、秦以周爲火、用水勝之也、【正義】正、音征、以秦始皇名諱之、故改也、【考證】中井積德曰、秦以十月爲歲首而已、正月則用夏正、愚按、事見始皇二十六年紀、漢興、高祖曰。北畤待我而起。【考證】封禪書、高祖二年入關、問故秦博士、上帝祠何帝也、對曰、四帝、有白青黃赤帝之祠、高祖曰、天有五帝、而四、待我而具五也、乃立黑帝祠、命曰北畤、亦自以爲獲水德之瑞。雖明習歷及張蒼等、咸以爲然。【考證】梁玉繩曰、案漢之王、或以土德、或以火德、或以水德、所說不同、語在孝文事中、李笠曰、及、疑如字之誤、是時天下初

定、方綱紀大基。高后女主。皆未遑。故襲秦正朔服色。至孝文時、魯人公孫臣以終始五德上書言、漢得土德。宜更元改正朔易服色。當有瑞。瑞黃龍見。事下丞相張蒼。張蒼亦學律歷以爲非是。罷之。【考證】王元啓曰、前有明習歷句、此云張蒼學律歷、複出、蓋後人注語也、其後黃龍見成紀。張蒼自黜、所欲論著不成。【考證】猪飼彥博曰、張蒼傳云、於是文帝召公孫臣以爲博士、草土德之曆、制度更元年、張丞相由是自絀、謝病稱老、孝文紀云、張蒼以爲今水德始明正十月、上黑事、此所謂所欲論著者也、而新垣平以望氣見、頗言正歷服色事、貴幸。後作亂。故孝文帝廢不復問。【考證】封禪書、垣平詐令人獻玉杯、又詐言日卻復中、孝文故改元、事覺誅三族、蓋以詐妄誅耳、非作亂也、至今上即位、招致方士唐都、分其天部。【集解】漢書音義曰、謂分部二十八宿爲距度、而巴落下閎、運算轉歷、然後日辰之度、與夏正同。【集解】徐廣曰、陳術云、徵士巴郡落下閎也、【索隱】姚氏案益部耆舊傳云、閎字長公、明曉天文、隱於落下、武帝徵待詔太史、於地中轉渾天、改顓

頊歷作太初歷、拜侍中、不受、【考證】楊愼曰、漢武歷得夏正、應篇端引大戴禮之說、張文虎曰、漢志敍造太初歷、首選鄧平、又云、詔司馬遷用鄧平所造八十一分律歷、則太初歷固鄧平主之、而此文祗及都閎、疑有殘缺、錢大昕曰、集解陳述、蜀人、譔益部耆舊雜記、乃改元、更官號、封泰山。【考證】猪飼彥博曰、更官號者、更郎中令曰光祿勳、大行令曰大鴻臚之類、詳見漢書百官表、封泰山、在元封元年、此書誤、愚按、漢書律歷志云、武帝元封七年、漢興百二歲矣、大中大夫公孫卿、壺遂、太史令司馬遷等言、歷紀壞廢、宜改正朔、是時御史大夫兒寬明經術、上迺詔寬曰、與博士共議、今宜何以爲正朔、服色何上、此太初改歷、本史公等議也、因詔御史曰。乃者有司言星度之未定也。廣延宣問、以理星度。未能詹也。【集解】徐廣曰、詹、一作售也、【索隱】按漢書作讎、故徐廣云、一作售、售即讎也、韋昭云、讎、比校也、鄭德云、相應爲讎也、【考證】漢志、星度之未定也、作歷未定、理作考、詹作讎、顏師古曰、讎相當、方苞曰、古卜筮之官名詹尹、似有占驗符合之義、觀下十一月甲子朔旦冬至已詹可見、蓋聞昔者黃帝合而不死。名察度驗、定清濁、起五部、建氣物分數。【集解】應劭曰、言黃帝造歷得仙、名節會、察寒暑、致啓閉分至、定清濁、起五部、五部、金木水火土也、建氣物分數、皆敍歷之意也、孟康曰、合、作也、黃帝作歷、歷終復始、無窮已、故曰不死、清濁、律聲之清濁也、五部、五行也、天有四時、分爲五行也、氣、二十四氣、物、萬物也、分、歷數之分也、瓚曰、黃帝聖德與虛合契、升龍登仙於天、故曰合而不死、題名宿度、候察進退、謂三辰之度、吉凶之驗

也、【索隱】臣瓚云、題名宿度、候察進退、以爲吉凶之狀、依文作解爲得、案漢書、作名察發斂、韋昭云、發、氣發、斂、氣斂、又續漢書以爲道之發斂、景之長短、則發斂是日行道、去極盈縮也、【考證】方苞曰、合而不死、卽封禪書所云、黃帝迎日推策、率二十歲復朔旦冬至、凡三百八十年、而仙登於天、蓋方士誕語也、合者、至日適與朔旦合也、名察者、五星二十八宿之名、於是辨也、度驗者、其宿離遲速之數、皆可驗也、定清濁者、卽下所謂氣復正、羽聲復正也、起五部者、卽下所謂黃鐘爲宮、至姑洗爲角、是也、氣者、在天之節氣也、物者十二律之管也、建氣物分數者、唯能知其消息損益之分數、然後立十二管、以應十二月之氣也、王元啓曰、名察度驗、猶言察名驗度、愚按漢志作名察發斂、孟康云、春夏爲發、秋冬爲斂、晉灼云、蔡邕天文志、渾天名察發斂、以行日月、以步五緯、又周髀算經、冬至夏至者日道發斂之所同也、與索隱所引續漢書同義、近時王念孫猪飼彥博諸人、以發斂爲是、併錄備考、**然蓋尙矣。**【考證】漢志作然則上矣、王先謙曰、言其所由來遠也、**書缺樂弛。朕甚閔焉。朕唯未能循明也。**【考證】漢書作朕甚難之、依違目惟、未能修明、據此循當作修、**紬績日分、**【索隱】紬音宙、又如字、紬績者、女工紬緝之意、以言造歷算運者、猶若女工緝而織之也、**率應水德之勝。**【集解】徐廣曰、蓋以爲應土德、土勝水、**今日順夏至。**【索隱】按夏至、謂夏至冬至、【考證】猪飼彥博曰、漢書武帝紀云、夏五月、正歷以正月爲歲首、蓋其日當夏至也、**黃鐘爲宮、**【考證】中井積德曰、是謂夏至之調也、猪飼彥博曰、淮南子云、斗指午則夏至、音比黃鐘、愚按此武紀所謂協音律者、**林鐘爲徵、太簇爲商、南呂**

爲羽、姑洗爲角。自是以後氣復正、羽聲復淸、名復正變、【考證】中井積德曰、名疑當作各、王元啓曰、變字衍、愚按中說是、**以至子日、當冬至、則陰陽離合之道行焉。**【考證】王元啓曰、按古者太初上元甲子夜半冬至、七曜皆會斗牽牛分度、自此而後、諸曜或遲或疾、各異其行、所謂離合之道也、**十一月甲子朔旦冬至已詹。其更以七年爲太初元年。**【索隱】按改元封七年爲太初元年、然漢始以建亥爲年首、今改以建寅、故以七年爲元年、韋昭云、漢興至此百二歲、案律歷志云、乃以前歷上元太初四千六百一十七歲、至元封七年、復得閼逢攝提之歲、中冬十一月甲子朔日冬至、【考證】中井積德曰、以舊歷元封七年歲首建亥及建子建丑三月、還屬六年、而以建寅以後爲太初元年也、愚按詹足也、至也、說又見上文、**年名焉逢攝提格、**【集解】徐廣曰、歲陰在寅、左行、歲星在丑、右行、【索隱】按爾雅云、歲在甲曰焉逢、寅曰攝提格、則此甲寅之年十一月甲子朔旦夜半冬至也、然此篇末亦云、寅名攝提格、則此甲寅之歲也、又據二年名單閼、三年名執徐等、年次分明、而漢志以爲其年在丙子、當是班固用三統、與太初歷不同、故與太史公說有異、而爾雅近代之作、所記年名又不同也、左行右行、按蘇林云、歲與星行所在之次、【正義】焉、音於乾反、後同、【考證】漢書律歷云、元封七年復得閼逢攝提格之歲、仲冬十一月甲子朔旦冬至、日月在建星、太歲在子、又云、漢歷太初元年十一月甲子朔旦冬至、歲在星紀婺女六度、故漢志曰、歲名困敦、正月歲星出婺女、焉逢、甲也、攝提格、寅也、星紀、丑也、困敦、子也、史漢所言不同、

王元啓曰、歷家推步之術、代有不同、甲曰焉逢、寅曰攝提格、從古更無異說、況太初歷史公手定、不應年歲甲子尙有錯記、漢志云、以前歷上元泰初四千六百一十七歲、至元封七年、復得閼逢攝提格之歲、則是歲之爲甲寅、班氏亦旣明知、而其下復有太歲在子之云、前後自爲乖異、必誤文也、或疑是漢志世經一篇、所載歷代甲子甚明、豈於是年獨誤、余謂卽以世經之誤、班氏之誤可決也、天官書云、攝提格歲、大歲左行在寅、歲星右轉居丑、世經、載太初元年之前十一月朔旦冬至、歲在星紀婺女六度、歲星在丑、則太歲是寅、非子明矣、天官書所載諸星行度、雖不盡史公手筆、然亦西漢諸儒纂入、去史公不遠、所言當據太初歷法、因此逆數高祖入秦之歲、太歲在申、歲星在未、故五星皆得從聚東井、漢志太歲在午、徐廣月表注、又以爲其年乙未、午未之歲、歲星當在大梁實沈之次、與土火金水同聚東井、亦非行度所宜、今謂太初元年丙子、則甲寅之歲、前爲元朔三年、相距二十二年、後爲元康四年、相距三十八年、歷法縱有不同、何至相違若是之遠、王引之曰、漢志太歲在子、當作太歲在寅、後人改之也、太歲在寅曰攝提格、上言攝提格之歲、則下當言太歲在寅、錢大昕曰、古法歲陰與太歲不同、太歲與歲星相應、歲星自丑右行、太歲自子左行、歲在星紀、則太歲在子、在元枵、則太歲必在丑、歲星百四十四年而超一辰、卽太歲亦超一辰、太初之元、歲在星紀、故漢志以爲太歲在子、而當時詔書以爲年名閼逢攝提格者、乃指歲陰所在、非太歲所在也、歲陰亦謂之太陰、又曰靑龍、亦左行、周十二辰、而常在太歲之前二辰、如太歲在子、則太陰在寅、淮南天文訓、太陰在寅、歲名曰攝提格、太陰在卯、歲名曰單閼、云云、蓋古人以太陰紀歲、攝提格以下十二名、皆曰太陰所在、淮南子言太陰元始建于甲寅、故以焉逢攝提格之歲爲歷元、而太初三統推上元、日月五星皆起于星紀、故太歲起丙子、史記歷術甲子篇云、歲甲寅年者、以太陰所在紀歲名、班

史云、歲名困敦、乃眞太歲所在也、東漢以降、術家鮮知太陰太歲之別、又不知太歲超辰之義、而古書多難通矣、愚按二王蓋得之、漢志云歲在星紀婺女六度者、劉歆以三統術逆推之耳、不若史公在當時自驗自筆之可據、錢氏據淮南云、史記以太陰紀年、漢書以太歲紀年、其說極巧、但旣有太陰紀年之法、何更以太歲紀年、據古書、太陰太歲、名異實同、說詳于吳仁傑兩漢刊誤補遺、王引之太歲考、**月名畢聚、日得甲子、夜半朔旦冬至。**【集解】文穎曰、律居陰而治陽、歷居陽而治陰、更相治、閒不容翾忽、五家文悖異、推太初之元也、【索隱】聚、音娵、案虞喜云、天元之始、於十一月甲子夜半朔旦冬至、日月若連珠、俱起牽牛之初、歲雄在閼逢、雌在攝提格、月雄在畢、雌在訾、訾則娵訾之宿、日雄在甲、雌則在子、此則甲寅之元、天道之首、【考證】張文虎曰、集解語、見自序、與正文無涉、漢書無此注、蓋傳寫誤衍、

歷術甲子篇。【索隱】以十一月朔旦冬至得甲子、甲子是陽氣支干之首、故以甲子命歷術爲篇首、非謂此年歲在甲子也、【考證】月、自朔至晦二九、五三〇五八日、十二月、三五四日、日、一歲、三六五、二四二二日、（歷家稱三六五、二五日）、其差約十一日、十九年七置閏月、猶剩〇、七五日、七十六年之後、日時季節略合、故曆家以十九年爲一章、七十六年爲一蔀、是篇自焉逢攝提格至祝犂大荒落、方七十六年、張文虎曰、歷術甲子篇、或以爲褚少孫所補、或以爲褚取歷官舊諜綴之、以太初爲歷元、仍用四分術、氣朔分演算、梁玉繩志疑、王念孫太歲考、皆以爲殷術、不知殷術是年入天紀乙酉蔀第二章首、歲名丁丑、天正氣朔、皆有餘分四之三、不得爲元首、幷不得爲殷術、反覆思之、則史公與壺遂等初受詔改歷時所定也、蓋帝詔直以元封六年十一月朔旦冬至爲歷元、不復計及餘分、還遂等依違承詔、徒以歲星在丑、則太歲在寅、命爲焉逢攝提格、

其餘仍用舊氣朔分、[黃帝術以下六術皆用四分]、推算以爲太初新歷、不能他有所更格、[周歷太初元年入地紀、第一蔀首、甲子朔旦冬至、氣朔皆無餘分、正與此合]、迺鄧平所改定、破紀法八十章爲八十一、而謂之統法、一元之終、多五十七年、不得復其歲名、歲餘朔餘、皆強於四分、[當時亦以氣朔餘分爲嫌、而無法消弭之、故漢志言射姓等奏不能爲筭、逮鄧平定歷、增其小餘、以四千六百十七年爲元法、餘分適盡、蓋得之巧算、而即以此爲張壽王所詆、詳舒藝隨筆卷五、]而改歲星與日同次之斗建、命爲歲在困敦、[此據十一月朔之星次耳、其實此時歲星在婺女六度、逮至婺女八度、歲星自丑度子、太歲則自子度丑矣、]史公心有所不善焉、特以詔用平術、[漢志云、迺詔遷用平所造八十一分律歷、]不故執舊法以爭、故於歷書存此篇以見意、自焉逢攝提格至祝犂大荒落、凡七十六歲、合一蔀之數、其歲名下本不著年、今本有者、後人增之、然則前文不及鄧平、又詔更七年爲太初元年下、不復詳定歷終始、蓋有故焉、非闕略也、愚按、張說蓋得當時情事、

太初元年、歲名焉逢、[索隱]甲、歲雄也、漢書作閼逢、亦音焉、與此音同、**攝提格、**[索隱]寅、歲陰也、此依爾雅、甲寅之歲、若據漢志、以爲丙子之年、**月名畢聚。**[索隱]謂月值畢及陬訾也、畢、月雄也、聚、月雌也、**日得甲子、**[索隱]謂十一月冬至朔旦得甲子也、**夜半朔旦冬至。**[索隱]以建子爲正、故以夜半爲朔、其至與朔同日、故云夜半朔旦冬至、若建寅爲正者、則以平旦爲朔也、**正北。**[索隱]謂蔀首十一月甲子朔旦時加子爲冬至、故云正北也、然每歲行周天、全度外餘有四分之一、以十二辰分之、冬至常居四仲、故子年在子、丑年

在卯、寅年在午、卯年在酉、至後十九年、章首在酉、故云正西、其正南正東竝準此也、[正義]黃鐘管子時氣應、稱正北、順行四時、仲所至爲正月一日、是歲之始、盡一章十九年、黃鐘管應在酉、則稱正西、他皆放此、[考證]王元啓曰、按四分之一、卽十二辰之三、計全歲之周、當得三百六十五日加三時、故子年甲子日子時冬至、丑年必在己巳日卯時、寅年必在甲戌日午時、卯年必在己卯日酉時、然太初歷、寅年起算正北、是歲前冬至、則本年十一月冬至、時當加卯、卯年在午、辰年在酉、巳年在子、至後十九年歲在壬申、時當加卯、故曰正西、索隱以漢志解歷書、不自知其錯數也、

十二[索隱]歲有十二月、有閏則云十三也、

無大餘。無小餘。[索隱]其歲甲子朔旦、日月合於牽牛之初、餘分皆盡、故無大小餘也、[正義]無大小餘者、以出閏月之歲、有三百五十四日三百四十八分、除五甲三百日、餘有五十四日三百四十八分、緣未滿六十日、故置爲來年大小餘、亦爲太初元年、日得甲子朔旦冬至、前年無奇日分、故無大小餘也、[考證]下文正義云、大餘者日也、小餘者日之奇分也、又云、小餘者、未滿日之分數也、

無大餘。無小餘。[索隱]上大小餘、朔之大小餘、此謂冬至大小餘、冬至亦與朔同日、竝無餘分、至與朔法異、故重列之、

焉逢攝提格太初元年。[索隱]如漢志、太初元年歲在丙子、據此則甲寅歲也、爾雅釋天云、歲陽者、甲乙丙丁戊己庚辛壬癸十

干是也、歲陰者、子丑寅卯辰巳午未申酉戌亥十二支是也、歲陽在甲云焉逢、謂歲干也、歲陰在寅云攝提格、謂歲支也、[考證]太初元年至建始元年、年號年數、後人妄增、說既見上文張說、

十二[考證]無閏月、故云十二、後倣此、

大餘五十四[索隱]歲十二月、六大六小、合三百五十四日、以六除之、五六三十、除三百日、餘五十四日、故下云、大餘者日也、[正義]月朔旦甲子日法也、

小餘三百四十八[索隱]太初歷法、一月之日、二十九日九百四十分日之四百九十九、每兩月合成五十九日、餘五十八分、今十二月合餘六箇五十八、得此數、故云小餘者月也、[正義]未滿日之分數也、其分每滿九百四十則成一日、卽歸上成五十五日矣、大餘五十四者、每歲除小月六日、則成三百五十四日、除五甲三百日、猶餘五十四日、爲未滿六十日、故稱大餘五十四也、小餘三百四十八者、其大數五十四之外、更餘分三百四十八、故稱小餘三百四十八也、此大小餘是月朔甲子日朔、以出閏月之數、一歲則有三百五十四日三百四十八分、每六十日除之、餘爲未滿六十日、故有大小餘也、此是太初元年奇日奇分也、置大餘五十四算、每年加五十四日、滿六十日除之、奇算閏之、每至閏後一年、加二十九算、亦滿六十日除之、奇算閏之、若總足六十日、明年云無大餘、無小餘也、又明年以置五十四算、如上法、置小餘三百四十八算、每年加三百四十八分、滿九百四十分成一日、歸上餘算閏之、若至閏後一年加八百四十七分、亦

滿九百四十分成日、歸大餘、奇留之、明年以加三百四十八算、如上法也、[考證]張文虎曰、索隱故下、當有下字、正義、置大餘五十四算以下至如上法也百四十九字、原錯在上文日得甲子下、今移正、

大餘五[索隱]周天三百六十五度四分度之一、日行一度、去歲十一月朔在牽牛初爲冬至、今歲十一月十二日又至牽牛初、爲一周、以六十甲除之、六六三十六、除三百六十、餘五、故云大餘五也、[正義]冬至甲子日法也、

小餘八[索隱]卽四分之一、小餘滿三十二從大餘一、四八三十二、故云小餘八、明年又加八得十六、故下云小餘十六、次明年又加八得二十四、故下云小餘二十四、又明年加八得三十二、爲滿、故下云無小餘、此竝依太初法行之也、[正義]未滿日之分數也、其分每滿三十二則成一日、卽歸上成六日矣、大餘五者、每歲三百六十五日、除六甲三百六十日、猶餘五日、故稱大餘五日也、小餘八者、每歲三百六十六五日四分日之一、則一日三十二分、是一歲三百六十五日八分、故稱小餘八也、此大小餘是冬至甲子日法、未出閏月之數、每六十日除之、爲未滿六十日、故有大小餘也、此是太初元年奇日奇分也、置大餘五算、每年加五算、滿六十日則除之、後年更置五算、如上法、置小餘八算、每年加八算、滿三十二分爲一日、歸大餘、後年更置八算、如上法、大餘者日也、小餘者日之奇分也、[考證]張文虎曰、正義置大餘五算至奇分也六十九字、原錯在朔旦冬至下、今移正、

端蒙單閼二年。[集解]徐廣曰、單閼、一作亶安、[索隱]端蒙、乙也、爾雅作旃蒙、單閼、卯也、丹遏二音、又音蟬焉、二年、歲在乙卯也、[正義]單音丹、又單

音時連反、闕、音烏葛反、又於連反、〔考證〕張文虎曰、索隱正義、於每年下注年數、是所見本、本文無年數也、今有者、蓋又後人所增、盧氏抱經錢氏溉亭說同、

閏十三　〔考證〕閏十三、是歲有閏、幷十二經月、爲十三也、王元啓曰、按漢志云、八章三歲一閏、六歲二閏、九歲三閏、十一歲四閏、十四歲五閏、十七歲六閏、十九歲七閏、據三統歷、太初二年爲八章十四歲、天漢三年爲十九歲之終、今天漢三年無閏、而閏四年、則似以太初二年爲八章三歲、然依法推算、太初二年冬至在十一月二十三日甲戌、此歲中不應置閏、置閏當在三年、則太初元年、實爲八章之第一歲、此篇所載閏十三、皆先一年言之、蓋爲來歲大小餘加算之地、謂自此歲冬至後、當加閏爲十三月、非謂此年即已加閏也、

大餘四十八　〔考證〕王元啓曰、按五十四加五十四、成一百單八日、除去一甲子六十、故云四十八、　小餘六百九十六　〔考證〕王元啓曰、按三百四十八、又加三百四十八、得此數、

大餘十　〔考證〕王元啓曰、按又加五日、合前歲大餘、得此數、　小餘十六　〔考證〕王元啓曰、按又加八分、合前歲小餘、得此數、後悉倣此推之、

游兆執徐三年　〔索隱〕游兆、景也、爾雅、作柔兆、執徐、辰也、三年、〔正義〕三年丙辰歲也、〔考證〕游兆丙也、索隱避唐諱云景、

十二

大餘十二　〔考證〕王元啓曰、此係閏後一年、應加二十三算、四十八加二十三、除去一甲子六十、餘十一、又小餘滿一日歸大餘、故云十二、

小餘六百三　〔考證〕王元啓曰、上年小餘六百九十六、此係閏後一年、應加八百四十七、除去九百四十分滿一日歸大餘、小餘存此數、

大餘十五小餘二十四

彊梧大荒落四年　〔索隱〕强梧、丁也、大芒駱、巳也、四年、〔正義〕梧、音語、四年丁巳歲也、〔考證〕宋本毛本、荒作芒、索隱本作大芒駱、

十二

大餘七　〔考證〕王元啓曰、按十二加五十四、止得六十六、因下文小餘又滿一日歸大餘、得六十七、除去六十、餘此數、　小餘十一　〔考證〕王元啓曰、按上年六百懸三、加本年三百四十八、共九百五十一、除去九百四十、餘十一、

十二

大餘二十一　〔考證〕王元啓曰、按十五加五、得二十、因小餘滿三十二分、又成一日、故爲二十一、　無小餘　〔考證〕王元啓曰、按二十四加八、共餘三十二分、成一日歸大餘、故無小餘也、

徒維敦牂天漢元年　〔索隱〕徒維、戊也、敦牂、午也、天漢元年、〔正義〕牂、音作郎反、天漢元年戊午歲也、

閏十三

大餘一小餘三百五十九

大餘二十六小餘八

祝犂協洽二年　〔索隱〕祝犂、己也、爾雅作著雍、汁洽、未也、二年、〔正義〕二年己未歲也、

十二

大餘二十五　〔考證〕閏後加法同前、後不復出、　小餘二百六十六

大餘三十一小餘十六

商橫涒灘三年　〔索隱〕商橫、庚也、爾雅、作上章、赤奮若、丑也、天官書及爾雅、申爲涒漢、丑爲赤奮若、今自太初已來計歲次、與天官書不同者有四、蓋後歷術改故也、三年也、〔正義〕涒、音吐魂反、灘、音吐丹反、又作涒漢、字音與上同、三年庚申歲也、〔考證〕張文虎曰、索隱本作商橫赤奮若、而本始四年、作端蒙涒漢、蓋小司馬所見本互誤、致與天官書及爾雅釋天違異、張守節與小司馬同時、而所據本作涒灘、則知赤奮若之誤矣、

十二

大餘十九小餘六百一十四

大餘三十六小餘二十四

昭陽作鄂四年　〔索隱〕昭陽、辛也、爾雅、作重光、作鄂、酉也、四年、〔正義〕四年辛酉歲也、

閏十三

大餘十四　〔考證〕王元啓曰、下文小餘滿一日歸大餘、故云十四、　小餘二十二　〔考證〕王元啓曰、滿九百四十分歸大餘、故止存二十二、

大餘四十二　〔考證〕王元啓曰、幷下小餘滿數、得此數、　無小餘　〔考證〕王元啓曰、滿數歸大餘、

橫艾淹茂太始元年　〔索隱〕橫艾、壬也、爾雅、作玄默、淹茂、戊也、太始元年、〔正義〕太始元年壬戌歲也、

十二

大餘三十七小餘八百六十九

大餘四十七小餘八

尚章大淵獻二年 【索隱】尚章、癸也、爾雅、作昭陽也、困敦、亥也、天官書、子爲困敦、爾雅同、二年、【正義】二年癸亥年也、【考證】張文虎曰、索隱本、此文大獻淵、與下年困敦互易、亦誤本也、

閏十三

大餘三十二小餘二百七十七

大餘五十二小餘一十六

焉逢困敦三年 【索隱】焉逢、甲也、大淵獻、子也、天官書、亥爲大淵獻、與爾雅同、三年也、【正義】敦、音頓、三年甲子歲也、【考證】張文虎曰、索隱本、困敦誤作大淵獻、說見上、

十二

大餘五十六小餘一百八十四

大餘五十七小餘二十四

端蒙赤奮若四年 【索隱】端蒙、乙也、汭漢、丑也、天官書、作赤奮若、與爾雅同、四年已後、自太始征和已下訖篇末、其年次甲乙、皆準此、並褚先生所續、【正義】四年乙丑歲也、【考證】索隱本、赤奮若誤作汭漢、

十二

大餘五十小餘五百三十二

大餘三無小餘

游兆攝提格征和元年 【集解】徐廣曰、作游桃、【正義】李巡注爾雅云、萬物承陽而起、故曰攝提格、格、起也、孔文祥云、以歲在寅正月出東方、爲衆星之紀、以攝提宿故曰攝提、以其爲歲月之首起於孟陬、故云、格、正也、【考證】張文虎曰、游兆已見太初三年、此集解疑錯簡、釋攝提格正義、亦當在前、

閏十三

大餘四十四小餘八百八十

大餘八小餘八

彊梧單閼二年 【正義】李巡云、言陽氣推萬物而起、故曰單閼、單、盡、閼、止也、

十二

大餘八 【考證】王元啓曰、此係閏後一年、又小餘滿一日除去六十、正當餘八、 小餘七百八十七

大餘十三小餘十六

徒維執徐三年 【正義】李巡云、伏蟄之物、皆敷舒而出、故云執徐也、

十二

大餘三小餘一百九十五

大餘十八小餘二十四

祝犂大芒落四年 【集解】芒、一作荒、【正義】姚察云、言萬物皆熾盛而大出、霍然落之、故云荒落也、

閏十三

大餘五十七小餘五百四十三

大餘二十四無小餘

商橫敦牂後元元年 【正義】爾雅云、敦、盛也、牂、壯也、言萬物盛壯也、【考證】張文虎曰、爾雅上當脫孫炎注三字、

十二

大餘二十一小餘四百五十

大餘二十九小餘八

昭陽汁洽二年 【集解】汁、一作協、【正義】李巡云、言陰陽化生、萬物和合、故曰協洽也、

閏十三
大餘十五小餘七百九十八
大餘三十四小餘十六
橫艾涒灘始元元年［集解］涒灘、一作芮漢、［正義］孫炎注爾雅云、涒灘、萬物吐秀傾垂之貌也、
正西［考證］王元啓曰、推得是年冬十一月癸卯加酉冬至、爲第二章之首、
十二
大餘三十九小餘七百五
大餘三十九小餘二十四
尙章作噩二年［集解］噩、一作鄂、［正義］李巡云、作鄂、萬物皆落、枝起之貌也、
十二

大餘三十四小餘一百一十三
大餘四十五無小餘
焉逢淹茂三年［集解］淹、一作閹、［正義］李巡云、言萬物皆蔽冒、故曰閹茂、蔽、冒也、
閏十三
大餘二十八小餘四百六十一
大餘五十小餘八
端蒙大淵獻四年［正義］孫炎云、淵獻、深也、獻萬物於天、深于藏蓋也、
十二
大餘五十二小餘三百六十八
大餘五十五小餘十六

游兆困敦五年［正義］孫炎云、困敦、混沌也、言萬物初萌、混沌於黃泉之下也、
十二
大餘四十六小餘七百一十六
無大餘小餘二十四
彊梧赤奮若六年［正義］李巡云、陽氣奮迅萬物而起、無不若其性、故曰赤奮若、赤、陽色、奮迅也、若、順也、
閏十三
大餘四十一小餘一百二十四
大餘六無小餘
徒維攝提格元鳳元年
十二

大餘五小餘三十一
大餘十一小餘八
祝犂單閼二年
十二
大餘五十九小餘三百七十九
大餘十六小餘十六
商橫執徐三年
閏十三
大餘五十三小餘七百二十七
大餘二十一小餘二十四

昭陽大荒落四年

十二

大餘十七小餘六百三十四

大餘二十七無小餘

橫艾敦牂五年

閏十三

大餘十二小餘四十二

大餘三十二小餘八

尚章汁洽六年

十二

大餘三十五小餘八百八十九

大餘三十七小餘十六

焉逢涒灘元平元年

十二

大餘三十小餘二百九十七

大餘四十二小餘二十四

端蒙作噩本始元年

閏十三

大餘二十四小餘六百四十五

大餘四十八無小餘

游兆閹茂二年

十二

大餘四十八小餘五百五十二

大餘五十三小餘八

彊梧大淵獻三年

十二

大餘四十二小餘九百

大餘五十八小餘十六

徒維困敦四年

閏十三

大餘三十七小餘三百八

大餘三小餘二十四

祝犂赤奮若地節元年

十二

大餘一小餘二百一十五

大餘九無小餘

商橫攝提格二年

閏十三

大餘五十五小餘五百六十三

大餘十四小餘八

昭陽單閼三年
正南【考證】王元啓曰、推得是年冬十一月癸未朔時加午冬至、是爲第三章之首、
十二
大餘十九小餘四百七十
大餘十九小餘十六
橫艾執徐四年
十二
大餘十三小餘八百一十八
大餘二十四小餘二十四
尚章大荒落元康元年

閏十三
大餘八小餘二百二十六
大餘三十無小餘
焉逢敦牂二年
十二
大餘三十二小餘一百三十三
大餘三十五小餘八
端蒙協洽三年
十二
大餘二十六小餘四百八十一

大餘四十小餘十六
游兆涒灘四年
閏十三
大餘二十小餘八百二十九
大餘四十五小餘二十四
彊梧作噩神雀元年
十二
大餘四十四小餘七百三十六
大餘五十一無小餘
徒維淹茂二年

十二
大餘三十九小餘一百四十四
大餘五十六小餘八
祝犂大淵獻三年
閏十三
大餘三十三小餘四百九十二
大餘一小餘十六
商橫困敦四年
十二
大餘五十七小餘三百九十九

大餘六小餘二十四

昭陽赤奮若五鳳元年

閏十三

大餘五十一小餘七百四十七

大餘十二無小餘

橫艾攝提格二年

十二

大餘十五小餘六百五十四

大餘十七小餘八

尙章單閼三年

十二

大餘十小餘六十二

大餘二十二小餘十六

焉逢執徐四年

閏十三

大餘四小餘四百一十

大餘二十七小餘二十四

端蒙大荒落甘露元年

十二

大餘二十八小餘三百一十七

大餘三十三無小餘

游兆敦牂二年

十二

大餘二十二小餘六百六十五

大餘三十八小餘八

彊梧協洽三年

閏十三

大餘十七小餘七十三

大餘四十三小餘十六

徒維涒灘四年

十二

大餘四十小餘九百二十

大餘四十八小餘二十四

祝犂作噩黃龍元年

閏十三

大餘三十五小餘三百二十八

大餘五十四無小餘

商橫淹茂初元元年

正東　考證王元啓曰、推得是年冬十一月癸亥朔時加卯冬至、爲第四章之首、

十二

大餘五十九小餘二百三十五
大餘五十九小餘八
昭陽大淵獻二年
十二
大餘五十三小餘五百八十三
大餘四小餘十六
橫艾困敦三年
閏十三
大餘四十七小餘九百三十一
大餘九小餘二十四

尙章赤奮若四年
十二
大餘十一小餘八百三十八
大餘十五無小餘
焉逢攝提格五年
十二
大餘六小餘二百四十六
大餘二十小餘八
端蒙單閼永光元年
閏十三

無大餘小餘五百九十四
大餘二十五小餘十六
游兆執徐二年
十二
大餘二十四小餘五百一
大餘三十小餘二十四
彊梧大荒落三年
十二
大餘十八小餘八百四十九
大餘三十六無小餘

徒維敦牂四年
閏十三
大餘十三小餘二百五十七
大餘四十一小餘八
祝犂協洽五年
十二
大餘三十七小餘一百六十四
大餘四十六小餘十六
商橫涒灘建昭元年
閏十三

大餘三十一小餘五百一十二
大餘五十一小餘二十四
昭陽作噩二年
十二
大餘五十五小餘四百一十九
大餘五十七無小餘
橫艾閹茂三年
十二
大餘四十九小餘七百六十七
大餘二小餘八

尙章大淵獻四年
閏十三
大餘四十四小餘一百七十五
大餘七小餘十六
焉逢困敦五年
十二
大餘八小餘八十二
大餘十二小餘二十四
端蒙赤奮若竟寧元年
十二

大餘二小餘四百三十
大餘十八無小餘
游兆攝提格建始元年
閏十三
大餘五十六小餘七百七十八
大餘二十三小餘八
彊梧單閼二年
十二
大餘二十小餘六百八十五
大餘二十八小餘十六

徒維執徐三年
閏十三
大餘十五小餘九十三
大餘三十三小餘二十四
祝犂大荒落四年　考證錢大昕曰、自太初元年、至祝犂大荒落四年、凡七十六歲、古術家以十九年爲一章、七十六歲爲一蔀、太初冬至日得甲子、所謂甲子蔀也、至是歲、而一蔀終、其明年入癸卯蔀、加時亦在正北、至朔皆無小餘、惟大餘同爲三十九耳、

右歷書、大餘者、日也。小餘者、月也。　考證錢大昕曰、案本書自太初元年至建始四年、每年再舉大餘小餘之數、前之大餘小餘、推天正經朔所用、後之大餘小餘、推冬至所用也、十干十二支相配以紀日、六十而周、不滿六十謂之大餘、故云大餘者日也、然而中節朔晦不皆當夜半子時、於是分一日爲若干分、謂之日法、不滿法謂之小餘、以課加時之早晚、推正朔、以九百四十爲日法、故小餘有多至九百卅一者、推冬至則以卅二爲日法、故小餘多者不過卅四、兩小餘雖有多寡之異、要爲加時而設、則其理不異、依文當云小餘者時也、今本作月、乃傳寫之誤、小司馬謂十二月餘此三百四十八數、故云小餘者月、然天正之小餘、謂生

於月可也、冬至之小餘、謂出於月、可乎、蓋唐本已誤、小司馬不能是正、就曲傳會、不知其終不能合也、張文虎曰、時疑當作分、愚按猪飼彥博亦同張說、比錢改爲時爲長、分者、下文正義所謂日之餘分也、**端旃蒙者、年名也。**【考證】王念孫曰、爾雅作端蒙、後人旁記旃字、遂誤入正文、**支、丑名赤奮若、寅名攝提格。干、丙名游兆。正北、冬至加子時。正西、加酉時。正南加午時。正東、加卯時。**【正義】準前解、小餘、是日之餘分也、自右歷書已下小餘、又非是年名、復不周備、恐褚先生沒後人所加、【考證】張文虎曰、冬至加子時、加酉時、加午時、加卯時、各本皆注文、王氏正譌改大字、今從之、正義三十九字、各本錯在征和元年冬至大小餘下、亦依正譌移此、

【索隱】述贊、歷數之興、其來尚矣、重黎是司、容成斯紀、推步天象、消息母子、五勝輪環、三正互起、孟陬貞歲、疇人順軌、敬授之方、履端爲美、

歷書第四　史記二十六

文學博士瀧川龜太郎著

史記會注考證

史記會注考證卷二十七

漢　太　史　令　司　馬　遷　撰

宋　中　郎　外　兵　曹　參　軍　裴　駰　集　解

唐　國　子　博　士　弘　文　館　學　士　司　馬　貞　索　隱

唐　諸　王　侍　讀　率　府　長　史　張　守　節　正　義

日　本　出　雲　瀧　川　資　言　考　證

天官書第五　史記二十七

索隱案天文有五官、官者、星官也、星座有尊卑、若人之官曹列位、故曰天官。正義張衡云、文曜麗乎天、其動者有七、日月五星是也、日者、陽精之宗、月者、陰精之宗、五星、

五行之精、衆星列布、體生於地、精成於天、列居錯峙、各有所屬、在野象物、在朝象官、在人象事、其以神著有五列焉、是有三十五名、一居中央、謂之北斗、四布於方各七、爲二十八舍、日月運行、歷示吉凶也。考證史公自序曰、星氣之書、多雜禨祥、不經、推其文考其應、不殊、比集論其行事、驗于軌度以次、作天官書第五。猪飼彥博曰、天官謂天之星官也、漢書王鳳傳云、太史公書有天官災異、谷永傳云、於天官、京氏易傳最密、太史公自序亦云、學天官于唐都、張衡靈憲云、中外之官、常明者百有二十四、索隱極是。柯維騏云、掌天文之官、謂之天官、而名其業亦曰天官、非也。愚按、書堯典曰、欽若昊天、歷象日月星辰、敬授民時、曰在璿璣玉衡、以齊七政、專就授時言之、天人相涉之說、發端洪範、其後左傳國語國策諸書錄之者漸多、韓非飾邪篇云、初時者、魏數年東鄉攻盡陶衛、數年西鄉以失其國、此非豐隆五行太一王相攝提六神五括天河殷搶歲星數年在西也、又非天缺弧逆刑星熒惑奎台數年在東也、左右背鄉、不足以專戰、然而恃之、愚莫大焉、呂覽明理篇云、至亂之化、君臣相賊、長少相殺、父子相忍、弟兄相誣、知交相倒、夫妻相冒、日以相危、失人之紀、心若禽獸、長邪苟利、不知義理、其雲狀有若犬若馬、若白鵠、若衆車、有其狀若人、蒼衣赤首、不動、其名曰天衡、有其狀若懸旍而赤、其名曰雲旍、有其狀若衆鳥以鬬、其名曰滑馬、有其狀若衆植華以長、黃上白下、其名曰蚩尤之旗、其日有鬬蝕、有倍僪、有暈珥、有不光、有反景、有衆日竝出、有晝盲、有宵見、其月有薄蝕、有暈珥、有偏盲、有四月竝出、有二月竝見、有小月承大月、有大月承小月、有月蝕星、有出而無光、其星有熒惑、有彗星、有天棓、有天欃、有天竹、有天英、有天干、有賊星、有鬬星、有賓星、其氣有上不屬天、下不屬地、有豐上殺下、有若水之波、有若山之楫、春則黃、夏則黑、秋則蒼、冬則赤、可見周末其說盛也。至淮南子天文訓、敍述更廣、皆先於史記、史公既世其職、又承唐都之說于其父、宜其言之詳也、然亦未免有錯誤、此不獨爲觀測未精、後人妄意勦入者多也、王元啓曰、按書分七章、一經星、二五緯、三二闇、四異星、五雲氣、六候歲、七總論、又曰、此書敘周天列宿、於其句圖附發之形、前後向背之勢、縱橫指發、宛列目前、又無一語爲近今人所能道、決其爲史公親筆無疑、中敘五緯、宜備列其行度疾徐、以備後人之攷驗、今顧不爾者、天官書前無所承、史公首創爲之、不能如後代測驗之詳、陳仁錫曰、天官書獨無序、何也、豈後世缺亡之邪、篇末有太史公論自初生民以來、至天官備矣一章、蓋本書之首序、而錯簡在後耳、唐順之曰、當併漢書及晉書參看、愚按、孫星衍問字堂集卷六有天官書補目、

中宮、天極星。

索隱姚氏案春秋元命包云、官之爲言宣也、宣氣立精爲神垣、又文耀鉤曰、中宮大帝、其精北極星、含元出氣、流精生一也、案爾雅、北極、謂之北辰、又春秋合誠圖云、北辰、其星五、在紫微中、楊泉物理論云、北極、天之中、陽氣之北極也、極南爲太陽、極北爲太陰、日月五星行太陰則無光、行太陽則能照、故爲昏明寒暑之限極也。考證錢大昕曰、此中宮天極星及東宮蒼龍、南宮朱鳥、西宮咸池、北宮玄武、五宮字皆當作官、按下文云紫宮房心權衡咸池虛危、此天之五官坐位也、可證史公本文皆作官矣、索隱于中宮下引春秋元命包官之爲言宣也、下文紫宮下乃引元命包宮之言中也、又可證小司馬元本中宮作中官矣、小司馬解天官云、天文有五官、官者星官也、星座有尊卑、若人之官曹有列位、故曰天官、張文虎曰、錢說至確、司馬相如大人賦正義引此文正作中官天極星、則張所見本與小司馬同、柯維騏曰、天極一名北極、位在中央、四方所取正、故曰中宮、故曰天極、卽孔子所謂北辰居其所者也、王元啓曰、按北極五星、所謂天極者、第五星近極而最小者也、今云中宮天極星、乃統指五星言之、故

四

下云、其一明者云云、猪飼彥博曰、以北極爲中、二十八宿爲四方、蓋周髀蓋天之說也、

其一明者、太一常居也。【索隱】案春秋合誠圖云、紫微、大帝室、太一之精也、【正義】泰一、天帝之別名也、劉伯莊云、泰一、天神之最尊貴者也、

旁三星三公。或曰子屬。【正義】三公三星、在北斗杓東、又三公三星、在北斗魁西、竝爲太尉司徒司空之象、主變出陰陽、主佐機務、占以徙爲不吉、居常則安、金火守之、竝爲咎也、【考證】柯維騏曰、天極星凡五、其一明者、太乙所居、旁三星或謂三公、或曰子屬、諸家之說不同耳、王元啓曰、疑此所謂三星者、既指大帝前後三星、所謂第一星爲太子、第三星爲庶子、第四星爲后宮屬者是也、故曰旁三星、以其在帝左右、故謂之三公、或又以爲子屬也、正義於天官書徵引極博、然昧於決擇、其有古今異名、及同名而宮度各殊者、往往移彼釋此、反足迷誤觀者、張照曰、正義變出、疑變化之誤、猪飼彥博曰、當作燮理、

後句四星。末大星正妃。餘三星後宮之屬也。【索隱】句、音鉤、句曲也、案援神契云、辰極橫后妃、四星從端大妃光明、又案星經、以後句四星名爲四輔、其句陳六星爲六宮、亦主六軍、與此不同也、【考證】王元啓曰、句音鉤、篇內竝同、又曰、援神契所指、今所謂句陳、句陳本六星、微似斗形、第三星最光明、今以大星爲末、援神契又以大星爲端、蓋指四星斜指大帝者言之、餘二星類斗口者、蓋不數也、若四輔四星甚微暗無大星、

環之匡衞十二星、藩臣。皆曰紫宮。【索隱】案元命包曰、紫之言此也、宮之言中也、言天神運動、陰陽開閉、皆在此中也、宋均又以爲十二軍、中外位各定、總謂之紫宮也、【考證】王元啓曰、按晉志、紫宮垣十五星、其西藩七、東藩八、攷之天象、

五

作十五星爲是、王先謙曰、藩亦作蕃、匡正其內衞扞其外也、猪飼彥博曰、索隱十二軍、當作十二星、

前列直斗口三星、隋北端兌、【索隱】劉氏云、直、如字、直、當也、又音値也、隋、音湯果反、劉氏云、斗、一作北、案漢書天文志、作北端作崙、兌作銳、銳謂星形尖銳也、【考證】兌銳通、王先謙曰、詩破斧釋文、隋、形狹而長也、愚按、索隱作北、當隋作隨、

若見、若不、曰陰德、或曰天一。【索隱】案文耀鉤曰、陰德爲天下綱、宋均曰、以爲陰行德者、道常也、【正義】星經云、陰德二星、在紫微宮內尚書西、主施德惠者、故贊陰德遺惠、周急賑撫、占以不明爲宜、明新君踐極也、又云、陰德星中宮女主之象、星動搖、賢起宮掖、貴嬪內妾惡之、天一一星、疆閶闔外、天帝之神、主戰鬭、知人吉凶、明而有光、則陰陽和、萬物成、人主吉、不然反是、太一一星、次天一南、亦天帝之神、主使十六神、知風雨水旱兵革饑饉疾疫、占以不明及移爲災也、星經云、天一太一二星、主王者即位、令諸立赤子而傳國位者、星不欲微、微則廢立、不當其次、宗廟不享食矣、【考證】漢志、不下有見字、王元啓曰、按晉志、門內東南維五星曰尚書、尚書西二星曰陰德陽德、今圖但云陰德、又止二星在宮垣內、不與斗口相直、下云或曰天一、天一在垣外、與斗近、然止一星、疑史公所謂斗口、卽指宮垣南口、非謂斗魁之口也、王先謙曰、陰德二星、在垣內、天一一星、在垣外、史併三星數之、故謂陰德或曰天一也、張文虎曰、正義疆字疑誤、

紫宮左三星曰天槍。右五星曰天棓。【集解】蘇林曰、音榜打之榜、【索隱】槍、音楚庚反、棓、音皮、韋昭音剖、又詩緯曰、槍三星、棓五星、在斗杓左右、主槍人棓人、石氏星讚云、槍棓八星、備非常也、【正義】棓、龐掌反、天棓五星、在女牀東北、天子先驅所以禦兵也、占、星不具、國兵起也、【考證】王元啓曰、星

六

象、槍居西垣之外、棓居東垣之外、當云右槍左棓、此云左槍右棓者、蓋就星座南向者言之、則右槍左棓、就北向觀星者言之、則槍反居左、棓反居右矣、猶之參星北拱、故其兩肩之色、前漢及晉宋諸書、皆言左青右黃、史就南向觀星者言、獨云左黃右青、卽其例也、張文虎曰、棓無皮音、索隱音皮、疑當作皮項反、正義棓龐掌反、掌字誤、後文作蒲講反、梁玉繩曰、漢志言右四星、非、

後六星、絕漢抵營室曰閣道。【索隱】絕、度也、抵、屬也、又案樂汁圖徵云、閣道、北斗輔、石氏云、閣道六星、神所乘也、【正義】漢、天河也、直度曰絕、抵、至也、營室七星、天子之宮、亦爲玄宮、亦爲清廟、主上公、亦天子離宮別館也、王者道被草木、營室歷九象而可觀、閣道六星、在王良北、飛閣之道、天子欲遊別宮之道、占、一星不見、則輦路不通、動搖、則宮掖之內起兵也、【考證】漢志、六星作十七星、史始皇紀、象天極閣道絕漢抵營室、索隱引天官書云、天極紫宮後十七星、絕漢抵營室、曰閣道、蓋誤以天文志爲天官書、此索隱引石氏閣道六星、正是史文作六星之明證、王元啓曰、按今營室二星外、又離宮六星、合之凡八星、正義營室七星、未詳、張文虎曰、考證云、營室止二星、正義七字誤、

北斗七星、【索隱】案春秋運斗樞云、斗、第一天樞、第二旋、第三璣、第四權、第五衡、第六開陽、第七搖光、第一至第四爲魁、第五至第七爲標、合而爲斗、文耀鉤云、斗者天之喉舌、玉衡屬杓、魁爲璇璣、徐整長曆云、北斗七星、星間相去九千里、其二陰星不見者、相去八千里也、

所謂旋璣玉衡、以齊七政。【索隱】案尚書旋作璿、馬融云、璿、美玉也、機、渾天儀、可轉旋、故曰機、衡、其中橫筩、以璿爲機、以玉爲衡、蓋貴天象也、鄭玄注大傳云、渾儀中筩爲旋機、外規爲玉衡也、案尚書大傳云、七政謂春秋冬夏天文地理人道、所以爲政也、人道正而萬事順成、又衡、馬融注尚書

七

書云、七政者、北斗七星、各有所主、第一曰主日、法天、第二曰主月、法地、第三曰命火、謂熒惑也、第四曰煞土、謂塡星也、第五曰伐水、謂辰星也、第六曰危木、謂歲星也、第七曰罰金、謂太白也、日月五星各異、故曰七政也、【考證】引堯典以解北斗七星、政、七星運行也、張文虎曰、索隱第一曰正日、第二曰主月法、各本竝作第一曰主日法天、第二曰主月法地、與單本異、案晉志引石氏云、第一曰正星、二曰法星、又一主天、二主地、疑此注有脫字、又曰、命火謂熒惑也、以下五謂字、皆不可通、疑法字之誤、下文集解引孟康曰、傳曰、斗第七星法太白、又曰、斗第一星法於日、是其證也、又曰、單本罰金作劓金、猪飼彥博曰、各異故、當作各異政、

杓攜龍角。【集解】孟康曰、杓、北斗杓也、龍角、東方宿也、攜、連也、【正義】案角星爲天關、其閒天門、其內天庭、黃道所經、七曜所行、左角爲天理、主刑、其南爲太陽道、右角爲將、主兵、其北爲太陰道也、蓋天之三門、故其星明大、則天下太平、賢人在位、不然反是也、

衡殷南斗。【集解】晉灼曰、衡、斗之中央、殷、中也、【索隱】案晉灼云、殷、中也、宋均云、殷、當也、

魁枕參首。【正義】枕、之禁反、衡、斗衡也、魁、斗第一星也、言北方斗、斗衡直當北之魁、枕於參星之首、北斗之杓、連於龍角、南斗六星爲天廟、丞相大宰之位、主薦賢良、授爵祿、又主兵、一星曰天機、南二星天梁、中央一星天相、北二星天府庭也、占、斗星盛明、王道和平、爵祿行、不然反是、參主斬刈、又爲天獄、主殺罰、其中三星橫列者、三將軍、東北曰左肩、主左將、西北曰右肩、主右將、東南曰左足、主後將、西南曰右足、主偏將、故軒轅氏占、參應七將也、中央三小星曰伐、天之都尉也、主戎狄之國、不欲明、若明與參等、大臣謀亂、兵起、夷狄內戰、七將皆明、主天下兵、振、芒角張、王道缺、參失色、軍散敗、參芒角動搖、邊候有急、參左足入玉井中、及金火守、皆爲起兵、【考證】猪飼彥博曰、正義北方斗、斗衡直當、當作北斗之衡直當南

斗、北之魁、當作北斗之魁、張照曰、正義此條蓋引用天文志、參合星經爲之、歲久傳訛舛錯殊甚、不可讀、今依晉書改正、張文虎曰、案魁枕參首四字爲句、與上杓衡一例、正義似以衡殷南斗魁五字爲句、誤、

用昏建者杓。杓、自華以西南。【集解】孟康曰、傳曰、斗第七星法太白、主杓、斗之尾也、尾爲陰、又其用昏、昏陰位、在西方、故主西南、【索隱】用昏建中者杓、說文云、杓、斗柄、音匹遙反、卽招搖、【正義】杓、東北第七星也、華、華山也、言北斗昏建用斗杓、星指寅也、杓、華山西南之地也、【考證】朱一新曰、以下文魁第一星法爲日主齊例之、集解太白主下當有脫文、猪飼彥博曰、當作法爲太白主秦、

夜半建者衡。衡、殷中州河·濟之閒。【集解】徐廣曰、第五星、孟康曰、假令杓昏建寅、衡夜半亦建寅、【索隱】孟康曰、假令杓昏建寅、衡夜半亦建寅也、【正義】衡、北斗衡也、言北斗夜半建、用斗衡指寅、殷、當也、斗衡、黃河濟水之閒地也、【考證】正義河濟、各本作河淸、今從館本、

平旦建者魁。魁、海·岱以東北也。【集解】孟康曰、傳曰、斗第一星、法於日、主齊也、魁、斗之首、首、陽也、又其用在明陽與明德、在東方、故主東北齊分、【正義】言北斗旦建、用斗魁指寅也、海岱、代郡也、言魁星主海岱之東北地也、隨三時所指、有前三建也、

斗爲帝車。運于中央。臨制四鄉、分陰陽、建四時、均五行、移節度、定諸紀、皆繫於斗。【索隱】斗爲帝車、運于中央、姚氏案宋均曰、言是大帝乘車巡狩、故無所不紀也、【考證】猪飼彥博曰、鄉、音向、星經晉志、竝作方、漢志作鄉、王先謙曰、淮南天文訓曰、冬至則斗北中繩、日夏至則斗南中繩、

帝張四維、運之以斗、月徙一辰、復反其所、正月指寅、十二月指丑、周而復始、

斗魁戴匡六星、曰文昌宮。【集解】晉灼曰、似匡、故曰戴匡也、【索隱】文耀鉤曰、文昌宮爲天府、孝經援神契云、文者、精所聚、昌者、揚天紀、輔拂竝居、以成天象、故曰文昌、【考證】漢志匡作筐、注同、

一曰上將、二曰次將、三曰貴相、四曰司命、五曰司中、六曰司祿。【索隱】春秋元命包曰、上將建威武、次將正左右、貴相理文緒、司祿賞功進士、司命主災咎、司中主左理也、【考證】梁玉繩曰、四曰司命、五曰司中、六曰司祿、漢志、五司祿、六司災、晉以下志、皆作四曰司祿、五曰司命、六曰司寇、與此不同、

在斗魁中、貴人之牢。【集解】孟康曰、傳曰、天理四星、在斗魁中、貴人牢、名曰天理、【索隱】樂汁圖徵云、天理、理貴人牢、宋均曰、以理牢獄也、【正義】占、明及其中有星、此貴人下獄也、【考證】王念孫曰、索隱本漢書無斗字、此本疑衍、王元啓曰、在上當有四星二字、星名天理、與斗魁第三星相近而側立、猪飼彥博曰、中下蓋脫四星曰天理五字、愚按王猪二說略得其意、魁中下當有四星二字、貴人之牢、四星總稱、又名天理、

魁下六星、兩兩相比者、名曰三能。【集解】蘇林曰、能音台、【索隱】魁下六星、兩兩相比曰三台、案漢書東方朔願陳泰階六符、孟康曰、泰階、三台也、台星凡六星、六符、六星之符驗也、應劭引黃帝泰階六符經曰、泰階者、天子之三階、上階上星爲男主、下星爲女主、中階上星爲諸侯三公、下星爲卿大夫、下階上星爲士、下星爲庶人、三階平、則陰陽和、風雨時、不平則稼穡不成、冬雷夏霜、天行暴令、好興中兵、修宮榭廣苑囿、則上階爲之坼也、【考證】陳仁錫曰、能古台字、王念孫曰、名字後人

所加、此書稱星名、皆言曰某、無言名曰某、索隱本、太平御覽所引漢書天文志、亦無名字、張文虎曰、索隱本幷無者字、

三能色齊、君臣和。不齊、爲乖戾。輔星明近、輔臣親彊、斥小疏弱。【集解】孟康曰、輔星在北斗第六星旁、蘇林曰、斥、遠也、【正義】大臣之象也、占、欲其小而明、若大而明、則臣奪君政、小而不明、則臣不任職、明大與斗合、國兵暴起、暗而遠斗、臣不死則奪、若近臣專賞、排賢用佞、則輔生角、近臣擅國符印、將謀社稷、則輔生翼、不然則死也、【考證】漢志、輔星上有柄字、王先謙曰、上下魁杓、皆承北斗言、柄字當有、晉志、輔星薄乎開陽、所以佐斗成功、丞相之象也、又曰、言輔星明而近斗、則輔臣親彊、輔星小而遠斗、則輔臣疏弱也、

杓端有兩星。一內爲矛、招搖。【集解】孟康曰、近北斗者招搖、招搖爲天矛、晉灼曰、梗河三星、天矛天鋒招搖一星耳、【索隱】案詩記歷樞云、梗河中招搖、招搖爲胡兵、宋均云、招搖星在梗河內、又樂汁圖云、梗河天矛、宋均以爲梗河名天矛、則梗河是星名也、【考證】集解天鋒二字、恐衍、梗河、各本作更河、館本依晉書改正、

一外爲盾、天鋒。【集解】晉灼曰、外、遠北斗也、在招搖南、一名玄戈、【正義】星經云、梗河星爲戟劍之星、若星不見、或進退不定、鋒鏑亂起、將爲邊境之患也、【考證】漢志、鋒作蠭、注引晉灼、一名玄戈、作一名天蠭、當依訂、王先謙曰、蠭同鋒、天鋒亦名盾也、

有句圜十五星、屬杓、曰賤人之牢。【索隱】句、音鉤、圜、音員、其形如連環、卽貫索星也、【正義】屬、音燭、【考證】王元啓曰、按句七星曰七公、圜八星曰貫索、貫索本九星、正北一星常隱不見、見則反以爲變、故與七公竝數得十五星也、在招搖南、故曰屬杓、舊注專指貫索、則

但有圜星、無句星、

其牢中、星實則囚多、虛則開出。【索隱】案詩記歷樞云、賤人牢、一曰天獄、又樂汁圖云、連營賤人牢、宋均以爲連營貫索也、【正義】貫索九星、在七公前、一曰連索、主法律、禁暴彊、故爲賤人牢也、牢口一星爲門、欲其開也、占、星悉見、則獄事繁、不見則刑務簡、動搖則斧鉞用、中虛則改元、口開則有赦、人主憂、若閉口、及星入牢中、有自繫死者、常夜候之、一星不見、有小喜、二星不見則賜祿、三星不見、則人主德令且赦、遠十七日、近十六日、若有客星出、視其小大、大有大赦、小亦如之也、【考證】漢志、牢上無其字、

天一·槍·棓·矛·盾、動搖、角、大、兵起。【集解】李奇曰、角、芒角、【考證】王先謙曰、此數星或動搖、或有芒角、及大、皆兵起之象、

東宮蒼龍、房·心。【索隱】案文耀鉤云、東宮蒼帝、其精爲龍也、案爾雅云、大辰、房心尾也、李巡曰、大辰、蒼龍宿體、故明也、

心爲明堂。【索隱】春秋說題辭云、房心爲明堂、天王布政之宮、尚書運期授曰、房、四表之道、宋均云、四星閒有三道、日月五星所從出入也、

大星、天王。前後星、子屬。【索隱】鴻範五行傳曰、心之大星、天王也、前星、太子、後星、庶子、

不欲直。直則天王失計。房爲府。曰天駟。【索隱】房、爲天府、曰天駟、爾雅云、天駟、房、詩紀歷樞云、房爲天馬、主車駕、宋均云、房既近心爲明堂、又別爲天府及天駟也、【考證】張文虎曰、志疑云、索隱及御覽、府竝作天府、案漢志亦有天字、

其陰右驂。【正義】房星、君之位、亦主左驂、亦主良馬、故爲駟、王者恆祠之、是馬祖也、【考證】王元啓曰、按陰、謂房星之北、右上當有左字、房星之北、左右各四星、今名東咸西咸、蓋卽房之左右驂也、又按正義曰、

房星、君之位、亦主左驂、可知不專主右驂也、**旁有兩星曰鈐。**【索隱】房有兩星曰鈐、一音其炎反、元命包云、鈎鈐兩星、以閑防神府闓舒爲主、鈎距以備非常也、【正義】占、明而近房、天下同心、鈎鈐房心之閉、有客星出及疏坼者、皆地動之祥也、【考證】鈐、漢書作衿、館本考證云、監本訛作衿、今改正、**北一星曰舝。**【集解】徐廣曰、音轄、【正義】說文云、舝、車軸耑鍵也、兩相穿背也、星經云、鍵閉一星在房東北、掌管籥也、占、不居其所、則津梁不通、宮門不禁、居則反是也、【考證】漢志、北上有衿字、非是、**東北曲十二星曰旗。**【正義】兩旗者、左旗九星、在河鼓左也、右旗九星、在河鼓右也、皆天之鼓旗、所以爲旌表、占、欲其明大光潤、將軍吉、不然、爲兵憂、及不居其所、則津梁不通、動搖則兵起也、【考證】王元啓曰、此所謂旗、在房心東北、蓋天市之左右垣、晉志云、一曰天旗、是也、東西各十一星、凡二十二星、曰十二者、十上脫二字也、正義以河鼓左右旗當之、不特星數不符、位次隔遠、且彼係北宮玄武之星、何得混入蒼龍之宮、**旗中四星曰天市。**【正義】天市、二十二星、在房心東北、主國市聚交易之所、一曰天旗、明則市吏急、商人無利、忽然不明、反是、市中星衆則歲實、稀則歲虛、熒惑犯、戮不忠之臣、彗星出、當徙市易都、客星入、兵大起、出之有貴喪也、**中六星曰市樓。**【考證】天市四星、市樓六星、在天旗二十二星中、王元啓曰、天旗南北門左右各兩星、爲天市、市樓六星、在市中、臨箕星之上、愚按漢志、奪中六星曰市樓六字、王先謙曰、不應刪之、**市中星衆者實。其虛則秏。**【正義】秏、貧無也、【考證】言市中星衆則貨實、稀則貨虛也、漢志、市上有天字、**房南衆星曰騎官。**【考證】王元啓曰、騎官二十七星、三三相連、在陣車南、天子宿衛之騎士、即虎賁也、

左角李。右角將。【索隱】李、即理、理、法官也、故元命包云、左角理物以起、右角將帥而動、又石氏云、左角爲天田、右角爲天門也、【考證】漢志、李作理、李理通用、管子皋陶爲李、注云、李同理、王元啓曰、角二星、左爲理、右爲將、天田二星、又在理之左、天門二星、又在將之右也、**大角者、天王帝廷。**【索隱】大角、天王帝廷、案援神契云、大角爲坐候、宋均云、坐、帝坐也、【正義】大角一星、在兩攝提閒、人君之象也、占、其明盛黃潤、則天下大同也、【考證】晉志、帝作坐、漢志、帝下有坐字、王先謙曰、天王即帝也、無坐字則文不成義、猪飼彥博曰、帝字衍、**其兩旁各有三星。鼎足句之曰攝提。攝提者、直斗杓所指、以建時節。故曰攝提格。**【集解】晉灼曰、如鼎足之句曲、【索隱】案元命包云、攝提之爲言、提攜也、言提斗攜角以接於下也、【正義】攝提六星、夾大角、大臣之象、恆直斗杓所指、紀八節、察萬事者也、占、色溫溫不明而大者、人君恐、客星入之、聖人受制也、【考證】猪飼彥博曰、格字衍、集解各本、脫足字、依漢志注補、**亢爲疏廟、主疾。**【索隱】元命包曰、亢四星爲廟廷、又文耀鉤、爲疏廟、宋均以爲疏、外也、廟、或爲朝也、【正義】聽政之所也、其占、明大則輔臣忠、天下寧、不然則反是也、【考證】漢志、疏廟作宗廟、王念孫云、後人不曉疏字之義、以意改之耳、**其南北兩大星曰南門。**【正義】南門二星、在庫樓南、天之外門、占、明則氐羌貢、暗則諸夷叛、客星守之、外兵且至也、【考證】猪飼彥博曰、北字衍、**氐爲天根。主疫。**【索隱】爾雅云、天根、氐也、孫炎以爲角亢下繫於氐、若木

之有根也、宋均云、疫、病也、三月榆莢落、故主疾疫也、然此時物雖生、而日宿在奎、行毒氣、故有疫也、【正義】星經云、氐四星爲路寢、聽朝所居、其占、明大則臣下奉度、合誠圖云、氐、爲宿宮也、氐房心三宿爲火、於辰在卯、宋之分野、**尾爲九子。曰君臣。斥絕不和。**【索隱】宋均云、屬後宮場、故得兼子、子必九者、取尾有九星也、元命包云、尾九星、箕四星、爲後宮之場也、【正義】尾、箕、尾爲析木之津、於辰在寅、燕之分野、尾九星爲後宮、亦爲九子、星近心第一星爲后、次三星妃、次三星嬪、末二星妾、占均明、大小相承、則後宮敍而多子、不然則不、金火守之、後宮兵起、若明暗不常、妃嫡乖亂、妾媵失序、【考證】王元啓曰、按君臣字、句斷、尾爲九子、又曰君臣、如前文房爲府曰天駟、下文箕爲敖客曰口舌、即其例也、斥遠隔絕、火小不相承、則君臣不和、衛讀連君臣斥絕不和爲句、非是、**箕爲敖客。曰口舌。**【索隱】宋均云、敖、調弄也、箕以簸揚、調弄象也、箕又受物、有去去來來、客之象也、詩云、維南有箕、載翕其舌、又詩緯云、箕爲天口、主出氣、是箕有舌、象讒言、詩曰、哆兮侈兮、成是南箕、謂有敖客行謁請之也、【正義】敖、音傲、箕主八風、亦后妃之府也、移徙入河、國人相食、金火入守、天下亂、月宿其野、爲風起、【考證】漢志、敖客下有后妃之府四字、**火犯守角、則有戰。房、心、王者惡之也。**【索隱】案韋昭曰、火、熒惑也、【正義】熒惑犯守箕尾氐星、自生芒角、則有戰陣之事、若熒惑守房心、及房心自生芒角、則王者惡之也、【考證】漢志、無也字、張照曰、正義以角爲芒角之角、竊謂馬遷之意、指角宿而言、謂熒惑犯角星、或守角星、當有戰鬭、若犯房心、則災及人君也、考之星占、亦復如此、**南宮朱鳥、權、衡。**【集解】孟康曰、軒轅爲權、太微爲衡、【索隱】案文耀鉤云、南宮赤帝、

其精爲朱鳥、孟康曰、軒轅爲權、太微爲衡也、【正義】柳八星爲朱鳥咮、天之廚宰、主尚食和滋味、權四星、在軒轅尾西、主烽火備警急、占、以明爲安靜、不則警急、動搖芒角、亦如之、【考證】王元啓曰、軒轅十七星、在七星北、一曰權星、正義以軒轅西四星主烽火者當之、此爟也、非權也、猪飼彥博曰、權、軒轅、下有明文、**衡、太微、三光之廷。**【索隱】宋均曰、太微、天帝南宮也、三光、日月五星也、**匡衛十二星、藩臣。西、將。東、相。南四星、執法。中、端門。門左右、掖門。**【索隱】十二星、藩臣、春秋合誠圖曰、太微主法式、陳星十二、以備武急也、【正義】太微宮垣十星、在翼軫地、天子之宮庭、五帝之坐、十二諸侯之府也、其外蕃、九卿也、南蕃中二星閒爲端門、次東第一星爲左執法、廷尉之象、第二星爲上相、第三星爲次相、第四星爲次將、第五星爲上將、端門西第一星爲右執法、御史大夫之象也、第二星爲上將、第三星爲次將、第四星爲次相、第五星爲上相、其東垣北左執法上相兩星閒、名曰左掖門、上相兩星閒、名曰東華門、上相次相上將次將閒、名曰太陽門、其西垣右執法上將閒、名曰右掖門、上將閒、名曰西華門、次將次相閒、名曰中華門、次相兩星閒、名曰太陰門、各依其名、是其職也、占、與紫宮垣同也、【考證】漢志、匡作筐、誤、端下不重門字、王元啓曰、太微十星、此云十二星、殆兼郎將虎賁二星言、郎將在東垣北、虎賁在西垣北、又曰、按星圖、東垣左執法上相兩星閒爲左掖門、左掖門之北爲東太陽門、又北爲中華東門、又北爲東太陰門、又北爲中華西門、又北爲西太陰門、舊本正義、自左掖門以下、語多舛錯、**門內六星、諸侯。**【正義】內五諸侯五星、列在帝庭、其星並欲光明潤澤、若枯燥、則各於其處受其災變、大至誅戮、小至流亡、若動搖、則擅命以干主者、審

其分以占之、則無惑也、又云、諸侯五星、在東井北河、主刺舉、戒不虞、又曰、理陰陽、察得失、一曰帝師、二曰帝友、三曰三公、四曰博士、五曰太史、此五者爲天子定疑議也、占、明大潤澤、大小齊等、則國之福、不然、則上下相猜、忠臣不用、【考證】漢志門上有掖字、王元啓曰、按星背太微垣五諸侯、五黑星、東井北河五諸侯、五紅星、二星同名異處、色亦不同、又諸侯星五、史漢俱云六者、或六字誤、或古今星數隱見不同、

其內五星、五帝坐。【索隱】詩含神霧云、五精星坐、其東蒼帝坐、神名靈威仰、精爲青龍之類是也、【正義】黃帝坐一星、在太微宮中、含樞紐之神、四星夾黃帝坐、蒼帝東方靈威仰之神、赤帝南方赤熛怒之神、白帝西方白昭矩之神、黑帝北方叶光紀之神、五帝竝設、神靈集謀者也、占、五座明而光、則天子得天地之心、不然則失位、金火來守入太微、若順入軌道、司其出之所守、則爲天子所誅也、其逆入若不軌道、以所犯命之、中坐成形、羣下從謀也、

後聚一十五星、蔚然、曰郎位。【集解】徐廣曰、蔚然、一云哀烏、【索隱】徐廣云、一云哀烏、案漢書作哀烏、則哀烏蔚然、皆星之貌狀、其星爲郎位、【正義】郎位十五星、在太微中帝坐東北、周之元士、漢之光祿中散諫議、此三署郎中、是今之尙書郎、占、欲其大小均耀、光潤有常、吉也、【考證】漢志曰字在星下、史文爲長、王念孫曰、郎位爲星名、王引之曰、漢志烏疑當作焉、哀焉猶依然也、依然猶蔚然也、

傍一大星、將位也。【索隱】案宋均云、爲羣郎之將帥、是也、【正義】將、子象反、郎將一星在郎位東北、所以爲武備、今之左右中郎將、占、大而明角、將恣不可當也、

月、五星順入軌道。【集解】韋昭云、謂循軌道不邪逆也、順入、從西入之也、【正義】謂月五星順入軌道、入太微庭也、【考證】王念孫曰、順入一事也、軌道又一事也、順入者、韋氏以爲軌

道、從西入是也、軌道者、軌猶循也、謂月五星皆循道而行、不旁出也、下文曰、其逆入若不軌道、逆入爲一事、不軌道又一事、此尤其明證矣、

司其出。所守、天子所誅也。【索隱】宋均云、司察日月五星所守列宿、若請官屬不去十日者、於是天子命使誅討之也、【考證】錢大昕曰、司古伺字、王元啓曰、司其出三字爲句、所守又別爲句、謂順入軌道、雖無凶咎之占、然又必伺察其出、苟其守而不出、則所守之宿、必遭誅戮之凶、如守垣西東、則將相當之、其他諸侯郎將、各以所守爲占、索隱請官屬、當作諸官屬、王先謙曰、誅、責也、

其逆入、若不軌道、以所犯命之、中坐成形。皆羣下從謀也。【集解】晉灼曰、中坐犯帝坐也、成形、禍福之形見也、【索隱】宋均云、逆入、從東入、不軌道、不由康衢而入者也、以其所犯命之者、亦謂隨所犯之位、天子命誅其人也、【正義】命、名也、謂月五星逆入不依軌道、司察其所犯太微中帝坐、帝坐必成其刑戮、皆是羣下相從而謀上也、【考證】漢志命作名、下下有不字、王先謙曰、名命字通、朱一新曰、正義皆是羣下相從而謀上也、則無不字是、猪飼彥博曰、晉志形作刑、謂刑罰、

金火尤甚。【索隱】案火主銷物、而金爲兵、故尤急、然則木水土爲小變也、【正義】若金火逆入不軌道犯帝坐、尤甚於月及水土木也、

廷藩西有隋星五。曰少微。士大夫。【集解】隋音他果反、【索隱】宋均云、南北爲隋、又他果反、隋爲垂下、春秋合誠圖云、少微處士位、又天官占云、少微一名處士星也、【正義】廷、太微廷、藩、衞也、少微四星、在太微西南北列、第一星處士也、第二星議士也、第三星博士也、第四星大夫也、占、以明大黃潤、則賢士舉、不明反是、月五星犯守處士、憂、宰相易也、【考證】漢志五作四、邵

泰衢曰、隋者垣西四星、南北列、曰少微、非五星也、

權、軒轅。軒轅、黃龍體。前大星、女主象。旁小星、御者後宮屬。【集解】孟康曰、形如騰龍、【索隱】援神契曰、軒轅十二星、后宮所居、石氏星讚、以軒轅龍體主后妃也、【正義】軒轅十七星、在七星北、黃龍之體、主雷雨之神、後宮之象也、陰陽交感、激爲雷電、和爲雨、怒爲風、亂爲霧、凝爲霜、散爲露、聚爲雲氣、立爲虹蜺、離爲背璚、分爲抱珥、二十四變、皆軒轅主之、其大星女主也、次北一星夫人也、次北一星妃也、其次諸星、皆次妃之屬、女主南一小星女御也、左一星少民、后宗也、右一星大民、太后宗也、占、欲其小黃而明、吉、大明則爲後宮爭競、移徙則國人流迸、東西角大張而振、后族敗、水火金守軒轅、女主惡也、【考證】漢志不重軒轅二字、

月、五星守犯者、如衡占。【索隱】宋均云、責在后黨嬉謐、賊興招此祥、案亦當天子命誅也、【考證】王先謙曰、逆入不軌道、權衡占同也、

東井爲水事。【索隱】元命包云、東井八星、主水衡也、【考證】漢志此下有火入之一星居其左右天子且以火爲敗十六字、沈欽韓曰、十六字本下文晉灼解禍成井語、而錯入之、

其西曲星曰鉞。【正義】東井八星、鉞一星、輿鬼四星、一星爲質、爲鶉首、於辰在未、皆秦之分野、一大星黃道之所經、爲天之亭候、主水衡事、法令所取平也、王者用法平、則井星明而端列、鉞一星附井之前、主伺奢淫而斬之、占、不欲其明、明與井齊、或搖動、則天子用鉞於大臣、月宿井、有風雨之變也、【考證】鉞、漢志作戉、晉宋隋志作鉞、

北、北河。南、南河。【正義】南河三星、北河三星、分夾東井南北、置而爲戒、南河南戒、一曰陽門、亦曰越門、北河北戒、一曰陰門、亦爲胡門、兩戒閒三光之常道也、占、以南星不見則南

道不通、北亦如之、動搖及火守、中國兵起也、又云、動則胡越爲變、或連近臣以結之、【考證】漢志刪鉞字、語欠分明、

兩河、天闕閒、爲關梁。【索隱】宋均云、兩河六星、知逆邪、言關梁之限、知邪僞也、【正義】闕丘二星、在南河南、天子之雙闕、諸侯之兩觀、亦象魏縣書之府、金火守之、主兵戰闕下也、【考證】王先謙曰、晉志、南河北河各三星、夾東井、一曰天高、天之關門也、主關梁、日月五星之常道也、天闕者、晉志南河南河二星曰闕丘、主宮門外象魏也、正義以爲卽天闕、猪飼彥博曰、正義以天闕爲闕丘、非也、王元啓曰、索隱言字衍、

輿鬼、鬼祠事。中白者爲質。【集解】晉灼曰、輿鬼五星、其中白者爲質、【正義】輿鬼四星、主祠事、天目也、主視明察姦謀、東北星主積馬、東南星主積兵、西南星主積布帛、西北星主積金玉、隨其變占之、中一星爲積屍、一名質、主喪死祠祀、占、鬼星明大、穀成、不明、百姓散、質欲其沒不明、明則兵起、大臣誅、下人死之、【考證】梁玉繩曰、以下文主急事等例之、疑是主祠事之誤、古主字作丶、轉相傳寫、認爲上鬼字省文、遂重作鬼爾、王先謙曰、以上東井爲水事例之、下鬼字是爲字之誤、質同鑕、愚按王說是、陳子龍曰、舊傳鬼宿中積屍氣如雲耳、近測得二大星中間實有三十六小星、此皆古人儀器未精之故、

火守南北河、兵起、穀不登。故德成衡、觀成潢、【集解】晉灼曰、日月五星不軌道也、衡、太微廷也、觀、占也、潢、五帝車舍、【考證】索隱解觀爲游觀、是、王元啓曰、按天五潢在畢東北、西宮咸池之舍、又天潢八星、卽天津、在虛危北、北宮玄武之舍、皆非本宮之宿、或云南有四瀆星、此潢字蓋係瀆字之譌、

傷成鉞、【集解】晉灼曰、賊傷之占、先成形於鉞、【索隱】案德成衡、衡則能平物、故有德公平者、先成形於衡、觀成潢、潢爲帝車舍、言

王者遊觀、亦先成形於潢也、傷成鉞者、傷敗也、言王者敗德、亦先成形於鉞、以言有敗亂、則有鉞誅之、然案文燿鉤則云、德成潢、敗成鉞、其意異也、又此下文禍成井、誅成質、皆是東井下義、總列於此也、

禍成井、 集解 晉灼曰、東井主水事、火入一星居其旁、天子且以火敗、故曰禍也、

誅成質。 集解 晉灼曰、熒惑入輿鬼天質、占曰、大臣有誅、 考證 張照曰、上文云、白者爲質、此云誅成質、皆背天文志、鬼中一星名鈇鑕、蓋質即鑕也、

柳爲鳥注。主木草。 索隱 案漢書天文志注作喙、爾雅云、鳥喙謂之柳、孫炎云、喙、朱鳥之口、柳、其星聚也、以注爲柳星、故主草木、 正義 注作喙、丁救反、一作注、柳八星、星七星、張六星、爲鶉火、於辰在午、皆周之分野、柳爲朱鳥咮、天之厨宰、主尚食、和滋味、占、以順明爲吉、金火守之、國兵大起、 考證 漢志注作喙、王念孫曰、喙當作啄、字之誤也、啄音晝、字本作咮、或作噣、通作啄、又通作注、天官書作柳爲鳥注、注咮古同聲而通用、爾雅、咮謂之柳、柳、鶉火也、襄九年左傳、咮爲鶉火、心爲大火、是柳星謂之咮、愚按據王說、索隱正義喙當作啄、啄與咮注聲遠、

七星、頸爲員官、主急事。 索隱 七星頸爲員宮、主急事、案宋均云、頸、朱鳥頸也、員宮、喉也、物在喉嚨、終不久留、故主急事也、 正義 七星爲頸、一名天都、主衣裳文繡、主急事、以明爲吉、暗爲凶、金火守之、國兵大起、 考證 梁玉繩曰、案宮字譌作官、索隱本作宮、漢以後志皆然、王先謙曰、辰星下云、七星爲員官、則作官者是、查愼行曰、頸喙羽翮四字、多從鳥取義、

張素爲廚、主觴客。 索隱 素、嗉也、爾雅云、鳥張嗉、郭璞云、嗉、鳥受食之處也、 正義 張六星、六爲嗉、主天廚飲食賞賚觴客、占、以明爲吉、暗爲凶、金火守之、國兵大起、 考證 漢志素作嗉、猪飼彥博曰、正義星下六字衍、

翼爲羽翮、主

遠客。 正義 翼二十二星、軫四星、長沙一星、轄二星、合軫七星、皆爲鶉尾、於辰在巳、楚之分野、翼二十二星、爲天樂府、又主夷狄、亦主遠客、占、明大、禮樂興、四夷服、徙則天子擧兵、以罰亂者、

軫爲車、主風。 索隱 宋均云、軫四星居中、又有二星爲左右、轄車之象也、軫與巽同位、爲風、車動行疾似之也、 正義 軫四星、主冢宰輔臣、又主車騎、亦主風、占、明大則車騎用、太白守之、天下學校散、文儒失業、兵戈大興、熒惑守之、南方有不用命之國、當發兵伐之、辰星守之、徐泗有戮之者、

其旁有一小星、曰長沙星。 正義 長沙一星、在軫中、主壽命、占、明主長壽、子孫昌也、 考證 依文例、星字疑衍、王氏漢書補注、以長沙斷句、星字屬下讀、云、星星者白、微有光、以狀不欲明之象、非是、

星不欲明。明與四星等、若五星入軫中、兵大起。 索隱 宋均云、五星主行使、使動、兵車亦動也、 考證 若、及也、王先謙曰、五星、謂水火木金土星、張照曰、五星入軫、即五星聚軫矣、乃大吉也、若五星不拘何星入軫、則無歲無之、又安得兵大起、張文虎曰、軫下各本衍星字、索隱本無、與漢志合、今刪、

軫南衆星曰天庫樓。庫有五車。 正義 天庫一星、主太白、秦地、在五車中、 考證 漢志脫樓字、晉志、庫樓十星、其六大星爲庫、南四星爲樓、一曰天庫、兵甲之府也、旁十五星、三三而聚者、柱也、中央四小星、衡也、主陳兵、猪飼彥博曰、正義以爲五車中之天庫、非也、

車星角、若益衆、及不具、無處車馬。 考證 朱一新曰、言五車星或生芒角、或益衆、或不具、則其占將當無以處車馬也、

西宮、咸池。 索隱 文燿鉤云、西宮、白帝、其精白虎、 正義 咸池三星、

在五車中、天潢南、魚鳥之所託也、金犯守之、兵起、火守之、有災也、 考證 吳仁傑曰、天文志、東宮蒼龍、南宮朱鳥、西宮咸池、北宮玄武、仁傑案、蒼龍總東方七宿言之、朱鳥玄武亦各總其方七宿而言之、至咸池、則所以別一星名、自在二十八舍之外、晉天文志所謂天潢南三星曰咸池、魚囿者是已、此豈所以總西方七宿者哉、今以咸池與蒼龍朱鳥玄武竝稱、又列參白虎於昴畢之後、何其類例之駁也、錢大昕曰、淮南天文訓、斗柄爲小歲、正月建寅、月從左行十二辰、咸池爲大歲、從右行四仲、終而復始、蓋斗爲帝車、有運轉之象、咸池以五車爲匡衞、亦有運行之象、故古人指其所建、以定四時、古書言咸池者、皆兼五潢五車三柱言之、故史公以咸池爲五帝車舍、春秋元命包云、咸池主五穀、其星五者各有所職、然則五車即咸池也、後人析爲數名、僅以三小星當咸池、而淮南太史公書、遂不能通矣、史公以紫宮房心權衡咸池虛危、爲天之五官坐位、豈專指三小星而言哉、王元啓曰、咸池者、西宮諸宿之總名、與前後蒼龍朱鳥玄武一例、五車中又有咸池、猶北宮斗南之有龜鼈、室上之有螣蛇、不得竟指龜蛇爲玄武也、正義注非、

曰天五潢。五潢、五帝車舍。 索隱 案元命包云、咸池主五穀、其星五者各有所職、咸池言穀生於水、含秀含實、主秋垂、故一名五帝車舍、以車載穀而販也、 正義 五車、五星、三柱、九星、在畢東北、天子五兵車舍也、西北大星曰天庫、主太白、秦也、次東北曰天獄、主辰、燕趙也、次東曰天倉、主歲、衞魯也、次東南曰司空、主鎭、楚也、次西南曰卿、主熒惑、魏也、占、五車均明、柱皆見、則倉庫實、不見、其國絕食、兵見起、五車三柱有變、各以其國占之、三柱入出一月、米貴三倍、期二年、出三月、貴十倍、期三年、柱出不與天倉相近、軍出、米貴、轉粟千里、柱倒出、尤甚、火入、天下旱、金入、兵、水入、水也、 考證 張文虎曰、索隱含秀含實秋垂、有脫誤、正義三柱入出一月、入字疑衍、

火入、旱。

金、兵。水、水。 索隱 謂火金水入五潢、則各致此災也、案宋均云、不言木土者、木土德星、於此不爲害故也、 考證 陳仁錫曰、金兵水水、言金星入五潢、則有兵戈、水星入五潢、則有水滂、不言入者、承上句火入、省文也、

中有三柱。柱不具、兵起。 考證 王念孫曰、中有三柱者、謂五潢中有三柱也、

奎曰封豕。爲溝瀆。 正義 奎、苦圭反、十六星、婁三星爲降婁、於辰在戌、魯之分野、奎、天之府庫、一曰天豕、亦曰封豕、主溝瀆、西南大星、所謂天豕目、占、以明爲吉、星不欲團圓、團圓則兵起、暗則臣干命之咎、亦不欲開闔無常、當有白衣稱命於山谷者、五星犯奎、人主爽德、權臣擅命、不可禁者、王者宗祀不潔、則奎動搖、若焱焱有光、則近臣謀上之應、亦庶人饑饉之厄、太白守奎、胡貊之憂、可以伐之、熒惑星守之、則有水之憂、連以三年、塡星歲星守之、中國之利、外國不利、可以興師動衆、斬斷無道、 考證 漢志、作封豨、封、大也、張文虎曰、正義、則有水之憂、水疑當作火、

婁爲聚衆。 正義 婁三星爲苑、牧養犧牲、以共祭祀、亦曰聚衆、占、動搖則衆兵聚、金火守之、兵起也、 考證 張文虎曰、正義祭祀、柯凌作郊祀、柯本兵起上有國死二字、死疑危字之譌、

胃爲天倉。 正義 胃三星、昴七星、畢八星爲大梁、於辰在酉、趙之分野、胃主倉廩、五穀之府也、占、明則天下和平、五穀豐稔、不然反是也、

其南衆星、曰廥積。 集解 如淳曰、芻藁積爲廥也、 正義 芻藁六星、在天苑西、主積藁草者、不見、則牛馬暴死、火守、災起也、

昴曰髦頭。胡星也。爲白衣會。 正義 昴七星爲髦頭、胡星、亦爲獄事、明、天下獄訟平、暗、爲刑罰濫、六星明與大星等、大水且至、其兵大起、搖動若跳躍者、胡兵大起、一星不見、皆兵之憂也、 考證 漢志、髦作旄、

晉志、昴七星、六星皆明、與大星等、大水、七星黃、兵大起、一星亡、為兵喪、搖動、有大臣下獄及白衣之會、王元啓曰、主喪、故又為白衣會、陳子龍曰、昴七星、或曰六星、近測之、實三十六星、猪飼彥博曰、依晉志、正義其兵當作黃兵、黃、星色黃也、

畢曰罕車。為邊兵。主弋獵。【索隱】爾雅云、濁謂之畢、孫炎以為掩兔之畢、或呼為濁、因名星云、【正義】畢八星曰罕車、為邊兵、主弋獵、其大星曰天高、一曰邊將、主四夷之尉也、星明大、天下安、遠夷入貢、失色、邊亂、畢動、兵起、月宿、則多雨、毛萇云、畢所以掩兔也、【考證】錢大昭曰、後漢書蘇竟傳云、畢為天網、主網羅無道之君、故武王將伐紂、上祭於畢、求助天也、王元啓曰、天高四星、宋志云在畢口東北、正義以畢大星為天高、恐大星下有脫文、

其大星旁小星、為附耳。附耳搖動、有讒亂臣在側。【正義】附耳一星、屬畢大星之下、次天高東南隅、主為人主聽得失、伺愆過、星明、則中國微、邊寇警、移動、則讒佞行、入畢、國起兵、

昴・畢間為天街。【索隱】元命包云、畢為天階、爾雅云、大梁昴、孫炎云、昴畢之閒、日月五星出入要道、若津梁也、【正義】天街三星、在畢昴閒、主國界也、街南為華夏之國、街北為夷狄之國、土金守、胡兵入也、【考證】猪飼彥博曰、昴畢之間、日月五星之所由也、故曰天街、猶晉志角星中間曰天門、房星中間曰天衢也、晉隋志所謂天街二星者、以其在昴畢之間、後人因天官書名之耳、此星甚微、不足以表陰陽兩界、正義誤、

其陰、陰國。陽、陽國。【集解】孟康曰、陰、西南、象坤維、河山已北國、陽、河山已南國、

參為白虎。【正義】觜三星、參三星外四星為實沈、於辰在申、魏之分野、為白虎形也、參、色林反、下同、【考證】沈欽韓曰、晉志、參十星、陳氏啓源稽古編、古以為

三星、攷工記、數伐而為六星、丹元子不數伐而數左右肩股為七星、天官家各有師承、古今多不相同、

三星直者、是為衡石。【集解】孟康曰、參三星者、白虎宿中東西直似稱衡、**下有三星、兌、曰罰。為斬艾事。**【集解】孟康曰、在參閒、上小下大、故曰銳、晉灼曰、三星少斜列、無銳形、【正義】罰、亦作伐、春秋運斗樞云、參伐事、主斬艾也、

其外四星、左右肩股也。【考證】王元啓曰、晉志云、中三星橫列、三將也、東北曰左肩、主左將、西北曰右肩、主右將、東南曰左足、主後將軍、西南曰右足、主偏將軍、故黃帝占、參應七將、

小三星隅置、曰觜觽。為虎首。主葆旅事。【集解】如淳曰、關中俗謂桑榆孽生為葆、晉灼曰、葆、菜也、禾野生曰旅、今之飢民采旅也、【索隱】姚氏案宋均云、葆、守也、旅、猶軍旅也、言佐參伐以斬艾除凶也、【正義】觜、子思反、觽、胡規反、葆、音保、觜觽為虎首、主收斂葆旅事也、葆旅、野生之可食者、占、金水來守、國易政、災起也、【考證】王元啓曰、葆、障也、旅、次也、舍也、保障軍旅次舍、採取荆榛、編為儲胥、以護軍之營壘、防閑周密、以禦寇敵之具也、按此即宋均葆守軍旅之意、徐鴻鈞曰、宋注是也、上文參為白虎、三星直者、是為衡石、下有三星、銳曰罰、為斬艾事、下文各星、曰天矢、曰天旗、天苑、九斿、皆不外軍事、則觜觽一星、宜亦一律、葆與堡通、

其南有四星、曰天廁。【正義】天廁四星、在屏東、主溷也、占、色黃吉、青與白皆凶、不見則人寢疾、【考證】陳子龍曰、舊傳觜南四星、共天矢為五星、近測之、實二十一星、

廁下一星、曰天矢。【正義】天矢一星、在廁南、占與天廁同也、**矢黃、則吉。青白黑、凶。**

其西有句曲九星、三處羅。【正義】句、音鉤、【考證】漢志、羅下有列字、

一曰天旗。【正義】參旗九星、在參西、天旗也、指麾遠近以從命者、王者斬伐當理、則天旗曲直順理、不然、則兵動於外、可以憂之、若明而稀、則邊寇動、不然則不、【考證】猪飼彥博曰、正義邊寇下脫不字、

二曰天苑。【正義】天苑十六星、如環狀、在畢南、天子養禽獸所、稀暗則多死也、【考證】猪飼彥博曰、天苑十六星、其數不合、王元啓曰、按十六星云九星者、蓋指自東斜轉西南九星類旗者言之、其下七星、微似斗形、或古時別有名也、

三曰九斿。【集解】徐廣曰、音流、【正義】九斿九星、在玉井西南、天子之兵旗、所以導軍進退、亦領州列邦、竝不欲搖動、搖動、則九州分散、人民失業、信命一不通於中國、憂、以金火守之、亂起也、【考證】正義、信命以下疑有脫誤、

其東有大星。曰狼。狼角變色、多盜賊。【正義】狼一星、參東南、狼為野將、主侵掠、占、非其處、則人相食、色黃白而明、吉、赤角、兵起、金木火守、亦如之、【考證】陳子龍曰、近測云、星大者莫過於狼與織女、其體大於地、

下有四星。曰弧。直狼。【正義】弧九星、在狼東南、天之弓也、以伐叛懷遠、又主備賊盜之知姦邪者、弧矢向狼動移、多盜、明大變色、亦如之、矢不直狼、又多盜、引滿則天下盡兵也、【考證】王元啓曰、按六星彎者為弧、中三星直者為矢、今云四星曰弧、四字誤、猪飼彥博曰、四當作九、

狼比地有大星。曰南極老人。【集解】晉灼曰、比地、近地也、【正義】老人一星、在弧南、一曰南極、為人主占壽命延長之應、常以秋分之曙見於景、春分之夕見於丁、見、國長命、故謂之壽昌、天下安寧、不見、人主憂也、【考證】梁玉繩曰、狼字衍、漢志

無之、晉志、弧九星在狼東南、老人一星在弧南、則景與狼比地哉、南極星、中原常不見、愚按正義於景之景、當讀為丙、唐諱易字、

老人見、治安。不見、兵起。常以秋分時候之于南郊。附耳入畢中、兵起。【考證】漢志無附耳入畢中兵起七字、王元啓曰、後人增入者、猪飼彥博曰、當在上文附耳搖動之上、張文虎曰、中宮天一、槍棓、矛盾動搖、角大、兵起、東宮火犯守角、則有戰、房心、王者惡之也、皆書在末、此亦其例、乃文法之變、非錯簡也、

北宮、玄武。【索隱】文耀鉤云、北宮、黑帝、其精玄武、【正義】南斗六星、牽牛六星、竝北宮玄武之宿、

虛・危。【索隱】爾雅云、玄枵、虛也、又云、北陸、虛也、解者以陸為道、孫炎曰、陸、中也、北方之宿中也、【正義】虛二星、危三星、為玄枵、於辰在子、齊之分野、虛主死喪哭泣事、又為邑居廟堂祭祀禱祝之事、亦天之冢宰、主平理天下、覆藏萬物、占、動、則有死喪哭泣之應、火守、則天子將兵、水守、則人饑饉、金守、臣下兵起、危為宗廟祀事、主天市架屋、占、動、則有土功、火守、天下兵、水守、下謀上也、

危、為蓋屋。【索隱】宋均云、危上一星高、旁兩星隋下、似乎蓋屋也、【正義】蓋屋二星、在危南、主天子所居宮室之官也、占、金火守入、國兵起、孛彗尤甚、危、為架屋、蓋屋自有星、恐文誤也、【考證】王元啓曰、宋志云、危三星、在天津東南、主天府天市架屋、受藏之事、此所謂危為蓋屋是也、又晉志、天壘城南二星曰蓋屋、宋志云、在危宿南九度、此則別又二星、非此所云蓋屋也、猪飼彥博曰、屋棟曰危、危三星似蓋屋、故名危、

虛、為哭泣之事。【索隱】虛為哭泣事、姚氏案荆州占、以為其宿二星、南星主哭泣、虛中六星、不欲明、明則有大喪也、【考證】猪飼彥博曰、晉志、虛南二星曰哭、哭東二星曰泣、亦後人因此文而名

之者也、索隱虛宿中六星、謂司危司祿司命、各二星、王元啓曰、索隱主哭下、脫北星主三字、其南有衆星、曰羽林天軍。【正義】羽林四十五星、三三而聚散、在壘壁南、天軍也、亦天宿衞之兵革、出不見、則天下亂、金火水入、軍起也、【考證】顧炎武曰、今天官家所傳星名、皆起於甘石、如郎將羽林、三代以下之官、左更右更、三代以下之爵、王良造父、三代以下之人、巴蜀河南、三代以下之國、春秋時無此名也、張文虎曰、正義四十五星、官本與晉隋二志及御覽六引大象列星圖合、各本四誤三、軍西爲壘、或曰鉞。【正義】壘壁陳十二星、橫列在營室南、天軍之垣壘、占、五星入、皆兵起將軍死也、【考證】漢志、鉞作戉、同、王元啓曰、軍南有鈇鉞三星、在八魁西北、又西卽北落師門、今云軍西爲壘、壘蓋鉞之異名、正義以壘壁陳當之、壘壁在軍北、且與北落隔遠、下文不得云旁一星爲北落也、旁有一大星、爲北落。北落若微亡、軍星動角、益希、及五星犯北落、入軍、軍起。【正義】北落師門一星、在羽林西南、天軍之門也、長安城北落門、以象此也、主非常以候兵、占、明則軍安、微弱則兵起、金火守、有兵、爲虜犯塞、土水則吉、【考證】漢志、希作稀、王元啓曰、北落若微亡、句、軍星動角益希、句、按微、謂不光明、亡、謂伏匿不見、軍星、謂羽林天軍之四十五星、動搖芒角、或星不備而益希、謂軍星強弱不齊、皆有害也、入軍、謂五星入犯天軍也、此四句、北落天軍皆擧言之、舊本句讀皆誤、王先謙曰、星動角益希、與上文車星角若益衆同一句例、火、金、水尤甚。【考證】王元啓曰、晉志云、五星有在天軍中者、皆爲兵起、熒惑太白辰星尤甚、火、軍憂。水、患。【考證】漢志作火入軍憂、

水、水患、王元啓曰、火軍憂、謂火星入軍則有憂也、水下當衍水字、水、水患、謂水星入軍有水患也、張文虎曰、旣云火金水尤甚、下祇言火水、不及金、蓋脫文、疑火軍憂火下、當有金字、木、土、軍吉。【集解】漢書音義曰、木星土星入北落、則吉也、【考證】豬飼彥博曰、集解入北落、當作犯北落入軍、危東六星兩兩相比、曰司空。【正義】比、音鼻、比、近也、危東兩兩相比者、是司命等星也、司空、唯一星耳、又不在危東、恐命字誤爲空也、司命二星、在虛北、主喪送、司祿二星、在司命北、主官司、危二星、在司祿北、主危亡、司非二星、在危北、主愆過、皆實司之職、占、大爲君憂、常則吉也、【考證】漢志、司空作司寇、梁玉繩曰、司空司寇、皆不在危東、亦非六星也、正義疑命字誤空、然虛東危西兩兩相比者、乃司命司祿司危司非八星、無所謂危東六星、亦不專指司命二星爲說也、恐本文有誤、營室爲清廟。曰離宮閣道。【索隱】元命包云、營室十星、埏陶精類、始立紀綱、包物爲室、又爾雅云、營室謂之定、郭璞云、定、正也、天下作宮室、皆以營室中爲正也、案荊州占云、閣道、王良旗也、有六星、【考證】王先謙曰、晉志、營室二星、天子之宮也、宋志、營室一星爲天子宮、一星爲太廟、故置羽林以衞、又爲離宮閣道、與抵營室之閣道相距遙遠、晉志、閣道六星下云、天子遊別宮之道、此足以當之、豬飼彥博曰、此有脫文、宜言旁六星兩兩相比曰離宮、閣道已見中宮、此爲衍文、愚按豬說得之、梁玉繩曰、此下宜列東壁一宿、蓋二十八宿爲經星、史及漢志于他宿備載無遺、獨缺東壁、何歟、王氏史記正譌、從晉志補十五字云、東壁二星、主文章、天下圖書之秘府也、漢中四星曰天駟。【索隱】案元命包云、漢中四星曰騎、一曰天駟也、旁一星曰王良。【索隱】春秋合誠圖云、王良主天馬

也、【正義】王良五星、在奎北河中、天子奉御官也、其動策馬、則兵騎滿野、客星守之、津橋不通、金火守入、皆兵之憂、【考證】漢志、良作梁、正義兵當作車、王良策馬、車騎滿野。【正義】策一星、在王良前、主天子僕也、占、以動搖移在王良前、或居馬後、別爲策馬、策馬而兵動也、案豫章周騰、字叔達、南昌人、爲侍御史、桓帝當南郊、平明應出、騰仰觀曰、夫王者象星、今宮中星及策馬星悉不動、上明日必不出、至四更、皇太子卒、遂止也、旁有八星絕漢、曰天潢。【索隱】元命包曰、潢主河渠、所以度神通四方、宋均云、天潢、天津也、津、湊也、故主計度也、【考證】漢志、潢作橫、天潢旁江星。江星動、人涉水。【正義】天江四星、在尾北、主太陰也、不欲明、明而動、水暴出、其星明大水不禁也、【考證】王元啓曰、尾北四星、東方蒼龍之宿、與此無涉、此所謂江、卽在天潢旁、據星經、天津九星、在虛危北、橫漢中、一曰天江、太史公分江旁一星曰江、故謂天潢八星、星經合而言之、故謂天津九星、天潢、宋均以爲卽天津者是也、杵臼四星、在危南。【正義】杵臼三星、在丈人星旁、主軍糧、占、正下直臼吉、與臼不相當、軍糧絕也、臼星、在南主舂、其占、覆則歲大饑、仰則大熟也、【考證】梁玉繩曰、星經曰、四星、杵、三星、在人星旁、蓋危星之北、此云危南四星、恐誤也、豬飼彥博曰、杵下蓋脫三星二字、南當作北、正義、杵臼三星、丈人星、丈字衍、臼星在南、星上脫四字、匏瓜有青黑星守之、魚鹽貴。【索隱】案荊州占云、匏瓜、一名天雞、在河鼓東、匏瓜明、歲則大熟也、【正義】匏、音白包反、匏瓜五星、在離珠北、天子果園、占、明大光潤、歲熟、不則包果之實不登、客守、魚鹽貴也、【考證】豬飼彥博曰、匏瓜下、蓋脫五星在虛北五字、王先謙曰、靑黑星、

客星也、豬飼彥博曰、正義、客下脫星字、南斗爲廟。【正義】南斗六星、在南也、【考證】晉志、北方南斗六星、天廟也、南二星魁、天梁也、中央二星、天相也、北二星、天府庭也、亦爲壽命之期也、柯維騏曰、斗、北宮之宿、以夏秋之間見于南方、故謂之南斗也、其北建星。建星者、旗也。【正義】建六星、在斗北、臨黃道、天之都關也、斗建之間、七耀之道、亦主旗輅、占、動搖則人勞、不然則不、月暈蛟龍見、牛馬疫、月五星犯守、大臣相謀、爲關梁不通及大水也、牽牛爲犧牲。【正義】牽牛爲犧牲、亦爲關梁、其北二星、一曰卽路、一曰聚火、又上一星、主道路、次二星、主關梁、次三星、主南越、占、明大、關梁通、不明、不通、天下牛疫死、移人漢中、天下乃亂、【考證】張文虎曰、正義聚火、晉志作聚久、次二星主關梁次二星主南越十五字、館本與晉志合、各本脫、其北河鼓。河鼓大星、上將。左右、左右將。【索隱】爾雅云、河鼓謂之牽牛、孫炎曰、河鼓之旗十二星、在牽牛北、或名河鼓爲牽牛也、【正義】河鼓三星、在牽牛北、主軍鼓、蓋天子三將軍、中央大星、大將軍、其南左星、左將軍、其北右星、右將軍、所以備關梁而拒難也、占、明大光潤、將軍吉、動搖差戾、亂兵起、直、將有功、曲、則將失計也、自昔傳牽牛織女七月七日相見、此星也、【考證】豬飼彥博曰、爾雅、河作何、郭注、今荊楚人呼牽牛星爲擔鼓、擔者荷也、晉志云、河鼓三星、旗九星、在牽牛北、爾雅謂何鼓爲牽牛、非也、孫炎併河鼓及旗云、河鼓之旗十二星、誤也、正義、潤戾直下、皆脫則字、婺女。【索隱】務女、爾雅云、須女謂之務女、是也、一作婺、【正義】須女四星、亦婺女、女、天少府也、南斗牽牛須女、皆爲星紀、於辰在丑、越之分野、而斗牛爲吳之分野也、須女、賤妾之稱、婦職之卑者、主布帛裁製嫁娶、占、水守之、萬物不成、火守、布帛貴、人多死、土守、

有女喪、金守、兵起也、【考證】猪飼彥博曰、索隱爾雅當作廣雅。其北織女。織女、天女孫也。【集解】徐廣曰、孫、一作名。【索隱】織女、天孫也、案荊州占云、織女一名天女、天子女也、【正義】織女三星、在河北天紀東、天女也、主果蓏絲帛珍寶、占、王者至孝於神明、則三星俱明、不然則暗而微、天下女工廢、明則理、大星怒而角、布帛涌貴、不見、則兵起、晉書天文志云、晉太史令陳卓總甘石巫咸三家所著星圖、大凡二百八十三官、一千四百六十四星、以爲定紀、今略其昭昭者、以備天官云、【考證】以上天官總敘、

察日月之行、以揆歲星順逆。【索隱】姚氏案天官占云、歲星一曰應星、一曰經星、一曰紀星、物理論云、歲行一次、謂之歲星、則十二歲而星一周天也、【正義】晉灼云、太歲在四仲、則歲行三宿、太歲在四孟四季、則歲行二宿、二八十六、三四十二、而行二十八宿、十二歲而周天、天官占云、歲星者、東方木之精、蒼帝之象也、其色明而內黃、天下安寧、夫歲星欲春不動、動則農廢、歲星盈縮、所在之國不可伐、可以罰人、失次、則民多病、見則喜、其所居國、人主有福、不可以搖動、人主怒、無光、仁道失、歲星順行、仁德加也、歲星、農官、主五穀、天文志云、春、日甲乙、四時春也、五常仁、五事貌也、人主仁虧、貌失、逆時令、傷木氣、則罰見歲星、【考證】史下文云、歲行三十度十六分度之七、率日行十二分度之一、十二歲而周天、淮南子天文訓亦云、十二歲而行二十八宿、日行十二分度之一、歲行三十度十六分度之七、十二歲而周、其言全同、此以周天爲三百六十五度四分度之一畺之也、後人見其有錯誤、遂謂歲星之行時有遲疾逆順、而其實未曾變易、至漢劉歆、始有超辰之說、見于漢律歷志、左傳昭九年孔疏云、歷家以周天十二次、次別爲百四十四分、歲星每年行百四十五分、是歲星行一次外、剩行一分、積一百四十四年、乃剩一次、此超辰之說也、盛

百二曰、歲星歲移一辰、亦就大略言之、實則歲行一辰有餘、據今法、分一辰爲十萬八千秒、歲星每年平行十一萬九千三百零三秒有奇、八十三年卽超一辰、授時法亦然、三統法謂百四十四年超一辰、與今不合、愚按歲星一年運行三十度有奇、一一・八五六五年而周天、每八二・六年超一辰、盛氏概說之耳、說詳見于新城新藏東洋天文學研究、愚又按當時觀測未精、下文四星舒疾隱見、往往不免少異、今不一一述之、曰東方。木主春。日甲乙。義失者、罰出歲星。【考證】出、猶見也、淮南子天文訓云、東方木也、其帝太皥、其佐句芒、執規而治春、其神爲歲星、其獸蒼龍、其音角、其日甲乙、漢志云、逆春令傷木氣、罰見歲星、

歲星贏縮、以其舍命國。所在國不可伐。可以罰人。【索隱】案天文志曰、凡五星早出爲贏、贏爲客、晚出爲縮、縮爲主人、五星贏縮、必有天應、見杓也、【正義】舍、所止宿也、命、名也、【考證】漢志、罰作伐、爲是、王先謙曰、占經引荊州占云、歲星居次順常、其國不可以加兵、可以伐無道之國、伐之必剋、王元啓曰、贏縮之義、詳後文總論五星條下、索隱引漢志爲證、蓋忘其爲史記本語也、其趨舍而前曰贏、退舍曰縮。【索隱】趨、音聚、謂促、【考證】漢志、趨作超、王先謙曰、占經引七曜云、超舍而前、過其所當舍之宿、以上一舍二舍三舍、謂之贏、退舍以下一舍二舍三舍、謂之縮、張文虎曰、索隱音聚疑當作音趨、贏、其國有兵不復。縮、其國有憂、將亡、國傾敗。【正義】將、音子匠反、【考證】漢志、將亡作其將死、王先謙曰、兵不復、謂敗散不還也、其所在、五星皆從而聚於一舍。

其下之國、可以義致天下。【索隱】案漢高帝元年、五星皆聚于東井、是也、據天文志、其年歲星在東井、故四星從而聚之也、【考證】從、從歲星也、以攝提格歲、歲陰左行在寅、歲星右轉居丑。【索隱】太歲在寅、歲星正月晨出東方、案爾雅、歲在寅爲攝提格、李巡云、言萬物承陽起、故曰攝提格、格、起也、【考證】王元啓曰、此章所述歲星行度、如某月與某星晨出等語、皆出石氏星經、攷之漢志、甘氏及太初歷、與此又有不同、然其大率如歲陰在寅、歲星居丑云云、則固太初歷術也、錢大昕曰、歲陰者太陰也、淮南子天文訓、天神之貴者、莫貴於青龍、或曰天一、或曰太陰、太陰所居、不可背而可鄉、又云、太陰所建、蟄蟲首穴而處、鵲巢鄉而爲戶、太陰在寅、寅爲建、卯爲除、辰爲滿、巳爲平、午爲定、未爲執、申爲破、酉爲危、戌爲成、亥爲收、子爲開、主太歲、丑爲閉、此太陰與太歲之別也、古法、太歲與歲星相應、歲星居丑、則太歲當在子、而稱攝提格歲者、史公以太陰紀歲、不以太歲紀歲、與淮南天文訓同也、貨殖傳太陰在卯穰、明歲衰惡、至午旱、明歲美、至酉穰、明歲衰惡、至子大旱、明歲美、有水、此亦以太陰紀歲之證、新城新藏曰、歲星右行、與十二辰相反、故歷家假設太歲左行、以與十二辰相應、又曰歲陰、太陰、太歲、名異其實一也、錢氏分爲二物、非是、正月與斗・牽牛、晨出東方。名曰監德。【索隱】歲星正月晨見東方之名、已下出石氏星經文、乃云星在斗牽牛、失次應見杓也、漢書天文志則載甘氏及太初星歷所在之宿、不同也、【考證】錢大昕曰、淮南天文訓、太歲在寅、歲名曰攝提格、其雄爲歲星、舍斗牽牛、以十一月與之晨出東方、此云正月者、史公據石氏星經、較淮南書每後兩月、王引之曰、後人以太初歷太歲在子歲星十一月出在建星牽牛、

故改淮南正月爲十一月、以合太初之法、而自此以下、皆遞改其所出之月、愚按說詳于王氏太歲考新城氏東洋天文學史研究、孫星衍問字堂集亦有太陰考、色蒼蒼有光。其失次、有應見柳。歲早、水。晚、旱。歲星出、東行十二度、百日而止、反逆行。逆行八度、百日復東行。歲行三十度十六分度之七。率日行十二分度之一。十二歲而周天。【考證】當時無超辰之說、故有此言、其實一一・八五六五年而周天、說見上、出、常東方以晨。入、於西方用昏。單閼歲、【索隱】在卯也、歲星二月晨出東方、爾雅云、卯爲單閼、李巡云、陽氣推萬物而起、故曰單閼、單、盡也、閼、止也、歲陰在卯、星居子、以二月與婺女・虛・危晨出、曰降入。【索隱】卽歲星二月晨見東方之名、其餘竝準此、【考證】錢大昕曰、淮南、二月作十二月、大有光。其失次、有應見張。名曰降入。其歲大水。【考證】陳仁錫曰、名曰降入四字、衍、執徐歲、【索隱】爾雅、辰爲執徐、李巡云、伏蟄之物、皆敦舒而出、故曰執徐、執、蟄、徐、舒也、【考證】王元啓曰、執讀爲蟄、歲陰在辰、星居亥。以三月居與營室・東壁晨出、曰青章。青青甚章。【考證】錢大昕曰、淮

南、三月作正月、月下居字衍。其失次、有應見軫、曰靑章。歲早、旱。晚、水。[考證]陳仁錫曰、曰靑章三字、衍、大荒駱歲、[索隱]爾雅云、在巳爲大荒駱、姚氏云、言萬物皆熾盛而大出、霍然落落、故曰荒駱也、[考證]漢志淮南、大荒駱作大荒落、歲陰在巳、星居戌、以四月與奎・婁・胃・昴晨出、曰跰踵。熊熊赤色有光。其失次、有應見亢。[集解]徐廣曰、一曰路⿰山重、[索隱]天文志作路⿰山重、字詁云、⿰山重、今作踵也、[正義]跰、白邊反、踵、之勇反、[考證]錢大昕曰、淮南、四月作二月、胃昴二字衍、漢志淮南倶無、敦牂歲、[索隱]爾雅云、在午爲敦牂、孫炎云、敦、盛、牂、壯也、言萬物盛壯、韋昭云、敦、音頓、也、歲陰在午、星居酉、以五月與胃・昴・畢晨出、曰開明。[集解]徐廣曰、一曰天津、[索隱]天文志作啓明、[考證]淮南、五月作三月、炎炎有光。偃兵、唯利公王、不利治兵。其失次、有應見房。歲早、旱。晚、水。[正義]炎、鹽驗反、叶洽歲、[索隱]爾雅云、在未爲叶洽、李巡云、陽氣欲化萬物、故曰協、和、洽、合也、[考證]漢志爾雅、叶洽作協洽、歲陰在未、星居申。以六月與觜觿・參晨出、曰長列。昭昭有光。利行兵。其失次、有應見箕。[正義]觜、子斯反、觿、胡規反、[考證]

淮南、六月作四月、漢志、長列作長烈、涒灘歲、[索隱]涒灘歲、爾雅云、在申爲涒灘、李巡曰、涒灘、物吐秀傾垂之貌也、涒、音他昆反、灘、音他丹反、歲陰在申、星居未、以七月與東井・輿鬼晨出、曰大音。昭昭白。其失次、有應見牽牛。[考證]淮南、七月作五月、漢志、大音作大昔、作鄂歲、[索隱]爾雅、在酉爲作鄂、李巡云、作咢、皆物芒枝起之貌、咢、音愕、今案下文云、作鄂有芒、則李巡解亦近得、天文志云、作詻、音五格反、與史記及爾雅竝異也、歲陰在酉、星居午、以八月與柳・七星・張晨出、曰爲長王。作作有芒。國其昌、熟穀。其失次、有應見危、曰大章。有旱而昌。有女喪、民疾。[考證]淮南、八月作六月、王元啓曰、曰下爲字衍、漢志、長王作長壬、曰大章三字、大淵獻節語錯衍於此、有旱上、當有其歲二字、閹茂歲、[索隱]爾雅云、在戌曰閹茂、孫炎云、萬物皆蔽冒、故曰閹、蔽、茂、冒也、天文志、作掩茂也、歲陰在戌、星居巳、以九月與翼・軫晨出、曰天睢。白色大明。其失次、有應見東壁。歲水、女喪。[索隱]睢、劉氏音吁唯反也、[考證]淮南、九月作七月、大淵獻歲、[索隱]爾雅云、在亥爲大淵獻、孫炎云、淵、深也、大獻萬物於深、謂蓋藏之於外耳、歲陰在亥、星居辰、以十月

與角・亢晨出、曰大章。蒼蒼然星若躍而陰出旦。是謂正平。起師旅、其率必武、其國有德、將有四海。其失次、有應見婁。[集解]徐廣曰、大章、一曰天皇、[索隱]徐廣云、一作天皇、案天文志、亦作天皇也、[考證]淮南、十月作八月、困敦歲、[索隱]爾雅、在子爲困敦、孫炎云、困敦、混沌也、言萬物初萌、混沌於黃泉之下也、歲陰在子、星居卯、以十一月與氐・房・心晨出、曰天泉。玄色甚明、江池其昌、不利起兵。其失次、有應在昴。[考證]淮南、十一月作九月、漢志、天泉作天宗、在昴之在、當作見、前後竝見、此獨作在、誤、赤奮若歲、[索隱]爾雅、在丑爲赤奮若、李巡云、言陽氣奮迅、若、順也、歲陰在丑、星居寅、以十二月與尾・箕晨出、曰天皓。黫然黑色甚明。其失次、有應見參。[索隱]皓、音昊、漢志、作昊、黫、於閑反、[考證]淮南、十二月作十月、楊愼曰、黫、卽左傳左輪朱殷之殷、王元啓曰、攷他歲、皆有歲星失次之應、及水旱之占、獨其在巳未申亥子丑者、但言失次、不言水旱、攷之漢志、他歲但云失次、杓無見柳見張等語、其在巳未等六辰者、幷不著失次之語、未詳其義云何、當居不居、居之又左右搖、未當去去之、與他星會、其國凶。

所居久、國有德厚、其角動、乍小乍大、若色數變、人主有憂。其失次舍以下、進而東北。三月生天棓。長四尺、末兌。[索隱]案天文志、此皆甘氏星經文、而志又兼載石氏、此不取、石氏名申夫、甘氏名德、[正義]棓、音蒲講反、歲星之精、散而爲天槍天棓天衝天猾國皇天欃、及登天荊眞若天猿天垣蒼彗、皆以應凶災也、天棓者、一名覺星、本類星、而末銳、長四丈、出東北方西方、其出則天下兵爭也、[考證]岡白駒曰、舍以下、一舍以下、王元啓曰、東北字絕句、舊連三月爲句、非、三月者、漢志云、不出三月也、愚按長四尺、北宋本作四丈、與晉隋志及正義合、漢志作四尺、與各本合、進而東南。三月生彗星。長二丈、類彗。[正義]天彗者、一名掃星、本類星、末類彗、小者數寸長、長或竟天、而體無光、假日之光、故夕見則東指、晨見則西指、若日南北、皆隨日光而指、光芒所及爲災變、見則兵起、除舊布新、彗所指之處弱也、[考證]各本彗下衍星字、今從館本、漢志亦無、退而西北。三月生天欃。長四丈、末兌。[集解]韋昭曰、欃、音參差之參、[正義]欃、楚咸反、天欃者、在西南、長四丈、銳、京房云、天欃爲兵、赤地千里、枯骨籍籍、天文志云、天欃主兵亂也、[考證]方苞曰、天棓天槍天欃名、見恆星中、今曰歲星所生、則非恆星也、又皆定以丈尺、不知所據、吳汝綸曰、歲星所變妖星、非紫宮中天棓天槍、退而西南。三月生天槍。長數丈、兩頭兌。[正義]槍、楚行反、天槍者、長數丈、兩頭銳、出西南方、其見、不過三月、必有破國亂君、伏死其辜、天文

志云、孝文時、天槍夕出西南、占曰、爲兵喪亂、其六年十一月、匈奴入上郡雲中、漢起兵以衛京師也、謹視其所見之國、不可舉事用兵。其出如浮如沈、其國有土功。如沈如浮、其野亡。色赤而有角、其所居國昌。迎角而戰者不勝。星色赤黃而沈、所居野大穰。【集解】徐廣曰、迎、一作御。【正義】穰、人羊反、豐熟也、【考證】岡白駒曰、星云野、分野之國也、色青白而赤灰、所居野有憂。歲星入月、其野有逐相。與太白鬭、其野有破軍。【集解】韋昭曰、星相擊爲鬭。歲星一曰攝提、曰重華、曰應星、曰紀星。營室爲清廟。歲星廟也。【考證】以上敍歲星、猪飼彥博曰、晉志云、五星行至其廟、謹候其命、以熒惑推之、此下脫謹候此三字、察剛氣以處熒惑。【集解】徐廣曰、剛、一作罰、【索隱】徐廣云、剛、一作罰、案姚氏引廣雅、熒惑謂之執法、天官占云、熒惑、方伯象、司察妖孽、則此文察罰氣爲是、春秋緯文耀鉤云、赤帝熛怒之神爲熒惑焉、位在南方、禮失則罰出、晉灼云、常以十月入太微、受制而出行列宿、司無道、出入無常、【考證】岡白駒曰、處、居也、言定熒惑所居之位也、曰。南方。火。主夏。日丙丁。禮失、罰出熒惑。熒惑失行。是也。【考證】王元啓曰、熒

惑失行是也、六字、係注語、出則有兵。入則兵散。以其舍命國。熒惑爲勃亂、殘賊、疾、喪、饑、兵。【集解】徐廣曰、以下云熒惑爲理、外則理兵、內則理政、【正義】天官占云、熒惑爲執法之星、其行無常、以其舍命國、爲殘賊、爲疾、爲喪、爲饑、爲兵、環繞句己、芒角動搖、乍前乍後、其殃逾甚、熒惑主死喪、大鴻臚之象、主甲兵、大司馬之義、伺驕奢亂孼、執法官也、其精爲風伯、惑童兒歌謠嬉戲也、【考證】岡白駒曰、舍、二十八舍也、以其分野命其國也、某舍則爲某國之分野、陳仁錫曰、國下衍熒惑二字、錢大昕曰、勃卽悖字、張文虎曰、晉志云、熒惑降爲童兒歌謠嬉戲、正義疑有脫誤、反道二舍以上、【考證】漢志、作逆行一舍、二舍爲不祥、居之三月、有殃。五月、受兵。七月、半亡地。九月、太半亡地。因與俱出入、國絕祀。【考證】王先謙曰、因俱出入者、至九月後、因止不去、與俱出入也、占經引春秋緯云、反道若二舍以上、居之三月有淫佚、五月受夷狄之兵、七月半亡地、九月大半亡地、因與宿俱入俱出、國絕祀、居之、殃還至、雖大當小。【索隱】案還、音旋、旋、疾也、若熒惑反道居其舍、所致殃禍速至則雖大反小、久而至、當小反大。【索隱】案久、謂行遲也、如此禍小反大、言久腊毒也、【考證】久旋之反、言殃來遲也、索隱非、其南爲丈夫、北爲女子喪。【索隱】案宋均云、熒惑守輿鬼、南爲丈夫受其咎、北則女子受其凶也、【考證】漢志、丈夫下有喪字、若角、動、繞環之、及

乍前乍後、左、右、殃益大。【考證】王先謙曰、角與動及繞環爲三、晉志、環繞鉤己、漢志、左右作乍左乍右、與他星鬭、光相逮、爲害。不相逮、不害。【正義】凡五星鬭、皆爲戰鬭、兵不在外、則爲內亂、鬭、謂光芒相及、【考證】下文云、相陵爲鬭、宋史天文志云、兩體俱動而直曰觸、離復合、合復離曰鬭、以其往復離合、有鬭之象、故曰鬭、五星皆從而聚于一舍、其下國可以禮致天下。【正義】三星若合、是謂驚立絕行、其國外內有兵與喪、人民饑乏、改立侯王、四星若合、是爲大陽、其國兵喪暴起、君子憂、小人流、五星若合、是謂易行、有德者受慶、掩有四方、無德者受殃、乃以死亡也、【考證】正義大陽、一本作大王、張文虎曰、漢志、作大湯、晉灼云、湯者、猶蕩滌也、則陽字字誤、柯凌本、死亡作滅亡、法、出東行十六舍而止。逆行二舍六旬、復東行。自所止數十舍。十月而入西方。伏行五月、出東方。【集解】晉灼曰、伏、不見、其出西方曰反明。主命者惡之。【考證】方苞曰、命令之所從出者、天下則天子、一國則諸侯、東行急、一日行一度半。【考證】漢志云、東行九十二分度之五十三、與此異、其行、東西南北疾也、兵各聚其下。【考證】漢志云、東行疾、則兵聚於東方、西行疾、則兵聚於西方、用戰。順之勝、逆之敗。【考證】之字承行字、王元啓曰、漢志

云、在其野者亡地、以戰不勝、與此異義、熒惑從太白、軍憂。離之、軍卻。【考證】王先謙曰、相隨曰從、愚按漢志、卻作舒、蓋誤、出太白陰、有分軍。行其陽、有偏將戰。【考證】西北爲陰、東南爲陽、當其行、太白逮之、破軍殺將。【索隱】宋均云、太白宿、主軍來衝拒也、【考證】漢志、逮作還、王念孫曰、逮、及也、言熒惑行、而太白及之、則主破軍殺將也、作還、誤、其入守犯太微・軒轅・營室、主命惡之。【集解】孟康曰、犯、七寸已內、光芒相及也、韋昭曰、自下觸之曰犯、居其宿曰守、【考證】漢志、無入守犯以下語、心、爲明堂。熒惑廟也。謹候此。【考證】以上敍熒惑、漢志云、熒惑、天子理也、故曰、雖有明天子、必視熒惑所在、愚按下文論贊、熒惑爲孛、外則理兵、內則理政、故曰、雖有明天子、必視熒惑所在、二十五字、當在熒惑廟下、曆斗之會、以定塡星之位。【索隱】曆斗之會以定鎭星之位、晉灼曰、常以甲辰之元始建斗、歲鎭一宿、二十八歲而周天、廣雅曰、鎭星、一名地侯、文耀鉤云、鎭、黃帝含樞紐之精、其體旋璣、中宿之分也、【考證】曆讀如歷象之歷、或云曆上疑脫察字、曆斗之會、謂塡星歷天與南斗會也、亦通、淮南天文訓、鎭星以甲寅元始建斗、歲鎭行一宿、二十八歲而周天、許愼云、甲寅元始曆起之年也、建斗、塡星起于斗也、晉灼云甲辰者誤、王元啓曰、塡讀如鎭壓之鎭、亦作鎭、讀田者非是、曰。中央。土。主季夏。日戊己。黃帝主德。女主象也。【考證】淮南天文訓、中央、土也、其帝黃帝、其佐后土、

執繩而治四方、其神爲鎭星、其獸黃龍、其音宮、其日戊己、歲塡一宿、其所居國吉。未當居而居、若已去而復還、還居之、其國得土。不、乃得女。〔考證〕漢志、而居下有之字、不重還字、淮南天文訓未可居而居之、其國增地歲熟、王元啓曰、不、音否、下同、若當居而不居、既已居之、又西東去、其國失土。不、乃失女。不可舉事用兵。其居久、其國福厚。易、福薄。〔集解〕徐廣曰、易、猶輕速也、其一名曰地侯。主歲。〔考證〕王元啓曰、廣雅云、塡星一名地侯、歲行十二度百十二分度之五。日行二十八分度之一。二十八歲周天。〔考證〕王元啓曰、按塡星日行不及二十八分度之一、故今法三十歲周天、漢志亦云、壹見、行十二度有奇、然此文所步、與漢志殊、以日行分度計之、十二度當作十三度、其所居、五星皆從而聚于一舍、其下之國、可重致天下。〔正義〕重、音逐隴反、言五星皆從塡星、其下之國、倚重而致天下、以塡主土故也、〔考證〕王念孫曰、可下、當有以字、開元占經引石氏曰、可以重德致天下、與歲星熒惑太白辰星句法一例、又曰、重、猶厚也、土德重厚、故五星從塡星、則其下之國、可以厚重之德致天下也、禮德義殺刑盡失、而塡星乃爲之

動搖。贏、爲王不寧。其縮、有軍不復。塡星其色黃、九芒。音曰黃鍾宮。〔考證〕王元啓曰、太白五芒、塡星九芒、五九皆數也、一作光芒、非是、猪飼彥博曰、此以五音配當、猶漢志以五常五事配五星也、然他星不言、梁玉繩曰、案此文上下俱論塡星之盈縮、無緣夾入塡星其色黃以下十二字、必是錯簡、王氏正譌、移在前文其一名曰地侯主歲之上、其失次上二三宿曰贏。有主命不成。不、乃大水。〔考證〕漢志、主作王、王先謙曰、王命不成、下不奉命也、愚按不讀爲否、下同、失次下二三宿曰縮。有后戚、其歲不復。不、乃天裂若地動。〔考證〕葉德輝曰、易復卦、先王以至日閉關、王弼注、冬至、陰之復、夏至、陽之復、其歲不復、卽陰陽失和之謂、愚按漢志戚作慼、斗爲文太室。塡星廟、天子之星也。〔考證〕叙塡星、木星與土合、爲內亂饑。主勿用。戰敗。〔正義〕星經云、凡五星、木與土合爲內亂饑、與水合爲變謀更事、與火合爲旱、與金合爲白衣會也、〔考證〕王元啓曰、按漢志、凡五星歲與塡合云云、晉志及正義所引星經、凡五星木與土合云云、皆有凡五星三字、梁玉繩曰、此下總論五星、當別爲一條、漢志列辰星後、是也、此誤連塡星之後、又木星與土合五字當作凡五星木與土合、閻白駒曰、土卽塡星、水、則變謀而更事。火、爲旱、金、爲白衣會若水。〔考證〕白衣會、又見咸池、言喪也、陳仁錫曰、若、及也、言木

與火合、則爲旱、木與金合、則爲國家喪及水澇也、金在南曰牝牡。年穀熟。金在北、歲偏無。〔索隱〕晉灼曰、歲、陽也、太白、陰也、故曰牝牡也、〔正義〕星經云、金在南、木在北、名曰牝牡、年穀大熟、金在北、木在南、其年或有或無、〔考證〕漢志、金在南曰牝牡、年穀孰、作太白在南、歲在北、名曰牝牡、年穀大孰、金在北、歲偏無、作太白在北、歲在南、年或有或亡、王元啓曰、金在南、謂在歲星之南、在北亦然、索隱是、張文虎曰、據索隱及正義、史文金在南句或上或下、當有木在北三字、金在北句或上或下、當有木在南三字、今本失之、火與水合、爲焠。與金合、爲鑠爲喪。皆不可舉事。用兵大敗。〔集解〕晉灼曰、火入水、故曰焠、〔索隱〕火與水合曰焠、案謂火與水俱從塡星合也、〔正義〕焠、忽內反、星經云、凡五星火與水合爲焠、用兵舉事大敗、與金合爲鑠爲喪、不可舉事、用兵從軍、爲憂離之軍、郤與土合爲憂、主孽卿、與木合、饑戰敗也、〔考證〕王元啓曰、晉說是、索隱誤、土爲憂、主孽卿。〔索隱〕案文耀鉤云、水土合則成爐冶、爐冶成則火興、火興則土之子焠、金成消爍、消爍則土無子輔父、無子輔父則益妖孽、故子憂、〔考證〕主、各本作生、今從毛本凌所引一本館本、猪飼彥博曰、漢志、作與塡合、則爲憂主孽卿、索隱以爲土憂、非也、王元啓曰、卿字之義、未詳、閻白駒曰、孽卿、妖害之卿、大饑、戰敗爲北軍、軍困、舉事大敗。〔正義〕爲北、軍北也、凡軍敗曰北、〔考證〕木、各本作大、猪飼彥博曰、古本、大饑作木饑、梁玉繩曰、上文正義引星經云、火與木合、饑、漢志亦然、則大字乃木之譌、張文虎曰、依上下文例、當作木爲饑、土與水合、穰而擁

閼、有覆軍、其國不可舉事、出亡地、入得地。〔集解〕徐廣曰、或云、木火土三星若合、是謂驚立絕行、〔正義〕擁、於拱反、閼、烏葛反、〔考證〕漢志云、土與水合爲雍沮、不可舉事用兵、晉灼注、沮、音沮洳之沮、水性雍而潛土、故曰雍沮、一曰、雍、塡也、愚按雍讀爲壅、雍沮卽雍閼、王元啓曰、按集解三星若合云云、自在下文、或本誤衍於此、金爲疾、爲內兵亡地。〔考證〕以上言木火土三星相合之應、其特不詳金木二星者、太白辰星二條已言之、故不復說、三星若合、其宿地國、外內有兵與喪、改立公王。〔考證〕漢志、作三星若合、是謂驚立絕行、其國外內有兵與喪、民人乏飢、改立王公、四星合、兵喪竝起、君子憂、小人流。〔考證〕漢志、四星下有若字、合下有是謂大湯四字、五星合、是爲易行。有德受慶、改立大人、掩有四方、子孫蕃昌。無德、受殃若亡。〔考證〕漢志、星下有若字、大人作王者、受殃作受罰離其國家、滅其宗廟、百姓離去、被滿四方、五星皆大、其事亦大。皆小、事亦小。蚤出者爲贏。贏者爲客。晚出者爲縮。縮者爲主人。必有天應、見於杓。〔考證〕王先謙曰、斗杓居中而運、歷指十二辰、五星失行、則天應隨之而見、王元啓曰、漢志、於天官書所云失次行水旱之應者、必曰失次杓、星同舍爲合、相

陵爲闕。七寸以內必之矣。【集解】孟康曰、陵、相冒占過也。韋昭曰、突掩爲陵。【索隱】案韋昭云、必有禍也。【考證】王元啓曰、漢志、七寸上、有二星相近者其殃大、二星相遠者殃無傷也、二句、然則七寸者、所以別合鬭之遠近、七寸以內則近矣、故必有禍、依索隱集解、占過當作有禍、五星色白圜、爲喪旱。赤圜、則中不平、爲兵。【考證】漢志、無則字、此疑衍、青圜、爲憂水。【考證】憂水二事、漢志、作爲憂爲水、黑圜、爲疾、多死。黃圜、則吉。赤角、犯我城。黃角、地之爭。白角、哭泣之聲。青角、有兵憂。黑角、則水意行窮兵之所終。【集解】徐廣曰、意、一作志、【考證】漢志、無意行窮兵之所終七字、張文虎猪飼彥博以意字爲忠字譌、屬上讀、王元啓以爲赤字譌、屬下讀、云辰星條下意作赤、屬下句、蓋赤譌志、又譌爲意也、然赤角之應、上文已見、不當複出、亦此七字、義亦未詳、攷之漢志、無之當直定爲衍文、愚按後說是、五星同色、天下偃兵、百姓寧昌、春風秋雨、冬寒夏暑。【考證】以上總論五星、動搖常以此。【考證】五字、疑他章錯簡、塡星出百二十日、而逆西行。西行百二十日、反東行。見三百三十日而入。入三十日、復出東方。【考證】王元啓曰、西行百二十日、當作西

行百三十日、又曰、據漢志、晨始見、順行五度八分、八十七日始留、三十四日旋逆行六度四分有奇、百一日復留、三十三日有奇、旋復順行五度九分度之六、八十五日而伏、凡見三百四十日有奇、除逆定行星五度有奇、伏三十七日、行星七度有奇、壹見三百七十七日有奇、行星十二度有奇、太歲在甲寅、鎭星在東壁。故在營室。【考證】以上敍塡星、塡星出百二十日以下、錯簡、當在上文塡星條、共一名曰地侯主歲下、王元啓曰、按太初歷、以甲寅爲歷元、故又特書起算之年、塡星所在之宿、然故在營室一語、前無所承、知此書殘缺多矣、察日行以處位太白。【索隱】案太白晨出東方曰啓明、故察日行以處太白之位也、韓詩云、太白晨出東方爲啓明、昏見西方爲長庚、又孫炎注爾雅、以爲晨出東方高三丈、命曰啓明、昏見西方高三舍、命曰太白、【正義】晉灼云、常以正月甲寅與熒惑晨出東方、二百四十日而入、入四十日、又出西方、二百四十日而入、入三十五日而復出東方、出以寅戌、入以丑未、天官占云、太白者西方金之精、白帝之子、上公、大將軍之象也、一名殷星、一名大正、一名熒星、一名官星、一名梁星、一名滅星、一名大囂、一名大衰、一名大爽、徑一百里、天文志云、其日庚辛、四時秋也、五常義也、五事言也、人主義虧言失、逆時令傷金氣、罰見太白、春見東方以晨、秋見西方以夕、【考證】方苞曰、太白不行、距冬至與日同度、一歲行度比日行度、故察日行以處其距限之位、猪飼彥博曰、位字衍、正義晉灼說、出淮南子天文訓、愚按淮南子、甲寅作建寅、入四十日作入百四十日、又、作夕、寅戌作辰戌、曰西方。秋。司兵。月行及天矢。【正義】太白五芒出、早爲月蝕、晚爲天矢及彗、其精散爲天杵天柎伏靈大敗司姦天狗賊星天殘卒起星、是古曆星、若竹彗牆星猿星白藋、皆以

示變也、【考證】依文例、西方下脫金主二字、王念孫曰、司兵月行及天矢七字衍、王元啓曰、此卽後文所謂出蚤爲月蝕、晚爲天矢及彗也、誤衍于此、又逸其半而加譌舛焉、日庚辛。主殺。殺失者、罰出太白。【考證】依文例、主殺二字衍、太白失行、以其舍命國。其出行十八舍。二百四十日而入。入東方伏行十一舍、百三十日。【考證】猪飼彥博曰、入東方上、脫其字、王元啓曰、據漢志、晨始見、去日半次、逆行三度、六日始留、八日旋順行、三十三度四十六日、順疾行二百一十四度百八十餘日而伏、凡見二百四十四日、除逆定行星二百四十四度、伏八十三日、行星百十三度有奇、其入西方、伏行三舍、十六日而出。【考證】王元啓曰、據漢志、夕始見、去日半次、順行二百一十一度、百八十一日有奇、順遲行三十三度四十六日始留、七日有奇、旋逆行三度、六日而伏、凡見二百四十一日、除逆定行星二百四十一度、伏十六日、逆行十四度有奇、當出不出、當入不入、是謂失舍。不有破軍、必有國君之簒。【考證】漢志、作必有死王之墓、有亡國、與此異、占經引石氏、作必有死王亡國、其紀上元。【索隱】案上元、是古曆之名、言用上元紀曆法、則攝提歲而太白與營室晨出東方、至角而入、與營室夕出西方、至角而入、凡出入東西各五、爲八歲二百三十日、復與營室晨出東方、大率歲一周天也、【正義】其紀上元、是星古曆初起上元之法也、以攝提格之歲、與營室晨出東方、

至角而入、與營室夕出西方、至角而入、【考證】王元啓曰、按營室至角、歷十七宿、與角晨出入畢、與角夕出入畢、【考證】王元啓曰、角至畢、歷十九宿、與畢晨出入箕、與畢夕出入箕、【考證】王元啓曰、畢至箕、十七宿、與箕晨出入柳、與箕夕出入柳、【考證】王元啓曰、箕至柳、十八宿、與柳晨出入營室、與柳夕出入營室。【考證】王元啓曰、柳至營室、十八宿、凡出入東西各五。爲八歲二百二十日。【集解】徐廣曰、一云、三十二日、【考證】凌稚隆曰、一本作二百三十日、張文虎曰、上文索隱、正作三十日、復與營室晨出東方。其大率歲一周天。【考證】王元啓曰、按太白行度、凡歷八歲又千四百六十一分之九百二十、而復於原位、計每歲之行、雖或贏縮各異、合數歲而總計之、大率歲一周天、漢志亦云、日行一度、其始出東方、行遲、率日半度。【考證】王元啓曰、據漢志、日半度者、太白逆行度、非遲行度、遲行日四十六分度之三十三、一百二十日必逆行一二舍。上極而反、東行。行日一度半。【考證】王元啓曰、據漢志、順疾日行一度九十二分度之十五、云一度半者、立法未精、姑取整數言之、一百二十日入。其痺近日曰

明星。柔。高遠日曰大囂。剛。【集解】徐廣曰、一作變、其始出西行、疾。率日一度半。【考證】王元啓曰、西下脫方字、漢志疾行度見前、百二十日、上極而行遲。日半度。【考證】王元啓曰、按日半度、亦取整數言之、據漢志、行十二分度之七有餘、百二十日旦入。必逆行一二舍而入。其痺近日曰大白。柔。高遠日曰大相。剛。出以辰戌、入以丑未。當出不出、未當入而入、天下偃兵、兵在外。入、未當出而出、當入而不入、下起兵、有破國。【考證】陳仁錫曰、下上缺天字、愚按漢志有、其當期出也、其國昌。其出東爲東、入東爲北方。出西爲西、入西爲南方。【考證】岡白駒曰、出東、其占在東、愚按下倣之、又按漢志、爲東爲西下、並有方字、占經引石氏同、所居久、其鄉利。疾、其鄉凶。【集解】蘇林曰、疾過也、【考證】王念孫曰、疾、本作易、故蘇林訓爲疾過、張文虎曰、漢志、作易、注引蘇林云、疾過也、一說、易、向而出入也、是本作易、可知、岡白駒曰、鄉、嚮通、出西逆行至東、正西國吉。出東至西、正東國吉。【考證】王元啓曰、按出東至西、爲逆行、出西至東、乃順行也、逆行二

字衍、其出、不經天。經天、天下革政。【索隱】孟康曰、謂出東入西、出西入東也、太白、陰星、出東當伏東、出西當伏西、過午爲經天、又晉灼曰、日、陽也、日出則星沒、太白晝見午上、爲經天、【考證】漢志革政作革民更王、小以角動、兵起。始出大後小、兵弱。出小後大、兵強。出高、用兵。深、吉。淺、凶。痺淺、吉。深、凶。日方南、金居其南、日方北、金居其北曰贏。侯王不寧。用兵、進吉、退凶。【正義】鄭玄云、方、猶向也、謂晝漏半而置土圭表陰陽、審其南北也、影短於土圭、謂之日南、是地於日爲近南也、長於土圭、謂之日北、是地於日爲近北也、凡日影於地、千里而差一寸、周禮云、日南則影短多暑、日北則影長多寒、孟康云、金、謂太白也、影、日中之影也、【考證】豬飼彥博曰、宋志云、夏至後、日方南行、而金居其南、冬至後、日方北行、而金居其北曰盈、王元啓曰、日南、謂日躔朱鳥七宿、日北、謂日躔玄武七宿、日方南、金居其北、日方北、金居其南曰縮。侯王有憂。用兵、退吉、進凶。用兵象太白。太白行疾、疾行。遲、遲行。角、敢戰。動搖躁、躁。圜以靜、靜。【考證】圜、各本作國、今從毛本、漢志亦作圜、行疾、行遲、角、動搖躁、圜以靜、皆太白之狀、疾行、遲行、敢戰、躁、靜、皆用兵之道、漢志云、太白、兵象也、行疾、用兵疾、行遲、用兵遲、角、敢戰、進退左右、用兵進退左右、圜以靜、用兵靜、出則兵出、入則兵

入、順角所指、吉。反之、皆凶。【考證】漢志、順作繫、出則出兵。入則入兵。赤角、有戰。白角、有喪。黑圜角、憂、有水事。青圜小角、憂、有木事。黃圜和角、有土事、有年。【正義】太白星圓、天下和平、若芒角、有土事、有年、謂豐熟也、【考證】黑圜以下疑有譌誤、王元啓曰、圜則不角、角則不圜、兩圜字、一小字皆衍、圜和二字、當在有土事下、和、謂色不怒、正義不得其讀而誤解也、參存、其已出三日而復、有微入、入三日乃復盛出、是謂耎。其下國有軍敗將北。【集解】晉灼曰、耎、退之不進、【索隱】是謂需、又作耎、音奴亂反、【考證】漢志、其出三日上、有入七日復出、將軍戰死、入十日復出、相死之、入又復出、人君惡之二十五字、耎下、有而伏二字、注、晉灼曰、耎、退也、不進而伏、伏不見也、其已入三日、又復微出、出三日而復盛入、其下國有憂、師有糧食兵革、遺人用之、卒雖衆、將爲人虜。【正義】遺、唯季反、【考證】漢志云、帥師雖衆、敵食其糧、用其兵、虜其師、其出西失行、外國敗。其出東失行、中國敗。其色大圜黃滜、可爲好事。其圜大赤、兵盛不戰。【集解】滜、音澤、【考證】王元啓曰、按好事、和好之事、如通使會盟皆

是、音去聲、前云赤角有戰、今圜大而不角、故兵雖盛不戰、梁玉繩曰、其色大圜以下十八字、當在上文有年句下、錯簡于此、上文言赤角有戰、黃角有土事、圜和有年、則此所占當類從、參存、太白、白比狼、赤比心、黃比參左肩、蒼比參右肩、黑比奎大星。【正義】比、卑耳反、下同、比、類也、晉書天文志云、凡五星有色、大小不同、各依其行而應時節、色變有類、凡青比參左肩、赤比心大星、黃比參右肩、白比狼星、黑比奎大星、不失本色、而應其四時者吉、色害其行凶也、【考證】漢志、作右肩青比參、左肩黑、比奎大星、亦以太白言、依晉志、五星色比同、不獨太白、王元啓梁玉繩諸人、欲改太白爲五星、移其下二十三字於總論五星條內、未必然、五星皆從太白而聚乎一舍、其下之國可以兵從天下。居實、有得也。居虛、無得也。【索隱】按實、謂星所合居之宿、虛、謂贏縮也、行勝色。色勝位。【集解】晉灼曰、太白行得度者、勝色也、【正義】勝、音升剩反、下同、有位勝無位。有色勝無色。行得盡勝之。【集解】晉灼曰、行應天度、唯有色得位、行盡勝之、行重而色位輕、星經、得字作德、【正義】晉書天文志云、凡五星所出所直之辰、其國爲得位者、歲星以德、熒惑爲禮、鎮星有福、太白兵強、辰陰陽和、所直之辰、順其色而角者勝、其色害者敗、居實有得、居虛無得也、色勝位、行勝色、行得盡勝之、【考證】集解唯有、漢志注、作雖有、張文虎曰、正義、館本與漢晉志及上史文合、各本也下脫色字、位下脫行字、之誤作也、出而留桑榆間、疾其下國。

【集解】晉灼曰、行遲而下也、正出、舉目平正、出桑榆上者、餘二千里、【正義】疾、漢書作病也、【考證】王先謙曰、御覽天部引淮南天文訓云、日西垂、景在樹端、謂之桑廣注云、其作光在桑榆上、今淮南子無之、張文虎曰、集解平出舉目平正、北宋本脩刻毛本竝同、它本舉目二字誤作氣言、案平正疑當作平望、上而疾、未盡其日、過參天、疾其對國。【集解】晉灼曰、三分天過其一、此在戌酉之間、孟康曰、謂出東入西、出西入東、【考證】陳仁錫曰、漢志其作期、今本日作曰、誤、梁玉繩曰、漢晉志作期日、是也、方苞曰、當作其日、蓋疾而未盡其當行之日而遽過也、顧炎武曰、對國謂所對之國、漢書五行志所謂歲在壽星、其衡降婁、左傳襄二十八年、歲棄其次而旅於明年之次、以害鳥帑、周楚惡之、杜氏所謂失次於北、禍衝在南者也、猪飼彥博曰、集解孟康注誤重出、當刪、上復下、下復上、有反將。其入月、將僇。金木星合光、其下戰不合、兵雖起而不鬬。合相毀、野有破軍。【考證】王元啓曰、按金木之木、當作水、總論五星、凡木火土與諸星相合、各有應、獨不言金水相合之應者、以其已見於此也、又後文辰星條下、言辰星出而與太白不相從、野雖有軍不戰、卽此所謂戰不合也、合光者、雖合而光不相毀也、同舍爲合、相淩爲鬬、雖合而不揜其光、則同舍而相遠、所謂殃無傷也、若至突揜而爲淩、則必至於毀其光矣、故曰野有破軍、出西方、昏而出陰、陰兵彊。暮食出、小弱。夜半出、中弱。雞鳴出、大弱。是謂陰陷於陽。其在東方、乘

明而出陽、陽兵之彊。雞鳴出、小弱。夜半出、中弱。昏出、大弱。是謂陽陷於陰。【考證】猪飼彥博曰、陽兵下之字衍、太白伏也、以出兵、兵有殃。【考證】王元啓曰、也字當加土作地、謂入地不見也、其出卯南、南勝北方。出卯北、北勝南方。正在卯、東國利。出酉北、北勝南方。出酉南、南勝北方。正在酉、西國勝。其與列星相犯、小戰。五星、大戰。其相犯、太白出其南、南國敗。出其北、北國敗。行疾、武。不行、文。色白五芒、出蚤爲月蝕。晚爲天矢及彗星。【考證】漢志、天矢作天祅、張文虎曰、各本作天矢、王氏讀書雜志云、宋本作天、天與祅同、亦作妖、漢志作天祅、占經引甘氏作天妖、當依改、將發其國、出東爲德。舉事、左之迎之、吉。出西爲刑。舉事、右之背之、吉。反之、皆凶。【考證】漢志、將發其國、作將發於亡道之國、屬上句、與此異義、太白光見景、戰勝。晝見而經天、是謂爭明。彊國弱、小國彊、女主昌。【考證】漢志云、晝見、與日爭光、

亢爲疏廟。太白廟也。太白、大臣也。其號上公。其他名殷星・太正・營星・觀星・宮星・明星・大衰・大澤・終星・大相・天浩・序星・月緯。大司馬位。謹候此。【考證】猪飼彥博曰、上文司兵二字、及亢爲疏廟太白廟也二句、當在謹候此句上、愚按以上敍太白、察日辰之會、以治辰星之位。【索隱】案下文正四時及星辰之會、是也、皇甫謐曰、辰星一名毚星、或曰鉤星、元命包曰、北方辰星、水、生物布其紀、故辰星理四時、宋均曰、辰星正四時之位、得與北辰同名也、【正義】晉灼云、常以二月春分見奎婁、五月夏至見東井、八月秋分見角亢、十一月冬至見牽牛、出以辰戌、入以丑未、二旬而入、晨候之東方、夕候之西方也、曰。北方。水。太陰之精。主冬。日壬癸。刑失者、罰出辰星。【正義】天官占云、辰星、北水之精、黑帝之子、宰相之祥也、一名細極、一名鉤星、一名毚星、一名伺祠、徑一百里、亦偏將廷尉象也、天文志云、其日壬癸、四時、冬也、五常、智也、五事、聽也、人主智虧聽失、逆時令傷水氣、則罰見辰星也、【考證】漢志出作見、以其宿命國。是正四時。仲春春分、夕出郊奎・婁・胃東五舍、爲齊。仲夏夏至、夕出郊東井・輿鬼・柳東七舍、爲楚。仲秋秋分、夕出郊角・亢・氐・房東四舍、

爲漢。仲冬冬至、晨出郊東方、與尾・箕・斗・牽牛俱西、爲中國。【考證】錢大昕曰、四郊字、皆效字之譌、淮南天文訓、辰星正四時、常以二月春分効奎婁、以五月夏至効東井輿鬼、以十一月冬至効斗牽牛、高誘云、効、見也、予謂說文無効字、當作效、梁玉繩曰、以後文效不效句觀之、此郊字乃效之譌、正義云、效、見也、其出入常以辰戌丑未。其蚤爲月蝕、晚爲彗星及天夭。【集解】孟康曰、辰星月相淩不見者、則所蝕也、張晏曰、彗所以除舊布新、【索隱】案宋均云、辰星與月同精、月爲大臣、先期而出、是躁也、失則當誅、故月蝕見祥、又云、辰星陰也、彗亦陰、陰謀未成、故晚出也、【考證】張文虎曰、各本天夭作天矢、王氏雜志云、天文志作天祅、矢亦夭之譌、今依改、其時宜效不效爲失。【正義】效、見也、言宜見不見、爲失罰之也、追兵在外不戰。【考證】五字屬上句、漢志無、一時不出、其時不和。四時不出、天下大饑。其當效而出也、色白爲旱、黃爲五穀熟、赤爲兵、黑爲水。出東方、大而白、有兵於外、解。【考證】猪飼彥博曰、宋志、解上有兵字、常在東方、其赤、中國勝。其西而赤、外國利。【考證】猪飼彥博曰、宋志、其西作在西方、無兵於外而赤、兵起。【考證】猪飼彥博曰、此句當在有兵於外

解下、其與太白俱出東方、皆赤而角、外國大敗、中國勝。其與太白俱出西方、皆赤而角、外國利。五星分天之中、積于東方、中國利。積于西方、外國用者利。【考證】猪飼彥博曰、積、聚也、漢志、外國用者利、作夷狄用兵者利、五星皆從辰星、而聚于一舍、其所舍之國、可以法致天下。辰星不出、太白爲客。其出、太白爲主。出而與太白不相從、野雖有軍不戰。出東方、太白出西方、若出西方、太白出東方、爲格。野雖有兵不戰。【索隱】謂辰星出西方、辰、水也、太白出東方、太白、金也、水生金、母子不相從、故上有軍不戰、今母子各出一方、故爲格、格、謂不和同、故野雖有兵不戰、然也、【考證】猪飼彥博曰、宋志、爲格作爲格對、張文虎曰、索隱水生金、水金當互易、或生下有於字、上有軍、當爲主有軍、失其時而出、爲當寒反溫、當溫反寒。當出不出、是謂擊卒。兵大起。其入太白中而上出、破軍殺將、客軍勝。下出、客亡地。【考證】漢志、中下而上、有五日乃出及入六字、王元啓曰、

按辰星出、太白爲主人、出於主人之上、是客勝之象也、下出、則主人勝、故曰客亡地、辰星來抵太白、太白不去、將死。【考證】漢志、無太白二字、正旗上出、破軍殺將、客勝。下出、客亡地。【索隱】正旗、案旗蓋太白芒角似旌旗、【正義】旗、星名、有九星、言辰星上、則破軍殺將、客勝也、【考證】漢志、旗作其、梁玉繩曰、旗上出十五字、與上文複衍、愚按、正字亦衍、視旗所指、以命破軍。【考證】旗、當作其、漢志、正作其、謂辰星、其繞環太白、若與鬭、大戰客勝。【考證】漢志、其作辰星、勝下有主人吏死四字、免過太白、閒可械劍、小戰客勝。【集解】蘇林曰、械、音函、函、容也、其閒可容一劍、【索隱】免過太白、案廣雅云、辰星謂之免星、則辰星之別名免、或作毚也、械、音函、函、容也、言中閒可容一劍、則函字本有咸音、故字從咸、劍古作劒也、【正義】漢書云、辰星過太白、閒可械劍、明廣雅是也、免居太白前、軍罷。【考證】漢志、前下有旬三日三字、出太白左、小戰。摩太白、有數萬人戰、主人吏死。【考證】漢志作歷太白右、宋志云、摩者光明相及也、張文虎曰、毛本、有作右、案下文云出太白右、則此文非右字矣、占經引荊州占云、辰星從太白、光芒相及、若摩之、其下有數萬人戰、正作有、出太白右、去三尺、軍急約戰。靑角、兵憂。黑角、水。赤、行窮兵之所終。【考證】陳仁錫曰、靑角兵憂以下十四字、當在下文、

白角號泣之聲下、免七命。曰小正・辰星・天欃・安周星・細爽・能星・鉤星。【索隱】謂星凡有七名、命者、名也、小正、一也、辰星、二也、天欃、三也、安周星、四也、細爽、五也、能星、六也、鉤星、七也、其色黃而小、出而易處、天下之文變而不善矣。免五色。靑圜、憂。白圜、喪。赤圜、中不平。黑圜、吉。赤角、犯我城。黃角、地之爭。白角、號泣之聲。其出東方、行四舍四十八日、其數二十日、而反入于東方。其出西方、行四舍四十八日、其數二十日、而反入于西方。其一候之。營室・角・畢・箕・柳、出房・心閒、地動。辰星之色、春靑黃、夏赤白、秋靑白、而歲熟。冬黃而不明、卽變其色、其時不昌。春不見、大風、秋則不實。夏不見、有六十日之旱。月蝕。秋不見、有兵、春則不生。冬不見、陰雨六十日。有流邑。夏則不長。【考證】以上敍辰星、角・亢・氐、兗州。房・

心、豫州。尾・箕、幽州。斗、江湖。牽牛・婺女、楊州。虛・危、靑州。營室至東壁、并州。奎・婁・胃、徐州。昴・畢、冀州。觜觿・參、益州。東井・輿鬼、雍州。柳・七星・張、三河。翼・軫、荊州。【正義】括地志云、漢武帝置十三州、改梁州爲益州廣漢、廣漢、今益州雒縣是也、分今河內上黨雲中、然案星經、益州魏地、畢觜參之分、今河內上黨雲中、是未詳也、【考證】王先謙曰、九江、盧江、豫章、丹楊諸地、皆襟帶江湖、故曰江湖、漢志、營室下無至字、王元啓曰、至字衍、因上文室字而誤、三河、河內河東河內、梁玉繩曰、本書于中宮條內、謂用昏建者杓、杓、自華以西南、夜半建者衡、衡、殷中州河濟之間、平旦建者魁、魁、海岱以東北、是以北斗言分野也、此云角亢氐兗州等、是以二十八宿言分野也、下文甲乙丙丁之占、是以日時言分野也、秦候太白諸語、是以五星言分野也、界華夷爲陰陽、是以畢昴天街言分野也、夫列宿主十二州、而斗之七星、亦各有屬、奚獨杓衡魁三星而已乎、天街分國陰陽、理固有之、卽上文所稱昴畢閒爲天街、其陰陰國、陽陽國也、然謂畢昴二星主華夷、實所未聞、若五星占候以及干支日時之配合、竝與二十八宿言分野同義、周禮保章氏以星土辨九州、則分野之法、自古傳之、左氏內外傳、載伶州鳩萇弘士弱子產裨竈梓愼諸人所論、確然可證、但竊有疑者、二十八宿俱主中國、故漢藝文志歷家、有海中二十八宿國分臣分二十八卷、豈日星只在中國而不臨四夷哉、疑一、以宿配州、或多或少、地廣多者星反少、地狹者星反多、疑二、淮南天文訓、漢書地理志、以郡國配二十八宿、嗣後言分野者、雖有異同、遞爲祖述、唐李淳風僧一行、更闡發無遺、而獨不宗史記、疑三、占地于天、必天應

乎地而始驗、乃楊州在南、而牛女在北、青州在東、而虛危在北、冀州在北、而昴畢在西、雍州在西、而井鬼在南、往往相反、而不相應、疑四、故宋周密癸辛雜識、以分野爲疏誕也、蓋州郡有廢置、封國有變遷、安得以屢改之地、占不改之星、而星一日移一度、一月移一次、又安得以無定之星、占常定之地、愚按分野之說、疑之者甚多、齊顏之推家訓歸心篇云、天地初開、便有星宿、列國未分、翦疆區野、若爲躔次、封建已來、誰所制割、國有增減、星無進退、災祥禍福、就中不差、乾象之大、列星之夥、何爲分野、止繫中國、昴爲旄頭、匈奴之次、西胡東越、彫題交阯、獨棄之乎、至明蘇伯衡著分野論、其說最詳、見于平仲集及明文在、七星爲員官。辰星廟、蠻夷星也。[考證]以上敍諸星分野、陳仁錫曰、七星以下十二字、當在上文辰星出房心間地動之下、蓋與歲星廟熒惑廟塡星廟太白廟相類、而錯簡在此、梁玉繩曰、當在辰星條末、夏則不長之下、愚按梁說是、

兩軍相當、日暈、[集解]如淳曰、暈讀曰運、[考證]猪飼彥博曰、兩軍相當將戰、會有日暈、王先謙曰、晉隋志竝云、日旁有氣、員而周匝、內赤外青者爲暈、暈等、力鈞。[考證]猪飼彥博曰、厚薄大小齊等、則敵與我軍勢相均、厚長大、有勝。薄短小、無勝。[考證]厚在東、東軍勝、在西、西軍勝、下句反之、重抱、大破。無抱爲和。背不和、爲分離相去。[考證]漢志、無作亡、屬上句、與此義異、背下有爲字、當依補、漢志序云、暈適背穴抱珥注、孟康云、皆日旁氣也、背形如背字也、抱、氣向日也、如淳云、凡氣向日爲抱、向外爲背、王念孫曰、孟注、當作背形如北字、韋注國語云、北、古之背字、說文、北、乖也、從二人相背、然則日兩旁氣外向者爲背、形與北字相似、直

爲自立。立侯王、指暈若曰殺將。[考證]指暈曰三字、疑衍、漢志、作直爲自立、立兵破軍、若曰殺將、義異、負且戴、有喜。[考證]氣在日背爲負、在日上爲戴、圍在中、中勝。在外、外勝。[考證]圍一作園、王元啓曰、此論圍城之師、圍在中者、外暈有芒也、在外、謂中暈有芒也、中勝、被圍者勝、外勝、圍人者勝、青外赤中、以和相去。赤外青中、以惡相去。氣暈先至而後去、居軍勝。先至先去、前利後病。後至後去、前病後利。後至先去、前後皆病、居軍不勝。見而去、其發疾、雖勝無功。[考證]王念孫曰、疾、速也、言氣暈既見而速去也、漢志、其下有後字、衍、見半日以上、功大。白虹屈短、上下兌有者、下大流血。[集解]李奇曰、屈、或爲尾也、韋昭曰、短而直、[考證]猪飼彥博曰、有字疑衍、王元啓曰、兌、音銳、日暈制勝、近期三十日、遠期六十日。其食、食所不利、復生、生所利、而食益盡、爲主位。[考證]王元啓曰、食、謂日食、生、謂復吐、王念孫曰、益卽蝕之譌、衍、漢志、無益字、是也、如食蝕則咎在主位也、漢志引夏氏日月傳曰、日食蝕、主位也、不蝕、臣位也、王元啓曰、句下補不蝕臣位也五字、語乃明白、以其直及日

所宿、加以日時、用命其國也。[考證]以上敍日暈日食、猪飼彥博曰、占以其直日之甲子、王元啓曰、漢志、宿作躔、命作名、按日所宿、角亢氐兗州是也、日、謂甲乙海外、及甲齊乙東夷之類是也、時、謂子周丑翟之類是也、月行中道、安寧和平。[索隱]案中道、房星之中閒也、房有四星、若人之房三閒有四表然、故曰房、南爲陽閒、北爲陰閒、則中道房星之中閒也、故房是日月五星之行道、然黃道亦經房心、若月行得中道、故陰陽和平、若行陰閒、多陰事、陽閒則人主驕恣、若歷陰星陽星之南北、太陰太陽之道、卽有大水若兵及大旱若喪也、[考證]王元啓曰、按漢志、月有九行、黑赤白青各二道、與黃而九、然用之、一決房中道、故史公首以房之南北爲候、陰閒多水陰事。外北三尺、陰星。北三尺、太陰、大水兵。[索隱]案謂陰閒外北三尺曰陰星、又北三尺曰太陰道、則下陽星及太陽、亦在陽閒之南、各三尺也、[考證]陳仁錫曰、陰星下、缺多亂二字、衍北三尺三字、下文陽星多暴上、又缺南三尺三字、彼是互誤、王元啓曰、漢志云、月失節度而妄行、出陽道則旱風、出陰道則陰、又云、月出房北、爲雨爲亂爲兵、出房南、爲旱爲夭喪、水旱至衡而應、按陳氏多亂二字、蓋據漢志增入、對下多暴獄言之、理當增此二字、陽閒驕恣、陽星多暴獄、太陽、大旱喪也。[索隱]太陰太陽、皆道也、月行近之、故有水旱兵喪也、[考證]驕恣下、可補南三尺三字、說見上、角、天門、十月爲四月、十一月爲五月、十二月爲六月。水發、近三尺、遠五尺。[索隱]角閒天門、謂

月行入角與天門、若十月犯之、當爲來年四月成災、十一月、則主五月也、[考證]索隱本、角下有閒字、晉志云、角二星、其閒天門也、其南爲太陽道、其北爲太陰道、據此則史文當有閒字、言月犯角閒天門也、索隱以天門爲別一座、非是、王元啓曰、水發二字、當置天門之下、與前太陰大水、太陽大旱一例、猪飼彥博曰、近三尺、遠五尺、謂近則平地水三尺、遠則水五尺也、犯四輔、輔臣誅。[索隱]案謂月犯房星也、四輔、房四星也、房以輔心、故曰四輔、行南北河、以陰陽言、旱水兵喪。[正義]南河三星、北河三星、若月行北河以陰、則水兵、南河以陽、則旱喪也、[考證]張文虎曰、各本水字錯在旱上、兵字錯在喪上、館本不誤、月蝕歲星、其宿地饑若亡。[正義]孟康云、凡星入月、見月中、爲星蝕月、月掩星、星滅、爲月蝕星也、[考證]猪飼彥博曰、月天最卑、故常掩五星、正義云、星蝕月、非也、熒惑也、亂。[考證]猪飼彥博曰、月掩火星、則有亂、土金水倣此、塡星也、下犯上。太白也、彊國以戰敗。辰星也、女亂。食大角、主命者惡之。[集解]徐廣曰、一云、食于大角、[正義]大角一星、在兩攝提閒、人君之象也、[考證]亦掩大角也、漢志、作月食大角、王者惡之、昭和八年十二月二十日夜、句讀至此、月方蝕金土二星、測星家云、數千年閒一有此象也、心、則爲內賊亂也。[考證]王元啓曰、謂月蝕心也、列星、其宿地憂。[索隱]謂月蝕列星二十八宿、當其分地有憂、憂謂兵及喪也、月食始日、五月者六、六月者五、五月復

六、六月者一、而五月者五、凡百一十三月而復始。【索隱】始日、謂食始起之日也、依此文計、唯有一百二十一月、與元數甚爲懸校、既無太初曆術、不可得而推定、今以漢志三統曆法計、則六月者七、五月者一、又六月者一、五月者一、凡一百三十五月而復始耳、或術家各異、或傳寫錯謬、故此不同、無以明知也、【考證】錢大昕曰、按本文傳寫固有錯謬、小司馬所引三統法亦誤也、今攷三統四分術、竝以五月二十三分之二十而一食、依次推之、則五月者一、六月者六、又五月者一、六月者七、又五月者一、六月者七、凡百三十五月而復始也、張文虎曰、依術當云六月者七、五月者一、又六月者七、五月者一、又六月者六、五月者一、錢氏考異所推、亦前後失次、故月蝕、常也。日蝕、爲不臧也。【考證】往時唯推月食、而未能推日食、故有此言、詩小雅十月之交篇、彼月而食、則維其常、此日而食、于何不臧、甲乙、四海之外。日月不占。【集解】晉灼曰、海外遠、甲乙日時、不以占候、【考證】兪樾曰、甲乙主東方、天地左海、中國之地、東至於海而止、故甲乙在海外也、云四海之外、概言之耳、漢書、止作海外、丙丁、江·淮·海·岱也。戊己、中州·河·濟也。庚辛、華山以西。壬癸、恆山以北。日蝕、國君。月蝕、將相當之。【考證】以上敍月行月食、國皇星、大而赤。【集解】孟康曰、歲星之精散所爲也、五星之精、散爲六十四變、記不盡、【正義】國皇星者、大而赤、類南極老人、去地三丈、如炬火、見則內外有兵喪之難、狀類南極。【集解】徐廣曰、老人

星也、所出、其下起兵。兵彊、其衝不利。【考證】朱一新曰、當其衝則不利也、昭明星、大而白、無角、乍上乍下。所出國、起兵多變。【集解】孟康曰、形如三足机、机上有九彗上向、熒惑之精、【索隱】案春秋合誠圖云、赤帝之精、象如太白、七芒、釋名、爲筆星、氣有一枝、末銳似筆、亦曰筆星也、五殘星、出正東東方之野。其星狀類辰星。【索隱】孟康云、星表有青氣、如暈有毛、填星之精也、【正義】五殘、一名五鋒、出正東東方之分野、狀類辰星、去地可六七丈、見則五分毀敗之徵、大臣誅亡之象、去地可六丈、大。【集解】徐廣曰、大、一作六、【考證】漢志、大下有而黃二字、陳仁錫曰、史缺此二字、賊星、出正南南方之野。星去地可六丈。大而赤、數動有光。【集解】孟康曰、形如彗九尺、太白之精、【正義】大賊星者、一名六賊、出正南南方之野、星去地可六丈、大而赤、數動有光、出則禍合天下、【考證】正義、以上大字屬下讀、漢志、作六賊星、司危星、出正西西方之野。星去地可六丈。大而白、類太白。【集解】孟康曰、星大而有尾、兩角、熒惑之精也、【正義】司危者、出正西西方分野也、大如太白、去地可六丈、見則天子以不義失國、而豪傑起、獄漢星、出正北北方之野。星去地可六丈。大而赤、數動。察之中青。【集解】孟康曰、青中赤表、下有二彗

縱橫、亦塡星之精、漢書天文志、獄漢、一名咸漢、【考證】正義二彗、漢志注作三彗、此四野星所出、出非其方、其下有兵。衝不利。【考證】漢志、無野字、此疑衍、四塡星、所出四隅。去地可四丈。【考證】漢志、無所字、地維·咸光、亦出四隅。去地可三丈、若月始出。所見、下有亂。亂者亡、有德者昌。【考證】猪飼彥博曰、漢志、咸作臧、晉志作藏、云、大而赤、漢志、不重亂字、此衍、各本地維咸光下有正義一條云、四鎭星出四隅、去地可四丈、地維咸光星、亦出四隅、去地可三丈、若月始出、所見、下有亂者亡、有德者昌也、此上塡星及此條全文、今刪其四鎭星下無所字、下有下不重亂字、與漢志合、燭星、狀如太白。其出也不行。見則滅。所燭者城邑亂。【集解】孟康曰、星上有三彗上出、亦塡星之精、【考證】猪飼彥博曰、晉志、作見則不久而滅、漢志、無者字、如星非星。如雲非雲。命曰歸邪。歸邪出、必有歸國者。【集解】李奇曰、邪、音蛇、孟康曰、星有兩赤彗上向、上有蓋狀如氣、下連星、【考證】張文虎曰、漢志注、無如字、案集解蓋與氣、疑當互易、星者、金之散氣。本曰火。星衆、國吉。少、則凶。【集解】孟康曰、星、石也、【考證】漢志、本曰火、作其本曰人、注、孟康曰、星、石也、金石相生、人與星氣相應也、張文虎曰、史文脫其字、疑漢志人字卽火字壞文、孟康承誤本、强爲之說、

漢者、亦金之散氣。其本曰水。【索隱】案水生金、散氣卽水氣、河圖括地象曰、河精爲天漢也、【考證】陳子龍曰、舊以雲漢爲氣、近測之、微星積聚耳、張文虎曰、索隱水金當互易、或生下脫於字、漢、星多、多水。少則旱。其大經也。【集解】孟康曰、漢、河漢也、水生於金、多少、謂漢中星、天鼓、有音如雷非雷。音在地、而下及地。【考證】張文虎曰、志疑云、下乃不之譌、案漢志亦作下、疑當作音在天而下及地、觀下文可見、其所往者、兵發其下。【考證】漢志、往作住、天狗、狀如大奔星。有聲。其下止地類狗。【集解】孟康曰、星有尾、旁有短彗、下有如狗形者、亦太白之精、【考證】漢志、奔作流、所墮及望之如火光。炎炎衝天。【索隱】炎火星、豔音也、【考證】張文虎曰、各本及字下衍炎火二字、毛本無、單本索隱本、出炎火星三字、亦誤、漢志并無及字、御覽七、又八百七十五引天官書、皆無、疑亦衍文、其下圜如數頃田處。上兌者則有黃色。千里破軍殺將。【考證】王元啓曰、按者誤、漢志作見、又按見則二字、當著黃色之下、今本史記漢書竝誤、猪飼彥博曰、晉志、作色黃有聲云云、其上兌、其下圓云云、見則千里破軍殺將、格澤星者、如炎火之狀、黃白、起地而上、下大上兌。其見也、不種而穫。不有土功、必

有大害。【索隱】格澤、一音鶴鐸、又音格宅、格、胡客反、【考證】梁玉繩曰、漢晉諸志、害作客、是也、蚩尤之旗、類彗而後曲、象旗。見、則王者征伐四方。【集解】孟康曰、熒惑之精也、晉灼曰、呂氏春秋曰、其色黃上白下、旬始、出於北斗旁。狀如雄雞。【集解】徐廣曰、蚩尤也、旬、一作營、其怒、青黑、象伏鼈。【集解】李奇曰、怒、當音帑、晉灼曰、帑、雌也、或曰、怒則色青、【考證】宋均曰、怒、謂芒角刺出、愚按與或說合、枉矢、類大流星、虵行而倉黑、望之如有毛羽然。【考證】王元啓曰、虵行、謂屈曲行也、梁玉繩曰、漢晉隋志、毛羽作毛目、長庚、如一匹布著天。此星見、兵起。【正義】著、音直略反、星墜至地、則石也。河・濟之間、時有墜星。【正義】春秋云、星隕如雨、是也、今吳郡西鄉、見有落星石、其石天下多有也、天精而見景星。景星者、德星也。其狀無常。常出於有道之國。【集解】孟康曰、精、明也、有赤方氣與青方氣相連、赤方中有兩黃星、青方中一黃星、凡三星、合爲景星、【索隱】韋昭云、精、謂清朗、漢書、作晴、亦作暒、郭璞注三蒼云、暒雨止無雲也、【正義】景星、狀如半月、生於晦朔、助月爲明、見則人君有德、明聖之慶也、【考證】以上敍瑞星妖星、張文虎曰、出上常字、館本有、與漢志合、凌舉一本同、各本脫、志疑云、類聚一引有、按御覽七引亦有、凡望雲氣、【正義】春秋元命包云、陰陽聚爲雲氣也、釋名云、雲、猶云云、衆盛也、氣、猶餼然也、有聲即無形也、【考證】張文虎曰、案釋名云、雲猶云云、衆盛也、氣、餼也、餼然有聲而無形也、此正義有脫誤、文不成義、仰而望之、三四百里。平望在桑榆上、千餘里二千里。【考證】張文虎曰、千餘里、宋本與漢志合、毛脫里字、佗本脫千里二字、登高而望之、下屬地者三千里。雲氣有獸居上者勝。【正義】勝、音升剩反、雲雨氣相敵也、兵書云、雲或如雄雞臨城、有城必降、【考證】豬飼彥博曰、勝、勝負之勝、張文虎曰、正義、各本雲下衍雄字、館本無、自華以南、氣下黑上赤。嵩高・三河之郊、氣正赤。恆山之北、氣下黑上青。勃・碣・海・岱之間、氣皆黑。江・淮之間、氣皆白。【考證】王元啓曰、此氣之因地而殊者、徒氣白。土功氣黃。車氣乍高乍下、往往而聚。騎氣卑而布。卒氣摶。【集解】如淳曰、摶、專也、或曰、摶、徒端反、【考證】王元啓曰、此氣之隨時而變者、前卑而後高者疾。前方而高、後兌而卑者卻。【考證】前方而高二句、從凌本、與晉隋志合、北宋本、作前方而後高者兌、後兌而卑者卻、與漢志合、今不取、卻、退也、其氣平者、其行徐。前高而後卑者、不止而反。【考證】王元啓曰、止、止軍

也、不止而反、即所謂卻也、氣相遇者、卑勝高、兌勝方。【索隱】遇、音偶、漢書、作禺、【考證】王念孫曰、遇、本作禺、禺讀爲偶、謂兩氣相敵偶也、氣來卑而循車通者、不過三四日、去之五六里見。【集解】車通、車轍也、避漢武諱、故曰通、【考證】漢書、通作道、梁玉繩曰、通乃道字之譌、氣來高七八尺者、不過五六日、去之十餘里見。【考證】張文虎曰、凌舉一本、十餘下有二十餘三字、志疑云、與漢志合、氣來高丈餘二丈者、不過三四十日、去之五六十里見。稍雲精白者、其將悍、其士怯。【考證】漢書、稍作捎、晉灼云、捎、音霄、韋昭云、音髾、王元啓曰、搖捎、動貌、此處恐當從搖捎之義、精、當作青、以下文青白低、及赤仰等句例之可見、其大根而前絕遠者、當戰。青白其前低者、戰勝。其前赤而仰者、戰不勝。【考證】豬飼彥博曰、當戰、當作戰當、謂殺傷相當、愚按漢志、前作芒、非是、陣雲如立垣。杼雲類杼。【索隱】姚氏案兵書云、營上雲氣如織、勿與戰也、軸雲摶、兩端兌。【考證】張文虎曰、案杼軸、二物也、各本以軸字上屬、誤、今正、摶字、北宋本舊刻同、它本譌搏、漢志、兩作而、晉志、作杼軸雲類軸、摶而端兌、史與二志並有脫誤、杓雲如繩者、居前亙天、其半半天。【索隱】杓、劉氏音、時酌反、說文音丁了反、許愼注淮南云、杓、引也、其蛪者類闕旗。故【索隱】天蛪、五結反、亦作蜺、音同、此亦一雲、但文有譌脫、不可解、【考證】張文虎曰、各本及字類引、並同、晉志亦同、索隱本出天蛪二字、疑誤、漢志作蜺雲者類闕旗、疑闕字亦誤也、故下漢志有鉤字、鉤雲句曲。【正義】句、音古侯反、諸此雲見、以五色合占、而澤摶宓。【正義】崔豹古今注云、黃帝與蚩尤戰於涿鹿之野、常有五色雲氣、金枝玉葉、止於帝上、有花蘤之象、故因作華蓋也、京房易飛候云、視四方、常有大雲、五色具、其下賢人隱也、青雲潤澤蔽日在西北、爲舉賢良也、【考證】按此句兼承上文稍雲以下諸雲言之、漢志晉志、皆無合字、王元啓曰、占之誤複、王先謙曰、澤謂雲氣潤澤、張文虎曰、北宋本舊刻毛本摶字、與漢志合、它本譌搏、其見動人、乃有占。兵必起、合鬭其直。【考證】張文虎曰、各本乃作及、凌引一本作乃、案漢・志作迺、則乃字是、沈欽韓引通典雜占云、凡氣不積不結、散漫一方、不能災、必須和雜、殺氣森森然疾起、乃可論占、此史所謂見動人也、合鬭其直、合鬭其所直之地也、漢志、合作占、非是、王朔所候、決於日旁。【考證】下文云、氣則王朔、又見封禪書李將軍傳、王先謙曰、藝文志、有漢日旁氣行事占驗、殆朔撰邪、占經日占中多引朔說、日旁雲氣、人主象。皆如其形以占。【正義】洛書云、有雲象人、青衣無手、在日西、天子之氣、【考證】張文虎曰、正義無手、館本與晉志及御覽十五引洛書合、各本、手譌斗、故北夷之氣、如羣畜穹閭。【索隱】鄒云、一作弓閭、天文志作弓字、音穹、蓋謂以氈爲

閭崇穹然、又宋均云、穹、獸名、亦異說也、【考證】北夷牧畜居穹閭、穹閭卽穹廬、南夷之氣、類舟船幡旗。【考證】南夷居舟船、樹幡旗、大水處、敗軍場、破國之虛、下有積錢。金寶之上、皆有氣。不可不察。【集解】徐廣曰、錢、古作泉字、海旁蜄氣象樓臺、廣野氣成宮闕然。【考證】然、猶焉、語詞、雲氣各象其山川人民所聚積。【正義】淮南子云、土地各以類生人、是故山氣多勇、澤氣多瘖、風氣多聾、林氣多癃、水氣多傴、石氣多力、險阻氣多癭、谷氣多痺、丘氣多狂、廟氣多仁、陵氣多貪、輕土多利、重土多遲、清水音小、濁水音大、湍水人重、中土多聖人、皆象其氣、皆應其類也、【考證】上文自葷以南云云、下文入國邑云云、卽其義、猪飼彥博曰、正義引淮南子、大乖文義、愚按淮南子地形訓文、與正義小異、故候息秏者、入國邑、視封疆田疇之正治、城郭室屋門戶之潤澤、次至車服畜產精華。實息者吉、虛秏者凶。【集解】如淳曰、蔡邕云、麻田曰疇、【考證】王先謙曰、息秏卽盈虛消息之謂、息、生長也、秏、虛損也、漢志、正作耗、若煙非煙、若雲非雲、郁郁紛紛、蕭索輪囷、是謂卿雲。卿雲見、喜氣也。【正義】卿、音慶、【考證】張文虎曰、輪、它本作輪、毛本作輪、與漢志晉志、及御覽八引合、王念孫曰、見字衍、

凡言某星見、某氣見者、其下必有吉凶之事、此是以喜氣釋卿雲、猶言卿雲者、喜氣也、初學記御覽引史記、皆無見字、若霧非霧、衣冠而不濡。見則其域被甲而趨。【索隱】霧、音如字、一音蒙、一音亡遘反、爾雅云、天氣下地、不應曰霧、言蒙昧不明之意也、【考證】而字衍、漢志無、漢志、域作城、譌、愚按此與卿雲別句、下當有是謂某數字、天雷、電、蝦、虹、辟歷、夜明者、陽氣之動者也。【考證】漢志、天作夫、此謂、蝦與霞同、漢志作赧、謂其色赤也、辟歷卽霹靂、夜明未詳、猪飼彥博曰、左傳恆星不見、夜明也、春夏則發、秋冬則藏。故候者無不司之。【考證】王先謙曰、司讀曰伺、天開縣物、地動坼絕、【集解】孟康曰、謂天裂而見物象、天開示縣象、【正義】趙世家幽繆王遷立年、代地動、自樂徐以西北至平陰、臺屋墻垣太半壞、地坼東西百三十步、山崩及徙、川塞谿坎、【集解】徐廣曰、土雍曰坎、音服、駰案孟康曰、谿、谷也、坎、崩也、蘇林曰、伏流也、【考證】漢志、徙作陁、梁玉繩曰、案此段皆用韻語、而徙坎獨不叶、疑徙字有譌、水澹澤竭、地長見象。【考證】錢大昕曰、漢志云、水澹地長、澤竭見象、蓋以長象爲韻、與上下文同例、澹古贍字、水澹與澤竭、意亦相對、此顚倒兩字、蓋傳寫之譌、城郭門閭、閨臬枯槀、【考證】漢志、閨臬作潤息、王先謙云、潤息二字連文見義、孟子是其日夜之所息、雨露之所潤、錢大昕曰、枯槀、當作槀枯、枯與閭韻也、潤息於義爲長、張照曰、此節多訛謬、不可強解、宮廟邸第、人民

所次、謠俗車服、觀民飮食、【考證】謠俗二字、又見貨殖傳、猶言習俗也、五穀草木、觀其所屬、倉府廄庫、四通之路、六畜禽獸、所產去就、魚鼈鳥鼠、觀其所處、鬼哭若呼、其人逢俉。化言誠然。【集解】俉、迎也、伯莊曰、音五故反、【索隱】俉、音五故反、逢俉、謂相逢而驚也、亦作迕、音同、化、當爲訛、字之誤耳、【考證】以上敍雲氣、漢志、俉作遻、玉篇、遇也、朱一新曰、化、訛借字、謂訛言之興、其後必驗有此事、明訛言非徒興也、愚按化、疑此字之壞、此言、斥天開縣物以下八十八字、蓋引古語也、諸解以化爲訛、辭殘理塞、凡候歲美惡、謹候歲始。歲始、或冬至日。產氣始萌。臘明日、人衆卒歲、一會飮食、發陽氣。故曰初歲。【考證】臘字上添或字看、王先謙曰、產、生氣也、大宗伯注、生共種曰產、沈欽韓曰、荊楚歲時記、十二月八日爲臘日、諺曰、臘鼓鳴、春草生、四民月令云、過臘一日、謂之小歲、拜賀君親、進椒酒、正月旦、王者歲首。立春日、四時之卒始也。【索隱】謂立春日是去年四時之終卒、今年之始也、【考證】漢志無卒字、此衍、四始者、候之日。【正義】謂正月旦、歲之始、時之始、日之始、月之始、故云四始、言以四時之日候歲吉凶也、【考證】顧炎武曰、四始者候之日、謂歲始也、冬至日也、臘明日也、立春也、正義專指正月旦、非也、而漢魏鮮、集臘明正

月旦、決八風。【集解】孟康曰、魏野、人姓名、作占候者、【考證】朱一新曰、臘明、謂臘明日也、風從南方來、大旱。西南、小旱。西方、有兵。西北、戎菽爲。【集解】孟康曰、戎菽、胡豆也、爲、成也、【索隱】戎叔爲、韋昭云、戎叔、大豆也、爲、成也、又郭璞注爾雅亦云、戎叔、胡豆、孟康同也、【考證】漢志、菽作叔、沈欽韓曰、通卦驗、清明風當至不至、菽豆不爲、與此爲字義同、淮南天文、禾不爲、董子五行順逆、魚大爲、竝同也、小雨、趣兵。【集解】徐廣曰、一無此上兩字、【索隱】趣、音促、謂風從西北來、則戎叔成、而又有小雨、則國兵趣起也、【考證】梁玉繩曰、徐廣謂一無小雨二字、是也、漢志蓋仍史譌、正譌云、前後皆言占風、不當于此獨兼言占雨、王先謙曰、八風占云、西北來、有邊兵、野豆成、野豆成、卽戎叔爲也、有邊兵、卽趣兵也、似無小雨二字是、北方、爲中歲。東北、爲上歲。【集解】韋昭曰、歲大穰、東方、大水。東南、民有疾疫、歲惡。故八風各與其衝對。課多者爲勝。多勝少、久勝亟、疾勝徐。【考證】王先謙曰、課、第也、以八方相衝之風對、次第其多少久亟疾徐、以定勝負、旦至食、爲麥。食至日昳、爲稷。昳至餔、爲黍。餔至下餔、爲菽。下餔至日入、爲麻。【考證】漢志、昳作跌、餔作哺、王先謙曰、占風者、以其時知五穀之善惡、岡白駒曰、食、辰時、日昳、未時、餔、申時、欲終日有雨、有雲、有風、有日。日

當其時者、深而多實。【正義】正月旦、欲其終一日有風有日、則一歲之中、五穀豐熟、無災害也、【考證】漢志有雨二字、無不重日字、王元啓曰、有雨二字衍、下文但以雲風日占、日字複衍、無雲有風日、當其時、淺而多實。【考證】漢志、多作少、王元啓曰、占歲以風日爲主、有風日、宜乎多實、惟無雲、故云淺也、漢志恐非、有雲風無日、當其時、深而少實。有日無雲不風、當其時者、稼有敗。如食頃、小敗。熟五斗米頃、大敗。【考證】王元啓曰、謂食頃無風雲則小敗、或更久至熟五斗米頃、無風雲、則大敗也、岡白駒曰、炊熟五斗米之頃、則風復起有雲、其稼復起。【考證】王念孫曰、則猶卽也若也、各以其時用雲色占、種其所宜。【考證】漢志、種下無其字、王元啓曰、種、謂五種、上文麥稷黍菽麻是也、各以其時、言自旦至日入六時也、其雨雪若寒、歲惡。是日光明、聽都邑人民之聲。聲宮、則歲善吉。商、則有兵。徵、旱。羽、水。角、歲惡。【考證】漢志、善作美、王元啓曰、此又占之於聲、或從正月旦比數雨。【索隱】比、音鼻律反、數、音疏矩反、謂以次數日、以候一歲之雨、以知豐穰也、【考證】此下又占之於雨、王元啓曰、比、猶排也、從正月旦、排日數雨、以知此歲之豐歉、至初七日、則其分數可見矣、率日食一升至七升而極。過之、不占。【集解】孟康曰、正月一日雨、民有一升之食、二日雨、民有二升之食、如此至七日、【考證】姚範曰、一升七升、未詳、數至十二日、日直其月、占水旱。【集解】孟康曰、月一日雨、正月水、【考證】此言爲國占者、岡白駒曰、一日爲正月、二日爲二月、餘倣此、漢志不重日字、爲其環城千里內占、則其爲天下候、竟正月。【集解】孟康曰、月三十日周天、歷二十八宿、然後可占天下、【正義】案月列宿、日風雲有變、占其國、幷太歲所在、則知其歲豐稔水旱饑饉也、【考證】漢志、城作域、則作卽、無其字、爲是、環城千里、言大國也、卽猶若也、言爲大國占、若爲天下候、則疆域既廣、豐凶不能皆一、故不以日直月、用正月三十日、以知其得失也、月所離列宿、日風雲、占其國。【索隱】月離于畢、案韋昭云、離、歷也、【考證】岡白駒曰、月、正月也、以列宿知分野、然必察太歲所在、在金穰、水毀、木饑、火旱。此其大經也。【考證】王元啓曰、按此所謂金水木火、蓋以歲陰言之、申酉戌爲金、亥子丑爲水、卯辰爲木、巳午未爲火、又必緯之以雲風日雨、而後其占乃驗、故曰此其大經、愚按貨殖傳云、太陰在卯、穰、明歲衰惡、至午、旱、明歲美、至酉、穰、明歲衰惡、至子、大旱、明歲美、有水、與此異、正月上甲、風從東方、宜蠶。風從西方、若旦黃雲、惡。【考證】漢志、二方字下有來字、旦下有有字、王先謙曰、惡、歲惡也、冬至短極、縣土炭。【集解】孟康曰、先冬至三日、縣土炭於衡

兩端、輕重適均、冬至日陽氣至則炭重、夏至日陰氣至則土重、晉灼曰、蔡邕律曆記、候鍾律權土炭、冬至陽氣應黃鍾通、土炭輕而衡仰、夏至陰氣應蕤賓通、土炭重而衡低、進退先後五日之中、【考證】淮南子天文訓、陽氣爲火、陰氣爲水、水勝、故夏至溼、火勝、故冬至燥、燥故炭輕、溼故炭重、愚按炭易燥易溼、土則不然、故縣以候氣也、淮南爲是、集解諸說皆非也、炭動、鹿解角、蘭根出、泉水躍。【考證】漢志、鹿作麋、方苞曰、炭、當作灰、張文虎曰、灰上脫葭字、愚按此承上文、炭動、所縣炭燥而輕也、禮記月令云、仲冬之月、芸始生、荔挺出、蚯蚓結、麋角解、水泉動、王念孫曰、御覽時令部引史記、鹿作麋、與漢志合、當從之、夏至鹿解角、冬至麋解角、諸書皆然、楊愼曰、泉出躍、卽月令水泉動、張文虎曰、泉水躍、各本作泉出動、今從北宋毛本、略以知日至、要決晷景。【考證】以上敍候歲、凌稚隆曰、按冬至日、古人以土圭測日之晷景以觀長短、正義與歲星竝注、誤、王念孫曰、晷景上屬爲句、言日至測晷景之事也、愚按晷景長短、卽日去極遠近、事詳漢志、歲星所在、五穀逢昌。其對爲衝。歲乃有殃。【正義】言晷景歲星行不失次、則無災異、五穀逢其昌盛、若晷景歲星行而失舍有所衝、則歲乃有殃禍災變也、【考證】王念孫曰、自歲星所在以下、別爲一事、與晷景無涉、歲星所在者、謂歲星所居之地、五穀逢昌者、逢與豐古字通、逢昌卽豐昌、其對爲衝者、言與歲星所居之地相對爲衝、假歲在壽星則降婁爲衝、歲在大火、則大梁爲衝、地在歲星之衝、則有殃、襄二十八年左傳、歲棄其次而旅於明年之次、以害鳥帑、杜注、失次於北、禍衝在南、淮南天文訓曰、歲星之所居、五穀豐昌、其對爲衝、歲乃有殃、是其明證矣、猪飼彥博曰、四句錯簡、當在歲星章之末、正義所解皆誤、

太史公曰。自初生民以來、世主曷嘗不歷日月星辰。及至五家三代、紹而明之。【索隱】案謂五紀歲月日星辰曆數、各有一家、顓學習之、故曰五家也、【正義】五家、黃帝高陽高辛唐虞堯舜也、三代、夏殷周也、言生民以來、何曾不歷日月星辰、及至五帝三王、亦於紹繼而明天數陰陽也、【考證】書堯典、歷象日月星辰、敬授民時、五家、正義是、內冠帶、外夷狄、分中國爲十有二州、仰則觀象於天、俯則法類於地。天則有日月、地則有陰陽。天有五星、地有五行。天則有列宿、地則有州域。三光者、陰陽之精。氣本在地、而聖人統理之。幽・厲以往、尚矣。所見天變、皆國殊窟穴、家占物怪、以合時應。其文圖籍禨祥不法。【正義】禨、音機、顧野王云、禨祥、吉凶之先見也、案自古以來、所見天變、國皆異具、所說不同、及家占物怪、用合時應者書、其文幷圖籍、凶吉竝不可法則、故孔子論六經記異事、而說其所應、不書變見之蹤也、是以孔子論六經、紀異而說不書。【考證】方苞曰、直記災異、而所應之說則不書也、至天道命不傳。【考證】論語公冶長篇、子貢曰、夫子之文章、可得而聞也、夫子之言性與

天道、不可得而聞也、子罕篇、子罕言利與命與仁、王念孫曰、命上當有性字、正義兩言天道性命、是其證、傳其人、不待告。【正義】待、須也、言天道性命、忽有志事、可傳授之、則傳其大指、微妙自在天性、不須深告語也、【考證】猪飼彥博曰、傳當作得、明達之人、自知其說、不待告之、張文虎曰、正義忽有志事、疑當作或有志士、告非其人、雖言不著。【正義】著、作慮反、著、明也、言天道性命、告非其人、雖爲言說、不得著明微妙曉其意也、昔之傳天數者、高辛之前重・黎、【正義】左傳云、蔡墨曰、少昊氏之子曰黎、爲火正、號祝融、卽火行之官、知天數、【考證】猪飼彥博曰、正義引左傳、不言南正重、蓋傳寫之失、愚按、說又見太史公自序、於唐・虞、羲・和、【正義】羲氏和氏、掌天地四時之官也、有夏昆吾、【正義】昆吾、陸終之子、虞翻云、昆吾名樊、爲己姓、封昆吾、世本云、昆吾衞者也、殷商巫咸、【正義】巫咸、殷賢臣也、本吳人、冢在蘇州常熟海隅山上、子賢亦在此也、周室史佚・萇弘、【正義】史佚、周武王時太史尹佚也、萇弘、周靈王時大夫也、於宋子韋、【考證】猪飼彥博曰、漢書藝文志、陰陽家有宋司星子韋三篇、注云、景公之史、鄭則裨竈、【正義】裨竈、鄭大夫也、在齊甘公、【集解】徐廣曰、或曰、甘公名德也、本是魯人、【正義】七錄云、楚人、戰國時作天文星占八卷、【考證】梁玉繩曰、案續天文志及晉隋志、竝以甘德爲齊人、而正義引七錄謂楚人、蓋本漢藝文楚有甘公之語也、徐廣又云、本是魯人、未詳其孰實、楚唐眛、【正義】莫葛反、【考證】梁玉繩曰、案眛爲楚將、非掌天文之官、亦不聞其傳天數、豈別有一唐眛歟、眛譌

剡眛、趙尹皋、魏石申。【正義】七錄云、石申、魏人、戰國時作天文八卷也、夫天運三十歲一小變。百年中變、五百載大變。三大變一紀。三紀而大備。此其大數也。爲國者、必貴三五。上下各千歲、然后天人之際續備。【集解】三五、謂三十歲一小變、五百歲一大變、【考證】張文虎曰、貴疑貫之譌、後文必通三五、貫通、義相因、王元啓曰、五、謂五百載一大變、三五卽三大變之謂、三大變凡千五百年、故曰上下各千歲、後文三五俱同此解、索隱非是、太史公推古天變、未有可考于今者、蓋略以春秋二百四十二年之閒、【正義】謂從隱公元年至哀公十四年獲麟也、隱公十一年、桓公十八年、莊公三十二年、閔公二年、僖公三十三年、文公十八年、宣公十八年、成公十八年、襄公三十一年、昭公三十二年、定公十五年、哀公十四年、凡二百四十二年也、日蝕三十六、【正義】謂隱公三年二月乙巳、桓公三年七月壬辰朔、十七年十月朔、莊公十八年三月朔、二十五年六月辛未朔、二十六年十二月癸亥朔、三十年九月庚午朔、僖公五年九月戊申朔、十二年三月庚午朔、十五年五月朔、文公元年二月癸亥朔、十五年六月辛卯朔、宣公八年七月庚子朔、十年四月丙辰朔、十七年六月癸卯朔、成公十六年六月丙辰朔、十七年七月丁巳朔、襄公十四年二月乙未朔、十五年八月丁巳朔、二十年十月丙辰朔、二十一年九月庚戌朔、十月庚辰朔、二十三年二月癸酉朔、二十四年七月甲子朔、八月

癸巳朔、二十七年十二月乙亥朔、昭公七年四月甲辰朔、十五年六月丁巳朔、十七年六月甲戌朔、二十一年七月壬午朔、二十二年十二月癸酉朔、二十四年五月乙未朔、三十一年十二月辛亥朔、定公五年三月辛亥朔、十二年十一月丙寅朔、十五年八月庚辰朔、凡蝕三十六也、彗星三見、【正義】謂文公十四年七月、有星入于北斗、昭公十七年冬、有星孛于大辰、哀公十三年、有星孛于東方、【考證】柯維騏曰、春秋无彗星之書、太史公所引、蓋指星孛也、公羊傳曰、孛者何、彗星也、郭璞亦釋彗爲孛、其實彗孛二星、占不同、宋襄公時、星隕如雨。【正義】謂僖公十六年正月戊申朔、隕石于宋五也、【考證】楊愼曰、春秋星隕如雨、魯莊七年、非宋襄時、正義以隕石於宋當之、時雖當、事不當、天子微、諸侯力政、五伯代興、更爲主命。【集解】徐廣曰、政、一作征、【正義】趙岐注孟子云、齊桓、晉文、秦穆、宋襄、楚莊也、【考證】漢志、天子微、作周室微弱、梁玉繩曰、徐廣政作征、是也、淮南要略云、諸侯力征、後書襄楷傳、諸侯以力征相尙、自是之後、衆暴寡、大并小。秦・楚・吳・越、夷狄也、爲彊伯、【正義】秦祖非子、初邑於秦、地在西戎、楚子鬻熊、始封丹陽、荊蠻、吳太伯居吳、周章因封吳、號句吳、越祖、少康之子、初封於越、以守禹祀、地稱東越、皆戎夷之地、故言夷狄也、後秦穆、楚莊、吳闔閭、越句踐、皆得封爲伯也、田氏篡齊、【正義】周安王二十三年、齊康公卒、田和并齊而立爲齊侯、三家分晉、【正義】周安王二十六年、魏武侯、韓文侯、趙敬侯、共滅晉靜、而三分其地、竝爲戰國、爭於攻取、兵革更起、城

邑數屠、因以饑饉疾疫焦苦、臣主共憂患。【考證】漢志、更起作遞起、因、如論語因之以饑饉之因、其察禨祥、候星氣尤急。【考證】如淳曰、呂氏春秋、荊人鬼、越人禨、今之巫祝禱祠淫祀之比也、近世十二諸侯、七國相王、言從衡者繼踵。【正義】王、于放反、謂漢孝景帝三年、吳王濞、楚王戊、趙王遂、濟南王辟光、淄川王賢、膠東王雄渠也、【考證】近世、言周末也、王先謙曰、十二諸侯、史記所表十二諸侯、七國、言七雄也、正義謬、而皋・唐・甘・石、因時務論其書傳。故其占驗淩雜米鹽。【正義】淩雜、交亂也、米鹽、細碎也、言皋唐甘石等因時務論其書傳中災異所記錄者、故其占驗交亂細碎、其語在漢書五行志中也、【考證】漢志、淩雜作鱗雜、韓非子說難、米鹽博辯、則以爲多而交之、二十八舍主十二州、【正義】二十八舍、謂東方角亢氐房心尾箕、北方斗牛女虛危室壁、西方奎婁胃昴畢觜參、南方井鬼柳星張翼軫、星經云、角亢、鄭之分野、兗州、氐房心、宋之分野、豫州、尾箕、燕之分野、幽州、南斗牽牛、吳越之分野、揚州、須女虛、齊之分野、青州、危室壁、衛之分野、并州、奎婁、魯之分野、徐州、胃昴、趙之分野、冀州、畢觜參、魏之分野、益州、東井輿鬼、秦之分野、雍州、柳星張、周之分野、三河、翼軫、楚之分野、荊州也、斗秉兼之。所從來久矣。【正義】言北斗所建秉十二辰、兼十二州、二十八宿、自古所用、從來久遠矣、【考證】錢大昕曰、秉、卽柄字、晉志云、北斗七星、一主秦、二主楚、三主梁、四主吳、五主燕、六主趙、七主齊、是北斗兼之也、秦之疆

也、候在太白、占於狼·弧。【正義】太白、狼弧、皆西方之星、故秦占候也、 吳·楚之疆、候在熒惑、占於鳥·衡。【正義】熒惑鳥衡、皆南方之星、故吳楚之占候也、鳥衡、柳星也、一本作注張也、【考證】鳥、朱雀、衡、太微、 燕·齊之疆、候在辰星、占於虛·危。【正義】辰星虛危、皆北方之星、故燕齊占候也、 宋·鄭之疆、候在歲星、占於房·心。【正義】歲星房心、皆東方之星、故宋鄭占候也、 晉之疆、亦候在辰星、占於參·罰。【正義】辰星參罰、皆北方西方之星、故晉占候也、 及秦幷呑三晉·燕·代、自河山以南者中國、【正義】河、黃河也、山、華山也、從華山及黃河以南爲中國也、 中國於四海內、則在東南爲陽。【正義】爾雅云、九夷八狄七戎六蠻、謂之四海之內、中國從河山東南爲陽也、 陽則日。歲星·熒惑·塡星、【正義】日、人質反、塡、音鎭、日、陽也、歲星屬東方、熒惑屬南方、塡星屬中央、皆在南及東爲陽也、 占於街南、畢主之。【正義】天街二星、主畢昴、主國界也、街南爲華夏之國、街北爲夷狄之國、則畢星主陽、【考證】猪飼彥博曰、上云、昴畢閒爲天街、其陰、陰國、陽、陽國、街南、卽天街之南、陽國也、正義、主畢昴、當作昴畢、 其西北則胡·貉·月氏·諸衣旃裘引弓之民、爲陰。【正義】貉、音陌、氏、音支、從河山西北及秦晉爲陰也、 陰則月。太

白·辰星、【正義】月、陰也、太白屬西方、辰星屬北方、皆在北及西、爲陰也、 占於街北、昴主之。【正義】天街星北爲夷狄之國、則昴星主之、陰也、 故中國山川東北流。其維首在隴·蜀、尾沒于勃·碣。【正義】言中國山及川、東北流行、若南山首在崑崙蔥嶺、東北行、連隴山至南山華山、渡河東北盡碣石山、黃河首起崑崙山、渭水岷江發源出隴山、皆東北東入勃海也、【考證】猪飼彥博曰、此唯言中國山川、正義言崑崙蔥嶺、非也、 是以秦·晉好用兵、復占太白。太白主中國。【索隱】韋昭曰、秦晉西南維之北爲陰、猶與胡貉引弓之民同、故好用兵、 而胡·貉數侵掠、獨占辰星。【正義】主、猶領也、入也、星經云、太白在北、月在南、中國敗、太白在南、月在北、中國不敗也、是胡貉數侵掠之也、【考證】此說太白主中國、王元啓曰、上文太白占胡貉、不主中國、因秦晉好用兵、與胡貉無殊、故復占太白、主中國之秦晉、而胡貉則獨占辰星、不更占太白也、愚按王說得之、正義以胡貉數侵略句屬上、非是、 辰星出入躁疾、常主夷狄。【考證】此說辰星主夷狄、 其大經也。此更爲客主人。【正義】更、格行反、下同、星經云、辰星不出、太白爲客、辰星出、太白爲主人、辰星太白不相從、雖有軍不戰、辰星出東方、太白出西方、若辰星出西方、太白出東方、爲格野、雖有兵不戰、合宿乃戰、辰星入太白中五日、及入而上出、破軍殺將、客勝、不出、客亡地、視旗所指、【考證】此結太白辰星、太白主中國、辰星主夷狄、是更爲客爲主人也、 熒惑爲孛、外則理

兵、內則理政。故曰雖有明天子、必視熒惑所在。【索隱】必視熒惑之所在、此據春秋緯文耀鉤、故言故曰、【考證】張文虎曰、前熒惑文下、徐廣引此文、字作理、志疑謂理亦作李、因謂李耳、案如梁說、與下理兵理政爲合、然今惟凌本作李、各本皆作勃、蓋又因彼文熒惑爲勃亂殘亂而誤也、猪飼彥博曰、此語見管子、熒惑以下二十五字、錯簡也、當在熒惑章之末、愚按說已見前章、 諸侯更彊、時菑異記、無可錄者。秦始皇之時、十五年彗星四見、久者八十日、長或竟天。【考證】漢志、年下有閒字、 其後秦遂以兵滅六王、幷中國、外攘四夷、死人如亂麻。因以張楚竝起。三十年之閒、兵相駘藉、不可勝數。【集解】蘇林曰、駘、音臺、登躡也、【正義】謂從秦始皇十六年起兵滅韓、至漢高祖五年滅項羽、則三十六年矣、【考證】周壽昌曰、張楚、陳涉之號、竝興、兼項羽而言、正義、下六字衍、 自蚩尤以來、未嘗若斯也。 項羽救鉅鹿、枉矢西流。山東遂合從、諸侯西坑秦人、誅屠咸陽。【考證】漢志云、項羽救鉅鹿、枉矢西流、枉矢所觸、天下所伐射、滅亡象也、物莫直於矢、今蛇行不能直而枉者、執矢者亦不正、以象項羽執政亂也、愚按此直班氏依史文敷演耳、 漢之興、五星聚于東井。

【考證】班書荀紀皆云、漢元年冬十月、五星聚于東井、史公于天官書張耳傳、皆言星聚事、而不書月日、本紀亦不載、漢志云、以歷推之、從歲星也、劉攽曰、案歷、太白辰星去日率不能一兩次、今十月而從歲星于東井、非其理也、然則五星以秦之十月聚東井耳、秦之十月、今七月、日當在鶉尾、故太白辰星得從歲星也、梁玉繩曰、漢元年冬十月、五星聚于東井、其實在漢前三年七月、卽秦胡亥三年七月、紀事者欲明漢瑞、移書于元年十月耳、王引之曰、是從魏書高允傳崔浩前三月聚東井之說、其實非也、漢志、客謂張耳曰、東井秦地、漢王入秦、五星從歲星聚、當以義取天下、是五星聚東井、在入秦之月、高紀曰、秦三年九月、趙高立二世兄子子嬰爲秦王、下遂云、元年冬十月、五星聚于東井、沛公至霸上、秦王子嬰封皇帝符璽節、降軹道旁、是入秦在十月、上與九月相接、非建亥之月而何、若七月、則子嬰沛公猶未入秦、不足受命之符矣、史記張蒼傳、蒼爲計相時、緒正律歷、以高祖十月始至霸上、以十月爲歲首弗革、若以十月爲今七月、則非秦之歲首矣、愚按王說爲是、 平城之圍、月暈參·畢七重。【索隱】漢高祖之七年、案天文志、其占者畢昴閒天街也、街北、胡也、街南、中國也、昴爲匈奴、參爲趙、畢爲邊兵、是歲高祖自將兵擊匈奴、至平城、爲冒頓所圍、七日乃解、則天象有若符契、七重、主七日也、 諸呂作亂、日蝕晝晦。【考證】漢書五行志、高后七年正月己丑晦、日有食之、旣、 吳·楚七國叛逆、彗星數丈、天狗過梁野。及兵起、遂伏尸流血其下。【考證】孝景本紀、二年八月、彗星出東北、漢志、孝景二年、天狗下、占爲破軍殺將、 元光·元狩、蚩尤之旗再見、長則

牛天。其後京師師四出、誅夷狄者數十年、而伐胡尤甚。【正義】元光元年、太中大夫衛靑等伐匈奴、元狩二年、冠軍侯霍去病等擊胡、元鼎五年、衛尉路博德等破南越、及韓說破東越、幷破西南夷、開十餘郡、元年、樓船將軍楊僕擊朝鮮也、【考證】梁玉繩曰、漢書、元光元狩之間、無蚩尤旗見事、正義、元下缺封二二字、越之亡、熒惑守斗。【正義】南斗、爲吳越之分野、【考證】漢志、元鼎中、熒惑守南斗、占曰、其國絕祀、南斗越分也、朝鮮之拔、星茀于河戒。【索隱】茀、音佩、卽孛星也、案天文志、武帝元封之中、星孛于河戒、其占曰、南戒爲越門、北戒爲胡門、其後漢兵擊拔朝鮮、以爲樂浪玄菟郡、朝鮮在海中、越之象、居北方、胡之域也、其河戒、卽南河北河也、【考證】漢志、作星孛于河戍、錢大昕云、戒當作戍、東井西曲星曰戍、戍北三星爲北河、南三星爲南河、所謂南戍北戍也、漢志作戍、亦誤、猪飼彥博王引之諸人駁之云、當從漢志作戍、天象戍在井西、兩河在井之東南東北、坐位異方、說文、戍、守邊也、戍、訓守邊、故南戍爲越門、北戍爲胡門、晉隋志竝云、南河曰南戍、北河曰北戍、占經南北戍字、前後百餘見、皆作戍、不作戒、說詳于猪氏三書管窺、王氏讀書雜志、兵征大宛、星茀招搖。【正義】招搖一星、次北斗杓端、主胡兵也、占角變、則兵革大行、【考證】漢志云、太初中、星孛于招搖、傳曰、客星守招搖、蠻夷有亂、民死君、其後漢兵擊大宛、斬其王、招搖遠夷之分也、此其犖犖大者。若至委曲小變、不可勝道。【索隱】犖、力角反、犖犖、大事分明也、由是觀之、未有不先形見而應隨

之者也。夫自漢之爲天數者、星則唐都、氣則王朔、占歲則魏鮮。故甘石歷五星法、唯獨熒惑有反逆行。逆行所守、及他星逆行、日月薄蝕、皆以爲占。【集解】孟康曰、日月無光曰薄、京房易傳曰、日赤黃爲薄、或曰不交而蝕曰薄、韋昭曰、氣往迫之爲薄、虧毀爲蝕、【考證】逆行所守、承熒惑、猪飼彥博曰、言甘石歷法、五星唯火星有逆行、至漢爲天數者、其法詳備、於是火星逆行所守、及土木金水逆行、日月薄蝕、皆有占也、王元啓曰、薄、薄迫之薄、非厚薄之薄、韋說是、余觀史記考行事、【考證】猪飼彥博曰、史記、史官所記、行事、往事也、百年之中、五星無出而不反逆行。反逆行、嘗盛大而變色。【考證】嘗常、通、盛百二曰、逆行時、在本天最卑、故盛大、日月薄蝕、行南北有時。此其大度也。【考證】猪飼彥博曰、月食在日之衝、冬在北、夏在南、故紫宮・房・心・權・衡・咸池・虛危・【正義】紫宮、中宮也、房心、東宮也、權衡、南宮也、咸池、西宮也、虛危、北宮也、列宿部星、此天之五官坐位也。【正義】五官、列宿部內之星也、【考證】猪飼彥博曰、牃中唯此字未訛、方苞云、官當作宮、首所列五宮也、不知五官爲正、五佐爲副、於文義亦不可易官爲宮也、爲經不移徙。大小有差。闊狹有常。

【集解】孟康曰、闊狹、若三台星相去遠近、水・火・金・木・塡星、此五星者天之五佐。爲經緯、【集解】徐廣曰、木火土三星若合、是謂驚位絕行、【正義】言水火金木土五星、佐天行德也、五星行南北爲經、東西爲緯也、【考證】何焯曰、經字衍、猪飼彥博曰、五佐爲緯、與五官爲經對、王元啓曰、五星皆東行、逆則西行、無所謂南北行、正義不知經字爲衍文、强爲之說、見伏有時。所過行、贏縮有度。日變脩德、月變省刑、星變結和。凡天變過度、乃占。國君彊大有德者昌、弱小飾詐者亡。太上脩德、其次脩政、其次脩救、其次脩禳、正下無之。【考證】猪飼彥博曰、正下、猶言最下、愚按正當作最、貨殖傳、善者因之、其次利道之、其次敎誨之、其次整齊之、最下與之爭、無之、不以爲意也、夫常星之變希見、而三光之占亟用。【考證】亟、屢也、日月暈適雲風、此天之客氣。其發見亦有大運。【集解】徐廣曰、適者、災變咎徵也、李斐曰、適見災于天、劉向以爲日月蝕、及星逆行、非太平之常、自周衰以來、人事多亂、故天文應之遂變耳、駰案孟康曰、暈、日旁氣也、適、日之將食、先有黑氣之變、【考證】適讁、同、謂蝕也、然其與政事俯仰、最近大人之符。【考證】王元啓曰、大字誤、當作天、此五者、天之感動、

爲天數者、必通三五。終始古今、深觀時變、察其精粗、則天官備矣。【索隱】案三、謂三辰、五、謂五星、【考證】五者二字、上無所承、疑有脫文、三五卽三大變、索隱誤、說旣見上、猪飼彥博曰、太史公本書止此、蒼帝行德以下、恐是後人附益、蒼帝行德、天門爲之開。【索隱】案謂王者行春令、布德澤、被天下、應靈威仰之帝、而天門爲之開、以發德化也、天門、卽左右角閒也、【正義】爲、于僞反、下同、蒼帝、東方靈威仰之帝也、春萬物開發、東作起、則天發其德化、天門爲之開也、赤帝行德、天牢爲之空。【索隱】亦謂王者行德、以應火精之帝、謂擧大禮封諸侯之地、則是赤帝行德、夏陽主舒散、故天牢爲之空、則人主當赦宥也、【正義】赤帝、南方赤熛怒之帝也、夏萬物茂盛、功作大興、則天施德惠、天牢爲之空虛也、天牢六星、在北斗魁下、不對中台、主秉禁暴、亦貴人之牢也、黃帝行德、天矢爲之起。【正義】黃帝、中央含樞紐之帝、季夏萬物盛大、則當大赦含養羣品也、【考證】張文虎曰、中統游毛、竝作天夭、北宋柯凌本作天矢、疑皆誤、御覽八百七十二引作天爲之起、葢脫一字、風從西北來、必以庚辛。一秋中、五至、大赦、三至、小赦。白帝行德、以正月二十日二十一日。月暈圍、常大赦。載謂有太陽也。【考證】王元啓曰、常爲當字之譌、載字誤、前文無所謂載也、張文虎曰、謂有大陽也、有脫誤、一日。【索隱】一曰、二曰、案謂星家之異說、太史公兼記之

耳、白帝行德、畢・昴爲之圍。圍三暮、德乃成。【正義】白帝、西方白招矩之帝也、秋萬物咸成、則疊圍畢昴三暮、帝德乃成也、不三暮、及圍不合、德不成。二曰。以辰、圍不出其旬。黑帝行德、天關爲之動。【正義】黑帝、北方叶光紀之帝也、冬萬物閉藏、爲之動、爲之開閉也、天關一星、在五車南畢西北、爲天門、日月五星所道、主邊事、亦爲限隔內外、障絕往來、禁道之作違者、占、芒角、有兵起、五星守之、主貴人多死也、天行德、天子更立年。不德、風雨破石。【索隱】案天、謂北極紫微宮也、言王者當天心、則北辰有光耀、是行德也、北辰光耀則天子更立年也、【考證】豬飼彥博曰、天行德一句、疑當作天子行德、天更立年、言天子行德、風雨順、大有年、不德則風雨不順、三能三衡者、天廷也。【索隱】上云南宮朱鳥權衡、衡、太微、三光之廷、則三衡者、即太微也、其謂之三者、爲日月五星也、然斗第六第五星、亦名衡、又參三星、亦名衡、然竝不爲天廷也、【正義】晉書天文志云、三台、主開德宣符也、所以和陰陽、而理萬物也、三衡者、北斗魁四星爲璇璣、杓三星爲玉衡、人君之象、號令主也、又太微、天子宮庭也、太微爲衡、衡主平也、爲天庭、理法平辭理也、案言三台三衡者、皆天帝之庭、號令舒散平理也、故言三台三衡、言若有客星、出三台三衡之廷、必有奇異敎令也、【考證】豬飼彥博曰、三衡未詳、客星出天廷、有奇令。【考證】梁玉繩曰、三能三句、有闕文、索隱正義、解費而義晦、

【索隱】述贊、在天成象、有同影響、觀文察變、其來自往、天官既書、太史攸掌、雲物必記、星辰可仰、盈縮匪僭、應驗無爽、至哉玄監、云誰欲罔、

天官書第五

史記二十七

文學博士瀧川龜太郎著

史記會注考證

史記會注考證卷二十八

漢　太史令　司馬遷　撰

宋　中郎外兵曹參軍　裴駰　集解

唐　國子博士弘文館學士　司馬貞　索隱

唐　諸王侍讀率府長史　張守節　正義

日本　出雲　瀧川資言　考證

封禪書第六　史記二十八

正義此泰山上築土爲壇以祭天、報天之功、故曰封、泰山下小山上除地、報地之功、故曰禪、言禪者、神之也、白虎通云、或曰封者、金泥銀繩、或曰石泥金繩、封之印璽也、五

經通義云、易姓而王、致太平、必封泰山、禪梁父、荷天命以爲王、使理羣生、告太平於天、報羣神之功。考證史公自序云、受命而王、封禪之符罕用、用則萬靈罔不禋祀、追本諸神名山大川禮、作封禪書、第六、梁玉繩曰、三代以前無封禪、乃燕齊方士所僞造、昉于秦始、侈于漢武、此書先雜引鬼神之事、比類見義、遂因其傳會、備錄于篇、政以著其妄、用意微矣、惟牽引郊社巡狩諸典禮、未免黷經、馬端臨云、西漢郊祀、不襲秦制、而雜以方士之說、曰太乙、曰五帝、叢雜而祀之、皆謂之郊天、史公所序者、秦漢不經之祠、而以舜類上帝、三代郊祀之禮先之、至孟堅直名郊祀志、于是以祀六帝爲郊、自遷固以來議論相襲而然已、或問封禪、雖禮經不載、然管子莊子韓詩外傳皆言之、路史前紀六九罰、封禪乃易姓告代之大禮、一姓惟一行、本袁宏後漢紀、續後書祭祀志、豈俱不足信皦、曰管子雜篇、多後人附竄、非其本書、而管莊于諸子中最顯、因書竝竄焉、故封禪篇管仲諫桓公語、與此書無異、蓋作僞者造爲成文、史全錄之、附梁許懋封禪議、謂管仲設言以屈桓公、又取夷吾所記七十二君細數而辨駁之、得毋錯認爲眞乎、韓嬰生當其時、更無足怪、託諸孔氏、其誕益明、袁宏諸人之說竝無據、洪邁曰、東坡作趙德麟字說云、漢武帝獲白麟、司馬遷班固書曰、獲一角獸、蓋麟云、蓋之爲言疑之也、予觀史漢所記事、或曰若、或曰云、或曰焉、或曰蓋、其語舒緩含深意、姑以封禪書郊祀志考之、漫記于此、雍州好時、自古諸神祠皆聚云、蓋黃帝時嘗用事、雖晚周亦郊焉、三神山蓋嘗有至者、諸僊人及不死之藥皆在焉、未能至、望見之焉、新垣平望氣、言有神氣成五采、若人冠絻焉、權火擧而祠、若光煇然屬天焉、出長安門、若見五人於道北、蓋夜致王夫人之貌云、天子自帷中望見焉、登中嶽太室、從官在山下聞若言萬歲云、祭封禪祠、其夜若有光、封禪大詔、天若遺朕士而大通焉、河東迎鼎、有黃雲蓋焉、見神人東萊山、若

云欲見天子、方士言蓬萊諸神若將可得、天子爲塞河、興通天臺、若見有光云、獲若石于陳倉、此外如所謂及羣臣有言老父、則大以爲僊人也、可爲觀如緱城、神人宜可致、天旱、意乾封乎、然其效可睹矣、詞旨亦相似、凌稚隆曰、按此書直書其事、而其失自見、有諷意、無貶辭、可爲作史紀時事者之法、又曰、此書以命字德字符瑞字爲關鍵、又連用蓋字若字云字焉字矣字、皆極有意、又曰、書中多用皆字如字各字、俱省文也、

自古受命帝王、曷嘗不封禪。考證楊愼曰、與後所引管仲對齊桓公曰、七十二君皆受命然後得封禪相應、方苞曰、言特不以爲不死之術也、蓋有無其應而用事者矣。考證楊愼曰、與後所論秦始皇云豈所謂無其德而用其事者邪相應、未有睹符瑞見、而不臻乎泰山者也。考證楊愼曰、與後言符瑞如黃龍寶鼎相應、雖受命而功不至、至梁父矣而德不洽、洽矣而日有不暇給。是以卽事用希。考證梁父二字衍、數句與下文文王受命、政不及泰山、武王克殷天下未寧而崩、周德之洽維成王相應、傳曰。三年不爲禮、禮必廢。三年不爲樂、樂必壞。每世之隆、則封禪荅焉。及衰而息。厥曠遠者千有餘載、近者數百載。故其儀闕然

堙滅、其詳不可得而記聞云。〔考證〕傳曰、論語陽貨篇引宰我言、廢作壞、壞作崩、廢壞韻、數句與下文上與公卿諸生議封禪、封禪用希曠絕、莫知其儀相應、尚書曰。舜在璇璣玉衡、以齊七政。遂類于上帝、禋于六宗、望山川、徧羣神、輯五瑞、擇吉月日、見四嶽諸牧、還瑞。〔集解〕徐廣曰、還、一作班、〔考證〕五帝本紀、望下徧下有于字、徧作辯、輯作揖、還作班、歲二月、東巡狩、至于岱宗。岱宗、泰山也。〔正義〕括地志云、泰山、一曰岱宗、東岳也、在兗州博城縣西北三十里、周禮云、兗州鎮曰岱宗、〔考證〕岱宗、泰山也、史公釋書文、將敘泰山封禪事、不可無此注、下文衡山也、華山也、恆山也、嵩高也、亦史公以所傳釋之也、尚書不載、柴望秩于山川、遂覲東后。東后者諸侯也。〔考證〕五帝本紀、柴作祡、覲作見、徐孚遠曰、上古封禪無明文、以尚書所載柴岱宗之事當之、雖非寔然、其於諸說較近、故先敘舜事、後及黃帝、凌稚隆曰、是言巡狩、以附會封禪之始、中井積德曰、舜之柴望、只是祭山川而已、猶旅之類、與後世封禪迥然異科、合時月、正日、同律度量衡、修五禮、五玉三帛二生一死贄。五月、巡狩至南嶽。南嶽、衡山也。〔正義〕括地志云、衡山、一名岣嶁山、在衡州湘潭縣西四十里、八月、巡狩至西嶽。西嶽、

華山也。〔正義〕括地志云、華山、在華州華陰縣南八里、古文以爲敦物、周禮云、豫州鎮曰華山、十一月、巡狩至北嶽。北嶽、恆山也。〔正義〕括地志云、恆山、在定州恆陽縣西北百四十里、周禮云、幷州鎮曰恆山、〔考證〕梁玉繩曰、恒字宜避、下文恆字倣之、皆如岱宗之禮。中嶽、嵩高也。〔索隱〕獨不言至者、蓋以天子所都也、〔正義〕括地志云、嵩山亦名曰太室、亦名曰外方也、在洛州陽城縣西北二十三里、〔考證〕尚書、五帝本紀、竝無中嶽事、中井積德曰、中嶽句、以上列四嶽附記耳、非巡狩所至、索隱非也、五載一巡狩。〔考證〕以上史公補修今文堯典文、禹遵之。〔考證〕凌稚隆曰、大禹歷覽山川、有事山岳、而太史公止括之以一言、曰、禹遵之、短長各有其度、類如此、後十四世至帝孔甲。淫德好神。神瀆。二龍去之。〔索隱〕如淳按國語、二龍漦于夏庭是也、〔考證〕國語鄭語、徐孚遠曰、孔甲之事、不爲封禪也、蓋祀神所自始矣、後乃雜敘焉、漢書郊祀志、十四世作十三世、張文虎曰、三代世表、自禹訖孔甲共十四世、其後三世、湯伐桀、欲遷夏社。不可。作夏社。〔考證〕湯伐桀以下、采尚書夏社序、顏師古曰、夏社、尚書篇名、今則序在、而書亡逸、後八世至帝太戊。有桑穀生於廷。一暮大拱。懼。伊陟曰。妖不勝德。〔集解〕徐廣曰、陟、古作敕、太戊修德。桑穀死。伊陟贊巫咸。巫咸之

興、自此始。〔索隱〕案尚書、巫咸、殷臣名、伊陟贊告巫咸、今此云巫咸之興自此始、則以巫咸爲巫覡、然楚詞亦以巫咸主神、蓋太史公以巫咸是殷臣、以巫接神事、太戊使禳桑穀之災、所以伊陟贊巫咸、故云、巫咸之興自此始也、〔考證〕桑穀生廷、呂覽制樂篇、韓詩外傳爲湯時、說苑敬慎篇爲武丁時、史記據書序、愚按、下咸字疑衍、或云、當作覡、或云、當作祝、當時巫家假巫咸爲說、史公下文欲言神巫事、故著此語、後十四世、帝武丁得傅說爲相。殷復興焉。稱高宗。有雉登鼎耳雊。〔集解〕徐廣曰、雊、一作鷮、音嬌、武丁懼。祖己曰。修德。武丁從之。位以永寧。〔考證〕以上采尚書高宗肜日篇及序、凌稚隆曰、此言禨祥、以附符瑞之始、後五世、帝武乙慢神而震死。〔索隱〕謂武乙射天、後獵於河渭而震死也、後三世、帝紂淫亂。武王伐之。〔考證〕尚書微子篇云、今殷民乃攘竊神祇之犧牷牲用、墨子非命篇引太誓云、紂夷之居、不肎事上帝、棄闕其先神而不祀也、是紂亦慢神者、由此觀之、始未嘗不肅祗。後稍怠慢也。〔考證〕田汝成曰、與功臣表始未嘗不欲固其根本、而枝葉稍陵夷衰微也、同一句法、周官曰。冬日至、祀天於南郊、迎長日之至。夏日至、祭地祇。皆用樂舞。而神乃可得而禮也。〔考證〕漢書郊祀志、刪周官曰以下三十一字、愚按

周官卽周禮、周禮春官大司樂云、凡樂、圜鍾爲宮、黃鍾爲角、大簇爲徵、姑洗爲羽、靁鼓靁鼗、孤竹之管、雲和之琴瑟、雲門之舞、冬日至、於地上之圜丘奏之、若樂六變、則天神皆降、可得而禮矣、凡樂、函鍾爲宮、大簇爲角、姑洗爲徵、南呂爲羽、靈鼓靈鼗、孫竹之管、空桑之琴瑟、咸池之舞、夏日至、於澤中之方丘奏之、若樂八變、則地示皆出、可得而禮矣、史公蓋約是文、天子祭天下名山大川。五嶽視三公、四瀆視諸侯。諸侯祭其疆內名山大川。〔考證〕取禮記王制文、顏師古曰、瀆者、發源而注海者也、視、謂其禮物之數也、四瀆者、江・河・淮・濟也。〔考證〕五嶽見上、故不釋、天子曰明堂辟雍。〔集解〕韋昭曰、水外四周、圓如辟雍、蓋以節觀者也、諸侯曰泮宮。〔集解〕張晏曰、制度半於天子之辟雍、〔索隱〕按服虔云、天子水匝爲辟雍、諸侯水不匝、至半爲泮宮、禮統又云、半有水、半有宮、是也、〔考證〕禮記王制、無明堂二字、泮作頖、鄭玄曰、辟、明也、雍、和也、所以明和天下、頖之言班也、所以班政教也、中井積德曰、辟雍泮宮、元是離宮別館已、漢儒以爲學宮也、蓋起于緯書之妄、周公既相成王。郊祀后稷、以配天。〔集解〕王肅曰、配天於南郊祀之、宗祀文王於明堂、以配上帝。〔集解〕鄭玄曰、上帝者、天之別名也、神無二主、故異其處、避后稷也、自禹興而修社祀。后稷稼穡。故有稷祠。郊社所從來尚矣。自周克殷後十四世、世

益衰、禮樂廢、諸侯恣行。而幽王爲犬戎所敗。【集解】徐廣曰、犬、一作吠、【考證】張文虎曰、三代世表、武王至幽王十二世、周東徙雒邑。秦襄公攻戎救周。始列爲諸侯。【正義】秦襄公、周平王元年封也、【考證】徐孚遠曰、神靈之祠、多秦所興、故敘周室東遷、以啓其事、秦襄公既侯居西垂。【正義】漢隴西郡西縣也、今在秦州上邽縣西南九十里也、【考證】中井積德曰、西垂、猶西邊也、自以爲主少皞之神。作西畤、祠白帝。其牲用騮駒。【索隱】赤馬黑鬣曰騮也、【考證】沈欽韓曰、周禮正祭、皆無用馬牲之事、大司馬職、喪祭奉詔馬牲、校人職、凡將事於四海山川、則飾黃駒、古禮僅用之、沈辜祈禳、或以盟誓、高帝刑白馬而盟、漢武帝幸瓠子決河、湛白馬璧、是也、至匈奴殺馬以祭天、戎狄皆然、則秦乃循西戎之俗也、黃牛羝羊各一云。【索隱】詩傳云、羝、牡羊、【考證】時、蓋秦人語、凌稚隆曰、是作壇時之始、其後十六年、秦文公東獵汧渭之閒。卜居之而吉。【索隱】按地理志、汧水出汧縣西北、入渭、皇甫謐云、文公徙都汧者也、【正義】括地志云、郿縣故城、在岐州郿縣東北十五里、卽此城也、【考證】漢志、十六年作十四年、據年表秦紀、襄公八年立西畤、後八年、文公四年、至汧渭之會、後又六年、文公十四年作鄜畤、文公夢黃蛇自天下屬地、其口止於鄜衍。【集解】李奇曰、鄜、音孚、山阪曰衍、【索隱】鄜、地名、後

爲縣、屬馮翊、衍者、鄭衆注周禮云、下平曰衍、又李奇三輔記云、三輔謂山阪閒爲衍也、文公問史敦。敦曰。此上帝之徵。君其祠之。於是作鄜畤、用三牲郊祭白帝焉。自未作鄜畤也、而雍旁故有吳陽武畤。【集解】李奇曰、於旁有吳陽地、【考證】王先謙曰、吳陽、吳山之陽、吳山見下、雍東有好畤。皆廢無祠。或曰。自古以雍州積高神明之隩、故立畤、郊上帝。諸神祠皆聚云。【考證】顏師古曰、土之可居者曰隩、蓋黃帝時嘗用事。雖晚周亦郊焉。其語不經見。縉紳者不道。【集解】李奇曰、縉、插也、插笏於紳、紳、大帶、【索隱】姚氏云、縉、當作搢、鄭衆注周禮云、縉讀爲薦、謂薦之於紳帶之閒、今按鄭意以縉爲薦、則薦亦是進、進而置於紳帶之閒、故史記亦多作薦字也、作鄜畤後九年、文公獲若石云。于陳倉北阪城祠之。【集解】蘇林曰、質如石也、服虔曰、在北、或曰、在陳倉北、【索隱】蘇林云、質如石似肺、【正義】三秦記云、太白山西有陳倉山、山有石雞、與山雞不別、趙高燒山、山雞飛去、而石雞不去、晨鳴山頭、聲聞三里、或言是玉雞、括地志云、陳倉山在今岐州陳倉縣南、又云、寶雞神祠、在漢陳倉縣故城中、今陳倉縣東、石雞在陳倉山上、祠在陳倉城、故言、獲若石于陳倉北阪城祠之、【考證】劉攽曰、蓋於陳倉北阪上築城作祠、祠之下文云、集

於祠城、是也、其神或歲不至。或歲數來。來也常以夜、光輝若流星。從東南來、集于祠城、則若雄雞。其聲殷云、【考證】漢志、雞作雉、愚按、聲如雄雞、故野雞聞之和應也、作雉、非是、漢志重殷字、愚按殷云云者、其聲殷然也、周本紀云、其色赤、其聲魄云、魄云云者、其聲魄然也、與此同例、殷字不必重、野雞夜雊。【集解】如淳曰、野雞、雉也、呂后名雉、故曰野雞、瓚曰、殷、聲也、云、足句之詞、【考證】顧炎武曰、野雞者野中之雞耳、注拘於荀悅云諱雉之字曰野雞、夫諱恆曰常、諱啓曰開、史固有言常言開者、豈必其皆爲恆與啓乎、上文曰、有雉登鼎耳雊、下文云、公孫卿言見仙人迹緱氏城上、有物如雉、往來城上、又云、縱遠方奇獸飛禽及白雉、竝無所諱、漢書地理志、南陽郡有雉縣、江夏郡有下雉縣、五行志王音等上言、雉者聽察、先聞雷聲、則漢時未嘗諱雉也、以一牢祠。命曰陳寶。【集解】瓚曰、陳倉縣有寶夫人祠、或一歲二歲與葉君合、葉君神來時、天爲之殷殷雷鳴、雉爲之雊也、在長安正西五百里、韋昭曰、在陳倉縣、寶而祠之、故曰陳寶、【索隱】案列異傳云、陳倉人得異物以獻之、道遇二童子、云、此名爲媦、在地下食死人腦、媦乃言云、彼二童子名陳寶、得雄者王、得雌者伯、乃逐童子、化爲雉、秦穆公大獵、果獲其雌、爲立祠、祭、有光、雷電之聲、雄止南陽、有赤光、長十餘丈、來入陳倉祠中、所以代俗謂之寶夫人祠、抑有由也、葉縣名、在南陽、葉君卽雄雉之神、故時與寶夫人神合也、作鄜畤後七十八年、秦德公既立、卜居雍。後子孫飮馬於河。遂都雍。雍之諸祠

自此興。用三百牢於鄜畤。【索隱】案秦本紀、德公元年、以犧三百牢祠鄜畤、今案百當爲白、秦君西祀少昊時、牲尙白、秦諸侯也、雖奢侈祭郊、本特牲、不可用三百牢以祭天、蓋字誤耳、【考證】漢志、七十八年作七十一年、雍故城、在今陝西鳳翔縣南、後子孫飮馬於河、卜人之辭、作伏祠。【索隱】案服虔云、周時無伏、磔犬以禦災、秦始作之、漢舊儀云、伏者、萬鬼行日、故閉不干求也、故東觀漢記和帝初令伏閉盡日、是也、又曆忌釋曰、伏者何、金氣伏藏之名、四時代謝、皆以相生、而春木代水、水生木也、夏火代木、木生火也、冬水代金、金生水也、至秋、則以金代火、金畏於火、故至庚日必伏、庚者金日也、【考證】中井積德曰、伏字義未詳、索隱引漢舊儀、非也、當時未嘗有五行生尅之說、柯維騏曰、伏者、禳邪氣使退伏、磔狗邑四門、以禦蠱菑。【索隱】案左傳云、皿蟲爲蠱、梟磔之鬼、亦爲蠱、故月令云、大儺旁磔、注云、磔、禳也、厲鬼爲蠱、將出害人、旁磔於四方之門、故此亦磔狗邑四門也、風俗通云、殺犬磔禳也、德公立二年卒。其後六年、秦宣公作密畤於渭南、祭靑帝。【考證】漢志、六年作四年、此誤、其後十四年、秦繆公立。【考證】漢志、十四年作十三年、此誤、病臥五日不寤。寤乃言。夢見上帝。上帝命繆公平晉亂。史書而記藏之府。而後世皆曰。秦繆公上天。【考證】梁玉繩曰、趙世家及扁鵲傳、備載此事、宋葉適習學記言曰、此醫師語也、遷載之燕妄甚矣、西京賦、有天帝饗穆公一段、卽

上天之說、明陶宗儀說郛載、尙書中候言穆公出狩、天大雷、有火化白雀、銜綠丹書、集于車、書言穆公之霸訖胡亥事、尤爲詭異、秦繆公即位九年、齊桓公既霸。會諸侯於葵丘、【正義】括地志云、葵丘、在曹州考城縣東南一里五十步、郭內、即桓公所會處也、【考證】葵丘會、在僖九年、而欲封禪。【考證】中井積德曰、封禪之說、蓋昉於秦皇之時、前此無有也、所謂怪迂之徒所稱述耳、齊桓之時、豈有此等說、管子書多係僞撰、焉足據哉、愚按梁玉繩說同、見上、管仲曰。【索隱】案今管子書、其封禪篇亡、【考證】今本管子有封禪篇、尹知章云、元篇亡、今以司馬遷封禪書所載管子言以補之、古者封泰山禪梁父者七十二家。【正義】括地志云、梁父山、在兗州泗水縣北八十里、而夷吾所記者十有二焉。【正義】韓詩外傳云、孔子升泰山、觀易姓而王可得而數者七十餘人、不得而數者萬數也、案管仲所記、自無懷氏以下十二家、其六十家無紀錄也、昔無懷氏【集解】服虔曰、古之王者、在伏羲前、見莊子、封泰山、禪云云。【集解】李奇曰、云云山、在梁父東、【索隱】晉灼云、山在蒙陰縣故城東北、下有云云亭也、【正義】括地志云、云云山、在兗州博城縣西南三十里也、虙羲封泰山、禪云云。神農封泰山、禪云云。炎帝封泰山、禪云云。【索隱】鄧展云、神農後子孫亦稱炎帝而登封者、律歷志、黃帝與炎帝戰於阪泉、豈黃帝與神農身戰乎、皇甫謐云、炎帝傳位八代也、黃帝封泰

山、禪亭亭。【集解】徐廣曰、在鉅平、駰案、服虔曰、亭亭山、在牟陰、【索隱】應劭云、在鉅平北十餘里、服虔云、在牟陰、非也、【正義】括地志云、亭亭山、在兗州博城縣西南三十里也、顓頊封泰山、禪云云。帝俈封泰山、禪云云。【考證】管子、藝文類聚、俈作嚳、與漢志合、堯封泰山、禪云云。舜封泰山、禪云云。禹封泰山、禪會稽。【索隱】晉灼云、本名茅山、吳越春秋云、禹巡天下、登茅山、羣臣乃大會計、更名茅山爲會稽、亦曰苗山也、【正義】括地志云、會稽山、一名衡山、在越州會稽縣東南一十二里也、【考證】徐孚遠曰、以上帝王封泰山、禪不過其域、今禹乃禪會稽、其地遠不相應也、蓋以禹朝諸侯於是山、故假其說以實之、湯封泰山、禪云云。周成王封泰山、禪社首。【集解】應劭曰、山名、在博縣、晉灼曰、在鉅平南十三里、皆受命然後得封禪。桓公曰。寡人北伐山戎、【索隱】服虔云、蓋今鮮卑是、過孤竹、【正義】括地志云、孤竹故城、在平州盧龍縣南一十里、殷時孤竹國也、西伐大夏、涉流沙、【考證】中井積德曰、齊桓足跡、不能踰秦而西矣、安能望大夏流沙哉、斯言之妄、亦可以知矣、愚按漢志、無大夏涉流沙五字、束馬懸車、上卑耳之山。【集解】韋昭曰、將上山、纏東其馬、懸鉤其車也、卑耳、即齊語所謂辟耳、【索隱】案山名、在河東大陽、卑讀如字也、齊語、即春秋外傳國語之書也、辟、音僻、賈逵云、山險也、南伐至召

陵、【正義】召、音邵、括地志云、召陵故城、在豫州郾城縣東四十五里也、登熊耳山、以望江漢。【索隱】登熊耳、案荊州記、耒陽益陽二縣東北有熊耳、東西各一峯、狀如熊耳、因以爲名、齊桓公竝登之、或云、弘農熊耳、下云望江漢、知非也、兵車之會三。【索隱】案左傳、三、謂魯莊十三年、會北杏、平宋亂、僖四年、侵蔡、遂伐楚、六年、伐鄭、圍新城、是也、而乘車之會六。【索隱】據左氏傳云、謂莊十四年、會于鄄、十五年、又會鄄、十六年、盟于幽、僖五年、會于首止、八年、盟于洮、九年、會葵丘也、【考證】齊世家同、國語齊語、管子小匡、亦有此語、莊二十七年、穀梁傳云、衣裳之會十一、兵車之會四、愚按春秋傳、桓公之會諸侯、不止於此、九合諸侯、一匡天下。諸侯莫違我。昔三代受命、亦何以異乎。於是管仲睹桓公不可窮以辭、因設之以事曰。古之封禪、鄗上之黍、北里之禾、所以爲盛。【集解】應劭曰、鄗、上山也、鄗、音臛、蘇林曰、鄗上、北里、皆地名、【索隱】韋昭云、設以不可得之物、鄗、音臛、應劭云、光武改高邑曰鄗、姚氏云、鄗縣屬常山、一云、鄗上、山名、【考證】顏師古曰、盛、謂以實簠簋、江・淮之間、一茅三脊、所以爲藉也。【集解】孟康曰、所謂靈茅也、【考證】顏師古曰、藉、以藉地也、東海致比目之魚、【集解】韋昭曰、各有一目、不比不行、其名曰鰈、【索隱】鰈、音荅、郭璞云、如牛脾、身薄細鱗、紫黑色、只一眼、兩片合乃得行、今江東呼爲王餘、亦曰版魚、西

海致比翼之鳥、【集解】韋昭曰、各有一翼、不比不飛、其名曰鶼鶼、【索隱】案山海經云、崇吾之山、有鳥、狀如鳧、一翼一目、相得乃飛、名云蠻、郭璞注爾雅、亦作鶼鶼、然后物有不召而自至者、十有五焉。今鳳皇麒麟不來、嘉穀不生、而蓬蒿藜莠茂、鴟梟數至。而欲封禪。毋乃不可乎。於是桓公乃止。【考證】漢志、數至作羣翔、余有丁曰、此所謂睹符瑞而臻太山者也、楊愼曰、管仲之言、是謂無其應而事焉不可也、應前、是歲、秦繆公內晉君夷吾。其後三置晉國之君、平其亂。【索隱】三置晉君、案謂惠公懷公文公也、繆公立三十九年而卒。其後百有餘年、而孔子論述六藝、傳略言易姓而王、封泰山、禪乎梁父者七十餘王矣。【考證】梁玉繩曰、秦繆公卒後至孔子論述六經、幾百四十年、而孔子又安得有易姓封禪之言哉、託諸孔子、猶之嫁名管仲也、其俎豆之禮不章。蓋難言之。【考證】與上文封禪遠者千有餘載、近者數百載、其儀闕然湮滅、下文上議封禪、封禪用希曠絕、莫知其儀相應、或問禘之說。孔子曰。不知。知禘之說、其於天下也。視其掌。【集解】孔安國曰、爲魯諱、

也、包氏曰、孔子謂或人言知禘之說者於天下之事、如指視以掌中之物、言其易了、〔考證〕論語八佾篇、詩云。紂在位、文王受命。政不及泰山。〔考證〕王若虛曰、指其掌、孔自指其掌而言耳、直云其于治天下也、視其掌、不已疏乎、程一枝曰、詩、當作背、張照曰、詩云二字、不審所謂、注家皆略、蓋唐時無此文也、視其掌云爲句、衍詩字、盧文弨曰、說詩者、以虞芮質成爲文王受命之年、史公所引卽此、愚按張說最確、其于天下也、夫子之言也、視其掌云、夫子自示其掌、狀其甚易也、又按與上文雖受命功不至句相應、武王克殷二年、天下未寧而崩。〔考證〕與上文德洽矣、而日有不暇給相應、武王崩年、諸書所記不同、詳于周本紀、爰周德之洽維成王。成王之封禪則近之矣。及後陪臣執政、季氏旅於泰山。仲尼譏之。〔集解〕馬融曰、旅、祭名、禮、諸侯祭山川在封內者、陪臣祭泰山、非禮也、〔考證〕論語八佾篇、是時萇弘以方事周靈王。諸侯莫朝周。周力少。萇弘乃明鬼神事、設射貍首。貍首者、諸侯之不來者。依物怪欲以致諸侯。〔集解〕徐廣曰、貍一名不來、〔考證〕淩稚隆曰、大射儀、奏貍首、鄭玄云、貍之言不來也、其詩有射諸侯首不朝者之言、因以名篇、故萇弘因諸侯不朝、設射貍首、而太史公釋其義曰、諸侯之不來也、錢大昕曰、萇弘所行、乃是古禮、戰國後禮廢、乃疑其神怪爾、愚按貍讀爲埋、不來反、諸

侯不從。而晉人執殺萇弘。周人之言方怪者、自萇弘。〔集解〕皇覽曰、萇弘冢、在河南洛陽東北山上、〔考證〕梁玉繩曰、左傳昭十一年、萇弘始見、魯昭十一、爲周景王十四、恐未逮事靈王也、而以爲事靈王、誤一、弘之見殺、當敬王二十八年、魯哀公三年、而以爲殺於靈王時、誤二、弘與于范中行之難、周人殺之、以說於晉、固非爲致諸侯、亦非晉執而殺之、誤三、又曰、漢志、晉人殺萇弘上有周室愈微後二世至敬王時十一字、疑此或脫、其後百餘年、秦靈公作吳陽上畤、祭黃帝。作下畤、祭炎帝。〔集解〕徐廣曰、凡距作密畤二百五十年、〔索隱〕吳陽、地名、蓋在岳之南、又上云、雍旁有故吳陽武畤、今蓋因武畤又作上下畤、以祭黃帝炎帝、〔考證〕梁玉繩曰、敬王廿八年弘見殺、威烈王四年秦靈作畤、首尾七十一年、安得百餘年哉、愚按史公自靈王時言之、後四十八年、周太史儋〔索隱〕音丁甘反、孟康云、卽老子也、韋昭案年表、儋在孔子後百餘年、非老聃也、見秦獻公曰。秦始與周合、合而離、五百歲當復合。〔索隱〕案大顏歷評諸家而云、周平王封襄公爲諸侯、至昭王五十二年西周君獻邑、凡五百一十六年、爲合、亦舉全數、合十七年而霸王出焉。〔索隱〕合十七年、伯王出、自昭王滅周之後、至始皇元年誅嫪毐、正一十七年、孟康云、謂周封秦爲別、秦幷周爲合、此襄公爲霸、始皇爲王也、〔正義〕王、于放反、秦周俱黃帝之後、至非子未別封、是合也、合而離者、謂非子末年、周封非子爲附庸、邑之秦、是離也、五百歲當復合者、謂從非子邑秦後二

十九君、至秦孝公二年、五百歲、周顯王致文武胙於秦孝公、復與之親、是復合也、十七年霸王出焉者、謂從秦孝公三年至十九年、周顯王致伯於秦孝公、是霸出也、至惠王稱王、王者出焉、然五百歲者、非子生秦侯已下二十八君、至孝公二年、合四百八十六年、兼非子邑秦之後十四年、則五百歲矣、諸家解皆非也、〔考證〕此事又見於周秦本紀、老子傳、中井積德曰、霸王、謂雄于天下者、非謂霸與王、愚按是斥始皇、說詳于周本紀、櫟陽雨金。秦獻公自以爲得金瑞、故作畦畤櫟陽、而祀白帝。〔集解〕晉灼曰、漢注在隴西西縣人先祠山下、形如種韭畦、畦各一土封、〔索隱〕漢舊儀云、祭人先於隴西西縣人先山、山上皆有土人、山下有畤、埒如菜畦、畤中各有一土封、故云畤、三蒼云、畤、埒也、〔考證〕漢志、櫟陽上有儋見後七年五字、其後百二十歲、而秦滅周。〔集解〕徐廣曰、去太史儋言時百二十年、〔考證〕梁玉繩曰、秦獻十八年作畦畤、爲顯王二年、至赧王五十九年滅、凡百十一年、若數至滅東周、則百十八歲、卽依徐注、亦不合、周之九鼎入于秦。或曰。宋太丘社亡、〔集解〕爾雅曰、左陵太丘、〔索隱〕應劭云、亡、淪入地也、案亡、社主亡也、爾雅云、左陵太丘、郭璞云、宋有太丘、〔考證〕六國表、周顯王三十三年、秦惠文王二年、格、宋太丘社亡、呂氏大事記云、古者立社、植木以表之、因謂其木爲社、所謂亡者、震風淩雨、此社之樹摧損散落、不見蹤迹也、而鼎沒于泗水彭城下。〔考證〕或曰者、史公記異聞、以爲下文汾陰出鼎之地、又與始皇紀泗水求鼎之事相應、宋殷之後、其社主亦殷之物、與周鼎竝重、同年同亡、所以爲異、兪樾曰、秦取九鼎、著於周本紀、九鼎

入秦、著於秦本紀、史公之辭固甚明也、始皇二十六年、使人沒泗水求周鼎、九鼎不言九、非禹鼎也、禹鼎自在秦、而後世不見者、燬於咸陽三月之火矣、封禪書云、周之九鼎入於秦、又云、或曰、宋太丘社亡、而鼎沒於泗水彭城下、乃方士新垣平輩之妄說也、夫周鼎自在雒邑、何緣而入泗水乎、宋之社亡、又與周鼎何預乎、且年表載宋太丘社亡於周顯王之三十三年、則秦惠文王之二年也、後此二十年、爲惠文王之後九年、張儀欲伐韓、尚有周自知不救、九鼎秦寶器必出之言、安得已亡於周顯王之三十三年也、漢郊祀志曰、周德衰、鼎遷於秦、秦德衰、宋之社亡、鼎乃淪伏而不見、尤爲無據、當秦之時、豈復有宋哉、故知九鼎入秦、史公之實錄、九鼎沒泗、方士之空談、秦所求泗水之鼎、漢所出汾陰之鼎、均非禹鼎也、沈欽韓曰、九鼎之亡、周自亡之、廣大國之數甘心也、爲宗社之殃、又當困乏時、銷毀爲貨、繆云鼎亡耳、王先謙曰、秦之滅周取鼎、自由時人揣度之詞、而鼎實未入秦、淪沒泗水、則係秦人傳聞如此、故有始皇有禱祠出鼎之事、鼎早不見、周自亡之、沈說可謂推見至隱、愚按沈王二說、似得情事、其後百一十五年、而秦幷天下。秦始皇既幷天下而帝。或曰。黃帝得土德。黃龍地螾見。〔集解〕應劭曰、螾、丘蚓也、黃帝土德、故地見其神蚓、大五六圍、長十餘丈、韋昭曰、黃者地色、螾亦地物、故以爲瑞、〔索隱〕出呂氏春秋、音引、夏得木德。青龍止於郊、草木暢茂。殷得金德。銀自山溢。〔集解〕蘇林曰、流出也、周得火德。有赤烏之符。〔索隱〕中候及呂氏春秋皆云、有火自天、止于王屋、流爲赤烏、五至以穀俱來、今秦

變周。水德之時。【考證】或曰以下、本呂氏春秋應同篇、昔秦文公出獵獲黑龍。此其水德之瑞。於是秦更命河曰德水、以冬十月爲年首、色上黑、度以六爲名。【正義】張晏云、水北方、黑、水終數六、故以方六寸爲符、六尺爲步、【考證】始皇本紀、數以六爲紀、符法冠皆六寸、而輿六尺、六尺爲步、乘六馬、音上大呂。【考證】顏師古曰、大呂、陰律之始也、事統上法。【集解】服虔曰、政尚法令也、瓚曰、水陰、陰主刑殺、故尚法、

即帝位三年、東巡郡縣、祠騶嶧山、【索隱】騶縣之嶧山、騶縣本邾國、魯穆公改作鄒、從征記、北巖有秦始皇所勒銘、頌秦功業。於是徵從齊·魯之儒生博士七十人、至乎泰山下。諸儒生或議曰、古者封禪爲蒲車。【索隱】謂蒲裹車輪、惡傷草木、惡傷山之土石草木。埽地而祭。席用葅稭。【集解】應劭曰、稭、禾稾也、去其皮以爲席、如淳曰、葅讀曰租、稭讀曰戛、晉灼曰、葅、藉也、【索隱】上音租、下音戛、周禮、祭祀供茅葅、說文云、葅、茅藉也、稭、禾稾去其皮、祭天以此、言其易遵也。始皇聞此議、各乖異難施用。由此絀儒生。【考證】中井積德曰、封禪實防於此、宜乎其無典禮故事也、儒者惷愚、尚欲討論故事、絀

之固宜、而遂除車道。上自泰山陽至巔、立石頌秦始皇帝德。明其得封也。【考證】漢志、刪秦始皇帝四字、從陰道下禪於梁父。其禮頗采太祝之祀雍上帝所用。而封藏皆祕之。世不得而記也。始皇之上泰山、中阪遇暴風雨、休於大樹下。諸儒生既絀、不得與用於封事之禮。聞始皇遇風雨、則譏之。【考證】漢志、與下無用字、徐孚遠曰、始皇遇風雨不得上者、非是時所傳語也、葢因武帝上封之後、方士誇大之詞耳、

於是始皇遂東遊海上、行禮祠名山大川及八神、求僊人羨門之屬。八神將自古而有之。或曰、太公以來作之。齊所以爲齊、以天齊也。【集解】蘇林曰、當天中央齊、其祀絕、莫知起時。八神、一曰天主。祠天齊。【索隱】謂主祠天、【考證】程一枝曰、天主、句、天、地、兵、日、月、陰、陽、四時者八神名也、主字屬下句讀、據後武帝至梁父禮祠地主、則此八神名、當在主字句絕也、天齊、淵水、居臨菑南郊山下者。【索隱】顧氏案解道彪齊記云、臨菑

城南有天齊泉、五泉竝出、有異於常、言如天之腹齊也、下下者、小顏云、下下謂最下也、【考證】漢志、重下字、張文虎曰、索隱本重下字、與漢志合、各本脫、二曰地主。祠泰山·梁父。蓋天好陰。祠之必於高山之下小山之上。命曰時。【集解】徐廣曰、一云、之下上時命曰時、【索隱】此之一云、與漢書郊祀志文同也、【考證】今本漢志、作必於高山之下時命曰時、下下多時、無小山之上四字、梁玉繩曰、集解上字衍、地貴陽。祭之、必於澤中圜丘云。【考證】梁玉繩曰、下文亦云、祠后土宜于澤中圜丘、祠地圜丘、不知出何禮經、豈非方士之談乎、三曰兵主。祠蚩尤。蚩尤在東平陸監鄉。齊之西境也。【集解】徐廣曰、屬東平郡、【索隱】監、音闞、韋昭云、縣名、屬東平、皇覽云、蚩尤冢、在東平郡壽張縣闞鄉城中、四曰陰主。祠三山。【索隱】小顏以爲下所謂三神山、顧氏案地理志、東萊曲成有參山、即此三山也、非海中三神山也、五曰陽主。祠之罘。【正義】括地志云、之罘山、在萊州文登縣西北九十里、六曰月主。祠之萊山。【集解】韋昭曰、在東萊長廣縣、【考證】王先謙曰、之字緣上文而衍、地理志、長廣有萊山萊王祠、皆在齊北、竝勃海。七曰日主。祠成山。成山斗入海、【集解】韋昭曰、成山在東萊不夜、斗入海、不夜、古縣名、【索隱】不夜、縣名、屬東萊、案解道彪齊記云、不夜城、蓋古有日夜出見於境、故萊子立城、以不夜爲名、斗入海、謂斗絕曲入

海也、【考證】顧炎武曰、成山斗入海、謂斜山入之如斗柄然、匈奴傳、匈奴有斗入漢地、直張掖郡、最居齊東北隅、以迎日出云。八曰四時主。祠琅邪。【索隱】案山海經云、琅邪臺、在勃海閒、案是山如臺、地理志、琅邪縣有四時祠也、琅邪在齊東方。蓋歲之所始、皆各用一牢具祠。而巫祝所損益珪幣雜異焉。【考證】顏師古曰、言八神牲牢皆同、而圭幣各異也、

自齊威·宣之時、騶子之徒、論著終始五德之運。【集解】韋昭曰、騶子名衍、如淳曰、今其書有五德終始、五德各以所勝爲行、秦謂周爲火德、滅火者水、故自謂水德、【索隱】威宣、威王宣王也、及秦帝、而齊人奏之。故始皇采用之。而宋毋忌·【索隱】案樂彥引老子戒經云、月中仙人宋無忌、白澤圖云、火之精曰宋無忌、蓋其人火仙也、正伯僑·【索隱】樂彥案馬相如云、正伯僑、古仙人、顧氏案裴秀冀州記云、緱山仙人廟者、昔有王喬、犍爲武陽人、爲柏人令、於此得仙、非王子喬也、【考證】梁玉繩曰、相如大人賦、楊雄甘泉賦、正作征、古字通、充尚·【索隱】無別所見、【考證】充尚、漢志作元尚、沈濤曰、當作元谷、即列仙傳之元俗、谷與尚相近、傳寫遂誤以爲尚、史記又誤元爲充、羨門高·【索隱】案秦始皇求羨門子高、是也、【考證】諸本門下有子字、索隱本無、與漢志合、今從之、最後皆燕人。【索隱】案最後、猶言甚後也、服虔說止有四人、是也、小顏云、自宋無忌至最後凡五人、劉伯莊

亦同、此說非也、[考證]中井積德曰、最後二字、專係羨門高、王念孫曰、最疑取字之誤、高唐賦、有方之士、羨門高谿上成鬱林公樂聚穀、聚與取古字通、穀有穀音、與後相近、疑史記之最後、高唐賦之聚穀也、愚按王說爲長、爲方僊道、[集解]韋昭曰、皆燕古人名效神仙者、形解銷化、依於鬼神之事。[集解]服虔曰、尸解也、張晏曰、人老而解去、故骨如變化也、今山中有龍骨、世人謂之龍解骨化去也、騶衍以陰陽主運顯於諸侯。[集解]如淳曰、今其書有主運、五行相次、轉用事、隨方面爲服、[索隱]案主運、是鄒子書篇名也、而燕齊海上之方士、傳其術不能通。然則怪迂阿諛苟合之徒自此興、不可勝數也。[考證]王念孫曰、迂讀爲訏、說文、訏、譎詭也、孟荀列傳曰、作怪迂之變、義同、自威宣燕昭、使人入海求蓬萊方丈瀛洲。此三神山者、其傳在勃海中。[集解]服虔曰、傳音附、或曰、其傳書云爾、瓚曰、世人相傳之、[考證]沈欽韓曰、列子湯問篇、夏革曰、渤海之東幾億萬里、有五山、岱輿、員嶠、方壺、瀛洲、蓬萊、五山之根、無所連著、常隨潮波上下、帝恐流於四極、失仙聖之居、乃命禺彊、使巨鼇十五舉首而戴之、龍伯之國有大人、一釣而連六鼇、於是岱輿員嶠二山、流於北極、沈於大海、仙聖之播遷巨億計、岱輿員嶠已失、故但三神山也、去人不遠、患且至、則船風引而去。[考證]蓋望海上蜃氣、以爲神山也、蓋嘗有

至者。諸僊人及不死之藥皆在焉。其物禽獸盡白。而黃金銀爲宮闕。[考證]王念孫曰、世說文選注、藝文類聚、初學記、太平御覽引此銀上有白字、陳雅安曰、鄒子四十九篇、鄒子終始五十六篇、漢志並著錄在陰陽家、而燕齊方士傳其術、則方士與陰陽家之關係、可以推知、劉向別錄述方士傳鄒衍在燕吹律事、則陰陽家與方士、一是二、尤難區別、史記孟荀列傳稱鄒衍深觀陰陽消息、而作怪迂之變、終始大聖之篇十餘萬言、又云、稱引天地剖判以來、五德轉移、治各有宜、而符應若茲、又云、先序今以上至黃帝、學者所共術、大並世盛衰、因載其禨祥度制、是陰陽家著書、固注重五德終始、禨祥度制、及符應之說、與神仙一流、因緣不淺矣、且陰陽家鄒子之書、及春秋類鄒子終始十一篇、今雖並佚、其詳不可得聞、而史記封禪書集解引如淳說、今其書有主運、五行相次、轉用事、隨方面而爲服、文選魏都賦引七略曰、鄒子五德終始、從所不勝、木德繼之、金德次之、火德次之、水德次之、文選齊故安陸昭王碑文注又引鄒子云、五德從所不勝、虞土、夏木、殷金、周火、與漢書嚴安傳安所引論政教文質語、大抵相符、此史記所謂五德轉移各有宜也、周禮春官鐘師疏引五經異義云、謹按古山海經鄒子書云、鄒虞獸說、與毛詩同、蓋衍書有記騶虞語、以爲王者符應之徵也、又周禮夏官司爟先鄭注引鄒子取火說、賈公彥疏謂其出於周書、蓋以取火之事、傳會五行者也、凡此雖非方士說經之辭、而儒生之引用其言以傳會經指者衆矣、未至、望之如雲。及到、三神山反居水下。臨之、風輒引去、終莫能至云。世主莫不甘心焉。[索隱]謂心甘羨也、及至

秦始皇幷天下、至海上、則方士言之、不可勝數。始皇自以爲至海上而恐不及矣。使人乃齎童男女、入海求之。船交海中。皆以風爲解。[索隱]顧野王云、皆自解說遇風不至也、曰。未能至。望見之焉。[考證]據始皇二十八年紀、齊童男童女入海者卽徐市、曰恐不及、曰以風爲解、曰未能至、與上文風輒引去終莫能至相應、其明年、始皇復游海上、至琅邪、過恆山、從上黨歸。[考證]始皇二十九年、梁玉繩曰、恆字宜避、後三年、游碣石、考入海方士、[集解]服虔曰、疑詐、故考之、瓚曰、考校其虛實也、從上郡歸。[考證]始皇三十二年、後五年、始皇南至湘山、遂登會稽、並海上、冀遇海中三神山之奇藥、不得。還至沙丘崩。[正義]括地志云、沙丘臺、在邢州平鄉東北三十里、[考證]始皇三十七年、二世元年、東巡碣石、並海、南歷泰山、至會稽、皆禮祠之、而刻勒始皇所立石書旁、以章始皇之功德。[索隱]小顏云、今諸山皆有始皇所刻石、及胡亥重刻、其文具存也、[考證]齊召南曰、始皇紀、二世元年春、東行郡

縣、到碣石、並海南至會稽、而盡刻始皇所立刻石、石旁著大臣從者名、以章先帝成功盛德、按碣石之罘琅邪泰山鄒嶧會稽、始皇皆有刻石、二世東行、則盡刻其石旁也、封禪書刻勒是盡刻之訛、愚按刻勒二字成義、不必誤、其秋、諸侯畔秦。三年而二世弒死。始皇封禪之後十二歲秦亡。諸儒生疾秦焚詩書誅僇文學、百姓怨其法、天下畔之。皆譌曰。始皇上泰山爲暴風雨所擊、不得封禪。此豈所謂無其德而用事者邪。[索隱]卽封禪書序云、蓋有無其應而用事者矣、此當有所本、太史公再引以爲說、[考證]漢志、禪下此上有云字、昔三代之君、皆在河洛之閒。[正義]世本云、夏禹都陽城、避商均也、又都平陽、或在安邑、或在晉陽、帝王世紀云、殷湯都亳、在梁、又都偃師、至盤庚徙河北、又徙偃師也、周文武都豐鄗、至平王徙都河南、案三代之君、皆在河洛之閒也、[考證]梁玉繩曰、君乃居之譌、漢志作居、張文虎曰、正義王本亦作居、故嵩高爲中嶽、而四嶽各如其方。四瀆咸在山東。至秦稱帝、都咸陽、則五嶽四瀆、皆幷在東方。自五帝以至秦、軼興軼衰、[考證]漢志、軼作迭、顏師古曰、迭、互也、名山大川、或在諸侯、或在

天子。其禮損益世殊、不可勝記。及秦幷天下、令祠官所常奉天地名山大川鬼神、可得而序也。於是自殽以東、[索隱]案殽卽崤山、杜預云、崤在弘農澠池縣西南、卽今之崤山是也、亦音豪、名山五。大川祠二。曰太室。太室、嵩高也。恆山・泰山・會稽・湘山。[索隱]湘山、地理志在長沙、水曰濟、曰淮。[索隱]案風俗通云、濟廟在臨邑、淮廟在平氏也、春、以脯酒爲歲祠。因泮凍。[集解]服虔曰、解凍、[索隱]爲于僞反、秋、涸凍、[索隱]案字林、涸、竭也、下各反、小顏云、涸、讀與沍同、沍、凝也、下故反、春則解、秋則凝、冬、塞禱祠、[索隱]塞、先代反、與賽同、賽、今報神福也、其牲用牛犢各一。牢具珪幣各異。自華以西、名山七、名川四。曰華山・薄山。[正義]括地志云、華山、在華州華陰縣南八里、古文以爲敦物也、注云、華嶽本一山、當河水過而行、河神巨靈、手盪腳蹋、開而爲兩、今腳跡在東首陽下、手掌在華山、今呼爲仙掌、河流於二山之閒也、關山圖云、巨靈胡者、偏得神仙之道、能造山川、出江河也、[考證]正義、注上疑脫水經二字、水經河水注引爲左丘明國語、薄山者衰山也。[集解]徐廣曰、蒲阪縣有襄山、或字誤也、[索隱]薄山者、襄山也、應劭云、在潼關北十餘里、穆天子傳云、自河首襄山、酈元水經云、薄山統目、與襄

山不殊、在今芮城北、與中條山相連、是薄襄一山也、[正義]薄、音白落反、衰、音色眉反、括地志云、薄山亦名衰山、一名寸棘山、一名渠山、一名雷首山、一名獨頭山、一名首陽山、一名吳山、一名條山、在陝州芮縣城北十里、此山西起雷山、東至吳阪、凡十名、以州縣分之、多在蒲州、今史文云、自華以西、未詳也、[考證]漢志、衰作襄、何焯曰、襄當作衰、楊雄河東賦、爪華蹈衰、張文虎曰、據集解正義、其所據本作衰山、姚範說同、岳山。[集解]徐廣曰、武功縣有大壺山、又有岳山、岐山。[索隱]地理志、在美陽縣西北也、吳岳。[集解]徐廣曰、在汧也、[索隱]徐廣云、在汧、鴻冢。[索隱]黃帝臣大鴻葬雍、鴻冢蓋因大鴻葬爲名也、瀆山。瀆山、蜀之汶山也。[索隱]地理志、蜀郡湔氐道、湔山在西、郭璞注云、山在汶陽郡廣陽縣、一名瀆山也、[考證]漢志、岳作山、汶作岷、梁玉繩曰、岳乃垂字誤、今本徐注太壺作爲大壺、垂山爲岳山、並誤、張文虎曰、吳岳、漢志作吳山、注、吳山、在今隴州吳山縣、案周禮雍州嶽山、鄭注吳嶽也、續漢郡國志、右扶風有五嶽山、郭璞曰、別名吳山、周禮所謂嶽山者、郡縣志隴州吳山縣、吳山、秦都咸陽、以爲西岳、然則吳山亦名吳嶽、亦名嶽山、非二山矣、岳嶽字古同、陳仁錫曰、汶山下蘇本缺也字、愚按漢志亦有也字、水曰河。祠臨晉。[索隱]韋昭云、馮翊縣、地理志、臨晉有河水祠、[正義]卽同州馮翊縣、本漢臨晉縣、收大荔、秦獲之更名、括地志云、大河祠、在同州朝邑縣南三十里、山海經云、冰夷、人面、乘兩龍也、太公金匱云、馮脩也、龍魚河圖云、河伯姓呂、名公子、夫人、姓馮、名夷、河伯字也、華陰潼鄉隄首人、水死、化爲河伯、應劭云、夷、馮夷、乃水仙也、沔。祠漢中。[索隱]水經云、沔水出武都沮縣、注云、東南注漢、謂漢水、故祠之漢中、樂產云、漢女、漢神也、湫淵。祠朝那。

[集解][索隱]蘇林曰、湫淵、在安定朝那縣、方四十里、停不流、冬夏不增減、不生草木、音將蓼反、湫、音子小反、又子由反、卽龍之所處也、[正義]括地志云、朝那湫祠、在原州平高縣東南二十里、湫谷水源出寧州安定縣、江水。祠蜀。[索隱]案風俗通云、江出岷山、岷山廟在江都、地理志、江都有江水祠、蓋漢初祠之於源、後祠之於委也、又廣雅云、江神謂之奇相、江記云、帝女也、卒爲江神、華陽國志云、蜀守李冰、於彭門闕立江神祠三所、漢舊儀云、祭四瀆、用三正牲、沈圭、有車馬紺蓋也、[正義]括地志云、江瀆祠、在益州成都縣南八里、秦幷天下、江水祠蜀、亦春秋泮涸禱塞、如東方名山川。而牲牛犢牢具珪幣各異。而四大冢鴻・岐・吳・岳、皆有嘗禾。[集解]孟康曰、以新穀祭、[索隱]案謂四山爲大冢也、又爾雅云、山頂曰冢、蓋亦因鴻冢而爲號也、陳寶、節來祠。[集解]服虔曰、陳寶神應節來也、其河加有嘗醪。此皆在雍州之域、近天子之都。故加車一乘騮駒四。霸・產・[正義]括地志云、霸水、古滋水也、亦名藍谷水、卽秦嶺水之下流、在雍州藍田縣、滻水卽荊溪、狗枷之下流也、在雍州萬年縣、長水・[索隱]案百官表、有長水校尉、沈約宋書云、營近長水、因以爲名、水經云、長水出白鹿原、今之荊溪水是也、灃・[索隱]十三州記、灃水出鄠縣南、[正義]括地志云、灃水源在雍州長安縣西南山灃谷、澇・[集解]徐廣曰、音勞、駰案漢書音義、水名、在鄠縣界、涇・渭、皆非大川。以近咸陽盡

得比山川祠、而無諸加。[集解]韋昭曰、無車騮之屬、汧・洛・[正義]括地志云、汧水、源出隴州汧源縣西南汧山、東入渭、洛水、源出慶州洛源縣白於山、南流入渭、又云、洛水、商州洛南縣西冢嶺山東、北流入河、案有二洛水、未知祠何者、二淵、[正義]地理志云、二川、源在慶州華池縣西子午嶺東、二川合、因名也、鳴澤・[索隱]案服虔云、鳴澤、澤名、在涿郡遒縣也、[正義]括地志云、鳴澤、在幽州范陽縣西十五里、案遒縣在易州淶水縣北一里、故遒城是也、澤在遒南、[考證]沈欽韓曰、漢書武紀、北出蕭關、歷獨鹿鳴澤、自代而還、彼鳴澤固在涿郡遒縣、此以近咸陽、則非涿郡之鳴澤也、蒲山・嶽壻山之屬、爲小山川。亦皆歲禱塞、泮涸祠。禮不必同。[集解]徐廣曰、壻、音先許反、而雍有日・月・參・辰、[索隱]案漢舊儀云、祭參辰星於池陽谷口、夾道左右爲壇也、[考證]何焯曰、參謂三辰也、非參昴、南北斗・熒惑・太白・歲星・塡星・二十八宿・風伯・雨師・四海・九臣・十四臣。[集解]晉灼曰、自此以下星至天淵玉女、凡二十六、小神不說、[索隱]九臣、十四臣、竝不見其名數所出、故昔賢不論之也、[考證]漢志、塡星下有辰星二字、沈家本曰、上已言辰、恐漢志誤、皮錫瑞曰、九臣十四臣、疑九臣六十四臣之脫誤、九皇六十四民見小宗伯都宗人注、又漢舊儀祭九皇六十四民、皆古帝王、是在漢時嘗列祀典、九臣、當是九皇之臣、六十四民、當是六十四民之臣、漢時亦列祀典、故史著之、諸布・[索隱]案爾雅、祭星曰布、或諸布是祭星之處、諸嚴・諸

泚之屬、百有餘廟。【索隱】泚亦未詳、漢書作遂、【考證】葉德輝曰、諸嚴、當作諸莊、避漢明帝諱改字爾、爾雅釋宮、六遂謂之莊、釋名釋道、六達曰莊、卽此義、泚、漢志作遂、周禮稻人注、遂、田首受水小溝、考工記匠人注、遂者、夫間小溝、地官序官注、遂、謂謂王國百里外、皆主道路言之、諸嚴諸遂、謂路神耳、愚按、泚、術通、亦道路之義、西亦有數十祠。【索隱】西、卽隴西之西縣、秦之舊都、故有祠焉、【考證】王先謙曰、索隱非也、西者長安之西、數十統詞、對上百有餘廟言之、漢地理志、西縣下、竝無一祠也、於湖有周天子祠。【索隱】地理志、湖縣屬京兆、有周天子祠二所、於下邽有天神。灃滈有昭明。【索隱】案樂產引河圖云、熒惑星散爲昭明、天子辟池。【索隱】樂產云、聞、顧氏以爲璧池、卽滈池、所謂華陰平舒道逢使者、持璧以遺滈池君、故曰璧池、今謂天子辟池、卽周天子辟雍之地、故周文王都酆、武王都滈、既立靈臺、則亦有辟雍耳、張衡亦以辟池爲雍、【考證】沈欽韓曰、周辟雍故地、故曰辟池、所祀者滈池君也、於社亳有三社主之祠。【集解】韋昭曰、亳、音薄、湯所都、瓚曰、濟陰薄縣是、【索隱】徐廣云、京兆杜縣有亳亭、則社字誤、合作於杜亳、且據文列於下、皆是地邑、則杜是縣、案秦寧公與亳王戰、亳王奔戎、遂滅湯社、皇甫謐亦云、周桓王時自有亳王、號湯、非殷也、而臣瓚以亳爲成湯之邑、故云在濟陰、非也、案謂杜亳二邑、有三社主之祠也、【考證】梁玉繩曰、於杜亳有三社主之祠、漢郊祀志作杜亳有五杜主之祠、此誤杜爲社、漢志、五乃三之譌、攷地理志云、杜陵有杜主祠四所、乃合杜亳三祠、乃下雍菅廟言之、安得有五、壽星祠。【索隱】壽星、蓋南極老人星也、見則天下理安、

故祠之以祈福壽、【正義】角亢在辰爲壽星、三月之時、萬物始生、建於春氣布養、各盡其性、不罹災夭、故壽、而雍菅廟亦有杜主。【集解】李奇曰、菅、茅也、杜主、故周之右將軍。【索隱】案地理志、杜陵故杜伯國、有杜主祠四、墨子云、周宣王殺杜伯不以罪、後宣王田於圃、見杜伯執弓矢射、宣王伏弢而死也、【正義】括地志云、杜祠、雍州長安縣西南二十五里、【考證】梁玉繩曰、周宣王殺杜伯、事見國語墨子、然杜伯是國君、非將軍也、且宣王時安得有右將軍哉、蓋杜伯爲最小鬼之神者、朱衣冠而操弓矢、厥狀甚武、因以將軍目之、右將軍者、以右尊故也、其在秦中、最小鬼之神者。【索隱】謂其鬼雖小而有神靈、各以歲時奉祠。唯雍四時、上帝爲尊。【索隱】雍有五時、而言四者、顧氏以爲兼下文上帝爲五、非也、案四時據秦舊而言也、【正義】括地志云、鄜時、吳陽上下時、是言秦用四時祠上帝、青黃赤白最尊貴之也、【考證】梁玉繩曰、秦舊有六時、而言四者、索隱謂是密時上下時、畦時、西鄜二時不在雍、故別祀不數、則正義引括地志、以鄜時吳陽上下時爲四、固非、而下文西時畦時、祠如其故、詎必西時鄜時也、畦字誤、畦時在櫟陽、亦不在雍、而列于四時之內者、以白帝合于炎黃青爲四、故高帝增黑帝而五也、其光景動人民、唯陳寶。故雍四時、春以爲歲禱、因泮凍、秋涸凍、冬塞祠。五月嘗駒。及四仲之月祠、若月祠。陳寶節來一祠。【考證】顏師古曰、四仲、謂四時之仲月、梁玉繩曰、漢志云、四仲

之月月祠、若陳寶節來一祠、此當衍上祠字、移若字於陳寶上、春夏用騂、秋冬用駵。時、駒四匹、木禺龍、【集解】漢書音義曰、禺、寄也、寄生龍形於木也、【索隱】禺、一音寓、寄也、寄龍形於木、寓車馬亦然、一音偶、亦謂偶其形於木也、【考證】顧炎武曰、古文偶寓通用、木寓木偶也、補武帝紀作木偶馬、欒車一駟、【索隱】謂車有鈴、鈴乃有欒和之節、故取名也、木禺車馬一駟。各如其帝色。黃犢羔各四、珪幣各有數。皆生瘞埋、無俎豆之具。【正義】豆以木爲之、受四升、高尺二寸、漆其中、大夫以上赤雲氣畫、諸侯加象飾口足、天子以玉飾之也、三年一郊。秦以冬十月爲歲首。故常以十月上宿郊見。【集解】李奇曰、宿、猶齋戒也、通權火、【集解】張晏曰、權火、烽火也、狀若井挈皋矣、其法類稱、故謂之權、欲令光明遠照通祀所也、漢祠五時於雍、五里一烽火、如淳曰、權、舉也、【索隱】權如字、解如張晏、一音爟、周禮有司爟、爟、火官、非也、【考證】權讀爲爟、索隱一音是、中井積德曰、夜中行事、執事者往來、故舉火燭之、惠士奇曰、通權火、蓋燔柴之遺法、拜於咸陽之旁、而衣上白。其用如經祠云。【集解】服虔曰、經、常也、西時・畦時、祠如其故。【考證】畦祠、當作鄜時、說已見上、上不親往。諸此祠、皆太祝常主、以歲時奉祠之。至如他名山川

諸鬼・及八神之屬、上過則祠、去則已。【考證】漢志、諸鬼作諸神、郡縣遠方神祠者、民各自奉祠、不領於天子之祝官。祝官有祕祝。卽有菑祥、輒祝祠、移過於下。【正義】謂有災祥、輒令祝官祠祭、移其咎惡於衆官及百姓也、【考證】祕祝祠、漢文帝時除之、事見下文、徐孚遠曰、以上敍秦諸祠、或經、或不經、皆無貶詞、以漢所仍者多也、漢興、高祖之微時、嘗殺大蛇。有物曰、蛇、白帝子也。而殺者赤帝子。高祖初起、禱豐枌榆社。【集解】張晏曰、枌、白榆也、社在豐東北十五里、或曰、枌榆、鄉名、高祖里社也、徇沛爲沛公。則祠蚩尤、釁鼓旗。【考證】梁玉繩曰、釁鼓、經有明文、而釁旗不見于經、以高紀校之、旗下似脫幟、皆赤三字、釁鼓句絕、然孫侍御云、漢志亦作釁鼓旗、疑古有釁旗之典、呂氏春秋愼大篇有釁鼓旗甲兵語、愚按若改作旗幟皆赤、則與下文色上赤複、遂以十月至灞上、與諸侯平咸陽、立爲漢王。因以十月爲年首、而色上赤。【考證】中井積德曰、漢初以十月爲歲首者、只沿秦制耳、未嘗有意義也、其十月至灞上、是偶然耳、後人乃附會、二年、東擊項籍而還入關。問故秦時上帝祠何帝也。對

曰。四帝。有白青黃赤帝之祠。【考證】何焯曰、無黑帝者、秦自以水德當其一也、高祖曰。吾聞天有五帝。而有四、何也。莫知其說。於是高祖曰。吾知之矣。乃待我而具五也。乃立黑帝祠、命曰北畤。有司進祠。上不親往。悉召故秦祝官、復置太祝太宰、如其故儀禮。因令縣爲公社。【集解】李奇曰、猶官社、下詔曰。吾甚重祠而敬祭。今上帝之祭、及山川諸神當祠者、各以其時、禮祠之如故。【集解】徐廣曰、高祖本紀曰、二年六月、令祠官祀天地四方上帝山川、以時祀之、後四歲、天下已定。詔御史、令豐謹治枌榆社。常以四時春、以羊彘祠之。【考證】漢志、豐下無謹字、以下無時字、令祝官立蚩尤之祠於長安。長安置祠祝官女巫。其梁巫、祠天地・天社・天水・房中・堂上之屬。【索隱】案禮樂志、有安世房中歌、皆謂祭時室中堂上歌先祖功德也、【考證】中井積德曰、房中、堂上、堂下、皆指其神、索隱舛、晉巫祠五帝・

東君・雲中・司命・巫社・巫族人・先炊之屬。【索隱】廣雅曰、東君、日也、王逸注楚詞、雲中、雲也、東君雲中、亦見歸藏易也、【正義】先炊、古炊母神也、【考證】漢志、雲中下有君字、無司命二字、族上有祠字、炊上無先字、梁玉繩曰、司命、是荊巫所祠、非晉巫之祠也、故漢志無之、索隱釋司命在下文、則唐初尚無、不知何時妄增、雲中下宜有君字、族人上脫祠字、當依漢志補、顏師古云、巫社巫祠、皆古巫之神也、沈欽韓曰、巫祠者、詛楚文云、有秦嗣王告於不顯大神巫咸、此秦舊典也、族人者、祭法有族厲、炊者、禮器注、老婦先炊者也、愚按東君雲中君、皆見楚辭九歌、漢志炊上失先字、秦巫祠社主・巫保・族纍之屬。【索隱】社主、即上文三社主也、巫保族纍、二神名、纍力追反、【考證】漢志、社作杜、是、即上文杜主、荊巫祠堂下・巫先。【集解】應劭曰、先人所在之國、及有靈施化民人、又貴、悉置祠巫祝、博求神靈之意、文穎曰、巫、掌神之位次者也、范氏世仕於晉、故祠祝有晉巫、范會支庶留秦爲劉氏、故有秦巫、劉氏隨魏都大梁、故有梁巫、後徙豐、豐屬荊、故有荊巫、【索隱】巫先、謂古巫之先有靈者、蓋巫咸之類也、【考證】中井積德曰、巫所掌、豈特位次、文穎注謬、司命。【索隱】案周禮、以槱燎祠司命、鄭衆云、司命、文昌四星也、【考證】索隱所引周禮太宗伯文、楚辭九歌亦有大司命少司命、施糜之屬。【索隱】鄭氏云、主施糜粥之神、九天巫祠九天。【索隱】案孝武本紀云、立九天廟於甘泉、三輔故事云、胡巫事九天於神明臺、淮南子云、中央曰鈞天、東方曰蒼天、東北旻天、北方玄天、西北幽天、西方皓天、西南朱天、南方炎天、東南陽天也、【正義】太玄經云、一中天、二羨天、三徙天、四罰更天、五晬天、六郭天、七咸天、八治天、九、

成天也、皆以歲時祠宮中。其河巫祠河於臨晉。而南山巫祠南山秦中。秦中者二世皇帝。【集解】張晏曰、子產云、匹夫匹婦强死者、魂魄能依人爲厲也、【考證】漢志注、張晏曰、以其强死、魂魄爲厲、故祠之、成帝時匡衡奏罷之、各有時月。【考證】漢志、月作日、其後二歲、或曰。周興而邑邰、立后稷之祠、至今血食天下。【正義】顏師古云、祭有牲牢、故言血食、於是高祖制詔御史。其令郡國縣立靈星祠。【集解】張晏曰、龍星左角曰天田、則農祥也、晨見而祭、【正義】漢舊儀云、五年脩復周家舊祠、祀后稷於東南、爲民祈農報厥功、夏則龍星見而始雩、龍星左角爲天田、右角爲天庭、天田爲司馬、教人種百穀爲稷、靈者神也、辰之神爲靈星、故以壬辰日祠靈星於東南、金勝爲土相也、廟記云、靈星祠、在長安城東十里、【考證】中井積德曰、靈星祠、即祀后稷也、上文可據、常以歲時祠以牛。高祖十年春、有司請令縣常以春三月及時臘祀社稷以羊豕、【考證】王念孫曰、漢志、三月作二月、臘上無時字、可從、民里社各自財以祠。【考證】漢志、財作裁、顏師古曰、隨其祠具之豐儉也、制沈欽韓曰、祭法、大夫以下、成羣立社、注云、大夫不得立社、與民族居百家以上、則共立一社、今時里社是也、又有二十五家爲社、則書社是也、各自逐便置社耳、顏注非、

曰。可。其後十八年、孝文帝即位。即位十三年、下詔曰。今祕祝移過于下。朕甚不取。自今除之。【考證】凌稚隆曰、應前祝官有祕祝、洪亮吉曰、祕祝、蓋周禮甸師代王受災眚遺意、事又見文紀、始名山大川在諸侯、諸侯祝各自奉祠、天子官不領。及齊・淮南國廢、【正義】齊有泰山、淮南有天柱山、二山初天子祝官不領、遂廢其祀、令諸侯奉祠、今令太祝盡以歲時致禮、如秦故儀、令太祝盡以歲時致禮如故。是歲制曰。朕即位十三年于今。【考證】漢志、是年作明年、史漢文紀、亦繫是詔於十四年、十三年于今、作十四年于今、此疑誤、賴宗廟之靈、社稷之福、方內艾安、民人靡疾、閒者比年登。朕之不德、何以饗此。皆上帝諸神之賜也。蓋聞古者饗其德、必報其功。欲有增諸神祠。有司議增雍五畤路車各一乘、駕被具。【正義】顏師古云、駕車被馬之飾皆具也、【考證】艾讀爲乂、治也、下同、梁玉繩曰、雍五畤祠、白青黃赤黑五帝、攷秦襄公西畤、文公鄜畤、獻公畦畤、倶祠白帝、宣公密畤祠青帝、靈公上畤祠黃帝、下畤祠炎帝、高祖北畤祠黑帝、則西鄜二畤、常與吳陽武畤好畤、均

不在五時之數、蓋白帝不應有三時、且西時鄜時非雍也、而此載有司議加五時禺車馬、更言西畤二時、豈其時取鄜時而充五時之數、而以西時與畦時作別祠乎、疑與上文言畦時同誤、西時・畦時、禺車各一乘、禺馬四匹、駕被具。其河・湫・漢水、【正義】河湫、黃河及湫泉、加玉各二。【正義】言二水、祭時各加玉璧二枚、及諸祠各增廣壇場、珪幣俎豆、以差加之。而祝釐者、歸福於朕、百姓不與焉。自今祝致敬、毋有所祈。【考證】如淳曰、釐、福也、顏師古曰、釐、本字作禧、假借用耳、魯人公孫臣上書曰。始秦得水德。今漢受之。推終始傳、則漢當土德。土德之應、黃龍見。宜改正朔、易服色、色上黃。【考證】上文云、齊威宣之時、騶子之徒、論著終始五德之運、終始傳即是、是時丞相張蒼好律歷。以為漢乃水德之始。【考證】漢志、始作時、梁玉繩曰、始字誤、故河決金隄。【集解】漢書音義曰、在東郡界、其符也。【索隱】謂河決、乃水德之符應也、【考證】河渠書云、漢興三十九年、文帝時、河決酸棗、東潰金隄、於是東郡大興卒塞之、陳子龍曰、殷為金德、而河何以屢決耶、以何決為水德、誣甚矣、年始冬十月、色外黑內赤、【集解】服虔曰、十月

陰氣在外、故外黑、陽氣尙伏在地、故內赤、與德相應。如公孫臣言、非也。罷之。【考證】事又見文帝十四年紀、張丞相傳、後三歲、黃龍見成紀。【集解】徐廣曰、在文帝十五年春、【正義】案成紀、今秦州縣也、【考證】梁玉繩曰、後三歲、當依漢志作明年、文帝乃召公孫臣、拜為博士。與諸生草改歷服色事。【考證】顏師古曰、草、謂創造之、其夏下詔曰。異物之神、見于成紀。【考證】史文紀、漢志、異上有有字、無害於民、歲以有年。朕祈郊上帝諸神。禮官議、無諱以勞朕。【考證】文紀、祈作郊祀、漢志、祈作幾、郊下有祀字、顏師古曰、幾、冀也、有司皆曰。古者天子夏親郊祀上帝於郊。故曰郊。【考證】文紀、郊祀作禮祀、於是夏四月、文帝始郊、見雍五時祠。衣皆上赤。【考證】又見文紀十五年、其明年、【考證】梁玉繩曰、其明年三字、當依漢志移下文夏四月文帝親拜霸渭上、趙人新垣平以望氣見上。言長安東北有神氣成五采。若人冠絻焉。【考證】漢志、絻作冕、二字通、或曰。東北、神明之舍。西方、神明之墓也。【集解】張晏

曰、神明、日也、日出東北、舍、謂陽谷、日沒於西、墓、謂濛谷也、【考證】顏師古曰、張說非也、蓋總言凡神明以東北為居、西方為冢墓之所、故立廟於渭陽者也、天瑞下。宜立祠上帝以合符應。於是作渭陽五帝廟。同宇。【集解】韋昭曰、宇、謂上同下異、禮所謂複廟重屋也、瓚曰、一營宇之中立五廟、【正義】括地志云、渭陽五帝廟、在雍州咸陽縣東三十里、宮殿疏云、五帝廟、一宇五殿也、按一宇之內而設五帝、各依其方、帝別為一殿、而門各如帝色也、【考證】中井積德曰、立下疑脫廟字、顏師古曰、廟記云、五帝廟、在長安東北也、帝一殿。面各五門。各如其帝色。祠所用及儀、亦如雍五時。夏四月、文帝親拜霸・渭之會、【集解】如淳曰、二水之會、【正義】渭陽五廟、在二水之合北岸、以郊見渭陽五帝。五帝廟、南臨渭、北穿蒲池溝水。【正義】顏師古云、蒲池、為池而種蒲也、蒲字或作滿、言其水滿、恐顏說非、按括地志云、渭北咸陽縣有蘭池、始皇逢盜蘭池者也、言穿溝引渭水入蘭池也、疑滿字誤作蒲、重更錯失、【考證】各本正義有譌缺、今從梁玉繩校訂、權火舉而祠。若光煇然屬天焉。於是貴平上大夫、賜累千金、而使博士諸生刺六經中作王制。【索隱】小顏云、刺、謂采取之也、劉向七錄云、文帝所造書、有本制・兵制・服制篇、刺音七賜反、【考證】漢志、平下有至字、王鳴盛曰、索隱引劉向七錄云、文帝所造書、

有本制兵制服制篇、案即封禪書所謂王制也、非今禮記所有王制、盧植妄以當之、彼疏引鄭目錄云、名曰王制者、以其記先王班爵授祿祭祀養老之法度、此於別錄屬制度、又鄭答臨碩云、孟子當赧王之際、王制之作、復在其後、鄭意不以王制為文帝作、明矣、藝文志、禮記百三十一篇、七十子後學者所記也、大小戴刪取之、今存四十九篇、王制在此內、與文帝所作何涉、許慎說文自序云、壁中書者、魯恭王壞孔子宅而得禮記尙書春秋論語孝經、禮記亦孔壁中所得、其非漢儒作甚明、下文武帝得寶鼎、命羣臣采封禪尙書周官王制事、此王制則是文帝所作、蓋文帝原為封禪作之、武帝亦以議封禪采之也、愚按禮記王制、非文帝所造、說又見何焯讀書記、孫志祖讀書脞錄、臧庸拜經日記、左暄三餘續筆、姚範援鶉堂筆記諸書、謀議巡狩封禪事。文帝出長門。【集解】徐廣曰、在霸陵、駰按如淳曰、亭名、【索隱】徐云、在霸陵也、【正義】括地志云、長門故亭、在雍州萬年縣東北苑中、後館陶公主長門園、武帝以長門名宮、即此、【考證】一本、長下有安字、錢大昕曰、安字衍、下文云、長門五帝、可證也、漢志亦作長門、愚按索隱本亦作長門、若見五人於道北。遂因其直北立五帝壇、祠以五牢具。【集解】孟康曰、直、值也、值其立處以作壇、【考證】漢志、直下無北字、其明年、新垣平使人持玉杯、上書闕下獻之。平言上曰。闕下有寶玉氣來者。已視之。果有獻玉杯者。刻曰。人主延壽。平又言臣候日再中。【索隱】晉灼云、淮南

子云、魯陽公與韓構、戰酣日暮、援戈麾之、日爲卻三舍、豈其然乎、 居頃之、日卻復中。於是始更以十七年爲元年、令天下大酺。【考證】何焯曰、此人主自改元之始、不祥莫大焉、 平言曰、周鼎亡在泗水中。今河溢通泗。臣望東北、汾陰直有金寶氣。意周鼎其出乎。兆見不迎則不至。【考證】王念孫曰、直有金寶氣五字連讀、直猶特也、言東北汾陰之地、特有金寶氣也、直特古字通、史記直墮其履圯下、義正同、中井積德曰、無端言有金氣、可知平既作鼎而埋焉、盧舜治曰、後來得寶鼎之端、微見于此、 於是上使使治廟汾陰、南臨河、欲祠出周鼎。【集解】徐廣曰、後三十七年、鼎出汾陰、 人有上書告新垣平所言氣神事、皆詐也。下平吏治。誅夷新垣平。【考證】又見文紀、誅夷、誅夷三族也、 自是之後、文帝怠於改正朔服色神明之事。【考證】漢志、無朔色二字、愚按文紀贊云、漢興至孝文四十有餘載、德至盛也、廩廩鄉改正服封禪矣、謙讓未成於今、亦此事、 而渭陽長門五帝、使祠官領、以時致禮、不往焉。明年、匈奴數入邊。興兵守禦。後歲少不登。數

年而孝景卽位。十六年、祠官各以歲時祠如故。無有所興、至今天子。【集解】自此後武帝事、褚先生取爲武帝本紀、注解已在第十二卷、今直載徐義、【考證】凌本、移置補武帝本紀集解索隱正義於是篇云、此以下錄封禪書文、注釋竝入原書、此不載、蓋凌氏以意改易也、今悉復其舊第、但錄其要義於各條下、以便讀者、其不悉揭注家姓名者、從簡也、 今天子初卽位、尤敬鬼神之祀。元年、漢興已六十餘歲矣。天下艾安、搢紳之屬、皆望天子封禪改正度也。而上鄉儒術、招賢良。趙綰・王臧等、以文學爲公卿、欲議古立明堂城南以朝諸侯、草巡狩封禪改歷服色事。未就。會竇太后治黃・老言、不好儒術。使人微伺得趙綰等姦利事、召案綰・臧。綰・臧自殺。諸所興爲皆廢。【考證】徐孚遠曰、如史所言、尊天子之義也、不爲姦利、蓋有司以太后旨坐之耳、 後六年、竇太后崩。【考證】建元六年、 其明年、徵文學之士公孫弘等。【考證】元光元年、 明年、今上初至雍郊見五

時。後常三歲一郊。【索隱】案漢舊儀云、元年祭天、二年祭地、三年祭五時、三歲一遍、皇帝自行也、 是時上求神君、舍之上林中蹏氏觀。【考證】漢志、觀作館、 神君者、長陵女子、以子死見神於先後宛若。【考證】子死、當作字死、漢志作乳死、產乳而死也、兄弟妻相謂先後、古之娣姒、宛若其字也、 宛若祠之其室。民多往祠。平原君往祠。其後子孫以尊顯。【考證】平原君、武帝外祖母也、 及今上卽位、則厚禮置祠之內中。聞其言、不見其人云。【考證】內中、卽蹏氏觀內中也、 是時李少君亦以祠竈穀道卻老方見上。上尊之。少君者、故深澤侯舍人。主方。【索隱】案表、深澤侯趙將夕、孫夷侯胡紹封、【考證】藝文類聚引史、穀道作辟穀、王充論衡道虛篇亦作辟穀、 匿其年及其生長。【考證】漢志、其作所、生長、謂其郡縣所屬、及居止處、 常自謂七十。能使物卻老。【考證】物、鬼物也、 其游以方徧諸侯。無妻子。人聞其能使物及不死、更饋遺之。常餘金錢衣食。人皆以爲不治生業而饒給。又

不知其何所人。愈信、爭事之。少君資好方、善爲巧發奇中。【考證】資、藉也、巧發奇中、時時發言有所中、 嘗從武安侯飮。【索隱】案是田蚡也、 坐中有九十餘老人。少君乃言與其大父游射處。老人爲兒時、從其大父識其處。一坐盡驚。少君見上。上有故銅器。問少君。少君曰、此器、齊桓公十年陳於柏寢。【索隱】案韓子云、齊景公與晏子遊於少海、登柏寢之臺而望其國、【考證】梁玉繩曰、齊景公新成柏寢之臺、見晏子春秋雜下篇、桓公時安得此臺乎、少君甚妄、 已而案其刻、果齊桓公器。一宮盡駭、以爲少君神、數百歲人也。少君言上曰、祠竈則致物。致物而丹沙可化爲黃金。黃金成、以爲飮食器、則益壽。益壽而海中蓬萊僊者乃可見。見之以封禪則不死。黃帝是也。【考證】茅坤曰、至是始以封禪爲不死之術、 臣嘗游海上、見安期生。安期生食巨棗大如瓜。【索隱】案包愷云、巨或作臣、【考證】沈濤

曰、作臣者是也、臣、少君自稱、謂安期生以棗鮓耳、張文虎曰、北宋本舊刻本、作臣、與郊祀志合、愚按、索隱本已譌巨、趙翼曰、史記樂毅傳、河上丈人以黃老教安期生、數傳至蓋公、爲曹相國師、敎相國以淸淨爲治、而齊國大治、蒯通傳、安其生嘗以策干項羽、項羽不能用、授以官、不受而去、則安期蓋隱君子也、梁玉繩曰、考田儋傳論、安期生辨士之流、卽其時見存、不過八九十歲人、安得以爲古之眞仙哉、安期生僊者。通蓬萊中。合則見人。不合則隱。於是天子始親祠竈、遣方士入海求蓬萊安期生之屬、而事化丹沙諸藥齊爲黃金矣。【考證】齊、音劑、居久之、李少君病死。天子以爲化去不死、而使黃錘史寬舒受其方。【集解】徐廣曰、錘、音才恚反、錘縣、黃縣、皆在東萊、【考證】黃錘之史、其名寬舒、徐孚遠曰、少君已死、何所從受、當是修其遺方、求蓬萊安期生、莫能得。而海上燕・齊怪迂之方士、多更來言神事矣。亳人謬忌奏祠太一方。曰。【考證】補武紀漢志、太一竝作泰一、天神貴者太一。【索隱】樂汁徵圖曰、天宮紫微北極天一太一、宋均云、天一太一、北極神之別名、春秋佐助期曰、紫宮、天皇曜魄寶之所理也、石氏云、天一太一、各一星、在紫宮門外、立承事天皇大帝、太一佐曰五帝。古者天

子以春秋祭太一東南郊。用太牢七日。爲壇、開八通之鬼道。【索隱】開八通鬼道、案司馬彪續漢書祭祀志云、壇有八陛、通道以爲門、又三輔黃圖云、上帝壇八觚、神道八通、廣三十步、於是天子令太祝立其祠長安東南郊、常奉祠如忌方。其後人有上書言。古者天子、三年壹用太牢祠神三一。天一・地一・太一。【考證】補武紀漢志、壹作一、漢志無神字、姚範曰、三一句絕、王先謙曰、天一地一泰一爲神三一、郊祀歌云、天地竝況、維予有慕也、天子許之、令太祝領祠之於忌太一壇上、如其方。後人復有上書言。古者天子常以春解祠。【索隱】謂祠祭以解殃咎求福祥也、【考證】沈欽韓曰、論衡解除篇、祭祀之禮、解除之法、衆多非一、且以一事效其非也、世間繕治宅舍、鑿池掘土、功成作畢、解除土神、名曰解土、爲土偶人以象鬼形、令巫祝延以解土神、已祭之後、心快意喜、謂鬼神解謝、殃禍除去、案此則解祠者、祓除之祭也、祠黃帝用一梟破鏡。【考證】梟、鳥名、食母、破鏡、獸名、食父、皆惡逆之物、祠用之者、欲絕其類也、冥羊用羊。祠馬行用一青牡馬。太一・澤山君地長用牛。【集解】徐廣曰、澤、一作皋、【索隱】此則人上書言古天子祭太一、太一、天神也、澤山、本紀作皋山、皋山君

地長、謂祭地於皋山、同用太牢、故云用、蓋是異代之法也、【考證】漢志、澤山君地長作皋山山君、李慈銘曰、皋、睪、澤、古書多相亂、此蓋本作睪山君、謂睪山之神也、與下武夷君同、太一者、上所祠之太一、太一與睪山君、皆用牛也、漢志及史武紀、君字皆誤重、志下卷同、其下文云、祠太一於忌太一壇旁者、王氏鳴盛謂史孝武紀封禪書、祠下皆無太一二字、郊祀志誤衍者是也、蓋自黃帝冥羊馬行及皋山君武夷君、皆祠於亳人謬忌所奏、立之太一壇旁、以此是春日解祠、或用羊、或用馬、或用牛、或用乾魚、所祭各異、而太一亦有春日解祠之祭、與忌所奏祠太一之方、春秋各祭七日者異、故竝令祠官領之、而皆祠太一壇旁也、史記之地長、疑當時嶧山君之別稱、以嶧山君爲地長、故班志以繁文去之、史記正義、謂皋山山君地長三竝神者、非也、武帝一時太一之祀、凡四、一、謬忌所奏、立長安城東南郊者、所謂忌太一壇也、一、此春解祠之太一、用牛者也、一、神君所下之太一、祠於甘泉北宮之壽宮者也、一、祠官寬舒等所立之太一、祠壇在雲陽甘泉宮之南、所謂太畤、三年一郊見者、以祀之時禮皆別、故各爲祭、蓋漢以祀太一當祀天、而皆用方士之說、故雜出不經、武夷君用乾魚、【索隱】顧氏案、地理志云、建安有武夷山、溪有仙人葬處、卽漢書所謂武夷君、是時旣用越巫勇之、疑卽此神、今案其祀用乾魚、不饗牲牢、或如顧說也、陰陽使者以一牛、【考證】冥羊、馬行、太一、澤山君地長、武夷君、陰陽使者、皆神名、令祠官領之如其方、而祠於忌太一壇旁。其後天子苑有白鹿。以其皮爲幣、以發瑞應、造白金焉。【索隱】案樂彥云、謂龍馬龜、其明年、郊雍。【集解】徐廣

曰、武帝立已十九年、【考證】漢武紀、元狩元年冬十月幸雍、祠五畤、獲白麟、作白麟之歌、郊祀志、其明年作後二年、獲一角獸。若麟然。【考證】補武紀漢志、麟作麃、注、麃、鹿屬、音蒲交反、張文虎曰、北宋本作麃、凌稚隆曰、與管仲言麒麟來時應、梁玉繩曰、獲麟在元狩元年、而造白金及皮幣、在元狩四年、此誤也、漢志、刪其後天子廿一字、改其明年爲後二年、有司曰。陛下肅祗郊祀、上帝報享、錫一角獸。蓋麟云。於是以薦五畤。畤加一牛以燎。錫諸侯白金。風符應合于天也。於是濟北王以爲天子且封禪。乃上書獻太山及其旁邑。天子以他縣償之。常山王有罪。遷。天子封其弟於眞定、以續先王祀、【集解】徐廣曰、元鼎四年時、【考證】王先謙曰、據表、濟北成王胡、又曰、據紀表、元鼎三年常山憲王舜子勃有罪、徙房陵、上更封憲王子平爲眞定王、而以常山爲郡。然后五岳皆在天子之邦。【考證】王觀國曰、漢高祖名邦、史記爲諱之、悉代以國字、然封禪書曰、五岳皆天子之邦、漢文帝名恆、改恆山爲常山、故封禪書曰、以常山爲郡、然又曰至琅邪過恆山、呂后名雉、改雉爲野雞、故封禪書曰、野雞夜响、然又曰、縱遠奇飛禽及白雉、凡此用字不一如此、何耶、梁玉繩曰、漢志及補今上紀、竝作天子之郡、疑邦乃郡之譌、愚按、野雞非雉、說既見上、其明年、

齊人少翁、以鬼神方見上。【考證】凌稚隆曰、篇中凡其明年、其後某年、其來年、其春、其冬、並是歲等語、俱略不詳、王先謙曰、通鑑、誅文成在元狩四年、下云居歲餘云云、是見上、或在元狩三年、上有所幸王夫人。【集解】徐廣曰、外戚傳曰、趙之王夫人幸、有子、封爲齊王、夫人卒。少翁以方蓋夜致王夫人及竈鬼之貌云。天子自帷中望見焉。【索隱】漢書作李夫人卒、帝悼之、李少翁致其形、帝爲作賦、此云王夫人、新論亦同、未詳、【考證】陳仁錫曰、李夫人卒時、少翁死久矣、沈欽韓曰、論衡自然篇、武帝幸王夫人、王夫人死、思見其形、道士以方術作王夫人形、形成出入宮門、武帝大驚、立而迎之、忽不復見、本史記而附益之、於是乃拜少翁爲文成將軍、賞賜甚多、以客禮禮之。文成言曰。上卽欲與神通、宮室被服非象神、神物不至。乃作畫雲氣車。及各以勝日駕車辟惡鬼。【索隱】案樂彥云、謂畫靑車以甲乙、畫赤車丙丁、畫玄車壬癸、畫白車庚辛、畫黃車戊己、將有水事、則乘黃車、故下云駕車辟惡鬼、是也、【考證】勝日、謂甲乙五行相克之日也、例如庚辛日駕赤車、丙丁日駕黑車也、林伯桐曰、作畫雲車、此一事、各以勝日駕辟惡鬼、此又一事、索隱似誤、又作甘泉宮。中爲臺室、畫天地太一諸鬼神、而置祭具、以致天神。居

歲餘、其方益衰、神不至。乃爲帛書以飯牛、詳不知、言曰。此牛腹中有奇。殺視得書。書言甚怪。天子識其手書、問其人、果是僞書。【正義】上音于僞反、或人果爲文成書帛飯牛、【考證】補武紀、作天子疑之、有識其手書、問之人、果爲書、郊祀志、作天子識其手、問之、果爲書、愚按手書、手迹、言人之所書也、其人、養牛之人、正義本僞作爲、爲僞古通、於是誅文成將軍、隱之。【考證】補武紀隱上有而字、其後則又作柏梁銅柱、承露仙人掌之屬矣。【集解】徐廣曰、元鼎二年時、文成死明年、天子病鼎湖甚。【索隱】案三輔黃圖、鼎湖、宮名、在藍田、韋昭云、地名、近宜春、案湖本屬京兆、後分屬弘農、恐非鼎湖之處也、【正義】郊祀志云、黃帝采首山之銅、鑄鼎荊山之下、有龍垂胡髯、下迎黃帝、後人名其處曰鼎湖、【考證】顧炎武曰、湖當作胡、鼎胡、宮名、漢書楊雄傳、南至宜春鼎胡御宿昆吾、是也、故卒起幸甘泉、而行右內史界、王先謙曰、通鑑在元狩五年、巫醫無所不致。不愈。游水發根言、上郡有巫、病而鬼神下之。【考證】游水、地名、發根、人名、上召置祠之甘泉。及病、使人問神君。神君言曰。天子無憂病。病少愈、彊與我會甘泉。於是病愈。

遂起、幸甘泉。病良已。【正義】善也、已、止也、病善止也、大赦、置壽宮神君。壽宮神君、最貴者太一。【考證】補武紀漢志、無下壽宮二字、何焯曰、小字宋本、不重壽宮神君四字、張文虎曰、置壽宮神君、從北宋本與補武紀郊祀志合、各本置下衍酒字、又疑此文當作神君壽宮、愚按下壽宮二字疑衍、補武紀、太一作大夫、兪樾曰、神君乃巫之神、以巫爲主人、居帷幄中、與人言、卽所謂上郡有巫病而鬼神降之者也、太一乃天神之最貴者、漢祀太一、有二、其一則天子三年親郊祠、如雍郊之禮、其一則亳人謬忌所奏祠、謂之薄忌太一、是二者均與神君無涉也、太一之佐曰五帝、亦非太禁司命之屬也、然則此太一當作大夫、大夫蓋巫神之貴者曰大夫耳、秦時民俗相稱、尊之則曰大夫、若蕭何稱沛中吏是也、巫覡鄙俚、亦沿此稱、非謂太一也、當以紀爲長、參存、其佐曰大禁。司命之屬皆從之。非可得見。聞其言、言與人音等。時去時來。來則風肅然。居室帷中、時晝言。然常以夜。天子祓、然后入。因巫爲主人。關飲食。所以言行下。【考證】王先謙曰、關猶通也、所欲飲食、巫關白之、愚按以、用也、補紀、作所欲者言行下、漢志、作所欲言行下、又置壽宮北宮、張羽旗、設供具、以禮神君。神君所言、上使人受書其言。命之曰畫法。【考證】策畫之法、其所

語、世俗之所知也、無絕殊者。而天子心獨喜。其事祕、世莫知也。其後三年、有司言、元宜以天瑞命、不宜以一二數。一元曰建、二元以長星曰光、三元以郊得一角獸曰狩云。【考證】漢志、改三元作今、中井積德曰、一二者、是元之一二、下文所謂一元二元三元是也、當初時未制年號、但以一元二元三元稱之、猶文帝景帝有中元後元也、錢大昕曰、元光之後、尙有元朔、則元狩乃四元、非三元、班史改以爲今、無三元字、蓋得之矣、言建元元光而不言元朔者、建以斗建爲名、光以長星爲名、皆取天象、若元朔紀年、應劭解朔爲蘇、取品物蘇息之義、不主天瑞、故不及之耳、劉攽曰、所謂其後三年者、蓋元狩六年至元鼎三年也、然元鼎四年方得寶鼎、又無緣先三年而稱之、以此而言、自元鼎以前之元、皆有司所追命、其實年號之始在元鼎耳、故元封改元、則始有詔書矣、吳仁傑刊誤云、年號之起、在元鼎耳、通鑑考異云、元鼎年號、亦如建元元光、皆後來追改、案魏司空王朗曰、古者有年數、無年號、漢初猶然、其後乃有中元後元、元改彌數、中後之號不足、故更假取美名、蓋文帝凡兩改元、故以前後別之、景帝凡三改元、故以前中後別之、武帝卽位以來、大率六年一改元、二十七年之間、改元者五、當時但以一元二元三元四元五元爲別、五元之三年、有司言、元宜以天瑞、不宜以一二數、蓋爲是也、時雖從有司之議、改一元爲建元、二元爲元光、三元爲元朔、四元爲元狩、至五元則未有以名、帝意將有所待也、明年寶鼎出、遂改五元爲元鼎、而以是年爲元鼎四年、然則謂年號起於元鼎固然、謂元鼎爲後來追改者、亦不誤也、趙翼曰、

武帝自建元至元封、毎六年一改元、太初至征和、毎四年一改元、征和四年後、改爲後元年、而無復年號、蓋帝亦將終矣、 其明年冬、天子郊雍。議曰。今上帝朕親郊。而后土無祀、則禮不荅也。【考證】漢志無議字、 有司與太史公祠官寬舒議、【考證】中井積德曰、太史公者、遷所以稱其父、以爲其私史耳、愚按漢志改作太史令談、 天地牲角繭栗。【考證】牛角之形、或如繭、或如栗、言其小、 今陛下親祠后土。后土宜於澤中圜丘爲五壇。壇一黃犢太牢具。【考證】漢志無太字、 已祠盡瘞。而從祠衣上黃。【考證】侍祠之人、皆著黃衣、 於是天子遂東、始立后土祠汾陰脽丘、如寬舒等議。【集解】徐廣曰、元鼎四年、【考證】補武紀、漢紀、志、丘作上、漢志云、天子東幸汾陰、汾陰男子公孫滂洋等、見汾旁有光如絳、上遂立后土祠於汾陰脽上、 上親望拜如上帝禮。禮畢、天子遂至滎陽而還。過雒陽、下詔曰。三代邈絕、遠矣難存。其以三十里地、封周後爲周子南君、以奉其先祀焉。【考證】漢書武紀、元鼎四年十一月甲子、立后土祠于汾陰脽上、禮畢、行幸滎陽、還至洛陽、詔曰、祭地冀州、瞻望河

洛、巡省豫州、觀于周室、邈而無祀、詢問耆老、迺得孽子嘉、其封嘉爲周子南君、以奉周祀、事同文異、蓋班錄全文、馬從刪略也、 是歲、天子始巡郡縣、侵尋於泰山矣。【考證】張文虎曰、毛本侵與補武紀合、各本作浸、郊祀志作寖、愚按侵尋卽浸淫、 其春、樂成侯上書言欒大。【考證】樂成侯丁義、後與欒大同誅、漢志、侯下有登字、非是、 欒大、膠東宮人。故嘗與文成將軍同師。已而爲膠東王尚方。而樂成侯姊爲康王后。【集解】康王名寄也、 無子。康王死、他姬子立爲王。【集解】徐廣曰、以元狩二年薨、 而康后有淫行、與王不相中。【索隱】案三蒼云、中、得也、 相危以法。康后聞文成已死、而欲自媚於上、乃遣欒大、因樂成侯求見言方。天子既誅文成、後悔其蚤死、惜其方不盡。及見欒大大說。大爲人長美、言多方略。而敢爲大言、處之不疑。大言曰。臣常往來海中、見安期・羨門之屬。顧以臣爲賤、不信臣。又以爲康王諸侯耳、不足與方。

臣數言康王。康王又不用臣。臣之師曰。黃金可成。而河決可塞。不死之藥可得。僊人可致也。然臣恐效文成、則方士皆奄口。惡敢言方哉。上曰。文成食馬肝死耳。【索隱】案論衡云、氣熱而毒盛、故食走馬肝殺人、儒林傳云、食肉無食馬肝、是也、 子誠能脩其方、我何愛乎。【索隱】上語欒大、言子誠能脩文成方、我更何所愛惜乎、謂不悋金寶及祿位也、 大曰。臣師非有求人。人者求之。陛下必欲致之、則貴其使者、令有親屬、以客禮待之、勿卑、使各佩其信印、乃可使通言於神人。神人尙肯邪不邪。【考證】令下有、漢志作爲、凌本引一本同、王先謙曰、尙、未敢定之詞、 致尊其使、然后可致也。【考證】漢志、尊上無致字、 於是上使驗小方鬪棊、棊自相觸擊。【索隱】顧氏案萬畢術云、取雞血、雜磨鍼鐵、杵和磁石、棊頭置局上、卽自相抵擊也、【考證】梁玉繩曰、棊與漢志作棊、補紀作旗、張守節謂旗本或作棊、故索隱引萬畢術、正義引高誘淮南子注、並作棊解、而通鑑獨作旗、攷異引漢武故事證之云、欒大嘗于殿前樹旍數百枚、令旍自相擊、繙繙竟庭中、去地十餘丈、觀者皆駭、兩解均有據、存參、

是時上方憂河決、而黃金不就。乃拜大爲五利將軍。居月餘、得四印。【索隱】謂五利將軍、天士將軍、地士將軍、大通將軍爲四也、 佩天士將軍・地士將軍・大通將軍印。制詔御史。昔禹疏九江、決四瀆。閒者河溢皐陸。隄繇不息。【考證】漢志、九江作九河、是、繇、役也、 朕臨天下二十有八年。【集解】徐廣曰、元鼎四年也、 天若遺朕士而大通焉。乾稱蜚龍。鴻漸于般。【考證】顏師古曰、飛龍在天、乾卦九五爻辭、鴻漸于般、漸卦六二爻辭、方苞曰、飛龍在天、利見大人、言君之得臣也、鴻漸于磐、飲食衎衎、言臣之遇君也、武帝以欒大爲天所遺士、故引此、 朕意庶幾與焉。其以二千戶封地士將軍大爲樂通侯。賜列侯甲第、僮千人、乘轝斥車馬、帷幄器物、以充其家。又以衞長公主妻之。【索隱】案衞子夫之子曰衞太子、女曰衞長公主、是衞后長女、故曰長公主、非如帝姊曰長公主之例、【正義】劉伯莊云、衞后女三人、以最長妻欒大也、非天子姊妹也、漢書外戚傳云、衞子夫生三女、元朔三年生男、據此則是太子之姊、【考證】斥、不用也、梁玉繩曰、索隱甚通、若劉敬傳稱魯元公主爲長公主、外戚世家稱文帝女嫖爲長公主、皆天子女稱長公主矣、中井積德曰、帝姊妹曰長公主

者、蓋昉於昭帝時鄂邑公主也、武帝以上、未有此例、此但以其長幼稱焉耳、如衞元公主、未嘗稱長公主也、何焯曰、以衞公主妻大者、令爲親屬、如大所言也、齎金萬斤。更命其邑曰當利公主。【索隱】案地理志、東萊有當利縣。【考證】漢志、萬斤作十萬斤、天子親如五利之第、使者存問、供給相屬於道。自大主將相以下、皆置酒其家獻遺之。【集解】徐廣曰、大主、武帝姑、於是天子又刻玉印曰天道將軍、使使衣羽衣夜立白茅上。【正義】喻有潔白之德、【考證】顏師古曰、羽衣以羽爲衣、取其神仙飛翔之意、五利將軍亦衣羽衣夜立白茅上、受印。以示不臣也。【考證】紀、志、無夜字、此衍、而佩天道者、且爲天子道天神也。【考證】中井積德曰、當初立天道將軍之號、未必導天神之意、後乃附會作此說耳、於是五利常夜祠其家、欲以下神。神未至、而百鬼集矣。然頗能使之。其後裝治行、東入海求其師云。大見數月、佩六印、【索隱】更加樂通侯及天道將軍印、爲六印、貴震天下。而海上燕·齊之閒、莫不搤捥而自言有

禁方能神僊矣。【正義】搤捥、猶執手也、言海上燕齊之閒方術之士、見少君欒大貴振天下、皆自言有禁方服之、能令人神仙矣、冀武帝召之、其夏六月中、汾陰巫錦、爲民祠魏脽后土。營旁見地如鉤狀。掊視得鼎。【正義】掊、音白侯反、師古曰、掊、手把土也、【考證】營、祠之兆域、鼎大異於衆。鼎文鏤無款識。【正義】劉伯莊曰、自古諸鼎皆有銘記識其事、此鼎能無款識也、【考證】陰文曰款、陽文曰識、中井積德曰、是鼎係新垣平僞造、蓋平作鼎埋之、欲待其鏽壞、祠而出之、而身先死、至此鼎自出也、怪之言吏。吏告河東太守勝。勝以聞。天子使使驗問巫得鼎。無姦詐。乃以禮祠、迎鼎至甘泉。從行上薦之。至中山。【集解】徐廣曰、河渠書曰、鑿涇水自中山西、【考證】顏師古曰、中讀曰仲、沈欽韓曰、長安志、仲山在雲陽縣西北四十里、漢志、行上作上行、曣嗢、有黃雲蓋焉。【考證】補武紀、漢志、曣嗢作晏溫、藝文類聚引史亦作晏溫、如淳曰、日出清濟爲晏、錢大昕曰、說文、晏、天清也、中井積德曰、曣嗢、蓋鼎徵煖發光彩也、下文光潤龍變指此、愚按後說近是、有麃過。上自射之、因以祭云。【集解】徐廣曰、上言從行上薦之、或者祭鼎也、至長安。公卿大夫皆議、請尊寶鼎。天子曰。閒者河溢、歲數不登。

故巡祭后土、祈爲百姓育穀。今歲豐廡、未報。鼎曷爲出哉。【考證】廡讀爲膴、詩大雅緜篇、周原膴膴、菫荼如飴、傳、膴、美也、有司皆曰。聞昔泰帝興神鼎一。【索隱】案孔文祥云、泰帝、太昊也、一者壹統天地。萬物所繫終也。【考證】漢志、終作象、黃帝作寶鼎三。象天地人。禹收九牧之金、鑄九鼎。皆嘗亨鬺上帝鬼神。【集解】徐廣曰、亨、烹也、鬺、音殤、皆嘗以亨牲牢而祭祀、【考證】亨鬺、補武紀作鬺烹、漢志作鬺亨、顏師古曰、鬺亨一也、鬺亨、煮而祀也、韓詩采蘩曰、于以鬺之、唯錡及釜、何焯曰、鬺、古烹飪字、下亨、乃古亨祀字也、一之者非也、中井積德曰、史記亨鬺二字倒、亨、亨通、言皆嘗鬺而饗上帝鬼神也、愚按錢大昕張文虎說同、遭聖則興。【考證】方苞曰、遭聖則興、承上文言、中井積德曰、遭聖、論古昔、非指漢、漢志、無遭聖一句、而別有數句、其末曰周德衰、鼎遷于秦、秦德衰、宋之社亡、鼎遷于夏·商。周德衰、宋之社亡、鼎乃淪沒、伏而不見。【考證】梁玉繩曰、史公述有司議、缺略不具、當以漢志校之、得失自見、然周德衰下有鼎遷于秦、秦德衰二語、社亡鼎沒、不在秦衰之時、議者未免失詞、頌云。自堂徂基、自羊徂牛。鼐鼎及鼒。不吳不驁。胡考之休。【考證】漢志、頌上有周字、補武紀、吳作虞、漢志、驁作敖、此周頌絲衣之詩、基、門塾之基也、吳、讙譁也、

驁、讀爲敖、慢也、胡考、壽也、休、美也、言執祭事者、或升堂、或之門塾、視羊牛之牲、及舉大小之鼎、不譁不慢、神降之福、故獲壽考之美也、今鼎至甘泉、光潤龍變。承休無疆、合茲中山。【集解】徐廣曰、關中、亦復有中山也、非魯中山、【考證】適在中山有此事也、有黃白雲降蓋。【考證】蓋字屬上句、卽上文所謂黃雲蓋焉者、若獸爲符、路弓乘矢、集獲壇下。【考證】若、如此也、獸指麃、符、符瑞、路、大、四矢曰乘、言以大弓四矢獲之於壇下也、報祠大享。【集解】徐廣曰、一云、大報祠享、【考證】享、補武紀作饗、漢志作享、唯受命而帝者、心知其意而合德焉。【考證】此謂武帝、非謂高祖、鼎宜見於祖禰、藏於帝廷、以合明應。制曰。可。【考證】漢志、見作視、示也、入海求蓬萊者、言蓬萊不遠、而不能至者、殆不見其氣。【考證】淩稚隆曰、接上東入海求其神、上乃遣望氣佐候其氣云。【考證】高祖紀、秦始皇帝常曰、東南有天子氣、於是因東游以厭之、高祖亡匿隱於山澤巖石之間、呂后與人俱求、常得之、曰、季所居、上常有雲氣、是漢高假望氣之名、以駭愚夫愚婦也、其後新垣平以望氣見文帝、其秋、上幸雍且郊。【考證】上、天子也、或曰。五帝、太一之佐也。宜立太一而上親郊之。上疑未定。

齊人公孫卿曰、今年得寶鼎、其冬辛巳朔旦冬至、與黃帝時等。卿有札書曰、黃帝得寶鼎宛胊、問於鬼臾區。【考證】札、木之薄小者、宛胊、補紀、作宛侯、漢志、作晁侯、蓋地名、濟陰郡宛句縣、是、鬼臾區對曰、黃帝得寶鼎神策、是歲己酉朔旦冬至、得天之紀、終而復始。於是黃帝迎日推策、後率二十歲、復朔旦冬至、凡二十推、三百八十年、黃帝僊登于天。【考證】補武紀、歲下復作得、日月朔望未來而推之、故曰迎日、卿因所忠欲奏之、所忠視其書不經、疑其妄書、謝曰、寶鼎事已決矣、尚何以爲。【正義】所以謝公孫卿、言寶鼎已決知矣、不須上此書、【考證】所忠、武帝幸臣姓名、又見平準書五宗世家司馬相如傳萬石君傳、卿因嬖人奏之。上大說、乃召問卿。對曰、受此書申公、申公已死。上曰、申公何人也。卿曰、申公齊人、與安期生通、受黃帝言。無書、獨有此鼎書。曰、漢興復當黃帝之

時。曰、漢之聖者、在高祖之孫且曾孫也。寶鼎出、而與神通封禪。封禪七十二王、唯黃帝得上泰山封。申公曰、漢主亦當上封。上封則能僊登天矣。黃帝時萬諸侯、而神靈之封居七千、【索隱】韋昭云、黃帝時萬國、其以脩神靈得封者七千國、或爲七十國、樂彥云、以舜爲神明之後、封嬀滿於陳之類是也、顧氏案國語、仲尼云、山川之守足以紀綱天下者、其守爲神、汪芒氏之君、守封禺之山也、【考證】漢志、居作君、訛、余有丁曰、神靈之封居七千、謂封守之中、神靈當祭告者居七千也、天下名山八、而三在蠻夷、五在中國。中國華山・首山・太室・泰山・東萊。【正義】首山、一名雷首山、亦名申修山、名歷山、亦名蒲山、亦名襄山、又名甘棗山、亦名獨頭山、泰室、嵩高、泰山、岱宗、此五山、黃帝之所常游與神會。黃帝且戰且學僊。患百姓非其道者、乃斷斬非鬼神者。【索隱】謂有非毀鬼神之人、乃斷理而誅斬之、【考證】凌稚隆曰、卿見武帝好征伐好神仙、則曰、黃帝且戰且學仙、慍人攻其邪妄、則曰、斷斬非鬼神者、此小人極意逢迎之態、專欀固寵之術也、百餘歲、然後得與神通。【考證】何焯曰、恐其言不驗被誅、故遠其期於百餘歲、即後言非少寬假神不來之意、

黃帝郊雍上帝、宿三月。鬼臾區號大鴻、死葬雍。故鴻冢是也。其後黃帝接萬靈明廷。明廷者、甘泉也。所謂寒門者、谷口也。【集解】徐廣曰、寒一作塞、黃帝采首山銅、鑄鼎於荊山下。鼎既成。有龍垂胡顊、下迎黃帝。【索隱】說文曰、胡、牛垂顊也、釋名云、胡在咽下垂者、即所謂嚨胡也、黃帝上騎。羣臣後宮從上者七十餘人。龍乃上去。餘小臣不得上。乃悉持龍顊。龍顊拔、墮。墮黃帝之弓。百姓仰望、黃帝既上天。乃抱其弓與胡顊號。【考證】論衡道虛篇、號上有呼字、故後世因名其處曰鼎湖、其弓曰烏號。於是天子曰、嗟乎、吾誠得如黃帝、吾視去妻子如脫躧耳。【考證】漢志、躧作屣、乃拜卿爲郎、東使候神於太室。上遂郊雍、至隴西、西登崆峒、幸甘泉。【考證】元鼎五年、令祠官寬舒等具太一祠壇。祠壇放薄忌太

一壇。壇三垓。【集解】徐廣曰、垓、次也、【考證】漢志、垓作陔、三垓、三重壇也、五帝壇環居其下、各如其方。黃帝西南、除八通鬼道。太一其所用、如雍一時物、而加醴棗脯之屬。【考證】補武紀、漢志、所上無其字、此衍、殺一貍牛以爲俎豆牢具。【考證】補貍、武紀作犛、漢志作氂、李奇云、音貍、則犛字爲是、而五帝獨有俎豆醴進。【考證】顏師古曰、具俎豆酒醴而進之、中井積德曰、進、羞也、唯有庶羞、無牢具、其下四方地爲醊。食羣神從者及北斗云。【考證】醊、補武紀作餟、漢志作餟、王鍪劍曰、說文、餟、祭酹也、字林、餟、以酒沃地祭也、餟字本爲祭酹義、餟食者、蓋羣臣從者其位尚卑、不必設壇、且莫可主名、故但于四方之地酹酒祭之、以申其誠敬耳、沈欽韓曰、餟與綴同、樂記、其舞行綴遠、注、作酇、正義、綴、謂酇也、酇聚舞人行位之處、立表酇以識之、說文、酇、聚也、神位亦立表酇、依四方、愚按爲餟句、餟、王說是、食、讀爲飤、猶饗也、已祠。胙餘皆燎之。其牛色白。鹿居其中。彘在鹿中。水而洎之。【集解】徐廣曰、洎一作酒、灌水於釜中曰洎、音冀、【正義】又以水合肉汁、內鹿中也、晉灼曰、此說合牲物燎之也、【考證】漢志、重白字、及鹿中三字、洎作酒、胙、謂祭餘酒肉、祭日以牛。祭月以羊彘、特。【索隱】案樂彥云、祭日以太牢、月以少牢、特不用牝也、小顏云、牛羊若彘止一牲、故云特也、

太一祝、宰則衣紫及繡。五帝各如其色。日赤。月白。十一月辛巳朔旦冬至昧爽、天子始郊、拜太一。朝朝日、夕夕月則揖。【考證】中井積德曰、始字主泰一也、不然嘗歷郊矣、此何稱始郊也、劉攽曰、則揖二字屬上句、而見太一如雍郊禮。其贊饗曰。【索隱】案顧氏云、饗、祀祠也、漢舊儀云、贊饗一人、秩六百石也、天始以寶鼎神策授皇帝。朔而又朔。終而復始。皇帝敬拜見焉。【考證】沈欽韓曰、春秋繁露郊祀篇、郊祝曰、皇皇上帝、照臨下土、集地之靈、降甘風雨、庶物羣生、各得其所、靡今靡古、惟予一人某、敬拜皇天之祐、亦見大戴公冠、案此古祝辭、漢所用也、今以得寶鼎、故別爲辭、中井積德曰、神策是公孫卿所上、武帝乃以爲天授、妄哉、而衣上黃。其祠列火滿壇。壇旁亨炊具。有司云。祠上有光焉。公卿言皇帝始郊見太一雲陽。有司奉瑄玉。嘉牲薦饗。是夜有美光。及晝黃氣上屬天。【考證】雲陽、宮名、祭天之處、璧大六寸謂之瑄、李光縉曰、天子始郊拜太一、而有司云祠上有光、又云、是夜有美光、及晝黃氣上屬天、於是諸方士遂爭神奇怪、得其似以爲眞矣、以後凡曰山下聞若有言萬歲、曰其夜若有光、曰若有象景光、曰蓬萊諸神若將可得、曰神人若云

欲見天子、曰若見有光云、皆用若字描寫、太史公·祠官寬舒等曰。【考證】漢志、太史公作太史令談、錢大昕曰、封禪書兩稱太史公、與祠官寬舒等文、而不著名、爲父諱也、是年郊雍、爲元鼎四年、其明年冬至郊拜泰一、皆談爲太史公時、談以元封元年卒、卒後遷始繼之、漢史稱談名、得其實矣、神靈之休。祐福兆祥。宜因此地光域、立太畤壇、以明應。【考證】凌本、宜下衍此字、令太祝領、秋及臘閒祠、三歲天子一郊見。【考證】方苞曰、三歲天子一郊見、其二歲則祠以秋、或以臘、故曰閒、其秋爲伐南越、告禱太一、以牡荊畫幡、日月北斗登龍、以象天一三星、爲太一鋒、命曰靈旗。爲兵禱、則太史奉以指所伐國。【集解】徐廣曰、天官書曰、天極星明者太一常居也、斗口三星曰太一、【考證】晉灼曰、牡荊、節間不相當者、顏師古曰、牡荊爲幡竿、而畫幡爲日月龍及星也、而五利將軍使、不敢入海、之泰山祠。上使人隨驗、實毋所見、五利妄言見其師、其方盡多不讎。上乃誅五利。【索隱】案鄭德云、相應爲讎、謂其言語不相應無驗也、【考證】遂承上文五利治裝入海、補武紀、正義引漢武故事云、東方朔言欒大無狀、上發怒乃斬之、其冬、公孫卿

候神河南、言見僊人跡緱氏城上。【考證】王先謙曰、據漢書武紀、則元鼎六年冬也、當云明年冬、有物如雉、往來城上。天子親幸緱氏城視跡。問卿、得毋效文成·五利乎。卿曰。僊者非有求人主。人主者求之。其道非少寬假、神不來。言神事、事如迂誕、積以歲、乃可致也。於是郡國各除道、繕治宮觀名山神祠所。以望幸也。【考證】姚範曰、所句、其春、既滅南越。上有嬖臣李延年。以好音見。上善之、下公卿議曰。民閒祠、尙有鼓舞樂。【考證】補武紀、舞下有之字、今郊祀而無樂、豈稱乎。公卿曰。古者祠天地皆有樂。而神祇可得而禮。或曰。太帝使素女鼓五十弦瑟。悲。帝禁不止。故破其瑟爲二十五弦。於是塞南越、禱祠太一后土、始用樂舞。【考證】不止、謂鼓瑟不止也、塞讀爲賽、胡三省曰、爲伐南越告禱泰一、故今賽祠、益召歌兒作

二十五弦【集解】徐廣曰、瑟、及空侯。【集解】徐廣曰、應劭云、武帝令樂人侯調、始造此器、【正義】釋名云、箜篌、師延所作靡靡樂、後出於桑間濮上之地、蓋空國侯之所出也、琴瑟自此起。【考證】補武紀、漢志、無琴字、此衍、其來年冬、【考證】據漢武紀、元封元年、上議曰。古者先振兵澤旅、【集解】徐廣曰、古釋字作澤、【正義】上音亦、謂飲畢上酒也、【考證】漢志、澤作釋、正義讀爲醳、非是、然后封禪。乃遂北巡朔方、勒兵十餘萬、還祭黃帝冢橋山。釋兵須如。【集解】徐廣曰、須、一作涼、上曰。吾聞黃帝不死。今有冢。何也。或對曰。黃帝已僊上天。羣臣葬其衣冠。【考證】通鑑、或作公孫卿、考異、史記漢書皆云或對、漢武故事云公孫卿對、今取之、黃震曰、方士之說、惟以黃帝乘龍上天爲誇、武帝巡行、親至黃帝冢而祭之、方士尙何辭、而從者復遁其說爲葬衣冠、主嗜臣諛、一至此甚、悲夫、既至甘泉、爲且用事泰山、先類祠太一。【考證】周壽昌曰、類、祭名、書、肆類於上帝、是也、自得寶鼎、上與公卿諸生議封禪。封禪用希。曠絕莫知其儀禮。【考證】陳仁錫曰、用希曠、句、絕字屬下句讀、愚按上文云、即事用希、又云、厥曠遠者千有餘載、此用希、句、曠絕、屬下讀、陳說非、而羣儒采封禪尙書

周官王制之望祀射牛事。【考證】周禮春官大宗伯，以血祭祭社稷五祀五嶽。夏官射人，祭祀則贊射牲。禮記王制，祭天地之牛角繭栗，宗廟之牛角握。國語楚語，天子禘郊之事，必自射其牲。注，牲，牛也。齊人丁公年九十餘。曰，封禪者，合不死之名也。秦皇帝不得上封。【考證】補武紀，無禪字。漢志，合作古。陛下必欲上，稍上，卽無風雨，遂上封矣。上於是乃令諸儒習射牛，草封禪儀數年。【正義】伍緝之從征記曰，漢武封壇，廣丈三尺，高丈尺，下有玉錄書，以金銀爲鏤，封以璽。應劭曰，漢官封禪儀云，建武二年，登泰山，就武帝封處累其石，發壇上方石，置玉牒書封石此中，後蓋封石，檢以金爲繩，以石爲泥，南方北方二十三檢，東方西方各二檢。太帝建武卅三年，登封太山，登畢，出更衣，卽皇帝位於壇南北面，群臣從者以次陳後。尚書令奉玉檢壇上西面，太常曰，詣封。皇帝升北面，尚書令奉檢進，南面跪。太常曰，請封。皇帝親封畢，退復位。大行治跪禮，發上石，尚書令藏玉牒已，禮復壇，尚書令封親檢畢。太常跪曰，請拜。群臣皆稱萬歲。太常跪曰，事畢。皇帝後下道。風俗通曰，封者立石一丈二尺。至且行，天子既聞公孫卿及方士之言，黃帝以上，封禪皆致怪物，與神通。欲放黃帝以上，接神僊人蓬萊士，高世，比德於九皇。【考證】漢志，神下無僊字，萊下無士字，義異。中井積德曰，所謂九皇者，黃帝以上伏羲、神農及天皇、地皇、人皇之等，其數有九，皆封禪而德盛者云。是術士之言，不可窮詰者。注家以臆度質之，非也。

而頗采儒術以文之。羣儒既已不能辨明封禪事，又牽拘於詩書古文而不能騁。【考證】補武紀、漢志，騁上能作敢。上爲封禪祠器示羣儒。羣儒或曰，不與古同。徐偃又曰，太常諸生行禮，不如魯善。周霸屬圖封禪事。於是上絀偃・霸，而盡罷諸儒不用。【考證】漢書兒寬傳云，上議欲放古巡狩封禪之事，諸儒對者五十餘人，未能有所定。先是司馬相如病死，有遺書，頌功德，言符瑞，足以封泰山。上奇其書，以問兒寬。寬對曰，天地並應，符瑞昭明，其封泰山，禪梁父，昭姓考瑞，帝王之盛節也。然享薦之義，不著於經，唯聖主所由，制定其當，非羣臣之所能列。上然之，乃自制儀，采儒術以文焉。蓋此時事。三月，遂東幸緱氏。【考證】漢書武紀，作正月。禮登中嶽太室。從官在山下，聞若有言萬歲云。【考證】漢志，山下作山上。中井積德曰，漢武帝紀載詔云，御史乘屬在廟旁，吏卒咸聞萬歲者三，則山上似優。問上，上不言。問下，下不言。【考證】王先謙曰，山上下人皆未言，是以神之。於是以三百戶封太室奉祠。命曰崇高邑。【正義】韋昭云，嵩高

有太室，嵩高，總名也。嵩高山記，山高二千八百丈，周廻七十五里。【考證】漢書紀志並云，令祠官加增太室祠，禁毋伐其山木，以山下戶三百封崇高，爲之奉邑，獨給祠，復，無有所與。東上泰山。泰山之草木葉未生。乃令人上石立之泰山巔。上遂東巡海上，行禮祠八神。【考證】中井積德曰，行禮祠八神者，行道中所祠之神有八也。補武紀索隱引郊祀志，得之，卽上文所謂繕治諸神祠以望幸者是也。齊人之上疏言神怪奇方者以萬數。然無驗者。乃益發船，令言海中神山者數千人求蓬萊神人。公孫卿持節，常先行候名山。至東萊，言夜見大人長數丈。就之則不見。見其跡甚大，類禽獸云。羣臣有言，見一老父牽狗。言吾欲見巨公。已忽不見。【考證】漢志，巨作鉅。張晏曰，天子爲天下父，故曰巨公。上卽見大跡，未信。及羣臣有言老父，則大以爲僊人也。【正義】大，謂崇大其事。【考證】補紀、漢志，卽作既。宿留海上，予方士傳車，及閒使求僊人以千數。【考證】閒，微也，隨閒隙而行。四月，還

至奉高。上念諸儒及方士言封禪，人人殊，不經，難施行。天子至梁父，禮祠地主。乙卯，令侍中儒者皮弁薦紳，射牛行事，封泰山下東方，如郊祠太一之禮。封廣丈二尺，高九尺。其下則有玉牒書。書祕。【考證】方苞曰，太乙明堂贊饗，具載其文，而此書獨祕，蓋以登僊禱也。禮畢，天子獨與侍中奉車子侯上泰山。亦有封。其事皆禁。【正義】霍嬗子侯，去病子也。明日下陰道。丙辰，禪泰山下阯東北肅然山。如祭后土禮。天子皆親拜見。衣上黃，而盡用樂焉。江・淮閒一茅三脊爲神藉。【正義】括地志云，辰州盧溪縣西南三百五十里有苞茅山。武陵記云，山際出苞茅，有刺而三脊，因名茅山是也。【考證】胡三省曰，藉，薦也。凌稚隆曰，一茅三脊，與管仲言一茅三脊相應。五色土益雜封，縱遠方奇獸蜚禽及白雉諸物，頗以加禮。【考證】補武紀、漢志，禮作祠。梁玉繩曰，禮，祠之訛。兕牛犀象之屬不用。皆至泰山祭后土。【考證】王先謙曰，諸

獸不以加祠、今竝縱之、祭后土、補武紀、漢志、作然後去、此疑誤、中井積德曰、兕象之屬害人者、不可用、縱、但以爲遠物、同將來、然後罷去也、方苞曰、皆至太山、遙承上文天子獨與侍中奉車子侯上太山、故曰皆至、謂從行公卿侍從儒者也、封禪祠、其夜若有光、晝有白雲起封中。【考證】顏師古曰、雲出於所封之中、天子從禪還、坐明堂。羣臣更上壽。【考證】太山東北、有古明堂遺趾、則此所坐者、明年秋、乃作明堂、更、互也、於是制詔御史。朕以眇眇之身承至尊、兢兢焉懼不任。維德菲薄、不明于禮樂。脩祠太一、若有象景光、屑如有望。【考證】卽上文所謂其夜若有光、晝有白雲起封中者、震於怪物、欲止不敢。【考證】王先謙曰、怪物、猶言神怪、震、畏敬也、遂登封太山、至于梁父、而後禪肅然、自新。【考證】中井積德曰、自新兩字屬上句、嘉與士大夫更始。賜民百戶牛一・酒十石、加年八十孤寡布帛二匹、復博・奉高・蛇丘・歷城、無出今年租稅。其大赦天下、如乙卯赦令。【考證】漢武紀、元朔三年乙卯三月、詔曰、以百姓之未洽于敎化、朕嘉與士大夫日新厥業、祗而不懈、其赦天下、行所過、

毋有復作。【正義】毋、音無、復、音伏、毋有、弛刑徒也、事在二年前、皆勿聽治。【考證】此詔見漢武紀、文有異同、又下詔曰、古者天子五載一巡狩、用事泰山、諸侯有朝宿地。其令諸侯各治邸泰山下。【考證】沈欽韓曰、據公羊義、天子有事於泰山、諸侯皆從泰山之下、諸侯皆有湯沐之邑、諸侯時朝乎天子、天子之郊、諸侯皆有朝宿之邑、左傳正義、王制、方伯爲朝天子、皆有湯沐之邑於天子之縣內、然則朝宿之邑、亦名湯沐、但向京師、主爲朝王、從王巡狩、主爲助祭、祭必沐浴、隨事立名、朝宿湯沐、亦互言之耳、天子既已封泰山、無風雨災。而方士更言蓬萊諸神、若將可得。於是上欣然庶幾遇之。乃復東至海上、望冀遇蓬萊焉。奉車子侯暴病、一日死。【集解】新論云、武帝出璽印石、財有朕兆、子侯則沒印、帝畏惡、故殺之、風俗通亦云然、顧胤按武帝集、帝與子侯家語云、道士皆言子侯得仙、不足悲、此說是也、【考證】漢志、望下無冀遇蓬萊四字、通鑑亦刪之、沈欽韓曰、文心雕龍哀弔篇云、霍子侯暴亡、帝傷而作詩、豈有殺之之理乎、上乃遂去、並海上、北至碣石、巡自遼西、歷北邊、至九原。【正義】秦九原城、在勝州楡林縣西界、漢武帝元朔二年、更名五原郡、五月、反至甘泉。【正義】姚察

云、三月幸緱氏、五月乃至甘泉、則八旬中、周萬八千里、其不然乎、按武紀正月是、【考證】漢志、下補周萬八千里云六字、有司言寶鼎出爲元鼎、以今年爲元封元年。【考證】梁玉繩曰、有司言以下十七字、當在前羣臣更上壽句下、錯簡也、其秋、有星茀于東井。後十餘日、有星茀于三能。望氣王朔言、候獨見塡星出如瓜、食頃復入焉。【集解】樂彥包愷、竝作旗星、旗星、卽德星也、符瑞圖云、旗星之極、芒豔如旗、本亦作旗也、【考證】能、讀爲台、望氣王朔、又見李將軍傳、塡星、北宋本與索隱本合、各本作旗星、補武紀作其星、漢志作塡星、何焯曰、當作塡星、故下文云信星昭見也、張文虎曰、塡星、土也、公孫臣說漢以土德王、文帝以來用之、故謂塡星爲德星、作旗字誤、梁玉繩曰、當依補紀作其星、卽指上文茀于東井三能之星也、彗星爲德星、猶以天旱爲乾封、阿諛無理、中井積德曰、但謂旗星爲德星耳、不必別討歲星矣、要皆術士之諛言、愚按旗、天官書所謂類彗而後曲象旗者、封禪書原作旗星、補武紀作其星者、卽旗字破體、班氏不得其義、以下文言德星、改爲塡星、後人又依班史改史記、有司皆曰、陛下建漢家封禪、天其報德星云。其來年冬、【考證】元封二年、郊雍五帝。還、拜祝祠太一。【正義】漢書郊祀志、況字作祝、下云贊饗則祝拜也、況字誤、當音祝、【考證】正義本祝誤作況、贊饗曰、德星昭衍。厥維休祥。壽星仍出。淵耀

光明。【正義】壽星、南極老人星、爲人主壽命延長之應、當以秋候之南郊、見則國家安樂、所以長年、故謂壽星、信星昭見。【正義】塡星中主上爲信、爲君之年、爲天子福祿之精、順時而見、所見之分、其下穀自登、有不耕而食、不蠶而衣、故知和平遠近安樂之應、【考證】中井積德曰、信星非星名、乃謂符信之星也、指上德星壽星、皇帝敬拜太祝之享。其春、公孫卿言見神人東萊山。若云欲見天子。天子於是幸緱氏城。拜卿爲中大夫。遂至東萊。宿留之數日、無所見。見大人跡云。復遣方士、求神怪采芝藥、以千數。是歲、旱。於是天子既出無名。乃禱萬里沙、過祠泰山、還至瓠子、自臨塞決河。留二日、沈祠而去。【考證】萬里沙、神祠也、在今山東萊州府掖縣、瓠子隄、在今直隸大名府開州、河渠書云、武帝自臨塞決河、將軍已下皆負薪、沈白馬祭河決、於是作瓠子歌、使二卿將卒塞決河、徙二渠、復禹之故跡焉。【考證】河決、在元光二年、今始臨塞之、二卿、汲仁郭昌、二渠、在今河南衞輝府滑縣、一曰宿胥口、卽漯也、一曰大河、河北、漯南、分而東北流入海、梁玉繩曰、所復非禹迹也、說在河渠書、是時既滅兩越。【考證】兩越、南越閩越、承上文塞南越禱祠太一后土、

越人勇之。乃言越人俗鬼。而其祠皆見鬼。數有效。【考證】補武紀、俗下有信字、昔東甌王敬鬼、壽百六十歲。後世怠慢、故衰秏。【正義】東海王搖、號為東甌王、乃令越巫立越祝祠。安臺無壇。亦祠天神上帝百鬼、而以雞卜。上信之。越祠雞卜始用。【考證】李奇曰、持雞骨卜、如鼠卜、公孫卿曰。仙人可見。而上往、常遽。以故不見。今陛下可為觀如緱城、置脯棗。【集解】徐廣曰、一云如緱氏城、【考證】補武紀漢志、竝有氏字、神人宜可致也。【考證】宜、猶殆也、且僊人好樓居。於是上令長安則作蜚廉桂觀、甘泉則作益延壽觀。【索隱】小顏以為作益壽延壽二館、案漢武故事云、作延壽觀、高三十丈、【考證】漢志、益下有壽字、梁玉繩曰、漢武故事及括地志、皆曰延壽觀、無益壽、三輔黃圖亦但云延壽、蓋此多益字、漢志更多一壽字、使卿持節設具而候神人。乃作通天莖臺。【集解】徐廣曰、在甘泉、【索隱】案漢書竝無莖字、疑衍也、【正義】漢書、無莖字、疑衍字、括地志云、通天臺在雍州雲陽西北八十里、武帝以五月避暑、八月乃還、【考證】補武紀漢武紀郊祀志、竝無莖字、下文亦曰通天臺、置祠具其下、將招來僊神人之屬。【考證】補武紀漢志、僊神作神僊、下無人字、此疑訛、於是甘泉更置前殿、始廣諸宮室。夏有芝生殿房內中。【集解】徐廣曰、元封二年、【考證】王先謙曰、據禮樂志、內中則齋房也、天子為塞河興通天臺。若見有光云。【考證】中井積德曰、興通天臺、是塞河之報賽矣、故曰為也、乃下詔。甘泉房中生芝九莖。赦天下、毋有復作。【考證】補武紀、詔下有曰字、其明年、伐朝鮮。【考證】王先謙曰、據漢武紀、元封二年伐朝鮮、三年平之、此繫於平朝鮮之年、夏旱。公孫卿曰。黃帝時、封則天旱乾封。三年、上乃下詔曰。天旱。意乾封乎。其令天下尊祠靈星焉。【考證】靈星、卽龍星、見上、中井積德曰、祠靈星、蓋祈雨也、其明年、【考證】元封四年、上郊雍。通回中道巡之。【正義】括地志云、回中宮、在岐州雍縣西三十里、按武帝郊雍五畤、遂通西口回中道、往處回中宮也、【考證】巡之、巡回中也、回中、今陝西鳳翔府隴州、春、至鳴澤、從西河歸。【考證】鳴澤、今直隸順天府涿州、其明年冬、上巡南郡、【集解】徐廣曰、元封五年、至江陵而東、登禮灊之

天柱山、號曰南岳。【考證】補武紀、灊作潛、在今湖北六安州霍山縣、天柱卽霍山、在安陸府潛江縣西北、浮江、自尋陽出樅陽、【考證】漢志、尋陽作潯陽、在今黃州府黃梅縣北、樅陽、在安慶府桐城縣東南、過彭蠡、禮其名山川、北至琅邪、竝海上、四月中、至奉高、脩封焉。初天子封泰山。泰山東北阯、古時有明堂處。處險不敞。上欲治明堂奉高旁。未曉其制度。濟南人公玉帶上黃帝時明堂圖。明堂圖中有一殿。四面無壁、以茅蓋。通水圜宮垣、為複道。上有樓、從西南入。命曰昆侖。天子從之入、以拜祠上帝焉。【考證】漢志、祠作祀、於是上令奉高作明堂汶上。【集解】徐廣曰、在元封二年秋、如帶圖。及五年脩封、則祠太一五帝於明堂上坐、令高皇帝祠坐對之、祠后土於下房、以二十太牢。【考證】沈欽韓曰、據其祠泰一及五帝高帝后土、合用八太牢、蓋其外尚有配食者、而史不詳也、天子從昆侖道入、始拜明堂如郊禮。禮畢、燎堂下。而上又上泰山。【考證】劉敞曰、而上字屬下句、自有祕祠其巔。而泰山下祠五帝、各如其方。黃帝并赤帝、而有司侍祠焉。【考證】漢志、并作竝、而作所、顏師古曰、與赤帝同處、山上舉火、下悉應之。其後二歲、【考證】太初元年、十一月甲子朔旦冬至、推曆者以本統。【考證】方苞曰、十一月朔旦冬至、為得歷數之本統、故云、天子親至泰山、以十一月甲子朔旦冬至日、祠上帝明堂。毋脩封禪。【集解】徐廣曰、常五年一脩耳、今適二年、故但祠於明堂、其贊饗曰。天增授皇帝太元神策。周而復始。【正義】筴、數也、言得十一月甲子朔旦冬至日、祀上帝明堂、是天授古昔上皇創曆泰元神筴之數為首、故周而復始、皇帝敬拜太一。【考證】以上贊祀者詞、東至海上、考入海及方士求神者。莫驗。然益遣冀遇之。十一月乙酉、柏梁烖。十二月甲午朔、上親禪高里、祠后土、臨勃海。【考證】高里、在今山東泰安府泰安縣、將以望祀蓬萊

之屬、冀至殊廷焉。【考證】漢書武紀、無將以二字、上還。以柏梁裁故、朝受計甘泉。【考證】漢志、刪朝字、非是、公孫卿曰、黃帝就靑靈臺、十二日燒。黃帝乃治明廷。明廷、甘泉也。方士多言古帝王有都甘泉者。其後天子又朝諸侯甘泉。甘泉作諸侯邸。勇之乃曰、越俗有火裁、復起屋、必以大、用勝服之。於是作建章宮。度爲千門萬戶。前殿度高未央。其東則鳳闕。高二十餘丈。其西則唐中。數十里虎圈。【考證】唐中、漢志作商中、非、其北治大池・漸臺。高二十餘丈。命曰太液。池中有蓬萊・方丈・瀛洲・壺梁。象海中神山龜魚之屬。其南有玉堂・璧門・大鳥之屬。【正義】漢武故事云、玉壁內殿十二門、階陛咸以玉爲之、門門三層、臺高十餘丈、椽首欂以璧爲之、因名璧門、乃立神明臺・井幹樓。度五十丈。輦道相屬焉。【正義】輦道、門道也、屬、音燭、續也、夏、漢改歷、

以正月爲歲首。【考證】漢書武帝紀、夏五月正歷、以正月爲歲首、先是漢用秦正、以十月爲歲首、卽建亥之月也、至此改從夏正、以正月爲歲首、卽建寅之月也、蓋是歲合有十五月、而色上黃。官名更印章以五字。爲太初元年。【考證】漢書武紀、官上有定字、此疑脫、張晏曰、漢據土德、土數五、故以五字爲印文也、若丞相曰丞相之印章、諸卿及守相印文不足五字者、以之足也、是歲、西伐大宛。蝗大起。【考證】漢書五行志、太初元年夏、蝗從東方飛至敦煌、丁夫人・雒陽虞初等、以方祠、詛匈奴・大宛焉。【考證】丁夫人、虞初、皆人姓名、其明年、有司上言、雍五時無牢熟具、芬芳不備。乃令祠官進時犢牢具。色食所勝。【考證】孟康曰、若火勝金、則祠赤帝以白牲也、而以木禺馬代駒焉。【考證】伐宛馬少、故用木偶馬、獨五月嘗駒。【考證】梁玉繩曰、漢志、無此語、是既以木禺馬代駒、尙何五月嘗駒之有、下文行過乃用駒、是總上五時諸山川在內、又何必兩言用駒乎、其爲後人誤增無疑、行親郊用駒。及諸名山川用駒者、悉以木禺馬代、行過乃用駒。【考證】岡白駒曰、天子親行過乃用駒、他禮如故。其明年、【考證】太初三年、東巡海上、考神僊之屬、未

有驗者。方士有言、黃帝時爲五城十二樓、以候神人於執期。命曰迎年。【考證】執期、地名、上許作之如方。命曰明年。【考證】補武紀、命作名、明年、殿名、上親禮祠上帝焉。【考證】梁玉繩曰、補紀云、上親禮祠上帝、衣上黃焉、漢志云、上親禮祠、上犢黃焉、疑此上帝是上黃之訛、公玉帶曰。黃帝時雖封泰山、然風后・封巨・岐伯、令黃帝封東泰山禪凡山。【集解】徐廣曰、一作丸、【考證】風后、封巨、岐伯、皆黃帝臣、巨、凌本作臣、訛、補武紀漢志、皆作鉅、凡當作丸、地理志、丸山、在琅邪朱虛縣、合符然后不死焉。天子既令設祠具、至東泰山。泰山卑小、不稱其聲。【考證】補武紀漢志、泰山上有東字、此脫、乃令祠官禮之、而不封禪焉。【考證】漢志、無禪字、其後令帶奉祠候神物。夏、遂還泰山、脩五年之禮如前、而加以禪祠石閭。石閭者在泰山下阯南方。方士多言此僊人之閭也。故上親禪焉。【正義】石閭山、在兗州博城縣西二十五里、應劭曰、石閭山、在太山正南、其後五年、復至泰山

脩封、【集解】徐廣曰、天漢三年、【考證】漢武紀、在天漢三年、王先謙曰、太初止四年、後五年者、倂太初三年數之、還過祭恆山。【考證】梁玉繩曰、史公載武帝太初三年禪石閭、後卽總敘所興諸祠、而以方士候神終焉、此其後五年復至太山脩封、還過祭恆山十五字、及下文今上封禪、其後十二歲而還、徧于五岳四瀆矣十八字、後人妄增、史訖太初、安得敘至天漢已下乎、蓋漢志欲終武帝事、故連言云、其後五年、復至泰山脩封、還過恆山、自封泰山後十三歲、而周于五岳四瀆矣、下又兩言後五年以終之、補今上紀者、不知斷限、謬割漢志以續本紀、竝增封禪書、遂令文義隔紀、注家未察之邪、或曰、後人不知補紀者是從截取漢志來、反認爲史記本文、因而增入此書也、今天子所興祠、太一・后土、三年親郊祠。建漢家封禪、五年一脩封。薄忌太一、及三一・冥羊・馬行・赤星・五寬舒之祠、【索隱】案郊祀志云、祠官寬舒議祠后土爲五壇、故謂之五寬舒祠官也、【考證】李慈銘曰、案此皆武帝所興者、馬行以上、俱見上文、赤星者、武紀索隱謂卽上所云靈星祠、是也、官以歲時致禮。凡六祠。皆太祝領之。【考證】索隱本、以官字屬上、非、今訂、中井積德曰、官以歲時致祀、與下行過則祠、去則已者異、六祠、薄忌太一也、三一也、冥羊也、赤星也、寬舒之祠也、至如八神諸神、明年・凡山他名祠、行過則祠、行去則已。【考證】八神下諸字、依補武紀補、去上行字、補武紀漢志亦無此衍、方士所興祠、各

自主。其人終則已祠官不主。他祠皆如其故。今上封禪、其後十二歲而還、徧於五岳四瀆矣。考證漢志、十二歲作十三歲、自元封元年漢武封泰山、至天漢三年、實十三歲、梁玉繩以今上封禪至四瀆矣十八字、爲後人妄增、說已見上、而方士之候祠神人、入海求蓬萊、終無有驗。而公孫卿之候神者、猶以大人之跡爲解。無有效。天子益怠厭方士之怪迂語矣。然羈縻不絕。冀遇其眞。自此之後、方士言神祠者彌衆。然其效可睹矣。考證岡白駒曰、言其效之有無可睹已、

太史公曰。余從巡祭天地諸神名山川而封禪焉。入壽宮侍祠神語、究觀方士祠官之意。考證方苞曰、言推究其意、專爲道諛逢君之惡、而不主於鬼神之祀、於是退而論次自古以來用事於鬼神者、具見其表裏。考證方苞曰、自古帝王典祀、乃致敬於鬼神、其除淫祀、則妄意福祥、至漢武封禪、則以爲招來神僊人、致不死之術、而假僊術以文之、故曰、具見其表裏、以僊術文之、用自託於古帝王之功至德洽者、表也、而妄意於上封則不死、裏也、後有君子、得以覽焉。若至俎豆珪幣之詳、獻酬之禮、則有司存。考證論語泰伯篇、籩豆之事、則有司存、

索隱述贊、禮載升中、書稱肆類、古今盛典、皇王能事、登封報天、降禪除地、飛英騰實、金泥石記、漢承遺緒、斯道不墜、仙閭肅然、揚休勒志、

封禪書第六

史記二十八

文學博士瀧川龜太郎著

史記會注考證

史記會注考證卷二十九

漢　太　史　令　司　馬　遷　撰
宋　中　郎　外　兵　曹　參　軍　裴　駰　集　解
唐　國　子　博　士　弘　文　館　學　士　司　馬　貞　索　隱
唐　諸　王　侍　讀　率　府　長　史　張　守　節　正　義
日　本　出　雲　瀧　川　資　言　考　證

河渠書第七　　史記二十九

[考證] 史公自序云、維禹浚川、九州攸寧、爰及宣防、決瀆通溝、作河渠書第七、凌稚隆曰、此書初言夏禹治水之源流、次言秦漢治渠之利害、正以知歷代水利之由、馮班曰、

水患莫大於河、故最詳、國用莫急于漕、而民間所急在水利、三事錯綜成文、語脉復井井、沈家本曰、漢書改爲溝洫志、以示異於史公、而溝洫之制、自阡陌既開、而後久已廢、而不可復、非有遂人匠人之經緯也、謂之溝洫、非其實矣、

夏書曰。禹抑洪水、十三年過家不入門。[集解] 抑、音懚、抑者遏也、洪水滔天、故禹遏之、不令害人也、漢書溝洫志作堙、堙抑、皆塞也、[考證] 孟子滕文公篇、禹抑洪水而天下平、注、抑、止也、又云、禹八年於外、三過其門而不入、梁玉繩曰、夏書無十三年之文、且與孟子不合、以事關禹、故引爲夏書也、陸行乘車、水行載舟、泥行蹈毳、山行即橋。[集解] 徐廣曰、橋、近遙反、一作檋、檋、直轅車也、音己足反、尸子曰、山行乘樏、音力追反、又曰、行塗以楯、行險以樶、行沙以軌、又曰、乘風車、音去喬反、[索隱] 毳字亦作橇、同、音昌芮反、注、以樶、子芮反、又子絕反、與蕝音同、[考證] 即、就也、漢志作則、恐非、橋、夏本紀作檋、漢志作梮、即今屐、如淳曰、梮、謂以鐵如錐頭、半寸、施之履下、以上山不蹉跌也、以別九州、隨山浚川、任土作貢、通九道、陂九澤、[正義] 顏師古云、通九州之道、及障遏其澤也、度九山。[正義] 度、田洛反、釋名云、山者產也、治水以志九州山澤所生物產、言於地所宜、商而度之、以制貢賦也、[考證] 以別九州以下、采書禹貢、方苞曰、度九山、相度山勢所趨、以知水之所會也、中井積德曰、度、定其道路也、愚按、二說皆是、然河菑衍溢、害中國也尤甚。唯是爲

務。故道河自積石歷龍門、[正義] 在同州韓城縣北五十里、爲鑿廣八十步、南到華陰、[正義] 華陰、縣也、魏之陰晉、秦惠文王更名寧秦、漢高帝改曰華陰也、東下砥柱、[正義] 底柱山、俗名三門山、在硤石縣東北五十里、在河之中也、及孟津、[正義] 在洛州河陽縣南門外也、雒汭至于大邳。[正義] 孔安國云、山再成曰邳、按在衞州黎陽縣南七里是也、[考證] 尚書、邳作伾、道河以下、采禹貢、於是禹以爲河所從來者高、水湍悍、難以行平地、數爲敗。[集解] 韋昭曰、湍、疾、悍、強也、乃廝二渠以引其河、北載之高地、[集解] 漢書音義曰、廝、分也、二渠、其一出貝丘西南二折者也、其一則漯川、[索隱] 廝、漢書作灑、史記舊本亦作灑、字從水、按韋昭云、疏決爲灑、字音疏跬反、廝即分其流、泄其怒、是也、又按二渠、其一即漯川、其二王莽時遂空也、[考證] 葉適曰、按禹貢無所謂廝二渠引其河、北載之高地者、然則二渠之功、非禹之所自以爲績者、他書不當特出而儳見也、遷豈以是著後世有渠之始乎、河者水之道也、渠者水之利也、治其道者禹之事也、治其利者後世之事也、愚按、史公生於龍門、又闚洛汭大邳、迎河行漯洛渠、尤詳河事、後又從武帝負薪塞宣房、其曰禹廝二渠以引河者、蓋錄所親聞見也、可以補禹貢之遺矣、過降水、[正義] 降水源出潞州屯留縣西南方山東北、至于大陸、[正義] 大陸澤、在邢州及趙州界、一名廣河澤、一名鉅鹿澤也、播爲九河、[正義] 言過降水及大陸水之口、至冀州分爲九河、

同爲逆河、入于勃海。【集解】瓚曰、禹貢云、夾右碣石入于海、然則河口之入海、乃在碣石也、武帝元光二年、河徙東郡、更注勃海、禹之時不注勃海也、【考證】過降水以下采禹貢、禹貢無勃字、齊召南曰、河自周定王以後、雖漸遷移不定、而入海口總在直沽、至漢如故、武紀元光三年、河水徙從頓丘東南流入勃海、其入勃海、與禹時不異、所異者改道從頓丘移徙耳、中井積德曰、碣石左右、亦是勃海矣、勃海、海名、此非指郡、集解謬、又曰、禹貢云、同爲逆河、入于海、未嘗言夾右也、其夾右云者、是冀州貢道、云夾右碣石入于河也、未嘗云入海、注家援引失實如此、九川既疏、九澤既灑、諸夏艾安、功施于三代。【考證】漢志灑作陂、與禹貢合、自是之後、滎陽下引河、東南爲鴻溝、【索隱】楚漢中分之界、文穎云、卽今官渡水也、蓋爲二渠、一南經陽武、爲官渡水、一東經大梁城、卽鴻溝、今之汴河是也、以通宋・鄭・陳・蔡・曹・衞、與濟・汝・淮・泗會。【考證】陳仁錫曰、會字句絕、舊本會於楚連讀、非也、於楚別屬下句、與於吳於齊於蜀句法一例、西方東方、謂楚之東西也、愚按困學紀聞引朱子說同、于楚、西方則通渠漢水・雲夢之野、東方則通鴻溝・江・淮之間、【考證】陳仁錫曰、鴻溝當作邗溝、卽吳夫差掘以通江淮者是也、梁玉繩曰、困學紀聞云、吳之通水有二、左傳哀九年、吳城邗溝通江淮、此自江入淮之道、吳語、夫差起師北征、闕爲溝于商魯之間、北屬之沂、西屬之濟、在哀十三年、此自淮入汴之道、是江淮之通、固屬吳、馬班于此似有誤、王氏之言甚審、余謂此鴻

字因上文有鴻溝而誤增之、漢志無鴻字也、蓋此溝卽邗溝、吳所掘以通江淮者、不得指爲滎陽之鴻溝、愚按沈欽韓說同、更詳、於吳、則通渠三江五湖、【集解】韋昭曰、五湖、湖名耳、實一湖、今太湖是也、在吳西南、【索隱】三江、按地理志、北江從會稽毗陵縣北東入海、中江從丹陽蕪湖縣東北至會稽陽羨縣東入海、南江從會稽吳縣南東入海、故禹貢有北江中江也、五湖者、郭璞江賦云、具區洮滆彭蠡青草洞庭是也、又云、太湖周五百里、故曰五湖、【考證】沈欽韓曰、外傳子胥曰、吳之與越也、三江環之、民無所移、韋昭注、三江、松江錢塘浦陽江也、又范蠡曰、與我爭三江五湖之利者、非吳耶、三江但就吳越言、與大江無與、梁玉繩曰、禹貢雖指引明韓邦憲廣通壩攷謂、吳王闔廬伐楚、用伍員計、開渠運糧、卽今高淳縣之胥溪也、漢唐來言地理者、以爲水源本通、蓋指吳所開者爲禹貢三江故道、爾然墨子云、禹治天下、南爲江漢淮汝、東流注之五湖、則周末已誤以後世溝通江湖之道爲禹迹矣、況漢唐乎、於齊、則通菑・濟之間、於蜀、蜀守冰、【集解】漢書曰、冰、姓李、鑿離碓、【集解】晉灼曰、古堆字也、【考證】顏師古曰、堆、岸也、辟沫水之害、【索隱】辟音避、沫音末、按說文云、沫水出蜀西南徼外、與靑衣合、東南入江也、穿二江成都之中。【正義】括地志云、大江一名汶江、一名管橋水、一名湔江、亦名水江、西南自溫江縣界流來、又云、郫江一名成都江、一名市橋江、亦名中日江、亦曰內江、西北自新繁縣界流來、二江並在益州成都縣界、任豫益州記云、二江者、郫江流江也、風俗通云、秦昭王使李冰爲蜀守、開成都縣兩江、溉田萬頃、神須取女二人以爲婦、冰自以女與神爲婚、徑至祠勸神酒、酒杯澹澹、因厲聲責之、因忽不見、良久有兩蒼牛、

鬭於江岸、有閒輒還流江、謂官屬曰、吾鬭疲極、不當相助耶、南向腰中正白者我綬也、主簿刺殺北面者、江神遂死、華陽國志云、蜀時灌錦流江中、則鮮明也、此渠皆可行舟。有餘則用溉浸。百姓饗其利。至于所過往往引其水、益用溉。田疇之渠、以萬億計。然莫足數也。西門豹引漳水溉鄴、以富魏之河內。【正義】括地志云、漳水一名濁漳水、源出潞州長子縣西力黄山、地理志云、濁漳水出長子鹿谷山、東至鄴入淸漳、按力黄鹿谷二山北鹿也、鄴相州之縣也、【考證】漢志云、魏文侯時、西門豹爲鄴令、有令名、至文侯曾孫襄王時、與羣臣飲酒、王爲羣臣祝曰、令臣皆如西門豹之爲人臣也、史起曰、魏氏之行田也以百畝、鄴獨二百畝、是田惡也、漳水在其旁、西門豹不知用、是不智也、知而不興、是不仁也、仁智豹未之盡、何足法也、於是以史起爲鄴令、遂引漳水溉鄴、以富魏之河內、民歌之曰、鄴有賢令兮爲史公、決漳水兮灌鄴旁、終古舄鹵兮生稻粱、與此異、梁玉繩曰、引漳水溉鄴、溝洫志據呂氏春秋樂成篇以爲史起、史起譏豹不知漳水溉田語、然攷後漢書安帝紀、初元二年正月、脩理西門豹所分漳水爲支渠、以溉民田、水經注云、魏文侯以西門豹爲鄴令、引漳以溉鄴民、賴其用、其後至魏襄王、以史起爲鄴令、又堰漳以溉鄴田、與此書相合、蓋二人皆爲鄴令、皆引漳水、左太沖魏都賦所謂西門溉其前、史起灌其後也、高誘注呂氏春秋、謂魏文侯用西門豹爲鄴令、史起亞之、以言襄王時爲繆、未知出何書、而韓聞秦之好興事、欲罷之毋令東伐、【集解】如淳曰、欲罷勞之、息秦伐韓

之計、乃使水工鄭國閒說秦、【集解】韋昭曰、鄭國、能治水、故曰水工、令鑿涇水自中山西邸瓠口爲渠、【索隱】小顏云、中音仲、卽今九嵕山之東仲山是也、邸、至也、瓠口、卽谷口、乃郊祀志所謂寒門谷口是也、與池陽相近、故曰田於何所、池陽谷口也、【正義】括地志云、中山一名仲山、在雍州雲陽縣西十五里、又云、焦穫藪亦名瓠、在涇陽北城外也、邸、至也、至渠首起雲陽縣西南二十五里、今枯也、【考證】藝文類聚引史、邸作抵、邸、抵通、正義、渠上至字疑衍、並北山、東注洛三百餘里。欲以溉田。中作而覺。【集解】徐廣曰、渠出馮翊懷德縣、秦欲殺鄭國。【考證】於是秦又有逐客議、詳始皇本紀李斯傳、鄭國曰。始臣爲閒。然渠成、亦秦之利也。【索隱】溝洫志、鄭國云、臣爲韓延數歲之命、爲秦建萬代之功、是也、【考證】顏師古曰、中作、謂用功中道、事未畢也、秦以爲然、卒使就渠。渠就。用注塡閼之水、溉澤鹵之地四萬餘頃。【索隱】溉、音古代反、澤、一作舄、音昔、又並音尺、本或作斥、則如字讀之、【考證】顏師古曰、注、引也、塡閼、謂壅泥也、言引淤濁之水、灌澤鹵之田、更令肥美也、漢志澤作舄、收皆畝一鍾。【考證】漢志、鍾作鍾、洪頤煊曰、貨殖傳、畝鍾之田、集解徐廣曰、六斛四斗也、漢書食貨志、歲收畝一石半、上孰、其收自四、淮南主術訓、中畝之獲、卒歲之收、不過畝四石、其畝六石四斗者爲上畝矣、東方朔傳、酆鎬之間、號爲土膏、其賈畝一金、一金黃金一斤直錢萬、於

是關中爲沃野、無凶年。秦以富彊、卒并諸侯。因命曰鄭國渠。漢興三十九年、孝文時、河決酸棗、東潰金隄。【正義】括地志云、金隄一名千里隄、在白馬縣東五里、【考證】王應麟曰、陳留郡酸縣、今屬開封府、於是東郡大興卒塞之。其後四十有餘年、今天子元光之中、而河決於瓠子、東南注鉅野、通於淮·泗。【正義】括地志云、鄆州鉅野縣東北大澤是、【考證】齊召南曰、溝洫志、四十有餘年、作三十六年、自孝文十二年河決東郡、至元光三年河決濮陽、實三十六年、無四十餘年也、此則志訂史記之失、於是天子使汲黯·鄭當時興人徒塞之。輒復壞。是時武安侯田蚡爲丞相。其奉邑食鄃。【索隱】音輸、韋昭云、清河縣也、【正義】貝州縣也、【考證】梁玉繩曰、田蚡封于魏郡武安、何以食邑在清河縣之鄃縣、蓋因爲丞相別食奉邑、如張安世國在陳留、別邑在魏之比、時欒布絕封、故得食邑于鄃也、鄃居河北、河決而南、則鄃無水菑、邑收多。蚡言於上曰、江·河之決、皆天事。未易以人力爲彊塞。塞之、未必應天。【考證】錢大昕曰、此老成謀國之言、當時惡蚡者、謂蚡邑

在河北、故沮塞河之役、其實非公論也、建元三年、閩越擧兵圍東甌、使人告急、蚡云、越人相攻擊、固其常、又數反覆、不足煩中國往救、事見東越傳、此語與汲黯相似、蚡雖進由外戚、負貴好權、此兩事殊足稱也、而望氣用數者、亦以爲然。【考證】望氣、又見文帝紀、天官書、封禪書、李將軍傳、於是天子久之不事復塞也。是時鄭當時爲大農。言曰、異時關東漕粟、從渭中上、度六月而罷。【考證】顏師古曰、計度其功、六月而後可罷也、而漕水道九百餘里、時有難處。引渭穿渠、起長安、竝南山下、至河、三百餘里。徑易漕。度可令三月罷。而渠下民田萬餘頃、又可得以溉田。此損漕省卒、而益肥關中之地、得穀。【考證】劉奉世曰、今渭汭至長安、僅三百里、固無九百餘里、而云穿渠起長安旁南山至河、中間隔灞滻數大川、固又無緣山成渠之理、此說可疑、今亦無其迹、沈欽韓曰、此謂關東漕粟由河入渭之路耳、唐食貨志、北運自陝州太原倉、浮於渭以實關中、計漢時當由陝起程也、王先謙曰、渭水注、漕渠、鄭當時所開也、其渠自昆明池南傍山原、東至于河、且田且漕、大以爲便、今無水、天子以爲然、令齊人水工徐伯表、【索隱】舊說、徐伯表、水工姓名也、小顏以爲表者、巡行穿渠之處而表記之、若今豎標、表不是名也、

悉發卒數萬人、穿漕渠。【集解】徐廣曰、一云悉衆、三歲而通。通以漕、大便利。其後漕稍多、而渠下之民、頗得以溉田矣。其後河東守番係、【索隱】上音婆、又音潘、按詩小雅云、番維司徒、番氏也、下音系也、言漕從山東西、歲百餘萬石。【索隱】按謂從山東運漕、而西入關也、更砥柱之限、敗亡甚多。而亦煩費。穿渠引汾、【正義】括地志云、汾水、源出嵐州靜樂縣北百三十里管涔山北、東南流入并州、卽西南流入至絳州、蒲州入河也、【考證】顏師古曰、更、歷也、限、阻也、漢志作險、溉皮氏·汾陰下、【正義】括地志云、皮氏故城、在絳州龍門縣西百三十步、自秦漢魏晉皮氏縣皆治此、汾陰故城、俗名殷湯城、在蒲汾陰縣北九里、漢汾陰縣是也、引河溉汾陰·蒲坂下、度可得五千頃。五千頃、故盡河壖弃地。【集解】韋昭曰、壖、音而緣反、謂緣河邊地也、【索隱】又音人兖反、民茭牧其中耳。【索隱】茭、乾草也、謂人收茭及牧畜於中也、【考證】中井積德曰、茭、芻也、茭牧、謂放牛馬使食生茭也、愚按、胥、峙乃芻茭、今溉田之、度可得穀二百萬石以上。穀從渭上、與關中無異。【考證】顏師古曰、雖從關外、而來於渭水運上、皆可致之、故曰、與關中收穀無異也、而砥柱之

東、可無復漕。天子以爲然、發卒數萬人、作渠田數歲。河移徙、渠不利。則田者不能償種。【考證】神田氏唐鈔本、無則字、今本疑衍、久之河東渠田廢。予越人、令少府以爲稍入。【集解】如淳曰、時越人有徙者、以田與之、其租稅入少府、【索隱】其田既薄、越人徙居者習水利、故與之而稍少其稅、入之于少府、其後人有上書欲通襃·斜道。【集解】韋昭曰、襃中縣也、斜、谷名、音邪、瓚曰、襃斜、二水名、【正義】括地志云、襃谷、在梁州襃城縣北五十里、斜水、源出襃城縣西北九十八里衙嶺山、與襃水同源而派流、漢書溝洫志云、襃水通沔、斜水通渭、皆以行船、是也、按襃城、卽襃中縣也、【考證】蘇輿曰、道字句絕、及漕、當屬下爲文、謂以此及漕事、下湯議也、及漕事、下御史大夫張湯。湯問其事、因言、抵蜀從故道。【正義】括地志云、鳳州兩當縣、本漢故道縣也、在州西五十里、【考證】顏師古曰、抵、至也、中井積德曰、道、謂通行道路、入蜀之道、有古今也、當參考高帝紀、後因以名縣耳、不當以縣名爲本義、故道多阪、回遠。今穿襃·斜道、少阪、近四百里。而襃水通沔、斜水通渭。皆可以行船漕。漕從南陽、【正義】南陽縣、卽今鄧州也、上沔入襃。襃之絕水、至斜間百餘里、以車

轉、從斜下下渭。【考證】漢志、不重下字、中井積德曰、一下字衍、如此漢中之穀可致、山東從沔無限。【正義】無限、言多也、山東、謂河南之東、山南之東、及江南淮南、皆經砥柱主運、今竝從沔、便於三門之漕也、【考證】王先謙曰、漢世謂關外爲山東、凌稚隆曰、限字、正與上文砥柱之限限字同、無所阻隔也、便於砥柱之漕。且褒斜材木竹箭之饒、擬於巴蜀。天子以爲然、拜湯子卬爲漢中守、發數萬人作褒·斜道五百餘里。道果便近、而水多湍石不可漕。【集解】徐廣曰、湍、一本作漫、【考證】各本無多字、神田鈔本有、與漢志合、今依補、

其後莊熊羆言、臨晉民願穿洛以溉重泉。【正義】括地志云、同州本臨晉城也、一名大荔城、亦曰馮翊城、洛、漆沮水也、括地志云、重泉故城、在同州蒲城縣東南四十五里、在同州西北亦四十五里、【考證】漢志、莊熊羆、作嚴羆、顏師古曰、臨晉重泉、皆馮翊之縣也、以東萬餘頃故鹵地。誠得水、可令畝十石。【考證】張文虎曰、北宋、中統、毛本、作故、它本譌攻、愚按、神田本作故惡、與漢志合、於是爲發卒萬餘人穿渠、自徵引洛水、【集解】應劭曰、徵、在馮翊、【索隱】音懲、縣名也、小顏云、卽今之澄城也、至商顏下。【集解】服虔曰、顏、音崖、或曰、商顏、山名也、

【索隱】顏、音崖、又如字、商顏、山名也、【考證】各本、顏下有山字、神田本凌本、無、依索隱、當衍、今刪、商顏、山名、顏不讀爲崖、劉奉世顧亭林梁伯子姚薑塢諸人、論之太詳、岸善崩。【集解】如淳曰、洛水岸、【正義】言商原之崖岸、土性疏、故善崩毀也、【考證】中井積德曰、岸、謂所穿渠岸也、故鑿井以濟之耳、乃鑿井、深者四十餘丈。往往爲井。井下相通行水。水穨以絕商顏、東至山嶺、十餘里閒。【集解】瓚曰、下流曰穨、【考證】神田本、四十作卌、王先謙曰、欲水下相通、徑度此山而東也、井渠之生、自此始。穿渠得龍骨。【正義】括地志云、伏龍祠、在同州馮翊縣西北四十里、故老云、漢時自徵穿渠引洛、得龍骨、其後立祠、因以伏龍爲名、今祠頗有靈驗也、故名曰龍首渠。作之十餘歲、渠頗通、猶未得其饒。

自河決瓠子後、二十餘歲、歲因以數不登、而梁·楚之地尤甚。【考證】神田本、二十作廿、天子既封禪、巡祭山川。其明年、旱乾封、少雨。天子乃使汲仁·郭昌、發卒數萬人塞瓠子決。【考證】神田本、無旱字、事又見封禪書、於是天子已用事萬里沙、【正義】括地志云、萬里沙、在華州鄭縣東北二十里也、【考證】徐孚遠曰、此文不詳言巡幸所自來、蓋與封禪書

相出入也、洪頤煊曰、封禪書、天子乃禱萬里沙、過祠泰山、還至瓠子、臨決河、漢書地理志、東萊郡曲成有萬里沙祠、正義誤、則還、自臨決河、沈白馬玉璧于河、令羣臣從官、自將軍已下、皆負薪寘決河。是時東郡燒草。以故薪柴少。而下淇園之竹【集解】晉灼曰、衞之苑也、多竹篠、以爲楗。【集解】如淳曰、樹竹塞水決之口、稍稍布插接樹之、水稍弱、補令密、謂之楗、以草塞其裏、乃以土塡之、有石、以石爲之、音建、【索隱】楗、音其免反、楗者樹於水中、稍下竹及土石也、【考證】各本、東下有流字、神田本、北宋、毛本、無、與漢志合、依刪、楗、漢志作揵、兪正燮曰、如淳之言、乃作小塘堰之法、非塞決法、且文言薪柴少、則非以草塞其裏、下竹楗、卽下竹埽也、漢書溝洫志、建始四年、河決、王延世塞以竹落、長四丈、大九圍、盛以小石、兩船夾載而下之、卽此下竹楗、沈欽韓曰、元和志、李冰作楗尾堰以防江決、破竹爲籠、圓徑三尺、長十丈、以石實中、累而壅水、此下竹爲楗之法、天子既臨河決、悼功之不成、乃作歌曰。【考證】梁玉繩曰、瓠子歌、天子所作、決無敢改之者、而字句與漢志異、何也、

瓠子決兮將柰何。晧晧旰旰兮閭殫爲河。【集解】如淳曰、殫、盡也、州閭盡爲河、【考證】漢志、旰旰作洋洋、無兮字、閭作虛、水經注引此歌、無是語、錢大昕曰、虛閭以音同借用、遼東無慮縣以醫無閭山得名、是也、此閭字亦借爲憂虛之虛、裴駰解爲州閭、非是、王念孫曰、閭、虛、同音假借、虛猶大氐也、言河水浩浩洋洋、大氐盡爲河也、愚按王說是、殫

爲河兮地不得寧。功無已時兮吾山平。【集解】徐廣曰、東郡東阿有魚山、或者是乎、駰按、如淳曰、恐水漸山使平也、韋昭曰、鑿山以塡河也、【考證】水經注、無得字、中井積德曰、吾、我也、愚按、吾山平、韋說是、吾山平兮鉅野溢。【集解】如淳曰、瓠子決灌鉅野澤使溢也、魚沸鬱兮柏冬日。【集解】徐廣曰、柏、猶迫也、冬日行天邊、若與水相連矣、駰按、漢書音義曰、鉅野滿溢、則衆魚沸鬱而滋長也、迫冬日乃止也、【考證】王念孫曰、沸鬱讀爲沸渭、沸渭猶汾沄、魚衆多之貌也、楊雄長揚賦、汾沄沸渭、李善曰、汾沄沸渭、衆盛貌也、河溢鉅野則其地皆魚矣、故曰、魚沸鬱兮、下文蛟龍騁兮放遠遊、意亦與此同、迫冬日者、言時已近冬、而水猶汎濫也、迫冬日、指水害言之、非指魚言之、漢武紀元鼎二年詔曰、今水潦移於江南、迫隆冬至、朕懼其饑寒不活、與此迫冬日同意、延道弛兮離常流。【集解】徐廣曰、延、一作正、駰按、晉灼曰、言河道皆弛壞也、【索隱】言河之決、由其源道延長弛溢、故使其道皆離常流、故晉灼云、言河道皆弛壞、【考證】錢大昕曰、漢書亦延作正、正道弛者、失其正道也、梁玉繩曰、水經注亦作正、方苞曰、弛、傾圮也、延道傾圮、故水離所常流之地、蛟龍騁兮方遠遊。歸舊川兮神哉沛。【集解】瓚曰、水還舊道、則羣害消除、神祐滂沛、【考證】梁玉繩曰、漢志水經注、方作放、不封禪兮安知外。【考證】顏師古曰、言不因巡狩封禪而出、則不知關外有此水、爲我謂河伯兮何不仁。【考證】梁玉繩曰、漢志水經注、作皇謂河公、下亦作河公、泛濫不止兮愁

吾人。齧桑浮兮淮·泗滿。【集解】張晏曰、齧桑、地名也、如淳曰、邑名、爲水所浮漂、【考證】姚範曰、楚世家齧桑正義曰、在梁與彭城之間、又絳侯世家攻齧桑先登、今沛縣西南有齧桑亭、久不反兮水維緩。【考證】顏師古曰、水維、水之綱維也、一曰、河湯湯兮激潺湲。【考證】顏師古曰、歌有二章、自河湯湯以下、更是其一、故云一曰也、湯湯、疾貌也、潺湲、激流也、北渡迂兮浚流難。【考證】漢志、迂作回、浚作迅、搴長茭兮沈美玉。【集解】如淳曰、搴、取也、茭、草也、音郊、一曰茭、竿也、取長竿樹之、用著石閒、以塞決河、瓚曰、竹葦絙謂之茭、下所以引致土石者也、【索隱】搴音己免反、茭音交、竹葦絙也、一作茷、音廢、鄒氏又音紼也、【考證】方苞曰、祭川必沈玉、疑搴茭亦爲祭也、管子、淵深而不涸則沈玉極矣、梁玉繩曰、班馬竝作茭、師古曰、字宜從竹、而說文繫傳引此書作茭、蓋傳寫譌茭也、如淳以茭爲草、索隱謂一作茷、竝非、河伯許兮薪不屬。【集解】如淳曰、旱燒、故薪不足、【考證】顏師古曰、沈玉禮神、見許福祐、但以薪不屬逮、故無功也、中井積德曰、集解旱字當刪、若旱何罪衞人、薪不屬兮衞人罪。【考證】顏師古曰、東郡本衞地、故言此衞人之罪也、方苞曰、東郡燒草以致柴薪少、故曰衞人罪也、神田本、衞下有之字、燒蕭條兮噫乎何以禦水。穨林竹兮楗石菑、【集解】如淳曰、河決、楗不能禁、故言菑、韋昭曰、楗、柱也、木立死曰菑、【考證】神田本、噫作意、穨林竹者、即上所說下淇園之竹以爲楗也、石菑者、謂插石立之、然後以土就塡塞也、沈欽韓曰、菑、讀如詩

蔓熾菑之菑、俗謂之磯礬、累石爲之、宣房塞兮萬福來。【考證】姚範曰、宣房在今開州東南二十里、古濮陽故城、中井積德曰、萬福句亦庶幾之辭、於是卒塞瓠子、築宮其上、名曰宣房宮、而道河北行二渠、復禹舊迹。【考證】梁玉繩曰、上文言禹厮二渠以引河、北載之高地、蓋禹分二渠、自黎陽宿胥口始、其一引而北、爲大河之經流、其一東流、爲漯川、自周定王五年河徙之後、（河徙、見漢志王横所引周譜、）遂從宿胥口東行漯川、孟康所謂出貝丘西南、王莽時遂空者、即水經大河故瀆、一名北瀆、是也、武帝所道、乃行漯川之北瀆、安得以商竭周移之變道、指爲鄭東之禹河、史不審河徙已屬疏略、而此與封禪書竝稱武帝道二渠復禹迹、豈史公明知非禹所穿、而以武帝自多其功、姑妄紀之乎、而梁·楚之地復寧、無水災。自是之後、用事者爭言水利。朔方·西河·河西·酒泉、皆引河及川谷以漑田。而關中輔渠靈軹、【集解】如淳曰、地理志、盩厔有靈軹渠、【索隱】按溝洫志、兒寬爲左內史、奏請穿六輔渠、小顏云、今尚謂之輔渠、亦曰六渠也、【考證】梁玉繩曰、漢志、靈軹有成國漳渠、攷地理志、靈軹渠在盩厔、成國渠在郿、皆屬扶風、所謂輔渠也、而漳渠無徵、如淳曰、水出辜谷、引堵水、【集解】徐廣曰、一作諸川、汝南·九江引淮、東海引鉅定、【集解】瓚曰、鉅定、澤名、【考證】顧炎武曰、河渠書、東海引鉅定、漢書溝洫志因之、東海疑是北海之誤、地理志、齊郡縣十二、其五曰鉅定、下云、馬車瀆水

首受鉅定、東北至琅槐入海、又千乘郡博昌下云、博水東北至鉅定入馬車瀆、而孝武紀云、征和四年、行幸東萊、臨大海、上耕于鉅定、還幸泰山、脩封、計其道里、亦當在齊、去東海遠矣、泰山下引汶水。皆穿渠爲漑田、各萬餘頃。佗小渠披山通道者、不可勝言。【考證】神田本、小作川、披作陂、中井積德曰、漢志、披作陂、謂隨山勢造陂隄以導水也、然其著者在宣房。

太史公曰。余南登廬山、觀禹疏九江、遂至于會稽太湟、【集解】徐廣曰、一作濕、上姑蘇、望五湖、東闚洛汭·大邳·迎河、【考證】姚範曰、諸本皆以迎河屬下、然同爲逆河、漢書作迎河、疑屬上爲長、行淮·泗·濟·漯·洛渠、西瞻蜀之岷山及離碓、北自龍門至于朔方。曰。甚哉水之爲利害也。【考證】岡白駒曰、利、謂漑田、害、謂河決也、余從負薪塞宣房、悲瓠子之詩、而作河渠書。【集解】徐廣曰、溝洫志、行田二百畝、分賦田與一夫二百畝也、以田惡、故更歲耕之、【考證】館本考證云、此集解與本文全不比附、乃他處錯簡、愚按此當上文收皆畝一鍾集解、

【索隱】述贊、水之利害、自古而然、禹疏溝洫、隨山濬川、爰泊後世、非無聖賢、鴻溝既劃、龍骨斯穿、塡閼攸墾、黎蒸有年、宣房在詠、梁楚獲全、

河渠書第七

史記二十九

文學博士瀧川龜太郎著

史記會注考證

史記會注考證卷三十

漢　太史令　司馬遷　撰
宋　中郎外兵曹參軍　裴駰　集解
唐　國子博士弘文館學士　司馬貞　索隱
唐　諸王侍讀率府長史　張守節　正義
日本　出雲　瀧川資言　考證

平準書第八　史記三十

[集解]漢書百官表曰、大司農屬官、有平準令、[索隱]大司農屬官、有平準令丞者、以均天下郡國轉販、貴則賣之、賤則買之、貴賤相權、輸歸于京都、故命曰平準、[考證]史

公自序云、維幣之行、以通農商、其極則玩巧、幷兼茲殖、爭於機利、去本趨末、作平準書以觀事變、第八、茅坤曰、平準一書、太史公只敍武帝興利、而其精神融會處、眞見窮兵黷武、酷吏興作、敗俗僨事、壞法亂紀、俱與興利相爲參伍、相爲根柢、故錯綜縱横、摹寫曲盡、篇首自軍旅糧餉起論、正此義也、而結按以誅弘羊、天乃雨終之、其意尤可見、査愼行曰、史記平準書、漢書改爲食貨志、平準以理財爲主、食貨兼農末而言、蓋平準之名、搬自漢武、而食貨之名、則出於周書、平準寓刺譏於一時、故其辭微而婉、食貨垂法戒於異代、故其辭達而暢、兩人手筆、易地皆然、後儒或指此爲班馬異同、非通論也、

漢興、接秦之弊、[考證]漢興二字突起、接秦之弊四字、無所承上、漢興年表歷書外戚世家儒林酷吏遊俠佞幸諸傳序、皆起首有數十字數百字議論、然後曰及漢興、曰漢興、此篇獨殊、可異、柯維騏史記攷要謂末段太史公曰四百字、乃平準書之發端、後人截爲書末之論、非史記之舊、此說的確、無可疑者、梁氏志疑駁之云、趙汸讀貨殖傳云、書首言秦之弊、高祖重本抑末、輕徭薄賦、故文景之世、國家無事、百姓給足、府庫充實、人人自愛、而重犯法、後面序武帝事、節節與前相反、至論始推唐虞三代以來、而擧戰國秦皇功利之禍爲證、則武帝不能法祖宗之仁厚、而蹈始皇之覆轍、不待譏議而可見、學者先讀此論、而後讀其書、使先後相承、則太史公之意瞭然矣、方氏補正亦云、七書皆依世次順序、以其事歷代之所同、平準乃武帝一時之法、故序上古及秦漢於書後、當然也、諸說雖辯、愚未能從之、說又具于下文太史公曰條下、丈夫從軍旅、老弱轉糧饟、作業劇而財匱、自天子不能具鈞駟、

[索隱]天子駕駟馬、其色宜齊同、今言國家貧、天子不能具鈞色之駟馬、漢書作醇駟、醇與純同、純一色也、或作騂、非也、而將相或乘牛車、齊民無藏蓋。[集解]如淳曰、齊等無有貴賤、故謂之齊民、若今言平民矣、晉灼曰、中國被教之民也、蘇林曰、無物可蓋藏也、[考證]齊民如說是、中井積德曰、藏、蓋、猶儲蓄也、於是爲秦錢重難用、更令民鑄錢。[集解]漢書食貨志曰、鑄榆莢錢、[索隱]顧氏按古今注云、秦錢半兩、徑一寸二分、重十二銖、食貨志云、鑄莢錢、按古今注云、榆莢錢重三銖、錢譜云、文爲漢興也、[考證]漢書食貨志、錢上有莢字、此脫、不則下文孝文時莢錢益多、不可解、蔡雲曰、莢錢、如榆莢耳、民間嫌其薄小而呼之、決非本名、平準書不於初鑄時著莢字、而著之孝文時、可見行之久而後有是稱也、參存、一黃金、一斤。[索隱]按如淳云、時以錢爲貨、黃金一斤、直萬錢、非也、又臣瓚下注云、秦以一鎰爲一金、漢以一斤爲一金、是其義也、[考證]漢志、黃上無一字、張文虎曰、索隱本、北宋本、毛本、無一字、與漢志合、梁玉繩曰、方氏補正云、一黃、疑當作十貫、以字形相近而誤、王孝廉云、黃、疑萬字之譌、王說較方爲長、中井積德曰、一黃金、謂黃金一錠也、黃金輕而賤、錢從之可知矣、蓋秦一鎰金直萬錢、而漢一斤金直萬錢云、愚按中說更長、約法省禁、而不軌逐利之民、蓄積餘業、以稽市物、物踊騰。[集解]李奇曰、稽、貯滯也、如淳曰、稽、考也、考校市物價貴賤有時、晉灼曰、踊、甚也、言計市物賤、而豫益稽之也、物貴而出賣、故使物甚騰也、漢書糴字作躍、[索隱]李奇云、稽、貯滯、韋昭云、稽、留待也、稽字當如李韋二釋、晉灼及馬融、訓稽爲計、及考於義爲疏、如淳云、踊騰、猶低昂、

也、低昂者、乍賤乍貴也、今按漢書糶字作躍者、謂物踊貴而價起、有如物之騰躍而起也、然糶者出賣之名、故食貨志云、大熟則上糶三而舍一、是也、【考證】漢志、業作贏、義兩通、踊、跳也、騰、上也、物踊騰、斷句、下文云、反本而萬物不得騰踊、騰踊踊騰同義、漢志踊作痛、下文糶作躍、連讀、謬、索隱曲爲之說、稽市物、韋李二說、是、糶米至石萬錢、馬一匹則百金。【集解】瓚曰、秦以一鎰爲一金、漢以一斤爲一金、天下已平、高祖乃令賈人不得衣絲乘車、重租稅以困辱之。孝惠·高后時、爲天下初定、復弛商賈之律。然市井之子孫、亦不得仕宦爲吏。【正義】古人未有市及井、若朝聚井汲水、便將貨物於井邊貨賣、故言市井也、【考證】孟子、市井與草莽對言、漢志、作市肆、義同、留青札記云、蓋市井之道、四達如井、故曰市井、張文虎曰、正義、及井二字、疑衍、量吏祿、度官用、以賦於民。而山川園池市井租稅之入、自天子以至于封君湯沐邑、皆各爲私奉養焉、不領於天下之經費。【索隱】按、經訓常、言封君已下、皆以湯沐邑爲私奉養、故不領入天子之常稅、爲一年之費也、【考證】中井積德曰、山川市井之入、則爲人君之私財、而不以爲國家經費之數也、天子亦然、封君小侯亦然、齊召南曰、蓋大司農掌天下之經費、若畿輔以內之山川園池市肆租稅、則盡入少府、爲天子私藏、其封君湯沐邑、又各收以自供、俱不領於大司農也、漕轉山東粟、以給中都官、歲不過數十萬石。【索隱】按、中都則都內也、皆天子之倉府、以給中都官者、即今太倉以畜官儲、是也、【考證】說文云、漕、水轉穀也、一曰車運曰轉、水運曰漕、漢志、山東作關東、顏師古曰、中都官、京師諸官府也、至孝文時、莢錢益多輕、【集解】如淳曰、如榆莢也、【考證】漢志、作益多而輕、乃更鑄四銖錢。其文爲半兩。【考證】中井積德曰、錢重與文不相應也、愚按、此取名於秦錢、與武帝時鑄三銖錢重如其文異、令民縱得自鑄錢。【考證】賈誼諫之、文帝不聽、見漢志、故吳、諸侯也。以即山鑄錢、富埒天子。其後卒以叛逆。【集解】徐廣曰、埒者際畔、言鄰接相次也、駰按、孟康曰、富與天子等而微減也、或曰、埒、等也、【索隱】按即訓就、就山鑄錢、故下文云銅山、是也、一解、即山、山名也、鄧通、大夫也。以鑄錢財過王者。故吳·鄧氏錢布天下。【考證】蔡雲曰、四京雜記云、文帝賜鄧通蜀銅山、聽自鑄錢、文字肉好、皆與天子錢同、時吳王亦有銅山、微重、文字肉好、與漢錢不異、據此則吳鄧所鑄錢、仍遵漢制、葉德輝曰、是故能流行天下也、而鑄錢之禁生焉。匈奴數侵盜北邊、屯戍者多。邊粟不足給食當食者。於是募民能輸、及轉粟於邊者、

拜爵。爵得至大庶長。【索隱】按漢書食貨志云、文帝用晁錯言、令人入粟邊、六百石爵上造、稍增至四千石爲五大夫、萬二千石爲大庶長、各以多少爲差、【考證】晁錯言、見于食貨志、中井積德曰、轉粟、轉官粟也、據是文、轉官粟者、亦以率拜爵也、錢大昕曰、文帝用鼂錯之言、令民入粟拜爵、此賣爵、非賣官也、爵自公士至公乘、凡八等、雖有爵不得復除、與編戶無異、自五大夫至大庶長十等、爵雖高、初無職事、非有治民之責也、官有定員、而爵無定員、故曰、爵者上之所擅、出於口而无窮、蓋假以虛名、未嘗列于仕籍、錯雖言利、猶不妨吏道矣、孝武用兵、府庫益虛、乃有入羊爲郎之例、後置武功爵、爵至官首者、得試吏先除、雖買爵亦得入仕、蓋祖鼂錯之意、而失之者也、孝景時上郡以西旱。亦復脩賣爵令、而賤其價以招民。【考證】漢志、賤作裁、價作賈、義同、及徒復作、得輸粟縣官以除罪。【考證】漢書宣帝紀、女徒復作、注、孟康曰、復、音服、謂弛刑徒也、有赦令詔書、去其鉗釱赭衣、更犯事不從徒、加與民爲例、故當復爲官作、滿其本罪年月日、律名爲復作也、方苞曰、復、除也、徒當作者、得入粟以除之也、既曰徒復作、又曰輸粟縣官以除罪者、明景帝時獨徒作者許除罪、至武帝則一切當刑者皆可贖也、益造苑馬以廣用。【索隱】謂增益苑囿、造廄而養馬以廣用、則馬是軍國之用也、【考證】漢志、益作始、中井積德曰、苑所以收馬之處、非廄養、苑即牧地、與苑囿不同、而宮室列觀、輿馬益增脩矣。至今上即位數歲、漢興七十餘年之間、國家無事、非遇水旱之災、民則人給家足、【考證】漢志、民則作則民、都鄙廩庾皆滿、而府庫餘貨財、京師之錢累巨萬、貫朽而不可校。【集解】韋昭曰、巨萬、今萬萬、如淳曰、校、數也、【考證】校、考查也、太倉之粟、陳陳相因、充溢露積於外、至腐敗不可食。衆庶街巷有馬、阡陌之間成羣、而乘字牝者、擯而不得聚會。【集解】漢書音義曰、皆乘父馬、有牝馬閒其閒、則相踶齧、故斥不得出會同、【考證】漢志、字作牸、廣雅釋獸、牸、雌也、顏師古曰、言時富饒、故恥乘牸牝、不必以其踶齧也、守閭閻者食粱肉、爲吏者長子孫、【集解】如淳曰、時無事、吏不數轉、至于子孫長大、而不轉職任、居官者以爲姓號。【集解】如淳曰、倉氏庾氏是也、【索隱】注倉氏庾氏、按出食貨志、【考證】索隱食貨志、當作貨殖傳、故人人自愛而重犯法、先行義而後絀恥辱焉。【考證】漢志、無後字、絀作黜、此後字衍、下文論贊云、先本絀末、是先與絀對言、當此之時、網疏而民富、役財驕溢、【考證】役、以人言、財以貨言、下文云、蹛財役貧、或至兼并豪黨之徒、以武斷於鄉曲、【索隱】謂鄉曲豪富、無官位、而以威勢主斷曲直、故曰武

斷也、【考證】中井積德曰、武斷只是橫恣、任意撓政也、未當以曲直解、宗室有土公卿大夫以下、爭于奢侈、室廬輿服僭于上、無限度。【考證】茅坤曰、將言武帝耗財、先言其富溢以爲起岸、物盛而衰、固其變也。【考證】凌稚隆曰、結上起下、自是之後、嚴助・朱買臣等、招來東甌、【正義】甌、烏侯反、今台州永寧是也、【考證】浙江溫州永嘉縣、事兩越、【正義】南越及閩越、南越、今廣州南海也、閩越、今建州建安也、【考證】南越、今廣東、閩越、今福建、江・淮之閒、蕭然煩費矣。【考證】顏師古曰、蕭然、猶騷然、勞動之貌、唐蒙・司馬相如、開路西南夷、鑿山通道千餘里、以廣巴蜀。巴蜀之民罷焉。【考證】林伯桐曰、史公於司馬相如傳錄其文章、多美辭焉、其通西南夷一事、則多婉辭、爲才人諱也、至於平準書則曰司馬相如開路西南夷、巴蜀之民罷焉、不隱惡也、彭吳賈滅朝鮮、置滄海之郡、則燕・齊之閒、靡然發動。【集解】彭吳、人姓名、彭吳始開其道而滅之也、【考證】賈滅朝鮮、漢志作穿穢貊朝鮮、王念孫曰、賈當依漢志作穿、顏師古云、本皆荒梗、始開通之、故言穿、錢大昕曰、滅字當濊字之訛、漢書武帝紀、元朔元年、東夷薉君南閭等口二十八萬人降、爲蒼海郡、食貨志、彭吳穿穢貊朝鮮置滄海郡、濊穢薉同、滅字與濊相似而訛、愚按索隱以始開其道解賈字、則其所見之本、亦作穿、

及王恢設謀馬邑、匈奴絕和親、侵擾北邊、兵連而不解、天下苦其勞、而干戈日滋、行者齎、居者送、中外騷擾而相奉、百姓抏獘以巧法、【索隱】按三蒼、抏音五官反、鄒氏又五亂反、按、抏者耗也、消耗之名、言百姓貧獘、故行巧抵之法也、【考證】抏與刓同、鈍無廉隅也、獘、敝同、壞也、淮陰侯傳、印刓弊、忍不能予、亦手弄角耗也、彼以印言、此以人言、索隱貧弊當作貧弊、貧刓義近、顏師古曰、爲巧詐以避法也、愚按所謂免無恥也、財賂衰耗而不贍、入物者補官、出貨者除罪、選舉陵遲、廉恥相冒、武力進用、法嚴令具、興利之臣、自此始也。【集解】韋昭曰、桑弘羊孔僅之屬、【考證】顏師古曰、冒、蒙也、其後漢將歲以數萬騎出擊胡。及車騎將軍衛青取匈奴河南地、【正義】謂靈夏三州地、取在元朔二年、築朔方。【正義】今夏州也、括地志云、夏州、秦上郡、漢分置朔方郡、魏不改、隋置夏州也、當是時、漢通西南夷道、作者數萬人、千里負擔饋糧、率十餘鍾致一石。【集解】漢書音義曰、鍾六石四斗、散幣於邛・僰以集之、【索隱】應劭云、邛、屬臨邛、僰、屬犍爲、【考證】邛、

四川邛州、僰、四川敘州、漢志、集作輯、顏師古曰、輯、安定也、數歲道不通、蠻夷因以數攻、吏發兵誅之。【索隱】吏發與誅之、謂發軍興以誅之也、【考證】沈家本曰、漢志重一吏字、愚按索隱本、兵作興、漢志與今本同、悉巴蜀租賦、不足以更之。【集解】韋昭曰、更、續也、或曰、更償也、【考證】後說是、乃募豪民田南夷、入粟縣官、而內受錢於都內、【集解】服虔曰、入穀於外縣、受錢於內府也、【考證】顏師古曰、服說非也、都內、京師主藏者也、百官公卿表、大司農屬官有都內令丞也、東至滄海之郡。人徒之費、擬於南夷。【考證】漢志、至作置、誤、擬、猶比也、又與十萬餘人、築衛朔方。【考證】顏師古曰、既築其城、又守衛之、轉漕甚遼遠、【索隱】按說文云、漕、水轉穀也、一云、車運曰轉、水運曰漕也、自山東咸被其勞、費數十百巨萬、府庫益虛。乃募民、能入奴婢得以終身復、爲郎增秩。【考證】顏師古曰、庶人入奴婢則復終身、爲郎者、就增其秩也、及入羊爲郎、始於此。其後四年、【集解】徐廣曰、元朔五年也、而漢遣大將、將六將軍軍十餘萬擊右賢王、獲首虜萬五千級。【考證】大將下疑脫軍字、

下文可證、大將軍衛青、明年、大將軍將六將軍、仍再出擊胡、得首虜萬九千級。【考證】元朔六年、捕斬首虜之士、受賜黃金二十餘萬斤。虜數萬人、皆得厚賞。衣食仰給縣官。而漢軍之士馬死者十餘萬。兵甲之財、轉漕之費不與焉。於是大農陳藏錢經耗、賦稅既竭、猶不足以奉戰士。【集解】韋昭曰、陳、久也、【考證】漢志、大下有司字、藏作臧、耗作用、無猶字、顏師古曰、陳、謂列奏之、經、常也、既、盡也、言常用之錢及諸賦稅、竝竭盡也、方苞曰、陳、奏也、既曰大農陳、又曰有司言者、大農陳奏、有司計要之爭詞如此也、與後大農上鹽鐵丞孔僅咸陽言同義、中井積德曰、錢經、疑當作經錢、愚按於是以下史公敘事之文、正承上文財賂衰耗而不贍、陳藏錢經耗五字、必有譌誤、漢志以意改、與史義異、有司言。【考證】有司奏此事也、天子曰。朕聞、五帝之教、不相復而治、禹・湯之法、不同道而王。所由殊路、而建德一也。北邊未安。朕甚悼之。日者大將軍攻匈奴、斬首虜萬九千級、畱蹛無所食。【索隱】留蹛無所食、蹛、音迭、謂貯也、韋昭音滯、謂積也、又按古今字詁、蹛、

今滯字、則墆與滯同、按謂富人貯滯積穀、則貧者無所食也、〔考證〕姚鼐曰、捕斬首虜之士、受賜黃金十餘萬斤、此言應賜者有是數、而大農實無以與之、故詔曰、留蹛無食、愚按、食猶享也、議令民得買爵、及贖禁錮免減罪。〔考證〕王先謙曰、漢志、減作減、非、減免、謂免罪及減罪也、漢武紀亦云、得減免罪、愚按以上天子言、請置賞官、命曰武功爵。〔集解〕瓚曰、茂陵中書有武功爵、一級曰造士、二級曰閑輿衞、三級曰良士、四級曰元戎士、五級曰官首、六級曰秉鐸、七級曰千夫、八級曰樂卿、九級曰執戎、十級曰左庶長、十一級曰軍衞、此武帝所制以寵軍功、〔考證〕諸上當有有司二字、有司所請止于此、中井積德曰、集解左庶長、漢志注作政戾庶長、恐非、級十七萬、凡直三十餘萬金。〔索隱〕大顏云、一金、萬錢也、計十一級、級十七萬、合百八十七萬金、而此云三十餘萬金、其數必有誤者、顧氏按解云、初一級十七萬、自此已上每級加二萬、至十一級合成三十七萬也、〔考證〕胡三省曰、級十七萬者、賣爵一級、爲錢十七萬、至二級則三十四萬矣、自此以上每級加增、王莽時黃金一斤直錢萬、以此推之、則三十萬金、爲錢三十餘萬萬矣、此當時鬻武功爵所直之數也、中井積德曰、級十七萬、是爲十七金、是買爵之定價矣、是時戰士有功賜爵者多矣、以級十七金算之、凡當三十萬餘萬金也、應上文受賜黃金二十餘萬斤句、以見置武功爵之功効也、初苦無金可賞、及置爵、乃綽綽有餘裕、得首虜九千級、級各受爵一級、級十七金、而萬九千之、則爲三十二萬三千金矣、又一級造士十七金、二級閑輿衞三十四金、以至十一級軍衞、則爲百八十七金、各以率受爵也、凡民欲買爵者、凡就軍士受爵者買也、非官自賣之、愚按、姚鼐亦有此說、諸買武

功爵官首者、試補吏、先除。〔索隱〕官首、武功爵第五也、位稍高、故得試爲吏先除用也、千夫如五大夫。〔索隱〕千夫、武功爵第七、五大夫、二十爵第九也、言千夫爵秩、比於五大夫、二十爵第九、故楊僕以千夫爲吏是也、〔考證〕李慈銘曰、五大夫得復卒一人、千夫如五大夫、亦得免徭役、下文言兵革數動、民多買復、及五大夫、徵發之士益鮮、於是除千夫五大夫爲吏、不欲者出馬、足見復役者優於補吏、以爲吏多得罪謫也、愚按索隱故楊僕上、二十爵第九五字衍、其有罪又減二等。爵得至樂卿、〔集解〕徐廣曰、樂卿、爵名也、駰案、漢書音義曰、十爵左庶長以上至十八爵爲大庶長也、名樂卿、樂卿者、朝位從九卿、加樂者、別正卿、又十九爵爲樂公、食公卿祿而無職也、〔索隱〕按此言武功置爵、惟得至於樂卿也、臣瓚所引茂陵書、蓋後人記其爵失次耳、今注稱十爵至十八庶長爲樂卿、十九至二十爲樂公、乃以舊二十爵釋武功爵、蓋亦臆說、非也、大顏亦以爲然、〔考證〕顏師古曰、樂卿者武功爵第八等也、言買爵唯得至第八也、中井積德曰、得至樂卿者、承上文謂買爵者也、若第九執戎以上、非實有軍功者不能得焉、故下文曰、以顯軍功、愚按是承上文入物者補官出貨者除罪、以顯軍功。軍功多、用越等、大者封侯卿大夫、小者郎吏。吏道雜而多端、則官職秏廢。〔考證〕承上文選舉陵遲、武力進用、自公孫弘以春秋之義繩臣下取漢相、張湯用峻文決理爲廷尉、於是見知

之法生、而廢格沮誹窮治之獄用矣。〔集解〕張晏曰、吏見知不舉劾爲故縱、如淳曰、廢格天子文法使不行也、誹謂非上所行、若顏異反脣之比也、〔索隱〕格音閣、亦如字、沮音才緒反、誹音非、按謂廢格天子之命而不行、及沮敗誹謗之者、皆被窮治、故云廢格沮誹之獄用矣、〔考證〕酷吏傳云、趙禹與張湯作見知吏傳相監司、用法益刻、漢書刑法志云、張湯趙禹之屬、條定法令、作見知故縱監臨部主之法、緩深故之罪、急縱出之誅、酷吏傳又云、天子以爲廢格沮事棄市、沮誹與腹誹異、如淳引顏異反脣、恐非、又按此一節承上文法嚴令具、其明年、〔考證〕元狩元年、淮南・衡山・江都王、謀反迹見、而公卿尋端治之、竟其黨與、而坐死者數萬人。〔考證〕漢志、而坐、倒、長吏益慘急、而法令明察。〔考證〕漢志無長字、當是之時、招尊方正賢良文學之士、或至公卿大夫。公孫弘以漢相布被、食不重味、爲天下先。然無益於俗、稍騖於功利矣。其明年、〔考證〕元狩二年、驃騎仍再出擊胡、獲首四萬。〔考證〕驃騎將軍霍去病、其秋、渾邪王率數萬之衆來降。於是漢發車二萬乘迎之。〔考證〕汲黯傳同、漢志、二萬乘作三萬兩、

既至、受賞賜、及有功之士。是歲、費凡百餘巨萬、初先是往十餘歲、〔考證〕初往二字、校勘者旁注、誤入本文、漢志無、河決觀。〔集解〕徐廣曰、觀、縣名也、屬東郡、光武改曰衞公國、〔考證〕錢大昕曰、是時河決瓠子、東注鉅野、不及觀也、漢書作濮、屬下句、當從之、齊召南曰、瓠子地在濮陽、其對岸卽觀縣、史作河決觀是也、梁・楚之地、固已數困、而緣河之郡、隄塞、河輒決壞。費不可勝計。其後番係欲省底柱之漕、穿汾河渠、以爲溉田。作者數萬人。〔考證〕番係、人姓名、詳河渠書、鄭當時爲渭漕渠回遠、鑿直渠、自長安至華陰。作者數萬人。〔考證〕顏師古曰、回、曲繞也、朔方亦穿渠。作者數萬人。各歷二三朞、功未就。費亦各巨萬十數。〔考證〕顏師古曰、巨萬十數、謂十萬萬也、愚按又見河渠書、天子爲伐胡、盛養馬。馬之來食長安者數萬匹。卒牽掌者、關中不足、乃調旁近郡。而胡降者皆衣食縣官、縣官不給。〔考證〕漢志、皆上有數萬人三字、顏師古曰、調、謂選發也、天子乃損

膳、解乘輿駟、出御府禁藏以贍之。【考證】何焯曰、損膳、與上文布被對、 其明年、【考證】元狩三年、 山東被水菑、民多飢乏。於是天子遣使者、虛郡國倉廥、以振貧民。【集解】徐廣曰、廥、音膾、【考證】漢志作廩、 猶不足。又募豪富人相貸假。【考證】王先謙曰、武紀元狩三年、吏民能假貸者、以名聞、卽此事也、 尚不能相救。乃徙貧民於關以西、及充朔方以南新秦中、七十餘萬口。【集解】服虔曰、地名、在北方千里、如淳曰、長安已北、朔方已南、瓚曰、秦逐匈奴以收河南地、徙民以實之、謂之新秦、今以地空、故復徙民以實之、【考證】中井積德曰、上文言衞靑取河南地、是也、此不當遠引秦事、蓋秦收河南之後、楚漢相距數年、匈奴又取河南也、 衣食皆仰給縣官數歲、假予產業、使者分部護之、冠蓋相望。其費以億計、不可勝數。【考證】漢志、刪不可勝數四字、 於是縣官大空。而富商大賈、或蹛財役貧、轉轂百數、【集解】漢書音義曰、蹛、停也、一曰、貯也、李奇曰、轂、車也、【索隱】蕭該按字林云、貯、塵也、音佇、此謂居積停滯塵久也、或作貯、子貢發貯鬻財、是也、 廢居【集解】徐廣曰、廢居者、貯畜之名也、有所廢、有所畜、言其乘時射利也、

【索隱】劉氏云、廢、出賣、居、停蓄也、是出賣於居者爲廢、故徐氏云、有所廢、有所畜、是也、 居邑。【集解】駰按、服虔曰、居穀於邑也、如淳曰、居賤物於邑中、以待貴也、【索隱】服虔云、居穀於邑中、是也、【考證】中井積德曰、廢卽居矣、卽畜矣、恐按廢居居邑、四字一事、上居、如奇貨可居之居、中說得之、下居、置也、 封君皆低首仰給。【集解】晉灼曰、低、音抵、距、服虔曰、仰給於商賈、【索隱】按服虔云、仰給於商賈、是也、而劉伯莊以爲封君及大商皆低首營私、以自給、不佐天子、非也、【考證】顏師古曰、封君、受封邑者、謂公主及列侯之屬也、低首、猶俯首也、時公主列侯、雖有國邑、而無餘財、其朝夕所須者、皆俯首而取給於富商大賈、後方以邑入償之、 冶鑄煑鹽、財或累萬金、而不佐國家之急。黎民重困。【考證】亦就富商大賈而言、淩稚隆曰、暗伏後卜式助邊案、 於是天子與公卿議、更錢造幣以贍用、而摧浮淫幷兼之徒。是時禁苑有白鹿、而少府多銀錫。【考證】漢書百官表、少府秦官、掌山海池澤之稅、以給共養、 自孝文更造四銖錢、至是歲四十餘年、【考證】梁玉繩曰、鑄四銖錢、在孝文五年、至孝武元狩四年、造白金皮幣、凡五十七年、此云四十餘年、非也、又文帝鑄四銖錢後、建元元年、壞四銖行三銖、建元五年、罷三銖行半兩錢、至元狩四年、始改白金皮幣、何嘗五十餘年皆用孝文四銖錢哉、漢志亦仍此誤、愚按是歲承上文其明年山東被水菑、民多飢乏、則元狩三年也、梁氏據漢書武紀元狩四年造白金、以史記爲

誤、蓋曰三年者、依議更造之歲、曰四年者、依行錢幣之歲、皆未嘗誤也、四十疑當五十之訛、 從建元以來用少。縣官往往卽多銅山而鑄錢、民亦閒盜鑄錢、不可勝數。錢益多而輕、【集解】如淳曰、磨錢取鋊故也、瓚曰、鑄錢者多、故錢輕、輕亦賤也、【考證】何焯曰、下云錢益輕薄而物貴、如說是、瓚說非也、周壽昌曰、輕對重言、非賤之謂也、鑄錢益多則工省而質薄也、愚按錢多則物貴、物多則錢貴、是自然之理、今物益少而錢益多、則物貴錢賤可知也、多而輕、與少而貴對言、以價言、不以質言、與下文輕薄義殊、瓚說可從、何周二氏非是、 物益少而貴。【集解】如淳曰、但鑄作錢、不作餘物、【考證】中井積德曰、民爭逐什一、不唯不務農業、工技亦寡、故物少耳、豈人人鑄錢哉、愚按貴謂物價踊騰也、五字接上文、敘錢物貴賤之狀、 有司言曰。古者皮幣、諸侯以聘享。金有三等。黃金爲上、白金爲中、赤金爲下。【集解】漢書音義曰、白金、銀也、赤金、丹陽銅也、【索隱】說文云、銅、赤金也、注云、丹陽銅者、神異經云、西方金山有丹陽銅也、【考證】中井積德曰、赤金、銅也、何必丹陽、 今半兩錢、法重四銖。【集解】韋昭曰、文爲半兩、實重四銖、 而姦或盜摩錢裏取鋊、【集解】徐廣曰、音容、呂靜曰、冶器法謂之鋊、【考證】漢志、裏作質、張文虎曰、鋊諸本作鋊、毛本作鋊、下同、字類引同、漢志亦作鋊、師古曰、音浴、攷異云、說文、鋊、銅屑也、愚按漢志注臣瓚云、摩錢漫面、以取其屑、更以鑄錢、西京黃圖敘曰、民摩錢取屑、是也、

錢益輕薄而物貴、則遠方用幣、煩費不省。【考證】以上有司之言、 乃以白鹿皮方尺、緣以藻績、爲皮幣。直四十萬。【集解】徐廣曰、藻、一作紫也、【考證】漢志、無藻字、顏師古曰、績、繡也、繪五綵而爲之、 王侯宗室、朝覲聘享、必以皮幣薦璧、然后得行。又造銀錫爲白金。【集解】如淳曰、雜鑄銀錫爲白金也、 以爲天用莫如龍。【索隱】易云、行天莫如龍也、 地用莫如馬。【索隱】易云、行地莫如馬也、 人用莫如龜。【索隱】禮曰、諸侯以龜爲寶也、 故白金三品。其一曰重八兩。圜之。其文龍。【索隱】顧氏案錢譜、其文爲龍、隱起、肉好皆圜、文又作雲霞之象、 名曰白選。【索隱】名白選、蘇林曰、選、音選擇之選、包愷及劉氏、音息戀反、尚書大傳云、夏后氏不殺不刑、死罪罰二千饌、馬融云、饌、六兩、漢書作撰、音同、 直三千。【索隱】晉灼按黃圖、直三千二百、 二曰重差小。方之。【索隱】謂以八兩差爲三品、此重六兩、下小隋、重四兩也、云以重差小者、謂半兩爲重、故差小、重六兩而其形方也、【考證】中井積德曰、圜者重八兩、而直三千、是一兩三百七十五也、然則方者直五百、是重應踰於兩、橢者直三百、是重當不足兩也、各以錢數而乘除、以知其輕重、故後二者不論其重耳、索隱大誤、如索隱所云、下品四兩、重半上品、而直十之一矣、豈有是理哉、愚按史云、圜者重八兩、方者差小、橢者復小、三

品之形無大差可知、但銀錫和造、品質不同、故三千五百、三百、其直不同耳、索隱蓋有所依、未必爲誤、其文馬。直五百。【索隱】錢譜、肉好皆方、隱起馬形、肉好之下、又是有連珠文也、三曰復小。撱之。【索隱】復小隋之、湯果反、爾雅注、隋者、狭長也、謂長而方去四角也、其文龜。直三百。【索隱】錢譜、肉圓好方、爲隱起龜甲文、【考證】漢志、名下無曰字、選作撰、二曰下、有以字、劉奉世曰、白選、當在其一曰之下、衍名字、二曰三曰之下、皆當有金名、史文錯脫、姚鼐曰、劉說非也、重八兩、重差小、復小、乃白金上有此字、故加曰字、而白選乃其名、非白金上字、姚範曰、重八兩、重差小、復小上、皆衍曰字、愚按姚範說是、差小、承八兩、復小、承差小、史記其重耳、白金上不當鑄此等字也、令縣官、銷半兩錢、更鑄三銖錢。文如其重。【考證】蔡雲曰、特齎文如其重、見前此文爲半兩之非實也、盜鑄諸金錢、罪皆死。而吏民之盜鑄白金者、不可勝數。【考證】徐孚遠曰、白金本輕而値重、故盜鑄者愈多、嚴刑而不能禁也、於是以東郭咸陽·孔僅爲大農丞、領鹽鐵事、桑弘羊以計算用事侍中【索隱】東郭姓、咸陽名也、按風俗通、東郭牙齊大夫、咸陽其後也、【考證】漢書百官表、治粟內史、秦官、掌穀貨、有兩丞、景帝元年、更名大農令、武帝太初元年、更名大司農、屬官有太倉、均輸、平準、都內、籍田五令丞、咸陽、齊之大煮鹽、孔僅、南陽大冶、皆致生累千

金。故鄭當時進言之。弘羊、雒陽賈人子、以心計年十三侍中。故三人言利事析秋豪矣。【索隱】按言百物毫芒、至秋皆美細、今言弘羊等三人、言利事纖悉、能分析其秋毫也、【考證】沈欽韓曰、鹽鐵論大夫曰、余結髮束脩、年十三、幸得宿衞給輦轂、案其進葢入羊爲郎之類、中井積德曰、秋毫以獸毛而言、不兼草數、楊愼曰、用東郭咸陽等三語、所以推衆并浮淫而奪其利、曰三人言利析秋毫矣、前應興利之臣自此始、後起鹽鐵算緡錢平準之事、法既益嚴、吏多廢免。【考證】凌稚隆曰、應前爲吏長子孫、兵革數動、民多買復及五大夫。徵發之士益鮮。【考證】顏師古曰、入財於官以取優復、錢大昕曰、鼂錯言爵五大夫以上、迺復卒一人、武帝賣武功爵、爵千夫如五大夫、故五大夫與千夫、皆不在徵召之限、於是除千夫五大夫爲吏。不欲者出馬。故吏皆通適令伐棘上林、作昆明池。【集解】韋昭曰、欲令出馬、無馬者令伐棘、【索隱】故吏皆適伐棘、謂故吏先免者、皆適令伐棘上林、不謂無馬者、韋說非也、按黃圖云、昆明池、周四十里、以習水戰、又荀悅云、昆明子居滇河中、故習水戰以伐之也、【考證】索隱本無通字、與漢志合、可從、錢大昕曰、吏多坐法廢免、買爵者多不顧除吏、故又使出馬、顏師古曰、適、讀曰謫、責罰也、中井積德曰、鑿池亦適故吏爲之、其明年、大將軍·驃騎大出擊胡。【集解】徐廣曰、元狩四年也、得

首虜八九萬級。賞賜五十萬金。漢軍馬死者十餘萬匹。轉漕車甲之費不與焉。【考證】仍用前文、著用兵之弊、是時財匱、戰士頗不得祿矣。【考證】是時仍有武功爵、而戰士頗不得祿、則民不復欲買之矣、有司言、三銖錢輕、易姦詐。乃更請諸郡國鑄五銖錢。周郭其下、令不可磨取鋊焉。【考證】漢志、下作質、查愼行曰、所謂周郭其下者、其形製不復見、豈在下、則不可磨耶、大農上鹽鐵丞孔僅·咸陽言。山海、天地之藏也。皆宜屬少府。【索隱】韋昭云、天子私所給賜經用也、公用屬大司農也、【考證】少府、掌山海池澤之稅、以給共養、故云、顏師古曰、大司農供軍國之用、少府以養天子也、陛下不私、以屬大農佐賦。願募民自給費。因官器作、煑鹽、官與牢盆。【集解】如淳曰、牢、廩食也、古者名廩爲牢也、盆者、煮鹽之盆也、【索隱】予牢盆、按蘇林云、牢、價直也、今代人言雇手牢盆、晉灼云、蘇說是、樂產云、牢乃盆名、其說異、【考證】中井積德曰、作、謂冶鑄也、愚按、作字、句、言採鐵者以官器冶鑄、煮鹽者官與牢盆、牢盆未詳、或云、牢、蓄鹽之處、盆、盛鹽之器、又按漢志注、引蘇林、無盆字、浮食奇民、欲擅管山海之貨、以致富羨、役利細民。

【集解】張晏曰、若人執倉庫之管籥、或曰管固、【索隱】奇、包愷音羈、諸侯也、非農工之儔、故言奇也、擅莞音管、上音善、羨、弋戰反、羨、饒也、與衍同義、【考證】奇民、奇邪之民、管、主也、其沮事之議、不可勝聽【索隱】沮、止也、僅等言山海之藏、宜屬大農、奇人欲擅利、必有沮止之議、此不可聽許也、【考證】不可勝聽、言多也、敢私鑄鐵器煑鹽者、釱左趾、沒入其器物。【集解】史記音義曰、釱、音徒計反、韋昭曰、釱以鐵爲之、著左趾以代刖也、【索隱】按三蒼云、釱、踏脚鉗也、字林、徒計反、張斐漢晉律序云、狀如跟衣、著左足下、重六斤、以代臏、至魏武、改以代刖也、郡不出鐵者、置小鐵官、便屬在所縣。【集解】鄧展曰、小鐵官、鑄故鐵、【考證】漢志、便作使、恐譌、朱一新曰、便屬、言以其便屬也、方苞曰、在所、應爲所在、誤倒、中井積德曰、大農之言、止于此、使孔僅·東郭咸陽、乘傳舉行天下鹽鐵、作官府。除故鹽鐵家富者爲吏。吏道益雜不選、而多賈人矣。【考證】凌稚隆曰、此選舉陵遲、商賈以幣之變、多積貨逐利。於是公卿言、郡國頗被菑害、貧民無產業者、募徙廣饒之地、陛下損膳省用、出禁錢以振元元、寬貸賦、而民不齊出於南畝、商

賈滋衆。【集解】李奇曰、齊、皆也。【考證】顏師古曰、言農人尙少、不皆務耕種也、貧者畜積無有、皆仰縣官。異時算軺車、【索隱】異時、猶昔時也、說文云、軺、小車也、傅子云、漢代賤乘軺、今則貴之、言算軺車者、有軺車、使出稅一算二算也、【考證】錢大昕曰、異時、謂漢初也、上文言高祖初平天下、令賈人不得乘車、重租稅以困辱之、蓋謂此、沈欽韓曰、異時、謂元光六年初算商車也、愚按元光六年算商車、見漢書武紀、算緡亦當有其事、史失書之也、下文如故二字可證、中井積德曰、一算、蓋錢二十也、賈人緡錢皆有差。【集解】李斐曰、緡、絲也、以貫錢也、一貫千錢、出二十算也、詩云、維絲伊緡、如淳曰、胡公名錢爲緡者、詩云、氓之蚩蚩、抱布貿絲、故謂之緡也、【索隱】緡音旻、緡者、絲繩以貫錢者、千錢出二十算也、請算如故。諸賈人末作貰貸賣買、居邑稽諸物、【索隱】稽者、停也、留也、卽上文所謂廢居居邑也、【考證】漢志、貸下有賣字、此疑脫、稽、作貯積、顏師古曰、貰、賒也、貸、假與也、及商以取利者、雖無市籍、各以其物自占、率緡錢二千而一算、【集解】瓚曰、此緡錢爲是儲緡錢也、故隨其用所施、施於利重者、其算亦多、【索隱】按郭璞云、占、自隱度也、謂各自隱度其財物多少、爲文簿送之官也、若不盡、皆沒入於官、音之贍反、【考證】姚鼐曰、是時商賈以幣之變、多積貨逐利、所藏者非錢幣、乃貨也、故令以其物自占、自占者有物若干、値錢若干、自言於官也、直二千則一算、然則緡者、猶今商賈言貨本、以錢準之耳、而手力所作者無本錢、則以其所作直四千、乃一算、其匿不自占、占不悉者沒入緡錢、其實物而

非錢、故後言得民財物以億計、奴僕以千萬數、及田宅、此皆非錢、特以錢計耳、諸作有租及鑄、率緡錢四千一算。【集解】如淳曰、以手力所作而賣之、【考證】岡白駒曰、言諸作有租及鑄者、凡稅皆曰租、非吏比者、三老、北邊騎士、軺車以一算。【集解】如淳曰、非吏而得與吏比者官、謂三老北邊騎士也、樓船令邊郡選富者爲車騎士、【考證】顏師古曰、比、例也、身非爲吏之例、非爲三老、非爲北邊騎士、而有軺車、皆令出一算、中井積德曰、吏比者一、三老一、騎士一、凡三項、愚按、吏比、非吏而比吏者、商賈人軺車二算。【集解】如淳曰、商賈有軺車、使出二算、重其賦也、船五丈以上一算。匿不自占、占不悉、戍邊一歲、沒入緡錢。【索隱】悉、盡也、具也、若通家財不周悉盡者、罰戍邊一歲、有能告者、以其半畀之。賈人有市籍者、及其家屬、皆無得籍名田、以便農。【索隱】謂賈人有市籍、不許以名占田也、【考證】漢書、得下無籍字、賈人多財、使之得買田、則兼并之弊生、農民失產、是豫防之也、敢犯令、沒入田僮。【索隱】若賈人更占田、則沒其田及僮僕、皆入之於官也、天子乃思卜式之言、召拜式爲中郎、爵左庶長、賜田十頃、布告天下、使明知之。初卜式者河南人也、以

田畜爲事。親死。式有少弟。弟壯、式脫身出分、獨取畜羊百餘、田宅財物盡予弟。式入山牧十餘歲、羊致千餘頭、買田宅。而其弟盡破其業。式輒復分予弟者數矣。是時、漢方數使將擊匈奴。【考證】張文虎曰、舊刻無數使將三字、卜式上書。願輸家之半縣官、助邊。天子使使問式。欲官乎。【考證】漢書卜式傳、欲下有爲字、式曰。臣少牧、不習仕宦。不願也。使問曰。家豈有冤、欲言事乎。【考證】漢傳、問作者、式曰。臣生與人無分爭。式邑人貧者貸之、不善者敎順之、【考證】分讀爲紛、順讀爲訓、所居人皆從式。式何故見冤於人。無所欲言也。使者曰。苟如此、子何欲而然。式曰。天子誅匈奴。愚以爲賢者宜死節於邊。有財者宜輸委。如此而匈奴可滅也。使者具其言、入以聞。天子以

語丞相弘。弘曰。此非人情。不軌之臣、不可以爲化、而亂法。願陛下勿許。於是上久不報式。數歲乃罷式。式歸復田牧。歲餘、會軍數出、渾邪王等降。縣官費衆、倉府空。【考證】顏師古曰、倉、粟所積也、府、錢所聚也、其明年、【考證】元狩三年、貧民大徙、皆仰給縣官、無以盡贍。卜式持錢二十萬、予河南守、以給徙民。河南上富人助貧人者籍。天子見卜式名識之曰。是固前而欲輸其家半助邊。乃賜式外繇四百人。【集解】漢書音義曰、外繇、謂戍邊也、一人出三百錢、謂之過更、式歲得十二萬錢也、一說、在繇役之外、得復除四百人、【考證】漢傳、無而字、愚按、而、與之通、郭嵩燾曰、漢律、踐更過更、謂之繇戍、出錢給代更者、皆官主之、故名更賦、外繇、正謂出繇戍錢者、下云式又盡與官、是所賜四百人更賦錢、又復納之官、非復除至四百人也、疑古無除其家子四百人之例、一說誤、中井積德曰、式免徭戍四百人也、式多僮僕、故賜免也、愚按中井說是、式又盡復予縣官。是時富豪皆爭匿財。唯式尤欲輸之助費。天子於是以式終長

者。故尊顯以風百姓。【考證】結上文爲中郎爵左庶長、賜田十頃、 初式不願爲郎。上曰。吾有羊上林中、欲令子牧之。【考證】漢傳、羊下有在字、王念孫曰、類聚御覽引史記、竝有在字、今本脫去、 式乃拜爲郎。布衣屩而牧羊。【集解】韋昭曰、屩、草屝、【考證】漢傳、衣下有草字、 歲餘羊肥息。上過見其羊、善之。式曰。非獨羊也。治民亦猶是也。以時起居、惡者輒斥去、毋令敗羣。上以式爲奇、拜爲緱氏令試之。緱氏便之。遷爲成皋令。將漕最上。【考證】顏師古曰、爲縣令而又使領漕、其課最上、 以爲式朴忠。拜爲齊王太傅。【考證】胡三省曰、齊王次昌、元朔三年薨、無後、國除、元狩六年、始封皇子閎爲齊王、式蓋傅閎也、 而孔僅之使天下鑄作器、三年中、拜爲大農、列於九卿。【集解】徐廣曰、元鼎二年、時丙寅歲也、 而桑弘羊爲大農丞、筦諸會計事、稍稍置均輸、以通貨物矣。【集解】孟康曰、謂諸當所輸於官者、皆令輸其土地所饒、平其所在時價、官更於他處賣之、輸者既便、而官有利、漢書百官表、大司農屬官有均輸令、【考證】鹽鐵論本議篇、大夫

曰、往者郡國諸侯、各以其物貢輸、往來煩雜、物多苦惡、或不償其費、故郡置輸官、以相給運、故曰均輸、均輸則民齊勞逸、九章術、均輸以御遠近勞費、 始令吏得入穀補官。郎至六百石。【考證】顏師古曰、吏更遷補高官郎、又就增其秩、得至六百石也、沈欽韓曰、前此鬻爵高者復除而已、此乃直任職也、黃霸亦以是進、然言吏則庶民商賈不得也、 自造白金五銖錢後五歲、赦吏民之坐盜鑄金錢死者數十萬人。其不發覺相殺者、不可勝計。【考證】梁玉繩曰、案漢武紀元狩四年、造白金、五年、行五銖錢、元鼎元年、赦天下、首尾纔四年耳、五當作三、愚按死字上添當字看、相殺二字不可解、漢志文同、而顏氏不注、通鑑武紀元狩六年載此事、而删赦字相殺字、義殊、 赦自出者百餘萬人。然不能半。自出【考證】赦自出、蓋聞赦令自首也、下自出疑上文複衍、 天下大抵無慮皆鑄金錢矣。【索隱】抵、音氏、抵、歸也、劉氏云、大抵、猶大略也、案、大抵無慮者、謂言大略歸於鑄錢、更無他事從慮、【考證】王念孫曰、無或作亡、漢書趙充國傳、亡慮萬二千人、注、亡慮、大計也、愚按、大抵無慮、與莊周列傳大抵率寓言也同一字法、 犯者衆、吏不能盡誅取。於是遣博士褚大・徐偃等、分曹循行郡國。【集解】服虔曰、分曹職案行、【考證】漢武紀、元狩六年六月詔云、今遣博士大等六人分循行天下、注云、大、褚大也、終軍傳、元鼎中、博士徐偃使行

風俗、鹽鐵論刺復篇、大夫曰、博士褚泰・徐偃等、承明詔、建節馳傳、巡省郡國、舉孝廉、勸元元、而流俗不改、蓋皆此事、但終軍傳元鼎、當元狩之訛、 舉兼幷之徒、守相爲吏者。【考證】顏師古曰、守、郡守也、相、諸侯相也、中井積德曰、吏當作利、漢志作利、 而御史大夫張湯、方隆貴用事、減宣・杜周等爲中丞、義縱・尹齊・王溫舒等、用慘急刻深爲九卿、【考證】諸人詳于酷吏傳、 而直指夏蘭之屬始出矣。【考證】漢書百官表、侍御史有繡衣直指、出討姦猾、治大獄、武帝所制、不常置、注、服虔曰、直指、指事而行、無阿私也、顏師古曰、衣以繡者、尊寵之也、蘇林曰、夏蘭、人姓名、 而大農顏異誅。【集解】徐廣曰、元狩四年、時壬戌歲也、【考證】王先謙曰、百官表、元狩四年、大農令顏異、二年坐腹非誅、六年再書大農令正夫、以此文序事推之、異誅、當在六年、 初異爲濟南亭長。以廉直稍遷至九卿。上與張湯既造白鹿皮幣、問異。異曰。今王侯朝賀以蒼璧。直數千。而其皮薦反四十萬。本末不相稱。天子不說。張湯又與異有郤。及人有告異以它議、事下張湯治異。異與客語。客語、初令下、有不

便者。【集解】李奇曰、異與客語、道詔令初下、有不便處也、【考證】中井積德曰、此客語、非異語、注誤、初令、猶言新令也、 異不應。微反脣。【考證】張照曰、蓋異聞客語不敢應、而倉卒自禁、不覺微笑、而脣褰耳、 湯奏當。異九卿。見令不便、不入言而腹誹。論死。自是之後、有腹誹之法以此。【考證】各本、當異作異當、陳仁錫曰、漢志、作當異、當、去聲、謂處斷其罪、張文虎曰、北宋本與漢志合、梁玉繩曰、以字衍、此當作比、張文虎曰、梁說與漢志合、顏師古曰、比則例也、 而公卿大夫、多諂諛取容矣。天子既下緡錢令而尊卜式。百姓終莫分財佐縣官。於是楊可告緡錢縱矣。【考證】錢大昕曰、漢志、無楊可二字、索隱於此處無注、至下文楊可告緡徧天下始云、楊姓、可名也、則此處本無楊可二字明矣、顏師古曰、縱、放也、放使相告言也、 郡國多姦鑄錢、錢多輕。【索隱】謂多姦巧、襍以鉛錫也、 而公卿請令京師鑄鍾官赤側。【集解】如淳曰、以赤銅爲其郭也、今錢見有赤側者、不知作法云何、【索隱】鍾官掌鑄赤側之錢、韋昭云、側、邊也、故晉灼云、以赤銅爲郭、今錢見有赤側者、【考證】梁玉繩曰、漢志脫鍾字、考百官表、水衡都尉之屬有鍾官、主鑄者、卽下文所說上林三官之一、愚按令京師依倣鍾官所鑄赤側鑄錢也、 一當五。賦、官用、非赤側不得行。【集解】漢書音義曰、

俗所謂紫紺錢也、【考證】顏師古曰、充賦及給官用、皆令以赤側、白金稍賤、民不寶用。縣官以令禁之。
無益。歲餘白金終廢不行。是歲也、張湯死、而民不思。【集解】徐廣曰、元鼎
三年、【索隱】樂產云、諸所廢興、附上困下、皆自湯、故人不思之也、【考證】王先謙曰、漢武紀、湯死在元鼎二年、其後二歲、赤側錢賤、
民巧法用之。不便。又廢。【考證】漢書公卿表云、元鼎三年、郿侯周仲居爲太常、坐不收赤側錢收行錢論、蓋此時事、於
是悉禁郡國無鑄錢、專令上林三官鑄。【集解】漢書百官表、水衡都尉、武帝元鼎二年初置、掌上
林苑、屬官有上林均輸、鍾官、辨銅令、然則上林三官、其是此三令乎、【考證】據百官表、水衡都尉諸官、武帝元鼎二年置、齊召南曰、鹽鐵論云、廢天下諸錢、而專命水衡三官作、卽
言此事、錢既多、而令天下、非三官錢不得行。諸郡國所前鑄錢、
皆廢銷之、輸其銅三官。而民之鑄錢益少。計其費不能相當。
唯眞工大姦、乃盜爲之。卜式相齊。而楊可告緡徧天下、【索隱】瓚曰、
商賈居積、及伎巧之家、非桑農所生出、謂之緡、茂陵中書、有緡田奴婢是也、【索隱】姓楊名可、如淳云、告緡者、令楊可告占緡之不盡者也、【考證】顏師古曰、如說非也、楊可據令

而發動之、故天下皆被告、岡白駒曰、卜式相齊一語、於文前後不相蒙、而大意自聯貫、愚按卜式相齊、不在京師、無復言聚斂之害者、前後呼應、是史公文章之妙、中家
以上、大抵皆遇告。【考證】周壽昌曰、中家、猶文帝所云中人產也、杜周治之、獄少反者。
【集解】如淳曰、治匿緡之罪、其獄少有反者、【索隱】反、音番、反、謂反使從輕也、案劉德爲京兆尹、每行縣多所平反、是也、【考證】反、翻前案也、非稍輕之謂、乃分
遣御史廷尉正監、分曹往。【索隱】如淳云、曹、輩也、謂分曹輩而出爲使也、【考證】漢百官表、廷尉秦官、掌刑辟、有正左右監、
漢書、誤重往字、卽治郡國緡錢、得民財物以億計、奴婢以千萬數、田、
大縣數百頃、小縣百餘頃、宅亦如之。於是商賈中家以上、大
率破、民偸甘食好衣、不事畜藏之產業。【考證】顏師古曰、偸、苟且也、而縣官
有鹽鐵緡錢之故、用益饒矣。益廣關、置左右輔。【集解】徐廣曰、元鼎三年丁卯歲、徙
函谷關於新安東界、【考證】百官表、元鼎四年、更置二輔都尉、都尉丞各一人、何焯曰、始之以重斂、繼之以奪攘、其貪者既爲盜賊、富者知不可保、亦爲不終之計、武帝之不亡者、
賴祖宗休養之澤深耳、初大農筦鹽鐵官布多。置水衡、欲以主鹽鐵。【集解】布、謂

泉布、【考證】官布、官錢也、及楊可告緡錢、上林財物衆。乃令水衡主上林。上
林既充滿益廣。是時越欲與漢用船戰逐。【集解】韋昭曰、戰鬬馳逐也、乃大
修昆明池、列觀環之、治樓船高十餘丈、旗幟加其上、甚壯。
【索隱】蓋始穿昆明池、欲與滇王戰、今乃更大修之、將與南越呂嘉戰逐、故作樓船、於是楊僕有將軍之號、又下云、因南方樓船卒二十餘萬擊南越也、昆明池有豫章館、豫章、地
名、以言將出軍於豫章也、【考證】昆明池所作樓船、雖以習水戰、不過用爲游觀、索隱非是、說詳下文、於是天子感之、乃作柏
梁臺、高數十丈。宮室之修、由此日麗。【考證】漢書武紀、作柏梁臺、在元鼎二年、顏師古曰、三輔舊事云、以
香柏爲之、乃分緡錢諸官、而水衡、少府、大農、太僕、各置農官、往往
卽郡縣比沒入田田之、【索隱】比者所沒入之田也、【考證】顏師古曰、卽、就也、其沒入奴婢、分
諸苑養狗馬禽獸、及與諸官。【考證】漢舊儀、武帝時、官奴婢及天下貧民貲不滿五千、徙置苑中養鹿、因收取鹿矢、人
日五錢、到元帝時七十億萬、以給軍擊西域、諸官益雜置多。【集解】如淳曰、水衡少府太僕司農、皆有農官、是爲多、【考證】漢志、無諸

字、張文虎曰、雜、從北宋本、與食貨志合、各本譌新、顏師古曰、謂雜置官員分衆事耳、非農官也、中井積德曰、雜置多、承上文置農官、而曰益、可知不特農官也、徙奴
婢衆、而下河漕度四百萬石。【索隱】樂產云、度、猶運也、【考證】梁玉繩曰、他本徙多作徙、與漢志合、此譌、愚按梁說非
也、徙奴婢、謂沒入奴婢自郡國徙者、顏師古曰、度、計也、音大各反、及官自糴、乃足。【索隱】按謂天子所給廩食者多、故官自糴乃足也、
【考證】中井積德曰、合河漕與官糴用乃足也、所忠言世家子弟富人、【集解】如淳曰、世家、世世有祿秩家、【索隱】所忠、人姓名、
服虔云、掌故官、取書於司馬相如者、封禪書、公孫卿因所忠言寶鼎、是也、唯姚察獨以爲所患、非也、或鬭雞、走狗馬、弋獵博戲、
亂齊民。【索隱】晉灼云、中國被敎整齊之人也、【考證】齊、等也、若言平民、乃徵諸犯令。相引數千人。命
曰株送徒。入財者得補郞、郞選衰矣。【集解】應劭曰、株、根本也、送、引也、如淳曰、株、根蔕也、諸坐博戲事決
爲徒者、能入錢、得補郞也、或曰、先至者爲根、【索隱】李奇云、先至者爲魁株、應劭云、株、根本也、送、當作選、選、引也、應李二音是、先至之人、令之相引、似若得其株本、則枝葉自窮、故
曰株送徒、又文穎曰、凡鬭雞勝者爲株、傅云、陽溝之雞、三歲爲株、今則鬭雞走馬者用之、因其鬭雞本勝時名、故云株送徒者也、【考證】中井積德曰、諸犯、犯事非一、又曰、株送、意
如拔茅也、蓋灌木及草、一株或數十百莖、故悉其類送之、命爲株送耳、徙、謂罪人也、卽囚徒矣、非徒刑、愚按、株送徒句、入財者以下、別是一事、是時山東

被河菑、及歲不登數年、人或相食、方一二千里。天子憐之。【考證】漢武紀、關東水災、在元鼎二年、人相食、在三年、此併敍、漢志一二千里、作二三千里、詔曰。江南火耕水耨。【集解】應劭曰、燒草下水種稻、草與稻竝生、高七八寸、因悉芟去、復下水灌之、草死、獨稻長、所謂火耕水耨也、【考證】貨殖傳云、楚越之地、地廣而人希、飯稻羹魚、火耕而水耨、鹽鐵論通有篇云、荊揚南有桂林之饒、內有江湖之利、伐木而樹穀、燔萊而播粟、火耕而水耨、愚按、先以火焚草、然後植之以苗、灌之以水、則土肥而苗長、及雜草生、輒除去之、令飢民得流就食江・淮閒。欲留留處。【考證】張文虎曰、下留、從北宋本、與漢志合、各本譌之、顏師古曰、流、謂恣其行移若水之流、愚按、漢武紀、錄此詔于元鼎二年、文更詳、遣使冠蓋相屬於道、護之、下巴・蜀粟以振之。其明年、天子始巡郡國、東度河。河東守不意行至。不辨。自殺。【考證】不辨、供張不具也、行西踰隴。隴西守以行往卒、天子從官不得食。隴西守自殺。【集解】漢書音義曰、踰、度也、卒、倉卒也、【考證】王先謙曰、幸河東、在元朔四年、西踰隴、在五年、此併敍之、於是上北出蕭關、從數萬騎、獵新秦中、以勒邊兵而歸。新秦中或千里

無亭徼。【集解】如淳曰、徼、亦卒求盜之屬也、晉灼曰、徼、塞也、瓚曰、既無亭候、又不徼循、無衞邊之備也、【考證】徼、晉說是、於是誅北地太守以下、而令民得畜牧邊縣。【集解】漢書音義曰、令民得畜牧於邊縣也、瓚曰、先是新秦中千里無民、畏寇不敢畜牧、令設亭徼、故民得畜牧也、官假馬母、三歲而歸、及息什一、以除告緡、用充仞新秦中。【集解】李奇曰、邊有官馬、今令民能畜官母馬者、滿三歲歸之也、及有蕃息、與當出緡算者、皆復令居新秦中、又充仞之也、謂與民母馬、令得爲馬種、令十母馬還官一駒、此爲息什一也、瓚曰、前以邊用不足、故設告緡之令、設亭徼邊民無警、皆得田牧新秦中、已充、故除告緡、不復取於民也、【考證】岡白駒曰、十母一駒、其息爲輕、所以優遇邊民也、中井積德曰、除告緡、特謂邊縣畜牧出息之民也、非總罷告緡、下文入粟處、亦言不告緡、可以見、既得寶鼎、立后土・太一祠。公卿議封禪事。【集解】徐廣曰、元鼎四年、立后土、五年、立泰時、【考證】詳于封禪書、而天下郡國、皆豫治道橋、繕故宮。及當馳道縣、縣治官儲、設供具、而望以待幸。【考證】漢志、官儲作宮儲、淩稚隆曰、蓋河東隴之守、以不辨抵罪、其明年、南越反、西羌侵邊爲桀。【考證】元鼎五年、於是天子爲山東不贍、赦天下、【考證】漢志、下下有囚字、因南

方樓船卒二十餘萬人、擊南越、【考證】方苞曰、昆明池所作樓船、雖以習水戰、不過爲游觀、而近粵之地、別有習戰之樓船、故特言南方樓船卒以別之、南越傳、令罪人及江淮以南樓船十萬師往討之、是也、索隱謂卽昆明池樓船二十餘萬人、豈昆明池所能容乎、梁玉繩曰、南越傳及漢書武紀、擊南越樓船十萬人、此非也、漢志仍其誤、數萬人發三河以西騎擊西羌。【考證】漢志、無數萬人三字、似當衍、卽有、亦宜在騎字下、而武紀是十萬人、又數萬人、渡河築令居。【索隱】令音零、姚氏音連、韋昭云、金城縣、初置張掖・酒泉郡。【集解】徐廣曰、元鼎六年、【考證】梁玉繩曰、武紀元狩二年、匈奴昆邪王來降、以其地爲酒泉郡、與武威郡共置、地理志謂酒泉郡太初元年開、武威郡太初四年開者誤也、元鼎六年、分武威爲張掖郡、與分酒泉爲敦煌郡共置、地理志謂張掖郡太初元年開、敦煌郡後元年分者誤也、而此書謂置張掖酒泉、皆在元鼎六年、不但以酒泉之建居于張掖之後、且以分置之張掖誤同于始置之酒泉矣、而漢志亦仍此誤、王先謙曰、酒泉字誤、當作敦煌、而上郡・朔方・西河・河西開田官、斥塞卒六十萬人、戍田之。【集解】如淳曰、塞候斥卒、【考證】顏師古曰、開田、始開屯田也、斥塞、廣塞令郤、初置二郡、故塞更廣也、以開田之官、廣塞之卒、戍而田之也、中國繕道餽糧、遠者三千、近者千餘里、皆仰給大農。邊兵不足。【考證】兵、兵器、乃發武庫工

官兵器以贍之。車騎馬乏絕。縣官錢少、買馬難得。乃著令、令封君以下至三百石以上吏、以差出牝馬。天下亭亭有畜牸馬。歲課息。【考證】錢大昭曰、昭帝始元五年、罷天下亭母馬、是也、齊相卜式上書曰。臣聞主憂臣辱。【考證】國語越語、范蠡曰、爲人臣者、君憂臣勞、君辱臣死、韓非子又云、主辱臣苦、上下相與同憂久矣、南越反。臣願父子與齊習船者往死之。天子下詔曰。卜式雖躬耕牧、不以爲利。有餘、輒助縣官之用。今天下不幸有急。而式奮願父子死之。雖未戰、可謂義形於內。賜爵關內侯、金六十斤、田十頃、【考證】漢書卜式傳、錄是詔更詳、六十斤作四百斤、食貨志作四十斤、布告天下。天下莫應。列侯以百數、皆莫求從軍擊羌・越。【索隱】劉氏言共多以百而數、故坐酎金失侯者一百六人、至酎、少府省金。【集解】如淳曰、省視諸侯金、有輕有重也、或曰、至嘗酎飲宗廟時、少府視其金多少也、【考證】漢書景紀元年、高廟酎奏五德文始五行之舞、武紀元鼎五年九月、列侯坐獻黃金酎祭宗廟不

如法、奪爵者百六人、張晏注、正月旦作酒、八月成、名曰酎、酎之言純也、服虔注、因八月獻酎祭宗廟、使諸侯各獻金助祭也、顏師古注、酎、丈救反、三重醸醇酒也、中井積德曰、省金、察其美惡也、又曰、酎金非大罪、而皆失侯者、武帝有怨怒於諸侯也、非特帝之貪毒也、而列侯坐酎金失侯者百餘人。【集解】如淳曰、漢儀注、王子爲侯、侯歲以戶口酎黃金於漢廟、皇帝臨受獻金以助祭、大祀日飮酎、飮酎受金、金少不如斤兩、色惡、王削縣、侯免國、乃拜式爲御史大夫。【集解】徐廣曰、元鼎六年、式既在位、見郡國多不便縣官作鹽鐵、鐵器苦惡、賈貴、【集解】瓚曰、謂作鐵器、民患苦其不好、【索隱】器苦惡、苦、音苦楛反、言苦其器惡而買賣也、言器苦窳不好、凡病之、器云苦窳、音庾、語見本紀、苦如字讀、亦通也、【考證】張文虎曰、索隱本無一鐵字、與漢志合、此衍、方苞曰、器苦惡、而買又貴也、愚按苦、音盬、或彊令民賣買之、【考證】漢志、無賣字、而船有算、商者少、物貴、乃因孔僅言船算事。上由是不悅卜式。漢連兵三歲、誅羌滅南越、番禺以西至蜀南者、置初郡十七。【集解】徐廣曰、南越爲九郡、駰案晉灼曰、元鼎六年、定越地、以爲南海、蒼梧、鬱林、合浦、交趾、九眞、日南、珠崖、儋耳郡、定西南夷、以爲武都、牂柯、越嶲、沈犂、汶山郡、及地理志西南夷傳、所置犍爲、零陵、益州郡、凡十七也、且以其故俗治、毋賦稅。南

陽漢中以往郡、各以地比給初郡吏卒奉食幣物傳車馬被具。【索隱】比、音鼻、南陽漢中已往之郡、各以其地比近給初郡、初郡、卽西南夷初所置之郡、奉、扶用反、包氏同、【考證】岡白駒曰、各以地比、至車馬被具十八字、當連爲一句、愚按比、比鄰之比、地比、地與初郡近接也、王先謙曰、被具、文不成義、當作傳車駕被具、言傳車駕車被馬之物皆具也、郊祀志兩言駕被具、是其證、駕字脫上半、故訛爲馬耳、愚按漢志亦作馬、被具、言傳車馬之被具、不必改其字、而初郡時時小反、殺吏。漢發南方吏卒往誅之。間歲萬餘人。費皆仰給大農。大農以均輸調鹽鐵助賦。故能贍之。然兵所過縣、爲以訾給毋乏而已。不敢言擅賦法矣。【集解】徐廣曰、擅一作經、經、常也、惟取用足耳、不暇顧經常法則也、【考證】然兵以下、漢志、作然兵所過縣、縣以爲訾給毋乏而已、不敢言輕賦法矣、何焯曰、擅賦法、謂常法正供外、擅取諸民、以訾給所過軍也、方苞曰、軍所過、縣吏擅賦法以多取於民、而衆亦不敢以爲言也、愚按縣字不必重、以爲、漢志似長、擅賦、史記爲長、訾、貲通、其明年、元封元年、卜式貶秩爲太子太傅。而桑弘羊爲治粟都尉、領大農、盡代僅筦天下鹽鐵。【考證】劉敞曰、大司農、舊治粟都尉耳、弘羊爲搜粟都尉也、愚按僅、孔僅、弘

羊以諸官各自市、相與爭、物故騰躍、【考證】方苞曰、先是水衡、少府、太僕、大農、分受緡錢、弘羊欲併歸大農也、諸官各自市者、儲以待用、及貴而糶之也、而天下賦輸、或不償其僦費。【索隱】不償其僦、服虔云、雇載云僦、言所輸物不足償其雇載之費也、僦、音子就反、【考證】中井積德曰、僦假車馬而運轉、故謂給費爲僦費也、乃請置大農部丞數十人、分部主郡國、各往往縣置均輸鹽鐵官、【考證】錢大昭曰、河東有均輸長、見漢書黃霸傳、郡國有鹽官者三十六、有鐵官者五十、皆弘羊請置、愚按漢志、置上無縣字、蓋奪、令遠方各以其物貴時、商賈所轉販者爲賦、而相灌輸、【考證】漢志、物下有如字、貴作異、史文義較明、方苞曰、前此稍置均輸以通貨物、然猶官自輸、故弘羊以爲賦輸或不償其僦費、今曰相灌輸、民以次相輸如灌也、名爲不加賦而私費不啻倍之矣、故當時論其弊、卽謂農民重苦、女工再稅也、置平準于京師、都受天下委輸、【考證】葉德輝曰、續漢志補注引漢官解詁云、委、積也、郡國所積聚金帛貨財、隨時輸送諸司農、曰委輸、以供國用、召工官治車諸器、皆仰給大農、大農之諸官、盡籠天下之貨物、貴卽賣之、賤則買之、如此富商大賈、無所牟大利、則反本、

而萬物不得騰踊。故抑天下物。名曰平準。【集解】如淳曰、牟、取也、【考證】鹽鐵論本議篇、大夫曰、開委府于京、以籠貨物、賤卽買、貴卽賣、是以縣官不失實、商賈無所牟利、故曰平準、平準則民不失職、故平準所以平萬物也、文學曰、縣官猥發、闔門擅市、則萬物竝收、萬物竝收、則物騰躍、騰躍則商賈侔利自市、侔利自市、則吏容姦豪、而富商積貨儲物、以待其急、輕賈姦吏、收賤以取貴、未見準之平也、天子以爲然、許之。於是天子北至朔方、東到太山、巡海上、竝北邊以歸。所過賞賜、用帛百餘萬匹、錢金以巨萬計。皆取足大農。弘羊又請令吏得入粟補官、【考證】梁玉繩曰、漢志作令民得入粟補吏、恐非、觀下文云、令民能入粟甘泉、各有差、以復終身、則此當是吏入粟補官矣、及罪人贖罪。令民能入粟甘泉、各有差、以復終身、不告緡。他郡各輸急處、【索隱】謂他郡能入粟、輸所在急要之處也、【考證】各本、郡下有國字、張文虎曰、索隱本、無國字、與漢志合、而諸農各致粟山東。漕益歲六百萬石、一歲之中、太倉甘泉倉滿。邊餘穀諸物、均輸帛五百萬匹。民不益賦、而天下用饒。於

是弘羊賜爵左庶長、黃金再百斤焉。是歲小旱。上令官求雨。【考證】漢志、黃金再百斤焉、作黃金者再百焉、官上有百字、卜式言曰。縣官當食租衣稅而已。今弘羊令吏坐市列肆、販物求利。【索隱】坐市列、謂吏坐市肆行列之中、【考證】漢志、無肆字、亨弘羊、天乃雨。【考證】凌稚隆曰、一篇結束、借此以斷興利之臣之罪、顧炎武曰、古人作史、有不待論斷、而于序事之中、卽見其指者、惟太史公能之、平準書末載卜式語、王翦傳末載客語、荊軻傳末載魯句踐語、鼂錯傳末載鄧公與景帝語、武安侯田蚡傳末載武帝語、皆史家於敍事中寓論斷法也、

太史公曰。農工商交易之路通而龜貝金錢刀布之幣興焉。所從來久遠。自高辛氏之前尙矣。靡得而記云。【考證】柯維騏曰、太史公此贊、乃平準書之發端耳、上述三代貢賦之常、中列管仲李克富强之術、下及嬴秦虛耗之弊、次及漢事、文理相續、不然則此書首云漢興接秦之弊、似無原因、其贊不敍漢事、似欠結束、漢書食貨志頗採此文、條理甚明、乃知俗本非太史公舊也、所敍武帝事、未竟而遽死、不得成就其書、故其文止于烹弘羊天乃雨、後之人遂截首一段、移爲書末之贊、不恤其文之無章也、姚鼐曰、柯維騏之說、極爲的當、惟云其文止於烹弘羊、天乃雨、爲敍事未竟而遽死、不得成就、則非是、太史公此書以平準爲題、敍至此年置平準、則事窮矣、載卜式之言

以論平準、義亦盡矣、無可復益以長語矣、此書止於元封元年、封禪書止於天漢三年、較平準過十年、以報任安書、少卿抱不測之罪語推之、是征和二年、太史公尙見任安之及禍、又過封禪書十年矣、豈因其死而有未竟哉、太史公本文、謂至是可以止耳、

故書道唐・虞之際、詩述殷・周之世。安寧則長庠序、先本絀末、以禮義防于利。事變多故、而亦反是。是以物盛則衰、時極而轉、【集解】徐廣曰、時、一作衰、一質一文、終始之變也。禹貢九州、各因其土地所宜、人民所多少、而納職焉。湯・武承弊易變、使民不倦、各兢兢所以爲治、而稍陵遲衰微。齊桓公用管仲之謀、通輕重之權、徼山海之業、以朝諸侯、用區區之齊、顯成霸名。【集解】管子、有輕重之法、【考證】漢食貨志云、管仲相桓公、通輕重之權、曰歲有凶穰、故穀有貴賤、令有緩急、故物有輕重、人君不理、則畜賈游於市、乘民之不給、百倍其本矣、故萬乘之國、必有萬金之賈、千乘之國、必有千金之賈者、利有所幷也、計本量委則足矣、然而民有飢餓者、穀有所臧也、民有餘則輕之、故人君斂之以輕、民不足則重之、故人君散之以重、凡輕重斂散之以時、則準平、守準平、使萬室之邑、必有萬鍾之臧、臧繦千萬、千室之邑、必有千鍾之臧、臧繦百萬、

春以奉耕、夏以奉耘、耒耜器械、種饟糧食、必取澹焉、故大賈畜家、不得豪奪吾民矣、桓公遂用區區之齊、合諸侯顯霸名、愚按班氏采管子國蓄篇文、以釋輕重之義、魏用李克、盡地力爲彊君。【考證】貨殖傳云、當魏文侯時、李克務盡地力之敎、魏世家、吳起傳、有李克對魏文侯語、且嘗爲中山守、而不及盡地力之事、孟荀列傳則云、魏有李悝盡地力之敎、漢書食貨志亦云、李悝爲魏文侯作盡地力之敎、王應麟曰、以藝文志考之、李克七篇、在儒家、李悝三十二篇、在法家、盡地力者悝也、非克也、愚按克悝同時、豈悝唱之、而克行之耶、漢食貨志云、李悝爲魏文侯作盡地力之敎、以爲地方百里、提封九萬頃、除山澤邑居參分去一、爲田六百萬畮、治田勤謹、則畮益三升、不勤、則損亦如之、地方百里之增減、輒爲粟百八十萬石矣、又曰、糴甚貴傷民、甚賤傷農、民傷則離散、農傷則國貧、故甚貴與甚賤、其傷一也、善爲國者、使民毋傷、而農益勸、今一夫挾五口、治田百畮、歲收畮一石半、爲粟百五十石、除十一之稅十五石、餘百三十五石、食人月一石半、五人終歲爲粟九十石、餘有四十五石、石三十、爲錢千三百五十、除社閭嘗新春秋之祠、用錢三百、餘千五十、衣人率用錢三百、五人終歲用千五百、不足四百五十、不幸疾病死喪之費、及上賦斂、又未與此、此農夫所以常困、有不勸耕之心、而令糴至於甚貴者也、是故善平糴者、必謹觀歲有上中下孰、上孰其收自四、餘四百石、中孰自三、餘三百石、下孰自倍、餘百石、小飢則收百石、中飢七十石、大飢三十石、故大孰則上糴三而舍一、中孰則糴二、下孰則糴一、使民適足、賈平則止、小飢則發小孰之所斂、中飢則發中孰之所斂、大飢則發大孰之所斂、而糴之、故雖遇饑饉水旱、糴不貴而民不散、取有餘以補不足也、行之魏國、國以富彊、愚按班氏時、李悝之書猶存、故錄其說尤詳、自是之後、天下爭於戰

國、貴詐力而賤仁義、先富有而後推讓。故庶人之富者或累巨萬、而貧者或不厭糟糠。有國彊者、或幷羣小以臣諸侯、而弱國或絕祀而滅世。以至於秦、卒幷海內。虞・夏之幣、金爲三品。【索隱】卽下或黃、或赤白、黃、黃金也、白、白銀也、赤、赤銅也、竝見食貨志、【考證】書禹貢、楊州荊州竝貢金三品、史公蓋據此以爲虞夏之幣也、或黃、或白、或赤、或錢、或布、【集解】如淳曰、布於民閒也、或刀、【集解】如淳曰、名錢爲刀者、以其利於民也、或龜貝。【索隱】按錢本名泉、言貨之流如泉也、故周有泉府之官、及景王乃鑄大錢、布者、言貨流布、故周禮有二夫之布、食貨志、貨布首長八分、足支八分、刀者錢也、食貨志、有契刀錯刀、形如刀、長二寸、直五千、以其形如刀、故曰刀、以其利於人也、又古者貨貝寶龜、食貨志有十朋五貝、皆用爲貨、其各有多少、元龜直十貝、故直二千一百六十、已下各有差也、【考證】王鳴盛曰、漢書食貨志云、太公爲周立九府圜法、黃金方寸而重一斤、錢圜函方、輕重以銖、布帛廣二尺二寸爲幅、長四丈爲匹、故貨寶於金、利於刀、流於泉、布於布、束於帛、據此則周人所用貨幣、凡有四種、或曰布亦名錢者、天官外府、掌邦布之入出、鄭康成注、布、泉也、其藏曰泉、其行曰布、賈疏、一物兩名、是也、而與此處所言布帛之布不同、言豈一端而已、各有所當也、元帝時貢禹言、鑄錢采銅、民心動搖、棄本逐末、宜罷鑄錢、毋復以幣、租稅祿賜、皆以布帛及穀、使百姓壹意農桑、議者以交易待錢、布帛不可尺寸分

裂、禹議亦寢、然卽此可見古固有以布帛爲市者、而布固非錢也、愚按古又以龜爲幣、故易云、或錫之十朋之龜、又以貝爲幣、故財貨貢賦賄賂購買貲賚貰貸貧貪販賈等字皆從貝、禽獸害人、出入佩刀、是刀亦有爲幣之時、中井積德曰、索隱契刀錯刀、是王莽之制、不當以解古文貨布、長二寸五分亦然、其引班志、於本文無所當、亦莽制云、

及至秦、中一國之幣爲三等、黃金以溢名、爲上幣、【集解】孟康曰、二十兩爲溢、【考證】姚範曰、中、猶分也、愚按、折中之中、徐孚遠曰、名爲三等、止敘其二、不及中幣、恐三字誤也、愚按毛本及漢志作二、銅錢識曰半兩、重如其文、爲下幣。【考證】二十四銖爲兩、半兩錢重十二銖、而珠玉龜貝銀錫之屬、爲器飾寶藏、不爲幣。然各隨時而輕重無常。於是外攘夷狄、內興功業、海內之士、力耕不足糧饟、女子紡績不足衣服。古者嘗竭天下之資財以奉其上、猶自以爲不足也、無異故云。【考證】也下添者字看、張文虎曰、無異故、猶言無它故也、岡白駒曰、此引始皇事也、婉言曰古者、或於無異絕句、非、事勢之流、相激使然。曷足怪焉。【考證】黃震曰、平準者、桑弘羊籠天下貨、官自爲商賈買賣於京師之名也、蓋漢更文景恭儉、至武帝初、公私之富極矣、自開西南夷滅朝鮮、至置初郡、自設謀馬

邑、挑匈奴、至大將軍驃騎將軍連年出塞、大農耗竭、猶不足以奉戰士、乃賣爵、乃更錢幣、乃算舟車、而事益煩、財益屈、宜天下無可枝梧之術矣、未幾孔僅、東郭咸陽乘傳行天下鹽鐵、楊可告緡徧天下、得民財物以億計、而縣官之用反以饒、而宮室之修、於是日麗、鑿無爲有、逢君之惡、小人之術何怪也、然漢自是連兵三歲、費皆仰給大農、宜無可復繼之術矣、又未幾桑弘羊領大農置平準、於是天子北至朔方、東至泰山、巡海上、巡北邊以歸、用帛百餘萬疋、錢金以巨萬計、又一歲之中、太倉甘泉倉皆滿、而邊餘穀、其始愈取而愈不足於用、及今愈用而反愈有餘、小人之術、展轉無窮、又何怪之甚也、嗚呼、武帝五十年間、因兵革而財用耗、因財用而刑法酷、沸四海而爲鼎、生民無所措手足、迨至末年、平準之置、則海內蕭然、戶口減半、陰奪於民之禍、於斯爲極、遷備著始終相因之變、特以平準名書、而終之曰、烹弘羊、天乃雨、嗚呼旨哉、

【索隱】述贊、平準之立、通貨天下、既入縣官、或振華夏、其名刀布、其文龍馬、增算告緡、裒多益寡、弘羊心計、卜式長者、都內充殷、取贍郊野、

平準書第八　史記三十

文學博士瀧川龜太郎著

史記會注考證

史記會注考證卷三十一

漢　太史令　司馬遷　撰

宋　中郎外兵曹參軍　裴駰　集解

唐　國子博士弘文館學士　司馬貞　索隱

唐　諸王侍讀率府長史　張守節　正義

日本　出雲　瀧川資言　考證

吳太伯世家第一　史記三十一

[索隱]系家者、記諸侯本系也、言其下及子孫、常有國、故孟子曰、陳仲子齊之系家、又董仲舒曰、王者封諸侯、非官之也、得以代爲家也、[正義]世家者、志曰、謂世世有祿秩

之家、案累世有爵土封國、故孟子云、陳仲子齊之世家也、[考證]史公自序云、太伯避歷、江蠻是適、文武攸興、古公王跡、闔廬弒僚、賓服荊楚、夫差克齊、子胥鴟夷、信嚭親越、吳國既滅、嘉伯之讓、作吳世家、劉知幾曰、馬遷之記諸國也、其編次之體、與本紀不殊、蓋欲抑彼諸侯、異乎天子、故假以他稱、名爲世家耳、愚按、孟子所謂世家、猶言世祿之家、以稱侯王將相及聖賢名世者、與本紀列傳對言、蓋自史公創、趙甌北引衞世家贊世家言、以爲自古有此稱、不知世家言三字、又見管蔡陳杞各世家、史公自稱其書也、

吳太伯、[集解]韋昭曰、後武王追封爲吳伯、故曰吳太伯、[索隱]國語曰、黃池之會、晉定公使謂吳王夫差曰、夫命圭有命、固曰吳伯、不曰吳王、是吳本伯爵也、范甯解論語曰、太者善大之稱、伯者長也、周太王之元子、故曰太伯、稱仲雍季歷、皆以字配名、則伯亦是字、又是爵、但其名史籍先闕耳、[正義]吳、國號也、太伯居梅里、在常州無錫縣東南六十里、至十九世孫壽夢居之、號句吳、壽夢卒、諸樊南徙吳、至二十一代孫光、使子胥築闔閭城、都之、今蘇州也、[考證]中井積德曰、索隱云、吳本伯爵、按吳是子爵矣、春秋經傳可證、國語恐不足據、太伯弟仲雍、[索隱]伯仲季、是兄弟次第之字、若表德之字、意義與名相符、則系本曰、吳孰哉居蕃離、宋忠曰、孰哉、仲雍字、蕃離、今吳之餘暨也、解者云、雍是孰食、故曰雍字孰哉也、皆周太王之子、而王季歷之兄也。季歷賢、而有聖子昌、太王欲立季歷以及昌。於是太伯・仲雍二人、乃犇荊蠻、文身斷髮、示不可用、以避季歷。[集解]應劭曰、常在水中、故斷其髮、文其

身、以象龍子、故不見傷害、[正義]江熙云、太伯少弟季歷、生文王昌、有聖德、太伯知其必有天下、故欲傳國於季歷、以太王病、託採藥於吳越不反、太王薨而季歷立、一讓也、季歷薨而文王立、二讓也、文王薨而武王立、遂有天下、三讓也、又釋云、太王病、託採藥、生不事之以禮、一讓也、太王薨而不反、使季歷主喪、不葬之以禮、二讓也、斷髮文身、示不可用、使歷主祭祀、不祭之以禮、三讓也、[考證]左傳僖五年云、大伯虞仲、大王之昭也、大伯不從、是以不嗣、哀七年云、大伯端委、以治周禮、仲雍嗣之、斷髮文身、臝以爲飾、論語泰伯篇、子曰、泰伯其可謂至德也已矣、三以天下讓、民無得而稱焉、微子篇、謂虞仲夷逸、隱居放言、身中清、廢中權、王應麟曰、左傳言太伯端委、仲雍斷髮、史記云、二人皆文身斷髮、示不可用、與傳異、崔述曰、大王周之賢主也、廢長立少、庸主猶或不爲、況大王乎、聖人之生、固有異於常兒、然其德亦必待壯而後成、生而有聖德、特國語列女傳事後推崇之爾、豈得以此爲據也哉、且大王安知王季之必傳之文王也哉、己既欲廢長而立少矣、安知王季之不亦然、況大伯之德、固自足以興周、而何爲舍之而待夫不可必立之文王乎、由是言之、大伯之讓王季、乃大伯自欲讓之耳、又按、詩云、柞棫斯拔、松柏斯兌、帝作邦作對、自大伯王季、似大伯已嘗君周而後讓之王季、論語記逸民、有虞仲而無大伯、亦似獨虞仲未嘗爲君者、或大伯既立之後、讓之虞仲、虞仲逃之、而後讓之王季乎、春秋傳又云、大伯端委以治周禮、仲雍嗣之、斷髮文身、祼以爲飾、然則斷髮文身、亦非大伯事矣、愚按、論語既曰泰伯以天下讓、春秋傳亦曰大伯不嗣、則泰伯未嘗君周明矣、詩曰自大伯王季者、言天生兄弟以興周室耳、詩人義泰伯讓位、特存其名於此、亦未可知也、季歷果立。是爲王季。而昌爲文王。太伯之犇荊蠻、自號句吳。[集解]宋衷

曰、句吳、太伯始所居地名、【索隱】荊者、楚之舊號、以州而言之曰荊、蠻者閩也、南夷之名、蠻亦稱越、此言自號句吳、吳名起於太伯、明以前未有吳號、地在楚越之界、故稱荊蠻、顏師古注漢書、以吳言句者、夷語之發聲、猶言於越耳、此言號句吳、當如顏解、而注引宋忠以爲地名者、系本居篇曰、孰哉居蕃離、孰姑徙句吳、宋氏見史記有太伯自號句吳之文、遂彌縫解彼云、是太伯始所居地名、裴氏引之、恐非其義、蕃離既有其地、句吳何總不知眞實、吳人不聞別有城邑曾名句吳、則系本之文、或難依信、吳地記曰、泰伯居梅里、在閶閭城北五十里許、【正義】宋忠世本注云、句吳、太伯所居地名也、荊蠻義之、從而歸之千餘家。立爲吳太伯。太伯卒。【集解】皇覽曰、太伯冢在吳縣北梅里聚、去城十里、【正義】括地志、太伯冢在吳縣北五十里無錫縣界西梅里鴻山上、去太伯所居城十里、無子。弟仲雍立。是爲吳仲雍。仲雍卒。【索隱】吳地記曰、仲雍冢在吳鄉常孰縣西海虞山上、與言偃冢竝列、【考證】吳虞同音相通、詩不吳不敖、史封禪書作不虞不驁、可證、吳仲雍、論語左傳所謂虞仲也、子季簡立。季簡卒。子叔達立。叔達卒。子周章立。是時周武王克殷、求太伯仲雍之後、得周章。周章已君吳。因而封之。乃封周章弟虞仲於周之北故夏虛。【集解】徐廣曰、在河東大陽縣、是爲虞仲。【索隱】夏都安邑、虞仲都大陽之虞城、在安邑南、故曰夏虛、左傳曰、太伯

虞仲、太王之昭、則虞仲是太王之子必也、又論語稱虞仲夷逸隱居放言、是仲雍稱虞仲、今周章之弟亦稱虞仲者、蓋周章之弟字仲、始封於虞、故曰虞仲、則仲雍本字仲、而爲虞仲之始祖、故後代亦稱虞仲、所以祖與孫同號也、【正義】周本紀云、古公有長子曰太伯、次曰虞仲、左傳云、太伯虞仲、太王之昭、按周章弟亦稱虞仲、當是周章弟仲初封於虞、號曰虞仲、然太伯弟仲雍亦稱虞仲者、當是周章弟封於虞、仲雍是其始祖、後代人以國配仲、故又號始祖爲虞仲、【考證】顧炎武曰、虞仲仲雍之曾孫、殷時諸侯有虞國、所謂虞芮質厥成者、武王時國滅、而封周章弟於其故墟、乃有虞仲之名耳、列爲諸侯。周章卒。子熊遂立。【考證】梁玉繩曰、吳越春秋、章子熊、熊子遂、是二代、熊遂卒。子柯相立。【正義】柯、音歌、相、音相匠反、柯相卒。子彊鳩夷立。彊鳩夷卒。子餘橋疑吾立。【正義】橋、音蹻驕反、【考證】吳越春秋、橋作喬、餘橋疑吾卒。子柯盧立。柯盧卒。子周繇立。【正義】繇、音遙、又音由、【考證】吳越春秋、盧作廬、周繇卒。子屈羽立。【正義】屈、居勿反、屈羽卒。子夷吾立。夷吾卒。子禽處立。禽處卒。子轉立。【索隱】譙周古史考云、柯轉、【考證】梁玉繩曰、吳越春秋轉作專、字省耳、轉卒。子頗高立。【索隱】古史考、作頗夢、頗高卒。子句卑立。【索隱】古史考云、畢軫、【考證】梁玉繩曰、吳越春秋作句畢、是時晉獻公滅

周北虞公。以開晉伐虢也。【索隱】春秋經僖公五年、冬、晉人執虞公、左氏二年傳曰、晉荀息請以屈產之乘與垂棘之璧假道伐虢、宮之奇諫、不聽、虞公許之、且請先伐之、遂伐虢、滅下陽、五年傳曰、晉侯復假道伐虢、宮之奇諫、不聽、以其族行、曰、虞不臘矣、八月甲午、晉侯圍上陽、冬十有二月、滅虢、師還、遂襲虞滅之也、【正義】晉滅虞虢、在周惠王之二十二年、從武王元年至滅、四百七十八年、【考證】是歲以下本僖五年春秋經傳、北虞、卽周章弟仲封於夏墟者、下文又稱之中國之虞、句卑卒。子去齊立。去齊卒。子壽夢立。【正義】壽夢、莫公反、當周簡王元年、左傳吳子乘卒、杜預云、壽夢也、左傳及世本又云、吳孰姑壽夢也、世謂孰夢諸也、春秋傳壽作孰、音相近、姑之言諸也、毛詩傳讀月諸爲月姑、是以知姑爲諸也、則知孰姑壽夢一人耳、又名乘、【考證】春秋書吳子乘卒、則當乘其名、壽夢其號、顧炎武云、壽夢非號也、一言爲乘、二言爲壽夢、果如顧說、則僚爲州于、光爲闔閭、亦可謂合音乎、梁玉繩曰、史于壽夢諸樊闔盧之立、皆舍名稱號、非例也、壽夢立、而吳始益大。稱王。自太伯作吳五世、而武王克殷。封其後爲二。其一虞。在中國。其一吳。在夷蠻。十二世而晉滅中國之虞。中國之虞滅二世、而夷蠻之吳興。【正義】中國之虞滅後二世、合七十一年、至壽夢而興大稱王、大凡從太伯至壽夢十九世。【索隱】壽夢、是仲雍十九代孫也、王

壽夢二年。【索隱】自壽夢已下、始有其年、春秋唯記卒年、計二年、當成七年也、【考證】俞樾曰、春秋之世、吳楚稱王、然夷狄大國、無不稱王者、秦本紀襄公元年、以女弟繆嬴爲豐王妻、秦寧公三年、與亳戰、亳王奔戎、皇甫謐曰、亳王號湯、西夷之國也、秦穆公三十四年、戎王使由余於秦、厲共公十六年、伐大荔、取其王城、三十三年、伐義渠、虜其王、孝公元年、西斬戎之獂王、然則吳楚之稱王、亦沿夷狄之俗耳、齊桓不以稱王責楚、其以此乎、楚之亾大夫申公巫臣、怨楚將子反而犇晉。自晉使吳、教吳用兵乘車、令其子爲吳行人。【集解】服虔曰、行人、掌國賓客之禮籍、以待四方之使、賓大客、受小客之幣辭、【索隱】左傳魯成二年曰、巫臣使齊、及鄭、使介反幣、而以夏姬行、遂犇晉、七年傳曰、子重子反、殺巫臣之族而分其室、巫臣遺二子書曰、余必使爾罷於奔命以死、巫臣使於吳、吳子壽夢悅之、乃通吳于晉、教吳乘車、教之戰陳、教之叛楚、寘其子狐庸焉、使爲行人、吳始伐楚、伐巢、伐徐、馬陵之會、吳入州來、子重子反、於是乎一歲七奔命、是【考證】三條本車下有戰字、中井積德曰、怨子反、在出奔後、非怨而奔、史筆失前後、又曰、行人掌出使、故曰行人、若待賓客、其餘事耳、非職之主、張文虎曰、集解使賓之賓、周禮作擯、吳於是始通於中國。吳伐楚。【考證】楚之亡大夫以下、本成公七年左傳、十六年、楚共王伐吳至衡山。【集解】杜預曰、吳興烏程縣南也、【索隱】春秋經襄三年、楚公子嬰齊帥師伐吳、左傳曰、楚子重伐吳、爲簡之師、克鳩茲至于衡山、也、【考證】十六年以下、采襄公三年左傳、錢大昕曰、烏程、吳之南境、楚兵不能深入至此、

今當塗縣北有横山、卽春秋之衡山也、二十五年、王壽夢卒。[索隱]襄十二年經曰、秋九月、吳子乘卒、左傳曰、壽夢、計從成六年至此、正二十五年、系本曰、吳孰姑徙句吳、宋忠曰、孰姑、壽夢也、代謂祝夢乘諸也、壽孰音相近、姑之言諸也、毛詩傳、讀姑爲諸、知孰姑壽夢是一人、又名乘也、[考證]采左傳襄十二年經傳、壽夢有子四人。長曰諸樊。[索隱]春秋經、書吳子遏、左傳稱諸樊、蓋遏是其名、諸樊是其號、公羊傳遏作謁、次曰餘祭。次曰餘昧。[索隱]左傳曰、閽戕戴吳、杜預曰、戴吳、餘祭也、又襄二十八年左傳、齊慶封奔吳、句餘與之朱方、杜預曰、句餘、吳子夷末也、計餘祭以襄二十九年卒、則二十八年賜慶封邑、不得是夷末、且句餘、餘祭、或謂是一人、夷末惟史記公羊作餘昧、左氏及穀梁竝爲餘祭、夷末句餘音字各異、不得爲一、或杜氏誤耳、[正義]祭、側界反、昧、莫葛反、[考證]梁玉繩曰、餘祭、左傳襄二十八年稱句餘、杜注以爲夷末、索隱謂別一人、皆誤、三十一年傳又稱戴吳、蓋音近隨呼耳、夷末之名、左穀春秋竝同、公羊末作昧、史于刺客傳作夷昧、從公羊也、而表與世家作餘昧、夷餘聲近、古文通借、次曰季札。[索隱]公羊傳曰、謁也、餘祭也、夷末也、與季子同母者四人、季子弱而才、兄弟皆愛之、同欲以爲君、兄弟遞相爲君、而致國乎季子、故謁也死、餘祭也立、餘祭也死、夷末也立、夷末也死、則國宜之季子、季子使而亡焉、僚者長庶也、卽之、闔閭曰、將從先君之命與、則國宜之季子也、如不從君之命、則宜立者我也、僚惡得爲君乎、於是使專諸刺僚、史記壽夢四子、亦約公羊文、但以僚爲餘昧子、爲異耳、左氏其文不明、服虔用公羊、杜預依史記及吳越春秋、下注徐廣引系本曰、夷昧及僚、夷昧生光、檢系本今無此語、然按左狐庸對趙文子、謂夷末甚德而度、其天所啓

也、必此君之子孫實終之、若以僚爲末子、不應此言、又光言我王嗣國、是夷昧子、且明是庶子、[考證]中井積德曰、狐庸之言、不悉應焉、然亦唯言王僚有國而已、意實未及于孫矣、不當以孫之不應別立論、季札賢。而壽夢欲立之。季札讓不可。於是乃立長子諸樊、攝行事當國。[考證]以上本襄公二十九年公羊傳、王諸樊元年、[集解]世本曰、諸樊徙吳也、諸樊已除喪、讓位季札。季札謝曰。曹宣公之卒也、諸侯與曹人不義曹君。[集解]服虔曰、宣公、曹伯盧也、以魯成公十三年會晉侯伐秦、卒于師、曹君、公子負芻也、負芻在國、聞宣公卒、殺太子而自立、故曰不義之也、將立子臧。子臧去之、以成曹君。[集解]服虔曰、子臧、負芻庶兄、[索隱]成十三年左傳曰、曹宣公卒于師、曹人使公子負芻守、使公子欣時逆喪、秋、負芻殺其太子而自立、杜預曰、皆宣公庶子也、負芻、成公也、欣時、子臧也、十五年傳曰、會于戚、討曹成公也、執而歸諸京師、諸侯將見子臧於王而立之、子臧曰、前志有之、曰、聖達節、杜預曰、聖人應天命、不拘常禮也、次守節、杜預曰、謂賢者也、下失節、杜預曰、愚者妄動也、爲君非吾節也、雖不能聖、敢失守乎、遂逃奔宋、君子曰。能守節矣。[索隱]君子者、左丘明所爲史評仲尼之詞、指仲尼爲君子也、[考證]張照曰、季札聘魯、孔子八歲、讓國時孔子未生也、其引子臧之事、何遽得孔子論斷之語而稱之、左氏于孔子論斷、類皆明著其說、其稱君子曰者、是記當時之君子有此語耳、或以爲邱明自謂、或以君子爲孔子、

皆未達左氏之義也、君義嗣、[集解]王肅曰、義、宜也、嫡子嗣國、得禮之宜、杜預曰、諸樊嫡子、故曰義嗣、[考證]龜井昱曰、自不義曹君來、誰敢干君。有國非吾節也。札雖不材、願附於子臧之義。[考證]楓山、三條本、義下有以無失節四字、吳人固立季札。季札弃其室而耕。乃舍之。[索隱]諸樊元年已除喪、至乃舍之、皆襄十四年左氏傳、[正義]舍、音捨、秋、吳伐楚。楚敗我師。[考證]梁玉繩曰、是年爲諸樊二年、當魯襄十四年、是楚伐吳、吳敗楚師、若吳伐楚而敗、乃前年事也、此誤、四年、晉平公初立。[索隱]左傳襄十六年春、葬晉悼公、平公卽位、是也、[考證]梁玉繩曰、世家于各國之事、有附書在當年者、有追書往年者、挂一漏萬、殊無義例、豈皆本舊史、如春秋傳所云告則書、不然則否邪、十三年、王諸樊卒。[索隱]春秋經襄二十五年十有二月、吳子遏伐楚、門于巢卒、左傳曰、吳子諸樊伐楚、以報舟師之役、門于巢、巢牛臣曰、吳王勇而輕、若啓之、將親門、我獲射之、必殪、是君也死、疆其少安、從之、吳子門焉、牛臣隱於短牆以射之、卒、有命授弟餘祭。欲傳以次必致國於季札而止、以稱先王壽夢之意、且嘉季札之義、兄弟皆欲致國、令以漸至焉。[考證]楓山、三條本、止作上、季札封於延陵。故號曰延陵季子。

[索隱]襄三十一年左傳、趙文子問於屈狐庸曰、延州來季子其果立乎、杜預曰、延州來、季札邑也、昭二十七年左傳曰、吳子使延州來季子聘于上國、杜預曰、季子本封延陵、後復封州來、故曰延州來、成七年左傳曰、吳入州來、杜預曰、州來、楚邑、淮南下蔡縣是、昭十三年傳、吳伐州來、二十三年傳、吳滅州來、則州來本爲楚邑、吳光伐滅、遂以封季子也、地理志云、會稽毗陵縣、季札所居、太康地理志曰、故延陵邑、季札所居、栗頭有季札祠、地理志沛郡下蔡縣云、古州來國、爲楚所滅、後吳取之、至夫差遷昭侯於此、公羊傳曰、季子去之延陵、終身不入吳國、何休曰、不入吳朝廷也、此云封於延陵、謂因而賜之以采邑、而杜預春秋釋例土地名則云、延州來闕、不知何故而爲此言也、[考證]中井積德曰、州來、蓋季子之別邑、其采地有兩邑也、非前後遷移、王餘祭三年、齊相慶封有罪。自齊來犇吳。吳予慶封朱方之縣、以爲奉邑、以女妻之、富於在齊。[集解]吳地記曰、朱方、秦改曰丹徒、[考證]事詳于襄二十八年左傳、但慶封先奔魯、而來吳也、又無以女妻之之事、四年、吳使季札聘於魯。[集解]在春秋魯襄公二十九年、[考證]竹添光鴻曰、自盟宋後、中夏諸侯盡朝於楚、吳楚方讎、故歷聘上國、以聯遠交、且以觀諸侯之嚮背也、請觀周樂。[集解]服虔曰、周樂、魯所受四代之樂也、杜預曰、魯以周公故有天子禮樂、[考證]竹添光鴻曰、聘禮記、歸大禮之日、旣受饔餼、請觀、鄭注云、聘於是國、欲見其宗廟之好、百官之富、然則古禮於所聘之國、本有請觀之事、爲歌周南、召南。[集解]杜預曰、此皆各依其本國歌所常用聲曲、曰。美哉。始基

之矣。【集解】王肅曰、言始造王基也、猶未也。【集解】賈逵曰、言未有雅頌之成功也、杜預曰、猶有商紂、未盡善也、【考證】龜井道載曰、言王化未洽也、然勤而不怨。【集解】杜預曰、未能安樂、然其音不怨怒、【考證】龜井昱曰、勤、詩序所謂憂勤、勤勞是也、此語與論語勞而不怨同、二南之時、士民猶有勤勞、如汝墳殷其靁、是勤而不怨之辭也、故聲音亦與時勢人情通矣、歌邶鄘衛。【集解】杜預曰、武王伐紂、分其地爲三監、三監叛、周公滅之、幷三監之地、更封康叔、故三國盡被康叔之化、【正義】漢書地理志云、河內殷之舊都、周既滅殷、分其畿內爲三國、邶以封紂子武庚、鄘管叔尹之、衛蔡叔尹之、以監殷人、謂之三監、又帝王世紀云、自殷都以東爲衛、管叔監之、殷都以南爲鄘、蔡叔監之、殷都以北爲邶、霍叔監之、是爲三監、二說不同、未詳、【考證】三監、正義後說近是、說詳于周本紀、曰。美哉淵乎。憂而不困者也。【集解】賈逵曰、淵、深也、杜預曰、亾國之音、哀以思、其民困、衛康叔武公德化深遠、雖遭宣公淫亂、懿公滅亾、民猶秉義不至於困、【考證】龜井昱曰、有憂而憂、憂也、窮居戚戚、困也、困則失志失身、此遭憂而委頓已、吾聞衛康叔武公之德如是。是其衛風乎。【集解】賈逵曰、康叔遭管叔蔡叔之難、武公罹幽王褒姒之憂、故曰康叔武公之德如是、杜預曰、康叔武公、皆衛之令德君也、聽聲以爲別、故有疑言、【考證】龜井昱曰、楚莊王論周頌審矣、吳楚接壤、蚤已往來、季札而不知詩三百乎、知而未聞雅聲、今聞其音、憂而不困、合於康叔武公之德、始得觀衛之風、故曰是其衛風乎、彼不告以其國、故稱其國答之、如未始知其詩者、葢謙也、歌王。【集解】服虔曰、王室當在雅、衰微而列在風、故國人猶尊

之、故稱王、猶春秋之王人也、杜預曰、王、黍離也、曰。美哉思而不懼。其周之東乎。【集解】服虔曰、平王東遷雒邑、杜預曰、宗周殞滅、故憂思、猶有先王之遺風、故不懼也、【正義】思、音肆、歌鄭。【集解】賈逵曰、鄭風、東鄭是、曰。其細已甚。民不堪也。是其先亾乎。【集解】服虔曰、其風細弱已甚、攝於大國之閒、無遠慮持久之風、故曰民不堪、將先亾也、【考證】左傳曰下有美哉二字、歌齊。曰。美哉泱泱乎大風也哉。【集解】服虔曰、泱泱、舒緩深遠、有大和之意、其詩風刺、辭約而義微、體疏而不切、故曰大風、【索隱】泱、於良反、泱泱、猶汪汪洋洋、美盛貌也、杜預曰、弘大之聲也、表東海者、其太公乎。【集解】王肅曰、言爲東海之表式、【考證】中井積德曰、言在東海之濱、而爲諸邦之表式也、國未可量也。【集解】服虔曰、國之興衰、世數長短、未可量也、杜預曰、言其或將復興、【考證】杜說爲是、呂氏亾、田氏興、季札何豫知之乎、但聽其弘大之聲、言有興隆之勢耳、顧炎武曰、季札聞鄭風以爲先亾、而鄭至三家分晉之後始滅于韓、聞齊風以爲未可量、乃不久篡于陳氏、左傳所記之言、不盡信也、愚按左氏亦記所傳耳、歌豳。曰。美哉蕩蕩乎。樂而不淫。【集解】賈逵曰、蕩然無憂、自樂而不荒淫也、【考證】龜井昱曰、蕩乎王民皞皞之意、愚按樂而不淫、以音聲言之、其周公之東乎。【集解】杜預曰、周公遭管蔡之變、東征、爲成王陳后稷先公、不敢荒淫、以成王業、故言其周公東乎、【考證】中井積德曰、周公之東、以東山狼跋屬而言、非指七月、歌秦。曰。

此之謂夏聲。夫能夏則大。大之至也。其周之舊乎。【集解】杜預曰、秦仲始有車馬禮樂、去戎狄之音、而有諸夏之聲、故謂之夏聲、及襄公佐周平王東遷、而受其故地、故曰周之舊也、【考證】中井積德曰、秦國卽周之舊都、故其聲夏也、夏聲、猶言京音也、故曰周之舊乎、非去戎狄之音之謂、卽以爲諸夏之聲、則十五國皆夏聲矣、何特秦、歌魏。曰。美哉渢渢乎。【索隱】渢、音馮、又音泛、杜預曰、中庸之聲、【考證】錢大昕曰、說文無渢字、葢卽汎之異文、中井積德曰、渢乃汎字、汎汎、浮沈宛轉之貌、大而寬、儉而易行。【索隱】左傳作大而婉、杜預曰、婉、約也、大而約則儉節易行、寬字宜讀爲婉也、【考證】左傳寬作婉、儉作險、張文虎曰、寬、各本作婉、索隱本作寬、與注合、各本依左傳改、錢大昕梁玉繩說同、龜井道載曰、大而婉、雖險而易行也、杜改儉、恐誤、龜井昱曰、大中有婉、險中有易、細大難易、和而不相奪、所以爲渢渢也、愚按儉險古通用、以德輔此、則盟主也。【集解】徐廣曰、盟、一作明、駰案賈逵曰、其志大直而有曲體、歸中和中庸之德、難成而實易行、故曰以德輔此則盟主也、杜預曰、惜其國小而無明君、【索隱】注引徐廣曰、盟一作明、按左傳亦作明、此以聽聲知政、言其明聽耳、非盟會也、【考證】沈濤曰、左傳明主當作盟主、謂有德則爲諸侯之盟主耳、史記正作盟主、可證、集解引賈逵傳注亦作盟主、則元凱之說非也、歌唐。曰。思深哉。其有陶唐氏之遺風乎。不然何憂之遠也。【集解】杜預曰、晉本唐國、故有堯之遺風、憂深思遠、情發於聲也、非令德之後、誰能

若是。歌陳。曰。國無主。其能久乎。【集解】杜預曰、淫聲放蕩、無所畏忌、故曰國無主、自鄶以下無譏焉。【集解】服虔曰、鄶以下及曹風也、其國小、無所刺譏、【正義】括地志云、故鄶城在鄭州新鄭縣東北四十二里、【考證】龜井道載曰、譏、察也、關譏而不征之譏、無所省察臧否也、龜井昱曰、昭公十九年傳、吾以是譏之、歌小雅。【集解】杜預曰、小雅、小正、亦樂歌之章、【考證】陸粲曰、二雅篇數既多、當時樂師或間歌其一二、札因就所聞而評議之、服虔以爲獻變小雅也、中井積德曰、陸所云間歌一二者當通前後、不特二雅、曰。美哉。思而不貳。【集解】杜預曰、思文武之德、無貳叛之心也、怨而不言。【集解】王肅曰、非不能言、畏罪咎也、【考證】中井積德曰、不言、不敢言也、忠厚之意、其周德之衰乎。【集解】杜預曰、衰、小也、猶有先王之遺民也。【集解】杜預曰、謂有殷王餘俗、故未大、【考證】服虔曰、先王指文武成康、徐孚遠曰、蓋言文武遺民周衰、尚在鎬京無緣有殷王餘俗、歌大雅。【集解】杜預曰、大雅、陳文王之德、以正天下、曰。廣哉。熙熙乎。【集解】杜預曰、熙熙、和樂聲、【考證】竹添光鴻曰、周語云、熙、廣也、重言之則曰熙熙、謂其廣熙熙然也、曲而有直體。【集解】杜預曰、論其聲、【考證】龜井昱曰、易象稱文王之德曰內文明而外柔順、其文王之德乎。歌頌。【集解】杜預曰、頌者以其成功告於神明、曰。至矣哉。【集解】賈逵曰、言道備至也、直而不倨、【集解】杜預曰、倨、傲也、【考證】

倨、倨中矩之倨、龜井昱曰、以下極言中和之德音無不具也、曲而不詘、集解杜預曰、詘、撓也、近而不偪、集解杜預曰、謙退也、考證中井積德曰、偪、切迫、遠而不攜、集解杜預曰、攜、貳也、遷而不淫、集解服虔曰、遷、徙也、文王徙酆、武王居酆、杜預曰、淫、過蕩也、復而不厭、集解杜預曰、常日新也、哀而不愁、集解杜預曰、知命也、樂而不荒、集解杜預曰、節之以禮也、用而不匱、集解杜預曰、德弘大、廣而不宣、集解杜預曰、不自顯也、施而不費、集解杜預曰、因民所利而利之、取而不貪、集解杜預曰、義然後取、考證龜井昱曰、施取得中、故不至費、又不至貪、處而不底、集解杜預曰、守之以道、考證董份曰、不底、言其不觝滯也、蓋居則易滯、故云、行而不流。集解杜預曰、制之以義、五聲和、八風平、集解杜預曰、宮商角徵羽、謂之五聲、八方之氣、謂之八風、節有度、守有序。集解杜預曰、八音克諧、節有度也、無相奪倫、守有序也、盛德之所同也。集解杜預曰、頌有殷魯、故曰、盛德之所同、考證劉炫曰、此直據周頌、非挾商魯頌說、且魯頌唯美僖公之德、本非德洽之類、龜井昱曰、周頌卽盛德所集也、劉炫得之、見舞象箾南籥者。集解賈逵曰、象、文王之樂武象也、箾、舞曲也、南籥、以籥舞也、索隱箾、音朔、又素交反、考證中井積德曰、象與南是舞名、箾與籥是器名、舞者所執、孔穎達曰、箾卽簫也、程大昌曰、南籥者二南之籥、鼓鍾之詩所

謂以雅以南、以籥不僭者也、龜井道載曰、蓋吹簫以舞象、執以舞二南也、曰、美哉、猶有感。集解服虔曰、憾、恨也、恨不及己以伐紂而致太平也、索隱感讀爲憾、字省耳、胡暗反、考證張文虎曰、索隱本感、各本作憾、蓋今本依左傳改、讀書雜志云、襄二十九年左傳釋文作感、見舞大武。集解賈逵曰、大武、周公所作、武王樂也、曰、美哉、周之盛也、其若此乎。見舞韶護者。集解賈逵曰、韶護、殷成湯樂、大護也、考證館本考證云、左傳及他書護皆作濩、曰、聖人之弘也。集解賈逵曰、弘、大也、猶有慙德。聖人之難也。集解服虔曰、慙於始伐、而無聖佐、故曰聖人之難也、考證龜井昱曰、不革命、則生民塗炭、彝倫滅矣、自具聖德、其可坐視乎、革命則有來世口實、進退有大難處者、故曰聖人之難也、弘者、言其德盛大、能達節通變也、省美哉字、與秦同、其美見於論矣、見舞大夏。集解賈逵曰、夏、禹之樂、大夏也、曰、美哉、勤而不德。集解服虔曰、禹勤其身以治水土也、非禹其誰能及之。考證左傳、及作脩、見舞招箾。集解服虔曰、有虞氏之樂大韶也、索隱韶箾二字、體變耳、考證龜井昱曰、尙書曰簫韶、蓋韶樂兼簫爲名、簫字或上或下耳、曰、德至矣哉、大矣。集解服虔曰、至帝王之道、極於韶也、盡美盡善也、如天之無不燾也。如地之無不載也。集解賈逵曰、燾、覆也、雖甚盛德、無以加矣。觀

止矣。若有他樂、吾不敢觀。集解服虔曰、周用六代之樂、堯曰咸池、黃帝曰雲門、魯受四代、下周二等、故不舞其二、季札知之、故曰有他樂、吾不敢請、考證左傳吾不敢觀、作吾不敢請已、止、猶言極也、盡也、舞故曰觀、傳遂曰、季札以韶樂至盛無加、故云雖有他樂不敢請、非謂樂之終也、去魯、遂使齊。說晏平仲曰、子速納邑與政。集解服虔曰、入邑與政職於公、不與國家之事、無邑無政、乃免於難。考證邑下無字、凌本作與、涉上而譌、齊國之政、將有所歸。未得所歸、難未息也。故晏子因陳桓子以納政與邑。是以免於欒·高之難。集解難、在魯昭公八年、正義難、乃憚反、在魯昭公八年、欒施高彊二氏作難、陳桓子和之、乃解也、考證中井積德曰、左傳昭公十年、陳氏鮑氏伐欒氏高氏、欒高伐虎門、戰于稷、敗奔魯、難者、蓋指此也、竹添光鴻曰、帶敍後事、去齊、使於鄭。見子產如舊交。謂子產曰、鄭之執政侈。難將至矣。政必及子。子爲政、愼以禮。集解服虔曰、禮所以經國家利社稷也、不然、鄭國將敗。去鄭、適衞。說蘧瑗·史狗·史鰌·公子荊·公叔發·公子朝。曰、衞多君子。未有患也。自衞如晉、將

舍於宿。集解左傳曰、將宿於戚、索隱注引左傳曰、將宿於戚、按太史公欲自爲一家、事雖出左氏、文則隨義而換、既以舍字替宿、遂誤下宿字替於戚、戚既是邑名、理應不易、今宜讀宿爲戚、戚、衞邑、孫文子舊所食地、正義宿音戚、考證錢大昕曰、古音戚如蹙、蹙與縮通、宿本有蹙音、聞鍾聲。集解服虔曰、孫文子鼓鐘作樂也、曰、異哉。吾聞之、辯而不德、必加於戮。集解服虔曰、辯、若鬭辯也、夫以辯爭、不以德居之、必加於刑戮也、考證龜井昱曰、辯辨相混、此辯謂才幹知略能治辨者、後世所謂有才而無德者、林父頗有幹局、故引是語以風之、注誤、夫子獲罪於君以在此。集解賈逵曰、夫子、孫文子也、獲罪、出獻公以戚畔也、懼猶不足。而又可以畔乎。索隱左傳曰、而又何樂、此畔字宜讀曰樂、樂謂所聞鐘聲也、畔、非其義也、考證洪頤煊曰、畔卽般字、古字通用、爾雅釋詁、般、樂也、錢大昕梁玉繩說同、夫子之在此、猶燕之巢于幕也。集解王肅曰、言至危也、君在殯、而可以樂乎。集解賈逵曰、衞君獻公棺在殯、未葬、考證古鈔本、君下有又字、與左傳合、樂音逆學反、遂去之。文子聞之、終身不聽琴瑟。集解服虔曰、聞義而改也、琴瑟不聽、況於鐘鼓乎、考證亦帶敍後事、適晉。說趙文子·索隱名武也、韓宣子·索隱名起也、正義世本云、名秦、魏獻子。索隱名舒也、考證沈家本曰、按左傳獻子名舒、曰、晉國其萃

於三家乎。【集解】服虔曰、言晉國之祚、將集於三家、【考證】左傳杜注、祚作政、 將去。謂叔向曰。吾子勉之。君侈而多良大夫。皆富。政將在三家。【集解】杜預曰、富必厚施、故政在三家也、【考證】中井積德曰、君侈則人心離焉、臣良則人心歸焉、且富者人之所趨、自然之符也、不必以厚施爲說、崔適曰、趙韓魏三子、雖相繼采政、然前乎趙文子者、爲中行穆子、中行獻子、後乎魏獻子者爲范獻子、至中行文子范昭子與趙簡子相攻、知伯瑤尤強、幾滅趙氏、是時六卿之勢力、不相上下、季札非蓍非蔡、何由知中行范必滅、分晉者在此三家乎、自是三家分晉後語、愚按此事昔人亦疑之、然季子但言晉國萃於三家耳、未嘗言中行范必滅、三家分晉國、崔說未得、且季子之言、於晉則徵、於齊鄭則否、左氏之言、未必悉浮誇也、 吾子直。【集解】服虔曰、直不能曲撓以從衆、 必思自免於難。【考證】吳使季札聘於魯以下、采襄二十九年左傳、 季札之初使、北過徐君。【考證】論衡祭意篇、藝文類聚無君字、 徐君好季札劍、口弗敢言。季札心知之、爲使上國未獻。還至徐。徐君已死。於是乃解其寶劍、繫之徐君冢樹而去。【正義】括地志云、徐君廟、在泗州徐城縣西南一里、卽延陵季子挂劍之徐君也、 從者曰。徐君已死。尙誰予乎。季子曰。不然。始吾心已許之。豈以死倍

吾心哉。【考證】新序節士篇又錄是事云、徐人嘉而歌之曰、延陵季子兮不忘故、脫千金之劍兮帶丘墓、又見于論衡祭意書虛篇、 七年、楚公子圍弒其王夾敖而代立。是爲靈王。【索隱】春秋經襄二十五年、吳子遏卒、二十九年、閽殺吳子餘祭、昭十五年、吳子夷末卒、是餘祭在位四年、餘昧在位十七年、系家倒錯二王之年、此七年正是餘昧之三年、昭元年經曰、冬十有一月、楚子麇卒、左傳曰、楚公子圍將聘于鄭、未出竟、聞王有疾而還、入問王疾、縊而殺之、孫卿曰、以冠纓絞之、遂殺其子幕及平夏、葬王于郟、謂之郟敖也、【考證】據昭元年左傳、 十年、楚靈王會諸侯、而以伐吳之朱方、以誅齊慶封。吳亦攻楚、取三邑而去。【集解】左傳曰、吳伐楚入棘櫟麻、以報朱方之役、【索隱】杜預注彼云、皆楚東鄙邑也、譙國酇縣東北有棘亭、汝陰新蔡縣東北有櫟亭、按解者以麻卽襄城縣故麻城、是也、【考證】據昭四年左氏經傳、改入爲取、未詳、 十一年、楚伐吳至雩婁。【集解】服虔曰、雩婁、楚之東邑、【索隱】昭五年左傳曰、楚子使沈尹射待命于巢、薳啓强待命於雩婁、今直言至雩婁、略耳、【考證】本昭五年左傳、 十二年、楚復來伐、次於乾谿。楚師敗走。【集解】杜預曰、乾谿、在譙國城父縣南、楚東境、【考證】昭六年左傳、 十七年、王餘祭卒。【索隱】春秋襄二十九年經曰、閽殺吳子餘祭、左傳曰、吳人伐越、獲俘焉、以爲閽、使守舟、吳子餘祭觀舟、閽以刀殺之、公羊傳曰、近刑人則輕死之道、是也、【考證】王觀國曰、春秋襄二十九年

閽殺吳子餘祭、是餘祭嗣位四年被弒也、左氏公羊穀梁、史記十二諸侯年表皆同、唯其世家稱十七年餘祭卒、梁玉繩曰、餘祭四年、夷昧十七年、史誤倒、愚按索隱說同、見上、 弟餘昧立【考證】餘昧、左氏春秋經作夷末、公羊經作夷昧、 王餘昧二年、楚公子弃疾弒其君靈王、代立焉。【索隱】據春秋、卽昧之十五年也、昭十三年經曰、夏四月、楚公子比自晉歸于楚、弒其君虔于乾谿、楚公子棄疾殺公子比、左傳具載、以詞繁不錄、公子比棄疾、皆靈王弟也、比卽子干也、靈王公子圍也、卽位後易名爲虔、棄疾卽位後易名熊居、是爲平王、史記以平王遂有楚國、故曰棄疾弒君、春秋以子干已爲王、故曰比殺君、彼此各有意義也、 四年、王餘昧卒。【考證】昭十五年左氏經、春王正月、吳子夷末卒、 欲授弟季札。季札讓逃去。於是吳人曰。先王有命。兄卒弟代立。必致季子。季子今逃位。則王餘昧後立。今卒。其子當代。乃立王餘昧之子僚爲王。【集解】吳越春秋曰、王僚、夷昧子、與史記同、【索隱】此文以爲餘昧子、公羊傳以爲壽夢庶子也、【考證】史記公羊不同、說具下文公子光者諸樊之子也下、 王僚二年、【索隱】計僚元年、當昭十六年、此二年公子光亾王舟、事在昭十七年左傳、 公子光伐楚。【集解】徐廣曰、世本云、夷昧生光、 敗而亡王舟。光懼襲楚、復得王舟而還。【集解】左傳

曰、舟名餘皇、 五年、楚之亡臣伍子胥來犇。公子光客之。【索隱】左傳昭二十年曰、伍員如吳、言伐楚之利於州于、杜預曰、州于、吳子僚也、公子光曰、是宗爲戮、而欲反其讎、不可從也、員曰、彼將有他志、余姑爲之求士、而鄙以待之、乃見鱄設諸焉、而耕於鄙、是謂客禮以接待也、【考證】楓山三條本、客作容、 公子光者、王諸樊之子也。【索隱】此文以爲諸樊子、系本以爲夷昧子、【考證】梁玉繩曰、左傳昭二十年稱僚爲州于、當是其號、故公羊傳、僚長庶也、世本夷昧及僚、夷昧生光、服虔云、夷昧生光、而廢之、僚者夷昧之庶兄、夷昧卒、僚代立、故光曰、我王嗣、左氏襄三十一年、狐庸對趙文子、謂夷昧天所啓、必此君子孫實終之、若僚是夷昧子、不應此言、則光是夷昧子、僚是壽夢庶子、而史謂僚爲夷昧子、光爲諸樊子、何休杜預孔穎達及王逸天問注、元徐天祜吳越春秋注、皆從之、孔疏又云、世本多誤、不足依憑、二者未知孰是、杜注左傳昭廿七年二公子掩餘燭庸云、僚母弟、是夷昧子也、而昭廿三年傳掩餘注又云、壽夢子、世族譜云、二公子壽夢子、用公羊爲說、何自相矛盾邪、 常以爲吾父兄弟四人、當傳至季子。季子卽不受國、光父先立。卽不傳季子、光當立。陰納賢士、欲以襲王僚。【考證】常以爲以下、本襄二十九年公羊傳、 八年、吳使公子光伐楚。敗楚師。迎楚故太子建母於居巢以歸。因北伐敗陳・蔡之師。【考證】據昭二十三

年、左傳、是役吳子自將、非使公子光伐、且敗楚及陳、蔡、與取建母二事也、建母在郹、亦非居巢也、 九年、公子光伐楚、拔居巢・鍾離。【集解】服虔曰、鍾離、州來西邑也、【索隱】昭二十四年經曰、冬、吳滅巢、左傳曰、楚子爲舟師以略吳疆、沈尹戌曰、此行也、楚必亡邑、不撫人而勞之、吳不動而速之、吳人踵楚、邊人不備、遂滅巢及鍾離、乃還也、地理志、居巢屬廬江、鍾離屬九江、應劭曰、鍾離子之國也、【考證】左傳言吳人、不言公子光、史公別有所據、 初楚邊邑卑梁氏之處女、與吳邊邑之女爭桑。【索隱】左傳無其事、【考證】史公據呂氏春秋察微篇、 二女家怒相滅。兩國邊邑長聞之、怒而相攻、滅吳之邊邑。吳王怒、故遂伐楚、取兩都而去。【正義】兩都、卽鍾離居巢、【考證】趙翼曰、伍子胥傳亦云兩女子爭桑、而楚世家則曰、吳邊邑卑梁、與楚邊邑小童爭桑、一事也、而或云女子、或云小童、且吳世家則以卑梁屬楚、楚世家以卑梁屬吳、是文之失檢者、張照說同、梁玉繩曰、卑梁是吳邑、當依十二侯表及楚世家伍子胥傳爲是、然此乃誤承呂氏春秋察微篇來、宜云吳邊邑之處女、與楚邊邑之女爭桑、張文虎曰、類聚引怒相滅、作相怒喧、 伍子胥之初犇吳、說吳王僚以伐楚之利。公子光曰、胥之父兄爲僇於楚。欲自報其仇耳。未見其利。於是伍員知光有他志、【集解】服虔曰、欲取國、

乃求勇士專諸、見之光。【集解】賈逵曰、吳勇士、【索隱】專或作剸、左傳作鱄設諸、刺客傳曰、諸、堂邑人也、【正義】吳越春秋云、專諸、豐邑人、伍子胥初亡楚如吳時、遇之於途、專諸方與人鬭、甚不可當、其妻呼還、子胥怪而問其狀、專諸曰、夫屈一人之下、必申萬人之上、胥因而相之、雄貌深目、侈口熊背、知其勇士、【考證】沈家本云、正義豐邑、今本吳越春秋作堂邑、與刺客傳合、 光喜。乃客伍子胥。子胥退而耕於野、以待專諸之事。【索隱】依左傳、卽上五年公子光客之是也、事合記於五年、不應略彼而更具於此也、【考證】伍子胥以下、采昭二十年左傳、子胥欲報父讎、而從光弑僚、事敗、不免夷滅、薦專諸、所以結于光、退耕于野、所以全身、子胥之慮深矣、 十二年冬、楚平王卒。【索隱】昭二十六年春秋經、書楚子居卒、是也、按十二諸侯年表及左傳、合在僚十一年、【考證】梁玉繩曰、此與刺客傳言九年、竝誤、 十三年春、吳欲因楚喪而伐之。【索隱】據表及左氏傳、止合有十二年、事竝見昭二十七年左傳也、【考證】十三年春、當作十二年夏、 使公子蓋餘・燭庸【集解】賈逵曰、二公子、皆吳王僚之弟、【索隱】春秋作掩餘、史記竝作蓋餘、義同而字異、或者謂太史公被腐刑、不欲言掩也、賈逵及杜預及刺客傳皆云、二公子王僚母弟、而昭二十三年左傳曰、光帥右、掩餘帥左、杜注彼則云、掩餘吳王壽夢子、又系族譜亦云、二公子竝壽夢子、若依公羊、僚爲壽夢子、則與系族譜合也、【考證】梁玉繩曰、史公未嘗諱掩、如項羽紀梁掩其口、封禪書方士皆奄口、李斯傳、掩馳說之口、彭越傳上使使掩梁王、其他不及徧舉、又何不欲言掩之有、刺客傳、燭作

屬、字相亂、吳越春秋庸作傭、文通用、 以兵圍楚之六・灊。【集解】杜預曰、灊在廬江六縣西南、【考證】左傳無六字、 使季札於晉、以觀諸侯之變。【集解】服虔曰、察彊弱、 楚發兵絕吳兵後。吳兵不得還。於是吳公子光曰、此時不可失也。【集解】賈逵曰、時、言可殺王時也、 告專諸曰、不索何獲。【集解】服虔曰、不索當何時得也、 我眞王嗣。當立。吾欲求之。季子雖至、不吾廢也。【集解】王肅曰、聘晉還至也、 專諸曰、王僚可殺也。母老子弱。【集解】服虔曰、母老子弱、專諸託其母子於光也、王肅曰、專諸言王母老子弱也、【索隱】依王肅解、與史記同、於理無失、服虔杜預見左傳下文云我爾身也、以其子爲卿、遂强解、是無若我何、猶言我無若是何、語不近情、過爲迂回、非也、 而兩公子將兵攻楚、楚絕其路。方今吳外困於楚、而內空無骨鯁之臣。【考證】左傳無而兩公子至骨鯁之臣四句二十七字、母老子弱句、直接是無奈我何句、崔適曰、四句、當移上文於是吳公子光曰下、兩公子上、而字衍、 是無柰我何。【考證】竹添光鴻曰、言時極可、而母老子弱、身不可死、是我自無若我身何、杜預曰、欲以老弱託光、 光曰、我身、子之身也。【集解】服虔曰、言我身猶爾身也、【考證】龜井昱曰、汝爲我死、我必成汝、立其子爲

卿、猶不死、 四月丙子、【索隱】春秋經、唯言夏四月、左傳亦無丙子、當別有按據、不知出何書也、 光伏甲士於窟室、【集解】杜預曰、掘地爲室也、 而謁王僚飲。【索隱】謁、請也、本或作請也、 王僚使兵陳於道。自王宮至光之家、門階戶席、皆王僚之親也。人夾持鈹。【集解】音披、【索隱】音披、劉逵注吳都賦、鈹兩刃小刀、【考證】孔穎達曰、從門至戶、從戶至席、親謂父兄宗族也、 公子光詳爲足疾、【索隱】詳爲、上音陽、下如字、左傳曰、光僞足疾、詳卽僞也、或讀此爲字音僞、非也、豈詳僞重言邪、【考證】龜井昱曰、蓋僞頓躓而稱疾也、 入于窟室。【集解】杜預曰、恐難作、王黨殺己、素避之也、 使專諸置匕首於炙魚之中以進食。【集解】服虔曰、全魚炙也、【索隱】劉氏曰、匕首、短劍也、按鹽鐵論以爲長尺八寸、通俗文云、其頭類匕、故曰匕首也、【考證】中井積德曰、食字衍、左傳作以進、刺客傳作而進之、竝無食字、 手匕首刺王僚。鈹交於匈。【集解】賈逵曰、交專諸匈也、 遂弑王僚。公子光竟代立爲王。是爲吳王闔廬。【考證】古鈔本、凌本、無代字、 闔廬乃以專諸子爲卿。季子至。曰、苟先君無廢祀、民人無廢主、社稷有奉、乃吾君也。吾敢誰

怨乎。哀死事生、以待天命。【集解】服虔曰、待其天命之終也。非我生亂、立者從之。先人之道也。【集解】杜預曰、吳自諸樊以下、兄弟相傳、而不立適、是亂由先人起也。季子自知力不能討光、故云。【考證】龜井昱曰、先人猶前人、汎斥先君也。不立適而使國人從立者、此前世之習也。中井積德曰、季子卽欲討而力不能、宜出奔、何必事讎之爲。力能討焉、亦不肯討、季子之爲人素如此耳。故闔閭曾不忌、云季子蓋過於仁柔者、元凱有回護之意。復命、哭僚墓、【集解】服虔曰、復命於僚、哭其墓也。【正義】復、音伏、下同。復命、反歸報命也。復位而待。【集解】杜預曰、復本位待光命。【考證】十三年春以下、采昭二十七年左傳、又見伍子胥傳、刺客傳、呂氏春秋論威篇。又按襄二十九年公羊傳云、闔閭使專諸刺僚、而致國乎季子。季子不受曰、爾殺吾君、吾受爾國、是吾與爾爲簒也。爾殺吾兄、吾又殺爾、是父子兄弟相殺、終身無已也。去之延陵、終身不入吳國。所傳不同。吳公子燭庸・蓋餘二人、將兵遇圍於楚者、聞公子光弑王僚自立、乃以其兵降楚。楚封之於舒。【索隱】左傳昭二十七年曰、掩餘奔徐、燭庸奔鍾吾。三十年經曰、吳滅徐、徐子奔楚。左傳曰、吳子使徐人執掩餘、使鍾吾人執燭庸、二公子奔楚。楚子大封而定其徙、無封舒之事。當是舒・徐字亂、又且疏略也。【考證】梁玉繩曰、左傳燭庸掩餘二公子奔楚而已、楚世家是。此與伍子胥傳云、以兵降楚、誤一。闔閭元年、掩餘奔徐、燭庸奔鍾吾、至三年、二公子奔楚、此云奔楚在元年、誤二。楚城養、使二公子居之、與以城父胡田、無封舒之事、此與子胥傳云

封舒、誤三。王闔廬元年、擧伍子胥爲行人、而與謀國事。楚誅伯州犂。其孫伯嚭亡奔吳。【集解】徐廣曰、伯嚭、州犂孫也。史記與吳越春秋同。嚭、音披美反。【考證】定四年左傳云、伍員爲吳行人以謀楚。楚之殺郤宛也、伯氏之族出、伯州黎之孫嚭、爲吳大宰以謀楚。梁玉繩曰、嚭奔吳、非因誅州犂也。吳以爲大夫。三年、吳王闔廬與子胥・伯嚭將兵伐楚、拔舒。殺吳亡將二公子。光謀欲入郢。【考證】張文虎曰、光疑王字誤。將軍孫武曰、民勞。未可。待之。【索隱】左傳、此年有子胥對耳、無孫武事也。【考證】左傳子胥對、亦無是言。梁玉繩曰、攷春秋傳、晉使卿爲軍將、謂之將中軍、將上軍、將下軍、雖有將軍之文、未定將軍之官、而其名實起于此。自是之後、遂以爲官名。故晉狐夜姑爲將軍、穀梁傳魏獻子爲將軍、左傳趙文子問叔向六將軍、晏子、淮南子、新序此外楚有將軍子重、公羊傳將軍屈完、將軍子常、楚世家秦有三將軍、秦本紀齊有諸將軍、晏子春秋將軍穰苴、史本傳及晏子春秋衞有將軍文子、檀弓鄭有將軍啓伯、國語吳有將軍孫武、吳世家又黃池之會、十旌一將軍、國語魯有將軍愼子、孟子又魯召子貢授將軍之印、淮南子其餘未可悉數、而將軍尙無異名也。惟國策梁王以故相爲上將軍、越范蠡爲上將軍、魏太子申爲上將軍、楚屈匄爲大將軍、竝世家但有上與大之異名、而無前後左右之稱也。漢書百官公卿表云、前後左右將軍皆

周末官、殊未核。四年、伐楚、取六與灊。【考證】昭三十一年左傳云、吳人伐夷、侵潛六。不云取六與灊。五年、伐越、敗之。【考證】昭三十二年春秋經、夏、吳伐越。左傳云、始用師於越也。六年、楚使子常囊瓦伐吳。【正義】左傳云、楚囊瓦爲令尹。杜預云、子囊之孫子常。【考證】中井積德曰、子常、是子囊之孫、名瓦、以祖字爲氏。迎而擊之、大敗楚軍於豫章。取楚之居巢而還。【索隱】左傳定二年、當爲七年。【考證】楓山、三條本、迎上有吳字。梁玉繩曰、事在楚昭八年、吳闔閭七年、此與楚世家伍子胥傳及年表、誤在前一年。九年、吳王闔廬謂伍子胥・孫武曰、始子之言郢未可入。今果如何。【索隱】言今欲果敢伐楚可否也。【考證】中井積德曰、言今而伐楚、其可入不可入、果如何也。二子對曰、楚將子常貪、而唐・蔡皆怨之。王必欲大伐、必得唐・蔡、乃可。闔廬從之。【考證】唐蔡怨子常、見定三年左傳。悉興師、與唐・蔡西伐楚、至於漢水。楚亦發兵拒吳、夾水陳。【正義】音陣。吳王闔廬弟夫槩欲戰。闔廬弗許。【正義】槩、音古代反。夫槩曰、王已屬臣兵。兵以利爲上。尙何待焉。

【考證】楓山、三條本、何下有以復二字。遂以其部五千人襲冒楚。楚兵大敗走。於是吳王遂縱兵追之。比至郢、五戰。楚五敗。【索隱】定四年、戰于柏擧、吳入郢、是也。楚昭王亡、出郢奔鄖。【集解】服虔曰、鄖、楚縣。鄖公弟欲弑昭王。【正義】左傳云、鄖公辛之弟懷也。昭王與鄖公犇隨。【集解】服虔曰、隨、楚與國也。而吳兵遂入郢。【考證】悉興師以下、據定四年左傳。子胥・伯嚭鞭平王之尸以報父讎。【索隱】左氏無此事。【考證】尸疑當作墓、說具于子胥傳。中井積德曰、伯嚭二字衍。楚殺伯州犂在昭王之世、伯嚭何怨於平王乎哉。顧棟高曰、案武王定天下、此時泰伯之子孫、已自立于句吳。武王因而封之。時大江以南、尚屬蠻夷之地、分茅胙土之所不及、非中原齊魯星羅棊置也。故其地最廣遠。春秋初、尚服屬于楚。自後寖强、遂爲勍敵。而其所幷吞之國、亦歷歷可紀焉。大抵北出則擾廬壽、東出則向番陽、其他略有江南全省。而徐州屬宋、廬鳳屬楚、安慶屬羣舒、最後廬鳳亦入于吳、而入郢之禍自此始。太平府則與楚之和州對岸、江寧府則與楚之六合接境。其自浙之嘉興以及湖州杭州、則與越日相角逐之區也。其自浙之嚴州以及江南之徽州、江西之饒州、則與楚日相窺之地也。方輿家以江西全省亦俱爲吳地。然于經傳無所見。十年春、越聞吳王之在郢、國空、乃伐吳。【考證】定五年左氏經傳。吳使別兵擊越。【考證】左傳無此事。

蓋史公以意補之、楚告急秦。〔考證〕定四年左傳云、申包胥如秦乞師、秦遣兵救楚擊吳。吳師敗。闔廬弟夫槩、見秦越交敗吳、吳王留楚不去、夫槩亡歸吳、而自立爲吳王。闔廬聞之、乃引兵歸攻夫槩。夫槩敗奔楚。楚昭王乃得以九月復入郢。而封夫槩於堂谿。爲堂谿氏。〔集解〕司馬彪曰、汝南吳房有堂谿亭、〔索隱〕案地理志而知、〔正義〕括地志云、豫州吳房縣在州西北九十里、應劭云、吳王闔閭弟夫槩奔楚、封之於堂谿氏、本房子國、以封吳故曰吳房、〔考證〕秦遣兵以下、據定五年左傳、十一年、吳王使太子夫差伐楚、取番。楚恐而去郢徙鄀。〔集解〕服虔曰、鄀、楚邑、〔索隱〕定六年左傳、四月己丑、吳太子終纍敗楚舟師、杜預曰、闔廬子夫差兄、此以爲夫差、當謂名異而一人耳、左傳又曰、獲潘子臣小惟子及大夫七人、楚於是乎遷郢於鄀、此言番、番音潘、楚邑名、子臣、卽其邑之大夫也、〔考證〕梁玉繩曰、蓋史公以獲潘子臣爲伐番也、此與楚世家伍子胥傳年表書取番同誤、索隱彌縫其說、妄甚、愚按、鄀縣故城、在今湖北襄陽府宜縣東南九十里、十五年、孔子相魯。〔索隱〕定十年左傳曰、夏、公會齊侯于祝其、實夾谷、孔丘相、犂彌言於齊侯曰、孔丘知禮而無勇、是也、杜預以爲相會儀也、而史遷孔子系家云、攝行相事、案左氏孔丘以公退曰、士兵之、又使玆無還揖對、是攝國相也、〔考證〕中井積德曰、孔子是會儀之相矣、太史公誤爲國相也、索隱牽合太甚、趙翼曰、列國世家與孔子毫無相涉者、亦皆書是歲孔子相魯、孔子卒、以其繫天下輕重也、

十九年夏、吳伐越。越王句踐迎擊之檇李。〔集解〕賈逵曰、檇李、越地、杜預曰、吳郡嘉興縣南有檇李城也、檇音醉、〔考證〕楓山三條本檇下有敗字、公羊作醉李、今浙江嘉興府秀水縣、有檇李故城、卽吳越戰處、越使死士挑戰。〔集解〕徐廣曰、死、一作亶、越世家亦然、或者以爲人名氏乎、駰案、賈逵曰、死士、死罪人也、鄭衆曰、死士欲以死報恩者也、杜預曰、敢死之士也、〔正義〕挑音田鳥反、〔考證〕左傳云、勾踐患吳之整也、使死士再禽焉、不應、三行造吳師、呼自剄。〔集解〕左傳曰、使罪人三行、屬劍於頸、〔正義〕行胡郞反、造千到反、呼、火故反、頸、堅鼎反、〔考證〕依左傳、三行上脫使罪人三字、王若虛曰、案左氏死士與罪人是兩節、而遷混之、故義理不明、吳師觀之。越因伐吳、敗之姑蘇。〔集解〕越絕書曰、闔廬起姑蘇臺、三年聚材、五年乃成、高見三百里、〔索隱〕姑蘇、臺名、在吳縣西三十里、左傳定十四年曰、越子大敗之、靈姑浮以戈擊闔廬、闔廬傷將指、還卒於陘、去檇李七里、杜預以爲檇李在嘉興縣南、靈姑浮、越大夫也、〔正義〕姑蘇檇李、相去二百里、〔考證〕左傳無姑蘇二字、陳仁錫曰、此衍姑蘇二字、傷吳王闔廬指。軍卻七里。吳王病傷而死。〔集解〕越絕書曰、闔廬冢在吳縣昌門外、名曰虎丘、下池廣六十步、水深一丈五尺、桐棺三重、澒池六尺、玉鳧之流、扁諸之劍三千、方員之口三千、槃郢魚腸之劍在焉、卒十餘萬人治之、取土臨湖、葬之三日、白虎居

其上、故號曰虎丘、〔索隱〕澒、胡貢反、以水銀爲池、〔正義〕顧野王云、水銀謂之澒也、闔廬使立太子夫差、謂曰。爾而忘句踐殺汝父乎。〔考證〕左傳云、夫差使人立於庭、苟出入必謂己曰、夫差、而忘越王之殺而父乎、則對曰、唯、不敢忘、與此異、王念孫曰、爾字衍、左傳可證、愚按、爾汝也、而字衍、伍子胥傳可證、對曰。不敢。〔索隱〕此以爲闔廬謂夫差、夫差對闔廬、若左氏傳、則云對曰者、夫差對所使之人也、三年乃報越王。〔考證〕十九年以下、本定十四年左傳、龜井昱曰、三年間一年也、與尙書數日法同、儀禮日用丁巳、筮旬有一日、敖氏云、以丁巳筮丁巳、而曰十一日、則是幷筮日之日而數之也、古數日之法、於此可見、夫差元年、〔集解〕越絕書曰、太伯到夫差二十六代、且千歲、〔索隱〕史記太伯至壽夢十九代、諸樊已下六王、唯二十五代、以大夫伯嚭爲太宰。〔索隱〕案左傳、定四年、伯嚭爲太宰、當闔廬九年、非夫差代也、〔考證〕史公欲言疎子胥、先補此句、習戰射、常以報越爲志。二年、吳王悉精兵以伐越、敗之夫椒。〔集解〕賈逵曰、夫椒、越地、杜預曰、太湖中椒山也、〔索隱〕賈逵云、越地、蓋近得之、然其地闕、不知所在、杜預以爲太湖中椒山、非戰所、夫椒與椒山不得爲一、且夫差以報越爲志、又伐越當至越地、何乃不離吳境、近在太湖中、又案越語云、敗五湖也、〔正義〕杜預曰、太湖中也、賀循會稽記云、句踐逆吳、戰於五湖中、大敗而退、今夫椒山在太湖中洞庭山西北、〔考證〕中井積德曰、按越世家、句踐聞吳王且報越、先往伐之、吳王聞之、悉發精兵擊越、然則戰在半途、或在吳地耳、

報姑蘇也。〔正義〕越世家云、吳師敗於檇李、言吳報姑蘇、誤也、姑蘇乃是夫差敗處、太史公甚疎、〔考證〕哀元年左傳云、吳王夫差敗越于夫椒、報檇李也、陳仁錫曰、姑蘇當作檇李、梁玉繩曰、姑蘇乃吳都所在、越師雖勝、豈能直抵吳都、越世家依左傳作檇李、是、此與子胥傳同誤、越王句踐、乃以甲兵五千人棲於會稽。〔集解〕賈逵曰、會稽、山名、〔索隱〕鳥所止宿曰棲、越爲吳敗、依託於山林、故以鳥棲爲喩、左傳作保、國語作棲、〔考證〕中井積德曰、甲兵五千人、左傳作甲楯五千、棲於山上、如鳥棲宿於木上、故曰棲、愚按、會稽山在今浙江紹興府會稽縣東南十二里、使大夫種因吳太宰嚭而行成。請委國爲臣妾。〔集解〕服虔曰、行成、求成也、〔索隱〕大夫、官也、種、名也、吳越春秋以爲種姓文、而劉氏云、姓大夫、非也、〔正義〕國語云、越飾美女八人納太宰嚭曰、子苟然、放越之罪、成、平也、吳王將許之。伍子胥諫曰。昔有過氏〔集解〕賈逵曰、過、國名也、〔索隱〕過、音戈、寒浞之子、澆所封國也、猗姓國、晉地道記曰、東萊掖縣有過鄉、北有過城、古過國也、殺斟灌、以伐斟尋。〔集解〕斟灌斟尋、夏同姓、夏后相依斟灌而國、故曰殺夏后相也、〔索隱〕斟灌斟尋、夏同姓、賈氏據系本而知也、按地理志、北海壽光縣、應劭曰、古斟灌亭是也、平壽縣復云古北斟尋、禹後、今斟城是也、然斟與斟同、〔考證〕龜井昱曰、殺斟灌、殺其君也、滅夏后帝相。〔集解〕服虔曰、夏后相、啓之孫、帝相之妃后緡方娠。〔集解〕賈逵曰、緡、有仍之姓也、杜預曰、娠、懷身也、逃於有

仍、【集解】賈逵曰、有仍、國名、后緡之家、【索隱】未知其國所在、春秋經桓五年、天王使仍叔之子來聘、穀梁經傳竝作任叔、仍任、聲相近、或是一地、猶甫呂虢郭之類、案地理志、東平有任縣、蓋古仍國、而生少康。【集解】服虔曰、后緡遺腹子、少康爲有仍牧正。【集解】王肅曰、牧正、牧官之長也、有過又欲殺少康。少康奔有虞。【集解】杜預曰、梁國虞縣、【正義】括地志云、宋州虞城縣、本虞國、舜後所封之邑也、左傳云、伍員曰、昔少康奔有虞、虞思妻之以二姚、杜預云、思、虞君也、姚、虞姓也、有虞思夏德、【考證】張照曰、按左傳、思是虞君名、此直作思念之思、誤、梁玉繩曰、當依傳衍有夏德三字、於是妻之以二女、而邑之於綸。【集解】賈逵曰、綸、虞邑、有田一成。有衆一旅。【集解】賈逵曰、方十里爲成、五百人爲旅、後遂收夏衆、撫其官職。【集解】服虔曰、因此基業、稍收取夏遺民餘衆、撫修夏之故官憲典、使人誘之、【索隱】左傳云、使女艾諜澆、遂滅過戈、杜預曰、諜、候也、遂滅有過氏、復禹之績、祀夏配天、【集解】服虔曰、以鯀配天也、【考證】陳仁錫曰、以禹配天也、不失舊物。【集解】賈逵曰、物、職也、杜預曰、物、事也、【考證】中井積德曰、舊物、猶舊業、又曰、左傳襄四年魏莊子之言、說羿浞之事甚明、滅帝相者后羿也、非浞澆也、滅二斟者寒浞也、非過也、伍子胥之言則差舛尤多、今吳不如有過之彊。而句踐大於

少康。今不因此而滅之、又將寬之。不亦難乎。且句踐爲人能辛苦。【考證】能讀曰耐、今不滅、後必悔之。吳王不聽。聽太宰嚭、卒許越平。與盟、而罷兵去。【考證】二年以下、本哀元年左傳、楓山三條本、越下有王字、七年、吳王夫差聞齊景公死、而大臣爭寵、新君弱、仍興師北伐齊。【考證】梁玉繩曰、是年無伐齊事、伐齊在魯哀十年、當夫差十一年、且吳之伐齊、因前年齊悼公與吳謀伐魯、既而齊與魯平、吳恨之、反與魯謀伐齊、其事去齊景公之卒已四年矣、此及子胥傳同誤、而卽以此爲艾陵之役、則更誤矣、子胥諫曰。越王句踐、食不重味、衣不重采、弔死問疾。且欲有所用其衆。此人不死、必爲吳患。今越在腹心疾。【考證】楓山三條本、在作猶、與吳語合、而王不先、而務齊。不亦謬乎。吳王不聽。遂北伐齊。敗齊師於艾陵。【集解】杜預曰、艾陵、齊地、【索隱】七年、魯哀公之六年也、左傳此年無伐齊事、哀十一年敗齊艾陵、【考證】國語吳語、亦爲夫差十二年事、與左傳合、艾陵、在今山東泰安府泰安縣博縣故城南、至繒。【集解】杜預曰、琅邪繒縣、【考證】今山東兗州府嶧縣東、召

魯哀公而徵百牢。【集解】賈逵曰、周禮、王合諸侯、享禮十有二牢、上公九牢、侯伯七牢、子男五牢、【索隱】事在哀七年、是年當夫差八年、不應上連七年、案左傳曰、子服景伯對、不聽、乃與之、非謂季康子使子貢說、得不用百牢、太宰嚭自別召康子、乃使子貢辭之耳、季康子使子貢以周禮說太宰嚭。乃得止。【考證】梁玉繩曰、左傳、會繒在魯哀七年、當夫差八年、艾陵之師、在哀十一年、當夫差十二年、此倒敍會繒于艾陵之後、而幷書乎夫差之七年、誤一、子胥傳同誤、吳之會繒、欲以求霸、非因伐齊而至繒也、誤二、魯世家同誤、繒之會、吳徵百牢、子服景伯對曰、先王未之有也、吳人弗聽、乃與之、太宰嚭召季康子、康子使子貢辭曰、寡君既共命焉、其老豈敢棄其國、判然兩事、而此與年表魯世家、竟合與牢辭召爲一、以徵牢之對出于子貢、若魯未嘗與吳百牢者、誤三、此云召哀公、尤非也、因留略地於齊魯之南。九年、爲騶伐魯。【索隱】左傳、騶作邾、聲相近自亂耳、杜預注左傳亦曰、邾、今魯國騶縣是也、騶、宜音邾、至、與魯盟乃去。【考證】九年以下、據哀八年左傳、十年、因伐齊而歸。【考證】梁玉繩曰、十下脫一字、因而歸三字衍、說在後、沈家本曰、吳越春秋亦在十一年、十一年、復北伐齊。【索隱】依左氏、十一年合作十二年也、越王句踐率其衆以朝吳、厚獻遺之。吳王喜。【考證】左傳云、吳將伐齊、越子率其衆以朝焉、王及列士皆有饋賂、吳人皆喜、唯子胥懼曰。是弃吳也。【集解】左氏

作豢吳、豢、養也、【考證】楓山三條本、是下有天字、義長、諫曰。越在腹心。今得志於齊、猶石田無所用。【集解】王肅曰、石田不可耕、且盤庚之誥、有顚越勿遺。【集解】服虔曰、顚、隕也、越、墜也、顚越無道、則割絕無遺也、【索隱】左傳曰、其顚越不共、則劓殄無遺育、無俾易種于茲邑、是商所以興也、今君易之、此則艾陵戰時也、【正義】杜預云、顚越不共、從橫不承命者也、【考證】言顚越者悉滅絕之、勿有所遺育、商之以與。【集解】徐廣曰、一本作盤庚之誥、有顚之越之、商之以興、子胥傳、誥曰、有顚越商之興、【考證】中井積德曰、以上脫所字、子胥傳可證、集解引傳有脫文、吳王不聽。使子胥於齊。子胥屬其子於齊鮑氏。【集解】服虔曰、鮑氏、齊大夫、【索隱】左傳直曰使於齊、杜預曰、私使人至齊、屬其子、案左傳又曰、反役、王聞之、明非子胥自使也、【考證】穆文熙曰、子胥屬子於齊、蓋誓以死諫、且不欲絕先人之後也、或謂屬鏤之劍、乃所自招、不知其心矣、還報吳王。吳王聞之大怒、賜子胥屬鏤之劍以死。【集解】服虔曰、屬鏤、劍名、賜使自刎、【索隱】劍名、見越絕書、【正義】屬音燭、鏤、音力于反、【考證】竹添光鴻曰、荀子榮辱篇注、钃、刺也、之欲反、故良劍謂之钃鏤、亦取其利也、書禹貢孔傳、鏤、鋼鐵也、將死。曰。樹吾墓上以梓。令可爲器。【索隱】左傳云、樹吾墓檟、檟可材也、吳其亡乎、梓檟相類、因變文也、【正義】言吳必滅亡、梓木耐濕、可以爲棺、故樹、【考證】秦鼎曰、暗致備王棺材之意、龜井昱曰、襄二年左傳、穆姜使擇美檟以

自爲櫬，其四年，季孫爲己樹六檟，檟之爲棺材審矣。愚按越王句踐以下，采哀十一年左傳。抉吾眼置之吳東門，以觀越之滅吳也。【索隱】抉，烏穴反，此國語文，彼以抉爲辟，又云，以手抉之，王慍曰，孤不使大夫得有見，乃盛以鴟夷，投之江也。【正義】吳俗傳云，子胥亡後，越從松江北開渠，至橫山東北，築城伐吳，子胥乃與越軍夢，令從東南入破吳，越王即移向三江口岸，立壇，殺白馬祭子胥，杯動酒盡，越乃開渠，子胥作濤，盪羅城東開入滅吳，至今猶號曰示浦、門曰鱔鯆，是從東門入滅吳也。【考證】抉吾眼以下，依國語吳語。梁玉繩曰，誅員在魯哀十一年，爲夫差十二年，此與年表子胥傳竝誤。又曰，抉吾眼置之吳東門，此是一時忿詞，而呂氏春秋知化篇、韓詩外傳七、言夫差實抉子胥之目，著于門，莊子盜跖篇、楚辭劉向九歎，竝有子胥抉眼之語，殆未可信。齊鮑氏弑齊悼公。【索隱】公名陽生，左傳哀十年曰，吳伐齊南鄙，齊人殺悼公，不言鮑氏，又鮑牧以哀八年爲悼公所殺，今言鮑氏，蓋其宗黨爾，且此伐在艾陵戰之前年，今記於後，亦爲顚倒錯亂也。吳王聞之，哭於軍門外三日。【集解】服虔曰，諸侯相臨之禮。乃從海上攻齊。【集解】徐廣曰，上一作中。齊人敗吳，吳王乃引兵歸。【考證】梁玉繩曰，此即十一年伐齊事，疑錯簡于此，應移在上文十一年伐齊之下，譌作十年，因伐齊而歸也，齊人弑悼公，亦不得言鮑氏，當云十二年伐齊，齊人弑悼公云云。十三年，吳召魯、衛之君，會於橐皋。【集解】服虔曰，橐皋，地名也。杜預曰，在淮南逡遒縣東南。【索隱】哀十二年左傳曰，公會吳于橐皋，衛侯會吳

于鄖。此幷言會衛橐皋者，案左傳，吳徵會于衛，初衛殺吳行人，懼，謀於子羽，子羽曰，不如止也。子木曰，往也。以本不欲赴會，故魯以夏會，衛及秋乃會，太史公以其本召於橐皋，故不言鄖。鄖，發陽也，廣陵縣東南有發繇口。橐音他各反，逡遒上七巡反，下酒尤反。【正義】橐音柘。【考證】橐皋，今安徽廬州府巢縣西北六十里柘皋鎭，俗猶名吳會城。杭世駿曰，左傳，橐皋之會，但有魯君，秋，徵會于衛，乃會于鄖耳，此幷兩事爲一，梁玉繩曰，此與表言衛亦會于橐皋，非。索隱知其誤而曲爲之說。十四年春，吳王北會諸侯於黃池。【集解】杜預曰，陳留封丘縣南有黃亭，近濟水。【考證】通鑑輯覽云，黃池在今河南開封府封丘縣西南。王夫之曰，黃池，黃水也，水出小黃之黃溝，經外黃，至沛入泗，黃水所自出謂之黃溝，一曰黃池，在今杞縣之西，大河之南，故國語曰，吳王夫差起師，將北會黃池，闕溝于商魯之間，北屬之沂，西屬之沛，蓋自沛泝黃水而上也。云商魯之間者，商，宋也，黃水經外黃，今考城縣宋地也，以地考吳子但泝沛黃二水，未嘗濟河而北，杞縣在河之南，與考城相近，黃池在此必矣，杜云封丘縣南黃亭近濟水，則在大河之北，失之。欲霸中國以全周室。【考證】楓山、三條本、全作令。六月戊子，越王句踐伐吳。【考證】梁玉繩曰，戊子，左傳作丙子，此誤。愚按楓山三條本作丙子。乙酉，越五千人與吳戰。【考證】陳子龍曰，外傳，范蠡舌庸，率師沿海泝淮，以絕吳路，當起數道之師，不止五千人也。梁玉繩曰，攷哀十三年左傳，是戰也，吳大夫王孫彌庸屬徒五千，史公必因此而誤。丙戌，虜吳太子友。丁亥，入吳。吳人告敗於王夫差。夫

差惡其聞也。【集解】賈逵曰，惡其聞諸侯。或泄其語。吳王怒，斬七人於幕下。【集解】服虔曰，以絕口。七月辛丑，吳王與晉定公爭長。吳王曰，於周室我爲長。【集解】杜預曰，吳爲太伯後，故爲長。晉定公曰，於姬姓我爲伯。【集解】杜預曰，爲侯伯。趙鞅怒，將伐吳。【考證】梁玉繩曰，案左傳鞅與司馬寅之言，祗是爭長耳，非怒而欲伐吳也，史與傳不合。乃長晉定公。【集解】徐廣曰，黃池之盟，吳先歃，晉次之，與外傳同。駰案，賈逵曰，外傳曰，吳先歃，晉亞之，先敍晉，晉有信，又所以外吳。【索隱】此依左傳文，案左傳趙鞅呼司馬寅曰，建鼓整列，二臣死之，長幼必可知也。是趙鞅怒，司馬寅請姑視之，反曰，肉食者無墨，今吳王有墨，國其勝乎。杜預曰，墨，氣色下也。是國爲敵所勝，又曰，太子死乎，且夷德輕，不忍久，請少待之。乃先晉人，是也。徐賈所云，據國語，不與左傳合，非也。左氏魯襄公代晉楚爲會，先書晉，晉有信耳。外傳即國語也，書有二名也。外吳者，吳夷賤之，不許同中國，故言外也。【正義】國語云，晉責吳曰，夫周室命圭，有命曰吳伯，不言吳王，諸侯是以敢辭，夫諸侯無二君，而無卑天子，以干不祥，而曰吳公，孤敢不順從君命。吳王許諾，吳公先歃，晉侯次之。【考證】梁玉繩曰，案公羊哀十三年會黃池傳曰，吳主會也。與外傳言吳公先歃，晉侯亞之同。左傳云，乃先晉人，先吳于晉也。先儒謂經書吳在下，是晉實先之，誤矣。史公于秦紀及晉趙兩世家言長吳，而此言長晉，共說一事，二文不同，何自歧也，以情勢揆之，晉人不競，已歷數世，自宋之會，即爲楚所先，而況其能與吳爭乎。李笠曰，晉趙世家言長吳，此言長晉者，亦傳疑

之例也。吳王已盟，與晉別，欲伐宋。太宰嚭曰，可勝而不能居也。【考證】言宋可敗也，而我不可久止也。乃引兵歸國。國亡太子，內空，王居外久，士皆罷敝。於是乃使厚幣以與越平。【考證】十四年春以下，依哀十三年左傳。中井積德曰，使下似脫一使字。愚按古鈔本有。十五年，齊田常殺簡公。【考證】哀十四年左氏經傳。楓山三條本，殺下有其君二字。十八年，越益彊。越王句踐率兵，使伐敗吳師於笠澤。【正義】吳地記云，笠澤江，松江之別名。在蘇州南三十五里。又云，笠澤即太湖。【考證】本哀十七年左傳。中井積德曰，使字衍。張文虎曰，當復之譌。楚滅陳。【考證】哀十七年左傳。二十年，越王句踐復伐吳。【索隱】哀十九年左傳曰，越人侵楚，以誤吳也。杜預曰，誤吳使不爲備也。無伐吳事。二十一年，遂圍吳。【考證】哀二十年左傳。二十三年十一月丁卯，越敗吳。越王句踐欲遷吳王夫差於甬東。【集解】賈逵曰，甬東，越東鄙，甬江東也。韋昭曰，句章東海口外州也。【索隱】國語曰，甬句東，越地，會稽句章縣東海中州也。案今鄮縣是也。予百家居之。吳王曰，孤老矣，不能事君王也。

考證哀二十二年左傳、吾悔不用子胥之言、自令陷此。遂自剄死。集解越絕書曰、夫差冢在猶亭西卑猶位、越王使干戈人一㙬土以葬之、近太湖、去縣五十七里、索隱左傳乃縊、越人以歸也、猶亭、亭名、卑猶位三字、共爲地名、吳地記曰、徐枕山一名卑猶山是、㙬、音路禾反、小竹籠以盛土也、正義㙬、力和反、考證國語吳語云、夫差將死、使人說於子胥曰、使死者無知則已矣、若其有知、吾何面目以見員也、遂自殺、史公取其意易其文、梁玉繩曰、左傳作縊、越世家云自殺、其義一也、而此言自剄、越絕書吳越春秋作伏劍、淮南道應說苑正諫與此同、子胥傳又言越殺夫差、竝小異、孫詒讓曰、集解卑猶當作申酉、申酉正西方、此記墓所在方位、㙬乃蘽之俗也、越王滅吳、誅太宰嚭。以爲不忠而歸。考證越世家云、越王葬吳王而誅太宰嚭、伍子胥傳云殺王夫差而誅太宰嚭、吳越春秋云、誅嚭、幷妻子、劉恕曰、左傳哀二十四年閏月、哀公如越、季孫懼、使因太宰嚭而納賂焉、在吳亡後二年也、如左氏之說、則嚭入越亦用事、安吳亡卽誅哉、竹添光鴻曰、據左氏、則此時未必誅嚭、越之誅嚭、當在季孫納賂之後、史公特因滅吳而牽連書之爾、

太史公曰。孔子言太伯可謂至德矣。三以天下讓。民無得而稱焉。集解王肅曰、太伯弟季歷賢、又生聖子昌、昌必有天下、故太伯以天下三讓於王季、其讓隱、故無得而稱言之者、所以爲至德也、正義繆協云、其讓之跡、詭權反常、當時莫知、故無明稱、可謂至德也已、范甯云、其德弘遠、故曰至也、考證論語泰伯篇、余讀春秋古文、乃知中國之虞、與荊蠻句吳兄弟也。考證春秋古文、卽左氏春秋傳、劉歆與太常博士書、許愼說文序可證、延陵季子之仁心慕義無窮。見微而知淸濁。嗚呼、又何其閎覽博物君子也。集解皇覽曰、延陵季子冢、在毗陵縣暨陽鄉、至今吏民皆祀之、

索隱述贊、太伯作吳、高讓雄圖、周章受國、別封於虞、壽夢初霸、始用兵車、三子遞立、延陵不居、光既篡位、是稱闔閭、王僚見殺、賊由專諸、夫差輕越、取敗姑蘇、甬東之恥、空慙伍胥、

吳太伯世家第一　　史記三十一

文學博士瀧川龜太郎著

史記會注考證

史記會注考證卷三十二

漢　太史令　司馬遷　撰

宋　中郎外兵曹參軍　裴駰　集解

唐　國子博士弘文館學士　司馬貞　索隱

唐　諸王侍讀率府長史　張守節　正義

日本　出雲　瀧川資言　考證

齊太公世家第二　　史記三十二

〔正義〕括地志云、天齊池、在青州臨淄縣東南十五里、封禪書云、齊之所以爲齊者以天齊也、〔考證〕史公自序云、申呂肖矣、尙父側微、卒歸西伯、文武是師、功冠羣公、繆權

于幽、番番黃髮、爰饗營丘、不背柯盟、桓公以昌、九合諸侯、霸功顯彰、田闞爭寵、姜姓解亡、嘉父之謀、作齊太公世家第二、顧棟高曰、齊於春秋號爲大國、然以山東全省計之、兗州强半屬魯、泰安與魯參半、東昌晉衛錯處、他如青州濟南、魯地犬牙其間、齊所全有者、武定登萊三府、及曹沂所屬數縣而已、其形勢要害、不如晉、幅員廣遠、不如吳楚、徒以東至海、饒魚鹽之利、西至河、憑襟帶之固、南至穆陵、有大峴之險、北至無棣、收廣莫之地、用管子之計、官山府海、遂成富强、爲五伯首、豈惟地利、抑亦人謀之善也、然管子以圖伯者、陳氏亦用以竊國、器一也、而操之者則異、豈非得其人則用以興、失其人則遂以亡者歟、愚按、左傳僖四年所謂東至海、西至河四句、就太公賜履之地而言之、非說齊封疆也、而顧氏云、穆陵、山東青州臨朐縣南、無棣直隸天津慶雲縣、誤以近齊地名充之、故其所說封疆、則略得其要、說又見太公條下、

太公望呂尙者、東海上人。〔集解〕呂氏春秋曰、東夷之士、〔索隱〕譙周曰、姓姜、名牙、炎帝之裔、伯夷之後、掌四岳、有功、封之於呂、子孫從其封姓、尙其後也、按後文王得之渭濱云、吾先君太公望子久矣、故號太公望、蓋牙是字、尙是其名、後武王號爲師尙父也、〔正義〕按蘇州海鹽縣有太公宅及廟、其縣臨海、故云東海、〔考證〕崔述曰、孟子春秋傳皆稱爲太公、果如史記之說、則太公卽王季、豈可去望而以太公稱之、蓋望其名、尙父其字、呂其氏也、姜其姓也、師其官也、公其爵也、太公、齊人之追稱之也、是時諸侯尙未有諡、周之大臣有諡、自周公始、太公爲齊始封君、故號之曰太公、猶亶父之號爲太王也、師尙父者、連官與字而稱之者也、猶所謂保奭史佚也、太公望者、連號與名而稱之者也、猶所謂周公旦召公奭也、呂尙者、連氏與字而稱之、而省文者也、猶子游之稱言游、子華之稱公西華也、牙之名、尙父之官、皆不見於經傳、蓋由不知望之卽名、尙父之卽字、而妄爲之說者也、梁玉繩曰、孟子曰太公望、則其名望、審矣、中井積德曰、太公不知何許人也、孟子稱辟紂居東海之濱、則其非東海上人也明矣、梁玉繩曰、呂氏春秋當染首時注、淮南氾論注、水經注九、竝言太公河內汲人、

其先祖嘗爲四嶽、佐禹平水土、甚有功。〔考證〕國語周語曰、四岳、共工之從孫、佐伯禹、高高下下、疏川導滯、鍾水豐物、皇天嘉之、祚四岳國、命爲侯伯、賜姓曰姜、氏曰有呂、謂其能爲禹股肱心膂、以養物豐民人也、史公所本、柯維棋曰、周語以四岳爲共工之從孫佐禹治水、又鄭語云、姜、伯夷之後、太史公于陳杞世家云、伯夷之後、至周武王復封于齊、曰太公望、乃本鄭語、而齊世家云四岳者、乃本周語、豈四岳卽伯夷邪、虞夏之際、封於呂、〔集解〕徐廣曰、呂、在南陽宛縣西、或封於申。〔索隱〕地理志、申、在南陽宛縣、申伯國也、呂、亦在宛縣之西也、〔考證〕國語周語、申呂雖衰、齊許猶在、姓姜氏。夏商之時、申呂或封枝庶。子孫或爲庶人。尙其後苗裔也。本姓姜氏、從其封姓。故曰呂尙。呂尙蓋嘗窮困、年老矣。〔索隱〕譙周曰、呂望嘗屠牛於朝歌、賣飮於孟津、〔考證〕荀子君道篇、文王擧太公於州人而用之、行年七十有二、齫然而齒墮矣、以漁釣奸周西伯。〔正義〕奸、音干、括地志云、茲泉水、源出岐州岐山縣西南凡谷、呂氏春秋云、太公釣於茲泉、遇文王、酈元云、磻磎中有泉、謂之茲泉、泉水潭積、自成淵渚、卽太公釣處、今人謂之凡谷、石壁深高、幽篁邃密、林澤秀

阻人跡罕及、東南隅有石室、蓋太公所居也、水次有磻石可釣處、卽太公垂釣之所、其投竿跪餌、兩膝遺跡猶存、是有磻磎之稱也、其水清冷神異、北流十二里、注于渭、說苑云、呂望年七十、釣于渭渚、三日三夜、魚無食者、望卽忿脫其衣冠、上有農人者、古之異人、謂望曰、子姑復釣、必細其綸、芳其餌、徐徐而投、無令魚駭、望如其言、初下得鮒、次得鯉、刺魚腹得書、書文曰、呂望封於齊、望知其異、【考證】張文虎曰、詩文王疏引奸作干、冊府元龜同、梁玉繩曰、太公就養西歸、天下仰爲大老、何云奸也、獵渭載歸之說、余猶疑之、此皆戰國好事者僞造、不足依信、呂覽首時篇謂太公聞文王賢、故釣于渭以觀之、言尚近理、然聖如文王太公、應久見知、何煩覩乎、蓋太公未遇時、若漁釣、若屠牛、若賣食、或會爲之、總非歸西伯時事、諸子紛馳、千言成實、甚且衍爲魚腹得書之異、其妄與搜神記神託夢同、西伯將出獵。卜之。曰。所獲非龍非彲。【集解】徐廣曰、勑知反、【索隱】徐廣音勑知反、餘本亦作螭字、非虎非羆。【考證】梁玉繩曰、章懷崔駰達旨注、李善班固答賓戲注、初學記、竝引史記作非熊非羆、所獲霸王之輔。【考證】當時不當有霸王語、彲羆輔韻、於是周西伯獵。果遇太公於渭之陽。與語大說。曰。自吾先君太公曰。當有聖人適周。周以興。子眞是邪。吾太公望子久矣。故號之曰太公望。載與俱歸。立爲師。【考證】梁玉繩曰、詩齊風譜疏引世家、作立爲太師、呂子長見篇注同、崔述曰、戰國時人以割烹要湯誣伊尹、以食牛干秦誣百里奚、孟子皆嘗辯之、太公伊尹儔也、其不以漁干文王也明甚、然則所謂文王田渭濱與語、而載與俱歸者、亦恐未必然也、中井積德曰、漁釣干西伯、固是俗說、至太公望子、妄亦太甚、顧炎武曰、周之太王、齊之太公、吳之太伯、有國之始祖、謂之太祖、其義一也、或曰。太公博聞。嘗事紂。紂無道。去之、游說諸侯。無所遇。而卒西歸周西伯。【考證】崔述曰、孟子云、太公辟紂居東海之濱、則是太公不仕紂也、太公辟紂之不暇、而寧肯自投於朝歌孟津紂之國中哉、梁玉繩曰、周初無游說之風、而太公又豈游說之士、明是戰國好事者爲之、孫子用間云、周之興也、呂牙在殷、鬼谷子午合云、呂尚三入殷朝、三就文王、然後合于文王、或之說本此、或曰。呂尚處士。隱海濱。周西伯拘羑里。散宜生・閎夭・素知而招呂尚。呂尚亦曰。吾聞西伯賢。又善養老。盍往焉。三人者、爲西伯求美女奇物、獻之於紂、以贖西伯。西伯得以出反國。【考證】梁玉繩曰、依此說、則是太公非身遇文王、而閎散爲之介紹也、豈其然乎、況囚羑里之時、太公猶未歸周也、此本尙書大傳之繆說、而增損之、美女奇物之獻尤妄、辨見殷紀中、言呂尚所以事周雖異、然要之爲文武師。周西伯昌之脫羑里歸、與呂尚陰謀修德、

以傾商政。其事多兵權與奇計。【正義】六韜云、武王問太公曰、律之音聲、可以知三軍之消息乎、太公曰、深哉王之問也、夫律管十二、其要有五、宮商角徵羽、此其正聲也、萬代不易、五行之神、道之常也、可以知敵、金木水火土、各以其勝攻之、其法以天清靜無陰雲風雨、夜半遣輕騎往至敵人之壘九百步、偏持律管橫耳、大呼驚之、有聲應管、其來甚微、角管聲應、當以白虎、徵管聲應、當以玄武、商管聲應、當以句陳、五管盡不應、無有商聲、當以青龍、此五行之府、佐勝之徵、陰敗之機也、【考證】楓山三條本、正義消息下、有勝負之決四字、應當間有當以朱雀羽聲應七字、無有商聲四字、作宮也二字、府作符、陰敗作成敗、故後世之言兵及周之陰權、皆宗太公爲本謀。【考證】葉夢得曰、此說出六韜、夫太公賢者、其所用王術、其所事聖人、則出處必有義、而致君必有道、自墨翟以太公干文王爲忤合、孫子謂之用間、且以嘗爲文武將兵、故尚權詐者、多竝緣自見、周西伯政平。及斷虞・芮之訟、而詩人稱西伯受命曰文王。伐崇・密須・【索隱】按郡國志、在東郡廩丘縣北、今曰顧城、密須姞姓、在河南密縣東、故密城是也、與安定姬姓密國別也、犬夷。【考證】錢大昕曰、犬戎卽昆夷、中井積德曰、以虞芮之符者、漢儒之誣誕耳、大作豐邑。天下三分、其二歸周者、太公之謀計居多。文王崩、武王卽位。九年、欲修文王業、東伐以觀諸侯集否。師行。師尚父【集解】劉向別錄曰、師之尚之父之、故曰師尚父、父亦男子之美號也、左杖黃鉞、右把白旄、以誓曰。蒼兕蒼兕。【索隱】亦有本作蒼雉、按馬融曰、蒼兕、主舟楫官名、又王充曰、蒼兕者、水獸九頭、今誓衆令急濟、故言蒼兕以懼之、然此文上下、竝今文泰誓也、【正義】按言以此獸名官、令其衆庶便水而疾濟、【考證】臧琳曰、郭氏山海經序曰、鈞天之庭、豈伶人之所躡、無航之津、豈蒼兕之所涉、蒼兕與伶人相對、是郭氏亦同馬說、謂無涯之水、非世閒主舟楫官所能涉也、蓋蒼兕本水獸、善覆舟、故以此名官、張文虎曰、蒼兕本水獸、又善奔突、故以名水軍、猶秦官名犀首、犀兕同類、愚按、索隱王充曰、論衡是應篇、今本論衡譌作蒼光、總爾衆庶、與爾舟楫。後至者斬。遂至盟津。諸侯不期而會者八百諸侯。【考證】梁玉繩曰、諸侯二字衍、諸侯皆曰。紂可伐也。武王曰。未可。還師。與太公作此太誓。【考證】楓山三條本、師作歸、梁玉繩曰、作此太誓者、卽上文所謂蒼兕諸語也、愚按、此伏生所傳今文泰誓文、說具殷紀、居二年、紂殺王子比干、囚箕子。武王將伐紂。卜龜兆不吉。風雨暴至。羣公盡懼。唯太公彊之勸武王。武王於是遂行。【考證】通典一百六十二引六韜云、周武王伐紂、師至汜水牛頭山、風甚雷疾、鼓旗毀折、王之驂乘、惶恐而死、太公曰、好賢而

能用、舉事而得時、則不看時日而事利、不假卜筮而事吉、不禱祀而福從、遂命驅之前進、周公曰、今時迎太歲、龜灼言凶、卜筮不吉、星變爲災、請還師、太公怒曰、今紂刳比干、囚箕子、以飛廉爲政、伐之有何不可、枯草朽骨、安可知乎、乃焚龜折蓍、援枹而鼓、率衆先涉河、武王從之、遂滅紂、梁玉繩曰、六韜之書、後人所作、史記又采用六韜、好事者妄矜太公、非實事也、十一年[集解]徐廣曰、一作三年、正月甲子、誓於牧野、伐商紂。[考證]十一年以下、本書泰誓牧誓序、紂師敗績。紂反走登鹿臺。遂追斬紂。[考證]斬紂、妄也、說在周紀、明日、武王立于社。羣公奉明水、[索隱]周本紀、毛叔鄭奉明水也、[考證]梁玉繩曰、周紀本逸書、此言羣公誤、衛康叔封布采席、[索隱]周本紀、衛康叔封布茲、茲是席、故此亦云采席也、師尚父牽牲、史佚策祝以告神、討紂之罪、[考證]楓山、三條本、討作說、散鹿臺之錢、發鉅橋之粟、以振貧民、封比干墓、釋箕子囚、遷九鼎、脩周政、與天下更始。師尚父謀居多。[考證]凌稚隆曰、一曰太公之謀居多、一曰師尚父謀多、是收拾上文、且與前陰謀修德宗太公爲本謀二句相應、於是武王已平商而王天下。封師尚父於齊營丘。[正義]括地志云、營丘在青州臨淄北百

步外城中、[正義]臨淄城中有丘、淄水出其前、經其左、故有營丘之名、[考證]營丘故城、在今山東青州昌樂縣、東就國。[考證]梁玉繩曰、鄭注檀弓云、太公受封留爲大師、則太公固與旦奭同相周也、故金滕稱二公、此言就國者、或受封之始、往治其國、旋即返周歟、道宿行遲。逆旅之人曰。吾聞時難得而易失。客寢甚安。殆非就國者也。太公聞之、夜衣而行、犂明至國。[索隱]犂、音里奚反、犂、猶比也、一云、犂、猶遲也、[考證]御覽引其作處、就國之國作封、萊侯來伐、與之爭營丘。營丘邊萊。萊人夷也。會紂之亂、而周初定、未能集遠方。是以與太公爭國。[考證]中井積德曰、據下文、萊侯當作萊人、愚按、說苑權謀篇、以爲鄭桓公就封事、蓋適曰、客寢甚安、殆非就國者、此後世鄙語、而還以施之周公師尚父之間、是世無復有聖賢、何取於論載也、太公至國脩政、因其俗簡其禮。[考證]魯世家載太公言云、吾簡其君臣禮、從其俗爲也、通商工之業、便魚鹽之利。而人民多歸齊、齊爲大國。及周成王少時、管蔡作亂、淮夷畔周。[正義]孔安國云、淮浦之夷、徐州之戎、乃使召康公[集解]服虔曰、召公奭、命太公曰。東至海、西至

河、南至穆陵、北至無棣、[集解]服虔曰、是皆太公始受封土地疆境所至也、[索隱]舊說穆陵在會稽、非也、按今淮南有故穆陵門、是楚之境、無棣在遼西孤竹、服虔以爲太公受封境界所至、不然也、蓋言其征伐所至之域也、[考證]或云、穆陵、今山東青州臨朐縣南、無棣、直隸天津慶雲縣、皆就齊境言之、據此、則下文五侯九伯八字不可解、索隱爲長、五侯九伯、實得征之。[集解]杜預曰、五等諸侯、九州之伯、皆得征討其罪也、[考證]召康公以下、采僖四年左傳管仲言、龜井昱曰、九伯、蓋每州一伯、統五侯者、齊由此得征伐、爲大國。都營丘。蓋太公之卒百有餘年。[集解]禮記曰、太公封於營丘、比及五世、皆反葬於周、鄭玄曰、太公受封、留爲太師、死葬於周、五世之後、乃葬齊、皇覽曰、呂尚冢在臨菑縣城南、去縣十里、[考證]沈家本曰、按太公反周、安得冢在臨菑、子丁公呂伋立。[集解]徐廣曰、一作及、[正義]諡法、述義不克曰丁、[考證]鄭樵曰、諡法雖始有周、是時諸侯猶未能偏及、齊五世後稱諡、則知所謂丁公者長第之次也、汪中曰、史記呂伋稱丁公、丁公之子得稱乙公、乙公子慈母稱癸公、丁乙癸竝从十干、周初諸侯、未有稱諡、周文公見於國語、經傳但稱周公、召康公見於左氏春秋毛詩序、經傳但稱召公、齊之太公、亦非諡也、故伯禽稱魯公、蔡叔之子胡稱蔡仲、蔡仲之子荒稱蔡伯、振鐸稱曹叔、曹叔之子脾稱大伯、大伯之子平稱仲君、封稱康叔、康叔之子稱康伯、宋始封之君稱微子、微仲之子稽稱宋公、宋公之子申亦稱丁公、虞稱唐叔、唐叔之子燮稱晉侯、當時易名之典、惟施于王者、諸侯之得諡者、多在再傳及三四傳之後、前此或以伯仲、或以國邑、而夏殷之禮相沿而未革、故猶有以甲

乙爲號者、齊之丁乙癸、宋之丁公是也、梁玉繩曰、諡法、述義不克曰丁、呂伋賢嗣、何以蒙此不韙之名字、丁公卒。子乙公得立。乙公卒。子癸公慈母立。[索隱]系本、作廥公慈母、譙周亦曰、祭公慈母也、癸公卒。子哀公不辰立。[索隱]系本、作不臣、譙周亦作不辰、宋忠曰、哀公荒淫田游、國史作還詩以刺之也、[考證]據詩序、齊風雞鳴還二詩、刺哀公也、中井積德曰、哀侯始用諡、諡始起于此時、哀公時、紀侯譖之周。周烹哀公。[集解]徐廣曰、周夷王、[考證]周烹哀侯、見莊四年公羊傳、何休注、鄭氏云、懿始受譖而烹齊哀公、是也、周語亦有其事、而立其弟靜。是爲胡公。[正義]諡法、彌年壽考曰胡、胡公徙都薄姑。[正義]括地志云、薄姑城、在青州博昌縣東北六十里、而當周夷王之時。哀公之同母少弟山怨胡公。乃與其黨、率營丘人、襲攻殺胡公而自立。是爲獻公。[索隱]宋忠曰、其黨周馬繻人、將胡公於貝水殺之、而出自立也、獻公元年、盡逐胡公子、因徙薄姑、都治臨菑。[考證]詩大雅烝民篇毛傳、以齊去薄姑遷臨菑、爲宣王時、與史異、毛公在馬遷之前、其言當有準據、存參、九年、獻公卒。[考證]梁玉繩曰、獻公之年有脫誤、疑是二十九年、子武公壽立。武公九年、周

厲王出奔居彘。【正義】直厲反、括地志云、晉州霍邑縣也。鄭玄云、霍山在彘、本秦時霍伯國、 十年、王室亂、大臣行政。號曰共和。二十四年、周宣王初立。二十六年、武公卒。子厲公無忌立。厲公暴虐。故胡公子復入齊。齊人欲立之。乃與攻殺厲公。胡公子亦戰死。齊人乃立厲公子赤爲君。是爲文公。而誅殺厲公者七十人。【考證】梁玉繩曰、厲公在位九年、此脫。 文公十二年卒。子成公脫立。【索隱】系本及譙周皆作說、【考證】舊刻毛本、脫作說、與年表及齊風譜疏引合、作說爲是、 成公九年卒。子莊公購立。【索隱】劉氏音神欲反、系家及系本竝作贖、【考證】張文虎曰、單本無此索隱、蓋從年表移屬。 莊公二十四年、犬戎殺幽王。周東徙雒。秦始列爲諸侯。【考證】程一枝曰、秦繼周而王者乎、其始爲諸侯也、列國世家皆書曰、秦襄公始爲諸侯、曷爲書之、愼其始也、謂其係天下之强弱也。 五十六年、晉弑其君昭侯。六十四年、莊公卒。子釐公祿甫立。釐公九年、魯隱公初立。【考證】馮班

曰、世家書魯隱公立、春秋之始也。 十九年、魯桓公弑其兄隱公、而自立爲君。【考證】隱十一年左傳。 二十五年、北戎伐齊。鄭使太子忽來救齊。齊欲妻之。忽曰、鄭小齊大。非我敵。遂辭之。【考證】桓六年左傳。 三十二年、釐公同母弟夷仲年死。其子曰公孫無知。釐公愛之、令其秩服奉養比太子。【考證】釐公以下、采莊八年左傳、但不記夷仲年沒年。 三十三年、釐公卒。太子諸兒立。是爲襄公。襄公元年、始爲太子時、嘗與無知鬭。及立、絀無知秩服。無知怨。【考證】梁玉繩曰、案莊八年左傳、是因其竝適而絀之、非鬭也。史豈別有據乎。 四年、魯桓公與夫人如齊。齊襄公故嘗私通魯夫人。魯夫人者、襄公女弟也。自釐公時、嫁爲魯桓公婦。及桓公來、而襄公復通焉。魯桓公知之、怒夫人。夫人以告齊襄公。齊襄公與魯君飮、醉之、使力士彭生

抱上魯君車、因拉殺魯桓公。【集解】公羊傳曰、搚幹而殺之。何休曰、搚、折聲也。【正義】拉、音力合反。幹、脅也。 桓公下車則死矣。魯人以爲讓。【集解】讓、猶責也。 而齊襄公殺彭生以謝魯。【考證】魯桓公以下、雜采桓十八年左公羊二氏。 八年、伐紀。紀遷去其邑。【集解】徐廣曰、年表云、去其都邑。【索隱】按春秋莊四年、紀侯大去其國、左傳云、違齊難、是也、【正義】括地志云、故劇城、在青州壽光縣南三十一里、故紀國城也、帝王世紀云、周之紀國、姜姓也、紀侯譖齊哀公於周、懿王烹之、外傳云、紀侯入爲周卿士、竹書云、齊襄公滅紀遷紀、【考證】莊四年經傳、梁玉繩曰、春秋書紀侯大去其國、此遷字未安、蓋齊以漸滅紀、非僅此年伐之而已、徐孚遠曰、紀侯譖烹齊哀公、故齊伐之、所謂襄公復九世之仇也、 十二年、初、襄公使連稱・管至父戍葵丘。【集解】賈逵曰、連稱、管至父皆齊大夫、杜預曰、臨淄縣西有地名葵丘、【索隱】杜預曰、臨淄西有地名葵丘、又桓三十五年會諸侯於葵丘、當魯僖公九年、杜預曰、陳留外黃縣東有葵丘、不同者、蓋葵丘有兩處、杜意以戍葵丘當不遠出齊境、故引臨淄縣西之葵丘、若三十五年會諸侯於葵丘、杜氏又以不合在本國、故引外黃東葵丘爲注、所以不同爾、 瓜時而往。及瓜而代。【集解】服虔曰、瓜時七月、及瓜謂後年瓜時、【考證】李笠曰、及上當據左氏補曰字、 往戍一歲、卒瓜時。而公弗爲發代。或爲請代。公弗許。故此二人怒、因

公孫無知謀作亂。連稱有從妹在公宮。無寵。【集解】服虔曰、爲妾在宮也。 使之閒襄公。【集解】王肅曰、候公之閒隙。 曰、事成、以女爲無知夫人。【考證】楓山、三條本、女作汝。 冬十二月、襄公游姑棼、【集解】賈逵曰、齊地也。【正義】音扶云反。 遂獵沛丘。【集解】杜預曰、樂安博昌縣南、有地名貝丘、墜車傷足、卽此也、【索隱】左傳作貝丘也、【正義】左傳云、齊襄公田于貝丘、【考證】梁玉繩曰、貝、沛古以音近通借、 見彘。從者曰、彭生。【集解】服虔曰、公見彘、從者乃見彭生、鬼改形爲豕也、【考證】龜井昱曰、杜云、從者見彭生、然既曰豕、則非妖鬼、從者紿而驚怵之耳、其爲無知之黨可知矣、 公怒射之。彘人立而啼。【考證】龜井昱曰、忽擧前足而悲叫也、 公懼墜車、傷足失屨。反而鞭主屨者茀三百。【正義】非佛反、下同、茀主屨者也、【考證】左傳云、誅屨于徒人費、弗得、鞭之見血、 茀出宮。而無知連稱・管至父等、聞公傷、乃遂率其衆襲宮。逢主屨茀。茀曰、且無入驚宮。驚宮未易入也。無知弗信。茀示之創。【正義】音瘡、 乃信之、待宮外、令茀先入。茀先入、卽匿襄公戶閒良久。

無知等恐、遂入宮。茀反、與宮中及公之幸臣攻無知等。不勝皆死。無知入宮求公。不得。或見人足於戶閒。發視乃襄公。遂弒之。而無知自立爲齊君。【考證】十二年以下、據莊八年左傳、方苞曰、觀史公所增益、知左傳敍事神施鬼設之奇、桓公元年春、齊君無知游於雍林、【集解】賈逵曰、渠丘大夫也、【索隱】亦有本作雍廩、賈逵曰、渠丘大夫、左傳云、雍廩殺無知、杜預曰、雍廩、齊大夫、此云游雍林、雍林人嘗有怨無知、遂襲殺之、蓋以雍林爲邑名、其地有人殺無知、賈言渠丘大夫者、渠丘、邑名、雍林爲渠丘大夫也、【正義】按林廩齊語輕重、隨音改異也、蓋雍林地名云、【考證】莊八年左傳云、初公孫無知虐于雍林、梁玉繩曰、雍廩人名、賈逵以爲渠丘大夫者、因昭十一年左傳及楚語上並有齊渠丘實殺無知之語、渠丘爲雍廩邑、雍廩爲人名益信、岡白駒曰、是年小白立、故繫於桓公元年、雍林人嘗有怨無知。及其往游、雍林人襲殺無知。【考證】莊九年、左傳、春、雍林殺無知、告齊大夫曰。無知弒襄公自立。臣謹行誅。唯大夫更立公子之當立者。唯命是聽。【考證】告齊大夫以下、史公以意補、初襄公之醉殺魯桓公、通其夫人、殺誅數不當、

淫於婦人、數欺大臣。【考證】莊八年左傳云、初襄公立無常、史公敷演爲廿六字、羣弟恐禍及、故次弟糾奔魯。其母魯女也。管仲·召忽傅之。次弟小白奔莒。鮑叔傅之。【考證】中井積德曰、兩傅字、蓋後人揣量之言耳、且當時智者取奇貨而出、何必論官銜、左氏云、奉公子、乃得其實也、伊藤維楨曰、管子及莊子荀卿韓非越絕書等、皆以子糾爲兄、物部茂卿曰、以子糾爲弟者、自漢薄昭始、其言出於一時諱避、子糾兄而小白弟、章章明哉、小白母、衞女也。有寵於釐公。小白自少好善大夫高傒。【集解】賈逵曰、齊正卿、高敬仲也、【正義】傒音奚、及雍林人殺無知、議立君。高·國先陰召小白於莒。魯聞無知死、亦發兵送公子糾、而使管仲別將兵遮莒道。射中小白帶鉤。小白詳死。管仲使人馳報魯。魯送糾者行益遲。六日至齊、則小白已入、高傒立之。是爲桓公。桓公之中鉤詳死、以誤管仲。已而載溫車中馳行。亦有高·國內應。故得先入立。發兵距魯。

【考證】小白以下、史公蓋有所據、今其書亡逸、溫車、蓋密閉臥車、秋、與魯戰于乾時。【集解】杜預曰、乾時、齊地也、時水在樂安界岐流、旱則涸竭、故曰乾時、魯兵敗走。齊兵掩絕魯歸道。齊遺魯書曰。子糾兄弟、弗忍誅。請魯自殺之。召忽·管仲讎也。請得而甘心醢之。不然、將圍魯。魯人患之、遂殺子糾于笙瀆。【集解】賈逵曰、魯地句瀆也、【索隱】賈逵云、魯地句瀆、又按鄒誕生本作莘瀆、莘笙聲相近、笙如字、瀆音豆、論語作溝瀆、蓋後代聲轉而字異、故諸文不同也、【考證】梁玉繩曰、笙瀆、左傳作生竇、鄒誕生本作莘瀆、竇瀆古通、而生之爲笙爲莘、一以義通、一以音近、中井積德曰、論語溝瀆非地名、召忽自殺。管仲請囚。【考證】秋與魯戰以下、莊九年左傳、桓公之立、發兵攻魯、心欲殺管仲。鮑叔牙曰。臣幸得從君。君竟以立。君之尊、臣無以增君。君將治齊、即高傒與叔牙足也。君且欲霸王、非管夷吾不可。夷吾所居國、國重。不可失也。於是桓公從之。乃詳爲召管仲欲甘心、實欲用之。管仲知之、故請往。

鮑叔牙迎受管仲。及堂阜而脫桎梏、【集解】賈逵曰、堂阜、魯北境、杜預曰、堂阜、齊地、東莞蒙陰縣西北有夷吾亭、或曰、鮑叔解夷吾縛於此、因以爲名也、齊祓而見桓公。桓公厚禮、以爲大夫、任政。【考證】以上雜采莊九年左傳·國語齊語、桓公既得管仲、與鮑叔·隰朋·高傒修齊國政、【集解】徐廣曰、朋或作崩也、連五家之兵、【集解】國語曰、管子制國、五家爲軌、十軌爲里、四里爲連、十連爲鄉、以爲軍令、【考證】五家之兵、詳于國語齊語·管子小匡篇、設輕重魚鹽之利、【索隱】按管子有理人輕重之法七篇、輕重、謂錢也、又有捕魚煑鹽法也、【考證】中井積德曰、輕重、謂權衡錢穀之貴賤而均平之也、愚按、輕重又見平準書管仲傳、以贍貧窮、祿賢能。齊人皆說。二年、伐滅郯。【集解】徐廣曰、一作譚、【索隱】據春秋魯莊十年、齊師滅譚、是也、杜預曰、譚國在濟南平陵縣西南、然此郯乃東海郯縣、蓋亦不當作譚字也、【考證】洪亮吉曰、春秋宣四年、魯侯齊侯平莒郯、成八年、四國會伐郯、昭十六年、郯人會齊人盟蒲遂、十七年、郯子如魯、是郯未嘗滅也、杜預云、譚國、在濟南平陵縣、通典、濟南郡春秋時屬齊、桓公從齊奔莒、或先過譚、此記郯字、自當從左傳作譚、索隱說非、陳傅良曰、滅國始于此、春秋滅國三十六、五伯爲之也、郯子奔莒。初桓公亡時過郯。郯無禮。故伐之。五年、伐魯。魯將師敗。魯莊公請獻

遂邑以平。[集解]杜預曰、遂在濟北蛇丘縣東北。[正義]蛇、音移。[考證]楓山、三條本、師作帥、中井積德曰、將字疑衍、梁玉繩曰、齊桓公五年、爲魯莊十三年、桓公爲北杏之會、遂人不至、故滅之、無齊伐魯及魯敗獻邑事、滅遂亦與魯無涉、此及刺客傳同誤、愚按、莊十三年春秋經、齊侯宋人陳人蔡人邾人會于北杏、胡安國云、春秋之世、以諸侯而主天下會盟之政、自北杏始、其後宋襄晉文楚莊秦穆交主夏盟、跡之而爲之者也、北杏之會、所關極大、史公不記、何也。桓公許、與魯會柯而盟。[集解]杜預曰、此柯、今濟北東阿、齊之阿邑、猶祝柯今爲祝阿。[考證]今兗州府陽穀縣東北有阿城鎭、卽春秋齊阿邑。魯將盟。曹沫以匕首劫桓公於壇上。[集解]何休曰、土基三尺、階三等曰壇、會必有壇者、爲升降揖讓、稱先君以相接也。[考證]楓山、三條本、無盟字、義長、中井積德曰、會所往往無大殿屋、故作壇耳、壇如假殿。曰。反魯之侵地。桓公許之。已而曹沫去匕首、北面就臣位。桓公後悔、欲無與魯地而殺曹沫。管仲曰。夫劫許之、而倍信殺之。[集解]徐廣曰、一云已許之而背信殺劫也。愈一小快耳。[考證]岡白駒曰、愈讀曰偸、苟也。而弃信於諸侯、失天下之援。不可。於是、遂與曹沫三敗所亡地於魯。諸侯聞之、皆信齊而欲附焉。

[考證]本莊十三年公羊傳、崔適曰、柯盟於魯爲莊公十三年、春秋書之、太史公於曹沫劫桓公事、再見於魯世家、三見於管仲傳、四見於魯仲連傳、五見於刺客傳、且爲齊霸所自始、中錄管仲語、視公羊傳爲詳、繁露說苑亦載之、此固春秋時一大事焉、左氏於是盟無傳、惟於十年長勺之戰、有曹劌戰勝、而無反侵地事、劌沫聲近、必是一人、改劌爲沫、故與今文學立異、此古文家恆情也、葉適曰、還言曹沫以匕首劫齊桓公、遂與沫三敗所亡地、此事公羊先見、按左氏魯莊公九年、納糾敗于乾時、幾獲、十年有長勺之勝、劌實主之、齊猶未已、與宋次乘丘、公子偃敗宋師、齊乃還、十三年、北杏之會、齊將稱霸、其冬、魯乃會于柯、是三戰而再勝、未嘗失地、三年不交兵、何用要劫、二十三年、曹劌復諫觀社、詳其前後詞語、豈操匕首于壇坫之間者邪、愚按、葉說可從。七年、諸侯會桓公於甄。[集解]杜預曰、甄、衞地、今東郡甄城也。[正義]甄、當作鄄、括地志云、濮州鄄城縣是也。[考證]莊十四年春秋經、年表及左氏甄作鄄、甄鄄通、音絹、今山東曹州府濮州鄄城故城是。而桓公於是始霸焉。十四年、陳厲公子完[正義]音桓、號敬仲。來奔齊。[考證]中井積德曰、敬謚也、仲字也、何號之有。齊桓公欲以爲卿。讓。於是以爲工正。[集解]賈逵曰、掌百工。[考證]莊廿二年左傳。二十三年、山戎伐燕。[集解]服虔曰、山戎、北狄、蓋今鮮卑也、何休曰、山戎者、戎中之別名也。燕告急於齊。齊桓公救燕。[考證]莊卅年左傳、梁玉繩曰、左傳及燕世家、伐山戎在齊桓

二十二年、此與年表竝誤、書于二十三年、遂伐山戎、至于孤竹而還。[考證]國語齊語、管子小匡篇。燕莊公遂送桓公入齊境。桓公曰。非天子、諸侯相送不出境。吾不可以無禮於燕。於是分溝割燕君所至與燕、命燕君復修召公之政、納貢于周、如成康之時。諸侯聞之皆從齊。[考證]又見燕世家、未詳史所本。二十七年、魯湣公母曰哀姜。桓公女弟也。[考證]楓山、三條本、母下有姊字、梁玉繩曰、魯世家、依閔二年左傳、以湣公爲哀姜娣叔姜所生、哀姜無子也、此以哀姜爲湣公母者、適母也。哀姜淫於魯公子慶父。慶父弑湣公。哀姜欲立慶父。魯人更立釐公。[集解]徐廣曰、史記僖字皆作釐。桓公召哀姜殺之。[考證]閔二年左傳。二十八年、衞文公有狄亂。告急於齊。齊率諸侯城楚丘。[集解]賈逵曰、衞地也。[索隱]杜預曰、不言城衞、衞未遷、楚丘、在濟陰城武縣南、卽今之衞南縣。[考證]今河南衞輝府滑縣東。而立衞君。[考證]閔二年、僖二年左傳。二十九年、桓公與夫人蔡姬

戲船中。蔡姬習水蕩公。[集解]賈逵曰、蕩、搖也。公懼、止之。不止。出船怒、歸蔡姬。弗絕。蔡亦怒、嫁其女。桓公聞而怒、興師往伐。[考證]僖三年左傳。三十年春、齊桓公率諸侯伐蔡。蔡潰。[集解]服虔曰、民逃其上曰潰也。遂伐楚。楚成王興師問曰。何故涉吾地。[考證]左傳作使楚子與師言曰。管仲對曰。昔召康公命我先君太公曰。五侯九伯、若實征之、以夾輔周室。[集解]左傳曰、周公太公、股肱周室、夾輔成王也。賜我先君履、[集解]杜預曰、所踐履之界。東至海、西至河、南至穆陵、北至無棣。楚貢包茅不入。王祭不具。[集解]賈逵曰、包茅、菁茅包匭之也、以供祭祀、杜預曰、尚書包匭菁茅、茅之爲異未審。是以來責。昭王南征不復。是以來問。[集解]服虔曰、周昭王南巡狩、涉漢未濟、船解而溺昭王、王室諱之、不以赴諸侯、不知其故、故桓公以爲辭責問楚也。[索隱]宋衷云、昭王南伐楚、辛由靡爲右、涉漢中流而隕、由靡逐王、遂卒不復、周乃侯其後于西翟。楚王曰。貢之不入有之。寡人罪也。敢不共乎。

昭王之出不復、君其問之水濱。〔集解〕杜預曰、昭王時、漢非楚境、故不受罪。〔正義〕按、鬻熊爲周文王師、至于文武以勤勞之後嗣、而封熊繹于楚蠻、封以子男之田、居丹陽、在荊州枝江縣界、有枝江故城是、故云、漢非楚境。〔考證〕左氏楚使作對、故寡人作寡君、楓山三條本、共作供。齊師進次于陘。〔集解〕杜預曰、陘、楚地、潁川召陵縣南有陘亭。左傳曰、凡師一宿爲舍、再宿爲信、過信爲次。〔考證〕陘、今開封府新縣南三十里陘山、杜說非是。夏、楚王使屈完將兵扞齊。〔考證〕左傳作楚子使屈完如師、龜井昱曰、如師、懼而求盟也、史記全失傳意。齊師退次召陵。〔集解〕杜預曰、召陵、潁州縣。〔考證〕今郾城縣東有召陵故城、卽屈完來盟地。桓公矜屈完以其衆。屈完曰、君以道則可。若不、則楚方城以爲城、江漢以爲溝。君安能進乎。〔集解〕服虔曰、方城山、在漢南。韋昭曰、方城、楚北之阨塞。杜預曰、方城山在南陽葉縣南、是也。〔索隱〕按地理志、葉縣南有長城、號曰方城、則杜預韋昭說爲得、而服氏云在漢南、未知有何憑據。〔考證〕左傳江漢作漢水。中井積德曰、方城漢池、誇天險也。乃與屈完盟而去。〔正義〕左傳云、齊桓公帥諸侯師盟于召陵、是也。過陳。陳袁濤塗詐齊、令出東方。覺。秋、齊伐陳。〔集解〕左傳曰、討不忠也。〔考證〕以上僖四年左傳。是歲、晉殺太子申生。〔考證〕僖四年左傳。三十

五年夏、會諸侯于葵丘。〔集解〕杜預曰、陳留外黃縣東有葵丘也。〔正義〕左傳云、僖九年齊桓公會諸侯于葵丘、卽此也。〔考證〕葵丘、宋地、今河南歸德府考城縣、有葵丘聚、其地有盟臺、亦名盟臺鄉。周襄王使宰孔賜桓公文武胙、彤弓矢、大路。〔集解〕賈逵曰、大路、諸侯朝服之車、謂之金路。〔考證〕左傳但曰賜胙、不曰賜彤弓矢大路、史公以齊語補。命無拜。〔考證〕依左國、拜上宜補下字。桓公欲許之。管仲曰、不可。乃下拜受賜。〔集解〕韋昭曰、下堂拜賜也。〔考證〕中井積德曰、左傳云、下拜登受、不可改、恐按齊語亦云、下拜升受。秋、復會諸侯於葵丘。〔考證〕孟子告子篇云、葵丘之會、諸侯東牲載書而不歃血。初命曰、誅不孝、無易樹子、無以妾爲妻。再命曰、尊賢育才、以彰有德。三命曰、敬老慈幼、無忘賓旅。四命曰、士無世官、官事無攝、取士必得、無專殺大夫。五命曰、無曲防、無遏糴、無有封而不告。曰、凡我同盟之後、言歸於好。僖九年穀梁傳云、葵丘之盟、壹明天子之禁。曰、毋壅泉、毋訖糴、毋易樹子、毋以妾爲妻、毋使婦人與國事。桓公會諸侯、葵丘最盛、盟辭亦完好無闕、史公不揭者何也。益有驕色。周使宰孔會。諸侯頗有叛者。〔考證〕公羊傳曰、葵丘之會、桓公震而矜之、叛者九國。晉侯病後。遇宰孔。宰孔曰。齊侯驕矣。弟無行。從之。〔考證〕以上采僖九年左傳公羊傳、參以國語。是歲、晉獻公卒。里克殺奚齊・卓

子。〔集解〕徐廣曰、史記卓多作悼。〔正義〕卓、丑角反。秦穆公以夫人入公子夷吾爲晉君。桓公於是討晉亂、至高梁。〔集解〕服虔曰、晉地也。杜預曰、在平陽縣西南。〔考證〕僖九年左傳。高梁、今山西平陽府臨汾縣。是時周室微、唯齊・楚・秦・晉爲彊。晉初與會。〔正義〕與、音預、下同。獻公死、國內亂。秦穆公辟遠、不與中國會盟。楚成王初收荊蠻有之、夷狄自置。〔考證〕置、猶居也。唯獨齊爲中國會盟。而桓公能宣其德。故諸侯賓會。於是桓公稱曰。寡人南伐至召陵、望熊山。〔考證〕楓山三條本、熊山作熊耳山、熊耳山在商州上洛縣西四十里、國語管子作汶山。北伐山戎・離枝・孤竹、〔集解〕地理志曰、令支縣有孤竹城、疑離枝卽令支也。令・離聲相近、應劭曰、令音鈴、鈴・離聲亦相近、管子亦作離字。〔索隱〕離枝音零支、又音令祇、又如字。離枝・孤竹、皆古國名。秦以離枝爲縣、故地理志遼西令支縣有孤竹城。爾雅曰、孤竹北戶西王母日下、謂之四荒也。〔考證〕離枝、國語作令支、管子作冷支。西伐大夏、涉流沙、〔正義〕大夏、幷州晉陽是也。〔考證〕大夏、國語作西吳、管子作西虞。中井積德曰、齊桓北伐山戎而已、未嘗西涉流沙也、是等語、皆後人之附益矣、非桓公之言。東

馬懸車、登太行、至卑耳山而還。〔正義〕卑音璧。劉伯莊及韋昭竝如字。〔考證〕卑耳、管子同、國語作辟耳。韋昭曰、山險、故縣鉤其車、偪束其馬而以度也。諸侯莫違寡人。寡人兵車之會三。〔正義〕左傳云、魯莊十三年、會北杏以平宋亂。僖四年、侵蔡、遂伐楚。六年、伐鄭、圍新城也。乘車之會六、〔正義〕左傳云、魯莊十四年、會于鄄。十五年、又會鄄。十六年、同盟于幽。僖五年、會首止。八年、盟于洮。九年、會葵丘、是也。〔考證〕封禪書同、國語・管子竝有此語、而莊廿七年穀梁傳云、衣裳之會十一、兵車之會四。愚按、春秋傳桓公之會諸侯、不止於此、此說詳于梁玉繩史記志疑十六卷。九合諸侯、一匡天下。〔正義〕匡、正也。一匡天下、謂定襄王爲太子之位也。一說、謂陽穀之會、令諸侯云、無障谷、無貯粟、無以妾爲妻。天下皆從之、謂云一匡天下。〔考證〕中井積德曰、兵車之會、乘車之會、是後人揣摩解九合之辭、非實然。注一一分疏、非也。又曰、九合一匡、出于論語、是獎稱霸功之語、以爲自語則無味。九語數之多也、非實數。一匡、謂卒彊天下之亂也、非定襄王之謂。梁玉繩曰、論語九合、朱子據春秋傳糾合、以爲古字通用、固是、而實則九合、猶左傳夷于九縣、公羊叛者九國、不必改九爲糾。九之爲言多也。丹鉛錄云、九爲陽數之極、書傳稱九者、皆極言之、此解甚愜、若必求以實之、則左傳之九縣、乃十一國、公羊之九國、惟屬叛命、何以言九。推之楚詞九歌有十一篇、顏之推還冤志引周春秋曰、左儒九諫而王不聽、孫子云、善攻者動于九天之上、善守者伏于九地之下、以及九原九泉之類、莫不皆然。昔三代受命、有何以異於此乎。〔考證〕桓公稱曰以下、本管子小匡篇、國語齊語亦載此事、而

不爲桓公語、中井積德曰、何字宜在有字之上、此恐傳寫之誤、愚案、有讀爲又、或云、當作者、管子作昔三代之受命者其異於此乎、 吾欲封泰山、禪梁父。管仲固諫。不聽。乃說桓公以遠方珍怪物至乃得封。桓公乃止。【考證】吾欲封泰山以下、蓋本管子封禪篇、說既具封禪書、 三十八年、周襄王弟帶、與戎翟合謀伐周。齊使管仲平戎於周。周欲以上卿禮管仲。管仲頓首曰。臣陪臣安敢。【考證】杜預曰、諸侯之臣曰陪臣也、陪、重也、其君已爲王臣、己又爲王臣之臣、故對王曰重臣也、李笠曰、上臣字疑衍、周紀與左傳竝無、 三讓、乃受下卿禮以見。【考證】僖十二年左傳、 三十九年、周襄王弟帶來奔齊。齊使仲孫請王爲帶謝。襄王怒弗聽。【考證】僖十三年左傳、梁玉繩曰、叔帶奔齊、在桓公三十八年、此在三十九年、與周紀年表皆于三十七年同誤、 四十一年、秦穆公虜晉惠公。復歸之。【考證】僖十五年左傳、 是歲管仲・隰朋皆卒。【正義】括地志云、管仲冢在青州臨淄縣南二十一里牛山上、與桓公冢連、隰朋墓在青州臨淄縣東北七里也、【考證】管子戒篇云、管仲卒、後十月隰朋亦卒、 管仲病。桓公問曰。

羣臣誰可相者。管仲曰。知臣莫如君。【考證】通俗編云、管子大匡篇鮑叔曰、先人有言、知子莫若父、知臣莫若君、左傳僖七年、令尹子文曰、古人有言、知臣莫若君、晉語祁奚曰、人有言、擇臣莫若君、擇子莫若父、戰國策趙武靈王謂周紹曰、選子莫若父、論臣莫若君、 公曰。易牙如何。【正義】卽雍巫也、賈逵云、雍巫、雍人、名巫、易牙也、 對曰。殺子以適君。非人情。不可。公曰。開方如何。對曰。倍親以適君。非人情。難近。【集解】管仲曰、衞公子開方去其千乘之太子、而臣事君也、【考證】集解據管子戒篇、 公曰。豎刁如何。【正義】刁、鳥條反、顏師古云、豎刁易牙皆齊桓公臣、管仲有病、桓公往問之曰、將何以敎寡人、管仲曰、願君遠易牙豎刁、公曰、易牙烹其子以快寡人、尙何疑邪、對曰、人之情非不愛其子也、其子之忍、又將何愛於君、公曰、豎刁自宮以近寡人、猶尙疑邪、對曰、人之情非不愛其身也、其身之忍、又將何有於君、公曰、諾、管仲遂盡逐之、而公食不甘心不怡者三年、公曰、仲父不已過乎、於是皆卽召反、明年公有病、易牙豎刁相與作亂、塞宮門、築高牆、不通人、有一婦人踰垣入至公所、公曰、我欲食、婦人曰、吾無所得、公曰、我欲飮、婦人曰、吾無所得、公曰、何故、曰、易牙豎刁相與作亂、塞宮門、築高牆、不通人、故無所得、公慨然歎、涕出曰、嗟乎、聖人所見、豈不遠哉、若死者有知、我將何面目見仲父乎、蒙衣袂而死乎壽宮、蟲流於戶、蓋以楊門之扇、二月不葬也、【考證】顏說蓋節錄呂氏春秋知接篇、中井積德曰、豎人也、閹豎也、桓公雖愚豈有相之之意哉、此問答蓋後人之附從耳、注所引稍近理、 對曰。自宮以適君。非

人情。難親。管仲死、而桓公不用管仲言。卒近用三子。三子專權。【考證】管仲病以下、本韓非子難一、梁玉繩曰、管子戒篇列子力命莊子徐無鬼呂氏春秋貴公韓子十過、皆言管仲將死、桓公問管仲欲相鮑叔、管仲以爲不可、惟隰朋可、又諫桓公去三子、亦見管子小稱、韓非難、呂知接、固兩事也、史略不具、且述三子事、亦不明晰、或問上文言是歲管仲隰朋皆卒、而說苑復恩篇言鮑叔先管仲死、與管子諸書不同、何故、曰、朋之卒、後仲十月、見管子戒篇、故仲歿時猶薦之、若說苑管仲哭鮑叔之事、前賢曾辨其非、然韓子十過篇、載桓公與管仲問答語云、居一年餘管仲死、安知鮑叔之卒不在此一年中乎、穀梁于僖十二年云管仲死、非也、 四十二年、戎伐周。周告急於齊。齊令諸侯各發卒戍周。【考證】僖十六年左傳、 是歲、晉公子重耳來。桓公妻之。【考證】僖二十三年左傳、 四十三年、初齊桓公之夫人三。曰王姬・徐姬・蔡姬。皆無子。【索隱】案系本徐嬴姓、禮、婦人稱國及姓、今此言徐姬者、然姬是衆妾之總稱、故漢祿秩令云、姬妾數百、婦人亦總稱姬、姬亦未必盡是姓也、【考證】楓山三條本、三下有人字、中井積德曰、齊字疑衍、又曰、徐姬與上下二姬對、必是姓、非總稱之姬、下文亦皆稱姬、梁玉繩曰、徐本嬴姓、左傳作徐嬴、是也、 桓公好內、【集解】服虔曰、內、婦官也、 多內寵。如夫人者六人。長衞姬生無詭。【索隱】左傳作無虧也、【考證】梁玉繩曰、

詭虧古通、故人表亦作詭、 少衞姬生惠公元。鄭姬生孝公昭。葛嬴生昭公潘。【考證】中井積德曰、昭公潘、以兄孝公之諱爲謚、可見古人避諱之不嚴、 密姬生懿公商人。宋華子生公子雍。【集解】賈逵曰、宋華氏之女、子姓、 桓公與管仲屬孝公於宋襄公、以爲太子。雍巫。【集解】賈逵曰、雍巫、雍人名巫、易牙字、【索隱】賈逵以雍巫爲易牙、未知何據、按管子有棠巫、恐與雍巫是一人也、【考證】雍饔通、此人爲掌食之官、 有寵於衞共姬。因宦者豎刁以厚獻於桓公。亦有寵。桓公許之立無詭。【集解】杜預曰、易牙既有寵於公、爲長衞姬請立、【考證】左傳、共姬作恭姬、豎刁作寺人貂、共恭、刁貂通、 管仲卒、五公子皆求立。冬十月乙亥、齊桓公卒。易牙入、與豎刁因內寵殺羣吏、【集解】服虔曰、內寵如夫人者六人、羣吏、諸大夫也、杜預曰、內寵、內官之有權寵者、【考證】龜井昱曰、內寵、主衞共姬言之、杜誤、 而立公子無詭爲君。太子昭奔宋。【考證】四十三年以下、僖十八年左傳、 桓公病、五公子各樹黨爭立。及桓公卒、遂相攻。以故宮中空、莫敢棺。【正義】音古忠反、 桓公尸在

牀上六十七日。尸蟲出于戶。【考證】晏子春秋諫上、桓公身死乎胡宮而不舉、蟲出而不收、韓非子十過篇、桓公身死、三月不收、蟲出於戶、呂氏春秋知接篇、桓公絕乎壽宮、蟲流出於戶、上蓋以楊門之扇、三月不葬、所傳不同、十二月乙亥、無詭立。乃棺赴。辛巳夜、斂殯。【集解】徐廣曰、斂、一作臨也、【考證】十二月以下、僖十八年左傳、左傳無斂字、桓公十有餘子、要其後立者五人。無詭立、三月死。無諡。次孝公。次昭公。次懿公。次惠公。孝公元年三月、宋襄公率諸侯兵送齊太子昭、而伐齊。齊人恐、殺其君無詭。齊人將立太子昭。四公子之徒攻太子。太子走宋。宋遂與齊人四公子戰。五月、宋敗齊四公子師、而立太子昭。是爲齊孝公。宋以桓公與管仲屬之太子、故來征之。以亂故、八月乃葬齊桓公。【集解】皇覽曰、桓公冢在臨菑城南七里所菑水南、【正義】括地志云、齊桓公墓、在臨菑縣南二十一里牛山上、亦名鼎足山、一名牛首堈、一所二墳、晉永嘉末、人發之、初得版、次得水銀池、有氣不得入、經數日、乃牽犬入中、得金蠶數十薄、珠

襦、玉匣、繒綵、軍器、不可勝數、又以人殉葬、骸骨狼藉也、【考證】孝公元年以下、本僖十八年左傳、六年春、齊伐宋。以其不同盟于齊也。【集解】服虔曰、魯僖公十九年、諸侯盟于齊、以無忘桓公之德、宋襄公欲行霸道、不與盟、故伐之、【考證】僖廿三年左傳、夏、宋襄公卒。【考證】僖二十三年春秋經傳、七年、晉文公立。【考證】僖二十四年左傳、十年、孝公卒。【考證】僖二十七年春秋經傳、孝公弟潘、因衛公子開方、殺孝公子而立潘。是爲昭公。昭公、桓公子也。其母曰葛嬴。【考證】立下潘字疑衍、且與上文複、因衛公子開方、又見年表、梁玉繩曰、此事三傳不載、蓋別有所本也、昭公元年、晉文公敗楚於城濮。【正義】賈逵云、衛地也、【考證】今山東曹州府濮州南有臨濮故城、即春秋城濮、而會諸侯踐土、朝周。【正義】括地志云、故王宮、在鄭州滎澤縣西北四十五里王宮城中、城內東隅、有踐土臺也、【考證】今滎澤縣屬河南開封府、天子使晉稱伯。【正義】音霸、【考證】晉文公以下、左傳僖二十八年、中井積德曰、伯音如字、是西伯侯伯之伯、六年、翟侵齊。晉文公卒。【考證】杭世駿曰、左傳文公卒于齊昭之五年、在翟侵齊之前、此作六年、誤、秦兵敗於殽。【考證】僖卅三年春秋經傳、殽在今河南河南府永寧縣、十二年、秦穆公卒。

【考證】文六年左傳、十九年五月、昭公卒。【考證】昭公卒、春秋經傳在魯文十四年、十九年當作二十年、子舍立、爲齊君。舍之母無寵於昭公。國人莫畏。昭公之弟商人、以桓公死、爭立而不得、陰交賢士、附愛百姓。百姓說。及昭公卒、子舍立孤弱。即與衆。【考證】楓山、三條本、與作輿、十月、即墓上弒齊君舍、而商人自立。是爲懿公。懿公、桓公子也。其母曰密姬。【考證】子舍立以下、本文十四年左傳、左傳云、秋七月乙卯夜、齊商人殺舍、則十月當作七月、即墓上、史公別有所本、董份曰、上既曰某姬生某公矣、則此復曰其母曰某姬、恐衍、蓋太史公不及刪者、懿公四年春、初懿公爲公子時、與丙戎之父獵、爭獲不勝。【索隱】左傳丙作邴、邴歜也、【考證】梁玉繩曰、年表及衞世家作邴歜、與左傳楚語同、愚按獵爭獲不勝、左傳作爭田而不勝、史公解田爲田獵也、及即位、斷丙戎父足。【正義】左傳云、乃掘而刖之、杜預云、斷其尸足也、而使丙戎僕。【集解】賈逵曰、僕、御也、庸職之妻好。【索隱】左傳作閻職、此言庸職不同者、傳所云閻姓職名也、此言庸職、庸非姓、蓋謂受顧織之妻、史意不同、字則異耳、【正義】國語及左傳作閻職、【考證】錢大昕曰、庸

閻聲相近、書、毋若火始燄燄、漢書作庸庸、公內之宮、使庸職驂乘。【考證】杜預曰、驂乘、陪乘也、五月、懿公游於申池。【集解】杜預曰、齊南城西門、名申門、齊城無池、唯此門左右有池、疑此是也、左思齊都賦注曰、申池、海濱齊藪也、【考證】中井積德曰、索隱申池齊藪、未知當否、然言游於申池、則是山川風景佳處、或是苑囿矣、必非城湟、二人浴戲。職曰。斷足子。戎曰。奪妻者。二人俱病此言。乃怨、謀與公游竹中。二人弒懿公車上、弃竹中而亡去。懿公之立、驕。民不附。齊人廢其子、而迎公子元於衛立之。是爲惠公。惠公桓公子也。【考證】初懿公以下、文十八年左傳、其母衛女、曰少衛姬。避齊亂。故在衛。【考證】何焯曰、五公子事、至此完、惠公二年、長翟來。【集解】穀梁傳曰、身橫九畝、斷其首而載之、眉見於軾、【正義】夏時號房風、今號長翟、【考證】左傳爲齊襄公二年事、誤、說詳下文、王子城父攻殺之、【集解】賈逵曰、王子城父、齊大夫、【正義】父、音甫、埋之於北門。【考證】文十一年左傳云、冬十月甲午、敗狄于鹹、獲長狄僑如、富父終甥椿其喉以戈、殺之、埋其首於子駒之北門、晉之滅潞也、獲僑如之弟焚如、魯宣十五年、齊襄公之二年、魯桓十六年、鄋瞞伐齊、齊王子成父獲其弟榮如、埋其首於周首之北門、衛人獲其季

弟簡如、杜注、榮如、焚如之弟也、焚如後死、而先說者、欲其兄弟伯季相次也、榮如以魯桓十六年死、至宣十五年、一百三歲、其兄猶在、傳言既長且壽也、陸粲曰、魯世家引此傳文、作齊惠公之二年、齊世家年表竝同、惠之二年、卽魯宣公二年也、知此傳寫誤、愚按豈有弟見獲而百有三年、其兄尚能爲冠者乎、陸說是、左傳齊襄公當依史記作齊惠公、史公所見左傳未誤、晉趙穿弑其君靈公。【考證】宣二年左傳、十年、惠公卒。子頃公無野立。【正義】頃、音傾、初崔杼有寵於惠公。惠公卒。高・國畏其偪也、逐之。崔杼奔衛。【考證】宣十年左氏經傳、杜預曰、高國二家、齊正卿也、竹添光鴻曰、崔杼此年奔衛、至魯襄公廿五年弑莊公、相距五十一年、又二年自縊、說者或有疑其年歲者、不知崔杼便佞性生、弱冠已擅寵也、頃公元年、楚莊王彊伐陳。【考證】宣十一年左氏經傳、二年、圍鄭。鄭伯降。已復國鄭伯。【考證】宣十二年左傳、楓山三條本國作圍、六年春、晉使郤克於齊。齊使夫人帷中而觀之。郤克上。夫人笑之。【考證】杜預曰、跛而登階、故笑也、杜蓋據穀梁傳、公羊及晉世家所言微異、郤克曰。不是報、不復涉河。歸請伐齊。晉侯弗許。齊使至晉。郤克執齊使者四人河內、殺之。【考證】杭世駿

曰、左傳及年表、在頃七年、爲魯宣十七年、此誤、梁玉繩曰、宣十七年左傳、晉徵會于齊、使高固晏弱蔡朝南郭偃會、高固先逃歸、晉執三子、及苗賁皇言于晉侯、以緩得先後逸去、何嘗有殺四人于河內之事、史通已糾其謬矣、八年、晉伐齊。齊以公子彊質晉。晉兵去。【考證】宣十八年左傳、十年春、齊伐魯・衛。【考證】梁玉繩曰、齊頃十年、爲魯成二年、乃衛侵齊而敗、衛世家同、齊未嘗有伐衛之事也、魯・衛大夫如晉請師。皆因郤克。【索隱】成二年左傳、魯臧宣叔衛孫桓子如晉、皆主於郤克、是、晉使郤克以車八百乘爲中軍將、【集解】賈逵曰、八百乘、六萬人、士燮將上軍、欒書將下軍、以救魯・衛伐齊。【考證】梁玉繩曰、案左傳、士燮是佐上軍、將上軍者荀庚也、時庚不出、六月壬申、與齊侯兵合靡笄下。【集解】徐廣曰、靡一作摩、賈逵曰、靡笄山名也、【索隱】靡如字、靡笄山名、在濟南、與代地磨笄山不同、癸酉、陳于鞍。【集解】服虔曰、鞍、齊地名也、逢丑父爲齊頃公右。【集解】賈逵曰、丑父、齊大夫、頃公曰。馳之。破晉軍會食。射傷郤克。流血至履。克欲還入壁。其御曰。我始入再傷、不敢言疾。恐懼士卒。願子忍之。遂復戰。戰齊

急。【考證】毛本、不重戰字、丑父恐齊侯得、乃易處。頃公爲右。車絓於木而止。【正義】絓、胡卦反、止也、有所礙也、晉小將韓厥、【考證】左傳云、韓厥爲司馬、伏齊侯車前曰。寡君使臣救魯・衛。戲之。【考證】左傳云、韓厥執縶馬前、再拜稽首奉觴加璧以進、未嘗見戲侮之事、閻白駒曰、戲、三軍之偏也、言爲偏將也、丑父使頃公下取飮。【正義】左傳云、及華泉、驂絓於木而止、丑父使公下如華泉取飮、鄭周父御佐車、宛茷爲右、載齊侯獲免也、因得亡脫去入其軍。晉郤克欲殺丑父。丑父曰。代君死而見僇。後人臣無忠其君者矣。克舍之。【正義】舍、音捨、左傳云、郤子曰、人不難以死免其君、我戮之不祥、赦之以勸事君也、丑父遂得亡歸齊。於是晉軍追齊至馬陵。【集解】徐廣曰、一作陘、駰案、賈逵曰、馬陘、齊地也、【考證】陵作陘、是也、左傳作馬陘、馬陵非齊地、齊侯請以寶器謝。【集解】左傳曰、賂以紀甗玉磬也、【正義】左傳云、賂以紀甗玉磬、按甗玉甑也、齊伐紀得之、故曰紀甗、鄭司農云、甗無底甑也、不聽。必得笑克者蕭桐叔子、【集解】杜預曰、桐叔、蕭君之字、齊侯外祖父、子、女也、難斥言其母、故遠言之、賈逵曰、蕭附庸子姓、【考證】左傳無笑克者三字、史公添此以見在帷笑者爲何人、然郤克大國之卿、中軍之

將、以君命接敵使、不宜及其私怨、必無此言也、左傳、桐作同、令齊東畝。【集解】服虔曰、欲令齊隴畝東行、【索隱】壟畝東行、則晉車馬東向齊、行易也、對曰。叔子、齊君母。齊君母亦猶晉君母。子安置之。【考證】左傳載齊使陳東畝之失、甚悉、史公省之者何也、李笠曰、疑且子二語上下有脫文、且子以義伐、而以暴爲後。其可乎。於是乃許令反魯・衛之侵地。【正義】左傳云、晉師及齊國使齊人歸我汶陽之田也、【考證】齊伐魯衛以下、本成二年左傳、中井積德曰、正義國下脫佐盟于爰婁五字、十一年、晉初置六卿、賞鞍之功。【考證】成三年左傳云、十二月甲戌、晉作六軍、韓厥趙括鞏朔韓穿荀騅趙旃、皆爲卿、賞鞍之功也、齊頃公朝晉、欲尊王晉景公。【索隱】王劭按張衡曰、禮、諸侯朝天子執玉、既授而反之、若諸侯自相朝、則不授玉、齊頃公戰敗朝晉、而授玉、是欲尊晉侯爲王、太史公探其旨而言、今按此文不云授玉、王氏之說、復何所依、聊記異耳、【考證】成三年左傳、齊侯朝于晉、將授玉、郤克趨進曰、寡君未之敢任、杜注、授玉、行朝禮也、孔疏、此時天子雖微、諸侯竝盛、晉文不敢請隧、楚莊不敢問鼎、又齊弱於晉、所較不多、豈爲一戰而勝、卽以王相許、準時度勢、理不必然、齊侯朝於晉、將授玉、還之意所以有此說者、當讀此傳將授玉以爲將授王、遂飾爲此謬辭耳、梁玉繩曰、諸侯相朝授玉、春秋之禮爲然、成六年、鄭伯如晉、授玉東楹之東、乃知是時相朝授玉、無國不然、若授玉之故、便謂尊王、是鄭悼公亦欲尊晉景公爲王乎、張說不可通矣、晉景公

不敢受。乃歸。【考證】梁玉繩曰、左傳疏及困學紀聞十一引史、不敢受、作不敢當、疑今本誤、 歸而頃公弛苑囿、薄賦斂、振孤問疾、虛積聚以救民。民亦大說。厚禮諸侯、竟頃公卒、百姓附、諸侯不犯。【考證】成八年公羊傳云、鞌之戰、齊師大敗、齊侯歸、弔死視疾、七年不飮酒、不食肉、 十七年、頃公卒。【考證】皇覽曰、頃公冢近呂尙冢、【考證】成九年春秋、 子靈公環立。靈公九年、晉欒書弑其君厲公。【考證】成十八年左氏經傳、 十年、晉悼公伐齊。齊令公子光質晉。【考證】襄元年左傳、公子作太子、 十九年、立子光爲太子。高厚傅之。令會諸侯、盟於鍾離。【正義】括地志云、鍾離故城、在沂州承縣界、【考證】襄十年左傳、愚按光爲太子既久、今安徽鳳陽縣東有鍾離故城、 二十七年、晉使中行獻子伐齊。【集解】荀偃祖林父、代爲中行、後改姓爲中行氏、獻子名偃、【考證】中井積德曰、中行族耳、未嘗廢荀氏、豈改姓云乎、 齊師敗。靈公走入臨菑。晏嬰止靈公。靈公弗從。曰。君亦無勇矣。【考證】梁玉繩曰、案左傳、晏子有君固無勇語、乃逆料之辭、未嘗止靈公之走也、 晉兵遂圍臨菑。臨菑城

守不敢出。晉焚郭中而去。【考證】以上襄十八年左傳、 二十八年、初靈公取魯女、生子光、以爲太子。仲姬戎姬。【考證】左傳云、諸子、仲子戎子、諸子、謂宮人也、董份曰、爲太子下、卽著仲姬戎姬、恐有脫字、陳仁錫曰、仲姬戎姬不言取、蒙上文也、梁玉繩曰、依上文取魯女之例、當脫取宋女三字、而二姬字、又子之誤、 戎姬嬖。仲姬生子牙、屬之戎姬。戎姬請以爲太子。公許之。仲姬曰。不可。光之立、列於諸侯矣。【集解】服虔曰、數從諸侯征伐盟會、 今無故廢之。君必悔之。公曰。在我耳。遂東太子光、【集解】賈逵曰、徙之東垂也、 使高厚傅。牙爲太子。靈公疾。崔杼迎故太子光而立之。是爲莊公。莊公殺戎姬。五月壬辰、靈公卒、莊公卽位。執太子牙於句竇之丘殺之。八月、崔杼殺高厚。晉聞齊亂、伐齊至高唐。【集解】杜預曰、高唐、在祝阿縣西北、【考證】以上本襄十九年左傳、張照曰、按左傳莊公卽位、執公子牙于句瀆之丘、以夙沙衛易己、衛奔高唐以叛、晉士匄侵齊、及穀、聞喪而還、此皆在崔杼殺高厚前、爲五月事、馬遷幷二事爲一、又有晉使至高唐之文、

皆與傳異、 莊公三年、晉大夫欒盈奔齊。【集解】徐廣曰、史記盈多作逞、【考證】錢泰吉曰、史記當避孝惠諱、諸盈字皆當作逞、梁玉繩曰、年表田完世家皆作逞、張文虎曰、案如徐廣說、則當時已有改作盈者矣、 莊公厚客待之。晏嬰・田文子諫。公弗聽。【考證】梁玉繩曰、襄廿年左傳、晏子諫納欒盈、弗聽、退告陳文子、而文子未嘗諫也、此與田完世家同誤、 四年、齊莊公使欒盈閒入晉曲沃爲內應。【集解】賈逵曰、曲沃、欒盈之邑、 以兵隨之、上太行、入孟門。【集解】賈逵曰、孟門、太行、皆晉山隘也、【索隱】孟門山、在朝歌東北、太行山、在河內溫縣西、【正義】左傳云、伐晉爲二隊、入孟門登太行、 欒盈敗、齊兵還取朝歌。【集解】賈逵曰、晉邑、【考證】襄二十三年左傳、 六年、初棠公妻好。【集解】賈逵曰、棠公、齊棠邑大夫、 棠公死。崔杼取之。莊公通之、數如崔氏。以崔杼之冠賜人。侍者曰。不可。崔杼怒、因其伐晉、欲與晉合謀襲齊。而不得閒。【考證】李笠曰、左氏襄公二十五年傳、侍者曰、不可、公曰、不得崔氏其無冠乎、崔氏因此云云、此不可下、無公語、則文氣不完、疑或脫公不聽三字、 莊公嘗笞宦者賈擧。賈擧復侍、爲崔杼閒公、以報

怨。【集解】服虔曰、伺公閒隙、【正義】閒、音閑、又如字、 五月、莒子朝齊。齊以甲戌饗之。崔杼稱病不視事。乙亥、公問崔杼病、遂從崔杼妻。崔杼妻入室、與崔杼自閉戶不出。公擁柱而歌。【集解】服虔曰、公以爲姜氏不知己在外、故歌以命之也、一曰、公自知見欺、恐不得出、故歌以自悔、【考證】梁玉繩曰、此當依左傳、作姜與崔子自側戶出、若閉戶不出、則公知有變、必不拊楹而歌矣、列女傳依史、 宦者賈擧遮公從官而入、閉門。崔杼之徒、持兵從中起。公登臺而請解。不許。請盟。不許。請自殺於廟。不許。皆曰。君之臣杼、疾病不能聽命。【集解】服虔曰、言不能親聽公命、【考證】解、免也、皆、皆持兵者也、 近於公宮。【集解】服虔曰、崔杼之宮、近公宮、淫者或詐稱公、 陪臣爭趣、有淫者。【集解】徐廣曰、爭、一作扞、【索隱】左傳作扞趣、此爲爭趣者、是太史公變左氏之文、言陪臣但爭趣投有淫者耳、更不知他命也、【正義】言行夜得淫人、受崔杼命討之、不知他命也、此言爭趣者、太史公變文、今依字讀、言陪臣但爭向、有淫者捉之、更不知他命也、【考證】梁玉繩曰、徐廣謂爭一作扞、是扞趣與左傳干掫同、杜預曰、干掫行夜也、 不知二命。【集解】杜預曰、言得淫人、受崔子命討之、不知他命也、 公踰牆。射中公股。

公反。遂弒之。晏嬰立崔杼門外曰。【集解】賈逵曰、聞難而來。【考證】竹添光鴻曰、應閉門伏門開。君爲社稷死則死之。爲社稷亡則亡之。【集解】服虔曰、謂以公義爲社稷死亡也。如是者、臣亦隨之死亡。若爲己死己亡、非其私暱、誰敢任之。【集解】服虔曰、言君自以己之私欲取死亡之禍、則私近之臣所當任也。杜預曰、私暱、所親愛也。非所親愛、無爲當其禍也。【考證】楓山、三條本、死下有爲字、與左傳合。徐孚遠曰、莊公好勇、足變也。勇士從死者八人、故晏子云然。門開而入、枕公尸而哭、三踊而出。【考證】踊、擗踊之踊。人謂崔杼。必殺之。崔杼曰。民之望也。舍之得民。【集解】服虔曰、置之、所以得人心。【考證】以上襄二十五年左傳。丁丑、崔杼立莊公異母弟杵臼。【集解】徐廣曰、史記多作箸臼。是爲景公。景公母、魯叔孫宣伯女也。景公立、以崔杼爲右相、慶封爲左相。二相恐亂起、乃與國人盟曰。不與崔慶者死。晏子仰天曰。嬰所不獲唯忠於君利社稷者、是從。【考證】左傳作嬰所不唯忠於君利社稷者是與、有如上帝。史不唯間有獲字、是與、改作

是從。張文虎曰、獲字疑衍、左傳無。愚按所不、誓辭常語。是從、猶言從若是人。與有如上帝、文異義合。不肯盟。【考證】不肯盟、不從崔氏盟辭也。左傳作乃歃。慶封欲殺晏子。崔杼曰。忠臣也。舍之。【考證】梁玉繩曰、慶封欲殺晏子、未聞。齊太史書曰。崔杼弒莊公。崔杼殺之。其弟復書。崔杼復殺之。少弟復書。崔杼乃舍之。【考證】襄二十五年左傳、莊公作其君。梁玉繩曰、左傳云其弟嗣書而死者二人。如史言、則不見是二人矣。景公元年、【考證】梁玉繩曰、元當作二。崔杼生子成及彊。【考證】楓山、三條本、成作城。其母死。取東郭女生明。東郭女使其前夫子無咎與其弟偃相崔氏。【正義】杜預云、東郭偃、東郭姜之弟也。成有罪。【正義】左傳云、成有疾而廢之。杜預云、有惡疾也。二相急治之。立明爲太子。成請老於崔杼。【考證】梁玉繩曰、卿之後、何得稱爲太子。史公失辭。陳仁錫曰、崔、邑名。杼字衍。左傳無杼字。張文虎曰、吳校刪杼字。崔杼許之。二相弗聽。曰。崔、宗邑。不可。【集解】杜預曰、濟南東朝陽縣西北、有崔氏城也。【正義】崔杼乃崔家長、其宗邑宗廟所在、不可與成也。杜預云、濟南東朝陽縣西北有崔氏城。成欲居崔城以終老也。成・彊怒告慶封。【正義】左傳云、成・彊

告慶封曰、夫子身亦子所知也。唯無咎與偃是從、父兄莫能進矣。恐害夫子、敢以告。慶封曰、苟利夫子、必去之。難吾助汝。乃殺東郭偃・棠無咎於崔氏朝也。其妻及崔杼皆縊死。崔明奔魯。慶封與崔杼有郤。欲其敗也。成・彊殺無咎・偃於崔杼家。家皆奔亡。崔杼怒。無人。使一宦者御、見慶封。慶封曰。請爲子誅之。使崔杼仇盧蒲嫳攻崔氏。【集解】賈逵曰、嫳、齊大夫、慶封之屬。【考證】左傳無崔杼仇三字。梁玉繩曰、嫳乃慶封之屬、何以爲崔杼仇。莊公之難、盧蒲癸奔晉。意者嫳與癸或兄弟行、故以爲仇乎。初殺成・彊、盡滅崔氏。崔杼婦自殺。崔杼毋歸。亦自殺。【索隱】毋、音無也。【考證】楓山、三條本、崔杼下有歸字。慶封爲相國、專權。【考證】以上本襄二十七年左傳。梁玉繩曰、相國之稱誤。是時無此官名。三年十月、慶封出獵。初慶封已殺崔杼、益驕。嗜酒好獵、不聽政令。慶舍用政。【集解】服虔曰、舍、慶封之子也。生傳其職政與子。【考證】中井積德曰、用政、亦唯代攝也。非生傳之謂。已有內郤。田文子謂桓子曰。亂將作。【考證】田文子、左傳作陳文子。桓子、文子之子無宇也。田・鮑・高・欒氏、相與謀慶氏。慶舍發甲圍

慶封宮。【正義】宮爲衞、【考證】方苞曰、圍慶封宮、圍繞以爲衞也。愚按左傳云、慶氏以其甲環公宮、與此異。四家徒共擊破之。【考證】左傳云、盧蒲癸刺慶舍、史脫。慶封還不得入。奔魯。齊人讓魯。封奔吳。吳與之朱方。聚其族而居之。富於在齊。【考證】本襄二十八年左傳、小異。其秋、齊人徙葬莊公、僇崔杼尸於市以說衆。【考證】秋當作冬。襄二十八年左傳、爲十二月乙亥朔事。九年、景公使晏嬰之晉。與叔向私語曰。齊政卒歸田氏。田氏雖無大德、以公權私有德於民。民愛之。【考證】景公以下、昭三年左傳。十二年、景公如晉見平公。欲與伐燕。【考證】梁玉繩曰、魯昭公六七兩年左傳、齊侯如晉請伐燕、納簡公。晉許之。齊受燕賂、不克入其君而還。而齊世家云、景公如晉見平公、欲與伐燕。晉世家云、伐燕。燕世家又云、齊高偃如晉請共伐燕。晉許、與齊伐燕、入惠公。惠當作簡。十二諸侯年表亦云、入燕君。未知何據。伐燕二役、齊侯往晉自請、不得言高偃如晉。齊受賂不克入、亦不得言入其君矣。而晉實未嘗同齊出師、尤不得言晉伐燕。十八年、公復如晉見昭公。【考證】昭十二年左傳。二十六年、獵魯郊、因入魯、與晏嬰俱問魯禮。

【考證】魯世家、孔子世家、年表、竝載此事、而左傳無之、 三十一年、魯昭公辟季氏難、奔齊。齊欲以千社封之。【集解】賈逵曰、二十五家爲一社、千社、二萬五千家也、 子家止昭公。昭公乃請齊、伐魯取鄆。【正義】鄆城也、【考證】杜預曰、子家羈、莊公之玄孫也、岡白駒曰、子家教昭公不受也、愚按楓山、三條本、重齊字、 以居昭公。【考證】昭廿五年左傳、梁玉繩曰、千社之封、齊侯之口惠、何待子家之止、子家勸公至晉耳、伐鄆居昭公、亦齊之意、非公請之也、 三十二年、彗星見。景公坐柏寢嘆曰、堂堂。誰有此乎。【集解】服虔曰、景公自恐德薄不能久享齊國、故曰、誰有此也、【正義】柏寢、在靑州千乘縣東北二十里、韓子云、景公與晏子游於少海、登柏寢之臺、而望其國、公曰、美哉堂堂乎、後代孰有此、晏子曰、其田氏乎、曰、寡人有國而田氏有之、奈何、對曰、君欲奪之、則近賢遠不肖、治其煩亂、緩其刑罰、賑窮乏、卹孤寡、行恩惠、崇節儉、雖十田氏、其如君何、按與此文不同也、【考證】梁玉繩曰、堂堂、御覽引史作堂乎堂乎、韓子外儲篇右上、作堂堂乎、岡白駒曰、堂堂、整正貌、言室美盛也、中井積德曰、誰有此、自悲命之不長也、 羣臣皆泣。晏子笑。公怒。晏子曰、臣笑羣臣諛甚。景公曰、彗星出東北、當齊分野。寡人以爲憂。【考證】分野、古謂王者封國、上應列宿之位、周禮春官保章氏、掌天星以志星辰日月之變動、以觀天下之遷、辨其吉凶、以星土辨九州之地所封、封域

皆有分星、以觀天祥、鄭玄注、九州諸國之封域、於星有分、今可言者十二次之分也、星紀、吳越也、玄枵、齊也、娵訾、衞也、降婁、魯也、大梁、趙也、實沈、晉也、鶉首、秦也、鶉火、周也、鶉尾、楚也、壽星、鄭也、大火、宋也、析木、燕也、國語周語、歲之所在、則我有周之分野、屬是也、 晏子曰、君高臺深池、賦斂如弗得。刑罰恐弗勝。【考證】項羽紀、殺人如不能舉、刑人如恐不勝、韓非子難二、治亂之刑、如恐不勝、而姦當不盡、 茀星將出。彗星何懼乎。【正義】彗、息歲反、若帚形、【正義】茀、音佩、謂客星侵近邊側欲相害、【考證】錢大昕曰、茀卽孛字、中井積德曰、茀如彗而光芒四出、見其境、有亂也、 公曰、可禳否。晏子曰、使神可祝而來、亦可禳而去也。【正義】祝、音章受反、 百姓苦怨以萬數。而君令一人禳之。安能勝衆口乎。是時景公好治宮室、聚狗馬、奢侈厚賦重刑。故晏子以此諫之。【考證】梁玉繩曰、禳彗星、歎路寢、見左傳昭二十六年、及晏子諫篇、外篇、泣牛山、見晏子諫篇、列子力命篇、是三事也、史公幷爲一事、而變易其辭耳、愚按又見韓非子外儲說右上、 四十二年、吳王闔閭伐楚入郢。【考證】定四年左氏經傳、 四十七年、魯陽虎攻其君不勝。奔齊。請齊伐魯。鮑子諫景公。乃囚陽虎。陽虎得

亡奔晉。【考證】定八年左傳、梁玉繩曰、虎欲去三桓、遂有劫公之事、非攻君也、或曰、其君、陽虎之君、指季氏、 四十八年、與魯定公好會夾谷。【集解】服虔曰、東海祝其縣、是也、 犂鉏【索隱】且、卽餘反、卽犂彌也、 曰、孔丘知禮而怯。請令萊人爲樂。【集解】杜預曰、萊人、齊所滅萊夷、 因執魯君、可得志。景公害孔丘相魯。懼其霸。【考證】中井積德曰、據左傳、孔子相會儀耳、無爲國相之事、 故從犂鉏之計。方會進萊樂。孔子歷階上、使有司執萊人斬之。【考證】歷階、不聚足也、中井積德曰、據左傳、孔子言士兵之、而齊侯遽辟之也、非實斬之、 以禮讓景公。景公慙、乃歸魯侵地以謝、而罷去。【考證】定十八年左傳、歷階上、據穀梁傳、 是歲晏嬰卒。【考證】梁玉繩曰、是歲爲景公四十八年、嬰先景十年卒也、然說苑君道載、景公謂弦章曰、吾失晏子、于今十有七年、則嬰又似非卒于是歲矣、 五十五年、范・中行反其君於晉。【考證】楓山、三條本、行下有氏字、 晉攻之急。來請粟。田乞欲爲亂、樹黨於逆臣、說景公曰、范・中行數有德於齊。不可不救。乃使乞救、而輸之粟。【考證】梁玉

繩曰、哀二年左傳云、齊輸范氏粟、范吉射逆之、此與田完世家及年表、皆增中行氏、非也、又曰、齊時叛晉、故助范中行、非因陳乞黨逆而然、此與田完世家同誤、 五十八年夏、景公夫人燕姬適子死。景公寵妾芮姬生子荼。【索隱】左傳曰、鬻姒之子荼嬖、則荼母姓姒、此作芮姬、不同也、譙周依左氏作鬻姒、鄒誕生本作芮姁、姁音五句反、【考證】梁玉繩曰、此文因景公之卒而追敘前事、非當年事也、然承接欠明、荼母姒姓、非芮姓也、應依左傳作芮姒、下文孺子、亦與田完世家同誤、徐廣于彼云、一作粥子、索隱于此云、鄒誕本作芮姁、皆非、晏子諫篇上、淳于人納女于景公、生孺子荼、 荼少、其母賤無行。諸大夫恐其爲嗣。乃言願擇諸子長賢者爲太子。景公老、惡言嗣事、又愛荼母、欲立之、憚發之口。乃謂諸大夫曰、爲樂耳。國何患無君乎。秋、景公病。命國惠子・高昭子、【集解】杜預曰、惠子、國夏也、昭子、高張也、 立少子荼爲太子。逐羣公子、遷之萊。【集解】服虔曰、萊、齊東鄙邑、【考證】今山東登州府黃縣東有萊子城、徐孚遠曰、高國、命卿也、而受不正之命、蹈荀息之禍、蓋天啓田氏也、 景公卒。【集解】皇覽曰、景公冢與桓公冢同處、 太子荼立。是爲晏孺子。冬、未葬。而羣公子畏誅、皆出亡。

荼諸異母兄公子壽・【索隱】一作嘉、【考證】左傳作嘉。駒・黔、【正義】三公子。奔衛。【集解】徐廣曰、一云、壽黔奔衛、【索隱】三人奔衛、公子駔・傳作鉏、【索隱】左陽生奔魯。【索隱】二人奔魯、凡五公子也、萊人歌之曰、景公死乎弗與埋、三軍事乎弗與謀。【集解】服虔曰、萊人見五公子遠遷鄙邑、不得與景公葬埋之事、及國三軍之謀、故愍而歌、杜預曰、稱謚蓋葬後而爲此歌、哀羣公子失所也、【考證】龜井昱曰、稱景公死、所以爲萊夷之歌、受葬埋以三軍、是齊國兵氣之見於歌謠者也、竹添光鴻曰、不與謀、言謀之于萊不用也、謀、音媒、古支灰合韻、師乎師乎、胡黨之乎。【集解】服虔曰、師、衆也、黨、所也、言公子徒衆何所適也、【考證】龜井昱曰、羣公子其黨瓜分、國之衆庶、其將何之邪、此歌言國將有羣公子之爭亂也、愚按、黨非黨與之黨、服解爲是、公羊文十三年傳往黨注、黨所也、蓋齊人之語、又按五十八年以下、本哀五年左傳、晏孺子元年春、田乞僞事高・國者、【考證】事、猶黨也、杜預曰、高張・國夏、受命立荼、陳乞欲害之、故先僞事焉、每朝乞驂乘、言曰、子得君、大夫皆自危、欲謀作亂。【考證】杜預曰、得君、得君寵也、又謂諸大夫曰、高昭子可畏、及未發先之。【考證】梁玉繩曰、生而呼謚、非也、此與田完世家同誤、當依左傳作二子、謂國惠子・高昭子、傳曰、二子者禍矣、愚按、昭當作國、大夫從之。六

月、田乞・鮑牧、乃與大夫以兵入公宮、攻高昭子、昭子聞之、與國惠子救公、公師敗、田乞之徒追之、國惠子奔莒、遂反殺高昭子、晏圉奔魯。【集解】賈逵曰、圉、晏嬰之子、【考證】晏孺子元年以下、本哀六年左傳、梁玉繩曰、攷左傳、高張奔魯、則此與田完世家言陳乞反兵殺高張、竝妄、愚按、攻高昭子四字、遂反殺三字、疑衍、八月、齊秉意茲、【集解】徐廣曰、左傳八月、齊邴意茲奔魯、【考證】張文虎曰、齊字疑衍、中井積德曰、意茲下脫奔魯二字、梁玉繩曰、秉邴以音同通借也、田乞敗二相、【考證】中井積德曰、蓋指前事也、乃使人之魯召公子陽生、陽生至齊、私匿田乞家、十月戊子、田乞請諸大夫曰、常之母有魚菽之祭。【集解】何休曰、齊俗婦人首祭事、言魚豆者、示薄陋無所有也、【考證】何休曰、常、陳乞子、雖言其妻、故云爾、梁玉繩曰、案左傳、是十月丁卯、愚按、公羊不記月日、幸來會飲、會飲、田乞盛陽生橐中、置坐中央、發橐出陽生曰、此乃齊君矣、大夫皆伏謁、將與大夫盟而立之、【考證】田乞敗二相以下、哀六年公羊傳、鮑牧醉、乞誣大夫曰、吾與鮑

牧謀、共立陽生、鮑牧怒曰、子忘景公之命乎、諸大夫相視欲悔、陽生前頓首曰、可則立之、否則已、鮑牧恐禍起、乃復曰、皆景公子也、何爲不可、乃與盟立陽生、是爲悼公、悼公入宮、使人遷晏孺子於駘、殺之幕下、而逐孺子母芮子。【集解】賈逵曰、駘、齊邑、【考證】楓山・三條本、幕作墓、左傳云、遷孺子於駘、不至、殺諸野幕之下、芮子故賤、而孺子少、故無權、國人輕之。【考證】鮑牧醉以下、哀六年左傳、悼公元年、齊伐魯取讙・闡。【集解】杜預曰、闡、在東平剛縣北、【索隱】二邑名、讙、在今博城縣西南、杜預曰、闡、在東平剛縣北、【考證】梁玉繩曰、元年、當作二年、愚按、哀八年左傳、年表亦係之二年、初陽生亡在魯、季康子以其妹妻之、及歸卽位、使迎之、季姬與季魴侯通、言其情、魯弗敢與。【集解】杜預曰、魴侯、康子叔父也、【考證】龜井昱曰、季、季氏之季、非伯季之季、楓山・三條本、言上有女字、與左傳合、故齊伐魯、竟迎季姬、季姬嬖、齊復歸魯侵地。【考證】以上哀八年左傳、鮑子與悼公有郤、

不善。【考證】哀八年左傳云、悼公殺鮑子、與此異、四年、吳・魯伐齊南方。【考證】哀十年左氏經傳、鮑子弑悼公。【考證】梁玉繩曰、悼公之弑、左傳但云齊人、史公於秦紀依左傳、齊人弑悼公、齊人者陳恆也、晏子春秋諫上篇明云田氏殺陽生、乃此與吳衛世家伍子胥傳年表、或云鮑子、或曰鮑氏、而田完世家直曰鮑牧、夫弑君大逆、何可輕誣、況牧既于前二年爲悼公所殺、赴于吳、吳王夫差哭於軍門外三日。【考證】竹添光鴻曰、三日哭于軍門之外、諸侯相臨之禮、將從海入討齊、齊人敗之、吳師乃去。【考證】馮景曰、三日哭以誤齊、使不備也、舟師自海、正三日間事也、晉趙鞅伐齊、至賴而去。【集解】服虔曰、賴、齊邑、【考證】赴于吳以下、哀十年左傳、齊人共立悼公子壬、是爲簡公。【集解】徐廣曰、年表云、簡公壬者、景公之子也、【考證】館本考證云、鮑子殺悼公、齊人立其子壬爲簡公、無景公之子語、徐孚遠曰、左傳亦作悼公子、且簡公非悼公子、則在魯而監止有寵、其事難通、沈家本曰、今年表云、齊鮑子殺悼公、齊人立其子任、爲簡公、與徐廣所言本異、豈後人據世家改耶、簡公四年春、初簡公與父陽生俱在魯也、監止有寵焉。【集解】賈逵曰、闞止、子我也、【索隱】監、左傳作闞、音苦濫反、闞在東平須昌縣東南也、【考證】張文虎曰、官本監、與索隱本合、各本作闞、蓋妄依左傳改、及卽位、使爲政、田成子憚之、驟顧

於朝。〔集解〕杜預曰、心不安、故數顧也、御鞅〔集解〕賈逵曰、鞅、齊大夫也、〔索隱〕鞅、名也、爲僕御之官、故曰御鞅、亦田氏之族、按系本陳桓子無宇產子亹、亹產子獻、獻產鞅也、言簡公曰。田·監不可竝也。君其擇焉。〔集解〕杜預曰、擇用一人也、弗聽。子我夕。〔集解〕服虔曰、夕省事、〔考證〕人臣見於君、朝見謂之朝、暮見謂之夕、左傳昭十二年、子革夕、杜云、夕、莫見、是也、田逆殺人。逢之。〔集解〕服虔曰、子我將往夕省事於君、而逢逆之殺人也、杜預曰、逆、子行、陳氏宗、遂捕以入。〔集解〕杜預曰、執逆入至於朝也、田氏方睦。〔集解〕服虔曰、陳常方欲謀有齊國、故和其宗族、〔考證〕中井積德曰、田氏纂齊、是後來之事、當初未必有此謀也、其好施睦族、亦自美事、不當皆作詐譎也、其欲昌其家而假飾收人心、亦才人之常、不以姦謀詬之、使囚病、而遺守囚者酒。〔集解〕服虔曰、使陳逆詐病而遺也、〔考證〕囚卽田逆、左傳云、使疾、而遺之潘沐、備酒食焉、饗守囚者、醉而殺之而逃、杜注、使詐病、因內潘沐、幷得內酒肉、潘、米汁、可以沐頭、醉而殺守者、得亡。子我盟諸田於陳宗。〔集解〕服虔曰、子我見陳逆得生出、而恐爲陳氏所怨、故與盟而請和也、陳宗、宗長之家、初田豹欲爲子我臣。〔集解〕賈逵曰、豹、陳氏族也、使公孫言豹。〔集解〕賈逵曰、公孫、齊大夫也、杜預曰、言介逵之意、〔考證〕左傳豹作己、豹有喪而止。後卒以爲臣。〔集解〕杜預曰、終喪也、〔考證〕中井積德曰、左傳

有憚其爲人等語、言、故審敍豹有喪等、以示其遲濫也、此削去下句、則豹有喪等皆贅言矣、是節略之不善者、不可以爲法、幸於子我。子我謂曰。吾盡逐田氏而立女。可乎。對曰。我遠田氏矣。〔集解〕服虔曰、言我與陳氏宗疏遠也、〔考證〕楓山、三條本、謂下有豹字、中井積德曰、言我於陳氏爲庶孽遠裔也、且其違者不過數人。〔集解〕服虔曰、違者不從子我者、〔考證〕竹添光鴻曰、違與回通、邪也、何盡逐焉。遂告田氏。子行曰。彼得君。弗先必禍子。〔集解〕服虔曰、彼、謂闞止也、子、謂陳常也、子行舍於公宮。〔集解〕服虔曰、止於公宮、爲陳氏作內閒也、夏五月壬申、成子兄弟四乘如公。〔集解〕服虔曰、成子兄弟八人、二人共一乘、故曰四乘、〔索隱〕服虔曰、成子兄弟八人、二人共乘一車、故四乘、按系本、陳僖子乞產成子常、簡子齒、宣子其夷、穆子安、廩丘子尚醫茲、子芒盈、惠子得、凡七人、杜預又取昭子莊以充八人之數、按系本、昭子是桓子之子、成子之叔父、又不名莊、彊相證會、言四乘有八人耳、今按田完系家云田常兄弟四人如公宮、與此事同、今此唯稱四乘、不云人數、知四乘謂兄弟四人乘車而入、非二人共車也、然其昆弟三人不見者、蓋時或不在、不同入公宮、不可彊以四乘爲八人、添叔父爲兄弟之數、服杜殊失也、〔正義〕杜預云、成子兄弟昭子莊、簡子齒、宣子夷、穆子安、廩丘子意茲、子盈、惠子得、凡八人、二人共一乘也、田完世家云、田常兄弟四人如公宮、服虔杜預云八人四乘者、未詳、〔考證〕中井積德曰、四乘四人共一車、兄弟中四人、未詳其爲誰、愚按、據田敬仲

世家、四下疑脫人字、子我在幄。〔集解〕杜預曰、幄、帳也、聽政之處也、出迎之。遂入閉門。〔集解〕服虔曰、成子兄弟見子我出、遂突入、反閉門、子我不得復入、宦者禦之。〔集解〕服虔曰、閹豎以兵禦陳氏、〔考證〕中井積德曰、宦者拒之不聽閉耳、不必以兵、子行殺宦者。〔集解〕服虔曰、舍於公宮、故得殺之、公與婦人飲酒於檀臺。〔集解〕服虔曰、當陳氏入時、飲酒於此臺、成子遷諸寢。〔集解〕服虔曰、欲徙公令居寢也、公執戈將擊之。〔集解〕杜預曰、疑其作亂也、太史子餘〔集解〕服虔曰、齊大夫、曰。非不利也。將除害也。〔集解〕杜預曰、言將爲公除害也、〔考證〕非字下、添爲公二字看、成子出舍于庫。〔集解〕杜預曰、以公怒故也、聞公猶怒、將出。〔集解〕服虔曰、出奔也、曰。何所無君。〔考證〕龜井昱曰、何事非君之意、子行拔劍曰。需、事之賊也。〔集解〕杜預曰、言需疑則害事、〔正義〕需、音須、待也、言疑惑待事、恐賊害起也、誰非田宗。〔集解〕杜預曰、言陳氏宗族衆多、〔考證〕龜井昱曰、陳氏多族、皆可以代爲陳宗也、杜誤、所不殺子者、有如田宗。〔集解〕杜預曰、言子若欲出、我必殺子、明如陳宗、〔考證〕龜井道載曰、以陳宗要誓也、杜誤、龜井昱曰、陳氏之子誰非代子爲陳宗者、需疑賊大事者、陳宗之所不赦、故誓之曰、自有陳宗在、斷不子活、乃止。子我歸屬徒、

〔集解〕服虔曰、會徒衆、攻闈與大門。〔集解〕宮中之門曰闈、大門、公門也、〔考證〕孔穎達曰、公宮非止一門、蓋從別門入兵、得至闈、故與大門竝攻也、皆弗勝。乃出。田氏追之。豐丘人執子我以告。〔集解〕賈逵曰、豐丘、陳氏邑也、殺之郭關。〔集解〕服虔曰、齊關名、成子將殺大陸子方。〔集解〕服虔曰、子方、子我黨、大夫東郭賈也、田逆請而免之、以公命取車於道、〔集解〕杜預曰、子方取道中行人車、出雍門。〔集解〕杜預曰、齊城門、〔正義〕臨淄北門名雍門也、田豹與之車。弗受曰。逆爲余請、豹與余車。余有私焉。事子我而有私於其讎、何以見魯·衞之士。〔集解〕服虔曰、子方將欲奔魯衞也、左傳曰、東郭賈奔衞、庚辰、田常執簡公于徐州。〔集解〕春秋作舒州、賈逵曰、陳氏邑也、〔索隱〕徐、音舒、其字從人、左氏作舒、舒、陳氏邑、說文作𨙖、𨙖、在薛縣、〔考證〕田完世家正義云、齊之西北界上地名、愚按、是時薛尚存、正義可從、公曰。余蚤從御鞅言、不及此。〔考證〕中井積德曰、是悔竝陳闞以致禍也、田午、田常弒簡公于徐州。〔考證〕簡公四年春以下、采哀十四年左傳、崔述曰、高國既微、欒高又滅、逮鮑氏亡、而政遂盡歸於陳氏、簡公力右闞止、使與之抗、卒不能勝、於是陳氏得以盡置其宗族黨羽於

內之百僚、外之都邑、久而其勢益固、是以遷康公於海上、而莫之禁、田常乃立簡公弟驁。【索隱】系本及譙周、皆作敬、驁誤也、是爲平公。平公卽位、田常相之、專齊之政。割齊安平以東爲田氏封邑。【集解】徐廣曰、年表云、平公之時、齊自是稱田氏、【索隱】安平齊邑、按地理志、涿郡有安平縣也、平公八年、越滅吳。【考證】越滅吳、哀二十三年左傳、二十五年卒。子宣公積立。【考證】梁玉繩曰、表名就市、或有二名、宣公五十一年卒。子康公貸立。田會反廩丘。【索隱】田會、齊大夫、廩邑名、東郡有廩丘縣也、【考證】梁玉繩曰、年表田完世家、會反在宣公五十一年、此書于康公元年、康公二年、韓·魏·趙始列爲諸侯。十九年、田常曾孫田和始爲諸侯。遷康公海濱。【考證】梁玉繩曰、康侯以十四年遷、當安王十一年、不與田和爲侯同歲、田完世家是也、此與年表誤以遷海上爲十九年、二十六年、康公卒。呂氏遂絕其祀。田氏卒有齊國、爲齊威王、彊於天下。【考證】中井積德曰、威王是田和之孫、是文似混同、豈脫文邪、或曰、爲字當作及、

太史公曰。吾適齊。自泰山屬之琅邪、北被于海、膏壤二千里。【考證】岡白駒曰、此言適齊所觀之地勢也、其民闊達多匿知。其天性也。【考證】漢書地理志云、太公治齊、修道術、尊賢智、賞有功、故其士多好經術、矜功名、舒緩闊達而足智、其失夸奢朋黨、言與行繆、虛詐不情、參諸貨殖傳所述、可以知齊國風尚矣、以太公之聖建國本、【考證】岡白駒曰、謂通商工之業、便漁鹽之利、桓公之盛修善政、以爲諸侯會盟、稱伯、不亦宜乎。洋洋哉固大國之風也。【考證】襄二十九年左傳、吳季札觀齊風曰、美哉、泱泱乎大風也哉、表東海者其太公乎、國未可量也、愚按洋洋猶泱泱也、【索隱】述贊、太公佐周、實秉陰謀、既表東海、乃居營丘、小白致霸、九合諸侯、及溺內寵、釁鍾蟲流、莊公失德、崔杼作仇、陳氏專政、厚貨輕收、悼簡遘禍、田闞非儔、渢渢餘烈、一變何由、

齊太公世家第二

史記三十二

文學博士瀧川龜太郎著

史記會注考證

史記會注考證卷三十三

漢　太　史　令　司　馬　遷　撰

宋　中　郎　外　兵　曹　參　軍　裴　駰　集　解

唐　國　子　博　士　弘　文　館　學　士　司　馬　貞　索　隱

唐　諸　王　侍　讀　率　府　長　史　張　守　節　正　義

日　本　出　雲　瀧　川　資　言　考　證

魯周公世家第三

史記三十三

【考證】史公自序云、依之違之、周公綏之、憤發文德、天下和之、輔翼成王、諸侯宗周、隱桓之際、是獨何哉、三桓爭彊、魯乃不昌、嘉旦金縢、作周公世家第三、何焯曰、前據詩書、

後據春秋、顧棟高曰、案魯在春秋、兼有九國之地、極項鄟郜根牟、并所取也、向須句鄅鄫、則邾莒滅之、而魯從而有之也、其疆城全有兗州府之曲阜寧陽泗水金鄉魚臺汶上濟寧州嘉祥八州縣之地、後兼涉滕縣鄒縣嶧縣、與邾接境、又泰安府之泰安縣、與齊接境、兼有新泰縣萊蕪縣沂州府治及費縣沂水縣、曹州府之鄆城縣、爲魯西鄆、鉅野縣爲獲麟處、城父縣單縣爲高魚邑、涉范縣界、又兼涉青州府之安邱諸城二縣、與莒接境、又河南陳州府項城縣、爲魯所滅項國地、又涉江南之海州、跨三省、共二十六州縣、其地平衍、無高山大川爲之限隔、無魚鹽之利爲之饒沃、故終春秋之世、常畏齊而附晉、又其西南則宋鄭衛及邾莒杞鄫諸國地、犬牙相錯、祊易之鄭、防取之宋、須句取之邾、向鄅取之莒、而邾則空其國都、致邾衆退保嶧山、與莒爭鄆、無寧日、逮晉文分曹地、則有東昌府之濮州西南、而越既滅吳、而與魯泗東方百里、地界稍稍擴矣、然終不能抗衡齊晉、豈特其君臣之孱弱、亦其地當走集、以守則不足以固、以攻則不足以取勝也、徒以周公之後、世爲望國、爲晉楚所重、故楚靈爲章華之臺、致魯侯以落之、好以大屈、至戰國時猶存、豈非周公之明德遠哉、

周公旦者、周武王弟也。【集解】譙周曰、以太王所居周地爲其采邑、故謂周公、【索隱】周地名、在岐山之陽、本太王所居、後以爲周公之菜邑、故曰周公、即今之扶風雍東北故周城是也、謚曰周文公、見國語、【正義】括地志云、周公城在岐縣北九里、此地周之畿內、周公食采之地也、周公邵公、周室元宰、輔佐文武成康已下、蓋嫡子封于燕魯、次子食采畿甸、奕葉爲卿士、故謂之周公邵公也、**自文王在時、旦爲子孝、**【索隱】鄒誕本、

孝作敬也、**篤仁異於羣子。及武王即位、旦常輔翼武王、用事居多。武王九年、東伐至盟津。**【正義】盟作孟、地名、津渡黃河處、**周公輔行。十一年、伐紂至牧野。**【正義】衛州即牧野之地、東北去朝歌七十三里、**周公佐武王、作牧誓。**【考證】王若虛曰、牧誓王言也、以爲周公佐之而作、何所據、**破殷入商宮。已殺紂、周公把大鉞、召公把小鉞、以夾武王、釁社、告紂之罪于天及殷民、釋箕子之囚、封紂子武庚祿父、使管叔・蔡叔傅之、以續殷祀。偏封功臣同姓戚者。封周公旦於少昊之虛曲阜。**【正義】括地志云、兗州曲阜縣外城、即魯公伯禽所築也、【考證】定四年左傳云、命以伯禽、而封於少皞之虛、愚按、此與衛世家封康叔爲衛君、居河淇間故商墟、同一文例、曲阜、今山東泰安府曲阜縣、**是爲魯公。**【考證】中井積德曰、是爲魯公句、當在下文代就封於魯下、魯公宜指伯禽、若周公未嘗以魯稱焉、**周公不就封、留佐武王。武王克殷二年、天下未集、武王有疾不豫。羣臣懼。太公・召公乃繆卜。**【集解】徐廣

曰、古書穆字多作繆、【考證】查德基曰、案今書繆作穆、穆繆、聲之轉耳、春秋隱三年左氏傳、癸未葬宋穆公、公羊作繆、穀梁釋文、繆音穆、本亦作穆、文十二年公羊傳、賓繆公也、釋文、繆、音木、襄二年傳、齊姜與繆姜、釋文、繆、音穆、穀梁莊二十七年傳注、繆公召縣子而問焉、釋文、繆、音穆、竝繆穆通用之證、愚按、書傳、穆、敬也、 周公曰。未可以戚我先王。【集解】孔安國曰、戚、近也、未可以死近先王也、鄭玄曰、二公欲就文王廟卜、戚、憂也、未可憂怖我先王也、【考證】鄭說近是、

周公於是乃自以爲質、設三壇。周公北面立、戴璧秉圭、【集解】孔安國曰、璧以禮神、圭以爲贄、【考證】尚書、質作功、戴作植、中井積德曰、史記所載金縢往往與今書文異、蓋依孔安國古文尚書也、又與今所有古文異、漢書儒林傳曰、司馬遷亦從安國故、遷書載堯典禹貢洪範微子金縢諸篇、多古文說、愚按、質贄通、或以爲周鄭交質之質、疑非、查德基曰、易林无妄之繇曰、載璧秉珪、載戴通用、 告于太王・王季・文王。【集解】孔安國曰、告、謂祝辭、 史策祝曰。【集解】孔安國曰、史爲策書祝詞也、鄭玄曰、策、周公所作、謂簡書也、祝者讀此簡書、以告三王、 惟爾元孫王發、勤勞阻疾。【集解】徐廣曰、阻、一作淹、【考證】尚書、勤勞阻疾、作遘厲虐疾、 若爾三王、是有負子之責於天。以旦代王發之身。【集解】孔安國曰、大子之責、謂疾不可救也、不可救于天、則當以旦代之、死生有命、不可請代、聖人敘臣子之心、以垂世教、【考證】尚書、負爲丕、今此爲負者、謂三王負於上天之責、故我當代之、鄭玄亦曰、

丕讀曰負、【考證】查德基曰、書正義引鄭玄云、丕讀曰不、小司馬引鄭玄云、負讀曰丕、疑轉寫之誤、愛子孫曰子、愛百姓亦曰子、玄孫阻疾、若爾三王不救、是將有不愛子孫之過、爲天所責、此語蓋周公告於三王、欲使三王爲之請命也、沈家本曰、集解孔安國曰云云、今孔傳無也不可救四字、 旦巧能多材多藝、能事鬼神。【集解】孔安國曰、言可以代武王之意、【考證】尚書、旦巧作予仁若考、史公訓考爲巧、故以巧字易之、巧考皆从丂聲、例得相通、 乃王發不如旦多材多藝。不能事鬼神。乃命于帝庭、敷佑四方、【集解】馬融曰、武王受命於天帝之庭、布其道以佑助四方、 用能定汝子孫于下地。四方之民、罔不敬畏。【集解】孔安國曰、言武王用受命帝庭之故、能定先人子孫於天下、四方之民、無不敬畏也、 無墜天之降葆命。我先王亦永有所依歸。【集解】孔安國曰、言不救、則墜天寶命也、救之、則先王長有所依歸矣、鄭玄曰、降、下也、寶、猶神也、有所依歸、爲宗廟之主也、【正義】墜、直類反、【考證】尚書、無上有嗚呼二字、葆作寶、集解有所依歸下、楓山、三條本、有歎惜武王四字、 今我其卽命於元龜。【集解】孔安國曰、就受三王之命於元龜、卜知吉凶者也、馬融曰、元龜、大龜也、【考證】尚書、無其字、 爾之許我、我以其璧與圭、歸以俟爾命。【集解】孔安國曰、許、謂疾瘳、待命、當以事神也、馬融曰、待汝命、武王當愈、我當死也、【考證】尚書、以其倒、 爾不

許我、我乃屏璧與圭。【集解】孔安國曰、不許、不愈也、屏、藏、言不得事神、【考證】集解不許下、楓山、三條本、有謂字、 周公已令史策告太王・王季・文王、欲代武王發。於是乃卽三王而卜。卜人皆曰吉。發書視之信吉。【集解】孔安國曰、占兆書也、【考證】方苞曰、發書視之信吉六字衍文、張文虎曰、乃卜三龜、一習吉、啓籥書見書乃幷是吉、蓋三龜一習吉、卜人之言、證之以兆書、果皆吉也、史依寫經文、而發書六字、與下文義複、疑是傍注誤混、 周公喜、開籥乃見書。遇吉。【集解】王肅曰、籥、藏占兆書管也、 周公入賀武王曰。王其無害。旦新受命三王。維長終是圖。【集解】孔安國曰、我新受三王命、武王維長終是謀周之道、【考證】尚書、無周公入賀四字、蓋史公以意補、尚書、王其上有體字、旦作予小子、受命作命于、 茲道能念予一人。【集解】馬融曰、一人、天子也、鄭玄曰、茲、此也、【正義】予、周公也、一人、武王也、【考證】尚書、茲道作茲攸俟、能念予一人、謂長念天子之康安也、 周公藏其策金縢匱中。【集解】孔安國曰、藏之於匱、緘之以金、不欲人開也、 誡守者勿敢言。【考證】六字尚書無、蓋史公以意補、 明日武王有瘳。【考證】武王克殷二年、以下采尚書金縢、 其後武王旣崩、成王少、在强葆之中。【集解】强葆、卽襁褓、

古字少、假借用之、【正義】强、闊八寸、長八尺、用約小兒於背而負行、葆、小兒被也、【考證】梁玉繩曰、金縢曰、周公以詩貽王、而王亦未敢誚公、則成王非不識不知之孩稚矣、曰王與大夫盡弁、則成王已冠矣、故康成以爲武王崩時、成王年十歲、王肅以爲武王崩時、成王年十三、其詳見洛誥詩豳風禮明堂位、穀梁文十二年諸正義、及家語冠頌、先王儒說成王卽位之年雖異詞、而其非居强葆明矣、乃魯世家及蒙恬相如傳、俱有强葆語、賈誼新書脩政篇、又言成王年六歲卽位、後書郎顗傳言成王生于克紂之後、而路史發揮、反主襁褓之說、謂武王崩、成王才一二歲、以康成爲非、羅苹注、更引異源賦、謂武王之崩、成王始生、皆不根之論也、若武王崩時成王方在襁褓、則成王母弟、尙有唐叔、應侯亦成王弟、其時將未晬邪、抑遺腹邪、魏源曰、若襁褓負扆之言、則由於誤讀保傅篇之文、以成王爲太子時事、誤爲卽天子位後之事、又曰、成王喪畢、年十五而冠矣、故能讀鴟鴞之詩、悟金縢之策、勝爵弁之服、有歸禾之弟、豈有襁褓之說、負扆之朝哉、 周公恐天下聞武王崩而畔。周公乃踐阼、代成王攝行政當國。【考證】事見荀子儒效篇、禮記文王世子、明堂位、楓山、三條本、畔下重周字、 管叔及其羣弟流言於國曰。周公將不利於成王。【集解】孔安國曰、放言於國、以誣周公、以惑成王也、【考證】金縢、成王作孺子、陳仁錫曰、成王未崩、以謚稱、史文誤也、梁玉繩曰、改孺子爲成王、何意、豈忘成王見在邪、 周公乃告太公望・召公奭【考證】查德基曰、金縢但云告二公、而不言太公召公、考齊魯世家、太公受封後卽就國、不在王朝、書正義以爲時畢公爲太傅、是二公乃畢

公召公、非太公、理或然歟、張文虎說同、曰。我之所以弗辟而攝行政者、恐天下畔周、無以告我先王太王・王季・文王。【正義】辟、音避、三王之憂勞天下久矣。於今而后成。武王蚤終、成王少。將以成周。我所以爲之若此。【考證】金縢云、武王既喪、管叔及其羣弟乃流言於國曰、公將不利於孺子、周公乃告二公曰、我之弗辟、我無以告我先王、史公蓋敷演之也、或云、是據古文尚書也、梁玉繩曰、此周公語也、可云成王乎、於是卒相成王、而使其子伯禽代就封於魯。周公戒伯禽曰。我文王之子、武王之弟、成王之叔父。我於天下亦不賤矣。【考證】其子伯禽以下、采尚書大傳、梁玉繩曰、世家前後誤稱成王者四、獨此乃仍大傳洛誥篇、荀子堯問篇、韓詩外傳三、史公采擇失檢爾、說苑、載周公戒伯禽語、改作今王之叔父、然我一沐三捉髮、一飯三吐哺、起以待士。猶恐失天下之賢人。【考證】呂覽謹聽篇云、昔者禹一沐而三捉髮、一食而三起、以禮有道之士、淮南子氾論篇亦爲夏禹事、梁玉繩曰、吐握之事、諸子所說、恐未必有之、黃氏日鈔云、此形容之語、本無其事、王濬南亦以爲妄、故呂覽淮南、屬之夏禹、子之魯、愼無以國驕人。

【考證】子之魯以下、采尚書大傳、管・蔡・武庚等、果率淮夷而反。周公乃奉成王命、興師東伐。作大誥。【考證】管蔡武庚以下、本書大誥序、遂誅管叔、殺武庚、放蔡叔、收殷餘民、以封康叔於衛、封微子於宋、以奉殷祀、寧淮夷東土。【考證】以上本書微子之命、康誥、成王政、周官序、二年而畢定。【考證】梁玉繩曰、書言周公居東二年、詩言周公東征三年、辭各不同、大傳毛傳、以居東即東征、王肅從之、僞孔傳古史朱子詩傳亦然、馬鄭以居東爲居東都、與東征是兩事、蔡傳從之、而謂居東爲居國之東、以居東爲東征者、解金縢我之弗辟爲法、以居東非東征者、解辟爲避、史公依伏毛之說、以居東即東征、而又解弗辟爲不避位、考書言居東、則非東征、明甚、流言初起、莫知所由、公方見疑出居、自遠距宜、遽爾東征乎、二年猶待罪也、蓋武王既喪、管蔡流言、政當成王諒闇、周公攝政之時、公居東避之二年、始得罪人主名、公貽王鴟鴞之詩、王尚疑而未悟、迨感風雷而後迎公、管蔡等懼、遂叛、公乃奉王命東伐、王迎公之時、三年之喪已畢、故曰、王與大夫盡弁、此其事之本末也、史記殊非、三蔣悌生曰、三叔流言、語侵周公、此誠國家重事、周公不即遏絕禍萌、而避嫌疑、退居散地、三叔乘殷民之未靖、挾武庚以叛、設或張皇、則天下安危之寄、寧忍優游坐視、而託之他人乎、馬端辰曰、周公當流言四起之時、明知三監之必畔、使徒引嫌避位、舍而去之、則三監得乘虛而入、是直墮其術中、而不知、豈周公之智而出此哉、劉逢祿曰、史不書東征、而曰居東、不斥管蔡、而曰罪人、緣周公之心、而爲之諱也、愚按、東居即東征、蔣馬諸氏說是、史

公所記、終不可動、書曰二年、詩曰三年、一以月計、一以歲言、其實同耳、弗辟之辟、亦當從正義讀爲避、諸侯咸服宗周。【考證】楓山、三條本、服作復、天降祉福、唐叔得禾。異母同穎。【集解】徐廣曰、一作穗、穎、即穗也、【索隱】尚書曰、異畝、此母、義並通、鄒誕本同、【考證】錢大昕曰、古文、畝作畮、母即畮之省、獻之成王。成王命唐叔以餽周公於東土。作餽禾。【考證】唐叔得禾以下、采書餽禾序、錢大昕曰、書序、餽作歸、歸有餽音、姚鼐曰、周公居東、即伐殷事、故史記以唐叔得嘉穀、成王以歸周公於兵所、周公受禾於東土、此居東之證、周公既受命禾、嘉天子命、【集解】徐廣曰、嘉一作魯、今書序、作旅也、【索隱】徐廣云、一作魯、魯字誤也、今書序作旅、史記嘉天子命、於文亦得、何須作嘉旅、【考證】沈濤曰、嘉作魯者是也、古魯旅通字、書序作旅天子命、後人因嘉禾篇名、遂妄改爲嘉耳、愚按、周紀作魯、與旅通、爾雅釋詁、旅、陳也、作嘉禾。【考證】以上采書嘉禾序、東土以集、周公歸報成王。【考證】中井積德曰、以已同、楓山、三條本以上有已字、蓋衍其一、乃爲詩貽王。命之曰鴟鴞。【集解】毛詩序曰、成王未知周公之志、公乃爲詩以遺王、名之曰鴟鴞、毛傳曰、鴟鴞、鸋鴂也、【正義】貽、音怡、與也、鸋、音寧、鴂、音決、【考證】見詩豳風、中井積德曰、鴟鴞之詩、蓋作於管蔡未誅之前、王亦未敢訓周公。【集解】徐廣曰、訓一作誚、【索隱】按尚書作誚、誚、讓也、此作訓、字誤耳、義無所通、徐氏合定其本、何須云一作誚也、【考證】爲詩貽王以下、采

書金縢、錢大昕曰、誚从肖、古書或省从小、轉寫譌爲川耳、余有丁曰、按此文是成王疑周公時、不宜置于此、凌稚隆曰、乃爲詩至訓周公十七字、宜在上文我所以爲之若此句下、梁玉繩曰、若貽詩在誅管蔡後、詩何以云未雨綢繆乎、成王七年二月乙未、王朝步自周至豐。【集解】馬融曰、周、鎬京也、豐、文王廟所在、朝者、舉事上朝、將即土中易都、大事、故告文王武王廟、鄭玄曰、步行也、堂下謂之步、豐鎬異邑、而言步者、告武王廟即行、出廟入廟、不以王爲遠、爲父恭也、【索隱】豐、文王所作邑、後武王都鎬、於豐立文王廟、按豐在鄠縣東、臨豐水、東去鎬二十五里也、【考證】成王七年四字、史公以意補、尚書大傳云、周公攝政五年營成周、與此異、蓋五年始工、七年而成也、禮記明堂位云、周公七年致政於成王、是周公攝政七年、即成王七年也、使太保召公先之雒相土。【集解】鄭玄曰、相、視也、其三月、周公往營成周雒邑。【集解】公羊傳曰、成周者何、東周也、何休曰、名爲成周者、周道始成、王所都也、卜居焉。曰吉。遂國之。【考證】二月乙未以下、采書召誥、洛誥、成王長能聽政。於是周公乃還政於成王。成王臨朝。周公之代成王治、南面倍依以朝諸侯。【集解】禮記曰、周公朝諸侯于明堂之位、天子負斧依、南向而立、鄭玄曰、周公攝王位、以明堂之禮儀朝諸侯也、不於宗廟、避王也、天子、周公也、負之言倍也、斧依、爲斧文屏風於戶牖之閒、周公於前立也、【正義】倍、音負、依、音於致反、此段重敘周公初攝時也、鄭玄曰、負之言倍也、

及七年後，還政成王，北面就臣位，匔匔如畏然。【集解】徐廣曰，匔匔，謹敬貌也。見三蒼。音窮窮。一本作躨躨也。【考證】書洛誥云，惟周公誕保文王受命惟七年。尸子云，昔者武王崩，成王少，周公旦踐東宮，履乘石，祀明堂，假爲天子七年。韓非子難二，周公旦假爲天子七年，成王壯，授之以政。禮記明堂位云，周公踐天子之位七年，致政於成王。史公蓋本於此。又按明堂位云，周公朝諸侯于明堂之位，天子負斧依南鄉而立，是定天子之所居耳，非曰周公自居其位也。南面倍依四字可刪。初成王少時病。周公乃自揃其蚤，沈之河，以祝於神曰，王少未有識，奸神命者乃旦也。亦藏其策於府。成王病有瘳。及成王用事，人或譖周公。周公奔楚。【索隱】經典無文，其事或別有所出。而譙周云，秦既燔書，時人欲言金縢之事，失其本末，乃云成王少時病，周公禱河，欲代王死，藏祝策于府。成王用事，人讒周公，周公奔楚。成王發府見策，乃迎周公。又與蒙恬傳同，事或然也。【考證】揃，翦也。蚤，蒙恬傳作爪。儀禮士喪禮蚤揃如他日，鄭注，蚤讀爲爪。成王發府，見周公禱書，乃泣反周公。【考證】事又見蒙恬傳。王應麟曰，考之書，啓金縢之書，在周公未薨前，而無揃蚤事。此蓋一事，傳之者不同耳。葉適曰，是時楚未有國，公奚之焉。周公歸，恐成王壯，治有所淫佚，乃作多士，作毋逸。【考證】楓山、三

條本，壯作枉。梁玉繩曰，多士非誡成王之作，與周紀言無佚告殷民同謬，蓋于紀不當云作無佚，于世家不當云作多士。愚按，下文云，多士稱曰，史記原文若是，作多士三字非衍。毋逸稱爲人父母，爲業至長久。子孫驕奢，忘之以亡其家。爲人子，可不愼乎。【考證】梁玉繩曰，此與毋逸迴殊，必史公約其意以爲文，非有異本也。然太不類。故昔在殷王中宗，嚴恭敬畏天命自度，【集解】孔安國曰，用法度也。【考證】古鈔本，自作用。中井積德曰，天命自度，謂以命自律也。治民震懼，不敢荒寧。【集解】馬融曰，知民之勞苦，不敢荒廢自安也。故中宗饗國七十五年。其在高宗，【正義】武丁也。久勞于外，爲與小人。【集解】孔安國曰，父小乙使之久居人閒，勞是稼穡，與小人出入同事也。馬融曰，武丁爲太子時，其父小乙使行役，有所勞役於外，與小人從事，知小人艱難勞苦也。鄭玄曰，爲父小乙將師役於外也。【考證】中井積德曰，武丁蓋降在民間也，非行役，亦非父命故然也，豈庶出，初未見知邪。李笠曰，爲疑爰之誤，尚書作爰曁小人。作其卽位，乃有亮闇，三年不言。【集解】孔安國曰，武丁起其卽王位，則小乙死，乃有信嘿三年不言，言孝行著也。鄭玄曰，楣謂之梁，闇謂廬也。言乃讙。【集解】鄭玄曰，讙，喜悅也。言乃喜悅，則民臣望其言久矣。【考證】書，讙作雍。岡白駒曰，在喪則不言，喪畢發言，則天下乃喜。愚按，讙讀爲懽。不敢荒

寧，密靖殷國，【集解】馬融曰，密，安也。【考證】書，密作嘉。至于小大無怨。【集解】孔安國曰，小大之政，民無怨者，言無非也。【考證】蔡沈曰，萬民咸和也。中井積德曰，小大猶貴賤也。故高宗饗國五十五年。【集解】尚書云，五十九年。其在祖甲，【集解】孔安國王肅曰，祖甲，湯孫太甲也。馬融鄭玄曰，祖甲，武丁子帝甲也。【索隱】孔安國以爲湯孫太甲，馬融鄭玄以爲武丁子帝甲。按紀年，太甲唯得十二年，此云祖甲享國三十三年，知祖甲是帝甲明矣。【考證】中井積德曰，殷紀稱帝甲淫亂，殷復衰，或是別人。不義惟王，久爲小人，【集解】孔安國曰，爲王不義，久爲小人之行，伊尹放之桐宮。馬融曰，祖甲有兄祖庚，而祖甲賢，武丁欲立之，祖甲以王廢長立少不義，逃亡民閒，故曰不義惟王，久爲小人也。武丁死，祖庚立，祖庚死，祖甲立。【考證】中井積德曰，不義惟王，以立爲王爲不義也。于外，【考證】中井積德曰，于外二字，嫌上文。愚按，書無此二字。知小人之依，能保施小民，不侮鰥寡。【集解】孔安國曰，小人之所依，依仁政也。故能安順於衆民，不敢侮慢惸獨也。【考證】中井積德曰，依，謂所依怙也，未遽謂仁政。故祖甲饗國三十三年。【集解】王肅曰，先中宗，後祖甲，先盛德，後有過也。【考證】毋逸稱以下，據書無逸。多士稱曰，自湯至于帝乙，無不率祀明德，帝無不配天者。【集解】孔安國曰，無敢失天道者，故無不配天也。【考證】因文例，曰字當衍。在今後嗣王紂，誕

淫厥佚，不顧天及民之從也，【集解】徐廣曰，一作敬之也。駰案，馬融曰，紂大淫樂其逸，無所能顧念於天施顯道於民而敬之也。【正義】言紂信爲淫荒逸樂，不顧念於天道，不顧念民之從其化，故其民皆可誅也。【考證】書多士，不顧天及民之從也，作罔顧于天顯民祇。梁玉繩曰，依多士，之從作敬之，是。中井積德曰，也字衍。其民皆可誅。【考證】以上見今本書多士。周多士，【考證】言周多賢士也。文王日中昃，不暇食，饗國五十年。【考證】愚按，日中昃不暇食，蓋吐哺握髮之意。文王以下十三字，見書無逸，而此文承多士稱，則史公所見之書，與今本異。又按，周多士三字，今本無逸亦無。作此以誡成王。成王在豐，天下已安。周之官政未次序，於是周公作周官，官別其宜。作立政，以便百姓。百姓說。【集解】孔安國曰，周公既致政成王，恐其怠忽，故以君臣立政爲戒也。【考證】書序云，周公作立政，成王既黜殷命，滅淮夷，還歸在豐，作周官，與此異。史公蓋以意補。楓山三條本，未下有有字。周公在豐，病將沒，曰，必葬我成周，【集解】徐廣曰，衞世家云，管叔欲襲成周，然則或說尚書者，不以成周爲洛陽乎。諸侯年表敍曰，齊晉楚秦其在成周微之甚也。以明吾不敢離成王。周公既卒，成王亦讓，葬周公於畢。【正義】括地志云，周公墓在雍州咸陽北十三里畢原上。【考證】張文虎

云、冊府元龜引史、離下無成字、是、從文王、以明予小子不敢臣周公也。【考證】周公在豐以下、采書序、尚書大傳、周公卒後、秋未穫、暴風雷雨、禾盡偃、大木盡拔。周國大恐。成王與大夫朝服、以開金縢書。【索隱】據尚書、武王崩後、有此雷風之異、今此言周公卒後更有暴風之變、始開金縢之書、當不然也、蓋由史遷不見古文尚書、故說乖誤、【正義】按尚書、武王崩後、周公被流言而東征、王亦未敢誚公、乃有風雨之異、此乃是周公卒後、疑太史公不見古文尚書、有斯乖誤矣、【考證】梁玉繩曰、王孝廉云、暴風雷雨、書作雷電以風、故下文云、天乃雨、今先雜入雨字、與下不相應、王乃得周公所自以爲功代武王之說。【集解】徐廣曰、一作簡、駰案、孔安國曰、所藏請命策書本也、【考證】楓山、三條本、所下有藏字、崔適曰、功當作質、後人據古文尚書改、致上文乃自以爲質乖異、二公及王、乃問史百執事。【集解】孔安國曰、二公倡王啓之、故先見書也、史百執事、皆從周公請命者、鄭玄曰、問者、問審然否也、史百執事曰。信有。昔周公命我勿敢言。成王執書以泣【集解】鄭玄曰、泣者傷周公忠孝如是而無知之者、曰。自今後、其無繆卜乎。【集解】孔安國曰、本欲敬卜吉凶、今天意可知、故止、昔周公勤勞王家。惟予幼人弗及

知。今天動威以彰周公之德。惟朕小子其迎。我國家禮亦宜之。【集解】王肅曰、亦宜褒有德也、【正義】孔安國云、周公以成王未寤、故留東未還、成王改過自新、遣使者逆之、亦國家禮有德之宜也、王孔二說非也、按言成王以開金縢之書、知天風雷以彰周公之德、故成王亦設郊天之禮以迎、我國家先祖配食之禮、亦當宜之、故成王出郊、天乃雨反風也、【考證】中井積德曰、此迎字不通、本文已異、王孔解無所當、愚按、迎、書金縢作逆、王親迎周公也、史記、事在周公已卒後、則迎周公神也、宜依文解之、王出郊。天乃雨反風。禾盡起。【集解】孔安國曰、郊以玉幣謝天也、天即反風起禾、明郊之是也、馬融曰、反風、風還反也、【考證】出郊、在金縢則郊迎之義、在史記則爲郊祭之義、二公命國人、凡大木所偃、盡起而築之。【集解】徐廣曰、築、拾也、駰案、馬融曰、禾爲木所偃者、起其木、拾其下禾、乃無所失亾也、歲則大孰。【考證】崔述曰、成王感風雷之變而親迎周公一事、史記載於周公卒後、今按尚書金縢篇、在作鴟鴞後、伐武庚前、惟顏師古引尚書大傳文、以此爲成王將葬周公於成周時事、然則史記蓋因傳而誤也、夫以爲在周公卒後、則所謂親迎者迎何人乎、所謂出郊者欲何爲乎、史記不能解而說、遂以郊爲郊祀之郊、而謂魯之得郊因此、是因一誤而再誤矣、愚按、漢書梅福傳云、梅福曰、成王以諸侯禮葬周公、而皇天動威、雷風著災、顏師古注引尚書大傳云、周公疾曰、吾死必葬於成周、示天下臣於成王也、周公死、天乃雷雨以風、禾盡偃、大木斯拔、國恐、王與大夫開金縢之書、執書以泣曰、周公勤勞王家、予幼人弗及知、乃不葬於成周、而葬之於畢、示天下不

敢臣、儒林傳注引大傳、意同文略、史公蓋從大傳、於是成王乃命魯得郊、【集解】禮記曰、魯君祀帝于郊、配以后稷、天子之禮、【考證】通鑑前編成王十一年、引尚書大傳云、魯郊、成王所以禮周公也、史公所本、祭文王。【集解】禮記曰、諸侯不得祖天子、鄭玄曰、魯以周公之故立文王之廟也、魯有天子禮樂者、以褒周公之德也。【考證】禮記明堂位云、成王以周公爲有勳勞於天下、命魯公世世祀周公以天子之禮樂、是以魯君孟春乘大路、載弧韣旂十有二旒、日月之章、祀帝于郊、配以后稷、天子之禮也、祭統云、周公既沒、成王康王追念周公之所以勳勞者、而欲尊魯、故賜之以重祭、外祭則郊社是也、內祭則大嘗禘是也、夫大嘗禘、升歌清廟、下而管象、朱干玉戚、以舞大武、八佾以舞大夏、此天子之樂也、史公所本、陳仁錫曰、竹書紀年、魯惠公使宰讓請郊廟之禮、平王使史角如魯、以魯之用郊、蓋由惠公請之也、至僖公作頌、始以郊祭爲誇焉、梁玉繩曰、此乃好事者妄談、以誣周之賢王、以誤後之學士、唐文粹高郢魯議、責成王之賜、伯禽之受、爲非禮、程子因之、王安石又謂周公有人臣不能爲之功、而成王報以人臣不得用之禮、怍孰甚焉、魯之僭禮、夫子以爲周公之衰、奈何移于成王伯禽乎、桓林已弱、尚拒楚武之稱尊、襄鄭尤微、能禁晉文之請隧、況成王盛君、伯禽令子邪、然則魯僭始于何時、曰、竹書平王四十二年、魯惠公使宰讓請郊廟之禮、呂氏春秋當染篇亦云、此一大確證、使成王已賜、惠公何必復請、且成王之賢、萬倍于宜白、平猶靳之、而成顧昧然賜之哉、斯論發于宋劉敞春秋意林、後儒多從之、而成王伯禽之誣、遂大白于千載矣、周公卒。子伯禽固已前受封。是爲魯公。【索隱】周公元子、就封於

魯、次子留相王室、代爲周公、其餘食小國者六人、凡蔣邢茅胙祭也、魯公伯禽之初受封之魯、三年而後報政周公。周公曰。何遲也。伯禽曰。變其俗、革其禮、喪三年然後除之。故遲。太公亦封於齊。五月而報政周公。周公曰。何疾也。曰。吾簡其君臣禮、從其俗爲也。及後聞伯禽報政遲、乃歎曰。嗚呼、魯後世其北面事齊矣。夫政不簡不易、民不有近。【正義】爲政之法、必須略而易行、民則親近、若不簡不易、民則不親近也、平易近民、民必歸之。【集解】徐廣曰、一本云、政不簡不行、不行不樂、不樂則不平易、平易近民、民必歸之、又一本云、夫民不簡不易、有近乎、簡易、民必歸之、【索隱】言爲政簡易者、民必附近之、近、謂親近也、【正義】言政平等簡易、親近於民、遠方之衆、必襁負而歸之、周公見伯禽難其禮、故設此言、是也、【考證】呂氏春秋長見篇云、太公望封於齊、周公旦封於魯、二君者甚相善也、相謂曰、何以治國、太公望曰、尊賢上功、周公曰、親親上恩、太公曰、魯自此削矣、周公曰、魯雖削、有齊者亦必非呂氏也、淮南齊俗訓亦載此事、與史記異、困學紀聞十一引說齋唐氏曰、此後世苟簡之說、非周公之言、遷不能辨其是否、從而筆之于書、使後人務速成之功者、藉爲口實、其害豈小哉、伯禽卽位之後、有管·蔡等反

也。淮夷·徐戎亦竝興反。【集解】孔安國曰、淮浦之夷、徐州之戎、竝起爲寇、【考證】淮夷徐戎以下、依書費誓及其序、王鳴盛曰、淮安府淮水、從此入海、卽詩所謂淮浦、大約今淮揚二府近海之地、皆古淮夷、而此經淮夷則在淮北者也、於是伯禽率師伐之於肸。作肸誓。【集解】徐廣曰、肸一作鮮、一作獮、駰案尚書作費、孔安國曰、魯東郊之地名也、【索隱】尚書作費誓、徐廣云、一作鮮、一作獮、按尚書大傳見作鮮誓、鮮誓卽肸誓、古今字異、義亦變也、鮮、獮也、言於肸地誓衆、因行獮田之禮、以取鮮獸而祭、故字或作鮮、或作獮、孔安國云、費、魯東郊地名、卽魯卿季氏之費邑地也、【正義】周公伐三監、魯公伐淮夷、故於費地而盟衆、卽東伐淮夷徐奄之屬、【考證】本書大誥費誓序、費、今山東沂州府費縣西北、曰。陳爾甲冑。無敢不善。無敢傷牿。【正義】古毒反、牿、牛馬牢也、令臣無傷其牢、恐牛馬逸、馬牛其風、臣妾逋逃、【集解】鄭玄曰、風、走逸、臣妾、廝役之屬也、勿敢越逐、敬復之。【集解】徐廣曰、敬一作振、孔安國曰、勿敢弃越壘伍而求逐也、衆人有得佚馬牛逃臣妾、皆敬還、【正義】書、敬作祗、祗、敬也、祗振古通用、【考證】查德基曰、祗作敬者、史公以訓詁字代經也、一作振者、今文尚書也、無敢寇攘踰牆垣。【集解】鄭玄曰、寇、劫取也、因其失亾曰攘、【考證】李笠曰、牆垣、當依書費誓作垣牆、傷牿與越逐敬復相韻叶、此牆字亦與攘字叶、魯人三郊三隧。【集解】王肅曰、邑外曰郊、郊外曰隧、不言四者、東郊留守、故言三也、【考證】今書隧作遂、隧遂古通用、中井積德曰、師出東方、則東郊東遂、供兵賦之重、故於儲峙不與焉、王先謙曰、禮王制疏引大傳云、古者百里之國、三十里之遂、二十里之郊、魯國百里、則郊當在二十里之外、遂又在其外也、峙爾芻茭糗糧楨榦、【集解】孔安國曰、皆當儲峙汝糗糧、使足食、多積芻茭、供軍牛馬、馬融曰、楨榦皆築具、楨在前、榦在兩旁、【正義】糗、去九反、楨、音貞、【考證】峙峙庤通、儲具以待用也、無敢不逮。我甲戌築而征徐戎。【集解】孔安國曰、甲戌日、當築攻敵壘距堙之屬、【考證】古鈔、楓山、三條本、無無敢不逮四字、中井積德曰、甲戌、此出師之日、使供具皆會於是日耳、又曰、築者築我之壁壘也、未及攻具、無敢不及。有大刑。【集解】馬融曰、大刑、死刑、作此肸誓。【考證】以上、節錄書費誓、遂平徐戎定魯。魯公伯禽卒。【集解】徐廣曰、皇甫謐云、伯禽以成王元年封、四十六年康王十六年卒、【考證】漢書律歷志云、伯禽卽位四十六年、康王十六年薨、與皇甫謐合、子考公酋立。【索隱】系本、作就、鄒誕本、作遒、【考證】中井積德曰、考公始有謚、若齊第四世哀公始有謚、世家雖不同、年代相比、夫謚之起、蓋成康之後云、考公四年卒。立弟熙。【索隱】一作怡、考公弟、是謂煬公。煬公築茅闕門。【集解】徐廣曰、一作第、又作夷、世本曰、煬公徙魯、宋忠曰、今魯國、【考證】洪頤煊曰、古文雉茅夷三字通用、茅門、卽春秋所謂雉門、孫詒讓曰、茅闕門、卽春秋定二年經之雉門兩觀也、諸侯三門、庫雉路、外朝在雉門外、六年卒。【考證】錢大昕曰、漢書律歷志、煬公卽位六十年、子幽公宰立、此六下脫十字、愚按、洪亮吉洪頤煊說同、

梁玉繩駁之、非也、楓山、三條本、六年作十六年、蓋倒、子幽公宰立。【索隱】系本名圉、幽公十四年、幽公弟潰、殺幽公而自立。是爲魏公。【集解】徐廣曰、世本作微公、【索隱】系本、潰作弗、音沸、魏作微、且古書多用魏字作微、則太史公意亦不殊也、【考證】金履祥曰、按弑君爭國之禍自是始、而昭王不能討、失政甚矣、史稱昭王時王道微缺、朱子亦謂周綱陵夷、自昭王始、有故也、魏公五十年卒、子厲公擢立。【索隱】系本、作翟、音持角反、【正義】擢、音濁、厲公三十七年卒。魯人立其弟具。是爲獻公。獻公三十二年卒。【集解】徐廣曰、劉歆云、五十年、皇甫謐云、三十六年、【考證】梁玉繩曰、獻公在位五十年、漢志作五十年、謂出世家也、子眞公濞立。【索隱】眞、音愼、本亦多作愼公、按衛亦有眞侯、可通也、濞、系本作摯、或作鼻、音匹位反、鄒誕本、作愼公嚊、【考證】梁玉繩曰、眞乃愼之誤、沈家本曰、左傳釋文引作順公、順愼聲轉字通、愚按、眞字春秋以前書無所見、而老莊二子常用之、眞公十四年、周厲王無道、出奔彘。共和行政。二十九年、周宣王卽位。三十年、眞公卒。弟敖立。是爲武公。武公九年春、【考證】表、作十年、國語、無春字、武公與長子括·少子戲、西朝周宣王。【正義】戲、許義反、又音許宜反、後同、宣王愛戲、欲立戲爲魯太子。周之樊仲山父諫宣王曰。【考證】群書治要、無樊字、韋昭曰、仲山父、王卿士、食采於樊、廢長立少、不順。不順、必犯王命。犯王命、必誅之。故出令不可不順也。令之不行、政之不立。【集解】韋昭曰、令不行則政不立、行而不順、民將弃上。【集解】韋昭曰、使長事少、故民將弃上、夫下事上、少事長、所以爲順。今天子建諸侯、立其少。是教民逆也。【集解】唐固曰、言不教之順、而教之逆、若魯從之、諸侯效之、王命將有所壅。【集解】韋昭曰、言先王立長之命、將壅塞不行也、【考證】屠隆曰、將有所壅、卽上之犯王命而不從也、誅王命、乃自出令而自誅之也、俱在今王上說、註非、若弗從而誅之、是自誅王命也。【集解】韋昭曰、先王之命立長、今魯亦立長、若誅之、是自誅王命、【考證】中井積德曰、先王之教、卽今王之所以命諸侯、王命宜以今王解、誅之亦失。不誅亦失。【集解】韋昭曰、誅之、誅王命、不誅、則王命廢、王其圖之。宣王弗聽。卒立戲爲魯太子。夏、武公歸而卒。【集解】徐廣曰、劉歆云、立二年、【考證】國語、無夏字、戲

立。是爲懿公。懿公九年、【考證】漢律歷志同、國語無九年二字、懿公兄括之子伯御、【正義】御、我嫁反、下同、【考證】漢志作柏御、與魯人攻弑懿公、而立伯御爲君。伯御卽位。十一年、周宣王伐魯、殺其君伯御。【考證】國語作宣王三十二年、依表卽伯御十一年也、而問魯公子能道順諸侯者、【集解】徐廣曰、順、一作訓、【正義】道、音導、順、音訓、【考證】國語作宣王欲得國子能導訓諸侯者、注、韋昭曰、國子同姓諸姬也、與史義異、以爲魯後。【考證】國語無此四字、樊穆仲曰。【集解】韋昭曰、穆仲、仲山父之謚也、猶魯叔孫穆子謂之穆叔也、魯懿公弟稱、【正義】尺證反、【考證】國語作魯侯、肅恭明神、敬事耆老、賦事行刑、必問於遺訓、而咨於固實、【集解】徐廣曰、固、一作故、韋昭曰、故實、故事之是者、【考證】國語、固作故、固故古通、中井積德曰、固實卽故事、注以是者解實字、泥、不干所問、不犯所知。【考證】國語、知、作咨、王念孫曰、知當作咨、所問所咨、皆承上文而言、楓山三條本、無不犯所知四字、宣王曰。然。能訓治其民矣。乃立稱於夷宮。【集解】韋昭曰、夷宮者、宣王祖父夷王之廟、古者爵命必於祖廟、【考證】立稱於夷宮、國語作命魯孝公於夷宮、韋昭注、命爲侯伯也、蓋國語爲孝公立後事、史記爲未

立時事、是爲孝公。自是後、諸侯多畔王命。【考證】武公與長子括以下、采國語周語、孝公二十五年、諸侯畔周。犬戎殺幽王。秦始列爲諸侯。二十七年、孝公卒。【考證】館本考證云、二十七年、表作三十八年、宣王誅伯御、在伯御之十一年、其年乃孝公元年、而表以伯御元年爲孝公元年、故較世家多十一年、子弗湟立。【集解】徐廣曰、表云弗生也、【索隱】系本、作弗皇、年表、作弗生、【考證】梁玉繩曰、湟當作湼、沈家本曰、左傳正義引世家作弗皇、釋文隱元年、作不皇、文十六年引世家作弗皇、是爲惠公。惠公三十年、晉人弑其君昭侯。四十五年、晉人又弑其君孝侯。四十六年、惠公卒。長庶子息【索隱】隱公也、系本、隱公名息姑、【考證】梁玉繩曰、息下缺姑字、今本脫之、魯頌疏、文十六年左傳疏、及釋文、穀梁首篇疏、竝引世家、作息姑、沈家本曰、年表、作息姑、攝當國、行君事。是爲隱公。【考證】隱元年左傳云、不書卽位、攝也、歐陽脩作春秋論駁之云、隱公非攝也、使隱果攝、則春秋不稱公、春秋稱公、則隱公非攝也、初惠公適夫人無子。【正義】適、音的、公賤妾聲子生子息。【考證】梁玉繩曰、聲子是繼室、何云賤妾、息長爲娶於宋。宋女至而好。惠公奪而自妻

之。【索隱】左傳、宋武公生仲子、仲子手中有爲魯夫人文、故歸魯、生桓公、今此云惠公奪息婦而自妻、又經傳不言惠公無道、左傳文見分明、不知太史公何據而爲此說、譙周亦深不信然、生子允。【集解】徐廣曰、一作軌、【索隱】系本、亦作軌也、登宋女爲夫人、以允爲太子。【考證】梁玉繩曰、當惠公世、仲子未嘗爲夫人、桓亦未嘗爲太子也、杜元凱云、隱公繼室之子、當嗣世、以禎祥之故、追成父志、爲桓尚少、是以立爲太子、及惠公卒、爲允少、故魯人共令息攝政。不言卽位。【考證】左傳云、隱公立而奉桓公、不云魯人共令息姑攝位、隱公五年、觀漁於棠。【集解】賈逵曰、棠、魯地、陳漁而觀之、杜預曰、高平方與縣北有武棠亭、魯侯觀漁臺也、【考證】隱五年春秋經傳、八年、與鄭易天子之太山之邑祊及許田。君子譏之。【集解】穀梁傳曰、祊者、鄭伯之所受命於天子、而祭泰山之邑也、許田、乃魯之朝宿之邑、天子在上、諸侯不得以地相與、【正義】括地志云、祊田、在沂州費府東南、許田、在許州、許昌縣有魯城、周公廟在焉、杜預云、成王營成周、有遷都之志、故賜周公許田、【考證】隱八年春秋經傳、天子之三字、史公以意補、梁玉繩曰、是年鄭歸祊、爾易許田、在後四年、泰山之祊近魯、而許田近鄭、故互割以相屬也、十一年冬、公子揮諂謂隱公曰。百姓便君。君其遂立。吾請爲君殺子允。君以我爲相。【集解】左傳曰、羽父請殺桓公、將以求太

宰也、【考證】史公蓋敷演左傳也、梁玉繩曰、左傳翬欲求爲太宰、何以易稱相也、太宰、元屬天官之長、齊吳僭設、竝爲尊秩、然宋亦有太宰、亞于司寇、楚鄭皆有太宰、又非正卿、以此例之、則太宰不定是相矣、隱公曰。有先君命。吾爲允少、故攝代。今允長矣。吾方營菟裘之地老焉、以授子允政。【集解】服虔曰、菟裘、魯邑也、營菟裘以作宮室、欲居之以終老也、杜預曰、菟裘、在泰山梁父縣南、【考證】楓山、三條本、集解、縣南下、有不欲復居魯朝故別營外邑十一字、揮懼子允聞而反誅之、乃反譖隱公於子允曰。隱公欲遂立去子。子其圖之。請爲子殺隱公。子允許諾。【考證】梁玉繩曰、生而稱謚、非也、當衍兩隱字、十一月、隱公祭鍾巫、【集解】賈逵曰、鍾巫、祭名也、【考證】龜井昱曰、鍾巫、蓋古之神巫也、周禮大筮、有巫更巫環、凡九巫、山海經有巫彭巫相六巫、及巫咸巫羅十巫、齊于社圃、【集解】杜預曰、社圃、園名、館于蒍氏。【集解】服虔曰、館、舍也、蒍氏、魯大夫、揮使人弑隱公于蒍氏、而立子允爲君。是爲桓公。【考證】以上依隱十一年左傳、桓公元年、鄭以璧易天子之許田。【集解】糜信曰、鄭以祊不足當許田、故復加璧、【正義】糜信字南山、東海人、魏樂平太守、【考證】依桓元年春秋經傳、中井積德曰、春秋、書鄭伯以璧假

許田、假字乃有意義也、今作易字、太史公之意不可曉、又曰、太山之祊、冒以天子猶可、若夫許、是魯朝宿之邑、何天子之有、周紀云、許田、天子之用事太山田也、與此合、蓋太史公謬以許爲祊也、愚按、經典釋文、麋信注穀梁傳十二卷、　二年、以宋之賂鼎入於太廟。君子譏之。【集解】穀梁傳曰、桓公內殺其君、外成人之亂、受賂而退、以事其祖、非禮也、公羊傳曰、周公廟曰太廟、【考證】桓二年春秋經傳、左氏傳云、取郜大鼎于宋、納于太廟、非禮也、臧哀伯諫之、公不聽、中井積德曰、譏者以賂也、如內弒君、非此所論、左氏宜從、穀梁失之、　三年、使揮迎婦于齊、爲夫人。【考證】桓三年春秋經傳、　六年、夫人生子。與桓公同日。故名曰同。同長爲太子。【考證】桓六年春秋經傳、　十六年、會于曹伐鄭、入厲公。【考證】桓十六年經傳、梁玉繩曰、入上缺謀字、蓋厲未入也、　十八年春、公將有行。【集解】杜預曰、始議行事也、　遂與夫人如齊。申繻諫止。【集解】賈逵曰、申繻、魯大夫、【正義】繻音須、　公不聽。遂如齊。齊襄公通桓公夫人。公怒夫人。夫人以告齊侯。夏四月丙子、齊襄公饗公。【集解】服虔曰、爲公設享讌之禮、　公醉。使公子彭生抱魯桓公。因命彭生摺其脅。公死

于車。【考證】莊元年公羊傳云、齊侯怒、與之飲酒、於其出焉、使公子彭生送之、於其乘焉、搚幹而殺之、　魯人告于齊曰。寡君畏君之威、不敢寧居、來脩好禮。禮成而不反。無所歸咎。請得彭生以除醜於諸侯。齊人殺彭生以說魯。【考證】以上采桓十八年左傳、補以公羊傳、　立太子同。是爲莊公。莊公母夫人因留齊、不敢歸魯。【考證】中井積德曰、據春秋、姜氏已與喪俱還、莊元年、孫于齊、已而復還、二年以後、頻與齊侯爲姦會遇也、史記不據焉、豈別有所本邪、　莊公五年冬、伐衞、內衞惠公。【考證】莊五年春秋經傳、　八年、齊公子糾來奔。【考證】莊八年左傳、　九年、魯欲內子糾於齊。後桓公。桓公發兵擊魯。魯急殺子糾。召忽死。齊告魯、生致管仲。【考證】莊九年左傳、　魯人施伯曰。【正義】世本云、施伯、魯惠公孫、　齊欲得管仲、非殺之也。將用之。用之則爲魯患。不如殺以其屍與之。【集解】屍、本亦作死字也、【考證】國語作屍、　莊公不聽。遂囚管仲與齊。齊人相管仲。

【考證】魯人以下、采國語齊語、因、東縛也、　十三年、魯莊公與曹沫會齊桓公於柯。曹沫劫齊桓公、求魯侵地。已盟而釋桓公。桓公欲背約。管仲諫。卒歸魯侵地。【考證】本莊十三年公羊傳、穀梁傳亦云、冬公會齊侯盟于柯、曹劌之盟也、信齊侯也、劌、沫、音近、梁玉繩曰、劫齊事妄、說在刺客傳、　十五年、齊桓公始霸。【考證】莊十五年左傳、　二十三年、莊公如齊觀社。【集解】韋昭曰、齊因祀社、蒐軍實以示軍容、公往觀之、【考證】莊二十三年春秋經傳、　三十二年、初莊公築臺臨黨氏、【集解】賈逵曰、黨氏、魯大夫、任姓、【考證】釋文云、黨、音掌、　見孟女。【集解】賈逵曰、黨氏之女、【考證】即左傳云、孟任、黨氏二女、孟、長也、任、字也、非姓耳、【考證】中井積德曰、孟、字也、任、姓也、　說而愛之、許立爲夫人、割臂以盟。【集解】服虔曰、割其臂以與公盟、　孟女生子斑。斑長說梁氏女、往觀。【集解】杜預曰、梁氏、魯大夫也、【考證】春秋傳、子斑作子般、　圉人犖自牆外與梁氏女戲。【集解】服虔曰、圉人、掌養馬者、犖、其名也、【正義】犖、力角反、【考證】左傳、子般與女公子同往梁氏、觀習雩祭之禮、犖與女公子戲、與此異、　斑怒鞭犖。莊公聞之曰。犖有力焉。遂殺

之。是未可鞭而置也。斑未得殺。會莊公有疾。【考證】初莊公以下、本莊三十二年左傳、小異、說已見上、　莊公有三弟。長曰慶父。次曰叔牙。次曰季友。【考證】依莊二十七年公羊傳、梁玉繩曰、公羊傳云、公子慶父、公子牙、公子友、莊公之母弟也、故齊語韋注云、慶父莊公之弟、史依公羊、而杜注左傳云、慶父莊公庶兄、爲叔牙同母兄、季友是莊公母弟、以公羊爲妄、杜注較長、　莊公取齊女爲夫人。曰哀姜。哀姜無子。哀姜娣曰叔姜。生子開。【正義】娣、田戾反、　莊公無適嗣。【考證】莊公取齊女以下、本閔二年左傳、梁玉繩曰、閔公名、當作開方、　愛孟女欲立其子斑。莊公病、而問嗣於弟叔牙。叔牙曰。一繼一及、魯之常也。【集解】何休曰、父死子繼、兄死弟及、　慶父在。可爲嗣。君何憂。【考證】莊公病以下、莊三十二年公羊傳、　莊公患叔牙欲立慶父、退而問季友。季友曰。請以死立斑也。莊公曰。曩者叔牙欲立慶父。柰何。季友以莊公命、命牙待於鍼巫氏。【集解】杜預曰、鍼巫氏、魯大夫也、【考證】龜井道載曰、鍼氏、巫名、季其字、　使鍼季劫飲

叔牙以鴆。【集解】服虔曰、鴆鳥、一曰運日鳥、曰。飲此則有後奉祀。不然、死且無後。牙遂飲鴆而死。魯立其子爲叔孫氏。【集解】杜預曰、不以罪誅、故得立、後世繼其祿也、八月癸亥、莊公卒。季友竟立子斑爲君、如莊公命。侍喪舍于黨氏。【正義】未至公宮、止於舅氏、【考證】莊公患叔牙以下、采莊卅二年左傳、左傳舍作次、無侍喪二字、中井積德曰、此疑衍、楓山三條本侍作持、先時慶父與哀姜私通、欲立哀姜娣子開。【考證】中井積德曰、據左傳、慶父之私通、蓋在莊公卒之後、史記似失、及莊公卒、而季友立斑。十月己未、慶父使圉人犖殺魯公子斑於黨氏。季友犇陳。【集解】服虔曰、季友內知慶父之情、力不能誅、故避其難出奔、慶父竟立莊公子開。是爲湣公。【索隱】系本名啓、今此作開、避漢景帝諱耳、春秋作閔公也、【考證】十月以下、依莊卅二年左傳、慶父竟三字、史公以意補、中井積德曰、據閔二年左傳、立閔公非慶父之爲、國人之爲也、沈家本曰、按左傳疏引杜世族譜、名啓方、謂杜從世本、與小司馬異、疑此奪方也、湣公二年、慶父與哀姜通益甚。哀姜與慶父謀、殺湣公而立慶父。

【考證】中井積德曰、與慶父謀、立慶父、是行文疎處、慶父使卜齮襲殺湣公於武闈。【集解】賈逵曰、卜齮、魯大夫也、宮中之門謂之闈、【正義】齮、魚綺反、闈、音韋、【考證】據左傳、公傅奪卜齮田、公不禁、故卜齮怨公、季友聞之、自陳與湣公弟申如邾、請魯求內之。【正義】邾國、兗州鄒縣、古邾國也、【考證】閔元年春秋經云、秋八月、季子來歸、與此異、梁玉繩曰、季子已于前年歸魯、故春秋書季子來歸、此云自陳、與釐公申如邾、下又云、陳送友及申、不但誤以友爲在陳、并誤認釐公亦在陳矣、請魯求內之五字當衍、友與申如邾避慶父也、慶父奔莒、友卽入魯立申、魯無人焉、何請之有、又何求內之有、而申爲湣公庶兄、是以夏父弗忌曰、新鬼大、故鬼小、此云湣公弟申、亦誤、愚按、依左傳、自陳二字亦當削、魯人欲誅慶父。慶父恐奔莒。於是季友奉子申入立之。是爲釐公。【索隱】湣公弟名申、成季相之、魯國以理、於是魯人爲僖公作魯頌、【考證】中井積德曰、釐公是湣公之兄、是逆祀所由起、所謂新鬼大、故鬼小是也、注謬、又曰、魯頌起於僭禮、非作于感戴、釐公亦莊公少子。【考證】梁玉繩曰、釐乃閔之兄、恐非少子、哀姜恐奔邾。季友以賂如莒、求慶父。慶父歸。使人殺慶父。慶父請奔。弗聽。乃使大夫奚斯行哭而往。【考證】梁玉繩曰、案傳、是慶父使奚斯請免死、不許、斯哭而往、此言季友使奚斯哭而往、雖與傳違、理亦得通、慶

父聞奚斯音、乃自殺。齊桓公聞哀姜與慶父亂以危魯、乃召之邾而殺之、【考證】左傳云、齊人取而殺之、不云桓公、以其屍歸、戮之魯。魯釐公請而葬之。【考證】哀姜恐以下、本閔二年左傳、季友母陳女。故亡在陳。陳故佐送季友及子申。【考證】梁玉繩曰、昭三十二年傳云、昔成季友、桓之季也、文姜之愛子也、友爲莊公母弟、文姜所生、史言母陳女、妄也、申上衍子字、愚按、楓山三條本、本無母陳女故四字、季友之將生也、父魯桓公使人卜之。【考證】張文虎曰、父魯二字衍、愚按、左傳無、曰。男也。其名曰友。閒于兩社、爲公室輔。【集解】賈逵曰、兩社、周社、亳社也、兩社之閒、朝廷執政之臣所在、【考證】閔二年左傳、其名曰友下、有在公之右四字、定六年左傳、陽虎盟公及三桓于周社、盟國人于亳社、周社卽國社、在中門內、亳社在庫門內、中井積德曰、閒于兩社、謂季子居第、季友亡、則魯不昌。【考證】左傳友作氏、龜井昱曰、子同爲伯、仲慶父、叔牙、亦既生矣、故呼爲季也、氏、家也、季氏、猶曰此少男之家、愚按、社輔、亡昌、韻、及生、有文在掌曰友。遂以名之。【考證】季友之將生以下、采閔二年左傳、古者言字爲文、左傳宣十二年、於文止戈爲武、十五年、文反正爲乏、昭元年、於文皿蟲爲蠱、中庸、書同文、孟子說詩者、不以文害辭、可證、左氏隱元年前傳、有

文在其手、曰爲魯夫人、昭元年、有文在其手曰虞、皆掌理自然成字、或若魯字、或若虞字、然季友之事、與此同、號爲成季。其後爲季氏。慶父後爲孟氏也。釐公元年、以汶陽·鄪封季友。【集解】賈逵曰、汶陽、鄪、魯二邑、杜預曰、汶陽、汶水北地也、汶水出泰山萊蕪縣、【索隱】鄪、或作費、同、音祕、按費在汶水之北、則汶陽非邑、賈言二邑、非也、地理志、東海費縣、班固云、魯季氏邑、蓋尚書費誓卽其地、【考證】僖元年左傳云、公賜季友汶陽之田及費、愚按、此賞靖難之功也、季氏有費始此、季友爲相。九年、晉里克殺其君奚齊·卓子。【集解】徐廣曰、卓一作悼、齊桓公率釐公討晉亂、至高梁而還。【索隱】高梁、晉地、在平陽縣西北、【考證】今山西平陽府臨汾縣、立晉惠公。【考證】本僖九年左傳、梁玉繩曰、傳云令不及魯、故春秋不書、則魯未嘗與伐晉、此與史表同誤、十七年、齊桓公卒。【考證】僖十七年春秋經傳、二十四年、晉文公卽位。【考證】僖二十四年左傳、三十三年、釐公卒、子興立。是爲文公。【考證】僖三十三年、文元年春秋、文公元年、楚太子商臣弒其父成王代立。【考證】文元年春秋經傳、三年、文公朝晉襄公。【考證】文三年春秋經傳、龜井昱曰、公如晉、春秋書之、自此始、十一年十月甲

午、魯敗翟于鹹。【集解】服虔曰、魯地也。獲長翟喬如。富父終甥舂其喉、以戈殺之。【集解】服虔曰、富父終甥、魯大夫也。舂猶衝。埋其首於子駒之門、【集解】賈逵曰、子駒、魯郭門名。以命宣伯。【集解】服虔曰、宣伯、叔孫得臣子喬如也、得臣獲喬如以名其子、使後世旌識其功。【考證】中井積德曰、左傳十一年十月甲午上、有卜使叔孫得臣追之數語、得臣、將也、終甥其同乘之人、是得臣之功、故以命其子耳、初宋武公之世、鄋瞞伐宋。【集解】服虔曰、武公、周平王時、在春秋前二十五年、鄋瞞、長翟國名、【正義】鄋作廋、音所劉反、瞞、莫寒反、仲尼云、汪罔氏之君守封禺之山、爲漆姓、在虞夏商爲汪罔、周爲長翟、今謂之大人、其國在湖州武康縣、本防風氏、杜預云、鄋瞞、狄國名也、防風之後、漆姓也、【考證】宋世家、十二諸侯年表、以宋獲緣斯爲昭公四年事、卽魯文公十一年、魯獲長翟僑如之歲也、此採左傳文、則當據此訂彼說、又見宋世家、司徒皇父帥師禦之、以敗翟于長丘。【集解】杜預曰、宋地名、【考證】楓山、三條本、司上有宋字、無皇父帥師四字、獲長翟緣斯。【集解】賈逵曰、喬如之祖、晉之滅路、【集解】在魯宣公十五年、【考證】左傳、路作潞、【正義】魯宣十六年、杜預云、潞、赤狄之別種也、按今潞州也、獲喬如弟棼如。齊惠公二年、鄋瞞伐齊。齊王子城父獲其弟榮如、埋其首於北門。【集解】按年表、

齊惠公二年、魯宣公之二年、【考證】左傳、惠公作襄公、陸粲曰、魯世家引左傳文、作齊惠公二年、齊世家年表三同、知今本左傳傳寫誤、衞人獲其季弟簡如。【集解】服虔曰、獲與喬如同時、鄋瞞由是遂亡。【集解】杜預曰、長翟之種絕、【考證】十一年甲午以下、依文十一年左傳、竹添光鴻曰、亡者謂其部落亡、非言長狄之種絕也、鄋瞞兄弟、身軀長大、其勇力蓋亦殊絕於一時、恃此以暴橫於諸夏、故歷序其死、至此乃言鄋瞞由是遂亡、其意蓋爲諸夏幸之也、十五年、季文子使於晉。【考證】文十五年春秋經傳、十八年二月、文公卒。文公有二妃、長妃齊女、爲哀姜。【索隱】此哀非謚、蓋以哭而過市、國人哀之、謂之哀姜、故生稱哀、與上桓夫人別也、【考證】哀姜、文公嫡夫人、不當與敬嬴竝稱爲二妃、生子惡及視。次妃敬嬴嬖愛。生子俀。【集解】徐廣曰、一作倭、【索隱】倭、音人唯反、一作俀、音同、【考證】梁玉繩曰、當作倭、漢志曰、宣公倭、左傳疏曰、名倭、或作接、釋文曰、名倭、一名接、又作委、楓山、三條本、作俀、俀私事襄仲。【集解】服虔曰、襄仲、公子遂、襄仲欲立之。叔仲曰、不可。【集解】服虔曰、叔仲、惠伯、【考證】楓山、三條本、無曰字、襄仲請齊惠公。惠公新立欲親魯。許之。【考證】中井積德曰、齊侯欲親魯、而許魯殺吾二姪、亦遠於人情、冬十月、襄仲殺子惡及視而立俀。是爲宣

公。哀姜歸齊、哭而過市。【考證】左傳、哭上有將行二字、曰、天乎、襄仲爲不道、殺適立庶。【正義】適音的、市人皆哭。魯人謂之哀姜。【考證】十八年二月以下、文十八年左傳、魯由此公室卑、三桓彊。【集解】服虔曰、三桓、魯桓公之族、仲孫、叔孫、季孫、【考證】昭三十二年左傳云、晉史墨曰、魯文公薨、而東門遂、殺適立庶、魯君於是乎失國、又見下文、宣公俀二年、楚莊王彊。圍鄭。鄭伯降。復國之。【考證】宣十二年春秋經傳、閻白駒曰、彊、言兵強也、十八年、宣公卒。子成公黑肱立。【集解】徐廣曰、肱、一作股、【考證】李笠曰、以上下句例之、黑肱上成公二字衍、是爲成公。季文子曰、使我殺適立庶失大援者、襄仲。【集解】服虔曰、援、助也、仲殺適立庶、國政無常、鄰國非之、是失大援助也、杜預曰、襄仲立宣公、南通於楚、既不固、又不能堅事齊晉、故云失大援、【考證】楓山、三條本、集解、曰下有適謂子惡、齊外甥七字、仲下有殺之二字、襄仲立宣公、公孫歸父有寵。【集解】服虔曰、歸父、襄仲之子、宣公欲去三桓、與晉謀伐三桓。會宣公卒。季文子怨之。歸父奔齊。【考證】宣十八年左傳、成公二年春、齊伐取我隆。

【集解】左傳、作龍、杜預曰、魯邑、在泰山博縣西南、【考證】龍、今山東泰安府泰安縣西南龍鄉城、夏、公與晉郤克敗齊頃公於鞍。齊復歸我侵地。【考證】成二年春秋經傳、今山東歷城縣、藥山東南有鞍山、舊傳晉伐齊戰于鞍、卽此、四年、成公如晉。晉景公不敬魯。魯欲背晉合於楚。或諫乃止。【考證】成四年左傳、張文虎曰、欲上魯字舊刻作公、愚按、依左傳、季文子諫之也、十年、成公如晉。晉景公卒。因留。成公送葬。魯諱之。【索隱】經不書其葬、唯言公如晉、是諱之、【考證】成十年左傳、愚按、魯諱之、左氏釋經之詞、在史不必言、十五年、始與吳王壽夢會鍾離。【正義】括地志云、鍾離國故城、在濠州鍾離縣東五里、【考證】成十五年春秋經傳、今安徽鳳陽府鳳陽縣東四里有鍾離城、壽夢時吳楚以此爲界、十六年、宣伯告晉、欲誅季文子。【集解】服虔曰、宣伯、叔孫喬如、文子有義。晉人弗許。【考證】成十六年春秋經傳、十八年、成公卒。子午立。是爲襄公。【考證】成十八年春秋經傳、是時襄公三歲也。【考證】襄九年左傳云、晉公問公年、季武子對曰、會于沙隨之歲、寡君以生、晉侯曰、十二年矣、愚按、沙隨之會、在成十六年、則成公薨時、襄公方三歲矣、襄公元年、晉立悼公。往年

冬、晉欒書弑其君厲公。【考證】成十八年左傳、史云襄元年悼公立者、從其卽位之年、 四年、襄公朝晉。【考證】襄四年春秋經傳、 五年、季文子卒、家無衣帛之妾、廄無食粟之馬。府無金玉、以相三君。【索隱】宣公、成公、襄公、 君子曰。季文子廉忠矣。【考證】襄五年左傳、 九年、與晉伐鄭。晉悼公冠襄公於衞。【集解】左傳曰、冠于成公之廟、假鐘磬焉、禮也、 季武子從相、行禮。【考證】襄九年左傳、 十一年、三桓氏分爲三軍。【集解】韋昭曰、周禮、天子六軍、諸侯大國三軍、魯伯禽之封、舊有三軍、其後削弱、二軍而已、季武子欲專公室、故益中軍、以爲三軍、三家各征其一、【索隱】征、謂起徒役也、武子爲三軍、故一卿主一軍之征賦也、【考證】襄十一年春秋經傳、國語魯語、中井積德曰、舊三軍、後二軍、竝無證、崔述曰、春秋魯襄公十年作三軍、傳云、三分公室、季氏盡征之、叔孫氏臣其子弟、孟氏取其半焉、昭公五年、舍中軍、傳云、四分公室、季氏擇二、二子各一、皆盡征之、而貢於公、說者緣是遂謂魯國盡爲三桓所分、而魯君無復尺土一民之有、夫使魯國果盡屬於三桓、則當時三桓之外、魯之大夫尚多、若叔氏、臧氏、施氏、郈氏、叔仲氏、東門之屬、其祿皆於何取之、蓋三桓所分者鄉遂、至於都鄙之地、固自若也、古者鄉遂之地、君所自奉、謂之公室、故曰三分公室、曰四分公室、明鄉遂以外、魯之國自若也、故臧氏之邑在防、武仲出奔、仍入據防而請後、是諸大夫之采邑、未嘗歸三桓也、不但大夫之采邑然也、

都鄙之中、亦有公邑、仍爲公有、故季武子取卞、曰、卞人將叛、既取之矣、故告、襄公曰、欲之而言叛、祇見疏也、是季氏未取卞以前、卞仍屬於魯君也、後人不達古人鄉遂都鄙之制、遂謂通國盡屬三桓、誤矣、 十二年、朝晉。【考證】襄十二年春秋經傳、 十六年、晉平公卽位。【考證】襄十六年左傳、 二十一年、朝晉平公。【考證】襄二十一年春秋經傳、 二十二年、孔丘生。【正義】生在周靈王二十一年、魯襄二十二年、晉平七年、吳諸樊十年、【考證】公羊傳云、襄公二十有一年、十有一月、庚子、孔子生、穀梁傳、襄公二十有一年、冬十月庚子、孔子生、竝與此異、俞樾曰、公羊穀梁兩傳、年日俱同、惟有一月之差、然陸德明公羊音義云、庚子孔子生、傳文上有十月庚辰、此亦十月也、一本作十一月庚子、又本無此句、是陸子所據本、無十有一月四字、與穀梁同、楊士勛穀梁疏云、仲尼以此年生、故傳因而錄之、史記世家云襄公二十二年生者、馬遷之言、與經典不同者、非一、故與此傳異年耳、楊子、但言史記與穀梁異年、而不言公羊與穀梁異月、則其所見公羊傳、亦必無十有一月四字也、唐石經誤衍此四字、而各本從之、遂致兩傳有一月之差、是不可以不辯也、至生年、爲襄二十一年、則兩傳皆同、襄三十一年左傳正義引服虔載賈逵注經云、此年仲尼生、哀公十六年夏四月卒、七十三年、又引昭二十四年服虔載賈逵語云、是歲孟僖子卒、屬其子使事仲尼時年三十五、計自襄二十一至昭二十四正三十五歲、是孔子以襄二十一年生、賈服舊說皆同、自襄二十一至哀十六、共七十四年、而賈逵云年七十三者、猶絳縣老人生於文十一年、至襄三十年、亦是七十四年、而傳稱七十三年也、杜預不達此義、乃從史記作襄二十二年生、朱子論語序說亦云襄二十二年十有一月庚子生、胥

失之矣、今定孔子于襄二十一年十月庚子生、是月庚辰朔、則庚子二十一日也、周十一月、夏八月、爲今八月二十一日、 二十五年、齊崔杼弑其君莊公、立其弟景公。【考證】襄二十五年春秋經傳、 二十九年、吳延陵季子使魯、問周樂、盡知其意。魯人敬焉。【考證】襄二十九年左傳、事詳吳世家、楓山、三條本、敬作驚、 三十一年六月、襄公卒。其九月、太子卒。【集解】左傳曰、毀也、【索隱】左傳云、胡女敬歸之子子野立、三月卒、【考證】杜預曰、敬歸、襄公之妾、楓山、三條本、索隱、立字在胡上、愚按、左傳云、敬歸之娣齊歸、 魯人立齊歸之子裯爲君。【集解】徐廣曰、裯一作袑、服虔曰、胡、歸姓之國也、齊、謚也、【索隱】系本作裯、又徐廣云、一作袑、音紹也、【考證】世家從左傳作裯、年表從世本作裯、 是爲昭公。 昭公年十九、猶有童心。【集解】服虔曰、言無成人之志、而有童子之心、 穆叔不欲立。【索隱】魯大夫叔孫豹也、宣伯喬如之弟、 曰。太子死、有母弟可立。不卽立長。【集解】服虔曰、無母弟則立庶子之長、 年鈞擇賢、義鈞則卜之。【集解】杜預曰、先人事後卜筮、義鈞、謂賢等、【考證】龜井昱曰、年既鈞、而賢不肖不相遠、其義竝可以受終、則決之卜筮也、杜以義爲賢、失之、 今裯非適嗣、且又居喪、意不在戚、而有喜色。

若果立、必爲季氏憂。季武子弗聽。卒立之。比及葬三易衰。【集解】杜預曰、言其嬉戲無度、 君子曰。是不終也。【考證】三十一年以下、采襄三十一年左傳、愚按、不終也、謂其不終君位也、下文昭公奔齊伏案、語本左傳君子是以知其不能終也、 昭公三年、朝晉至河。晉平公謝還之。魯恥焉。【考證】春秋經傳、係之昭二年、梁玉繩曰、三字譌、表在二年、 四年、楚靈王會諸侯於申。昭公稱病不往。【考證】昭四年春秋經傳、 七年、季武子卒。【考證】昭七年春秋經傳、 八年、楚靈王就章華臺、召昭公。昭公往賀。【集解】春秋云、七年三月、公如楚、 賜昭公寶器。已而悔、復詐取之。【集解】左傳曰、好以大屈、服虔曰、大屈、寶金、可以爲劍、一曰、大屈、弓名、魯連書曰、楚子享魯侯于章華、與之大曲之弓、既而悔之、大屈、殆所謂大曲之弓、【正義】弨、尺招反、弛貌也、角弓不張也、禮云、張弓尚筋、弛弓尚角、是也、【考證】本昭七年左傳、梁玉繩曰、案春秋在七年、此與表竝誤書于八年、楓山、三條本、集解殆作弨、 十二年、朝晉至河。晉平公謝還之。【考證】昭十二年春秋經傳、 十三年、楚公子弃疾弑其君靈王代立。【考證】昭十三年春秋經傳、 十五年、朝

晉。晉留之、葬晉昭公。魯恥之。【考證】梁玉繩曰、昭公爲晉人所止、故十五年冬如晉、至十六年夏始返、竝非晉留使送葬、且晉昭公以八月卒、十月葬、在公歸之後、安謂晉留之送葬、此與年表俱誤、蓋是年季平子如晉葬昭公、史因誤以爲公耳、中井積德曰、此恐錯以成公送景公葬事附會也、二十年、齊景公與晏子狩竟、因入魯問禮。【索隱】齊系家亦然、左傳無其事、【考證】古鈔本、竟作境、岡白駒曰、狩魯境也、二十一年、朝晉至河。晉謝還之。【考證】昭二十一年春秋經傳、二十五年春、鸜鵒來巢。【集解】周禮曰、鸜鵒不踰濟、公羊傳曰、非中國之禽也、宜穴而巢、穀梁傳曰、來者來中國也、師己曰。文·成之世、童謠曰。【集解】賈逵曰、師己、魯大夫也、文成、魯文公成公、鸜鵒來巢。公在乾侯。鸜鵒入處。公在外野。【考證】童謠與左氏所記異、乾侯地名、伏下文晉居昭侯乾侯、季氏與郈氏鬬雞。【集解】徐廣曰、郈、一本作厚、世本亦然、杜預曰、季平子郈昭伯二家相近、故鬬雞、季氏芥雞羽、【集解】服虔曰、擣芥子、播其雞羽、可以坌郈氏雞目、杜預曰、或云、以膠沙播之爲介雞、【正義】介、甲也、【考證】左傳、芥作介、賈逵注左傳云、介、甲也、高誘注呂覽察微篇云、介、甲也、中井積德曰、左傳云、介其雞、介、甲也、用革護其膺以拒距擊也、芥子可以坌敵目、而亦以自坌其目、何利之有、郈氏金距。【集解】服虔曰、以金鍱距、季平子怒、而

侵郈氏。【集解】服虔曰、怒其不下己也、侵郈氏之宮地以自益、郈昭伯亦怒平子。【索隱】按系本、昭伯名惡、魯孝公之後、稱厚氏也、臧昭伯之弟會、【集解】賈逵曰、昭伯、臧孫賜也、【索隱】系本、臧會、臧頃伯也、宜叔許之孫、與昭伯賜爲從父昆弟也、爲讒臧氏、匿季氏。【考證】據左傳、會竊臧氏寶玉以逃、而僞云、有爲讒構者、不得居臧氏、凌本、爲作僞、左傳、讒下有於字、臧昭伯囚季氏人。【考證】梁玉繩曰、臧氏遂會、執諸季氏中門之外、非囚季氏人也、楓山、三條本、人上有家字、季平子怒、囚臧氏老。【集解】服虔曰、老、臧氏家之大臣、臧·郈氏以難告昭公。【考證】楓山、三條本、臧下有氏字、昭公九月戊戌、伐季氏、遂入。【考證】中井積德曰、昭公二字、當在戊戌之下、平子登臺請曰。【集解】杜預曰、魯城南自有沂水、平子欲出城待罪也、大沂水出蓋縣南、至下邳入泗水、君以讒不察臣罪、誅之。請遷沂上。弗許。請囚於鄪。弗許。【集解】服虔曰、鄪、季氏邑、請以五乘亡。弗許。【集解】服虔曰、言五乘自省約以出、子家駒曰。君其許之。政自季氏久矣。爲徒者衆。衆將合謀。弗聽。【索隱】子家駒、魯大夫仲孫氏之族、名駒、謚懿伯也、【考證】楓山、三條本、衆衆間、有徒字、龜井昱曰、事幾正在此、昭公立斷、豈

其出辱、郈氏曰。必殺之。【考證】岡白駒曰、言殺季平子、叔孫氏之臣戾、【集解】左傳曰、鬷戾、謂其衆曰。無季氏、與有孰利。皆曰。無季氏、是無叔孫氏。戾曰。然救季氏。遂敗公師。【考證】左傳、然下有則、孟懿子聞叔孫氏勝、亦殺郈昭伯。【集解】賈逵曰、懿子、仲孫何忌、郈昭伯爲公使。故孟氏得之。【考證】凌稚隆曰、昭伯爲公使、蓋時方以昭公伐季氏之命告孟孫、故在孟孫所也、三家共伐公。公遂奔。己亥、公至于齊。齊景公曰。請致千社待君。【考證】杜預曰、二十五家爲一社、千社、二萬五千家、欲以給公也、子家曰。弃周公之業、而臣於齊、可乎。乃止。子家曰。齊景公無信。不如早之晉。弗從。【考證】陳仁錫曰、齊景公、當作齊君、叔孫見公、還見平子。平子頓首、初欲迎昭公。孟孫·季孫後悔。乃止。【考證】昭二十五年左傳、二十六年春、齊伐魯取鄆、而居昭公焉。【集解】賈逵曰、魯邑、夏、齊景公將內公、令無受魯賂。

申豐·汝賈【集解】賈逵曰、申豐、汝賈、魯大夫、【考證】杜預曰、豐賈二人皆季氏家臣也、許齊臣高齕·子將粟五千庾。【集解】賈逵曰、十六斗爲庾、五千庾、八萬斗、【索隱】一本、子將上有貨字、子將即梁丘據也、齕、晉紀子將家臣也、左傳、子將作子猶、【考證】梁玉繩曰、案左傳、高齕乃高齮之誤、子將乃子猶之誤、而子猶上脫貨字、故索隱云、一本將上有貨字、子將言於齊侯曰。羣臣不能事魯君。有異焉。【集解】服虔曰、異、猶怪也、【考證】左傳、作群臣不盡力于魯君者、非不能事君也、然據有異焉、史文削去數字、義欠分曉、宋元公爲魯如晉、求內之。道卒。【集解】春秋曰、宋公佐卒于曲棘、叔孫昭子求內其君。無病而死。【索隱】昭子、名婼、即穆叔子、不知天弃魯乎。抑魯君有罪于鬼神也。願君且待。齊景公從之。【考證】以上、昭二十六年左傳、楓山、三條本、有下有得字、二十八年、昭公如晉求入。季平子私於晉六卿。六卿受季氏賂、諫晉君。晉君乃止、居昭公乾侯。【集解】杜預曰、乾侯、在魏郡斥丘縣、晉竟內邑、【考證】本昭二十七年二十八年左傳、但云范獻子取貨於季孫、不云六卿、斥丘古城、在今直隸廣平府成安縣東南十三里、二十九年、昭公如鄆。齊

景公使人賜昭公書。自謂主君。【集解】服虔曰、大夫稱主、比公於大夫、故稱主君、【考證】昭二十九年左傳云、齊侯使高張唁公、稱主君、杜預注云、比公於大夫、與集解所引服說同、據此則稱魯君為主君也、史記自字宜刪、梁玉繩曰、賜昭公書、不知何出、豈別有據乎、竹添光鴻曰、醫和謂趙孟曰、主是謂矣、魏戊曰、主以不賄聞於諸侯、此大夫稱主也、大夫唯稱主、加以君字、不必為大夫之稱、第此中自有卑意、故子家子曰、齊卑君矣、史記甘茂傳、樂羊拔中山、魏文侯示之謗書、樂羊曰、此非臣之功也、主君之力也、戰國策、梁王魏嬰觴諸侯於范臺、魯君曰、主君之尊、儀狄之酒也、主君之味、易牙之調也、蓋世降而名稱變耳、昭公恥之、怒而去乾侯。【考證】左傳、去作如、自鄆如乾侯也、楓山三條本、去下有復之二字、當依訂、三十一年、晉欲內昭公、召季平子。平子布衣跣行、【集解】王肅曰、示憂戚、【考證】梁玉繩曰、傳、布衣作練冠麻衣、因六卿謝罪。六卿為言曰。晉欲內昭公。眾不從。晉人止。【考證】三十年以下、本昭三十年三十一年左傳、傳六卿作荀躒、陳仁錫曰、昭、當作魯、三十二年、昭公卒於乾侯。【考證】昭三十二年春秋經傳、魯人共立昭公弟宋為君。是為定公。定公立。趙簡子問史墨曰。季氏亡乎。史墨對曰。不亡。【集解】服虔曰、史墨、晉史蔡墨、【考證】梁玉繩曰、案傳言簡子

問墨、季子出君而民服、諸侯與之、君死于外、莫之或罪、此云問季氏亡、與傳相反、誤矣、季友有大功於魯。受鄪為上卿。至于文子・武子、世增其業。魯文公卒、東門遂殺適立庶。【集解】服虔曰、東門遂、襄仲也、居東門、故稱東門遂、【索隱】系本、作述、鄒誕本作秫、又系本遂產子家歸父及昭子子嬰也、魯君於是失國政、政在季氏。於今四君矣。民不知君。何以得國。是以為君、慎器與名、不可以假人。【集解】杜預曰、器、車服、名、爵號、【考證】定公立以下、采昭三十二年左傳、龜井昱曰、此段專言季氏得魯國、有自而然、非獨意如之不臣、時勢之所流激、有不可如何者、故以此句結之曰、名器一失、國非其國、雖至於見逐、亦末如之何也、又曰、政在季氏、此謂假名器、夫政者自君出之一名也、而君之紀綱、國家之器也、成二年左傳、直指曲縣繁纓之名與器、故曰、若以假人、與人政也、此直謂假政、為假名器、語勢之所注射、活潑自在、固不容彼此牽合矣、又曰、二句本古言、前傳所引、或是本義、定公五年、季平子卒。陽虎私怒、囚季桓子。與盟乃捨之。【考證】定五年左傳、岡白駒曰、陽虎欲葬平子以璵璠、季氏臣不可、陽虎怒、是私怒也、七年、齊伐我取鄆、以為魯陽虎邑、以從政。【考證】梁玉繩曰、案春秋傳、春齊人歸鄆陽關、陽虎居之以為政、秋、齊伐魯、兩事也、此誤、八年、陽虎

欲盡殺三桓適、而更立其所善庶子以代之、載季桓子、將殺之。桓子詐而得脫。三桓共攻陽虎。陽虎居陽關。【集解】服虔曰、陽關、魯邑、【考證】定八年左傳、九年、魯伐陽虎。陽虎奔齊。已而奔晉趙氏。【正義】左傳云、仲尼曰、趙氏其世有亂乎、杜預云、受亂人故、【考證】定九年左傳、十年、定公與齊景公會於夾谷。孔子行相事。齊欲襲魯君。孔子以禮歷階、誅齊淫樂。齊侯懼乃止、歸魯侵地而謝過。【考證】定十年春秋經傳、歷階、登階不聚足也、中井積德曰、孔子相會儀而已、以此為國相、謬也、淫樂又非實殺之、並詳于齊世家、十二年、使仲由毀三桓城、收其甲兵。【集解】服虔曰、仲由、子路、孟氏不肯墮城。【集解】杜預曰、墮、毀、伐之。不克而止。【考證】定十二年春秋經傳、中井積德曰、據左傳、墮三都、是子路之謀、而帥師墮郈者叔孫也、墮費者、仲孫也、圍成者公也、史記並似失矣、季桓子受齊女樂。孔子去。【集解】孔安國曰、桓子使定公受齊女樂、君臣相與觀之、廢朝禮三日、【考證】論語微子篇、楓山三條本、集解桓子下、有季孫斯也四字、十五年、定公卒。【考證】定十五

年春秋經傳、子將立。是為哀公。【索隱】系本、將作蔣也、哀公五年、齊景公卒。【考證】哀五年春秋經傳、六年、齊田乞弒其君孺子。【考證】哀六年春秋經傳、七年、吳王夫差彊。伐齊至繒、徵百牢於魯。季康子使子貢說吳王及太宰嚭、以禮詘之。吳王曰。我文身不足責禮。乃止。【考證】哀七年左傳、文身不足責禮、言我生吳國、斷髮文身、不知中國之禮也、乃止、吳世家、作乃得止、孔子世家、作然後得已、言不復徵也、左傳無此二字、與史異、梁玉繩曰、會繒、在伐齊前、非因伐齊至繒、且此年無伐齊事也、至徵牢之對、出自景伯、而仍與之、康子辭召、出自子貢、而得不往、此誤合兩事為一、並見吳世家、文身豈禮、即是子貢語、史公竄易其言、而移于吳王口中、謬矣、八年、吳為鄒伐魯、至城下。盟而去。【正義】鄒作騶、見于陳世家、音邾、後同也、【考證】春秋經、哀七年秋、公伐邾、入邾、以邾子益來、八年夏、歸邾子益于邾、齊伐我、取三邑。【考證】八年以下、哀八年春秋經傳、館本考證云、左傳八年夏、齊人取讙及闡二邑、齊世家、亦作取二邑、此與年表皆誤、十年、伐齊南邊。【考證】哀十年經傳、十一年、齊伐魯。季氏用冉有有功。【考證】張文虎曰、十一年、從宋本毛本、與左傳合、它本並作十二年、楓山三條本亦作十一年、思孔子。孔子自

衞歸魯。【考證】哀十一年左傳、十四年、齊田常弑其君簡公於徐州。孔子請伐之。哀公不聽。【考證】哀十四年左傳、論語憲問篇、徐从人、左傳作舒、十五年、使子服景伯・子貢爲介適齊。【考證】哀十五年左傳、齊歸我侵地。【考證】杭世駿曰、齊歸我讙闡、在八年、春秋經傳、無十五年歸侵地之事、大約因歸成之語而誤耳、梁玉繩曰、左傳公孫宿以成叛、因子貢言、齊歸成、非侵地也、此與表同誤、田常初相、欲親諸侯。【考證】張文虎曰、八字疑非史文、十六年、孔子卒。【考證】哀十六年左傳、二十二年、越王句踐滅吳王夫差。【考證】哀二十二年左傳、二十七年春、季康子卒。【考證】梁玉繩曰、案傳、康子卒于夏四月己亥、非春也、當衍春字、移夏字于上、夏、哀公患三桓、將欲因諸侯以劫之、三桓亦患公作難。故君臣多閒。【集解】賈逵曰、閒、隙也、公游于陵阪。【集解】服虔曰、陵阪、地名、【考證】黃帝陵、在曲阜城東北、少皞陵、在黃帝陵東、相傳陵阪即其地、遇孟武伯於街。【索隱】有本作衢者、非也、左傳於孟氏之衢、曰。請問余及死乎。【集解】杜預曰、問己可得以壽死不、【考證】龜井昱曰、公欲去三桓、故三桓亦必有異圖矣、公恐有一朝之變、而不自安、

因問余能安穩以及死之日乎、以察其有異圖與否也、全身以至自死之時、曰及死、對曰。不知也。公欲以越伐三桓。八月、哀公如陘氏。【集解】杜預曰、陘氏、即有山氏、【考證】梁玉繩曰、案傳作有陘氏、即有山氏也、此脫有字、三桓攻公公奔于衞、去如鄒、遂如越。【正義】今蘇州西南四十五里橫山南、有魯郡村、村內有城、俗云、魯哀公如越、越居哀公焉、國人迎哀公、復歸卒于有山【考證】二十七年以下、哀二十七年左傳、梁玉繩曰、案傳言公孫于邾、即鄒也、無奔衞事、氏。【集解】徐廣曰、皇甫謐云、哀公元甲辰、終庚午、【考證】左傳正義云、傳稱國人施罪於有山氏、不得復歸而卒也、館本考證云、年表甲辰爲定十三年、哀公元爲丁未、子寧立。是爲悼公。悼公之時、三桓勝。魯如小侯、卑於三桓之家。【考證】徐孚遠曰、自此以後、不紀三桓、其衰微之故、不可考也、十三年、三晉滅智伯、分其地有之。【考證】陳仁錫曰、自悼公以下、智伯之滅、秦惠懷之卒、秦拔郢、楚徙陳、皆與年表不合、蓋世家錯誤、梁玉繩曰、智伯之滅、在悼公十五年、此誤、三十七年、悼公卒。【集解】徐廣曰、一本云、悼公即位三十年、乃於秦惠王卒楚懷王死年合、又自悼公以下、盡與劉歆歷譜合、而反違年表、未詳何故、皇甫謐云、悼公四十年、元辛未、終庚戌、【考證】梁玉繩曰、徐廣引別本所紀年數、非、子嘉立。是爲元公。元公二十一年卒。

【集解】徐廣曰、皇甫謐云、元辛亥、終辛未、子顯立。是爲穆公。【索隱】系本、顯作不衍、穆公三十三年卒。【集解】徐廣曰、皇甫謐云、元壬申、終甲辰、【考證】沈家本曰、漢律歷志、表止三十二年、子奮立。是爲共公。共公二十二年卒。【集解】徐廣曰、皇甫謐云、元乙巳、終丙寅、【考證】沈家本曰、漢律歷志合、表爲二十三年、子屯立。是爲康公。【索隱】屯、音竹倫反、康公九年卒。【集解】徐廣曰、皇甫謐云、元丁卯、終乙亥、子匽立。是爲景公。【索隱】匽、音偃、【考證】梁玉繩曰、匽乃古偃字、年表漢志作偃、景公二十九年卒。【集解】徐廣曰、皇甫謐云、元丙子、終甲辰、【考證】年表、景公立于顯王二十六年、薨于慎靚王六年、始戊辰、終丙午、與世家合、子叔立。是爲平公。【索隱】系本、叔作旅、【考證】漢律歷志、作旅、是時六國皆稱王。平公十二年、秦惠王卒。【考證】沈家本曰、按秦惠王卒、在平公八年、二十二年、平公卒。【集解】徐廣曰、皇甫謐云、元乙巳、終甲子、【考證】年表、周赧王元年、魯平公元年、二十一年、魯文公元年、與此異、梁玉繩曰、下二字衍、平公在位二十年也、沈家本曰、二十年、與漢律歷志合、然楚表止十九年、子賈立。是爲文公。【索隱】系本、作湣公、鄒誕本亦同、仍云系家或作文公、【考證】漢書律歷志、作緡公、中井積德曰、魯不得有兩文公、作湣爲是、然湣又與閔同、則亦有兩閔公也、或是別字之譌、今不可考、

文公七年、楚懷王死于秦。【考證】梁玉繩曰、事在文公元年、誤作七年、沈家本曰、按楚懷王卒於頃襄王三年、世家與表均、合在文公元年之上一年、以表年計之、則平公十九年也、二十三年、文公卒。【集解】徐廣曰、皇甫謐云、元乙丑、終丁亥、子讎立。是爲頃公。頃公二年、秦拔楚之郢。【集解】徐廣曰、年表云、文公十八年、秦拔郢、楚走陳、楚頃王東徙于陳。【考證】梁玉繩曰、楚頃下、缺襄字、十九年、楚伐我取徐州。【集解】徐廣曰、徐州、在魯東、今薛縣、【索隱】按說文、郐、邾之下邑、在魯東、又郡國志曰、魯國薛縣、六國時曰徐州、又紀年云、梁惠王三十一年、下邳遷于薛、故名曰徐州、則徐與郐並音舒也、【考證】梁玉繩曰、徐州、卽舒州、自來屬齊、其屬魯也、蓋在齊湣王之世、故呂氏春秋首時云、齊以東帝困于天下、而魯取徐州、或以史文爲誤、非、又致是年楚取魯、封魯君于莒、年表書之、沈家本曰、表於楚考烈八年書取魯、魯君封於莒、爲魯頃之十八年、與此差一年、二十四年、楚考烈王伐滅魯。頃公亡遷於卞邑、爲家人。【集解】徐廣曰、卞、一作下、【索隱】下邑、謂國外之小邑、或有本作卞邑、然魯有卞邑、所以惑也、【考證】岡白駒曰、家人、齊民也、韋昭云、庶人之家也、謂居家之人無官職也、梁玉繩曰、卞邑是也、胡三省曰、春秋夫人姜氏會齊侯于卞、卽其地、班志、卞縣屬魯郡、魯絕祀。頃公卒于柯。【集解】徐廣曰、皇甫謐云、元戊子、終辛亥、【索隱】按春秋、齊伐魯柯而盟、杜預云、柯、齊邑、今濟北東阿也、【考證】兪樾曰、魯亡

於頃公、齊亡於康公、晉亡於靜公、國亡矣、其君何以有諡也、鄭君乙、世家無諡、而年表曰鄭康公、宋王偃、史記無諡、而呂氏春秋作宋康王、荀子作宋獻王、則亦有諡也、楊倞注荀子曰、國滅之後、其臣子各私自爲諡、然則魯齊諸君之有諡、亦其臣子所爲也、

魯起周公、至頃公凡三十四世。考證梁玉繩曰、史不數伯御一代、故云三十四世、

太史公曰。余聞孔子稱曰。甚矣魯道之衰也。洙·泗之閒、斷斷如也。集解徐廣曰、漢書地理志云、魯濱洙泗之閒、其民涉渡、幼者扶老者而代其任、俗既薄、長者不自安、與幼者相讓、故曰斷斷如也、斷、魚斤反、東州語也、蓋幼者患苦長者、長者忿愧自守、故斷斷爭辭、所以爲道衰也、索隱斷、音魚斤反、讀如論語誾誾如也、言魯道雖微、而洙泗之閒、尙誾誾如也、鄒誕生亦音銀、又作斷斷、如尙書讀、則斷斷、是專一之義、徐廣又引地理志、音五覲反、云、斷斷是鬭爭之貌、故繁欽遂行賦云、涉洙泗而飲馬兮、恥少長之斷斷、是也、今按下文云、至于揖讓之禮則從矣、魯尙有揖讓之風、如論語音誾爲得之也、考證楊愼曰、斷斷、鬭爭得之、索隱讀作誾誾、不通、繁欽賦曰、涉洙泗而飲馬、恥少長之斷斷、恥字益明、中井積德曰、斷斷只是瑣屑爭辯之貌、不必因涉渡、

觀慶父及叔牙·閔公之際、何其亂也。隱·桓之事、襄仲殺適立庶、三家北面爲臣、親攻昭公、昭公以奔。考證趙恒曰、言揖讓之禮則是、而行事則戾、正是斷斷之意、

至其揖讓之禮則從矣。而行事何其戾也。正義言魯被周公之化、揖讓之禮則從矣、而君臣相弑、何戾之甚、

索隱述贊、武王既沒、成王幼孤、周公攝政、負扆據圖、及還臣列、北面鞠如、元子封魯、少昊之墟、夾輔王室、系職不渝、降及孝公、穆仲致譽、隱能讓國、春秋之初、丘明執簡、褒貶備書、

魯周公世家第三

史記三十三

文學博士瀧川龜太郎著

史記會注考證

史記會注考證卷三十四

漢　太　史　令　司　馬　遷　撰

宋中郎外兵曹參軍裴　駰集解

唐國子博士弘文館學士司馬貞索隱

唐諸王侍讀率府長史張守節正義

日　本　出　雲　瀧　川　資　言　考　證

燕召公世家第四　史記三十四

[考證]史公自序云、武王克紂、天下未協而崩、成王既幼、管蔡疑之、淮夷叛之、於是召公率德、安集王室、以寧東土、燕易之禪、乃成禍亂、嘉棠之詩、作燕世家第四、

召公奭與周同姓。姓姬氏。[集解]譙周曰、周之支族、食邑於召、謂之召公、[索隱]召者畿內菜地、奭始食於召、故曰召公、或說者以為文王受命、取岐周故墟周召地、分爵二公、故詩有周召二南、言皆在岐山之陽、故言南也、後武王封之北燕、在今幽州薊縣故城是也、亦以元子就封、而次子留周室、代為召公、至宣王時、召穆公虎其後也、[考證]梁玉繩曰、穀梁莊三十年傳云、燕周之分子也、白虎通王者不臣章、召公文王子、論衡氣壽篇、召公周公之兄、書詩疏及詩禮釋文引皇甫謐曰、文王庶子、書君奭疏、及史集解引譙周曰、周之支族、皇甫之說、本白虎通論衡、然不可信、孔穎達陸德明竝言左傳富辰數文昭十六國無燕、則召公必非文王子、斥士安為謬、蓋旣為周同姓、稱分子也可、稱支族也可、周武王之滅紂、封召公於北燕。[集解]世本曰、居北燕、宋忠曰、有南燕、故云北燕、[正義]括地志云、滑州城、古之燕國也、應劭曰、南燕、姞姓之國、黃帝之後也、[考證]北燕、幽州薊縣故城、今直隸順天府薊州、其在成王時、召公為三公。[考證]書君奭序云、召公為保、周公為師、相成王為左右、自陝以西、召公主之。自陝以東、周公主之。[集解]何休曰、陝者蓋今弘農陝縣是也、[考證]召公以下、據隱五年公羊傳、梁玉繩曰、此本公羊傳文、白虎通封公侯章、釋主陝東西云、不分南北何、東方被聖人化日少、西方被聖人化日久、故分東西、使聖人主其難、賢者主其易、乃俱致太平也、而王應麟詩地理攷曰、朱氏云、公羊分陝之說可疑、蓋陝東地廣、陝西只是關中雍州之地、恐不應分得如此不均、但各本史記多作陝、從兩人音甲、或作陜字、此從兩入、公羊釋文曰、陝一云當作郟、王城郟鄏、余謂作

郟為是、崔述曰、傳云、成王定鼎郟鄏、周語云、晉文公旣定襄王於郟、是洛亦稱郟也、洛邑天下之中、當於是分東西為均、陝郟字形相似、或傳寫者之誤、成王既幼、周公攝政、當國踐祚。召公疑之。作君奭。[集解]孔安國曰、尊之曰君、陳古以告之、故以名篇、君奭不說周公。[集解]馬融曰、召公以周公旣攝政致大平、功配文武、不宜復列在臣位、故不說、以為周公苟貪寵也、[考證]召公疑之以下、本書君奭序、余有丁曰、作君奭下、不應復說君奭不說周公六字、屬下文讀、蔡沈曰、諸家之說、皆為書序所誤、乃召公自以盛滿難居、欲避權位、退老厥邑、周公反覆告諭以留之爾、崔述曰、細玩篇中之語、無非勉厲召公、同心協力、共輔大業、不但不見召公有不說周公之意、亦殊不見召公有盛滿難居之心、然則此篇乃周公自與召公相勸勉之言、愚按、崔說與史記異、今就君奭原文推之、幾乎得其實、周公乃稱。湯時有伊尹、假于皇天。[集解]孔安國曰、伊摯佐湯、功大至天、謂致太平也、鄭玄曰、皇天、北極天帝也、[考證]楓山、三條本、有下有若字、與尚書合、蔡沈曰、假于皇天、其治化與天無間、中井積德曰、假天、只是合天道而已、在太戊時、則有若伊陟・臣扈、假于上帝。巫咸治王家。[集解]孔安國曰、伊陟臣扈、率伊尹之職、使其君不隕祖業、故至天之功不隕、巫咸治王家、言其不及二臣、馬融曰、道至于上帝、謂奉天時也、鄭玄曰、上帝、太微中其所統也、[正義]按巫咸吳人、今蘇州常熟縣西海隅山上、有巫咸冢及巫賢冢、[考證]中井積德曰、上帝即皇天、假字無二義、在祖乙時、則

有若巫賢。【集解】孔安國曰、時賢臣有如此巫賢也、賢、咸子、巫氏也、在武丁時、則有若甘般。【集解】孔安國曰、高宗即位、甘般佐之、後有傅說、率維茲有陳。保乂有殷。【集解】徐廣曰、一無此九字、駰案王肅曰、循此數臣有陳列之功、安治有殷也、【考證】以上采周書君奭、於是召公乃說。召公之治西方、甚得兆民和。召公巡行鄉邑、有棠樹。【正義】今之棠梨樹也、括地志云、召伯廟、在洛州壽安縣西北五里、召伯聽訟甘棠之下、周人思之、不伐其樹、後人懷其德、因立廟、有棠、在九曲城東阜上、決獄政事其下。自侯伯至庶人、各得其所、無失職者。召公卒、而民人思召公之政、懷棠樹不敢伐、哥詠之、作甘棠之詩。【考證】本詩召南甘棠篇、梁玉繩曰、案樹下決獄之說、史公必有所本、故漢書王吉諫昌邑亦云、召公述職當民事時、舍于棠下而聽斷焉、嗣後如說苑貴德篇風俗通首卷、以及鄭箋並同、然竊疑樹下非聽訟之所、周初盛規、不應簡陋如是、楊升菴譏之、而韓詩外傳一、謂召公不欲勞民、營居出就蒸庶、廬于樹下、聽斷于隴畝之間、尤覺矯情難信、呂祖謙讀詩記引劉氏曰、召伯憩息此棠樹之下、說者謂召公不重煩勞百姓、止舍棠下、是爲墨子之道也、黃氏日鈔曰、蔽隱謂召伯行省風俗、偶憩棠下、非必受民訟、亦非有意于不擾、晦菴雪山華谷並合、余因攷白虎通巡狩章引甘棠詩云、召公述職、親說舍于野樹之下、易林睽之第三十八云、召伯避暑、皆無聽訟

之說、史公妄耳、自召公已下、九世至惠侯。【索隱】並國史先失也、又自惠侯已下、皆無名、亦不言屬、惟昭王父子有名、蓋在戰國時、旁見他說耳、燕四十二代、有二惠侯、二釐侯、二宣侯、三桓侯、二文侯、蓋國史微失本諡、故重耳、燕惠侯、當周厲王奔彘共和之時。惠侯卒。子釐侯立。【正義】釐、音僖、是歲、周宣王初即位。【考證】梁玉繩曰、宣王不與燕釐同元年、其即位在前一年、釐侯二十一年、鄭桓公初封於鄭。三十六年、釐侯卒。子頃侯立。頃侯二十年、周幽王淫亂、爲犬戎所弒。秦始列爲諸侯。二十四年、頃侯卒。子哀侯立。哀侯二年卒。子鄭侯立。【索隱】按諡法無鄭、鄭或是名、鄭侯三十六年卒。子繆侯立。繆侯七年、而魯隱公元年也。十八年卒。子宣侯立。【索隱】譙周曰、系本謂燕自宣侯已上、皆父子相傳、無及、故系家桓侯已下、並不言屬、以其難明故也、按今系本、無燕代系、宋忠依太史公書、以補其闕、尋徐廣作音、尙引系本、蓋近代始散佚耳、宣侯十三年卒。子桓侯立。【集解】徐廣曰、古史考曰、世家自宣侯已下、不說其屬、以其難明故也、【考證】張文虎曰、上文索隱引譙周曰、系本桓侯已下、

不言屬、與此同引一書、既有參差、而上召公九世至惠侯、索隱又云、自惠侯已下不言屬、又復不同、然今史文釐頃哀鄭繆宣桓莊襄七侯二公上、皆有子字、梁氏志疑謂皆後人妄增、舉漢書人表獨燕諸君以世計數至三十六世、文公以後始注某公子爲證、或當然也、桓侯七年卒。【集解】世本曰、桓侯徙臨易、宋忠曰、今河閒易縣是也、【考證】楓山三條本、七年作十年、子莊公立。莊公十二年、齊桓公始霸。【考證】莊十五年左傳、十六年、與宋·衛共伐周惠王。惠王出奔溫。立惠王弟穨爲周王。【集解】譙周曰、按春秋傳、燕與子穨逐周惠王者、乃南燕姞姓也、世家以爲北燕、失之、【索隱】譙周云、據左氏、燕與衛伐周惠王、乃是南燕姞姓、而系家以爲北燕伯、故著史考云、此燕是姞姓、今檢左氏莊十九年、衛師燕師伐周、二十年傳云、執燕仲父、三十年、齊伐山戎、傳曰、謀山戎、以其病燕故也、據傳文及此記、元是北燕不疑、杜君說仲父是南燕伯、爲伐周故、且燕衛俱是姬姓、故有伐周納王之事、若仲父是姞燕、與衛伐周、則鄭何以獨伐燕而不伐衛乎、仲父、而內惠王于周。【正義】杜預云、燕仲父、南燕伯也、周本紀云、鄭虢君怒、鄭與虢君伐殺王子穨、入惠王、故鄭怒南燕、所以執其仲父、十七年、鄭執燕仲父、【考證】十六年以下、本莊十九年二十年左傳、梁玉繩曰、十六十七兩年伐周、及執仲父事、當刪、蓋伐王是南燕也、仲父是南燕伯也、南燕姞姓、與召公後姬姓之北燕別、史公混而一之、又曰、衛與南燕伐周、與宋亦無涉、而奔溫者子穨也、惠王不奔溫、鄭虢納王在燕莊十八年、非十七年、誤之中又誤焉、沈家本曰、宋字疑衍、二十七年、

山戎來侵我。齊桓公救燕。遂北伐山戎而還。【正義】左傳莊三十年、齊人伐山戎、杜預云、山戎、北狄、無終國名也、括地志云、幽州漁陽縣、本北戎無終國、其後晉滅山戎也、【考證】莊三十年左傳、燕君送齊桓公出境。桓公因割燕所至地予燕。【正義】予、音與、括地志云、燕留故城、在滄州長蘆縣東北十七里、即齊桓公分溝割燕君所至地與燕、因築此城、故名燕留、使燕共貢天子、如成周時職使。燕復修召公之法。【考證】燕君送齊桓公以下、未詳其所本、莊三十年穀梁傳云、燕、周之分子也、貢職不至、山戎爲之伐矣、范甯注、言由山戎爲害、伐擊燕、使之隔絕於周室、與此義異、三十三年卒。子襄公立。襄公二十六年、晉文公爲踐土之會稱伯。【考證】僖廿八年左傳、三十一年、秦師敗于殽。【考證】僖卅三年春秋經傳、三十七年、秦穆公卒。【考證】文六年左傳、四十年、襄公卒。桓公立。桓公十六年卒。【索隱】譙周云、系本襄伯生宣伯、無桓公、今檢史記、並有桓公立十六年、又宋忠據此史補系家、亦有桓公、是允南所見本異、則是燕有三桓公也、【正義】燕四十三代、三桓公、二僖公、二宣公、二惠公、二文公、蓋國微、其諡故重、【考證】錢泰吉曰、索隱、家當作本、宣公立。宣公十五年卒。昭公立。昭公

十三年卒。武公立。是歲、晉滅三郤大夫。【考證】梁玉繩曰、晉滅三郤、在前年、當燕昭公十三年、非武立之歲也、武公十九年卒。文公立。文公六年卒。懿公立。懿公元年、齊崔杼弒其君莊公。【考證】襄二十五年春秋經、四年卒。子惠公立。惠公元年、齊高止來奔。【考證】襄二十九年春秋經傳、六年、惠公多寵姬。公欲去諸大夫而立寵姬宋。大夫共誅姬宋。【索隱】宋、其名也、或作宗、劉氏云、其父兄爲執政、故諸大夫共滅之、【考證】昭三年左傳云、燕簡公多嬖寵、欲去諸大夫而立其寵人、冬燕大夫比以殺公之外嬖、公懼奔齊、據此惠公當作簡公、張照曰、王姬字、俱當作臣、年表云、公殺公卿立幸臣、公恐出奔齊、然則王姬宋字、並爲臣字之訛無疑也、公欲立寵姬爲妃、何必去諸大夫而後得立耶、梁玉繩曰、蓋簡公欲立之寵人多矣、而宋爲居首、故共誅之、然左傳並無主名、不知史公何據、惠公懼奔齊。四年、齊高偃如晉、請共伐燕入其君。晉平公許與齊伐燕入惠公。惠公至燕而死。【索隱】春秋昭三年、北燕伯款奔齊、至六年又云、齊伐北燕、一與此文合、左傳無納款之文、而云將納簡公、晏子曰、燕君不入矣、齊遂受賂而還、事與此乖、而又以款爲簡公、簡公去惠公已五代、則與春秋經傳不相協、未可强言也、【考證】梁

玉繩曰、齊侯如晉請伐燕、是九年事、昭六年左傳、齊受燕賂不克入其君、是十年事、昭七年左傳、齊高偃納燕伯、是十五年事、昭十二年左傳、而此以爲四年、殊謬、上文已書六年、何得于後倒書四年、張文虎曰、表、伐燕在九年、四字疑傳寫誤、愚按、墨子明鬼篇引燕春秋云、簡公寃其臣莊子儀、爲其所擊、殪于車上、與杜伯射宣王事相類、而亦不說其年、燕立悼公。悼公七年卒。共公立。共公五年卒。平公立。晉公室卑、六卿始彊大。【考證】杭世駿曰、左傳晉昭公卒、六卿强、晉室卑弱、是年爲燕共公之三年、平公十八年、吳王闔閭破楚入郢。【考證】定四年春秋經傳、十九年卒。簡公立。簡公十二年卒。【考證】梁玉繩曰、簡公、當作惠公、十二年、當作十五年、獻公立。【索隱】王劭按紀年、簡公後次孝公、無獻公、然紀年之書、多是僞謬、聊記異耳、晉趙鞅圍范·中行於朝歌。【考證】哀元年左傳、梁玉繩曰、表附朝歌、在前二歲、此書于獻公立年、誤、獻公十二年、齊田常弒其君簡公。【考證】哀十四年春秋經傳、十四年、孔子卒。【考證】哀十六年左傳、二十八年、獻公卒。孝公立。【考證】梁玉繩曰、人表、孝作考、此下索隱所引紀年多誤、不盡可憑、當分別取之、孝公十二年、韓·魏·趙滅知伯分其地。【索隱】按紀年、智伯滅在成公二年也、三晉彊。

十五年、孝公卒。成公立。成公十六年卒。湣公立。【索隱】按紀年、成公名載、湣公三十一年卒。釐公立。【索隱】年表、作釐侯莊、徐廣云、一無莊字、按燕失年紀及其君名、表言莊者衍字也、【考證】楓山・三條本、釐作僖、是歲、三晉列爲諸侯。【索隱】按紀年、作文公二十四年卒、簡公立十三年、而三晉命邑爲諸侯、與此不同、釐公三十年、伐敗齊于林營。【索隱】林營、地名、一云、林、地名、於林地立營、故曰林營也、【考證】各本、敗齊作齊敗、誤倒、今依志疑乙、張文虎曰、索隱本、無伐字、表、作敗齊于林孤、釐公卒。【索隱】紀年、作簡公四十五年卒、妄也、按上簡公生獻公、則此當是釐、但紀年又誤耳、桓公立。桓公十一年卒。文公立。【索隱】系本、已上文公爲閔公、則湣與閔同、而上懿公之父、謚文公、【考證】梁玉繩曰、人表、以文公爲桓公子、又曰、索隱非也、不但前已有湣公、而國策人表、竝是文公、與史不殊、是歲、秦獻公卒。秦益彊。文公十九年、齊威王卒。二十八年、蘇秦始來見說文公。文公予車馬金帛以至趙。【考證】戰國策燕策、趙肅侯用之。因約六國爲從長。【正義】從、足從反、長、丁丈反、秦惠王以其女爲燕太子婦。【考證】秦惠王以下、采燕策、二十九

年、文公卒。太子立。是爲易王。易王初立。齊宣王因燕喪伐我取十城。蘇秦說齊、使復歸燕十城。【考證】文公卒以下、采燕策、十年、燕君爲王。【索隱】君、即易王也、言君初以十年即稱王也、上言易王者、易謚也、後追書謚耳、蘇秦與燕文公夫人私通。懼誅、乃說王使齊爲反閒、欲以亂齊。【集解】孫子兵法曰、反閒者、因敵閒而用之者也、凡軍之所欲擊、城之所欲攻、人之所欲殺、必先知其守將左右謁者門者舍人之姓名、令吾閒必索敵閒之來閒我者、因而利導舍之、故反閒可得用也、【正義】使、音所吏反、閒、音紀莧反、易王立十二年卒。子燕噲立。燕噲既立。齊人殺蘇秦。蘇秦之在燕、與其相子之爲婚。【考證】燕策下文又云、燕相子之與蘇代婚、與此異、而蘇代與子之交。及蘇秦死、而齊宣王復用蘇代。【考證】張照曰、田完世家及六國年表、齊宣王卒後四年、燕王噲方立、齊人殺蘇秦、及齊破燕、竝是齊湣王事、與孟子異、乃此處却謂是齊宣、太史公不應首鼠兩端、蓋宣爲湣字之訛也、顧孟子作齊宣、而史記作齊湣、其故不可得而考矣、愚按、田完世家六國年表及下文失之、此獨得之、顧趙諸人論之甚詳、說見下文、燕噲三年、與楚三晉攻秦。不勝而還。子之

相燕。貴重主斷。〔考證〕橫田惟孝曰、斷、謂決斷國事、 蘇代爲齊使於燕。〔索隱〕按戰國策曰、子之使蘇代侍質子於齊、齊使代報燕、是也、 燕王問曰、齊王奚如。〔考證〕策、齊下有宣字、 對曰、必不霸。燕王曰、何也。對曰、不信其臣。蘇代欲以激燕王以尊子之也。於是燕王大信子之。子之因遺蘇代百金、而聽其所使。〔正義〕瓚云、秦以一溢爲一金、孟康云、二十四兩曰溢、〔考證〕平準書孟康注、孟子趙岐注、儀禮鄭玄注、皆以二十兩爲溢、 鹿毛壽謂燕王。〔集解〕徐廣曰、一作厝毛、又曰、甘陵縣、本名厝、〔索隱〕春秋後語、亦作厝毛壽、又韓子、作潘壽、〔考證〕橫田惟孝曰、鹿毛壽或人、皆代之所使也、愚按、索隱所引韓非外儲右下、 不如以國讓相子之。人之謂堯賢者、以其讓天下於許由。許由不受。有讓天下之名、而實不失天下。今王以國讓於子之。子之必不敢受。是王與堯同行也。燕王因屬國於子之。子之大重。〔索隱〕大重、謂尊貴也、 或曰、禹薦益。已〔索隱〕按以已配益則益已、是伯益、而經傳無其文、未知所由、或曰、已、語終辭、〔考證〕策、無已

字、凌稚隆曰、已而、俱屬下爲句、盧文弨曰、索隱解非、當以已而以啓人爲吏爲句、下兩已而文法一例、若以益已爲名、則攻益奪之、又何單稱益也、 而以啓人爲吏。〔索隱〕人、猶臣也、謂以啓臣爲益吏、〔考證〕中井積德曰、人者謂親信者、 及老、而以啓人爲不足任乎天下、傳之於益。〔考證〕楓山、三條本、啓下無人字、與國策韓非合、中井積德曰、蓋由上文而衍、 已而啓與交黨攻益奪之。〔考證〕楓山、三條本、交作支、策作友、 天下謂禹名傳天下於益、已而實令啓自取之。今王言屬國於子之。而吏無非太子人者。〔索隱〕此人、亦訓臣也、 是名屬子之、而實太子用事也。王因收印自三百石吏已上、而效之子之。〔索隱〕鄭玄云、效、呈也、以印呈與子之、〔正義〕顧野王云、效、學也、象也、法也、〔考證〕效、索隱是、呂祖謙曰、以石計祿、始見于此、 子之南面行王事。而噲老不聽政、顧爲臣。〔索隱〕顧、猶反也、言噲反爲子之臣也、有本作願者、非、 國事皆決於子之。三年國大亂、百姓恫恐。〔索隱〕恫、音通、痛也、恐、懼也、〔考證〕楓山、三條本、恐作怨、下文同、與策合、王念孫曰、恫亦恐也、中井積德曰、恫、懼也、是恫疑之恫、 將軍市被與太子平

謀、將攻子之。〔正義〕市被、人姓名、 諸將謂齊湣王曰、因而赴之、破燕必矣。〔考證〕策、湣王作宣王、顧炎武曰、孟子以伐燕爲齊宣王事、與史記不同、通鑑以威王宣王之卒、各下十年、以合孟子之書、今按史記湣王元年爲周顯王之四十六年、歲在著雍閹茂、又八年、燕王噲讓國于相子之、又二年、燕人立太子平、則已爲湣王之十二年、而孟子書吾甚慚于孟子、尙是宣王、何不以宣王之卒移下十二三年、則以孟子之書、無不皆合、而但拘於十年之成數邪、趙翼曰、齊伐燕一事、孟子手自著書以爲齊宣王、此豈有錯誤、乃史記則以爲湣王、遂致後人紛紛之疑、按國策韓齊爲與國篇、燕噲以國與子之、國中大亂、適秦魏伐韓、田臣思曰、秦伐韓、則楚趙必救、而齊可以乘燕之亂、是天以燕賜我也、齊王乃起兵攻燕、三十日而擧燕、此篇所言齊王尙未確指宣王、而燕王噲既立篇、則明言子之亂、儲子勸齊宣王、因而仆之、幷載孟子勸王伐燕之語、宣王因令章子將五都兵伐之、是伐燕之爲宣王無可疑也、史記所以係之湣王者、則以湣王之走死、實因樂毅伐齊、而樂毅之伐齊、實因齊破燕、而爲燕昭王報怨、想齊伐燕、與燕破齊之事、相距不甚遠、而湣王在位二十九年、燕齊相報、不應如是之久、故不得不以伐燕爲湣王事、不知是亦在國策、特史遷未詳考耳、國策郭隗篇、言昭王與百姓同甘苦二十八年、然後以樂毅爲將、破齊七十餘城、是齊破燕至燕破齊之歲、相去本有三十餘年、則破燕者宣王、而爲燕所破者湣王、國策原自明白、齊宣王破齊之後、不久卽卒、湣王嗣位二十九年乃爲燕所破、計其年歲、正與燕昭二十八年之數約略相符、史遷漫不加考、故於燕世家則云子之亂孟子謂湣王曰、此文武之時不可失也、王因令章子將兵伐之、而田齊世家則宣湣兩王俱不載伐燕之事、忽於湣

王二十九年、突出樂毅爲燕伐齊一段、可見史遷並未細核年歲、遂難於敍次、強以係之湣王、而不知國策之文、原自與孟子相合也、況將兵之章子、卽匡章也、匡章在威王時已將兵伐秦、若如史記所云、則歷威王三十六年、宣王十九年、湣王二十六七年、其人不且歷官八九十年乎、有是理乎、愚按、顧趙二氏以伐燕爲宣王事、其說確不可易、荀子王霸篇云、齊閔薛公彊、南足以破楚、西足以詘秦、北足以敗燕、中足以擧宋、及燕趙起而攻之、若振槁然、而身死國亡、爲天下大戮、南足以破楚數句、荀子唯稱齊之強耳、非謂齊閔有其事也、後人或據此以譏史記、非也、 齊王因令人謂燕太子平曰。寡人聞太子之義、將廢私而立公、飭君臣之義、明父子之位。〔正義〕飭、音敕、 寡人之國小、不足以爲先後。〔正義〕先後、竝去聲、 雖然、則唯太子所以令之。太子因要黨聚衆。將軍市被圍公宮、攻子之。不克。將軍市被及百姓反攻太子平。將軍市被死。以徇。〔正義〕徇、行示也、〔考證〕策、徇作殉、李光縉曰、田藝衡云、將軍市被既初謀攻子之、又率百姓反攻太子、又死以徇國、何舛也、余謂讀者不察耳、當云將軍市被既攻子之不克、及至百姓之反攻太子也、市被遂赴鬪、爲太子死難、此及字、當作及至之至、不當作又及之及、愚按、及、猶與也、果如李說、是多了中間將軍市被四字、市被反覆、故徇之以顯其罪也、 因構難數月。死者數萬。衆

人恫恐、百姓離志。【考證】策、因作國、屬上句讀、孟軻謂齊王曰、今伐燕、此文武之時、不可失也。【索隱】謂如武王成文王之業伐紂之時、然此語與孟子不同也、【正義】軻字子輿、鄒人、著孟子十四卷、趙岐注、【考證】策、齊下有宜字、吳師道曰、此當時所謂孟子勸齊伐燕者也、使無孟子之書、則人將此言之信乎、要之聖賢決無是事也、推此則凡後世之誣罔聖賢而無徵者可知、王因令章子【集解】章子、齊人、見孟子、【索隱】按孟子云、章子、齊人、【考證】章子卽匡章、閻若璩曰、人名下係以子字者、當時有此稱、田盼爲盼子、田嬰爲嬰子、田文爲文子、秦魏冉稱冉子、匡章稱章子、亦是、將五都之兵、【索隱】五都、卽齊也、按臨淄是五都之一也、【考證】中井積德曰、五都竝指國之外別邑也、若臨淄是國治矣、必不在其數、以因北地之衆、以伐燕。【索隱】北地、卽齊之北邊也、【正義】謂齊之北境滄德等也、五衆也、士卒不戰、城門不閉。燕君噲死、齊大勝燕。子之亡。【集解】徐廣曰、年表云、君噲及太子、相子之、皆死、駰案汲冢紀年曰、齊人禽子之而醢其身也、二年而燕人共立太子平。是爲燕昭王。【集解】徐廣曰、噲立七年而死、其九年、燕人共立太子平、【索隱】按上文太子平謀攻子之、而年表又云、君噲及太子相子之皆死、紀年又云、子之殺公子平、今此文云、立太子平、是爲燕昭王、則年表紀年爲謬也、而趙系家云、武靈王聞燕亂、召公子職於韓、立以爲燕王、使樂池送之、裴駰亦以此系家無趙送公子職之事、當是遙

立職而送之、事竟不就、則昭王名平、非職明矣、進退參詳、是年表既誤、而紀年因之而妄說耳、【考證】蘇秦之在燕以下、采燕策、策以伐燕爲齊宣王事、史以爲湣王事、此爲異耳、梁玉繩曰、年表云、君噲及太子相子之皆死、而所謂太子者、世家以爲太子平、卽昭王、余深疑之、世家稱太子平、年表紀年稱公子平、家庶不明、疑一、先是太子與子之爭權、舉兵攻子之、不克、百姓反攻太子、則其不爲國人所戴可知、賢如昭王、不應有此、疑二、齊并燕二年、燕人共立平、夫既攻之、而又立之、于理頗乖、且何以遲至二年復立乎、二年之中、太子安在、疑三、昭王語郭隗曰、齊因孤之國亂而襲破燕、齊之入燕、實因太子爲內應、今觀昭王之言、殊不合事情、疑四、攷趙世家、武靈王召公子職于韓、立爲燕王、使樂池送之、諸處俱不書、集解疑趙聞燕亂、遙立職爲燕王、雖使樂池送之、竟不能就、斯乃虛揣之譚、未見確證、竊意職爲王時、在噲死之後、昭王未立之先、職立二年卒、而始立昭王、而昭王竝非太子、太子已同君噲及相子之死于齊難矣、徐孚遠云、太子平與昭王當是二人、或昭王名平、太子不名平、徐說甚覈、世家誤仍國策來耳、燕昭王於破燕之後卽位。【考證】策、於作收、卑身厚幣、以招賢者。謂郭隗曰、齊因孤之國亂、而襲破燕。【考證】策、之國二字倒、新序雜事篇同策、孤極知燕小力少、不足以報。然誠得賢士以共國、以雪先王之恥、孤之願也。【考證】楓山三條本、以共作與共、雪音刷、趙翼曰、老子道化章、人之所惡、惟孤寡不穀、而侯王以爲稱、戰國策、顏斶亦曰、孤寡者人之困賤下位也、而侯王以之自謂、蓋古人自稱、皆從謙詞、按

禮記庶方小侯自稱曰孤、諸侯自稱曰寡人、其在凶服、曰適子孤、是孤本小侯之稱、諸侯遭喪、則又稱之、此定制也、晉悼公將立、謂諸大夫曰、孤始願不及此、此未爲君之詞、猶沿遭喪稱孤之禮也、諸侯或遇危難、則亦有稱孤者、臧文仲曰、列國有凶、稱孤、禮也、及秦漢之間、而孤已爲南面之雄稱、田橫曰、吾始與漢王皆南面稱孤、韓王信對使者曰、陛下擢僕閭巷、南面稱孤、可見是時爲侯王美稱、非復古制適子孤及庶方小侯之詞矣、先生視可者。得身事之。郭隗曰。王必欲致士、先從隗始。況賢於隗者。豈遠千里哉。【考證】鮑彪曰、郭隗臣役之對、天下之格言、市馬之喻、萬世之美談、史公獨何爲削之、亦異于孔氏刪脩之法矣、於是昭王爲隗改築宮而師事之。樂毅自魏往、鄒衍自齊往、劇辛自趙往、士爭趨燕。【考證】梁玉繩曰、樂毅諸人往燕、史本國策、然有可疑者、如劇辛自趙來、其年當非幼少、乃至後燕王喜十三年、將兵伐趙、爲趙將龐煖所殺、計去昭王卽位時、已七十年、恐未必如是之壽、則其來不在此時、燕王弔死問孤、與百姓同甘苦。二十八年、燕國殷富、士卒樂軼輕戰。於是遂以樂毅爲上將軍、與秦・楚・三晉合謀以伐齊。齊兵敗、湣王出亡於外。燕兵獨追北、入至臨淄、盡取

齊寶、燒其宮室宗廟。齊城之不下者、獨唯聊・莒・卽墨。【索隱】按餘篇及戰國策、竝無聊字、【正義】括地志云、聊城在博州聊城縣西二十四里、莒、卽密州莒縣是、卽墨故城、在萊州膠水縣南六十里、【考證】以上采燕策、策無聊字、徐孚遠曰、燕將已下聊城、有鄒而不歸、則聊字衍文、且齊城未拔者惟二也、梁玉繩曰、史樂毅田單傳、莒竝燕策竝無聊也、惟燕策又有三城未下之語、史或因此增加以實之、然後書李通傳論也、引史云、下齊七十餘城、其不下者唯莒卽墨、無聊字、愚按、聊字衍、其餘皆屬燕。六歲、昭王三十三年卒、子惠王立。惠王爲太子時、與樂毅有隙。及卽位疑毅、使騎劫代將。樂毅亡走趙。齊田單以卽墨擊敗燕軍。騎劫死。燕兵引歸。齊悉復得其故城。【考證】卽位疑毅以下、采燕策、策云、用齊人反閒疑樂毅、湣王死于莒。乃立其子爲襄王。【考證】湣王死以下、依齊策、惠王七年卒。【索隱】按趙系家、惠文王二十八年、燕相成安君公孫操弒其王、樂資以爲卽惠王也、徐廣按年表、是年燕武成王元年、武成卽惠王子、則惠王爲成安君弒明矣、此不言者、燕遠諱不告、或太史公之說疏也、【考證】索隱燕遠諱不告五字當削、韓・魏・楚共伐燕。【考證】梁玉繩曰、此時伐燕者、齊韓魏、而楚則救燕者、楚字當作齊字、燕武成王

立。武成王七年、齊田單伐我拔中陽。[正義]中陽故城、份州隰城縣南十里、[考證]梁玉繩曰、中陽、當作中人、十三年、秦敗趙於長平、四十餘萬。[正義]長平故城、在澤州高平縣西北二十一里、秦趙戰時所築也、[考證]館本考證云、六國年表及秦本紀、秦昭襄之四十七年、于趙孝成王爲六年、是時秦阬趙卒於燕武成王爲十二年、此云十三年、與趙世家合、於秦本紀及年表差一年、梁玉繩曰、毛本作十二年、是、十四年、武成王卒。子孝王立。孝王元年、秦圍邯鄲者解去。三年卒。子今王喜立。[索隱]今王、猶今上也、有作令者、非也、按謚法、無令也、[考證]中井積德曰、當時書傳、蓋有記時事稱喜爲今王者、而轉入史編也、錢大昕曰、今王蓋當時人所稱、猶紀年稱魏襄王爲今王也、愚按、顧炎武梁玉繩亦有此說、今王喜四年、秦昭王卒。燕王命相栗腹約歡趙、以五百金爲趙王酒。[考證]策、作以百金爲趙孝成王壽、酒三日反報、酒疑當作壽、壽酒以音近譌、或云酒所養老、獻金曰壽、義蓋本於此、則作酒亦通、鑿解、還報燕王曰。趙王壯者皆死長平、其孤未壯。可伐也。[考證]策、王作民、趙世家作氏、王召昌國君樂閒問之。[考證]鮑彪曰、毅子、吳師道曰、史、毅奔趙後、燕王復以其子樂閒爲昌國君、對曰。趙、四戰

之國。[正義]趙、東鄰燕、西接秦境、南錯韓魏、北連胡貊、故言四戰、[考證]胡三省曰、言其四境皆鄰于彊敵、四面拒戰也、策、戰作達、其民習兵。不可伐。王曰。吾以五而伐一。[索隱]謂以五人而伐一人、對曰。不可。燕王怒。羣臣皆以爲可。卒起二軍。車二千乘。[考證]策、作六十萬、栗腹將而攻鄗、[集解]徐廣曰、在常山、今曰高邑、[索隱]鄗氏音火各反、一音昊、[考證]今直隸趙州柏鄉縣北有鄗縣故城、春秋晉邑、戰國屬趙、卿秦攻代。[索隱]戰國策曰、廉頗以二十萬遇栗腹於鄗、樂乘以五萬遇爰秦於代、燕人大敗、不同也、[正義]今代州也、戰國策云、廉頗以二十萬遇栗腹於鄗、樂乘以五萬遇慶秦於代、燕人大敗、與此不同也、[考證]燕王命相栗腹以下、見燕策、不同、唯獨大夫將渠[索隱]人名姓也、一云、上卿秦及此將渠者、卿將、皆官也、秦、渠、名也、國史變文、而書遂失姓也、戰國策云、爰秦、爰是姓也、卿是其官耳、[考證]沈濤曰、卿秦、將渠皆人姓名、卿秦、戰國策作慶秦、慶卿通字、明非公卿之卿、下文云、燕相將渠以處和、集解曰、以將渠爲相、又豈得爲將相之將乎、謂燕王曰。與人通關約交、以五百金飲人之王、使者報、而反攻之。不祥。兵無成功。燕王不聽。自將偏軍隨之。將渠引燕王綬止之曰。王必無自往。往無成功。王

蹴之以足。將渠泣曰。臣非以自爲、爲王也。燕軍至宋子。[集解]徐廣曰、屬鉅鹿、趙使廉頗將、擊破栗腹於鄗、破卿秦・樂乘於代。[考證]梁玉繩曰、案燕策云、趙使樂乘以五萬遇慶秦于代、則樂乘趙將也、故下文云、趙悼襄王使樂乘代廉頗、此與樂毅傳同誤、當以樂乘置破卿秦上、愚按、樂乘疑當作樂閒、樂閒奔趙。[考證]趙使廉頗以下、見燕策、小異、廉頗逐之、五百餘里、圍其國。燕人請和。趙人不許。必令將渠處和。燕相將渠以處和。[集解]以將渠爲相、[索隱]謂欲令將渠處之使和也、[考證]國、國都、中井積德曰、索隱宜言欲令將渠居閒以和也、愚按、將渠初諫燕王不令伐趙、趙人知之、趙聽將渠解燕圍。六年、秦滅東西周、置三川郡。[考證]西字衍、西周已滅於赧王五十七年、七年、秦拔趙榆次三七七城。秦置太原郡。[考證]梁玉繩曰、置太原郡在燕喜八年、九年、秦王政初即位。十年、趙使廉頗將攻繁陽。[集解]徐廣曰、屬魏郡、[考證]故城在今河南彰德府內黃縣東、拔之。趙孝成王卒。悼襄王立。使樂乘代廉頗。廉頗不聽。攻樂乘。

樂乘走。廉頗奔大梁。十二年、趙使李牧攻燕。拔武遂・[集解]徐廣曰、屬河閒、方城。[集解]徐廣曰、屬涿、有督亢亭、劇辛故居趙、與龐煖善。[索隱]煖、音況遠反、已而亡走燕。燕見趙數困于秦、而廉頗去、令龐煖將也。欲因趙獘攻之。問劇辛。辛曰。龐煖易與耳。燕使劇辛將擊趙。[考證]張照曰、六國年表、劇辛死於趙在十三年、又曰、昭王即位、劇辛自趙往、至此經七十年、歷五王、當有兩劇辛耶、否則傳訛也、趙使龐煖擊之。取燕軍二萬、殺劇辛。秦拔魏二十城、置東郡。十九年、秦拔趙之鄴九城。[正義]即相州鄴縣也、趙悼襄王卒。二十三年、太子丹質於秦。亡歸燕。[考證]太子丹以下、燕策、二十五年、秦虜滅韓王安、置潁川郡。二十七年、秦虜趙王遷、滅趙。趙公子嘉自立爲代王。燕見秦且滅六國、秦兵臨易水、禍且至。[集解]徐廣曰、易水出涿郡故安也、[考證]燕見秦以下、采燕策、燕太子丹陰養

壯士二十人、〔考證〕策不言養壯士二十人、史公別有所本、使荊軻獻督亢地圖於秦。〔集解〕徐廣云、涿有督亢亭、地理志、屬廣陽、然督亢之田在燕東、甚良沃、欲獻秦、故畫其圖而獻焉、〔正義〕地下有圖字者俗本也、括地志云、督亢坡、在幽州范陽縣東南十里、劉向別錄云、督亢、膏腴之地、風俗通云、亢、莽也、言平望莽莽無涯際也、亢、澤之無水斥鹵之謂、〔考證〕今順天府涿州東南有督亢陂、跨連新城固安二境、因襲刺秦王。秦王覺殺軻。〔考證〕使荊軻以下、采燕策、事在燕喜二十八年、使將軍王翦擊燕。二十九年、秦攻拔我薊。〔考證〕薊、燕都、今直隸順天府大興縣、燕王亡、徙居遼東、斬丹以獻秦。〔考證〕以上采燕策、三十年、秦滅魏。三十三年、秦拔遼東、虜燕王喜、卒滅燕。〔考證〕秦拔以下、采燕策、是歲、秦將王賁亦虜代王嘉。〔正義〕賁、音奔、王翦子、

太史公曰。召公奭可謂仁矣。甘棠且思之。況其人乎。〔考證〕襄十四年左傳引甘棠詩云、武子之德在民、如周人之思召公焉、愛其甘棠、況其子乎、史公句法所本、燕北迫蠻貉、內措齊・晉。〔集解〕措、交雜也、又作錯、劉氏云、爭陌反、〔正義〕措、置也、安也、言燕之地都邑交在齊晉之境內也、〔考證〕王念孫曰、北、當作外、錯、笮同、迫也、風俗通義皇霸篇、燕外迫蠻貊、內窄齊晉、卽用史記之文、崎嶇彊國之閒、最爲弱小。幾滅者數矣。然社稷血食者八九百歲。於姬姓獨後亡。豈非召公之烈邪。〔考證〕梁玉繩曰、姬姓之國、衛最後絕、燕先滅矣、何云後亡、中井積德曰、燕獨後亡者、以其在邊陲最遠也、且以此頌召公、則將置周公於何地也、太史公之論未得當、愚按、梁中二說失乎鑿、

〔索隱〕述贊、召伯作相、分陝而治、人惠其德、甘棠是思、莊送霸主、惠羅寵姬、文公從趙、蘇秦騁辭、易王初立、齊宜我欺、燕噲無道、禪位子之、昭王待士、思報臨菑、督亢不就、卒見芟夷、

燕召公世家第四　　史記三十四

文學博士瀧川龜太郎著

史記會注考證

史記會注考證卷三十五

漢　太　史　令　司　馬　遷　撰

宋　中　郎　外　兵　曹　參　軍　裴　駰　集　解

唐　國　子　博　士　弘　文　館　學　士　司　馬　貞　索　隱

唐　諸　王　侍　讀　率　府　長　史　張　守　節　正　義

日　本　出　雲　瀧　川　資　言　考　證

管蔡世家第五　史記三十五

【考證】史公自序云、管蔡相武庚、將寧舊商、及旦攝政、二叔不饗、殺鮮放度、周公爲盟、太任十子、周以宗彊、嘉仲悔過、作管蔡世家第五。

管叔鮮・蔡叔度者、周文王子、而武王弟也。【正義】鮮、音仙、括地志云、鄭州管城縣、今州外城、卽管國城也、是叔鮮所封國也、【考證】楓山、三條本、無蔡叔度三字、武王同母兄弟十人。母曰太姒。【正義】國語云、杞繒二國、姒姓、夏禹之後、太姒之家、太姒、文王之妃、武王之母、列女傳云、太姒者、武王之母、禹後姒氏之女也、在郃之陽、在渭之涘、仁而明道、文王嘉之、親迎于渭、造舟爲梁、及入、太姒思媚太姜太任、旦夕勤勞、以進婦道、太姒號曰文母、文王理外、文母治內、太姒生十男、教誨自少及長、未嘗見邪僻之事、言常以正道持之也、文王正妃也。其長子曰伯邑考。次曰武王發。次曰管叔鮮。次曰周公旦。次曰蔡叔度。次曰曹叔振鐸。次曰成叔武。【正義】括地志云、在濮州雷澤縣東南九十一里、漢郕陽縣、古郕伯姬姓之國、其後遷於成之陽、次曰霍叔處。【正義】處、昌汝反、括地志云、晉州霍邑縣、本漢彘縣也、鄭玄注周禮云、霍山在彘、本春秋時霍伯國地、次曰康叔封。【索隱】孔安國曰、康、畿內國名、地闕、叔、字也、封、叔名、次曰冄季載。【索隱】冄、國也、載、名也、季、字也、冄、或作那、按國語曰、冄季鄭姬、賈逵曰、文王子聃季之國也、莊十八年、楚武王克權、遷於那處、杜預云、那處、楚地、南郡編縣有那口城、聃與那皆音奴甘反、【正義】冄、音奴甘反、或作那、音同、冄、國名也、季載、人名也、伯邑考最長、所以加伯、諸中子咸言叔、以載最少、故言季載、【考證】中井積德曰、季、字也、故配邑爲稱、載、名也、或以字配名、則稱季載也、錢大昕曰、冄、左傳作聃、亦音乃甘切、洪頤煊曰、那當通作郍、卽沈國也、下文爲管滅沈、集解杜預曰、汝南平輿縣有郍亭、是也、卽冄季載所封地、愚按、僖二十四年左傳、富辰以管、蔡、郕、霍、魯、衛、聃、毛爲序、與此不同、

冄季載最少。同母昆弟十人。【集解】徐廣曰、文王之子爲侯者十有六國、【考證】徐廣依僖二十四年左傳、唯發・旦賢、左右輔文王。【正義】左右、竝去聲、故文王舍伯邑考、而以發爲太子。【考證】禮記檀弓、文王舍伯邑考而立武王、中井積德曰、舍伯邑考、出于戴記、然彼以立子不立孫而言、伯邑考早死、而文王以發爲嗣也、非生時廢長之謂、史公恐失據也、及文王崩、而發立。是爲武王。伯邑考既已前卒矣。武王已克殷紂平天下、封功臣昆弟。於是封叔鮮於管、【集解】杜預曰、管、在滎陽京縣東北、【考證】今河南開封府鄭州有管城、鮮所封、封叔度於蔡。【集解】世本曰、居上蔡、【考證】今河南汝寧府新蔡縣故蔡城、度所封、二人相紂子武庚祿父、治殷遺民。封叔旦於魯而相周。爲周公。封叔振鐸於曹。【考證】今山東曹州府定陶縣有曹故城、振鐸所封、封叔武於成。【索隱】按春秋隱五年、衛師入郕、杜預曰、東平剛父縣有郕鄉、後漢郡國志以爲成本國、又地理志廩丘縣南

有成故城、應劭云、武王封弟季載於成、是古之成邑、應仲遠誤云季載封耳、【考證】今山東兗州府寧陽縣有成縣故城、叔武所封、封叔處於霍。【索隱】春秋閔元年、晉滅霍、地理志、河東彘縣、霍太山在東北、是霍叔之所封、【考證】今山西平陽府霍州有霍城、霍叔所封、康叔封、冄季載皆少。未得封。【考證】中井積德曰、康叔封衛、宜去康號、而仍稱康者何也、豈亦周召之比邪、梁玉繩曰、牧野之役、康叔布茲、不可言少矣、楊愼曰、敍武王同母兄弟十人之爲支爲本、賢否成敗、條分晰列、可爲序支派之法、武王既崩、成王少。周公旦專王室。管叔·蔡叔疑周公之爲、不利於成王、乃挾武庚以作亂。【考證】中井積德曰、管蔡實有亂心、欲覆周室、於成王何有、所謂不利於成王、是流言之語、所以離閒周之君臣、非管蔡心事、此引用失倫、周公旦承成王命、伐誅武庚、殺管叔、而放蔡叔、遷之與車十乘、徒七十人。【考證】定四年左傳、十乘作七乘、從而分殷餘民爲二。其一、封微子啓於宋、以續殷祀。其一、封康叔爲衛君。是爲衛康叔。封季載於冄。冄季·康叔皆有馴行。【索隱】馴如字、音巡、馴、善也、【考證】馴讀爲順、於是周公舉康叔爲周司寇。

冄季爲周司空。【索隱】事見定四年左傳、以佐成王治。皆有令名於天下。蔡叔度既遷而死。其子曰胡。胡乃改行率德馴善。【考證】馴讀爲順、左傳無馴善二字、周公聞之、而舉胡以爲魯卿士。【索隱】按尚書云、蔡仲克庸祗德、周公以爲卿士、叔卒、乃命諸王邦之蔡、元無仕魯之文、又伯禽居魯、乃是七年致政之後、此言乃說居攝政之初、未知史遷何憑而有斯言也、【考證】梁玉繩曰、左傳云、周公舉之、以爲己卿士、杜注、爲周公臣、晚出尚書云、周公以爲卿士、此言仕魯、孔穎達司馬貞俱糾史之謬、但爲周公臣即是仕魯、史似不誤、錢氏考異辨之矣、魯國治。於是周公言於成王、復封胡於蔡、【集解】宋忠曰、胡徙居新蔡、以奉蔡叔之祀。是爲蔡仲。餘五叔皆就國、【索隱】管叔、蔡叔、成叔、曹叔、霍叔、【考證】陳子龍曰、管叔已誅、不紹封、此言五叔者、總論前後也、梁玉繩曰、此因左傳五叔無官之語而誤者也、左傳是泛說、不專指管蔡叛後、故杜注五叔以管蔡成霍毛當之、史直書于復封蔡仲之後、則不得有五叔矣、于情事未合、無爲天子吏者。【考證】管叔蔡叔疑周公以下、雜采書序及書金縢、定四年左傳、以意補之、蔡仲卒。子蔡伯荒立。蔡伯荒卒。子宮侯立。【考證】梁玉繩曰、蔡爲侯爵、何以荒稱伯、又謚無宮、宮侯卒。子厲侯立。厲侯

卒。子武侯立。武侯之時、周厲王失國奔彘。共和行政、諸侯多叛周。武侯卒。子夷侯立。夷侯十一年、周宣王即位。二十八年、夷侯卒。子釐侯所事立。釐侯三十九年、周幽王爲犬戎所殺。周室卑而東徙。秦始得列爲諸侯。【正義】周幽王爲犬戎所殺、平王東徙洛邑、秦襄公以兵救、因送平王至洛、故平王封襄公、四十八年、釐侯卒。子共侯興立。共侯二年卒。子戴侯立。戴侯十年卒。子宣侯措父立。【考證】館本考證云、措父、春秋作考父、宣侯二十八年、魯隱公初立。三十五年、宣侯卒。【考證】隱八年春秋、子桓侯封人立。桓侯三年、魯弒其君隱公。二十年、桓侯卒。【考證】桓十七年春秋、弟哀侯獻舞立。哀侯十一年、初哀侯娶陳。息侯亦娶陳。【集解】杜預曰、息國、汝南新息縣、【考證】今河南光州息縣有古息里、即息侯國、息夫人將歸過蔡。蔡侯不敬。息侯怒、請

楚文王。【考證】左傳、王下有曰字、義更明、來伐我。我求救於蔡、蔡必來。楚因擊之、可以有功。楚文王從之。虜蔡哀侯以歸。【考證】初哀公以下、采莊十年左傳、哀侯留九歲、死於楚。凡立二十年卒。【考證】梁玉繩曰、楚世家言文王虜哀侯、已而釋之、則哀侯不死于楚、與此異詞、莫知孰是、蔡人立其子肸。是爲繆侯。繆侯以其女弟爲齊桓公夫人。十八年、齊桓公與蔡女戲船中。夫人蕩舟。桓公止之。不止。公怒歸蔡女。而不絕也。蔡侯怒、嫁其弟。【索隱】弟、女弟、即蕩舟之姬、【考證】齊桓公以下、采僖三年左傳、齊桓公怒伐蔡。蔡潰。【考證】以上、采僖四年左傳、遂虜繆侯、南至楚邵陵。已而諸侯爲蔡謝齊。齊侯歸蔡侯。【考證】梁玉繩曰、此在繆侯十九年、而書于十八年、與表同誤、又春秋三傳、無虜繆侯事、恐妄、二十九年、繆侯卒。【考證】僖十四年春秋、子莊侯甲午立。莊侯三年、齊桓公卒。十四年、晉文公敗楚於城濮。【考證】徐孚遠曰、蔡邊楚、依楚

爲存亡、故此世家專敍楚事、二十年、楚太子商臣弑其父成王代立。二十五年、秦穆公卒。三十三年、楚莊王卽位。三十四年、莊侯卒。子文侯申立。文侯十四年、楚莊王伐陳、殺夏徵舒。十五年、楚圍鄭。鄭降楚。楚復醳之。[正義]醳音釋、二十年、文侯卒。[考證]宣十七年春秋、子景侯固立。[考證]固、各本誤作同、今依年表、景侯元年、楚莊王卒。二十九年、景侯爲太子般娶婦於楚。而景侯通焉。太子弑景侯而自立。[考證]景侯以下、本襄三十年春秋經傳、楓山、三條本、婦下有好字、梁玉繩曰、四誤作二、景公在位四十九年也、是爲靈侯。靈侯二年、楚公子圍弑其王郟敖、而自立爲靈王。[正義]郟、紀洽反、敖、五高反、九年、陳司徒招弑其君哀公。[索隱]招、或作昭、或作韶、竝時遙反、[考證]梁玉繩曰、招弑悼太子、非弑君也、此誤、楚使公子弃疾滅陳而有之。十二年、楚靈王以靈侯弑其父、誘蔡靈侯于申、

伏甲飲之、醉而殺之、[考證]左傳云、三月丙申、楚子伏甲而饗蔡侯於申、醉而執之、夏四月丁巳殺之、梁玉繩曰、此與楚世家言醉殺蔡侯非也、刑其士卒七十人、令公子弃疾圍蔡。十一月、滅蔡、使弃疾爲蔡公。[正義]蔡之大夫也、[考證]誘蔡靈侯以下、采昭十一年左傳、以靈侯弑其君、未知其所本、楚滅蔡三歲、楚公子弃疾弑其君靈王、代立爲平王。[考證]中井積德曰、弑靈王者子比也、非棄疾、楚世家明言之、此略言之失當者、平王乃求蔡景侯少子廬立之。是爲平侯。[集解]宋忠曰、平侯徙下蔡、[索隱]今系本無者、近脫耳、[考證]梁玉繩曰、平侯爲景侯曾孫、其父爲隱太子友、又曰、集解引宋忠謂蔡仲徙新蔡、平侯徙下蔡、誤甚、蔡本都于上蔡、平侯徙新蔡、至昭侯遷州來、乃下蔡也、是年、楚亦復立陳。楚平王初立、欲親諸侯。故復立陳、蔡後。平侯九年卒。[集解]世本曰、平侯者、靈侯般之孫、太子友之子、[考證]平王以下、采昭十三年左傳、靈侯般之孫東國、攻平侯子而自立。是爲悼侯。[考證]昭二十年春秋、[考證]梁玉繩曰、昭二十一年左傳、平侯太子朱卽位、楚費無極取貨于東國、謂朱不用命、將圍蔡、蔡人懼、出朱而立東國、愬于楚、則東國未嘗攻殺平侯子也、此與年表同誤、

悼侯父曰隱太子友。隱太子友者、靈侯之太子。[考證]各本不重隱太子四字、今依楓山、三條本、毛本、館本、平侯立而殺隱太子。故平侯卒、而隱太子之子東國、攻平侯子而代立。是爲悼侯。[考證]梁玉繩曰、案殺隱太子者楚靈王也、立平侯者楚平王也、平侯爲東國兄、亦隱太子之子、何得妄加平侯以殺父之大逆乎、平侯之太子朱出奔楚、實緣楚費無極取貨于東國之故、亦不得言東國攻兄自立、蓋史公誤以平侯爲景侯子、遂別生異端、造爲世代相攻之事、而不知經傳所載甚明、豈可誣哉、中井積德曰、是爲悼侯、是複文當削、悼侯三年卒。[考證]梁玉繩曰、悼侯止二年、無三年、弟昭侯甲立。[考證]張文虎曰、甲、中統、游、毛本、竝作申、表亦作申、與春秋哀四年經合、乃與文侯同名、它本作甲、又與莊侯同名、昭侯十年、朝楚昭王、持美裘二、[考證]梁玉繩曰、左傳蔡侯作兩佩兩裘、此及表皆言裘而佩自在其中、猶傳言獻佩于子常、而裘卽在其中也、左氏言佩、公穀言裘、亦互見之、獻其一於昭王、而自衣其一。楚相子常欲之。不與。子常讒蔡侯。留之楚三年。蔡侯知之、乃獻其裘於子常。子常受之。乃言歸蔡侯。蔡侯歸而之晉、請與晉伐楚。[考證]昭公

十年以下、采定三年左傳、十三年春、與衛靈公會邵陵。蔡侯私於周萇弘以求長於衛。[集解]服虔曰、載書使蔡在衛上、衛使史鰌言康叔之功德。乃長衛。[考證]梁玉繩曰、案召陵之會、將長蔡于衛、衛侯使祝佗私于萇弘、此言蔡侯私弘、非、祝佗亦誤作史鰌、蓋以二人俱字魚而誤、夏、爲晉滅沈。[集解]杜預曰、汝南平輿縣北有沈亭、[考證]沈、今河南汝寧府汝陽縣有沈亭、春秋沈國、楚怒攻蔡。蔡昭侯使其子爲質於吳、[正義]質音致、以共伐楚。冬、與吳王闔閭遂破楚入郢。蔡怨子常。子常恐奔鄭。[考證]十三年以下、本定四年左傳、十四年、吳去。而楚昭王復國。[考證]十四年以下、定五年左傳、十六年、楚令尹爲其民泣以謀蔡。蔡昭侯懼。[考證]梁玉繩曰、此事左傳不載、年表書于十七年、二十六年、孔子如蔡。楚昭王伐蔡。蔡恐、告急於吳。吳爲蔡遠、約遷以自近、易以相救。昭公私許、不與大夫計。吳人來救蔡。因遷蔡于州來。[索隱]州來、在淮南下蔡縣、[考證]州來、今江

南鳳陽府壽州北下蔡城、梁玉繩曰、案昭王伐蔡、在二十五年、孔子如蔡、在二十七年、蔡遷在二十六年、然攷哀元二兩年經傳及注、楚圍蔡、蔡聽命、楚疆于江汝之間而還、楚既還、蔡更叛、請遷于吳、中悔、吳因聘蔡納師、蔡侯告大夫、殺公子駟以說于吳、言不時遷駟之爲、遂遷州來、然則非蔡告急于吳也、非吳欲遷蔡也、非蔡侯私許不與大夫計也、非吳興師來救也、二十八年、昭侯將朝于吳。大夫恐其復遷、乃令賊利殺昭侯。【索隱】案利、賊名也、【考證】梁玉繩曰、案哀四年傳、殺昭侯者公孫翩也、孔子世家書之、此利字誤、索隱以利爲賊名、妄、已而誅賊利以解過。而立昭侯子朔。是爲成侯。【集解】徐廣曰、或作景、成侯四年、宋滅曹。【考證】宋滅曹、哀八年春秋經傳、十年、齊田常弑其君簡公。【考證】哀十四年左傳、十三年、楚滅陳。【考證】哀十七年左傳、十九年、成侯卒。子聲侯產立。聲侯十五年卒。子元侯立。元侯六年卒、子侯齊立。侯齊四年、楚惠王滅蔡。蔡侯齊亡。蔡遂絕祀。後陳滅三十三年。【索隱】魯哀十七年、楚滅陳、其楚滅蔡、又在滅陳之後三十三年、卽在春秋後二十三年、【考證】梁玉繩曰、案三十三年、當作三十一年、伯邑考、其後不知所封。

【考證】中井積德曰、伯邑考蓋無子也、武王發其後爲周。有本紀言。【考證】董份曰、言、如曰語也、管叔鮮作亂誅死。無後。周公旦其後爲魯。有世家言。蔡叔度其後爲蔡。有世家言。曹叔振鐸其後爲曹。有世家言。成叔武其後世無所見。【考證】梁玉繩曰、案春秋隱五年、衞師入郕、十年、齊人鄭人入郕、莊八年、師及齊師圍郕、郕降于齊師、文十二年、郕伯來奔、皆有傳、此則後世之略可見者、特不知名諡年世耳、霍叔處、其後晉獻公時滅霍。【考證】晉滅霍、見于閔元年左傳、文五年左傳、先且居曰霍伯、蓋食霍也、今山東平陽府霍州西有霍城、古霍城也、康叔封、其後爲衞。有世家言。冄季載、其後世無所見。【考證】沈家本曰、周語、富辰言聃之亡、由鄭姬、而列于鄶之後、息鄧之前、鄶之亡、在鷩王之時、則聃之亡、亦當在桓莊時乎、凌稚隆曰、前已敍兄弟十人、此復敍十人封邑以終其義、此最關鍵處、

太史公曰、管・蔡作亂。無足載者。然周武王崩、成王少。天下既疑。賴同母之弟成叔・冄季之屬十人爲輔拂。【正義】拂、音弼、本作弼、【考證】中井積德

曰、除伯邑考武王管蔡外、周公及曹成霍康冄僅六人矣、不得稱十人、又成王之時、不當稱母弟、是以諸侯卒宗周。故附之世家言。

曹叔振鐸者、周武王弟也。【索隱】按上文、叔振鐸其後爲曹、有系家言、則曹亦合題系家、今附管蔡之末、而不出題者、蓋以曹微小而少事迹、因附管蔡之末、不別題篇爾、且又管叔雖無後、仍是蔡曹之兄、故題管蔡而略曹也、【考證】篇首各本題曹叔世家四字、張文虎曰、史公自序不及曹叔、小司馬述贊、亦不別出、索隱云、附管蔡之末、而不出題、則史本無題矣、武王已克殷紂、封叔振鐸於曹。【集解】宋忠曰、濟陰定陶縣、【正義】曹、在曹南、因名曹、按今曹州也、【考證】今曹州府定陶縣有曹故城、振鐸封此、叔振鐸卒。子太伯脾立。太伯卒。子仲君平立。仲君平卒。子宮伯侯立。【考證】梁玉繩曰、平何以稱仲君、而諡亦無宮、宮伯侯卒。子孝伯雲立。孝伯雲卒。子夷伯喜立。夷伯二十三年、周厲王奔于彘。三十年卒。弟幽伯彊立。幽伯九年、弟蘇殺幽伯代立。是爲戴伯。【考證】曹風疏、引世家同、年表、蘇作鮮、戴伯元年、周宣王已

立三歲。三十年戴伯卒。子惠伯兕立。【集解】孫檢曰、兕、音徐子反、曹惠伯、或名雉、或名弟、或復名弟兕也、【索隱】按年表作惠公伯雉、注引孫檢、未詳何代、或云、齊人、亦恐其人不注史記、今以王儉七志阮孝緒七錄竝無、又不知是裴駰所錄否、【正義】孫檢或云齊人、不知何代、史記注內有此人、其注無別音異、略存名字而已、王儉七志阮孝緒七錄竝無、疑非裴駰所錄、恐此人自加之、惠伯二十五年、周幽王爲犬戎所殺。因東徙益卑。諸侯畔之。秦始列爲諸侯。三十六年、惠伯卒。子石甫立。其弟武殺之代立。是爲繆公。【考證】梁玉繩曰、按繆公已下改稱公、不可曉、其弟者石甫之弟也、曹詩疏引史、石作碩、愚按、楓山三條本亦作碩、繆公三年卒。子桓公終生立。【集解】孫檢云、一作終湦、湦、音生、桓公三十五年、魯隱公立。【考證】馮班曰、世家書魯隱公立、春秋之始也、四十五年、魯弑其君隱公。【考證】隱十一年春秋經傳、四十六年、宋華父督弑其君殤公、及孔父。【考證】桓二年春秋經傳、四十六年、年表作四十七年、爲是、五十五年、桓公卒。【考證】桓十年春秋經傳、子莊公夕姑立【索隱】夕姑、上音亦、卽射姑也、同音亦、【考證】梁玉繩曰、攷釋文云、或作亦、人表作

亦姑、而春秋及史表竝作射姑、曹詩譜疏引世家同、此作夕者、必夜字之譌脫、猶功臣表深澤侯趙將夜、漢表譌作夕也、古射夜多通借、春秋文六年經、狐射姑、穀梁作夜姑、左昭二十五年申夜姑、釋文或作射也、莊公二十三年、齊桓公始霸。【考證】莊十五年春秋經傳、三十一年、莊公卒。【考證】莊廿三年春秋、子釐公夷立。【考證】莊二十四年春秋、戎侵曹、曹羈出奔陳、赤歸于曹、左氏無傳、杜注云、羈蓋曹世子也、先君既葬而不稱爵者、微弱不能自定、曹人以名赴、赤、僖公也、蓋爲戎所納、故曰歸、與此異、釐公九年卒。子昭公班立。昭公六年、齊桓公敗蔡、遂至楚召陵。【考證】齊桓公以下、僖四年春秋、九年、昭公卒。【考證】僖七年春秋、子共公襄立。共公十六年、初晉公子重耳、其亡過曹、曹君無禮、欲觀其駢脅。【集解】韋昭曰、駢者幷幹也、【正義】駢、白邊反、脅、許業反、釐負【考證】沈家本曰、年表亦敍于十六年、然史文有初字、則非十六年之事、楓山、三條本、重耳下、無其字、駢脅謂脅骨比連若一骨然、左傳云、浴、薄而觀之、薄、帷也、羈諫不聽。私善於重耳。【正義】釐、音僖、曹大夫、【考證】楓山、三條本、聽下有負羈二字、初晉公子以下、采僖二十三年左傳、二十一年、晉文公重耳伐曹。虜共公以歸。令軍毋入釐負羈

之宗族閭。或說晉文公曰。昔齊桓公會諸侯復異姓。今君囚曹君、滅同姓。何以令於諸侯。晉乃復歸共公。【考證】以上、采僖二十八年左傳、二十五年、晉文公卒。【考證】僖三十二年春秋經傳、三十五年、共公卒。【考證】文九年春秋、子文公壽立。文公二十三年卒。【考證】宣十四年春秋、子宣公彊立。【索隱】按左傳、宣公名廬、【考證】梁玉繩曰、案三傳春秋及漢書人表、宣公名廬、卽年表亦作廬、不聞名彊也、況宣公之先有幽伯彊、何容宣又名彊、其誤審矣、宣公十七年卒。弟成公負芻立。【考證】成十三年春秋經傳、左傳言公子負芻、不言弟、杜注、以爲宣公庶子、近是、成公三年、晉厲公伐曹、虜成公以歸。已復釋之。【索隱】按左傳、成十五年、晉厲公執負芻、歸于京師、晉立宣公弟子臧、子臧曰、聖達節、次守節、下失節、爲君非吾節也、遂逃奔宋、曹人請于晉、晉人謂子臧反國、吾歸而君、子臧反、晉於是歸負芻、【考證】成十五年左傳、陳仁錫曰、事在曹成公二年、張文虎曰、表、二年晉執我公以歸、春秋經傳皆云執之於會、不云伐、五年、晉欒書・中行偃、使程滑弒其君厲公。【考證】成十八年春秋經傳、二十三年、成公卒。【考證】襄十八年春秋、子武公

勝立。【考證】昭十四年春秋、勝作滕、武公二十六年、楚公子弃疾、弒其君靈王代立。【考證】昭十三年春秋經傳、二十七年、武公卒。【考證】昭十四年春秋、子平公頃立。【考證】楓山、三條本、頃作須、與年表春秋合、此誤、平公四年卒。【考證】昭十八年春秋經傳、子悼公午立。是歲、宋・衛・陳・鄭皆火。【考證】四國火、昭十八年春秋經傳、悼公八年、宋景公立。九年、悼公朝于宋。宋囚之。曹立其弟野。是爲聲公。悼公死於宋。歸葬。聲公五年、平公弟通弒聲公代立。是爲隱公。【索隱】按譙周云、春秋無其事、今檢系本及春秋、悼伯卒、弟露立、謚靖公、實無聲公隱公、蓋是彼文自疏也、隱公四年、聲公弟露、弒隱公代立。是爲靖公。【考證】靖公名露、與春秋合、年表作路、梁玉繩曰、案此所說、春秋皆無其事、不知史公何據、靖公四年卒。【考證】定八年春秋、子伯陽立。【考證】梁玉繩曰、伯者曹伯、陽者其名、蓋史公誤認伯亦是名、故連陽字呼之、伯陽三年、國人有夢衆君子立于社宮。【集解】賈逵曰、社宮、社也、鄭衆曰、社宮、中有室屋者、謀欲亡曹。曹叔振鐸

止之、請待公孫彊。許之。旦求之。曹無此人。夢者戒其子曰。我亡、【考證】左傳、亡作爾聞公孫彊爲政、必去曹。無離曹禍。【索隱】離、卽罹、罹、被也、及伯陽卽位、好田弋之事。六年、曹野人公孫彊、亦好田弋。獲白鴈而獻之、且言田弋之說。因訪政事。伯陽大說之、有寵。使爲司城以聽政。【考證】竹添光鴻曰、曹國近宋、故倣宋司城之名、其曰聽政、蓋正卿也、夢者之子乃亡去。公孫彊言霸說於曹伯。十四年、曹伯從之、乃背晉干宋。【集解】賈逵曰、以小加大、【索隱】干、謂犯也、言曹因弃晉而犯宋、遂致滅也、裴氏引賈逵注云、以小加大者、加、陵也、小、卽曹也、大、謂晉及宋也、【考證】梁玉繩曰、事不知何歲、左傳在哀七年、乃是追敍、故曰初、此與表書夢于陽三年、書爲司城于陽六年、未確也、宋景公伐之。晉人不救。【考證】國人有夢以下、采哀七年左傳、十五年、宋滅曹。執曹伯陽及公孫彊、以歸而殺之。曹遂絕其祀。【考證】宋滅曹以下、采哀八年春秋經傳、

太史公曰。【索隱】檢諸本、或無此論、余尋曹共公之不用僖負羈、乃乘軒者三百人。【正義】晉世家云、晉師入曹、數之以其不用僖負羈言、而美女乘軒三百人也、列女傳云、曹僖負羈之妻者、曹大夫僖負羈之妻也、晉公子重耳亡過曹、曹恭公不禮、聞其駢脅、伺其將浴、設微薄而觀之、負羈妻言於負羈曰、吾觀晉公子、其從者三人、皆國相也、皆善戮力以輔一人、必得晉國、若得歸國、必霸諸侯而討無禮、曹爲首、若曹有難、子必不免、子胡不早自貳焉、且吾聞之、不知其子者視其所使、今其從者皆國相之僕也、則其君必霸王之主也、若加禮焉、必能報施矣、若有罪必能討過、子不早圖、禍至不久矣、負羈乃遺壺飧、加璧其上、公子受飧反璧、及公子反國伐曹、乃表負羈之閭、令兵士無入、士民扶老攜弱而赴其閭者、閭外成市、君子謂僖氏之妻能達識矣、知唯德之不建。【正義】夫治國立政、知唯在德、而不建立也、不用僖負羈言、乃美女三百人乘軒車、是不建立德也、【考證】楓山、三條本、建作逮、誤、說見下、及振鐸之夢、豈不欲引曹之祀者哉。如公孫彊不脩厥政、叔鐸之祀忽諸。【正義】至如公孫彊不脩霸道之政、而伯陽之子立、叔鐸猶尙饗祭祀、豈合忽絕之哉、【考證】凌本、及作乃、楓山、三條本、忽諸上有易字、柯維騏曰、按左氏文公六年、臧文仲聞六與蓼滅曰、皐陶庭堅、不祀忽諸、德之不建、民之无援、哀哉、太史公之語本此、杜預注謂忽諸者、忽然而絕也、正義乃謂豈合忽絕之哉、是蓋未讀左氏傳也、王念孫曰、張說甚謬、如讀爲而、言叔鐸非不欲引曹之祀、而無若公孫彊之不脩國政以致絕祀何也、此云知德之不建、又云叔鐸之祀忽諸、皆用左氏臧文仲語、

【索隱】述贊、武王之弟、管蔡及霍、周公居相、流言是作、狼跋致艱、鴟鴞討惡、胡能改行、克復其爵、獻舞執楚、遇息禮薄、穆侯虜齊、蕩舟乖謔、曹共輕晉、負羈先覺、伯陽夢社、祚傾振鐸、

管蔡世家第五　史記三十五

史記會注考證

文學博士瀧川龜太郎著

史記會注考證卷三十六

漢　太　史　令　司　馬　遷　撰

宋　中　郎　外　兵　曹　參　軍　裴　駰　集　解

唐　國　子　博　士　弘　文　館　學　士　司　馬　貞　索　隱

唐　諸　王　侍　讀　率　府　長　史　張　守　節　正　義

日　本　出　雲　瀧　川　資　言　考　證

陳杞世家第六

史記三十六

【考證】史公自序云、王後不絕、舜禹是說、維德休明、苗裔蒙烈、百世享祀、爰周陳杞、楚實滅之、齊田既起、舜何人哉、作陳杞世家第六、

陳胡公滿者、虞帝舜之後也。【考證】本襄二十五年、昭八年左傳、昔舜爲庶人時、堯妻之二女、居于嬀汭。【正義】括地志云、嬀汭水、源出蒲州河東縣南首山、地記云、河東郡首山北中有二泉、下南流者汭水、蒲坂城中有舜廟、城外有舜宅及二妃壇、按河東縣本漢蒲坂縣、【考證】本尚書堯典、正義依桃源鈔補、校之五帝本紀、譌脫甚多、其後因爲氏姓。姓嬀氏。【考證】梁玉繩曰、案帝舜姓姚、至周封胡公、乃賜姓爲嬀、史謂胡公之前已姓嬀、不但乖舛無徵、且與下文言及胡公周賜之姓相違反、孔仲達鄭漁仲、皆辨其誤矣、王莽傳載莽言、虞帝之先、受姓曰姚、其在陶唐曰嬀、在周曰陳、尤屬妄說、豈緣史誤而增飾之歟、舜已崩、傳禹天下、而舜子商均爲封國。【索隱】按商均所封虞、即今之梁國虞城是也、【正義】譙周云、以虞封舜子、按宋州虞城縣、商均封爲虞公、其子虞思事少康爲相、號幕、下至遂公推、事成湯爲司徒、湯滅夏、封爲遂公、號曰虞遂、遂後代子孫名希、去殷入周、事王季爲宮尹、希之子孫遏父、事文王爲陶正、遏父之子滿、武王滅殷、封爲陳侯、賜嬀氏、諡胡公、【考證】趙翼曰、左傳哀元年、少康逃奔有虞、虞思妻以二姚、注云、思、舜之後也、則舜之後在夏時封於虞者、左傳昭八年、舜實後於遂、注云、殷封舜後於遂、則舜之後、在殷時封於遂者、左傳襄廿五年、子產曰、昔虞閼父爲周陶正、武王以元女妻其子胡公、則胡公滿之父也、而陳世家皆不載、夏后之時、或失或續。【索隱】按夏代猶封虞思、虞遂是也、至于周武王克殷紂、乃復求舜後、【索隱】遏父爲周陶正、遏父、遂之後、陶正、官名、生滿、得嬀滿、封之於陳、【索隱】左傳曰、武王以元女太姬配虞胡公、而封之陳、以備三恪、【正義】詩譜云、帝舜後有遏父者、爲周武王陶正、武王賴其器用、封其子嬀滿於陳丘、宛丘之側、按今陳州城、在古陳城內西北隅也、【考證】梁玉繩曰、案襄廿五傳、子產曰、虞閼父爲周陶正、以服事我先王、我先王賴以元女大姬配胡公、而封諸陳、則非求而得之矣、大戴禮少閒篇、謂禹受命、乃遷邑姚姓于陳、下文索隱引宋忠謂湯封虞遂于陳、然則胡公其續封歟、恐未可信、愚按、陳國於宛丘、今河南淮陽縣、以奉帝舜祀。是爲胡公。胡公卒。子申公犀侯立。申公卒。弟相公皋羊立。相公卒。立申公子突。是爲孝公。孝公卒。子愼公圉戎立。愼公當周厲王時。【考證】茅坤曰、胡公四傳而爲愼公、遂及周之厲王、其誤可知矣、愼公卒。子幽公寧立。幽公十二年、周厲王奔于彘。【考證】陳仁錫曰、史表在十三年、二十三年、幽公卒。子釐公孝立。釐公六年、周宣王即位。【考證】陳仁錫曰、史表在五年、三十六年、釐公卒。子武公靈立。武公十五年卒。子夷公說立。是歲、周幽王即位。【考證】梁玉繩曰、夷公立于幽王二年、此誤、夷

公三年卒。弟平公燮立。【正義】燮、先牒反、 平公七年、周幽王爲犬戎所殺、周東徙。秦始列爲諸侯。二十三年、平公卒。子文公圉立。文公元年、取蔡女生子佗。【正義】佗、徒何反、【考證】楓山、三條本、圉作閑、梁玉繩曰、文不取于蔡、佗母未聞、說見後、 十年、文公卒。長子桓公鮑立。桓公二十三年、魯隱公初立。【考證】春秋始于此、 二十六年、衛殺其君州吁。【考證】隱四年春秋經傳、梁玉繩曰、州吁、弑君之賊也、而書曰其君、背于春秋書名之義矣、 三十三年、魯弑其君隱公。【考證】隱十一年左傳、 三十八年正月甲戌己丑、桓公鮑卒。【索隱】陳亂、故再赴其日、【正義】甲戌、己丑、凡十六日、【考證】依桓五年春秋經傳、各本桓公上衍陳字、今從索隱本、中井積德曰、春秋在魯記之、故隨赴書兩日耳、是不當入世家、且從前公卒不日、此何論日、 桓公弟佗、其母蔡女。故蔡人爲佗殺五父及桓公太子免、而立佗。【集解】譙周曰、春秋傳、謂佗卽五父、世家與傳違、【索隱】譙周曰、春秋傳、謂他卽五父、與此違者、此以他爲厲公、太子免弟躍爲利公、而左傳以厲公名躍、他立未踰年、無謚、故蔡人殺陳他、又莊二十二年傳云、陳厲公蔡出也、故

蔡人殺五父而立之、則他與五父俱爲蔡人所殺、其事不異、是一人明矣、史記既以他爲厲公、遂以躍爲利公、尋厲利聲相近、遂誤以他爲厲公、五父爲別人、是太史公錯耳、班固又以厲公躍爲桓公弟、又誤、【考證】桓五年左傳云、陳侯鮑卒、於是陳亂、文公子佗殺大子免而代之、六年經云、蔡人殺陳佗、十二年經云、八年壬辰陳侯躍卒、莊二十二年左傳云、陳厲公蔡出也、故蔡人殺五父而立之、襄二十五年左傳云、子產曰、桓公之亂、蔡人欲立其出、我先君莊公奉五父而立之、蔡人殺之、我又與蔡人奉戴厲公、索隱所引未明、故特詳之、 是爲厲公。桓公病而亂作、國人分散。故再赴。【集解】徐廣曰、班氏云、厲公躍者、桓公之弟也、【考證】桓公病以下、采桓五年左傳、中井積德曰、上文不題春秋、則再赴者、不知告于何國也、且是何論於世家、竝削可也、 厲公二年、生子敬仲完。周太史過陳。【考證】梁玉繩曰、完未定生于是年、愚按、左傳止言周史、不言太史、 陳厲公使以周易筮之。卦得觀之否。【集解】賈逵曰、坤下巽上、觀、坤下乾上、否、觀爻在六四、變而之否、 是爲觀國之光。利用賓于王。【集解】杜預曰、此周易觀卦六四爻辭也、易之爲書、六爻皆有變象、又有互體、聖人隨其義而論之、【正義】君在親近而得其位、明習國之禮義、故利於賓於王、言爲王賓、否卦義云、否閉之世、非是人道交通之時、不利君子爲正也、上下不交、而天下困否也、言利賓於王、逢否困之世、故刺君子爲政、必君困也、【考證】竹添光鴻曰、之、適也、繫辭云、唯變所適、是變而有所之也、之字自包變義、而以變爲之字、正訓則非也、古之筮法、有以前卦統後卦、有以後卦斷前卦、

有彖二卦、有止一卦、此遇觀之否、其吉在於觀國之光、利用賓于王、左傳襄二十五年、遇困之大過、其凶在於困于石、據于蒺蔾、此以前卦占之也、閔二年、遇大有之乾、其吉在於同復于父、敬如君所、此以後卦占之也、閔元年、遇屯之比、其吉在於車從馬、足居之、兄長之、母覆之、衆歸之、昭五年、遇明夷之謙、其凶在於火焚山、山敗於人爲言、敗言爲讒、此彖二卦占之也、僖十五年、遇蠱、成十六年、遇復、此止一卦占之也、愚按、光王韻、 此其代陳有國乎。【考證】龜井昱曰、代興之代也、應陳衰其昌、 不在此、其在異國。【正義】六四變、內卦爲中國、外卦爲異國、 非此其身、在其子孫。【正義】內卦爲身、外卦爲子孫、變在外、故知在子孫也、【考證】龜井昱曰、異國子孫、左氏詳說之、史公刪之、正義以外卦變說之、非是、 若在異國、必姜姓。【正義】六四變、此爻是辛未、觀上體巽、未爲羊、巽爲女、女乘羊、故爲姜、姜、齊姓、故知在齊、【考證】必姜姓、亦左氏詳說、史公刪之、正義未爲羊以下可削、春秋時未嘗以十二支配十二神、 姜姓、太嶽之後、【集解】杜預曰、姜姓之先、爲堯四嶽、【考證】龜井昱曰、所變者爲艮之主、故以艮言之、 物莫能兩大。陳衰、此其昌乎。【正義】周敬王四十一年、楚惠王殺陳湣公、齊簡公、周敬王三十九年被田常殺之、【考證】龜井昱曰、後世陳若衰、則此子孫其必代而昌、愚按、生子敬仲以下、采莊二十二年左傳、 厲公取蔡女。蔡女與蔡人亂。厲公數如蔡淫。七年、厲公所殺桓公太子免之三弟、長曰

躍、中曰林、少曰杵臼。共令蔡人誘厲公以好女、與蔡人共殺厲公而立躍。是爲利公。【集解】公羊傳曰、淫于蔡、蔡人殺之、【考證】桓六年公羊傳、又見穀梁傳、 利公者、桓公子也。利公立、五月卒。立中弟林。是爲莊公。【考證】梁玉繩曰、案年表云、陳文公生桓公鮑、厲公他、他母蔡女、桓公三十八年卒、弟他殺太子免代立、厲公淫蔡、蔡殺公、田完世家云、陳完者陳厲公佗之子也、厲公者陳文公少子也、其母蔡女、文公卒、厲公兄鮑立、是爲桓公、桓公與佗異母、及桓公病、蔡人爲佗殺桓公及太子免而立佗、爲厲公、厲公既立、取蔡女、蔡女淫于蔡人、數歸、厲公亦數如蔡、桓公之少子林怨厲公殺其父與兄、乃令蔡人誘厲公而殺之、林自立、是爲莊公、凡此皆史之大誤也、考春秋經傳、厲公名躍、桓公之子、桓公取蔡女生厲公、故厲公母爲蔡女、若他乃文公子、桓公弟、卽五父也、他因桓公疾、殺太子免代立、而厲公蔡出、蔡人因殺佗立厲公、厲公在位七年卒、弟莊公林立、莊公卒、弟宣公杵臼立、佗簒立踰年、無謚、不成爲君、絕之焉爾、乃史以厲公爲文公子、則與公羊桓十二年傳注以厲公爲佗子何異、誤一、以陳佗爲厲公、誤二、以厲公母蔡女、爲佗之母、誤三、分佗與五父爲兩人、誤四、佗自殺免、于蔡何涉、謂蔡人爲佗殺之、誤五、佗但殺免不殺桓公、謂佗殺桓公鮑、誤六、蔡人殺佗、卽在桓卒之明年、謂佗立七年見殺、誤七、取蔡女者桓公、左傳莊二十二言厲公蔡出可據、謂厲公佗取蔡女、猶上文稱文公取蔡女、誤八、陳佗淫蔡、蔡殺之、二家之說、而傳會其事、謂厲公淫蔡、遂誘以好女而殺之、誤九、蔡自殺佗、于太子免之三弟、亦復無干、謂三弟共令蔡誘殺佗、誤十、此言三弟、以林爲中

子、而田完世家言少子林、不及躍與杵臼、誤十一、表、田完世家、皆無利公、而此別出利公躍、妄分厲公躍爲兩人、誤十二、陳佗踰年死、厲公躍七年卒、今既以佗爲厲公、在位七年、便稱利公躍立、五月而卒、誤十三、索隱及毛詩左傳疏、雖俱糾其謬、然不甚詳核、余故綜而辨之、又曰、古利厲通用、論語、利其器、漢書梅福傳作厲其器、左傳文七年利兵、亦卽厲兵也、

莊公七年卒。【考證】莊元年春秋、少弟杵臼立。是爲宣公。宣公三年、楚武王卒。楚始彊。【考證】楚武卒、莊四年左傳、十七年、周惠王娶陳女爲后。【考證】莊十八年左傳、二十一年、宣公後有嬖姬、生子款。欲立之。【考證】梁玉繩曰、傳無嬖款之事、豈別有所據乎、乃殺其太子禦寇。禦寇素愛厲公子完。完懼禍及己、乃奔齊。齊桓公欲使陳完爲卿。完曰。羈旅之臣、【集解】賈逵曰、羈、寄旅客也、【考證】羈讀爲羇、幸得免負擔。君之惠也。不敢當高位。【考證】負擔、言勞役也、桓公使爲工正。【正義】周禮云、冬官爲考工、主作器械、【考證】杜預曰、掌百工之官也、齊懿仲欲妻陳敬仲。卜之。【考證】梁玉繩曰、齊懿仲、左傳、作懿氏、杜注、陳大夫、此云仲、誤、云齊、尤誤、當作懿氏、而改齊字爲初字方合、蓋此追書前事也、占曰。是

謂鳳皇于飛、和鳴鏘鏘。【集解】杜預曰、雄曰鳳、雌曰皇、雄雌俱飛、相和而鳴鏘鏘然也、猶敬仲夫妻有聲譽、【考證】中井積德曰、唯言夫妻和睦也、未及聲譽、若敬仲聲譽、猶可、其妻何聲譽之有、竹添光鴻曰、上文是謂觀國之光、二句周易爻辭、則此二句亦卜書繇辭、上文此其代陳以下、筮者之辭、則此文有嬀之後以下、亦卜者之辭、愚按、鏘與姜卿京韻合、則竹說未必是、集解夫妻下、楓山三條本、有相隨適齊四字、有嬀之後、將育于姜。【集解】杜預曰、嬀、陳姓、姜、齊姓、【考證】龜井昱曰、育、子孫蕃育也、卜妻之故曰育、隱八年左傳、不爲夫婦、何以能育、五世其昌、竝于正卿。【集解】服虔曰、言完後五世、與卿竝列、【正義】按五世、謂桓子無宇、【考證】龜井昱曰、左傳疏云、與卿竝爲上大夫也、按昭十年、謂陳無宇非卿、執諸中都、叔向曰、齊使上大夫送之、正與是占照應、八世之後、莫之與京。【集解】賈逵曰、京、大也、【正義】按陳敬仲八代孫、田常之子襄子盤也、而杜以常爲八代者、以桓子無宇生武子開、與釐子乞皆相繼事齊、故以常爲八代、【考證】乃殺太子禦寇以下、采莊二十二年左傳、莫之與京、言其位最高也、三十七年、齊桓公伐蔡。蔡敗。南侵楚、至召陵。還過陳。陳大夫轅濤塗惡其過陳、詐齊令出東道。東道惡。桓公怒、執陳轅濤塗。【考證】楓山、三條本、還作遠、齊桓公以下、采僖四年公羊傳、與左氏小異、是歲、晉獻公殺其太子申生。【考證】僖四年左傳、

四十五年、宣公卒。【考證】僖十二年春秋、子款立。是爲穆公。穆公五年、齊桓公卒。【考證】僖十七年春秋、十六年、晉文公敗楚師于城濮。是歲穆公卒。【考證】僖二十八年春秋經傳、子共公朔立。共公六年、楚太子商臣弑其父成王代立。是爲穆王。【考證】文元年春秋經傳、十一年、秦穆公卒。【考證】文六年左傳、十八年共公卒。【考證】文十三年春秋、子靈公平國立。靈公元年、楚莊王卽位。【正義】謚法云、亂而不損曰靈、六年、楚伐陳。【考證】宣元年春秋經傳、十年、陳及楚平。【考證】宣五年左傳、十四年、靈公與其大夫孔寧・儀行父、皆通於夏姬。【正義】寧、作寗、音甯、列女傳云、陳女夏姬者、陳大夫夏徵舒之母、御叔之妻也、三爲王后、七爲夫人、公侯爭之、莫不迷惑失意、杜預云、夏姬、鄭穆公女、陳大夫御叔之妻、左傳云、殺御叔、弑靈侯、戮夏南、出孔儀、喪陳國、衷其衣以戲於朝。【集解】左傳曰、衷其衵服、穀梁傳曰、或衣其衣、或中其襦、【正義】衵、尼乙反、近身衣、【考證】龜井昱曰、衷、衷甲之衷、泄冶諫曰。君臣淫亂、民何效焉。靈公以告二子。

二子請殺泄冶。公弗禁。遂殺泄冶。【集解】春秋曰、陳殺其大夫泄冶、【考證】宣九年左傳、十五年、靈公與二子飲於夏氏。公戲二子曰。徵舒似汝。二子曰。亦似公。【集解】杜預曰、靈公卽位十五年、徵舒已爲卿、年大無嫌是公子也、蓋以夏姬淫放、故謂其子多似、以爲戲也、【考證】正義本、公作君、竹添光鴻曰、荒淫無恥、至此、千古無兩、徵舒怒。【考證】左傳、怒作病之、靈公罷酒出。徵舒伏弩廄門、射殺靈公。【集解】左傳曰、公出自其廄、【考證】中井積德曰、集解廄下、脫射而殺之四字、孔寧・儀行父、皆奔楚。【考證】以上、采宣十年左傳、靈公太子午奔晉。徵舒自立爲陳侯。【考證】蘇轍曰、太子未嘗奔晉、徵舒未嘗爲君、蓋楚入陳、然後陳侯奔晉耳、（梁玉繩曰、時陳侯在晉、非奔晉也、）全祖望曰、史記、夏氏弑君自立、成公以太子奔晉、楚人迎而立之、而不見于左傳、是史之誣也、夏氏未嘗自立、成公已預辰陵之盟、何嘗以太子出奔乎、使夏氏自立、則辰陵之盟、孔子豈肯書爲陳侯、可不辨而明已、徵舒、故陳大夫也。夏姬、御叔之妻、舒之母也。成公元年冬、楚莊王爲夏徵舒殺靈公、率諸侯伐陳。謂陳曰。無驚。吾誅徵舒而已。已誅徵舒、因縣陳而有

之。羣臣畢賀。申叔時使於齊、來還。獨不賀。【集解】賈逵曰、叔時、楚大夫、 莊王問其故。對曰。鄙語有之。牽牛徑人田。田主奪之牛。徑則有罪矣。奪之牛、不亦甚乎。今王以徵舒爲賊弑君。故徵兵諸侯、以義伐之。已而取之、以利其地。則後何以令於天下。是以不賀。莊王曰。善。【考證】冬楚莊王以下、宣十一年左傳、 乃迎陳靈公太子午於晉而立之。復君陳如故。是爲成公。【考證】宣十一年左傳云、陳侯在晉、是成公既卽位、奔竄在晉也、左傳下文又云、楚莊王復封陳、是成公自晉歸陳也、與史文異、 孔子讀史記、至楚復陳曰。賢哉楚莊王。輕千乘之國而重一言。【索隱】謂申叔時之語、【正義】家語云、孔子讀史記、至楚復陳、喟然曰、賢哉楚莊王、輕千乘之國、而重一言之信、非申叔時之忠、弗能建其義、非楚莊王之賢、不能受其訓也、【考證】孔子讀史記數句、三傳國語不載、凌稚隆曰、是敍事中入贊語、 二十八年、楚莊王卒。【考證】杭世駿曰、年表、陳成公八年、楚莊王薨、此衍二十兩字、愚按、春秋爲宣十八年事、 二十九年、陳倍楚盟。【考證】襄三年

春秋經傳、 三十年、楚共王伐陳。是歲、成公卒。【考證】襄四年春秋經傳、 子哀公弱立。【考證】梁玉繩曰、哀公之名、春秋作溺、漢人表作弱、蓋古通用、 楚以陳喪罷兵去。【考證】襄四年左傳、 哀公三年、楚圍陳。復釋之。【考證】襄八年左傳、 二十八年、楚公子圍弑其君郟敖、自立爲靈王。【考證】昭元年春秋經傳、 三十四年、【考證】中井積德曰、據春秋、當作三十五年、 初哀公娶鄭、長姬生悼太子師、少姬生偃。【索隱】按昭八年經云、陳侯之弟招、殺陳世子偃師、左傳、陳哀公元妃鄭姬生悼太子偃師、今此云兩姬、又分偃師爲二人、亦恐此非、 二嬖妾。長妾生留、少妾生勝。留有寵哀公。哀公屬之其弟司徒招。【正義】招一作耆、同韶、 哀公病。三月、招殺悼太子、立留爲太子。哀公怒欲誅招。招發兵圍守哀公。哀公自經殺。【集解】徐廣曰、三十五年時、【考證】左傳、自經作縊、義同、竹添光鴻曰、哀公實無廢殺太子之心也、不然、招殺之而何爲憤恚自經乎、其屬留於招者、恐留素有寵、太子或恚、留不能善保其弟耳、 招卒立留爲陳君。四月、陳使使赴楚。楚靈王

聞陳亂、乃殺陳使者、【索隱】卽司徒招也、一作君也、【正義】使者干徵師也、左傳云、昭八年、陳哀公縊、干徵師赴於楚、楚執陳行人干徵師殺之、【考證】正義是、 使公子弃疾發兵伐陳。陳君留奔鄭。九月、楚圍陳。十一月、滅陳。【考證】初哀公以下、本昭八年左傳、 使弃疾爲陳公。【考證】梁玉繩曰、案左傳、爲陳公者穿封戌也、弃疾爲蔡公、此誤、 招之殺悼太子也、太子之子名吳、出奔晉。【考證】梁玉繩曰、案吳恐無奔晉之事、傳曰、楚公子弃疾奉孫吳圍陳、則未嘗奔晉矣、 晉平公問太史趙曰。陳遂亡乎。對曰。陳、顓頊之族。【集解】服虔曰、陳祖虞舜、舜出顓頊、故爲顓頊之族、 陳氏得政於齊、乃卒亡。【集解】賈逵曰、物莫能兩盛、 自幕至于瞽瞍、無違命。【集解】賈逵曰、幕、舜後虞思也、至于瞽瞍、無聞違天命以廢絕者、鄭衆曰、幕、舜之先也、駰案國語、賈義爲長、【索隱】按賈逵以幕爲虞思、非也、左傳言自幕至瞽瞍、知幕在瞽瞍之前、必非虞思明矣、【考證】龜井昱曰、魯語、幕能帥顓頊者也、有虞氏報焉、楚語、虞幕能聽協風以成物樂生者也、呂覽古樂篇、帝堯立、乃命夔爲樂、瞽叟乃拌五絃之琴、以爲十五絃之瑟、命之曰大章、以祭上帝、舜立、仰延乃拌瞽叟之所爲瑟、益之八絃、以爲二十三絃之瑟、蓋顓頊之宗亡、幕是其族、而舜之祖也、至于鼓瞍有土君后、故曰無違命、瞽瞍作大章祭上帝、能世幕之業以不失隊可知、疏云、瞽瞍始失國、果然、

傳不宜曰無違命也、蓋瞽瞍欲立象、故降黜舜、此所以在側陋而耕稼陶漁也、殷代帝子、猶有勤苦民間、何復深疑之、 舜重之以明德、至於遂。【集解】杜預曰、遂、舜後、蓋殷之興、存舜之後、而封遂、言舜德乃至於遂也、【索隱】重、音持用反、按杜預以爲舜有明德乃至遂有國、義亦然也、且文云、自幕至瞽瞍、無違命、舜重之以明德、是言舜有明德爲天子也、乃云、殷封遂、代守之、亦舜德也、按系本云、陳、舜後、宋忠云、虞思之後、箕伯直柄中衰、殷湯封遂於陳、以祀舜、 世世守之。及胡公、周賜之姓、使祀虞帝。【集解】杜預曰、胡公滿、遂之後也、事周武王、賜姓曰嬀、封之陳、 且盛德之後、必百世祀。虞之世未也。其在齊乎。【考證】晉平公以下、昭八年左傳、愚按、左傳之世下有數字、 楚靈王滅陳五歲、楚公子弃疾弑靈王代立。是爲平王。平王初立、欲得和諸侯、乃求故陳悼太子師之子吳、立爲陳侯。【考證】以上據昭十三年左傳、梁玉繩曰、吳非行遯、不必言求、師上當補偃字、 是爲惠公。惠公立、探續哀公卒時年而爲元。空籍五歲矣。【索隱】惠公探取哀公死楚陳滅之後年爲元年、故今空籍五歲矣、一云、籍、借也、謂借失國之後年爲五年、【正義】哀公被楚滅、使弃疾爲陳侯五年、及弃疾立爲楚王、而立惠公、探續哀公卒爲元年、故空籍至此五歲也、【考證】洪頤煊曰、年表、哀公自殺、次年卽書陳

惠公元年、索隱前說是、 七年、陳火。【考證】昭十八年春秋經傳、表在十年、與春秋經傳合、七當作十、 十五年、吳王僚使公子光伐陳。取胡·沈而去。【索隱】系本云、胡、歸姓、沈、姬姓、沈國、在汝南平輿、胡亦在汝南、【考證】昭二十三年春秋經傳、今安徽潁州府阜陽縣有胡城、春秋胡子國、河南汝寧府汝陽縣有沈亭、春秋沈國、 二十八年、吳王闔閭與子胥敗楚入郢。是年、惠公卒。【考證】定四年春秋經傳、 子懷公柳立。懷公元年、吳破楚在郢。召陳侯。陳侯欲往。大夫曰。吳新得意。楚王雖亡、與陳有故。不可倍。懷公乃以疾謝吳。【考證】吳破楚以下、本哀元年左傳、大夫逢滑、梁玉繩曰、大夫數語、與逢滑之對不合、以疾謝吳、與以晉辭亦不合、 四年、吳復召懷公。懷公恐如吳。吳怒其前不往、留之。因卒吳。【考證】定八年春秋止云、秋七月陳侯柳卒、九月葬陳懷公、三傳亦不記如吳留死之事、史公別有所據乎、 陳乃立懷公之子越。是爲湣公。【索隱】按左傳、湣公名周、是史官記不同、【考證】梁玉繩曰、左傳無湣公名周之文、孟子有之、小司馬誤、孟子曰、主司城貞子爲陳侯周臣、趙岐注、陳侯周、陳懷公子、蓋湣公名越、又名周也、 湣公六年、孔子適陳。【考證】梁玉繩曰、孔子世家、是時孔子尚在衞、過陳在七年、此與表皆誤、 吳王夫差伐陳、取三邑而去。【考證】陳仁錫曰、吳上當有八年二字、梁玉繩曰、攷哀元年春秋經傳及年表、皆不言取三邑、疑此與孔子世家同誤、 十三年、吳復來伐陳。陳告急楚。楚昭王來救、軍於城父。吳師去。是年、楚昭王卒於城父。【正義】父、音甫、亳州縣、【考證】哀六年左傳、 時孔子在陳。【索隱】按孔子以魯定公十四年適陳、當陳湣公之六年、上文說是、此十三年孔子仍在陳、凡經八年、何其久也、【考證】梁玉繩曰、案此謂湣公十三年也、攷孔子至陳、凡經五年、共二次、始則在定十五年、當陳湣七年、至哀二年而去、當湣九年、繼卽在哀二年、至四年而去、當湣十一、孔子世家甚明、金氏前編薛氏甲子會記、謂孔子三至陳者、俱謬、而其謬亦有自來、陳世家言湣公六年、孔子適陳、當定十四、十三年、孔子在陳、當哀六、亦猶年表及衞世家、謂衞出公八年、當哀十、孔子自陳入衞也、而不知均屬誤書、定公十四年、孔子在衞、尚未適陳、哀公六年、孔子自楚返衞、久已去陳、哀公十年、孔子猶居衞、安得如年表陳衞世家之說、索隱未究其誤、妄疑孔子在陳、何以有八年之久、前編亦未究其誤、反據陳世家以駁孔子世家、皆非也、 十五年、宋滅曹。【考證】哀八年春秋經傳、 十六年、吳王夫差伐齊、敗之艾陵。【考證】哀十一年春秋經傳、梁玉繩曰、案艾陵之戰、在陳湣十八年、非十六年也、 使人召陳侯。陳侯恐如吳。楚伐陳。【考證】春秋經傳無此事、梁玉繩曰、是時

陳已服吳、何煩再召、蓋又因吳召懷公事而誤、 二十一年、齊田常弒其君簡公。【考證】哀十四年春秋經傳、 二十三年、楚之白公勝殺令尹子西·子綦、襲惠王。葉公攻敗白公。白公自殺。【正義】括地志云、白亭、在許州扶口縣北四十五里、卽勝所封、按白亭在豫州褒信縣者是也、以解在楚世家、【考證】哀十六年左傳、今河南光州東有白城、東北七十里有褒信城、 二十四年、楚惠王復國、以兵北伐、殺陳湣公。遂滅陳而有之。【正義】楚惠王十年滅陳、當周敬王四十一年、魯哀公十六年、【考證】哀十七年左傳、 是歲孔子卒。【考證】哀十六年左傳、梁玉繩曰、楚惠復國、及孔子之卒、皆在湣公二十三年、此誤、沈家本曰、此五字疑在上文白公自殺下、方與左傳文合、 杞東樓公者、夏后禹之後苗裔也。【索隱】杞、國名也、東樓公、號諡也、不名者、史先失耳、宋忠曰、杞今陳留雍丘縣、故地理志云、雍丘縣故杞國、周武王封禹後爲東樓公、是也、蓋周封杞而居雍丘、至春秋時杞已遷東國、故左氏隱四年傳云、莒人伐杞取牟婁、牟婁、曹東邑也、僖十四年傳云、杞遷緣陵、地理志、北海有營陵、淳于公之縣、臣瓚云、卽春秋緣陵、淳于公所都之邑、又州國名、杞後改國曰州、而稱淳于公、故春秋桓五年經云、州公如曹、傳曰、淳于公如曹、是也、然杞後代又稱子者、以微小又假居東夷、故襄二十九年經、稱杞子來盟、傳曰、書曰子、賤之、是也、【考證】中井積德曰、據春秋州公稱淳于公者、別自一國、州滅後杞有其地也、 殷時或封或絕。周武王克殷紂、求禹之後得東樓公、封之於杞、以奉夏后氏祀。【集解】宋忠曰、杞、今陳留雍丘縣也、【考證】杞、今河南開封府杞縣、 東樓公生西樓公。西樓公生題公。題公生謀娶公。【集解】徐廣曰、謀一作謨、【索隱】注謨一作諜、音牒、娶、音子臾反、【考證】陳子龍曰、東樓、西樓、或所居地名、題、謀娶、或名字、必非諡也、 謀娶公當周厲王時。謀娶公生武公。【考證】梁玉繩曰、案周有天下、至厲王流彘、二百八十餘年、而杞以四世當之、必無此理、王觀國曰、春秋始周平王四十九年、去厲王已六十年、則知杞武公在春秋前也、然春秋襄公六年三月壬午、杞伯姑容卒、姑容者杞桓公也、自襄公六年去隱公元年、一百六十一年矣、以史記世家攷之、自武公至杞桓公卒之年、纔一百一十有三年、是杞武公在春秋中也、然則世家謂周厲王時生武公、蓋誤也、 武公立四十七年卒。子靖公立。靖公二十三年卒。子共公立。共公八年卒。子德公立。【集解】徐廣曰、世本曰惠公、【索隱】系本及譙周並作惠公、又云、惠公生成公及桓公、是此系家脫成公一代、故云弟桓公姑容立、非也、且成公又見春秋經傳、故左傳莊二十五年云、杞成公娶魯女、有婚姻之好、至僖二十三年卒、始赴而書、左傳云、成公也、未同盟、故不書名、是杞有成公、必當如譙周所說、【考證】梁玉繩曰、集解索隱引世本及譙周並作惠公、則德公非也、 德公十八年卒。弟

桓公姑容立。【集解】徐廣曰、世本曰、惠公立十八年、生成公及桓公、成公立十八年、桓公立十七年、【考證】陳仁錫曰、史記脫成公一代、梁玉繩曰、攷春秋、僖二十三年書杞子卒、左氏以爲成公、則推而上之、至僖五年春秋書杞伯姬來朝其子、適合十八年、是成公者伯姬之子、而娶伯姬者惠公也、世家既脫成公一代、而又以桓爲德公弟、幷諡號亦不同、故知世家于小國尤多疎舛、桓公十七年卒。【考證】桓公卒、襄六年春秋經傳、梁玉繩曰、案春秋經傳、成公以僖二十三年卒、是桓公以僖二十四年卽位、至襄六年卒、則在位七十年、此作十七、仍世本之誤、自古諸侯享國之久、未有如杞桓公者也、子孝公匃立。【索隱】匃、音蓋、匃、名、孝公十七年卒。【考證】襄二十三年春秋經傳、弟文公益姑立。文公十四年卒。【考證】昭六年春秋經傳、弟平公鬱立。【索隱】鬱一作郁釐、譙周云、名郁來、蓋鬱郁、釐來、竝聲相近、遂不同耳、【考證】梁玉繩曰、春秋左穀、作郁釐、史從公羊、作鬱、平公十八年卒。【考證】昭二十四年春秋經傳、子悼公成立。悼公十二年卒。【考證】定四年春秋、子隱公乞立。七月、隱公弟遂、弒隱公自立。是爲釐公。【考證】梁玉繩曰、案春秋哀八年、僖公名過、孔疏引世家同、則遂字是今本之譌、釐公十九年卒。【考證】哀八年春秋、子湣公維立、湣公十五年、楚惠王滅陳。【考證】哀十七

年左傳、梁玉繩曰、楚惠王十一年滅陳、當陳湣公二十四年、杞哀公十七年、乃杞湣公之九年也、此作十五年、誤、十六年、湣公弟閼路弒湣公代立。是爲哀公。【索隱】閼、音遏、哀公殺兄湣公而立、諡哀、譙周云、諡懿也、哀公立十年卒。湣公子敕立。是爲出公。【集解】徐廣曰、敕、一作遫、【正義】敕、音速、注同音、出公十二年卒。子簡公春立。立一年、楚惠王之四十四年、滅杞。杞後陳亡三十四年。【正義】年表云、楚惠王十年滅陳、四十四年滅杞、是杞後陳亡三十四年、然湣公一年、哀公十年、出公十二年、簡公一年、合成二十四年、計數缺十年、未知缺何公十年、是太史公疎矣、【考證】楓山三條本、王下之上、有殺字、梁玉繩曰、杞滅于楚惠王四十四年、陳滅于楚惠十一年、故云杞後陳亡三十四年、但陳滅之歲爲杞湣九年、此言湣公十六年、哀公十年、出公十二年、簡公一年滅、自湣十年至滅凡三十載、則杞君之年、必有誤、或謂簡公在位四年、非一年也、杞小微、其事不足稱述。舜之後、周武王封之陳。至楚惠王滅之。有世家言。禹之後周武王封之杞。楚惠王滅之。有世家言。契之後爲殷。殷有本紀言。殷破、周封其後於宋。齊湣王滅之。有世家言。后稷之

後爲周。秦昭王滅之。有本紀言。皐陶之後、或封英・六。【索隱】蓼六、本或作英六、皆通、然蓼六皆咎繇之後也、據系本、二國皆偃姓、故春秋文五年左傳云、楚人滅六、臧文仲聞六與蓼滅曰、皐陶庭堅、不祀忽諸、杜預曰、蓼與六、皆咎繇後、地理志云、六故國、皐陶後、偃姓、爲楚所滅、又僖十七年、齊人徐人伐英氏、杜預又曰、英六皆皐陶後、國名、是有英蓼、實未能詳、或者英、後改號曰蓼也、【正義】括地志曰、光州固始縣、古蓼國、南蓼城也、春秋時蓼國也、偃姓、皐陶之後、又有北蓼城、在固始縣北六十里、蓼國有南北二城、故六城、在嘉州安豐縣南百三十二里、帝王世紀云、皐陶生於曲阜之偃地、故帝因之賜姓曰偃也、英、見春秋僖十七年經、檢無英國、蓋英爲蓼耳、【考證】梁玉繩曰、索隱謂本或作蓼六、非也、英卽春秋僖十七年所稱英氏、路史云、六分爲英、是已、此世家索隱、及夏本紀、黥布傳正義、言英後改蓼、謬甚、楚穆王滅之。無譜。【考證】三條本、譜作語、伯夷之後、至周武王復封於齊。曰太公望。【考證】梁玉繩曰、案史公作齊世家、四岳爲其祖、而此與鄭世家以齊爲伯夷後、則是齊有二祖矣、然史仍國語來、周語富辰曰、齊許申呂由太姜、太子晉云、胙四岳國、命爲侯伯、賜姓曰姜氏、曰有呂、申呂雖衰、齊許猶在、鄭語史伯曰、姜伯夷之後、伯夷能禮于神以佐堯者、一以爲四岳、一以爲伯夷、不應出一人手而錯互至此、閻氏尚書疏證四云、言四岳者、是觀太公望稱呂尙、子丁公稱呂伋、系出四岳明甚、韋昭注伯夷四岳之族、詎便爲一人、且伯夷典舜三禮、未聞佐堯、已明與書悖、他尙足信哉、余謂帝咨四岳、僉擧伯夷、自非一人、而齊竝稱爲祖者、以同爲炎帝之後、猶秦趙同祖之比、不得硬斷其誤、況四岳乃官名、

得爲之、安知作秩宗之伯夷、不又爲四岳之官、譙周云、伯夷掌四岳、必非無據、而其爲秩宗也、似舜仍其舊職、未是改官、觀稷契諸人非新命可見、何得斥佐堯爲悖乎、陳氏滅之。有世家言。伯翳之後、至周平王時封爲秦。項羽滅之。有本紀言。【索隱】秦祖伯翳、解者以翳益則一人、今言十一人、敘伯翳而又別言垂益、則是二人也、且按舜本紀敘十一人、無翳、而有彭祖、彭祖亦墳典不載、未知太史公意如何、恐多是誤、然據秦本紀、敘翳之功云、佐舜馴調鳥獸、與舜典命益作虞、若予上下草木鳥獸文同、則爲一人必矣、今未詳其所由也、【考證】伯翳、詳于秦本紀、垂・益・夔・龍、【考證】若以伯翳爲伯益、垂益之益不可解、梁玉繩曰、益字當衍、崔適曰、以舜本紀例之、此垂益夔龍、疑當作夔龍彭祖、後人習見垂益、不知益卽翳、誤增益而去彭祖、以合十一人之數爾、其後不知所封。不見也。右十一人者、皆唐・虞之際、名有功德臣也。【考證】楓山、三條本、右上有此字、愚按、右此、衍其一、其五人之後、皆至帝王。【索隱】舜禹、身爲帝王、其稷契及翳、則後代皆爲帝王也、餘乃爲顯諸侯。【考證】董份曰、太史公重唐虞之際有功德之臣、故歷著其後裔、或爲王、或爲顯諸侯、見有功德者之不泯也、滕・薛・騶、夏・殷・周之閒封也。小不足齒列。弗論也。【索隱】滕、不知本封、蓋軒轅氏子有滕姓、是其祖也、後周封文王子錯叔繡於滕、故宋忠云、今沛國公丘是滕國也、薛、奚仲之後、任姓、蓋夏殷

所封、故春秋有滕侯薛侯郳、曹姓之國、陸終氏之子會人之後、郳國、今魯國騶縣是也、然三國微小、春秋時亦預會盟、蓋史缺無可敘列也、【正義】郳音郳、括地志云、公丘縣故城、在徐州滕縣西南十五里、秦滕縣城、即古滕國、蓋黃帝之子滕姓所封、世本又云、滕錯叔繡、周文王子、居滕、宋忠云、沛國公丘縣也、故薛城在滕縣、古薛國、黃帝之子任姓所封、又左傳定元年、薛宰云、薛之皇祖奚仲居薛、為夏車正、奚仲遷於邳、隱十一年傳云、滕侯薛侯來朝、是也、故郳城、在黃州□□縣東南一百二十一里、郳子曹姓、陸終氏之子會人之後、郳侯居郳、至隱公徙蘄、蘄今徐州縣也、後又□□□、今滕縣是、又徙鄒、今穆公改郳作鄒、地理志云、鄒縣故郳國、曹姓、二十九世為楚所滅、然三國微小、春秋之時亦預會盟、蓋史缺無可敘列也、

周武王時、侯伯尚千餘人。及幽・厲之後、諸侯力攻相并。【考證】楓山、三條本攻作政、為是、江・黃・【索隱】按系本、江黃二國、並嬴姓、又地理志、江國在汝南安陽縣、胡・沈之屬、【正義】括地志云、安陽故城、在豫州新息縣西南八十里、應劭曰、古江國也、黃國故城、在光州定城縣西十二里、春秋時黃國都也、胡沈解在前、不可勝數。故弗采著于傳上。【考證】張照曰、上當是云字之誤、

太史公曰。舜之德可謂至矣。禪位於夏、而後世血食者、歷三代。【考證】血食、享祭也、古者取毛血以祭、故云、及楚滅陳、而田常得政於齊、卒為建國、百世不絕、苗裔茲茲。有土者不乏焉。【正義】茲一作班、【考證】中井積德曰、以田常纂齊、亦為舜之德乎、舜恐有不懌之色也、至禹、於周則杞。微甚。不足數也。楚惠王滅杞。其後越王句踐興。【考證】梁玉繩曰、勾踐非禹後、說在越世家、俞樾曰、楚之滅杞、在周定王之二十四年、而周敬王時、勾踐已即位、元王時勾踐已滅吳矣、越世家言周元王使人賜勾踐胙、命為伯、是勾踐之霸、在楚滅杞之前、太史公乃謂杞滅而勾踐興、誤也、

【索隱述贊】嬀德之祀、必及百世、舜禹餘烈、陳杞是繼、媯滿受封、東樓纂系、閼路篡逆、夏姬淫嬖、二國衰微、或興或替、前并後虜、皆亡楚惠、句踐勃興、田和吞噬、蟬聯血食、豈其苗裔、

陳杞世家第六

史記三十六

文學博士瀧川龜太郎著

史記會注考證

史記會注考證卷三十七

漢　太史令司馬遷　撰

宋　中郎外兵曹參軍裴駰　集解

唐　國子博士弘文館學士司馬貞　索隱

唐　諸王侍讀率府長史張守節　正義

日本　出雲瀧川資言　考證

衛康叔世家第七　史記三十七

考證 史公自序云、收殷餘民、叔封始邑、申以商亂、酒材是告、及朔之生、衛頃不寧、南子惡蒯聵、子父易名、周德卑微、戰國既彊、衛以小弱、角獨後亡、嘉彼康誥、作衛世家第七、

七、

衛康叔名封。索隱 康、畿內國名、宋忠曰、康叔從康徙封衛、衛即殷墟、定昌之地、畿內之康、不知所在、正義 衛城、在衛州衛縣西二十里、本朝歌邑、殷都也、不□□□、康叔為君居河淇間故商墟、即朝歌是也、故康城在洛州陽翟縣西北三十里、洛陽記云、是少康之故邑、考證 衛、今河南衛輝府淇縣有朝歌故城、康叔封此、中井積德曰、封於衛、仍稱康叔者、蓋周召之比云、不得言徙封、 周武王同母少弟也。其次尚有冄季。冄季最少。武王已克殷紂。復以殷餘民封紂子武庚祿父、比諸侯、以奉其先祀勿絕。為武庚未集、索隱 集、猶和也、 恐其有賊心。考證 張文虎曰、大誥序疏引作恐有側心、疑今本誤、 武王乃令其弟管叔·蔡叔傅相武庚祿父、以和其民。武王既崩、成王少、周公旦代成王治當國。管叔·蔡叔疑周公。考證 中井積德曰、疑周公、失事實、 乃與武庚祿父作亂、欲攻成周。索隱 成周、洛陽、其時周公相成王營洛邑、猶居西周鎬京、管蔡欲搆難、先攻成周、於是周公東居洛邑伐管蔡、正義 括地志云、洛陽故城、在洛州洛陽縣東北二十

六里、周公所築、即成周城也、考證 中井積德曰、成字疑衍文、營洛邑、在武庚死後、尚書可徵、是時未有成周之名、此欲攻西周而已、梁玉繩曰、案史誤以鎬京為成周、索隱曲說不足據、 周公旦以成王命、興師伐殷、殺武庚祿父·管叔、放蔡叔。考證 楓山、三條本、管上有誅字、 以武庚殷餘民、封康叔為衛君、居河·淇間故商墟。索隱 宋忠曰、今定昌也、考證 封康叔以下、依定四年左傳、書序、 周公旦懼康叔齒少、乃申告康叔曰。必求殷之賢人君子長者、問其先殷所以興所以亡、而務愛民。告以紂所以亡者、以淫於酒、酒之失、婦人是用。故紂之亂自此始。為梓材示君子可法則。正義 若梓人為材、君子觀為法則也、梓、匠人也、考證 楓山本、始下有告字、楓山、三條本、示上有亦字、 故謂之康誥·酒誥·梓材以命之。考證 周公旦以下、依書康誥酒誥梓材篇及序、王若虛曰、酒誥之文、曷嘗有用婦人之語、 康叔之國、既以此命、能和集其民。民大說。成王長用事、舉康叔為周司寇。賜衛寶祭器、以章有德。

〔集解〕左傳曰、分康叔以大路大旂少帛綪茷旃旌大呂。賈逵曰、大路金路也、少帛雜帛也、綪茷大赤也、通帛爲旃、析羽爲旌、大呂鍾名。鄭衆曰、綪茷旃名也、〔考證〕舉康叔以下、依定四年左傳、康叔卒。子康伯代立。〔索隱〕系本康伯名髡、宋忠曰、卽王孫牟也、事周康王爲大夫、按左傳所稱王孫牟父是也、牟髡聲相近、故不同耳、譙周古史考、無康伯、而云子牟伯立、蓋以不宜父子俱諡康、故因其名云牟伯也、〔考證〕梁玉繩曰、康叔之康、書疏引馬王云、圻內國名、甚是、白虎通姓名篇、康南皆采也、路史國名紀五曰、康城在潁川、受封于衞、仍兼康號、其時諡法初行、諸侯尚未徧行列國之君、有至四世五世而後有諡者、康叔康伯、皆因食采以爲號、鄭康成以康爲諡、非、張文虎曰、髡與牟聲絕不近、疑髡本作髦、傳寫誤、康伯卒。子考伯立。〔考證〕梁玉繩曰、案世表人表作孝伯、詩疏引史亦作孝、則今本諡爲考伯也、考伯卒。子嗣伯立。嗣伯卒。子𢈪伯立。〔集解〕史記音隱曰、音捷、〔索隱〕系本作摯伯、𢈪伯卒。子靖伯立。靖伯卒。子貞伯立。〔索隱〕系本作箕伯、〔考證〕楓山三條本、貞作眞、蓋誤、貞伯卒。子頃侯立。頃侯厚賂周夷王。夷王命衞爲侯。〔索隱〕按康誥稱命爾侯于東土、又云孟侯朕其弟小子封、則康叔初封已爲侯也、比子康伯卽稱伯者、謂方伯之伯耳、非至子卽降爵爲伯也、故孔安國曰、孟長也、五侯之長、謂方伯、方伯州牧也、故五代孫祖恆爲方伯耳、至頃侯德衰、不監諸侯、乃從本爵而稱侯、非是至子卽削爵、及頃侯賂夷王而稱侯也、〔考證〕顧炎武曰、是頃侯以前之稱伯、乃伯子

男之伯、雖有詩序毛立責衞伯之文可據、然非太史公意也、且古無以方伯之伯而繫諡者、周公召公二伯也、其諡則曰文公康公、張照曰、衞始封侯、見于書、爲方伯見于詩、詩書竝有文、豈得復疑、索隱謂史遷之誤、是也、顧炎武申龍門而難小司馬、泥矣、謂古無以方伯之伯而繫諡者、安知其無邪、何不卽舉衞爲有之驗耶、余有丁曰、按言方伯、亦未確、或方伯仲之伯耳、姚鼐曰、太史公疑衞本伯爵、不知周初字諡之法、其稱伯者以字爲諡也、非爵也、書康誥篇王曰孟侯、衞自康叔爲侯矣、豈待夷王哉、愚按姚說近是、下文云諡曰共伯、可證、頃侯立十二年卒。子釐侯立。釐侯十三年、周厲王出犇于彘、共和行政焉。〔考證〕梁玉繩曰、世家言頃侯賂夷王、頃侯十二年卒、子釐侯嗣立之十四年、便及共和之元、何歟、將逆推其世、而釐侯立于厲王二十五年、頃侯立于厲王十三年、安得逮事夷王、將順數其世、而夷厲兩王、凡四十五年、安得釐侯十四年當共和行政之歲、進退互乖、無從勘檢、蓋世家于頃侯之年有譌脫、二十八年、周宣王立。四十二年、釐侯卒。太子共伯餘立爲君。共伯弟和有寵於釐侯。多予之賂。和以其賂賂士、以襲攻共伯於墓上。共伯入釐侯羨自殺。〔索隱〕羨、音延、延、墓道、又音以戰反、恭伯名餘也、衞人因葬之釐侯旁。諡曰共伯。而立和爲衞侯。是爲武公。〔索隱〕和殺恭伯代立、此

說、蓋非也、按季札美康叔武公之德、又國語稱武公年九十五矣、猶箴誠於國、恭恪于朝、倚几有誦、至于沒身、謂之叡聖、又詩著衞世子恭伯蚤卒、不云被殺、若武公殺兄而立、豈可以爲訓而形之于國史乎、蓋太史公採雜說而爲此記耳、〔考證〕姚鼐曰、柏舟詩、髧彼兩髦、髦者子事父母之禮也、明共伯死於釐公之前、安得有立爲君之事、武公衞之賢君、而太史公采雜家之說、誣以篡弒、可謂考之至疎矣、梁玉繩曰、案淇奧詩疏云、詩美武公之德、武公殺兄篡國、得爲美者、美其逆取順守、德流于民、此仲達過信史記、妄爲之說、愚按、詩疏舉太宗勅以撰、太宗殺兄篡位、與史記所記武公事相似、仲達假以諱之耳、其說不足據、武公卽位、修康叔之政、百姓和集。四十二年、犬戎殺周幽王。武公將兵往佐周平戎。甚有功。周平王命武公爲公。〔考證〕梁玉繩曰、案東遷以後、諸侯于其國皆稱公、從未有天子命諸侯爲公者、武公蓋入爲王卿士耳、愚按、後世見於春秋、仍曰衞侯、則共不爲公可知、五十五年卒。子莊公揚立。〔考證〕張文虎曰、表、揚作楊、與詩譜疏引合、莊公五年、取齊女爲夫人。好而無子。又取陳女爲夫人。〔考證〕孔穎達曰、禮、諸侯不再娶、且莊姜仍在、左傳惟言又娶于陳、不言爲夫人、世家非也、梁玉繩曰、取齊女、何以在五年、亦未確、生子。蚤死。陳女女弟、亦幸於莊公、而生子完。〔索隱〕女弟、戴媯也、子桓公完、爲州吁所殺、戴媯歸陳、詩燕燕于飛之篇

是、完母死。莊公令夫人齊女子之。〔索隱〕子之、謂養之爲子也、齊女、卽莊姜也、詩碩人篇美之、是也、〔考證〕孔穎達曰、左傳惟言戴媯生桓公、莊姜以爲己子、不言其死、云完母死、非也、立爲太子。莊公有寵妾、生子州吁。十八年、州吁長好兵。莊公使將。石碏諫莊公曰。庶子好兵使將。亂自此起。不聽。〔集解〕賈逵曰、石碏、衞上卿、〔考證〕莊公取齊女以下、本隱三年左傳、中井積德曰、左傳無使將之語、梁玉繩曰、書于十八年非、二十三年、莊公卒。太子完立。是爲桓公。桓公二年、弟州吁驕奢。桓公紬之。州吁出犇。〔考證〕馬驌曰、左傳無州吁出奔事、十三年、鄭伯弟段、攻其兄。不勝。亡。〔考證〕隱元年左傳、而州吁求與之友。〔考證〕楓山本、友作交、馬驌曰、左傳無友段事、十六年、州吁收聚衞亡人、以襲殺桓公。〔考證〕隱四年春秋云、二月戊申、衞州吁弒其君完、左傳云、衞州吁弒桓公而立、而不云收聚亡人、又不云襲、州吁自立爲衞君。爲鄭伯弟段欲伐鄭、請宋・陳・蔡與俱。三國皆許州吁。〔考證〕齊召南曰、左傳及宋世家、鄭內公子馮、州吁弒君

自立、欲免諸侯、故爲公子馮而伐鄭、此云州吁友于叔段、爲段伐鄭、與彼異、梁玉繩曰、伐鄭脩怨也、爲叔段乎哉、馬氏繹史亦云、州吁新立、好兵弑桓公。衛人皆不愛。石碏乃因桓公母家於陳。詳爲善州吁至鄭郊。石碏與陳侯共謀、使右宰醜進食、因殺州吁于濮。【集解】服虔曰、右宰醜、衛大夫、濮、陳地、【索隱】賈逵曰、濮、陳地、按濮水首受河、又受汴、汴亦受河、東北至離狐分爲二、俱東北至鉅野入濟、則濮在曹衛之閒、賈言陳地、非也、若據地理志、陳留封丘縣、濮水受泲、當言陳留水也、【考證】梁玉繩曰、案隱四年傳、州吁如陳、石碏使告于陳而執之、使右宰醜涖殺州吁、非陳桓公至鄭、碏與共謀殺之也、而又何進食之有、中井積德曰、據此文以濮爲鄭郊也、諸說皆失之、然其實濮是衛地、據左傳、陳人執州吁、送致衛地濮而殺之也、此本文已失實、不得回護、而迎桓公弟晉於邢而立之。【集解】賈逵曰、邢、周公之胤、姬姓國、【考證】州吁新立以下、本隱四年春秋經傳、梁玉繩曰、以晉爲桓弟、未的、是爲宣公。宣公七年、魯弑其君隱公。【考證】隱十一年左傳、九年、宋督弑其君殤公及孔父。【考證】桓二年春秋經傳、楓山、三條本、父下有嘉字、十年、晉曲沃莊伯弑其君哀侯。【考證】張照曰、按莊伯卒于哀侯之二年、是莊伯二字、明是武公之誤、觀年表及晉世家自見、十八年、初宣公愛

夫人夷姜。夷姜生子伋。以爲太子。【考證】左傳云、宣公烝於夷姜、生急子、杜注云、夷姜、宣公之庶母、此謂之夫人、繆也、龜井昱曰、此在春秋前、莊公卒、在春秋前十三年、而令右公子傅之。【考證】據左傳、名職、龜井昱曰、此蓋宣公卽位之後也、宣公元年、伋當十四五歲、右公子爲太子取齊女。未入室。而宣公見所欲爲太子婦者好、說而自取之、更爲太子取他女。【考證】楓山、三條本、室作至、婦上有入字、竹添光鴻曰、卽新臺詩所謂納伋之妻作新臺於河上以要之、是也、宣公得齊女生子壽・子朔。令左公子傅之。【集解】杜預曰、左右媵之子、因以爲號、【考證】據左傳、左公子名泄、中井積德曰、左右或以居室爲稱也、必非左右媵之謂、太子伋母死。【考證】左傳云、夷姜縊、杜注、失寵而自殺也、宣公正夫人、【考證】左傳、作宣姜、杜注、宣公所取急子之妻也、與朔共讒惡太子伋。宣公自以其奪太子妻也、心惡太子、欲廢之。及聞其惡、大怒、乃使太子伋於齊、而令盜遮界上殺之。【正義】左傳云、衛宣公使太子伋之齊、使盜待諸莘、將殺之、杜預云、莘、衛地、與太子白旄、而告界盜、見持白旄者

殺之。【考證】左傳、止言旌、不言白旄、且行。子朔之兄壽、太子異母弟也。知朔之惡太子、而君欲殺之、乃謂太子曰。界盜見太子白旄、卽殺太子。太子可毋行。【考證】李笠曰、左傳言使行者、欲令其亡去、此云毋行、欲令其毋使齊、欲其避界盜、一也、語反而意不反、志疑曰不合、非也、太子曰。逆父命求生不可。遂行。壽見太子不止、乃盜其白旄、而先馳至界。界盜見其驗、卽殺之。壽已死。而太子伋又至。謂盜曰。所當殺乃我也。盜并殺太子伋、以報宣公。【考證】初宣公以下、依桓十六年左傳、詩邶風二子乘舟序云、思伋壽也、衛宣公二子爭相爲死、國人傷而思之、作是詩也、亦與此合、梁玉繩曰、按新序節士篇、謂壽母及朔使人與伋乘舟、將沈而殺之、壽因與同舟、不得殺、又謂伋見壽之死、載屍還境而自殺、愈演愈殊、與經史俱乖、其可信乎、宣公乃以子朔爲太子。十九年、宣公卒。【考證】宣公卒、桓十二年春秋、太子朔立。是爲惠公。左右公子、不平朔之立也。【考證】楓山、三條本、無朔之立也四字、惠公四年、左右公子怨惠公之讒殺

前太子伋而代立、乃作亂攻惠公、立太子伋之弟黔牟爲君。惠公犇齊。【考證】左右公子以下、采桓十七年左傳、衛君黔牟立八年、齊襄公率諸侯、奉王命共伐衛、【考證】梁玉繩曰、黔牟以桓十七年卽位、以莊六年奔周、首尾八年、世家言八年、固不誤、乃十表既減惠公前立之一年、以益黔牟、又退惠公復入之一年、以歸黔牟、遂謂黔牟在位十年、誤矣、馬驌曰、春秋諸侯逆王命、此云奉王命、誤也、沈家本曰、按春秋王人子突救衛、無齊襄奉王命事、納衛惠公、誅左右公子。衛君黔牟犇于周。【考證】衛君黔牟以下、本莊五年六年春秋經傳、惠公復立。惠公立三年出亡、【考證】楓山、三條本、三作四、陳仁錫曰、三年乃四年之誤、孫人龍曰、上文云四年、亡八年復入。與前通年凡十三年矣。【考證】陳仁錫曰、三當作二、許應元曰、左傳衛朔立四年、出亡八年復入、通年十二、李笠曰、年字重、非誤衍也、晉世家、晉武公始都晉國、前卽位曲沃、通年三十八年、與此同、二十五年、惠公怨周之容舍黔牟、與燕伐周。周惠王犇溫。衛・燕立惠王弟穨爲王。【考證】梁玉繩曰、左傳莊十九年、五大夫奉子穨以伐王、不克、出奔溫、燕衛復伐周、遂立子穨、明年、王處于鄭之櫟、則燕衛其再伐也、非首伐也、奔溫乃子穨也、非王也、此與本紀

及鄭世家年表、言奔溫同謬、

二十九年、鄭復納惠王。【考證】莊二十一年左傳、杭世駿曰、左傳及年表、在二十七年、三十一年、惠公卒。【考證】莊二十五年春秋、子懿公赤立。懿公卽位好鶴、淫樂奢侈。九年、翟伐衞。【正義】括地志云、故鶴城、在滑州匡城縣西南十五里、左傳云、衞懿公好鶴、鶴有乘軒者、狄伐衞、公欲戰、國人受甲者皆曰、使鶴、鶴實有祿位、余焉能戰、俗傳懿公養鶴於此城、因名也、【考證】楓山、三條本、翟下有人字、衞懿公欲發兵。兵或畔。大臣言曰、君好鶴。鶴可令擊翟。翟於是遂入殺懿公。【考證】閔二年左傳、梁玉繩曰、左傳、使鶴之誚、國人言之、非大臣也、懿公之立也、百姓大臣皆不服。自懿公父惠公朔之讒殺太子伋代立、至於懿公、常欲敗之。卒滅惠公之後、而更立黔牟之弟昭伯頑之子申爲君。是爲戴公。【考證】立戴公、閔二年左傳、戴公申元年卒。齊桓公以衞數亂、乃率諸侯伐翟、爲衞築楚丘。【正義】括地志云、城武縣有楚丘亭、【考證】城楚丘封衞、僖二年春秋經傳、梁玉繩曰、案左傳及年表、城楚丘、在衞文二年、此

在初立之年、誤、今河南衞輝府滑縣東有衞南廢縣、卽齊桓公爲衞所築地、非戎伐凡伯之楚邱也、立戴公弟燬爲衞君。【集解】賈誼書曰、衞侯朝於周、周行人問其名、荅曰、衞侯辟疆、周行人還之曰、啓疆辟疆、天子之號、諸侯弗得用、衞侯更其名曰燬、然後受之、【正義】燬、音毀、【考證】今本賈子審微篇、燬作熓、是爲文公。文公以亂故犇齊。齊人入之。初翟殺懿公也、衞人憐之、思復立宣公前死太子伋之後。【考證】梁玉繩曰、案憐懿公、則宜思立懿之後、何以思立伋後、況上文云、懿公之立、百姓大臣皆不服、自懿公父惠公朔之讒殺太子伋代立、至于懿公、常欲敗之、卒滅惠公之後、則衞人之不憐懿公也、明甚、此語必誤、愚按、此一節重複乖離、非史筆之至者、伋子又死、而代伋死者子壽又無子。太子伋同母弟二人。其一曰黔牟。黔牟嘗代惠公爲君八年、復去。【考證】楓山、三條本、代作伐、其二曰昭伯。昭伯・黔牟皆已前死。故立昭伯子申爲戴公。戴公卒。復立其弟燬爲文公。文公初立、輕賦平罪、【索隱】輕賦稅、平斷刑也、平或作卒、卒、謂士卒也、罪字連下讀、蓋亦一家之義耳、身自勞、與百姓同苦、以收衞民。【考證】閔二年

左傳云、衞文公大布之衣、大帛之冠、務材訓農、通商惠工、敬教勸學、授方任能、元年革車卅乘、季年乃三百乘、十六年、晉公子重耳過。無禮。【考證】僖二十三年左傳、梁玉繩曰、重耳過、書于十六年、誤、表書在二十三年、爲僖公二十三年、雖若與左傳合、而實是舛謬、蓋左傳追敍前事耳、晉語云、衞文公有邢翟之虞、不能禮焉、甯莊子言于公、弗聽、而衞文十六年、無邢狄之難、攷春秋僖十八年、邢人狄人伐衞、僖十八、卽衞文十八、則重耳過衞、當在衞文之十八年、十七年、齊桓公卒。【考證】僖十七年左傳、二十五年、文公卒。【考證】僖二十五年春秋、子成公鄭立。成公三年、晉欲假道於衞救宋。成公不許。【考證】梁玉繩曰、案僖廿八年傳、假道伐曹、非爲救宋也、此誤、晉更從南河度。【集解】服虔曰、南河、濟南之東南流河也、杜預曰、從汲郡南度、出衞南、【正義】括地志云、衞州汲縣南、河水至此有棘津之名、亦謂之右濟津、故南津也、左傳云、僖公二十八年、晉伐曹、曹在衞東、假道于衞、衞人不許、還自南河濟、卽此也、【考證】渡河而南、出衞之東、救宋、徵師於衞。衞大夫欲許。成公不肯。大夫元咺攻成公。成公出犇。【索隱】犇楚、【正義】咺、況遠反、【考證】梁玉繩曰、案傳云、晉侯齊侯盟于斂盂、衞侯請盟、晉人弗許、衞侯欲與楚、國人不欲、故出其君以說于晉、衞侯居于襄牛、則晉無救宋徵師之事、衞亦無元咺攻公之事、晉文公重耳伐衞、分其地予宋。

討前過無禮、及不救宋患也。【考證】梁玉繩曰、案傳、乃是討其前過無禮、及不肯假道、非爲不救宋也、衞成公遂出犇陳。【索隱】按左傳、衞侯聞楚師敗、懼出奔楚、遂適陳、是、【考證】成公三年以下、本僖廿八年左傳、中井積德曰、此一節多與左傳不合、二歲、如周求入。與晉文公會。【考證】梁玉繩曰、案前二年爲與元咺訟殺叔武事、晉執衞侯歸于京師、非如周求入也、非與晉會也、史不言叔武元咺事、亦疏、晉使人鴆衞成公。成公私於周主鴆令薄。得不死。【索隱】按私、謂賂之也、【考證】凌稚隆曰、按左傳云、晉侯使醫衍酖衞侯、甯俞貨醫、使薄其酖、不死、公爲之請、納玉于王與晉侯、王許之、乃釋之、又曰、一本周主作晉主、愚按、作晉、與左傳合、已而周爲請晉文公、卒入之衞、而誅元咺。【考證】晉使人鴆以下、本僖三十年左傳、衞君瑕出犇。【索隱】是元咺所立者、成公入而殺之、故僖三十年經云、衞殺其大夫元咺及公子瑕、此言奔、非也、七年、晉文公卒。【考證】僖三十二年春秋、十二年、成公朝晉襄公。【考證】文四年左傳、十四年、秦穆公卒。【考證】文六年左傳、二十六年、齊邴歜弑其君懿公。【索隱】邴歜與左氏同、而齊系家作邴戎者、蓋邴歜掌御戎車、故號邴戎、邴、音丙、歜亦作鄹、【考證】文十八年春秋經傳、三十五年、成公卒。

【集解】世本曰、成公徙濮陽、宋忠曰、濮陽、帝丘地名、【考證】宣九年春秋、徙都于帝丘、成公六年事、見僖卅一年春秋經傳、子穆公遬立。【正義】遬、音速、【考證】梁玉繩曰、表作遬、此作遬、從公羊也、左穀俱作速、穆公二年、楚莊王伐陳、殺夏徵舒。【考證】宣十一年春秋經傳、三年、楚莊王圍鄭。鄭降。復釋之。【考證】宣十二年春秋經傳、十一年、孫良夫救魯伐齊。復得侵地。穆公卒。【考證】成二年春秋經傳、孫良夫、衛大夫、梁玉繩曰、衛爲齊所敗、如晉乞師、伐齊、非爲救魯也、子定公臧立。定公十二年卒。【考證】成十四年春秋經傳、子獻公衎立。獻公十三年、公令師曹教宮妾鼓琴。【集解】賈逵曰、師曹、樂人、【正義】師曹、樂官、曹、名也、妾不善。曹笞之。妾以幸惡曹於公。公亦笞曹三百。【考證】梁玉繩曰、案笞曹事、未必在十三年、十八年、獻公戒孫文子・甯惠子食。皆往。日旰不召。【集解】服虔曰、孫文子、林父也、甯惠子、甯殖也、敕戒二子、欲共宴食、皆服朝衣待命、旰、晏也、【考證】中井積德曰、二子朝服如公宮以待召入也、非待於家、而去射鴻於囿。二子從之。【集解】服虔曰、從公於囿、公不釋射服、與之言。【集解】左傳

曰、不釋皮冠、二子怒、如宿。【集解】服虔曰、孫文子邑也、【索隱】左傳、作戚、此亦音戚也、【正義】宿、音戚、【考證】中井積德曰、左傳、怒下有孫文子三字、如宿、孫文子、非甯子亦往也、此似謬、孫文子子數侍公飲。【集解】左傳曰、文子子、卽孫蒯也、使師曹歌巧言之卒章。【集解】杜預曰、巧言、詩小雅也、其卒章曰、彼何人斯、居河之麋、無拳無勇、職爲亂階、公欲以譬文子居河上而爲亂、師曹又怒公之嘗笞三百、乃歌之欲以怒孫文子、報衛獻公。【考證】衛獻二字、左傳無、宜削、文子語蘧伯玉。伯玉曰、臣不知也。【集解】賈逵曰、伯玉、衛大夫、【考證】左傳云、孫蒯懼告文子、文子曰、君忌我矣、弗先必死、入見蘧伯玉曰、君之暴虐、子所知也、大懼社稷之傾覆、將若之何、對曰、君制其國、臣敢奸之、雖奸之、庸知愈乎、遂行、從近關出、遂攻出獻公。獻公犇齊。齊置衛獻公於聚邑。【考證】杭世駿曰、左傳、以郲寄衛侯、此謂爲聚、孫文子・甯惠子、共立定公弟秋、爲衛君。【集解】徐廣曰、班氏云、獻公弟焱、【索隱】左傳、作剽、古今人表、作焱、蓋音相亂、字易改耳、音方遙反、又匹妙反、【考證】梁玉繩曰、剽乃穆公子、黑背之子、於定公爲從子、於獻公爲從父昆弟、此與年表俱云定公弟、謬、愚按、公使師曹教宮妾以下、本襄十四年左傳、又見呂覽愼小篇、是爲殤公。殤公秋立、封孫文子林

父於宿。【考證】梁玉繩曰、案宿爲孫氏邑舊矣、奚待殤公封之、妄也、十二年、甯喜與孫林父爭寵相惡。殤公使甯喜攻孫林父。林父犇晉。復求入故衛獻公。獻公在齊。齊景公聞之、與衛獻公如晉求入。晉爲伐衛、誘與盟。衛殤公會晉平公。平公執殤公與甯喜、而復入衛獻公。【考證】楓山、三條本、入下有立字、梁玉繩曰、案襄二十六年左傳、甯喜欲復獻公、故伐孫氏弑殤公、孫林父以戚如晉、此言甯孫爭寵、殤公使喜攻林父、因而奔晉、求入獻公者、誤也、獻公初奔齊居郲、後晉納于夷儀、緣甯喜等納之、從夷儀入國、而獻公之入、與殤公之弑、皆在二月、獻公既入、侵戚、晉爲林父戍戚、獻公殺晉戍三百人、故六月晉會諸侯、討衛、執獻公及喜、齊景公如晉請之、此誤以景公如晉、爲求入獻公、又誤以獻公被執爲殤公事、是時殤公已弑五月矣、尚安得與平公會而執之乎、此與表言齊晉殺殤公、復入獻公同誤、而世家之誤、尤甚、獻公亡在外十二年而入。獻公後元年、誅甯喜。【考證】襄二十七年春秋經傳、黃震曰、衛獻公亡在外十二年而入、稱後元年、漢文之稱後元年、殆昉於此歟、出公亡在外四年復入、亦稱元年、三年、吳延陵季子使過衛。【考證】楓山、三條本、無衛字、見蘧伯玉・史鰌曰。衛多君子。其國無故。

【考證】襄二十九年左傳、過宿。孫林父爲擊磬。曰。不樂、音大悲。使衛亂乃此矣。【考證】與襄二十九年左傳吳世家異、梁玉繩曰、案吳世家依左傳、此所載矛盾、不祇一以爲鐘、一以爲磬之異也、故滹南集辨惑云、如前說、是文子自作樂、而季子適聞之、如後說、是文子爲礼而作也、前說、則罪其不自愧懼、而安于娛樂、後說、則以音聲之悲、而知其爲亂之徵、是何乖異邪、前說本于左氏、當以爲是、是年、獻公卒。【考證】襄二十九年春秋、子襄公惡立。襄公六年、楚靈王會諸侯。襄公稱病不往。【考證】昭四年春秋經傳、九年、襄公卒。【考證】昭七年春秋經傳、初襄公有賤妾。幸之有身。夢有人謂曰。我康叔也。令若子必有衛。名而子曰元。妾怪之、問孔成子。【集解】服虔曰、衛卿、孔烝鉏、成子曰。康叔者、衛祖也。及生子男也、以告襄公。襄公曰。天所置也。名之曰元。襄公夫人無子。於是乃立元爲嗣。是爲靈公。【考證】梁玉繩引邵氏疑問云、昭七年傳、孔成子史朝夢康叔、今云妾夢、與傳違、且閨中夢兆、先及外庭、生男告語、始呈公聽、夫豈衛襄嬖幸之寵姬、不若鄭文燕姞之徵蘭哉、靈公五年、朝晉昭公。

【考證】昭十二年左傳、六年、楚公子弃疾弑靈王、自立爲平王。【考證】昭十三年春秋經傳、十一年、火。【考證】昭十八年春秋經傳、三十八年、孔子來。祿之如魯。後有隙、孔子去。後復來。【考證】衛靈三十八年、魯定十三年、三十九年、太子蒯聵與靈公夫人南子有惡。【集解】賈逵曰、南子、宋女、欲殺南子。蒯聵與其徒戲陽遬謀、朝使殺夫人。【集解】賈逵曰、戲陽遬、太子家臣、【正義】戲、音羲、【考證】中井積德曰、朝、謂朝於夫人、戲陽後悔不果。蒯聵數目之。夫人覺之。懼呼曰。【正義】呼、火故反、太子欲殺我。靈公怒。太子蒯聵犇宋。【考證】太子蒯聵以下、本定十四年左傳、已而之晉趙氏。【考證】哀二年左傳、

四十二年春、靈公游于郊、令子郢僕。【集解】賈逵曰、僕、御也、【考證】梁玉繩曰、游郊、非當年事、左傳、是初字、宜改春爲初、郢、靈公少子也。字子南。靈公怨太子出犇、謂郢曰。我將立若爲後。郢對曰。郢不足以辱社稷。君更圖之。【集解】服虔曰、郢自謂己

無德、不足立以汚辱社稷、【考證】中井積德曰、辱是套語、勿泥解、夏、靈公卒。夫人命子郢爲太子。曰。此靈公命也。【考證】梁玉繩曰、靈公甫卒、安得便有謚、當衍靈字、左傳夫人曰、君命也、郢曰。亡人太子蒯聵之子輒在也。不敢當。於是衛乃以輒爲君。【考證】靈公游于郊以下、哀二年左傳、是爲出公。【考證】梁玉繩曰、案朱子注孟子、疑衛孝公卽出公輒、攷輒在位前後凡二十年、不應無謚、孝公當是出公、

六月乙酉、趙簡子欲入蒯聵。乃令陽虎詐命衛、十餘人衰絰歸。【集解】服虔曰、衰絰、爲若從衛來迎太子也、【考證】梁玉繩曰、案哀二年左傳云、晉趙鞅納衛太子于戚、宵迷、陽虎使太子絻、八人衰絰、僞自衛逆者、告于門哭而入、此言十餘人、非、簡子送蒯聵。衛人聞之、發兵擊蒯聵。蒯聵不得入。入宿而保。衛人亦罷兵。【考證】梁玉繩曰、左傳無衛發兵擊太子事、

出公輒四年、齊田乞弑其君孺子。【考證】哀六年春秋經傳、八年、齊鮑子弑其君悼公。【考證】哀十年左傳云、齊人弑悼公、不云鮑子、此謬、孔子自陳入衛。【考證】梁玉繩曰、時孔子自楚入衛、已五年矣、言自陳入衛、亦誤、九年、孔文子問兵於仲

尼。仲尼不對。其後魯迎仲尼。仲尼反魯。【考證】哀十一年左傳、孔文子、衛大夫、名圉、左傳云、孔文子之將攻大叔也、訪於仲尼、仲尼曰、胡簋之事、則嘗學之矣、甲兵之事、未之聞也、崔述曰、按此文胡簋四句、與論語問陳章俎豆數語相類、其事亦相類、未必兩事適相符如此、而又皆適在衛、蓋本一事、而傳聞者異也、

十二年、【考證】梁玉繩曰、此十三年之誤、初孔圉文子、取太子蒯聵之姊生悝。孔氏之豎渾良夫美好。孔文子卒。良夫通於悝母。太子在宿。悝母使良夫於太子。太子與良夫言曰。苟能入我國、報子以乘軒、免子三死、毋所與。【集解】杜預曰、軒、大夫車也、三死、死罪三、【正義】杜預云、三罪、紫衣、袒裘、帶劒也、紫衣、君服也、熱故偏袒、不敬也、衛侯求令名者與之食焉、太子請使良夫、良夫紫衣狐裘、不釋劒而食、太子使牽退、數之罪而殺之、與、音預、【考證】中井積德曰、正義以紫衣等解三罪、大謬、杜注元不若是、愚按、言雖三次有死罪皆宥之、又按左傳作服冕乘軒、三死無與、與此異、與之盟、許以悝母爲妻。閏月、良夫與太子入舍孔氏之外圃。【集解】服虔曰、圃、園、昏、二人蒙衣而乘。【集解】服虔曰、二人、謂良夫太子、蒙衣、爲婦人之服、以巾蒙其頭而共乘也、宦者羅御如孔氏。孔

氏之老欒甯問之。【集解】服虔曰、家臣稱老、問其姓名、稱姻妾以告。【集解】賈逵曰、婚姻家妾也、【考證】龜井道載曰、呼姻妾名氏以告也、遂入、適伯姬氏。【集解】服虔曰、入孔氏家、適伯姬所居、【考證】伯姬卽悝母、既食。【考證】龜井昱曰、見人無知者、悠然謀事也、悝母杖戈而先。【集解】服虔曰、先至孔悝所、太子與五人介、輿猳從之。【集解】賈逵曰、介、被甲也、輿猳豚、欲以盟故也、【考證】孔穎達曰、盟當用牛、於時迫促、難得牲耳、龜井昱曰、輿牛、掣牛、非謀也、此豈得以諸侯平常之盟論乎、伯姬劫悝於廁。【考證】竹添光鴻曰、居高臨垂邊曰廁、高岸夾水曰廁、漢書張釋之傳、上居霸北臨廁、使愼夫人鼓瑟、師古曰、廁、岸之邊側也、此曰迫孔悝於廁、蓋亦邊側之義、孔悝見衆至、必走避之、故迫之至邊側之處、使無可走避、乃得與之盟也、成十年左傳、晉侯如廁、陷而卒、此則溷廁也、史記汲黯傳、衛青大將軍侍中、上踞廁見之、鄧都傳、賈姬如廁、有野彘入廁、則有踞字如字、此解爲溷廁、方穩、愚按、踞廁之廁、亦爲邊側床側也、彊盟之、遂劫以登臺。【集解】服虔曰、於衛臺上召衛臣、欒甯將飲酒。炙未熟。聞亂、使告仲由、【集解】服虔曰、季路爲孔氏邑宰、故告之、召護駕乘車、【集解】服虔曰、召護、衛大夫、駕乘車、不駕兵車也、言無距父之意、【考證】召護、左傳作召獲、行爵食炙、【集解】服虔曰、欒甯使召季路、乃行爵食炙、【考證】古鈔本、爵作嚼、行嚼食炙、尤見蒼黃之狀、奉出公

輒犇魯。【集解】服虔曰、召護奉衞侯、【考證】龜井昱曰、日既昏矣、欒甯將夜飲、太子之亂自中起、疾雷不暇掩耳、欒甯曰、孔悝既見迫、無可如何、此亂非我所能禦、不如護君而避之、乃馳一个於季子、呼召獲以駕行車、食未熟之炙、相借飲而後出也、太子劫孔悝、帥衆在臺上、而出公亦不敢拒其父、故欒甯如是間暇、是卽時光景、良史所摸寫、愚按、前說甚巧、然不近人情、不若讀爵爲嚼之勝也、仲由將入。遇子羔將出。【集解】賈逵曰、子羔、衞大夫高柴、孔子弟子也、將出犇、曰。門已閉矣。子路曰。吾姑至矣。【集解】杜預曰、且欲至門、子羔曰。不及。莫踐其難。【集解】賈逵曰、言家臣憂不及國、不得踐履其難、鄭衆曰、是時輒已出、不及事、不當踐其難、子羔言不及、以爲季路欲死國也、【考證】不及、鄭說是、言事勢不可及也、子路曰。食焉不辟其難。【集解】服虔曰、言食悝之祿、欲救悝之難、此明其不死國也、【考證】龜井昱曰、子羔仕衞侯輒、輒既出、則可以去矣、蒯聵非所可禦、子路仕孔悝、悝將見殺、義可以死矣、中井積德曰、子路、孔悝之臣也、非衞侯之臣、孔悝見劫、故往救之耳、專爲孔悝也、非爲出公、曰其難、曰其患、曰食焉、曰利其祿、皆就孔悝而言、不在衞侯矣、則與衞大夫高柴地位已異、非特氣象不同也、註不發是意、何也、子羔遂出。子路入及門。公孫敢闔門曰。毋入爲也。【集解】服虔曰、公孫敢、衞大夫、言輒已出、無爲復入、【考證】龜井昱曰、子路欲救孔悝而至、然悝已見劫、孤身爲敵所奪、入無益也、故止之、注以輒已出說之、似不與下文緊接、子路曰。是公孫也。

【考證】是公孫之聲也、我將告吾意、求利而逃其難。由不然。利其祿、必救其患。有使者出。子路乃得入。【正義】公孫敢既閉、因有使者出、子路乃得入、曰。太子焉用孔悝。雖殺之、必或繼之。【集解】王肅曰、必有繼續其後攻太子、【考證】中井積德曰、言別立孔氏宗人以爲難、謂不以孔悝一人作去就、然亦劫逼之言耳、龜井昱曰、此子路明救孔悝之死也、且曰。太子無勇。若燔臺、必舍孔叔。【考證】龜井昱曰、燔幾及半、以孔叔授我耳、子路之意、欲得孔悝以救其死耳、言於太子、則稱孔悝、言於衆、則稱孔叔、禮也、太子聞之懼。下石乞・盂黶敵子路。【集解】服虔曰、二子、蒯聵之臣、敵、當也、【正義】燔、音煩、舍、音捨、黶、音乙減反、【考證】龜井昱曰、蓋介者五人之二也、以戈擊之。割纓。子路曰。君子死、冠不免。結纓而死。【集解】不使冠在地、【正義】纓、冠綏也、【考證】左傳、割作斷、孔子聞衞亂曰。嗟乎、柴也其來乎。由也、其死矣。孔悝竟立太子蒯聵。是爲莊公。莊公蒯聵者、出公父也。居外、怨大夫莫迎立。元年、卽位欲盡誅大臣。曰。寡人居外久矣。子亦嘗聞之

乎。羣臣欲作亂。乃止。【考證】初孔圉文子以下、采哀十五年左傳、梁玉繩曰、出公奔魯、春秋書于襄十六年正月、從告也、當依左傳在十五年、爲是、此與表俱誤在十四年、二年、魯孔丘卒。【考證】梁玉繩曰、卒卽在元年、二年當作是年、三年、莊公上城見戎州。【集解】賈逵曰、戎州、戎人之邑、【索隱】左傳曰、戎州人攻之、是也、隱二年、公會戎于潛、杜預云、陳留濟陽縣東南有戎城、濟陽與衞相近、故莊公登臺望見戎州、又七年云、戎伐凡伯于楚丘、是戎近衞、【正義】括地志云、宋州楚丘縣、古戎州己氏之城也、左傳隱七年、戎伐凡伯于楚丘、以歸、括地志云、楚丘故城、在楚丘縣北三十里、衞楚丘之邑也、按諸侯爲衞城楚丘、居文公者、卽滑州衞南縣是也、左傳哀公十七年、初衞莊公登城以望戎州、以問之、以告、公曰、我姬姓也、何戎之有焉、杜預云、己氏、戎人姓也、呂姜、莊公夫人也、【考證】今山東曹州府曹縣楚丘亭、梁玉繩曰、三年當作二年、莊公無三年也、曰。戎虜何爲是。戎州病之。【考證】左傳云、莊公登城以望、見戎州、問之、以告、公曰、我姬姓也、何戎之有焉、翦之、呂氏春秋愼小篇云、莊公登臺以望、見戎州而問之曰、是何爲者也、侍者曰、戎州也、公曰、我姬姓也、戎人安敢居國、使奪之宅、殘其州、據此則戎虜何爲是戎州七字、莊公之言、病之、翦殘之也、十月、戎州告趙簡子。簡子圍衞。十一月、莊公出犇。【索隱】按左傳、莊公本由晉趙氏納之、立而背晉、晉伐衞、衞人出莊公、立公子般師、晉師退、莊公復入、般師出奔、初公登城見戎州己氏之妻髮美、髡之以爲夫人髢、又欲翦戎州衆、逐石圃、故石圃攻莊公、莊公懼、踰北牆、折股、入己氏、己氏殺之、今系家不言莊公復入、

及死己氏、直云出奔、亦其疏也、又左傳云、衞復立般師、齊伐衞、立公子起、執般師、明年衞石圃逐其君起、起奔齊、出公輒復歸、是左氏詳而系家略也、【考證】莊公上城以下、本哀十七年左傳、梁玉繩曰、莊公翦戎州、後爲戎州人己氏所殺、而簡子之伐衞、與戎州無涉、不得云戎州告簡子也、公出奔在十月、若十一月、則晉師已還、爲莊公復入被殺之月矣、此與表俱誤、衞人立公子斑師爲衞君。【集解】左傳曰、斑師、襄公之孫、齊伐衞、虜斑師、更立公子起爲衞君。【集解】服虔曰、起、靈公子、【考證】哀十七年左傳、衞君起元年、衞石曼尃逐其君起。【索隱】左傳、作石圃、此作尃、音徒和反、尃或作尃、諸本或無曼字、【考證】梁玉繩曰、曼字衍、起犇齊。衞出公輒自齊復歸立。【考證】哀十八年左傳、初出公立、十二年亡。亡在外四年、復入。出公後元年、賞從亡者。立二十一年卒。【索隱】按出公初立十二年、亡在外四年、復入九年卒、是立二十一年、自卽位至卒、凡經二十五年而卒于越、【考證】梁玉繩曰、出公以魯哀三年立、至哀十五年亡、在位十三年亡、三年復入、爲哀十九年、在位七年復亡、爲哀二十五年、明年、悼公立、當周元王七年、卽哀八年、出公後卒於越、左氏甚明、出公前後在位二十年、悼公之立、出公未卒、其卒不知何歲、乃衞世家云、出公立十二年亡、四年復入、立二十一年卒、其誤政與表同、索隱亦誤、出公季父黔、攻出公子而自立。是爲

悼公。【考證】楓山、三條本、黜上有子字、梁玉繩曰、案哀廿六年左傳、悼公乃衛人立之、無攻出公子之事、　悼公五年卒。【索隱】按紀年云、四年卒于越、系本名虔、　子敬公弗立。【集解】世本云、敬公費也、【索隱】系本、弗作費、【考證】李笠曰、弗費、字通、　敬公十九年卒。子昭公糾立。【索隱】系本云、敬公生檮公舟、非也、【考證】表、二十年、　是時三晉彊。衛如小侯屬之。【正義】屬趙也、　昭公六年、公子亹弒之代立。是爲懷公。【正義】亹、音尾、【考證】表、五年、梁玉繩曰、懷公、年表作悼公、與此駁、亹前三世爲悼公、後六世爲懷君、此必有誤、　懷公十一年、公子穨弒懷公而代立。是爲愼公。愼公父公子適。【索隱】音的、按系本、適作虔、虔、悼公也、【考證】梁玉繩曰、適、敬公庶子、索隱謂卽悼公、非、　適父敬公也。愼公四十二年卒。子聲公訓立。【索隱】訓亦作馴、同、休運反、系本、作聖公馳、【考證】李笠曰、聲聖、音近字通、左氏文十七年傳、聲姜、公羊傳作聖姜、　聲公十一年卒。子成侯遬立。【索隱】遬、音速、系本作不逝、按上穆公巳名遬、不可成侯更名、則系本是、　成侯十一年、公孫鞅入秦。【索隱】按秦本紀云、孝公元年、鞅入秦、又按年表、成侯與秦孝公同年、然則十一年、當爲元年、字誤耳、【考證】凌稚隆曰、公孫鞅入秦、特書、以衛之亡在鞅也、梁玉繩曰、秦孝公元

年、當衛成公十五年、年表于衛出公已下、其年皆錯、索隱不察、遂仍其誤耳、　十六年、衛更貶號曰侯。二十九年、成侯卒。子平侯立。【考證】表、三十九年、　平侯八年卒。子嗣君立。【索隱】按樂資據紀年、以嗣君卽孝襄侯也、　嗣君五年、更貶號曰君。獨有濮陽。【考證】濮陽、今山東曹州府濮州東、　四十二年卒。子懷君立。懷君三十一年、朝魏。魏囚殺懷君。魏更立嗣君弟。是爲元君。【考證】表、三十年、　元君爲魏壻。故魏立之。【集解】徐廣曰、班氏云、元君者懷君之弟、　元君十四年、秦拔魏東地。【索隱】魏都大梁、濮陽、黎陽、竝是魏之東地、故立郡名東郡也、【正義】東地、謂濮陽黎陽等地也、　秦初置東郡。更徙衛野王縣。【索隱】按年表、元君十一年、秦置東郡、十三年、魏徙野王、與此不同也、【正義】元君徙濮陽、又徙野王、濮陽、濮州縣也、野王、懷州城、古野王邑也、　而并濮陽爲東郡。二十五年、元君卒。子君角立。【集解】年表云、元君十一年、秦置東郡、十二年、徙野王、二十三年卒、【考證】梁玉繩曰、案元君在位二十五年、表誤在二十三年也、秦拔魏地置東郡、在始皇五年、當元君二十四年、此元君下脫二字、明年、衛徙野王、此亦誤、應移二十五年四字于更徙衛野王上、而元君卒之上、再補是年

二字、集解索隱俱仍年表之誤、　君角九年、秦并天下、立爲始皇帝。二十一年、二世廢君角爲庶人。【考證】梁玉繩曰、君角立于始皇七年、至秦并天下凡二十年、廢于二世元年、在位三十二年、此書角立于始皇十八年、則所云九年二十一年、皆史公故縮其年以合之、　衛絕祀。【考證】俞樾曰、秦滅六國、以天下爲郡縣、而古之建國猶有存者、衛是也、抑非獨此也、莊襄王使呂不韋滅周、盡入其國、不絕其祀、以陽人地賜周君、奉其祭祀、至始皇時、未聞見奪、則周君猶在也、秦始皇二十二年韓魏滅亡之後、尙有安陵君、陳項之亂、掃地盡矣、

太史公曰。余讀世家言、至於宣公之太子以婦見誅、弟壽爭死以相讓、此與晉太子申生不敢明驪姬之過同。俱惡傷父之志。然卒死亡。何其悲也。或父子相殺、兄弟相滅、亦獨何哉。【索隱】述贊、司寇受封、梓材有作、成錫厥器、夷加其爵、暨武能脩、從文始約、詩美歸燕、傳矜石碏、皮冠射鴻、乘軒使鶴、宣縱淫嬖、釁生伋朔、蒯聵得罪、出公行惡、衛祚日衰、失於君角、

衛康叔世家第七　　史記三十七

文學博士瀧川龜太郎著

史記會注考證

史記會注考證卷三十八

漢　太史令司馬遷撰

宋　中郎外兵曹參軍裴駰集解

唐　國子博士弘文館學士司馬貞索隱

唐　諸王侍讀率府長史張守節正義

日本　出雲瀧川資言考證

宋微子世家第八　史記三十八

[考證]史公自序云、嗟箕子乎、嗟箕子乎、正言不用、乃反爲奴、武庚既死、周封微子、襄公傷於泓、君子孰稱、景公謙德、熒惑退行、剔成暴虐、宋乃滅亡、嘉微子問太師、作宋微

子世家、第八、

微子開者、[集解]孔安國曰、微、畿內國名、子、爵也、爲紂卿士、[索隱]按尚書微子之命篇云、命微子啓代殷後、今此名開者、避漢景帝諱也、殷帝乙之首子、而紂之庶兄也。[索隱]按尚書、亦以爲殷王元子、而是紂之兄、按呂氏春秋云、生微子時、母猶爲妾、及爲妃而生紂、故微子爲紂同母庶兄、[考證]徐孚遠曰、因尚書殷王元子之言、呂氏遷就而爲之說、其實殷王元子不必元妃之子也、愚按、說詳于殷紀、索隱所引呂氏春秋當務篇、紂既立不明、淫亂於政。微子數諫。紂不聽。及祖伊以周西伯昌之修德滅阢國、懼禍至、以告紂。[集解]徐廣曰、阢、音耆、[索隱]阢、音耆、耆即黎也、鄒誕本云、𨙸、音黎、孔安國云、黎、在上黨東北、即今之黎亭是也、[考證]張文虎曰、各本重阢字、攷異云、下阢衍、今依索隱本、刪一阢字、阢當作阢、愚按、楓山三條本不重阢字、阢、殷紀作飢、周紀作耆、其實一耳、又按耆與黎爲二國、伐耆者文王、戡黎者武王、史公據尚書大傳、以西伯戡黎篇載于伐耆下、幷爲一案、誤、說具于殷紀、紂曰。我生不有命在天乎。是何能爲。[考證]祖伊以下、本書西伯戡黎篇、於是微子度紂終不可諫、欲死之及去。未能自決。乃問於太師少師。[集解]孔安國曰、太師、三公箕

子也、少師、孤卿比干也、[考證]杳德基曰、案今書微子篇、太師作父師、孔說以太師爲箕子、少師爲比干、此可疑、下文於比干死之後云、太師少師乃勸微子去、則少師非比干、太師非箕子、明甚、殷本紀亦云、微子與太師少師謀去、而比干剖心、箕子爲奴、殷之太師少師乃持其祭樂器奔周、周本紀又云、紂昏亂暴虐滋甚、殺王子比干、囚箕子、太師疵少師彊、抱其樂器而奔周、是則太師少師、爲殷之樂官、非箕子比干也、無待辨矣、愚按、方苞段玉裁姚鼐崔適李笠、亦有此說、曰。殷不有治政。不治四方。[集解]孔安國曰、言殷不有治政、四方之事、將必亡也、我祖遂陳於上。[集解]馬融曰、我祖、湯也、孔安國曰、言湯遂其功、陳力於上世也、[考證]書微子篇、祖下有底字、紂沈湎於酒、婦人是用。[考證]書、無婦人是用句、亂敗湯德於下。[集解]馬融曰、下、下世也、殷既小大好草竊姦宄、[集解]孔安國曰、草野盜竊、又爲姦宄於外內、[考證]書、既小大作罔不小大、愚按、楓山、三條本、既作無、既、當讀爲旡、旡無同、黃式三曰、草鈔、通、强掠也、見孫疏、竊、闇取之也、卿士師師非度、[集解]馬融曰、非但小人學爲姦宄、卿士已下、轉相師效、爲非法度、[考證]中井積德曰、此卿士、通卿士大夫元士之辭、皆有罪辜。乃無維獲。[集解]鄭玄曰、獲、得也、羣臣皆有是罪、其爵祿又無常得之者、言屢相攻奪、[考證]書、維作常、黃式三曰、所加辠者、無一定、獲辠之法、言濫刑也、小民乃竝興、相爲敵讎。[集解]孔安國曰、卿士既亂、而小民各起、共爲敵讎、言不和同、[考證]書、竝作方、方、旁通、

故史公訓爲竝、今殷其典喪。若涉水無津涯。【集解】徐廣曰、一作陟水無舟航、言危也、駰謂典、國典也、【索隱】尚書、典作淪、篆字變易、其義亦殊、徐廣曰、典、國典也、喪、音息浪反、【考證】錢大昕曰、典讀如殄、典喪者、殄喪也、攷工記注、鄭司農云、典讀爲殄、燕禮鄭注、古文腆作殄、是典腆與殄通、愨按、閻若璩亦有此說、殷遂喪、越至于今。【集解】馬融曰、越、於也、於是至矣、於今到矣、【考證】中井積德曰、越、發語辭、曰。太師少師。【集解】馬融曰、重呼告之、【考證】書、太作父、我其發出往。【集解】鄭玄曰、發、起也、紂禍敗如此、我其起作出往也、【索隱】往、尚書作狂、蓋亦今文尚書、意異耳、吾家保于喪。【集解】徐廣曰、一云、於是家保、駰案、馬融曰、卿大夫稱家、【正義】言紂淫亂、吾宗室保喪亡、吾、微子也、【考證】書、作吾家耄遜于荒、與史異、崔適曰、案我其發出往者、我其起而出往于周也、吾家保于喪者、往周以保吾家、使不至於亡也、愨按、出往者、去殷也、今女無故告。【集解】王肅曰、無意告我也、是微子求教誨也、【正義】微子言太師少師无別意、故告我理殷國也、【考證】書、故作指、予顚躋、如之何其。【集解】馬融曰、躋、猶墜也、恐顚墜於非義、當如之何也、鄭玄曰、其、語助也、齊魯之閒、聲如姬、記曰、何居、太師若曰。王子。天篤下菑亡殷國。【集解】孔安國曰、微子、帝乙子、故曰王子、天生紂爲亂、是下菑也、鄭玄曰、少師不荅、志在必死、【正義】菑、音災、【考證】書、太作父、篤作毒、亡作荒、錢大昕曰、尚書、篤作毒、大宛傳、其東南有身毒國、卽天竺也、竺、古篤字、小司馬亦讀毒爲篤、中井積德曰、爲微子謀、何干己之死

四

生、鄭注、姅、乃毋畏畏、不用老長。【集解】孔安國曰、上不畏天菑、下不畏賢人、違戾耆老之長、不用其教、【考證】書、不用老長、作咈其耇長舊有位人、愨按、上畏讀如字、下畏讀爲威、今殷民乃陋淫神祇之祀。【集解】徐廣曰、一云、今殷民侵神犧、又一云、陋淫侵神祇、駰案、馬融曰、天曰神、地曰祇、【索隱】陋淫、尚書作攘竊、劉氏云、陋淫、猶輕穢也、今誠得治國、國治身死不恨。爲死終不得治、不如去。【考證】乃問太師少師以下、本書微子篇、崔適曰、國治二字、與上句意複、必是衍文、王念孫曰、爲、猶如也、言如身死而國終不治、不如去也、中井積德曰、今誠以下數句、與上文不相冐、蓋太史公擇取書意而自言之也、遂亡。【考證】論語微子篇、箕子者、紂親戚也。【集解】馬融曰、箕、國名也、子、爵也、【索隱】箕、國、子、爵也、司馬彪曰、箕子名胥餘、馬融王肅以箕子爲紂之諸父、服虔杜預、以爲紂之庶兄、杜預云、梁國蒙縣、有箕子冢、【考證】下文云、王子比干亦紂之親戚也、梁玉繩曰、案李斯傳、紂殺親戚、亦謂箕子比干、然親戚有數解、左傳、伍尚曰、親戚爲戮、大戴禮曾子疾病篇曰、親戚既沒、雖欲孝誰爲孝、孟子曰、人莫大焉亡親戚君臣上下、楚世家之如悲親戚、孟嘗傳之遺其親戚、是稱父兄也、左傳、富辰曰、封建親戚以蕃屛周、是稱子弟也、國策、蘇秦曰、富貴則親戚畏懼、是稱妻嫂也、曲禮曰、兄弟親戚、孔疏言親是族內、戚是族外也、攷商韓左傳僖十五年、論語注疏、先儒論比干爲紂諸父、無異說、以孟子有明文、至于箕子、馬鄭王諸儒以爲紂之諸父、服杜以爲紂之庶兄、孔仲達謂既無正文、各以意言之、又謂父師呼微子爲王子、則父師非王子矣、鄭王等以爲紂之諸父、當是實

五

也、紂始爲象箸。【索隱】箸、音持略反、按下云、爲象箸必爲玉杯、杯箸事相近、周禮六尊、有犧象著壺泰山著尊者、著地無足、是也、劉氏音直慮反、則杯箸亦食用之物、亦竝通、箕子歎曰。彼爲象箸、必爲玉桮。爲桮、則必思遠方珍怪之物而御之矣。【考證】羣書治要、樂府詩集引、史、下桮上有玉字、輿馬宮室之漸自此始。不可振也。【考證】紂始爲象著以下、本韓非子喩老篇說林篇、振、救也、梁玉繩曰、龜策傳、雖非史公本書、而有紂爲象郎、乃閎之象郎語、象牙飾廊、視象箸更侈矣、紂爲淫泆。箕子諫不聽。人或曰。可以去矣。箕子曰。爲人臣諫不聽而去。是彰君之惡、而自說於民。吾不忍爲也。【考證】中井積德曰、此非箕子之言也、以後人之臆度相傳爲是語也、乃被髮詳狂而爲奴。【考證】戰國策秦策、箕子接輿、漆身而爲厲、被髮而爲狂、論語微子篇、箕子爲之奴、中井積德曰、奴者紂囚箕子奴之也、故書曰、囚奴正士、非箕子自爲奴、遂隱而鼓琴以自悲。故傳之曰箕子操。【集解】風俗通義曰、其道閉塞、憂愁而作者、命其曲曰操、操者言遇菑遭害、困厄窮迫、雖怨恨失意、猶守禮義、不懼不懾、樂道而不改其操也、【考證】中井積德曰、操是操絃作曲之謂、王子比干者、亦紂之親戚也。見

六

箕子諫不聽而爲奴、則曰。君有過而不以死爭、則百姓何辜。乃直言諫紂。紂怒曰。吾聞聖人之心有七竅。信有諸乎。乃遂殺王子比干、刳視其心。微子曰。父子有骨肉。而臣主以義屬。故父有過、子三諫不聽、則隨而號之。人臣三諫不聽、則其義可以去矣。於是太師少師乃勸微子去。遂行。【集解】時比干已死、而云少師者、似誤、【考證】父子有骨肉云云、亦非微子語、史公推其心事而言之耳、張文虎曰、微子曰至遂行五十二字、疑當在上文不如去下、遂行二字、卽遂亡之衍、殷本紀云、微子數諫不聽、乃與太師少師謀遂去、事在比干剖心之前、其文正相應、錯簡於此、遂來裴氏之疑、梁玉繩以爲追敍、殆非也、愨按、中井積德亦有是說、劉敞曰、古者同姓雖危不去國、微子紂庶兄也、何入周之有、論語云去之者、去紂都也、雖去不踰國、斯仁矣、崔述曰、箕比之奴與死皆由所遇之異、非必自期於奴之死也、且箕子不諫紂則已、被髮佯狂欲何爲者、此必箕比皆驟諫紂、幸而紂怒未甚、則取而奴之、不幸而紂怒甚、則取而殺之耳、謂箕子不辭奴則然、謂箕子自欲奴則不然、謂比干不畏死則可、謂比干必欲死則不可、又曰、諫不聽而去、乃異姓疏遠之臣然耳、微子、商之懿親、豈得以此爲比、細玩微子一篇、似微子雖紂兄弟、而實不與於政事者、所處之地、與春秋衛文公頗相類、與箕比之有官守者不同、是以父師

七

少師、皆不以諫勸之、而但云王子弗出、我乃顚隮、不必待箕比之受禍而後去也、史記以爲數諫不聽、大抵亦出於揣度耳、周武王伐紂克殷。微子乃持其祭器、造於軍門、肉袒面縛、【索隱】肉袒者、袒而露肉也、面縛者、縛手於背而面向前也、劉氏云、面即背也、義亦稍迂、左牽羊、右把茅、膝行而前以告。【考證】僖六年左傳云、蔡穆公將許僖公以見楚子於武城、許男面縛銜璧、大夫衰絰、士輿櫬、楚子問諸逢伯、對曰、昔武王克商、微子啓如是、王親釋其縛、受其璧、焚其櫬、禮而歸之、楚子從之、史記所本、孔穎達曰、史記之言、多有錯繆、微子手縛於後、故以口銜璧、又焉得牽羊把茅也、梁玉繩曰、案殷紀言太師少師持其樂器奔周、即周紀所云、太師疵少師彊、非箕子比干也、乃是二樂官、亦猶夏太史終古執圖法奔殷、殷內史向摯載圖法奔周、非微子也、而此以爲微子持器造軍門、至肉袒之事、史爲誣戾、其時微子已行矣、則伐商之際、必不自歸以取辱、又呂氏春秋誠廉篇、載武王使召公盟微子于共頭之下、曰、世爲長侯、守殷常祀、相奉桑林、宜私孟諸、益可驗無軍門之辱也、蓋共頭之下、即微子去位行遯處、故周就而盟之、其所以知微子遯共頭者、必物色得之耳、史本于左傳逢伯對楚成王語、而不知此乃左氏之妄記、武王非討微子、微子非亡國之子、何爲其然、通鑑前編據王柏之說云、面縛銜璧、必武庚也、後世失其傳也、斯論眞不可易、於是武王乃釋微子、復其位如故。武王封紂子武庚祿父、以續殷祀、使管叔·蔡叔傅相之。武王既克殷、訪問箕

子。【考證】史公不爲箕子立傳、故附載之宋世家、梁玉繩曰、周紀言克殷後二年、訪洪範、因武王克殷在十一年、而洪範稱十三祀故耳、與大傳稱武王封箕子朝鮮、于十三祀來朝、而問洪範政合、此謂克殷之後、即訪洪範、非訪洪範乃封朝鮮、武王曰。於乎、維天陰定下民、相和其居。【集解】孔安國曰、天不言而默定下民、助合其居、使有常生之資也、【考證】書洪範、定作隲、和作協、我不知其常倫所序。【集解】孔安國曰、言我不知天所以定民之常道理次序、問何由、【考證】書常作彝、下同、箕子對曰。在昔鯀陻鴻水、汨陳其五行。【集解】孔安國曰、陻、塞、汨、亂也、治水失道、是亂陳五行、【考證】書鴻作洪、下同、帝乃震怒、不從鴻範九等、常倫所斁。【集解】徐廣曰、一作釋、駰案鄭玄曰、帝、天也、天以鯀如是、乃震動其威怒、不與天道大法九類、言王所問所由敗也、【考證】書從作畀、等作疇、鯀則殛死、禹乃嗣興。【集解】鄭玄曰、春秋傳曰、舜之誅也、殛鯀、其擧也興禹、天乃錫禹鴻範九等。常倫所序。【集解】孔安國曰、天與禹、洛出書也、神龜負文而出、列於背、有數至于九、禹遂因而第之、以成九類、【考證】楓山、三條本、九等作九疇、易繫辭傳云、河出圖、洛出書、聖人則之、書顧命云、天球河圖在東序、論語子罕篇云、子曰、鳳鳥不至、河不出圖、吾已矣夫、則河出圖、必有其事矣、必有其物矣、洛出書、亦必有其事矣、必有其物矣、而今不可臆定也、而後儒或以洪範九疇爲洛書、愚謂易傳但云洛出書、不云錫禹洪範、但云錫禹、不云河出九疇、彼此無些交

涉、林之奇云、洛出書之說、不可深信、帝乃震怒、不畀洪範九疇、彝倫攸斁、猶言天奪之鑑也、天乃錫禹洪範九疇、彝倫攸敍、猶言天誘其衷也、又云、洪範之書、大抵發明彝倫之敍、本非由數而起、是說極是、初一曰五行。二曰五事。【考證】書、曰下、有敬用二字、三曰八政。【考證】書、曰下、有農用二字、四曰五紀。【考證】書、曰下、有協用二字、五曰皇極。【考證】書、曰下、有建用二字、六曰三德。【考證】書、曰下、有乂用二字、七曰稽疑。【考證】書、曰下、有明用二字、八曰庶徵。【考證】書、曰下、有念用二字、九曰嚮用五福、畏用六極。【集解】馬融曰、言天所以畏懼人用六極、【考證】嚮、讀爲饗、享也、書、畏作威、怵惕也、五行。一曰水、二曰火、三曰木、四曰金、五曰土、【集解】鄭玄曰、此數本諸陰陽所生之次也、【考證】五行、見於書甘誓、而不言其目、說者謂四時盛德所行之政也、以水火木金土爲五行、始於洪範、蓋以爲萬有之原、猶天竺以地水火風爲四大也、而未言其相生相克、又未言其相始終、至周末漢初、附益穿鑿益甚、於是乎伏勝董仲舒劉向劉歆班固諸人、各有述作、愈出愈怪、水曰潤下。火曰炎上。【集解】孔安國曰、言其自然之常性也、木曰曲直、【集解】孔安國曰、木可揉使曲直也、金曰從革、【集解】馬融曰、金之性從人、而更可銷鑠、【考證】張晏曰、革、改也、王先謙曰、曲直有二義、則從與革亦當分訓、言金可從順、又可變革、土曰稼穡。

【集解】王肅曰、種之曰稼、斂之曰穡、【考證】書、曰作爰、潤下作鹹。【集解】孔安國曰、水鹵所生、炎上作苦、【集解】孔安國曰、焦氣之味、曲直作酸、【集解】孔安國曰、木實之性、從革作辛、【集解】孔安國曰、金氣之味、稼穡作甘。【集解】孔安國曰、甘味生於百穀、五行以下、箕子所陳、五事。一曰貌、二曰言、三曰視、四曰聽、五曰思。貌曰恭、言曰從、【集解】馬融曰、發言當使可從、【考證】蔡沈曰、從者順也、方苞曰、得其次序也、春秋傳、典從禮順、視曰明、聽曰聰、思曰睿。【集解】馬融曰、睿、通也、恭作肅、從作治、【集解】馬融曰、出令而從、所以爲治也、【考證】書、治作乂、明作智、聰作謀、【集解】孔安國曰、所謀必成審也、馬融曰、上聽則下進其謀、【考證】書、智作哲、睿作聖。【集解】孔安國曰、於事無不通、謂之聖、【考證】言貌恭則心肅、言順則事治、視明則裁斷不誤、聽聰則謀成、思睿則於事無不通、諸解以恭從明聽睿屬君、以肅治智謀聖屬臣、恐非、八政。一曰食、【考證】鄭玄曰、食、謂掌民食之官、若后稷者也、二曰貨、【考證】鄭玄曰、貨、掌金帛之官、若周禮司貨賄是也、三曰祀、【考證】鄭玄曰、祀、掌祭祀之官、若宗伯者也、四曰司空、【集解】馬融曰、司空、掌營城郭、主空土以居民、五曰司徒、【集解】孔安國曰、主徒衆、教以禮義、六曰司寇、【集解】馬融曰、主誅寇害、七曰

賓、【集解】鄭玄曰、掌諸侯朝覲之官、八曰師。【集解】鄭玄曰、掌軍旅之官、五紀、一曰歲、二曰月、三曰日、四曰星辰、【集解】馬融曰、星、二十八宿、辰、日月之所會也、鄭玄曰、星、五星也、五曰曆數。【集解】孔安國曰、曆數、節氣之度、以爲曆數、敬授民時、【考證】江聲曰、分至啓閉以紀歲、朔望朏晦以紀月、永短昏昕以紀日、列星見伏昏旦中、日月躔逡以紀星辰、贏縮經緯終始相差以紀曆數、皇極。皇建其有極、【集解】孔安國曰、大中之道、大立其有中、謂行九疇之義、斂時五福、用傅錫其庶民。【集解】馬融曰、當斂是五福之道、用布與衆民、【考證】斂、聚也、時、是也、書傳作敷、普也、錫、與也、維時其庶民于女極、【集解】馬融曰、以其能斂是五福、故衆民於汝取中正以歸心也、錫女保極。【集解】鄭玄曰、又賜女以守中之道、【考證】黃式三曰、福極、韻、凡厥庶民、毋有淫朋、人毋有比德、維皇作極。【集解】孔安國曰、民有善則無淫過朋黨之惡、比周之德、惟天下皆大爲中正也、【考證】黃式三曰、言君立其本、則民人無淫比也、德極、韻、愚按、德、猶行也、凡厥庶民、有猷有爲有守、女則念之。【集解】馬融曰、凡其衆民、有謀、有爲、有所執守、當思念其行、有所趣舍也、不協于極、不離于咎、皇則受之。【集解】孔安國曰、凡民之行、雖不合於中、而不羅於咎惡、皆可進用大法受之、【考證】守咎有、

韻、而安而色、曰予所好德、女則錫之福。【集解】孔安國曰、女當安女顏色、以謙下人、人曰我所好者德也、女則與之爵祿、時人斯其維皇之極。【集解】孔安國曰、不合于中之人、女與之福、則是人此其惟大之中、言可勉進也、【考證】黃式三曰、色德福極、韻、毋侮鰥寡、而畏高明。【集解】馬融曰、高明顯寵者、不枉法畏之、【考證】毋字、管下七字、書、鰥寡作煢獨、畏、猶憚也、人之有能有爲、使羞其行、而國其昌。【集解】王肅曰、使進其行、任之以政、則國爲之昌、【考證】黃式三曰、明行昌、韻、凡厥正人、既富方穀、【集解】孔安國曰、正直之人、既當爵祿富之、又當以善道接之、【考證】楓山、三條本、方作有、女不能使有好于而家、時人斯其辜。【集解】孔安國曰、不能使正人有好於國家、則是人斯其詐取罪而去也、于其毋好、女雖錫之福、其作女用咎。【集解】鄭玄曰、無好於女家之人、雖錫之以爵祿、其動作爲女用惡、謂爲天子結怨於民、毋偏毋頗、遵王之義、【集解】孔安國曰、偏、不平、頗、不正、言當循先王正義以治民、【考證】頗義、韻、書、義作誼、毋有作好、遵王之道。【集解】馬融曰、好、私好也、【考證】黃式三曰、作、擅爲之也、好道、韻、毋有作惡、遵王之路。毋偏毋黨、王道蕩蕩。【集解】孔安國曰、言開辟也、鄭

玄曰、黨、朋黨、【考證】黃式三曰、惡路、黨蕩、韻、毋黨毋偏、王道平平。【集解】孔安國曰、言辨治也、【正義】平、音頻然反、【考證】平讀如辨、黃式三曰、偏平、韻、毋反毋側、王道正直。【集解】馬融曰、反、反道也、側、傾側也、會其有極、【集解】鄭玄曰、謂君也、當會聚有中之人以爲臣也、歸其有極。【集解】鄭玄曰、謂臣也、當就有中之君而事之、【考證】黃式三曰、側直極、韻、曰。王極之傅言、【集解】馬融曰、王者當盡極行之、使臣下布陳其言、【考證】書、王作皇、楓山、三條本、傅作敷、下同、與書合、是夷是訓、于帝其順。【集解】馬融曰、是大中而常行之、用是教訓天下、於天爲順也、【考證】書、夷作彝、順作訓、彝夷通、訓作順、史義長、黃式三曰、順訓、韻、凡厥庶民、極之傅言、【集解】馬融曰、亦盡極敷陳其言於上也、是順是行、【集解】王肅曰、民納言於上、而得中者、則順而行之、【考證】書、順作訓、史義長、以近天子之光。【集解】王肅曰、近、猶益也、順行民言、所以益天子之光、【考證】黃式三曰、近、附也、曰。天子作民父母、以爲天下王。【集解】王肅曰、政教務中、民善是用、所以爲民父母、而爲天下所歸往、【正義】是箕子美中正之道、誠可爲天子也、君能守中正、而民順行之、是天子爲父母、而爲天下所歸往、【考證】蔡沈曰、曰者民之辭也、黃式三曰、行光王、韻、三德、一曰正直。【集解】鄭玄曰、中平之人、二曰剛克。三曰柔克。【集解】鄭玄曰、克、能也、剛而能柔、柔而能剛、寬猛相

濟、以成治立功、【考證】克、勝也、治也、平康正直。【集解】孔安國曰、世平安、用正直治之、【考證】平康以下、皆言其資質、平康、得中者、彊不友剛克。【集解】孔安國曰、友、順也、世彊禦不順、以剛能治之、【考證】書、不作弗、弗讀爲怫、友字疑涉下而衍、蔡沈曰、以剛克剛也、內友柔克。【集解】孔安國曰、世和順、以柔能治之也、【索隱】內、當爲燮、燮、和也、【考證】楓山、三條本、內作燮、與書合、蔡沈曰、以柔克柔也、沈漸剛克。【集解】馬融曰、沈、陰也、潛、伏也、陰伏之謀、謂賊臣亂子、非一朝一夕之漸、君親無將、將而誅、【索隱】尚書作沈潛、此作漸字、其義當依馬注、【正義】漸、音潛、潛、謂溫和也、言溫和之人主政、須能剛斷、【考證】蔡沈曰、沈潛者、沈深潛退、不及中者也、黃式三曰、猶滯弱也、高明柔克。【集解】馬融曰、高明君子、亦以德懷也、【正義】高明、謂俊朗也、言俊朗之人主政、須能柔和、【考證】蔡沈曰、高明者、高亢明爽過乎中者也、朱熹曰、言人資質沈潛者、當以剛治之、資質高明者、當以柔治之、黃式三曰、滯弱勝以剛、高明勝以柔、能勝質之所偏也、德直克、韻、維辟作福、維辟作威、維辟玉食。【集解】馬融曰、辟、君也、玉食、美食、不言者、關諸侯也、鄭玄曰、作福、專爵賞也、作威、專刑罰也、玉食、備珍美也、【考證】福食、韻、臣無有作福作威玉食。臣有作福作威玉食、其害于而家、凶于而國。人用側頗辟、民用僭忒。【集解】孔安國曰、在位不端平、則下民僭差、【正義】孔安國曰、家謂臣、國謂君也、爲上無制、爲下逼上、凶害之道、辟、音僻、【考證】書、辟作僻、食國忒、韻、正義依

慶長本標記補、今本書傳無、稽疑。擇建立卜筮人、【集解】孔安國曰、龜曰卜、蓍曰筮、考正疑事、當選擇知卜筮人而建立之、乃命卜筮。曰雨、曰濟、曰涕、【集解】尚書作圛、【索隱】涕、音亦、尚書作圛、孔安國云、氣駱驛亦連續、今此文作涕、是涕泣、亦相連之狀也、曰霧、【集解】徐廣曰、一曰濛曰被、【索隱】霧、音蒙、然蒙與霧亦通、徐廣所見本涕作濛、蒙作被、義通而字變、【考證】錢大昕曰、書涕作驛、霧作蒙、又蒙在驛上、與此文異、梁玉繩曰、五兆之名、各本不同、如霽之爲濟、克之爲剋、字義竝通、不足爲異、所可異者、今本洪範曰驛、史作涕、徐廣一作濛、說文及鄭氏尚書注詩載驅箋、周禮太卜注、皆作圛、今本曰蒙、史作霧、徐一作被、鄭尚書注作𩃍、太卜注作蟊、攷詩載驅疏云、古文作悌、今文作圛、賈逵以今文校之、定爲圛、鄭依賈所奏、然則史必作悌、史公從孔安國問、多得古文之說、故作悌也、尚書後案曰、說文口部、圛从口、睪聲、尚書曰圛、圛、升雲半有半無、讀若驛、蓋古文作悌、太迂、故賈逵作圛、許愼書偁孔氏、又攷之于逵、其說宜從偁孔乃因其讀若驛、而卽改爲驛、妄矣、其作涕者、篆立心與水相似、讀者誤從水、濛又因涕而誤也、再攷霧與𩃍是一字、然當依鄭作𩃍爲定、鄭云、𩃍聲近蒙也、尚書後案云、鄭讀若蒙、而卽改爲蒙則非矣、今俗刻史記誤𩃍爲霧、其作蟊者、音近而假借、錢大昕曰、被、蓋敄之譌、卽霧之省、曰克、曰貞、曰悔。凡七。卜五。占之用二。衍貣。【集解】鄭玄曰、卜五占之用、謂雨濟圛霧克也、二衍貣、謂貞悔也、將立卜筮人、乃先命名兆卦而分別之、兆卦之名凡七、龜用五、易用二、審此道者、乃立之也、雨者、兆之體、氣如雨然也、濟者、如雨止之雲氣在上者也、圛者、色澤而光明也、霧者、氣不釋、鬱冥冥也、克者、如祲氣之色相犯也、內卦曰貞、貞

正也、外卦曰悔、悔之言晦也、晦、猶終也、卦象多變、故言衍貣也、【考證】書無之字、貣作忒、馬融曰、占、筮也、以占用二爲句、卜用五、占用二、以推其變也、愚按、卜五、雨濟圛𩃍克也、占二、貞悔也、江聲曰、衍、演也、廣也、貣、態也、林之奇曰、卜筮、天所示也、人事盡、然後可求之天、故龜筮稽疑、必在皇極三德之後、立時人爲卜筮。【集解】鄭玄曰、立是能分別兆卦之名者、以爲卜筮人、【考證】時人、是人也、三人占、則從二人之言。【集解】鄭玄曰、從其多者、蓍龜之道、幽微難明、愼之深、女則有大疑、謀及女心、謀及卿士、謀及庶人、謀及卜筮。【集解】孔安國曰、先盡謀慮、然後卜筮以決之、【正義】孔安國云、將舉事、而汝則有大疑、先盡汝心以謀慮之、次及卿士衆民、然後卜筮以決之、女則從、龜從、筮從、卿士從、庶民從、是之謂大同。【集解】孔安國曰、大同於吉、而身其康彊、而子孫其逢吉。【集解】孔安國曰、動不違衆、故後世遇吉也、【考證】馬融曰、逢、大也、黃式三曰、馬氏讀逢爲豐、存參、女則從、龜從、筮從、卿士逆、庶民逆。吉。卿士從、龜從、筮從、女則逆、庶民逆。吉。庶民從、龜從、筮從、女則逆、卿士逆。吉。【集解】鄭玄曰、此三者、皆從多、故爲吉、女則從、龜從、筮逆、卿士逆、庶民逆。作內吉。作外凶。【集解】鄭玄

曰、此逆者多、以故舉事於境內則吉、境外則凶、龜筮共違于人。用靜吉。用作凶。【集解】孔安國曰、安以守常則吉、動則凶、鄭玄曰、龜筮皆與人謀相違、人雖三從、猶不可以舉事、【考證】用、以也、如下文用成用明之用、庶徵。曰雨、曰陽、曰奧、曰寒、曰風。【集解】孔安國曰、雨以潤物、陽以乾物、煖以長物、寒以成物、風以動物、五者各以時所以爲衆驗、【考證】書陽作暘、奧作燠、張文虎曰、蔡王、柯、凌本作陽、中統、舊刻、游本、作暘、段玉裁曰、五行志王莽傳、作陽、假借字、曰時五者來備、各以其序、庶草繁廡。【集解】孔安國曰、言五者備至、各以次序、則衆草木繁廡滋豐也、【考證】五者、雨陽奧寒風也、書繁作蕃、段玉裁曰、曰時五者來備六字、當作五是來備、後漢書李雲傳云、得其人則五氏來備、章懷注云、史記曰、五是來備、荀爽傳云、五韙咸備、注、史記曰、五是來備、各以其序、庶草繁蕪、案此二條、可以證今本史記之誤、愚按、毛本後漢書李雲傳注、作五者、不作五是、段氏不知據何本、曰時五者來備爲一句、曰、改端之詞、時是也、下文時毋易、時既易之時字同、不必據章懷注改今本史記、一極備、凶。一極亡、凶。【集解】孔安國曰、一者備極過甚則凶、一者極無不至、亦凶、謂其不時失敍之謂也、曰休徵。【集解】孔安國曰、敍美行之驗、曰肅、時雨若。【集解】孔安國曰、君行敬、則時雨順之、【考證】黃式三曰、若、順也、應也、謂順其氣以應之也、曰治、時暘若。【集解】孔安國曰、君政治、則時暘順之、曰知、時奧若。【集解】孔安國曰、君昭晳、則時煖順之、曰謀、時寒

若。【集解】孔安國曰、君能謀、則時寒順之、曰聖、時風若。【集解】孔安國曰、君能通理、則時風順之、曰咎徵。【集解】孔安國曰、敍惡行之驗也、曰狂、常雨若。【集解】孔安國曰、君行狂妄、則常雨順之、曰僭、常暘若。【集解】孔安國曰、君行僭差、則常暘順之、曰舒、常奧若。【集解】孔安國曰、君臣逸豫、則常煖順之、【索隱】舒、依字讀、按下有曰急也、【考證】書舒作豫、說者以爲猶豫之義、與舒意同、曰急、常寒若。【集解】孔安國曰、君行急、則常寒順之、曰霧、常風若。【集解】孔安國曰、君行霧闇、則常風順之、【考證】書、霧作蒙、心之不通明也、王眚、維歲。【集解】馬融曰、言王者所眚職、如歲兼四時也、【正義】眚、山井反、王者省歲之休咎、知民豐儉、此下敎王者及民識歲月之善惡也、【考證】書眚作省、察也、卿士維月。【集解】孔安國曰、卿士各有所掌、如月之有別、師尹維日。【集解】孔安國曰、衆正官之吏、分治其職、如日之有歲月也、【正義】師尹、謂長正、若今刺史縣令、師尹視旬日之變、【考證】江聲曰、王者所省、如歲之兼四時、卿士分職治事、如月統于歲、衆正之官、統于卿、如日統于月、歲月日、時毋易、【集解】孔安國曰、各順常、百穀用成、治用明、【集解】孔安國曰、歲月無易、則百穀成、君臣無易、則正治明、【考證】書、治作乂、畯民用章、家用平康。【集解】孔安國曰、賢臣顯用、國家平寧、【考證】書、畯作俊、成明章康、韻、日月歲、時既易、百穀用不成、治用昏

不明、畯民用微、家用不寧。【正義】孔安國云、君失其柄、權臣擅命、治闇賢隱、國家亂、【考證】成明寧韻、 庶民維星。【集解】孔安國曰、星、民象、故衆民惟若星也、【考證】維星、言其衆也、 星有好風。星有好雨。【集解】馬融曰、箕星好風、畢星好雨、【考證】是言庶民之心各異、馬說拘于好風好雨四字、 日月之行、有冬有夏。【集解】孔安國曰、日月之行、冬夏各有常度、 月之從星、則以風雨。【集解】孔安國曰、月經于箕則多風、離于畢則多雨、政教失常以從民欲、亦所以亂、【考證】楓山、三條本、風下有以字、夏雨韻、 五福。一曰壽。二曰富。【正義】壽、百二十年、富、財豐備也、 三曰康寧。【集解】鄭玄曰、康寧、平安、 四曰攸好德。【集解】孔安國曰、所好者、德福之道、 五曰考終命。【集解】孔安國曰、各成其短長之命以自終、不橫夭、【考證】黃式三曰、攸、喜也、好德、美德也、考、成也、終、永也、成永長之命、如聖賢能終其天年、 六極。一曰凶短折。【集解】鄭玄曰、未齔曰凶、未冠曰短、未婚曰折、【索隱】未齔、未毀齒也、音楚恡反、 二曰疾。三曰憂。四曰貧。五曰惡。【集解】孔安國曰、醜陋也、 六曰弱。【集解】鄭玄曰、愚懦不壯毅曰弱、【考證】武王既克殷以下、采書洪範、黃式三曰、凶、短折、謂短促、考終命之反也、疾、康之反、不安也、憂、寧之反、不如願也、貧、富之反、惡、謂惡人、攸好德之反也、弱、謂未老、壽之反也、愚按、弱、羸弱也、 於是武王乃封箕

子於朝鮮、而不臣也。【索隱】潮仙二音、地因水爲名也、【正義】朝鮮、潮仙二音、括地志云、高驪平壤城、本漢樂浪郡王儉城、即古朝鮮也、【考證】尚書大傳云、武王勝殷、釋箕子囚、箕子不忍周之釋、走之朝鮮、武王聞之、因以朝鮮封之、箕子既受周之封、不得無臣禮、於十三祀來與此異、 其後箕子朝周、過故殷虛。感宮室毀壞生禾黍。箕子傷之。欲哭則不可。欲泣爲其近婦人。【索隱】婦人之性、多涕泣、 乃作麥秀之詩以歌詠之。其詩曰。麥秀漸漸兮。禾黍油油。【索隱】漸漸、麥芒之狀、音子廉反、又依字讀、油油者、禾黍之苗光悅貌、 彼狡僮兮、不與我好兮。【考證】油好韻、 所謂狡童者、紂也。殷民聞之、皆爲流涕。【集解】杜預曰、梁國蒙縣有箕子冢、【考證】麥秀之歌、尚書大傳以爲微子事、語亦有異同、梁玉繩曰、今本大傳云、麥秀蔪兮、黍禾蠅蠅、彼狡童兮、不我好仇、文選思舊賦注引大傳云、麥秀漸兮、黍禾矖矖、彼狡童兮、不我好、又漢書伍被傳注、張晏曰、箕子歌曰、麥秀之漸漸兮、黍苗之繩繩兮、彼狡童兮、不與我好兮、崔述曰、麥秀之歌、有怨君之心、無傷舊之意、其詞亦大不敬、必後人所擬作、非微箕所爲、 武王崩、成王少、周公旦代行政當國。管・蔡疑之、乃與武庚作亂、欲襲成王・周公。【集解】徐廣曰、一云、欲襲成周、【考證】梁

玉繩曰、徐廣作欲襲成周、非也、史詮、删成字、亦非、 周公既承成王命、誅武庚、殺管叔、放蔡叔。乃命微子開代殷後、奉其先祀。作微子之命以申之。國于宋。【集解】世本曰、宋更曰睢陽、【考證】宋、今河南歸德府商邱縣、通志、周封微子于宋、以爲商後、故曰商邱、中井積德曰、微子仍稱微者、猶周召康叔之類云、 微子故能仁賢。乃代武庚。故殷之餘民、甚戴愛之。【考證】岡白駒曰、故、固通、徐孚遠曰、周移殷遺民于洛邑、三世、其風始革、國于宋者、安然無虞、非微子之德、蓋新故異故也、陳子龍曰、殷之頑民、率在紂故都、宋之遺民非頑民也、 微子開卒。立其弟衍。是爲微仲。【集解】禮記曰、微子舍其孫腯而立衍也、鄭玄曰、微子適子死、立其弟衍、殷禮也、【索隱】按家語、微子弟仲思、名衍、一名泄、嗣微子爲宋公、雖遷爵易位、而班級不過其故、故以舊官爲稱、故二微雖爲宋公、猶稱微、至子稽、乃稱宋公也、【考證】集解所引禮記檀弓篇、索隱所引家語本姓解、中井積德曰、禮記所云、以衍爲微子之庶子也、此不可據作說、梁玉繩曰、仲乃微子之子、非弟也、僞家語恐不可信、方苞曰、微子之子微仲、雖受周封、猶稱殷號、周家之忠厚也、洪範、王曰、嗚呼箕子、編書者、又以微子之命名篇、則知武王周公不忍革其故號、故微仲之子、始稱宋公、 微仲卒。子宋公稽立。【索隱】譙周云、未諡、故名之、 宋公稽卒。子丁公申立。丁公申卒。子湣公共立。【考證】沈家本曰、表云、丁

公弟、與此異、 湣公共卒。弟煬公熙立。煬公即位。湣公子鮒祀弒煬公而自立。【集解】徐廣曰、鮒、一作魴、【索隱】徐云、一本作魴、譙周亦作魴祀、據左氏、即湣公庶子也、弒煬公、欲立太子弗父何、何讓不受、 曰。我當立。是爲厲公。厲公卒。子釐公舉立。釐公十七年、周厲王出奔彘。二十八年、釐公卒。子惠公覸立。【集解】呂忱曰、覸、音古莧反、 惠公四年、周宣王即位。三十年、惠公卒。子哀公立。【考證】錢大昕曰、表、三十一年哀公薨、次年即爲戴公元年、少哀公一年、 哀公元年卒。子戴公立。戴公二十九年、周幽王爲犬戎所殺。秦始列爲諸侯。三十四年、戴公卒。子武公司空立。武公生女。爲魯惠公夫人。生魯桓公。【考證】武公生女以下、隱元年左氏前傳、 十八年、武公卒。子宣公力立。宣公有太子與夷。十九年、宣公病、讓其弟和曰。父死子繼。兄死弟及。天下通義也。我其立和。和亦三讓

而受之。【考證】宋、殷之後、故仍用兄弟相及之義、宣公卒。弟和立。是爲穆公。穆公九年、病。召大司馬孔父謂曰。先君宣公、舍太子與夷而立我。我不敢忘。我死必立與夷也。孔父曰。羣臣皆願立公子馮。穆公曰。毋立馮。吾不可以負宣公。於是穆公使馮出居于鄭。八月庚辰、穆公卒。兄宣公子與夷立。是爲殤公。君子聞之曰。宋宣公可謂知人矣。立其弟以成義。然卒其子復享之。【考證】穆公九年病以下、采隱三年左傳、愚按、君子聞之曰、宋宣公可謂知人矣、正采左氏文、褒之至矣、而論贊則用公羊氏說曰、春秋譏宋之亂自宣公廢太子而立弟、前褒後譏、不一其揆、蓋讜正未至者也、殤公元年、衛公子州吁弑其君完自立、欲得諸侯、使告於宋曰。馮在鄭。必爲亂。可與我伐之。宋許之。與伐鄭、至東門而還。【考證】隱四年左傳、二年、鄭伐宋、以報東門之役。【考證】隱五年春秋經傳、其後諸侯

數來侵伐。【考證】楓山、三條本、無伐字、九年、大司馬孔父嘉妻好。出道遇太宰華督。【集解】服虔曰、戴公之孫、督說、目而觀之。【集解】服虔曰、目者、極視精不轉也、王若虛曰、左氏目逆而送之、【考證】其言甚文、史乃云目而觀之、不成語矣、中井積德曰、目、目送之也、又曰、華父督不宜言華督、蓋華父其字也、是時未以爲氏族也、是太史公之粗處、督利孔父妻、乃使人宣言國中曰。殤公卽位十年耳。而十一戰。【集解】賈逵曰、一戰、伐鄭圍其東門、二戰、取其禾、三戰、取邾田、四戰、邾鄭伐宋入其郛、五戰、伐鄭圍長葛、六戰、鄭以王命伐宋、七戰、魯敗宋師于菅、八戰、宋衛入鄭、九戰、伐戴、十戰、鄭入宋、十一戰、鄭伯以虢師大敗宋、【考證】董份曰、殤字當是死而謚者、今臣不宜稱、恐誤、卽張敖傳稱高祖也、梁玉繩曰、殤字誤、當省、民苦不堪。皆孔父爲之。我且殺孔父以寧民。【考證】楓山、三條本、爲上有所字、桓元年二年左傳、是歲、魯弑其君隱公。【考證】杭世駿曰、隱公弑于宋殤公八年、此敍在九年、誤、十年、華督攻殺孔父取其妻。殤公怒。遂弑殤公、而迎穆公子馮於鄭而立之。是爲莊公。莊公元年、華督爲相。【考證】桓二年左傳、九年、執鄭之祭仲。【正義】上側界反、括地志云、故祭城、在鄭

州管城縣東北五十里、鄭大夫祭仲邑也、杜預云、左傳釋例云、祭城、在河南、上有敖倉、周公所封也、要以立突爲鄭君。祭仲許。竟立突。【考證】桓十一年左傳、梁玉繩曰、事在宋莊公十年、十九年、莊公卒。【考證】莊二年春秋、陳仁錫曰、十九年史表作十八年、梁玉繩曰、莊公十八年卒、無十九年、子湣公捷立。湣公七年、齊桓公卽位。【考證】莊九年春秋經傳、九年、宋水。魯使臧文仲往弔水。【集解】賈逵曰、問凶曰弔、湣公自罪曰。寡人以不能事鬼神、政不脩、故水。臧文仲善此言。此言乃公子子魚教湣公也。【考證】本莊十一年左傳、梁玉繩曰、此史公改左傳文而誤者、未必所見本異也、左傳云、宋大水、公使弔焉、未詳所使何人、其辭曰、孤實不敬、天降之災、文仲稱其言懼而名禮、若如史所云寡人、何得謂名禮、而辭出于公子御說、史又誤爲子魚、子魚、乃桓公御說之子也、此與年表竝妄、十年夏、宋伐魯、戰於乘丘。【集解】徐廣曰、乘、一作媵、駰案、杜預曰、乘丘、魯地、【考證】梁玉繩曰、乘丘之役、在宋湣八年、此書于十年者、蓋因下左傳于莊十一年追敍南宮萬、而誤差二年也、魯生虜宋南宮萬。【集解】賈逵曰、南宮氏、萬名、宋卿、宋人請萬。萬歸宋。【考證】莊十一年左傳、十一年秋、湣公與南宮萬獵。因博

爭行。湣公怒辱之曰。始吾敬若。今若魯虜也。萬有力。病此言。【考證】雜取莊十一年左傳、十二年公羊傳、梁玉繩曰、十一年三字衍、湣公立十年而被弑、上文已書曰十年也、又史本公羊、以弑公因博起釁、然不聞獵也、豈別有據乎、遂以局殺湣公于蒙澤。【集解】賈逵曰、蒙澤、宋澤名也、杜預曰、宋地、梁國有蒙縣、【考證】梁玉繩曰、公羊云、萬搏閔公絕其脰、此言以局殺公、亦異、大夫仇牧聞之、以兵造公門。萬搏牧。牧齒著門闔死。【集解】何休曰、闔、門扇、【考證】公羊云、仇牧聞君弑、趨而至、遇之於門、手劍而叱之、萬臂摋仇牧、碎其首、齒著乎門闔、亦微異、因殺太宰華督、乃更立公子游爲君。【考證】子游、不知何公之子、諸公子犇蕭。公子禦說犇亳。【集解】服虔曰、蕭、亳、宋邑也、杜預曰、今沛國有蕭縣、蒙縣西北有亳城也、萬弟南宮牛、將兵圍亳。冬、蕭及宋之諸公子、共擊殺南宮牛、【考證】左傳、蕭下有叔大心三字、大心、蕭大夫名、叔其字、弑宋新君游、而立湣公弟禦說。是爲桓公。【考證】中井積德曰、游不成君、未可稱弑、愚按、左傳作殺、宋萬犇陳。【考證】中井積德曰、此宋世家也、與春秋不同、不得宋萬之稱、不可以爲法、宋人請以賂陳。【考證】楓山、三條本、無陳

字、義長、中井積德曰、請字當在路下、是傳寫之誤、亦通、陳人使婦人飲之醇酒、【集解】服虔曰、宋萬多力、勇不可執、故先使婦人誘而飲之酒、醉而縛之、以革裹之、歸宋。【集解】左傳曰、以犀革裹之、【考證】左傳云、以犀革裹之、比及宋、手足皆見、能狀萬多力、千歲如生、史公節略數字、索然無味、宋人醢萬也。【集解】服虔曰、醢、肉醬、【考證】殺湣公于蒙澤以下、采莊十二年左公二傳、桓公二年、諸侯伐宋、至郊而去。【考證】莊十四年春秋經傳、三年、齊桓公始霸。【考證】莊十五年春秋經傳、二十三年、迎衞公子燬於齊立之。是爲衞文公。文公女弟爲桓公夫人。【考證】閔二年左傳、秦穆公卽位。三十年、桓公病。太子茲甫讓其庶兄目夷爲嗣。桓公義太子意、竟不聽。【考證】僖八年左傳、三十一年春、桓公卒。太子茲甫立。是爲襄公。以其庶兄目夷爲相。未葬。而齊桓公會諸侯于葵丘。襄公往會。【考證】僖九年左傳、襄公七年、宋地霣星如雨。與 偕下。【集解】左傳曰、隕石于宋五、隕星也、【索隱】按僖十六年左傳、

隕石于宋五、霣星也、六鶂退飛過宋都、是當宋襄公之時、訪內史叔興曰、吉凶焉在、對曰、君將得諸侯而不終也、然莊七年傳又云、恆星不見、夜中星霣如雨、與雨偕也、且與雨偕下、自在別年、不與霣石退鶂之事同、此史以霣石爲霣星、遂連恆星不見之時與雨偕爲文、故與左傳小不同也、【考證】李笠曰、案與雨偕下四字、疑後人旁注瀾入、六鶂退蜚。【集解】公羊傳曰、視之則六、察之則鶂、徐察之則退飛、風疾也。【集解】賈逵曰、風起於遠、至宋都、高而疾、故鶂逢風卻退、八年、齊桓王正月戊申朔、隕石于宋、是月、六鷁退飛過宋都、在宋襄七年、王若虛曰、星隕如雨、初不指其在宋、且莊七年、與僖十六年相去遠矣、安得併爲宋地同時之事乎、蓋見左氏釋隕石爲隕星、故誤誌焉、而隕石之事、反遺而不書、疏甚、公卒。【考證】僖十七年春秋經傳、先是齊桓公立公子昭爲太子、屬諸宋襄公、桓公卒、易牙等立公子無虧、公子昭走宋、襄公以諸侯伐齊、殺無虧、立昭、是爲孝公、是宋襄起事之始、龜井昱曰、宋襄一戰而殺無虧、再戰而立孝公、此其所以志氣炎上也、至此霸心遂決、故有明年之事、又曰、僖十六年左傳、周內史叔興曰、君將得諸侯而不終、蓋宋襄求霸既久矣、宋欲爲盟會、十二年春、宋襄公爲鹿上之盟、【集解】杜預曰、鹿上、宋地、汝陰有原鹿縣、【索隱】按汝陰原鹿、其地在楚、僖二十一年、宋人楚人齊人盟於鹿上、是也、然襄公始求諸侯於楚、楚纔許之、計未合至女陰鹿上、今濟陰乘氏縣北有鹿城、蓋此地也、【考證】王夫之曰、索隱以鹿上爲楚地、然宋齊不應遠如楚而相受盟、濟陰乘氏縣之鹿城、其地在今曹縣、乃曹宋之境、杜預以爲宋地、斯得之矣、以求

諸侯於楚。楚人許之。公子目夷諫曰。小國爭盟、禍也。不聽。秋、諸侯會宋公盟于盂。【集解】杜預曰、盂、宋地、【考證】楓山、三條本、公下無盟字、與左傳合、盂、今河南歸德府睢州盂亭是、目夷曰。禍其在此乎。君欲已甚。何以堪之。於是楚執宋襄公以伐宋。冬、會于亳以釋宋公。子魚曰。禍猶未也。【考證】僖廿一年左傳、子魚卽公子目夷、十三年夏、宋伐鄭。子魚曰。禍在此矣。秋、楚伐宋以救鄭。襄公將戰。子魚諫曰。天之弃商久矣。不可。【考證】子魚之言至此、冬十一月、襄公與楚成王戰于泓。【集解】穀梁傳曰、戰于泓水之上、【考證】泓、水名、今河南歸德府柘城縣渙水支流、楚人未濟。【考證】中井積德曰、未濟、左傳作未既濟、既字不當省、目夷曰。彼衆我寡。及其未濟擊之。公不聽。已濟未陳。又曰。可擊。公曰。待其已陳。陳成。宋人擊之。宋師大敗。襄公傷股。國人皆怨公。【考證】左傳、怨作咎、公曰。君子不困人

於阸。不鼓不成列。【集解】何休曰、軍志、以鼓戰、以金止、不鼓、不戰也、不成列、未成陳、【正義】阸、謂阻隘也、子魚曰。兵以勝爲功。何常言與。【集解】徐廣曰、一云、尙何言與、必如公言、卽奴事之耳。又何戰爲。楚成王已救鄭。鄭享之。去而取鄭二姬以歸。【索隱】謂鄭夫人芊氏姜氏之女、既是鄭女、故云二姬、【考證】中井積德曰、據左傳、芊氏姜氏、立鄭伯之夫人勞楚子者、楚子所取二姬、是芊氏所生之女、叔瞻曰。成王無禮。【正義】謂取鄭二姬也、其不沒乎。爲禮卒於無別。有以知其不遂霸也。【考證】以上、僖廿二年左傳、左傳別下有諸侯二字、叔瞻之言、止於無別、徐孚遠曰、此楚事、著于宋傳、失刪政也、梁玉繩曰、楚世家不載此事、則是史家帶敘之法、不得失于刪政、惟成王生而稱謚爲非、當曰楚王無禮、愚按、左傳作楚王、是年、晉公子重耳過宋。襄公以傷於楚、欲得晉援、厚禮重耳、以馬二十乘。【集解】服虔曰、八十匹、【考證】僖廿三年左傳、古鈔本、乘下有遺之二字、梁玉繩曰、案左傳、重耳歷游諸國、惟自鄭至楚、及楚送諸秦、嘗在魯僖二十三年、過衞、在僖十八年、餘皆追敘、莫定在何歲、此及晉世家、書過宋于宋襄十三年傷泓之後、謂國敗禮重耳未確也、十四年夏、襄公病傷於泓而竟卒。【索隱】按春秋、戰于泓、在

僖二十三年、重耳過宋、及襄公卒、在二十四年、今此文以重耳過與傷泓共歲、故云是年、又重耳過與宋襄公卒共是一歲、則不合更云十四年、是進退俱不合於左氏、蓋太史公之疏耳、【考證】僖二十三年春秋經傳、子成公王臣立。【考證】穀梁經、王臣作壬臣、成公元年、晉文公卽位。【考證】僖廿四年左傳、三年、倍楚盟親晉。以有德於文公也。【考證】僖廿六年左傳、四年、楚成王伐宋。宋告急於晉。【考證】僖廿七年左傳、五年、晉文公救宋。楚兵去。【考證】僖廿八年左傳、九年、晉文公卒。【考證】僖卅二年春秋經傳、十一年、楚太子商臣弑其父成王代立。【考證】文元年春秋經傳、十六年、秦穆公卒。【考證】文六年左傳、十七年、成公卒。【正義】年表云、公孫固殺成公、【考證】文七年春秋經傳、成公弟禦、殺太子及大司馬公孫固、【正義】世本云、宋莊公孫名固、爲大司馬、【考證】沈家本曰、左傳無殺太子事、而自立爲君。宋人共殺君禦、而立成公少子杵臼。【正義】年表云、宋昭元年、杵臼、襄公之子、是爲昭【集解】徐廣曰、一云成公少子、【考證】梁玉繩曰、案經傳無禦作亂事、是時樂豫代公孫固爲司馬、固已不爲司馬、故文七年傳、但云殺公孫固公孫鄭于公宮、

公。昭公四年、宋敗長翟緣斯於長丘。【集解】魯世家云、宋武公之世、獲緣斯於長丘、今云此時、未詳、【索隱】徐廣曰、魯系家云、宋武公之代、獲緣斯於長丘、今云此時、未詳者、春秋文公十一年、魯敗翟于鹹、獲長狄緣斯於長丘、齊系家、惠公二年、長翟來、王子城父攻殺之、此竝取左傳之說、載於諸國系家、今考其年歲、亦頗相協、而魯系家云武公、此云昭公、蓋此昭當爲武、然前代雖已有武公、此杵臼當亦謚武也、若將不然、豈下五系公子特爲君、又此合謚昭乎、【正義】裴駰云、魯世家云、武公之世、獲緣斯於長丘、今此云昭公、未詳、按春秋文公十一年、魯敗狄於鹹、獲長狄緣斯於長丘、與年表同、齊世家云、魯惠公二年、長翟來、王子城父殺之、年表亦同、據春秋及年表世家、年歲符合、魯世家云宋武公、是誤、當爲昭公、卽符合矣、【考證】文十一年左傳云、冬十月甲午、敗狄于鹹、獲長狄喬如、初宋武公之世、鄭瞞伐宋、司徒皇父帥師禦之、敗狄于長丘、獲長狄緣斯、杜注、武公在春秋前也、余有丁曰、左傳載武公獲緣斯、在春秋前、魯世家語是、此云昭公誤也、索隱牽合以昭亦謚武、曲說不通、愚按、黃氏日抄考古質疑史記志疑亦主此說、可從、沈家本曰、索隱敗翟于鹹下文義不明、當有奪文、七年、楚莊王卽位。九年、昭公無道、國人不附。昭公弟鮑革、賢而下士。【集解】徐廣曰、一無革字、【考證】錢大昕曰、左氏無革字、下文亦有單稱公子鮑者、則革爲衍文明矣、愚按、年表亦無革字、先襄公夫人欲通於公子鮑。不可。【集解】服虔曰、襄公夫人、周襄王之姊王姬也、不可、鮑不肯也、【考證】宋襄卒而二十七年、夫人年蓋進六十矣、乃助之施於

國。【正義】施、式是反、襄夫人助公子鮑、布施恩惠於國人也、因大夫華元爲右師。【集解】公子鮑因華元、請得爲右師、華元戴公五代孫華督之曾孫也、【考證】凌稚隆曰、按左傳云、昭公無道、國人奉公子鮑、以因夫人、於是華元爲右師、云云、此云因大夫華元爲右師、文義不順、中井積德曰、本文錯脫不可讀、注亦錯謬、恐當作公子鮑因華元請、然亦謬解、昭公出獵。夫人王姬使衛伯攻殺昭公。【考證】昭公無道以下、本于文十六年左傳、館本考證云、左傳、昭公將田孟諸、未至、夫人王姬、使帥甸攻而殺之、此云衛伯、不知何據、中井積德曰、衛伯或是宮衛之長、杵臼弟鮑革立。是爲文公。文公元年、晉率諸侯伐宋、責以弑君。聞文公定立乃去。【考證】文十七年春秋經傳、二年、昭公子因文公母弟須與武・繆・戴・莊・桓之族爲亂。文公盡誅之、出武・繆之族。【集解】賈逵曰、出、逐也、【考證】梁玉繩曰、案文十八年左傳、武氏之族、道昭公子、將奉司城須作亂、宋公殺須及昭公子、使戴莊桓之族攻武氏、遂出武穆之族、然則始亂者武族、非昭公子因須爲亂也、黨于武者爲穆族、而戴莊桓三族、乃攻武族者、此謂戴莊桓亦偕亂被誅、誤矣、四年春、鄭命楚伐宋。【考證】凌稚隆曰、鄭公子歸生受命於楚伐宋、此云鄭命楚、恐誤、張照曰、此傳寫倒置耳、宋使華元將。鄭敗宋、囚華元。華元

之將戰、殺羊以食士。其御羊羹不及。【集解】左傳曰、御、羊斟也、故怨。馳入鄭軍。故宋師敗、得囚華元。宋以兵車百乘・文馬四百匹、贖華元。【集解】賈逵曰、文、貍文也、王肅曰、文馬、畫馬也、【正義】按文馬者、裝飾其馬、四百匹、用牽車百乘、遺鄭、贖華元也、又云、文馬、赤鬣縞身、目如黃金、【考證】楓山、三條本、得囚下無華元二字、文馬、正義前說得之、未盡入。華元亡歸宋。【考證】宣二年左傳、未盡入、作半入、十四年、楚莊王圍鄭。鄭伯降楚。楚復釋之。【考證】宣十二年春秋經傳、十六年、楚使過宋。宋有前仇、執楚使。【考證】中井積德曰、前仇者申舟孟諸之田抶宋公僕也、事在宋文公十二年、今申舟爲使、故執之也、史記不說者、事脫漏耳、又左傳曰殺之、此云執、亦謬、九月、楚莊王圍宋。【考證】宣十四年左傳、十七年、楚以圍宋、五月不解。【考證】中井積德曰、以已同、張照曰、按杜預注左傳云、在宋積九月、此云五月不解、承公羊傳夏五月宋人與及楚人平之文、年表遂云圍宋五月、其誤正與此同、呂氏春秋云、莊王圍宋九月、康王圍宋五月、聲王圍宋十月、沈家本曰、按此言楚圍宋、至夏五月、猶不解也、宋城中急、無食。華元乃夜私見楚將子反。子反告莊王。王問城中

何如曰。析骨而炊易子而食。〔集解〕何休曰、析骨、析破人骨也、莊王曰。誠哉言。我軍亦有二日糧。以信故遂罷兵去。〔考證〕雜采宣十五年左公二傳、楓山、三條本、言上有是字、二日作三日、舊刻、毛本、亦作三日、梁玉繩曰、案二日、公羊傳作七日、又公羊作子反告華元、此謂莊王喜華元之誠而自發斯言、亦異、蓋史公述楚圍宋事、合采公羊左氏而變易之、不盡依元文耳、中井積德曰、太史公每稱楚將晉將、是後世之語、非當時之稱、他竝倣此、二十二年、文公卒。子共公瑕立。始厚葬。君子譏華元不臣矣。〔考證〕成公二年左傳、春秋經三傳、共公名固、共公元年、華元善楚將子重、又善晉將欒書。兩盟晉楚。〔考證〕成十一年十二年左傳、楓山、三條本、元年作九年、與左傳合、此傳寫之誤、梁玉繩曰、此成十二年傳所云、華元合晉楚之成、會于瑣澤也、愚按、自華元合晉楚之成三十六年、向戌又以善于二國執政、亦會于宋以盟、世稱曰弭兵之會、墨翟非攻之說、宋銒偃兵之義、蓋淵源于此矣、而皆宋人也、宋襄公云、君子不重傷、不禽二毛、不以阻隘、不鼓不成列、雖曰未知戰、亦不嗜殺者、華向之事、亦有所淵源也、十三年、共公卒。華元爲右師、魚石爲左師。司馬唐山攻殺太子肥、欲殺華元。華元犇晉。魚石止之。至河乃還。〔集解〕皇覽曰、

華元冢、在陳留小黃縣城北、誅唐山。〔考證〕本成十五年左傳、梁玉繩曰、案左傳、司馬蕩澤弱公室、殺公子肥、華元自罪身爲右師不能討澤、故出奔、魚石止之、乃反、因殺子山、蕩澤亦名子山、經止書山、唐與蕩疑古通、杜注、肥、文公子、然則唐山無欲殺華元之事、而肥亦非共公太子也、乃立共公少子成。是爲平公。〔集解〕左傳曰、魚石犇楚、〔考證〕梁玉繩曰、史以公子肥爲共公太子、故以成爲少子、平公之名、左穀經作成、史從之、公羊經兩見、俱作戌、平公三年、楚共王拔宋之彭城、以封宋左師魚石。〔考證〕成十八年春秋云、楚子鄭伯伐宋、宋魚石復入于彭城、左傳亦云、楚子辛鄭皇辰伐彭城、納宋魚石向爲人鱗朱向帶魚府焉、以三百乘戍之而還、不云封魚石、四年、諸侯共誅魚石、而歸彭城於宋。〔考證〕襄元年左傳、左傳、誅作討、梁玉繩曰、案左傳、晉降彭城、以魚石等五人歸、寘諸瓠丘、未嘗誅也、此與年表、云誅魚石、誤、又曰、平公三十年、向戌善于晉楚、因爲宋之盟、以弭兵爲名、而史皆略之、陳氏測議云、向戌之盟、南北分霸之始、宋之大事也、史失書、愚按、弭兵之會、詳于襄二十七年左傳、說又見上、三十五年、楚公子圍弒其君自立爲靈王。〔考證〕昭元年左傳、四十四年、平公卒。〔考證〕昭十年春秋經傳、子元公佐立。元公三年、楚公子弃疾弒靈王、自立爲平王。〔考證〕昭十三年春秋經傳、中井積德曰、弒靈王者非弃疾、

八年、宋火。〔考證〕昭十八年春秋經傳、十年、元公毋信。詐殺諸公子大夫。華向氏作亂。楚平王太子建來犇。見諸華氏相攻亂、建去如鄭。〔考證〕昭二十年左傳、梁玉繩曰、殺公子寅等、乃華氏向氏、如史所說、竟似元公殺之矣、楚建黨于元公、故偕公子城等七人奔鄭、非見亂之故也、此與年表竝誤、十五年、元公爲魯昭公避季氏居外、爲之求入魯。行道卒。〔考證〕昭二十五年左傳、子景公頭曼立。〔索隱〕音萬、〔考證〕梁玉繩曰、案人表、作兜欒、左傳作太子欒、與史異、景公十六年、魯陽虎來犇。已復去。〔考證〕定九年左傳、二十五年、孔子過宋。宋司馬桓魋惡之、欲殺孔子。孔子微服去。〔考證〕孟子萬章篇、梁玉繩曰、此爲魯哀三年、孔子在陳、左傳及世家可證、微服過宋、乃景公二十二年、魯定十五年也、正是去衞適陳時事、此與年表同誤、三十年、曹倍宋、又倍晉。宋伐曹。晉不救。遂滅曹有之。〔正義〕宋景公滅曹、在魯哀公八年、周敬王三十三年也、〔考證〕哀七年八年春秋經傳、顧棟高曰、案宋在春秋、兼有六國之地、宿、偪陽、曹三國、其見于經者也、杞、戴及彭城、則經傳俱不詳其入宋之年、而地實兼并于宋、其封域全有河南歸德府一州八縣之地、開封府之杞縣、封邱縣、有

宋之長邱、蘭陽縣有宋之戶牖、衞輝府之滑縣、有宋之城鉏、陳州府治之睢寧縣、有宋檉地、西華縣、有宋鬼閻地、又江南徐州府之銅山縣、沛縣、蕭縣、潁州府之太和縣、山東兗州府之金鄉縣、嶧縣、泰安府之東平州、後滅曹、得曹州府之曹縣、荷澤縣、定陶縣、共跨三省九府二州二十三縣之地、又曰、周室棊布列侯、各有分地、豈無意哉、蓋自三監作難、武庚反叛、周公誅武庚而封微子于宋、豈非懲創當日武庚國于紂都、有孟門太行之險、其民易煽、其地易震、而商邱爲四望平坦之地、又近東都、日後雖子孫自作不靖、無能據險爲患哉、故殷之遺民、屬之懿親康叔、而杞宋接壤、俱在開歸、匪特制馭、亦善全先代之後、宜爾也、入春秋時、宋乃有彭城、彭城俗勁悍、又當南北之衝、故終春秋之世、宋最喜事、齊興則首附齊、晉興則首附晉、悼公之再伯也、用吳以掎楚、先用宋以通吳、實于彭城取道、楚之拔彭城以封魚石也、非以助亂、實欲塞夷庚、使吳晉隔不得通也、晉之滅偪陽以界宋、也、非以德宋、欲以宋爲地主、通吳晉往來之道也、蓋彭城爲宋有、而粗爲楚地、偪陽爲楚與國、皆在今沛縣境、如喉噎中之有物、宋有偪陽、而吳晉相援如左右手矣、故當日楚最仇宋、常合鄭以齮宋、宋亦最力、迨悼公已服鄭、不復恃吳、吳闓閭之世、力足以制楚、不復專賴晉、而宋于是安然無事、是彭城之係南北之故者、非小、而宋常爲天下輕重者、以其有彭城也、自後吳日強橫、齊魯俱被其毒害、而宋始終不受兵、亦以前日爲東道主之故、而黃池之役、吳歸道自商魯、王欲伐宋、太宰嚭曰可勝也、而弗能居、蓋杞宋舊封、其非險阨之地久矣、三十六年、齊田常弒簡公。〔考證〕哀十四年左傳、三十七年、楚惠王滅陳。〔考證〕館本考證云、楚惠王滅陳、左傳宋景三十九年、魯哀公之十七年也、沈家本曰、表在三十八年、亦誤也、此七字爲九之譌、熒惑守

心。心、宋之分野也。【考證】周禮春官保章氏、掌天星、以志星辰日月之變動、以觀天下之遷、辨其吉凶、以星土辨九州之地、所封封域、皆有分星、以觀妖祥、鄭玄注、九州諸國之封域、於星有分、今可言者十二次之分也、星紀、吳越也、玄枵、齊也、娵訾、衛也、降婁、魯也、大梁、趙也、實沈、晉也、鶉首、秦也、鶉火、周也、鶉尾、楚也、壽星、鄭也、大火、宋也、析木、燕也、國語周語云、歲之所在、則我有周之分野、屬是也、愚按、分野之說、自古有之、其妄誕勿論已、秦本紀始皇三十六年、亦有此象、是時宋滅已久、誰當其咎者、景公憂之。司星子韋曰。可移於相。景公曰。相、吾之股肱。曰。可移於民。景公曰。君者待民。曰。可移於歲。景公曰。歲饑民困。吾誰爲君。子韋曰。天高聽卑。君有君人之言三。熒惑宜有動。於是候之、果徙三度。【考證】呂氏春秋制樂篇、淮南子道應篇、梁玉繩曰、此事左傳不載、出于諸子、然不在是年、若依延年二十一歲之說、亦當在二十七年、景公四十六年卒、而又誕不足稱也、

六十四年、景公卒。【考證】哀二十六年左傳、梁玉繩曰、左傳宋景公卒于哀二十六年、是四十八年卒也、此與年表作六十四、六國表又作六十六、竝誤、宋公子特攻殺太子而自立。是爲昭公。【索隱】昭公也、左傳作德、【考證】今本左傳作得、【索隱】按左傳、景公無子、取元公庶曾孫公孫周之子德及啓、畜于公宮、及景公卒、先立啓、後立德、是爲昭公、與此全乖、未知太史公據何而爲此說、

昭公者、元公之曾庶孫也。昭公父公孫糾。糾父公子褍秦。【集解】徐廣曰、褍、音端、褍秦、即元公少子也。景公殺昭公父糾。【索隱】左傳名周、故昭公怨殺太子而自立。【考證】梁玉繩曰、左傳、糾作周、蓋音近相借、如左成十七年晉孫周亦作糾也、又韓詩外傳六、賈子先醒篇言昔者宋昭公出亡、歎曰、吾內外不聞吾過、是以至此、革心易行二年、宋人迎而復之、宋有兩昭公、所言必是昭公得、史失書、蓋宋之賢君也、

昭公四十七年卒。【集解】年表云、四十九年、【考證】沈家本曰、表、四十七年、與此合、未詳集解何據云然、子悼公購由立。【索隱】購、音古候反、悼公八年卒。【索隱】按紀年、爲十八年、子休公田立。【考證】梁玉繩曰、諡法無休、休公田二十三年卒。子辟公辟兵立。【集解】徐廣曰、一云辟公兵、【索隱】按紀年、作桓侯璧兵、則璧兵諡桓也、又莊子云、桓侯行未出城門、其前驅呼辟、蒙人止之、後爲狂也、司馬彪云、呼辟、使人避道、蒙人以桓侯名辟、而前驅呼辟、故爲狂也、【考證】中井積德曰、無以諱爲諡之理、必有一誤也、莊子似可據、洪頤煊說同、梁玉繩曰、田字衍、辟公三年卒。子剔成立。【集解】年表云、剔成君也、【索隱】王劭按紀年云、宋易城肝廢其君辟而自立也、【考證】梁玉繩曰、剔成者易城之誤、肝其名、肝封於易城之地、因以爲號、失其諡、剔成

四十一年、剔成弟偃、攻襲剔成。剔成敗奔齊。偃自立爲宋君。

君偃十一年、自立爲王。【索隱】戰國策、呂氏春秋、皆以偃諡曰康王也、【考證】偃死國亡、未必有諡、然國策墨子（愚按、墨翟不及宋偃之時、）呂覽新書、俱以偃諡康王、而荀子王霸篇稱爲宋獻、楊倞注云、國滅之後、其臣子各私爲諡、故不同、則此與年表皆失書偃諡、東敗齊取五城、南敗楚取地三百里、西敗魏軍、乃與齊・魏爲敵國。【考證】梁玉繩曰、年表、世家、皆無宋取齊楚地、及敗魏軍之事、惟田完世家、湣王七年、（依表、當偃十二年、其實是齊宣王廿六年、偃王三十年、）齊有與宋攻魏、敗之觀澤語、然攷年表・魏趙世家、竝言齊敗魏趙于觀澤、非止敗魏、竝不言與宋攻之、且宋方與齊爲敵國、無緣共宋出兵、則田完世家固非、而此亦虛說也、又宋策、有齊伐宋一章、云齊伐宋、宋索救于荊、齊拔宋五城、而荊王不至、雖未知事在何年、而注家謂齊爲宣王、荊爲威王、其時甚合、則此誤以齊取宋城爲宋取齊也、又宋策云、康王滅滕伐薛、取淮北之地、漢地理志・杜世族譜、稱滕爲齊滅、竹書曰、於越滅滕、通志謂秦滅之、策言宋滅滕、恐與竹書通志俱難信、而取淮北一語、得毋卽此取楚地乎、然云三百里、似誕、盛血以韋囊、縣而射之、命曰射天。淫於酒婦人。羣臣諫者輒射之。【考證】楓山・三條本、婦上有及字、梁玉繩曰、宋策、康王射天笞地、斬社稷而焚滅之、罵國老諫臣、爲無顔之冠以示勇、剖傴之背、鍥朝涉之脛、燕策、蘇子謂齊王曰、宋王射天笞地、鑄諸侯之象、使侍屏匽、展其臂、彈其鼻、又蘇秦傳、蘇代約燕述秦告齊之詞曰、宋王無道、爲木人以寫寡人、射其面、（燕策亦有、）此略不具射天事、又見呂氏春秋過理篇、愚按、賈子新書春秋篇所記略同宋策、補適曰、案此事亦見呂氏春秋、然殷本紀帝武乙爲偶人、謂之天人、與之博、令人爲行、天神不勝、乃僇辱之、爲革囊盛血、仰而射之、命曰射天、與此事相似、疑是一事、傳者誤分爲二事爾、於是諸侯皆曰桀宋。【索隱】晉太康地記、言其似桀也、宋其復爲紂所爲、不可不誅。告齊伐宋。【考證】桀紂同惡、宋殷後、故曰復爲紂所爲也、梁玉繩曰、國策田完世家、宋湣王因蘇代之謀以伐宋、非諸侯告齊伐之也、王偃立四十七年、齊湣王與魏・楚伐宋、殺王偃、遂滅宋而三分其地。【集解】年表云、偃立四十三年、【正義】年表云、魏昭王十年、齊滅宋、宋王死於溫、田完世家云、湣王三十八年、齊遂伐宋、宋王亡死於溫、據年表、宋滅周赧王二十九年、各當宋王偃四十三年、今云四十七年、竝誤也、【考證】梁玉繩曰、湣王滅宋、未嘗與楚魏共伐而三分其地、六國表及各世家皆不書、惟此有之、

太史公曰、孔子稱微子去之、箕子爲之奴、比干諫而死。殷有三仁焉。【集解】何晏曰、仁者愛人、三人行異而同稱仁者、何也、以其俱在憂亂寧民也、夏侯玄曰、微子仁之窮也、箕子比干智之窮也、故或盡材而止、或盡心而留、皆其極也、致極斯君子之事矣、是以三仁不同、而其歸一揆也、【考證】論語微子篇、焦循曰、商紂時、天下不安甚矣、而微箕比干、能憂亂安民、故孔子歎之、謂商之末、有憂亂安

民者三人，而紂莫能用，令其去，令其奴，令其死也，非指去奴死爲仁也。

春秋譏宋之亂，自宣公廢太子而立弟。【集解】公羊傳曰，君子大居正，宋之禍，宣公爲之也。【考證】隱三年公羊傳。國以不寧者十世。【索隱】按春秋公羊有此說，左氏則無譏焉。【考證】黃震曰，按世家之首，併敘三仁，明微子歸周之本心，善矣。宣公舍子與夷立弟穆公，穆公不敢忘德，復立與夷，爲殤公，十年十一戰，而宋亂，是穆賢而殤不肖，其明史譏宣公廢太子而立弟，國以不寧者十世。春秋之世无寧國，豈皆讓使之然歟。當是時，人君溺私愛，廢嫡立庶，或以弟弒兄而攘其國，子孫干戈相尋者總總也，史不之譏，而譏宣公之讓，何也。徐孚遠曰，立子周制也，立弟殷制也，宋之立弟，行古之道，不得譏其釀亂。梁玉繩曰，案宣之舍子而立弟，蓋知殤之不肖也，穆舍其子而復與宣之子，不忘德也，君子美之，乃此謂宋亂始宣公，本公羊之謬說，猶下文之褒襄公也，十世不寧，尤非。

襄公之時，修行仁義，欲爲盟主。【考證】楓山、三條本，修行仁義，作修仁行義。其大夫正考父美之，故追道契·湯·高宗、殷所以興，作商頌。【集解】韓詩商頌章句，亦美襄公。【索隱】按裴駰引韓詩商頌章句，亦美襄公，非也。今按毛詩商頌序云，正考父於周之太師得商頌十二篇，以那爲首，國語亦同此說。今五篇存，皆是商家祭祀樂章，非考父追作也。又考父佐戴、武、宣，則在襄公前且百許歲，安得述而美之，斯謬說耳。【考證】朱熹曰，太史公蓋本於韓詩之說，頌皆天子之事，非宋所有，其辭古奧，亦不類周世之文。梁玉繩曰，案昭七年左傳及魯語、詩序，言正考父佐戴、武、宣，得商頌十二篇于周太師，以那爲首，則是從戴至襄百四五十年，正考父非襄公大夫也，非作頌之人也，非追作之也。但史公此說，實本韓詩，故法言學行篇曰，正考父睎尹吉甫，公子奚斯睎正考父。後書曹褒傳曰，奚斯頌魯，考甫詠殷。康成樂記注，以歌商爲宋詩，嗣後文人多仍此說，然與本義全乖，詩疏、史索隱、及困學紀聞，俱斥其謬。

襄公既敗於泓，而君子或以爲多。【集解】公羊傳曰，君子大其不鼓不成列，臨大事而不忘大禮，有君而無臣，以爲雖文王之戰，亦不過此也。【考證】僖二十二年公羊傳。傷中國闕禮義，褒之也。【索隱】襄公臨大事不忘大禮，而君子或以爲多，且傷中國之亂，闕禮義之舉，遂不嘉宋襄之盛德，故太史公褒而述之，故云褒之也。【考證】梁玉繩曰，案此本公羊說，卽上文所云襄公脩行仁義也，泓之役，以迂致敗，得死爲幸，又多乎哉。執滕子，戕鄫子，行仁義不忘大禮者，如是邪，何褒乎爾。中井積德曰，公羊說謬，太史公委曲斡旋焉，非以宋襄爲是也，言宋襄一敗塗地，無足取也已，然君子或多之者，非實以爲善也，蓋傷禮義廢缺之甚，故於宋襄多之而不譏，其意可悲也云爾。宋襄之有禮讓也。【考證】凌約言曰，言君子多宋襄於泓之敗，乃傷中國闕禮義，故多而褒之也，且以其能讓庶兄目夷爲嗣也。中井積德曰，末句不可曉，豈上下有脫文邪。

【索隱】述贊，殷有三仁，微、箕、紂親，一囚一去，不顧其身，頌美有客，書稱作賓，卒傳冢嗣，或敍彝倫，微仲之後，世載忠勤，穆亦能讓，實爲知人，傷泓之役，有君無臣，偃號桀宋，天之弃殷。

宋微子世家第八

史記三十八

文學博士瀧川龜太郎著

史記會注考證

史記會注考證卷三十九

漢　太史令司馬遷　撰
宋　中郎外兵曹參軍裴駰　集解
唐　國子博士弘文館學士司馬貞　索隱
唐　諸王侍讀率府長史張守節　正義
日本　出雲瀧川資言　考證

晉世家第九　史記三十九

[考證]史公自序云、武王既崩、叔虞邑唐、君子譏名、卒滅武公、驪姬之愛、亂者五世、重耳不得意、乃能成霸、六卿專權、晉國以耗、嘉文公錫珪鬯、作晉世家第五、愚按、此篇多

采左氏國語、顧棟高曰、案晉所滅十八國、又衛之滅邢、秦之滅滑、皆歸于晉、景公時翦滅狄、盡收其前日蹂躪中國之地、又東得衛之殷墟、鄭之虎牢、自西及東、延袤二千餘里、有山西全省、又有直隸大名府之元城縣、爲沙鹿山、晉所取五鹿地、廣平府之邯鄲、成安、清河、永年四縣、順德府治、與邢臺任唐山三縣、俱與衛接境、眞定府之晉州趙州、冀州、及藁城欒城柏鄉臨城四縣、山東東昌府之恩縣冠縣、曹州府之范縣、與齊魯二國接境、又河南懷慶府之濟源修武孟溫四縣、衛輝府之汲縣淇縣輝縣濬縣新鄉縣、南自解州平陸縣渡河、有河南府之陝州閿鄉靈寶、桃林之塞在焉、永寧澠池偃師三縣、後又得嵩縣陸渾地、與周接境、其西自蒲州永濟縣渡河、有陝西同州府之朝邑韓城澄城白水四縣、及華州華陰縣、又延安府、爲晉河西上郡、西安府之臨潼縣、爲所滅驪戎地、商州爲晉上雒、及菟和倉野之地、俱與秦接境、後驪戎地入秦、爲侯麗、地跨五省、共二十二府五州、

晉唐叔虞者。[索隱]按太叔以夢及手文而名曰虞、至成王、誅唐之後、因戲削桐而封之、叔字也、故曰唐叔虞、而唐有晉水、至子燮、改其國號曰晉侯、然晉初封於唐、故稱晉唐叔虞也、且唐、本堯後、封在夏墟、而都於鄂、鄂今在大夏、是也、及成王滅唐之後、乃分徙之於許郢之閒、故春秋有唐成公、是也、卽今之唐州也、[正義]餘才宋國都城記云、唐國、堯之裔子所封爲唐、太叔因故唐侯之地封於唐、在河汾之東、方百里、故曰唐叔虞、叔者仲叔次第、虞名也、周武王子、而成王弟。初武王與叔虞母會時、[集解]左傳曰、邑姜方娠太叔、服虔曰、邑姜、武王后、齊太公女也、夢天謂

武王曰。余命女生子名虞。余與之唐。及生子、文在其手曰虞。故遂因命之曰虞。[考證]昭元年左傳、楓山、三條本、虞下名上、有爲字、孔穎達曰、左傳云、邑姜方震而夢、明是邑姜夢矣、安得以爲武王夢也、是馬遷之妄、梁玉繩曰、世家之異于傳者、言虞母夢天謂武王、不言是武王之夢、故御覽卷一引史作叔虞母夢天謂武王、孔疏錯會世家文也、鄭世家同傳、王念孫曰、文上脫有字、當依左傳及鄭世家補、初學記太平御覽引晉世家、皆有有字、愚按、文字也、古人言文不言字、左傳宣十二年、於文止戈爲武、十五年、文反正爲乏、昭元年、於文皿蟲爲蠱、中庸書同文、手卽掌也、手理自然成虞字、有若天命、故以爲名也、左傳隱元年、仲子生而有文在其手、曰爲魯夫人、閔二年、成季及生、有文在其手曰友、遂以命之、與此相類、武王崩、成王立。唐有亂。[正義]括地志云、故唐城、在絳州翼城縣西二十里、卽堯裔子所封、春秋云、夏孔甲時、有堯苗裔劉累者、以豢龍事孔甲、夏后嘉之、賜氏御龍、以更豕韋之後、龍一雌死、潛醢之以食夏后、旣而使求之、懼而遷於魯縣、夏后召孟別封劉累之孫于大夏之墟爲侯、至周成王時、唐人作亂、成王滅之、而封大叔、更遷唐人子孫于杜、謂之杜伯、卽范匃所云、在周爲唐杜氏、按魯縣、汝州魯山縣是、今隨州棗陽縣東南一百五十里上唐鄉故城、卽後子孫徙於唐、周公誅滅唐。[考證]昭元年左傳、成王與叔虞戲、削桐葉爲珪、以與叔虞曰。以此封若。史佚因請擇日立叔虞。成王曰。吾與之戲耳。史

佚曰。天子無戲言。言則史書之、禮成之、樂歌之。於是遂封叔虞於唐。【考證】今山西平陽府翼城縣西、有唐城、叔虞所封、史記、唐在河汾之東、即此、梁玉繩曰、案呂氏春秋重言、說苑君道、皆謂周公封叔虞、惟此作史佚、然其事非實、柳宗元曾辨其妄、晉語、叔向曰、唐叔射兕于徒林、殪以爲大甲、以封于晉、則非翦桐之故、中井積德曰、成王之世、叔虞封於唐、仍公卿之采地、其土未大、猶周公之周也、其後封叔虞之子燮爲晉侯、燮猶伯禽也、晉猶魯也、其封乃大、但唐采在晉封中、是爲異也、唐在河、汾之東。方百里。故曰唐叔虞。【集解】世本曰、居鄂、宋忠曰、鄂地、今在大夏、【正義】括地志云、故鄂城、在慈州昌寧縣東二里、按與絳州夏縣相近、禹都安邑、故城在縣東北十五里、故云在大夏也、然封于河汾二水之東、方百里、正合在晉州平陽縣、不合在鄂、未詳也、姓姬氏。字子于。唐叔子燮、是爲晉侯。【正義】燮、先牒反、括地志云、故唐城、在幷州晉陽縣北二里、城記云、堯築也、宗國都城記云、唐叔虞之子燮父、徙居晉水傍、今幷理故唐城、唐者即燮父所徙之處、其城南半入州城中、削爲坊、城牆北半見在、毛詩譜云、叔虞子燮父、以堯墟南有晉水、改曰晉侯、【考證】王若虛曰、周紀自有姓氏、既云武王子、何必更言姓、且魯衛管蔡等世家、類皆不著、而此獨著、何哉、楓山本、三條本、宋本、毛本、于作干、王引之曰、古人名字相應、于同迂、廣也、虞同吳、大也、作干非也、晉侯子寧族、是爲武侯。【索隱】系本作曼期、譙周作曼旗也、武侯之子服人、是爲成侯。成侯子

福、是爲厲侯。【索隱】系本作輻字、厲侯之子宜臼、是爲靖侯。靖侯已來、年紀可推。自唐叔至靖侯五世、無其年數。【考證】梁玉繩曰、靖侯當作厲侯、故云五世、愚按、自唐叔已下十二字、疑旁注誤入本文、靖侯十七年、周厲王迷惑暴虐。國人作亂。厲王出奔于彘。【考證】周厲王以下、國語周語、大臣行政。故曰共和。【正義】厲王奔彘、周召和其百姓行政、號曰共和、【考證】中井積德曰、共和者、謂大臣相共和同行政也、非和百姓之謂、十八年、靖侯卒。子釐侯司徒立。釐侯十四年、周宣王初立。十八年、釐侯卒。子獻侯籍立。【索隱】系本及譙周、皆作蘇、獻侯十一年卒。子穆侯費王立。【索隱】鄒誕本、作弗生、或作潰王、竝音祕、【考證】楓山、三條本、王作生、與年表合、可從、索隱王字、亦當作生、穆侯四年、取齊女姜氏爲夫人。【考證】左傳云、晉之穆公之夫人姜氏、但不記取之之年、七年、伐條。生太子仇。【集解】杜預曰、條、晉地、十年、伐千畝。有功。【集解】杜預曰、西河介休縣南、有地名千畝、【正義】界休縣屬汾州、本漢縣也、【考證】中井積德曰、左傳稱條之役千畝之役、蓋討伐或禦寇而戰于條千畝、

也、非伐條伐千畝、生少子。名曰成師。【集解】杜預曰、意取能成其衆也、【考證】中井積德曰、師有成功、故命以成師也、晉人師服曰。【集解】賈逵曰、晉大夫、異哉、君之命子也。太子曰仇。仇者讎也。少子曰成師。成師、大號成之者也。名自命也。物自定也。今適庶名反逆。此後晉其能毋亂乎。【考證】以上本于桓二年左傳、左傳云、名以制義、義以出禮、禮以體政、政以正民、是以政成而民聽、易則生亂、嘉耦曰妃、怨耦曰仇、古之命也、史公易之以仇者讎也數語、愚按、韓非子主道篇云、令名自命也、令事自定也、楊權篇亦云、名正物定、名倚物徙、故聖人執一以靜、使名自命、令事自定、名自命也、物自定也、蓋名自命也、物自定也、後世刑名之言、師服無此語也、二十七年、穆侯卒。弟殤叔自立。太子仇出奔。殤叔三年、周宣王崩。四年、穆侯太子仇、率其徒襲殤叔而立。是爲文侯。文侯十年、周幽王無道。犬戎殺幽王。周東徙。而秦襄公始列爲諸侯。三十五年、文侯仇卒。【考證】梁玉繩曰、案文侯仇與衞武公同爲平王功臣、晉是以有文侯之命、世家無一言及之、何也、子昭侯伯立。昭侯元

年、封文侯弟成師于曲沃。【索隱】河東之縣名、漢武帝改曰聞喜也、【考證】今聞喜縣、屬山西絳州、曲沃邑大於翼。翼、晉君都邑也。【索隱】翼、本晉都也、自孝侯已下、一號翼侯、平陽絳邑縣東翼城是也、【正義】括地志云、故翼城、一名故絳、在絳州翼城縣東南十五里、諸侯譜云、晉穆公遷都於絳、曾孫孝公改絳爲翼、至獻公、又命曰絳、【考證】今山西平陽府翼城、成師封曲沃。號爲桓叔。靖侯庶孫欒賓相桓叔。【正義】世本云、欒叔賓父也、桓叔是時年五十八矣。好德。晉國之衆皆附焉。【考證】嚴粲曰、武公之事、國人所不與、詩無衣序、言美之者、特武公大夫之意耳、山有樞、揚之水、椒聊、杕杜諸詩、國人每以曲沃彊爲憂、拳拳顧忠於昭公、以晉世家考之、初潘父弑昭侯而迎桓叔、桓叔將入晉、晉人發兵攻桓叔、桓叔敗、還歸曲沃、晉人共立昭侯子平、是爲孝侯、此桓叔初舉而國人不與也、其後曲沃莊伯弑孝公于翼、晉人又攻莊伯、莊伯復入曲沃、晉人復立孝侯子郄、是爲鄂侯、此莊伯再舉而國人又不與也、及鄂侯卒、莊伯伐晉、晉人共立鄂侯子光、是爲哀侯、此莊伯三舉而國人又不與也、至武公虜哀侯、晉人復立哀侯子小子、是爲小子侯、此武公四舉而國人又不與也、及武公誘小子侯殺之、晉復立哀侯弟緡、此武公五舉、而國人終不與也、最後武公伐晉侯緡滅之、盡以其寶器賂周僖王、王命武公爲諸侯、然後晉人力不能討、無如之何、然則武公之得國、晉人特迫於王命、不得已而從之耳、豈以武公爲可美哉、愚按、嚴說極是、晉國之衆皆附焉七字、不唯失事實、又與下文相乖、君子曰。晉之亂、其在

曲沃矣。末大於本、而得民心。不亂何待。【考證】是亦本桓二年左傳師服之言。 七年、晉大臣潘父弑其君昭侯而迎曲沃桓叔。桓叔欲入晉。晉人發兵攻桓叔。桓叔敗還歸曲沃。晉人共立昭侯子平爲君。是爲孝侯、誅潘父。孝侯八年、曲沃桓叔卒。子鱓代桓叔。是爲曲沃莊伯。【集解】鱓、音時戰反、又音善、又音陁。【考證】年表、八年作九年、 孝侯十五年、【考證】年表、作十六年、 曲沃莊伯弑其君晉孝侯于翼。晉人攻曲沃莊伯。莊伯復入曲沃。晉人復立孝侯子郄爲君。是爲鄂侯。【集解】系本作郄、而他本亦有作都、【正義】音丘戟反、【考證】昭公元年以下、補桓二年左傳、左傳云、鄂侯孝公弟、索隱本郄作都、 鄂侯二年、魯隱公初立。【考證】隱元年左傳、 鄂侯六年卒。曲沃莊伯聞晉鄂侯卒、乃興兵伐晉。周平王使虢公將兵伐曲沃莊伯。【考證】楓山、三條本、平王作桓王、與年表左傳合、此本誤、 莊伯走保曲沃。

晉人共立鄂侯子光。是爲哀侯。【考證】以上本隱五年左傳、孔穎達曰、按左傳、隱五年、曲沃莊伯伐翼、翼侯奔隨、秋、王命虢公伐曲沃、而立哀公于翼、翼九宗五正頃父之子嘉父、逆晉侯于隨、納諸鄂、晉人謂之鄂侯、則哀侯之立、鄂侯未卒、世家言卒、非也、梁玉繩曰、哀侯之立、據左傳實出王命、此以爲晉人立之、非也、 哀侯二年、曲沃莊伯卒。子稱代莊伯立。【正義】稱、尺證反、 是爲曲沃武公。哀侯六年、魯弑其君隱公。【考證】隱十一年左傳、 哀侯八年、晉侵陘廷。【集解】賈逵曰、翼南鄙邑名、 陘廷與曲沃武公謀、【考證】桓二年左傳、 九年、伐晉于汾旁、【正義】白郎反、汾水之旁、 虜哀侯。【考證】桓三年左傳、 晉人乃立哀侯子小子爲君。是爲小子侯。【集解】禮記曰、天子未除喪曰余小子、生名之、死亦名之、鄭玄曰、晉有小子侯、是取之天子也、【考證】中井積德曰、小子不稱名者、名不傳也、又曰、幼弱而無謚、遂稱小子侯焉耳、不言哀公子小子、蓋原言哀公小子、後人誤增一子字、沈家本曰、小子侯、猶言孺子王耳、 小子元年、曲沃武公使韓萬殺所虜晉哀侯。【集解】賈逵曰、韓萬、曲沃桓叔之子、莊伯弟、【考證】梁玉繩曰、小子何以不書侯、愚按、左傳稱小子侯、 曲沃益彊。晉無如之何。晉小子之四年、

曲沃武公誘召晉小子、殺之。【考證】殺小子侯、桓七年左傳、小子之、當作小子侯、 周桓王使虢仲伐曲沃武公。【正義】馬融云、周武王克商、封文王異母弟虢仲於夏陽、 武公入于曲沃。乃立晉哀侯弟緡爲晉侯。【考證】周王使虢仲立晉侯、魯桓八年事、使虢仲伐曲沃、九年事、竝見左傳、史公併敘、 晉侯緡四年、宋執鄭祭仲、而立突爲鄭君。【考證】館本考證云、執祭仲立突、左傳在魯桓十一年、於晉侯爲五年、年作、表六年、此又作四年、 晉侯十九年、齊人管至父弑其君襄公。【考證】館本考證云、齊人弑襄公、左傳及齊世家、年表、於魯爲莊之八年、於齊爲襄之十二年、則晉侯可是二十一年、此作十九年、梁玉繩曰、弑襄公、但擧管至父、何以不曰無知、 晉侯二十八年、齊桓公始霸。【考證】莊十五年左傳、梁玉繩曰、緡以魯桓八年立、莊十五滅、其在位二十六年、世家未嘗誤書年數、而曰二十八、何歟、年表、滅哀公一年小子侯一年、遂增緡之年至二十八、亦誤、 曲沃武公伐晉侯緡滅之、盡以其寶器賂獻于周釐王。釐王命曲沃武公爲晉君、列爲諸侯。於是盡併晉地而有之。【考證】莊十六年左傳但云、王使虢公命曲沃伯以一軍爲晉侯、不敘曲沃伐晉之詳、梁玉繩曰、魯莊十六年、爲滅晉侯

緡之明年、此與表皆并書于滅緡之歲、非也、嚴粲曰、武公之初弑小子侯也、桓王猶能命虢仲立緡于晉、又命虢仲芮伯梁伯荀侯賈伯伐曲沃、是則周雖微、而名分猶存也、至僖王受武公之賂、而命之爲諸侯、則紀綱蕩然矣、他日三家分晉、周王又移命武公者命三家矣、嗚呼、王者代天爵人、而賄以行之、君子是以知周之不復振也、司馬溫公論三家之事、以爲晉大夫暴蔑其君、剖分其地、天子既不能討、又寵秩之、是區區之名分、復不能守、而并棄之也、君臣之禮既壞、將使生民之類糜滅幾盡、遂特著以爲通鑑之首、愚於武公、亦云、 曲沃武公已即位三十七年矣。【考證】梁玉繩曰、案三十七、當作三十八、武公立于哀公之二年、歷八年、又小子四年、緡侯二十六年、則即位三十八年矣、下文通年三十八年、當作三十九、通年即位凡三十九年而卒、當作四十、 更號曰晉武公。【考證】楓山、三條本、曰作爲、中井積德曰、生時稱謚、史家之常、然至更號曰晉武公則亦太甚、 晉武公始都晉國。【考證】梁玉繩曰、案漢書地理志、詩唐風鄭譜及孔疏、叔虞封唐、子燮父改晉、至曾孫成侯、南徙曲沃、成侯曾孫之孫穆侯、徙于絳、昭侯以下徙翼、及武侯并晉、又都絳、景公遷新田、史皆不書、而反謂武公始都晉、獻公始都絳、何疏舛也、 前即位曲沃、通年三十八年。武公稱者、先晉穆侯曾孫也。【索隱】晉有兩穆侯、言先、以別後也、【考證】張照曰、三代世表及左氏、竝無兩穆公、愚按、先晉猶言前晉、所以別曲沃之晉、先字屬晉、不屬穆公、陳仁錫曰、也字衍、 曲沃桓叔孫也。桓叔者始封曲沃。武公、莊伯子也。自

桓叔初封曲沃、以至武公滅晉也、凡六十七歲。而卒代晉爲諸侯。武公代晉二歲卒。與曲沃通年、即位凡三十九年而卒。【考證】張文虎曰、歲下卒字似衍、中井積德曰、總結處冗複太甚、子獻公詭諸立。獻公元年、周惠王弟積攻惠王。惠王出奔、居鄭之櫟邑。【索隱】櫟、鄭邑、今河南陽翟是也、故鄭之十邑、有櫟有華也、【考證】莊十九年二十年左傳、魯莊十九年、即晉獻二年、非元年也、周紀、鄭世家、年表、不誤、五年、伐驪戎。得驪姬・驪姬弟、俱愛幸之。【集解】韋昭曰、西戎之別、在驪山也、【正義】殷周之驪戎國城也、【考證】梁玉繩曰、伐戎得姬、左傳附見于莊二十八年、即晉獻十一年、不知的在何時、而世家與表俱書于五年、未詳所據、愚按、今陝西西安府臨潼縣東有驪戎城、故驪戎國、左傳弟作娣、八年、士蔿說公曰。【集解】賈逵曰、士蔿晉大夫、故晉之羣公子多。不誅、亂且起。乃使盡殺諸公子、而城聚都之。【集解】賈逵曰、聚晉邑、命曰絳。始都絳。【索隱】春秋莊二十六年傳、士蔿城絳是也、杜預曰、今平陽絳邑縣、應劭曰、絳水出西南也、【考證】莊二十五年左傳、孔穎達曰、案左傳、士蔿使群公子盡殺游氏之族、乃城聚而處之、則城聚以處羣公子、非晉都之也、言命聚

曰絳、亦非也、梁玉繩曰、聚絳二地、城絳在九年、此合爲一、科竝書于八年、都絳亦非始獻公、說見前、九年、晉羣公子既亡奔虢。虢以其故再伐晉。弗克。【考證】虢再伐晉、莊二十六年左傳、梁玉繩曰、左傳、虢兩侵晉、非爲羣公子也、且晉之公子盡殺于聚矣、尙安得有未殺而奔虢者乎、下文言虢匿晉亡公子爲亂、同妄、十年、晉欲伐虢。士蔿曰、且待其亂。【考證】莊二十七年左傳、十二年、驪姬生奚齊。獻公有意廢太子。乃曰、曲沃吾先祖宗廟所在。而蒲邊秦、屈邊翟。【集解】韋昭曰、蒲、今蒲阪、屈、北屈、皆在河東、杜預曰、蒲、今平陽蒲子縣是也、【考證】梁玉繩曰、三公子居鄙、在十一年、此誤書于十二年、中井積德曰、是時獻公未有廢太子意也、據左傳、惑於二五之言而鄙三子也、史記蓋誤、愚按、今山西隰州有古蒲城、春秋晉蒲邑、吉州有北屈廢縣、晉屈邑、不使諸子居之、我懼焉。於是使太子申生居曲沃、公子重耳居蒲、公子夷吾居屈。獻公與驪姬子奚齊居絳。【考證】驪姬生奚齊以下、莊二十八年左傳、晉國以此知太子不立也。太子申生其母齊桓公女也。曰齊姜。早死。【考證】陳仁錫曰、左傳、獻公烝於齊姜、生秦穆夫人及太子申生、則齊姜是武

公之妾、武公末年齊桓始立、不得爲齊桓女也、申生同母女弟、爲秦穆公夫人。【考證】秦本紀云、穆夫人太子申生姊、左傳亦敘在申生上、重耳母、翟之狐氏女也。夷吾母、重耳母女弟也。【考證】孔穎達曰、虢射、惠公之舅、狐偃文公之舅、二母不得爲姊妹、馬遷之妄、獻公子八人、而太子申生・重耳・夷吾、皆有賢行。及得驪姬、乃遠此三子。【考證】楓山、三條本、皆有賢行、作皆賢有行、張照曰、左傳介子推曰、獻公之子九人、即下文、敘子推語、亦曰九人、則八字乃九字之訛耳、中井積德曰、唯夷吾之賢行爲無徵、恐史家之臆說、諸子中唯三子長矣、故使出居焉、其他尙幼、是非以賢否之故必矣、十六年、晉獻公作二軍。【集解】左傳曰、王使虢公命曲沃伯、以一軍爲晉侯、今始爲二軍、【考證】集解、引莊十六年左傳、公將上軍。太子申生將下軍。趙夙御戎。畢萬爲右。伐滅霍、滅魏、滅耿。【集解】服虔曰、三國皆姬姓、魏在晉之蒲阪河東也、杜預曰、平陽皮氏縣東南有耿鄉、永安縣東北有霍太山也、【索隱】按永安縣西南汾水西有霍城、古霍國、有霍水出霍太山、地理志、河東河北縣、古魏國、地記亦以爲然、服虔云、在蒲阪、非也、地記又曰、皮氏縣汾水南耿城是故耿國也、【正義】晉州霍邑縣、本漢彘縣也、鄭玄注周禮云、霍山在彘縣、本春秋霍伯國、【考證】戎、公車、御、僕、右、右乘、霍、今山西平陽府有霍城、即古霍國、山西解州芮城縣東北有河北故城、即魏城、漢皮

氏縣、今絳州河津縣、還爲太子城曲沃。賜趙夙耿、賜畢萬魏、以爲大夫。士蔿曰。太子不得立矣。分之都城、【集解】服虔曰、邑有先君之主曰都、【考證】中井積德曰、有主曰都、左氏之妄解、可不從、而位以卿。【集解】賈逵曰、謂將下軍也、先爲之極。【集解】服虔曰、言其祿位極盡於此也、又安得立。不如逃之。無使罪至。爲吳太伯、不亦可乎。【集解】王肅曰、太伯知天命在王季、奔吳不反、猶有令名。【集解】王肅曰、雖去猶可有令名、何與其坐而及禍也、太子不從。卜偃曰。畢萬之後必大。【集解】賈逵曰、卜偃、晉掌卜大夫郭偃、萬、盈數也。魏、大名也。【集解】服虔曰、數從一至萬爲滿、魏喩巍巍高大也、【考證】梁玉繩曰、盈字何以不諱、魏世家皆作滿、以是始賞。天開之矣。【集解】服虔曰、以魏賞畢萬、是爲天開其福、天子曰兆民、諸侯曰萬民。今命之大、以從盈數。其必有衆。【集解】杜預曰、以魏從萬、有衆多之象、【考證】左傳、命作名、命名通、上文云、魏、大名也、初畢萬卜仕於晉國。遇屯之比。【集解】賈逵曰、震下坎上、屯、坤下坎上、比、屯初九變之比、辛廖占之曰。吉。【集解】賈逵曰、辛廖、晉大夫、【考證】

龜井昱曰、服虔云、周人、劉炫從之、案辛氏周晉咸有之、然夷考之、劉說爲優、屯、固。比、入。吉孰大焉。【集解】杜預曰、屯、險難也、所以爲堅固、比、親密、所以得入、【考證】竹添光鴻曰、雲雷屯、雲雨集而未解、有堅固之義、地上有水、比、水在地上滲入之象、其後必蕃昌。【考證】獻公作二軍以下、閔元年左傳、十七年、晉侯使太子申生伐東山。【集解】賈逵曰、東山、赤狄別種、【正義】左傳云、晉侯使太子申生伐東山皐落氏、上黨記、皐落氏、在潞州壺岡縣城東南山中百五十里、今名平皐赤壤、其地險阻、百姓不居、今空之也、【考證】今山西平定州樂平縣有皐落山、寰宇記、卽東山皐落地、里克諫獻公曰。【集解】賈逵曰、里克、晉卿里季也、太子奉冢祀社稷之粢盛、以朝夕視君膳者也。【集解】服虔曰、廚膳飲食、【考證】冢、大也、冢祀、宗廟之祀也、故曰冢子。君行則守。有守則從。【集解】服虔曰、有代太子守則從之、從曰撫軍。【集解】服虔曰、助君撫循軍士、守曰監國。古之制也。夫率師、專行謀也、【集解】杜預曰、率師者、必專謀軍事、【考證】左傳、無也字、此疑衍、誓軍旅、【集解】杜預曰、宣號令、君與國政之所圖也。【集解】賈逵曰、國政、正卿也、非太子之事也。師在制命而已。【集解】杜預曰、命、將軍所制、稟命則不

威。專命則不孝。故君之嗣適、不可以帥師。君失其官、【集解】杜預曰、太子統師、是失其官也、【考證】龜井昱曰、非太子之事而命之、是失官也、率師不威。將安用之。【集解】杜預曰、專命則不孝、是爲師必不威也、【考證】中井積德曰、太子不可不稟命、故不威也、公曰。寡人有子。未知其太子誰立。【考證】左傳、無太子二字、此疑衍、里克不對而退、見太子。太子曰。吾其廢乎。里克曰。太子勉之。教以軍旅。【集解】賈逵曰、將下軍、不共是懼。何故廢乎。【考證】共、左傳作供、且子懼不孝。毋懼不得立。【集解】服虔曰、不得立己也、修己而不責人、則免於難。【考證】竹添光鴻曰、脩己、言使身無釁以遠讒謗也、人、暗指驪姬奚齊也、本是安慰之言、而免難二字、不覺脫之於口、太子帥師。公衣之偏衣、【集解】服虔曰、偏裻之衣、偏異色、駮不純、裻在中、左右異、故曰偏衣、杜預曰、偏衣、左右異色、其半似公服、韋昭曰、偏、半也、分身之半以授太子、【正義】上衣、去聲、下衣、如字、【考證】顧野王曰、裻、背縫、佩之金玦。【集解】服虔曰、以金爲玦也、韋昭曰、金玦、兵要也、【正義】玦、音決、【考證】以上、閔二年左傳、顧野王曰、玦如環而缺不連、里克謝病不從太子。太子遂伐東山。

【考證】左傳國語、無里克謝病不從之文、張文虎曰、宋本、毛本、無太子二字、此衍、十九年、獻公曰。始吾先君莊伯。武公之誅晉亂、而虢常助晉伐我。【正義】言虢助晉伐曲沃也、又匿晉亡公子、果爲亂。弗誅、後遺子孫憂。【考證】春秋內外傳、不載此事、乃使荀息以屈產之乘、【集解】何休曰、屈產出名馬之地、乘、備駟也、【考證】杜預曰、屈地生良馬、假道於虞。虞假道、遂伐虢。【集解】賈逵曰、虞在晉南、虢在虞南、取其下陽。以歸。【集解】服虔曰、下陽、虢邑也、在大陽東北三十里、穀梁傳曰、下陽、虞虢之塞邑、【考證】乃使荀息以下、僖二年左傳、今山西解州平陸縣東有故下陽城、中井積德曰、以歸、不可曉、豈有缺誤邪、愚按、以已通、已歸屬下文讀、獻公私謂驪姬曰。吾欲廢太子、以奚齊代之。驪姬泣曰。太子之立、諸侯皆已知之。而數將兵、百姓附之。奈何以賤妾之故、廢適立庶。君必行之、妾自殺也。驪姬詳譽太子、而陰令人譖惡太子、而欲立其子。【考證】獻公私謂以下、本國語晉語、二十一年、驪姬謂太子曰。君夢見齊姜。

太子速祭曲沃、歸釐於君。【集解】服虔曰、曲沃、齊姜廟所在、太子於是祭其母齊姜於曲沃、上其薦胙於獻公。獻公時出獵。置胙於宮中。驪姬使人置毒藥胙中。居二日。【考證】左傳云、六日、不同、獻公從獵來還。宰人上胙獻公。獻公欲饗之。驪姬從旁止之曰。胙所從來遠。宜試之。祭地。地墳。【集解】韋昭曰、將飲先祭、示有先也、墳、起也、與犬。犬死。與小臣。小臣死。【集解】韋昭曰、小臣、官名、掌陰事、今閹士也、【考證】驪姬謂太子以下、僖四年左傳、安井衡曰、祭肉於地、地不必墳、可知其祭酒也、犬不飲酒、知其與肉也、故省文不言酒肉、愚按、小臣、猶言賤臣、驪姬泣曰。太子何忍也。其父而欲弒代之。況他人乎。【考證】驪姬泣曰、本晉語、下文史公以意補、晉語、他人作國人、韋昭云、有父忍自殺之、況能愛國人乎、史公改作他人、蓋姬自道也、且君老矣。旦暮之人、曾不能待。而欲弒之。謂獻公曰。太子所以然者、不過以妾及奚齊之故。妾願子母辟之他國、若早自殺。毋徒使母子

爲太子所魚肉也。始君欲廢之。妾猶恨之至於今。妾殊自失於此。【考證】中井積德曰、太子之行如此、妾前見君欲廢而恨之、今乃自以恨爲失也、至於今連上句、言至今日猶恨之也、自失於此、自以不勸廢爲己之過也、此字指錯愛太子之事、愚按、楓山、三條本、無於此二字、 太子聞之奔新城。【集解】韋昭曰、新城、曲沃也、新爲太子城、 獻公怒。乃誅其傅杜原款。或謂太子曰。爲此藥者乃驪姬也。太子何不自辭明之。太子曰。吾君老矣。非驪姬、寢不安、食不甘。卽辭之、君且怒之。不可。或謂太子曰。可奔他國。太子曰。被此惡名以出。人誰內我。我自殺耳。十二月戊申、申生自殺於新城。【集解】國語云、申生乃雉經於新城廟、韋昭云、曲沃也、新爲太子城、故曰新城、 此時重耳·夷吾來朝。人或告驪姬曰。二公子怨驪姬譖殺太子。驪姬恐、因譖二公子。申生之藥胙、二公子知之。二子聞之恐、重耳走蒲、夷吾走屈、保

其城自備守。【考證】太子聞之以下、僖四年左傳、楓山、三條本、申生上、有曰字、與左傳合、 初獻公使士蔿爲二公子築蒲·屈城。弗就。【正義】蔿、爲詭反、爲、于僞反、【考證】左傳云、不愼、寘薪焉、 夷吾以告公。公怒士蔿。士蔿謝曰。邊城少寇。安用之。退而歌曰。狐裘蒙茸。一國三公。吾誰適從。【集解】服虔曰、蒙茸、以言亂貌、三公、言君與二公子將敵、故不知所從、【正義】蒙茸、言狠藉也、【考證】狐裘、貴人之服、蒙茸、左傳作尨茸、詩邶風作蒙戎、音義相通、裘毛雜亂貌、暗比國事紛擾也、中井積德曰、三公、謂二公子與太子、意謂蒲屈強、將與太子爭立也、以太子早死、斯言不全應也、故後人多謬解、愚按、適從、猶言適歸、適、主也、茸公從韻、 卒就城。及申生死、二子亦歸保其城。【考證】以上僖五年左傳、 二十二年、獻公怒二子不辭而去、果有謀矣。乃使兵伐蒲。蒲人之宦者勃鞮、【正義】勃、白沒反、鞮、都提反、韋昭云、伯楚、寺人披之字也、於文公時爲勃鞮也、【考證】梁玉繩曰、僖五年左傳、寺人披伐蒲、晉語同、此以爲蒲人之宦者、非也、又晉語、作寺人勃鞮、並見左僖廿五、亦稱伯楚、韋注披之字、史、于此作勃鞮、于下文作履鞮、文選報任少卿書、及宦者傳論注、並引史記作履貂、後漢書宦者傳序、作勃貂、何不同若是、蓋披其名、伯楚其字、宋庠國語補音曰、勃鞮官名、宋說甚得、然則內外傳云勃鞮、以及履鞮履貂勃貂、皆官號之異、乃主履者、若

周官之鞮鞻氏、鞮是革履、貂是皮履、勃者排也、說文解、取排比之義、 命重耳促自殺。重耳踰垣。宦者追斬其衣袪。【集解】服虔曰、袪、袂也、【考證】僖五年左傳、不言促自殺、晉語云、令刺重耳、 重耳遂奔翟。【正義】括地志云、文城故城、在慈州文城縣北四十里、故老云、此城晉文公爲公子時、避驪姬之難、從蒲奔翟、因築此城、人遂呼爲文城、風俗通云、春秋傳曰、狄、本山戎之別種也、其後分居、號曰赤翟、白翟、 使人伐屈。屈城守、不可下。【考證】此事春秋內外傳不載、若以爲賈華事、則與下文複、 是歲也、晉復假道於虞以伐虢。虞之大夫宮之奇諫虞君曰。晉不可假道也。是且滅虞。虞君曰。晉我同姓。不宜伐我。宮之奇曰。太伯·虞仲、太王之子也。太伯亡去。是以不嗣。虢仲·虢叔、王季之子也。爲文王卿士。其記勳在王室、藏於盟府。【集解】杜預曰、盟府、司盟之官也、【考證】梁玉繩曰、案晉滅之虢、乃西虢、虢叔之後、仲爲東虢、鄭滅之、左隱元年僖五年注疏、及韋昭周鄭語注甚明、中井積德曰、府、庫也、 將虢是滅。何愛于虞。且虞之親、能親於桓·莊之族乎。桓·莊之族何罪。盡滅之。

【考證】獻公八年、使士蔿盡殺諸公子、卽此事、 虞之與虢、脣之與齒。脣亡則齒寒。虞公不聽。遂許晉。宮之奇以其族去虞。其冬晉滅虢。虢公醜奔周。【集解】皇覽曰、虢公冢、在河內溫縣郭東、濟水南大冢是也、其城南有虢公臺、【正義】左傳云、童謠曰、丙子之辰、龍尾伏辰、均服振振、取虢之旂、鶉之賁賁、天策焞焞、火中成軍、虢公其奔、其九月十月之交乎、丙子旦、日在尾、月在策、鶉火中、必是時也、冬十二月丙子朔、晉公滅虢、虢公醜奔京師、韋昭曰、鶉火、鳥星也、賁賁、鶉火星貌也、天策、尾上一星、名傳說、焞焞、近日月之貌、火、鶉火也、中、晨中也、成軍、軍有成功也、 還襲滅虞、虜虞公及其大夫井伯·百里奚、以媵秦穆姬、【集解】杜預曰、穆姬、獻公女、送女曰媵、以屈辱之、【正義】南雍州記云、百里奚宋井伯宛人也、【考證】左傳無百里奚三字、梁玉繩曰、奚與井伯非一人、且奚不及虞難也、說在秦紀、 而修虞祀。【集解】服虔曰、虞所祭祀命祀也、【考證】以上僖五年左傳、 荀息牽曩所遺虞屈產之乘馬、奉之獻公。獻公笑曰。馬則吾馬。齒亦老矣。【集解】公羊傳曰、蓋戲之也、何休曰、以馬齒戲喻荀息之年老也、【考證】僖二年公羊傳、穀梁傳云、獻公亡虢、五年而後舉虞、荀息牽馬操璧而前曰、璧則猶是也、而馬齒加長矣、 二十三年、獻公遂發賈華等伐屈。【集解】賈逵曰、賈華、晉右行大夫、

潰。【正義】民逃其上曰潰、夷吾將奔翟。冀芮曰。不可。【集解】韋昭曰、冀芮、晉大夫、重耳已在矣。今往、晉必移兵伐翟。翟畏晉。禍且及。不如走梁。梁近於秦。秦彊。吾君百歲後、可以求入焉。遂奔梁。【考證】僖六年左傳、今陝西同州府澄城縣有夏陽故城、古梁國、二十五年、晉伐翟。翟以重耳故、亦擊晉於齧桑。【集解】左傳、作采桑。服虔曰、翟地、【索隱】裴氏云、左傳、作采桑、按今平陽曲南七十里河水有采桑津、是晉境。服虔云、翟地、亦頗相近、然字作齧桑、齧桑、衞地、恐非也、【考證】僖八年左傳、言晉敗狄于采桑、不言翟擊晉於齧桑、又不以爲重耳之故、采桑在今山西吉州鄉寧縣西大河津濟處、晉兵解而去。當此時晉彊。西有河西、與秦接境、北邊翟、東至河內。【索隱】河內、河曲也、內、音汭、【正義】河西、謂同丹等州之地也、河內、謂懷州、【考證】顧棟高曰、或曰、周室封建、在德不在險、信乎、曰、此爲後王守成者言之也、武王既勝殷有天下、大封功臣宗室、凡山川糾紛、形勢禁格之地、悉周懿親、及親子弟、以鎮撫不靖、翼戴王室、自三監監殷、而封東虢于滎陽、據虎牢之險、西虢于宏農陝縣、阻崤函之固、太公于齊、召公于燕、又封叔虞于晉、四面環峙、而王畿則東西長、南北短、短長相覆、方千里、無事則都洛陽宅土中、以號令天下、有事則居關內阻四塞以守、曷嘗不據形勝以臨制天下哉、褒姒煽虐、禍由內作、播遷東周、而西虢實爲東西都出入往

來之地、周有西歸之志、不得不問途於虢、故平王之末年、卽以虢公爲卿士、迨乎惠王、鄭虢卒定王室、當晉之圖虢也、王曷不赫然震怒、命方伯以討罪于晉、晉必不敢動、乃談笑置之、虢入晉、而晉日强、周日弱矣、驪姬弟生悼子。【索隱】左傳作卓子、音恥角反、弟、女弟也、【考證】莊廿八年僖四年左傳、梁玉繩曰、春秋三傳、及史于秦紀年表齊世家等處、皆作卓、此悼字誤、二十六年夏、齊桓公大會諸侯於葵丘。【正義】在曹州考城縣東南一里、【考證】宋地、今河南歸德府考城縣東北有葵丘聚、晉獻公病、行後。未至。逢周之宰孔。宰孔曰。齊桓公益驕、【考證】左傳、齊桓公作齊侯、不務德而務遠略。諸侯弗平。君弟毋會。毋如晉何。【索隱】弟、但也、獻公亦病、復還歸。【考證】僖九年左傳、國語晉語、病甚。乃謂荀息曰。吾以奚齊爲後。年少、諸大臣不服。恐亂起。子能立之乎。荀息曰。能。獻公曰。何以爲驗。對曰。使死者復生、【索隱】謂荀息受公命而立奚齊、雖復身死、不背生時之命、是死者復生也、生者不慙。【索隱】言生者見荀息不背君命而死、不爲之羞慙也、【正義】國語云、荀息曰、昔君問臣事君於我、我對以忠貞、君曰、何謂也、對曰、可以利公室、力有所能、無不爲、忠也、葬死者、養生者、死人復生不悔、生人不慚、

貞也、吾言既往矣、豈能欲行吾言、而又愛吾身乎、【考證】中井積德曰、死者謂公也、生者息自謂也、公死、息奉遺命無所違於公之志、則使公復生、息無所慚也、愚按、史公正用晉語文、索隱非是、爲之驗。於是遂屬奚齊於荀息。【考證】雜取僖九年左傳晉語、荀息爲相、主國政。秋九月、獻公卒。里克·邳鄭、欲內重耳、以三公子之徒作亂。【集解】賈逵曰、邳鄭、晉大夫、三公子、申生重耳夷吾也、謂荀息曰。三怨將起、秦·晉輔之。子將何如。【考證】龜井昱曰、猶曰將從何黨也、荀息曰。吾不可負先君言。十月、里克殺奚齊于喪次。【考證】楓山、三條本、無次字、獻公未葬也。荀息將死之。或曰。不如立奚齊弟悼子而傅之。荀息立悼子、而葬獻公。十一月里克弒悼子于朝。【集解】列女傳曰、鞭殺驪姬于市、荀息死之。君子曰。詩所謂白珪之玷猶可磨也。斯言之玷不可爲也。【集解】杜預曰、詩大雅、言此言之玷難治、甚於白珪、【考證】林堯叟曰、荀息不顧事之非正、而惟以不食言、是以君子惜其前言之失不可復治也、顧炎武曰、古人著書引成語、而反其意者多矣、管晏列傳論贊、方晏子伏

莊公尸、哭之成禮然後去、豈所謂見義不爲無勇者邪、言晏子之勇於義、此言荀息之能不玷其言、愚按、顧說爲是、與不負其言、文義相貫、其荀息之謂乎。【考證】以上僖九年左傳、不負其言。【考證】晉語云、君子曰、不食其言矣、公羊傳亦云、荀息可謂不食言矣、史公與左氏併取之、初獻公將伐驪戎。卜曰。齒牙爲禍。【集解】韋昭曰、齒牙、謂兆端左右釁坼、有似齒牙中有縱畫、以象讒言之爲害也、【正義】國語曰、獻公卜伐驪戎、史蘇卜之、曰、勝而不吉、公飲大夫酒、令司正實爵與史蘇、曰、飲而無肴、驪戎之役、汝曰勝而不吉、故賞汝以爵、罰汝以無肴、克國得妃、其吉孰大焉、史蘇卒爵、再拜稽首曰、兆有之、臣不敢蔽、蔽兆之紀、失臣之官、有二罪焉、何以事君、大罰將及、不唯無肴、史蘇告大夫曰、夫有男戎、必有女戎、若晉以男戎勝戎、而戎亦必以女戎勝晉、里克曰、何如、史蘇曰、夏桀伐有施、有施人以妹喜女焉、與伊尹比而亡夏、殷辛伐有蘇、有蘇以妲己女焉、與膠鬲比而亡殷、周幽王伐有褒、有褒人以褒姒女焉、與虢石甫比而亡周、【考證】晉語、禍作猾、及破驪戎、獲驪姬愛之。竟以亂晉。里克等已殺奚齊·悼子、使人迎公子重耳於翟、欲立之。【正義】國語云、里克及邳鄭、使屠岸夷告公子重耳於翟曰、國亂民擾、得國在亂、治民在擾、子盍入乎、重耳謝曰。負父之命出奔、【正義】負、音佩、父死、不得脩人子之禮侍喪。重耳何敢入。大夫其更立他子。還報

里克。【考證】初獻公以下、國語晉語、里克使迎夷吾於梁。夷吾欲往。【考證】僖九年左傳云、晉郤芮使夷吾重賂秦以求入、晉語云、呂甥郤稱使蒲城午告公子夷吾於梁曰、子厚賂秦人以求入、吾主子、皆不云里克迎之、與此異、呂省・【正義】省、音眚、杜預曰、姓瑕呂、名飴甥、字子金、【考證】梁玉繩曰、呂甥未嘗從夷吾在外也、此與郤芮竝擧、誤、又省乃甥之譌、內外傳皆作甥、郤芮曰。【正義】郤成子卽冀芮、【考證】沈家本曰、郤成子乃郤缺、芮之子也、正義誤、內猶有公子可立者、而外求。難信。計非之秦輔彊國之威以入、恐危。乃使郤芮厚賂秦、約曰。卽得入、請以晉河西之地與秦。【考證】僖十五年左傳云、晉侯賂秦伯以河外之列城五、東盡虢略、南及華山、內及解梁城、既而不與、卽此事、及遺里克書曰。誠得立、請遂封子於汾陽之邑。【集解】賈逵曰、汾、水名、汾陽、晉地也、【索隱】按國語命里克汾陽之田百萬、命邳鄭以負蔡之田七十萬、今此不言、亦其疏略也、秦繆公乃發兵送夷吾於晉。齊桓公聞晉內亂、亦率諸侯如晉。秦兵與夷吾亦至晉。齊乃使隰朋會秦俱入夷吾、立爲晉君。是爲惠公。齊桓公至晉

之高梁而還歸。【考證】秦穆公以下、僖九年左傳、惠公夷吾元年、使邳鄭謝秦曰。始夷吾以河西地許君。今幸得入立。大臣曰。地者先君之地。君亡在外。何以得擅許秦者。寡人爭之、弗能得。故謝秦。【考證】左傳國語、止云、使邳鄭聘秦謝緩賂、而不及惠公辭令、葢史公以意補、亦不與里克汾陽邑、【考證】僖十五年左傳、而奪之權。四月、周襄王使周公忌父會齊・秦大夫共禮晉惠公。【集解】賈逵曰、忌父、周卿士、惠公以重耳在外、畏里克爲變、賜里克死。謂曰。微里子、寡人不得立。雖然子亦殺二君一大夫。【集解】服虔曰、奚齊、悼子、荀息也、爲子君者、不亦難乎。里克對曰。不有所廢、君何以興。欲誅之、其無辭乎。【考證】杜預曰、言欲加己罪、不患無辭、乃言爲此。【考證】左傳無此句、臣聞命矣。遂伏劍而死。【考證】惠公之入、呂甥招之、郤芮勸之、而里克之意、實在文公、是所以有汾陽之賂、惠公既君、里克仍執政、呂郤不得逞意、伏劍之事不得已

也、晉語云、惠公殺里克而悔之曰、芮也、使寡人過殺我社稷之鎭、可以觀當時狀情矣、於是邳鄭使謝秦、未還。故不及難。晉君改葬恭太子申生。【集解】韋昭曰、獻公時申生葬不如禮、故改葬之、秋、狐突之下國遇申生。【集解】服虔曰、晉所滅國以爲下邑、一曰、曲沃有宗廟、故謂之國、在絳下、故曰下國也、【考證】下國、對國都之稱、申生與載而告之【集解】杜預曰、忽如夢而相見、狐突本爲申生御、故復使登車、【考證】楓山、三條本、無而告之三字、曰。夷吾無禮。余得請於帝。【集解】服虔曰、帝、天帝、請罰有罪、將以晉與秦。秦將祀余。狐突對曰。臣聞神不食非其宗。君其祀毋乃絕乎。君其圖之。【考證】沈家本曰、君下其字、疑衍、申生曰。諾。吾將復請帝。後十日、【集解】左傳曰、七日、新城西偏、將有巫者。見我焉。【集解】杜預曰、將因巫以見、許之。遂不見。【集解】杜預曰、狐突許其言、申生之象亦沒、及期而往。復見申生。告之曰。帝許罰有罪矣。弊於韓。【集解】賈逵曰、弊、敗也、韓、晉韓原、【考證】四月周襄王以下、僖十年左傳、兒乃謠曰。恭太子更葬矣。【索隱】更、作也、更喪、謂改喪、言

後十四年、晉不昌、【考證】索隱本、葬作喪、後十四年、晉亦不昌。昌乃在兄。【考證】葬、昌、兄、韻、晉語亦載國人之誦、與此異、邳鄭使秦、聞里克誅。乃說秦繆公曰。呂省・郤稱・冀芮、實爲不從。【集解】杜預曰、三子晉大夫、不從、不與秦賂也、【索隱】呂省、左傳作呂甥、呂省、郤稱、冀芮三子、晉大夫、【考證】中井積德曰、不從、謂不服從於秦、若重賂與謀、出晉君入重耳、事必就。秦繆公許之、使人與歸報晉、厚賂三子。三子曰。幣厚言甘。此必邳鄭賣我於秦。【考證】左傳國語、賣作誘、遂殺邳鄭、及里克邳鄭之黨七輿大夫。【集解】韋昭曰、七輿、申生下軍之衆大夫也、杜預曰、侯伯七命、副車七乘、【考證】服虔曰、上軍之輿士七人、屬申生者、愚按、服韋二說是、晉。繆公弗聽。【考證】邳鄭使秦以下、僖十年左傳、惠公之立、倍秦地及里克、誅七輿大夫。國人不附。二年、周使召公過禮晉惠公。【集解】韋昭曰、召武公爲王卿士、惠公禮倨。【索隱】謂受玉惰也、事見僖十一年、召公譏之。【考證】梁玉繩曰、僖十一年左傳、天王使召武公內史過

賜晉侯命、受玉惰、過歸告王曰、晉侯無後、告王之言、乃內史過、非召武公也、此云召公譏之、誤、其所以誤者、召武公亦名過耳、四年、晉饑、乞糴於秦。繆公問百里奚。【集解】服虔曰、秦大夫、百里奚曰。天菑流行、國家代有。救菑恤鄰、國之道也。與之。【考證】楓山、三條本、恤下有患字、邳鄭子豹曰。伐之。繆公曰。其君是惡、其民何罪。卒與粟。自雍屬絳。【考證】僖十三年左傳、杜預曰、雍、秦國都也、絳、晉國都也、五年、秦饑。請糴於晉。晉君謀之。慶鄭曰。【集解】杜預曰、慶鄭、晉大夫、以秦得立。已而倍其地約。晉饑而秦貸我。今秦饑請糴。與之。何疑而謀之。【考證】以上僖十四年左傳、虢射曰。【集解】服虔曰、虢射、惠公舅、往年天以晉賜秦。秦弗知取而貸我。今天以秦賜晉。晉其可以逆天乎。遂伐之。【考證】李笠曰、案遂伐之、亦虢射言、非謂惠公遂伐之也、觀下文自明、遂上應有不如二字、惠公用虢射謀、不與秦粟。而發兵且伐秦。秦大怒、亦發兵伐晉。【考證】僖十四年左傳、國語晉語、亦載虢

射之語、與此異、且二書止言晉不與秦粟、而不言晉秦相伐、此疑誤、六年春、秦繆公將兵伐晉。【考證】梁玉繩曰、秦伐晉、左傳在九月、經從赴在十一月、此言春誤、中井積德曰、春字疑衍、晉惠公謂慶鄭曰。秦師深矣。【集解】韋昭曰、深入境、一曰、深猶重、柰何。鄭曰。秦內君。君倍其賂。晉饑秦輸粟。秦饑而晉倍之。乃欲因其饑伐之。其深不亦宜乎。晉卜御右。慶鄭皆吉。公曰。鄭不孫。【集解】服虔曰、孫、順、【考證】左傳國語、皆云、卜右、慶鄭吉、公曰不孫、不使、與此異、乃更令步陽御戎、家僕徒爲右、進兵。【集解】服虔曰、二子、晉大夫也、【考證】韋昭曰、御、御公戎車也、杜預曰、步揚、郤犨之父也、愚按、左傳國語、陽作揚、九月壬戌、秦繆公・晉惠公、合戰韓原。【集解】在馮翊夏陽北二十里、今之韓城縣是、【考證】在今陝西同州府韓城縣、惠公馬鷙不行。【集解】鷙、音竹二反、謂馬重而陷之於泥、【正義】左傳云、晉戎馬還濘而止、國語云、晉師潰、戎馬濘而止、韋昭曰、濘、泥也、顏師古曰、鄭玄云、濘、狼也、秦兵至。公窘召慶鄭爲御。【考證】晉語云、公號慶鄭曰、載我、與此異、鄭曰。不用卜。敗不亦當乎。遂去。更令梁繇靡御、【正義】韋昭云、梁由靡、大夫也、虢射

爲右、輅秦繆公。【集解】服虔曰、輅、迎也、【索隱】輅、音五稼反、鄒誕音五額反、【考證】左傳國語皆云、梁由靡御韓簡、輅秦公將止之、無更御惠公之事、此誤、六年以下、本僖十五年左傳、小異、繆公壯士冒敗晉軍。晉軍敗、遂失秦繆公。反獲晉公以歸。【考證】呂氏春秋愛士篇、秦將以祀上帝。【考證】梁玉繩曰、祀上帝、妄也、說在秦紀、晉君姊爲繆公夫人。衰經涕泣。公曰。得晉侯、將以爲樂。今乃如此。【考證】左傳云、獲晉侯、以厚歸也、史公易以將以爲樂四字、未切、且吾聞箕子見唐叔之初封曰。其後必當大矣。晉庸可滅乎。【考證】庸、猶何也、安也、詎也、說詳于王氏經傳釋詞三、乃與晉侯盟王城、而許之歸。【集解】杜預曰、馮翊臨晉縣東有王城、【考證】秦地、在今陝西同州府朝邑縣東、晉侯亦使呂省等報國人曰。孤雖得歸、毋面目見社稷。卜日立子圉。晉人聞之皆哭。秦繆公問呂省。晉國和乎。對曰。不和。小人懼失君亡親。【正義】君、惠公也、親、父母也、言懼失君、國亂恐亡父母、不憚立子圉也、【考證】中井積德曰、懼、當從左傳作悼、失君亡親、蓋既往之事矣、愚按、

晉語亦作悼、不憚立子圉。曰。必報讎。寧事戎狄。【正義】小人言立子圉爲君之後、必報秦、終不事秦、寧事戎狄耳、【考證】事、何戎狄、謂秦、其君子則愛君而知罪、以待秦命。【正義】君、惠公也、知罪、謂惠公倍秦河西地也、言君子之人愛惠公、知惠公倍秦河西地之罪、欲歸惠公以待秦之命耳、【考證】僖十五年左傳云、晉侯之入也、賂秦伯以河外之列城五、東盡虢略、南及華山、內及解梁城、既而不與、晉饑、秦輸之粟、秦饑、晉閉之糴、故秦伯伐晉、所謂知罪者卽此、曰。必報德。有此二。故不和。於是秦繆公更舍晉惠公、餽之七牢。【正義】餽、音饋、一牛、一羊、一豕爲一牢、【考證】周禮掌客職、侯伯饔餼七牢、十一月、歸晉侯。晉侯至國、誅慶鄭、【考證】以上僖十五年左傳、修政教。謀曰。重耳在外。諸侯多利內之。欲使人殺重耳於狄。重耳聞之如齊。【考證】梁玉繩曰、如齊求入、非爲惠公欲殺之故也、又事在惠公七年、八年、使太子圉質秦。【正義】質、音致、初惠公亡在梁。梁伯以其女妻之。生一男一女。梁伯卜之。男爲人臣、女爲人妾。故名男爲圉、女爲妾。【集解】服虔曰、圉人、掌養馬、臣之賤者、不聘曰妾、【考證】八年以下、僖十

七年左傳、 十年、秦滅梁。梁伯好土功、治城溝、民力罷怨。【集解】賈逵曰、溝、塹也、【正義】罷、音皮、 其衆數相驚曰。秦寇至。民恐惑。秦竟滅之。【考證】僖十九年左傳、中井積德曰、據左傳、寇至者、梁伯脅民之言、此謬用也、 十三年、晉惠公病。內有數子。太子圉曰。吾母家在梁。梁今秦滅之。我外輕於秦、而內無援於國。君卽不起、病大夫輕更立他公子。【考證】李笠曰、病、猶患也、輕、謂輕忽、言君卽不起、患大夫輕忽己而更立他公子也、 乃謀與其妻俱亡歸。秦女曰。子一國太子、辱在此。秦使婢子侍、以固子之心。【集解】服虔曰、曲禮曰、世婦以下自稱婢子、婢子、婦人之卑稱、 子亡矣。我不從子。亦不敢言。【考證】左傳、固人之心下、有從子而歸、棄君命也八字、 子圉遂亡歸晉。【考證】乃謀與其妻以下、僖廿二年左傳、 十四年九月、惠公卒。太子圉立。是爲懷公。【考證】僖廿三年左傳、晉語、九月作十月、 子圉之亡、秦怨之。乃求公子重耳欲內之。子圉之立、畏秦之

伐也。乃令國中諸從重耳亡者與期。期盡不到者、盡滅其家。狐突之子毛及偃、從重耳在秦。弗肯召。懷公怒囚狐突。突曰。臣子事重耳有年數矣。今召之、是敎之反君也。何以敎之。懷公卒殺狐突。【考證】以上僖二十三年左傳、 秦繆公乃發兵送內重耳。使人告欒・郤之黨爲內應。【正義】欒枝、郤縠之屬也、 殺懷公於高梁入重耳。重耳立。是爲文公。【考證】僖廿四年左傳、晉語、欒郤之黨爲內應、本於昭十三年左傳叔向之言、 晉文公重耳、晉獻公之子也。自少好士。年十七有賢士五人。曰趙衰・狐偃・咎犯文公舅也、賈佗・先軫・魏武子。【正義】佗、音陁、卽賈季、解在後、左傳曰五士、無賈也、乃顚頡之屬也、【考證】左傳、僖廿三年、重耳出奔狄、從者狐偃趙衰顚頡魏武子司空季子、昭十三年、叔向云、先君文公生十七年、有士五人、有先大夫子餘子犯以爲腹心、有魏犨賈佗以爲股肱、有齊宋秦楚以爲外主、有欒郤狐先以爲內主、晉語、僖負羈云、晉公子生十七年而亡、卿材三人從之、公孫固云、晉公子亡長幼矣、父事狐偃、師事趙衰、而長事賈它、其言不同、傳遜左傳辨誤云、五人從

公子在一時、而狐毛賈它或稍後、因而逸之耳、龜井昱左傳纘考云、出奔時五士從之、還時三士最顯、愚按、史五士與左氏不同、且據叔向言、先軫未嘗從亡、而史公併數之者、蓋偏就晉賢士屬意重耳者言之、不復問其行者與居者也、梁玉繩曰、咎犯文公舅也六字、是後人之注、錯入本文、愚按、楓山三條本、正無此六字、 自獻公爲太子時、重耳固已成人矣。獻公卽位、重耳年二十一。【考證】梁玉繩曰、二十一、當作二十二、各本俱譌、史言文公二十二、獻公卽位四十三奔狄、六十二反國、卒時年七十、左國言文公生十七年而亡、亡十九年而反、凡三十六年、卒時四十四、何不同若是、余謂信左國不如信史記、奚以明之、其守蒲城也、二豎曰、疆埸無主、則啓戎心、若使重耳主蒲、可以懼戎、依史記文公守蒲城時年三十二、與懼戎之說政合、依左國但六齡爾、適足以啓戎心乎、其戰城濮也、楚子曰、天假之年、而除其害、依史記文公戰城濮時、年六十六、與假年之說相符、依左國僅四十爾、年少于楚成、安得謂天假之年乎、竹添光鴻曰、文公奔蒲、正獻公滅虢滕秦穆姬之歲、姬係申生姊、必長於文公、如文公年四十三、豈穆姬及艾始嫁、而穆公致書公子、不宜稱爲孺子矣、或疑從左氏則重耳居蒲、止六歲、夷吾更少、不知莊二十八年夏、太子居曲沃、至二子之居蒲屈、則其後日事也、傳統敍於是年爾、觀士蔿築蒲云、三年將尋師、可見矣、龜井昱曰、左傳天假之年、受在外十九年言、其保身於奔竄中、愚按、後說近是、 獻公十三年、以驪姬故、重耳備蒲城守秦。【考證】莊廿八年左傳、中井積德曰、宜言守蒲城備秦也、 獻公二十一年、獻公殺太子申生。驪姬讒

之、恐不辭獻公而守蒲城。【考證】僖四年左傳、中井積德曰、守當作奔、 獻公二十二年、獻公使宦者履鞮趣殺重耳。【索隱】卽左傳之勃鞮、亦曰寺人披也、【正義】履鞮、卽勃鞮也、亦曰寺人披、杜預曰、寺人、閹人、【考證】前曰勃鞮、後曰履鞮、說詳于前文、 重耳踰垣。宦者逐斬其衣祛。重耳遂奔狄。狄其母國也。【考證】僖五年左傳、 是時重耳年四十三。從此五士。其餘不名者數十人。至狄。狄伐咎如。【集解】賈逵曰、赤狄之別、隗姓、【索隱】赤狄之別種也、隗姓也、咎、音高、鄒誕本、作囷如、又云、或作囚、【考證】梁玉繩曰、左傳作廧咎如、此缺廧字、 得二女。以長女妻重耳、生伯儵・叔劉。【正義】儵、直留反、 以少女妻趙衰。生盾。【索隱】左傳云、伐廧咎如獲其二女、以叔隗妻趙衰、生盾、公子取季隗、生伯儵叔劉、則叔隗長而季隗少、乃不同也、【考證】至狄以下、僖廿三年左傳、 居狄五歲。而晉獻公卒。里克已殺奚齊・悼子。乃使人迎、欲立重耳。重耳畏殺、因固謝不敢入。已而晉更迎其弟夷吾立之。是爲惠公。【考證】國語晉語、 惠公七年、畏重耳、

乃使宦者履鞮與壯士欲殺重耳。〔考證〕本僖廿四年左傳、重耳聞之、乃謀
趙衰等曰。始吾奔狄。非以爲可用與。〔索隱〕與、音余、諸本或爲興、興、起也、非翟可用興起、故奔之也、
〔正義〕與、起也、本作與字者誤也、〔考證〕晉語、作非以翟爲榮、可以成事也、與、相與成事也、索隱、正義本與作興、以近易通。〔考證〕岡白駒曰、通、達也、
言自蒲奔狄、近而易至、故且休足。休足久矣。固願徙之大國。夫齊桓公好
善、志在霸王、收恤諸侯。〔考證〕梁玉繩曰、桓公當作齊侯、愚按、霸王非當時語、今聞管仲・隰朋
死。此亦欲得賢佐。盍往乎。〔考證〕以上本國語晉語、梁玉繩曰、此卽國語狐偃所云、管仲沒矣、必求善以終之說、特傳聞
異詞耳、故年表亦云、重耳聞管仲死、去翟之齊、其實重耳如齊、將以求入、非聞仲死而往、若欲代其位也、愚按、是史公以意易國語文耳、於是遂行。重
耳謂其妻曰。待我二十五年、不來乃嫁。其妻笑曰。犂二十五
年、〔索隱〕犂、猶比也、〔考證〕錢大昕曰、黎、遲也、猶言待也、吾冢上柏大矣。〔正義〕杜預云、言將死入木也、不復成嫁也、〔考證〕冢上
柏、卽墓木、非棺也、正義以左傳說史記、非、雖然妾待子。重耳居狄凡十二年而去。過衞。衞

文公不禮。〔正義〕國語云、衞文公有邢翟之虞、不禮焉、寧莊子言於公曰、夫禮、國之紀也、親民之結也、善、德之建也、國無紀、不可以終、民無結、不可以固、
德無建、不可以立、此三者君之所愼也、晉公子善人也、而衞親也、君不禮焉、棄三德矣、〔考證〕龜井昱曰、文公、良君也、故晉語云、衞文公有邢翟之虞、不能禮焉、左傳略晉語、去
翟、過五鹿、安於齊、自齊過衞、傳聞之異也、去過五鹿。〔集解〕賈逵曰、衞地、杜預曰、今衞縣西北、有地名五鹿、陽平元城縣東、亦有五鹿、飢
而從野人乞食。野人盛土器中進之。重耳怒。趙衰曰。土者、有
土也。君其拜受之。〔考證〕左傳國語、爲子犯之言、至齊。齊桓公厚禮、而以宗女
妻之。〔考證〕梁玉繩曰、傳言桓公妻之、是桓公之女、非宗女也、有馬二十乘。重耳安之。〔考證〕重耳謂
其妻以下、僖二十三年左傳、杜預曰、四馬爲乘、廿乘、八十匹也、重耳至齊二歲。而桓公卒。會豎刁等
爲內亂。齊孝公之立、諸侯兵數至。〔考證〕國語晉語、留齊凡五歲。重耳
愛齊女、毋去心。趙衰・咎犯乃於桑下謀行。齊女侍者在桑上
聞之、以告其主。其主乃殺侍者、〔集解〕服虔曰、懼孝公怒、故殺之以滅口、〔正義〕主、齊女也、〔考證〕左傳晉語、

侍者作蠶妾、中井積德曰、恐未去而事泄、故殺之、勸重耳趣行。重耳曰。人生安樂。孰知其他。
必死於此。〔集解〕徐廣曰、一云、人生一世、必死於此、不能去。〔考證〕重耳言至于此、齊女曰。子一國公
子。窮而來此。數士者以子爲命。子不疾反國報勞臣、而懷女
德。竊爲子羞之。且不求何時得功。乃與趙衰等謀、醉重耳、載
以行。行遠而覺。重耳大怒、引戈欲殺咎犯。咎犯曰。殺臣成子、
偃之願也。重耳曰。事不成、我食舅氏之肉。咎犯曰。事不成、犯
肉腥臊何足食。〔考證〕犯、疑臣之訛、或當作偃、乃止。遂行。〔考證〕重耳愛齊女以下、本國語晉語、又見僖二十三年
左傳、過曹。曹共公不禮。欲觀重耳駢脅。〔考證〕左傳云、曹共公聞其駢脅、欲觀其裸、浴、薄而觀之、陸德
明云、薄、簾也、曹大夫釐負羈曰。晉公子賢、又同姓。窮來過我。柰何
不禮。共公不從其謀。負羈乃私遺重耳食、置璧其下。重耳受

其食、還其璧。〔考證〕國語晉語、又見僖二十三年左傳、去過宋。宋襄公新困兵於楚、傷
於泓。聞重耳賢、乃以國禮禮於重耳。〔索隱〕以國君之禮禮之也、〔考證〕左傳國語並云、襄公贈
之以馬二十乘、宋司馬公孫固善於咎犯。曰。宋小國、新困。不足以求
入。更之大國。乃去。〔考證〕梁玉繩曰、晉語、公子與固善、言于襄公而禮之、非固善于犯使更之大國也、過鄭。鄭文
公弗禮。鄭叔瞻諫其君曰。〔考證〕左國、瞻作詹、晉公子賢。而其從者皆
國相。且又同姓。〔考證〕過鄭以下、僖廿三年左傳、鄭之出、自厲王。而晉之出、自
武王。鄭君曰。諸侯亡公子過此者衆。安可盡禮。〔考證〕梁玉繩曰、此史公約國
語文、而以曹共公之言爲鄭君、舛矣、楓山本、者下衆上、有甚字、叔瞻曰。君不禮、不如殺之。且後爲國
患。鄭君不聽。〔考證〕叔瞻曰以下、國語晉語、重耳去之楚。楚成王以適諸侯禮
待之。〔索隱〕適、音敵、〔正義〕適、音敵、國語云、重耳如楚、成王以周禮饗之、九獻、庭實旅百、韋昭云、九獻、上公之享、庭實、庭中之陳也、百、舉成數也、周禮、上公出入五

積、甕饘九牢、米百有二十筥、醯醢百有二十甕、禾十車、芻薪倍禾也、重耳謝不敢當。趙衰曰。子亡在外十餘年。小國輕子。況大國乎。今楚大國、而固遇子。子其毋讓。此天開子也。【考證】晉語、趙衰作子犯、遂以客禮見之。【考證】以上本國語晉語、成王厚遇重耳。重耳甚卑。成王曰。子卽反國、何以報寡人。重耳曰。羽毛齒角玉帛、君王所餘。未知所以報。王曰。雖然、何以報不穀。重耳曰。卽不得已、與君王以兵車會平原廣澤、請辟王三舍。【集解】賈逵曰、司馬法、從遯不過三舍、三舍九十里也、楚將子玉怒曰。【考證】梁玉繩曰、是畏之、非怒之也、王遇晉公子至厚。今重耳言不孫。請殺之。成王曰。晉公子賢而困於外久。從者皆國器。此天所置。庸可殺乎。且言何以易之。【集解】子玉請殺重耳、楚成王不許、言人出言、不可輕易之、【考證】中井積德曰、重耳之言、確當莫可易也、非不孫、崔適曰、易乃變易之易、謂晉公子不爲此言、更當作何言也、居楚

數月。而晉太子圉亡秦、秦怨之。聞重耳在楚、乃召之。成王曰。楚遠。更數國乃至晉。秦・晉接境。秦君賢。子其勉行。【考證】內外傳皆不載此語、蓋史公以意補、厚送重耳。重耳至秦。繆公以宗女五人妻重耳。【考證】內外傳無宗字、故子圉妻與往。重耳不欲受。司空季子曰。【集解】服虔曰、胥臣臼季也、其國且伐。況其故妻乎。且受以結秦親而求入。子乃拘小禮忘大醜乎。遂受。【考證】楓山、三條本、伐作代、義長、敍懷嬴事、與左氏頗異、愚按、左氏幾得其實、中井積德曰、季子之言失倫、在子圉、國重於故妻、在重耳、伐國非不義、娶故妻斁倫、其且謂不欲受者、爲子圉邪、自爲邪、繆公大歡、與重耳飮。趙衰歌黍苗詩。【集解】韋昭曰、詩云、芃芃黍苗、陰雨膏之、【正義】芃、音馮、【考證】黍苗、小雅篇名、晉語云、子餘使公子賦黍苗、繆公曰。知子欲急反國矣。【考證】左國無此語、趙衰與重耳下再拜曰。孤臣之仰君、如百穀之望時雨。【考證】以上本國語晉語、是時晉惠公十四年秋。惠公以九月

卒。子圉立。【考證】僖廿三年左傳、晉語、九月作十月、十一月、葬惠公。【考證】梁玉繩曰、此語不知何據、三傳無之、十二月、晉國大夫欒・郤等、聞重耳在秦、皆陰來勸重耳・趙衰等反國。爲內應甚衆。於是秦繆公乃發兵、與重耳歸晉。晉聞秦兵來、亦發兵拒之。然皆陰知公子重耳入也。【考證】中井積德曰、知、謂知其謀也、唯惠公之故貴臣呂・郤之屬、不欲立重耳。【正義】呂甥郤芮也、重耳出亡凡十九歲而得入。時年六十二矣。晉人多附焉。【考證】方苞曰、文公少而得士紀年、其出也紀年、入而得位紀年、因以爲章法、晉人多附、與惠公之立國人不附相應、文公元年春、秦送重耳至河。咎犯曰。臣從君周旋天下。過亦多矣。臣猶知之。況於君乎。請從此去矣。重耳曰。若反國、所不與子犯共者、河伯視之。【索隱】視、猶見也、【考證】陳樹華曰、古人相與言、雖卑幼亦字尊長、故甥不嫌呼舅之字、然左國述重耳此誓作舅氏也、至下文述文公之言曰、假說我毋失信、直呼舅名、古君臣

之間、似不然、蓋史公失檢處、乃投璧河中、以與子犯盟。【考證】文公元年以下、據僖二十四年左傳國語晉語、愚按、左國無與子犯盟四字、蓋與河神盟、非與子犯盟也、是時介子推從在船中。乃笑曰。天實開公子。而子犯以爲己功、而要市於君。固足羞也。吾不忍與同位。乃自隱。【考證】據左傳、介推之怨、在祿弗及之後也、且自謂爲怨言、則其言之過、固當知之矣、未當在船中發是言也、愚按、要市亦非當時語、渡河、秦兵圍令狐。【正義】令狐故城、在蒲州猗氏縣西四十五里、【考證】今山西蒲州府猗氏縣西、有令狐城、晉軍于廬柳。【集解】韋昭曰、廬柳、晉地也、【考證】在猗氏縣西北、二月辛丑、咎犯與秦・晉大夫盟于郇。【集解】杜預曰、解縣西北有郇城、【索隱】音荀、卽文王之子所封、又音環、【考證】郇城、在猗氏故城西北、壬寅、重耳入于晉師。丙午、入于曲沃。丁未、朝于武宮。【集解】賈逵曰、文公之祖武公廟也、卽位爲晉君。是爲文公。羣臣皆往。懷公圉奔高梁。戊申、使人殺懷公。懷公故大臣呂省・郤芮、本不附文公。文公立、恐誅。乃欲與其徒謀燒公宮

殺文公。文公不知。始嘗欲殺文公宦者履鞮知其謀、【考證】履鞮、晉語作勃鞮、左傳作寺人披、說既見上、欲以告文公解前罪、求見文公。文公不見。使人讓曰。蒲城之事、女斬予袪。其後我從狄君獵。女爲惠公來求殺我。惠公與女期三日至。而女一日至。何速也。女其念之。宦者曰。臣刀鋸之餘、不敢以二心事君倍主。故得罪於君。君已反國。其毋蒲·翟乎。【考證】龜井昱曰、不無蒲狄之難、且管仲射鉤、桓公以霸。今刑餘之人以事告。而君不見。禍又且及矣。【考證】龜井昱曰、其無蒲狄乎一語、刺文公之心、且以齊桓比方之、披是說客之雄也、於是見之。遂以呂·郤等告文公。【考證】渡河以下、據僖二十四年左傳、又見國語晉語、愚按、等下當補謀字、晉語云、以呂郤之謀告公、文公欲召呂·郤。呂·郤等黨多。文公恐初入國國人賣己。【考證】左國不揭此事、蓋史公以意補、乃爲微行、會秦繆公於

王城。【索隱】杜預云、馮翊臨晉縣東、有故王城、今名武鄉城、國人莫知。三月己丑、呂·郤等果反焚公宮。不得文公。文公之衞徒與戰。呂·郤等引兵欲奔。秦繆公誘呂·郤等殺之河上。晉國復、而文公得歸。夏、迎夫人於秦。秦所與文公妻者、卒爲夫人。秦送三千人爲衞、以備晉亂。【考證】乃爲微行以下、僖二十四年左傳、國語晉語、愚按、文公之衞徒與戰、左國皆不言、亦史公以意補、梁玉繩曰、內外傳、文公迎夫人、卽在元年春三月、非夏也、文公修政、施惠百姓。賞從亡者及功臣、大者封邑、小者尊爵。【考證】國語晉語、未盡行賞。周襄王以弟帶難出居鄭地、來告急晉。晉初定。欲發兵、恐他亂起。是以賞從亡、未至隱者介子推。【考證】中井積德曰、是文削隱者二字方可、不然、下文曰欲隱曰俱隱、與此相碍、又曰、太史公記賞弗及之由、不知據何書、恐後人之臆度以護文公者、不可信、愚按、隱者、承上文自隱、但與下文相碍、如中氏說、推亦不言祿。祿亦不及。推曰。獻公子九人。唯君在矣。惠·懷

無親。外內弃之。天未絕晉、必將有主。主晉祀者、非君而誰。天實開之。二三子以爲己力。不亦誣乎。竊人之財猶曰是盜。況貪天之功以爲己力乎。下冒其罪、【考證】楓山、三條本、力作功、左傳、冒作義、上賞其姦、上下相蒙、難與處矣。【集解】服虔曰、蒙、欺也、其母曰。盍亦求之。以死誰懟。【考證】不求以死、將誰懟、推曰。尤而效之、罪有甚焉。【考證】王念孫曰、有讀爲又、愚按、左傳作又、且出怨言、不食其祿。母曰。亦使知之若何。對曰。言、身之文也。身欲隱。安用文之。文之是求顯也。其母曰。能如此乎、與女偕隱。至死不復見。【考證】介子推不言祿以下、僖二十四年左傳、介子推從者憐之、乃懸書宮門曰。龍欲上天、五蛇爲輔。【索隱】龍、喩重耳、五蛇、卽五臣、狐偃·趙衰·魏武子·司空季子及子推也、舊云五臣有先軫·顚頡、今恐二人非其數、【正義】龍、文公也、五蛇、趙衰·狐偃·賈佗·先軫·魏武子也、按上文從士五人、其餘不名者數十人、然子推非五士數、從者傷子推隱而死、故作歌以

感文公、見世重五士耳、卽云五蛇爲輔、不究子推不在五名之中、後代賢者妄列五蛇之名、以子推爲數、徒虛語耳、諸後君子無疑焉、龍已升雲、四蛇各入其宇。一蛇獨怨、終不見處所。【考證】輔、字所韻、文公出見其書曰。此介子推也。吾方憂王室、未圖其功。使人召之則亡。【考證】中井積德曰、是隱語、後人僞撰耳、相傳重耳有五士、僞撰家以介推入其中、非也、蓋介推賤而功亦少、故不祿也、唯其狷介自隱、僅傳名於後世耳、此文公之語亦係僞撰、愚按、介子推一節、史公概采諸左氏、龍欲上天歌詞、以他書補之、呂氏春秋介立篇、亦載此事、爲推自作歌、與身將隱焉用文之意不合、此及說苑復恩篇以爲從者憐之、乃縣書宮門、說尙可通、歌辭呂覽說苑及新序節士篇所載各異、僞撰之蹟不可掩、遂求所在、聞其入緜上山中。【集解】賈逵曰、緜上、晉地、杜預曰、西河介休縣南、有地名緜上、【考證】楓山、三條本、遂作逐、於是文公環緜上山中、而封之以爲介推田。【集解】徐廣曰、一作國、號曰介山、以記吾過。且旌善人。【集解】賈逵曰、旌、表也、【考證】介山下、當依左傳補曰字、梁玉繩曰、左傳僖二十四年、言推與母偕隱而死、晉侯求之不獲、以緜上爲之田、非入緜上山中、若隱在緜上山中、則求之卽得、何不獲之有、顧炎武曰、介子推事、見於左傳則曰、晉侯求之不得、以緜上爲之田、呂氏春秋則曰、負釜蓋簦、終身不見、二書爲得其實、史記之言稍異、亦不過使人召之則亡云々而已、立枯之

論、始自屈原、燔死之說、始自莊子、楚辭惜往日、介子忠而立枯兮、文公寤而追求、封介山而爲之禁兮、報大德之優游、思久故之親身兮、因縞素而哭之、莊子盜跖篇、介子推至忠也、自割其股以食文公、公後背之、子推怒而去、抱木而燔死、於是瑰奇之行彰、而廉靖之心沒矣、龜井昱曰、爲之置田、所以記誌己之過也、此與勾踐環會稽三百里爲范蠡地同、或云、以此田祿其子、案未孚、范蠡介推、未聞有後於晉越、從亡賤臣壺叔曰。【考證】梁玉繩曰、壺叔、呂子當賞篇作陶狐、韓詩外傳三及說苑復恩、作陶叔狐、君三行賞、賞不及臣。敢請罪。文公報曰、夫導我以仁義、防我以德惠。此受上賞。輔我以行、卒以成立。此受次賞。矢石之難、汗馬之勞。此復受次賞。若以力事我、而無補吾缺者、此受次賞。【考證】王念孫曰、御覽引史、此下有復字、三賞之後、故且及子。晉人聞之皆說。【考證】從亡賤臣以下、據呂氏春秋當賞篇、故讀爲固、二年春、秦軍河上、【索隱】晉地也、將入王。趙衰曰。求霸莫如入王尊周。周・晉同姓。晉不先入王、後秦入之、毋以令于天下。方今尊王、晉之資也。【考證】楓山、三條本、秦下無入之二字、雜采僖二十五年

左傳國語皆語、趙衰當作狐偃、三月甲辰、晉乃發兵至陽樊、【集解】服虔曰、陽樊、周地、陽、邑名也、樊仲山之所居、故曰陽樊、【考證】今河南懷慶府濟源縣西北、圍溫、【考證】帶在溫、溫、今河南懷慶府溫縣、入襄王于周。四月、殺王弟帶。周襄王賜晉河內陽樊之地。【考證】三月甲辰以下、僖廿五年左傳、梁玉繩曰、晉語、王賜以南陽之地、陽樊溫原州陘絺鉏欑茅凡八邑、此不具、左傳亦祇書其四、四年、楚成王及諸侯圍宋。宋公孫固如晉告急。先軫曰。報施定霸、於今在矣。【集解】杜預曰、報宋贈馬之施、狐偃曰。楚新得曹、而初婚於衛。若伐曹・衛、楚必救之。則宋免矣。於是晉作三軍。【集解】王肅曰、始復成國之禮、半周軍也、【考證】獻公置二軍、及文公啓南陽、疆域新廣、所以增一軍、趙衰舉郤縠將中軍。【考證】中軍將、卽元帥、郤臻佐之。使狐偃將上軍。狐毛佐之。命趙衰爲卿。【考證】左傳云、命趙衰爲卿、讓於欒枝先軫、使欒枝將下軍、先軫佐之、愚按、左氏所謂爲卿將使將下軍也、趙衰不受、以讓於欒枝先軫、衰是時未爲卿也、梁玉繩曰、晉語、衰三命三辭、文公所謂三讓不失義也、此不言衰辭卿、疏矣、欒枝將下軍。【集解】賈逵曰、欒枝、欒賓之孫、先

軫佐之。荀林父御戎。魏犫爲右。往伐。【正義】犫、昌由反、又音受、【考證】以上僖二十七年左傳、冬十二月、晉兵先下山東。而以原封趙衰。【集解】杜預曰、河內沁水縣西北、有原城、【考證】事見僖二十五年左傳、原、今河南濟源縣有原城、梁玉繩曰、原乃王所賜、事在文公二年、豈此時下兵山東而得之乎、趙衰爲原大夫、亦在二年、此敍于四年十二月、與年表書于元年、一前一後、其誤同也、五年春、晉文公欲伐曹、假道於衛。衛人弗許。還自河南度。【正義】括地志曰、南津亦名濟津、又名棘津、在衛州汲縣南、文公度河伐曹、卽是也、【考證】左傳、河南作南河、龜井昱曰、行道迂回、故曰還、侵曹伐衛。正月、取五鹿。二月、晉侯・齊侯盟于斂盂。【集解】杜預曰、衛地也、衛侯請盟晉。晉人不許。衛侯欲與楚。國人不欲。故出其君以說晉。衛侯居襄牛。【集解】服虔曰、衛地也、公子買守衛。【考證】公子上、當補魯使二字、梁玉繩曰、公子買上不言魯使、幾何不以買爲衛之公子乎、又不書魯殺買事、亦疏、楚救衛。不卒。【集解】徐廣曰、一作勝、【考證】中井積德曰、卒當作克、愚按、左傳作克、晉侯圍曹。三月丙午、晉師入曹。數之以其不用釐負羈言、而

用美女乘軒者三百人也。【考證】中井積德曰、言字當削、用美女失解、當削、左傳蓋言釐負羈賢而不用之、登用小人、有爲大夫乘軒車者三百人也、梁玉繩曰、曹世家論贊、不言美女、疑爲衍文、令軍毋入僖負羈宗家、以報德。楚圍宋。宋復告急晉。文公欲救則攻楚。爲楚嘗有德不欲伐也。欲釋宋。宋又嘗有德於晉。患之。【索隱】晉若攻楚、則傷楚子送其入秦之德、又欲釋宋不救、乃虧宋公贈馬之惠、進退有難、是以患之、先軫曰。執曹伯、分曹・衛地以與宋。楚急曹・衛。其勢宜釋宋。【索隱】楚初得曹、又新婚於衛、今晉執曹伯、而分曹衛之地與宋、則楚急曹衛、其勢宜釋宋、於是文公從之。而楚成王乃引兵歸。楚將子玉曰。王遇晉至厚。今知楚急曹・衛、而故伐之。是輕王。【考證】子玉是言、左傳不載、蓋史公以意補、王曰。晉侯亡在外十九年。困日久矣。果得反國。險阸盡知之、能用其民。天之所開、不可當。【考證】左傳、險阸作險阻、艱難、蓋言備嘗患難也、子玉請曰。非敢必有功。願以閒執讒

慝之口也。【集解】服虔曰、子玉非敢求有大功、但欲執蔿賈讒慝之口、謂子玉過三百乘不能入也、杜預曰、執、猶塞也、【考證】左傳、請下有戰字、閒、讀爲閑、防也、楓山・三條本、無閒字、蔿賈之言、見左傳、楚王怒、少與之兵。於是子玉使宛春告晉、請復衞侯而封曹。臣亦釋宋。【集解】賈逵曰、宛春、楚大夫、咎犯曰、子玉無禮矣。君取一、臣取二。勿許。【集解】韋昭曰、君、文公也、臣、子玉也、一、謂釋宋圍、二、謂復曹衞、先軫曰、定人之謂禮。楚一言定三國、【考證】左傳、言下有而字、此誤脫、三國、衞曹宋、子一言而亡之。我則毋禮。不許楚、是弃宋也。不如私許曹・衞以誘之、執宛春以怒楚、【集解】韋昭曰、怒楚令必戰、既戰而後圖之。【集解】杜預曰、須勝負決乃定計、【考證】中井積德曰、先軫唯欲戰、故設譎計如此、非善謀、晉侯乃囚宛春於衞、且私許復曹・衞。曹・衞告絕於楚。楚得臣怒、擊晉師。【集解】得臣、卽子玉、晉師退。軍吏曰、爲何退。文公曰、昔在楚約退三舍。可倍乎。【考證】中井積德曰、退三舍、有約、卽與楚王遇、宜履言、如子玉、何退之有、是特信義自衒之術

也、不足稱、梁玉繩曰、此乃史公約內外傳文、然是子犯之言、誤以爲文公也、下文公曰、城濮之事、假說我毋失信、正指斯語、楚師欲去、得臣不肯。四月戊辰、宋公・【索隱】成公王臣、齊將・【索隱】國歸父、秦將【索隱】小子憖也、與晉侯次城濮。【集解】賈逵曰、衞地也、【考證】今山東曹州府濮州南、有臨濮故城、卽春秋城濮、己巳、與楚兵合戰。楚兵敗。得臣收餘兵去。甲午、晉師還至衡雍。【集解】杜預曰、衡雍、鄭地、今滎陽卷縣也、【考證】衡雍卽今垣雍城、在河南懷慶府原武縣、作王宮于踐土。【集解】服虔曰、旣敗楚師、襄王自往臨踐土、賜命晉侯、晉侯聞而爲之作宮、【索隱】杜預云、踐土、鄭地、然據此文、晉師還至衡雍、衡雍在河南也、故劉氏云、踐土、在河南、下文、踐土在河北、今元城縣西有踐土驛、義或然也、【正義】括地志云、故王宮、在鄭州滎澤縣北四十五里王宮城中、今城內東北有踐土臺、衡雍踐土相去二十餘里、【考證】今河南開封府滎澤縣西北、初鄭助楚。楚敗。懼使人請盟晉侯。晉侯與鄭伯盟。五月丁未、獻楚俘於周。【正義】俘、音孚、囚也、駟介百乘、徒兵千。【集解】服虔曰、駟介、駟馬被甲也、徒兵、步卒也、天子使王子虎命晉侯爲伯、【集解】賈逵曰、王子虎、周大夫、【考證】左傳云、王命尹氏及王子虎內史叔興父、命晉侯爲侯伯、注云、三官命之、寵晉也、梁玉繩曰、此止言王子虎、疏矣、

賜大輅・彤弓矢百・玈弓矢千・【集解】賈逵曰、大輅、金輅、彤弓、赤、玈弓、黑也、諸侯賜弓矢、然後征伐、【正義】彤、徒冬反、玈、音盧、【考證】左傳、作賜大輅之服、戎路之服、彤弓一、彤矢百、玈弓矢千、梁玉繩曰、此大輅下失書戎路、又彤弓下缺一字、竝缺彤字、蓋弓一、矢百、弓十、矢千也、秬鬯一卣・珪瓚・【集解】賈逵曰、秬、黑黍、鬯、香酒也、所以降神、卣、器名、諸侯賜珪瓚、然後爲鬯、【正義】孔安國曰、鬯、香草也、【考證】左傳、無珪瓚二字、虎賁三百人。【集解】賈逵曰、天子卒曰虎賁、【考證】淩本、百誤千、晉侯三辭、然后稽首受之。【集解】賈逵曰、稽首、首至地、【考證】四年以下、僖二十八年左傳、周作晉文侯命。王若曰。父義和。【集解】孔安國曰、同姓、故稱曰父、馬融曰、王順曰、父能以義和我諸侯、【索隱】按尚書文侯之命、是平王命晉文侯仇之語、今此文乃襄王命文公重耳之事、代數懸隔、勳策全乖、太史公雖復彌縫左氏、而系家頗亦時有疏謬、裴氏集解亦引孔馬之注、而都不言時代乖角、何習迷而同醉也、然計平王至襄王爲七代、仇至重耳爲十一代、而十三侯、又平王元年至魯僖二十八年、當襄二十年、爲一百三十餘歲矣、學者頗合討論之、而劉伯莊以爲蓋天子命晉、同此一辭、尤非也、【正義】王、平王也、孔安國曰、文侯同姓、故稱曰父、義和、字也、稱父者非一人、故以字別之、按王若曰父義和、至永其在位、是尚書命文公仇之文、而太史公採左傳作此世家、然平王至襄王六代、文侯仇至重耳十一公、縣隔一百三十餘年、極疏謬矣、及裴氏於孔馬注不考、年代亦依前失矣、左傳尚書各有文、蓋周襄王自命文公作侯伯、及賜弓矢、左傳文分明、而太史公引尚書平王命文侯之文、太史公誤、【考證】梁玉繩曰、案尚書文

侯之命、平王命晉文侯仇所作、乃以爲襄王命文公重耳、舛矣、索隱已糾之、後儒俱以史爲誤、惟劉伯莊言天子命晉同此一辭、可哂之甚、依樣畫葫蘆、後世或然、三代時、亦有印板文字邪、左傳載命辭曰、王謂叔父、敬服王命、以綏四國、糾逖王慝、是重耳之策書也、豈忘檢左傳乎、新序善謀篇同史誤、史詮謂自此至永其在位、當在前文侯十年秦襄公始列爲諸侯之下、蓋脫簡也、然隔越太遠、文義亦不屬、黃式三曰、馬融從史記以此爲襄王命文公之辭、義和以義和諸侯也、此今文家說、中井積德曰、若如是也、義和文侯仇之字、丕顯文・武、能愼明德、【集解】孔安國曰、文王武王、能詳愼顯用明德、【考證】今本書傳、作大明文王武王之道、集解蓋削其文、中井積德曰、丕顯文武、丕顯之文武也、昭登於上、布聞在下。【集解】馬融曰、昭、明也、上、謂天、下、謂人、維時上帝、集厥命于文・武。【集解】孔安國曰、惟以是故集成其王命、德流子孫、【考證】中井積德曰、命、天命也、恤朕身、繼予一人、永其在位。【集解】孔安國曰、當憂念我身、則我一人長安王位、【考證】以上采周書文公之命、周書、繼作續、楓山・三條本、作綏、於是晉文公稱伯。癸亥、王子虎盟諸侯於王庭。【集解】服虔曰、王庭、踐土也、【索隱】服氏知王庭是踐土者、據二十八年五月、公會晉侯盟于踐土、又此上文四月甲午、作王宮于踐土、王庭、卽王宮也、【考證】癸亥以下、僖二十八年左傳、龜井昱曰、蓋天子在堂、而諸侯盟於庭也、虎同歃、明矣、晉焚楚軍。火數日不息。【考證】左傳云、晉師三日館穀、與此異、梁玉繩曰、焚軍之言、史本韓詩外傳七、說苑亦有、

盖因左傳晉師三日館穀、而妄爲之說、　文公歎。左右曰。勝楚而君猶憂。何。文公曰。吾聞能戰勝安者唯聖人。是以懼。且子玉猶在。庸可喜乎。【考證】據僖二十八年、宣十二年左傳、吾聞以下十三字、史公以意補、子玉、左傳作得心、庸、猶何也、安也、　子玉之敗而歸、楚成王怒其不用其言、貪與晉戰、讓責子玉。子玉自殺。晉文公曰。我擊其外。楚誅其內。內外相應。於是乃喜。六月、晉人復入衛侯。壬午、晉侯度河。【考證】以上僖二十八年左傳、文公言、史公以意補、張文虎曰、各本晉下脫侯字、毛本有、　北歸國行賞。狐偃爲首。或曰。城濮之事、先軫之謀。文公曰。城濮之事、偃說我毋失信。先軫曰。軍事勝爲右。吾用之以勝。【考證】楓山、三條本、事下勝上、有以字、　然此一時之說、偃言萬世之功。柰何以一時之利、而加萬世功乎。是以先之。【考證】韓非子難一、呂氏春秋義賞篇、淮南子人間訓、及說苑權謀篇、亦載文公行賞事、而狐偃作雍季、先軫作舅犯、與此異、　冬、

晉侯會諸侯於溫。【考證】冬晉侯以下、僖二十八年春秋經傳、　欲率之朝周。力未能。恐其有畔者。乃使人言周襄王狩于河陽。【正義】賈逵云、河陽、晉之溫、踐土、鄭地、按王宮是、【考證】僖二十八年春秋云、冬、天王狩于河陽、史文襄字當刪、河陽、今河南懷慶府孟縣河陽故城是、中井積德曰、文公口中元無狩字、只是召王至河陽也、己狩是春秋書法之權衡矣、史記失點檢、　壬申、遂率諸侯朝王於踐土。【索隱】按左氏傳、五月、盟于踐土、冬、會諸侯于溫、天王狩于河陽、壬申、公朝于王所、此文亦說冬朝于王、當合於河陽溫地、不合取五月踐土之文、【考證】僖二十八年春秋踐土、作王所、卽晉之溫、非鄭之踐土也、左氏可徵、史公混同、杜預曰、壬申十月十日也、無月、闕文、　孔子讀史記、至文公曰。諸侯無召王。王狩河陽者、春秋諱之也。【考證】僖二十八年左傳云、晉侯召王、以諸侯見、且使王狩、仲尼曰、以臣召君、不可以訓、故書曰天王狩于河陽、言非其地也、　丁丑、諸侯圍許。曹伯臣或說晉侯曰。齊桓公合諸侯而國異姓。今君爲會而滅同姓。曹、叔振鐸之後。晉、唐叔之後。合諸侯而滅兄弟。非禮。晉侯說、復曹伯。於是晉始作三行。【集解】服虔曰、辟天子六軍、故謂之三行、

【正義】行、胡郎反、【考證】左傳、行下有以禦狄三字、中井積德曰、是爲禦狄而作、固非卿帥三軍之比、矧三行無佐、蓋師徒不多、不必言辟六軍之名、竹添光鴻曰、蓋戎狄無車、難以車戰取勝、故爲徒兵以禦之、軍字從車、行字用行、其制顯異、　荀林父將中行。先縠將右行。【索隱】左傳、屠擊將右行、與此異、　先蔑將左行。【集解】杜預曰、三行無佐、疑大夫帥也、【索隱】據左傳荀林父竝是卿、而云大夫帥者非也、不置佐者、當避天子也、或新置三行、官未備耳、【正義】注三行無佐、疑大夫帥也、不置佐者、當避天子也、或初置三行、官未備耳、云大夫帥者、恐非也、【考證】梁玉繩曰、先縠卽彘季、晉景公時佐中軍、文公朝恐未得將右行、左傳作屠擊、是也、丁丑以下、僖二十八年左傳、中井積德曰、林父爲卿、是後來之事矣、城濮之役、林父御戎、卿豈容令御車哉、　七年、晉文公・秦繆公共圍鄭。以其無禮於文公亡過時、及城濮時鄭助楚也。圍鄭。【考證】僖三十年左傳、　欲得叔瞻。叔瞻聞之自殺。鄭持叔瞻告晉。晉曰。必得鄭君而甘心焉。【考證】李笠曰、鄭世家云、詹聞言於鄭君曰、詹死而赦鄭國、詹之願也、乃自殺、鄭人以詹尸與晉、此文告上脫一尸字、義遂不足、梁玉繩曰、案晉語、文公圍鄭曰、予我詹而師還、鄭以詹與晉、詹有辭、乃弗殺、禮而歸之、鄭以詹爲將軍、則瞻未嘗自殺、晉亦無欲得鄭君語也、此及鄭世家竝妄、愚按、呂氏春秋上德篇所記、略同晉語、　鄭恐。乃閒令使謂秦繆公曰。【索隱】使、謂

燭之武、　亡鄭厚晉、於晉得矣。而秦未爲利。君何不解鄭、得爲東道交。【索隱】交、猶好也、諸本及左傳、皆作主、　秦伯說、罷兵。晉亦罷兵。【考證】鄭恐以下、僖三十年左傳、　九年冬、晉文公卒。【考證】僖卅二年春秋經傳、　子襄公歡立。是歲鄭伯亦卒。鄭人或賣其國於秦。【正義】左傳云、秦晉伐鄭、燭之武說秦、師罷、令杞子逢孫楊孫三大夫戍鄭、杞子自鄭使告於秦曰、鄭人使我掌其北門之管、若潛師以來、國可得也、　秦繆公發兵往襲鄭。【考證】是歲以下、僖三十二年左傳、　十二月、秦兵過我郊。【正義】過、古臥反、【考證】左傳無此句、　襄公元年春、秦師過周。無禮。王孫滿譏之。兵至滑。【考證】今河南河南府偃師縣、有緱氏故城、春秋滑國、　鄭賈人弦高將市于周。遇之。以十二牛勞秦師。【考證】左傳云、弦高使遽告于鄭、　秦師驚而還、滅滑而去。晉先軫曰。秦伯不用蹇叔、反其衆心。此可擊。【考證】蹇叔諫秦伯、詳于秦本紀、　欒枝曰。未報先君施於秦。擊之不可。先軫曰。秦侮吾孤、伐吾同姓。

何德之報。[考證]鄭、滑、皆姬姓、遂擊之。襄公墨衰絰。[集解]賈逵曰、墨、變凶、杜預曰、以凶服從戎、故墨之、[考證]安井衡曰、古者軍敗、以喪禮自居、時襄公居喪素服、嫌於軍敗、故墨之、愚按、衰、七回反、四月、敗秦師于殽。[考證]河南河南府永寧縣、虜秦三將孟明視・西乞秫・白乙丙以歸。遂墨以葬文公。[集解]服虔曰、非禮也、杜預曰、記禮所由變也、[考證]左傳、有晉於是始墨五字、文公夫人、秦女。謂襄公曰。秦欲得其三將戮之。公許遣之。先軫聞之、謂襄公曰。患生矣。軫乃追秦將。[考證]梁玉繩曰、左傳、公使陽處父追之、非先軫也、秦將渡河、已在船中。頓首謝。卒不反。[考證]以上、僖卅三年左傳、後三年、秦果使孟明伐晉、報殽之敗、取晉汪以歸。[索隱]按左傳文二年、秦孟明視伐晉、報殽之役、無取晉汪之事、又其年冬、晉先且居等伐秦、取汪彭衙而還、則汪是秦邑、止可晉伐秦取之、豈得秦伐晉而取汪也、或者晉先取之秦、今伐晉而收汪、是汪從晉來、故云取晉汪而歸也、彭衙在郃陽北、汪不知所在、[正義]左傳文公二年冬、先且居等伐秦取汪彭衙而還、括地志云、彭衙故城、同州白水縣東北六十里、今按汪與彭衙相近、在同州北二百五十里、當是秦使孟明視等報殽之役、取晉汪、至冬、晉使先且居伐秦、取汪及彭衙也、[考證]年表云、晉

襄公三、秦報我殽敗于汪、秦穆公三十五、伐晉報殽、敗我于汪、梁玉繩曰、案文二年春秋云、晉侯及秦師戰于彭衙、秦師敗績、則敗于汪者、實敗于彭衙之誤也、秦紀言彭衙、是、而所以誤爲汪者、因是年冬晉伐秦取汪以報彭衙之役也、汪爲秦土、不得言秦取晉汪、四年、秦繆公大興兵伐我、度河取王官、[正義]括地志云、王官故城、在同州澄城縣西北六十里、又左傳文公三年、秦伐晉取王官、卽此、先言度河、史文顚倒耳、括地志云、又王官故城、在蒲州猗氏縣南二里、若渡河取、蓋此城也、[考證]王官城、在蒲州府虞鄉縣南、近王官谷、封殽尸而去。晉恐不敢出。遂城守。[考證]四年以下、文三年左傳、五年、晉伐秦、取新城。[集解]服虔曰、秦邑、新所作城也、[考證]杭世駿曰、新城上脫一邧字、觀左傳及年表可知、新城、蓋秦新於邧邑所築、邧、在今陝西同州府澄城縣境、報王官役也。[考證]文四年左傳、六年、趙衰成子・欒貞子・咎季・子犯・霍伯皆卒。[集解]賈逵曰、欒貞子、欒枝也、霍伯、先且居也、[正義]咎季、子犯、杜預曰、臼季、胥臣也、世本云、狐偃也、[考證]館本考證云、左傳、是年祇書四大夫卒、而子犯不書、則子犯不死于是年、明矣、年表亦同、子犯二字衍、洪頤煊曰、此臼季爲咎季、因諱子犯也、趙盾代趙衰執政。七年八月、襄公卒。太子夷皋少。晉人以難故、欲立長君。[集解]服虔曰、晉國數有患難、趙盾曰。立襄公弟雍。好善而

長。先君愛之。且近於秦。秦故好也。立善則固。事長則順。奉愛則孝。結舊好則安。賈季曰。[正義]賈季、韋昭云、賈季、晉大夫狐偃之子射姑也、食采於賈、字季、名陁、世本云、小狐射姑、不如其弟樂。辰嬴嬖於二君。[集解]服虔曰、辰嬴、懷嬴也、二君、懷公・文公、[正義]樂卽辰嬴子也、辰嬴、秦宗女、子圉妻、秦以妻重耳、立其子、民必安之。趙盾曰。辰嬴賤、班在九人下。[集解]服虔曰、班、次也、[考證]左傳、無下字、其子何震之有。[集解]賈逵曰、震、威也、且爲二君嬖。淫也。爲先君子、不能求大、而出在小國。僻也。[正義]樂、文公子也、母淫子僻、無威。[正義]僻、匹亦反、言樂僻隱在陳而遠、無援也、陳小而遠。無援。將何可乎。使士會如秦迎公子雍。[正義]士會字季、晉卿士蔿之孫、成伯缺之子季武子也、食采於隨、故曰隨會、又曰士會、又曰范文子、[考證]左傳、士會上有先蔑二字、此誤脫、賈季亦使人召公子樂於陳。[考證]中井積德曰、趙盾殺公子樂、賈季殺陽處父、趙盾又殺續鞫居、皆國之大事、而不書、何也、愚按、事詳于左傳、趙盾廢賈季。以其殺陽處父。[集解]案左傳、此時賈他爲太師、陽處父爲太傅、十

月、葬襄公。十一月、賈季奔翟。是歲秦繆公亦卒。[考證]趙盾代趙衰以下、文六年左傳、

靈公元年四月、秦康公曰。昔文公之入也、無衞。故有呂・郤之患。乃多與公子雍衞。太子母繆嬴、日夜抱太子以號泣於朝曰。先君何罪。其嗣亦何罪。舍適而外求君。將安置此。[集解]服虔曰、此、太子、出朝則抱以適趙盾所、頓首曰。先君奉此子而屬之子曰。此子材、吾受其賜。不材、吾怨子。[集解]王肅曰、怨其教導不至也、今君卒、言猶在耳。[集解]杜預曰、在宣子之耳、而弃之若何。趙盾與諸大夫皆患繆嬴、且畏誅。[考證]左傳、誅作偪、乃背所迎而立太子夷皋。是爲靈公。發兵以距秦送公子雍者。趙盾爲將、往擊秦、敗之令狐。[考證]令狐故城、在山西蒲州府猗氏縣、今名令狐村、先蔑・隨會亡奔秦。[考證]隨會、卽士會、秋、齊・宋・衞・鄭・曹・許君皆

會趙盾、盟於扈。[集解]杜預曰、鄍地、滎陽卷縣西北有扈亭、[考證]左傳、衡下有陳、此譌脫、 以靈公初立故也。[考證]靈公元年以下、文七年左傳、 四年、伐秦取少梁。秦亦取晉之郩。[集解]徐廣曰、年表云、北徵也、[索隱]徐云、年表曰徵、然按左傳、文十年春、晉人伐秦取少梁、夏、秦伯伐晉取北徵、北徵即年表之徵、今云郩者、字誤也、徵、音懲、亦馮翊之縣名、 六年、秦康公伐晉取羈馬。晉侯怒、使趙盾・趙穿・郤缺擊秦、大戰河曲。趙穿最有功。[考證]文十二年左傳、 七年、晉六卿、患隨會之在秦常爲晉亂、乃詳令魏壽餘反晉降秦。秦使隨會之魏。因執會以歸晉。[考證]文十三年左傳、左傳云、晉人患秦之用士會、不可言在秦常爲亂、陳子龍曰、按左傳、壽餘履士會之足、則先有約也、不得謂執、詳、音佯、 八年、周頃王崩。公卿爭權。故不赴。[索隱]按春秋魯文十四年、頃王崩、周公閱與王孫蘇爭政、故不赴、是也、[考證]索隱、春秋、當作左傳、中井積德曰、左傳所謂不赴、不赴于魯也、無干晉事、太史公失去取、 晉使趙盾以車八百乘平周亂、而立匡王。[索隱]文十四年傳又云、晉趙盾以諸侯之師八百乘納捷菑于邾、不克乃還、而周公閱與王孫蘇訟于晉、趙宣子平王室而復之、則以車八

百乘、自是宣子納邾捷菑、不關王室之事、但文相連耳、多恐是誤也、[正義]八百乘、六萬人也、[考證]八年以下、文十四年左傳、程一枝曰、年表八百乘下、有納捷菑三字、與左傳合、世家缺也、 是年、楚莊王初即位。十二年、齊人弒其君懿公。[考證]齊人殺君、文十八年春秋經傳、 十四年、靈公壯侈、[考證]宣元年左傳、 厚斂以彫牆。[集解]賈逵曰、彫、畫也、 [考證]中井積德曰、彫、雕同、刻也、 從臺上彈人、觀其避丸也。宰夫胹熊蹯不熟。[集解]服虔曰、蹯、熊掌、其肉難熟、[正義]胹、音而、蹯、音樊、 靈公怒殺宰夫、使婦人持其屍出棄之。過朝。趙盾・隨會前數諫。不聽。已又見死人手。二人前諫。隨會先諫。不聽。靈公患之、使鉏麑刺趙盾。[集解]賈逵曰、鉏麑、晉力士、[正義]鉏、音鋤、麑、音迷、 盾閨門開、居處節。[考證]當據左傳國語、盾上補晨往二字、梁玉繩曰、門開處節、何以爲忠、攷麑見盾開寢門、盛服將朝、坐而假寐、故歎其恭敬、此左傳也、又見盾閨門無人、且食魚殘、故稱其易而儉、此公羊傳也、史公牽合兩傳、割裂不明耳、 鉏麑退歎曰。殺忠臣、棄君命、罪一也。遂觸樹而死。[集解]杜預曰、趙盾庭樹也、[考證]以上宣二年左傳、 初盾常田首山。

[集解]徐廣曰、蒲阪縣有雷首山、 見桑下有餓人。餓人、示眯明也。[索隱]鄒誕云、示眯爲祁彌也、即左傳之提彌明也、提、音市移反、劉氏亦音祁、爲時移反、則祁提二字同音也、而此史記作示者、示即周禮古本、地神曰祇、皆作示字、鄒爲祁者、蓋由祇提音相近、字遂變爲祁也、眯、音米移反、以眯爲彌、亦音相近耳、又左氏桑下餓人是靈輒也、其示眯明是嗾獒者也、其人鬬而死、今合二人爲一人、非也、 盾與之食。食其半。問其故。曰。宦三年、[集解]服虔曰、宦、宦學士也、[考證]集解士、宋本作事、毛本作仕、禮記雜記云、宦於大夫、注、宦、家臣也、餓人所謂宦者、蓋亦爲人臣隸、失所而至此、 未知母之存不。願遺母。盾義之、益與之飯肉。已而爲晉宰夫。趙盾弗復知也。[考證]以上宣二年左傳、但示眯明作靈輒、爲晉宰夫、作爲公介、說詳于上文索隱、 九月、晉靈公飲趙盾酒、伏甲將攻盾。公宰示眯明知之。[考證]左傳、公宰示眯明作其右提彌明、楓山本、宰下有夫字、 恐盾醉不能起、而進曰。君賜臣觴、三行可以罷。[索隱]行、如字、[正義]行酒三遍、左傳云、提彌明曰、臣侍君宴、過三爵非禮也、遂扶以下、 欲以去趙盾、令先毋及難。盾既去。靈公伏士未會。先縱齧狗名敖。[集解]何休曰、犬四尺曰敖、[索隱]縱、足用反、又本作嗾、又

作蹤、同、素后反、 明爲盾搏殺狗。盾曰。棄人用狗、雖猛何爲。然不知明之爲陰德也。[考證]左傳何爲下、有鬬且出、提彌明死之八字、無不知明之爲陰德也八字、 已而靈公縱伏士出逐趙盾。示眯明反擊靈公之伏士。士不能進。而竟脫盾。盾問其故。曰。我桑下餓人。問其名。弗告。[集解]服虔曰、不望報、 明亦因亡去。[考證]左傳以爲靈輒事、 盾遂奔、未出晉境。乙丑、盾昆弟將軍趙穿、襲殺靈公於桃園、[集解]虞翻曰、園名也、[考證]梁玉繩曰、案昆弟二字非、左傳注、穿是趙夙庶孫、爲盾從父昆弟之子、 而迎趙盾。趙盾素貴得民和。靈公少侈、民不附。故爲殺易。[索隱]以豉反、 盾復位。晉太史董狐書曰。趙盾弒其君。以視於朝。盾曰。殺者趙穿。我無罪。[考證]葉適曰、董狐書趙盾弒君以示於朝、義甚深、左氏載宣子自解之詞、止曰不然、蓋難言之、史記遽言弒者趙穿我無罪、恐如此下筆、亦了古人事不得、 太史曰。子爲正卿、而亡不出境。反不誅國亂。非子而誰。[考證]楓山、三條本、不下

有能字、孔子聞之曰、董狐、古之良史也。書法不隱。【集解】杜預曰、不隱盾之罪、宣子、良大夫也。爲法受惡。【集解】服虔曰、聞義則服、杜預曰、善其爲法受屈也、【正義】爲于僞反、【考證】惡、惡名也、惜也、出疆乃免。【集解】杜預曰、越境則君臣之義絕、可以不討賊也、【考證】林堯叟曰、杜氏以爲越竟則君臣之義絕、可以不討賊、遂致議論紛紛、或疑以爲非孔子之言、愚按、此越竟乃免、當爲遂奔他國、則弒在出奔之後、可免弒君之名、非謂越竟而反、可不討賊、得免弒君之名也、上文亡不越竟、反不討賊、亦是兩事、不可與此相牽、吳裕垂曰、越境乃免、其言引而不發、蓋盾惟在他國而不反、或幸免耳、迺不惟反不討賊而迎立黑臀、惟穿是使、盾之用穿、槪可知矣、趙盾使趙穿迎襄公弟黑臀于周、而立之。【考證】九月以下、本宣二年左傳、小異、是爲成公。成公者文公少子、其母周女也。壬申、朝于武宮。【考證】壬申朝于武宮、宣二年左傳、成公元年、賜趙氏爲公族。【集解】服虔曰、公族大夫也、【考證】宣二年左傳云、驪姬之亂、詛無畜羣公子、自是晉無公族、及成公即位、乃宦卿之嫡、而爲之田、以爲公族、趙盾請以括爲公族、公許之、杜預曰、括、趙盾異母弟趙姬之中子屛季也、伐鄭。鄭倍晉故也。【考證】宣三年左傳、三年、鄭伯初立、附晉而弃楚。楚怒伐鄭。晉往救

之。【考證】宣五年春秋經傳、六年、伐秦、虜秦將赤。【索隱】赤即斥、謂斥候之人也、按、宣八年左傳、晉伐秦、獲秦諜、殺諸絳市、蓋彼諜卽此赤也、晉成公六年、爲魯宣八年、正同、故知然也、【考證】沈家本曰、表云獲秦諜、殺之絳市、六日而蘇、與左傳合、七年、成公與楚莊王爭彊、會諸侯于扈。陳畏楚不會。晉使中行桓子伐陳、因救鄭、與楚戰。敗楚師。【索隱】桓子、荀林父也、【考證】梁玉繩曰、宣九年春秋、秋九月、晉荀林父伐陳、晉侯卒、冬、楚子伐鄭、晉郤缺帥師救鄭、則伐陳者桓子、而救鄭者郤缺也、此與年表竝以救鄭爲桓子、誤一、攷左傳、陳不會晉于扈、故伐之、鄭爲楚伐、故救之、判然兩事、此與年表合伐陳救鄭爲一役、誤二、又傳稱鄭敗楚師于柳棼、晉未嘗伐楚、亦未嘗敗楚、此與年表皆言晉敗楚、與楚戰敗楚師、虛誕不實、誤三、是年、成公卒。【考證】宣九年春秋經傳、子景公據立。【考證】梁玉繩曰、景公之名、春秋作獳、景公元年春、陳大夫夏徵舒弒其君靈公。【考證】宣十年春秋經傳、梁玉繩曰、陳君之弒、春秋在五月癸巳、則春當作夏、二年、楚莊王伐陳、誅徵舒。【考證】宣十一年春秋經傳、三年、楚莊王圍鄭。鄭告急晉。晉使荀林父將中軍、隨會將上軍、趙朔將下軍、郤克・欒書・先縠・韓厥・

鞏朔佐之。【考證】梁玉繩曰、左傳、韓厥爲司馬、不爲軍佐、而鞏朔是上軍大夫之一、亦非佐也、上中下三軍、每軍二大夫、何獨舉朔乎、六月、至河、聞楚已服鄭、鄭伯肉袒、與盟而去、【考證】左傳、肉袒下有牽羊二字、肉袒、去裼露體、卽袒裼也、杜預曰、肉袒牽羊、示服爲臣僕也、愚按、去、楚王去也、荀林父欲還。先縠曰、凡來救鄭、不至不可。將率離心。卒度河。楚已服鄭、欲飲馬于河爲名而去。楚與晉軍大戰。鄭新附楚。畏之、反助楚攻晉。晉軍敗。走河爭度。船中人指甚衆。【考證】左傳云、中軍下軍爭舟、舟中之指可掬也、安井衡曰、蓋先乘船者、恐多乘沈舟、以兵斷爭舟攀舷者之指、使之不得乘、故其指至可掬之多也、楚虜我將智罃歸。【正義】智罃、武伯荀罃、而林父曰、臣爲督將、軍敗。當誅。請死。景公欲許之。隨會曰。【考證】左傳、隨會作士貞子、昔文公之與楚戰城濮、成王歸殺子玉。而文公乃喜。今楚已敗我師、又誅其將。是助楚殺仇也。乃止。【考證】楚莊王圍鄭以下、宣十二年左傳、四年、先縠以首計而

敗晉軍河上、恐誅、乃奔翟。與翟謀伐晉。晉覺。乃族縠。縠、先軫子也。【考證】梁玉繩曰、案宣十三年傳、縠召赤狄伐晉及淸、晉人討邲之敗與淸之師、殺縠滅其族、是縠未嘗奔狄也、又曰、杜注左傳、軫子爲先且居、且居子爲先克、而縠不言所出、此以爲軫之子、蓋從世本、則是且居弟矣、沈家本曰、先克之見殺、在魯文之九年、至是已二十三年矣、恐先軫子未必尙存、疑史文有誤也、五年、伐鄭。爲助楚故也。【考證】宣十四年左傳、是時楚莊王彊。以挫晉兵河上也。六年、楚伐宋。宋來告急晉。晉欲救之。伯宗謀曰。【集解】賈逵曰、伯宗、晉大夫、【正義】世本、伯宗、伯州犂祖、楚、天方開之。不可當。乃使解揚紿爲救宋。【集解】服虔曰、解揚、晉大夫、【正義】紿、詐也、【考證】左傳云、使解揚如宋、使無降楚、曰、晉師悉起、將至、不言紿、鄭人執與楚。楚厚賜使反其言、令宋急下。解揚紿許之。卒致晉君言。楚欲殺之。或諫。乃歸解揚。【考證】楚伐宋以下、宣十五年左傳、左傳無或諫二字、歸當作釋、七年、晉使隨會滅赤狄。【考證】宣十六年春秋經傳、愚按、宣十五年左傳、荀林父滅赤狄潞氏、今山西潞安府潞城東北有潞縣故城、即潞子國、至此士會復滅赤狄甲氏及留吁鐸辰、甲氏在今直隸廣

平府鷄澤縣境、留吁、今潞安府屯留縣屯留故城、卽留吁國、鐸辰、留吁之屬、亦在潞安府、 八年、使郤克於齊。齊頃公母從樓上觀而笑之。所以然者、郤克僂、而魯使蹇、衛使眇。故齊亦令人如之以導客。【考證】梁玉繩曰、案三傳與史所載各異、左氏曰、帷婦人使觀之、公羊云、踊于棓而窺客、穀梁云、處臺上而笑之、史又云、從樓上觀、一異也、穀梁云、季孫行父禿、晉郤克眇、衛孫良夫跛、曹公子手僂、公羊云、郤克臧孫許、或跛或眇、史又云、郤克僂、魯使蹇、衛使眇、二異也、公羊云、使跛者迓跛者、使眇者迓眇者、穀梁增二語云、使禿者御禿者、使僂者御僂者、卽史所云如之以導客耳、三傳之不同、或傳聞異詞、史從傳出、乃復乖迕若是、何邪、 郤克怒、歸至河上曰。不報齊者、河伯視之。至國請君欲伐齊。景公問知其故曰。子之怨、安足以煩國。弗聽。【考證】事見宣十七年左傳、 魏文子請老休、辟郤克。克執政。【考證】宣十七年左傳、魏文子作范武子、卽士會、此誤、 九年、楚莊王卒。晉伐齊。齊使太子彊爲質於晉。晉兵罷。【考證】宣十八年左傳、太子、當作公子、 十一年春、齊伐魯取隆。【索隱】劉氏云、隆、卽龍也、魯北有龍山、又此年當魯成二年、經書齊侯伐我北鄙、傳曰、圍龍、又鄒誕及別本作俱字、俱當作鄆、

文十二年、季孫行父帥師城諸及鄆、注曰、俱卽鄆也、字變耳、地理志云、在東莞縣東也、【考證】龍、今山東泰安府泰安縣西南有龍鄉城、卽魯龍邑、 魯告急衛。衛與魯皆因郤克告急於晉。【考證】左傳云、衛孫良夫侵齊、敗於新築、如晉乞師、魯臧宣叔亦如晉乞師、皆主郤獻子、 晉乃使郤克・欒書・韓厥以兵車八百乘與魯・衛共伐齊。夏、與頃公戰於鞍。傷困頃公。【考證】中井積德曰、據左傳、頃公無傷事、愚按、公右乘逢丑父傷肱、此誤合爲一、 頃公乃與其右易位、下取飲以得脫去。齊師敗走。晉追北至齊。頃公獻寶器以求平。不聽。郤克曰。必得蕭桐姪子爲質。【索隱】左傳、作叔子、 齊使曰。蕭桐姪子、頃公母。頃公母猶晉君母。【考證】成二年左氏傳、作蕭同叔子、公穀二傳、竝作蕭同姪子、齊世家亦作桐叔子、何休公羊注、蕭同、國名、姪子者、蕭同君姪娣之子、孫詒讓曰、蕭同卽蕭桐、依何說、自是國名、爲宋之附庸、古女字繫姓爲稱、則叔子蓋齊侯母字、子卽宋姓、叔其行第、公穀姪子、亦謂蕭同君之姪、或頃公有適母、而叔子爲姪娣、皆未可知、要子爲姓、固與左氏同也、【考證】陳仁錫曰、頃公、當作寡君、 柰何必得之。不義。請復戰。晉乃許與平而去。楚申公巫臣盜夏姬

以奔晉。晉以巫臣爲邢大夫。【集解】賈逵曰、邢、晉邑、【正義】昔殷時邢國也、周公旦子復封爲邢侯、都□、按申公巫臣亦爲此大夫也、【考證】十一年以下、成二年左傳、 十二年冬、齊頃公如晉、欲上尊晉景公爲王。景公讓不敢。【考證】齊侯朝晉授玉耳、諸侯相朝、授玉、禮也、非尊爲王、史公誤、 晉始作六卿。【集解】賈逵曰、初作六軍、僭王也、【考證】六卿、當作六軍、 韓厥・鞏朔・趙穿・荀騅・趙括・趙旃皆爲卿。【索隱】騅、音隹、謚文子、【考證】左傳、趙穿作韓穿、此誤、 智罃自楚歸。【考證】十二年以下、見成三年左傳、楓山本、歸下有晉字、 十三年、魯成公朝晉。晉弗敬。魯怒、去倍晉。【考證】成四年左傳云、成公欲求成于荊而叛晉、季文子諫乃止、此誤、 晉伐鄭取氾。【考證】成四年左傳、氾下有祭字、此與表同脫、氾音紀、 十四年、梁山崩。【集解】公羊傳曰、梁山、河上山、杜預曰、在馮翊夏陽縣北也、【正義】括地志云、梁山、原在同州韓城縣東南十九里、其山東西臨河、東南崩跡存焉、公羊傳云、梁山崩、壅河、三日不流、穀梁傳云、成公五年、梁山崩、晉侯召伯尊、伯尊用輦者之言曰、君率群臣哭斯流矣、如其言、河乃流也、 問伯宗。伯宗以爲不足怪也。【集解】徐廣曰、年表云、伯宗隱其人、用其言、【正義】用輦者之言、不書其名曰隱、【考證】梁山崩、成五年左傳、又見公穀二傳、 十六年、楚

將子反怨巫臣、滅其族。【考證】怨其取夏姬也、梁玉繩曰、不及子重、何也、 巫臣怨、遺子反書曰。必令子罷於奔命。乃請使吳、令其子爲吳行人、敎吳乘車用兵。吳・晉始通、約伐楚。【考證】成七年左傳、聞命奔赴、故謂之奔命、 十七年、誅趙同・趙括族滅之。韓厥曰。趙衰・趙盾之功、豈可忘乎、柰何絕祀。乃復令趙庶子武爲趙後。復與之邑。【考證】成八年春秋經傳、徐孚遠曰、此與趙世家所載不同、馮班曰、韓厥言事後耳、立趙後、非在此年也、梁玉繩曰、案武、乃宣子盾之孫、莊子朔之子、不得言庶、且但云庶子、是何人之庶乎、 十九年夏、景公病。立其太子壽曼爲君。是爲厲公。後月餘、景公卒。【考證】成十年左傳、成十年春秋云、公會晉侯齊侯宋公衛侯曹伯伐鄭、杜注、晉侯、太子州蒲也、稱爵、見其生代父居位、失人子之禮、左傳云、晉侯有疾、五月晉立太子州蒲以爲君、而會諸侯伐鄭、史公云立其太子壽曼爲君者據此、愚按、景公立州蒲爲君、趙武王傳國於惠文王、自稱主君、此內禪之始、魯隱公初有此意而未果之、爲下臣所弑、景公之名、春秋經傳、作州蒲、釋文云、本或作州滿、州滿卽壽曼、曼滿音相近、壽州字相通、 厲公元年、初立欲和諸侯、與秦桓公夾河而盟。

歸而秦倍盟、與翟謀伐晉。考證 成十一年十三年左傳、左傳云、秦晉爲成、將會于令狐、晉侯先至、秦伯不肯涉河、使史顆盟晉侯于河東、晉郤犨盟秦伯于河西、史所謂夾河而盟者、卽此、三年、使呂相讓秦。集解 賈逵曰、呂相、晉大夫、正義 杜預曰、魏錡子也、因與諸侯伐秦至涇、敗秦於麻隧、虜其將成差。考證 成十三年左傳、麻隧、在今陝西西安府涇陽縣北、五年、三郤讒伯宗殺之。集解 賈逵曰、三郤、郤錡、郤犨、郤至也、伯宗以好直諫得此禍。國人以是不附厲公。正義 左傳云、初伯宗每朝、其妻必戒之曰、盜憎主人、民惡其上、子好直言、必及於難也、考證 成十五年左傳、六年春、鄭倍晉與楚盟。晉怒。欒書曰。不可以當吾世而失諸侯。乃發兵。厲公自將。五月度河。聞楚兵來救、范文子請公欲還。郤至曰。發兵誅逆、見彊辟之、無以令諸侯。遂與戰。癸巳、射中楚共王目。考證 梁玉繩曰、癸巳上缺六月二字、楚兵敗於鄢陵。集解 徐廣曰、鄢、一作焉、服虔曰、鄢陵、鄭之東南地也、索隱 鄢、音偃、又於連反、考證 今河南開封府鄢陵縣、子反收餘兵、

揹循、欲復戰。晉患之。共王召子反。其侍者豎陽穀進酒。考證 陽穀、內外傳、人表及韓子十過、作穀陽、侍者豎、宜刪其一、子反醉不能見。王怒讓子反。子反死。王遂引兵歸。考證 成十六年左傳、晉由此威諸侯、欲以令天下求霸。厲公多外嬖姬。歸欲盡去羣大夫而立諸姬兄弟。寵姬兄曰胥童。考證 梁玉繩曰、外嬖者卽胥童陽夷五之屬、非婦人也、不聞胥童有妹在公宮、豈因左傳厲公與婦人飮酒之言而誤歟、中井積德曰、外字疑衍、按左傳云、厲公侈、多外嬖、據此外字非衍、而姬字類衍、然此以諸姬兄弟爲文、則與左傳自不同、蓋後人不知、妄據左傳增外字耳、愚按、中說是、晉語云、厲公殺三郤、納其室以分婦人、可以知其多嬖姬也、嘗與郤至有怨。考證 童、胥克之子、左傳宣八年、郤缺廢胥克、及欒書又怨郤至不用其計而遂敗楚、集解 左傳曰、欒書欲待楚師退而擊之、郤至云、楚有六閒、不可失也、乃使人閒謝楚。考證 左傳、無謝楚事、楚來詐厲公曰。考證 左傳云、使楚公子茷告公、杜注、鄢陵戰、晉囚公子茷、以歸、鄢陵之戰、實至召楚。考證 楓山、三條本、實下有郤字、與左傳合、欲作亂內子周立之。正義 子周、晉悼公也、世本云、襄公生桓

伯捷、捷生悼公周也、考證 正義所引世本、與史異、會與國不具。是以事不成。厲公告欒書。欒書曰。其殆有矣。顧公試使人之周微考之。集解 虞翻曰、周、京師、正義 按周、洛陽、時周王都洛、考證 中井積德曰、人字疑衍、左傳云、嘗使諸周、愚按、左傳、考作察、果使郤至於周。考證 果、疑當作公、欒書又使公子周見郤至。考證 中井積德曰、周是襄公之曾孫、不得稱公子、左傳稱孫周者得之、郤至不知見賣也。厲公驗之、信然。遂怨郤至、欲殺之。八年、考證 梁玉繩曰、此事左傳在成公十七年、爲晉厲七年、史誤以爲八年耳、八年二字、書于後正月庚申上、厲公獵。與姬飮。郤至殺豕奉進。宦者奪之。索隱 宦者孟張也、郤至射殺宦者。公怒曰。季子欺予。集解 杜預曰、公反以爲郤至奪豕也、考證 竹添光鴻曰、欺、謾也、謂輕侮之、郤至射殺寺人於公側、故怒爲輕侮己也、將誅三郤。未發也。郤錡欲攻公。曰。我雖死、公亦病矣。考證 竹添光鴻曰、怨君之甚、欲一洩己憤以自快、不遑顧事之必濟也、郤至曰。信不反君。智不害民。勇不作亂。失此三者、誰與我。我死耳。

十二月壬午、公令胥童以兵八百人襲攻殺三郤。胥童因以劫欒書・中行偃于朝。曰。不殺二子、患必及公。公曰。一旦殺三卿。寡人不忍益也。對曰。人將忍君。集解 杜預曰、人、謂書偃、考證 梁玉繩曰、攻三郤不止胥童一人、蓋畢其居首者、若不殺及公之言、乃長魚矯也、而以爲胥童語、非、公弗聽。謝欒書等以誅郤氏罪、大夫復位。二子頓首曰。幸甚。幸甚。公使胥童爲卿。閏月乙卯、厲公游匠驪氏。集解 賈逵曰、匠驪氏、晉外嬖大夫、在翼者、考證 梁玉繩曰、傳、閏月乙卯殺胥童、非囚厲公之日也、囚公在乙卯前、中井積德曰、集解外字當刪、欒書・中行偃、以其黨襲捕厲公囚之、殺胥童。考證 厲公多外嬖姬以下、文十七年左傳、多嬖姬、蓋采晉語、而使人迎公子周于周而立之。是爲悼公。集解 徐廣曰、上周、一作糾、悼公元年正月庚申、欒書・中行偃弑厲公。葬之以一乘車。集解 左傳曰、葬之于翼東門之外也、杜預曰、一乘車、言不以君禮葬也、諸侯葬車七乘、考證 梁玉繩曰、是年厲公八年、明年乃悼公元年、當移上文八年二字于正

月上、移悼公元年四字于下文伐鄭上、　厲公囚六日死。死十日庚午、智罃迎公子周來至絳、刑雞、與大夫盟而立之。是爲悼公。【考證】中井積德曰、是爲悼公、前後重複、張文虎曰、四字衍。　辛巳、朝武宮。二月乙酉、卽位。【考證】正月壬午以下、成十八年左傳、　悼公周者、其大父捷、晉襄公少子也。不得立。號爲桓叔。桓叔最愛。桓叔生惠伯談。談生悼公周。【考證】梁玉繩曰、案遷之父名談、如趙世家張孟談、季布傳趙談、皆改作同、爲父諱故也、又高祖功臣表、新陽侯呂談、王子表、庸侯劉談、竝作譚字、雖古字通寫、或史公亦因避諱改書、兼用耳、乃晉世家兩書惠伯談、李斯傳兩書韓談、司馬相如傳滑稽傳竝有談字、何邪、孔平仲雜說、謂史記無談字、殊不然、　周之立年十四矣。【考證】一句、成十八年左傳、　悼公曰、大父・父皆不得立。而辟難於周、客死焉。寡人自以疏遠毋幾爲君。【索隱】幾音冀、謂望也、　今大夫不忘文・襄之意、而惠立桓叔之後。賴宗廟大夫之靈、得奉晉祀。豈敢不戰戰乎。大夫其亦佐寡人。【考證】宗廟

下大夫二字疑衍、成十八年左傳、國語晉語、所載悼公之言、與此大異、蓋史公以意改修也、　於是逐不臣者七人、修舊功、施德惠、收文公入時功臣後。【考證】於是以下、成十八年左傳、　秋、伐鄭。鄭師敗。遂至陳。【考證】襄元年春秋經傳、梁玉繩曰、當移前悼公元年四字于上、而改秋爲夏、春秋在襄元年夏五月、　三年、晉會諸侯。【索隱】於鷄澤也、　悼公問羣臣可用者。【考證】左傳云、祁奚請老、晉侯問嗣焉、　祁傒擧解狐。解狐、傒之仇。【考證】左傳云、將立之而卒、　復問。擧其子祁午。君子曰、祁傒可謂不黨矣。【考證】以上襄三年左傳、　外擧不隱仇。內擧不隱子。【考證】襄二十年左傳、叔向曰、祁大夫、外擧不棄讎、內擧不失親、毛本、隱仇作避仇、　方會諸侯、悼公弟楊干亂行。【集解】賈逵曰、行、陳也、　魏絳戮其僕。【集解】賈逵曰、僕、御也、【考證】魏絳爲司馬、　悼公怒。或諫公。公卒賢絳、任之政、【考證】以上襄三年左傳、左傳云、使佐新軍、　使和戎。戎大親附。【考證】襄四年傳、梁玉繩曰、魏絳和戎、在四年、此牽連書于三年耳、　十一年、悼公曰、自吾用魏絳、九合諸侯、和戎翟、魏

子之力也。【集解】服虔曰、九合、一謂會于戚、二會城棣救陳、三會于鄬、四會于邢丘、五同盟于戲、六會于相、七戍鄭虎牢、八同盟于亳城北、九會于蕭魚、【考證】九、猶九天九地之九、言其多也、義與齊桓九合同、晉語作七合、　賜之樂。三讓乃受之。冬、秦取我櫟。【索隱】音歷、釋例云、在河北、地闕、【正義】音歷、括地志曰、河內陽翟縣、古櫟邑也、左傳云、襄十一年、秦庶長鮑帥師伐晉以救鄭、於輔氏秦晉戰于櫟、晉師敗績、杜預云、從輔氏度河也、年表云、使庶長鮑伐晉救鄭、敗之櫟、按此二文、是陽翟也、【考證】悼公曰以下、襄十一年左傳、晉語云、晉公錫魏絳女樂一八、歌鍾一肆、左傳義同、年表、取作敗、與左傳合、　十四年、晉使六卿率諸侯伐秦。【正義】六卿、韓、魏、趙、范、中行、知氏也、　度涇大敗秦軍、至棫林而去。【考證】襄十四年左傳、杜預曰、棫林、秦地、梁玉繩曰、此遷延之役、不可言敗、　十五年、悼公問治國於師曠。師曠曰、惟仁義爲本。【正義】師曠、晉樂太師野、【考證】梁玉繩曰、三傳國語、皆無此事、疑卽左氏晉侯問衞人出君一節、史改約之也、事在十四年、　冬、悼公卒。【考證】襄十五年春秋經傳、　子平公彪立。平公元年、伐齊。【考證】陳仁錫曰、伐齊、左傳在三年、愚按、年表同左傳、　齊靈公與戰靡下。齊師敗走。【集解】徐廣曰、靡、一作歷、【索隱】劉氏靡音眉綺反、卽靡笄也、　晏嬰曰、君亦毋勇。何不止戰。遂去。晉

追遂圍臨菑、盡燒屠其郭中、東至膠、南至沂。齊皆城守。晉乃引兵歸。【考證】伐齊以下、襄十八年左傳、左傳、膠作濰、　六年、魯襄公朝晉。晉欒逞有罪、奔齊。【考證】襄二十一年左傳、欒盈初奔楚、後奔齊也、梁玉繩曰、欒懷子之名、年表及晉與田完世家竝作逞、避惠帝諱改、齊世家依春秋作盈、史公失檢耳、　八年、齊莊公微遣欒逞於曲沃、以兵隨之。齊兵上太行。欒逞從曲沃中、反襲入絳。絳不戒。平公欲自殺。范獻子止公。【考證】梁玉繩曰、案無此事、內外傳但言范宣子奉公如固宮而已、　以其徒擊逞。逞敗走曲沃。曲沃攻逞。逞死。遂滅欒氏宗。逞者欒書孫也。【集解】左傳、逞作盈、【考證】梁玉繩曰、案傳、盈襲絳不克、奔曲沃、晉人圍曲沃、克之殺盈、非曲沃攻之而死也、　其入絳、與魏氏謀。齊莊公聞逞敗、乃還取晉之朝歌去。【考證】朝歌、初爲衞邑、後爲晉、　以報臨菑之役也。【考證】事見襄二十三年左傳、梁玉繩曰、案傳、遣欒盈、與伐晉登大行、判然兩事、此誤幷爲一也、言莊公聞逞敗乃還、亦非、　十年、齊崔杼弒其君莊公。晉因齊亂伐敗

齊於高唐去。報太行之役也。【考證】事見襄二十五年左傳、但不言敗齊於高唐、年表同誤、 十四年、吳延陵季子來使。與趙文子・韓宣子・魏獻子語。曰、晉國之政、卒歸此三家矣。【考證】襄二十九年左傳、語字句絶、曰、與他人言也、 十九年、齊使晏嬰如晉。與叔嚮語。叔嚮曰、晉、季世也。公厚賦爲臺池、而不恤政。政在私門。其可久乎。晏子然之。【考證】昭三年左傳、 二十二年、伐燕。【考證】據昭六年左傳、齊侯請晉伐燕、非晉伐燕也、此與表同誤、沈家本曰、表、二十三年入燕君、 二十六年、平公卒。【考證】昭十年春秋經傳、 子昭公夷立。昭公六年卒。六卿彊、【索隱】韓・趙・魏・范・中行及智氏爲六卿、後韓・趙・魏爲三卿、而分晉政、故曰三晉、【考證】中井積德曰、三晉、三家滅晉各爲列國以後之稱、非卿之稱、索隱謬、 公室卑。【考證】昭十六年左傳、六卿彊公室卑、據魯人子服昭伯語、 子頃公去疾立。頃公六年、周景王崩、王子爭立。晉六卿平王室亂、立敬王。【考證】昭二十二年春秋經傳、 九年、魯季氏逐其君昭公。昭公居

乾侯。【考證】昭二十五年春秋經傳、今直隸廣平府成安縣、有斥邱故城、春秋晉乾侯邑、據左傳、昭公是年居鄆、晉頃公十二年、乃居乾侯、史統言之也、 十一年、衞・宋使使請晉納魯君。季平子私賂范獻子。獻子受之。乃謂晉君曰、季氏無罪。不果入魯君。【考證】昭二十七年左傳、 十二年、晉之宗家祁傒孫・叔嚮子、相惡於君。【考證】祁傒孫、祁盈也、叔向子、楊食我也、二氏皆以公族爲大夫者、中井積德曰、據左傳、祁盈以執家臣故死、楊食我以黨祁盈故死、非相惡也、愚按、魏世家、無於君二字、 六卿欲弱公室。乃遂以法盡滅其族、而分其邑爲十縣、各令其子爲大夫。晉益弱、六卿皆大。【考證】以上本昭二十八年左傳、梁玉繩曰、二氏之滅、由于祁勝賂荀躒、非關六卿之故、十縣大夫、除趙朝韓固魏戊知徐吾四姓外、其六人者皆以賢擧、豈盡六卿之子姓族屬乎、史誤、 十四年、頃公卒。【考證】昭三十年春秋經傳、 子定公午立。定公十一年、魯陽虎奔晉。趙鞅簡子舍之。【考證】定九年左傳、 十二年、孔子相魯。【考證】孔子相魯、謬、說在孔子世家、 十五年、趙鞅使邯鄲大夫午。不信。欲殺午。【正義】趙鞅、

定十一年、伐衞、衞懼、貢五百家、鞅置之邯鄲、今欲徙之晉陽、午許諾、歸告其父兄、父兄不許、倍言、是不信、【考證】余有丁曰、按左傳、趙鞅謂邯鄲午曰、歸吾衞貢五百家、吾舍諸晉陽、午許諾、歸告其父兄、父兄皆曰不可、趙孟怒、遂殺午、午、中行寅之甥、中行寅、范吉射之姻也、而相與睦、遂同攻趙孟、愚按、左傳無大夫二字、邯鄲午趙勝子、別邑邯鄲、因以爲氏、邯鄲、今縣、屬直隸廣平府、 午與中行寅・范吉射親。攻趙鞅。【集解】寅、荀偃之孫也、射、晉亦范獻子、士鞅之子、 鞅走保晉陽。定公圍晉陽。【考證】梁玉繩曰、案左傳、攻鞅者、范中行也、事在七月、而午已于六月前爲鞅所殺、安得與攻鞅之役乎、【考證】今山西太原府太原縣、有晉陽故城、春秋晉邑、屬趙氏、 荀櫟・韓不信・【正義】世本云、不信、韓宣子孫簡子也、【考證】趙世家、不信作不佞、 魏侈・【正義】即魏襄子、左傳作魏曼多、世本云、魏襄子多也、【考證】梁玉繩曰、魏襄子之名、春秋經傳作曼多、公羊作多、晉魏世家作侈、趙世家作哆、 與范・中行爲仇。乃移兵伐范・中行。范・中行反。晉君擊之、敗范・中行。范・中行走朝歌保之。韓・魏爲趙鞅謝。晉君乃赦趙鞅。復位。【考證】趙鞅使邯鄲大夫午以下、本定十三年左傳、 二十二年、晉敗范・中行氏。二子奔齊。【考證】哀五年左傳、 三十年、定公與吳王夫差會黃池爭長。趙鞅時從。

卒長吳。【集解】徐廣曰、吳世家說黃池之盟云、趙鞅怒將戰、吳乃長晉定公、左氏傳云、乃先晉人、外傳云、吳公先歃、晉公次之、【正義】黃池、在汴州封丘縣南七里、去汴州四十三里、【考證】事見哀十三年春秋經傳、黃池、在今河南開封府封丘縣西南、王夫之有別說、說見吳太伯世家、中井積德曰、吳世家云長晉、與此異、 三十一年、齊田常弑其君簡公、【考證】哀十四年春秋經傳、 而立簡公弟驁爲平公。 三十三年、孔子卒。【考證】哀十六年左氏經傳、 三十七年、定公卒。子出公鑿立。【考證】六國表、鑿作錯、 出公十七年、【集解】徐廣曰、年表云、出公立十八年、或云二十年、 知伯與趙・韓・魏共分范・中行地以爲邑。出公怒告齊・魯、欲以伐四卿。【索隱】時趙魏韓共滅范氏及中行氏、而分其地、猶有智氏與三晉、故曰四卿也、 四卿恐、遂反攻出公。出公奔齊。道死。故知伯乃立昭公曾孫驕爲晉君。是爲哀公。【索隱】按趙系家云、驕是爲懿公、又年表云、出公十八年、次哀公忌二年、次懿公驕十七年、紀年又云、出公二十三年奔楚、乃立昭公之孫、是爲敬公、系本亦云、昭公生桓子雍、雍生忌、忌生懿公驕、然晉趙系家及年表、各各不同、何況紀年之說也、【正義】諸說並不同、疑年表爲長、【考證】梁玉繩曰、哀當作懿、說在下文、 哀公大父雍、晉昭公

少子也。號爲戴子。【集解】徐廣曰、世本、作桓子雍、注云、戴子、戴子生忌。忌善知伯。蚤死。【考證】梁玉繩曰、案、繼出公而立者、晉世家、謂昭公曾孫哀公驕、趙世家、謂昭公曾孫懿公驕、竹書紀年、謂昭公孫敬公、無哀懿二公、六國表、又作哀公忌、其不同、一也、晉世家、謂哀公十八年、紀年、謂敬公二十二年、六國表、又作哀公二年懿公十七年、其不同、二也、且表、以爲哀公忌、而晉世家、言忌早死、立忌子驕爲君、何牴牾若是乎、攷索隱正義引世本云、昭公生桓子雍、雍生忌、忌生懿公驕、與晉趙世家稱驕爲昭公曾孫合、則忌是哀公、驕是懿公、忌與驕乃父子、晉世家、誤以懿爲哀耳、紀年謂立昭公孫敬公、蓋懿又諡敬、特誤以曾孫爲孫也、余疑忌既早死、未嘗爲君、哀公之稱、當是其子追諡之、繼出公者必懿公驕、非哀公忌矣、至其立年之多少、紀年爲確、表與世家俱非、表宜衍晉哀公忌元年六字、而補書晉懿公驕元年于周定王十八年、方合、出公二十三年卒、當定王十七年、

故知伯欲盡幷晉、未敢。乃立忌子驕爲君。當是時、晉國政皆決知伯。晉哀公不得有所制。知伯遂有范·中行地、最彊。哀公四年、趙襄子·韓康子·魏桓子共殺知伯、盡并其地。【索隱】如紀年之說、此乃出公二十二年事、【考證】三晉滅知伯、詳于國語晉語、國策趙魏韓策、十八年、哀公卒。【考證】沈家本曰、表、十九年、梁玉繩曰、當作二十二年懿公卒、子幽公柳立。幽公之

時、晉畏、反朝韓·趙·魏之君、【索隱】畏、懼也、爲衰弱故反朝韓趙魏也、宋忠引此注系本而畏字爲衰、【正義】宋忠引此世家注世本云、晉衰、疑今本誤也、獨有絳·曲沃、餘皆入三晉。十五年、魏文侯初立。【索隱】按紀年、魏文侯初立、在敬公十八年、【考證】沈家本曰、表十四年、梁玉繩曰、文侯立于晉幽公六年、當周威烈王二年、魏世家云、文侯元年秦靈公元年、是也、竹書謂立于晉敬公十八年、亦非、十八年、幽公淫婦人、夜竊出邑中。盜殺幽公。【索隱】紀年云、夫人秦嬴、賊公於高寢之上、【考證】幽公止十年、史誤作十八年、魏文侯以兵誅晉亂、立幽公子止。是爲烈公。【索隱】系本云、幽公生烈公止、又年表云、魏誅幽公、立其弟止、烈公十九年、周威烈王賜趙·韓·魏、皆命爲諸侯。【考證】陳仁錫曰、表、在十七年、愚按、此誤、二十七年、烈公卒。子孝公頎立。【索隱】系本云、孝公傾、紀年以孝公爲桓公、故韓子有晉桓侯、孝公九年、魏武侯初立、襲邯鄲。不勝而去。【考證】陳仁錫曰、九年、史表、作七年、愚按、此誤、十七年、孝公卒。【索隱】紀年云、桓公二十年、趙成侯韓共侯、遷桓公於屯留、已後更無晉事、【正義】世本云、生靖公俱也、【考證】陳仁錫曰、史表、孝公十五年卒、子靜公俱酒立。

【索隱】系本云、靜公俱、是歲、齊威王元年也。【考證】表、在二年、靜公二年、魏武侯·韓哀侯·趙敬侯、滅晉後而三分其地。【索隱】按紀年、魏武侯以桓公十九年卒、韓哀侯趙敬侯、竝以桓公十五年卒、又趙系家、烈侯十六年、與韓分晉、封晉君端氏、其後十年、肅侯遷晉君於屯留、不同也、【考證】依趙世家、索隱、烈侯、當作成侯、蓋是年晉雖分、而未絕封、大事記云、周安王二十六年所分者、絳與曲沃之地也、靜公遷爲家人。晉絕不祀。【考證】家人、庶人也、

太史公曰。晉文公古所謂明君也。亡居外十九年、至困約。及卽位而行賞、尙忘介子推。況驕主乎。靈公既弑、其後成·景致嚴、至厲大刻。大夫懼誅禍作。悼公以後日衰、【考證】黃震曰、悼公十四歲得國、一旦轉危爲安、功業赫然、漢昭帝流亞也、太史公例言悼公以後日衰、語焉不詳、悼公稱屈九泉矣、六卿專權。故君道之御其臣下、固不易哉。【考證】論語子路篇、爲君難、爲臣不易、

【索隱】述贊、天命叔虞、卒封於唐、桐珪既削、河汾是荒、文侯雖嗣、曲沃日彊、未知本末、祚傾桓莊、獻公昏惑、太子罹殃、重耳致霸、朝周河陽、靈既喪德、厲亦無防、四卿侵侮、晉祚遽亡、

晉世家第九

史記三十九

文學博士瀧川龜太郎著

史記會注考證

史記會注考證卷四十

漢　太史令　司馬遷　撰

宋　中郎外兵曹參軍　裴駰　集解

唐　國子博士弘文館學士　司馬貞　索隱

唐　諸王侍讀率府長史　張守節　正義

日本　出雲　瀧川資言　考證

楚世家第十　史記四十

〔考證〕史公自序云、重黎業之、吳回接之、殷之季世、粥子牒之、周用熊繹、熊渠是續、莊王之賢、乃復國陳、既赦鄭伯、班師華元、懷王客死、蘭咎屈原、好諛信讒、楚并於秦、嘉莊

王之義、作楚之世家、第十、愚按、此卷首采帝繫鄭語、漸及左傳楚語、中幅以後采楚策最多、顧棟高曰、案楚在春秋、呑并諸國凡四十有二、其西北至武關、在今陝西商州東少習山下、文十年傳、子西爲商公、卽商州之雒南縣也、與秦分界、其東南至昭關、在今江南和州含山縣北二十里、昭十七年、吳楚之戰于長岸、卽和州南七十里之東梁山、與太平府夾江相對、是也、與吳分界、其北至河南之汝寧府南陽府汝州、與周分界、其南不越洞庭湖、全有今湖北十府八州六十縣之地、惟隨州爲隨國僅存、又全有河南之汝寧南陽二府、光州一州、又闌入汝州之郟縣魯山縣、河南府之嵩縣、開封府之尉氏縣、許州府之郾城縣及禹州、與鄭接境、四川夔州府之奉節縣、與巴接境、江西之南昌南康、九江、饒州、與吳錯壤、又全有江南之廬州鳳陽潁州三府、及壽州和州之地、江寧府之六合、太平府之蕪湖、徐州府之碭山、則與吳日交兵處也、後廬壽之地、多入于吳、

楚之先祖、出自帝顓頊高陽。〔考證〕李笠曰、案祖字衍、秦本紀云、秦之先、帝顓頊之苗裔、越世家云、其先禹之苗裔、趙世家云、趙氏之先、與秦共祖、先卽先祖、此亦宜與諸處一例、高陽者黃帝之孫昌意之子也。〔考證〕以上本帝繫篇、

高陽生稱。〔正義〕尺證反、稱生卷章。卷章生重黎。〔集解〕徐廣曰、世本云、老童生重黎及吳回、譙周曰、老童卽卷章、〔索隱〕卷章名老童、故系本云、老童生重黎、重氏黎氏二官、代司天地、重爲木正、黎爲火正、案左氏傳、少昊氏之子曰重、顓頊氏之子曰黎、今以重黎爲一人、仍是顓頊之子孫者、劉氏云、少昊氏之後曰重、顓頊氏之後曰重黎、對彼重則單稱黎、若自言當家則稱重黎、故楚及司馬氏皆重黎之後、非關少昊之重、愚謂此解

爲當、〔正義〕帝繫云、顓瑞娶于騰墳氏女生老童、是爲楚先也、世本云、老童取根水氏之子、謂之縞禍、產重黎及吳回也、〔考證〕帝繫及山海大荒西經及人表並云顓頊生老童、據此則老童、顓頊之子也、史云、高陽生稱、稱生卷章、集解引譙周云、老童卽卷章、據此則老童顓頊之孫也、所傳不同、陳仁錫曰、重黎本二人、重爲木正、黎爲火正、楚出黎後、世家合爲一人、誤、張照曰、劉氏謂對彼重、則單稱黎、若自言當家則稱重黎、夫南正重司天、北正黎司地、重黎者二人之名、猶夫周召爾、寧有對周而言、則單稱召、自言當家、則稱周召之理邪、

重黎爲帝嚳高辛居火正。〔索隱〕此重黎爲火正、彼少昊氏之後重、自爲木正、知此重黎卽彼之黎也、〔正義〕此重黎、火正也、小昊之後、重、木正也、則知此重黎則非彼重也、甚有功、能光融天下。帝嚳命曰祝融。〔集解〕虞翻曰、祝、大、融、明也、韋昭曰、祝、始也、〔考證〕重黎爲帝嚳火正以下、采國語鄭語、共工氏作亂。帝嚳使重黎誅之、而不盡。帝乃以庚寅日誅重黎、而以其弟吳回爲重黎。後、復居火正、爲祝融。〔考證〕梁玉繩曰、嚳誅重黎、史公之妄記也、初命之、而繼誅之、嚳是聖君、黎是功臣、寧有此乎、吳回生陸終。陸終生子六人。坼剖而產焉。〔集解〕干寶曰、先儒學士多疑此事、譙允南通才達學、精核數理者也、作古史考、以爲作者妄記、廢而不論、余亦尤其生之異也、然按六子之世、子孫有國、升降六代、數千年閒、迭至霸王、天將興之、必有尤物乎、若夫前志所傳、修己背坼而生

禹、簡狄胷剖而生契、歷代久遠、莫足相證、近魏黃初五年、汝南屈雍妻王氏生男兒、從右胳下水腹上出、而平和自若、數月創合、母子無恙、斯蓋近事之信也、以今況古、固知注記者之不妄也、天地云爲、陰陽變化、安可守之一端、槩以常理乎、詩云、不坼不副、無災無害、原詩人之旨、明古之婦人嘗有坼副而產者矣、又有因產而遇災害者、故美其無害也、[索隱]系本云、陸終娶鬼方氏妹、曰女嬇、[正義]陸終娶鬼方氏之妹、謂之女嬇、產六子、孕而不毓三年、啓其左脅、六人出焉、

其長一曰昆吾。[集解]虞翻曰、昆吾名樊、爲己姓、封昆吾、世本曰、昆吾者、衞是也、[索隱]長曰昆吾、系本云、其一曰樊、是爲昆吾、又曰、昆吾者衞、是、宋忠曰、昆吾國名、己姓所出、左傳曰、衞侯夢見披髮登昆吾之觀、按今濮陽城中有昆吾臺、是、[正義]括地志云、濮陽縣、古昆吾國也、昆吾故城、在縣西三十里、臺在縣西百步、卽昆吾墟也、[考證]長字衍、帝繫無、張文虎曰、索隱、本作長曰、左傳疏引作一曰、本有異文、後人妄合寫之、

二曰參胡。[集解]世本曰、參胡者、韓是也、[索隱]系本云、二曰惠連、是爲參胡、參胡者、韓是、宋忠曰、參胡、國名、斟姓、無後、

三曰彭祖。[集解]虞翻曰、名翦、爲彭姓、封於大彭、世本曰、彭祖者、彭城是也、[索隱]系本云、三曰籛鏗、是爲彭祖、彭祖者、彭城是、虞翻云、名翦、爲彭姓、封於大彭、[正義]括地志云、彭城、古彭祖國也、外傳云、殷末滅彭祖國也、虞翻云、名翦、神仙傳云、彭祖、諱鏗、帝顓頊之玄孫、至殷末年已七百六十七歲、而不衰老、遂往流沙之西、非壽終也、

四曰會人。[集解]世本曰、會人者、鄭是也、[索隱]系本云、四曰求言、是爲鄶人、鄶人者、鄭是、宋忠曰、求言、名也、妘姓所出、鄶國也、[正義]括地志云、故鄶城、在鄭州新鄭縣東北二十二里、毛詩譜云、昔高辛之土、祝融之墟、歷唐至周、重黎之後妘姓處其地、是爲鄶國、爲鄭武公所滅也、

[考證]帝繫、會作鄶、

五曰曹姓。[集解]世本曰、曹姓者、邾是也、[索隱]系本云、五曰安、是爲曹姓、曹姓、邾是、宋忠曰、安、名也、曹姓者、諸曹所出、[正義]括地志云、故邾國、在黃州黃岡縣東南百二十一里、史記云、邾子曹姓也、

六曰季連。芈姓。楚其後也。[索隱]系本云、六曰季連、是爲芈姓、季連者、楚是、宋忠曰、季連、名也、芈姓所出、楚之先、芈、音彌是反、芈、羊聲也、[考證]吳回生陸終以下、帝繫、

昆吾氏、夏之時嘗爲侯伯。桀之時湯滅之。彭祖氏、殷之時嘗爲侯伯。殷之末世、滅彭祖氏。[考證]昆吾氏以下、國語鄭語、

季連生附沮。[集解]孫檢曰、一作祖、[索隱]沮、音才敘反、[考證]帝繫、作付祖、

附沮生穴熊。[考證]以上采帝繫、

其後中微、或在中國、或在蠻夷、弗能紀其世。周文王之時、季連之苗裔曰鬻熊。[考證]漢書藝文志道家、鬻子二十二篇、名熊、爲周師、自文王以下問焉、周封爲楚祖、愚按列子天瑞、賈子新書修政語、亦引鬻熊言、與道家旨相似、今本鬻子十四篇、後人僞託、

鬻熊子事文王。蚤卒。[考證]藝文類聚引史無子字、

其子曰熊麗。熊麗生熊狂。熊狂生熊繹。熊繹當周成王之時、舉文武勤勞之後嗣、而封熊繹於

楚蠻。封以子男之田。姓芈氏。居丹陽。[集解]徐廣曰、在南郡枝江縣、[正義]穎容傳例云、楚居丹陽、今枝江縣故城是也、括地志云、歸州巴東縣東南四里歸故城、楚子熊繹之始國也、又熊繹墓、在歸州秭歸縣、輿地志云、秭歸縣東有丹陽城、周迴八里、熊繹始封也、[考證]今湖北宜昌府歸州有古丹陽城、楚始封此、曰西楚、後徙枝江、亦曰丹陽、是爲南楚、今荊州府枝江縣是、

楚子熊繹、與魯公伯禽・衞康叔子牟・晉侯燮・齊太公子呂伋俱事成王。[考證]楚子熊繹以下、昭十二年左傳、

熊繹生熊艾。熊艾生熊䵣。[索隱]一作黮、音士感反、䵣、音但、與亶同字、亦作亶、

熊䵣生熊勝。熊勝以弟熊楊爲後。[索隱]鄒誕本、作熊鍚、一作煬、[考證]人表、艾作乂、勝作盤、楊作鍚、以盤爲乂子、以鍚爲盤子、

熊楊生熊渠。熊渠生子三人。當周夷王之時、王室微、諸侯或不朝相伐。熊渠甚得江漢閒民和。乃興兵伐庸・[集解]杜預曰、庸、今上庸縣、[正義]括地志云、房州竹山縣本漢上庸縣、古之庸國、昔周武王伐紂、庸蠻在焉、[考證]今湖北鄖陽府竹山縣、古庸國、

楊粵・[索隱]有本作楊雩、音吁、地名也、今音越、譙周亦作楊越、[考證]漢書南粵王傳、略定揚粵、顏師古曰、本揚州之分、故云揚粵、

至于鄂。[正義]五各反、劉伯莊云、地名、在楚之西、後徙

楚、今東鄂州是也、括地志云、鄧州向城縣南二十里西鄂故城、是楚西鄂、[考證]今湖北武昌府武昌縣、有鄂城、

熊渠曰。我蠻夷也。不與中國之號謚。乃立其長子康爲句亶王。[集解]張瑩曰、今江陵也、[索隱]系本、康作庸、亶作祖、地理志云、江陵南郡之縣也、楚文王自丹陽徙都之、[考證]帝繫、康作無康、

中子紅爲鄂王。[集解]九州記曰、鄂、今武昌、[索隱]有本作摯經二字、音摯紅、從下文熊摯紅讀也、古史考及鄒氏劉氏等、無音、摯經恐非也、[正義]括地志云、武昌縣、鄂王舊都、今鄂王神、卽熊渠子之神也、

少子執疵爲越章王。[索隱]系本、無執字、越作就、[考證]其長子以下、本帝繫、帝繫、執疵作疵、越章作戚章、

皆在江上楚蠻之地。及周厲王之時、暴虐。熊渠畏其伐楚、亦去其王。後爲熊毋康。[集解]徐廣曰、卽渠之長子、

毋康蚤死。熊渠卒。子熊摯紅立。[索隱]如此史意、卽上鄂王紅也、譙周以爲熊渠卒、子熊翔立、卒、長子摯有疾、少子熊延立、此云摯紅卒其弟殺而自立曰熊延、欲會此代系、則翔亦毋康之弟、元嗣熊渠者毋康、既蚤亡、摯紅立、而被延殺、故史考言摯有疾、而此言弑也、[正義]卽上鄂王紅也、[考證]摯字當衍、熊紅卽上鄂王也、正義近是、

摯紅卒。其弟弑而代立。曰熊延。[正義]譙周言摯有疾、此言弑、未詳、宋均注樂緯云、熊渠嫡嗣曰熊摯、有惡疾、不得爲後、別居於夔、爲楚附庸、後王命曰夔子也、[考證]梁玉繩曰、既云摯紅

卒則非弒矣、而云弒者、蓋弒其子、史有脫文耳、愚按、疑奪子熊摯立四字、僖二十六年左傳、夔子曰、我先王熊摯有疾、而自竄于夔、是以失楚、國語鄭語、孔晁注、熊繹玄孫摯有疾、楚人廢之、立其弟延、摯自弃于夔、子孫有功、王命爲夔子、韋昭亦襲孔注、但改繹玄孫爲繹六世孫、孔韋必有所據、但史曰弒、左傳及孔韋鄭語注、曰竄曰廢、所傳異耳、 熊延生熊勇。熊勇六年、而周人作亂攻厲王。厲王出奔彘。熊勇十年卒。弟熊嚴爲後。熊嚴十年卒。有子四人。長子伯霜。中子仲雪。次子叔堪。【索隱】一作湛、【考證】鄭語、堪作熊、 少子季徇。【索隱】旬俊反、【考證】鄭語、徇作紃、有子四人以下、國語鄭語、 熊嚴卒。長子伯霜代立。是爲熊霜。熊霜元年、周宣王初立。熊霜六年卒。三弟爭立。仲雪死、叔堪亡避難於濮。【集解】杜預曰、建寧郡南有濮夷、【正義】按建寧、晉郡、在蜀南、與蠻相近、劉伯莊云、濮、在楚西南、孔安國云、庸濮、在漢之南、按成公元年、楚地千里、孔說是也、 而少弟季徇立。【考證】叔堪亡以下、本鄭語、 是爲熊徇。熊徇十六年、鄭桓公初封於鄭。二十二年、熊徇卒。子熊咢立。【索隱】咢、音鄂、亦作咢、【考證】表、作鄂、 熊咢九年

卒。子熊儀立。是爲若敖。【考證】宣十二年左傳云、若敖蚡冒、篳路藍縷、以啓山林、 若敖二十年、周幽王爲犬戎所弒。周東徙。而秦襄公始列爲諸侯。二十七年、若敖卒。子熊坎立。是爲霄敖。【索隱】坎、苦感反、一作菌、又作欽、 霄敖六年卒。子熊眴立。【集解】徐廣曰、眴、音舜、【索隱】徐音舜、按玉篇、在口部、顧氏云、楚之先、即蚡冒也、劉音舜、其近代本、有字有從目者、徐音舜非、 是爲蚡冒。【索隱】古本蚡作羒、音憤、冒、音亡北反、或亡報反、【考證】梁玉繩曰、案韓子和氏篇、謂厲王薨、武王即位、外儲說左上、亦稱楚厲王、楚辭東方朔七諫云、遇厲武之不察、羌兩足以畢斮、是蚡冒謚厲王矣、史何以不書、 蚡冒十三年、晉始亂。以曲沃之故。蚡冒十七年卒。蚡冒弟熊通、弒蚡冒子而代立。是爲楚武王。【考證】梁玉繩曰、武王之名、各本史記皆作熊通、而杜世族譜、左文十六、宣十二、昭廿二疏、及釋文引世家、竝是熊達、桓二年疏、不引世家、亦是熊達、蓋今本誤、 武王十七年、晉之曲沃莊伯弒主國晉孝侯。【考證】桓二年左傳、 十九年、鄭伯弟段作亂。【考證】隱元年春秋經傳、 二十一年、鄭侵天子之田。【考證】隱三年左傳、 二十三年、

衞弒其君桓公。【考證】隱四年左傳、事在武王二十二年、 二十九年、魯弒其君隱公。【考證】隱十一年左傳、 三十一年、宋太宰華督、弒其君殤公。【考證】桓二年春秋經傳、中井積德曰、華督、宜言華父督、 三十五年、楚伐隨。【集解】賈逵曰、隨、姬姓也、杜預曰、隨國、今義陽隨縣、【正義】括地志云、隨州外城、古隨國地、世本云、楚武王墓、在豫州新息、隨、姬姓也、武王卒師中而兵罷、括地志云、上蔡縣東北五十里、是也、【考證】桓六年左傳、今湖北德安府隨州、即故隨國、 隨曰。我無罪。楚曰。我蠻夷也。今諸侯皆爲叛相侵、或相殺。我有敝甲、欲以觀中國之政、請王室尊吾號。隨人爲之周、請尊楚。王室不聽。還報楚。【考證】爲、去聲、之、往也、 三十七年、楚熊通怒曰。吾先鬻熊、文王之師也。蚤終。成王舉我先公、乃以子男田令居楚。蠻夷皆率服。而王不加位。我自尊耳。乃自立爲武王。【考證】宜言自立爲王、武字諡號、後來史家所加、管蔡世家、楚公子圍弒其王郟敖、而自立爲靈王、衞世家鄭世家皆云、楚公子棄疾弒靈王自立爲平王、司馬穰苴傳、至常曾孫和、因自立爲齊威王、皆同一例、

與隨人盟而去。【考證】桓八年左傳云、夏、楚子合諸侯于沈鹿、隨不會、楚子伐隨、軍於漢淮之間、隨侯禦之、戰于速杞、隨師敗績、秋、隨及楚平、與此不同、 於是始開濮地而有之。【考證】國語鄭語、 五十一年、周召隨侯、數以立楚爲王。楚怒以隨背己伐隨。【考證】左傳無此事、 武王卒師中、而兵罷。【集解】皇覽曰、楚武王冢、在汝南郡鮦陽縣葛陂鄉城東北、民謂之楚王岑、漢永平中、葛陵城北祝里社下、於土中得銅鼎、而銘曰楚武王、由是知楚武王之冢、民傳言秦項赤眉之時、欲發之、輒頹壞塡壓、不得發也、【正義】有本注葛陂鄉作葛陵鄉者、誤也、地理志云、新蔡縣西北六十里、有葛陂鄉、即費長房投竹成龍之陂、因爲鄉名也、【考證】莊四年左傳、 子文王熊貲立。始都郢。【正義】括地志云、紀南故城、在荊州江陵縣北五十里、杜預云、國都於郢、今南郡江陵縣北紀南城是也、括地志云、又至平王更城郢、在江陵縣東北六里、故郢城是也、【考證】梁玉繩曰、左桓二年疏謂、漢地理志從史記、文王徙郢、世本及杜譜云、武王徙郢、未知孰是、春秋地名攷略云、左昭二十三年、沈尹戌曰、若敖蚡冒至于武文、猶不城郢、則居郢幷不始武王、疑數世經營、至武文始定耳、愚按、郢、今湖北荊州府治、 文王二年、伐申過鄧。【正義】括地志云、故申城、在鄧州南陽縣北二十里、晉太康地志云、周宣王舅所封、故鄧城、在襄州安養縣北二十里、春秋之鄧國、莊十六年、楚文王滅之、【考證】申、今河南南陽府南陽縣申城、鄧、今湖北襄陽府襄陽縣鄧縣故城、 鄧人曰。楚王易取。鄧

侯不許也。[集解]服虔云、鄧、曼姓、[考證]莊七年左傳、顧棟高曰、申爲南陽、天下之膂、光武所發迹處、是時齊桓未興、楚橫行南服、由丹陽遷郢、取荊州以立根基、武王旋取羅鄀、爲鄢郢之地、定襄陽以爲門戶、至滅申、遂北向以抗衡中夏、然其始要非一朝一夕之故也、平王東遷、卽切切焉戍申與甫許、豈獨內德申侯爲之遣戍、亦防維固圉之計、有不獲已、逮桓王莊王、六七十年之久、楚之侵擾日甚、卒爲所滅、自後滅呂滅息滅鄧、南陽汝寧之地、悉爲楚有、如河決魚爛、不可底止、遂平步以窺周疆矣、故楚出師則申息爲之先驅、守禦則申息爲之藩蔽、城濮之敗、而子玉羞見申息之老、楚莊初立、而申息之北門不啓、子重欲取申呂爲賞田、而巫臣謂晉鄭必至於漢、申之係於楚、豈細故哉、故論當日楚之形勢、東拒齊則召陵之陘爲咽喉之塞、西拒晉則少習武關通往來之道、南面扞吳、則鍾離居巢州來、屹爲重鎭、迨州來失而入郢之禍始兆、楚之植基固而形勢便、使周曆猶緜延四百年、不遂併於楚者、桓文之力也、六年、伐蔡。[正義]豫州上蔡縣、在州北七十里、古蔡國也、縣外城、蔡國城也、[考證]今河南汝寧府新蔡縣、蔡故城、虜蔡哀侯以歸。[考證]莊十年春秋經傳、已而釋之。[考證]管蔡世家云、哀侯留九歲死於楚、與此異、楚彊、陵江漢閒小國。小國皆畏之。十一年、齊桓公始霸。[考證]莊十五年左傳、楚亦始大。十二年、伐鄧滅之。[考證]莊六年左傳、十三年卒。子熊囏立。[集解]史記音隱云、囏、古艱字、[考證]杭世駿曰、按左傳、楚文王于魯莊十五年卽位、至十九年卒、在位共十五年、世家年表、

竝不同、是爲莊敖。[索隱]上音側狀反、[考證]張文虎曰、年表索隱引世家作莊敖、此注音側狀反、是小司馬所見本作莊、而讀爲壯、今本作杜、蓋後人所改、莊敖五年、欲殺其弟熊惲。[索隱]惲、音紆粉反、左傳作頵、紆貧反、[考證]梁玉繩曰、莊敖以魯莊二十二年立、二十二年見弑、五年當作二年、惲當作頵、熊字衍、惲奔隨。與隨襲弑莊敖代立。是爲成王。成王惲元年、初卽位、布德施惠、結舊好於諸侯、使人獻天子。天子賜胙曰、鎭爾南方、夷越之亂、無侵中國。於是楚地千里。十六年、齊桓公以兵侵楚至陘山。[正義]杜預云、陘、楚地、潁川召陵縣南有陘亭、括地志云、陘山在鄭州西南一百一十里、卽此山也、[考證]陘山、春秋經傳作陘、今河南許州府郾城縣南、楚成王使將軍屈完以兵禦之。[正義]屈、曲勿反、完、音桓、楚族也、[考證]左傳云、使屈完如師、蓋求盟也、與此異、與桓公盟。桓公數以周之賦不入王室。楚許之。乃去。[考證]齊桓公以下、僖四年左傳、十八年、成王以兵北伐許。[集解]地理志曰、潁川許昌縣、故許國也、[考證]今河南許州府治東、有故許城、許君肉袒謝。乃釋之。[考證]僖七

年左傳、肉袒、去上衣、露肢體、意謂歸骨就刑戮、所以表其服順也、左傳云、許男面縛銜璧、大夫衰絰、士輿櫬、史公以肉袒二字易之、二十二年、伐黃。[索隱]汝南弋陽縣、故黃國、[正義]括地志云、黃國故城、漢弋陽縣也、秦時黃都、嬴姓、在光州定城縣四十里也、[考證]今河南光州、春秋黃國、有古黃城、伐黃、左傳及年表、俱在二十三年、二十四年滅之、二十六年、滅英。[集解]徐廣曰、年表及他本、皆作英、一本作黃、[正義]英國、在淮南、蓋蓼國也、不知改名時也、[考證]梁玉繩曰、英卽英氏、其滅未知何時、然楚成王二十六年、當魯僖公十四年、而僖十六年春秋云、齊人徐人伐英氏、則此書滅英、誤、此乃是滅黃之誤、元屬二十四年事、錯書于二十六年耳、三十三年、宋襄公欲爲盟會召楚。楚王怒曰、召我。我將好往襲辱之。遂行至盂。[正義]音于、宋地也、[考證]好往、以和好往會也、遂執辱宋公。已而歸之。三十四年、鄭文公南朝楚。楚成王北伐宋、敗之泓。射傷宋襄公。襄公遂病創死。[考證]宋襄公以下、僖二十二、二十三年左傳、楚王怒曰十三字、史公以意補、三十五年、晉公子重耳過楚。成王以諸侯客禮饗。而厚送之於秦。[考證]僖二十三年左傳、三十九年、魯僖公來、請兵以伐齊。楚使申

侯將兵伐齊。取穀。[集解]杜預曰、濟北穀城縣、[正義]括地志云、穀、在濟州東阿縣東二十六里、[考證]三十九年、當作三十八年、穀、山東泰安府東阿縣、置齊桓公子雍焉。齊桓公七子、皆奔楚。楚盡以爲上大夫。滅夔。夔不祀祝融・鬻熊故也。[集解]服虔曰、夔、楚熊渠之孫熊摯之後、夔在巫山之陽、秭歸鄉是也、[索隱]譙周作滅歸、歸卽夔之地名歸鄉也、[正義]左傳云、楚以其不祀祝融鬻熊、使鬬宜申帥師滅夔、以夔子歸、是也、[考證]僖二十六年左傳、夏、伐宋。[考證]梁玉繩曰、此上缺書三十九年、但春秋圍宋在冬、宋告急於晉。晉救宋。[考證]梁玉繩曰、晉救上、缺書四十年、成王罷歸。將軍子玉請戰。成王曰、重耳亡居外久。卒得反國。天之所開、不可當。子玉固請。乃與之少師而去。晉果敗子玉於城濮。成王怒、誅子玉。[考證]僖二十八年左傳、城濮衛地、今山東曹州府濮州南、有臨濮故城、卽春秋城濮、四十六年、初成王將以商臣爲太子。語令尹子上。[考證]莊四年左傳、楚武王臣有令尹鬬祁、莫敖屈重、令尹之名、始見於此、其職當國、長於諸尹、在莫敖上、蓋武王所創置、他國未聞、顧棟高曰、左傳桓六年、武王侵隨、其時鬬伯比當國主謀議、不著官稱、十一

年、有莫敖屈瑕、時則莫敖爲尊官、亦未有令尹之號、至莊四年、令尹與莫敖竝稱、嗣後莫敖之官、或設、或不設、間與司馬竝列令尹之下、而令尹以次相授、至戰國猶仍其名、其官大都以公子、或嗣君爲之、他人莫得與也、顧炎武曰、春秋時列國官名、若晉之中行、宋之門尹、鄭之馬師、秦之不更庶長、皆他國所無、而楚尤多、有莫敖令尹司馬太宰少宰御士左史右領左尹右尹連尹鍼尹寢尹工尹卜尹芋尹藍尹沈尹莠尹囂尹陵尹郊尹樂尹宮廄尹監馬尹揚豚尹武城尹、其官名大抵異於他國、子上曰。君之齒未也。〔集解〕杜預曰、齒、年也、言尚少、而又多內寵。絀乃亂也。〔考證〕絀、左傳作黜、言君之春秋尚富、而內嬖多、將來必有易樹之事、則亂從之矣、楚國之舉、常在少者。〔集解〕賈逵曰、舉、立也、〔考證〕中井積德曰、舉、建置之意、龜井昱曰、舉、廢舉之舉、且商臣、蠭目而豺聲。忍人也。〔集解〕服虔曰、言忍爲不義、〔考證〕中井積德曰、忍、猶殘也、不可立也。王不聽。立之。後又欲立子職而絀太子商臣。〔集解〕賈逵曰、職、商臣庶弟也、商臣聞而未審也。告其傅潘崇曰。何以得其實。崇曰。饗王之寵姬江芉而勿敬也。〔集解〕姬、當作妹、〔正義〕芉、亡爾反、〔考證〕左傳、無王之寵姬四字、杜注、江芉、成王妹、嫁於江、商臣從之。江芉怒曰。宜乎、王之欲殺若而立職也。商

臣告潘崇曰。信矣。崇曰。能事之乎。〔集解〕服虔曰、若立職、子能事之、曰。不能。能亡去乎。曰。不能。能行大事乎。〔集解〕服虔曰、謂弑君、曰。能。冬十月、商臣以宮衛兵圍成王。成王請食熊蹯而死。〔集解〕杜預曰、熊掌難熟、冀久將有外救之也、不聽。丁未、成王自絞殺。商臣代立。是爲穆王。穆王立。以其太子宮予潘崇、使爲太師、掌國事。〔考證〕初成王以下、文元年左傳、左傳、太子之宮、作爲太子之室、室、家資也、穆王三年、滅江。〔集解〕杜預曰、江國、在汝南安陽縣、〔考證〕文四年春秋經傳、安陽故城、在今河南汝寧府正陽縣、四年、滅六・蓼。六・蓼皋陶之後。〔集解〕杜預曰、六國、今廬江六縣、蓼國、今安豐蓼縣、〔考證〕文五年左傳、秋、楚成大心滅六、冬、楚公子燮滅蓼、臧文仲聞六與蓼滅曰、皋陶庭堅、不祀忽諸、蓋六、皋陶之後、蓼、庭堅之後、庭堅八凱之一、與皋陶別人、史公合之爲一、誤、文十八年左傳杜注、庭堅卽皋陶字、亦誤、史公謬、六、今安徽六安州、蓼、今河南光州固始縣蓼城、八年、伐陳。〔考證〕文九年左傳、十二年卒。子莊王侶立。〔考證〕莊王立、文十四年左傳、春秋經及國語、侶作旅、穀梁作呂、莊王卽位三年、不出號令。〔考證〕梁玉繩曰、案文十六年左傳、莊王二年、嘗乘馹會

師而滅庸矣、何言三年無令乎、日夜爲樂。令國中曰。有敢諫者死無赦。伍舉入諫。莊王左抱鄭姬、右抱越女、坐鍾鼓之閒。伍舉曰。願有進隱。〔集解〕隱、謂隱藏其意、〔考證〕隱、隱語也、又曰廋辭、漢藝文志、隱書十八篇、師古注、劉向別錄曰、隱書者、疑其言以相問、對者以慮思之、文心雕龍有諧隱篇、曰。有鳥在於阜。三年不蜚不鳴。是何鳥也。莊王曰。三年不蜚。蜚將沖天。三年不鳴。鳴將驚人。舉退矣。吾知之矣。〔考證〕天、人、韻、居數月、淫益甚。大夫蘇從乃入諫王曰。若不聞令乎。對曰。殺身以明君、臣之願也。於是乃罷淫樂、聽政。所誅者數百人、所進者數百人。任伍舉・蘇從以政。國人大說。〔考證〕王應麟曰、三年不飛不鳴、滑稽傳、謂淳于髡說楚威王、此一事而兩見、又曰、莊王時有嬖人伍參、其子伍舉在康王時、康王、莊王之孫、呂氏春秋重言覽云、荊莊王立三年、不聽而好隱、成公賈入諫曰、願與君王隱、新序雜事篇云、士慶、然則非伍舉也、愚按、韓非喩老篇伍舉作右司馬、且云、處半年、乃自聽政、所廢者十、所起者九、誅大臣五、舉處士六、而邦大治、舉兵誅齊、敗之徐州、勝晉於河雍、合諸侯於宋、遂霸於天下、

呂覽重言、明日朝、所進者五人、所退者十人、羣臣大說、荊國之衆相賀也、與此不同、是歲、滅庸。〔正義〕今房州竹山縣是也、〔考證〕文十六年左傳、庸、今湖北鄖陽府竹山縣東上庸故城、梁玉繩曰、事在二年、非三年也、六年、伐宋、獲五百乘。〔考證〕命鄭公子歸生伐宋、囚華元、獲樂呂、及甲車四百六十乘、左傳宣公二年、爲楚莊七年、八年、伐陸渾戎。〔集解〕服虔曰、陸渾戎、在洛西南、〔正義〕允姓之戎、徙居陸渾、〔考證〕陸渾故城、在河南河南府嵩縣、遂至洛、觀兵於周郊。〔集解〕服虔曰、觀兵、陳兵示周也、周定王使王孫滿勞楚王。〔集解〕服虔曰、以郊勞禮迎之也、楚王問鼎小大輕重。〔集解〕杜預曰、示欲偪周取天下、對曰。在德不在鼎。莊王曰。子無阻九鼎。楚國折鉤之喙、足以爲九鼎。〔正義〕喙、許衞反、凡戟有鉤、喙、鉤口之尖也、言楚國戟之鉤口尖有折者、足以爲鼎、言鼎之易得也、〔考證〕馬驌曰、問鼎亦窺之漸、故王孫滿阻之甚力耳、至折鉤之語、恐是太史公所增、龜井昱曰、陳大軍以耀威武、莊王之豪氣可想、史遷折鉤之言、必有所傳、岡白駒曰、無阻、猶勿恃也、中井積德曰、戈戟、鉤兵也、此鉤卽戈戟之大名也、喙者戈戟之末尖如喙、足爲鼎、謂楚國之大、兵甲之多也、且鼎不足貴耳、王孫滿曰。嗚呼、君王其忘之乎。昔虞・夏之盛、遠方皆至、貢金九牧。〔集解〕服虔曰、使九州之牧貢金、鑄

鼎象物、【集解】賈逵曰、象所圖物、著之於鼎、百物而爲之備、使民知神姦。【集解】杜預曰、圖鬼神百物之形、使民逆備之也、桀有亂德。鼎遷於殷。載祀六百。【集解】賈逵曰、載、辭也、祀、年也、商曰祀、王肅曰、載祀者、猶言年也、【考證】載亦年也、爾雅釋天云、載、歲也、夏曰歲、商曰祀、周曰年、唐虞曰載、王說甚是、賈逵以爲辭、非、殷紂暴虐。鼎遷於周。德之休明、雖小必重。【集解】杜預曰、不可遷、其姦回昏亂、雖大必輕。【集解】杜預曰、言可移、昔成王定鼎于郟鄏。【集解】杜預曰、郟鄏、今河南也、河南縣西有郟鄏陌、武王遷之、成王定之、【索隱】按周書、郟、雒北山名、音甲、鄏、謂田厚鄏、故以名焉、卜世三十、卜年七百。天所命也。周德雖衰、天命未改。鼎之輕重、未可問也。楚王乃歸。【考證】宣三年左傳、莊王言、未知其所本、九年、相若敖氏。【集解】左傳曰、子越椒、人或讒之王。恐誅反攻王。王擊滅若敖氏之族。【考證】宣四年左傳、梁玉繩曰、左傳、越椒殺司馬蔿賈、因而攻王、非因讒而反也、十三年、滅舒。【集解】杜預曰、廬江六縣東、有舒城也、【考證】年表、舒下有蓼字、宣八年左傳云、楚爲衆舒叛、故伐舒蓼滅之、衆舒猶言羣舒、舒蓼卽羣舒之一、與穆四年所滅蓼自別、故此止曰舒、十

六年、伐陳、殺夏徵舒。徵舒弒其君。故誅之也。已破陳、卽縣之。羣臣皆賀。申叔時使齊來、不賀。王問。對曰。鄙語曰。牽牛徑人田。田主取其牛。徑者則不直矣。取之牛、不亦甚乎。且王以陳之亂、而率諸侯伐之。以義伐之、而貪其縣。亦何以復令於天下。莊王乃復國陳後。【考證】宣十一年左傳、古鈔本、無後字、爲是、史公自敍云、乃復國陳、可證、十七年春、楚莊王圍鄭。三月克之。入自皇門。【集解】賈逵曰、鄭城門、何休曰、郭門也、鄭伯肉袒、牽羊以逆。【集解】賈逵曰、肉袒牽羊、示服爲臣隸也、【考證】肉袒、受刑之義、牽羊、示爲臣隸、曰。孤不天、不能事君。君用懷怒以及敝邑。孤之罪也。敢不惟命是聽。【考證】杜預曰、不天、不爲天所佑、賓之南海、【考證】賓、左傳作實、錢大昕曰、賓讀曰擯、若以臣妾賜諸侯、亦惟命是聽。【考證】若、猶或也、若君不忘厲・宣・桓・武、【集解】杜預曰、周厲王宣王、鄭之所自出也、鄭桓公武公、始封

之賢君也、不絕其社稷、使改事君、孤之願也。非所敢望也。敢布腹心。楚羣臣曰。王勿許。莊王曰。其君能下人。必能信用其民。【考證】竹添光鴻曰、猶云必能誠信以用其國之民矣、庸可絕乎。莊王自手旗、左右麾軍引兵去。【考證】十二字以公羊傳補、三十里而舍、遂許之平。【集解】杜預曰、退一舍而禮鄭、【考證】此退城下而盟也、宣十五年左傳云、宋華元曰、敝邑易子而食、析骸而爨、雖然城下之盟、有以國斃、不能從也、去我三十里、唯命是聽、潘尫入盟、子良出質。【集解】潘尫、楚大夫、子良、鄭伯弟、夏六月、晉救鄭、與楚戰。大敗晉師河上。遂至衡雍而歸。【考證】十七年春以下、宣十二年左傳、衡雍、河南懷慶府原武縣西北、二十年、圍宋。以殺楚使也。【索隱】左傳宣十四年、楚子使申舟聘于齊曰、無假道于宋、華元曰、過我而不假道、鄙我也、鄙我、亡也、殺其使者必伐我、伐我亦亡也、亡一也、乃殺之、楚子聞之、投袂而起、九月圍宋、是也、【考證】楓山本、也上有故字、圍宋五月。【考證】五月當作九月、說在宋世家、城中食盡、易子而食、析骨而炊。宋華元出告以情。莊王曰。君子哉。遂罷兵去。【考證】宣十

五年左傳、梁玉繩曰、莊王曰君子哉、此史公隱括共事而爲言、猶宋世家云誠哉言也、非莊王有是語、二十三年、莊王卒。【考證】宣十八年春秋經傳、子共王審立。【考證】晉語、審作箴、共王十六年、晉伐鄭。鄭告急。共王救鄭、與晉兵戰鄢陵。【考證】河南開封府鄢陵縣、晉敗楚、射中共王目。共王召將軍子反。子反嗜酒。從者豎陽穀進酒。醉。王怒、射殺子反。遂罷兵歸。【考證】晉伐鄭以下、成十六年左傳、陽穀當作穀陽、子反自殺、非共王射殺也、中井積德曰、射字疑衍、三十一年、共王卒。【考證】襄十三年春秋經傳、子康王招立。康王立十五年卒。【考證】襄二十八年春秋經傳、春秋招作昭、子員立。是爲郟敖。【索隱】員、音雲、左傳作麇、康王寵弟公子圍・【集解】徐廣曰、史記多作回、子比・子晳・弃疾。【考證】中井積德曰、稱公子比公子黑肱可也、稱子干子晳可也、名與名連、字與字連、左傳可徵、史每稱子比子晳、失稱謂之正、郟敖三年、以其季父康王弟公子圍爲令尹、主兵事。【考證】襄二十九年左傳、梁玉繩曰、圍爲令尹在元年、此與表誤在三年、四年、圍使鄭。道聞王

疾而還。十二月己酉，圍入問王疾，絞而弒之。【集解】荀卿曰：以冠纓絞之。左傳曰：葬王于郟，謂之郟敖。【考證】楚人謂未成君而死者為敖，此已立三年，非未成君者，其稱郟敖，以無諡號也。遂殺其子莫及平夏。使使赴於鄭。伍舉問曰：誰為後？【集解】服虔曰：問來赴者。【考證】中井積德曰：圍也使鄭，舉為介，圍之還，舉遂聘，故是時在鄭矣。又曰：左傳曰，伍舉問應為後之辭，舉更為後之辭而已，非改其他。對曰：寡大夫圍。伍舉更曰：共王之子圍為長。【集解】杜預曰：伍舉更赴辭，使從禮告，終稱嗣，不以篡弒赴諸侯。【考證】竹添光鴻曰：稱寡大夫，便見臣不可以繼君，說共王之子年最長，便見弟可以繼兄，巧于彌縫。子比奔晉。而圍立，是為靈王。【考證】圍使鄭以下，昭元年左傳。

靈王三年六月，楚使使告晉，欲會諸侯。諸侯皆會楚于申。【考證】杜預曰：楚靈王始合諸侯也。梁玉繩曰：申，楚地，表云合諸侯於宋地，誤。伍舉曰：昔夏啓有鈞臺之饗，【集解】杜預曰：河南陽翟縣南有鈞臺陂。商湯有景亳之命，周武王有盟津之誓，成王有岐陽之蒐，【集解】賈逵曰：岐山之陽。康王有豐宮之朝，【集解】服虔曰：豐宮，成王廟所在也。杜預曰：豐在始平鄠縣東，

有靈臺，康王於是朝諸侯。穆王有塗山之會，齊桓有召陵之師，晉文有踐土之盟，君其何用？靈王曰：用桓公。【集解】杜預曰：用會召陵之禮也。時鄭子產在焉。於是晉·宋·魯·衛不往。【考證】梁玉繩曰：左傳，申之會不往者，魯衛曹邾四國也，史于表改四國為三，于世家改曹邾為晉宋，妄已。沈家本曰：晉宋，疑曹邾之譌。靈王已盟，有驕色。伍舉曰：桀為有仍之會，有緡叛之。【集解】賈逵曰：仍、緡，國名也。紂為黎山之會，東夷叛之。【集解】服虔曰：黎，東夷國名也，子姓。幽王為太室之盟，戎翟叛之。【集解】杜預曰：太室，中嶽也。君其慎終。七月，楚以諸侯兵伐吳，圍朱方。八月克之。【考證】襄二十八年左傳云：慶封奔吳，吳予之朱方。囚慶封，滅其族，以封徇曰：無效齊慶封弒其君而弱其孤，以盟諸大夫。【集解】杜預曰：齊崔杼弒其君，慶封其黨，故以弒君之罪責之也。封反曰：莫如楚共王庶子圍弒其君兄之子員而代之立。【集解】穀梁傳曰：軍人粲然皆笑。【考證】中井積德曰：莫當作無，左傳可徵，上文可例。

於是靈王使弃疾殺之。【考證】以上昭四年左傳。中井積德曰：弃字疑衍，疾，速也，左傳作使速殺之。愚按，錢大昕說同。七年，就章華臺。【集解】杜預曰：南郡華容縣有臺，在城內。下令內亡人實之。【考證】昭七年左傳，事在楚靈六年。八年，使公子弃疾將兵滅陳。【考證】昭八年春秋經傳，年在楚靈七年。十年，召蔡侯，醉而殺之，使弃疾定蔡，因為陳蔡公。【考證】昭十一年左傳云：三月丙申，醉而執之，夏四月丁巳殺之。中井積德曰：陳蔡之陳，疑衍，據左傳為陳公者，別有穿封戌焉。十一年，伐徐以恐吳。【集解】左傳曰：使蕩侯等圍徐。【考證】徐，吳與國。靈王次於乾谿以待之。【考證】乾谿，今安徽潁州府亳州東南。王曰：齊·晉·魯·衛，其封皆受寶器，我獨不。今吾使使周求鼎以為分，其予我乎？【集解】服虔曰：有功德受分器。析父對曰：其予君王哉。【集解】賈逵曰：析父，楚大夫。【索隱】據左氏，此是右尹子革之詞，史誤也。昔我先王熊繹辟在荊山，蓽露藍蔞，【集解】徐廣曰：蓽，一作畢。駰案：服虔曰：蓽露，柴車，素木輅也。藍蔞，言衣敝壞，其蔞藍藍然也。【考證】左傳作篳路藍縷，篳如篳門之篳，荊竹也，篳路，以荊竹編車也。藍所以染青也，縷，絲也，以藍染絲，織以為衣，不用文采，而

用青衣，儉之至也。以處草莽，跋涉山林，以事天子。【集解】服虔曰：草行曰跋，水行曰涉。【考證】楓山、三條本，山林作山川。唯是桃弧棘矢以共王事。【集解】服虔曰：桃弧棘矢，所以禦其災，言楚地山林無所出也。【考證】桃，非桃荊之桃。竹添光鴻曰：貢任其土所產，不嫌粗薄，亦見楚祖先立國之瑣微，共，供也。齊，王舅也。【集解】服虔曰：齊，呂伋，成王之舅。晉及魯·衛，王母弟也。楚是以無分，而彼皆有。周今與四國服事君王，將惟命是從，豈敢愛鼎？靈王曰：昔我皇祖伯父昆吾，舊許是宅。【集解】服虔曰：陸終氏六子，長曰昆吾，少曰季連，季連，楚之祖，故謂昆吾為伯父也。昆吾曾居許地，故曰舊許是宅。【考證】孔穎達曰：許既南遷，故曰舊許，今屬鄭。龜井昱曰：靈王欲取周鼎為分器，既是大奇，又欲追虞夏以前舊宅，白手割取人之國，更大奇矣。今鄭人貪其田，不我予。今我求之，其予我乎？對曰：周不愛鼎，鄭安敢愛田？靈王曰：昔諸侯遠我而畏晉。【考證】龜井昱曰：遠我，以我為僻遠也。今吾大城陳·蔡·不羹，【集解】韋昭曰：二國，楚別都也。潁川定陵有東不羹，襄城有西不羹。【正義】括地志云：不羹故城在許州襄城縣東三十里。地理志云，此乃西不羹者也。賦皆千乘，諸侯

畏我乎。對曰。畏哉。靈王喜曰。析父善言古事焉。【正義】左傳昭十二年、析父謂子革曰、吾子楚國之望也、今與王言如響、國其若之何、杜預曰、譏其順王心如響應聲也、【考證】按此對王言、是子革之辭、太史公云析父、誤也、析父時爲王僕、見子革對、故歎也、以上本昭十二年左傳、而誤以子革爲析父、又刪去析父規子革語、謂王喜析父善言古事、訛謬亦甚、 十二年春、楚靈王樂乾谿不能去也。國人苦役。初靈王會兵於申、僇越大夫常壽過。【索隱】僇、辱也、【正義】姓常、名壽過、 殺蔡大夫觀起。【索隱】觀音官、觀姓、起名、 起子從亡在吳。【索隱】從音才松反、 乃勸吳王伐楚。爲閒越大夫常壽過而作亂。【考證】爲字疑衍、左傳、閒作啓、啓、開也、導也、閒疑開之訛、 爲吳閒使、矯公子弃疾命召公子比於晉、至蔡、與吳・越兵欲襲蔡。【考證】梁玉繩曰、案左襄廿二、昭十三傳、觀起爲令尹子南之寵人、非爲蔡大夫也、康王車裂、非靈王殺于申之會也、起子從在蔡、事蔡朝吳、非亡在吳國也、先是薳許蔡蔓四族、閒常壽過作亂、非觀起爲閒也、起召公子比公子黑肱襲蔡、非使吳越召之也、非欲與吳越也、蓋其時吳未嘗伐楚、何勸之有、何閒之有、而襲蔡無吳越、亦何緣合其兵、豈因昭十三年傳下文、吳獲楚五帥、又滅州來、而誤說之歟、沈家本曰、按左傳時越大夫常壽過作亂、非越兵、吳方與楚

相距於乾谿、其無吳更明、 令公子比見弃疾、與盟於鄧。【集解】杜預曰、潁川邵陵縣西有鄧城、【正義】括地志云、故鄧城、在豫州郾城縣東三十五里、按在古召陵縣西十里也、 遂入殺靈王太子祿、立子比爲王。公子子晳爲令尹、弃疾爲司馬。先除王宮。觀從從師于乾谿、令楚衆曰。國有王矣。先歸、復爵邑田室。後者遷之。楚衆皆潰、去靈王而歸。靈王聞太子祿之死也、自投車下、而曰。人之愛子、亦如是乎。【考證】龜井昱曰、自投於車下、顚墜而不自覺也、故曰亦如余乎、左傳哀二年、太子懼、自投於車下、子良曰、婦人也、定三年、滋怒、自投于牀、廢于鑪炭、並情之所極、不覺自投身也、 侍者曰。甚是。王曰。余殺人之子多矣。能無及此乎。右尹曰。【集解】左傳曰右尹子革、 請待於郊以聽國人。【集解】服虔曰、聽國人欲爲誰、【考證】中井積德曰、是要國人之助之意、 王曰。衆怒不可犯。曰。且入大縣、而乞師於諸侯。王曰。皆叛矣。又曰。且奔諸侯、以聽大國之慮。王曰。大福不再。

祇取辱耳。於是王乘舟將欲入鄢。【集解】服虔曰、鄢、楚別都也、杜預曰、襄陽宜城縣、【正義】音偃、括地志云、故鄢城、在襄州安養縣北三里、在襄州北五里、南去荊州二百五十里、按王自夏口從漢水上入鄢也、左傳云、王沿夏將欲入鄢、是也、括地志云、鄢水源出襄州義淸縣西界託仗山、水經云、蠻水卽鄢水、是也、 右尹度王不用其計、懼俱死、亦去王亡。【考證】令公子比以下、昭十三年左傳、 靈王於是獨傍偟山中。野人莫敢入王。王行遇其故鋗人。【集解】韋昭曰、今之中涓也、【考證】吳語、作涓人、涓、潔也、主潔淸洒掃之事、蓋近左右也、 謂曰。爲我求食。我已不食三日矣。鋗人曰。新王下法。有敢饟王從王者、罪及三族。且又無所得食。王因枕其股而臥。鋗人又以土自代逃去。王覺而弗見。遂飢弗能起。【考證】以上本國語吳語、是時疑無三族之刑、 芋尹申無宇之子申亥曰。吾父再犯王命。【集解】服虔曰、斷王旌、執人於章華之宮、【正義】芋尹、種芋園之尹也、 王弗誅。恩孰大焉。乃求王。遇王飢於釐澤。奉之以歸。【正義】釐澤、上力其反、左傳云、乃求之遇諸棘闈、以歸、杜預曰、棘、里名、闈、

門也、【考證】左傳、吳語、釐澤、作棘闈、 夏五月癸丑、王死申亥家。【正義】左傳云、夏五月癸亥、王縊于芋尹申亥、是也、 申亥以二女從死、并葬之。是時楚國雖已立比爲王、畏靈王復來、又不聞靈王死。故觀從謂初王比曰。不殺弃疾、雖得國猶受禍。【考證】中井積德曰、比無謚、故以初王稱之、 王曰。余不忍。從曰。人將忍王。王不聽。乃去。弃疾歸。【考證】中井積德曰、弃疾歸三字無所屬、疑衍文、 國人每夜驚曰。靈王入矣。乙卯夜、弃疾使船人從江上走呼曰。靈王至矣。國人愈驚。【正義】江上、卽江邊也、【考證】陳仁錫曰、靈王入矣靈王至矣、二靈字當刪、愚按、左傳無 又使曼成然告初王比及令尹子晳曰。王至矣。國人將殺君司馬、將至矣。【集解】杜預曰、司馬、謂弃疾、【考證】左傳、人下無將字、此衍、言國人旣殺君之司馬弃疾、將來殺君、 君蚤自圖、無取辱焉。衆怒如水火。不可救也。初王及子晳遂自殺。丙辰、弃疾卽位爲王。改名熊居。是

爲平王。平王以詐弑兩王而自立。【正義】兩王、謂靈王及子比也、 恐國人及諸侯叛之、乃施惠百姓、復陳・蔡之地、而立其後如故、歸鄭之侵地、【考證】左傳云、使枝如子躬聘于鄭、且致犨櫟之田、事畢弗致、 存恤國中、修政教。吳以楚亂故、獲五率以歸。【集解】服虔曰、五率、蕩侯、潘子、司馬督、囂尹午、陵尹喜、【正義】率所類反、五帥謂伐徐時蕩侯等五大夫也、督作裻、音督、 平王謂觀從、恣爾所欲。欲爲卜尹。王許之。【集解】賈逵曰、卜尹、卜師、大夫官、 初共王有寵子五人。無適立。乃望祭羣神、請神決之、使主社稷。而陰與巴姬埋璧於室內、【集解】賈逵曰、共王妾、【正義】左傳云、埋璧於太室之庭、杜預曰、太室、祖廟也、【考證】左傳云、祈曰、請神擇於五人者、使主社稷、當璧而拜者神所立也、 召五公子、齋而入。康王跨之。【集解】服虔曰、兩足各跨璧一邊、杜預曰、過其上、【考證】龜井昱曰、服說爲長、足跨之、故傳位至子手、過之、故郟敖不終、若跨而過上、遠於肘加焉、 靈王肘加之。【考證】龜井昱曰、說文、肘臂節也、蓋張肱而拜、其臂節張而及璧上歟、 子比・子晳皆遠之。平王幼、抱而入、再拜壓紐。

【考證】芋尹申無宇之子以下、昭十三年左傳、楓山、三條本、宋本、抱而入再拜、作抱其上而拜、左傳、厭上有皆字、龜井昱曰、厭紐、當璧也、紐、系也、小兒拜起傾仄無常、而再拜再厭、故曰皆、世家去皆字、扶龍眼耳、 故康王以長立、至其子失之。圍爲靈王、及身而弑。子比爲王十餘日、子晳不得立、又俱誅。四子皆絕無後。唯獨弃疾後立爲平王、竟續楚祀、如其神符。【考證】以上、史公以意補、 初子比自晉歸。韓宣子問叔向曰。子比其濟乎。對曰。不就。宣子曰。同惡相求、如市賈焉。【集解】服虔曰、謂國人共惡靈王者、如市賈之人求利也、【考證】傳遜曰、同惡相求、指當時同心造亂之人、遂居成然等、 何爲不就。【考證】中井積德曰、濟就、宜連用其一也、此出兩字、言不相應、 對曰。無與同好、誰與同惡。【集解】服虔曰、言無黨於內、當與誰共同好惡、 取國有五難。有寵無人、一也。【集解】杜預曰、寵須賢人而固、【考證】寵、寵貴也、 有人無主、二也。【集解】杜預曰、雖有賢人、當須內主爲應、 有主無謀、三也。【集解】杜預曰、謀、策謀也、 有謀而無民、四也。【集解】杜預曰、民、衆也、 有民而無德、五也。

【集解】杜預曰、四者既備、當以德成之、 子比在晉十三年矣。晉・楚之從、不聞通者。可謂無人矣。【集解】杜預曰、晉楚之士、從子比游、皆非達人、 族盡親叛。可謂無主矣。【集解】杜預曰、無親族在楚、親叛、言相離叛、【考證】中井積德曰、族盡、或死亡、無同心者也、 無釁而動。可謂無謀矣。【集解】服虔曰、言靈王尙在、而妄動取國、故謂無謀、 爲羇終世。可謂無民矣。【集解】杜預曰、終身羇客在於晉、是無民、 亡無愛徵。可謂無德矣。【集解】杜預曰、楚人無愛念者、 王虐而不忌。【集解】杜預曰、靈王暴虐、無所畏忌、將自亡、【考證】中井積德曰、以靈王之虐、而無所忌惡於子干、則其人不足畏也可知矣、非語靈王將亡、 子比涉五難以弑君。誰能濟之。有楚國者其弃疾乎。君陳・蔡、方城外屬焉。【正義】方城山、在許州葉縣西十八里也、 苛慝不作、【考證】龜井昱曰、煩亂邪慝之事不生也、 盜賊伏隱、私欲不違、【集解】服虔曰、不以私欲違民心、 民無怨心、先神命之、【正義】謂埋璧之時也、【考證】龜井道載曰、先神、祖先之神也、 國民信之。羋姓有亂、必季實立、楚之常也。【考證】龜井昱曰、文元年左傳、楚子上曰、楚國之擧、恒在少者、楚之太祖季連、是陸終六子之季也、季紃

是立、出鄭語、武王、蚡冒弟、成王、堵敖弟、 子比之官、則右尹也。【考證】龜井昱曰、比君陳蔡而威行方城外者、有間也、晉語、以子干爲上大夫、 數其貴寵、則庶子也。以神所命、則又遠之。民無懷焉。將何以立。宣子曰。齊桓・晉文不亦是乎。【集解】服虔曰、皆庶子而出奔、 對曰。齊桓、衛姬之子也。有寵於釐公。有鮑叔牙・賓須無・隰朋以爲輔、【考證】古鈔本、須作胥、左傳作須、 有莒・衛以爲外主、【集解】賈逵曰、齊桓出奔莒、白莒先入、衛人助之、 有高・國以爲內主、【集解】服虔曰、國子、高子、皆齊之正卿、 從善如流、【集解】服虔曰、言其疾、 施惠不倦。有國不亦宜乎。昔我文公、狐季姬之子也。有寵於獻公。好學不倦。【考證】左傳、倦作貳、 生十七年、有士五人。【考證】杜預曰、狐偃、趙衰、顚頡、魏武子、司空季子、 有先大夫子餘・子犯、以爲腹心、【集解】賈逵曰、子餘、趙衰、【正義】子餘、趙衰、子犯、狐偃也、 有魏犨・賈佗、以爲股肱。有齊・宋・秦・楚以爲外主。【集解】賈逵曰、齊以女妻之、宋贈之馬、楚享以九獻、秦送

內之、有欒・郤・狐・先以爲內主。【集解】賈逵曰、四姓、晉大夫、杜預云、謂欒枝・郤縠・狐突・先軫也、【正義】亡十九年、守志彌篤。惠・懷弃民。【集解】服虔曰、皆弃民不恤、民從而與之。【正義】以惠懷弃民、故民相從而歸心於文公、故文公有國、不亦宜乎。子比無施於民、無援於外。去晉、晉不送。歸楚、楚不迎。何以有國。子比果不終焉。卒立者棄疾。【正義】左傳云、獲神一也、有民二也、令德三也、寵貴四也、居常五也、有五利以去五難、誰能害之、杜預云、獲神、當璧拜也、有民、民信也、令德、無苛慝也、寵貴、妃子也、居常、弃疾季也、如叔向言也。【考證】初子比自晉歸以下、昭十三年左傳、平王二年、【考證】二年、當作六年、下文六年當刪、使費無忌如秦爲太子建取婦、【集解】服虔曰、費無忌、楚大夫、【索隱】左傳作無極、極忌聲相近、【正義】左傳云、楚子之在蔡也、郹陽之女奔之、生太子建、杜預云、郹、蔡邑也、郹、古覓反、婦好。來未至。無忌先歸、說平王曰。秦女好。可自娶、爲太子更求。平王聽之、卒自娶秦女。【考證】以上昭十九年左傳、生熊珍。【考證】錢大昕曰、春秋、珍作軫、伍子胥傳亦作軫、更爲太子娶。是時伍奢

爲太子太傅。無忌爲少傅。無忌無寵於太子。常讒惡太子建。【考證】更爲太子以下、昭十九年左傳、左傳作奢爲師、無極爲少師、建時年十五矣。其母蔡女也。【考證】與左傳異、無寵於王。王稍益疏外建也。六年、使太子建居城父守邊。【集解】服虔曰、城父、楚北境邑、杜預曰、襄城城父縣、【正義】父、音甫、括地志云、城父故城、在許州葉縣東北四十五里、即杜預云襄城城父縣也、又許州襄城縣東四十里、亦有父城故城一所、服虔云城父楚北境、乃是父城之名、非建所守、杜預云言成父、又誤也、傳及鄭元水經注云、楚大城城父、使太子建居之、即十三州志云、太子建所居城父、謂今亳州城父縣也、按今亳州見有城父縣、是建所守者也、地理志云、潁川有父城縣、沛郡有城父縣、此二名別耳、【考證】使太子居城父、昭十九年左傳、左傳云、無極說楚王曰、太子通北方、王收南方、是得天下也、王說從之、城父故城、在今河南汝州府寶豐縣、無忌又日夜讒太子建於王曰。自無忌入秦女、太子怨。亦不能無望於王。王少自備焉。【考證】望、怨也、且太子居城父擅兵、外交諸侯、且欲入矣。平王召其傅伍奢責之。伍奢知無忌讒、乃曰。王柰何以小臣疏骨肉。無忌曰。今

不制、後悔也。於是王遂囚伍奢、而召其二子、而告以免父死。【考證】古鈔本、子下無而字、中井積德曰、而召至父死十一字、當爲衍文、張文虎說同、乃令司馬奮揚召太子建、欲誅之。太子聞之、亡奔宋。【考證】沈家本曰、表在七年、無忌曰。伍奢有二子。不殺者爲楚國患。盍以免其父召之。必至。【考證】無忌又日夜讒太子以下、本昭二十年左傳、於是王使使謂奢。能致二子則生。不能將死。奢曰。尚至。胥不至。【正義】左傳云、伍尚爲棠君、括地志云、揚州六合縣、本春秋時棠邑、伍尚爲大夫也、王曰。何也。奢曰。尚之爲人廉死節、慈孝而仁。聞召而免父、必至、不顧其死。胥之爲人、智而好謀、勇而矜功。知來必死、必不來。然爲楚國憂者、必此子。【考證】於是王使使謂奢以下、史公以意補、左傳少異、於是王使人召之曰。來。吾免爾父。伍尚謂伍胥曰。聞父免而莫奔、不孝也。父戮莫報、無謀也。度能任

事、知也。子其行矣。我其歸死。伍尚遂歸。【考證】於是以下、昭二十年左傳、伍胥彎弓屬矢、出見使者曰。父有罪、何以召其子爲。將射。使者還走。【考證】左傳無此事、遂出奔吳。伍奢聞之曰。胥亡、楚國危哉。楚人遂殺伍奢及尚。【考證】遂出奔吳以下、昭二十年左傳、十年、楚太子建母在居巢開吳。【正義】廬州巢縣是也、【考證】梁玉繩曰、昭二十三年左傳、建母在郹、此與吳世家同誤、吳使公子光伐楚。遂敗陳・蔡、取太子建母而去。【考證】梁玉繩曰、左傳吳取建母在冬十月、敗陳蔡乃雞父之役、在秋七月、史公誤合爲一、又吳敗頓胡沈蔡陳許、幷楚爲七、故公子光曰、七國同役、此與吳世家止言陳蔡、亦疏、楚恐城郢。【正義】在江陵縣東北六里、已解於前、按傳、城郢在昭公二十三年、下重言城郢、杜預云、楚用子囊遺言、以築郢城矣、今畏吳復修以自固也、初吳之邊邑卑梁、與楚邊邑鍾離小童爭桑。【正義】卑梁邑近鍾離也、【考證】王念孫曰、太平御覽引此、卑梁下有女字、是也、吳世家云、楚邊邑卑梁氏之處女、與吳之邊邑之女爭桑、伍子胥傳亦云、兩女子爭桑、梁玉繩曰、諸處皆言是女子、獨此改稱小童、恐非、兩家交怒相攻、滅卑梁人。卑梁大夫怒、發

邑兵攻鍾離。楚王聞之怒、發國兵滅卑梁。吳王聞之大怒、亦發兵、使公子光因建母家攻楚。遂滅鍾離·居巢。考證 沈家本曰、表在十一年、與春秋合、楚乃恐而城郢。索隱 去年已城郢、今又重言、據左氏、昭二十三年、城郢、二十四年、無重城郢之文、是史記誤也、考證 張照曰、是申上文城郢之故、非此復城郢也、史原不誤、索隱正義兩家失之、梁玉繩曰、城郢在滅二邑前一年、非因滅邑而後城郢、亦非因建母家、是史之誤耳、其所以誤者、蓋以建母之在鄖爲在巢、遂以十年吳入鄖、爲十一年之滅二邑矣、左昭廿四傳、楚爲舟師以略吳疆、吳踵楚滅二邑、史言費起爭桑、必兩事俱有也、十三年、平王卒。將軍子常曰。太子珍少。且其母乃前太子建所當娶也。考證 張照曰、太子珍、左傳、作太子壬、國語及越世家、又作軫、愚按、春秋及伍子胥傳、亦作軫、欲立令尹子西。子西、平王之庶弟也。有義。考證 中井積德曰、是時子常爲令尹、而子西非令尹、蓋史之誤耳、下文令尹子常、是矣、凡令尹司馬之類、史記則稱將軍、是後世之語、非當時之稱、皆非、梁玉繩曰、杜預云、子西、平王之長庶、韋昭云、子西、平王之子、昭王之庶兄公子申、此以爲平王庶弟、下文又云昭王弟、舛矣、子西曰。國有常法。更立則亂。言之則致誅。乃立太子珍。是爲昭王。

考證 平王卒以下、昭二十六年左傳、昭王元年、楚衆不說費無忌。以其讒亡太子建、殺伍奢子父與郤宛。考證 張文虎曰、游、王、柯、淩本、父作尙、宛之宗姓伯氏子嚭、考證 梁玉繩曰、郤宛與伯氏不同族、愚按、定四年左傳云、楚之殺郤宛也、伯氏之族出、伯州犂之孫嚭、爲吳大宰以謀楚、杜注、郤宛黨也、及子胥皆奔吳。吳兵數侵楚。楚人怨無忌甚。楚令尹子常誅無忌以說衆。衆乃喜。正義 名瓦、左傳云、囊瓦伐吳、考證 楚衆不說費無忌以下、本昭二十七年左傳、四年、吳三公子奔楚。索隱 昭三十年、二公子奔楚、公子掩餘奔徐、公子燭庸奔鍾離、此言三公子、非也、考證 古鈔本、三作二、愚按、年表亦作二、又按昭三十年云云、索隱、各本、作集解、今從索隱單本、又按據左傳、昭二十七年、掩餘奔徐、燭庸奔鍾吾、三十年、吳子使執之、二公子奔楚、楚子大封、而定其徙、索隱不備、楚封之以扞吳。考證 以上昭三十年左傳、五年、吳伐取楚之六·潛。正義 故六城、在壽州安豐縣南百三十二里、偃姓、皐陶之後所封也、潛城、楚之潛邑、在霍山縣東二百步、考證 昭三十一年左傳、七年、楚使子常伐吳。吳大敗楚於豫章。正義 今洪州也、考證 張照曰、左傳、魯定二年秋、楚伐吳于豫章、是年楚昭之八年也、十年冬、吳王闔

閭·伍子胥·伯嚭、與唐·蔡俱伐楚。楚大敗。吳兵遂入郢、辱平王之墓。以伍子胥故也。考證 辱平王之墓、本于定五年穀梁傳、呂氏春秋首時篇、賈子新書耳痺篇、淮南子泰族訓、左氏不載、吳兵之來、楚使子常以兵迎之。夾漢水陣。吳伐敗子常。子常亡奔鄭。楚兵走。吳乘勝逐之。五戰及郢。己卯、昭王出奔。庚辰、吳人入郢。集解 春秋云、十一月庚辰、考證 梁玉繩曰、己卯上缺書十一月、昭王亡也、至雲夢。正義 括地志云、雲夢澤、在安州安陸縣東南五十里、是、考證 李笠曰、也、疑卽亡字之複衍、雲夢不知其王也。射傷王。考證 梁玉繩曰、案傳、以戈擊王、王孫由于以背受之、中肩、非射傷王也、王走鄖。正義 走、音奏、鄖、音云、括地志云、安州安陸縣城、本春秋時鄖國城也、鄖公之弟懷曰。平王殺吾父。集解 服虔曰、父蔓成然、正義 成然立平王、貪求無厭、平王殺之、今我殺其子。不亦可乎。鄖公止之。然恐其弒昭王。乃與王出奔隨。正義 括地志云、隨州城外、古隨國城、隨、姬姓也、又云、楚昭王城、在隨州縣北七里、左傳云、吳師入郢、王奔隨、隨人處之公宮之北、卽此城是也、吳王聞昭王往、

卽進擊隨。謂隨人曰。周之子孫封於江·漢之閒者、楚盡滅之。考證 吳隨皆與周同姓、故云、欲殺昭王。王從臣子綦、乃深匿王、自以爲王。考證 左傳國語、子綦作子期、左傳云、子期似王、杜注云、子期、昭王兄公子結也、謂隨人曰。以我予吳。隨人卜予吳。不吉。乃謝吳王曰。昭王亡不在隨。考證 陳仁錫曰、昭王當作楚王、吳請入自索之。考證 梁玉繩曰、左傳無此語、恐妄、隨不聽。吳亦罷去。昭王之出郢也、使申包胥請救於秦。集解 服虔曰、楚大夫王孫包胥、考證 申包胥、國策作棼冒勃蘇、棼冒卽蚡冒、勃蘇卽包胥、包胥蓋武王兄蚡冒之後楚之公族、食邑於申、因以爲氏耳、秦以車五百乘救楚。考證 左傳云、昭王在隨、申包胥如秦乞師、據此包胥自請也、楚亦收餘散兵、與秦擊吳。十一年六月、敗吳於稷。集解 賈逵曰、楚地也、考證 左傳云、秦子蒲使楚人先與吳人戰、而自稷會之、大敗夫槩王于沂、與此異、會吳王弟夫概、見吳王兵傷敗、乃亡歸、自立爲王。闔閭聞之、引兵去楚、歸擊夫概。夫概敗奔楚。

楚封之堂谿。【正義】地理志云、堂谿故城、在豫州郾城縣西八十有五里也、【考證】堂谿城、在今汝寧府西平縣、號爲堂谿氏。楚昭王滅唐。【集解】杜預曰、義陽安昌縣東南上唐鄉、【正義】括地志云、上唐鄉故城、在隨州棗陽縣東南百五十里、古之唐國也、世本云、唐、姬姓之國、【考證】唐、今湖北德安府隨州東南八十里唐城鎭、九月、歸入郢。【考證】梁玉繩曰、左傳、九月作十月、愚按、十年冬以下、本定四年五年左傳、但辱平王墓、以呂覽穀梁傳補、十二年、吳復伐楚取番。【正義】片寒反、又音婆、括地志云、饒州鄱陽縣、春秋時爲楚東境、秦爲番縣、屬九江郡、今爲鄱陽縣也、【考證】定六年左傳云、吳大子終纍敗楚舟師、獲潘子臣小惟子及大夫七人、楚國大惕、懼亡、與此異、楚恐去郢、北徙都鄀。【正義】音若、括地志云、楚昭王故城、在襄州樂鄉縣東北三十二里、在故都城東五里、卽楚國、故昭王徙都鄀城也、【考證】定六年左傳云、遷郢於鄀、龜井昱曰、楚之郢、猶晉之絳也、成六年左傳、晉人謀去故絳、新絳未定、旣稱故絳、此絳之名、通於所遷故也、今去郢北徙都鄀、又改鄀爲郢、鄀、今湖北襄陽府宜城縣東北九十里、有鄀縣故城、郢本在江陵、吳以舟師泝江而上、一水可達、襄陽稍西北、吳旣難犯、又居國上流、其勢易以制吳、十六年、孔子相魯。【考證】孔子相魯、誤、說在孔子世家、二十年、楚滅頓、【集解】地理志曰、汝南南頓縣、故頓子國、【正義】括地志云、陳州南頓縣、故頓子國、應劭云、古頓子國、姬姓也、逼於陳、後南徙、故曰南頓也、滅胡。【集解】杜預曰、汝南縣西北胡城、【正義】括地志云、故胡城、在豫州郾城縣界、【考證】張照曰、春秋經、滅

頓、在魯定之十四年、滅胡、在十五年、滅胡之年、于楚昭爲二十一年、年表同、此作二十年、竹添光鴻曰、楚之深仇者吳也、而吳強、楚不敢伐、以吳子入楚者蔡也、蔡猶足守國、亦未可伐、惟唐最弱、與吳入郢、卽滅之、而頓、而胡、嘗與召陵之會者、故前年滅頓、今年滅胡、二十一年、吳王闔閭伐越。越王句踐射傷吳王。遂死。吳由此怨越。而不西伐楚。【考證】張照曰、左傳及吳世家、吳王伐越而死、在魯定之十四年、于楚昭爲二十年、梁玉繩曰、滅胡二十一年、錯簡也、當作二十一年滅胡而移于後文不西伐楚之下、又曰、定十四年左傳、越大夫靈姑浮、以戈擊闔閭、傷將指死、非句踐射傷之也、二十七年春、吳伐陳。楚昭王救之、軍城父。十月、昭王病於軍中。【考證】左傳、十月作七月、有赤雲如鳥、夾日而蜚。【集解】杜預曰、雲在楚上、惟楚見之、【考證】左傳、有上有是歲也三字、昭王問周太史。太史曰。是害於楚王。然可移於將相。【考證】左傳、將相作令尹司馬、將相聞是言。乃請自以身禱於神。昭王曰。將相、孤之股肱也。今移禍、庸去是身乎。【考證】禱於神、以身代之也、岡白駒曰、庸、焉也、股肱之禍、卽身之禍也、愚按、左傳作除腹心之疾、而寘諸股肱何益、弗聽。卜而河爲祟。【考證】左傳、卜上有初昭王有

疾五字、而作曰、大夫請禱河。昭王曰。自吾先王受封、望不過江漢。而河非所獲罪也。【集解】服虔曰、謂所受王命祀其國中山川爲望、【正義】按、江、荊州南大江也、漢、漢江也、二水、楚境內也、河、黃河、非楚境也、止不許。孔子在陳、聞是言曰。楚昭王通大道矣。其不失國、宜哉。昭王病甚。乃召諸公子大夫曰。孤不佞、再辱楚國之師。今乃得以天壽終。孤之幸也。【考證】昭王病甚以下三十二字、史公以意補、讓其弟公子申爲王。不可。又讓次弟公子結。亦不可。乃又讓次弟公子閭。五讓、乃後許爲王。【考證】杜預曰、申、子西、結、子期、啓、子閭、皆昭王兄也、梁玉繩曰、史以爲弟、誤、將戰。庚寅、昭王卒於軍中。子閭曰。王病甚。舍其子讓羣臣。臣所以許王、以廣王意也。【考證】文選司馬子長報任安書、欲以廣主上之意、呂向注、廣猶開也、今君王卒。臣豈敢忘君王之意乎。【考證】左傳、無此語、蓋史公以意補、乃與子西・子綦謀、伏師閉塗、【集解】徐廣曰、

塗、一作壁、迎越女之子章立之。【集解】服虔曰、閉塗、不通外使也、越女、昭王之妾、【索隱】閉塗、卽攢塗也、故下云、惠王後卽罷之兵歸葬、服虔說非、【正義】左傳云、謀潛師閉塗、按潛師密發往迎也、閉塗防斷外寇也、爲昭王薨於軍、嗣子未定、恐有鄰國及諸公子之變、故伏師閉塗、迎越女之子章立爲惠王也、是爲惠王。然後罷兵歸葬昭王。【考證】吳伐陳以下、本哀六年左傳、凌稚隆曰、昭王舍其子而讓弟、與宋宣公之讓同、然公子閭受讓而仍立其子、其與穆公旣立而後傳位於姪以致十世不寧者、相去遠矣、惠王二年、子西召故平王太子建之子勝於吳、以爲巢大夫。號曰白公。【集解】徐廣曰、伍子胥傳曰、使勝守楚之邊邑鄢、駰案、服虔曰、白、邑名、楚邑大夫皆稱公、杜預曰、汝陰褒信縣西南有白亭、【正義】巢、今廬州居巢縣也、括地志云、白亭、在豫州褒信東南三十二里、褒信、本漢鄎縣之地、後漢分鄎置褒信縣、在今褒信縣東七十七里、【考證】梁玉繩曰、白公之召、左傳追敍于哀十六年、莫知的在何時、此及表伍子胥傳、書于惠王二年、恐是意揣爾、白公好兵而下士、欲報仇。六年、白公請兵令尹子西伐鄭。【考證】梁玉繩曰、此事左傳在哀十六年、爲楚惠十年、蓋追敍也、此與年表在惠六年、不知何見、初白公父建亡在鄭。鄭殺之。【考證】建以費無忌讒奔宋、又避華氏之亂于鄭、鄭人善之、建與晉謀襲鄭、鄭遂殺建、白公亡走吳。子西復召之。故

以此怨鄭、欲伐之。子西許而未爲發兵。【考證】子西召勝以下、本哀十六年左傳、八年、晉伐鄭。鄭告急楚。楚使子西救鄭。受賂而去。白公勝怒、乃遂與勇力死士石乞等、襲殺令尹子西・子綦於朝。【考證】梁玉繩曰、晉伐鄭、爲魯哀十五年、在惠王九年、此誤八年也、傳云、救鄭與之盟、不得言受賂、而白公作亂、在惠王十年、此亦誤在八年、子胥傳同誤、因劫惠王、置之高府、欲弑之。【集解】賈逵曰、高府、府名也、杜預曰、楚別府、【考證】高府、楚府庫之名、如魯有長府、惠王從者屈固、負王亡走昭王夫人宮。【集解】服虔曰、昭王夫人、惠王母、越女也、【考證】負王者、左傳作圉公陽、白公自立爲王。月餘、會葉公來救楚。楚惠王之徒、與共攻白公殺之。惠王乃復位。【考證】晉伐鄭以下、本哀十六年左傳、白公未嘗爲王、葉公、子高沈諸梁也、是歲也、滅陳而縣之。【集解】徐廣曰、惠王之十年、【考證】事見于左傳哀十七年、卽楚惠十一年、徐說亦誤、十三年、吳王夫差彊、陵齊・晉、來伐楚。【考證】梁玉繩曰、左傳哀十九年、止有越侵楚、此以爲吳事、與年表竝誤、十六年、越滅吳。【正義】表云、越滅吳、在元

王四年、【考證】哀二十二年左傳、四十二年、楚滅蔡。【正義】周定王二十二年、四十四年、楚滅杞。【正義】周定王二十四年、與秦平。【考證】徐孚遠曰、不言與秦惡、但言與秦平、記事亦疏、是時越已滅吳、而不能正江淮北。楚東侵、廣地至泗上。【正義】正、長也、江淮北、謂廣陵縣徐泗等州是也、【考證】越世家亦云、以淮上地與楚、與魯泗東方百里、五十七年、惠王卒。子簡王中立。【正義】中、音仲、簡王元年、北伐滅莒。【正義】括地志云、密州莒縣故莒國也、言北伐者、莒在徐泗之北、【考證】莒、在今山東沂州府莒州、八年、魏文侯・韓武子・趙桓子始列爲諸侯。【考證】中井積德曰、三晉列爲諸侯者、魏文侯、韓景侯、趙烈侯是也、武子桓子竝其先世、此史之誤耳、杭世駿曰、周本紀威烈王二十三年命韓趙魏爲諸侯、是年爲楚聲王五年、蓋後二十二年、沈家本曰、年表不誤、世家蓋史公未及刪正也、二十四年、簡王卒。子聲王當立。【正義】謚法云、不生其國曰聲也、聲王六年、盜殺聲王。子悼王熊疑立。【考證】年表、熊疑作類、悼王二年、三晉來伐楚、至乘丘而還。【集解】徐廣曰、年表、三年歸楡關于鄭、【正義】年表云、三晉公子伐我至乘丘、誤也、已解在年表中、地理志云、乘丘故城、在兗州瑕丘縣西北三十五里、是也、

【考證】年表、乘丘作桑丘、梁玉繩曰、桑丘、燕地、楚肅王元年、齊伐燕取桑丘、可證、楚安保之乎、世家爲是、通鑑亦從之、張文虎曰、年表無公子二字、乘作桑、正義誤衍、錢泰吉曰、今本年表缺正義、四年、楚伐周。【考證】年表、周作鄭、此誤、鄭殺子陽。九年、伐韓取負黍。【考證】負黍、河南河南府登封縣、十一年、三晉伐楚、敗我大梁・楡關。【索隱】此楡關、當在大梁之西也、【正義】年表云、悼王三年、歸楡關于鄭、按楡關、當鄭之南大梁之西也、楡關在大梁之境、此時屬楚、故云敗我大梁楡關也、【考證】呂祖謙曰、大梁、魏地、不知楚追三晉之師至于是歟、或者楚伐魏、而韓趙救之、世家誤以爲三晉伐楚歟、楚厚賂秦、與之平。【考證】梁玉繩曰、不言秦伐楚、但言楚賂秦、與上文背與秦平同爲疏也、二十一年、悼王卒。子肅王臧立。肅王四年、蜀伐楚、取茲方。【索隱】地名、今闕、【正義】古今地名云、荊州松滋縣、古鳩茲地、卽楚茲方是也、【考證】錢大昕曰、左傳、楚子重伐吳克鳩茲、杜預云、鳩茲、在丹陽蕪湖縣東、今皐夷也、與茲方異、於是楚爲扞關以距之。【集解】李熊說公孫述曰、東守巴郡、距扞關之口、【索隱】按郡國志、巴郡魚復縣有扞關、【考證】扞關、在今湖北長陽縣西、十年、魏取我魯陽。【集解】地理志云、南陽有魯陽縣、【正義】括地志云、汝州魯山、本漢魯陽縣也、古魯縣、以古魯山爲名也、【考證】魯陽、河南汝州魯山縣、十一年、肅王卒。無子。立其弟熊良

夫。是爲宣王。宣王六年、周天子賀秦獻公。【考證】秦紀云、獻公二十一年、與晉戰於石門、斬首六萬、天子賀以黼黻、張文虎曰、游、淩本、公誤王、秦始復彊。而三晉益大。魏惠王・齊威王尤彊。三十年、秦封衞鞅於商、南侵楚。是年、宣王卒。子威王熊商立。威王六年、周顯王致文武胙於秦惠王。【考證】秦紀、作天子致伯、七年、齊孟嘗君父田嬰欺楚。【考證】張文虎曰、孟嘗君父三字、旁注混入、楚威王伐齊、敗之於徐州。【集解】徐廣曰、時楚已滅越而伐齊也、齊說越令攻楚、故云齊欺楚、【考證】徐州、今山東滕縣薛城、而令齊必逐田嬰。田嬰恐。張丑僞謂楚王曰、【正義】爲、音僞、言張丑爲田嬰故、僞設此辭、【考證】正義本、楓山・三條本、僞作爲、王念孫曰、僞讀爲爲、爲人謀而不忠之爲、王所以戰勝於徐州者、田盼子不用也。【索隱】盼子、嬰之同族、【考證】齊世家、齊威王謂梁王曰、吾臣有盼子者、使守高唐、則趙人不敢東漁於河、盼子者有功於國。而百姓爲之用。嬰子弗善、而用申紀。【考證】齊策秦策、申紀、作申縛、齊將名、申紀者、大臣不附、

百姓不爲用。故王勝之也。【考證】楓山本、附作與、今王逐嬰子。嬰子逐、盼子必用矣。復搏其士卒以與王遇。【索隱】搏、音膊、亦有作附讀、戰國策、作整、【考證】王念孫曰、搏當作摶、摶與專同、張文虎曰、宋本及舊刻正作摶、必不便於王矣。楚王因弗逐也。【考證】田嬰欺楚以下、采齊策、

十一年、威王卒。子懷王熊槐立。魏聞楚喪、伐楚取我陘山。【正義】括地志云、陘山、在鄭州新鄭縣西南三十里、【考證】梁玉繩曰、取當作敗、六國表魏世家可證、陘山、在今河南新鄭縣南、懷王元年、張儀始相秦。惠王四年、秦惠王初稱王。六年、楚使柱國昭陽將兵而攻魏、破之於襄陵。【索隱】縣名、在河東、【考證】破之於襄陵、國策不載、史公別有所本、襄陵、今山西平陽府襄陵縣、得八邑。【索隱】古本作八邑、今亦作八城、【考證】齊策作八城、黃式三曰、孟子書惠王自言南辱于楚、卽是、又移兵而攻齊。齊王患之。【集解】徐廣曰、懷王六年、昭陽移和而攻齊、軍門曰和、【考證】中井積德曰、集解不稱出處、何也、豈別本邪、陳軫適爲秦使齊。齊王曰。爲之柰何。陳軫曰。王勿憂。請令罷之。卽往見昭

陽軍中曰。願聞楚國之法。破軍殺將者、何以貴之。昭陽曰。其官爲上柱國、封上爵執珪。【考證】齊策、作爵爲上執珪、上柱國、楚官名、高誘曰、楚爵功臣、賜以圭、謂之執圭、比附庸之君、陳軫曰。其有貴於此者乎。昭陽曰。令尹。陳軫曰。今君已爲令尹矣。此國冠之上。【索隱】冠、音官、令尹乃尹中最尊、故以國爲言、猶如卿子冠軍然、【正義】冠、音官、後同、楚國之官、令尹最高、昭陽已爲令尹矣、若人冠冕在首□之上、不可更加、【考證】中井積德曰、之上二字疑衍、臣請得譬之。人有遺其舍人一卮酒者。舍人相謂曰。數人飮此、不足以徧。請遂畫地爲蛇、蛇先成者獨飮之。一人曰。吾蛇先成。舉酒而起曰。吾能爲之足。及其爲之足、而後成人奪之酒而飮之。曰。蛇固無足。今爲之足。是非蛇也。今君相楚而攻魏、破軍殺將。功莫大焉。冠之上不可以加矣。【考證】楓山本、加下有冠字、今又移兵而攻齊。攻齊勝之、官爵

不加於此。攻之不勝、身死爵奪、有毀於楚。此爲蛇爲足之說也。不若引兵而去、以德齊。此持滿之術也。昭陽曰。善。引兵而去。【考證】楚使柱國以下、采齊策、燕・韓君初稱王。秦使張儀與楚・齊・魏相會盟齧桑。【正義】徐廣曰、在梁與彭城之閒也、【考證】當在今河南歸德及安徽潁州府蒙城縣閒、

十一年、蘇秦約從山東六國、共攻秦。【考證】梁玉繩曰、是時蘇秦已死四年、約六國者李兌也、國策甚明、此誤、古史及西溪叢話已糾之、愚按、趙策云、李兌約五國以伐秦、無功、留天下之兵於成皐、而陰講於秦、又云、五國伐秦、無功、罷於成皐、趙欲講於秦、魏策云、五國伐秦、無功而還、皆此事、楚懷王爲從長、至函谷關。秦出兵擊六國。六國兵皆引而歸。齊獨後。【考證】梁玉繩曰、與秦戰者惟韓趙、韓趙破而四國不戰引歸、此非事實、十二年、齊湣王伐敗趙・魏軍。秦亦伐敗韓、與齊爭長。【考證】梁玉繩曰、敗韓趙也、此缺趙字、十六年、秦欲伐齊。而楚與齊從親。秦惠王患之、乃宣言張儀免相。使張儀南見楚王。謂楚王

曰。敝邑之王所甚說者、無先大王。雖儀之所甚願爲門闌之廝者、亦無先大王。【考證】闌、與欄同、門遮也、廝、走卒也、楓山三條本、先作過、敝邑之王所甚憎者、無先齊王。雖儀之所甚憎者、亦無先齊王。而大王和之。【索隱】和、謂楚與齊相和親、是以敝邑之王不得事王。而令儀亦不得爲門闌之廝也。王爲儀閉關而絕齊、今使使者從儀西取故秦所分、楚商・於之地方六百里。【集解】商於之地、在今順陽郡南鄉丹水二縣、有商城在於中、故謂之商於、【索隱】商於、在今愼陽、案地理志、丹水及商、屬弘農、今言順陽者是、魏晉始分置順陽郡、商城丹水俱隷之、【正義】荆州圖副云、鄧州內鄉縣七里、張儀所謂商於之地、【考證】商於、二邑名、商、今陝西商州故商城是、於、今河南內鄉縣故於城是、如是則齊弱矣。是北弱齊、西德於秦、私商・於以爲富。此一計而三利俱至也。懷王大悅、乃置相璽於張儀、【考證】策、無此句、古鈔本、置作致、日與置酒、宣言吾復得吾商・於之地。羣臣皆賀。

而陳軫獨弔。懷王曰、何故。陳軫對曰、秦之所爲重王者、以王之有齊也。今地未可得、而齊交先絕、是楚孤也。夫秦又何重孤國哉。必輕楚矣。【考證】楓山、三條本、又作有。 且先出地而後絕齊、則秦計不爲。先絕齊而後責地、則必見欺於張儀。見欺於張儀、則王必怨之。怨之、是西起秦患、北絕齊交。西起秦患、北絕齊交、則兩國之兵必至。【索隱】兩國、韓魏也。【考證】顧炎武曰、謂齊秦。 臣故弔。楚王弗聽。因使一將軍西受封地。張儀至秦、佯醉墜車、稱病不出三月。地不可得。【考證】穆文熙曰、秦人商於之約、初意亦欲嘗試于楚、如以城易趙璧之故事、非謂遽能欺楚也。不意懷王遂墮術中、以成秦人之詐。陳軫之策、亦藺生之謀也。惜不用哉。 楚王曰、儀以吾絕齊爲尚薄邪。乃使勇士宋遺北辱齊王。【考證】張照曰、戰國策、遣勇士從宋遺齊王書、折券絕交。又張儀傳使勇士至宋、借宋之符、北罵齊王、則宋遺非人名也。疑當作乃使勇士從宋遺書、北辱齊王、落從字書字。說又

見張儀傳。 齊王大怒、折楚符而合於秦。秦・齊交合。張儀乃起朝、謂楚將軍曰、子何不受地。從某至某、廣袤六里。【考證】東西曰廣、南北曰袤。 楚將軍曰、臣之所以見命者六百里。不聞六里。卽以歸報懷王。懷王大怒、興師將伐秦。陳軫又曰、伐秦、非計也。不如因路之一名都、與之伐齊。是我亡於秦、取償於齊也。【索隱】謂失商於之地。【考證】徐孚遠曰、亡、謂賂以名都也、若商於乃虛約也、不爲亡地。中井積德曰、亡下脫地、張儀傳作出地於秦。愚按、策同史文。 吾國尚可全。今王已絕於齊、而責欺於秦。是吾合秦・齊之交、而來天下之兵也。國必大傷矣。楚王不聽。遂絕和於秦、發兵西攻秦。秦亦發兵擊之。【考證】秦欲伐齊以下、采齊策。 十七年春、與秦戰丹陽。【索隱】此丹陽、在漢中。【考證】胡三省曰、此丹陽、謂丹水之陽也。班志、丹水出上洛冢嶺山、東至析入鈞水。地在武關之外、秦楚交戰、當在此。 秦大敗我軍、斬甲士八萬、虜

我大將軍屈匄・裨將軍逢侯丑等七十餘人、遂取漢中之郡。【考證】胡三省曰、自沔陽至上庸、皆楚漢中地。沔陽、今陝西漢中府沔縣。上庸、今湖北鄖陽府竹山縣。 楚懷王大怒、乃悉國兵、復襲秦、戰於藍田。【正義】藍田、在雍州東南八十里、從藍田關入藍田縣。【考證】今陝西西安府藍田縣。 大敗楚軍。韓・魏聞楚之困、乃南襲楚至於鄧。楚聞乃引兵歸。【考證】楚策、張儀說楚懷王曰、楚嘗與秦構難、戰於漢中、楚人不勝、通侯執圭死者七十餘人、遂失漢中。楚王大怒、興師襲秦、與秦戰於藍田、又卻。卽此事。【考證】遂取漢中之郡以下、本秦策。鄧、今河南南陽府鄧縣。 十八年、秦使使約復與楚親、分漢中之半以和楚。【考證】梁玉繩曰、此與屈原傳同、而張儀傳又依國策、言秦欲以武關外易黔中地、未定所從。 楚王曰、願得張儀、不願得地。張儀聞之、請之楚。秦王曰、楚且甘心於子。柰何。【考證】左傳、管召讎也、請受而甘心焉。杜注、甘心、言欲快心戮殺之。 張儀曰、臣善其左右靳尚。靳尚又能得事於楚王幸姬鄭袖。袖所言無不從者。且儀以前使負楚以商於之約。

今秦・楚大戰有惡。臣非面自謝楚不解。且大王在、楚不宜敢取儀。誠殺儀以便國、臣之願也。儀遂使楚。至、懷王不見。因而囚張儀、欲殺之。儀私於靳尚。靳尚爲請懷王曰、拘張儀、秦王必怒。天下見楚無秦、必輕王矣。又謂夫人鄭袖曰、秦王甚愛張儀。而王欲殺之。今將以上庸之地六縣賂楚、以美人聘楚王、以宮中善歌者爲之媵。楚王重地、秦女必貴、而夫人必斥矣。夫人不若言而出之。鄭袖卒言張儀於王、而出之。儀出、懷王因善遇儀。【考證】因張儀欲殺之以下、采楚策。 儀因說楚王以叛從約而與秦合親。約婚姻。【考證】采楚策、語詳于張儀傳。 張儀已去。屈原使從齊來。【考證】屈原始見于此。先秦諸書、絕不見屈原事、但史記有之。黃式三曰、先是楚王聽張儀之欺、自恨不用屈原而至此、乃復用屈原。屈原因受命使齊、思合齊以報張儀之恥。屈原自齊反、張儀

既釋、諫王曰。何不誅張儀。懷王悔、使人追儀。弗及。是歲秦惠王卒。二十六年、齊湣王欲爲從長、[索隱]按下文、始言二十四年、又更有二十六年、則此錯、云二十六年、衍字也、當是二十年事、又徐廣推校二十年取武遂、二十三年歸武遂、則此必二十年二十一年事乎、[考證]二十六年、各本作二十年、今依索隱本、王念孫曰、正文本作二十年、二十六年、小司馬以爲當作二十年、今本依改、而又於注首加俗本或作二十六年、甚謬、梁玉繩曰、此事在懷王二十六年、秦復取韓武遂之時、舊本作二十六年、甚是、蓋書中有韓得武遂于秦語、必錯簡也、當移于後文三國引兵去句之下、而衍二十年三字、徐廣但疑非二十年事、不加裁決、索隱以作二十六者爲錯、殊昧情實、通鑑大事記作二十三年、古史作二十二年、竝非、惡楚之與秦合、乃使使遺楚王書曰。寡人患楚之不察於尊名也。[考證]岡白駒曰、爲下文王名成矣發、今秦惠王死、武王立、張儀走魏。[考證]梁玉繩曰、齊遺楚書、實在二十六年、當秦昭王時、儀死已久、不得言今秦惠王死、武王立、張儀走魏、蓋戰國之事、經辯士潤飾、多有差舛、不可爲據、史仍而不改耳、應作武王死、今王立、走魏作死魏、樗里疾・公孫衍用、而楚事秦。夫樗里疾善乎韓。而公孫衍善乎魏。[考證]樗里疾母、韓女、公孫衍魏人、楚必事秦、韓・魏恐必因二人

求合於秦、則燕・趙亦宜事秦。四國爭事秦、則楚爲郡縣矣。王何不與寡人并力、收韓・魏・燕・趙與爲從、而尊周室、以案兵息民、令於天下、莫敢不樂聽、則王名成矣。[考證]此時尚言尊周室、周室未全失爲共主、王率諸侯竝伐、破秦必矣。王取武關・蜀・漢之地、[正義]武關在商州東一百八十里商洛縣界、蜀、巴蜀、漢中郡也、[考證]武關、秦之南關、卽春秋少習也、在今陝西商州東、私吳・越之富、而擅江・海之利、韓・魏割上黨、[考證]上黨、山西潞安府、西薄函谷、則楚之彊百萬也。且王欺於張儀、亡地漢中、兵銼藍田。天下莫不代王懷怒。今乃欲先事秦。願大王孰計之。楚王業已欲和於秦、見齊王書、猶豫不決。下其議羣臣。[考證]業已、二字一意、羣臣或言和秦、或曰聽齊。昭睢曰。[索隱]睢、七余反、王雖東取地於越、不足以刷恥。必且取地於秦、而後

足以刷恥於諸侯。王不如深善齊・韓以重樗里疾。如是、則王得韓・齊之重以求地矣。秦破韓宜陽、[索隱]弘農之縣、在澠池西南、[考證]宜陽故城、在今河南宜陽縣東、而韓猶復事秦者、以先王墓在平陽、[索隱]非堯都也、而秦之武遂去之七十里。[索隱]亦非河閒之縣、則韓之平陽、秦之武遂、竝當在宜陽左右、以故尤畏秦。不然、秦攻三川、[正義]三川、洛州也、[考證]伊洛及河爲三川、秦置三川郡、漢改爲河南、今河南之河南府是也、趙攻上黨、楚攻河外、韓必亡。楚之救韓、不能使韓不亡。然存韓者楚也。韓已得武遂於秦、以河・山爲塞。[正義]河、蒲州西黃河也、山、韓西境也、所報德莫如楚厚。臣以爲其事王必疾。齊之所信於韓者、以韓公子眛爲齊相也。[正義]眛、莫葛反、後同、韓已得武遂於秦、王甚善之、[正義]昭睢言韓以得武遂於秦、西界至河山、必德楚、是昭王之甚善楚、[考證]韓得武遂于秦、錯簡、當移于後文三國引兵去句之下、使之以齊・韓重樗里疾、疾得齊・

韓之重、其主弗敢弃疾也。今又益之以楚之重。樗里子必言秦、復與楚之侵地矣。[正義]言齊韓尊重秦相、秦相、樗里疾、疾得齊韓尊重秦王、而齊韓又與楚親、疾必不敢棄也、今又益楚之重樗里疾、疾必言秦王歸楚侵地、[考證]正義依桃源抄補、多譌誤、於是懷王許之。竟不合秦、而合齊以善韓。[集解]徐廣曰、懷王之二十二年、秦拔宜陽取武遂、二十三年、秦復歸韓武遂、然則已非二十年事矣、二十四年、倍齊而合秦。秦昭王初立。乃厚賂於楚。楚往迎婦。[考證]六國表云、楚迎婦于秦、屈原傳云、秦昭王與楚婚、黃式三曰、楚迎婦于秦、秦迎婦于楚、蓋互爲婚姻也、淩稚隆曰、楚往迎婦、與前約婚姻相應、二十五年、懷王入、與秦昭王盟約於黃棘。[考證]胡三省曰、班志、南陽郡有棘陽縣、愚按、棘陽城、或謂之黃棘、今河南新野縣東北、秦復與楚上庸。[考證]懷王十七年、秦敗楚師虜屈匄、取上庸、至此與之、上庸、漢中要地、二十六年、齊・韓・魏、爲楚負其從親而合於秦、三國共伐楚。楚使太子入質於秦、而請救。秦乃遣客卿通、將兵救楚。三國引兵去。[考證]太子名橫、戰國之時、用他國之人爲卿曰客卿、通、

其名。二十七年、秦大夫有私與楚太子鬭。楚太子殺之而亡歸。二十八年、秦乃與齊・韓・魏共攻楚。殺楚將唐昧、取我重丘而去。【考證】昧當作眛、又作蔑、重丘、此及田完世家樂毅傳同、秦本紀作方城、荀子議兵篇云、兵殆乎垂沙、唐蔑死、呂覽處方篇、齊使章子與韓魏攻荊、荊使唐蔑將兵應之、夾沘而軍、章子夜襲之、斬蔑于是水之上、重丘、蓋在沘水之上、　二十九年、秦復攻楚。大破楚。楚軍死者二萬。殺我將軍景缺。【考證】年表云、秦敗我襄城、殺景缺、　懷王恐、乃使太子爲質於齊以求平。【考證】懷王恐以下、采楚策、　三十年、秦復伐楚取八城。秦昭王遺楚王書曰。始寡人與王約爲弟兄、盟于黃棘、太子爲質。至驩也。太子陵殺寡人之重臣、不謝而亡去。寡人誠不勝怒、使兵侵君王之邊。今聞君王乃令太子質於齊以求平。寡人與楚接境壤界。故爲婚姻。【正義】壻之父爲姻、婦之父爲婚、婦之父母壻之父母、相謂爲婚姻、兩壻相謂爲婭、【考證】張

儀傳云、秦與楚接境壤界、蓋當時語、中井積德曰、婚是婚娶之婚、外族爲姻、　所從相親久矣。而今秦・楚不驩。則無以令諸侯。寡人願與君王會武關、面相約、結盟而去。寡人之願也。敢以聞下執事。【考證】以聞二字始見、猶言上聞、後世臣民上書天子時用之、儀禮特牲禮、饋食主人及賓兄弟羣執事、卽位門外、襄二十八年、鄭游吉聘楚曰、以歲之不易、聘於下執事、越語、寡君句踐之無所使、使其下臣種、不敢徹聲聞於天王、私下執事、左傳僖二十六年、展喜告齊孝公曰、寡君使下臣犒執事、翟灝曰、執事本謂從列與事之人、致書者謙不斥尊、若云陳達其左右者耳、　楚懷王見秦王書患之。欲往、恐見欺。無往、恐秦怒。昭睢曰。王毋行、而發兵自守耳。秦虎狼不可信。有并諸侯之心。【考證】梁玉繩曰、屈原傳作原語、索隱謂二人同諫、故彼此隨錄之、　懷王子子蘭勸王行。曰。柰何絕秦之驩心。於是往會秦昭王。昭王詐令一將軍伏兵武關、號爲秦王。楚王至。則閉武關、遂與西至咸陽。【索隱】右扶風渭城縣、故咸陽城也、在水北山南、故曰咸陽、咸、皆也、　朝章臺如蕃臣、不與亢禮。

【考證】章臺、在渭南、蕃、讀爲藩、亢、抗同、亢禮、對等之禮、禮記、臣莫敢與君亢禮也、　楚懷王大怒、悔不用昭子言。秦因留楚王、要以割巫・黔中之郡。【考證】巫郡、四川夔州府巫山縣、黔中、湖南常德以西及貴州境、　楚王欲盟。秦欲先得地。楚王怒曰。秦詐我、而又彊要我以地。不復許秦。秦因留之。楚大臣患之。乃相與謀曰。吾王在秦不得還。要以割地。而太子爲質於齊。齊・秦合謀、則楚無國矣。乃欲立懷王子在國者。昭睢曰。王與太子俱困於諸侯。而今又倍王命而立其庶子。不宜。乃詐赴於齊。【考證】胡三省曰、詐言楚王薨而請太子還王楚、　齊湣王謂其相曰。不若留太子以求楚之淮北。【考證】齊策、齊湣王作蘇秦、其相作薛公、淮北作下東邑、高誘注、薛公、田嬰、下東邑、楚東邑、近齊也、愚按、是時蘇秦田嬰死已久、史公以意改、下東邑卽淮北、　相曰。不可。郢中立王。是吾抱空質、而行不義於天下也。【考證】郢中、楚都、　或曰。【考證】策、或作蘇秦、　不

然。郢中立王、因與其新王市曰。予我下東國。吾爲王殺太子。【正義】楚之下國、最在東、故云下東國、卽楚淮北、【考證】胡三省曰、市、謂相要以利如市道也、予讀曰與、　不然、將與三國共立之。然則東國必可得矣。【考證】齊湣王以下、本齊策、胡三省曰、三國、謂齊韓魏、　齊王卒用其相計、而歸楚太子。太子橫至、立爲王。是爲頃襄王。乃告于秦曰。賴社稷神靈、國有王矣。頃襄王橫元年、秦要懷王不可得地、楚立王以應秦。秦昭王怒發兵、出武關攻楚、大敗楚軍。斬首五萬。取析十五城而去。【集解】徐廣曰、年表云、取十六城、既取析、又并取左右十五城也、駰按地理志、弘農有析縣、【正義】括地志云、鄧州內鄉縣城、本楚析邑、一名丑、漢置析縣、因析水爲名也、　二年、楚懷王亡逃歸。秦覺之遮楚道。【考證】胡三省曰、遮其歸楚之路也、　懷王恐、乃從閒道走趙以求歸。趙主父在代。【索隱】主字亦或作王、【正義】父、音甫、武靈王也、　其子惠王初立行王事。恐不敢入楚王。楚

王欲走魏。秦追至、遂與秦使復之秦。【考證】古鈔本、使作吏、　懷王遂發病。頃襄王三年、懷王卒于秦。秦歸其喪于楚。楚人皆憐之、如悲親戚。諸侯由是不直秦。秦·楚絕。六年、秦使白起伐韓於伊闕。大勝、斬首二十四萬。【正義】括地志云、伊闕山、在洛州南十九里也、【考證】伊闕、山名、在今河南洛陽縣西南境、　秦乃遺楚王書曰、楚倍秦。秦且率諸侯伐楚、爭一旦之命。願王之飭士卒、得一樂戰。【考證】胡三省曰、樂、快意也、言一戰以快其意、　楚頃襄王患之、乃謀復與秦平。七年、楚迎婦於秦。秦·楚復平。十一年、齊·秦各自稱爲帝月餘。復歸帝爲王。【考證】秦齊稱帝、本齊策、　十四年、楚頃襄王與秦昭王好會于宛、結和親。【考證】宛、河南南陽府南陽縣、　十五年、楚王與秦·三晉·燕共伐齊、取淮北。【考證】淮北、今江蘇海州及山東沂州地、　十六年、與秦昭王好會於

鄢。其秋、復與秦王會穰。【考證】鄢、湖北襄陽府宜城縣、穰、河南南陽府鄧州、　十八年、楚人有好以弱弓微繳加歸鴈之上者。【正義】弱、小也、微、細也、繳、弋射也、歸雁、北向也、言小弓細弋、射北歸之雁、其矢加於背上、【考證】歸雁難射、所以爲名手、不必改歸作鵙、葉適曰、弱弓微繳加歸雁之上、虎肉臊而兵利身、人猶攻之、二事皆戰國策所無、其文無異意、劉向所序、比遷時已有遺落也、　頃襄王聞、召而問之。對曰、小臣之好射鶀鴈【索隱】鶀、音其、小鴈也、　羅鸗、【集解】徐廣曰、呂靜曰、鸗、野鳥也、音龍、【索隱】呂靜音聾、鄒亦音盧動反、劉音龍、鸗、小鳥、【考證】中井積德曰、羅、疑亦鳥名、　小矢之發也。何足爲大王道也。且稱楚之大、因大王之賢、所弋非直此也。【考證】方苞曰、稱、去聲、衡量楚之強大也、愚按、直、特也、　昔者三王以弋道德、五霸以弋戰國。故秦·魏·燕·趙者、鶀鴈也。齊·魯·韓·衛者青首也。【索隱】亦小鳧有青首者、【考證】中井積德曰、青首是大鳧、非小鳧、然小於雁、　騶·費·郯·邳者羅鸗也。【索隱】騶費、鄒祕二音、【考證】錢大昕曰、孟子書有鄒穆公費惠公、此文云泗上十二諸侯、則戰國之世、小諸侯存者尚多也、愚按、齊策顏斶曰、當今之世、南面稱寡者二十四、郯邳蓋亦在其中、　外其餘則不足

射者。見鳥六雙。【索隱】以喻下文秦趙等十二國、故云六雙、【正義】謂上秦魏燕趙齊魯韓衛鄒費郯邳者、合十二國也、【考證】索隱下文、當上文之譌、　以王何取。王何不以聖人爲弓、以勇士爲繳、時張而射之。此六雙者、可得而囊載也。其樂非特朝昔之樂也。【索隱】昔、猶夕也、　其獲非特鳧鴈之實也。【考證】實、讀若庭實之實、　王朝張弓而射魏之大梁之南、加其右臂而徑屬之於韓、則中國之路絕、而上蔡之郡壞矣。【考證】上蔡、河南汝寧府、　還射圉之東、解魏左肘、而外擊定陶、【索隱】還、音患、謂繞也、射、音石、解、音紀買反、【正義】圉、音語、城在汴州雍丘縣東、【考證】圉、今河南開封府杞縣南、定陶、今山東曹州府定陶縣、　則魏之東外弃、而大宋方與二郡者舉矣。【正義】言王朝張弓、射魏大梁汴州之南、即加大梁之右臂、連韓鄭、則河北中國之路、向東南斷絕、則韓上蔡之郡、自破壞矣、復遶射雍丘圉城之東、便解散魏左肘、宋州、而外擊曹定陶、及魏東之外解弃、則宋方與兩郡並舉、【考證】方與、山東濟寧州魚臺縣、　且魏斷二臂、顚越矣。膺擊郯國、大梁可得而有也。王綪繳

蘭臺、【集解】徐廣曰、綪、縈也、音爭、蘭一作簡、【正義】鄭玄云、綪、屈也、江沔之閒謂之縈、收繩索綪也、按繳絲繩繫弋射鳥也、若膺擊郯國大梁、已了、乃收弋繳於蘭臺、蘭臺、桓山之別名也、【考證】橫田惟孝曰、膺、胸前也、蓋郯當大梁前、　飲馬西河、定魏大梁。此一發之樂也。若王之於弋、誠好而不厭、則出寶弓、碆新繳、【集解】徐廣曰、以石傅弋繳曰碆、碆、音波、【索隱】碆作磻、音播、傅、音附、　射噣鳥於東海、還蓋長城以爲防、【集解】徐廣曰、噣、一作獨、還、音宦、蓋、一作益、益縣、在樂安、蓋縣、在泰山、濟北盧縣有長城、東至海也、【索隱】噣、音晝、謂大鳥之有鉤喙者、以比齊也、還、音患、謂遶也、蓋者覆也、言射者環遶蓋覆、使無飛走之路、因以長城爲防也、徐以蓋爲益縣、非也、長城、當在濟南、【正義】太山郡記云、太山西北有長城、緣河徑太山千餘里、至琅邪臺入海、齊記云、齊宣王乘山嶺之上築長城、東至海、西至濟州千餘里、以備楚、括地志云、長城西北起濟州平陰縣、緣河歷太山北岡上、經濟州淄川、即西南兗州博城縣北、東至密州琅邪臺入海、蘇代記云、齊有長城巨防、足以爲塞也、　朝射東莒、【正義】括地志云、密州莒縣、故莒子國、地理志云、周武王封少昊之後嬴姓於莒、始都計斤、春秋時徙居莒也、【考證】東莒、今山東沂州府莒州、　夕發浿丘、【集解】徐廣曰、在淸河、【正義】括地志云、浿丘、丘名也、在青州臨淄縣西北二十五里也、【考證】浿丘、即貝丘、今山東青州博興縣南、有貝中聚、　夜加即墨、顧據午道、【索隱】顧、反也、午道、當在齊西界、一從一橫爲午道、亦未詳其處、【正義】劉伯莊云、

齊西界、按蓋在博州之西境也、【考證】今山東萊州府平度州、有卽墨故城、午道、趙東齊西交午道也、中井積德曰、午道、蓋直南北之道、仍是子午道之意、則長城之東收、而太山之北舉矣。【正義】言從齊州長城、東至海、太山之北、黃河之南、盡舉收於楚、西結境於趙、【正義】言得齊地、約結於趙爲境界、定從約也、【考證】中井積德曰、結境、猶接境也、而北達於燕、【索隱】北、一作杜、杜者寬大之名、言齊晉既伏、收燕不難也、【正義】北達、言四通無所滯礙、言燕無山河之限也、三國布𦐂、【集解】徐廣曰、音翅、一作屬、【索隱】亦作翅、同、式豉反、三國、齊趙燕也、【正義】𦐂亦作翅、音式豉反、三國共布翅、言和同也、楚趙燕和同、而收關左、從不待而可成、則從不待約而可成也。北遊目於燕之遼東、而南登望於越之會稽、此再發之樂也。若夫泗上十二諸侯、左縈而右拂之、可一旦而盡也。【考證】張儀傳、張儀說楚王曰、舉宋而東指、則泗上十二諸侯盡王之有也、索隱云、邊近泗水之側、當戰國之時、有十二諸侯、宋魯邾莒之比也、橫田惟孝曰、可一旦而盡、所謂不足射者、今秦破韓以爲長憂、得列城而不敢守也。【考證】橫田惟孝曰、秦雖破韓而不能有之、徙頓兵罷士、故曰爲長憂、伐魏而無功、擊趙而顧病、【索隱】顧、猶反也、則秦魏之勇

力屈矣。楚之故地、漢中・析・酈、可得而復有也。王出寶弓、碆新繳、涉鄳塞、而待秦之倦也、【集解】徐廣曰、鄳或以爲冥、今江夏、一作黽、【正義】括地志云、故鄳城、在鄭州河北縣東十里廣邑也、杜預云、河東太陽有鄍城、是也、徐言江夏、亦誤也、【考證】析・酈、皆在河南南陽府內鄉縣、山東・河內、可得而一也。【正義】謂華山之東、懷州河內之郡、勞民休衆、南面稱王矣。【考證】中井積德曰、稱王、宜言稱帝、楚僭王已久矣、故曰。秦爲大鳥、負海內而處、東面而立、左臂據趙之西南、右臂傅楚鄢郢、膺擊韓・魏、【索隱】謂韓魏當秦之前、故云膺擊、俗本作鷹、非、【正義】膺作鷹、如鷹鳥之擊也、【考證】膺、胸也、索隱可從、橫田惟孝曰、擊當作繫、垂頭中國。【索隱】垂頭、猶申頸也、言欲吞山東、處既形便、勢有地利。奮翼鼓𦐂、方三千里、則秦未可得獨招而夜射也。【考證】招、所謂鳥媒也、招以其類、招誘之、欲以激怒襄王。故對以此言。襄王因召與語。遂言曰。夫先王爲秦所欺、而客死於外。怨莫大焉。今以匹夫有怨、尙有

報萬乘。白公・子胥是也。【考證】白公勝殺令尹子西、劫惠王、伍子胥入郢、鞭平王墳、皆楚國事、所以取譬、今楚之地方五千里、帶甲百萬。猶足以踊躍中野也。而坐受困。臣竊爲大王弗取也。於是頃襄王遣使於諸侯、復爲從、欲以伐秦。【考證】方苞曰、此眞戰國之文、而不見楚策中、愚按、國策姚本鮑本吳本、皆不收此章、但張本有之、蓋依史記補入也、中井積德曰、徒皷動楚王好戰之心耳、此非良士、又曰、射不必中、戰不必勝、力勞而無獲、何樂之有、況楚之衰弱、射而無獲必矣、秦聞之、發兵來伐楚。楚欲與齊・韓連和伐秦。因欲圖周。【考證】呂祖謙曰、是時齊止餘兩城、爲燕所圍、何暇與楚連和伐秦、蓋所載不能無少差也、周王赧使武公謂楚相昭子曰。【集解】徐廣曰、定王之曾孫、西周惠公之子、三國以兵割周郊地以便輸、而南器以尊楚。【考證】言欲取周寶、更南輸楚也、岡白駒曰、器、鼎之類、臣以爲不然。夫弑共主、臣世君、大國不親。【索隱】共主世君、俱是周自謂也、共主、言周爲天下共所宗主也、世君、言周室代代君於天下、【正義】天下共尊、今欲殺之、故言殺共主、周世君天下、故言世君也、以衆脅寡、小國不附。大國不親、小

國不附、不可以致名實。名實不得、不足以傷民。【考證】岡白駒曰、傷民、言起兵也、夫有圖周之聲、非所以爲號也。昭子曰。乃圖周則無之。雖然、周何故不可圖也。對曰。軍不五、不攻城。不十、不圍。【考證】孫子謀攻篇云、用兵之法、十則圍之、五則攻之、岡白駒曰、我軍五倍于彼軍而後可攻、十倍于彼軍而後可圍、夫一周爲二十晉、公之所知也。【正義】言周王之國、其地雖小、諸侯尊之、故敵二十晉也、【考證】晉卽魏、王念孫曰、三國分晉、魏得晉之故都、故魏人自稱晉國、孟子、梁惠王曰、晉國天下莫强焉、周霄曰、晉國亦仕國也、魏策云、魏武侯與諸大夫浮於西河、稱曰、河山之險、豈不亦信固哉、王鍾侍王曰、此晉國之所以强也、是晉卽魏也、韓嘗以二十萬之衆辱於晉之城下、銳士死、中士傷、而晉不拔。【考證】此以一攻一者、與軍不五不攻者異、公之無百韓以圖周、此天下之所知也。【考證】軍不五不攻、周既爲二十晉、非百韓以攻之則無功矣、而楚無其兵也、夫怨結於兩周、以塞騶・魯之心、【索隱】騶魯、有禮義之國、今楚欲結怨兩周而奪九鼎、是塞鄒魯之心、交絕於齊、【正義】楚本與齊韓和、伐秦因欲圖周、齊不與圖周、故齊交絕於楚、聲

失天下。其爲事危矣。【考證】岡白駒曰、擘、卽上文圖周之擘也、　夫危兩周、以厚三川、【正義】三川、兩周之地、韓多有之、言厚韓也、　方城之外、必爲韓弱矣。【正義】方城之外、許州葉縣東北也、言楚取兩周、則韓彊、必弱楚、方城之外也、【考證】三川、屬韓、方城之外、楚北境、與韓相接、周策亦云、魏有南陽鄭地三川而包二周、則楚方城之外危、　何以知其然也。西周之地、絕長補短、不過百里、名爲天下共主。裂其地不足以肥國、得其衆不足以勁兵、雖無攻之、名爲弑君。【考證】中井積德曰、疑有錯誤、愚按、通鑑作雖然攻之者、　然而好事之君、喜攻之臣、發號用兵、未嘗不以周爲終始。是何也。見祭器在焉。【考證】胡三省曰、謂三代相傳之祭器、如九鼎之類是也、　欲器之至、而忘弑君之亂。今韓以器之在楚、【考證】中井積德曰、句有錯誤、　臣恐天下以器讎楚也。臣請譬之。夫虎肉臊、其兵利身、【索隱】謂虎以爪牙爲兵、而自利於防身也、【正義】虎有爪牙、以衞其身、若人身加兵、故其兵利身、【考證】黃式三曰、疑兵當作皮、謂肉不足食而皮足衣也、愚按、原文自通、不必改兵爲皮、肉臊、喻不足肥國、勁

兵、兵利、喻名爲天下共主、　人猶攻之也。若使澤中之麋、蒙虎之皮、人之攻之、必萬於虎矣。【索隱】攻易而利大也、【正義】野澤之麋、蒙衣虎皮、人之攻取、必萬倍於虎也、譬楚伐周收祭器、其猶麋蒙虎皮矣、【考證】必萬於虎矣、各本作必萬之於虎、今從索隱本、　裂楚之地、足以肥國、詘楚之名、足以尊主。【考證】以喻麋肉可食、胡三省曰、詘讀曰黜、言黜其僭主之名也、　今子將以欲誅殘天下之共主、居三代之傳器、【索隱】謂九鼎也、　吞三翮六翼、【索隱】翮、亦作鬲、同音歷、三翮六翼、亦謂九鼎也、空足曰翮、六翼卽六耳、翼近耳旁、事具小爾雅、【正義】翮、誤、當作鬲、音歷、爾雅云、附耳外謂之釴、款足謂之鬲、曲足鼎也、翼近鼎耳也、三翮六翼、卽九鼎、【考證】張文虎曰、索隱引小爾雅、今小爾雅無此文、　以高世主。非貪而何。周書曰、欲起無先。【考證】周書佚文、朱右曾曰、不爲物先之意、　故器南則兵至矣。於是楚計輟不行。十九年、秦伐楚。楚軍敗。割上庸・漢北地予秦。【正義】謂割房金均三州及漢水之北與秦、【考證】胡三省曰、漢北、漢水以北、宛葉樊鄧隨唐之地、　二十年、秦將白起拔我西陵。【集解】徐廣曰、屬江夏、【正義】括地志云、西陵故城、在黃州黃山西二里、【考證】今湖北宜昌府、楚西陵地、梁玉繩曰、此

缺拔鄢鄧、說見秦紀、　二十一年、秦將白起遂拔我郢、燒先王墓夷陵。【集解】徐廣曰、年表云、拔郢、燒夷陵、【索隱】夷陵、陵名、後爲縣、屬南郡、【正義】括地志云、峽州夷陵縣是也、在荊州西、應劭云、夷山在西北、【考證】夷陵、今湖北宜昌府東湖縣、　楚襄王兵散、遂不復戰。東北保於陳城。【考證】胡三省曰、陳卽古陳國、班志、陳縣屬淮陽國、註云、楚頃襄王自郢徙此、愚按、今河南淮陽縣、秦取郢爲南郡、　二十二年、秦復拔我巫・黔中郡、【考證】復拔、秦紀作取、通鑑作定、秦於是初置黔中郡、　二十三年、襄王乃收東地兵、【考證】胡三省曰、東地、蓋楚之東地、淮汝之地也、　得十餘萬。復西取秦所拔我江旁十五邑以爲郡、距秦。二十七年、使三萬人助三晉伐燕。【考證】張照曰、戰國策、齊韓魏共攻燕、燕使太子請救于楚、楚王使景陽將而救之、此云助三晉伐燕、與楚策異、　復與秦平、而入太子爲質於秦。楚使左徒侍太子於秦。【正義】左徒、官名、爾時黃歇爲左徒、侍太子於秦也、　三十六年、頃襄王病。太子亡歸。秋、頃襄王卒。太子熊元代立。是爲考烈王、【索隱】系本、元作完、　考烈王以

左徒爲令尹、封以吳。號春申君。考烈王元年、納州于秦以平。是時楚益弱。【索隱】徐廣曰、南郡有州陵縣、【考證】州、今湖北武昌江夏縣、　六年、秦圍邯鄲。趙告急楚。楚遣將軍景陽救趙。【考證】張照曰、六國表云、春申君救趙、春申君傳云、秦圍邯鄲、邯鄲告急于楚、楚使春申君往救、此作景陽、與彼互異、梁玉繩曰、此蓋因前十五年齊韓魏共伐燕、燕請救于楚、楚王使景陽將而救之、見國策、史緣此致誤、　七年、至新中。【索隱】按趙地無名新中者、中字誤、鉅鹿有新市、中當爲市、【正義】新中、相州安陽縣也、七國時、魏寧新中邑、秦莊襄王拔之、更名安陽也、【考證】梁玉繩曰、寧新中魏地也、當在六年、又脫寧字、　秦兵去。【集解】徐廣曰、年表云、六年、春申君救趙、十年徙於鉅陽、　十二年、秦昭王卒。楚王使春申君弔祠于秦。十六年、秦莊襄王卒。秦王趙政立。【考證】錢大昕曰、秦王政之立、五國世家皆書、而韓世家獨闕、此篇稱趙政、又與他世家異、　二十二年、與諸侯共伐秦。不利而去。楚東徙都壽春。命曰郢。【正義】壽春、在壽州壽春縣、是也、【考證】今安徽鳳陽府壽州、楚壽春邑、　二十五年、考烈王卒。子幽王悍立。李園殺春申君、【考證】李園殺春申君、見楚策春申君傳、

幽王三年、秦・魏伐楚。秦相呂不韋卒。九年、秦滅韓。【考證】張照曰、韓世家正義曰、亡在秦始皇帝十七年、是年在楚幽之八年、十年、幽王卒。同母弟猶代立。是爲哀王。【考證】表、猶作郝、哀王立二月餘、哀王庶兄負芻之徒、襲殺哀王、而立負芻爲王。【考證】幽王卽李園女弟所生、幸於黃歇、黃歇進於考烈王者、非楚統也、列女傳以哀王爲考烈王遺腹子、以負芻爲考烈王弟、與史所言異、然亦楚裔也、是歲、秦虜趙王遷。王負芻元年、燕太子丹使荊軻刺秦王。二年、秦使將軍伐楚。大破楚軍、亡十餘城。【考證】年表作十城、三年、秦滅魏。四年、秦將王翦破我軍於蘄、【索隱】機祈二音、【正義】音機、又音圻、地理志云、沛郡蘄縣也、【考證】今安徽鳳陽府宿州南、而殺將軍項燕。【考證】張照曰、秦始皇本紀作二十三年虜荊王、二十四年項燕自殺、五年、秦將王翦・蒙武、遂破楚國、虜楚王負芻、滅楚、名爲楚郡云。【集解】孫檢曰、秦虜楚王負芻、滅去楚名、以楚地爲三郡、【索隱】裴注頻引孫檢、不知其人本末、蓋齊人也、【考證】胡三省曰、秦三十六郡無楚郡、此蓋滅楚之時暫置耳、錢大昕曰、秦始皇父名楚、故始皇本紀稱楚爲荊、滅楚之後、未嘗置楚郡也、孫氏謂滅去楚名、蓋得其實、楚郡之楚、當是衍文、或者謂三十六郡之外有楚郡者妄也、愚按、王鳴盛梁玉繩亦以楚字爲衍、其說甚是、名字亦當衍、

太史公曰。楚靈王方會諸侯於申、誅齊慶封、作章華臺、求周九鼎之時、志小天下。及餓死于申亥之家、爲天下笑。【考證】左傳曰、縊、不曰餓、操行之不得、悲夫。勢之於人也、可不愼與。弃疾以亂立、嬖淫秦女、甚乎哉、幾再亡國。【索隱】幾音祈、

【索隱】述贊、鬻熊之嗣、周封於楚、僻在荊蠻、蓽路藍縷、及通而霸、僭號曰武、文既伐申、成亦赦許、子圍簒嫡、商臣殺父、天禍未悔、憑姦自怙、昭困奔亡、懷迫囚虜、頃襄考烈、祚衰南土、

楚世家第十

史記四十

文學博士瀧川龜太郎著

史記會注考證

史記會注考證卷四十一

漢　太　史　令　司　馬　遷　撰

宋　中　郎　外　兵　曹　參　軍　裴　駰　集　解

唐　國　子　博　士　弘　文　館　學　士　司　馬　貞　索　隱

唐　諸　王　侍　讀　率　府　長　史　張　守　節　正　義

日　本　出　雲　瀧　川　資　言　考　證

越王句踐世家第十一　史記四十一

正義 句踐、越王名也、今越州也、周元王命爲伯也、考證 史公自序云、少康之子、實賓南海、文身斷髮、黿鱓與處、既守封禺、奉禹之祀、句踐困彼、乃用種蠡、嘉句踐夷蠻能

修其德、滅彊吳以尊周室、作越王句踐世家第十一、方苞曰、句踐事先世無所考、而子孫事亦甚略、實傳體也、范蠡謀吳霸越、具見句踐語中、其浮海以後、又不別立傳、而史公惜其奇、故用合傳體、而附載於後、非常法也、顧棟高曰、案越自少康初封、歷商至周初千有餘歲、武王因其舊而不改、延及春秋之季、又五六百年、至允常始與吳相戰伐、見于經傳、然封域極險、國語與越絕書所載不同、其北向所至、曰禦兒、曰平原、皆在今嘉興一府之地、其西南至于姑蔑、則在今衢州府龍游縣、然昔人稱餘汗爲越地、淮南王安謂越人欲爲變、必先由餘汗界中、通典亦謂爲越之餘、則自江西廣信至饒州、皆越之西界、國語所云姑蔑、蓋未盡矣、其地全有浙之紹興寧波金華衢溫臺處七府之地、其嘉杭湖三府、則與吳分界、由衢歷江西廣信府至饒之餘干縣、與楚分界、又曰、竊怪句踐以廣運百里之地、而能覆二千里之吳、其後世地兼吳越、而楚滅之、如反掌之易、其故何也、曰、仍句踐自貽之也、當其滅吳、不能正江淮以北、使楚東侵、廣地至泗上、是爲畫江自守之計、棄地利以與人、其得延至五世、幸矣、

越王句踐、其先禹之苗裔。正義 吳越春秋云、禹周行天下、還歸大越、登茅山以朝四方羣臣、封有功、爵有德、崩而葬焉、至少康、恐禹迹宗廟祭祀之絕、乃封其庶子於越、號曰無餘、賀循會稽記云、少康其少子號曰於越、越國之稱始此、越絕書云、無餘都會稽山南、故越城是也、而夏后帝少康之庶子也。封於會稽、以奉守禹之祀。文身斷髮、披草萊而邑焉。考證 梁玉繩曰、禹葬會稽之妄、說在夏紀、夏商稱帝之妄、說在殷紀、而少康封庶子一節、卽緣禹葬于越僞撰、蓋六國時有此談、史公

繆取入史、後之著書者、相因成實、史并謂閩越亦禹苗裔、豈不誕哉、墨子非攻下篇、越王繄虧出自有遽、始邦于越、漢地理志注、臣瓚曰、自交阯至會稽七八千里、百粵雜處、各有種姓、不得盡云少康之後、世本、越爲芊姓、與楚同祖、故鄭語稱芊姓夔越、韋昭吳語注、句踐祝融之後、然則越非禹後明矣、越語范蠡曰、吾先君周室之不成子也、韓詩外傳八曰、越亦周室之列封也、然則越非夏封明矣、後二十餘世、至於允常。正義 輿地志云、越侯傳國三十餘葉、歷殷至周敬王時、有越侯夫譚、子曰允常、拓土始大、稱王、春秋貶爲子、號爲於越、杜注云、於、語發聲也、考證 錢大昕曰、少康至桀十一傳、殷湯至紂三十傳、周武王至敬王又二十五傳、而越之世止二十餘、理所必無也、中井積德曰、正義、春秋貶爲子、子其本爵、何貶之有、愚按、吳越春秋、允常作元常、允常之時、與吳王闔廬戰、而相怨伐。考證 王念孫曰、御覽引無伐字、允常卒。子句踐立。是爲越王。元年、吳王闔廬聞允常死、乃興師伐越。越王句踐使死士挑戰。三行至吳陳、呼而自剄。吳師觀之。越因襲擊吳師。吳師敗於檇李。集解 杜預曰、吳郡嘉興縣南有檇李城、索隱 事在左傳魯定公十四年、考證 左傳云、句踐患吳之整也、使死士再禽焉、不應、使罪人三行、屬劍於頸、而辭曰、二君有治、臣奸旗鼓、不敏於君之行前、不敢逃刑、敢歸死、遂自剄也、師屬之目、越子因而伐之、大敗之、蓋死士之往禽、與罪人呼而自剄兩事也、史混并之、公羊傳檇李

作醉李、今浙江嘉興府秀水縣有檇李故城、檇音醉、射傷吳王闔廬。闔廬且死。告其子夫差曰。必毋忘越。【考證】興師伐越以下、定十四年左傳、三年、句踐聞吳王夫差日夜勒兵、且以報越。越欲先吳未發、往伐之。范蠡諫曰。不可。臣聞兵者凶器也。戰者逆德也。【考證】越語、戰作勇、爭者事之末也。陰謀逆德、好用凶器、試身於所末、上帝禁之、行者不利。越王曰。吾已決之矣。遂興師。吳王聞之、悉發精兵擊越、【考證】三年以下、國語越語、敗之夫椒。【集解】杜預曰、夫椒、在吳郡吳縣、太湖中椒山是也、【索隱】夫音符、椒音焦、本又作湫、音酒小反、賈逵云、地名、杜預云、太湖中椒山也、按國語云、敗之五湖、則椒山爲得、事具哀公元年、【考證】夫椒、越語作五湖、此從左傳、夫椒、賈說得之、杜以爲太湖椒山、然湖中非戰所、夫椒與椒山不得一、錢大昕曰、湫椒聲相近、伍子胥傳作夫椒、楚大夫椒擧、漢書作湫擧、越王乃以餘兵五千人、保棲於會稽。【集解】杜預曰、上會稽山也、【索隱】鄒誕云、保山曰棲、猶鳥棲於木以避害也、故六韜曰、軍處山之高者則曰棲、【考證】敗之夫椒以下、哀元年左傳、會稽、在今浙江紹興府會稽縣東南、吳王追而圍之。

越王謂范蠡曰。【正義】會稽典錄云、范蠡字少伯、越之上將軍也、本是楚宛三戶人、佯狂倜儻負俗、文種爲宛令、遣吏謁奉、吏還曰、范蠡本國狂人、生有此病、種笑曰、吾聞士有賢俊之姿、必有佯狂之譏、內懷獨見之明、外有不知之毀、此固非二三子之所知也、駕車而往、蠡避之、後知種之必來謁、謂兄嫂曰、今日有客、願假衣冠、有頃種至、抵掌而談、旁人觀者聳聽之矣、以不聽子故至於此。爲之柰何。蠡對曰。持滿者與天。【集解】韋昭曰、與天、法天也、天道盈而不溢、【索隱】與天、天與也、言持滿不溢、與天同道、故天與之、【正義】言執持滿之德、維天能之、越絕云、天道盈而不溢、盛而不驕、【考證】國語、滿作盈、此避惠帝諱、定傾者與人。【集解】虞翻曰、人道尚謙卑以自牧、【索隱】人主有定傾之功、故人與之也、節事者以地。【集解】韋昭曰、時不至、不可彊生、事不究、不可彊成、【索隱】國語、以作與、此作以、亦與義也、言地能財成萬物、人主宜節用以法地、故地與之、韋昭等解恐非、【正義】定傾危之計、唯人能之、越絕云、地貴定傾、人貴節事、與此文反也、【考證】中井積德曰、以地之以、作與爲優、然地人相易而後爲全、越絕書却可徵、卑辭厚禮以遺之、不許、而身與之市。【集解】韋昭曰、市、利也、謂委管籥屬國家、以身隨之、【正義】卑作言辭、厚遺珍寶、不許平、越王身往事之、如市買貨易以利、此是定傾危之計、【考證】中井積德曰、市者從事之謂也、言出身從事以博利也、句踐曰。諾。乃令大夫種行成於吳。【索隱】大夫、官、種、名也、一曰、大夫姓、猶司馬司徒之比、蓋非也、成者、平也、求和於吳也、

【正義】吳越春秋云、大夫種、姓文、名種、字子禽、荊平王時、爲宛令、之三戶之里、范蠡從犬竇、蹲而吠之、從吏恐文種慚、令人引衣而鄣之、文種曰、無鄣也、吾聞犬之所吠者人、今吾到此、有聖人之氣、行而求之、來至於此、且人身而犬吠者、謂我是人也、乃下車拜、蠡不爲禮、【考證】沈家本曰、正義引吳越春秋、今吳越春秋、未見是語、膝行頓首曰。君王亡臣句踐、使陪臣種敢告下執事。句踐請爲臣、妻爲妾。吳王將許之。【考證】越王謂范蠡曰以下、國語越語、子胥言於吳王曰。天以越賜吳。勿許也。【考證】以上哀元年左傳、種還以報句踐。句踐欲殺妻子、燔寶器、觸戰以死。種止句踐曰。夫吳太宰嚭貪。可誘以利。請閒行言之。【索隱】閒、音紀閑反、閒行、猶微行、於是句踐乃以美女寶器、令種閒獻吳太宰嚭。【索隱】國語云、越飾美女八人、使大夫種遺太宰嚭、嚭受、乃見大夫種於吳王。種頓首言曰。願大王赦句踐之罪、盡入其寶器。不幸不赦、句踐將盡殺其妻子、燔其寶器、悉五千人觸戰。必有當也。【索隱】言悉五千人觸戰、

或有能當吳兵者、故國語作耦、耦亦相當對之名、又下云、無乃傷君王之所愛乎、是有當則相傷也、【考證】張文虎曰、王、柯、凌本、脫悉字、中井積德曰、當、斬獲過當之當、言越五千人戰死、則吳兵亦數千死矣、是相當對也、作耦亦同、傷君王之所愛、亦即當對數中矣、嚭因說吳王曰。越以服爲臣。若將赦之、此國之利也。【考證】楓山、三條本、以作已、錢大昕曰、以與已同、愚按、將字疑因下文衍、吳王將許之。子胥進諫曰。今不滅越、後必悔之。句踐賢君。種・蠡良臣。若反國、將爲亂。吳王弗聽。卒赦越、罷兵而歸。句踐之困會稽也、【考證】楓山、三條本、困作圍、喟然嘆曰。吾終於此乎。種曰。湯繫夏臺、文王囚羑里、晉重耳犇翟、齊小白犇莒。其卒王霸。由是觀之、何遽不爲福乎。【考證】遽、詎同、吳既赦越。越王句踐反國、乃苦身焦思、置膽於坐、坐臥即仰膽。飲食亦嘗膽也。【考證】楓山、三條本、無飲食亦嘗膽也六字、曰。女忘會稽之恥邪。身自耕作、夫人自織、食不加肉、衣不重采、折節下

賢人、厚遇賓客、振貧弔死、與百姓同其勞。【集解】徐廣曰、弔、一作葬、【考證】楓山三條本、振作賑、欲使范蠡治國政。蠡對曰。兵甲之事、種不如蠡。塡撫國家、親附百姓、蠡不如種。【索隱】塡、音鎭、【考證】各本塡作鎭、今從索隱本、於是舉國政屬大夫種。【考證】身自耕作以下、本國語越語、而使范蠡與大夫柘稽、【索隱】越大夫也、國語、作諸稽郢、【考證】錢大昕曰、柘、諸、聲相近、行成爲質於吳。二歲而吳歸蠡。【考證】張照曰、國語、句踐與范蠡入宦於吳三年、而吳人遣之、越絕書亦作越王入宦於吳三年、吳王歸、愚按、韓子所記亦與越語越絕書同、句踐自會稽歸七年、拊循其士民、欲用以報吳。大夫逢同諫曰。【索隱】逢、姓、同、名、故楚有逢伯、【考證】逢、越絕作馮、吳越春秋、作扶、凌本、欲上衍士民二字、國新流亡。今乃復殷給。繕飾備利、吳必懼。懼則難必至。且鷙鳥之擊也、必匿其形。【考證】六韜、鷙鳥將擊、卑飛斂翼、今夫吳兵加齊·晉、怨深於楚·越。【考證】加兵齊晉、結怨楚越、名高天下、實害周室。德少而

功多、必淫自矜。爲越計、莫若結齊親楚附晉、以厚吳。吳之志廣、必輕戰。是我連其權、三國伐之、越承其弊、可克也。【考證】使三國伐驕吳、是我連其權也、句踐曰。善。居二年、吳王將伐齊。子胥諫曰。未可。【考證】楓山、三條本、無未可二字、臣聞句踐食不重味、與百姓同苦樂。此人不死、必爲國患。吳有越、腹心之疾。齊與吳疥癬也。【索隱】疥癬、音介駃、【考證】凌稚隆曰、癬、息淺切、與癬同、願王釋齊先越。吳王弗聽。遂伐齊、敗之艾陵、【索隱】在魯哀十一年、【考證】二年以下、本國語吳語哀十一年左傳、艾陵、今山東泰安府泰安縣博縣故城南、虜齊高·國。【索隱】國惠子、高昭子、【考證】張照曰、哀十一年左傳、戰于艾陵、展如敗高子、國子敗胥門巢、王卒助之、大敗齊師、獲國書公孫夏閭丘明陳書東郭書、革車八百乘、甲首三千以獻於公、是高子敗、國子見虜也、後又云、歸國子之元、想當時歿於陳耳、此槩言高子、與左傳異、以歸、讓子胥。【考證】以已通、子胥曰。王毋喜。王怒。子胥欲自殺。王聞而止之。【考證】吳語云、吳王還自伐齊、乃訊申胥、申胥曰、天之所棄、必驟近其小喜、而遠其大憂、今王

天祿亟至、是吳命之短也、員不忍見王之親爲越之禽也、員請先死、遂自殺、哀十一年左傳云、反役、吳王使賜子胥屬鏤以死、皆不言吳王止子胥自殺、越大夫種曰。臣觀吳王、政驕矣。請試嘗之貸粟、以卜其事。請貸。吳王欲與。子胥諫勿與。王遂與之。越乃私喜。子胥言曰。王不聽諫。後三年、吳其墟乎。太宰嚭聞之、乃數與子胥爭越議。因讒子胥曰。伍員貌忠而實忍人。其父兄不顧、安能顧王。【考證】岡白駒曰、楚嘗以免父死召二子、伍尚歸、子胥奔、王前欲伐齊。員彊諫。已而有功。用是反怨王。王不備伍員、員必爲亂。與逢同共謀、讒之王。【考證】梁玉繩曰、按事詳越絕、然逢乃越臣、何以在吳、與伯嚭爲友而譖伍胥邪、越絕亦云、句踐殺太宰嚭逢同與其妻子、徐孚遠疑范蠡既歸而遣逢事吳、或當然也、王始不從。乃使子胥於齊。聞其託子於鮑氏。王乃大怒曰。伍員果欺寡人。役反。使人賜子胥屬鏤劍以自殺。【考證】使子胥以下、據哀十一年左傳、役反、各本作欲反、今依館本、左傳作反役、屬鏤解

見吳世家、子胥大笑曰。我令而父霸。【索隱】而、汝也、父、闔廬也、我又立若。【索隱】若、亦汝也、若初欲分吳國半予我。我不受已。今若反以讒誅我。嗟乎、嗟乎、一人固不能獨立。【考證】一人、謂夫差也、岡龍州爲子胥自謂、非是、報使者曰。必取吾眼、置吳東門。以觀越兵入也。【索隱】國語云、吳王慍曰、孤不使大夫得見、乃盛以鴟夷、投之于江也、【正義】越後滅吳、從闔閭城東南開示浦、以子胥夢示之、因爲名、是從東門滅吳也、【考證】曰必取吾眼以下、據國語吳語、於是吳任嚭政。居三年、句踐召范蠡曰。吳已殺子胥。導諛者衆。可乎。【考證】杭世駿曰、三年、當作二年、據左傳殺子胥後至會黃池、首尾三年、下云明年春會黃池、合此二年、始足三年之數、王念孫曰、導諛即諂諛也、或作道諛、莊子天地篇、道諛之人是也、又云、謂己道人、謂己諛人、道人即諂人也、對曰。未可。【考證】句踐召范蠡以下、據吳語、至明年春、【考證】梁玉繩曰、案春秋、在夏、吳王北會諸侯於黃池。【索隱】在哀十三年、【考證】黃池、在今河南封丘縣、吳國精兵從王、惟獨老弱與太子留守。【索隱】據左氏傳、太子名友、【考證】吳王北會以下、哀十三年左傳、句踐復問范蠡。蠡曰。

可矣。【考證】以上本越語、乃發習流二千人、【索隱】虞書云、流宥五刑、按流放之罪人、使之習戰、任爲卒伍、故有二千人、【正義】謂先慣習流利戰陣、死者二千人也、【考證】人字各本脫、今依索隱本補、顧炎武曰、習流、謂士卒之善泅者、別爲一軍、徐天祐曰、笠澤之戰、越以三軍潛涉、蓋以舟師勝、所謂習流、卽習水戰之兵、若曰罪人習戰、越一小國、流放者何至二千人哉、教士四萬人、【索隱】謂常所教練之兵也、故孔子曰、以不教民戰、是謂弃之、是也、君子六千人、【集解】韋昭曰、君子王所親近有志行者、猶吳所謂賢良、齊所謂士也、虞翻曰、言君養之如子、【索隱】君子謂君所子養有恩惠者、又按左氏、楚沈尹戌帥都君子以濟師、杜預曰、都君子、謂郡邑之士有復除者、國語、王以私卒君子六千人、諸御千人、【索隱】諸御、謂諸理事之官、在軍有職掌者、【考證】中井積德曰、教士賤、專爲戰鬪之士、若君子、則非士伍之賤、自有祿位者、諸御、謂御士也、掌侍從門御者、如周之虎賁、漢之郎官也、御士之類非一、故曰諸御也、伐吳。吳師敗、遂殺吳太子。吳告急於王。王方會諸侯於黃池。懼天下聞之、乃祕之。吳王已盟黃池、乃使人厚禮以請成越。越自度亦未能滅吳。乃與吳平。【考證】吳師敗以下、本哀十三年左傳、其後四年、越復伐吳、吳士民罷弊、輕銳盡死於齊・晉。而越大破吳。

因而留圍之。三年、吳師敗。越遂復棲吳王於姑蘇之山。吳王使公孫雄【集解】虞翻曰、吳大夫、【正義】夫差棲於姑蘇山、轉戰于西北、敗于遂、【考證】姑蘇、在今江蘇吳縣西北三十里、梁玉繩曰、王孫雄、國語今本、作王孫雄、宋本作雒、越絕吳越春秋、作王孫駱、音同而通用、墨子所染、說苑雜言、竝作雒、呂氏春秋當染篇、作雄、而困學紀聞六、引呂是王孫雒、則雄字誤、韓子說疑、作額、蓋雒之譌也、肉袒膝行而前、【考證】肉袒、去上衣、露肢體、意謂歸罪就刑戮、請成越王曰。孤臣夫差、敢布腹心。異日嘗得罪於會稽。夫差不敢逆命、得與君王成以歸。今君王舉玉趾而誅孤臣。孤臣惟命是聽。意者亦欲如會稽之赦孤臣之罪乎。【考證】楓山、三條本、亦下無欲字、愚按、欲字衍、赦上奪事字、句踐不忍、欲許之。范蠡曰。會稽之事、天以越賜吳。吳不取。今天以吳賜越。越其可逆天乎。且夫君王蚤朝晏罷。非爲吳邪。謀之二十二年、一旦而弃之。可乎。且夫天與弗取、反受其咎。伐柯者、其則

不遠。【考證】逸周書、天與弗取、反受其咎、當斷弗斷、反招其亂、取咎韻、其則不遠、詩豳風伐柯篇、柯、斧柄、君忘會稽之戹乎。句踐曰。吾欲聽子言。吾不忍其使者。范蠡乃鼓進兵曰。王已屬政於執事。【集解】虞翻曰、執事、蠡自謂也、【考證】國語、事下有之人二字、使者去。不者且得罪。【集解】虞翻曰、我爲子得罪、【索隱】虞翻注、蓋依國語之文、今望此文、謂使者宜速去、不、且得罪於越、義亦通、【考證】國語云、子往矣、無使執事之人得罪於子、顧炎武曰、且得罪、言欲兵之、吳使者泣而去。【考證】國語云、使者辭反、吳王使公孫雄以下、采國語越語、句踐憐之。乃使人謂吳王曰。吾置王甬東、君百家。【集解】杜預曰、甬東、會稽句章縣東海中州也、【索隱】國語云、與之夫婦三百、是也、吳王謝曰。吾老矣。不能事君王。遂自殺。乃蔽其面曰。【正義】今之面衣、是其遺象也、越絕云、吳王曰、聞命矣、以三寸帛幎吾兩目、使死者有知、吾慙見伍子胥公孫聖、以爲無知、吾恥生者、越王則解綬以幎其目、遂伏劒而死、幎、音覓、顧野王云、大巾覆也、吾無面以見子胥也。【考證】以上采國語吳語、越王乃葬吳王、而誅太宰嚭。【考證】誅嚭、說在吳世家、句踐已平吳。乃以兵北渡淮、與齊・晉諸侯會於

徐州、【考證】徐州本薛地、今山東兗州府滕縣、沈家本曰、吳越春秋注引索隱曰、徐、音舒、徐州齊邑薛縣、是也、其字從人、左氏作舒、致貢於周。周元王使人賜句踐胙、命爲伯。句踐已去、渡淮南、以淮上地與楚、【集解】楚世家曰、越滅吳、而不能正江淮北、楚東侵廣地至泗上、歸吳所侵宋地於宋、與魯泗東方百里。當是時、越兵橫行於江淮東、諸侯畢賀。號稱霸王。【索隱】越在蠻夷、少康之後、地遠國小、春秋之初、未通上國、國史既微、略無世系、故紀年稱爲於粵子、據此文、句踐平吳之後、周元王始命爲伯、後遂僭而稱王也、【考證】吳語云、越滅吳、上征上國、宋鄭魯衞陳蔡執玉之君、皆入朝、中井積德曰、命爲伯、恐誇張之言、非實然也、范蠡遂去。【考證】范蠡去、國語吳語、自齊遺大夫種書曰。蜚鳥盡、良弓藏。狡兔死、走狗烹。【集解】徐廣曰、狡、一作郊、【考證】藏、烹韻、韓非子內儲說、狡兔盡則良犬烹、敵國滅則亡臣亡、三略、高鳥死、良弓藏、敵國滅、謀臣亡、文子上德篇、狡兔得而獵犬烹、高鳥盡而良弓藏、淮南子說林訓、狡兔得而獵狗烹、高鳥盡而良弩藏、史記淮陰侯傳、蒯通曰、野獸已盡而獵狗烹、韓信曰、狡兔死、良狗烹、高鳥盡、良弓藏、敵國破、謀臣亡、語異意同、蓋當時有此語、陶朱引之、後人述之、越王爲人長頸鳥喙、可與共患難、不可與共樂。子何不去。種見

書、稱病不朝。人或讒種且作亂。越王乃賜種劒曰。子教寡人伐吳七術。【正義】越絕云、九術、一曰、尊天事鬼、二曰、重財幣以遺其君、三曰、貴糴粟槀、以空其邦、四曰、遺之好美以熒其志、五曰、遺之巧匠、使起宮室高臺、以盡其財以疲其力、六曰、貴其諛臣、使之易伐、七曰、彊其諫臣、使之自殺、八曰、邦家富而備器利、九曰、堅甲利兵、以承其弊、【考證】梁玉繩曰、越絕、吳越春秋作九術、寡人用其三而敗吳。其四在子。子爲我從先王試之。【考證】岡白駒曰、試、用也、言當用之地下也、種遂自殺。句踐卒。【索隱】紀年云、晉出公十年十一月、於粵子句踐卒、是爲菼執、子王鼫與立。【索隱】鼫、音石、與、音餘、按紀年云、於粵子句踐卒、是菼執、次鹿郢立、六年卒、樂資云、越語謂鹿郢爲鼫與也、【考證】鼫與、哀二十四年左傳作適郢、吳越春秋名興夷、越絕作與夷、金履祥曰、鼫與必其號、猶句踐之號菼執、王鼫與卒。子王不壽立。王不壽卒。【索隱】紀年云、不壽立十年見殺、是爲盲姑、次朱句立、【考證】沈家本曰、越絕無不壽一代、子王翁立。王翁卒。【索隱】紀年、於粵子朱句三十四年、滅滕、三十五年、滅郯、三十七年、朱句卒、子王翳立。【考證】沈家本曰、越絕吳越春秋、竝無王翳一代、而稱翁子不揚、不揚字無彌、王翳卒。子王之侯立。【索隱】紀年云、翳三十三年、遷于吳、三十六年七月、太子諸咎弑其君翳、十月、粵殺諸咎粵滑、吳人立子錯枝爲君、明年、大夫寺區定粵亂、立無余之、十二年、寺區弟忠弑其君莽安、次無顓立、無顓八年薨、是爲菼蠋卯、故莊子云、越人三弑其君、子搜患之、逃乎丹穴、不肯出、越人薰之以艾、乘以王輿、樂資云、號曰無

顓、蓋無顓後乃次無彊也、則王之侯卽無余之也、【考證】梁玉繩曰、莊子讓王篇言越三世殺君、王子搜逃乎丹穴、不肯出、音義曰、搜、淮南子作翳、呂氏春秋貴生篇亦引此事、高誘注云、越王翳也、而審己篇有越王授、注謂句踐五世孫、名號既異、代系多乖、莫可詳究、黃以周曰、之侯卽子搜、古音近相通用、王之侯卒。子王無彊立。【索隱】蓋無顓之弟也、音其良反、【考證】沈家本曰、吳越春秋無王之侯一代、越絕則以爲無彊子、王無彊時、越興師、北伐齊、西伐楚、與中國爭彊。當楚威王之時、越北伐齊。齊威王使人說越王曰。【考證】梁玉繩曰、楚威不與齊威同時、當作齊宣王、攷古質疑、謬據此文以爲齊威王在位四十六年之證、殊不然也、越不伐楚、大不王、小不伯。圖越之所爲不伐楚者、爲不得晉也。【正義】晉、卽韓魏也、爾時三晉滅其君、已三十餘年矣、【考證】岡白駒曰、爲、去聲、言未得志於二晉也、姚範曰、按越伐齊、而齊以得二晉爲言、疑越不得齊則韓魏與齊合、而不敢交於越、故越欲得韓魏、必伐齊也、韓·魏固不攻楚。韓之攻楚、覆其軍、殺其將、則葉·陽翟危。【正義】葉、式涉反、今許州葉縣、陽翟、河南陽翟縣也、二邑此時屬韓、與楚犬牙交境、韓若伐楚、恐二邑爲楚所危、【考證】中井

積德曰、危者將喪也、魏亦覆其軍、殺其將、則陳·上蔡不安。【正義】陳、今陳州也、上蔡、今豫州上蔡縣、也、二邑此時屬魏、與楚犬牙交境、魏若伐楚、恐二國爲楚所危也、故二晉之事越也、【正義】言韓魏與楚鄰、今令越合於二晉而伐楚、不至於覆軍殺將、馬汗之力不效。【集解】徐廣曰、效、猶見也、【考證】中井積德曰、二晉句與下文相連屬、言二晉與越交合、必不肯盡力致勞、似非可欲者、以詰越王、效、呈致也、所重於得晉者、何也。【正義】從不至已下、此是齊使者重難越王、越王曰。所求於晉者、不至頓刃接兵、而況于攻城圍邑乎。【正義】頓刃、築營壘也、接兵、戰也、越王言韓魏之事越、猶不至頓刃接兵、而況更有攻城圍邑、韓魏始服乎、言畏秦齊而故事越也、【考證】刄、鋒刄也、頓、鈍通、正義誤、中井積德曰、言越之求於晉、不須其致力致勞也、岡白駒曰、所求惟下文願云云是已、願魏以聚大梁之下、願齊之試兵南陽·莒地、【索隱】此南陽、在齊之南界、莒之西、以聚常·郯之境、【索隱】常、邑名、蓋田文所封邑、郯、故郯國、二邑、皆齊之南地、【考證】中井積德曰、上下文皆累言韓魏二晉、而此乃舍韓而說齊魏、何也、疑是譌文、則方城之外不南、【正義】方城山、在許州葉縣西南十八里、外、謂許州南豫州等、言魏兵在大梁之下、楚方城之外兵、不得南伐越也、淮·泗之閒不東。商·於·析·酈·

【索隱】四邑、竝屬南陽、楚之西南也、【正義】酈、音櫟、括地志云、南洛縣、則古商國城也、荊州圖副云、鄧州內鄉縣東七里於村、卽於中地也、括地志又云、鄧州內鄉縣楚邑也、故酈縣、在鄧州新城縣西北三十里、按商於析酈、在商鄧二州界、縣邑也、宗·胡之地、【集解】徐廣曰、胡國、今之汝陰、【索隱】宗胡、邑名、胡姓之宗、因以名邑、杜預云、汝陰縣北有故胡城、是、【考證】各本、宗作宋、今從索隱本、中井積德曰、宗胡疑是兩地、夏路以左、不足以備秦。【集解】徐廣曰、蓋謂江夏之夏、【索隱】徐氏以爲江夏、非也、劉氏云、楚適諸夏、路出方城、人向北行、以西爲左、故云夏路以左、其意爲得也、【正義】括地志云、故長城在鄧州內鄉縣東七十五里、南入穰縣、北連翼望山、無土之處、累石爲固、楚襄王控霸南土、爭强中國、多築列城於北方、以適華夏、號爲方城、按此說劉氏爲得、云邑徒衆少、不足備秦、崤武二關之道也、【考證】岡白駒曰、楚之衆之不足備秦也、江南泗上、不足以待越矣。【正義】江南洪饒等州、春秋時爲楚東境也、泗上徐州、春秋時楚北境也、二境竝與越鄰、言不足當伐越、【考證】中井積德曰、正義伐字疑衍、則齊·秦·韓·魏、得志於楚也。【正義】齊國泗上界楚、秦出武關侵楚、韓葉陽翟鄰楚、魏南陳上蔡接楚、言四國欲伐楚、是得其志於楚也、是二晉不戰而分地、不耕而穫之。【正義】言齊秦攻楚、韓魏擧兵、未戰而以得地、是猶不耕而穫之、不此之爲、而頓刃於河山之閒、以爲齊·秦用。【正義】言韓魏頓刄於黃河華山之閒、若此險固、猶爲齊秦使役也、所待者、如此

其失計。柰何其以此王也。【考證】此答越不伐楚、大不王之言、所待、越待於韓魏也、下文、王所待於晉、承此而言、如此其失計、猶言其失計如此、 齊使者曰。幸也、越之不亡也。【考證】幸下也字、做哉字看、 吾不貴其用智之如目見豪毛而不見其睫也。【考證】王念孫曰、不貴二字、當作患、韓子喩老篇、杜子諫楚莊王曰、臣患王之智如目也、能見百步之外、而不能自見其睫、語意正與此同、太平御覽引此、見上有自字、愚按、不貴二字、自通、不必改、十八字爲一句、 今王知晉之失計、而不自知越之過。是目論也。【索隱】言越王知晉之失、不自覺越之過、猶人眼能見豪毛、而自不見其睫、故謂之目論也、【正義】論、郎頓反、齊使云、越王知晉之失計、不自知己分、越王之過、猶人眼見毫毛、而不見其睫、故云目論、 王所待於晉者、非其馬汗之力也。【考證】宋本、游本、其作有、 又非可與合軍連和也。將待之以分楚衆也。今楚衆已分。何待於晉。越王曰。柰何。曰。楚三大夫張九軍、北圍曲沃・於中、【集解】徐廣曰、一作北面曲沃、【正義】括地志云、曲沃故城、在陝縣西三十二里、於中、在鄧州內鄉縣東七里、爾時曲沃屬魏、於中屬秦、二地相近、故楚圍之、 以至無假之關者、三千七百里。

【集解】徐廣曰、無、一作西、【正義】按無假之關、當在江南長沙之西北也、言從曲沃於中、西至漢中巴巫黔中千餘里、皆備秦晉也、【考證】中井積德曰、三千七百里、謂兵之分散也、 景翠之軍、北聚魯・齊・南陽。分有大此者乎。【正義】魯、兗州也、齊、密州莒縣邑南至泗上也、南陽、鄧州也、時屬韓也、言楚又備此三國也、分散有大此者乎、 且王之所求者、鬬晉・楚也。晉・楚不鬬、越兵不起。是知二五而不知十也。此時不攻楚。臣以是知越大不王、小不伯。復・讎・龐・長沙、楚之粟也。【集解】徐廣曰、龐、一作寵、【索隱】劉氏云、復者、發語之聲、非也、言發語聲者、文勢然也、則是脫況字耳、讎、當作犨、犨邑名、字訛耳、則犨、龐、長沙是三邑也、下云竟澤陵、當爲竟陵澤、言竟陵之山澤出材木、故楚有七澤、蓋其一也、合上文爲四邑也、【正義】復、扶富反、 竟澤・陵、楚之材也。越窺兵通無假之關。【集解】徐廣曰、無、一作西、 此四邑者、不上貢事於郢矣。【正義】言今越北欲鬬晉楚、南復讎敵楚之四邑、龐、長沙、竟陵澤也、龐、長沙出粟之地、竟陵、澤出材木之地、此邑近長沙潭衡之境、越若窺兵、西通無假之關、則四邑不得北上貢於楚之郢都矣、戰國時、永郴衡潭岳鄂江洪饒、竝是東南境、屬楚也、袁吉虔撫歙宣、竝越西境、屬越也、【考證】崔適曰、齊威王使人說越王、至此四邑者不上貢於郢矣、各本多遺脫、頗難索解、 臣聞之、圖王不王、

其敝可以伯。然而不伯者、王道失也。【正義】言圖王不得王、其弊因猶可以伯、然而不伯者、其道猶在、唯失王道也、 故願大王之轉攻楚也。於是越遂釋齊而伐楚。楚威王興兵而伐之、大敗越、殺王無彊、盡取故吳地、至浙江、北破齊於徐州。【集解】徐廣曰、周顯王之四十六年、【索隱】按紀年、粵子無顓薨後十年、楚伐徐州、無楚敗越殺無彊之語、是無彊爲無顓之後、紀年不得錄也、 而越以此散。【考證】表、在三十六年、通鑑繫之於周顯王三十五年、黃以周曰、司馬氏撰史記、不能詳越事、所作越世家、世次殘闕、事蹟疏略、自句踐滅吳、陶朱富家外、寥寥數語、以畢其事、而其所致詳者、謂王無彊聽齊威王言伐楚、爲楚威王所滅、在圍齊徐州前一事、後人作編年之史、修吳越之志、悉從其說、今參攷諸書、而知其有大謬不然者、年表、齊威王卒於周顯王三十年、兩威王初不同時、徐州之圍、在周顯王三十六年、是時齊威王之墓木拱矣、且偏攷秦漢古書、楚圍徐州之年、竝無三大夫圍於中、景翠圍南陽事、景翠於楚威王時未任用、至懷王、屬使將兵、見國策、世家年表、書楚圍徐州、竝不書楚之敗越滅越、是司馬氏不能無疑也、楚之敗越殺王無彊、當在周赧王八年、爲楚之懷王之二十二年、時秦攻宜陽、兵罷於韓、與楚和親、見國策秦紀甘茂傳、而越適亂、楚遂乘而滅之、其明年齊遣楚爲從、而楚臣昭睢有王雖東取地于越、不足以刷恥、秦破宜陽、韓猶事秦之語、皆就當日事情規戒其君、見楚世家、當依徐廣說、在二十二年、世家亦誤、則楚之得故吳地、在懷王二十三年前、當秦拔宜陽時可知矣、舊史知敗越在秦拔宜陽時、而楚圍

徐州之年、亦適有秦拔宜陽事、見韓世家、故牽連及之、而不察其違也、周赧王十年、齊使甘茂於楚、懷王新與秦合婚而驩、而秦聞甘茂在楚、欲相之、懷王問范蜎、蜎曰、王前用召滑於越、而內行章儀之難、越國亂、故楚南塞厲門、而郡江東、今王已用之於越矣、而忘之於秦、臣以爲王鉅速忘矣、見楚策、年表、甘茂傳、云鉅速忘者、敗越尚在三年中也、而謂王無彊當楚威王圍徐州時、已爲楚滅、盡失故吳地、可乎哉、徐廣攷之不詳、乃謂楚圍徐州爲說越伐楚之故、攷之國策孟嘗君傳、楚圍徐州、怒田嬰之王齊魏、實無與於說越事也、索隱每引紀年所載越事、以補世家之闕、訂世家之譌、而紀年於越無顓薨後、既不書繼立者之爲無彊、亦不書楚敗越殺無彊事、索隱因此無從考其世次、而但云蓋無顓後乃次無彊也、亦無辨其殺無彊之在何年、而但云紀年楚伐徐州、無楚敗越殺無彊語、今本紀年於無顓卒下、而云次無彊立矣、於圍徐州下、而云遂伐於越、殺無彊矣、此係後人竄改、非其舊也、至於世家言楚殺王無彊後、諸子濱於江南海上者、蓋謂自此避居浙江會稽、會稽本近海也、或者因此謂是時會稽已失、濱在台州臨海地、攷之楚世家、頃襄王十八年、楚人有以弱弓說王者、曰、王北遊目于燕之遼東、而南登於越之會稽、是越之會稽、至楚頃襄王時猶未失也、其失會稽、在秦幷楚之後、故秦紀云、定楚江南地、降越君、置會稽郡也、王無彊雖敗、而浙東爲越故土、仍未失、世家云、楚取故吳地至浙江、斯言本不誣也、 諸族子爭立、或爲王、或爲君、濱於江南海上、【正義】今台州臨海縣是也、【考證】沈家本曰、按吳越春秋、彊卒子玉、玉卒子尊、尊卒子親、親失琅邪、爲楚所滅、越絕、楚威王滅無彊、無彊子之侯、竊自立爲君長、之侯子尊、尊子親、失衆、楚伐之、奔南山、所言各不同、黃以周曰、蓋謂自此避居浙江會稽、會稽本近海也、正義非、 服朝於楚。後

七世、至閩君搖、佐諸侯平秦。漢高帝復以搖爲越王、以奉越後。東越・閩君、皆其後也。【考證】閩越傳亦云、無諸及搖皆句踐後、范蠡【集解】太史公素王妙論曰、蠡本南陽人、列仙傳云、蠡徐人、【正義】吳越春秋云、蠡字少伯、乃楚宛三戶人也、越絕云、在越爲范蠡、在齊爲鴟夷子皮、在陶爲朱公、又云、居楚曰范伯、謂大夫種曰、三王、則三皇之苗裔也、五伯、乃五帝之末世也、天運歷紀、千歲一至、黃帝之元、執辰破巳、霸王之氣、見於地戶、伍子胥以是挾弓矢于吳王、於是要大夫種入吳、此時馮同相與共戒之、伍子胥在、自餘不能闕其詞、蠡曰、吳越之邦、同風共俗、地戶之位、非吳則越、彼爲彼、我爲我、乃入越、越王常與言、盡日方去、七略云、素王妙論二卷、司馬遷撰也、【考證】正義七略以下十七字、依桃源鈔補、與困學紀聞所引合、錢大昕曰、術家以亥爲天門、巳爲地戶、建在亥、則破在巳、執在辰矣、巳爲楚分、而吳越在中國之東南、正當巳位、故云地戶之位、非吳則越、春秋時、能病楚者吳、能病吳者越、以其當地戶也、沈家本曰、正義引吳越春秋、今吳越春秋無此語、引越絕云、在陶爲朱、彼爲彼、我爲我、方去、今越絕無此語、事越王句踐、既苦身勠力、與句踐深謀二十餘年、竟滅吳、報會稽之恥。北渡兵於淮、以臨齊・晉、號令中國、以尊周室、句踐以霸。而范蠡稱上將軍、還反國。范蠡以爲大名之下、難以久居。且句踐

爲人、可與同患、難與處安。爲書辭句踐曰。【考證】越語云、反至五湖、范蠡辭於王曰、君王勉之、臣不復入越國矣、據此則范蠡與越王對語、非贈書、臣聞主憂臣勞、主辱臣死。昔者君王辱於會稽。所以不死、爲此事也。今既以雪恥。臣請從會稽之誅。句踐曰。孤將與子分國而有之。不然、將加誅于子。范蠡曰。君行令、臣行意。【考證】臣聞以下、采越語、越語、令作制、乃裝其輕寶珠玉、自與其私徒屬乘舟浮海以行。終不反。於是句踐表會稽山、以爲范蠡奉邑。【索隱】國語云、乃環會稽三百里、以爲范蠡之地、奉、音扶用反、【考證】梁玉繩曰、蠡已去越、何奉邑之有、國語云、以爲范蠡地、不言奉邑也、愚按、浮海以行以下、本越語、范蠡浮海出齊、變姓名自謂鴟夷子皮。【索隱】范蠡自謂也、蓋以吳王殺子胥、而盛以鴟夷、今蠡自以有罪、故爲號也、韋昭曰、鴟夷、革囊也、或曰、生牛皮也、【正義】吳王誅子胥、盛鴟夷子皮、棄之江中、蠡既去越、比之子胥、自號鴟夷子皮、鴟夷用馬革爲之、形若榼也、韋昭曰、鴟夷、革囊也、韓子云、鴟夷子皮事田成子、去齊之燕、子皮從之、耕于海畔、苦身戮力、父子治產。居無幾

何、致產數十萬。【考證】柯・凌本、十作千、齊人聞其賢以爲相。范蠡喟然嘆曰。居家則致千金、居官則至卿相。此布衣之極也。久受尊名不祥。【考證】是與上文大名之下難以久居、語異意同、張良云、以三寸舌爲帝者師、封萬戶位列侯、此布衣之極、於良足矣、願弃人間事、欲從赤松子游耳、蓋自鴟夷子得來、凌稚隆曰、淮南子言、簡公專任宰相、故使田常鴟夷子皮得成其難、史稱蠡自謂鴟夷子皮、爲齊相、然則蠡相齊之後、又爲田常謀、事成、乃去耳、乃歸相印、盡散其財、以分與知友鄉黨、而懷其重寶、閒行以去、止于陶。【集解】徐廣曰、今之濟陰定陶、【正義】括地志云、陶山、在濟州平陰縣東三十五里、止此山之陽也、今山南五里、猶有朱公冢、【考證】陶、今山東定陶縣、以爲此天下之中、交易有無之路通。爲生、可以致富矣。【考證】爲生、治產也、於是自謂陶朱公。【考證】秦策、蔡澤曰、范蠡超然避世、長爲陶朱君、復約要、父子耕畜、廢居候時、轉物逐什一之利。【正義】畜、許六反、耕、耕田也、畜、養五牸也、廢、停也、居、貯也、停賤物、貴而賣之也、居無何、則致貲累巨萬。【集解】徐廣曰、萬萬也、天下稱陶朱公。朱公居陶生

少子。少子及壯、而朱公中男殺人、囚於楚。朱公曰。殺人而死、職也。【考證】王念孫曰、爾雅、職、常也、言殺人而死、固其常也、伍子胥傳曰、事成爲卿、不成而烹、固其職也、季布傳曰、季布爲項籍用、職耳、定元年左傳曰、爲宋役、亦其職也、義並與此同、然吾聞千金之子、不死於市。【考證】子市韻、告其少子往視之。【考證】藝文類聚引、告作使、乃裝黃金千溢、置褐器中、載以一牛車。【考證】岡白駒曰、褐、毛布也、藏褐衣器、且遣其少子。朱公長男固請欲行。朱公不聽。長男曰。家有長子曰家督。【考證】岡白駒曰、長子有督家事之義、今弟有罪、大人不遣。乃遣少弟。是吾不肖。欲自殺。其母爲言曰。今遣少子、未必能生中子也。而先空亡長男。柰何。朱公不得已而遣長子。爲一封書遺故所善莊生。【索隱】據其時代、非莊周也、然驗其行事、非子休而誰能信任於楚王乎、【正義】年表云、周元王四年、越滅吳、范蠡遂去齊歸定陶、後遣莊生金、莊周與魏惠王周元王同時、從周元王四年至齊宣王年一百三十年、此莊生非莊子、【考證】索隱子休、斥莊周、周字子休、又見唐成玄英莊子序、中井積

德曰、正義下文周元王、當作齊宣王、百三十年、當作百四十年、 曰。至則進千金于莊生所、聽其所爲。慎無與爭事。長男既行。亦自私齎數百金至楚莊生。家負郭、披藜藋到門。居甚貧。考證中統、游、柯、凌本藜作藋、岡白駒曰、周圍藜藋以給朝夕、愚按、狀其荒涼也、 然長男發書進千金、如其父言。考證張文虎曰、然字涉下文而衍、 莊生曰。可疾去矣。慎毋留。即弟出、勿問所以然。長男既去、不過莊生、而私留、以其私齎獻遺楚國貴人用事者。考證岡白駒曰、長男見莊生貧、以爲有能者不當至此、故改圖救弟、此富商俗眼也、 莊生雖居窮閻、然以廉直聞於國。自楚王以下、皆師尊之。及朱公進金、非有意受也。欲以成事後復歸之、以爲信耳。故金至、謂其婦曰。此朱公之金。有如病不宿誡、後復歸。勿動。正義宿、猶預也、言此朱公之金、有如病患、須固看守、而言不預誡、後復歸朱公、慎莫動也、一云、有如病、此金欲用之也、考證宿誡二字屬上句、言急死不能預告之也、 而朱公

長男不知其意、以爲殊無短長也。考證言莊生無所損益於弟生死也、 莊生閒時入見楚王、言某星宿某。此則害於楚。楚王素信莊生。曰。今爲柰何。莊生曰。獨以德爲可以除之。楚王曰。生休矣。寡人將行之。王乃使使者封三錢之府。集解國語曰、周景王時、將鑄大錢、賈逵說云、虞夏商周、金幣三等、或赤、或白、或黃、黃爲上幣、銅錢爲下幣、韋昭曰、錢者金幣之名、所以貿買物通財用也、單穆公云、古者有母權子、子權母而行、然則三品之來、古而然矣、駰謂楚之三錢、賈韋之說近之、 楚貴人驚告朱公長男曰。王且赦。曰。何以也。考證楓山、三條本、以下有知、 曰。每王且赦、常封三錢之府。昨暮王使、使封之。集解或曰、王且赦、常封三錢之府者、錢幣至重、慮人或逆知有赦、盜竊之、所以封錢府備盜竊也、漢靈帝時、河內張成能候風角、知將有赦、敎子殺人、捕得七日赦出、此其類也、考證行赦施惠、始見史文、 朱公長男以爲赦、弟固當出也。重千金、虛弃莊生。無所爲也。考證猶言無益、 乃復見莊生。莊生驚曰。若不去邪。長男曰。固未也。初爲事

弟。弟今議自赦。故辭生去。考證岡白駒曰、赦字上加一自字、以表莊生無預、 莊生知其意欲復得其金、曰。若自入室取金。長男即自入室取金持去、獨自歡幸。考證楓山、三條本、男下無即字、自下無歡字、 莊生羞爲兒子所賣、乃入見楚王曰。臣前言某星事。王言欲以修德報之。今臣出道路。皆言陶之富人朱公之子、殺人囚楚。其家多持金錢賂王左右。故王非能恤楚國而赦。乃以朱公子故也。楚王大怒曰。寡人雖不德耳、柰何以朱公之子故而施惠乎。考證楓山、三條本、耳作獨、 令論殺朱公子。明日遂下赦令。朱公長男竟持其弟喪歸。至。其母及邑人盡哀之。唯朱公獨笑曰。吾固知必殺其弟也。彼非不愛其弟。顧有所不能忍者也。考證楓山、三條本、也下、有何也二字、 是少與我俱見苦爲生

難。故重弃財。考證御覽引、見苦二字倒、 至如少弟者、生而見我富、乘堅驅良逐狡兎。集解徐廣曰、狡、一作郊、考證堅、堅車、良、良馬、 豈知財所從來。故輕弃之、非所惜吝。考證凌本、弃譌去、 前日吾所爲欲遣少子、固爲其能弃財故也。而長者不能。故卒以殺其弟。事之理也。無足悲者。吾日夜固以望其喪之來也。考證楓山、三條本、夜、作者、以作已、梁玉繩史記志疑引陳大令曰、赦中子殺人一節、必好事者爲之、非實也、徇兒女子之言、而致中男于死、爲不仁、以褊悻之莊生、而託以愛子、爲不智、豈具窺越沼吳之識、竟失算若是乎、莊生之不廉不直、無足爲友、更弗論已、前賢亦嘗論之、 故范蠡三徙、成名於天下。非苟去而已、所止必成名。卒老死于陶。故世傳曰陶朱公。集解張華曰、陶朱公冢、在南郡華容縣西、樹碑云、是越之范蠡也、正義盛弘之荊州記云、荊州華容縣西有陶朱公冢、樹碑云、是越范蠡、范蠡本宛三戶人、與文種俱入越、吳亡後自適齊而終、陶朱公登仙、未聞葬此所由、括地志云、陶朱公冢也、又云、濟州平陰縣東三十里陶山南五里、有陶公冢、幷止於陶山之陽、按葬處有二、未詳其處、考證何良俊曰、范蠡列在貨殖傳、本傳只載貨殖事、若伯越諸謀畫、與越事相聯者、則附見越世家中、其救中子殺人事、

亦附其后、此皆太史公作史法也、

太史公曰。禹之功大矣。漸九川、定九州、至于今、諸夏艾安。集解徐廣曰、漸者亦引進通導之意也、字或宜然、及苗裔句踐、苦身焦思、終滅彊吳、北觀兵中國、以尊周室、號稱霸王。集解徐廣曰、一作主、句踐可不謂賢哉。蓋有禹之遺烈焉。范蠡三遷、皆有榮名。名垂後世。臣主若此。欲毋顯得乎。

索隱述贊、越祖少康、至于允常、其子始霸、與吳爭彊、檇李之役、闔閭見傷、會稽之恥、句踐欲當、種誘以利、蠡悉其良、折節下士、致膽思嘗、卒復讎寇、遂殄大邦、後不量力、滅於無彊、

越王句踐世家第十一　史記四十一

史記會注考證

文學博士瀧川龜太郎著

史記會注考證卷四十二

漢　太　史　令　司　馬　遷　撰

宋中郎外兵曹參軍裴　駰　集　解

唐國子博士弘文館學士司馬　貞　索　隱

唐諸王侍讀率府長史張　守　節　正　義

日　本　出　雲　瀧　川　資　言　考　證

鄭世家第十二　史記四十二

[正義][考證]毛詩譜云、鄭國者周宣王封其弟友於宗周畿內棫林之地、是爲鄭桓公、史公自序云、桓公之東、太史是庸、及侵周禾、王人是議、祭仲要盟、鄭久不昌、子

產之仁、紹世稱賢、三晉侵伐、鄭納於韓、嘉厲公納惠王、作鄭世家第十二、愚按、此篇采國語左傳、顧棟高曰、鄭桓公當幽平之世、以詐取虢檜之地、其地當中國要害、四面皆强國、故雖鄭莊之奸雄、無能狡焉啓疆之計、終春秋二百四十年、僅再滅許、肆其吞噬而已、而虎牢入晉、櫟入楚、鄭之封疆、亦蝕于晉楚焉、其地有開封府之祥符蘭陽中牟陽武鄢陵洧川尉氏鄭州河陰汜水滎陽滎澤、凡一州十一縣、亦兼涉杞縣、與楚接界、陳留與陳接界、封邱與衞接界、許州爲所奪許國之地、禹州爲櫟都、汝州之魯山、郟縣本楚以餌鄭、旋復爲楚奪、又闌入衞輝府之延津縣、河南府之登封縣、偃師縣、陳州府之扶溝縣、懷慶府之武涉縣、歸德府之睢州、其地俱在今河南一省、其闌入直隸大名府之長垣縣者、爲蔡仲邑、東明縣、有武父地、僅彈丸黑子而已、

鄭桓公友者、周厲王少子、而宣王庶弟也。[集解]徐廣曰、年表云、母弟、[考證]梁玉繩曰、庶弟誤、當依年表作母弟、漢地理志亦作母弟、鄭詩譜從之、是也、詩疏曰、世家年表同出馬遷、自相乖異、愚按左傳云、鄭有厲宣之親、以厲王之子而兼云宣王、桓公明是宣王母弟、此云庶弟、傳寫之誤、宣王立二十二年、友初封于鄭。[集解]鄭、縣名、屬京兆、秦武公十一年、初縣杜鄭、是也、又系本云、桓公居棫林、徙拾、宋忠云、棫林與拾、皆舊地名、是封桓公乃名爲鄭耳、至秦之縣鄭、蓋是鄭武公東徙新鄭之後、其舊鄭乃是故都、故秦始縣之、[考證]鄭、西周畿內邑、今陝西華州鄭縣故城是、後徙虢鄶之間、今河南鄭縣是、其餘民南保漢中、今漢中府南鄭縣是、錢大昕曰、棫林咸林、疑是一地、封三十三歲、

百姓皆便愛之。幽王以爲司徒。[集解]韋昭曰、幽王八年爲司徒、[索隱]韋昭據國語、以幽王八年爲司徒也、[正義]詩序曰、鄭桓公爲司徒、善於其職、國人宜之、故賦緇衣之詩、是也、左傳云、桓公友入爲司徒、及子武公、亦爲之、和集周民。周民皆說。河雒之間、人便思之。[正義]河雒之間、黃河之南、洛水之北、[考證]鄭語云、桓公爲司徒、甚得周衆與東土之人、爲司徒一歲、幽王以褒后故、王室治多邪。諸侯或畔之。於是桓公問太史伯曰。王室多故。予安逃死乎。[集解]虞翻曰、周太史、[考證]鄭語、作史伯、太史伯對曰。獨雒之東土、河·濟之南可居。[考證]鄭語、作濟洛河潁之間、公曰。何以。對曰。地近虢·鄶。[集解]徐廣曰、虢在成皋、鄶在密縣、駰案虞翻曰、虢姬姓、東虢也、鄶妘姓、[正義]括地志云、洛州汜水縣古東虢叔之國、東虢君也、又云、故鄶城在鄭州新鄭縣東北三十二里、[考證]今河南開封府河陰縣虢亭、東虢故城、妘國居溱洧之間、今開封府密縣、有檜城、虢·鄶之君、貪而好利、百姓不附。[索隱]鄭語云、虢叔恃勢、鄶仲恃險、皆有驕侈、又加之以貪冒、是也、虢叔、文王弟、鄶、鄶姓之國也、今公爲司徒、民皆愛公。公誠請居之、虢·鄶之君、見公方用事、輕

分公地。公誠居之、虢·鄶之民、皆公之民也。公曰。吾欲南之江上。何如。對曰。昔祝融爲高辛氏火正。其功大矣。而其於周、未有興者。楚其後也。周衰、楚必興。興、非鄭之利也。公曰。吾欲居西方。何如。【索隱】國語曰、公曰、謝西之九州何如、韋昭云、謝、申伯之國、謝西有九州、二千五百家爲州、其說蓋異此、 對曰。其民貪而好利。難久居。公曰。周衰、何國興者。對曰。齊·秦·晉·楚乎。夫齊、姜姓、伯夷之後也。伯夷佐堯典禮。秦、嬴姓、伯翳之後也。伯翳佐舜懷柔百物。及楚之先、皆嘗有功於天下。而周武王克紂、後成王封叔虞于唐。【集解】徐廣曰、晉世家曰、唐叔虞、姓姬氏、字子于、【索隱】唐者、古國、堯之後、其君曰叔虞、何以知然者、據此系家下文云、唐人之季代曰唐叔虞、當武王邑姜方動、大叔夢天命而子曰虞、與之唐、及生有文在手、曰虞、遂以名之、及成王滅唐、而國太叔、故因以稱唐叔虞、杜預亦曰、取唐君之名、是也、 其地阻險、以此有德、與周衰竝。亦必興矣。【考證】岡白駒曰、以此有

德子孫、與周季衰、德者竝、其勢必興矣、 桓公曰。善。於是卒言王、東徙其民雒東。而虢·鄶果獻十邑。【集解】虞翻曰、十邑、謂虢鄶鄢蔽補丹依𥛚歷莘也、【索隱】國語云、太史伯曰、若克二邑、鄢蔽補丹依𥛚歷莘、君之土也、虞翻注、皆依國語爲說、【正義】括地志云、故莘城、在鄭州管城縣南三十里、鄢、今許州鄢陵是、杜預曰、鄢、潁川鄢陵縣、鄶、汜水縣也、餘邑皆相近、毛詩疏曰、鄭世家云、桓公言於王、東徙其民雒東、而虢鄶果獻十邑、如世家言、則桓公自取十邑、而詩譜云、死後武公取之者、司馬遷見國語史伯爲公謀取十邑之文、不知桓公身未得、故傳會爲此說耳、外傳云、皆子男之國、虢鄶爲大、則八邑各爲其國、則虢鄶之地、無由得獻之桓公也、明司馬遷之說謬耳、【考證】梁玉繩曰、案國語漢地理志鄭詩譜及孔疏、見詩鄭風、左傳隱十一年、而知史公之說非也、桓公封于宗周畿內咸林之地、京兆鄭縣、是所謂舊鄭也、因王室多故、咸史伯之言、寄孥與賄子虢鄶等十邑、桓公死幽王之難、其子武公與平王東徙、卒定十邑之地、以爲國、河南新鄭是也、然則桓公始謀、非身得也、武公始國、非桓公也、武滅虢鄶、非王徙之而獻邑也、十邑中八邑、各爲其國、非虢鄶之地、無由獻之也、 竟國之。【集解】韋昭曰、後武公竟取十邑地、而居之、今河南新鄭也、【考證】幽王以爲司徒以下、本國語鄭語、梁玉繩曰、載史伯之對、與國語不同、豈史公刪易之歟、 二歲、犬戎殺幽王於驪山下、并殺桓公。【考證】驪山、在陝西西安府臨潼縣東南、 鄭人共立其子掘突。【正義】上求勿反、下戶骨反、 是爲武公。【索隱】譙周云、名突滑、皆非也、蓋古史失其名、太史公循舊失而妄記之耳、何以知其然

者、按下文其孫昭公名忽、厲公名突、豈有孫與祖同名乎、當是舊史雜記昭厲忽突之名、遂誤以掘突爲武公之字耳、【考證】應劭曰、鄭武公與平王東遷、更稱新鄭、是也、梁玉繩曰、案年表、武公無名、乃今本之失、索隱本引表作鄭武公滑突、注云、滑一作掘、蓋指世家而言、杜世族譜及國語韋注、亦作滑突、譙周作突滑、必譌倒也、索隱殊非、祖孫同名、必有一誤、不得斷史失其名、以掘突爲字、亦妄、 武公十年、娶申侯女爲夫人。曰武姜。【正義】括地志云、故申城、在鄧州南陽縣北三十里、左傳云、鄭武公取於申也、【考證】梁玉繩曰、案武公之取武姜及生子、未定何歲、而世家年表、謂十年取武姜、年表、十四年生莊公、十七年生大叔段、不知何據、 生太子寤生。生之難。【考證】隱元年左傳云、莊公寤生、驚姜氏、故名曰寤生、遂惡之、寤讀爲牾、牾、逆也、凡婦人產子、首先出者爲順、足先出者爲逆、莊公逆生、所以驚姜氏、史所謂生之難也、 及生、夫人弗愛。後生少子叔段。段生易。夫人愛之。【集解】徐廣曰、年表云、十四年生寤生、十七年生太叔段、 二十七年、武公疾。夫人請公欲立段爲太子。公弗聽。是歲、武公卒。寤生立。是爲莊公。莊公元年、封弟段於京。【集解】賈逵曰、京、鄭都邑、杜預曰、今滎陽京縣、【考證】故城、在今河南開封府滎陽縣東南、 號太叔。祭仲曰。京、大於國。非所以封庶也。【考證】左傳云、祭仲曰、都城過百雉、國之害、今

京不度、非制也、君將不堪、注、祭仲、鄭大夫、愚按、國猶言國都也、 莊公曰。武姜欲之。我弗敢奪也。【考證】左傳、武姜作姜氏、梁玉繩曰、姜氏現存、而稱武姜、可乎、 段至京、繕治甲兵、與其母武姜謀襲鄭。二十二年、段果襲鄭、武姜爲內應。【考證】中井積德曰、據左傳、莊公先期發兵伐京也、此蓋謬多一戰、 莊公發兵伐段。段走。伐京。京人畔段。段出走鄢。【正義】鄔、音烏古反、今新鄭縣南鄔頭有村、多萬家、舊作鄢、音偃、杜預云、鄢、今鄢陵也、【考證】今河南開封府鄢陵縣、春秋鄭鄢邑、據正義、唐時史記有作鄔者、以形似譌、 鄢潰。段出奔共。【集解】賈逵曰、共、國名也、杜預曰、今汲郡共縣也、【正義】按今衛州共城縣是也、【考證】古共國、今河南衛輝府輝縣治、 於是莊公遷其母武姜於城潁。【集解】賈逵曰、鄭地、【正義】疑許州臨潁縣是也、 誓言曰。不至黃泉、毋相見也。【集解】服虔曰、天玄地黃、泉在地中、故言黃泉、【考證】左傳、誓下無言字、 居歲餘、已悔思母。潁谷之考叔、【集解】賈逵曰、潁谷、鄭地、【正義】括地志云、潁水、源出洛州嵩高縣東南三十里陽乾山、今俗名潁山、泉源出山之東谷、其側有古人居處、俗名爲潁墟、故老云、是潁考叔故居、卽酈元注水經所謂潁谷也、 有獻於公。【考證】中井積德曰、按左傳有獻之上、有聞之二字、乃爲得狀、 公賜食。考叔曰。

臣有母。請君食賜臣母。莊公曰。我甚思母。惡負盟。柰何。考叔曰。穿地至黃泉、則相見矣。於是遂從之見母。【考證】武公十年以下、本隱元年左傳、二十四年、宋繆公卒。公子馮奔鄭。【考證】馮、穆公子。鄭侵周地取禾。【索隱】隱三年左傳、鄭武公莊公爲平王卿士、王貳于虢、及王崩、周人將畀虢公政、夏四月、鄭祭足帥師取溫之麥、秋又取成周之禾、是、【考證】以上本隱三年左傳、二十五年、衞州吁弒其君桓公自立。與宋伐鄭。以馮故也。【考證】以上隱四年左傳、二十七年、始朝周桓王。桓王怒其取禾、弗禮也。【索隱】杜預曰、桓王卽位、周鄭交惡、至是始朝、故言始也、左傳又曰、周桓公言於王曰、我周之東遷、晉鄭焉依、善鄭以勸來者、猶懼不蔇、況不禮焉、鄭不來矣、【考證】隱六年左傳、不言怒其取禾、二十九年、莊公怒周弗禮、與魯易祊・許田。【索隱】許田、近許之田、魯朝宿之邑、祊者鄭所受助祭太山之湯沐邑、鄭以天子不能巡守、故以祊易許田、各從其近、【考證】梁玉繩曰、易田取其便、非因怒王弗禮而易之也、是年鄭歸魯祊、尙未易許田、王孝廉云、莊公怒周弗禮、疑在下不朝周句上、而衍莊公字耳、愚按、據周本紀、史記原文若此、王說非是、三十三年、宋殺孔父。【考證】桓二年春秋經傳、

愚按、何不記弒殤公、據表在三十四年、與春秋合、三十七年、莊公不朝周。周桓王率陳・蔡・虢・衞伐鄭。莊公與祭仲・【索隱】左傳稱祭仲足、蓋祭是邑、其人名仲、字仲足、故傳云、祭封人仲足、是也、此繻葛之戰、在魯桓公五年、【考證】祭仲名足、仲其字、高渠彌、【索隱】一作彌、一作眯、竝名卑反、發兵自救。【考證】中井積德曰、發兵者拒王師也、此自救者、據左傳鄭伯之語而言也、然當時言語之文飾、豈足據哉、王師大敗。祝聸射中王臂。【索隱】左傳作祝聃、【考證】左傳、臂作肩、祝聸請從之。鄭伯止之曰。犯長且難之。況敢陵天子乎。乃止。夜令祭仲問王疾。【考證】三十七年以下、桓五年左傳、三十八年、北戎伐齊。齊使求救鄭。遣太子忽、將兵救齊。齊釐公欲妻之。忽謝曰。我小國、非齊敵也。【考證】桓六年左傳、左傳、敵作耦、義同、梁玉繩曰、左傳、齊大非偶之言、追紀前事、非救齊時事、史徵誤、時祭仲與俱。勸使取之。曰。君多內寵。【集解】服虔曰、言庶子有寵者多、【考證】中井積德曰、內寵、謂婦人也、太子無大援、將不立。三公子皆君也。【考證】桓十一年左傳、所謂

三公子者、太子忽、其弟突、次弟子亹也。【索隱】此文則數太子忽及突子亹爲三、而杜預云、不數太子、以子突子亹子儀爲三、蓋得之、【考證】是史公釋蔡仲之言、四十三年、鄭莊公卒。初祭仲甚有寵於莊公。莊公使爲卿。公使娶鄧女、生太子忽。【考證】公使娶鄧女、公使蔡仲往鄧迎鄧女也、故祭仲立之。是爲昭公。莊公又娶宋雍氏女、生厲公突。【集解】賈逵曰、雍氏、黃帝之孫姞姓之後、爲宋大夫、雍氏有寵於宋。【集解】服虔曰、爲宋正卿、故曰有寵、宋莊公聞祭仲之立忽、乃使人誘召祭仲而執之。曰。不立突、將死。亦執突以求賂焉。祭仲許宋、與宋盟、以突歸立之。昭公忽聞祭仲以宋要立其弟突。九月辛亥、忽出奔衞。【考證】左傳、辛亥作丁亥、己亥、突至鄭立。是爲厲公。【考證】四十三年以下、桓十一年左傳、厲公四年、祭仲專國政。厲公患之、陰使其壻雍糾欲殺祭仲。【集解】賈逵曰、雍糾、鄭大夫、【考證】左傳、無欲

字、此疑衍、其壻二字亦贅、糾妻、祭仲女也。知之、謂其母曰。父與夫孰親。母曰。父一而已。人盡夫也。【集解】杜預曰、婦人在室則天父、出則天夫、女以爲疑、故母以所生爲本解之、女乃告祭仲。祭仲反殺雍糾、戮之於市。厲公無柰祭仲何。怒糾曰。謀及婦人。死固宜哉。夏、厲公出居邊邑櫟。【集解】宋忠曰、今潁川陽翟縣、【索隱】按櫟、音歷、卽鄭初得十邑之歷也、【考證】春秋云、夏五月、鄭伯突出奔蔡、秋九月入于櫟、梁玉繩曰、此誤合奔蔡入櫟爲一事、祭仲迎昭公忽。六月乙亥、復入鄭卽位。秋、鄭厲公突、因櫟人殺其大夫單伯、【集解】杜預曰、鄭守櫟大夫也、【索隱】依左傳、作檀伯、檀伯鄭守櫟大夫、事在桓十五年、此文誤爲單伯者、蓋亦有所因也、按魯莊公十四年、厲公自櫟侵鄭、事與周單伯會齊師伐宋相連、故誤耳、【考證】洪頤煊曰、單亶、古字多通用、單伯卽檀伯也、與魯莊十四年單伯會齊師伐宋事無涉、遂居之。諸侯聞厲公出奔、伐鄭。弗克而去。【考證】厲公四年以下、桓十五年左傳、宋頗予厲公兵、自守於櫟。鄭以故亦不伐櫟。昭公二年、自昭公爲太子時、父莊公欲以

高渠彌爲卿。太子忽惡之。莊公弗聽。卒用渠彌爲卿。及昭公卽位、懼其殺己。冬十月辛卯、渠彌與昭公出獵、射殺昭公於野。祭仲與渠彌不敢入厲公。乃更立昭公弟子亹爲君。【考證】自昭公爲太子以下、本桓十七年左傳、但射殺之說、未知所本、 是爲子亹也。無謚號。子亹元年七月、齊襄公會諸侯於首止。【集解】服虔曰、首止、近鄭之地、杜預曰、首止、衞地、陳畱襄邑縣東南有首鄉、【考證】首止、在今河南歸德府睢州治東南、 鄭子亹往會。高渠彌相從。祭仲稱疾不行。【考證】齊襄公以下、桓十八年左傳、相、去聲、 所以然者、子亹自齊襄公爲公子之時、嘗會鬬相仇。及會諸侯、祭仲請子亹無行。子亹曰。齊彊而厲公居櫟。卽不往、是率諸侯伐我內厲公。我不如往。往何遽必辱。且又何至是。【考證】陳仁錫曰、厲公當作子突、王念孫曰、是當且字之誤、卽若也、言我若不往、則齊且率諸侯伐我而納厲公也、岡白駒曰、何至是、言何至于祭仲之所慮、愚按、遽渠、

通、何遽、猶言如何、 卒行。於是祭仲恐齊并殺之。故稱疾。子亹至、不謝齊侯。齊侯怒、遂伏甲而殺子亹。高渠彌亡歸。【索隱】左氏云、轘高渠彌、 歸與祭仲謀、召子亹弟公子嬰於陳而立之。是爲鄭子。【索隱】左傳、以鄭子名子儀、此云嬰、蓋別有所見、 是歲、齊襄公使彭生醉拉殺魯桓公。【考證】是歲以下、桓十八年左傳、拉、折也、言拉摧幹骨、 鄭子八年、齊人管至父等作亂、弒其君襄公。【考證】莊八年左傳、 十二年、宋人長萬弒其君湣公。【考證】莊十二年左傳、 鄭祭仲死。【考證】梁玉繩曰、仲死于鄭子十二年、未知史何據、 十四年、故鄭亡厲公突在櫟者、使人誘劫鄭大夫甫假、【索隱】左傳作傅瑕、此本多假借、亦依字讀、【考證】各本假作瑕、蓋後人依左傳改、今從索隱本、 要以求入。假曰。舍我。我爲君殺鄭子而入君。【考證】舍、釋也、中井積德曰、據左傳、厲公使鄭獲傅瑕也、則舍字有落著、 厲公與盟、乃舍之。【考證】左傳、舍作赦、 六月甲子、假殺鄭子及其二子、

而迎厲公突。突自櫟復入卽位。初內蛇與外蛇鬬於鄭南門中、內蛇死。居六年、厲公果復入。入而讓其伯父原曰。【索隱】左傳謂之原繁、【考證】左傳以伯父稱原繁、以其同姓大夫也、史公如爲厲公之父之兄者誤、讓、責也、 我亡國外居。【考證】古鈔本、外居作居外、 伯父無意入我。亦甚矣。原曰。事君無二心。人臣之職也。原知罪矣。遂自殺。【考證】十四年以下、本莊十四年左傳、 厲公於是謂甫假曰。子之事君有二心矣。遂誅之。假曰。重德不報。誠然哉。【考證】左傳、殺傅瑕在原繁自殺前、 厲公突後元年、齊桓公始霸。【考證】莊十五年左傳、中井積德曰、昭公厲公、竝不立後元年也、此史家之揣摩、不可從、 五年、燕衞與周惠王弟穨伐王。【索隱】惠王、莊王孫、僖王子、子穨、莊王之妾王姚所生、事在莊十九年、 王出奔溫。立弟穨爲王。【考證】本莊十九年左傳、梁玉繩曰、穨、惠王叔父、惠王不奔溫、 六年、惠王告急。鄭厲公發兵擊周王子穨。弗勝。於是與周惠王歸。王居于櫟。

【考證】莊二十年左傳、 七年春、鄭厲公與虢叔襲殺王子穨、而入惠王于周。秋、厲公卒。【考證】莊二十一年左傳、張照曰、春秋夏五月辛酉、鄭伯突卒、秋字當作夏、 子文公踕立。【索隱】音在接反、系本云、文公徙鄭、宋忠云、卽新鄭、【考證】文公之名、左穀春秋及高注呂子上德、韋注晉語、竝作捷、年表同、公羊作接、 厲公初立四歲、亡居櫟。居櫟十七歲、復入、立七歲。與亡凡二十八年。【考證】梁玉繩曰、八當作七、 文公十七年、齊桓公以兵破蔡、遂伐楚至召陵。【考證】僖四年春秋經傳、 二十四年、文公之賤妾曰燕姞。【集解】賈逵曰、姞、南燕姓、 夢天與之蘭。【集解】賈逵曰、香草也、 曰。余爲伯儵。余爾祖也。【集解】賈逵曰、伯儵、南燕祖、 以是爲而子。蘭有國香。【集解】王肅曰、以是蘭也、爲汝子之名、 以夢告文公。文公幸之、而予之草蘭爲符。遂生子。名曰蘭。【考證】宣三年左傳、梁玉繩曰、夢蘭之事、左傳在宣公之三年、乃追敘之、未定在何歲、此與年表、書鄭文公二十四年、非也、 三十六年、晉公子重耳過。文公弗禮。文公弟叔詹曰。

【考證】梁玉繩曰、詹爲文公弟、未聞、重耳賢、且又同姓。窮而過。君不可無禮。【考證】以上本僖二十三年左傳、文公曰。諸侯亡公子過者多矣。安能盡禮之。【考證】梁玉繩曰、此史公約國語文、而以曹共公之言爲鄭君、詹曰。君如弗禮、遂殺之。弗殺、使卽反國、爲鄭憂矣。文公弗聽。【考證】楓山、三條本、卽作得、詹曰以下、國語晉語、三十七年春、晉公子重耳反國立。是爲文公。【考證】僖二十四年左傳、秋、鄭入滑。【考證】左傳、作鄭之入滑也、梁玉繩曰、秋字乃初之誤、追敍前四年事也、滑聽命。已而反與衞。【考證】左傳、與作卽、中井積德曰、滑屬衞、故曰與也、滑在今河南偃師縣南、於是鄭伐滑。【索隱】僖二十四年左傳、鄭公子士泄堵俞彌帥師伐滑、周襄王使伯犕請滑。【索隱】犕音服、左傳王使伯服游孫伯如鄭請滑、杜預云、二子、周大夫、知伯犕卽伯服也、【考證】梁玉繩曰、犕古服字、鄭文公怨惠王之亡在櫟、而文公父厲公入之、而惠王不賜厲公爵祿、【索隱】此言爵祿、與左氏說異、左傳云、鄭伯享王、王以后之鞶鑑與之、虢公請器、王予之爵、則爵、酒器、是太史公與丘明說別也、【考證】索隱所引莊二十一年左傳、僖二十四年左傳承之曰、鄭

伯怨惠王之不與厲公爵、史公蓋誤解爵字、又怨襄王之與衞・滑、故不聽襄王請、而囚伯犕。王怒、與翟人伐鄭。弗克。【考證】沈家本曰、左傳云、取櫟、與此異、冬、翟攻伐襄王。襄王出奔鄭。鄭文公居王于氾。【考證】僖二十四年左傳、冬當作秋、氾、在今河南許州襄城縣南、屬鄭、三十八年、晉文公入襄王成周。【考證】僖二十五年左傳、四十一年、助楚擊晉。【考證】僖二十八年左傳、自晉文公之過無禮、故背晉助楚。四十三年、晉文公與秦穆公共圍鄭。討其助楚攻晉者、及文公過時之無禮也。【考證】僖三十年左傳、梁玉繩曰、者字衍、初鄭文公有三夫人。寵子五人。皆以罪蚤死。【考證】梁玉繩曰、五子中、二人以罪見殺、一人早卒、一人爲楚酖死、其一子瑕見存、文公惡之非五人俱有寵也、亦非皆以罪早死也、公怒、溉逐羣公子。【集解】徐廣曰、溉一作瑕、【索隱】音旣、左傳作瑕、【考證】方苞曰、溉當作概、中井積德曰、溉、旣之煩文、沈家本曰、按五帝本紀溉執中、集解引徐廣曰、古旣字作水旁、此溉字、亦應讀爲旣、旣者何、盡也、怒字句、旣字屬下、逐羣公子讀、言盡逐羣公子也、愚按、中沈二說是、子蘭奔晉、從晉文公

圍鄭。【考證】圍、當依左傳作伐、僖三十年云、子蘭請無與圍鄭也、時蘭事晉文公甚謹。愛幸之。乃私於晉、以求入鄭爲太子。【考證】初鄭文公以下、本宣三年左傳、晉於是欲得叔詹爲僇。鄭文公恐不敢謂叔詹言。【考證】古鈔本、無言字、可從、詹聞、言於鄭君曰。臣謂君。君不聽臣。晉卒爲患。然晉所以圍鄭以詹。詹死而赦鄭國、詹之願也。乃自殺。鄭人以詹尸與晉。【考證】事見晉語及呂覽上德篇、但叔詹未嘗自殺、說在晉世家、晉文公曰。必欲一見鄭君辱之而去。鄭人患之。【考證】此事春秋內外傳不載、乃使人私於秦曰。破鄭益晉、非秦之利也。秦兵罷。【考證】乃使人以下、僖卅年左傳、晉文公欲入蘭爲太子。以告鄭。鄭大夫石癸曰。吾聞姞姓乃后稷之元妃。【集解】杜預曰、姞姓之女、爲后稷妃、其後當有興者。子蘭母、其後也。且夫人子盡已死。餘庶子無如蘭賢。今圍急。晉

以爲請。利孰大焉。遂許晉與盟、卒而立子蘭爲太子。晉兵乃罷去。【考證】以上、本宣三年左傳、楓山、三條本、卒作平、梁玉繩曰、卒而、當作而卒、中井積德曰、而字疑衍、四十五年、文公卒。【考證】僖三十二年春秋、子蘭立。是爲繆公。繆公元年春、秦繆公使三將將兵、欲襲鄭。【考證】三將、孟明視、西乞術、白乙丙、至滑。逢鄭賈人弦高詐以十二牛勞軍。故秦兵不至而還。晉敗之於崤。【考證】穆公元年以下、僖三十三年左傳、詐、詐鄭侯命也、崤、今河南河南府永寧縣、錢錡曰、鄭之商人、與他國不同、昭十六年左傳、子產言、先君桓公與商人皆出自周、庸次比耦、以艾殺此地、世有盟誓、初疑商人何如此鄭重、或子產設辭以距韓宣、及參觀他事、始信其言不誣、如弦高犒秦師而卻之、成二年、荀罃在楚、鄭賈人將寘之褚中以出、皆非尋常貿遷者所能爲、卽請環一事、商人告君大夫、欲以一環折大國誅求之心、與子產之謀適合、可見鄭之商人、實有與朝廷休戚相關者、子產所言並非一時權託、而左傳之事、皆核實、亦可見矣、初往年【考證】張文虎曰、初下不當復云往年、因下文而衍、鄭文公之卒也、鄭司城繒賀、以鄭情賣之、秦兵故來。【考證】余有丁曰、按左傳、賣鄭者杞子、乃秦人之戍鄭者、梁玉繩曰、秦紀云、鄭人賣鄭于秦、此云鄭司城繒賀、史或別有據、亦說見秦記、三年、

鄭發兵從晉伐秦。敗秦兵於汪。【正義】汪、烏黃反、在同州北二百里、彭衙相近也、【考證】梁玉繩曰、敗秦彭衙、取秦汪邑、兩事也、此誤合爲二、愚按、事見文二年左傳、往年、【集解】徐廣曰、繆公之二年、楚太子商臣弒其父成王代立。【考證】文元年春秋經傳、二十一年、與宋華元伐鄭。【考證】梁玉繩曰、案宣二年傳、鄭公子歸生、受命于楚伐宋、宋華元樂呂禦之而獲、非宋伐鄭也、張文虎曰、此句有誤、華元殺羊食士。不與其御羊斟。怒以馳鄭。【考證】岡白駒曰、入于鄭師也、鄭囚華元。宋贖華元。元亦亡去。晉使趙穿以兵伐鄭。【考證】華元以下、宣二年左傳、三條本、重羊斟二字、梁玉繩曰、穿、當作盾、二十二年、鄭繆公卒。【考證】宣三年春秋經傳、子夷立。是爲靈公。靈公元年春、楚獻黿於靈公。子家・子公將朝靈公。【集解】賈逵曰、二子、鄭卿也、子公之食指動。【集解】服虔曰、第二指、謂子家曰。佗日指動、必食異物。及入見靈公、進黿羹。子公笑曰。果然。靈公問其笑故。具告靈公。靈公召之、獨弗予羹。

子公怒、染其指、【集解】左傳曰、染指於鼎、嘗之而出。公怒欲殺子公。子公與子家謀先、夏、弒靈公。鄭人欲立靈公弟去疾。去疾讓曰。必以賢、則去疾不肖。必以順、則公子堅長。堅者靈公庶弟、【集解】徐廣曰、年表云、靈公庶兄、【考證】洪頤煊曰、今本年表作庶弟、蓋後人所改、去疾之兄也。於是乃立子堅。是爲襄公。襄公立。將盡去繆氏。繆氏者、殺靈公子公之族家也。【考證】中井積德曰、繆氏是襄公之兄弟、皆繆公之子、故稱繆氏、非子公之族、左傳云、襄公將去穆氏而舍子良、子良不可、子良、去疾之字、亦穆氏也、以其讓己、故欲將不去之也、太史公謬解左氏、故致紛紛耳、去疾曰。必去繆氏、我將去之。乃止。皆以爲大夫。【考證】靈公元年以下、宣四年左傳、襄公元年、楚怒鄭受宋賂縱華元、伐鄭。【考證】楚伐鄭、宣五年春秋經傳、梁玉繩曰、楚之伐鄭、討其貳于晉也、中井積德曰、楚初與宋伐鄭也、鄭縱華元、有何可怒也、恐是史之謬誤、鄭背楚、與晉親。五年、楚復伐鄭。晉來救之。【考證】五年以下、宣九年春秋經傳、六年、子家卒。國人

復逐其族。以其弒靈公也。【考證】宣十一年左傳、七年、鄭與晉盟鄢陵。【考證】沈家本曰、官本考證云、左傳作辰陵、按辰陵乃鄭與楚盟、非晉也、宣十一年左傳云、鄭既受盟於辰陵、又徼事於晉、鄢陵之盟、其此事歟、八年、楚莊王以鄭與晉盟、來伐圍鄭。三月、鄭以城降楚。楚王入自皇門。【考證】何休曰、皇門、郭門也、鄭襄公肉袒掔羊以迎。【考證】掔、古牽字、楓山三條本、毛本作牽、曰。孤不能事邊邑。使君王懷怒以及弊邑。孤之罪也。【考證】公羊傳云、寡人無良邊垂之臣、以干天禍、敢不惟命是聽。君王遷之江南、及以賜諸侯、亦惟命是聽。若君王不忘厲・宣王桓・武公、【考證】杜預曰、周厲王宣王、鄭之所自出也、鄭桓公武公、始封之賢君也、哀不忍絕其社稷、錫不毛之地、【集解】何休曰、墝埆不生五穀曰不毛、謙不敢求肥饒、【考證】公羊傳云、君如矜此喪人、錫之不毛之地、使復得改事君王、孤之願也。然非所敢望也。敢布腹心、惟命是聽。莊王爲卻三十里而後舍。【考證】禮鄭、不爲城下之盟、楚羣

臣曰。自郢至此、士大夫亦久勞矣。今得國舍之。何如。【考證】公羊傳云、將軍子重諫曰、南郢之與楚相去數千里、諸大夫死者數人、廝役扈養死者數百人、今君勝鄭而不有、無乃失民臣之力乎、史公檃括爲此十八字、莊王曰。所爲伐、伐不服也。今已服。尚何求乎。卒去。晉聞楚之伐鄭、發兵救鄭。其來持兩端。故遲。比至河、楚兵已去。晉將率或欲渡、或欲還。卒渡河。莊王聞、還擊晉。鄭反助楚、大破晉軍於河上。【考證】八年以下、宣十二年左傳公羊傳、十年、晉來伐鄭。以其反晉而親楚也。【考證】宣十四年春秋經傳、十一年、楚莊王伐宋。宋告急于晉。晉景公欲發兵救宋。伯宗諫晉君曰。天方開楚。未可伐也。乃求壯士、得霍人解揚字子虎。【考證】梁玉繩曰、左傳無求壯士之文、亦不言其里與字、史必別有據、故說苑奉使篇曰、解揚字子虎、霍人、後世言霍虎、愚按宣元年左傳云、晉趙盾救陳宋伐鄭、楚蔿賈救鄭、遇于北林、囚晉解揚、晉人乃還、杜注云、解揚、晉大夫也、事先是役十三年、晉人非始用之、疑史公誤、誆楚、令宋毋降。

過鄭。鄭與楚親。乃執解揚而獻楚。楚王厚賜、與約、使反其言、令宋趣降。三要。乃許。於是楚登解揚樓車、【集解】服虔曰、樓車、所以窺望敵軍、兵法所謂雲梯也、杜預曰、樓車、車上望櫓也、【考證】中井積德曰、雲梯與樓車不同、令呼宋。遂負楚約、而致其晉君命曰。晉方悉國兵以救宋。宋雖急、愼毋降楚。晉兵今至矣。楚莊王大怒、將殺之。解揚曰。君能制命爲義。臣能承命爲信。受吾君命以出。有死無隕。【集解】服虔曰、隕、墜也、有死亦不隕墜晉君命也、【正義】莊王曰。若之許我、已而背之。其信安在。【考證】若、汝也、左傳作爾、解揚曰。所以許王、欲以成吾君命也。【考證】十一年以下、宣十五年左傳、將死、顧謂楚軍曰。爲人臣、無忘盡忠得死者。楚王諸弟皆諫。王赦之。於是赦解揚使歸。晉爵之爲上卿。【考證】左傳但云、楚子舍之以歸、中井積德曰、上卿似訛傳、梁玉繩曰、晉世家言莊王欲殺解揚、或諫乃歸之、此又載解揚將死語、及莊

王諸弟之諫、必別有據、說苑同左氏略之、十八年、襄公卒。【考證】成四年春秋、子悼公濆立。【索隱】劉音祕、鄒本一作沸、一作弗、左傳作費、音扶味反、【考證】表作費、悼公元年、鄦公惡鄭於楚。【集解】徐廣曰、鄦音許、許公、靈公也、【考證】左傳、鄦作許、凌稚隆曰、鄦即許字、見考古圖、錢大昕曰、說文、鄦、太嶽之後、甫侯所封、讀若許、悼公使弟睔於楚自訟。訟不直。楚囚睔。【索隱】公遜反、於是鄭悼公來與晉平。遂親。睔私於楚子反。子反言、歸睔於鄭。【考證】三條本、言下有王字、梁玉繩曰、成五年左傳、悼公如楚、非使睔也、楚囚皇戌及子國、非囚睔也、言睔私于楚子反、子反言歸睔于鄭、亦妄、二年、楚伐鄭。晉兵來救。是歲悼公卒。【考證】二年以下、成六年春秋經傳、立其弟睔。是爲成公。成公三年、楚共王曰。鄭成公孤有德焉。【考證】楓山、三條本、孤上有於、陳仁錫曰、鄭成公當作鄭伯、胡克家曰、左傳云、楚人以重賂求鄭、與此異、使人來與盟。成公私與盟。秋、成公朝晉。晉曰。鄭私平於楚。執之、使欒書伐鄭。【考證】成公私與盟以下、成九年左傳、四年春、鄭患晉圍。公子如乃立成公庶

兄繻爲君。【索隱】繻、音須、鄒氏云、一作纁、音訓、【考證】楓山本、兄作弟、其四月、晉聞鄭立君、乃歸成公。鄭人聞成公歸、亦殺君繻迎成公。晉兵去。【考證】梁玉繩曰、案成十年左傳、三月、鄭子如因晉執成公、故立繻以示晉不急君也、四月、鄭人殺繻立成公太子髡頑、五月、晉伐鄭歸成公、此以晉圍在春、誤一、以因晉圍改君、誤二、以成公歸在四月、誤三、以繻因成公歸見殺、誤四、不敍立髡頑、誤五、又以繻爲成公庶兄、未知何據、十年、背晉盟、盟於楚。晉厲公怒、發兵伐鄭。楚共王救鄭。晉·楚戰鄢陵。【考證】鄢陵即鄢、屬鄭、今河南開封府鄢陵縣、楚兵敗。晉射傷楚共王目。俱罷而去。【考證】十年以下、成十六年左傳、十三年、晉悼公伐鄭兵於洧上。【集解】服虔曰、洧、水名、【正義】括地志云、洧水在鄭州新鄭縣北三里古新鄭城南、韓詩外傳云、鄭俗、二月桃花水出時、會於溱洧水上、以自祓除、按在古城南、與溱水合、【考證】左傳云、晉韓厥荀偃帥諸侯之師伐鄭、入其郛、敗其徒兵、據此鄭兵二字連讀、或云、兵上脫觀字、鄭城守。晉亦去。【考證】襄元年左傳、十四年、成公卒。【考證】襄二年春秋經傳、子惲立、是爲釐公。【索隱】惲、紆粉反、左傳作髡頑、【考證】中井積德曰、索隱左傳、宜作春秋、釐公五年、鄭相子駟朝釐公。

釐公不禮。子駟怒、使廚人藥殺釐公。【集解】徐廣曰、年表云、子駟使賊夜弒僖公、【考證】左傳同、年表、古鈔本、殺作弒、赴諸侯曰。釐公暴病卒。【考證】左傳云、以瘧疾赴于諸侯、立釐公子嘉。嘉時年五歲。是爲簡公。【考證】五年以下、本襄七年左傳、簡公元年、諸公子謀欲誅相子駟。子駟覺之、反盡誅諸公子。【考證】襄八年左傳、二年、晉伐鄭。鄭與盟。晉去。冬、又與楚盟。子駟畏誅、故兩親晉·楚。【考證】襄九年左傳、陳仁錫曰、鄭介晉楚之間、南北之所必爭也、不南服楚、則北服晉、無寧歲焉、太史公敍鄭受盟者八、其國弱可知矣、三年、相子駟欲自立爲君。公子子孔使尉止殺相子駟、而代之。子孔又欲自立。子產曰。子駟爲不可誅之、今又效之。是亂無時息也。【考證】宋本、公子下不重子字、楓山、三條本、爲上有所、於是子孔從之、而相鄭簡公。【考證】史與襄十年左傳所記異、梁玉繩曰、案子駟子孔、何嘗欲自立爲君、子孔特知尉止等作亂而不言耳、亦何嘗使尉止殺子駟、誤讀左傳、遽成乖越、與表言子孔作亂子產攻之同妄、四年、晉怒

鄭與楚盟、伐鄭。鄭與盟。楚共王救鄭、敗晉兵。簡公欲與晉平。楚又囚鄭使者。【考證】四年以下、本襄十一年左傳、梁玉繩曰、秦伐晉以救鄭、晉爲秦所敗、此誤也、 十二年、簡公怒相子孔專國權、誅之、而以子產爲卿。【考證】襄十九年左傳、 十九年、簡公如晉、請衞君還。【考證】岡白駒曰、齊晉殺衞殤公、復內獻公、 而封子產以六邑。子產讓受其三邑。【集解】服虔曰、四井爲邑、【考證】襄二十六年左傳、中井積德曰、邑以見在聚落而言、大小兼通、非四井之邑、愚按、依左傳、是賞前年入陳之功也、 二十二年、吳使延陵季子於鄭。見子產如舊交。謂子產曰。鄭之執政者侈。難將至。政將及子。子爲政、必以禮。不然、鄭將敗。子產厚遇季子。【考證】襄二十九年左傳、左傳云、季札與縞帶、子產獻紵衣、 二十三年、諸公子爭寵相殺、又欲殺子產。公子或諫曰。子產仁人、鄭所以存者子產也。勿殺。乃止。【考證】襄三十年左傳、梁玉繩曰、公子指子皮、然非諫也、年表作子成、亦子皮之誤、 二十五

年、鄭使子產於晉、問平公疾。平公曰。卜而曰實沈臺駘爲祟。【考證】依左傳、平公曰、當作平公使叔向問曰、卜而當作卜人、 史官莫知。敢問。對曰。高辛氏有二子。長曰閼伯。季曰實沈。【考證】高辛氏、帝嚳有天下之號、子孫亦因之、 居曠林、不相能也。【集解】賈逵曰、曠、大也、【考證】岡白駒曰、兄弟不相善、 日操干戈以相征伐。后帝弗臧、【集解】賈逵曰、后帝、堯也、臧、善地、【考證】襄九年左傳云、陶唐氏之火正閼伯居商丘、據此知后帝是堯也、 遷閼伯于商丘、主辰。【集解】賈逵曰、商丘、在漳南、杜預曰、商丘、宋地、服虔曰、辰、大火、主祀也、 商人是因。故辰爲商星。【集解】服虔曰、商人、契之先、湯之始祖相土、封閼伯之故地、因其故國而代之、【考證】襄九年左傳云、陶唐氏之火正閼伯居商丘、祀大火、相土因之、故商主大火、 遷實沈于大夏、主參。【集解】服虔曰、大夏、在汾澮之閒、主祀參星、杜預曰、大夏、今晉陽縣、【考證】參、水星、 唐人是因、服事夏・商。【集解】賈逵曰、唐人、謂陶唐氏之胤劉累、事夏孔甲、封於大夏、因實沈之國、子孫服事夏商也、【正義】括地志云、故唐城、在絳州翼城縣西二十里、徐才宗國都城記云、唐國、帝堯之裔子所封、春秋云、夏孔甲時、有堯苗裔劉累者、以豢龍事孔甲、夏后嘉之、賜曰御龍氏、以更豕韋之後、龍一雌死、潛醢之以食夏后、既而使求之、懼而遷于魯縣、夏后蓋別封劉累之後于夏之墟爲唐侯、

至周成王時、唐人作亂、成王滅之、而封太叔、還唐人子孫于杜、謂之杜伯、范氏所云、在周爲唐杜氏也、地記云、唐氏在大夏之墟、屬河東安縣、今在絳城西北一百里、有唐城者、以爲唐舊國、然則叔虞之封卽此地也、【考證】顧炎武曰、有勝國、有因國、周禮媒氏、凡男女之陰訟、聽之于勝國之社、士師若祭勝國之社稷、則爲之尸、喪祝、掌勝國邑之社稷之祝號、文十五年左傳、凡勝國曰滅之、是也、王制、天子諸侯、祭因國之在其地而無主後者、昭二十年左傳、晏子曰、昔爽鳩氏始居此地、季萴因之、有逢伯陵因之、蒲姑氏因之、而後大公因之、及此傳遷閼伯于商丘、主辰、商人是因、遷實沈于大夏、主參、唐人是因、是也、 其季世曰唐叔虞。【集解】杜預曰、唐人之季世、其君曰叔虞、【考證】李光縉曰、此唐叔虞、乃後爲成王所滅者、非下文邑姜所生、 當武王邑姜方娠大叔、夢帝謂己、【集解】賈逵曰、帝、天也、己、武王也、【考證】中井積德曰、己謂邑姜、 余命而子曰虞。【集解】杜預曰、取唐君之名、 乃與之唐、屬之參、【考證】參、參星也、卽實沈所祀者、 而蕃育其子孫。及生、有文在其掌、曰虞。遂以命之。【考證】文、字也、言掌紋如虞字也、 及成王滅唐、而國大叔焉。故參爲晉星。【集解】賈逵曰、晉主祀參、參爲晉星、 由是觀之、則實沈、參神也。昔金天氏有裔子曰昧、爲玄冥師。【集解】服虔曰、金天、少皞也、玄冥、水官也、師、長也、昧、爲水官之長、【考證】裔子、

季子、非遠孫、 生允格・臺駘。【集解】服虔曰、允格、臺駘、兄弟也、 臺駘能業其官、【集解】服虔曰、脩昧之職、 宣汾・洮、【集解】賈逵曰、宣、猶通也、汾洮、二水名、 障大澤、【集解】服虔曰、陂障其水也、 以處太原。【集解】服虔曰、太原、汾水名、杜預曰、太原、晉陽也、臺駘之所居者、【考證】左傳、太作大、大原、廣平之地、 帝用嘉之、國之汾川。【集解】服虔曰、帝、顓頊也、 沈・姒・蓐・黃、實守其祀。【集解】賈逵曰、四國、臺駘之後也、【考證】龜井昱曰、四者皆微國、非見經者、而晉滅之歟、 今晉主汾川而滅之。【集解】賈逵曰、滅四國、 由是觀之、則臺駘、汾・洮神也。然是二者、不害君身。【考證】左傳、然作抑、害作及、龜井昱曰、平公之疾、子產知其所由、故言其不及君身也、 山川之神、則水旱之菑禜之。【集解】服虔曰、禜、爲營攢用幣也、若有水旱、則禜祭山川之神以祈福也、 日月星辰之神、則雪霜風雨不時禜之。若君疾、飲食哀樂女色所生也。平公及叔嚮曰。善。博物君子也。厚爲之禮於子產。【考證】二十五年以下、昭元年左傳、左傳此篇之末尚有君子有四時、及內官不及同姓兩段、史公哀樂下加女色二字以概之、中井積德曰、之字、於子產三字、削其一可也、是複文耳、 二十

七年夏、鄭簡公朝晉。冬、畏楚靈王之彊、又朝楚。子產從。【考證】昭三年左傳、茅坤曰、子產執鄭國之政、而兩朝晉楚、亦可見小國介乎強國之間、事無可奈何者、 二十八年、鄭君病。使子產會諸侯。【考證】梁玉繩曰、昭四年春秋、鄭伯會于申、無病使子產事、 與楚靈王盟於申。誅齊慶封。【考證】昭四年春秋經傳、 三十六年、簡公卒。子定公寧立。秋、定公朝晉昭公。【考證】昭十二年春秋經傳、梁玉繩曰、案左傳、秋當作夏、 定公元年、楚公子弃疾弒其君靈王、而自立爲平王。【考證】古鈔本、立下有是字、 欲行德諸侯、歸靈王所侵鄭地于鄭。【考證】昭十三年左傳、梁玉繩曰、案左傳、楚欲致犨櫟之田而仍未致、則不可言歸也、 四年、晉昭公卒。其六卿彊、公室卑。【考證】昭十六年左傳、 子產謂韓宣子曰、爲政必以德。毋忘所以立。【考證】梁玉繩曰、案左傳、子產無是言、閻白駒曰、立、謂不傾敗、 六年、鄭火。公欲禳之。子產曰、不如修德。【考證】鄭火、昭十八年春秋經傳、梁玉繩曰、案左傳、此卽鄭人欲用裨竈禳火之事、非公欲禳之也、又表書于四年、乃裨竈請禳火之事、亦曰不如修德、皆史

公意測言之、非子產有是語、 八年、楚太子建來奔。【考證】昭二十年左傳、 十年、太子建與晉謀襲鄭。鄭殺建。建子勝奔吳。【考證】梁玉繩曰、左傳附記殺建事于哀十六年、因其子白公之亂而追敍之也、不知何歲、表在十一年、世家在十年、皆妄爾、 十一年、定公如晉。晉與鄭謀、誅周亂臣、入敬王于周。【索隱】王避弟子朝之亂、出居狄泉、在昭二十三年、至二十六年、晉鄭入之、經曰、天王入于成周、是也、【考證】梁玉繩曰、案昭廿四年左傳、定公如晉納王、則當在十二年、而入敬王在十四年、此誤、 十三年、定公卒。【考證】昭二十四年春秋、陳仁錫曰、年表十三年作十六年、梁玉繩曰、此誤、 子獻公蠆立。獻公十三年卒。【考證】獻公卒、定九年春秋、 子聲公勝立。當是時、晉六卿彊、侵奪鄭。鄭遂弱。聲公五年、鄭相子產卒。【正義】括地志云、子產墓在新鄭縣西南三十五里、鄭元注水經云、子產墓、在潩水上、累石爲方墳、墳東北向鄭城、杜預云、言不忘本也、【考證】張照曰、左傳魯昭二十年、鄭子產有疾、疾數月而卒、是年當鄭定公之八年、距聲公五年、蓋相隔二十七年矣、應從左傳、梁玉繩曰、子產自魯襄八年始見于傳、至昭二十年卒、其行事見者四十四年、歷鄭簡定二世云、 鄭人皆哭泣悲之、如亡親戚。子產者、鄭成公少子也。【考證】錢大昕曰、子產者、子國

之子、穆公之孫、而世家以爲成公子、一誤也、子產卒于定公時、而世家云、聲公五年卒、二誤也、至循吏傳稱鄭昭君之時、大宮子期言之君、以子產爲相、則尤無稽之誤也、 爲人仁愛人、事君忠厚。孔子嘗過鄭、與子產如兄弟云。【考證】沈家本曰、攷左傳、子產卒於昭之二十年、計其卒時、年六十餘矣、昭之二十年、孔子方三十耳、孔子世家載適鄭事於魯定公卒之後、其時子產早卒矣、此事甚爲可疑、 及聞子產死、孔子爲泣曰、古之遺愛也。【集解】賈逵曰、愛、惠也、杜預曰、子產見愛、有古人遺風也、【考證】及聞子產死以下、昭二十一年左傳、龜井魯曰、遺愛、古人之仁愛、遺在子產也、龜井昱曰、與古之遺直一例、 兄事子產。【考證】王若虛曰、既云如兄弟、何必復言兄事、張文虎曰、兄事子產四字、與上文複、蓋後人旁注誤混、宜刪、 八年、晉范・中行氏反。晉告急於鄭。鄭救之。齊伐鄭、敗鄭軍於鐵。【集解】杜預曰、戚城南鐵丘、【正義】括地志云、鐵丘、在滑州衛南縣東南十五里、【考證】八年以下、哀二年左傳、閻白駒曰、鄭救范中行氏、 十四年、宋景公滅曹。【考證】哀八年春秋經傳、 二十年、齊田常弒其君簡公。【考證】哀十四年春秋經傳、 而常相於齊。二十二年、楚惠王滅陳。【考證】楚滅陳、見哀十七年左傳、 孔子卒。【考證】見哀十六年左傳、 二十六年、晉知伯伐

鄭、取九邑。【考證】梁玉繩曰、知伯伐鄭、左傳在魯哀二十七年、卽鄭聲公三十三年、此書于聲公二十六年、六國年表書于周定王五年、皆誤、左傳無取九邑之文、恐妄、 三十七年、聲公卒。子哀公易立。【集解】年表云、三十八年、 哀公八年、鄭人弒哀公而立聲公弟丑。是爲共公。共公三年、三晉滅知伯。【考證】晉上各本無三字、張文虎曰、三字錢泰吉引葉石君校增、梁玉繩曰、案事在二年、 三十一年、共公卒。【考證】各本無一字、張文虎曰、一字吳校增、梁玉繩曰、共公在位三十一年、 子幽公已立。【考證】楓山本、已作巳、 幽公元年、韓武子伐鄭、殺幽公。鄭人立幽公弟駘。是爲繻公。【集解】年表云、鄭立幽公子駘、繻或作繚、【考證】梁玉繩曰、弟字誤、年表是子也、 繻公十五年、韓景侯伐鄭取雍丘。鄭城京。【考證】雍丘、今河南開封杞縣、閻白駒曰、京、昔封大叔段地、 十六年、鄭伐韓、敗韓兵於負黍。【集解】徐廣曰、在陽城、【正義】括地志云、負黍亭、在洛州陽城縣西南三十五里、故周邑也、【考證】今河南河南府登封縣、 二十年、韓・趙・魏列爲諸侯。二十三年、鄭圍韓之陽翟。【考證】今河南開封府禹州、 二十五年、鄭君殺

其相子陽。考證淮南子氾論訓云、鄭子陽剛毅而好罰、其於罰也、執而無赦、舍人有折弓者、畏罪恐誅、則因猘狗之驚、以殺子陽、此剛猛之所致也、呂覽首時、適威所記略同、列子說符篇云、民作難而殺子陽、而此曰鄭君殺子陽、楚世家曰、楚伐鄭、鄭殺子陽、似繻公殺之以說于楚也、所傳不同、二十七年、子陽之黨、共弒繻公駘、而立幽公弟乙爲君。是爲鄭君。集解徐廣曰、一本云、立幽公弟乙陽爲君、是爲康公、六國年表云、立幽公子駘、又以鄭君陽爲鄭康公乙、班固云、鄭康公乙、爲韓所滅、考證中井積德曰、集解弟下乙字疑衍、鄭君乙立二年、鄭負黍反、復歸韓。考證黃式三曰、繻公十六年、鄭敗韓于負黍、蓋取其地與、十一年、韓伐鄭取陽城。考證今河南河南府登封縣、二十一年、韓哀侯滅鄭、幷其國。考證顧棟高曰、鄭當幽王之世、王室未遷、遽與寄帑之謀、攫取虢檜之國而有其地、首亂天朝之疆索、鄭誠周室之罪人矣、入春秋後、莊公以狙詐之資、倔强東諸侯間、是時楚僻處南服、而晉方內亂、莊公與齊魯共執牛耳、其子昭公厲公俱梟雄絕人、使其兄弟軒輊三世相繼、鄭之圖伯未可知也、乃三公子爭立、卒歸厲公、與虢定王室、庶幾桓文勤王之義、然自是而楚患興矣、齊晉迭伯、與楚爭鄭者二百餘年、是時鄭西有虎牢之險、北有延津之固、南據汝潁之地、恃其險阻、左支右吾、蓋滎陽城皐、自古戰爭地、南北有事、鄭先被兵、地勢然也、至子產之世、而虎牢已先屬晉、犨櫟郟已先屬楚、鄭之地險盡失、徒善其區區之辭命、以大義折服晉楚、雖以楚靈王之暴橫、莫敢凌侮、蓋亦人謀之

臧、匪關地勢矣、然自後三家分晉、而韓得成皐、卒以滅鄭、則鄭之虎牢、豈非得之以興、失之以亡者哉、

太史公曰。語有之。以權利合者、權利盡而交疏。考證權利、權勢利益也、主父偃傳云、貴仁義、賤權利、又云、故俗爲知巧權利、武安侯傳云、陂池田園、宗族賓客、各爲權利、荀子勸學篇云、權利不能傾也、羣衆不能移也、襄二十三年左傳云、既有利權、又執民柄、義同、甫瑕是也。甫瑕雖以劫殺鄭子、內厲公、厲公終背而殺之。此與晉之里克何異。考證岡白駒曰、里克殺奚齊、使人迎夷吾、夷吾約曰、誠得入立、請封子以汾陽、及入不與里克邑、而奪之權、遂殺之、守節如荀息、身死而不能存奚齊。考證岡白駒曰、奚齊、驪姬所生、獻公遺屬荀息立之、荀息死于其難、變所從來、亦多故矣。考證岡白駒曰、以權利合、而死于權利、此其常也、以死守節、不能存其主、此其變也、然不可謂權利守節均同矣、蓋雖其正、亦因事故之如何爾、故云亦多故矣、言不可以一論也、

索隱述贊、厲王之子、得封於鄭、代職司徒、緇衣在詠、虢鄶獻邑、祭祝專命、莊既犯王、厲亦奔命、居櫟克入、蔓蘭毓慶、伯服生囚、叔瞻尸聘、釐簡之後、公室不競、負黍雖還、韓哀日盛、

鄭世家第十二

史記四十二

文學博士瀧川龜太郎著

史記會注考證

史記會注考證卷四十三

漢　　太　史　令　司　馬　遷　撰
宋中郎外兵曹參軍裴　駰集解
唐國子博士弘文館學士司馬貞索隱
唐諸王侍讀率府長史張守節正義
日　本　出　雲　瀧　川　資　言　考　證

趙世家第十三　　史記四十三

[考證]史公自序云、維驥騄耳、乃章造父、趙夙事獻、衰續厥緒、佐文尊王、卒爲晉輔、襄子困辱、乃禽智伯、主父生縛、餓死探爵、王遷辟淫、良將是斥、嘉鞅討周亂、作趙世家第

十三、茅坤曰、趙世家、次趙襄所由始、及所由中絕、與簡子所由興、如畫、而武靈王胡服以招騎、其所北郤林胡樓煩、并中山、以西通雲中九泉、於以窺秦、可謂英武矣、惜哉不幸中殂、至于兩立公子、分王其地、遂亡沙丘宮、悲夫、凌稚隆曰、約從以攻秦、及廉頗藺相如趙奢李牧并平原君之事、各見本傳、故於世家不及、陳仁錫曰、楚趙田齊諸世家、多戰國策所遺漏之文、可見今之戰國策非完書、全祖望曰、問六國世家、其紀事莫如趙之誣謬者、不特屠岸賈一事也、如宣孟之夢、簡子鈞天之夢、原過三神之令、主父大陵之夢、孝成王之夢、何其言之麗而怪、與謂非緯侯之先驅、不可矣、答、是蓋當芟除者也、其中紀事之失、尚有昔人所未及糾正者、惠文王十五年、卽燕昭王之二十八年也、以師與燕伐齊、大捷、燕人遂深入取臨淄、是時齊襄王保莒、田單保卽墨、而餘地皆入燕、乃曰、惠文王十六年、秦復與趙數擊齊、齊人患之、蘇厲爲齊遺趙書游說、趙乃不擊齊、夫當時之齊、區區二城耳、秦何所利而擊之、卽擊之、又何所畏而必與趙擊之、其謬一也、乃下又曰、是年廉頗攻齊昔陽取之、夫昔陽是鼓之地、春秋末已屬晉、至是原屬趙、非齊地、且齊是時所有祇二城、安得有餘邑爲趙所取、其謬二也、乃下又曰、十七年樂毅將趙師攻魏伯陽、按樂毅留徇齊地、及二歲不下、遂守之、竝未嘗歸燕、何從將趙師、而攻魏、其謬三也、乃下文云、十九年、趙奢將攻齊麥邱、取之、是時齊亦尚止二城、麥邱屬燕、其謬四也、乃下又曰、二十年、廉頗將攻齊、按是時樂毅尚在齊、次年田單始敗燕軍、復有七十餘城、當前一年、齊無可攻、其謬五也、蓋惠文王此五年中、無一事可信、不知史公何所據而志之、愚按、此篇左傳國策所不載甚多、史公別有所據、論贊云、吾聞馮王孫曰、趙王遷、其母倡也、云云、豈他事亦有得之於馮者乎、

趙氏之先、與秦共祖。至中衍、爲帝大戊御。[正義]中音仲、其後世蜚廉有子二人。而命其一子曰惡來。事紂、爲周所殺。其後爲秦。惡來弟曰季勝。其後爲趙。季勝生孟增。孟增幸於周成王。是爲宅皋狼。[集解]徐廣曰、或云、皋狼、地名、在西河、[索隱]按如此說、是名孟增、號宅皋狼、而徐廣云、或曰、皋狼地名、在西河、按地理志、皋狼是西河郡之縣名、蓋孟增幸於周成王、成王居之於皋狼、故云皋狼、[考證]宅皋狼、孟增號、以其居皋狼稱之也、下文皋狼上亦當有宅字、秦本紀與此同、皋狼生衡父。衡父生造父。造父幸於周繆王。造父取驥之乘匹、[索隱]言造父取八駿、品其色、齊其力、使馴調也、竝四曰乘、竝兩曰匹、[正義]乘、食證反、竝四曰乘、兩曰匹、取八駿品其力、使均馴、與桃林盜驪・驊騮・綠耳、獻之繆王。[正義]括地志云、桃林、在陝州桃林縣、西至潼關、皆爲桃林塞地、山海經云、夸父之山、北有林焉、名曰桃林、廣闊三百里、中多馬、造父於此得驊騮騄耳之乘、獻周穆王也、盜驪、驪淺色、驪黑色、驊黃色、騮□色、穆天子傳云、赤驥盜驪白義渠黃驊騮騄耳踰輪山子、此八駿也、[考證]梁玉繩曰、案樂書云、華山之騄耳、蓋武王歸馬華山、斯其遺種也、而此以爲桃林、山海中山經亦云、桃林中多馬、豈華山桃林壤地相接、得以通稱邪、華山乃陽華山、在陝西西安府領南縣東北、非太華、

山也、自來注家皆誤指太華山言、閻氏辨之甚詳、見尚書疏卷六下、愚按、凌本綠耳作騄耳、繆王使造父御、西巡狩、見西王母、樂之忘歸。【集解】穆天子傳曰、穆王與西王母觴於瑤池之上、作歌、是樂而忘歸也、譙周不信此事、而云余常聞之代俗、以東西陰陽所出入、宗其神、謂之王父母、或曰、地名、在西域、有何見乎、【正義】穆天子傳曰、穆王觴西王母于瑤池之上、西征至于崑崙之丘、見西王母、其年王母來見、賓于昭宮、括地志云、崑崙山、在肅州酒泉縣南八十里、十六國春秋云、酒泉南山、崑崙之丘也、周穆王見西王母、樂而忘歸、卽謂此山、有石室王母臺、瑤璣鏤飾、煥若神宮也、【考證】大戴禮少閒篇、西王母來獻其白琯、阮元補注云、爾雅云、觚竹北戶西王母日下、謂之四荒、然則西王母國名也、荀子曰、禹學乎西王國、梁玉繩曰、秦紀不稱見西王母、習學記言云、此方士語也、遷載之、蕪妄甚矣、余因攷西王母實乃西方國名、其名見爾雅釋地、大戴禮少閒篇云、舜時獻白琯、竹書紀年云、舜時西王母來朝、獻白環玉玦、賈子修政語上云、堯西見王母、卽穆天子傳敍王母事、與曹奴巨蒐諸人無異、竹書亦但言王西征見西王母、其年來朝、賓于昭宮而已、自山海經撰爲豹尾虎齒蓬髮戴勝之說、而世遂以爲神母、故相如傳大人賦、謂西王母皬然白首、長生不死、淮南覽冥訓、謂西老折勝、楊雄甘泉賦、謂王母上壽、至漢武內傳、又有天姿絕世之語、嗣後神仙家遞相附會、詭設姓名、何足述哉、而徐偃王反。【正義】括地志云、大徐城、在泗州徐城縣北三十里、古之徐國也、博物志云、徐君宮人娠生卵、以爲不祥、弃於水濱、孤獨母有犬名鵠倉、銜所弃卵以歸、覆煖之、遂成小兒、生偃王、故宮人聞之、更收養之、及長、襲爲徐君、後鵠倉臨死生角而九尾、實黃龍也、鵠倉或名后倉也、繆王日馳千里馬、

攻徐偃王、大破之。【索隱】譙周曰、徐偃王與楚文王同時、去周穆王遠矣、且王者行有周衞、豈聞亂而獨長驅、日行千里乎、並言此事非實也、【正義】按穆王元年、去楚文王元年、三百一十餘年也、【考證】楓山三條本無馬字、馳馬破徐之誕、說見秦紀、乃賜造父以趙城。【正義】晉州趙城縣、卽造父邑也、【考證】今山西平陽府趙城縣西南、由此爲趙氏。自造父已下、六世至奄父。曰公仲。周宣王時、伐戎爲御。及千畝戰、奄父脫宣王。【正義】括地志云、千畝原、在晉州岳陽縣北九十里也、【考證】國語周語、宣王三十九年、戰於千畝、王師敗績於姜氏之戎、又見周本紀、楓山三條本御上有戎字、蓋以戎爲戎車也、非戎狄之戎、亦通、奄父生叔帶。叔帶之時、周幽王無道。去周如晉、事晉文侯。始建趙氏于晉國。自叔帶以下、趙宗益興。五世而生趙夙。【考證】王念孫曰、御覽引此生作至、與上文一例、趙夙、晉獻公之十六年、伐霍・魏・耿。而趙夙爲將伐霍、【考證】晉上趙夙二字衍、下文倣之、閔元年左傳、晉侯作二軍、公將上軍、太子申生將下軍、趙夙御戎、畢萬爲右、以滅耿滅霍滅魏、據此則是役趙夙御戎、非將也、梁玉繩曰、爲將乃爲御之譌、霍公求犇齊。【集解】徐廣曰、求一作來、【考證】梁玉繩曰、霍公名求、未知所據、水經注

六、作霍哀公奔齊、亦不知哀公何出、晉大旱。卜之曰。霍太山爲祟。使趙夙召霍君於齊、復之以奉霍太山之祀。晉復穰。晉獻公賜趙夙耿。【索隱】杜預曰、耿、今河東皮氏縣耿鄉是、【考證】賜耿、閔元年左傳、耿、今山西絳州河津縣東南、夙生共孟。當魯閔公之元年也。【考證】崔適曰、夙生共孟四字、當在魯湣公元年句下、湣公元年、上承賜趙夙耿而言、以下乃言趙氏之世系、閔世家年表作湣、共孟生趙衰。字子餘。【索隱】系本云、公明生共孟及趙夙、夙生成季衰、衰生宣孟盾、左傳云、衰、趙夙弟、而此系家云、共孟生衰、譙周亦以此爲誤耳、【考證】梁玉繩曰、案晉語、趙衰、夙之弟、故左傳文六年稱成季、韋昭曰、衰、公明之少子、杜注左傳、亦從晉語云、夙、趙衰兄、則夙與衰皆共孟子、公明、共孟、音相近、其實一人也、此誤從世本、而索隱引世本、謂公明生共孟及夙、夙生衰、尤誤、趙衰卜事晉獻公及諸公子。莫吉。卜事公子重耳。吉。卽事重耳。重耳以驪姬之亂亡奔翟。趙衰從。翟伐廧咎如、得二女。【考證】杜預曰、廧咎如、赤狄之別種、隗姓也、翟以其少女妻重耳、長女妻趙衰、而生盾。【考證】重耳以下、本僖二十三年左傳、初重耳在晉時、趙衰妻亦生趙同・趙

括・趙嬰齊。【考證】本僖二十四年左傳、余有丁曰、按盾爲宣孟、是衰在晉時未有子、至翟始生盾也、同括嬰齊三子、俱盾弟、是還晉後生者、趙衰從重耳出亡、凡十九年得反國。【考證】本僖二十八年昭十三年左傳、重耳爲晉文公。趙衰爲原大夫。居原任國政。【索隱】系本云、成季徙原、宋忠云、今鴈門原平縣也、【正義】括地志云、原平故城、漢原平縣也、在代州崞縣南三十五里、崞、音郭、按宋忠說非也、括地志云、故原城、在懷州濟原縣西北二里、左傳云、襄王以原賜晉文公、原不服、文公伐原、以示信、原降、以趙衰爲原大夫、卽此也、原、本周畿內邑也、【考證】以趙衰爲原大夫、僖廿五年左傳、原、在今河南濟源縣西北、文公所以反國及霸、多趙衰計策。語在晉事中。趙衰既反晉。晉之妻固要迎翟妻、而以其子盾爲適嗣、晉妻三子、皆下事之。【考證】晉之妻以下、僖廿四年左傳、晉襄公之六年、而趙衰卒。【考證】文五年左傳、謚爲成季。【考證】是年晉欒貞子霍伯臼季亦皆卒、老成彫落、朝局一變、政遂歸趙氏矣、趙盾代成季任國政。【考證】文六年左傳、二年而晉襄公卒。太子夷皋年少。盾爲國多難、欲立襄公弟雍。雍時在秦。使使迎

之。太子母日夜啼泣、頓首謂趙盾曰。【索隱】穆嬴也、先君何罪。釋其適子而更求君。趙盾患之、恐其宗與大夫襲誅之、【考證】宗、穆嬴之宗族也、迺遂立太子。是爲靈公。發兵距所迎襄公弟於秦者。【考證】以上文七年左傳、古鈔本、弟下有雍字、靈公既立。趙盾益專國政。靈公立十四年、益驕。趙盾驟諫。靈公弗聽。及食熊蹯胹不熟、【正義】胹、煑熟也、熊掌難熟、如煑凡肉、熊掌猶不熟也、【考證】胹、音而、說文、爛也、殺宰人、持其尸出。趙盾見之。靈公由此懼、欲殺盾。盾素仁愛人。嘗所食桑下餓人、反扞救盾。盾以得亡。未出境、而趙穿弒靈公、而立襄公弟黑臀。是爲成公。趙盾復反任國政。君子譏盾爲正卿、亡不出境、反不討賊。【正義】君子、謂孔子也、【考證】左傳以爲太史董狐之言、故太史書曰。趙盾弒其君。【考證】十四年以下、宣二年左傳、晉景公時而趙盾

卒。諡爲宣孟。【索隱】景公、成公之子名據、【考證】蘇轍曰、左傳宣公八年、亦晉成公八年、書晉郤克爲政、使趙朔佐下軍、則盾已死矣、非景公之時也、梁玉繩曰、案孟非諡也、當作宣子、朔諡莊子、此亦缺、愚按、楓山、三條本、諡作是、當依訂、子朔嗣。趙朔晉景公之三年、朔爲晉將下軍、救鄭、與楚莊王戰河上。【考證】趙朔以下、宣十二年左傳、梁玉繩曰、三年、毛本作二年、然是史公之誤、故徐廣正之曰、案年表救鄭及誅滅、皆景公三年、若依各本改作二年、則複下文、而徐說贅矣、沈家本曰、此三年、與春秋合、非誤也、或下文之三年、字本不作三、故徐廣爲是說、而注於其下、愚按、趙朔二字、疑衍文、朔娶晉成公姊爲夫人。【考證】孔穎達曰、趙衰妻是文公之女、若趙朔妻成公之姊、則亦文公之女、父之從母、不可以爲妻、且文公之卒、距此四十六年、莊姬此時尚少、不得爲成公姊、賈服先儒、皆以爲成公之女、梁玉繩曰、姊是女字之誤、或成公景公之誤耳、又大夫之妻、春秋時似未稱夫人、晉景公之三年、大夫屠岸賈欲誅趙氏。【集解】徐廣曰、按年表、救鄭及誅滅、皆景公三年、初趙盾在時、夢見叔帶持要而哭甚悲。【考證】岡白駒曰、要與腰通、已而笑、拊手且歌。盾卜之。兆絕而後好。【考證】岡白駒曰、兆、灼龜龜折也、愚按、絕、家絕也、好、榮也、趙史援占之曰。此夢甚惡。非君之身。乃君之子。

然亦君之咎。至孫、趙將世益衰。【考證】史上趙字、疑衍、趙氏不宜別有史官、楓山、三條本、乃作及、屠岸賈者、始有寵於靈公。及至於景公、而賈爲司寇。將作難。乃治靈公之賊、以致趙盾。徧告諸將曰。盾雖不知、猶爲賊首。以臣弒君、子孫在朝。何以懲辠。請誅之。韓厥曰。靈公遇賊、趙盾在外。吾先君以爲無罪。故不誅。今諸君將誅其後。是非先君之意。而今妄誅。妄誅謂之亂。臣有大事、而君不聞。是無君也。屠岸賈不聽。韓厥告趙朔趣亡。朔不肯曰。子必不絕趙祀、朔死不恨。韓厥許諾、稱疾不出。賈不請、而擅與諸將攻趙氏於下宮。【考證】是時晉卿尚彊、不宜聽命於一嬖人、說詳下文、殺趙朔・趙同・趙括・趙嬰齊、皆滅其族。【考證】據左傳、趙嬰齊先是出亡、不當同死、趙朔妻成公姊。有遺腹、走公宮匿。【考證】成八

年左傳云、晉趙莊姬爲趙嬰之亡、故譖之于晉侯曰、原屏將爲亂、欒郤爲徵、六月、晉討趙同趙括、趙武從姬氏畜于公宮、以其田與祁奚、據此則殺同括者莊姬、非屠岸賈也、趙武既生、非趙朔遺腹子也、說詳下文、趙朔客曰公孫杵臼。杵臼謂朔友人程嬰曰。胡不死。程嬰曰。朔之婦有遺腹。若幸而男、吾奉之。卽女也、吾徐死耳。居無何、而朔婦免身生男。屠岸賈聞之、索於宮中。夫人置兒絝中、【考證】新序節士篇、絝作袴、祝曰。趙宗滅乎、若號。卽不滅、若無聲。【考證】若、汝也、及索兒、竟無聲。已脫。程嬰謂公孫杵臼曰。今一索不得。後必且復索之。柰何。公孫杵臼曰。立孤、與死孰難。程嬰曰。死易。立孤難耳。公孫杵臼曰。趙氏先君遇子厚。子彊爲其難者。吾爲其易者。請先死。乃二人謀取他人嬰兒負之、衣以文葆、匿山中。【集解】徐廣曰、小兒被曰葆、程嬰出、謬謂諸將軍曰。【考證】新序、將下無軍字、下文

亦無軍字、嬰不肖、不能立趙孤。誰能與我千金。吾告趙氏孤處。諸將皆喜許之。發師隨程嬰攻公孫杵臼。杵臼謬曰。小人哉程嬰。昔下宮之難不能死。與我謀匿趙氏孤兒。今又賣我。縱不能立、而忍賣之乎。抱兒呼曰。天乎。天乎。趙氏孤兒何罪。請活之、獨殺杵臼可也。諸將不許。遂殺杵臼與孤兒。【考證】楓山、三條本、遂下有幷字、與新序合、諸將以爲趙氏孤兒良已死。皆喜。然趙氏眞孤乃反在。程嬰卒與俱匿山中。居十五年、晉景公疾。卜之。大業之後不遂者爲崇。【考證】成十年左傳云、晉侯夢大厲被髮及地、搏膺而踊、曰、殺我孫不義、余得請於帝矣、壞大門及寢門而入、公懼入于室、又壞戶、杜預注、厲鬼也、趙氏之先祖也、八年、晉侯殺趙同趙括、故怒也、與此異、梁玉繩曰、景公病崇而卒、在十九年、晉世家所書是也、此云居十五年、韓世家作十七年、竝誤、景公問韓厥。厥知趙孤在、【考證】古鈔本、厥上有韓字、乃曰。大業之後在晉絕祀者、

其趙氏乎。夫自中衍者、皆嬴姓也。中衍人面鳥噣、降佐殷帝大戊。【考證】上文云、趙氏之先、與秦共祖、至中衍爲帝大戊御、新序、中下衍行字、及周天子、皆有明德。下及幽·厲無道、而叔帶去周、適晉事先君文侯、至于成公。世有立功、未嘗絕祀。今吾君獨滅趙宗。【考證】古鈔本、今下有及字、與新序及說苑復恩篇合、國人哀之。故見龜策。唯君圖之。景公問。趙尚有後子孫乎。【考證】古鈔本、作趙後有子孫乎、韓厥具以實告。於是景公乃與韓厥謀、立趙孤兒、召而匿之宮中。諸將入問疾。景公因韓厥之衆以脅諸將、而見趙孤。趙孤名曰武。諸將不得已、乃曰。昔下宮之難、屠岸賈爲之、矯以君命、幷命羣臣。非然、孰敢作難。【考證】非然、猶言不然、微君之疾、羣臣固且請立趙後。今君有命。羣臣之願也。於是召趙武·程嬰、

徧拜諸將。【考證】楓山、三條本、重諸將二字、說苑、將下有軍將軍三字、遂反與程嬰·趙武攻屠岸賈、滅其族、復與趙武田邑如故。【集解】徐廣曰、推次晉復與趙武田邑、是景公之十七年也、而乃是春秋成公八年經、書晉殺其大夫趙同趙括、左傳於此說立趙武事者、注云、終說之耳、非此年也、及趙武冠爲成人、【考證】國語晉語、載趙文子冠、見欒中行范郤韓智諸大夫事、史欲終程嬰事、故不錄、程嬰乃辭諸大夫、謂趙武曰、昔下宮之難、皆能死。我非不能死。我思立趙氏之後。今趙武既立、爲成人、復故位。我將下報趙宣孟與公孫杵臼。【考證】中井積德曰、下報、宜舉趙朔、不當指宣孟、趙武啼泣頓首、固請曰。武願苦筋骨以報子至死。而子忍去我死乎。程嬰曰。不可。彼以我爲能成事。故先我死。【考證】楓山、三條本、故作皆、新序、故下有皆字、今我不報、是以我事爲不成。遂自殺。趙武服齊衰三年、爲之祭邑、春秋祀之、世世勿絕。【集解】新序曰、程嬰公孫杵臼、可謂信友厚士矣、嬰之自殺下報、亦過矣、

【正義】今河東趙氏祠先人、猶別舒一座祭二士矣、【考證】趙翼曰、春秋魯成八年、晉殺其大夫趙同趙括、左傳謂趙嬰通趙朔之妻莊姬、趙同趙括放諸齊、莊姬以嬰之亡故、譖同括於晉景公曰、將爲亂、公乃殺之、武趙武也、莊姬子、從姬氏畜於公宮、以其田與祁奚、韓厥言於公曰、成季之勳、宣孟之忠、而無後、爲善者懼矣、乃立武而返其田焉、左傳敍趙氏之事如此而已、國語趙簡子之孫郵無恤進曰、昔先主少權於難、從姬氏畜於公宮、智伯諫智襄子亦曰、趙有孟姬之讒、又韓獻子曰、昔吾畜於趙氏、孟姬之讒、吾能違兵、是皆謂莊姬之譖殺同括、竝無所謂屠岸賈也、里克殺奚齊卓子時、曾令屠岸夷告重耳、欲立之、屠岸之姓始見此、其後亦未有姓屠岸之人仕於晉者、即史記晉世家亦云、景公十七年、誅趙同趙括族滅之、韓厥言趙衰趙盾之功、乃復令趙庶子武爲趙氏後、復與之邑、是亦尚與左傳國語相合、無所謂屠岸賈也、乃於趙世家忽云、屠岸賈爲景公司寇、將誅趙氏、先告韓厥、厥不肯、而陰使趙朔出奔、朔不肯曰、子必不絕趙氏、賈果殺朔及同括嬰齊、朔之妻成公姊、有遺腹、走匿公宮、後免身、賈聞之、又索於宮中、朔妻置兒袴內、不啼、乃得免、朔之客程嬰公孫杵臼、恐賈復索、杵臼乃取他兒僞爲趙氏孤、匿山中、使嬰出率賈之兵、入山殺之、併及杵臼、而嬰實匿趙氏眞孤、十五年、韓厥言於景公、立之爲趙氏後、即武也、武與嬰乃殺賈、亦滅其族、而嬰亦自殺、以報杵臼於地下、按春秋經文及左國、但云晉殺趙同趙括、未嘗有趙朔也、其時朔已死、故其妻通於嬰、而同括逐嬰、史記謂朔與同括同日被殺、已屬互異、武從姬氏畜於公宮、則被難時已有武、竝非莊姬入宮後始生、而史記謂是遺腹子、又異、以理推之、晉景公竝未失國政、朔妻其姊也、公之姊既在宮生子、賈何人、輒敢向宮中索之、如曹操之收伏后乎、況其時尚有欒武子知莊子范文子及韓獻子、共主國事、區區一屠岸賈、位非正卿、官非世族、乃能逞威肆一至此乎、且史記之說武爲莊

姬所生、則武乃趙氏嫡子也、而晉世家又以爲庶子、晉世家、景公十七年殺同括、仍復趙武邑、晉年表、於景十七年、亦言復趙武田邑、而趙世家亦謂十五年後、則其一手所著書、已自相矛盾、益可見屠岸賈之事、出於無稽、而遷之採摭荒誕不足憑也、史記諸世家多取左傳國語以爲文、獨此一事、不用二書、而獨取異說、而不自知其牴牾、信乎好奇之過也、梁玉繩曰、案下宮之事、左成八年疏、史通申左篇、竝以史爲繆、後儒歷辨其誣、惟劉向取入說苑復恩新序節士、皇極經世依世家書之前編分載、賈殺趙朔在周定王十年、趙姬譜殺原屏、在簡王三年、皆不足據也、匿孤報德、視死如歸、乃戰國俠士刺客所爲、春秋之世無此風俗、則斯事固妄誕不可信、而所謂屠岸賈程嬰杵臼、恐亦無其人也、

趙氏復位十一年、而晉厲公殺其大夫三郤。【考證】殺三郤、成十七年春秋經傳、三郤、郤錡郤犨郤至、欒書畏及、乃遂弒其君厲公。更立襄公曾孫周。是爲悼公。【集解】徐廣曰、年表云、襄公孫也、【索隱】晉系家、襄公少子名周、【考證】成十八年左傳、古鈔本、及作反、無乃字、楓山、三條本、無及乃遂三字、張照曰、晉世家云、悼公周者、其大父捷、襄公少子也、與此同、與索隱不符、年表亦無曾字、與此異、晉由此大夫稍彊。趙武續趙宗二十七年、晉平公立。【考證】平公立、襄十八年左傳、平公十二年、而趙武爲正卿。【考證】梁玉繩曰、案左襄二十五年、趙文子爲政、是平公十年、此誤、楓山、三條本、公下有立、十三年、吳延陵季子使於晉。

曰。晉國之政、卒歸於趙武子・韓宣子・魏獻子之後矣。【考證】襄二十九年左傳、梁玉繩曰、季札之聘、在平公十四年、此誤作十三年、武子乃文子之誤、然三子見存、不應稱謚、史詮云、武子宣子獻子六字衍、趙武死。謚爲文子。文子生景叔。【索隱】系本云、景叔名成、【考證】梁玉繩曰、左傳曰趙成子、景叔之時、齊景公使晏嬰於晉。【集解】徐廣曰、平公之十九年、晏嬰與晉叔向語。嬰曰。齊之政後卒歸田氏。叔向亦曰。晉國之政、將歸六卿。六卿侈矣。而吾君不能恤也。【考證】齊景公以下、昭三年左傳、趙景叔卒。生趙鞅。是爲簡子。【考證】楓山、三條本、爲下有趙字、趙簡子在位。晉頃公之九年、簡子將合諸侯戍于周。【考證】簡子將合諸侯、昭二十五年左傳、楓山、三條本、合作令、與左傳合、其明年、入周敬王于周。辟弟子朝之故也。【考證】昭二十六年春秋經傳、古鈔本、辟作避、晉頃公之十二年、六卿以法誅公族祁氏・羊舌氏、分其邑爲十縣。六卿各令其族爲之大夫。

【考證】昭二十八年左傳、梁玉繩曰、十大夫不皆六卿之族、說在晉世家、晉公室由此益弱。後十三年、魯賊臣陽虎來奔。趙簡子受賂、厚遇之。【考證】定九年左傳云、陽虎自齊奔宋、遂奔晉、適趙氏、未嘗云趙氏受賂、古鈔本、受下無賂字、趙簡子疾。五日不知人。大夫皆懼。醫扁鵲視之。出。董安于問。【集解】韋昭曰、安于、簡子家臣、【考證】古鈔本、三條本、問下有扁鵲二字、與扁鵲傳合、扁鵲曰。血脈治也。而何怪。在昔秦繆公嘗如此。七日而寤。寤之日告公孫支與子輿曰。【索隱】二子、秦大夫、公孫支、子桑也、【考證】梁玉繩曰、索隱于扁鵲傳云、子輿未詳、余謂卽子車氏也、子車三良、秦紀作子輿、孟子字子輿、亦作子車、我之帝所甚樂。【考證】岡白駒曰、帝、天帝也、吾所以久者、適有學也。帝告我。晉國將大亂。五世不安。【正義】謂受帝敎命也、【考證】扁鵲傳、有下有所字、梁玉繩曰、五世當是三世、蓋晉獻公惠公懷公也、此與扁鵲傳同誤、其後將霸。未老而死。霸者之子且令。而國男女無別。【考證】令字句、言霸者之子、將代父令于諸侯也、梁玉繩曰、案下文亦言襄公縱淫、攷左傳、不見晉襄縱淫無別事、蓋與扁鵲傳同妄、公孫支書

而藏之。秦讖於是出矣。【考證】扁鵲傳、讖作策、矣作夫、秦穆夢游事、又見封禪書、顧炎武曰、趙世家扁鵲言秦穆公寤而述上帝之言、公孫支書而藏之、秦讖於是出矣、秦本紀、燕人盧生、使入海還以鬼神事、因奏錄圖書曰、亡秦者胡也、然則讖記之興、實始於秦人、而盛於西京之末也、獻公之亂、文公之霸、而襄公敗秦師於殽。而歸縱淫。此子之所聞。今主君之疾與之同。不出三日疾必閒。閒必有言也。【考證】閒、愈也、居二日半、簡子寤。語大夫曰。我之帝所、甚樂。與百神游於鈞天。廣樂九奏、萬舞、不類三代之樂。【正義】淮南子、中央曰鈞天、【考證】列子周穆王篇、淸都紫微、鈞天廣樂、帝之所居、愚按、廣樂、樂名、九奏既以數言、則萬舞、亦可以數言、與詩萬舞異、其聲動人心。有一熊欲來援我。【考證】扁鵲傳、無人字、古鈔本、無來字、與傳及藝文類聚合、帝命我射之。中熊。熊死。又有一羆來。我又射之。中羆。羆死。帝甚喜、賜我二笥。皆有副。吾見兒在帝側。帝屬我一翟犬曰。及而子之壯也、以賜之。【考證】而、汝也、帝告我。晉

國且世衰。七世而亡。【正義】謂晉定公出公哀公幽公烈公孝公靜公爲七世、靜公二年、爲三晉所滅、據此及年表、簡子疾在定公十一年、嬴姓將大敗周人於范魁之西。【索隱】范魁、地名、不知所在、蓋趙地、【正義】嬴、趙姓也、周人、謂衛也、晉亡之後、趙成侯三年、伐衛、取都鄙七十三、是也、賈逵云、川阜曰魁也、【考證】梁玉繩曰、其事無攷、當屬妄言、正義以趙成公伐衛實之、謬矣、而亦不能有也。今余思虞舜之勳、適余將以其冑女孟姚、配而七世之孫。【索隱】即娃嬴、吳廣之女、姚姓、孟、字也、七代孫、武靈王也、【考證】扁鵲傳、無今余至之孫二十一字、梁玉繩曰、案簡子至武靈王十世、此謂七字、論衡紀妖篇是十世也、董安于受言而書藏之、以扁鵲言告簡子。簡子賜扁鵲田四萬畝。【考證】趙簡子疾以下、又見扁鵲傳、他日簡子出。有人當道。辟之。不去。從者怒、將刃之。當道者曰。吾欲有謁於主君。從者以聞。簡子召之。曰。譆、吾有所見子、晣也。【索隱】簡子見當道者、乃寤曰、譆、是吾前夢所見、知其名曰子晣者、【考證】陳仁錫曰、晣、明也、見子晣、謂夢中明見子晣、索隱誤、顧炎武曰、晣者分明之意、愚按、徐孚遠錢大昕說同、當道者曰。屛左右。願有謁。簡子屛

人。當道者曰。主君之疾、臣在帝側。【考證】古鈔本、三條本、疾下有曰者二字、簡子曰。然。有之。子之見我、我何爲。【考證】崔適曰、各本重我字、衍也、當道者曰。帝令主君射熊與羆。皆死。簡子曰。是且何也。當道者曰。晉國且有大難。主君首之。帝令主君滅二卿。夫熊與羆、皆其祖也。【正義】范氏中行氏之祖也、簡子曰。帝賜我二笥。皆有副。何也。【正義】副、謂皆子姓也、當道者曰。主君之子、將克二國於翟。皆子姓也。【正義】謂代及智氏也、簡子曰。吾見兒在帝側。帝屬我一翟犬曰。及而子之長以賜之。夫兒何謂以賜翟犬。當道者曰。兒、主君之子也。翟犬者代之先也。主君之子、且必有代。及主君之後嗣、且有革政而胡服、【正義】今時服也、廢除裘裳也、【考證】張文虎曰、正義裘裳疑冠裳、幷二國於翟。【正義】武靈王略中山地、至寧葭、西略胡地至樓煩楡中是也、簡子問其姓、而

延之以官。【正義】簡子問何姓、又延之以何官也、當道者曰。臣野人。致帝命耳。遂不見。簡子書藏之府。異日姑布子卿見簡子。【集解】司馬彪曰、姑布姓、子卿字、【考證】荀子非相篇、古者有姑布子卿、今之世、梁有唐擧、相人之形狀顏色而知其吉凶妖祥、世俗稱之、古之人無有也、學者不道也、韓詩外傳卷九、載子卿相孔子事、簡子徧召諸子相之。子卿曰。無爲將軍者。簡子曰。趙氏其滅乎。子卿曰。吾嘗見一子於路。殆君之子也。簡子召子毋卹。毋卹至、則子卿起曰。此眞將軍矣。簡子曰。此其母賤、翟婢也。奚道貴哉。子卿曰。天所授、雖賤必貴。自是之後、簡子盡召諸子與語。毋卹最賢。簡子乃告諸子曰。吾藏寶符於常山上。先得者賞。諸子馳之常山上。求無所得。毋卹還曰。已得符矣。簡子曰。奏之。毋卹曰。從常山上臨代。代可取也。【正義】地道記云、恒山在上曲陽縣西北百四十里、北行四百五十里、得

恒山岋、號飛狐口、北則代郡也、簡子於是知毋卹果賢、乃廢太子伯魯、而以毋卹爲太子。【考證】梁玉繩曰、簡子、大夫也、而稱其子爲太子、可乎、愚按、繹史八十七云、韓詩外傳、趙簡子大子名伯魯、小子名無恤、簡子自爲一書牘曰、節用聽聰、敬賢勿慢、使能勿賤、親自表之、與二子使誦之、三年、簡子坐淸臺之上、問二書所在、伯魯亡其表、令誦、不能得、無恤出其書於袖、令誦習焉、乃出伯魯而立無恤、是爲襄子、與史異、繹史注云、通鑑本此、今本無、後二年、晉定公之十四年、范·中行作亂。【考證】梁玉繩曰、案陽虎奔晉、在定十一年、則當作後三年、余有丁曰、范中行氏、因邯鄲午而作亂、其說見下、此先言之誤、明年春、簡子謂邯鄲大夫午曰。歸我衛士五百家。吾將置之晉陽。【集解】服虔曰、往年趙鞅圍衛、衛人恐懼、故貢五百家、鞅置之邯鄲、又欲更徙於晉陽、【考證】士凌本、作氏、左傳作貢、邯鄲、故衛邑、後屬晉、戰國時趙肅侯都此、今直隸廣平府邯鄲縣西南有邯鄲故城、俗名趙王城、晉陽、簡子邑、今山西太原府陽曲縣、集解服說、依定十年左傳、午許諾。歸而其父兄不聽。倍言。【集解】服虔曰、午之諸父兄、及邯鄲中長老、【考證】中井積德曰、其字不可誣、注、邯鄲長老誤、趙鞅捕午、因之晉陽。乃告邯鄲人曰。我私有誅午也。諸君欲誰立。【集解】杜預曰、午、趙鞅同族、別封邯鄲、故使邯鄲人更立午宗親也、

【考證】左傳、作二三子唯所欲立。 遂殺午。趙稷·涉賓以邯鄲反。【集解】服虔曰、稷、午子。 晉君使籍秦圍邯鄲。【集解】左傳曰、籍秦、此時爲上軍司馬、【索隱】據系本、晉大夫籍游之孫、籍談之子、 荀寅·范吉射、【索隱】范氏、晉大夫隰叔之子、士蔿之後、蔿生成伯缺、缺生武子會、會生文叔燮、燮生宣叔匄、匄生獻子鞅、鞅生吉射、 與午善。【集解】左傳曰、午、荀寅之甥、荀寅、范吉射之姻、 不肯助秦、而謀作亂。董安于知之。十月、范·中行氏伐趙鞅。【索隱】系本云、晉大夫逝遨、生桓伯林父、林父生宣伯庚宿、庚宿生獻伯偃、偃生穆伯吳、吳生寅、本姓荀、自荀偃將中軍、晉改中軍曰中行、因氏焉、元與智伯同祖逝遨、故智氏亦稱荀、【正義】按會食邑於范、因爲范氏、又中行寅本姓荀、自荀偃將中軍、爲中行、因號中行氏、元與智氏同承襲逝遨、姓荀氏、【考證】左傳、十月作七月、 鞅奔晉陽。晉人圍之。范吉射·荀寅仇人魏襄等、謀逐荀寅、以梁嬰父代之。【集解】賈逵曰、梁嬰父、晉大夫也、【考證】魏襄下當依左傳補子字、襄子、魏舒孫曼多也、左傳云、韓簡子與中行文子相惡、魏襄子與范昭子相惡、中行文子卽荀寅、范昭子、卽范吉射、 逐吉射、以范皋繹代之。【集解】服虔曰、范氏之側室子、【考證】左傳、皋繹作皋夷、 荀櫟【集解】服虔曰、荀櫟、智文子、【索隱】系本云、逝遨生莊子首、首生武子罃、罃生莊子朔、朔生悼子盈、盈生文子櫟、櫟生宣子申、申生智伯瑤、【考證】各本及左

傳、櫟作躒、今從索隱正義本、 言於晉侯曰、君命、大臣始亂者死。今三臣始亂、【集解】賈逵曰、范、中行、趙也、【考證】先始禍亂者、不問是非、當死、 而獨逐鞅。用刑不均。請皆逐之。十一月、荀櫟·韓不佞·【索隱】韓簡子、【正義】韓簡子也、本作佞也、【考證】正義本、不佞作不信、與晉世家及左傳合、 魏哆、【索隱】魏簡子、系本名取、【考證】魏哆卽魏曼多也、沈家本曰、魏世家索隱、引世本、作襄子多、此注誤、 奉公命以伐范·中行氏。不克。范·中行氏反伐公。公擊之。范·中行敗走。丁未、二子奔朝歌。【索隱】范吉射、荀寅也、【考證】河南衛輝府洪城東北、 韓·魏以趙氏爲請。【集解】服虔曰、以其罪輕於荀范也、【正義】按趙鞅被范中行伐、乃奔晉陽、以其罪輕、故韓魏爲請晉君、而得入絳、 十二月辛未、趙鞅入絳、盟于公宮。【考證】明年春以下、定十三年左傳、絳、晉都、 其明年、知伯文子謂趙鞅曰、范·中行雖信爲亂、安于發之。是安于與謀也。晉國有法。始亂者死。夫二子已伏罪、而安于獨在。【考證】知伯文子、荀櫟也、定十三年左傳云、范中行將作亂、董安于聞之告趙孟曰、先備諸、趙孟曰、晉國

有命、始禍者死、爲後可也、安于曰、與其害民、寧我獨死、請以我說、蓋安于私爲趙氏備、故文子誣以先發難也、趙策所謂城郭完、府庫倉廩實、垣皆以荻蒿楛楚牆之、室皆以鍊銅爲柱者、亦安知非當日所施設乎、 趙鞅患之。安于曰、臣死、趙氏定、晉國寧、吾死晚矣。遂自殺。趙氏以告知伯、然後趙氏寧。【考證】以上定十四年左傳、傳又云、趙氏定祀安于於廟、 孔子聞趙簡子不請晉君而執邯鄲午保晉陽、故書春秋曰、趙鞅以晉陽畔。【考證】定十三年春秋云、秋、晉趙鞅入于晉陽以叛、 趙簡子有臣曰周舍。好直諫。周舍死。簡子每聽朝、常不悅。大夫請皋。簡子曰、大夫無罪。吾聞千羊之皮、不如一狐之腋。諸大夫朝、徒聞唯唯。不聞周舍之鄂鄂。是以憂也。【集解】韓詩外傳曰、周舍立於門下三日三夜、簡子使問之曰、子欲見寡人何事、對曰、願爲鄂鄂之臣、墨筆操牘、從君之過、而日有所記、月有所成、歲有所效也、【正義】鄂鄂、直也、 簡子由此能附趙邑、而懷晉人。晉定公十八年、趙簡子圍范·中行于朝歌。【考證】圍朝歌、哀元年左傳、 中行文子

奔邯鄲。【索隱】荀寅也、【考證】梁玉繩曰、案左哀三年、荀寅奔邯鄲、乃晉定二十年、 明年、衛靈公卒。簡子與陽虎送衛太子蒯聵于衛。衛不內。居戚。【正義】括地志云、故戚城、在相州澶水縣東三十里、杜預云、戚、衛邑、在頓丘縣西有戚城、是也、【考證】哀二年左傳、 晉定公二十一年、簡子拔邯鄲。中行文子奔柏人。【考證】哀四年左傳、今直隸順德府唐山縣西、有柏人故城、 簡子又圍柏人。中行文子·范昭子遂奔齊。【索隱】范吉射也、【考證】哀五年左傳、沈家本曰、表在二十二年、與左傳合、 趙竟有邯鄲·柏人。范·中行餘邑、入于晉。趙名晉卿、【考證】古鈔本、楓山・三條本、趙下有鞅字、名下有爲字、 實專晉權。奉邑侔於諸侯。晉定公三十年、定公與吳王夫差爭長於黃池。趙簡子從晉定公。卒長吳。【考證】事見哀十三年左傳、長吳、依國語吳語、黃池、今河南開封府邱縣西南、說見吳世家、 定公三十七年卒。而簡子除三年之喪、期而已。【考證】沈家本曰、按此文謂簡子於君死而不爲三年之喪、降爲期也、顧炎武曰、除三年之喪、期而已、此因哀二十年左傳趙孟降於喪食之文、而誤爲之解、本無此事、俞樾曰、此

簡子不成禮於其仗、猶魯悼公之喪、孟敬子曰、我則食食也、禮檀弓篇史公所載、自有所本、下又云、趙襄子元年、越圍吳、襄子降喪食、使楚隆問吳王、則史公原未嘗誤解左傳也、

是歲、越王句踐滅吳。【考證】梁玉繩曰、依左傳、是歲越圍吳、滅字必圍字之誤、否則下文書越圍吳、何以此先言滅吳邪、

晉出公十一年、知伯伐鄭。趙簡子疾。使太子毋卹將而圍鄭。知伯醉、以酒灌擊毋卹。毋卹羣臣請死之。毋卹曰。君所以置毋卹、爲能忍詢。然亦慍知伯。知伯歸、因謂簡子使廢毋卹。簡子不聽。毋卹由此怨知伯。【考證】梁玉繩曰、是時簡子已久死、卿之子亦不得稱太子、襄子之怨知伯、左傳末篇所載甚明、曷嘗有謂簡子使廢襄子之事、此與六國表竝誤、至灌酒一節、左傳末篇亦無其事、史公或別有據、故說苑亦載之也、愚按、淮南子道應訓、趙簡子以襄子爲後、董閼于曰、無卹賤、今以爲後、何也、簡子曰、是爲人也、能爲社稷忍羞、異日知伯與襄子飲、而批襄子之首、大夫請殺之、襄子曰、先君之立我也、曰能爲社稷忍羞、豈曰能剌人哉、處十月、知伯圍襄子於晉陽、襄子疏隊而擊之、大敗知伯、破其首以爲飲器、其事與史公所記粗同、淮南先於史記、又見於說苑建本、

晉出公十七年、簡子卒。【集解】張華曰、趙簡子冢在臨水界、二冢併、上氣成樓閣、【考證】梁玉繩曰、簡子卒于晉定三十六年、非出公十七年也、此與表同誤、所可怪者、後文云、趙襄子元年、越圍吳、襄子

降喪食、使楚隆問吳王、圍吳之事、在晉定三十七年、襄子初嗣爲晉卿、所言固不誤也、何以此書簡子卒于出公十七年、自相牴牾、正義亦疏舛、

太子毋卹代立。是爲襄子。趙襄子元年、越圍吳。【正義】年表及趙世家云、左傳越滅吳、在簡子三十五年、已在襄子元年前十五年矣、何得更有越圍吳之事、從此以下、至問吳王、是三十年事、文脫誤在此耳、【考證】中井積德曰、世家年表不相合、而此注尤多錯誤、

襄子降喪食、使楚隆問吳王。【正義】左傳云、哀公二十年、簡子死、襄子嗣立、以越圍吳、故降父之祭饌、而使楚隆慰問王、爲哀公十三年、簡子在黃池之役、與吳王質言曰、好惡同之、故減祭饌、及問吳王也、而趙世家及六國年表云、此年晉定公卒、簡子除三年之喪服、朞而已、按簡子死、及使吳、年月皆誤、與左傳文不同、【考證】越圍吳以下、哀二十年左傳、但事在晉定三十七年、襄子服簡子喪時、中井積德曰、喪之食已惡、今爲吳又降一等也、左傳可徵、

襄子姊前爲代王夫人。簡子既葬、未除服。北登夏屋、【集解】徐廣曰、山在廣武、【正義】括地志云、夏屋山、一名賈屋山、今名賈母山、在代州鴈門縣東北三十五里、夏屋與句注山相接、蓋北方之險、亦天下之阻、路所以分別內外也、【考證】夏屋山、在今山西代州、

請代王、使廚人操銅料、【正義】音斗、其形方有柄、取斟水器、說文云、勺也、【考證】張儀傳、料作斗、酌酒器、古鈔本、請上有誘字、

以食代王及從者。行斟。【考證】方苞曰、及從者爲句、行斟爲句、行斟、謂羹汁、張儀傳所謂進熱啜者也、

陰令宰人各以

料擊殺代王及從官。【集解】徐廣曰、名、一作雒、【正義】各、音洛、【考證】張照曰、徐廣云、一作雒、則以雒爲宰人名也、蓋以料擊殺代王者、猶寘劒魚中之類、代王既死、其從官之被殺、固不必問其用何器、事有令庖人盡持料以爲戰具之理耶、愚按、宣六年公羊傳云、熊蹯不熟、靈公怒以斗擊膳宰而殺之、與此事相類、中井積德曰、廚人宰人無別、從者從官正同、不知何故異其文、

遂興兵平代地。其姊聞之、泣而呼天、摩笄自殺。代人憐之、所死地、名之爲摩笄之山。【正義】笄、今簪也、括地志云、摩笄山一名磨笄山、亦名爲山、在蔚州飛狐縣東北百五十里、魏土地記云、代郡東南二十五里、有馬頭山、趙襄子既殺代王、使人迎其婦、代王夫人曰、以弟慢夫、非仁也、以夫怨弟、非義也、磨笄自刺而死、使者遂亦自殺、【考證】承上文、襄子常臨代、以結夢占、摩、磨也、呂覽長攻篇云、趙簡子病、召太子而告之曰、我死、已葬、服衰而上夏屋之山以望、太子敬諾、簡子死、已葬、襄子上於夏屋以望代俗、其樂甚美、於是襄子曰、先君必以此教之也、及歸、慮所以取代、代君好色、以其姊妻之、所以善代者萬故、謁於代君、觴之、先令舞者置兵羽中數百人、先具大金斗、代君至、酒酣、反斗而擊之、一成腦塗、舞者操兵以鬭盡殺其從者、其妻遙聞之、磨笄以自刺、故趙氏至今有刺笄之證、與反斗之號、又見于國策燕策、及史張儀傳、與此小異、

遂以代封伯魯子周、爲代成君。伯魯者、襄子兄、故太子。太子蚤死。故封其子。【考證】中井積德曰、伯魯初爲太子、廢而死也、此文欠分曉、

襄子立四

年、知伯與趙・韓・魏盡分其范・中行故地。【考證】古鈔本、盡下有共字、分下無其字、梁玉繩曰、晉世家、事在晉出公十七年、此與六國表竝誤、其字衍、

晉出公怒、告齊・魯、欲以伐四卿。四卿恐、遂共攻出公。出公奔齊。道死。【考證】梁玉繩曰、奔齊時、出公未死、

知伯乃立昭公曾孫驕。是爲晉懿公。【索隱】或作哀公、其大父名雍、即昭公少子、號戴子也、

知伯益驕、請地韓・魏。韓・魏與之。請地趙。趙不與。【考證】知伯益驕以下、見韓非十過、國策趙策、

以其圍鄭之辱。【考證】事見上、

知伯怒、遂率韓・魏攻趙。趙襄子懼、乃奔保晉陽。【考證】韓非十過、國策趙策、

原過從後、至於王澤。【正義】括地志云、王澤、在絳州正平縣南七里也、

見三人。自帶以上可見。自帶以下不可見。與原過竹二節莫通。曰。爲我以是遺趙毋卹。原過既至、以告襄子。襄子齊三日、親自剖竹。有朱書曰。趙毋卹。余霍泰山山陽侯天使也。【集解】徐廣曰、在河東永安縣、【考證】凌稚隆

曰、與前霍泰山爲祟遠甚、愚按、語氣與始皇本紀相似、梁玉繩曰、論衡紀妖篇作余霍太山陽天子、與此同、譌、當依風俗通卷一作余霍太山陽侯大吏、三月丙戌、余將使女反滅知氏。女亦立我百邑。余將賜女林胡之地。至于後世、且有伉王、赤黑、龍面而鳥噣、鬢麋髭頫、大膺大胷、【考證】各本亦作亦、今從宋本毛本、風俗通作赤、岡白駒曰、伉王、蓋謂武靈王也、噣喙也、麋與眉同、頫頰鬚也、膺亦胸也、脩下而馮、左袵界乘、【集解】徐廣曰、脩或作隨、界一作介、【正義】馮音憑、依也、左袵胡服也、界即介也、乘馬被甲、【考證】風俗通六國篇、作脩下而馮上、左袵介乘、李笠曰、馮下當依風俗通補上字、上句大膺大胷對擧、下句左袵介乘亦對擧、此句亦當以脩下與馮上對擧也、上文龍面而鳥噣、與此句同一例、文選吳都賦、洲渚馮隆、劉注、馮隆高貌、蓋謂伉王下體長而上體高耳、方苞曰、介甲也、此指武靈王變服習騎射事、左袵變服也、介乘謂甲而乘馬習射、奄有河宗、【正義】穆天子傳云、河宗之子孫則栢絜、按蓋在龍門河之上流、嵐勝二州之地也、至于休溷諸貉、【正義】音陌、自河宗休溷諸貉、乃戎狄之地也、南伐晉別、【正義】趙南伐晉之別邑、謂韓魏之邑也、北滅黑姑。【正義】亦戎國、【考證】中井積德曰、是讖、果有之邪、武靈王變服時、宜首擧是讖以神其事、而無一言及于此矣、可見造是讖者、更在後世也、襄子再拜、受三神之令。【考證】岡白駒曰、原過所見三人、故云三神、

三國攻晉陽歲餘。【考證】趙策、歲餘作三年、引汾水灌其城。【考證】梁玉繩曰、國語但云、襄子走晉陽、圍而灌之、不言何水、韋注依此以爲汾水、魏世家依國策以爲晉水、尚書疏證六云、李宏憲疑莫能定、不知二水皆是也、蓋知伯決晉水以灌城、至今猶名知伯渠、然亦豈有舍近而且大之汾水、不引以幷注者乎、盧學士云、晉水注于汾水、汾水之所經廣矣、此云汾水、雖不可謂誤、而晉水尤與晉陽爲切近、城不浸者三版。【正義】何休云、八尺曰版、【考證】胡三省曰、高二尺爲一版、三版、六尺、城中懸釜而炊、易子而食。【考證】國語晉語云、沈竈產鼃、民無叛意、國策趙策云、城不沒者三板、臼竈生鼃、人馬相食、又云、城中巢居而處、懸釜而炊、財食將盡、士卒病羸、淮南人間訓云、城下緣木而處、縣釜而炊、皆不云易子而食、四字史公以意加之、羣臣皆有外心。禮益慢。唯高共不敢失禮。【集解】徐廣曰、共、一作赫、【考證】羣臣以下、韓非子難一、淮南人間訓、梁玉繩曰、徐廣共作赫、是也、韓子淮南子說苑及人表並作赫、呂覽義賞篇作高赦、愚按、赫赦以形似譌、襄子懼、乃夜使相張孟同私於韓・魏。【索隱】按戰國策、作張孟談、談者史遷之父名、遷例改爲同、韓・魏與合謀、以三月丙戌、三國反滅知氏、共分其地。【考證】三晉滅知伯、詳于國策趙策、韓非子十過、淮南子人間訓、但三月丙戌、未詳史所本、於是襄子行賞。高共爲上。張孟同曰、晉陽

之難、唯共無功。襄子曰、方晉陽急、羣臣皆懈。惟共不敢失人臣禮。是以先之。【考證】襄子行賞以下、依韓非子難一、淮南子人間訓、張孟談作羣臣、於是趙北有代、南幷知氏、彊於韓・魏。遂祠三神於百邑、使原過主霍泰山祠祀。【正義】括地志云、三神祠、今名原過祠、今在霍山側也、其後娶空同氏。【正義】括地志云、崆峒山、在肅州福祿縣東南六十里、古西戎地、又原州平高縣西百里、亦有崆峒山、即黃帝問廣成子道處、俱是西戎地、未知孰是、【考證】楓山、三條本、氏下有女字、生五子。襄子爲伯魯之不立也、不肯立子。且必欲傳位與伯魯子代成君。成君先死。乃取代成君子浣、立爲太子。【索隱】代成君、名周、伯魯之子、系本云、代成君子起、即襄子之子、不云伯魯、非也、【考證】王維楨曰、趙襄子舍子不立、立共姪之子、以念兄不立之故也、襄子立三十三年卒。浣立。是爲獻侯。【考證】梁玉繩曰、襄子五十一年卒、此與表作三十三年者、誤以十八年益簡子也、又獻侯是追尊、不當稱侯、獻侯少卽位、治中牟。【集解】地理志曰、河南中牟縣、趙獻侯自耿徙此、瓚曰、中牟在春秋之時、是鄭之疆內也、及三卿分晉、則在魏之邦土也、趙界自漳水以北、不及此、春秋傳曰、

衛侯如晉過中牟、按中牟非衛適晉之次也、汲郡古文曰、齊師伐趙東鄙、圍中牟、此中牟不在趙之東也、按中牟當漯水之北、【索隱】此趙中牟、在河北、非鄭之中牟、【正義】按五鹿在魏州元城縣東十二里、鄴即相州蕩陰縣西五十八里、有牟山、蓋中牟邑在此山側也、【考證】中牟、今河南蕩陰縣、襄子弟桓子、逐獻侯自立於代。一年卒。【索隱】系本云、襄子子桓子、與此不同、國人曰、桓子立、非襄子意。乃共殺其子而復迎立獻侯。十年、中山武公初立。【集解】徐廣曰、西周桓公之子、桓公者、孝王弟、而定王子、【索隱】按中山、古鮮虞國、姬姓也、系本云、中山武公居顧、桓公徙靈壽、爲趙武靈王所滅、不言誰之子孫、徐廣云、西周桓公之子、亦無所據、蓋未能得其實耳、【考證】王應麟曰、中山、春秋時爲鮮虞、定四年傳、中山不服、中山之名始見于此、魏文侯使樂羊取之、及武侯之世、趙世家書與中山戰于房子、是時蓋已復國、其後與諸國並稱王、其勢又強矣、梁玉繩曰、世家年表、皆書武公初立、乃至是國始稱公、立號謚、其後爲趙武靈所滅、故附于趙也、【集解】地理志曰、代郡有平邑縣、【考證】今直隸大名府南樂縣、十三年、城平邑。十五年、獻侯卒。子烈侯籍立。烈侯元年、魏文侯伐中山、使太子擊守之。六年、魏・韓・趙皆相立爲諸侯。【考證】周本紀云、威烈王二十三年、九鼎震、命韓魏趙爲諸侯、晉世家、賜趙韓魏、皆命爲諸侯、而趙世家則云、魏韓趙皆命爲諸侯、韓魏楚鄭各世家、皆但云、列爲諸侯、

一云受天子命、一云相立、不同、蓋依國史所記也、崔述曰、三晉之列爲侯、據周本紀年表三晉世家、皆在威烈王之二十三年、而楚世家則在簡王八年、當周威烈王之二年、於韓爲武子、於趙爲桓子、則史記之年、亦不能保其必無誤矣、竊疑三晉之僭侯非一年之事、趙最強、故僭最先、魏次強、故次僭、韓最弱、故僭最後耳、蓋不但威烈之命爲莫須有之事、卽趙世家謂烈侯六年相立爲諸侯、亦恐係後人揣度之詞、未盡當時之事理也、愚按、說又見周本紀、 追尊獻子爲獻侯。烈侯好音。謂相國公仲連曰、寡人有愛、可以貴之乎。公仲曰、富之可、貴之則否。烈侯曰、然。夫鄭歌者槍・石二人。【索隱】槍、七羊反、槍與石、二人名、 吾賜之田人萬畝。公仲曰、諾。不與。居一月、烈侯從代來、問歌者田。公仲曰、求未有可者。有頃、烈侯復問。公仲終不與。乃稱疾不朝。番吾君自代來。【集解】徐廣曰、番音盤、常山有番吾縣、【正義】括地志云、番吾故城、在恆州房山縣東二十里、番、蒲、古今音異耳、【考證】今直隸正定府平山縣、 謂公仲曰、君實好善、而未知所持。今公仲相趙、於今四年。亦有進士乎。【考證】李笠曰、番君對言公仲、不當指斥其名、仲字衍、愚按、上今字亦衍、 公仲曰、未也。番吾君曰、牛畜・荀欣・徐越皆可。公仲乃進三人。及朝、烈侯復問、歌者田何如。公仲曰、方使擇其善者。牛畜侍烈侯以仁義、約以王道。烈侯逌然。【正義】逌、音由、古字與攸同、言牛畜以仁義約以王道、故止歌者田、攸攸、氣行、貌寬緩也、【考證】岡白駒曰、逌然、顏色寬舒貌、蓋言能納而不拒也、 明日、荀欣侍、以選練擧賢、任官使能。明日、徐越侍、以節財儉用、察度功德、所與無不充。【考證】岡白駒曰、充、當也、 君說。烈侯使使謂相國曰、歌者之田且止。官牛畜爲師、荀欣爲中尉、徐越爲內史、【正義】漢書百官公卿表云、少府內史、周官、秦因之、掌治京師、【考證】中尉內史、趙官、不以秦漢官制說、 賜相國衣二襲。【集解】單複具爲一襲、【考證】梁玉繩曰、大事記、據番吾君謂公仲相趙四年之語、載此事周威烈王二十一年、趙烈侯四年、是也、此與表同誤在是歲、 九年、烈侯卒。弟武公立。【索隱】譙周云、系本及說趙語者、竝無其事、蓋別有所據、【考證】陳仁錫曰、公當作侯、 武公十三年卒。趙復立烈侯太子章。是爲敬侯。是歲、魏文侯卒。敬

侯元年、武公子朝作亂、不克。出奔魏。【考證】魏世家、朝作朔、黃式三曰、趙魏交兵、自此始、 趙始都邯鄲。二年、敗齊于靈丘。【集解】地理志曰、代郡有靈丘縣、【考證】靈丘、今山東東昌府高唐州、沈家本曰、表在九年、 三年、救魏于廩丘、大敗齊人。【考證】廩丘、今山東曹州府范縣東南、 四年、魏敗我兔臺。築剛平以侵衞。【正義】兔臺、剛平、竝在河北、 五年、齊・魏爲衞攻趙、取我剛平。六年、借兵於楚、伐魏取棘蒲。【正義】今趙州平棘縣、古棘蒲邑、【考證】今直隸趙縣、古棘蒲邑、 八年、拔魏黃城。【集解】杜預曰、陳留外黃縣東、有黃城、【正義】括地志云、故黃城、在魏州冠氏縣南十里、因黃溝爲名、按陳留外黃城、非隨所別也、【考證】四年以下、本國策齊策四蘇秦說齊閔王、黃城、在今山東冠縣南、 九年、伐齊。齊伐燕。趙救燕。【考證】梁玉繩曰、案此所書誤、并有譌脫、趙敬侯七年、齊伐燕取桑丘、三晉救燕、伐齊至桑丘、六國表及田完魏韓世家可證、若敬侯九年、雖有伐齊之事、乃因齊有喪、三晉共伐至靈丘、而與燕無涉也、田完世家正義兩引趙世家、一云伐齊至桑丘、一云伐齊至靈丘、而今本皆無之、故知傳寫脫誤耳、是當移書于八年以前而補之曰、七年、齊伐燕、趙救燕、伐齊至桑丘、于九年補書曰、伐齊至靈丘、庶幾得之、 十年、與中山戰于房子。【正義】是趙州房子縣、【考證】直隸趙州臨城縣西北、 十一年、魏・韓・趙共滅晉、分其地。【考證】顧炎武曰、敬侯十一年、魏韓趙共滅晉分其地、成侯十六年、與韓魏分晉、封晉君以端氏、此文重出、梁玉繩曰、是時但分其地、而未滅晉也、 伐中山、又戰於中人。【集解】徐廣曰、中山唐縣、有中人亭、【正義】括地志云、中山故城、一名中人亭、在定州唐縣東北四十一里、春秋時鮮虞國之中人邑也、 十二年、敬侯卒。子成侯種立。成侯元年、公子勝與成侯爭立、爲亂。二年六月、雨雪。三年、太戊午爲相。【集解】徐廣曰、戊一作成、【考證】梁玉繩曰、人表作大成午、則戊乃成之譌、韓策、大成午從趙來、是也、愚按、韓非子、午作牛、亦字之譌也、 伐衞取鄉邑七十三。【考證】張文虎曰、表、鄉邑作都鄙、前范魁下正義引同、此疑誤、愚按、通鑑亦作都鄙、胡三省曰、周禮太宰、以八則治都鄙、注云、都之所居曰鄙、蓋周之制、四縣爲都、方四十里、一千六百井、積一萬四千四百夫、五都爲鄙、鄙五百家也、此時衞國褊小、若都鄙七十三、以成周之制率之、其地廣矣、蓋衞之提封、未必能及此數也、更俟博考、 魏敗我藺。【正義】地理志云、屬西河郡也、【考證】今山西汾州府永寧州西、 四年、與秦戰高安。【正義】蓋在河東、 敗之。五年、伐齊于鄄。【正義】濮州鄄城縣、是也、【考證】今山東曹州府濮州、 魏敗我懷。【考證】今河南懷慶府武陟縣、 攻鄭敗之、以與韓。韓與我長子。

【集解】地理志曰、上黨有長子縣。【考證】長子故城、在今山西潞安府長子縣西南。大事記解題云、鄭滅六年矣、安得復攻鄭、意者韓滅鄭之時、趙與有勞焉、至是韓始以地酬其功與。愚按、攻鄭敗之以與之、蓋追敍往事。長子、故晉邑、是時屬韓、尤與趙近。

六年、中山築長城。伐魏、敗涿澤。圍魏惠王。【正義】涿、音濁。徐廣云、長杜有濁澤、非也。括地志云、濁水源出蒲州解縣東北平地。爾時魏都安邑、韓趙伐魏、豈河南至長杜也。解縣濁水、近於魏都、當是也。【考證】涿澤、凌本作涿澤、與表合。張文虎曰、魏敗疑倒。梁玉繩曰、此及年表俱書涿澤之戰於趙成侯六年、而魏世家在前一年、當以魏世家爲正。

七年、侵齊至長城。【正義】齊長城西頭、在濟州平陰縣。太山記云、太山西北有長城、緣河經太山千餘里、琅邪入海。括地志云、所侵處、在密州南三十里。【考證】六國表同。田齊世家於齊威王烹阿大夫之後、書起兵擊趙、敗魏、魏請獻觀津、趙歸長城、與此異。

與韓攻周。八年、與韓分周以爲兩。【集解】徐廣曰、顯王二年、周紀無此。【正義】括地志云、史記周顯二年、西周惠公封少子子班於鞏、爲東周、其子武公爲秦所滅。郭緣生述征記云、鞏縣本周鞏伯邑。【考證】黃式三曰、周武王定鼎于郟鄏、卽河南、周公營之以爲都、是謂王城。復營洛陽之下都、以居殷民、是爲成周。以二者言之、王城西而成周東也。平王東遷都王城、子朝之亂、敬王徙居成周、歷世因之、至考王乃以王城故地封其弟桓公、以續周公之職。東之成周、王都之、西之王城、桓公分治之、其權統之于王。桓公薨、其子威公代立、東西二都有隙、威公猶和解之、顯王二年、威公薨、韓魏乘之、帥師入寇、分周之東西都爲兩也。

九年、與齊戰阿下。【集解】徐廣曰、戰一作會。

也。【正義】阿、東阿也、今濟州東阿縣也。【考證】呂祖謙曰、世家、威王對卽墨大夫烹阿大夫之後、諸侯莫敢致兵于齊二十餘年、雖未可盡信、然距阿下之會首尾纔五年耳、當從別本。

十年、攻衛取甄。十一年、秦攻魏、趙救之石阿。【正義】蓋在石隰等州界也。【考證】石阿、當從秦本紀年表作石門。石門、山名、一名白徑嶺、在今山西解州東南、左右壁立、間不容軌、謂之石門、道通陝州。

十二年、秦攻魏少梁。趙救之。【正義】少梁故城、在同州韓城縣南二十二里、古少梁國也。【考證】今陝西同州府韓城縣。

十三年、秦獻公使庶長國伐魏少梁、虜其太子痤。【考證】楓山三條本、國作圍。

魏敗我澮、取皮牢。【集解】徐廣曰、魏年表曰、取趙皮牢。【正義】括地志云、澮水縣、在絳州翼城縣東南二十五里。按皮牢當在澮之側。【考證】澮出山西平陽府翼城、入汾。皮牢、今河南彰德府武安縣西。少梁之役、秦虜魏太子、將公孫痤也、太子下有脫文、說在秦紀。

成侯與韓昭侯遇上黨。【考證】昭侯當作懿侯。中井積德曰、遇者會儀之略者。上黨、今山西潞安府。

十四年、與韓攻秦。十五年、助魏攻齊。十六年、與韓・魏分晉、封晉君以端氏。【集解】徐廣曰、在平陽。【正義】端氏、澤州縣也。【考證】梁玉繩曰、端氏之封、當在前敬侯十一年分晉之時、此誤書于成侯十六年也。下文肅侯元年奪晉君端氏徙處屯留、亦是誤書、當在成侯五年。大事記亦以史爲誤、蓋三晉既分晉地、尙封晉孝公

以端氏一城、其後奪端氏而徙之屯留、猶得食屯留一城也、迨成侯十六年、鄭取屯留、于是晉孝公之子靜公、始夷于編戶、而爲家人矣。

十七年、成侯與魏惠王遇葛孽。【集解】徐廣曰、在馬丘。年表曰、十八年、趙孟如齊。【正義】葛孽二城名。孽、魚桀反。【考證】梁玉繩曰、案表謂惠王十四年、與趙會鄗、魏世家同、爲成侯十八年、此書于十七年、誤。但一以爲葛孽、一以爲鄗、二處各異、蓋稱鄗者是。鄗本晉地、是時屬趙、故武靈王城鄗、魏表及世家俱言會鄗、可信。徐廣云、葛孽在馬丘、不知馬丘何地、方輿紀要云、在曲周縣西、則與鄗遠。

十九年、與齊・宋會平陸。【正義】兗州縣也。平陸城、卽古厥國。【考證】平陸、齊地、今山東兗州汶上縣。

與燕會阿。【正義】括地志云、故葛城、一名依城、又名西阿城、在瀛州高陽縣西北五十里。以徐兗二水竝過其西、又徂經其北曲曰阿、以齊有東阿、故曰西阿城。地理志云、瀛州屬河間、趙分也。按燕會趙、卽此地。【考證】張照曰、案水經、兗當作滱。張文虎曰、漢志無此文。阿、今山東兗州府陽穀縣。

二十年、魏獻榮椽。因以爲檀臺。【集解】徐廣曰、襄國縣有檀臺。【索隱】劉氏云、榮椽、蓋地名、其中有一高處、可以爲臺、非也。按榮椽是良材可爲椽、斲飾有光榮、所以魏獻之、故趙因用之以爲檀臺。【正義】鄭玄云、榮、屋翼也。說文云、椽、榱也。屋梠之兩頭起者爲榮也。括地志云、檀臺、在洺州臨洺縣北二里。【考證】榮椽、正義是。

二十一年、魏圍我邯鄲。二十二年、魏惠王拔我邯鄲。【考證】魏世家亦云、惠王十七年、圍趙邯鄲、十八年、拔邯鄲、二十年、歸邯鄲、與此同。田完世家、穰侯傳、年表亦竝載、無異。戰國策魏策亦云、惠

王伐趙、十萬之軍拔邯鄲、趙氏不割、而邯鄲復歸。邯鄲、趙國都也、國都既失、則其君託跡何所。呂氏春秋淫辭篇敍魏惠王事云、圍邯鄲三年、而弗能取、士卒罷路、國家空虛、蓋得其實矣。梁玉繩曰、其誤實自齊策來、孫臏傳言齊據大梁之衝、而魏去邯鄲、則此時邯鄲不降不拔明矣。

齊亦敗魏於桂陵。【正義】括地志云、故桂城、在曹州乘縣東北二十一里、故老云、此卽桂陵也。【考證】今山東曹州府荷澤縣東北。

二十四年、魏歸我邯鄲。與魏盟漳水上。【考證】漳水、出山西潞安府長子縣。

秦攻我藺。二十五年、成侯卒。公子緤與太子肅侯爭立。緤敗、亡奔韓。【索隱】系本云、肅侯名語。【考證】中井積德曰、宜曰太子語。

肅侯元年、奪晉君端氏、徙處屯留。【正義】括地志云、屯留故城、在潞州長子縣東北三十里、本漢屯留縣城也。【考證】梁玉繩曰、事在成侯五年、說見上。

二年、與魏惠王遇於陰晉。【正義】地理志云、華陰縣、魏之陰晉、秦惠文王更名寧秦、高帝更名華陰。今屬華州。【考證】今陝西同州府華陰縣。

三年、公子范襲邯鄲。不勝而死。四年、朝天子。六年、攻齊拔高唐。【考證】今山東東昌府高唐州。七年、公子刻攻魏首垣。【正義】蓋在河北也。【考證】今直隸大名府長垣縣。

十一年、秦孝公使商君伐魏、虜

其將公子卬。【考證】商君虜公子卬、呂氏春秋無義篇、梁玉繩曰、案事在十年、趙伐魏。十二年、秦孝公卒、商君死。十五年、起壽陵。【正義】徐廣云、在常山、【考證】顧炎武曰、古王者之葬、稱墓而已、左傳云、殽有二陵、其南陵夏后皐之墓也、書傳亦言桐宮湯墓、周官冢人、掌公墓之地、竝言墓不言陵、及春秋以降、乃有稱丘者、趙武靈王墓謂之靈丘、而吳王闔閭之墓、亦名虎丘、蓋必其因山而高大者、故二三君之外無聞焉、史記趙世家、肅侯十五年起壽陵、秦本紀、惠文王葬公陵、悼武王葬壽陵、始有稱陵者、至漢則無帝不稱陵矣、愚按、壽陵、今生壙、古者帝王生時起之、後世臣民亦有倣之者、所謂壽藏壽冢、即是、後漢書趙岐自爲壽藏、圖季札子產晏嬰叔向四像居賓位、又自畫其像居主位、皆爲讚頌、勅其子曰、我死之日、墓中聚沙爲牀、布簟白衣散髮、其上覆以單被、即日便下、下訖便掩坎、侯覽豫作壽冢、石郭雙闕、高廡百尺、事又見趙氏陔餘叢考、魏惠王卒。【考證】惠王非卒于肅侯十五年也、說在魏世家、十六年、肅侯游大陵、【集解】徐廣曰、太原有大陵縣、亦曰陵、【正義】括地志云、大陵城、在并州文水縣北十三里、漢大陵縣城、出於鹿門。【正義】并州盂縣西有白鹿泓、源出白鹿山南、潴蓋鹿門在北山水之側也、大戊午扣馬曰。耕事方急、一日不作、百日不食。肅侯下車謝。【集解】呂忱曰、扣、牽馬、【考證】戊當作成、扣、抑留之義、十七年、圍魏黃。不克。【集解】地理志曰、山陽有黃縣、【正義】黃城、在魏州、前拔之、郤爲魏、今趙圍之矣、築

四四

長城。【正義】劉伯莊云、蓋從雲中以北至代、按趙長城從蔚州北西至嵐州、北盡趙界、又疑此長城在漳水之北、趙南界、【考證】黃、今河南開封府杞縣、張照曰、趙南界無漳、中井積德曰、長城所以防北狄、不宜在南界、唐順之曰、蘇秦說趙肅侯、爲從首以擯秦、何以不書、十八年、齊・魏伐我。我決河水灌之。兵去。【考證】茅坤曰、兵家以水灌城、未聞決水灌軍也、豈即韓信囊沙意乎、二十二年、張儀相秦。趙疵與秦戰、敗。秦殺疵河西、取我藺・離石。【考證】藺、今山西離石縣西、離石、今離石縣、梁玉繩曰、秦紀年表及此下文、皆言秦取藺在秦惠文更元之十二年、趙武靈王十三年、此時未取藺、蓋因藺與離石相近、竝屬西河、誤連及之耳、二十三年、韓擧與齊・魏戰、死于桑丘。【集解】徐廣曰、韓擧、韓將、地理志云、泰山有桑丘縣、【正義】括地志云、桑丘城、在易州遂城縣界、或云、在泰山、非也、此時齊伐燕桑丘、三晉皆來救之、不得在泰山有桑丘縣、此說甚誤也、【考證】徐廣以韓擧爲韓將、據韓世家六國年表、桑丘、今直隸保定府安肅縣、梁玉繩曰、韓擧趙將、而與韓將同姓名者、桑丘、在漢中山國、本燕地、時屬于齊、一作乘丘者誤、至正義謂此時齊伐燕桑丘、三晉來救、則事在敬侯七年、何得合韓擧之戰爲一役邪、二十四年、肅侯卒。秦・楚・燕・齊・魏出銳師各萬人、來會葬。【考證】會葬之盛、先是所未曾有、傳云、天子葬、同軌畢至、諸侯同盟至、而未聞出銳師各萬人也、豈恐趙有繼嗣之爭、如秦穆送衞士三千人於晉乎、子武靈

四五

王立。【索隱】名雍、武靈王元年、【集解】徐廣曰、年表云、魏敗我趙護、陽文君趙豹相。【考證】黃式三曰、後有平陽君豹、是惠文王母弟、與此二人、梁襄王與太子嗣、韓宣王與太子倉、來朝信宮。【正義】在洺州臨洺縣也、【考證】梁玉繩曰、案襄王當作惠王、嗣乃是襄王、索隱引世本、襄王名嗣、可驗此文之誤、而尤足徵惠成王非三十六年卒也、武靈王少、未能聽政。博聞師三人、左右司過三人。及聽政、先問先王貴臣肥義、加其秩、國三老年八十、月致其禮。【考證】昭三年左傳、三老凍餒、服虔注、工老商老農老也、杜預注、上壽中壽下壽也、三年、城鄗。【考證】表在二年、鄗、今直隸趙州柏鄉縣、四年、與韓會于區鼠。【正義】蓋在河北、五年、娶韓女爲夫人。八年、韓擊秦。不勝而去。五國相王。趙獨否。【考證】梁玉繩曰、案此武靈八年也、稱王者燕秦楚齊趙魏韓及宋中山九國、楚僭王在春秋前、不在其列、其餘稱王、皆不在武靈八年、吾不知所謂五國者誰乎、大事記改書于顯王四十六年、武靈三年以爲韓燕中山皆稱王、趙獨稱君、胡氏大紀同、然則相王非五國也、趙不肎王、在三年、非八年也、而八年乃武靈稱王之時、故十一年書王召公子職、曰。無其實、敢處其名乎。令國人謂己

四六

曰君。【考證】古鈔本、曰作爲、九年、與韓・魏共擊秦。秦敗我、斬首八萬級。【考證】梁玉繩曰、按六國擊秦、不止三晉、又事在八年、俱說見秦紀、齊敗我觀澤。【正義】括地志云、觀澤故城、在魏州頓丘縣東十八里也、十年、秦取我西都及中陽。【集解】徐廣曰、年表云、秦取中都西陽安邑、十一年、秦敗我將軍英、太原有中都縣、西河有中陽縣、【考證】秦紀、作伐取趙中都西陽、當以世家爲正、說見秦紀、齊破燕。燕相子之爲君、君反爲臣。【考證】事詳于國策孟子諸書、表在十二年、十一年、王召公子職於韓、立以爲燕王。【集解】徐廣曰、紀年亦云爾、【考證】王、趙武靈王也、趙稱王、蓋在此前、古鈔本、楓山三條本、公子上、有燕字、與表合、使樂池送之。【集解】按燕世家、子之死後、燕人共立太子平、是爲燕昭王、無趙送公子職爲燕王之事、當是趙聞燕亂、遙立職爲燕王、雖使樂池送之、竟不能就、【索隱】燕系家無其事、蓋是疏也、今此云使樂池送之、必是憑舊史爲說、且紀年之書、其說又同、則裴駰之解、得其旨矣、【考證】太子職、子之死後即位、二年卒、公子平即位、燕昭王是也、說見燕世家、池、音他、十三年、秦拔我藺、虜將軍趙莊。【正義】本一作茈、音疋婢反、【考證】表同、樗里子傳作壯豹、秦本紀作趙將莊、楚・魏王來過邯鄲。十四年、趙何攻魏。十六年、秦惠王卒。【考證】表在十五年、王遊

四七

大陵。他日王夢見處女。鼓琴而歌。詩曰。美人熒熒兮。顏若苕之榮。【集解】蕃毋邃曰、陵苕之草、其華紫、【正義】苕、音條、毛詩疏云、苕、饒也、幽州謂之翹饒、蔓似勞豆而細葉、似蒺藜而青、其華細綠色、可生食、味如小豆藿也、又本草經云、陵苕生下濕水中、七八月生華、紫草、可以染帛、煮沐頭髮即黑也、【考證】楓山、三條本、疊歌詩二字、正義其華細綠色、命乎命乎。曾無我嬴。【集解】蕃毋邃曰、言有命祿、生遇其時、人莫知己、貴盛盈滿也、【正義】按命、名也、嬴、姓嬴也、言世衆名其美好、曾無我好嬴也、重言名乎者、以談說衆也、【考證】列女傳云、命兮命兮、逢天時而生、曾莫我嬴嬴、熒榮嬴、韻、中井積德曰、命乎、歎無人知也、無我嬴、言美好無若娃嬴也、美好絕倫、而人不知焉、故歎婦命耳、異日王飲酒樂。數言所夢。想見其狀。【考證】舊本、北堂書鈔、太平御覽、異日作旦日、旦日、夢見美女之明日也、吳廣聞之。因夫人而內其女娃嬴。【集解】方言曰、娃、美也、吳有館娃之宮、孟姚也。【集解】徐廣曰、古史考云、內其女、曰娃、【索隱】孟姚、吳廣女也、廣、舜之後、故上文云、余思虞舜之勳、故命其冑女孟姚以配而七代之孫、是已、然舜後封虞、在河東大陽山西上虞城、是亦曰吳城、虞吳音相近、故舜後亦姓吳、非獨太伯虞仲之裔、【考證】方苞曰、既曰娃嬴、又曰孟姚者、廣因王夢中歌曰、曾無我嬴、故特名其女曰嬴、而實非嬴姓、故仍著其實曰孟姚也、中井積德曰、娃嬴、女之字也、愚按、中說是、娃、於佳反、孟姚甚有寵於王。是為惠后。

十七年、王出九門、【集解】徐廣曰、在常山、【正義】本戰國時趙邑、戰國策云、本有宮室而居、趙武靈王改為九門、【考證】張照曰、今國策無此文、為野臺。以望齊・中山之境。【集解】徐廣曰、野、一作望、【正義】括地志云、野臺、一名義臺、在定州新樂縣西南六十三里、十八年、秦武王與孟說舉龍文赤鼎。絕臏而死。【集解】徐廣曰、絕臏、一作絕脈、音匹丁反、【考證】年表在十九年、此誤、趙王使代相趙固、迎公子稷於燕。送歸。立為秦王。是為昭王。【考證】事又見秦紀、十九年春正月、大朝信宮。召肥義與議天下。五日而畢。王北略中山之地、至於房子、【正義】趙州縣也、遂之代、北至無窮、【考證】梁玉繩曰、無窮、疑無終、愚按趙策、武靈王曰、先君襄主與代交地、城境封之、名曰無窮之門、即此、梁說非、西至河、登黃華之上。【正義】黃華、蓋西河側之山名也、【考證】中井積德曰、王北略以下廿六字、當在下文胡服之後、然彼有王北略數句、而文亦不同、此或衍文、召樓緩謀曰。我先王因世之變、以長南藩之地。【考證】中井積德曰、趙在北邊、宜言北藩也、屬阻漳・滏之險立長城。【考證】古鈔、楓山、三條本、滏作釜、中井積德曰、阻字疑衍、岡白

駒曰、障、當作漳、滏漳二水名、吳起所謂左孟門右漳滏是也、趙策云、趙前漳滏右常山、又取藺・郭狼。【考證】漢地理志、西河郡有藺皋狼、郭狼、疑是皋狼、敗林人於荏、而功未遂。【正義】林人、即林胡也、今中山在我腹心。北有燕。【正義】地理志云、趙分晉、北有信都中山、又得涿郡之高陽鄚州鄉、東有清河河閒、又得勃海郡東平舒等七縣、在河以北、故言北有燕、東有胡。【正義】趙東有瀛州之東北營州之境、即東胡烏丸之地、服虔云、東胡、烏丸之先、後為鮮卑也、西有林胡・樓煩・秦・韓之邊。【正義】林胡樓煩、即嵐勝之北也、嵐勝以南、石州離石藺等、七國時趙邊邑也、秦隔河也、晉洺潞澤等州、皆七國時韓地、為並趙西境也、【考證】中井積德曰、有字並是有無之有、而無彊兵之救。是亡社稷。柰何。夫有高世之名、必有遺俗之累。【考證】語意與商君傳有高人之行者、固見非於世同、遺、猶離也、違也、吾欲胡服。樓緩曰。善。【考證】徐孚遠曰、此樓緩別一人、非武成王時樓緩也、羣臣皆不欲。於是肥義侍。王曰。簡・襄主之烈。【考證】國策、簡上有念字、愚按、史疑奪念字、烈、功烈之烈、業也、計胡翟之利、為人臣者、寵有孝弟長幼順明之節、通有補民益主之業。【正義】寵、貴寵也、通、達理也、凡為人臣、有孝弟長幼順明之節制者、得貴寵也、有補民益主之

功業者、為達理也、【考證】寵、當依策作窮、字似而誤、游本作窮、窮與通對、約也、通、達也、窮下通下、添則字看、中井積德曰、長幼二字疑衍、節、節行也、此兩者、臣之分也。今吾欲繼襄主之跡、開於胡翟之鄉。而卒世不見也。【正義】卒、子律反、盡也、言盡世閒不見補民益主之忠臣也、【考證】張文虎曰、於字疑衍、策無、中井積德曰、卒、音如字、卒世不見、謂終身不可得見也、愚按、將說胡服騎射之利、先言繼跡開胡之難、見卒世、猶言沒世、為敵弱。【正義】我為胡服、敵人必困弱也、【考證】此句有譌脫、策作敵弱者、注云、敵謂胡翟、似可從、用力少而功多。可以毋盡百姓之勞、而序往古之勳。【正義】厚、重也、往古、謂趙簡子襄子也、【考證】古鈔本、楓山、三條本、序作厚、與正義合、可從、策作享、夫有高世之功者、負遺俗之累。【正義】負、罰也、言古周公孔子罰衣冠禮義之俗、今變為胡服、是負罰風俗之譴累也、【考證】中井積德曰、負、猶被也、遺、棄也、遺俗、猶違世也、累、猶瑕疵也、有獨智之慮者、任驁民之怨。【正義】言世有獨計智之思慮者、必任隱逸敖慢之民怨望也、【考證】中井積德曰、驁民、猶悍民、謂不順者、愚按、驁、謷嗷、通、賈誼過秦論、天下嗷嗷、新主之資也、商君書更法篇、有高人之行者、固見負於世、有獨知之慮者、必見驁於民、史記商君傳亦云、有高人之行者、固見非於世、有獨知之慮者、必見敖於民、今吾將胡服騎射以教百姓。而世必議寡人。柰何。肥義

曰。臣聞疑事無功。疑行無名。【考證】商君書更法篇、臣聞之、疑行無成、疑事無功、史記商君傳云、衞鞅曰、疑行無名、疑事無功、王既定負遺俗之慮。【考證】策亦有負字、愚按負字、由上文衍、殆無顧天下之議矣。夫論至德者、不和於俗。成大功者、不謀於衆。【考證】商君書更法篇、郭偃之法曰、論至德者不和於俗、成大功者不謀於衆、史商君傳、亦有此語、昔者舜舞有苗、禹袒裸國、非以養欲而樂志也。【考證】鮑彪曰、舞有苗、謂舜不用兵而舞干羽、亦異于俗、禹之袒裸、亦非中國之禮也、中井積德曰、舜舞有苗、蓋別有所傳也、謂觀苗民之舞耳、不得據尚書作解、愚按、舞有苗、舜至有苗、與苗民俱舞也、策、禹袒裸國、作禹袒入裸國、後漢書東夷傳、自朱儒東南行船一年、至裸國、淮南子、禹之裸國、解衣而入、衣帶而出、由之也、務以論德而約功也。【考證】策約作要、要約通、愚者闇成事、智者覩未形。則王何疑焉。【考證】商君書更法篇、語曰、愚者闇於成事、知者見於未萌、又見於商君傳、古鈔本、楓山三條本則上有然字、王曰。吾不疑胡服也。吾恐天下笑我也。狂夫之樂、智者哀焉。愚者所笑、賢者察焉。【考證】商君書更法篇、愚者笑之、智者哀焉、狂夫之樂、賢者喪焉、世有順我者、胡

服之功、未可知也。雖驅世以笑我、胡地中山、吾必有之。【正義】驅、音區、驅、盡也、驅世、謂盡一世以笑我也、【考證】徐孚遠曰、武靈王胡服、本以收胡地、而實欲圖秦、今此不及、正其深謀也、於是遂胡服矣。使王緤告公子成曰。【考證】策、王下有孫字、緤、音薛、寡人胡服將以朝也。亦欲叔服之。家聽於親、而國聽於君。古今之公行也。子不反親、臣不逆君、兄弟之通義也。【集解】徐廣曰、兄弟、作元夷、元、始也、夷、平也、【考證】董份曰、兄弟字必誤、徐作元夷、亦未安、愚按、當依策作先王、今寡人作教易服、而叔不服。吾恐天下議之也。制國有常。利民爲本。從政有經。令行爲上。明德先論於賤、而行政先信於貴。【考證】楓山本、先論於賤、作生於諭賤、三條本、論作諭、今胡服之意、非以養欲而樂志也。事有所止、而功有所出。【正義】鄭玄云、止、至也、爲人君止於仁、爲人臣止於敬、爲人子止於孝、爲人父止於慈、與國人交止於信、按出、猶成也、【考證】策、作事有所出、而功有所止、語順、止、猶終也、成也、出、猶始也、中井積德曰、出、謂功自胡服也、事成功立、然后善也。

今寡人恐叔之逆從政之經、以輔叔之議。【考證】從政之經、承上文、輔、猶以友輔仁之輔、議、義、通、且寡人聞之、事利國者行無邪。因貴戚者名不累。故願慕公叔之義、以成胡服之功。使緤謁之叔。【索隱】爲句、請服焉。【考證】關脩曰、曰叔、曰公叔、語有輕重耳、公子成再拜稽首曰。臣固聞王之胡服也。臣不佞。寢疾未能趨走以滋進也。【考證】不佞、猶言不敏、王命之。臣敢對、因竭其愚忠。曰。臣聞中國者、蓋聰明徇智之所居也。【集解】徐廣曰、五帝本紀云、幼而徇齊、【考證】徇、當從人、策作叡、萬物財用之所聚也。賢聖之所教也。仁義之所施也。詩書禮樂之所用也。異敏技能之所試也。遠方之所觀赴也。蠻夷之所義行也。【考證】中井積德曰、義、儀同、則也、愚按、連用八也字、吳師道曰、似周官大司徒文、今王舍此、而襲遠方之服、變古之教、易古之道、逆人之心、而怫

學者、離中國。故臣願王圖之也。使者以報。王曰。吾固聞叔之疾也。我將自往請之。王遂往之公子成家、因自請之。【考證】古鈔本、楓山、三條本、自請作自謂、曰。夫服者所以便用也。禮者所以便事也。聖人觀鄉而順宜、因事而制禮。所以利其民而厚其國也。夫翦髮文身、錯臂左衽、【索隱】錯臂、亦文身、謂以丹青錯畫其臂、孔衍作右臂左衽、謂右袒其臂也、【考證】以錯臂爲錯畫其臂、則與文身複、鮑彪云、以兩臂交錯而立、言無禮容、其說似長、衽、衿也、甌越之民也。【索隱】劉氏云、今珠崖儋耳、謂之甌人、是有甌越、【正義】按屬南越、故言甌越也、輿地志云、交阯、周時爲駱越、秦時曰西甌、文身斷髮避龍、則西甌駱又在番吾之西、南越及甌駱、皆芊姓也、世本云、越、芊姓也、與楚同祖、是也、黑齒雕題、【集解】劉逵曰、以草染齒、用白作黑、鄭玄曰、雕文、謂刻其肌、以青丹涅之、【考證】中井積德曰、題、額也、卻冠秫絀、【集解】徐廣曰、戰國策、作秫縫、絀亦縫紩之別名也、秫者綦鍼也、古字多假借、故作秫絀耳、此蓋言其女功鍼縷之麤拙也、又一本作鮭冠黎緤也、【考證】策、卻冠作鯷冠、注、鯷、大鮎、以其皮爲冠也、中井積德曰、鯷、蓋琵琶魚、其皮大者堪爲冠、皮文似鰋、故策注謬作大鮎、鮎、謂鰋也、鮎鰋是河池物、難作南海產、秫絀、策作秫縫、蓋析草莖作絲、用縫衣也、秫絀卒不可通、恐訛文、大吳之國

也。故禮服莫同、其便一也。鄉異而用變。事異而禮易。是以聖人果可以利其國、不一其用。果可以便其事、不同其禮。【考證】策、果作苟、商君書更法篇、是以聖人苟可以彊國、不法其故、苟可以利民、不循其禮、史商君傳、亦有此語、儒者一師而俗異。中國同禮而教離。【考證】策、俗作禮、禮作俗、語順、況於山谷之便乎。故去就之變、智者不能一。遠近之服、賢聖不能同。窮鄉多異、曲學多辯。不知而不疑、異於己而不非者、公焉而衆求盡善也。【考證】衆、猶廣也、公焉八字、策作公於求善也、今叔之所言者、俗也。吾所言者、所以制俗也。吾國東有河・薄洛之水、【集解】徐廣曰、安平經縣西有漳水津、名薄洛津、【正義】按安平縣屬定州也、與齊・中山同之。【正義】爾時齊與中山相親、中山趙共薄洛水、故言與齊中山同之、須有舟楫之備、【考證】中井積德曰、齊之境、亦與是水接也、若齊與中山親、此不須論、無舟楫之用。自常山以至代・上黨、【集解】徐廣曰、一云自常山以下、代上黨以東、東有燕・東胡之境。

而西有樓煩・秦・韓之邊。【考證】胡三省曰、漢雁門郡樓煩縣、樓煩胡所居之地、愚按、今山西寧武府、今無騎射之備。故寡人無舟楫之用、夾水居之民、將何以守河・薄洛之水。變服騎射、以備燕・三胡・秦・韓之邊。【索隱】林胡・樓煩・東胡是三胡也、【考證】董份曰、無舟揖、將何以守者、反言也、變服以備者、正言也、戰國先秦文字多如此、愚按、數句欠明晳、若移故寡人三字於之水下、變服上添將字、則其義始明、且昔者簡主不塞晉陽、以及上黨。【考證】鮑彪曰、不塞者志在遠略、徐孚遠曰、先時不塞此險、欲以幷戎胡、蓋爲攻計、非爲守計也、而襄主幷戎取代、以攘諸胡。此愚智所明也。先時中山負齊之彊兵、侵暴吾地、係累吾民、引水圍鄗。【正義】係累、上音計、下力追反、【考證】楓山・三條本、侵上有便字、微社稷之神靈、則鄗幾於不守也。【考證】鄗故城、在今直隸柏鄉縣北、先王醜之。而怨未能報也。【考證】醜、愧同、獻侯以後列爲諸侯、故曰先王、今騎射之備、近可以便上黨之形、【考證】形、形勢、而遠可以報中山之怨。而叔順中國之俗、

以逆簡・襄之意、惡變服之名、以忘鄗事之醜。非寡人之所望也。公子成再拜稽首曰。臣愚不達於王之義、敢道世俗之聞。臣之辠也。今王將繼簡・襄之意、以順先王之志。臣敢不聽命乎。再拜稽首。乃賜胡服。明日服而朝。於是始出胡服令也。【考證】語氣與商君傳卒定變法之令同、趙文・趙造・周袑・趙俊皆諫止王、毋胡服、如故法便。【集解】徐廣曰、戰國策、趙袑作紹、袑、音紹、【考證】國策錄趙文趙造諫詞甚詳、史公從略、趙俊、策作趙燕、王曰。先王不同俗。何古之法。帝王不相襲。何禮之循。虙戲・神農、教而不誅。黃帝・堯・舜、誅而不怒。【正義】虙戲、伏羲、同音、及至三王、隨時制法、因事制禮、法度制令、各順其宜、衣服器械、各便其用。【正義】內盛曰器、盂椀之屬、外盛曰械、刀鋸之屬也、故禮也不必一道、而便國不必古。【考證】王念孫曰、禮也二句、當依趙策作理世不必一道、而便

國不必法古、理世、治世也、不必法古、即承上文何古之法、而言、商君傳亦云、治世不一道、便國不法古、聖人之興也、不相襲而王。夏・殷之衰也、不易禮而滅。然則反古未可非、而循禮未足多也。【考證】商君書更法篇、公孫鞅曰、前世不同教、何古之法、帝王不相復、何禮之循、伏羲神農、教而不誅、黃帝堯舜、誅而不怒、及至文武、各當時而立法、因事而制禮、禮法以時而定、制令各順其宜、兵甲器備、各便其用、臣故曰、治世不一道、便國不必法古、湯武之王也、不循古而興、殷夏之滅也、不易禮而亡、然則反古者未必可非、循禮者未足多、是也、武靈王全襲商鞅言、且服奇者志淫、則是鄒・魯無奇行也。【索隱】按鄒魯好長纓、是奇服、非其志皆淫僻也、而有孔門顏仟之屬、豈是無奇行哉、【正義】言鄒魯儒服長纓、非志好奇淫蕩也、而生孔子顏回曾參閔損、皆奇行也、俗辟者民易、則是吳・越無秀士也。【索隱】言方俗僻處山谷、而人皆改易不通大化、則是吳越無秀士、何得有延州來及大夫種之屬哉、【正義】言吳越僻處海隅、其民疎誕簡易也、而生巫咸巫賢太公呂尚吳季札言偃、皆不秀士也、【考證】策、載趙造云、服奇者志淫、俗辟者亂民、是以莅國者不襲奇辟之服、中國不近蠻夷之行、故王擧此言以詰之也、史刪此四句、文欠明晳、索隱正義皆誤解奇字、王念孫曰、服奇奇行兩奇字、皆讀爲奇袤之奇、此言服正者未必正、服奇者未必淫、若謂服奇者志必淫、則是鄒魯之士儒冠儒服、必無奇袤之行也、中國未必無秀民、蠻夷未必無俊民、若謂俗辟者民必易、則吳越風俗邪僻、必無秀異之士也、愚按、董份亦有此說、

且聖人利身謂之服。便事謂之禮。夫進退之節、衣服之制者、所以齊常民也。非所以論賢者也。故齊民與俗流、賢者與變俱。【考證】策、齊民作聖、賢下無者字、故諺曰。以書御者、不盡馬之情。【考證】策、御上有爲字、以古制今者、不達事之變。循法之功、不足以高世。法古之學、不足以制今。子不及也。【考證】於是肥義侍至此、采戰國策趙策、策子不及也作子其勿反也、遂胡服招騎射。【考證】顧炎武曰、詩云、古公亶父、來朝走馬、古者馬以駕車、不可言走、曰走者、單騎之稱、古公之國、鄰於戎翟、其習尚有相同者、然則騎射之法、不始於趙武靈王也、又曰、漢書高祖紀、乘傳詣洛陽、師古云、傳、若今之驛、古者以車、謂之傳車、其後又單置馬、謂之驛騎、竊疑此法春秋時、當已有之、如楚子乘驛會師于臨品、祁奚乘驛而見范宣子、楚子以馹至於羅汭、子木使馹謁諸王、楚人謂游吉曰、吾將使驛奔問諸晉、國語、晉文公乘馹自下脫、會秦伯于王城、呂氏春秋、齊君乘馹而自追晏子、皆事急或是單乘驛馬、愚按、騎則自古有之、胡服騎射、以武靈爲始、二十年、王略中山地、至寧葭。【集解】一作蔓葭、縣名、在中山、西略胡地、至榆中。【正義】勝州北、河北岸也、【考證】榆中、在今陝西榆林縣東北、戰國時林胡所居、林胡王獻馬。

歸。使樓緩之秦、仇液之韓、王賁之楚、富丁之魏、趙爵之齊。【考證】梁玉繩曰、策、仇液作机郝、又作机赫、蓋一人而記別也、但策云、主父令仇赫相宋、不言之韓、豈有誤邪、此王賁是趙人、非秦王翦之子王賁、代相趙固主胡、致其兵。二十一年、攻中山。趙袑爲右軍、許鈞爲左軍、公子章爲中軍、王并將之、牛翦將車騎、趙希并將胡・代、趙與之陘、【集解】徐廣曰、一作陸、又作陘、或宜言趙與之陘、陘者山絕之名、常山有井陘、中山有苦陘、上黨有閼與、【正義】與音與、陘音荊、陘、陘山也、在并州陘縣東南十八里、然趙希并將代趙之兵、與諸軍向井陘之側、共出定州上曲陽縣、合軍攻取丹丘華陽鴟上之關、【考證】趙希并將胡代、句、趙與、人名、之往也、張文虎曰、疑史文與作予、故正義發音、合軍曲陽。【集解】徐廣曰、上曲陽在常山、下曲陽在鉅鹿、【正義】括地志云、上曲陽故城、在定州曲陽縣西五里、按合軍曲陽、即上曲陽也、以在常山郡也、【考證】上曲陽、今直隸定州府曲陽縣、攻取丹丘・【正義】蓋邢州丹丘縣也、【考證】今直隸定州府曲陽縣、華陽・【集解】徐廣曰、華一作爽、【正義】括地志云、北岳有五別名、一曰蘭臺府、二曰列女宮、三曰華陽臺、四曰紫臺、五曰太一宮、按北岳恆山、在定州恆陽縣北百四十里、【考證】中井積德曰、華陽地名、非山名、鴟之塞。【集解】徐廣曰、鴟一作鴻、【正義】上昌之反、下先代反、徐廣曰、鴟一作鴻、鴻上故關、今名汝城、在定州唐縣東北六十里、本晉鴻上關城、

也、又有鴻上水、源出唐縣北葛洪山、按北岳恆山與鴻上塞、皆在定州、然一本作鳴字、誤也、【考證】中井積德曰、之疑當作上、正義可徵、王念孫曰、今保定府唐縣西北有鴻城社、正義所謂鴻城故關、王軍取鄗・石邑・【集解】徐廣曰、在常山、【正義】括地志云、石邑故城、在恆州鹿泉縣南三十五里、六國時舊邑、【考證】梁玉繩曰、鄗、本趙邑、武靈王三年、嘗城鄗矣、此何以言取鄗、豈前此曾爲中山所取邪、封龍・東垣。【正義】括地志云、封龍山、一名飛龍山、在恆州鹿泉縣南四十五里、邑因山爲名、【考證】石邑、封龍、直隸正定府獲鹿縣、東垣、正定府正定縣、中山獻四邑請和。王許之罷兵。【考證】各本無請字、今依館本補、二十三年、攻中山。二十五年、惠后卒。【集解】按謂武靈王之前后、太子章之母、惠文王之嫡母也、惠后卒後、吳娃始當正室、至孝成二年、稱惠文后卒、是也、而下文又云、孟姚卒後、何寵衰、欲并立、亦誤也、【考證】陳仁錫曰、惠后即吳娃孟姚、乃惠文王之生母也、故號曰惠后、以別於太子章之母、爾觀下文明言吳娃死愛弛、其爲惠后可知矣、若惠文后、乃惠文王夫人之稱、非母后也、索隱注合爲一人、誤、愚按周氏危林、錢氏考異、梁氏志疑說同、使周袑胡服傅王子何。【考證】趙策、但言王子、不言名何、二十六年、復攻中山。攘地、北至燕・代、西至雲中・九原。【考證】雲中故城、在今歸化城西、元和志、趙雲中城、秦漢雲中郡也、九原故城、在今吳喇忒旗北、水經注、九原城、南面長河、北背連山、是也、二十七年五月戊申、大朝於東

宮傳國、立王子何以爲王。【考證】是時十二歲、王廟見禮畢、出臨朝。大夫悉爲臣。肥義爲相國、并傅王。是爲惠文王。惠文王、惠后吳娃子也。武靈王自號爲主父。【考證】顧炎武曰、左傳、齊景公有疾、立太子州蒲爲君、會諸侯伐鄭、史記、趙武靈王傳國於子惠文王、自稱主父、此內禪之始、主父欲令子主治國、而身胡服、將士大夫、西北略胡地。而欲從雲中・九原、直南襲秦。於是詐自爲使者入秦。秦昭王不知。已而怪其狀甚偉、非人臣之度、使人逐之。而主父馳已脫關矣。審問之、乃主父也。秦人大驚。【考證】黃式三曰、韓非外儲說左上云、趙主父令工施鉤梯而緣潘吾、刻疏人迹其上、廣三尺、長五尺、而勒之曰、主父常遊于此、其好奇如此、主父所以入秦者、欲自略地形、因觀秦王之爲人也。惠文王二年、主父行新地、遂出代西、遇樓煩王於西河、而致其兵。【集解】徐廣曰、元年、以公子勝爲相、封平原、【考證】胡三省曰、西河、即漢西河

郡之地。三年、滅中山、遷其王於膚施。【集解】徐廣曰、在上郡。【正義】今延州膚施縣也。【考證】中山君先是走齊、至是主父遷其君、定其地也。年表載此事于明年、弑主父之後、非也。膚施、今陝西延安府膚施縣。梁玉繩曰、中山之滅、趙世家在惠文三年、田完年表及世家在湣王二十九年、爲惠文四年、所書年數已不合矣、而謂共齊燕滅之、更不足據。夫中山前滅于魏文侯十七年、年表世家俱書之、不知何時復國、其間爲魏相歷百餘年、而再見滅于趙、顧自趙武靈王十九年以後、攻城略地、無歲不用師于中山、何待惠文之世始合齊燕以滅之邪。趙滅中山之歲、吳師道斷其在武靈王二十五年、自不可易、政與樂毅傳所云、武靈王之時復滅中山者合也。或問、趙滅中山、既在武靈王二十五年、則史書于惠文三四年爲誤、而趙世家于武靈王二十六年、尙言攻中山攘地、何歟。曰、史之誤、在妄牽入齊燕、在以三年爲四年、而所書惠文三年滅中山、未可概指爲誤、蓋以武靈二十五年滅者、以得其國爲滅言其實也、以惠文三年滅者、以得其君爲滅、重在君也。至若武靈二十六年之攻攘、不過拓幷餘地、申畫其疆界耳。吳師道云、攘地之時、中山已定、而未廢其君、四年始還其君、如西周既滅、次年還其君于䍐狐之類、參存。起靈壽。【集解】徐廣曰、在常山。【考證】靈壽、未詳。或云主父生壙、因靈丘得名。北地方從、代道大通。【考證】方苞曰、方、始也。從、屬也。先是襄子已取代、而隔於中山、道不通。故十九年、主父北畧地中山、至於房子、遂之代、今滅中山起靈壽、則北地始屬於代、而道大通也。愚按、北地方從句、代道大通句、代道、往代之路也。方說未得。還歸行賞、大赦、置酒、酺五日。【考證】胡三省曰、說文云、酺、王德布、大飲酒也。顏師古云、酺之爲言布也、王德

布於天下、而合聚飲食爲酺。師古所註漢法也。此言趙國內酺耳、赦者宥有罪也。封長子章爲代安陽君。【正義】括地志云、東安陽故城、在朔州定襄縣界。地志云、東安陽縣屬代郡。章素侈。心不服其弟所立。【考證】楓山、三條本、立作爲。主父又使田不禮相章也。李兌謂肥義曰、公子章彊壯而志驕、黨衆而欲大。殆有私乎。田不禮之爲人也、忍殺而驕。二人相得、必有謀陰賊起、一出身徼幸。【考證】楓山、三條本、謀上有陰字、通鑑、謀陰作陰謀。崔適曰、當作必有陰賊謀起。愚按、句必有譌脫、闕疑可也。夫小人有欲、輕慮淺謀、徒見其利、而不顧其害、同類相推、俱入禍門。以吾觀之、必不久矣。子任重而勢大。亂之所始、禍之所集也。子必先患。【考證】楓山、三條本、患作志。先患、言先遭患難也。仁者愛萬物、而智者備禍於未形。不仁不智、何以爲國。子奚不稱疾毋出、傳政於公子成。毋爲怨府。毋爲禍梯。【考證】梯、猶階也。以木爲之、以升高者也。禍梯、

猶言禍階也。愚按、昭十二年左傳云、吾不爲怨府。肥義曰、不可。昔者主父以王屬義也。曰、毋變而度。毋異而慮。堅守一心、以歿而世。【考證】而、汝也。管子牧民篇、毋異汝度。義再拜受命而籍之。【索隱】籍、錄也。謂當時卽記錄書之於籍。【考證】籍、冊也。今畏不禮之難、而忘吾籍。變孰大焉。進受嚴命、退而不全。負孰甚焉。變負之臣、不容於刑。【考證】中井積德曰、罪大而刑小、不足相容。蓋喻器盛物也。諺曰、死者復生、生者不愧。【正義】肥義報李兌云、必盡傳何爲王、不可懼章及田不禮、而生異心、使死者復更變生、并見在生者、竝見傳王無變令、我不愧之若荀息也。【考證】死者復生、生者不愧、荀息答里克之言、見于晉世家。肥義趙人、蓋亦聞之也。中井積德曰、賜命之君、既死而復生、受命之臣無所愧、以其不違命也。是諺於獻公荀息爲切、以獻公死而難作也、於主父肥義有未切者、以主父未死難作也。當時受命之日、安逆知君之死生、難之遲速哉、唯以是誓於心耳。張文虎曰、正義盡下疑脫力、竝見二字衍。吾言已在前矣。吾欲全吾言。安得全吾身。【考證】國語晉語、荀息答里克曰、吾言既往矣、豈能欲行吾言、而又愛吾身乎。肥義所本。且夫貞臣也、難至而節見。忠臣也、累至而行明。子則有賜而

忠我矣。雖然、吾有語在前者也。終不敢失。李兌曰、諾。子勉之矣。吾見子已今年耳。【考證】胡三省曰、已、止也。言肥義命止于今年也。涕泣而出。李兌數見公子成、以備田不禮之事。異日肥義謂信期曰、【索隱】卽下文高信也。【正義】上音申也。公子與田不禮、甚可憂也。其於義也、聲善而實惡。【考證】聲、名也、外也。此爲人也、不子不臣。吾聞之也、姦臣在朝、國之殘也。讒臣在中、主之蠹也。此人貪而欲大、內得主而外爲暴、矯令爲慢、以擅一旦之命。不難爲也。【考證】難、猶憚也。禍且逮國。今吾憂之、夜而忘寐、飢而忘食。盜賊出入、不可不備。自今以來、若有召王者、必見吾面。【考證】楓山、三條本、來下有令字、若下無有字。我將先以身當之。無故而王乃入。信期曰、善哉、吾得聞此也。四年、朝羣臣。安陽君亦來

朝。主父令王聽朝、而自從旁觀窺羣臣宗室之禮。見其長子章傫然也、【正義】低垂貌、傫、失意也、孔子世家、傫然若喪家之狗、【考證】古鈔本、無也字、 反北面爲臣、詘於其弟、心憐之。【考證】古鈔本、楓山、三條本、心下有甚字、 於是乃欲分趙而王章於代。計未決而輟。主父及王游沙丘、異宮。【正義】在邢州平鄉縣東北二十里也、【考證】沙丘臺、紂所築、在今直隸順德府平鄉縣東北、胡三省曰、異宮、異宮而處也、張文虎曰、是時主父與王及公子章竝在沙丘、而王別居、故章得以主父令召王、 公子章卽以其徒與田不禮作亂。詐以主父令召王。肥義先入。殺之。【考證】古鈔本、楓山、三條本、先下有王字、入下有公子章三字、 高信卽與王戰。【考證】胡三省曰、高信以王與公子章之徒戰也、崔適曰、王當作章、高信卽信期、事肥義者、肥義代王入、爲章所殺、高信當與章戰也、愚按、胡說自通、不必改字、 公子成與李兌自國至。【考證】楓山、三條本、國下有而字、 乃起四邑之兵入距難。【考證】國、國都、胡三省曰、自邯鄲至也、 殺公子章及田不禮、滅其黨賊而定王室。【考證】王室、斥趙家、趙人言之則可、史氏言之則不可、 公子

成爲相、號安平君。李兌爲司寇。公子章之敗、往走主父。主父開之。【索隱】開、謂開門而納之、俗本亦作閉字者非也、譙周及孔衍皆作閉之、閉、謂藏之也、【正義】謂不責其反叛之罪、容其入宮藏也、【考證】王念孫曰、開之、當從正義本作閉之、列女傳孽嬖傳亦作閉之、 成・兌因圍主父宮。公子章死、公子成・李兌謀曰。以章故圍主父。卽解兵、吾屬夷矣。【考證】楓山、三條本、章下無故字、 乃遂圍主父。令宮中人。後出者夷。宮中人悉出。主父欲出不得、又不得食。探爵鷇而食之。【集解】綦毋邃曰、鷇、爵子也、【索隱】按曹大家云、鷇、雀子也、生受哺者謂之鷇、【正義】按鳥子受哺者謂之鷇、鳥啄食者謂之鶵也、 三月餘、而餓死沙丘宮。【集解】應劭曰、武靈王葬代郡靈丘縣、【正義】括地志云、趙武靈王墓、在蔚州靈丘縣東三十里、應說是也、 主父定死、乃發喪赴諸侯。是時王少、成・兌專政。畏誅故圍主父。主父初以長子章爲太子。後得吳娃愛之、爲不出者數歲。生子何。乃廢太子章而立何爲王。吳娃死愛弛、憐

故太子欲兩王之。猶豫未決。故亂起、以至父子俱死、爲天下笑。豈不痛乎。【集解】徐廣曰、或無此十四字、【考證】兪樾曰、屈原傳敍事之中、間以議論、論者以爲變體、余讀趙世家云、以至父子俱死、爲天下笑、豈不痛哉、魏世家云、惠王之所以身不死、國不分者、二家謀不和也、若從一家之謀、魏必分矣、故曰、君終無適子、其國可破也、皆於敍事中入議論、與屈原傳同、古之文無成法也、愚按、此法不創於史公、戰國策亦有之、秦策、蘇秦將連橫章、當此之時、天下之大、萬民之衆、王侯之威、謀臣之權、皆欲決於蘇秦之策、不費斗糧、未煩一兵、未戰一士、未絕一弦、未折一矢、諸侯相親、賢於兄弟、云云、齊助楚攻秦章、楚之土壤士民、非削弱、僅以救亡者、計失於陳軫、過聽於張儀、齊策、靖郭君善齊貌辯章、當是時、靖郭君可謂能自知人矣、能自知人、故人非之不爲沮、此齊貌辯之所以外生樂患趣難者也、趙策知伯帥趙韓魏而伐范中行氏章、知伯身死國亡、地分爲天下笑、此貪欲無欲也、夫不聽知過、亦所以亡也、魏策、魏惠王死章、惠子非徒行其說也、又令太子未葬其先王、而又因說文王之義、以示天下、豈小功也哉、不獨國策有此法也、左氏國語引君子、引臧文仲、引孔子者、亦皆敍事中間以議論者、 主父死、惠文王立立。【考證】中井積德曰、惠文王固已立矣、非主父死後立、主父之死、在惠文王四年、此八字當削、愚按、徐孚遠、梁玉繩說同、 五年、與燕鄚・易。【集解】徐廣曰、皆屬涿郡、鄚、音莫、 八年、城南行唐。【集解】徐廣曰、在常山、【正義】行、寒庚反、括地志云、行唐縣屬冀州、爲南行唐築城、【考證】今直隸正定府行唐縣北、 九年、趙梁將、與齊

合軍攻韓、至魯關下。【正義】劉伯莊云、蓋在南河魯陽關、按汝州魯山縣、古穀陽縣、 及。十年、秦自置爲西帝。【考證】秦稱西帝見齊策、梁玉繩曰、事在十一年、愚按、古鈔本、楓山、三條本、及作反、當屬上讀、 十一年、董叔與魏氏伐宋、得河陽於魏。秦取梗陽。【集解】杜預曰、太原晉陽縣南梗陽城也、【索隱】地理志云、太原榆次、有梗陽鄉、與杜預所據小別也、【正義】括地志云、梗陽故城、在幷州清源縣南百二十步、分晉陽縣置、本漢榆次縣地、春秋晉大夫祁氏邑也、【考證】河陽、今河南懷慶府孟縣西、梁玉繩曰、表、梗陽作桂陽、非、蓋桂陽屬扶風、非趙地、 十二年、趙梁將攻齊。十三年、韓徐爲將攻齊。公主死。【索隱】蓋吳娃女、惠文王之姊、【考證】中井積德曰、公主之死、無書者、此何特書也、愚按、依趙史之舊也、 十四年、相國樂毅將趙・秦・韓・魏・燕攻齊、【索隱】按年表及韓魏等系家、五國攻齊、在明年、然此下文十五年重擊齊、是此文爲得、蓋此年同伐齊耳、 取靈丘。【正義】蔚丘縣也、【考證】梁玉繩曰、案六國伐齊在明年、是年惟秦擊齊、無趙韓魏燕攻齊、及取靈丘之事、蓋誤、索隱謂此年伐齊、明年重擊齊、非也、愚按、樂毅傳、趙惠文王以相國印授樂毅、靈丘、今山東東昌府高唐州、 與秦會中陽。【正義】括地志云、中陽故縣、在汾州隰城縣南十里、漢中陽縣也、【考證】中陽、今山西汾州府寧鄉縣、 十五年、燕昭王來見。趙與韓・魏・秦共擊

齊。齊王敗走。燕獨深入取臨菑。【考證】戰國策燕策、臨淄、今山東青州府臨淄縣、十六年、秦復與趙數擊齊。齊人患之。蘇厲爲齊遺趙王書曰。【考證】趙策、蘇厲作蘇秦、鮑本、依史改秦作厲、臣聞古之賢君、其德行非布於海內也。教順非洽於民人也。【考證】張文虎曰、順讀爲訓、古通、祭祀時享、非數常於鬼神也。【考證】策、常作當、古鈔本、楓山本、作嘗、無數字、愚按、常字疑衍、甘露降、時雨至、年穀豐孰、民不疾疫、衆人善之。然而賢主圖之。【考證】策、圖作惡、中井積德曰、圖者慍思之意、無德而得福、賢主所慍、以喩無功德而得秦之親厚、宜懼而圖焉、今足下之賢行功力、非數加於秦也。【考證】策、無賢行二字、鮑彪曰、功力、謂戰伐、怨毒積怒、非素深於齊也。【考證】策、作非曾深淩於韓也、秦、趙與國、以彊徵兵於韓。【考證】策、無此十字、秦誠愛趙乎、其實憎齊乎。物之甚者。【考證】物、事也、甚猶大也、策、齊作韓、賢主察之。秦非愛趙而憎齊也。欲亡韓而呑二周。故以齊餤天下。【考證】策、二齊字作韓、恐事之不合、故出兵以劫魏・趙。【考證】策、合作成、劫作佯示、恐天下畏已也。故出質以爲信。【考證】策、畏作疑、恐天下亟反也。故徵兵於韓以威之。【考證】策、作恐天下之發覺、故徵韓以武之、聲以德與國、【集解】與國、趙也、秦趙今爲與國、秦徵兵於韓、帥之共趙伐齊、以威聲和趙、是以德與國也、【考證】中井積德曰、聲、謂聲聞也、非威、實而伐空韓。【考證】策、實而作而實、臣以秦計爲必出於此。夫物固有勢異而患同者。【考證】策、異同易地、楚久伐而中山亡。【考證】鮑彪曰、此言楚受秦伐、趙無秦患、故破中山滅之、今齊久伐而韓必亡。破齊、王與六國分其利也。亡韓、秦獨擅之、收二周、西取祭器、秦獨私之。賦田計功、王之獲利、孰與秦多。【考證】今齊久伐以下四十七字、策無、說士之計曰。韓亡三川、【正義】河南之地兩川之閒、三川謂伊洛河三川、秦置三川郡、【考證】魏亡晉國【正義】河北之地、安邑河內、【考證】中井積德曰、蓋指今晉時舊都爲晉國也、王念孫曰、三國分晉、魏得晉之故都、故魏人自稱晉國、而韓趙則否、孟子、梁惠

王曰、晉國天下莫强焉、周霄曰、晉國亦仕國也、魏策、魏武侯與諸大夫浮於西河、稱曰、河山之險、豈不亦信固哉、王鍾曰、此晉國之所以强也、是晉卽魏也、市朝未變、而禍已及矣。【考證】市朝未變、言速也、策、作是韓未窮而禍及於趙、燕盡齊之北地、去沙丘・鉅鹿、斂三百里。【正義】沙丘、邢州也、鉅鹿、冀州也、齊北界貝州也、斂、減也、言破齊滅韓之後、燕之南界、秦之東界、相去減三百里、趙國在中閒也、【考證】中井積德曰、沙丘鉅鹿、皆趙地、三百里者、謂趙距燕之近也、無干秦事、又不論及滅韓、正義文外生義、非也、下三百里乃始說燕與秦之路程、與此三百里不同、斂與儉通、愚按、鉅鹿、今直隸平鄉縣、韓之上黨、去邯鄲百里、燕・秦謀王之河山、閒三百里而通矣。秦之上郡、【正義】鄜延等州也、【考證】今陝西膚施縣等地、近挺關、至於楡中者千五百里。【考證】挺關、策作扞關、楚北境、與趙無干涉、扞關、秦以三郡攻王之上黨、【正義】秦上黨郡、今澤潞儀沁等四州之地、兼相州之半、韓總有之、至七國時、趙得儀沁二州之地、韓猶有潞州及澤州之半、半屬趙魏、沁州在羊腸坂之西、儀并代三州、在句注山之南、秦以三郡攻趙之澤潞、則句注之南、趙無地、然秦始皇置上黨郡、此言之者、太史公郤引前書也、他皆倣此、【考證】中井積德曰、韓上黨降趙、在後二十年、是時趙未取上黨也、然上云韓之上黨、此云王之上黨、則韓趙分有之耳、但不得以始皇所置上黨郡作解、羊腸之西、【正義】太行山坂道名、南屬懷州、北屬澤州、【考證】在今山西壺關縣東南、句注之南、【正義】句注山、在代州西北也、【考證】今山西代縣北、非王有已。【正義】音以爾反、踰句注、斬常山而守之、三百里而通於燕、【考證】上文秦字管到於通於燕句、燕盡齊之北地以下九十一字、策作今燕盡韓之河南、距沙丘、而至鉅鹿之界三百里、距於扞關、至於楡中千五百里、秦盡韓魏之上黨、則地與國都邦屬而壤挈者七百里、秦以三軍强弩坐羊唐之上、卽地去邯鄲二十里、且秦以三軍攻王之上黨而危其北、則句注之西有王之有也、今魯句注禁常山而守三百里、通燕之唐曲逆、與史頗異、以事理推之、史文爲長、代馬胡犬不東下、昆山之玉不出。【正義】言秦踰句注山、斬常山而守之、西北代馬胡犬不東入趙、沙州崑山之玉、亦不出至趙矣、郭璞云、胡地野犬似狐而小、此三寶者、亦非王有已。王久伐齊、從彊秦攻韓、【考證】中井積德曰、從、縱也、愚按、策作今從於彊秦國之伐齊、其禍必至於此。願王孰慮之。且齊之所以伐者、以事王也。【正義】以趙王爲事也、而秦必伐之也、【考證】中井積德曰、事王、謂與趙王親交也、後文齊之事王、同、天下屬行以謀王也。【正義】上音燭、下胡郎反、言秦欲令齊稱帝、與約五國共滅趙、三分趙地、【考證】方苞曰、屬行、相屬而起兵也、齊策、使犀首屬行而攻趙、燕・秦之約成、而兵出有日矣。【考證】中井積德曰、前日有此謀也、謀王、

謀滅趙也、五國三分王之地、【正義】謂秦齊韓魏燕三分趙之地也、齊倍五國之約、而殉王之患、【正義】齊王以身從趙王之患也、【考證】中井積德曰、以下述既往之事也、西兵以禁彊秦。秦廢帝請服、【正義】言秦齊相約、欲更重稱帝、故言廢帝也、【考證】秦稱西帝、在惠文王十一年、未幾亦稱王、反高平·根柔於魏、【集解】徐廣曰、紀年云、魏哀王四年、改陽曰河雍、向曰高平、根柔、一作棖柔、一作平柔、【正義】返、還也、括地志云、高平故城、在懷州河陽縣西四十里、紀年云、魏哀王改向曰高平也、根柔未詳、兩邑魏地也、【考證】策作溫軹高平、反巠分·【集解】徐廣曰、一作王公、巠、音胡鼎反、【正義】巠、音邢、分字誤、當作山字耳、括地志云、句注山、一名西陘山、在代州鴈門縣西北四十里、先俞於趙。【集解】徐廣曰、爾雅曰、西俞、鴈門是、【正義】俞、音戍、郭注云、西隃、卽鴈門山也、按西先聲相近、蓋陘山西隃二山之地、竝在代州鴈門縣、皆趙地也、【考證】策作三公什淸錢大昕曰、常山郡元氏縣有三公山、齊之事王、宜爲上佼。【索隱】佼、猶行也、【正義】佼、音效、功勞也、【考證】策、佼作交、王念孫曰、佼與交同、上交、上等之交也、言齊之事王如此、當爲王之上交、而今反觸罪也、而今乃抵辠。【正義】謂共秦伐齊也、臣恐天下後事王者之不敢自必也。願王孰計之也。今王毋與天下攻齊、天下必以王爲義。齊抱社

稷而厚事王。天下必盡重王。義、王以天下善秦、【考證】古鈔本、楓山三條本、義下王上有秦字、當依補、秦義與下文秦暴對言、秦暴、王以天下禁之。是一世之名寵制於王也。【考證】蘇厲爲齊遺趙王書以下、似本戰國策趙策、但策、蘇厲作蘇秦、齊作韓、地名亦多舛異、不獨文字有異同也、呂祖謙吳師道諸人皆疑之、梁玉繩曰、案惠文十六年、卽齊襄保莒之歲、田單守卽墨未下、餘地盡入燕、則當時之齊、僅存二城、秦何利而擊之、秦卽欲擊、復何與而必共趙擊之、其誤不辨自明也、中井積德曰、蘇厲之書、當在惠文十五年、趙方伐齊之時、而此書不效也、史誤在次年、書中不言齊之傾覆、其證明甚、愚按中說近是、於是趙乃輟、謝秦不擊齊。王與燕王遇。廉頗將攻齊昔陽、取之。【集解】杜預曰、樂平沾縣、有昔陽城、【正義】括地志云、昔陽故城、一名陽城、在幷州樂平縣東、春秋釋地名云、昔陽、服國所都也、樂平城沾縣東昔陽城、服姓、白狄別種也、樂平縣城、沾縣城也、【考證】昔陽、表作淮北、淩本作昔陽、洪頤煊曰、當作晉陽、是陽晉之誤、廉頗列傳、趙惠文王十六年、廉頗爲趙將伐齊破之、取晉陽、索隱云、晉陽當作陽晉、愚按、此與頗傳在十六年、表在十五年、十七年、樂毅將趙師攻魏伯陽。【正義】括地志云、伯陽故城、一名邯會城、在相州鄴縣西五十五里、七國時魏邑、漢邯會城、【考證】中井積德曰、伯陽下疑脫取之二字、下文與魏伯陽、可參考、楓山三條本、伯作柏、而秦怨趙不與己擊齊、伐趙

攻我兩城。【考證】梁玉繩曰、案樂毅是時方爲燕攻齊、何從將趙師而攻魏、蓋非毅將耳、秦拔趙兩城、乃爭城之常、非爲怨趙不與擊齊也、是時齊祇有二城、安得秦欲與趙攻齊事乎、說見上、十八年、拔我石城。【集解】地理志云、右北平有石城縣、【正義】括地志云、石城在相州林慮縣西南九十里、疑相州石城是、【考證】梁玉繩曰、案此事年表亦書之、然疑有誤也、正義引右北平之石城縣及相州石城爲證、而在右北平者燕境、在相州者魏境、皆非趙地、胡注通鑑、謂卽西河之離石縣、然趙肅侯二十二年、秦已取之矣、何待是時始拔乎、愚按、呂氏春秋審應篇、公孫龍對趙惠王曰、今藺離石入秦、而王縞素出總、惠王卽惠文王、此離石之地、趙復得而復失之也、胡注有據、王再之衛東陽、決河水伐魏氏。【正義】括地志云、東陽故城、在貝州歷亭縣界、按東陽先屬衛、今屬趙、河歷貝州南東北流、過河南岸卽魏地也、故言王再之衛東陽伐魏氏也、大潦、漳水出。魏冄來相趙。【考證】梁玉繩曰、是歲爲惠文十八年、秦昭二十六年、冄復爲秦相、安得相趙之事哉、大事記謂相趙未幾復歸相秦、非也、十九年、秦敗我二城。【考證】梁玉繩曰、敗、當作拔、趙與魏伯陽。趙奢將、攻齊麥丘取之。【考證】梁玉繩曰、案此在惠文十九年、是時齊亦尚止二城、麥丘屬燕、年表田完世家及奢傳、皆不書、未知何以言之、愚按、樂毅所下齊七十餘城、非悉置燕兵以守之也、趙人乘閒來攻、非必無之事、闕疑可也、二十年、廉頗將攻齊。王與秦昭王遇西河外。【集解】徐廣

曰、年表云、與秦會澠池、二十一年、趙徙漳水武平西。【正義】括地志云、武平亭、今名渭城、在瀛州文安縣北七十二里、按二十七年、又徙漳水武平南、【考證】今直隸順天府文安縣東、二十二年、大疫。置公子丹爲太子。二十三年、樓昌將攻魏幾。不能取。【正義】幾、音祈、傳云、伐齊幾拔之、又戰國策云、秦敗閼與、及攻魏幾、按幾邑、或屬齊、或屬魏、當在相潞之閒也、【考證】幾、在今直隸大名縣、十二月、廉頗將攻幾、取之。二十四年、廉頗將攻魏房子、拔之。【集解】徐廣曰、屬常山、【考證】直隸趙州高邑縣西南、因城而還。又攻安陽取之。【考證】安陽、今河南彰德府安陽縣西南、二十五年、燕周將攻昌城·高唐取之。【集解】徐廣曰、昌城屬齊郡、【索隱】燕周、趙人、爲趙將、【正義】括地志云、故昌城、在淄州淄川縣東北四十里也、【考證】高唐、今山東東昌府高唐縣、與魏共擊秦。秦將白起破我華陽、得一將軍。【正義】括地志云、故華陽城、在鄭州管城縣南四十里、司馬彪云、華陽亭、在今洛州密縣、是時魏韓趙聚兵於華陽西、攻秦、【考證】華陽、卽華下、今河南新鄭縣東南、梁玉繩曰、此惠文二十六年事、此誤在二十五年、二十六年、取東胡歐代地。【正義】今營州也、【索隱】東胡叛趙、驅略代地人衆以叛、故取之也、【考證】古鈔本、楓山三條本、歐作毆、

中井積德曰、歐代類地名、二十七年、徙漳水武平南。封趙豹平陽君。【集解】戰國策曰、趙豹平陽君、惠文王母弟、河水出、大潦。二十八年、藺相如伐齊至平邑。【正義】括地志云、平邑故城、在魏州昌樂縣東北四十里也、【考證】今直隸大名府南樂縣東北、罷城北九門大城。【正義】恆州九門縣城、燕將成安君公孫操弒其王。【集解】徐廣曰、年表云、是燕武成王元年、【索隱】按樂資云、其王卽惠王、【考證】梁玉繩曰、事在惠文二十七年、此誤書于前一年、燕世家索隱引之將作相、二十九年、秦・韓相攻、而圍閼與。【正義】上於連反、下音預、括地志云、閼與、聚落、今名烏蘇城、在潞州銅鞮縣西北二十里、又儀州順和縣城亦云韓閼與邑、二所未詳、又有閼與山、在洺州武安縣西五十里、蓋是也、【考證】閼與、今河南彰德府武安縣、趙使趙奢將擊秦。大破秦軍閼與下。賜號爲馬服君。【正義】因馬服山爲號也、虞喜志林云、馬、兵之首也、號曰馬服者、言能服馬也、括地志云、馬服山、邯鄲縣西北十里也、三十三年、惠文王卒、太子丹立。是爲孝成王。孝成王元年、【集解】徐廣曰、平原君相也、秦伐我拔三城。趙王新立、太后用事。秦急攻之。趙氏求救於

齊。齊曰。必以長安君爲質、兵乃出。【索隱】孔衍云、惠文后之少子也、趙亦有長安、今其地闕、【正義】長安君者、以長安善、故名也、太后不肯。大臣彊諫。太后明謂左右曰。復言長安君爲質者、老婦必唾其面。【考證】策、復上有有字、楓山、三條本、言下有令字、與策合、左師觸龍言願見太后。【考證】策、龍言作讋、胡三省曰、春秋之時、宋國之官有左右師、上卿也、趙以觸龍爲左師、宂散之官、以優老臣者也、太后盛氣而胥之。入。【集解】胥、猶須也、穀梁傳曰、胥其出也、【考證】策、胥作揖、義異、胥之句、入句、入、觸讋入也、徐趨而坐。自謝曰。老臣病足。曾不能疾走。不得見久矣。竊自恕、而恐太后體之有所苦也。【考證】楓山、三條本、坐作至、劉伯莊曰、自恕、猶言自忖度也、中井積德曰、自推其衰、恐太后之衰也、故願望見太后。太后曰。老婦恃輦而行耳。【索隱】按束晳云、趙惠文王子何者、吳廣之甥、娃嬴之子也、如系家計之、則武靈王十六年、夢吳娃而納之、至二十七年王薨、及惠文王三十二年卒、孝成王元年、遣長安君質於齊、若娃年二十入王宮、至此亦年六十左側、亦可稱老、而束廣微言太后纔三十有奇者、誤也、【考證】中井積德曰、太后是孝成王之母、惠文王之后、故稱惠文后、凡婦人五十前後自謂老婦也、況寡婦乎、惠文王卽位三十三年而卒、若年二十則五十三歲

矣、或有其餘也、是時后五十以上、亦未可知、注大謬、且年歷皆不合、曰。食得毋衰乎。曰。恃粥耳。曰。老臣閒者殊不欲食。乃彊步日三四里。少益嗜食、和於身也。太后曰。老婦不能。太后不和之色少解。左師公曰。老臣賤息舒祺。最少不肖、而臣衰。竊憐愛之。願得補黑衣之缺、以衛王宮。昧死以聞。【考證】古鈔本、楓山、三條本、願下有令字、與策合、息、子也、黑衣、皁衣也、衞士之服、昧冒同、禮記云、有司以聞曰、古之禮、慈母無服、戰國策云、不敢匿意隱情、以聞於左右、後二字連讀、爲臣下上書套語、太后曰。敬諾。年幾何矣。對曰。十五歲矣。雖少、願及未塡溝壑而託之。【考證】未塡溝壑、猶言先死、太后曰。丈夫亦愛憐少子乎。對曰。甚於婦人。太后笑曰。婦人異甚。對曰。老臣竊以爲媼之愛燕后、賢於長安君。【考證】媼字、策同、春秋後語改作后、失當時語氣、燕后、太后女、嫁於燕、賢、猶多也、勝也、詩、我從事獨賢、孟子、我獨賢勞、賢字與此同、太后曰。君過矣。不若長安君之甚。左師公曰。父母

愛子、則爲之計深遠。媼之送燕后也、持其踵、爲之泣。念其遠也。亦哀之矣。已行。非不思也。祭祀則祝之曰。必勿使反。豈非計長久、爲子孫相繼爲王也哉。【考證】勿使反、勿使失意於燕而返趙、久下爲字、策作有、太后曰然。左師公曰。今三世以前至於趙主之子孫爲侯者、其繼有在者乎。【考證】古鈔本、楓山、三條本、於下、有趙之爲趙四字、與策合、策、主作王、可從、曰。無有。曰。微獨趙。諸侯有在者乎。【考證】微、猶非也、曰。老婦不聞也。曰。【考證】策、也下無曰字、太后之言未畢、左師急言、此其近者禍及其身、遠者及其子孫。豈人主之子、侯則不善哉。位尊而無功、奉厚而無勞、而挾重器多也。【考證】重器、寶器也、今媼尊長安君之位、而封之以膏腴之地、多與之重器。而不及今令有功於國、一旦山陵崩、長安君何以自託於趙。【考證】山陵、喻尊高也、亦墳墓所在、山陵

崩、言死也、諱辭、秦策云、王之春秋高、一日山陵崩、太子用事、君危、老臣以媼爲長安君之計短也。故以爲愛之不若燕后。太后曰。諾。恣君之所使之。於是爲長安君約車百乘、質於齊。齊兵乃出。子義聞之曰。人主之子、骨肉之親也。猶不能持無功之尊、無勞之奉、而守金玉之重也。而況於予乎。【索隱】子義、趙之賢人、【正義】持、猶執、【考證】趙王新立以下、趙策、策、持作恃、予作人臣、愚按、此亦敘事中插議論者、鮑彪曰、觸龍諒毅、從容納說、而取成功、與夫强諫於廷、怒罵于座、髮上衝冠、自待必死者、力少而功倍矣、許應元曰、程子釋易納約自牖曰、左師觸龍因其明而導之、故其聽也如響、齊安平君田單、【正義】括地志云、安平城、在青州臨淄縣東十九里、古紀之酅邑也、將趙師而攻燕中陽。拔之。【集解】徐廣曰、陽、一作人、【正義】燕無中陽、括地志云、中山故城、一名中人亭、在定州唐縣東北四十里、爾時屬燕國也、又攻韓注人。拔之。【正義】邑名也、括地志云、注城、在汝州梁縣西十五里、蓋是其地也、二年、惠文后卒。田單爲相。四年、王夢衣偏裻之衣、【正義】杜預云、偏、左右異色、裻在中、左右異、故曰偏、按裻、衣背縫也、乘飛龍上天。不至而

墜。見金玉之積如山。明日王召筮史敢占之。曰。夢衣偏裻之衣者、殘也。【考證】岡白駒曰、取不全之義、乘飛龍上天、不至而墜者、有氣而無實也。見金玉之積如山者、憂也。【考證】金玉之積、下文所謂無故之利、憂卽禍、後三日、韓氏上黨守馮亭使者至。曰。韓不能守上黨。入之於秦。其吏民皆安爲趙、不欲爲秦。有城市邑十七。願再拜入之趙。聽王所以賜吏民。【考證】十七、策作七十、下文同、聽、策作才、裁也、宋、中統、王、柯、毛本、作財、今從古鈔本、楓山、三條本、凌本、上黨、今山西潞安府、王大喜、召平陽君豹告之曰。馮亭入城市邑十七。受之何如。對曰。聖人甚禍無故之利。王曰。人懷吾德。何謂無故乎。對曰。夫秦蠶食韓氏地、中絕不令相通。固自以爲坐而受上黨之地也。【考證】此時秦白起伐韓拔野王、上黨至韓之道不通也、固、策作故、古鈔本、楓山、三條本、作因、韓氏所以不入於秦者、欲

嫁其禍於趙也。秦服其勞、而趙受其利。雖彊大不能得之於小弱。小弱顧能得之於彊大乎。豈可謂非無故之利哉。且夫秦以牛田之【集解】徐廣曰、一無此字、【正義】秦蠶食韓氏、國中斷不通、夫牛耕田種穀、至秋則收之、成熟之義也、言秦伐韓上黨、勝有日矣、若牛田之、必獲收穫矣、【考證】策無之字、水通糧、【正義】秦從渭水漕糧、東入河洛、軍擊韓上黨也、【考證】中井積德曰、秦用牛耕水田藝稻、稻須多水、自有注溉渠而與漕道通、漕時開渠口、引田水于漕河、則多水便於漕、漕有間、又閉渠口蓄水于田中、以蔟後漕、無冬夏之分、以牛田之水爲一句、上黨在秦之東北、則不必由渭洛、穆文熙曰、牛田、秦地、蓋近上黨者、愚按、中說較長、楓山、三條本、糧上有食字、蠶食【考證】策無蠶食二字、此因上文衍、上乘倍戰者、【正義】乘、承證反、蠶食、桑葉漸進必盡也、司馬法云、百畝爲夫、夫三爲屋、屋三爲井、井十爲通、通十爲成、成出革車一乘七十二人也、上乘、天下第一也、倍戰、力攻也、韓國四戰之地、軍士慣習、倍於餘國、【考證】策、上乘倍戰者、作其死士、蓋史公以意改也、中井積德曰、上乘、謂良馬勁卒也、然不必引司馬法、裂上國之地。【正義】上國、秦地也、言韓上黨之地、以列爲秦國之地、其政已行、趙不可與秦作難、必莫受馮亭十七邑也、【考證】策作皆列之於上地、愚按、此言秦裂所取之國、以爲功臣死士食邑也、其政行。不可與爲難。必勿受也。【考證】其字承上文秦字、策、政行下、有令嚴二字、王曰。今發

百萬之軍而攻、踰年歷歲、未得一城也。【考證】楓山、三條本、城作地、今以城市邑十七幣吾國。此大利也。【正義】馮亭、將十七邑入趙、若幣帛之見遺、此大利也、趙豹出。王召平原君與趙禹而告之。【考證】策、平原君作趙勝、王、柯本、原譌陵、對曰。發百萬之軍而攻。踰歲未得一城。今坐受城市邑十七。此大利、不可失也。王曰。善。乃令趙勝受地。【考證】趙勝、卽平原君、告馮亭曰。敝國使者臣勝、敝國君使勝致命、以萬戶都三封太守、【正義】爾時未合言太守、至漢景帝始加太守、此言太、衍字也、【考證】策亦有太字、凌約言曰、戰國策中、太守凡五言之、泱非衍、當時已有此稱矣、愚按、太守不始於漢、李笠訂補亦證之、千戶都三封縣令、皆世世爲侯。吏民皆益爵三級。吏民能相安、皆賜之六金。【考證】以級定爵、諸國未聞、但秦有之、趙亦傚之邪、馮亭垂涕不見使者。曰。吾不處三不義也。【考證】策、吾不、作是吾、爲主守地、不能死。固不義一矣。【考證】固字、楓山、三條本、作國、策無、入之

秦、不聽主令。不義二矣。【考證】策入上有主字、王念孫曰、脫去主字、文義不明、謂韓王入上黨於秦、而馮亭不聽也、賣主地而食之。不義三矣。趙遂發兵取上黨。【集解】漢書馮奉世傳曰、趙封馮亭爲華陵君、與趙將括距秦、戰死於長平、宗族由是分散、或在趙、在趙者爲官師將、官師將子爲代相、及秦滅六國、而馮亭之後馮無擇馮去疾馮劫、皆爲秦將相焉、漢興、馮唐卽代相之子也、上黨記云、馮亭冢在壺關城西五里、【考證】趙策云、馮亭辭封入韓、史白起傳云、封馮亭爲華陽君、所傳亦不同、張文虎曰、漢傳師作帥、廉頗將軍、軍長平。【正義】括地志云、長平故城、在澤州高平縣西三十一里、卽白起敗括於長平處、【考證】梁玉繩曰、廉頗上失書六年二字、愚按、長平故城在今山西澤州府高平縣西、七年、廉頗免、而趙括代將。秦人圍趙括。趙括以軍降。卒四十餘萬皆阬之。【正義】白起傳云、斬首虜四十五萬人、括地志云、頭顱山一名白起臺、在澤州高平縣西五里、上黨記云、秦阬趙兵收頭顱、築臺於壘中、因山爲臺、崔嵬桀起、今稱白起臺也、【考證】梁玉繩曰、七年七月之誤、白起傳可證、中井積德曰、據傳括戰死也、非降、此恐舛、沈家本曰、疑以字乃死字之譌、王悔不聽趙豹之計、故有長平之禍焉。王還不聽秦。【正義】還、猶仍也、【考證】崔適曰、王還不聽秦五字、不知所謂、當是衍文、秦圍邯鄲。【集解】徐廣曰、在九年、武垣令傅豹・王容・

蘇射、率燕衆反燕地。【集解】徐廣曰、河閒有武垣縣、本屬涿郡、【正義】括地志云、武垣故城、今瀛州城是也、武垣北是屬趙、與燕接境、故云率燕衆反燕地也、【考證】武垣、今直隸河閒府河閒縣西南、射、音赤、趙以靈丘封楚相春申君。【正義】括地志云、靈丘、蔚州理縣也、【考證】今山西大同府靈丘縣、八年、平原君如楚請救。還。楚來救。及魏公子無忌亦來救。【正義】魏公子傳云、趙王以鄗爲公子湯沐邑、年表云、九年公子無忌救邯鄲、圍在九年、其文錯誤、秦圍邯鄲乃解。【考證】中井積德曰、邯鄲二字疑衍、愚按、圍字當在鄲下、十年、燕攻昌壯。【集解】徐廣曰、一作社、【正義】壯字誤、當作城、括地志云、昌城故城、在冀州信都縣西北五里、此時屬趙、故攻之也、五月拔之。趙將樂乘・慶舍、攻秦信梁軍破之。【集解】徐廣曰、年表云、新中軍也、【索隱】信梁、秦將也、【正義】信梁、蓋王齕號也、秦本紀云、昭襄王五十年、王齕從唐拔寧新中、寧新中更名安陽、今相州理縣也、年表云、韓魏楚救趙新中軍、秦兵罷、是也、【考證】梁玉繩曰、案集解正義、皆謂此卽前年秦拔寧新中事、非也、是歲爲趙孝成十年、秦昭五十一年、秦紀言將軍摎攻趙取二十餘縣、首虜九萬、疑卽此事、信梁卽摎號也、此言破秦、紀言取縣虜首者、秦諱言敗、虛功非實、史公于本紀依秦史書之而未改耳、愚按、古鈔本、楓山、三條本、趙下有特字、太子死。【集解】徐廣曰、是年周赧王卒、或者太子、云天子乎、【索隱】趙之太子也、史失名、【考證】索隱爲是、而秦

攻西周拔之。徒父祺出。【索隱】趙大夫名祺、【正義】趙見秦拔西周、故令徒父祺將兵出境也、十一年、城元氏、縣上原。【集解】地理志、常山有元氏縣、【正義】元氏、趙州縣也、【考證】元氏、今直隸正定府元氏縣西北、武陽君鄭安平死。收其地。【集解】徐廣曰、故秦將、降趙也、十二年、邯鄲廥燒、【集解】徐廣曰、廥、廄之名、音膾也、【索隱】廥、積芻稾之處、爲火所燒也、十四年、平原君趙勝死。【索隱】按年表在十五年也、【考證】列傳亦在十五年、十五年、以尉文封相國廉頗爲信平君。【索隱】尉文、蓋地名、或曰、尉官、文名、謂以尉文所食之地、以封廉頗也、古文質略、文省耳、【正義】尉文、蓋蔚州地也、信平、廉頗號也、言篤信而平和也、【考證】錢大昕曰、漢書王子侯表、趙敬肅王子有尉文節侯丙、是尉文爲趙地審矣、燕王令丞相栗腹約驩、以五百金爲趙王酒。【考證】酒、當作壽、壽酒音近、策作壽酒、衍其一字、還歸報燕王曰、趙氏壯者皆死長平、其孤未壯。可伐也。【考證】氏、燕世家作王、燕策作氏、王召昌國君樂閒而問之。對曰、趙四戰之國也。【考證】策、戰作達、其民習兵。伐之不可。王曰、吾以衆伐寡、二而伐一。可

乎。對曰、不可。王曰、吾卽以五而伐一。可乎。對曰、不可。燕王大怒。羣臣皆以爲可。燕卒起二軍車二千乘、【考證】策作六十萬、燕世家與此同、栗腹將而攻鄗、【考證】今直隸趙州柏鄉縣北有鄗縣故城、卿秦將而攻代。【索隱】二人、皆燕將姓名、廉頗爲趙將、破殺栗腹、虜卿秦。樂閒【正義】三人、皆燕將姓也、【考證】燕王令丞相栗腹以下、本燕策、又見燕世家、徐孚遠曰、樂閒以諫燕王不聽歸趙、非被虜也、梁玉繩曰、樂閒下缺奔趙二字、燕策作入趙、燕世家樂毅傳作奔趙、可證、十六年、廉頗圍燕。以樂乘爲武襄君。【正義】襄、舉也、上也、言樂乘功最高也、十七年、假相大將武襄君攻燕、圍其國。十八年、延陵鈞率師從相國信平君、助魏攻燕。【集解】徐廣曰、代郡有延陵縣、【正義】鈞、名也、秦拔我榆次三十七城。【集解】徐廣曰、在太原、【考證】榆次、今山西太原府榆次縣、十九年、趙與燕易土。【索隱】易、音亦、謂與燕換易縣也、以龍兌・【正義】括地志云、北新城故城、在易州遂城縣西南二十里、按遂城縣西南二十五里有龍山、邢子勵趙記云、龍山有四麓、各有一穴、大如車輪、春風出東、秋風出西、夏風出南、冬風出北、不相奪倫、蓋謂龍兌也、兌、音奪、汾門・

【集解】徐廣曰、在北新城、【正義】括地志云、易州永樂縣有徐水、出廣昌嶺、三源奇發、同瀉一澗、流至北平縣東南、歷石門中、俗謂之龍門、水經其閒、奔激南出、觸石成井、蓋汾字誤也、遂城及永樂安新城縣地也、【考證】張文虎曰、續漢志、涿郡北新城有汾水關、注引史記趙與汾門、水經易水注云、其水又東逕西故安城西、又東流南逕武隧縣南新城縣北、又謂是水爲武隧津、津北謂之汾門、史記趙世家、孝成王十九年、與燕易土、以龍兌汾門與燕、卽是也、亦曰汾門之稱舊矣、張守節引括地志謂汾字爲誤、妄矣、又曰正義安上疑脫固字、臨樂【集解】徐廣曰、方城有臨鄉、【正義】括地志云、臨鄉故城在幽州固安南十七里也、與燕。燕以葛·武陽·【集解】徐廣曰、葛城、在高陽、【正義】括地志云、故葛城又名西河城、在瀛州高陽縣西北五十里、平舒【集解】徐廣曰、平舒、在代郡、【正義】括地志云、平舒故城、在蔚州靈丘縣北九十三里也、與趙。二十年、秦王政初立。秦拔我晉陽。【考證】梁玉繩曰、事在十九年、非二十年也、晉陽、今山西太原府太原縣、二十一年、孝成王卒。廉頗將攻繁陽取之。【集解】徐廣曰、在頓丘、【正義】括地志云、繁陽故城、在相州內黃縣東北二十七里、應劭云、繁水之北、故曰繁陽也、【考證】繁陽、魏地、今直隸大名府開州、使樂乘代之。【考證】中井積德曰、據廉頗傳、樂乘代廉頗、當在悼襄王之時、梁玉繩曰、案廉頗傳孝成王卒、子偃立、是爲悼襄王十二字、當在攻繁陽取之下、此錯簡也、廉頗攻樂乘。樂乘走。廉頗亡入魏。子偃立。是爲悼襄王。

悼襄王元年、大備【集解】徐廣曰、一作偹、【正義】謂行大備之禮也、魏。欲通平邑·中牟之道。不成。【正義】平邑、在魏州昌樂縣東北三十里、相州蕩陰縣西五十八里有牟山、按中牟山之側、時二邑皆屬魏、欲渡黃河作道相通、遂不成也、【考證】平邑、今直隸大名府南樂縣、中牟、河南開封府中牟縣、黃式三曰、大備魏爲句、趙欲以平邑通中牟、事不成而備之也、舊讀謬、事因不明、二年、李牧將攻燕、拔武遂·方城。【集解】徐廣曰、武遂、屬安平、【正義】括地志云、易州遂城、戰國時武遂城也、方城故城、在幽州固安縣南十七里、時二邑屬燕、趙使李牧拔之也、【考證】武遂、今直隸深州武強縣、方城、順天府固安縣、秦召春平君。因而留之。【正義】春平未詳、【考證】策、作春平侯、凌稚隆曰、趙太子也、中井積德曰、據甚愛妬之、言行信等語、春平君必王之親臣矣、非太子、且太子未聞有君號者、泄鈞爲之謂文信侯曰。【正義】泄鈞、人姓名也、【考證】策、作世鈞、文信侯、秦相呂不韋、春平君者趙王甚愛之。而郎中妬之。故相與謀曰。春平君入秦、秦必留之。故相與謀而內之秦也。今君留之。是絕趙、而郎中之計中也。君不如遣春平君而留平都。【正義】輿地理志云、平都縣、在今新興郡、與陽周縣相近也、【考證】策、作平都侯、此似脫侯字、張文虎曰、正義輿地理志當有誤、館本作括地志、春平君言行信於王。王必厚割趙而贖平都。【考證】古鈔本、楓山、三條本、行下無信字、與策合、

文信侯曰。善。因遣之。【集解】徐廣曰、年表云、太子從質秦歸、【正義】按太子、卽春平君也、【考證】秦召春平君以下、采戰國策趙策、城韓皋。【正義】韓皋未詳、三年、龐煖將攻燕、禽其將劇辛。四年、龐煖將趙·楚·魏·燕之銳師攻秦蕞。【集解】徐廣曰、在新豐、【考證】古鈔本、楓山、三條本、秦下有圍字、不拔。移攻齊、取饒安。【集解】徐廣曰、在渤海、又云、饒、屬北海、安、屬平原、【正義】饒安、滄州縣也、七國時屬齊、戰國時屬趙、【考證】今直隸天津府南皮縣東南、張文虎曰、正義云七國、云戰國、疑有誤、五年、傅抵將居平邑。【正義】傅抵、上音付、下音邸、趙將姓名、慶舍將東陽河外師守河梁。【正義】東陽、屬貝州、在河北岸也、河外、河南岸魏州地也、河梁、橋也、六年、封長安君以饒。【正義】卽饒陽也、瀛州饒陽縣東二十里饒陽故城、漢縣也、明長安縣是號也、【考證】正義長安縣、當作長安君、魏與趙鄴。【考證】今河南彰德府臨漳縣、九年、趙攻燕、取貍·陽城。【正義】按燕無貍陽、疑貍字誤、當作漁陽、故城在檀州密雲縣南十八里、燕漁陽郡城也、按趙東界瀛州、則檀州在北、趙攻燕、取漁陽城也、【考證】梁玉繩曰、正義甚謬、燕策、燕取齊陽城及貍、蘇代爲齊將

與燕戰敗、則貍陽城、乃二地名、燕取之于齊、而今又爲趙所取也、兵未罷、秦攻鄴拔之。【集解】徐廣曰、今饒陽在河閒、又年表曰、拔闕與鄴九城、悼襄王卒。子幽繆王遷立。幽繆王遷元年、【集解】徐廣曰、又云潛王、世本云、孝成王丹生悼襄王偃、偃生今王遷、年表及史考、趙遷皆無諡、【索隱】徐廣云、王遷無諡、今惟此獨稱幽繆王者、蓋秦滅趙之後、人臣竊追諡之、太史公或別有所見而記之也、【考證】梁玉繩曰、國策、作幽王、列女傳、作幽閔、與此不同、城柏人。二年、秦攻武城。【集解】徐廣曰、年表云、秦拔我平陽、【考證】柏人、今直隸順德府唐山縣、武城、山西朔西府平魯縣西北、扈輒率師救之。軍敗死焉。三年、秦攻赤麗·宜安。【正義】括地志云、宜安故城、在恆州槀城縣西南二十里也、【考證】宜陽故城、在今直隸眞定府藁城縣西南、李牧率師與戰肥下、卻之。【正義】括地志云、肥纍故城、在恆州槀城縣西七里、春秋時肥子國、白狄別種也、封牧爲武安君。四年、秦攻番吾。【正義】上音婆、又音盤、又作蒲、括地志云、蒲吾城在恆州房山縣東二十里也、李牧與之戰、卻之。五年、代地大動、自樂徐以西、北至平陰。【集解】徐廣曰、徐一作除、【正義】樂徐、在晉州平陰在汾也、臺屋牆垣、太半壞。地坼東西、百三十步。【正義】其坼溝見在、亦在晉汾

二州之界也、六年、大飢。民譌言曰。趙爲號、秦爲笑。以爲不信、視地之生毛。正義譌、音訛、考證風俗通六國篇、譌言作童謠、號笑毛韻、毛本飢作饑、地之生毛、言不生五穀、毛草也、七年、秦人攻趙。趙大將李牧、將軍司馬尚、將擊之。李牧誅、司馬尚免。趙怱及齊將顏聚代之。趙怱軍破、顏聚亡去、以王遷降。集解淮南子云、趙王遷流於房陵、思故鄉、作爲山水之謳、聞之者莫不流涕、正義括地志云、趙王遷墓、在房州房陵縣西九里也、考證策、怱作葱、李牧傳依之、聚作寂、梁玉繩曰、策及李牧傳言顏聚與王同虜、此云亡去、恐非、又王遷在位八年、此書于七年、誤、八年十月、邯鄲爲秦。

太史公曰。吾聞馮王孫曰。趙王遷、其母倡也。集解徐廣曰、列女傳曰、邯鄲之倡、考證馮唐傳云、武帝立、求賢良舉馮唐、唐時年九十餘、不復爲官、乃以唐子遂爲郎、遂字王孫、亦奇士、與余善、又載馮唐言云、趙王遷立、其母倡也、用郭開讒、卒誅李牧、是以兵破士北、爲秦所禽滅、據此則馮王孫之言又得之其父唐也、唐趙人、嬖於悼襄王。悼襄王廢適子嘉而立遷。遷素無行、信讒。故誅其良將李牧、用郭開。考證馮王孫之言至此、豈不謬哉。秦既虜遷。趙之亡大夫共立嘉爲王。王代六歲。秦進兵破嘉、遂滅趙以爲郡。考證徐孚遠曰、嘉既王代、亦趙之餘也、不可不記、故附于贊語中、愚按、此與田單傳贊語相似、又附載之燕世家者、以見趙燕接境、唇齒相依也、

索隱述贊、趙氏之系、與秦同祖、周穆平徐、乃封造父、帶始事晉、夙初有土、岸賈矯誅、韓厥立武、寶符臨代、卒居伯魯、簡夢翟犬、靈歌處女、胡服雖強、建立非所、頗牧不用、王遷囚虜、

趙世家第十三　　史記四十三

文學博士瀧川龜太郎著

史記會注考證

史記會注考證卷四十四

漢　太史令司馬遷撰
宋中郎外兵曹參軍裴駰集解
唐國子博士弘文館學士司馬貞索隱
唐諸王侍讀率府長史張守節正義
日本　出雲瀧川資言考證

魏世家第十四　史記四十四

考證 史公自序云、畢萬爵魏、卜人知之、及絳戮干、戎翟和之、文侯慕義、子夏師之、惠王自矜、齊秦攻之、既疑信陵、諸侯罷之、卒亡大梁、王假廝之、嘉武佐晉文申霸道、作魏世家第十四、愚按此篇多本左傳國策、又采孟子韓子呂覽、

魏之先、畢公高之後也。畢公高與周同姓。索隱 左傳富辰說文王之子十六國、有畢原豐郇、言畢公是文王之子、此云與周同姓、似不用左氏之說、馬融亦云、畢毛文王庶子、 武王之伐紂、而高封於畢。集解 杜預曰、畢、在長安縣西北、正義 括地志云、畢原、在雍州萬年縣西南二十八里、考證 今陝西咸陽畢原、畢公邑、 於是爲畢姓。其後絕封爲庶人、或在中國、或在夷狄。其苗裔曰畢萬。事晉獻公。獻公之十六年、趙夙爲御、畢萬爲右、以伐霍・耿・魏、滅之。以耿封趙夙、以魏封畢萬、爲大夫。正義 魏城、在陝州芮城縣北五里、鄭玄詩譜云、魏、姬姓之國、武王伐紂而封焉、考證 今山西解州芮城縣東北有河北故城、卽魏城也、 卜偃曰。索隱 晉掌卜大夫郭偃也、 畢萬之後必大矣。萬、滿數也。魏、大名也。以是始賞。天開之矣。考證 左傳、滿作盈、開作啓、史易之者、避漢諱、服虔曰、數從一至萬爲滿、魏、喩巍巍高大也、 天子曰兆民、諸侯曰萬民。今命之大、以從滿數。

其必有衆。正義 命、名也、考證 左傳、滿作盈、中井積德曰、命、當從左傳作名、 初畢萬卜事晉。遇屯之比。考證 賈逵曰、震下坎上屯、坤下坎上比、屯初九變之比、 辛廖占之曰。吉。屯固、比入。吉孰大焉、其必蕃昌。正義 屯難、故須堅固、比親近、故云入、考證 趙夙爲御以下、閔元年左傳、辛廖疑周人、云當結而不解、故屯有固義、地上有水、滲入之象、故比有入義、說詳于晉世家、 畢萬封十一年、晉獻公卒。四子爭更立、晉亂。考證 四子、公子奚齊、卓子、惠公夷吾、文公重耳、 而畢萬之世彌大、從其國名爲魏氏。考證 閻白駒曰、世、子孫也、 生武子。索隱 左傳、武子名犨、系本云、畢萬生芒季、芒季生武仲州、州與犨聲相近、字異耳、代亦不同、考證 梁玉繩曰、此世家敍世次、多缺名及謚、疏也、 魏武子以魏諸子事晉公子重耳。考證 張文虎曰、吳校元板、武上無魏字、是、方苞曰、下云、令武子襲魏、則此諸子、言非適也、 晉獻公之二十一年、武子從重耳出亡。考證 武子從重耳出亡、僖廿三年左傳、梁玉繩曰、事在晉獻二十二年、 十九年反、重耳立爲晉文公。而令魏武子襲魏氏之後、封列爲大夫、治於魏。生悼子。魏悼子徙治霍。

【索隱】系本云、武仲生莊子絳、無悼子、又系本居篇曰、魏武子居魏、悼子徙霍、宋忠曰、霍、今河東彘縣也、則是有悼子、系本卿大夫代自脫耳、然魏今河北魏縣是也、【正義】晉州霍邑縣、漢彘縣也、後漢改曰永安、隋改曰霍邑、本春秋時霍伯國也、【考證】梁玉繩曰、索隱及禮樂記疏引世本、無悼子一代、而索隱別引世本居篇、又有悼子、與史合、韋杜注竝以絳爲犨之子、襄三年傳疏云、計其年世、孫應是也、愚按、今山西平陽府霍州西有霍城、生魏絳。【索隱】諡昭子、系本云、莊子、文錯也、居篇又曰昭子徙安邑、亦與此文同也、魏絳事晉悼公。悼公三年、會諸侯。悼公弟楊干亂行。魏絳僇辱楊干。【索隱】左傳曰、僇楊干之僕、【考證】魏絳爲中軍司馬、悼公怒曰。合諸侯以爲榮。今辱吾弟。將誅魏絳。或說悼公。悼公止。【考證】悼公三年以下、襄三年左傳國語晉語、卒任魏絳政。【考證】徐孚遠曰、魏絳初爲列大夫、後乃爲下卿、此云任之政、非也、使和戎翟。戎翟親附。【考證】襄四年左傳、悼公之十一年。曰。自吾用魏絳、八年之中、九合諸侯、戎翟和。子之力也。賜之樂。三讓然後受之。【考證】襄十一年左傳、國語晉語、九合作七合、說者云、魯襄五年、會于戚、七年、會于鄬、八年、會于邢丘、九年、同盟于戲、十年、會于相、十一年會于亳城北、又會于蕭魚也、愚按、九、如九天九地之九、言多也、十亦可

得言九、七八亦可得言九、國語云、晉公錫魏絳女樂一八、歌鐘一肆、左傳同、徙治安邑。【正義】安邑、在絳州夏縣安邑故城是、【考證】今山西解州夏縣、魏絳卒。諡爲昭子。【集解】徐廣曰、世本曰莊子、【考證】梁玉繩曰、內外傳亦皆作莊子、則昭字誤、生魏嬴。嬴生魏獻子。【索隱】系本云、獻子名荼、荼、莊子之子、無魏嬴、【考證】梁玉繩曰、世本以獻子爲莊子之子、杜注左傳亦云、莊子絳、獻子之父、韋注周語云、獻子、魏絳之子舒也、獻子事晉昭公。昭公卒、而六卿彊、公室卑。【考證】韓趙魏范中行及智氏爲六卿、六卿彊公室卑、據昭十六年左傳魯人子服昭伯語、晉頃公之十二年、韓宣子老。【考證】梁玉繩曰、左傳宣子卒、非老也、魏獻子爲國政。晉宗室祁氏・羊舌氏相惡。【考證】中井積德曰、據左傳、羊舌氏以祁氏黨同滅也、非相惡、愚按晉世家、惡下有於君二字、六卿誅之、盡取其邑爲十縣。六卿各令其子爲之大夫。【考證】韓宣子老以下、本昭二十八年左傳、梁玉繩曰、十縣大夫、不皆六卿之子、說在晉世家、獻子與趙簡子・【索隱】趙鞅、中行文子・【索隱】荀寅、范獻子、【索隱】范吉射、竝爲晉卿。【考證】中井積德曰、六卿不數智韓氏者脫文耳、其後十四歲、而孔子相魯。【考證】中井積

德曰、孔子相魯、史之謬、後四歲、【考證】梁玉繩曰、四當作三、趙簡子以晉陽之亂也、而與韓・魏共攻范・中行氏。【考證】定十三年左傳、而下添將字看、魏獻子生魏侈。【索隱】侈、他本亦作哆、蓋哆字誤、而代數錯也、按系本、獻子生簡子取、取生襄子多、而左傳云、魏曼多、是也、則侈是襄子、中閒少簡子一代、【正義】侈、音他侈、尺氏反、【考證】沈家本曰、趙世家作哆、侈哆皆從多得聲、古通用、非誤、愚按、正義有譌脫、魏侈與趙鞅共攻范・中行氏。【考證】岡白駒曰、上文所謂與韓魏共攻范中行氏者、魏侈之孫曰魏桓子。【索隱】系本云、襄子生桓子駒、【正義】世本云、獻子棄生懿子游及簡子取、取生襄子多、多生桓子駒、駒生文侯斯、其與此不同、古書誤也、【考證】據上文索隱、正義獻子棄當作獻子荼、傳寫之訛、與韓康子・【索隱】名虔、趙襄子、【索隱】名無恤、共伐滅知伯、分其地。【索隱】智伯、智瑤也、本姓荀、亦曰荀瑤、【正義】知、音智、括地志云、故智城、在蒲州虞鄉縣西北四十里、古今地名云、解縣有智城、蓋謂此也、【考證】三晉滅知伯、詳于國語晉語、國策趙魏韓策、桓子之孫曰文侯都。【集解】徐廣曰、世本曰斯也、【索隱】系本云、桓子生文侯斯、其傳云、孺子𤷍、是魏駒之子、與此系代亦不同也、【考證】文侯名斯、見六國表、都當作斯、或云、都字屬下、都魏、以魏爲都也、然下文云魏武侯元年、趙敬侯初立、與此同例、或說非是、魏文侯元年、秦靈公之元年

也。與韓武子・趙桓子・周威王同時。【索隱】系本、武子名啓章、康子子、【考證】陳仁錫曰、威下缺烈字、張文虎曰、威下省烈字、或如貞定王之省稱定王也、愚按、周威王三字、旁注混入、六年、城少梁。【考證】今陝西同州府韓城縣、十三年、使子擊圍繁龐、出其民。十六年、伐秦。築臨晉・元里。【考證】臨晉、今陝西同州府、元里、同州府澄城縣、十七年、伐中山、使子擊守之。趙倉唐傅之。【考證】中井積德曰、伐恐當作滅、中山、今直隸正定縣、春秋鮮虞地、子擊逢文侯之師田子方於朝歌。【考證】田子方名無擇、呂氏春秋當染篇、田子方學於子貢、朝歌在今河南淇縣東北、引車避下謁。田子方不爲禮。子擊因問曰。富貴者驕人乎。且貧賤者驕人乎。【考證】王引之曰、且、猶抑也、禮記曾子問、有變乎、且不乎、齊策、王以天下爲尊秦乎、且尊齊乎、史記魏世家、富貴者驕人乎、且貧賤者驕人乎、且字竝與抑同義、子方曰。亦貧賤者驕人耳。夫諸侯而驕人、則失其國。大夫而驕人、則失其家。貧賤者行不合、言不用、則去之楚・越、若脫躧然。柰何其同之哉。子

擊不懌而去。【考證】事又見韓詩外傳九、說苑尊賢篇、外傳、不懌而去、作再拜而退、躧、草履也、西攻秦、至鄭而還。築雒陰・合陽。【正義】雒、漆沮水也、城在水南、郃陽、郃水之北、括地志云、郃陽故城、在同州河西縣南三里、雒陰、在同州西也、二十二年、魏・趙・韓列爲諸侯。二十四年、秦伐我至陽狐。【正義】括地志云、陽狐郭、在魏州元城縣東北三十里也、【考證】陽狐、今山西絳州垣曲縣、二十五年、子擊生子罃。【集解】乙耕反、擊、武侯也、罃、惠王也、文侯受子夏經藝、客段干木。過其閭、未嘗不軾也。【正義】過、光臥反、文侯軾干木閭也、皇甫謐高士傳云、木、晉人也、守道不仕、魏文侯欲見、造其門、干木踰牆避之、文侯以客禮待之、出過其閭而軾、其僕曰、君何軾、曰、段干木賢者也、不趨勢利、懷君子之道、隱處窮巷、聲馳千里、吾安得勿軾、干木先乎德、寡人先乎勢、干木富乎義、寡人富乎財、勢不若德貴、財不若義高、又請爲相、不肯、後卑己固請見、與語、文侯立倦不敢息、淮南子云、段干木晉之大駔、而爲文侯師、呂氏春秋云、魏文侯見段干木、立倦而不敢息、及見翟璜、踞於堂而與之言、翟璜不悅、文侯曰、段干木官之則不肯、祿之則不受、今汝欲官則相至、欲祿則上卿至、既受吾賞、又責吾禮、無乃難乎、【考證】呂氏春秋察賢篇、魏文侯師卜子夏、友田子方、禮段干木、期賢篇、魏文侯過段干木之閭而軾之、當染篇、段干木學於子夏、胡三省曰、書、武王式商容閭、註云、式其閭巷以禮賢、曲禮、國君撫式、士下之、註云、升車必正立、據式小俛、崇敬也、顏師古云、式車前橫木、古者立乘、凡言式車者、謂俛首

撫式、以禮敬人、洪邁曰、子夏少於孔子四十四歲、孔子卒時子夏二十八矣、是時周敬王四十一年、後至威烈王二十三年、魏始爲侯、去孔子卒時七十五年、文侯爲大夫二十二年而爲侯、又十六年而卒、姑以始侯之歲計之、則子夏已百三歲矣、方爲諸侯師、梁玉繩曰、以有道之士享上壽、理之常、何足爲疑、且又安知文侯之師子夏、不在初卽位之時乎、子夏與文侯問答、載于禮經、受經爲師、見于書傳、卽諸子皆述之、豈盡不可爲典據哉、陳仁錫曰、文侯受子夏經藝以下紀事、不係年月、史表在十八年、秦嘗欲伐魏。或曰。魏君賢人是禮、國人稱仁、上下和合。未可圖也。【考證】客段干木以下、采呂氏春秋期賢篇淮南子修務篇、或諫呂氏作司馬唐、淮南作司馬庾、文侯由此得譽於諸侯。任西門豹守鄴。而河內稱治。【集解】按大河在鄴東、故名鄴爲河內、【正義】古帝王之都多在河東河北、故呼河北爲河內、河南爲河外、又云、河從龍門南至華陰、東至衛州、卽東北入海、曲繞冀州、故言河內云也、【考證】國策魏策、鄴、今河南彰德府臨漳縣、魏文侯謂李克曰。先生嘗教寡人曰。家貧則思良妻、國亂則思良相。今所置非成則璜。【集解】徐廣曰、文侯弟名成、二子何如。李克對曰。臣聞之。卑不謀尊。疏不謀戚。【考證】說苑臣術篇、韓詩外傳三、戚作親、義同、臣在闕門之外。不敢當命。

【考證】在闕門之外、說苑、作疏賤、外傳作外居、義同、文侯曰。先生臨事勿讓。李克曰。君不察故也。居、視其所親。富、視其所與。達、視其所舉。窮、視其所不爲。貧、視其所不取。【考證】說苑、達作貴、愚按、呂氏春秋論人篇云、凡論人、通則觀其所禮、貴則觀其所進、富則觀其所養、聽則觀其所行、止則觀其所好、習則觀其所言、窮則觀其所不受、賤則觀其所不爲、蓋本李克語、五者足以定之矣。何待克哉。【考證】呂氏春秋舉難篇云、魏文侯弟曰季成、友曰翟璜、文侯欲相之、而未能決、以問季充、季充對曰、君欲置相則問樂騰與王孫苟端孰賢、文侯曰、善、以王孫苟端爲不肖、翟璜進之、以樂騰爲賢、季成進之、故相季成、與此異、文侯曰。先生就舍。寡人之相定矣。李克趨而出、過翟璜之家。翟璜曰。今者聞君召先生而卜相。果誰爲之。李克曰。魏成子爲相矣。翟璜忿然作色曰。以耳目之所覩記、臣何負於魏成子。【考證】臣、臣僕之臣、謙辭、負、勝負之負、梁玉繩曰、說苑、翟璜自稱曰觸、豈有二名歟、西河之守、臣之所進也。【考證】謂吳起、君內以鄴爲憂。臣進西門豹。【考證】魏無趙患、君

謀欲伐中山。臣進樂羊。中山已拔、無使守之。臣進先生。君之子無傅、臣進屈侯鮒。【考證】屈侯鮒、說苑、作屈侯附、外傳、作趙蒼、臣何以負於魏成子、李克曰。且子之言克於子之君者、豈將比周以求大官哉。君問而置相。非成則璜。二子何如。克對曰。君不察故也。居、視其所親。富、視其所與。達、視其所舉。窮、視其所不爲。貧、視其所不取。五者足以定之矣。何待克哉。是以知魏成子之爲相也。且子安得與魏成子比乎。魏成子以食祿千鍾、什九在外、什一在內。【考證】六斛四斗爲一鍾、是以東得卜子夏・田子方・段干木。此三人者、君皆師之。子之所進五人者、君皆臣之。子惡得與魏成子比也。翟璜逡巡再拜曰。璜、鄙人也。失對。願卒爲弟子。【考證】六國表

載卜相於二十年、二十六年、虢山崩壅河。【集解】徐廣曰、在陝、一案地理志曰、弘農陝縣、故虢國、北虢在大陽、東虢在滎陽、【正義】括地志云、虢山在陝州陝縣西二里、臨黃河、今臨河有岡阜、似是頹山之餘也、【考證】此西虢也、今河南陝州盧氏縣北、連陝州、故得壅河也、三十二年、伐鄭、城酸棗。敗秦于注。【集解】司馬彪曰、河南梁縣有注城也、【正義】括地志云、注城在汝州梁縣西十五里、注或作鑄也、【考證】鄭、今河南開封府新鄭縣、酸棗、衛輝府延津縣、三十五年、齊伐取我襄陵。【集解】徐廣曰、今在南平陽縣也、【考證】年表、襄陵訛作襄陽、襄陵故城在今河南睢縣地、三十六年、秦侵我陰晉。【集解】徐廣曰、今之華陰、【索隱】按年表、作齊侵陰晉、秦本紀云、惠王六年、魏納陰晉、更名曰寧秦、徐氏云、今之華陰也、【考證】陰晉、今陝西同州府華陰縣、沈家本曰、今表作秦侵晉、蓋奪我陰二字、索隱所據本誤、三十八年、伐秦。敗我武下、得其將識。【索隱】識、將名也、武下、魏地、【正義】括地志云、故武城、一名武平城、在華州鄭縣東十三里、【考證】黃式三曰、既獲秦將、又言敗我、疑有訛奪、是歲文侯卒。【索隱】三十八年卒、紀年云、五十年卒、【考證】梁玉繩曰、索隱引紀年云、文侯五十年、今本紀年作五十四年、下武侯卒、又引紀年云、二十六年卒、今本是十六年、索隱誤也、而紀年有錯簡、故其事間有可據、其年多不足憑、又呂覽下賢篇言、文侯南勝荊于連隄、東勝齊于長城、虜齊侯、獻諸天子、天子賞文侯以上卿、諸書皆無其事、子擊立。是爲武侯。

魏武侯元年、趙敬侯初立。【索隱】按紀年、魏武侯之元年、當趙烈侯之十四年、不同也、又系本、敬侯名章、公子朔爲亂、不勝。奔魏。與魏襲邯鄲。魏敗而去。【考證】陳仁錫曰、年表趙世家、公子朔作公子朝、梁玉繩曰、朔字譌、朔爲趙氏遠祖、何故名之、愚按、公子朝趙武公子、又按、此趙魏開釁之始、二年、城安邑・王垣。【集解】徐廣曰、垣縣有王屋山也、【索隱】按紀年、十四年城洛陽及安邑王垣、徐廣云、垣縣有王屋山、故曰王垣、【正義】括地志云、故城漢垣縣、本魏王垣也、在絳州垣縣西北二十里也、七年、伐齊至桑丘。【正義】年表云、齊伐燕取桑丘、故魏救燕伐齊至桑丘也、括地志云、桑丘故城、俗名敬城、在易州遂城縣界也、【考證】桑丘、今山東兗州府滋陽縣、九年、翟敗我于澮。【索隱】古外反、于澮、於澮水之側、【正義】括地志云、澮高山、又云澮山、在絳州翼城縣東北二十五里、澮水出此山也、【考證】澮水、出山西翼城縣東烏嶺山、西流經曲沃縣、至新絳縣南王澤入海、使吳起伐齊至靈丘。【正義】靈丘、蔚州縣也、時屬齊、故三晉伐之也、【考證】靈丘、今山東東昌府高唐縣、梁玉繩曰、起已于魏武侯六年死于楚矣、是時爲武侯九年、安得有起乎、大事記以世家爲誤、齊威王初立。【索隱】按紀年、齊幽公之十八年而威王立、十一年、與韓・趙三分晉地、滅其後。【考證】梁玉繩曰、是時分晉地而未滅也、十三年、秦獻公縣櫟陽。【考證】梁玉繩曰、秦獻公徙都櫟陽、不應以爲縣、縣字乃徙

徙之誤、年表同誤、十五年、敗趙北藺。【正義】在石州、趙之西北、屬趙、故云趙北藺也、【考證】北藺、山西汾州永寧州西、十六年、伐楚取魯陽。【正義】今汝州魯山縣也、【考證】今河南汝州魯山縣、武侯卒。【索隱】按紀年、武侯二十六年卒、子罃立。是爲惠王。惠王元年、初武侯卒也、子罃與公中緩爭爲太子。公孫頎自宋入趙、自趙入韓、【索隱】頎、音祈、【正義】中、音仲、謂韓懿侯曰。【索隱】哀侯之子、【考證】梁玉繩曰、韓世家不書伐魏濁澤事、則其時趙魏交兵、未嘗有韓矣、攷田完世家云、威王收魏濁澤圍惠王、是必齊威王與趙合兵伐魏、而此以下凡言韓者、皆齊之誤也、大事記、謂齊不與濁澤事、蓋失檢耳、魏罃與公中緩爭爲太子。【索隱】按紀年、武侯元年、封公子緩、趙侯種韓懿侯伐我取蔡、而惠王伐趙圍濁陽、七年、公子緩如邯鄲以作難、是說此事矣、【考證】稱罃者、公中緩不以惠王爲君也、君亦聞之乎。今魏罃得王錯、挾上黨、固半國也。【集解】徐廣曰、汲冢紀年、惠王二年、魏大夫王錯出奔韓也、因而除之、破魏必矣。不可失也。【集解】徐廣曰、除一作倍、【正義】按除、除魏罃及王錯也、懿侯說。乃與趙成侯合軍并兵以伐魏。戰于濁澤。【集解】徐廣曰、長社有濁澤、

【索隱】系本云、成侯名種、【考證】濁澤、在今河南許州長葛縣、年表趙世家、作涿澤、其地近魏都、魏氏大敗、魏君圍。【考證】凌本、圍作爲、非是、六國表、趙成侯六年、敗魏於涿澤、圍惠王、趙世家、圍魏惠王、可證、趙謂韓曰。除魏君、立公中緩、割地而退、我且利。韓曰。不可。殺魏君、人必曰暴。割地而退、人必曰貪。不如兩分之。【考證】是欲以半與惠王、以半封公中緩也、魏分爲兩、不彊於宋・衛、則我終無魏之患矣。趙不聽。韓不說、以其少卒夜去。惠王之所以身不死、國不分者、二家謀不和也。若從一家之謀、則魏必分矣。故曰。君終無適子、其國可破也。【索隱】此蓋古人之言及俗說、故云故曰、【正義】適者嫡、是故舊所言、故曰故曰也、【考證】是亦敍事中插議論者、筆意與國策相似、但今本國策無此文、閔二年左傳引辛伯言云、嬖子配嫡、亂之本也、此言所本、二年、魏敗韓于馬陵、敗趙于懷。【正義】此馬陵、在魏州元城縣東南一里、【考證】張照曰、六國表、敗懷是元年事、敗馬陵是二年事、愚按、馬陵、今直隸大名府元城縣、懷、今河南懷慶府武陟縣、三年、齊敗我觀。【集解】徐廣曰、齊世家云、獻觀以和齊、年表曰、伐魏取觀、今之

衞縣也、【索隱】田完系家云、敗魏於濁澤、而圍惠王、惠王請獻觀以和解、【正義】觀音館、魏州觀城縣、古之觀國、國語注、觀國夏啓子太康第五弟之所封也、夏衰滅之矣、

五年、與韓會宅陽。【正義】括地志云、宅陽故城、一名北宅、在鄭州滎陽縣東南十七里也、【考證】宅陽故城、在今河南開封府滎澤縣東、城武堵。【考證】陳仁錫曰、築武堵城也、洪頤煊曰、年表、惠王五年、與韓會宅陽、城武都、堵卽都字之譌、韓世家作與魏惠王會宅陽、無城字、城者當屬武都爲句、愚按、錢大昕梁玉繩張文虎說同、都堵同聲、爲秦所敗。【集解】徐廣曰、秦年表曰、敗韓魏洛陰、六年、伐取宋儀臺。【集解】徐廣曰、一作義臺、【索隱】按年表作義臺、然義臺見莊子、司馬彪亦曰、臺名、郭象云、義臺靈臺、【考證】儀臺地名、與莊子所言異、今本年表作儀臺、中井積德曰、臺名、遂爲地名耳、九年、伐敗韓于澮。與秦戰少梁。虜我將公孫痤。【集解】徐廣曰、年表云、虜我太子也、【考證】是役見虜者太子、與公孫痤也、太子非中、公孫痤與公叔痤別人、公叔痤病死、非虜死也、說在秦紀、少梁、今陝西同州府韓城縣、取龐。【正義】龐、近少梁、秦獻公卒。子孝公立。十年、伐取趙皮牢。【考證】梁玉繩曰、取趙皮牢、與敗韓趙於澮、本屬一事、當在惠王九年、趙世家可證、此與年表在十年、誤也、愚按、魏策云、魏公叔痤爲魏將、而與韓趙戰澮北、禽樂祚、魏惠王說、郊迎、以賞田百萬祿之、蓋此時事、皮牢、今河南彰德府武安縣西、彗星見。十二年、星晝墜有聲。十四年、與趙會鄗。

【考證】鄗、今直隸趙州柏鄉縣、十五年、魯衞宋鄭君來朝。【索隱】按紀年、魯恭侯宋桓侯衞成侯鄭釐侯來朝、皆在十四年、是也、鄭釐侯者、韓昭侯也、韓哀侯滅鄭而徙都之、改號曰鄭、【考證】梁玉繩曰、案秦策云、梁君伐楚勝齊、制韓趙之兵、驅十二諸侯、以朝天子于孟津、後子死、身布冠而拘于秦、齊策、蘇子說閔王、亦有魏王從十二諸侯朝天子之語、史皆缺略不載、又攷韓子說林言、魏惠公爲臼里之盟、將復立天子、彭喜謂鄭君勿聽、與韓策同、惟策誤次于釐王之時、而以臼里爲九重、彭喜爲房喜耳、復立天子、卽所謂率十二諸侯朝天子也、尤盛德事、何以不書、而反書諸侯之朝梁哉、十六年、與秦孝公會社平。【考證】秦紀年表、社平作杜平、此誤、杜平、今陝西同州府澄城縣、侵宋黃池。宋復取之。【考證】黃池、今河南封邱縣西南、十七年、與秦戰元里。秦取我少梁。【考證】年表云、秦與魏戰元里、斬首七千、取少梁、圍趙邯鄲。十八年、拔邯鄲。【考證】梁玉繩曰、案二十年言歸邯鄲、一拔一歸、竝妄也、愚按、說在趙世家、邯鄲、趙都、趙請救于齊。齊使田忌孫臏救趙。敗魏桂陵。【考證】桂陵、今山東曹州府鉅野縣、十九年、諸侯圍我襄陵。【考證】梁玉繩曰、國策圍襄陵者、止有一齊、卽據竹書、卽會齊者止宋衞二小國、不得統言諸侯也、襄陵之役、因趙爲魏所攻、求救于齊、故齊圍魏襄陵、在齊敗魏桂陵前數月、皆魏惠王十八年事、田完世家與國策合、紀年亦同在一年中、此與年表書敗桂陵于十八年、書圍襄陵于

十九年、誤矣、又攷魏文侯三十五年、齊取襄陵、中間不聞復歸于魏、何以策史記紀年、俱言齊圍襄陵、至惠王改元十二年、又有楚敗魏襄陵之事、或者魏仍取於齊、史缺而不書歟、孫臏傳言據大梁之衢、不明言也、築長城、塞固陽。【正義】塞、先代反、括地志云、棝陽縣、漢舊縣也、在銀州銀城縣界、按魏築長城、自鄭濱洛、北達銀州、至勝州固陽縣爲塞也、固陽有連山、東至黃河、西南至夏會等州、棝音固、【考證】水經注引紀年、梁惠成王十二年、龍賈帥師築城于西邊、蓋魏築長城在惠王十二年以前、至此而竣也、大役緩成、古多如此、秦本紀云、魏築長城、自鄭濱洛以北、有上郡、卽是、固陽、山西歸北城西北烏拉特旗界內、二十年、歸趙邯鄲、與盟漳水上。【正義】邯鄲、洛州縣也、漳、水名、漳水源出洛州武安縣三門山也、二十一年、與秦會彤。【考證】彤、今陝西同州府華州、趙成侯卒。【集解】徐廣曰、年表云、二十七年、丹封名會、丹魏大臣也、二十八年、齊威王卒。中山君相魏。【索隱】按魏文侯滅中山、其弟守之、後尋復國、至是始令相魏、其中山後、又爲趙所滅、【考證】中山君相魏、年表係之惠王二十九年、黃式三曰、魏滅中山守之、封其後以數邑、服于魏、至周安王末年、與趙戰、則中山必強矣、至是爲魏相、如靖郭君相齊之例、其國必益強矣、然猶臣于魏也、三十年、魏伐趙。【正義】孫臏傳云、魏與趙攻韓、韓告急齊、此文誤耳、魏伐趙趙請救齊、齊使孫臏救趙、敗魏桂陵、乃在十八年也、【考證】梁玉繩曰、趙助魏伐韓事、年表世家皆不書、當是趙先敗而歸矣、田完世家亦與此同誤、趙告急齊。齊宣王用孫子計、

救趙擊魏。魏遂大興師、使龐涓將。【考證】中井積德曰、據孫臏傳、齊敗魏師于馬陵者、魏之還師耳、非聞齊之救、而更發軍也、此恐謬、而令太子申爲上將軍。過外黃。【考證】外黃、宋地、在今河南開封府杞縣東北、外黃徐子謂太子曰。臣有百戰百勝之術。【集解】劉向別錄曰、徐子、外黃人也、外黃時屬宋、【正義】括地志云、故圍城有南北二城、在汴州雍丘縣界、本屬外黃、卽太子申見徐子之地也、太子曰。可得聞乎。客曰。固願效之。【考證】效、呈也、曰。太子自將攻齊、大勝幷莒、則富不過有魏、貴不益爲王。【正義】莒、密州縣也、在齊東南、言從西破齊、幷至莒地則齊土盡矣、【考證】莒、今山東沂州府莒縣、若戰不勝齊、則萬世無魏矣。此臣之百戰百勝之術也。【考證】高誘曰、益亦過也、不勝則太子滅、復何魏之有、故云萬世無魏也、橫田惟孝曰、還則無戰敗之患、而終能有魏、故曰百戰百勝之術也、太子曰。諾。請必從公之言而還矣。客曰。太子雖欲還不得矣。彼勸太子戰攻、欲啜汁者衆。【正義】啜、穿悅反、汁、之入反、冀功勳者衆也、【考證】策、勸作利、啜汁作滿其意、中井積德曰、主人啖肉羹、從者自得啜汁、以喻使太子立功、而從者亦得班賞也、

太子雖欲還、恐不得矣。太子因欲還。其御曰。將出而還、與北同。【考證】北、音佩、敗北之北、却走也。太子果與齊人戰、敗於馬陵。【集解】徐廣曰、在元城、【索隱】徐廣曰、在元城。按紀年二十八年、與齊田肦戰于馬陵、又上二年、魏敗韓馬陵、十八年、趙又敗魏桂陵、桂陵與馬陵異處。【正義】虞喜志林云、馬陵在濮州鄄城縣東北六十里、有陵、澗谷深峻、可以置伏、按龐涓敗、卽此也、徐說馬陵在魏州元城縣東南一里、龐涓敗、非此地也、田完世家云、宣王二年、魏伐趙、趙與韓親、共擊魏、趙不利、戰於南梁、韓請救於齊、齊使田忌田嬰將、孫子爲師、救韓趙以擊魏、大破之馬陵、按南梁在汝州、又此傳云、太子爲上將軍、過外黃、又孫臏傳云、魏與趙攻韓、韓告急於齊、齊使田忌將而往、直走大梁、魏將龐涓聞之、去韓而歸、齊軍已過而西矣、按孫子減竈退軍、三日行至馬陵、遂殺龐涓、虜魏太子申、大破魏軍、當如虞喜之說、從汴州外黃退至濮州東北六十里是也、然趙韓共擊魏、戰困於南梁、韓急請救於齊、齊師走大梁、敗魏馬陵、豈合更渡河北至魏州元城哉、徐說定非也。【考證】馬陵、今直隸大名府元城縣東南。齊虜魏太子申、殺將軍涓、軍遂大破。【考證】魏策云、齊大勝魏、殺太子申、覆十萬之師。三十一年、秦・趙・齊共伐我。【索隱】按紀年、二十九年五月、齊田肦伐我東鄙、九月、秦衛鞅伐我西鄙、十月、邯鄲伐我北鄙、王攻衛鞅、我師敗績、是也、然言二十九年、不同、秦將商君、詐我將軍公子卬、而襲奪其軍破之。秦用

商君、東地至河。而齊・趙數破我。安邑近秦、於是徙治大梁。【集解】徐廣曰、今浚儀、駰案汲冢紀年曰、梁惠成王九年四月甲寅、徙都大梁也、【索隱】紀年以爲惠王九年、蓋誤也、【正義】陳留風俗傳云、魏之都也、畢萬十葉徙大梁、按今汴州浚儀也、【考證】梁玉繩曰、徐廣引紀年、徙大梁在九年、索隱謂紀年誤、然商君傳索隱謂二十九年徙、亦誤、依史在三十一年、是、陳仁錫曰、魏與秦接境、自徙大梁之後、其地日以削、并於秦、太史公敘襄王曰、予秦河西之地、盡入上郡於秦、敘昭王曰、予秦河東地方四百里、秦拔我城大小七十一、敘安釐王曰、秦拔我兩城、又拔我三城、秦拔我四城、敘景湣王曰、秦拔我二十城、蓋城盡而國滅以亡矣、愚按、大梁、今河南開封府、以公子赫爲太子。【考證】梁玉繩曰、案表在後一年、此上失書三十二年四字、赫疑卽襄王、三十三年、秦孝公卒。商君亡秦歸魏。魏怒不入。三十五年、與齊宣王會平阿南。【集解】地理志、沛郡有平阿縣也、【考證】今安徽鳳陽府懷遠縣、惠王數被於軍旅。卑禮厚幣、以招賢者。鄒衍・淳于髡・孟軻皆至梁。【考證】梁玉繩曰、孟子至梁不在惠王三十五年、說在下文、梁惠王曰。寡人不佞、兵三折於外、太子虜、上將死、國以空虛、以羞先君宗廟社稷。寡人甚醜之。

叟不遠千里、辱幸至弊邑之廷。將何以利吾國。【集解】劉熙曰、叟、長老之稱、依皓首之言、孟軻曰。君不可以言利若是。夫君欲利、則大夫欲利。大夫欲利、則庶人欲利。上下爭利、國則危矣。爲人君、仁義而已矣。何以利爲。【考證】梁惠王曰以下、采孟子、梁玉繩曰、案孟子初見惠王、王問利國、孟子答以仁義、他日因敗衄之故、又問以所以洒恥者、孟子勸以施仁政、史止載孟子仁義之對、而幷惠王之問爲一端、王滹南譏其文辭雜亂、良然、三十六年、復與齊王會甄。【考證】今山東曹州府濮州、是歲惠王卒。【索隱】按紀年、惠成王三十六年、改元稱一年、未卒也、【考證】王應麟困學紀聞引朱子曰、惠襄哀之年、見於竹書明甚、史記蓋失其實、邵子皇極之書、乃從史記、而不取紀年、顧炎武曰、史記魏世家、惠王三十六年卒、子襄王立、襄王元年、與諸侯會徐州相王也、追尊父惠王爲王、而孟子書其對惠王、無不稱之爲王者、則非追尊之辭明矣、司馬子長亦知其不通、而改之曰君、然孟子之書、出於當時、不容疑也、杜預左傳集解後序、言哀王於史記襄王之子、惠王之孫也、惠王三十六年卒、而襄王立、立十六年卒、而哀王立、古書紀年篇、惠成王三十六年、改元從一年始、至十六年、而惠成王卒、卽惠王也、疑史記誤、惠成之世、以爲後王年也、哀王二十三年乃卒、故特不稱謚、謂之今王、作書時未卒、故謂之今王、今按惠王卽位三十六年、稱王改元、秦本紀、秦惠文十四年、史爲元年、此稱王改元之謂、又與魏王同時、又十六年卒、而子襄王立、卽紀年所謂今王、無哀王也、襄

哀字相近、史記分爲二人、誤耳、又曰、魏世家、襄王五年、予秦河西之地、七年、魏盡入上郡於秦、今按孟子書、惠王自言西喪地於秦七百里、乃悟史記所書襄王之地、卽惠王之後五年、後七年也、孟子證之而自明者也、又曰、據紀年、周愼靚王之二年、而魏惠王卒、其明年爲魏襄王之元年、又二年、燕王噲讓國於其相子之、又二年、爲赧王之元年、齊人伐燕取之、又二年、而燕人畔、與孟子之書、先後其事皆合、然孟子在二國者皆不久、若適梁乃惠王之末、而襄王立、卽行、謂孟子以梁惠王之三十五年至梁者、誤以惠王之後元年爲襄王之元年故也、梁玉繩曰、從史記者、皇極經世、及閻氏若璩孟子生卒年月考、從竹書者、杜氏左傳後序、及集解、而通鑑因之、困學紀聞因之、日知錄因之、通鑑又不從杜之所稱之哀王、而從世本所稱之襄王、其說備載于攷異、蓋通鑑是也、子襄王立。【索隱】系本、襄王名嗣、【考證】四字當側、梁玉繩曰、案襄王之名、年表・世家俱失書、索隱引世本、名嗣、而惠王三十一年、立公子赫爲太子、則又名赫、豈襄王有二名乎、又魏策有太子鳴、豈卽襄王乎、不然、何得有兩太子也、襄王元年、與諸侯會徐州相王也。【集解】徐廣曰、今薛縣、【考證】在今山東兖州府滕縣、追尊父惠王爲王。【集解】徐廣曰、二年伐趙、【考證】沈家本曰、孟子與惠王言、稱之爲王、國策魏惠王死篇、惠施稱爲先王、似惠王生時已稱王矣、梁玉繩曰、惠王三十六年後改元、十六年始卒、史以惠改元之年爲襄元年、誤矣、元年亦無諸侯相王事、祗魏改元稱王耳、惠生而爲王、何俟追尊、崔適曰、案此周顯王三十五年也、惟魏稱王之年、與秦本紀六國表合、其餘五國、齊之王在顯王十六年、秦在四十四年、燕在四十六年、韓在四十七年、趙無考、五年、秦敗我龍賈軍四萬五

千于雕陰、【集解】徐廣曰、在上郡、【正義】括地志云、彫陰故縣、在鄜州洛交縣北三十里、彫陰故城是也、【考證】表在二年、秦紀在四年、彫陰、在今陝西鄜州、圍我焦·曲沃。【正義】括地志云、故焦城、在陝縣東北百步、古虢城中東北隅、周同姓也、曲沃故城、在陝縣西南三十二里、按今有曲沃店也、【考證】表在五年、焦、河南陝州南、曲沃、亦在陝州、非晉都曲沃、予秦河西之地。【正義】自華州北至同州、竝魏河北之地、盡入秦也、【考證】表、紀、在五年、河西、卽西河之外、今陝西大荔宜川等縣地、六年、與秦會應。【集解】徐廣曰、潁川父城有應鄉也、【正義】應、乙陵反、括地志云、故應城、故應鄉也、在汝州魯山縣東三十里、【考證】今河南汝州寶豐縣、秦取我汾陰·皮氏·焦。【正義】括地志云、汾陰故城、在蒲州汾陰縣北九里、皮氏故城、在絳州龍門縣西一百八十步也、【考證】梁玉繩曰、焦下脫曲沃二字、說在秦紀、汾陰、今山西蒲州府榮河縣、皮氏、蒲州府河津縣、魏伐楚、敗之陘山。【集解】徐廣曰、在密縣、【正義】括地志云、陘山在鄭州新鄭縣西南三十里、【考證】陘山、在今河南開封府新鄭縣南、與華陽相近、七年、魏盡入上郡于秦。【正義】括地志云、上郡故城、在綏州上縣東南五十里、秦魏之上郡地也、按丹鄜延綏等州北至固陽、竝上郡地、魏築長城界秦、自華州鄭縣已北、濱洛至慶州洛源縣白於山、卽東北至勝州固陽縣、東至河西上郡之地、盡入於秦、【考證】上郡、今陝西延安府、此孟子所謂西喪地於秦七百里者、秦降我蒲陽。【正義】在隰州隰川縣蒲邑故城是也、【考證】梁玉繩曰、張儀傳、秦既取蒲陽、而復歸之、故魏以上郡爲

謝也、乃魏世家及年表、皆不書歸蒲陽、世家又倒其文曰、魏盡入上郡于秦、秦降蒲陽、則所書之事不全、似秦既得上郡、又降蒲陽也、夫魏豈無故而獻地哉、蒲陽、今山西隰州、八年、秦歸我焦·曲沃、【考證】梁玉繩曰、此似失書歸皮氏、十二年、楚敗我襄陵。【考證】此孟子所謂南辱於楚者、諸侯執政、與秦相張儀會齧桑。【集解】徐廣曰、在梁與彭城之間、【考證】當在今河南歸德府及安徽潁州府蒙城縣間、十三年、張儀相魏。魏有女子、化爲丈夫。秦取我曲沃·平周。【正義】絳州桐鄉縣、晉曲沃邑、十三州志云、古平周縣、在汾州介休縣西五十里也、【考證】平周、今山西汾州府介休縣、十六年、襄王卒。子哀王立。【集解】荀勗曰、和嶠云、紀年起自黃帝、終於魏之今王、今王者魏惠成王子、案太史公書惠成王但言惠王、惠王子曰襄王、襄王子曰哀王、惠王三十六年卒、襄王立十六年卒、幷惠襄爲五十二年、今案古文、惠成王立三十六年、改元稱一年、改元後十七年卒、太史公書爲誤分惠成之世以爲二王之年數也、世本、惠王生襄王、而無哀王、然則今王者魏襄王也、【索隱】按系本襄王生昭王、無哀王、蓋脫一代耳、而紀年說惠成王三十六年、又稱後元一十七年卒、今此文分惠王之歷、以爲二王之年、又有哀王凡二十三年、紀事甚明、蓋無足疑、而孔衍敍魏語、亦有哀王、蓋紀年之作、失哀王之代、故分襄王之年爲惠王後元、卽以襄王之年包哀王之代耳、【考證】襄王、當作惠王、哀王、當作襄王、說見上注、黃式三曰、韓宣惠王之子諡襄哀王、見留侯傳、魏惠成王子意亦諡襄哀、二君蓋同年、亦同諡、與史

止稱襄者、正如惠成王之稱惠王、韓襄哀王之稱襄王也、史記分惠王之一世爲二世、因分襄王之一諡爲二諡矣、又曰、攷世本、襄王生昭王、呂覽審應篇高誘注亦云、昭王、襄王之子、則史記爲襄哀昭三世、誤矣、愚按、魏惠王好戰、遂敗其國、孟子盡心篇云、不仁哉、梁惠王也、以土地之故、糜爛其民而戰之、大敗、將復之、恐不能勝、故驅其所愛子弟以殉之、呂氏春秋淫辭篇云、惠子爲魏惠王爲法、以示諸民人、民人皆善之、獻之惠王、惠王善之、以示翟翦、翟翦曰、善也、不可行、不屈篇云、惠子之治魏爲本、其治不治、當惠王之時、五十戰而二十敗、所殺者不可勝數、大將愛子有禽者也、大術之愚、爲天下笑、圍邯鄲三年而弗能取、士民罷潞、國家空虛、天下之兵四至、衆庶誹謗、諸侯不譽、謝於翟翦、而更聽其謀、社稷乃存、名寶散出、土地四削、魏國從此衰矣、又云、惠王布冠而拘于鄄、齊威王幾弗受、惠子易衣變冠、乘輿而走、幾不出乎魏境、愛類篇云、匡章謂惠子曰、公之學去尊、今又王齊王、何其倒也、惠子曰、今可以王齊王、而壽黔首之命、免民之死、何爲不爲、其窮困之狀可想、好戰之禍、實至於此、魏惠好戰之事、又詳於吳裕垂史案卷五、張儀復歸秦。【考證】梁玉繩曰、據張儀傳、當在哀王二年、實襄二年也、此誤、哀王元年、五國共攻秦。不勝而去。【正義】韓·魏·楚·趙·燕也、【考證】梁玉繩曰、攻秦者六國也、說在秦紀、二年、齊敗我觀津。【正義】括地志云、觀津城、在冀州棗陽縣東南二十五里、本趙邑、今屬魏也、【考證】梁玉繩曰、此及六國表與張儀樂毅傳、竝作觀津、韓世家又作濁澤、皆誤、當依趙·齊兩世家作觀澤、正義引括地志云、觀澤在魏州頓丘縣東、觀津在冀州棗陽縣東南、濁澤在蒲州解縣東北、三地不同、韓世家正義引年表、亦作觀澤、五年、秦使樗里子伐

取我曲沃。【索隱】秦昭王弟疾、居樗里、因號焉、【考證】梁玉繩曰、秦紀云、樗里疾攻魏焦、降之、然則是年所拔者焦也、曲沃已于前八年爲秦取之、此與年表樗里子傳皆誤、走犀首岸門。【集解】徐廣曰、潁陰有岸亭、【索隱】犀首、官名、卽公孫衍、徐廣云、潁陰有岸門亭、劉氏云、河東皮氏縣有岸頭亭也、【正義】括地志云、岸門、在許州長社縣西北十八里、今名西武亭、【考證】今河南許州長葛縣、六年、秦求立公子政爲太子。【索隱】魏公子也、【考證】梁玉繩曰、求字譌、當依表作來、與秦會臨晉。【考證】臨晉、今陝西同州府、黃式三曰、張儀傳云、魏復事秦、卽此年事也、七年、攻齊。【集解】徐廣曰、年表云、擊齊虜贄子於濮也、【考證】張文虎曰、表、贄子作聲子、與秦伐燕。八年、伐衛。【索隱】紀年云、八年、翟章伐衛、【考證】黃式三曰、謀伐衛者、蓋成陵君、非翟章、衛君患之。如耳見衛君曰。請罷魏兵、免成陵君可乎。【正義】如耳、魏大夫姓名也、【考證】崔適曰、上文無成陵君謀伐燕事、亦不詳成陵君爲何人、脫也、不然、無此文法、衛君曰。先生果能、孤請世世以衛事先生。如耳見成陵君曰。昔者魏伐趙、斷羊腸、拔閼與、【集解】徐廣曰、在上黨、【正義】閼、於連反、與、音預、羊腸阪道、在太行山上、南口懷州、北口潞州、閼與故城、在潞州及儀州、若斷羊腸、拔閼與、北連恆州、則趙國東西斷而爲二也、【考證】羊腸、趙險塞名、羊腸坂長三里、盤曲如羊腸、故名、在今山

西、壺關縣東南、閼與、在今河南武安縣西南、非山西沁縣之閼與也。梁玉繩曰、史策、皆不載此事、無從考也、閼與之拔、蓋魏卽歸之、故其後秦昭王攻趙閼與、至始皇而拔之、
約斬趙、趙分而爲二。所以不亡者、魏爲從主也。[考證]趙之存亡、魏主之、
今衞已迫亡、將西請事於秦。與其以秦醳衞、不如以魏醳衞。[正義]醳、音釋、
衞之德魏、必終無窮。成陵君曰、諾。如耳見魏王曰、臣有謁於衞。衞、故周室之別也。其稱小國、多寶器。今國迫於難、而寶器不出者、其心以爲攻衞醳衞、不以王爲主、故寶器雖出、必不入於王也。臣竊料之、先言醳衞者、必受衞者也。[考證]岡白駒曰、受衞賂也。 如耳出。成陵君入、以其言見魏王。魏王聽其說、罷其兵、免成陵君、終身不見。[考證]岡白駒曰、疑受衞賂也。徐孚遠曰、衞君本意、欲釋附耳、何恨乎成陵君、而欲免之、蓋如耳害成陵君、故假衞事而讒之、
九年、與秦王會臨晉。張儀・魏章皆歸于魏。[索隱]章爲

魏將、後又和秦、
魏相田需死。[正義]需、音須、 楚害張儀・犀首・薛公。[索隱]田文也、[考證]田文、梁玉繩曰、魏有田文、爲武侯相、見吳起傳、呂氏春秋執一篇所謂商文也、又有魏文子相襄王、見魏策、與齊孟嘗爲三人、因名偶同于孟嘗、而孟嘗又有奔魏事、故國策誤以文子爲薛公、并謂孟嘗奔魏爲相魏、史仍其誤耳、且薛公奔魏、當魏昭王十一二年閒、國策載謀相事于哀王時、此敍在哀王九年、前薛公之奔魏者廿六七年、是時孟嘗方相齊、何以居魏乎、
楚相昭魚[索隱]昭奚恤也、 謂蘇代曰、田需死。吾恐張儀・犀首・薛公有一人相魏者也。代曰、然。相者欲誰而君便之。[考證]策、欲作以、 昭魚曰、吾欲太子之自相也。[索隱]太子、卽襄王也、[考證]余有丁曰、太子、當是昭王。張照曰、索隱蓋傳寫之謬、 代曰、請爲君北、必相之。[考證]岡白駒曰、北字句、北往魏。楓山・三條本、作北見梁王、必使相之、與策合、 昭魚曰、柰何。對曰、君其爲梁王、代請說君。[考證]岡白駒曰、君試爲梁王、我且以君爲梁王而說之、 昭魚曰、柰何。對曰、代也從楚來。昭魚甚憂曰、田需死。吾恐張儀・犀首・薛公有一人相魏者也。[考證]岡白駒曰、此告梁王辭、 代曰、梁王、長主也。必

不相張儀。[考證]岡白駒曰、長主、猶云賢主、 張儀相、必右秦而左魏。犀首相、必右韓而左魏。薛公相、必右齊而左魏。[考證]右、上也、 梁王、長主也。必不便也。[考證]策、作必不使相也、 王曰、然則寡人孰相。[考證]古鈔本、孰下有爲。中井積德曰、是昭魚爲梁王而言也。愚按、策無此八字、史公以意補、 代曰、莫若太子之自相。太子之自相、[考證]策、不重此四字、 是三人者皆以太子爲非常相也。皆將務以其國事魏。欲得丞相璽也。以魏之彊、而三萬乘之國輔之、魏必安矣。故曰、莫若太子之自相也。遂北見梁王、以此告之。太子果相魏。[考證]魏相田需死以下、本國策魏策。徐孚遠曰、前代未有用太子爲相者、後以太子錄尚書、及爲尚書令、蓋本此也、 十年、張儀死。十一年、與秦武王會應。十二年、太子朝於秦。秦來伐我皮氏。未拔而解。[考證]年表及樗里甘茂傳、在十三年、
十四年、秦來歸武王后。[考證]表、作秦武后來歸。秦紀、作悼武王后出居于魏、

秦武王后、昭王嫂也、 十六年、秦拔我蒲阪・陽晉・封陵。[索隱]紀年、作晉陽封谷、[正義]陽晉、當作晉陽也、史文誤、括地志云、晉陽故城、今名晉城、在蒲州虞鄉縣西三十五里、表云、魏哀王十六年、秦拔我杜陽晉陽、卽此城也、封陵亦在蒲州、按陽晉故城、在曹州、解在蘇秦傳也、[考證]梁玉繩曰、年表紀年、皆作晉陽、是也、封陵、紀年作封谷、水經作風陵、 十七年、與秦會臨晉。秦予我蒲阪。十八年、與秦伐楚。[集解]徐廣曰、二十年、與齊王會于韓、 二十一年、與齊・韓共敗秦軍函谷。[集解]徐廣曰、河渭絕一日、 二十三年、秦復予我河外及封陵爲和。[考證]梁玉繩曰、案事在二十一年、河外及三字衍、說見秦紀、 哀王卒。[索隱]按汲冢紀年、終於哀王二十年、昭王三年喪畢、始稱元年耳、[考證]哀王當作襄王、記紀年時、襄王未卒、故所記止其二十年、中井積德曰、雖三年之喪、終於二十二年也、則二十三年無所屬、索隱無稽、 子昭王立。[索隱]系本、昭王名遫、 昭王元年、秦拔我襄城。[考證]襄城、今河南許州襄城縣、 二年、與秦戰。我不利。三年、佐韓攻秦。秦將白起敗我軍伊闕、二十四萬。[考證]伊闕、今河南河南府洛陽縣南。張照曰、秦紀云、左更白起攻韓魏於伊闕、斬首二十四萬、蓋合韓魏之兵、共斬首二十四萬耳、魏韓兩世家、各言二十四萬、蓋失實矣、 六年、予

秦河東地方四百里。芒卯以詐重。【索隱】謂卯以智詐見重於魏。【考證】芒卯，韓非子、淮南子作孟卯。芒、孟聲近相通。齊人，魏將。徐孚遠曰，但言以詐重，不敘其事，當有闕文，疑國策所載是也。凌稚隆曰，按魏策，芒卯詐以鄭事趙，令閉關絕秦，秦趙大惡，趙王恐魏承秦之怒，割五城以合于魏而支秦。

七年，秦拔我城大小六十一。八年，秦昭王爲西帝，齊湣王爲東帝。月餘，皆復稱王歸帝。九年，秦拔我新垣・曲陽之城。【正義】年表及括地志云，曲陽故城在懷州濟源縣西十里。新垣近曲陽，未詳端的所之處也。【考證】新垣，今山西絳州垣曲縣。曲陽，河南懷慶府濟源縣。張文虎曰，正義年表及三字疑衍。

十年，齊滅宋。宋王死我溫。【考證】今河南懷慶府溫縣。

十二年，與秦・趙・韓・燕共伐齊，敗之濟西，湣王出亡。燕獨入臨菑。【考證】梁玉繩曰，六國伐齊，此失書楚，說在秦紀。濟西，今山東東平州東阿平陰長清等縣地。臨菑，齊都，今山東青州府臨淄縣。

與秦王會西周。【正義】即王城也，今河南郡城也。

十三年，秦拔我安城。【正義】括地志云，安城故城在豫州汝陽縣東南七十一里。【考證】今河南汝寧府。

兵到大梁去。【集解】徐廣曰，十四年，大水。

十八年，秦拔郢，楚王徙陳。【索隱】郢，楚都。

十九年，昭王卒，子安釐王立。【索隱】系本，安僖王名圉。

安釐王元年，秦拔我兩城。二年，又拔我二城，軍大梁下，韓來救，予秦溫以和。三年，秦拔我四城，斬首四萬。四年，秦破我及韓・趙，殺十五萬人，走我將芒卯。【考證】梁玉繩曰，韓字衍。十五萬，連趙言之，亦非。說在秦紀。

魏將段干子請予秦南陽以和。【集解】徐廣曰，在脩武。【考證】魏策云，段干子名崇。南陽，今河南脩武縣。

蘇代謂魏王曰。【考證】策，蘇代作孫臣。

欲璽者段干子也。【考證】段干欲得秦封，故請魏割地。

欲地者秦也。今王使欲地者制璽，使欲璽者制地，魏氏地不盡則不知已。且夫以地事秦，譬猶抱薪救火，薪不盡，火不滅。王曰，是則然也。雖然，事始已行，不可更矣。對曰，王獨不見夫博之所以貴梟者，便則食，不便則止矣。【正義】博頭有刻爲梟鳥形者，擲得梟者，合食其子，若不便，則爲除行也。【考證】博局戲，以五木爲骰，有梟盧雉犢塞五者之采，梟爲最

勝。得梟者合食其子。食，行棋也。欲食則食，不宜食則握。握，止也。中井積德曰，博之行骰子，當道者食，他采雖不便不得食，唯梟雖當道者，不便則不食，是梟之所以貴也。愚按，策貴作用，史爲長。者下有邪字，策爲長。

今王曰，事始已行，不可更。是何王之用智不如用梟也。【考證】欲璽者段干子以下本魏策。今王曰事始已行不可更，策作今君劫於羣臣而許秦，因曰不可革。年表云，與秦南陽以和，與策云魏王曰善，乃按其行者亦異。

九年，秦拔我懷。十年，秦太子外質於魏，死。十一年，秦拔我郪丘。【集解】徐廣曰，郪丘，一作廩丘，又作邢丘。郪丘今爲宋公縣。【索隱】郪，七絲反，又音妻。【正義】郪，七私反，又音妻。地理志云，汝南郡新郪縣。應劭曰，秦伐魏取郪丘，漢興爲新郪，章帝封殷後，更名宋也。【考證】郪丘，秦紀作邢丘，年表作廩丘，注徐廣云一作邢丘。洪頤煊曰，以下文秦固有懷茅邢丘句證之，當作邢丘爲是。

秦昭王謂左右曰，今時韓・魏與始孰彊。對曰，不如始彊。王曰，今時如耳・魏齊與孟嘗・芒卯孰賢。【考證】如耳，魏大夫，見上。是時仕韓。魏齊，魏相。孟嘗，即薛公田文。芒卯，魏將，見上。

對曰，不如。王曰，以孟嘗・芒卯之賢，率彊韓・魏以攻秦，猶無柰寡人何也。今以無能之如耳・魏齊，而率弱韓・魏以伐秦，其

無柰寡人何亦明矣。左右皆曰，甚然。中旗馮琴而對曰。【索隱】按戰國策作推琴者，春秋後語作伏琴，而韓子作推瑟，說苑作伏瑟，文各不同。【考證】中旗，策作中期，字通。中期，官名。韓非子云，中期之所官琴瑟也，可證。凌本，琴下無而字，今依宋本・慶長本・館本補。

王之料天下過矣。當晉六卿之時，知氏最彊，滅范・中行，又率韓・魏之兵以圍趙襄子於晉陽，決晉水以灌晉陽之城，不湛者三版。【正義】括地志云，晉水源出并州晉陽縣西懸甕山。山海經云，懸甕之山，晉水出焉，東南流注汾水。昔趙襄子保晉陽，智氏防山以水灌之，不沒者三版。其瀆乘高，西注入晉陽城，以周溉灌，東南出城，注於汾陽也。【考證】策，湛作沈，同。高二尺爲版。趙世家，晉水作汾水，晉水爲長。

知伯行水，魏桓子御，韓康子爲參乘。【考證】策作康子御，桓子驂乘。

知伯曰，吾始不知水之可以亡人之國也，乃今知之。【考證】知伯之言止於此。

汾水可以灌安邑，【正義】安邑在絳州夏縣，本魏都。汾水東北歷安邑西南入河也。

絳水可以灌平陽。【正義】平陽，晉州，韓都也。括地志云，絳水一名白水，今名弗泉，源出絳山，飛泉奮涌，揚波北注，縣流積壑二十許丈，望之極爲奇觀矣。按引此灌平陽城也。【考證】水經六澮水注，梁書韋叡傳，汾水絳水互易，爲

是、此與秦策同訛、宜詳于李述來讀通鑑綱目條記、時韓氏居平陽、魏氏居安邑、魏桓子肘韓康子、韓康子履魏桓子。肘足接於車上、而知氏地分身死國亡、爲天下笑。今秦兵雖彊、不能過知氏。韓·魏雖弱、尙賢其在晉陽之下也。此方其用肘足之時也。願王之勿易也。於是秦王恐。【索隱】易、音以豉反、【考證】秦昭王以下、采秦策、於是秦王恐五字、史公以意補、易、輕易也、中井積德曰、此一條宜入秦本紀、不當在魏世家、齊·楚相約而攻魏。魏使人求救於秦。冠蓋相望也。【考證】冠、冠蓋、車蓋、使者往來不絕、故曰冠蓋相望、而秦救不至。魏人有唐睢者。年九十餘矣。【索隱】睢、七餘反、【考證】睢、從且、新序、作唐且、從目者訛、梁玉繩曰、此時爲安釐王十一年、迨魏之亡、凡四十二年、而國策載魏亡後唐睢爲安陵君說秦始皇、豈睢壽至一百三十餘歲乎、謂魏王曰。老臣請西說秦王、令兵先臣出。魏王再拜、遂約車而遣之。【考證】約、束馬於車也、約車、具車也、唐睢到、入見秦王。秦王曰。丈人芒然乃遠至。【考證】丈人、長老之稱、孟子公孫丑篇、芒芒然

歸、趙岐注、罷倦之貌、此甚苦矣。夫魏之來求救數矣。寡人知魏之急已。【考證】策、已作矣、唐睢對曰。大王已知魏之急、而救不發者、臣竊以爲用策之臣無任矣。【考證】岡白駒曰、用策之臣、不事事也、夫魏、一萬乘之國也。然所以西面而事秦、稱東藩受冠帶、祠春秋者、以秦之彊足以爲與也。【索隱】與、謂許與、爲親而結和也、【正義】與、黨與也、【考證】蘇秦傳、秦說魏王云、王、天下之賢主也、今乃有意西面而事秦、稱東藩、築帝宮、受冠帶、祠春秋、索隱云、謂冠帶制度、皆受秦之法、春秋貢奉、以助秦祭祀、與字解、正義是、猶助也、今齊·楚之兵已合於魏郊矣。而秦救不發、亦將賴其未急也。使之大急、彼且割地而約從。王尙何救焉。必待其急而救之、是失一東藩之魏、而彊二敵之齊·楚、則王何利焉。於是秦昭王遽爲發兵救魏。魏氏復定。【考證】齊楚相約以下、采魏策、趙使人謂魏王曰。爲我殺范痤。吾請獻七十里

之地。魏王曰。諾。使吏捕之。圍而未殺。【考證】趙策云、虞卿謂趙王曰、人之情、寧朝人乎、寧朝於人也、趙王曰、人亦朝人耳、何故朝於人、虞卿曰、夫魏爲從主、而違者范痤也、今王能以百里之地、若萬戶之都、請殺范痤於魏、魏王許諾、范痤死、則從事可移於趙、趙王曰、善、乃使人以百里之地、請殺范痤於魏、情事可覩、但卿不應爲此謀、恐他人、痤因上屋騎危、謂使者曰。【集解】危、棟上也、【索隱】上音奇、危、棟上也、禮云、中屋履危、蓋升屋以避兵、【考證】策、作獻書魏王曰、無上屋騎危事、與其以死痤市、不如以生痤市。有如痤死趙不予王地、則王將柰何。故不若與先定割地、然後殺痤。魏王曰。善。痤因上書信陵君曰。痤、故魏之免相也。趙以地殺痤、而魏王聽之。有如彊秦亦將襲趙之欲、則君且柰何。【考證】策云、今能守魏者、莫如君矣、王聽趙殺痤之後、強秦襲趙之欲、倍趙之割、則君將何以止之、此君之累也、語更詳、襲、因也、欲、求也、言秦因趙所爲、欲割地、使魏殺信陵君也、信陵君言於王而出之。【考證】趙使人謂魏王以下、本趙策、魏王以秦救之故、欲親秦而伐韓、以求故地。無忌謂魏王曰。【考證】策、無忌作朱已、王念孫

曰、荀子彊國篇注引此、無忌作朱忌、是也、忌、已、古同聲、秦與戎翟同俗、有虎狼之心、貪戾好利無信、不識禮義德行。苟有利焉、不顧親戚兄弟、若禽獸耳。此天下之所識也。非有所施厚積德也。故太后、母也。而以憂死。【考證】秦昭襄王用范睢之說、廢太后、逐穰侯、出高陵涇陽於關外、太后以憂死、穰侯、舅也。功莫大焉。而竟逐之。【考證】穰侯魏冉、太后弟、史穰侯傳贊云、穰侯、昭王親舅也、而秦所以東益地、弱諸侯、嘗稱帝於天下、天下皆西鄉稽首者、穰侯之功也、及其貴極富溢、一夫開說、身折勢奪、而以勞死、況於羈旅之臣乎、兩弟無罪、而再奪之國。【考證】兩弟、高陵涇陽、事詳范睢傳、此於親戚若此。而況於仇讎之國乎。今王與秦共伐韓、而益近秦患。【考證】策、無患字、臣甚惑之。而王不識、則不明。羣臣莫以聞、則不忠。【考證】以聞二字又見于此、後世爲上書套語、今韓氏以一女子奉一弱主。【考證】呂祖謙曰、按韓世家、不載其事、必是韓王少、母后用事、吳師道曰、是時秦宣太后、趙惠文后、齊君王后、皆專政、韓亦然也、內有大亂、外交彊秦·魏之

兵。【考證】交作支。策、王以爲不亡乎。韓亡、秦有鄭地、與大梁鄰、【索隱】戰國策、鄭作鄰字、爲得。【考證】鄭卽韓、韓世家云、哀侯二年滅鄭、因徙都鄭、大梁卽魏、鄰當作鄭。王以爲安乎。王欲得故地、今負彊秦之親、【考證】策、親作禍、吳師道曰、據史、則負當從恃訓、從策則負任在背、以爲喻也、史義長。王以爲利乎。秦非無事之國也。韓亡之後、必將更事。更事必就易與利。【考證】二史字、策作便、姚鼐曰、作吏是。就易與利、必不伐楚與趙矣。是何也。夫越山踰河、絕韓上黨而攻彊趙、是復閼與之事。【索隱】復、音扶富反、謂前年秦韓和攻閼與、而趙奢破秦軍。【考證】復、重也、再也。秦必不爲也。若道河內、倍鄴・朝歌、絕漳・滏水、與趙兵決於邯鄲之郊。是知伯之禍也。【考證】策、是下有受字。秦又不敢。伐楚道涉谷、【索隱】道、猶行也、涉谷、是往楚之險路、從秦向楚有兩道、涉谷是西道、河內是東道。【考證】張文虎曰、各本涉下衍山字、依索隱本刪、愚按、索隱河內當作河外。行三千里、【正義】劉伯莊云、秦兵向楚有兩道、涉谷是西道、河外是東道、從褒斜入梁州、卽東南至申州、攻石城山險阸之塞也。而攻

冥阸之塞。【集解】駰按、楚之險塞也、徐廣曰、或以爲今江夏鄳縣。【正義】冥、音盲、括地志云、石城山、在申州鍾山縣東南二十一里、魏攻冥阸、卽此山、上有故石城、水經注云、或言在鄳、指此山也、呂氏春秋云、九塞、此其一也。【考證】策、冥阸作危隘。所行甚遠、所攻甚難。【索隱】攻亦作致、戰國策、見作致軍、言致軍糧難也。【考證】今本策與史文同、遠下有而字。秦又不爲也。若道河外、倍大梁、【正義】從河外出函谷關、歷同州、南至鄭州、東向陳州、則背大梁也。右蔡左召陵、【集解】徐廣曰、一無左字。【正義】上蔡縣在豫州北七十里、邵陵故城、亦在豫州郾城縣東四十五里、並在陳州西、從汴州南行、向陳州之西郊、則上蔡邵陵正南面向東、皆身之右、定無左字也。【考證】策、蔡左作上蔡、梁玉繩曰、蔡左二字、當作上蔡、傳寫譌耳。與楚兵決於陳郊。秦又不敢。故曰。秦必不伐楚與趙矣。又不攻衛與齊矣。【正義】衞齊皆在韓趙魏之東、故秦不伐也。夫韓亡之後、兵出之日、非魏無攻已。秦固有懷・茅・【集解】徐廣曰、在脩武、軹縣有茅亭。【正義】茅、卯包反、懷州武陟縣西十一里、故懷城、本周邑、後屬晉、左傳云、周與鄭人蘇忿生十二邑、其一曰攢茅、括地志云、在懷州獲嘉縣東北二十五里也、獲嘉古脩武也。【考證】今河南武涉縣西南、有懷縣故城、獲嘉縣東北、有故茅城。邢丘。【集解】徐廣曰、在平皋。【正義】括地志云、平皋故城、在懷州武德縣東南二十里、本邢丘邑也、以其在河之皋地也。【考證】河南沁陽縣

東南平皋故城。城【索隱】按戰國策云、邢丘安城、此少安字耳。【考證】楓山・三條本、有安字、蓋依策補也、安城故城、在今原武縣東南。垝津、【索隱】在河北、垝、音九毀反。【正義】垝、音詭、字誤、當作延、括地志云、延津、故俗字名臨津、故城、在衞州清淇縣西南二十六里、杜預云、汲郡城南有延津、是也。【考證】延津故城、今河南汲縣南、梁玉繩曰、城垝津、築城于垝津也、荀子强國注、引史同、謂垝津卽圍津、以曹參度圍津爲證、荀子傳寫誤作圍津、乃東郡白馬之韋津也、圍韋垝三字古通借用之、愚按、梁說近是。以臨河內、河內共・汲必危。【集解】徐廣曰、汲縣、屬河內。【索隱】汲、亦作波、波及汲、皆縣名、俱屬河內。【考證】共、今河南輝縣、汲、今河南汲縣西南。有鄭地、【集解】徐廣曰、成皐・滎陽、俱屬鄭。【考證】策、有上有秦字。得垣雍、【集解】徐廣曰、垣雍城、在卷縣、卷縣屬魏也、卷縣又有長城、經陽武到密者也。【正義】雍、於用反、括地志云、故垣雍城、在鄭州原武縣西北七里、釋例地名、卷縣理或垣城也、言韓亡之後、秦有鄭地、得垣雍城、從滎澤決溝、歷雍灌大梁城也。【考證】垣雍故城、在今河南原武縣西北。決滎澤水灌大梁、【考證】滎澤、卽石門渠、滎瀆受河之處、在今河南河陰縣西、後秦滅魏、果用此策、秦本紀始皇二十二年、王賁攻魏、引河溝灌大梁、大梁城壞、其王請降、盡取其地。大梁必亡。王之使者出、過而惡安陵氏於秦。【集解】徐廣曰、召陵有安陵鄉、征羌有安陵亭。【正義】括地志云、鄢陵縣西北十五里、李奇云、六國時爲安陵也、言魏王使者出向秦云、共伐韓以成過失、而更惡安陵氏於秦、今伐之、重非也。【考證】顧炎武曰、蓋魏王之使過安陵、有所不快、而毀之於秦也、方苞曰、言

過計而惡安陵氏於秦也、愚按、安陵魏之附庸、魏策引安陵君言云、先君成侯受詔襄王、是魏襄時所封、魏滅猶存、故城在今河南安陵縣西北、非楚之安陵。秦之欲誅之久矣。秦葉陽・昆陽、與舞陽鄰。【正義】括地志云、葉陽、今許州葉縣也、昆陽故城、在許州葉縣北二十五里、舞陽故城、在葉縣東十里、此時葉陽昆陽屬秦、舞陽屬魏也。【考證】楓山・三條本、誅作許、與策合、張文虎曰、舞陽、依宋本毛本、與國策及正義合、各本誤武陽、葉陽、今河南葉縣、昆陽故城、在今葉縣北、舞陽故城、在今舞陽縣西。聽使者之惡之、隨安陵氏而亡之。【索隱】聽使、上平聲、下去聲。【正義】隨、猶聽也、無忌說言使者惡安陵氏、亦聽秦亡安陵氏、然繞舞陽之北、以東臨許、許必危矣、秦有許地、魏國可無害。【考證】黃式三曰、隨・墮、古通用。繞舞陽之北、以東臨許、南國必危。【正義】南國、今許州許昌縣南西四十里許昌故城是也、此時屬韓、在魏之南、故言南國、括地志云、周時爲許國、武王伐紂所封、地理志云、潁川許縣、古許國、姜姓、四岳之後、文叔所封、二十四君、爲楚所滅、三卿背晉、其地屬韓。【考證】許、今河南許昌縣東有許昌故城、中井積德曰、南國、謂南地諸國也、不必拘地名。國無害已。【考證】梁玉繩曰、此句文義不順、策作魏國豈得安哉、則已字疑當作乎。夫憎韓不愛安陵氏、可也。夫不患秦之不愛南國、非也。【考證】策、安上愛作受、史文爲長、魏今欲伐韓、故曰憎、不愛安陵氏、上文所謂惡安陵氏於秦也、崔適曰、也下夫字似衍。異日者秦在河西晉

國。去梁千里。【集解】徐廣曰、魏國之界千里。又云、河南梁縣有注城。【正義】河西、同州也。晉國都絳州、魏都安邑、皆在河東、去大梁有千里也。【考證】秦在河西晉國、句。言秦前日所有、止晉河西之地、而未及河東也。左傳僖十五年云、秦始征河東、置官司焉。蓋晉惠所割、跨河西東也。僖十七年左傳云、晉太子圉爲質於秦、秦歸河東而妻之。是河東之地、秦歸之於晉也。秦與魏都甚遠、故曰去梁千里。或云、此晉國二字、及下文河西晉晉字、皆衍。有河山以闌之、有周韓以閒之。從林鄉軍以至于今、【集解】徐廣曰、林鄉在宛縣。【索隱】劉氏云、林、地名、蓋春秋時鄭地之棐林、在大梁之西北。徐廣云在宛陵也。【正義】括地志云、宛陵故城在鄭州新鄭縣東北三十八里、本鄭邑縣也。按劉徐二說、是其地也。【考證】魏策無鄉字。蘇秦傳、兵困於林中。林、林鄉、林中、語有詳略耳、其地蓋同。凌稚隆曰、言自秦伐林鄉以來至于今也。秦七攻魏、五入囿中、【集解】徐廣曰、一作城也。【索隱】囿、即圃田、圃田、鄭藪、屬魏。徐廣云、一作城、而戰國策作國中。【正義】括地志云、圃田澤在鄭州管城縣東三里。周禮云、豫州藪曰圃田也。【考證】策、七作十。圃田在今河南中牟縣西北。邊城盡拔、文臺墮、【索隱】文臺、臺名。列士傳曰、隱陵君施酒文臺也。【正義】墮、許規反。括地志云、文臺在曹州冤句縣西北六十五里也。【考證】文臺、在今山東荷澤縣西北。墮、壞也。垂都焚、【集解】徐廣曰、一云魏山都焚。句陽有垂亭。【索隱】垂、地名、有廟曰都、蓋魏邑名。林木伐、麋鹿盡、而國繼以圍。又長驅梁北、東至陶衞之郊、【正義】陶、曹

州定陶也。衞、即宋州楚丘縣。衞文公都之。秦兵歷取其郊也。【考證】陶、今山東定陶縣。楚丘故城、今河南滑縣東。中井積德曰、長驅梁北、此記軍所至也、非攻取。北至平監。【集解】徐廣曰、平縣屬河南。平或作乎字。史記齊闞止作監字。闞在東平須昌縣。【考證】方輿紀要曰、平、平陸也。平陸城在山東汶上縣北。監、即闞。今汶上縣西南南旺湖中有闞亭。郭希汾曰、秦攻齊取剛壽、今山東壽張縣、汶上更在壽張之東、恐非魏地。所亡於秦者、山南山北、【正義】山、華山也。華山之東南、七國時鄧州屬韓、汝州屬魏。華山之北、同華銀綏、並魏地也。【考證】中井積德曰、山者、河東之山、大行王屋一帶也、即上文所謂河山之山、不當遠指華山。河外河內、【正義】河外、謂華州以東至虢陝。河內、謂蒲州以東至懷衞也。【考證】中井積德曰、河外、汎指河之南。河內、汎指河之北。不當作區域。大縣數十、【集解】徐廣曰、一作百。名都數百。【集解】徐廣曰、一作十。【考證】中井積德曰、策亦作大縣數百、名都數十、宜從。蓋縣亦都也、然不可稱名都、如鄴安邑之類、所謂名都。秦乃在河西晉、去梁千里、而禍若是矣。又況於使秦無韓、有鄭地、無河山而闌之、無周韓而閒之、去大梁百里、禍必由此矣。【考證】無、讀爲亡。策、由作百。百、百倍也。策義爲長。凌稚隆曰、異日以下、追論韓未亡、而魏且困於秦兵如此。異日者從之不成也、【索隱】從、音足松反。【考證】凌稚隆曰、以下、說韓亡則魏受秦之禍必烈。楚魏疑、而

韓不可得也。【正義】不可得合從也。【考證】策、得下有而約二字。今韓受兵三年、秦橈之以講。【索隱】橈、音尼孝反。謂韓被秦之兵、橈擾已經三年、云欲講說與韓和。【正義】橈、曲也。講、猶和也。誘諸侯伐韓、無不從者也。【考證】中井積德曰、謂攻三年、秦屈橈之以和議。識亡不聽、【索隱】識、猶知也。故戰國策云、韓知亡猶不聽也。投質於趙、請爲天下鴈行頓刃。【考證】質、質子之質、以地爲質也。鴈行、言以次進。頓刃、謂折壞兵刃以戰也。頓鈍通。楚趙必集兵、皆識秦之欲無窮也。非盡亡天下之國、而臣海內、必不休矣。【考證】皆識以下二十三字、一氣讀。古鈔本、內下有之士二字。楓山三條本有士一字。策作之民。是故臣願以從事王。【索隱】從、音足松反。從事、言合從事王也。戰國策亦然。【考證】策、事下有乎字。事、猶說也。王速受楚趙之約、趙挾韓之質、【索隱】言韓以質子入趙、則趙挾韓質而親韓也。【考證】策、挾上趙字作而、爲是挾韓之質、以上黨爲質也。事見下文。以存韓而求故地、韓必效之。【索隱】效、猶致也。謂致故地於趙也。【正義】無忌令魏王速受楚趙之從、趙楚挾持韓之質以存韓、而魏以求地、韓必效之、勝於與秦伐韓、又與秦鄰之禍殃也。此士民不勞而故地得。其功多於與秦共伐韓、而又與彊秦鄰之

禍也。【考證】策、又作無、是也。王念孫曰、此言魏與秦伐韓、以求故地、韓亡則魏與秦鄰、而受其禍。今魏存韓而求故地、則故地不勞而得、且韓存則魏無與秦鄰之禍。故曰、其功多於與秦共伐韓、而又無與彊秦鄰之禍也。夫存韓安魏而利天下、此亦王之天時已。【考證】策、天時作大時、是也。大時、言時會之大也。王念孫曰、大時、言存韓安魏而利天下、王之時莫大於此也。秦策曰、今攻齊、此君之大時也、是其證。通韓上黨於共甯、【集解】徐廣曰、朝歌有甯鄉。【正義】共、衞州共城縣。甯、懷州脩武縣。本殷之甯邑、韓詩外傳云、武王伐紂、勒兵於甯、故曰脩武。今魏開通共甯之道、使韓上黨得直路而行也。【考證】策、共甯作共莫、恐非。呂祖謙曰、是時秦欲取韓上黨、故蠶食其地、使與魏國中絕。故勸魏假道、使韓與上黨往來、豈專爲韓而已哉。韓不失上黨、則三晉之勢猶完也。共甯、在今河南修武縣東。使道安成、出入賦之、【正義】括地志云、故安城在鄭州原武縣東南二十里、時屬魏也。【考證】策、使道安城、作使道已通、因而關之。入下有者字。賦、征商賈也。是魏重質韓以其上黨也。【考證】岡白駒曰、是使韓以上黨質於我也。今有其賦、足以富國。【考證】策、今作共。韓必德魏愛魏重魏畏魏。韓必不敢反魏。是韓則魏之縣也。魏得韓以爲縣、衞大梁河外必安矣。【考證】鮑彪曰、衞時已附梁。今不存韓、二周安陵必

危、楚・趙大破、衛・齊甚畏、天下西鄉而馳秦、入朝而爲臣不久矣。【考證】魏王以秦救之故、以下采魏策、 二十年、秦圍邯鄲。信陵君無忌、矯奪將軍晉鄙兵以救趙。【正義】括地志云、魏德故城、一名晉鄙城、在衛縣西北五十里、即公子無忌矯奪晉鄙兵、故名魏德城也、 趙得全。無忌因留趙。【考證】雜采趙策魏策、 二十六年、秦昭王卒。三十年、無忌歸魏、率五國兵攻秦、敗之河外、走蒙驁。【考證】河外、凌本誤作河內、中井積德曰、河內魏地、非攻秦之戰地、 魏太子增質於秦。秦怒欲囚魏太子增。或爲增謂秦王曰。【索隱】按戰國策、作蘇秦爲公子增謂秦王、 公孫喜【索隱】戰國策、作公孫衍、【考證】魏將公孫喜爲秦所虜、此時久無其人、 固謂魏相曰。【考證】陳仁錫曰、一本固作因、愚按固字爲長、 請以魏疾擊秦。秦王怒必囚增。魏王又怒擊秦。秦必傷。今王囚增。是喜之計中也。故不若貴增而合魏、以疑之於齊・韓。秦乃止增。【考證】今本戰國策無此文、中井積德曰、止下增字疑衍、又曰、按信陵君

傳、秦聞公子在趙、日夜出兵伐魏、魏王患之、使使往請公子、此不可少者、 三十一年、秦王政初立。三十四年、安釐王卒、太子增立。是爲景湣王。【索隱】系本云、安釐王生景湣王午、 信陵君無忌卒。景湣王元年、秦拔我二十城、以爲秦東郡。二年、秦拔我朝歌。衛徙野王。【集解】徐廣曰、衛從濮陽徙野王、 三年、秦拔我汲。五年、秦拔我垣・蒲陽・衍。【集解】徐廣曰、十二年、獻城秦、【正義】括地志云、故垣地、本魏王垣也、在絳州垣縣西北二十里、蒲邑故城、在隰州隰川縣南四十五里、在蒲水之北、故曰蒲陽、衍、地名、在鄭州、【考證】梁玉繩曰、垣衍二字、羨文、說在始皇紀、 十五年、景湣王卒。子王假立。王假元年、燕太子丹使荊軻刺秦王。秦王覺之。【集解】徐廣曰、二年、新鄭反、【考證】燕太子丹以下、采燕策、 三年、秦灌大梁、虜王假。【集解】列女傳曰、秦殺假、凌稚隆曰、卒如无忌之言、【考證】愚按、高祖紀、魏人周市曰、豐、故梁徙也、集解引文穎云、梁惠王孫假爲秦所滅、轉東徙於豐、故曰豐梁徙、據此則魏滅、餘衆徙於豐也、 遂滅魏以爲郡縣。【考證】梁玉繩曰、案國策、魏尚有安陵君、魏滅後猶存、蓋魏所封同姓之國、似當附載、古史補之矣、又陳涉時魏咎、項羽時魏豹、雖別有傳、皆應附書一二語、

太史公曰。吾適故大梁之墟。墟中人曰。秦之破梁、引河溝而灌大梁。三月城壞。王請降。遂滅魏。說者皆曰。魏以不用信陵君。故國削弱至於亡。余以爲不然。天方令秦平海內。其業未成。魏雖得阿衡之佐、曷益乎。【索隱】按譙周曰、以予所聞、所謂天之亡者、有賢而不用也、如用之、何有亡哉、使紂用三仁、周不能王、況秦虎狼乎、【考證】古鈔本、阿衡之佐、作阿衡之徒、與索隱本及史通雜說所引合、當依訂、岡白駒曰、其業未成、秦一統之業未成也、愚按、史公常謂天使秦繼周以開漢業、此論亦然、劉知幾曰、論成敗者、當以人事爲主、必推命而言、其理悖矣、

【索隱】述贊、畢公之苗、因國爲姓、大名始賞、盈數自正、胤裔繁昌、系載忠正、楊干就戮、智氏奔命、文始建侯、武實彊盛、大梁東徙、長安北偵、卯既無功、卬亦外聘、王假削弱、虜於秦政、

魏世家第十四

史記四十四

文學博士瀧川龜太郎著

史記會注考證

史記會注考證卷四十五

漢　太史令司馬遷　撰

宋　中郎外兵曹參軍裴駰　集解

唐　國子博士弘文館學士司馬貞　索隱

唐　諸王侍讀率府長史張守節　正義

日本　出雲　瀧川資言　考證

韓世家第十五　史記四十五

[考證]史公自序云、韓厥陰德、趙武攸興、紹絕立廢、晉人宗之、昭侯顯列、申子庸之、疑非不信、秦人襲之、嘉厥輔晉匡天子之賦、作韓世家第十五、

韓之先、與周同姓、[索隱]按左氏傳云、邘晉應韓、武之穆、是武王之子、故詩稱韓侯出祖、是有韓而先滅、今據此文云、其後裔事晉、封于韓原曰韓武子、則武子本是韓侯之後、晉又封之於韓原、即今之馮翊韓城是也、然按系本及左傳舊說、皆謂韓萬是曲沃桓叔之子、即是晉之支庶、又國語叔向謂韓宣子能修武子之德、起再拜謝曰、自桓叔已下、嘉吾子之賜、亦言桓叔是韓之祖也、今以韓侯之後別有桓叔、非關曲沃之桓叔、如此則與太史公之意亦有違、[考證]中井積德曰、太史公只謂韓之先與周同姓也、不謂周之韓侯之後、亦不謂韓萬是武子之祖也、注牽合失考、又曰、注蓋以國語韓起是韓萬之後、遂有桓叔之說耳、此與太史公之說不同、姓姬氏、其後苗裔事晉、得封於韓原。[正義]括地志云、韓原在同州韓城縣西南八里、又韓城在縣南十八里、故古韓國也、古今地名云、韓武子食采於韓原故城也、曰韓武子。[考證]梁玉繩曰、案韓之先與晉同祖、皆武王之後、此所云武子者韓萬也、杜注桓三年傳、依世本云、韓萬、莊伯弟、晉語韓宣子謝叔向曰、桓叔以下、嘉吾子之賜、韋注云、桓叔生子萬、受韓以爲大夫、索隱唐表同、則韓乃桓叔之後、非韓侯之後、又云、敘韓之世、多不書名、疏、武子後三世有韓厥。[索隱]系本云、萬生賕伯、賕伯生定伯簡、簡生輿、輿生獻子厥、[正義]世本云、桓叔生子萬、萬生勝伯、勝伯生定伯簡、簡生輿、輿生獻子厥、竝居韓、按桓叔、晉文侯弟成師也、晉昭公封之曲沃、號曰桓叔、[考證]宣十二年左傳疏、引世本云、桓叔生子萬、萬生求伯、求伯生子輿、子輿生獻子厥、愚按、索隱正義左傳疏所引世本有異同、索隱賕伯、正義作勝伯、左傳疏作求伯、又缺定伯簡一代、梁玉繩曰、案左宣十二年注云、韓厥萬玄孫、與索隱引世本合、從封姓爲韓氏。[考證]中井積德曰、史公明言從封姓爲韓氏、何假於韓侯、韓萬、可知封韓之前、別自有姓氏矣、但無所考耳、韓厥晉景公之三年、[考證]志疑引王孝廉云、韓厥字疑衍、晉司寇屠岸賈、將作亂、誅靈公之賊趙盾。趙盾已死矣。欲誅其子趙朔。韓厥止賈。賈不聽。厥告趙朔令亡。朔曰。子必能不絕趙祀、死不恨矣。韓厥許之。及賈誅趙氏、厥稱疾不出。程嬰・公孫杵臼之藏趙孤趙武也、厥知之。[考證]屠岸賈作亂、滅趙氏、事多訛謬、說在趙世家、景公十一年、厥與郤克將兵八百乘伐齊、敗齊頃公于鞍、獲逢丑父。[正義]鞍、音安、括地志云、故鞍城、今俗名馬鞍城、在濟州平陰縣十里、[考證]厥與郤克敗齊、成二年左傳、梁玉繩曰、按事在晉景十年、今山東歷城縣藥山南有鞍山、舊傳晉敗齊于鞍、即是、正義縣下脫東、於是晉作六卿。而韓厥在一卿之位。[考證]成三年左傳、號爲獻子。[考證]中井積德曰、獻子是謚、以爲生號者謬、晉景公十七年、病卜。大業之不遂者爲祟。[考證]梁玉繩曰、病在十

八年、韓厥稱趙成季之功、今後無祀、以感景公。【考證】古鈔本、楓山、三條本、後下有絕字、景公問曰。尚有世乎。厥於是言趙武、而復與故趙氏田邑、續趙氏祀。【考證】韓厥存趙後、見成八年左傳、與史所記異、說在趙世家、　晉悼公之十年、韓獻子老。【考證】襄七年左傳、梁玉繩曰、十乃七之譌、　獻子卒。子宣子代。宣子徙居州。【索隱】州、今在河內、宣子、名起、是也、【正義】括地志云、懷州武德縣、本周司寇蘇忿生之州邑也、【考證】左傳昭三年云、鄭簡公如晉、公孫段相、晉平公賜以州田、昭七年云、段死、鄭子產致州田於韓宣子、宣子受之、以告晉侯、晉侯以與宣子、宣子以易原縣於樂大心、蓋原縣宣子所有、獻諸晉侯以與樂大心、而自居州也、州、今河南河內縣東南、　晉平公十四年、吳季札使晉。曰。晉國之政、卒歸於韓·魏·趙矣、【考證】襄二十九年左傳、　晉頃公十二年、韓宣子與趙·魏共分祁氏·羊舌氏十縣。【考證】事見昭二十八年左傳、但三卿不共分十縣、說在晉世家、　晉定公十五年、宣子與趙簡子侵伐范·中行氏。【考證】事見定十四年左傳、梁玉繩曰、案晉定十六年、與趙簡子伐范中行者、韓簡子不信也、是時宣子已卒十九年矣、左傳及晉趙世家可證、此誤十六年爲十五年、

誤簡子爲宣子、　宣子卒。子貞子代立。【正義】世本云、宣子起生平子須也、　貞子徙居平陽。【索隱】系本、作平子名須、宣子子也、又云、景子居平陽、平陽、在山西、宋忠曰、今河東平陽縣、【正義】平陽、晉州城是、【考證】梁玉繩曰、貞子卽左昭二年韓須、愚按、索隱景子當作平子、平陽、山西臨汾縣、　貞子卒、子簡子代。【集解】徐廣曰、史記多無簡子莊子、而云貞子生康子、班氏亦同、【索隱】徐廣云、史記多無簡子莊子、而云貞子生康子、班氏亦同、按系本、有簡子名不信、莊子名庚、趙系家亦有簡子名不佞、【考證】梁玉繩曰、韓簡子不信、見于春秋經傳及晉趙世家、惟莊子無考、簡子卒、子莊子代。莊子卒、子康子代。【索隱】名虎、　康子與趙襄子·魏桓子共敗知伯、分其地。地益大、大於諸侯。康子卒、子武子代。【索隱】名啓章、【考證】中井積德曰、韓氏有兩武子、可怪、　武子二年、伐鄭、殺其君幽公。十六年、武子卒、子景侯立。【索隱】紀年及系本、皆作景子名處、　景侯虔元年、伐鄭取雍丘。【考證】雍丘、河南開封府杞縣、梁玉繩曰、呂覽任數注、謂武子都宜陽、景侯徙陽翟、史似失書、　二年、鄭敗我負黍。【考證】負黍、河南河南府登封縣、　六年、與趙·魏俱得列爲諸侯。九年、鄭圍我陽翟。【考證】陽翟、

河南開封府禹州、　景侯卒。子列侯取立。【索隱】系本、作武侯、　列侯三年、聶政殺韓相俠累。【集解】徐廣曰、六年救魯也、【索隱】戰國策、作殺韓傀、高誘曰、韓傀、俠侯累也、【考證】韓策云、韓有東孟之會、韓王及相皆在焉、聶政直入上階刺韓傀、韓傀走而抱哀侯、聶政刺之、兼中哀侯、據此、則聶政殺韓相在哀侯時、遂併弑哀侯也、刺客傳所記同、世家以爲列侯時、疑誤、　九年、秦伐我宜陽、取六邑。【考證】宜陽故城、在河南宜陽縣東、　十三年、列侯卒。子文侯立。【索隱】按紀年、無文侯、系本無列侯、　是歲、魏文侯卒。文侯二年、伐鄭取陽城。伐宋到彭城、執宋君。【考證】陽城、河南開封府登城縣、彭城、江蘇徐州府、宋君、休公、　七年、伐齊至桑丘。【考證】桑丘、山東兗州府滋陽縣、　鄭反晉。【考證】言鄭不服晉而來伐也、表云、鄭敗晉、敗、疑叛之譌、　九年、伐齊至靈丘。【正義】靈丘、蔚州縣也、此時屬燕也、【考證】靈丘、山東東昌府高唐州、　十年文侯卒。子哀侯立。哀侯元年、與趙·魏分晉國。二年、滅鄭。因徙都鄭。【索隱】按紀年、魏武侯二十一年、韓滅鄭、哀侯入于鄭、二十二年、晉桓公邑哀侯于鄭、是韓既徙都、因改號曰鄭、故戰國策、謂韓惠王曰鄭惠王、猶魏徙大梁稱梁王然也、【考證】鄭、河南新鄭縣、今河南開封縣以西至成皋故關、皆鄭分也、　六年、

韓嚴弑其君哀侯。而子懿侯立。【索隱】按年表、懿侯作莊侯、又紀年云、晉桓公邑哀侯于鄭、韓山堅賊其君哀侯、而立韓若山、若山卽懿侯也、則韓嚴爲韓山堅也、而戰國策又有韓仲子名遂、又恐是韓嚴也、【考證】梁玉繩曰、韓山堅、一言爲嚴、二言山堅也、或云、是名字之異、愚按、據韓策聶政刺韓傀、遂併弑哀侯也、說既見上文、　懿侯二年、魏敗我馬陵。【正義】在魏州元城縣東南一里、【考證】馬陵、直隸大名府元城縣、　五年、與魏惠王會宅陽。【正義】在鄭州也、【考證】宅陽、河南開封府滎澤縣、　九年、魏敗我澮。【集解】徐廣曰、大雨三月也、【正義】澮、古外反、在陵州澮水之上也、【考證】澮、出山西平陽府翼城縣入汾、　十二年、懿侯卒。子昭侯立。【考證】梁玉繩曰、紀年、有釐侯、無昭公、魏世家索隱及魏策吳注云、釐侯卽昭公、蓋兩字謚、故莊子讓王篇、呂子任數審爲處方、竝稱昭釐侯、各處皆單擧之爾、愚按、韓策亦有作昭釐侯者、　昭侯元年、秦敗我西山。【考證】西山、河南宜陽魯山一帶皆是、　二年、宋取我黃池。【集解】徐廣曰、在平丘、【考證】河南封丘縣東南、　魏取朱。【考證】朱、韓地、表云、魏取我朱、　六年、伐東周、【正義】河南鞏縣、　取陵觀·邢丘。【正義】陵觀音館、未詳、【考證】梁玉繩曰、陵觀、無攷、邢丘、年表作廩丘、廩丘齊地、時屬于趙、邢丘魏地、後入于秦、俱非東周之地、韓安得取之、東周止有鞏耳、疑所書誤、　八年、申不害相韓。脩術行

道、國內以治、諸侯不來侵伐。【正義】不害、河南人、作申子三卷、在法家也、【考證】韓策云、魏之圍邯鄲也、申不害始合於韓王、韓子定法篇云、問者曰、申不害公孫鞅、此二家之言孰急、應之曰、是不可程也、申不害言術、而公孫鞅爲法、術者因任而授官、循名而責實、操殺生之柄、課羣臣之能者也、此人主之所執也、法者憲令著於官府、刑罰必於民心、賞存乎愼法、而罰加乎姦令者也、此臣之所師也、十年、韓姬弑其君悼公。【索隱】紀年、姬亦作玘、並音羊之反、姬是韓大夫、而王邵亦云、不知悼公何君也、【考證】梁玉繩曰、年表均有此語、徐氏測義以爲史誤、蓋韓昭時申子爲相、寧有一國二君之理、韓無諡悼者、則悼公之非韓君明甚、索隱疑悼公爲鄭嗣君、而鄭滅於韓已三十年、尚何嗣君哉、若以韓姬即李斯傳之韓玘、玘爲韓安之相、自昭侯十年至王安滅、幾一百二十年、玘未嘗弑安、不可以安當悼公也、史詮及經史問答、亦謂此句是誤文、宜芟之、余謂韓姬乃一韓大夫、非韓玘也、悼公非韓君也、攷三晉遷晉靜公于屯留之後、鄭取屯留、鄭即韓、韓、靜公遷爲家人、又歷十一年、爲昭公十年、疑悼公即靜公、至是被弑也、各國之君、有二諡者甚多、靜公在位二年而遷、故又諡悼、愚按、梁說亦無確證、姑存備考、十一年、昭侯如秦。二十二年、申不害死。二十四年、秦來拔我宜陽。【考證】宜陽故城、在今河南宜陽縣東、秦拔宜陽、年表同、秦紀不載、梁玉繩曰、甘茂拔宜陽在秦武王四年、此時安得先拔之、疑拔乃攻字之誤、愚按、韓策及史蘇秦傳並載蘇秦說韓王言云、大王事秦、秦必求宜陽成皐、此時宜陽未爲秦有也、下文秦拔宜陽、亦當作攻、二十五年、旱。作高門。屈宜臼

曰。【集解】許愼曰、屈宜臼、楚大夫、在魏也、昭侯不出此門。何也。不時。吾所謂時者非時日也。人固有利不利時。昭侯嘗利矣、不作高門。往年秦拔宜陽、今年旱。昭侯不以此時卹民之急、而顧益奢。此謂時絀舉贏。【集解】徐廣曰、時衰耗而作奢侈、【考證】陳仁錫曰、昭侯俱當作君侯、愚按、年表亦譌作昭侯、闔白駒曰、時絀舉贏、蓋古語、二十六年、高門成。昭侯卒。【索隱】按紀年、鄭昭侯武薨、次威侯立、威侯七年、與邯鄲圍襄陵、五月、梁惠王會威侯于巫沙、十月、鄭宣王朝梁、不見威侯之卒、下敗韓舉、在威侯八年、而此系家即以爲宣惠王之年、又上有殺悼公、悼公又不知是誰之謚、則韓微小國、史失代系、故此文及系本不同、蓋亦不可復考、果不出此門。子宣惠王立。【考證】梁玉繩曰、紀年人表、稱宣王、韓非子說林外儲說右難一、凡四見、皆作韓宣王也、愚按、宣惠之稱宣、猶昭釐之稱昭、宣惠王五年、張儀相秦。八年、魏敗我將韓舉。【索隱】韓舉則是韓將不疑、而紀年云、韓舉趙將、蓋舉先爲趙將、後入韓、又紀年云、其敗當韓威王八年、是不同也、【考證】趙世家肅侯二十三年云、韓舉與齊魏戰、死于桑丘、事在前二年、梁玉繩曰、趙之韓舉已先二年死矣、疑是別一韓將、而趙將適與同姓名爾、十一年、君號爲王。【考證】梁玉繩曰、表在十年、與世家皆于懷王六年

合、此誤、與趙會區鼠。十四年、秦伐敗我鄢。【集解】徐廣曰、潁川鄢陵縣、音於乾反、【正義】今許州鄢陵縣西北十五里、有鄢陵故城、是也、【考證】鄢、河南開封府鄢陵縣、十六年、秦敗我脩魚、【索隱】地名、虜得韓將鯁·申差於濁澤。【集解】徐廣曰、一云鯁申差、長社有濁澤、【索隱】鯁申差二將、鯁音瘦、亦作鯁、【正義】按濁澤者、蓋誤、當作觀澤、年表云、秦惠文王更元八年、與韓戰、斬首八萬、韓宣惠王十六年、秦敗我脩魚、得將軍申差、魏哀王二年、齊敗我觀澤、趙武靈王九年、與韓魏擊秦、齊湣王七年、敗魏趙觀澤、濁澤定誤矣、徐廣又云、濁澤在長社、不曉錯誤之甚、括地志云、觀澤在魏州頓丘縣東十八里、【考證】脩魚、疑與濁澤相近、濁澤即河南許州長葛縣、韓地、無由至頓丘東也、正義非、韓氏急。公仲謂韓王曰。【索隱】韓相國、名侈、【考證】韓非子十過篇、作公仲朋、鮑本國策同、沈濤曰、戰國策公仲名朋、不名侈、又田敬仲完世家、魏王謂韓馮曰、集解引徐廣曰、韓之公仲侈也、則公仲即韓馮、馮朋聲相近、古字率相通、韓策云、韓相公仲使韓侈之秦、明韓侈別是一人、與國非可恃也。【考證】與國、謂山東、今秦之欲伐楚久矣。王不如因張儀爲和於秦、賂以一名都、具甲與之、南伐楚。此以一易二之計也。【索隱】一、謂名都也、二、謂使不伐韓、而又與之伐楚也、【正義】一、謂賂秦一名都、二、謂使秦不伐韓、而又與之伐楚、韓王曰、善。乃警公

仲之行、【索隱】警、戒也、戰國策、作儆、將西購於秦。【索隱】戰國策、作講、講亦謀議、與購求意通、【正義】以金帛和交曰購也、【考證】中井積德曰、購媾講通、和也、注謬、楚王聞之大恐、召陳軫告之。陳軫曰。秦之欲伐楚久矣。今又得韓之名都一而具甲、秦·韓并兵而伐楚。此秦所禱祀而求也。今已得之矣。楚國必伐矣。王聽臣、爲之警四境之內、起師言救韓、命戰車滿道路、發信臣、多其車、重其幣、使信王之救己也。縱韓不能聽我、韓必德王也。【索隱】言韓王信楚之救、雖不能聽、待楚救至、折入於秦、猶德於楚也、必不爲鴈行以來。【索隱】言韓以楚必救己、已雖隨秦來戰、猶德於王、故不爲鴈行而來、言不同心旅進也、【考證】柯維騏曰、行者行列也、魏世家云、投質于趙、請爲天下鴈行頓刃、蘇秦傳云、使弱燕爲鴈行、而彊秦敝其後、義與此同、皆戰國策文也、中井積德曰、不爲雁行以來、言雖講於秦、亦以德楚、不必偕來伐楚也、索隱雖隨秦來戰句舛、是秦·韓不和也。兵雖至、楚不大病也。【考證】中井積德曰、言縱令不如前言有偕來伐、二國不和、覺無大害也、爲能聽我、絶和於秦、秦必大怒、

以厚怨韓。【考證】爲上添韓字、否、岡白駒曰、言韓能聽於楚以絕秦也、韓之南交楚、必輕秦。輕秦、其應秦必不敬。是因秦・韓之兵、而免楚國之患也。【考證】李笠曰、韓策、因作困、謂困頓秦韓之兵、是也、愚按、作因自通、不必改字、楚王曰、善。乃警四境之內、興師、言救韓、命戰車滿道路、發信臣、多其車、重其幣、謂韓王曰、不穀國雖小、已悉發之矣。願大國遂肆志於秦。不穀將以楚殉韓。【索隱】殉、從死也、言以死助韓、【正義】徇、行示也、言爲前鋒、【考證】索隱本作殉、正義本作徇、中井積德曰、以國殉國、只是同存亡之意、未可以死生解、愚按、作殉義長、韓王聞之大說、乃止公仲之行。【索隱】止不令西之秦、公仲曰、不可。夫以實伐我者秦也。【考證】韓策、韓非十過、伐作告、非是、以虛名救我者楚也。王恃楚之虛名、而輕絕彊秦之敵、王必爲天下大笑。且楚・韓非兄弟之國也。又非素約而謀伐秦也。已有伐形、因發兵救韓。【考證】言秦有欲伐楚之形、楚

因發兵、言救韓、此必陳軫之謀也。且王已使人報於秦矣。今不行、是欺秦也。夫輕欺彊秦、而信楚之謀臣、恐王必悔之。韓王不聽。遂絕於秦。秦因大怒、益甲伐韓。大戰、楚救不至韓。十九年、大破我岸門。【集解】徐廣曰、潁陰有岸亭、【正義】括地志云、岸門、在許州長社縣西北十八里、今名西武亭矣、【考證】韓氏急以下、采魏策、但策無十九年三字、史公蓋別有所據、韓非子十過篇、亦錄此、以爲秦拔韓宜陽時事、張文虎曰、十九年上韓字疑衍、岸門、河南許州長葛縣、太子倉質於秦以和。【考證】黃式三曰、據秦紀、韓太子質秦、在前年石章之役、與此異、二十一年、【集解】徐廣曰、周王赧之三年也、與秦共攻楚。【集解】徐廣曰、闌景瘞也、敗楚將屈丐、斬首八萬於丹陽。【索隱】故楚都、在今均州、【正義】左傳例云、楚居丹陽、今枝江縣故城是也、【考證】陳仁錫曰、古本丐作匄、丹陽、河南南陽府內鄉縣、是歲、宣惠王卒。太子倉立。是爲襄王。【集解】徐廣曰、一云周赧王六年、韓襄哀王三年、張儀死、赧王九年、襄哀王六年、秦昭王立、【考證】梁玉繩曰、留侯世家、亦作襄哀王、襄王四年、與秦武王會臨晉。【考證】臨晉、陝西同州府、其秋、秦使甘茂攻我宜

陽。五年、秦拔我宜陽。斬首六萬。【正義】括地志云、故韓城、一名宜陽城、在洛州福昌縣東十四里、韓宜陽城也、秦武王卒。六年、秦復與我武遂。【考證】秦紀云、武王四年、甘茂拔宜陽、城武遂、今山西臨汾縣西有武遂城、九年、秦復取我武遂。十年、太子嬰朝秦而歸。【集解】徐廣曰、與秦會臨晉、因至咸陽而還、十一年、秦伐我取穰。【正義】穰、人羊反、鄧州縣也、郭仲產南雍州記云、楚之別邑、秦初侵楚、封公子悝爲穰侯、後屬韓、秦昭王取之也、【考證】穰、河南南陽府鄧縣東南、與秦伐楚、敗楚將唐昧。十二年、太子嬰死。公子咎・公子蟣蝨爭爲太子。【考證】策、蟣蝨作幾瑟、時蟣蝨質於楚。蘇代謂韓咎曰。【考證】梁玉繩曰、案蘇代策作冷向、是也、古史亦以史爲誤、但韓咎即公子咎、與蟣蝨爭爲太子者、而此篇實謀納蟣蝨、義不可通、吳注云、咎豈有納幾瑟之理、當是謂公仲之辭也、徐氏測議云、公子咎與韓咎是二人、故蘇氏說韓咎奉蟣蝨也、亦是一解、愚按、此韓咎非太子咎、徐說是、蟣蝨亡在楚、非質于楚也、下文及策、可證、蟣蝨亡在楚。楚王欲內之甚。今楚兵十餘萬在方城之外。【索隱】方城、楚之北境、之外、北境之北也、【正義】括地志云、方城山、在許州葉縣西南十八里、左傳云、楚大夫屈完對齊侯曰、楚國方城以爲城、杜注云、方城山、在南陽

葉縣南、【考證】方城、山名、亦曰長城山、亦曰萬城山、在河南葉縣、方城之外、方城以北也、公何不令楚王築萬室之都雍氏之旁。【集解】徐廣曰、在陽翟、【正義】括地志云、故雍氏城、在洛州陽翟縣二十五里、故老云、黃帝臣雍父作杵臼也、【考證】雍氏、韓地、故城在今河南扶溝縣西南、韓必起兵以救之。公必將矣。公因以韓・楚之兵奉蟣蝨而內之。其聽公必矣。必以楚・韓封公也。【考證】策、聽作德、封作奉、義長、韓咎從其計。【考證】謂韓咎曰以下、采韓策、楚圍雍氏。【集解】徐廣曰、秦本紀、惠王後元十三年、周赧王三年、楚懷王十七年、齊湣王十二年、皆云楚圍雍氏、紀年於此亦說楚景翠圍雍氏、韓宣王卒、秦助韓共敗楚屈丐、又云、齊宋圍煮棗、皆與史記年表及田完世家符同、然則此卷所云襄王十二年韓咎從其計以上、是楚後圍雍氏、赧王之十五年事也、又說楚圍雍氏以下、是楚前圍雍氏、赧王之三年事、韓求救於秦。秦未爲發。使公孫昧入韓。公仲曰、子以秦爲且救韓乎。【考證】楓山本、入下有朝字、對曰、秦王之言曰、請道南鄭・藍田、出兵於楚以待公。殆不合矣。【索隱】殆不合於南鄭、【正義】南鄭、梁州縣、藍田、雍州縣、秦王言或出雍州西南至鄭、或出雍州東南歷藍田出嶢關、俱繞楚北境以待韓使、而東救雍氏、如此遲緩、近不合於楚

矣、【考證】策云、請道於南鄭藍田以入攻楚、出兵於三川以待公、殆不合軍於南鄭矣、索隱依策解史、吳師道曰、史無軍於南鄭四字、爲是、愚按、南鄭、古鄭地、今河南新鄭縣西北有古鄭城、藍田故城、在今陝西藍田縣西、蓋一軍由商洛、一軍由漢中以攻楚也、中井積德曰、不合、不與言相符也、策不必據、公仲曰。子以爲果乎。對曰。秦王必祖張儀之故智。【集解】徐廣曰、祖者、宗之習之謂也、故智猶前時謀計也、【考證】中井積德曰、祖猶祖述也、楚威王攻梁也、張儀謂秦王曰。與楚攻魏。魏折而入於楚。韓固其與國也。是秦孤也。【考證】秦孤、王柯凌本倒、王念孫曰、宋本游本及韓策、作秦孤、下文是齊孤也、楚世家曰、是齊孤也、文義竝與此同、愚按、楓山三條本、亦作秦孤、不如出兵以到之。【索隱】到、欺也、猶俗云張到、然戰國策作勁、勁强也、【考證】梁玉繩曰、到顚倒意、謂惑之也、到古倒字、王念孫曰、到當依韓策作勁、勁强也、出兵以勁之者、陽爲助魏、而實以虛聲勁之也、魏恃秦而勁、必與楚戰、楚魏相搏、秦因取西河之外以歸、故韓策曰、魏氏勁、威王怒、楚與魏大戰、秦取西河之外以歸也、秦策記此事曰、楚攻魏、張儀謂秦王曰、不如與魏以勁之、則作勁者是也、下文公待秦而到、亦當依韓策作公恃秦而勁、謂韓恃秦而勁、必與楚戰、勝則秦與韓乘楚、施三川而歸、不勝則秦塞三川而守之、韓不能救也、愚按、諸說皆缺明晳、竝存疑、魏・楚大戰、秦取西河之外以歸。【考證】以上引張儀故事、見于秦策、西河之外、即河西、今陝西大荔宜川等縣地、今其狀

陽言與韓、其實陰善楚。公待秦而到、【考證】策作公恃秦而勁、必輕與楚戰。楚陰得秦之不用也、【考證】得、猶知也、必易與公相支也。【索隱】言楚陰知秦不爲公用、亦必易爲公相支拒也、公戰而勝楚、遂與公乘楚、施三川而歸。【正義】施、猶設也、三川、周天子都也、言韓戰勝楚、則秦與韓怨御於楚、即於天子之都、張設救韓之功、行霸王之迹、加威諸侯、乃歸咸陽、是也、【考證】中井積德曰、施、言揚威也、愚按、田完世家、請與韓地、而王以施三川、蔡澤傳、利施三川、以實宜陽、竝義同、策作易、王念孫據爲移易之義、未得、三川謂伊洛河、三川秦置三川郡、漢爲河南郡、今河南洛陽縣等地、公戰不勝楚、楚塞三川守之、【正義】楚乃塞南河四關守之、韓不能救三川、【考證】王念孫曰、下楚字疑衍、此謂秦塞三川而守之、非謂楚也、韓策、無下楚字、公不能救也。竊爲公患之。司馬庚三反於郢。【集解】徐廣曰、一作唐、【考證】策、作康、蓋秦人、郢、楚都、甘茂與昭魚遇於商於。【集解】徐廣曰、昭魚、楚相國、【索隱】戰國策謂之昭獻、【考證】甘茂、下蔡人、仕秦、商於、秦二邑名、策、作遇於境、其言收璽。【索隱】劉氏云、詐言昭魚來秦、欲得秦官之印璽、收即取之義也、【正義】其言話云、昭魚遇於商於、擬相秦、收其相璽、而實類其終契謀伐韓也、【考證】鮑彪曰、璽、軍符、收之者、言欲止楚之攻韓、實類有約也。【考證】鮑彪曰、

疑秦楚約攻韓、公仲恐曰。然則柰何。曰。公必先韓而後秦、先身而後張儀。【正義】先以身存韓之計、而後知張儀爲秦到魏之計、不如急以國合於齊楚、【考證】吳師道曰、先韓者、急圖其國、後秦者、不望其救、先身者、審己之謀、後儀者、不墮人之詐、中井積德曰、主韓而舍秦、主己而舍張儀之計也、公不如亟以國合於齊・楚。齊・楚必委國於公。公之所惡者張儀也。【正義】惡、烏故反、公孫昧言公仲所惡者、張儀到魏之計、雖以國合於齊楚、其實猶不輕欺無秦也、【考證】策、惡作外、吳師道曰、不墮儀之故智、爲外於儀耳、中井積德曰、所惡在張儀之計也、其實猶不無秦也。【考證】策、無作失、中井積德曰、言其實非敢疎秦也、於是楚解雍氏圍。【集解】徐廣曰、甘茂傳云、楚懷王以兵圍韓雍氏、韓使公仲告急於秦、秦昭王新立不肯救、甘茂爲韓言之、乃下師於殽以救韓也、又云、周赧王十五年、韓襄王十二年、秦擊楚、斬首二萬、敗楚襄城、殺景缺、周本紀、赧王八年之後云、楚圍雍氏、此當韓襄王十二年、魏哀王十九年、紀年於此亦說楚入雍氏、楚人敗、然爾時張儀已死十年矣、【正義】自此已上十二年、竝是楚後圍雍氏、赧王之十五年一段事也、前注徐廣云、楚圍雍氏以下、是楚前圍雍氏、赧王三年事、徐說非也、徐見下文云先身而後張儀、及公之所惡者張儀也、言張儀尙存、楚又兩度圍雍氏、故生此前後之見、甚誤也、然是公孫昧郤述張儀時事、說韓相公仲耳、【考證】楚圍雍氏以下、采韓策、沈家本曰、此一段乃錯簡也、上文書公子咎公子蟣蝨爭爲太子、蘇代謂韓咎云云、下文蘇代又謂云云、其文勢相接、不

應中間插入楚圍雍氏之事、其爲錯簡甚明、第不知當何屬耳、蘇代又謂秦太后弟芉戎曰。【集解】徐廣曰、號新城君、【索隱】芉、姓、戎、名、秦宣太后弟、號新城君、【考證】又字承上文太子嬰死章、策不記說者名、秦太后弟芉戎作新城君、公叔・伯嬰、恐秦・楚之內蟣蝨也。【索隱】按戰國策、公叔伯嬰與蟣蝨及公子咎、竝是襄王子、然伯嬰即太子嬰、嬰前死、故咎與蟣蝨又爭立、此取戰國策說伯嬰未立之先亦與蟣蝨爭立、故事重而文倒也、【考證】中井積德曰、改伯嬰爲公子咎、則前後文相應、訛文耳、下文倣此、公何不爲韓求質子於楚。【索隱】令韓求楚、更以別人爲質、以替蟣蝨也、【正義】爲、于僞反、後同、【考證】張文虎曰、索隱本有子字、與下爲秦求質子句法一例、國策亦有、各本竝脫、中井積德曰、求者自秦求其歸於韓、索隱閉却本文爲字、又別人替質、本文不言及、楚王聽入質子於韓、【索隱】質子、蟣蝨也、【正義】質子、蟣蝨、蘇代令芉戎爲韓求蟣蝨入於韓、楚不聽、公叔伯嬰、知秦楚不以蟣蝨爲事、必以韓合於秦楚、楚王聽入質子於韓、當云楚王不聽入質子於韓、承前脫不字耳、次下云知秦楚不以蟣蝨爲事、重明脫不字、【考證】楓山三條本、聽上有不字、不補亦通、中井積德曰、入質子、與前文內蟣蝨意不同、入者只是放還矣、內者以兵護送、必立爲太子也、愚按、放還蟣蝨、任韓人之所爲也、則公叔・伯嬰知秦・楚之不以蟣蝨爲事、【考證】知秦楚無意於立蟣蝨也、必以韓合於秦・楚。秦・楚挾韓以窘魏、魏氏不敢合於

齊。是齊孤也。公又爲秦求質子於楚。【索隱】令芊戎教秦、於楚索韓所迯質子、令入之於秦也、【考證】中井積德曰、爲秦、當作爲韓、策作令秦、亦通、楚不聽、怨結於韓。韓挾齊·魏以圍楚、楚必重公。【正義】言韓合齊魏以圍楚、楚必尊重芊戎、以求秦救矣、公挾秦·楚之重以積德於韓、公叔·伯嬰必以國待公。【考證】謂秦太后弟芊戎以下、采韓策、待作奉、崔適曰、此多脫文、無從校訂、於是蟣蝨竟不得歸韓。【正義】自此已前蘇代數計皆不成、故韓竟立咎爲太子也、韓立咎爲太子。齊·魏王來。【正義】蘇代爲韓立計、故得齊魏王來、【考證】梁玉繩曰、齊魏上缺十三年、表可證、十四年、與齊·魏王共擊秦、至函谷而軍焉。十六年、秦與我河外及武遂。【考證】梁玉繩曰、按事在十四年、河外及三字衍、說見秦紀、襄王卒。太子咎立。是爲釐王。釐王三年、使公孫喜率周·魏攻秦。秦敗我二十四萬。虜喜伊闕。【考證】秦紀二十四萬上有斬首二字、伊闕在今河南洛陽縣西南境、五年、秦拔我宛。【正義】宛、於元反、宛、鄧州縣也、時屬韓也、【考證】宛當依秦紀作垣、此與年表同誤、宛、楚地、六

年、與秦武遂地二百里。【正義】此武遂及上武遂、皆宜陽近地、十年、秦敗我師于夏山。【正義】山未詳、十二年、與秦昭王會西周、而佐秦攻齊。齊敗、湣王出亡。【考證】梁玉繩曰、案六國攻齊、此失書燕楚趙魏、十四年、與秦會兩周閒。【考證】柯、凌本、兩誤作西、二十一年、使暴鳶救魏。爲秦所敗、鳶走開封。【正義】鳶、音捐、韓將姓名、二十三年、趙·魏攻我華陽。【正義】司馬彪云、華陽、山名、在密縣、鄭州管城縣南四十里、【考證】華陽在今河南新鄭縣東南、韓告急於秦。秦不救。韓相國謂陳筮曰。【集解】徐廣曰、一作笭、【索隱】徐廣云、一作苓、戰國策、作田苓、【考證】今本策、作田苓、事急。願公雖病、爲一宿之行。陳筮見穰侯。穰侯曰。事急乎。故使公來。陳筮曰。未急也。穰侯怒曰。是可以爲公之主使乎。【正義】爲、如字、言使甚多、獨筮爲主也、【考證】岡白駒曰、故猶特也、夫冠蓋相望、告敝邑甚急。公來言未急。何也。【考證】冠蓋相望、言韓使至秦之多、陳筮曰。彼韓急、則將變而

佗從。以未急故復來耳。穰侯曰。公無見王。請今發兵救韓。八日而至、敗趙·魏於華陽之下。【考證】趙魏攻我華陽以下、采韓策、王、柯、凌本、今誤令、是歲、釐王卒。子桓惠王立。桓惠王元年、伐燕。九年、秦拔我陘。城汾旁。【正義】陘、音刑、秦拔陘城於汾水之旁、陘故城、在絳州曲沃縣西北二十里汾水之旁也、【考證】陘故城、在今山西曲沃縣東、中井積德曰、汾旁二字衍、蓋注文誤入正文、愚按、年表亦有此文、秦拔我陘、句、城汾旁、句、十年、秦擊我於太行。【正義】太行山、在懷州河內縣北二十五里也、我上黨郡守、以上黨郡降趙。【考證】上黨降趙、本于趙策、梁玉繩曰、事在十一年、十四年、秦拔趙上黨。【正義】韓上黨也、從太行山西北澤潞等州是也、【考證】今山西長治縣等、殺馬服子卒四十餘萬於長平。【考證】楓山、三條本、子作士、馬服、謂趙括、括父爲趙將、封馬服君、長平故城、在今山西高平縣西、梁玉繩曰、事在十三年、十七年、秦拔我陽城·負黍。【集解】徐廣曰、負黍在陽城、【正義】古今地名云、負黍在洛州陽城西三十七里也、二十二年、秦昭王卒。二十四年、秦拔我城皋·滎陽。【考證】城皋即成皋、二十六年、秦悉拔

我上黨。二十九年、秦拔我十三城。三十四年、桓惠王卒。子王安立。【考證】梁玉繩曰、案魏世家安釐王十二年、信陵君曰、今韓氏以一女子奉一弱主、內有大亂、大事記云、韓世家不載其事、必是韓王少、母后用事、余攷魏安釐王十二、當桓惠八年、是時秦宣太后趙惠文后齊君王后皆臨朝用事、韓亦當然也、古史云、信陵君說魏王曰、韓氏以一女子奉弱主、李斯上書言趙高必爲亂曰、如韓玘之爲韓安相、此二事、皆二人所親見、而至漢太史公不得其事矣、大抵戰國事、韓最疏略、王安五年、秦攻韓。韓急、使韓非使秦。秦留非、因殺之。【考證】秦殺韓非、見秦策、梁玉繩曰、韓非使秦、紀表在六年、九年、秦虜王安、盡入其地、爲潁川郡。韓遂亡。【正義】亡在秦始皇帝十七年、【考證】梁玉繩曰、案楚漢之際、諸公子韓成爲王、漢立韓襄王孽孫韓信爲王、皆當附及、

太史公曰。韓厥之感晉景公、紹趙之孤子武、以成程嬰·公孫杵臼之義。【考證】梁玉繩曰、趙孤之事非實、說在趙世家、此天下之陰德也。韓氏之功於晉、未覩其大者也。然與趙·魏終爲諸侯十餘世。宜乎哉。

索隱述贊、韓氏之先、實宗周武、事微國小、春秋無語、後裔事晉、韓原是處、趙孤克立、智伯可取、既徙平陽、又侵負黍、景趙俱侯、惠文僭主、秦敗脩魚、魏會區鼠、韓非雖使、不禁狼虎、

韓世家第十五

史記四十五

文學博士瀧川龜太郎著

史記會注考證

史記會注考證卷四十六

漢　太史令　司馬遷　撰
宋　中郎外兵曹參軍　裴駰　集解
唐　國子博士弘文館學士　司馬貞　索隱
唐　諸王侍讀率府長史　張守節　正義
日本　出雲　瀧川資言　考證

田敬仲完世家第十六　史記四十六

〔考證〕史公自序云、完子避難、適齊爲援、陰施五世、齊人歌之、成子得政、田和爲侯、王建動心、乃遷于共、嘉威宣能撥濁世而獨宗周、作田敬仲完世家第十六、何焯曰、以田

完制名、所以別于太公之齊也、

陳完者、陳厲公他之子也。〔索隱〕他、音徒何反、此系家以他爲厲公、而左傳厲公名躍、陳系家、又有利公躍、利卽厲也、是厲公名躍、蓋他是厲公之兄、立未踰年、無諡、今此云厲公他、非也、他一名五父、故經云、蔡人殺陳他、傳又云、蔡人殺五父、是也、〔正義〕佗、同何反、譙周云、春秋傳謂他卽五父、世家與傳違、案左傳云、厲公名躍、而佗立未踰年、無諡、又桓六年經云、蔡人殺他、又莊二十二年傳云、陳厲公、蔡出也、故蔡人殺五父而立之、則他與五父俱爲蔡所殺、其名雖異、其實則同、他與五父是一人、明矣、而史記以他爲厲公、以躍爲利公、恐太史公誤、又恐當有所別見、班固又以厲公爲桓公弟、重誤矣、〔考證〕中井積德曰、佗立、明年死、五父其字也、非別名、愚按、說詳陳世家、完生。周太史過陳。陳厲公使卜完。卦得觀之否。是爲觀國之光、利用賓于王。〔正義〕杜預曰、此周易觀卦六四爻辭也、四爲諸侯、變而之乾、有國朝王之象、易之爲書、六爻皆有變象、又有互體、聖人隨其義而論之、易正義云、居觀在近、而得其位、明習國之禮儀、故宜利賓于王庭、爲王賓也、否卦義曰、否、閉之也、非是人道交通之時、不利君子爲正也、上下不交、而天下無國也、言利賓于王庭、値無國之世、故刺君子爲不正、必代君有國、〔考證〕坤下巽上爲觀、坤下乾上爲否、之、適也、變而有所之也、中井積德曰、否下脫曰字、是周史之言、左傳可徵、愚按、風俗通六國篇亦有曰字、光王韻、此其代陳有國乎。不在此、而在異國乎。

〔正義〕六四爻變、內卦爲本國、外卦爲異國、六四在外、故爲異國也、非此其身也、在其子孫。〔正義〕內卦爲身、外卦爲子孫、六四爻變、故知在子孫也、若在異國、必姜姓。〔正義〕六四爻是辛未爻、觀上體巽、未爲羊、巽爲女、以女乘羊、故爲姜、姜、齊姓、必知在齊也、姜姓、四嶽之後。〔正義〕杜預云、姜姓之先、爲堯四嶽也、物莫能兩大。陳衰、此其昌乎。〔正義〕陳湣公、周敬王四十一年爲楚惠王所滅、齊簡公、周敬王三十九年被田常所殺、〔考證〕完生以下、采莊二十二年左傳說、既詳于陳世家、厲公者、陳文公少子也。其母蔡女。文公卒。厲公兄鮑立。是爲桓公。桓公與他異母。及桓公病、蔡人爲他殺桓公鮑及太子免、〔考證〕中井積德曰、據左傳及陳世家、桓公病卒、非弒也、凡此敍事與陳世家異、而立他爲厲公。厲公既立、娶蔡女。蔡女滛於蔡人、數歸。厲公亦數如蔡。桓公之少子林、怨厲公殺其父與兄、乃令蔡人誘厲公而殺之。林自立。是爲莊公。故陳完不得立、爲陳大夫。厲公之殺、以滛出國。故春秋曰、蔡

人殺陳他。罪之也。【考證】蔡人殺陳他、桓六年春秋、左氏無傳、公羊傳云、蔡人殺陳佗、陳佗者何、陳君也、陳君則曷爲謂之陳佗、絕也、曷爲絕之、賤之也、其賤奈何、外淫也、惡乎淫、淫于蔡、蔡人殺之、史公約公羊四十七字爲罪之也三字、梁玉繩曰、佗是文公子、五父、厲公躍是桓公子、厲公、蔡出也、桓公疾、佗殺其太子免而代之、蔡人殺佗立厲公、厲公卒、弟莊公林立、史所說俱誤、詳陳世家中、 莊公卒。【考證】莊元年春秋、 立弟杵臼。是爲宣公。宣公十一年、殺其太子禦寇。【考證】楓山、三條本、十一年作廿一年、梁玉繩曰、案春秋、事在陳宣公二十一年、此缺二字、 禦寇與完相愛。恐禍及己、完故奔齊。齊桓公欲使爲卿。【考證】羈讀爲羇、羇、寄旅客、背曰負、肩曰擔、負擔、喻勞役、 辭曰。羈旅之臣、幸得免負擔。君之惠也。不敢當高位。桓公使爲工正。【正義】工巧之長、若將作大匠、 齊懿仲欲妻完。【考證】梁玉繩曰、案懿氏乃陳大夫、非齊也、左傳追敘其事、故加初字、此誤爲齊耳、 卜之。占曰。【考證】藝文類聚引史、占作吉、是、左傳作其妻占之曰吉、 是謂鳳皇于蜚、和鳴鏘鏘。【考證】喻夫婦和睦也、 有嬀之後、將育于姜。【考證】嬀、陳姓、姜、齊姓、 五世其昌、竝于正卿。【考證】謂桓子無宇、 八世之後、莫之

與京。【正義】賈逵曰、京、大也、杜預曰、敬仲八代孫陳常也、田完世家云、八代孫田常之子盤也、而杜以常爲八代者、以桓子無宇生武子開與釐子乞、皆相繼事齊、故以常爲八代、【考證】鏘姜卿京韻、 卒妻完。完之奔齊、齊桓公立十四年矣。【考證】完生以下、莊二十二年左傳、又見陳世家、 完卒。謚爲敬仲。【考證】敬其謚、仲其字、 仲生穉孟夷。【索隱】系本作夷孟思、謚穉是名、孟夷字也、 敬仲之如齊、以陳字爲田氏。【集解】徐廣曰、應劭云、始食采地於田、由是改姓田氏、【索隱】據如此云、敬仲奔齊、以陳田二字聲相近、遂以爲田氏、應劭云、始食采於田、則田是地名、未詳其處、【正義】案敬仲既奔齊、不欲稱本國故號、故改陳字爲田氏、【考證】顧炎武曰、以陳氏爲田氏、蓋太史公之誤、春秋傳、未有稱田者、至戰國時始爲田耳、俞樾曰、古田陳同聲、然春秋時自稱田、恐史公據後以改前、非其實也、然陳之變爲田、必有說、十二諸侯年表、齊平公驁元年云、齊自是稱田氏、按平公時政雖在大夫、而變君之姓以從臣、恐無其事、或者陳氏於是年始稱田氏、而史公誤爲此說耳、考世家、平公卽位、田常相之、割齊安平以東爲田氏封邑、是乃田氏有齊之始、變陳爲田、當在此時也、愚按、崔述考古續說二卷、梁玉繩史記志疑卷八、亦有考、 田穉孟夷生湣孟莊。【集解】徐廣曰、一作莊、【索隱】系本作閔孟克、莊、呂改反、 田湣孟莊生文子須無。田文子事齊莊公。晉之大夫欒逞作亂於晉、來奔齊。齊莊公厚客

之。晏嬰與田文子諫。莊公弗聽。【索隱】逞、音盈、史記多作逞字、【考證】欒盈來奔、見襄二十二年左傳、梁玉繩曰、文子未嘗諫納欒盈、 文子卒。生桓子無宇。【考證】張文虎曰、卒字疑衍、下無宇卒同、 田桓子無宇有力。事齊莊公甚有寵。無宇卒。生武子開與釐子乞。【正義】釐、音僖、 田釐子乞事齊景公爲大夫。其收賦稅於民、以小斗受之。其粟予民、以大斗。行陰德於民、而景公弗禁。【考證】小斗受之、大斗予之、本昭三年左傳晏嬰語、王念孫曰、太平御覽引此粟作廩、廩與稟同聲通用、說文、稟、賜穀也、稟予、猶給予也、梁玉繩曰、案左氏、襄廿八年無宇始見傳、乃齊景三年、其父文子尚在、則無宇未事莊公也、武子名開、左傳不見、史公當別有據、又小斗大斗之言、卽景公九年晏子與叔向語所謂家量公量者、政桓子時事、此以爲僖子、非、 由此田氏得齊衆心、宗族益彊、民思田氏。晏子數諫景公。景公弗聽。已而使於晉、與叔向私語曰。齊國之政、其卒歸於田氏矣。【考證】使於晉以下、本昭三年左傳晏嬰語、叔向、晉大夫羊舌肸、 晏嬰卒後、范・中行氏反晉。晉攻之

急。范・中行請粟於齊。田乞欲爲亂、樹黨於諸侯。乃說景公曰。范・中行數有德於齊。齊不可不救。齊使田乞救之、而輸之粟。【考證】左傳定二年云、范中行入于朝歌以叛、哀二年云、齊輸范氏粟、梁玉繩曰、案齊輸粟范氏、不及中行、亦非因田乞樹黨之故、說在齊世家、 景公太子死。後有寵姬曰芮子。【集解】徐廣曰、一作粥子、【考證】梁玉繩曰、茶母姒姓、作芮子非、徐廣作粥子亦非、說在齊世家、 生子茶。【索隱】音舒、又如字、 景公病。命其相國惠子與高昭子、以子茶爲太子。【索隱】惠子、名夏、昭子、名張、 景公卒。兩相高・國立茶。是爲晏孺子。【考證】張文虎曰、高國二字、疑後人旁注誤混、 而田乞不說、欲立景公他子陽生。陽生素與乞歡。晏孺子之立也、陽生奔魯。【考證】景公太子死以下、本哀五年左傳、又見齊世家、 田乞僞事高昭子・國惠子者、【考證】事、猶黨也、 每朝代參乘。【考證】左傳齊世家、代作必、 言曰。始諸大夫不欲立孺子。孺子既立、君相之。大夫皆自危、謀作

亂。又紿大夫曰。高昭子可畏也。及未發先之。【考證】昭、當作國、左傳作二子、 諸大夫從之。田乞・鮑牧與大夫、以兵入公宮、攻高昭子。【考證】中井積德曰、攻高昭子四字疑衍、 昭子聞之、與國惠子救公。公師敗。田乞之衆追國惠子。惠子奔莒。遂返殺高昭子。晏孺子奔魯。【考證】田乞僞事以下、本哀六年左傳、又見齊世家、遂返殺三字疑衍、晏孺子、左傳齊世家作晏圉、此誤、圉晏嬰之子、 田乞使人之魯迎陽生。陽生至齊、匿田乞家。請諸大夫曰。常之母、有魚菽之祭。幸而來會飲。【考證】何休曰、齊俗婦人首祭事、言魚豆者、示薄陋無所有也、 會飲田氏。田乞盛陽生橐中、【索隱】橐音託、橐中、謂皮橐之中、 置坐中央、發橐出陽生曰。此乃齊君矣。大夫皆伏謁、將盟立之。【考證】以上哀六年公羊傳、又見齊世家、 田乞誣曰。吾與鮑牧謀共立陽生也。【考證】古鈔本、鮑牧作鮑叔、 鮑牧怒曰。大夫忘景公之命乎。諸大夫欲

悔。陽生乃頓首曰。可則立之。不可則已。鮑牧恐禍及己、乃復曰。皆景公之子。何爲不可。遂立陽生於田乞之家。是爲悼公。乃使人遷晏孺子於駘、而殺孺子荼。【正義】音臺、又音台、賈逵云、齊地也、【考證】以上本哀六年左傳、又見齊世家、而殺孺子荼句有誤、齊世家云、遷晏孺子於駘、殺之幕下、而逐孺子母芮子、當依正、 悼公既立。田乞爲相、專齊政。四年、田乞卒。子常代立。是爲田成子。鮑牧與齊悼公有郤。弒悼公。【考證】依哀八年左傳、悼公殺鮑子、非鮑子弒悼公、弒悼公者齊人、見哀十年左傳、說在齊世家、 齊人共立其子壬。是爲簡公。【集解】監一作闞、【索隱】監止、上音如字、又音苦濫反、監、姓也、名止、 田常成子與監止俱爲左右相、相簡公。田常心害監止。監止幸於簡公。權弗能去。於是田常復脩釐子之政、以大斗出貸、以小斗收。【考證】韓非子二柄篇云、田常上請爵祿而行之羣臣、下大斗斛而施於百姓、復脩釐子之政、史公以意補、釐子施陰德、見上、 齊人歌之曰。嫗乎采

芑。歸乎田成子。【索隱】言嫗之采芑菜、皆歸入於田成子、以刺齊國之政將歸陳、【正義】嫗、於丰反、芑、音起、芑、白粱粟也、言齊之婦嫗、捃拾遺粟之穗、以爲生產、亦分歸田成子、此歌齊國之政將歸田氏、【考證】韓非子外儲右上云、周秦之民相與歌之曰、謳乎其已乎、苞乎其往歸田成子乎、劉知幾曰、人既物故、加諡以易名、田常見存、而遽呼以諡、此之不實、明然可知矣、中井積德曰、是謳只謂國人之歸心耳、成字衍、則字數亦齊、太田方曰、詩云、薄言采芑、于彼新田、芑、白粱粟、歸、盍歸乎來之歸、愚按、嘔、漚通、漬也、詩、東門之池、可以漚麻、言漚麻乎、采芑乎、往歸田子乎、芑子韻、 齊大夫朝。御鞅諫簡公曰。【索隱】御官也、鞅名也、亦田氏之族、【正義】御鞅、爲僕御官也、鞅名、亦田氏族也、賈逵云、齊大夫也、【考證】左傳無齊大夫三字、朝作諸、 田・監不可竝也。君其擇焉。君弗聽。【考證】君、當作公、 子我者、監止之宗人也。【索隱】案齊系家云、子我夕、賈逵云、卽監止也、尋其文意、當是監止、今云宗人、蓋太史誤也、【正義】齊世家云、闞止有寵焉、賈逵云、闞止、子我也、尋世家文意、子我、闞止字也、今云宗人、蓋太史公誤也、【考證】左傳亦與齊世家同、 常與田氏有郤。田氏疏族田豹、事子我有寵。子我曰。吾欲盡滅田氏適、以豹代田氏宗。豹曰。臣於田氏疏矣。不聽。已而豹謂田氏曰。子我將誅田氏。田氏弗先、禍及矣。子

我舍公宮。【考證】左傳云、子我在幄、梁玉繩曰、傳云、子行舍于公宮、乃陳逆也、此誤子我、 田常兄弟四人乘如公宮、【考證】左傳及齊世家、無人字、齊世家索隱引此無乘字、疑今本後人依彼文增、 欲殺子我。子我閉門。【考證】中井積德曰、左傳及齊世家竝言、子我在幄、出逆之、遂入閉門、閉門者田氏也、此蓋脫文、 簡公與婦人飲檀臺。【正義】在青州臨淄縣東北一里、【考證】左傳齊世家竝云、公與婦人飲酒于檀臺、成子遷諸寢、則檀臺在公宮中、 將欲擊田常。太史子餘曰。田常非敢爲亂。將除害。簡公乃止。田常出、聞簡公怒、恐誅、將出亡。田子行曰。需、事之賊也。【索隱】需、音須、需者疑也、疑必致難、故云、事之賊也、【正義】待闞止之事發、必爲賊害也、【考證】言遲疑遭禍、索隱是、 田常於是擊子我。子我率其徒攻田氏。不勝。出亡。田氏之徒追殺子我及監止。【考證】楓山、三條本、無及字、 簡公出奔。田氏之徒、追執簡公于徐州。【索隱】徐、音舒、徐州、齊邑薛縣是也、非九州之徐、【正義】齊之西北界上地名、在勃海郡東平縣也、【考證】洪頤煊曰、正義是、 簡公曰。蚤從御鞅之言、不及此難。田氏之徒、恐

簡公復立而誅己、遂殺簡公。考證 御鞅諫以下、本哀十四年左傳。 簡公立四年而殺。於是田常立簡公弟驁。是爲平公。平公即位、田常爲相。田常既殺簡公、懼諸侯共誅己、乃盡歸魯衛侵地、考證 盡歸魯衛侵地、哀十五年左傳、 西約晉韓魏趙氏。南通吳越之使、考證 蘇轍曰、左傳、成子歸成于魯、以子貢之言、不得已而與之、本非成子所以自定之計也、又自從齊晉更相侵伐未已、不見成子約晉之實、又是時吳滅已久、言通吳越之使、亦非確論。 脩功行賞、親於百姓。以故齊復定。田常言於齊平公曰。德施、人之所欲。君其行之。刑罰、人之所惡。臣請行之。行之五年、齊國之政皆歸田常。考證 韓非子二柄篇、田常上請爵祿而行之、下大斗斛而施於百姓、此簡公失德而田常用之也、故簡公見弒。子罕謂宋君曰、夫慶賞賜予者、民之所喜也、殺戮刑罰者、民之所惡也、臣請當之、於是宋君失刑而子罕用之、故宋君見劫、此合二事、歸之於田恒、恐非、德施二字連讀、與刑罰對言、 田常於是盡誅鮑晏監止及公族之彊者。考證 徐孚遠曰、前已誅監止矣、此復及者、蓋盡其族類也、崔適曰、監止下疑脫之族二字、 而

割齊自安平以東至琅邪、自爲封邑。集解 徐廣曰、安平、在北海、索隱 案司馬彪郡國志、北海東安平、六國時曰安平、則徐廣云、在北海是、正義 括地志云、安平城、在青州臨淄縣東十九里、古紀國之酅邑、青州即北海郡也、琅邪、沂州也、從安平已東、萊登沂密等州、皆自爲田常封邑也、考證 安平故城、山東臨淄縣東十九里、 封邑大於平公之所食。田常乃選齊國中女子長七尺以上爲後宮。後宮以百數。考證 楓山、三條本、無子字、 而使賓客舍人出入後宮者不禁。及田常卒有七十餘男。索隱 案鮑昱云、陳成子有數十婦、生男百餘人、與此亦異、然譙允南案春秋、陳恆爲人雖志大負殺君之名、至於行事亦脩整、故能自保固、非苟爲禽獸之行、夫成事在德、雖有姦子七十、祇以長亂事、豈然哉、言其非實也、 田常卒。子襄子盤代立相齊。常謚爲成子。集解 徐廣曰、盤一作槃、索隱 徐廣云、一作磐、音許既反、系本作班、 田襄子既相齊宣公。三晉殺知伯、分其地。集解 徐廣曰、宣公之三年時也、 襄子使其兄弟宗人盡爲齊都邑大夫、與三晉通使、且以有齊國。襄子卒。子莊子白立。索隱 系本、名伯、 田莊子

相齊宣公。宣公四十三年、伐晉、毀黃城、圍陽狐。正義 括地志云、故黃城、在魏州冠氏縣南十里、陽狐郭、在魏州元城縣東北三十二里也、考證 陽狐、山西絳州垣曲縣、 明年、伐魯葛及安陵。正義 括地志云、故魯城、在許昌縣南四十里、本魯朝宿邑、長葛故城、在許州長葛縣北十三里、鄭之葛邑也、隱陵故城、在許州隱陵縣西北十五里、李奇云、六國時爲安陵也、考證 年表、作魯莒及安陽、梁玉繩曰、安陵安陽、皆非魯地、葛當莒字之譌、 明年、取魯之一城。莊子卒。子太公和立。索隱 案紀年、齊宣公十五年田莊子卒、明年、立田悼子、悼子卒、乃次立田和、是莊子後有悼子、蓋立年無幾、所以作系本及記史者不得錄也、而莊周及鬼谷子亦云、田成子殺齊君、十二代而有齊國、今據系本系家、自成子至王建之滅、唯祇十代、若如紀年、則悼子及侯剡、即有十二代、乃與莊子鬼谷說同、明紀年亦非妄、考證 莊子胠篋篇、作十二世而有齊國、今本鬼谷子無此語、兪樾云、十二當世字壞、十二世有齊國、世有齊國也、未可依以爲證、且莊子齊宣時人、何豫知王建事、索隱、世作代、避唐諱、 田太公相齊宣公。宣公四十八年、取魯之郕。正義 音城、括地志云、故郕城、在兗州泗水縣西北五十里、說文云、郕、魯孟氏邑、是也、 明年、宣公與鄭人會西城。伐衛取毋丘。索隱 毋、音貫、古國名、衛之邑、今作毋者、字殘缺耳、正義 括地志云、故貫城、即古貫國、今名蒙澤城、在曹州濟陰縣南五十六里也、考證 古鈔本、無丘字、愚按、索隱正義亦無丘字、蓋因下文衍、

宣公五十一年卒。田會自廩丘反。索隱 紀年、宣公五十一年、公孫會以廩丘叛於趙、十二月、宣公薨、於周正爲明年二月、考證 中井積德曰、年表、自作以、可從、曰自相似而誤、廩丘故城、在今山東范縣、 宣公卒。子康公貸立。集解 徐廣曰、十一年伐魯取最、索隱 貸、音土代反、最、音祖外反、 貸立十四年、淫於酒婦人、不聽政。太公乃遷康公於海上、食一城以奉其先祀。考證 沈家本曰、齊世家及年表、皆在十九年、 明年、魯敗齊平陸。集解 徐廣曰、東平平陸、正義 兗州縣也、考證 平陸、山東兗州汶上縣、 三年、太公與魏文侯會濁澤、集解 徐廣曰、康公之十六年、索隱 徐廣云、康公十六年、蓋依年表爲說、而不省此上文貸立十四年、又云明年會平陸、又三年會濁澤、則是十八年、表及此注並誤也、考證 中井積德曰、前後皆康公之年、而此特稱三年、蓋年表非誤、而此三年當作明年、索隱平陸上會字誤、濁澤、山西解州西四十里、 求爲諸侯。魏文侯乃使使言周天子及諸侯、請立齊相田和爲諸侯。周天子許之。康公之十九年、田和立爲齊侯、列於周室、紀元年。齊侯太公和立二年、和卒。集解 徐廣曰、伐魯破之、 子桓公午

立。【索隱】紀年、齊康公五年、田侯午生、二十二年、田侯剡立、後十年、齊田午弑其君及孺子喜而爲公、春秋後傳亦云、田午弑田侯及其孺子喜、而兼齊、是爲桓侯、與此系家不同也、桓公午五年、秦·魏攻韓。韓求救於齊。齊桓公召大臣而謀。【索隱】謂騶忌段干朋、如戰國策、威王二十六年邯鄲之役、有此謀臣耳、又南梁之難、在宣王二年、有騶子田忌孫臏之謀、戰國策又有張田、其辭前後交互、是記史者所取各異、故不同耳、【考證】梁玉繩曰、案此年秦魏攻韓、他無所見、但有齊伐燕取桑丘、三晉伐齊至桑丘耳、詳攷國策、方知此乃齊宣王二十九年勝燕噲事、誤載于桓公五年、蓋齊策前後三章、皆大同小異、一爲邯鄲之難、卽下文威王二十六年事也、一爲南梁之難、卽下文宣王二年事也、一爲齊舉燕國、與此無殊、所謂攻韓者、卽岸門之戰也、然岸門之戰、魏新敗于秦、未必與秦攻韓、紀表及韓世家俱無之、而楚趙救韓、亦鮮明文、疑此仍策之誤、未足依據、其餘吳注辨之甚悉、吳云、威王二十二年、鄒忌始相、上距桓公取桑丘之歲二十餘年、豈得已爲大臣、史誤以邯鄲一章勘之明矣、策、段干綸、史作段干朋、然亦勘南梁章語也、田臣思卽田忌、宜王二年出奔、至二十九年子噲之役、凡二十七年、不應復見、使忌果在齊、則王安得棄之而而將章子、策或誤載其名、且桓公時秦魏攻韓、楚趙救之、齊不救、因而襲燕、宜王時秦魏伐韓、楚趙救之、齊不救、因而舉燕、何其事之脗合如此、且田臣思曰、天以燕予齊、而僅爲取桑丘乎、是史亦誤以宜王伐燕章附之桓公也、曰。蚤救之、孰與晚救之。騶忌曰。【考證】徐孚遠曰、鄒忌以鼓琴干齊威王、不宜桓公午時已與廷議、不若勿救。段干朋曰。【索隱】段干、姓、朋、名也、戰國策作段干綸、

不救、則韓且折而入於魏。不若救之。田臣思曰。【索隱】戰國策作田期思、紀年謂之徐州子期、蓋卽田忌也、【考證】錢大昕曰、臣、當作臣、音怡、與期音相近、梁玉繩曰、今竹書作田期、過矣、君之謀也。秦·魏攻韓、楚·趙必救之。是天以燕予齊也。桓公曰。善。乃陰告韓使者而遣之。韓自以爲得齊之救、因與秦·魏戰。楚·趙聞之、果起兵而救之。齊因起兵襲燕國、取桑丘。【正義】括地志云、桑丘故城、俗名敬城、在易州遂城縣、蓋時齊伐燕桑丘、魏趙來救之、魏趙世家並云、伐齊至桑丘、皆是易州、【考證】國策齊策、邯鄲之難章云、邯鄲之難、趙求救於齊、田侯召大臣而謀曰、救趙孰與勿救、鄒子曰、不如勿救、段干綸曰、弗救、則我不利、云云、南梁之難章云、韓氏請救於齊、田侯召大臣而謀曰、早救之、孰與晚救之便、張丐對曰、晚救之韓且折而入於魏、不如早救之、田臣思曰、不可、云云、又韓齊爲與國章云、韓齊爲與國、張儀以秦魏伐韓、齊王曰、韓、吾與國也、秦伐之、吾將救之、田臣思曰、王之謀過矣、不如聽之、子噲與子之國、百姓不戴、諸侯弗與、秦伐韓、楚趙必救之、是天以燕賜我也、王曰、善、乃許韓使者而遣之、韓自以得交於齊、遂與秦戰、楚趙果遽起兵而救韓、齊因起兵攻燕、三十日而舉燕國、愚按、前策攻魏襄陵也、齊威王時事、中策破魏於馬陵也、後策舉燕國也、並宣王時事、而史公合三策爲一、改張丐爲段干朋、改舉燕爲取燕桑丘、徐氏測義、梁氏志疑辯其謬、說見上文、六年、救衞。桓公

卒。【索隱】案紀年、梁惠王十二年、當齊桓公十八年、後威王始見、則桓公十九年而卒、與此不同、子威王因齊立。【考證】威王之名、此與年表·魯仲連傳並作因齊、國策作嬰齊、莊子則陽篇有田侯牟、釋文司馬云、齊威王也、名牟、桓公子、案史記威王名因、不名牟、所傳各異、愚按、釋文引史記、奪一齊字、是歲、故齊康公卒、絕無後、奉邑皆入田氏。齊威王元年、三晉因齊喪、來伐我靈丘。【正義】靈丘、河東蔚州縣、案靈丘此時屬齊、三晉因喪伐之、韓魏趙世家云、伐齊至靈丘、皆是蔚州、【考證】靈丘、山東東昌府高唐州、三年、三晉滅晉後、而分其地。【考證】梁玉繩曰、案是時分其地而未滅也、六年、魯伐我入陽關。【集解】徐廣曰、在鉅平、【正義】括地志云、魯陽關故城、在兗州博城縣南二十九里、西臨汶水也、【考證】陽關、山東泰安府、晉伐我至博陵。【正義】在濟州西界也、【考證】年表、博陵作鱄陵、梁玉繩曰、當依世家、愚按、晉卽魏、通鑑正作魏、博陵、山東東昌府博平縣、七年、衞伐我取薛陵。【考證】張文虎曰、齊威王七年、衞聲公元年也、趙伐衞、取都鄙七十三、救亡不暇、豈能伐齊、此年各國亦無伐齊事、薛陵地亦無攷、殆誤也、愚按、下文威王責阿大夫、亦有衞取薛陵語、則未必烏有之事、胡三省曰、薛陵、春秋薛國之墟也、班志、薛縣屬魯國、而衞國在漢東郡陳留界、薛陵屬齊、而近於衞、故爲所取、通鑑地理今釋云、薛陵、山東兗州陽穀縣、九年、趙伐我取甄。【正義】音絹、卽濮州甄城縣也、【考證】趙世家、

甄作鄄、鄄、山東曹州府濮州、威王初即位以來、不治。【考證】張文虎曰、不治二字、涉下而衍、委政卿大夫。九年之閒、諸侯並伐、國人不治。於是威王召卽墨大夫而語之曰。【考證】羣書治要引無而字、通鑑亦無、自子之居卽墨也、【正義】萊州膠水縣南六十里、卽墨故城是也、【考證】卽墨、山東東萊府卽墨縣、毀言日至。然吾使人視卽墨、田野闢、民人給、官無留事、東方以寧。是子不事吾左右以求譽也。封之萬家。召阿大夫語曰。【考證】羣書治要藝文類聚及通鑑、語下有之字、阿、卽東阿縣、山東兗州府陽穀縣、自子之守阿、譽言日聞。然使使視阿、田野不闢、民貧苦、昔日趙攻甄、子弗能救。衞取薛陵、子弗知。是子以幣厚吾左右以求譽也。是日、烹阿大夫、及左右嘗譽者、皆并烹之。【考證】列女傳六云、佞臣周破胡專權擅勢、妄造毀譽、淮南氾論訓云、齊威王設大鼎於庭中、而數無鹽令曰、子之譽日聞吾耳、察子之事、田野蕪、倉廩虛、囹圄實、子以姦事我者也、乃烹之、齊以此三十二歲道路不拾遺、所傳小異、愚按、烹人、自古有之、

如公羊傳莊四年齊哀公亨乎周、左傳襄二十六年、宋人亨伊戾、哀十六年、楚人亨石乞、史記田齊世家齊威王烹阿大夫、是也、至秦遂爲常刑、漢書刑法志云、秦大辟有鑊亨之刑、楚漢之際、餘習仍存、齊王田廣烹酈食其、項王亦烹韓生、又有烹太公之語、遂起兵西擊趙・衞、敗魏於濁澤、而圍惠王。惠王請獻觀以和解。〔正義〕觀、音館、魏州觀城縣古觀國、夏啓子太康弟之所封也、夏相滅之、漢爲縣、〔考證〕梁玉繩曰、案擊趙衞事無攷、敗魏濁澤、與伐魏取觀、是兩事、不得幷爲一端、且是齊伐而取之、非魏因敗濁澤而獻觀以和也、愚按、濁澤、山西解州西二十里、趙人歸我長城。於是齊國震懼、人人不敢飾非、務盡其誠、齊國大治。諸侯聞之、莫敢致兵於齊二十餘年。騶忌子以鼓琴見威王。威王說而舍之右室。〔正義〕右室、上室、須臾王鼓琴。騶忌子推戶入曰。善哉鼓琴。王勃然不說、去琴按劍曰。夫子見容未察。何以知其善也。騶忌子曰。夫大弦濁以春溫者君也。小弦廉折以清者相也。〔集解〕琴操曰、大弦者君也、寬和而溫、小弦者臣也、淸廉而不亂、〔索隱〕大弦濁以溫者君也、案春秋後語、溫字作春、春氣溫、

義亦相通也、蔡邕曰、凡弦以緩急爲淸濁、琴緊其弦則淸、縵其弦則濁、〔考證〕濁下疑脫重字、沈濤曰、如索隱說、則史文本作大絃濁以溫、春秋後語作濁以春、今史記溫上衍春字、蓋涉注而誤、愚按、錢大昕梁玉繩亦有此說、張文虎曰、御覽五百七十七引無春字、與索隱本同、又四百六十引有春字、無溫字、攫之深、〔集解〕徐廣曰、以爪持弦也、攫、音己足反、醳之愉者、政令也。〔集解〕徐廣曰、愉、一作舒、〔索隱〕醳、音釋、與下文舍字竝同、愉、音舒也、〔考證〕中井積德曰、據下文、醳上脫而字、鈞諸以鳴、大小相益、回邪而不相害者、四時也。〔考證〕邪、音斜、回邪、猶曲折也、吾是以知其善也。王曰。善、語音。騶忌子曰。何獨語音。夫治國家而弭人民、皆在其中。〔考證〕弭、安也、王又勃然不說曰。若夫語五音之紀、信未有如夫子者也。〔考證〕中井積德曰、若夫二字衍、若夫治國家而弭人民、又何爲乎絲桐之閒。騶忌子曰。夫大弦濁以春溫者君也。小弦廉折以清者相也。攫之深、而舍之愉者政令也。鈞諸以鳴、大小相益、回邪而不相害者、四時也。夫

復而不亂者、所以治昌也。連而徑者、所以存亡也。故曰。琴音調而天下治。夫治國家而弭人民者、無若乎五音者。王曰。善。騶忌子見三月、而受相印。淳于髡見之曰。善說哉。髡有愚志。願陳諸前。騶忌子曰。謹受教。淳于髡曰。得全全昌。失全全亡。〔索隱〕案得全、謂人臣事君之禮、全具無失、故云得全也、全昌者、謂若無失則身名獲昌、故云全昌也、〔考證〕昌亾韻、騶忌子曰。謹受令、請謹毋離前。〔索隱〕謂佩服此言、常無離心目之前、〔考證〕楓山、三條本、令作命、言常在王前無所失也、淳于髡曰。豨膏棘軸、所以爲滑也。然而不能運方穿。〔索隱〕豨膏、猪脂也、棘軸、以棘木爲車軸、至滑而堅也、然而穿孔若方、則不能運轉、言逆理反經也、故下忌曰、請謹事左右、言每事須順從、〔考證〕中井積德曰、棘、棗屬、非荆棘之棘、棘木亦所以爲滑、以木理密而滑澤也、不主其堅也、愚按、棗棘同、騶忌子曰。謹受令、請謹事左右。〔考證〕中井積德曰、左右、謂齊君左右之人也、謹事左右、豫順適其意、欲臨事無阻礙也、弓膠昔幹、所以爲合也。〔集解〕徐廣曰、幹、一作乾、〔索隱〕音孤捍反、昔、久舊也、幹、弓幹也、徐廣又

曰、一作乾、考工記、作枏幹、則枏昔、音相近、言作弓之法、以膠被昔幹、而納諸檠中、則是以勢令合耳、然而不能傅合疏罅。〔索隱〕傅、音附、罅、音五嫁反、以言膠幹可以勢暫合、而久亦不能常傳合於疏罅隙縫、以言人臣自宜彌縫得所、豈待拘以禮制法式哉、故下云、請自附於萬民、是也、〔考證〕中井積德曰、久乾之幹、被之以膠、可以傳合、然削幹平易、則可以膠矣、若削之不平、有疏罅、雖有膠不能合之、以喩立身正直、可以與民親附、若法制禮際、不足恃也、權勢恩德、不足怙也、騶忌子曰。謹受令。請謹自附於萬民。淳于髡曰。狐裘雖敝、不可補以黃狗之皮。騶忌子曰。謹受令。請謹擇君子、毋雜小人其閒。淳于髡曰。大車不較、不能載其常任。琴瑟不較、不能成其五音。〔索隱〕較者校量也、言有常制、若大車不較、則車不能載常任、琴不能成五音也、〔考證〕中井積德曰、較、比也、是調勻之義、兩輪一大一小、不可謂較、騶忌子曰。謹受令。請謹脩法律而督姦吏。淳于髡說畢、趨出至門、而面其僕曰。是人者吾語之微言五。〔考證〕微言、微密之言、列子說符篇云、人可與微言乎、其應我若響之應聲。是人必封不久矣。〔集解〕新序曰、齊稷下先生喜議政事、騶忌既爲齊相、稷

下先生淳于髡之屬七十二人、皆輕騶忌、以爲設以微辭、騶忌必不能及、乃相與俱往見騶忌、淳于髡之徒禮倨、騶忌之禮卑、淳于髡等稱辭、騶忌知之如應響、淳于髡等辭詘而去、騶忌之禮倨、淳于髡之禮卑、故所以尚干將莫邪者、貴其立斷也、所以尚騏驥者、爲其立至也、必且歷日曠久、則系縈能挈石、駑馬亦能致遠、是以聰明捷敏、人之美材也、【考證】新序雜事第二、載髡與鄒忌問答語、與史不同、且以爲宣王時事、居朞年、封以下邳、號曰成侯。【考證】號曰成侯、齊威以天子自擬、威王二十三年、與趙王會平陸。【考證】趙威侯、二十四年、與魏王會田於郊。魏王問曰。王亦有寶乎。威王曰。無有。【索隱】案韓嬰詩外傳、以爲齊宣王、其說異也、梁王曰。若寡人國小也、【考證】梁玉繩曰、後漢書李膺傳注、引史作寡人之國雖小、尚有徑寸之珠、照車前後各十二乘者十枚。柰何以萬乘之國而無寶乎。【考證】古者天子方幾千里、出車萬乘、故萬乘、天子之稱也、及周季諸侯兼幷僭越擁萬乘者亦有之、孟子云、以萬乘之國伐萬乘之國、指燕與齊也、當今之時、萬乘之國行仁政、指齊也、不受於萬乘之君、指當時大國也、韓非孤憤云、法術之難行也、不獨萬乘、千乘亦然、愛臣云、萬乘之國無備、必有千乘之家在其側、以徙其威而傾其國、亦然、梁惠亦以萬乘稱齊威、當時之語如此、威王曰。寡人之所以爲寶與王異。吾

臣有檀子者。使守南城。【索隱】檀子、齊臣、檀、姓、子、美稱、大夫皆稱子、盼子、田盼也、黔夫及種首皆臣名、事悉具戰國策也、【考證】胡三省曰、城在齊之南境、故曰南城、則楚人不敢爲寇東取。泗上十二諸侯皆來朝。【索隱】邾、莒、宋、魯之比、【考證】張儀傳及秦策齊策云、魏惠王從十二諸侯朝天子、齊策又云、衛鞅見魏王曰、大王所從十二諸侯、非宋衛也、則鄒魯陳蔡、蓋十二諸侯在齊魏間、望風附勢耳、吾臣有盼子者。使守高唐。【考證】盼子、卽田盼、閻若璩曰、人名下係以子字者、當時有此稱、田嬰爲嬰子、田文爲文子、魏冉爲冉子、匡章爲章子、田盼稱盼子亦是、愚按、高唐、山東東昌府高唐州、則趙人不敢東漁於河。吾吏有黔夫者。使守徐州。則燕人祭北門、趙人祭西門、徙而從者七千餘家。【集解】賈逵曰、齊之北門、西門也、言燕趙之人、畏見侵伐、故祭以求福、【考證】後漢李膺傳注引七千作七十、顧炎武曰、徐州與楚魏二國境、而威王曰、燕人祭北門、趙人祭西門者、蓋與梁惠王言、不欲斥魏、更以燕趙誇之耳、吳熙載曰、徐州、今直隸保定府安肅縣有徐城、與下言燕趙合、胡三省注言薛縣、非也、吾臣有種首者。使備盜賊。則道不拾遺。【考證】種首、名也、史失其姓、依說苑臣術篇、姓田、愚按、通鑑遺下補此四臣者四字、李膺傳注引有以此爲寶四字、將以照千里。豈特十二乘哉。梁惠王慚、不

懌而去。【考證】梁玉繩曰、案論寶一節、見韓詩外傳十、惟韓謨威王爲宣王耳、又攷說苑臣術言、成侯謂威王曰、忌舉田居子爲西河、而秦梁弱、舉田解子爲南城、而楚人抱羅綺而朝、舉黔涿子爲冥州、而燕人給牲、趙人給盛、舉田種首子爲卽墨、而于齊足究、與此異、愚按、孟子盡心篇云、諸侯之寶三、土地人民政事、寶珠玉者、殃必及身、殆爲梁惠言之也、二十六年、魏惠王圍邯鄲。趙求救於齊。齊威王召大臣而謀曰。救趙孰與勿救。騶忌子曰。不如勿救。段干朋曰。不救則不義。且不利。【考證】策、段干朋作段干綸、無不義且三字、威王曰。何也。對曰。夫魏氏幷邯鄲。其於齊何利哉。且夫救趙而軍其郊。【考證】我師不戰、但屯軍其境耳、是趙不伐而魏全也。【考證】不伐、不爲魏所伐也、策、伐作拔、魏全、兩國不戰故、故不如南攻襄陵以獘魏。【正義】襄陵故城、在兗州鄒縣也、【考證】襄陵、魏邑、山西平陽府襄陵縣治、邯鄲拔、而乘魏之獘。【考證】古鈔本、楓山本、乘作承、與策合、威王從其計。【考證】魏惠王圍邯鄲以下、本齊策、其後成侯騶忌與田忌不善。【考證】歸有光曰、其後二字疑有誤、中井積德曰、疑衍、公孫閱【索隱】戰國策、作公孫閱、【考證】今本策、作公

孫閈、謂成侯忌曰。公何不謀伐魏。田忌必將。戰勝有功、則公之謀中也。戰不勝、非前死則後北。而命在公矣。於是成侯言威王、【考證】以上本齊策、使田忌南攻襄陵。十月、邯鄲拔。【考證】梁玉繩曰、拔者非邯鄲也、十月、策、作七月、此誤、齊因起兵擊魏、大敗之桂陵。【索隱】在威王二十六年、【正義】在曹州乘氏縣東北二十一里、【考證】以上本齊策、桂陵、今山東荷澤縣東北、於是齊最彊於諸侯。自稱爲王、以令天下。【考證】黃式三曰、後顯王三十四年、齊宣魏惠會徐州相王、則齊威王稱王十年而薨、齊宣初卽位之時、尚未嬰先世稱王也、三十三年、殺其大夫牟辛。【集解】徐廣曰、一作夫人、【索隱】牟辛、大夫姓字也、徐廣曰、一作夫人、案年表亦作夫人、王劭案紀年云、齊桓公十一年、殺其君母、宣王八年、殺王后、然則夫人之字、或如紀年之說、三十五年、公孫閱又謂成侯忌曰。公何不令人操十金卜於市。曰。我田忌之人也。吾三戰而三勝、聲威天下。欲爲大事。亦吉乎、不吉乎。卜者出。因令人捕爲之卜者、驗

其辭於王之所。【考證】公孫閱以下、本齊策、田忌聞之、因率其徒、襲攻臨淄、求成侯。【考證】張文虎曰、因下各本衍遂字、索隱本無、臨淄、山東青州府臨淄縣、不勝而犇。【索隱】案戰國策、田忌前敗魏於馬陵、因被構不得入齊、非是居齊歷十年乃出奔也、是時齊都臨淄、且孟嘗列傳云、田忌襲齊之邊邑、其言爲得、卽與系家不同也、【考證】梁玉繩曰、案田忌出奔、在宣王二年戰馬陵之後、不在威王三十五年、無論威王賢明、成侯讒構所不能行、而忌之戰功可見者、桂陵馬陵二役、若威王時已出奔、則安得馬陵之勝乎、此與孟嘗君傳同誤、然其誤亦由國策也、國策于威王時、載鄒忌田忌不相說一章、有田忌遂走之語、史公謬以爲據、因撰出襲攻臨淄事、索隱謂齊都臨淄、當依孟嘗傳作襲齊邊邑、而不知忌未嘗襲齊耳、國策戰馬陵後、有田忌爲齊將一章、言孫臏勸忌無解兵入齊、可正齊君而走成侯、忌不聽、以是觀之、忌亦賢矣、奈何反以襲齊誣之邪、三十六年、威王卒。子宣王辟彊立。宣王元年、秦用商鞅。周致伯於秦孝公。【考證】梁玉繩曰、案致伯、在宣王卽位前一年、紀表可據、此誤也、二年、魏伐趙。趙與韓親。共擊魏。趙不利、戰於南梁。【索隱】晉太康地記曰、戰國謂梁爲南梁者、別之於大梁少梁也、【正義】括地志云、故梁在汝州西南二百步、晉太康地記云、戰國時謂南梁者、別之於大梁少梁也、古蠻子邑也、【考證】梁玉繩曰、案此文之誤、說在魏世家、當云魏伐韓、趙與魏親、共擊韓、趙不利、敗于南梁、韓氏請救于齊、愚按、南梁故城、河南臨汝縣西南、

宣王召田忌復故位。【考證】梁玉繩曰、忌無召復位之事、此與孟嘗傳同誤、蓋因錯認忌出奔、在威王時、而其後馬陵之功、自不能沒、遂又撰出復位一節也、吳注策云、忌既襲齊、豈得再復、成侯猶在、豈竝列四語、有以矛刺盾之妙、韓氏請救於齊。宣王召大臣而謀曰。蚤救、孰與晚救。騶忌子曰。不如勿救。田忌曰。弗救、則韓且折而入於魏。不如蚤救之。【索隱】案紀年、威王十四年、田肦伐梁、戰馬陵、戰國策、南梁之難、有張田對曰、蚤救之、此云鄒忌者、王劭云、此時鄒忌死已四年、又齊威時未稱王、故戰國策謂之田侯、今此以田侯爲宣王、又橫稱鄒忌、皆謬矣、【考證】梁玉繩曰、國策無騶忌勿救之說、田忌作張丐、弗救作晚救、索隱謂是時騶忌已死、又謂宣王乃威王之誤、竝謬甚、馬陵之役、自在宣王二年、孫子曰。【索隱】孫臏也、【考證】策、孫子作田臣思、夫韓·魏之兵未獘、而救之、是吾代韓受魏之兵、顧反聽命於韓也。【考證】顧反、二字一義、與蕭相國世家顧反居臣等上義同、反也、屈原傳云、使於齊、顧反諫懷王、趙策云、公子魏牟過趙、趙王迎之、顧反至坐前、皆謂還反、與此義異、且魏有破國之志。韓見亡、必東面而愬於齊矣。【考證】策、國作韓、見下有且字、吾因深結韓之親、而晚承魏之獘、則可重利而

得尊名也。【考證】策、深作陰、則可重利而得尊名也、作則國可重、利可得、名可尊矣、宣王曰。善。乃陰告韓之使者而遣之。韓因恃齊、五戰不勝、而東委國於齊。齊因起兵、【考證】韓請救以下、本齊策、使田忌·田嬰將、孫子爲帥、【集解】徐廣曰、嬰、一作肦、【考證】梁玉繩曰、作肦、非、帥乃師之誤、表傳可據、陳仁錫曰、師在軍中爲軍師也、救韓·趙以擊魏。大敗之馬陵。【集解】在宣王二年、殺其將龐涓、虜魏太子申。【考證】大敗之馬陵以下、本齊策、又見孫臏傳、馬陵、直隸大名府元城縣、其後三晉之王、皆因田嬰朝齊王於博望、盟而去。【集解】徐廣曰、表曰、三年、與趙會博望伐魏、【正義】括地志云、博望故城、在鄧州向城縣東南四十五里、【考證】齊策云、齊破魏馬陵、魏破韓弱、韓魏之君因田嬰北面而朝田侯、史公本于此、但策言韓魏、不言三晉、沈家本曰、今表無博望二字、集解衍、七年、與魏王會平阿南。【正義】沛郡平阿縣也、明年、復會甄。魏惠王卒。【索隱】明年梁惠王卒、案紀年、梁惠王、乃是齊湣王爲東帝、秦昭王爲西帝時、此時梁惠王改元稱一年、未卒也、而系家以其後卽爲魏襄王之年、又以此文當齊宣王時、實所不能詳考、明年、與魏襄王會徐州。諸侯相王也。

【考證】沈家本曰、上文威王二十六年云、自稱爲王、則此時相王乎、愚按、宣王此時初稱王也、梁玉繩曰、是時魏惠王未卒、徐州之會、非爲相王也、愚按、說在魏世家、十年、楚圍我徐州。十一年、與魏伐趙。趙決河水灌齊·魏。兵罷。十八年、秦惠王稱王。宣王喜文學游說之士、自如騶衍·淳于髡·【正義】贅壻、齊之稷下先生也、田駢·【正義】白眠反、藝文志云、田駢齊人、游稷下、號天口駢、作田子二十五篇也、接予·【正義】齊人、藝文志云、接子二篇、在道家流、【考證】孟荀列傳作接子、予蓋其名、愼到·【正義】趙人、戰國時處士、藝文志、作愼子四十二篇也、環淵之徒、【正義】楚人、孟子傳云、環淵著書上下篇也、【考證】王若虛曰、荀卿傳亦云、自如孟子至于吁子、自如二字連用不得、王念孫曰、自如者統下之詞、孟荀傳云、自如淳于髡以下、匈奴傳云、自如左右賢王以下至當戶、皆自如二字連文、愚按、王說得之、七十六人、皆賜列第爲上大夫、不治而議論。【考證】黃式三曰、不治而議論、客卿之例如此、孟子所謂無官守無言責也、是以齊稷下學士復盛。且數百千人。【集解】劉向別錄曰、齊有稷門、城門也、談說之士、期會於稷下也、【索隱】劉向別錄曰、齊有稷門、齊城門也、談說之士、期會於其下、齊地記曰、齊城西門側、系水左右、有講室趾、往往存焉、蓋因側系水出、故曰稷門、古側稷音相近耳、又虞喜曰、齊有稷山、立館其下、以待游士、亦異說也、春秋傳曰、莒子

如齊盟于稷門、[考證]徐孚遠曰、言學士復盛、則先時已有之、至宣王而復修也、中井積德曰、前不錄稷下、而此記復盛、蓋前文有闕耳、又曰、稷山之下、地稱稷下、稷下有城門、亦名稷門、有學士之館、故稱稷下學士耳、索隱非也、愚按、事又見孟荀列傳、鹽鐵論論儒篇亦云、齊宣王褒儒尊學、孟子淳于髠之徒、受上大夫之祿、不任職而論國事、蓋齊稷下先生千有餘人、十九年、宣王卒。子湣王地立。[集解]系本、名遂、[考證]張文虎曰、籀文地作墬、字形近遂、梁玉繩曰、史記書齊威王在位三十六年、以周顯王二十六年卒、宣王在位十九年、以顯王四十五年卒、湣王在位四十年、以赧王三十一年卒、通鑑上增威王十年、下減湣王十年、而移後宣王十年、大事記不增威王之年、但減湣王之後以益宣王、謂宣王在位二十九年、三說各異、當依大事記爲是、蓋史載諸國年數多參錯不同、安知齊年之不誤、但不必增威王爲四十六年耳、淳于髠傳言威王威行三十六年、則固無四十六年也、而孟子至齊、當慎靚王三年以後、必是宣王二十五六年間、凡燕王讓國、齊人取燕等事、俱在宣王之世、與孟子書合、無可疑者、故通鑑大事記書湣王元年于周赧王二年、甚確、年表世家孟嘗君傳、以宣爲十九年、湣爲四十年、並非、又曰、黃氏日鈔載蔣曉之說、以齊兩次伐燕、分繫宣湣、强以求合于孟子、史記殊非情事、中井積德曰、齊伐燕取之、大事也、而世家不記、何也、湣王元年、秦使張儀與諸侯執政會于齧桑。[考證]齧桑、當在河南歸德府及安徽潁州府蒙城縣間、三年、封田嬰於薛。[考證]梁玉繩曰、嬰之封薛、此與年表孟嘗傳、在湣王三年、國策亦在閔王時、實則宣王二十二年、索隱引紀年、梁惠後十三年四月封嬰、較史先一歲、未知孰是、而國策吳注謂嬰封薛、在威

王之世、當梁惠前十三年、疑紀年誤書、殊不然、國策于宣王前十餘年時、尙稱嬰子、安得言威王封之、而所云受薛于先王者、乃宣王也、四年、迎婦于秦。七年、與宋攻魏、敗之觀澤。[考證]言與宋、非也、說在宋世家、十二年、攻魏。楚圍雍氏。[集解]徐廣曰、在陽翟、屬韓、[考證]梁玉繩曰、案此事不在湣王十二年、說見秦紀、雍氏故城、在今河南扶溝縣西南、秦敗屈丐。[考證]屈丐、楚大夫、蘇代謂田軫曰。臣願有謁於公。其爲事甚完、使楚利公。成爲福、不成亦爲福。[考證]岡白駒曰、田軫一稱陳軫、于時有寵于楚王、愚按陳軫與張儀相惡、今者臣立於門。客有言曰。魏王謂韓馮·張儀曰。[集解]徐廣曰、韓馮韓之公仲侈也、煮棗將拔。[集解]徐廣曰、在濟陰宛朐、[考證]煮棗、魏地、故城在今山東荷澤縣西、齊兵又進。子來救寡人則可矣。不救寡人、寡人弗能拔。[索隱]能、猶勝也、言不勝其拔、故聽齊拔之耳、[考證]岡白駒曰、能、耐通、愚按、不能拔、猶言不忍爲齊所拔也、門客之言、止于此、以下蘇代之言、此特轉辭也。[考證]岡白駒曰、轉、出彼入此也、若不聽則將適他、秦·韓之兵毋東旬餘、則魏氏轉韓從秦。[考證]毋東、不東救魏也、岡白駒曰、魏氏轉、句、魏背秦入于齊楚、韓從秦、

韓從秦之所爲也、其事見于下、中井積德曰、從字疑衍、言魏將變韓秦之約、秦亦放逐張儀、俱事齊楚也、下文云魏氏轉秦韓爭事齊楚、可參攷、愚按、如岡說、則下文爭字不可解、中說亦不透、秦逐張儀、[索隱]逐、隨也、交臂而事齊·楚。[考證]交臂與交手同、謂拱手也、國策、交臂而事秦、此公之事成也。田軫曰。柰何使無東、對曰。韓·馮之救魏之辭、必不謂韓王曰馮以爲魏、必曰、馮將以秦·韓之兵東卻齊·宋、馮因摶三國之兵、[集解]徐廣曰、音專、專猶幷合、制領之謂也、[索隱]摶、音團、團、謂握領也、徐作專、亦通、[考證]楓山、三條本、卻作劫、摶字从專、徐說是、三國、秦韓魏、乘屈丐之弊、南割於楚、故地必盡得之矣。[正義]屈丐、楚將、爲秦所敗、今更欲乘之、[考證]岡白駒曰、使楚割地、非獨解雍氏圍也、愚按以上韓馮謂韓王辭、張儀救魏之辭、必不謂秦王曰儀以爲魏、必曰、儀且以秦·韓之兵、東距齊·宋、儀將摶三國之兵、乘屈丐之弊、南割於楚、名存亡國、實伐三川而歸。[索隱]韓也、[考證]張文虎曰、凌、游本、伐譌代、岡白駒曰、名存亡國、救魏將亡、自伐其功曰伐、謂得志於韓也、下文施三川、是也、施三川、見于韓世家、此王業也。

[考證]岡白駒曰、以上張儀謂秦王辭、公令楚王與韓氏地、使秦制和、[索隱]公、謂陳軫、謂秦王曰、請與韓地、而王以施三川、[正義]施、張設也、言秦王於天子都張設追齊也、[考證]中井積德曰、施、謂威加之、施三川、與上文伐三川意全同、此何必論天子都、韓氏之兵不用、而得地於楚。[考證]是蘇代使陳軫言之於秦王也、韓馮之東兵之辭、且謂秦何。[考證]陳軫問也、楓山、三條本、秦作奈、愚按、依下文、秦字衍、曰。[考證]蘇代答也、秦兵不用而得三川、伐楚·韓以窘魏。魏氏不敢東。是孤齊也。張儀之東兵之辭、且謂何。[考證]陳軫問也、曰。[考證]蘇代答也、秦·韓欲地而兵有案、聲威發於魏、魏氏之欲不失齊·楚者有資矣。魏氏轉秦·韓、爭事齊·楚、楚王欲而無與地。[集解]徐廣曰、楚王欲得魏來事己、而不欲與韓地也、公令秦·韓之兵不用而得地、有一大德也。[正義]蘇代謂陳軫、今秦韓之兵不戰伐而得地、陳軫於秦韓、豈不有大恩德、[考證]公、陳軫也、中井積德曰、大德以上、論成爲福、秦韓之王以下、論不成亦爲福、秦·韓之王、劫於韓馮·

張儀、而東兵以徇服魏。公常執左券以責於秦・韓。【索隱】券、要也、左、不正也、言我以右執其左而責之、【考證】中井積德曰、以貸買假貸者持券取償爲喩也、券、書板而剖之、故有左右、此其善於公、而惡張子多資矣。【正義】左券下、右券上也、蘇代說陳軫以上券、令秦韓不用兵得地、而以券責秦韓、郤韓馮・張儀、以徇服魏、故秦韓善陳軫、而惡張儀、多取矣、資、藉也、又材質也、【考證】中井積德曰、資、猶本錢也、愚按、此一章情事不明、文字亦多錯誤、不能强解、中井積德・姚範諸人既言之、闕疑可也、十三年、秦惠王卒。二十三年、與秦擊敗楚於重丘。【集解】徐廣曰、表曰、與秦擊楚、使公子將、大有功、二十四年、秦使涇陽君質於齊。【考證】孟嘗君傳云、秦昭王先使涇陽君爲質於齊、以求見孟嘗君、涇陽君、昭王母弟公子悝、二十五年、歸涇陽君于秦。孟嘗君薛文入秦、卽相秦。文亡去。二十六年、【集解】徐廣曰、孟嘗君爲相、齊與韓・魏共攻秦。至函谷軍焉。【考證】本周策、二十八年、秦與韓河外以和、兵罷。【考證】梁玉繩曰、案不言與魏、何也、蓋脫之、又此事在二十六年、說見秦紀、二十九年、趙殺其主父。齊佐趙滅中山。【集解】徐廣曰、三十年、田甲劫王、相薛文走、

【考證】梁玉繩曰、殺主父、在前一年、滅中山、不在是歲、亦非齊佐趙滅之、此與表同誤、三十六年、王爲東帝。秦昭王爲西帝。蘇代自燕來入齊、見於章華東門。【集解】左思齊都賦注曰、齊小城北門也、而此言東門、不知爲是一門非邪、【正義】括地志云、齊城章華之東、有閭門武鹿門也、【考證】齊策、蘇代作蘇秦、注云、是時秦已死、當從史記作蘇代、中井積德曰、齊有章華之宮、宮有東西門、何容紛紜、愚按、策吳注引括地志、作齊城東有閭門武鹿章華之門、齊王曰。嘻、善、子來。【考證】古鈔本、善下有哉字、策作嘻子之來也、秦使魏冄致帝。子以爲何如。對曰。王之問臣也卒。而患之所從來微。【考證】卒、與猝同、來、策一本作生、一本作往、今未著、故言微、願王受之、而勿備稱也。【考證】策、備作庸、注云、庸、用也、秦稱之、天下安之、王乃稱之。無後也。【考證】胡三省曰、猶言未晚也、且讓爭帝名、無傷也。【考證】讓爭、猶言辭受也、策作先後之事、秦稱之、天下惡之、王因勿稱、以收天下。此大資也。【考證】岡白駒曰、資、貲也、以此買天下之心、故曰大資、且天下立兩帝。王以天下爲尊齊乎、尊秦乎。王曰。尊秦。曰。釋帝。天下愛

齊乎、愛秦乎。王曰。愛齊而憎秦。曰。兩帝立、約伐趙。孰與伐桀宋之利。【集解】宋世家云、宋王偃、諸侯皆曰桀宋也、王曰。伐桀宋、利。對曰。夫約鈞、然與秦爲帝、而天下獨尊秦而輕齊。【考證】策、姚本無鈞然二字、張照曰、戰國策補注云、言齊秦俱相約如此、疑鈞字卽約字之訛、而又重出、去鈞然二字、文義自明、釋帝、則天下愛齊而憎秦。伐趙不如伐桀宋之利。故願王明釋帝以收天下、倍約賓秦、無爭重。【考證】倍、背同、賓、擯同、擯、斥也、棄也、而王以其閒擧宋。夫有宋、衞之陽地危。【集解】陽地、濮陽之地、【正義】案衞此時河南獨有濮陽也、【考證】陽地、策作陽城、中井積德曰、陽地、猶言南國也、有濟西、趙之阿東國危。【正義】阿、東阿也、爾時屬趙、故云東國危、【考證】策、阿東國危、作河東危、可從、正義謬、愚按、阿河形似而訛、國字涉下文而衍、河東、趙河之東、今臨淸以西、趙之邊邑也、文主擧宋言、淮北濟西陶平陸、皆故宋地、濟西、今山東荷澤鄆城壽張等縣地、有淮北、楚之東國危。【正義】淮北、徐泗也、東國、謂下相僮取慮也、有陶・平陸、梁門不開。【正義】陶、定陶、今曹州也、平陸、兗州縣也、縣在大梁東界、【考證】策、陶作陰、補注云、陰卽陶、定陶在今山東荷澤縣、平

陸故城、在今山東汶上縣北、釋帝、而貸之以伐桀宋之事。【考證】中井積德曰、貸、代也、策作武、武、猶代也、愚按、策無桀字、國重而名尊、燕・楚所以形服。【考證】形、勢也、畏勢而服、天下莫敢不聽。此湯・武之擧也。敬秦以爲名。【考證】策注、非實敬之、而後使天下憎之。此所謂以卑爲尊者也。【考證】策、爲作易、禮記曲禮上、夫禮者自卑而尊人、願王孰慮之。【考證】蘇代自燕來以下、采齊策、於是齊去帝復爲王。秦亦去帝位。三十八年、伐宋。【考證】策、作韓人攻宋、恐非、秦昭王怒曰。吾愛宋、與愛新城・陽晉同。【正義】括地志云、新城故城、在宋州宋城縣界、陽晉故城、在曹州乘氏縣西北三十七里、【考證】新城、蓋韓地、今河南洛陽縣有新城故城、陽晉衞地、故城在今山東曹縣北、韓聶與吾友也。【考證】中井積德曰、韓聶是時爲齊謀臣也、愚按、策作韓珉、而攻吾所愛、何也。蘇代爲齊謂秦王曰。【考證】策、蘇代作蘇秦、齊作韓、恐非、韓聶之攻宋、所以爲王也。齊彊、輔之以宋、楚・魏必恐。恐必西事秦。是王不煩一兵、不傷一士、無事

而割安邑也。【正義】年表云、秦昭王二十一年、魏納安邑及河內、【考證】安邑故城、在今山西安邑縣西、魏都、近秦、此韓珉之所禱於王也。秦王曰、吾患齊之難知、一從一衡。【考證】或從或衡、反覆不定、其說何也。對曰、天下國令齊可知乎。【考證】策、國作固、乎作矣、義長、齊以攻宋、其知事秦、以萬乘之國自輔。【考證】萬乘、秦也、不西事秦、則宋治不安。【索隱】戰國策、作宋地不安、【考證】古鈔本、以作已、與策合、中國白頭游敖之士、皆積智、欲離齊・秦之交。【考證】敖、讀爲遨、伏式結軼西馳者、未有一人言善齊者也。【索隱】軼、音姪、軼者車轍也、言車轍往還如結也、戰國策、作結靷、【考證】軼作靷者是、靷、駕牛馬之具、在胸曰靷、所以引之前行也、西馳、來於秦者、伏式結軼東馳者、未有一人言善秦者也。【考證】東馳、往於齊者、何則皆不欲齊・秦之合也。【考證】此皆晉楚之所使、何晉・楚之智、而齊・秦之愚也。晉・楚合、必議秦・秦。【考證】策、議作伺、齊・秦合、必圖晉・楚。請以此決事。秦

王曰、諾。【考證】伐宋以下、本韓策、於是齊遂伐宋。宋王出亡、死於溫。【正義】懷州有溫城、【考證】溫、魏地、河南懷慶府溫縣、齊南割楚之淮北、西侵三晉、欲以并周室爲天子、泗上諸侯、鄒・魯之君皆稱臣。諸侯恐懼。三十九年、秦來伐、拔我列城九。四十年、燕・秦・楚・三晉合謀、各出銳師以伐、敗我濟西。【集解】徐廣曰、案其餘諸傳、無楚伐齊事、年表云、楚取淮北、【考證】伐齊之役、楚與焉、說見秦紀、王解而卻。【考證】岡白駒曰、齊王解拒備而却、燕將樂毅遂入臨淄、盡取齊之寶藏器。【考證】燕秦楚三晉以下、采燕策、取齊之寶藏器、樂毅所謂珠玉財寶車甲珍器、盡收入燕、大呂陳於元英、故鼎反於厤室、齊器設於寧臺者、湣王出亡之衛。衛君辟宮舍之、稱臣而共具。湣王不遜。衛人侵之。湣王去走鄒・魯、有驕色。鄒・魯君弗內。【考證】去走鄒魯以下、本趙策、又見魯仲連傳、遂走莒。楚使淖齒將兵救齊。【索隱】淖、音女教反、【考證】陳子龍曰、觀淖齒救齊、則楚不同五國也、愚按、淖齒楚將、謂湣王者、史誤、因相齊湣王。淖

齒遂殺湣王。【考證】以上本齊策趙策、而與燕共分齊之侵地鹵器。【正義】鹵掠齊寶器也、【考證】岡白駒曰、樂毅所侵之地、所取之寶器也、故稱齊之侵地鹵器、梁玉繩曰、案國策有王孫賈誅淖齒一章、此不宜略、湣王之遇殺、其子法章變名姓爲莒太史敫家庸。【集解】徐廣曰、敫、音躍、一音皎、【考證】庸、傭通、策云、溉園、太史敫女奇法章狀貌、以爲非恆人。【考證】梁玉繩曰、恆字何以不避、愚按、策作常、憐而常竊衣食之。【考證】胡三省曰、竊、私也、私爲之、而不使人知、而與私通焉。淖齒既以去莒。【考證】以、已、通、莒中人及齊亡臣相聚、求湣王子欲立之。法章懼其誅己也。久之乃敢自言我湣王子也。於是莒人共立法章。是爲襄王。以保莒城、而布告齊國中。王已立在莒矣。襄王既立。立太史氏女爲王后。是爲君王后。生子建。太史敫曰、女不取媒、因自嫁。非吾種也。汙吾世。終身不覩君王后。君王后賢。不以不

覩故失人子之禮。【考證】湣王之遇殺以下、采齊策、襄王在莒五年。田單以卽墨攻破燕軍。【考證】以上本齊策、迎襄王於莒入臨菑。齊故地盡復屬齊。齊封田單爲安平君。十四年、秦擊我剛・壽。【考證】剛壽、二邑名、剛、山東寧陽府故剛城、壽、壽張縣、十九年、襄王卒。子建立。王建立六年、秦攻趙。齊・楚救之。【考證】梁玉繩曰、案事在五年、非六年、但楚世家無救趙事、秦計曰、齊・楚救趙。親、則退兵。不親、遂攻之。【考證】策注、親、其交親也、岡白駒曰、親、救兵在近也、愚按、後說較長、趙無食。請粟於齊。齊不聽。周子曰、不如聽之以退秦兵。【索隱】蓋齊之謀臣、史失名也、戰國策以周子爲蘇秦、而楚字皆作燕、然此時蘇秦死已久矣、【考證】鮑彪曰、周子、周最也、不聽、則秦兵不卻。是秦之計中、而齊・楚之計過也。且趙之於齊・楚、扞蔽也。【正義】此時秦伐趙上黨、欲克、無意伐齊楚、故言趙之於齊楚爲扞蔽也、【考證】鮑彪曰、趙居二國西北、秦攻二國、必先徑趙、趙存則二國得以有蔽障、中井積德曰、扞蔽、以地形常勢而言、非一時之說、是時楚東徙、自秦經韓趙而後達于齊楚也、猶齒之

有脣也。脣亡則齒寒。【考證】僖十年左傳、宮之奇曰、諺所謂輔車相依、脣亡則齒寒者、其虞虢之謂也、趙策、張孟談曰、臣聞脣亡則齒寒、今日亡趙、明日患及齊・楚。且救趙之務、宜若奉漏甕沃焦釜也。【考證】岡白駒曰、奉、捧通、此喻救之急、愚按、沃、溉也、夫救趙、高義也。卻秦兵、顯名也。義救亡國、威卻彊秦之兵。不務爲此、而務愛粟。爲國計者過矣。齊王弗聽。【考證】秦攻趙以下、本齊策、秦破趙於長平四十餘萬、遂圍邯鄲。十六年、秦滅周。【考證】梁玉繩曰、滅東周也、失東字、君王后卒。二十三年、秦置東郡。【考證】表云、蒙驁取魏二十城、初置東郡、二十八年、王入朝秦。秦王政置酒咸陽。三十五年、秦滅韓。三十七年、秦滅趙。三十八年、燕使荊軻刺秦王。秦王覺殺軻。明年、秦破燕。燕王亡走遼東。明年、秦滅魏。秦兵次於歷下。四十二年、秦滅楚。明年、虜代王嘉、滅燕王喜。四

十四年、秦兵擊齊。齊王聽相后勝計、不戰以兵降秦。秦虜王建、遷之共。【集解】地理志、河內有共縣、【正義】今衛州共城縣也、【考證】今河南輝縣、遂滅齊爲郡、【考證】梁玉繩曰、楚漢王三齊者、王建之弟假、其孽孫安、宗族田儋、儋子市及從弟榮、榮子廣、及弟橫、又有族人田都、雖別有傳、亦當附及數語、天下壹幷於秦。秦王政立、號爲皇帝。始君王后賢。事秦謹、與諸侯信。齊亦東邊海上。秦日夜攻三晉・燕・楚。五國各自救於秦。以故王建立四十餘年、不受兵。君王后死。后勝相齊。多受秦閒金、多使賓客入秦。秦又多予金客。皆爲反閒、勸王去從朝秦、不脩攻戰之備。【考證】君王后賢以下、采齊策、李斯傳云、秦王拜李斯爲長史、聽其計、陰遣謀士、齎持金玉以游說諸侯、諸侯名士可下以財者、厚遺結之、不肯者、利劍刺之、離其君臣之計、秦王乃使其良將隨其後、王建亦陷其術也、反間者、有敵間來窺我、我先知之、或厚賂誘之、反爲我用、孫子用間篇云、用間有五、有鄉間、有內間、有反間、有死間、有生間、又云、反間者、因其敵間而用之、不助五國攻秦。秦以故得滅五國。五國已亡、秦

兵卒入臨淄。民莫敢格者。【考證】格、牴牾也、王建遂降、遷於共。故齊人怨王建不蚤與諸侯合從攻秦、聽姦臣賓客、以亡其國。歌之曰。松耶柏耶。住建共者客耶。【集解】徐廣曰、戰國策云、秦處建於共松柏閒也、【索隱】耶、音邪、謂是建客邪、客說建住言、遂乃失策、令建遷共、共、今在河內也、【考證】歌之曰以下、采齊策、策云、松柏之間、餓而死、柏、客韻、疾建用客之不詳也。【索隱】謂不詳審用客、不知其善否也、【考證】亦敘事中挿議論、詳、善也、張照曰、詳佯祥三字通、此詳字作祥字解、愚按、淮南子泰族訓云、齊王建有三過人之巧、而身虜於秦者、不知賢也、凌稚隆曰、六國獨齊後亡、故于齊總論興亡大勢、有感慨、

太史公曰。蓋孔子晚而喜易。【考證】論語述而篇、子曰、加我數年、五十以學易、可以無大過矣、易之爲術、幽明遠矣。非通人達才、孰能注意焉。【考證】葉適曰、陳完之占、前代此類甚多、孔子以爲不足以訓、故獨贊易以黜之、凡左氏所載、皆孔子所黜也、而遷乃謂孔子晚而喜易、易幽明遠矣、非通人達材、孰能注意、反以陳完之占爲孔氏所盡心者、是遷未嘗知有孔氏之易、故周太史之卦田敬仲完、占至十世之後。及完奔齊、懿仲卜

之亦云。【考證】梁玉繩曰、案卜不在奔齊時、懿仲亦非齊大夫、說見前、田乞及常所以比犯二君、【索隱】比、如字、又頻律反、二君、卽悼公簡公也、僖子廢晏孺子、鮑牧以乞故殺悼公、而成子又殺簡公、故云、田氏比犯二君也、【正義】乞殺悼公、田常殺簡公也、【考證】中井積德曰、本文明云二君、是晏孺子與簡公也、若悼公、田氏不主之也、注謬、專齊國之政。非必事勢之漸然也。蓋若遵厭兆祥云。【正義】厭、一井反、田僖子廢晏孺子、田成子殺二君、非是事勢之漸、使如此、疑似遵奉厭禳之兆吉祥矣、【考證】梁玉繩曰、史公此論持周太史陳懿仲卜敬仲事、然非史氏所宜言也、王若虛云、亂臣賊子、皆得以天命自解、而無所懲艾、良然、中井積德曰、太史公信妄誕、而議論失正、使人作亂弒君、以遵厭兆祥、豈聖人喜易之意哉、

【索隱】述贊、田完避難、奔于大姜、始辭羈旅、終然鳳皇、物莫兩盛、代五其昌、二君比犯、三晉爭强、和始擅命、威遂稱王、祭急燕趙、弟列康莊、秦假東帝、莒立法章、王建失國、松柏蒼蒼、

田敬仲完世家第十六　　史記四十六

文學博士瀧川龜太郎著

史記會注考證

史記會注考證卷四十七

漢　太史令　司馬遷　撰
宋　中郎外兵曹參軍　裴駰　集解
唐　國子博士弘文館學士　司馬貞　索隱
唐　諸王侍讀率府長史　張守節　正義
日本　出雲　瀧川資言　考證

孔子世家第十七　史記四十七

【索隱】孔子非有諸侯之位、而亦稱系家者、以是聖人爲教化之主、又代有賢哲、故稱系家焉、【正義】孔子無侯伯之位、而稱世家者、太史公以孔子布衣、傳十餘世、學者宗

之、自天子王侯、中國言六藝者、宗於夫子、可謂至聖、故爲世家、【考證】史公自序云、周室既衰、諸侯恣行、仲尼悼禮廢樂崩、追修經術、以達王道、匡亂世反之於正、見其文辭、爲天下制儀法、垂六藝之統紀於後世、作孔子世家第十七、陳仁錫曰、孔子世家以年爲敍、曰年十七、曰年三十、曰年三十五、曰年四十二、曰年五十、曰年五十六、曰年六十三、曰年七十三、是提綴法也、又以不用二字爲關鍵、曰弗能用、曰莫能己用、曰不用孔子、曰既不得用于衛、曰魯終不能用孔子、皆歎夫子道之不行也、中井積德曰、孔子世家虛談尤多、蓋周末至漢初、諸子百家附麗作說者甚多、而太史公捃摭成篇、不有辯眞僞也、若家語最晚出、乃又取於世家而作也、非世家取於家語也、注家輒引家語相證、皆非、趙翼曰、孔子無公侯之位、而史記獨列於世家、尊孔子也、凡列國世家與孔子悉無相涉者、亦皆書是歲孔子相魯、孔子卒、以其繫天下之輕重也、廖登廷曰、史列孔子世家、是之者、司馬貞張守節也、非之者、王介甫李濬也、竊謂索隱正義之說未盡善、而王李二家則全非、王氏之說曰、仲尼之才、帝王可也、何特公侯、仲尼之道、世天下可也、何特世家、推其意、蓋必諸侯而又得世家之道者、乃稱世家、信斯說也、秦項諸侯也、何以歸之本紀、韓彭黥魏諸侯也、何以置之列傳、陳平之陰謀、陳涉之發難、五宗三王之背逆、皆非保世之道、又何以皆入世家、況世家之例、創於太史公、其位儼自當不至矛盾、又李氏謂史欲尊聖人、而反小之、其稱孔子處亦陋、謂史爲陋、然左國所載亦止如此、至以諸侯尊孔子、夫孔子之德、不僅公侯無人不知、豈博雅如史公者、乃至是哉、史公不謂自云世家之爲諸侯、後人不知其意之所在、因而誤會之、且從而詆誹之、嗚呼、何其妄也、今欲明孔子所以列於世家、必先知史公所以謂世家之意、史公創爲本紀世家列傳三例、其分處在勢年二字、攬勢之大者、謂之本紀、閱年之久者、

謂之世家、勢不及本紀之大、年不及世家之久者、謂之列傳、本紀多屬天子、然非如黃屋左纛、非天子不得用、故昭襄項羽非天子、而稱本紀、孝惠雖爲天子、政非己出、不立本紀、而以屬之呂后、但論勢也、世家多屬諸侯、然非如分封錫土、列諸侯不得用、故蕭曹張陳、食數邑、而爲世家、韓彭黥陳、控地數千里、不能歷久、退之列傳、但論年也、自漢苟以本紀專屬天子、幷世家而存列傳、讀書者、以循末忘本、反據班氏以攻史公、謂昭襄項羽呂后不宜曰本紀、孔子陳涉不宜曰世家、以後世之史較之、雖合、然郢書燕說、無乃爲史公笑乎、孟子曰、仲子齊之世家、今人稱能世其業者、謂之世家、皆因世保有其家者稱之、索隱必云記諸侯之本世世、夫諸侯言國、大夫言家、既曰世家、則不專指諸侯、必以世家屬諸侯、則孟子所云齊之世家、抑以陳仲子爲諸侯耶、史公時孔安國爲博士、史公從問尚書、而師之、孔子去史公數百年、代有偉人、如世家所記、至安國修先人之業、爲西京大儒、漢廷華冑皆不及、史公遠溯聖人之光輝、近瞻老師之絕學、蓋以紀實、安有所謂假諸侯以尊孔子者哉、史公非不尊孔子、特不假此虛名以炫燿、使如俗說、則當列孔子於本紀、與所謂素王之說、如合一轍矣、然史公豈爲之哉、或曰、管晏蔡范趙李之輩、其子孫在漢、未嘗無顯者、其不得爲世家也、何故曰、世家之敍孔子也、由孔子伯魚、下及卬驩十五世、詳敍其名字年貌、而其中最顯者、如子思作中庸、子愼爲魏相、鮒爲陳王涉博士、子襄爲孝惠博士、遷長沙太守、安國爲今皇帝博士、至臨淮太守、其人皆有學業功勳、不墜其緒、故其詳可得聞、他則或一二世、或四五世而止、或已絕而復興、或此詳而彼略、或名字之失考、或年貌官階之無徵、惟孔子歷數百年餘、而賢嗣克守其緒、此史記中絕無僅有之事、故史公表而出之、管晏趙李輩、無有、烏得以相例哉、

孔子生魯昌平鄉陬邑。〔集解〕徐廣曰、陬、音騶、孔安國曰、陬、孔子父叔梁紇所治邑、〔索隱〕陬是邑名、昌平鄉號、孔子居魯之鄹邑昌平鄉之闕里也、〔正義〕括地志云、故鄹城在兗州泗水縣東南六十里、昌平山、在泗水縣南六十里、孔子生昌平鄉、蓋鄹取山爲名、故闕里在泗水縣南五十里、輿地志云、鄹城西界闕里有尼丘山、按今尼丘山在兗州鄒城闕里、即此也、括地志云、兗州曲阜縣魯城西南三里有闕里、中有孔子宅、宅中有廟、伍緝之述征記云、闕里背洙面泗、即此也、按夫子生在鄹、長徙曲阜、仍號闕里、〔考證〕襄十年左傳云、鄹人紇、字从取、論語八佾篇云、鄹人之子、字从棸、而其从邑則一也、說文、鄹、魯下邑、孔子之鄉、亦不从阜、下文亦作鄹、杜預注左傳云、陬邑魯縣東南莝城是也、閻若璩曰、家語顏繇、字季路、少孔子六歲、孔子始敎於闕里、而受學焉、朱子引入集註、作孔子始敎而受學焉、削去闕里字、而孔子時無闕里之名、闕里首僅見漢書梅福傳、東漢後方盛稱之、蓋緣魯恭王徙魯於孔子所居之里造宮室、有雙闕焉、人因名孔子居曰闕里、又曰、北史宋板引王肅注本七十二弟子解、闕里作閭里、乃家語乃是閭字、非闕字、猶能知孔子時斷無闕里之名、又曰、鄹城之闕里、以曲阜之闕里名其地、非眞闕里也、眞闕里則伍緝之所云、背洙面泗恐、按陬今山東曲阜縣東南陬城、

其先宋人也。曰孔防叔。〔索隱〕家語、孔子、宋微子之後、宋襄公生弗父何、以讓弟厲公、弗父何生宋父周、周生世子勝、勝生正考父、考父生孔父嘉、五世親盡、別爲公族、姓孔氏、孔父生子木金父、金父生睪夷、睪夷生防叔、畏華氏之逼而奔魯、故孔氏爲魯人也、〔考證〕家語本姓解、左傳昭七年疏引家語、襄公作湣公、湣公卽閔公、當以爲正、弗父何、宋閔公子、厲公兄、非襄公子也、今本家語誤、

防叔生伯夏。伯夏生叔

梁紇。〔正義〕括地志云、叔梁紇廟、亦名尼丘山祠、在兗州泗水縣五十里尼丘山東趾、地理志云、魯縣有尼丘山、有叔梁紇廟、〔考證〕左傳襄十年云、晉荀偃士匄請伐偪陽而封宋向戌焉、四月丙寅、圍之、弗克、孟氏之臣秦堇父、如役、偪陽人啓門、諸侯之士門焉、縣門發、陬人紇抉之以出門者、襄十七年云、秋、高厚圍臧紇于防、師自陽關逆臧孫、至于旅松、鄹叔紇、臧疇、臧賈帥甲三百、宵犯齊師、送之而復、崔述曰、鄹魯邑、叔其字、紇其名、猶曰衛叔封、申叔時也、史記作叔梁紇、左傳近古、又曰、防叔生伯夏、伯夏生叔梁紇、史文或有所本、而不見他經傳、未敢決其必然、又曰、鄹叔以前、見於春秋傳者、僅弗父何、正考父、孔父嘉三世、不見於史記世家、僅防夏二世、此外家語本姓解所記、皆不見於傳記、史記之言、余猶不敢盡信、況史記之所不言者乎、且孔父爲督所殺、其子避禍奔魯、可也、防叔其曾孫也、其世當宋襄成間、於時華氏稍衰、初無構亂之事、防叔安得避華氏之禍而奔魯乎、家語一書、本後人所僞撰、其文皆采之於他書、而增損改易以飾之、如相魯篇采之於春秋傳、史記、辨物篇采之於春秋傳、國語、哀公問政、儒行兩篇、采之於戴記、曲禮、子貢子夏公西赤問等篇、采之於戴記、春秋傳、以至莊列說苑、讖緯之書、無不采、未有一篇無所本者、然取所采之書、與家語比而觀之、則其所增損改易者、文必冗弱、辭必淺陋、遠不如其本書、甚或失其本來之旨、其爲勦襲顯而可按、而世不察以爲孔氏遺書、亦已惑矣、漢書藝文志云、孔子家語二十七卷、師古曰、非今所有家語、則是孔氏先世之書已亡、而此書出於後人所撰、顯然可見、且家語在漢已顯於世、列於七略、以康成之博學、豈容不見、而待肅之據之以駁己耶、此必毀鄭氏之學者僞撰此書、以爲己證、其序文淺語夸、亦未必果出於肅、就令果出於肅、肅之學識、亦不足爲定論也、

紇與顏氏女野合而生孔子。〔索隱〕家語云、

梁紇娶魯之施氏、生九女、其妻生孟皮、孟皮病足、乃求婚於顏氏、徵在從父命爲婚、其文甚明、今此云野合者、蓋謂梁紇老而徵在少、非當壯室初笄之禮、故云野合、謂不合禮儀、故論語云、野哉由也、又先進於禮樂、野人也、皆言野者、是不合禮耳、〔正義〕男八月生齒、八歲毀齒、二八十六陽道通、八八六十四陽道絕、女七月生齒、七歲毀齒、二七十四陰道通、七七四十九陰道絕、婚姻過此者、皆爲野合、故家語云、梁紇娶魯施氏女生九女、乃求婚於顏氏、顏氏有三女、小女徵在、據此婚過六十四矣、〔考證〕崔述曰、孔子之母名見於戴記檀弓篇、其稱爲顏氏女、則本於此、然他經傳初未有言者也、家語本姓解云、叔梁紇娶施氏、無男、其妾生孟皮、病足、乃求婚於顏氏、顏父問三女、二女莫對、徵在進曰、從父所制、遂以妻之、所載顏父之言淺陋鄙俗、偏覽春秋傳中、亦未有因長疑婚、與女商壻者、其事、其言皆非當日之所宜有、其爲臆撰無疑、梁玉繩曰、古婚禮頗重、一禮未備、卽謂之奔、謂之野合、故自行媒納采納徵問名卜吉請期而後告廟、顏氏從父命爲婚、豈有六禮不備者、檀弓疏及索隱正義以婚姻過期爲野合、亦無所據、蓋因紇偕顏禱于尼山而爲之說耳、崔適曰、案此文疑本作紇與顏氏女禱於尼邱、野合而生孔子、於尼邱墠地爲祭天之壇而禱之、猶詩所謂以弗無子也、遂感而生孔子、猶詩所謂履帝武敏歆也、故曰野合、高祖本紀、其先劉媼嘗息大澤之陂、夢與神遇、是時雷電晦冥、太公往視、則見蛟龍於其上、已而有身、遂產高祖、卽詩齊魯韓春秋公羊學家所謂聖人皆感天而生、此所謂野合而生也、三代世表、張夫子問於褚先生曰、詩言契后稷皆無父而生、今諸傳記咸言有父、得毋與詩謬乎、褚先生曰、詩言契生於卵、后稷人跡者、欲見其有天命精誠之意耳、鬼神不能自成、須人而生、奈何無父而生乎、卽此所謂紇與顏氏女禱於尼邱、野合而生孔子也、太史公以受命帝王尊孔子、故云爾、索隱謂梁紇老而徵在少、非當壯室初笄之禮、故

曰、野合、此說謬甚、老夫得其女妻、未聞謂之野合也、中井積德曰、史尊孔子、欲神其事、乃以非禮誣其父母、惑之甚者、愚按、野合、中說得之、崔說可參、孔子字曰仲尼、有兄、論語云、以其兄之子妻南容、又有姊、禮記檀弓篇云、我則有姊之喪故也、

禱於尼丘得孔子。魯襄公二十二年而孔子生。〔索隱〕公羊傳、襄公二十一年十有一月庚子、孔子生、今以爲二十二年、蓋以周正十一月屬明年、故誤也、後序孔子卒云七十二歲、每少一歲也、〔考證〕左氏春秋不書孔子之生、公穀俱書于襄公二十一年、然公羊書十有一月孔子生于是年之末、穀梁書庚子孔子生于十月之後、微有不同、而史獨稱二十二年生、從公穀者、賈逵服虔、索隱外記、黃氏日抄、及宋濂孔子生卒歲月辨、崔述洙泗考信錄之類也、從史記者、杜注左傳、拾遺記、博物志、古史、大紀、路史、朱子論語序說、通鑑前編、通鑑輯覽、黃宗羲南雷文約、梁玉繩史記志疑、崔適史記探源之類也、俞樾曰、春秋公羊傳、襄公二十有一年、十有一月庚子、孔子生、穀梁傳、襄公二十有一年、十月庚子、孔子生、是兩傳年俱同、惟有一月之差、然陸德明公羊音義曰、庚子孔子生傳文、上有十月庚辰、此亦十月、一日本作十一月、庚子是陸子所據本無十有一月四字、與穀梁傳同、楊士勛穀梁疏曰、仲尼以此年生、故傳因而錄之、史記世家云、襄公二十二年者、馬遷之言、與經傳不同者非一、故與此傳異年耳、楊子但言史記與穀梁異年、而不言公羊與穀梁異月、則所見公羊傳、亦必無十有一月四字也、唐石經誤衍此四字、而各本從之、遂致兩傳有一月之差、是不可以不辯也、至生年、爲襄二十一、則兩傳皆同、襄三十一年、左傳正義引二十一年賈逵注經云、此年仲尼生、哀十六年夏四月己丑卒、七十三年、又引昭二十四年服虔載賈逵語云、是歲孟僖子卒、屬其子使事仲尼、仲尼時年三十五、計自襄二十一至昭二十

四、【正義】三十五歲、是孔子以襄二十一年生、賈服舊說皆同、自襄二十一至哀十六、共七十四年、而賈逵云年七十三者、猶絳縣老人生於文十一年、至襄三十年、亦是七十四年、而傳稱七十三年也、杜預不達此義、乃從史記作襄二十二年生、朱子論語序說亦云、襄二十二年十有一月庚子生、胥失之矣、今定孔子于襄二十一年十月庚子生、是月庚辰朔、則庚子二十一日也、周十月、夏八月、爲今八月二十一日、愚按、魯襄公二十一年、卽周靈王二十年、値日本紀元一百九年、**生而首上圩頂。故因名曰丘云。**【索隱】圩、音烏、頂、音鼎、圩頂、言頂上窳也、故孔子頂如反宇、反宇者、若屋宇之反、中低而四傍高也、【正義】括地志云、女陵山、在曲阜縣南二十八里、干寶三日紀云、徵在生孔子空桑之地、今名空竇、在魯南山之空竇中、無水、當祭時、洒掃以告、輒有清泉自石門出、足以周用、祭訖泉枯、今俗名女陵山、【考證】梁玉繩曰、反宇二字、見白虎通聖人篇、姓名篇亦云、孔子首類尼丘山、蓋中低而四旁高、如屋宇之反、中井積德曰、圩是汙下之義、非取宇義、崔述曰、此說因孔子之名字而附會者、不足信、且旣謂之因於禱、又謂之因於首、司馬氏已自無定見矣、愚按、曰云、未必之辭、史公未必信之、姑記所傳耳、**字仲尼。姓孔氏。丘生而叔梁紇死。**【索隱】家語云、生三歲而梁紇死、【考證】家語本姓解、**葬於防山。**【正義】括地志云、防山在兗州曲阜縣東二十五里、禮記云、孔子母合葬於防也、**防山、在魯東。由是孔子疑其父墓處。母諱之也。**【索隱】謂孔子少孤、不的知父墳處、非謂不知其塋地、徵在笄年適於梁紇、無幾而老死、是少寡、蓋以爲嫌、不從送葬、故不知墳處、遂不告耳、非諱之也、

【正義】梁紇葬時、徵在既少、不能教□其的處、【考證】由是以下、史公欲爲下文地、以意補之、檀弓不載、**孔子爲兒嬉戲、常陳俎豆、設禮容。**【正義】俎豆、以木爲之、受四升、高尺二寸、大夫以上赤雲氣、諸侯加象飾足、天子玉飾也、【考證】論語衛靈公篇、俎豆之事、則嘗聞之矣、鄭環孔子世家考云、亞聖尙待三遷之教、反之也、至聖則性之矣、聖母豫市禮器以供嬉戲、其陰合太任胎教之道者與、**孔子母死。乃殯五父之衢。**【正義】括地志云、五父衢、在兗州曲阜縣西南二里、魯城內衢道也、**蓋其愼也。**【集解】徐廣曰、魯縣有闕里、孔子所居也、又有五父之衢也、【索隱】謂孔子不知父墓、乃且殯其母於五父之衢、是其謹愼也、【正義】愼謂以紼引棺就殯所也、【考證】檀弓、作人之見之者、皆以爲葬也、其愼也蓋殯也、愼、索隱得之、三代世表序、疑則傳疑、蓋其愼也、**郰人輓父之母、誨孔子父墓、然後往合葬於防焉。**【正義】郰人、上音鄒、【考證】孔子母死以下、采檀弓、輓、執喪車紼也、檀弓、輓作曼、音近義通、梁玉繩志疑云、案孔叢子陳士義篇、以殯衢爲虛造謗言、博物志謂蔣濟何晏夏侯太初王肅皆云、無此事、注記者謬、元陳澔雲莊禮記集說曰、顏氏之死、夫子成立久矣、豈有終母之世、不尋求父葬之地、至母殯而猶不知父墓乎、殯于衢路、必無室廬而死于道路者、不得已之爲耳、聖人禮法之宗主、而忍爲之乎、邵氏泰衢檀弓疑問曰、五父之衢、非殯棺之地、倘無郰母之誨、將終殯之衢已乎、惟明胡爨亭以檀弓史記爲然、其讀書雜錄辨之云、古者墓而不墳、防實山墓、葬山者、因山營兆、易湮、不能定知其塋、亦事理所有、迨母死葬、不可久稽、不得已于五父之衢擇地以殯、若謂他日得父葬所、

可啓之而同葬、終不得葬所、則此雖殯亦可不必再爲之葬、有人子無限苦衷焉、五父之衢、當亦傍衢之地、非眞衢路也、毛氏經問三、亦以史爲可據、辨顏氏送葬以後、全然不至墓所、故不能告墓處、胡毛兩家之辨、余不敢信、志疑所論如此、梁氏後著瞥記訂之云、周禮冢人墓大夫、掌墓地、自王公至於士庶、辨其尊卑度數、而葬以族、地之形勢及丘壟昭穆處、皆豫爲圖藏之、後須葬者、依圖以夾其造營始祖之墓、孔子曾祖防叔爲防大夫、卒而葬此、孔氏兆域、當始營于防、叔則所謂防墓者、先祖之墓也、所謂不知其墓者、昭穆之處也、所謂合葬於防者、以孫從祖也、蓋孔子三歲失父、淺殯於五父之衢、迨母歿而訪求墓位、乃得葬親全處、爾史記誤以合葬爲母祔父墓、後儒竝據以爲說、故義有難通、余著志疑、尙仍舊解、愚按、少孤一節、諸解紛紛、今錄梁氏二說、以備考云、**孔子要經。**【索隱】家語、孔子之母喪、旣練而見、不非之也、今此謂孔子實要經與饗、爲陽虎所絀、亦近誣矣、一作要經、要經、猶帶經也、故劉氏云嗜學之意、是也、**季氏饗士。孔子與往。**【正義】與、音預、季氏爲饌、飲魯文學之士、孔子與迎而往、陽虎以孔子少故折之也、**陽虎絀曰。季氏饗士。非敢饗子也。孔子由是退。**【考證】崔述曰、禮、居喪者三年不飲酒食肉、小功緦麻、飲酒食肉、不與人樂之、酒肉且不可飲食、況敢受大夫之享乎、輕喪尙不與人樂之、況重喪乎、孔子如是、不幾貽笑於陽虎耶、家語亦覺其謬、又改其文以曲解、謂陽虎弔孔子、告以享士之事、而孔子曰、某雖衰絰、亦欲與往、以示不非陽虎之意、則其謬更甚焉、何則虎弔而言享士、卽失禮、其小焉者耳、衰絰而往、失禮大矣、以此答之、不亦顚乎、且虎果失禮、不非之、足矣、曷爲而更甚之、是諂也、不往而僞告以欲往、是欺也、聖人必不如是、梁玉繩曰、昭公

二十七年、陽虎始見于傳、而是時孔子年十七、當昭公七年、豈虎已用事于季氏乎、可疑、鄭環曰、蓋因論語陽貨欲見孔子章、隨問隨答、而附會之、不知彼則據理直答、此則建理曲附、方苞曰、季氏饗士卒欲用之、古者既葬、金革之事弗避、孔子所居、在季氏分地、故要經而往、庶人召之役、則往役之義也、故陽虎曰、季氏饗士、非敢饗子、而正義謂饗文學之士、誤矣、愚按、崔梁鄭三說得之、方氏從而爲之辭、**孔子年十七、魯大夫孟釐子病且死。**【集解】昭公七年左傳云、孟僖子病不能相禮、乃講學之、及其將死、召大夫云云、按謂病者、不能禮爲病、非疾困之謂也、至二十四年僖子卒、賈逵云、仲尼時年三十五矣、是此文誤也、【考證】崔適曰、病下當脫不能相禮四字、孔子年十七者、孟釐子病不能相禮之年也、在昭公七年、且死卽左傳所謂及其將死、在二十四年、太史公本不謂一年之事、猶之懿子學禮、亦與釐子卒、非一年事、沈家本曰、賈逵以爲三十五者、據公羊之說、**誡其嗣懿子曰。孔丘、聖人之後。**【集解】服虔曰、聖人謂商湯、【考證】陸粲曰、僖子所謂聖人、乃正考父、非湯也、傅遜曰、以聖人爲殷湯、則宋皆其後也、何云滅于宋乎、中井積德曰、古人稱聖字不甚重、勿以孔孟以後語疑之、**滅於宋、**【集解】杜預曰、孔子六世祖孔父嘉、爲宋華督所殺、其子奔魯也、**其祖弗父何、始有宋而嗣讓厲公。**【集解】杜預曰、弗父何、孔父嘉之高祖、宋愍公之長子、厲公之兄也、何嫡嗣當立、以讓厲公也、【考證】張文虎曰、左傳、作以有宋而授厲公、史蓋以讓字代授字、聲誤爲嗣、而後人或又兩存之也、始字疑卽以字之誤、李笠曰、宋本無讓字、是也、**及正考父、佐戴・武・宣公、**【集解】服虔曰、

正考父、弗父何之曾孫、[考證]杜預曰、三人皆宋君也、三命茲益恭。[考證]大夫三命、一命爲士、再命爲卿、茲、滋通、故鼎銘云。[考證]上卿也、考父廟之鼎、一命而僂、再命而傴、三命而俯。[集解]服虔曰、僂傴俯、皆恭敬之貌也、[考證]杜預曰、俯恭於傴、傴恭於僂、循牆而走、[集解]杜預曰、言不敢安行、[考證]不中於路也、亦莫敢余侮。[集解]杜預曰、其恭如是、人亦不敢侮慢、[考證]李笠曰、家語觀周篇作亦莫余敢侮、此敢余二字疑誤倒、詩、莫我敢承、句法同、饘於是、粥於是、以餬余口。[集解]杜預曰、於是鼎中爲饘粥、饘粥、餬屬、言至儉也、[考證]檀弓疏、厚曰饘、希曰粥、中井積德曰、餬口、猶言濡吻也、愚按、莊子列禦寇篇云、正考父一命而傴、再命而僂、三命而俯、循牆而走、孰敢不軌、僂傴二字倒、以韻推之、莊子似勝、傴俯侮僂走口、隔句押韻、下文彼鑄之歌、亦以口走爲韻、或云、走、叶子與切、口、叶康杜切、每句押韻、其恭如是。吾聞聖人之後、雖不當世、必有達者。[集解]王肅曰、謂若弗父何殷湯之後、而不繼世爲宋君也、杜預曰、聖人之後有明德、而不當大位、謂正考父、[考證]左傳作臧孫紇有言曰、聖人有明德者、若不當世、其後必有達人、史易文、義不同、而曰達者、曰達人、皆斥孔子、則一也、國語晉語云、正考父校商之十二篇周大師、以那爲首、據此則孔子修詩書、未必不得於正考父、今孔丘年少好禮。其達者歟。吾卽沒、若必師之。[考證]左傳卽作若、及釐

子卒、懿子與魯人南宮敬叔往學禮焉。[索隱]左傳及系本、敬叔與懿子皆孟僖子之子、不應更與魯人、亦太史公之疏耳、[考證]魯大夫孟釐子以下、本昭七年左傳、是歲、季武子卒。平子代立。[考證]昭七年春秋經傳、孔子貧且賤。[考證]論語子罕篇、孔子曰、吾少也賤、故多能鄙事、及長嘗爲季氏史。料量平。[索隱]有本作委吏、按趙岐曰、委吏、主委積、倉庫之吏、[考證]張文虎曰、史、宋本、王本作史、它本竝作吏、孟子疏引作委氏吏、崔述曰、委季、吏史四字相似、故誤、後人又妄加氏字耳、孔子豈爲季氏家臣者哉、愚按、當從孟子作委吏、嘗爲司職吏。而畜蕃息。[考證]孔子貧且賤以下、本孟子萬章下篇、季氏史作委吏、司職吏作乘田、朱熹曰、職讀爲樴、義與杙同、蓋繫養犧牲之所、由是爲司空。[考證]崔適曰、五字、下文自中都宰爲司空之重文、已而去魯、斥乎齊、逐乎宋·衞、困於陳·蔡之閒。於是反魯。[考證]崔適曰、已而去魯、至於是反魯二十一字、及下文魯復善待、由是反魯八字、皆定公十四年、去魯後至反魯之總結、重衍於此也、孔子長九尺有六寸。人皆謂之長人而異之。[考證]荀子非相篇云、帝堯長、帝舜短、文王長、周公短、仲弓長、子弓短、魯復善待。由是反魯。[考證]八字衍文、說見上文、魯南宮敬叔言魯君曰、請

與孔子適周。[索隱]莊子云、孔子年五十一、南見老聃、蓋系家亦依此爲說、而不究其旨、遂俱誤也、何者、孔子年十七、適周、豈訪禮之時、卽在十七耶、且孔子見老聃云、甚矣道之難行也、此非十七之人語也、乃既仕之後言耳、[考證]史載孔子適周見老聃、于十七歲後三十歲前、邊韶老子碑及水經渭水注、皆說孔子年十七、問禮老子、俱承史也、是歲魯昭公七年、南宮敬叔未生、於是閻若璩尙書疏證四書釋地、依皇王大紀、定爲魯昭二十四年、孔子三十四時事、是歲二月孟僖子卒、虞祭卒哭、敬叔未能出門從師、且齡甫十四、恐未見于君、未能至周、說詳于崔氏洙泗考信錄、鄭氏孔子世家考、梁氏志疑、索隱依莊子天運篇、爲魯定九年孔子五十一時事、是歲孔子爲中都宰、何暇南見老聃、說詳于崔氏探源、愚按、孔子問禮、有無且不可知、又何定其年前後、闕疑可也、魯君與之一乘車兩馬一豎子。俱適周、問禮。蓋見老子云。[考證]曰蓋曰云、未決之辭、孔子見老子、史公又載之於老子傳、而自疑其有無、故用蓋字云字、封禪書曰、獲一角獸、蓋麟云、同一語法、辭去、而老子送之曰、吾聞富貴者送人以財。仁人者送人以言。[索隱]莊周、財作軒、[考證]荀子大略篇云、曾子行、晏子從於郊曰、嬰聞之、君子贈人以言、庶人贈人以財、嬰貧無財、請假於君子、贈君以言、晏子春秋內篇雜上、亦載此事、但財作軒、與老子言全同、吾不能富貴。竊仁人之號。[集解]王肅曰、謙言竊仁者之名、送子以言。曰、聰明深察而近於死者、好議人者也。

博辯廣大危其身者、發人之惡者也。[考證]張文虎曰、御覽引、人下有之非二字、愚按、家語觀周篇、譏上有議字、爲人子者、毋以有己。[集解]王肅曰、身、父母之有、[索隱]家語、作無以有己爲人子者、爲人臣者、毋以有己。[索隱]家語、作無以惡己爲人臣者、王肅云、言聽則仕、不用則去、保身全行、臣之節也、[考證]毋以有已、言致身於君父也、孔子自周反于魯。弟子稍益進焉。是時也、晉平公淫、六卿擅權、東伐諸侯、楚靈王兵彊、陵轢中國、齊大而近於魯。魯小弱。附於楚、則晉怒。附於晉、則楚來伐。不備於齊、齊師侵魯。[考證]陳仁錫曰、無故陡入此數句、何也、梁玉繩曰、案所說以爲魯昭二十年、孔子年三十之時、而晉乃頃公、去平公已二世、楚乃平王、靈王已死七年、皆誤也、又曰、案左傳自襄廿七年會宋弭兵以後、晉楚之從、交相見、無怒伐魯之事、齊亦未嘗侵魯、此所言皆非實、中井積德曰、晉楚齊之難、無落著、蓋錯簡、魯昭公之二十年、而孔子蓋年三十矣。齊景公與晏嬰來適魯。[考證]齊世家云、景公二十六年、獵魯郊、因入魯、與晏嬰俱問魯禮、魯世家云、昭公二十年、齊景公與晏子狩竟、因入魯問禮、或此時事、梁玉繩曰、左傳無之、未知何出、疑六國時人僞造、史公妄取入

史、而所以爲此說者、因是年齊侯田于沛也、景公問孔子曰、昔秦穆公國小處辟、其霸何也。對曰、秦國雖小、其志大、處雖辟、行中正、身擧五羖、爵之大夫。【正義】百里奚也、【考證】家語賢君篇作其政中、其擧也果、其謀也和、法無私而令不愉、孟子萬章篇云、或曰、百里奚自鬻於秦養牲者、五羊之皮、食牛以要秦穆公、起纍紲之中、【索隱】家語無此一句、孟子以爲不然之言也、【考證】論語公冶長篇、雖在縲紲之中、注、縲、黑索也、紲、攣也、古者獄中以黑索拘攣罪人、百里奚食牛、未嘗在獄、與語三日、授之以政。以此取之、雖王可也。其霸小矣。【考證】王霸之辯、孔子未嘗言之、自孟子始、梁氏以爲六國人僞造、大是、景公說。孔子年三十五、而季平子與郈昭伯以鬭雞故、得罪魯昭公。【正義】郈、音后、括地志云、鬭雞臺二所、相去十五步、在兗州曲阜縣東南三里魯城中、左傳昭二十五年、季氏與郈昭伯鬭雞、季氏介雞翼、郈氏爲金距之處、【考證】梁玉繩曰、案左傳、昭伯怨平子、故勸昭公伐季子、昭伯何嘗得罪昭公、此誤說、中井積德曰、故字下疑脫相惡等字、不然、以字當在與上、昭公率師擊平子。平子與孟氏・叔孫氏三家共攻昭公。昭公師敗、奔於齊。齊處昭公乾侯。【正義】相州成安縣東南

三十里斥丘故城、本春秋時乾侯之邑、【考證】季平子以下、采昭二十五年左傳、余有丁曰、按乾侯晉地、晉人以居公者、齊處公于鄆、非乾侯也、其後頃之魯亂。【考證】方苞曰、大擧魯國禍亂、傷魯不能用孔子也、李笠曰、案其後下、用頃之二字、駢累不可爲訓、家語古本篇、久之有頃乃蘇、與此同也、平準書、初先是、鄭世家、初往年、竝視此、孔子適齊、爲高昭子家臣、欲以通乎景公。【考證】崔述曰、按春秋傳、高昭子名張、唁魯昭公、稱爲主君、阿景公意、孺子荼、卒爲陳氏所逐、其不肖如是、孟子曰、觀遠臣以其所主、況於爲之臣乎、百里奚賢人耳、或謂其食牛要秦穆公、孟子猶辭而闢之、況聖人而爲小人之家臣、以干時君乎、子禽問於子貢曰、夫子至於是邦也、必聞其政、求之與、抑與之與、子貢曰、夫子溫良恭儉讓以得之、若孔子果爲家臣以通乎時君、則是非但求之、且卑身以求之、子貢之言、一何謬與、且此篇前云、景公與晏嬰來適魯、問孔子云云、景公說、果如所言、孔子已早通乎景公晏子矣、亦何待於爲高氏之家臣乎、其自相刺謬也如此、此必無之事、愚按、梁玉繩亦有此說、與齊太師語樂、聞韶音學之。三月不知肉味。【集解】周氏曰、孔子在齊、聞習韶樂之盛美、故忘於肉味也、【索隱】按論語、子語魯太師樂、非齊太師也、又子在齊聞韶、三月不知肉味、無學之文、今此合論語齊魯兩文而爲此言、恐失事實、【考證】子語魯大師樂、論語八佾篇、子在齊聞韶、三月不知肉味、曰、不圖爲樂之至於斯也、論語述而篇、史添學之二字、蓋得其實、范寗曰、韶乃大虞盡善之樂、齊、諸侯、何得有之乎、曰、陳、舜之後也、樂在陳、敬仲竊以奔齊、故得僭之也、齊人稱之。景公問政孔子。孔子

曰、君君、臣臣、父父、子子。【集解】孔安國曰、當此之時、陳恆制齊、君不君、臣不臣、故以此對也、景公曰、善哉。信如君不君、臣不臣、父不父、子不子、雖有粟、吾豈得而食諸。【集解】孔安國曰、言將危也、陳氏果滅齊、【考證】景公問政以下、論語顏淵篇、他日又復問政於孔子。孔子曰、政在節財。【考證】本韓非子難三、愚按、韓非子、尚書大傳、說苑政理、節財作節用、家語辨政同、景公說、將欲以尼谿田封孔子。【索隱】此說出晏子及墨子、其文微異、【考證】尼谿、墨子同、晏子春秋、作爾稽、孫星衍曰、尼爾、稽谿、聲皆相近、孫詒讓曰、尼谿地無考、呂氏春秋高義篇、又作景公致廩丘以爲養、晏嬰進曰、夫儒者滑稽、而不可軌法。【考證】墨子晏子、無此句、楚辭卜居篇、突梯滑稽、王逸云、滑稽、轉從俗也、史樗里子傳云、滑稽多智、索隱、滑、亂也、稽、同也、謂辨捷之人、言是若非、言非若是、謂能亂同異也、正義、顏師古云、滑稽、轉利之謂也、滑、亂也、稽、礙也、言其變亂無留也、愚按、史滑稽傳、滑稽多辯、孟荀列傳、猾稽亂俗、漢書東方朔傳贊、其滑稽之雄乎、猾滑通、倨傲自順、不可以爲下。【考證】倨傲、墨子作浩居、晏子、作浩倨、爲下、墨子晏子、作敎下、崇喪遂哀、【考證】墨子、作宗喪循哀、晏子、作久喪道哀、史義最長、崇、厚也、王念孫曰、遂哀、謂哀而不止也、三年之喪、二十五月而畢、若駟之過隙、然而遂之、則是無窮也、破產厚葬。

【考證】墨子、無此句、晏子、作厚葬破民貧國、韓非子顯學篇、儒者破家而葬、債子而償、服喪三年、大毀扶杖、不可以爲俗。游說乞貸、不可以爲國。【考證】墨子晏子、無此句、禮記疏、凡乞貸假借、謂就人乞貸假借者、自大賢之息、周室既衰、禮樂缺有閒。【索隱】息者生也、言上古大賢生則有禮樂、至周室微而始缺有閒也、【正義】大賢、文王周公等也、【考證】墨子無此十四字、晏子、作自大賢之滅、周室之卑也、威儀加多、而民行滋薄、聲樂繁充、而世德滋衰、朱錦綬曰、息、如中庸其人亡則其政息之息、猶言大賢之沒耳、與下二句貫、索隱誤、今孔子盛容飾、繁登降之禮、趨詳之節、【考證】墨子、作孔丘盛容脩飾以蠱世、弦歌鼓舞以聚徒、繁登降之禮以示儀、務趨翔之節以觀衆、晏子略同墨子、詳翔、音同義通、累世不能殫其學、當年不能究其禮。【考證】墨子、作累壽不能盡其學、當年不能行其禮、晏子、累世作兼壽、學作敎、當年、猶言當世、荀子勸學篇、沒世窮年、不免爲陋儒、君欲用之以移齊俗、非所以先細民也。【考證】墨子、作今君封之以利齊俗、非所以導國先衆、晏子、作今欲封之以移齊國之俗、非所以道衆存民也、文異義同、後景公敬見孔子、不問其禮。【考證】墨子、作於是厚其禮、留其封、敬見而不問其道、晏子文同墨子、而奪封字、景公說以下、采墨子非儒晏子春秋外篇、崔述曰、凡譖人者、雖非其實、要必取其近似之迹附會之、以取信於世主、今晏子之所言、事事皆與孔子相反、天下有

如是之譖人者乎、不但所言皆與孔子平生之事相反、卽與晏子平生之言見於左傳孟子者、亦無一不相反、且春秋之世、固無有所謂滑稽倨傲游說乞貸者、亦無有以是讒人者、自戰國淳于髡愼到莊周顏斶張儀蘇秦之徒竝起、然後有以滑稽倨傲游說乞貸者、破產厚葬之譏、亦自墨氏敎行之後始有之、然則此言出戰國時人之口明甚、而其文著之淺陋、亦似戰國秦漢、絕不類左傳孟子所述者、異日景公止孔子曰。奉子以季氏、吾不能。【索隱】劉氏、奉音扶用反、非也、今奉音如字、謂奉待孔子如魯季氏之職、故下文云以季孟之閒待之也、【正義】爾雅、止、待也、【考證】止、如字、以季孟之閒待之。【集解】孔安國曰、魯三卿、季氏爲上卿、最貴、孟氏爲下卿、不用事、言待之以二者之閒也、齊大夫欲害孔子。孔子聞之。【考證】論語無齊大夫以下十二字、中井積德曰、欲害恐失實、蓋不便之耳、欲字或衍、景公曰。吾老矣。弗能用也。孔子遂行。【考證】以上本論語微子篇、伊藤維楨曰、此時孔子年三十六、名位未顯、想無景公以季孟待之之理、恐他日之事、崔述曰、景公是時年僅四五十歲、其後復在位二十餘年、歲會諸侯、賞戰士、與晉爭伯、亦不當云老不能用也、反乎魯。【考證】崔述曰、世家孔子止一至齊、在魯昭公二十五年、闕里志年譜、則三至齊、三十一歲、景公遣使來聘、孔子適齊、居齊者凡三歲、及三十六歲、又在齊聞韶、而反乎魯、明年復自齊歸於魯、說與世家大異、余按年譜從世家以孔子爲襄二十二年生、則其所謂三十一歲者、謂昭公之二十一年也、昭公二十四年、孟僖子姑知孔子、其言曰、將有達者、將在孔某、將之爲言有待也、是孔子此時名猶未著、望猶未

其隆也、僖子本國之大夫、景公則異國之君也、僖子苟能禮者從之、景公則未嘗有好禮名也、景公安能先僖子而知孔子而聘之哉、二十五年、昭公孫齊、二十一年、魯無事也、孔子不應無故而去、又不應將亂而忽歸、以時考之、固不符矣、孔子既在齊三年矣、而不聞韶、又三年之後、乃以聞韶之故特往、以理度之、亦不似也、且去齊已三年矣、而又往而又遽來、逾年而又遽往、又遽來、孔子何求於齊、而僕僕若是乎、然則孔子至齊世家之說近是、孔子年四十二。魯昭公卒於乾侯。【考證】本昭三十二年春秋、孔子是時年四十三、史爲襄二十二年孔子生、故記其齡常差一年、下倣之、定公立。定公立五年夏、季平子卒。【考證】定五年春秋經傳、桓子嗣立。季桓子穿井、得土缶。中若羊。【集解】韋昭曰、羊、生羊也、故謂之怪也、【索隱】家語云、桓子穿井於費、得物如土缶、其中有羊焉、是也、【考證】魯語、作獲如土缶、其中有羊焉、李笠曰、若字、疑當作有、問仲尼。云得狗。【集解】韋昭曰、獲羊而言狗者、以孔子博物測之、【考證】吳曾祺曰、不識羊、故言狗、非試孔子也、仲尼曰。以丘所聞、羊也。丘聞之、木石之怪、夔罔閬。【集解】韋昭曰、木石、謂山也、或云、夔、一足、越人謂之山繰也、或言獨足、魍魎、山精、好學人聲而迷惑人也、【索隱】夔、音逵、閬、音兩、家語作魍魎、繰、音騷、然山繰獨一足、是山神名、故謂之夔、夔一足、獸狀如人也、【考證】國語、罔閬作蝄蜽、中井積德曰、木石如字、注錯誤、水之怪、龍罔象。【集解】韋昭曰、龍、神獸也、非常見、故曰怪、或云、罔象食人、一名

沐腫、【索隱】沐腫、音木腫、土之怪、墳羊。【集解】唐固曰、墳羊、雌雄未成者也、【考證】季桓子穿井以下、采國語魯語、崔述曰、按論語曰、子不語怪力亂神、果有此事、答以不知可也、乃獲一土怪、而并木石水之怪而告之、是孔子好語怪也、且土果有羊、怪則當不止一見、苟以前未有此事、則古人何由識之、既數有之、又何以此後二千餘年、更不復有穿井而得羊者、是可笑也、吳伐越、墮會稽。【集解】王肅曰、墮、毀也、【索隱】墮會稽、會稽、山名、越之所都、墮、毀也、吳伐越、在魯哀元年、得骨。節專車。【集解】韋昭曰、骨一節、其長專車、專、擅也、【正義】按、橫骨屋兩廂、【考證】謂滿一車也、吳使使問仲尼。【考證】國語、作吳子使來好聘、且問仲尼、愚按、孔子以定十二年去魯、哀十六年歸、哀元年、吳墮會稽、時孔子方在陳、鄧以讚曰、此當在下文吳敗越會稽下、誤置此、骨何者最大。仲尼曰。禹致羣神於會稽山。【集解】韋昭曰、羣神、謂主山川之君、爲羣神之主、故謂之神也、防風氏後至。禹殺而戮之。【集解】韋昭曰、防風氏違命後至、故禹殺之、陳尸爲戮、其節專車。此爲大矣。【考證】楓山三條本、節上有骨字、與魯語說苑合、吳客曰。誰爲神。仲尼曰。山川之神、足以綱紀天下、其守爲神。【集解】王肅曰、守山川之祀者、爲神、謂諸侯也、韋昭曰、足以綱紀天下、謂名山大川、能興雲致雨、以利天下也、【考證】國語、足上神字、作靈、史誤、社稷爲公侯。【集解】王肅曰、

但守社稷、無山川之祀者、直爲公侯而已、【考證】國語、社稷下、有之主二字、韋昭曰、封國立社稷、而令守之、是謂公侯也、皆屬於王者。客曰。防風何守。仲尼曰。汪罔氏之君、守封禺之山。【集解】韋昭曰、封、封山、禺、禺山、在吳郡永安縣、駰案、晉太康元年、改永安爲武康縣、今屬吳興郡、【考證】國語、汪罔作汪芒、禺作隅、韋昭曰、汪芒、長狄之國名也、愚按、封禺二山名、在今浙江武康縣、爲釐姓。【索隱】釐、音僖、家語云、姓漆、蓋誤、系本無漆姓、【考證】梁玉繩曰、魯語、作漆姓、說苑、家語、杜注文十一傳、同、黃丕烈曰、漆當作漆、在虞・夏・商爲汪罔。於周爲長翟。今謂之大人。【集解】王肅曰、周之初、及當孔子之時、其名異也、客曰。人長幾何。仲尼曰。僬僥氏三尺。短之至也。【集解】韋昭曰、僬僥、西南蠻之別名也、【正義】按括地志、在大秦國北也、長者不過十之。數之極也。【集解】王肅曰、十之、謂三丈也、數極於此也、【考證】吳伐越以下、采國語魯語、事亦涉神怪、孔子所不語、於是吳客曰。善哉聖人。【考證】國語、無此九字、桓子嬖臣曰仲梁懷。與陽虎有隙。陽虎欲逐懷。【考證】陽虎、季氏家臣、仲梁、複姓、公山不狃止之。【集解】孔安國曰、不狃、爲季氏宰、【索隱】狃、音女九反、鄒氏云、一作蹂、論語作弗擾、其秋、懷益驕。陽虎執懷。桓子怒。

陽虎因囚桓子、與盟而醳之。【正義】醳音釋、【考證】桓子嬖臣以下、本定五年左傳、據傳、陽虎欲逐仲梁懷、而囚季桓子也、陽虎由此益輕季氏。季氏亦僭於公室、陪臣執國政。【考證】論語季氏篇、陪臣執國命、三世希不失矣、是以魯自大夫以下、皆僭離於正道。故孔子不仕、退而脩詩書禮樂。弟子彌衆、至自遠方、莫不受業焉。【考證】此論語所謂學而時習之也、有朋自遠方來也、人不知而不慍也、定公八年、公山不狃不得意於季氏、因陽虎爲亂、欲廢三桓之適、更立其庶孽陽虎素所善者。【正義】適音嫡、遂執季桓子。【考證】梁玉繩曰、按左傳、陽虎將殺季子于蒲圃、非執之也、囚季子、在定五年、前此矣、桓子詐之得脫。【考證】公山不狃以下、本定八年左傳、定公九年、陽虎不勝、奔于齊。【考證】定九年左傳、是時孔子年五十。公山不狃以費畔季氏。使人召孔子。【考證】公山不狃以下、論語陽貨篇、論語、不狃作弗擾、孔子循道彌久、溫溫無所試、莫能己用。【考證】古鈔本、

楓山、三條本、循作脩、愚按、溫讀爲蘊、曰。蓋周文武起豐鎬而王。今費雖小、儻庶幾乎。【索隱】檢家語及孔氏之書、竝無此言、故桓譚亦以爲誣也、【考證】是時周室雖衰、天命未改、孔子不宜有此言、刪之可也、欲往。子路不說、止孔子。孔子曰。夫召我者、豈徒哉。如用我、其爲東周乎。【集解】何晏曰、興周道於東方、故曰東周也、【考證】欲往以下、論語陽貨篇、論語、如用我、作如有用我者、愚按、韓昌黎論語筆解云、能復修西周之政、志在周公典禮、程伊川張南軒亦主此說、而朱子集註則從何氏集解、韓說較是、或云、爲若夫子爲衞君乎之爲、猶助也、亦通、黃式三曰、弗擾召孔子者、時孔子未仕、故得相召、依左傳、事當在定公八年、史記以爲在九年、或失之也、朱子集注言弗擾與陽虎共執季桓子、事在定公五年、若左傳定公十二年載弗擾襲魯事、在孔子仕魯之日、非此初畔而召之時、崔東壁洙泗考信錄、合兩事爲一、遂疑聖經之僞、官人耳、子路言末之也已、何必公山氏之之也、決非仕魯時之言、又曰、公山弗擾前止陽虎之逐仲梁懷、後斥叔孫輒之勸畔伐魯、事見左傳、則非決不能改過之人、朱子集註引程子說云、聖人以天下無不可爲之事、亦無不可改過之人、故欲往、是也、且弗擾之畔季氏、以張公室爲名、其召夫子也、必以爲三桓歸政、己亦歸邑、以此來召、其詞爲順、當時陽虎作亂、三桓之子孫微、弗擾之叛、亦在虎走失援之時、夫子望其各有悔過之機、而欲往往而謀、果行一歸政、一歸邑、去大都耦國之强、挽政逮大夫之失、綱紀已頽、盛治可次第舉矣、夫子仕魯、以墮都出甲爲先、亦此道耳、惜乎此事在三桓、固不易行、而弗擾亦究未能行、故卒不往也、然亦卒不行。其後、

定公以孔子爲中都宰。一年四方皆則之。【考證】家語、作西方、王肅云、魯國近東、故西方諸侯、皆取法則焉、【考證】四方、中都四方也、禮記檀弓上篇、有子曰、夫子制於中都、四寸之棺、五寸之椁、崔述曰、春秋經傳、魯有中城、而皆不言有所謂中都者、由中都宰爲司空、由司空爲大司寇。【考證】定元年左傳、葬昭公於墓道南、孔子之爲司寇也、溝而合之、孟子告子篇、孔子爲魯司寇、不用、從而祭、燔肉不至、不稅冕而行、禮記檀弓上篇、有子曰、昔者夫子失魯司寇、將之荊、蓋先之以子夏、又申之以冉有、荀子宥坐篇、孔子爲魯司寇、有父子訟者、孔子拘之、三月不別、呂氏春秋遇合篇、孔子徧至於魯司寇、皆曰司寇、不曰大司寇、其爲司空、先秦之書、未見記之者、梁玉繩曰、此及下文、兩稱大司寇、公羊定十四年疏云、魯無司寇之卿、是以大夫亦名大、恐不然、攷檀弓王制疏引崔靈恩云、諸侯三卿、司徒兼冢宰、司馬兼宗伯、司空兼司寇、諸侯不立冢宰宗伯司寇之官、三卿之下、則五小卿、爲五大夫、司徒下立二人、小宰小司徒、司空下立二人、小司寇小司空、司馬下立一人、爲小司馬、但春秋之世、侯國多不遵三卿之制、卽魯三家之外、有東門氏臧氏子叔氏、宜成時同在卿列、則亦儼然六卿矣、臧宣叔武仲、皆以世卿而爲司寇、此豈猶是小司寇之職乎、昭定以後、臧氏替、而以孔子居之、亦事理所有、史云大司寇者、別于小司寇之下大夫也、若司空卿、則孟孫世居之、孔子必是爲小司空、韓詩外傳八、有孔子爲司寇命辭、續經書孔子卒、亦爲卿之證、毛氏經問、謂夫子由小卿司空進大司寇、是前賢或謂孔子爲小司寇非卿、或謂孔子爲司空司寇、皆卿、竝非、參存、定公十年春、及齊平。【集解】及、與也、平、成也、謂與齊和好、故云平、【考證】春及齊平、

定十年春秋經傳、夏、齊大夫黎鉏言於公曰。魯用孔丘、其勢危齊。乃使使告魯爲好會、會於夾谷。【集解】徐廣曰、司馬彪云、今在祝其縣也、【考證】夾谷、公羊穀梁、作頰谷、此從左傳、今山東萊蕪縣有夾谷峪、魯定公且以乘車好往。孔子攝相事。【考證】定十年左傳云、夏、公會齊侯于祝其、實夾谷、孔丘相、崔述曰、傳所謂相者、謂相禮也、非相國之相、相國者治一國之政、相禮者但襄一時之禮、與國政無涉也、此蓋史記誤以相禮爲相國之相、又因傳有犂彌欲以兵劫魯侯之事、而遂以會時之策爲在國之謀、而不知其謬也、曰、齊何故而與魯爲會也、曰、經傳之文甚明、學者自不察耳、蓋自昭公以前、諸侯莫不事晉、自召陵會後、而晉漸以失諸侯、故定公之七年、齊侯鄭伯盟于鹹、齊侯衞侯盟于沙、獨魯事晉如故、不與諸侯之會、而又爲晉討鄭討衞、故齊使國夏再伐魯、而亦兩侵齊、直至陽虎奔後、而魯始與齊平、會于夾谷、明年又與鄭平、故左傳云、始叛晉也、然則魯自因叛晉而與齊會、豈齊懼魯之用孔子而與魯會哉、曰。臣聞有文事者、必有武備。有武事者、必有文備。【考證】事備、顏、穀梁傳、敍頰谷之會、論之云、因是以見、雖有文事、必有武備、孔子於頰谷之會見之矣、非孔子以此語說定公也、古者諸侯出疆、必具官以從。請具左右司馬。定公曰。諾。具左右司馬、【考證】崔述曰、春秋諸侯之會、皆以兵車、唯齊桓公有衣裳之會、故孔子曰、桓公九合諸侯、不以兵車、蓋難之

也、況此時齊魯新和、猜嫌未釋、定公必無以乘車往之理、以傳考之、魯亦未嘗有左右司馬之官、蓋史記因見穀梁傳中雖有文事必有武備之語、而誤以傳者論孔子之言、爲孔子之所自言、又因其有命司馬止之之文、遂附會而增具左右司馬之事、而不知其非也、會齊侯夾谷。爲壇位、土階三等、以會遇之禮相見。揖讓而登、獻酬之禮畢。〔集解〕王肅曰、會遇之禮、禮之簡略也、〔考證〕穀梁傳云、頰谷之會、孔子相焉、兩君就壇、兩相相揖、齊有司趨而進曰。請奏四方之樂。景公曰。諾。於是旍旄羽袚、矛戟劍撥、鼓譟而至。〔集解〕家語作萊人以兵鼓譟劫定公、袚音弗、謂舞者所執、故周禮樂有袚舞、撥音伐、謂大楯也、〔考證〕左傳云、犁彌言於齊侯曰、孔丘知禮而無勇、若使萊人以兵劫魯侯、必得志焉、齊侯從之、孔丘以公退曰、士兵之、兩君合好、而裔夷之俘、以兵亂之、非齊君所以命諸侯也、齊侯聞之、遽避之、穀梁傳云、齊人鼓譟而起、欲以執魯君、史公誇張失實、孔子趨而進、歷階而登、不盡一等。〔集解〕謂歷階級也、故王肅云、歷階、登階不聚足、〔考證〕登階之法、每級聚足、此會土階不過三等、以事急、故不聚足而歷階、不盡一等、舉袂而言曰。吾兩君爲好會。夷狄之樂、何爲於此。請命有司。〔考證〕孔子之言至此、穀梁無舉袂二字、蓋史公所增、王維楨曰、舉袂、見事急之狀、有司卻之。不去。則左右

視晏子與景公。〔考證〕則、猶言於是、左右視、孔子視也、鄭環曰、晏子爲景公上擯、愚按、晏子與會、三傳不錄、景公心怍、麾而去之。〔考證〕穀梁云、孔子歷階而上、不盡一階、而視歸乎齊侯、曰、兩君合好、夷狄之民、何爲來爲、命司馬止之、齊侯逡巡而謝曰、寡人之過也、退而屬其二三大夫曰、夫人率其君、與之行古人之道、二三子獨率我而入夷狄之俗、何爲、愚按、史公本左穀二傳、而鋪張失實、有頃、齊有司趨而進曰。請奏宮中之樂。景公曰。諾。優倡侏儒、爲戲而前。〔考證〕優倡如後世之雜戲、侏儒短人、孔子趨而進、歷階而登、不盡一等。曰。匹夫而熒惑諸侯者、罪當誅。請命有司。〔集解〕謂經營而惑亂也、家語、作營侮、〔考證〕中井積德曰、熒、迷也、無經營之義、愚按、莊子人間世篇、而目將熒之、注、使人眼眩、齊物論篇、是黃帝之所聽熒也、釋文、熒、疑惑也、有司加法焉。手足異處。〔考證〕穀梁云、罷會、齊人使優施舞於魯君之幕下、孔子曰、笑君者罪當死、使司馬行法焉、首足異門而出、愚按、據此則倡優侏儒爲戲而前、在會罷之後、史公易以有頃二字、不當、左氏亦不載、其事有無、未可知、手足異處、腰斬之刑、與穀梁首足異門亦異、景公懼而動、知義不若、歸而大恐、告其羣臣曰。魯以君子之道輔其君。而子獨以夷狄之道教寡

人、使得罪於魯君。爲之柰何。〔考證〕據穀梁傳、景公此言在初以兵劫魯侯之時、文見上注、有司進對曰。君子有過則謝以質。小人有過則謝以文。君若悼之、則謝以質。〔考證〕三傳無此事、張文虎曰、各本質作實、今從舊刻、質文相對、於是齊侯乃歸所侵魯之鄆・汶陽・龜陰之田、以謝過。〔集解〕服虔曰、三田、汶陽田也、龜山名、陰之田、得其田、不得其山也、杜預曰、太山博縣北有龜山、〔索隱〕左傳、鄆讙及龜陰之田、則三田皆在汶陽也、〔正義〕鄆、今鄆州鄆城縣、在兗州龔丘縣東北五十四里、故謝城在龔丘縣東七十里、齊歸侵魯龜陰之田以謝魯、魯築城於此、以旌孔子之功、因名謝城、〔考證〕於是以下、本定十年春秋經傳、梁玉繩曰、案春秋、齊歸鄆讙龜陰田、杜服以爲三邑、何休以爲四邑、此以汶陽易讙、誤、疑鄆字誤倒在汶陽上、又脫讙字、三田皆汶陽田也、故孔子使茲無還對齊曰、而不反我汶陽之田、吾以共命者、亦如之、汶陽是魯地、僖元年以賜季友者也、不知何時爲齊所取、成公時曾暫還魯、旋奪于齊、其後遂屬焉、故閔子辭宰、以汶上爲言耳、但定七年、齊歸鄆矣、何煩此時復歸、豈陽虎之亂、又屬於齊乎、崔述曰、鄆讙龜陰、乃九年陽虎以之奔齊者、皆在汶水之陽、故傳前云反我汶陽之田、後云來歸鄆讙龜陰之田、定公十三年夏、孔子言於定公曰。臣無藏甲。大夫毋百雉之城。〔集解〕王肅曰、高丈長丈曰堵、三堵曰雉、〔考證〕十三年、當作十二年、字之誤也、定十二年公羊傳云、孔子行乎季孫、三

月不違、曰、家不藏甲、邑無百雉之城、於是帥師墮郈、帥師墮費、左氏穀梁經傳、亦繫之於定十二年、家不藏甲、邑無百里之城、亦孔子言之於季孫、非言於定公、梁玉繩曰、攷左傳、侯犯以郈叛、公山不狃以弗叛、郈費之墮、叔季自墮之、郈費不叛、則二氏欲資爲保障、卽欲墮之、其將能乎、觀圍成弗克、可見已、乃左傳述此事、一若墮郈及費、皆出孔子仲由之謀、左氏作之、公羊附之、史公信之、而三言成實、豈情也哉、宋章如愚山堂攷索、有三家墮都辨、以爲其謀非出孔子、滹南集五經辨惑云、三山林少穎近代名儒也、其于兵萊人墮三都等、皆排之而不取、可謂卓識、愚按、孔子欲墮三都、其意在強公室、季叔陽從孔子言墮郈費、而實欲除侯犯公山不狃之害、但成未嘗爲叛人之所據、此孟氏之所以不肯墮之、梁氏之說、余未敢以爲然、使仲由爲季氏宰、將墮三都。〔集解〕服虔曰、三都、三家之邑也、於是叔孫氏先墮郈。〔集解〕杜預曰、東平無鹽縣東南郈鄉亭、〔正義〕括地志云、郈亭、在鄆州宿城縣東三十二里、〔考證〕今山東東平縣有郈城、叔孫氏邑、季氏將墮費。〔考證〕季氏邑、今山東費縣、有故城、在縣西北、公山不狃・叔孫輒、率費人襲魯。〔考證〕杜預曰、不狃、費宰也、輒、不得志於叔孫氏也、公與三子入于季氏之宮、登武子之臺。〔集解〕服虔曰、三子、季孫孟孫叔孫也、〔考證〕古鈔本、楓山本、公上有定字、武子、季孫宿、舊志云、武子臺、在魯東門內、費人攻之。弗克。入及公側。〔集解〕服虔曰、人有入及公之臺側、〔考證〕左傳文同、兪樾曰、入當作矢、襄二十三年左傳、矢及君屋、與此文同例、孔子命申

句須、樂頎下伐之。[集解]服虔曰、申句須、樂頎、魯大夫。[考證]下下、臺也。費人北。國人追之。敗諸姑蔑。[集解]杜預曰、魯國卞縣南有姑蔑城。[正義]括地志云、姑蔑故城、在兗州泗水縣東四十五里、按泗水縣本漢卞縣地。二子奔齊。遂墮費。[考證]杜預曰、二子、不狃、孫叔輒也。將墮成。[集解]杜預曰、泰山鉅平縣東南有成城也。[正義]括地志云、故郕城、在兗州泗水縣西北五十里。[考證]沈家本曰、其時叔孫以郈犯故、季孫以陽虎故、皆畏其家臣强盛、故郈費之墮、二子不爲異同、成宰公斂處父、忠於孟氏、不肯墮成、故孟孫亦陽不知而陰縱之、則成之不墮者、其事勢與叔季異也。公斂處父[集解]服虔曰、成宰也。[正義]斂、力豔切、處、昌汝反、父、音甫、杜預曰、處父、孟氏家臣公斂陽也。謂孟孫曰。墮成、齊人必至于北門。[考證]杜預曰、成在魯北境故也。且成、孟氏之保鄣。無成、是無孟氏也。我將弗墮。十二月、公圍成。弗克。[考證]使仲由爲季氏宰以下、采定十二年左傳、梁玉繩曰、圍成、事在定公十二年冬孔子去魯後、此與魯世家、誤書于十三年孔子去之前。定公十四年、孔子年五十六。[考證]余有丁曰、年表記定公十二年孔子去魯、而世家以爲十四年孔子去魯、前後矛盾、蓋定公十二年、孔子年五十四、由司寇攝行相事、于是墮郈墮費、三月魯大治、齊人懼、餽女樂以阻之、孔子遂行、正値魯十月有事于郊之日、其圍成弗克、在冬十二月、此時孔子已去魯矣、史記必誤、愚按、孔子去魯、魯世家

亦繫之於定十二年。由大司寇行攝相事。[考證]崔適曰、行攝、當依魯世家訂爲攝行、攝、周語也、列子周公攝天子之政是也、行、漢語也、漢書御史大夫張湯行丞相事是也、攝行者以漢語釋周語、豈當躋行於攝上乎、梁玉繩曰、攝相者、乃儐相會盟之事、蓋孔子自相夾谷後、遂以司寇而攝行人之職、乃史公以當國爲相、故于秦紀及吳齊晉楚魏世家伍子胥傳、直書孔子相魯、豈不誤哉、魯之相季氏尸之、孔子安得攝乎、然其誤非始史公、晏子春秋外篇孔子聖相、荀子宥坐云、孔子爲魯攝相、宋薛據孔子集語、引尹文子云、孔子爲魯相、史妄仍之、愚按史以相爲當國、固非、梁氏以爲行人、亦非。有喜色。門人曰。聞君子禍至不懼、福至不喜。孔子曰。有是言也。不曰樂其以貴下人乎。[考證]孔子不當有此言、先秦諸書亦無所記。於是誅魯大夫亂政者少正卯、[考證]本荀子宥坐篇、尹文子大道下篇、王若虛曰、孔子誅少正卯事、誰所傳乎、其始見于荀卿之書、而呂氏春秋說苑家語史記皆載之、作王制者、亦依倣其意、著爲必殺之令、刑者不得已而後用、若乃誣其疑似、發其隱伏、而曰吾以懲奸防亂、是申商曹馬陰賊殘忍之術也、少正卯魯之聞人、自子貢不知其罪、就如孔子之說、何遽至于當死、乃一朝無故而尸諸朝、天下其能無議、而孔子之心安乎、卯兼五惡、借曰可除、而曰有一于人、皆所不免、則世之被戮者不勝其衆矣、愚按陸瑞家誅少正卯辯、閻若璩四書釋地又續、崔述洙泗考信錄、梁玉繩史記志疑、亦極辨其無、以文長不載。與聞國政。[考證]愚按孔子攝行相事、蓋無其事、而與聞國政、則有之矣。三月、粥羔

豚者弗飾賈。[考證]粥羔豚以下、采荀子儒效篇、洪頤煊曰、荀子儒效篇、仲尼將爲司寇、魯之鬻牛馬者不豫賈、循吏傳、子產爲相、市不豫賈、淮南子覽冥訓、黃帝治天下、市不豫賈、豫賈即飾賈也、愚按賈價同、飾價、不增價也。男女行者別於塗。塗不拾遺。[考證]采呂氏春秋樂成篇。四方之客至乎邑者、不求有司、[集解]王肅曰、有司常供其職、客求而有在也。皆予之以歸。[索隱]家語、作皆如歸。[考證]以上添使字看。齊人聞而懼曰。孔子爲政必霸。霸則吾地近焉。我之爲先并矣。盍致地焉。犂鉏曰。[考證]韓非子內儲說下、犂鉏作黎且。請先嘗沮之。沮之而不可則致地。庸遲乎。[考證]嘗、試也、庸、豈也。於是選齊國中女子好者八十人、皆衣文衣而舞康樂、[索隱]家語作容璣、王肅云、舞曲名也。[考證]韓非子、作女樂六。文馬三十駟、遺魯君。陳女樂文馬於魯城南高門外。季桓子微服往觀再三。將受。乃語魯君爲周道游。[索隱]謂請魯君爲周徧道路游行、因出觀齊之女樂。往觀終日、怠於政事。[考證]崔述曰、此蓋因論語之言而附會爲之

者、其謀與秦穆公聞由余之智略同、皆似秦漢以後詐僞人之所爲、不類春秋時事、三傳所紀、春秋時絕無此等事、獨史記數數言之、不足信也、且考世家所載、定公十年、黎鉏已有魯用孔子、其勢危齊之語、既有沮之之方、彼時何不用之、乃爲會於夾谷、是年、齊歸汶陽之田、已致地矣、僅三四年、何以又謀致地、是年會畢之時、景公方責黎鉏、謂不以君子之道教己、以獲罪於魯君、今日又何以又聽黎鉏之謀乎、詳世家之文、先後矛盾、首尾背馳、乃必無之事、蓋皆戰國策士之所僞撰。子路曰。夫子可以行矣。孔子曰。魯今且郊。如致膰乎大夫、則吾猶可以止。[集解]王肅曰、膰、祭肉。[考證]此蓋因孟子之言而附會之。桓子卒受齊女樂、三日不聽政。[考證]采論語微子篇。郊又不致膰俎於大夫。孔子遂行。[考證]采孟子告子篇、孔子去魯、在定公十二年秋冬之間。宿乎屯。[集解]屯、在魯之南也。[索隱]地名。而師已送曰。夫子則非罪。[考證]太宰純曰、蓋樂師名已也。孔子曰。吾歌。可夫。[考證]家語子路初見篇、夫作乎。歌曰。彼婦之口、可以出走。彼婦之謁、可以死敗。[集解]王肅曰、言婦人之口、請謁足以憂使人死敗、故可以出走也。[考證]李笠曰、謁敗不叶、謁字義亦缺妥、說苑說叢、作婦人之口、可以出走、婦人之喙、可以死敗、喙與口互文、古韻又同部、家語王注無憂字。蓋優哉游哉、維以

卒歲。【集解】王肅曰、言仕不遇也、故且優游以終歲、【考證】家語無蓋字、維作聊、中井積德曰、虛談、女樂群婢、未必讒閒、未必請謁、是歌特不相應、師已反。桓子曰、孔子亦何言。師已以實告。桓子喟然歎曰、夫子罪我以羣婢故也夫。孔子遂適衞。【考證】崔述曰、孟子謂孔子不悅於魯衞、是去魯後卽適衞也、史記世家年表、皆言自魯適衞、與孟子合、主於子路妻兄顏濁鄒家。【索隱】孟子曰、孔子於衞主顏讎由、彌子之妻、與子路之妻兄弟也、今此云濁鄒、是子路之妻兄、所說不同、【考證】崔述曰、孟子作顏讎由、世家疑誤、其謂子路妻兄云者、蓋因彌子爲子路僚壻而誤也、鄭環曰、鄒卽讎由之轉音、愚按、孟子萬章篇、衞靈公問孔子、居魯得祿幾何。對曰、奉粟六萬。衞人亦致粟六萬。【索隱】若六萬石似太多、當是六萬斗、亦與漢之秩祿不同、【正義】六萬小斗、計當今二千石也、周之斗升斤兩、皆用小也、【考證】崔述曰、春秋傳、秦鍼楚比之屬、皆以班爵各受應得之祿、世家所云、頗似戰國養士之風、殊缺雅馴、居頃之、或譖孔子於衞靈公。靈公使公孫余假一出一入。【索隱】謂以兵仗出入、以脅夫子也、孔子恐獲罪焉。居十月、去衞。將適陳、過匡。【正義】故匡城、在滑州匡城縣西南十里、【考證】梁玉繩曰、論語畏匡句下、梁皇侃義疏本孔安國在陳

絕糧注以爲宋地名、蓋據莊子秋水篇孔子游匡、宋人圍之也、但宋雖有地名承匡、而此時未至宋、況莊子釋文引司馬云、宋當作衞、固與史合、然陽虎與衞又風馬牛不及、焉能暴匡、毛氏奇齡四書賸言云、春秋傳、公侵鄭取匡、在定公六年、季氏雖在軍、不得專制、凡過衞不假道、反穿城而蹦其地、其令皆出自陽虎、是虎實帥師、當侵鄭時、匡本鄭鄙邑、必欲爲晉伐取以釋憾、而以匡城適缺、虎與顏刻就其穿垣而入之、虎之暴匡以是也、至夫子過匡、適顏刻爲僕、匡遂以爲虎、而闉之、毛氏此解明白可據、攷春秋、僖十五年次于匡、杜注、衞地、在陳留長垣縣西南、左傳文元年、衞侵鄭及匡、杜注、在潁川新汲縣東北、二縣相近、疑是匡一地而分屬、何以徵之、文八年傳、晉侯使解揚歸匡戚之田于衞、杜注、匡本衞邑、中屬鄭、晉令鄭還衞、則定六年取鄭匡、安知非復屬于鄭乎、所謂疆場之邑、一彼一此、何常之有、顏刻爲僕。【考證】包咸曰、陽虎曾暴于匡、夫子弟子顏刻時又與虎俱行、後刻爲夫子御、至于匡、匡人相與共識刻、又夫子容貌與虎相似、故以兵圍之、愚按、弟子列傳有顏高、字子驕、蓋同人、以其策指之曰、昔吾入此、由彼缺也。【索隱】謂昔所被攻缺破之處也、【正義】琴操云、孔子到匡郭外、顏刻舉策指匡穿垣曰、往與陽貨正從此入、匡人聞其言、告君曰、往者陽貨今復來、乃率衆圍孔子數日、乃和琴而歌、音曲甚哀、有暴風擊軍士僵仆、於是匡人有知孔子聖人、自解也、匡人聞之、以爲魯之陽虎。陽虎嘗暴匡人。匡人於是遂止孔子。【集解】匡、宋邑也、家語云、匡人簡子、以甲士圍夫子、孔子狀類陽虎。拘焉五日。【考證】莊子秋水篇云、孔子遊於匡、宋人圍之數匝、而弦

歌不輟、子路入見曰、何夫子之娛也、孔子曰、來吾語女、我諱窮久矣、而不免、命也、求通久矣、而不得、時也、（中略）由處矣、吾命有所制矣、無幾何、將甲者進辭曰、以爲陽虎也、故圍之、今非也、請辭而退、史文本於此、而附以顏刻事、論語但云子畏於匡耳、顏淵後。【集解】孔安國曰、言與孔子相失、故在後也、子曰、吾以汝爲死矣。顏淵曰、子在、回何敢死。【集解】包氏曰、言夫子在、己無所致死也、【考證】論語先進篇、集解致死、楓山本作敢死、與論語集解合、匡人拘孔子益急。弟子懼。孔子曰、文王既沒、文不在茲乎。【集解】孔安國曰、茲、此也、言文王雖已沒、其文見在此、此、自謂其身也、【考證】中井積德曰、文、猶言道也、是承文王文字而言、中庸文王之所以爲文也、語意正同、天之將喪斯文也、後死者不得與于斯文也。【集解】孔安國曰、文王既沒、故孔子自謂後死也、言天將喪此文者、本不當使我知之、今使我知之、未欲喪之也、天之未喪斯文也、匡人其如予何。【集解】馬融曰、如予何、猶言奈我何也、天未喪此文、則我當傳之、匡人欲奈我何、言不能違天以害己、【考證】孔子曰以下、論語子罕篇、陳澧曰、天之未喪斯文、夫子以爲己任、蓋謂刪述六經、垂教萬世、此卽所謂夫子之文章也、至於今二千餘年、人人皆得五經而讀之、卽人人皆得聞夫子之文章、至萬世無窮極也、孔子使從者爲甯武子臣於衞、然後得去。【索隱】家語、子路彈劍而歌、孔子和之、曲三終、匡人解圍、

而去、今此取論語文王既沒之文、及從者臣甯武子、然後得去、蓋夫子再厄匡、人或設辭以解圍、或彈劍而釋難、今此合論語家語之文、以爲一事、故彼此文交互耳、【考證】據左傳、甯武子在孔子未生時、孔子畏匡時、則甯氏族滅已久、此必無之事、說詳于胡氏讀史管見、毛氏四書索解、崔氏洙泗考信錄、去卽過蒲。【集解】徐廣曰、長垣縣有匡城蒲鄉、【正義】括地志云、故蒲城、在滑州匡城縣北十五里、匡城、本漢長垣縣、月餘反乎衞。主蘧伯玉家。【考證】崔述曰、孔子欲適陳、則適陳耳、匡在衞南、過匡可也、蒲在衞西、過蒲何爲、卒不適陳、月餘而反乎衞、又何爲乎、孫林父將爲亂、先謁之蘧伯玉、伯玉從近關出、時魯襄公十四年也、伯玉在下位、而名已爲其鄉所重如此、當不下四十歲、下至魯定公之末、六十有五年、伯玉至是當百餘歲矣、而自魯襄公二十九年以後、伯玉卽不復見於傳、又不容晚節竟無一事可述、而可述者俱少年事、然則孔子適衞之時、伯玉之亡固已久矣、孔子安得有主伯玉事乎、且衞之大夫莫賢於伯玉者、果存耶、孔子何以不主伯玉而主讎由、旣主讎由矣、在外月餘而返、忽易所主、何也、蓋論語有伯玉使人於孔子之語、故史記妄意孔子嘗主伯玉、又因其與孟子不合、故爲去衞復返之說、以兩全之、而不知其誤也、余謂伯玉使人、必在昭公之初、孔子年少之時、其平生或嘗一見、或兩相慕、俱未可知、不必强爲之說、靈公夫人有南子者。使人謂孔子曰、四方之君子、不辱欲與寡君爲兄弟者、必見寡小君。寡小君願見。【考證】論語季氏篇、邦君之妻、稱諸異邦曰寡小君、孔子辭謝。不得已見之。

夫人在絺帷中。孔子入門、北面稽首。夫人自帷中再拜。環珮玉聲璆然。【正義】璆、音虯。【考證】岡白駒曰、聞佩玉聲、乃知夫人帷中再拜、故孔子稽首、稽首文在上、而玉聲句在下者、尊卑之辭也。愚按藝文類聚引典略、絺作錦、玉作之、孔子曰。吾鄉爲弗見。【考證】岡白駒曰、上文所謂辭謝也、見之禮答焉。【索隱】上見如字、下見音賢徧反、去聲、言我不爲相見之禮、現而答之、【考證】見如字、岡白駒曰、不得已而見之、不可不禮答、愚按論語但云、子見南子、子路不說。孔子矢之曰。予所不者、天厭之。天厭之。【集解】欒肇曰、見南子者、時不獲已、猶文王之拘羑里也、天厭之者、言我之否屈、乃天命所厭也、蔡謨曰、矢、陳也、夫子爲子路陳天命也、【考證】子路不說以下、采論語雍也篇、論語、不作否、皇侃義疏亦引蔡謨云、矢、陳也、尚書敍曰、皐陶矢厥謨也、春秋經曰、公矢魚于棠、皆是也、夫子爲子路矢陳天命、非誓也、又引王弼云、否泰有命、我之所屈不用於世者、乃天命厭之、言非人事所免也、二說得之、厭、棄也、言夫子告所以見南子曰、予所以否塞不如意者、天厭棄我命、重言之者、痛歎之甚、居衞月餘。靈公與夫人同車、宦者雍渠參乘、出、使孔子爲次乘、招搖市過之。【集解】徐廣曰、招搖、翺翔也、【索隱】家語、作遊過市、【考證】孟子但云癰疽、不云宦者、衞策云、衞靈公近癰疽彌子瑕、二人者專君之勢以蔽左右、兪樾曰、說苑作雍睢、史記作雍渠、韓非子作雍鉏、雍、饔人之

官、疽、名也、孫奭曰、聖人方以季桓子受女樂而去魯、適衞、而又爲靈公南子驂乘、不知子長何所本而云然、孔子曰。吾未見好德如好色者也。【集解】何晏曰、疾時薄於德厚於色、故發此言也、李充曰、使好德如好色、則弃邪而反正矣、【考證】孔子曰、論語子罕篇、但未審是言爲何而發、於是醜之、【考證】岡白駒曰、醜、惡之也、去衞過曹。是歲魯定公卒。孔子去曹適宋。【集解】徐廣曰、年表、定公十三年、孔子至衞、十四年、至陳、哀公三年、孔子過宋、與弟子習禮大樹下。宋司馬桓魋欲殺孔子、拔其樹。【考證】莊子天運篇、師金曰、今而夫子亦取先王已陳芻狗、取弟子遊居寢臥其下、故伐樹於宋、削迹於衞、窮於商周、是非其夢邪、圍於陳蔡之間、七日不火食、死生相與鄰、是非其眯邪、此史公桓魋拔樹之說所本、孔子去。弟子曰。可以速矣。孔子曰。天生德於予、桓魋其如予何。【集解】包氏曰、天生德者、謂授以聖性、德合天地、吉無不利、故曰其如予何、【考證】孔子曰、論語述而篇、朱熹曰、天既賦我以如是之德、則桓魋其奈我何、言必不能違天害己、愚按孟子萬章篇云、孔子不悅於魯衞、遭宋桓司馬將要而殺之、微服而過宋、是時孔子當阨、主司城貞子、爲陳侯周臣、方是時之事、崔述曰、孟子云過宋、則是孔子自衞至陳、經宋之境、亦未必至於宋之國也、曰將要而殺之、曰微服而過宋、則是桓魋知孔子將過宋境、使人要之於路、微服而行、則不知其爲孔子、故獲免也、其如予何之言、當在此時、史記世家乃云與弟子習禮大樹下、魋不

欲殺孔子、拔其樹、孔子去、弟子曰、可以速矣、孔子曰、云云、若果孔子尚在樹下、魋拔其樹、孔子何以能免、至此乃去、不亦晚乎、兵刃交集、猶曰其如予何、不亦迂乎、孔子適鄭、與弟子相失。孔子獨立郭東門。鄭人或謂子貢曰。【索隱】家語、姑布子卿謂子貢曰、東門有人。其顙似堯、【索隱】家語云、河目而隆顙、其顙似堯、其項類皐陶、其肩類子產。然自要以下不及禹三寸。纍纍若喪家之狗。【集解】王肅曰、喪家之狗、主人哀荒、不見飲食、故纍然而不得意、孔子生於亂世、道不得行、故纍然不得志之貌也、韓詩外傳曰、喪家之狗、既斂而椁、有席而祭、顧望無人也、【考證】或云、喪、失也、非是、禮記喪容纍纍、項、頭後受枕之處、要、腰通、梁玉繩曰、韓詩外傳九、說此事頗詳、別未知何本、白虎通壽命、論衡骨相皆仍史、子貢以實告孔子。孔子欣然笑曰。形狀、末也。【考證】古鈔本、楓山、三條本、末作未、義長、梁玉繩曰、白虎通論衡家語、末作未、而謂似喪家之狗、然哉、然哉。【考證】張文虎曰、而下、舊刻有謂字、各本脫、崔述曰、鄭在宋西、陳在宋南、自宋適陳、必不由鄭、子產鄭相、其卒不久、鄭人或猶有及見者、堯禹皐陶、千七百餘年矣、鄭人何由知其形體之詳、而分寸乃歷歷不爽矣乎、此乃齊東野人之語、孔子遂至陳、主於司城貞子家。【考證】孔子遂至以下、孟子萬章篇、歲餘、吳王夫差伐陳、取

三邑而去。【考證】梁玉繩曰、吳無取三邑事、哀元年傳及年表可證、趙鞅伐朝歌。楚圍蔡。蔡遷于吳。【考證】朝歌、衞地、梁玉繩曰、蔡下缺請字、吳敗越王句踐會稽。【考證】鄭以讃曰、前骨節事、當在此下、不然、入此吳敗越、無謂矣、且吳未嘗再墮會稽也、有隼集于陳廷而死。楛矢貫之、石砮。矢長尺有咫。【集解】韋昭曰、隼、鷙鳥、今之鶚也、楛、木名、砮、鏃也、以石爲之、八寸曰咫、楛矢貫之、墜而死、【正義】隼、音筍、毛詩義疏、鷂、齊人謂之擊征、或謂之題肩、或曰省鷹、春化爲布穀、此屬數種皆爲隼、【考證】中井積德曰、隼、鷹之小者、愚按、楛、木名、似荊而赤、莖似蓍、中矢驗、陳湣公使使問仲尼。【索隱】家語國語、皆作陳惠公、非也、按惠公以魯昭元年立、定四年卒、又按系家、湣公十六年、孔子適陳、十三年亦在陳、則此湣公爲是、【考證】張文虎曰、孔子適陳、年表世家皆湣公六年、索隱十字衍、仲尼曰。隼來遠矣。此肅慎之矢也。【正義】肅慎國記云、肅慎、其地在夫餘國東北、河六十日行、其弓四尺強、勁弩射四百步、今之靺鞨國方有此矢、【考證】肅慎、東北夷之國、後音轉爲女眞、在今寧古塔、正義河上有脫文、昔武王克商、通道九夷百蠻。【集解】王肅曰、九夷、東方夷有九種也、百蠻、夷狄之百種、【考證】曰九、曰百、言其多也、不當細討之、使各以其方賄來貢、使無忘職業。【集解】王肅曰、各以其方面所有之財賄而來貢、於是肅慎

貢楛矢石砮。長尺有咫。先王欲昭其令德、以肅愼矢分大姬。【集解】韋昭曰、大姬、武王元女也、配虞胡公、而封諸陳。分同姓以珍玉、展親。【集解】韋昭曰、展、重也、玉、謂若夏后氏之璜、【考證】展、厚也、分異姓以遠方職、使無忘服。【集解】王肅曰、使無忘服從於王也、【考證】國語、職下有貢字、方苞曰、職、職貢也、服、所服事也、書曰、績乃奮服、故分陳以肅愼矢。【考證】韋昭曰、陳、嬀姓、試求之故府、果得之。【集解】韋昭曰、故府、舊府也、【考證】有隼以下、采國語魯語、孔子居陳三歲。會晉·楚爭彊、更伐陳。【考證】梁玉繩曰、時爲定十五年、哀元二兩年、無晉楚伐陳事、即三歲前後、亦未嘗伐陳、此妄也、沈家本曰、晉楚、疑當云吳楚、及吳侵陳、陳常被寇。孔子曰、歸與歸與、吾黨之小子、狂簡進取、不忘其初。【考證】孔子曰、孟子盡心篇、狂簡、志大才疏也、安井衡曰、初、謂孔子在魯時、言不改初吾在魯時之志行、梁玉繩曰、後文亦載歸乎云云、此出孟子、後見論語、其實皆一時之言、但辭少異耳、朱子序說、滹南辨惑、俱從索隱、以爲史記之失、四書釋地續云、孔子在陳凡二次、世家竝載有歸與之辭、哀公三年載者得之、蓋與起于魯之召冉求、于情事爲得、四書賸言云、大抵夫子之歎、在第二次適陳之際、於是孔子去陳。過蒲。

會公叔氏以蒲畔、蒲人止孔子。【考證】蒲、衞邑、弟子有公良孺者、以私車五乘從孔子。【考證】仲尼弟子列傳、公良孺字子正、鄭玄曰、陳人、其爲人長、賢有勇力。【考證】長字句、長、長大也、謂曰、吾昔從夫子、遇難於匡。今又遇難於此。命也已。吾與夫子再罹難、寧鬭而死。鬭甚疾。蒲人懼。【索隱】家語云、我甯鬭死、挺劍而合衆、將與之戰、蒲人懼、是也、【考證】家語困誓篇、謂孔子曰、苟毋適衞、吾出子。與之盟、出孔子東門。孔子遂適衞。子貢曰、盟可負邪。孔子曰、要盟也、神不聽。【考證】要盟、謂以强力脅之爲盟誓也、左傳、要盟無質、神弗臨也、公羊傳、要盟可犯、衞靈公聞孔子來、喜郊迎。【考證】郊迎、迎於郊外、以示敬也、問曰、蒲可伐乎。對曰、可。靈公曰、吾大夫以爲不可。今蒲、衞之所以待晉·楚也。【正義】衞在濮州、蒲在滑州、在衞西也、韓魏及楚、從西向東伐、先在蒲、後及衞、以衞伐之、無乃不可乎。孔子曰、其男子有死之志。【集解】王肅曰、公叔氏欲以蒲

適他國、而男子欲死之、不樂適他、婦人有保西河之志。【集解】王肅曰、婦人恐懼、欲保西河、無戰意也、【索隱】此西河在衞地、非魏之西河也、【考證】中井積德曰、保西河、亦不從公叔也、非恐懼無戰意之謂、吾所伐者、不過四五人。【集解】王肅曰、本與公叔同畔者、靈公曰、善。然不伐蒲。【考證】崔述曰、按春秋經傳、無公叔氏以蒲畔之事、定十四年經云、衞公叔戌來奔、傳云、衞侯逐公叔戌與其黨、故趙陽奔宋、戌來奔、而世家以孔子去衞爲定公卒之歲、又居陳三歲而後過蒲、則公叔氏之亡也久矣、蒲既畔衞、孔子何難紆道避之、乃輕入險地、以自取禍、況蒲在衞西、陳在衞南、自陳來不由蒲也、孔子過蒲、何爲焉、要盟神固不聽、然許之、甫出而即背之、亦聖人之所爲邪、蒲、衞之屬邑耳、靈公好戰、屢伐晉、而獨不敢伐一蒲、孔子不對靈公之問陳、而於靈公之不伐蒲、獨力勸其伐、不亦先後矛盾矣乎、此乃戰國人之所僞撰、必非孔子之事、靈公老、怠於政、不用孔子。孔子喟然歎曰、苟有用我者、朞月而已、三年有成。【集解】孔安國曰、言誠有用我於政事者、朞年而可以行其政敎、必三年乃有成也、【考證】苟有用我者、采論語子路篇、但論語不言其爲誰而發、已下、有可也二字、朞月、匝一年月也、猶言朞年也、孔子行。佛肸爲中牟宰。【集解】孔安國曰、晉大夫、趙簡子之邑宰、【索隱】此河北之中牟、蓋在漢陽西、趙簡子攻范·中行、伐中牟。【考證】黃式三曰、舊說以佛肸爲趙氏宰、翟晴江據史記以爲范中行家邑宰、翟說確、左

傳哀公五年、趙鞅伐衞、范氏之故也、遂圍中牟、是趙氏討中牟之助范氏也、淮南子道應訓、趙簡子未葬、中牟入齊、已葬五日、襄子起兵攻圍之、是中牟非趙氏邑、終不服趙氏、畔晉入齊也、翟氏謂佛肸於晉爲畔、於范中行猶爲義、且范中行滅、則三分晉地之勢成、三分晉地之勢成、則大夫自爲諸侯之禍起、聖人神、能知幾、故欲往以救之、式三謂弗擾畔季子、佛肸畔趙氏、皆以張公室爲名、夫子之往、皆欲平其亂而安公室耳、考之左傳、趙氏與范中行氏爲讎、宋齊魯衞鄭、皆助范中行、周亦直范氏、佛肸拒趙而助范中行、以中牟求援於鄭國、此翟氏所謂佛肸於范中行猶爲義也、佛肸畔、使人召孔子。孔子欲往。子路曰、由聞諸夫子、其身親爲不善者、君子不入也。【集解】孔安國曰、不入其國、今佛肸親以中牟畔。子欲往、如之何。孔子曰、有是言也。不曰堅乎。磨而不磷。不曰白乎。涅而不淄。【集解】孔安國曰、磷、薄也、涅、可以染皁者也、言至堅者、磨之而不薄、至白者、染之於涅中而不黑、君子雖在濁亂、不能汙也、我豈匏瓜也哉。焉能繫而不食。【集解】何晏曰、言匏瓜得繫一處者、不食故也、吾自食物、當東西南北、不得如不食之物、繫滯一處、【考證】佛肸畔以下、采論語陽貨篇、黃式三曰、何意以繫而不食連讀爲一義、苦瓜不材、長繫在樹、而無所用、譬人明己之不然也、上言不磷不淄、言不善之不浼己也、此言己之善適用也、孔子擊磬。有荷蕢而過門者、曰、

有心哉。擊磬乎。【集解】何晏曰、蕢、草器也、有心、謂契契然也、【考證】論語、上擊磬下、有於衛二字、朱熹曰、此荷蕢者亦隱士也、聖人之心、未嘗忘天下、此人聞其磬聲而知之、則亦非常人矣、硜硜乎。莫己知也夫。而已矣。【集解】何晏曰、此硜硜信己而已、言亦無益也、【考證】采論語憲問篇、論語作既而曰、鄙哉硜硜乎、莫己知也、斯己而已矣、深則厲、淺則揭、硜硜、堅确不遷意、亦狀磬聲也、兪樾曰、荷蕢者之意以爲人既莫己知、則但當爲己、不必更爲人、故曰、莫己知也、斯己而已矣、孔子學鼓琴師襄子。【索隱】家語、師襄子曰、吾雖以擊磬爲官、然能於琴、蓋師襄子魯人、論語謂之擊磬襄是也、【考證】事見韓詩外傳五、家語辨樂、文略同、淮南子主術訓云、孔子學鼓琴於師襄、高誘注、師襄魯樂太師、十日不進。【考證】岡白駒曰、自不進業、師襄子曰。可以益矣。【考證】岡白駒曰、可進學其餘、孔子曰。丘已習其曲矣。未得其數也。【考證】岡白駒曰、節奏之數、有閒曰。已習其數。可以益矣。孔子曰。丘未得其志也。【考證】岡白駒曰、志之所在、有閒曰。已習其志。可以益矣。孔子曰。丘未得其爲人也。【考證】岡白駒曰、以其音知其所爲之人、下文以爲文王、是也、有閒曰。【考證】張文虎曰、曰字、涉上而衍、家語無、有所穆然深思焉。有所怡然高望而遠志

焉。【考證】有所上、添孔子二字、看、家語有、曰。丘得其爲人。黯然而黑、【集解】王肅曰、黯、黑貌、幾然而長、【集解】徐廣曰、詩云、頎而長兮、【索隱】幾、與注頎竝音祈、家語、無此四字、【考證】孟子告子篇、文王十尺、荀子非相篇、文王長、眼如望羊、【集解】王肅曰、望羊、望羊視也、【索隱】王肅云、望羊、望羊視也、【考證】家語辨樂解、作曠如望羊、王肅注云、曠、用志曠遠、愚按、望羊、遠視也、莊子秋水篇、河伯望洋向若而歎、望、茫同、羊、洋通、如王四國。【考證】陳仁錫云、如上、湖本缺心字、張文虎曰、凌本、無心字、引一本云、王上有心字、疑非、家語作奄有四方、非文王、其誰能爲此也。【考證】詞氣與季札論樂相似、摸擬之迹不可蔽、斷非孔子言、師襄子辟席再拜曰。師蓋云文王操也。【考證】崔述曰、師襄、先儒以爲魯人、近是、孔子不當學之於衛也、聖人固無常師、然學琴當在少年時、在齊聞韶、聖人之於樂已深矣、及是又二十年、襄之琴、恐不足爲孔子師也、此其事之有無、蓋不可知、且其所云、眼如望羊、心如王四國之語、皆不雅馴、與論語所記孔子之言大不類、蓋皆後人所託、孔子既不得用於衛。將西見趙簡子。至於河、而聞竇鳴犢·舜華之死也、【集解】徐廣曰、或作鳴鐸竇犨、又作竇犨鳴犢舜華也、【索隱】家語云、聞趙簡子殺竇犨鳴犢及舜華、國語云、鳴鐸竇犨、則竇犨字鳴犢、聲轉字異、或作鳴鐸、慶華、當作舜華、諸說皆同、【考證】王引之曰、當作聞鳴犢竇犨之死、蓋鳴犢一人也、竇犨又一人也、漢書人表以鳴犢竇犨二人竝列、孔叢子記問篇、夫

子及河、聞鳴犢與竇犨之見殺也、迴輿而旋、皆本於史記、而不及舜華、愚按、索隱引家語困誓篇、臨河而歎曰。美哉水、洋洋乎。丘之不濟此、命也夫。子貢趨而進曰。敢問、何謂也。孔子曰。竇鳴犢·舜華晉國之賢大夫也。趙簡子未得志之時、須此兩人而后從政。【考證】說苑權謀篇、子貢作子路、陳仁錫曰、趙簡子當作趙孟、及其已得志、殺之、乃從政。丘聞之也、刳胎殺夭、則麒麟不至郊。竭澤涸漁、則蛟龍不合陰陽。【索隱】有角曰蛟龍、龍能興雲致雨、調和陰陽之氣、【考證】家語困誓篇、不合陰陽、作不處其淵、說苑權謀篇、竭澤而漁、作乾澤而漁、呂氏春秋應同篇云、覆巢毀卵、則鳳凰不至、刳獸食胎、則麒麟不來、乾澤涸漁、則龜龍不往、物之從同、不可爲記、齊策、趙人諒毅謂秦昭王曰、臣聞之、有覆巢毀卵而鳳凰不翔、刳胎焚夭而麒麟不至、中井積德曰、索隱宜言有角曰龍、無角曰蛟、蓋脫文、覆巢毀卵、則鳳皇不翔。何則君子諱傷其類也。夫鳥獸之於不義也、尚知辟之。而況乎丘哉。乃還息乎陬鄉、作爲陬操以哀之。【集解】王肅曰、陬操、琴曲名也、【索隱】此陬鄉、非魯之陬邑、家語云、作槃操也、而反

乎衛、入主蘧伯玉家。【考證】中井積德曰、入當作又、崔述曰、按春秋經傳、定八年、趙鞅使涉佗盟衛侯、捘其手及腕、十三年、入於晉陽以叛、哀三年、殺周萇宏、弱王室、侮諸侯而叛其君、春秋之大夫、罪未有大於鞅者也、其他黨奸醜亂之事、史不絕書、不知孔子何取於鞅而欲見之、至竇鳴犢舜華之死、抑末矣、其鞅之善惡、亦不在於此二人之死生也、何爲臨河而遽返邪、晉大夫之見於傳者多矣、微但大夫也、卽趙氏之家臣董安于尹鐸郵無恤之倫、皆得以其才見于傳、兩人果賢大夫、傳記何爲悉遺之乎、且鞅、衛之仇讎也、孔子雖未受職于衛、然曰際可之仕、則亦有賓主之義焉、無故去之而往見其讎、于義亦有未安者、往而不遂、復返乎衛、不知何以對靈公、靈公亦安能待之如舊邪、此必戰國時人之所僞託、非孔子之事、他日靈公問兵陳。【集解】孔安國曰、軍陳行列之法、孔子曰。俎豆之事、則嘗聞之。軍旅之事、未之學也。【集解】鄭玄曰、萬二千人爲軍、五百人爲旅、軍旅末事、本未立、不可教以末也、【考證】靈公問兵陳以下、采論語衛靈公篇、俎豆、禮器、帆足萬里曰、軍旅、大事、夫子何嘗不學、使衛果用夫子、亦必有措置、衛侯已不能用夫子、徒以陳爲問、是以吳起孫臏待之也、夫子之所以不答、素有去志、以是事行、故論語曰明日遂行、崔述曰、此事與春秋傳答孔文子語相類、而彼尤詳備、蓋本一事而傳聞異辭、明日、與孔子語。見蜚鴈仰視之。色不在孔子。孔子遂行。【索隱】此魯哀二年也、復如陳。夏、衛靈公卒。立孫輒。是爲衛出公。六月、趙鞅內

太子蒯聵于戚。【考證】夏衛靈公卒以下、本哀二年春秋、戚、衛地、陽虎使太子絻、八人衰絰、僞自衛迎者、哭而入。遂居焉。【正義】絻、音問、【考證】哀二年左傳、絻又作免、遭喪之服、始死則有免、服成則衰絰、免以布爲卷幘、以納四垂髮而露其髻、冬、蔡遷于州來。【考證】哀二年春秋、是歲、魯哀公三年。而孔子年六十矣。【考證】梁玉繩曰、蔡遷州來之歲、孔子年五十九、哀公二年也、此誤、是歲當作明歲、齊助衛圍戚。以衛太子蒯聵在故也。【考證】哀三年春秋經傳、夏、魯桓·釐廟燔。南宮敬叔救火。孔子在陳聞之曰。災必於桓·釐廟乎。【集解】服虔曰、桓·釐當毀、而魯事非禮之廟、故孔子聞有火災、知其必桓僖也、已而果然。【考證】哀三年左傳、秋、季桓子病。輦而見魯城、喟然歎曰。昔此國幾興矣。以吾獲罪於孔子故不興也。顧謂其嗣康子曰。我卽死、若必相魯。相魯、必召仲尼。後數日桓子卒、康子代立。【考證】哀三年春秋、秋七月丙子季孫斯卒、左傳、季孫有疾、命正常曰、南孺子之子男也、則以告而立之、季孫卒、康子卽位、南氏生男、正常載以如朝、告曰云云、遂奔衛、梁玉繩曰、案哀三年傳季桓子命正常語、則相魯之言、非其實也、豈桓子逆知南氏生男、必不得立乎、已葬。欲召仲尼。公之魚曰。昔吾先君用之不終。終爲諸侯笑。今又用之不能終、是再爲諸侯笑。康子曰。則誰召而可。曰。必召冉求。於是使使召冉求。冉求將行。孔子曰。魯人召求。非小用之。將大用之也。【考證】崔述曰、論語爲衛君章、冉有子貢問答之詞、皆似在衛之時、若冉有果從孔子反衛、則必無自陳歸魯之事矣、子曰、從我於陳蔡者、皆不及門也、記者因記弟子姓名、凡十人、而冉有與焉、似冉有始終相從於陳蔡間者、然則冉有歸魯、當在反衛之後、不當在桓子甫卒之時也、是日、孔子曰。歸乎歸乎。【索隱】此系家再有歸與之辭者、前辭出孟子、此辭見論語、蓋止是一稱歸與、二書各記之、今前後再引、亦失之也、吾黨之小子。狂簡斐然成章。吾不知所以裁之。【集解】孔安國曰、簡、大也、孔子在陳、思歸欲去、曰、吾黨之小子、狂者進取於大道、妄穿鑿以成章、不知所以裁制、當歸以裁耳、【考證】孔子曰、采論語公冶長篇、楓山、三條本、章下無吾字、與論語合、裁、裁制也、中井積德曰、裁字由章字而生、是以錦文綵段爲喩也、夫子蓋欲歸而裁之以就人才也、崔述曰、孔子思歸之歎、當在將反衛之際、不當在未適蔡之前、子贛知孔子思歸、送冉求、因

誡曰。卽用、以孔子爲招云。【考證】云、疑詞、冉求既去。明年、孔子自陳遷于蔡。蔡昭公將如吳。吳召之也。前昭公欺其臣遷州來。後將往。大夫懼復遷。公孫翩射殺昭公。【集解】徐廣曰、哀公四年也、【考證】蔡昭公將如吳以下、哀四年左傳、杜預曰、公孫翩、蔡大夫、楚侵蔡。秋、齊景公卒。【集解】徐廣曰、哀公五年也、明年、【考證】梁玉繩曰、明年、當書于秋字之上、蓋哀公五年事、誤在四年也、又攷春秋及史、是時無楚侵蔡事、孔子自蔡如葉。【考證】金履祥曰、史記于在衛之事、葉蔡之事、皆重出而不考、崔述曰、世家、孔子於靈公時、凡四去衛、而再適陳、其二皆未出境而反、其初適陳也、以定公卒之歲、乃定公十五年、適宋、遭桓司馬之難、至陳、主於司城貞子、蓋本之孟子、其再適陳也、以靈公卒之春、乃魯哀公二年、而誤以爲三年、因靈公問陳而遂行、蓋本之於論語、余按論語孟子所記、乃一時事、論語記其去衛之故、而孟子敍其道路所經、與在陳所主、非再去也、世家誤分爲二、遂謂孔子至陳三歲而反乎衛、由衛而再適陳、以實之、不思定公卒之歲、距靈公之卒僅二年、而孔子居陳三歲、幷曹宋鄭蒲之滯、及在衛臨河之日計之、當不下四五年、如此則靈公之卒、固已久矣、尙安得問陳事乎、其謬一也、論語曰、子在陳曰、歸與歸與、吾黨之小子狂簡、斐然成章、不知所以裁之、孟子云、孔子在陳、曰盍歸乎來、吾黨之小子狂簡、斐然不忘其初、此兩章亦一時之語、而所傳異詞、世家亦分以爲二、遂謂孔子兩發嘆、一屬之初至陳、一屬之再至陳、夫旣思狂簡而反衛矣、而又至陳、奚爲者、至陳而又思歸以裁狂簡、何行止之無常乎、其謬二也、過匡之役、以恐獲罪而去、未出境也、無故而反、臨河之役、無故而去、亦未出境也、聞竇鳴犢舜華之死、不得已而復反、孔子之反就之、若是之苟然而已乎、孟子曰、古之君子、言將行其言也、則就之、言弗行也、則去之、其次、迎之致敬以有禮、則就之、禮貌衰、則去之、去果是則不當不召而自反、如可反也、則毋寧始之不去之爲愈乎、而何爲僕僕於道途、而不憚其煩也、其謬三也、且世家以定十四年適衛、而年表已於是年至陳、世家以定十五年、遭宋桓魋之難、而年表乃在哀之三年、世家以哀六年再反衛、而年表乃在十年、世家自陳反衛自衛復至陳之事、年表皆無之、卽其所自爲說已自改之、而學者反皆遵之、謂孔子三至衛而三至陳、甚不可解也、今取孟子過宋之文、論語問陳之事、合而爲一、在陳之之嘆、論語孟子所記、亦取而合之、則事理曉然明白、孔子幷無由衛而再適陳、由陳而再返衛之事矣、至其去衛之年、雖無可考、然衛靈以哀二年夏卒、則孔子之去、非定之末、卽哀之初、世家所謂魯定公卒之歲去衛者、近是、由是過宋至陳、而主貞子、正與孟子合、但無自陳反衛而再適陳之事耳、葉公問政。孔子曰。政在來遠附邇。【考證】論語子路篇、作近者說遠者來、韓非子難三、家語辨政、作悅近而來遠、尙書大傳、作附近而來遠、文殊義同、他日葉公問孔子於子路。子路不對。【集解】孔安國曰、葉公、名諸梁、楚大夫、食采於葉、僭稱公、不對、未知所以對也、【考證】楚人稱令曰公、孔子聞之曰。由、爾何不對曰。其爲人也、學道不倦、誨人不厭、發憤忘食、樂以忘

憂、不知老之將至云爾。【考證】本論語述而篇、學道不倦誨人不厭、史公以意補、述而篇又云、子曰、默而識之、學而不厭、誨人不倦、何有於我哉、又曰、子曰、若聖與仁則吾豈敢、抑爲之不厭、誨人不倦、愚按、古鈔本、楓山、三條本、曰上無對字、與論語合、去葉反于蔡。長沮·桀溺耦而耕。孔子以爲隱者、使子路問津焉。【集解】鄭玄曰、耜廣五寸、二耜爲耦、津、濟渡處也、【正義】括地志云、黃城山、俗名桀山、在許州葉縣西南二十五里、聖賢冢墓記云、黃城山、卽長沮桀溺所耕處、下有東流、則子路問津處也、【考證】論語、無以爲隱者四字、張文虎曰、正義許州、當作汝州、長沮曰。彼執輿者爲誰。子路曰。爲孔丘。曰。是魯孔丘與。曰。然。曰。是知津矣。【集解】馬融曰、言數周流、自知津處、桀溺謂子路曰。子爲誰。曰。爲仲由。曰。子、孔丘之徒與。曰。然。桀溺曰。悠悠者天下皆是也。而誰以易之。【集解】孔安國曰、悠悠者、周流之貌也、言當今天下治亂同、空舍此適彼、故曰誰以易之、【考證】論語、悠悠作滔滔、朱熹曰、流而不反之意、且與其從辟人之士、豈若從辟世之士哉。【集解】何晏曰、士有辟人之法、有辟世之法、長沮桀溺謂孔子爲士、從辟人之法者也、己之爲士、則從辟世之法也、【考證】岡白駒曰、人指人君、此人不合、辟此之彼、卽謂孔子、耰而

不輟。【集解】鄭玄曰、耰、覆種也、輟、止也、覆種不止、不以津告也、【正義】按耰、塊椎也、耕、卽椎碎之覆種子也、子路以告孔子。孔子憮然。【集解】何晏曰、爲其不達己意而非己、曰。鳥獸不可與同羣。【集解】孔安國曰、隱於山林、是同羣、【考證】楓山、三條本、集解是下、有與鳥獸三字、與論語集解合、天下有道、丘不與易也。【集解】何晏曰、凡天下有道者、丘皆不與易也、己大而人小故也、【考證】長沮桀溺以下、論語微子篇、朱熹曰、天下若已平治、則我無用變易之、正爲天下無道、故欲以道易之耳、他日子路行遇荷蓧丈人。【集解】包氏曰、丈人、老者、蓧、草器名也、曰。子見夫子乎。丈人曰。四體不勤、五穀不分。孰爲夫子。【集解】包氏曰、丈人曰、不勤勞四體、分植五穀、誰爲夫子而索也、【考證】朱熹曰、五穀不分、猶言不辨菽麥、植其杖而芸。【集解】孔安國曰、植、倚也、除草曰芸、【考證】皇侃曰、杖以爲力、以一手芸草、子路以告。孔子曰。隱者也。復往則亡。【集解】孔安國曰、子路反至其家、丈人出行不在、【考證】論語微子篇、孔子遷于蔡三歲、吳伐陳。楚救陳。【集解】徐廣曰、哀公四年也、【考證】梁玉繩曰、集解譌以哀公六年爲四年、軍于城父。【考證】吳伐陳以下、哀六年左傳、聞孔子在陳·蔡之閒、楚使人聘孔子。孔

子將往拜禮。陳·蔡大夫謀曰。孔子賢者。所刺譏皆中諸侯之疾。今者久留陳·蔡之閒。諸大夫所設行、皆非仲尼之意。今楚、大國也。來聘孔子。孔子用於楚、則陳·蔡用事大夫危矣。於是乃相與發徒役、圍孔子於野、不得行。【考證】論語衞靈公篇云、在陳絕糧、從者病、莫能興、孟子盡心篇云、君子之戹於陳蔡之間、無上下之交也、荀子宥坐篇云、孔子南適楚、戹於陳蔡之間、七日不火食、藜羹不糝、弟子皆有飢色、墨子非儒篇、呂氏春秋愼人篇、亦止言窮於陳蔡之間耳、莊子山木讓王篇、獨有圍於陳蔡之語、而未言其由、孔安國曰、孔子去衞如曹、曹不容、又之宋、遭匡人之難、又之陳、會吳伐陳、陳亂、故乏食也、朱熹曰、據論語、絕糧、當去衞如陳之時、皆與史異、全祖望曰、當時楚與陳睦、而蔡全屬吳、遷于州來、與陳遠矣、且陳事楚、蔡事吳、則讎國矣、安得二國之大夫合謀乎、且哀公六年、吳志在滅陳、楚昭至誓死以救之、陳之仗楚何如、感楚何如、而敢圍其所用之人乎、乃知陳蔡兵圍之說、蓋史記之妄、楚昭之聘、亦爲虛語、愚按、崔述洙泗考信錄三論之尤詳、絕糧。從者病莫能興。【集解】孔安國曰、興、起也、【考證】絕糧以下、論語衞靈公篇、孔子講誦弦歌不衰。【考證】莊子山木讓王篇、子路慍見曰。君子亦有窮乎。孔子曰。君子固窮。小

人窮斯濫矣。【集解】何晏曰、濫、溢也、君子固亦有窮時、但不如小人窮則濫溢爲非、【考證】論語衞靈公篇、物茂卿曰、非怒孔子、拂鬱之至、發此言、子貢色作。孔子曰。賜、爾以予爲多學而識之者與。曰。然。【集解】孔安國曰、然、謂多學而識之、非與。【集解】孔安國曰、問今不然耶、孔子曰。非也。予一以貫之。【集解】何晏曰、善有元、事有會、天下殊塗而同歸、百慮而一致、知其元、則衆善舉也、故不待多學、以一知之、【考證】孔子曰以下、論語衞靈公篇、中井積德曰、然者、然夫子之言也、非與者、承問而反問也、安井衡曰、一者忠恕也、所學之事、皆以忠恕貫之、故要而易識、非殊塗異端之事、一一識之、而精究其義也、崔述曰、多識一貫之文、與絕糧固窮之義不相蒙、自當別爲一章、今朱子集註分之、是也、世家連而及之、非是、孔子知弟子有慍心、乃召子路而問曰。詩云。匪兕匪虎、率彼曠野。【集解】王肅曰、率、循也、言非兕虎而循曠野也、【考證】詩小雅何草不黃篇、吾道非邪。吾何爲於此。子路曰。意者吾未仁邪。人之不我信也。【集解】王肅曰、言人不信、吾豈以未仁故乎、意者吾未知邪。人之不我行也。【集解】王肅曰、言人不使通行而困窮者、豈以吾未智乎、孔子曰。有是乎。由、譬使仁者而必信、安有伯夷·叔齊。

【正義】言仁者必使四方信之、安有伯夷叔齊餓死乎、使知者而必行、安有王子比干。【正義】言智者必使處事通行、安有王子比干剖心哉、【考證】荀子宥坐篇云、孔子曰、由不識、吾語汝、汝以知者爲必用邪、王子比干不見剖心乎、汝以忠者爲必用邪、關龍逢不見刑乎、汝以爲諫者爲必用邪、伍子胥不磔姑蘇東門乎、上下之文、亦與史不同、韓詩外傳七、說苑雜言、亦意同文異、家語厄蔡、專據史文、增以荀子詩傳說苑、 子路出。子貢入見。孔子曰。賜、詩云。匪兕匪虎、率彼曠野。吾道非邪。吾何爲於此。子貢曰。夫子之道至大也。故天下莫能容夫子。夫子蓋少貶焉。【考證】蓋、盍通、少貶、孟子所謂以道殉人者、子貢雖汙、當不有此言也、 孔子曰。賜、良農能稼、而不能爲穡。【集解】王肅曰、種之爲稼、斂之爲穡、言良農能善種之、未必能斂穫之、【考證】水旱、天也、 良工能巧、而不能爲順。【集解】王肅曰、言良工能巧而已、不能每順人之意、【考證】岡白駒曰、人心如面、不能順每人意、以規矩有定也、 君子能脩其道、綱而紀之、統而理之、而不能爲容。【考證】容、承上文莫能容、 今爾不脩爾道、而求爲容、賜、而志不遠矣。【考證】而、汝也、 子貢出。顏回入見。孔

子曰。回、詩云。匪兕匪虎、率彼曠野。吾道非邪。吾何爲於此。顏回曰。夫子之道至大。故天下莫能容。雖然夫子推而行之。不容何病。不容然後見君子。夫道之不脩也、是吾醜也。【考證】醜、愧也、 夫道既已大脩而不用。是有國者之醜也。不容何病。不容、然後見君子。孔子欣然而笑曰。有是哉、顏氏之子。使爾多財、吾爲爾宰。【集解】王肅曰、宰、主財者也、爲汝主財、言志之同也、【考證】中井積德曰、宰、家老也、孫志祖曰、此二句似非夫子之言、論語述而篇、子曰、德之不脩、學之不講、聞義不能徙、不善不能改、是吾憂也、 於是使子貢至楚。楚昭王興師迎孔子、然後得免。昭王將以書社地七百里封孔子。【集解】服虔曰、書、籍也、【索隱】古者二十五家爲里、里則各立社、則書社者、書其社之人名於籍、蓋以七百里書社之人封孔子也、故下冉求云、雖累千社、而夫子不利是也、【考證】愚按、大戴禮千乘篇、千乘之國、受命於天子、通其四疆、教其書社、哀十五年左傳、齊與衛地、自濟以西、禚媚杏以南、書社五百、晏子春秋、昔者先君桓公以書社五百封管仲、荀子仲尼篇、與之書社三百、而富人莫之敢

距、楊倞注云、書社、謂以社之戶口書於版圖、周禮、二十五家爲社、呂氏春秋、武王勝殷、諸大夫賞以書社、衛公子啓方以書社四十下衛、越王請以故吳之地、陰江之浦、書社三百、以封墨子、蓋書社、書名於里社之籍也、猶曰居民也、書社十、即十戶、書社百、即百戶、昭二十五年左傳、齊侯唁公曰、自莒疆以西、請致千社、杜預注、二十五家爲社、千社二萬五千家、晏子春秋、景公予魯君地、山陰數百社、景公祿晏子、以平陰與棗邑反市者十一社、戰國策、秦王使公子他謂趙王曰、大國不義、以告敝邑、而賜以二社之地、蓋二十五家爲里、里有社、一社、二十五家、百社即二千五百家、千社即二萬五千家、與書社大小懸隔、古人往往混之、又按、古書但云書社幾十幾百、而無云書社地幾十里幾百里者、史文地字里字當刪、崔述曰、史記誤以書社爲地名、因加里於七百之文下耳、 楚令尹子西曰。王之使使諸侯、有如子貢者乎。曰。無有。王之輔相、有如顏回者乎。曰。無有。王之將率、有如子路者乎。曰。無有。王之官尹、有如宰予者乎。曰。無有。且楚之祖封於周。號爲子男五十里。今孔丘述三五之法、【考證】三五、三皇五帝也、張文虎曰、宋本三五、各本誤三王、梁玉繩曰、文選班固東都賦、事勤乎三五、劉琨勸進表、三五以降、王融曲水序、邁三五而不追、袁宏三國名臣序贊、三五迭隆、及李康運命論、仲尼見忌于子西、李善注並引史作三五之法、則今本譌也、愚按、古鈔本、楓山本、亦作三五、 明周·召之業。王若用

之、則楚安得世世堂堂方數千里乎。夫文王在豐、武王在鎬。百里之君、卒王天下。今孔丘得據土壤、賢弟子爲佐、非楚之福也。昭王乃止。【考證】全祖望曰、是時楚昭在陳、何必使子貢如楚、而楚果迎孔子、信宿可至、孔子何以終不得見楚昭、而其所新迎之兵、中道而聞子西之沮、又竟棄孔子而去、皆情理之必無者、崔述曰、孔子得百里之地而君之、可以有天下、孟子推之則然、其門人或有知之者、外人不能也、彼子西者、烏足以知之、季康子問由求賜可使從政也與、當是時三子已有所建白矣、猶不敢信如此、況於陳蔡之時、子貢尚未出使於諸侯、顏淵宰予、皆無所表見、子路亦未嘗爲將帥、彼子西者、烏足以知之、是時昭王方在城父、以拒吳師、竟卒於軍、亦非議封孔子時也、且書傳皆無見楚昭王之事、楚世家及年表、亦皆無之、則此必後人之所附會、無疑也、 其秋、楚昭王卒于城父。【考證】其秋以下、哀六年春秋經傳、 楚狂接輿歌而過孔子。【集解】孔安國曰、接輿、楚人也、佯狂而來歌、欲以感切孔子也、 曰。鳳兮鳳兮。何德之衰。【集解】孔安國曰、比孔子於鳳鳥、鳳鳥待聖君乃見、非孔子周行求合、故曰衰也、 往者不可諫兮。【集解】孔安國曰、已往所行、不可復諫止也、 來者猶可追也。【集解】孔安國曰、自今已來、可追自止、避亂隱居、【考證】論語邢本朱本、諫下無兮、追下無也、 已而已而。今之從政者

殆而。【集解】孔安國曰、言已而者、言世亂已甚、不可復治也、再言之者、傷之深也、【考證】褢追殆、韻、莊子人間世、亦載此歌、文字頗異、孔子下欲與之言。【集解】包氏曰、下、下車也、趨而去、弗得與之言。【考證】以上、論語微子篇、於是孔子自楚反乎衛。是歲也、孔子年六十三。而魯哀公六年也。其明年、吳與魯會繒。徵百牢。【集解】此哀七年時也、百牢、牢具一百也、周禮、上公九牢、侯伯七牢、子男五牢、今吳徵百牢、夷不識禮故也、子貢對以周禮、而後吳亡是徵也、【正義】括地志云、故鄫城在沂州丞縣、地理志云、鄫縣、屬東海郡也、太宰嚭召季康子。康子使子貢往、然後得已。【考證】哀七年左傳、左傳無然後得已四字、說見魯世家、孔子曰。魯・衛之政兄弟也。【集解】包氏曰、周公康叔、既爲兄弟、康叔睦於周公、其國之政、亦如兄弟也、【考證】論語子路篇、朱熹曰、是時衰亂、政亦相似、故孔子歎之、是時衛君輒父、不得立在外。諸侯數以爲讓。【考證】衛世子蒯聵、恥其母南子之淫亂、欲殺之、不果而出奔、靈公欲立公子郢、郢辭、公卒、夫人立之、又辭、乃立蒯聵之子輒、以拒蒯聵、岡白駒曰、讓、詰責也、而孔子弟子多仕於衛。衛君欲得孔子爲政。子路曰。衛君待子而爲政。子將

奚先。【集解】包氏曰、問往將何所先行、孔子曰。必也正名乎。【集解】馬融曰、安百事之名也、子路曰。有是哉、子之迂也。【考證】物茂卿曰、蓋時人有以孔子爲迂者、子路始以爲不然、今聞孔子之言、而謂有如時人之言者也、何其正也。【集解】包氏曰、迂、猶遠也、言孔子之言遠於事也、孔子曰。野哉由也。【集解】孔安國曰、野、不達也、夫名不正、則言不順。言不順、則事不成。事不成、則禮樂不興。禮樂不興、則刑罰不中。【集解】孔安國曰、禮以安上、樂以移風、二者不行、則有淫刑濫罰也、刑罰不中、則民無所錯手足矣。夫君子爲之必可名。言之必可行。【集解】王肅曰、所名之事、必可得明言、所言之事、必可得遵行者、君子於其言、無所苟而已矣。【考證】子路曰以下、論語子路篇、黃式三曰、王道不外彝倫、而家人莫重於父子、治國者、不正一家父子之名、而欲正一國之父子、無諸己而求諸人、言之則一己多忌諱之私、而事亦阻窒而不成矣、禮樂刑罰、事之大也、禮莫大於父子之序、樂莫大於父子之和、而刑罰莫大於不孝、三者失、而事之不成甚矣、是以治世之要務、在彝倫攸敘、其明年、冉有爲季氏將師、與齊戰於郎、克之。【集解】徐廣曰、此哀公十一年也、去吳會繒已四年矣、年表、哀公十年、孔

子自衛至陳也、【索隱】徐說去會四年、是也、按左傳及此文、孔子是時在衛歸魯、不見有在陳之文、在陳、當哀公之初、蓋年表誤爾、【正義】括地志云、郎亭、在徐州滕縣西五十三里、【考證】梁玉繩曰、其明年三字誤、當作後四年、故徐廣曰、此哀公十一年也、去吳會繒已四年矣、崔適曰、哀十一年左傳戰于郎、作戰于郊、未知孰是、愚按、左傳是、郊、近郊也、季康子曰。子之於軍旅、學之乎。性之乎。冉有曰。學之於孔子。季康子曰。孔子何如人哉。對曰。用之有名、播之百姓、質諸鬼神而無憾。求之至於此道。雖累千社、夫子不利也。【索隱】二十五家爲社、千社、卽二萬五千家、【考證】中井積德曰、此道句、上下疑有脫文、張文虎曰、索隱單本無書社、前已有注、康子曰。我欲召之。可乎。對曰。欲召之、則毋以小人固之、則可矣。【考證】毋以小人固之、文義不通、岡白駒曰、固、鄙陋也、勿以小人視之、參存、崔述曰、冉有之言、淺陋不足以稱聖人、必後人所僞託無疑、中井積德曰、虛談、而衛孔文子【集解】服虔曰、文子、衛卿也、將攻太叔。【集解】左傳曰、太叔、名疾、問策於仲尼。仲尼辭不知。退而命載而行。【考證】左傳云、仲尼曰、胡簋之事、則嘗學之矣、甲兵之事、未之聞也、退命駕而行、崔述曰、胡簋四句、與論語問陳章俎豆數語相類、其事亦相類、未必兩事相

符如此、而又皆適在衛、蓋本一事、而傳聞者異也、曰。鳥能擇木。木豈能擇鳥乎。【集解】服虔曰、鳥喩己、木以喩所之之國、文子固止。【考證】衛孔文子以下、哀十一年左傳、會季康子逐公華・公賓・公林、以幣迎孔子。孔子歸魯。【考證】哀十一年左傳、作魯人以幣召之、乃歸、左傳疏引史、逐作使、疑此誤、孔子之去魯、凡十四歲、而反乎魯。【索隱】前文孔子以定公十四年去魯、計至此十三年、魯系家云、定公十二年孔子去魯、則首尾計十五年矣、【考證】索隱後說、是、魯哀公問政。對曰。政在選臣。【考證】中庸、哀公問政、子曰、文武之政、布在方策、其人存則其政舉、其人亡則其政息、故爲政在人、史公蓋以政在選臣四字易之、論語顏淵篇、亦云、樊遲問知、子曰、知人、季康子問政。曰。舉直錯諸枉、則枉者直。【集解】包氏曰、錯、置也、舉正直之人用之、廢置邪枉之人、【索隱】論語、季康子問政、子曰、政者正也、又哀公問曰、何爲則人服、子曰、舉直錯諸枉則人服、今此初論康子問政、未合以孔子荅哀公使人服、蓋太史公撮略論語爲文、而失事實、【考證】本論語爲政顏淵篇、爲政篇對哀公問政、顏淵篇荅樊遲問知、詞意相似、文字不同、汪繩祖曰、史蓋以對哀公之言、爲告康子、而謬以告樊遲之語爲答問政、故索隱譏史公撮論語爲文、而失事實也、康子患盜。孔子曰。苟子之不欲、雖賞之不竊。【集解】孔安國曰、欲、情慾也、言民化於上、不從其所令、從

其所好也、【考證】論語顏淵篇、朱熹曰、欲、貪欲也、然魯終不能用孔子。孔子亦不求仕。孔子之時、周室微。而禮樂廢、詩書缺。追迹三代之禮、序書傳、上紀唐虞之際、下至秦繆、編次其事。【考證】書始於堯典、終於秦誓、凡百篇、皆有序、史三代世表序云、孔子因史文、次春秋、紀元年、正時月日、蓋其詳哉、至於序尚書、則略無年月、或頗有、然多闕不可錄、故疑則傳疑、蓋其愼也、漢書藝文志云、書之所起遠矣、至孔子纂焉、上斷於堯、下訖於秦、凡百篇、而作序、言其作意、劉歆移太常博士書云、孔子序書、書疏云、書序、鄭馬王竝云、孔子所作、恐按尚書百篇、自古有之、而雜亂顚倒、譌脫頗多、孔子纂正次序、以復舊第、非刪定編纂也、百篇之序、漢魏諸儒竝云、出自孔氏、無異言、余謂周史官編書者所記、恐非夫子之筆、曰。夏禮吾能言之。杞不足徵也。殷禮吾能言之。宋不足徵也。足則吾能徵之矣。【集解】包氏曰、徵、成也、杞宋二國、夏殷之後也、夏殷之禮、吾能說之、杞宋之君、不足以成也、【考證】夏禮以下、論語八佾篇、論語宋不足徵下、有文獻不足故也六字、朱熹曰、徵、證也、文、典籍也、獻、賢也、言二代之禮、我能言之、而二國不足取以爲證、文獻不足故也、文獻若足、則我能取之以證吾言矣、觀殷夏所損益曰。後雖百世可知也。【集解】何晏曰、物類相召、勢數相生、其變有常、故可預知者也、【考證】楓山三條本、集解何晏作馬融、與論語集解合、以一

文一質。【考證】本論語爲政篇、以一文一質五字、史公以意補、周監二代、郁郁乎文哉。吾從周。【集解】孔安國曰、監、視也、言周文章備於二代、當從之也、【考證】論語八佾篇、故書傳禮記、自孔氏。【考證】追迹三代之禮以下、敍書傳禮記自孔氏、孔子語魯大師。樂其可知也。【考證】古鈔、也作已、始作翕如、【集解】何晏曰、太師、樂官名也、五音始奏、翕如盛也、【考證】朱熹曰、翕、合也、皦如。【集解】何晏曰、言其音節明、縱之純如、【集解】何晏曰、言五音既發、放縱盡其聲、純和諧也、【考證】論語三如字下有也字、縱作從、繹如也。以成。【集解】何晏曰、縱之以純如、皦如、繹如、言樂始於翕如、而成於三者也、【考證】論語八佾篇、朱熹曰、繹、相續不絕也、成、樂之一終也、吾自衞反魯、然後樂正、雅頌各得其所。【集解】鄭玄曰、反魯、魯哀公十一年冬、是時道衰樂廢、孔子來還乃正之、故雅頌各得其所、【考證】論語子罕篇、中井積德曰、吾上宜有曰字、古者詩三千餘篇。及至孔子、去其重、【正義】去、丘呂反、重、逐龍反、取可施於禮義、上采契后稷、中述殷周之盛、至幽厲之缺、始於衽席。【考證】孔子刪詩之說始見於此、是之者、歐陽修王應麟鄭樵顧炎武王崧諸人、非之者、孔穎達朱熹葉適朱彝尊王士禎趙翼崔述諸人、歐陽修云、馬遷謂古詩三千餘篇、孔子刪存三百、鄭

學之徒、以遷爲謬、予考之、遷說然也、今書傳所載逸詩、何可數也、以詩譜推之、有更十君而取一篇者、有二十餘君而取一篇者、由是言之、何啻三千、又刪詩云者、非止全篇刪去、或篇刪其章、或章刪其句、句刪其字、如唐棣之華、偏其反而、豈不爾思、室是遠而、此小雅常棣之詩、夫子謂其以室爲遠、害於兄弟之義、故篇刪其章也、衣錦尙絅、文之著也、此鄘風君子偕老之詩、夫子謂其盡飾之過、其流而不返、故章刪其句也、誰能秉國成、不自爲政、卒勞百姓、此小雅南山之詩、夫子以能字爲意之害、故句刪其字也、王崧云、史記之書、謬誤固多、皆有因而然、從無鑿空妄說者、考漢書食貨志、孟春之月、行人振木鐸徇於路、以采詩獻之太師、比其音律、以聞於天子、云云、史記所謂古詩三千餘篇者、蓋太師所采之數、迨比其音律、聞於天子、不過三百篇、何以知之、采詩非徒存其辭、乃用以爲樂章也、音律之不協者棄之、卽協者尙多、而此三百篇、於用已足、其餘但存之、太史以備所用之、或闕、詩三百、誦詩三百、皆孔子之言、前此未有綜計其數者、蓋古詩不止三百五篇、東遷以後、禮壞樂崩、詩或有句而不成篇者、無與於絃歌之用、孔子自衞反魯、而正樂、舊訂汰黜、定爲此數、以教門人、於是授受不絕、設無孔子、則此三百五篇、亦胥歸泯滅矣、故詩所傳之逸詩、有太師比音律時所棄者、有孔子正樂時所削者、所采既多、其原作流傳誦習、後人得以引之、是則古詩三千餘篇、去其重、取其可施於禮義、乃太史所爲、司馬遷傳聞孔子正樂時、於詩嘗有所刪除、而遂以歸之孔子、此其屬辭之未密、或文字有所脫誤耳、然謂孔子皆絃歌、以求合韶武雅頌之音、可知非獨取其辭意已、竊以爲詩必兼辭聲義三端而始全、先有意而後能爲辭、有意則義在其中、徒有辭而不能叶之於聲、則是記序讓論之文、而非樂章者多矣、太師及孔子所錄、則三端皆全者也、此是史記者也、孔穎達云、書傳所引之詩、見在者多、亡逸者少、孔子所錄、不容十分去九、馬遷言三千餘篇、未可信、詩

凡三百十一篇、史記漢書云三百五篇、闕其亡者、以見在爲數也、又云、季札歌詩、風有十五國、其名皆與詩同、惟次第異、則仲尼以前、篇已先具、其所刪除、蓋亦無多、朱彝尊云、詩者、掌之王朝、頒之侯服、小學大學之所諷誦、冬夏之所教、故盟會聘問燕享、列國之大夫、賦詩見志、不盡操其土風、使孔子以一人之見、取而刪之、王朝列國之臣、其孰信而從之、者、詩至於三千篇、則輶軒之所采定、不止於十三國矣、而季札觀樂於魯、所歌風詩、無出十三國之外者、又子所雅言、一則曰詩三百、再則曰誦詩三百、未必定爲刪後之言、況多至三千、樂師矇瞍、安能徧其諷誦、竊疑當日掌之王朝、頒之侯服者、亦止於三百餘篇而已、至歐陽子謂刪詩云者、非止全篇刪去、或篇刪其章、章刪其句、或句刪其字、此又不然、詩云、唐棣之華、偏其反而、豈不爾思、室是遠而、惟其詩孔子未嘗刪、故爲弟子雅言之也、詩曰、衣錦尙絅、惡其文之著也、惟其詩孔子亦未嘗刪、故子思舉而述之也、詩云、誰能秉國成、今本無能字、猶夫殷鑒不遠、在夏后之世、今本無于字、非孔子去之也、流傳既久、偶脫去耳、昔子夏親受詩於孔子矣、其稱詩巧笑倩兮、美目盼兮、素以絢兮、惟其句孔子亦未嘗刪、故子夏所受之詩、存其辭以相質、而孔子亟許其可與言詩、初未有以素絢之語有害於義而斥之也、由是觀之、非孔子刪之可信已、然則詩何以逸也、曰、一則秦火之後、竹帛無存、而口誦者偶遺忘、一則作者章句長短不齊、而後之爲章句者、必比而齊之、於句之重出者、去之故也、一則樂師矇瞍、止記其音節、而亡其辭、竇公之於樂、惟記周官大司樂一篇、而其餘不知、制氏則僅記其鏗鏘鼓舞、而不能言其義、此樂章之所闕獨多也、崔述云、孔子所刪者何詩也哉、鄭衞之風、淫靡之作、孔子未嘗刪也、絲麻菅蒯之句、不逐於縞衣茹藘之章、卽棣華室遠之言、亦何異於東門不卽之意、此何爲而存之、彼何爲而刪之哉、況以論孟左傳戴記諸書考之、所引之詩、逸者不及十一、則是穎達之言、左券

甚明、而宋儒頴非之、甚可怪也、由此論之、孔子原無刪詩之事、國語云、正考父校商之名頌十二篇於周大師、以那爲首、鄭司農云、自考父至孔子、又逸其七、是正考父以前、頌之逸者已多、至孔子又二百餘年、而又逸其七、故世愈近、則詩愈多、世愈遠、則詩愈少、孔子所得、止有此數、或此外雖有、而缺略不全、則遂取是而釐正次第之、以教門人、非刪之也、此非史記者也、愚按後說可從、故曰。關雎之亂、以爲風始。【正義】亂、理也、詩小序云、關雎、后妃之德也、風之始也、所以風天下而正夫婦也、毛萇云、關關、和聲、雎鳩、王雎也、鳥摯而有別、后妃悅樂君子之德、無不和諧、又不淫色、慎固幽深、若雎鳩之有別、然後可以風化天下、夫婦有別則父子親、父子親則君臣敬、君臣敬則朝廷正、朝廷正則王化成也、按王雎、金口鶚也、【考證】本論語泰伯篇、師摯之始、關雎之亂、洋洋乎盈耳哉、姚範曰、正義據毛義解之、非也、太史公正同魯詩也、故曰、幽厲之缺、始於衽席、而十二諸侯年表云、周道缺、詩人本之衽席、關雎作、皆非毛義、康成論語解、即張守節所本、中井積德曰、之亂二字當刪、愚按史公關雎之解、與毛非義異、如姚氏所說、之亂二字、不與下文相例、中說可從、鹿鳴爲小雅始、【正義】小序云、鹿鳴、宴羣臣嘉賓也、既飮食之、又實幣帛筐篚、以將其厚意、然後忠臣嘉賓、得盡其心矣、毛萇云、鹿得苹、呦呦鳴而相呼、懇誠發乎中、以興嘉樂賓客、當有懇誠相招呼、以成禮也、文王爲大雅始、【正義】小序云、文王、文王受命作周、鄭玄云、文王初爲西伯、有功於民、其德著見於天、故天命之以爲王、使君天下、清廟爲頌始。【正義】小序云、清廟、祀文王也、周公既成雒邑、朝諸侯、率以祀文王焉、毛萇云、清廟者、祭有清明之德者之宮也、謂祭文王、天德清明、文王象焉、故祭之而歌此詩也、三百五

篇。孔子皆弦歌之、以求合韶·武·雅·頌之音。禮樂自此可得而述。以備王道成六藝。【考證】以上敍詩樂自孔氏、十二諸侯年表序云、王道備、人事浹、六藝、六經也、孔子晚而喜易。【考證】田完世家論贊、亦有此語、序【正義】序、易序卦也、夫子作十翼、謂上彖、下彖、上象、下象、上繫、下繫、文言、序卦、說卦、雜卦也、易正義曰、文王既繇六十四卦、分爲上下篇、先後之次、其理不易、孔子就上下二經、各序其相次之義、彖【正義】吐亂反、上彖、卦下辭、下彖、卦爻下辭、易正義曰、夫子所作、統論一卦之義、或說其卦德、或說其卦義、或說其卦名、莊氏云、彖、斷也、言斷定一卦之義也、【考證】正義下象爻卦句、疑有錯誤、繫【正義】如字、又音系、易正義云、繫辭者、聖人繫屬此辭於爻卦之下、分爲上下篇者、以簡編重大、是以分之、又言繫辭者、取綱系之義也、象【正義】上象卦辭、下象爻辭、易正義云、萬物之體、自然各有形象、聖人設卦以寫萬物之象、今夫子釋此卦之象也、【考證】張文虎曰、案此總舉大小象傳也、正義疑當作上象卦爻辭、下象卦爻辭、二句各脫一字、說卦【正義】易正義云、說卦者、陳說八卦德業變化法象所爲也、文言【正義】易正義云、夫子贊明易道、申說義理、釋乾坤二卦經文之言、故稱文言、又雜卦者、六十四卦以爲義、於序卦之外、別言聖人之興、因時而作、隨其事宜、不必相因襲、當有損益、又云、雜揉衆卦、錯綜其義、或以同相類、或以異相明、按史不出雜卦、故附之、【考證】序、次第也、如上文序書傳之序、彖、彖傳、繫、繫辭傳、象、大小象傳、繫象二字恐倒、崔述曰、世家云、孔子晚而喜易、序彖繫象說卦文言、由是班固以來、諸儒之說易者、皆謂傳爲孔子所作、至唐宋、成承

其說、余按春秋、孔子之所自作、其文謹嚴簡質、與堯典禹貢相上下、論語後人所記、則其文稍降矣、若易傳果孔子所作、則當在春秋論語之間、而今反繁而文、大類左傳戴記、出論語下遠甚、何耶、繫辭文言之文、或冠以子曰、或不冠以子曰、若易傳果皆孔子所作、而不應自冠以子曰字、即云後人所加、亦不應或加或不加也、孟子之於春秋也、嘗屢言之、而無一言及孔子傳易之事、由是觀之、易傳必非孔子所作、而亦未必一人所爲、蓋皆孔子之後通於易者爲之、故其言繁而文、其冠以子曰字者、蓋相傳以爲孔子之說、而不必皆當日之言、其不冠以子曰字者、則其所自爲說也、又曰、春秋襄九年傳、穆姜答史之言、與今文言篇首略同、而詞小異、以文勢論、則於彼處爲宜、是作傳者采之魯史、而失其義耳、非孔子所爲也、論語云、曾子曰、君子思不出其位、今象傳亦載此文、果傳文在前、與記者固當見之、曾子雖嘗述之、不得遂以爲曾子所自言、是作傳者往往旁采古人之名言以足成之、但取有合卦義、不必皆自己出、既采曾子之語、必曾子以後之人之所爲、非孔子所作也、愚按歐陽脩易童子問、始疑易傳非孔子之作、云或是經師之所記、崔氏亦申其說、竊謂易傳精義微言極多、屢引子曰、其不曰子曰者、亦有本於孔子意而演之者、其爲孔門遺書審矣、左傳昭公十二年、仲尼曰、古也有志、克己復禮、仁也、僖公三十三年、臼季曰、出門如賓、承事如祭、而論語以爲孔子語、論語引孔子云、生事之以禮、死葬之以禮、祭之以禮、而孟子以爲曾子語、古書如此之類甚多、以象傳文與論語曾子言合、以易傳爲曾子以後之作、未可直信、秦策蔡澤云、語曰、日中則移、月滿則虧、物盛則衰、天地之常數也、進退盈縮、與時變化、聖人之常道也、宋玉小言賦、一陰一陽、道之所貴、小往大來、剝復之類也、是故尊卑相配、而天地位、三光竝照、則小大備、荀子大略篇、易之咸、見夫婦、夫婦之道、不可不正也、君臣父子之本也、禮記樂記、天尊地卑、君臣定矣、動之以四時、煖之

以日月、而百化興焉、韓非子外儲說、春秋之記、臣殺君、子殺父者、以十數矣、皆非一日之積也、有漸而至矣、新語道基、先聖乃仰觀天文、俯察地理、圖畫乾坤、以定人道、天下人民野居穴處、未有家屋、則與禽獸同域、於是黃帝乃伐木構材、築作宮室、上棟下宇、以避風雨、辨惑篇、易曰、二人同心、其義斷金、愼微篇、河出圖、洛出書、淮南子繆稱訓、易曰、剝之不可終盡也、故受之以復、易傳之流行既久矣、尤不可爲經師之所記也、讀易、韋編三絕。【考證】古者用韋編簡、故曰韋編三絕、言披閱之勤也、曰。假我數年、若是、我於易則彬彬矣。【正義】彬音斌、斌、文也、孔子言假借我三數年間、我於易則文質備矣、【考證】論語述而篇云、子曰、加我數年、五十以學易、可以無大過矣、史公小變其文、皇侃曰、當孔子爾時、年已四十五六、故云加我數年、五十而學易也、中井積德曰、假我數年語、蓋在年未五十時也、非晚年之言、太史公謬、愚按以上敍序易、孔子以詩書禮樂教。【考證】論語述而篇、子所雅言、詩書執禮、亦雅言也、泰伯篇、興於詩、立於禮、成於樂、弟子蓋三千焉。身通六藝者七十有二人。【考證】仲尼弟子列傳云、受業身通者七十有七人、與此異、呂氏春秋遇合篇、孔子周流海內、如齊至衞、所見八十餘君、委質爲弟子者三千人、達徒七十人、孟子公孫丑篇、韓非子五蠹篇、淮南泰族及要略訓、俱言七十、蓋舉大數也、如顏濁鄒之徒、頗受業者甚衆。【正義】濁、音卓、鄒、音聚、顏濁鄒非七十二人數也、【考證】顏濁鄒、孔子始游衞時所主、見上文、孔子以四教、文行忠信。【集解】何晏

曰、四者有形質可舉以敎、【考證】論語述而篇、李充曰、其典籍辭義謂之文、孝弟恭睦謂之行、爲人臣則忠、與朋友交則信、愚按、忠、忠恕之忠、**絕四。毋意、**【集解】何晏曰、以道爲度、故不在意也、【考證】黃式三曰、釋文、意、於力反、是陸氏申何以億度訓意也、**毋必、**【集解】何晏曰、用之則行、舍之則藏、故無專必、【考證】朱熹曰、必、期必也、黃式三曰、必者、決斷之也、事猶未定而存必然之見也、**毋固、**【集解】何晏曰、無可無不可、故無固行也、【考證】朱熹曰、固、執滯也、**毋我。**【集解】何晏曰、述古而不自作、處羣萃而不自異、唯道是從、故不有其身、【考證】論語子罕篇、朱熹曰、我、私己也、伊藤維楨曰、毋我者、善與人同、舍己從人也、**所慎齊戰疾、**【集解】何晏曰、此三者、人所不能慎、而夫子慎也、【考證】論語述而篇、齊不慎、不誠於神、朱熹曰、戰則衆之死生、國之存亡繫焉、疾又吾身之所以死生存亡者、皆不可以不謹也、**子罕言利與命與仁。**【集解】何晏曰、罕者、希也、利者、義之和也、命者、天之命也、仁者、行之盛也、寡能及之、故希言之、【考證】論語子罕篇、朱熹論語集註引程子云、計利則害義、命之理微、仁之道大、皆夫子所罕言也、愚按、孟荀列傳云、利誠亂之始也、夫子罕言利者、常妨其原也、外戚世家序、孔子罕稱命、蓋難言之也、義與程朱同、物徂徠焦里堂並云、子罕言利絕句、與命與仁、蓋孔子言利、則必與命俱、與仁俱、近時安井息軒亦依其說、不若古說之穩、或問、論語一書、言仁者五十八章、一百有五字、可謂罕言乎、愚云、仁者至德要道、而夫子罕言之、門人每聞輒記、與他事異、**不憤不啟。學一隅不以三隅反、則弗復也。**【集解】鄭玄曰、孔子與人言、必待其人心憤憤、口悱悱、乃後啓發爲說之、如此

則識思之深也、說則舉一端以語之、其人不思其類、則不重敎也、【考證】論語述而篇、朱熹曰、憤者、心求通而未得之意、梁玉繩曰、不悱不發一句、何以刪之、啓字何以不避諱、**其於鄉黨、恂恂似不能言者。**【集解】王肅曰、恂恂、溫恭貌也、【索隱】有本作逡逡、音七旬反、【考證】朱熹曰、鄉黨、父兄宗族之所在、故孔子居之、其容貌辭氣如此、**其於宗廟朝廷、辯辯言。唯謹爾。**【集解】鄭玄曰、唯辯而謹敬也、【索隱】論語作便便、【考證】朱熹曰、宗廟、禮法之所在、朝廷、政事之所出、言不可以不明辯、故必詳問而極言之、但謹而不放爾、**朝、與上大夫言、誾誾如也。**【集解】孔安國曰、中正之貌也、**與下大夫言、侃侃如也。**【集解】孔安國曰、和樂貌、【考證】說文云、誾誾、和悅而諍也、侃侃、剛直也、與孔注異、閔子侍側、誾誾如也、恐不可訓和悅而諍、侃或讀爲衎、有和樂之義、漢書袁安傳、隸釋漢碑唐扶頌、引經侃作衎、孔注、侃、和樂貌、明此假侃爲衎也、**入公門、鞠躬如也。**【考證】孔安國曰、斂身也、阮元曰、躬又作窮、儀禮聘禮記、執圭入門、鞠窮焉、如恐失之、釋文、作窮云、劉音弓、本又作躬、羣經音辨云、鞠躬、容謹也、鄭康成說禮、孔子之執圭、鞠窮如也、是鄭陸所據本作窮、蓋鞠躬本雙聲字、史漢中凡三見、皆訓謹敬貌、蓋鞠躬同見、母猶踧踖同精母、皆雙聲字也、黃式三曰、凡言如者、皆形狀之辭、躩如勃如、單字形狀之也、踧踖如、鞠窮如、重字形狀之也、愚按、鞠若鞠之爲茂草之鞠、窮也、**趨進、翼如也。**【集解】孔安國曰、言端好也、【考證】俞樾曰、翼如、猶勃如、躩如之類、皆以一字形容之、非必取象於鳥也、爾雅釋詁云、翼、敬也、釋訓云、翼翼、恭也、翼如之翼、亦此義耳、

君召使儐、【集解】鄭玄曰、有賓客使迎之也、**色勃如也。**【集解】孔安國曰、必變色、【考證】朱熹曰、敬君命故也、**君命召、不俟駕行矣。**【集解】鄭玄曰、急趨君命也、行出而車駕隨之、**魚餒肉敗、割不正、不食。**【集解】孔安國曰、魚敗曰餒也、【考證】佐藤坦曰、割正、則肉鮮可知矣、割不正者、恐或敗損、故不食、**席不正、不坐。**【考證】以上采論語鄉黨篇、**食於有喪者之側、未嘗飽也。是日哭、則不歌。**【考證】論語述而篇、朱熹曰、臨喪哀、不能甘也、又曰、哭、謂弔哭、一日之內、餘哀未忘、自不能歌也、**見齊衰瞽者、雖童子必變。**【集解】包氏曰、瞽、盲、【考證】論語子罕篇、作子見齊衰者與瞽者、見之雖少必作、過之必趨、古鈔本、楓山、三條本、衰下有者字、與論語合、**三人行、必得我師。**【集解】何晏曰、言我三人行、本無賢愚、擇善而從之、不善而改之、無常師、【考證】論語述而篇、邢疏、朱注本、得作有、日本諸舊本、及開成石經、群書治要、三上、有我字、愚按、史記原本蓋亦有我字、後人據邢朱本刪去、論語下文、有擇其善者而從之、其不善而改之十三字、楓山三條本集解改之下、有故字、與論語集解合、**德之不脩、學之不講、聞義不能從、不善不能改、是吾憂也。**【集解】孔安國曰、夫子常以此四者爲憂也、【考證】論語述而篇、梁玉繩曰、此段總書行事、前後皆記者之辭、而三人行二章、是孔子之言、無端插入、與上文敍憤悱章同、王若虛云、史氏所記孔子所言、豈可混

而不別、**使人歌、善則使復之、然后和之。**【集解】何晏曰、樂其善、故使重歌而自和也、【考證】論語述而篇、**子不語怪力亂神。**【集解】王肅曰、怪、怪異也、力、謂若奡盪舟、烏獲舉千鈞之屬也、亂、謂臣弒君、子弒父也、神、謂鬼神之事、或無益於教化、或所不忍言也、李充曰、力不由理、斯怪力也、神不由正、斯亂神也、怪力亂神、有與於邪、無益於教、故不言也、【考證】論語述而篇、朱熹集註引謝氏曰、聖人語常而不語怪、語德而不語力、語治而不語亂、語人而不語神、**子貢曰。夫子之文章、可得聞也。**【集解】何晏曰、章、明、文、彩、形質著見、可以耳目循也、【考證】楓山、三條本、集解見可下、有得字、**夫子言天道與性命、弗可得聞也已。**【集解】何晏曰、性者、人之所受以生也、天道者、元亨日新之道、深微、故不可得而聞之、【考證】論語公冶長篇、**顏淵喟然歎曰。仰之彌高、鑽之彌堅。**【集解】何晏曰、言不可窮盡、**瞻之在前、忽焉在後。**【集解】何晏曰、言忽怳不可爲形象、**夫子循循然善誘人、**【集解】何晏曰、循循、次序貌也、誘、進也、言夫子正以此道進勸人、學有次序也、**博我以文、約我以禮。欲罷不能、既竭我才。如有所立卓爾。雖欲從之、蔑由也已。**【集解】孔安國曰、言夫子既以文章開博我、又以禮節節約我、使我欲罷不能、已竭吾才矣、其有所立、則卓然不可及、言已雖蒙夫子之

善誘、猶不能及夫子所立也、【考證】論語子罕篇、論語蔑作末、安井衡曰、夫子善誘不倦、既竭吾才、則非復前日不知方向之比、於是如見夫子有所立處、而卓然高絶之狀、因欲從之、而終無由就之也、達巷黨人童子曰、大哉孔子。博學而無所成名。【集解】鄭玄曰、達巷者、黨名、五百家爲黨、此黨之人、美孔子博學道藝、不成一名而已、【考證】論語、無童子二字、中井積德曰、此疑衍、子聞之曰、我何執、執御乎。執射乎。我執御矣。【集解】鄭玄曰、聞人美之、承以謙也、吾執御者、欲明六藝之卑、牢曰。子云、不試故藝。【集解】鄭玄曰、牢者、弟子子牢也、試、用也、言孔子自云、我不見用、故多伎藝也、【考證】以上論語子罕篇、邢昺曰、家語弟子篇云、琴牢、衛人也、字子開、一字子張、愚按、牢必其名、但家語王肅僞撰、不足據、論語云下有吾字、楓山三條本集解故多下有能字、魯哀公十四年春、狩大野。【集解】服虔曰、大野、藪名、魯田圃之常處、蓋今鉅野是也、【正義】括地志云、獲麟堆在鄆州鉅野縣東十二里、春秋哀十四年經云、西狩獲麟、國都城記云、鉅野故城東十里、澤中有土臺、廣輪四五十步、俗云獲麟堆、去魯城可三百餘里、叔孫氏車子鉏商獲獸。【集解】服虔曰、車子、微者也、鉏商、名也、【索隱】春秋傳及家語竝云、車子鉏商、而服虔以子爲姓、非也、今以車子爲主車、車士、微者之人也、人微故略其姓、則子非姓也、【正義】鉏、音鋤、服虔云、車、車士、微者也、子、姓、鋤商、名、按姓鋤、名商、車子、御車之人也、【考證】張文虎曰、子、宋、中統、游本作士、愚按、左傳亦作子、杜預以車子連讀、云、車子、微者、鉏商名也、子、如招招舟子之

子、古婦人稱姓、男子稱氏族、未有男子而稱姓者、服說疑非、以爲不祥。仲尼視之曰、麟也。取之。【集解】服虔曰、麟非時所常見、故怪之以爲不祥也、仲尼名之曰麟、然後魯人乃取之也、明麟爲仲尼至也、【考證】哀十四年春秋經傳、曰、河不出圖、雒不出書。吾已矣夫。【集解】孔安國曰、聖人受命、則河出圖、今無此瑞、吾已矣夫者、傷不得見也、河圖、八卦是也、【考證】夫子蓋歎無聖王也、論語子罕篇、鳳鳥不至、河不出圖、易繫辭、河出圖、洛出書、聖人則之、史公合二事爲一、書顧命、載天球河圖在東序、河圖天球對擧、則與此河圖同異未可知、顏淵死。孔子曰、天喪予。【集解】何休曰、予、我也、天生顏淵爲夫子輔佐、死者、是天將亡夫子之證者也、【考證】論語先進篇、顏淵死、子曰、噫、天喪予、天喪予、楓山、三條本、集解、證作徵、及西狩見麟、曰、吾道窮矣。【集解】何休曰、麟者太平之獸、聖人之類也、時得而死、此天亦告夫子將歿之證、故云爾、【考證】顏淵死以下、采哀十四年公羊傳、春秋繁露隨本消息篇、楓山、三條本、集解、獸作符、喟然歎曰、莫知我夫。子貢曰、何爲莫知子。【集解】何晏曰、子貢怪夫子言何爲莫知己、故問之、子曰、不怨天。不尤人。【集解】馬融曰、孔子不用於世、而不怨天、不知己、亦不尤人、下學而上達。【集解】孔安國曰、下學人事、上達天命、【考證】達與君子上達小人下達之達同、下學而上達、猶言自卑登高、自邇行遠、知我者其天乎。【集解】何晏曰、聖人與天地合其德、故曰唯天知己、【考證】論語憲問篇、

論語不言此語何爲而發、史公牽合、不降其志、不辱其身、伯夷·叔齊乎。【集解】鄭玄曰、言其直己之心、不入庸君之朝、謂柳下惠·少連。降志辱身矣。【考證】少連未詳、論語此下有言中倫、行中慮六字、謂虞仲·夷逸。隱居放言。【集解】包氏曰、放、置也、置不復言世務也、【考證】放言、任意而言、後漢書陳寔傳論、放言爲高、李注云、放肆其言、不拘節制也、行中淸、廢中權。【集解】馬融曰、淸、純絜也、遭世亂自廢弃以免患、合於權也、【考證】論語、行作身、此義長、我則異於是。無可無不可。【集解】馬融曰、亦不必進、亦不必退、唯義所在、【考證】論語微子篇、中井積德曰、卽是無適無莫之意、子曰、弗乎。弗乎。【考證】中井積德曰、弗、咈同、猶否也、愚按、四字屬下、君子病沒世而名不稱焉。【考證】論語衞靈公篇、吾道不行矣。【考證】論語公冶長篇、子曰、道不行、乘桴浮于海、中庸、子曰、道其不行矣哉、吾何以自見於後世哉。【考證】中井積德曰、冀自見於後世而著作焉、是司馬遷以下伎倆、非孔子事、此文臆度失當、崔述曰、其言似急於求名者、殊失聖人之意、乃因史記作春秋。上至隱公、下訖哀公十四年、十二公。【正義】夫子脩春秋、據魯十二公年月、而視周及諸侯行事也、【考證】姜皐曰、左昭二年傳、見易象與魯春秋、公羊成十五年傳、春秋內其國而外諸夏、禮坊記、故魯春

秋、記晉喪、又魯春秋、猶去夫人之姓、是皆以春秋屬之魯矣、然晉語、羊舌肸習於春秋、楚語、申叔時論傅太子之法云、敎之以春秋、晉楚當以乘與檮杌名、而亦曰春秋、墨子明鬼篇、又有周之春秋、燕之春秋、宋之春秋、齊之春秋、豈列國之史、皆曰春秋乎、或曰、春秋者史記大共之名、故釋名云、春秋、書人事、卒歲而究備、春秋、言溫涼中象政和也、亦不專指一國、惟孔疏云、晉楚皆私立別號、魯則守其本名、愚按、孔子以前、列國之史皆曰春秋、自孔子作春秋、列國之史旋廢、而春秋之名、亦專屬孔子、據魯親周故殷、運之三代。【索隱】言夫子修春秋以魯爲主、故云據魯、親周、蓋孔子之時、周雖微、而親周王者、以見天下之有宗主也、【正義】殷、中也、又中運夏殷周之事也、【考證】春秋繁露三代改制質文篇云、春秋應天作新王之事、絀夏親周故宋、陳仁錫曰、據魯者、以魯爲據也、親周者、以周爲親也、故殷者、以殷爲故也、言春秋之作、兼魯周殷三代之法而運之也、錢大昕曰、正義訓殷爲中、非也、春秋宣十六年、成周宣榭火、公羊傳、外災不書、此何以書、新周也、何休云、孔子以春秋當新王、上黜杞、下新周而故宋、故繫宣榭於成周、使若國文、黜而新之、從爲王者之後記災也、又莊二十七年杞伯來朝、何休云、杞、夏後、不稱公者、春秋黜杞新周而故宋、以春秋當新王也、漢儒說春秋者、孔子制春秋之義、以俟後聖王者、存二代之後、周監于夏殷、繼周者當黜杞而存周、以備三統、故曰據魯、親周、故殷、運之三代、據魯、謂以春秋當新王也、親周、故殷、謂新周故宋也、當以殷字絕句、姚範曰、故殷、卽故宋之說、蓋太史公春秋、多本之董生、故同公羊家義也、阮元曰、董子史記親周、皆新周之誤、愚按、諸說略是、據魯、據魯史也、親當作新、新周、從今周也、故殷、不法前殷也、與論語周監於二代、吾從周、中庸、生乎今之世、反古之道、烖及其身、荀子、舍後王而道上古、譬之猶舍己之君、事人之君也、同義、運、猶通也、運之三代、

考諸三王而不謬也、太史公自序亦云、春秋采善貶惡、推三代之德、褒周室、非獨刺譏而已也、或問旣曰故殷、又曰運之三代、何也、曰、前以禮言、後以道言、 約其文辭而指博。故吳・楚之君自稱王。而春秋貶之曰子。【考證】中井積德曰、吳楚稱子、稱其本爵也、非貶、 踐土之會、實召周天子。而春秋諱之曰。天王狩於河陽。【考證】僖二十八年春秋、天王狩于河陽、左傳云、是會也、晉侯召王、以諸侯見、且使王狩、仲尼曰、以臣召君、不可以訓、故書曰天王狩于河陽、言非其地也、且明德也、 推此類、以繩當世貶損之義。後有王者、舉而開之、春秋之義行、則天下亂臣賊子懼焉。【考證】古鈔本、楓山、三條本、開作關、孟子滕文公篇、昔者禹抑洪水而天下平、周公兼夷狄、驅猛獸、而百姓寧、孔子成春秋、而亂臣賊子懼、大槻清崇曰、孟子旣以孔子作春秋之功、配禹之抑洪水、周公之兼夷狄、而明云亂臣賊子懼、則其功之在於當時者章章矣、愚按、史公失孟子之義、 孔子在位、聽訟文辭、有可與人共者、弗獨有也。【考證】春秋繁露五行相生篇、孔子爲魯司寇、斷獄屯屯、與衆共之、不敢自專、 至於爲春秋、筆則筆、削則削。子夏之徒、不能贊一辭。【考證】論語先進篇、文學、子游子夏、 弟子受春秋。孔子曰。後世知丘者以春秋、而罪丘者亦以春秋。【集解】劉熙曰、知者、行堯舜之道者也、罪者、在王公之位、見貶絕者、【考證】徐孚遠曰、前旣總敍刪述之事、此專言作春秋者、以孔子所自作、故推而尊之、又以自寓也、李廷機曰、知丘罪丘、應自見于後世句、愚按、孟子滕文公篇云、世衰道微、邪說暴行有作、臣弒其君者有之、子弒其父者有之、孔子懼、作春秋、春秋、天子之事也、是故孔子曰、知我者其惟春秋乎、罪我者其惟春秋乎、其所謂天子之事者、當時列國僭亂、名分混淆、而史體乖舛、夫子因而脩之、其名秩、則一裁以武成班爵之舊、其行事、則一律以周公制禮之初、故曰春秋天子之事、猶曰天子之法、其所謂知我者其惟春秋乎、罪我者其惟春秋乎者、春秋王法備、人事決、明道正義之書、我若有功罪、亦爲春秋之所耳、語氣正與論語憲問篇知我者其天乎同、及史公加以後世二字、且改其文、後人遂以律爲夫子行南面之權、甚矣其誣聖人也、崔述云、孔子以東周之世、禮樂征伐、自諸侯出、故修春秋以尊王室、故曰自諸侯出、十世希不失矣、自大夫出、五世希不失矣、陪臣執國命、三世希不失矣、蓋位愈卑、則愈不可僭、況以布衣而專黜陟之大權乎、唐哥舒翰討安祿山、或勸之還兵以誅楊國忠、曰、如此乃翰反、非祿山也、若孔子先已僭天子之權、彼亂臣賊子復何懼焉、此說得之、 明歲、子路死於衞。孔子病。子貢請見。孔子方負杖逍遙於門。曰。賜、汝來何其晚也。孔子因歎、歌曰。太山壞乎。【集解】鄭玄曰、太山、衆山所仰、 梁柱摧乎。哲人萎乎。【集解】王肅曰、萎、頓也、【考證】禮記、三乎字上有其字、柱作木、壞摧萎、韻、

因以涕下。【考證】禮記、無此四字、 謂子貢曰。天下無道久矣。莫能宗予。【集解】王肅曰、傷道之不行也、 夏人殯於東階。周人於西階。【考證】古鈔本、周人下有殯字、 殷人兩柱閒。昨暮予夢坐奠兩柱之間。予始殷人也。【考證】中井積德曰、生不得當楹間尊位、故知死耳、柱、檀弓作楹、此避惠帝諱、 後七日卒。【集解】鄭玄曰、明聖人知命也、【正義】括地志云、漢封夫子十二代孫忠爲褒成侯、生光、爲丞相、封侯、平帝封孔霸孫莽二千戶、爲褒成侯、後漢封十七代孫志爲褒成侯、魏封二十二代孫羨爲崇聖侯、晉封二十三代孫震爲奉聖亭侯、後魏封二十七代孫爲崇聖大夫、孝文帝又封三十一代孫珍爲崇聖侯、高齊改封珍爲恭聖侯、周武帝改封鄒國公、隋文帝仍舊封鄒國公、煬帝改爲紹聖侯、皇唐給復二千戶、封孔子裔孫孔德倫爲褒聖侯也、【考證】孔子病以下、采禮記檀弓篇、崔述曰、論語所記孔子之言多矣、大抵皆謙遜之辭、而無自聖之意、皆明民義之所當爲、而不言禍福之將至、獨此歌以泰山梁木哲人自謂、而決其死於夢兆、殊與孔子平日之言不類、恐出於後人傳聞附會之言、 孔子年七十三、以魯哀公十六年四月己丑卒。【集解】若孔子以魯襄二十一年生、至哀十六年爲七十三、若襄二十二年生、則孔子年七十二、經傳生年不定、致使孔子壽數不明、【考證】魯哀公十六年以下、采左傳、杜預注左傳云、四月十八日乙丑、無己丑、己丑、五月十二日、日月必有誤、愚按、此杜氏自據其所推定長曆、周魯置閏不同、杜注未足爲據、說詳于崔氏洙泗考信錄、四月己丑、卽夏正二月十一日、孔子以魯襄二十一年庚子生、則年當七十有四、 哀公誄之曰。旻天不弔、不憖遺一老。【集解】王肅曰、弔、善也、憖、且也、一老、謂孔子也、【考證】弔、音的、恤也、憖、且也、心不欲而自彊之義、 俾屏余一人以在位。煢煢余在疚。【集解】王肅曰、疚、病也、 嗚呼哀哉、尼父。毋自律。【集解】王肅曰、父、丈夫之顯稱也、律、法也、言毋以自爲法也、【考證】左傳、毋作無、下有所字、尼父、猶稱呂尚爲尚父、稱管仲爲仲父、尊之之辭、王觀國曰、詩節南山、不弔昊天、十月之交、不憖遺一老、俾守我王、閔予小子、嬛嬛在疚、哀公蓋集詩辭而爲誄辭耳、愚按、檀弓作天不遺耆老、莫相予位、嗚呼哀哉、尼父、漢書五行志、旻作昊、無以在以下十七字、 子貢曰。君其不沒於魯乎。夫子之言曰。禮失則昏。名失則愆。失志爲昏。失所爲愆。【集解】左傳及家語皆云、失志爲昏、失禮爲愆、與此不同也、【考證】漢書五行志、作失志爲昏、失所謂愆、 生不能用、死而誄之、非禮也。稱余一人、非名也。【集解】服虔曰、天子自謂一人、非諸侯所當名也、【考證】以上哀十六年左傳、 孔子葬魯城北泗上。【集解】皇覽曰、孔子冢、去城一里、冢塋百畝、冢南北廣十步、東西十三步、高一丈二尺、冢前以瓴甓爲祠壇、方六尺、與地平、本無祠堂、冢塋中樹以百數、皆異種、魯人世世無能名其樹者、民傳言孔子弟子異國人、各持其方樹來種之、其

樹柞枌雒離安貴五味毚檀之樹、孔子塋中不生荊棘及刺人草。[索隱]雒離、各離二音、又音落、蓤蓤是草名也、安貴、香名、出西域、五味、藥草也、毚音讒、毚檀、檀樹之別種、[考證]孫嘉淦南游記云、出泰安城、不見水與山也、行五十里、見大河、廣闊、乃汶水也、又五十里、見崇山巍峩、乃徂徠也、徂徠之西曰梁父、對峙如門、從門南出、平疇沃衍、泗水西流、孔林在泗水南、洙水在孔林南、曲阜在洙水南、沂水在曲阜南、孔林方十餘里、其樹蔽天、其草蔽地、至聖墓、有紅墻環立、墻中草樹愈密、修幹叢薄、側不容人、而景色開明、初無幽陰之氣、至聖墓產蓍草、碑曰大成至聖文宣王墓、西偏小屋三間、顏曰子貢手植楷也、旁有楷亭、其東南有泗水侯墓、正南有沂國公墓、墻東南有枯木、石欄護之、子貢廬墓處、東南有駐蹕亭、人君謁墓更衣之所、門外有洙水橋、橋南高阜一帶、闕其東南爲門、門距曲阜城可二里、道傍植柏、行列甚整、蔽日參天、皆數千年物也、愚按、南游記成于康熙六十年、弟子皆服三年。[考證]禮記檀弓篇、孔子之喪、門人疑所服、子貢曰、昔者夫子之喪顏淵、若喪子而無服、喪子路亦然、請喪夫子、若喪父而無服、三年心喪畢、相訣而去。[索隱]訣、音決、訣者別也、[考證]古鈔、楓、三本、心作之、則哭各復盡哀、或復留。唯子貢廬於冢上、凡六年。然後去。[索隱]按家語、無上字、且禮云、適墓不登壟、豈合廬於冢上乎、蓋上者亦是邊側之義、[考證]弟子皆服以下、孟子滕文公篇、弟子及魯人、往從冢而家者、百有餘室。因命曰孔里。魯世世相傳、以歲時奉祠孔子冢。而諸儒

亦講禮鄉飲大射於孔子冢。孔子冢大一頃。故所居堂、弟子內、後世因廟、藏孔子衣冠琴車書。[索隱]謂孔子所居之堂、其弟子之中、孔子沒後、後代因廟、藏夫子平生衣冠琴書於壽堂中、[考證]閻若璩曰、諸儒講禮鄉飲大射于孔子家、誤寫作冢、此家字、與贊曰以時習禮其家合、愚按、鄉飲大射、豈可於冢上行之乎、閻說得之、內、弟子所居之室也、漢書鼂錯傳、家有一堂二內、注、張晏云、二內、二房也、索隱非是、孫嘉淦南遊記云、入曲阜之北門、路東有復聖廟、廟前有陋巷、巷南折而西、則孔廟之東華門也、廟制如內廷宮殿、而柱以石爲之、蛟龍盤旋、乃內廷所無、至聖與諸賢皆塑像、石刻至聖像有三、車服禮器、藏於衍聖公家、殿南有亭、顏曰杏壇、古杏數株、時值三月、杏花正開、壇南有先師手植檜、高三丈餘而無枝、文皆左紐、子貢之楷、雖不腐而色枯、此則生氣勃發焉、大門內外疊碑無數、南有高樓、曰奎文閣、閣南門下、漢魏之碑十餘、皆額尖而有圓孔、門外有水、上作五橋、橋南有門、門外有柵、自殿庭至柵內、蒼松古柏、虬龍蟠屈、不可名狀、至于漢二百餘年不絕。高皇帝過魯、以太牢祠焉。[考證]漢書高紀云、十二年十一月、行自淮南還、過魯、以太牢祠孔子、諸侯卿相至、常先謁、然後從政。[考證]陳宏謨曰、漢高祖十二年、過魯以太牢祀孔子、此漢以來祀孔子之始也、平帝元始初、追謚孔子曰褒成宣尼公、後漢章帝元和二年二月、東巡狩、因幸魯、祀孔子及七十二弟子於闕里、祀孔子弟子始此、前祀孔子、皆於闕里、魏正始中、始令太常釋奠、以太牢祀孔子於辟雍、以顏淵配、至詔太子

釋奠、則始於晉、有司薦享、則始於元魏、朔日行禮、則始於北齊、唐高祖武德二年、詔國子學立周公孔子廟各一所、四時致祭、蓋自魏釋奠孔子於辟雍、至元魏始有廟、然不知其何時立也、至是始詔國子學立廟、貞觀四年、詔州縣皆立孔子廟、從房玄齡議、停周公以孔子爲先聖、顏子爲先師、又詔皇太子釋奠、皇太子爲初獻、國子祭酒爲亞獻、博士爲終獻、縣學令爲初獻、丞爲亞獻、無博士、以主簿爲終獻、後世遣官釋奠、實始於此、至開元中、追謚孔子爲文宣王、贈顏子爲兗國公、冉閔等九人爲侯、曾參等爲伯、此又孔子封王弟子封公侯之始也、宋眞宗咸平中、復追謚孔子爲玄聖文宣王、初追謚爲帝、或言宣父周之陪臣、周祇稱王、不當加帝號、故第增美謚曰玄聖、蓋以春秋演孔圖、孔子母感黑帝而生、故曰玄、莊子曰、恬澹玄聖、素王之道、遂取以爲稱、秦以避聖祖諱、改玄聖爲至聖、然孔子之道、非一言一義之可蓋、謚之有無、不足輕重、況加以非聖之言、既加之矣、又以犯其祖諱而改之哉、元成宗大德十二年、制加孔子號曰大成、明洪武十五年、始詔天下儒學通祀孔子、猶存舊號、迨世宗嘉靖九年、釐正祀典、始爲木主、題曰至聖先師孔子神位、乃至不易之定論也、孔子生鯉。字伯魚。[索隱]按家語、孔子年十九、娶於宋之亓官氏之女、一歲而生伯魚、伯魚之生、魯昭公使人遺之鯉魚、夫子榮君之賜、因以名其子也、伯魚年五十、先孔子死。[集解]皇覽曰、伯魚冢在孔子冢東、與孔子並、大小相望也、[考證]伯魚先孔子卒、見於論語先進篇、但曰年五十者、未審其所據、伯魚生伋。字子思。年六十二。[考證]中井積德曰、孔子卒至魯穆元年、正得七十一歲、伯魚先孔子死、而子思生在其前、又爲穆公師友、不必其元年、則歲殆八十矣、此云六十二、大謬、愚按、昔人以六十二爲八十二之誤、

亦無確證、嘗困於宋。子思作中庸。[集解]皇覽曰、子思冢在孔子冢南、大小相望、[正義]中庸一卷、在禮記中、又作子思子八卷、爲魯穆公師、子思生白。字子上。年四十七。子上生求。字子家。年四十五。[考證]家語後序、子家名傲、後名永、漢書及闕里志、竝不言名傲、子家生箕。字子京。年四十六。[考證]史記桃源鈔云、正義本、子京作子眞、梁玉繩曰、漢書孔光傳、孔京作子眞、後序、作子直、名檻、子京生穿。字子高。年五十一。[考證]梁玉繩曰、後序、子高年五十七、此所書孔氏之年、愼鮒襄忠四人、三代皆五十七歲、幷子高則四世同壽、可疑也、子高生子愼。年五十七。嘗爲魏相。[考證]梁玉繩曰、孔光傳、作順、後序、子高生武、字子順、名徵、後名斌、闕里文獻攷云、名謙、或作武、後名斌、孔叢陳士義篇、子順爲相、注、孔武後名斌、唐世系表、穿生斌、一名洲、攷子愼曾孫名武、則武必斌之譌文、但何以一人而有四名、疑莫能定、故史缺不書也、愼順古通、又世系表謂斌相魏、封文信君、明程敏政聖裔考曰、聖裔之受封、始此、子愼生鮒。年五十七。爲陳王涉博士。死於陳下。[考證]梁玉繩曰、孔光傳是鮒、而儒林傳作甲、師古曰、名鮒、字甲、後序、子魚名鮒、後名甲、孔叢獨治篇、子魚名鮒甲、陳人或謂之子鮒、或稱孔甲、史失書其字、又曰、史漢儒林傳、及鹽鐵毀學篇云、鮒與涉俱死、而此及孔光傳、言死陳下、孔叢答問篇云、博士凡仕六旬、老于陳、有將沒戒弟子語、則非不良死矣、未知孰是、鮒弟子

襄。年五十七。嘗爲孝惠皇帝博士。【考證】梁玉繩曰、史失書名、後序、子襄名騰、子魚之弟、唐世系表、闕里志、竝名騰也、卽藏書壁中者、陸氏釋文、隋志、史通古今正史篇、作孔惠、俱非、毛氏古文寃詞云、此必以子襄之子名忠、忠與惠字形相近而致誤者、遷爲長沙太守。【考證】錢大昕曰、惠帝時長沙爲王國、不得有太守、漢書云太傅、是也、楓山、三條本云、正義、守作傅、長九尺六寸。子襄生忠。年五十七。【考證】梁玉繩曰、後序、子襄生季中、名員、唐表、忠字子貞、攷夫子兄之子名忠、不應子襄之子同名、當作中爲是、書序疏引史作中也、季字衍、而員乃譌文、又史失書字子貞、忠生武。武生延年及安國。【考證】梁玉繩曰、孔光傳、忠生武及安國、武生延年、後序、季中生武及子國、唐表、忠二子武安國、武生延年、則史以安國爲武子、誤也、闕里考云、武字子威、安國爲今皇帝博士、至臨淮太守。蚤卒。【考證】閻若璩曰、嘗疑安國獻書、遭巫蠱之難、計其年必高、與馬遷所云蚤卒者不合、信史記蚤卒、則漢書之獻書、必非安國、信漢書獻書、則史記之安國、必非蚤卒、然馬遷親從安國遊者也、計其生年、當不誤也、竊意天漢後、安國死已久、或其家子孫獻之、非必其身、而苦無明證、越數歲、讀荀悅漢紀云、魯恭王壞孔子宅、得古文尚書、多十六篇、武帝時孔安國家獻之、會巫蠱事、未列於學官、於安國下增一家字、足補漢書之漏、而孔傳所謂作傳畢、會國有巫蠱、出於安國口中、其僞不待辨矣、安國生卬。卬生驩。【考證】愚按、此蓋天漢以後事、後人補記、徐孚遠曰、歷序後系、與王侯同、此所謂世家也、

太史公曰。詩有之。高山仰止。景行行止。【考證】詩小雅車舝篇、景、大也、行、路也、景行、猶言周道也、雖不能至、然心鄉往之。【考證】鄉、嚮同、余讀孔氏書、想見其爲人。適魯、觀仲尼廟堂車服禮器、諸生以時習禮其家。【考證】其家、孔子之家、余祇迴畱之、不能去云。【索隱】祇、敬也、言祇敬遲回、不能去之、有本亦作低回、義亦通、【考證】張文虎曰、索隱本作祇迴、凌本作祇回、各本作低回、愚按、低回、猶徘徊也、天下君王、至于賢人、衆矣。當時則榮、沒則已焉。孔子布衣、傳十餘世、學者宗之、自天子王侯、中國言六藝者、折中於夫子。【索隱】離騷云、明五帝以折中、王叔師云、折中、正也、宋均云、折、斷也、中、當也、按言欲折斷其物而用之、與度相中當、故以言其折中也、【考證】中井積德曰、六藝之言不同者、皆以夫子爲度、而折定其中也、可謂至聖矣。【考證】陳仁錫曰、史遷可謂知尊聖人之道者矣、班氏謂其先黃老而後六經、非也、觀其作史記、於孔子則立世家、於老氏但立傳、至論孔子則曰、可謂至聖、論老氏、但曰隱君子、非知足以知聖人、而能若是乎、或謂遷非知孔子之至者、必述其道德精微、而後謂之至、噫、道德精微、雖夫子亦自難言也、而欲責遷言之歟、愈言而愈遠矣、齋藤正謙曰、首泛言夫子之德可仰止、次言適魯觀其廟堂、留不能去、次言其

布衣傳十餘世、勝天下君王、終言其道爲天子王侯所折中、仰止之意、一節進一節、首曰孔氏、其詞泛、次曰仲尼、其詞親、次曰孔子、其言謹、次曰夫子、其言更謹、尊敬之言、一節進一節、【索隱】述贊、孔子之冑、出于商國、弗父能讓、正考銘勤、防叔來奔、鄒人倚足、尼丘誕聖、闕里生德、七十升堂、四方取則、卯誅兩觀、攝相夾谷、歌鳳遽衰、泣麟何促、九流仰鏡、萬古欽躅、

孔子世家第十七

史記四十七

文學博士瀧川龜太郎著

史記會注考證

史記會注考證卷四十八

漢　太史令　司馬遷　撰
宋　中郎外兵曹參軍　裴駰　集解
唐　國子博士弘文館學士　司馬貞　索隱
唐　諸王侍讀率府長史　張守節　正義
日本　出雲　瀧川資言　考證

陳涉世家第十八　史記四十八

【索隱】按勝立數月而死、無後、亦稱系家者、以其所遣王侯將相竟滅秦、以其首事也、然時因擾攘起自匹夫、假託妖祥、一朝稱楚、歷歲不永、勳業蔑如、繼之齊魯、曾何等級、

可降爲列傳也、【正義】勝立數月而死、無後、爲世家者、以唱始起兵滅秦、雖不終享、亦世家之道也、【考證】史公自序云、桀紂失其道而湯武作、周失其道而春秋作、秦失其道而陳涉發迹、諸侯作難、風起雲蒸、卒亡秦族、天下之端、自涉發難、作陳涉世家、第十八、馮班曰、陳涉起自謫戍而敗、可與張耳陳餘並爲傳、不當爲世家者也、然亡秦之侯王將相、多涉所置、自項梁未起、以天下之命制于一人之手、升爲世家、太史公之旨也、

陳勝者、陽城人也。【索隱】韋昭云、屬潁川、地理志云、屬汝南、不同者、按郡縣之名、隨代分割、蓋陽城舊屬汝南、史遷云、今爲汝陰、後又分隸潁川、韋昭據以爲說、故其不同、他皆放此、【正義】即河南陽城縣也、【考證】錢大昕曰、汝南潁川、皆有陽城縣、汝南之陽城爲侯國、宣帝時始置、此當是潁川之陽城、潁川陽城、今河南府登封縣東南、索隱史遷疑有誤、字涉。吳廣者、陽夏人也。字叔。【索隱】夏、音賈、韋昭云、淮陽縣、後屬陳、【正義】括地志云、陳州太康縣、本漢陽夏縣也、【考證】河南陳州府太康縣、陳涉少時、嘗與人傭耕。【索隱】廣雅云、傭、役也、按謂役力而受雇直也、【考證】顏師古曰、與人、與人俱也、張文虎曰、宋本、毛本、傭作庸、與字類合、下同、愚按、古鈔本亦作庸、輟耕之壟上、悵恨久之。【考證】顏師古曰、壟上、謂田中之高處、楓山本、恨作悵、曰。苟富貴、無相忘。傭者笑而應曰。若爲傭耕、何富貴也。陳涉太息曰。嗟乎、燕雀安知鴻鵠之志

哉。【索隱】尸子云、鴻鵠之鷇、羽翼未合、而有四海之心、是也、按鴻鵠是一鳥、若鳳皇然、非謂鴻鴈與黃鵠也、鵠、音戶酷反、【考證】顏師古曰、鴻、大鳥也、水居、鵠、黃鵠也、一舉千里、王懋竑曰、太史公作陳涉世家、未言其他、首曰、涉爲人傭耕、輟耕而歎曰、苟富貴無相忘、及作項籍本紀、又曰、秦始皇東游會稽、梁與籍觀、籍曰、彼可取而代也、匹夫而敢爲此語、蓋以見天亡秦之兆、果不可遏、然後知高祖之起、所以應天順人者也、愚按呂氏春秋長利篇、使燕雀爲鴻鵠鳳皇慮、則必不得矣、二世元年七月、發閭左。【索隱】閭左、謂居閭里之左也、秦時復除者居閭左、今力役凡在閭左者盡發之也、又云、凡居以富强爲右、貧弱爲左、秦役戍多、富者役盡、兼取貧弱者也、【考證】漢書食貨志、發閭左之戍、注、應劭曰、秦時以適發之、名適戍、先發吏有過、及贅壻賈人、後以嘗有市籍者發、又以大父母父母嘗有市籍者、戍者曹輩盡、復入閭取其左者發之、未及取右、而秦亡、顏師古曰、閭、里門也、言居閭門之左者、一切發之、此閭左之釋、應說最得之、愚按、應說本鼂錯守邊備塞疏、鼂錯、漢初人、其言可依、索隱前說非、後說、富者役盡以下十字、當削、適戍漁陽九百人、【索隱】適、音直革反、又音磔、故漢書有七科適、戍者、屯兵而守也、地理志、漁陽、縣名、在漁陽郡也、【正義】括地志云、漁陽故城、在檀州密雲縣南十八里、在漁水之陽也、【考證】今直隸順天府密州縣西南、屯大澤鄉。【集解】徐廣曰、在沛郡蘄縣、【正義】屯、猶營也、【考證】大澤鄉、今安徽鳳陽府宿州南、鄉名、陳勝・吳廣皆次當行、爲屯長。會天大雨、道不通。度已失期。失期、法皆斬。【考證】古鈔本、楓山、三條本、皆下有當字、與漢書合、陳勝・

吳廣乃謀曰。今亡亦死。舉大計亦死、等死。死國可乎。【索隱】謂欲經營圖國、假使不成而敗、猶愈爲戍卒而死也、【正義】爲反亂取國、不得而死、猶勝戍卒而死、【考證】何孟春曰、古人文字、彼此有絕似者、左傳、楚昭王曰、再敗楚師、不如死、弃命逃歸、亦不如死、死一也、其死仇乎、此世家亦連用四死字、 陳勝曰。天下苦秦久矣。吾聞二世、少子也。【索隱】姚氏按隱士遺章邯書云、李斯爲二世廢十七兄而立今王、則二世是始皇第十八子也、 不當立。當立者乃公子扶蘇。扶蘇以數諫故、上使外將兵。今或聞無罪、二世殺之。百姓多聞其賢、未知其死也。【索隱】如淳云、扶蘇自殺、故人不知其死、或以爲不知何坐而死、故天下冤二世殺之、其意亦得、今宜依文而解、直是扶蘇爲二世所殺、而百姓未知、故欲詐自稱之也、 項燕爲楚將、數有功、愛士卒。楚人憐之。或以爲死。或以爲亡。今誠以吾衆詐自稱公子扶蘇·項燕、爲天下唱、宜多應者。【索隱】漢書作倡、倡、謂先也、說文云、倡、首也、【考證】項燕、見楚世家、顏師古曰、唱、謂首號令也、中井積德曰、歌者先發聲爲唱、倡同、 吳廣以爲然。乃行卜。【索隱】行者、先也、一云、行往也、【考證】索隱後說是、 卜者知其

指意曰。足下事皆成有功。然足下卜之鬼乎。【集解】蘇林曰、狐鳴祠中、則是也、瓚曰、假託鬼神以威衆也、故勝廣曰、此教我威衆也、【索隱】裴注引蘇林臣瓚義亦當矣、而李奇又云、卜者戒曰、所卜事雖成、當死爲鬼、惡指斥言之、而勝失其旨、反依鬼神起怪、蓋亦得本旨也、【正義】故稱公子扶蘇楚將項燕、爲天下倡、宜多應者、卜之、是卜之鬼也、【考證】顏師古曰、卜者云、事成有功、然須假託鬼神、乃可暴起耳、故勝廣曉此意、則爲魚書狐鳴以威衆耳、朱錦綬曰、上文云、卜者知其指意曰、足下事皆成有功、可見卜者與勝廣不謀而合、其爲此言、正欲使勝廣假託鬼神、若謂卜之吾固見事成有功、然曷不卜之鬼乎、下文陳勝吳廣喜念鬼、蓋勝廣聞此、即欲如其言以行也、 陳勝·吳廣喜念鬼。【索隱】念者、思也、謂思念欲假鬼神事耳、【正義】言常思扶蘇項燕曰、卜者以此教我先威衆也、【考證】正義非、 曰。此教我先威衆耳。乃丹書帛曰。陳勝王。置人所罾魚腹中。【集解】漢書音義曰、罾、音曾、文穎曰、罾、魚網也、【考證】楓山三條本、王上有當字、 卒買魚烹食、得魚腹中書、固以怪之矣。【考證】漢書、以作已、以已通、 又閒令吳廣之次近所旁叢祠中、【集解】張晏曰、戍人所止處也、叢、鬼所憑焉、【索隱】服虔云、閒、音中閒之閒、鄭氏云、閒、謂竊令人行也、孔文祥又云、竊伺閒隙、不欲令衆知之也、次、師所次舍處也、墨子云、建國必擇木之修茂者以爲叢位、高誘注戰國策云、叢祠、神祠叢樹也、【考證】王念孫曰、索隱本及漢書陳涉傳、無近字、此誤衍、

次、所謂戍卒止次之所也、其旁有叢祠、故曰次所旁祠、沈欽韓曰、古者二十五家爲閭、閭各立社、即擇其木之茂者爲位、故名樹爲社、又爲叢也、六韜、社叢勿伐、墨子、建國營都、必擇木之修茂者以爲叢位、秦策、恆思有神叢、此叢爲社之證、 夜篝火、【集解】徐廣曰、或作帶也、篝者籠也、音溝、【索隱】篝、音溝、漢書作構、郭璞云、篝、籠、是也、【考證】姚範曰、篝疑同熢、即舉火叢祠、豈必籠邪、龜策傳、篝火燭地、亦同、 狐鳴呼曰。大楚興·陳勝王。【考證】六字音讀、則似狐鳴、興王韻、 卒皆夜驚恐。且日卒中往往語、皆指目陳勝。【考證】顏師古曰、指而私目視之、愚按、漢書陳勝作勝廣、非是、 吳廣素愛人。士卒多爲用者。將尉醉。【索隱】將尉、官也、漢舊儀、大縣二人、其尉將屯九百人、故云將尉也、【正義】尉爲將領戍人也、【考證】顏師古曰、將尉者其官本尉耳、時領戍人、故爲將尉、愚按、將尉猶言長尉、諸尉之長也、下文并殺兩尉、可參、 廣故數言欲亡、忿恚尉、令辱之、以激怒其衆。【考證】古鈔本、楓山三條本、無恚字、與漢書合、 尉果笞廣。尉劍挺。【集解】徐廣曰、挺、猶脫也、【索隱】徐廣云、挺、奪也、按奪即脫也、說文云、挺、拔也、案謂尉拔劍、而廣因奪之、故得殺尉、【正義】梁丘賀傳云、前旋頭劍挺、是也、【考證】顏師古曰、尉劍自拔出、廣由奪取之、 廣起奪而殺尉。陳勝佐之、并殺兩尉。召令徒屬曰。公等遇雨。皆已失期。失期當

斬。藉弟令毋斬、而戍死者固十六七。【集解】服虔曰、藉、假也、弟、次弟也、應劭曰、藉、吏士名藉也、言今失期當斬、就使藉弟幸得不斬、戍死者固十六七、此激怒其衆也、蘇林曰、弟、且也、【索隱】蘇林云、藉第、假借且令失期不斬、則戍死者固十七八、然弟、一音次第之第、又小顏云、弟、但也、劉氏云、藉、音子夜反、應劭讀如字、云、藉吏士之名藉也、各以意言、蘇說爲近之也、 且壯士不死即已。死即舉大名耳。【索隱】大名、謂大名稱也、【考證】王先謙曰、大名即謂侯王之屬、項籍傳、衆欲立陳嬰爲王、嬰母言暴得大名、不祥、是其證、 王侯將相、寧有種乎。徒屬皆曰。敬受命。【考證】陳勝初志止於欲爲王侯將相、與項羽曰彼可取而代也、漢高曰大丈夫當如此、詞氣自異、 乃詐稱公子扶蘇·項燕。從民欲也。【考證】漢書、欲作望、 袒右、稱大楚。【考證】顏師古曰、袒右者、脫右肩之衣、當時取異於凡衆也、愚按、與項羽紀蒼頭特起相似、與呂后紀田單傳右袒自別、 爲壇而盟、祭以尉首。陳勝自立爲將軍、吳廣爲都尉。攻大澤鄉、收而攻蘄。【索隱】音機、又音祈、縣名、屬沛郡、【考證】漢書、鄉下有拔之二字、收下有兵字、楓山本亦有兵字、蘄、今安徽宿州南蘄縣故城、大澤鄉、在宿縣西南、 蘄下。【索隱】下、降也、謂以兵臨而即降也、 乃令符離人葛嬰將兵徇蘄以東。【索隱】韋昭云、符離、屬沛郡、李奇云、徇、略

也、音辭崚反、【考證】符離、今鳳陽府宿州治、攻銍・酇・苦・柘・譙、皆下之。【集解】徐廣曰、苦、柘、屬陳、餘皆在沛也、【考證】顏師古曰、五縣名也、銍、音竹乙反、酇、音才多反、行收兵、比至陳、車六七百乘、騎千餘、卒數萬人。【索隱】地理志、陳縣、屬淮陽、【考證】陳、今安徽淮寧縣治、攻陳。【正義】今陳州城也、本楚襄王築、古陳國城也、陳守令皆不在。【索隱】張晏云、郡守及令、皆不在、非也、按地理志云、秦三十六郡、竝無陳郡、則陳止是縣、言守令、則守非官也、與下守丞同也、則皆字是衍字、【考證】顏師古曰、守、郡守也、令、縣令也、中井積德曰、陳守令、謂陳縣令及當郡之守也、下文李由爲三川守、守滎陽、可以見矣、王先謙曰、陳是秦楚郡治、故有守有令、獨守丞與戰譙門中。【索隱】蓋謂陳縣之城門、一名麗譙、故曰譙門中、非上譙縣之門也、譙縣守、前已下故也、【考證】顏師古曰、守丞、郡丞之居守者、劉奉世曰、門名譙、陳與譙鄰、譙門、去譙路者也、弗勝、守丞死。乃入據陳數日。號令召三老豪傑、與皆來會計事。【考證】李笠曰、漢傳無令字、是、高祖紀正義云、百官表云、十里一亭、亭有長、十亭一鄉、鄉有三老、三老、掌教化、皆秦制也、三老豪傑皆曰、將軍身被堅執銳、【考證】顏師古曰、堅、堅甲、銳、利兵也、伐無道、誅暴秦、復立楚國之社稷。功宜爲王。陳涉乃立爲王。號爲張楚。【索隱】按李

奇云、欲張大楚國、故稱張楚也、【考證】張楚、國號、取張大之義、張耳陳餘列傳、陳王今已張大楚王陳、當此時、諸郡縣苦秦吏者、皆刑其長吏、殺之以應陳涉。乃以吳叔爲假王、監諸將、【考證】叔、吳廣字、漢書作廣、下同、以西擊滎陽。【考證】滎陽、河南滎澤縣西南、令陳人武臣・張耳・陳餘徇趙地、令汝陰人鄧宗徇九江郡。當此時、楚兵數千人、爲聚者不可勝數。葛嬰至東城。【索隱】地理志、屬九江、【正義】括地志云、東城故城、在濠州定遠縣東南五十里也、【考證】今安徽定遠縣東南、立襄彊爲楚王。嬰後聞陳王已立、因殺襄彊、還報至陳。陳王誅殺葛嬰。陳王令魏人周市北徇魏地。【考證】顏師古曰、即梁地、非河東之魏也、吳廣圍滎陽。李由爲三川守、守滎陽。【索隱】三川、今洛陽也、地有伊洛河、故曰三川、秦曰三川、漢曰河南郡、李由、李斯子也、吳叔弗能下。陳王徵國之豪傑與計。【考證】古鈔本、楓山、三條本、國下有中字、以上蔡人房君蔡賜爲上柱國。【集解】漢書音義曰、房君、官號也、姓蔡、名賜、瓚

曰、房邑君也、【索隱】房、邑也、爵之於房、號曰房君、蔡賜、其姓名、晉灼按張耳傳、言相國房君者、蓋誤耳、涉始號楚、因楚有柱國之官、故以官蔡賜、蓋其時草創亦未置相國之官也、【正義】豫州吳房縣、本房子國、是所封也、【考證】顏師古曰、房君、封邑之名、非官號也、周文、陳之賢人也。【集解】文穎曰、即周章、嘗爲項燕軍視日、事春申君。【集解】如淳曰、視日時吉凶舉動之占也、司馬季主爲日者、【考證】春申君、楚相黃歇、自言習兵。陳王與之將軍印、西擊秦。行收兵至關。車千乘、卒數十萬。至戲軍焉。【正義】即京東戲亭也、【考證】擊下秦字、依楓山、三條本增、漢書亦有、漢書、數十萬作十萬、王先和曰、漢書張耳陳餘劉向傳竝云、周文將卒百萬、史記淮南王安傳云、周章之兵百二十萬、蓋是當時號稱之數、不如陳涉傳爲得其實、愚按、今陝西臨潼縣東北有戲亭、戲水所逕、戲水出驪山入渭、秦令少府章邯免酈山徒人、奴產子生、【集解】服虔曰、家人之產奴也、【索隱】按漢書無生字、小顏云、猶今言家產奴也、悉發以擊楚大軍、盡敗之。【考證】漢書、作擊楚軍大敗之、中井積德曰、大字疑衍、周文敗走出關、止次曹陽【索隱】晉灼云、亭名也、在弘農東十二里、小顏云、曹水之陽也、其水出陝縣西南峴頭山、北流入河、魏武帝謂之好陽也、【正義】括地志云、曹陽故亭、亦名好陽亭、在陝州桃林縣東南十四里、崔浩云、曹陽阬名、自南出北通於河、按魏武帝改曰好陽也、【考證】曹陽今陝州

曹陽、一二三月。【考證】漢書、二三月作二月餘、中井積德曰、二三月當屬上文、下文十餘日亦然、葉德輝曰、史記月表、二世元年九月、周文兵至戲敗走、二年十月、周文死、漢書陳勝傳、二月餘、與表合、史記作二三月、亦約計之、秦以十月爲歲首、九月至十一月、凡三月也、章邯追敗之、復走次澠池十餘日。【正義】澠池、河南府縣是也、澠音沔、【考證】今河南澠池縣治、章邯擊大破之。周文自剄。【集解】徐廣曰、十一月也、【索隱】越系家、句踐使罪人三行屬劍於頸、曰不敢逃刑、乃自剄、郭璞注三蒼、以爲剄刺也、軍遂不戰。武臣到邯鄲、自立爲趙王。【考證】邯鄲、今縣、屬直隸永年縣、陳餘爲大將軍、張耳・召騷爲左右丞相。【考證】顏師古曰、召讀曰邵、陳王怒、捕繫武臣等家室、欲誅之。【考證】楓山、三條本、王下有勝字、柱國曰、秦未亡、而誅趙王將相家屬、此生一秦也。不如因而立之。【考證】柱國、即房君蔡賜、張耳傳、作相國房君、顏師古曰、言爲讎敵與秦無異、陳王乃遣使者賀趙、而徙繫武臣等家屬宮中、而封耳子張敖爲成都君、【正義】成都、蜀郡縣、涉遙封之、【考證】王先謙曰、後漢南陽郡有成都縣、當是敖封邑、趣趙兵、【索隱】上音促、促、謂催促也、

亟入關。【索隱】亟音棘、亟急也、趙王將相相與謀曰。王王趙、非楚意也。楚已誅秦、必加兵於趙。計莫如毋西兵、使使北徇燕地以自廣也。【考證】顏師古曰、毋西兵、勿令兵西出也、趙南據大河、北有燕·代、楚雖勝秦、不敢制趙。若楚不勝秦、必重趙。趙乘秦之弊、可以得志於天下。【考證】古鈔本、乘秦下有楚字、與漢書合、李笠曰、漢傳若下無楚字、乘下有楚字、是也、若不勝、卽根上楚雖勝、而無庸更出楚字、甚明、又上既以楚勝與重趙成對、故重趙則兼乘秦楚之弊矣、若但云乘秦弊、則楚字無着矣、趙王以爲然、因不西兵、而遣故上谷卒史韓廣將兵北徇燕地。【考證】張晏曰、卒史、曹史也、燕故貴人豪傑、【考證】王先愼曰、故貴人、謂昔六國時燕貴人而今失勢者、謂韓廣曰、楚已立王。趙又已立王。燕雖小、亦萬乘之國也。願將軍立爲燕王。韓廣曰。廣母在趙。不可。燕人曰。趙方西憂秦、南憂楚。其力不能禁我。且以楚之彊、不敢害趙王將

相之家。趙獨安敢害將軍之家。韓廣以爲然、乃自立爲燕王。居數月、趙奉燕王母及家屬、歸之燕。當此之時、諸將之徇地者、不可勝數。周市北徇地至狄。【集解】徐廣曰、今之臨濟、【考證】狄、山東青州高苑縣、狄人田儋、殺狄令、自立爲齊王、以齊反擊周市。【考證】中井積德曰、反、畔也、狄初服降、故云、愚按漢書無以齊二字、反、顧也、中說非是、市軍散。還至魏地、欲立魏後故甯陵君咎爲魏王。【集解】應劭曰、魏之諸公子、名咎、欲立六國後以樹黨、【索隱】晉灼云、今在梁國也、按今梁國有甯陵縣、是也、字轉異耳、【正義】括地志云、宋州甯陵縣城、古甯陵城也、時咎在陳王所。不得之魏。魏地已定、欲相與立周市爲魏王。周市不肯。使者五反。陳王乃立甯陵君咎爲魏王、遣之國。周市卒爲相。將軍田臧等相與謀曰。【考證】中井積德曰、將軍田臧以下、別是一事、凌稚隆曰、接前周文自剄、軍遂不戰、周章軍已破矣。【考證】服虔曰、周章乃周文、秦兵旦暮至、我圍滎陽城弗

能下、秦軍至、必大敗。不如少遺兵、足以守滎陽、悉精兵迎秦軍。【索隱】按遺、謂留餘也、【考證】各本、遺作遣、今依索隱本、漢書亦作遺、足字上添使字看、今假王驕、不知兵權。不可與計。非誅之、事恐敗。因相與矯王令、以誅吳叔、【考證】古鈔本、楓山、三條本、令作命、漢書、吳叔作吳廣、獻其首於陳王。【考證】吳廣事終于此、陳王使使賜田臧楚令尹印、使爲上將。【考證】王鏊曰、陳涉兵無紀律若此、田臧乃使諸將李歸等守滎陽城、自以精兵西迎秦軍於敖倉、與戰。田臧死、軍破。章邯進兵、擊李歸等滎陽下、破之。李歸等死。陽城人鄧說、【索隱】地理志、陽城縣屬潁川、說音悅、凡人名皆音悅、將兵居郯。【索隱】音談、小顏云、東海之縣名、非也、按章邯軍、此時未至東海、此郯別是地名、或恐郯當作郟、郟是郟鄏之地、或見下有東海郯、故誤、【正義】屬海州、疑郯當作郟、郟音紀洽反、郟卽春秋時郟地、楚郟敖葬之、今汝州郟城縣、是鄧悅是陽城人、陽城河南府縣、與郟城縣相近、又走陳、蓋郟字誤作郯耳、【考證】陽城、今河南登封縣東南、郟、今汝州郟縣治、章邯別將擊破之。鄧說軍散走陳。銍人

伍徐【集解】徐廣曰、一作逢、【索隱】地理志、銍、縣名、屬沛、漢書作伍逢、將兵居許。【正義】括地志云、許州許昌縣、本漢許縣、地理志云、許縣故國、姜姓、四岳之後、太叔所封、二十四君、爲楚所滅、漢以爲縣、魏文帝卽位、改許曰許昌也、【考證】許、今河南許州治、章邯擊破之。伍徐軍皆散走陳。陳王誅鄧說。陳王初立時、陵人秦嘉、【集解】地理志、泗水國有陵縣也、【考證】陵、漢書作淩、項羽本紀集解引陳涉世家、作廣陵、銍人董緤、符離人朱雞石、取慮人鄭布、徐人丁疾等皆特起、將兵圍東海守慶於郯。【索隱】地理志、取慮、縣名、屬臨淮、音秋閭二音、取又音子臾反、【正義】東海、今海州、【考證】剡、今山東郯城縣西南、陳王聞、乃使武平君畔爲將軍、監郯下軍。【集解】張晏曰、畔、名也、秦嘉不受命。嘉自立爲大司馬、惡屬武平君、告軍吏曰。武平君年少、不知兵事。勿聽。因矯以王命、殺武平君畔。章邯已破伍徐、擊陳。柱國房君死。章邯又進兵、擊陳西張賀軍。陳王出監戰。軍破。張賀死。臘月、【集解】張晏曰、秦之臘月、夏之

九月、瓚曰、建丑之月也、【索隱】臣瓚云、建丑之月也、顏游秦云、按史記表、二世二年十月、誅葛嬰、十一月、周文死、十二月、陳涉死、是也、宗懍荊楚記云、臘節在十二月、故因是謂之臘月也、【考證】中井積德曰、臘、祭名、用建丑之月爲之、故月稱臘月、陳王之汝陰、還至下城父。【索隱】按舊以陳王從汝陰、還至城父、縣因降之、故云還至下城父、又顧氏按郡國志、山桑縣有下城父聚、在城父縣東、下讀如字、其說爲得之、【考證】汝陰、今河南汝寧府新蔡縣、下城父、今安徽潁州府蒙城縣、其御莊賈殺以降秦。陳勝葬碭。謚曰隱王。【正義】碭、音唐、今宋州碭山縣是、【考證】碭、今河南歸德府、陳王故涓人將軍呂臣、【集解】應劭曰、涓人如謁者、將軍姓呂、名臣也、晉灼曰、呂氏春秋、荊柱國莊伯、令謁者駕、令涓人取冠、【索隱】涓、音公玄反、服虔云、給涓、通也、如今謁者、【考證】顏師古曰、涓、潔也、涓人、主潔除之人、沈欽韓曰、吳語、楚靈王呼涓人疇、呂覽淫辭篇、荊柱國莊伯、使涓人取冠、楚有此官舊矣、爲蒼頭軍、【索隱】韋昭云、軍皆著青幘、服虔曰、若赤眉之號、以相別也、【考證】起新陽、【集解】徐廣曰、在汝南也、【正義】括地志云、新陽故城、在豫州眞陽縣西南四十二里、漢新陽縣城、應劭云、在新水之陽也、【考證】今安徽太和縣西北、攻陳下之、殺莊賈、復以陳爲楚。【索隱】爲、如字讀、謂又以陳地爲楚國、【考證】凌稚隆曰、陳勝事終于此、初陳王至陳、令銍人宋留將兵定南陽、入武關。【考證】南陽、今河南南陽府、武關、今陝西商縣東、凌稚隆曰、陳

王至陳以下、乃追敍陳王所以敗之理、留已徇南陽。聞陳王死、南陽復爲秦。【考證】顏師古曰、爲、于僞反、王先謙曰、爲、如字、上文以陳爲楚、宋留不能入武關。乃東至新蔡、遇秦軍。【考證】新蔡、今河南汝寧府新蔡縣、宋留以軍降秦。秦傳留至咸陽、車裂留以徇。秦嘉等聞陳王軍破、出走。乃立景駒爲楚王、【集解】徐廣曰、正月、嘉爲上將軍、引兵之方與、【正義】房預二音、方與、兗州縣也、【考證】今山東濟寧府魚臺縣北、欲擊秦軍定陶下、【正義】今曹州也、【考證】今山東定陶縣西北、漢書作濟陰、使公孫慶使齊王、欲與幷力俱進。齊王曰。聞陳王戰敗、不知其死生。楚安得不請而立王。公孫慶曰。齊不請楚而立王。楚何故請齊而立王。且楚首事。當令於天下。田儋誅殺公孫慶。【考證】漢書無誅字、秦左右校復攻陳、下之。【索隱】按、卽左右校尉軍也、呂將軍走。收兵復聚。【考證】漢書、收作徼、如淳曰、徼、要也、愚按、史義長、鄱盜當陽君

黥布之兵相收、【集解】鄱、音婆、英布居江中爲羣盜、陳勝之起、布歸番君吳芮、故謂之鄱盜也、【考證】漢書、鄱上有與字、收作遇、方苞曰、相收者、彼此合爲一也、鄱盜當陽君云云者、勢不相下、故特起此文也、復擊秦左右校、破之青波、【集解】漢書音義曰、地名也、【考證】漢書、復作攻、沈欽韓曰、青波卽青陂也、一統志、青陂在汝寧府新蔡縣西南接息縣界、復以陳爲楚。會項梁立懷王孫心爲楚王。陳勝王凡六月。已爲王、王陳。其故人嘗與傭耕者聞之、【考證】凌稚隆曰、應前傭耕、之陳扣宮門曰。吾欲見涉。宮門令欲縛之。自辯數。【集解】晉灼曰、數、音朋友數斯疏矣、【索隱】一音疏主反、謂自辯說、數與涉有故舊事驗也、又音朔、數、謂自辯往數與涉有故、此數猶朋友數之數也、乃置。不肯爲通。陳王出。遮道而呼涉。陳王聞之、乃召見、載與俱歸。入宮見殿屋帷帳。客曰。夥頤、涉之爲王。【索隱】服虔云、楚人謂多爲夥、按又言頤者、助聲之辭也、謂涉爲王、宮殿帷帳、庶物夥多、驚而偉之、故稱夥頤也、沈沈者。【集解】應劭曰、沈沈、宮室深邃貌、沈、音長含反、【索隱】應劭以爲沈沈、宮室深邃貌、故音長含反、而劉伯莊以沈沈猶談談、謂故人呼爲沈沈者、猶俗云談談、漢是、【考證】沈與耽覃聲近義同、大也、深也、張衡西京賦、大廈耽耽、左思魏都

賦、耽耽帝宇、楚人謂多爲夥。【考證】周壽昌曰、方言、凡物盛多謂之寇、齊宋之郊、楚魏之際曰夥、非獨楚語然矣、故天下傳之、夥涉爲王。由陳涉始。【考證】王先謙曰、漢世相傳鄙語、兪正燮曰、夥頤者、驚大之辭、二字合音、漢書、止作夥、史亦止云、楚人謂多爲夥、又連涉爲夥涉、知頤字是合上音矣、楚人謂多爲夥者、多卽驚大也、天下傳之、夥涉爲王、由陳涉始者、言其時天下相王者多、時人輕之、謂王爲夥涉、蓋廋辭相喩也、夥頤合音若𩑶、今俗語猶然、應劭、夥、音禍、乃長言之、客出入愈益發舒、言陳王故情。或說陳王曰。客愚無知、顓妄言輕威。陳王斬之。諸陳王故人、皆自引去。由是無親陳王者。【索隱】顧氏引孔叢子云、陳勝爲王、妻之父兄往焉、勝以衆賓待之、妻父怒云、怙強而傲長者、不能久焉、不辭而去、是其事類也、陳王以朱房爲中正、【考證】漢書作朱防、胡武爲司過、主司羣臣。諸將徇地、至令之不是者、繫而罪之、以苛察爲忠。其所不善者、弗下吏、輒自治之。陳王信用之。【索隱】謂朱房胡武等、以素所不善者、卽自驗問、不往下吏、【正義】言諸將不如令、及己所不善者、不下吏、朱房胡武輒自治之、以苛察爲忠正、陳王乃任之、諸將以其故不親附。此其所

以敗也。陳勝雖已死、其所置遣侯王將相、竟亡秦。由涉首事也。【考證】敘事中插議論、陳仁錫曰、陳涉蓋首事亡秦者、太史公特作世家、敘其自立爲楚王、兼及當時起兵者、末總結之曰、其所置遣侯王將相竟亡秦、由涉首事也、二句括盡之矣、高祖時、爲陳涉置守冢三十家碭。至今血食。【考證】高祖紀云、予守冢十家、與此異、祭必薦毛血、故曰血食、莊六年左傳、抑社稷實不血食、而君焉取餘、吳仁傑曰、史通云、陳涉世家稱其子孫至今血食、漢書涉傳、乃具載遷文、卽如是、豈陳氏苗裔祚流東京乎、余案高帝詔楚隱王亡後、其與守冢十家、則勝固已亡後矣、世家初不著子孫兩字、不知劉知幾何以言之、句踐表會稽山以爲范蠡奉邑、事正類此、蓋使尸而祝之耳、

褚先生曰。【集解】徐廣曰、一作太史公、駰案班固奏事云、太史遷取賈誼過秦上下篇、以爲秦始皇本紀陳涉世家下贊文、然則言褚先生者、非也、【索隱】徐廣與裴駰據所見別本、及班彪奏事、皆云、今作太史公、今據此是褚先生述史記、加此贊首地形險阻數句、然後始稱賈生之言、因卽改太史公之目、而自題己位號也、已下義竝見始皇本紀、【考證】據班固奏事、褚先生當作太史公、徐廣所引一本是、蓋史記各篇、必有論贊、此篇不可獨缺也、地形險阻數句、亦史公之言、說又詳于始皇本紀、地形險阻、所以爲固也。兵革刑法、所以爲治也。猶未足恃也。夫先王以仁義爲本、而以固塞文法爲枝葉。豈不然哉。吾聞

賈生之稱曰。秦孝公據殽函之固、【集解】韋昭曰、殽、謂二殽、函、函谷關也、擁雍州之地、君臣固守、以窺周室、有席卷天下、包擧宇內、囊括四海之意、幷吞八荒之心。當是時也、商君佐之、內立法度、務耕織、修守戰之備、外連衡而鬭諸侯。於是、秦人拱手而取西河之外。孝公既沒、惠文王·武王·昭王、蒙故業因遺策、南取漢中、西擧巴·蜀、東割膏腴之地、收要害之郡。【考證】賈誼新書、收上有北字、諸侯恐懼、會盟而謀弱秦、不愛珍器重寶肥饒之地、以致天下之士、合從締交、相與爲一。當此之時、齊有孟嘗、趙有平原、楚有春申、魏有信陵。此四君者、皆明知而忠信、寬厚而愛人、尊賢而重士、約從連衡、兼韓·魏·燕·趙·宋·衞·中山之衆。【考證】新書、始皇紀、漢書、竝連衡作離衡、此誤、燕下脫楚

齊二字、於是、六國之士、有甯越·徐尙·蘇秦·杜赫之屬、爲之謀、齊明·周冣、【正義】音聚、陳軫·邵滑、【正義】邵、作昭、樓緩·翟景·蘇厲·樂毅之徒、通其意、吳起·孫臏·帶他·兒良·王廖·田忌·廉頗·趙奢之倫、制其兵、嘗以什倍之地、百萬之師、仰關而攻秦。【索隱】仰、字亦作卬、竝音仰、謂秦地形高、故竝仰向關門而攻秦、有作叩字、非也、秦人開關而延敵。九國之師、【索隱】九國者、謂六國之外、更有宋衞中山、遁逃而不敢進。秦無亡矢遺鏃之費、而天下固已困矣。於是從散約敗、【考證】始皇紀、新書、文選、敗作解、爭割地而賂秦。秦有餘力而制其弊、追亡逐北、伏尸百萬、流血漂櫓、【索隱】說文云、櫓、大楯也、【考證】始皇紀、漢書、作鹵、因利乘便、宰割天下、分裂山河、彊國請服、弱國入朝。施及孝文王·莊襄王、享國之日淺、國家無事。【考證】新書、始皇紀、無之字、及至始皇、奮六

世之餘烈、振長策而御宇內、吞二周而亡諸侯、履至尊而制六合、執敲朴以鞭笞天下、威振四海。【索隱】臣瓚云、短曰敲、長曰朴、南取百越之地、以爲桂林·象郡。百越之君、俛首係頸、委命下吏。乃使蒙恬北築長城而守藩籬、卻匈奴七百餘里。胡人不敢南下而牧馬。士亦不敢貫弓而報怨。【索隱】貫、音烏還反、又如字、貫、謂上弦也、【考證】新書、始皇紀、漢書、文選、貫作彎、於是廢先王之道、燔百家之言、以愚黔首、墮名城、殺豪俊、收天下之兵、聚之咸陽、銷鋒鍉、【集解】徐廣曰、一作鏑、【正義】鍉、音的、注鏑同音、鑄以爲金人十二、【索隱】各重千石、坐高二丈、號曰翁仲、【考證】始皇紀、銷鋒鍉鑄、作銷鋒鑄鐻、以弱天下之民、【考證】始皇紀、天下作黔首、然後踐華爲城、因河爲池、據億丈之城、臨不測之谿、以爲固。良將勁弩、守要害之處、信臣精卒、陳利兵而誰何。

[索隱]音呵、亦何字、猶今巡更問何誰、 天下已定、始皇之心、自以爲關中之固、金城千里、子孫帝王萬世之業也。始皇既沒、餘威振於殊俗。然而陳涉、甕牖繩樞之子、甿隸之人、而遷徙之徒也。[集解]徐廣曰、田民曰甿、音亡更反、 材能不及中人。非有仲尼・墨翟之賢、陶朱・猗頓之富也。躡足行伍之間、俛仰仟佰之中、[索隱]仟陌、謂千人百人之長也、音千百、漢書作阡陌、如淳云、時皆僻屈在阡陌之中、陌音貊、 率罷散之卒、將數百之衆、轉而攻秦、斬木爲兵、揭竿爲旗、天下雲會響應、贏糧而景從。山東豪俊遂竝起、而亡秦族矣。且天下非小弱也。雍州之地、殽函之固、自若也。陳涉之位、非尊於齊・楚・燕・趙・韓・魏・宋・衞・中山之君也。且耰棘矜、[索隱]鉏耰、謂鉏木也、論語曰、耰而不輟、是也、棘、戟也、矜、戟柄也、音勤、[考證]且作鉏、 非銛於句戟長鎩也。適戍之衆、非儔

於九國之師也。[考證]儔作抗、 深謀遠慮、行軍用兵之道、非及鄉時之士也。[索隱]鄉、音香亮反、鄉時、猶往時也、蓋謂孟嘗信陵蘇秦陳軫之比也、 然而成敗異變、功業相反也。嘗試使山東之國、與陳涉度長絜大、比權量力、則不可同年而語矣。[索隱]絜、音下結反、謂如結束知其大小也、 然而秦以區區之地、致萬乘之權、抑八州而朝同列、百有餘年矣。[索隱]謂秦强而抑八州、使朝己也、漢書作招八州、亦通也、 然後以六合爲家、殽・函爲宮、一夫作難、而七廟墮、身死人手、爲天下笑者、何也。仁義不施、而攻守之勢異也。[索隱]施、式豉反、言秦虎狼之國、其仁義不施及於天下、故亡也、[考證]解注具于始皇本紀、

[索隱]述贊、天下匈匈、海內乏主、掎鹿爭捷、瞻烏爰處、陳勝首事、厥號張楚、鬼怪是憑、鴻鵠自許、葛嬰東下、周文西拒、始親朱房、又任胡武、夥頤見殺、腹心不與、莊賈何人、反噬城父、

陳涉世家第十八

史記四十八

文學博士瀧川龜太郎著

史記會注考證

史記會注考證卷四十九

漢　太史令　司馬遷　撰

宋　中郎外兵曹參軍　裴駰　集解

唐　國子博士弘文館學士　司馬貞　索隱

唐　諸王侍讀率府長史　張守節　正義

日本　出雲　瀧川資言　考證

外戚世家第十九　史記四十九

【集解】外戚、紀后妃也、后族亦代有封爵、故也、漢書則編之列傳之中、王隱則謂之爲紀、而在列傳之首、【考證】史公自序曰、成皐之臺、薄氏始基、詘意適代、厥崇諸竇、栗姬

僨貴、王氏乃遂、陳后太驕、卒尊子夫、嘉夫德若斯、作外戚世家、第十九、徐孚遠曰、紀后妃而號曰外戚、非也、後代史書、皇后自作紀、而外戚別作傳、乃爲得之、查愼行曰、史記外戚世家、漢書改入列傳、又詳紀後宮爵位稱號、可補司馬之缺、

自古受命帝王、及繼體守文之君、【索隱】按繼體、謂非創業之主、而是嫡子繼先帝之正體而立者也、守文、猶守法也、謂非受命創制之君、但守先帝法度爲之主耳、【正義】繼體、謂嫡子繼先祖者也、守文、謂守先祖法令也、【考證】顏師古曰、繼體、謂嗣位也、中井積德曰、承父祖之統者、皆繼體矣、不必論嫡庶、非獨內德茂也。蓋亦有外戚之助焉。【索隱】按謂非獨君德於內茂盛、而亦有賢后妃外戚之親、以助教化、【正義】內德、謂皇后也、外戚、謂皇后親戚也、【考證】內德二字、緊承君字、則索隱爲是、夏之興也以塗山。【索隱】韋昭云、塗山、國名、禹所娶、在今九江、應劭云、九江當塗、有禹墟、大戴云、禹娶塗山氏之女、謂之僑、僑產啓、而桀之放也以末喜。【索隱】國語、桀伐有施、有施人以妹喜女焉、韋昭云、有施氏女、姓喜、殷之興也以有娀、【索隱】韋昭云、契母簡狄、有娀國女、音嵩、紂之殺也嬖妲己。【索隱】國語、殷辛伐有蘇、有蘇氏以妲己女焉、按有蘇、國也、己姓也、妲、字也、包愷云、妲、音丁達反、【考證】漢書、紂上有而字、與上下文一例、周之興也以姜原【索隱】系本云、帝嚳上妃有邰氏之女曰姜原、鄭玄箋詩云、姜姓、嫄名、履

大人跡而生后稷、及大任、【索隱】按大任、文王之母、故詩云、摯仲氏任、毛詩云、摯國任姓之中女也、而幽王之禽也、淫於褒姒。【索隱】國語曰、幽王伐有褒、褒人以褒姒女焉、按褒是國名、姒是其姓、即龍漦之子、褒人育而以女於幽王也、然此文自夏之興至褒姒、皆是史蘇之詞、見國語及列女傳、故易基乾坤、【考證】易卦以乾坤始、繫辭云、乾道成男、坤道成女、乾知大始、坤作成物、詩始關雎、【考證】詩大序、關雎、后妃之德也、風之始也、所以風天下而正夫婦也、愚按史公說詩、此與毛義同、與十二諸侯表序孔子世家所述異、書美釐降、【考證】顏師古曰、釐、理也、尚書堯典稱舜之美云、釐降二女于嬀汭、言堯欲觀舜治迹、以己之二女妻之、舜能以治降下二女、以成其德、春秋譏不親迎。【索隱】按公羊、紀裂繻來逆女、何以書、譏也、譏不親迎也、【考證】隱二年公羊傳、夫婦之際、人道之大倫也。禮之用、唯婚姻爲兢兢。【考證】顏師古曰、兢兢、戒愼也、楓山、三條本、夫婦上有陰陽二字、夫樂調而四時和。陰陽之變、萬物之統也。可不愼與。【索隱】以言若樂聲調、能令四時和、而陰陽變、則能生萬物、是陰陽即夫婦也、夫婦道和、而能化生萬物、萬物人爲之本、故云萬物之統、人能弘道、無如命何。【考證】顏師古曰、論語載孔子曰、人能弘道、非道弘人、又稱子路曰、道之將興、命也、道之將廢、命也、公伯寮其如命何、故引之、愚按顏說、路字衍、甚哉妃匹之愛。【索隱】妃、音

配、又如字、君不能得之於臣、父不能得之於子。況卑下乎。【索隱】以言夫婦親愛之情、雖君父之尊、而不奪臣子所好愛、使移其本意、是不能得也、故曰、匹夫不可奪志也、【正義】言臣子有親愛之情、君父雖尊、猶不能奪、況乎卑下而能止制乎、【考證】沈欽韓曰、秦策、父之於子也、令有必行者、必行者曰、去貴妻賣愛妾、此令必行者也、因曰敢毋思也、此令必不行者也、後書郅惲引此語、愚按、言君父不能使臣子愛己如其妃匹、諸說未得、既驩合矣。或不能成子姓。【索隱】按鄭玄注禮記云、姓者生也、子姓、謂衆孫也、按卽趙飛燕等是也、【正義】言無子孫、【考證】中井積德曰、子姓、謂子與孫也、姓生也、謂子之所生、禮文爲然、但此汎用、似單稱子也、仍是姓生也之意矣、能成子姓矣。或不能要其終。【索隱】按謂有始不能要其終也、以言雖有子姓、而意不能要終、如栗姬衞后等是也、豈非命也哉。孔子罕稱命。蓋難言之也。【考證】論語子罕篇、子罕言利與命與仁、史公以稱字易言字、論語罕言字、管到利命仁三字、說既見孔子世家、馮班曰、先本六藝、言妃匹之際、係天下之興亡、此正言也、而漢之諸后、或不由德、特言命以志感慨、文有煙波、又曰、妙在蓋難言之一句、不然、與上文不相顧矣、非通幽明之變、惡能識乎性命哉。【索隱】上音烏、惡猶於何也、【考證】論語公冶長篇、子貢云、夫子之言性與天道、不可得而聞也、易繫辭傳云、仰以觀於天文、俯以察於地理、是故知幽明之故、太史公曰。秦以前尙略矣。其

詳靡得而記焉。漢興、呂娥姁爲高祖正后、男爲太子。【集解】徐廣曰、姁、音況羽反、呂后姊字長姁也、【索隱】呂后字、音況羽反、按漢書呂后名雉、及晚節色衰愛弛、【正義】下式支反、謂閼展也、言姬嬪多也、而戚夫人有寵。【索隱】漢書云、得定陶戚姬、其子如意幾代太子者數矣。及高祖崩、呂后夷戚氏、誅趙王。【考證】各本、呂后作呂氏、今從宋、中統、游、毛本、而高祖後宮、唯獨無寵疏遠者得無恙。【索隱】爾雅云、恙、憂也、一說、古者野居露宿、恙、噬人蟲也、故人相恤云、得無恙乎、呂后長女、爲宣平侯張敖妻。敖女爲孝惠皇后。【索隱】按皇甫謐云、名嫣、呂太后以重親故欲其生子萬方。終無子。【考證】周壽昌曰、張后爲帝姊之女、以配帝、故云重親、詐取後宮人子爲子。【考證】說詳呂后紀、及孝惠帝崩、天下初定未久、繼嗣不明。於是貴外家、王諸呂、以爲輔。而以呂祿女爲少帝后、【考證】何焯曰、前所立者、自呂后時已幽死、此云少帝、卽恆山王、欲連固根本牢甚。然無益也。【考證】亦命

也、高后崩、合葬長陵。【集解】關中記曰、高祖陵在西、呂后陵在東、漢帝后同塋則爲合葬、不合陵也、諸陵皆如此、祿・產等懼誅、謀作亂。大臣征之。天誘其統、卒滅呂氏。【集解】徐廣曰、統一作夷、【考證】梁玉繩曰、作夷、是也、史公用左氏語、愚按、天使不失高祖之統也、作統爲是、唯獨置孝惠皇后居北宮、【索隱】按宮在未央北、故曰北宮、【正義】括地志云、北宮、在雍州長安縣西北十三里、與桂宮相近、在長安故城中、【考證】査愼行曰、漢書改爲廢處北宮、按文帝繼統、未甞有以叔嫂之事、似當從史記、愚按、漢書外戚傳云、孝惠張皇后、孝文後元年薨、葬安陵、不起墳、迎立代王。是爲孝文帝、奉漢宗廟。此豈非天邪。非天命孰能當之。【考證】承上文豈非命也哉、馮班曰、已作呂后本紀、此只略敍、與漢書不同意、薄太后父吳人、姓薄氏。秦時與故魏王宗家女魏媼通、生薄姬。【索隱】媼、音烏老反、然媼是婦人之老者通號、故趙太后自稱媼、及王媼劉媼之屬是也、【考證】周壽昌曰、媼、亦當時女通稱、衞青傳、父鄭季與主家僮衞媼通、是媼尙爲僮也、史良娣傳、良娣母爲王媼、末年皆稱曰王媼、知媼與嫗別、愚按、媼是不少女之稱、魏媼衞媼、蓋自後追言之也、中井積德曰、趙世家、左師觸龍稱太后爲媼、太后未嘗自稱焉、索隱謬、而薄父死山陰。因葬焉。【索隱】顧氏按冢墓記、薄父冢在會稽縣西北檝山上、今猶有兆域、檝、音莊洽

反、【正義】括地志云、檝山、在越州會稽縣西北三里、一名稷山、檝、音莊洽反、【考證】楓山、三條本、薄下有姬字、與漢書外戚傳合、及諸侯畔秦、魏豹立爲魏王。而魏媼內其女於魏宮。媼之許負所相。相薄姬云。當生天子。【考證】許負、郭解外祖父、相周亞夫、見絳侯世家、是時項羽方與漢王相距滎陽。天下未有所定。豹初與漢擊楚。及聞許負言、心獨喜。因背漢而畔中立、更與楚連和。【考證】顏師古曰、自謂當得天下、愚按、漢書外戚傳無畔字、此疑衍、漢使曹參等擊、虜魏王豹、以其國爲郡。而薄姬輸織室。豹已死。漢王入織室、見薄姬有色、詔內後宮。歲餘不得幸。始姬少時、與管夫人・趙子兒相愛。約曰。先貴無相忘。【考證】與陳勝曰苟富貴無相忘詞氣相似、下文平陽公主語衞皇后亦云、卽貴無相忘、已而管夫人・趙子兒先幸漢王。漢王坐河南宮成皋臺。【索隱】按是河南宮之成皋臺、漢書作成皋靈臺、西征記云、武牢城內有高祖殿、西南有武庫、【正義】括地志云、洛州氾水縣、古東虢州、故鄭之制邑、漢

（之成皋縣也、）此兩美人相與笑薄姬初時約。漢王聞之問其故。兩人具以實告漢王。漢王心慘然憐薄姬。（【考證】漢書、慘作悽、）是日召而幸之。薄姬曰。昨暮夜妾夢蒼龍據吾腹。高帝曰。此貴徵也。吾爲女遂成之。一幸生男。是爲代王。其後薄姬希見高祖。高祖崩。諸御幸姬戚夫人之屬、呂太后怒、皆幽之、不得出宮。而薄姬以希見故得出、從子之代、爲代王太后。太后弟薄昭、從如代。代王立十七年、高后崩。大臣議立後。疾外家呂氏彊、皆稱薄氏仁善。（【考證】漢書、彊下有暴字、）故迎代王、立爲孝文皇帝。而太后改號曰皇太后。弟薄昭封爲軹侯。（【索隱】按地理志、軹縣在河內、恐地遠非其封也、按長安東有軹道亭、或當是所封也、【考證】洪亮吉曰、按外戚世家、竇廣國封章武侯、彭祖封南皮侯、皆屬勃海、田勝封周陽侯、屬上郡、較河內更遠、何獨疑軹遠非封地乎、又昭以帝舅之尊、不當僅封一亭、索隱恐誤、漢書

恩澤侯表、孝惠子亦封軹侯、豈亦軹道亭乎、索隱誤可知、王先謙曰、昭後有罪自殺、見漢書文紀、）薄太后母亦前死、葬櫟陽北。於是乃追尊薄父爲靈文侯、（【考證】楓山、三條本、父上有姬字、漢書作太后父、）會稽郡置園邑三百家、長丞已下、吏奉守冢、寢廟上食、祠如法。（【考證】漢書、吏作使、梁玉繩曰、此脫其旁耳、）而櫟陽北亦置靈文侯夫人園、如靈文侯園儀。薄太后以爲母家魏王後、早失父母、（【考證】古鈔本、楓山、三條本、無母字、與漢書合、）其奉薄太后、諸魏有力者。（【考證】古鈔本、楓山、三條本、無者字、與漢書合、）於是召復魏氏。（【考證】顏師古曰、優復之也、復、音方目反、）及尊、賞賜各以親疏受之。（【考證】及尊二字、漢書無、梁玉繩曰、此衍、）薄氏侯者凡一人。薄太后後文帝二年、以孝景帝前二年崩。葬南陵。（【索隱】按廟記云、在霸陵南十里、故謂南陵、按今在長安東灞水東原上、名曰少陵、在霸陵西南、故曰東望吾子、西望吾夫、是也、【正義】括地志云、南陵故縣在雍州萬年縣東南二十四里、漢南陵縣、本薄太后陵邑、陵在東北、去縣六里、）以呂后會葬長陵、故特自起陵。

（【考證】楓山、三條本、以作由、會、古鈔本、楓、三本、漢書、作合、依文例、此誤、）近孝文皇帝霸陵。（【集解】徐廣曰、霸陵縣有軹道亭、【考證】中井積德曰、軹道亭、何注於此、愚按、當移上文封爲軹侯之下、）竇太后、趙之清河觀津人也。（【索隱】按皇甫謐云、名猗房、【正義】在冀州棗强縣東北二十五里、）呂太后時、竇姬以良家子入宮侍太后。太后出宮人以賜諸王。各五人。竇姬與在行中。竇姬家在清河。欲如趙近家。請其主遣宦者吏、（【正義】謂宦者爲吏、主發遣宮人也、【考證】顏師古曰、如、往也、）必置我籍趙之伍中。（【考證】籍、名簿也、）宦者忘之、誤置其籍代伍中。籍奏。詔可。當行、竇姬涕泣、怨其宦者不欲往。相彊。乃肯行至代。代王獨幸竇姬、生女嫖。（【索隱】音疋消反、）後生兩男。而代王王后生四男。（【考證】漢書外戚傳同、景紀、作三男、）先代王未入立爲帝、而王后卒。及代王立爲帝、（【考證】張文虎曰、中統、游、王、柯本、及作後、淩引一本亦作後、漢書作及、）而王后所生四男、更病死。

（【考證】顏師古曰、更、互也、）孝文帝立數月、公卿請立太子。而竇姬長男最長。立爲太子。立竇姬爲皇后。女嫖爲長公主。（【考證】中井積德曰、此宜稱館陶公主、愚按、漢書作館陶長公主、顏師古注、年最長、故謂長公主、徐孚遠曰、此太史公所謂命也、）其明年、立少子武爲代王。已而又徙梁。是爲梁孝王。（【考證】中井積德曰、少子者是竇后之季子、非據文帝言之、）竇皇后親蚤卒。葬觀津。（【索隱】按摯虞注決錄云、竇太后父、少遭秦亂、隱身漁釣、墜泉而死、景帝立太后、遣使者填父所墜淵、起大墳於觀津城南、人閒號曰竇氏青山也、）於是薄太后乃詔有司、追尊竇后父爲安成侯、母曰安成夫人、令清河置園邑二百家、長丞奉守、比靈文園法。竇皇后兄竇長君。（【索隱】按決錄云、建、字長君、）弟曰竇廣國。字少君。（【正義】括地志云、竇少君墓、在冀州武邑縣東南二十七里、）少君年四五歲時、家貧爲人所略賣。其家不知其處。傳十餘家至宜陽。爲其主入山作炭。（【考證】古鈔本、三條本、主下有人字、與漢書合、）寒臥岸

下百餘人。【考證】王念孫曰、㝱當從漢書作暮、御覽引史記亦作暮、張熷曰、臥岸下、論衡吉驗篇作臥炭下、李笠曰、說文山部、巖、岸也、此云入山作炭、當非水涯、當謂臥巖下、岸崩、盡壓殺臥者。少君獨得脫不死。自卜數日、當爲侯。【考證】周壽昌曰、劉敞云、日、當作曰、案劉說是也、竇廣國之至長安、得見竇后、當在文帝初、而廣國之封章武侯、實在景帝朝、安所謂數日也、漢書元后傳使卜數者相政君、顏注、數、計也、若言今之祿命書也、愚按、古鈔本、楓山、三條本、日作曰、從其家之長安。【索隱】謂從逐其宜陽之主人家、而皆往長安也、【考證】中井積德曰、只從其主家之人詣長安耳、不必移居、聞竇皇后新立、家在觀津、姓竇氏、廣國去時、雖小識其縣名及姓。又常與其姊採桑墮。【考證】常、讀爲嘗、楓山本、小作少、古鈔本、楓山、三條本、墮下有樹字、用爲符信。上書自陳。竇皇后言之於文帝。召見問之。具言其故。果是。又復問他何以爲驗。對曰、姊去我西時、與我決於傳舍中。【索隱】決者別也、傳音轉、傳舍、謂郵亭傳置之舍、蓋竇后初入宮時、別其弟於傳舍之中也、丐沐沐我、【索隱】丐、音蓋、丐者乞也、沐、米潘也、謂后乞潘爲弟沐、【考證】禮記王制、湯沐之邑、注、溍用湯、沐用潘、潘、淅米汁也、張文虎曰、索隱以米潘訓沐、疑上沐字、乃

汏之譌、說文、汏、淅澗也、請食飯我、乃去。於是竇后持之而泣。泣涕交橫下。侍御左右皆伏地泣、助皇后悲哀。乃厚賜田宅金錢、封公昆弟、家於長安。【索隱】按公、亦祖也、謂皇后同祖之昆弟、如竇嬰、即皇后之兄子之比、亦得家於長安、故劉氏云、公昆弟、謂廣國等、【考證】中井積德曰、封公昆弟難通、長安少君未得封、而從兄弟先得封、無此理也、劉註亦强解、班史削此句、是也、蓋衍文云、愚按、楓山、三條本、封作令、方苞以封公二字爲衍文、方說近是、絳侯・灌將軍等曰、吾屬不死、命乃且縣此兩人。【考證】絳侯周勃、將軍灌嬰、顏師古曰、恐其後擅權、則將相大臣、當被害、兩人所出微。不可不爲擇師傅賓客。又復效呂氏大事也。【考證】陳仁錫曰、八字、爲一句、分二句、誤、於是乃選長者士之有節行者與居。【考證】漢書刪士字、竇長君少君、由此爲退讓君子、不敢以尊貴驕人。竇皇后病失明、文帝幸邯鄲愼夫人・尹姬。皆毋子。孝文帝崩、孝景帝立。乃封廣國爲章武侯。【索隱】地理志、縣名、屬勃海、【正義】括地志云、滄州魯城縣、長君前

死。封其子彭祖爲南皮侯。【索隱】地理志、縣名、屬勃海、【正義】括地志云、故南皮城、在滄州南皮縣北四里、漢南皮縣也、吳・楚反時、竇太后從昆弟子竇嬰、任俠自喜。將兵、以軍功爲魏其侯。【索隱】地理志、縣名、屬琅邪、【考證】漢書、將兵作爲大將軍、魏其侯竇嬰自有傳、竇氏凡三人爲侯。竇太后好黃帝・老子言。帝及太子諸竇、不得不讀黃帝・老子、尊其術。【考證】漢書、讀下無黃帝二字、愚按、列子引黃帝書、莊子亦屢引黃帝言、漢書藝文志、道家、黃帝四經四篇、黃帝銘六篇、黃帝君臣十篇、注云、起六國時、與老子相似也、雜、黃帝五十八篇、注云、六國時賢者所作、蓋漢代尚有其書、今不傳、而其非黃帝自著則無疑也、竇太后後孝景帝六歲、建元六年崩。【索隱】是當武帝建元六年、此文是也、而漢書作元光、誤、合葬霸陵。遺詔盡以東宮金錢財物、賜長公主嫖。【正義】東宮、太后宮、【考證】王先謙曰、長公主事、詳東方朔傳、王太后、【索隱】按皇甫謐云、名娡、音志、槐里人。【索隱】按地理志、右扶風槐里、本名廢丘、【正義】括地志云、犬丘故城、一名槐里、亦曰廢丘、城在雍州始平縣東南十里也、母曰臧兒。臧兒者、故燕王臧荼孫也。臧兒嫁爲槐里王仲妻。

生男曰信與兩女。【索隱】即后及兒姁也、【考證】漢書無曰字、而仲死。臧兒更嫁長陵田氏、生男蚡・勝。臧兒長女、嫁爲金王孫婦。生一女矣。而臧兒卜筮之曰、兩女皆當貴。因欲奇兩女乃奪金氏。【索隱】奇者、異之也、漢書作倚、倚者依也、【正義】奇、作倚、倚、於綺反、倚、依也、問卜筮、兩女當貴、乃依恃之、故奪金氏之女、【考證】奇、漢書作倚、非也、高祖紀、呂媼怒呂公曰、公始常欲奇此女與貴人、漢書外戚傳、霍顯謂淳于衍曰、將軍素愛小女成君、欲奇貴之、字法語意正同、奇、顯異也、說詳高祖紀、金氏怒、不肯予決。【考證】漢書外戚傳、予作與、可從、不肯句、與訣句、訣、別也、乃內之太子宮。太子幸愛之、生三女一男。男方在身時、王美人夢日入其懷。以告太子。太子曰、此貴徵也。未生、而孝文帝崩。孝景帝即位。王夫人生男。【索隱】即武帝也、漢武故事云、帝以乙酉年七月七日生於猗蘭殿、先是臧兒又入其少女兒姁。【索隱】況羽反、兒姁生四男。【索隱】謂廣川王越、膠東王寄、清河王乘、常山王舜也、景帝爲太子時、薄太后以薄氏女爲妃。及景

帝立、立妃曰薄皇后。皇后毋子、毋寵。薄太后崩、廢薄皇后。景帝長男榮、其母栗姬。栗姬、齊人也。立榮爲太子。長公主嫖有女、欲予爲妃。【考證】予、予太子也。栗姬妒。而景帝諸美人、皆因長公主見景帝。得貴幸皆過栗姬。【索隱】過、音戈、謂踰之。栗姬日怨怒、謝長公主。不許。長公主欲予王夫人。【考證】張文虎曰、疑夫人下脫男字。王夫人許之。長公主怒、而日讒栗姬短於景帝曰。栗姬與諸貴夫人幸姬會、常使侍者祝唾其背、挾邪媚道。景帝以故望之。【索隱】望、猶責望、謂恨之也。【正義】望、猶恨也。景帝嘗體不安、心不樂。屬諸子爲王者於栗姬曰。百歲後、善視之。栗姬怒、不肯應。言不遜。景帝恚、心嗛之、而未發也。【索隱】嗛、音銜、銜謂恨也。長公主日譽王夫人男之美。景帝亦賢之。又有曩

者所夢日符。【考證】顏師古曰、符猶瑞應、愚按、漢書有作耳、史文爲長。計未有所定。王夫人知帝望栗姬、因怒未解、陰使人趣大臣、立栗姬爲皇后。【考證】顏師古曰、趣、音促、李慈銘曰、大臣、當作大行。大行奏事畢。【索隱】大行、禮官、行、音衡。曰。子以母貴。母以子貴。【索隱】此皆公羊傳文。【考證】隱元年公羊傳、周壽昌曰、時朝廷用公羊決事、故大行引之。今太子母無號、宜立爲皇后。景帝怒曰。是而所宜言邪。【考證】而、汝也、漢書作乃、義同。遂案誅大行、而廢太子爲臨江王。栗姬愈恚恨、不得見。以憂死。卒立王夫人爲皇后。其男爲太子。封皇后兄信爲蓋侯。【索隱】地理志、蓋縣、屬太山。景帝崩。太子襲號爲皇帝。【正義】卽武帝。尊皇太后母臧兒爲平原君、【正義】德州縣也。封田蚡爲武安侯、【索隱】地理志、縣名、屬魏郡。【正義】括地志云、武安故城、在洛州武安縣西南七里、六國時趙邑、漢武安縣城也。勝爲周陽侯。【索隱】地理志、縣名、屬上郡。【正義】括地志云、周陽故城、在絳州聞喜縣東二十九里也。景帝十三

男。一男爲帝、十二男皆爲王。【考證】梁玉繩曰、十三男、當作十四男、十二男、當作十三男。而兒姁早卒。其四子皆爲王。【考證】兒姁四子爲王、詳于上注。王太后長女、號曰平陽公主。【正義】括地志云、平陽故城、卽晉州城西面、今平陽故城東面也、城記云、堯築也。次爲南宮公主。【正義】南宮、冀州縣也。次爲林慮公主。【索隱】縣名、屬河內、本名隆慮、避殤帝諱改名林慮、音廬。【正義】林慮、相州縣也。【考證】梁玉繩曰、高祖功臣表及惠景侯表皆作隆慮、而此獨作林慮、蓋後人妄改、愚按、漢外戚傳亦作隆慮。蓋侯信好酒。田蚡・勝貪、巧於文辭。王仲蚤死。葬槐里。追尊爲共侯。置園邑二百家。及平原君卒、從田氏葬長陵。置園比共侯園。而王太后後孝景帝十六歲、以元朔四年崩。合葬陽陵。【正義】括地志云、陽陵、在雍州咸陽縣東四十里。【考證】四年、漢書作三年、與武紀合、此誤。王太后家、凡三人爲侯。衞皇后字子夫。生微矣。蓋其家號曰衞氏。【正義】衞青傳云、父鄭季、爲吏給事平陽侯家、與侯妾衞媼通、生青、故冒衞氏。出平陽侯邑。【集解】徐廣曰、平陽侯曹

壽尚平陽公主。子夫爲平陽主謳者。【考證】古鈔本、楓山、三條本、陽下有公字、下同。武帝初卽位。【考證】陳仁錫曰、武帝、當作今上、錢大昕曰、史公書稱孝武、曰今上、曰今天子、曰天子、無稱謚者、而此篇及賈生李將軍萬石君主父偃衞將軍驃騎汲鄭酷吏列傳、皆有武帝卽位之文、此後人追改、酷吏傳敍事成陽由、皆稱武帝、其下敍趙禹、則云今上時、蓋追改又有不盡耳。數歲無子。平陽主求諸良家子女十餘人、飾置家。武帝祓霸上還、【集解】徐廣曰、三月上巳、臨水祓除、謂之禊、呂后本紀亦云、三月祓還過軹道、蓋與游字相似、故或定之也。【索隱】蘇林音廢、今亦音拂、謂祓禊之游、水自潔、故曰祓除。【考證】張文虎曰、據集解、徐所見史本祓字譌游。因過平陽主。主見所侍美人。上弗說。既飲。謳者進。上望見獨說衞子夫。是日武帝起更衣。子夫侍尚衣。軒中得幸。【正義】尚、主也、於主衣車中得幸也。【考證】中井積德曰、侍尚衣、是執更脫衣裳之役、又曰、軒、小屋、是近廁、卽更脫衣裳之處、何焯曰、案長廊有窗而周迴者曰軒、此軒中蓋屋也、豈有帝方宴飲時、上車更衣者乎。上還坐、驩甚。賜平陽主金千斤。主因奏子夫、奉送入宮。子夫上車。平陽主拊其背曰。行矣。彊飯勉之。卽貴無相忘。【考證】顏師

古曰、行矣、猶今言好去。愚按、僖廿三年左傳姜氏謂晉公子曰、行也、懷與安實敗名、自古有此語也、入宮歲餘。竟不復幸。武帝擇宮人不中用者、斥出歸之。衛子夫得見、涕泣請出。上憐之、復幸。遂有身。尊寵日隆。召其兄衛長君・弟青爲侍中。而子夫後大幸有寵。凡生三女【索隱】按謂諸邑、石邑、及衛長公主、後封當利公主是、一男。男名據。【索隱】即戾太子也、初上爲太子時、娶長公主女爲妃。立爲帝、妃立爲皇后。姓陳氏。【索隱】漢武故事云、后名阿嬌、即長公主嫖女也、曾祖父嬰、堂邑侯、傳至父午、尚長公主、生后、【考證】淩稚隆曰、按漢武帝故事云、初武帝爲太子時、長公主以女配帝、時帝尚少、長公主指女問帝曰、得阿嬌好否、帝曰、若得阿嬌、當以金屋貯之、主大喜、乃配帝、是曰陳皇后、阿嬌、后字也、無子。上之得爲嗣、大長公主有力焉。【集解】徐廣曰、即景帝姊嫖也、以故陳皇后驕貴。聞衛子夫大幸、恚幾死者數矣。上愈怒。陳皇后挾婦人媚道。其事頗覺。【考證】沈欽韓曰、周官內宰、禁其奇衺、鄭云、若今媚道、賈氏云、鄭舉漢法證經、列女傳、夏姬美好無匹、內挾伎術、蓋老而復壯者三、此類也、愚按、漢外戚

傳、使有司賜皇后策曰、皇后失序、惑於巫祝、即媚道也、周官賈疏非也、於是廢陳皇后、【索隱】按漢書云、女子楚服等坐爲皇后咒詛、大逆無道、相連誅者三百人、乃廢后居長門宮、故司馬相如賦云、陳皇后別在長門宮、怨悶悲思、奉黃金百斤爲相如取酒、乃爲作頌以奏、皇后復親幸、作頌信有之也、復親幸之、恐非實也、【考證】張照曰、陳后復幸之說不虛、但不復其位耳、觀下文求子云云、非復幸、於帝亦何求之有、崔適曰、陳皇后求子句上、當有初字、不謂廢後也、愚按、張說是、而立衛子夫爲皇后。陳皇后母大長公主、景帝姊也。數讓武帝姊平陽公主曰。帝非我不得立。已而弃捐吾女。壹何不自喜而倍本乎。【考證】自喜、猶言自好、謂自愛重也、孟子萬章篇、鄉黨自好者不爲、韓非子顯學篇、世主禮之以爲自好之士、史魏其武安侯傳、韓御史謂丞相曰、君何不自喜、平陽公主曰。用無子故廢耳。陳皇后求子、與醫錢凡九千萬。然竟無子。衛子夫已立爲皇后。先是衛長君死。乃以衛青爲將軍。擊胡有功。封爲長平侯。【索隱】地理志、縣名、屬汝南、青三子在襁褓中。皆封爲列侯。及衛皇后所謂姊衛少兒。少兒

生子霍去病。以軍功封冠軍侯。【索隱】子夫姊少兒之子去病封也、地理志、冠軍、屬河陽、【考證】張文虎曰、宋本、中統、游、毛本、封作爲、號驃騎將軍。青號大將軍。立衛皇后子據爲太子。衛氏枝屬以軍功起家、五人爲侯。及衛后色衰、趙之王夫人幸。有子、爲齊王。【索隱】生齊王閎、王夫人蚤卒。而中山李夫人有寵。【索隱】生昌邑哀王髆、有男一人、爲昌邑王。【正義】名賀、【考證】張照曰、昌邑哀王髆、李夫人子也、賀乃髆子、入立而復廢者、正義誤、梁玉繩曰、李夫人之子髆以天漢四年六月封昌邑王、漢表傳並書之、其封在李夫人卒後、非史所及載、則此句似後人增入者、李夫人蚤卒。【索隱】李延年之女弟、漢書云、帝悼之李少翁致其形、帝爲作賦、此史記以爲王夫人最寵、武帝悼惜、新論亦同史記爲王夫人、其兄李延年、以音幸、號協律。【考證】梁玉繩曰、協律下脫都尉二字、續律曆志云、武帝正樂、置協律之官、愚按、以其爲協律都尉、號曰協律、史文自通、協律者故倡也。兄弟皆坐姦族。【考證】漢外戚佞幸二傳云、延年坐其弟季亂後宮、族、是時其長兄廣利爲貳師將軍。伐大宛、不及誅。還而上既夷李氏。後憐其家、

乃封爲海西侯。【正義】漢武帝令李廣利征大宛、國近西海、故號海西侯也、【考證】余有丁曰、按匈奴大宛傳、廣利封時、李氏未誅、後以將軍伐匈奴、聞其家用巫蠱族、乃降匈奴、此文誤、陳仁錫曰、兄弟皆坐奸族、至後憐其家二十字、皆褚生增入者、梁玉繩曰、廣利以伐大宛功侯、非武帝憐李氏而封之、至余有丁謂廣利封時、李氏未誅、以此文爲非、史詮遂謂此文乃褚生所增、皆謬、以後之族廣利妻子、與族延年兄弟、併爲一時一事耳、燕王・廣陵王。【索隱】漢書云、李姬生廣陵王胥、燕王旦也、其母無寵。以憂死。及李夫人卒、則有尹婕妤之屬。更有寵。然皆以倡見。【考證】淩稚隆曰、更有寵者、相繼有寵也、非王侯有土之士女、不可以配人主也。【考證】楓山、三條本、士女作世、徐孚遠曰、此非刺夫人婕妤、乃刺后妃也、託言耳、崔適曰、此篇獨無贊語、脫也、愚按、篇首有敘論、故無贊語、史例爲然、崔說誤、

褚先生曰。【正義】疑此元成之閒褚少孫續之也、臣爲郎時、問習漢家故事者鍾離生。曰。王太后在民閒時所生子女者、【集解】徐廣曰、名俗、【正義】按後封修成君者、【考證】張文虎曰、御覽引子作一、正與上史文生一女矣相應、父爲金王孫。王孫已死。景帝崩後、

武帝已立、王太后獨在。【考證】古鈔本、獨作猶、　而韓王孫名嫣。素得幸武帝。承閒白言。太后有女在長陵也。武帝曰。何不蚤言。乃使使往先視之。在其家。武帝乃自往迎取之。蹕道先驅、旄騎出橫城門。【集解】如淳曰、橫、音光、三輔黃圖云、北面西頭門、【正義】括地志云、渭橋、本名橫橋、架渭水上、在雍州咸陽縣東南二十二里、按此橋對門也、　乘輿馳至長陵。當小市西入里。里門閉。暴開門、乘輿直入此里。通至金氏門外止。使武騎圍其宅。【考證】楓山、三條本、止作上、屬下、　爲其亡走、身自往取之。不得也。卽使左右羣臣入呼求之。家人驚恐。女亡匿內中牀下。扶持出門、令拜謁。【考證】內、室也、古鈔本、持作將、與漢書合、　武帝下車泣曰。嚄、【索隱】烏百反、蓋驚怪之辭耳、【正義】嚄嘖、失聲驚愕貌也、　大姊何藏之深也。詔副車載之。迴車馳還、而直入長樂宮。行詔門著引

籍。【正義】武帝道上詔令通名狀於門、使引入至太后所、【考證】中井積德曰、門、謂長樂宮門也、著引籍、記姓字于門籍也、使是後出入不阻耳、　通到謁太后。太后曰。帝倦矣。何從來。帝曰。今者至長陵得臣姊。與俱來。顧曰。謁太后。太后曰。女某邪。曰。是也。太后爲下泣。女亦伏地泣。武帝奉酒前爲壽。奉錢千萬、奴婢三百人、公田百頃、甲第、以賜姊。太后謝曰。爲帝費焉。於是召平陽主·南宮主·林慮主三人、俱來謁見姊。因號曰脩成君。有子男一人、女一人。男號爲脩成子仲、【索隱】金氏娚修成君之子也、而名仲者、又與大外祖王氏同字、恐非也、【考證】中井積德曰、不見子仲之姓氏、實爲缺事、又曰、王仲亦字也、子仲亦字也、伯仲之相謂、未聞也、註謬、周壽昌曰、脩成子仲、後爲長安令義縱所捕案者、見酷吏傳、　女爲諸侯王王后。【集解】徐廣曰、嫁爲淮南王安太子妃也、【考證】中井積德曰、王太子爲妃矣、未嘗稱王后、班史作女嫁諸侯、得之矣、　此二子非劉氏。以故太后憐之。脩成子仲驕恣、陵折吏

民。皆患苦之。【考證】以上敍脩成君事、　衞子夫立爲皇后。后弟衞青、字仲卿。以大將軍封爲長平侯。四子、長子伉爲侯世子。侯世子常侍中貴幸。其三弟皆封爲侯。各千三百戶。一曰陰安侯。【索隱】名不疑、地理志、縣名、屬魏郡、【正義】括地志云、陰安故城、在魏州頓丘縣北六十里也、　二曰發干侯。【索隱】名登、地理志、縣名、屬東郡、【正義】括地志云、發干故城、在博州堂邑縣西南二十三里、　三曰宜春侯。【索隱】名伉、地理志、宜春、縣名、屬汝南、【正義】括地志云、宜春故城、在豫州汝陽縣西六十七里、【考證】中井積德曰、按衞將軍本傳、靑三子、長子伉、宜春侯、次不疑、陰安侯、季子登、發干侯、少孫誤爲伉有三弟、又以宜春爲季弟、皆誤、　貴震天下。天下歌之曰。生男無喜。生女無怒。獨不見衞子夫、霸天下。【考證】怒、下韻、　是時平陽主寡居。當用列侯尙主。主與左右議長安中列侯可爲夫者。皆言大將軍可。主笑曰。此出吾家。常使令騎從我出入耳。柰何用爲夫乎。左右侍

御者曰。今大將軍姊爲皇后。三子爲侯。富貴振動天下。主何以易之乎。【考證】易、輕易也、　於是主乃許之。言之皇后、令白之武帝。乃詔衞將軍尙平陽公主焉。【考證】漢書采此入衞傳、趙翼曰、史遷是時目擊其事、而不入將軍傳、蓋其時靑正貴盛、不敢直書以取怨也、　褚先生曰。丈夫龍變。傳曰。蛇化爲龍、不變其文。家化爲國、不變其姓。丈夫當時富貴、百惡滅除、光耀榮華。貧賤之時、何足累之哉。【考證】以上敍衞后及衞將軍事、　武帝時、幸夫人尹婕妤。【索隱】韋昭云、婕、承、好、助也、一云、美好也、聲類云、幸也、字亦從女、漢舊儀云、皇后爲婕好下輿、禮比丞相、　邢夫人號娙娥。【索隱】服虔云、娙、音近妍、徐廣音五耕反、鄒誕生音莖、字林音五經反、說文云、娙、長也、好也、許愼云、秦晉之閒、謂好爲娙、又方言曰、美貌謂之娥、漢舊儀云、娙娥秩比將軍御史大夫、　衆人謂之娙何。娙何秩比中二千石。【索隱】按崔浩云、中、猶滿也、漢制九卿已上、秩一歲滿二千斛、又漢官儀云、中二千石、俸月百八十斛、　容華秩比二千石。

[索隱]按二千石、是郡守之秩、漢官儀云、其俸月百二十斛、又有眞二千石者、如淳云、諸侯王相、在郡守上、秩眞二千石、漢律、眞二千石、俸月二萬、按是二萬斗也、則二萬斗亦是二千石也、崔浩云、列卿已上、秩石皆正二千石、按此則是眞二千石也、其云中二千石、亦不滿二千、蓋千八九百耳、此崔氏之說、今兼引而解之、[考證]顏師古曰、中二千石、實得二千石也、中之言滿也、月得百八十斛、是爲一歲凡得二千一百六十石、言二千者、舉成數耳、眞二千石、月得百五十斛、一歲凡得千八百石耳、二千石、月得百二十斛、一歲凡得一千四百四十石耳、中井積德曰、索隱引漢律二萬、蓋謂二萬錢也、是百六十石之價直云、卽二萬斗、是二千石矣、月二千石則一歲二萬四千石矣、豈有是理哉、

婕妤秩比列侯。常從婕妤遷爲皇后。尹夫人與邢夫人同時竝幸。有詔不得相見。尹夫人自請武帝、願望見邢夫人。帝許之。卽令他夫人飾、從御者數十人、爲邢夫人來前。[考證]御覽引、從作徒、尹夫人前見之曰。[考證]古鈔本、無前字、與類聚所引合、此衍、此非邢夫人身也。帝曰。何以言之。對曰。視其身貌形狀、不足以當人主矣。[考證]古鈔本、楓山、三條本、身作體、與類聚初學記御覽所引合、王念孫曰、古書無以身貌連文者、於是、帝乃詔使

邢夫人衣故衣獨身來前。尹夫人望見之曰。此眞是也。於是乃低頭俛而泣、自痛其不如也。[正義]俛、音俯、[考證]古鈔本、痛作病、諺曰。美女入室、惡女之仇。[考證]類聚、仇下有也字、褚先生曰。浴不必江海。要之去垢。馬不必騏驥。要之善走。士不必賢世。要之知道。女不必貴種。要之貞好。[考證]中井積德曰、世疑當作卑、愚按、垢走道好韻、傳曰。女無美惡、入室見妒。士無賢不肖、入朝見嫉。[考證]鄒陽獄中書、女無美惡、居宮見妬、士無賢不肖、入朝見嫉、史倉公傳贊、嫉作疑、美女者、惡女之仇。豈不然哉。[考證]以上叙尹邢二夫人事、

鉤弋夫人、[索隱]按夫人姓趙、河閒人、漢書云、武帝過河閒、望氣者、言此有奇女、天子乃使使召之、女兩手皆拳、上自披之、手卽時伸、由是幸、號曰拳夫人、後居鉤弋宮、號曰鉤弋夫人、列仙傳云、發手得一玉鉤、故號焉、漢武故事云、宮在直城門南、廟記云、宮有千門萬戶、不可記名也、[正義]括地志云、鉤弋宮在長安城中、門名堯母門也、[考證]沈家本曰、索隱引漢書、今漢書無號曰鉤弋夫人句、姓趙氏。[索隱]漢書昭帝卽位、追尊太后父趙父爲順成侯、河

閒人也。得幸武帝。生子一人。昭帝是也。[考證]類聚引作卽昭帝也、武帝年七十、乃生昭帝。昭帝立時年五歲耳。[集解]徐廣曰、武帝崩年、正七十、昭帝年八歲耳、[索隱]按徐廣依漢書、以武帝年七十崩、崩時昭帝年八歲、此褚先生之記、漢書云、元始三年、昭帝生、誤也、按元始當爲太始、[正義]漢書曰、後元二年上疾病、遂立昭帝爲太子、年八歲、明日武帝崩、太子卽皇帝位、五歲者褚先生誤矣、

衞太子廢、後未復立太子、而燕王旦上書願歸國入宿衞。武帝怒、立斬其使者於北闕。上居甘泉宮、召畫工圖畫周公負成王也。[考證]中井積德曰、此圖卽所以賜博陸、於是左右羣臣、知武帝意欲立少子也。後數日、帝譴責鉤弋夫人。夫人脫簪珥叩頭。帝曰。引持去。送掖庭獄。夫人還顧。帝曰。趣行。女不得活。夫人死雲陽宮。[索隱]按三輔故事云、葬甘泉宮南、後昭帝起雲陵、邑三千戶、漢武故事云、旣殯、香聞十里、上疑非常人、發棺視之、無尸、衣履存焉、[正義]括地志云、雲陽宮、秦之甘泉宮、在雍州雲陽縣西北八十里、秦始皇作甘泉宮、去長安三百

里、黃帝以來祭圜丘處也、[考證]中井積德曰、雲陽宮卽甘泉宮矣、此上下出兩名、似別宮、是文之疏處、愚按、漢書外戚傳云、鉤弋子年五六歲、壯大多知、上常言類我、又感其生與衆異、甚奇愛之、心欲立焉、以其年稚母少、恐女主顓恣亂國家、猶與久之、鉤弋倢伃從幸甘泉、有過見譴、以憂死、與是記異、時暴風揚塵、百姓感傷。使者夜持棺往葬之。[正義]括地志云、雲陽陵、漢鉤弋夫人陵也、在雲陽縣西北五十八里、孝武帝鉤弋趙婕妤、昭帝之母、齊人、姓趙、少好淸靜、六年臥病、右手捲、飮食少、望氣者云、東北有貴人、推而得之、召到、姿色甚佳、武帝持其手伸之、得玉鉤、後生昭帝、武帝末年、殺夫人、殯之而尸香一日、昭帝更葬之、棺但存絲履也、宮記云、武帝思之、爲起通靈臺於甘泉、常有一靑鳥集臺上往來、至宣帝時乃止、封識其處。

其後帝閒居、問左右曰。人言云何。左右對曰。人言且立其子。何去其母乎。[考證]古鈔本、何下有爲字、帝曰。然。是非兒曹愚人所知也。往古國家所以亂也、由主少母壯也。女主獨居、驕蹇淫亂自恣、莫能禁也。女不聞呂后邪。故諸爲武帝生子者、無男女、其母無不譴死。[考證]沈家本曰、此言失實、武帝時以譴死者、獨鉤弋耳、陳后衞后、皆以巫蠱死、非因生子譴死也、王夫

人李夫人、皆有子而蚤卒、何嘗譴死耶、中井積德曰、生男而死、尙有謂也、生女、何爲殺之、恐是傳聞妄誕、愚按、以上敘鉤弋夫人事、豈可謂非賢聖哉。昭然遠見、爲後世計慮。固非淺聞愚儒之所及也。諡爲武、豈虛哉。考證楓山、三條本、所下有能字、黃震曰、按爲武帝生子者、其母無不譴死、褚先生贊其爲聖賢、雖曰有感之言、亦豈人情也哉、王若虛曰、母子天倫也、立其子、必殺其母、是母乃子之賊、而子乃母之累、生子皆譴死、後宮誰敢舉子者、非惟不仁、抑亦不智、末流至元魏、以此爲定制、椒庭之愛、恐皆祈祝不願生冢嫡、有輒相勸、爲自安計、讀之令人慘然、武帝此舉可爲法哉、而帝自以爲明、史臣又從而贊譽之、何其怪也、張裕釗曰、褚先生所次修成君、衞皇后、尹、邢、鉤弋夫人事、詞甚工、褚少孫宜不及是、其楊惲馮商諸人之所爲、而少孫取之者歟、愚按、少孫既曰問漢家故事者鍾離生、則其非楊馮之筆明矣、

索隱述贊、禮貴夫婦、易敘乾坤、配陽成化、比月居尊、河洲降淑、天曜垂軒、德著任姒、慶流娥媓、逮我炎曆、斯道克存、呂權大寶、竇喜玄言、自茲已降、立嬖以恩、內無常主、後嗣不繁、

外戚世家第十九

史記四十九

文學博士瀧川龜太郎著

史記會注考證

史記會注考證卷五十

漢　太史令　司馬遷　撰

宋　中郎外兵曹參軍　裴駰　集解

唐　國子博士弘文館學士　司馬貞　索隱

唐　諸王侍讀率府長史　張守節　正義

日本　出雲　瀧川資言　考證

楚元王世家第二十　史記五十

【考證】史公自序云、漢既譎謀、禽信於陳、越荊剽輕、乃封弟交爲楚王、爰都彭城、以彊淮泗、爲漢宗藩、戊溺於邪、禮復紹之、嘉游輔祖、作楚元王世家第二十、

楚元王劉交者、高祖之同母少弟也。【集解】徐廣曰、一作父、【考證】按漢書作同父、言同父者、以明異母也、【正義】年表云、都彭城、【考證】作同母是、同母弟、猶曰同母弟、父母共同也、朝錯對景帝語、高祖庶弟元王、見吳王傳、疑是後人依漢書改、崔適曰、同母者、別於異母同父之稱、如魯隱之於桓公、齊桓之於子糾、異母也、同父者別於異父同母之稱、如武帝之於修成君、田蚡之於王信、異父也、異父同母須言、同父異母不須言也、同父同母須言同母、同父異母、不須言同父也、漢高無異父兄弟、何須別言同父、帝與元王同母、則伯與仲、其前母所生歟、字游。高祖兄弟四人。長兄伯。伯蚤卒。始高祖微時、嘗辟事、時時與賓客過巨嫂食。【集解】徐廣曰、漢書云、丘嫂也、【索隱】漢書作丘、應劭云、丘、姓也、孟康云、丘、空也、兄亾、空有嫂也、今此作巨、巨、大也、謂長嫂也、劉氏云、巨一作丘、【考證】漢書作丘嫂、當是巨嫂之誤、嫂厭叔。叔與客來。嫂詳爲羹盡、櫟釜。【索隱】櫟、音歷、謂以杓歷釜、旁使爲聲、漢書作轢、音勞、【考證】楓山、三條本、釜下有邊字、錢大昕曰、櫟轢、聲近、賓客以故去。已而視釜中、尚有羹。高祖由此怨其嫂。及高祖爲帝、封昆弟。而伯子獨不得封。太上皇以爲言。高祖曰。某非忘封之也。爲其母不長者耳。【考證】錢大昭曰、稱某、史家避諱、於

是乃封其子信爲羹頡侯。【集解】徐廣曰、羹頡侯以高祖七年封、封十三年、高后元年、有罪削爵一級、爲關內侯、【索隱】羹頡、爵號耳、非縣邑名、以其櫟釜故也、【正義】括地志云、羹頡山在嬀州懷戎縣東南十五里、按高祖取其山名爲侯號者、怨故也、【考證】顏師古曰、頡音戛、言其母戛羹釜也、中井積德曰、地名羹頡、故取爲號、以寓櫟釜之意耳、敖英曰、史稱高帝豁達大度、顧以嫂氏戛羹之怨、而懷憾終身、不得已而以封姪、以侯猶以戛羹名封、其于大度、事不有疵乎、而王次兄仲於代。【集解】徐廣曰、次兄者、喜字仲、以六年立爲代王、其年罷、卒、諡頃王、有子曰濞、【考證】漢書高祖紀云、六年正月、立兄宜信侯喜爲代王、七年十二月、匈奴攻代、代王喜弃國自歸雒陽、赦爲合信侯、史高祖紀功臣表諸侯王表、與此集解皆誤、說在高祖紀、凌稚隆曰、按太史公爲元王爲世家言、而首敘伯仲二兄、以伯蚤卒、仲王代亦卒、不及特爲立傳、故附見於此耳、高祖六年、已禽楚王韓信於陳。乃以弟交爲楚王、都彭城。即位二十三年卒。【索隱】漢書云、楚王、王薛郡、東海、彭城三十六縣也、【考證】彭城、今江蘇銅山縣治、梁玉繩曰、案漢傳、元王好書多藝、與魯穆生白生申公俱受詩浮丘伯、世有元王詩、諸子多賢、天子尊寵、元王子比皇子、當與河間獻王竝號賢藩、而史公概不之及、僅敘在位年數、不亦疏乎、又高帝初封交爲文信君、此亦失書、子夷王郢立。【索隱】漢書名郢客、夷王四年卒。子王戊立。王戊立二十年冬、坐爲薄太后服私姦、削東

海郡。【索隱】漢書云、私姦服舍中、姚察云、姦於服舍、非必宮中、又按集注、服虔云、私姦中人、蓋以罪重、故至削郡也、【考證】薄太后崩、在二十年夏四月、此云冬、蓋削郡之時也、漢傳云、削東海薛郡、與此異、錢大昕曰、漢初諸侯王國、大率兼數郡之地、郡之屬王國者、郡名似亦未嘗廢、齊悼惠王獻城陽郡、以爲魯元公主湯沐邑、呂后割齊之濟南郡封呂台、琅邪郡封劉澤、吳王濞封五郡四十餘城、景帝削吳之豫章會稽郡、削楚之東海郡、趙之河南郡、皆郡之屬於國者也、趙相周昌奏常山二十五城亡其二十城、請誅守尉、則諸侯王國之郡、亦有守也、春、戊與吳王合謀反。【考證】梁玉繩曰、春上缺年、或曰明年、或曰二十一年、其相張尚·太傅趙夷吾、諫不聽。戊則殺尚·夷吾、【考證】徐孚遠曰、則殺疑賊殺、李笠曰、則古與即字通用、漢傳作遂、遂殺猶即殺也、愚按李說是、起兵與吳、西攻梁、破棘壁、【正義】括地志云、大棘故城、在宋州寧陵縣西七十里、即梁棘壁、【考證】今河南柘城縣西北、至昌邑南、【正義】括地志云、有梁丘故城、在曹州成武縣東北三十二里也、【考證】昌邑、山東濟寧州金鄉縣、與漢將周亞夫戰。漢絕吳·楚糧道。士卒飢。吳王走。楚王戊自殺。軍遂降漢。漢已平吳·楚。孝景帝欲以德侯子續吳、【集解】徐廣曰、德侯名廣、吳王濞之弟也、其父曰仲、【考證】中井積德曰、吳王濞傳云、以吳王弟子德侯爲宗正、注、名通、其父名廣、以元王子

禮續楚。竇太后曰。吳王、老人也。宜爲宗室順善。今乃首率七國紛亂天下。奈何續其後。不許吳。許立楚後。是時禮爲漢宗正。乃拜禮爲楚王、奉元王宗廟。是爲楚文王。文王立三年卒。子安王道立。安王二十二年卒。子襄王注立。【考證】注、各本誤經、毛本作注、與年表及漢書表傳合、襄王立十四年卒。子王純代立。王純立。地節二年中、人上書告楚王謀反。王自殺。國除入漢、爲彭城郡。【集解】徐廣曰、純立十七年卒、謚節王、子延壽立、十九年死、【索隱】按太史公唯記王純爲國人告反國除、蓋延壽後更封、至十九年、又謀反誅死、故不同也、【正義】漢書云、王純嗣十六年、子延壽嗣、與趙何齊謀反、延壽自殺、立三十二年、國除、與此不同、地節是宣帝年號、去天漢四年二十九年、仍隔昭帝世、言到地節二年以下者、蓋褚先生誤也、【考證】古鈔本、楓山三條本、無王純立三字、下有到字、梁玉繩曰、王純立以下廿七字、後人妄續、當削之、而其所續又與漢書異、漢書言純子延壽嗣位、以謀反爲後母父趙長年所告自殺、此言純爲中人告反、謬矣、楓山三條本、正義誤也、作說也、趙王劉遂者、【正義】年表云、都邯鄲、其父高祖中子、名友。

【考證】梁玉繩曰、高祖八男、友行居六、諡曰幽。幽王以憂死。故爲幽。【考證】楓山本、幽下有王字、幽王憂死、詳見呂后紀、高后王呂祿於趙。一歲而高后崩。大臣誅諸呂呂祿等。乃立幽王子遂爲趙王。【考證】遂乃文帝所立、說在呂后紀、孝文帝即位二年、立遂弟辟彊、【索隱】音壁強二音、又音闢疆、取趙之河閒郡爲河閒王、【正義】河閒、今瀛州也、以爲文王。【考證】中井積德曰、以當作是、班史可徵、立十三年卒。子哀王福立。一年卒。無子。絕後。國除入于漢。遂既王趙二十六年、孝景帝時、坐鼂錯以適削趙王常山之郡。【考證】中井積德曰、班史無坐字王字之字、此並衍、愚按、適讀爲謫、漢書作過、吳·楚反。趙王遂與合謀起兵。其相建德·【索隱】建德其相名、史先失姓也、內史王悍諫不聽。遂燒殺建德·王悍、發兵屯其西界、欲待吳與俱西、北使匈奴、與連和攻漢。【考證】楓山三條本、屯作往、漢書、吳下有楚字、漢使曲周侯酈寄

擊之。趙王遂還、城守邯鄲、相距七月。【考證】梁玉繩曰、案史漢景紀、絳侯梁孝王世家、周勃文三王傳、七國以正月反、三月滅、此及高五王傳、作七月、誤、酈商吳濞傳作十月、更誤、趙雖後下、不能相距如是之久也、吳·楚敗於梁、不能西。匈奴聞之、亦止、不肯入漢邊。欒布自破齊還、【考證】梁玉繩曰、惠景間侯者表、兪侯欒布、以將軍吳楚反時、擊齊有功、將相表云、欒布爲大將軍擊齊、酈商傳、欒布自平齊來、吳王濞傳、天子遣布擊齊、又濞傳魏其傳云、監齊趙兵、漢書表傳同、齊未嘗偕七國反、何爲擊之、布所擊破者、乃膠西等圍齊四國之兵、救齊則有之、豈其破齊哉、悼惠王世家、書之甚明、蓋此齊字、猶吳濞傳末所云連齊趙、敘傳所云尼齊趙、孝王世家及韓長孺傳首所云吳楚齊趙七國反、漢書五行志亦稱四齊、蓋統膠西膠東菑川濟南而言、四國皆自齊分也、乃幷兵引水灌趙城。趙城壞。趙王自殺。邯鄲遂降。【正義】邯鄲、洺州縣也、趙幽王絕後。

太史公曰。國之將興、必有禎祥。【考證】禮記中庸篇、國家將興、必有禎祥、國家將亡、必有妖孽、君子用而小人退。國之將亡、賢人隱、亂臣貴。【考證】亡字下、當添必有妖孽四字看、中井積德曰、隱下疑脫而字、使楚王戊毋刑申公、遵其言、【索隱】漢書申公名培、王戊胥靡之、【考證】漢書楚元王傳、戊

與吳通謀、申公白生諫、不聽、胥靡之、趙任防與先生、集解趙堯傳曰、趙人防與公也、索隱此及漢書、雖不見趙不用防與公、蓋當時猶知事迹、或別有所見、故太史公明引以結其贊、考證陳子龍曰、此補傳所未有、劉子玄所云事無重出者也、崔適曰、案贊語有引有論、引出傳外、如樂毅贊、始齊之蒯通及主父偃、讀樂毅之報燕王書、未嘗不廢書而泣也、是也、論據傳文、如商君贊、刑公子虔、欺魏將卬、不師趙良之言、是也、此數語豈似引乎、論也、論則必據傳文、申公防與先生之事、必世家所已言、故贊及之、今脫去爾、豈有篡殺之謀、爲天下僇哉。賢人乎。賢人乎。非質有其內、惡能用之哉。考證岡白駒曰、非身有德、不能知賢人、賢人亦不就、甚矣、安危在出令。存亡在所任。誠哉是言也。考證中井積德曰、甚矣二字、疑衍、不然、此下有脫文也、愚按、主父偃傳引周書云、安危在出令、存亡在所用、周書王佩解、存亡在所用、離合在出命、

索隱述贊漢封同姓、楚有令名、既滅韓信、王於彭城、穆生置醴、韋孟作程、王戊弃德、與吳連兵、太后命禮、爲楚罪輕、文襄繼立、世挺才英、如何趙遂、代殞厥聲、興亾之兆、所任宜明、

楚元王世家第二十　　史記五十